284
.H8c.2.

By Constantin

5174

# ŒUVRES
POSTHUMES
## DE JACQUES-HENRI-BERNARDIN
DE
# SAINT-PIERRE.

ÉVERAT, IMPRIMEUR,
rue du Cadran, N° 16.

# ŒUVRES

POSTHUMES

## DE JACQUES-HENRI-BERNARDIN

DE

# SAINT-PIERRE,

MISES EN ORDRE ET PRÉCÉDÉES DE LA VIE DE L'AUTEUR,

PAR L. AIMÉ-MARTIN.

............ Miseris succurrere disco.
ÆN., lib. I.

A PARIS,

CHEZ LEFÈVRE, LIBRAIRE-ÉDITEUR,

RUE DE L'ÉPERON, N° 6.

M DCCC XXXIII.

# ESSAI

SUR

# LA VIE DE BERNARDIN DE SAINT-PIERRE.

> Littus ama..........
> Altum alii tencant....
> ÆNEID. lib. v.

## PRÉFACE.

Avant d'écrire cet *Essai*, il nous a fallu approfondir les ouvrages, le caractère et les mœurs de Bernardin de Saint-Pierre. Plus de quatre années ont été consacrées à cette étude.

Il n'a pas dépendu de nous d'être meilleur juge et plus habile historien ; mais il a dépendu de nous d'être toujours vrai, et nous l'avons toujours été.

L'auteur des *Études* paraît ici avec ses faiblesses et ses vertus : aimable dans son enfance; inquiet, présomptueux, ambitieux dans sa jeunesse; puis mûri par le malheur, et se refaisant homme dans la solitude. Heureux parce qu'il était devenu sage, il éprouvait alors la vérité de cette maxime d'un ancien, que lorsque Dieu, pour nos fautes, nous abat d'une main, il nous relève des deux.

La Vie de Bernardin de Saint-Pierre jette un grand jour sur ses ouvrages. Comme Montaigne, il a étudié les hommes dans lui-même. Ses fautes lui ont montré les vices de nos institutions, et ses maux lui ont appris à connaître ceux du genre humain. Il a condamné nos éducations de collége, parce qu'elles l'avaient fait ambitieux; et il a tâché, par ses écrits, de ramener son siècle à Dieu et à la nature, parce que là seulement il a trouvé le bonheur.

Les hommes les plus sages reçoivent toujours quelques impressions des objets qui les environnent. Pénétré de cette vérité, nous avons cru devoir esquisser quelques-unes des sociétés où Bernardin de Saint-Pierre ne fit, il est vrai, qu'apparaître. L'aspect du monde a été pour nous comme ces fonds de tableaux sur lesquels les peintres font ressortir leurs figures principales.

Quant aux matériaux de cet *Essai*, ils sont assez nombreux. On sait que l'auteur a disséminé dans ses ouvrages des souvenirs sur les principales époques de sa vie : nous les avons recueillis pour servir de base à notre travail. Ses manuscrits et les notes informes qu'il avait préparées lorsqu'il conçut le projet d'écrire ses *Mémoires*, nous ont également fourni plusieurs faits intéressans.

Une correspondance immense, mise en ordre pour le même objet, nous a fait connaître les aventures de sa jeunesse. Nous avons eu sous les yeux les lettres de ses deux frères et de sa sœur, et une grande partie de celles de Duval, de Taubenheim, du chevalier de Chazot, de M. de La Roche, du prince Dolgorouki, du baron de Breteuil, de M. Poivre, de Rulhière, des généraux de Villebois et du Bosquet, et du maréchal Munich. Plusieurs billets de la princesse Marie M..... nous ont également été remis, avec les lettres écrites par d'Alembert, mademoiselle de Lespinasse, M. et madame Necker, Vernet, l'archevêque d'Aix, l'abbé Fauchet, Ducis, etc. Cependant, malgré de si nombreux matériaux, une multitude de faits nous eussent échappé, si la veuve de Bernardin de Saint-Pierre n'eût pris soin de les recueillir. Devenue dix-huit ans, et par son choix, la compagne d'un homme célèbre, elle reçut de la Providence la double mission de le rendre heureux dans cette vie et de le faire honorer après sa mort. Nous lui devons les circonstances les plus touchantes de cet *Essai* : confidente de toutes les pensées de cet illustre écrivain, il semble lui avoir légué les souvenirs de sa vie entière et son ame pour les exprimer.

Le 11 novembre 1820.

---

Jacques-Henri-Bernardin de Saint-Pierre naquit au Havre le 19 janvier 1737. Son père, Nicolas de Saint-Pierre, avait la prétention de descendre d'une famille noble ; il comptait au nombre de ses aïeux le célèbre Eustache de Saint-Pierre, maire de Calais ; et quoiqu'il ne pût donner des preuves bien claires de cette illustration, il ne cessait d'en parler à ses enfans comme d'une gloire appartenant à la famille. Le jeune Henri avait deux frères, Dutailly et Dominique, et une sœur nommée Catherine. Cette dernière était spirituelle et jolie, mais vaine et précieuse. Elle resta fille par pruderie, refusant tous les partis qui se présentaient, et s'irritant de l'oubli de ceux qui ne s'empressaient pas de se faire refuser. Sa mère, qui était une femme de grand sens, voulut inutilement tempérer cette vanité. Catherine persista dans ses dédains, ne voyant rien autour d'elle qui fût digne de son amour. Ce qu'il y a de singulier, c'est que vers l'âge de trente ans une révolution inespérée s'opéra dans son esprit : aussi accorte qu'elle avait été revêche, elle semblait ne plus vivre que pour se faire aimer. Ainsi, dans sa jeunesse, elle eut toute la mauvaise humeur, toute l'acrimonie d'une vieille fille, et sa maturité s'embellit de la douceur et des grâces prévenantes qui donnent tant de charme à la jeunesse. Son frère Dutailly, tourmenté comme elle d'une présomptueuse ambition, détestait l'étude, et se moquait philosophiquement du latin, des pédans et du collége. Il ne cessait de répéter qu'il voulait aller à la cour, et que c'était l'épée, et non le rudiment, à la main, qu'un brave devait faire fortune. Son père n'approuvait que trop ces gentillesses : il croyait y reconnaître les inspirations d'un esprit supérieur qui dédaigne les routes communes. Dutailly fut militaire ; mais ses prétentions exagérées, l'inconstance de ses projets, la violence de son caractère, nuisirent à son avancement. Toujours malheureux et toujours incorrigible, il devint le fléau de sa famille, sa raison se troubla, et il mit fin à ses jours après les expéditions les plus aventureuses.

Dominique, le plus jeune de tous, avait un caractère modeste, des goûts simples et modérés. Il entra de bonne heure dans la marine, où il acquit l'estime générale. Devenu capitaine de vaisseau, il fit plusieurs voyages de long cours, puis il se retira à la campagne, après avoir obtenu la main de mademoiselle de Grainville, charmante personne, à la perte de laquelle nous verrons qu'il ne put survivre.

Quant au jeune Henri, l'aîné de tous, il réunissait à lui seul les défauts et les qualités de ses deux frères, la vanité de sa sœur, et une imagination brillante qui environna d'illusions toutes les époques de sa vie. Dès sa plus tendre jeunesse, ses lectures le jetèrent dans les rêveries d'un monde idéal où il se créa une existence et des habitudes solitaires. Toutes ses sensations devenaient aussitôt des passions. L'injustice le révoltait, elle pouvait même égarer un moment son cœur, mais il ne fallait qu'une émotion tendre pour le ramener. Élevé dans les principes de la plus ardente piété, il disait souvent, en se rappelant ses premières impressions, qu'il serait devenu méchant si sa confiance en Dieu n'avait redoublé à mesure qu'il apprenait à se méfier des hommes. Ce sentiment donnait une telle énergie à son âme, que dans son enfance, quand il se croyait victime d'une injustice, sa consolation était de songer que Dieu lit au fond des cœurs, et qu'il voyait la pureté du sien. Un jour il assistait à la toilette de sa mère, en se réjouissant de l'accompagner à la promenade ; tout à coup il fut accusé d'une faute assez grave par une bonne fille nommée Marie Talbot, dont, malgré cette aventure, il conserva toujours le plus touchant souvenir. Il avait alors près de neuf ans, et il était fort doux à cet âge. Encouragé par son innocence, il se défendit d'abord avec assez de tranquillité ; mais comme toutes les apparences étaient contre lui, et qu'on refusait de croire à sa justification, il finit par s'emporter jusqu'à donner un démenti à sa bonne. Madame de Saint-Pierre, étonnée d'une vivacité qu'elle ne lui avait point encore vue, crut devoir le punir en le privant de la promenade ; et comme il ne cessait de l'importuner par ses larmes et ses protestations, elle prit le parti de s'en débarrasser en l'enfermant seul dans une chambre. Trompé dans l'attente d'un plaisir, condamné pour une faute dont il n'était pas coupable, tout son être se révolta contre l'injustice de sa mère. Dans cette extrémité, il se mit à prier avec une confiance si ardente, avec des élans de cœur si passionnés, qu'il lui semblait à tout moment que le ciel allait faire éclater son innocence par quelque grand miracle. Cependant l'heure de la promenade s'écoulait, et le miracle ne s'opérait pas. Alors le désespoir s'empare du pauvre prisonnier ; il murmure contre la Providence, il accuse sa justice, et bientôt, dans sa sagesse profonde, il décide qu'il n'y a pas de Dieu. Assis auprès de cette porte que ses prières n'avaient pu faire tomber, il s'abîmait dans cette pensée avec une incroyable amertume, lorsque le soleil, perçant les nuages qui dès le matin attristaient l'atmosphère, un de ses rayons vint frapper la croisée que le petit incrédule contemplait avec tant de tristesse. A la vue de cette clarté si vive et si pure, il sentit tout son corps frissonner, et s'élançant vers la fenêtre par un mouvement involontaire, il s'écria avec l'accent de l'enthousiasme : « Oh ! Il y a un Dieu ! » puis il tomba à genoux et fondit en larmes.

Cette anecdote dévoile l'âme entière de l'auteur des *Études*. Ce qu'il fut dans son enfance, il le fut toute sa vie. Jamais les beautés de la nature ne le trouvèrent insensible ; elles éveillèrent ses premières émotions, elles inspirèrent ses dernières pensées. Sa mère lui avait dit un jour que si chaque homme prenait sa gerbe de blé sur la terre, il n'y en aurait pas assez pour tout le monde, et tous deux en avaient conclu sagement que Dieu multipliait le blé dans les greniers. Plus tard, lorsqu'il eut étudié cette multitude de phénomènes que la science décrit sans les comprendre, la réflexion de sa mère l'étonnait moins que le pouvoir donné à un grain de blé de produire plusieurs épis, et de renfermer la vie qui doit animer pendant des siècles toutes les moissons à venir. Cette pensée était encore une suite des études de son enfance. Dès l'âge de huit ans on lui faisait cultiver un petit jardin où chaque jour il allait épier le développement de ses plantations, cherchant à deviner comment une grosse tige, des bouquets de fleurs, des grappes de fruits savoureux, pouvaient sortir d'une graine frêle et aride. Mais les animaux surtout attiraient son affection, étonnaient son intelligence. Ayant accompagné son père dans un petit voyage à Rouen, celui-ci s'arrêta devant les flèches de la cathédrale dont il ne pouvait se lasser d'admirer la hauteur et la légèreté ; le jeune Henri levait aussi les yeux vers la cime des tours ; mais c'était pour admirer le vol des hirondelles qui y faisaient leurs nids. Son père qui le voyait dans une espèce d'extase, l'attribuant à la majesté du monument, lui dit : « Eh bien, Henri, que penses-tu de cela ? » L'enfant, toujours préoccupé de la contemplation des hirondelles, s'écria : « Bon Dieu ! qu'elles volent haut ! » Tout le monde se mit à rire, son père le traita d'imbécile ; mais toute sa vie il fut cet imbécile, car il admirait plus le vol d'un moucheron que la colonnade du Louvre.

Un jour il trouva un malheureux chat près d'expirer dans l'égout d'un ruisseau; il était percé d'un coup de broche, et poussait des cris effrayans. Ému de pitié, il le cache sous son habit, le porte furtivement au grenier, lui fait faire un lit de foin, et vient lui donner à boire et à manger toutes les heures du jour, partageant avec lui son déjeuner et son goûter, et lui tenant fidèle compagnie. Au bout de quelques semaines le pauvre animal avait recouvré la santé; il devint alors un excellent chasseur de souris, mais si sauvage qu'il ne se montrait plus qu'à la voix de son ami, sans jamais cependant se laisser approcher. Il se promenait autour de lui, enflant sa queue, se caressant au mur, et fuyant au moindre mouvement, au bruit le plus léger. A la fois méfiant et reconnaissant, il vit toujours un homme dans son libérateur. Bernardin de Saint-Pierre ne pouvait se rappeler cette petite aventure sans attendrissement. «Dans une de nos promenades, disait-il, je la racontai à J.-J. Rousseau; il en fut touché jusqu'aux larmes, et je crus un instant qu'il allait m'embrasser.»

Qu'on ne nous accuse pas de rapporter ici des traits insignifians ou puérils : ce n'est point une chose indifférente, selon nous, que de savoir l'influence des premières pensées sur le reste de la vie. Ce qui ne fut dans l'enfance de Bernardin de Saint-Pierre qu'un sentiment de commisération pour quelques êtres souffrans, devint plus tard un sentiment d'amour qui s'étendit à tout le genre humain. Dans la société, on le vit toujours rechercher l'amitié de ceux qui paraissaient les plus timides et les plus malheureux. Voilà pourquoi, avec des avantages qui auraient dû hâter sa fortune, il échoua dans toutes ses entreprises. Sa sensibilité même lui nuisait d'autant plus qu'elle était plus versatile, car il prenait en pitié la souris sous les griffes du chat, le chat dans la gueule du chien, le chien sous le bâton de l'homme, et l'homme, quel qu'il fût, sous la domination d'un tyran. C'est ainsi qu'en s'attachant toujours au plus faible, il eut toujours à lutter contre le plus fort. Mais dans cette lutte perpétuelle, son courage avait quelque chose de divin; car il lui semblait bien qu'il n'était pas seul, et que la Providence aussi combattait pour les malheureux.

Cette confiance en Dieu, première impression de son enfance, consolation de toute sa vie, fut singulièrement exaltée par la lecture de quelques livres pieux et amusans, entre autres par la *Vie des Saints*. Il y avait dans le cabinet de son père un énorme in-folio renfermant toutes les visions des ermites du désert. Ravi des miracles qu'il y voyait, persuadé que la Providence vient au secours de tous ceux qui l'invoquent, il crut ne plus rien avoir à craindre de ses parens ni de ses maîtres, et résolut de s'abandonner à Dieu à la première occasion où il aurait à se plaindre des hommes. Cette occasion ne tarda pas à se présenter. Un jour, à cette époque il avait à peine neuf ans, un maître d'école chez lequel on l'envoyait étudier les élémens de la langue latine l'ayant menacé de le fouetter le lendemain s'il ne récitait pas couramment sa leçon, il prit à l'instant même le parti de dire adieu au monde et d'aller vivre en ermite au fond d'un bois. Le matin du jour fatal il se leva tranquillement, mit en réserve une portion de son déjeuner, et, au lieu de se rendre à l'école, il se glissa par des rues détournées et sortit de la ville. Heureux de sa liberté, sans inquiétude de l'avenir, ses regards se promenaient avec délices sur une multitude d'objets nouveaux qui lui semblaient autant de prodiges. La campagne était fraîche et riante; les bois, les prairies, les collines se déroulaient devant lui, et il se voyait avec admiration seul et libre au milieu de ce brillant horizon. Il marcha environ un quart de lieue dans un joli sentier jusqu'à l'entrée d'un bouquet de bois d'où s'échappait un petit ruisseau. Ce lieu lui parut un désert, il le crut inaccessible aux hommes et propre à remplir ses projets. Résolu de s'y faire ermite, il y passa toute la journée dans la plus douce oisiveté, s'amusant à ramasser des fleurs et à entendre chanter les oiseaux. Cependant l'appétit se fit sentir vers le milieu du jour. Il cueillit des mûres de haies, et arracha avec ses petites mains des racines dont il fit un repas délicieux. Ensuite il se mit en prières, attendant quelque miracle de la Providence, et se rappelant tous les saints ermites qui, dans la même position, avaient reçu les secours du ciel; il lui semblait toujours qu'un ange allait lui apparaître et le conduire dans une grotte sauvage ou dans un jardin miraculeux. Cette agréable attente l'occupa le reste du jour. Cependant le soleil était déjà sur son déclin, l'air se rafraîchissait insensiblement, et les oiseaux avaient cessé leur ramage. Le petit solitaire se préparait à passer la nuit sur l'herbe au pied d'un arbre, lorsqu'à l'entrée de la plaine il aperçut la bonne Marie Talbot qui l'appelait à grands cris. Son premier mouvement fut de fuir dans la forêt; mais la vue de cette pauvre fille qui tant de fois avait essuyé ses larmes, et qui en versait en le retrouvant, l'arrêta tout court; il s'élança vers elle, et se mit aussi à pleurer.

Dès qu'il lui eut confié le sujet de ses peines, elle commença par le rassurer, puis elle lui raconta que son père et sa mère avaient ressenti les plus vives inquiétudes de ne pas le voir revenir à l'heure du dîner; qu'elle était allée le chercher d'abord chez son maître qui avait paru surpris de son absence; qu'ensuite elle s'était enquis dans le voisinage à des gens de la ville, puis à des gens de la campagne, qui de l'un à l'autre et de proche en proche lui avaient indiqué le chemin qu'il avait pris. En parlant ainsi elle le couvrait de tant de caresses que sa vocation commença à s'affaiblir, et qu'il se décida enfin, quoique avec un peu de peine, à renoncer à son ermitage. De retour dans sa famille, son père et sa mère lui firent raconter comment il avait vécu; ensuite ils lui demandèrent ce qu'il aurait fait dans le cas où il n'eût rien trouvé dans les champs. Il ne manqua pas de leur répondre qu'il était sûr que Dieu l'y aurait nourri en lui envoyant un corbeau chargé de son dîner, comme cela était arrivé à saint Paul l'ermite. « On rit beaucoup de la simplicité de cette réponse, disait un jour Bernardin de Saint-Pierre, et cependant la Providence a fait depuis de plus grands miracles en ma faveur, lorsqu'elle me protégea au milieu des nations étrangères où je m'étais jeté seul, sans argent et sans recommandation, et, ce qui est encore plus merveilleux, lorsqu'elle me protégea dans ma propre patrie contre l'intrigue et la calomnie. »

Cette petite aventure, qui décelait une ame passionnée, donna quelques inquiétudes à sa famille. On crut nécessaire de l'éloigner de la maison paternelle, et, peu de jours après, il fut conduit à Caen chez un curé qui habitait un joli presbytère aux portes de la ville, et qui avait un grand nombre d'élèves. Les jeux de cet âge, l'exemple de ses camarades, donnèrent bientôt une autre direction à ses idées. N'ayant pu devenir le plus saint des ermites, il devint le plus espiègle des écoliers, et peu de jours s'écoulaient sans que ses ruses ne missent en défaut la surveillance de toute la maison. Parmi les tours dont il gardait le souvenir, il en est un qui avait si bien exercé la finesse de son esprit, qu'il prenait toujours plaisir à le raconter. Il y avait dans un des angles d'une cour interdite aux élèves, près de la porte de sortie, un superbe figuier dont tous les matins le jeune observateur admirait de sa fenêtre les branches couvertes des fruits les plus appétissans. De l'admiration il passa à la convoitise. Trois figues surtout, pendantes, violettes, entr'ouvertes, et qui laissaient couler le miel, le tentaient si vivement, qu'il ne songea plus qu'au moyen de se les approprier. La chose n'était pas facile. Deux chiens et une grosse fille nommée Janneton, véritable servante maîtresse, vive, alerte, terrible, semblaient avoir été commis à la garde du fruit défendu. Cependant, à force d'y songer, il crut avoir trouvé le moyen d'échapper à leur vigilance : c'était un samedi soir, il fallait attendre le dimanche. L'inquiétude et l'espérance le tinrent éveillé toute la nuit; vingt fois il fut sur le point de renoncer à une entreprise si périlleuse; mais lorsque le matin il put entrevoir du coin de la fenêtre l'arbre couvert de ses fruits dorés des premiers rayons du jour, la crainte s'envola, la conquête fut résolue.

La matinée du dimanche n'offrit aucune occasion favorable. Après le dîner on se rassemble pour aller à vêpres; le moment est attendu et prévu. Les rangs se forment, on traverse la cour à hâte pour gagner la porte de sortie; aussitôt le petit maraudeur s'esquive et disparaît derrière le figuier. Déjà la troupe se met en marche; il entend le bruit de la serrure et des verrous. Le voilà pris comme le cerf de la fable. Comment fera-t-il rouvrir cette porte? C'est ce qui l'inquiète peu, sa prévoyance a pourvu à tout. Déjà l'arbre est escaladé, déjà il en courbe les branches, il en touche les fruits, lorsque les aboiemens du chien attirent dans la cour la terrible Janneton. Son regard inquiet et vigilant se promène autour d'elle. Le coupable reste un moment glacé d'effroi; cependant il se remet, et, pour se débarrasser de cet Argus, il tire un cordon qu'il avait eu soin d'attacher à la sonnette du réfectoire. Janneton rentre dans la maison, n'y voit personne et croit s'être trompée. Un second cordon, également attaché à la sonnette de la rue fait aussitôt son office; Janneton accourt tout effarée, ouvre la porte, et s'étonne de n'y voir personne. De nouveau rappelée par la sonnette du réfectoire, elle perd la tête, va d'un côté, revient de l'autre, laisse tout ouvert, et, toujours frappée d'une nouvelle stupeur, elle s'imagine que le diable au moins s'est emparé du presbytère. Pendant qu'elle remplit la maison de ses cris, notre maraudeur ne fait qu'un saut de l'arbre vers la rue; il emporte ses figues, et se glisse dans une allée, où il attend joyeusement le retour de ses camarades, en savourant le prix de sa victoire.

Le souvenir de ce tour d'écolier égayait singulièrement Bernardin de Saint-Pierre. Il ne pouvait s'empêcher de rire en se rappelant la figure comique, l'air effaré, les signes de croix de cette grosse fille, lorsqu'elle courait de la cour à la rue, de la rue au réfectoire, au bruit de toutes les cloches du presbytère. « Saint-Augustin, disait-il agréablement, s'accusait du larcin de quelques poires; et moi, qui ai volé des figues, je n'ai jamais pu m'en repentir. »

Ces traits de son enfance semblent prouver qu'il vivait dans une espèce d'isolement au milieu de ses camarades. En effet, tous ses goûts étaient solitaires, et son cœur profondément sensible se tournait sans cesse vers ses premières affections. Il regrettait sa mère et sa sœur; il regrettait de n'avoir presque jamais vu ses frères, qu'il aurait voulu aimer. Ses desirs le ramenaient toujours au sein de sa famille. Tout lui paraissait aimable sous le toit paternel. Quand il songeait au chien et au perroquet de la maison, il se faisait une si agréable image de leur bonheur, que des larmes involontaires venaient mouiller ses yeux. La pauvre Marie Talbot avait aussi une bonne part à ses regrets. Pouvait-il oublier le temps où, lorsqu'il perdait ses livres de classe, elle prenait secrètement sur ses gages pour lui en acheter d'autres, afin de lui éviter la punition de sa négligence? Et ses toilettes du dimanche, avec quelles délices elles revenaient à sa mémoire! Il lui semblait toujours voir cette bonne fille environnant sa tête d'une multitude de papillotes à l'amidon, pour le conduire ensuite d'un air triomphant à la messe de la paroisse. Et ces jolis goûters sur l'herbe, ces gâteaux exquis, ces promenades sur le bord de la mer, ces lectures dans le grand volume in-folio, croyait-on avoir remplacé tout cela par les froides leçons d'un régent et l'étude fastidieuse du grec et du latin? A ces tendres souvenirs venait encore se mêler celui de sa marraine, belle et noble dame qui s'offrait à son imagination avec toute la majesté d'une reine, et cependant avec la grâce et l'indulgence d'une mère. Cette excellente femme, instruite des regrets de son filleul, et devinant tout ce qu'il n'eût osé dire, obtint facilement son retour dans sa famille. Il y rentra après dix mois d'absence, avec des démonstrations de joie qu'il serait difficile d'exprimer. Sa tendresse pour sa marraine s'en accrut sensiblement; dès ce jour elle exerça sur tous ses goûts une influence qui ne lui fut pas inutile, car c'était l'influence d'un esprit supérieur, qui ne se fait sentir que par l'admiration et l'amour.

Bernardine de Bayard comptait parmi ses aïeux le héros dont elle portait le nom. En perdant son mari, elle avait été réduite, suivant la coutume de Normandie, à un modique douaire qui ne pouvait suffire à ses besoins. Née dans l'opulence, habituée à la prodigalité, elle supportait avec peine la mauvaise fortune; ce qu'elle regrettait de la bonne, c'était surtout le pouvoir de donner. La générosité, cette vertu brillante qui fait pardonner aux grands la plupart de leurs vices, est un vice pour ceux que la fortune abandonne. Triste exemple de cette vérité, la comtesse de Bayard se vit enfin réduite à flatter ceux que jadis elle obligeait d'un regard. Une politesse extrême, le ton de la cour, un grand nom, un reste de beauté, ne purent toujours éloigner d'elle la honte qui suit la misère quand la misère arrive sans la résignation. Elle y échappait cependant presque toujours par la supériorité de son esprit, et l'ascendant de sa naissance. Au lieu de fuir ceux qui lui avaient ouvert leur bourse, elle les rassemblait autour d'elle, elle en faisait sa société la plus intime, et les charmait si bien par ses grâces et son aménité, qu'elle leur ôtait la force de lui jamais rien demander. Touchait-elle son mince revenu? elle se hâtait aussitôt de les réunir, non pour s'acquitter, mais pour leur donner une petite fête dont elle était le principal ornement. Élevée dans la société des vieux courtisans de Louis XIV, elle les avait presque tous vus disparaître avec la splendeur du siècle. Son imagination, vivement frappée de tant de grandeurs évanouies, en avait retenu une teinte de mélancolie qui contrastait avec sa conversation légère, galante, spirituelle, et semée d'une multitude d'anecdotes qui ne tendaient pas toujours à faire regretter le temps passé. Paraissait-elle dans un cercle, on l'entourait, on se pressait pour l'entendre : avec quel charme elle racontait alors les exploits du grand Condé, les amours de Louis, ou les romanesques aventures de mademoiselle de Montpensier! Cette princesse, vers la fin de sa vie, s'était retirée en Normandie, dans son château d'Eu. Elle y avait accueilli et distingué madame de Bayard qui habitait une terre voisine, et qui était alors jeune, riche et charmante. Souvent, dans leurs promenades solitaires, mademoiselle de Montpensier s'arrêtait avec de simples villageoises, et se plaisait à leur faire conter leurs amours, leur mariage, et leurs peines si faciles à soulager. Elle écoutait ces récits naïfs avec des yeux pleins de larmes, et plus d'une fois, en reprenant le chemin du château, elle s'étonnait de voir tant de bonheur où il y avait tant de besoins et si peu de desirs. « Que ne suis-je née dans une cabane! disait-elle avec amertume; j'aurais vécu heureuse, j'aurais vécu aimée, j'aurais pressé sur mon sein des enfans chéris, et l'ingratitude des hommes me serait restée inconnue! » En rapportant ces paroles, madame de Bayard était toujours vivement émue, et ses auditeurs, touchés des larmes qu'ils lui voyaient répandre sur les maux qu'entraîne la haute fortune, et tournant sur elle des regards attendris, étaient tentés de pleurer à leur tour sur ceux qui suivent la pauvreté. Ses récits vifs et animés, le singulier contraste de son élégance et de sa misère, de ses brillans souvenirs et de sa situation présente, pénétraient de respect le jeune de Saint-Pierre, et remplissaient son esprit des souhaits les plus bizarres. Il voulait devenir grand seigneur pour être heureux comme un paysan; aimable et savant pour plaire à sa marraine; riche pour lui tout donner. Et lorsque dans un âge avancé il se rappelait ces premières impressions de l'enfance, il disait que l'aspect de madame de Bayard, son air de noblesse, son affabilité, son ton, ses récits, l'avaient fait toucher au grand siècle de Louis XIV.

Le caractère de son parrain, M. de Savalette, ne ressemblait guère à celui de madame de Bayard. Riche, dur, avare, dédaigneux, il grondait toujours, n'encourageait jamais, et répondait régulièrement au compliment que son filleul venait lui faire chaque année, au premier janvier, par une leçon d'économie et une tape sur la joue. Avec cela, l'enfant était aussitôt congédié. En pareille circonstance, la pauvre marraine ne manquait pas d'accompagner les louanges qu'elle prodiguait, d'une tendre caresse et d'un petit cadeau. Un jour, après avoir vainement promené ses regards dans toutes les parties de sa chambre, voyant qu'elle n'avait plus rien à donner, elle se mit à pleurer, et pressant les mains de son filleul, elle ne pouvait se résoudre à le quitter. L'enfant, ému de sa peine, et se rappelant qu'il avait reçu le matin une pièce d'argent pour ses étrennes, imagina de la laisser glisser sous le coussin de cette excellente femme, croyant au moins rétablir sa fortune! Hommage d'une ame innocente et pieuse, qui ne pouvait offenser celle qui en était l'objet! hommage religieux, que l'amour déposait avec respect aux pieds du malheur, comme on dépose une offrande sur les autels de la Divinité!

A son retour dans la maison paternelle, il reprit avec délices ses premières occupations. Il recueillait des insectes, élevait des oiseaux, cultivait son jardin, et relisait sans cesse la *Vie des Saints*. Mais ces plaisirs furent encore interrompus par une circonstance qui éveilla en lui un nouveau goût, celui des voyages. Depuis longtemps sa famille était liée avec un capucin du voisinage, homme agréable qui s'était fait l'ami de la maison en caressant les enfans et en leur donnant des dragées. Chaque jour il rendait visite au *petit solitaire*, c'est ainsi que s'appelait notre écolier depuis sa fuite dans le désert. Sa bonté captiva le cœur d'un enfant qui ne demandait qu'à aimer. Le frère Paul était un des plus amusans capucins du monde, ayant toujours quelque histoire plaisante à raconter, et sachant à la fois éveiller et satisfaire la curiosité. Sur le point de faire une tournée en Normandie, il pria M. de Saint-Pierre de lui confier son fils, auquel il promettait instruction et plaisir. Sa proposition fut accueillie avec empressement, et voilà notre petit ermite, devenu apprenti capucin, voyageant à pied, le bâton à la main, suivant ou précédant son guide, et se croyant déjà un grand personnage. Le soir, son compagnon le conduisait soit dans un couvent, soit dans un château, soit même chez quelque riche villageois, et partout il se voyait accueilli, fêté, caressé, soupant bien, dormant bien, et prenant goût au métier. Les dames surtout, charmées de son air éveillé, ne manquaient jamais de remplir ses poches de toutes sortes de friandises pour lui faire oublier les fatigues du voyage. Malgré cette précaution, il demandait souvent à se reposer. Son guide se gardait bien alors de le contredire; mais ayant recours à la ruse, il lui montrait dans le lointain une belle forêt, ou une prairie émaillée, lui promettait de s'y arrêter, puis commençait une historiette dont l'intérêt ne manquait pas de redoubler à l'approche du but qui, bientôt dépassé, reparaissait toujours à l'horizon sous les plus rians aspects. Ainsi, de plaisir en plaisir, d'histoire en histoire, on arrivait au gîte sans s'être aperçu de la longueur du chemin. La tournée dura quinze jours, et le petit voyageur fut si satisfait de cette vie indépendante, qu'à son retour il annonça sérieusement le dessein de se faire capucin. Et comme il racontait ses aventures à sa famille réunie pour l'entendre, il se prit à dire que vraiment les capucins étaient fort heureux; qu'ils faisaient bonne chère, et que dans un couvent où il s'était arrêté, il avait vu qu'on leur servait à chacun une tête de veau. Son père rit beaucoup de cette exagération, et lui demanda où il prétendait qu'on eût pris toutes ces têtes. Cette objection lui troubla l'esprit, et lui donna à penser qu'il n'avait peut-être pas bien observé la vie des capucins.

C'est à peu près à cette époque que sa marraine, pour encourager ses études, lui fit présent de quelques livres, parmi lesquels se trouvait *Robinson*. Peut-être avait-elle compté sur l'effet de ce roman pour changer le cours de ses idées; mais elle ne put prévoir la révolution singulière que sa lecture allait opérer. Frappé d'une situation si neuve et si touchante, il ne put jamais s'en détacher. L'île déserte, les lamas, le perroquet, Vendredi, devinrent l'unique objet de ses pensées, et l'impression fut si vive, qu'elle influa peut-être sur le reste de sa vie, et qu'on en retrouve des traces dans tous ses projets et dans tous ses ouvrages.

La première lecture fut une espèce d'enchantement. Chaque soir il s'endormait avec Robinson dans quelque agréable solitude, défrichant la terre, plantant des arbres, lisant la Bible, élevant des palissades, et se défendant seul contre une armée de sauvages. Les nuits et les jours s'écoulaient ainsi dans des rêveries délicieuses. Cependant il venait d'atteindre l'âge de douze ans; son cœur déja troublé par des desirs vagues, mais pleins de charmes, commençait à sentir dans Robinson est un modèle imparfait de l'homme. La tête de ce solitaire renferme bien le germe des arts et des sciences; la nécessité les fait éclore; mais on n'y sent point le feu des passions qui les font fleurir, et qui sont elles-mêmes les premiers mobiles de la vie humaine : l'amour et l'ambition.

Robinson n'est que la tête d'un homme, il lui manque un cœur. On le voit, à la vérité, touché d'un sentiment religieux, diriger ses méditations vers le ciel : et cette lueur divine qui se reflète sur toutes les situations de sa vie mélancolique en fait sans doute le plus grand charme : mais on ne le voit jamais, ni réchauffé de la chaleur de l'amour, ni agité de ces ressouvenirs qui acquièrent tant d'énergie dans la solitude, et ajoutent des regrets particuliers à chacune de nos privations. Au sein de l'abondance, même dans sa misère, il ne desire jamais une compagne, sans laquelle aucune vie ne peut être appelée humaine, suivant cette parole aussi ancienne que le monde : Il n'est pas bon que l'homme soit seul.

C'est une chose singulière que de voir ces idées vagues et confuses se développer peu à peu dans le cœur d'un enfant qui cherchait à les débrouiller et à les comprendre. Chose plus singulière encore! par un instinct unique et prodigieux à cet âge, il se mit à refaire ce livre, sans le vouloir, devinant comme par inspiration tout ce que l'auteur avait oublié d'y mettre. C'est ainsi qu'en se mettant à la place de Robinson, il sentit que cet ouvrage si ingénieux ne peut cependant s'appliquer à aucun homme en particulier; car l'enfance de l'homme doit être long-temps protégée par le secours d'autrui, et l'intelligence est plutôt le résultat des préjugés de la société que des lumières indirectes de la nature.

Pour construire sa cabane, pour cultiver son jardin, il avait souvent besoin d'un compagnon. De cette faiblesse qui le forçait de recourir à ses semblables, il tira cette conséquence, que l'être le plus isolé est nécessairement lié avec le genre humain; ce qui en fait dans tous les cas un être moral, obligé de rendre à ses semblables les secours qu'il en a reçus. De cette conséquence il tira cette autre conclusion, qu'aucun homme ne peut être heureux si la société dans laquelle il vit n'est heureuse elle-même; ce qui le conduisit naturellement à s'occuper de la recherche du bonheur.

Le bonheur! mot ravissant, qui n'échappe à notre adolescence qu'avec les vœux de l'amour. Pourquoi ces rêveries solitaires, ces prières ardentes? Jeune homme, que demandes-tu à l'avenir? Un cœur qui réponde aux battemens du tien. Doubler ton être ou mourir; aimer éternellement, uniquement, infiniment, voilà ta seule espérance. Tu ne connais encore l'amour que par le desir, et déja sa seule image te rend heureux! Attends quelques jours seulement, et tu trouveras le bonheur jusque dans tes larmes.

Cédant à ces douces inspirations, il imagina de peupler son île, et d'y supposer des amis, des femmes, des enfans. L'établissement de ces enfans le liait bientôt à des peuples voisins; de-là naissaient des amitiés et des haines, des fêtes et des querelles. Ces désordres nécessitaient des lois; le maintien de ces lois, un plan d'éducation publique; l'éducation faisait naître l'harmonie constante de la société, qui, réunie par le devoir, le besoin et l'habitude, devenait bientôt semblable à une ruche dont toutes les abeilles concourent invariablement au même but.

Le développement de ces premiers rêves de la jeunesse de Bernardin de Saint-Pierre est ici tel que lui-même se plaisait à le rappeler. Les esprits méditatifs s'étonneront sans doute, de la marche, de la gradation et du lien de ses pensées, qu'il reproduisit plus tard avec tant de charme dans ses divers ouvrages, et principalement dans *l'Arcadie*, *l'Amazone*, et *Paul et Virginie*, tableaux délicieux de cette société qui devait ramener l'innocence des premiers jours du monde. Il est intéressant de voir un enfant de douze ans s'élever, par la lecture de *Robinson*, jusqu'aux théories d'une profonde politique, trouver les bases du bonheur social dans les plus doux penchans de la nature, et travailler, comme Platon, à un code de lois pour un peuple imaginaire. Cette dernière pensée fut celle de toute sa vie : à vingt-cinq ans il voulut aller fonder une colonie au fond de la Russie, sur les bords du lac Aral ; à trente, il vendit son patrimoine pour se rendre à Madagascar, avec un projet de république ; à trente-huit, il esquissait le premier livre de l'*Arcadie*; à cinquante deux, il publiait les *Vœux d'un Solitaire*, et à soixante-dix, il recommençait l'*Amazone*.

Il était dans ces dispositions romanesques, lorsqu'un de ses oncles, nommé Godebout, capitaine de vaisseau, vint annoncer son prochain départ pour la Martinique. A cette nouvelle l'imagination du jeune homme s'enflamme ; il veut réaliser tous ses plans d'institutions humaines; il ne voit qu'îles désertes, forteresses, sauvages, gouvernemens. Son oncle, qui croit reconnaître dans ses desirs un penchant invincible pour la marine, se charge d'obtenir le consentement de son père ; il l'obtient, et le jeune législateur monte sur le vaisseau, bien résolu de se faire roi à la première île déserte qu'il va rencontrer. Le mal de mer, les dures occupations auxquelles il était condamné, les brusqueries de son oncle, mirent bientôt les regrets à la place de l'espérance, et ne tardèrent pas à dissiper ses illusions. La mer était toujours calme, on n'avait pas même l'espoir d'une tempête, et les îles désertes ne paraissent pas très-communes dans ces parages. Encore s'il avait eu le frère Paul pour charmer ses ennuis! mais aucune consolation ne lui était laissée. Bref, il vit les rives de l'Amérique, et le voyage ne lui laissa d'autres souvenirs que la tristesse de ses deux traversées.

Son père, dégoûté de tant d'essais infructueux, ne songeait plus à lui faire continuer ses études ; mais madame de Bayard, qui jugeait mieux des dispositions de son filleul, réussit à le faire rentrer en grâce. Cette fois il fut envoyé chez les Jésuites à Caen, où il ne tarda pas à obtenir de brillans succès. Peu de temps après il perdit sa marraine, et il lui sembla qu'il venait de perdre une mère. Dans son désespoir, il fit pour elle une oraison funèbre où il exprimait avec enthousiasme ses regrets et sa reconnaissance : et c'est ainsi que son premier écrit fut inspiré par sa première douleur.

Le chagrin qu'il ressentit de cette perte ne fit qu'accroître son penchant pour la solitude, et le prépara aux nouvelles impressions qu'il allait bientôt recevoir. On sait avec quelle adresse les jésuites captivaient leurs élèves, et les attiraient à eux par de lectures faites pour toucher vivement les ames. Les veilles des fêtes des saints de leur ordre, ils avaient établi des espèces de demi-congés où chaque professeur lisait à son auditoire les voyages de quelque missionnaire jésuite. On peut juger de l'attention des élèves par l'intérêt singulier de ces relations. Tantôt ils se sentaient attendris au récit des persécutions et des tortures que le martyr éprouvait chez les peuples barbares; tantôt l'assemblée entière était ravie d'admiration en le voyant sortir sain et sauf des profondeurs d'un cachot ou des flammes d'un bûcher, recevoir les hommages de ses néophytes et faire, en se promenant avec eux, quantité de miracles. Ces lectures rappelaient au jeune de Saint-Pierre d'autres lectures encore présentes à son imagination. Il ne concevait rien de plus agréable que de voguer d'île en île, de côtoyer les rivages du Gange ou de l'Amazone, de traverser les vastes forêts du Nouveau-Monde, et, chemin faisant, d'apaiser les tempêtes, de convertir les peuples, et de voir les tigres lui lécher les pieds, ou les dauphins rapporter son crucifix du sein des flots. Age précieux d'innocence et de simplicité, où l'on croit plus à ce qu'on lit qu'à ce qu'on voit, où l'imagination nous environne de ses prestiges, comme pour nous dédommager des tristes réalités du reste de la vie! Bientôt les lectures publiques ne suffirent plus à sa curiosité. L'heure de rentrer en classe sonnait, le récit était interrompu; et comment travailler lorsqu'on laissait un martyr entre les mains des Sauvages, lorsque le bûcher était allumé, et que des anges venaient d'apparaître dans le ciel? Le grec, le latin, les jeux mêmes étaient oubliés pour rêver au dénouement de cette aventure. Enfin le goût de ces relations pieuses devint une espèce de fureur; non-seulement notre écolier achetait tous les volumes qu'il pouvait se procurer, mais encore il dérobait ceux de ses camarades et jusqu'à ceux de son régent. Aucun voyage n'était en sûreté ; un livre oublié était un livre pris. Il lisait en classe, dans les jardins, dans les promenades, se passionnant pour ses héros au point d'oublier tout ce qui l'environnait. Son professeur, l'ayant puni plusieurs fois inutilement, le fit venir dans son cabinet pour chercher à découvrir la cause d'une négligence si coupable. Pressé de parler, il avoua, en baissant les yeux, qu'il était tourmenté du désir de voyager et d'être martyr. Cette double vocation fit sourire le jésuite, qui, loin de le rebuter, se mit à faire l'éloge des missionnaires, et lui proposa de l'associer aux travaux des pères qui allaient prêcher la foi aux Indes, à la Chine et au Japon. « Nous aurons grand soin de vous, lui dit-il, et peut-être serez-vous un jour, selon vos souhaits, un illustre martyr ou un fameux voyageur. » Cette promesse enchanta le néophyte, qui écrivit aussitôt à son père pour lui demander la permission de se faire jésuite, attendu qu'il était absolument décidé à convertir les peuples sauvages. M. de Saint-Pierre, surpris de cette nouvelle vocation, s'empressa de rappeler son fils auprès de lui, en promettant toutefois de ne pas contrarier ses projets. Pénétré de joie, la tête pleine de prodiges, et pensant aux grandes fatigues de ses prochains voyages, le jeune homme monta en diligence, et arriva au Havre où il était attendu. La première personne qu'il aperçut en approchant de la ville, fut la bonne Marie Talbot, qui le reçut d'un air triste, les larmes aux yeux, et qui lui dit en soupirant : « Quoi! monsieur Henri, vous voulez donc vous faire jésuite? » Il lui répondit en l'embrassant. Arrivé à la maison paternelle, il trouva sa mère dans une égale affliction, ce qui le toucha vivement, mais sans ébranler sa vocation. Le frère Paul vint encore lui conter des histoires. On lui fit lire les plus célèbres voyageurs, et peu à peu l'impression des missionnaires s'étant affaiblie, il fut plus facile d'obtenir de lui qu'il achèverait ses études et qu'il se déciderait après. C'est alors qu'il fut envoyé au collége de Rouen, où il fit sa philosophie et obtint le premier prix de mathématiques en 1757, sous le professeur Le Cat. Il était âgé de vingt ans.

De ces lectures si délicieuses, des dispositions qu'elles éveillèrent, il lui resta cet esprit religieux qui lui montrait partout la main de la Providence, et cet amour de la liberté qui ne lui permit jamais de garder aucune place. Mais les souvenirs du collège étaient loin d'avoir le charme des souvenirs de la maison paternelle. La perte d'un ami tendrement aimé, la nouvelle de la mort de sa mère, tout, jusqu'au prix qu'il remporta, avait laissé dans son ame des impressions douloureuses. Et quant à ce dernier fait, nous avons sous les yeux quelques notes où il s'accuse d'avoir été tourmenté dans sa jeunesse de deux passions terribles, l'ambition et l'amour, l'ambition surtout, qu'il attribuait à ces concours, à ces rivalités dont il s'était souvent loué d'être le premier. Tous les vices de la société, disait-il, sortent des collèges. D'abord notre séparation d'avec les parens fait naître l'indifférence absolue pour la famille; et sans l'amour de la famille, il ne peut exister d'amour de la patrie. Vient ensuite l'émulation, qui n'est qu'une ambition déguisée, qui se tourne en haine dans le monde. Ajoutez à tant d'inconséquences les prix donnés aux beaux discours et jamais aux bonnes actions; les éloges exclusifs des héros de la Grèce et de Rome, comme si nos pères n'avaient rien fait pour la gloire, comme si la chose la plus utile pour un Français était de lui apprendre ce qu'étaient les Grecs et les Romains. A cette première instruction succède celle du monde, des affaires, des femmes, qui n'a aucun rapport avec les souvenirs d'Athènes et de Rome. Ainsi, d'un côté l'éducation du monde affaiblit les forces de l'ame, flatte les vices heureux, honore les ambitions puissantes; de l'autre, l'éducation de collège nous exagère nos propres forces ou les use sur des objets imaginaires. Tel se croit capable d'imiter Mutius Scévola qui se plaint d'une égratignure. Au lieu de soutenir notre faiblesse par des exemples tirés des conditions les plus simples de la société, on irrite notre orgueil, on éveille notre ambition, en nous faisant admirer les conquêtes d'Alexandre, le suicide de Caton, la fureur de Brutus, comme si nous devions un jour dévaster la terre, arracher nos entrailles, ou faire égorger nos enfans. Faible mortel! voilà donc les signes de ta raison, les modèles de ton héroïsme, les preuves de ta sagesse; voilà ce qu'on t'apprend à admirer : le pillage de l'univers, un suicide et un assassinat! Ah! la voix des prophètes nous crie encore à travers les siècles, que celui qui sème du vent doit s'attendre à recueillir des tempêtes!

Il est un autre péril plus grand encore que celui de fausser la pensée; c'est celui de dépraver le cœur, de briser les affections de famille et de les remplacer par des affections étrangères. M. de Saint-Pierre se souvenait avec attendrissement que dans sa première enfance il ne quittait jamais la maison de son père sans éprouver les plus vives angoisses. Séparé de ceux qu'il aimait, il ne pouvait songer qu'à les revoir. Loin de se livrer à des amitiés nouvelles, il s'éloignait de ses camarades et de leurs jeux brillans, comme il s'éloigna plus tard des hommes et de leurs jeux cruels. Mais un long séjour au collège affaiblit peu à peu la ferveur de ce sentiment. Un de ses camarades plus âgé que lui, et qui, ainsi que lui, était tendre, studieux, mélancolique, lui inspira une amitié si passionnée, qu'elle absorba bientôt toutes ses facultés. M. de Chabrillant avait ces goûts simples et vertueux qui marquent toujours une ame supérieure lorsqu'ils sont le fruit de la réflexion : c'était un de ces jeunes gens précoces à qui une sensibilité exquise tient lieu de sagesse. Son caractère formait un parfait contraste avec celui du jeune de Saint-Pierre. Il avait un nom, de la fortune, des talens, et il méprisait la gloire, l'argent et les hommes. Sa plus douce fantaisie était de se dérober au monde, de labourer un champ, d'habiter une chaumière. Son ami, au contraire, quoique sans fortune, sans titre, sans protecteur, livrait son ame à tous les genres d'ambition. Il voulait courir les mers, fonder des républiques, combattre, écrire, réformer les peuples corrompus et civiliser les nations barbares. Celui qui possédait tout, n'aspirait qu'à l'obscurité; celui qui ne possédait rien, voulait gouverner le monde, et n'aspirait qu'à la renommée. Souvent ils se livraient à des discussions véhémentes sur ces graves questions qui ont occupé la vie des sages. M. de Chabrillant faisait de beaux discours de morale dans le genre de Plutarque; son ami lui répondait par des fictions séduisantes dans le genre de Platon; et sans jamais parvenir à s'accorder, ils s'aimaient chaque jour davantage.

L'époque des vacances étant venue, le jeune de Saint-Pierre fut rappelé dans sa famille, et cette nouvelle, attendue autrefois avec tant d'impatience, reçue avec tant de joie, ne lui apporta qu'un sentiment de tristesse. Il vit avec surprise que la maison paternelle n'était plus sa première pensée; mais sans approfondir pour lors ce nouveau sentiment, il ne songea qu'à obtenir de son père d'aller passer les vacances chez M. de Chabrillant. Ainsi s'étaient brisés peu à peu les liens de la famille. Qu'il y avait loin de ce qu'il venait d'éprouver, à l'horreur avec laquelle il eût repoussé, deux années auparavant, la seule pensée de quitter la maison paternelle! Mais aussi que de moyens on avait employés, que de peines on s'était données pour détourner ses tendres affections, et pour lui faire oublier ce qui avait ravi son enfance!

Les deux amis partirent ensemble, bien résolus de ne se jamais quitter : projets inutiles que les mortels ne devraient jamais faire! La santé délicate de Chabrillant ne put résister à la crise qui sépare l'enfance de l'adolescence; chaque jour on le voyait dépérir. Près d'expirer, il ne songeait qu'aux douleurs de son ami; il lui rappelait le souvenir d'Étienne de la Boétie, et faisant allusion à ses paroles qu'ils avaient tant admirées, « il le priait » aussi d'avoir courage, et de montrer par effet que les » discours qu'ils avaient tenus ensemble pendant la santé, » ils ne les portaient pas seulement en la bouche, mais » engravés bien avant au cœur pour les mettre en exé- » cution. [1] » Ainsi ce bon jeune homme ne voyait dans la mort qu'un moyen d'essayer sa vertu; et lorsqu'à sa dernière heure il tournait vers son ami son dernier regard,

---

[1] Voyez la *Ménagerie de Xénophon*, etc., traduite du grec par Étienne de la Boétie, et publiée par Montaigne, qui inséra à la suite une relation bien touchante de la mort de son ami.

il lui dit d'une voix mourante : « Henri, ne pleure pas, ce n'est pas pour toujours ! » Cette perte laissa dans l'ame du jeune de Saint-Pierre un regret que rien ne put effacer. Il lui donnait encore des larmes lorsque lui-même, parvenu au terme de la vie, il n'aimait à se rappeler du passé que le temps où l'amitié lui était apparue sous la forme la plus touchante, pour disposer son ame à la vertu.

Mais les plus beaux jours de Bernardin de Saint-Pierre se sont évanouis ! L'enfance n'est plus, et déjà commencent les fautes de la jeunesse, les projets de fortune, les songes rapides de l'amour, et cette ambition qui tourmenta sa vie, et dont lui-même il avouait l'erreur :

*Optima quæque dies miseris mortalibus ævi*
*Prima fugit.....* [1]

Le prix de mathématiques semblait indiquer sa vocation : il entra donc à l'école des ponts et chaussées, et il y étudiait depuis un an lorsqu'il apprit que son père venait de se remarier. Ce nouvel hymen devait faire tarir la source des bienfaits paternels. Pour comble de malheur, une mesure d'économie fit réformer, à la même époque, les fonds destinés à l'école, en sorte que la plupart des ingénieurs et tous les élèves furent remerciés. Frappé de ces deux coups inattendus, il prit aussitôt la résolution de solliciter du service dans le génie militaire. Ses premières démarches ayant été inutiles, un de ses compagnons d'infortune lui proposa d'aller à Versailles, où le ministre de la guerre formait un corps de jeunes ingénieurs. Avant de partir, ils se présentèrent chez leur ancien directeur pour en obtenir des lettres de recommandation. Celui-ci les différa dans l'intention de se donner le temps de placer quelques élèves auxquels il prenait plus d'intérêt. Fatigués d'attendre ces lettres, les deux solliciteurs prennent le parti de s'en passer, et se rendent à Versailles. Par un hasard singulier, le chef du nouveau corps attendait en ce moment les deux jeunes gens recommandés par le directeur. Accueillis comme des hommes protégés, ils reçoivent aussitôt leur brevet, et ne peuvent revenir de la facilité avec laquelle leurs vœux sont remplis. Bref, lorsque la méprise fut découverte, il n'était plus temps de la réparer, et ils eurent la double satisfaction d'être placés, et de l'être sans recommandation.

Ses appointemens étaient de cent louis : il reçut une gratification de six cents livres ; c'était une fortune inespérée, et il partit aussitôt pour Dusseldorf, où se rassemblait une armée de trente mille hommes commandée par M. le comte de Saint-Germain [2]. Il put juger alors des effets de cette gloire dont il avait été ébloui dès sa plus tendre enfance. Les scènes horribles que les historiens laissent dans l'ombre lorsqu'ils louent les héros, s'éclairèrent tout à coup, et il fut épouvanté des fureurs et de la démence humaine. Toujours envoyé en avant pour faire des reconnaissances, ses regards ne rencontraient que des villages déserts, des champs dévastés, des femmes, des enfans, des vieillards qui fuyaient en pleurant leur chaumière. Partout des hommes armés pour détruire triomphaient des douleurs des hommes ; partout la destruction était le comble de la gloire. Mais au milieu de tant d'actes de cruauté, un trait sublime vint consoler notre jeune philosophe, et lui montrer un homme où il n'avait encore vu que des victimes et des bourreaux. « Un » capitaine de cavalerie, commandé pour aller au fourrage, se rendit à la tête de sa troupe dans le quartier » qui lui était assigné. C'était un vallon solitaire où l'on » ne voyait guère que des bois. Il y aperçoit une pauvre » cabane, il y frappe ; il en sort un vieil hernhuter [1] à la » barbe blanche. — Mon père, lui dit l'officier, montrez-moi un champ où je puisse faire fourrager mes » cavaliers. — Tout à l'heure, reprit l'hernhuter. Ce bon » homme se met à leur tête et remonte avec eux le vallon. Après un quart d'heure de marche, ils trouvent » un beau champ d'orge. — Voilà ce qu'il nous faut, dit » le capitaine. — Attendez un moment, répond le conducteur, vous serez contens. Ils continuent à marcher, » et ils arrivent à un autre champ d'orge. La troupe » aussitôt met pied à terre, fauche le grain, le met en » trousse et remonte à cheval. L'officier de cavalerie dit » alors à son guide : Mon père, vous nous avez fait aller » trop loin sans nécessité ; le premier champ valait mieux » que celui-ci. — Cela est vrai, monsieur, reprit le bon » vieillard, mais il n'était pas à moi. »

Cependant une bataille générale se préparait. Un matin l'armée fut rangée sur deux lignes. Depuis trois heures elle était immobile et dans un morne silence, lorsque plusieurs aides-de-camp passèrent au grand galop en criant : « Marche la cavalerie ! » Au même instant trente mille sabres parurent en l'air. M. de Saint-Pierre, chargé de porter des ordres à l'autre extrémité du champ de bataille, fut renversé dans la mêlée ; il se releva froissé et blessé, poursuivit sa course, et rejoignit M. de Saint-Germain, mais après avoir rempli sa mission. Il le trouva exposé au feu le plus terrible et donnant tranquillement ses ordres. Plusieurs officiers témoignant leur impatience, et desirant sans doute se mettre hors de la portée du mousquet, ce général leur dit froidement : « Messieurs, modérez un peu l'ardeur de vos chevaux. »

Le champ de bataille resta aux Français. Mais peu de jours après, M. de Saint-Germain ayant osé combattre les avis du maréchal de Broglie, fut disgracié, et l'on envoya pour le remplacer le chevalier du Muy. Dès lors tout alla mal dans l'armée. L'obéissance aveugle de ce dernier aux ordres du maréchal causa les plus grands malheurs. Chaque jour on éprouvait quelques nouvelles pertes. Un matin M. de Saint-Pierre reçut l'ordre d'aller reconnaître les positions occupées par le prince Ferdinand. Il traversa la plaine de Warburg au milieu d'un brouillard épais, et trouva le général Fischer qui faisait bonne contenance. On distinguait à peine quelques hussards ennemis qui caracolaient autour de cette partie de l'avant-garde, en faisant le coup de pistolet.

---

[1] Virg., *Georg.*, lib. III.
[2] Campagne dans le pays de Hesse, 1760.

[1] Les hernhuters sont des espèces de quakers répandus dans quelques cantons de l'Allemagne. Ce trait est rapporté par l'auteur lui-même dans les notes du tome III des *Études de la Nature*.

Tout à coup un aide-de-camp du maréchal de Castries, le chevalier de La Motte, vint à passer à bride abattue, en criant : « Dans trois minutes vous allez avoir cinq mille hussards sur les bras. » Aussitôt la plaine se couvre de fuyards. Entraîné par la multitude, M. de Saint-Pierre courut long-temps sans pouvoir se dégager ; enfin ayant peu à peu tiré sur la droite, il se trouva seul et vit ce nuage fondre sur la gauche. Arrivé à Warburg, tout était en confusion : les équipages encombraient le pont, les troupes se dispersaient, et les généraux ne savaient quel parti prendre. Ils délibéraient encore, lorsque le brouillard, se levant peu à peu, laissa voir l'ennemi à portée du canon. Il s'avançait sur trois colonnes et débordait l'armée française qui se trouvait au milieu du feu. Dans cette situation dangereuse, les officiers, ne prenant conseil que de leur courage, tentèrent de s'ouvrir un chemin dans les rangs ennemis. Un si généreux dévouement fut inutile, et le sacrifice de leur vie ne put sauver l'armée. Les fantassins, les cavaliers, les uniformes bleus, rouges, blancs, se précipitaient pêle-mêle du haut de la montagne. On avait à peine combattu et déjà la déroute était complète. M. de Saint-Pierre s'élança avec son cheval sur des rochers si escarpés, que dans un autre moment il n'eût osé les regarder de sang froid. Parvenu au bord de la Dymel, dont les eaux ne roulaient que des cadavres, il la traversa à la nage au milieu du feu le plus vif, et il atteignit l'autre rive, d'où il put contempler cet horrible désastre. Les flancs de la montagne qu'il venait de quitter étaient couverts de malheureux Français morts ou blessés ; ils apparaissaient à travers la fumée du canon comme des ombres sanglantes ; et atteints de tous côtés par le feu ennemi, ils mouraient sans pouvoir se défendre. Cet affreux spectacle se prolongeait sur toute la rive.

Peu de temps après cette bataille, M. de Saint-Pierre, desservi par des chefs qui ne lui pardonnaient ni ses talens, ni sa franchise, ni d'occuper une place dans le génie militaire sans appartenir à ce corps, fut suspendu de ses fonctions, et reçut l'ordre de se rendre à Paris. Le voilà donc sans ressources, sans protections, et réduit à se justifier auprès de quelques grands, bien décidés à le trouver coupable. Il ne perdit cependant pas courage, et se rendit à Francfort, où il fit la rencontre d'un officier de hussards qui menait à sa suite une marchande de café de l'armée. Ils s'arrangèrent pour faire ensemble la route de Mayence, où ils arrivèrent un soir peu de temps avant la nuit. À l'aspect de cette grande ville, la maîtresse du hussard ne peut supporter la pensée d'y paraître en négligé. Elle fait arrêter la voiture, se relève le teint avec un peu de rouge, met des plumes sur sa tête, et s'affuble d'un mantelet de soie blanc. Pendant qu'elle prépare sa toilette, ses deux chevaliers prennent à pied le chemin de la ville, et retiennent plusieurs chambres dans la meilleure auberge. Bientôt la voiture arrive avec fracas, et la voyageuse parait dans tout l'éclat de sa parure. L'hôtesse empressée s'avance pour la recevoir ; mais saisie d'un scrupule soudain à la vue de son rouge et de son mantelet de soie, elle refuse obstinément de lui ouvrir sa maison. Ni les prières ni les menaces ne peuvent la toucher. Obligés de chercher un autre logement, nos galans chevaliers parcourent la ville entière, et partout, à l'aspect de leur compagne, ils essuient le même refus. Enfin, après deux heures de supplications inutiles, ils furent trop heureux de se loger dans un méchant cabaret, où on leur servit un méchant souper. Il serait difficile de peindre la figure déconcertée de la pauvre voyageuse. Quant à M. de Saint-Pierre, il ne put jamais oublier cette bonne ville où un étranger pouvait coucher à la belle étoile, parce qu'une femme avait eu la fantaisie de mettre un peu de rouge.

Le lendemain il abandonna ces deux ridicules personnages et traversa la France en faisant les plus cruelles réflexions sur le mauvais état de ses affaires. Dégoûté de la guerre, n'ayant aucun dessein arrêté, il crut trouver quelques secours auprès de sa famille, et se rendit chez un de ses oncles à Dieppe. Dans le premier moment, sa tante parut charmée de le recevoir et le combla de caresses. Elle s'imaginait qu'il avait laissé ses chevaux et ses gens à l'auberge ; mais quand elle apprit qu'il était venu seul et sur un cheval de louage, elle se refroidit insensiblement et finit par lui chercher querelle. Obligé de quitter la maison de son oncle pour se rendre au Havre, il y passa trois mois auprès de son père qui était remarié depuis un an. Mais s'étant aperçu que son séjour commençait à fatiguer sa belle-mère, il résolut de tenter encore une fois la fortune. Il lui restait six louis ; un billet de la loterie de Saint-Sulpice doubla cette somme, et c'est avec ce petit renfort qu'il prit la route de Paris, vers le commencement de mars de l'année 1761.

Une aventure extraordinaire qui fut sur le point d'armer toute l'Europe, lui présenta une occasion de se tirer d'affaire. Un vaisseau de guerre turc, la *Couronne ottomane*, était allé, suivant l'usage, lever le *carache*, ou tribut payé au grand-seigneur par les Grecs des îles de l'Archipel. Il jeta l'ancre près des rives de la Morée, et une partie de son équipage étant descendue à terre avec tous les officiers, soixante esclaves français formèrent le hardi projet de s'emparer du vaisseau. Ce projet réussit, et sur quatre cents hommes restés à bord, un bien petit nombre se sauva à la nage. Aussitôt les câbles furent coupés ; on laissa tomber les grandes voiles, et le vent de terre venant à souffler, les vainqueurs furent emportés en pleine mer. La nuit vint, et ils échappèrent à toutes les poursuites. Le capitan-pacha, qui était descendu à terre, paya cette imprudence de sa tête.

Cependant les fugitifs se dirigèrent vers la rade de Malte, où ils entrèrent un dimanche matin. Le grand-seigneur somma l'île de rendre le vaisseau ; on craignit un siége, et plusieurs ingénieurs furent envoyés au secours de l'ordre. M. de Saint-Pierre fut du nombre ; on promit de lui adresser à Toulon la commission de lieutenant et le brevet d'ingénieur-géographe. Sur la foi de ces promesses, il se rendit à Lyon au commencement de mai. La beauté de la saison et les espérances de fortune dissipèrent peu à peu ses inquiétudes. Il se livra au plaisir de voir des objets nouveaux. Cependant il n'y a guère de villes intéressantes entre Paris et Lyon. Il semble que ces deux grandes cités épuisent toutes celles qui

les environnent, comme de grands arbres étouffent les végétaux qui croissent sous leur ombre. Après quelques jours de repos à Lyon, il se rendit à Marseille où il ne fit qu'un court séjour. Tous les soirs il se promenait sur le port, en observant les divers costumes des navigateurs que le commerce y attirait de toutes les parties du globe. Il y voyait des Tartares, des Arméniens, des Grecs, des Indiens, des Chinois, des Persans, des Moresques, etc.: c'était comme un abrégé du monde. Le port de Toulon, où il ne tarda pas à se rendre, et où il fut présenté au capitaine du vaisseau *le Saint-Jean* par l'ingénieur en chef, lui offrit un spectacle moins varié; mais il en emporta le souvenir d'une aventure touchante. « Au moment de
» m'embarquer, dit-il, un homme, à barbe longue, en
» turban et en robe, qui était assis sur ses talons à la
» porte du café de la Marine, m'embrassa les genoux
» comme j'en sortais, et me dit en langue inconnue
» quelque chose que je n'entendais pas. Un officier de la
» marine qui l'avait compris, me dit que cet homme
» était un Turc esclave, qui, sachant que j'allais à
» Malte, et ne doutant pas que son sultan ne prit cette
» île et ne réduisit tous ceux qui s'y trouveraient à l'es-
» clavage, me plaignait de tomber si jeune dans une
» destinée semblable à la sienne. » [1] M. de Saint-Pierre fut d'autant plus touché de cette scène, qu'il éprouva la douleur de ne pouvoir secourir cet infortuné. L'élan généreux d'un vieillard qui oubliait ses propres maux pour gémir sur ceux d'un étranger qu'il devait regarder comme un ennemi, lui montrait le cœur humain dans toute sa sublimité. Il s'étonnait cependant d'avoir excité la pitié d'un homme plus malheureux que lui, car l'expérience ne lui avait point encore révélé la profondeur de ce vers de Virgile, qu'il mit dans la suite à la tête de tous ses ouvrages:

« *Non ignara mali miseris succurrere disco.* »

Peu de jours après cette aventure, il se rendit à bord du vaisseau, et l'on mit à la voile. Mais il commit une imprudence qui devait le jeter dans de grands embarras: ce fut de partir sans la commission qui lui avait été promise. Les officiers du génie ne lui voyant ni titre, ni fonction, ne voulurent bientôt plus le reconnaître, et dès lors il fut en butte à l'intolérance d'un corps auquel il n'appartenait pas.

Un événement déplorable troubla cette courte aventure. Un jour on entendit crier que deux jeunes gens qui se jouaient sur les lisses venaient de tomber dans la mer. Aussitôt le vaisseau arrive, le canot est mis à flot, et l'on coupe le *salva nos*, espèce de grands cônes de liège, suspendus à la poupe. Toutes ces précautions furent inutiles. Le vaisseau avait été poussé si rapidement loin de ces infortunés, qu'ils ne purent jamais l'atteindre. On les voyait nager dans le lointain, mais déja l'on ne pouvait plus entendre leurs cris. Bientôt ils levèrent les bras vers le ciel; ce fut le dernier signe de leur détresse: ils s'enfoncèrent dans les flots, et disparurent pour toujours. Ces deux jeunes gens périrent sans qu'aucun de leurs camarades, qui se jetaient tous les jours à la mer pour quelques pièces de monnaie, témoignât le moindre désir d'aller à leur secours.

Le onzième jour après le départ, on découvrit les côtes de Malte, qui sont blanches et peu élevées. On y débarqua à midi. Il y avait dans le vaisseau quatre ingénieurs; ils se réunirent pour rendre visite au grand-maître, et laissèrent M. de Saint-Pierre seul sur le rivage, sous prétexte qu'il n'appartenait pas au corps du génie militaire. Surpris d'une pareille conduite, il l'attribua à l'oubli du ministre qui ne lui avait point envoyé la commission promise. Mais que devint-il en apprenant que l'ingénieur en chef le faisait passer pour son dessinateur? Indigné d'un pareil mensonge, il réclama successivement devant le ministre de France, le grand-maître, et M. Burlamaqui, commandant en chef. Ces réclamations n'ayant eu aucun succès, il prit le parti de se retirer et d'attendre qu'on voulût en user plus convenablement avec lui. Il loua une petite maison à un étage six francs par mois, et y vécut solitaire avec un vieux domestique qui lui coûtait le même prix. Ce domestique était Portugais, et d'une fierté qui ne lui permettait d'obéir qu'à sa propre volonté. Il refusait même de porter des fruits achetés au marché; ce qui réduisait la plupart du temps M. de Saint-Pierre à se servir lui-même. Un jour cependant il voulut bien prendre sous son bras une harpe que son maître venait de louer; et comme ce dernier lui témoignait sa surprise d'un changement si subit, il répondit avec dignité « que tout ce qui pouvait faire honneur
» à l'homme, comme les livres, les tableaux, la musique,
» il était toujours disposé à s'en charger; mais que jamais il ne s'abaisserait à porter des vivres, » M. de Saint-Pierre rencontrait souvent ce bon homme, qui, après avoir achevé son service, se promenait gravement sur la place publique, coiffé d'une perruque à trois marteaux, et une canne à pomme d'or à la main.

Cependant les ennemis de notre jeune solitaire cherchaient tous les moyens de le perdre. De ridicules calomnies furent répandues sur sa personne et sur sa famille, et comme il en témoignait un jour son ressentiment dans les termes les plus vifs, on fit aussitôt courir le bruit que la chaleur du climat avait agi sur son cerveau, et qu'il était atteint de folie. Dans cette situation, quelques amis s'empressèrent de le consoler. Tels furent un simple chevalier nommé Pestel, le marquis de Roullet, et le Bailli de Saint-Simon. Mais quelle distraction pouvait-il espérer de la société, dans un pays où l'on ne se réunit que pour jouer, et où il n'y a ni jardins, ni promenades, ni spectacles? Le malheur ne lui avait point encore appris à obéir sans murmurer aux ordres de la Providence, et à se consoler de l'injustice des hommes par l'étude de la nature.

Le siége n'eut pas lieu, et chacun ne songea qu'à retourner en France. M. de Saint-Pierre reçut 600 livres pour les frais de son voyage, et il s'embarqua sur un vaisseau danois qui faisait voile pour Marseille. Malheureusement le capitaine n'avait aucune connaissance de cette mer où les orages s'élèvent avec une effroyable rapidité. Après avoir louvoyé long-temps, ils se trouvèrent à la vue de la Sardaigne entre le banc de la Case et les rochers à pic qui hérissent la côte. Dans cette partie,

---

[1] *Vœux d'un Solitaire.*

lorsque la mer, qui n'a que vingt-cinq pieds de profondeur, est agitée par les vents, elle soulève les terres mouvantes des bas-fonds, et alors les vaisseaux courent risque d'être engloutis sous des montagnes de sable. Pour accroître l'effroi, le nom de ce lieu rappelle aux matelots le naufrage de M. de la Case, sa fin déplorable, et celle de tout son équipage.

Du côté de la terre, le péril n'est pas moins grand. Ces rives sont habitées par des paysans à moitié sauvages. On les voit accourir au milieu des tempêtes, s'élancer de rocher en rocher, et achever impitoyablement les malheureux que les flots leur apportent. Sur le soir, le vaisseau se trouva arrêté par le calme entre ces deux dangers. La chaleur avait été excessive, et le ciel se couvroit insensiblement de nuages noirs et cuivrés. La nuit vint encore augmenter l'horreur de ce spectacle. On craignait le coup de vent de l'équinoxe; toutes les manœuvres furent suspendues, et l'on soupa de bonne heure pour se préparer aux fatigues de la nuit. Les passagers, assis autour de la table, attendaient dans un morne silence, lorsqu'un officier qui venait de monter sur le pont redescendit à la hâte pour annoncer qu'on allait essuyer un grain épouvantable. En effet, le vaisseau se perdit tout à coup dans une nuée prodigieuse, dont les noirs contours étaient frappés par intervalles de l'éclat subit des éclairs. Le ciel et la mer semblaient se toucher. L'équipage se hâta de serrer toutes les voiles, et d'amener les vergues sur la barre de hune. On amarra ensuite la barre du gouvernail. Pendant que tout le monde était en mouvement, un bruit sourd et lointain, semblable à celui du vent qui souffle dans une charpente, se fit entendre, et s'accroissant à chaque seconde, il semblait fondre du haut du ciel. En une minute, il gronda autour du vaisseau, qui fut couché sur le côté, tandis que le vent, la pluie, la mer et la foudre le frappaient en même temps, et assourdissaient par leur horrible fracas. Les éclairs se succédaient si rapidement, que le vaisseau était comme enveloppé d'une lumière éblouissante. Cette situation durait depuis plus d'une demi-heure, lorsque le capitaine entra, une petite lanterne sourde à la main, dans la chambre où les passagers s'étaient rassemblés. Il avait les yeux égarés, le visage pâle, et s'adressant en anglais à un de ses officiers, il lui montra la route pointée sur sa carte, et se retira les larmes aux yeux. L'officier secoua la tête, et comme tous les regards l'interrogeaient, il annonça que si la tempête durait encore une heure, le vaisseau était perdu corps et biens.

Quelques minutes après, la nuée crève sur le vaisseau et le couvre d'un déluge d'eau; alors le plus grand calme succède à l'orage. Le lendemain, les voiles furent tendues, et bientôt l'on découvrit les côtes de Provence. A cette vue, tous les passagers tombèrent dans une espèce d'extase, et ils voulurent aussitôt se faire conduire à terre. M. de Saint-Pierre y descendit avec eux, et soit que le bonheur d'échapper à un si grand péril l'eût préparé aux plus tendres émotions, soit que la patrie, après la crainte du naufrage, eût plus de charmes à ses yeux, avec quel frémissement de joie il toucha cette terre qu'il avait cru ne plus revoir! comme ses regards se reposèrent doucement sur ces rives fleuries, sur ces flots hier soulevés par l'orage, aujourd'hui si calmes et si purs! Ce gazon couvert de rosée, ces bois de myrtes, d'orangers, le souffle du zéphir, le chant des oiseaux, il croyait tout entendre, tout voir pour la première fois. Dans ce ravissement, il prit la route de Paris; mais à mesure qu'il approchait de cette ville, le charme faisait place aux plus vives inquiétudes. La tempête, le naufrage, l'attendaient encore là. Il n'avait plus d'amis, plus d'argent, plus de mère; il était seul au monde, et battu de tous les vents de l'adversité.

Il se logea dans un hôtel, rue des Maçons, et courut aussitôt rendre visite à ceux qui, avant son départ, lui avaient témoigné quelque intérêt. Le Bailly de Froulay lui parla de ses propres chagrins, et déplora le sort des grands seigneurs qui n'avaient plus de crédit dans les bureaux. M. de Mirabeau, l'ami des hommes, composait un gros livre sur le bonheur du genre humain, ce qui ne lui permettait pas de s'occuper des intérêts d'un individu isolé dans la foule. M. du Bois, premier commis, le reçut avec des airs de ministre: il lui dit qu'il fallait attendre; qu'on y songerait, qu'il ne voyait que des gens qui lui demandaient, et, en parlant ainsi, il le reconduisait poliment à la porte. Le pauvre solliciteur se consola de tant d'indignités, à la vue de cent personnes qui attendaient dans l'antichambre le bonheur de voir sourire un premier commis.

Toutes ses visites eurent le même résultat. Pendant ce temps, le peu d'argent qui lui restait fut dépensé, et la crainte de l'avenir le décida à demander quelques secours à ses parens. Mais cette démarche ne fut pas heureuse: les uns lui répondirent qu'il avait mérité sa situation; les autres, qu'il était un mauvais sujet, et que sa famille ne prétendait pas s'épuiser pour satisfaire ses caprices. Les plus honnêtes ne lui répondirent pas. Dans cette extrémité, un de ses protecteurs lui offrit une place chez un maître de pension, pour apprendre à lire aux petits enfans. Un autre l'engagea à donner des leçons de mathématiques à quelques jeunes gens qui se destinaient au génie militaire. Il accepta cette dernière proposition; mais bientôt les élèves manquèrent, et il fallut encore renoncer à cette ressource. Alors il adressa au ministre de la marine un mémoire dans lequel il proposait d'aller seul, sur une barque, lever le plan de toutes les côtes d'Angleterre. Ce mémoire singulier n'excita pas même la curiosité, et resta sans réponse. Enfin on ne lui épargna aucune humiliation. Jamais il n'avait tant senti l'amertume d'avoir besoin des hommes: déja la misère commençait à l'accabler; il avait épuisé le crédit chez un boulanger; son hôtesse menaçait de le renvoyer; et, réduit à l'isolement le plus complet, il ne voyait personne dont il pût espérer le plus léger secours.

Mais son courage croissait avec son malheur. Plus il se voyait dans l'abandon, plus il prétendait aux faveurs de la fortune. En un mot, ses projets de législation se réveillèrent avec tant de force lorsqu'il se vit sans ressources, qu'il ne songea qu'à réaliser au fond de la Russie les brillantes chimères de sa jeunesse. Il ne s'agissait de rien moins que de fonder une république et de lui donner des lois. Ce projet, qui dans un temps plus heureux lui eût peut-être paru extravagant, dans son état de délaissement et de misère lui semblait aussi simple que naturel. Il se doutait bien que pour accomplir de si grandes choses un peu d'argent lui serait nécessaire ; mais il n'eût pas été digne de sa haute fortune, s'il se fût arrêté à de semblables bagatelles. La difficulté fut donc aussitôt levée qu'aperçue. Un nommé Girault, son ancien camarade d'études, lui prêta vingt francs, le marquis du Roullet deux louis, un M. Sauti trente francs, un père de famille, nommé Diq, trois louis. Il vendit ensuite secrètement et pièce à pièce tous ses habits ; puis ayant porté chez Girault ses livres de mathématiques et un peu de linge, il se félicita d'avoir si bien préparé cette sage entreprise, et ne songea plus qu'à partir pour la Hollande. Comme il avait peu de confiance aux lettres de recommandation, qui ne sont le plus souvent qu'un moyen honnête de se défaire d'un importun, il ne voulut en emporter que deux : une pour l'ambassadeur de Hanovre à La Haye, l'autre pour le chevalier de Chazot, commandant de Lubeck et son compatriote.

C'est ainsi qu'au lieu de chercher le bonheur dans le repos d'une condition simple et médiocre, il ne le voyait que dans les agitations de la gloire, dans les hautes vertus, dans les dévouemens magnanimes. Il voulait faire de grandes choses pour être un jour l'objet d'une grande reconnaissance, et la vie ne s'offrait à lui que comme une suite d'actions héroïques qui mènent au commandement : erreur brillante, mais fatale ; résultat inévitable de cette éducation mensongère, qui nous force d'appliquer à une vie presque toujours destinée à l'obscurité les principes et les pensées qui dirigent la vie des princes et des héros. Ces dangereux souvenirs le tourmentaient sans doute lorsque, tombé dans le dénuement le plus profond, il entrevoyait la fortune la plus éclatante, imaginant que, semblable à cet infortuné voyageur des *Mille et une Nuits*, qu'on avait descendu dans un abîme, il ne devait en sortir que pour être roi.

Dès que son père eut appris ses projets de voyage, il s'empressa de lui envoyer quelques papiers de famille, parmi lesquels se trouvaient ses titres de noblesse. M. de Saint-Pierre fut charmé de posséder ces papiers ; car dans les cours du Nord il faut un nom pour réussir. Une seule chose l'embarrassait, c'est que son titre principal était un certificat signé du marquis de l'Aigle, qui attestait, il est vrai, la noblesse de la famille de Nicolas de Saint-Pierre, mais avec cette clause qu'un de ses ancêtres avait géré les affaires de la maison de l'Aigle. Ainsi une ambition trouve toujours sa punition dans une autre ambition. Une fois entré dans cette route, il était difficile de s'arrêter. Il n'avait point d'armoiries, et n'osait en prendre de trop connues ; il fit donc graver un cachet de fantaisie, qu'il enrichit de tout ce qu'il savait dans l'art du blason. Enfin il adopta le titre de chevalier, que ses amis lui donnaient depuis long-temps. Mais toutes ces précautions, qui devaient servir à le rassurer, produisirent un effet absolument contraire. Parlait-on de sa famille, il en vantait la noblesse. Prolongeait-on la conversation sur ce sujet, il coupait court,

rougissait, s'embarrassait, craignait toujours de s'entendre demander la preuve qu'il avait eu des aïeux. En un mot, les questions les plus indifférentes le faisaient frissonner, et lui apprenaient assez qu'il n'était pas né pour tromper. Dans sa vieillesse, il s'accusait d'une manière charmante de ces petits traits de vanité, et peut-être y avait-il encore quelque vanité dans cet aveu ; car alors il s'était créé d'autres titres au respect des hommes, et tout semblait lui dire qu'il venait de commencer l'illustration de sa famille par le génie et la vertu.

Son entreprise ainsi préparée, il ne songea plus qu'à son départ. Ses dettes s'élevaient à une centaine d'écus. Il fit des obligations qu'il envoya par la poste à chacun de ses créanciers, afin que son père les acquittât, si la fortune ne lui était pas favorable ; puis un beau soir il sortit furtivement de son hôtel et se rendit chez son ami Girault, qui, quoique très-malheureux lui-même, n'avait pas le courage de le suivre. Ils soupèrent ensemble. D'abord le repas fut triste : Girault s'inquiétait du présent ; M. de Saint-Pierre songeait qu'à deviner l'avenir. Mais une bouteille de Champagne étant venue ranimer leurs espérances, le grenier où ils se trouvaient retentit bientôt des éclats de leur joie. Enfin sur le minuit il fallut se décider à revenir aux réalités, et, son petit paquet sous le bras, il s'achemina seul vers la diligence de Bruxelles, après avoir promis à son ami Girault de ne pas l'oublier au jour de la prospérité.

Arrivé à La Haye, il se hâta de présenter une lettre de recommandation qu'un homme du grand monde lui avait remise pour son ami intime le baron de Sparken, ambassadeur de Hanovre. Mais quelle fut sa confusion, lorsque l'ambassadeur lui dit qu'il ne connaissait en aucune manière la personne qui avait écrit cette lettre ! Ce seigneur était déjà sur l'âge et croyait à l'alchimie. Par un effet singulier de cette crédulité, il s'imagina qu'un jeune homme qui savait les mathématiques devait avoir quelques lumières sur la pierre philosophale, et il voulut bien lui promettre une petite place, n'exigeant de lui, pour toute reconnaissance, que son secret de faire de l'or. En solliciteur novice, M. de Saint-Pierre eut la bonne foi de répondre qu'il était loin de posséder un si beau secret, et surtout d'y croire. Ce n'était pas le moyen de faire sa cour : aussi l'ambassadeur lui fit-il entendre clairement qu'un homme qui ne croyait pas à l'alchimie ne pouvait espérer de service en Hollande. Il ajouta que la religion catholique eût été d'ailleurs un obstacle insurmontable à son avancement ; que le bon temps était passé où les Hollandais prenaient à leur service des officiers de toutes les religions ; enfin que c'était bien dommage qu'il ne se fût pas présenté quatre jours plus tôt, époque à laquelle son neveu, le comte de la Lippe, s'était embarqué pour aller commander les troupes de Portugal et combattre les Espagnols. Le voyageur déçu se retira avec ces belles paroles, persuadé de deux choses dont il éprouva la vérité le reste de sa vie : c'est que les lettres de recommandation ne mènent à rien, et qu'un homme sans crédit arrive toujours le lendemain des bonnes occasions.

Quoique soupçonné par le baron de Sparken d'avoir

la pierre philosophale, il se vit bientôt sur le point de manquer de tout. Comme il se creusait inutilement la tête pour trouver les moyens de continuer son voyage, le hasard fit prononcer devant lui le nom de M. Mustel, journaliste français retiré à Amsterdam, et qui y jouissait d'une grande considération. M. de Saint-Pierre avait eu pour régent un ecclésiastique qui portait le même nom. Ce souvenir l'encourage, il prend la plume, il écrit, et M. Mustel lui répond aussitôt que ce régent est son propre frère, et qu'il se croira heureux d'être utile à un de ses disciples. Sur cette lettre, M. de Saint-Pierre se décide à prendre la route d'Amsterdam, où il trouva dans M. Mustel un homme disposé à devenir son ami. M. Mustel était un sage à la manière des anciens, c'est-à-dire qu'il pratiquait la sagesse. Il passait une partie de l'été dans un petit jardin aux environs d'Amsterdam, avec la meilleure des femmes et quelques bons amis. Là, tout en fumant sa pipe, il composait son journal sous un berceau de verdure, et du sein du repos et de la solitude il traçait jour par jour le tableau des agitations de l'Europe. Doué d'un beau talent poétique, il avait eu la force de préférer le bonheur à la gloire. Dieu, la nature, sa femme et sa plume, occupaient toutes ses pensées; et, quoiqu'il eût souvent à déplorer les revers des peuples et des rois, il les voyait sur des rives si lointaines, que jamais ses passions n'en furent excitées. Tous les vains bruits du monde venaient expirer à la porte de sa retraite, et l'histoire présente était devant ses yeux comme l'histoire des temps passés[1].

« Son bonheur me rendait gai, » disait souvent M. de Saint-Pierre. Un jour il me dit : « J'ai essayé inutile-
» ment de faire venir la laitue romaine dans mon jardin ;
» c'est que la terre est trop froide : qu'en pensez-vous?
» — Oh! lui répondis-je, ne voyez-vous pas que la lai-
» tue romaine ne peut croître dans un terrain protes-
» tant? » Cette idée le fit rire. Pour moi, ajoutait M. de Saint-Pierre, j'avais dans le cœur une plante qui vient partout : c'était l'ambition. M. Mustel eut bientôt apprécié le mérite de son nouvel ami; et, plein de sollicitude pour un jeune homme dont il admirait les nobles sentimens, il lui offrit la main de sa belle-sœur, avec la place de rédacteur de la Gazette, qui valait mille écus. M. de Saint-Pierre n'apprécia point alors la générosité de cette offre. C'était une belle occasion d'être heureux, s'il n'avait cherché que le bonheur ; mais comment renoncer à la gloire de former un peuple, de fonder une république, et cela pour une misérable place de journaliste, pour une vie obscure ! Il refusa tout, parce que son ambition n'était satisfaite de rien. Nous le verrons souvent repousser la fortune, qui se présentait à lui sous une forme simple et riante. C'était un des traits de son caractère : il voulait parvenir en suivant sa fantaisie, et non pas en suivant la fantaisie des autres.

Il partit donc d'Amsterdam, après avoir emprunté de M. Mustel l'argent nécessaire pour se rendre à Lubeck.

Là il puisa encore dans la bourse du chevalier de Chazot, commandant de la ville, qui lui prêta deux cents francs pour se rendre à Saint-Pétersbourg. L'élévation de Catherine au trône impérial vint ajouter à ses espérances. L'Europe entière était dans une grande attente; Frédéric et Voltaire proclamaient déja les merveilles d'un règne commencé par un horrible attentat. Ces éloges passaient de bouche en bouche et produisaient une admiration générale. Le jeune philosophe lui-même ne pouvait se lasser de les écouter ; il craignait d'arriver trop tard; il lui semblait que tout allait se faire sans lui, qu'on devinerait ses plans, qu'on lui ravirait sa gloire. Plein de cette inquiétude, il se donna à peine le temps de visiter l'arsenal de Lubeck, où il vit cependant le sabre dont on trancha la tête à un bourgmestre qui livra aux Suédois l'Ile de Bornholm, à cette seule condition qu'il aurait l'honneur de danser avec la reine de Suède.

Au moment du départ, le chevalier de Chazot recommanda vivement M. de Saint-Pierre à son beau-père, M. Torelli, premier peintre de l'empire, et qui se rendait à la cour pour faire le tableau du couronnement. Il y avait sur le vaisseau des comédiens, des chanteurs, des danseurs, des coiffeurs français, anglais, allemands, qui tous avaient les plus hautes prétentions. Ces braves gens se croyaient déja de grands personnages : à les entendre, ils allaient éclairer la Russie et y répandre le goût brillant des arts. L'exagération de leurs espérances et la folie de leurs projets n'étaient pas une des moins piquantes distractions de M. de Saint-Pierre. La traversée fut d'un mois; arrivés à Cronstadt, les passagers prirent une chaloupe pour remonter la Newa, qu'ils trouvèrent semée d'îles désertes, et dont les rives étaient bordées de noires forêts de sapins. Le bruit des rames troublait seul le profond silence de ces lieux ; et les passagers, les regards fixés sur ces terres sauvages, se croyaient aux extrémités du monde, lorsque tout à coup, au détour du fleuve, ils découvrirent la cité de Pierre-le-Grand avec ses vastes quais, son pont de bateaux, la tour dorée de l'Amirauté, ses dômes peints en vert, ses palais couronnés de trophées, de guirlandes et de groupes d'amours, s'élevant seule au milieu des déserts. A ce magnifique aspect, notre voyageur se sent pénétré d'une émotion indéfinissable : c'est qu'il vient chercher la gloire et lutter avec la fortune ! c'est là que ses projets vont trouver de zélés protecteurs! Cette foule empressée qu'il aperçoit sur la rive ne lui présente que des amis que déja il voudrait presser sur son sein. Ainsi tous ses projets vont s'accomplir. Pendant qu'il se berce de ces riantes chimères, la chaloupe aborde au galernoff habité par les négocians anglais. Aussitôt l'un d'eux, M. Tornton, s'empresse d'un air jovial au devant des passagers, et les invite à prendre le thé chez lui, pour donner à chacun le temps de faire avertir ses amis. Nouvelle illusion pour M. de Saint-Pierre. Il vient donc de toucher une terre où les étrangers sont accueillis à la porte des villes comme au temps des patriarches ! et si l'on reçoit ainsi un homme inconnu, à quels honneurs ne doit pas s'attendre celui dont tous les vœux tendent au bonheur des hommes !

---

[1] M. de Saint-Pierre fut tellement frappé de l'indépendance et du bonheur de M. Mustel, que dans sa vieillesse il ne put résister au plaisir d'en parler avec détail. *Voyez* le roman de l'*Amazone*.

## DE BERNARDIN DE SAINT-PIERRE.

Pendant que le vaste champ de l'espérance s'ouvre devant notre voyageur, il voit une députation de l'Académie qui s'avance pour complimenter le peintre Torelli ; celui-ci reçoit les complimens, monte en carrosse, et de la portière fait une légère inclination à son protégé, qui reste stupéfait sur le rivage. On entre dans le salon de M. Toronton, et bientôt une autre voiture vient enlever un autre passager ; ils disparaissent ainsi peu à peu, et à mesure que leur nombre diminue, les illusions du pauvre philosophe s'évanouissent. Enfin il reste seul, et long-temps encore il s'étonne de cette scène qui vient de lui révéler son abandon. Ne voulant pas paraître embarrassé, il se décide à prendre congé du maître de la maison, et, son épée sous le bras, il se dirige le long d'un quai de granit que doraient encore les derniers rayons du soleil. Chemin faisant il admirait ce peuple à longue barbe qui marchait d'un air grave et préoccupé ; et faisant un retour sur lui-même, il se mit à songer avec douleur à son isolement. Dans cette multitude qui se renouvelait sans cesse, il ne se trouvait pas un seul être qui n'eût une maison, des amis, des parens, qui ne fût aimé, qui ne fût attendu. Lui seul était sans asile, lui seul n'était ni attendu ni aimé : solitaire au milieu de la foule, il aurait pu mourir sans y laisser un regret, sans y faire couler une larme. Ah ! pour savoir combien la patrie est douce, il faut avoir erré sur une terre étrangère ! Depuis long-temps il marchait enseveli dans ces pensées mélancoliques, lorsqu'il s'entendit appeler par une personne dont la voix ne lui était pas inconnue. C'était un des passagers qu'il venait de quitter, bon Allemand, établi à Saint-Pétersbourg, qui, devinant son embarras, voulut bien le guider vers la seule auberge de cette ville tenue par des Français. Ils trouvèrent la maîtresse du logis, mademoiselle Lemaignan, qui jouait aux cartes à la faible lueur d'une lampe. Elle se leva pour les recevoir, et lui apprit que son frère était à Moscou, où l'impératrice venait de se rendre pour son couronnement. Elle fit ensuite servir à souper au jeune Français qui, frappé d'une nouvelle si contraire à ses projets, s'abandonnait aux plus tristes réflexions.

Après avoir retiré ses effets et payé les frais de son voyage, il lui resta six francs, qui ne tardèrent pas à être dépensés. Obligé de vivre de peu, il passait les jours entiers dans sa chambre, cherchant à s'absorber par l'étude des mathématiques. Le temps s'écoulait, la cour ne revenait pas, et tout annonçait à M. de Saint-Pierre que son hôtesse se lassait de lui faire crédit. Il croyait ne jamais sortir de ce labyrinthe, lorsqu'un dimanche, en sortant de la messe, un seigneur vêtu d'une riche pelisse, l'aborda poliment à la porte de l'église. Après une conversation assez longue, dans laquelle il lui témoigna beaucoup d'intérêt, il lui offrit de le présenter au maréchal de Munich, gouverneur de Saint-Pétersbourg, dont il était secrétaire. Charmé de cette offre bienveillante, M. de Saint-Pierre accepta un rendez-vous pour le lendemain trois heures du matin, seule heure à laquelle le maréchal donnât ses audiences.

Il trouva un vieillard de quatre-vingts ans, sec, vif, pétulant, qui l'accueillit de bonne amitié, et qui en moins d'un quart d'heure lui eut montré son cabinet, ses dessins, ses plans, et une centaine de volumes sur le génie militaire qui formaient toute sa bibliothèque. Ces livres avaient servi à sa gloire. Jeté dans les déserts de la Sibérie, il avait, comme les anciens philosophes, ouvert une école sur la terre de l'exil. Rassemblant autour de lui les soldats commis à sa garde, il s'était plu à leur dévoiler les secrets de la science d'Euclide et de Pascal. Sa patrie adoptive avait puni ses vertus, il ne se vengea qu'en lui en montrant de nouvelles, et l'on vit tout à coup une troupe d'ingénieurs habiles sortir de ces régions barbares, se répandre dans l'armée, et fonder le corps du génie militaire russe. Un homme de cette trempe devait apprécier le mérite de M. de Saint-Pierre. Il était déjà charmé de sa conversation ; mais il voulut le juger sur ses œuvres, et lui ayant remis des couleurs, du papier, des pinceaux, il l'invita à venir bientôt avec un échantillon de son talent. Cette invitation eut l'heureux effet de prolonger le crédit de notre voyageur. Peu de jours après il revint avec un plan dont le maréchal fut si satisfait, qu'il promit aussitôt d'en recommander l'auteur à M. de Villebois, grand-maître de l'artillerie, et s'adressant en allemand à son premier aide-de-camp, il se fit apporter un sac de roubles qu'il présenta à M. de Saint-Pierre, en lui disant que cette somme servirait à payer ses frais de voyage jusqu'à Moscou ; celui-ci répondit en rougissant que les ingénieurs du roi de France ne pouvaient recevoir de l'argent que d'un souverain. Et comme il se retirait en prononçant ces mots, le maréchal se leva et lui dit d'un air touché qu'en Russie l'usage permettait à un colonel et même à un général de recevoir des bienfaits de sa main, que cependant il ne s'offensait pas d'un refus inspiré par un excès de délicatesse ; puis il ajouta après un moment de réflexion : « Vous ne refuserez pas sans doute de faire le voyage avec un de mes amis, le général Sivers, qui se rend à la cour ? » Cette dernière proposition satisfaisait à tout ; M. de Saint-Pierre l'accepta avec reconnaissance : c'était un premier pas vers la fortune, et il commençait à concevoir que la fortune ne lui serait point inutile pour accomplir ses grands projets.

Dans le temps même où il venait de trouver un protecteur, la Providence lui donnait un ami. Un Genevois nommé Duval, joaillier de la couronne, qu'il avait eu occasion de rencontrer plusieurs fois chez son hôtesse, n'avait pu voir son malheur sans en être ému, et son courage sans l'admirer. C'était un de ces hommes dont la physionomie laisse lire toutes les pensées, et dont toutes les pensées sont bienveillantes et vertueuses. Une douce mélancolie, répandue sur ses traits, exprimait la beauté de son âme ; elle semblait plaindre tous les malheureux et leur annoncer un consolateur. Il voulut être la providence d'un jeune homme qu'il voyait sans crainte et sans trouble dans sa lutte avec la misère, et une grande intimité ne tarda pas à s'établir entre eux. Duval était loin d'approuver les projets de son jeune ami ; mais il ne les blâmait pas ouvertement, car il sentait que les dégoûts de l'ambition ne peuvent naître que des mécomptes de l'ambition. Toujours prêt à donner un bon conseil, il laissait faire ensuite, et se trouvait là pour consoler ou pour secourir. C'était l'idéal de l'amitié, et celle qu'il inspira fut bien profonde, puisque non-seulement M. Bernardin de Saint-Pierre lui adressa les lettres qui composent son *Voyage à l'Ile de France*, mais que long-temps après, par une touchante fiction, il attribuait son système de la fonte des glaces polaires à un sage nommé Duval, cherchant à répandre sur l'ami qui avait inspiré son premier ouvrage les derniers rayons de sa gloire [1].

M. Duval, instruit du départ prochain de M. de Saint-Pierre, fit tous ses efforts pour changer sa résolution; mais ne pouvant y réussir, il lui ouvrit généreusement sa bourse; et le même jeune homme qui venait de refuser les dons d'un maréchal d'empire, parce qu'il ne pouvait voir en lui qu'un protecteur étranger, consentit à emprunter dix roubles (50 fr.) d'un simple particulier dans lequel son cœur voyait un ami.

Cependant le maréchal de Munich le présenta au général sous les auspices duquel il devait paraître à la cour, et peu de temps après ils se mirent en route pour Moscou. On était alors au mois de janvier. Le général Sivers avait deux voitures bien chaudes, bien closes, l'une pour lui, l'autre pour ses adjudans. Un traîneau découvert était destiné à son domestique, et il donna ordre d'y faire placer le jeune Français. Dès la première nuit, le traîneau versa deux fois. Notre malheureux voyageur, exposé à toutes les injures de l'air, éprouvait un froid d'autant plus horrible, qu'il n'avait pris aucune des précautions d'usage, et qu'avec son chapeau de feutre et son habit court, il lui semblait qu'il n'était pas vêtu. Le second jour, il eut une joue gelée, et sans un bonnet fourré que lui prêta son compagnon, il y eût sans doute laissé ses deux oreilles. Chaque fois qu'on arrivait dans une maison de poste, le général déballait lui-même les provisions; il distribuait à chacun un petit morceau de pain dur comme le marbre, puis la valeur d'un demi-verre de vin qu'on coupait avec une hache. Après cette généreuse distribution, le général se mettait seul à table, pendant que ses aides-de-camp et son secrétaire se tenaient debout derrière lui. M. de Saint-Pierre ne crut pas devoir les imiter; à la grande confusion des autres officiers, il osa s'asseoir en présence du général, qui ne lui pardonna point ce qu'il appelait un excès de familiarité. L'espèce de mépris qu'on lui avait témoigné en le reléguant parmi les valets doublait sa fierté et le remplissait de tristesse; mais l'aspect de la nature aurait suffi pour le plonger dans la mélancolie. Il est impossible d'exprimer l'âpreté de l'air et du froid. Tout était couvert de neige : les bois, les champs, les plaines, les montagnes, les lacs et la mer même. Chaque matin, le soleil, semblable à un globe de fer rouge, se levait au bord de l'horizon; sa lumière était pâle et sans chaleur, seulement elle agitait dans l'air une infinité de particules glacées qui étincelaient comme une poussière de diamans. La nuit ne présentait pas un spectacle moins étrange :

[1] Ce morceau devait trouver place dans l'*Amazone*, l'auteur n'eut pas le temps de l'achever. Nous en avons publié un fragment sous le titre de *Théorie de l'Univers*.

les sapins, à travers lesquels murmurait un vent glacé, étaient comme autant de pyramides d'albâtre dont les avenues se prolongeaient à l'infini; tantôt la lune les éclairait de ses lueurs bleuâtres, tantôt les feux de l'aurore boréale semblaient les couvrir d'un vaste incendie. On eût dit alors les colonnades, les portiques d'une ville en ruine, au milieu desquels l'imagination frappée voyait se mouvoir des sphinx, des centaures, des harpies, le dieu Thor avec sa massue, et tous les fantômes de la mythologie du Nord.

Emporté rapidement dans un traîneau découvert, il voyait ces êtres fantastiques s'agiter autour de lui, et il avait peine à ne pas croire à leur réalité. Les trois voitures couraient ainsi, sans autre espoir que celui d'arriver dans quelques pauvres villages dont rien n'annonçait les approches, car les coqs et les chiens même étaient tapis par le froid. Cependant on voyait des troupeaux de loups qui, pressés par la faim, suivaient les voyageurs comme une proie. Ces terribles animaux se partageaient en deux meutes sur les deux côtés du chemin; ils étaient guidés par un chef qui s'élançait en avant, précédait les voitures, et s'arrêtait de temps à autre en poussant des cris plaintifs auxquels les deux meutes répondaient par intervalles égaux. Après cet appel, on n'entendait plus que le bruit léger de leur course sur la neige, bruit qui avait quelque chose de plus sinistre encore que leurs gémissemens. Ah! lorsqu'au milieu de ces déserts notre triste voyageur venait à se rappeler les champs fertiles de la France, ces riantes vallées, ces vertes collines où les animaux utiles à l'homme paraissent de toutes parts, où la terre est couverte de moissons, de vignobles et d'agréables vergers, où le chant du coq, les aboiemens du chien, le carillon argentin du clocher rustique, annoncent chaque jour le retour de l'aurore; ah! comme alors il sentait son cœur douloureusement oppressé! comme il se trouvait misérable d'errer si loin de sa patrie! C'est ainsi qu'exposé à la rigueur du froid le plus vif, et n'ayant pas même un manteau pour se couvrir, il était réduit à envier le sort des malheureux paysans qu'il trouvait rassemblés dans de pauvres cabanes, mais qui au moins se consolaient entre eux de leur misère; il enviait enfin jusqu'au sort des chevaux attelés à sa voiture; car la Providence, prévoyante pour eux, leur avait couverts de poils longs et chauds, semblables à d'épaisses toisons; comme pour témoigner, pensait-il alors avec amertume, que l'homme seul est abandonné sur cette terre; comme pour témoigner, pensait-il vingt ans plus tard avec admiration, qu'il n'est pas un seul être au monde qui soit livré à l'abandon : Dieu leur donnant à tous suivant le besoin ce que leur intelligence ne leur apprend pas à se donner.

Enfin ils arrivèrent à Moscou. Rien n'est plus magnifique que l'aspect de cette ville où tout annonce le voisinage de l'Asie. Au milieu des maisons bâties à la chinoise s'élèvent une multitude de dômes étincelans à travers lesquels on voit briller les flèches dorées de plus de douze cents clochers, terminées par des croissans surmontés d'une croix. Notre fondateur d'empire arriva dans cette ville avec un écu dans sa poche : il est vrai qu'uniquement touché de sa grandeur future, il ne songeait guère à sa misère présente. Sa peine n'était pas de savoir comment il souperait, mais bien comment il approcherait de la grande Catherine : car la voir et la persuader était une même chose pour lui. Parmi ses compagnons de voyage, un seul, frappé de la dignité de sa conduite dans une situation si difficile, s'attacha vivement à son malheur. C'était un officier nommé Barasdine : jeune, bouillant, superbe, poussant la franchise jusqu'à la rudesse, il s'était fait une loi de penser tout haut, regardant comme une lâcheté de se taire devant le vice heureux, et l'attaquant en face avec toute l'âpreté de son caractère. Souvent il avait reproché au général son indifférence pour le jeune Français ; mais ces reproches n'avaient fait que blesser plus profondément l'orgueil d'un homme pour qui rien n'était évident que son propre mérite. Arrivé à Moscou, le général fait arrêter ses voitures devant une grande auberge ; et, charmé de trouver une occasion de contrarier, peut-être même d'embarrasser M. de Saint-Pierre, il annonce froidement qu'il est temps de chercher un gîte. Il était nuit, et cette nouvelle répandit le trouble parmi les voyageurs. Aussitôt chacun songe à retrouver ses bagages, et les domestiques font approcher les yswoschtschiki, espèce de traîneaux qui rendent à Moscou les mêmes services que les fiacres rendent à Paris.

M. de Saint-Pierre n'avait qu'un petit porte-manteau, et depuis un moment il faisait de vaines recherches pour le retrouver, lorsqu'il apprit que le général l'avait envoyé aux messageries, sous prétexte que ses voitures étaient déjà surchargées. Pendant qu'il témoignait sa surprise d'un pareil procédé, Barasdine s'emportait contre ce qu'il appelait hautement une action indigne ; mais le général, sans daigner lui répondre, ordonna au cocher de partir, et laissa les deux jeunes gens exhaler leur colère. Cette circonstance les unit davantage, et ils ne se séparèrent qu'après s'être promis de se revoir bientôt. Barasdine alla descendre chez son oncle, M. de Villebois, grand-maître de l'artillerie ; et M. de Saint-Pierre, ayant loué un traîneau, se fit conduire chez le frère de son hôtesse de Pétersbourg, qui, sur la recommandation de Duval, devait lui donner un logement. Mais les contrariétés s'enchaînent souvent comme les malheurs. Arrivé chez M. Lemaignan, un domestique lui apprend que son maître n'est point à Moscou, et qu'il ignore l'époque de son retour. Qu'on se figure l'embarras de notre voyageur : isolé au milieu de la nuit, dans une ville immense, ignorant la langue du pays, ne pouvant ni s'orienter ni se faire entendre, il était devant son guide comme un homme muet. Enfin, ne sachant que devenir, il remonte machinalement dans le yswoschtschiki. Son conducteur ne le voit pas plutôt disposé à partir, qu'il met ses chevaux au galop, et le ramène comme par inspiration à l'auberge où il l'avait pris. Le paiement de la voiture acheva d'épuiser sa bourse, et il entra dans la maison sans savoir comment il en sortirait le lendemain.

A peine avait-il fait quelques pas dans la cour, qu'il vit accourir l'hôte, bon Allemand à ventre rebondi, à face rubiconde, qui, dans un jargon presque inintelligible, protestait de son innocence, de sa probité, de son honneur, et qui termina cette apologie inattendue en plaçant sur les épaules de notre voyageur une assez belle selle en velours qu'il tenait dans ses mains. Ce dernier argument dut lui paraître sans réplique, car il se tut soudain ; on vit sa physionomie s'épanouir, et, les yeux fixés sur M. de Saint-Pierre, il resta dans une espèce d'admiration de lui-même. Surpris de cette étrange réception, M. de Saint-Pierre prend froidement la selle, la remet entre les mains de l'hôte, et entre en explication. Enfin, après quelques discours, dont il parvint à saisir un ou deux phrases, il crut deviner que cette selle avait été oubliée par le jeune Barasdine, et qu'on le prenait pour un domestique de cet officier. Loin de se fâcher de ce quiproquo, l'idée lui vint d'en profiter pour passer la nuit dans cette auberge, sans être obligé de payer son gîte. Il fit donc entendre à l'hôte qu'il était étranger, que la nuit était avancée, et que son intention était de ne repartir que le lendemain. L'hôte le comprit fort bien, car il ouvrit aussitôt une salle échauffée par un vaste poêle, et l'invita galamment à s'étendre sur une banquette, à la manière des Russes. La selle lui servit d'oreiller ; et sans plus s'inquiéter des soucis du lendemain, il s'endormit bientôt du plus profond sommeil.

Le jour commençait à peine à paraître, lorsque Barasdine entra dans la chambre où le pauvre voyageur dormait encore. Il ne fut pas peu surpris de le retrouver là, mollement couché sur une planche, la tête posée sur la selle qu'il venait réclamer. Son exclamation éveilla M. de Saint-Pierre, qui, quoique un peu étourdi de cette brusque apparition, se mit à raconter, de la façon la plus comique, sa mésaventure de la veille. Ce récit les mit en gaieté ; ils résolurent de passer la matinée ensemble ; et pour la bien commencer Barasdine fit apporter un déjeuner auquel ils s'empressèrent de faire honneur, en philosophes dont le chagrin ne saurait troubler l'appétit. Au dessert, Barasdine voulut voir les lettres de recommandation de son ami. Dans le nombre, il en aperçut une adressée au général du Bosquet ; elle était entièrement de la main du maréchal de Munich. Barasdine s'en saisit avec vivacité, et dit : « Celle-ci ne sera pas inutile ; le général est Français, et il n'a point oublié sa patrie ; les accens de votre voix suffiront seuls pour le bien disposer. Il faut nous rendre de suite à son hôtel, car je pense que vous n'avez pas de temps à perdre, et le général n'en perdra point dès qu'il saura qu'il peut vous obliger. »

Ils trouvèrent le général du Bosquet enveloppé dans une robe de chambre à fleurs, coiffé d'un bonnet de coton, et fumant sa pipe en se promenant à grands pas. Son air brusque, ses traits courts et ramassés, la rudesse de ses mouvemens, produisaient au premier abord une impression désagréable ; mais, à mesure qu'il parlait, sa figure prenait une teinte plus douce ; elle semblait s'embellir de je ne sais quoi d'aimable et de bienveillant, et l'on voyait peu à peu cette physionomie sombre s'éclairer, si l'on peut s'exprimer ainsi, d'un sourire de bonté qui attirait à lui.

A peine eut-il appris que M. de Saint-Pierre était Français, que, perdant sa gravité, il se livra sans réserve au plaisir de voir un compatriote et de l'entendre parler de la patrie. Cette conversation, qu'il se plut à prolonger, lui fit aimer de suite notre jeune voyageur, qui ne le quitta pas sans avoir la promesse d'une sous-lieutenance dans le corps du génie. Cinq jours après il reçut son brevet, et le retour inopiné de M. Lemaignan acheva de le tirer d'embarras. Ce brave homme lui offrit non-seulement sa maison, mais, sur la recommandation de Duval, il lui avança tout l'argent qui fut nécessaire pour son équipement. Ainsi tout allait au gré de ses desirs; et sans doute, lorsqu'il jetait ses regards sur le passé, il était bien excusable de se livrer à quelques illusions pour l'avenir. A peine quatre mois s'étaient écoulés depuis son départ. Inconnu, sans argent, sans amis, sans protection, il avait traversé la France, la Hollande, l'Allemagne, la Prusse, la Russie, et tout à coup il se trouvait établi à Moscou, ayant un état, des amis, du crédit et un protecteur. Il dut sentir alors la vérité de cette pensée qu'il développa si bien dans la suite: *Où le secours humain défaut, Dieu produit le sien.*

Jeune encore, il ne fut pas insensible à l'élégance de son nouveau costume. Un habit écarlate à revers noirs, un gilet ventre de biche, des bas de soie blancs, un beau plumet, une brillante épée, tel était à cette époque l'uniforme des ingénieurs russes. Barasdine fut si charmé de la tournure de son ami, qu'il voulut aussitôt le présenter à son oncle, M. de Villebois, grand-maître de l'artillerie. M. de Villebois était né Français, et ne démentait pas cette noble origine. Des manières pleines de dignité, une physionomie froide mais imposante, l'air supérieur que donne l'habitude du commandement, n'ôtaient rien à la cordialité de son accueil, et semblaient même donner du prix à la manière flatteuse dont il savait encourager le mérite. Il devina celui de M. de Saint-Pierre; et dès sa troisième visite, il l'admit dans sa familiarité, le pria d'accepter sa table, et, suivant la courtoisie des grands seigneurs russes, ne l'appela plus que son *cousin*. Il avait beaucoup vu, il racontait bien, et M. de Saint-Pierre écoutait à merveille. A cette époque, l'impératrice Catherine était le sujet de toutes les conversations. On ne parlait que de son génie, de ses projets, de son ambition; on se taisait sur ses vertus. L'imagination de notre jeune législateur s'enflammait à tous ces récits; il brûlait de voir cette femme extraordinaire, et cependant il ne voulait ni l'adorer en esclave, ni marcher à ses côtés comme un instrument de ses plaisirs ou de ses volontés. S'il flatte l'ambition d'une femme, c'est pour la faire servir au plus noble projet qu'un mortel puisse concevoir: il vient lui demander, non des faveurs pour lui, mais de la gloire pour elle. Assise sur un des premiers trônes du monde, que ferait-elle des louanges d'une troupe d'esclaves? Les hommages d'un peuple chargé de chaînes ne sont que des marques d'ignorance et d'avilissement; mais les bénédictions d'un peuple libre sont des témoignages d'intelligence et de vertu; l'univers y applaudit, et la postérité les entend.

M. de Villebois, ravi de l'enthousiasme de son protégé, dont il ignorait cependant les brillantes rêveries, résolut de satisfaire ses desirs en le présentant à Catherine. Un motif secret semblait d'ailleurs le guider dans cette circonstance, et tout doit faire présumer qu'il avait conçu le dessein de renverser le pouvoir d'Orlof par celui d'un nouveau favori, et de s'emparer ainsi de la volonté de sa souveraine. Ce fut un soir en sortant de table qu'il annonça à M. de Saint-Pierre le bonheur dont il devait jouir le lendemain. Cette nouvelle pensa tourner la tête de notre philosophe. Pressé de se préparer, il s'échappe à la hâte du salon de M. de Villebois, court s'enfermer dans sa chambre, recommence vingt fois son Mémoire, le lit, le relit, le déclame, ouvre son Plutarque, y cherche des souvenirs et des inspirations, et prépare un beau discours sur le bonheur des rois qui font des républiques. La nuit s'écoule ainsi dans les agitations et le délire de la fièvre. Vers le matin, il commence sa toilette, qu'il interrompt à chaque minute pour corriger une ligne, modifier une expression, ajouter une idée qui doit assurer le succès de son entreprise. Mais quelle était donc cette entreprise qui le faisait courir aux extrémités du monde? quelles étaient ces spéculations séduisantes qui, au milieu des glaces du Nord, avaient eu le pouvoir de lui faire oublier jusqu'à sa patrie? Près des rives orientales de la mer Caspienne, entre les Indes et l'empire de Russie, il existe, sous le plus beau ciel de l'univers, une heureuse contrée où la nature prodigue tous les biens. Les Tartares l'ont habitée; ils en ont fait un désert. C'est là que, sous le titre modeste de compagnie, notre jeune législateur prétend fonder une république [1]. L'impératrice de Russie, éclairée sur ses propres intérêts, protégera un établissement qui doit mettre dans ses mains les richesses de l'Inde et le commerce du monde. Cette république sera ouverte aux malheureux de toutes les nations; il suffira d'être pauvre ou persécuté pour y trouver un asile. Les Tartares eux-mêmes s'adouciront pour entrer dans cette grande confédération de l'infortune. La bonne foi, la liberté, la justice, seront, avec la loi, les seules puissances régnantes. Enfin le code de cette nouvelle Atlantide s'exprimera en termes clairs et précis. Comme celui de Guillaume Penn, il dira à tous ceux qui gémissent sur la terre: Venez dans notre fertile contrée; celui qui y plantera un arbre en recueillera le fruit. M. de Saint-Pierre se proposait surtout d'imiter ce législateur dans sa confiance en Dieu, la plus grande, à notre avis, qu'aucun fondateur de république ait jamais eue, puisqu'il osa établir une société d'hommes riches et sans armes, et que, par un miracle de la Providence, cette société n'a pas cessé de fleurir au milieu des Sauvages et des Européens. Tels étaient les nobles projets dont le jeune voyageur venait, avec la foi la plus vive, faire hommage à la grande Catherine; et c'est riche de ces brillantes illusions qu'il était arrivé aux portes de Moscou, ayant dépensé son dernier écu.

Enfin l'heure de l'audience approche; le Mémoire est achevé, il le relit encore, court chez M. de Villebois, monte en voiture avec lui, et se voit bientôt dans une galerie magnifique, au milieu des plus grands sei-

---

[1] Nous avons publié ce Mémoire sous le titre de *Projet d'une compagnie pour la découverte d'un passage aux Indes par la Russie.*

gneurs de la cour. Tous affectaient les manières et la politesse françaises. A l'air de franchise et de contentement qui brillait sur leur visage, on eût dit une réunion d'heureux. Chacun s'empressait de paraître ce qu'il n'était pas, de dire ce qu'il ne pensait pas, d'écouter ce qu'il ne croyait pas. Ne pas tromper, c'eût été manquer à l'usage. Il y avait là un échange de félonie dont personne n'était dupe, et dont cependant tout le monde paraissait satisfait. Les rubans, l'or, l'argent, les pierreries éblouissaient les yeux. A l'aspect de cette foule bigarrée, M. de Saint-Pierre perd tout à coup son assurance. Il s'étonne d'avoir pu concevoir la pensée d'apporter un projet de liberté au milieu de tant d'esclaves. Entendront-ils le langage de la vérité, ceux qui ne se plaisent que dans le mensonge? Voudront-ils protéger des hommes libres, ceux qui ne doivent leurs titres, leurs richesses, qu'au joug qu'ils font peser sur de misérables serfs? Affligé, presque effrayé de ces réflexions, saisi d'une timidité qu'il ne pouvait plus combattre, l'idée lui vint de s'enfuir, et peut-être allait-il céder au sentiment qui l'oppressait, lorsque les portes de la galerie s'ouvrirent avec fracas; alors tout fut immobile et silencieux, il ne vit plus que l'impératrice. Elle s'avançait seule; son port était noble, son air doux et sérieux, sa démarche facile; tout en elle éloignait la crainte, inspirait le respect. Elle s'arrête pour écouter le grand-maître. Tandis qu'il parle, les yeux de Catherine se fixent sur notre jeune législateur, qui s'avance à un signe de M. de Villebois, et qui, selon l'usage, met un genou en terre pour baiser la main que lui présentait l'impératrice. Après cette cérémonie, elle lui adressa plusieurs questions sur la France; il fut heureux dans ses réponses, et un sourire charmant lui annonça qu'il pouvait se rassurer. Enfin elle lui dit avec un grand air de bonté qu'elle le voyait avec plaisir à son service, et qu'elle le priait d'apprendre le russe; puis, saluant M. de Villebois, elle jeta sur son protégé le regard le plus gracieux, et continua de marcher avec les seigneurs qui l'environnaient. La rapidité de cette scène avait déconcerté les projets de M. de Saint-Pierre; son discours était resté sur le bord de ses lèvres, et son Mémoire dans sa poche. Lui qui était venu pour dire la vérité n'avait pu trouver que des flatteries. Par quel prestige avait-il donc cédé si vite à l'influence de la cour? Pourquoi n'avait-il pu vaincre une faiblesse dont il rougissait? Hélas! il voyait trop que sa république venait de s'évanouir, et qu'en tenant le langage d'un courtisan il s'était replongé dans la foule.

Dès que l'impératrice se fut retirée, les courtisans environnèrent M. de Villebois, en le félicitant des succès de son jeune cousin, qui devint aussitôt l'objet de l'attention générale. On lui prodiguait les offres de services, on l'accablait de compliments, de protestations, de flatteries : le comte Orlof lui-même s'avança pour l'engager à déjeuner, et le baron de Breteuil, alors ambassadeur de France, le gronda familièrement d'avoir négligé ses compatriotes. Étourdi, et comme un homme enivré, notre pauvre sous-lieutenant ne pouvait deviner ce qui l'avait rendu si vite un personnage si important. Il s'approcha de Barasdine, qui, témoin de cette scène, le félicitait de loin, et semblait assister à son triomphe. Dès qu'ils furent seuls, Barasdine lui expliqua l'empressement d'une cour toujours prête à se prosterner devant les idoles passagères de la fortune. « On croit, lui dit-il, que le grand-maître a jeté les yeux sur vous pour ébranler le pouvoir d'Orlof, et ressaisir la faveur dont il a connu l'espérance; on ajoute que l'impératrice en s'éloignant a loué votre figure, votre assurance et la vivacité de vos réponses : mon oncle et plusieurs courtisans ont fait votre éloge; Orlof en a pâli. Croyez-moi, osez tenter d'être le rival de cet indigne favori : toutes les bourses vous seront ouvertes. Prenez un équipage, un hôtel, un titre, des valets; soyez à toute heure sur le passage de l'impératrice : elle est jeune, belle, faible; vous êtes Français, vous êtes aimable, tout vous est possible. »

Cette étrange proposition ouvrit les yeux de notre jeune aventurier : il doutait qu'elle fût faite sérieusement; mais, dès qu'il put y croire, il fut décidé. Si l'ambition avait exalté son âme, elle ne l'avait point corrompue; il savait que, pour prétendre à une gloire immortelle, il faut surtout éviter une honteuse renommée; en un mot, il voulait commander et non se vendre. Avec cette tournure d'esprit, il pouvait admirer de loin la terrible Catherine, mais il ne pouvait aimer que l'innocence et la vertu. Il repoussa donc avec une sorte d'effroi les insinuations de Barasdine; mais elles servirent au moins à le mettre en garde contre ses amis, contre ses protecteurs et contre lui-même.

Décidé à ne pas s'écarter un moment des principes de l'honneur, il se présenta le lendemain chez Orlof, son Mémoire à la main; il le trouva seul dans un cabinet, occupé à lire quelques papiers. Son abord fut plein de politesse, mais un peu froid; il y avait dans ses manières un mélange singulier de familiarité, de franchise et d'orgueil : sa beauté mâle et farouche aurait eu quelque chose de dur, si on n'avait senti dans la mollesse de son ton, dans la douceur étudiée de ses regards, qu'il avait supporté un joug, et que pour régner il avait fallu se soumettre à plaire. On servit le thé, et tout en déjeunant ils commencèrent à s'entretenir de politique, de littérature et de fortifications. Orlof s'exprimait avec clarté, il savait écouter pour s'instruire, chose assez rare dans le monde, où l'on n'écoute que pour tuer le temps, oublier et parler. Vers la fin du déjeuner, il tira de sa bibliothèque les deux premiers volumes de l'*Encyclopédie*, dont les marges étaient couvertes de notes sur les sciences abstraites, écrites en français de la main de l'impératrice. En ouvrant ces deux volumes, il se mit à genoux, les couvrit de baisers, et s'animant jusqu'à l'enthousiasme, il vantait, dans les termes les plus passionnés, le génie de sa souveraine, ses grâces, sa beauté, sa haute fortune de ceux qu'elle aimait. Il tira ensuite de son secrétaire un autre livre richement relié, et dit à M. de Saint-Pierre : « Celui-ci ne renferme pas beaucoup de science, mais vous verrez qu'il n'est pas inutile au bonheur. » Il ouvrit ce volume, qui ne contenait que des billets de banque : « Il faut, dit-il en riant, que vous en preniez quelques feuillets, c'est le seul moyen d'en porter un jugement digne de vous; » puis il ajouta du ton le plus aimable : « Je sais par expérience que l'équipement d'un sous-lieutenant est très-cher, et que ses appointemens sont peu de chose : vous ne refuserez donc pas un officier qui se fait honneur d'avoir commencé comme vous. » Cette offre toucha vivement M. de Saint-Pierre, il y vit une action noble et généreuse; peut-être, avec plus de connaissance des hommes, y aurait-il vu le dessein d'humilier un rival déja flatté par quelques courtisans. Quoi qu'il en soit, l'offre d'Orlof n'eut pas plus de succès que celle du maréchal de Munich : pour être le bienfaiteur de M. de Saint-Pierre, il fallait dès-lors être son ami ou son roi. Mais, en repoussant d'une main les dons du favori, il lui présenta de l'autre le fameux projet qui lui tenait tant au cœur. Orlof le parcourut avec indifférence, puis il le jeta négligemment sur la table, en disant que de pareilles idées étaient contraires aux lois de l'empire et à l'intérêt des grands. Cette objection ne put décourager notre législateur, qui, s'échauffant par l'opposition même, tenta de persuader Orlof en lui développant la beauté et l'utilité de son projet. Mais celui-ci ne l'écoutait plus qu'avec distraction, et déja il s'était levé comme un homme que la vérité ne flatte pas, lorsqu'on vint l'avertir que l'impératrice le demandait. Aussitôt il passa chez elle en pantoufles et en robe de chambre, et laissa M. de Saint-Pierre profondément affligé, et tout disposé à faire une satire contre les favoris. Après une demi-heure d'attente, voyant que le comte ne rentrait pas, il prit le parti de se retirer, maudissant à la fois et sa propre ambition et l'incroyable aveuglement des grands, qui ne savent jamais vouloir ce qui est bien. Les réflexions les plus tristes le poursuivirent jusque dans son misérable réduit. Il venait de voir dissiper en un moment ce prestige de grandeur dont il avait été comme ébloui, et maintenant il se trouvait auprès de son poêle avec ses livres de mathématiques, dont l'étude lui paraissait aussi vaine que fastidieuse, et n'ayant d'autre compagnie qu'un d'ennekick ou domestique militaire que lui donnait son grade. La vue même de cet homme contribuait à accroître son accablement. Ce malheureux venait tout récemment d'être enlevé à sa famille ; il se tenait des jours entiers immobile auprès de son maître, exécutant comme un automate ce qu'on lui ordonnait par signes ; et, dans sa douleur stupide, il paraissait résigné à tout sans se soucier de rien. Quelquefois cependant l'expression de sa tristesse s'échappait tout à coup dans une espèce de chant ou plutôt de murmure monotone qu'accompagnaient ses larmes. Du reste, il avait si peu d'idée des choses les plus communes, que pour nettoyer des souliers il les plongeait dans l'eau, et ne les en retirait qu'au moment de s'en servir. M. de Saint-Pierre lui ayant enseigné à brosser un habit, l'invention de la brosse lui parut quelque chose de si surprenant, qu'il fut sur le point de se jeter aux pieds de son maître et de l'adorer comme une intelligence supérieure. La présence continuelle de ce demi-sauvage était d'autant plus affligeante pour notre solitaire, qu'elle ne lui laissait pas oublier un instant que là où il était venu chercher fortune et gloire, il n'avait trouvé qu'esclavage et misère.

Cependant M. de Villebois n'avait pas tardé à reconnaître que son protégé ne se plierait pas à ses vues politiques, et, loin de s'en offenser, cette certitude semblait avoir redoublé son estime. Il se consolait de la perte de ce qu'il avait souhaité par le bonheur de trouver un homme ; mais les moyens de le servir utilement ne se présentaient pas. A cette époque la faveur d'Orlof croissait toujours, sans qu'on pût prévoir où elle s'arrêterait : on dépouillait les plus grands seigneurs pour le revêtir de leurs charges, et M. de Villebois aurait commencé à craindre pour la sienne, si les bruits les plus singuliers ne lui eussent fait redouter comme maître celui qu'il haïssait comme rival.

Un jour le comte Bestuchef remit à l'impératrice, en plein conseil, une requête signée des principaux seigneurs de la cour. Dans cette requête, on la suppliait de pourvoir au repos de l'empire par une alliance nouvelle, et l'on désignait le comte Orlof comme celui que le vœu public appelait au trône. Catherine envoya cette pièce au sénat pour en délibérer ; mais les sénateurs protestèrent qu'ils ne reconnaîtraient jamais Orlof pour leur empereur. Cette proposition fut faite à Moscou au mois de mars 1763 ; elle excita une telle fermentation qu'on s'attendait à chaque instant à voir éclater une révolution. Le soir, on doubla les gardes au palais ; Orlof reçut l'ordre de se retirer dans son gouvernement, et l'impératrice se rendit au sénat. « Je vous ai consultés, dit-elle, comme une mère consulte ses enfans pour le bien de la famille. Je ne veux rien de contraire aux lois de l'empire ; Bestuchef m'a trompée. » Mais, en se retirant, elle laissa une lettre ainsi conçue : « Je vous défends » de parler de moi sous des peines plus grandes que » l'exil : qu'aucun soldat ne paraisse dans les rues de » vingt-quatre heures. » Les sénateurs lui envoyèrent demander si cette lettre serait communiquée. « Non-seulement au sénat, répondit-elle, mais j'entends qu'on l'affiche. [1] » Cette scène violente fut la dernière. Dans les gouvernemens despotiques le seul péril est de ne pas tout oser. Catherine se soutenait d'ailleurs par la supériorité d'une volonté ferme ; et qu'eût-elle pu craindre ? il n'y avait parmi le peuple que des spectateurs indifférens, parmi les grands que des acteurs intéressés : le silence termina tout.

Un pareil spectacle jeta l'effroi dans l'ame de M. de Saint-Pierre, qui ne pouvait se consoler d'être venu si loin pour ne voir que des infortunés. Il rendait cependant cette justice à Catherine, que, du sein de son despotisme, elle cherchait à faire ressortir quelques traits d'une véritable grandeur. Ceux qui résistaient à son pouvoir n'avaient plus à redouter les déserts de la Sibérie ; elle les forçait de s'exiler dans les plus célèbres contrées de l'Europe, afin qu'ils en rapportassent un jour le goût des lettres et des arts. Elle appelait également à son secours le commerce et l'agriculture, élevait des fabriques, ouvrait des écoles, promettait des récompenses ; mais le peuple abruti n'acceptait que l'esclavage, et s'opposait à tout par son indifférence.

M. de Saint-Pierre fut témoin d'un exemple frappant de cette inertie morale. Un soir qu'il soupait chez

[1] *Voyez* le *Voyage en Russie.*

le grand-maître, on entendit tout à coup le roulement des tambours et la marche précipitée des soldats, qui parcouraient les rues en poussant des cris d'alarme. On craignait un mouvement de l'armée : M. de Villebois fit avancer des traineaux, et, suivi de Barasdine et de M. de Saint-Pierre, il se dirigea vers le palais de l'impératrice. Mais une immense clarté qui se réfléchissait dans le ciel lui eut bientôt appris la cause de l'effroi général. Une rue entière était la proie des flammes. Du milieu des cours pleines de neige s'élevaient des tourbillons de fumée qui enveloppaient la foule. L'explosion était si violente, que les poutres embrasées semblaient tomber du ciel. De toutes parts, les murs en s'écroulant laissaient à découvert de vastes appartemens, d'où les femmes, les vieillards, les enfans, tendaient en vain leurs mains suppliantes. On voyait çà et là quelques hommes debout devant leur maison, présentant au feu une image d'argent, dont ils imploraient le secours sans songer à se secourir eux-mêmes. Dans un si grand malheur le peuple était morne, immobile, silencieux, et cependant le danger était partout. Les chemins, construits avec d'épais madriers, à la manière russe, recelaient un feu qui circulait sourdement, et qui éclatait soudain sous les pieds des hommes et des chevaux ; la rue entière était comme un immense bûcher. Pendant que M. de Villebois dirigeait les travaux des soldats que ses ordres avaient rassemblés, et tentait de ranimer le courage de tant de malheureux, M. de Saint-Pierre aperçut plusieurs groupes d'esclaves qui considéraient cette scène avec une parfaite indifférence. Quelques-uns même s'étaient rassemblés dans un cabaret voisin, et, profitant de la consternation générale comme ils auraient profité d'un jour de fête, ils buvaient, chantaient, dansaient à la lueur de cet horrible incendie. Transporté d'indignation, Barasdine s'avança pour les châtier ; mais l'un d'eux lui dit froidement : « La ruine de notre maître nous importe fort peu ; nous n'y perdons que du travail et du souci. Il employait nos mains à fabriquer des étoffes de soie inconnues à la vieille Russie ; voilà sa fabrique détruite, et nous nous réjouissons de ce moment de calme et de liberté. » En disant ces mots, il courut se mêler à ses camarades, frappa dans ses mains, et, transporté d'une joie féroce, il se mit à danser et à boire.

Plus loin ils rencontrèrent le comte Lomorow au milieu de sa nombreuse famille, qui ne pouvait le consoler. Les reflets de l'incendie le laissaient à peine entrevoir dans l'ombre. « Que je suis à plaindre ! disait-il ; j'ai vendu la moitié de mes paysans à cinquante francs pièce pour établir cette belle manufacture ; j'aurais pu doubler mon capital en deux ans, et voilà que le feu a tout détruit. Que sert, hélas ! de faire fleurir l'industrie, de se sacrifier pour son pays ? On se rit de ma ruine, et personne ne songe à me secourir. » Comme il parlait ainsi, de grosses larmes roulaient sur son visage, et l'on entendait au loin les cris de ses esclaves, qui, placés au bord de l'incendie, apparaissaient comme des ombres mouvantes sur un horizon de lumière.

M. de Villebois s'éloigna de cet homme qu'il ne pouvait plaindre, mais dont la rencontre avait augmenté sa tristesse. « Quel étrange aveuglement ! disait-il ; Lomorow ose parler de l'ingratitude de son pays, et il ignore que le bonheur de ceux qui nous environnent est le premier bien à faire à la patrie et à soi-même ! La patrie ne doit rien à qui ne songe qu'à s'enrichir. » Effrayé de ces scènes d'esclavage et de douleur, M. de Saint-Pierre rentra chez lui au point du jour, et ne put y trouver le repos. Chaque moment ajoutait à son dégoût pour une terre qui avait tant d'habitans et ne comptait pas un citoyen.

Dans ces rudes contrées, on ne connait ni le printemps ni l'automne, ces gradations ravissantes de la nature qui font naître tant d'espérances et qui apportent tant de biens. La chaleur y succède immédiatement au froid ; une nuit suffit pour enlever aux campagnes le tapis blanc et uniforme de l'hiver, et pour les revêtir d'une parure enchantée. Aussitôt les noirs sapins laissent tomber la poussière d'or de leurs fleurs, et paraissent tout chargés de longues houppes de soie, chatoyantes des plus belles couleurs ; le bouleau exhale les parfums de la rose, et son feuillage incliné s'agite avec de doux murmures. On entend le chant des petits oiseaux que le zéphir ramène pour quelques momens, et sur la lisière des forêts les chemins se déroulent comme de grands tapis plus verts que l'émeraude. L'impératrice, qui ne pouvait supporter l'absence d'Orlof, n'attendait que ce signal pour le joindre à Pétersbourg ; elle se mit en marche, et le peuple vit passer ses nombreux équipages sans témoigner ni admiration ni surprise, sans se détourner, sans s'arrêter : c'était pour lui comme un objet étranger qui ne pouvait réveiller son amour. Ainsi le despotisme isole les souverains et détruit tous les sentimens, même celui de la curiosité.

M. de Villebois suivit immédiatement l'impératrice, et confia le soin de ses voitures aux deux amis qui devaient le rejoindre dès que l'écoulement des eaux aurait facilité le passage des rivières. Il ne pouvait rien faire de plus agréable pour M. de Saint-Pierre, qui ne songeait qu'au bonheur de parcourir d'une manière commode, et par un temps magnifique, cette route dont il n'avait pas oublié les souffrances ; mais il était destiné à éprouver aux mêmes lieux les extrêmes de la chaleur et du froid. Placés au fond d'une voiture, sans autre vêtement qu'un pantalon de toile, les deux voyageurs étaient obligés de tenir constamment à leur côté un bloc de glace qu'on renouvelait sans cesse, et dont l'eau, mêlée avec du sucre et du citron, ne pouvait apaiser leur soif toujours renaissante. La nuit, ils étaient poursuivis par des nuées de cousins qui disparaissaient au lever du soleil. Alors des essaims de petites mouches venaient infester les airs, et s'attachaient à leur visage comme des grains de sable brûlans ; de plus grandes mouches leur succédaient ensuite jusqu'à midi, où des armées de mouches nouvelles, de la longueur du petit doigt, fondaient de tous côtés sur eux, et les couvraient de piqûres douloureuses. On eût dit que, semblable à l'antique Égypte, cette contrée entière avait été livrée à de vils moucherons. Accablés de sommeil, tourmentés par la chaleur, et par ces insectes dont chaque jour chaque espèce reparaissait à son heure réglée, nos voyageurs parcouraient presque en aveugles cette même route où naguère, engourdis par le froid, ils ne voyaient que des plaines de neige et n'entendaient que les hurlemens des loups. A cette heure, les chemins étaient couverts de troupeaux de bœufs que des Cosaques amenaient de l'Ukraine et conduisaient à Dantzick. Les deux amis ne pouvaient se lasser d'admirer la gaieté de ces bonnes gens, qui, sans se soucier des ardeurs du soleil, de l'aiguillon des mouches et de l'énorme distance qui leur restait à franchir, marchaient en chantant à l'ombre des sapins [1].

Un jour, au lever de l'aurore, les deux voyageurs côtoyaient à pied les rives d'un lac en admirant la multitude de perspectives qui s'ouvraient devant eux. Après une nuit étouffante, ils jouissaient avec délices de la double fraîcheur des eaux et du matin, lorsque les accens de plusieurs voix mélodieuses attirèrent leur attention. Ils marchèrent un instant sans rien découvrir; mais soudain la vaste étendue du lac se déroulant à leurs yeux à travers quelques sapins isolés, ils aperçurent plus de trois cents femmes entièrement nues, dont les eaux transparentes semblaient multiplier les charmes. Les unes nageaient en silence, les autres chantaient, mollement couchées sur le gazon. La plupart se poursuivaient en folâtrant, tandis que d'autres, laissant tomber leur dernier voile, étaient immobiles sur le rivage. Les anges eux-mêmes n'auraient pu voir sans émotion toutes ces beautés réunies. Leurs groupes pleins de grâces se dessinaient sur un horizon d'azur, et semblaient l'œuvre d'un enchantement. On eût dit une troupe de ces nymphes que le Tasse met à l'entrée du palais d'Armide. Nos voyageurs contemplaient cette scène avec ravissement; mais ayant voulu s'approcher davantage, leur habit rouge les trahit, l'alarme se répandit parmi les baigneuses, et en un moment le tableau disparut. Les plus jeunes se plongèrent dans le lac, et les plus âgées se couvrant le visage d'une main, de l'autre firent signe aux voyageurs de s'éloigner. Quoique jeunes et officiers, ils respectèrent cet ordre, et bientôt ils purent s'en féliciter lorsqu'ils apprirent de leur conducteur qu'il y aurait eu du danger à ne s'y pas soumettre.

Peu de temps après ils arrivèrent à Pétersbourg. La présence de l'impératrice y avait dissipé tous les murmures que sa haute fortune, bien plus que ses crimes, avait fait naître. On ne parlait à la cour que de fêtes, de jeux, de bals et de spectacles. La paix semblait assurée, le peuple content, et l'ambition des grands satisfaite. M. de Saint-Pierre se hâta de se rendre chez Duval et chez le vieux Munich, qui tous deux le comblèrent de caresses. M. de Villebois, en le revoyant, lui promit la place de son premier aide-de-camp, et ne le distingua plus de son propre neveu. Tout lui riait alors, et cependant il était triste, inquiet et rongé de soucis : le luxe de la cour offensait ses regards, en lui faisant mieux sentir la misère du peuple et la sienne; enfin il ne répondait plus aux consolations de ses amis que par des plaintes, aux encouragemens de ses chefs que par des reproches, et aux bienfaits de tous que par des refus. Deux causes avaient contribué à cette révolution subite : le chagrin de se voir obligé de renoncer à ses beaux projets de république, et la crainte de ne pouvoir acquitter les dettes qu'il avait contractées pendant son séjour à Moscou. Ennuyé du travail, fatigué du repos, mécontent des autres et de lui-même, ne sachant à quoi se résoudre, il se ressouvint du baron de Breteuil, et résolut de le consulter et de se ménager par son moyen le retour vers sa patrie. Il lui adressa donc une lettre dans laquelle il faisait le tableau de ses fautes, de ses regrets et de sa situation. L'ambassadeur ne lui répondit pas; mais quelques jours après le grand-maître lui dit en riant : « Monsieur de Saint-Pierre, l'impératrice vient de vous accorder une gratification de 1500 fr. et le brevet de capitaine; » puis il ajouta d'un ton plus sérieux : « Je vous préviens qu'ici on n'aime pas les plaintes. » M. de Saint-Pierre vit bien que sa lettre avait été interceptée, mais il s'en consola en payant ses dettes; et cette faveur imprévue, la douce société de son ami Duval, l'entraînement de celle de Barasdine, parvinrent à ranimer un instant son courage, ou plutôt ses illusions. Duval s'empressait d'ailleurs de flatter ses espérances, en lui montrant tous les chemins de la fortune ouverts à celui qui savait vouloir et attendre. Barasdine lui promettait une guerre prochaine, de l'avancement et de la gloire; mais le plus souvent il venait l'enlever à ses études pour l'introduire au milieu des jeux et des fêtes de la cour, et lui faire connaître tout ce qu'il y avait alors en Russie de femmes célèbres, d'heureux parvenus et d'illustres disgraciés. Il lui montrait Biren, ancien domestique de la duchesse de Courlande, qui fut neuf ans maître de l'empire à côté du brave Munich, qui, le rencontrant un jour dans tout l'appareil de sa puissance, le fit charger de fers presque sur le trône, en présence de ses propres gardes, que cette action glaça d'épouvante. Ces deux rivaux, qui avaient gouverné l'empire et connu l'exil, nourrissaient encore de grandes ambitions et de grands ressentimens. Auprès d'eux était la princesse d'Aschekof et le comte Lestock; l'une isolée aux pieds de Catherine, dont elle se vantait imprudemment d'avoir inspiré les desseins et préparé la fortune; l'autre retombé dans la foule, après avoir renversé la régente Anne, couronné Élisabeth et conseillé son règne. Spectateur inutile de la nouvelle conspiration, sa haine s'échappait en paroles amères contre les conspirateurs, dont il enviait tout, même le crime. On voyait encore au milieu d'une nombreuse troupe de beaux hommes qui passaient leur vie à considérer le superbe Orlof avec un jaloux déplaisir, et à se contempler eux-mêmes avec une secrète espérance. Mais ce que la cour de Catherine offrait de plus remarquable, c'était une multitude d'hommes sortis si rapidement de l'obscurité, qu'on n'avait pu même entrevoir leur origine : l'or, les rubans, les ordres, les avaient soudain transformés en grands seigneurs : c'est en étalant

---

[1] Avant de sortir de leur chaumière, ils trempent leur chemise dans le suif, et cette seule précaution leur suffit pour échapper à toutes les incommodités de la route. Pendant leur sommeil, ils s'environnent d'épaisses fumées. M. de Saint-Pierre passa plusieurs nuits auprès de leur feu. On prétend que cette prodigieuse quantité de mouches a fait donner à cette contrée le nom de Moscovie.

les profits du crime qu'on prétendait déguiser les criminels. On peut juger de l'impression que devait produire la vue d'une pareille cour sur l'esprit de deux jeunes gens qui aimaient la vertu avec enthousiasme, et surtout sur celui de M. de Saint-Pierre, qui, dans ses rêves sublimes de législation, avait attaché au pouvoir quelque chose de divin.

Heureusement le général du Bosquet vint troubler le cours de ses réflexions pénibles, en lui proposant de l'accompagner en Finlande, pour en examiner les positions militaires et y établir un système de défense. La joie de parcourir des déserts suspendit toutes ses autres pensées, mais elle ne fut pas de longue durée [1]. Il se lassa bientôt d'un compagnon de voyage qui dormait tout le jour, n'observait rien et ne songeait à rien. La voiture roulait sans jamais s'arrêter, tantôt à travers une suite de collines isolées, noirâtres, dont les sommets arrondis étaient dépouillés de verdure; tantôt au milieu de forêts de sapins, dont rien ne peut exprimer la prodigieuse élévation et le silence profond et terrible. Des lacs, des cataractes, des rochers, une terre semblable au fer, un ciel couvert de vapeurs, le soleil toujours à l'horizon, et qui répandait à minuit des lueurs pâles et mourantes; quelques aurores boréales illuminant tout à coup l'atmosphère, et jetant sur la contrée les reflets rougeâtres d'un incendie : tels sont les spectacles qui, dans une tournée de plus de cinq cents lieues, ne cessèrent d'attrister les regards de nos deux voyageurs. Cette terre marâtre est cependant la patrie d'un peuple hospitalier; tous les jours, du fond de leur voiture, ils voyaient les principaux habitans de chaque ville se presser sur leur passage en se disputant le bonheur de les accueillir. Celui sur lequel tombait le choix du général invitait aussitôt ses compatriotes au festin de réception. La maîtresse de la maison s'avançait ensuite gracieusement pour présenter la *chale*, marque d'hospitalité en usage dans tout l'empire, et qui consiste à offrir au voyageur un verre d'eau-de-vie, un morceau de pain et quelques grains de sel. Après cette politesse russe, on servait le dîner, composé ordinairement de deux services. Le dessert était préparé dans une autre pièce jonchée de mousses odorantes et de branches de sapin. Plus tard on servait le café, puis le goûter, puis le punch, puis le souper; et cela durait aussi longtemps qu'il plaisait aux voyageurs de séjourner dans une ville, un bourg ou même un village. Après une journée si bien employée, le général allait se coucher, et son aide-de-camp cherchait un coin de la maison où il pût échapper à ces repas interminables, dessiner ses plans et rédiger son voyage. Nous avons sous les yeux les notes qu'il écrivait alors; elles offrent un si parfait contraste avec ce qu'il écrivit dans la suite, qu'il est impossible de les lire sans étonnement. Obligé de remplir une mission et d'observer en ingénieur ces contrées sauvages, il rassemble toutes les forces de son esprit pour y créer des moyens d'attaque et de défense. Frédérиksham, Wilmanstrand, Wibourg, le vieux château de Nyslat, le lac Ladoga, le lac Saïma, les sombres forêts qui commencent à Yervenkile, et qui se prolongent dans un espace de plus de quatre-vingts milles, ne lui offrent qu'un vaste théâtre de guerre où il promène les armées russes et suédoises. En entrant dans ces forêts, où règne un silence formidable, où les rayons du soleil n'ont jamais pénétré, il semble étouffer son émotion, et s'occupe froidement à calculer l'effet du canon sur ces arbres prodigieux, que leur élasticité et leur forme cylindrique ne permet de toucher que par la tangente. Il compare ensuite la force du bois vert et celle du bois sec pour les opposer au boulet; et plein du système qu'il imagine, il rappelle le trait des Hanovriens retranchés à Corbac sur les bords d'un bois. Quinze pièces de seize livres de balle les battirent dix-huit heures consécutives; plusieurs arbres reçurent jusqu'à dix coups de canon sans qu'il y en eût un seul d'abattu. Qui aurait pu prévoir alors que celui dont toutes les pensées, à l'aspect de ces forêts majestueuses, tendaient à inventer des machines de guerre, à perfectionner les moyens de détruire, devait un jour peindre la nature dans ses plus ravissantes émotions?

Ces mémoires, dont la Russie négligea les observations importantes, offrent cependant une trace fugitive de ce talent que Bernardin de Saint-Pierre ignorait lui-même, et laisse comme entrevoir ce cœur noble et tendre qu'il sentait battre dans son sein, mais qui ne lui avait pas encore révélé son génie. C'est ainsi qu'il ne put voir sans transport les cataractes d'Yervenkile qui s'échappent à travers d'énormes voûtes de glace, et celles de la Vosca dont rien ne peut exprimer l'épouvantable fracas. Arrivé sur les bords de ce dernier fleuve, qui se forme de l'écoulement du grand lac Saïma, il le suit jusqu'au lieu où, resserré tout à coup par un roc immense que la nature semble avoir creusé exprès pour lui former un canal, il se précipite en grondant sur une pente de plus de trois cents toises. Cette scène imposante arrache au voyageur un cri d'effroi et d'admiration; mais revenant aussitôt à l'objet de sa mission, il cherche les moyens de faire servir ce phénomène, soit à la défense du pays, soit à sa prospérité, en y élevant des machines d'autant plus puissantes que le fleuve est plus terrible et que son mouvement est éternel.

Les cataractes d'Imatra dans le lac Kiemen lui offrirent un spectacle non moins imposant. Un gentilhomme du pays, qui lui servait de guide, lui raconta comment, ayant voulu traverser, avec sa servante, le courant du lac supérieur, son bateau fut entraîné jusqu'au bord de l'abîme, où il se brisa sur un rocher à fleur d'eau qui divise la cataracte en deux grandes nappes. Ils restèrent couchés pendant trois jours au sommet de cet effroyable précipice, tandis que plus de quinze mille hommes faisaient de vains efforts pour les en retirer. Un paysan russe en vint cependant à bout avec une machine assez simple. Il y avait six mois que cet événement était arrivé; la servante en mourut après quelques jours, et son maître, le conducteur de M. de Saint-Pierre, n'avait encore pu rétablir sa santé.

Quelquefois aussi, du sein de ces déserts, il pousse

---

[1] M. de Saint-Pierre fit à différentes époques deux tournées dans la Finlande, l'une dans la Finlande russe, l'autre dans la Finlande suédoise; nous avons réuni ces deux excursions, parce que nous ignorons l'époque de la première.

un soupir vers la France. Là, tout lui rappelle encore les champs qu'il a quittés. Ces longues volées de canards et d'oies sauvages qui peuplent les lacs de la Finlande, il les a vues traverser le ciel de la patrie, et maintenant il les retrouve avec les mêmes habitudes, rassemblées autour de leurs nids, ou voguant à travers les joncs de ces rivages. Il reconnaît leur avant-garde, il surprend leurs vedettes et leurs sentinelles, il les voit déjà se préparer à de nouveaux voyages; car, plus heureux que lui, ils iront bientôt se reposer sur les grèves de sa chère Normandie!

Plusieurs passages de ces notes offrent également le tableau de l'agriculture et de l'état moral du pays. Au milieu des projets de guerre et de destruction, on retrouve avec plaisir quelques images de la nature, quelques vues politiques sur le bonheur des hommes. Étonné de l'abandon de la Finlande, dont il apprend que la population diminue chaque jour, il en conclut que le gouvernement ne protège point assez, puisque le Finlandais ne se sert de la liberté qui lui reste que pour abandonner le sol de la patrie. « Il n'y a que des mains » libres, s'écrie le jeune voyageur, qui puissent faire » fleurir la terre! La Grèce et l'Italie ont donné des lois » au monde : maintenant ces beaux pays sont incultes et », déserts, parce qu'ils sont asservis. La Hollande n'of- » frait, sous le gouvernement des Espagnols, que des » sables et des marais; l'indépendance en a fait l'état le » plus riche et le mieux cultivé de l'Europe. Protégez » donc, si vous voulez régner, car c'est le bonheur du » peuple qui fait la force des rois. »

Hommage d'une ame sans crainte, d'une conscience incorruptible! c'est ainsi qu'il est beau de parler aux maîtres de la terre; car, pour apprécier toute l'énergie de ces lignes, il faut savoir qu'elles étaient tracées pour la cour de Russie : c'est sous les yeux de la terrible Catherine que notre jeune voyageur allait bientôt les déposer.

A son retour à Pétersbourg tout était changé. On parlait d'une guerre prochaine, de la disgrâce des premiers seigneurs de la cour, et du pouvoir illimité d'Orlof. Les anciens serviteurs de la couronne étaient tombés dans un entier abandon; le sage Munich lui-même ne siégeait plus au conseil, et l'on annonçait publiquement que la charge de grand-maître de l'artillerie était promise au favori. Ainsi, après une absence de quatre mois, M. de Saint-Pierre trouva la fortune de ses protecteurs évanouie, son ami Duval accablé de tristesse, et Barasdine livré à des transports incroyables de haine et de fureur. Trompé dans ses espérances, aigri par l'injustice qui menaçait son oncle, il ne parlait plus qu'avec horreur du pouvoir d'Orlof, et qu'avec mépris des faiblesses de l'impératrice. Les idées d'indépendance de M. de Saint-Pierre avaient fermenté dans sa tête; son ambition déçue lui faisait aimer la république, parce qu'elle lui présentait, comme à tous les mécontens, une espérance de souveraineté; mais un événement qui attirait l'attention de l'Europe acheva d'exalter son ame. Auguste III, roi de Pologne, venait de mourir, et son trône électif restait en proie aux intrigues de tous les ambitieux. La Russie et la Prusse n'osaient encore se partager un royaume qu'elles convoitaient; mais elles saisirent cette occasion de lui imposer un roi plus ami de leur pouvoir que du sien, et qu'elles pussent appuyer pour le dominer. Catherine, par un caprice de femme, voulut accorder cette royauté à Poniatowski, son ancien amant; et Frédéric approuva ce caprice, satisfait de voir monter sur ce trône un homme qui n'avait pour tout renom que l'éclat d'un grand scandale. Cependant la France voyait avec inquiétude ces arrangemens politiques, qui présageaient l'agrandissement de la Prusse et de la Russie. Son intérêt était de protéger l'indépendance de la Pologne; mais, affaiblie par de longues guerres, et n'osant se déclarer ouvertement, elle appuyait en secret le jeune Radziwil, chef des mécontens. Ce prince, qui avait des amis puissans et d'immenses richesses, aurait pu prétendre au trône, s'il n'eût dédaigné de le recevoir des mains d'une femme : il savait bien qu'acheter ainsi une couronne c'était cesser de la mériter; en un mot, il voulait combattre les ennemis de sa patrie, et non les flatter pour régner, et non régner pour leur obéir. Une éducation presque sauvage en avait fait un héros des temps fabuleux. Vêtu d'une peau d'élan, la tête couverte de la dépouille d'un ours qu'il avait étouffé dans ses bras, on le vit sortir des forêts de la Lithuanie, et s'élancer tout à coup au milieu de ses concitoyens en les appelant à la liberté. Sa force surprenante, sa taille gigantesque, son caractère dur et farouche, produisirent une vive impression. A sa voix, les forêts semblèrent s'ouvrir, et il en sortit une foule d'hommes qui demandaient à mourir pour la patrie. Environné de cette cour barbare, il proclama l'indépendance de la Pologne, et Catherine elle-même, au milieu de ses esclaves, en trembla.

Entraîné par la nouveauté de ce spectacle, M. de Saint-Pierre tourna soudain toutes ses espérances vers un peuple qui promettait d'honorer les temps modernes par des vertus dignes des temps antiques. Dans son enthousiasme il ne songea plus qu'au moyen d'aller partager les périls de cette nation généreuse; Barasdine avait les mêmes desirs, s'abandonnait aux mêmes illusions, et tous deux juraient de se faire regretter de la Russie en combattant contre elle. Une autorité supérieure les poussait encore dans cette route dangereuse; ils ne devaient point paraître en Pologne comme de simples aventuriers : c'était au nom de la France et de la liberté qu'ils allaient combattre; ils partaient de l'aveu de l'ambassadeur avec un grade élevé, avec toutes les promesses de la fortune et toutes les espérances de la gloire. C'est ainsi qu'ils se flattaient d'obéir à des idées vertueuses, lorsqu'ils n'obéissaient qu'à leur ambition.

Cependant M. de Villebois, qui attendait chaque jour sa disgrâce avec calme et dignité, cherchait à refroidir une effervescence dont cette disgrâce était la première cause. Il recommandait sans cesse la prudence à son neveu; mais celui-ci ne pouvait se résoudre à garder le silence, et provoquait lui-même les malheurs qui devaient bientôt l'accabler. Un soir que les deux amis assistaient au spectacle de la cour, comme ils s'entretenaient de leur expédition en Pologne, ils virent paraître Orlof avec l'uniforme de grand-maître, et environné des principaux officiers du génie. A cette vue, Barasdine s'abandonne à toute sa fureur. Son oncle n'est plus grand-maître, un autre est couvert de ses dépouilles. Alors il s'écrie, en désignant Orlof avec un geste méprisant, qu'autrefois les grades supérieurs étaient le prix des longs services et de la victoire ; mais qu'aujourd'hui il suffit, pour les mériter, d'avoir étranglé son maître, trahi sa patrie et couronné une étrangère. M. de Saint-Pierre, épouvanté d'un tel acte de démence, se précipite vers son ami et l'entraîne hors de l'enceinte ; mais à peine ont-ils fait quelques pas dans la rue, que des soldats les arrêtent et les séparent. M. de Saint-Pierre est aussitôt reconduit dans son logement, à la porte duquel on pose une sentinelle. Dès qu'il fut seul, il tomba dans les plus vives anxiétés ; toutes les violences dont il avait entendu accuser le gouvernement russe revinrent à sa mémoire : à chaque instant il croyait voir arriver le fatal chariot qui devait le transporter en Sibérie, et le seul bruit des pas de la sentinelle qui veillait à sa porte suffisait pour le glacer de terreur. Oh ! comme alors il sentait la folie de ses projets et de son voyage ! Combien la France, qu'il avait abandonnée pour des idées chimériques de fortune et de gloire, lui semblait belle, libre, heureuse ! Jamais il ne l'avait tant aimée ; il en regrettait tout, jusqu'aux arbres, jusqu'aux rochers, jusqu'à l'abandon où il s'y était vu : n'avait-il donc quitté tant de biens que pour se perdre dans des contrées barbares, que pour mourir dans des déserts ? Et son ami, l'infortuné Barasdine, où était-il ? que faisait-il ? peut-être à cette heure il avait cessé de vivre ! Ces tristes pensées l'agitèrent toute la nuit. Vers le matin, comme il succombait à un sommeil douloureux, il entendit le bruit de plusieurs hommes qui se parlaient à voix basse ; puis il n'entendit plus rien : la sentinelle s'était retirée. Il commença à respirer, et un billet glissé sous sa porte par une main inconnue acheva de dissiper ses inquiétudes. Le billet ne renfermait que ces mots :

« Si vous ne voulez perdre votre ami, gardez-vous
» de prononcer son nom.

» M. de Villebois se retire dans ses terres ; il est parti
» cette nuit. Le comte Orlof, qui lui succède, désire
» que vous vous attachiez à sa personne. Souvenez-vous
» qu'avec du courage et de la patience on surmonte tous
» les obstacles.

» P. S. L'exil de votre ami est prononcé ; il a été en-
» levé cette nuit ; on le conduit à Astracan. »

A mesure que M. de Saint-Pierre lisait ces lignes, il se sentait un peu soulagé, et sa reconnaissance bénissait la main généreuse qui les avait tracées. Croyant y reconnaître le style du maréchal de Munich, il se rendit aussitôt chez lui, mais il ne put le voir. Il tenta alors de pénétrer chez le grand-maître, qui était parti comme le billet l'avait annoncé. Enfin il passa devant la maison de Barasdine ; elle était déserte, et il s'éloigna en faisant de vains efforts pour retenir ses larmes. Après plusieurs autres courses inutiles, il rentra chez lui dévoré d'inquiétude, et dans l'accablement du désespoir. La première personne qu'il aperçut fut le général du Bosquet ; il venait lui parler de Barasdine, et le rassurer sur un exil qu'il regardait comme une faveur. M. de Saint-Pierre était hors d'état de l'entendre ; mille projets funestes roulaient dans son esprit ; il voulait suivre son ami, partager son malheur, solliciter sa grâce, écrire son apologie. Heureusement Duval, qui survint, réussit à le convaincre du danger de ces démarches, non pour lui, mais pour celui qu'il voulait défendre. Cette considération eut seule le pouvoir de le calmer. Mais en cédant au vœu de Duval, il annonça la résolution formelle de renoncer au service de la Russie, et aux bienfaits d'une femme qui croyait que régner c'était punir. Vainement le général du Bosquet voulut mettre des obstacles à ce qu'il appelait une nouvelle étourderie : M. de Saint-Pierre ne lui répondit qu'en écrivant aussitôt sa démission. Alors, soit que cet excellent homme fût touché de tant de grandeur d'ame, soit qu'il eût conçu pour son jeune compagnon de voyage une tendresse vraiment paternelle, il s'approcha de lui, et, saisissant sa main avec cette familiarité un peu rude qui donnait à tous ses mouvemens un air de bienveillance et d'amitié, il lui dit les larmes aux yeux : « Reste avec nous ; je n'ai point d'enfans, tu seras mon fils, tu épouseras ma nièce, mademoiselle de La Tour ; elle est, comme toi, jeune, aimable, Française et malheureuse ! malheureuse, car elle a perdu ses parens lorsqu'elle n'était encore qu'au berceau ; mais toi et moi, nous lui en tiendrons lieu. N'est-il pas vrai, tu es décidé ? allons, voilà qui est bien, tu composeras toute ma famille ! Je suis riche, et je vous donnerai tout. » Ces offres généreuses étaient faites pour pénétrer une ame comme celle de M. de Saint-Pierre, mais il ne crut pas devoir les accepter. L'exil de Barasdine, la disgrâce de M. de Villebois, empêchaient alors tout autre sentiment d'arriver jusqu'à son cœur. Qu'aurait-il fait de tant de félicité, lorsque ceux qu'il aimait étaient malheureux ? et d'ailleurs, pour obtenir la main de mademoiselle de La Tour, ne fallait-il pas renoncer à sa patrie, à ses projets, aux agitations de la fortune, si nécessaires pour supporter ses douleurs, enfin à cette gloire immense qu'il allait recueillir en combattant pour la liberté de la Pologne ?

Cependant, malgré la fermeté de sa résolution, il sentit bientôt, en faisant ses préparatifs, que le voyageur le plus indifférent laisse toujours quelques regrets au lieu qu'il abandonne. Il soupirait involontairement en pensant à mademoiselle de La Tour qu'il n'avait pu aimer, et à son ami Barasdine qu'il ne devait plus revoir : un secret pressentiment l'avertissait qu'une partie de ses beaux jours venait de s'évanouir, et qu'il ne retrouverait jamais rien d'égal aux conseils du sage Munich, à la protection de M. de Villebois, à la générosité du général du Bosquet, et à la franche affection de son ami Duval. Ce dernier, témoin habituel de la vie simple, de la conduite vertueuse de M. de Saint-Pierre, plaignait son ambition ; mais il admirait qu'avec d'aussi vastes désirs il sût se contenter de si peu. En effet, le désintéressement du jeune voyageur ressemblait presque à de l'imprévoyance. Ses dettes payées, il lui restait à peine l'argent nécessaire pour gagner la Pologne, et cependant il n'avait pas l'air d'y songer. Heureusement Duval y songeait pour lui. Dans l'intention de ménager une délicatesse peut-être trop facile à effaroucher, il n'offrit pas sa bourse ; mais la veille du départ, après un dîner qui fut triste et silencieux, il fit apporter des tables et proposa de jouer. M. de Saint-Pierre consentit à une première partie, puis à une seconde, puis à une troisième ; et les chances lui furent si favorables qu'il était presque honteux de son bonheur. Duval jouait contre lui, et semblait ne pas se lasser de perdre ; en sorte que M. de Saint-Pierre se trouva, au moment de son départ, plus riche de deux cents louis ; coup de fortune qu'il aima toujours mieux attribuer à l'amitié qu'au hasard.

Telle fut la conclusion des projets brillans qui l'avaient conduit en Russie. Après un séjour de quatre ans dans ces tristes contrées, renonçant au prix de tous ses travaux, il en sortit comme il y était entré, avec des espérances et des illusions, et ne sachant point encore que celui qui ne cherche que la fortune ne rencontre jamais le bonheur.

Quoique muni de son congé, on le retint huit jours sur la frontière avant de lui donner l'autorisation de quitter la Russie. Mais lorsqu'il eut franchi les rives de la Dwina, lorsqu'il eut touché cette terre de liberté, presque aussi sacrée à ses yeux que celle de la patrie, il se sentit pénétré d'une joie indéfinissable. Il lui semblait qu'on venait de le délivrer d'un poids accablant, que l'air était plus léger, la verdure plus riante, qu'il sortait de l'exil, qu'il allait enfin revoir des hommes. Tout, jusqu'à la saison, contribuait à son ravissement. Au milieu de la pompe des forêts du Nord, le printemps apparaissait avec la fraîcheur de nos climats. Pour la première fois depuis quatre ans, notre voyageur voyait le chêne croître auprès du sapin ; il reconnaissait les parfums de la violette, et ses yeux se reposaient avec un sentiment délicieux sur les touffes éclatantes d'immortelles jaunes et d'absinthes qui lui rappelaient sa jeunesse et la France. Ému de ces tableaux de la campagne, touché de l'amour du genre humain, l'imagination pleine des beaux temps de la Grèce et de Rome, il crut, en approchant de Varsovie, qu'il allait contempler une de ces antiques cités, et il sentit dans son cœur, qui battait avec force, les vertus d'un héros républicain. Des campagnes négligées, un peuple misérable, frappaient en vain ses regards ; dans son aveuglement, il attribuait tout à la tyrannie des Russes, qui depuis trois ans ravageaient ces contrées, et il ne voulait pas voir que des siècles entiers d'esclavage et d'ignorance pesaient sur ce peuple, qui ne devait pas même se réveiller au nom de sa liberté.

C'est ainsi qu'au lieu de ces fiers républicains qu'il était venu chercher, il ne trouva que des factions conduites par des femmes, un mélange confus de noblesse pauvre et d'ilotes abrutis, dominés plutôt que gouvernés par une vingtaine de grands seigneurs, qui, possédant toutes les terres du royaume, affectaient un faste insultant au milieu des misères communes. Tous ces hommes prétendaient au trône, et ne se montraient qu'environnés d'un nombreux cortège d'esclaves vêtus en janissaires, spahis, tolpacs, hullans, troupe de parade, plus propre à vendre qu'à sauver les libertés publiques.

A peine arrivé à Varsovie, M. de Saint-Pierre court chez le résident de France, chez l'ambassadeur d'Autriche et chez les principaux chefs du parti. Il annonce partout qu'il a quitté son état, ses protecteurs, sa fortune, pour servir les intérêts de la république. On loue son courage, on approuve son zèle, tout le monde s'empresse de l'accueillir, de le flatter. Une parente du prince de Radziwil, la princesse Marie M..., lui ouvre sa maison. Cette princesse, jeune, spirituelle, jolie, joignait l'élévation d'une Romaine à la légèreté d'une Française ; elle possédait tous les talens, parlait toutes les langues ; son amour pour la vertu, son enthousiasme pour les actions grandes et généreuses exerçaient un empire irrésistible : comme la Cléopâtre de Plutarque, elle était petite, vive, entrainante ; on sentait qu'heureuse de vivre pour le plaisir, elle saurait aussi mourir pour la gloire. Sa voix pénétrait le cœur, son sourire avait quelque chose de ravissant, et on ne pouvait ni la voir ni l'entendre sans y penser toujours. Dès le premier jour, M. de Saint-Pierre éprouva le double ascendant de son génie et de sa beauté ; elle devint aussitôt l'unique pensée de sa vie ; il lui semble en l'écoutant n'aimer que la vertu qu'elle loue, que la liberté qu'elle appelle, et il ne s'aperçoit pas que dans tous les projets qu'il médite il ne songe déjà plus qu'à lui plus plaire. S'il avait toujours supporté son obscurité avec impatience, elle lui paraissait alors le plus horrible des malheurs. Les mots de liberté, de valeur, d'héroïsme, suffisaient pour l'agiter d'une fièvre brûlante : jusque-là il avait aimé la gloire ; la vue de la princesse la lui fit adorer. Il voulait partir, il voulait s'illustrer par des actions d'éclat, prendre des villes, des châteaux, des royaumes, et mériter l'amour de sa dame à la manière des anciens chevaliers.

Une occasion périlleuse ne tarda pas à se présenter. Le prince de Radziwil se disposait à défendre contre les Russes l'entrée de son pays ; il avait établi ses positions entre Niezwiz et Sluczk, et l'on assurait que *Crim Gherai*, kan des Tartares de Crimée, marchait à son secours à la tête de quatre-vingt mille hommes. A cette nouvelle, M. de Saint-Pierre prend la résolution de partir seul, de traverser à tout risque les armées russes qui couvrent le pays, de rejoindre le prince de Radziwil, et d'assister à la première bataille : projet d'autant plus téméraire, qu'il pouvait payer de sa tête le seul dessein de porter les armes contre une puissance dont il venait de quitter le service. Mais loin d'être inquiet du péril, il y trouvait des charmes. Tout lui paraissait possible en songeant à la princesse. Dans les transports de son enthousiasme, il eût voulu mourir, pour lui arracher un regret.

La princesse approuva son dessein en femme supérieure, sans crainte, sans étonnement. Elle semblait croire en lui, et voir dans la supériorité de son ame l'augure des plus belles destinées. Cependant elle voulut lui donner un compagnon d'armes, et son choix tomba sur un nommé Michelis, major des hullans, homme de résolution et propre à exécuter un coup de main. Elle traça ensuite elle-même ce qu'elle appelait leur plan de campagne, et leur désigna les personnes dévouées au parti chez lesquelles ils devaient s'arrêter. En réglant ces dispositions, elle descendait dans les plus petits détails, prévoyait les plus petits dangers, et analysait froidement les chances de succès, comme aurait pu le faire le plus habile général. Toujours calme pendant les préparatifs, ce ne fut qu'à l'instant même du départ que la pâleur de son visage, le tremblement de sa voix semblèrent révéler l'agitation secrète de son cœur.

Ils partirent. Les commencemens du voyage furent heureux. Le soir, une chaise de poste les devança rapidement; dans cette voiture, qui allait si bon train, était la femme d'un commissaire du prince de Radziwil, qui les salua d'un air de connaissance, et leur cria en passant qu'elle allait tout préparer pour les recevoir. Effectivement, vers minuit, ils arrivèrent chez elle : toutes les fenêtres de la maison étaient ouvertes, on voyait des lumières aller et venir d'une chambre à l'autre, et le bruit de plusieurs voix se faisait entendre par intervalles. Ce fracas, au milieu d'une forêt isolée, inspira d'abord quelque méfiance au major et à M. de Saint-Pierre, mais ils n'eurent pas le temps de tenir conseil; le commissaire du prince vint les recevoir, et leur dit que l'armée russe n'était pas éloignée, qu'elle marchait sur Briola, et que les hullans du prince Czartoryski rôdaient depuis le matin dans la contrée. Cette nouvelle augmenta leurs alarmes. Ils demandèrent des chevaux, on ne put leur en promettre que pour le lendemain : il fallut donc se décider à les attendre et à entrer dans la maison. Il y avait à peine une heure qu'ils délibéraient sans s'arrêter à aucun parti, lorsque six hommes armés se précipitèrent dans leur chambre. M. de Saint-Pierre saute sur ses pistolets, les met en joue, ce qui donne à Michœlis le temps de se saisir de ses armes. La taille et les moustaches du major, l'air résolu de M. de Saint-Pierre, en imposèrent tellement à cette troupe d'abord si échauffée, qu'elle se retira aussitôt dans le plus grand désordre. C'est alors qu'ayant voulu se barricader, ils s'aperçurent que les portes et les fenêtres de la chambre avaient été enlevées ; et ils ne purent plus douter de la perfidie du commissaire. Michœlis se hâta de brûler quelques papiers, et M. de Saint-Pierre, prévoyant une nouvelle attaque, parcourut, le pistolet au poing, une galerie qui servait de communication aux appartemens voisins. Une faible lueur l'ayant guidé jusqu'à l'extrémité de cette galerie, il aperçut les hullans, au nombre de huit, assis autour d'une table où ils se préparaient à passer la nuit. Pendant qu'il prêtait l'oreille en cherchant à saisir quelques-unes de leurs paroles, une personne inconnue passa rapidement, et lui dit en latin qu'on le trahissait, et qu'il eût à songer à sa sûreté. Il rentra, et fit part à Michœlis de ce qu'il avait vu et entendu. Il lui proposa en même temps de surprendre les hullans, de s'emparer de leurs armes, de leurs chevaux, et de s'enfuir. Michœlis lui répondit que ce moyen les perdrait infailliblement, puisque le pays leur était inconnu, qu'ils n'avaient point de guide et que les gens du prince même les trahissaient. Comme ils parlaient ainsi, ils entendirent le bruit d'une troupe à cheval qui se plaçait sous leurs fenêtres; le commissaire et sa femme accoururent alors en criant qu'on voulait mettre le feu à la maison, et que la forêt était pleine de hullans. Dans cette extrémité, M. de Saint-Pierre venant à songer à l'ambassadeur, à la princesse, à sa gloire perdue, tomba dans le désespoir le plus violent. Il savait que dans de pareilles entreprises on n'aime que les gens heureux, et il résolut de mourir les armes à la main, plutôt que de subir la honte de tomber au pouvoir des Russes.

Il allait exécuter ce dessein, dans lequel son compagnon, charmé de brûler quelques amorces, était loin de le troubler, lorsqu'au premier rayon du jour un officier supérieur qui commandait un détachement considérable leur fit dire qu'ils étaient libres de retourner à Varsovie. L'espoir de trouver un guide, et d'accomplir leur projet dans la nuit suivante, les consola de toutes les vicissitudes passées. Ils montèrent à cheval, et partirent au galop : un corps de hussards russes les escorta de loin. Arrivés sur les bords de la Vistule, ils aperçurent le château du prince Czartorysky, chef des hullans ennemis. A cette vue, Michœlis prévit de nouveaux malheurs; il recommanda la prudence à son compagnon, et pour n'exciter aucune méfiance ils se firent aussitôt traverser sur l'autre rive. Ils abordent : plusieurs domestiques viennent à leur rencontre, et le capitaine des gardes les invite poliment à dîner de la part du prince, qui vient d'être instruit de leur arrivée. Conduits dans de magnifiques appartemens, on les débarrasse de leurs épées. De tous côtés des troupes de soldats sont sous les armes pour leur faire honneur; les domestiques du prince les environnent, les suivent, les précèdent, en leur montrant les curiosités du château. Étourdis par l'empressement général, ils arrivent enfin près de la salle du trésor. M. de Saint-Pierre y entre le premier; c'était une énorme voûte dont la profondeur se perdait dans les ténèbres. Sa fenêtre grillée, sa porte de fer ne leur donnaient pas l'air d'un appartement habitable. Ce devait être cependant celui de l'imprudent transfuge. Tout à coup les portes roulent sur leurs gonds, et il ne voit plus auprès de lui qu'une sentinelle immobile, la baïonnette au bout du fusil et le sabre au côté. Deux autres sentinelles sont placées à l'instant près d'une espèce de guichet, et tout rentre dans le silence.

Le voilà donc, comme les paladins de l'Ariosto, tombé dans un piége, et se consolant comme eux parce qu'il n'avait pas été vaincu. Le soir, on lui fit subir un interrogatoire; mais la crainte de compromettre son compagnon le décida à ne rien déclarer. Malheureusement Michœlis n'eut pas autant de fermeté; et ses aveux, étant d'accord avec les dépositions du commissaire qui les avait trahis, on déclara à M. de Saint-Pierre qu'il allait être livré aux Russes s'il persistait dans ses dénégations. La Sibérie s'offrit alors à son imagination avec toutes ses horreurs, et cependant elle l'effrayait moins que la douleur de voir ses projets les plus chers renversés. La honte au lieu de la gloire, voilà ce qui l'attendait. Que dirait la princesse Marie? Comment s'offrirait-il à ses regards? Quel jugement porterait de son malheur celle qui avait mis en lui de si grandes espérances? Ainsi, il n'avait renoncé à la France, il n'avait tout quitté en Russie, que pour venir se perdre au fond de la Pologne, et se perdre presque sous les yeux d'une femme dont son ame ne pouvait plus se détacher. Neuf jours s'écoulèrent dans ces dures anxiétés. Le soir du neuvième jour les portes de sa prison s'ouvrirent, et un officier du prince vint lui annoncer que plusieurs personnes considérables s'étaient vivement intéressées à son sort. Il lui nomma l'ambassadeur de Vienne et le résident de France, la princesse Strasnick, la grande-chambellane de Lithuanie, et la princesse Marie M..... Il attendait ce dernier nom sans oser l'espérer; mais aussi combien sa joie fut vive et pure lorsqu'il l'entendit prononcer! la nouvelle même de sa liberté ne put rien ajouter à son bonheur. Cependant cette liberté ne lui était pas accordée sans condition. Il devait prendre l'engagement solennel de ne pas porter les armes pendant l'interrègne, et toute son adresse pour éviter ce coup fut inutile. Il fallut promettre, mais il ne promit qu'en demandant la grâce de Michœlis, et tous deux sortirent de prison le 15 juillet 1769.

Ici commence une nouvelle période dans la vie de M. de Saint-Pierre. Nous avons vu les beaux jours de sa jeunesse préservés de l'amour par l'ambition; mais enfin il connaît l'amour, et cette funeste passion lui fait oublier tout le reste. Les détails dans lesquels nous allons entrer ne sont pas sans intérêt, et cependant nous avons hésité à les donner au public. La vie de M. de Saint-Pierre n'étant ni une confession ni un roman, nous pouvions nous croire libre de garder le silence sur ses faiblesses; mais alors combien de passages de ses *Études* seraient restés inexplicables, ceux surtout où l'auteur avoue que sa jeunesse fut agitée par *deux passions terribles, l'ambition et l'amour!* D'ailleurs, lors même que les conseils de plusieurs personnes éclairées n'auraient pas contribué à lever nos scrupules, un autre motif nous eût décidé : c'est qu'il était impossible de ne pas reconnaître, dans les notes où M. de Saint-Pierre avait esquissé les événemens de cette époque de sa vie, quelques-unes des inspirations de son plus touchant ouvrage; et comment nous serions-nous refusé à rappeler les souvenirs d'une passion sans laquelle il n'eût peut-être jamais peint les amours de Paul et Virginie!

Dès qu'il fut libre, il vola chez la princesse Marie. Elle parut heureuse de le revoir, loua son courage, plaignit ses dangers, et voulut en entendre le récit de sa bouche. En écoutant M. de Saint-Pierre, ses yeux se remplirent de larmes, et lorsqu'il eut achevé, elle lui dit : « La fortune a trahi votre espoir, mais il ne faut pas s'en plaindre; je l'ai toujours vue traiter ainsi ceux qu'elle voulait combler de faveurs. » Ces paroles se gravèrent profondément dans la mémoire de M. de Saint-Pierre, et, sans chercher à les expliquer, elles le remplissaient d'espérance. Cependant son aventure faisait alors le sujet de toutes les conversations; chacun voulait voir ce Français qui s'était si généreusement dévoué à la cause de la liberté, et qui, dans le malheur, avait montré tant de noblesse et de courage. Jeté tout à coup dans un tourbillon de jeunes princesses, au milieu des fêtes les plus brillantes, il semblait n'avoir renoncé aux illusions de la gloire que pour s'abandonner à celles du plaisir. Mais dans ce cercle d'enchantement il ne cherchait, il ne voyait que la princesse. Celle-ci paraissait accueillir ses vœux, son admiration; elle les appelait même avec une coquetterie qui ne pouvait échapper qu'à lui seul. Souvent, lorsque sa beauté excitait un doux murmure, elle se retirait à l'écart, et laissait voir à celui qui l'observait sans cesse plus de penchant à l'entretenir qu'à jouir des hommages de ses rivaux. Vive, légère, piquante avec tout le monde, elle se montrait avec lui sensible et réfléchie, et semblait partager ses goûts, deviner ses pensées, et s'abandonner aux agitations involontaires d'un sentiment secret. Mais, soit caprice, soit pour essayer son pouvoir, elle savait alternativement flatter ses espérances, ou le remplir d'incertitude. Ces inégalités le faisaient passer vingt fois dans un jour de l'excès de la joie à l'excès de la tristesse. Tantôt il lui semblait qu'environnée de tous les plaisirs, elle ne voyait, elle n'entendait que lui; tantôt il ne surprenait que des regards distraits, indifférens; et s'il devenait l'objet d'une attention passagère, c'était comme un souvenir qu'il arrachait à la politesse. Alors, dans son dépit, il s'indignait de son sort, maudissait la Pologne, jurait de partir, et cependant il ne partait pas.

Souvent, lorsqu'il venait à songer que ses plus belles années s'écoulaient inutilement pour la gloire et pour la fortune, il s'armait d'un nouveau courage, et volait chez la princesse pour prendre congé d'elle; mais un geste, un regard, avaient le pouvoir de le retenir. Un jour elle l'invita, avec un petit nombre d'amis, à venir dîner dans un château qu'elle possédait à peu de distance de Varsovie. Cette invitation inattendue le jeta dans un trouble inexprimable, et fit encore évanouir toutes ses résolutions.

Les voitures préparées, chacun, suivant l'usage de la Pologne, fit apporter son lit, et l'on se mit gaîment en route, malgré la chaleur qui était étouffante, et quelques nuées pluvieuses qui commençaient à se rassembler. Le château de la princesse était situé au milieu d'une forêt de chênes et de sapins aussi anciens que le monde. Ces lieux agrestes et sauvages ne devaient rien à l'art; cependant au pied de ces vieux arbres s'élevaient des chèvre-feuilles dont les tiges, courant sur les bords de la forêt, retombaient de l'extrémité des branches en rideaux chargés de fleurs. Des sentiers émaillés de fraises et de violettes se perdaient dans ces retraites profondes, où plusieurs ruisseaux entretenaient la fraîcheur; on n'y entendait d'autre bruit que le vol inquiet des rossignols et les gémissemens de la colombe. La terre y exhalait alors cette odeur vivifiante qui annonce et qui suit les pluies légères du printemps. La volupté pénétrait, agitait tous les êtres, et, dans le calme des airs, dans le murmure des eaux, dans la mollesse de ces bruits suivis d'un long silence, on sentait l'accablement général de la nature, lorsqu'elle languit dans l'attente d'un orage.

A peine descendu de voiture, M. de Saint-Pierre s'était enfoncé dans la forêt. Là, s'abandonnant aux rêveries ineffables d'un premier amour, cédant à l'impression des eaux, des bois et de la solitude, il entrevoyait une félicité dont il semble qu'aucun mortel ne puisse donner une idée. Ce n'était pas cette joie violente qu'on reçoit sur la terre, et qui ne s'exprime que par des transports; c'était comme un abandon céleste de l'ame, comme un ravissement continuel, semblable à celui que Fénelon donne à la vertu dans les champs Élyséens : seulement il y avait dans toutes ses émotions une teinte de tristesse d'une douceur inexprimable. La mort elle-même se présentait à lui sous l'image du bonheur : il y a peu de temps encore qu'il ne l'eût pas redoutée, mais glorieuse, mais applaudie; maintenant il y trouve des charmes, il y songe avec délices, il la desire, mais ignorée, mais pleurée! et ces larmes, il ne les demande pas au monde; il ne veut émouvoir qu'un seul cœur : elle et lui, voilà l'univers.

Depuis deux heures il était enseveli dans ces idées mélancoliques, lorsqu'au détour d'un petit sentier il aperçut la princesse, qui suivait lentement les bords d'un ruisseau; elle était seule, et comme ravie à l'aspect de ces beaux lieux. Le premier mouvement de M. de Saint-Pierre fut de s'éloigner; mais bientôt, faisant un effort pour vaincre sa timidité, il revient sur ses pas, il croit avoir mille choses à dire, et il reste interdit et muet. La princesse semblait partager son embarras; mais, remarquant les nuages qui s'amoncelaient, elle témoigna quelque crainte de l'orage, s'appuya sur le bras de M. de Saint-Pierre, et ils reprirent ensemble la route du château. Ils marchaient en silence, lorsque l'orage éclata avec une telle furie, qu'ils eurent à peine le temps de se réfugier dans un pavillon que protégeait un massif de verdure. Bientôt la pluie tomba par torrens, les roulemens éloignés du tonnerre se rapprochaient d'une manière effrayante. La princesse, craintive, éperdue, se pressait contre son amant; il distinguait les battemens de son cœur, il soutenait sa tête charmante. Un frémissement délicieux courait dans toutes ses veines; il lui semblait que la vie allait l'abandonner : mais que devint-il, lorsqu'il crut sentir une main qui pressait la sienne, des soupirs qui se mêlaient aux siens, une voix pleine d'émotion qui répondait à ses vœux! Dans son transport il se jette aux pieds de celle qu'il aime, il la supplie, il l'adore! Presque évanouie entre ses bras, elle était sans défense, sans force, sans volonté; elle s'abandonnait comme Julie, et il fut dans le délire comme Saint-Preux.

L'orage avait cessé, et les deux amans suivaient un sentier de gazon tracé sur la lisière de la forêt. Le ciel était pur, l'air frais et parfumé; quelques nuages chassés avec violence vers l'horizon annonçaient le retour du calme, et les petits oiseaux, cachés sous la feuillée, recommençaient leurs ramages. Il n'est point dans la nature de tableau plus aimable que celui de la campagne après une pluie de printemps : c'est comme une seconde naissance de la verdure et des fleurs; les impressions les plus douces s'échappent de tous les objets pour arriver à notre ame. Mais combien ces scènes sont plus ravissantes encore, pour deux amans qui viennent de laisser échapper le premier aveu de leur tendresse! Que de trouble dans leurs discours! que d'émotions inénarrables dans ces cœurs tout pénétrés de cette vie du ciel qui, sur la terre, reçut le nom d'amour!

Plus d'un an s'écoula dans l'oubli du monde entier. Ils se voyaient à chaque heure du jour, et chaque jour ils trouvaient quelques nouveaux sujets de s'aimer. Un matin M. de Saint-Pierre vit une pauvre esclave qui, maltraitée par son maître, venait se réfugier auprès de la princesse. Dans ce cas, en Pologne, il est d'usage entre les grands de se renvoyer l'esclave, renvoi qui trop souvent est suivi de sévères punitions. Mais la princesse, touchée des larmes d'une infortunée qui s'était confiée à sa miséricorde, ordonna qu'on en eût le plus grand soin, disant qu'il valait mieux se brouiller avec un homme puissant que de manquer à un malheureux. Elle voulut faire mieux encore ; car, après avoir sollicité la grâce de cette esclave, elle la reconduisit elle-même dans la maison du maître qui venait de pardonner. Un autre jour M. de Saint-Pierre la découvrit au fond de son palais, prodiguant les plus tendres soins à une vieille femme infirme qui la bénissait. Comme il admirait tant de bonté, la princesse lui dit avec émotion : « Il ne faut pas me louer de remplir un devoir; cette bonne femme m'a élevée; elle m'a consacré tous les momens de sa vie, il est bien naturel que je lui donne quelques momens de la mienne. » Ces actions, ces paroles le pénétraient d'une nouvelle ivresse : le charme attaché à la vertu est une des plus dangereuses séductions de l'amour.

Ainsi, M. de Saint-Pierre était comme un homme plongé dans les erreurs d'un songe; la princesse elle-même négligeait jusqu'au soin de sa réputation : ils ne pouvaient ni se voir, ni s'entendre, ni se quitter, sans se sentir troublés jusqu'au fond du cœur; et tous deux irritaient, par leurs imprudences, une famille orgueilleuse et puissante. Cependant l'inégalité des rangs, celle de la fortune, ne promettaient rien de durable à ce fol amour, dont la violence même brisait les liens.

Les bruits sourds de la médisance avaient déja plusieurs fois troublé leur bonheur, lorsqu'un soir M. de Saint-Pierre trouva la princesse baignée dans ses larmes. « C'en est fait, lui dit-elle, il faut nous séparer; ma mère me rappelle auprès d'elle, ma famille entière se soulève contre moi; hélas! nos beaux jours sont passés! » Puis voyant l'agitation de M. de Saint-Pierre, elle ajouta avec l'accent de la tendresse : « Mon ami, vous aiderez mon courage, vous soutiendrez ma faiblesse; ah! je n'aurai point en vain compté sur votre vertu; si vous m'abandonniez, où trouverais-je des forces pour ne pas mourir? » Ces paroles touchantes adoucirent un moment les reproches de M. de Saint-Pierre; mais bientôt cédant à sa douleur : « Vous parlez de vertu, s'écria-t-il; est-ce donc un acte de vertu que d'abandonner ce qu'on aime? Où sont les champs où nous devions vivre? cette chaumière que vous vouliez partager avec moi? Tant de projets de bonheur seraient-ils effacés? le jour d'hier est-il donc oublié? Quoi! une séparation éternelle suivrait de tels momens! Non, chère Marie; fuyons ces lieux, allons chercher une autre terre pour cacher une félicité qu'on nous envie! » En prononçant ces mots il fondait en larmes; il la pressait dans ses bras, comme si on eût tenté de la lui ravir; il jurait de la défendre; et, le cœur plein d'amertume, il aurait voulu s'anéantir avec elle. Mais lorsque, devenu plus calme, il put entendre quelques paroles de raison ; lorsqu'il eut jeté les yeux sur ces lignes sévères et touchantes où une mère, sur les bords du tombeau, suppliait sa fille d'épargner ses vieux jours, de ne point hâter la mort de celle qui l'avait portée dans ses flancs, mort, hélas ! trop prochaine, et dont rien ne pourrait adoucir les douleurs, alors il crut entendre cette voix des mourans à laquelle aucun être humain ne résista jamais, et il tomba dans l'accablement. Un morne silence fit place à ses plaintes. Absorbé dans cette seule pensée que toute la douleur doit retomber sur lui, il se sacrifie à celle qu'il aime, et le départ de la princesse est résolu.

Il avait rassemblé toutes ses forces, et se croyait maître de lui ; mais lorsqu'il ne la vit plus, ses résolutions l'abandonnèrent. Il lui semblait que son cœur allait se briser; sa tête était douloureuse, et comme si elle eût été pressée par une main de fer. Il marchait des journées et des nuits entières, et la fatigue de ses courses pouvait seul, engourdir un moment ses souffrances. Il cherchait les lieux qu'elle avait aimés, ceux où il s'était vu près d'elle, et il ne pouvait en supporter l'aspect ; enfin, partout il portait avec lui un desir de mourir, dont la violence, toujours croissante, lui inspirait un juste effroi. Ainsi s'écoulait sa vie, lorsqu'il reçut une lettre de la princesse, qui le suppliait de s'éloigner quelque temps de Varsovie. Résolu d'obéir, il suivit les conseils du comte de M.., qui l'engageait à prendre du service en Allemagne, et qui lui remit des lettres pour le ministre, et pour une de ses parentes, première dame d'honneur de l'impératrice.

Il partit ; mais à peine sur la route, il songeait au moyen de hâter son retour. Vingt fois il fut sur le point de revenir sur ses pas, et, sans la crainte de déplaire à la princesse, il eût cédé à ce desir. Arrivé à Vienne, son premier soin fut de se présenter chez la parente du comte de M.... On lui dit de demander une audience, il la demanda ; et cinq jours après, lorsqu'il commençait à n'y plus penser, elle lui fut accordée. L'imagination pleine des jeunes princesses polonaises, et de leur cour galante et voluptueuse, il courut à l'heure indiquée chez sa nouvelle protectrice. Six valets de pied d'une physionomie grave, et en habits chamarrés, le reçurent à la porte du vestibule. Introduit dans une salle gothique, six autres valets, vêtus de noir, marchèrent aussitôt devant lui. Au milieu de ce cortège silencieux, il traversa plusieurs appartemens ornés d'écussons, et une galerie où l'on avait disposé une longue suite de portraits de famille en grands costumes. A mesure qu'il approchait, il croyait voir ces antiques personnages sortir de la toile et s'avancer vers lui, comme des témoins de la gloire passée et de l'orgueil présent. Notre voyageur se trouva enfin dans une espèce d'amphithéâtre où tous les domestiques attendaient, rangés sur deux lignes. Il fallut encore passer au milieu de ces visages d'apparat. Arrivé à la porte du sanctuaire, une voix de Stentor annonça M. de Saint-Pierre ; les deux battans s'ouvrirent, et au milieu d'une riche draperie de velours cramoisi, relevée de crépines d'or, il découvrit, sur une espèce de trône, une dame immobile placée comme dans une niche, et si chargée de dorures et de pierreries, qu'il s'imagina d'abord que c'était une madone. Le recueillement général, la majesté du lieu, entretinrent un moment cette erreur. Il se creusa t en vain la cervelle pour comprendre le but de tant de bizarres cérémonies, lorsqu'un homme en habit noir, qui paraissait un ecclésiastique, vint le prendre par la main, et le conduisit au pied du trône, où il s'inclina respectueusement. Cette nouvelle circonstance aurait augmenté les illusions de M. de Saint-Pierre, si en s'approchant il n'avait vu peu à peu la prétendue madone se transformer en une petite vieille, guindée, ridée, fardée, et toute couverte d'une riche étoffe à fleurs. Elle fit un léger mouvement de tête, et M. de Saint-Pierre s'avançait déja pour lui présenter la lettre du comte de M...., lorsque l'homme noir l'arrêta froidement, prit la lettre, et l'offrit lui-même à l'auguste baronne, qui la lut avec une extrême attention. Après cette lecture, elle jeta sur notre voyageur un regard dédaigneux, et lui dit en mauvais français et d'une voix traînante, qu'il était bien difficile d'obtenir du service ; que cependant elle verrait à faire quelque chose pour lui, à la recommandation de son noble cousin. Puis elle ajouta, en essayant de sourire, qu'elle ne doutait pas que le protégé du comte de M.... ne fût bon gentilhomme ; qu'elle se souvenait d'avoir vu à Versailles une marquise de Saint-Pierre, et que cette marquise était sans doute sa tante ou sa mère. Notre voyageur, quoique un peu étourdi d'une question qui blessait toujours sa vanité, répondit avec une noble franchise que s'il avait eu l'honneur d'appartenir à la famille de la marquise de Saint-Pierre, il ne serait pas probablement venu demander du service en Autriche ; qu'au reste, il n'abuserait point des gracieuses intentions de madame la baronne ; que le crédit d'une personne aussi auguste devait être uniquement réservé à ceux qui, pour réussir, ont toujours besoin d'une haute protection et de la mérite de leurs aïeux. L'ironie est une figure dont les Allemands entendent peu la finesse. La fière baronne écouta cette harangue avec un sang-froid imperturbable ; elle n'y répondit que par un signe de tête qui semblait approuver l'humilité de l'orateur ; puis reprenant son air grave, elle rentra dans sa première immobilité. M. de Saint-Pierre vit bien que ce silence était un congé, et déja il s'empressait de se retirer, lorsque l'homme noir qui l'avait introduit vint l'avertir que l'étiquette ne permettait de s'éloigner de madame la baronne qu'en marchant à reculons. On peut juger de la surprise que dut causer cette morgue autrichienne à un jeune Français qui avait vécu familièrement avec les plus grands seigneurs des cours de Russie et de Pologne. Cette seule visite le dégoûta de l'Allemagne ; et il se promit bien de ne pas prendre de service dans un pays où l'on ne jugeait des talens d'un homme que par ses titres de noblesse.

Après cette aventure il aurait quitté Vienne sur-le-champ, s'il n'y avait attendu des nouvelles de la princesse. Il se consumait dans cette espérance, lorsqu'enfin il reçut une de ses lettres, ou plutôt un journal de sa vie, heure par heure, depuis leur séparation. Elle peignait ses douleurs avec tant de vérité, qu'à chaque page il croyait reconnaître ses propres pensées. La nuit entière se passa à relire cette lettre : après y avoir vu l'expression de ses souffrances, il y vit l'expression de ses desirs; enfin il la relut si souvent, qu'il finit par se persuader qu'elle n'était écrite que pour le rappeler à Varsovie. Plein de cette illusion, il se hâte de rassembler ses effets, et ne craint plus que de perdre un moment. Par un singulier hasard, trois voitures magnifiques, destinées au couronnement du roi Stanislas-Auguste, devaient partir le jour même. Il s'adresse au conducteur, se fait recommander par le général Poniatowski, et part comme en triomphe, ramené vers sa maîtresse dans les voitures du roi. Le voyage fut long et pénible, car la saison avait gâté les chemins; et, pour éviter la Saxe, alors en guerre avec la Pologne, on fut obligé de traverser les montagnes de la Hongrie. A peine sur cette route isolée rencontraient-ils quelques villages dispersés çà et là sur les bords des précipices. Cependant chaque fois qu'ils s'arrêtaient dans une chaumière, ils en trouvaient les habitans livrés à la joie. Les hommes dansaient en frappant en cadence leurs talons de fer; les femmes réunies à l'extrémité de la chambre les animaient par leurs chansons, tandis qu'assis au coin du feu, le plus âgé de la famille (et c'était souvent un vieillard à barbe blanche) éclairait cette scène avec des éclats de sapin, dont les flammes produisaient, au milieu des ombres, des effets de lumière dignes du pinceau de Rembrandt. Notre voyageur enviait le sort de ces pauvres paysans, qui voyaient dans leur chaumière tous les objets de leurs affections, et dont les desirs ne s'étendaient pas au-delà.

A mesure qu'il approchait de Varsovie, il sentait diminuer sa confiance. Il relut avec plus de sang-froid les lettres de la princesse, et craignit de s'être trompé. Quand la passion forme des projets, elle s'aveugle sur leurs suites. Plus il avait eu d'espérance, plus il se sentait découragé. Enfin, lorsque la voiture s'arrêta devant son ancien logement, il était dans un état d'incertitude si pénible, qu'il fut plusieurs minutes avant de pouvoir descendre. Honteux de sa faiblesse, il s'excitait à reprendre courage, mais ce fut pour retomber dans l'accablement au premier mot qu'il entendit prononcer à son hôte. On ne parlait alors dans la ville que du retour de la princesse Marie M....., et d'une fête magnifique qu'elle donnait le jour même aux ambassadeurs. Cette nouvelle semblait justifier tous les tristes pressentimens de notre voyageur : « Elle donne des fêtes, disait-il avec amertume; loin de moi, elle peut supporter l'idée d'un plaisir : c'en est fait, je ne suis plus aimé! »

Cependant il se décide à lui écrire. Le domestique part; il le suit de la pensée, compte ses pas, calcule la distance. A présent elle lit son billet; elle connaît son retour; elle répond; on revient; son sort est décidé. Il se tourmente, s'agite, regarde sa montre : cinq minutes sont à peine écoulées, et le domestique ne peut être à moitié chemin. Une heure se passe ainsi; enfin, cédant à son impatience, il s'habille à la hâte, et court vers le palais de la princesse. Déja la fête est commencée; le bruit joyeux des instrumens parvient jusqu'à lui; la lumière de mille bougies a remplacé la clarté du jour; il aperçoit les trophées d'amour, les guirlandes de fleurs, les lustres et les cristaux, ornemens du salon; long-temps il erre autour du palais. Jadis c'était pour lui seul que ces fêtes étaient données : maintenant elles ne servent qu'à le faire oublier! Il se représente celle qu'il aime au milieu d'un cercle d'adorateurs; il croit même reconnaître son ombre qui se dessine sur une draperie légère : cette vue le jette dans une espèce de délire; sa tête se perd; il s'élance, traverse la cour, et se trouve tout à coup au milieu de cette brillante assemblée. Cependant l'aspect de la princesse, tranquille, indifférente, le rappelle à la raison; il s'approche avec un battement de cœur inexprimable, et la parole expire sur ses lèvres. La princesse l'accueille en riant, badine sur un retour si précipité, lui jette un regard plein de colère, et, sans attendre sa réponse, le laisse accablé sous le poids de son malheur. Aussitôt la foule l'environne; chacun veut connaître la cause de son absence; il est obligé de cacher son trouble, de répondre avec calme au moment où il éprouve tous les tourmens de l'amour et de la haine. Cependant son ame s'attache encore à une dernière espérance. Il songe à ce que la princesse doit à son rang, à sa famille, à sa réputation. Mais quoi! ne songe-t-elle pas aussi à ce qu'elle doit à l'amour? A-t-elle tout oublié, excepté la prudence? Hélas! après avoir connu le bonheur de sentir hors de lui une pensée qui n'était que pour lui, faudra-t-il qu'il se retrouve seul au milieu du monde?

Que cette fête lui parut longue! quelle tristesse dans ses plaisirs! il ne pouvait ni supporter la joie ni la concevoir. Enfin la foule commence à se retirer : il saisit un moment favorable, fait à la princesse un signe qu'elle doit reconnaître, se glisse par une porte secrète, et se retrouve dans les lieux mille fois témoins de son bonheur. Il touche chaque meuble, il leur parle, il se plaint à eux comme s'ils pouvaient l'entendre, et déja sa douleur s'est adoucie : les souvenirs du passé lui répondent du présent. « Elle était là, dit-il, et ces lieux qui me parlent d'elle ont dû aussi lui parler de moi. » Mais il entend le bruit léger des pas de celle qu'il aime! un mouvement involontaire le précipite à ses genoux; il lui dit ses craintes, ses espérances; il en appelle à son cœur : hélas! il fallait la revoir ou mourir, et maintenant il mourra s'il faut la quitter encore! En prononçant ces mots, il levait sur elle des yeux mouillés de larmes : mais, la voyant froide et sévère, il lui dit : « Je n'ai pu vivre loin de vous; quelle joie voudriez-vous votre ame loin de moi? Ah! que je voie un seul de ces regards qu'hier j'espérais encore! Celui que vous aimiez ne veut plus vivre; il a cessé d'être heureux; mais qu'il sache au moins ce qui vous a fait changer! » La princesse ne put résister plus long-temps à son émotion : soit par pitié, soit par un reste de tendresse, elle fit quelques efforts pour calmer son amant. Elle lui dit d'une voix tremblante : « Non, je n'ai pas cessé de vous aimer! je souffrais de votre absence, mais votre retour me perd; vos violences sont un outrage : il fallait attendre ; je songeais à notre avenir, je l'aurais assuré ! Cette fête qui vous a surprise, je la donnais pour détourner les soupçons, pour faire taire les envieux : mais votre présence a détruit mon ouvrage, elle arrête tous mes projets ; et maintenant je ne sais plus que devenir. » Ces douces paroles arrivèrent au cœur de M. de Saint-Pierre, et le firent passer du plus profond désespoir aux transports d'une joie immodérée ; alors il s'accuse de tout : combien son retour était coupable ! que d'imprudence dans son apparition soudaine, d'ingratitude dans ses reproches, de cruauté dans ses emportemens ! Ainsi il s'exagérait ses torts pour ne pas croire à ceux de sa maîtresse ; puis, cédant tout à coup à d'autres idées, il allait, venait, la pressait dans ses bras, et la repoussait aussitôt ; car, malgré tous ses efforts pour se tromper, il sentait toujours qu'il n'était plus aimé.

Cependant la douceur de la princesse lui rendit un peu de calme. Vers les trois heures du matin il sortit, se croyant heureux ; mais à peine eut-il fait quelques pas dans la rue, qu'il retomba dans ses premières incertitudes. Les scènes qui venaient de se passer se retraçaient à sa mémoire avec une vérité désespérante. Ah ! si elle avait aimé, sa tendresse se serait au moins laissé entrevoir ! mais tout, jusqu'à ses caresses, avait été arraché à l'effroi, peut-être à la pitié. Ingénieux à augmenter ses peines, il se disait qu'un nouvel amour le faisait oublier ; puis il se reprochait ses soupçons et s'accusait lui-même. La nuit entière se passa dans ces agitations : vers le matin il rentra chez lui, et, succombant à la fatigue, il goûta quelques heures de repos. A peine était-il éveillé, qu'un domestique vint lui remettre un billet : il reconnut la main de la princesse, et il lut les lignes suivantes :

« Vos passions sont des fureurs que je ne puis plus
» supporter : revenez à la raison, et songez à votre état
» et à vos devoirs.
» Je pars, je vais rejoindre ma mère dans le palatinat
» de X.... Je ne reviendrai ici que lorsque vous n'y se-
» rez plus, et vous n'aurez de mes lettres que lorsque je
» pourrai vous les adresser en France.
» Marie M... »

Il serait impossible d'exprimer les transports dont il fut saisi à la lecture de ce billet. Comme un homme atteint de frénésie, il se précipite dans l'escalier, arrive au palais de la princesse. Mais partout ses regards sont frappés du désordre général : la cour est encombrée de caisses et de meubles, les appartemens sont déserts, la salle de fête est à moitié dégarnie ; quelques domestiques enlèvent les lustres et les draperies. Il s'avance, il veut les interroger sur le départ de la princesse ; hélas ! tant d'efforts l'avaient épuisé : quelques mots étouffés s'échappent à peine de sa bouche ; son sang se glace, et il tombe sans connaissance sur le parquet. Les secours les plus prompts lui furent prodigués ; on le transporta chez lui, où le délire d'une fièvre ardente lui ôta pour quelques jours le sentiment de ses peines. Cependant, à mesure qu'il reprenait ses forces, il semblait reprendre toute sa fureur. Les résolutions les plus terribles ne l'effrayaient plus. Il voulait atteindre la perfide, l'arracher des bras de sa mère, se poignarder à ses yeux. Pour la revoir un seul instant tout lui paraissait légitime ; car l'ame, agitée par l'amour, se jette tantôt dans le crime, tantôt dans la vertu. Ainsi sa douleur enfantait chaque jour de nouveaux projets. Un soir qu'il traversait une rue déserte, le tintement funèbre d'une cloche attira son attention. Aux rayons de la lune qui glissaient le long des flèches d'une église, il reconnut les murs d'un couvent. Aussitôt il pense que le ciel veut qu'il s'arrête là. Cette résolution le flatte et le console ; son amante en gémira peut-être. « Aussi bien, disait-il, la route de la vie est si courte ! où irai-je, et que puis-je espérer de l'avenir ? Je n'ai rien dans le monde ; je suis étranger dans ma patrie ; ici, du moins, je la verrai ! elle viendra prier dans cette enceinte ; elle reconnaîtra celui qu'elle a aimé ; elle le reconnaîtra sous les habits de la pénitence, mort pour elle, mort pour le monde, toutes ses passions consumées par une seule ! Heureux de lui parler du haut de cette tribune d'où l'on annonce de si terribles vérités, je ferai couler ses larmes ; elle reviendra à moi, je la consolerai, et nos ames seront encore unies par la vertu ! » Ces pensées le soulageaient, en l'attendrissant sur lui-même. Ainsi l'amour se joue de nos souffrances, et dans les plus grands sacrifices nous fait entrevoir des consolations !

Enfin un dernier projet l'emporta sur tous les autres. La guerre était déclarée entre la Pologne et la Saxe ; il ne vit, dans cette division de deux puissances, qu'un moyen de rentrer les armes à la main sur les terres de la Pologne. La pensée de se présenter devant une infidèle comme un maître et comme un vainqueur lui parut si heureuse, qu'il serait parti à l'instant même, si l'argent ne lui eût manqué. Dans cette extrémité, il s'adressa à M. Hennin, qui venait d'être appelé à Vienne, et qui voulut bien lui prêter douze cents francs et le recommander au comte de Bellegarde, alors gouverneur de Dresde. C'est avec cette somme qu'il partit de Varsovie le 29 mars 1765, après deux ans de séjour en Pologne, où il était venu chercher la fortune, et où il n'avait trouvé que des plaisirs et des regrets. Les plus belles années de sa vie venaient de s'écouler inutilement pour la gloire, pour sa patrie et pour lui-même. Il se reprochait le passé, mais il n'osait rien espérer de l'avenir. Encore tout ému de ses dernières douleurs, il aimait son trouble et son agitation ; un état tranquille lui eût semblé le plus grand des maux, et son ame se livrait aux illusions d'un bonheur qui ne pouvait plus renaître, et que cependant il espérait encore.

Pour se rendre à Dresde, il traversa la Silésie et passa par Breslau. Tout sur sa route attestait les malheurs de la guerre, et le révoltait contre sa propre folie, qui le poussait à chercher un peu de vaine gloire au prix de tant d'injustices. Pas une ville qui ne fût criblée de boulets, pas un champ qui n'eût servi de camp aux Russes ou aux Prussiens, pas un château qui ne fût dévasté et ruiné. Les Cosaques surtout avaient laissé des traces hideuses de leur passage. On avait vu ces barbares arracher les morts de leurs tombeaux, les placer à table dans d'horribles postures, et goûter, au milieu de ces cadavres, des joies semblables aux supplices des damnés

Ces tableaux de destruction affligèrent ses regards aussi long-temps qu'il fut sur les terres de Pologne ; mais en entrant sur les terres de la Saxe, la scène changea. Le pays, coupé de collines et de rivières, offrait de toutes parts des perspectives ravissantes. C'étaient les beautés pittoresques de la Suisse, la culture de l'Angleterre et l'industrie française. Des fabriques de toiles, de draps, de porcelaines, s'élevaient au milieu des plus rians paysages, dans des positions si agréables qu'elles semblaient y être placées pour le seul plaisir des yeux. Un peuple gai, vif, hospitalier, achevait de donner la vie à ces tableaux ; et si rien n'avait semblé plus triste à notre voyageur qu'une misère générale, rien ne lui parut plus touchant que l'aspect d'un peuple heureux.

Il arriva à Dresde le 15 avril 1765. Cette ville, très-jolie et très-commerçante, est en partie formée de petits palais bien alignés, dont les façades sont ornées en dehors de peintures et de colonnades. Le roi de Prusse l'avait bombardée quelques années auparavant, et elle était encore couverte de ruines lorsque M. de Saint-Pierre y arriva. « Seulement, dit-il, on avait relevé
» le long de quelques rues les pierres qui les encom-
» braient ; ce qui formait de chaque côté de longs pa-
» rapets de pierres noircies. Il y avait des moitiés de
» palais encore debout, fendus depuis le toit jusqu'aux
» caves. On y distinguait des bouts d'escaliers, des pla-
» fonds peints, de petits cabinets tapissés de papiers de
» la Chine, des fragmens de glaces, de miroirs, des
» cheminées de marbre, des dorures enfumées. Il n'é-
» tait resté à d'autres que les massifs des cheminées ;
» qui s'élevaient au milieu des décombres comme de
» longues pyramides noires et blanches. Plus du tiers
» de la ville était réduit dans ce déplorable état. On y
» voyait aller et venir tristement les habitans, qui
» étaient auparavant si gais, qu'on les appelait les Fran-
» çais de l'Allemagne. Ces ruines, qui présentaient une
» multitude d'accidens très-singuliers par leurs formes,
» leurs couleurs et leurs groupes, jetaient dans une
» noire mélancolie ; car on ne voyait là que des traces
» de la colère d'un roi, qui n'était pas tombée sur les
» gros remparts d'une ville de guerre, mais sur les de-
» meures agréables d'un peuple industrieux. J'ai vu
» même, continue M. de Saint-Pierre, plus d'un Prus-
» sien en être touché. Je ne sentis point du tout, quoi-
» que étranger, ce retour de sécurité qui s'élève en
» nous à la vue d'un danger dont on est à couvert ;
» mais, au contraire, une voix affligeante se fit enten-
» dre dans mon cœur, qui me disait : Si c'était là ta
» patrie ! »

M. le comte de Bellegarde accueillit notre voyageur avec empressement ; il lui promit du service, et finit par s'attacher à lui par les liens de la plus tendre amitié. Non-seulement il cherchait à le distraire de sa profonde mélancolie, en l'introduisant dans les sociétés les plus brillantes, mais il voulut encore un jour le consoler par le récit de ses propres infortunes. Cadet d'une illustre famille piémontaise, il avait erré dans le monde, et cherché les grandes aventures. Un accident qui devait causer sa perte fut la première cause de sa fortune. Il était alors écuyer de la reine de Pologne, épouse d'Auguste III. Un jour qu'il accompagnait cette princesse à la promenade, elle s'aperçut, en montant en carrosse, qu'elle venait de perdre une aigrette de diamans d'un grand prix. On fit aussitôt des recherches. Le jeune écuyer s'empressa beaucoup ; toute la cour fut sur pied, mais on ne trouva rien. Un an après, à la même époque, M. de Bellegarde, appelé pour remplir le même devoir, demande à son valet de chambre un habit de saison ; mais quelle est sa surprise, lorsqu'en mettant la main dans la poche de cet habit, il y trouve l'aigrette, objet de tant de recherches inutiles ! Il était probable qu'elle y avait glissé au moment où il donnait la main à la princesse. La singularité de cette aventure le mit en crédit à la cour : la reine eut tant de joie de retrouver ses diamans, qu'elle combla le comte de faveurs. Mais il disait, avec un sentiment d'effroi que la réflexion renouvelait toujours : « Que serais-je devenu, si le hasard eût fait découvrir ces pierreries dans ma poche, ou si, en tirant mon mouchoir, elles fussent tombées au milieu de la foule des courtisans ? J'étais pauvre, étranger, nouvellement arrivé en Pologne ; par une espèce de fatalité, j'avais perdu la veille une assez forte somme au jeu : en fallait-il davantage pour faire naître des soupçons et pour me déshonorer à jamais ? Ne désespérons pas de la fortune, continua-t-il en pressant la main de M. de Saint-Pierre ; ce que nous regardons comme un mal est souvent un bien que le ciel nous envoie. »

Ces consolations, loin d'adoucir les blessures de notre héros, ne faisaient que les irriter. À mesure qu'il avançait dans la vie, il lui semblait que sa perspective devenait plus sombre ; et, toujours plein d'un nouveau trouble, il ne trouvait de soulagement que dans la tristesse de ses pensées. Chaque soir il se rendait sur les rives de l'Elbe, dans les jardins du comte de Brühl. Là, tout parlait à sa douleur, parce que tout portait l'empreinte de la destruction. Ces jardins magnifiques, où le favori d'Auguste III avait rassemblé avec une profusion royale les plus rares végétaux des deux mondes et les plus riches monumens des arts, n'étaient plus qu'un amas de ruines. De tous côtés on voyait la trace des boulets et des bombes, des statues mutilées, des colonnes renversées, des pavillons à moitié dévorés des flammes. Par un contraste frappant, au milieu de ces débris, qui attestaient la rage des hommes, s'élevaient de toutes parts des berceaux de fleurs, des arbres couverts de feuillages, qui attestaient la bonté de la nature. Heureuse prévoyance du ciel, qui a placé hors de notre atteinte les biens nécessaires à notre vie ! Vous coupez l'arbre ; il renaîtra. Vous arrachez les moissons ; chaque printemps en apportera de nouvelles. Le genre humain ne peut finir par sa volonté ; il faut qu'il vive, malgré son ardeur à se détruire, malgré le fer, le feu, le poison, la haine et les folles amours !

Les rayons du soleil couchant donnaient un nouvel éclat aux paysages. Souvent on voyait cet astre descendre avec majesté dans un ciel d'azur. L'horizon s'enflammait à son approche, et il paraissait comme suspendu sur les vagues agitées d'un océan de feu. Cependant le ciel passait par toutes les gradations, depuis les couleurs les plus vives de pourpre, d'or, d'argent, jusqu'au gris le plus sombre ; et ce brillant spectacle de la lumière s'effaçait peu à peu comme les illusions de la vie.

Ces tableaux divers avaient un charme secret pour M. de Saint-Pierre ; peut-être Marie, les yeux tournés vers le ciel, le contemplait avec lui ; dans un si grand éloignement, leurs regards pouvaient encore se reposer sur le même objet ; en recevoir les mêmes impressions ; ils n'étaient donc pas entièrement séparés : sans doute elle songeait à lui comme il songeait à elle. Ainsi la solitude nourrissait ses espérances, et tout dans la nature le rappelait au bonheur d'être aimé.

Ses promenades solitaires avaient été remarquées. Chaque soir il rencontrait une jeune beauté qui paraissait, comme lui, rêver, et fuir les humains. Seulement il y avait toujours quelque chose de mystérieux dans son apparition, de pittoresque dans sa parure, qui aurait pu faire croire que, semblable à la Galatée de Virgile, elle se cachait pour être vue. Tantôt voilant sa taille légère d'un long tissu blanc, elle se glissait parmi les ruines comme une ombre fugitive; tantôt vêtue d'une robe de deuil, aux douces clartés de la lune, on la voyait, immobile et rêveuse, appuyée sur les débris d'une colonne ;- d'autres fois étalant une parure éblouissante, couverte de pourpre et d'or, elle apparaissait la tête couronnée de diamans : on eût dit une de ces intelligences supérieures qui, aux temps de la féerie, daignaient consoler les pauvres mortels. M. de Saint-Pierre crut bientôt s'apercevoir qu'il était l'objet de son attention ; il la suivait involontairement des yeux, mais il ne cherchait point à lui parler, et restait dans l'indifférence. Un soir, comme il se reposait sur un banc de gazon, un petit page galamment vêtu vint s'asseoir à ses côtés, et, le regardant d'un air malin : « Il faut, lui dit-il, que vous ne soyez pas Français, car ma maîtresse est la plus jolie femme de Dresde ; vous la voyez chaque jour, et vous ne le lui avez point encore dit. Voici cependant un billet qu'elle m'a chargé de vous remettre. » En parlant ainsi, il lui présenta un papier sur lequel une main légère avait tracé ces mots :

« Laissez les graves méditations ; le matin de la vie
» est fait pour aimer. Je veux vous couronner de roses,
» et vous rappeler au plaisir. Belle et volage comme
» Ninon, je connais des secrets pour toutes les peines.
» Hâtez-vous ! le temps fuit, et l'amour passe comme
» un oiseau. »

Étourdi d'une si singulière aventure, M. de Saint-Pierre reste muet ; le fripon de page rit de son embarras, lui tend la main et l'entraîne. Ils arrivent à la porte du jardin ; un équipage les reçoit, traverse la ville au galop, et ne s'arrête qu'à la porte d'un palais orné d'une double colonnade. Pendant cette course rapide, le petit page ne cessait de badiner M. de Saint-Pierre sur sa tristesse et son amour de la solitude. Il lui vantait le bonheur d'être enlevé par une jolie femme ; et, faisant allusion au grand Amadis sur la Roche-Pauvre, il lui donnait le nom de Beau-Ténébreux. Quant à M. de Saint-Pierre, il cherchait à déguiser son embarras sous une feinte hardiesse ; mais il s'étonnait de s'être laissé entraîner si loin ; et sans un peu de honte, et de curiosité peut-être, il eût pris la fuite à l'instant.

Arrivé aux portes du palais, il descendit sous un péristyle de marbre blanc. Le page le tenait toujours par la main, et le guidait d'un air mystérieux à travers une suite d'appartemens magnifiques ; mais tout à coup il disparaît, une porte s'ouvre, et dans le fond d'un boudoir où l'art avait prodigué ses merveilles, à travers un nuage de parfums qui brûlaient dans des cassolettes d'or, il voit la belle inconnue penchée sur des corbeilles de fleurs, dont elle semblait assortir les nuances. Ses longs cheveux blonds flottaient à l'aventure ; ses yeux étaient de la couleur du ciel, et son sourire était plein de volupté. Dès qu'elle aperçut M. de Saint-Pierre, elle vola au-devant de lui ; et posant sur sa tête, d'un air enchanteur, la couronne qu'elle venait d'achever : « Je tiens ma promesse, lui dit-elle, je couronne ce front de roses, pour en écarter le souci. » Puis elle ajouta, en baissant les yeux avec un léger embarras qui ressemblait à la pudeur, qu'elle n'avait pu le voir sans être touchée de sa tristesse, et sans desirer d'en connaître la cause. Alors commença entre eux un entretien charmant, que M. de Saint-Pierre ne put jamais oublier. L'étrangère joignait à la vivacité française cet abandon qui ressemble au sentiment. Sa philosophie était celle de l'amour volage. Elle voulait passer dans la vie comme l'oiseau qui chante, comme la fleur qui s'épanouit. « Les maux sont notre ouvrage, disait-elle, mais les plaisirs viennent des dieux ; il faut hâter de les recevoir à mesure qu'ils s'échappent de leurs mains. La grande maxime pour être heureux, c'est de n'appuyer sur rien, de glisser au milieu des objets sans jamais s'y arrêter. Ceux qui mettent de l'importance aux événemens de la vie sont toujours malheureux. L'expérience nous dit : Effleure et n'approfondis pas, car tu es créé pour jouir, et non pour comprendre. » Puis elle ajoutait avec un aimable sourire : « On assure que ma beauté passera, je veux le croire ; mais je suis belle aujourd'hui, je le serai demain, et je connais trop la rapidité de la vie pour m'inquiéter d'un plus long avenir. » En prononçant ces mots, elle enlaçait M. de Saint-Pierre de ses bras amoureux, excitait ses transports et ravissait son ame. La couronne qu'elle avait posée sur son front, semblable à celle qu'Ogier-le-Danois reçut de la fée Morgane, semblait avoir le don de faire oublier « tout deuil, mélancolie et tristesse ; et
» tant qu'elle fut sur sa tête, n'eut pensement quelconque
» de sa dame, ni de pays, ni de parens ; car tout fut mis
» lors en oubli pour mener joyeuse vie [1]. »

Au milieu de ces doux entretiens, le page vint annoncer que le souper était servi ; alors les deux amans passèrent dans une pièce tendue de satin bleu drapé de gaze d'argent. Une troupe de jeunes filles légèrement vêtues couvraient la table des mets les plus exquis ; les arbrisseaux et les fleurs les plus rares s'élevaient en amphithéâtre dans le fond de la salle, où ils formaient un coup d'œil ravissant. Un globe de lumière, à moitié caché derrière le feuillage, répandait sur cette scène des reflets semblables à ceux de la lune, lorsqu'elle brille au sommet d'un bois solitaire. Les sons de plusieurs harpes se

---

[1] Roman d'Ogier le Danois, imprimé en lettres gothiques, sans date.

faisaient entendre dans le lointain, mais avec une mélodie si douce que le silence en était à peine interrompu : c'était comme le murmure confus des ombres heureuses sur les bords des Champs-Élysées. Enfin il y avait dans ce spectacle un air de féerie et d'enchantement auquel nul mortel n'eût résisté. M. de Saint-Pierre n'y résista pas. Les vins exquis, les parfums, la musique, l'aspect de ces jeunes beautés à la taille svelte, ces richesses qui éblouissaient les yeux, et plus que cela les regards languissans, les paroles séductrices de la belle inconnue, pénétraient ses sens d'une volupté charmante. Devenu le héros d'une aventure extraordinaire, n'ayant ni le temps ni la volonté de réfléchir, il cédait à l'entraînement d'une situation si nouvelle. Les propos galans, les saillies piquantes se succédaient avec rapidité; sa surprise, sa curiosité, les mystères dont on s'environnait, ajoutaient encore à ses plaisirs; et cependant, au milieu de tant de délices, il cherchait vainement à ressaisir quelques éclairs d'un bonheur qui n'était plus. Au lieu de cette ivresse dont il avait goûté le charme, il n'éprouvait que des transports mêlés d'amertume et de regrets. Hélas! on ne lui présentait que la coupe de Circé, et ses lèvres avaient touché à celle du véritable amour!

Huit jours s'écoulèrent dans un étourdissement continuel; environné d'une troupe de nymphes qui ne cherchaient qu'à lui plaire, il avait tout tenté pour connaître le nom de leur maîtresse; mais sa curiosité, toujours excitée, n'avait jamais été satisfaite. Le soir du neuvième jour, l'inconnue, quittant ses parures éblouissantes, se revêtit d'une simple tunique blanche. Jamais elle n'avait paru si vive, si languissante, si adorable; elle accablait son amant des plus tendres caresses, et lui rappelant d'un air malin les dernières lignes de son billet, elle répétait à chaque instant : « Hâtez-vous, le temps fuit, et l'amour passe comme un oiseau! » Après le souper, qui fut délicieux, elle se couvrit d'un long voile, et, se livrant à des jeux que long-temps après les beautés du Nord firent connaître à la France, elle se montra dans les attitudes les plus gracieuses, et sous les formes les plus opposées : c'était Vénus sortant du bain et se cachant sous une gaze légère; Hélène fuyant le palais de Ménélas avec le beau Pâris; Calypso errante dans son île, terrible, échevelée, et suivie de ses nymphes qui poussaient des cris de fureur. Mais tout à coup la scène change : l'inconnue reprend sa sérénité, agite une baguette magique, et s'avançant dans une attitude majestueuse : « Chevalier, lui dit-elle, un pouvoir plus fort que le mien m'oblige à vous rendre la liberté; je romps le charme qui vous retenait; plus de soucis; courez à de nouveaux plaisirs! hâtez-vous! le temps fuit, et l'amour passe comme un oiseau! » Alors elle continua sa marche, et, suivie de tout son cortège, elle sortit du salon, dont les portes se refermèrent aussitôt. M. de Saint-Pierre croyait à chaque instant la voir reparaître; mais, après quelques minutes d'attente inutile, il se levait pour sortir, lorsqu'il aperçut le petit page qui venait à lui d'un air plein de tristesse. Il voulut l'interroger sur ce qui se passait; mais le page, mettant le doigt sur ses lèvres, lui fit signe de le suivre et de garder le silence. Arrivé sous le péristyle de marbre, on le fait monter dans une voiture; elle part, rentre dans la ville, s'arrête à la porte de son logement, et disparaît. Tous ces événemens se passèrent avec tant de rapidité, qu'en se retrouvant dans cette chambre qu'il avait abandonnée neuf jours auparavant, il craignit un moment d'avoir été la dupe des illusions d'un songe.

Le lendemain il courut chez le comte de Bellegarde, et s'empressa de lui confier son aventure. Pendant ce récit, M. de Bellegarde changea plusieurs fois de couleur. Enfin il lui dit : « J'ai long-temps désiré la faveur qui vient de vous être accordée; je connais la beauté dont vous avez fait la conquête; car il n'y a dans toute la Saxe qu'une seule femme qui puisse étaler une aussi grande magnificence. Cette beauté célèbre fut élevée par les soins du comte de Brühl. Il lui inspira ces goûts et cette philosophie charmante qui font envisager la vie comme un jour de fête. Son dessein était de la donner au roi, afin de captiver une faveur qui l'avait déjà élevé si haut; mais il ne put résister à tant de charmes, et son élève devint sa maîtresse. Il lui a laissé en mourant des trésors qu'elle a dissipés. Habile à suivre les leçons de son maître, elle vit comme Ninon, comme Aspasie, sachant bien que pour mériter leur gloire il suffit d'être volage comme elles. En ce moment elle prodigue les richesses d'un juif qu'elle a préféré aux plus grands seigneurs de la cour, car il est jeune, beau et millionnaire. Il est absent depuis un mois, et son retour inopiné est sans doute le pouvoir supérieur qui obligeait l'enchanteresse à vous rendre la liberté qui a mis fin à vos plaisirs. »

Cette aventure, loin de dissiper la tristesse de M. de Saint-Pierre, ne fit que la troubler davantage, en altérant la pureté de ses souvenirs. Le plus grand des malheurs, sans doute, est l'infidélité de ce qu'on aime; mais être soi-même infidèle, c'est perdre sa dernière illusion, c'est voir évanouir la vertu qui nous consolait. Deux amans coupables sont deux anges tombés du ciel : long-temps froissés de leur chute, tout sillonnés du feu qui les consume, ils tournent en vain leurs regards vers leur premier séjour; leurs regrets sont d'autant plus amers qu'ils ne sont mêlés d'aucune espérance.

Tel fut le sort de notre voyageur. Le séjour de Dresde lui était devenu insupportable. Il prit congé de M. de Bellegarde, et se rendit à Berlin avec l'intention de demander du service au grand Frédéric. Dégoûté du génie, qui laissait trop peu de chance à l'avancement, il demanda le grade de major, auquel son brevet de capitaine-ingénieur au service de Russie lui donnait droit. Il se flattait d'obtenir ensuite un commandement dans la Prusse polonaise, ce qui l'aurait rapproché de sa maîtresse. Dès l'abord, ses beaux projets furent renversés; Frédéric avait décidé que les grades dans l'infanterie ne seraient confiés qu'à des officiers prussiens, et ses décisions étaient toujours sans exception. Son refus fut suivi de l'offre d'une place dans le génie, et d'une pension assez considérable que M. de Saint-Pierre refusa à son tour, parce que rien dans tout cela ne remplissait le vœu secret de sa passion; d'ailleurs le seul aspect de la cour avait suffi pour le dégoûter du service. « Il ne faut pas » penser, écrivait-il alors, que la cour de Berlin ressem-

» ble en rien à celle de France. Le roi n'en a point. La
» reine a deux chambellans boiteux, des pages fort mal
» vêtus, une table fort mal servie : on va à la cour en bot-
» tes..... Enfin c'est une misère qui étonne¹. » A ces motifs on peut joindre, si l'on veut, l'inconstance naturelle de notre héros, inconstance qui, comme nous l'avons déja vu, ne lui permettait de suivre que ses propres pensées, et lui faisait chercher la fortune partout où elle ne s'offrait pas. Cependant il fit un séjour de plusieurs mois à Berlin, et il eut de nombreuses occasions de voir de près ce roi, enfant gâté des philosophes, qui flattaient son despotisme en faveur de son impiété. Prince infortuné qui, pour éviter tout préjugé, avait renoncé à tout principe; sobre par goût, courageux par ostentation, affectant des vices qu'il n'avait pas, étouffant des vertus qui l'auraient fait aimer, il avait cessé d'être bon pour paraître grand. Mais, au milieu de cette foule de princes faibles qui alors se partageaient les trônes, sa domination avait montré un homme, et l'Europe tremblante s'était humiliée devant lui. M. de Saint-Pierre ne pouvait s'empêcher d'admirer la puissance de cette volonté unique qui remuait le monde et tenait les peuples et les rois dans l'attente. Mais à côté de ce tableau de gloire et de force, il entrevoyait de grandes misères; et quelques lignes échappées à sa plume prouvent jusqu'à quel point il fut frappé de la tristesse de ce prince qui remplissait l'univers de sa renommée. « La paix, disait-il, a relâché
» les ressorts de cette ame, que l'adversité avait tendus ;
» il est tombé peu à peu dans une mélancolie profonde :
» le passé ne lui rappelle que destruction, l'avenir ne lui
» présente qu'incertitude. Il accable son peuple d'impôts
» et ses soldats d'exercices. Il admet les religions
» dans ses états, et ne croit à aucune; il ne croit pas
» même à l'immortalité de l'ame. Il vit dans les infirmi-
» tés, entouré d'ennemis, haï de ses sujets, insupporta-
» ble à ses troupes, sans amis, sans maîtresse, sans con-
» solation dans ce monde, sans espérance pour l'autre....
» A quoi servent donc, pour le bonheur, l'esprit, les
» talens, le génie, un trône et des victoires² ? »

La vie était fort chère à Berlin, le diner le plus simple y coûtait un ducat; et M. de Saint-Pierre n'aurait pu y prolonger son séjour, si un ami ne lui eût ouvert sa maison. Cet excellent homme se nommait Taubenheim; il était conseiller du roi et régisseur de la ferme des tabacs, ce qui lui donnait de l'aisance, mais ne l'enrichissait pas. M. de Saint-Pierre le rencontra chez le prince Dolgorouki, ambassadeur de Russie, et, dès leur première entrevue, ils se trouvèrent si pris, si connus, si obligés entre eux, que, pour continuer à parler le langage de Montaigne, rien dès lors ne leur fut si proche que l'un à l'autre. Taubenheim pouvait avoir une cinquantaine d'années; il conçut pour notre voyageur cette tendresse d'un père qui, voyant son fils en âge de raison, se rapproche de sa jeunesse et veut en faire un ami. Sa maison était vaste, gothique, environnée de jardins, et située à quelque distance de la ville. Il y conduisit M. de Saint-Pierre, et lui fit donner un apparte-

¹ Voyez le Voyage en Prusse.
² Voyage en Prusse.

ment, en lui disant : « Vous voilà chez vous. » C'était une ame à la vieille marque ; ses mœurs, ses habitudes avaient quelque chose de patriarcal, et sa vie était comme une continuation de la vie de ses aïeux. Tous les momens qu'il pouvait dérober à ses affaires il les passait dans la solitude, occupé de la culture de son jardin et de l'éducation de ses enfans. Cette éducation était simple : il donnait l'exemple, on le suivait. Chaque soir il lisait en famille un chapitre de la Bible; et notre voyageur, ému de ces lectures, ému de l'attention respectueuse du jeune auditoire et de l'air solennel de Taubenheim, croyait retrouver dans cette scène un tableau vivant des premiers jours du monde. Ce qui ajoutait à son illusion, c'est que depuis les temps les plus reculés rien n'était changé dans ce séjour. C'étaient les mêmes meubles, les mêmes tentures, la même table de noyer autour de laquelle avaient passé plusieurs générations ; c'étaient aussi les mêmes cœurs et la même jovialité. On ne voyait point là des vertus apprises, mais on y voyait des vertus héréditaires, et la simplicité de ces bonnes gens offrait un spectacle digne des regards du ciel.

Cette vie patriarcale adoucissait les souvenirs de M. de Saint-Pierre. Souvent il disait à son ami : « Que votre sort est digne d'envie ! vous ignorez les soucis de la fortune et de l'ambition, vous vivez d'une vie naturelle, et vous ne desirez rien au-delà. Que je voudrais pouvoir jouir d'une pareille félicité ! — Eh bien ! disait le bon Taubenheim, il faut rester avec nous et cultiver notre jardin : nous avons du blé, des légumes, des œufs, du laitage, et mes filles savent filer le lin qui croit dans nos champs. Virginie, l'aînée de la famille, est une aimable enfant; je vous la donnerai afin que vous soyez mon fils, et vous verrez combien il est facile d'être heureux. » A ces offres vingt fois répétées, M. de Saint-Pierre ne répondait que par des soupirs : le bonheur qu'il admirait ne lui suffisait plus. La douleur lui faisait desirer le repos, et le repos lui devenait insupportable dès qu'il pouvait en jouir. « Hélas ! disait-il long-temps après, comment aurais-je accepté une compagne et un père, lorsque, loin de ma patrie, je ne pouvais plus disposer de mon cœur¹ ? »

Virginie était simple et charmante ; elle n'avait point encore cette timidité, première parure de l'adolescence, et qui naît en même temps que le desir de plaire. Sa figure ingénue formait un contraste aimable avec la vivacité qui animait tous ses mouvemens. On l'entendait toujours chanter, on la voyait toujours courir : sa voix était fraîche, sa démarche légère : tout l'égayait, la touchait, la charmait. Vive et folâtre, elle conservait à quinze ans les graces et la naïveté de l'enfance ; elle en aimait encore les jeux, il ne fallait qu'une fleur pour l'occuper, qu'un papillon pour la distraire, et, dans sa candeur virginale, elle ne croyait pas qu'il y eût de plus grande joie au monde que celle d'être aimée de son père.

M. de Saint-Pierre admirait ses graces, sa naïveté, sa pureté, et soudain ses yeux se remplissaient de larmes

¹ Voyez les Vœux d'un Solitaire.

en songeant à la princesse. Alors il disait à son ami : « Mon cœur n'est plus susceptible d'amour : une passion insensée a usé ses forces. Il faut que je sois bien malheureux, puisque l'innocence n'a plus d'attrait pour moi. » En parlant ainsi, il tombait dans les accès d'une profonde tristesse, que l'amitié la plus tendre ne pouvait pas toujours dissiper. C'est alors que ses regards se tournèrent vers sa patrie; il sentit le besoin de la revoir, et de se rapprocher de son père, dont une maladie lente lui faisait craindre la perte. Les efforts de Taubenheim pour le retenir connaître les plus inutiles; il partit : mais les jours pleins de calme qu'il avait passés près de ce véritable sage ne sortirent jamais de sa pensée, et rien n'est plus touchant que les lettres que ces deux hommes, nés pour s'aimer, s'écrivirent jusqu'à la fin de leur vie.

C'est ainsi qu'égaré par ses passions, errant de contrée en contrée, M. de Saint-Pierre trouva partout des amis qui accueillirent son infortune. Les temps d'abandon et de misère lui firent connaître les ames les plus belles et les plus généreuses. Il arrivait inconnu, pauvre, sans appui, et cependant bientôt il était aimé : c'était comme un dédommagement que la Providence donnait à ses douleurs, car plus tard les hommes semblèrent s'éloigner de lui à mesure que la gloire l'environnait de son éclat. Aussi le souvenir des amitiés faites loin de la patrie avait pour lui une douceur inexprimable : c'est sur ce souvenir qu'il jugeait les hommes; et lorsque, devenu l'objet de la calomnie, il sentait le poids de leur injustice, il n'oublia jamais qu'il les avait vus bons au temps pénible de ses malheurs. Mais dans le nombre des amis protecteurs de son inexpérience, deux surtout avaient captivé sa tendresse : c'étaient Duval et Taubenheim. Heureux d'avoir rencontré de pareils hommes, il voulait consacrer dans son *Amazone* le souvenir de leurs vertus et de sa reconnaissance. Mais si tant de gloire leur a été refusée, ne suffit-il pas, pour les faire honorer, de rappeler l'amitié qu'ils surent inspirer à Bernardin de Saint-Pierre?

Suivant l'usage du pays, notre voyageur partit de Berlin dans un chariot de poste découvert. Un soir, assoupi par la fatigue, il lui sembla que son postillon ralentissait le pas des chevaux, et qu'il s'entretenait à voix basse avec plusieurs hommes. Ces hommes parlaient allemand. M. de Saint-Pierre comprenait un peu cette langue; il entendait confusément former un complot; on parlait de voyageur, de vol, d'assassinat; enfin le postillon disait à voix basse que, forcé de rester à la première poste, il enverrait Fresque *le bon compagnon*. Oppressé par un poids terrible, M. de Saint-Pierre s'éveille avec effort, il saisit machinalement ses pistolets, et regarde autour de lui; mais les chevaux galopaient, le postillon chantait, et la route était déserte. Persuadé que tout ce qu'il venait d'entendre était l'effet d'un songe, il y attacha peu d'importance; mais que devint-il, lorsque, arrivé à la première poste, il entendit donner le nom de Fresque au postillon qui devait le conduire? La figure sinistre de cet homme n'était pas faite pour le rassurer; cependant il s'obstinait à partir, et déjà il était monté dans le chariot, lorsque, par un coup de la Providence, trois étudians de Leipsick, qui se ren-

daient à Cassel, demandèrent à se placer auprès de lui. Ces jeunes gens parlaient latin avec beaucoup de facilité : la conversation s'engagea dans cette langue, et M. de Saint-Pierre, préoccupé de son prétendu songe, leur en conta toutes les circonstances. Pendant ce récit, le postillon s'égarait dans les routes obscures d'une forêt, où il s'arrêta tout à coup, sous prétexte qu'il n'avait pas le nombre de chevaux prescrit par l'ordonnance. Cet accident fit naître un débat qui ne se serait pas terminé si tôt, si la lune, en se levant à la cime de la forêt, n'eût éclairé fort distinctement trois hommes immobiles, et la carabine à la main. Aussitôt les étudians firent briller leurs armes, et M. de Saint-Pierre se précipitant sur le postillon, lui donna l'ordre de partir, en appuyant le bout d'un pistolet contre sa tête. Cet argument eut sans doute la force de le persuader, car, sans mot dire, il remit ses chevaux au galop; et les brigands, qui ne s'attendaient pas à trouver si nombreuse compagnie, se contentèrent de tirer deux coups de carabine, dont les balles sifflèrent aux oreilles des voyageurs.

Arrivé à Cassel, M. de Saint-Pierre se sépara de ses compagnons pour se rendre à Francfort. Chemin faisant, il s'amusait à rédiger les notes de son voyage, mais il étudiait peu la nature; son ambition, égarant son génie, ne lui permettait d'observer que les mœurs des nations et les formes de leurs gouvernemens. Sous ce rapport, l'Europe entière lui présentait les tableaux les plus affligeans. Il n'avait vu en Russie que des grands et des esclaves; la Prusse ne lui offrait qu'une multitude de petites ambitions courbées devant une ambition supérieure; la Hollande n'était qu'un vaste entrepôt de marchandises, divisé en boutiques, en comptoirs, en magasins, et où l'on trouvait des commis, des Juifs, des marchands, et peu de citoyens. Chaque législation semblait fondée sur un vice ou sur une passion. En Russie, on n'estimait que les grades, en Hollande l'industrie, à Malte le courage, en Pologne le plaisir, en Autriche le nombre des quartiers, l'or partout.

Enfin il revit la France. Toucher la terre de la patrie après un si long exil, c'était revivre. L'aspect des arbres qui lui étaient connus, les collines couvertes de riches vignobles, les cris des vendangeurs, la joie d'entendre des accens français, tout remplissait son ame d'une inexprimable émotion. Chaque compatriote, à qui il lui suffisait d'adresser la parole pour en être compris, lui paraissait un frère qui venait l'accueillir. Cette terre qu'il avait dédaignée était maintenant le seul lieu où l'on pût vivre, et il ne voyait dans le reste du monde qu'une suite de contrées barbares. Mais combien d'idées tristes venaient se mêler à ses élans de joie! Dans cette patrie qu'il aime, il ne doit retrouver ni ami ni parent! Ah! si ce clocher qui s'élève de ce bouquet de sapin était celui qui sonna sa naissance! si cette maison couverte de lierre était celle où il reçut la vie! si parmi ces bonnes gens qui s'acheminent vers l'église il reconnaissait son père et sa mère, avec quels transports il tomberait à leurs pieds! comme il presserait dans ses bras leurs genoux tremblans! Il leur dirait : Voilà le fils dont vous alliez demander le retour au ciel; ouvrez-lui votre sein, accueillez-le dans votre maison, pardonnez-lui d'avoir cherché le bonheur loin de vous. Mais sa mère, mais sa marraine ne sont plus! Il ne pourra jamais donner ni recevoir tant de joie! Ses larmes coulent, et elles ne seront point essuyées par des mains maternelles! En vain ses regards cherchent autour de lui; personne ne le reconnaît, aucune voix chérie ne l'appelle! Où est sa sœur? où sont ses frères? où sont les amis de son enfance, pour recevoir ses premiers embrassemens? Tout lui manque à la fois; il semble que des générations se soient écoulées depuis son départ : il arrive dans sa patrie, et il est seul!

Il espérait trouver à Paris des lettres de Pologne; il en trouva une de Normandie, qui lui annonçait la mort de son père. Alors, cédant au desir de revoir les lieux où il avait été enfant, il partit pour le Havre, où il arriva à onze heures du matin, le 20 novembre 1766. Au premier aspect il ne reconnut rien. La ville lui semblait plus petite, les maisons moins hautes, les rues moins larges; il cherchait les lieux témoins de ses premiers plaisirs, et ne pouvait les reconnaître. On rapporte tout à soi : c'était lui qui n'était plus le même, et il s'affligeait de voir tout changé. Il arrive dans la vie ce qui arrive sur un fleuve pendant qu'il vous entraîne : vous croyez que tout ce qui est autour de vous chemine, et que vous seul restez immobile. A peine eut-il quitté la voiture publique, que ses pas se dirigèrent vers la rue qu'avait habitée son père. Il la parcourait avec une tendre inquiétude, cherchant en vain à ressaisir les traits des gens du voisinage : il ne reconnaissait personne, personne ne le reconnaissait. Le cœur serré de son isolement dans le lieu même de sa naissance, il reprenait tristement le chemin de son auberge, lorsque ses yeux s'arrêtèrent sur une vieille femme qui filait devant la porte de sa maison. Ses traits effacés par l'âge lui rappelèrent cependant ceux de Marie Talbot, de cette bonne fille qui avait pris soin de son enfance. Frappé de cette ressemblance, il s'approche pour lui adresser la parole; mais à peine a-t-elle entendu le son de sa voix, qu'elle le regarde, et s'écrie avec un accent de surprise et de tendresse que rien ne peut rendre : « Ah! mon maître! est-ce bien vous que je revois? » Et avec une vivacité inouïe à son âge elle jette sa quenouille, renverse son rouet, et se précipite dans ses bras. M. de Saint-Pierre l'embrasse, la presse contre son cœur, et croit un moment avoir retrouvé avec cette bonne vieille toutes les joies de son enfance. Mais que cet éclair de bonheur fut rapide! La pauvre Marie, devenue plus tranquille, lui disait tristement : « Ah! monsieur Henri, les temps sont bien changés! votre père est mort, vos frères sont allés aux Indes : je suis seule, seule ici! — Et ma sœur, dit M. de Saint-Pierre avec anxiété, vous a-t-elle aussi abandonnée? — Votre sœur a quitté la ville pour se retirer à Honfleur, dans un couvent sur les bords de la mer. Cela est triste, car elle est si jolie et si bonne! Mais est-il bien vrai, monsieur, que je vous revois! Vous avez été si loin! comment avez-vous pu revenir? On disait que vous étiez au service de l'impératrice, que le roi de Prusse vous menait à la guerre, que vous aviez fait fortune; et cela, je l'ai toujours prédit, car vous aimiez tant les gros livres! Cependant chaque jour je priais Dieu pour vous, et je lui demandais de vous revoir avant de mourir. — Bonne Marie, je n'ai pas fait fortune, mais j'ai toujours eu le desir de vous faire du bien. — Oh! je n'ai besoin de rien, Dieu merci! Le bon Dieu ne m'a jamais abandonnée, et je ne suis pas si pauvre que je ne puisse aujourd'hui vous offrir à dîner. » Puis de ses mains laborieuses et tremblantes elle prit le bras de son jeune maître, et dit en le guidant vers la maison : « Ici il n'y a plus que moi pour vous recevoir! pourquoi avons-nous perdu votre bonne mère! C'était à elle de vivre, et à moi de mourir : elle eût été si heureuse de revoir son fils! Mais Dieu l'a rappelée, il faut que sa volonté soit faite. » En disant ces mots, elle ouvrit la porte de sa pauvre demeure. Un lit de paille, une table, un vieux coffre et deux mauvaises chaises composaient tout son ameublement; il y régnait cependant un air de propreté qui écartait l'idée de la misère. M. de Saint-Pierre y entra avec un sentiment de joie et de respect que son cœur n'avait point encore éprouvé. Sa vieille Baucis le fit asseoir, et, nouvelle Baucis, elle s'empressa de ranimer le feu, et de couvrir sa table d'un linge blanc, mais un peu usé :

« Il ne servait pourtant qu'aux fêtes solennelles! »

On eût dit à son zèle, à son activité, qu'elle avait recouvré sa jeunesse, et M. de Saint-Pierre croyait encore la voir aller et venir dans la maison de son père. Cette petite scène lui rappela les jours de son enfance. Cependant la pauvreté de cette bonne vieille l'affligeait, et il se mit à la questionner pour savoir comment elle se trouvait dans un pareil délaissement. « Oh! ce n'est pas la faute de monsieur votre père, dit-elle; il voulait que je restasse à la maison; mais je ne pouvais m'y résoudre à cause de sa nouvelle femme : ça me faisait trop de mal de la voir à toutes les places où j'avais vu ma pauvre maîtresse. Un jour je demandai mon compte, et je vins ici; voilà que dans les commencemens j'étais si triste que je ne pouvais me tenir au travail; je passais et repassais tout le jour devant la maison, et les pierres avaient pu me parler. Le reste du temps je ne faisais que pleurer, j'en avais presque perdu les yeux; mais maintenant, grâces à Dieu, je ne pleure plus. » Et en prononçant ces mots elle essuyait avec le coin d'un tablier de serpillière de grosses larmes qu'elle ne pouvait retenir. Pendant qu'elle parlait ainsi, M. de Saint-Pierre avait bien de la peine à lui cacher les siennes; il admirait comment la seule confiance en Dieu empêchait cette bonne vieille de sentir son malheur, et il l'entendait avec surprise, du sein de la plus profonde misère, remercier la Providence de ses bienfaits. Un spectacle aussi touchant ne fut pas perdu pour notre voyageur. « C'est une pauvre fille, disait-il souvent, qui m'a éclairé sur les voies de la Providence, et qui avait mis en Dieu la même confiance que j'avais mise dans les hommes, et jamais je n'ai vu une âme si tranquille dans une situation si malheureuse. Son exemple m'a été plus utile que celui de nos prétendus sages; et ses paroles si simples m'en ont plus appris que tous les livres des philosophes. » En effet, les livres des philosophes nous apprennent à braver nos maux, mais non à vivre avec eux; comme si le destin des êtres les plus heureux sur la terre n'était pas toujours de vivre avec la douleur!

Après quelques minutes d'entretien, Marie Talbot posa sur la table un morceau de gros pain, une cruche de cidre, une omelette, et un peu de fromage. Ensuite elle ouvrit son coffre, et en tira un verre ébréché qu'elle posa doucement auprès de son hôte, en lui disant : « C'est celui de votre mère. » Il le reconnut en effet, et cette vue le remplit d'une telle émotion, qu'il ne pouvait manger, et que des larmes involontaires venaient mouiller ses yeux. Alors, voyant que sa bonne se tenait debout pour le servir, il lui dit de se mettre à table à côté de lui; mais ce ne fut pas sans peine qu'il parvint à l'y décider. Enfin elle prit une chaise, et ils commencèrent à manger en parlant des temps passés.

Peu à peu leurs idées s'égayèrent; mille traits charmans revenaient à la mémoire de Marie Talbot : la vie de son petit Henri était comme une partie de la sienne : elle lui rappelait son admiration pour les hirondelles, sa fuite dans le désert pour se faire ermite, comment il aimait les livres, comment il les perdait. « Oui, ma bonne Marie, lui dit M. de Saint-Pierre, je les perdais, et vous m'en achetiez de votre argent, je ne l'ai point oublié. — Dame, monsieur Henri, vous étiez si joli, si caressant, et vous aviez un si bon cœur! Lorsque je vous menais à l'école, vous n'étiez encore qu'en jaquette, si nous rencontrions un malheureux, vous me disiez : Marie, donne-lui mon déjeuner; et quand je ne le voulais pas, vous vous fâchiez contre moi. Un jour, vous vous avançâtes d'un air menaçant, et en fermant le poing, contre un charretier qui maltraitait son cheval : c'est que vous alliez l'attaquer tout de bon! Un autre jour, vous vouliez vous battre avec une troupe d'enfant qui avaient cassé la jambe d'un pauvre chat; et j'eus bien de la peine à les tirer de vos mains. » Ainsi cette bonne fille ramenait insensiblement la pensée de M. de Saint-Pierre vers une époque que le souci de vivre avait presque effacée de sa mémoire, et tous ses souvenirs venant à se réveiller à la fois, il l'accablait de questions sur ses anciens camarades, sur les amis de son père, et sur tous ceux qui l'avaient aimé. Les uns avaient quitté le pays, les autres étaient morts, un petit nombre avait fait fortune; mais la bonne Marie prétendait que ceux-là étaient devenus si fiers, qu'ils ne parlaient volontiers à personne. Enfin elle lui apprit la mort du frère Paul, cet aimable capucin qui faisait de si jolis contes; et M. de Saint-Pierre donna quelques larmes à sa mémoire. Après tous ces récits, Marie Talbot témoigna le desir d'apprendre à son tour ce que son maître avait fait dans ses voyages. Elle lui demandait si les gens de par là étaient bons, s'il y faisait froid, si on y buvait du cidre, si le pain y était cher; et comme si cette dernière question eût fait retomber sa pitié sur elle-même, elle se reprit à pleurer amèrement. Ces pleurs émurent M. de Saint-Pierre jusqu'au fond de l'ame, et lui firent sentir d'une manière bien cruelle la folie de tant de courses inutiles, qui l'avaient ramené plus pauvre que jamais sous le toit de la pauvre Marie. Assis à ses côtés, il ne regrettait ni les grandeurs de la Russie, ni les délices de la Pologne; ce qu'il eût voulu ressaisir de lui-même, c'étaient les premières émotions de son enfance, et les mouvemens si purs d'une ame encore innocente. Au milieu de l'agitation de ses pensées, cédant tout à coup au sentiment qui le pénètre, il embrasse cette pauvre fille avec une grande effusion de cœur, et prend entre le ciel et lui l'engagement de ne jamais l'abandonner, quelle que fût d'ailleurs sa position et sa fortune : engagement qu'il remplit avec une exactitude religieuse, dans le temps même où il n'avait d'autre revenu qu'une pension de mille francs; et, pour commencer, il tire sa bourse, la verse sur la table, et partage sur l'heure avec sa bonne tout ce qu'il possédait. D'abord elle repoussa l'argent : « Je n'ai besoin de rien, disait-elle; je gagne six sous par jour, et je puis encore faire de petites économies. » M. de Saint-Pierre insista, elle fut obligée de céder; mais elle reçut l'argent avec indifférence; et on voyait que c'était uniquement pour complaire à son maître. Il faut avoir entendu raconter cette scène à M. de Saint-Pierre lui-même, pour se faire une idée de tout ce qu'elle lui fit éprouver. Il en avait retenu jusqu'aux plus petites circonstances, et les expressions si simples de la pauvre Marie ne sortirent jamais de sa mémoire.

Pressé d'embrasser sa sœur, il s'embarqua pour Quillebeuf le même soir, dans un bateau qui devait ensuite se rendre à Honfleur. Marie l'accompagna jusqu'au rivage, et il la vit long-temps les yeux attachés sur la chaloupe, et cherchant par des signes à prolonger leurs adieux. La nuit étant venue, il s'enveloppa de son manteau, et dans une situation d'ame difficile à comprendre, il ne voyait ni le ciel ni la mer, ni les voyageurs qui allaient et venaient autour de lui. Cependant un bruit formidable vint rompre tout à coup le charme de sa rêverie; il crut un moment que l'abime s'ouvrait pour engloutir sa frêle embarcation; mais les matelots paraissaient tranquilles, et se contentaient de se ranger à la côte. On était alors près de l'embouchure de la Seine : ayant jeté les yeux sur la vaste étendue de ce fleuve, il vit avec effroi ses eaux couvertes d'écume se soulever comme une montagne, et remonter vers leur source avec une vitesse que l'œil ne pouvait suivre. Une seconde montagne, plus élevée, plus rapide, suivait en mugissant la première; et ces deux masses effroyables, repoussant le fleuve devant elles, semblaient le rejeter tout entier du sein de la mer. M. de Saint-Pierre a décrit ce phénomène dans le premier livre de *l'Arcadie*, où il est le sujet d'une fable charmante, que les Grecs, comme il le dit lui-même, n'auraient pas désavouée.

Il arriva à Honfleur le lendemain, et s'achemina aussitôt vers le couvent de sa sœur, dont on lui montra de loin le clocher gothique, qui s'élevait à mi-côte à l'entrée d'un bois. Déja le jour commençait à tomber. Le mois de novembre est, surtout en Normandie, l'époque la plus triste de l'année. L'air y est humide et froid, l'horizon chargé de brouillards; les ruisseaux ne roulent qu'une eau trouble et jaunâtre, les arbres achèvent de se dépouiller, et l'on entend sans cesse siffler les vents, et bruire la mer qui ronge ses rivages. Ces effets de l'automne faisaient une impression d'autant plus profonde sur l'ame de M. de Saint-Pierre, qu'elle était déjà plus vivement ébranlée. Arrivé aux portes du couvent, il s'arrêta avec un saisissement pénible, en songeant que cet asile était celui de sa sœur, et qu'après tant d'années d'absence, loin de lui apporter des consolations, il allait peut-être troubler son repos. Il se disait avec amertume : « Pourquoi n'ai-je pas appris à conduire une charrue, à cultiver un champ? je pourrais dire à ma sœur et à ma vieille bonne : Venez vivre avec moi, vous partagerez mon sort, vous jouirez de mes travaux. Mais je n'ai rien à leur offrir, et je dois les quitter encore. » En se livrant à ces réflexions, il arrive à la porte du couvent ; mais il était trop tard pour entrer, et tout ce qu'il put obtenir, ce fut de passer la nuit dans la chambre des hôtes. Heureux d'être sous le même toit que sa sœur, il dormit peu, et vingt fois il ouvrit sa fenêtre pour épier les premiers rayons du jour. Enfin, après la prière du matin, il put faire annoncer son arrivée, et bientôt sa sœur fut dans ses bras. La première pensée de cette pauvre demoiselle fut de supplier son frère de ne plus quitter la France, et de lui permettre de vivre auprès de lui. M. de Saint-Pierre, touché de cette marque de tendresse, lui raconta une partie de ses aventures, et promit de tout tenter pour obtenir un emploi dans sa patrie, qui les mît à même de se réunir. En attendant, il céda à sa sœur plusieurs petites rentes sur son patrimoine, et après une semaine dont tous les momens lui furent consacrés, il revint tristement chercher fortune à Paris.

L'hiver s'écoula en démarches inutiles. On lui promettait toujours du service ; mais comme il était sans protecteurs, les promesses n'avaient aucun résultat. Tantôt on lui demandait six mois, tantôt on lui demandait un an, tantôt on lui conseillait de se retirer dans son patrimoine.

« Voilà où j'en suis, écrivait-il à M. Hennin ; ai-je
» donc des ennemis, moi qui n'ai offensé volontaire-
» ment personne, dont la vie, tout-à-fait retirée, ne se
» répand point au dehors, dont les talens sont sans
» éclat et sans réputation, et dont la fortune est bien
» peu digne d'envie ?
» Malgré tant de traverses, je n'ai point perdu cou-
» rage. Je trace, comme le bœuf, ce pénible sillon
» qu'on appelle la vie, sans regarder devant ni derrière
» moi ; et quand je serai au bord du fossé, il faudra
» faire la culbute [1]. »

Vers le commencement du printemps, il loua une chambre chez le curé de Ville-d'Avray, et se retira dans ce petit village pour mettre en ordre ses *Voyages dans le Nord*. Sa sœur lui avait donné un chien épagneul qu'il aimait beaucoup ; c'était son seul compagnon ; et souvent, pour se délasser de ses travaux, il s'égarait avec lui dans les landes isolées de Saint-Cloud. Mais la solitude ne lui était pas bonne, elle nourrissait sa passion, en lui offrant partout l'image de celle qu'il ne pouvait oublier. Un jour, quelques affaires le conduisirent à Versailles ; on y célébrait des réjouissances publiques : comme il était dans les jardins, au milieu de la foule qui se pressait en attendant le feu d'artifice, ayant levé les yeux vers les fenêtres du château, il crut reconnaître la princesse Marie. Plus il la contemple, plus il se persuade de la réalité de cette vision : ce sont ses beaux cheveux blonds, ses yeux bleus et spirituels ; voilà bien sa douce physionomie, la simplicité élégante de ses vêtemens. Bientôt sa vue se trouble, son cœur bat avec violence ; ses regards ont rencontré les regards de la princesse ; elle sourit, elle le reconnaît. Ah ! sans doute c'est pour lui seul qu'elle a quitté la Pologne. Alors, dans une espèce de délire, il tente de percer la foule ; mais ses efforts sont inutiles : des milliers de chaises barrent tous les passages. Le feu d'artifice commence, l'attention générale se dirige vers ce brillant spectacle, et au moment où le bouquet éclate dans les airs, la princesse quitte la fenêtre et disparaît. Soutenu par l'espérance de la retrouver à la porte du château, il se précipite à travers les flots de spectateurs ; ses regards avides la cherchent de tous côtés, et ne la rencontrent nulle part ; enfin il s'aperçoit que la file nombreuse des équipages a disparu, que la foule s'est écoulée, qu'il est seul sur la place. Toutes les horloges frappent successivement minuit, et l'on ne voit plus que quelques sentinelles qui se promènent silencieusement aux portes du château.

Cependant le chagrin de n'avoir pu rejoindre la princesse cède à l'espérance de la retrouver. Il vole à Paris ; là, il s'enferme dans sa chambre, et n'ose plus en sortir. Chaque voiture qu'il entend le fait tressaillir ; au plus léger bruit, il s'élance vers sa porte, se précipite sur l'escalier, et reste accablé en ne la voyant pas. Après huit jours d'attente, il se décide à aller trouver une personne qui avait conservé des relations à la cour de Stanislas, et il est tout surpris d'apprendre que la princesse n'a pas quitté la Pologne, et que, de retour à Varsovie, elle vit dans une assez grande solitude. Il avait donc été la dupe d'une illusion ! Cette certitude ne fit qu'accroître sa douleur ; il lui semblait perdre son amante une seconde fois, et la secousse fut si violente qu'il ne put y résister. La fièvre alluma son sang, il tomba dans le délire, et pendant plusieurs jours on craignit pour sa vie. Dès qu'il eut repris connaissance, son premier soin fut d'éloigner sa garde et son médecin : la vue des hommes lui était insupportable, et il ne voulait plus mettre sa confiance qu'en Dieu seul : cette confiance lui rendit le courage. Son corps guérit, mais son ame resta toujours malade : plus de vingt ans après, il ne pouvait voir une femme de la taille et de la tournure de la princesse sans s'abandonner aussitôt à de nouvelles espérances, sans éprouver un nouveau chagrin en reconnaissant son erreur. « Combien de fois, disait-il, étonné de sa propre faiblesse, combien de fois je l'ai vue jeune, belle, adorable, lorsque déjà le temps avait effacé tous ses charmes ! » Enfin la mort de la princesse, dans un âge avancé, eut seule le pouvoir de le délivrer de ces douloureuses illusions.

Ses *Mémoires*, si souvent repris, si souvent abandonnés, se trouvaient enfin achevés. Résolu de les présen-

---
[1] Lettre à M. Hennin.

ter au ministre, il se rendit chez M. Durand, premier commis des affaires étrangères, homme en faveur, qu'il avait vu en Pologne, et qui devait mieux qu'un autre apprécier son travail. M. Durand l'accueillit gracieusement, s'étonna de le voir sans place, fit l'éloge de ses talens, et y ajouta tant de promesses flatteuses, que M. de Saint-Pierre se crut décidément sur le chemin de la fortune. Cependant, au bout d'un mois, n'entendant parler de rien, il se présenta chez son protecteur : il était sorti. Le lendemain, nouvelle visite, aussi inutile que la première. Il courait à Versailles, il courait à Paris, allait, venait, se chagrinait, s'étonnant de bonne foi du guignon qui le faisait toujours arriver cinq minutes trop tard. Un jour enfin il vit M. Durand qui descendait de voiture, et sans doute il en fut aperçu. On en pouvait refuser sa visite, on se prépara donc à le recevoir. Après quelques minutes d'antichambre, M. de Saint-Pierre est introduit ; il trouve le premier commis étendu sur un canapé, tenant à la main les *Mémoires* de son protégé, et paraissant absorbé dans leur méditation. « Vous le voyez, dit-il en venant à lui, je m'occupe sans cesse de vous ; en vérité, il est plein d'intérêt ; j'en ai parlé au ministre, il doit le lire. Quel excellent tableau de la Prusse ! vous avez de fort bonnes vues ; le portrait du roi de Pologne est admirable ; vous osez prédire la division de ce royaume [1], cela est hardi ; vous connaissez les hommes, on le voit bien. Il y a dans ces *Mémoires* des idées administratives, politiques, morales ; je réponds de votre fortune. — Cependant, monsieur... — Vous pouvez compter sur ma promesse. — Il y a plus d'un mois que j'attends... — Ah ! je vous demande encore une quinzaine. » Bref, M. de Saint-Pierre, *qui connaissait si bien les hommes*, admiré, flatté, caressé, sortit de chez son protecteur encore plus ravi que la première fois. La quinzaine fut longue, elle dura plusieurs mois, à la fin desquels les *Mémoires* se trouvèrent égarés ; le protecteur s'en était servi pour se protéger lui-même, et il ne resta à M. de Saint-Pierre d'autre consolation que celle d'admirer l'habileté administrative d'un homme qui recevait les solliciteurs à peu près comme le don Juan de Molière reçoit ses créanciers.

Cependant il ne perdit pas courage. Le comte de Mercy, dont il avait servi les projets en Pologne, venait d'arriver à Paris ; il se présenta à son hôtel, mais il fut reçu avec tant de froideur, que Rulhière, qui était présent, et qu'il avait beaucoup vu en Russie, crut prudent de ne pas le reconnaître.

Peu de jours après, il se rendit chez M. le baron de Breteuil. Ce seigneur l'avait très-bien accueilli à Pétersbourg, et l'accueillit très-bien à Paris. Fatigué de tant de sollicitations inutiles, M. de Saint-Pierre lui témoigna le désir de passer aux colonies. Le baron approuva ce projet, et promit d'en parler au ministre de la marine. Comme il s'entretenait de cette expédition future, M. de Rulhière entra : il était toujours secrétaire intime

de M. de Breteuil. L'aspect de M. de Saint-Pierre parut d'abord l'embarrasser ; mais voyant que son patron le traitait bien, il ne se souvint plus de ce qui s'était passé chez le comte de Mercy, et avec cette politesse excessive que les ames confiantes prennent trop souvent pour de l'intérêt, il s'avança vers M. de Saint-Pierre ; le reconnut, et l'accabla de complimens et de protestations. Celui-ci fit semblant de le croire, lui pardonna et le méprisa.

Peu de temps après, M. de Breteuil annonça à notre solliciteur qu'il venait de le placer à l'île de France en qualité d'ingénieur ; puis le tirant à part, et baissant la voix comme pour lui faire une confidence : « Mon cher chevalier, lui dit-il, si vos idées ne sont pas changées depuis le temps où vous vouliez fonder une colonie sur les bords du lac Aral, ce qui me reste à vous apprendre vous sera fort agréable ; seulement je vous recommande le secret. Sachez donc que votre brevet est pour l'île de France, mais que votre destination véritable est Madagascar. Vous serez chargé de relever les murs du fort Dauphin, et de civiliser la colonie. Cette île, la deuxième du monde pour la grandeur, est divisée en une multitude de petites nations qui se font souvent la guerre, et que les Européens n'ont jamais pu soumettre. C'est vous qui devez les réunir, non par la puissance des armes, mais par celle de la sagesse : c'est en leur offrant le spectacle du bonheur que vous les attirerez à vous, et que vous les donnerez à la France. »

Cette proposition inattendue remplit M. de Saint-Pierre de joie et de surprise. Les idées de législation, d'ambition, de république, qui depuis long-temps sommeillaient dans son cœur, se réveillèrent avec tant de vivacité, qu'il fit passer une partie de son enthousiasme dans l'ame de M. de Breteuil. Dès lors tous ses maux furent oubliés, l'avenir ne lui présenta qu'une longue suite de bonheur, et il ne songea plus qu'à son départ. Rulhière le présenta au chef de l'entreprise : c'était un colon de l'île de France, chevalier de Saint-Louis, esprit vif et léger, qui débitait de belles maximes de politique et d'humanité, et qui parlait de civiliser Madagascar comme il aurait parlé d'un changement de décoration à l'Opéra. Il pénétra bien vite le genre d'esprit de M. de Saint-Pierre, et s'y plia adroitement en flattant ses projets. Ce dernier s'était mis à lire Flaccourt, afin de prendre une idée juste du pays. Il était charmé des richesses naturelles que ce voyageur a décrites, et se proposait de les accroître en y portant les richesses des autres climats. L'histoire malheureuse de nos établissemens successifs dans ces contrées ne le rebutait pas. Il l'attribuait à l'esprit ambitieux des Français, et il se promettait bien de n'emmener que des gens sans ambition. Il est vrai que dans la liste de ceux qui devaient être attachés à l'expédition, il n'avait vu ni soldat, ni laboureur, ni artisan, mais des secrétaires, des valets, des acteurs, des danseuses et des cuisiniers. Ce premier choix l'embarrassait un peu ; mais il se rassurait en songeant que le chef de l'entreprise était un vrai philosophe, et qu'à tout prendre, un philosophe pouvait aimer la comédie. D'ailleurs, s'il emmenait des danseuses pour amuser les colons de son petit royaume, il emportait une *Encyclopédie* pour les éclai-

---

[1] Cette division prédite par M. de Saint-Pierre ne tarda pas à avoir lieu. *Voyez* le *Voyage en Pologne*, à la fin du volume.

rer. Les choses étaient donc assez bien compensées. Qui ne sait que pour rendre les peuples heureux, il ne faut le plus souvent que de semblables bagatelles?

Cependant notre législateur ne laissait pas de faire des préparatifs plus sérieux. Il se procura un plan de l'ancien fort Dauphin, et projeta des moyens de défense qui devaient en faire une forteresse imprenable. Comme ingénieur, il traçait l'enceinte d'une ville nouvelle; et ses vues étaient vastes, car il faisait servir à sa défense les forêts, les rivières et les montagnes. Comme législateur, il en bannissait l'argent, et ramenait l'âge d'or sur la terre. Les saisons de l'année, les travaux champêtres étaient marqués par des fêtes. On y prêchait l'Évangile; et cette religion, si conforme aux lois de la nature, devenait la religion universelle. Au pied même de la forteresse il avait eu soin de ménager, dans un massif de palmiers, un temple immense, soutenu par leurs troncs et couronné par leurs feuillages. Là devaient se réunir tous les peuples de l'île, et bientôt tous ceux de l'univers : encore qu'ils différassent de langage et de mœurs, notre législateur était sûr d'en être entendu, car le bonheur est une langue universelle. L'homme se laisse aisément conduire par l'exemple; cette faculté d'imiter ce qu'il voit faire le dirige tous les jours vers les genres de vie les plus opposés à sa nature. Dans la société les pères se conforment à l'exemple du magistrat, et les enfans à celui des pères. C'est de l'exemple que naît la force de l'habitude, la plus puissante de toutes les forces. Il suffira donc de montrer au monde une colonie heureuse, pour engager tous les peuples à l'imiter. Un si doux spectacle, s'étendant de proche en proche, fera rapidement le tour de l'île, qui a plus de huit cents lieues; de là, passant le canal de Mozambique, il éveillera les peuples du continent. On les verra tous accourir : les laboureurs de la belle France viendront fertiliser cette terre de liberté, et les chansons des bergers de l'Arcadie retentiront dans les bocages de l'Afrique. Les douces influences de cette législation de l'exemple ne tarderont pas à embrasser la totalité du globe. En un mot, Madagascar commandera à tous les peuples, comme le peuple romain, en se rendant, suivant la belle expression de Plutarque, *sujet de la vertu*. Il serait impossible de dire combien d'images charmantes se succédèrent dans la tête de notre pauvre législateur pendant le temps que dura cette nouvelle illusion. Il lisait Platon, il lisait Plutarque, et leur sagesse entretenait sa folie. Agité de cette sorte de délire, il vendit le reste de son héritage, et employa tout son argent à acquérir les livres et les instrumens nécessaires à cette grande entreprise : tout ce qu'il trouva sur les mathématiques, la marine, l'histoire naturelle et la politique fut acheté. Mais, pendant qu'il épuisait sa bourse pour les besoins de la colonie, et qu'il se préparait à faire vivre tant de nations dans l'abondance, il s'aperçut qu'il manquait de chemises. Il en fallait cependant, et même une certaine provision, pour cinq ou six mois de trajet. M. de Breteuil, instruit de cette circonstance, le recommanda à une grosse lingère, qui voulut bien faire crédit au législateur de tant de peuples. Enfin, les préparatifs étant terminés, le vaisseau mit à la voile, et dès lors il vit la triste réalité. Le chef de l'expédition, maître du sort de M. de Saint-Pierre, osa lui dévoiler ses horribles projets. Ce philosophe, qui s'était préparé à civiliser Madagascar avec des danseuses et l'*Encyclopédie*, n'avait jamais eu d'autre dessein que de faire le commerce des noirs, en vendant ses futurs sujets. Le philanthrope se transforma tout à coup en marchand d'hommes; et l'on peut juger de l'effroi de M. de Saint-Pierre, lorsqu'il vit tomber le masque qui cachait un scélérat. Ainsi s'évanouirent encore une fois tous ses beaux rêves de félicité publique, de gloire et de commandement.

La traversée jusqu'à l'île de France ne fut point heureuse. Le passage du canal de Mozambique pensa lui être fatal, et après Dieu son salut vint de la solidité du vaisseau [1]. Un coup de foudre brisa le grand mât, le scorbut se propagea avec une effrayante rapidité, et plus de la moitié de l'équipage fut bientôt sur les cadres. « Je ne saurais vous dépeindre le triste état dans
» lequel nous sommes arrivés, disait M. de Saint-Pierre
» dans une lettre à Duval. Figurez-vous ce grand mât
» foudroyé, ce vaisseau avec son pavillon en berne, tirant
» du canon toutes les minutes ; quelques matelots
» semblables à des spectres assis sur le pont ; nos écoutilles
» ouvertes, d'où s'exhalait une vapeur infecte ; les
» entreponts pleins de mourans, les gaillards couverts
» de malades qu'on exposait au soleil, et qui mouraient
» en nous parlant. Je n'oublierai jamais un jeune homme
» de dix-huit ans à qui j'avais promis la veille un peu de
» limonade. Je le cherchais sur le pont parmi les autres;
» on me le montra sur la planche : il était mort pendant
» la nuit. »

Les esprits n'étaient pas moins malades que les corps. Le chef de l'entreprise avait trouvé des flatteurs et des contradicteurs ; on se divisait, et l'animosité était si grande, qu'il y avait plusieurs duels de projetés. Telle était la situation de l'équipage, lorsqu'on découvrit l'île de France. M. de Saint-Pierre courut sur le pont pour la contempler, et les images riantes qu'il s'en était faites s'évanouirent comme ses projets de république. Il n'aperçut que des côtes raboteuses et des rochers couverts d'une herbe jaune et flétrie ; au loin s'élevait une forêt d'un aspect sauvage, et dans le port on ne voyait que les débris de plusieurs vaisseaux naufragés.

Descendu à terre, le premier soin de notre voyageur fut de se rendre chez M. de Breuil, ingénieur en chef, et de lui annoncer le dessein où il était de rester à l'île de France. Sa commission était en règle, on ne pouvait refuser de l'accueillir, et dès le lendemain il fut installé en qualité d'ingénieur. C'est ainsi que se sépara d'une expédition dont il s'était promis tant de gloire, et qu'au lieu d'un palais à Madagascar, il ne trouva qu'une misérable cabane à l'île de France [2].

Cependant il ne tarda point à s'apercevoir que cette contrée n'était pas plus en paix que le reste du monde. L'intendant et le gouverneur avaient chacun leur parti; on ne pouvait s'attacher à l'un sans se brouiller avec

---

[1] *Voyez* la description de cette tempête dans le *Voyage à l'île de France*.

[2] On peut voir, dans les *Harmonies*, ce que devint cette expédition.

l'autre. Il suffit de rappeler que M. Poivre était alors intendant de l'île, pour annoncer le choix de M. de Saint-Pierre. Il fut attiré par la célébrité du philosophe, et captivé par la douceur de sa philosophie. M. Poivre avait beaucoup voyagé, beaucoup observé et beaucoup retenu. Sa conversation était attrayante, elle faisait aimer tout ce qu'il aimait, et vouloir tout ce qu'il voulait; mais, en cédant aux charmes de son éloquence, on cédait toujours à ceux de la vérité. Son esprit, porté vers l'agriculture, y ramenait toutes les sciences; et cet art si simple, qui fait le bonheur du sage, était devenu pour lui une étude de législateur. Chacun de ses voyages était marqué par un bienfait. On l'avait vu apporter de la Cochinchine cette espèce de riz sec qui croit sans être arrosé sur les terrains les plus arides, et qui peut-être fertilisera un jour nos landes et nos rochers; enfin, tout le monde racontait ses périls, sa générosité, sa constance dans cette expédition mémorable, où il enleva des plantes de muscade et de girofle aux Hollandais des Moluques, pour les donner au reste du monde.

Personne ne démontrait d'une manière plus victorieuse l'influence que la culture d'un végétal peut exercer sur le genre humain: il voyait l'humeur de tous les peuples s'égayer, le nombre de leurs plaisirs s'accroître, leurs relations devenir plus sûres et plus agréables par la découverte d'une seule plante, le tabac. « En agriculture, disait-il, rien n'est à négliger; la plus petite invention peut produire un grand bien. Le premier qui s'avisa de confire le bouton du câprier ne pensait pas qu'il rendrait féconds les rochers de la Provence, et que des villes entières lui devraient leur prospérité. »

Les leçons de M. Poivre éveillèrent le génie de notre voyageur. Il commença à sentir qu'il avait demandé à ses passions un bonheur qu'elles ne pouvaient lui donner; et doucement conduit à l'étude de la nature, il ne s'étonna plus que de ne l'avoir pas toujours aimée.

Les divisions qui régnaient dans l'île étaient bien faites d'ailleurs pour le dégoûter de ses projets ambitieux. Peut-être pouvait-on reprocher à M. Poivre une réserve excessive qui, dans un autre, eût passé pour de la dissimulation; mais c'était un administrateur habile; et l'île de France, qui lui devait ses richesses, lui aurait dû son bonheur, si la haine et l'envie n'avaient détruit l'effet de ses soins. L'exemple d'un homme si supérieur, placé à la tête d'une colonie où il ne pouvait maintenir le bon ordre, servit d'expérience à M. de Saint-Pierre: il vit combien il y avait de folie et de vanité dans les prétentions qui le tourmentaient. Son utopie ne lui sembla plus qu'un rêve: il avait pensé à tout, excepté aux passions, aux ambitions, aux superstitions de ceux qu'il espérait gouverner; car il s'avouait enfin qu'il n'avait voulu fonder une république que pour en être le chef. C'était un grand pas dans l'étude de lui-même; mais il alla plus loin, et ce fut encore la sagesse de M. Poivre qui opéra cette révolution. Cet homme estimable écoutait avec calme ses beaux projets de république et de colonisation. « Ce que vous proposez est impossible, lui disait-il souvent: pour établir un gouvernement parfait, il faut supposer une réunion d'hommes parfaits, d'hommes pénétrés de la même ardeur pour le bien, et surtout de la volonté d'être heureux par les mêmes moyens. C'est ce premier élément que la société ne peut donner.

« Il faut donc prendre la société telle qu'elle est aujourd'hui, avec sa corruption, ses préjugés et son esprit d'indépendance. Ce sont des tigres dont il s'agit de faire des hommes; quel charme allez-vous employer? Si vous parlez religion, vous serez repoussé comme un être faible et superstitieux. Si vous mettez votre appui dans les lois, tout le monde voudra les faire, personne ne voudra les suivre. On vous permettra de vanter la morale: c'est un mot. Dieu aussi sera un mot: vous les prononcerez, voilà tout. Caton lui-même, dans des temps pareils, dissuadait son fils de se mêler du gouvernement de Rome, parce que, disait-il, « la licence des temps » ne te permettra rien de digne du nom de Caton, et le » nom de Caton ne te permet pas de rien faire comme » le siècle.

» Il y a dans les esprits une grande confusion d'idées et de principes: on parle de la révolte comme d'un devoir; de la liberté comme d'une forme de gouvernement; de l'égalité comme d'un acte de justice. L'Europe entière est menacée d'un bouleversement; bientôt il n'y aura plus de peuple, ou, pour mieux dire, le peuple se fera souverain; et où les passions de la multitude commandent, le crime est partout, la sagesse n'est nulle part.

» Dans l'état des mœurs, le véritable sage doit suivre le conseil de Caton et l'exemple du chancelier de L'Hospital, qui renvoya les sceaux à Médicis, disant *que les affaires du monde étaient trop corrompues pour qu'il pût encore s'en mêler.* Que ces paroles et ces exemples soient nos guides! car si pour vivre le sage est obligé de tromper, de dissimuler ou de tyranniser, il se fait semblable aux méchans; au contraire, s'il montre de l'indulgence, il devient leur victime. Heureux, en donnant sa vie, s'il sauvait son pays! Mais l'histoire est là pour anéantir cette dernière espérance: on ne voit pas que la mort d'aucun sage ait rendu les peuples meilleurs: les Athéniens empirèrent après celle de Socrate, et Aristote fut obligé de s'enfuir pour leur épargner un nouveau crime.

» Cette vérité est dure; mais pourquoi la dissimuler? Si vous êtes sage, retirez-vous: lorsque les méchans ont assez de crédit pour s'emparer du pouvoir, c'est que le peuple lui-même est méchant, et, dans ce cas, n'espérez rien de votre sagesse. Qu'aurait pu faire Caton entre Sylla et Marius? S'il y a peu d'hommes en état de dire la vérité, croyez-vous qu'il y en ait beaucoup qui soient disposés à l'entendre? Et quant à ce beau mot dont se couvre l'ambition, que l'honnête homme se doit au public, je ne vous demande que de contempler un moment ceux qui le prononcent: c'est aux actions à nous répondre des paroles. » Tels étaient les conseils de M. Poivre, et l'on doit dire qu'il ne tarda pas à joindre l'exemple aux préceptes. Ayant obtenu son congé, il revint en France, et passa le reste de sa vie dans une agréable solitude, sans plus vouloir se mêler des affaires des hommes. Quant à M. de Saint-Pierre, il sentit enfin qu'il avait été dupe de son ambition; et convaincu que tous ses beaux projets seraient inutiles au bonheur du monde, il se promit bien de n'être jamais le législateur que d'un peuple imaginaire [1]. Cette promesse ne fut pas vaine. De retour dans sa patrie, il s'éloigna des hommes, et traça dans la solitude le plan de son utopie. Et lorsque, pendant la révolution, il voyait tous les esprits tourmentés de la folie qui avait égaré sa jeunesse, il ne parut jamais, ni comme député, ni comme sénateur, ni comme ministre. Pour être tout cela, il lui eût suffi de le vouloir, mais une plus noble ambition avait passé dans son ame : il voulait rester lui-même au milieu des déguisemens de son siècle.

Pendant que la réflexion préparait son ame à recevoir les semences de la sagesse, il s'aperçut d'un léger refroidissement dans l'amitié de M. Poivre. Sans doute il était la victime de quelque calomnie; il voulut s'en éclaircir, et fit plusieurs tentatives pour provoquer une explication, mais elles furent inutiles. M. Poivre n'opposa à ses plaintes qu'une politesse plus froide, et M. de Saint-Pierre prit à regret le parti de se retirer d'une société qui avait pour lui tant de charmes ; ceci explique pourquoi, dans la relation de son voyage, il ne parla pas de M. Poivre, dont il croyait avoir à se plaindre. A son arrivée il s'était logé au Port-Louis, dans une petite maison, au bout de la ville. C'était une seule pièce au rez-de-chaussée. Une fenêtre sans vitres, fermée avec des rotins, suivant l'usage du pays, éclairait cette pauvre habitation, où l'on voyait pour tous meubles une commode, un hamac, quelques chaises et des malles. Notre voyageur obtint un nègre du roi ; il en acheta un second, et rien ne manqua plus à son petit ménage. C'est là qu'il passait sa vie depuis le refroidissement de M. Poivre. Ces lieux mélancoliques semblaient faits pour la méditation : de quelque côté qu'il portât la vue, il découvrait une solitude profonde, des plaines stériles, des forêts impénétrables, une mer immobile ou furieuse. Souvent, assis près de sa fenêtre, il pensait à la vie qui s'écoule comme un songe ; et lorsqu'il venait à contempler cette vaste mer qui le séparait de tout ce qu'il avait aimé, il s'attristait d'être ainsi relégué aux extrémités du monde.

Cependant il trouvait dans l'étude de l'histoire naturelle les distractions les plus agréables. Le gouvernement lui avait concédé un petit terrain environné de rochers, situé dans un coin du Champ-de-Mars ; il voulut le cultiver lui-même, et se trouva bien de ce travail. Il ne faut souvent qu'un peu fatiguer le corps pour distraire l'ame des plus grands maux. Mais pendant que, simple cultivateur, il enrichissait son jardin des plantes les plus rares et les plus utiles, on vint lui en contester la propriété. Le gouverneur, dans le seul but d'attaquer une décision de M. Poivre, osa concéder de nouveau ce coin de terre au lieutenant de police ; et tous les soins de M. de Saint-Pierre furent perdus. Il est vrai qu'à son départ de l'île de France, un riche habitant voulut acheter son titre ; mais il refusa de le vendre, de peur de laisser après lui un sujet de discorde : trait touchant de vertu, que sa modestie lui fit oublier lorsqu'il écrivit son voyage.

[1] *Voyez* le préambule de *l'Arcadie*.

Dans ses malheurs un ami lui était resté : Favori, le chien de sa sœur, charmait encore sa solitude ; c'était le compagnon de toutes ses promenades ; mais il le perdit quelques mois avant son retour, et cette perte lui fut si sensible, que long-temps après il voulut consacrer son souvenir dans un de ces petits opuscules auxquels sa plume donnait tant de prix. Ce badinage, qu'il a intitulé *Éloge de mon ami*, est une satire charmante des éloges académiques. Sans doute elle ne fut pas goûtée des académiciens, car M. de Saint-Pierre disait, à propos de cet opuscule : « C'est une plaisanterie qui a beaucoup plu à quelques dames, mais qui m'a brouillé avec de graves philosophes. »

Ainsi s'écoulèrent deux années, pendant lesquelles il eut occasion de voir plusieurs hommes célèbres : M. de Surville, un des quatre marins fameux qu'on appelait *les quatre évangélistes* ; M. de Bougainville, qui venait de faire le tour du monde sur les traces de Cook ; le naturaliste Commerson, qui donna l'arbre à pain à l'île de France ; et ce malheureux Cossigny, propriétaire d'une riche plantation, agriculteur habile, auteur de plusieurs ouvrages pleins de vues excellentes, et qui, après avoir épuisé sa fortune pour la colonie, vint à Paris, où il enrichit le Cabinet d'histoire naturelle et mourut de misère.

Nous n'entrerons dans aucun détail sur les excursions de M. de Saint-Pierre à l'île de Bourbon et au cap de Bonne-Espérance. On les trouvera dans la relation de son voyage, ainsi que le récit de son retour dans sa patrie. Quel bonheur de revoir ces lieux qu'il avait quittés avec tant de joie ! Après trois ans d'exil, c'est bien la France dont il touche le sol ! Comme ces eaux fraîches donnent la vie aux prairies ! Comme ces lisières de violettes et de fraisiers courent agréablement le long de ces haies toutes blanches d'aubépine ! Que ces bois de chênes et de châtaigniers ombragent bien la cime de ces coteaux ! Quel parfum s'exhale de ces buissons, et avec quelles rumeurs les petits oiseaux s'y disputent leurs nids !

Ici tout le charme, tout lui rappelle les premiers jours de sa vie ; chaque site, chaque plante lui arrache un cri de joie, et son émotion s'exprime dans un hymne qui semble échappé à la plume de Rousseau. « Heureux, » s'écrie-t-il, qui revoit les lieux où tout fut aimé, où » tout parut aimable, et la prairie où il courut, et le » verger qu'il ravagea ! Plus heureux qui ne vous a ja- » mais quitté, toit paternel, asile saint !.... Ici l'air est » pur, la vue riante, le marcher doux, le vivre facile, » les mœurs simples et les hommes meilleurs. » 

Ce morceau délicieux, qui termine le *Voyage à l'île de France*, fut traduit par Zimmermann, qui le cita dans son *Traité de la Solitude*. Peu de temps après, un écrivain français, Mercier, publia quelques fragmens de ce dernier ouvrage, et, ne connaissant pas le voyageur cité par Zimmermann, il fut obligé de retraduire ce passage d'après la traduction allemande. La comparaison de ces deux morceaux [1] est une excellente étude

[1] Voyez *De la Solitude*, ouvrage traduit de Zimmermann par Mercier ; Paris, 1788, page 266.

de style: on y retrouve les mêmes sentimens, mais ils sont loin de produire la même impression; et l'on peut y apprendre comment la modification d'une tournure, le changement d'un mot, suffisent le plus souvent pour détruire l'effet d'une pensée.

M. de Saint-Pierre arriva à Paris vers le commencement de juin 1771. Du pays de la fortune il ne rapportait que des coquillages, des plantes, des insectes, des oiseaux. A ces curiosités naturelles, le gouverneur du Cap, M. de Tolback, avait ajouté deux belles peaux de tigre, et un alverame de vin de Constance. Notre voyageur s'empressa de faire hommage de ce petit trésor à M. de Breteuil, qui, pour en faire ressortir la valeur, le montrait à ses amis comme un présent du gouverneur du Cap. Instruit de cette circonstance, M. de Saint-Pierre en parla à Rulhière, qui lui dit en riant: « Ah! vous ne connaissez pas les grands seigneurs! Celui-ci vous enverra aux îles, ne fût-ce que pour recevoir encore les présens de quelque gouverneur. » Il disait vrai; cette fantaisie vint effectivement à M. de Breteuil; mais, ne trouvant pas en M. de Saint-Pierre des dispositions suffisantes pour accroître ses collections, son amitié se refroidit insensiblement. Cependant, ayant appris que M. de Saint-Pierre songeait à publier la relation de son voyage, il le recommanda à Dalembert, qui jouait alors un grand rôle parmi les gens de lettres. Cet académicien accueillit avec empressement le protégé d'un ambassadeur, et l'introduisit dans la société de mademoiselle de Lespinasse. M. de Saint-Pierre se félicita d'y rencontrer des hommes qui remplissaient alors l'Europe de leur renommée. Séduit par l'admiration générale, il n'approcha d'eux qu'avec respect, et son ame simple et confiante bénissait le ciel de l'avoir conduit à la source de tant de lumières. Mais quelle fut sa surprise, lorsqu'il vit ces sages précepteurs du genre humain divisés en sectes ennemies, n'ayant d'autre but que le mal, d'autre passion que la vanité; cherchant des idées nouvelles plutôt que des vérités utiles; niant Dieu, comme les Israélites, pour adorer les ouvrages de leurs mains; et, dans cette lutte orgueilleuse où la vertu ne montra jamais, se rangeant le long de la carrière, la rougeur sur le front et la haine dans le cœur! Les gens du monde, témoins de ce spectacle et souriant de leurs folles disputes, se moquaient des vaincus, couronnaient les vainqueurs, les confondaient tous dans le même mépris; et demandant sans cesse de nouvelles victimes, ils criaient comme le peuple aux combats des gladiateurs: Encore un autre!

Jeté dans le tourbillon des partis, M. de Saint-Pierre n'osait en croire ses yeux: tant de contradictions lui semblaient impossibles. Il consultait les philosophes dont il lisait les ouvrages, et tous s'empressaient de lui en expliquer le plan, les divisions, les subdivisions d'une manière qui plaisait à son esprit, mais qui ne disait rien à son cœur. Au milieu de ces combinaisons savantes, il cherchait vainement des idées applicables à la vie habituelle. C'était à quoi les auteurs avaient le moins songé: on eût dit des architectes habiles, élevant un château d'un aspect majestueux, mais inaccessible et point logeable. Les actions de ces prétendus sages n'étaient pas moins singulières que leurs principes: ils dénigraient les rois, et leur faisaient la cour; ils vantaient le bonheur du pauvre, et vivaient dans les palais des grands; ils se plaçaient au-dessous des bêtes par leurs systèmes, et se croyaient au-dessus de Dieu par leur intelligence. La plupart se livraient à de belles réflexions contre les ambitieux, comme gens bien à leur aise; contre les séductions de l'amour, comme s'ils n'avaient pas eu de maîtresses; et contre la corruption et les vices du siècle, comme si eux-mêmes n'avaient pas tout bravé, tout attaqué, tout insulté, la morale, les lois, la religion, Dieu même..... Mais de vivre au sein de la pauvreté et de la douleur, ce qui est pourtant le lot de presque tous les hommes, et d'y vivre satisfait, c'est ce qui n'était enseigné par aucun d'eux.

M. de Saint-Pierre sentit que tant d'inconséquence et si peu de vertu annonçaient la dissolution de la société. Il osa le dire, il osa combattre ceux qu'il avait admirés; et, dans cette discussion où il essayait ses forces, il était aisé de voir qu'il échapperait aux erreurs qui devaient bouleverser le monde; en un mot, les philosophes trouvèrent en lui un adversaire. Il leur disait: « Les délices de la fortune effacent en vous le sentiment d'une Providence; mais essayez d'interroger ceux qui sont dans la misère, et croyez-en leur réponse: ce n'est point parmi les malheureux que se rencontrent les ingrats. Dieu est partout où l'on souffre; c'est là qu'il se rend visible, non pour consoler, comme les mortels, par des promesses d'un moment, par des espérances de quelques jours, mais pour relever nos ames par ce qu'il y a de plus grand et de plus sublime. Philosophe, je te laisse le néant, et je me réfugie vers celui qui console en donnant les trésors du ciel et les joies de l'immortalité!

» Vous me direz peut-être: Ce n'est pas la religion, c'est la superstition que nous voulons renverser. J'adopte un moment ce langage. N'est-il pas à craindre que les esprits peu éclairés (et ce sont les plus nombreux) ne puissent devenir subitement des raisonneurs assez habiles pour vous comprendre, et que, faute de saisir ces distinctions, ils ne renoncent à toute religion, à toute divinité? Si ce résultat est certain, que pouvez-vous répondre? Vous voulez, dites-vous, détruire les maux de la superstition! ceux de l'athéisme sont-ils moins grands? Que des raisonnemens métaphysiques fassent votre vertu, je veux le croire; mais c'est la crainte, c'est l'espérance qui font la vertu de tous. Si vous anéantissez ces deux mobiles des actions humaines, il ne restera que le crime. Ainsi la fin de vos doctrines en démontre la fausseté. Lorsqu'on ne peut arriver qu'au mal, on n'est point dans la voie de la vérité, qui ne peut mener qu'au bien.

» Mais pourquoi recourir à des subterfuges? vos desseins sont plus vastes, et le mal s'agrandit avec eux; en un mot, ce n'est point la superstition, c'est la religion qu'il s'agit de renverser. Vous accusez l'Évangile, vous accusez ses ministres; vous voulez tout détruire, sous prétexte qu'il y a des abus: attendez-vous donc à détruire les nations; car c'est une loi immuable de la justice divine, que toutes les attaques dirigées contre Dieu retombent sur les hommes. »

Ainsi s'exprimait M. de Saint-Pierre, et ce qu'il disait alors servit dans la suite de base à tous ses ouvrages. Mais, si la conduite des philosophes avait été un sujet d'étonnement pour lui, ses opinions ne tardèrent pas à en devenir un de scandale pour eux. « Lorsqu'ils virent
» qu'il avait des principes dont il ne se départait pas;
» que ses opinions sur la nature étaient contraires à
» leurs systèmes; qu'il n'était propre à être ni leur prô-
» neur, ni leur protégé, ils devinrent ses ennemis [1]. »
A cette époque, ses ressources commençaient à s'épuiser; car il n'avait reçu aucune récompense de ses services. Dès qu'on le sut malheureux, on le traita comme tel. D'abord il entendit les regrets d'une fausse pitié, qui méprise ceux qu'elle plaint; ensuite, las de le plaindre, on le calomnia. Son air réservé parut ennuyeux, sa modestie n'était que de l'ignorance, ses principes n'étaient que de la présomption; et comme les gens vertueux sont toujours gais, sa mélancolie parut bientôt l'effet de quelques remords. Il fut heureux alors de retrouver dans son cœur les sentiments religieux qu'on avait voulu lui ravir; et de tant d'injustice il tira ce grand bien, de mépriser la réputation du monde, et d'essayer de marcher librement dans le chemin de la vertu.

Telles étaient les dispositions de M. de Saint-Pierre au moment où il publia son *Voyage à l'île de France*. Il n'avait pas encore choisi sa touchante devise; mais, exercé par le malheur, il travaillait dès lors à la mériter. Il vit les pauvres noirs assis au dernier degré de la misère humaine, et l'Europe entière frémit du tableau qu'il traça de leurs souffrances. Mais la colonie lui réservait le sort de tous ceux qui disent des vérités utiles au genre humain et nuisibles aux particuliers : objet de l'inimitié des colons, dont il contrariait les intérêts, il le fut encore de celle de l'administration, dont il révélait les injustices; et ses protecteurs l'abandonnèrent au moment où il se montrait le plus digne de leur confiance.

Ce livre, si fatal à son bonheur, offre comme une esquisse des *Études de la Nature* : on y trouve même le premier modèle de quelques descriptions de *Paul et Virginie* : telles sont celle de l'orage [2], celle du retour de Paul et Virginie après l'aventure de la négresse [3], et celle de la case de madame La Tour au moment de l'arrivée de M. de La Bourdonnais [4]. Ces morceaux sont comme ces feuilles légères où les artistes déposent les pensées qu'ils veulent reproduire dans leurs tableaux.

Cette relation renferme d'ailleurs une multitude de pages où il est facile de reconnaître le talent d'un écrivain qui représente vivement ce qui l'a vivement frappé. Jusqu'à ce jour nous avons vu son auteur occupé des moyens de s'élever, d'acquérir de la gloire, de mériter des récompenses : ici commence une vie plus simple, des projets moins exagérés; c'est un sage qui apprend de ses propres malheurs à plaindre le malheur d'autrui. Son ambition s'est peu à peu évanouie devant l'infortune, il a détourné sa pitié de lui-même pour la reporter sur ses semblables. Cependant, malgré tout l'intérêt que peut inspirer cet ouvrage, il ne faut y voir que l'essai d'un écrivain qui promet de s'illustrer : on y remarque une multitude d'idées, mais elles manquent de développement. L'auteur ressemble à ces petits oiseaux qui s'élancent de leur nid; son premier vol est court et rapide; on dirait qu'il se hâte, pressé par le malheur, comme ces abeilles de Virgile qui, dans les jours orageux, ne tentent que de petites courses: *excursusque breves tentant*. Plus tard, lorsqu'il publia d'autres ouvrages, on lui reprocha de trop parler de lui; on pourrait ici lui faire un reproche contraire. Ce sont les pensées et les actions du voyageur qui nous intéressent dans un voyage; ce qu'un homme a vu, ce qu'il a entendu, nous frappe plus que les dissertations les plus profondes. Je laisse le savant qui cherche la vérité sans sortir de son fauteuil, et je me plais à cheminer avec le voyageur qui me fait parcourir le monde, entrant le matin dans un palais, me reposant le soir dans une chaumière ? et, soit qu'il s'arrête sur les ruines d'une cité dont le nom même est oublié, soit qu'il entre dans une de ces vieilles forêts où l'homme n'a jamais pénétré, je le suis, je crois voir ce qu'il voit, et je partage sa surprise et son admiration. Il en est des voyages comme des livres de philosophie : nous lisons avec plus d'utilité et d'intérêt les *Confessions* de Jean-Jacques que son *Contrat social*. Ses vues, dans le premier ouvrage, sont le résultat de son expérience; celles du second, quoique plus vastes, n'en sont que les aperçus : les unes renferment des vérités pratiques, les autres ne présentent que des spéculations plus ou moins probables: celles-ci n'ont besoin, pour être utiles, que de notre aveu; celles-là exigent le consentement d'un peuple entier. L'*Émile* même, avec toutes ses beautés morales, ne produirait pas autant d'effet, si l'auteur n'y mettait en action un jeune homme dont il crée et soutient la vertu, et si lui-même ne s'y montrait souvent à côté de son élève. Il faut donner des images à la pensée et des hommes aux événemens, pour nous les rendre sensibles. Dans un voyage surtout j'aime les descriptions longues et les réflexions courtes. La réflexion ne doit être que le coup de lumière du tableau : présentez-moi les faits naïfs, j'en tirerai vos conséquences et bien d'autres encore; mais surtout que je voie le voyageur qui me le présente : c'est à cette seule condition que je puis m'intéresser à ses pensées. On doit présumer que M. de Saint-Pierre ne tarda pas à reconnaître les défauts de sa relation; car il conçut le projet de lui donner plus de développement; mais ces notes, restées imparfaites, n'ont pu nous fournir qu'un très-petit nombre d'améliorations.

Cependant une cause indépendante de l'inexpérience et de la modestie du voyageur concourut à abréger à la fois les récits et les observations répandues dans son voyage : ce fut la police. Elle lui avait donné pour censeur un homme de lettres appelé La Grange Chessieux. Cet homme lui retrancha d'abord un passage sur la peste du Bengale, terrible fléau qui venait de faire pé-

---

[1] *Voyez* le préambule sur *l'Arcadie*.
[2] *Voyage à l'île de France*.
[3] *Idem*.
[4] *Idem*.

rir deux ou trois millions d'hommes sur les bords du Gange. La peste avait été produite par la famine, et la famine était la suite des accaparemens de riz faits par le lord Clive et les autres employés de la Compagnie des Indes anglaises. L'auteur avait parlé de cet horrible attentat à l'occasion du vaisseau *la Digue*, sur lequel il s'était embarqué au cap de Bonne-Espérance, et qui revenait du Gange, où la peste s'était mise dans son équipage, à cause des cadavres d'une population entière morte de faim dont le fleuve était couvert, et que la religion du pays y précipitait de toutes parts. Le censeur supprima donc ce passage, et M. de Saint-Pierre se vit obligé de garder le silence sur un crime de lèse-humanité qui retentissait par toute la terre; et cela, faut-il le dire, de peur que les Anglais, à Londres, ne trouvassent mauvais ce qu'un voyageur écrivait à Paris. Honteuse servitude du gouvernement! honteuse patience de toutes les nations de l'Europe!

Mais la suppression de ce récit ne fut pas le seul sacrifice exigé par la censure: on retrancha un autre passage où l'écrivain philosophe réfutait une erreur en histoire naturelle que Voltaire avait pris plaisir à accréditer. C'était au sujet du prétendu tablier que la nature, disait-on, avait donné aux femmes hottentotes. Voltaire en avait conclu une nouvelle espèce de femmes. M. de Saint-Pierre lui opposait l'autorité de M. Poivre, intendant de l'île de France, qui, chargé autrefois par le duc d'Orléans de vérifier ce fait en passant au cap de Bonne-Espérance, s'était assuré qu'il n'avait aucun fondement. Le censeur craignit que la maison d'Orléans ne trouvât son nom compromis, et il n'en fallut pas davantage pour supprimer une réfutation qui intéressait à la fois la science, la morale et la religion. « Je n'ai nommé nulle part mon censeur, disait à ce propos Bernardin de Saint-Pierre; je ne veux nommer dans mes ouvrages aucun de ceux dont je ne puis dire que du mal, de crainte de leur lancer des flèches dont les blessures me survivent. Pourquoi leur rendrais-je le mal qu'ils ont cherché à me faire? Et parce qu'ils ont été méchans, pourquoi le serais-je à leur exemple? » Puis il ajoutait en riant : « La Grange était un bon homme; c'était sa place qui ne valait rien, car elle l'obligeait à trahir la vérité et à flatter la puissance. »

Ce bon homme donna à M. de Saint-Pierre une approbation honorable; mais un ordre de la police la fit retrancher, et le livre ne fut publié que sous permission tacite.

Malgré toutes ces tracasseries, cette Relation obtint du succès; on voulut même en connaître l'auteur, et M. de Saint-Pierre se trouva répandu dans les sociétés les plus brillantes. Parmi les jolies femmes qu'il rencontrait chaque jour, une surtout semblait prendre le plus vif intérêt à son sort. Madame D..... était à peine âgée de vingt ans. Destinée au théâtre par ses parens, elle eut le secret de tourner la tête à un fermier-général, qui, après avoir inutilement tenté de la séduire, demanda sa main, l'épousa, l'enrichit et la négligea. Rien de plus joli, de plus coquet ne pouvait s'offrir aux regards. Grands yeux noirs, longues paupières, taille mignonne, manières enfantines, un pied digne de ce chef-d'œuvre de grâce et de délicatesse : telle était madame D..... A ces dons charmans de la nature, elle semblait unir tous les dons du cœur, plus dangereux encore que la beauté. Au milieu de la corruption du monde, les principes de M. de Saint-Pierre la frappèrent vivement; elle aima ses talens, sa constance, son malheur, et sut bientôt le captiver par toutes les apparences de la vertu. Heureux d'avoir trouvé une amie, il se livrait aux charmes d'une liaison innocente, et son bonheur ne lui faisait pas naître une pensée qui pût troubler sa conscience. Mais il essayait ses forces contre un ennemi trop faible, et la coquette, qui flattait chaque jour ses projets de sagesse, se promettait bien de les lui faire oublier. Cette femme adroite avait eu l'art de transformer en solliciteur zélé un mari indolent, méfiant et jaloux; tout ce qu'il avait de crédit était employé à obtenir une place dans les finances pour le protégé de sa femme. Un jour il se rendit à Versailles, afin d'y presser l'effet de ses démarches. M. de Saint-Pierre reçut aussitôt un billet de madame D..... ; elle était seule, languissante, malade, elle l'attendait. Il vole au rendez-vous. Jamais il ne l'avait vue si piquante et si jolie. Ses paroles étaient pleines de confiance, et cependant tout en elle laissait apercevoir une secrète agitation. Il y avait dans ses regards un charme irrésistible, dans sa voix une douceur inexprimable; enfin l'ami sage et timide commençait à devenir un amant passionné, lorsque tout à coup l'idée de son ingratitude envers un homme qui à l'heure même s'intéressait à son sort le fit tressaillir : une rougeur subite couvre son front, son cœur se glace, et sa voix troublée laisse échapper le nom de celui qu'il allait offenser. Madame D..... le comprit : le dépit et la confusion se peignirent sur son visage, et tous les rêves de l'amitié s'évanouirent avec ceux de l'amour. Corrompue par le monde, elle ne se consolait pas d'avoir reçu la plus grande preuve de respect qu'un homme puisse donner à la femme qu'il aime; mais elle le connaissait si bien ce monde perfide, qu'il lui suffit, pour être vengée, de faire courir l'histoire de son propre déshonneur. Couvert de ridicule pour une action vertueuse, M. de Saint-Pierre s'étonnait de la dépravation de la société, où l'on n'applaudit que les méchans. Les philosophes mêmes se moquaient de lui; sa conduite condamnait leur conduite, et pour mériter leurs éloges il fallait leur ressembler. Tant d'intrigues et de calomnies le troublèrent moins cependant que la perte de ses illusions. « Les discours de mes ennemis ne m'affligent point, disait-il ; si j'ai quelquefois murmuré, ce n'est pas contre ceux qui me haïssent, mais contre ceux que j'ai aimés. »

Cependant il se dégoûtait du monde, où il n'avait fait qu'apparaître, et déjà il songeait à se retirer dans la solitude, lorsqu'une autre aventure non moins douloureuse, vint hâter les effets de cette résolution. Le manuscrit du *Voyage à l'île de France* avait été vendu mille francs par Dalembert; l'édition était presque épuisée, lorsque l'auteur se rendit chez le libraire pour recevoir cette petite somme. Mais celui-ci, dont les affaires se dérangeaient, refusa de payer le billet, et se sauva dans son arrière-boutique, en proférant les injures les plus grossières. Le premier mouvement de M. de Saint-Pierre fut de maltraiter ce misérable; mais le sentiment de sa supériorité et la fuite de son ennemi le désarmèrent, et il se retira en menaçant de le traîner devant les tribunaux. Le soir, encore tout ému de cette aventure, il la raconta chez mademoiselle de Lespinasse. L'abbé Arnaud approuva franchement sa conduite; Dalembert se récria sur la faiblesse de ne pas tuer un pareil coquin; un évêque janséniste dit en souriant que M. de Saint-Pierre avait l'ame très-chrétienne; Condorcet applaudit à ce bon mot, et mademoiselle de Lespinasse ajouta, d'un air moitié sérieux, moitié railleur : « Voilà une vertu de Romain..... » Puis, ouvrant une des boites de bonbons qui étaient toujours sur sa cheminée : « Tenez, lui dit-elle d'un air ironique. *vous êtes doux et bon.* » Cependant l'aventure passa de bouche en bouche, et M. de Saint-Pierre vit avec chagrin que sa vertu faisait beaucoup de bruit, et que les perfides éloges s'étaient changés en amères critiques. Chaque fois qu'il y avait un cercle nombreux, mademoiselle de Lespinasse le priait de faire le récit de son aventure; et quand il arrivait au dénouement, elle l'interrompait en disant : « Croyez-moi, ne parlons pas de cela. » Dès lors il s'aperçut qu'il ne recevait plus le même accueil dans la société: les femmes, qui se rappelaient son aventure avec madame D..., souriaient en parlant de sa timidité; les jeunes gens ricanaient en parlant de son courage; les philosophes étaient scandalisés d'une philosophie qui peut empêcher de tromper un mari et d'assommer un débiteur; enfin l'abbé Raynal, qui, à cette époque, était âgé de plus de soixante ans, voulut bien lui apprendre qu'on n'était plus au temps de Thémistocle.

Ce mot le jeta dans une espèce de délire : indigné de voir sa modération transformée en lâcheté, comme sa sagesse l'avait été en impuissance, il croit que s'il ne se venge il est déshonoré ; et ne pouvant s'adresser au misérable qui l'avait insulté et qui fuyait toujours à son aspect, il prend aussitôt la funeste résolution d'avoir ce qu'on appelle une affaire d'honneur avec le premier qui le regardera en face. Le monde est plein de faux braves toujours disposés à se faire une réputation aux dépens de ceux dont ils croient n'avoir rien à craindre : les occasions ne lui manquèrent donc pas. Il eut deux affaires, et blessa grièvement ses antagonistes. Mais ce fut le dernier sacrifice qu'il fit aux préjugés de la société. A peine eut-il éprouvé ce mouvement de haine si étranger à son cœur, que ses yeux se dessillèrent. Épouvanté d'avoir plus craint le ridicule que le crime, il fit cette réflexion pénible, que c'est dans la société des gens honnêtes que se forment les méchans. Combien de vices naissent de la médisance, cette malveillance des ames faibles qui amuse la société et la divise ! Combien de vengeances commandées par la voix publique ! de duels conseillés par des misérables qu'on méprise et qu'on écoute ! Il faut violer les lois divines et humaines pour suivre les lois de l'honneur; il faut tuer un homme pour mériter l'estime de la bonne société; et celui de tous les êtres qui a le plus besoin d'indulgence ne veut rien pardonner ! Éclairé par ces réflexions, M. de Saint-Pierre sentit que pour être sage il faut respecter les hommes et ne craindre que sa conscience. Mais il se disait souvent, avec un sentiment profond d'amertume : « Si j'avais été adultère, j'aurais trouvé des protections; si j'avais été flatteur, des emplois; si j'avais été impie, des richesses et des honneurs : on m'a tout refusé, parce que j'ai voulu être bon. » A ces inquiétudes présentes se joignait encore l'effroi de l'avenir. La difficulté d'arriver à rien par le chemin où il était entré lui paraissait invincible. Au milieu de la corruption générale, quel ministre accueillera l'homme dont la conscience veut rester pure? quelle famille oserait s'allier à celui qui, se bornant à des profits légitimes, promet, comme Aristide, l'indigence à sa postérité? D'ailleurs, que peut-on espérer, je ne dis pas des grands qui parlent peu de vertu, mais des philosophes qui en parlent tant? En est-il un seul qui voulût donner sa fille au pauvre Socrate, et qui ne lui préférât, sans hésiter, quelque riche descendant de Phalaris ?

Tant de chagrins successifs ébranlèrent à la fois la santé et la raison de M. de Saint-Pierre [1]. Tour à tour victime de son ambition, de sa vanité et de sa vertu, il ne trouva de soulagement que dans la solitude. Résolu de se délivrer des regrets du passé, de la prévoyance de l'avenir et des erreurs de sa propre sagesse, il promit de ne plus se fier ni à lui ni à personne, et d'imiter la nature, qui ne se fie qu'à Dieu. Dès lors, il éprouva la vérité de cette maxime des sages de l'Inde: « Quand vous serez dans le malheur, rentrez en vous-même, et vous y trouverez les dieux : c'est aux infortunés qu'ils se communiquent. » Il est rare que de grandes pensées ne viennent pas les dédommager de leurs peines. Les découvertes, les arts, les inspirations sublimes, tout ce qui fait le génie a été accordé à des infortunés vertueux, ou à ceux qui, par une disposition tendre de l'ame, sont sensibles aux maux du genre humain.

Bernardin de Saint-Pierre est un exemple frappant de cette double influence. Dès qu'il fut seul, ses maux s'évanouirent et son génie s'éveilla. Loin des hommes, il connut la vanité de leurs sciences, et cessa de craindre leur opinion. Les plantes, les bois, les prairies étaient ses livres, et les pensées les plus douces venaient à lui au milieu des plus douces contemplations. Il lui semblait entendre sortir de tous les objets de la nature une voix ravissante qui lui disait : Pourquoi vous tourmenter de l'avenir? Voyez ce qu'est devenu le jour d'hier, dont vous vous inquiétiez, et ne songez pas au jour de demain, qui doit passer comme celui d'hier. Aviez-vous des soucis dans le sein de votre mère ; et, en venant à la vie, ne trouvâtes-vous pas le banquet préparé, et le lait que ma prévoyance faisait couler pour vous? Lorsque vos passions vous entraînaient aux extrémités du monde, où vous arriviez inconnu et sans appui, qui est-ce qui plaça sur votre route des hôtes pour vous recevoir et des amis pour vous aimer? Vous m'avez toujours vu à l'heure de l'infortune, et maintenant je suis encore près de vous à l'heure du repos. Mais, dites-vous, je regrette des per-

---

[1] L'auteur a décrit l'état où ces deux aventures le réduisirent, dans un morceau touchant qui sert de préambule à *l'Arcadie*.

sonnes que j'ai aimées, et l'inconstance d'une d'elles me remplit de tristesse. Eh bien, que vos affections se tournent vers le ciel! est-il un amour plus touchant et plus durable que le mien? Ceux qui se donnent à moi n'ont à craindre ni l'inconstance ni la perte de l'objet aimé.

Ces méditations le conduisaient insensiblement à l'étude de la nature, qui devint enfin l'unique occupation de sa vie. Il l'étudiait en amant passionné, comme s'il n'avait jamais aimé qu'elle, et bientôt il eut rassemblé les matériaux de ce bel ouvrage où il consolait son siècle, en lui montrant partout la main de la Providence : pensée touchante qui fut l'origine de ses découvertes, de son éloquence, de son génie, et qui lui épargna les erreurs de tant de vains systèmes que les savans substituent à la vérité, sans jamais pouvoir la remplacer!

Cette époque de la vie de M. de Saint-Pierre est surtout remarquable par sa liaison avec Rousseau. Le dégoût du monde les réunit; leur penchant pour la nature fit le charme de leur amitié. Nous avons parlé ailleurs de ces promenades solitaires, dans lesquelles ils traitaient les plus hautes questions de la morale.

« Souvent ils se dirigeaient vers la campagne, dînant
» assis au pied d'un arbre, et ne reprenant que le soir le
» chemin de la ville. La nature, la religion, l'immortalité, étaient les objets habituels de leurs méditations.
» A ces idées d'une philosophie profonde ils mêlaient
» quelquefois les peintures vives et animées de leurs sen-
» timens, les anecdotes de leur enfance, les souvenirs
» de leurs beaux jours, et des réflexions touchantes sur
» la recherche du bonheur, le mépris de la mort et la
» constance dans l'adversité : questions qui ont si souvent
» occupé les anciens et qui donnent tant d'intérêt à leurs
» ouvrages. On aime à voir les deux amis s'adresser ces
» questions avec l'innocence de cœur d'un enfant, et y
» répondre avec la puissance de raisonnement du génie.
» Il n'y avait entre eux ni prétention de bien parler, ni
» prétention de bien écrire, ni desir d'être applaudi : le
» desir de s'éclairer, l'amour de la vérité, restaient
» seuls. Leurs doutes, leurs espérances, leurs décou-
» vertes, ils ne dissimulaient rien : et qui pourrait ex-
» primer leur ravissement, lorsqu'ils arrivaient à la
» démonstration d'une des vérités si consolantes de la
» religion? car ils ne voulaient que la vérité; mais ils la
» voulaient sublime, parce que celle-là seule les pénétrait
» d'une joie ineffable, et que c'était ainsi qu'ils sentaient
» que c'était la vérité [1]. »

Ces entretiens n'ont besoin, pour devenir célèbres, que de recevoir la sanction des siècles : alors on en parlera comme de ceux de Platon et de Socrate.

Un malheur inattendu interrompit ces délicieuses promenades, et rejeta dans le monde notre heureux solitaire. Nous avons dit qu'il avait deux frères, Dutailly et Dominique. Ce dernier, après un voyage de long cours, s'était retiré dans un petit village au-delà duquel son ambition ne voyait rien. Quand à Dutailly, il était allé à la cour, où tout semblait lui promettre une fortune brillante. M. de Saint-Pierre n'avait point oublié qu'à diverses époques il avait entendu blâmer Dominique comme un homme inutile, acagnardé au coin de son feu, tandis qu'on ne parlait du second qu'avec considération, et en s'extasiant sur les emplois importans qu'il ne pouvait manquer d'obtenir; les gens instruits citaient même un passage où Molière tourne en ridicule la vie des gens de campagne; et leurs jugemens avaient exercé une assez triste influence sur l'esprit ambitieux de M. de Saint-Pierre. Ne voulant point ressembler à un homme qu'on méprisait, il s'était mis à courir les aventures avec assez peu de succès pour son bonheur. Mais à une autre époque il avait trouvé les choses bien changées. Dominique venait de s'unir à mademoiselle de Grainville, et il jouissait, dans sa retraite, des biens véritables que la fortune ne peut donner. Cependant le frère tant loué, tant admiré, après avoir épuisé son patrimoine, était revenu au Havre où il gémissait de son malheur. Alors on louait beaucoup le premier; il était fêté, considéré, recherché, et l'on ne parlait plus du second que comme d'un homme qui ne s'était jamais appliqué à rien d'utile, et que de ridicules prétentions avaient jeté hors de sa sphère. Les gens instruits cette fois ne citaient plus Molière; mais ils rapportaient ce propos de Louis XI dans Comines sur un seigneur de la cour, qu'il s'était mis sur le corps ses terres, ses moulins et ses futaies. Ainsi la multitude aime ce qui réussit; les gens heureux sont pour elle les honnêtes gens.

C'est alors que Dutailly, ne pouvant supporter sa mauvaise fortune, alla se jeter dans la guerre d'Amérique. L'espoir de conclure un riche mariage à Saint-Domingue, s'il pouvait obtenir un grade élevé dans le génie, lui fit accepter une mission en Géorgie [1], où il se signala contre les Anglais. Devenu ingénieur en chef, il ne put résister à l'amour qui le rappelait à Saint-Domingue, et il partit en laissant dans la caisse militaire une somme de 3,000 francs qui composait toute sa fortune.

L'indifférence du congrès américain pour les officiers français qui venaient à tomber au pouvoir des ennemis, inspira à celui-ci un stratagème dangereux pour échapper aux Anglais. Il fit une lettre au gouvernement de la Jamaïque, dans laquelle il se plaignait des Américains, et proposait à la cour de Londres des plans qui devaient favoriser l'attaque de la Géorgie. Pour donner plus de vraisemblance à ce projet, il le communiqua à un tory, nommé Portéous, qui lui donna une lettre pour ses amis de Saint-Augustin, dans le cas où il y serait conduit par la fortune. Ces deux sauvegardes ne tardèrent pas à lui être utiles. Parti de Charlestown sur un bateau de transport, le 28 avril 1778, il est pris aux atterages de Saint-Domingue par un corsaire de l'île de Tortola. Dans ce danger pressant, il fait usage de sa recommandation. Le corsaire donne dans le piége et le descend à l'île de Porto-Rico, d'où, par les colonies espagnoles, le voyageur se rend au Cap-Français de Saint-Domingue. L'a-

---

[1] Voyez la préface de l'*Essai sur Jean-Jacques Rousseau*. On trouve aussi quelques détails sur la liaison de Bernardin de Saint-Pierre et de Jean-Jacques, à la fin des *Études*, et dans le préambule de l'*Arcadie* et les notes de ce préambule.

[1] L'établissement de la Géorgie américaine date de l'an 1732; cette province fait partie des États-Unis, elle est séparée de la Louisiane par le Mississipi.

mour, qui l'y ramenait au milieu de tant de périls, ne put toucher la famille de sa maîtresse: on exigea de lui qu'il recueillît encore de nouvelles palmes, et, pour avancer le bonheur qu'on lui promettait, il se décida à retourner de suite sur le théâtre de la guerre. Assuré de son passage sur un brick armé pour Charlestown, il prévient de son départ le gouverneur de Saint-Domingue, M. le comte d'Argout, et cherche à donner au stratagème qui l'avait déjà sauvé un nouveau degré de vraisemblance qui puisse le sauver encore. Il y avait alors au Cap un Anglais, prisonnier de guerre, appelé Stolt; le voyageur lui confie mystérieusement son projet contre la Géorgie, et se fait donner des lettres de recommandation pour la Jamaïque. Mais cet homme, qui était sous le jugement de l'amirauté pour s'être mal battu, ne craignit pas d'ajouter la trahison à sa première lâcheté, et dénonça Dutailly au gouvernement français.

Arrêté au spectacle dans la loge même du gouverneur, on le jette dans un cachot; il y est oublié quatre mois, et n'en sort que pour être conduit en France et renfermé à la Bastille. Dans cette situation déplorable, il a recours à M. de Saint-Pierre: celui-ci rédige aussitôt un mémoire qu'il adresse au ministre et qu'il fait appuyer par Franklin, alors ministre plénipotentiaire à la cour de France. Il prouve que la ruse est le premier des talens dans un homme de guerre, et que les héros de la Grèce, si bons juges du mérite militaire, lui ont donné dans Ulysse et dans Thémistocle deux fois le prix sur la valeur; enfin il rappelle ses propres services, et demande que la liberté de son frère en soit la récompense. Ce mémoire eut tout le succès qu'il devait en attendre. L'innocence de Dutailly fut reconnue, mais on ne put lui rendre sa liberté. Représenté comme un traître, il s'était vu enlever son état, sa fortune, son honneur et l'espérance d'obtenir la main de celle qu'il aimait. Sa raison ne put résister à tant de pertes, et il ne sortit du cachot que pour tomber dans les accès d'une noire mélancolie. Sa fureur n'enfantait que des projets sinistres: il voulait retourner à Saint-Domingue, se venger et mourir. Plein de cette idée, il résolut de se rendre auprès de Dominique pour en solliciter quelques secours, et il lui écrivit au moment même de son départ. Cette nouvelle jeta l'alarme dans la retraite paisible de ce dernier: il eût volontiers accueilli son frère; mais sa femme, d'un caractère doux et timide, s'effrayait du caractère violent de Dutailly, et elle suppliait Dominique d'éloigner, par toutes sortes de sacrifices, un hôte qui lui paraissait si redoutable. « Ton frère, lui disait-elle, aime le faste et la richesse, il méprisera ta femme et ta chaumière; en nous voyant pauvres, il ne pourra nous croire heureux, et il t'entraînera dans des entreprises périlleuses. » Dominique se rendit aux vœux de sa femme avec d'autant plus de facilité, que lui-même redoutait les emportemens de Dutailly. Mais il ne put échapper à son sort, et toute sa prévoyance ne fit que hâter sa perte par la plus horrible des catastrophes. Averti du jour de l'arrivée de son frère, il veut prévenir sa visite, lui ouvrir sa bourse et le décider à rester au Havre. Dès le matin il se met en route. La distance n'est pas longue, il doit revenir le soir même. Que de joie il se promet à son retour? alors toutes les inquiétudes seront dissipées, tous les arrangemens seront pris, rien ne pourra plus troubler la paix de leur solitude. L'infortuné! il se faisait encore les plus riantes images de l'avenir! Vers le milieu du jour, sa femme croit le reconnaître à l'extrémité d'une petite avenue. Son premier mouvement est de voler au devant de lui; mais à mesure qu'elle s'approche, la ressemblance s'efface; bientôt l'air égaré, la marche rapide, les habits en désordre de cet homme la remplissent d'effroi; elle saisit le bras de sa sœur et veut reprendre le chemin de sa maison; l'inconnu double de vitesse et se jette brusquement à son cou: il la nomme sa sœur, elle reconnaît Dutailly, mais déjà la terreur avait glacé ses sens: elle était grosse, les douleurs la saisissent, une fausse couche se déclare, et pendant qu'on se hâte d'aller chercher du secours, l'infortunée expire en appelant son mari qu'elle ne doit plus revoir [1].

Ce dernier choc acheva d'égarer la raison de Dutailly: il abandonne cette maison qu'il vient de remplir de deuil, et s'enfonce dans un bois voisin. On présume qu'il erra long-temps dans la campagne sans prendre aucune nourriture; car trois jours après, des paysans le trouvèrent évanoui sur le bord de la mer, à plus de vingt lieues du Havre. On le porta chez un curé du voisinage, et il vécut encore plusieurs années dans un état de démence qui du moins servit à lui dérober les maux dont il avait accablé sa famille.

Cependant Dominique se hâte de regagner sa maison; il s'attend à voir accourir comme de coutume sa femme et ses enfans; mais il la cherche vainement au milieu de la campagne étincelante des derniers feux du jour. Plein d'inquiétude il précipite ses pas; il arrive; un bruit lugubre frappe son oreille, la porte s'ouvre : Dieu! quelle horrible vision! sa femme couverte d'un linceul, les yeux fermés pour jamais! ses enfans agenouillés au pied du lit et pressant les mains glacées de leur mère! un vénérable ecclésiastique qui prononce la prière des morts! Il voit tout et ne sent rien. Frappé de stupeur, le front livide, les yeux fixes, il reste attaché au seuil de la porte, en attendant que la douleur le réveille.

Plusieurs jours s'écoulèrent sans qu'il pût croire à son malheur; ses espérances s'éteignaient et renaissaient sans cesse. Mais lorsque de chute en chute il eut mesuré la profondeur de l'abîme, la mort lui parut le seul remède à ses maux, et la fortune ne servit que trop bien son désespoir. Depuis quelque temps le ministre cherchait un marin assez hardi pour aller recueillir les restes d'une colonie qui périssait de la fièvre jaune sur les côtes de la Floride. Dominique saisit avidement cette occasion de sauver des malheureux ou de terminer sa vie, et il obtint sans peine une mission que tout le monde repoussait. Arrivé au lieu de sa destination, il y trouva onze personnes frappées du même mal qui avait dévoré la colonie. Le seul moyen de les sauver était de les transporter dans un autre climat : Dominique s'em-

---

[1] Nous venons d'apprendre, par les lettres de Bernardin de Saint-Pierre à M. Henin, que cet événement eut lieu à un premier voyage de Dutailly, avant son emprisonnement à la Bastille. Il y a donc ici une transposition.

pressa de les recueillir, et se dirigea vers des terres voisines, où il espérait trouver du secours. Quelques semaines après, un vaisseau, dont les voiles et le gouvernail semblaient abandonnés, fut poussé par les flots vers les côtes de l'Amérique. Des pêcheurs voulurent le reconnaître : ils montèrent sur le tillac ; il était désert : l'équipage, les passagers, le capitaine, tout était mort, et cette funeste embarcation ne portait plus que des cadavres. Tel fut le sort de Dominique. Il perdit la vie dans cette honorable expédition, et le ciel ne pouvait mieux récompenser ses vertus. Ame courageuse ! ne crains pas que je plaigne une aussi belle destinée! Ce n'est pas être malheureux que de mériter en mourant l'estime et la reconnaissance des hommes.

M. de Saint-Pierre apprit cette dernière catastrophe au moment où il venait de perdre une gratification annuelle de 1,000 fr., son unique ressource ; cependant il ne se laissa point abattre, et continua jusqu'à la fin de pourvoir au sort de l'infortuné Dutailly. Pour se consoler de tant de maux, il recueillait les débris de l'*Arcadie*, afin d'en former les *Études*[1]. La plus grande partie de ce dernier ouvrage fut composée dans un hôtel garni de la rue de la Madeleine, et il y mit la dernière main dans un petit donjon de la rue Neuve-Saint-Étienne-du-Mont, non loin de la maison où le bon Rollin avait composé ses principaux ouvrages. C'est là qu'il disait avoir éprouvé les plus douces jouissances de sa vie, au milieu d'une solitude profonde et d'un horizon enchanteur[2]. L'auteur a retracé lui-même les nombreuses difficultés qu'on lui fit éprouver lors de la publication de son ouvrage : le censeur lui disputa chaque page de son manuscrit et supprima deux articles très-importans, l'un où l'auteur proposait de rendre le clergé citoyen, en le faisant salarier par l'état ; l'autre où il conseillait de faire faire aux jeunes ecclésiastiques, destinés à être ministres de charité, une partie de leur séminaire dans les prisons et les hôpitaux, afin de leur apprendre à remédier aux maladies de l'ame, comme on apprend dans les mêmes lieux aux jeunes médecins à remédier à celles du corps[3]. Le retranchement de ces deux morceaux fut très-sensible à M. de Saint-Pierre ; et cependant lorsque plus tard la presse devint libre, il refusa de les rétablir, ne voulant pas faire la critique d'un gouvernement dont il avait reçu les bienfaits. « Les hommes dont j'avais à me plaindre, disait-il, étaient trop malheureux, et j'aimai mieux publier quelques objets d'intérêt national que de satisfaire mes ressentimens particuliers[4]. Ce trait d'une touchante modération mérite d'autant plus d'être remarqué qu'il ne se présente que deux fois dans le même siècle.

Le manuscrit des *Études* fut rejeté successivement par plusieurs libraires, et l'auteur se décida à le faire imprimer à ses frais. Ce n'était pas chose facile, car tous ses moyens se réduisaient à 1,200 francs que M. Hennin promettait de lui prêter ; et les imprimeurs, aussi ignorans que les libraires, refusaient de faire les avances du reste. Heureusement le hasard fit tomber le manuscrit entre les mains du prote de M. Didot jeune. Il se nommait Bailly, et son nom doit être conservé, puisque, seul de tous ceux qui avaient eu l'ouvrage entre les mains, il sut en apprécier le mérite. Il osa même en prédire le succès, et son jugement eut l'heureux effet de décider M. Didot à faire une partie des frais de l'impression. C'est donc à l'intelligence d'un simple prote que l'Europe dut la publication d'un livre qui devait enrichir toutes les sciences, renouveler toutes les idées, et qui cependant semble n'avoir été inspiré que pour consoler les infortunés ; livre des moralistes, des poètes, des peintres, des amans et du malheur ; livre du genre humain, si les méditations d'un mortel pouvaient mériter ce titre.

Les *Études* parurent en 1784, et leur succès dédommagea l'auteur de tout ce qu'il avait souffert. C'est une chose digne de remarque, que dans un siècle où des hommes d'une haute éloquence s'efforçaient de chercher des idées nouvelles sur la morale et les sciences, dans un siècle où l'on croyait avoir tout dit, un solitaire inconnu ait publié un livre où tout était nouveau. A cette époque, une fausse philosophie avait tellement usé l'erreur, que, pour être neuf, il ne restait plus à dire que la vérité ; et c'est cette vérité, aussi vieille que le monde, qui donna tant de charmes aux méditations de M. de Saint-Pierre. Beaux-arts, politique, histoire, voyages, langues, éducation, botanique, géographie, harmonies du globe, l'auteur traite de tout, et toujours il est original. Il révèle des abus, indique des remèdes, attaque l'injustice, soutient la cause du faible ; et, soit qu'il se place sur la route du malheur ou sur celle de la science, il y paraît environné des plus riants tableaux de la nature.

Il est rare que les ouvrages de génie ne renferment pas une idée dominante, qui est l'origine de toutes les autres. L'idée fondamentale de notre auteur est la Providence. Il reconnaît son pouvoir dans la cabane du pauvre comme dans l'ensemble du globe. Elle est partout parce qu'elle est nécessaire : c'est une domination intelligente et bonne. Elle existe, car sans elle il n'y a ni peuple, ni ville, ni famille qui puisse subsister ; et si une famille a besoin d'un maître, il faut bien que l'univers en ait un.

Plutarque dit[1] que lorsque les anciens géographes voulaient représenter la terre, ils laissaient sur leurs cartes de grands espaces vides où ils écrivaient au hasard : *Ici des mers et des montagnes, là des abîmes et des déserts.* Ce monde ou ce chaos des anciens géographes était à peu près celui des physiciens et des naturalistes modernes. Leur intelligence n'avait supposé aucune intelligence dans l'arrangement du globe ; tout y était dispersé sans dessein, sans ordre, et les sublimes harmonies de l'univers échappaient à leur admiration. Éclairé par une profonde étude de la géographie, M. de Saint-Pierre resta confondu devant les merveilles que la raison humaine méconnaissait ; sa pensée devina quelques-unes des pensées du Créateur, car la vérité est la pensée de Dieu même.

---

[1] Voyez à ce sujet la préface des fragmens des livres II et III de l'*Arcadie*.
[2] Suite des *Vœux d'un Solitaire*. — [3] *Idem*. — [4] *Idem*.

[1] *Vie de Thésée.*

Osons contempler un moment ces soleils lointains, ces zones lumineuses que la nuit nous découvre, et dont aucune intelligence humaine ne peut concevoir ni l'ensemble ni les limites. Un réseau de feu paraît lier entre elles ces constellations innombrables. Dieu y répand les attractions, les consonnances, les contrastes, la grâce, la beauté, et ces sentimens si doux et si variés des êtres sensibles, connus dans la langue des hommes sous le nom d'amour. Pour nous, jetés sur les rivages d'un de ces mondes, nous ne jouissons que d'une existence fugitive. Mais dès que le soleil, entouré d'une auréole de lumière, vient allumer l'atmosphère de notre planète, quel étonnant spectacle! quel harmonieux ensemble! Les montagnes s'élèvent pour diviser les vents et les eaux; les vents balaient les mers pour les reporter au sommet des montagnes; la rosée, les pluies, la fécondité, naissent de ces grandes harmonies, et la terre se couvre de moissons, en roulant sur son axe autour de l'astre qui l'attire. Voyez quelle influence céleste la pénètre! Le grain de sable se minéralise, la plante fleurit, l'animal se meut, l'homme adore. Lui seul s'anime des sentimens de la gloire et de la Divinité; et tandis que les élémens, les végétaux, les animaux sont ordonnés à la terre, et la terre au soleil, il sent qu'un Dieu l'attire par tous les points de l'univers.

Tel est, d'après l'auteur des *Études*, le système général du monde. Non-seulement les sciences sont pour lui des avenues qui mènent toutes à Dieu, mais son livre nous ouvre une multitude de perspectives ravissantes où l'ame se repose des maux de la vie, en méditant ses espérances. On dit que le Tasse, voyageant avec un ami, gravissait un jour une montagne très-élevée. Parvenu à son sommet, il admire le riche tableau qui se déroule devant lui: « Vois-tu, dit-il, ces rochers escarpés, ces forêts sauvages, ce ruisseau bordé de fleurs qui serpente dans la vallée, ce fleuve majestueux qui court baigner les murs de cent villes? eh bien! ces rochers, ces monts, ces mers, ces cités, les dieux, les hommes, voilà mon poème. » Ce que le génie du Tasse avait su reproduire, Bernardin de Saint-Pierre sut le peindre et l'expliquer, et il eût pu dire aussi en contemplant la nature: Voilà mon livre!

Les anciens, qui, dans presque tous les genres, sont restés nos maîtres après avoir été nos modèles, n'ont dû ni inspirer l'auteur des *Études*, ni lui servir de guides. Aristote, Pline et Sénèque écrivirent de longs traités de physique et d'histoire naturelle; mais en expliquant les phénomènes, ils n'avaient d'autre but que d'étaler les prodiges de la science humaine, tandis que Bernardin de Saint-Pierre ne voulait que faire éclater la prévoyance d'un Dieu. Pline, le plus éloquent de tous, a une sécheresse qui flétrit l'ame; son éloquence ostentatrice accable notre misère. Il ne voit que le désordre apparent du monde, et son génie ne peut s'élever jusqu'à l'ordre éternel qui le gouverne. Le livre de Bernardin de Saint-Pierre est la réponse au sien. Il console celui que Pline désespère, il relève celui que Pline foule aux pieds. Il adore la Providence que le naturaliste romain a méconnue, mais il l'adore en nous la faisant aimer. Que Pline représente l'homme jeté nu sur la terre nue, créature infirme, pleurant, se lamentant, ne sachant ni marcher, ni parler, ni se nourrir, et qu'il s'écrie d'un ton de triomphe: Voilà le futur dominateur du monde! Bernardin de Saint-Pierre montre ce roi naissant entre les bras de celle qui lui donna le jour; et devant cette touchante image, les déclamations de Pline s'évanouissent. Non, l'homme n'est point abandonné; la prévoyance et l'amour l'accueillent dans la vie. Quel asile plus sûr que le sein maternel! et si l'enfant verse des pleurs, quelles mains sauront mieux les essuyer que celles d'une mère!

O puissance sublime des idées religieuses! tout ce qui, aux yeux de Pline, accuse l'imprévoyance des dieux, devient sous la plume de son rival une preuve irrévocable de la sagesse éternelle! C'est la vérité qui dissipe le mensonge. L'un veut humilier notre orgueil par le spectacle de nos infirmités, l'autre élever notre ame en lui révélant sa grandeur. L'éloquence de Pline est propre à inspirer la haine du vice, celle de Bernardin de Saint-Pierre à pénétrer d'amour pour la vertu. Ses observations sont si touchantes, les lois qu'il découvre si pleines de sagesse, qu'on se réjouit de ses victoires, et qu'on ne lui oppose qu'en tremblant les objections qui pourraient en arrêter le cours. Notre ame au contraire sent le besoin de résister aux raisonnemens de Pline et d'abattre cette raison si fière: il semble que le convaincre d'erreur, c'est restituer à l'homme tous ses droits, à la nature sa grâce et sa beauté, à Dieu sa justice et son pouvoir. Enfin un dernier trait les distingue et les sépare. Pline a recueilli ce que savait son siècle: rien n'est à lui dans son livre que la parole. Au contraire, l'auteur des *Études*, sans rien emprunter des sciences qu'il connaît, les enrichit toutes de ses observations, et, tandis que son rival reste attaché à la terre, il vole chercher dans le ciel l'explication des phénomènes qui l'environnent.

On lui a reproché de n'être point assez méthodique, de peindre en amant de la nature et de ne pas décrire en naturaliste: c'était lui reprocher de créer sa manière et de rendre les voies de la science agréables et faciles.

Il est douteux cependant qu'il eût obtenu de succès en suivant la marche tracée, c'est-à-dire en composant des genres nouveaux, et en se retranchant dans les systèmes de classifications; toutes choses faciles à la mémoire, qu'il ne faut pas ignorer pour écrire, mais qu'il faut oublier quand on écrit. Ses vues étaient plus vastes; aussi furent-elles plus utiles. Le premier il observa le globe dans son ensemble et les hommes dans leur généralité. Ce n'est point un peuple, ce n'est point un site qu'il représente, ce sont les nations et le monde. S'il peint les détails, c'est pour les rapporter au tout; s'il rapproche des faits isolés et stériles, c'est pour en faire ressortir des vérités générales et inattendues.

Le caractère de l'esprit est de faire descendre d'une loi universelle à une multitude d'applications particulières; celui du génie, de remonter d'un fait particulier à la découverte des lois universelles. Jamais ces deux moyens ne furent employés plus heureusement; tout est lié dans ce bel ouvrage, et les phénomènes les plus éloignés s'y trouvent unis à l'homme par une chaîne de bienfaits. L'auteur excelle à nous en montrer les harmonies, et, pour en citer un exemple, quelle lumière brillante une seule de ses observations n'a-t-elle pas jetée sur la botanique ! Avant lui cette science n'était pas sortie des bornes étroites d'un dictionnaire. Suivons-le un instant, et vous allez la voir devenir une science universelle. D'abord il considère la position des pétales des fleurs dans leur rapport avec le soleil, et cette étude lui dévoile une multitude de relations inconnues entre une petite plante et un astre de feu un million de fois plus grand que la terre. Étendant ensuite ses spéculations à l'ensemble du règne végétal, il montre toutes les plantes dispersées sur le globe, non au hasard, mais avec prévoyance et dans un ordre admirable. Ce sont, si l'on peut s'exprimer ainsi, des peuples de végétaux qui ont leur habitation, leurs mœurs, leurs habitudes[1]. Les uns vivent solitaires, ils s'élèvent au sommet des montagnes, et refusent d'en descendre, comme si leur vie était dans les tempêtes ; les autres se plaisent dans les vallons et sur le bord des ruisseaux : c'est leur patrie ; ils ne pourraient la quitter sans mourir. Ceux-ci ont reçu des ailes et voyagent dans les airs ; ceux-là, portés sur des coquilles comme sur de légères pirogues, traversent l'Océan et vont fonder au loin de petites colonies. Il y en a qui s'isolent, sans jamais vouloir souffrir de voisins ; ils répandent des odeurs fétides et portent des poisons : on les croirait destinés à tenir parmi les plantes le rang que les tigres et les reptiles tiennent parmi les animaux. Un plus grand nombre croissent par touffes et se réunissent en société ; leurs familles répandent l'abondance ; de leurs calices s'élèvent des parfums ; le miel est au fond de leur coupe : ce sont les abeilles du règne végétal. Voilà sans doute des idées charmantes, des observations pleines de grâce et de nouveauté ; mais lorsque l'auteur, les ramenant tout à coup aux besoins du genre humain, observe que, parmi cette multitude de plantes, les plus nécessaires, comme le blé et les graminées, ne sont attachés à aucun site, à aucun climat, qu'elles suivent l'homme dans sa marche autour du monde, pénètrent partout où il pénètre, vivent où il vit, on reste frappé de ce grand dessein de la Providence, et l'on aime l'heureux génie qui lui servit d'interprète. Ainsi donc notre domination est assurée, parce qu'elle était prévue, et les propriétés de quelques plantes nous livrent le globe tout entier.

Pour rendre des observations aussi neuves, il fallait une méthode nouvelle. L'auteur créa la sienne, et sa manière fut si vive, si frappante, qu'elle changea les formes de la science, et donna, pour ainsi dire, d'autres yeux aux voyageurs, une autre ame aux naturalistes. S'il décrit un insecte, un quadrupède, un poisson, il sait, par un rapprochement ingénieux avec nos mœurs ou nos usages, en offrir une image agréable à notre mémoire. Par exemple, les plus longues descriptions des entomologistes caractérisent moins bien le monocéros (oryctes nasicornis) que cette seule ligne : « Cet insecte » se plaît dans le fumier de cheval, et il porte sur sa » tête un soc dont il remue la terre comme un labou- » reur. » Souvent aussi ses images tirent leur charme d'un sentiment qu'elles font naître : c'est la manière de Virgile portée dans l'histoire naturelle. Ainsi, pendant que les botanistes disputent sur la question de savoir si, dans les fleurs où les organes sexuels ont une enveloppe unique, cette partie doit porter le nom de calice ou de corolle, M. de Saint-Pierre, se livrant aux plus aimables observations, remarque d'abord que plus les plantes sont rameuses, plus le calice de leurs fleurs est épais ; qu'il est même quelquefois garni de coussinets et de barbes, pour préserver la fleur du choc que les vents lui font éprouver, et, charmé de cette prévoyance de la nature, il ajoute : « C'est ainsi qu'une mère met des » bourrelets à la tête de ses enfans, lorsqu'ils sont » petits, pour les garantir des accidens et des chutes. » Qui ne préférera cette définition du calice, qui en apprend les usages, aux divisions savantes établies par Linnée lui-même, de périanthe, involucre, chaton, spathe, coiffe, volve et gloume ? En vérité, l'on ne se doutait guère que de pareils mots sont destinés à peindre les objets les plus délicats de la création.

Sans doute au milieu des spéculations de Bernardin de Saint-Pierre, il s'est glissé quelques erreurs ; mais quel livre en est exempt ? Les plus grands génies semblent destinés à donner l'exemple des plus grands écarts ; c'est, avec la douleur, la marque de l'humanité. Nous voyons les systèmes des savans changer avec chaque génération ; et, toujours refaits, ils se trouvent au bout de quelques siècles toujours à refaire. Pourquoi donc s'étonner de trouver dans Bernardin de Saint-Pierre ce qui est partout ? On lui a reproché de s'égarer dans des idées systématiques ; d'inventer des harmonies, des rapprochemens, des contrastes, qui cependant ne sont pour lui que des effets visibles d'une intelligence invisible. Que n'aurait-on pas dit, si on l'avait vu étudiant les rapports qui existent entre les dents, les mamelles ou les extrémités des animaux, y chercher un caractère général, et placer, comme le grand Linnée, dans le même ordre, sur la même ligne, l'homme et la chauve-souris ? Déplorable aveuglement du génie ! triste résultat d'une science orgueilleuse ! la création de cet ordre, qui porte le nom imposant de Primates, se trouve dans un livre intitulé : Systema Naturæ, comme si la nature elle-même avait établi ce bizarre rapprochement ; comme si les lois de Dieu étaient un système ! Nous le répétons, il y a des fautes dans l'ouvrage de Bernardin de Saint-Pierre, mais il n'y en a point de ce genre. Tout ce qu'on peut demander à un homme qui fait un livre, ce n'est pas d'être exempt d'erreurs, c'est de n'en point commettre de dangereuses. Or, nous osons le demander, est-il beaucoup de savans qui puissent dire comme lui : « Quelque hardies que soient mes spéculations, il n'y a » rien pour les méchans. » S'il ne rapporte pas les œuvres de la nature à une classe, il les rapporte à l'homme et l'homme à Dieu. C'est un tableau des bienfaits et des merveilles, qui vaut bien un tableau des genres et des espèces. Qu'importe d'ailleurs qu'il n'ait pas toujours expliqué avec le même bonheur les vues

[1] Ces observations ont été développées par M. de Humbold dans sa *Géographie des plantes*, et dans son *Tableau de la végétation des montagnes*.

de la nature, si l'ensemble de ses recherches nous fait bénir la Providence, et surtout s'il nous fait aimer la vertu? Ce qui nous semble le fruit d'une belle imagination est toujours une vérité que son génie a su rendre plus vive et plus frappante. A chaque page, l'observateur nous étonne par la hardiesse de ses spéculations ; l'écrivain par la fraîcheur de ses pensées, la grâce de son style ; et le moraliste par la profondeur de ses vues et la bonne foi de sa religion. Semblable à un pilote habile, il cesse de côtoyer le rivage pour se diriger vers des mondes inconnus ; ses regards abandonnent la terre, mais il les lève vers le ciel, et c'est là qu'il découvre sa route.

Nous parlerons peu du style des *Études*; les éloges à ce sujet sont épuisés. Mais comment ne remarquerions-nous pas l'adresse singulière avec laquelle l'auteur sait fondre à propos dans son livre des morceaux de Virgile et de Plutarque, de manière à ce qu'ils ne forment qu'une seule pièce avec sa pensée? D'abord il dispose ses tableaux, il en prépare les plans, et puis tout à coup il nous éclaire par une citation, avec un art semblable à celui des grands peintres qui jettent sur leur composition un rayon de lumière pour en relever les effets. Mais le but de M. de Saint-Pierre n'est pas seulement de s'enrichir de ces beautés antiques ; il veut encore nous faire entrevoir dans les auteurs cités un sentiment exquis, une pensée profonde qui nous auraient échappé. Il nous apprend à lire Plutarque et Virgile : ses citations sont de véritables découvertes. Voilà, nous osons le dire, les seules obligations qu'il ait aux anciens ; car ce n'est pas dans les livres qu'il étudie la nature, mais dans la nature elle-même : aussi se rapproche-t-il souvent de ces génies créateurs qui n'avaient pas d'autre modèle. Voyez comme les petites circonstances sont pour lui l'origine des plus touchantes observations. Il ne faut ni machine, ni creuset, ni compas pour vérifier ses expériences ; il suffit de regarder autour de soi. Les vains systèmes de la science lui apprennent à se méfier des savans ; mais il converse avec les gens simples, s'arrête dans les champs, entre dans les cabanes, interroge les vieillards, s'instruit avec un enfant, et raconte naïvement ce qu'il vient d'apprendre avec eux. On voit qu'il aime à surprendre le peuple au milieu de son travail et de ses jeux, à épier ses vertus et à les plaindre ; et cette multitude de petites scènes donnent un charme inexprimable à son ouvrage. Ses personnages savent tout ce que les savans ignorent : c'est une autre expérience, une autre sagesse. Souvent au milieu des incertitudes de la science les observations d'un simple villageois nous éclairent, et des vérités inconnues aux académies s'échappent de la bouche d'un berger.

C'est ainsi qu'en écrivant sur les sciences naturelles comme Aristote, Pline et Sénèque, Bernardin de Saint-Pierre est resté original. Essayons de découvrir ce qu'il doit aux modernes. Cet examen nous servira peut-être à montrer le but et le résultat de ses ouvrages. C'est un point de vue qui nous semble avoir échappé à tous ses critiques.

Parmi les écrivains du siècle, Buffon et J.-J. Rousseau se présentent les premiers. Buffon ne peut offrir aucun point de comparaison. Trop souvent il suit les traces de Pline : sa force est en lui-même ; il explique l'univers d'après les lois de sa physique, et les lois de la Providence lui restent inconnues. Son style, plein de pompe et d'harmonie, manque de nuances, de sensibilité et de douceur, tandis que celui de Bernardin de Saint-Pierre, simple comme la nature, semble destiné à la peindre dans sa grâce et dans sa sublimité. D'ailleurs toute la force de l'auteur des *Études* vient de sa conviction : c'est parce qu'il y a un Dieu qu'il est éloquent. Sa foi est dans tout ce qu'il écrit, et ce seul trait prouve, selon nous, que Buffon ne fut ni son maître, ni son modèle. Reste donc J.-J. Rousseau auquel on l'a souvent comparé, peut-être parce qu'il fut son ami et que leurs destinées furent presque semblables.

Tous deux nés dans une condition moyenne, et tous deux sans fortune, ils errèrent long-temps par le monde, et n'écrivirent que vers l'âge de quarante ans, lorsque l'expérience et le malheur eurent mûri leurs pensées. Mais le point de départ mit entre eux une grande différence. Jean-Jacques, n'ayant ni but ni principe arrêté, promena long-temps son oisive jeunesse entre l'opprobre et la misère. Dénué de toute prévoyance, ne suivant que sa fantaisie, il s'éloigna par une sorte d'instinct de tout ce qui aurait pu élever sa condition en lui imposant quelque gêne. Si la lecture de Plutarque lui fit répandre des pleurs sur d'héroïques souvenirs, elle ne le sauva pas toujours du vice ; et il commit des fautes que la charité peut seule pardonner au repentir. Il aurait voulu être un Romain, et il n'eut pas même la force d'être toujours un honnête homme. D'abord perdu dans les plus basses classes de la société, puis jeté au milieu d'un monde corrompu, il apprit à mépriser les grands et les petits ; mais il ne put apprendre à se passer de leur estime. Il crut en Dieu sans y mettre sa confiance, il aima la vertu sans y croire, et la vérité en prêtant sa voix au mensonge. Malheureux de ne pouvoir accorder ses opinions et sa conduite, il éprouva jusqu'à sa dernière heure qu'il vaudrait mieux n'être pas né, que de ne rien attendre de Dieu et de ne pas oser se fier aux hommes. Combien le sort de M. de Saint-Pierre fut différent ! Une éducation ambitieuse égara, il est vrai, sa jeunesse, mais ce fut en lui proposant un but sublime et d'honorables travaux. On sent que le désir de s'élever donnait des vertus à son ame et de l'énergie à son caractère. Jeté seul dans le monde, il y commit des étourderies, mais point de fautes que l'honneur pût lui reprocher. Un sentiment vif d'indépendance et de dignité rendit sa probité si sûre, qu'un jour il vendit tout ce qu'il possédait, ses meubles, ses habits, son linge, pour acquitter une dette contractée en Pologne. Toujours ferme dans ses principes, il fut éprouvé et non avili par ses passions. On s'étonne encore de la folie qui le conduit aux extrémités de l'Europe pour y fonder une république ; mais on l'admire lorsqu'il refuse de se prêter à des projets ambitieux qui pouvaient le placer près du trône, et lorsqu'à la suite de ses refus on le voit rentrer en France, n'emportant de ses courses aventureuses que des regrets et des souvenirs.

Sa confiance en Dieu s'accrut par le malheur, et l'abandon des hommes lui apprit à bénir la Providence qui ne l'abandonnait pas. Enfin, quoique dévoré d'ambition, il ignora toute sa vie l'art de composer avec sa conscience pour arriver à la fortune, et celui de s'avilir pour arriver au pouvoir. Telles furent les destinées de ces deux grands écrivains.

Lorsqu'ils se rencontrèrent, Jean-Jacques vivait seul et gémissait d'être devenu célèbre : Bernardin de Saint-Pierre ne l'était point encore, mais il brûlait de le devenir. L'amour de la solitude et de la nature les réunit, et, dans les douces relations qui s'établirent entre eux, ils furent toujours d'accord sur les grands principes de la morale, et toujours divisés sur les opinions purement humaines. Bernardin de Saint-Pierre admirait l'éclat et la force entraînante des écrits de Jean-Jacques, mais il condamnait ses paradoxes, et l'on peut dire qu'il ne cessa de les combattre. L'un débuta dans la carrière par attaquer les sciences qui *dépravent* l'homme, et par médire des lettres dont il faisait souvent un si sublime usage. L'autre, applaudissant aux découvertes du génie, montre que tous les maux viennent de notre orgueil, et que la véritable science ne peut être dangereuse, puisqu'elle est l'histoire des bienfaits de la nature. Jean-Jacques Rousseau ne veut pas qu'on parle de Dieu à son élève avant l'âge de quatorze ans ; Bernardin de Saint-Pierre dit que rien n'est plus agréable à la Divinité que les prémices d'un cœur que les passions n'ont point encore flétri. L'un ramène fièrement l'homme à l'état sauvage, et, pour lui rendre son innocence, le dépouille de son génie ; l'autre cherche les moyens d'assurer notre repos dans l'état de société, et ne veut nous dépouiller que de nos erreurs. Selon Rousseau, tout dégénère entre les mains de l'homme : la nature n'a songé qu'au bonheur des individus, elle n'a rien fait pour les nations. Bernardin de Saint-Pierre nous montre au contraire les plantes et les animaux se perfectionnant sous la main des peuples. L'expérience lui apprend que l'homme, réduit à lui-même, est comme un flambeau sans lumière ; son génie s'éteint, et tout périt autour de lui. Plus de moissons, plus de fruits savoureux : l'olive reprend son amertume, la pêche devient acide, le grain de blé disparaît dans son épi, il ne nous reste que des glands et des racines ; car la nature n'a rien fait pour l'homme seul ; elle a attaché notre existence à celle de la société. Enfin Rousseau s'indigne des vices de la civilisation et la rejette, tandis que toutes les pensées de Bernardin de Saint-Pierre tendent à perfectionner les vertus sociales. Tous deux veulent, il est vrai, vivre au sein de la nature, mais le premier dans un désert, et le second dans un village et au milieu de sa famille.

Quant à la raison, à la vérité, à la sagesse, j'en vois bien les noms dans les écrits de Rousseau, mais j'en cherche en vain les effets. Malheur à ceux qui lui donnent leur ame ! car c'est notre ame qu'il nous demande, et pour la précipiter dans un abime d'illusions et de contradictions. Ennemi de tout ce qui est, il faut le mettre d'accord avec lui-même avant de s'accorder avec lui ; il le faut écouter, non le croire. Si vous êtes sage, songez donc en le lisant aujourd'hui à ce qu'il vous disait hier.

Tant de propositions opposées, de paradoxes bizarres doivent éveiller vos doutes et vous avertir du danger. L'écrivain qui vous enflamme pour le mensonge peut vous faire admirer la supériorité de son éloquence ; mais il vous prouve en même temps la faiblesse de ses argumens et la nullité de votre raison.

Il est des inspirations presque divines qui ne nous séparent jamais de la vertu et qui sont entendues de tous les hommes. Si Jean-Jacques Rousseau subjugue la raison et la trompe, Bernardin de Saint-Pierre touche le cœur et cherche à l'éclairer. Chaque émotion lui fait découvrir une vérité, chaque objet de la nature un bienfait. Ce n'est pas la parole d'un maître qui vous reproche vos erreurs ; c'est celle d'un ami qui craint lui-même de se tromper, qui vous prévient de son ignorance, qui doute, il est vrai, de la sagesse des philosophes, mais qui doute encore plus de la sienne. Son éloquence est une partie de son ame, elle en a la douceur, elle ne sert qu'à en exprimer les sentimens. Dans la guerre qu'il déclare aux incrédules, son unique but est de les conduire au bonheur : il ne veut pas écraser ses ennemis, il veut les émouvoir et les convaincre. On sent que ce n'est pas pour l'honneur de la victoire qu'il combat, mais qu'il éprouverait une joie infinie s'il ramenait un seul de ses adversaires à la vérité. Il dit : « Étudiez la nature ! aimez les infortunés ! adorez la Providence ! soyez heureux ! »

Jean-Jacques, au contraire, méprise les hommes que Bernardin de Saint-Pierre veut éclairer : ce qu'il soutient le mieux, c'est l'erreur ; ce qu'il redoute le plus, c'est la vérité. La résistance blesse son orgueil ; il ne sait rien apprendre d'elle. Il veut étonner, subjuguer, éblouir ; l'ironie amère, l'invective éloquente, la véhémence, le mépris, voilà ses armes. Il faut que son adversaire tombé à ses pieds, qu'il reste muet d'admiration, ou qu'il meure de honte. Dans cette lutte il vous repousse, il vous outrage, il vous écrase. Sa parole est un ordre, il faut lui céder ou être haï. Il dit : « Aimez-moi, honorez-moi, croyez en moi, je suis la vérité ! »

Le trait caractéristique de leur génie, c'est que Jean-Jacques s'isole et rapporte toutes ses spéculations à un seul homme, qui est souvent lui-même, tandis que Bernardin de Saint-Pierre étend les siennes à la nature et au genre humain. S'il écrit de l'éducation, ce n'est pas de celle d'un enfant, c'est de celle des peuples ; s'il parle de la science, c'est en généralisant ses bienfaits pour le bonheur de tous. Ses vues politiques embrassent le globe entier, qu'il réunit par le commerce, par l'intérêt et par l'amour. Il lui est démontré que les nations sont solidaires, que la sagesse d'une seule pourrait se répandre sur toutes les autres, et que sa patrie doit avoir un jour cette heureuse influence, parce qu'elle règne sur l'Europe et l'Europe sur le monde. Son livre serait encore utile aux habitans des Indes et de la Chine, à ceux qui errent sur les bords de la Gambie et de l'Amazone. Il n'en est pas de même des ouvrages de Jean-Jacques Rousseau. Comment généraliserez-vous ses idées ? Fonderez-vous des peuplades de sauvages et d'ignorans ? Un homme peut renoncer aux sciences et se croire sage ; mais une nation ne renoncerait pas à ses lumières sans renoncer à sa prospérité. Osez proposer le *Contrat Social* à une ville plus grande que Genève, et ces lois si savamment méditées ne produiront que d'effroyables révolutions. Donnez à un peuple le plan de l'éducation de l'*Émile*, et ce beau traité devient illusoire. Jean-Jacques n'a voulu élever qu'un homme, et ce sont des nations que Bernardin de Saint-Pierre voulait former.

Ce n'est pas qu'il n'y ait dans les ouvrages de Rousseau quelques idées fondamentales qui peuvent servir au bonheur de tous, mais il les trouve en développant des systèmes qui ne peuvent servir qu'au bonheur d'un seul ; au contraire, c'est toujours en partant d'une idée utile au genre humain que Bernardin de Saint-Pierre nous enrichit d'une multitude d'observations qui peuvent assurer le bonheur de chacun.

Mais un dernier point de comparaison se présente. Tous deux ont beaucoup parlé des femmes, et tous deux, par des moyens opposés, ont captivé leurs suffrages. Rousseau attaque sans cesse leur frivolité, leur inconstance, leur coquetterie ; personne n'en a dit plus de mal et n'en a été plus aimé : il les traite de grands enfans, il se plait à les montrer faibles ; les plus parfaites succombent dans ses écrits. Vainement il emploie des volumes pour former l'épouse d'Émile : à quoi bon tant d'apprêts, tant de soins, tant de sollicitudes ? le fruit de ce chef-d'œuvre d'éducation est l'infidélité de Sophie. Cependant toutes ces accusations ne peuvent éteindre l'enthousiasme qu'il inspire ; les femmes lisent malgré lui au fond de son ame : ce sont les reproches de l'amour et non de la haine ; il les décrie et les adore, il les blâme et les rend aimables, il les accable et les déifie, et, dans ses emportemens les plus terribles, on reconnaît le langage d'un amant qui veut, mais en vain, rompre ses chaines. Il est comme ce Sauvage qui, voyant du feu pour la première fois, réjoui de sa chaleur et de sa lumière, s'en approcha pour le baiser ; mais, en ayant été brûlé, il le maudissait, le priait, l'adorait, ne sachant si c'était un démon ou un dieu.

Bernardin de Saint-Pierre a plus de douceur sans avoir moins de passion. Les femmes apparaissent dans ses écrits telles que nous les voyons dans les rêves de notre adolescence, parées de leur beauté virginale et ne tenant à la terre que par l'amour. C'est sous leur douce influence qu'il voudrait replacer l'homme pour le ramener à la vertu : il ne voit que leur pureté, il ne peint que leurs grâces, il n'aime que leur innocence. Rousseau consume notre ame par l'exemple de Julie oubliant tout dans les bras de son amant ; Bernardin de Saint-Pierre nous pénètre d'un sentiment divin en nous offrant la douce image de Virginie. Aucun souffle ne ternit cette fleur délicate, qui répand les parfums du ciel. Elle aime de l'amour des anges, et sa dernière action est sublime, car, au moment où elle peut espérer d'être heureuse, elle donne sa vie pour ne pas manquer à la pudeur. Ainsi les tableaux de Bernardin de Saint-Pierre ont toujours quelque chose d'idéal, sans cependant jamais sortir de la nature ; il est comme ces statuaires des temps antiques, qui reproduisaient la figure humaine avec des proportions si parfaites, que sous une forme mortelle on reconnaissait une divinité. Rousseau fut donc l'ami et non le maître de l'auteur des *Études* ; et s'il eut plus de talent et d'éloquence, il eut aussi moins de naturel et moins de grâces.

Un de ces génies privilégiés que Dieu envoie de temps à autre pour faire entendre sa pensée aux hommes, une de ces intelligences supérieures destinées à offrir à la terre le spectacle des vertus antiques sous l'image touchante de la piété et de l'humilité chrétienne, Fénelon, tel fut, selon nous, le divin modèle que choisit Bernardin de Saint-Pierre ; c'était aussi celui de Jean-Jacques, et l'amour du maître ne fut pas le lien le moins fort de l'affection mutuelle des disciples. Tous deux reconnaissaient la supériorité de Fénelon, et l'on voit assez qu'en parlant de ses écrits ils sont prêts à dire de lui ce que Stace disait de Virgile : « Ne cherchons point à l'éga-
» ler, contentons-nous de le suivre de loin en baisant
» ses traces. »

La lecture de *Télémaque* inspira le premier ouvrage de Bernardin de Saint-Pierre, et il ne lui manqua que d'achever l'*Arcadie* pour mériter une gloire peut-être égale à celle de Fénelon. Il avait à peindre la même époque et les mêmes malheurs, ceux qui suivirent la prise de Troie, mais il pénétrait chez des peuples à qui ces grands événemens étaient restés inconnus, les uns à cause de leur barbarie, les autres à cause de leur innocence, ce qui devait donner une grande nouveauté à son poème. Les images champêtres de l'*Arcadie*, le tableau de la Gaule sauvage et de l'Égypte corrompue, lui offraient aussi le moyen de mettre en action toutes les théories qu'on trouve éparses dans le *Télémaque* sur l'éducation des enfans et le gouvernement des peuples ; théorie qu'il développa plus tard dans les *Études*, comme on peut le voir en rapprochant l'Étude XIV, qui traite de l'éducation nationale, d'un passage du *Télémaque* sur le même sujet[1]. Forcé par la mauvaise fortune de renoncer à l'*Arcadie*, et de cueillir, suivant son expression, le fruit encore vert, il réunit les débris de son poème pour en composer les *Études*; mais, en changeant de dessein, il resta disciple fidèle, car ce dernier ouvrage n'est pour ainsi que le développement du beau traité de Fénelon sur l'existence de Dieu. L'ame religieuse de Fénelon avait dirigé l'étude de la nature vers son premier principe. Le génie éminemment observateur de Bernardin de Saint-Pierre fut frappé de cette pensée, et il ne tarda pas à reconnaître qu'il y avait plus de véritable savoir dans cet axiome populaire : *Dieu n'a rien fait en vain*, que dans tous les livres des savans. Voyez en effet combien ce principe s'étend et fructifie sous sa main, comment il conduit l'auteur de découverte en découverte, comment il lui fait en même temps saisir la beauté éternelle des choses les plus communes et l'heureux rapport de toutes ces choses avec Dieu et les hommes. Non-seulement il puise dans cette source de vérité, mais encore il enseigne la route à qui sait y puiser : c'est ainsi que son livre nous ouvre un horizon enchanteur, qui n'a d'autres bornes pour le génie que celles de la nature.

Mais ce qui rapproche surtout Bernardin de Saint-

[1] Livre XIV.

Pierre de Fénelon, c'est la douceur de son langage et celle de sa morale. Il avait appris de son maître que la religion vient de la bonté de Dieu, qu'elle est dans le cœur humain, qu'elle naît de la reconnaissance; et le plus bel éloge qu'on puisse faire de ses écrits, celui-là même qu'on donne à ceux de Fénelon, c'est qu'il est impossible de les lire sans éprouver un goût plus vif pour la vertu et un redoublement de confiance en Dieu. Ah! sans doute, en traçant l'apologie du christianisme dans un siècle où l'on n'applaudissait qu'aux blasphèmes de l'athéisme, il sentit toute la dignité de sa mission; aussi fut-il sublime, et c'est ainsi qu'il échappa à la condamnation que le siècle menaçait de porter contre lui. Il faut l'entendre parler de cette religion, qui « seule a
» connu que nos passions infinies étaient d'institution di-
» vine. Elle n'a pas, dit-il, borné dans le cœur humain
» l'amour à une femme et à des enfans, mais elle l'étend
» à tous les hommes; elle n'y a pas circonscrit l'ambition
» à la gloire d'un parti ou d'une nation, mais elle l'a
» dirigée vers le ciel et l'immortalité; elle a voulu que
» nos passions servissent d'ailes à nos vertus. Bien loin
» qu'elles nous lient sur la terre pour nous rendre
» malheureux, c'est elle qui rompt les chaînes qui nous
» y tiennent captifs. Que de maux elle y a adoucis! que
» de larmes elle y a essuyées! que d'espérances elle a fait
» naître, quand il n'y avait plus rien à espérer! que de
» repentirs ouverts au crime! que d'appuis donnés à
» l'innocence! Ah! lorsque ses autels s'élevèrent au mi-
» lieu de nos forêts ensanglantées par les couteaux des
» druides, que les opprimés vinrent en foule y chercher
» des asiles, que des ennemis irréconciliables s'y em-
» brassèrent en pleurant, les tyrans émus sentirent, du
» haut des tours, tomber les armes de leurs mains; ils
» n'avaient connu que l'empire de la terreur, et ils
» voyaient naître celui de la charité. Les amans y ac-
» coururent pour y jurer de s'aimer et de s'aimer en-
» core au-delà du tombeau : elle ne donnait pas un jour
» à la haine, et elle promettait l'éternité aux amours.
» Ah! si cette religion ne fut faite que pour le bonheur
» des misérables, elle fut donc faite pour celui du genre
» humain! »

Ne semble-t-il pas que l'ame du maître ait passé dans celle du disciple? Et comment se refuserait-on à reconnaître l'influence de Fénelon dans un livre qui renferme une multitude de morceaux semblables? Aussi les philosophes ne pardonnèrent à l'auteur ni sa vertu, ni son éloquence, ni sa gloire. Ne pouvant réfuter ses principes, ils essayèrent d'en affaiblir l'effet en publiant que le clergé lui faisait une pension, voulant montrer une ame vénale où l'on voyait une ame religieuse. Il y avait bien quelque chose de vrai dans cette accusation. L'auteur aurait pu obtenir cette pension, s'il avait voulu la demander à l'assemblée générale du clergé. On le lui fit même proposer; et, pour lui offrir cette honorable récompense, on ne demandait que son aveu. Mais, loin de le donner, cet aveu, il s'opposa aux démarches de l'archevêque d'Aix, qui jouissait alors d'une puissante influence. « Je ne veux, disait-il, ni qu'on puisse soup-

[1] *Etudes de la Nature*, tome II.

çonner ma plume d'être vénale, ni la mettre à la solde d'aucun corps. » Ainsi chaque calomnie dont on a tenté de flétrir ce grand écrivain, nous fera découvrir une action honorable. Que les méchans n'espèrent rien de ce qui nous reste à dire! Caton, le plus sage des hommes, fut accusé quarante-quatre fois, et ces accusations n'eurent d'autre résultat que de forcer ses ennemis à reconnaître quarante-quatre fois sa vertu.

Si donc il suffisait de toucher et de convaincre pour faire aimer la vérité, il n'y aurait plus d'incrédules : le livre de Bernardin de Saint-Pierre eût anéanti l'erreur. Mais la vérité ne fait plus de prodiges : tout ce qu'on peut en attendre, elle le fit alors. On peut dire que ce livre attira à M. de Saint-Pierre les hommages de l'Europe entière. Les hommes les plus savans de France et d'Angleterre lui écrivirent pour le féliciter de ses découvertes, et l'engagèrent à continuer ses sublimes spéculations. Les grands, dans l'espoir de tourner au profit de leur plaisir son goût pour la campagne, le pressaient de venir habiter leurs châteaux. Plusieurs mères, touchées de ses idées sur le mariage, lui offrirent la main de leurs filles. Les malheureux, attirés par son épigraphie, venaient à lui avec des passages de son livre, et lui demandaient des secours qu'il était hors d'état de leur donner. D'autres, lui croyant du crédit, le priaient de solliciter pour eux, ou de leur enseigner les moyens d'acquérir sans peine des honneurs et des richesses; mais, voyant qu'il ne voulait leur apprendre qu'à se passer de ces faux biens, ils se retiraient en murmurant, et l'accusaient d'égoïsme et d'insensibilité. Enfin on lui écrivait de tous côtés : son temps eût à peine suffi à répondre aux lettres de sollicitation ou de complimens; et, dans l'espace d'un an, il paya pour plus de deux mille francs de ports de lettres. Chacun avait la prétention d'établir avec lui une correspondance réglée, et, lorsqu'il tardait à répondre, on ne manquait pas de lui récrire pour se plaindre de son impolitesse. Obligé de fermer sa porte, et de laisser à la poste la plupart de ces lettres, il ne tarda pas à éprouver les atteintes de la calomnie. Ce consolateur, ce bienfaiteur des hommes ne fut plus qu'un être injuste et bizarre, un hypocrite qui ne se disait l'ami de la nature que pour être plus à son aise l'ennemi de la société. Ses plus zélés partisans se changèrent en cruels détracteurs; les philosophes aidaient à la médisance; et, n'ayant pu en faire un esclave ou un flatteur, ils essayaient d'en faire un paria.

Ces tristes efforts de l'envie et de la sottise ne purent cependant détruire sa tranquillité. « Il me semble, disait quelquefois M. de Saint-Pierre, qu'il y ait en moi plusieurs étages où mon ame habite successivement. J'aime naturellement le fond de la vallée, je m'y repose des maux de la vie; mais, lorsqu'on vient m'y troubler, mon ame s'élève par degrés au-dessus de tout ce qui voudrait l'atteindre. Si le malheur augmente, je m'élance au sommet de la montagne, et, loin de la vue des hommes, je me réfugie dans un monde où je ne suis plus en leur pouvoir. »

Parmi les lettres qu'on lui adressait de toutes parts, il y en avait de si romanesques, qu'on les croirait l'œuvre de l'imagination. Telle est surtout celle d'une demoiselle de Lausanne, qui, se laissant charmer à la lecture des *Études*, écrivit aussitôt à l'auteur pour lui proposer sa main. Ce qu'il y a de plus singulier, c'est que sa mère autorisait sa démarche et joignait sa prière à la sienne. Cette demoiselle était jeune, belle et riche : elle se disait naïvement ; mais elle était protestante et ne voulait point épouser un catholique, ce qu'elle disait avec la même naïveté. *Je veux*, écrivait-elle, *avoir un mari qui n'aime que moi, et qui m'aime toujours. Il faut qu'il croie en Dieu, et qu'il le serve à ma manière....... Je ne voudrais pas être votre femme, si ce n'était pour faire ensemble notre salut.*

Ce dernier sentiment avait quelque chose de délicat, que M. de Saint-Pierre ne manqua pas de remarquer dans sa réponse, mais sans s'expliquer sur l'objet principal. Il terminait sa lettre par ces mots : *Je pense comme vous ; et, pour aimer, l'éternité ne me paroît pas trop longue. Mais, avant tout, il faut se connaître et se voir dans ce monde.*

L'article de la religion n'étant pas réglé, la jeune personne recommença ses sollicitations, en chargeant une de ses amies, qui habitait Paris, de faire expliquer M. de Saint-Pierre. Celle-ci traita la difficulté légèrement, comme si rien ne lui eût paru plus naturel. « Vous avez écrit, lui dit-elle, qu'il y avait douze portes au ciel. — Cela est vrai. — Vous avez dit que les oiseaux chantaient leurs hymnes chacun dans leur langage, et que tous ces hymnes étaient agréables au Créateur : ainsi vous vous ferez protestant et vous épouserez mon amie. — Ah ! madame, reprit Bernardin de Saint-Pierre, vous avez beau vouloir me prendre par mes propres paroles, je n'ai jamais dit qu'un rossignol dût chanter comme un merle ; je ne changerai donc ni de religion ni de ramage. » La négociation en demeura là.

Ce ne fut que plus de quatre ans après, en 1788, que M. de Saint-Pierre donna *Paul et Virginie*. Ce petit ouvrage était depuis long-temps dans son portefeuille, et le mauvais succès d'une lecture de société avait même failli le lui faire jeter au feu avec tous ses papiers. Nous nous arrêterons un instant sur cette circonstance, qui nous force de revenir sur nos pas.

Au moment de son départ de Prusse, le prince Dolgorouki, ambassadeur de Russie à Berlin, lui remit une lettre pour le banquier Germany, beau-frère de M. Necker. Cette lettre contenait un si bel éloge du porteur qu'elle le fit accueillir avec empressement. Dans la suite, malgré les voyages qui l'éloignèrent et son amour pour la solitude, il continua toujours de voir, de loin en loin, madame Germany, qui l'attirait par les charmes de sa conversation, et par une extrême ressemblance avec la princesse qu'il avait aimée en Pologne. On disait de madame Germany, qui était étrangement bossue, que la nature lui avait donné, avec la tête d'un ange, la langue et la queue d'un serpent : triple allusion qui exprimait fort bien la beauté de ses traits, la difformité de sa taille et la malice de son esprit. Il est vrai que ses railleries, toujours piquantes, auraient pu passer pour des méchancetés ; mais M. de Saint-Pierre, en écoutant madame Germany, était si préoccupé du souvenir de la princesse, qu'incapable de voir ses défauts il louait quelquefois jus-

qu'à sa bonté. Madame Germany se moquait de son aveuglement, dont elle ne laissait pas d'être charmée. Elle disait de M. de Saint-Pierre : « Si je le laissais faire, il me persuaderait que ma bosse rend ma beauté plus touchante. Mais il faut lui pardonner : il croit ce qu'il dit, et ne flatte que ceux qu'il aime. » Ce dernier trait peint admirablement M. de Saint-Pierre : il n'y a que les femmes qui sachent saisir ainsi les nuances délicates de notre cœur.

Un jour qu'après une assez longue absence il rendait visite à madame Germany, une dame, dont la tournure était plus raide qu'imposante, entra sans se faire annoncer. Elle avait une robe de soie nacarat, les bras et le sein découverts, costume qui n'était d'usage qu'à la cour. « Ma sœur, lui dit madame Germany dès qu'elle fut assise, voilà un philosophe que je vous présente. Il ne ressemble en rien à ceux que vous connaissez ; tâchez seulement de l'apprivoiser. Il est plein de mérite, et je me hâte de le dire, car il se donne autant de peine à cacher l'esprit qu'il a, que d'autres s'en donnent à montrer celui qu'ils n'ont pas. » Pendant ce discours, la figure de la dame nacarat n'avait rien perdu de sa dignité. M. de Saint-Pierre, un peu piqué de son air froid et protecteur, fit un profond salut et se disposait à se retirer, lorsque madame Germany lui rappela qu'il devait dîner avec elle. Bientôt on servit, et sa place fut désignée à côté de l'inconnue, à laquelle il trouvait plus de beauté que de physionomie, plus d'apprêt que de grâce, plus de prétentions que d'esprit. Elle ne conversait pas, elle discourait, et ses discours ressemblaient à une composition dont les effets sont prévus. Point de finesse dans les aperçus, point de netteté dans l'expression ; dans tout ce qu'elle disait, il y avait quelque chose de personnel, et sa conversation était l'expression de sa vanité plutôt que celle de son esprit. En l'écoutant, on sentait qu'elle voulait être admirée, et l'on cherchait pourquoi. A l'autre bout de la table, il y avait un homme dont les manières étaient lourdes, les traits durs, le regard fixe et l'air préoccupé. Il parlait peu, n'écoutait pas, mangeait beaucoup, et on le servait avec une attention qui ressemblait à du respect. Vers le milieu du dîner, ce personnage demanda du café, en prit une tasse, et sans autre façon il sortit de table avec la dame nacarat, qui pria sa sœur de lui amener M. de Saint-Pierre. Il apprit alors qu'il venait de dîner avec M. et madame Necker. A ce nom il comprit les manières moitié dédaigneuses de ce couple singulier, qui s'enorgueillissait déjà du crédit qu'il n'avait pas encore. On sait que M. de Maurepas, séduit par les vues d'économie du financier de Genève, fut la première cause de son élévation. M. Necker arriva au ministère en écrasant son protecteur, et l'on peut dater de cette époque funeste les malheurs de la France. Cet homme, qui ava prendre sa présomption pour du génie, éveilla toutes les passions, excita tous les vices, accumula tous les maux ; sans prévoyance pour le jour, sans sagesse pour le lendemain, ses intentions n'eurent rien de perfide, mais il sembla ne chercher dans le pouvoir que des moyens de s'élever jusqu'à la noblesse, ou d'abaisser la noblesse jusqu'à lui. Jamais il ne put comprendre que la vertu est au-dessus des titres. Sa roture fut la plus grande de nos calamités ; elle lui apprit à flatter le peuple pour se rendre nécessaire à la cour, et à tromper la cour pour captiver la faveur du peuple. Parvenu au plus haut degré du pouvoir, il n'y sentait que le regret amer de n'y être pas né. Comme ministre, il publia des écrits administratifs qui, par leur ton sentimental et leur charlatanisme, révélaient son incapacité ; comme financier, ses hautes conceptions se bornèrent à implorer du peuple des dons patriotiques pour combler le déficit du trésor : c'était montrer la plaie et non la guérir. Incertain dans sa marche, changeant chaque jour de prétention, il voulut être l'idole de la France, le protecteur du prince, l'ami du peuple ; mais, trahissant lui-même tous ses projets, et tombant par orgueil jusqu'au dernier degré de l'abjection, il finit, suivant l'expression énergique de Mirabeau, par se faire quelques instans le roi de la canaille.

Son élévation fut cependant regardée comme l'aurore du bonheur. M. de Saint-Pierre aussi se laissa éblouir par cette fausse lumière, et fut entraîné de nouveau dans le tourbillon du monde. Il retrouva chez M. Necker une partie de la société qu'il avait laissée pesant les réputations et dirigeant les économistes chez mademoiselle de Lespinasse. Marmontel, Saint-Lambert, Laharpe, Delille y parlaient encore de littérature ; mais déjà Suard, Morellet, et mille autres qui consacraient leur plume aux disputes du jour, ne s'occupaient que des intérêts d'une prochaine révolution. Madame Necker, en habit de cour, bien que la cour fût pour elle un pays inconnu, régentait avec Thomas ce cercle de beaux esprits et croyait le diriger. Seulement si M. de Buffon venait à paraitre, il éclipsait tout par la puissance de son beau génie et de sa haute réputation. Madame Necker, fière avec juste raison de l'amitié de ce grand homme, qu'elle appelait son père, et qui était encore pour elle un grand seigneur, lui cédait le privilége de son fauteuil, et tant qu'il daignait occuper cette place d'honneur, on la voyait, humble disciple, tout empressée à recueillir ses moindres paroles et à commander le silence et l'admiration. Mais M. de Buffon laissait reposer son éloquence avec sa plume. Sa conversation était simple et pleine de locutions communes, quelquefois même triviales. Il se croyait quitte envers les oisifs du monde, dès qu'il leur avait montré sa belle figure et ses habits magnifiques. M. de Saint-Pierre, qui n'avait point encore publié les *Études*, serait resté ignoré au milieu de tant d'hommes célèbres, si l'abbé Arnaud, qui se ressouvenait de sa noble conduite chez mademoiselle de Lespinasse, ne s'était mis dans la tête de le faire valoir. Cet abbé aimait à se mettre en scène ; c'était, si l'on peut s'exprimer ainsi, un homme à l'effet : il loua donc tout haut M. de Saint-Pierre, parla de ses talens, de sa fermeté, de ses principes, et comme s'il n'eût pas cru lui-même à ses éloges, il alla, dès le lendemain, lui proposer d'écrire pour *la sainte ligue*, c'est-à-dire de composer des pamphlets en faveur de l'administration de M. Necker, contre l'administration de M. de Maurepas. Notre philosophe lui répondit simplement que « ses principes n'ayant point

varié, il ne pouvait ni vendre, ni prêter sa plume à aucun parti. » L'abbé Arnaud loua ce nouveau trait de sagesse, mais ni lui, ni ses amis ne purent le pardonner. Ce n'étaient point des hommes aussi sages qu'il fallait à madame Necker, qui cessa aussitôt de faire accueil à M. de Saint-Pierre : celui-ci, ne sachant à quoi attribuer un pareil changement, et se croyant encore victime de quelque calomnie, eut la bonne foi de composer un mémoire justificatif qui dut bien faire rire cette femme ambitieuse, car on y reconnaît partout la sensibilité la plus vraie et la confiance d'une ame tendre qui ne demande qu'à s'épancher.

Cependant, peu de jours après, madame Necker écrivit à l'auteur pour lui demander une lecture de ses ouvrages ; elle lui promettait pour auditeurs et pour juges les hommes qu'elle estimait le plus. M. Necker devait, par une faveur insigne, se trouver chez lui ce jour-là. Enfin, Thomas, Buffon, l'abbé Galiani, monsieur et madame Germany, et quelques autres encore, furent admis à ce tribunal, où M. de Saint-Pierre comparut le manuscrit de *Paul et Virginie* à la main. D'abord on l'écoute en silence, peu à peu l'attention se fatigue, on se parle à l'oreille, on bâille, on n'écoute plus ; M. de Buffon regarde sa montre et demande ses chevaux ; le plus près de la porte s'esquive ; Thomas s'endort ; M. Necker sourit en voyant pleurer les dames, et les dames, honteuses de leurs larmes, n'osent avouer qu'elles ont été intéressées. La lecture achevée, on ne loua rien ; madame Necker critiqua seulement la conversation de Paul et du vieillard : cette morale lui avait paru ennuyeuse et commune ; elle suspendait l'action et refroidissait le lecteur, c'était un *verre d'eau à la glace*. M. de Saint-Pierre se retira dans un état de découragement impossible à dépeindre ; il crut son arrêt porté. L'effet de son ouvrage sur un pareil auditoire ne lui laissait aucune espérance pour l'avenir. Il ignorait qu'un écrivain inconnu ne peut attendre son succès que du public. Dans la société, les hommes qui ont de la réputation louent peu, de crainte de se compromettre ; les autres ne jugent un livre que sur le nom de son auteur. Il resta donc persuadé que *Paul et Virginie*, les *Études de la nature*, que tous ses travaux, fruits de quatorze ans de patience et d'observations, n'étaient pas dignes de voir le jour. Dans le premier moment, et c'est ici un trait admirable de caractère, l'idée lui vint de brûler tous ses papiers, de renoncer aux sciences, à la littérature, et de s'appuyer du crédit de M. Necker pour obtenir une portion inculte des domaines du roi, afin de s'y établir avec quelques familles choisies dans la classe du peuple la plus pauvre. C'étaient ses projets de législation qui se reproduisaient sous une forme plus modeste. Son ambition se bornait alors à rendre une terre féconde et des hommes contens de leur sort. Heureusement cette demande n'eut aucun succès, et il fut réduit à faire un roman [1] de sa colonie, comme il en fit un de sa république.

Il était encore accablé de ce double échec, lorsqu'un homme de génie, le peintre Vernet, vint ranimer son

---

[1] Voyez *la Pierre d'Abraham*.

courage et le rendre à ses études chéries. Cet artiste célèbre montait souvent dans le petit donjon que M. de Saint-Pierre occupait alors rue Saint-Étienne-du-Mont. Le hasard l'y ayant conduit quelques jours après la funeste lecture de *Paul et Virginie*, il trouva son ami dans un abattement extrême; et le pauvre solitaire, le cœur plein de sa mésaventure, ne se fit pas prier pour la raconter. Elle surprit Vernet, qui avait entendu plusieurs fragmens des *Études*, et qui voulait juger un ouvrage sorti de la même plume. M. de Saint-Pierre ne cède qu'avec peine à ses instances, mais enfin il prend son manuscrit, qui depuis le jour fatal était resté roulé sur le coin de sa table, et il commence sa lecture. Vernet l'écoute d'abord avec méfiance, mais le charme ne tarde pas à agir sur lui : à chaque page il se récrie. Jamais il n'entendit rien de si neuf, de si pur, de si touchant! La description de ces climats lointains développe à ses yeux une nature nouvelle! Les jardins d'Éden ont moins de fraîcheur; les amours d'Adam et d'Ève ont moins de grâce et d'innocence! C'est le pinceau de Virgile, c'est la morale de Platon! Bientôt il ne loue plus, il pleure. Il partage les transports de Paul au départ de Virginie; il ne trouve plus d'expressions assez fortes pour rendre ce qu'il éprouve. On arrive au dialogue du vieillard; M. de Saint-Pierre propose de passer outre, et raconte l'effet qu'il a produit sur madame Necker. Vernet ne veut rien perdre; il prête toute son attention, et bientôt son silence devient plus éloquent que ses larmes et ses éloges. Enfin, la lecture s'achève; Vernet, transporté, se lève, embrasse son ami, le presse sur son sein : « Heureux génie, charmante créature! s'écriait-il, la beauté de votre ame a passé dans votre ouvrage. Ah! vous avez fait un chef-d'œuvre! Gardez-vous bien de retrancher le dialogue du vieillard : il jette dans le poème de la distance et du temps; il sépare les détails de l'enfance du récit de la catastrophe, et donne de l'air et de la perspective au tableau : c'est une inspiration de l'avoir placé là! Mais combien ce site étranger a de charmes par sa beauté naturelle! et avec quel art l'action se trouve liée au fond du paysage! Non-seulement on croit avoir vécu avec ces aimables enfans, mais on croit avoir entendu le ramage de leurs oiseaux, cultivé leur jardin, joui de la beauté de leur horizon, parcouru leur univers! Mon ami, vous êtes un grand peintre, et j'ose vous prédire la plus brillante renommée. » Ces éloges, qui faisaient entendre d'avance à M. de Saint-Pierre le jugement de la postérité, le pénétrèrent de joie et lui rendirent cette confiance qu'un excès de modestie fait perdre quelquefois au talent, et qu'une conscience secrète lui rend presque malgré lui. Il disait du fond de son cœur : « Mon Dieu, pardonnez-moi de ne m'être point fié à vous. » Ce jour fut pour lui un jour de bonheur. Après s'être long-temps promené avec Vernet, il le quitta sur les boulevards à l'entrée de la rue Saint-Victor. Il revenait seul dans cette rue, lorsqu'il fut surpris par une averse; comme il hâtait sa marche pour chercher un abri, de longs éclats de rire attirèrent son attention. Il ne voyait cependant qu'une petite fille qui accourait à lui, la tête couverte de son jupon qu'elle avait relevé par derrière.

Mais bientôt il s'aperçut que ce jupon servait d'abri à deux têtes charmantes animées par la course et par la joie. On voyait briller sous ce parapluie de leur invention des regards contens et des joues de rose. En rentrant chez lui, il ajouta cette jolie scène à sa pastorale, et ceci est un trait caractéristique de ce génie observateur. Il ne savait décrire que ce qu'il avait vu : mais quelle riante imagination ne fallait-il pas pour voir dans les jeux de deux enfans du faubourg Saint-Marceau un tableau digne du pinceau de l'Albane!

Le succès de *Paul et Virginie* surpassa l'attente même de Vernet. Dans l'espace d'un an, on en fit plus de cinquante contrefaçons. Les éditions avouées par l'auteur furent moins nombreuses; mais elles suffirent pour le mettre en état d'acheter une petite maison avec un jardin, situé rue de la Reine-Blanche, à l'extrémité du faubourg Saint-Marceau : véritable chartreuse dont aucun bruit, aucun voisin ne troublait la solitude. C'est du fond de cette retraite que l'auteur assista, pour ainsi dire, aux premiers mouvemens de cette révolution qui devait faire tant de mal à sa patrie et au genre humain. Il l'avait vue de loin sortir de l'antre de l'athéisme, s'élever autour du trône et des autels, et de là se répandre sur les chaumières qu'elle remplit de ses ténèbres. Mais vainement il avait cherché à ramener sur la France quelques rayons de la lumière céleste; leurs clartés brillaient aux yeux innocens et laissaient la multitude dans l'obscurité. Au moment où le royaume se divisait en deux partis, dont l'un voulait faire une république et l'autre conserver la monarchie, il se hâta de rappeler au peuple les anciennes obligations qu'il avait à son roi. Ces observations furent publiées dans les journaux[1]; mais comment auraient-elles été entendues au milieu de tant de volontés coupables! Dans les jours de désordres, on ne vous demande pas de suivre votre conscience, mais de suivre un parti; il faut penser comme les autres, sous peine d'être déshonoré. « Que me parlez-vous de modération, s'écrie le soldat en marchant au combat; ma vertu, en ce moment, est de tuer mon ennemi. » Telle fut la réponse des factions à l'écrit de Bernardin de Saint-Pierre. Aussi disait-il que ce qui l'avait le plus étonné dans la révolution, c'était qu'on eût fait un crime de la modération. Cependant il persistait dans ses principes. Le duc d'Orléans, qui lui avait accordé une petite pension, voulant mettre sa reconnaissance à l'épreuve, le fit solliciter d'écrire en sa faveur; Bernardin de Saint-Pierre lui renvoya le brevet de sa pension, et publia les *Vœux d'un Solitaire*, qu'il adressait à Louis XVI.

Cet ouvrage n'est point un traité de politique; ce sont des méditations morales dans le genre de Platon; ce sont les vœux d'une ame pieuse qui fait entendre le langage de la vertu, à une époque où l'on ne voulait plus écouter que celui des passions. Il y avait même tant de trouble dans toutes les ames que le but du livre ne fut saisi que par un très-petit nombre de lecteurs. Ce but était de concilier les idées nouvelles avec les

[1] Il les recueillit ensuite dans le préambule des *Vœux d'un Solitaire*.

anciennes, afin d'empêcher la destruction totale de tout ce qui avait été. On peut reprocher à l'auteur une grande inexpérience des choses ; mais quelle expérience humaine eût pu faire deviner en 89 ce qui devait arriver en 93 ? et ne fallait-il pas traverser cette époque pour pouvoir dire des hommes de la révolution : « Ils » ne connaissent ni l'amitié, ni l'égalité, quoiqu'ils en » parlent sans cesse : quand on marche à côté d'eux, on » devient leur ennemi ; derrière eux, leur esclave [1]. » Ajoutons : et partout leur victime. La forme de cet ouvrage est d'autant plus frappante, que les tableaux de la nature s'y trouvent toujours mêlés aux spéculations de la politique. On voit que les discordes civiles ne peuvent arracher l'auteur à ses douces méditations : tout l'y ramène comme malgré lui. C'est au bout de son jardin, sur un petit banc de gazon et de trèfle, à l'ombre d'un pommier en fleur, vis-à-vis d'une ruche dont les abeilles voltigent de tous côtés, que, venant à songer aux maux de la France il s'écrie : « O heu-» reuses les sociétés des hommes, si elles avaient autant » de sagesse que celles des abeilles ! » et il se met à faire des vœux pour sa patrie. Le doux repos de la nature lui inspire des pensées pour le repos du peuple ; et les agitations de ce peuple que tant de maux n'avaient pu encore assagir, le rappellent à la tranquillité de la nature.

Nous n'entrerons dans aucun détail sur cet ouvrage. Le temps n'est pas venu de lui marquer sa place. Quel que fût notre jugement, il trouverait des contradicteurs ; les passions, qui vivent encore, se hâteraient de prononcer à leur tour, et il ne faut pas leur donner cette occasion de juger un livre qui les condamne. Mais en renonçant à parler des *Vœux d'un Solitaire*, nous ne pouvons nous empêcher d'en détacher une pensée qui devrait, selon nous, être gravée en lettres d'or sur toutes les places publiques : « Si dans un temps de troubles, » dit l'auteur, chaque citoyen rétablissait l'ordre seule-» ment dans sa maison, l'ordre général résulterait bien-» tôt de chaque ordre domestique. » Il nous semble qu'il y a plus de raison et de bon sens dans cette seule pensée que dans les dix millions de brochures que la révolution a fait éclore.

Deux ans après la publication des *Vœux d'un Solitaire*, en 1794, Bernardin de Saint-Pierre donna *la Chaumière indienne*. On a dit que ce petit conte était une satire des académies, du clergé et de la religion. Quant à moi, je ne puis y voir que des pages consolantes. Comment l'auteur aurait-il attaqué la religion, lorsqu'il voulait ouvrir un refuge au malheur ? Voyez ce pauvre Paria, vil rebut de la nature, errant parmi les tombeaux, sans patrie, sans famille ; il n'est pas seulement rejeté de la société, c'est un être abject dont la présence déshonore, dont le souffle est une souillure. Il n'ose approcher de ses semblables, il n'ose se montrer au jour ; on peut le tuer comme une bête féroce : c'est l'homme tel que les hommes le font. Courbé sous le poids du mépris, de l'abandon, de l'infamie, il relève son front, et semble dire aux infortunés : Malgré tant de misères, il est encore possible d'être heureux !

Il y avait une chose qu'il désirait passionnément ; c'était de voir quelques villes. Il admirait de loin leurs remparts et leurs tours, le concours prodigieux des barques sur leurs rivières et des caravanes sur leurs chemins. Il se disait : « Une réunion d'hommes de tant d'é-» tats différens, qui mettent en commun leur industrie, » leurs richesses et leur joie, doit faire d'une ville un sé-» jour de délices. » Une nuit il pénètre furtivement dans les murs de Delhi ; en quelques heures le hasard le rend témoin des événemens les plus tragiques, des crimes les plus inouïs. Il voit le supplice des traîtres, les soucis des grands, les misères des peuples ; et, s'échappant avec peine de cet affreux chaos, il s'écrie douloureusement : « J'ai donc vu une ville ! » Puis, les yeux pleins de larmes, il tombe à genoux et remercie le ciel qui, « pour » lui apprendre à supporter ses maux, lui en a montré » de plus intolérables que les siens. »

Telle est la grande leçon de ce livre. Il nous invite à vivre avec le malheur comme avec un ami qui doit nous rendre sages. Dans *Paul et Virginie* l'auteur cherchait à nous rappeler aux lois de la nature, au bonheur de la famille, par le tableau de l'innocence et de la vertu. Dans *la Chaumière indienne*, il veut arriver au même but, en nous offrant le spectacle des calamités de toute espèce qui affligent les sociétés. L'un nous enseigne ce que nous devons fuir, l'autre ce que nous devons rechercher. *Paul et Virginie* nous fait descendre vers les choses simples et vulgaires, pour y trouver le repos ; *la Chaumière* nous élève vers les choses du ciel, pour nous placer au dessus de tous les maux de la vie. C'est le livre qui console, comme *Paul et Virginie* est le livre qui fait aimer. Ah ! sans doute il a bien mérité des hommes, celui qui est venu leur dire : « Il ne faut, pour être sage, » qu'un cœur pur ; et pour être heureux, qu'une simple » cabane. »

Ceux qui ne voient dans cet ouvrage qu'une satire ingénieuse, où l'on trouve la légèreté et la malice de Voltaire, auront sans doute quelque peine à le considérer sous ce nouveau point de vue. Qu'ils lisent donc l'anecdote suivante, et qu'ils apprennent d'un infortuné si l'auteur a bien rempli son épigraphe : *Miseris succurrere disco*.

En 1795, au moment de la plus affreuse disette, un jeune homme, qui ne trouvait point à vivre dans son pays, vint à Paris pour chercher un emploi. Il fut quelque temps instituteur dans une école publique ; mais bientôt, privé de sa place, il tomba dans la plus profonde misère. Perdu dans cette ville immense, où il n'avait pas un ami, sans argent, sans espérance, il avait conçu le projet criminel de terminer ses jours, lorsque le hasard fit tomber *la Chaumière* entre ses mains. Il lut ce livre, et en le lisant il se sentit consolé. Étonné de pouvoir encore être heureux, il prit la résolution d'abandonner la ville, et d'aller, à l'exemple du Paria, demander aux champs un peu de nourriture. Le pain était alors d'une si grande rareté, que depuis long-temps il n'avait pu s'en procurer un morceau. L'infortuné erra quelques jours aux environs de Paris, vivant de racines et se reposant à l'abri des arbres qui n'avaient point alors de fruits. Un jour, exténué de besoin, il entre dans

---

[1] *Vœux d'un Solitair*.

Rambouillet et s'assied sur le seuil d'une porte où il reste évanoui. On le transporte à l'hospice, et tous les secours lui sont prodigués; mais les sources de la vie étaient épuisées, et vingt-quatre heures après il n'était plus. Au moment d'expirer, il fit appeler le juge-de-paix, et, lui ayant confié ses malheurs, il déposa entre ses mains le petit volume de *la Chaumière*, en le priant de vouloir bien le renvoyer à son auteur. « Cet ouvrage m'a épar-
» gné un crime, dit-il; il m'a donné la force de supporter
» bien des maux. Je desire que son auteur sache que je
» lui dois de mourir repentant et consolé. » Ainsi ce grand tableau du sage de Rome s'encourageant à mourir par la lecture de Platon, s'efface devant le tableau si touchant d'un malheureux en proie à toutes les détresses humaines, et qui se décide à vivre en lisant *la Chaumière indienne*. Il est plus difficile de vivre comme le Paria, que de mourir comme Caton.

Cette anecdote nous a fait anticiper de quelques années sur le récit des événemens. Il faut donc revenir sur nos pas jusque vers le milieu de l'année 1792. L'auteur commençait à recueillir quelques fragmens des *Harmonies*, lorsque la sagacité de Louis XVI et la faveur publique le tirèrent de sa solitude, pour ainsi dire, malgré lui. Il fut nommé intendant du Jardin des Plantes et du Cabinet d'Histoire naturelle. Or sait-on que l'infortuné monarque lui dit en le voyant: « J'ai lu vos ouvrages;
» ils sont d'un honnête homme, et j'ai cru nommer en
» vous un digne successeur de Buffon. » Éloge qui ne pouvait être ni plus grand, ni mieux mérité, suivant ces belles paroles de Pope, qu'*un honnête homme est le plus noble ouvrage de Dieu*.

Son premier soin fut de faciliter l'étude des richesses qui lui étaient confiées, en ouvrant tous les jours aux naturalistes le Cabinet d'Histoire naturelle, qui jusqu'alors n'avait été ouvert que deux fois la semaine. Il proposa d'y joindre une bibliothèque pour les étudians et un journal pour les professeurs: ces divers projets furent réalisés plus tard, ainsi que celui de l'établissement d'une ménagerie, dont Bernardin de Saint-Pierre avait le premier conçu l'idée [1], mais sur un plan aussi vaste que pittoresque; car elle devait renfermer des volières plantées de toutes sortes de végétaux, des viviers d'eaux courantes, des étables bien aérées, et jusqu'à de sombres cavernes appropriées aux bêtes féroces. Le malheur des temps ne permit pas à Bernardin de Saint-Pierre de réaliser ces brillans projets. Obligé de songer aux choses de première nécessité, il fit construire, dans l'espace d'un an, deux serres et deux bassins d'arrosage, sur les économies de son administration; et, lorsqu'il abandonna l'intendance, il était pauvre et avait fait le bien.

Au milieu de ses travaux, il éprouvait chaque jour davantage le besoin d'avoir une compagne de ses peines et de sa joie. Sa fortune jusqu'alors avait été trop mauvaise pour qu'il pût songer à se marier, et son âge commençait à lui faire craindre de trouver difficilement une femme telle que son cœur la souhaitait. Cependant une jeune personne dont, sans le savoir, il avait troublé le repos, devait bientôt fixer son choix. Mademoiselle Didot n'avait pu voir l'auteur de tant d'ouvrages qu'elle admirait, sans être profondément touchée; elle aima cette simplicité unie à un mérite si supérieur, ces vertus domestiques qui naissent tout naturellement des méditations les plus sublimes. L'amour est un feu qui rayonne de toutes parts: celui de mademoiselle Didot fut bientôt aperçu et partagé. Les parens de cette charmante personne virent ses dispositions avec joie, et accueillirent la demande de Bernardin de Saint-Pierre avec transport. Mais la crainte de n'être pas assez aimé venait souvent troubler le bonheur de ce dernier. Il desirait une femme qui partageât son goût pour l'étude et pour la campagne; car dès lors il songeait à quitter l'intendance. Voici le fragment d'une lettre dans laquelle il exprimait ses craintes et ses espérances à celle même qui les faisait naître: c'est dans les choses les plus simples qu'on doit aimer à lire les pensées des grandes ames.

« Plus je vous connais, plus je trouve de raisons de
» vous estimer et de vous aimer. Mais dois-je espérer
» que vous serez heureuse avec un homme qui a pres-
» que deux fois votre âge; qui, dans peu d'années, entrera
» dans la carrière des infirmités, et qui regarde comme
» la plus douce perspective de sa vie de la passer à la
» campagne, loin des hommes? Verrez-vous sans re-
» grets vos plus beaux jours s'écouler dans la solitude?
» J'ai besoin d'un ami; le trouverai-je en vous? Serez-
» vous cette moitié de moi-même, ce cœur que j'ai tant
» de fois demandé à Dieu, et sur lequel il faut que je
» puisse reposer mon cœur?

» Consultez-vous vous-même sur tous ces devoirs; car
» à votre âge ce ne sont pas des plaisirs. Vous êtes jeune;
» vous pouvez trouver aisément un jeune homme ai-
» mable. Pesez toutes ces considérations, et si vous vous
» décidez, non d'après l'aveu de vos parens, trop faciles
» à se faire illusion sur moi, mais d'après votre propre
» cœur, à m'aimer pour moi-même, à épouser tous
» mes goûts, et à partager toutes mes peines, vous serez
» ma consolation, ma joie et le centre de tout mon bon-
» heur. »

La réponse fut telle que M. de Saint-Pierre pouvait la desirer. Il épousa mademoiselle Didot. . . . . . . .

. . . . . . . . . .Depuis on osa accuser M. de Saint-Pierre de faire le malheur de la mère de ses enfans! L'envie croit tout, et, ce qu'il y a de pire, elle fait tout croire: plus ses inventions sont absurdes, plus elles ont de succès: celles-ci furent accueillies avec une espèce de fureur, et la mort même de celui qui en fut l'objet n'a pu en effacer les traces [1]. Il est encore aujourd'hui des personnes qui vous disent sérieusement que l'auteur de *Paul et Virginie*, le peintre des *Harmonies de la nature*, fit le malheur de sa femme. Si le mépris le plus profond

---

[1] *Voyez* le *Mémoire sur la nécessité de joindre une ménagerie au Jardin des Plantes*.

[1] *Voyez* le *supplément à la Vie de Bernardin de Saint-Pierre*.

ne devait pas être notre seule réponse, il nous suffirait, pour fermer la bouche aux calomniateurs, de publier les lettres si tendres, si touchantes, que ces deux époux s'adressaient pendant les plus petites absences ; mais il faut craindre de faire un grand mal en voulant produire un petit bien, et ce serait un mal que de révéler des secrets intimes de famille, qui d'ailleurs ont peu d'intérêt pour le public. Les lettres de ces heureux époux resteront la propriété de leurs enfans ; et si, dans la famille de leur mère, il se trouve un seul calomniateur, ce sera à eux de répondre.

Qu'on nous permette cependant, à l'occasion de ce procès, de rapporter une anecdote qui nous semble peindre d'une manière piquante le caractère de notre auteur. Son beau-frère, Henri Didot, qui se trouvait, comme nous l'avons dit, dans la même position que lui, vint, quelques jours avant le jugement du procès, pour l'avertir qu'il était d'usage de faire une visite aux juges. Cette formalité n'était guère du goût de M. de Saint-Pierre ; cependant il y consentit, et le voilà cheminant avec Henri, l'un devisant des sciences, l'autre des beaux-arts, et tous deux oubliant leur procès. Arrivés à la porte du juge, M. de Saint-Pierre dit à son beau-frère : « Vous » m'avez amené ici, mais c'est vous qui parlerez. » Henri Didot se récrie ; le juge arrive pendant la discussion, et M. de Saint-Pierre tâche de faire bonne contenance et d'expliquer les motifs de leur visite. Dès les premiers mots il s'embrouille ; Henri Didot, qui s'en aperçoit, vient à son secours et ne parle pas plus clairement ; bref, tous deux sortent de chez leur juge assez peu satisfaits de leur éloquence, mais fort contens d'en être quittes. On voit par ce trait que M. de Saint-Pierre était l'homme du monde le moins propre aux affaires. Il ne les considérait jamais que sous deux points de vue, le juste et l'injuste ; toutes les nuances intermédiaires lui échappaient, et le plus souvent ce sont celles-là qui font triompher au barreau. Mais Dieu lui envoya un ami généreux qui défendit ses intérêts, et le délivra du soin de lire et de composer des Mémoires. M. Bellart fut son défenseur. Il nous est bien doux de consacrer ici la reconnaissance de M. de Saint-Pierre, qui voulait en éterniser le souvenir en plaçant le nom de cet ami auprès de ceux de Taubenheim et de Duval dans son roman de *l'Amazone*, comme Homère, au rapport de Plutarque, plaçait le nom de ses hôtes dans les pages de son *Odyssée*.

Au moment du mariage de M. de Saint-Pierre, la tempête révolutionnaire éclatait de toutes parts, le règne des factieux venait de commencer. Ils s'avançaient en poussant des cris de liberté, ne s'apercevant pas de l'horrible destinée qui les pressait de frayer le chemin à leurs propres bourreaux. Dès que M. de Saint-Pierre vit leur marche ambitieuse, il rompit avec eux, et ils devinrent ses ennemis. Le plus dangereux de tous fut le marquis de Condorcet : ce philosophe était en même temps géomètre, académicien, journaliste, représentant du peuple et président du comité d'instruction publique, le tout par amour pour l'égalité. Il fit à M. de Saint-Pierre le plus grand mal qu'un homme puisse faire à un autre homme, en l'empêchant de faire le bien. A cette époque, on parlait de détruire la ménagerie de Versailles ; M. de Saint-Pierre demanda qu'elle fût transportée à Paris ; il prouva qu'il n'y avait qu'un semblable établissement, à portée des naturalistes, qui pût offrir à la fois des moyens d'étudier les mœurs des animaux et les plantes qui leur conviennent ; car on ne peut trouver aucune instruction sur leur instinct et leur sociabilité dans les relations des voyageurs, qui ne les observent qu'en les couchant en joue. Condorcet répondit à ces projets d'utilité publique par la destruction de la ménagerie de Versailles ; tous les animaux rares furent tués ; cet établissement eut aussi ses septembriseurs. Mais le savant géomètre ne s'en tint pas là, et il est curieux de rappeler de pareils faits pour l'instruction de la postérité. L'Europe l'entendit avec surprise demander à la tribune nationale de faire reconnaître comme incontestables les opinions scientifiques adoptées par l'Académie. Un des motifs de cette singulière proposition était d'obliger M. de Saint-Pierre d'approuver, au nom de la loi, les systèmes combattus dans les *Études*. Le philosophe voulait appuyer l'autorité de Newton par celle de la république, mais il n'eut pas le bonheur de réussir, et la France put penser sans demander l'avis de l'Académie. Ce n'est pas un des traits les moins piquans de notre histoire, que le même siècle qui se vantait de vouloir affranchir les hommes des préjugés de la société, ait voulu couvrir de chaînes ceux qui étudiaient les lois de la nature. Un décret de plus, et la philosophie n'avait rien à envier à ces jours si souvent rappelés où le parlement défendait, sous peine de galères, de s'écarter de la doctrine d'Aristote !

Si l'esprit de philosophie avait perverti les philosophes, il n'avait pas agi avec moins de succès sur la multitude. Les lettres de M. de Saint-Pierre en offrent des exemples que la postérité aura peine à croire. Dans le nombre de ces lettres, il en est une adressée au ministre de l'intérieur, pour implorer sa protection en faveur des plantes et des arbres du Jardin *national*. On y voit que le peuple, jaloux de jouir de ce qu'on appelait sa souveraineté, rompait les arbres, arrachait les fleurs, enlevait les clôtures, en disant qu'il reprenait son bien, le Jardin appartenant à la nation. En vain les gardes disaient que si chaque citoyen enlevait une plante, la nation n'y aurait bientôt plus rien ; le peuple, qui avait aussi sa manière d'entendre les droits de l'homme, n'en était que plus ardent au pillage. Enfin, ce bel établissement était menacé de sa ruine, lorsque le ministre invita les citoyens du faubourg Saint-Marceau à faire dans le jardin une *garde fraternelle, la baïonnette au bout du fusil* : ce moyen rétablit un peu l'ordre, et dans cet intervalle l'intendance fut supprimée. Heureux d'abandonner une place qui, dans un meilleur temps, aurait comblé tous ses vœux, M. de Saint-Pierre ne songea plus qu'à fuir une ville où le devoir seul avait pu le retenir si longtemps ; il se hâta donc de se retirer à Essone, dans une île délicieuse, où, de ses économies, il avait fait construire une jolie maison, simple, petite, et cependant assez grande, comme celle de Socrate, pour contenir ses vrais amis.

Il sortit du Jardin des Plantes dans un état si voisin de la pauvreté, qu'il fut obligé de solliciter une légère gratification pour achever de payer les deux arpens de

terre qu'il possédait. « Je ne souhaite, disait-il au mi-
» nistre, au sortir d'une intendance, que de pouvoir
» vivre dans une chaumière. Que les murs de la mienne
» ne s'élèvent pas sur un sol que je n'ai point encore
» payé! Peut-être un jour seront-ils utiles à mon in-
» fortunée patrie : c'est dans leur humble et paisible en-
» ceinte, que, préservé des ambitions qui la déchirent,
» je recommencerai des études que je n'aurais jamais dû
» quitter. »

C'était au mois de septembre 1793, que M. de Saint-Pierre s'exprimait avec tant de simplicité et de noblesse. Qu'on se reporte à cette époque, et l'on jugera s'il y avait quelque courage à parler devant un ministre du malheur de la patrie et des ambitieux qui la déchiraient. Mais ce n'était point assez de vouloir fuir les hommes, il fallait encore le pouvoir, et dans ces temps de liberté il n'était pas permis de faire un pas sans l'autorisation du gouvernement. Arrivé à Essone, M. de Saint-Pierre fut accueilli par des hommes armés de piques qui lui demandèrent un *certificat de civisme*. Il fallut écrire, solliciter pour obtenir la permission de coucher dans sa propre maison. On vit alors l'auteur des *Études*, suivi de sa femme, grosse de plusieurs mois, demander l'hospitalité à de pauvres villageois qui n'osaient l'accueillir. Conduit dans le lieu des assemblées populaires, il leur dit avec cette bonhomie du vieux temps : « Je suis sans
» fortune, ma santé est altérée, je ne puis vous servir
» comme capitaliste, laboureur, commerçant, fonc-
» tionnaire public, mais je tâcherai de vous être utile
» comme homme de lettres; lorsque vous aurez des pé-
» titions à rédiger pour le bien de votre canton, j'y em-
» ploierai l'affection que j'ai vouée à des hommes avec
» lesquels j'ai désiré de vivre et de mourir[1]. »

Il est impossible de n'être pas ému en voyant l'un des premiers écrivains du siècle proposer humblement de rédiger les pétitions de ceux dont il implorait un asile. Les anciens, qui semblaient avoir épuisé tous les genres d'infortunes, n'offrent point de scène plus touchante. Aristide, il est vrai, fut exilé de sa patrie; mais on ne le vit pas au sein même de sa patrie réduit à demander un abri dans une pauvre chaumière !

Enfin, après plus d'un mois de sollicitation, il obtint la permission de vivre chez lui; et comme dans ce siècle tout devait être atroce ou ridicule, le chef de bureau qui fut chargé de lui envoyer son certificat lui écrivit avec un ton de triomphe, en le tutoyant, suivant l'usage de cette époque : « Tu trouveras ci-joint ton certificat.
» Te voilà donc avec un motif de plus pour reconnaître
» la Providence et pour la bénir. » Ainsi parlaient les bourreaux : *Tu béniras la Providence, parce que je ne fais pas tomber ta tête!* Sans doute il dut la bénir lorsque du fond de sa solitude il vit disparaître l'un après l'autre ces ennemis du genre humain. Dieu était devenu visible, et les factieux qui bouleversaient les peuples le lui montraient dans sa justice, comme les ouvrages de la nature le lui avaient montré dans ses bienfaits.

Jour heureux où il apprit enfin qu'il était libre de se retirer loin du monde! Qui peindra son ravissement en abordant cette île où il allait reprendre ses douces études! Après avoir éprouvé toutes les douleurs, échappé à tous les dangers, il s'écriait comme les Dix-Mille à la vue de la mer éclairée des feux du soleil couchant : *La patrie! la patrie!* car depuis le règne du crime il n'avait plus d'autre patrie que la nature. On dit que Newton, retiré à la campagne dans le temps d'une peste qui désolait Londres, trouva les lois harmoniques des mondes en voyant tomber une pomme : ainsi Bernardin de Saint-Pierre, loin des tempêtes révolutionnaires, cherchait dans son cœur les harmonies qui devraient rapprocher les hommes. Il se reposait au sein de la nature comme un fruit abattu par les vents se repose sur la terre qui l'a nourri. Ce ne sont plus cependant ces douces émotions qu'il reproduisait dans ses *Études* : au contraire, il lui semblait toujours qu'un bruit sourd et lointain troublait sa retraite et ses méditations. Assis sous les peupliers de son île solitaire, il voudrait goûter le repos, jouir de la paix qui l'environne; mais encore tout ému de tant de malheurs, il croit reconnaître nos passions dans chaque objet qui le frappe. Les végétaux mêmes lui rappellent le monde qu'il vient de quitter. « Il contemple le sapin qui balance sa haute pyra-
» mide, le peuplier qui agite en murmurant son feuillage,
» et le bouleau qui laisse flotter le sien comme une lon-
» gue chevelure. L'un s'incline profondément auprès
» de son voisin comme devant un supérieur, l'autre
» semble vouloir l'embrasser comme un ami; un autre
» s'agite à tout sens comme auprès d'un ennemi. Le
» respect, l'amitié, la colère, semblent passer tour à
» tour de l'un à l'autre, comme dans le cœur des hom-
» mes; et ces passions versatiles ne sont au fond que les
» jeux des vents. Quelquefois un vieux chêne élève au
» milieu d'eux ses longs bras dépouillés de feuilles et
» immobiles. Comme un vieillard, il ne prend plus de
» part aux agitations qui l'environnent : il a vécu dans
» un autre siècle[1]. »

Ces essais servirent dans la suite à la composition des *Harmonies*, livre qui se ressent des douleurs de son siècle. La composition des *Études* avait consolé M. de Saint-Pierre de ses propres malheurs : mais aujourd'hui comment se consolerait-il des maux de sa patrie? Il ne peut jeter les regards autour de lui sans être saisi de terreur. Son cœur se serre en présence même de la nature; il semble se reprocher de la trouver si belle, lorsque tant de victimes sont condamnées à ne plus la revoir, et cette impression pénible nuit à ses plus charmans tableaux. Un autre effet des inquiétudes qui le troublent, c'est d'absorber son âme au point que les émotions douces lui échappent. Pour écrire, il a besoin de s'exalter, de s'inspirer; autrefois il lui suffisait d'être touché. On peut donc reprocher aux *Harmonies* un style souvent trop poétique : les invocations qui commencent la plupart des livres ont ce défaut. Dans son premier ouvrage, il était plus simple, il peignait la nature et ne la louait pas; dans ses *Harmonies* il est panégyriste, il s'élève au ton de l'ode, il songe plus à louer qu'à pein-

---

[1] Ce passage terminait son discours, que nous avons sous les yeux.

[1] *Harmonies de la nature.*

dre. On sent le poids qui l'oppresse, et qu'au milieu des scènes de la campagne il entrevoit dans le lointain les plus tristes ravages. Il ne faut point cependant étendre cette critique à l'ouvrage entier : on y trouve une multitude de passages qu'on croirait dérobés à Virgile ou à Fénelon. Il semble alors qu'il ait le talent de faire aimer tout ce que Dieu a le pouvoir de créer. C'est toujours le peintre de la nature, l'interprète de la Providence, le consolateur de l'infortune.

Occupé de ces douces études, Bernardin de Saint-Pierre traversa la révolution en conservant la pureté de son cœur, comme les poètes disent que la fontaine Aréthuse traverse la mer de Sicile sans contracter l'amertume de ses eaux. S'il échappa aux horreurs de la proscription, s'il échappa aux dangers plus grands des places dont il fut menacé plusieurs fois, c'est qu'il sut, pour ainsi dire, se faire oublier. Comme le Paria de *la Chaumière*, il se comparait à l'oiseau-mouche, qui, dans les jours d'orage, n'a besoin que d'une feuille pour se mettre à l'abri. On lui annonce que la forêt est inondée, que la tempête le menace : « Qu'importe? répond le petit oiseau ; quelque grande que soit la pluie, je ne puis en recevoir qu'une goutte à la fois. »

C'est ainsi que s'écoula l'hiver de 1793 et celui de 1794. Repoussant toutes les feuilles publiques, tous les livres qui auraient pu lui apprendre les fureurs de sa patrie, il se faisait une solitude de son petit enclos ; et lorsque les brumes et les frimas, suspendus aux arbres dépouillés de leurs feuillages et de leurs oiseaux chanteurs, couvraient les campagnes de deuil, les *Églogues de Virgile*, *Télémaque*, le *Vicaire de Wakefield*, lui rendaient, dans un monde idéal, le bonheur qui n'existait plus sur la terre. Il les lisait en famille, assis au coin de sa cheminée couverte de fleurs, avec sa jeune épouse et ses petits enfans. L'hiver, la neige, les noirs corbeaux étaient dans son jardin, mais il retrouvait encore dans sa chaumière le printemps, l'innocence et les douces illusions.

Pendant qu'il jouissait de cette espèce de sécurité, il apprit la création de l'École Normale, et sa nomination à la place de professeur de morale. Vainement il voulut se soustraire à ce décret qui l'arrachait à son obscurité; des gendarmes lui apportèrent l'ordre d'obéir, et il fallut se résigner. Mais quel allait être son langage devant un auditoire animé de toutes les haines du siècle? quelle serait la morale permise en 1794? Le simple exposé des principes devenait une satire violente des hommes, des choses et du gouvernement ; ne point mentir à sa conscience, c'était troubler presque toutes les autres : il fallait donc s'attendre au sort de Socrate, ou plutôt il fallait mériter sa gloire. « Je dirai la vérité, écrivait M. de » Saint-Pierre au ministre, et l'on ne voudra pas l'en- » tendre. » Il se trompait : l'impiété avait fatigué les ames, et pour se reposer de tant de maux, on sentait le besoin de revenir à ce qu'on avait tenté d'oublier. Ce moment de la vie de Bernardin de Saint-Pierre fut remarquable par une circonstance inattendue ; c'est l'enthousiasme que fit éclater tout l'auditoire lorsque dans une phrase très-simple cet homme vénérable prononça le nom de Dieu. Au milieu des crimes du siècle, le nom de Dieu parut comme une vérité nouvelle ; et le professeur, entraîné lui-même par l'effet qu'il venait de produire, passa tout à coup d'une extrême surprise à une émotion qui fit couler ses larmes. Que de réflexions à faire sur cet instant ! Quelle révolution inopinée venait de s'opérer dans l'ame de tant d'auditeurs de tout âge et de toutes conditions ! Ce n'était pas là le triomphe d'une artificieuse éloquence, c'était celui de la foi d'un simple solitaire, resté pur au milieu des iniquités du siècle [1].

M. de Saint-Pierre ne fit qu'un très-petit nombre de leçons ; il lui fallait du temps pour les préparer, et dans cet intervalle on supprima l'École. Les institutions de cette époque ne duraient pas plus que les hommes, et les hommes ne duraient qu'un moment. Chaque jour avait son héros, son souverain, son tyran ; et tous, éblouis des grandeurs de ce siècle d'égalité, couraient en aveugles dans une route qui se terminait à l'échafaud. Nous ne donnerons aucun détail sur les leçons du nouveau professeur : comme elles n'étaient que des fragmens des *Harmonies*, elles ont retrouvé leur place dans cet ouvrage.

L'année suivante fut remarquable par la création de l'Institut. Bernardin de Saint-Pierre fut appelé à la classe de morale avec des hommes dont la plupart professaient des opinions qu'il n'avait cessé de combattre. Devait-il accepter? le pouvait-il sans manquer à ses principes? En entrant dans une académie, allait-il en adopter les passions, les systèmes et les injustices ? Partagerait-il cet esprit de corps, cette intolérance fanatique qu'il avait signalée dans tous ses ouvrages ? Faible une fois, ne devait-il pas craindre de l'être toujours, et de se voir arracher des concessions qui détruiraient le repos de sa conscience ? Telle était alors la situation de M. de Saint-Pierre, telles devaient être ses réflexions ; mais soit qu'il ne pût apprécier la grandeur du péril, soit qu'il se berçât de l'espérance de mêler un peu de bien à tant de mal, son consentement fut donné : faute heureuse qui le jeta au milieu des méchans, et servit à donner plus d'éclat à sa vertu ! Que ceux qui seraient tentés de le blâmer lisent les pages suivantes, et qu'ils jugent après.

Dès sa première apparition à l'Institut, une partie de ses collègues se liguèrent contre lui : ses principes semblaient peser sur leur conscience, et ils commencèrent l'attaque en lui reprochant de croire à Dieu. Encore s'ils eussent été sûrs qu'il n'y a point de Dieu, ils eussent joui d'une horrible tranquillité ! mais ceux qui avaient des crimes à se reprocher doutaient, malgré eux, de leur néant, et leur opposition était d'autant plus vive, qu'ils sentaient plus de doute dans leur esprit. Ils avaient fait une passion de l'athéisme pour se sauver du remords; et comme toutes les passions sont mêlées de craintes, elles croient se rassurer par l'exagération. M. de Saint-Pierre résista long-temps avec douceur, n'opposant que la constance à ses adversaires, sans les combattre, mais non sans les plaindre. « L'athéisme,

---

[1] Nous devons ces détails à M. Stievenard, élève distingué de l'École Normale.

disait-il, est la punition de l'athée; c'est le seul de tous les crimes qui nous ôte en même temps l'espérance et le repentir. » Dans les commencemens, il croyait à leur bonne foi; mais bientôt il fallut perdre cette dernière illusion, et leur haine s'en accrut : les hommes pardonnent tout, excepté les vertus qu'ils n'ont pas et le mépris qu'ils ont mérité. Bientôt les persécutions prirent un caractère de violence qui ne lui permit plus de se taire; il opposa la défense à l'attaque, la raison aux insultes; et cette honorable fermeté ne fit que rendre sa situation plus déplorable. Nous avons sous les yeux un fragment manuscrit dans lequel il exprimait sa douleur, et dont nous citerons un passage : « Que je me trouvai' » à plaindre! disait-il; mon sort était d'autant plus » triste, que c'était des collègues dont je devais espérer » le plus de support, que j'éprouvais le plus de traverses. ». Comme les plus accrédités d'entre eux n'avaient pas » rougi de se déclarer publiquement athées, je me suis » trouvé dans la nécessité de combattre leur système, » destructeur de toute morale et de toute société. De » leur côté, ils ont toujours empêché qu'on insérât aucun de mes rapports dans les *Mémoires de l'Institut*. » Le nom de Dieu, dans tout ouvrage qui concourait » à ses prix, était pour eux un signe de réprobation. » Enfin, l'athéisme accroissait son audace par ses succès, faisait des prosélytes jusque parmi les gens de » bien effrayés de leur ruine future, et bannissait de » toutes les grandes places de l'état ceux des académiciens qui osaient croire publiquement en Dieu. »

Ici commence une des scènes les plus scandaleuses de la révolution. Que ne nous est-il permis de nous arrêter! pourquoi sommes-nous entrés dans cette fatale carrière, et ne devions-nous pas prévoir tout ce qu'il pouvait nous en coûter pour achever de la parcourir? Mais le choix du silence ne nous est pas laissé; et lors même qu'il nous serait permis d'arracher cette page de notre livre, nous ne pourrions l'effacer de notre histoire.

On était alors en 1798. Bernardin de Saint-Pierre avait été chargé par la classe de morale de faire un rapport sur les Mémoires qui avaient concouru pour le prix. Il s'agissait de résoudre cette question : *Quelles sont les institutions les plus propres à fonder la morale d'un peuple?* Tous les concurrens l'avaient traitée dans l'esprit de leurs juges. Effrayé d'une perversité qu'il ne pouvait croire sincère, l'auteur des *Études* voulut ramener le siècle à des idées plus justes et plus consolantes, et il termina son rapport par un de ces morceaux d'inspiration où son ame répandait les douces lumières de l'Évangile. Au jour désigné, il se rend à l'Institut pour y faire approuver son travail. La plupart de ses collègues étaient assemblés autour d'un ministre qui avait à sa solde des écrivains mercenaires chargés de retrancher des poètes latins tout ce qui concernait la Divinité, afin de les rendre classiques pour les écoles républicaines. C'est en présence de cet auditoire que Bernardin de Saint-Pierre commença la lecture de son rapport. L'analyse des Mémoires fut écoutée assez tranquillement; mais, aux premières lignes de la déclaration solennelle de ses principes religieux, un cri de fureur s'éleva de toutes les parties de la salle. Les uns le persiflaient en lui demandant où il avait vu Dieu, et quelle figure il avait; les autres s'indignaient de sa crédulité; les plus calmes lui adressaient des paroles méprisantes. Des plaisanteries on en vint aux insultes; on outrageait sa vieillesse, on le traitait d'homme faible et superstitieux, on menaçait de le chasser d'une assemblée dont il se rendait indigne, et l'on poussa la démence jusqu'à l'appeler en duel, afin de lui prouver, l'épée à la main, qu'il n'y avait pas de Dieu. Vainement, au milieu du tumulte, il cherchait à placer un mot; on refusait de l'entendre, et l'idéologue Cabanis (c'est le seul que nous nommerons), emporté par la colère, s'écria : « Je jure qu'il n'y a pas de Dieu! et je demande » que son nom ne soit jamais prononcé dans cette en- » ceinte! » Bernardin de Saint-Pierre n'en veut pas entendre davantage; il cesse de défendre son rapport, et, se tournant vers ce nouvel adversaire, il lui dit froidement : « Votre maître Mirabeau eût rougi des paroles » que vous venez de prononcer. » A ces mots il se retire sans attendre de réponse, et l'assemblée continue de délibérer, non s'il y a un Dieu, mais si elle permettra de prononcer son nom.

Cependant M. de Saint-Pierre était entré dans la bibliothèque. Épouvanté d'une scène sans exemple dans l'histoire des sociétés humaines, il se persuade qu'il doit tenter un dernier effort, et se hâte d'écrire quelques pensées qui porteront sans doute la conviction dans l'ame de ses auditeurs. Cette espèce de mémoire fut fait d'inspiration; il n'y a que peu de mots d'effacés dans le brouillon qui est sous nos yeux, et que l'auteur ne recopia jamais. C'est un mélange touchant de douceur et d'énergie, et un modèle de la plus haute éloquence. Il prie, il console, il cherche à ramener à lui; voilà toute sa réponse aux insultes dont on l'accable. Il ne veut pas se faire à lui-même l'injure de prouver un Dieu; il dédaigne d'en appeler au spectacle de la nature : ce spectacle ne serait pas aperçu de ses adversaires, flétris par l'aspect de la société; mais il espère les faire rougir de leur égarement, en les ramenant aux lois fugitives de cette époque. Il oppose à l'athéisme réfléchi de ses collègues l'assentiment involontaire des *représentans du peuple*, de ces hommes couverts de crimes qui n'osèrent pas nier le Dieu vengeur qui les attendait. Il pousse enfin ce terrible argument jusqu'à invoquer ce nom que nul être ne prononce sans effroi, Robespierre, au-dessous duquel la classe de morale aspirait à descendre. Ainsi parlait le juste; et Dieu permit que ces lignes, inspirées par l'amour du genre humain, fussent au-dessus de tout ce que l'auteur de tant d'ouvrages éloquens avait écrit jusqu'alors, afin que, dans sa plus belle page, la postérité pût lire sa plus belle action.

M. de Saint-Pierre rentre dans la chambre des séances. Ses collègues, encore assis autour de la table verte, s'étonnent de le revoir; mais il reprend sa place malgré leurs clameurs, et demande à être entendu. Heureux d'obtenir un moment de silence, il rappelle tout son courage, et dit :

« Après avoir porté votre jugement sur les Mémoires » qui ont concouru pour le prix de morale, vous exa

» minerez sans doute la fin de mon rapport, qui a ex-
» cité de si étranges réclamations. On vous a proposé
» de ne jamais prononcer le nom de Dieu à l'Institut.
» Je ne vous rappellerai point ce qu'on vous a dit per-
» sonnellement d'injurieux à cette occasion ; je ne dé-
» sire ici que de rapprocher tous les esprits de leur in-
» térêt commun ; mais, en qualité de rapporteur de
» votre commission, de membre de votre section de
» morale, et de citoyen, je suis obligé de vous dire que,
» dans un rapport public sur les institutions qui peu-
» vent fonder la morale d'un peuple, il y va de votre
» devoir de manifester le principe d'où dérive toute
» morale privée ou publique. Je ne vous citerai point
» à ce sujet le consentement universel des nations,
» l'autorité des hommes de génie dans tous les temps,
» et notamment celle des législateurs. Je ne vous dirai
» point qu'il faut nécessairement une cause ordonna-
» trice et intelligente à tant de créatures organisées et
» intelligentes qui ne se sont rien donné. Si je voulais
» vous prouver l'existence de l'Auteur de la nature, je
» croirais manquer à vous et à moi-même, je me croi-
» rais aussi insensé que si je voulais vous démontrer en
» plein midi l'existence du soleil. Il s'agit seulement de
» décider si, pour quelques ménagemens particuliers,
» vous rejetterez de mon rapport sur la morale, dans
» une séance publique, l'idée d'un Être suprême, ré-
» munérateur et vengeur. Pour moi, je rougirais de
» voiler cette vérité pour complaire à une faction qui
» flatte les puissans, en tâchant de leur persuader qu'ils
» n'ont point d'autres juges de leur conscience que les
» hommes, c'est-à-dire qu'ils n'en ont point. Je n'ai
» point été coupable d'une si criminelle complaisance
» sous le régime même de la terreur. Robespierre, qui
» cherchait à couvrir le sang qu'il versait du manteau
» de la philosophie, sachant que je demandais à son
» comité la restitution d'une pension, mon unique re-
» venu, me fit dire qu'il n'y avait point de fortune où
» je ne pusse prétendre, si je voulais représenter sa
» conduite comme le résultat d'une mesure philosophi-
» que. Je répondis à son agent que j'avais étudié les lois
» de la nature, mais que j'ignorais les lois de la poli-
» tique. Mon refus d'écrire en sa faveur pouvait être
» suivi de ma mort ; mais j'étais résolu de perdre
» la tête plutôt que ma conscience ; et si le pouvoir et
» les bienfaits de ce despote, qui voyait à ses pieds la
» république consternée le combler d'adulations, et
» qui avait entre ses mains ma fortune et ma vie, n'ont
» pu me faire parler pour manquer à l'humanité, il
» n'est aucune puissance qui pût me faire taire pour
» manquer à la Divinité, qui m'a donné le courage de
» ne pas fléchir le genou devant un tyran.
» Si je lis donc à la tribune de l'Institut mon rapport
» sur les Mémoires du concours, j'y serai sans doute
» l'interprète de vos jugemens ; mais je ne changerai
» rien à sa péroraison. C'est ma profession de foi en
» morale, et ce doit être la vôtre. Elle est celle du
» genre humain ; elle est celle des hommes que vous
» avez honorés par des fêtes publiques ; de Jean-Jacques,
» qu'une faction vindicative a persécuté pendant sa vie,
» et poursuit encore aujourd'hui après sa mort jusque

» dans ses amis. Si vous redoutez son crédit, chargez
» quelque autre que moi de faire un discours qui lui
» convienne : je ne puis dissimuler sur de si grands in-
» térêts. Ma morale est toute d'une pièce ; je ne sau-
» rais ni contrefaire l'athée à l'Institut, ni le bigot dans
» un village. Rendez-moi à mes propres travaux, à ma
» solitude, à la nature ; en rejetant le travail dont
» vous m'avez chargé, il y va non de mon honneur,
» mais du vôtre. Vous devez être certains que si vous
» flattez cette secte insensée, elle vous subjuguera, elle
» vous ôtera jusqu'à la liberté de vos élections, de vos
» choix, de vos opinions, comme elle a déjà tenté de le
» faire. Elle forcera chacun de vous à professer l'erreur
» sur laquelle elle fonde son ambition. Mais pourquoi la
» craindriez-vous ? La république vous donne à tous la
» liberté de parler : l'accorderait-elle aux uns pour nier
» publiquement la Divinité, et la refuserait-elle aux
» autres pour en faire l'aveu ? Nos gouvernans ne pro-
» pagent-ils pas eux-mêmes la théophilanthropie ? La
» déclaration de l'existence d'un Être suprême n'est-elle
» pas inscrite sur tous les anciens monumens religieux
» de la France ? On vous a dit qu'elle était l'ouvrage du
» régime de Robespierre, et qu'elle avait été abrogée
» avec lui. Voyez comme l'esprit de parti aveugle
» les hommes, et leur fait méconnaître jusqu'aux faits
» qui sont sous leurs yeux : non-seulement cet hom-
» mage rendu à la Divinité existe au frontispice des an-
» ciennes églises qui servent aujourd'hui à rassembler
» les citoyens, mais il est à la tête même de notre con-
» stitution ; il en est le début, le témoignage, la sanc-
» tion sacrée ; c'est sous ses auspices qu'elle est faite.
» Le peuple français, y est-il dit, proclame *en présence*
» *de l'Être suprême* la déclaration des droits et des
» devoirs de l'homme et du citoyen. » La classe des
» sciences morales et politiques rougirait-elle de ter-
» miner un rapport sur ces mêmes droits et ces mêmes
» devoirs par un hommage dont l'assemblée nationale
» s'est honorée à la tête de la constitution ?
» Mais j'ai honte moi-même de vous exciter à votre
» devoir, chers confrères, vous dont les lumières m'é-
» clairent et dont les vertus m'animent : décidez-vous
» donc à l'exemple des représentans du peuple, vous
» qui êtes les représentans permanens des lois et des
» mœurs. Il y va de la vérité fondamentale de toute
» société humaine, du frein à imposer aux méchans
» qui se feraient une autorité de votre silence, et du
» repos des gens de bien qui en frémiraient. Vous rap-
» pellerez par vos aveux des frères égarés, mais esti-
» mables même dans leur misanthropie, au centre com-
» mun de toutes les lumières et de tous les sentimens.
» C'est la méchanceté des hommes qui leur fait mé-
» connaître une Providence dans la nature : ils sont
» comme les enfans qui repoussent leur mère, parce
» qu'ils ont été blessés par leurs compagnons ; mais ils
» ne se débattent qu'entre ses bras. Votre confiance
» ranimera leur confiance. Déclarez donc à l'Institut
» que vous regardez l'existence de Dieu comme la base
» de toute morale : si quelques intrigans en murmu-
» rent, le genre humain vous applaudira. »

Ame sublime, reçois-les donc ces hommages du

genre humain ! que ton courage soit admiré, que ton dévouement soit béni ! Par toi se sont conservés, dans ce siècle de destruction, nos titres à la véritable grandeur. Tu es le juste dont l'intégrité doit faire pardonner à tant de coupables. En t'écoutant, j'oublie les criminels, et ne vois plus que ta vertu. Ah ! je rends grâce au ciel qui m'a permis de presser la main qui traça ces lignes courageuses ! de contempler ces cheveux blancs, honorés des insultes de l'impiété ! d'entendre enfin celui que les promesses ne purent séduire, que la pauvreté ne put corrompre, et que les menaces trouvèrent insensible !

Cependant, qui le croirait ? une si éloquente réclamation ne put triompher de l'endurcissement des cœurs : le nom de Dieu ne fut pas prononcé ! Condamné au silence dans le sein de l'Institut, M. de Saint-Pierre fit imprimer la fin de son rapport ; elle fut distribuée à la porte de la salle des séances ; mais l'auteur, conservant cette modération, marque certaine de la force, ne voulut point faire connaître les motifs de sa publication. Il lui suffisait d'apprendre à sa patrie que ses opinions ne changeaient point avec les circonstances, et qu'il était resté immuable au milieu des bouleversemens du siècle. Peu de temps après, la classe de morale fut supprimée, et l'Institut put aspirer à la gloire de redevenir le premier corps littéraire de l'Europe.

La Providence, qui venait de soumettre la vertu de M. de Saint-Pierre à de si tristes épreuves, allait bientôt lui faire connaître de plus vives douleurs. Cette épouse chérie, qui deux fois l'avait rendu père, fut attaquée d'une maladie de poitrine. Effrayé de l'état où il la voyait, M. de Saint-Pierre revint avec elle à Paris pour consulter les médecins. Le mal était sans remède. Après quelques mois de souffrance, elle expira à la fleur de son âge, regrettant la vie, et ne pouvant se consoler de laisser celui dont elle avait voulu faire le bonheur, seul avec deux enfans, l'un âgé de quatre ans et l'autre de huit mois.

Cependant la retraite d'Essone, où il avait passé avec elle de si heureux jours, lui était devenue insupportable. Il s'était flatté, mais en vain, d'y trouver quelque soulagement à sa peine : ces vergers qu'il avait plantés, cette petite rivière qui les environnait de ses eaux limpides, ces îles collatérales couvertes de grands saules et d'aunes touffus, et la colline qui abrite au nord ce fortuné séjour, et ce vallon paisible qui ouvre au loin les plus charmantes perspectives, tout ce qu'il avait aimé autrefois faisait alors couler ses larmes, en lui rappelant celle qu'il avait perdue. Il croyait la voir encore à l'ombre d'un arbre, assise à ses côtés, sa fille Virginie à ses pieds, son petit Paul sur son sein, le contentement dans les yeux, et faisant retentir de ses chants ces rives solitaires. Mais plus souvent il se la représentait sur un lit de douleur, se reprochant, malgré les plus douces consolations, d'être la cause de toutes ses peines, et, dans sa longue agonie, se livrant à de tendres sollicitudes sur le sort à venir de son mari et de ses chers nourrissons.

Il revint donc à Paris, où, depuis plusieurs années, il jouissait d'un logement au Louvre ; et c'est là qu'il voulut commencer l'éducation de ses enfans. Mais il sentit bientôt les embarras de cette tâche : âgé de soixante-trois ans, il ne pouvait se livrer à ces soins minutieux qui sont réservés à la patience maternelle. A cette époque, il allait souvent chez madame la comtesse Le G...., femme aussi distinguée par son esprit que par les rares qualités de son ame, et que les circonstances avaient placée à la tête d'un pensionnat de demoiselles. Environné de ces jeunes personnes, M. de Saint-Pierre se plaisait à les suivre dans leurs promenades champêtres ; et quelquefois il leur dictait de petits sujets de composition, qu'il revoyait ensuite avec intérêt. Parmi ces compositions, il ne put s'empêcher de remarquer celles de mademoiselle de Pelleporc. Déjà charmé de ses grâces et de son esprit, il étudia ses goûts, et désira la donner pour mère à ses enfans. « J'ai trouvé,
» disait-il dans une de ses lettres, une jeune personne
» également propre à prendre soin du bas âge de mes
» enfans et des vieux jours de leur père, à supporter
» avec moi la bonne et la mauvaise fortune, à faire par
» son éducation et par ses grâces les honneurs d'un
» palais, et par ses sentimens et sa vertu le bonheur
» d'une cabane. »

Mademoiselle de Pelleporc, captivée par l'admiration que lui inspirait l'auteur de *Paul et Virginie*, devint sa compagne, et, comme il le disait, la mère de ses enfans. Ce sacrifice ne fut pas seulement celui de l'enthousiasme, il fut encore celui de la réflexion : en épousant un vieillard, mademoiselle de Pelleporc savait tous les devoirs qu'elle allait s'imposer : mais elle mit son bonheur à les remplir, et ils eurent encore pour elle tous les charmes de la vertu.

Vers ce temps, M. de Saint-Pierre était parvenu à recueillir toutes ses économies ; et pour les soustraire aux créanciers du père de sa première femme, dont les biens étaient grevés d'hypothèques, il les plaça secrètement chez un banquier, qui, trois mois après, fit banqueroute.

Cette perte dut lui être sensible ; c'était sa fortune entière, et, à son âge, l'avenir sans fortune ne présente qu'une bien triste perspective. Mais il s'était promis, en publiant ses *Études*, de n'avoir jamais recours qu'à la Providence ; il fut fidèle à cet engagement, et la Providence ne l'abandonna pas. Sa jeune femme, dont il craignait le chagrin, lui donna l'exemple de la résignation, et il en fut si touché, qu'il ne put s'empêcher d'en témoigner sa joie dans une lettre que nous avons sous les yeux : « Je sentis, dit-il, que mes forces morales étaient
» doublées par les siennes, et que j'avais une véritable
» amie. Son extrême jeunesse m'avait empêché de lui
» révéler ce dépôt ; mais résolu de le réclamer par la
» voie des tribunaux, je ne pouvais lui en dissimuler la
» perte. Elle ne fut sensible qu'au mystère que je lui
» avais fait, et me dit avec une fermeté touchante : Nous
» avons vécu sans cet argent, nous nous en passerons
» bien encore ; quoi qu'il arrive, je me sens assez de
» courage pour te soutenir, toi, ma mère et mes enfans,
» du travail de mes mains. Je rendis donc grâce au ciel
» de mon malheur ; en perdant mon trésor, j'en décou-
» vrais un autre plus précieux que tous ceux que la for-

» lune peut donner : quelles dignités, quels honneurs » égaleront jamais pour un père de famille les vertus » d'une épouse! » Tels sont les jeux de la vie, que la perte de sa fortune, qui lui avait d'abord paru si pénible, fut l'origine de la plus grande joie qu'ait goûtée sa vieillesse.

Cependant, comme il avait refusé de signer les conditions faites aux autres créanciers, son débiteur lui fit offrir une maison de campagne, située sur les bords de l'Oise, dans le petit village d'Éragny. Cette offre le remplit de joie; il se hâta de l'accepter, et c'est dans cet asile qu'il passa les dernières années de sa vie.

Dès les premiers temps de son second mariage, il sentit qu'il allait être heureux. Le cœur plein des plus tendres sentimens, riche d'ordre et de modération, sa vie s'écoulait dans un agréable repos. Que de fois, en voyant son petit Paul endormi dans les bras de sa nouvelle mère, Virginie assise devant elle et lisant sa leçon dans un volume de *Télémaque*, que de fois, dis-je, il quittait sa plume, environnait sa jeune famille de ses bras paternels, et bénissait la Providence de se voir revivre dans ses enfans! puis il leur donnait un baiser, et plein d'émotion retournait à son travail. Déjà soixante-sept hivers avaient rendu son aspect vénérable, mais son ame n'éprouvait point les atteintes de l'âge. A voir comment il aimait sa femme, ses enfans, on eût dit que le temps l'avait épargné à son passage.

Ducis était son ami, et jamais sentiment plus vif ne donna plus de bonheur. Une amitié formée si tard entre deux hommes ordinaires n'aurait présenté que le triste spectacle de deux victimes déjà assises sur le bord d'un tombeau; mais il y avait dans ces deux illustres vieillards quelque chose d'auguste qui écartait toute idée d'une vie passagère, pour ne laisser penser qu'à leur immortalité. Leurs demeures, situées vis-à-vis l'une de l'autre, n'étaient séparées que par la cour du Louvre. Chaque matin, en s'éveillant, Bernardin de Saint-Pierre courait à sa fenêtre, et il était presque sûr de voir Ducis accourir à la sienne. Des signes d'affection les rassuraient d'abord sur leur santé, et un instant après ils étaient réunis. Ces deux amis se prêtaient un charme mutuel par l'opposition même de leur caractère. La physionomie de Bernardin de Saint-Pierre était naturellement calme. Une sensibilité profonde et les grâces d'un esprit délicat se peignaient tour à tour dans le mouvement de ses lèvres et dans la finesse de ses regards. Sa voix était douce, son élocution lente, sa pensée naturelle. Quelquefois aussi on découvrait avec surprise un peu de malice dans son sourire; car, comme Socrate, il avait l'humeur railleuse. Ducis, au contraire, se perdait sans cesse dans les hautes régions de la poésie; il ne parlait de rien tranquillement, et son enthousiasme lui inspirait de grandes pensées. Sa voix était forte, son regard franc et plein de feu, sa beauté mâle, et même un peu sauvage. Il parlait bien de Corneille; mais, par un contraste charmant, il aimait La Fontaine avec passion, et pour le louer il semblait adoucir sa voix. Ainsi le Polyphème de Théocrite amollissait son langage en célébrant les grâces légères de Galatée : tels étaient ces deux vieillards. Cependant, malgré nos souvenirs, il serait difficile de donner une idée juste de leurs belles physionomies, si les pinceaux de Gérard et le génie de Girodet ne les avaient heureusement conservées à la postérité.

Parfois de légères discussions donnaient plus de vie à leur amitié, sans jamais en troubler le charme. Ducis, comme tous ceux qui ont une imagination vive et mobile, s'engouait facilement. On était sûr de lui voir prêter à son héros du jour les nobles pensées qui élevaient son ame. A cette époque, Buonaparte, parvenu au consulat, recherchait la société des poètes, dont la voix, comme l'a si bien dit un ancien, peut entraîner les nations. Ducis surtout lui plaisait par ses idées gigantesques, par sa fougue et par son débit poétique. Il le recevait familièrement, et s'étudiait à montrer avec lui des goûts simples et une ame désintéressée. Il parlait comme Cincinnatus, afin de commander un jour comme César. Aussi le vainqueur de l'Italie n'était pas seulement l'ami du poète, il était son idole. Bernardin de Saint-Pierre, moins facile à tromper, avait découvert les germes d'une vaste ambition sous cette simplicité affectée : il le disait à son ami, en l'engageant à diriger vers les choses nobles et utiles cette ambition qui s'était pour ainsi dire livrée à lui. « C'est le seul moyen qui vous reste, ajoutait-il; inspirez-lui quelque pitié des hommes, afin qu'il soit notre maître, et non notre tyran. La société touche à sa dissolution, et vous la verrez, épouvantée de ses propres fureurs, se jeter dans les bras du premier qui aura la force de la protéger. Buonaparte le sait, et il se fera à Paris l'homme de la Providence, comme il s'est fait en Égypte l'envoyé du prophète. » Dominé par des idées différentes, les deux amis discutaient, se disputaient, et, comme cela arrive toujours, chacun gardait son opinion. Un matin, Ducis accourt chez M. de Saint-Pierre, et, sans se donner le temps de prendre haleine, il s'écrie de la porte : « Eh bien! j'espère que vous voilà convaincu? — Qu'est-il donc arrivé? — Quoi! vous ne le savez pas? Buonaparte rappelle les Bourbons et quitte les affaires; il ne veut plus être qu'un simple citoyen! Oui, mon ami, continuait Ducis avec l'accent de l'enthousiasme, il viendra chez vous, il viendra chez moi, il nous racontera ses victoires, et nous les chanterons! — Voilà qui est admirable, reprit M. de Saint-Pierre en riant; mais ne vous semble-t-il pas que notre premier consul fait comme les matelots qui tournent le dos au rivage où ils veulent aborder? — Quoi! serez-vous toujours incrédule? — Oh! non, reprit doucement M. de Saint-Pierre, mais seulement pas crédule. » Cette saillie les fit rire, et sans plus disputer, ils convinrent que les destinées des nations reposent entre les mains de Dieu, et que seul il sait s'il doit envoyer un sage pour les gouverner, ou choisir dans sa colère un tyran pour les punir.

Le caractère de Ducis était un composé des plus bizarres contradictions. Chrétien et républicain, il allait à la messe, adorait Brutus, et voulait impérieusement qu'on rendît la France à ses rois légitimes. On le voyait s'enfermer le matin avec son confesseur, le même jour dîner avec Buonaparte, et le soir au spectacle prendre amicalement la main de ceux qu'il avait vus naguère renier

Dieu, chanter Robespierre et condamner Louis XVI. C'était moins par faiblesse que par un sentiment de pitié : il regardait les crimes politiques comme des actes de démence, plaignait les criminels, et ne pouvait croire à leur perversité. Bernardin de Saint-Pierre admirait la vertu de son ami sans y prétendre. Doué d'une sensibilité exquise, il ne connaissait point les affections légères qui rendent si aimable et si facile. Jamais on ne le vit presser la main de celui qu'il méprisait, ni supporter de sang-froid la vue d'un lâche ou d'un perfide. L'aspect des méchans l'effarouchait; il était obligé de les fuir pour ne pas leur rompre en visière; et cette disposition le faisait souvent accuser d'injustice et de bizarrerie, car il n'était pas exempt de préventions. Ducis lui disait quelquefois : « C'est une trop rude tâche que de réformer les hommes; j'aime mieux les supporter tels qu'ils sont. — Vous avez raison, lui répondait Bernardin de Saint-Pierre; mais il m'est plus facile de vous croire que de vous imiter. — Ils diront que vous êtes un ours. — A la bonne heure : je consens à tout plutôt que d'être leur ami. » D'après ces maximes, Ducis accueillait sans distinction des hommes de tous les partis. La société lui était nécessaire, il en aimait le bruit et le mouvement, et cependant tout lui annonçait une âme mélancolique. La gravure anglaise d'Ugolin, le buste de Shakespeare et celui de Corneille étaient les seuls ornemens de son cabinet. On y voyait encore un crucifix, et un tableau mystérieux retourné contre le mur. Ce tableau lui rappelait la plus grande affliction de sa vie; et ses amis, qui avaient un secret, ne portaient jamais leurs regards de ce côté. C'est dans ce lieu qu'il se livrait tour à tour à des exercices de piété et à ses méditations poétiques. Souvent le soir un cercle nombreux se rassemblait auprès de lui. Le peintre David venait y chercher des inspirations; le poète Le Brun y récitait ses vers fougueux d'une voix déjà mourante. Legouvé, Lemercier, Arnault, Chénier, Collin-d'Harleville, Andrieux, y lisaient leurs ouvrages; jeunes encore, ils étaient les amis de Ducis, et le nommaient leur père. Quelquefois aussi Bitaubé charmait cette réunion. Traducteur d'Homère, il savait mieux apprécier ses beautés que les rendre. C'était un petit homme doux, modeste, accueillant, dont le ménage rappelait celui de Philémon et Baucis. Il parlait toujours de sa femme, qui ne pouvait plus sortir de son fauteuil et qu'il quittait rarement. Modèle de l'amour conjugal, elle avait été la compagne de ses beaux jours et celle de ses jours d'infortune. Il racontait comment, malgré les souffrances d'une maladie aiguë, elle l'avait suivi dans les cachots infects de la terreur; comment elle avait voulu mourir avec lui[1], et comment

[1] Bitaubé allait être envoyé à l'échafaud; sa femme s'étant procuré du charbon, résolut de s'asphyxier avec lui. La chute de Robespierre les sauva. Pendant leur captivité, un domestique âgé de plus de quatre-vingts ans leur procura des moyens d'existence. Ce zélé serviteur, dont la figure vénérable inspirait le respect, venait chaque jour leur prodiguer ses soins. Quand le temps ne lui pouvait pas leur donner, il l'employait à solliciter les bourreaux du comité révolutionnaire, qu'il étonna plus d'une fois par son éloquence et par son courage.

enfin il n'aurait pu vivre sans elle. Quelquefois ces deux victimes échappées à la hache révolutionnaire étaient environnées des mêmes hommes qui naguère avaient failli d'être leurs bourreaux; mais ce couple vertueux ne voyait dans le mal passé qu'un motif de s'aimer davantage, et jamais on ne lui eût fait comprendre cette maxime des poissons de La Fontaine :

Que l'on ne doit jamais avoir de confiance
En ceux qui sont mangeurs de gens.

Ce ménage charmant offrait un contraste parfait avec celui de Ducis, qui ressemblait, comme il le disait lui-même, au camp des Grecs. Madame Ducis, semblable à la Discorde, ne cessait par son avidité et ses idées vulgaires d'irriter le caractère le plus irritable. Cette pauvre femme n'entendait rien ni aux vers, ni à la tendre dévotion, ni au désintéressement de son mari. Elle n'aimait de ses ouvrages que l'argent qu'ils rapportaient, et recommençait chaque jour ses lamentations sur la place de sénateur que Ducis venait de refuser. Ne sachant à qui s'en prendre de ce refus, elle en accusait tous les amis de son mari, et particulièrement M. de Saint-Pierre. Mais Ducis n'avait pas eu besoin des conseils de l'amitié pour s'honorer par une action généreuse. Buonaparte ne voyant autour de lui que des hommes qui, en parlant de liberté, cherchaient à se vendre, et s'affligeaient de ne pas trouver un maître, avait résolu de leur en donner un. Cette fois Ducis entrevit ses projets, et voici quelques lignes de la lettre qu'il écrivit à Bernardin de Saint-Pierre :

« Mon ami, on m'a dit que vous veniez d'être nommé
» membre du Sénat conservateur ; j'en suis bien aise
» pour ma patrie, et si cela vous convient, recevez-en
» mon compliment. Quant à moi, si on me fait l'hon-
» neur de me nommer, ma lettre de remerciement est
» déjà prête. Je puis dire, comme Corneille, en recon-
» naissant la distance infinie qui me sépare de lui com-
» me poète :

« Mon génie au théâtre a voulu m'attacher;
» Il en a fait mon fort, je dois m'y retrancher :
» Partout ailleurs je rampe, et ne suis plus moi-même! »

» Il m'est impossible de m'occuper d'affaires ; elles
» me répugnent, j'en ai l'horreur. Le mot de devoir me
» fait frémir. Enfin il y a dans mon ame, naturellement
» douce, quelque chose d'indompté qui brise avec fu-
» reur les chaînes misérables de nos institutions humai-
» nes. Je sais bien que ma femme ne peut concevoir
» mon refus; mais elle est femme : la richesse, les titres,
» les honneurs, son intérêt personnel, tout cela agit sur
» elle; et cela ne m'étonne point... Vous voyez bien,
» mon cher ami, que c'est dans moi-même, au fond de
» moi-même, et par moi-même, que je dois chercher
» mon bonheur. »

La noble simplicité de ces paroles est remarquable. Point de violence, point de protestation : il semble que le caractère du poète et du républicain se soit adouci pour donner à son action tout le calme de la vertu. Deux jours après cette lettre, Ducis refusa la place de sénateur. Buonaparte en fut plus fâché que surpris, et il répondit à quelques courtisans qui en murmuraient : « Je sais bien que vous auriez tous accepté. » Cependant, voulant tenter une dernière épreuve, il fit venir Ducis, et s'enferma avec lui. Mais Ducis, au lieu d'entrer dans les idées du maître, lui conseilla de tout quitter, et de redescendre dans la vie commune. Il parla pendant plus d'une heure avant que Buonaparte songeât à l'interrompre; après quoi le futur empereur fit avancer sa voiture, et, sans prononcer un mot, le renvoya et l'oublia. Peu de jours après, un homme de lettres vint, de la part de Buonaparte, proposer à Bernardin de Saint-Pierre d'écrire les campagnes d'Italie. L'auteur des *Études* répondit, comme il l'avait fait dans une autre occasion, qu'il avait étudié les lois de la nature, et qu'il ignorait celles de la politique et de la guerre. Aussitôt son nom fut effacé de la liste des sénateurs; et il s'en réjouit, car il n'avait pas moins que Ducis l'horreur des affaires. Quelques années après ces événemens, les artistes et les gens de lettres furent renvoyés du Louvre; leur société se trouva brisée, mais Ducis et Bernardin de Saint-Pierre restèrent toujours unis. Souvent, après les séances de l'Institut, les deux amis dînaient en famille. Ducis récitait ses vers, qui faisaient le charme de ces petites fêtes; il aimait aussi à entendre répéter à Virginie et à Paul les fables de La Fontaine; et, parmi ces fables, celle des Deux Pigeons ou celle de Philomèle et Progné. Pleins de ravissement, les deux vieillards interrompaient à chaque vers ces aimables enfans; Ducis, par des cris d'admiration, Bernardin de Saint-Pierre, par des remarques pleines de goût et de finesse. Tout ce qu'avait senti La Fontaine, il le sentait; l'âme de ce poète lui était familière; il y lisait en lisant ses fables, et jamais peintre plus naïf n'eut un plus naïf commentateur. Quelquefois aussi il prenait Virgile, et à la manière dont il analysait certains passages, on croyait ne les avoir point encore entendus, tant il excellait à en faire ressortir les pensées et surtout les sentimens !

Dans ces entretiens, les heures s'écoulaient avec rapidité, et le bon Ducis, en se retirant, disait à son ami : « La fortune ne donne pas de momens comme ceux-ci. C'est nous, c'est nous, croyez-moi, qui sommes les riches du siècle. » Puis il ajoutait par réflexion : « Je sais bien que vous avez deux enfans et une jeune femme, et qu'il faut pourvoir et prévoir; mais il vous arrivera quelque chose d'heureux : la Providence se rend visible sur les berceaux. » Cette prédiction ne tarda pas à se vérifier. Joseph Buonaparte fit, de son propre mouvement, offrir auprès de sa personne une place à l'auteur des *Études*, qui la refusa, et qui reçut aussitôt le brevet d'une pension de six mille francs, avec une lettre pleine des plus touchans témoignages d'affection. Ces six mille francs, joints aux six mille que Bernardin de Saint-Pierre possédait déjà, le rendirent riche, et il ne formait plus de desirs, lorsqu'il reçut encore du chef du gouvernement une pension de deux mille francs et la croix de la Légion-d'Honneur.

Jusqu'alors ses charges particulières l'avaient forcé de concentrer ses bienfaits autour de lui : il avait ouvert sa maison à la mère de sa femme, madame la marquise de Pelleporc, dont tous les biens avaient été perdus pendant l'émigration; il faisait une pension à madame Didot, grand'mère de ses enfans; et il pourvoyait aux besoins de sa sœur, qui ne mourut que trois ans avant lui. Mais, dès qu'il se vit à son aise, il voulut, pour ainsi dire, que tout le monde eût part à son bonheur, et il semblait n'avoir que pour donner. Il était heureux, il faisait des heureux, et rien n'eût été plus doux que sa vie, s'il n'avait senti chaque jour diminuer ses forces. Déjà ses promenades devenaient plus rares, et il aurait pu dire comme le bon La Fontaine parvenu au même âge : « Je ne sors point, si ce n'est pour aller un peu à » l'Académie, afin que cela m'amuse. » Dès lors ses pensées se dirigèrent vers la campagne, et il se retira avec sa famille dans sa petite maison d'Éragny, qu'il se plaisait à embellir du fruit de ses économies. Si l'agriculture charmait les heures de sa vieillesse, les Muses n'étaient pas oubliées. Suivant cette maxime d'Apelle : *Nulla dies sine lineâ*, il se faisait une loi de ne pas laisser écouler un seul jour sans écrire quelques observations sur la nature, ne fût-ce qu'une simple ligne. Il en était résulté à la longue une multitude de brouillons à peine lisibles, écrits sur des chiffons de papier qu'il comparait aux feuilles de la Sibylle bouleversées par le vent, et dont, suivant les intentions de l'auteur, nous avons réuni les plus beaux morceaux dans ses *Harmonies*. Telles étaient ses occupations à la campagne. Si des affaires obligeaient sa femme de s'éloigner pour quelques jours, il prenait sur lui seul tous les soins du ménage; ses enfans travaillaient à ses côtés, et souvent il était témoin de petites scènes de famille qui, remplissaient de joie son cœur paternel. Voici comment il faisait à sa femme le récit d'une de ces journées passées loin d'elle :

« Virginie et Paul sont entrés à neuf heures dans ma
» chambre; ils m'ont récité leur leçon, qu'ils n'ont pas
» mal dite. Virginie a servi le déjeuner, et en sortant
» de table j'ai vu avec surprise Paul sauter au cou de sa
» sœur, et tous deux s'embrasser avec tendresse, bras
» dessus, bras dessous, s'appelant mon cher petit frère,
» ma bonne petite sœur : ils m'ont dit que tu leur avais
» bien recommandé de s'aimer, et qu'ils n'auraient plus
» de querelles à l'avenir. J'ai été ému de ce mouvement
» d'amitié, produit dans l'intention de te plaire. Ils
» m'ont demandé des plumes, et ils sont occupés à pré-
» sent à écrire. J'ai recommandé à ma fille de se res-
» souvenir que pendant ton absence elle représentait la
» mère de famille; qu'elle en devait servir surtout à son
» frère, et en revêtir la douceur, la bonté et la dignité,
» dont tu es un si parfait modèle. Vraiment elle cherche
» à l'imiter, etc. » — Ainsi le seul souvenir de la vertu d'une mère donne des vertus à sa famille, et, quoique absente, on reconnaît partout sa pensée, comme ces divinités d'Homère dont on devinait le passage au parfum qu'elles laissaient sur leurs traces.

Cependant la santé de M. de Saint-Pierre s'affaiblissait chaque jour, et bientôt il sentit l'impossibilité de continuer lui-même l'éducation de ses enfans. C'est alors qu'on lui accorda une place à Écouen pour sa fille, et que les portes d'un lycée s'ouvrirent pour son fils. Il accepta la première de ces faveurs, et il sollicita l'autre, voulant, autant qu'il était en lui, rendre égal le sort de ses enfans. Mais il ne céda à la nécessité de cette séparation qu'avec une extrême répugnance, et ce fut un des plus grands chagrins de sa vieillesse; car il se voyait obligé de livrer lui-même ses enfans aux influences de cette éducation publique contre laquelle il n'avait pas cessé de s'élever dans tous ses ouvrages.

Demeuré seul avec sa femme, il consacrait chaque jour une heure ou deux à rédiger l'*Amazone*, ou à mettre en ordre sa *Théorie de l'univers*. Le système des marées était devenu son idée habituelle, et le point où il ramenait toujours la conversation; semblable au bon La Fontaine, qui, au rapport de Louis Racine, ne parlait jamais en société, ou voulait toujours parler de Platon.

Ses goûts ne varièrent jamais : à soixante-dix-sept ans, comme à dix, la présence du soleil le ravissait. Une belle soirée, un clair de lune, l'aspect des eaux et des bois, étaient ses plus doux spectacles. Jusqu'au déclin de ses jours, les beautés naturelles le trouvèrent sensible; elles touchaient, elles saisissaient son ame, et c'était par elles surtout qu'il aimait à se rappeler les époques de sa vie et les pays qu'il avait parcourus.

Les livres qu'il aimait le mieux, et les passages qui, dans ces livres, le touchaient le plus, étaient ceux où il découvrait des aperçus nouveaux des harmonies de la nature. Homère, Racine, Virgile et La Fontaine étaient ses poètes; Plutarque était son philosophe; l'Évangile son livre de morale, et les Voyageurs ses naturalistes.

Il préférait la campagne à la ville, une maison retirée à une maison située au village, et dans cette maison il choisissait toujours une chambre éloignée du bruit. Sous ses fenêtres croissaient des arbres étrangers, dont il mariait les ombrages avec les arbres de nos climats. On y voyait le vernis du Japon environné des pampres de la vigne, et le pommier de Normandie tout couvert des grandes fleurs rouges du bignonia. Donner une plante nouvelle à la patrie lui paraissait la plus belle gloire où l'homme pût aspirer.

Après les temps heureux de sa première enfance, dont il n'avait rien oublié, les jours les plus agréables de sa vie furent ceux qui s'écoulèrent depuis son second mariage, auprès de sa femme et de ses enfans. Il connut, avant de mourir, ce doux repos de l'ame qu'il avait tant désiré, et qu'on ne trouve que dans la famille.

En songeant aux desirs ambitieux de sa jeunesse, il aimait à répéter cette pensée des sages de l'Inde : L'homme a toujours soif; mais, soit que nous soyons sur les bords d'une fontaine ou sur les bords du Gange, nous ne pouvons emporter qu'un vase de leur eau.

« Dans mon enfance, disait-il, j'aimais a jouer aux noix, et, lorsque j'en avais gagné plein mes poches, je m'estimais heureux, je les faisais sonner. Un jour, ayant voulu les manger, j'en trouvai beaucoup de vides; mes camarades, plus rusés que moi, avaient recollé les coquilles, et mêlé ces fausses noix avec les bonnes. Plus grand, je me suis passionné pour une montre, une épée, des amours. Ce sont petits jeux d'enfans, fausses jouissances, noix pleines de sable, noix vides que tout cela ! »

Il ne dissimulait pas le sentiment que lui inspiraient ses ennemis : « Il m'a toujours fallu du courage, disait-il, pour pardonner une injure. J'ai beau faire, la cicatrice reste, à moins que l'occasion de rendre le bien pour le mal ne vienne s'offrir à moi; car un obligé m'est aussi sacré qu'un bienfaiteur. »

Il disait encore : « Je me communique à tout le monde, et je ne me livre à personne. » Aussi son cabinet était ouvert à chacun, et sa maison ne l'était qu'à ses amis.

Nous avons trouvé dans ses papiers plusieurs lettres adressées à de grands personnages; elles prouvent son embarras et sa stérilité lorsque son cœur n'avait rien à dire. De simples billets sont refaits jusqu'à dix fois sur la même page, sans que l'auteur ait réussi à exprimer sa pensée. A ce sujet, on peut dire de Bernardin de Saint-Pierre ce que Montaigne disait de lui-même : « A bienvenner[1] à remercier, à saluer, à présenter » mon service, je ne connois personne si sottement » stérile de langage que moi.... Je n'en crois pas tant, » et me déplaist d'en dire guere outre ce que j'en crois. » Mais, lorsqu'il écrivait à ses amis, lorsqu'il pouvait montrer toute son ame, il redevenait un écrivain pur, facile et harmonieux.

On lui demandait comment il pouvait passer sa vie à la campagne, loin de la société, et presque sans livres. « Je ne saurais vous répondre, dit-il; mais écoutez ce que dit le bon ermite saint Antoine à un philosophe qui lui faisait la même question : « Mon livre c'est le monde, ma contemplation celle de la nature : j'y lis sans cesse la gloire de Dieu, et je n'en puis trouver la fin. »

Il disait de lui : « Ma réputation n'est qu'une petite flamme agitée par tous les vents : si elle attire quelques regards de mes contemporains, si elle éclaire les infortunés, c'est que je l'ai allumée au pied de l'image sainte de la Providence. »

Un jeune homme qui se destinait aux lettres se plaignait un jour d'être né sans fortune; Bernardin de Saint-Pierre lui dit : « J'ai souvent adressé la même plainte au ciel; cependant le peu de gloire que j'ai recueillie je la dois à l'adversité. Mais si j'avais été véritablement sage, l'obscurité m'aurait donné l'indépendance et la liberté, qu'elle ne refuse à personne. »

Il disait encore : « Le malheur inspire la confiance en Dieu, qui surpasse tous les biens. »

Ami des véritables savans, il ne pouvait souffrir ces hommes qui sont toujours prêts à adopter les erreurs de physique qui obscurcissent les vérités morales.

A ce propos, il appliquait aux sciences ce mot de Montaigne sur la religion : *Ce n'est pas l'estude de tout le monde, les mechans et les ignorans s'y empirent.* Pensée empruntée au bon Philippe de Comines, qui avait si bien dit : *Les mauvais empirent de beaucoup sçavoir, et les bons en amendent.*

---

[1] *Bienvenner*, féliciter quelqu'un sur son heureuse arrivée. Mot excellent, indispensable à la langue, qu'on ne peut remplacer que par une longue phrase, et qu'on a laissé perdre comme beaucoup d'autres.

Il définissait la science, le sentiment des lois de la nature par rapport aux hommes. Admirable définition qui ne permet aucune erreur; car du sentiment des lois de la nature par rapport aux hommes, ressort le sentiment des vérités qui élèvent l'homme jusqu'à Dieu.

Il connaissait la nature par expérience, et les hommes par théorie. Aussi, dans le commerce habituel de la vie, se laissait-il tromper comme un enfant. « Il n'y a rien à faire dans le monde pour l'homme sage, disait-il. Les grands veulent des complaisans, les médiocres des admirateurs, les petits des maitres; on n'est libre que dans la solitude. »

Vers les derniers temps de sa vieillesse, il disait de la mort, « que toutes les terreurs qu'elle nous inspire viennent de ce que sa pensée n'entre pas assez familièrement dans notre éducation. On nous en parle toujours comme d'une chose étrangère, comme d'un malheur arrivé à autrui; on s'en étonne même, en sorte qu'il semble qu'il n'y ait rien de naturel dans un acte qui s'accomplit sans cesse. Écoutez l'histoire d'une maladie, je ne crois pas en avoir ouï une seule où la mort ne soit venue par la faute du malade ou du médecin. Jamais rien dans l'ordre de la nature; jamais rien dans l'ordre de Dieu. De manière qu'en nous promettant bien de ne pas faire la même faute, il semble qu'il ne tiendrait qu'à nous d'être immortels.

» Cependant, si je considère les peines de la vie, je dis : La mort ne peut être qu'un bienfait, puisqu'elle vient après tant de maux, comme le repos après le travail, comme la nuit qui succède au jour, et qui me découvre de nouveaux cieux.

» Ce besoin d'aimer, ce besoin de connaître, ce besoin de m'élever à la source de toute vérité, la mort va le satisfaire. Et comment craindrais-je de me réunir à celui que j'ai cherché pendant ma vie ?

» Saint François de Sale expirant disait : C'est à ceux qui ont mis leurs espérances dans les richesses à craindre la mort ! Je ne suis pas un saint, mais aussi je ne suis pas un méchant. J'espère en celui qui a dit : Un verre d'eau donné en mon nom ne restera pas sans récompense. »

Telles furent les pensées, les opinions et les goûts de toute sa vie.

Frappé successivement de plusieurs attaques d'apoplexie, il sentit, dans les premiers jours de novembre de 1813, qu'il allait abandonner la vie, et il se hâta de quitter Paris où ses affaires l'avaient amené, pour jouir à la campagne des derniers beaux jours de l'automne. Quelques promenades dans la forêt de Saint-Germain et sur les bords de l'Oise furent ses derniers plaisirs. Tranquille sur lui-même, il comparait la vieillesse à un fruit mûr qui repose sur l'herbe, et qui renferme la semence qui doit le faire revivre. Cependant sa douce philosophie ne le rendait point insensible à l'idée de se séparer d'une femme qu'il aimait, et dont il disait avec attendrissement : « Je la vois sans cesse occupée à retenir mon ame prête à s'échapper. » Elle l'avait décidée à recevoir les conseils d'un de ses amis, le docteur Alibert; mais en les recevant, il lui disait : « Je sens que vos soins sont inutiles, et vous allez me faire boire la ciguë comme à Socrate; aussi bien dans peu je visiterai comme lui *Phthia la fertile*. »

La dernière fois qu'il se fit porter dans son jardin, il remarqua un rosier du Bengale tout chargé de fleurs, mais dont une partie des feuilles étaient jaunies par le vent. Il le regarda un instant, et le montrant à sa femme, il lui dit : « Demain les feuilles jaunes n'y seront plus. » Et comme il vit que ces paroles lui faisaient répandre un torrent de larmes, il ajouta doucement : « Pourquoi te livrer à d'inutiles regrets ? ce qui t'aime en moi vivra toujours. Souviens-toi des diverses périodes de notre vie, et tu verras qu'il doit encore me revenir quelque chose. Tout va s'améliorant en nous et autour de nous. N'ai-je pas été petit enfant entre les bras de ma nourrice ? N'ai-je pas ensuite balbutié des mots, et répondu par mes caresses aux caresses de mes parens ? Jeune, j'ai parcouru le globe avec des plans de république; j'étais alors plein d'ambition et malheureux. Ensuite ma raison s'est éclairée; je me suis approché de la nature et de Dieu, et voilà que mon ame est prête à se rejoindre à lui. Tu le vois, la fin d'une période a toujours été le commencement d'une autre, comme la fin du jour est l'annonce d'une nouvelle aurore, comme la fin de l'hiver est l'annonce d'un nouveau printemps. Ainsi la mort est suivie d'une existence immortelle. Mais toi, chère amie, toi qui n'as pas été ici-bas la compagne de mes beaux jours, mais qui as supporté les infirmités de ma vieillesse, ne te laisse point abattre; ta tâche ne finit pas avec moi : je te confie en mourant ma gloire, mes ouvrages, et le sort de mes enfans. »

Ces paroles restèrent profondément gravées dans la mémoire de sa femme et de sa chère Virginie. Combien de fois les ai-je vues fondre en larmes en les répétant, avec les circonstances les plus touchantes des derniers momens de cet illustre vieillard !

— Quelques heures avant sa mort, en sortant d'une longue faiblesse, comme il les vit tout en pleurs autour de son lit, il leur tendit la main; sa voix n'était plus qu'un souffle, à peine il put leur dire : « Ce n'est qu'une séparation de quelques jours; ne me la rendez pas si douloureuse ! je sens que je quitte la terre, et non la vie ! » Et, comme s'il eût cédé à la plus tendre conviction, il ajouta : « *Que ferait une ame isolée dans le ciel même ?* » Ces mots touchans furent presque les derniers qu'il prononça : peu d'heures après il n'était plus !

Il mourut dans sa maison d'Éragny, entre les bras de sa femme et de sa fille, le 21 janvier 1814. La terre était couverte de neige; un vent froid agitait quelques arbrisseaux placés sous sa fenêtre; tout était triste dans la nature. A midi, le soleil parut à travers les brouillards; un de ses rayons tomba sur le visage décoloré du mourant, qui prononça le nom de Dieu, et rendit le dernier soupir.

Ainsi s'accomplissent les destinées humaines ! La mort termine tout; elle effacerait jusqu'au souvenir du passé, et le genre humain serait comme né d'hier, si des génies supérieurs n'apparaissaient de loin en loin pour former la chaîne immortelle qui unit ceux qui ont été ceux qui sont, et les temps présens aux temps à venir. Heureux celui qui, dans le passage de la vie, peut attacher un anneau à cette chaîne brillante! ses pensées lui survivent : c'est un héritage qu'il lègue à la terre. Il fait le bien long-temps après avoir cessé d'être, et son nom, béni d'âge en âge, est souvent invoqué par les malheureux. O gloire! que tu es belle! ta seule espérance fait tressaillir mon ame! Combien de fois, dans les rêves de ma jeunesse, ne me suis-je pas tracé un chemin auprès de ceux dont tu éternises la mémoire! J'apprenais d'eux à dédaigner les ambitions vulgaires, qui ne mènent qu'à la fortune; mais c'était pour m'élever plus haut! Leur génie, trompant le mien, me faisait oublier ma faiblesse : j'aurais voulu être Socrate, Virgile, Fénelon, Bernardin de Saint-Pierre! j'aurais donné ma vie pour une de ces inspirations qui les rapprochaient du ciel; et mes nuits s'écoulaient dans la méditation de leurs chefs-d'œuvre et dans la contemplation de leur gloire. Mais tant d'espérances n'auront point été vaines! Si mes propres ouvrages ne doivent point un jour consacrer mon souvenir, le monument que j'élève suffit pour me faire bien mériter des hommes. Je puis aussi prononcer le *non omnis moriar* d'Horace, car je viens de graver mon nom à côté d'un nom qui ne doit pas mourir!

# PREMIER SUPPLÉMENT

### A L'ESSAI SUR LA VIE

## DE BERNARDIN DE SAINT-PIERRE,

#### OU

#### RÉPONSE A UN ARTICLE DU MÉMORIAL DE SAINTE-HÉLÈNE [1].

(Extrait du *Journal des Débats*, du 15 février 1823.)

L'impartialité, dit Tacite, est le premier devoir de l'historien; il doit oublier le bienfait et l'injure, et prononcer sur les actions. Ainsi, le plus rigide des écrivains de l'antiquité, le juge inflexible d'un siècle de crimes, réduisait les principes à un seul, la vérité. Ce mot, en effet, renferme tout; car il faut de la constance pour chercher la vérité, du courage pour la dire, une ame pour la défendre.

C'est cette justice historique que je viens réclamer de M. de Las-Cases; non que je compte beaucoup sur son impartialité, la lecture de son livre m'a laissé peu d'espoir à ce sujet : mais si je ne puis convertir l'écrivain, qu'il me soit permis de faire briller la vérité, elle suffit à ma cause.

[1] Je dois à la vérité de dire que M. de Las-Cases s'est fait honneur en supprimant dans la seconde édition de son ouvrage toutes les allégations calomnieuses réfutées dans cet article. Cependant ces allégations ayant été reproduites, malgré mes réclamations, par de misérables pamphlétaires qui s'appuient du texte de la première édition du *Mémorial*, il est de mon devoir de consigner ma réponse dans un ouvrage plus durable que les feuilles d'un journal.

Que M. le comte de Las-Cases conçoive le projet de représenter son maître Buonaparte comme un bon homme, ami du peuple, ami de la liberté; qu'il loue sa modération, sa sagesse, même son humanité, rien de mieux. M. de Las-Cases est libre, sa réputation lui appartient, il peut en disposer. Certaines gens même trouveront tout naturel qu'il ait flatté un si bon maître; ils diront qu'ayant reçu le salaire de ses éloges, il fait bien de n'être pas ingrat. Mais dans quel intérêt vient-il diffamer la mémoire de Bernardin de Saint-Pierre? Qu'y a-t-il de commun entre celui qui, *dans sa méchanceté*, n'a pas cessé d'écrire pour le bonheur du genre humain, et celui qui, *dans sa bonhomie*, n'a pas cessé de faire couler le sang des hommes? Que M. de Las-Cases réponde.

Si M. le comte s'était borné à dire que *Paul et Virginie* abonde en pathos et en passages froids, mauvais, manqués; si, en se livrant à la critique des *Études de la Nature*, il se fût contenté, sur la parole de son maître, de considérer cet ouvrage comme un traité de géométrie, j'aurais pu me dispenser de lui répondre : M. de Las-Cases n'est-il pas libre de gratifier son héros de toute son ignorance? Mais c'est ici que l'accusation devient grave; c'est ici qu'il m'est plus permis de traiter l'auteur comme un ignorant, et qu'il faut me résoudre à le combattre comme un calomniateur. Quoi! c'est aux contemporains de Bernardin de Saint-Pierre, à ses amis, à ses disciples, aux académies dont il fut membre, à la France qui honore son souvenir, à l'Europe qui admire son génie, qu'on ose le représenter comme un *méchant homme*!

Je ne crains pas de le dire, il n'y aurait point de noms assez infâmes pour celui qui répéterait une semblable accusation sans en avoir de preuves. M. le comte de Las-Cases n'a donc rien avancé sans preuves : il ne se serait pas jeté dans une situation si difficile, s'il n'eût connu les moyens d'en sortir. Je le somme donc pour ce qu'il a avancé : qu'il cite hardiment un seul être dont ce méchant homme ait fait le malheur. Serait-ce sa sœur, sa vieille gouvernante? leur mort seule a pu mettre fin à ses bienfaits. S'agit-il de la mère de sa première femme? il n'a cessé de lui prodiguer ses soins et ses secours. Veut-il parler des enfans, de la veuve, des amis de Bernardin de Saint-Pierre? M. de Las-Cases les entendra bientôt devant ses juges; enfin s'agit-il de la première femme de cet illustre écrivain? Sa correspondance intime, lue devant les tribunaux, n'a-t-elle pas dévoilé l'intérieur de sa maison, ému l'auditoire, convaincu les magistrats, confondu la calomnie? Ah! M. le comte, tremblez de vous être fait l'écho des plus noirs mensonges! tremblez d'associer votre nom à celui de ces êtres abjects qui poursuivent dans Bernardin de Saint-Pierre des vertus qu'ils ne surent pas comprendre! Je ne vous juge pas, j'attends vos preuves. Non que je craigne pour la mémoire de l'auteur des *Études*, il est placé si haut que ses ennemis ne peuvent plus que ramper à ses pieds; mais je crains pour votre honneur, M. le comte : car, ne vous y trompez pas, c'est de votre honneur et non de celui de Bernardin de Saint-Pierre qu'il s'agit en ce moment.

Mais qu'importe la calomnie? dit le calomniateur. Ce qu'elle importe! tu le demandes, toi dont une seule parole peut flétrir la vertu! toi qui peux commettre le plus grand des crimes sans redouter la loi! tu le demandes dans un siècle où elle frappe en même temps et les rois et les peuples, et le trône et l'autel; et lorsque ses charbons ardens, selon le proverbe indien, noircissent tout ce qu'ils ne peuvent consumer!

J'ouvre l'histoire des bienfaiteurs de l'humanité, et je vois que Socrate fut traité d'impie, Henri IV de tyran, Rollin de corrupteur de la jeunesse, et Fénelon de bête féroce [1] : ces accusations nous indignent; nous ne pouvons les concevoir; et cependant Fénelon fut persécuté, Rollin arraché à ses élèves, Henri IV assassiné, et Socrate but la ciguë. Voilà les fruits de la calomnie. Faudra-t-il ajouter le nom de Bernardin de Saint-Pierre à celui de ces nobles victimes? plus malheureux qu'elles ne le furent, sera-t-il poursuivi jusqu'après sa mort? Permettrons-nous qu'on parle de l'auteur de *Paul et Virginie* comme d'un homme *toujours prêt à demander l'aumône sans honte*? Faudra-t-il entendre raconter froidement ce que je rougis d'écrire, qu'un jour Buonaparte laissa en secret sur sa cheminée un rouleau de vingt-cinq louis, et que tout le monde se moqua de sa délicatesse, *parce que Bernardin de Saint-Pierre faisait métier de demander à tout venant, et de recevoir de toutes mains*? Ne sont-ce pas là les propres expressions consignées dans votre livre, M. le comte? Comment votre main ne s'est-elle pas paralysée en les écrivant? comment n'avez-vous pas songé qu'il faudrait un jour justifier toutes ces bassesses, ou en porter la peine comme fauteur de calomnies?

Mais je m'aperçois tout à coup de votre inadvertance. Est-ce bien vous, M. le comte, qui accusez votre maître d'avoir laissé dans la misère l'auteur de tant de beaux ouvrages? Bernardin de Saint-Pierre, appelé par Louis XVI à l'intendance du Jardin du Roi, aurait vu, sous les gouvernemens qui se succédèrent plus tard, ses voyages, ses services, ses talens sans récompense! Le règne de Buonaparte ne serait-il plus celui des lettres et des sciences? votre héros ne prodiguait-il l'or qu'à ses esclaves ou à ses flatteurs? Réfléchissez, je vous en prie, au rôle que vous lui faites jouer. Moi, qui ne l'ai jamais loué, je lui en donnerai un plus digne : sous son gouvernement, Bernardin de Saint-Pierre avait huit ou dix mille francs de pension. Il aurait eu bien davantage; et même il eût siégé au Sénat, s'il n'eût refusé d'écrire les campagnes de Buonaparte, lorsque Buonaparte lui-même le lui fit proposer. S'il accepta une pension de Joseph, c'est que Joseph le pressa vivement de l'accepter, et qu'il ne mit aucune condition à cette faveur. Je possède les lettres de Joseph, je puis vous les montrer, M. le comte. Je ne suis pas l'ami de Buonaparte, mais je sais rendre justice aux belles actions.

Tous ces détails, je le sens, rendent votre position plus embarrassante; mais la mienne ne laisse pas d'être

[1] Cette bête féroce qui épouvante la chrétienté de ses rugissemens.

(*Lettre de l'abbé Bossuet à son oncle.*)

fort difficile. Me voilà forcé d'attaquer le compagnon d'un grand empereur, et de lui prouver qu'il n'est pas infaillible comme son maître. Je n'espère pas le faire rougir : quand on écrit de pareilles choses, on ne rougit plus. Je n'espère pas toucher sa conscience, et réveiller en lui des sentimens d'honneur; quand on écrit de pareilles choses, on a tout oublié. Quelle est donc mon espérance, et à quelle extrémité me vois-je réduit? Il faut que je descende dans la fange pour vous combattre, M. le comte; ou que je laisse mon maître et mon ami sans justification. Que dis-je? une justification serait un outrage! Je dois mépriser ce qu'il aurait méprisé lui-même; et pour assurer mon triomphe, ne suffit-il pas de nommer ses accusateurs et leur victime?

M. de Las-Cases veut-il savoir ce que c'est qu'un homme méchant, avide, prenant de toutes mains? c'est celui qui spécule révolutionnairement sur le scandale, qui se met à l'abri d'un grand nom pour répandre en sûreté le venin de l'envie, et qui se fait donner l'aumône par toutes les passions et par tous les vices qu'il flatte et qu'il remue. Admirateur du crime, apologiste du criminel, lâche pamphlétaire, voilà le méchant.

Je livre ces réflexions à tous les gens de bien. C'est à eux que j'en appelle; c'est leur appui que je demande, et que je demande dans leur propre intérêt. Qu'ils y prennent garde; quelque simple, quelque retirée que soit la vie d'un honnête homme, elle ne sera bientôt plus à l'abri des attaques des factions et des factieux. Ils ont fait une ligue pour détruire jusqu'aux vestiges de la vertu; ils vont répandant le poison dans les chaumières après avoir porté le poignard dans les palais, et c'est aux pieds de leur terrible idole qu'ils prétendent immoler les victimes qui lui ont échappé. Attendrons-nous sans combattre qu'ils veuillent bien décider de notre sort? laisserons-nous à des esclaves le droit de noircir la vie de tous ceux qui ont fui leur avilissement? Quoi! ils pourraient prêter leur langage à leur maître pour assurer leur propre vengeance? Ils en feraient l'instrument de leur haine, après avoir été les instrumens de son ambition? O vicissitude de la gloire humaine! Buonaparte a déjà subi leurs éloges, les voilà qui lui prêtent leurs pensées étroites, leurs haines sans énergie, leurs passions sans grandeur. Est-il bien vrai, grand homme, que tu aies pu tomber si bas?

Que l'exemple de Bernardin de Saint-Pierre nous ouvre les yeux, que l'acharnement avec lequel on poursuit sa mémoire nous apprenne le sort qu'on destine à quiconque aura servi sa patrie et le genre humain. Rappelons-nous que cet homme avide *qui recevait de toutes mains, qui demandait à tous venans*, n'a légué d'autres richesses à son fils et à sa fille que son nom et le souvenir de ses vertus : voilà l'héritage qu'on essaie de leur ravir! On veut qu'ils soient repoussés comme la race du méchant; la calomnie triomphante se vengera au moins sur les enfans des vertus du père et de la gloire qu'on lui envie, comme si elle lui avait donné le bonheur.

Quant à moi, je prends ici l'engagement de ne laisser aucune attaque sans réponse. Les enfans de Bernardin de Saint-Pierre, après avoir pleuré sa mort, n'auront point à pleurer sa mémoire. Je poursuivrai partout ses ennemis; je ne leur laisserai aucun repos, je leur dirai, à la face de la France : *Vous êtes de vils calomniateurs*, et ils resteront éternellement sous le poids de cette accusation.

L. AIMÉ-MARTIN.
15 février 1825.

## SECOND SUPPLÉMENT
### A L'ESSAI SUR LA VIE
### DE BERNARDIN DE SAINT-PIERRE,
#### A L'OCCASION
#### D'UN ARTICLE DE LA BIOGRAPHIE UNIVERSELLE.

> Le ver obéit à son instinct ; et il est des hommes qui méritent ce nom mieux que ceux qui vivent des dépouilles de la tombe.
> — BYRON, *Marino Faliero*. acte V. —

### PRÉFACE.

Il y a quelques années, en écrivant à M. de Las-Cases, je pris l'engagement de ne laisser sans réponse aucune attaque contre la mémoire de Bernardin de Saint-Pierre. Cet engagement, je viens le tenir; je viens effacer toutes les calomnies dont M. Durosoir s'est fait l'interprète dans la *Biographie universelle*, et j'ose espérer que cette réponse me dispensera de traiter une troisième fois le même sujet. C'est la destinée de la vertu d'être livrée aux mains des méchans ; mais (faut-il l'apprendre à M. Durosoir?) le métier de libelliste n'est propre à rien d'utile, à rien de bon. Qu'il vive à ce prix, j'y consens. Cependant si sa raison peut acquérir quelque maturité, il sentira combien il m'a d'obligation de l'avoir corrigé; il verra, et j'emploie ici à dessein les expressions si remarquables d'un grand critique, que « Il » verra qu'un libelliste qui ne couvre pas de talens émi-» nens ce vice, né de l'orgueil et de la bassesse, croupit » toute sa vie dans l'opprobre; qu'on le hait sans le » craindre, qu'on le méprise sans qu'il fasse pitié, » et que toutes les portes des honnêtes gens lui sont fer-» mées. ». ( VOLT., *Mél. littér.*, tom. II, *Lettre à La Harpe*, p. 410.)

### RÉFUTATION.

Le 26 novembre 1824, je reçus la lettre suivante :

« MON CHER AIMÉ,

» J'apprends que M. Durosoir a fait sur notre Ber-» nardin de Saint-Pierre un article fort inconvenant » pour la *Biographie universelle*. Il est à propos que » vous voyiez M. Michaud, afin de prévenir de nouvel-» les calomnies contre le plus beau génie de la dernière » époque. Je n'ai que le temps de vous écrire ces lignes; » vous me saurez gré de n'en avoir point perdu pour » vous mettre en garde contre ces infamies.

» CHARLES NODIER. »

Je fus peu surpris de cette lettre. Depuis long-temps je connaissais les manœuvres des ennemis de Bernardin de Saint-Pierre pour obtenir un article de ce genre; je savais que toutes les calomnies répandues contre la mémoire de ce grand homme sortaient des ateliers de quelques misérables, aussi peu en état de concevoir son caractère que de comprendre ses écrits; mais je n'imaginais pas qu'il fût possible de trouver, même au dernier rang des écrivains, un homme prêt à servir de si tristes passions. Toutefois, ne voulant pas négliger l'avis que je venais de recevoir, je me rendis chez M. Michaud, libraire, qu'il ne faut pas confondre avec M. Michaud de l'Académie française. Tout le monde sait que ce dernier est un homme plein de justice et de politesse. Je me rendis donc chez M. Michaud, libraire ; mais vainement j'essayai de le convaincre qu'il était de son intérêt de ne pas publier des calomnies; vainement, pour éclairer sa conscience, je lui proposai de mettre à sa disposition tous les papiers de Bernardin de Saint-Pierre; vainement enfin j'en appelai à son honneur, en me bornant à demander la suppression des passages dont je pourrais prouver la fausseté, les pièces à la main : il se refusa à toutes mes offres, ne voulut rien voir, rien entendre, et je me retirai bien convaincu que l'éditeur de la *Biographie universelle* ne faisait si peu de cas de la vérité que parce qu'il pensait que c'est une mauvaise marchandise. Cependant une seconde lettre me fit croire un moment que cet homme s'était ravisé.

« Je suis enchanté, me disait-on, de l'heureux tour » qu'a pris votre affaire : voici un fait qui confirmera » sans doute le détracteur de Bernardin de Saint-Pierre » dans sa juste résipiscence. Le marquis de Montciel, à » qui on avait écrit pour savoir s'il était vrai que Ber-» nardin de Saint-Pierre lui eût refusé un asile au Jar-» din du Roi pendant les orages de la révolution (asser-» tion qui avait trouvé place dans la *Biographie*), a » répondu que rien n'était plus faux [1], et que l'auteur de » *Paul et Virginie* avait au contraire publié à cette épo-» que une brochure royaliste qui lui avait attiré la haine » des jacobins [2]. Vous pouvez, mon ami, faire tel usage » que bon vous semblera de ce démenti donné à l'au-» teur de l'article. La lettre originale est entre mes » mains [3].

» CHARLES NODIER. »

[1] Cette réponse est positive, et l'on pense peut-être que M. Michaud s'est empressé de faire disparaître l'anecdote qu'elle dément. Non, il l'a laissée subsister dans les exemplaires envoyés en province, et ne l'a supprimée que dans quelques-uns des exemplaires distribués à Paris. Ainsi, d'un côté il se donne l'air d'un homme impartial, et de l'autre il fait circuler la calomnie. J'en appelle aux souscripteurs des départemens: qu'ils ouvrent le quarantième volume de la *Biographie*, et qu'ils jugent M. Michaud !

[2] C'était une invitation à la concorde. Elle fut affichée, et le peuple courut briser les vitres de l'imprimeur.

[3] Voici l'origine de cette anecdote. M. de Montciel, charmé

## DE BERNARDIN DE SAINT-PIERRE.

Une seule chose, je l'avoue, me frappa en lisant cette lettre : c'est l'infatigable constance avec laquelle les ennemis de Bernardin de Saint-Pierre allaient quêtant le scandale, dans l'unique but d'outrager la mémoire d'un grand homme. Trois mois s'écoulèrent cependant sans aucune démarche de ma part, et je commençais à ne plus songer à cet article, lorsqu'un matin, au moment où j'achevais de rédiger les délibérations de la Chambre, je vis entrer dans mon cabinet un ancien ami de Bernardin de Saint-Pierre ; son visage portait l'empreinte de la plus vive indignation. « Lisez, me dit-il en jetant sur ma table le quarantième volume de la *Biographie universelle*; voilà le prix d'une vie entière consacrée au bonheur des hommes ! » J'ouvris le livre, et après une lecture rapide de l'article : « En vérité, dis-je à mon ami, je ne conçois rien à votre colère. Examinons cet article avec sang-froid. Quel est le but de l'auteur ? de déshonorer la mémoire de Bernardin de Saint-Pierre. Je doute fort qu'un pareil but puisse lui mériter l'estime publique. C'est un triste rôle que celui de détracteur des grands hommes. L'écrivain qui tombe aussi bas ne se relève jamais, quel que soit le succès de ses efforts ; il est toujours sûr de rencontrer le mépris.

Et quant à l'auteur de l'article, qu'a-t-il fait pour remplir son but ? a-t-il cherché la vérité ou cherché le mensonge ? c'est toute la question, et je ne pense pas que le public puisse s'y tromper un seul moment. La mauvaise foi et le dessein de nuire percent ici à chaque page. Le libelliste s'est mépris au point d'imaginer qu'il suffisait d'accuser un homme pour le faire paraître coupable ; il veut qu'on prenne ses assertions pour des preuves, et ses injures pour des argumens. Mais le public n'adoptera pas sans efforts des idées qui vont blesser ou renverser toutes les siennes ; je dis plus, il n'est pas un seul lecteur des *Études de la Nature* et de *Paul et Virginie* dont on ne soit sûr d'exciter la surprise, d'éveiller l'incrédulité, lorsqu'on viendra lui dire : L'auteur de ces divins ouvrages était un malhonnête homme. Ce sentiment, qui sera général, doit amener l'examen de l'article, et c'est là, croyez-moi, que s'arrêtera le triomphe de la calomnie. En vain le méchant s'appuie du mensonge et foule aux pieds la vérité : la conscience publique rétablit tout dans l'ordre. Vous représentez Bernardin de Saint-Pierre comme un ennemi du culte et de la religion, dira-t-on à M. Durosoir : montrez-nous parmi les ennemis du culte et de la religion un seul écrivain qui se soit appuyé de ses doctrines ! Vous dites qu'il a caressé les maximes révolutionnaires : montrez-nous,

des ouvrages de Bernardin de Saint-Pierre, lui fit proposer par une personne tierce de venir habiter son château. « J'ai répondu de mon mieux à des offres de service si agréables, dit dans une de ses préfaces l'auteur des *Études* ; mais je n'en ai accepté que la bienveillance. » Il est curieux de voir comment les actions les plus honorables peuvent être transformées en actions coupables. Bernardin de Saint-Pierre n'accepta pas la retraite que lui offre M. de Montciel ; aussitôt la calomnie s'empare de ce refus, et, renversant les faits, il se trouve tout à coup que c'est M. de Montciel qui a demandé un asile à Bernardin de Saint-Pierre, et que cet asile lui a été refusé.

parmi cette foule de misérables qui se sont faits nos maîtres, un seul publiciste, un seul orateur qui ait invoqué ses principes ! Nous voulons connaître les peuples qu'il a dépravés, les factieux qu'il a soutenus, les impies ou les fanatiques qui se disent ses disciples. Parlez, éclairez-nous ; car vous avez dit tout cela, et il ne vous reste qu'à le prouver. Voilà, mon ami, ce que le public dira à M. Durosoir ; et pensez-vous que son article ait besoin d'une autre réponse ? — Oui ! et cette réponse, je viens vous la demander. Je veux croire que les amis de la vérité parleront comme vous ; mais combien d'autres parleront autrement ! Songez aux suites funestes de votre silence. Le caractère du moraliste donne aussi quelque poids à ses paroles. Que deviennent les hommages que Bernardin de Saint-Pierre rend à la religion, et ses argumens invincibles sur la bonté de la Providence ? Que deviennent ces tableaux ravissans de la nature qu'il unit aux tableaux de la vertu, pour nous élever jusqu'à Dieu ? Il écrivait contre sa pensée, dira l'incrédule ; n'ayez plus de foi à la vertu, diront les faux philosophes ; vous nous ôtez notre consolateur, diront les malheureux ; lui, notre ami, le seul écrivain qui en faisant un livre se soit toujours occupé de nous ! Ainsi le but de cet article est de déshonorer l'homme, et son effet d'ôter toute confiance au moraliste.

Ici je ne pus m'empêcher d'interrompre mon ami. « Il me semble, lui dis-je, que vous donnez beaucoup d'importance aux écrits de M. Durosoir. — Et comment ne leur en donnerais-je pas ? Voyez avec quel art perfide il sait détourner le sens de vos pensées pour en faire jaillir la calomnie ! Comme il dénature la vérité par des équivoques, comme il l'obscurcit par des restrictions ! Sous sa plume, les actions les plus innocentes deviennent des actions coupables : ainsi, lorsque vous peignez le jeune de Saint-Pierre déjà sensible aux beautés de la nature, se passionnant aux récits des voyageurs, lisant en classe, lisant dans ses promenades, et s'emparant, pour satisfaire cette innocente passion, des livres mêmes de son régent, M. Durosoir se saisit de l'aveu de cet enfantillage pour faire entendre que Bernardin de Saint-Pierre était un mauvais sujet qui volait les livres de ses camarades. C'est ainsi qu'il l'accuse sérieusement de s'être fait nommer ingénieur en trompant l'autorité [1], parce que les bureaux crurent donner cette place, non à un homme de mérite, mais à un homme recommandé ; circonstance que M. de Saint-Pierre regarda toute sa vie comme un coup de fortune, mais dont il ne profita pas sciemment, puisqu'il n'en fut instruit que long-temps après. Vous faut-il d'autres preuves de la bonne foi du biographe, écoutez ceci : « Le discours » du Paysan polonais offre une de ces déclamations ré- » publicaines qui s'adressent aux passions populaires, et » qui sont toujours sûres d'être bien accueillies dans les » jours de révolution. » En lisant ce passage, ne croirait-on pas que l'auteur a composé et publié *le Paysan polonais* à l'époque de la révolution, pour flatter les crimes de la multitude ? Eh bien ! cet opuscule fut publié pour la première fois en 1818, et l'auteur l'avait écrit

---

[1] *Biographie*, t. XL, p. 52.

en Pologne, non pour flatter les révolutionnaires, mais pour appeler la pitié de la terrible Catherine sur le peuple qu'elle venait d'asservir!

Que penser d'un écrivain qui se respecte assez peu lui-même pour supprimer la moitié des faits et dénaturer l'autre? Et cependant ces assertions mensongères peuvent devenir des vérités historiques, si vous gardez le silence! — N'en croyez rien, mon ami, de pareilles infamies ne tromperont personne. Il faudrait être aussi méchant que le calomniateur pour le croire. Qu'il remplisse donc sa mission! les censures des esprits méchans contre les hommes supérieurs sont comme les murmures des sophistes contre la Providence; elles attestent la grandeur de ce qu'ils blâment. — Quoi! vous laisserez publier sans réclamation qu'à Malte Bernardin de Saint-Pierre devint fou [1]; qu'en Hollande il abandonna par caprice un emploi qui lui rapportait des émolumens considérables [2]; qu'en Russie il se montra peu délicat envers ses amis [3], et ingrat envers ses chefs [4]; qu'en Pologne il vécut publiquement avec une princesse [5]; que, trahi dans ses amours, il emprunta 2,000 francs au *prince d'Hennin* [6], et courut en Saxe chercher des plaisirs licencieux dans les bras d'une courtisane [7]; qu'à l'île de France il donna l'exemple de la cruauté envers ses esclaves [8]; qu'aucun homme ne porta aussi loin l'oubli de la dignité d'homme de lettres; qu'il fut le flatteur de Buonaparte, l'ami des révolutionnaires, et le disciple des théophilantropes! — Mais voici le côté comique, ajouta mon ami; croiriez-vous que le bénin critique dispute même à Bernardin de Saint-Pierre cette belle et noble figure qui inspirait la vénération, ces traits si purs, si gracieux, sur lesquels tant d'années de malheurs n'avaient laissé qu'une impression touchante de mélancolie? Aussi bon juge de la beauté que de la vertu, M. Durosoir fait observer que le public était abusé par une illusion d'optique, et que si Bernardin de Saint-Pierre était beau de loin, il était laid de près [1].

— Vous m'apprenez là des choses vraiment singulières, lui dis-je; mais est-il bien vrai que M. Durosoir ait écrit cette phrase : *Aucun écrivain n'a porté aussi loin l'oubli de la dignité d'homme de lettres?* Il y a dans son article vingt passages qui seraient en contradiction avec celui-ci.

Mon ami feuilleta un moment le livre; et plaçant son doigt sur la trente-huitième ligne de la deuxième colonne de la page 66 : Voyez, me dit-il; et quant aux contradictions, n'en soyez pas surpris, elles ne coûtent rien à M. Durosoir. Si Bernardin de Saint-Pierre est laid à la soixante-deuxième page, il est beau à la page 56; si son caractère est estimable à la page 53, il est méprisable à la page 52. L'article est un composé de contradictions et de compensations de ce genre. L'auteur s'y moque de ses lecteurs, ou, pour mieux dire, il est honteux de ce qu'il écrit. On le voit flotter entre le désir de gagner son argent et la crainte de se compromettre. Ainsi, passant du mensonge à la médisance, de l'éloge à la critique, il aura dit, il n'aura pas dit, il aura calomnié, il n'aura pas calomnié, suivant le feuillet. Oh! c'est un merveilleux article que l'article de M. Durosoir!

Ici, interrompant mon ami, je lui demandai quelle était l'action de Bernardin de Saint-Pierre qui avait pu faire dire à M. Durosoir : *Aucun écrivain n'a porté aussi loin l'oubli de la dignité d'homme de lettres.* Bernardin de Saint-Pierre a-t-il prostitué sa plume aux passions des partis? s'est-il vendu au pouvoir, loué à des libraires? A-t-il, pour un peu d'argent, calomnié la vertu, injurié le talent, écrit ce qu'il ne savait pas, affirmé ce qu'il ne croyait pas? Quel est son crime enfin? Comment a-t-il pu devenir l'objet d'une accusation aussi grave?

— Un crime! dites-vous? En effet, celui de Bernardin de Saint-Pierre est effroyable! Imaginez qu'à l'époque de la publication des *Études*, il reçut de toutes les parties de l'Europe une si grande quantité de lettres, que sa correspondance aurait pu occuper deux secrétaires. — Quoi! c'est là son crime? — Écoutez, écoutez! « C'est une de mes plus grandes peines, disait Ber-

---

[1] *Biographie*, t. XL, p. 65.

[2] Il n'eut jamais d'emploi en Hollande; on lui offrit une place de journaliste, et il la refusa. Ces détails sont imprimés : pourquoi ne pas être au moins copiste fidèle?

[3] Il eut plusieurs protecteurs en Russie, et un seul ami, M. Duval. Cet ami fut assez heureux pour l'obliger, et la reconnaissance de Bernardin de Saint-Pierre a duré autant que sa vie; elle est exprimée dans ses premiers et dans ses derniers ouvrages. Est-ce là ce que M. Durosoir appelle manquer de délicatesse?

[4] Il abandonna le service de la Russie parce qu'on avait fait une injustice à son chef, M. de Villebois. Est-ce là ce que M. Durosoir appelle de l'ingratitude?

[5] Il ne vécut pas publiquement avec une princesse. Voyez l'*Essai sur la Vie*, p. xxx, etc.

[6] J'avais dit que M. Hennin, résident de France en Pologne, avait ouvert sa bourse à Bernardin de Saint-Pierre. M. Durosoir change tout cela, il donne une principauté à M. Hennin. Il faut que ce biographe aime bien l'erreur, puisqu'il ment même sans intérêt.

[7] Il ne courut point en Saxe chercher des plaisirs licencieux dans les bras d'une courtisane. Voyez l'*Essai sur la Vie de Bernardin de Saint-Pierre*, p. xxxviii, et jugez de la bonne foi du libelliste, même quand il copie.

[8] Bernardin de Saint-Pierre, dans sa course autour de l'île de France, chargea un esclave du fardeau de quatre-vingts livres. Cet esclave, suivant M. Durosoir, se fit au pied une blessure *grave*, et Bernardin de Saint-Pierre eut la barbarie de continuer sa marche. M. Durosoir ne voit pas que ces quatre-vingts livres se composaient des vivres nécessaires à la route : c'était la charge d'Ésope qui diminuait à chaque pas. Quant à la blessure *grave* de Duval, malgré la barbarie de Bernardin de Saint-Pierre, qui eut soin de la faire panser, elle était guérie le troisième jour, comme on peut le voir dans le feuillet suivant du *Voyage à l'île de France*, que M. Durosoir se garde bien de citer.

---

[1] Pour ne laisser aucun doute à cet égard, le biographe soutient que le portrait de Bernardin de Saint-Pierre, placé à la tête des Œuvres n'est pas ressemblant; et, comme s'il voulait donner la mesure de son goût et de son exactitude, il attribue à M. Desenne le beau dessin qui est de Girodet, et où tout le monde reconnaîtrait ce grand maître, lors même qu'on n'y lirait pas son nom.

» nardin de Saint-Pierre, de ne pouvoir suffire à des
» relations si intéressantes. Je suis seul, ma santé est
» mauvaise, et je ne peux écrire que quelques heures
» de la matinée. J'ai des matériaux considérables à ar-
» ranger, que je n'ai ni la force ni le temps de mettre en
» ordre. Ma fortune même est un obstacle à mes corres-
» pondances, car beaucoup de ces lettres m'arrivent de
» fort loin, sans être affranchies. » Oui, mon ami, voilà le
crime de Bernardin de Saint-Pierre, voilà ce qui a si
vivement ému la bile de M. Durosoir, voilà ce qui lui a
fait dire qu'*aucun écrivain n'avait porté aussi loin l'oubli de la dignité d'homme de lettres.*

— En vérité, lui dis-je, je commence à croire que
nous avons mal saisi le sens de cet article. L'auteur a
plus de malice que vous ne pensez ; et que diriez-vous,
par exemple, si je vous prouvais qu'il a voulu se moquer
des ennemis de Bernardin de Saint-Pierre? En effet,
voyez avec quelle bonne foi il rappelle leurs mensonges,
leurs calomnies, leurs contradictions ; comme il semble
se plaire à les rendre ridicules et à les montrer méprisables. Je connais M. Durosoir, c'est un homme d'esprit
qui a fait sa logique : or, comment voudriez-vous qu'un
homme d'esprit qui a fait sa logique eût écrit sérieusement un article dont les argumens se réduisent à ceci :
Bernardin de Saint-Pierre, après deux ans de sollicitations inutiles à Versailles, court demander du service
en Russie ; donc c'est un libertin. Il a écrit des livres
pleins des sentimens les plus sublimes, de la raison la
plus saine, d'amour de la nature, de Dieu et des hommes ; donc il méprise les hommes et n'a point de religion. Il a publié en 1793 une édition des *Études de la
Nature*, avec l'éloge de Louis XVI et des vœux pour le
clergé ; donc il écrivait contre le clergé et flattait les révolutionnaires. Ses ouvrages encouragent à la vertu,
consolent le malheur, font aimer la solitude, adorer la
Providence ; donc il était insociable, méprisable, sans
délicatesse, vil flatteur, fou, brutal, cruel, libertin,
faussaire, voleur[1]. Vous le voyez, mon ami, l'article
de M. Durosoir est une continuelle ironie ! Comme
l'ouvrage de Rabelais, c'est un os qu'il faut briser pour
en tirer la moelle.

La raillerie est ici hors de saison, reprit mon vieil
ami ; vous aviez mon expérience, vous sauriez qu'il
n'y a point d'erreurs pour la multitude dans un livre où
chaque ligne est une erreur. Le vulgaire peut se tenir en
garde contre un fait, mais non contre tous les faits. Or,
l'article de M. Durosoir n'étant d'un bout à l'autre qu'un
recueil d'impostures, le silence ne vous est plus permis :
ne pas confondre le calomniateur, c'est laisser triompher la calomnie. — La conséquence n'est pas juste, lui
répondis-je ; car enfin que peut-on conclure de cet article qui vous inspire tant de courroux ? rien, sinon que
Bernardin de Saint-Pierre ne plaît pas à M. Durosoir :
c'est sans doute un grand malheur, mais est-il donc indispensable de faire un livre pour cela? Le musicien
Antigénide ayant joué de la flûte devant quelques grossiers auditeurs qu'il ne put émouvoir, ses disciples ne
s'amusèrent point à démontrer la beauté de ses accords, mais ils le supplièrent de ne pas s'interrompre,
et de jouer *pour eux et pour les Muses*. Vils calomniateurs, votre stupidité n'étouffera point la voix du maître ; elle se fait entendre dans tous ses ouvrages ! Il y
chante aussi pour ses disciples et pour les Muses, et ses
divins accords nous font aimer la vertu, dont sa vie nous
offre l'exemple. — Voilà, reprit froidement mon ami,
une réponse qui ne répond à rien. On n'est insensible ni
à l'harmonie de son style, ni à la grâce de ses écrits ;
mais on poursuit sa mémoire, on dénature ses principes, on calomnie ses actions ! — On le calomnie, dites-
vous ! qu'y a-t-il donc là s'étonner? Il faut bien que le
sage éprouve le sort des sages ; les siècles soi-disant philosophiques sont surtout favorables aux petits talens, et les
petits talens sont les plus dangereux ennemis des talens
supérieurs, parce qu'ils sont en grand nombre, et toujours liés à de grandes ambitions ; voyez Fénelon dans
l'exil, Rollin arraché à ses élèves ; le grand, le pieux
Arnauld, chassé, insulté, persécuté ; Descartes accusé
d'athéisme par des athées ; Pascal traité d'impie par des
impies, d'imposteur par des imposteurs. Et cependant
rien de plus pur, rien de plus vénéré que la mémoire de
tous ces grands hommes. Invoquerai-je le souvenir de
l'antiquité? Pythagore monte sur un bûcher, Socrate
meurt dans les fers, Aristide est banni, Platon livré à
l'esclavage. Oh ! profondeur de notre misère ! pour commettre tant de crimes, les méchans n'ont pas même besoin de calomnier toujours la vertu ; le bannissement
d'Aristide a ses raisons, qui ne sont pas des calomnies. On
l'accuse d'être juste, comme on accusait Fénelon d'aimer
Dieu pour lui-même. Nos yeux s'élèvent alors vers le
ciel pour lui demander justice ; mais un autre sentiment
semble nous dire en même temps que ces nobles victimes l'ont obtenue dans un autre monde, par la gloire
dont elles jouissent dans celui-ci !

Mais, dites-vous, c'est peu d'avoir persécuté Bernardin de Saint-Pierre, on poursuit encore sa mémoire !
Voulez-vous donc que le disciple soit plus épargné que
les maîtres? N'a-t-il pas préféré le travail à l'intrigue,
le témoignage de sa conscience à celui des hommes?
N'a-t-il pas consolé les malheureux, défendu la liberté
des peuples, éclairé la sagesse des rois ? Voilà sa gloire,
voilà la vérité qui doit survivre à tout ; le monde entier
se liguerait pour étouffer une seule vérité, ses efforts
seraient vains. Écoutez la voix des siècles ! Au milieu des
accusations, des persécutions, des calomnies, pourquoi
ce mépris profond pour les calomniateurs? Pourquoi ce
concert éternel de louanges pour la sagesse, d'admiration pour le génie? Les outrages des méchans, croyez-
moi, ne déshonorent point leur mémoire. Leur succès
même n'a point de réalité : en vain la haine d'Anytus
poursuit Socrate, elle ne peut atteindre qu'un homme
vieux, laid, chauve, camus ; le maître de Platon, le
divin Socrate, lui échappe, et rayonne d'immortalité !

Je ne défendrai point Bernardin de Saint-Pierre, ma
réponse est dans ses ouvrages !

— Oui, pour les lecteurs éclairés ; mais ces mêmes
ouvrages sont dépecés, cités, torturés par le biographe.
Il est si sûr de les avoir lus, qu'il cite même des ou-

---

[1] *Biographie*, t. XL, p. 52, 54, 55 et 62.

vrages que l'auteur n'a jamais faits. Que penseront les souscripteurs bénévoles de la *Biographie*, en apprenant que Bernardin de Saint-Pierre *fit paraître les deux premiers livres de l'Arcadie*[1] ? Il faut bien que M. Durosoir ait lu le second, puisqu'il en parle si savamment. Il faut bien qu'il ait lu les préfaces de Bernardin de Saint-Pierre, puisqu'il assure que l'auteur y demande l'aumône au public[2]. Il faut bien qu'il ait lu l'*Essai sur Jean-Jacques Rousseau*, puisqu'il le qualifie de morceau biographique à la manière de Plutarque, ce qui prouve qu'il connait aussi bien Plutarque que Bernardin de Saint-Pierre. Il faut enfin qu'il ait lu les *Études de la Nature*, puisqu'il affirme que dans cet ouvrage Bernardin de Saint-Pierre fronde le clergé : assertion qui ne laisse pas de surprendre, vu la proposition faite par le clergé, dans l'assemblée générale du clergé, d'offrir une pension à l'auteur des *Études*. Convenez que M. Durosoir est doué d'une belle imagination; non-seulement il lit dans les ouvrages qui ont été publiés les choses qui n'y sont pas, mais encore il lit dans les ouvrages qui n'ont jamais été faits les choses qui devraient y être.

Mon ami ne put s'empêcher de sourire en prononçant ces derniers mots; mais reprenant aussitôt une physionomie sévère, il se hâta d'ajouter : Tout ce que vous venez d'entendre n'est rien auprès de ce qui me reste à vous dire. Croiriez-vous que cet honnête homme n'a pas craint de reproduire les passages du *Mémorial de Sainte-Hélène* que vous avez signalés comme calomnieux, et dont l'auteur lui-même (je me plais à lui rendre cet hommage) a fait si noblement justice. Ramasser de telles calomnies, c'est descendre bien bas; mais avouer en les ramassant que M. Las-Cases a cru devoir les rejeter de sa seconde édition, ajouter qu'on les cite timidement et sans pouvoir en *garantir l'authenticité*, c'est donner à l'action la plus lâche tous les dehors de l'hypocrisie la plus coupable. Pensez-vous, mon ami, qu'un homme qui soutient sa cause par de tels moyens soit bien convaincu de sa bonté? et ne faut-il pas avoir été mordu du chien enragé de la calomnie pour se rendre coupable d'une méchanceté aussi gratuite? Je dirai à M. Durosoir : Quoi ! vous ne pouvez garantir l'authenticité d'un fait déshonorant, et vous le rapportez! Quel est donc votre but? Ce ne peut être de publier une vérité, puisque vous avouez que le fait est douteux; ce ne peut être de publier même un fait douteux, puisque vous avouez que l'auteur l'a rejeté comme un mensonge; ce ne peut être enfin de confondre les calomniateurs, puisque vous laissez l'accusation sans réponse. Vous vous êtes dit : Je publierai l'imposture, j'écrirai en haine de la vertu; qu'importe? il en restera toujours quelque chose. Oui, il restera la honte et le déshonneur qui s'attachent à celui qui n'écrit que pour nuire! Il faut que l'abrutissement ait bien des charmes! M. Durosoir avait à choisir : comme le Caliban de Shakespeare, il se trouvait placé entre les bienfaits d'un sage et les séductions grossières de quelques matelots ivres; il a fait le même choix!

Mon ami s'arrêta; mais voyant que je ne me hâtais pas de lui répondre : En vérité, s'écria-t-il, je n'en aurai pas le démenti, et je suis curieux de savoir si vous résisterez à cette page. L'auteur a voulu peindre l'époque où Bernardin de Saint-Pierre publia le prospectus de sa belle édition de *Paul et Virginie*. Écoutez :

« Saint-Pierre jouissait d'un logement au Louvre[1] et » de la pension que lui faisait Joseph Bonaparte, qui » était de plus de 6,000 fr.[2], sans compter une de » 2,000 fr. qu'il recevait du gouvernement[3]. Saint-» Pierre possédait enfin cette aisance qu'il avait tant » desirée[4]. Mais, toujours habile à exploiter le prix de » ses ouvrages[5], il proposa en 1803 une édition de son » roman de *Paul et Virginie*. Cette édition ne se fit pas » moins remarquer par la beauté de l'impression et des » gravures que par le prix très élevé du volume, qui, » selon le caractère des ornemens, allait depuis 172 fr.[6] » jusqu'à 432. Le portrait de l'auteur devait être en tête » de l'ouvrage, et lui-même ne dédaignait pas de recevoir les souscriptions en son domicile, qui était alors » rue de Varennes, hôtel de Broglie[7]. Le style de son

---

[1] Voyez la *Biographie*, p. 57. Les personnes les moins instruites savent que Bernardin de Saint-Pierre a publié que le premier livre de l'*Arcadie*. Nous avons publié nous-même quelques fragmens des second et troisième livres, et M. Durosoir s'est arrêté au titre.

[2] *Biographie*, p. 66.

[1] A cette époque (1803), il ne jouissait pas d'un logement au Louvre, attendu que les artistes et les gens de lettres en avaient été renvoyés en 1801.

[2] A cette époque (1803), il n'avait point de pension de 6,000 fr., attendu que Joseph ne lui fit cette pension qu'en 1805.

[3] A cette époque (1803), il n'avait point de pension de 2,000 fr.; il avait une gratification de 2,400 fr., dont le paiement dépendait chaque année du caprice d'un commis. On voit, dans la préface de l'édition in-4e de *Paul et Virginie*, que Bernardin de Saint-Pierre était sur le point de perdre cette gratification.

[4] A cette époque (1803), le total de son revenu montait à 4,200 fr., sur lesquels il donnait 400 fr. par an à sa sœur, et 400 fr. par an à madame Didot, mère de sa première femme. Il lui restait donc 3,400 fr. pour tenir sa maison, élever ses trois enfans, fournir aux besoins de sa femme, et assurer l'existence de sa belle-mère. Voilà quel était le sort de l'auteur des *Études de la Nature* à soixante-six ans.

[5] Il fut en effet très-habile, car l'édition de *Paul et Virginie* lui coûta 50,000 fr., et lui en rapporta 10,000. Le format n'était plus à la mode, et le prix en avait été fixé trop haut, non par Bernardin de Saint-Pierre, mais par M. Didot, son imprimeur. Tout le monde sait que, malgré le mauvais succès de cette entreprise, l'auteur repoussa les offres de la librairie, refusant de livrer un seul exemplaire au-dessous du prix de la souscription, et cela dans la crainte de diminuer la valeur des exemplaires livrés aux souscripteurs. Son édition lui resta tout entière, mais il fut fidèle à ses engagemens. Je souhaite qu'il y ait beaucoup de traits semblables dans la vie des ennemis de Bernardin de Saint-Pierre.

[6] Le prix fut fixé par M. Didot à 72 fr., et non à 172. Pour dénaturer ainsi des faits connus de tout le monde, il faut professer un grand mépris pour la vérité et pour le public. Heureusement Bernardin de Saint-Pierre a consigné dans sa préface tous les détails de cette affaire.

[7] Il n'avait donc pas un logement au Louvre. M. Durosoir

# DE BERNARDIN DE SAINT-PIERRE.

» prospectus, publié en 1803, est vraiment curieux [1].
» On y voit, à côté de quelques phrases sentimentales,
» percer l'avidité du trafiquant qui vante sa marchan-
» dise [2]. Saint-Pierre eut alors l'honneur fort envié de
» présenter son ouvrage à Napoléon, au mois de fé-
» vrier [3]. Buonaparte, touché du mérite de cette char-
» mante production, ne voyait jamais l'auteur sans lui
» dire : Bernardin, quand nous donnerez-vous des *Paul*
» *et Virginie?* Vous devriez nous en fournir tous les six
» mois [4]. »

Ici mon vieil ami ferma le livre avec impatience. Quoi! me dit-il, vous ne m'interrompez pas? Qu'est devenu le disciple de Bernardin de Saint-Pierre, et que faut-il donc pour l'émouvoir? — Le mépris, lui dis-je, est sans colère. M. Durosoir accuse Bernardin de Saint-Pierre d'avoir publié une édition de *Paul et Virginie* : voulez-vous que je nie ce crime? C'est un fait avéré : Bernardin de Saint-Pierre a publié ses ouvrages; mais ce livre fut publié dans un temps de prospérité. Autre crime que je ne puis nier : c'est un fait également reconnu, qu'un père de famille qui possède 3,400 francs de rentes, et qui se fait imprimer, est digne de la criti-

---

[1] devrait, ce me semble, en achevant une page, se donner la peine d'en relire le commencement; mais je conçois que cette tâche lui paraisse un peu lourde; il est plus facile d'écrire de pareilles absurdités que de les relire.

[2] M. Durosoir trouve le style de Bernardin de Saint-Pierre *curieux*. Je voudrais bien savoir ce que mes lecteurs pensent du sien. C'est pour les mettre à même d'en juger que je cite ici sa plus belle page.

[3] Que M. Durosoir confonde l'expression de la reconnaissance avec l'avidité d'un trafiquant, rien de plus simple, c'est sa pensée, ce sont ses sentimens; mais qu'il haïsse tout ce qui porte l'empreinte du génie, au point de ne pouvoir entendre l'éloge des admirables dessins de Girodet, de Gérard, de Prudhon, de Laffitte, etc. : voilà ce qui me confond. Quel intérêt peut-il avoir à cela?

[3] L'exemplaire fut envoyé à M. Maret, qui devait l'offrir à l'empereur. Mais l'empereur fit écrire à Bernardin de Saint-Pierre qu'il voulait recevoir le livre de sa main. L'audience fut donc offerte par Buonaparte et non sollicitée par l'auteur, comme veut le faire entendre M. Durosoir. Nous avons sous les yeux la lettre de M. Maret.

[4] Que cela est délicat! que cela est bien dit! c'est ainsi sans doute que l'entrepreneur Michaud parle à ses garçons faiseurs; mais la brusque malice de Buonaparte avait une autre expression. On peut en juger, voici le fait : Le premier consul recevait l'Institut; il aperçoit Bernardin de Saint-Pierre au milieu d'un groupe de savans, écarte la foule, et va droit à lui. « Je
» viens de relire votre roman de *Paul et Virginie*, lui dit-il,
» vous devriez placer de semblables héros sous les glaces du
» pôle » (faisant allusion à la théorie des marées, et croyant flatter par cette épigramme les savans qui la combattaient). Son intention fut saisie, et Bernardin de Saint-Pierre, éclairé par le sourire ironique des savans, répliqua aussitôt en les désignant d'un regard : « Général, ce n'est pas moi qui ai fait un roman des glaces du pôle. » Le premier consul peu accoutumé à des réponses aussi serrées, fit une pirouette sur le talon et s'éloigna. Voilà ce que n'a pu comprendre M. Durosoir; et en vérité qui oserait lui en faire un crime? il est tout naturel qu'il fasse parler Buonaparte comme il fait agir Bernardin de Saint-Pierre. Le pauvre homme, il n'a qu'une mesure et il l'applique à tout.

---

que de M. Durosoir. Tout ce que vous venez de lire témoigne le même bon sens, la même bonne foi, le même amour de la vérité. Que dirai-je des autres accusations de bassesse, de cupidité, de flatterie! Vous êtes des imposteurs, mes pères, disait Pascal aux jésuites, après avoir accumulé les preuves de leurs mensonges. Ma réponse aura la même énergie et la même brièveté. Vous êtes un imposteur, dirai-je à M. Durosoir; car quel autre nom puis-je donner au rédacteur d'un libelle qui renferme tant d'erreurs *faites sciemment?* Mais, je le demande, à qui cet homme prétend-il persuader sur sa parole, sans la moindre apparence de preuves et avec toutes les contradictions imaginables, qu'un auteur dont les ouvrages respirent l'amour de Dieu et de l'humanité, qu'un moraliste dont la vie entière s'écoula dans l'étude des merveilles de la nature et des bienfaits de la Providence, était un monstre d'hypocrisie et d'ingratitude. En vérité, M. Durosoir, vous avez fait là une belle découverte! Combien il est avantageux au public d'apprendre que ceux dont le génie fait autorité en morale étaient des ingrats et des hypocrites! Combien il est heureux pour la religion d'entendre accuser les hommes qui lui consacrèrent leurs veilles de libertinage, de cupidité et d'ambition! Cet excellent M. Durosoir, il ne pouvait certainement rien écrire de plus utile à la patrie, de plus consolant pour le genre humain!

Et voilà les absurdités auxquelles vous voulez que je réponde! voilà l'homme que, selon vous, je dois attacher au pilori, sur la place publique, devant la multitude curieuse de nos débats! Non, de pareilles calomnies ne méritent que le mépris. O divin auteur de tant de beaux ouvrages! ô mon maître! au lieu de défendre ta mémoire, je la confie au public, et je nomme ton calomniateur!

— Et qui connaît M. Durosoir!

— Je le ferai connaître. Pour louer dignement Achille, Homère ne rappelle ni ses exploits ni sa gloire; il peint la bassesse de Thersite, et remarque ensuite froidement que Thersite était l'ennemi d'Achille.

Ces mots imprimèrent sur le front de mon ami un air de mécontentement et d'impatience qui m'obligea de poursuivre. Veuillez me répondre, lui dis-je; n'est-il pas vrai que, si je vous présentais une étoffe, vous qui avez de bons yeux, vous pourriez me dire quelle est sa couleur; vous me diriez aussi si elle est rude ou moelleuse, épaisse ou délicate? — Oui, sans doute. — Et si je présente cette même étoffe à un aveugle, il ne pourra m'en dire la couleur? — Non. — Ainsi, vous jugerez cette étoffe avec toutes vos facultés; l'aveugle la jugera avec les siennes, c'est-à-dire avec le tact qu'il a, et non avec la vue qu'il n'a pas? — Cela est incontestable. — Si donc il se trouvait un homme entièrement dénué d'esprit, de sentiment, de délicatesse et de goût, et que cet homme s'avisât de vouloir porter un jugement, il ne pourrait y appliquer les facultés qui lui manquent? — Cela est encore vrai. — Ainsi, son jugement se ressentirait de l'absence de goût, d'esprit, de délicatesse, et il y aurait des actions qu'il ne pourrait comprendre, des vertus qu'il ne pourrait juger? — Vous avez raison. — Dites-moi, à présent, croyez-vous que le jugement de M. Durosoir soit la mesure de ses facultés ou de celles de Bernardin de Saint-Pierre? — Je crois que ce jugement serait la mesure des facultés de M. Durosoir, s'il était de bonne foi ; mais, soyez-en bien sûr, il ne croit pas un mot de tout ce qu'il a écrit. — Ainsi, vous pensez que M. Durosoir pourrait avoir de l'ame, du goût, de la délicatesse, et cependant être un vil calomniateur? — Je ne pense pas cela. Un pareil assemblage serait monstrueux ; mais je pense que le public peut être la dupe d'un calomniateur sans honte, sans esprit, sans talent, et que l'ouvrage de M. Durosoir nous donne en même temps la mesure des facultés qui lui manquent et de la méchanceté qui le travaille. Dans cette position, votre devoir n'est pas douteux : qui défendra la mémoire de Bernardin de Saint-Pierre, si ses disciples gardent le silence? — J'ai fait mieux que défendre sa mémoire ; j'ai raconté sa vie tout entière ; j'ai retracé les grâces de son enfance, les rêves sublimes de sa jeunesse, et les vertus de son âge mûr. Vous, mon ami, vous, témoin de mes études, de mes recherches, de mes efforts pour remplir le but que je m'étais proposé, combien de fois m'avez-vous vu troublé, désespéré par le sentiment de mon insuffisance, prêt à renoncer à cette noble tâche ! Que sais-je, me disais-je, pour juger tant de génie, de raison et de sagesse ! Un seul poète, dans la Grèce entière, avait été trouvé digne de chanter les vainqueurs aux jeux olympiques ; et moi, placé au dernier rang des disciples de ce grand homme, j'ose écrire sa vie, peser ses actions et rappeler ses triomphes sur les sophistes de son siècle ! Où sont mes titres parmi les sages? qu'ai-je souffert pour la vérité ! qu'ai-je fait pour la vertu ? Exercé par le malheur, formé dans la solitude, ai-je, comme Bernardin de Saint-Pierre, armé mon ame d'une résignation sans borne aux volontés de Dieu ? Ai-je, pendant dix ans, combattu toutes mes passions, et porté sans murmure la lourde cuirasse de la misère, de l'injustice et de l'oubli? Ai-je aimé les hommes lorsqu'ils me persécutaient, béni la Providence lorsqu'on me calomniait ? Ai-je mis, comme toi, ô mon généreux maître, tout mon bonheur à être utile à mes semblables, toutes mes jouissances à étudier la nature, toute ma gloire à faire aimer ses bienfaits ?

Vous le savez, mon ami, toujours mécontent de moi-même, plus mécontent de mon ouvrage, je ne cessais de l'abandonner et de le reprendre. Tantôt, me rappelant les outrages des calomniateurs, je me trouvais froid, indifférent, coupable de mon peu d'énergie ; tantôt relisant ses pages divines où respirent la morale de Socrate et l'ame de Fénelon, je rougissais d'écrire, je rougissais de défendre la mémoire d'un sage qui avait accompli la loi en aimant Dieu et les hommes. Pourquoi le défendre? me disais-je. Si Socrate fut jugé coupable par l'Aréopage, il est jugé innocent par la postérité. Laissons donc au temps le soin de venger les grands hommes ; sa puissance n'est fatale qu'aux méchans : semblable à un fleuve rapide qui entraîne avec lui les égouts immondes de nos cités, mais qui revient pur à sa source, après avoir parcouru les routes de l'espace et du ciel.

Enfin, après deux ans de méditations, d'études, de travail, j'écrivis ma dernière page. C'est alors qu'un libraire avide, sous prétexte de satisfaire aux réclamations de ses souscripteurs, m'enleva une à une les feuilles de mon livre, et les publia, je puis dire malgré moi. Leur lecture, pendant l'impression, me fit encore mieux sentir ma faiblesse. Je trouvais mon style sans couleur, ma pensée sans vie. Pour paraître impartial, j'avais presque effacé mon tableau ; il manquait à la fois de vigueur, de lumière et de ton. J'aurais dû prévoir telle injustice, confondre telle calomnie. Pourquoi avoir méprisé tant d'accusations méprisables ! pourquoi n'avoir pas expliqué certain trait de caractère que les ames vulgaires interprétaient à leur envie, et dont j'aurais pu faire ressortir les témoignages de sa vertu ! Les traits les plus touchans, les anecdotes les plus piquantes me revenaient alors à la mémoire : et, pour me borner à un seul exemple, que n'a-t-on pas dit de la persévérance avec laquelle l'auteur des *Études* poursuivait les contrefacteurs ? Les uns l'ont accusé d'avidité, parce qu'il attaquait des fripons chargés de ses dépouilles [1] ; les autres ont bien voulu le trouver excusable, vu sa pauvreté ; s'il eût été riche, ils l'auraient blâmé de réclamer le prix de son travail. Mais les véritables motifs de Bernardin de Saint-Pierre ne furent, j'ose le dire, compris de personne. Ils étaient d'un ordre supérieur, et, sans doute, il m'eût été facile de les faire connaître, l'auteur les ayant développés en ma présence ; voici à quelle occasion.

Un jour le poète Millevoie, qui concourait au prix de l'Académie, se présenta chez lui pour solliciter ses suffrages ; il venait de visiter dans la même intention plusieurs beaux-esprits que la fortune, par un tour de sa roue, avait fait grands seigneurs et académiciens. Encore tout ébloui de la magnificence de leurs salons, le jeune poète montra quelque surprise à l'aspect du cabinet modeste de Bernardin de Saint-Pierre. En vérité, lui dit-il, j'admire votre goût pour la vie simple et retirée ! pourquoi n'êtes-vous pas sénateur comme vos nobles confrères?.... Cette place honorable assurerait votre sort et celui de vos enfans. — Je l'aurais acceptée, répondit en souriant Bernardin de Saint-Pierre, si on me l'eût offerte ; mais les gens mêmes que vous venez de nommer assurent que je n'entends rien aux lois de la politique, parce que je n'ai étudié que les lois de la morale et les intérêts du genre humain. — Vous raillez, reprit Millevoie : on sait cependant que vous étiez porté sur toutes les listes des notables de la nation ; on croit même que le chef du gouvernement, qui avait d'abord recherché votre amitié, et auprès duquel vous fîtes une démarche indirecte, vous proposa une place au Sénat. — J'en conviens, mais il y mit une condition que je ne pus accepter. Quant au sort de mes enfans, il serait assuré, si on exécutait les lois sur les contrefacteurs. — Pourquoi vous occuper de ces fripons, reprit le jeune poète, la guerre que vous leur faites est interminable, et m'étonne moi-même. — Si vous saviez ce que cette guerre me coûte, elle vous étonnerait bien davantage ;

---

[1] Nous avons compté cinquante contrefaçons des *Études*, et plus de trois cents de *Paul et Virginie*. Le produit de ces éditions aurait fait la fortune de l'auteur, il a enrichi des fripons

j'en ai toujours payé les frais. Mais je ne la cesserai pas, au prix même de ma fortune, car je défends, non ma cause, non la cause des gens de lettres, mais l'intérêt de la justice, qui est d'une toute autre importance! Il n'est pas moral de laisser le vol sans punition; si les tribunaux le tolèrent, la publicité doit le déshonorer.
— Cette pensée est généreuse, mais elle pourrait n'être pas comprise! — Eh bien, reprit vivement Bernardin de Saint-Pierre, j'ajouterai pour les faibles intelligences, que si je redemande mon bien aux contrefacteurs, c'est qu'il me convient mieux de vivre du fruit de mon travail que de celui de l'intrigue, et que si je ne suis pas sénateur, c'est qu'il me paraît plus honnête de vendre mes ouvrages que ma conscience!

Cette réponse, mon ami, peint à la fois Bernardin de Saint-Pierre et son siècle. Croyez-moi, si au lieu de réclamer une pension due à ses services, il eût aspiré hautement aux premiers emplois de l'État; si au lieu de vivre du produit de ses ouvrages, il eût vendu sa conscience et se fût traîné avec son siècle dans la fange révolutionnaire, on ne l'accuserait point aujourd'hui de bassesse et de cupidité. Environné de ses complices, couvert des stigmates de la servitude, en recevant de l'or, il eût comme eux entendu l'apologie de son désintéressement; en servant la tyrannie, il eût comme eux entendu l'éloge de son courage! La fortune, la puissance lui eussent fait ces nombreux prôneurs que ne donnent ni la sagesse ni la pauvreté. Car c'est l'innocence de sa vie qui a irrité les coupables, c'est la simplicité de ses goûts qui a servi leurs calomnies, c'est sa volonté ferme de conserver son indépendance qui a soulevé contre lui un peuple d'esclaves et de calomniateurs!

Ceci change toutes mes idées, reprit mon vieil ami. Au lieu de s'affliger de l'article de M. Durosoir, je vois qu'il faut s'en réjouir. En effet, n'est-il pas heureux qu'il se soit trouvé un homme assez intrépide pour se charger à lui seul du poids de toutes ces infamies? En les réunissant dans un seul tableau, il a mis le public à même d'en apprécier la valeur. Il voulait noircir la mémoire d'un grand homme, et il a donné la mesure de la bassesse et de la sottise de ses ennemis. Oh! le rapprochement inattendu de tant de belles inventions est une idée excellente! il étonnera, j'en suis sûr, les inventeurs eux-mêmes. Je me range donc à votre avis, point de réponse à M. Durosoir : mais en le repoussant de la lice vous devez y entrer; votre devoir est d'opposer la vérité aux mensonges, une apologie à une diatribe, les raisons du disciple aux injures des calomniateurs.

Vous voilà redevenu juste, lui dis-je : répondre aux injures de M. Durosoir, c'était trop descendre; mais tracer l'apologie de Bernardin de Saint-Pierre, c'est, comme vous le dites, un devoir, et je le remplirai.

Socrate appelé devant ses juges discourait des actions de sa vie, comme s'il eût oublié ses accusateurs. Hermogènes lui dit : Il me semble, Socrate, que tu devrais songer à te défendre! — Est-ce qu'il ne te paraît pas que je me défende, répondit Socrate, lorsque je réfléchis sur la manière dont j'ai passé ma vie! — Et en quoi cela peut-il te défendre? — En t'apprenant que je n'ai rien fait d'injuste [1]!

La défense de Bernardin de Saint-Pierre sera comme celle de Socrate! c'est en réfléchissant sur les actions de sa vie, que je montrerai aussi qu'il ne fit rien d'injuste [2].

A ces mots, mon digne ami se leva, et me regardant avec des yeux satisfaits : Vous voilà chargé d'une noble tâche, me dit-il; pour la remplir dignement, n'invoquez que la vérité; car la vérité suffit pour louer le sage qui lui consacra sa vie. En prononçant ces mots, il me serra la main et sortit.

[1] Xénophon, *Apologie de Socrate*.
[2] Voyez à la tête de ce volume-ci, le fragment intitulé : « De l'auteur de *Paul et Virginie*, et de l'influence de ses ouvrages. »

# VOYAGES

## DE BERNARDIN DE SAINT-PIERRE

EN HOLLANDE, EN PRUSSE, EN POLOGNE ET EN RUSSIE.

## VOYAGE EN HOLLANDE.

### DU PAYS.

Pour forcer ta prison tu fais de vains efforts ;
La rage de tes flots expire sur tes bords.
LOUIS RACINE.

La Hollande est cette partie de l'Europe située au fond du golfe formé par la mer d'Allemagne, dont elle occupe toute la largeur. Dans cette position, les vents du nord, qui soufflent fréquemment et sans obstacle, poussent sans cesse les flots contre les terres. Il est vraisemblable que ce pays était autrefois plus étendu; mais ces terres étant basses et sablonneuses, il s'y est formé des baies, de petites mers méditerranées, un grand nombre d'îles, et des bancs qui, pour l'ordinaire, sont des terrains tout-à-fait submergés.

Cette plage unie, sans coteaux et sans rochers, est bordée en quelques endroits, le long de la mer, de dunes qui n'ont pas vingt pieds de hauteur; ailleurs, l'art supplée à la nature : l'Océan est retenu par des digues : sans elles la mer inonderait les terres, et on la voit, avec surprise, élevée au dessus des prairies.

Si la Hollande a tout à craindre des eaux, elle est aussi leur ouvrage. Le Rhin et la Meuse y déposent continuellement des sables et des vases qui couvrent les marais remplis de joncs et de roseaux : on en trouve partout, à peu de profondeur, changés en tourbe. C'est une masse de limon noir et de végétaux qui ont fermenté; on y reconnaît des débris de feuilles, de tiges et de racines. On s'en sert pour le chauffage. Un autre bienfait des eaux est une grande quantité de poissons, peut-être les meilleurs de l'Océan. Les anguilles, les turbots, les saumons, servent en beaucoup d'endroits de nourriture au peuple : quelques-uns, comme les veaux marins, fournissent des peaux et des huiles pour les fabriques : ajoutez à cela, car ce peuple économe ne laisse rien perdre, les plumes d'une multitude de canards et d'oiseaux aquatiques, les joncs des canaux dont ils font des nattes, une terre propre à faire de la brique, une autre propre à faire des pipes : voilà tous les trésors de leur territoire. D'ailleurs, ils manquent des choses les plus nécessaires à la vie : il y croît fort peu de blé. Il n'y a point de forêts : hors le tilleul, qui y est magnifique, peu d'arbres s'y plaisent. Ils n'ont point de pierre à bâtir. L'air y est malsain ; beaucoup d'habitans y ont le scorbut, et les fièvres y sont communes.

Pendant l'été, les eaux se putréfient, les canaux sont couverts de poisson mort; une forte odeur de soufre sort du sein de la terre; l'air y est si empesté qu'on est obligé, en traversant les rues, de se boucher la respiration. Les vents du nord-ouest amènent des orages mêlés de tonnerres affreux; les vagues se brisent contre les digues, et quelquefois les ébranlent; souvent elles jettent sur les sables des baleines monstrueuses. On voit la mer couverte de vaisseaux presque sans voiles, penchés sur les flots par la violence de la tempête : ils s'éloignent de ces rivages peu profonds; et près d'aborder leur patrie, ils gagnent la haute mer et craignent que le port ne leur devienne funeste.

La liberté a peuplé ces sables, malgré la corruption des élémens, le peu de sûreté des côtes et les fureurs de l'Océan. Cette terre, plus ingrate même que celle d'Égypte, nourrit un peuple plus riche et plus sage. On n'y voit point de monumens élevés à la gloire des rois; mais l'industrie des hommes y a travaillé à l'utilité publique.

## DES HOLLANDAIS.

> ....... Nonne vides croceos ut Tmolus odores,
> India mittit ebur, molles sua thura Sabæi;
> At Chalybes nudi ferrum, virosaque Pontus
> Castorea.....?
> VIRG., Georg., lib. 1, v. 56-59.

« Voyez comme le mont Tmolus nous envoie son safran, l'Inde son ivoire, les douces contrées des Sabéens leur encens, les Chalybes leur fer, et le Pont ses castors. »

Les Hollandais sont grands, robustes, chargés d'embonpoint. La plupart sont blonds, et ont les yeux bleus. L'usage fréquent du thé leur gâte les dents. Leurs femmes sont fraîches, et communément belles. Une grande douceur, des mœurs simples, les soins du ménage, une tendresse extrême pour leurs époux et leurs enfans : voilà leurs grâces, leurs plaisirs et leurs passions. Les hommes ne sont point admis à leurs sociétés. Elles s'assemblent entre elles, et la conversation roule sur l'arrangement du logis et la propreté des meubles; c'est pour elles un objet inépuisable de dissertations, d'éloges, de complimens et quelquefois de médisance. Une Hollandaise ne passe point la semaine sans faire une revue générale de sa maison. Tout ce qui est métal est écuré et poli. Le fer dans les cuisines brille comme l'argent; le bois et la pierre, les planches, les portes, l'escalier, la façade même, tout est lavé, frotté, essuyé, blanchi, peint ou verni. La mauvaise qualité de l'air rend ces soins nécessaires, et ils seraient agréables, si, à force d'être répétés, ils ne devenaient incommodes; mais il n'y a pas moyen de modérer là dessus l'activité des dames.

Leurs maris ont des amusemens plus tranquilles; une pipe, de la bière et une gazette leur suffisent, car ils sont flegmatiques et sérieux dans leurs plaisirs comme dans leurs affaires.

L'architecture de leurs maisons est simple et commode. On y entre par un perron élevé, à cause de l'humidité des rues. Elles sont de brique, à plusieurs étages : le toit en est fort aigu, et le frontispice est découpé comme les degrés d'un escalier. Souvent une cigogne vient y faire son nid; ils la respectent, comme le symbole de l'hospitalité. Ils écrivent sur la façade quelque sentence latine, ou simplement le nom du maître et de la maîtresse. C'est le temple de l'hymen; il est bien rare que les lois en soient violées. En ce pays on ne sait ce que c'est que de faire sa cour aux femmes, et l'adultère ne s'y appelle point galanterie. Leurs mariages sont tranquilles et suivis d'une nombreuse postérité. Il est rare de voir ailleurs de plus beaux enfans; ils les aiment passionnément; le père occupe de bonne heure les garçons aux objets actifs du commerce. Ils grondent peu leurs enfans et ne les frappent point. On prétend que cette indulgence est cause de leur grossièreté. La rudesse des manières vient sans doute d'un défaut d'éducation; mais mille tourmens et des vices sans nombre sont les fruits d'une mauvaise. Quoi qu'il en soit, dans un âge avancé la reconnaissance filiale est égale à la tendresse paternelle; les enfans écoutent en tout temps les conseils de leurs parens, et soulagent les infirmités de leur vieillesse avec la même amitié que ceux-ci ont supporté la faiblesse de leur enfance.

La propreté qui règne dans leurs maisons n'en exclut pas la magnificence. Souvent les marteaux des portes, les gonds, les serrures, sont de cuivre; les cuisines incrustées de carreaux de faïence, les appartemens revêtus de marbre blanc, les buffets garnis de porcelaines de la Chine, les meubles de bois des Indes d'une beauté et d'une durée éternelle. Ils joignent à cela de très-beau linge, quelquefois des tableaux précieux, et un jardin où ils cultivent les fleurs les plus rares. Les gens du peuple portent sur leurs habits des boutons d'argent massif, et leurs femmes des chaînes d'or. Ce luxe est sage en ce que ces dépenses vont sans perte à leur postérité.

Leurs villes se ressemblent, comme leurs maisons. Les rues sont bordées de tilleuls, et le milieu est occupé par un canal où vont et viennent un grand nombre de bateaux : ce sont les chariots du pays. On y voit rarement des carrosses sur les roues; ceux dont on se sert sont montés sur des traîneaux; le cocher est à pied, conduisant d'une main le cheval, et tenant de l'autre une queue de chanvre imbibée d'eau, qu'il oppose de temps en temps au traîneau, afin qu'il glisse avec facilité. Ils mettent des droits considérables sur les voitures roulantes, parce qu'elles détruisent aisément les chemins, qui sont pavés de brique.

De toutes leurs villes, Amsterdam est la plus considérable, et la bourse y offre chaque jour le plus singulier des spectacles : c'est une grande place carrée, entourée d'une colonnade; chaque colonne y est le centre du commerce de quelque partie du monde, et y porte les noms de Surinam, de Londres, d'Archangel, de Bordeaux, etc., etc.

Ce sont là véritablement les colonnes de la république, qui appuie son commerce sur les principales villes de l'univers. A l'heure de midi, une foule de négocians s'y rassemblent; là, arrivent de toutes parts les avis de ce qui manque ou de ce qui abonde chez les autres nations : tous projettent, tous calculent. Une multitude de vaisseaux sont prêts à partir à tous les vents; ils portent au midi les bois du nord, au nord les vins et les fruits du midi. Ici l'intérêt l'emporte sur les préjugés : on voit des juifs converser avec des Espagnols; des Anglais traitent avec des Français, des Turcs avec des chrétiens. Aucun objet de commerce n'y est exclu. On y trouve des domestiques à louer, des commis à placer; on y propose des achats de terre et de maisons, des filles à marier, des armées à approvisionner et des flottes à équiper. Quelquefois on y marchande des villes, des provinces, et même des couronnes.

Il semble que les Hollandais sont les propriétaires de toute la terre, dont les autres peuples ne sont que les fermiers. En Russie et en Suède sont leurs chantiers pour les mâtures, leurs magasins de chanvre, de cuirs, de salpêtre et de goudron; leurs mines de cuivre et de fer, enfin leurs arsenaux de marine et de guerre. Leurs greniers sont à Dantzick, où la Pologne leur envoie chaque année ses blés et ses bestiaux. Leur garde-robe est l'Allemagne, qui leur fournit à Leipsick et à Francfort les toiles et les laines de Saxe et de Silésie. Leurs haras sont dans le Holstein et en Danemarck. Leurs vignobles en France, et leur cave à Bordeaux. Les Provençaux et les Italiens cultivent pour eux leurs jardins; c'est pour eux qu'ils cueillent l'orange et le citron, d'un usage si universel dans le nord; pour eux qu'ils dessèchent le raisin et la figue et marinent l'olive. L'Asie et ses îles leur fournissent le thé, le girofle, les épiceries, les soieries et les perles. Pour eux le Chinois pétrit la porcelaine, et l'Indienne file la mousseline. C'est pour eux que l'Afrique brûlée étale sur ses rivages le poivre et les gommes; c'est pour eux qu'elle envoie ses noirs enfans fouiller l'or au Pérou et les diamans au Brésil, et planter en Amérique le cacao, le sucre, le café, l'indigo, le coton et le tabac. Les Hollandais vivent au milieu de ces richesses, comme s'ils n'en étaient que les dépositaires. Leurs alimens sont le beurre, le fromage et quelques légumes. Ils mangent cru et sans apprêt le poisson sec, le saumon fumé et le hareng salé, qu'ils regardent comme un remède souverain contre les fièvres bilieuses. Leurs habillemens sont simples et d'une couleur modeste; quand ils sortent de leur pays, ils ne changent en rien leurs anciennes coutumes; on ne voit sur eux ni dentelles ni galons. Quelque quantité qu'ils trouvent de vivres et d'étoffes, ils n'emploient à leur usage que les provisions qu'ils ont tirées de leur patrie. Ainsi, conservant leur économie dans le sein de l'abondance, et des mœurs parmi la dissolution des étrangers, ils retrouvent partout la Hollande qu'ils portent avec eux.

Outre les soins du commerce, l'agriculture et les arts utiles les occupent tour à tour. Beaucoup de Hollandais sont à la fois laboureurs, fabricans, marchands, et même mariniers. Plus la terre est ingrate, plus ils la cultivent. Ils sont parvenus, à Scheveling, à faire croître des chênes dans le sable tout pur. Tel arbre y a été planté plus de vingt fois. Peu avares de leurs peines, ils n'économisent que sur les moyens. Leurs grains ne sont point serrés dans des granges; les gerbes sont disposées en cercle autour d'un mât planté au milieu d'un champ, les épis en dedans. Quand la meule est suffisamment élevée, ils la couvrent d'un toit de chaume qui glisse le long du mât. C'est dans les prairies et dans les bestiaux que consiste leur plus grand revenu; ils en tirent une quantité prodigieuse de fromage, qu'ils ont le secret de préparer et de conserver en le trempant dans des lies de vin. On peut connaître combien l'agriculture et le commerce se prêtent mutuellement de forces, puisqu'à Sardam, village près d'Amsterdam, il y a des paysans si riches, qu'un seul entreprend la construction d'un vaisseau de guerre, et assure en même temps un vaisseau de la compagnie des Indes.

De tous les arts, l'architecture hydraulique est celui qu'ils ont porté à une plus grande perfection. Leurs digues sont construites avec le plus grand soin. Ils en lient les terres en y plantant des arbres, et y mêlant des racines de chiendent. Les eaux qui filtrent sont pompées par des moulins, et rendues à la mer. Chaque ville communique de l'une à l'autre par des canaux. En quelques endroits, ces canaux passent sur des aquéducs; c'est ainsi qu'ils se traversent sans confondre leurs eaux. Ailleurs ils se communiquent par des sas; ce sont des réservoirs renfermés entre deux écluses où l'on fait monter et descendre les barques sur des terrains de niveaux différens. Si les eaux leur ouvrent des routes pour le commerce, elles servent en même temps à la défense des places par la facilité qu'ils ont de les répandre aux environs. D'ailleurs, leurs fortifications rasantes ne donnent aucune prise à l'ennemi; les feux y sont multipliés par un grand nombre de demi-lunes et des galeries très-meurtrières; joignez à cela la difficulté de faire des circonvallations dans un pays coupé de canaux, d'ouvrir des tranchées dans une terre marécageuse, de trouver des fascines dans des prairies, de faire agir des mines dans le sable, vous aurez une idée de la difficulté d'y faire des siéges. L'architecture qui règne dans leurs villes a quelque singularité : ils inclinent le haut de la façade de leurs maisons du côté de la rue, soit pour donner plus de largeur aux appartemens supérieurs, soit par quelque curiosité recherchée. Leurs jardins sont découpés en formes bizarres et décorés de petites pyramides, de glorioles et de grottes formées de coquillages. Ils montrent dans ces petits ouvrages plus de patience que de goût, mais ils aiment à surmonter des obstacles par l'habitude d'exécuter des choses difficiles. Ils ont perfectionné un grand nombre d'inventions utiles, entre autres l'imprimerie, l'art de construire des vaisseaux, de fabriquer le papier, le verre et la faïence; celui de manufacturer le tabac, le sucre, le savon, d'ourdir des toiles ouvragées et de les blanchir, de conserver le poisson par le sel et la fumée, de décomposer par la chimie le girofle et les épiceries, de préparer les vins, et même, dit-on, le secret d'en faire.

Tant d'arts, qui en exigent une infinité d'autres, occupent tout le monde. On ne souffre point de mendians en Hollande; on emploie dans les manufactures les enfans orphelins, les vieillards et jusqu'aux estropiés. On y voit des aveugles faire mouvoir des roues; ceux qui n'ont pas de pieds filent le lin et le chanvre, les manchots portent des fardeaux. Ceux qui troublent la société sont condamnés à des travaux publics. Mais il est rare qu'on entende parler de vol ou de meurtre. Les crimes ne naissent point où l'on a banni l'oisiveté et la misère.

Il n'y a pas d'endroit en Hollande d'où l'on n'aperçoive à la fois quelques villes, plusieurs villages et une multitude de moulins à vent. Les uns scient le bois, d'autres moulent les blés; ceux-ci forent des canons, ceux-là broient la poudre à canon. Quantité de chaloupes traversent les campagnes; de grosses paysannes, la rame à la main, viennent en chantant apporter leurs denrées au port. C'est une ville flottante, composée de plusieurs milliers de barques et de vaisseaux. La plupart des habitans y vivent avec leurs familles. Les femmes s'y occupent des soins du ménage comme à terre. Lorsqu'on est en pleine mer, elles aident leurs maris, et prennent en main le gouvernail; leurs enfans, nés sur les flots, s'accoutument de bonne heure à braver les tempêtes. En effet, il n'y a pas de nation plus intrépide sur cet élément; on a vu des flottes marchandes résister à des escadres, et leur échapper par une défense opiniâtre. Les Hollandais sont lents dans leurs manœuvres, parce qu'ils emploient peu de matelots par économie, et que leurs vaisseaux sont d'une forme arrondie, mais d'ailleurs excellens pour porter de grands fardeaux sur des mers peu profondes. Ce pays a produit des marins excellens, d'habiles ingénieurs, et Boerhaave, peut-être le premier des médecins modernes; dans les arts agréables, quelques poètes pastoraux, des peintres plus célèbres par leur coloris que par leur composition; dans les sciences, de grands philosophes, des jurisconsultes qu'on citera toujours, et des théologiens dont on ne parle plus.

## DU GOUVERNEMENT.

Concordia res parvæ crescunt.
« Notre grandeur vient de notre union. »

L'industrie des Hollandais vient de leurs besoins, et leur économie de leur pauvreté : c'est à cette vertu qu'ils doivent leurs richesses.

On représente le commerce entre deux peuples par les fléaux d'une balance que chacun d'eux cherche à faire pencher de son côté. Les choses étant égales, le poids le plus léger décide cette inclinaison, et une fois décidée, c'est une source perpétuelle de gain pour un parti, et de perte pour l'autre. Si, par exemple, les Anglais achètent chaque année pour dix millions de nos vins, et qu'ils nous fournissent en échange pour neuf millions de blé, il est clair qu'au bout de dix ans ils auront perdu dix millions. Ainsi, plus le commerce de ces deux nations augmentera, plus la perte des Anglais croîtra. Mais comme les hommes sont les premières richesses d'un état, celui de ces deux gouvernemens qui aura le moins dépensé en hommes restera le plus riche. Or, on sait que si un laboureur tire de la terre pour la valeur de mille livres en blé, cinq vignerons recueilleront à peine pour mille livres de vin. Il s'ensuit donc que cinquante mille hommes seront occupés en France à balancer le travail que dix mille hommes feront en Angleterre. Les Anglais seront donc plus riches que nous de quarante mille hommes, qu'ils emploieront à d'autres branches de commerce.

Tel est l'état des Hollandais par rapport aux autres nations. Leur économie embrasse tout : ils emploient un grand nombre de machines pour leurs fabriques; ils mettent très-peu d'hommes sur leurs vaisseaux; leurs vivres sont du poisson sec, qui ne leur coûte rien. Un marchand se contente du plus petit gain, parce qu'il vit sans faste, et que l'argent n'étant qu'à trois pour cent, les entreprises ne sont pas onéreuses.

Le gouvernement se conduit par le même principe. Sa monnaie est la plus pure; ainsi le droit qu'il en tire étant moindre que celui d'aucun prince, toutes les nations la recherchent. Le ducat de Hollande est la monnaie de tous les pays. Pierre-le-Grand, par la même confiance, ordonna que les droits de douane s'acquitteraient en Russie en écus de Hollande.

Souvent les Hollandais profitent sur cet objet de l'avidité des princes. Dès qu'une monnaie hausse, ils en frappent chez eux des quantités, et la transportent dans le pays avant que les denrées se mettent au niveau de l'argent, en sorte qu'ils font des gains considérables.

Ils ont des lois admirables pour favoriser le commerce, la pêche, et maintenir la police; mais toutes ces choses demanderaient des volumes. L'Hôtel-de-Ville prête des secours aux négocians dont la fortune a été renversée par des pertes imprévues. Il propose des prix pour la pêche. La première barque de retour de la pêche du hareng en donne un baril au gouvernement, qui paie une pistole chaque poisson. On dit que cette compagnie est aussi puissante que celle des Indes. On donne, dans les incendies, cent francs à la première pompe qui arrive au feu; l'incendie fait rarement des progrès, parce qu'on couvre les maisons voisines d'étoffes de laine mouillées.

Ils n'ont pas une grande estime pour l'état militaire : un matelot hollandais regarde un soldat comme un homme qui est à ses gages. Leur cavalerie est recrutée dans les nationaux : elle est bonne, quoique pesante. L'infanterie est composée de Suisses et de Flamands. Ces troupes étrangères et mercenaires paraissent bien faibles; mais nous ne sommes plus au temps des Romains. Chaque état confie aujourd'hui la défense de son pays à la portion d'hommes qui y prend le moins d'intérêt; et comme les Hollandais donnent une paie double à leurs soldats, il est vraisemblable que s'ils étaient campés tranquillement devant une armée ennemie, au bout de huit jours il ne resterait dans celle-ci que les officiers. D'ailleurs ils sont braves, et tout le monde sait qu'ils ne doivent leur liberté qu'à leurs victoires. Au reste, ils croient que la gloire d'une nation consiste dans ses richesses. Ils gardent sans soin et laissent voir sans ostentation les drapeaux qu'ils ont enlevés à leurs ennemis. Ils supportent avec patience les déprédations de leurs rivaux, et les calculent d'avance avec les frais d'une guerre, comptant pour peu les insultes, et toujours prêts à les sacrifier à leur intérêt.

L'intérêt de la Hollande, comme celui de toute société moderne, consiste dans le malheur de ses voisins; on dit que l'inclination de ce peuple s'accorde là-dessus avec sa politique. La simplicité d'un marchand ne s'accommode pas de l'astuce autrichienne, de la fierté anglaise et des airs français; mais s'il fallait se décider entre l'Angleterre et la France, il y a apparence qu'au commencement d'une guerre les Hollandais embrasseraient le parti le plus faible, afin de tenir la balance égale; mais à la fin d'une guerre malheureuse, ils se rangeraient du côté le plus fort, parce qu'il est dangereux de défendre un parti tout-à-fait opprimé.

Leur ennemi naturel est la maison d'Autriche, dont ils ont détruit le commerce dans les Pays-Bas; et la France, dont l'ambition a presque causé leur perte. Ils ont donc pour alliés nécessaires la Prusse, qui partage l'Allemagne en deux puissances, les villes Anséatiques et tous les ennemis de leurs voisins.

Par rapport à nous, les choses ont bien changé depuis Louis XIV, qui pénétra dans leur pays, et à qui dans la suite ils firent accepter la paix. La modération de notre gouvernement actuel ne leur laisse rien à redouter de nos entreprises, et ils ont plus à craindre notre luxe que nos armes.

Leur gouvernement est républicain, quoiqu'il y ait un stathouder héréditaire : c'est le chef de la milice. Quelques-uns regardent ce pouvoir comme dangereux pour la liberté publique. Un souverain qui commande des troupes étrangères au milieu d'un peuple paisible de marchands paraît superflu : cela serait vrai si le peuple était pauvre; mais il faut que des gens riches aient quelque chose à craindre. Il y a en Hollande des citoyens si opulens, qu'ils ne tarderaient pas à être ambitieux; mais tant qu'ils craindront d'être subjugués, ils ne chercheront pas à établir leur propre autorité. Pressés par le pouvoir souverain, et occupés sans cesse à le repousser, il en naît pour l'état un mouvement salutaire; les charges publiques sortent des familles, et n'étant point héréditaires, sont remplies avec plus de zèle : l'incapacité craint malgré son opulence, et le mérite espère malgré son obscurité. Un gouverneur des Indes qui abuse de son pouvoir ne se flatte pas d'acheter, à son retour, toutes les voix du conseil. Dans un état républicain, plus le sujet est riche, plus le prince est en garde.

Tel est en Hollande le contre-poids des lois et de l'autorité. Les six provinces, craignant la puissance d'Amsterdam, cherchèrent un tuteur à la liberté publique. Elles le choisirent dans la maison de Nassau. C'étaient des cadettes jalouses des richesses de leur aînée. Elles suspendirent cette épée sur sa tête, mais elles en rompirent la pointe. Le prince ne peut décider ni de la paix ni de la guerre, ni du mouvement des troupes, ni de l'emploi des finances : les États font les lois, le prince les exécute.

# VOYAGE EN PRUSSE.

## DU PAYS.

Rege sub hoc Pomona fuit, qua nulla latinas
Inter Hamadryadas coluit solertius hortos,
Nec fuit arborei studiosior altera fetus.....
Ov. D., l. xiv, Met.

« Sous le règne de ce prince on s'appliqua à la culture des
» jardins; jamais en Italie on ne prit tant de soin des vergers,
» et on ne rendit tant d'honneurs à Pomone. »

La géographie de la Prusse offre plus de singularités en politique qu'en physique. La Marche de Brandebourg fait le centre de ce royaume, d'où partent trois bras qui semblent saisir l'Allemagne et la Pologne. Cette disposition le met dans des occasions prochaines de guerre, jusqu'à ce qu'il achève de s'arrondir ou de se détruire par de nouvelles conquêtes.

Le premier de ces bras s'étend au sud-ouest, entre les Pays-Bas et l'Allemagne : il comprend une portion de la Lusace; en Saxe, le territoire de Hall, une partie du comté de Mansfeld, le duché de Magdebourg, la principauté d'Halberstadt; en Westphalie, la principauté de Minden, le comté de Ravensberg, celui de la Marck et le duché de Clèves ; dans les Pays-Bas, une partie de la Gueldre; plus loin, la principauté de Neufchâtel. Tous ces terrains sont isolés et comme autant de pierres d'attente.

Le second va au sud-est, entre l'Allemagne et la Pologne. C'est cette belle province de Silésie, regardée par les Allemands comme leurs champs élysées, dont on veut qu'elle tire son nom. Elle ressemble beaucoup à la Normandie : pâturages excellens, terre fertile, habitans laborieux, laines fines, tout est dans ce pays une source de richesses; c'est, sans contredit, la plus belle portion de l'Allemagne, sans en excepter la Saxe, qui ne l'emporte que par son industrie. Entre autres curiosités, on y a découvert depuis peu la chrysopale, pierre précieuse, verte et demi-transparente. Le général Fouquet, qui découvrit ces pierres dans les montagnes de Glatz, en trouva d'assez grandes pour en envoyer une tabatière à la cour. Le roi lui manda d'en faire tailler une colonnade. On trouve dans les prairies les œufs d'une sorte de bécasse qui passent pour un mets délicieux : en les conservant quelques années, le blanc devient si dur qu'on le taille comme une agate; on en montre des anneaux. Cette propriété de se durcir n'est pas réservée à cette seule matière animale, et peut fournir des expériences à la physique et aux arts.

Le troisième bras est formé de la Poméranie et du royaume de Prusse. Il passe le long de la Pologne et de la mer Baltique. Le terrain est sablonneux, produit peu de blé, et n'offre d'autres singularités que l'ambre jaune, production incertaine de la mer, de la terre, des insectes, ou des végétaux. On ne sait encore si c'est une écume, un fossile, une cire, ou une gomme. J'en ai vu en Russie un cabinet entier, donné par le père du roi. Il est estimé quatre-vingt mille écus. Il y a des morceaux qui ont plus d'un pied et demi en carré, sculptés en bas-reliefs. On dit que c'est un phénomène de la nature, mais certainement ce n'est pas un chef-d'œuvre de l'art, à moins que ce n'en soit un fort grand d'en fondre ensemble plusieurs morceaux pour en composer une seule masse. Quoi qu'il en soit, ce qui n'est pas d'un usage universel doit être abandonné aux disputes des savans, et confiné pour toujours dans les académies.

Ces rivages, où viennent se décharger de grands fleuves, où de longs promontoires forment des ports pour de petits vaisseaux, étaient autrefois très-peuplés : on y remarque des coutumes anciennes, des restes de grandeur, d'aisance et de police dans les villes. Des guerres sans nombre ont tout ravagé. La grande Kœnigsberg s'élève encore au milieu de ces ruines, mais Dantzick seule a conservé sa liberté et son commerce.

La Marche de Brandebourg, où est Berlin, est la partie la plus stérile. Les cultivateurs y emploient toutes les ressources de l'agriculture. J'y ai vu des champs de sable pur ensemencés de blé; on est content quand la récolte est triple de la semence. Les moineaux y sont proscrits, chaque paysan est obligé par an d'en apporter douze têtes; on en fait du salpêtre. Dans les montagnes, ils plantent des pommes de terre, et se félicitent de n'avoir point de vœux à faire pour leur moisson; près de la mer, on cultive des pommiers et des poiriers, dont ils portent les fruits en Russie ; les mûriers y viennent bien, mais les fraîcheurs des nuits tuent les vers à soie; enfin, ils sont parvenus à planter un vignoble auprès de Postdam. Ils entretiennent à Berlin un grand nombre de jardins. La terre végétale n'a pas quatre pouces d'épaisseur; sous cette couche est un lit de sable, profond de six pieds; ils défoncent ce terrain et l'enlèvent avec de grands travaux. Ils y font croître la plupart des bons fruits de notre climat. Les melons y sont délicieux. Mais à peine le soleil est-il parvenu à l'équinoxe de septembre, que l'air s'obscurcit de brouillards froids et épais ; les vents du nord agitent les vergers, les feuilles jaunies avant le temps tombent avec les fruits à moitié mûrs. Alors on se hâte de préserver les arbres des rigueurs de l'hiver; ils creusent des fosses profondes où ils enterrent les figuiers et les pêchers.

Cette terre désolée par un climat si dur l'a été long-temps par la guerre. Partout on en voit des traces : point de défilé où ne soit quelque retranchement, de hauteur où l'on ne voie les fossés d'un camp, de ville dont les murailles ne soient écornées du boulet. On montrait à des voyageurs anglais ces campagnes fameuses par tant de combats : « Nous n'avons, dirent-ils, rien ouï dire de tout cela en Angleterre. » Le roi les reçut fort mal : c'était en effet bien peu de renommée pour tant de sang répandu.

## DES PRUSSIENS.

................ Quos ille, timorum
Maximus, haud urget lethi metus : inde ruendi
In ferrum mens prona viris, animæque capaces
Mortis...... LUCAIN, lib. 1.

« Quoique la mort soit le plus terrible des objets, ils ne la craignent point; de là vient qu'ils l'affrontent d'un air intrépide, et qu'ils donnent tête baissée dans le péril. »

Les Prussiens ont communément les yeux bleus; ils sont blonds, grands, robustes, et moins épais que les autres Allemands; ils sont aussi plus sobres. Dans les principales maisons de Berlin, hors les jours de cérémonie, on ne sert que trois plats sur la table, et le pain blanc y est un luxe. Un bourgeois de Paris est beaucoup mieux logé, mieux nourri, plus agréablement voituré que le prince royal de Prusse et que la plupart des monarques du Nord. Notre aisance et nos mœurs ont cependant passé le Rhin. Les Saxons joignent à la profusion allemande la délicatesse française. Leurs femmes sont maniérées; les hommes frisés, poudrés, polis, charmans comme les gens de Paris. La dernière guerre a montré combien toutes ces petites qualités leur coûtent cher. Le roi a dit de leurs soldats qu'ils tombaient malades quand les alouettes de Leipzick leur manquaient.

Les Prussiennes en général ne sont point belles. Nos officiers prisonniers ont porté parmi elles le désordre de nos mœurs à un tel excès, que le roi les fit transférer à Magdebourg et dans les places fortes, afin d'arrêter les progrès de la corruption : il est triste de la voir commencer par les choses les plus parfaites. J'ai vu à Berlin beaucoup de femmes de la cour persuadées par ces officiers que toutes les Françaises étaient entretenues; d'autres, montrer leurs diamans et se vanter de les devoir à leurs charmes. Comme les Prussiens ne sont pas galans, elles s'attachent à captiver les ministres étrangers et les voyageurs qui veulent bien faire quelque dépense pour elles. Une autre cause de ce désordre, que leur franchise les empêche de dissimuler, est la mauvaise éducation qu'elles reçoivent en apprenant la langue française des réfugiés de Berlin. Ces réfugiés ressemblent beaucoup aux juifs : à l'arrivée d'un étranger, une foule de marchands français accourent pour le friponner; ils sont babillards, débauchés, menteurs, jaloux et servilement complaisans; ils sont haïs des Prussiens, qu'ils méprisent sans raison; il en faut excepter quelques familles qui ont embrassé l'état militaire, et ont conservé les vertus de leur nation.

Ce que j'ai dit ici des femmes ne regarde que celles de la cour; les autres sont économes, naïves, et bonnes ménagères; elles vivent entre elles. Leur plus grande fête est de s'inviter à prendre du café; les unes apportent des fruits confits, les autres des gâteaux qu'elles ont préparés elles-mêmes. Ces parties, où rarement les hommes sont invités, ne sont guère vives.

Les grands seigneurs accueillent les étrangers sans faste et sans caprice; ce qu'ils vous offrent aujourd'hui, ils vous l'offriront demain. Ils n'ont point les fantaisies ni les préjugés de leur état. On n'entend point parler chez eux de ces jalousies, de ces prétentions, de ces frivolités qui naissent dans l'abondance et le repos des villes. La guerre a détruit ces petites passions qui désolent la société, comme le vent du nord détruit les chenilles; le peuple même n'a pas adopté les erreurs communes aux autres Allemands. Ils croient, en Autriche, qu'un homme est déshonoré s'il touche à un cheval mort. Dans la dernière guerre, un capitaine d'artillerie ayant retiré avec ses gens un cheval tué qui embarrassait le chemin, ses camarades ne voulurent plus avoir de commerce avec lui. L'impératrice, pour lui rendre l'honneur, le fit manger à sa table et l'avança d'un grade pour avoir surmonté un préjugé si contraire au bien du service.

Le duel est toléré en Prusse. J'en ai vu un à Berlin, au mois d'août 1765. Il fut proposé plus de quinze jours auparavant, et ce qu'il y a de singulier, entre deux officiers dont l'un devait épouser la sœur de l'autre. Le mariage fut conclu, le beau-frère fut aux noces, et le lendemain ils se battirent suivant leur accord. Les Allemands préfèrent le pistolet à l'épée qui est tranchante, et souvent joignent ces deux armes ensemble. Ces exemples sont rares. Les Prussiens ne sont point querelleurs, ce sont pour l'ordinaire de bonnes gens, hospitaliers et fort charitables. J'ai entendu leurs ministres en chaire, non exhorter les peuples à la charité, mais les remercier de l'abondance de leurs aumônes. On ne voit point de mendians chez eux, et le menu peuple n'y est point, comme ailleurs, sale et déchiré, mais couvert de bons habits bleus. Il trouve partout à travailler. Il y a grand nombre de manufactures en Silésie, et quantité de fabriques à Berlin : c'est, comme on sait, la capitale de toute la Prusse. Cette ville est grande et bien bâtie : on y voit plusieurs beaux édifices, d'une architecture grecque et simple. L'arsenal, entre autres, est de la plus grande magnificence. La guerre a rendu cette ville déserte, et l'herbe croît dans la plupart des rues.

Berlin a une académie célèbre ; elle s'occupe de sciences et d'expériences utiles aux arts. La guerre ayant rendu le linge rare, ils ont essayé de faire du papier avec des ceps de vigne. Il n'ont pas mal réussi ; mais on dit que, par une grande singularité, les ceps du raisin blanc font le papier rouge, et ceux du raisin rouge rendent le papier blanc.

Les Prussiens ne s'appliquent guère au commerce ; il est entre les mains des juifs, qui sont fort riches. Leur unique occupation est la guerre. Dès qu'il naît un enfant à un paysan, on lui envoie un collier rouge ; c'est la marque du soldat qui les engage pour toute leur vie. Les gentilshommes sont obligés de servir et de commencer par les premiers grades de la milice ; le mérite seul les avance. Ils sont si accoutumés à s'occuper des objets de leur état, qu'en voyageant même ils sont attentifs à considérer les hauteurs, les bois et les villages, y cherchant des positions dont on puisse profiter à la guerre : le plus beau paysage ne leur offre que l'image d'un camp.

Ils estiment peu le service de l'artillerie, et regardent les ingénieurs comme des artistes ; ils pensent, comme la plupart des Allemands, que dans ces corps on a besoin de ruse et d'adresse, ce qui ne convient pas à la valeur franche d'un soldat. Peu de leur noblesse s'applique à ces études, qui, d'ailleurs, ne sont pas encouragées par le roi : il a pour maxime que celui qui est maître de la campagne est maître de tout ; qu'il suffit d'avoir sur la frontière deux ou trois villes en état de soutenir un long siége. On vante Magdebourg où j'ai passé ; on mit un garde à la porte de ma chambre, quoique ce fût pendant la nuit : on ne saurait porter plus loin les précautions. A chaque ville, elles sont à peu près semblables. Avant de vous laisser passer, on prend votre nom, votre qualité, votre demeure et le temps de votre séjour. Au reste, j'ai remarqué dans les villes de Silésie que la fortification est fort mal entretenue. J'ai vu dans les revêtemens des arbres de plus de dix ans, poussés à travers des briques. Le plus grand défaut est dans le peu de largeur de leurs fossés, ce qui rend la défense très-faible ; dans quelques endroits, ils ne sont enfilés que par une seule pièce de canon.

Le service le plus distingué en Prusse est celui de l'infanterie, ensuite des hussards. On n'admet point d'officiers français dans ces corps, parce qu'on les croit trop indépendans.

L'exercice se fait tous les jours à onze heures, quelque temps qu'il fasse. A Postdam, les princes de Brunswick et le prince royal y vont régulièrement ; il est rare même que le roi y manque. Chaque soldat est d'une propreté recherchée ; ils sont tous en linge blanc, en guêtres blanches ; les yeux sont éblouis de l'éclat des armes et des bonnets de cuivre. L'heure sonnant, les pelotons et les lignes se forment ; l'ordre est admirable et l'aspect terrible. Cette forêt de baïonnettes toutes égales, ces épaules, ces bras, ces pieds posés semblablement, ces visages où règne une seule physionomie, ce silence profond de cette multitude, est le chef-d'œuvre de la discipline militaire. Au son bruyant des fifres et des tambours, se meut ensemble cette vaste ligne, aussi précise dans ses mouvemens qu'exacte dans son repos. Rien ne flotte, soit qu'elle se partage en divisions, qu'elle double ses rangs ou qu'elle étende ses files ; vous la voyez sans confusion tourner à droite, à gauche, avancer, reculer, se resserrer, tirer par pelotons ou en billebaude. Tantôt on croirait au bruit qu'un seul feu est sorti d'une même arme, tantôt qu'un seul homme a tiré successivement cette multitude de fusils. Le châtiment suit de près les moindres fautes, mais les coups de canne se donnent sans colère et se reçoivent sans rancune. On punit par les arrêts les officiers, les princes de Brunswick, et même le prince royal. L'exercice n'est pour personne un amusement, c'est une occupation sérieuse d'où dépend la force de l'état et le respect de la couronne. Souvent le roi fait des exercices généraux, où il est défendu aux étrangers de s'y trouver. C'est pour l'ordinaire l'essai de quelque nouvelle manœuvre. On tente de faire sauter des fossés à toute une ligne de cavalerie, de passer un gué, de traverser une rivière avec de nouveaux pontons, de gravir sur une hauteur, de faire une retraite en face d'un ennemi supérieur. Dans ces manœuvres, son génie lui offre une infinité de ressources. Un rideau, un chemin creux, les maisons d'un village, le cimetière, l'église, le clocher, sont autant de postes dont il apprend à tirer parti. Quelquefois il arrive qu'il est battu malgré ses dispositions, alors il fait mettre l'officier qui commande aux arrêts, sous prétexte de quelque faute particulière ; car il est jaloux même de la gloire qui s'acquiert dans ces sortes de jeux.

## DU GOUVERNEMENT.

*La loi dans tout pays doit être universelle;
Les mortels, quels qu'ils soient, sont égaux devant elle.*
VOLTAIRE.

Le gouvernement de Prusse est despotique, et par conséquent militaire. Un Prussien ne peut voyager sans permission; ainsi l'argent ne sort point du royaume, et les mœurs étrangères n'y entrent point. L'administration de la justice est prompte et peu coûteuse; les plus grands procès ne peuvent durer qu'un an. Si quelque sujet est lésé, il peut écrire au roi, qui fait réponse sur-le-champ, et quelquefois de sa main. On regarde les hommes comme la première richesse de l'état; quoiqu'on ne travaille pas à leurs plaisirs, le nécessaire ne manque à aucun. Il est bien étrange que le plus grand bonheur qu'une nation puisse attendre de son prince soit d'être traitée de lui à peu près comme il traite ses chevaux, et que ce bonheur soit partout si rare. C'étaient là les principes du gouvernement du feu roi. Il était si curieux de beaux soldats, que beaucoup lui ont coûté au-delà de mille écus. On assure que le régiment des gardes lui était revenu à des sommes plus grandes que toute l'armée. Ce prince se plaisait à appareiller des couples, afin d'avoir de belles races d'hommes. S'il rencontrait une belle fille bourgeoise ou paysanne, il la mariait sur-le-champ avec des soldats choisis dans ses gardes, pensant que les convenances de nature doivent l'emporter sur celles de la fortune et de la naissance.

Le roi actuel a porté plus loin cette maxime. Il a ordonné, en 1765, qu'une fille pourrait avoir jusqu'à six enfans sans être déshonorée; qu'un maître serait tenu d'avoir soin de sa servante, encore qu'elle fût grosse d'un autre que lui, et qu'il ne lui serait pas permis de la renvoyer pour cette cause. On peut voir, par beaucoup d'autres réglemens, quel cas il fait des hommes; les faisant enlever chez ses voisins, les attirant par des promesses, leur donnant des maisons, des terres et des bestiaux. Dans les défrichemens qu'il a ordonnés, la chambre du domaine lui a représenté que tant de forêts abattues rendraient le bois rare à Berlin. « J'aime mieux, répondit-il, avoir des hommes que des arbres. » Du reste, il les regarde comme des animaux dont les vices et les vertus sont également nécessaires à un état. Employant à la guerre des brigands et des voleurs publics; dans la politique, des faussaires et des fripons, il n'estime personne, et s'embarrasse peu des égards qu'on porte à ses ministres et à ceux dont l'honneur peut rejaillir sur le sien. Son ministre en Suède lui écrivait que ses appointemens ne suffisaient pas à entretenir un équipage et une table; le roi lui répondit : « Je ne vois pas la nécessité d'avoir carrosse, et je ne connais pas de meilleure table que celle d'autrui. »

L'armée prussienne est actuellement de cent cinquante mille hommes. Cinquante mille autres Prussiens naturels sont répartis dans les terres qu'ils cultivent, et sont toujours prêts à recruter l'armée. Chaque régiment est en état de marcher dans vingt-quatre heures, et de faire campagne dans huit jours. Ils ont parmi eux quantité de déserteurs français; il leur est bien difficile de s'échapper une seconde fois. L'appel se fait deux fois par jour. On tire le soir autant de coups de canon qu'il y a d'absens : les paysans ont 50 fr. par déserteur qu'ils ramènent. Quand ils éviteraient les environs de la garnison, il leur serait bien difficile de traverser la frontière, entourée de hussards qui patrouillent sans cesse.

Avant ce roi, la guerre était un art; il en a fait une science. Elle a reçu de lui des principes sûrs, et le succès est attaché à leur observation. Il est impossible de trouver ailleurs de meilleurs officiers. Avant la bataille de Collins, il leur avait persuadé que leur discipline les rendait invincibles. Un gros de sept à huit cents hommes paraissait sur une hauteur; il demanda à un lieutenant : « Combien faudrait-il d'hommes pour chasser cette canaille ? — Sire, dit-il, deux cents suffisent. — Allez, dit le roi. » L'officier partit et les chassa.

Toutes les religions sont permises en Prusse ; on a même fondé une église grecque pour attirer des Russes. Il est fort singulier que dans un gouvernement militaire, et sous une religion protestante, le moyen le plus prompt de faire fortune soit d'être ecclésiastique et catholique. La Silésie est remplie de bénéfices, et le roi n'a que des sujets autrichiens de cette religion; il n'est pas douteux qu'il leur préférerait des étrangers.

De tous les ministres étrangers, celui de Russie et celui de Hollande sont ceux auxquels il fait le plus d'accueil. Il paraît que son intérêt est lié avec ces deux puissances, dont l'une peut lui fournir des hommes et des munitions, l'autre des secours en argent. On assure que son inclination le portait à s'unir avec la France, et qu'il appelle son union avec l'Autriche une alliance dénaturée.

Il est difficile de présumer ce que ce royaume deviendra après la mort du roi. On dit que le prince royal n'aime point la guerre. Il fait beaucoup d'amitiés aux Français, dont il cherche à imiter les mœurs. Je me suis trouvé à un bal où une femme de la cour, le voyant passer sous le masque, lui dit : « Vous êtes certainement Français. » Ce prince me parut fort sensible à ce compliment. Le prince Henri paraît penser de la même manière ; mais c'est peut-être pour s'attirer la bienveillance des peuples, toujours mécontens du gouvernement actuel. D'ailleurs les sentimens changent avec la fortune, et les circonstances déterminent la conduite des princes, comme celle des autres hommes.

Il ne faut pas penser que la cour de Berlin ressemble en rien à celle de France. Le roi n'en a point. La reine a deux chambellans boiteux, des pages fort mal vêtus, une table fort mal servie : il n'y a pas deux ans que les surtouts des plats n'étaient que d'étain. Sur la table de ses dames d'honneur il n'y a que deux mets, l'un de viande, l'autre de légumes. On va à sa cour en bottes ; enfin c'est une misère qui étonne. Le roi a un sommelier à qui son emploi ne donne pas de quoi vivre. Le premier ministre a douze cents écus pour recevoir les placets : il ne manque pas de les présenter au roi, et reconduit son monde fort poliment.

### DU ROI DE PRUSSE.

Qui miser in campis, mœrens, errabat Aleiis,
Ipse suum cor edens, hominum vestigia vitans.
CIC., Tuscul. 5.

« Je l'ai vu plein de tristesse errer dans les déserts de la
» Cilicie : son ame était dévorée de chagrins ; il fuyait la so-
» ciété des hommes. »

Le roi de Prusse est d'une taille médiocre ; il a les yeux bleus et étincelans, le visage coloré et couvert de rides, les cheveux gris et négligés, la tête penchée du côté droit, le corps voûté, plus par les fatigues que par l'âge. Son regard est terrible, et sa physionomie sérieuse et sombre. Quand il rit, ce qui est rare, tous les traits de gaieté, toute la vivacité de la joie, viennent se peindre sur son visage : vous diriez d'Achille à la fleur de la jeunesse. Son habillement est l'uniforme de ses gardes : un gros habit bleu, toujours boutonné, une longue épée de cuivre, un grand chapeau retapé ; enfin, à son extérieur, on le prendrait pour un vieux soldat.

Il n'y a pas long-temps qu'un marchand hollandais le prit pour un garçon jardinier. Le roi l'avait rencontré seul dans les jardins de Sans-Souci, et s'était amusé à lui en montrer les curiosités. Cet étranger tira sa bourse et voulut payer ses peines :
« Il ne faut rien, dit Frédéric ; le roi l'a défendu.
— Le roi n'en saura rien, repartit le Hollandais.
— Il sait tout ce qui se passe, répliqua le roi. » Et il le congédia.

Il y a quelques singularités dans le caractère de ce prince, qui semble affecter de s'écarter des coutumes ordinaires. Il penche la tête du côté droit, peut-être parce qu'Alexandre la penchait du côté gauche.

Il ne souffre point de mendians dans ses états ; et à Postdam, sous les fenêtres de son appartement, huit ou dix soldats estropiés demandent l'aumône : il est vrai que ce sont des Français.

J'ai vu l'année dernière les fêtes du mariage du prince royal. Il est d'usage partout qu'un bal dure plus qu'un feu d'artifice. A Charlottembourg le feu dura une heure et demie, et le bal qui suivit le souper, un demi-quart-d'heure. Le roi était vêtu comme à l'ordinaire, suivi par des hussards, au milieu de l'orangerie de Charlottembourg, dont les murailles étaient toutes nues. En revanche, sa table, de vingt-quatre couverts, était servie en vaisselle d'or, dont les grandes pièces étaient enrichies de diamans.

Quelque temps après, il fit jouer sur le théâtre de Postdam la tragédie très licencieuse de *Saül et David*. Il invita la reine et les princesses, qui n'y vinrent point. Le roi fut fort gai pendant la pièce. Quand elle fut finie, il devint sérieux. « Il faut avouer, dit-il, que voilà de grands coquins ; comment peut-on jouer de pareilles indécences ! » Puis il donna ordre qu'on renvoyât les deux premiers acteurs.

Ce prince partage son temps entre les soins de l'armée et du gouvernement. Il se délasse en s'appliquant aux lettres et à l'agriculture. Les anecdotes que j'ai recueillies sont dignes de foi ; je les tiens de plusieurs personnes qui ont vécu dans sa familiarité.

Parmi les modernes, Turenne, et chez les anciens, Epaminondas, sont les généraux qu'il estime le plus. Il a adopté la tactique de celui-ci. Comme lui, il fait son ordre de bataille carré, quoiqu'il ne soit formé que de deux lignes : il met entre les intervalles, sur les ailes, des piquets de grenadiers ; comme lui, il attaque l'ennemi le premier, ce qui l'épouvante, et obliquement, ce qui le déconcerte. On peut voir dans ses règlemens pour l'infanterie prussienne, quelle confiance il avait dans ces principes : ce ne fut qu'après la malheureuse affaire de Collins qu'il commença à la perdre. A deux lieues de là il rencontra un de ses officiers avec lequel il était familier. « Il y a de grandes nouvelles, lui dit le roi : ils nous ont battus, mais bien battus ; » et un moment après il se trouva mal.

Cette affaire de Collins lui tenait fort au cœur. Il rencontra un son capitaine, la tête couverte d'un bonnet : « Est-ce là, dit le roi, la coiffure d'un soldat ? vous avez l'air d'une femme. » L'officier piqué, lui répondit : « Ce sont les blessures de

Collins. » Depuis ce moment le roi ne put souffrir cet homme.

Il vivait d'ailleurs dans une grande familiarité avec ses officiers, donnant aux uns des surnoms latins, les faisant manger souvent à sa table, leur conseillant de lire *Candide*, comme un tableau des misères humaines avec lesquelles il voulait les familiariser. Il ne s'offensait point de leurs libertés. Au moment d'une bataille, un officier de hussards enleva un détachement sous ses yeux. Le roi, charmé de l'augure, vient à lui, l'embrasse et lui dit : « Je vous fais chevalier du Mérite, et vous donne mille écus. » En même temps il détacha la croix de son côté et la lui donna. « Et les mille écus ? » dit le hussard. « Je ne les ai pas sur moi, répondit le roi ; mais il suffit de ma parole. » — Sire, reprit le hussard, on va donner la bataille : si Votre Majesté la gagne, elle ne se souviendra plus de moi ; si elle la perd, elle ne sera pas en état de me payer. » Le roi tira sa montre et lui dit : « Voilà mon gage. » Après la victoire il la rapporta au roi, qui lui fit compter mille écus, et le créa lieutenant-colonel. Il disait un jour à ses officiers qu'il se retirerait en Hollande lorsqu'il n'aurait plus de ressources. Un d'eux lui dit : « De quoi vivra Votre Majesté ? » — « Je me ferai libraire, » dit-il. Ses soldats lui parlaient avec la même liberté. On les entendait souvent chanter ce refrain dans le camp :

> Savez-vous pourquoi
> Je m'en vais à la guerre ?
> C'est que je n'ai, ma foi,
> Ni pré, ni bois, ni terre.

Quand il passait par les rangs, les soldats l'appelaient par son nom. Lui-même vivait comme le plus simple d'entre eux, et souvent plus mal logé qu'aucun de ses officiers, ne portant jamais ni robe de chambre, ni pantoufles, ni bonnet de nuit, et conservant même encore l'habitude de coucher avec son chapeau. Il choisissait dans les villages la plus mauvaise maison pour son logement. Il n'avait avec lui qu'un valet de chambre et un hussard tenant son cheval à sa porte. Un jour cet homme lui présenta son café, le roi fixa attentivement ses yeux sur lui : ce malheureux, déconcerté, se jette à ses pieds et lui dit : « Cette tasse est empoisonnée. » — « Je le savais, dit le roi ; mais je te pardonne, parce que tu as des remords. » Il le fit passer par les verges, et il est aujourd'hui fusilier dans le troisième bataillon des gardes. Le valet de chambre qui fut du complot est à Spandau pour toute sa vie.

Il a rétabli, sans sollicitation, le fils du gentilhomme silésien qui l'avait voulu livrer aux Autrichiens, dans les biens de sa famille, en lui disant qu'il ne rendait point responsables les enfans des fautes de leurs pères. C'est ainsi qu'il vengeait ses injures personnelles, dans le temps qu'il désolait la Saxe pour celles qu'on avait eu intention de faire à sa couronne. D'ailleurs, n'estimant personne et peu sensible à la perte de ses amis. Il passait auprès d'un de ses favoris, blessé à mort d'un boulet qui lui avait emporté la hanche : « Voilà, lui dit-il, les fruits qu'on recueille dans ce jardin. » S'il eût témoigné dans quelques circonstances semblables un peu de sensibilité, les faiblesses de Frédéric eussent peut-être fait oublier les duretés du roi. Je l'ai vu pleurer à la représentation de *l'Écossaise*, lorsque ce père infortuné retrouve sa fille livrée aux horreurs de la misère. Ce sentiment passager parut extraordinaire à tout le monde. Sa tendresse ne semble réservée qu'aux animaux : il fait nourrir ses chevaux jusqu'à ce qu'ils meurent de vieillesse, et entretient quatre ou cinq chiens qui couchent avec lui. Il leur rend même après la mort des devoirs funèbres. J'ai vu quatre tombes qui leur avaient été consacrées, et où leurs noms étaient gravés : ils sont enterrés à Sans-Souci, dans la partie de la terrasse où sont les bustes des bons empereurs romains ; de l'autre côté sont ceux de Caligula, de Néron, etc., etc.

Ce prince s'occupe des belles-lettres : on connaît ses ouvrages. J'ai vu, dans sa bibliothèque de Breslau et de Sans-Souci, l'histoire de cette guerre, écrite en trois volumes. L'officier qui me les montra m'assura qu'il n'y avait que ces deux exemplaires d'imprimés. On m'a fait voir aussi une médaille qui certainement n'est pas de sa composition. Le roi, sous la figure d'un lion, est attaqué par différens animaux. On y voit la Russie représentée par un ours, l'Autriche par un cerf qui s'enfuit, la Suède par une tortue, la Saxe par un mouton ; un épagneul, marqué d'une fleur de lis, se retire avec une patte cassée. Cette médaille, frappée en argent, est grande comme la main. S'il compose des satires contre ses ennemis, il leur laisse la liberté des représailles sans s'offenser ; il s'amuse même de celles qui sont spirituelles. Après avoir lu un pamphlet qui a pour titre *les Matinées du roi de Prusse* : « C'est, dit-il, l'ouvrage de gens qui n'ont rien à faire. »

Il aime beaucoup la musique, et compose lui-même des airs très-difficiles, qu'il exécute sur la flûte.

Postdam est le séjour du roi. C'est une ville nouvelle, où l'on s'efforce d'appeler les arts. Le château a de la majesté. La cour des exercices est séparée de la place par un péristyle de colonnes accouplées, entre lesquelles sont des groupes de lutteurs dans différentes attitudes. On voit sur les rampes des escaliers, des amours, des faunes et des nymphes qui supportent des flambeaux; de semblables statues pyramident sur les toits : toutes ces figures sont colossales et absolument nues. Postdam a l'air d'un monument d'Athènes, habité par des Spartiates. La discipline s'y observe comme dans un camp, et on entend la nuit les cris des sentinelles qui répètent les heures.

Ce prince aime l'agriculture, et il ne se pique pas moins d'être son jardinier que son architecte. Sans-Souci a été bâti sur ses dessins. C'est un château à un quart de lieue de Postdam, formé seulement d'une galerie de peinture, terminée à chaque extrémité par un cabinet. La colline sablonneuse au haut de laquelle il est situé est coupée en terrasses, où il cultive quantité d'arbres fruitiers tirés des Chartreux de Paris. Le parc qui l'environne est singulier, en ce que les massifs sont d'arbres et d'arbrisseaux de toute espèce : chênes, rosiers, pruniers, sapins, lilas, pommiers, tout est pêle-mêle. On y voit des bosquets d'acacias, des berceaux de toutes les formes; des allées, tantôt droites, tantôt formant une multitude d'angles; de petits sentiers serpentent dans l'épaisseur des bois, et conduisent à des boulingrins où sont des espaliers chargés de fruits.

Au milieu de ces forêts s'élève un pavillon chinois d'un goût qui enchante. C'est un dôme circulaire, tout brillant de dorure; il est supporté par un péristyle de palmiers accouplés; au bas sont assises des figures de voyageurs fatigués. Ce dôme est éclairé par la voûte, et surmonté d'un Chinois qui en couvre l'ouverture d'un vaste parasol. L'intérieur de ce salon est lambrissé de cèdre, le pavé est de marbre rapporté en mosaïque, et le plafond magnifiquement peint.

Ce monument, où tout respire la gaieté et l'élégance, est d'un temps où l'imagination du roi se prêtait aux plaisirs. Les meubles sont couleur de rose, de lilas, de bleu céleste; les tentures, couleur de jonquille, et bordées de baguettes d'argent; les plafonds sont ornés de guirlandes de fleurs en relief, peintes de couleurs naturelles : il a fait bâtir pour point de vue les ruines d'un temple, comme un monument de la fragilité des grandeurs humaines. Le goût du roi a bien changé : le nouveau palais qu'il fait construire auprès de Sans-Souci est sans agrément; il est placé au milieu des bois, sans vue, et ressemble à une prison. Le roi vit seul, et n'admet que rarement les princes à sa table, où l'on ne sert que quatre plats. Aucune femme ne paraît à sa cour; et lorsqu'il vient quelque étrangère à Postdam, il ne lui permet pas d'y rester plus d'un jour.

Ce prince a eu de grands malheurs à toutes les époques de sa vie. Dans sa jeunesse, il courut risque de perdre la tête par l'ordre de son père. Il fut contraint de renoncer à une princesse qu'il aimait, pour en épouser une qu'il n'aimait pas. Devenu roi, ses favoris ont trahi sa confiance; ses maîtresses, son amour; elles ont même altéré sa santé. Chef de la religion évangélique, et roi d'un royaume nouvellement formé, il a eu à combattre la jalousie de quelques électeurs et tout l'orgueil de la maison d'Autriche. Ses victoires lui ont coûté la fleur de sa noblesse et de ses sujets. Certain d'être écrasé sans pitié s'il était vaincu, il a porté dans cette guerre toute l'opiniâtreté du désespoir. « Je chargerai, disait-il, mes derniers canons de mes derniers frédérics, et je les jetterai au visage de mes ennemis. » La paix a relâché les ressorts de cette ame, que l'adversité avait tendus : il est tombé peu à peu dans une mélancolie profonde; le passé ne lui rappelle que destruction, l'avenir ne lui présente qu'incertitude. Il accable son peuple d'impôts, et ses soldats d'exercices. Il admet toutes les religions dans ses états et ne croit à aucune; il ne croit pas même à l'immortalité de l'ame[1]. Il vit dans les infirmités, entouré d'ennemis, haï de ses sujets, insupportable à ses troupes, sans amis, sans maîtresse, sans consolation dans ce monde, sans espérance pour l'autre.

A quoi servent donc pour le bonheur, l'esprit, les talens, le génie, un trône et des victoires?

# VOYAGE EN POLOGNE.

## DE LA POLOGNE.

...... Pour la rendre illustre, il la faut asservir.

VOLTAIRE.

Dès qu'on a passé l'Oder, le reste de l'Europe n'est plus qu'une forêt. Depuis Breslau jusqu'aux roches de la Finlande, et en tournant à l'orient jusqu'à Moscou, pendant plus de cinq cents lieues, on voyage dans une plaine couverte de bois.

La Pologne, plus voisine du midi, est aussi la partie la plus fertile. Cette terre est sablonneuse, et ne laisse pas d'être féconde. Elle produit d'abondantes moissons; j'y ai vu du seigle de huit pieds de hauteur. Cette abondance ne vient point du travail des habitans, mais, je crois, de ce que le sol y est, en beaucoup d'endroits, imprégné de sel : les eaux de la Vistule sont salées au dessous de Cracovie, et on trouve le sel en grande masse à plus de huit cents pieds de profondeur. Outre les usages ordinaires, on en donne aux bestiaux pour

[1] Voyez son ÉPÎTRE AU MARÉCHAL KEIT.

les engraisser; il est aussi dur que le cristal, on en taille des figures et différens ouvrages.

Les chênes sont magnifiques en Pologne; on en brûle le bois faute de communication pour les transporter; ses cendres fournissent des sels utiles aux fabriques.

Les lacs y abondent en poissons; on y trouve des lamproies et une grande quantité de brochets qu'on sale. Les ruisseaux fourmillent d'écrevisses, qui sont d'autant plus grandes qu'on approche plus du nord. Les pâturages sont excellens et nourrissent beaucoup de bœufs et de chevaux : ceux-ci sont beaux, légers, et capables de supporter de longues fatigues.

Comme le territoire de la Pologne n'est pas fort élevé, l'hiver n'y est pas si rude que dans des parties même plus méridionales. On cultive à Varsovie la plupart de nos fruits, qui y mûrissent parfaitement. Il n'y a pas plus de quarante ans que les Français en ont apporté les plants.

Le printemps y paraît presque d'aussi bonne heure qu'en France, et avec une pompe plus sauvage. La terre sablonneuse s'échauffe aux premiers rayons du soleil, et absorbe la neige qui la fertilise. Les chemins sont couverts de touffes d'absinthe et d'immortelles jaunes, et les marais sont bordés de roseaux aromatiques. On trouve des animaux dont les pelleteries sont très-estimées, entre autres le loup-cervier, dont la peau, semblable à celle du renard blanc, est marquetée de points noirs. Il y a dans les forêts quantité de miel, de cire et d'excellens bois de construction dont on pourrait faire un grand commerce; mais les Polonais ne tirent parti de rien.

Ils prétendent descendre de Curtius, fameux Romain, qui se précipita dans un gouffre à Rome. Ce gouffre communiquait à un souterrain qui le conduisit droit en Pologne : cette fable absurde est à la tête de leur histoire, et prouve qu'il n'y a point d'opinion si ridicule dont la vanité humaine ne sache s'accommoder.

## DES POLONAIS.

*Et quibus in solo vivendi causa palato est.*
JUV., sat. XI, v. II.

« Ces gens-ci ne semblent être au monde que pour boire
» et manger. »

Les Polonais sont grands et vigoureux. Il n'y a guère de nation dont le sang soit plus beau. C'est de leur pays que viennent ces beaux hommes que le faste des seigneurs enlève aux campagnes. La nature semble se plaire aussi à y faire naître des nains très-bien proportionnés.

L'habit des Polonais est une robe de drap à manches pendantes; ils portent dessous une veste de soie fermée d'une ceinture; un ceinturon d'où pend un long sabre, serre leur habit. Ils vont toujours bottés, montent à cheval sans grâce comme les Tartares, et se servent du fouet au lieu d'éperon. Ils portent tous des moustaches, et la tête rasée, couverte d'un bonnet bordé d'une pelleterie légère. Cette coutume de se raser dans un pays froid, vient, je pense, d'une maladie assez commune au peuple; c'est une sueur de sang qui découle des cheveux.

Il y a deux nations en Pologne, les paysans et les nobles; on pourrait en ajouter une troisième, les juifs. On en compte près de deux millions, et c'est plus du tiers de la population. Ils portent la barbe, et sont vêtus de robes noires toutes déchirées; ils sont très-pauvres, quoiqu'ils exercent la plupart des métiers et qu'ils tiennent les cabarets. Ils sont souvent injuriés et maltraités du peuple, et font paraître un attachement admirable pour leur loi, puisqu'un juif qui se fait chrétien est fait gentilhomme. Ils paient par tête quarante sous, et c'est le principal revenu du roi : d'ailleurs, ils font vœu de ne jamais porter les armes et de ne point labourer la terre, peut-être par le malheureux sort de ceux qui la cultivent.

En effet, la pauvreté des paysans passe tout ce qu'on peut en dire. Ils couchent sur la paille pêlemêle avec leurs bestiaux. Ils sont si sales que leur malpropreté a passé en proverbe. Ils n'ont ni linge, ni chaises, ni tables, ni aucun des meubles les plus nécessaires. Ils travaillent toute l'année pour des maîtres barbares qui ont sur eux droit de vie et de mort. Ils cultivent pour légume le pavot, dont ils mangent la graine, pour assoupir, je crois, le sentiment de leur misère. Le sort des pauvres gentilshommes n'est guère plus heureux. Ils n'ont d'autre ressource que de servir les grands, qui les emploient jusqu'aux derniers offices de la maison; il y en a beaucoup de palefreniers et de laquais. Dans ces emplois ils ont à peine de quoi vivre; ils couchent par terre dans les cuisines et sur l'escalier, car leurs maîtres ne leur donnent ni chambres ni lits. La marque de leur noblesse consiste à porter le sabre; et lorsqu'on les punit, on étend sous eux un tapis avant de les bastonner. Ce sont là toutes leurs prérogatives et leur unique preuve de noblesse, n'y ayant que très-peu de familles qui puissent la prouver par des titres.

Ils ne croient point déroger dans ces fonctions serviles, et j'ai vu deux princesses Visnioveski descendantes des rois Jagellons, femmes de chambre, l'une chez la chambellane de Lithuanie, l'autre chez la femme du grand-général. Cet état ne les empêche pas de parvenir souvent à de grands établissemens, et un Polonais ne rougit point dans l'opulence de sa misère passée. L'évêque de Cujavie m'a dit lui-même qu'il avait été touriste ou soldat aux gages d'un particulier.

Les Polonais sont fort assidus dans leurs églises ; ils se prosternent et frappent leur poitrine à grands coups. Ils sont fort dévots. C'est le sort de tout peuple misérable de porter ses espérances dans une autre vie, et une preuve que la religion est le plus ferme lien de la société, puisqu'elle rend les plus grands maux supportables. Ils ont une grande vénération pour saint Jean Népomucène. Il n'y a point de saint plus universellement honoré en Europe, en Pologne, en Silésie, en Moscovie. En Autriche, en Bohême, en Hongrie, en Saxe même et le long du Rhin, on voit sa statue placée aux carrefours, dans les places publiques, dans les bois, sur les montagnes. Il fut le martyr de la discrétion, et les femmes reconnaissantes en ont fait l'objet de leur culte.

Le faste et la bonne chère sont les passions dominantes de ceux qui ont un peu d'aisance. Un bon gentilhomme donne sans façon le nom de palais à sa petite maison ; et on appelle la cour de monseigneur quatre ou cinq valets mal vêtus qui l'environnent. Leur luxe, et quelquefois tout leur bien, consiste dans une ceinture d'étoffe de Perse d'or ou d'argent, dans leur cheval et son harnais brodé d'or. Avec cela ils font leur cour aux grands, qu'ils accompagnent partout, et dont ils reçoivent des gages. J'ai vu un gentilhomme riche de plus de dix mille livres de rente proposer à sa parente, la palatine de Volhinie, de prendre sa fille unique comme femme de chambre, pour lui donner l'usage du monde.

Les grands traitent les gentilshommes de leurs palatinats avec la plus grande magnificence. On ne leur épargne point les vins de Hongrie, qu'ils aiment passionnément. Plus leur table est bien servie, plus ils ont de créatures. Pour les persuader on les enivre, et ils boivent sans honte le prix de leur liberté. Dans un dîner que donnait le prince-chancelier, les convives rassemblés pour nommer le roi voulaient, à la fin du repas, l'élire lui-même. Ils ne voulaient point d'autre Amphitryon.

Il règne bien du désordre dans ces tables, où l'on se garde d'exposer aucun objet précieux ; plusieurs ne se font pas scrupule de mettre dans leur poche un couvert, en disant au maître de la maison : Monseigneur, c'est pour me ressouvenir de vous. Cet étrange usage s'observe chez les Cosaques. J'en ai vu d'autres se mettre aux genoux d'une princesse, la déchausser, plonger l'extrémité de son pied dans leur vin, et le boire ensuite à sa santé. Ils sont pleins de démonstrations dans leurs actions. Ils saluent en s'inclinant profondément, et saisissent de la main le bas de la jambe de la personne qu'ils veulent honorer, homme ou femme. Ils sont outrés dans leurs éloges et enflés dans leurs complimens. J'ai vu des vers latins faits en l'honneur du roi : on lui disait que comme il portait un veau dans ses armes, il ne fallait pas douter qu'il ne défendît l'état avec le génie et les cornes d'un taureau.

Les grands seigneurs vivent avec le faste des rois. Il n'y a point ailleurs de noblesse plus magnifique, ni de pires citoyens. Ils dépensent leurs revenus à entretenir autour d'eux une grande suite de cavaliers, luxe ruineux pour l'état, qu'il prive d'hommes, et inutile à leur postérité, qui ne profite point de ces dépenses. Ils aiment à paraître au milieu d'un cortège nombreux de soldats habillés en janissaires, spahis, tolpacs, uhlans : troupes serviles propres à nuire à la liberté publique, et incapables de la défendre. On voit au milieu de ces habits orientaux des seigneurs décorés d'un cordon bleu ou rouge, très-souvent étranger. Ces ordres, qui sont des marques de distinction pour les sujets naturels d'un prince, ne font pas beaucoup d'honneur à des républicains. Cet empressement à rechercher la protection des puissances voisines vient de leur goût pour le faste et de leur pauvreté.

Il y a en Pologne quantité de petits princes sans argent et sans train. Pour illustrer leur cortège, qu'ils ne peuvent augmenter, ils le composent de capitaines et de colonels. Quand ils viennent en visite, ces armées où il y a plus d'officiers que de soldats restent dans les antichambres, et quelquefois viennent servir leur maître à table. Leurs plaisirs ne sont pas plus raisonnables que leur vanité ; ne sachant s'occuper d'aucun objet utile, ni du spectacle des arts, ils achèvent d'obscurcir par l'ivresse une raison mal cultivée : car dans ce pays, comme dans beaucoup d'autres, on confie l'éducation des seigneurs à des valets français qui les corrompent par leurs flatteries. On leur dit en mauvais vers que monseigneur sera un jour l'espoir de sa patrie et la gloire de sa maison, et tout le monde trouve que monsieur le gouverneur est un homme de beaucoup de mérite. Le dernier gouvernement a ajouté à cette corruption : il introduisit les festins dans les plus petits événemens domestiques : on célèbre dans chaque famille les fêtes des patrons, l'anniversaire des naissances et des mariages du père, de la mère, des enfans, des oncles, des neveux et des amis, ainsi que des têtes couronnées : l'année chez eux est un cercle perpétuel de fêtes bachiques. Aussi la cour était remplie d'une multitude de musiciens, de peintres, de danseuses, de comédiens, de perruquiers, de cuisiniers; et comme si ces gens efféminés n'eussent pas suffi pour éteindre l'esprit de vigueur dans la nation, on avilissait les titres militaires en les prodiguant : les valets de chambre du premier ministre étaient capitaines, tous les précepteurs étaient colonels, la plupart des généraux n'avaient pas vu la guerre.

Il est arrivé de là que le service militaire est fort méprisé. J'en ai vu un exemple chez le prince Sangusko. Deux officiers entrèrent pendant qu'on était à table, et se tinrent respectueusement debout. Le prince dit à l'ambassadeur de Prusse : « Voici deux » de mes colonels. — Ce sont de beaux hommes, » dit l'ambassadeur. — Je leur trouve un défaut, » repart le prince; ils sont trop gras. » Ensuite on les congédia. L'après-midi, il me fit voir sa compagnie, et m'assura que le capitaine était un homme d'un mérite rare; je lui répondis que je le plaignais d'être en Pologne.

Il s'en faut bien qu'ils portent le même jugement des officiers étrangers. Le général Poniatowski, frère du roi, a passé par tous les grades au service d'Autriche. Son frère le chambellan était capitaine, pendant cette guerre, au service de Hanovre. Le prince palatin de Russie, oncle du roi, a servi dans le même grade fort long-temps : c'est, de tous les étrangers, l'homme auquel j'ai connu le plus de mérite. Il a un goût exquis pour les arts, et des connaissances universelles et profondes. Les qualités de son cœur l'emportent encore sur les autres : il a ouvert sa bourse à quantité d'officiers que le roi de Prusse avait réformés; il les a prévenus par ses bienfaits, et n'a exigé de leur reconnaissance que de les cacher à tout le monde.

En général, les Polonais sont très-hospitaliers; ils accueillent les étrangers, qu'ils invitent tour à tour. La noblesse allemande trouve celle-ci fière. Ils le sont avec leurs égaux et avec ceux qui ont besoin d'eux; mais ils reçoivent fort bien les gens qui ont des talens agréables, et ceux qui ont beaucoup de dépense à faire.

L'habitude de se transporter souvent à leurs assemblées leur donne le goût des voyages; ils portent tout avec eux, sur des chariots de cuir où ils dorment la nuit. Cette facilité d'aller et de venir répand sur leurs actions une inconstance en quoi consiste presque toute leur liberté. Il n'y a pas de nation qui oublie plus facilement et les bienfaits et les injures. Ils se déterminent par le moment présent, sans prévoir l'avenir et sans s'instruire par le passé. L'hymen n'a point de chaînes qu'ils ne puissent rompre, et le divorce est fréquent chez eux. Leurs femmes communément ne sont pas belles; mais elles ont une beauté particulière, c'est la petitesse de leurs pieds. Elles l'emportent de beaucoup sur les hommes par la beauté et les grâces de leur caractère et les agrémens de la conversation : la plupart parlent l'allemand et le français avec une pureté bien rare, même aux nationaux; elles sont instruites des intérêts de leur pays, et souvent conduisent les affaires avec plus de fermeté que les hommes. Quelques-unes joignent des agrémens infinis à ces qualités solides, et occupent leurs loisirs de la littérature, de la musique et des arts agréables : en cela d'autant plus estimables, qu'elles ne doivent cette éducation qu'à elles-mêmes. Il est probable que, sans elles, ce pays retomberait dans la barbarie. En effet, tout y manque; point de commerce, point de police; les bourgeois, les marchands, et même les gens de loi, sont fort peu considérés; la plupart sont des domestiques de grands seigneurs, à qui l'on donne ces emplois.

Leurs villes ou villages renferment une place carrée, entourée de porches; l'église est au milieu; mais la place et les rues qui y aboutissent sont de profonds bourbiers où les chevaux enfoncent jusqu'aux sangles. Varsovie, leur capitale, n'est guère plus propre. Les faubourgs ne sont ni pavés ni éclairés. On y voit cependant quelques beaux palais, beaucoup d'églises, et conséquemment une multitude de misérables maisons.

La monnaie du pays est celle de Prusse, qui est du plus mauvais aloi.

Tous ces désordres viennent du gouvernement, qui est, à mon avis, la chose la plus injuste qu'il y ait au monde.

## DU GOUVERNEMENT.

Neu patriæ validas in viscera vertite vires.
Virg., Æneid., lib. vi, v. 833.

« N'employez pas vos forces à déchirer le sein de votre » malheureuse patrie. »

Le gouvernement de Pologne tend à l'aristocratie. Vingt familles, dont les principales sont les Lubomirski, les Jablonowski, les Radziwil Gnolinski et les Czartorinski, se disputent les charges de l'état. Elles se confédèrent et s'emparent des affaires, jusqu'à ce qu'un parti plus puissant leur enlève l'autorité : alors tous les biens royaux, toutes les dignités, passent dans d'autres mains. Cette confusion, ce choc perpétuel d'intérêts produit une vraie anarchie. Pour empêcher leurs voisins d'en profiter, ils ont une loi qui exclut les étrangers des charges et de la possession des terres.

La discorde des grands fait le malheur de la république : mais cette loi y met le comble en ôtant toute espérance de guérison.

Qu'on examine les Polonais avant Sobieski et de son temps : ils faisaient des conquêtes ; la Livonie leur appartenait ; ils possédaient l'Ukraine ; la Courlande et la Prusse étaient leurs tributaires ; ils faisaient des courses jusqu'à Moscou. Aujourd'hui, ils ont tout perdu. Leur valeur, dans ces temps, était exercée par les Tartares, les Turcs et les Russes ; leur discipline convenait alors à leur esprit indépendant et au peu d'habileté de leurs voisins ; chaque noble s'armait, comme aujourd'hui, à sa fantaisie ; ceux-ci du sabre, d'autres d'une lance ornée d'une banderole ; quelques-uns faisaient porter leurs carabines par leurs valets ; ceux-là s'ajustaient de grandes ailes qui épouvantaient les chevaux. Dans des combats d'homme à homme, dans le choc de petites troupes, la valeur d'un républicain l'emportait sur celle des esclaves qui n'avaient rien à conquérir ou à défendre. L'ambition des grands, favorisée de ces succès, et animée de l'espoir du butin, se portait au dehors et ne s'appesantissait point sur la république.

Depuis un siècle tout a changé autour d'eux : leurs voisins ont perfectionné l'art de faire la guerre ; des fantassins ont appris à soutenir, sans s'effrayer, le choc irrégulier de la cavalerie ; l'artillerie s'est multipliée, des forteresses se sont élevées sur les frontières. Bonneval portait chez les Turcs une partie de ces connaissances ; Pierre-le-Grand les transplantait en Russie ; Frédéric-Guillaume les naturalisait en Prusse. Les Polonais n'ont rien adopté. En excluant les étrangers, ils ont encore banni de chez eux l'industrie, le commerce, l'agriculture, et l'émulation qui produit tout. Quel artiste s'établirait où les arts ne peuvent avoir d'asile ? Quel négociant porterait ses richesses où il ne lui est pas permis d'acheter une portion de terre ? Quel laboureur voudrait cultiver un champ où sa postérité serait toujours étrangère, où les compagnons de ses travaux sèment dans les larmes et recueillent pour autrui ? Quel officier porterait son ambition où tous les emplois sont irrévocablement le partage d'un certain nombre de familles, où les exceptions à la loi ne sont qu'en faveur de quelques courtisans, de tous les hommes, peut-être, ceux dont l'esprit est le plus éloigné de l'esprit militaire ?

Cependant, on sait que les empires ont dû souvent leur grandeur à des étrangers. Eugène n'a-t-il pas fait la gloire de l'Autriche ? Maurice, celle de la France ? Et de nos jours, ne connaît-on pas Munich en Russie, Fouquet en Prusse ? Il semble même qu'il y ait des succès réservés à des mains étrangères, comme si l'ambition se portait avec plus de force vers un seul objet, lorsqu'elle est sevrée des douceurs de la patrie.

Nous venons de voir les causes de leur faiblesse ; et en voilà les suites : il y a en Pologne autant d'intérêts différens que l'on y compte de grandes maisons, et qu'il y a de puissances en Europe qui ont de l'argent à perdre. Les grandes maisons qui sont sous l'influence des femmes tiennent pour la France, à cause des modes et des bijoux ; d'autres sont pour les belles porcelaines de Saxe ; quelques-unes pour l'Autriche, à cause des bons vins de Hongrie ; mais les puissances qui ont des soldats l'emportent toujours. La Russie vient de donner trois rois consécutifs à la Pologne. Le roi de Prusse se contente d'envoyer de temps en temps des patrouilles de hussards, qui enlèvent des chevaux, des bestiaux, des paysans, sous prétexte que ce sont les descendans de ses anciens sujets. Il fait aussi circuler le long des frontières de Pologne les bornes de son pays de quelques lieues, sans que personne ose s'y opposer. En effet, que ferait-on avec des soldats sans discipline, des officiers sans distinction, des généraux sans expérience et des grands sans union ? Il n'y a point d'argent dans les coffres, et je n'ai vu que douze canons dans l'arsenal de Varsovie.

Dantzick même, une ville marchande, brave leur pouvoir ! Elle s'est emparée du commerce ; elle met le prix à leur blé qu'elle achète à bon marché, et leur vend fort cher les marchandises de luxe. Si le sénat veut y mettre ordre, elle achète les voix de quelques sénateurs, et rend inutiles des projets dont l'exécution serait d'ailleurs impossible.

La Pologne tire encore quelque force de sa faiblesse ; les ennemis ne peuvent s'y établir, et les voisins se contiennent par leur jalousie, ce pays étant une carrière ouverte à tout le monde ; mais il y a apparence qu'insensiblement la Russie et la Prusse en démembreront toutes les parties. La Pologne a encore un ennemi d'autant plus à craindre qu'il est caché ; c'est l'Autriche. Lorsque le moment fatal de décider de sa chute entière sera arrivé, il n'est pas douteux qu'il lui sera préférable de se livrer au Turc, qui se contenterait de lui donner un hospodar, et d'en tirer un bon tribut ; car le patelinage de tant de pays aristocratiques est plus insupportable que le plus dur esclavage : ce sont des gens froids qui vous égorgent paisiblement.

D'abord, le prince prend sa portion. Après, viennent ceux qui recueillent ses droits : les uns entourent la frontière ; ceux-ci bordent les rivages de la mer, le cours des rivières. Ils vous attendent au passage des montagnes et à l'entrée des villes : ce que l'on boit, ce que l'on mange, ce que l'on respire, ce qui sert de vêtement, de coiffure, de chaussure; ce qui croît dans la terre, dans les forêts; ce qui nage dans les eaux, ce qui vole dans les airs, tout est gâté, entamé ou dévoré par ces oiseaux de proie.

Ensuite viennent les seigneurs; il leur faut des gouvernemens, des droits, des préséances, des honneurs. Ils partagent entre eux les emplois militaires, les bénéfices ecclésiastiques et ce qu'il y a de plus distingué dans les emplois civils. Ce qui n'est pas moissonné par eux est glané par leurs valets, qui se réservent les emplois subalternes, les projets de fabriques, les places aux académies, enfin tous les fruits et toutes les récompenses de l'industrie. Ils asservissent les ames libres d'une nation, en lui inspirant le goût de la domesticité, plus méprisable que l'esclavage, puisque l'un est l'effet de la volonté, et l'autre de la destinée. Je ne parle pas des valets de leurs valets, qui vendent les audiences, les entrées de la maison, et insultent à l'honnêteté lorsqu'elle est pauvre.

Après ce cortége arrivent les gens d'Église, un œil au ciel, l'autre en terre. Il leur faut des palais, des équipages, des dîmes, des droits pour naître, pour se marier, pour mourir; mais ce qu'il y a de plus dur, ils portent la tyrannie dans les pensées. Il faut s'expliquer sur des matières où se confond l'esprit humain; il faut courir les risques d'être catéchisé, béni, blâmé, admonesté, excommunié, quelquefois brûlé comme de viles ouailles sans intelligence. Voilà les chaînons de l'aristocratie qui s'accrochent mutuellement, et se resserrent lorsqu'on les agite; voilà la conduite des Espagnols aux Pays-Bas et aux Indes, des Autrichiens à Gênes, des Romains lorsqu'ils devinrent insupportables par toute la terre; voilà le gouvernement aristocratique, plus cruel mille fois que le despotisme.

## DU ROI DE POLOGNE.

C'est un poids bien pesant qu'un nom trop tôt fameux.
VOLTAIRE.

Le roi Stanislas Poniatowski est d'une figure noble, le visage pâle, le nez aquilin, de grands traits, les yeux bruns, bien fendus, mais un peu louches; ses portraits passeront à la postérité, car il se fait peindre souvent, en toutes sortes d'habits et d'attitudes. Il est d'une belle taille, danse à ravir, déclame à merveille et parle souvent sans préparation. Il est affecté dans sa conversation, son geste et sa démarche; mais le personnage d'un roi est, comme on sait, une représentation continuelle.

Il aime toutes les femmes et leur partage ses soins assez également. Son amitié est moins répandue; en cela il se pique de constance. Il a conservé sur le trône les liaisons d'un particulier. Ses favoris ne sont point de ces gens qui fatiguent les princes d'objets sérieux; ce sont : un peintre italien qui le dessine du matin au soir, un abbé français qui fait des vers à sa louange, un officier piémontais qui arrange ses plaisirs. Ce prince s'est appliqué toute sa vie à la philosophie, et il a tiré de cette étude les plus grands fruits. Il a fait sa fortune à force de parler du bien public, s'est élevé sur le trône en recommandant l'amour de la patrie, et s'est assujéti ses citoyens par les armes russes, en leur prêchant la concorde. Il s'occupe actuellement du projet de bannir de la Pologne l'indigence et l'oppression, en rassemblant dans son palais tous les arts du luxe.

## VOYAGE EN RUSSIE.

### DE LA RUSSIE.

La nature marâtre, en ces affreux climats,
Ne produit pour trésors que du fer, des soldats.
CRÉBILLON.

Il serait impossible de donner une description exacte de la Russie; la géographie y est trop négligée. Il n'y a pas deux ans qu'on a reconnu que le fleuve qui se décharge à Riga est navigable pour les petites barques, et ne forme point un marais impraticable près de sa source, comme on l'avait pensé. J'ai vu en Finlande des îles marquées sur les cartes comme des portions de continent; on imprime tous les jours que le chemin de Moscou à Pétersbourg est une allée droite : il en est ainsi d'une infinité d'autres erreurs, qui s'accréditent même dans les lieux où l'on cultive les arts.

Ici il ne sera donc question que de quelques observations sur les objets que j'ai vus; je parlerai de la mer Baltique, de la Livonie, de la Finlande et des productions singulières qui croissent dans les autres parties.

On a blâmé Pierre-le-Grand d'avoir fixé le centre de son empire dans les marais de la Néva; mais pour ouvrir une route aux arts de l'Europe, il ne pouvait choisir d'autre position que le fond du golfe de Cronstadt, puisqu'alors la Livonie et la Finlande ne lui appartenaient pas.

C'est à la mer Baltique que la Russie doit sa

puissance; cette mer, peu sûre aux vaisseaux, est, près de la moitié de l'année, glacée à plus de vingt lieues de ses rivages. Des vents du nord y soufflent violemment dès la fin de septembre; c'est le temps de l'arrivée des vaisseaux; les naufrages y sont fréquens alors. J'ai vu périr quatre navires ancrés près de nous, à l'entrée de Cronstadt.

C'est une grande singularité de voir que tout le rivage méridional de cette mer, depuis Petersbourg jusqu'au-delà de Kœnisberg, ne soit qu'une plage unie et sablonneuse, tandis que le côté septentrional est bordé de rochers élevés et découverts. Il semblerait que les eaux auraient lavé et emporté le terrain immense de la Finlande et de la Suède, pour en former l'Ingrie, la Livonie et la Prusse. Cette disposition des rivages, qui n'offre dans toute cette étendue aucun abri aux grands vaisseaux, rend la navigation dangereuse et les peuples excellens marins. J'en ai vu un exemple frappant en passant près de l'île de Bornholm. Un pêcheur, seul dans sa barque, vint nous offrir du poisson; c'était à l'entrée de la nuit et au milieu d'un coup de vent affreux. Quand on l'eut payé, il demanda à boire. Le capitaine lui donna un gros flacon plein d'eau-de-vie. Il le saisit d'une main, et de l'autre tenait une corde que nous lui jetâmes. Il était en équilibre sur le bord de sa nacelle, un pied en l'air, posé contre les flancs de notre bâtiment; les vagues l'élevaient quelquefois tout près de le jeter sur notre pont: il buvait d'un air aussi tranquille que s'il eût été à terre. Des passagers anglais convinrent qu'ils n'avaient encore rien vu de si hardi.

Entre autres poissons de la mer Baltique, on distingue la doche, sorte de merlan qui surpasse le nôtre par sa délicatesse et sa grosseur. On y pêche quantité de veaux marins dont on fait de l'huile. Pierre-le-Grand, qui a tout tenté pour le bien de son pays, y a fait jeter des huîtres; mais elles n'ont pu y vivre, les eaux étant trop peu salées.

L'océan septentrional est plus remarquable par la quantité et la singularité de ses poissons. On y trouve le cheval marin, animal monstrueux, dont la gueule est armée de dents longues et tranchantes; sa peau, de plus d'un pouce d'épaisseur, est à l'épreuve du fusil: l'ours blanc, sorte d'amphibie qu'il ne faut pas confondre avec l'ours des forêts; il ressemble au gros chien danois; il a les yeux petits et rouges, le poil ras, les pattes grosses, courtes et armées de griffes; il est dans une agitation et une fureur perpétuelles; il vit de poissons qu'il cherche en plongeant dans la mer. On y pêche des poissons dont on fait, à Archangel, de la colle destinée au chargement d'un grand nombre de vaisseaux. Des glaces de cet océan sortent chaque année une multitude prodigieuse de harengs dont les longues colonnes côtoient les rivages de l'Europe, et achèvent de se perdre sur la côte d'Afrique, après qu'une partie a servi de pâture aux hommes, aux poissons et aux oiseaux.

Dans la mer Caspienne, on trouve une sorte de maquereau que les paysans appellent *shecs pura*, ou favori du roi; ils ont le secret de le fumer. On y prend des esturgeons dont on sale les œufs, qui alors sont délicieux; c'est ce qu'on nomme *caviar*. Ces inventions paraissent de la plus haute antiquité et peuvent être imitées chez nous avec succès.

On trouve dans les lacs et les rivières de Russie des saumons, des truites; le strelet, sorte d'esturgeon, le plus délicat des poissons du nord; des anguilles monstrueuses, des écrevisses, si communes sur le Borysthène, que les Cosaques chargent des bateaux des seules pierres qui se trouvent dans leur tête; on les emploie dans la médecine. On pêche des perles dans les rivières de Finlande.

La Livonie est la province de Russie la mieux cultivée et la plus fertile; elle donne en abondance des blés, des chanvres et des lins dont la graine est fort estimée. Les chemins sont bordés de joncs qui produisent une espèce de coton dont on pourrait faire usage. On y trouve quantité de mouches à miel, qu'on élève dans des troncs d'arbres.

C'est là que le nord commence véritablement. Les chênes ne viennent point au-dessus de Riga; on ne trouve plus au-delà aucune espèce d'arbres fruitiers, excepté des cerisiers et une sorte de pomme transparente vers Moscou. La rigueur du climat y est telle, qu'il ne croît dans les champs ni épines, ni ronces, ni haies, ni buissons. Les forêts ne sont remplies que de sapins et de bouleaux d'une grosseur prodigieuse. La nature est encore plus sauvage en Finlande; c'est une suite continuelle de rochers. Ils ne sont point disposés par couches, escarpés, ou amoncelés; ce sont des collines d'un roc vif et noirâtre, dont les sommets arrondis sont dépouillés de terre. Elles forment des chaînes irrégulières qui interrompent partout le cours des eaux; on y voit des cataractes surprenantes. Celle d'Imatra est formée par la chute du fleuve Vosca, plus large que la Seine à Paris. Ce fleuve se précipite d'un rocher de plus de trois cents toises de hauteur dans un canal qui n'a pas quatre-vingts pieds de large. La vue de ces eaux noires qui bondissent et écument en roulant, leur bruit épouvantable, semblable aux hurlemens confus des bêtes féroces, les sapins noirs qui croissent en amphithéâtre le long de ces bords, ce ciel toujours couvert de vapeurs, cette terre semblable au fer, tout inspire dans ces déserts l'horreur et la mélancolie. Quelquefois un ours, poursuivi par des loups affamés, tombe avec eux dans ce torrent, dont les rives en pente sont toujours humides; alors ils sont emportés comme une flèche, ils roulent en tout sens au gré de ces vagues furieuses, ils sont heurtés, meurtris, et leurs os brisés à travers leur peau couverte de longs poils: les cailloux même qui tombent dans ces abîmes pirouettent, s'écornent et prennent mille formes bizarres.

Un officier français, échappé de la bataille de Pultava, s'était retiré dans ces lieux si tristes : j'ai vu les restes de sa cabane; cet homme y a vécu jusqu'à quatre-vingts ans, cultivant la terre et de temps en temps portant ses denrées à la ville: une longue barbe descendait jusqu'à sa ceinture; il avait oublié sa langue maternelle. Ce pays est si désert, que, dans un voyage de quatre cents lieues, je n'y ai pas vu vingt villages. On est obligé de changer de relais au milieu des bois, et de porter, outre les provisions nécessaires, des essieux et des roues pour les voitures. Les grands chemins sont couverts d'herbes, et celui de la frontière est si rempli d'arbres, que nous fûmes obligés d'y aller à cheval. Je n'y ai vu d'autre oiseau que des moineaux, et c'était alors signe que nous étions près de quelque habitation.

Les forêts de Finlande sont remplies de framboisiers, de champignons, de mousses, et de kloukva, petit fruit rouge, excellent, dit-on, pour les maladies scorbutiques. On y trouve des mines d'antimoine et de mauvais grenat. Le pays fournit au commerce des goudrons, des planches et des mâtures.

La Sibérie produit des cristaux, des topazes, des agates couleur de rose, des cornalines, du jaspe sanguin, des mines de cuivre et de fer inépuisables. Près du fleuve Amur, vers la Chine, est une mine d'or très-abondante : c'est vers la partie méridionale qu'on recueille la rhubarbe, dont les premières tiges, au printemps, se mangent cuites: aliment, dit-on, aussi salutaire qu'agréable. Ses plus grandes richesses sont dans ses pelleteries; on en tire des hermines, des chats sauvages, des renards bleus et noirs d'un prix excessif : j'ai vu un bonnet de l'impératrice, estimé dix mille francs; le poil en est soyeux, d'un noir brillant, et si long et si souple, qu'il se couche en tous sens.

On y trouve de l'ivoire dans le sein de la terre; on prétend que ce sont des dépôts du commerce ancien des Indiens ; mais d'autres assurent que ce sont les dents d'un animal qui ronge la terre, et perd la vie lorsqu'il prend l'air; on les trouve, dit-on, quelquefois sanglantes.

La Tartarie russe nourrit des troupeaux de moutons et de chevaux sauvages. Ceux-ci sont infatigables : on tâche d'en prendre de jeunes pour les apprivoiser ; mais quand on les mène en campagne et qu'ils aperçoivent leurs anciens camarades, ils s'efforcent de recouvrer leur liberté, et assez souvent ils y réussissent : on les reconnaît ensuite entre les autres à la selle et au harnais qu'ils portent jusqu'à ce que le temps ait détruit ces marques de leur esclavage. On recueille dans cette partie la meilleure rhubarbe et le fameux ginseng, dont les qualités, dit-on, sont merveilleuses en amour. Cette racine échauffe les tempéramens froids, et ralentit ceux qui ont trop de chaleur. Le lait de vache dans cette partie est si maigre, qu'on n'en peut faire du beurre : c'est peut-être la raison qui engage les Tartares à se servir du lait de jument.

La province d'Astracan produit des melons délicieux, des raisins qu'on apporte à Pétersbourg dans des tonneaux de millet pour les conserver, et des coings qui sont bons à manger crus. On y recueille du tabac semblable à celui d'Espagne. On connaît la finesse de ses peaux d'agneaux : pour les avoir, on tue le petit dans le ventre de la mère.

L'Ukraine, si féconde et si peu cultivée, produit de bon tabac; l'indigo même y croît; on fauche les asperges parmi l'herbe des prés. On y engraisse une quantité prodigieuse de bœufs qui ne valent pas plus de douze francs la pièce; on les conduit jusqu'à Dantzick, de là en Allemagne et jusqu'en Flandre. Rien n'est si méprisable que leurs pâtres; ils sont vêtus d'une grosse chemise de toile trempée dans le suif, pour détruire, disent-ils, la vermine. La terre y est remplie de salpêtre, et l'endroit surtout où se donna la bataille de Pultava en produit en quantité. Ainsi, les principes les plus puissans de la destruction se trouvent dans l'homme même.

On trouve en abondance, par toute la Russie, des perdrix, des coqs de bruyère, des lièvres, et dans quelques endroits, comme en Ukraine, des ortolans et des cailles qu'on sale.

Les loups y vont par troupe comme des meutes de chiens. Ils suivent souvent les voyageurs, et il est nécessaire d'être bien armé. J'en ai vu une douzaine nous suivre pendant une partie de la nuit, quoique nous courussions en poste : ils étaient divisés en deux bandes à droite et à gauche du chemin; un seul était sur nos traces ; ils se répondaient alternativement par des hurlemens. La peau des loups blancs est chère; une seule pelisse vaut jusqu'à cinq cents livres.

Les ours sont sujets dans le nord à une espèce de peste qui se communique aux hommes. Un paysan de Finlande, en 1763, trouva un ours mort dans les bois; il en prit la peau qu'il emporta chez lui; le lendemain on le trouva mort dans sa maison avec sa femme et ses enfans; des voisins qui étaient venus les visiter eurent le même sort en aussi peu de temps. L'impératrice envoya promptement des médecins : on brûla la peau, les meubles et les maisons.

Le froid empêche d'élever des ânes et des lapins; les chevaux étrangers y dégénèrent; ceux du pays, sans être beaux, sont très-vigoureux.

On ne connaît en Russie que deux saisons, l'été et l'hiver. L'été commence au mois de juin, et finit au mois de septembre : ce temps suffit pour labourer, semer et recueillir. Le milieu de cette saison est d'une chaleur brûlante; l'air est rempli de mouches de différentes grosseurs : on prétend que c'est de ces insectes que la Moscovie tire son nom. Vers le milieu d'octobre l'air se charge de vapeurs, le soleil n'y paraît qu'à travers des nuages sombres; même dans les plus beaux jours, son lever et son coucher n'offrent jamais de couleurs brillantes, les nuages sont toujours gris et plombés. On voit une multitude de cygnes, de bécasses, de canards et d'oiseaux de toute espèce s'envoler vers le midi; les corbeaux seuls se réfugient dans les villes, et remplissent les rues et les places publiques. Des tempêtes furieuses agitent les forêts; une neige épaisse couvre les villes, les champs et les lacs : alors on se hâte de calfeutrer les maisons, on double les châssis, on abandonne les étages supérieurs qui deviennent insupportables. Bientôt la rigueur du froid produit partout des effets surprenans. Les lièvres, les loups et les renards deviennent blancs, les écureuils petit-gris, et la belette hermine; le poil des chevaux se change en une espèce de laine frisée. Les personnes qui sortent dans des carrosses bien fermés sont exposées à avoir le nez ou les joues gelées; le seul remède est de frotter ces parties avec de la neige jusqu'à ce qu'elles rougissent : si on entrait sans cette précaution dans un appartement chaud, elles tomberaient sur-le-champ en corruption. Dans les maisons les vitres se couvrent d'un pouce de glace. Lorsqu'on ouvre les portes, les vapeurs du dedans, frappées de l'air extérieur, se changent tout à coup en flocons de neige. Les solives se fendent avec un bruit terrible; le fer, exposé à l'air, devient aussi brûlant que le feu : la peau des mains s'y attache, et on ne peut l'en arracher qu'avec la plus vive douleur; un verre d'eau, jeté par la fenêtre, n'arrive point liquide à terre, l'esprit-de-vin gèle, et quelquefois le mercure se fixe comme le métal.

C'est alors que commence pour les Russes la saison de l'abondance. On apporte les denrées de plus de trois cents lieues : du gibier, des moutons, des poissons de la mer glaciale, des esturgeons du Borysthène, tout aussi durs que le marbre : on les met tremper dans l'eau froide, qui les dégèle sans en altérer le goût ni la forme. Bientôt le ciel, dégagé de vapeurs, devient serein. La neige brille comme un sable de diamans; l'air est rempli d'une poussière étincelante que le soleil tient dans un mouvement continuel; c'est peut-être la cause des aurores boréales. Ce sont des rayons lumineux qui s'élancent du nord après le soleil couché, et qui vacillent dans les airs comme des traînées de poudre qui s'enflammeraient par intervalles. L'éclat de ces feux, joint à la lumière tremblante de la lune, rend les nuits d'une magnificence singulière; le paysage est éclairé d'un jour sombre et doux. Les sapins en pyramides à différens étages; les bouleaux en masse plus étendue, les villages, semblables à des terrasses, sont couverts de neige qui réfléchit la lumière, et présentent aux yeux mille objets fantastiques. On croirait voir des forêts, des colonnes, de vastes portiques, des sphinx, des avenues entières d'obélisques et de majestueux palais d'albâtre. Si l'on marche, la scène s'anime : ce sont des centaures, des harpies, des monstres hideux; puis des tours crénelées, une forteresse inexpugnable, le dieu Thor et sa massue, enfin toute la mythologie du nord et du midi. On n'est point le maître de son imagination; et ces jeux de la vision sont quelquefois aussi frappans que si ces objets étaient véritables.

## DES RUSSES.

*Ce sont eux dont la main, frappant Rome asservie,*
*Aux fiers enfans du nord a livré l'Italie.*

VOLTAIRE.

Le peuple russe est formé d'un mélange de toutes sortes de nations, depuis l'extrémité de l'Asie jusqu'au golfe de Finlande : c'était autrefois une multitude de petites hordes qui vivaient dans l'indépendance et le brigandage. Il y a à Moscou près de vingt mille familles d'anciens knès, ou chefs de ces peuples que la religion chrétienne a rapprochés et subjugués.

Ceux dont je parlerai, parce que je les ai connus, sont les Livoniens, les Finlandais, les Cosaques, les Zaporoviens, les Calmouks, les Tartares Boukariens, et enfin les Russes proprement dits.

Les Livoniens sont beaux, bien faits, et ressemblent aux Allemands dont ils ont les mœurs. Ils fournissent à la Russie la plus grande et la meilleure partie de ses officiers; ce sont les plus industrieux des habitans du nord. Il y a à Riga un pont de bateaux fort commode pour le commerce ; il est formé de radeaux attachés avec des ancres. Les vaisseaux ont la proue rangée des deux côtés, et servent à la fois de parapet et de magasin. Ils font usage de traîneaux dans la ville, parce que le pavé est glissant : on pourrait se servir de ces voitures plus aisément que des chariots dans des endroits marécageux ou sablonneux. On y trouve de bons ouvriers, entre autres d'excellens armuriers.

Les Finlandais sont maigres, pâles et blonds. Ils sont d'une pauvreté extrême ; ils mangent en quelques endroits du pain fait de la seconde écorce du bouleau et d'une racine de marais. Leur seul plaisir est de fumer du tabac qu'ils cultivent dans un climat si froid ; ils le suspendent à la fumée de leurs foyers, pour ajouter à sa séve par l'âcreté des sels. Leur église est une pauvre cabane couverte de mousse sur le haut d'un rocher. Ils sont fort superstitieux. Chez les gens aisés on mange le poisson avant la soupe ; mais ils ne touchent point à la tête du saumon, et ils disent que cela porte malheur. J'ai lu dans leur ancienne mythologie que le dieu Thor, dans un combat avec les dieux, ayant pris la forme de ce poisson, fut saisi par la tête.

Les Cosaques sont les habitans de l'Ukraine. Ce sont de beaux hommes ; ils sont vêtus comme les Polonais auxquels ils ressemblent beaucoup. Ils montent des chevaux infatigables qui vont jour et nuit ; ils les nourrissent d'écorce d'arbre et de mousse, qu'ils mangent sans s'arrêter. Ils passent les plus grands fleuves à la nage. Les cavaliers sont armés d'une lance attachée au bras par une longue courroie ; ils la jettent à vingt pas, et la retirent après avoir percé leur ennemi. Ils préfèrent pour champ de bataille les bois, où leur manière de combattre leur donne de grands avantages. Ils sont fort avides de butin, pillent ce qui leur convient, brisent et brûlent le reste. Ils ne respectent ni les églises, ni les tombeaux : ils se font un jeu barbare d'en tirer des cadavres, et de les placer dans les maisons dans des attitudes horribles ; ils n'épargnent pas les vivans : on a vu des milliers de ces brigands assouvir leur brutalité sur une seule femme.

Voilà ce qu'ils sont au dehors pendant la guerre. Chez eux ils sont hospitaliers, et offrent aux étrangers tout ce qu'ils possèdent sans intérêt. Lorsqu'un Cosaque a de l'argent, il achète un chariot chargé de vins, s'habille superbement, parcourt les villages en jouant du violon, et invite en dansant tout le monde à boire avec lui.

Les Zaporoviens ne vivent que de brigandage. C'est un amas de ce qu'il y a de plus méprisable chez toutes les nations : on trouve parmi eux des Italiens, des Français, des Anglais, mais pour la plupart ce sont des esclaves fugitifs. Ils jurent aux Turcs, aux Juifs et aux prêtres une guerre éternelle. Ils regardent leur république comme aussi distinguée que celle des chevaliers de Malte, et inscrivent parmi eux les généraux étrangers pour lesquels ils ont de l'estime. M. de Lœwendal, qui avait servi en Russie, était sur leur liste. Ils observent entre eux une égalité parfaite. Ils n'ont point de femmes. Leurs villages sont formés d'une douzaine de maisons semblables à des halles. Là chacun expose à l'usage commun ce que le pillage lui a procuré. Il n'est pas permis de rien réserver pour soi ; on met au milieu de la cabane un tonneau défoncé où chacun puise à son gré. Lorsque l'un d'entre eux a mérité la mort, il est jugé à la pluralité des voix. On l'attache à un poteau à l'entrée du village, on met près de lui un bâton et un pot plein d'eau-de-vie ; ceux qui sortent et qui rentrent lui présentent à boire, boivent ensuite, et lui donnent un coup sur la tête. Ils adoucissent ainsi par cet usage d'hospitalité ce qu'une justice nécessaire a de trop cruel.

Les Calmouks sont les plus laids de tous les hommes ; ils sont petits et n'ont point de barbe. Ils ont le visage plat et le nez écrasé ; leurs yeux ne s'ouvrent qu'à moitié ; leur teint est jaunâtre et beaucoup marqué de petite-vérole. J'ai vu présenter les chefs de cette nation à l'impératrice ; ils se mirent à genoux, remuèrent la tête et les mains à la chinoise, et voulaient lui baiser les pieds, ce qu'elle ne voulut pas souffrir. Il n'y a pas de domestiques plus fidèles que les gens de cette nation.

Les Tartares Boukariens habitent au delà de la mer Caspienne. Ils s'occupent tranquillement du commerce, que les princes exercent eux-mêmes. Il en vient des caravanes à Moscou et à Pétersbourg, où elles apportent la plupart des pierreries de Perse ; ils viennent aussi vendre du lapis-lazuli, dont ils ont des mines considérables. Ils tirent de l'arc avec beaucoup d'adresse.

Près des frontières de la Chine, au nord, sont des Tartares qui n'ont jamais eu aucune communication avec les Européens. Il n'y a pas trente ans qu'ils s'avancèrent jusque sur le glacis d'une place frontière de Russie. Le commandant leur fit dire de se retirer et les menaça de faire feu sur eux. Comme ils ne savaient pas ce que cela voulait dire, ils se mirent à défier la garnison. On tira quelques coups de canon : étonnés du bruit et du sifflement des boulets, ils se retirèrent deux cents pas plus loin, et envoyèrent ensuite prier qu'on fît feu encore ; ce qu'on exécuta pour la seconde fois. Alors ils se reculèrent à une plus grande distance, et firent signe, pour la troisième fois, qu'on tirât sur eux ; mais cette fois, épouvantés de la rapidité des boulets, ils s'enfuirent, persuadés que ces armes terribles pouvaient les atteindre jusqu'au bout du monde.

Il y a, outre cela, un grand nombre d'autres nations en Russie. Il en vint des députés au couronnement de l'impératrice. Il y avait des Ostiaks, qui vivent de poisson desséché sur la mer Glaciale. L'impératrice, touchée de leur pauvreté, leur fit dire qu'elle leur remettait la moitié de leur tribut ; ce sont deux peaux d'hermine par tête. Ces bonnes gens, fort affligés, représentèrent qu'ils ne savaient en quoi ils avaient pu lui déplaire, puisqu'elle refusait d'accepter cette marque de leur entière affection. Catherine s'est fait présenter l'état de tous les étrangers qui sont à son service ; il s'en est trouvé de toutes les parties du monde : des Américains, des Chinois, des Nègres ; il y a même un général de cette nation. Il y a encore des peuples dont les noms ne sont point connus. Dernièrement, un lieutenant d'artillerie, avec quarante hommes, a conquis un pays de plus de trente lieues de largeur, dans les montagnes de la mer Caspienne.

Les Russes qui, à proprement parler, peuvent s'appeler tels, sont la nation comprise depuis Pétersbourg jusqu'à Moscou. Communément ils sont de moyenne taille, le visage plein, coloré et court, les yeux bruns et enfoncés, le nez un peu camard, les épaules larges, et d'une constitution très-robuste. Quoique situés au nord, les blonds ne sont pas communs chez eux. Il n'y a que deux classes dans cette nation, les paysans et la noblesse.

Les paysans portent tous la barbe ; ils sont vêtus d'une robe courte de peau de mouton, dont la laine est en dedans ; cet habit ne vient guère au dessous du genou : ils le ferment d'une ceinture de cuir. Ils sont coiffés d'une toque garnie de pelleterie. Leurs bas sont faits d'une bande d'étoffe qu'ils tournent autour de la jambe. Leur chaussure est un tissu d'écorce de bouleau.

Ils sont esclaves ; mais ils ne sont pas traités si durement qu'en Pologne. Ils paient un petit tribut à leur seigneur, et ils sont libres de disposer du fruit de leurs travaux. Ils ne manquent point d'industrie ; ils font eux-mêmes toutes les choses qui leur sont nécessaires, sans se servir d'autre outil que d'une hache qu'ils portent à la ceinture. Elle leur sert à construire des chariots dont les roues sont d'un seul arbre ployé, des traîneaux, des barques, des maisons et tous leurs meubles, sans qu'ils emploient à ces choses aucun clou ni ferrement. Ils n'ont besoin des secours d'aucun ouvrier ; chacun est cordonnier, tailleur, charpentier et maçon.

Leurs villages sont assez agréables ; il n'y a qu'une rue : ce sont deux longues files de maisons élevées qui bordent le grand chemin. Pour les construire, ils couchent par terre des troncs de sapins dépouillés simplement de leur écorce et de leurs branches : ils en posent quatre en carré, qui se maintiennent par des mortaises pratiquées aux extrémités : sur ceux-ci, ils en placent d'autres dans le même ordre, jusqu'à ce que la maison soit suffisamment élevée ; ils ajoutent d'autres à côté qui forment autant de chambres ; tout l'édifice se termine en pyramides comme nos maisons et forme un avant-toit sur la façade ; ensuite ils garnissent de mousse toutes les jointures. Le feu y fait souvent de grands ravages ; mais si on peut les brûler dans une heure, on peut les rétablir dans un jour. On en vend de toutes faites dans les marchés ; et j'ai connu un négociant anglais qui en avait envoyé une tout entière en Angleterre. Ils ont des poêles très-bien construits : il est défendu de les allumer la nuit, de crainte des incendies ; ils sont si bien disposés que la chaleur s'y conserve vingt-quatre heures. Ils sont faits de plusieurs rangs de briques et de terre glaise ; la flamme y fait plusieurs détours, parce qu'ils sont fort élevés. Il est très-dangereux de les fermer lorsque les charbons jettent encore une flamme bleuâtre. Il n'y a point d'hiver où des familles entières ne soient victimes de leur imprudence. Lorsque cette vapeur se répand dans les appartemens, on sent une pesanteur de tête, des maux de cœur, un assoupissement, et enfin la mort ; le seul remède est d'ensevelir le malade tout nu dans la neige.

Leurs enfans courent tout nus dans l'intérieur des maisons. Les femmes et les filles ne sont couvertes que d'une chemise fermée, qui descend du cou jusqu'aux talons ; les extrémités en sont brodées de fil rouge : elles n'ont aucune chaussure. Les filles se rassemblent dans les longues nuits d'hiver ; elles sont assises sur des bancs, autour de la chambre, par rang d'âge. Elles filent au fuseau, en chantant tantôt ensemble, tantôt séparément. Les garçons s'y rassemblent pour danser ; leurs danses sont toutes pantomimes. L'amant poursuit sa maîtresse, puis celle-ci, à son tour, poursuit son amant ; leurs mouvemens sont voluptueux et lascifs.

Ils ne connaissent point la pudeur : les hommes,

les femmes et les filles se baignent publiquement tout nus. Ils plongent les enfans nouveau-nés dans l'eau glacée des fleuves. Pour eux, pendant l'hiver, ils entrent nus dans des étuves, et lorsque la chaleur les a couverts de sueur, ils se jettent dans des trous au milieu de la glace. Ce passage subit du chaud au froid les trempe comme le fer, et leur donne une santé que rien n'altère. Lorsque la guerre les a portés loin de leur pays, ils mangent sans distinction et sans apprêt les productions les plus agrestes de la campagne: les poires sauvages, les fruits verts, et jusqu'aux ognons des fleurs qu'ils trouvent dans les jardins. On a vu deux paysans partir à pied, sans argent, des environs de Moscou, et venir à Paris se plaindre à l'ambassadeur Czernichef, leur maître, de la tyrannie de son intendant; ils avaient vécu de ce que le hasard leur fournissait sur la route.

Leur pain est blanc, mais sans levain et mal cuit; leur boisson est de l'eau où ils ont fait aigrir un peu de farine, et l'eau-de-vie faite de grains; ils en boivent en quantité. Ils cultivent pour légumes le chou, qu'ils salent à la manière des Allemands, et le concombre, qu'ils conservent dans le sel; ils en font une grande consommation. On prétend que, lorsqu'il est ainsi préparé, l'usage en est fort sain. Ils mangent crus les carottes, les pois verts et les ognons; on les présente au dessert, dans de bonnes tables, et j'ai vu des femmes de lieutenans généraux en manger des bottes entières à la promenade.

Ce peuple, comme nous l'avons vu, ne manque pas d'industrie. A quelques égards on peut imiter les Russes. Ils descendent fort adroitement des rivières où il se trouve des chutes, avec des barques qui ont deux gouvernails, l'un à la poupe, l'autre à la proue. Ils ont imaginé des pontons de toile fort légers, et enduits d'une gomme qui empêche l'eau de les pénétrer. Ils travaillent le fer admirablement, et lui donnent un très-beau poli en le frottant avec de la sève de tilleul.

Leur industrie ne va guère au-delà de leurs besoins. J'ai vu une mappemonde de leur façon : Moscou en occupait le centre et la plus grande partie, le reste de l'empire remplissait la carte; les autres parties du monde étaient rangées tout autour, comme des points. Jusqu'ici, ils n'ont pu réussir à faire du papier blanc; celui qui sort de leurs fabriques est gris et grossier. Leurs toiles sont molles et de peu de durée; je l'attribue à ce qu'ils laissent mûrir les graines de lin, ce qui affaiblit les fils de la plante. L'agriculture est fort négligée. Ils ne fument point la terre; ils brûlent une partie de leurs forêts, la terre, fertilisée par les cendres, rapporte pendant dix ans. Elle se repose ensuite vingt ans, jusqu'à ce que de nouveaux arbres lui fournissent un nouvel engrais. On a planté, le long des lignes de l'Ukraine, des mûriers qui ont bien réussi; mais il n'a pas été possible d'engager les habitans à en faire usage. Ils répondent froidement que cela leur porterait malheur; cette réponse est plus sage qu'elle ne paraît. Qui est le mieux logé, le mieux nourri, d'un paysan du Borysthène qui ne cultive que sa moisson et du reste vit dans l'indolence, ou d'un paysan italien qui travaille du matin au soir, et, au bout de l'année, n'a pas de quoi vêtir sa famille? C'est un grand malheur à un peuple subjugué de cultiver les arts.

Ils n'ont aucun goût pour les arts agréables : lorsqu'on leur donne quelques-uns de nos modèles à imiter, ils en copient jusqu'aux imperfections : ils jugent, par exemple, d'un tableau par la finesse de la toile, par la quantité de couleurs qu'on y a employées, et des talens de l'artiste par les journées de l'ouvrier. Ils préféreront une image gothique et enfumée aux tableaux de Rubens et du Titien. Ils représentent la Vierge avec une physionomie fort longue et rembrunie. Ils jouent quelquefois des comédies pieuses : par exemple, l'ange vient annoncer à la Vierge la naissance d'un fils; Marie répond qu'il en a menti : l'envoyé céleste donne des preuves de sa mission; la Vierge, persuadée, lui dit : « Viens donc boire la chale avec moi. » La chale est un verre d'eau-de-vie qu'on offre aux étrangers.

Les Russes sont fort superstitieux; beaucoup ne veulent pas manger de pigeon, parce qu'il ressemble, disent-ils, au saint Esprit. Ils observent des carêmes fort rigoureux, où le laitage, les œufs et le beurre sont défendus; on s'interdit même pendant ce temps les devoirs du mariage; ceux qui contreviennent à ces règlemens sont exclus de l'Église pendant un an. Les maris rentrent dans leurs droits le jour de la Saint-Thomas; et c'est une grande fête pour toutes les femmes, qui, ce jour-là, se visitent et se complimentent comme de nouvelles mariées.

Pâque est, chez eux, la fête la plus célèbre; ils passent la nuit de la veille en prières; ils tiennent à la main des rameaux dont ils se frappent après avoir éteint les lumières. Lorsque le jour est venu, ils se saluent et s'embrassent, maîtres et valets, en disant : « Christ est ressuscité. » On répond : « Réjouissons-nous. » Ensuite, ils se font présent d'œufs enjolivés de peintures. Ils respectent beaucoup les églises et les images : ils ne passeraient point devant un clocher sans faire quantité de signes de croix; et lorsqu'ils entrent dans les maisons, ils en saluent les tableaux avant de parler au maître. Ils portent le même respect religieux à la personne de leur prince et à tout ce qui l'environne; ils en placent les portraits dans leurs maisons; les femmes, en quelques endroits, portent au cou des monnaies où son image est empreinte; ils ne souffrent pas qu'on s'en serve pour jouer a 1 palet, c'est une profanation de les jeter à terre. Lorsque les Russes sont en présence de leur souverain, ils se prosternent et frappent la terre de leur front; quelques-uns sont dans l'usage, lorsqu'ils en reçoivent des bienfaits considérables, de donner tout ce qu'ils ont sur eux, jusqu'à leur chemise, à celui qui leur en apporte la nouvelle; enfin ils confondent sa puissance avec celle de Dieu même : si on les interroge de quelque chose qu'ils ignorent, « il n'y a que Dieu, répondent-ils, qui le sache, et le czar. » Ils disaient autrefois: « Il n'y a rien au dessus de l'archevêque de Novogorod. » Les souverains ont maintenu long-temps cette opinion, en leur persuadant que leur pouvoir s'étendait jusqu'aux choses inanimées. Pierre-le-Grand fit battre de verges le lac Ladoga, pour avoir renversé les ouvrages qu'il faisait faire au canal qui communique aujourd'hui avec la Néva. Au siége d'Azof, il fit briser l'affût d'un canon qui avait manqué de tirer : il défendit qu'on s'en servit à l'avenir. On le voit encore aujourd'hui dans l'arsenal de Moscou, jeté loin des autres pièces, et couvert de poussière comme une chose honteuse et infâme.

Les Russes ne vont point à la guerre pour acquérir des richesses ou de la gloire; ils n'ont pas même dans leur langue un mot qui signifie honneur. Ils marchent avec ordre et en silence, comme des victimes qui vont à la mort et qui s'attendent à la recevoir; ils pensent qu'une félicité éternelle est le partage de ceux qui meurent pour leur prince: de là vient qu'ils ne se troublent point, ni de l'ignorance de leurs généraux, ni des manœuvres inopinées de l'ennemi. Le roi de Prusse à Zornedorf a dit d'eux qu'il était plus aisé de les tuer que de les vaincre. Ils ne quittent point le poste où on les a placés, même après la fuite de leurs officiers. On fait jurer aux soldats de l'artillerie de ne jamais abandonner leurs canons : on en a vu dont les jambes étaient emportées, charger encore leurs armes; d'autres se coucher sous les affûts et attendre ainsi la mort : voilà ce qu'ils sont dans la défaite. Dans la victoire, ils ne font point de quartier, parce qu'ils regardent leurs ennemis comme haïs de Dieu et de leur souverain. Aussi leurs batailles sont fort meurtrières, qu'ils soient battus ou qu'ils triomphent. Il est cependant plus avantageux de les attaquer en plaine découverte : car n'eussent-ils devant eux qu'une simple haie, leur résistance augmente comme s'ils étaient couverts d'un rempart impénétrable.

Les femmes russes sont très-belles. Un de leurs poëtes a eu raison de dire : « La nature a mis les pierreries et les richesses à l'orient, les fruits délicieux au midi, l'industrie et les arts à l'occident; mais elle a fait davantage pour le nord, puisqu'elle nous a donné les plus belles femmes du monde. »

Elles sont généralement plus brunes que blondes, un peu chargées d'embonpoint, d'une fraîcheur éblouissante; elles mettent toutes du rouge, jusqu'aux femmes du peuple, ce qui les gâte; elles ont tant de passion pour cette couleur, que, pour dire à une fille qu'elle est belle, on lui dit qu'elle est rouge. J'en ai vu quelques-unes de très-jolies se noircir les dents et les ongles.

Elles se servent fréquemment dans leurs amitiés des termes de « mon ame, mon pigeon », *doucin ka maia, golobouska maia*. Leur langue est fort douce, et, dans leur bouche, elle a toute la volupté de la langue italienne. Elles saluent en portant la main droite sur le cœur, et s'inclinent comme des religieuses. Un homme salue une femme en lui baisant la main; la femme rend le salut en baisant le cavalier au front. Elles sont superstitieuses, et passent tout le jour à jeter les sorts avec du marc de café, de l'étain fondu, des cartes. Chez le maréchal Boutarlin, ses filles me présentèrent un jeu de cartes pour leur dire la bonne aventure; et comme je m'en défendais, elles trouvèrent étrange que, sachant les mathématiques, je ne susse pas jouer des gobelets. La plupart des Français qui sont dans ce pays les amusent de ces jeux. Il y a une infinité de précepteurs de cette nation, dont beaucoup ont été laquais et garçons perruquiers.

Il y a à Moscou des femmes qui portent des listes de filles à marier; on y lit leur âge, leur fortune, leur caractère, leur tempérament; ces listes ne sont pas toujours fidèles. Les femmes sont fort soumises à leurs maris. Chez le peuple, il est d'usage, le jour des noces, de mettre dans l'une des bottes du mari une pièce d'argent, et un fouet dans l'autre; celle que la mariée tire d'abord est un présage du traitement qu'elle doit éprouver un jour.

Le pouvoir des mères sur leurs enfans est très-grand. Une femme peut réclamer l'autorité de la justice pour punir son fils corporellement; ces exemples sont rares; mais, dans des temps de famine, on vend des enfans au marché; un enfant d'un an vaut quarante sous, une fille de quatorze ans cinquante livres; il n'est pas permis aux étrangers d'en acheter. Le nom de père et de mère est à la fois un titre d'amitié et de respect : ils donnent ce nom à leur souverain et aux personnes qu'ils veulent honorer. Les enfans ne quittent jamais le nom de famille; ils se distinguent entre eux par le nom de baptême, qu'ils joignent à celui de leur père, comme *Pierre*, fils de *Jean*.

Les Russes sont inconstans, jaloux, fourbes, grossiers, ne respectent que ce qu'ils craignent. Il ne faut jamais se familiariser avec eux, car ils vous mépriseraient bientôt. Ils s'enivrent fréquemment, et boivent avec excès nos vins, que leurs marchands n'oseraient mélanger sans impiété, parce qu'on s'en sert aux autels. Ils sont sujets à des vapeurs mélancoliques qui font souvent sur les étrangers des effets terribles; plusieurs deviennent fous; d'autres s'ôtent eux-mêmes la vie. Il se commet quelquefois dans ces contrées des crimes dont les circonstances sont atroces. J'en ai vu un exemple affreux. Des jeunes gens entrèrent la nuit chez une femme et l'étranglèrent; il y avait une demoiselle, à qui ils promirent la vie au prix de son honneur : ils assouvirent leur passion et la massacrèrent; ensuite ils volèrent la maison et y mirent le feu. Ce crime, où se trouvent à la fois le viol, le larcin, le meurtre et l'incendie, ne fut pas puni de mort : les coupables furent envoyés aux galères.

D'autres vices rendent la société désagréable : lorsque j'allais chez le grand-maître de l'artillerie, les officiers de mon corps s'y rencontraient sans se faire aucune honnêteté, et même sans se parler. Je me gardais bien de les saluer le premier; car ils prennent les égards de notre politesse pour des témoignages de faiblesse et du besoin qu'on a d'eux.

On trouve cependant des vertus chez eux, mais sauvages et farouches. Lorsqu'on prend une nouvelle maison, les amis donnent quelques meubles; ceux qui visitent une femme en couche lui font un présent. Quand une famille est dans la pauvreté, les enfans vont offrir un pain dans les maisons voisines : on prend le pain et on leur donne une pièce de monnaie. Lorsqu'on les visite, ils vous présentent un verre de liqueur, du pain et du sel : c'est ainsi qu'ils exercent l'hospitalité. Souvent, sans aimer la société ni les étrangers, ils leur offrent leur table, leur maison; ils les accueillent avec avidité et les éblouissent de promesses; mais bientôt leurs actions et leurs discours les outragent. Ils les interrogent sur quelque superstition inconnue, ou sur quelque lubricité de leur invention. Ils engagent un honnête homme à contrefaire l'ivrogne et l'insensé, à leur raconter des contes frivoles. Ils cherchent à l'enivrer, et s'ils y réussissent, les maîtres et les esclaves l'entourent et l'insultent avec des clameurs barbares. Ce n'est que par ces lâches complaisances qu'on mérite leur amitié. Chaque maison opulente a pour son amusement un Français, un Italien, ou un nain. Celles qui ne jouissent que d'une fortune médiocre ont un estropié ou un fou. S'ils agissent ainsi par un vice de leur nation, ou par mépris pour des étrangers corrompus, c'est ce que je ne sais pas : quoi qu'il en soit, leurs tables sont odieuses, et leurs bienfaits insupportables, même aux plus malheureux. Il faut cependant excepter ceux que l'éducation, un naturel heureux, ou l'adversité, ont rendus bons; car les voyages ne font qu'ajouter à leur corruption. Les Woronzof, par exemple, les Dolgorouki, si chers aux Français et aux infortunés, et quelques autres qui vivent dans la retraite, sont des modèles de vertu.

Il y a deux villes célèbres en Russie, Moscou et Pétersbourg.

Moscou est la plus grande ville de l'Europe : son diamètre est d'environ trois de nos lieues; cependant on n'y compte guère plus de cinquante mille habitans. Cette grande étendue vient de la disposition des maisons. La plupart n'ont qu'un rez-de-chaussée, et sont séparées les unes des autres par de grandes cours, des jardins, des étangs, et même par des bois et des terres labourées. Rien n'est si magnifique que l'aspect de cette ville, où s'élèvent près de douze cents clochers, dont quelques-uns sont dorés; les flèches sont terminées par un croissant surmonté d'une croix. Au centre de la ville est le Kremlin, ancienne demeure des souverains. Il est entouré d'une triple enceinte de murs crénelés et flanqués de tours. Le trésor renferme les anciennes parures des czars : ce sont des vêtemens si richement brodés de perles et de pierreries qu'on en voit à peine l'étoffe. Les Russes sont fort avides de diamans, et ils y emploient la plus grande partie de leur bien, par la facilité de les soustraire dans une révolution. On voit près du Kremlin une cloche fameuse qui tomba dans un incendie; elle disparut à moitié dans un trou qu'elle creusa par son propre poids. Il y a dans le métal de cette cloche plus de cinq cent mille livres en argent que la dévotion des Russes y jeta pendant sa fonte. Vers cet endroit sont les boutiques, distribuées par quartier pour chaque espèce de marchandise. On y fait un grand commerce d'étoffes, de porcelaine et de thé de la Chine : on prétend que ce thé, lorsqu'il arrive par les caravanes, conserve toute sa qualité.

Les maisons de Moscou sont bâties en partie à la chinoise; elles ont des balustrades raccourcies avec des degrés qui montent de la rue. J'en ai vu qui étaient toutes couvertes de fer. On voit dans les places les pauvres assis sur leurs talons : ils balancent leur tête rasée et meuvent leurs mains en éventail à côté des oreilles. Tout annonce dans cette ville le voisinage de l'Asie.

Pétersbourg, à huit lieues de la mer Baltique, n'a d'avantageux que sa situation. Il est bâti sur les îles de la Néva, dans un terrain marécageux dont les environs sont sablonneux et stériles. Le commerce augmente tous les jours cette ville, où l'on compte cent cinquante mille habitans. Le plan en est disposé comme celui des villes de Hollande. Les rues sont coupées de canaux et d'avenues d'arbres.

Son aspect, en venant de la mer par la Néva, est d'une magnificence éblouissante. A droite et à gauche du fleuve sont une foule de palais décorés de colonnes, de guirlandes, de trophées, de groupes d'amours qui couronnent les toits. Elle est traversée d'un pont de bateaux. Au loin s'élèvent des clochers dorés, un observatoire, trois palais impériaux, les bâtimens immenses de la douane, du collége, des affaires de l'amirauté, etc.; mais cette splendeur s'évanouit en approchant, comme l'effet d'une décoration théâtrale. Toute cette architecture est de chaux, de bois et de briques; tous ces ornemens sont mal exécutés. Dans l'intérieur des palais c'est encore pis; la plupart des meubles nécessaires y manquent.

On reconnaît dans cette ville un dessein trop rapidement exécuté; c'est l'ouvrage de Pierre-le-Grand, ainsi que le gouvernement actuel.

## DU GOUVERNEMENT.

La mémoire de Pierre-le-Grand est en Russie dans la plus grande vénération. Lorsqu'on veut dire qu'une chose est impossible, on dit qu'une loi de ce prince la défend : on fait l'éloge d'un vieil officier, en disant que c'est un élève de Pierre Ier. Son portrait est dans tous les tribunaux et dans la plupart des maisons : on conserve à l'Académie le chapeau et l'habit percé de plusieurs coups qu'il portait à la bataille de Pultava.

En effet, c'est Pierre-le-Grand qui a fondé cet empire, avant lui si méprisé, aujourd'hui si redoutable. Il l'a établi sur le gouvernement militaire. Les Russes, que la religion rend presque invincibles, sont devenus indomptables par leur discipline. Ils ont pris toute l'ordonnance des Allemands, qu'ils surpassent par la bonté de leur artillerie et dans l'art de fortifier les places. Dès qu'il paraît une nouveauté utile chez leurs voisins, ils l'adoptent et usurpent quelquefois l'honneur de l'invention. Leurs armées ne sont point exposées à se détruire comme les autres par la désertion, et il n'y en a point qui résistent mieux aux fatigues de la guerre. Voici comme se font leurs recrues : on prend ordinairement un jeune homme sur deux cents dans la campagne; on donne ces jeunes gens pendant six ans pour domestiques aux officiers; si on en est content, ils sont fait soldats par récompense. Lorsqu'ils sont vieux, on les distribue dans les abbayes pour y être nourris. Ils ne reçoivent dans leurs troupes réglées aucun étranger : ainsi ils ne doivent point leurs soldats à la misère ou au libertinage. Ils ne les engagent point par de fausses promesses, et ne les retiennent point par la crainte.

Chaque soldat reçoit une portion de farine, dont il fait lui-même son pain dans des trous qu'il creuse en terre. Ils sont habillés de vert avec un parement rouge; ils ont des manteaux. En marche, ils les roulent et les portent en bandoulière. Leurs fusils sont pesans, mais bien faits; leur poudre excellente. Leur sabre est court, épais et large comme la main : ils s'en servent au lieu de hache. La poignée est un aigle. Leurs grenadiers ont des casques de cuir noir surmontés d'aigrettes blanches, noires et rouges, semblables à des plumets; c'est de la laine frisée montée sur des fils de fer. Cette parure leur donne un air très-guerrier. On récompense les belles actions par une médaille attachée d'un ruban bleu; les fautes sont punies par le patoki, les coups de bâton et les baguettes.

La noblesse est obligée de servir et de passer par tous les grades de l'armée. Il ne sert à rien d'être né prince; il faut d'abord être soldat, sergent, enseigne, sous-lieutenant, lieutenant, capitaine, major, lieutenant colonel, colonel, brigadier, général-major, lieutenant-général, général en chef, et enfin feld-maréchal. C'est là la division de l'état militaire, qui sert aussi pour le civil; car les Russes ne connaissent aucune distinction hors de là. C'est pourquoi ils donnent des grades militaires aux magistrats, aux ambassadeurs, aux évêques; et même aux médecins. Ils observent cet ordre, non seulement à la cour dans les cérémonies, mais à table même, où chacun se place suivant son grade, sans que la naissance, l'âge ou la richesse y puissent rien changer. Les femmes aussi sont assujetties à ces lois austères; elles portent les mêmes titres que leurs maris, et n'oseraient parler devant leurs supérieures.

Les récompenses pour les officiers sont les cordons de Sainte-Anne, de Saint-Alexandre et de Saint-André. La cour donne cinq cents roubles à ceux qui font quelque découverte utile : on donne aussi des terres avec des esclaves. Les veuves des officiers reçoivent la moitié des gages de leurs maris : les officiers réformés ont cette même pension. Leur punition est d'être faits soldats ou envoyés en Sibérie ; on enlève le coupable sans lui donner la consolation de dire adieu à ses amis, à sa femme, à ses enfans, qui retiennent leurs larmes, car l'affliction serait regardée comme une désobéissance.

Pour éviter les duels, Pierre Ier ordonna que dans le cas où un officier recevrait une insulte personnelle, l'agresseur serait amené en présence de l'offensé, tout le régiment sous les armes ; que là le bourreau répéterait sur lui deux fois la même injure ; qu'ensuite il paierait à l'offensé une année de ses gages, et serait fait soldat pour toute sa vie. En entrant au service, chaque officier paie un mois de ses gages. Lorsqu'il monte d'un grade, il paie un autre mois, et chaque année deux pour cent des appointemens. Par ce moyen il est traité avec sa femme, ses enfans et ses domestiques, pour quelque maladie que ce soit, sans qu'il en coûte rien en frais de médicamens, de chirurgien et de médecin. L'apothicairerie appartient au souverain, qui fournit tous ses sujets de remèdes toujours renouvelés. Cet arrangement est très-utile aux sujets et très-lucratif pour le prince.

Les autres revenus de la cour consistent dans les douanes, où l'on paie quarante pour cent d'entrée pour tous les ouvrages de luxe ; dans les cabarets, dont toutes les boissons lui appartiennent. Le prince reçoit en outre la capitation des esclaves, le produit des mines de Sibérie, du commerce de la rhubarbe et des pelleteries. On évalue ces différens objets à cent millions de nos livres ; mais les provinces fournissent en nature quantité de choses pour l'armée : l'une des farines, l'autre des laines, celle-ci les chevaux, cette autre du salpêtre, quelques autres des transports ; en sorte qu'il en coûte peu pour entretenir les soldats, qui ont de paie environ cinquante francs par an.

Les troupes réglées montent à cinq cent mille hommes, dont un quart, en garnison dans les villes, ne reçoit que demi-paie ; le reste est partagé en cinq divisions qui forment autant d'armées toujours campées, et toutes prêtes à entrer en campagne. La première est en Finlande, et borde les frontières de la Suède ; la seconde, en Livonie, s'oppose à l'Allemagne ; la troisième est en Ukraine, et regarde la Pologne ; la quatrième, vers Astracan, protége la mer Caspienne contre les Turcs et les Persans ; la cinquième, qui est celle de Sibérie, opposée aux Chinois et aux Tartares, s'étend jusqu'au Kamtschatka, et semble défendre les extrémités du monde. Douze mille hommes de garde, six mille hommes d'artillerie, et les troupes de la marine, forment à Pétersbourg un corps de réserve. En outre, une multitude innombrable de Cosaques, de Calmouks et de Tartares, sont toujours prêts à marcher, sans recevoir d'autre solde que la permission de piller.

La marine est composée de quatre-vingts gros vaisseaux de guerre et de plus de cent galères distribuées sur les trois mers. Les Russes ont une grande aversion pour la mer à laquelle rien ne peut les accoutumer ; à cet égard, ils sont inférieurs à leurs voisins. Leur cavalerie est mauvaise. L'artillerie, peut-être la meilleure du nord, est composée de quatorze mille hommes. On compte dans les arsenaux six mille pièces de bronze et plus de douze mille de fer. Le corps des ingénieurs est composé de deux cent soixante officiers et d'un régiment de quatorze cents hommes.

Le commerce augmente tous les jours à Pétersbourg. Il paraît avantageux à la nation, en ce que tous les vaisseaux qui partent sont chargés, et que la plupart de ceux qui arrivent sont vides. Les Anglais font tout le négoce ; ils profitent habilement de l'amour des grands pour le luxe : ils leur avancent, en diamans ou en argent, plusieurs années de leurs revenus, dont ils assurent les produits par de bons contrats ; en sorte que les récoltes des lins, des chanvres, des blés, leur sont vendues bien à l'avance, et les fers encore dans les mines, long-temps avant d'être exploités. Pierre-le-Grand a exclu les Juifs de ses états, sous peine de la vie, afin de ne pas abandonner à leur avidité les prémices du commerce qu'il établissait pour le bien de ses sujets. Cet arrêt de proscription étend encore la même peine aux jésuites, dont il craignait l'ambition dans une cour sujette aux révolutions.

On favorise le plus qu'on peut l'agriculture et les fabriques ; on accorde pour ces différens objets des priviléges, des maisons, des terres ; on prête de l'argent et des esclaves ; mais ces efforts du gouvernement ne produisent guère d'effet. Les nationaux ne s'y portent pas volontiers, et les étrangers n'osent entrer dans ce pays, par la difficulté d'en sortir. On exige des droits considérables de ceux qui se retirent après s'être enrichis. Les officiers étrangers qui demandent leur congé sont obligés de s'engager par serment à ne jamais servir contre eux. J'eus bien de la peine à m'en dispenser, et ce fut une faveur de l'impératrice, à laquelle je représentai que c'était m'ôter les moyens de trouver du service dans ma patrie.

Avant de sortir de ce pays, il faut passer par une infinité de bureaux. Les uns écrivent votre passe-port, d'autres l'enregistrent, ceux-ci le signent, ceux-là le datent, d'autres le contrôlent; ensuite il faut y apposer le cachet. Après toutes ces façons, qui durent des mois entiers, il faut se faire inscrire trois fois dans la gazette du pays à huit jours d'intervalle, afin que tous vos créanciers soient instruits de votre départ. Quand on ne forme aucune opposition, on vous donne un passe-port qui n'est bon que pour l'intérieur de l'empire et pour huit jours seulement. Il faut un autre passe-port pour sortir de la frontière; et puis un ordre de la cour pour obtenir des chevaux en route. Toutes ces cérémonies désespèrent un étranger, qui est souvent obligé, pour faire expédier ses affaires, de répandre beaucoup d'argent, quoique ces sortes de vexations soient très-défendues.

Nous avons vu quelles sont les forces de cet empire qui paraît avoir peu de chose à redouter au dehors. La Pologne et la Suède sont divisées par des factions; l'Autriche et la Prusse s'observent mutuellement; la Turquie est dans le même cas par rapport à toute l'Europe. En Asie, la Perse est déchirée par les guerres civiles; l'Inde est faible; la Chine peu guerrière, quoique mécontente; les Tartares ne font que des courses qu'il est aisé de réprimer. Ainsi l'alliance des Russes est plus avantageuse aux autres nations qu'à elle-même, par les diversions qu'elle peut occasioner, surtout en Allemagne. Mais ils portent bien de la lenteur à servir leurs alliés. Élisabeth avait donné ordre qu'on prît Colberg sans exposer la vie d'aucun soldat : aussi avait-on commencé les tranchées à plus de neuf cents toises de la contrescarpe; on les avait faites si profondes et si remplies de traverses, qu'on y était en toute sûreté. Le ministère de Russie n'est pas scrupuleux à tenter tous les moyens de connaître les desseins des alliés; on ouvre toutes les lettres, même les paquets des ministres. L'ambassadeur de Vienne avait reçu des dépêches de sa cour, qu'on avait refermées si imprudemment, qu'elles se trouvaient cachetées des armes de Russie. Il fut sur-le-champ trouver le chancelier Woronzof, et lui dit : « Vous conviendrez, monsieur, de l'infidélité de vos bureaux; mes lettres ont été ouvertes et recachetées chez vous : reconnaissez votre sceau. » Woronzof, sans s'étonner, regarde la lettre et répond froidement : « Cela confirme ce que je soupçonnais depuis long-temps, que vous avez contrefait nos armoiries à Vienne : c'est une méprise de vos bureaux qui ont pris nos armes pour les vôtres. » Le gouvernement paraît avoir plus à craindre au dedans qu'au dehors. Ils ont pour ennemis intérieurs deux nations qu'ils ont subjuguées, les Livoniens qu'ils craignent et les Cosaques qu'ils méprisent. Les premiers leur ont fourni le plus grand nombre de leurs officiers, qu'on tâche aujourd'hui de remplacer par des Russes. Ils ont interdit aux autres les connaissances militaires et toute distinction. Un général de Cosaques n'a que le rang de capitaine. Au reste, les révolutions, qui détruisent les autres empires, semblent affermir celui-ci. Chaque nation reste attachée au gouvernement, dans l'espoir de recouvrer sa liberté ou ses priviléges sous le successeur. Plus les changemens sont fréquens, plus les espérances sont multipliées. Depuis Pierre-le-Grand, il y a eu huit souverains : Pierre I$^{er}$; Catherine I$^{re}$, sa femme; Pierre II, l'impératrice Anne, Ivan sous Anne la régente, Élisabeth, Pierre III et Catherine II. Il y a eu sous ces règnes un nombre considérable de conjurations éteintes. Cependant ils ont conquis la Livonie, l'Ukraine, une partie de la Finlande, quelques montagnes au delà de la mer Caspienne, une province sur les Chinois, où se trouve une mine d'or très-riche; ils ont subjugué le duché de Courlande, et donné successivement trois rois à la Pologne.

La cour donne tous les hivers des fêtes au peuple. On construit des montagnes de glace : c'est un édifice de charpente, à plusieurs étages, situé au sommet d'une colline; du haut de ce château descend un glacis de charpente bien avant dans la plaine; un homme assis dans un traîneau roule avec la rapidité et le bruit du tonnerre. Autour de cet édifice sont des escarpolettes, des roues de fortune, des mâts de cinquante pieds de haut, dont l'extrémité est garnie de bottes, de pelisses, de gants. Il arrive souvent que ceux qui y grimpent se tuent en tombant, ce qui fait rire la multitude. Quelquefois on personnifie les vices par des mascarades publiques; ce sont des chars ornés de clinquant, où sont assis différens acteurs : on y voit l'Avarice comptant des sacs, l'Ivrognerie qui chancelle. On y promène des montagnes traînées par une trentaine de bœufs. Le peuple voit sans gaieté ces fêtes dont la cour s'applaudit. Quelquefois l'amour se mêle au milieu de ces jeux barbares. Cette passion, chez les Russes, a presque toujours des effets funestes : souvent l'amour est cause de quelque disgrâce éclatante ou de quelque révolution extraordinaire. Il plaça près du trône Biren, sorti de l'obscurité; Munich, plus heureux et plus capable, gouverna sous Ivan. Élisabeth renversa le nouveau monarque et le nouveau ministre; Rasumowski, son favori, devint vice-roi après avoir été berger.

## RÉVOLUTIONS SOUS PIERRE III.

> Sic visum Veneri : cui placet impares
> Formas atque animos jub juga ahenea
> Sævo mittere cum joco.
>
> Hor., lib. 1, od. 33.

« Vénus l'a voulu ; la déesse cruelle prend plaisir à mettre sous un joug d'airain des corps sans proportions et des cœurs sans amour. »

Pierre III était d'une petite taille, d'une complexion faible et d'une physionomie commune. Dès qu'il fut monté sur le trône de Russie, il se proposa de prendre pour modèle Pierre-le-Grand et le roi de Prusse son voisin. Il avait surtout pour celui-ci un respect extraordinaire : il portait l'uniforme de ses gardes ; il prenait le titre de son lieutenant ; quelquefois à table il s'écriait : « O mon frère ! nous ferons ensemble la conquête de l'univers. » Un jour qu'il célébrait la fête du roi de Prusse, avec toute sa cour, quand on vint à boire à sa santé, suivant l'usage allemand, il s'aperçut que l'impératrice ne se levait pas ; ce prince, à moitié ivre, dit à son aide-de-camp : « Allez dire à ma femme qu'elle est une folle. » L'officier s'approche en tremblant de l'impératrice, qui l'encourage à s'acquitter tout haut de sa commission : alors, les yeux baignés de larmes, sans répondre un seul mot, elle quitte la table en excitant une pitié générale.

Cependant l'empereur se préparait à faire de grands changemens ; il voulait à Pétersbourg retrancher les revenus du clergé, répudier sa femme, et envoyer à l'armée ses gardes, depuis long-temps sédentaires. Pour réussir dans de si grands projets, il avait formé un régiment de Holstein, dans lequel il mettait toute sa confiance. Il comptait encore sur les principaux seigneurs de sa cour : Rasumowski, hetman des Cosaques ; Woronzof, le chancelier ; Nariskin, le grand-écuyer. Le maréchal Munich, âgé de quatre-vingts ans, formé par une longue expérience, et revenu de son exil depuis six mois seulement, l'avertissait souvent de se méfier d'une cour orageuse.

Il y avait à Pétersbourg deux frères, l'un capitaine d'artillerie, l'autre officier aux gardes, tous les deux plus occupés de la fortune du jeu que du sort de l'empire. Ils étaient à la fleur de l'âge, d'une taille distinguée et de la plus belle figure. Le capitaine d'artillerie était souvent de service chez l'impératrice ; elle vivait dans la retraite, et sa cour était fort solitaire. Orlof, c'était son nom, ne put voir sans pitié le sort de cette princesse, menacée d'un avenir encore plus triste. Quantité de jeunes officiers des gardes se rassemblaient dans les jeux publics. Orlof leur parle des faveurs dont Pierre III comblait les officiers allemands qu'il admettait à toutes ses parties, du mépris qu'il faisait de ses propres sujets, de la résolution prise d'envoyer les gardes en Allemagne, sous prétexte d'une guerre étrangère, mais sans doute pour les détruire. Il leur représente ce prince souvent chancelant d'ivresse au milieu des rues, entouré de bouffons et d'Italiens ; il les encourage par la facilité d'arrêter tant de désordres..... N'étaient-ils pas les principales forces de l'empire ? Le souffriraient-ils en proie à des étrangers sortis du Holstein, à quelques vagabonds incapables de résistance, à des Allemands dont l'insolence semblait croître avec la misère publique ? Il déplore le sort de leur souveraine : mère d'un prince qui devait être leur empereur, appelée par son alliance à porter une couronne qu'elle méritait par ses vertus, digne de leur reconnaissance et de leur attachement par son amour pour la nation, par son esprit, par ses grâces, par sa beauté même, elle passait sa jeunesse dans les larmes et le mépris de la cour ; une rivale allait la remplacer. Que deviendrait-elle loin de sa patrie, sans amis, sans asile, rejetée du trône, abandonnée par l'empereur, séparée de son fils ? Il ne lui restait d'espérance que dans leur compassion. C'était à eux qu'elle confiait les droits d'une princesse, les intérêts d'une épouse, les larmes et le désespoir d'une mère, tant d'inquiétudes, de soucis, de chagrins dévorés dans le silence, mais qui n'égalaient pas les malheurs à venir ; on voulait la répudier à la face des autels, pour combler toutes ses infortunes par un outrage public.

Ces jeunes gens, excités par la vérité de ces images, jurèrent tous ensemble de la venger ou de mourir.

A cette troupe ardente se joignent quelques maris jaloux : le baron de Strogonof, le comte de Bruce, le grand-veneur Czariskin, tous trois célèbres par la beauté de leurs femmes. Elles se disputaient le cœur du faible monarque, qui était tout entier à la comtesse Woronzof, destinée à remplacer l'impératrice.

Un mécontent plus redoutable vint augmenter leur parti ; c'était l'archevêque de Novogorod. Ce pontife ne put voir sans frémir l'épée de l'empire prête à moissonner les revenus de l'église. Il s'adresse aux conjurés, les prie, les conjure et les exhorte à soutenir fortement la cause de Dieu. Pour concourir avec eux, il offre des vœux, des prières et son absolution : il leur tint plus qu'il n'avait promis.

Un jour de grande fête, l'impératrice se transporta à la principale église ; les portes de l'enceinte et celles du temple se trouvaient fermées. Au travers des grilles on apercevait des images renversées et jetées çà et là. Il s'était assemblé une grande foule de peuple consterné de ce spectacle où la religion paraissait si hardiment insultée. L'impératrice, après avoir donné long-temps des marques publiques de sa douleur, retourna à son palais. Plusieurs gens du peuple la suivaient en se demandant : « Qu'a donc fait notre souveraine pour être privée de la communion des fidèles? Sans doute on veut détruire notre religion; voyez comme on a maltraité nos saints ! »

D'un autre côté, les conjurés s'assemblaient souvent chez la princesse Daschkof. Là se préparaient les avis propres à ameuter le peuple, à mécontenter les soldats, à enflammer les prêtres. On y concertait tout ce qui pouvait gagner les généraux et les courtisans : on cherchait à se les rendre favorables par des insinuations artificieuses, des promesses équivoques, de fausses confidences, enfin par toutes les illusions de cour. Le Piémontais Odard les distribuait avec tout le manége de son pays.

Cependant l'empereur recevait de plusieurs endroits des nouvelles de la conjuration. On venait même d'arrêter un des chefs; il ne voulut pas différer plus long-temps de remonter à la source.

L'impératrice était à Pétershof, et lui, plus loin, à Oranienbaum. Ce sont deux châteaux à deux lieues l'un de l'autre, dans le voisinage de Pétersbourg. Pierre III envoya des gardes saisir les avenues de Pétershof, et fit dire à son épouse qu'il irait le lendemain l'interroger lui-même. Il y vint en effet à huit heures du matin; mais les appartemens étaient fermés. Il attendit son lever jusqu'à onze heures. Alors il fit enfoncer les portes; mais il ne trouva personne. Il apprit, sans pouvoir le croire, que l'impératrice marchait à lui, à la tête des gardes et de l'artillerie. Pendant la nuit elle s'était échappée du château par les fenêtres; elle avait couru à Pétersbourg, où, dès le point du jour, elle avait rassemblé les troupes. Le corps d'artillerie refusait de prendre les armes sans les ordres du grand-maître Villebois; sur-le-champ elle lui envoie dire de venir au palais. « Si Votre Majesté, lui dit Villebois, m'eût prévenu, j'aurais pris des arrangemens. — Je ne vous ai pas fait venir, lui répondit-elle, pour m'apprendre ce que nous devions prévoir, mais ce que vous voulez faire. — Vous obéir, reprit le grand-maître. » Aussitôt l'artillerie marcha. Alors Catherine II, habillée de l'uniforme des gardes, montée sur un superbe cheval, sortit de Pétersbourg suivie de quinze mille hommes : la princesse Daschkof était à ses côtés.

Cependant tout était en confusion dans la ville.

Le peuple, plein de fureur, se précipitait dans les places publiques. Les gardes à cheval couraient, le sabre à la main, menaçant d'exterminer tous les Allemands. Des trains d'artillerie remplissaient les rues. Les marchands, saisis de frayeur, fermaient leurs maisons. Un spectacle touchant vint suspendre le tumulte : tout à coup on aperçoit sur le balcon du palais un enfant de douze ans, les yeux baignés de larmes, la démarche égarée; c'était le jeune prince. « Qu'avez-vous fait de mon père? leur cria-t-il : qu'est devenue ma mère? Voulez-vous aussi me faire mourir comme eux? Je ne vous ai point fait de mal. » Puis, en leur tendant les bras, il implore leur compassion. L'hetman des Cosaques monte au palais, le rassure, l'embrasse, le ramène dans ses appartemens, et après lui avoir juré de lui être fidèle, il part pour détrôner son père. Cet événement laissa à cet enfant une terreur qui ne se dissipa que plusieurs mois après.

Cependant Pierre III était retourné à Oranienbaum. Inquiet de la conduite de son épouse, il envoya vers elle quelques-uns des seigneurs de sa cour, qui ne revinrent point. Les autres se retirèrent successivement. Le maréchal Munich ne l'abandonna pas, et lui conseilla de se mettre à la tête du régiment de Holstein, de donner les armes du château aux paysans des environs qui s'offraient d'eux-mêmes pour le défendre, ou de partir sur-le-champ pour joindre son armée d'Allemagne. Ce prince irrésolu laissa passer inutilement la plus grande partie du jour. Ses gardes, postés aux environs, observaient les approches de l'ennemi; mais ils mirent honteusement bas les armes à la vue de quelques hussards. Alors l'empereur s'embarqua pour Cronstadt. Il avait avec lui les femmes des seigneurs qui l'avaient abandonné; le vieux Munich lui servait toujours.

Ils arrivèrent à l'entrée de la nuit sous les batteries du port. La sentinelle ayant crié : « Qui vive? — C'est l'empereur, répondit-on. — Nous ne reconnaissons, reprit le soldat, d'autre souverain que Catherine; éloignez-vous. » Et comme on le menaça de tirer sur lui, la barque revint à Oranienbaum. Les femmes jetaient de grands cris; Pierre fondait en larmes. « Que n'ai-je suivi vos conseils! disait-il à Munich. Quel parti dois-je prendre ? — Je n'en connais plus, » dit Munich.

Dès que Pierre III fut de retour à Oranienbaum, on se saisit de lui, et on l'enferma seul. Il rendit son épée, en s'avouant indigne de régner. Il demanda qu'on lui conservât la vie. On le lui promit. Ensuite il pria qu'on ne le laissât pas manquer de vin de Champagne et de bière d'Angleterre. Le troisième jour de sa détention, il sentit un feu dévorant dans ses entrailles. On l'entendit pousser des cris horribles. On dit que, pour mettre fin à ses tourmens, deux princes, sergens aux gardes, entrèrent dans sa chambre et l'étranglèrent avec un mouchoir.

Ainsi mourut ce malheureux prince. Il soutint sa disgrâce avec aussi peu de fermeté que son élévation. Il fut faible, sans méchanceté. L'histoire ne pourra ni justifier sa punition, ni regretter sa mémoire.

Cependant Catherine II rentra, le soir, triomphante dans Pétersbourg : elle était excédée des fatigues du jour. On lui apporta des rafraîchissemens ; comme il se trouvait là quelques jeunes officiers, elle les obligea d'en prendre avec elle, en leur disant : « Je ne veux rien avoir que pour le partager avec vous. » Le peuple entourait le palais en jetant de grands cris de joie; mais comme ces transports pouvaient dégénérer en fureur, et exposer la fortune de quantité d'étrangers, on lui ouvrit tous les cabarets de la ville, qu'on abandonna à sa discrétion jusqu'au lendemain. On donna une pistole à chaque soldat des gardes, cinquante mille francs aux principaux conjurés. Le trône ne coûta guère plus d'un million.

On s'attendait à voir le jeune prince déclaré empereur, et Catherine nommée régente, avec un conseil; car c'étaient là les conditions qu'elle avait proposées aux principaux de la cour; mais elle profita de l'enthousiasme du peuple qui la proclamait impératrice. Elle commença par éloigner des affaires la princesse Daschkof, dont elle craignait l'ambition, et tous ceux qui comptaient partager l'autorité avec elle; et elle se hâta de se faire couronner à Moscou. Cette cérémonie se fit avec une pompe éclatante. La couronne seule, toute couverte de diamans, était d'une pesanteur extrême.

J'ai ouï dire à l'ambassadeur de Pologne, le prince Lubomirski, que, se trouvant auprès de l'impératrice, il lui dit : « Votre Majesté doit être » bien fatiguée de porter un poids si considérable. » — Non, répondit-elle, une couronne ne pèse » point.

Peu de temps après, le comte de Bestuchef lui donna une requête signée de quelques seigneurs : on lui représentait que la santé du grand-duc, son fils, était très-faible; on la suppliait de pourvoir à la tranquillité de l'empire par une alliance qui lui assurât des héritiers; on ajoutait que personne ne paraissait à cet égard plus propre à remplir les vœux de la nation que le comte Orlof. Catherine envoya cette pièce au sénat, pour en délibérer. Tous les sénateurs répondirent unanimement qu'un pareil mariage était contraire aux lois de l'empire (preuve qu'il y a des lois dans un pays despotique); que si l'héritier actuel venait à manquer, il restait Ivan; enfin, qu'ils ne reconnaîtraient jamais Orlof pour leur empereur. C'était au mois de mars 1763. J'étais alors à Moscou, et je fus témoin de la fermentation où cette requête et cette réponse jetaient les esprits ; elle était si grande, que je m'attendais à voir une nouvelle révolution. Le soir de ce jour-là, on doubla les gardes du palais. Le grand-maître de l'artillerie prit un prétexte pour s'éloigner quelques jours de Moscou. La cour envoya ordre à l'hetman de se retirer dans son gouvernement.

Le lendemain, l'impératrice se rendit au sénat. « Je vous ai consultés, leur dit-elle, comme une » mère consulte ses enfans, pour le bien de la fa- » mille. Je ne veux rien faire contre les lois de » l'empire; Bestuchef m'a trompée. » Et en se retirant, elle leur laissa une lettre. On y lisait : « Je vous défends de parler de moi, sous des » peines plus grandes que l'exil. Qu'aucun soldat » ne paraisse dans les rues, de vingt-quatre heu- » res. » Les sénateurs lui envoyèrent demander si cette lettre serait communiquée : « Non-seulement » au sénat, répondit-elle, mais qu'on l'affiche. » Peu à peu les esprits se sont calmés. Elle a mis dans son gouvernement une modération inconnue avant elle. Elle fait voyager les mécontens, qu'auparavant on exilait en Sibérie. Elle a introduit le goût des spectacles, de la littérature et des arts, pour adoucir ces esprits farouches. Elle a défendu le luxe dans les habits, et les jeux de hasard, dont les Russes sont passionnés.

Afin qu'ils ne se portassent point à entreprendre quelque révolution pour établir leur fortune, elle tâcha d'engager les grands, par son exemple, à employer leurs revenus à des projets de fabrique, de commerce ou d'agriculture. Enfin elle a osé réformer les biens du clergé. Pour en venir à bout, elle a mis dans ses intérêts les évêques de Pétersbourg et de Novogorod. Elle a augmenté leurs revenus sous prétexte qu'ils avaient plus de dépenses à faire, et a réduit tous les autres à quinze mille livres de rente.

Catherine II est d'une taille au-dessus de la médiocre; sa démarche est pleine de noblesse et de majesté. Elle a le visage un peu long; le front grand et peu saillant, les yeux bleus, la bouche très-belle, et les cheveux châtains. Elle monte très-bien à cheval. Elle parle parfaitement bien le français, l'allemand et le russe. J'ai vu les deux premiers volumes du *Dictionnaire encyclopédique*, dont les marges étaient remplies de notes écrites de sa main, sur les sujets les plus abstraits. Cette princesse se lève tous les jours à cinq heures; elle travaille seule jusqu'à neuf. Ses femmes alors l'approchent, et pendant qu'elles l'ajustent, elle se fait rendre compte de tout ce qui s'est passé de nouveau. A dix heures et demie, les généraux viennent prendre ses ordres, et tenir le conseil chez elle jusqu'à onze heures et demie. Alors elle va à la messe; puis elle se renferme jusqu'à sept heures du soir, qui est l'heure de la cour ou des spectacles.

Depuis Pierre-le-Grand, aucun souverain n'a entrepris un si grand nombre de projets utiles à la Russie. La postérité décidera de sa gloire; mais celle de Sémiramis, si célèbre en Orient, ne fut ni plus pure, ni plus méritée.

## PROJET D'UNE COMPAGNIE
#### POUR LA DÉCOUVERTE
## D'UN PASSAGE AUX INDES
#### PAR LA RUSSIE,
##### PRÉSENTÉ A S. M. L'IMPÉRATRICE CATHERINE M.

Il n'y a que deux moyens d'attirer les hommes, l'appât des richesses et celui de l'honneur. L'amour des richesses a peuplé l'Amérique d'Européens; le desir de les conserver, qui en est une suite, a rempli de républicains les marais de la Hollande. L'honneur, qui paraît dans le monde sous différens noms, n'est autre chose que l'estime que nous faisons de nous-mêmes; cette estime est proportionnée au sentiment que chaque homme a de la dignité de son être.

Le desir d'acquérir de l'honneur engage des hommes à quitter leur patrie lorsqu'il se présente une occasion d'éclat, un siége fameux, une entreprise hardie, etc. Alors on voit accourir des volontaires de toutes les nations [1].

L'amour de l'honneur oblige quelquefois de quitter sa patrie pour le conserver [2]: une injustice, un passe-droit, ont souvent plus de force sur une ame fière que les liens de l'amitié et du sang. Un état qui a des retraites toutes prêtes pour de pareils hommes, en tire tôt ou tard de grands avantages.

Si la Russie veut attirer chez elle des hommes (j'entends des hommes dont le courage n'est point flétri par une excessive pauvreté), il faut qu'elle leur offre des biens qu'ils puissent acquérir avec honneur, et dont ils puissent jouir avec sécurité. Nous examinerons où l'on peut trouver ces biens, après avoir parlé des obstacles qui s'opposent ici à la tranquillité de la possession.

Le premier de tous vient de la vaste étendue de cet empire, qui oblige le souverain de se reposer entièrement sur un gouverneur. Ce gouverneur, profitant de l'éloignement, peut se rendre despotique : cette raison empêchera toujours un étranger d'exposer sa fortune et la tranquillité de sa vie au caprice d'un homme tout-puissant. S'il s'en rencontre quelques-uns, ce ne seront que des malheureux sans ressource, ou des esclaves qui changent de chaînes [1].

Le second obstacle vient de la diversité des mœurs, de l'ignorance de la langue, etc. [2]. Si un homme n'est tout-à-fait hypocondre, il est presque impossible qu'il se résolve à être transplanté seul parmi des gens dont les mœurs et le langage lui sont inconnus, et qui auront pour lui la mauvaise volonté qu'on a naturellement pour ceux qu'on trouve plus éclairés que soi.

On ne peut remédier à ces deux obstacles qu'en réunissant, en corps indépendant de tout gouverneur particulier, les étrangers qui chercheraient des établissemens en Russie.

#### DU LIEU LE PLUS FAVORABLE A UN ÉTABLISSEMENT.

S'il y avait quelque endroit sur la terre, situé sous un beau ciel, où l'on trouvât à la fois de l'honneur, des richesses et de la société, suite de la sûreté de la possession, ce lieu-là serait bientôt rempli d'habitans [3].

Cette heureuse contrée se trouve sur le bord oriental de la mer Caspienne; mais les Tartares, qui l'habitent, n'en ont fait qu'un désert. Tel est

---

[1] Les guerres en Terre-Sainte, le siége de Candie, attirèrent une infinité d'étrangers de bonne volonté. J'ai vu à Malte, lorsque l'île fut menacée des Turcs, plusieurs gentilshommes qui n'étaient venus que dans l'intention d'acquérir de l'honneur.

[2] Tout le monde sait l'histoire de Camille. Les peuples voisins de la France ont profité souvent de pareilles circonstances. La révocation de l'édit de Nantes répandit les arts et le commerce dans les forêts de la Prusse et dans une grande partie de l'Allemagne.

[1] Comme il arrive sur les frontières de Russie et de Pologne. De pareilles transmigrations ne produisent aucun bien.

[2] L'habitude est une seconde nature. On remarque à Moscou que les Allemands vivent rassemblés dans le schlabot; et c'est en effet la nation la plus propre à vivre en société.

[3] Les Anglais ont peuplé la Pensylvanie avec cette seule invitation : « Celui qui y plantera un arbre en recueillera le fruit. » C'est là tout l'esprit de la loi qui permettait aux sujets de la Grande-Bretagne de former en Amérique un gouvernement particulier.

l'amour excessif qu'ils ont pour la liberté; qu'ils ne regardent les villes que comme des espèces de prisons, où les souverains renferment leurs esclaves.

Cette terre, où règne une liberté effrénée, paraît propre à l'ambition et à la fortune d'une petite république d'Européens, et mérite l'attention du gouvernement, par les avantages immenses que l'empire retirerait d'un pareil établissement.

Cette colonie d'hommes choisis assurerait de ce côté-là la tranquillité de la frontière, et engagerait, par son exemple ou par ses armes, ces peuples vagabonds à cultiver les champs qu'ils ravagent [1]. Mais, ce qui est bien plus intéressant, cette société deviendrait bientôt l'entrepôt du commerce des Indes, et ferait circuler les richesses du midi par la Russie, qui les distribuerait, comme autrefois, à toute l'Europe.

## DE LA POSSIBILITÉ D'UN PASSAGE AUX INDES PAR LA RUSSIE.

Je suis étonné que des vaisseaux partent tous les ans des ports de l'Europe, traversent une étendue immense de mers, et pénètrent aux Indes à travers mille dangers, tandis qu'une chaloupe partie de Pétersbourg peut faire, dans la moitié moins de temps, le même voyage sur les plus belles rivières du monde. C'est la première idée qui vous vient, lorsque vous jetez les yeux sur les cartes.

En partant de Pétersbourg, vous remontez le canal et le lac Ladoga et la rivière d'Urica; vous faites un portage jusqu'à la source de la rivière Maloga, vous la descendez, ainsi que le Volga, qui se décharge à Astracan dans la mer Caspienne; vous parvenez, après avoir traversé cette mer, à l'embouchure d'un fleuve qui sort du lac Aral; vous naviguez sur ce lac, et jusqu'à la source de l'Oxus ou de l'Amu qui s'y jette; il vous reste un portage à faire jusqu'à la rivière Semil, qui se décharge dans l'Indus, que vous pouvez descendre jusqu'au golfe persique. Nous verrons que le commerce des Indes s'est autrefois frayé une route à peu près semblable. Mais il est bon de rassembler sur cette riche matière tout ce qui peut servir à l'histoire de ce commerce. On peut la réduire à trois époques.

## ANCIEN COMMERCE DES INDES AVEC L'EUROPE PAR LA RUSSIE.

Les Russes ont porté autrefois leur commerce, par le Pont-Euxin, jusqu'à Constantinople [1] et en Syrie; dans ce temps-là leurs vaisseaux pénétraient, par la mer Baltique et l'Océan, jusque dans la Grande-Bretagne [2]. Il est à présumer qu'ils allaient encore aux Indes, par la raison que les Indiens venaient trafiquer chez eux jusque sur les bords de la mer Glaciale.

L'auteur qui a le mieux écrit de la Russie, le baron de Stahremberg, apporte des preuves si convaincantes de cette communication, qu'il n'est pas possible d'en douter; il avait fait un long séjour en Sibérie, et c'est comme témoin oculaire qu'il raconte ce que nous allons rapporter.

Les anciens prenaient, dit-il, pour limites de l'Europe et de l'Asie, le Don ou Tanaïs. Depuis le Don, traversant jusqu'au Volga; ensuite remontant, au 55e degré de latitude, la Kama; passant plus loin, le long du fleuve Kotva, la Wiserka, et remontant la Wagulka jusqu'à une petite langue de terre d'une demi-lieue, qui la sépare du fleuve Petzora; de là descendant ce fleuve jusqu'à son embouchure dans la mer Glaciale. La raison qui avait déterminé les anciens à préférer ces limites aux chaînes de montagnes qui se trouvent plus à l'est, c'est que c'était la route que tenaient les peuples qui faisaient le commerce des Indes et du nord; route aisée à atteindre par les Asiatiques et les Européens, puisqu'elle les conduisait, par eau [3], de la mer Caspienne dans la mer Septentrionale.

Il y avait, pour ce commerce, deux entrepôts, l'un auprès de l'ancienne ville de Ladoga; d'où ce commerce était continué par le lac Ladoga, le golfe de Finlande, la mer Baltique, et de là à la ville de Wisby dans l'île de Gothland, où l'on a trouvé quantité de médailles syriaques, arabes, grecques et romaines.

Le second entrepôt du commerce était dans la Grande-Permie, proche de la ville de Fzerdyn ou de Veliki-Perma. Les marchandises, venues des Indes, descendaient le Petzora, côtoyaient les bords de la mer jusqu'en Norwége, et peut-être venaient jusque dans la mer du Nord.

Au reste, ajoute Stahremberg, ce passage a été praticable, et l'est encore. Cette route, depuis Astracan, n'a que trois cents milles de longueur;

---

[1] Les comptoirs des Européens aux Indes et en Afrique ont engagé une multitude de familles à s'établir auprès d'eux, par la raison qu'ils n'y éprouvaient pas une vicissitude de fortune ordinaire chez les puissances de l'Asie.

[1] Constantin Porphyrogénète.
[2] Lœscher.
[3] Les bâtimens dont ils se servaient étaient fort propres à de pareilles navigations; c'étaient des bateaux de cuir qu'ils portaient sur leurs épaules dans les endroits où les rivières cessaient d'être navigables. Stahremberg en a vu où quatorze personnes pouvaient s'asseoir. On les ploie lorsqu'on ne s'en sert plus.

et ce chemin, par eau, était aussi aisé à faire que celui de cinq à six cents milles, que suivent les Russes aujourd'hui pour aller à la Chine, et où ils passent d'une rivière à l'autre avec beaucoup plus d'incommodité, puisque les rivières sont remplies de cascades périlleuses. Outre cela, il faut faire par terre deux trajets[1] dangereux : inconvéniens qui ne sont pas dans l'autre route, où le transport par terre des marchandises n'est que d'une demi-lieue[2]. Il a vu, le long du Petzora, des quantités prodigieuses de tombeaux, où se trouvent des médailles des anciens califes arabes ; les rochers sont empreints, en quelques endroits, de caractères extraordinaires, peints d'un rouge inaltérable ; enfin, toute la Permie est remplie de ruines d'anciennes forteresses, preuves d'une grande opulence et d'une immense population. Tout cela confirme ce que nous lisons dans Cornelius Nepos, que le roi des Suèves envoya à Metellus Celer quelques Indiens que la tempête avait jetés sur les côtes voisines de l'Elbe.

Cette communication des Indes et de la Russie paraît avoir été coupée, lorsque les Scythes, remontant au nord, étendirent leurs conquêtes jusque dans le Danemarck.

COMMUNICATION DE L'EUROPE AVEC LES INDES PAR LA MER ROUGE.

*Deuxième époque.*

La guerre détruit jusqu'aux monumens de la guerre. Il ne nous reste point d'époque certaine de l'arrivée des Scythes dans le septentrion. Nous savons seulement qu'ils étaient commandés par Odin[3], qui devint bientôt le dieu du pays qu'il avait conquis. Ces nouveaux hôtes ne connaissaient d'autre gloire que celle des armes, et d'autre moyen d'amasser des richesses que la piraterie.

[1] Voyage d'Ysbrand-Ides par rapport à la rivière d'Angera.
[2] Les Russes tiennent encore aujourd'hui des chevaux en cet endroit pour transporter les bateaux par terre, de la Wakulka dans le fleuve Petzora.
[3] MÉMOIRES SUR LE DANEMARCK, par Mallet. Cet ouvrage m'a paru très-estimable et fort curieux à beaucoup d'égards. Je ne puis m'empêcher de joindre ici une observation que j'ai faite en Finlande, sur l'ancienne population du Nord. J'ai vu au château de Nislot une grande pierre sur laquelle sont gravés des caractères runiques à moitié effacés. J'en pris occasion de faire quelques recherches sur l'antiquité de ce château, mais l'ignorance des pasteurs ne leur permit pas de me satisfaire. Sur la route de ce château à Kekolm, on traverse le lac Saimen sur une digue de plus de six wersts de longueur (environ une lieue et demie de France), formée avec un art auquel la nature ne s'assujettit point. Si c'est l'ouvrage des Scythes, il est étonnant qu'un peuple, sans les secours de la mécanique, ait pu rouler et transporter dans toute cette étendue des rochers d'une grosseur prodigieuse.

Les richesses de l'Asie prirent alors un autre cours.

Les peuples du midi profitèrent des malheurs du nord. Le girofle des Moluques, la muscade de Banda, le sandal de Timur, le camphre de Bornéo, l'or et l'argent de Luzon, avec les gommes, les parfums et toutes les marchandises précieuses de la Chine, du Japon, de Siam et d'autres royaumes, étaient apportés au marché général de Malaca, ville située dans la péninsule du même nom, qu'on prend pour l'ancienne Chersonèse d'Or ; de là, tous ces objets venaient dans les ports de la mer Rouge, jusqu'où les nations de l'Occident allaient les chercher. Ce commerce se faisait par échange, car les peuples de l'Asie avaient moins besoin d'or et d'argent que des commodités étrangères. Ces sources de commerce avaient enrichi Calicut, Cambaye, Ormus et Aden.

Ces villes joignaient encore, à ce qu'elles tiraient de Malaca, les rubis du Pégu, les étoffes de Bengale, les perles de Kalekare, les diamans de Narsingue, la cannelle et les rubis de Ceylan, le poivre, le gingembre et les autres épices de la côte de Malabar.

D'Ormus[1], les biens de l'Inde se transportaient, par le golfe Persique, jusqu'à Basrah, pour être transportés par les caravanes en Arménie, à Trébisonde, Alep, Damas, etc. Les Vénitiens, les Génois et les Catalans venaient les prendre à Baruth, port de Syrie. Ce qui s'apportait par la mer Rouge était débarqué à Tor ou Suez, ville située au fond du golfe du même nom, d'où les caravanes les transportaient jusqu'au Caire ; et de là, par la voie du Nil, le reste de la route était aisé jusqu'au port d'Alexandrie, où l'embarquement se faisait sur les vaisseaux de l'Europe.

Gênes et Venise devinrent bientôt les deux plus puissantes républiques de l'Italie ; les richesses qu'elles tiraient de ce commerce les mirent en état de résister avec avantage aux entreprises des Turcs. La sagesse de leur gouvernement, leur expérience dans la navigation, les trésors qu'elles possédaient, enfin tout ce qui donne à un état la supériorité sur ses voisins, les aurait, malgré leur rivalité, rendues les maîtresses de l'Europe ; mais il était réservé à un homme d'ouvrir un nouveau canal aux richesses de l'Inde. Toutes les nations partagèrent l'avantage de cette nouvelle découverte, et il n'est resté à Venise et à Gênes que le

[1] HISTOIRE GÉNÉRALE DES VOYAGES de l'abbé Prévost. Cette route, comme on le voit, était bien plus pénible que la précédente. Aussi lui préféra-t-on celle du cap de Bonne-Espérance, malgré son extrême longueur.

calme d'un gouvernement sage et le souvenir de leur ancienne opulence.

COMMERCE DE L'EUROPE AVEC LES INDES PAR LE CAP DE BONNE-ESPÉRANCE.

*Troisième époque.*

Ce fut en 1415 que Henri III, prince de Portugal, fit partir plusieurs vaisseaux pour côtoyer les rivages de l'Afrique. Cette navigation passait pour la plus dangereuse de toutes, et on racontait des choses effrayantes de l'Afrique et de ses habitans. Cependant, seize ans auparavant, des hommes hardis avaient osé combattre le préjugé : Gomera et Palma [1], îles des Canaries, avaient été découvertes, et cette gloire avait été réservée à un autre Henri III, roi d'Espagne.

Nous suivrons la marche des aventuriers portugais; rien n'est plus intéressant, et en même temps plus commun, que de grandes choses produites par de petits moyens.

Les premiers vaisseaux s'avancèrent jusqu'au cap Bojador; mais ils furent étonnés de la force du courant, qui s'enfle beaucoup en se brisant contre les sables. Ils retournèrent sans aucun succès.

Henri ne fut point découragé. En 1418, il fit partir sur un petit vaisseau Jean-Gonzalès Zarco et Tristan Vas Taxeira, avec ordre de découvrir l'Afrique jusqu'à l'équateur. Ils revinrent, après avoir débarqué à Puerto-Santo; ils n'apportaient point de richesses, mais ils avaient trouvé dans cette île une terre fertile et des habitans sociables.

Les mêmes aventuriers y retournèrent l'année suivante, et découvrirent l'île de Madère, près de Puerto-Santo, mais ils ne purent doubler le cap Bojador.

Gilles Anès fut plus heureux. En 1432, il doubla ce terrible cap, et découvrit un rivage d'une étendue immense; il se hâta d'apporter cette heureuse nouvelle au prince de Portugal. Henri se crut, dès ce moment, maître du passage et des richesses de l'Inde, et, pour n'avoir de dispute avec personne, il demanda au pape Martin V une donation perpétuelle de toutes les terres qu'il découvrirait depuis le cap Bojador jusqu'aux Indes orientales inclusivement. Le saint-père la lui accorda [1], avec une indulgence plénière pour les ames de ceux qui périraient dans cette entreprise.

Gilles Anès recommença ses découvertes, et s'avança jusqu'à la rivière d'Or. En 1444, il s'associa avec d'autres aventuriers; il s'empara des îles de Nar et de Tider, où ils firent un grand butin. Leur armement n'était pas considérable, et les obstacles n'étaient pas grands, puisque avec seize soldats ils prirent d'assaut une ville où ils firent cent cinquante-cinq prisonniers.

On parvint successivement jusqu'au cap de Bonne-Espérance, où l'on trouva des difficultés plus grandes que celles du cap Bojador. Mais, en 1497, Vasco de Gama doubla le cap avec trois vaisseaux montés de cent soixante hommes. Il jeta, avec ces forces, les fondemens de la puissance que les Portugais ont aujourd'hui aux Indes. Pacheco, en 1504, y mit la dernière main; avec cent trente-cinq hommes, il détruisit une flotte de deux cent quatre-vingts vaisseaux indiens, montés de quatre mille hommes, mit en déroute un corps de quinze mille Indiens qui s'opposaient à sa descente, et finit par brûler Calicut.

Nous venons de voir des petites troupes d'aventuriers pénétrer aux Indes, soumettre des peuples nombreux, et revenir chargés de trésors dans leur patrie; mais ils avaient des canons, et un courage que la nature a refusé aux peuples de l'Asie.

Les grandes richesses que les Portugais tiraient des Indes engagèrent les Anglais à y faire des établissemens, malgré la donation des papes. Ce fut en 1601 que la reine Élisabeth accorda des lettres-patentes qui ouvraient sans exception le commerce des Indes orientales à la compagnie. Il s'agissait de s'opposer aux obstacles que les Portugais ne manquèrent pas d'apporter à cette entreprise : les négocians firent donc un fonds de 70,000 liv. sterl., pour l'équipement des vaisseaux et l'achat des marchandises. La flotte, composée de quatre vaisseaux, fut commandée par Lancaster, dont l'expédition eut le plus grand succès. Nous joignons ici la lettre d'Élisabeth au roi d'Achin, comme un monument précieux de l'esprit et de la politique de cette grande reine.

« ÉLISABETH, par la grâce de Dieu reine

---

[1] En 1417, Jean de Béthencourt, gentilhomme de Normandie, obtint de Jean II, roi de Castille, la permission de conquérir les îles Canaries. Il prit celles de Lancerotte, de Fuerta-Ventura et de Ferro. Un autre gentilhomme de Normandie entreprit de chasser les Sarrasins de Naples et de Sicile, et il en vint à bout. C'était Tancrède. Il semble que la fortune réserve aux étrangers des succès qu'elle refuse aux nationaux; ils y trouvent comme une compensation des douceurs de leur patrie. Au reste, les Normands ont eu de tout temps un goût décidé pour les voyages et les entreprises lointaines. Ce sont eux qui ont jeté en France les fondemens de la compagnie d'Afrique. Il y a en Guinée beaucoup d'endroits auxquels ils ont donné des noms, comme le Petit-Dieppe, Rouen, etc.

[1] Cette donation fut confirmée par ses successeurs Eugène et Nicolas, suivant l'usage de ces temps-là, où les papes croyaient avoir reçu de Dieu le pouvoir de distribuer les couronnes à qui bon leur semblait. Nous allons voir le tort que leur fit cette donation dans l'esprit du roi d'Achin.

d'Angleterre, d'Irlande, de France [1], etc., protectrice de la foi et de la religion chrétienne : au grand et puissant roi d'Achin, dans l'île de Sumatra.

» Notre frère bien-aimé, salut et prospérité.

» Le Dieu éternel et tout-puissant, par sa sagesse et sa providence divine, a tellement disposé ses bénédictions, et les bons ouvrages de sa création pour l'usage et la nourriture du genre humain, que, malgré la diversité et l'éloignement des lieux où les hommes prennent naissance, l'inspiration de ce créateur bienfaisant les disperse dans toutes les parties de l'univers, afin que non-seulement ils reconnaissent la multitude infinie de ses merveilleuses productions, qui se trouvent répandues de telle manière qu'un pays abonde souvent de ce qui manque à l'autre, mais encore afin qu'ils puissent former ensemble le lien de l'amitié qui est une chose toute divine.

» C'est par ces considérations, noble et puissant roi, et tout à la fois par la haute idée que nous avons de votre générosité et de votre justice à l'égard des étrangers qui vont commercer dans vos états, en satisfaisant aux justes droits de votre couronne, que nous nous sommes portée à nous rendre aux désirs de plusieurs de nos sujets, qui se proposent de visiter votre royaume dans de bonnes et louables intentions, malgré les fatigues et les dangers indispensables d'un voyage qui est le plus long qu'on puisse entreprendre au monde. Si l'exécution de leur dessein est approuvée de votre hautesse, avec autant de bonté et de faveur que nous le desirons, et qu'il convient à un si puissant prince, nous vous promettons que, loin d'avoir jamais sujet de vous en repentir, vous en aurez un très-réel et très-juste de vous en réjouir. Nos promesses seront fidèles, parce que leur conduite sera prudente et sincère; et nous espérons, qu'étant satisfait d'eux, vous souhaiterez vous-même que leur entreprise devienne le fondement d'une amitié constante entre nous, et d'un commerce avantageux entre nos sujets.

» Votre hautesse peut s'assurer d'être bien fournie de marchandises, et mieux qu'elle ne l'a jamais été par les Espagnols et les Portugais, nos ennemis, qui sont, jusqu'à présent, les seuls peuples de l'Europe qui aient fréquenté les royaumes de l'Orient, sans vouloir souffrir que les autres fissent le même voyage, se qualifiant, dans leurs écrits, de seigneurs et monarques absolus des états et des provinces qui vous appartiennent. Car nous avons reconnu, par le témoignage de plusieurs de nos sujets, et par d'autres preuves incontestables, que vous êtes légitime possesseur et héritier d'un grand royaume qui vous est venu de votre père et de vos ancêtres; et que non-seulement vous avez défendu glorieusement vos possessions contre ces avides usurpateurs, mais que vous leur avez porté justement la guerre dans les pays dont ils se sont rendus les maîtres. C'est ainsi qu'à leur honte extrême, et à la gloire de vos invincibles armes, vos soldats les ont attaqués à Malaca, l'an 1575 de la rédemption humaine, sous la conduite du vaillant Fagame-Koten, votre général.

» S'il plaît donc à votre hautesse d'honorer de sa faveur, et de recevoir sous sa protection royale ceux d'entre nos sujets qui partent chargés de cette lettre, dans une si douce espérance, le chef de cette flotte de quatre vaisseaux a reçu ordre de nous, sous la permission de votre hautesse, de laisser dans vos états un certain nombre de facteurs, et de leur procurer une maison de comptoir où ils puissent demeurer dans l'exercice de commerce, jusqu'à l'arrivée d'une autre de nos flottes, qui fera le même voyage après le retour de celle-ci. Ces facteurs ont ordre aussi d'apprendre le langage et les coutumes de vos sujets, afin qu'ils puissent vivre et converser plus doucement avec eux. Enfin pour confirmer notre amitié et notre alliance, nous consentons, sous le bon plaisir de votre hautesse, qu'il se fasse une capitulation, que nous autorisons le chef de cette flotte à signer en notre nom; donnant notre parole royale de l'exécuter entièrement, aussi bien que tous les autres articles qu'il est chargé de communiquer à votre hautesse. Nous desirons donc qu'on l'écoute avec confiance, et que votre hautesse accorde à lui et à nos autres sujets qui l'accompagnent, toutes les faveurs qu'ils peuvent attendre de sa bonté et de sa justice. Nous répondrons dans le même degré à tous ses desirs dans l'étendue de nos états et de notre puissance; et nous demandons, pour témoignage de son consentement royal, qu'il lui plaise de nous faire une réponse par le porteur de cette lettre, n'ayant rien plus à cœur que de voir commencer notre alliance et de la voir durer pendant un grand nombre d'années. »

RÉPONSE DU ROI D'ACHIN A LA REINE ÉLISABETH.

« Grâces soient rendues à Dieu, qui s'est glorifié lui-même dans ses ouvrages, qui a établi les rois et les royaumes et qui est exalté seul en pouvoir et en majesté! Son nom ne peut être exprimé

---

[1] Titre que prend la couronne d'Angleterre, à cause des ducs de Normandie qui ont régné dans ces deux royaumes.

par les paroles de la bouche, ni connu par la force de l'imagination ; ce n'est point un vain fantôme, quoiqu'il ne puisse être rendu par aucune comparaison, comme il ne peut être compris dans aucune borne. Sa bénédiction et sa paix sont supérieures à tout : il a répandu sa bonté sur l'ouvrage de sa création : il a été proclamé de bouche par un prophète ; il l'est encore par ses écrits.

» Cette lettre est à la sultane qui règne sur les royaumes d'Angleterre, de France, d'Irlande, de Hollande et de Friseland. Que Dieu conserve son royaume et son empire dans une longue prospérité !

» Et comme celui qui a obtenu cette lettre du roi du royaume d'Achin, régnant avec un pouvoir absolu, a répandu de vous un glorieux témoignage, qui a été reçu avec joie de la bouche du capitaine Jacques Lancaster, Dieu veuille lui accorder long-temps ses bienfaits ! Et, comme vos lettres parlent de recommandations, de priviléges et d'amitié, Dieu tout-puissant veuille avancer le succès d'une si honorable alliance et confirmer une si digne ligne !

» Et pour ce qui regarde le sultan d'Afrangias[1], que vous déclarez pour votre ennemi et pour l'ennemi de votre peuple, dans quelque lieu qu'il soit, depuis le commencement jusqu'aujourd'hui, en vain s'élève-t-il orgueilleusement, et se donne-t-il pour le roi du monde. Qu'a-t-il de plus que son orgueil ? C'est un surcroît de joie pour moi et une confirmation de notre alliance, qu'il soit notre ennemi commun dans ce monde et dans l'autre. En quelque lieu que nous puissions le rencontrer, nous lui ôterons la vie par un supplice public.

» Vous assurez de plus que vous desirez notre amitié et notre alliance. Que Dieu soit béni et remercié pour la grandeur de ses grâces ! Notre intention et notre desir sont qu'il vous plaise envoyer vos sujets à notre bendar[2], pour exercer un honorable trafic, et que quiconque viendra dans cette vue, de la part de votre hautesse, soit admis à la même société et aux mêmes priviléges. Car aussitôt que le capitaine Jacques Lancaster et ses compagnons sont arrivés, nous leur avons permis de former une société libre, et nous les avons revêtus de la dignité convenable à leur entreprise. Nous leur avons accordé des priviléges ; nous les avons instruits des meilleures méthodes du commerce. Et, pour leur faire connaître la fraternité et l'amitié que nous voulons entretenir avec vous dans ce monde, nous vous envoyons, par les mains du capitaine, suivant l'usage de la fameuse ville[1], une bague d'or enrichie de rubis, et deux pièces d'étoffe tissues et brodées d'or, enfermées dans une boîte rouge de tzin.

» Donné l'an de Mahomet 1011. La paix soit avec nous ! »

L'établissement des Anglais dans les Indes engagea plusieurs souverains à suivre leur exemple. Ainsi, presque toutes les nations de l'Europe ont joui, jusqu'à ce jour, des avantages de ce commerce, qui est le plus riche qui soit au monde.

DES MOYENS QU'ON DOIT EMPLOYER POUR CHERCHER UN NOUVEAU PASSAGE AUX INDES. — CRÉATION D'UNE COMPAGNIE D'ACTIONNAIRES RUSSES ET D'UNE COMPAGNIE D'AVENTURIERS ÉTRANGERS[2].

Pierre-le-Grand a tenté une expédition pour s'ouvrir un passage aux Indes et en Perse. Cette expédition n'eut point de succès, par la difficulté insurmontable de faire subsister et marcher une armée nombreuse dans des déserts, et au milieu des Tartares qui la harcelaient sans cesse. Ainsi on vérifia alors ce que l'expérience avait confirmé bien des fois, que, dans des entreprises de cette nature, où l'on est obligé d'agir loin du centre de ses états, l'ennemi est moins à craindre que le nombre des soldats de sa propre armée.

Un petit nombre d'hommes choisis avance bien plus rapidement[3], se dégage beaucoup mieux, se soutient bien plus long-temps, se retranche ou fait ses retraites avec plus de sécurité et moins de danger.

Ces hommes ne doivent point être choisis parmi les Russes, où on en trouverait certainement un

---

[1] C'est un nom que les Arabes donnent en général à toute l'Europe, dont les Espagnols se vantaient alors d'être les maîtres.

[2] Principal officier du port d'Achin.

[1] La Mecque.

[2] On ne doit pas prendre ici en mauvaise part le nom d'aventurier. Il signifie toujours, lorsqu'il s'agit d'expédition militaire, une troupe d'hommes braves, plus exposés que les autres aux événements ou aventures de la guerre.

[3] Cela ne doit s'entendre que des pays semblables à ceux dont il s'agit, où, faute de canons, une grande troupe d'hommes à cheval ne peut rien entreprendre contre des soldats bien exercés. Au reste, ce serait le sujet d'un mémoire fort long, si l'on voulait parler de l'armure, de la marche, de la discipline et des évolutions convenables à une troupe aussi peu nombreuse que celle dont il est question un peu plus bas. Si on était curieux d'en voir un essai, je me ferais fort de traverser avec un petit nombre d'hommes armés comme je l'imagine, une très-vaste plaine, malgré le feu et les baïonnettes de l'infanterie et les sabres de la cavalerie, en supposant qu'ils n'employassent point de canon contre ma troupe.

grand nombre de très-braves : mais on s'expose à deux inconvéniens. Le premier est l'inimitié et le ressentiment que les Tartares ont conservé de l'expédition de Pierre-le-Grand. Toutes ces nations se ligueraient pour empêcher, de concert, les entreprises de leurs voisins. Le second viendrait de la jalousie des Persans ou des Turcs, qui s'opposeraient à cet accroissement de grandeur et de puissance de l'empire de Russie ; ce qui pourrait attirer des guerres fâcheuses. Il faut donc que cette expédition soit confiée à des mains étrangères, afin qu'il paraisse qu'elle est plutôt faite du consentement ; que par les ordres de la cour de Russie, et qu'on a plutôt eu égard à l'établissement de quelques familles étrangères, que le dessein d'entreprendre sur ses voisins.

Si la cour approuve mon projet et si elle veut m'en confier l'exécution, je me propose de lever un corps de trois cents [1] aventuriers français ou étrangers ; de remonter avec eux toutes les rivières qui se trouvent sur la route, avec des barques construites de manière qu'elles serviront en même temps de chariots lorsqu'il faudra faire quelque portage ; de former un établissement sur le bord du lac Aral, lors même que le fleuve qui sort de ce lac aurait été barré dans son cours par les Tartares, et qu'il serait ainsi difficilement navigable ; de partir de cet établissement comme d'un point de sûreté et de protection, pour faire, tous les ans, un voyage dans l'Inde, et pour maintenir le passage libre aux marchands russes qui iraient trafiquer aux Indes ; en sorte que cette colonie serait à perpétuité une république armée pour la défense du commerce, et pour escorter gratuitement les sujets de sa majesté impériale.

Pour remplir toutes ces conditions, je demande à la cour 150,000 roubles d'emprunt, et des priviléges pour attirer des aventuriers.

DE L'EMPRUNT DES 150,000 ROUBLES, ET DES PRIVILÉGES DE LA COMPAGNIE DES AVENTURIERS.

Nous ne dissimulons pas qu'il n'y ait de grandes difficultés à chercher un passage aux Indes, et de plus grandes encore à former un établissement au-delà de la mer Caspienne. La barbarie des nations, la difficulté de remonter des fleuves dont les noms sont à peine connus, les fatigues d'une longue expédition, sont capables de rebuter des hommes qui ne seraient pas engagés à cette entreprise par les plus grands motifs et par toutes les facilités qui dépendent de la Russie.

Pour cela, il serait créé une compagnie des Indes, dont les fonds seraient de 150,000 roubles. Cette somme serait divisée en actions de 500 roubles chacune, ce qui formerait un corps de trois cents actionnaires. La compagnie des aventuriers serait également de trois cents hommes, dont chacun serait supposé avoir contribué pour sa part d'une action de 500 roubles ; ce qui donnerait à chacun des actionnaires et des aventuriers un six-centième de droit sur le succès de l'entreprise.

Cette somme de 150,000 roubles serait employée à fournir à tous les aventuriers les armes, vivres, habillemens, barques, et tout ce qui leur serait nécessaire jusqu'au succès de l'expédition.

Lorsque la compagnie des aventuriers aurait assuré ses établissemens par une forteresse qu'elle construirait sur le bord du lac Aral, le commerce des Indes serait déclaré libre, seulement pour les sujets de l'empire de Russie et pour les citoyens de la colonie ; et, pour empêcher que, les passages étant ouverts [1], l'avidité des marchands ne fît tomber le commerce, on y procéderait en cette sorte.

Tous les ans, une caravane de barques armées aux frais des actionnaires, et montées par les habitans de la colonie, ferait un voyage aux Indes. Chaque marchandise paierait un droit de dix pour cent de l'exportation, et chaque marchandise rapportée des Indes un autre droit de dix pour cent. Le commerce ne serait permis que dans ce temps, et la colonie serait tenue de confisquer les effets de ceux qui s'écarteraient de cette voie. D'un autre côté, la cour de Russie s'engagerait à ne jamais gêner ce commerce en établissant dans l'intérieur du pays ou sur la frontière de nouveaux droits d'entrée ou de sortie, les avantages qu'elle tirerait de ce commerce étant déjà assez considérables [2].

---

[1] Dans le nombre de ces trois cents étrangers, la moitié serait composée de gentilshommes ou d'hommes très-bien nés, l'autre moitié d'ouvriers de toutes sortes de métiers convenables aux besoins d'une colonie. Les lois de cette république, la discipline nécessaire pour la diriger, tout cela est étranger à ce mémoire. Il me suffit d'assurer que de tous les établissemens possibles, c'est un de ceux où l'on a tâché de rapprocher davantage les conditions sans les confondre, et de conserver à des hommes les droits et le caractère respectable de l'humanité.

[1] Comme il arriva aux Anglais sur la côte d'Afrique. La compagnie qui avait le privilége exclusif manqua d'argent, et pour s'en procurer permit la liberté du commerce à toute la nation, moyennant un droit de dix pour cent. Cette permission y amena un si grand nombre de vaisseaux, que le commerce en fut ruiné.

[2] Il est clair que la cour attire dans l'empire la plus riche source de commerce qu'il y ait au monde, et augmente sa population, son commerce et ses forces, par la facilité de donner à grand marché au reste de l'Europe les marchandises de l'Inde. Si elle fournit les 150,000 roubles, elle s'as-

Les terres que la colonie achèterait ou conquerrait sur les Tartares lui appartiendraient à elle seule, et elle y ferait tels établissemens qu'il lui semblerait bon de faire, sans que la cour ou les actionnaires pussent y rien prétendre. On imposerait seulement sur ces terres conquises un dixième rachetable à volonté par le corps des aventuriers.

Le produit de ce dixième, ainsi que le dixième d'exportation et celui d'importation, serait partagé également par le corps des aventuriers et des actionnaires.

On prélèverait sur ces fonds tous les frais pour guerre, armement, agriculture, navigation, enfin pour toute opération publique concernant l'accroissement de la colonie.

Les actionnaires auraient un résident ou commis pour résider en leur nom auprès du corps des aventuriers. Le résident serait chargé de leur part seulement de la recette et du partage de leurs revenus, sans pouvoir entrer ni avoir voix délibérative dans les conseils des aventuriers.

S'il s'élevait quelque difficulté entre le résident des actionnaires et le corps des aventuriers, elle serait décidée par six juges pris réciproquement dans les deux corps. Si la cour se trouvait posséder toutes les actions, sa majesté impériale nommerait trois commissaires et la république trois citoyens.

La colonie des aventuriers serait reconnue par la cour de Russie comme une république entièrement libre, se gouvernant par ses propres lois, ayant ses magistrats et tous ses officiers élus de son propre choix. Il serait permis à chaque citoyen de sortir de l'empire de Russie, et de se retirer où bon lui semblerait, sans être gêné, inquiété, ou obligé de payer aucun droit pour des biens acquis par ses services et au prix de son sang.

Il serait permis à la colonie d'établir des manufactures, fabriques, métiers de quelque nature que ce soit, et de faire venir d'Europe les artisans et les recrues nécessaires, sans qu'ils fussent exposés à aucun retardement.

Tout citoyen envoyé pour les affaires de la colonie, dans quelque endroit de l'empire que ce soit, y jouirait des droits et priviléges d'une personne revêtue d'un caractère public.

Quant au commerce particulier qui pourrait se faire dans la suite entre les habitans de la colonie et les sujets de sa majesté impériale, on accorderait aux habitans de la colonie les mêmes priviléges et prérogatives accordés par Pierre-le-Grand aux

sure à perpétuité un droit de cinq pour cent sur l'entrée, et de cinq pour cent sur la sortie.

négocians anglais; enfin les priviléges accordés par la cour de Russie aux aventuriers et aux actionnaires, de même que les obligations de ceux-ci envers la cour de Russie et entre eux réciproquement, seront, en cas que le projet soit accepté détaillés et renfermés dans une bulle revêtue des formalités nécessaires pour lui donner à perpétuité force de loi, sans qu'il soit besoin de la renouveler à l'avenir sous aucun prétexte.

## RÉCAPITULATION.

Si Sa Majesté Impériale approuve ce mémoire, que nous soumettons entièrement à la sagesse et à la profondeur de ses lumières, et que Dieu daigne bénir dans cette entreprise notre conduite et nos armes, nous osons assurer que le succès en sera très-glorieux au règne de Sa Majesté, très-profitable à l'empire, et très-utile à beaucoup d'étrangers auxquels il serait difficile de procurer des établissemens convenables. Les moyens que nous demandons, pour l'exécution de ce projet, ne coûtent presque rien à accorder à l'empire de Russie; les 150,000 roubles d'emprunt, loin d'être une charge pour la couronne, sont plutôt le fondement d'un commerce immense; et on peut s'en convaincre en laissant la liberté aux étrangers de fournir les fonds de la compagnie.

Les terres nécessaires à notre établissement n'appartiennent point à l'empire de Russie; par conséquent l'accroissement et l'activité d'un petit nombre d'Européens établis sur le lac Aral ne doivent causer aucun sujet de jalousie pour l'avenir, puisque l'ambition de cette république ne peut jamais agir que contre les Tartares, ennemis naturels de l'état, qui ont fait échouer jusqu'à présent les entreprises des Russes.

D'un autre côté, l'intérêt du commerce, l'attente des secours de toute espèce, les liaisons particulières et publiques, attachent tous les membres de cette république à la cour de Russie, bien plus fortement que ceux des propres sujets de sa majesté qui habitent sur la frontière, et qui pour la plupart sont des nations conquises, dont les mœurs diffèrent autant de celles des Russes que leurs visages.

Le peu de patriotisme qu'on remarque dans les grands états, chez les peuples des frontières, paraît évidemment en Russie, où il se fait un commerce assez considérable avec la Chine et l'Inde, sans que l'état en profite; ce commerce étant renfermé entre quelques Tartares et quelques habitans d'Astracan, qui en gardent le secret.

Puisque les choses de ce monde sont tellement

disposées que l'autorité perd de sa force à proportion de son éloignement, il est plus avantageux à l'empire de Russie d'imiter la conduite des Romains, qui mettaient des garnisons chez les peuples voisins de l'Italie, mais qui faisaient des alliances et des confédérations avec les nations éloignées, et favorisaient de tout leur pouvoir l'établissement des colonies de ces nations étrangères, de l'attachement desquelles ils se tenaient plus certains que de la bonne volonté de leurs propres sujets, qu'ils ne devaient qu'à la terreur de leurs armes.

D'ailleurs, si cette entreprise réussit, elle peut servir d'exemple et d'encouragement pour en former une semblable sur les frontières de la Chine et sur celles de Perse, où on trouverait pareillement de grands avantages. Si elle ne réussit pas, tout le malheur et le danger tombent sur quelques étrangers, qui acquerront au prix de leur sang un honneur qu'on va chercher avec moins d'éclat dans des occasions plus périlleuses, et ils laisseront à sa majesté le renom immortel d'avoir tenté une entreprise glorieuse à son règne, infiniment profitable à l'empire, et utile à l'humanité, puisqu'elle adoucirait les mœurs d'un grand nombre d'hommes, qui ne connaissent ni les fruits de l'agriculture, ni les douceurs du commerce.

FIN DES VOYAGES.

# HARMONIES DE LA NATURE.

A SON ALTESSE ROYALE

MADAME

LA DUCHESSE D'ANGOULÊME.

Je viens déposer à vos pieds un livre dont mon mari, s'il eût vécu, se fût empressé de vous faire hommage.

La France eût vu ce vieillard vénérable se présenter devant Votre Altesse, et lui offrir cet ouvrage, où il fut si souvent l'interprète sublime de la Providence. Ému à l'aspect de la Fille des Rois, il eût dit à ces incrédules dont il a si souvent flétri les erreurs : « Voyez cette auguste Princesse
» que nos larmes appelaient en vain; ses lon-
» gues souffrances n'ont servi qu'à dévoiler ses
» vertus ; il y a quelques mois, son retour nous
» eût paru un prodige, toute la puissance des
» hommes n'aurait pas suffi pour nous la rendre :
» maintenant la voici parmi nous; sa présence,
» comme celle d'un ange, annonce la fin de la co-
» lère céleste : vous voyez bien qu'il existe une
» Providence. »

Je suis, avec le plus profond respect,

MADAME,

DE VOTRE ALTESSE ROYALE

la très-humble et très-obéissante servante.

DE SAINT-PIERRE,
née de PELLEPORC.

Octobre 1814.[1]

## PRÉAMBULE.

Au milieu des agitations du monde et des révolutions des empires, lorsque toutes les ambitions se réveillent et que la foule se précipite vers la fortune, nos regards se portent avec délices sur la retraite du sage, qui, paisible dans ses désirs, espère tout de la nature et ne demande rien aux hommes. Ainsi, lorsqu'Athènes s'épuisait en vain pour courber les peuples sous son joug; lorsque les Phocéens profanaient le temple de Delphes, et que Philippe, triomphant sur les ruines d'Olynthe, insultait les nations et menaçait la liberté de la Grèce : le divin Platon, environné de ses disciples, allait s'asseoir au sommet du cap Sunium. Là, sous les ombrages du bois sacré de Minerve, dans la douce contemplation de ces mers azurées où s'élevaient les tours de la riche Délos, il oubliait les crimes des hommes pour ne parler que de la vertu.

Un aussi ravissant spectacle semblerait le fruit du temps et de l'imagination, si un sage, un vrai philosophe, le Platon de la France, ne l'avait renouvelé de nos jours. C'est au moment des grandes calamités que le ciel faisait peser sur l'Europe, c'est lorsque des bourreaux étaient nos rois, que l'auteur immortel des *Études* et de *Paul et Virginie* fuyait les villes désolées, et se réfugiait au sein d'une solitude champêtre. Méprisant la fortune qu'on n'achète qu'au prix de la vertu, il ne se voyait point applaudi dans une tribune de factieux, dans un cercle de sybarites ou dans un conciliabule d'athées ; mais d'innocentes victimes le bénissaient à leurs derniers momens, et cherchaient dans ses pages religieuses les preuves de leur immortalité. Au lieu d'entendre dans sa retraite des proclamations flétrissantes et des arrêts de mort, il entendait les oiseaux célébrer par leurs chants le lever et le coucher du soleil. Il se disait :
« Rien n'est encore perdu ; l'astre du jour ne s'est point
» écarté de sa route ; il féconde nos champs, il fait fleurir
» nos prairies, comme si tous les hommes n'avaient pas
» cessé d'être bons. » Assis sur les bords des ruisseaux, à l'ombre des peupliers et des saules[1], ses pensées ne se reposaient que sur de paisibles objets. Tout ce qui frappe nos regards dans les cités nous parle des hommes, de leurs injustices, de leurs crimes, de leurs misères; leurs palais sont l'asile de la bassesse, et leurs arcs de triomphe, des souvenirs glorieux de leurs forfaits. Au contraire, tout ce qui nous environne dans les campagnes nous invite à la vertu, et nous révèle une Providence. Il semble, en contemplant la nature, qu'il n'y ait jamais eu de crime dans le monde. Dans les palais, il ne faut qu'un petit chagrin pour empoisonner la félicité des riches ; aux champs, il ne faut qu'un petit bonheur pour consoler les infortunés. La terre leur prodigue ses dons ; le pauvre y peut faire le bien, et là seulement le sage sait apprécier sa grandeur et sa faiblesse. Tantôt, à l'aspect des vergers dont il perfectionne les fruits; des graminées que sa main multiplie sur toute la terre des

---

[1] Voyez la note page 48.

[1] Dans son ermitage d'Essone.

animaux terribles qu'il dompte et qu'il conduit avec un roseau, il se croit l'être le plus puissant de la nature; tantôt, en contemplant cette paille légère où la Providence plaça le grain qui le nourrit, et qu'un souffle peut anéantir; en voyant les plus vils insectes ronger ses fruits, détruire ses moissons, et s'attacher à lui-même, il se méprise et rougit de son abaissement. Mais il lui suffit d'une pensée pour reconnaître sa grandeur, et d'un sentiment pour se convaincre de son immortalité.

Réduire l'homme à son corps, c'est le réduire à ses sens. Il résulte de cette idée que la brute devrait avoir une intelligence supérieure à la nôtre, car les sens d'un grand nombre d'animaux sont plus parfaits que ceux de l'homme. Cette seule objection détruit le système des matérialistes. Tout ne dépend donc pas des sens, puisque ceux des animaux ne les placent point au-dessus de nous; et si tout ne dépend pas des sens, il y a donc quelque chose dans l'homme qui n'appartient ni aux sens ni à la matière. Qu'il est sublime l'être qui, au milieu des images de la destruction, sans puissance pour en arrêter les effets, instrument de destruction lui-même, devine son éternité, et élève jusqu'au ciel une pensée qui ne doit pas mourir!

Ah! cette pensée est empreinte sur le front de l'homme! Son aspect a quelque chose d'imposant, de sublime, qui parle de son avenir. Ce n'est point une machine organisée seulement pour la mort, qui peut aimer avec tant de passion, créer avec tant de génie, commander avec tant de puissance! Sa vieillesse même annonce que le ciel l'attend: c'est près de sa tombe qu'il laisse entrevoir toute sa grandeur, et que se dévoilent toutes ses vertus. Il semble que la présence d'un vieillard ne nous pénètre d'une si profonde émotion, d'un respect si religieux, que parce que notre conscience nous apprend que plus il s'éloigne de nous, plus il s'approche de l'immortalité. Cette vérité ne me sembla jamais plus frappante que la première fois que je vis l'homme illustre dont je publie aujourd'hui les Œuvres. On m'avait conduit sur les bords de l'Oise, dans cette retraite où bientôt, hélas! il devait terminer sa vie: c'était dans une belle soirée d'automne; tout était calme autour de moi, la lune jetait sa lueur tranquille à travers les arbres dépouillés de verdure, un vent doux agitait les feuilles desséchées et les chassait dans la prairie; mais l'émotion dont j'étais pénétré devint encore plus vive, lorsque je vis sur le penchant de la colline le vieillard vénérable que j'étais venu chercher sur ces rives. De longs cheveux blancs couvraient ses épaules; la vertu respirait dans tous ses traits: il y avait dans sa physionomie quelque chose d'idéal et de sublime qui n'appartenait pas à la terre. Eh quoi! me disais-je, ne serait-ce là qu'un mortel promis à la tombe? Tant de sagesse n'aurait-elle conçu que de vaines espérances? Tant de vertus n'auraient-elles pour récompense qu'une mort éternelle?

L'auteur de *Paul et Virginie* s'occupait dans sa retraite à recueillir les matériaux de cet ouvrage. La postérité ne verra point sans surprise un livre composé pour le bonheur des hommes, à une époque dont elle n'attendait que des crimes; un livre où l'auteur esquissait les beautés de la nature en présence de Dieu, dans le temps même où un ministre de la république soldait insolemment de vils compilateurs pour retrancher des poètes latins tout ce qui concernait la Divinité, afin de les rendre classiques dans le nouveau système d'éducation que préparait l'athéisme.

Aussi les sophistes ne pardonnèrent-ils point à notre auteur de croire à Dieu, et de ne pas croire à leurs systèmes; de chérir les vertus religieuses, et de n'attacher aucune espérance, aucune foi aux vaines spéculations de l'athéisme. En butte aux traits de la haine, il n'y répondait que par des élans d'amour et de bienveillance. Ce qu'il voyait de méprisable dans l'homme ne le lui faisait point mépriser; son cœur ne pouvait qu'aimer ou plaindre. A mesure qu'il perdait une de ses illusions, il la remplaçait par une vertu; mais peu à peu il s'éloignait des sociétés brillantes et trompeuses, pour se rapprocher de la nature qui charme et qui console. Il se retirait d'un monde où la richesse tient lieu d'honneur, où la puissance tient lieu de tout; qui promet des plaisirs et ne donne que des remords; qui nous environne d'une fausse joie, et ne permet qu'à la flatterie de plaire et à la méchanceté d'amuser. Alors, au lieu de s'abandonner avec amertume au dégoût que devait lui inspirer la vue de tant de vices, de turpitude et de fausseté, il livra son ame au bonheur tranquille de la solitude, comme celle des ambitieux se livre au bonheur inquiet de la fortune. La pensée d'une Providence le conduisait de découverte en découverte: un style enchanteur embellissait encore la science qu'il venait de créer. On a dit que Buffon était le peintre de la nature; Bernardin de Saint-Pierre est son amant le plus tendre. Il la contemple avec des yeux pleins d'amour; il l'aime, il la fait aimer, il lui prodigue toute son ame; il est ravi en sa présence. Voyez comme elle le pénètre de ses feux, comme elle le touche par ses bienfaits, l'enchante par sa splendeur, l'étonne par sa magnificence! En esquissant ses beautés ineffables, il ne fait que céder à son entraînement: il nous remplit d'émotion, parce qu'on sent qu'il est ému; il intéresse, il entraîne, parce qu'il fait entendre le langage du cœur. Ces impressions célestes qui remplissent notre ame au premier rayon de l'aurore; ce tressaillement qu'on éprouve dans la solitude profonde des bois; ce calme, cette fraîcheur qui nous inspirent au bord d'un ruisseau; les illusions, les extases du sentiment, les douces rêveries d'un premier amour se font sentir dans ses pages pleines de vie et d'éloquence. Semblable à l'Armide du Tasse, il construit un palais enchanté, où l'homme oublie ses passions, sa faiblesse, sa misère, et s'abandonne à des prestiges ravissans, parce qu'il ne se souvient plus que d'aimer.

C'est la contemplation de la nature qui conduit le vrai sage à la contemplation du Créateur; elle élève son ame jusqu'à cette grande pensée sans laquelle l'univers serait inexplicable; car rien de ce qui est soumis à nos sens ne peut être expliqué par les sens: ils voient, ils entendent, mais ils ne comprennent pas; et vouloir tout réduire à leur témoignage, c'est se condamner à l'erreur. Voilà pourquoi tant de philosophes se sont égarés; et leurs nombreux systèmes ne prouvent que leurs incertitudes. Déplorables contradictions de l'esprit humain! Ils veulent fonder une doctrine sur la science qui ne cesse de changer, et ils refusent de croire aux vérités que leur présente la nature qui est toujours la même. Ils veulent tout soumettre à leur raisonnement, et ils ne veulent pas qu'une raison supérieure ait créé l'univers. Leur intelligence est la seule qu'ils reconnaissent sur la terre et dans le ciel. Ils ont une sagesse qui ne console pas, une science qui n'instruit pas, et tous les efforts de leur génie se réduisent à ne plus espérer, à ne plus croire. Si vous leur présentez une fleur, ils vous montrent le ver qui lui ronge le sein : c'est en nous écrasant sous le poids de nos misères, qu'ils veulent nous faire renoncer à l'éternité. Tout ce qui est un sujet de pleurs et de désolation pour les hommes, est pour eux un sujet de triomphe; cependant, à l'heure même où ils blasphèment, les moissons fleurissent autour d'eux, un beau ciel brille sur leur tête, l'astre du jour se lève et se couche pour leur prodiguer sa lumière. Ah! gardons-nous de croire celui qui, au milieu de tant de joies, n'aperçoit que des souffrances, et qui, en recevant tant de bienfaits, ferme son ame au bienfaiteur! L'assentiment de tous les peuples s'élève contre lui. Les nations les plus sauvages ont conçu l'idée de Dieu en le contemplant dans ses œuvres. A peine l'univers sortait du chaos; à peine tout ce qui vit ouvrait les yeux à la lumière, que, d'un coin de ce globe, une pensée sublime s'élançait aux pieds de celui qui est; il fallait bien qu'au milieu de cette pompe naissante des mondes, un hommage solennel fût adressé à leur Créateur. Ce premier élan de la reconnaissance instruisit le ciel que le chaos avait cessé, et que la vie commençait. Mais lorsque des esprits inquiets voulurent se donner au néant, la religion des peuples opposa des temples à leurs vaines clameurs. Que dis-je! le siècle même qui vit naître les raisonnemens les plus trompeurs de l'athéisme, fut témoin du triomphe des idées religieuses. Ce que la philosophie avait attaqué comme de vaines superstitions, devint le seul recours de l'homme livré à la fureur des hommes. La mort parut! Tous les raisonnemens furent oubliés, l'expérience resta. Au sein du bonheur, au milieu des délices du monde, la philosophie avait prêché le néant; et maintenant les victimes marchent à l'échafaud, qui est pour elles le chemin de l'éternité. La beauté, la richesse, la grandeur, s'évanouissent comme un songe; la pensée de Dieu remplace tout; cette pensée, qu'on avait voulu chasser des cœurs, devient le seul bien de l'homme: elle survit à ses passions; le soutient dans son agonie, et l'enrichit de tous les trésors du ciel, lorsque tout lui échappe sur la terre. Ah! s'il n'y avait pas de Dieu, il y aurait donc des douleurs sans consolation!

Jetons un coup d'œil rapide sur la terre, essayons d'esquisser quelques-uns de ses tableaux, voyons si leur aspect doit nous mener à l'incrédulité.

La douleur appartient à ce globe; son empire est l'univers : sur les glaces des pôles, aux bords de l'Alphée et de l'Aréthuse, dans les riantes vallées de l'Arcadie, partout où il y a des hommes, on est sûr de rencontrer des infortunés. Mais si la douleur est partout, il n'est aucun lieu de la terre où, par une douce compensation, le plaisir ne puisse éclore. Le nègre, brûlé des ardeurs du soleil, a ses brises du soir, ses danses nocturnes, et les doux momens où il repose. Pourquoi refuser de voir les bienfaits qui nous environnent? Ces couleurs, ces parfums, cette lumière, ces eaux murmurantes, ces voix harmonieuses, tout cela n'est-il donc que la douleur? Doux repos de la nature! ravissement des ames vertueuses! rien n'est plus enivrant que vos émotions. Voyez comme au printemps tout renaît, tout s'anime, tout s'embellit. Il paraît, et les vallées fleurissent, et les coteaux se couvrent de feuillage; les cieux reprennent leur sérénité, le soleil toute sa splendeur, et de douces rosées rafraîchissent les airs. Le ciel épuiserait il ses richesses pour embellir la terre? non. Quelques gaz impurs, décomposés dans la tige d'une plante, se sont changés en cette fleur délicate qui exhale de doux parfums. Un peu d'eau, que la nature a travaillée en silence, a formé ces forêts, ces fruits et ces moissons. L'air invisible a été légèrement agité, et des chants mélodieux ont ravi notre oreille; un rayon de lumière a été lancé dans l'espace, et les couleurs ont embelli l'univers, et les images magiques de ces tableaux ont été portées jusqu'à notre ame. Ainsi, il n'a fallu qu'un souffle pour nous environner de prodiges, et réveiller dans notre esprit les idées d'ordre, de sagesse et de puissance. Mais ne considérons point ces grands phénomènes; tant de pompe et de luxe nous éblouirait. Jetons les yeux sur ce que la nature a créé de plus faible, sur ces atomes animés pour lesquels une fleur est un monde, et une goutte d'eau un océan. Les plus brillans tableaux vont nous frapper d'admiration; l'or, le saphir, le rubis, ont été prodigués à des insectes presque invisibles. Les uns marchent le front orné de panaches, sonnent la trompette et semblent armés pour la guerre; d'autres portent des turbans enrichis de pierreries; leurs robes sont étincelantes d'azur et de pourpre, ils ont de longues lunettes comme pour découvrir leurs ennemis, et des boucliers pour s'en défendre. Il en est qui exhalent le parfum des fleurs, et sont créés pour le plaisir. On les voit avec des ailes de gaze, des casques d'argent, des épieux noirs comme le fer, effleurer les ondes, voltiger dans les prairies, s'élancer dans les airs. Ici on exerce tous les arts, toutes les industries; c'est un petit monde qui a ses tisserands, ses maçons, ses architectes : on y connaît les lois de l'équilibre et les formes savantes de la géométrie. Je vois parmi eux des voyageurs qui vont à la découverte, des pilotes qui, sans voile et sans boussole, voguent sur une goutte d'eau à la conquête d'un nouveau monde. Quel est le sage qui les éclaire, le savant qui les instruit, le héros qui les guide et les asservit? Quel est le Lycurgue qui a dicté des lois si parfaites? Quel est l'Orphée qui leur enseigna les règles de l'harmonie? Ont-ils des conquérans qui les égorgent et qu'ils couvrent de gloire? Se croient-ils les maîtres de l'univers, parce qu'ils rampent sur sa surface? Contemplons ces petits ménages, ces royaumes, ces républiques, ces hordes semblables à celles des Arabes; une mite va occuper cette pensée qui calcule la grandeur des astres, émouvoir ce cœur que rien ne peut remplir, étonner cette admiration accoutumée aux prodiges. Voici un faible insecte qui s'enveloppe d'un tissu de soie, et se repose sous une tente; celui-ci s'empare d'une bulle d'air, s'enfonce sous les eaux, et se promène dans son palais aérien. Il en est un autre qui se forme avec de petits coquillages une grotte flottante qu'il couronne d'une tige de verdure. Une araignée tend sous le feuillage des filets d'or, de pourpre et d'azur, qui semblent réfléchir les couleurs de l'arc-en-ciel[1]. Mais quelle flamme brillante se répand tout à coup au milieu de cette multitude d'atomes animés! Ces richesses sont effacées par de nouvelles richesses. Voici des insectes à qui l'aurore semble avoir prêté ses rayons les plus doux. Ce sont des flambeaux vivans qu'elle répand dans les prairies. Voyez cette mouche qui luit d'une clarté semblable à celle de la lune; elle porte avec elle le phare qui doit la guider. Plus loin un ver rampe sous le gazon; tout à coup il se revêt de lumière, il s'avance comme le fils des astres, et ces reflets éclatans qui rayonnent autour de lui, éclairent-les doux combats et les ravissemens de l'amour.

Mais c'est dans les soins que prend la nature pour conserver ces petits êtres, qu'on reconnaît surtout sa prévoyance admirable. La sagesse de Pythagore, le génie de Platon, la science d'Aristomachus, ne dédaignaient pas l'étude de leurs jolies peuplades; la poésie même trouva dans cette étude des sujets qu'elle ne put embellir. Virgile, qui célébrait le triomphe d'Énée, la fondation de Rome, la gloire d'Auguste, passait des louanges du fils de Vénus aux louanges des abeilles. Que dis-je! on a vu deux académies entières se consacrer à l'étude de ces insectes[2]; des savans se sont réunis pour observer leurs mœurs, pour décrire leur gouvernement, et pour apprendre à l'Europe les travaux et l'intelligence d'une mouche. Son histoire n'est pas celle d'un individu isolé, c'est celle d'un peuple, d'une nation; c'est presque l'histoire d'Athènes ou de Sparte. Cependant, par un caprice singulier du sort, tandis que ces académiciens, armés de microscopes et munis de lettres patentes pour interroger la nature, cherchaient vainement à découvrir le mystère des amours de la reine abeille, ce mystère s'offrait comme de lui-même à un savant aveugle et solitaire, et le secret de la nature était révélé à celui qui ne pouvait le voir[3]?

Ainsi l'étude de ces peuplades innombrables est pleine de douceur et de charme. On aime à contempler les petits drames que ces acteurs représentent tour à tour : leurs guerres, leurs duels, leurs massacres font réfléchir. Leur destination dans l'ordre général de l'univers décèle une intelligence créatrice. Les harmonies d'un insecte ailé pour voltiger de fleur en fleur, armé d'une trompe pour puiser dans leur sein une liqueur que tout l'art des chimistes ne saurait en extraire, prouvent une puissance qui sait unir les choses animées aux choses inanimées. Le nectaire des fleurs contient une liqueur dont l'abeille doit faire la récolte : l'abeille était donc prévue par la puissance qui a créé les fleurs. L'abeille a reçu quatre ailes, et la mouche ordinaire n'en a que deux : une intelligence divine avait donc prévu que l'abeille, butinant le miel et la cire, en chargerait ses pates creusées en cuillers, et que quatre ailes lui seraient indispensables pour soutenir et transporter ce fardeau. Voilà de ces harmonies qu'il est impossible de repousser, parce qu'elles unissent entre elles des objets dissemblables : une mouche et une fleur, une goutte de miel cachée dans le fond d'une corolle, et la trompe d'un animal destinée à la recueillir. Mais un nouveau phénomène appelle nos regards. Je vois une abeille solitaire au milieu de la prairie : elle se pose sur une fleur; elle essaie d'en pomper le miel; ses efforts sont vains, la profondeur du calice est si grande, qu'elle ne peut pénétrer jusqu'au lieu qui recèle son trésor. Ne la croyez point découragée, cette récolte ne sera pas perdue. Comme les sauvages de l'Amérique qui coupent l'arbre par le pied pour en avoir le fruit, elle tourne autour de la fleur, scie adroitement sa corolle, et laisse à découvert le nectar qu'elle doit nous présenter dans une coupe de cire.

Non loin de là est une nation belliqueuse, une société de sages et de guerriers : les petits êtres qui la composent ont un langage varié ; ils s'aiment, ils aiment leur patrie, ils travaillent, ils combattent pour elle. Leur prévoyance semble le fruit des réflexions les plus profondes, des combinaisons les plus ingénieuses. Entrez dans le sein de cette cité, vous y verrez un petit peuple tout noir, qui trace de longues galeries, forme des cellules, élève étage sur étage et palais sur palais. Arrêtez-vous un instant sur les bords de cette caverne creusée au pied d'un arbre, il va s'y passer des prodiges. Le petit peuple noir y amène des animaux d'une autre espèce, et les y laisse dans l'esclavage. Aussitôt les prisonniers s'attachent aux racines humectées des plantes, et y puisent un miel abondant que les maîtres de l'habitation se hâtent de recueillir. Ces maîtres sont des fourmis, les insectes qui fabriquent le miel sont des pucerons. Ainsi les fourmis ont des étables où elles enferment leur bétail. Elles trouvent dans les pucerons des espèces d'animaux domestiques : ce sont leurs vaches, leurs chèvres, leurs brebis; et ces industrieuses villageoises passent les beaux jours du printemps au sein de leur métairie, occupées, comme les dieux d'Homère, à savourer l'ambroisie[1].

Le nombre des insectes est si grand, qu'ils semblent être les maîtres naturels de notre globe. Ils habitent la terre, les airs et les eaux. Armés de scies, de râpes, de tenailles, ils aident les travaux du temps. Ils détruisent les forêts, rongent les fruits, anéantissent nos récoltes ; rien ne leur échappe : ils se glissent dans les palais des princes, usent leurs vêtemens de pourpre, percent les marbres, règnent sous les lambris dorés, et poussent leurs conquêtes jusque sur l'homme lui-même. O profondeur de notre misère! ce roi des animaux, ce maître de l'univers est proie au ver impur qu'il foulait à ses pieds!

---

[1] L'araignée du Mexique nommée ALOCALT.

[2] L'Académie de Lusace et celle de Lauter.

[3] M. Huber, de Genève. Voyez son excellent ouvrage sur les abeilles.

[1] Voyez l'ouvrage de Huber sur les fourmis.

# PRÉAMBULE.

En contemplant les ruses, la force et la puissance des insectes; en étudiant les soins de la nature pour leur conservation, l'homme aurait peut-être le droit de se plaindre de l'abandon où elle semble le laisser à sa naissance; mais sa plainte ne prouverait que son ingratitude. C'est justement cette longue faiblesse de l'enfant, cette lenteur extrême d'accroissement, les dangers nombreux qui l'attendent, qui sont les causes de ses perfections. Si, dès sa naissance, l'enfant eût trouvé tout ce qui est nécessaire à sa vie; s'il eût été revêtu des mains de la nature; si ses forces ou ses ruses l'eussent mis à même d'éviter tous les périls, de vaincre tous les obstacles, c'en était fait de sa grandeur : sa pensée éteinte n'eût jamais inventé les arts et les sciences qui font sa gloire. Il eût consumé son existence dans la langueur et la volupté, et le travail lui eût été inconnu. Ainsi la force de l'homme naît de sa faiblesse, son génie de ses besoins, sa grandeur de son abaissement. Mais comme tout devait lui rappeler la fragilité de son être, il ne trouva rien, même dans sa pensée, qui pût le satisfaire. Ses jouissances ne lui laissèrent que des inquiétudes et des amertumes; son âme allait toujours au-delà de ce qu'elle avait souhaité, de ce qu'elle avait créé. Le bonheur le fuyait, et il ne recueillait que des plaisirs fugitifs comme sa vie. Hélas! tout est passager sur la terre; l'Éternel a mis les jouissances de l'homme dans ses illusions, comme il a placé le grain qui le nourrit sur une paille frêle et légère.

Chose remarquable! celui qui a donné des bornes à notre intelligence n'en a point donné à nos desirs, afin de nous faire concevoir un autre bonheur que celui de cette vie. C'est un but vers lequel tendent des pensées qui ne peuvent être perdues. Au reste, si les grands secrets de la nature échappent à notre génie, il n'en est pas de même sur ce qui peut nous éclairer sur nos devoirs et sur nos besoins. Tout ce qui est utile à l'homme est senti et approuvé de tous les hommes, et la morale la plus sublime a été mise à la portée des esprits les plus simples. Ce principe devait être universel, puisque l'existence du genre humain y était attachée. Des nations entières ont péri, parce qu'elles avaient abandonné la vertu : l'animal se conserve par son instinct; l'homme ne peut se conserver que par les idées religieuses; et ceci est une des plus grandes preuves de son immortalité : car les idées religieuses conduisent à la vertu, et la vertu protège l'homme et la société. Au contraire, les doctrines impies conduisent au vice, et les vices détruisent l'homme, anéantissent les nations. Ainsi la vie est le fruit de la vérité et de la sagesse, comme la destruction est le fruit du mensonge et de l'erreur. D'ailleurs, que de fragilité dans nos doctrines! que d'inconséquences dans nos raisonnemens! Par quelle contradiction celui qui refuse de croire à son immortalité, parce qu'elle ne lui est pas révélée par les sens, ajoute-t-il foi si facilement à tant de doctrines qui ne peuvent soutenir ni l'examen de l'expérience, ni l'épreuve du temps! Pourquoi tant d'incrédulité pour des idées sublimes? pourquoi tant de crédulité pour des idées absurdes et flétrissantes? Les systèmes sur lesquels il se fonde changent trois ou quatre fois chaque siècle, avec les sciences qui les ont inspirées. Le plus faible écolier rougirait aujourd'hui d'appuyer son impiété des argumens de Lucrèce, de Spinosa et de D'Holbach : ce qui formait alors les preuves invincibles de l'athéisme, est actuellement sans force et sans crédit. Ce *Système de la nature*, qui fut pour les incrédules le sujet d'un scandaleux triomphe, ne leur inspire plus que de la pitié. La science fait un pas, le savant marche avec elle, et sa pensée a changé : vérité d'un jour, erreur du lendemain. Quel fonds faire sur des principes qui sont vrais ou faux selon le temps? Quel jugement porter de ces sophistes qui se réduisent à croire tant d'erreurs pour éviter de croire une vérité? Et cependant, au milieu de ce mouvement des opinions humaines, la religion et la vertu ne changent pas; ce qui est vrai aujourd'hui sera vrai demain, dans tous les siècles, devant toutes les nations : ainsi l'immuabilité de la morale en prouve la vérité, comme la variation de nos systèmes en prouve l'erreur.

Telles sont les idées qu'inspire l'étude approfondie de l'homme, des sciences et de la nature, et qui servent de base au livre des *Harmonies* de Bernardin de Saint-Pierre. Ce bel ouvrage est un tableau de tous les phénomènes de l'univers. Son auteur se comparait à un pilote jeté au milieu des flots sur un léger esquif, étudiant tour à tour les merveilles de l'océan et du ciel, tantôt esquissant les sommets lointains des montagnes, tantôt débarquant sur de tristes écueils, ou sur les rives d'une île enchantée. Des contrées inconnues et délicieuses lui apparaissent quelquefois au milieu des tempêtes; il s'y arrête, et se plaît à s'y reposer des fatigues du voyage : cependant il prend des sondes pour assurer sa route, et ses yeux contemplent sans cesse le ciel, qui lui sert de guide, et qui doit le conduire au port.

Nous allons essayer ici de rappeler quelques traits du plan immense que l'auteur s'était tracé, et dont nous avons suivi les principaux points dans l'ouvrage que nous publions.

## PLAN DES HARMONIES, OU SYSTÈME GÉNÉRAL DE LA NATURE.

Le soleil est le premier mobile, l'âme de la nature; sa présence est la vie, son absence est la mort. S'éloigne-t-il de notre hémisphère? l'air cesse d'être dilaté, l'eau d'être fluide, la terre d'être féconde, les plantes de végéter, la plupart des animaux de se mouvoir. L'univers engourdi se couvre d'un voile funèbre; avec la nuit et les frimas naissent la tristesse et le deuil : tout meurt, et la nature dans un profond repos semble attendre une nouvelle vie. Mais que le soleil reparaisse, l'air est doucement agité, les flots murmurent, de légers nuages rafraîchissent le ciel; et les vapeurs de l'océan circulent autour de la terre pour la féconder. Les rayons du soleil forment, si j'ose m'exprimer ainsi, un élément céleste qui anime tout, et dont aucun animal ne fait le foyer de son existence; il n'y a point d'être visible qui leur soit ordonné, comme l'oiseau à l'air, le poisson à l'eau, le quadrupède à la terre : ils échappent au pouvoir de l'homme. On ne peut ni les comprimer, ni les dilater, ni les couper, et cependant ils nous enveloppent de toutes parts; ils tombent sans pesanteur sensible; ils s'élèvent sans légèreté; ils meuvent tout et sont inébranlables; ils traversent les vents sans être agités, les eaux sans s'éteindre, la terre sans s'y renfermer. Enfin le soleil est le peintre de la nature, et ses rayons apportent en même temps la lumière, la vie et l'intelligence.

L'air est le second agent de la création; il est l'aliment du feu qui le décompose. Sans l'air tout s'éteint, les rayons du soleil même ne produisent point de chaleur. C'est ce que prouvent les sommets des montagnes, qui, toujours environnés d'une atmosphère très-raréfiée, sont couverts de frimas éternels. Ainsi l'atmosphère est comme un verre convexe, dont le Créateur a entouré le globe pour y rassembler les rayons de la lumière. Il y a donc harmonie entre le soleil, astre un million de fois plus gros que la terre, et l'air, agent invisible qui enveloppe cette même terre.

L'eau semble être le troisième agent de la nature; elle tient du feu sa fluidité. Nous la voyons dans plusieurs états différens qui sont en harmonie avec nos besoins. La mer reçoit les fleuves, et c'est de la mer que les fleuves s'élèvent sous la forme de légères vapeurs. Le vent les chasse aux sommets des hautes montagnes; elles s'y changent en glace, reprennent bientôt leur fluidité, et courent arroser et féconder les contrées lointaines. Ainsi, dans ce cercle éternel, les mêmes eaux sont toujours ramenées sur les mêmes rivages. Les flots de ce fleuve ont été vus par nos aïeux, et nos enfans les verront après nous. La prodigalité de la nature n'est qu'apparente; c'est souvent lorsqu'elle se montre dans sa plus grande splendeur, qu'elle met le plus d'épargne dans ses productions. Veut-elle parer le sein de ce globe désolé par les frimas? elle combine quelques gaz invisibles dans une frêle semence, et soudain la terre se couronne de fleurs et s'ombrage de forêts ondoyantes. Veut-elle augmenter la fécondité des campagnes? elle y disperse les lacs, les ruisseaux, les fleuves. Pour être inépuisable, elle prend, comme nous l'avons déjà dit, toutes ces eaux dans la mer, les y fait retomber, les y reprend encore, et donne ainsi à sa pauvreté l'apparence du luxe et de la richesse.

La terre se présente à nous sous des combinaisons encore plus multipliées par ses fossiles, ses sels, ses métaux, ses vallées, ses montagnes, ses rochers. C'est une immense ruine qui s'élève du sein des mers; les orages soufflent sur ses décombres, un astre étincelant les couvre de lumière. Tout lui vient du ciel: le soleil est comme le réservoir inépuisable de ses fleurs et de ses moissons. Elles naissent avec la lumière, elles en reçoivent les saveurs, les parfums et la vie. L'enfant dans son berceau, aux pieds de sa mère, n'est pas gardé avec plus de soins, n'est pas l'objet de plus de sollicitude, que cette semence jetée comme par hasard dans un coin de ce globe. Ainsi les végétaux sont le cinquième agent de la nature. Le soleil semble créé pour les échauffer, l'air pour les agiter, l'eau pour les arroser, la terre pour les porter. Cependant ils sont subordonnés à un règne qui leur est bien supérieur. L'animal a un cer-

veau qui reçoit l'image des objets, une intelligence qui les juge, une réflexion qui s'y attache. Jusqu'à présent, nous n'avons vu ni la vie ni la mort: ces deux grandes puissances nous apparaissent pour la première fois. La nature se perfectionne, elle anime; mais, hélas! elle ne peut animer sans détruire. Elle prodigue l'existence, l'amour enchante la terre. Tout naît avec lui; on sent, on pense, on aime. C'est à présent que l'univers est créé.

Mais que vois-je? Au milieu de cette multitude d'êtres divers, une créature presque céleste s'avance avec majesté: sa tête est ombragée d'une chevelure superbe, son corps est éclat du lis, un duvet naissant couvre ses joues de rose. Quelle est faible cette créature! que ses mains ont peu de force! Elle est nue, sans armes, sans appui; elle est si fragile qu'il semble qu'un souffle puisse la briser. De tous côtés sa vie est menacée. En voyant les dents effroyables, les défenses menaçantes des animaux qui l'environnent, on devine qu'ils sont créés pour détruire; mais en voyant ces regards touchans, cette candeur gracieuse, ce sourire qui charme et qui séduit, il semble que cet ange du ciel n'est créé que pour aimer. Que dis-je! cet être si frêle, si délicat, s'avance déjà en dominateur. Cette créature si douce s'est armée pour donner la mort; le fer étincelle sur son front, la foudre tonne dans ses mains. Les animaux les plus cruels fuient à son aspect. Sa gloire est de tuer; sa sagesse, de mépriser la mort. Et lorsque, fatiguée de détruire, elle veut laisser des marques de son passage sur la terre, ses plus beaux ouvrages portent encore l'empreinte de son néant. Vainement l'homme élève des palais et des arcs de triomphe! le temps les use en silence, et il ne peut laisser que des ruines.

Ainsi la plus forte puissance de la nature est la pensée; elle embellit ou bouleverse l'univers, et les autres puissances lui sont soumises. L'homme est le seul de tous les êtres à qui l'Éternel ait confié le feu; il le dérobe au caillou, le fait jaillir du tronc des chênes; il le puise jusque dans le soleil. Il s'en sert pour arracher de la terre le fer qui doit la féconder, et c'est alors qu'avec le fer et le feu, comme avec un double sceptre, il s'avance à la conquête du monde. Tous les climats le reçoivent, il les enrichit tous; et sa puissance se manifeste à la fois par des bienfaits et par la destruction. Quelques plantes lui suffisent pour attacher à son service les animaux les plus utiles, le taureau, le cheval, le mouton, qu'il multiplie à son gré. Il captive jusqu'aux légers habitans des airs; ses métairies entendent leurs cris joyeux, et s'embellissent de leurs familles nombreuses. C'est un oiseau qui s'élance au milieu des nues pour lui apporter sa proie; c'est un oiseau qui, comme un esclave fidèle, plonge dans les abîmes de l'onde, et dépose dans sa main une pêche abondante. Ainsi l'homme étend sa puissance sur tout ce qui existe: c'est à tort qu'il se plaint des fleuves qui entraînent ses plantations, des plantes vénéneuses qui croissent sous ses pas, des animaux qui le menacent; son génie l'a rendu maître de la nature.

On n'a point encore assez observé l'harmonie qui existe entre les productions de la terre et les travaux de l'homme qui la cultive. La terre semble mesurer ses bienfaits à nos soins : elle ne produit que sous la main qui la féconde. A mesure qu'on l'abandonne, les animaux utiles et familiers l'abandonnent aussi, et sont remplacés par des reptiles et des insectes venimeux. Il est des contrées en Grèce où les oiseaux voyageurs ont cessé de se rendre. L'île de Chypre[1] ne voit plus leurs troupes vagabondes s'abattre dans ses champs sans moissons. Semblables à ces amis qui vous délaissent dans l'infortune, elles fuient ces rives désertes qui n'ont plus que des souvenirs. Ainsi la présence de l'homme fait le charme de la nature, et ses travaux en font la beauté. Retire-t-il sa main ? tout rentre dans la confusion et le chaos. Ses campagnes sont son ouvrage ; ses fleurs les plus brillantes, il les a créées : c'est d'une ronce épineuse qu'il a fait éclore, comme par enchantement, la rose fraîche et parfumée. Avant ses travaux, la pêche était amère et acide ; l'olive sèche et âcre ; la poire ne présentait qu'une chair rude et aigre, le pommier était hérissé d'épines ; le blé même, dans son état primitif, ne fournissait qu'un grain rare et peu nourri[2]. L'homme paraît, les épines tombent, la rose double sa corolle, la pêche et la poire se remplissent d'une liqueur parfumée, l'olive est dépouillée de son amertume, les gerbes ondoyantes enrichissent nos guérets, et le blé devient le soutien du genre humain, et peut-être la première cause de sa civilisation.

Cette domination, l'homme la doit à son génie, qui est un rayon de l'intelligence divine, comme le feu dont il dispose est une émanation du soleil. Tout ce qui vit a le sentiment de l'intelligence supérieure qui l'anime. Voilà pourquoi le chien s'attache plutôt à lui qu'au bœuf ou au cheval. La première pensée qu'il éleva aux pieds du Créateur le plaça à la tête de la création. Tous les animaux ont en partage une passion ; quelques-uns même portent plus loin que nous l'amour conjugal, l'amour maternel, l'amour de la patrie, ces instincts naturels dont nous avons fait des vertus par la corruption de nos sociétés : cependant le sentiment de la Divinité n'a été donné qu'à l'homme ; non à cause de sa sublime intelligence, mais parce qu'il est la plus faible, la plus misérable des créatures, et qu'au milieu de ses grandes douleurs, il fallait à son âme des consolations célestes comme elle. Dieu a fait les élémens, les plantes et les animaux pour l'homme, et l'homme pour lui. En effet, dans l'état de progression où nous venons de présenter les œuvres du Créateur, de quoi servirait à l'homme tant de génie et de puissance, s'ils n'aboutissaient qu'au bonheur de l'animal ? Il fallait que l'intelligence de l'homme pût remonter vers une intelligence supérieure à la sienne ; il fallait que son âme, qui est faite pour aimer, reconnût une puissance digne de l'attacher ; il fallait enfin un objet à sa reconnaissance, un but à ses vertus, un refuge à sa misère.

Dès que l'habile auteur des *Études* fut parvenu à se former une idée précise des puissances de la nature, leurs harmonies lui furent dévoilées. Il traça un grand cercle, image du cours apparent du soleil, le divisa en douze époques égales comme l'année, et se proposa d'examiner, à chacune de ces époques, les harmonies du soleil avec l'air, les eaux, la terre, les végétaux, les animaux et l'homme. Les harmonies humaines devaient comprendre la théorie de l'éducation publique et privée, l'étude des passions, la douce peinture de l'amour maternel, de l'union conjugale, des amitiés fraternelles, et la contemplation des harmonies du ciel, dernier refuge de l'homme. Les autres puissances devaient renfermer tous les tableaux, tous les phénomènes de la nature, cette chaîne qui unit l'être sensible aux objets insensibles. Il aurait peint les relations établies entre le quadrupède léger, vigoureux, doué de mémoire, et une plante immobile et sans instinct. Il aurait montré le même végétal qui se change tour à tour en soie par le travail d'un ver impur, en une laine fine et délicate sur le corps de la brebis, ou en une liqueur délicieuse dans les mamelles de la génisse. Il nous eût fait admirer les rapports qui existent entre les yeux des animaux et la lumière, le sommeil et la nuit, les organes de la respiration et l'air ; les poils, les plumes et les fourrures ; les jours, les saisons et les climats. Jetant ensuite un regard sur l'homme et sur sa compagne, il eût contemplé les harmonies et les contrastes de ces deux créatures célestes. C'est par la force que l'homme prétend tout surmonter, c'est par sa faiblesse que la femme peut tout vaincre ; elle échappe à la douleur en lui cédant, l'homme la brave et succombe. Cette faiblesse de la femme, qui fait toute sa puissance, fait en même temps toute sa beauté ; elle lui doit l'élégance de ses formes, les grâces de ses mouvemens, la légèreté de sa taille, et cette marche timide et chancelante qui semble demander un appui. De quoi servirait l'audace à un être si faible ? La douceur, la modestie, voilà ses armes. L'impression touchante de son regard, le charme qu'elle répand autour d'elle, cette douce compassion sur nos maux, qui ne se montre que par des pleurs, que lui faut-il de plus pour nous séduire ? Ce qui semble en elle une imperfection est le chef-d'œuvre de l'Éternel. Sa faiblesse commande à la force, ses larmes à la tyrannie, sa timidité à l'audace, et sa beauté si fragile lui soumet l'univers.

D'après cette légère esquisse, il est facile de voir que toutes les sciences physiques et morales devaient enrichir l'ouvrage auquel Bernardin de Saint-Pierre avait consacré les études de sa vie entière. Chaque livre était terminé par un dialogue dramatique, destiné à développer les vérités morales que fait naître l'observation de la nature et des hommes. Tels sont la *Mort de Socrate*, *Empsael*, la *Pierre d'Abraham* et le *Voyage en Silésie*. Sans doute un plan aussi vaste ne pouvait jamais être rempli ; mais il eût été comme le tableau complet de la science, depuis les temps antiques jusqu'à nous. Les hommes vulgaires réduisent tant qu'ils peuvent leurs plans à des figures régulières, pour s'y reconnaître ; Bernardin de Saint-Pierre avait pris pour modèle la nature, qui circonscrit les individus, et qui étend à l'infini leurs harmonies. Celles des temps, qui modifie l'univers, n'ont pour bornes que l'éternité. Le temps passe, disons-nous ; nous nous trompons : le temps reste, c'est nous qui passons. Les jours, les mois, les

---

[1] Voyage de Sonnini en Grèce.
[2] Voyez Buffon.

années, les siècles, ne sont que des modifications du temps. Toutes les lois de la nature s'engrènent comme des rouages : en vain nous croyons en détacher quelques-uns pour notre usage : qui n'en a pas l'ensemble n'en a que des débris : la fin d'une science n'est que le commencement d'une autre, comme le coucher du soleil sur notre horizon n'est que l'aurore d'un autre hémisphère.

On dira peut-être que Bernardin de Saint-Pierre doit à Pythagore l'idée fondamentale de son livre. En effet, ce père de la bonne philosophie est le premier qui ait posé en principe que les harmonies ont formé l'univers. Si ses ouvrages étaient parvenus jusqu'à nous, nous y trouverions sans doute une partie des idées que renferme celui-ci. Il avait rapporté ses harmonies aux nombres ; et les sophistes de notre siècle n'ont pas manqué de lui en faire un sujet de ridicule, comme s'il eût fait dépendre uniquement l'existence des êtres d'une opération d'arithmétique. Mais, s'ils avaient mis plus de réflexion dans leur critique, ils auraient vu que tous les êtres ont des proportions, et que ces proportions sont réglées sur des nombres. Nous cherchons tous les jours ceux qui expriment combien de fois le rayon du cercle est contenu dans sa circonférence, et ceux qui en établissent la proportion ou le rapport précis : les vérités intellectuelles sont liées les unes aux autres comme les vérités physiques. Leurs défauts et leurs excès sont des pierres saillantes et rentrantes qui lient l'édifice de l'univers. L'attraction même, à laquelle on ramène aujourd'hui toutes les opérations de la nature, n'est fondée que sur des progressions et des rapports de nombres, encore bien indécis ; et ce que les astronomes connaissent de plus certain dans le cours des planètes, c'est que les carrés de leurs temps périodiques sont entre eux comme les cubes de leurs distances au soleil. Ainsi, nos philosophes inconséquens employoient les nombres pour les usages qu'ils condamnent dans Pythagore. Au reste, je ne crains pas de trop m'avancer, en assurant que l'auteur des *Harmonies de la Nature* se serait glorifié d'être le disciple du rare génie qui trouva le carré de l'hypothénuse, autre rapport sublime des nombres, plus important que celui du rayon au cercle, parce qu'il est parfait. Il se serait fait honneur de marcher sur les traces du père de la bonne philosophie, de ce sage illustre qui forma les hommes les plus éclairés de l'antiquité, et qui fut la victime de l'ingratitude de ses concitoyens, afin qu'il ne manquât rien à sa gloire.

Il est inutile de rappeler ici que les harmonies que Bernardin de Saint-Pierre étudiait au sein de la nature, et les harmonies morales, qu'il admirait dans le genre humain, étaient pour lui la preuve d'une Providence céleste. Mais qu'aurait dit celui qui, au milieu des bourreaux et des victimes entrevoyait encore l'espérance, et à faisait descendre parmi nous, comme la dernière harmonie qui unit la terre au ciel ; qu'aurait-il dit, s'il avait pu voir le retour de cette famille auguste que l'Éternel a replacée sur le trône ? C'est alors qu'avec toute la puissance de sa parole éloquente il eût proclamé le triomphe de la Providence. L'aspect de cette princesse, dont l'approche a dissipé nos douleurs et nos calamités, l'eût pénétré d'une joie ineffable [1] ; il eût admiré cette pieuse amie, qui fut aussi fidèle aux malheurs de la nouvelle Antigone que celle-ci l'était à la vertu [2]. Tournant alors ses derniers regards sur son épouse bien-aimée, sur ces deux enfans dont les doux noms rappellent tant de souvenirs d'innocence et d'amour [3], son cœur eût été rassuré sur leur avenir, et, les environnant de la protection de la fille des rois, il les eût légués à sa vertu, comme cet ancien Grec qui mourut heureux, parce qu'il avait donné sa famille à sa patrie.

Il est difficile de parler de soi : cependant je ne puis terminer cette faible esquisse sans dire un mot de mon travail. Je ne me suis point dissimulé que mon admiration pour les ouvrages de Bernardin de Saint-Pierre était mon seul titre pour les publier. Je voulais rendre hommage à sa mémoire, comme j'avais toujours rendu hommage à ses talens ; je croyais même acquitter une dette sacrée, celle de la reconnaissance. Dès ma plus tendre jeunesse, ses ouvrages formèrent ma pensée. Je dois à leur étude les heures les plus délicieuses de ma vie, et ces douces rêveries qui laissent des impressions ineffaçables. Ce n'était pas seulement de l'admiration qu'ils m'avaient inspirée : leur grâce, leur fraîcheur, leur pureté virginale avaient produit l'enchantement ; ils répandaient comme un charme inexprimable sur toute la nature, et, en me faisant aimer la campagne, ils m'apprenaient à être heureux. Lorsque, dans la suite, ma jeunesse fut livrée à de longues douleurs, je trouvai encore dans les pages religieuses de cet écrivain des consolations célestes comme son génie. J'oubliais avec lui l'injustice des hommes, les revers de la fortune et les amertumes d'une vie pénible et agitée. Trompé dans mes affections les plus tendres, malheureux parce que je commençais à perdre mes illusions, je me réfugiai avec lui dans le sein de la nature, et j'y goûtai des momens de calme et de repos que mon cœur n'osait pas espérer, qu'il craignait même de trouver, tant son agitation lui plaisait encore ! Il semblait me dire : Les passions qui enivraient ton ame sont trompeuses ; mais les émotions qui nous pénètrent à l'aspect de la nature ne trompent jamais. Contemple ces retraites champêtres, écoute le chant de ces oiseaux, vois comme ces campagnes sont tranquilles ; comme la nature est ravissante dans sa beauté, généreuse dans ses bienfaits, et ose croire à présent que tu es né pour le malheur ! Alors je sentais renaître mon courage ; et rassemblant ces feuilles dispersées par le vent, comme celles de la sibylle, j'y cherchais les secrets de cette Providence divine qui se manifeste par des merveilles, et le tableau de

---

[1] Cet hommage fut rendu en 1814. Les femmes sont hors du domaine de la politique. Madame la duchesse d'Angoulême n'a point violé de sermens : elle est malheureuse, et je rends aujourd'hui à son malheur le même hommage que je rendais alors à sa vertu.

L. AIMÉ-MARTIN. (12 août 1850.)

[2] Madame la duchesse de Sérent.

[3] Paul et Virginie. C'est ainsi que M. Bernardin de Saint-Pierre a nommé ses deux enfans.

ces harmonies qui inspiraient le peintre des amours de Paul et Virginie, lorsque dans son enthousiasme je l'entendais s'écrier :

« Soyez mes guides, filles du ciel et de la terre, divines Harmonies ! c'est vous qui assemblez et divisez les élémens ; c'est vous qui formez tous les êtres qui végètent, et tous ceux qui respirent. La nature a réuni dans vos mains le double flambeau de l'existence et de la mort. Une de ses extrémités brûle des feux de l'amour, et l'autre de ceux de la guerre. Avec les feux de l'amour vous touchez la matière, et vous faites naître le rocher et ses fontaines, l'arbre et ses fruits, l'oiseau et ses petits, que vous réunissez par de ravissans rapports. Avec les feux de la guerre vous enflammez la même matière, et il en sort le faucon, la tempête et le volcan, qui rendent l'oiseau, l'arbre et le rocher aux élémens. Tour à tour vous donnez la vie, et vous la retirez, non pour le plaisir d'abattre, mais pour le plaisir de créer sans cesse. Si vous ne faisiez pas mourir, rien ne pourrait vivre ; si vous ne détruisiez pas, rien ne pourrait renaître. Sans vous, tout serait dans un éternel repos ; mais, partout où vous portez vos doubles flambeaux, vous faites naître les doux contrastes des couleurs, des formes, des mouvemens. Les amours vous précèdent, et les générations vous suivent. Toujours vigilantes, vous vous levez avant l'astre des jours, et vous ne vous couchez point avec celui des nuits. Vous agissez sans cesse au sein de la terre, au fond des mers, au haut des airs. Planant sur les régions du ciel, vous entourez ce globe de vos danses éternelles, vous étendez vos cercles infinis d'horizons en horizons, de sphères en sphères, de constellations en constellations, et, ravies d'admiration et d'amour, vous attachez les chaînes innombrables des êtres au trône de celui qui est.

» Ô filles de la sagesse éternelle ! Harmonies de la nature ! tous les hommes sont vos enfans ; vous les appelez par leurs besoins aux jouissances, par leur diversité à l'union, par leur faiblesse à l'empire. Ils sont les seuls de tous les êtres qui jouissent de vos travaux, et les seuls qui les imitent ; ils ne sont savans que de votre science ; ils ne sont sages que de votre sagesse ; ils ne sont religieux que de vos inspirations. Sans vous, il n'y a point de beauté dans les corps, d'intelligence dans les esprits, de bonheur sur la terre, et d'espoir dans les cieux. »            L. AIMÉ-MARTIN.

# LIVRE PREMIER.

### TABLEAU GÉNÉRAL DES HARMONIES DE LA NATURE.

L'auteur de la nature a subordonné d'abord les puissances élémentaires à la puissance végétale. Il dit à la terre, revêtue des simples élémens : « Produisez des plantes avec leurs fruits, chacune suivant son genre. » Aussitôt l'organisation se forma de la pensée du Tout-Puissant, et la vie sortit de sa parole. Les plaines se couvrirent de graminées ondoyantes, et les montagnes de majestueuses forêts ; les saules argentés et les peupliers pyramidaux bordèrent les rivages des fleuves, et ombragèrent jusqu'à leurs embouchures. L'Océan même eut ses végétaux ; des algues pourprées furent suspendues en guirlandes aux flancs de ses rochers ; et des fucus, semblables à de longs câbles, s'élevèrent du fond de ses abîmes, et se jouèrent dans les flots azurés. Des cèdres et des sapins entourèrent de leur sombre verdure la région des neiges, et agitèrent leurs cimes autour des glaciers qui couronnent les pôles du monde. Chaque végétal eut sa température, depuis la mousse qui, ne vivant que des reflets de l'astre du jour, tapisse les granits du nord, et offre, au sein de la zone glaciale, une chaude litière au renne qui voiture et nourrit le Lapon, jusqu'au palmier qui, bravant les ardeurs de la zone torride, donne de l'ombre et des fruits rafraîchissans à l'Arabe et à son chameau : chaque site eut son végétal, chaque animal son aliment, et chaque homme son empire.

Heureux qui a vu, dans une île inhabitée et parée encore de ses grâces virginales, quelques-uns des genres innombrables de plantes que la nature y a déposés, suivant ses plans primitifs ! Jamais la main d'une bergère n'assortit avec autant de goût, pour plaire à son amant, les fleurs de sa tête et de son sein, que la nature en a mis à grouper les diverses espèces de végétaux, depuis ses sables marins jusqu'aux sommets de ses montagnes, pour les besoins et les plaisirs des animaux et des hommes qui devaient y aborder.

Quel serait notre ravissement si nous pouvions voir la sphère entière des végétaux qui entourent le globe, avec les harmonies qui circonscrivent chacun de ses climats, et rayonnent sous tous ses méridiens ! Mais si nous ne pouvons voyager sur la terre, la terre voyage pour nous. Après nous avoir mis sous le ciel de la zone glaciale, elle nous transporte peu à peu sous celui de la torride, et nous offre tour à tour les végétaux de ses hivers et de ses étés. Déja, dans sa course annuelle, elle tourne vers le soleil son pôle boréal, appesanti par une coupole de glaces de quatre à cinq mille lieues de tour, et, par une nuit et un hiver de six mois, perd sous l'équateur l'équilibre de ses deux hémisphères ; elle en éloigne ensuite le pôle opposé, allégé de ses congélations par un jour et un été d'une durée presque égale. Notre hémisphère s'échauffe dans toute sa circonférence. Déja la zone immense de neige qui couvrait l'Europe, la Sibérie, les vastes plaines de la Tartarie, les monts escarpés du Kamtschatka, et les sombres forêts de l'Amérique septentrionale, s'écoule au sein de l'Océan ; le Groënland, le Spitzberg, la Nouvelle-Zemble, voient l'astre de la lumière tourner sans cesse autour de leur horizon. Des torrens larges et profonds comme des mers se dégorgent des détroits de Baffin, de Davis, de Hudson, de Hischinbrock, de Waigats, et de celui du Nord, qui sépare l'Asie de l'Europe ; ils entraînent en mugissant, vers l'équateur, des îles flottantes de glaces élevées comme des montagnes et nombreuses comme des archipels. Souvent elles s'échouent à douze cents pieds de profondeur. Cependant, soit qu'elles voguent avec les courans, soit qu'elles restent immobiles, elles se fondent et renouvellent les mers. De bruyantes cataractes se précipitent de leurs sommets, et des brumes ténébreuses s'élèvent de leurs flancs ; les vents étendent dans l'atmosphère leurs vapeurs à demi glacées, et les attiédissent aux rayons du soleil ; ils les voiturent dans le sein des continens, et les roulent comme des voiles autour des pics des montagnes qui les attirent. Les unes remplissent les sources des fleuves ; d'autres, suspendues au dessus des vastes campagnes, se saturent des feux de l'astre du jour, et étincellent d'éclairs ; le tonnerre se fait entendre, et réjouit le laboureur. Des pluies fines et tièdes pénètrent le sein des guérets ; le blé forme son épi ; il reçoit du ciel, dans ses feuilles étagées, de longs filets d'eau que, l'hiver, il ne pompait de la terre que par ses racines. Les feuilles naissantes, plissées avec un art céleste, rompent leurs étuis résineux, écailleux, laineux, qui les préservaient du choc des vents et de la morsure des gelées. Le gemma empourpré de la vigne et le bourgeon cotonneux du pommier se gonflent et se crèvent. Les rameaux des arbres, d'un beau rouge, sont parsemés de gouttes de verdure et de boutons de fleurs blanches et cramoisies. La végétation, au berceau, entr'ouvre les bourrelets de son enfance, et montre partout son visage riant. Des bouffées de parfums s'élèvent du sein des prairies et des forêts avec les concerts des oiseaux. La vie végétale est descendue des cieux.

O toi qui d'un sourire fis naître le printemps, douce Aphrodite, belle Vénus, sois-moi favorable ! Tu sors du sein des flots, entourée de Zéphirs et d'Amours. Fille du Soleil et de la Mer, brillante Aurore de l'année, viens me ranimer avec toute la nature ! Les poètes et les peintres te représentent, sur notre horizon, devançant le char de ton père, attelé de chevaux fougueux conduits par les Heures ; mais lorsque tu te montres à l'équateur, sur l'horizon de notre pôle, tu es la mère de toutes les aurores qui doivent y apparaître. Elles sortent de dessous ton manteau de pourpre, couvertes de perles orientales, et vêtues de robes de mille couleurs ; les jours et les nuits les dispersent sur tous les sites du globe, au sommet des rochers, sur la surface des lacs, parmi les roseaux des fleuves, dans les clairières des forêts. Pour toi, suivie des Saisons, tu couvres d'un seul jet les flancs cristallisés du pôle et ses vastes campagnes de neige, de ton voile de safran et de vermillon. Mère du printemps, couronne de tes roses naissantes ma tête, couverte de soixante-trois hivers ; console-moi des ressouvenirs du passé, du malaise du présent, et des inquiétudes de l'avenir : ramène ma vieillesse à ces momens heureux de mon adolescence, lorsque, levé à tes premières clartés pour étudier de tristes leçons, l'ame flétrie par des maîtres imbéciles et cruels, à la vue de tes rayons je sentais encore que j'avais un cœur. Apparais-moi comme tu apparus à la création, lorsque notre globe terrestre, à ton premier aspect, tourna sur ses pôles et se couvrit de verdure ; montre-toi à moi comme tu t'y montreras lorsque, dégagée du poids de mon argile, mon ame, s'élevant de la terre vers le soleil, abordera aux rivages d'un orient éternel !

Viens me guider dans ces vallées de ténèbres et sur ces champs de boue que toi seul vivifies. Je désire rappeler à des hommes ingrats la route du bonheur qu'ils ont perdue, et la tracer à leurs enfans innocens. Je vais, à ta lumière, leur montrer sur la terre une divinité bienfaisante. Ma théologie n'aura rien de triste et d'obscur : mon école est au sein des prairies, des bois et des vergers ; mes livres sont des fleurs et des fruits, et mes argumens des jouissances.

Je me suis étonné bien des fois de l'indifférence avec laquelle nous considérions le ciel, source de toutes nos richesses actuelles et de nos espérances futures. Nous serions ravis de joie si nous voyions la sphère des végétaux qui couvrent la terre passer sous nos pieds ; et nous regardons de sang-froid celle des astres rouler sur nos têtes ! Une fleur nous intéresse plus qu'une étoile, et le plus petit jardin que tout le firmament. Tous les arts nous développent dans les plantes une foule de propriétés et de formes charmantes ; et nos sciences ne nous montrent dans les corps célestes que des globes arrondis par les lois uniformes de l'attraction. Faibles et vains, nous circonscrivons dans une seule idée ce que nous voyons d'un seul coup d'œil : nous établissons le système de l'univers sur un aperçu. La plus petite mousse, par ses harmonies, élève notre intelligence jusqu'à l'Intelligence qui veille aux

## DE LA NATURE.

destins de toute la terre, et l'astronomie fait descendre le matérialisme des astres jusque dans notre botanique, et l'apathie qu'elle leur suppose jusque dans notre morale.

Cependant ce n'est que pour recueillir les diverses influences du soleil fixées dans les végétaux, et en alimenter notre vie, que nous labourons la terre, que nous bâtissons des magasins, que nos manufactures travaillent, et que nos vaisseaux traversent les mers. Mais, malgré tant de correspondances entre toutes les nations, tant d'observations mises bout à bout, tant de besoins qui devraient étendre nos lumières, les plantes ne sont guère mieux connues que les étoiles. La botanique, avec ses systèmes, ne nous présente, comme l'astronomie, qu'une triste et sèche nomenclature, et que des divisions sans intentions et sans but.

Sans doute il ne nous est pas donné de connaître sur la terre les harmonies des puissances sidérales. Celles qui ont des rapports avec nous par leur lever, leur coucher, leurs apparitions et leurs éclipses, et que nous prédisons des siècles à l'avance, sont au fond si superficielles, qu'elles ne méritent d'être mises en ligne de compte qu'à cause de notre extrême ignorance et de nos misères. Fussions-nous des Copernic, des Newton, des Herschell, nous ne pouvons pas plus nous vanter de les connaître que de pauvres mendians les grands seigneurs qui, en passant à des jours réglés sur leur chemin, leur jettent de loin quelques aumônes, sans qu'ils sachent les noms, les caractères et les occupations de leurs bienfaiteurs : encore savent-ils que ce sont des hommes comme eux. Mais comment pourrions-nous connaître la nature du soleil, quand nous ignorons celle d'un grain de sable? Cependant, puisque la puissance végétale est à notre égard la médiatrice de ses bienfaits, et que c'est sur elle qu'est greffée la vie des animaux et la nôtre, servons-nous-en pour nous élever jusqu'à lui. Nous essaierons de connaître la nature de l'astre du jour par l'examen de tant de fleurs et de fruits qu'il fait éclore pour nos besoins, et qu'il met en évidence dans toute la circonférence du globe. La cause qui les développe pourra nous servir à les étudier eux-mêmes.

Le nombre prodigieux des végétaux jetés comme au hasard dans les prairies et dans les forêts nous présente un spectacle très-agréable. Je ne doute pas qu'il n'y ait entre les fleurs un véritable ordre au milieu même de leur confusion apparente; mais je ne sais pas par où je dois commencer à le développer.

Cherchons d'abord les deux bouts du fil qui doit nous guider dans ce labyrinthe.

Il est évident que le soleil est la première cause de la végétation, et que l'homme en est la dernière fin. L'homme seul, des êtres vivans, ramène à son usage toutes les latitudes, tous les sites, tous les végétaux, tous les animaux : telles sont les deux extrémités de la chaîne des puissances, qui forme, par sa révolution, la sphère des harmonies. Le soleil en est la circonférence, et l'homme le centre : c'est à l'homme qu'en aboutissent tous les rayons. Ceci posé, je considère l'homme sous l'influence directe du soleil, au milieu de la zone torride, où il a dû d'abord prendre naissance, parce que là seulement se trouvent tous les végétaux nécessaires à ses premiers besoins, et qu'il ne lui faut aucune industrie pour en faire usage. En observant donc sa constitution, je le trouve composé de plusieurs substances et humeurs qui doivent sans cesse se renouveler comme sa vie : tels sont les nerfs, les os, les chairs, la peau, les veines, la lymphe, le sang, la bile, le chyle, et plusieurs autres fluides dont les rapports sont aussi peu connus que les vaisseaux mêmes où ils circulent. Pour fournir à leur réparation journalière, la nature a créé d'abord des alimens qui leur étaient analogues, tels que les farineux, les rafraîchissans, les sucrés, les vineux, les huileux, les aromatisés, etc. Elle les a renfermés tout préparés dans les fruits du bananier, de l'oranger, dans la canne à sucre, dans ceux du manguier, du cocotier, des arbres à épices, etc. Elle y a joint, pour ses besoins extérieurs, d'autres arbres, pour lui fournir des toits, des vêtemens et des meubles : tels sont les palmiers de tant d'espèces si variées; le cotonnier, dont la bourre est si propre à lui fournir des étoffes légères; le bambou, dont les scions sont si flexibles; et le calebassier, dont le fruit est susceptible de prendre la forme de toutes sortes de vases. Mais le bananier aurait pu suffire seul à toutes les nécessités du premier homme. Il produit le plus salutaire des alimens dans ses fruits farineux, succulens, sucrés, onctueux et aromatiques, du diamètre de la bouche, et groupés comme les doigts d'une main. Une seule de ses grappes fait la charge d'un homme. Il présente un magnifique parasol dans sa cime étendue et peu élevée, et d'agréables ceintures dans ses feuilles d'un beau vert, longues, larges et satinées : aussi ce végétal, le plus utile de tous les végétaux, porte-t-il le nom de figuier d'Adam. C'est sous son délicieux ombrage, et au moyen de ses fruits qu'il renouvelle sans cesse par ses rejetons, que le bramine prolonge souvent au-delà d'un siècle le cours d'une vie sans inquiétude. Un bananier, sur le bord d'un ruisseau, pourvoit à tous ses besoins.

Mais, soit que le bananier n'ait été créé que pour le sage qui aime la vie sédentaire et méditative; soit qu'il ne puisse pas croître, même dans son climat, lorsqu'il n'a pas d'eau en abondance; soit plutôt que la nature ait voulu servir sur la table de l'homme des alimens d'une variété de saveur égale à la variété de son goût, il est certain que les arbres de la zone torride portent des fruits délicieux de divers genres, dont les espèces sont innombrables.

Il est digne d'observer que la substance farineuse fait la base de la plupart de ces fruits, tels que ceux de l'arbre à pain; même dans les huileux, comme ceux du cocotier; qu'elle est renfermée en masse dans un grand nombre de racines, comme les cambas, les ignames, les maniocs, les patates; et dans les troncs même de quelques arbres, comme dans celui du palmier-sagou; dans les graines d'une infinité de plantes, telles que les légumineuses, et surtout dans celles des graminées, comme les riz, les maïs, les blés, etc. Elle y est assaisonnée, tantôt avec le sucre, tantôt avec le vin, tantôt avec l'huile; et elle y est relevée, dans chaque espèce de fruit, par un aromate qui lui est propre, et qui en détermine le goût. Il y a plus: c'est que, de la substance farineuse toute pure, l'art peut extraire, par la fermentation, une partie des saveurs primitives qu'y a déposées la nature, telles que les sucrées, les vineuses, les acides, les huileuses même, comme le prouvent les divers états par où passe la bière, qui, comme on sait, se fabrique avec l'orge. Il n'est pas douteux que notre estomac ne décompose cette substance encore mieux que les meilleurs alambics. Je pense donc qu'elle a des analogies particulières avec nos solides et nos fluides, puisqu'elle est si répandue dans la puissance végétale.

Les besoins de l'homme varient avec les latitudes. Est-il dans les zones tempérées, je vois s'élever pour lui des blés et des plantes légumineuses de diverses espèces; des châtaigniers, des vignes, des pommiers, des oliviers, des noyers, etc.; et dans les végétaux qui doivent le mettre à l'abri des élémens, des lins et des chanvres pour le vêtir, et des chênes et des hêtres qui lui présentent des toits inébranlables. Porte-t-il ses pas jusque dans les zones glaciales, où semble expirer la végétation? je vois la folle avoine border les fleuves du nord de l'Amérique, et les champignons et les mousses, dont quelques espèces sont comestibles, tapisser les rochers de la Finlande et de la Laponie. Des forêts de sapins résineux et pyramidaux, et de bouleaux inflammables, lui donnent des abris contre les neiges et fournissent des alimens à son foyer. La nature vient encore à son secours en lui présentant des chasses abondantes d'animaux revêtus d'épaisses fourrures, et des pêches de poissons innombrables dont les saveurs sont souvent préférées à celles des meilleurs fruits. Mais son plus riche présent est sans doute le renne, qui lui fournit son lait comme la vache, son poil laineux comme la brebis, et sa force et sa vitesse comme le cheval.

Ce que la nature a fait en général pour l'homme, elle l'a fait en particulier pour les animaux. Chacun de leur genre, dans les quadrupèdes, oiseaux, reptiles, insectes et poissons, a une espèce de végétal réservée à ses besoins: de manière, toutefois, que l'homme a au moins dans chaque genre une espèce qui lui est assignée, et qui est le prototype de ce genre: tels sont le blé dans les graminées, le dattier dans les palmiers, et les autres végétaux qu'il cultive, et que, pour cette raison, on peut appeler domestiques. Il en est de même des animaux qui en portent le nom, et qui, par la supériorité de leurs qualités, paraissent être aussi les prototypes de leur genre: tels sont la poule dans les gallinacées, la vache dans les herbivores, le renne dans les cerfs, le chien dans les carnivores, etc. Mais ne sortons point ici des limites de l'harmonie végétale.

On peut conclure de tout ce que nous venons de dire, qu'il y a encore beaucoup de végétaux utiles qui nous sont inconnus; car il s'en faut bien que chaque genre de végétaux nous fournisse par toute la terre une espèce en rapport immédiat avec nos besoins. En Europe, chaque génération semble en apporter quelques-uns de nouveaux, mais dont plusieurs n'ont que des usages relatifs. Nous usons depuis trois siècles du thé de la Chine, du café de l'Arabie, des sels de la canne à sucre de l'Inde, du cacao et de la vanille du Mexique, du tabac et de la pomme de terre de l'Amérique septentrionale, que nous avons naturalisés; mais il en est d'autres, sans doute, à découvrir dans notre propre climat. Pourquoi, par exemple, les peuples du nord de l'Europe ne trouveraient-ils pas dans le genre si varié des pins qui couvrent leurs terres, une espèce dont les pignons fussent comestibles, ou qu'après diverses préparations ils pourraient appliquer à leur usage? C'est ainsi que les Orientaux ont tiré parti de la graine coriace et acerbe du café par la torréfaction, et les peuples méridionaux de l'Europe, du fruit amer de l'olivier par des lessives.

Si, d'un côté, les divers genres de végétaux et leurs espèces ont des rapports déterminés avec l'homme et les animaux, de l'autre ils en ont avec le soleil, suivant les latitudes où ils croissent. Un des plus apparens est celui de leurs fleurs. Les fleurs ont des réverbères ou des pétales pour réfléchir les rayons de l'astre du jour sur leurs parties sexuelles, afin d'en accélérer la fécondation. En général, celles-ci, dans les zones froides, sont adossées à des épis ou à des cônes perpendiculaires, solides et caverneux, qui reçoivent les rayons du soleil, depuis l'instant où il paraît sur l'horizon jusqu'à celui où il se couche, et pendant tout l'été s'imbibent de sa chaleur qu'ils réfléchissent sur les anthères, les stigmates et les ovaires de la fleur. Dans les zones tempérées, les réverbères ou pétales sont en général horizontaux et passagers : de sorte qu'ils ne réfléchissent la lumière du soleil que lorsqu'il est élevé sur l'horizon, et seulement un petit nombre de jours ; mais leurs reflets sont plus ou moins concentrés, suivant les sites qu'ils doivent occuper : tels sont ceux des radiées, qui sont en miroirs plans ; des rosacées, en portions sphériques ; des liliacées, en ellipses. L'ordonnance de leurs fleurs suit les mêmes dispositions ; car il y en a d'agrégées en ombelles, en grappes, en sphères, en hémisphères et en corymbes. Dans la zone torride, les fleurs à grands pétales sont en moindre nombre et n'éclosent guère qu'à l'ombre même des rameaux qui les portent, ou bien elles ont des courbes paraboliques et divergentes comme celles de la capucine du Pérou, ou elles sont papilionacées, et leurs parties sexuelles sont recouvertes par une carène : ce genre produit les grains légumineux et présente des espèces très-nombreuses. Les épis des graminées se subdivisent en une multitude d'épillets divergens, de sorte qu'ils ont peu de réflexion : tel est celui du riz. Celui du maïs, au contraire, y est revêtu de plusieurs pellicules. Enfin le port même des arbres les plus communs dans la zone glaciale et dans la zone torride paraît soumis aux mêmes harmonies : car les sapins de la première sont perpendiculaires et pyramidaux comme leurs cônes qu'ils exposent par étages à tous les aspects du soleil, tandis que les palmiers de la seconde ont des cimes étendues qui en tempèrent les ardeurs et ombragent leurs fruits en grappes pendantes. La nature emploie aussi les différentes nuances des couleurs pour accroître ou affaiblir les réverbérations des pétales, suivant les sites, les climats et les saisons ; de manière que plusieurs végétaux naturels au nord et au midi peuvent croître dans les climats tempérés, et réciproquement. Mais nous avons parlé suffisamment de ces rapports solaires et de leurs compensations dans nos *Études de la Nature*.

Puisque les formes et les couleurs des fleurs des végétaux sont en harmonie avec le soleil et lui doivent leurs développemens, je suis porté à croire que leurs fruits, et même leurs tiges entières, lui sont redevables de leurs vertus harmoniées avec les divers besoins des tempéramens de l'homme et des animaux. Puisque le cours annuel du soleil ajoute chaque année un cercle au tronc des arbres, et que ses rayons colorent de blanc, de jaune, d'orangé, de rouge, de pourpre et de bleu le sein de leurs fleurs, suivant leurs genres, pourquoi ne transmettraient-ils pas les saveurs acides, sucrées, vineuses, huileuses, aromatisées, dans le sein des fruits dont les fleurs ne sont que les berceaux ? Tous les végétaux ont sans doute, dans chaque genre, des caractères déterminés qui se reproduisent par des sexes et qui sont fixés d'une manière invariable par l'Auteur de la nature ; mais leurs sexes mêmes pourraient fort bien n'être que des agens des influences du soleil, qui s'harmonient en saveur dans leur ovaire, comme sa lumière s'harmonie en couleur dans leurs pétales. En effet, les qualités des plantes paraissent plutôt solaires que terrestres. On n'en doutera pas si on se souvient que leurs saveurs sont bien plus développées dans la zone torride que dans les autres zones. C'est là que se trouvent par excellence et en plus grand nombre celles qui renferment des acides, du sucre, des huiles, des épiceries, des parfums, comme nous le verrons ailleurs. Il y a plus : c'est que toutes les qualités des plantes en général sont si passagères, qu'elles s'évanouissent entièrement par leur décomposition. Leur analyse chimique ne présente que des *caput mortuum* et des résultats semblables, soit qu'elles soient alimentaires ou vénéneuses. Le savant chimiste Homberg a prouvé cette vérité par des expériences réitérées qu'il a faites sur un millier de nos végétaux. J'en conclus donc que leurs vertus, si variées et si actives tandis qu'elles existent, ne sont que des émanations du soleil, fugitives comme la vie qu'il leur prête.

Cependant la puissance végétale se combine aussi avec les autres puissances. Pour nous former une idée de leurs divers rapports, nous en allons présenter l'ensemble ; nous entrerons ensuite dans de plus grands détails, et nous finirons, suivant notre plan général, par appliquer toutes ces puissances aux besoins des hommes, objets principaux de nos études.

La puissance végétale présente, comme chacune des autres puissances, treize harmonies. La première est céleste ou soli-lunaire ; six sont physiques, et six sont morales. J'appelle la première soli-lunaire, parce que la lune influe sur elle conjointement avec le soleil. Dans les six physiques, trois sont élémentaires, l'aérienne, l'aquatique, la terrestre ; trois sont organisées, la végétale, l'animale et l'humaine. Dans les morales, il y en a pareillement trois élémentaires, la fraternelle, la conjugale, la maternelle ; et trois organisées ou sociales, la spécifiante, la générique et la sphérique. Ces harmonies vont en progression de puissance, de manière que la seconde réunit en elle et accroît les facultés de la première ; la troisième, celles de la seconde ; ainsi de suite jusqu'à la sphérique, qui non-seulement se compose de celles des espèces et des genres, mais, par ses révolutions, tend sans cesse vers l'infini.

Ces harmonies sont si vieilles et si constantes, que les différens systèmes de botanistes reposent tous sur quelques-unes d'entre elles, comme nous le verrons ; et s'ils sont restés imparfaits, c'est qu'ils ne les ont pas embrassées en entier.

Quelque étendu que soit l'ordre harmonique, nous espérons en donner une idée précise en fixant d'abord l'attention de nos lecteurs sur la plante qui produit le blé : elle est la plus facile à saisir par la simplicité de ses formes. Nous la regardons comme le prototype du genre des graminées dont les espèces sont si nombreuses, et, sans contredit, de toutes les plantes, c'est celle qui nous intéresse davantage. Pourquoi, d'ailleurs, irions-nous chercher des preuves d'une Providence dans les cèdres du nord ou dans les palmiers de la zone torride, quand l'ordre général de l'univers est à nos pieds, et peut se démontrer dans une paille ?

Le blé a des harmonies avec le soleil par le peu d'élévation de sa plante, qui en est échauffée dans toute sa circonférence par ses feuilles linéaires et un peu concaves qui en réfléchissent les rayons à son centre, par les reflets de la terre qui l'environne et qui renvoie sur lui la chaleur dont elle se pénètre. C'est un des avantages des sites humbles sur ceux qui sont élevés, de jouir des plus petites faveurs des élémens et d'être à l'abri de leurs révolutions. Aussi les herbes poussent-elles plus tôt et plus vite que les arbres. Le blé a encore d'autres rapports avec l'astre du jour par l'élévation de sa tige couronnée d'un épi mobile, caverneux et à plusieurs faces, qu'il présente dans une attitude perpendiculaire aux rayons du soleil, afin qu'ils le réchauffent depuis l'aurore jusqu'au couchant. Les reflets de la chaleur y sont si sensibles, que, lorsqu'on observe une moisson en plein midi, il semble qu'il en sorte une flamme et que les épis soient lumineux. On peut trouver aussi des harmonies lunaires dans le nombre des nœuds qui divisent la paille du blé. Ils sont en nombre égal à celui des mois lunaires pendant lesquels elle a poussé jusqu'à la formation de son épi. Mais nous parlerons à l'harmonie des genres de celle des végétaux avec l'astre des nuits.

Le blé a des harmonies aériennes par ses trachées qui, comme nous l'avons dit ailleurs, sont les poumons des plantes ; par ses feuilles linéaires et horizontales qui ne donnent point de prise aux vents ; par sa tige conique, élastique et creuse, fortifiée de nœuds plus fréquens vers sa racine, où elle avait plus besoin de force que vers son épi. Chacun de ces nœuds est encore fortifié par une feuille, dont la partie inférieure lui sert de gaîne. Au moyen de ces dispositions, elle joue sans cesse avec les zéphyrs qui lui font décrire les courbes les plus agréables, et elle résiste aux tempêtes qui renversent les chênes.

Les harmonies aquatiques du blé se manifestent dans ses feuilles creusées en écope qui conduisent l'eau des pluies vers ses racines, qui, de leur côté, pompent l'eau souterraine dont les vapeurs forment les rosées. Ce dernier moyen suffit à la nutrition. On en voit la preuve en Égypte, qui produit de si belles moissons et où il ne pleut presque jamais ; mais la terre est abreuvée par les débordemens du Nil. J'ai vu moi-même des exemples remarquables de l'action des seules rosées dans le sol toujours altéré des environs de Paris. J'y ai vu un été si sec, qu'il ne tomba pas une goutte de pluie dans les mois de mars, d'avril et de mai ; cependant la récolte du blé fut encore assez bonne. Sa paille était courte, mais son grain était bien nourri. Il a aussi des harmonies négatives avec l'eau par les balles de son épi. Ces balles sont ce que les botanistes appellent calices dans les autres fleurs. Ce sont des espèces d'étuis polis, minces et élastiques qui paraissent destinés à plusieurs usages. Elles sont disposées par sillons droits ou en spirales, qui réverbèrent les rayons du soleil sur les fleurs. Elles enveloppent les grains, et les empêchent d'être endommagés, dans leur croissance, par le choc mutuel de leurs étuis agités par les vents. Enfin, chacune d'elles est surmontée souvent par une longue aiguille molle, appelée barbe, qui paraît destinée, non à éloigner les oiseaux, comme dit Cicéron, mais à diviser les gouttes de pluie qui feraient couler les fleurs, comme il arrive presque toujours à celles du sommet qui en sont les moins abritées. Ces balles, avec leurs barbes, sont des espèces d'aiguilles anti-hydrauliques. En effet, on les emploie dans les emballages pour préserver les corps secs de l'humidité. Mais, lorsqu'elles s'entr'ouvrent dans la maturité du grain, et que des pluies trop abondantes, réunies à de grands vents, comme celles des orages en été, viennent à tomber sur les campagnes, alors elles se remplissent d'eau ; la paille, surchargée par son épi, s'incline, et la moisson verse. Elle se relève toutefois, lorsqu'elle n'a pas été semée trop épaisse, ou que le champ n'a pas été trop fumé ; car alors les tiges un peu fortes étant inclinées se servent mutuellement d'obstacles. J'ai remarqué, même dans les moissons versées, que les tiges isolées se maintenaient toujours debout. Ainsi la nature a mis en rapport les proportions de cette faible plante avec la fureur des élémens.

Le blé a des harmonies avec la terre par ses racines divisées par filamens, qui y pompent leur nourriture. Elles ne sont ni longues, ni nombreuses ; mais elles y adhèrent si fortement qu'on ne peut les enlever sans emporter une portion du sol, ni rompre la paille, à cause de sa dureté. Voilà, sans doute, les raisons qui obligent les laboureurs de scier ce végétal plutôt que de l'arracher. Ces rapports terrestres lui sont communs avec beaucoup d'autres végétaux ; mais, ce qu'il y a de particulier, c'est qu'il n'y a aucune partie du globe où ne puisse croître quelqu'une de ses espèces, depuis le riz du Gange jusqu'à l'orge de la Finlande. Il est cosmopolite comme l'homme : aussi Homère, si heureux dans ses épithètes, appelle la terre ζείδωρος, ou porte-blé.

Telles sont les harmonies soli-lunaires, et les aériennes, aquatiques et terrestres du blé. Celles qu'il a avec les puissances organisées sont au nombre de trois, comme les élémentaires proprement dites : ce sont la végétale, l'animale et l'humaine.

Les harmonies végétales du blé sont celles que les différentes parties de sa plante ont entre elles et qui en constituent les proportions, l'ensemble, le port et les attitudes. Les botanistes ne les ont encore guère étudiées ; cependant ce sont elles qui du premier coup d'œil la font connaître aux paysans. Elles la distinguent de toutes les autres graminées et lui composent un caractère propre. Telles sont, par exemple, les distances proportionnelles qui sont entre ses nœuds, dont les tuyaux sont d'autant plus courts qu'ils sont plus voisins de sa racine ; les couleurs de ses feuilles, les formes de son épi, la touffe de sa plante qui produit plusieurs tiges. Le blé a encore des relations en consonnance avec les individus de sa propre espèce ; leur réunion forme des tapis du plus beau vert et de vastes moissons ondoyantes sous le souffle des vents. Enfin, il y en a en contraste avec des plantes d'un autre genre, telles que les convolvulus, les bluets, les coquelicots, mais surtout avec les légumineuses, comme nous le verrons dans les harmonies morales.

Les harmonies animales du blé consistent principalement dans la longueur de ses feuilles, dans la souplesse et la tendreté de ses tiges qui invitent tous les animaux pâturans à les brouter, et même à y faire leur litière. Au milieu de ses tiges, plus nombreuses et plus rapprochées que les arbres d'une forêt, il offre des asiles assurés au lièvre peureux qui y fait son gîte ; il en donne aussi à plusieurs oiseaux qui y déposent leurs nids, tels que la caille voyageuse, la perdrix domiciliée, l'alouette, etc. C'est là qu'ils trouvent des subsistances en tout temps, d'abord dans ses feuilles et dans leurs insectes, puis dans son grain farineux, dont la forme oblongue semble taillée pour leur bec.

Le blé a des rapports encore plus marqués et plus étendus avec les hommes. Ce sont eux seuls qui en ont couvert, par la culture, une grande partie du globe ; et il est bien remarquable qu'il ne se ressème point de lui-même, comme tant d'autres plantes. Que dis-je ? des botanistes assurent qu'on ne le trouve nulle part dans son état naturel : comme si la Providence s'était reposée sur les hommes seuls du soin de le perpétuer. En effet, il leur fournit les moyens de satisfaire, par toute la terre, aux principaux besoins de la vie. Ils trouvent dans sa paille le premier aliment du feu, des lits, des toits, des liens, des nattes, des paniers, et des trajectiles même pour passer les fleuves, à cause de l'air renfermé dans ses chalumeaux. Sa farine leur donne, dans le pain, la plus substantielle et la plus durable des nourritures végétales. Ils en tirent une multitude de préparations agréables et de boissons cordiales, par les arts de la boulangerie, de la pâtisserie, de la brasserie et de la distillation. Ils peuvent nourrir, avec des alimens tirés du blé seul, tous les animaux domestiques, soutiens de leur vie : le porc, la poule, le canard, le pigeon, l'âne, la brebis, la chèvre, le cheval, la vache, le chat et le chien, qui, par une métamorphose merveilleuse, leur rendent en retour des œufs, du lait, du lard, de la laine, des services, des affections et de la reconnaissance. Le blé a non-seulement rassemblé autour des hommes des animaux de différens genres, mais il est devenu le premier lien des sociétés humaines, parce que sa culture et ses préparations exigent de grands travaux et des services mutuels. Or, comme aucune société ne peut subsister sans lois, c'est donc au blé qu'en est due l'origine. C'est par cette raison, sans doute, que les anciens ont appelé Cérès *législatrice*.

Telles sont les harmonies solaires et physiques, tant élémentaires qu'organisées, du blé. Elles existent pareillement dans les autres espèces et genres de végétaux ; mais elles y éprouvent une infinité de modifications qui les diversifient. Nous tâcherons d'en donner un aperçu aux harmonies spécifiantes et génériques. Bornons-nous ici aux harmonies morales du blé, afin de fixer notre attention sur un seul objet. Elles sont au nombre de six, comme les physiques. Trois sont élémentaires comme elles : la fraternelle, la conjugale, la maternelle ; et trois sont sociales ou agrégées : la spécifiante, la générique et la sphérique.

Avant d'en présenter le développement, nous nous permettrons quelques réflexions sur la différence des harmonies physiques aux morales. Les physiques appartiennent aux végétaux en particulier, et les morales, à la puissance en général. Les physiques leur sont relatives et nécessaires ; elles varient d'espèce à espèce et de genre à genre ; les morales leur sont propres et essentielles : les physiques différent dans chaque puissance, et les morales sont communes à toutes. Par exemple, une plante ne voit, n'entend et ne se meut point comme un animal ; mais elle a comme lui ses amours, sa postérité, sa tribu. On entrevoit déjà que les lois physiques sont d'un ordre inférieur aux lois morales, puisque celles-ci constituent les puissances, les propagent, les spécifient, les engendrent et les assemblent toutes par des harmonies semblables. Les harmonies physiques semblent appartenir aux élémens, qui ne leur donnent que des développemens passagers, tandis que les morales tirent du ciel leur origine et une constitution permanente en rapport avec celle qui harmonie le soleil avec les corps planétaires. Ces caractères célestes se montrent surtout dans les puissances organisées, qui tirent sans cesse une vie nouvelle du soleil, et qui n'apparaissent sur la terre que pour l'accroître de leurs débris. Le soleil semble être le berceau de toutes leurs vies, tandis que la terre n'est que le tombeau de toutes leurs morts.

Mais laissons là ces harmonies, qui sont au dessus de la conception humaine. Bornons-nous à celles du blé. La première de ses harmonies morales est la fraternelle ; c'est celle qui a d'abord assemblé chaque individu dans les puissances organisées en deux parties égales, afin qu'elles puissent s'entr'aider. Elle se manifeste premièrement dans cette sphère vivante du soleil, divisible en une infinité de moitiés parfaitement égales. On peut l'entrevoir aussi dans l'harmonie de l'astre des jours et de celui des nuits, inégaux sans doute en grandeur et en puissance, mais qui apparaissent sur les horizons de la terre avec des diamètres égaux, et lui distribuent tour à tour des influences fraternelles et sororales. Notre globe même présente quelques apparences de cette harmonie dans ses deux hémisphères, oriental et occidental ; mais l'ancien monde y est plus étendu que le nouveau, et leurs projections sont différentes, quoique leurs parties principales soient semblables. Aucun minéral, d'ailleurs, ne présente de pareilles consonnances : elles n'appartiennent qu'aux êtres doués d'une vie organisée. Elles sont en évidence dans les feuilles, les fleurs, les anthères, les semences des végétaux, formés chacun de deux moitiés égales. Cet équilibre de parties doubles est encore plus général dans les animaux, dont tous les membres se correspondent exactement ; et il y est si nécessaire, que sans lui ils ne pourraient ni voler, ni marcher, ni manger. L'homme en présente le plus parfait modèle dans ses proportions. Imitateur par instinct, c'est-à-dire par sentiment, de tous les ouvrages de la nature, il a puisé dans cet équilibre l'idée de la symétrie, qui n'est que la correspondance fraternelle de deux moitiés égales. Elle apparaît dans les formes qu'il donne à ses meubles, à son habitation, à ses monumens. Il trouve partout des images de cette double consonnance répandue parmi les êtres organisés. La nature a suspendu d'abord la lampe de la vie à deux chaînes pour l'affermir, et ensuite à quatre pour la propager : ainsi elle a fait précéder l'harmonie conjugale par l'harmonie fraternelle.

Cette première consonnance est si évidente dans les végétaux mêmes, que Linnée en a fait un des principaux caractères de son système botanique, sous le nom grec d᾽ ἀδελφίξις, qui signifie *fraternité*. Il ne la rapporte qu'à l'assemblage des anthères en un même corps ; mais il ne lui a pas donné assez d'étendue. Elle établit d'abord l'organisation de toute espèce de végétal. Elle existe dans la feuille, la paille, l'épi, les anthères et les grains du blé, tous divisibles en deux moitiés consonnantes et égales, suivant leur direction verticale ou céleste : ce qui est très-remarquable, car ces parties ne présentent que des moitiés contrastantes, suivant leurs divisions horizontales ou terrestres. L'adelphie se manifeste également dans les rejetons de la touffe du blé, qui poussent des feuilles, des tiges, des épis semblables, et forment entre eux une famille dont les individus s'entre-supportent mutuellement.

Les harmonies conjugales du blé sont renfermées dans sa fleur. La fleur est l'organe de la fécondation de la plante en rapport avec le soleil ; elle a souvent une corolle, ou petite couronne, formée de feuilles appelées pétales, qui réfléchissent les rayons sur ses parties sexuelles. Elle a souvent aussi un calice, ou enveloppe extérieure, pour la préserver du choc des vents, surtout dans les végétaux dont les tiges sont longues et mobiles. Quant aux parties sexuelles, elles sont au centre de la fleur, comme dans un foyer de réverbère. Elles sont composées d'une partie mâle et d'une partie femelle ; la partie mâle s'appelle étamine. Elle est formée de l'anthère, ainsi nommée du mot grec ἀνθηρός, un des noms de l'Amour. Cette anthère est un corps pour l'ordinaire oblong, divisé en deux lobes, et porté en équilibre par un fort filet, délié à son extrémité. Lorsque le soleil a exercé sur lui son action, ses lobes se remplissent d'une poussière prolifique appelée *pollen*. Le pollen, dont le nom vient de *pollere*, « pouvoir », féconde le pistil. Le pistil est l'organe femelle de la fleur qui surmonte l'ovaire ; il se prolonge ordinairement en un ou plusieurs styles ou filets terminés par un ou plusieurs stigmates. Le stigmate est une petite ouverture qui reçoit le pollen, pour féconder l'ovaire, et y former la semence au sein d'un réceptacle appelé aussi placenta. On entrevoit déjà que les parties sexuelles des plantes ont une grande analogie avec celles des animaux, et que la génération doit s'y opérer par les mêmes lois. Ces sexes, qui sont séparés dans quelques végétaux, comme dans les animaux, sont réunis dans la plante du blé. Elle a des caractères qui lui sont communs avec toutes les graminées, dans ses anthères, qui sortent de sa fleur et y sont suspendues, afin sans doute qu'elles fussent plus exposées à l'action du soleil ; dans son calice, de deux parties ; et dans sa corolle, divisée en deux valvules unies, enflées et creusées en courbes, concaves et réverbérantes ; mais elle en a qui lui sont propres, en ce qu'elle a quatre fleurs renfermées dans un calice. Cette configuration en forme d'épi est la plus convenable aux fleurs des plantes des pays froids, parce que leurs pétales, quoique moins apparens, y sont solides et durables : aussi y est-elle la plus commune. Lorsque les blés sont en fleur, c'est alors qu'ils sont revêtus de toute leur magnificence. Le coquelicot éblouissant, le bluet azuré, la nielle pourprée, le liseron couleur de chair, relèvent de l'éclat de leurs fleurs l'aimable verdure des guérets. Les perdrix et les cailles y décèlent leurs doux asiles par leurs chants amoureux ; tandis que l'alouette, suspendue au-dessus de sa compagne et de son nid, fait entendre les siens au haut des airs. L'époque de la beauté, dans tous les êtres organisés, est celle de leurs amours.

Les harmonies maternelles du blé consistent dans les précautions avec lesquelles la nature a recouvert son grain, et pourvu au développement de son germe. Tantôt, suivant les espèces, son calice, qui lui tient lieu de placenta, lui est adhérent, et le transporte au loin, comme une voile, par l'entremise des vents ; tantôt par la barbe âpre qui termine son calice, il s'accroche aux poils des quadrupèdes et voyage avec eux. Il reste aussi indigestible dans l'estomac de ceux qui ne ruminent pas, et se ressème avec leurs excrémens. Enfin, sa forme carénée le rend propre à flotter long-temps sur les eaux, comme il arrive, par les mauvaises administrations, à celui qui est jeté dans les rivières. Son grain est revêtu d'une peau épaisse, appelée son lorsqu'elle est séparée de la farine. Il renferme, à une de ses extrémités, un germe revêtu d'une petite gaîne, qui, en se gonflant par la chaleur et l'humidité, entr'ouvre une ouverture ménagée au-dessus d'elle, perce la terre, et devient une feuille séminale, appelée cotylédon. Cette feuille séminale est son unique mamelle, qui s'alimente d'un côté de la farine du grain, et pousse de l'autre une radicule qui doit bientôt trouver des sucs plus abondans dans le sein de la terre. Malgré les attentions maternelles de la nature pour le ressemer, au moyen des vents, des eaux et des quadrupèdes, on assure qu'on ne le trouve nulle part indigène. Pour moi, je suis porté à croire que, par toute terre où il tombe, il prend racine ; mais que, si elle manque d'engrais, il dégénère en quelque espèce de graminée, telle que l'ivraie. Ce qui me fait adopter cette opinion, c'est qu'il ne peut croître plusieurs années de suite dans le même champ, si ce champ n'a été bien labouré et bien fumé. Sa dégénération en ivraie est regardée comme certaine par plusieurs cultivateurs, et elle semble confirmée par l'observation du célèbre naturaliste Bonnet. Il rapporte, dans ses *Recherches sur les Feuilles*, qu'il trouva un jour une plante de froment d'une seule tige, qui portait à son extrémité un épi médiocre de véritable froment, et sur un de ses nœuds un second tuyau terminé par un bel épi d'ivraie. A la vérité, Duhamel attribua la formation de cette plante, mi-partie de blé et d'ivraie, à la confusion des poussières de leurs étamines ; mais, d'un autre côté, Linnée a confirmé la possibilité de la transformation des parties des végétaux sur le même individu, en parties d'espèces différentes, par l'exemple d'une fleur en gueule de la linaire qui se métamorphose en monopétale. Tout ce que nous pouvons conclure de celle du blé en ivraie, c'est que la nature a souvent associé la puissance de l'homme à celle des élémens, et que la main du laboureur peut seule conserver au froment ses principaux caractères. C'est à la maturité des blés, et aux approches de la faucille du moissonneur, qu'on voit émigrer une foule de petits êtres de leurs nids maternels. C'est alors que la nombreuse famille de la caille songe à fonder de nouvelles tribus dans des contrées éclairées par de nouveaux soleils, et que, comme le dit le bon La Fontaine, les petits de l'alouette,

> Se poussant, se culbutant,
> Délogent tous sans trompette.

Venons maintenant aux harmonies sociales de la puissance végétale : ce sont celles qui assemblent les familles des végétaux en espèces, en genres et en sphères. Nous les distinguerons donc en spécifiante, en générique et en sphérique.

L'harmonie spécifiante est la cause du plaisir que nous donne l'assemblage des végétaux de la même espèce. En voyant, par exemple, un champ de blé s'étendre par longs sillons, comme un beau tapis vert, nous éprouvons une sensation plus agréable que celle que nous donne sa tige ou sa simple touffe isolée. Ce plaisir s'accroît, si la plaine est couverte d'espèces de blés différens, comme d'épeautres, de blés barbus et non barbus, de seigles, d'orges. Enfin il augmente encore, s'il s'y joint quelque vallon couvert de diverses espèces de graminées. Le vent vient-il à souffler, toute la campagne ressemble alors à une mer ondoyante de verdure, dont les flots sont d'une infinité de nuances. Leurs reflets fugitifs, leurs murmures lointains, font passer dans nos sens le calme et le doux sommeil, ami du sentiment confus de l'infini. La première cause de ces sensations voluptueuses est l'ordre même dans lequel ces mêmes graminées croissent. Il est très-remarquable que le plaisir que nous font éprouver les groupes si variés des végétaux, a lieu principalement lorsqu'ils sont plantés sur le terrain dans le même ordre que leurs semences ont été arrangées dans leur placenta. Ainsi, par exemple, un champ de blé nous plaît, parce que ses plantes y sont rangées par sillons, dans le même ordre que ses grains dans leur épi; et une prairie, au contraire, parce que ses diverses graminées y sont éparses comme leurs semences dans leurs panicules divergens. C'est par cette même raison que le chêne, qui ne porte que deux ou trois glands réunis ensemble, ou même qu'un seul, nous fait plaisir à voir dans ses groupes de deux ou trois arbres, ou même tout-à-fait isolé. Nous avons alors, pour ainsi dire, une sensation de la force de cet arbre vigoureux, auquel la nature a donné de pouvoir résister seul aux tempêtes. Au contraire, nous aimons à voir les sapins pyramidaux et conifères s'appuyer mutuellement, par leurs bases, autour des sommets des hautes montagnes, dans le même ordre que leurs pignons sont disposés dans leurs cônes. Nous voyons de même avec plaisir les ceps de la vigne entourer de leurs pampres les flancs d'une colline arrondie, et en former, pour ainsi dire, une seule grappe comme ses grains. Cette loi harmonique s'étend à tous les groupes des végétaux, dont les uns nous plaisent disposés en rond, d'autres en longues avenues, d'autres épars çà et là. Le plan de leur semis est dans leurs berceaux. Cette loi embrasse aussi les individus de toutes les puissances. Elle est la source, ignorée jusqu'ici, de nos jouissances les plus douces, dans l'architecture, la musique, la peinture, la poésie, l'éloquence. Il n'y a point de plaisir dans les arts dont la raison ne soit dans la nature. Nous en parlerons en détail aux harmonies fraternelles. Linnée, comme nous l'avons dit, les avait entrevues dans l'assemblage des anthères sur un même corps, auquel il a donné, par cette raison, le nom d'adelphie. C'est un des caractères principaux de son système botanique ; mais il a oublié de l'étendre au végétal entier, à sa famille, à sa tribu, à ses diverses espèces et aux genres même opposés. Quelle harmonie entre eux, et dont la nature tire de si charmans accords ! Cependant, ce n'est pas seulement pour le plaisir des yeux, ni pour donner aux végétaux des supports mutuels, qu'elle les diversifie et les groupe fraternellement. Elle a varié les blés suivant les diverses latitudes de la terre, pour donner partout à l'homme le même aliment farineux. Elle a diversifié leurs espèces par rapport aux élémens, en mettant le froment en Europe, le riz aquatique en Asie, le panis sec en Afrique, le maïs en Amérique. Elle a varié de même les espèces si nombreuses de graminées, par rapport aux divers besoins et espèces de quadrupèdes, d'oiseaux, d'insectes, et même de poissons. En effet, les graminées forment le genre de végétaux le plus étendu et le plus varié en espèces qu'il y ait sur la terre. On sent que, pour caractériser chacune d'elles en particulier, il faut la rapporter, d'une part, à une des harmonies de la nature, et de l'autre, à l'être sensible auquel elle est particulièrement destinée. Les botanistes ont fait des graminées plusieurs genres, divisés en espèces et en variétés ; mais dans notre ordre harmonique, nous n'en formons que des espèces réunies en un seul genre. On en compte dans notre climat plus de trois cents, dont il y en a trente à quarante dans nos prairies. Les principales sont les gazons proprement dits, les phalaris, les queues-de-renard, les queues-de-chat, les chiendens, les brises ou chevelures-des-dames, les amourettes tremblantes, les paturins ou poa, les festuca, les bromes, les orges de murailles et de prairies, les roseaux aux quenouilles garnies de laine, les cynosures ou queues-de-chien, les curtis odorans ou herbes du printemps, les cinna, les houques molles, auxquelles se joignent les joncs des marais et les spartes des montagnes, les souchets, les glaïeuls. Mais ce ne sont là que les graminées de nos contrées. On y doit ajouter, sans doute, celles qui s'étendent de la zone torride jusqu'aux pôles : les bananiers, espèces de glaïeuls dont les fruits, les tiges et les feuilles engaînées donnèrent à l'homme ses premiers alimens, des parasols et des ceintures; les cannes à sucre, les bambous de l'Inde orientale, les cannes de Mississipi et celles de l'Amazone, dont les sommets servent, dans les débordemens, d'asiles aux fourmis; les joncs papyracés des bords du Nil, les gramen glauques et rampans qui bordent les rivages des îles torridiennes; et une foule d'autres inconnues, disposées le long des fleuves, dans l'intérieur des terres et dans toute l'étendue des continens. J'aime à me figurer notre globe couvert des seules graminées, en déployer toutes les espèces sur ses vastes amphithéâtres. Ici, les vents font ondoyer les poa dans les prairies, les amourettes tremblantes sur les flancs des montagnes, et les spartes sur leurs sommets arides. Chaque fleuve a ses roseaux, depuis ceux qui, couverts de neige une partie de l'année, s'élèvent à peine sur les bords silencieux de l'Irtis, jusqu'aux forêts toujours murmurantes des bambous du Gange, dont quelques espèces s'élèvent à plus de cent pieds de hauteur. La terre oppose à l'océan fluide qui l'environne un océan de végétaux mobiles et des flots verts à des flots azurés. Ici, les tempêtes ne présentent point de naufrages. Les nids trouvent sous les tiges toujours flexibles de doux asiles et des subsistances assurées. Peutêtre le seul genre des graminées pourrait-il fournir aux besoins de tous les animaux. Mais la nature, dans sa magnificence, en variant à l'infini le pain qu'elle distribue à ses innombrables convives, ne se borne pas à ne servir qu'un seul aliment sur leur table commune. Elle a renfermé la farine dans les épis des graminées; mais elle a suspendu aux végétaux des autres genres les huiles, les sucres, les vins, les épiceries qui en devraient varier les assaisonnemens.

La nature a donc formé plusieurs sortes de farines dans les grains de blé et des autres graminées, depuis ceux du froment jusqu'à ceux des amourettes, destinés aux plus petits oiseaux. L'homme aussi, à son imitation, manipule, avec la seule farine de froment, une multitude de pâtisseries, de vermicelles et de gimblettes. Mais toutes ces modifications ne sont que des espèces d'un seul genre dans la puissance végétale.

Passons maintenant à ses genres proprement dits.

Les botanistes emploient le mot de genre d'une manière très-vague et souvent contradictoire. Ils l'attribuent à une famille, à une classe, à une section, à une espèce même, et lui donnent bien rarement sa signification propre. Tâchons d'être plus exacts. Le mot de genre vient d'engendrer : or, engendrer, dans un ordre de choses, signifie créer. Le genre est donc un ordre nouveau, qui a des caractères essentiellement distincts des autres ordres dans la même puissance. Le genre, selon nous, se rapporte, d'une part, à une des harmonies principales de la nature, et de l'autre, à un des premiers besoins de l'homme. L'espèce n'est qu'une modification du genre, et se rapporte aux besoins d'un animal. Comme les harmonies générales de la nature sont à la fois positives et négatives, ou actives et passives, et qu'il en est de même des besoins de l'homme, il en résulte que les genres contrastent deux à deux dans la même puissance, et que les espèces consonnent dans le même genre. On en peut conclure aussi qu'il y a vingt-six genres généraux, puisqu'il y a treize harmonies générales. Les espèces sont donc des consonnances, et les genres des contrastes. De la réunion de ces contrastes deux à deux résulte la plus agréable des harmonies. Par exemple, le genre qui contraste le plus avec celui des graminées est celui des légumineuses. En considérant celui des graminées sous ses rapports principaux avec l'harmonie aérienne, à laquelle il paraît appartenir, nous lui en trouvons de positifs avec elle par ses feuilles en linéaires ou rubans qui échappent aux vents; par ses fleurs peu apparentes, adossées à des épis; par ses tiges perpendiculaires, creuses, fortifiées de nœuds et élastiques qui se redressent sans cesse, malgré les tempêtes qui les agitent et le poids des quadrupèdes qui les foulent. Le genre des légumineuses, au contraire, a des harmonies négatives avec les vents. Il rampe à terre, ou il s'accroche par des vrilles aux graminées elles-mêmes. Ses feuilles larges sont pour l'ordinaire agrégées au nombre de trois par des espèces de queues souples. Ses tiges branchues sont pleines de moelle, ses fleurs sont apparentes et papilionacées; mais les parties sexuelles y sont abritées par une carène. Elles sont supportées par des queues recourbées et élastiques comme des ressorts; de manière qu'au moindre vent elles se tournent comme des girouettes, et lui opposent leur calice. Elles sont groupées en forme de grappes, et donnent, dans des capsules qui les abritent, des semences en forme de reins ou arrondies, telles que les haricots et les pois. Le port des graminées est perpendiculaire, celui des légumineuses est horizontal ; de manière que les premières passent aisément à travers les autres, ou les supportent, si ces dernières sont pourvues de mains. Pour nous former une idée de leurs harmonies, commençons par celle des blés. Les mêmes campagnes qui sont couvertes de moissons le sont aussi de haricots et de pois, qui, par leur feuillage, leur verdure et leurs fleurs, forment avec elles les plus agréables contrastes. L'harmonie de ces deux genres est encore plus sensible dans les cultures des sauvages de l'Amérique septentrionale. Ils sèment leur maïs en rond sur de petites mottes de terre, au nombre de neuf grains. Ils y joignent autant de haricots, dont les tiges viennent s'attacher à celles du maïs, et forment toutes ensemble un charmant bouquet, par les oppositions de toutes leurs parties. Nous observerons ici que les haricots entrent, comme alimens, en harmonie avec les blés chez tous les peuples. Ils forment avec le pain la principale nourriture du nôtre. Les Chinois en tirent une liqueur appelée soui, qu'ils emploient comme assaisonnement dans la plupart de leurs mets. Il semble que le goût des animaux se rapproche en cela de celui des hommes, à en juger par les cultures destinées à nos animaux domestiques. Si les prés se couvrent pour eux de graminées, les champs voisins produisent pour eux des vesces, des luzernes, des sainfoins. Celle des prairies artificielles qui leur plaît le plus est celle qu'on nomme dragée, mélangée de pois et d'avoine ; que dis-je ! nos prés sont semés à la fois par la nature de graminées et de trèfles, et leurs douces harmonies s'étendent jusque dans les clairières de l'île de Tinian, au sein de la vaste mer du Sud. L'amiral Anson s'y crut transporté dans une ferme de l'Angleterre, à la vue des pâturages semés de ces deux végétaux, où paissaient de magnifiques et nombreux taureaux blancs, et qui retentissaient du chant des coqs. Si les Espagnols en avaient transporté les bestiaux, il est certain que les prairies n'avaient été entourées de bois et ensemencées que par la nature. Pour moi, qui n'ai eu que çà et là des aperçus de ses harmonies innombrables, dans des contrées souvent dégradées par la main de l'homme, j'ai vu à l'Ile-de-France des agatis, petits arbres à fleurs légumineuses de couleurs lilas, former par leurs contrastes des bouquets charmans avec les bambous, qui sont les plus grandes des graminées. C'est ainsi que, dans les Alpes, les ébéniers aux fleurs jaunes forment des berceaux ravissans autour des sapins conifères.

Maintenant, pour nous former une idée des genres de la puissance végétale, nous en choisirons les prototypes ou premiers modèles sous l'équateur : nous les rapporterons aux premiers besoins de l'homme, et nous en déterminerons les genres, en les rapportant successivement aux treize harmonies actives et passives.

Les premières de ces harmonies sont les quatre élémentaires, la solaire, l'aérienne, l'aquatique et la terrestre. Elles se manifestent dans la division générale des végétaux, en arbres, en herbes, en algues ou plantes aquatiques, et en mousses. Quoique cette division ne soit pas adoptée par les naturalistes, c'est elle qui nous présente la puissance végétale au premier coup d'œil, et elle est saisie par tous les peuples. Elle s'étend aux deux autres puissances organisées ; dans l'animale, aux quadrupèdes, aux oiseaux, aux poissons et aux insectes ; et dans l'homme, à ses quatre tempéramens, le bilieux, le sanguin, le flegmatique et le mélancolique. Ces quatre harmonies se correspondent dans les trois puissances organisées. Le soleil, comme nous l'allons voir, influe particulièrement sur les arbres, les quadrupèdes et les tempéramens bilieux ; l'air sur les herbes, les oiseaux et les sanguins ; l'eau, sur les algues, les poissons et les flegmatiques ; la terre, sur les mousses qui la tapissent, les insectes innombrables qui s'y creusent des retraites, et les mélancoliques qui y cherchent aussi des asiles. On peut étendre cette division élémentaire au genre humain en entier, qui, comme un simple individu, nous présente quatre tempéramens différens dans ses peuples méridionaux, montagnards ou septentrionaux, maritimes, et cultivateurs ou terrestres. Enfin, le globe lui-même est divisé en quatre parties principales, dont chacune est en rapport particulier avec un des élémens : l'Afrique brûlante, avec le soleil ; l'Europe, toujours mobile et inquiète, avec l'air tempêteux qui l'environne ; l'Amérique flegmatique, arrosée par les plus grands fleuves, avec les eaux ; l'Asie, grave et mélancolique, avec la terre, dont elle renferme la plus grande étendue dans sa circonférence.

Les peuples de ces quatre parties du monde ont des caractères analogues aux quatre divisions de la puissance animale. Les noirs de l'Afrique sont robustes comme les quadrupèdes ; les Européens actifs sont devenus les plus hardis des navigateurs, en tirant, comme l'oiseau, parti des vents ; les Américains vogent et nagent comme les poissons ; les Asiatiques, populeux comme les insectes, labourent la terre avec la même patience, et offrent dans les Indiens et les Chinois les plus habiles des cultivateurs. Mais ne sortons point ici des divisions de la puissance végétale.

En commençant par son harmonie solaire, nous verrons que les arbres sont en rapport immédiat avec le soleil, par les cercles concentriques de leurs troncs. Ces cercles sont toujours en nombre égal à celui des années dont les arbres ont vécu, c'est-à-dire à celui des révolutions annuelles de l'astre du jour. Ils sont vivaces, c'est-à-dire qu'ils vivent depuis une année jusqu'à plusieurs siècles. Enfin leurs genres sont beaucoup plus nombreux dans la zone torride que dans les zones tempérées. J'ai rapporté quarante-deux échantillons différens de ceux des forêts de l'île de France, qui n'a guerre plus de douze lieues de diamètre, tandis qu'on n'en compte que seize ou dix-sept genres dans toutes les forêts de la France.

Les genres des herbes, au contraire, sont plus nombreux dans les zones tempérées, et ceux des mousses dans les glaciales. La nature, qui met les fruits rafraîchissans, vineux, aromatiques, sur des arbres dans la zone torride, tels que les calebasses, les melons du papayer, les épiceries, les fait croître souvent sur des tiges humbles et rampantes dans nos climats : tels sont ceux des cucurbitées, des sarriettes, des thyms, des basilics, et elle en répand les saveurs et les parfums jusque dans les mousses du nord. Les herbes mêmes de nos contrées produisent des espèces qui atteignent à la grandeur des arbres au sein de la zone torride : tels sont le bambou de l'Inde, dans le genre des graminées; la mauve d'Afrique, dans celui des malvacées; et le bananier, dans celui des glaïeuls. Il est possible que quelque espèce de mousse parvienne à une grandeur arborescente dans quelques parties de la zone torride, et qu'on l'y ait confondue avec celles des fougères qui y sont si communes et si élevées; mais les mousses n'en appartiennent pas moins aux climats du nord. J'en ai vu des variétés innombrables dans la Finlande, quoique je n'y aie pénétré tout au plus qu'au soixante-deuxième degré de latitude.

Si le soleil donne tant d'activité à la végétation dans la zone torride, et s'il imprime les cercles annuels de son cours dans le tronc de tous les arbres par toute la terre; la lune, de son côté, paraît étendre son influence sur les herbes. J'ai remarqué dans les racines de celles de nos jardins des couches concentriques en nombre toujours égal à celui des mois lunaires qu'elles avaient mis à croître : c'est ce qu'on peut voir surtout dans celles des carottes, des betteraves, et dans les bulbes des ognons. Peut-être était-ce à cause de ces rapports lunaires que les Égyptiens avaient consacré l'ognon à Isis, ou à la lune, qu'ils adoraient sous le nom de cette déesse. Ce qu'il y a de certain, c'est que ces racines ont pour l'ordinaire sept cercles concentriques, c'est-à-dire autant qu'ils ont été de mois à croître, depuis le commencement de mars où on les sème, jusqu'à la fin de septembre où on les recueille. Dans les pays où la végétation des herbes dure plus de sept mois, je suis porté à croire que leurs racines ont plus de couches, et que leur nombre égale celui des mois de l'année. C'est sans doute par cette raison que les ognons de l'Égypte sont remarquables par leur grosseur, ainsi que les racines de toutes les plantes bulbeuses de l'Afrique et des pays torridiens. Ces périodes lunaires sont remarquables aussi dans les nœuds des tiges de la plupart des graminées. Elles sont si sensibles dans les pousses de toutes les herbes en général, que je crois y trouver un caractère invariable pour les distinguer des arbres proprement dits, quoiqu'elles parviennent quelquefois à leur hauteur dans les pays chauds. Le bambou des Indes pousse un rejeton tous les mois, suivant Rumphius. François Pyrard assure qu'aux Maldives le cocotier produit régulièrement chaque mois une grappe de cocos, de manière qu'il en porte douze à la fois, dont la première commence à poindre, la deuxième sort de son étui, la troisième bourgeonne, la quatrième fleurit, la cinquième noue, et la dernière est en maturité. Le latanier ou palmier à éventail, qui croît aussi sur les bords de la mer, donne chaque mois une feuille nouvelle. Les palmiers, en effet, comme le savent les naturalistes, n'ont point de couches annuelles concentriques. Leur tronc n'est point de vrai bois; ce n'est qu'une colonne de fibres, dont le milieu ne renferme qu'une espèce de moelle. A la différence de celui des arbres proprement dits, il sort de terre avec toute la grosseur qu'il doit avoir; ils n'ont de plus qu'un cotylédon, et ce caractère leur est commun avec les seules graminées. Les palmiers ne sont donc que de grandes herbes, en rapport comme elles par leurs pousses avec le cours de la lune; tandis que les arbres, même les plus petits, le sont avec celui du soleil, comme on le voit à leurs cercles annuels. On doit ranger aussi parmi les végétaux soumis immédiatement aux influences de l'astre des nuits les mousses, dont la plupart ne végètent, ne fleurissent et ne grènent qu'en hiver, lorsque la lune est dans notre hémisphère. Peut-être en est-il de même des algues. Les naturalistes, qui attribuent un si grand empire à la lune sur l'Océan, ne peuvent lui refuser quelque action sur les végétaux, et même sur les poissons qu'il nourrit. Ce qu'il y a de certain, c'est qu'elle agit sensiblement sur les quatre ordres de la puissance animale, et même sur l'humaine. Les quadrupèdes entrent en amour et mettent bas leurs petits à certaines périodes lunaires ; il en est de même des pontes des oiseaux, dont les os, de plus, se renouvellent périodiquement, comme le prouvent les couches intermittentes de rouge et de blanc de ceux des poulets qui mangent par intervalles de la garance. Des couches semblables se trouvent en rapport avec les mois lunaires dans plusieurs coquillages, entre autres dans l'écaille de l'huître : de manière que leur nombre marque celui des mois qu'elle a vécu. Ces mêmes rapports lunaires existent dans les générations des insectes, et enfin dans les mois des filles nubiles; mais nous en parlerons plus au long aux puissances animale et humaine.

Quoique les arbres soient en harmonie immédiate avec le soleil par les anneaux concentriques de leurs troncs, ils le sont aussi avec la lune par les feuillets de leur écorce et par ceux de leurs fruits. J'ai remarqué sept de ces feuillets dans l'écorce du bouleau, et même je crois les avoir entrevus dans chacun des cercles annuels des arbres. Je crois aussi les avoir distingués dans quelques fruits, surtout dans la pomme de reinette. Ils apparaissent lorsqu'on ouvre ce fruit obliquement, et plutôt quand on le mord que quand on le coupe. Voilà donc de nouveaux rapports lunaires dans les arbres mêmes ; car on sait que le temps de leur végétation et de la maturité de leurs fruits ne dure que sept mois dans nos climats.

Non-seulement tous les végétaux ont des harmonies soli-lunaires dans leurs racines, leurs tiges, leurs écorces et l'intérieur de leurs fruits, mais ils en ont d'apparentes dans leurs pétales ou les feuilles de leurs fleurs. Ce sont ces pétales qui, comme des miroirs, réfléchissent les rayons du soleil et ceux de la lune sur les parties sexuelles de la fleur. Nous remarquerons d'abord que le plan de la plupart des fleurs est circulaire, et que leurs parties sexuelles sont au centre. Quelquefois leur disque est relevé en hémisphère; et quand il est entouré de pétales plans et divergens, comme dans les radiées, il ne représente pas mal la forme d'un astre. Cette configuration sidérale est si marquée dans quelques espèces, que les botanistes les ont classées sous le nom d'aster ; mais elle est répandue dans la plupart des fleurs apparentes, qui toutes, comme nous l'avons dit, affectent dans leurs plans la forme circulaire, quoique leurs tiges et leurs feuilles en aient de très-différentes. Il ne faut pas douter que cette forme ne soit la plus favorable pour réverbérer les rayons du soleil vers un centre commun, et que la même main qui a façonné en lunes, en anneaux, et en d'autres courbes qui nous sont inconnues, les réverbères

des planètes pour réfléchir sur elles les rayons du soleil, n'ait varié pour une fin semblable les pétales des fleurs. Il est certain que c'est à cette réverbération que les fleurs doivent l'éclat qui les fait paraître en quelque sorte lumineuses. Pour moi, quand je vois celles qui émaillent une prairie, et dont les formes et les couleurs sont si variées, je suis tenté de croire qu'elles ont quelque ressemblance avec les astres qui nous sont inconnus. Pourquoi la nature n'auroit-elle pas mis sur la terre, dans des fleurs, les images des objets qu'elle a placés en réalité dans les cieux, puisqu'elle a mis dans l'homme, aussi passager qu'elles, le sentiment de l'intelligence qui gouverne l'univers ?

Mais combien de vérités ne foule-t-il pas aux pieds comme les fleurs ! Il a marché sur celles-ci, depuis un grand nombre de siècles, sans les connaître. Presque tous les cultivateurs ignorent encore qu'elles ont des sexes. Que dis-je ? lorsque le botaniste Vaillant en introduisit la théorie dans l'école du Jardin des Plantes, le célèbre Tournefort l'obligea de la supprimer, et ne voulut jamais la reconnaître, sans doute parce que le premier il n'en avait pas fait la découverte. Les botanistes modernes rejettent, peut-être par les mêmes raisons, les harmonies des pétales avec le soleil, dont j'ai apporté tant de preuves dans mes *Études de la Nature*. Ils les reconnaissent toutefois comme les caractères les plus apparens des fleurs, qu'ils classent en monopétales, en polypétales, et celles-ci en radiées, en liliacées, en rosacées, en papilionacées, etc., mais sans intention et sans but. Cependant tout leur démontre que la nature n'a rien fait en vain.

Pour éviter l'obscurité de leurs systèmes, nous nous guiderons sur le flambeau du jour. Les pétales des fleurs sont disposés en épis perpendiculaires, tels que celui du blé; en radiées ou miroirs plans, comme dans la marguerite; en portions sphériques, comme dans la rose; en elliptiques, comme dans le lis, ou paraboliques, comme dans la capucine : ce sont là leurs formes principales. D'autres, en grand nombre, appartiennent à des courbes inconnues et non encore calculées; mais toutes sont engendrées de la sphère. Il est remarquable que lorsque les pétales sont radiés et en miroirs plans, le disque de la fleur est en hémisphère pour recevoir leurs réverbérations : tels sont ceux de la marguerite et de la camomille. Ils se renversent ou tombent quand la fécondation est achevée. Ce disque est un peu concave dans le tournesol; aussi arrive-t-il souvent que les fleurons de son centre avortent et ne donnent point de graine. Sa concavité vient peut-être du changement de climat, car cette plante est originaire de l'Amérique. Les réverbères des rosacées ont un foyer commun, les liliacées en ont deux, les paraboliques renvoient les rayons parallèlement, comme la vigne. Il y a des fleurs en grappes, en ombellifères, telles que celles de la carotte; en hémisphères, en cercles et en demi-cercles, comme celles de plusieurs sortes de trèfles; en rayons divergens, telles que celles des choux et de la plupart des cruciées. Si les fleurs ont des rapports positifs avec le soleil, elles en ont aussi de négatifs. Il y en a de labiées, qui ne montrent que l'extrémité de leurs anthères; et de papilionacées, qui les cachent au moyen d'une carène; d'autres même ne fleurissent que la nuit : telle est celle du jalap du Pérou, ou belle-de-nuit; celle de l'arbre triste de l'Inde, qui s'ouvre dans les ténèbres et tombe au point du jour; du convolvulus nocturne, également originaire de l'Inde. D'autres fleurissent renversées et à l'ombre de leurs feuilles, telles que celles de l'impériale et de beaucoup de fleurs torridiennes. Linnée avait déja entrevu les rapports des pétales avec la présence et l'absence du soleil. Il avait observé que plusieurs d'entre elles s'ouvraient et se fermaient à différentes heures du jour, telles que celles du pissenlit, de la chicorée sauvage, et que la plupart se fermaient à l'entrée de la nuit : il en avait formé une horloge botanique. Il n'avait qu'un pas de plus à faire pour voir que leurs pétales étaient de véritables réverbères en harmonie avec le soleil, et dont la durée était en raison inverse de leur action sur leurs parties sexuelles. Les rosacées qui sont celles qui ont le plus d'activité, parce qu'elles renvoient tous les rayons solaires vers un centre commun, sont aussi celles qui durent le moins. La rose ne dure qu'un jour, et sert souvent d'image aux philosophes pour exprimer la rapidité de nos plaisirs et de notre existence.

On voit donc qu'on peut diviser la puissance végétale, par rapport au soleil, en végétaux des zones torrides, tempérées et glaciales, d'été et d'hiver, de jour et de nuit. Il en résulte un grand nombre de genres positifs et négatifs, dans les arbres, les herbes, les algues et les mousses.

J'ai déja montré quelques-uns des rapports que le bananier avait avec tous les besoins et les divers tempéramens de l'homme. Ces rapports semblent se multiplier sous les yeux de l'observateur; et ce végétal offre un exemple si merveilleux de la prévoyance de la nature, qu'il serait inutile d'en présenter un autre. Sa tige peut avoir neuf à dix pieds d'élévation; elle est formée d'un paquet de feuilles tournées en cornets, qui sortent les unes des autres, et, en s'étendant au sommet du bananier, y forment un magnifique parasol. Ces feuilles, d'un beau vert satiné, ont environ un pied de large et six pieds de long; elles s'abaissent par leurs extrémités, et forment par leurs courbures un berceau charmant, impénétrable au soleil et à la pluie. Comme elles sont fort souples dans leur fraîcheur, les Indiens en font toutes sortes de vases pour mettre de l'eau et des alimens; ils en couvrent leurs cases, et ils tirent un paquet de fil de la tige, en la faisant sécher. Une seule de ces feuilles donne à un homme une ample ceinture; mais deux peuvent le couvrir de la tête aux pieds, par devant et par derrière. Un jour que je me promenais à l'île de France, près de la mer, parmi des rochers marqués de caractères rouges et noirs, je vis deux nègres tenant à la main, l'un une pioche, l'autre une bêche, qui portaient sur leurs épaules un bambou auquel était attaché un long paquet enveloppé de deux feuilles de bananier. Je crus d'abord que c'était un grand poisson qu'ils venaient de pêcher; mais c'était le corps d'un de leurs infortunés compagnons d'esclavage, auquel ils allaient rendre les derniers devoirs dans ces lieux écartés. Ainsi le bananier seul donne à l'homme de quoi le nourrir, le loger, le meubler, l'habiller et l'ensevelir.

Ce n'est pas tout. Cette belle plante, qui ne produit son fruit dans nos serres qu'au bout de trois ans, comme je l'ai vu dans celles du Jardin des Plantes de Paris, le donne sous la ligne dans le cours d'un an, après lequel la tige qui l'a porté se flétrit; mais elle est entourée d'une douzaine de rejetons de diverses grandeurs, qui en portent successivement : de sorte qu'il y en a en tout temps, et qu'il en paraît un nouveau tous les mois, comme les grappes lunaires du cocotier. Je parle ici des bananiers qui croissent sous la ligne et sur le bord des ruisseaux, leur élément naturel. Il y a plus, il y a une multitude d'espèces de bananiers de différentes grandeurs, depuis celle d'un enfant jusqu'au double de celle d'un homme; et de bananes, depuis la longueur du pouce jusqu'à celle du bras; de sorte qu'il y en a pour tous les âges. J'ai vu à l'Ile-de-France des bananiers nains, et d'autres gigantesques, originaires de Madagascar, dont les fruits longs et courbés s'appellent cornes de bœuf. Un homme peut les cueillir aisément en grimpant le long de leur tige, où les queues de ses anciennes feuilles forment des saillies, ou en faisant monter sa femme sur ses épaules. Une seule de leurs bananes peut le nourrir un repas, et une de leurs pates tout un jour. Il y a des bananes de saveurs très-variées. Quoique je n'en aie mangé qu'à l'Ile-de-France, qui, comme on sait, est à l'extrémité de la zone torride australe, j'y en ai goûté de l'espèce naine, qui avaient de plus que les autres un goût très-agréable de safran. L'espèce commune, appelée figue banane, est onctueuse, sucrée, farineuse, et offre une saveur mélangée de celles de la poire de bon-chrétien et de la pomme de reinette. Elle est de la consistance du beurre frais en hiver, de sorte qu'il n'est pas besoin de dents pour y mordre, et qu'elle convient également aux enfants du premier âge et aux vieillards édentés. Elle ne porte point de semences apparentes ni de placenta : comme si la nature avait voulu en ôter tout ce qui pouvait apporter le plus léger obstacle à l'aliment de l'homme. C'est de toutes les fructifications la seule que je connaisse qui jouisse de cette prérogative. Elle en a encore quelques-unes non moins rares, c'est que quoiqu'elle ne soit revêtue que d'une peau, elle n'est jamais attaquée avant sa maturité parfaite par les insectes et par les oiseaux, et qu'en cueillant son régime un peu auparavant, il mûrit parfaitement dans la maison, et se conserve un mois dans toute sa bonté.

Les espèces de bananes sont très-variées en saveurs. Elles sont d'autant meilleures qu'elles croissent plus près de l'équateur, sous l'influence directe du soleil. Il y en a de délicieuses aux Moluques, dont les unes sont aromatisées d'ambre et de cannelle, d'autres de fleurs d'orange. On trouve des bananiers dans toute la zone torride, en Afrique, en Asie et dans les deux Amériques, dans les îles de leurs mers, et jusque dans les plus reculées de la mer du Sud. Le rima, qui porte le fruit à pain dans l'île de Taïti, ne lui est pas comparable, quoique quelques philosophes modernes nous présentent cet arbre comme nouvellement découvert, et comme le don le plus précieux que la nature ait fait aux hommes. Il y a long-temps qu'il croît aux Moluques, et que d'anciens voyageurs en ont parlé. D'ailleurs, ses usages relativement à l'homme sont bien plus circonscrits. Il ne lui fournit ni logement, ni vêtemens, ni meubles. Il lui faut d'abord six ou sept ans pour produire ses fruits, qu'il ne donne ensuite que huit mois chaque année. Et s'il a présenté le premier modèle du pain dans sa pâte, qui, cuite au four, se change en mie et en croûte, le bananier donne la sienne toute assaisonnée de beurre, de sucre et d'aromates. Le rima porte des petits pains, et le bananier de la pâtisserie.

C'est donc avec raison que le voyageur Dampier, qui a fait le tour du monde avec tant d'intelligence, appelle le bananier le roi des végétaux, à l'exclusion du cocotier, que les marins honorent de ce titre, parce qu'ils ne jugent que de ce qui est à leur portée. Il observe qu'une infinité de familles, entre les deux tropiques, ne vivent que de bananes. Cet utile et agréable végétal a tant de rapports avec les premiers besoins de l'homme dans l'état d'innocence et d'inexpérience, que j'ai déjà fait remarquer qu'on l'appelle aux Indes le figuier d'Adam. Les Portugais superstitieux qui y abordèrent les premiers crurent apercevoir, en coupant son fruit transversalement, le signe de la rédemption dans une croix que je n'y ai jamais vue. A la vérité, cette plante présente, dans ses feuilles larges et longues, les ceintures du premier homme, et figure assez bien, dans son régime hérissé de fruits, et terminé par un gros cône violet qui renferme les corolles de ses fleurs, le corps et la tête du serpent qui le tenta. Les bramines, au moyen de ses fruits salubres et de son délicieux ombrage, vivent au delà d'un siècle. Elle croît non-seulement dans toute la zone torride, mais plus de six degrés au dehors. Les Arabes lui donnent le nom de *musa*, que nos naturalistes ont adopté; et comme ces peuples ont répandu en Europe les premiers élémens des sciences et des arts après les Romains, je suis tenté de croire que la déclinaison du nom de *musa*, qui commence le rudiment très-rude de nos enfans, a dû signifier, non une muse dont ils ne peuvent avoir l'idée, mais le bananier, dont les fruits leur seraient si agréables. Pour moi, en le considérant pour la première fois avec toutes ses convenances, je me dis : Voilà le vrai végétal de l'homme.

La nature ne s'est pas bornée à enrichir une seule plante de tout ce qui pouvait convenir à nos besoins dans la zone torride. En réunissant dans un seul fruit le beurre, le sucre, le vin, la farine, elle a voulu nous engager à en faire nous-mêmes les combinaisons, en mettant ces substances séparées et pures dans des végétaux d'un autre genre. Elle a créé pour cet effet le palmier, avec ses espèces si diverses en productions. Le bananier, que je regarde comme du genre des glaïeuls, ne réussit bien qu'au fond des vallées, sur le bord des ruisseaux, à l'abri des grands vents, qui déchirent en lanières transversales ses tendres feuilles. Le palmier, au contraire, avec ses feuilles lignées, croît dans les lieux les plus exposés aux tempêtes, depuis le sommet des montagnes jusque sur le bord des mers. Le bananier n'a que des variétés qui, par la ressemblance de leurs fruits, ne conviennent qu'aux besoins d'une seule famille. Le palmier a des espèces qui, par la diversité de leurs productions, peuvent satisfaire à tous ceux d'une tribu.

Il est vrai qu'en considérant le bananier comme une espèce de glaïeul, on peut y joindre, dans le même climat, les balisiers, qui portent différentes sortes de grains, et dont les feuilles larges, tournées en cornets, sont engagées les unes dans les autres; mais ils ne se développent point en parasol, et ils ne présentent point à l'homme des rapports immédiats avec ses besoins.

Tous les végétaux que je viens de nommer, sans en excepter les palmiers, malgré la magnificence de leur port, paraissent du genre des graminées, parce que leur semence, ou première pousse, n'a qu'un cotylédon; que leurs feuilles sont renfermées les unes dans les autres, et n'éprouvent, en croissant, qu'un simple développement; d'où il résulte que leur tige, à sa naissance, a le même diamètre à sa base que lorsqu'elle a atteint toute sa hauteur. D'ailleurs elle est sans écorce, et ne contient point de véritable bois. Les troncs des palmiers ne sont que des paquets de fibres sans cercles concentriques, et dont le centre est plus tendre que la circonférence. C'est tout le contraire dans les arbres proprement dits. Leurs troncs augmentent de diamètre chaque année, et leurs accroissemens y sont marqués intérieurement par des cercles; ils sont revêtus d'écorce; l'aubier de leur bois est à leur circonférence, et la partie la plus dure au centre. Les palmiers ne paraissent donc être que de grandes plantes du genre des graminées, et soumises comme elles aux influences de la lune dans la pousse de leurs feuilles et de leurs fruits. Mais, si les arbres portent au dedans des anneaux en rapport avec les périodes annuelles du soleil, les palmiers en montrent de semblables au dehors. Les premiers se composent, chaque année, de colonnes concentriques; les seconds, de tambours posés les uns sur les autres. Les arbres cachent les dates de leur âge, les palmiers les mettent en évidence. Chaque mois lunaire ceux-ci poussent une feuille, comme le latanier, ou un régime de fruits, comme le cocotier, et leur tête entière s'élève d'un cran. Lorsque les nouvelles palmes se développent, les inférieures, qui sont les plus anciennes, tombent, et laissent sur le tronc des espèces de hoches raboteuses et annulaires, qui servent à la fois de marques chronologiques, et de degrés pour monter à son sommet. Le palmier est par excellence le végétal du soleil; c'est un gnomon qui marque les heures par son ombre, les mois lunaires par ses feuilles nouvelles, les années par les vieux cercles de sa tige. Ses espèces, dont les botanistes connaissent au moins quatre-vingts, qui ont chacune plusieurs variétés très-distinctes, sont répandues autour du globe dans toute la zone torride, et même quelques-unes plus de six degrés au-delà. Il y en a sans doute encore beaucoup d'inconnues. Enfin il n'est aucun végétal qui manifeste autant que lui les harmonies soli-lunaires.

Celles qu'il a avec l'homme ne sont pas moins nombreuses et remarquables. La circonférence des plus gros n'a pas plus d'amplitude que celle de ses bras. Lorsqu'il veut y grimper, il se fait, avec une des palmes tombées, une ceinture dont il s'entoure avec le tronc, et, en s'aidant des pieds et des mains, au moyen des anneaux qui lui servent d'appui, il s'élève jusqu'au sommet pour en tirer du vin, ou pour en cueillir les fruits. C'est ainsi qu'à l'île de France j'ai vu les noirs monter au sommet des cocotiers avec la plus grande facilité.

Il y a un grand nombre de rapports très-marqués entre les fruits du palmier et plusieurs parties du corps humain. Le coco simple, dépouillé de son caire, offre, avec ses trois trous, une parfaite ressemblance avec une tête de nègre. Celui des Maldives, qui est double, a une ressemblance encore plus frappante avec les parties antérieure et postérieure du corps d'une négresse à sa bifurcation. Comme les cocotiers sont assez connus, je chercherai quelques-uns de ces rapports humains dans le dattier. Ce magnifique végétal réunit en lui la plupart des avantages des autres palmiers, dont son espèce semble le prototype; il porte dans ses fruits un aliment délicieux, et qui exhale les plus doux parfums. Sa tige toujours droite, en contraste avec celle du cocotier souvent courbée par les vents, s'élève au moins à quarante pieds de hauteur. Son sommet, ou chapiteau, a environ six pieds, et est revêtu de longues branches feuillées, appelées palmes : elles ont plus de quinze pieds de long. Les feuilles qui les garnissent sont placées obliquement et alternativement, à peu près comme les barbes d'une plume. Elles ont une coudée de longueur et deux pouces de largeur; elles sont pointues, ligneuses, et ressemblent à la lame d'un poignard, ou à la feuille d'un roseau. Les palmes qui les portent sont pour l'ordinaire au nombre de cent vingt, dont quatre-vingts sont inclinées et horizontales, et quarante perpendiculaires : de manière qu'elles forment, au sommet du palmier, une tête circulaire par son plan et conique par son élévation. Des aisselles des palmes supérieures naissent de grosses enveloppes ou gaînes, appelées élatés, au nombre de huit ou neuf, très-fermes au dehors, et très-polies au dedans. Ces élatés s'entr'ouvrent, et il sort de chacun d'eux une grappe, ou régime de fleurs qui se changent en fruits lorsqu'elles ont été fécondées par les fleurs du palmier mâle. Ces fruits, appelés dattes, sont de la forme de la bouche, disposés deux à deux sur des cordons en zigzag; chaque grappe en porte près de deux cents, qui sont verts dans leur croissance, et dorés dans leur maturité. Ils sont d'un goût délicieux dans leur fraîcheur, et ils se conservent un an dans leur sécheresse ; mais quoique très-nourrissans alors et pectoraux, leur goût diffère autant des premiers, que le goût des figues sèches diffère de celui des figues fraîches. Toutes ces grappes, de la grandeur d'un homme, chargées de leurs beaux fruits couleur d'or, pendent comme des lustres autour de la cime du palmier, surmontées de ses belles palmes verdoyantes, qui forment au-dessus d'elles un dais magnifique. Enfin la nature prévoyante a fortifié les bases des feuilles et des grappes du palmier, souvent agité des vents, par trois ou quatre espèces d'enveloppes à réseaux, fortes comme des brins de chanvre, et semblables à de grosses étoupes jaunes. Souvent des tourterelles font leurs nids dans les replis de ces enveloppes, comme dans ceux d'une draperie.

Je ne m'arrêterai pas ici aux productions du palmier, qui servent aux besoins journaliers d'une multitude de peuples. Les Arabes et les Indiens s'alimentent de ses fruits, emploient ses durs noyaux, après les avoir fait bouillir, à la nourriture de leurs chameaux; font des vases avec ses dattes, des toiles avec sa bourre, la charpente de leurs maisons avec son tronc, et leurs toits avec ses feuilles. On peut lire les détails de ses usages, et de ceux du cocotier, dans les voyageurs, entre autres dans François Pyrard, qui n'a rien omis sur le palmier maritime; mais je parlerai des proportions du dattier, dont personne n'a rien dit, que je sache. Si le cocotier a servi de modèle à l'architecture navale, par la forme carénée de ses fruits, le dattier en a servi à son tour à l'architecture terrestre.

J'observerai d'abord que la largeur de la tête du dattier est égale à la hauteur de sa tige sous les feuilles. La chose est évidente, car si vous prenez la largeur de sa tête de l'extrémité d'une des palmes horizontales à celle qui lui est diamétralement opposée, vous aurez seize pieds pour chacune d'elles, et deux pieds pour l'épaisseur du tronc qui les porte ; ce qui fait en tout un diamètre de trente-quatre pieds, égal à la hauteur de la tige sous les feuilles. Le couronnement de cette tige, formé par les palmes, a en élévation la moitié de son diamètre, c'est-à-dire environ dix-sept pieds ; car les palmes en ont seize, et le chapiteau qui les porte en a six ; ce qui fera vingt-deux. Mais comme les palmes y sont rangées par étages, les inférieures, qui ont tout leur développement, ont seules seize pieds; tandis que celles du sommet, qui ne font que de se développer, en ont tout au plus onze, qui, avec les six du chapiteau qu'elles terminent, font, en tout, dix-sept pieds d'élévation. Cette proportion est à peu près la même dans le bananier, dont les feuilles, de six pieds de longueur, couronnent une tige de douze pieds de hauteur. Mais, comme elles partent du même centre, elles ont un peu moins d'élévation à leur sommet.

Ils ont, l'un et l'autre, une hauteur qui est une fois et demie leur largeur.

J'ai remarqué que cette proportion du palmier était la plus agréable de toutes, soit dans les berceaux et les avenues formés par des arbres, soit dans les salons. Elle produit, par son élévation, le sentiment de l'infini. C'est celle qu'affectait l'architecture gothique de nos temples, dont les voûtes élevées, supportées par des colonnes sveltes, présentaient, comme la cime des palmiers, une perspective aérienne et céleste qui nous remplit d'un sentiment religieux. L'architecture grecque, au contraire, malgré la régularité de ses ordres et la beauté de ses colonnes, offre souvent dans ses voûtes un aspect lourd et terrestre, parce qu'elles ne sont pas assez élevées par rapport à leur largeur.

Enfin, les proportions du palmier se retrouvent dans l'homme même, qui réunit en lui les plus belles de la nature; car ses bras étendus ont une longueur égale à sa hauteur, et sa tête ombragée d'une chevelure flottante imite en quelque sorte la cime ondoyante de ce bel arbre.

Si le palmier, dans son ensemble, présente la plus belle des proportions pour l'élévation et la largeur des voûtes, il offre également dans sa tige le plus beau modèle des colonnes qui doivent les supporter. Les Grecs, qui ont voulu s'approprier l'invention de tous les arts libéraux, ont prétendu qu'ils avaient imaginé les ordres toscan, dorique, ionique et corinthien; qu'ils avaient pris les proportions de la colonne ionique et des volutes de son chapiteau d'après la taille et la coiffure d'une fille ionienne, et le chapiteau corinthien, d'après une plante d'acanthe sur laquelle on avait posé par hasard un panier. Mais, bien long-temps avant eux, la nature en avait offert les divers modèles, dans le palmier-dattier, aux peuples de l'Asie, comme on le voit encore dans les ruines de Persépolis à Chelmina, dont les colonnes ont des chapiteaux à feuilles de palmier. Quant aux volutes et proportions de la colonne ionique, il est certain qu'elles n'ont aucun rapport à la coiffure d'une fille, ni à sa taille, qui n'a jamais été tout d'une venue.

Je ne rejette point les harmonies des végétaux avec l'homme, et celles de l'homme avec les végétaux : au contraire, j'en recueille autant que je puis; je suis même persuadé qu'il en existe un très-grand nombre que je ne connais pas; mais je n'en veux admettre aucune qui soit douteuse. Il est possible qu'en comparant la hauteur d'une jeune fille avec la largeur de son visage, on trouve que dans l'enfance elle ait sept fois ce diamètre, huit fois dans l'adolescence, neuf fois dans la jeunesse et dix fois l'âge mûr. Il est possible encore qu'on ait rapporté ces proportions à celles des différens ordres; car, comme on sait, c'est le rapport de la hauteur de la colonne à sa largeur qui les constitue. Mais il est sans vraisemblance que des Grecs, nés au sein de la liberté et du goût, aient donné à une poutre verticale destinée à porter des fardeaux, les proportions d'une jeune fille; qu'ils aient cru imiter sa taille en formant un cylindre, les plis de ses vêtemens par des cannelures, et les contours de sa coiffure par des volutes. Il est évident, au contraire, que la tige du palmier a donné le premier modèle de la colonne, par son attitude perpendiculaire et l'égalité de ses diamètres; celui des tambours cylindriques, dans l'ordre toscan rustiqué, par ses anneaux circulaires et annuels; des cannelures du fût, par les crevasses verticales de son écorce, qui portent à sa racine l'eau des pluies qui tombent sur ses feuilles; des volutes du chapiteau ionique, par les premières sphères de ses élatés; du chapiteau corinthien, par le feuillage de ses palmes; des proportions des divers ordres, par la hauteur de son tronc à différens âges; enfin, de l'accouplement même des colonnes, par la manière dont les palmiers se groupent naturellement.

La tige du dattier d'abord semble faite pour porter un grand fardeau, à cause de sa large cime, sinon pesante par elle-même, qui le devient au moins par les secousses des vents auxquelles elle est exposée. Elle ne se plaît que le long des ruisseaux, dans les déserts orageux de l'Arabie, où les vents élèvent des tempêtes de sable qui ensevelissent quelquefois des caravanes entières. Il en est de même des autres espèces de palmiers, qui aiment tous les climats exposés au vent : tels que le cocotier qui croît sur les écueils de la mer, le latanier sur ses rivages, et le palmiste au sommet des montagnes. C'est sans doute par cette raison que les tiges de toutes ces espèces, si différentes en productions, sont composées d'un paquet de fibres plus fortes à leur extérieur que dans leur intérieur, et que les feuilles dont elles sont couronnées, sont, non-seulement ligneuses, mais élastiques et filamenteuses comme des cordes. Le dattier, ainsi que les autres espèces de palmiers, a, dès sa naissance, un diamètre qui ne change point, à quelque hauteur que sa tige s'élève; tandis que celui des troncs des arbres croît avec eux. Ce diamètre, invariable dans le dattier, a donc déjà un rapport très-marqué avec le diamètre ou module de la colonne, qui ne varie jamais, et qui sert à fixer les proportions de sa hauteur. La colonne a sept fois son diamètre dans l'ordre toscan, huit dans le dorique, neuf dans l'ionique, dix dans le corinthien. Ce sont, je le répète, les seuls rapports de sa hauteur à sa largeur qui constituent les différens ordres. C'est par cette raison que les habiles architectes les réduisent à quatre, et rejettent le composite, parce que ses proportions sont les mêmes que celles du corinthien. Quant à ce nombre de quatre, auxquel ils fixent leurs ordres, ils disent que la colonne paraît trop grosse au-dessous de sept modules, et trop menue au-dessus de dix; mais ils n'en donnent pas la raison. Pour moi, je sens bien comme eux, par rapport aux colonnes isolées; mais, comme je suis persuadé que la raison de nos sentimens est toujours dans la nature, je crois avoir indiqué celle des différentes proportions de la hauteur de la colonne à sa largeur dans les quatre ordres, en les rapportant à celles de la hauteur de l'homme à la largeur de sa tête dans les quatre périodes de son accroissement.

Au reste, nous les trouverons bien marquées dans les développemens même du dattier. En le supposant planté de semence dans le terrain et le climat qui lui sont le plus favorables, il n'a guère moins de deux pieds de diamètre à sa naissance au sortir de la terre. Il est d'abord près de sept ans à se former dans le sein de sa mère, et à acquérir deux à trois pieds de hauteur. Son tronc alors paraît à peine; et ne porte guère qu'une grosse touffe; mais il croît ensuite avec plus de rapidité. A huit ans il sort, pour ainsi dire, de l'enfance : il peut avoir six pieds de haut, ou la hauteur d'un homme. Il prend successivement huit pieds à neuf ans, dix pieds à dix ans, douze pieds à onze ans, quatorze pieds à douze, seize pieds à treize, dix-huit pieds à quatorze, époque à laquelle il laisse paraître ses premiers régimes, et où une jeune fille commence à être nubile; vingt pieds à quinze ans, âge où il porte des fruits fécondés par le dattier mâle, et où une jeune fille a acquis ses plus belles proportions et est propre au mariage. Homère a bien senti ces convenances virginales et conjugales, lorsqu'il fait dire par Ulysse à la prin-

5.

cesse Nausicaa qu'il aperçoit au bord de la mer : « L'enchantement que j'éprouve à votre aspect n'est comparable qu'à celui que je ressentis en voyant, à Délos, ce jeune et magnifique palmier qui s'était élevé tout à coup auprès de l'autel d'Apollon. » C'est à l'âge où le palmier se trouve dans la fleur de sa jeunesse qu'il offre le plus beau modèle de la colonne. Alors ses belles palmes, toujours vertes, prennent chaque jour de l'accroissement ; et s'élevant vers les cieux, malgré les tempêtes, elles deviennent les symboles de la gloire et de l'immortalité. C'est à cette élévation que les tourterelles, rassurées, viennent déposer leurs nids dans ses draperies, et que les architectes corinthiens fixèrent les hauteurs des colonnes dont ils décorèrent les temples des dieux et de la déesse des amours.

Des Italiens, en voyant une vigne chargée de pampres et de raisins, former d'agréables spirales autour du tronc nu du palmier, crurent imiter ses grâces en tordant la colonne elle-même ; mais ils ne produisirent qu'un monstre sur le premier des autels de Rome : on corrompit la nature en s'écartant de ses lois.

Le dattier continue d'élever sa tige, dans sa simplicité majestueuse, jusqu'au-delà de quarante pieds. Cette proportion svelte présente dans ses accouplemens de nouvelles beautés à l'architecture gothique. Perrault en avait entrevu les effets, lorsqu'en accouplant deux à deux les colonnes du péristyle du Louvre, il leur donna un demi-module de plus. Il sentit que chaque couple ne faisant, pour ainsi dire, qu'un seul corps, il fallait ajouter à sa hauteur une partie de ce qu'il acquérait en largeur.

Quant à l'ordre le plus agréable dans lequel on doit grouper les colonnes, il est le même que celui dans lequel les dattiers croissent naturellement. En effet, les palmiers ont beaucoup d'agrément lorsqu'ils forment une longue perspective sur les bords d'un ruisseau sinueux comme leur régime, rangés deux à deux, l'un rentrant, l'autre saillant : il semble alors qu'on en voie une forêt. C'est le même point de vue que présente une double colonnade circulaire ou un péristyle dans sa longueur. Cette série d'accouplemens fraternels est un des grands charmes de celui du Louvre. Il a encore quelques rapports qui ajoutent à sa beauté : nous en parlerons aux harmonies fraternelles et conjugales.

Si le dattier donne à l'homme en société des fruits sucrés, onctueux et farineux, réunis à toutes les commodités et à la magnificence de l'ameublement et du logement, les autres espèces de palmiers les lui présentent en détail. Dans toutes les parties de la zone torride, le cocotier, qui croît sur tous les rivages de cette zone, renferme du lait et de l'huile dans ses gros cocos ; et le palmiste, habitant des montagnes, un chou excellent dans son sommet. Le latanier lui présente des éventails sur ses rochers marins. Il a cela de particulier en Afrique, dont le dattier paraît originaire, qu'il donne aux noirs du vin, du vinaigre et du sucre dans sa séve. Dans les îles de l'Asie, le sagou contient dans son tronc épais une farine abondante, et l'arec un aromate dans ses noix. En Amérique, le palmier marécageux de l'Orénoque, pendant les débordemens périodiques de ce grand fleuve, offre à ses habitans des fruits succulens et des asiles dans son feuillage. Tous ensemble fournissent à des tribus entières des subsistances, des vêtemens, des toits, des meubles, des outils de toutes les sortes, des tablettes pour écrire, des câbles, des voiles, des mâts, des bateaux pour voguer d'île en île. Il y a plus de soixante-dix espèces connues de palmiers, mais un grand nombre ne le sont pas. Quoique toutes ensemble elles ne forment, par des caractères qui leur sont communs, qu'un genre primitif qui appartient à la zone torride, elles diffèrent tellement par leurs fleurs et leurs fruits, qu'on peut les regarder comme des genres secondaires, harmoniés, d'une part, avec les différens besoins de l'homme en société dans les divers sites torridiens, et, de l'autre, répartis par leurs variétés aux diverses tribus d'animaux qui y sont répandues. En effet, il y a des palmiers que j'appellerai solaires, parce qu'ils croissent sous l'influence la plus active du soleil, au sein des sables brûlans de l'Afrique, tels que les dattiers. Il y a des palmiers de montagnes, et en quelque sorte aériens par la longueur de leurs flèches qui s'élèvent bien au-dessus des forêts, tels que les palmistes, qui ont quelquefois plus de cent pieds de hauteur. Il y en a d'aquatiques, qui croissent dans les marais d'eau douce, comme ceux de l'Orénoque ; ou dans ceux de la mer, comme les cocotiers ; ou sur les rivages et jusque dans les rochers, comme les lataniers et les vocoa. Entre les tropiques, partout où il y a de l'eau, soit douce ou salée, soit apparente ou souterraine, soit stagnante ou courante, il y croît une espèce particulière de palmier assortie à quelque besoin de l'homme pour ce site-là, et qui, dans chacune de ses variétés, nourrit au moins une espèce particulière de quadrupède, d'oiseau et d'insecte. C'est par cette raison que la nature a donné aux animaux qui en sont les habitans naturels, tels que les singes, de fortes dents canines, et aux perroquets des becs courbés et pointus, faits comme des tenailles et capables de rompre les noix de toutes les espèces de palmiers nucifères. Enfin, comme les tribus de ces animaux sont infiniment variées, il ne faut pas douter qu'elles ne soient en rapport avec celles des palmiers : de sorte qu'on peut dire qu'il n'y a pas une seule île dans l'océan indien qui n'ait son palmier particulier, comme elle a son singe et son perroquet.

La nature, non contente de suspendre, dans la zone torride, ses bienfaits à ces magnifiques végétaux, les a versés dans le sein des humbles graminées avec non moins de profusion. Elle a mis le sucre tout pur dans la sève d'un roseau, et la farine dans les gros épis encapuchonnés du maïs, et dans ceux du riz et du millet, qui sont divergens. Elle a étendu ensuite ces substances primitives dans les blés des zones tempérées, qui, par leurs diverses fermentations, donnent des alimens farineux et des boissons vineuses, spiritueuses et cordiales. L'orge croît jusqu'au sein de la zone glaciale. Ainsi les plus mobiles des herbes sont les premiers supports de la vie humaine et de celle des animaux.

Non-seulement la nature a satisfait à tous les besoins des êtres sensibles avec des graminées, gladiolées, palmifères, arondinacées, jonchées, mais elle y a encore pourvu par des végétaux de divers genres, dont les prototypes humains sont aussi dans la zone torride. Nous mettons au premier rang les lianes : leurs tiges en spirales et armées de crochets s'harmonient parfaitement avec les troncs perpendiculaires et raboteux des palmiers ou des autres végétaux. Telles sont celles du bétel avec l'arec, du poivrier avec la canne à sucre, de la vanille avec le cacaotier, de la liane à eau avec le palmiste, et de la liane à vin, ou vigne, qui, dans nos climats, se mariant avec l'orme, trouve des supports dans ses branches et des tonneaux dans son tronc.

D'autres genres de végétaux forment les arbres proprement dits, et, avec d'autres combinaisons, pourvoient à tous les besoins de l'homme, suivant les divers sites qu'il occupe. La terre est une vaste table où la nature sert à ses convives plusieurs services dans des palais de différentes architectures. Elle leur présente sous l'équateur des substances farineuses dans le fruit à pain du rima, et dans le pain d'épices du courbari; des sucs rafraîchissans dans l'orange et le citron; des crèmes parfumées dans l'atte, le jacq et le durion; des melons dans la papaye; des confitures, des gelées et des conserves dans les litchis, les mangoustans, les rangoustans, les mangues, les abricots de Saint-Domingue;

des fondans dans les corossols et les pommes d'acajou; des onctueux échauffans dans les amandes du badanier; des stomachiques dans le café et le cacao; des cordiaux dans les épiceries du cannelier, du muscadier, du giroflier et du ravinsara, qui en réunit toutes les saveurs. De tous ces arbres, il n'y en a pas un qui se ressemble par ses feuilles, ses fleurs, ses fruits, sa verdure et son attitude. Dans ce magnifique banquet, les buffets et la vaisselle sont variés comme les mets : je n'en nomme cependant que la plus petite partie. Il n'y a pas moins de prodigalité dans l'habitation de l'homme; c'est un palais garni de tous ses ameublemens. Il trouve des urnes de toutes les grandeurs su pendues au calebassier; une citerne entière au sein des sables brûlans d'Afrique, dans le tronc caverneux du baobab; un parasol capable de couvrir la plus nombreuse famille dans la feuille du tallipot; une laine blanche et légère, propre à ses vêtemens et à son lit, dans les gousses du cotonnier; des appartemens entiers de verdure, avec leurs cabinets, leurs salons, leurs galeries sous les arcades du figuier des banians; une multitude de fruits agrestes dans ces arbres et dans leurs diverses espèces, pour captiver les animaux domestiques par des bienfaits qui ne lui coûtent rien; et une foule d'arbres et d'arbrisseaux épineux, armés de poinçons, d'alènes, de lancettes, de hallebardes, pour servir de remparts à son habitation, et en éloigner les animaux sauvages.

Ces mêmes prévoyances se présentent avec d'autres combinaisons dans les arbres des zones tempérées. La nature les proportionne à nos besoins, suivant le cours des saisons. Dans les chaleurs ardentes de l'été, les tribus nombreuses de cerisiers, de pruniers, d'abricotiers, de pêchers, nous donnent des fruits rafraîchissans et fondans; et celles des mûriers et des figuiers, des alimens sucrés et pectoraux. Toutes ces productions sont fugitives comme les beaux jours : mais lorsque le soleil s'éloigne de nous avec elles, elles sont remplacées par d'autres, qui sont stationnaires, et qui suppléent à son absence par leurs sucs réchauffans et nourriciers. Les poiriers et les pommiers nous présentent vers la fin de l'été leurs fruits vineux. Quand l'automne voile de ses brouillards froids l'astre de la lumière et de la chaleur, les chênes verts et les châtaigniers se hâtent de nous donner leurs glands farineux et substantiels; les pistachiers, les oliviers, les amandiers, les noisetiers, les noyers, leurs huiles savoureuses; et les vignes, dans le jus fermenté de leurs grappes, les plus puissans des cordiaux. Les épiceries mêmes apparaissent dans l'arbre de Winster, au détroit de Magellan, si toutefois on peut mettre dans la zone tempérée ce climat, désolé toute l'année par les vents, les brumes et les neiges. Enfin les frênes, les tilleuls, les saules, les ormes, les hêtres, les chênes, et une foule d'arbres de divers genres qui nous ont donné, sous leurs charmans feuillages, des abris contre les ardeurs de l'été, nous fournissent, dans leurs rameaux et leurs vastes flancs, des toits, des charpentes, des foyers contre les rigueurs de l'hiver.

Souvent les dons que la nature a suspendus aux arbres sont déposés sur de simples herbes, soit que celles-ci soient des consonnances des genres arborescens, comme les graminées le sont des palmiers, et que la nature les ait destinées à croître sur des sols qui ont peu de profondeur, soit plutôt qu'elles forment une seconde table de réserve, à l'abri des injures des élémens En effet, un arbre est plusieurs années à donner ses premiers fruits, et quelquefois un âge d'homme à parvenir à sa dernière hauteur, tandis que l'herbe atteint à sa perfection dans le cours d'une année. Si l'un et l'autre sont détruits par des incendies ou des ouragans, il y a un intervalle immense entre leur reproduction. Il faut un siècle pour former une forêt, et un seul printemps pour faire croître une prairie. C'est sans doute par cette raison que la nature a quelquefois attaché sous terre, à de simples racines, des fruits qu'elle avait suspendus aux rameaux les plus élevés dans la région des tempêtes.

Quoique nous ayons observé que les espèces des herbes étaient plus nombreuses que celles des arbres dans les zones tempérées, leurs prototypes croissent dans la zone torride, où sont réunies toutes les richesses de la puissance végétale, ainsi que celles des autres puissances. On trouve des farineux sucrés dans le bulbe de la patate et de l'igname; des épiceries dans les pates du gingembre; des huiles dans les capsules souterraines de la fausse pistache, remplies d'amandes très-savoureuses lorsqu'elles sont grillées. Ces mêmes substances se montrent en évidence dans les aromates des graines du cardamome et de l'anis, dans les semences farineuses et huileuses d'une multitude d'herbes à fleurs papilionacées et cruciées. Les teintures bleues se manifestent dans la couleur glauque de l'herbe de l'indigo; on peut trouver encore des vases dans les cucurbitées; des retraites et des habitations dans quantité d'herbes sarmenteuses; des haies et des remparts dans les épines des tribus nombreuses des nopals, des raquettes, des aloès, des cactus, qui forment des forêts dans le Mexique. Ce genre épineux de végétaux, aussi étendu que celui des palmiers, semble appartenir aux arbres par son élévation; il s'élance à des hauteurs prodigieuses, et végète pendant des siècles. Mais comme il est dépourvu de branches, qu'il n'a que des fils et des pulpes dans ses tiges, et qu'il croît sur les sols les moins profonds, nous le plaçons au rang des herbes. Lui seul pourrait suffire aux principaux besoins de l'homme; car il lui donne des espèces de figues dans les pommes de raquettes, un fruit délicieux dans l'ananas, qui semble être une espèce d'aloès, et des fils de pite très-forts dans les feuilles de l'aloès de la grande espèce. Ce genre est très-répandu dans l'Amérique.

Nous retrouverons quelques productions des arbres torridiens dans les herbes annuelles et bisannuelles de nos climats. Le goût du fruit de l'arbre à pain se retrouve dans celui du cul d'artichaut; le melon du papayer et la courge du calebassier rampent sur les couches de nos jardins; la pulpe fondante et parfumée du corossol reparaît dans la fraise qui tapisse nos bois, et celle du litchi dans le framboisier. Les saveurs aromatiques des épiceries se font sentir dans nos pimens, nos sarriettes, nos thyms, nos basilics. Mais qui pourrait nombrer les substances farineuses des pommes de terre, aphrodisiaques de la truffe, alcalines de l'ognon, sucrées et pulpeuses des carottes et des betteraves, huileuses du colza, et toutes les herbes qui servent à nos alimens, à nos vêtemens et à notre industrie, comme les légumineuses, les chanvres, les lins, les garances, les chardons même épineux et les orties piquantes? Il semble que l'Abondance a épuisé une de ses cornes dans nos jardins et dans nos campagnes.

Cependant, il ne faut pas s'imaginer que les contrées boréales soient dépourvues de végétaux. J'ai vu croître en Finlande, au-delà du soixante-et-unième degré de latitude, plusieurs plantes légumineuses et potagères de nos climats, telles que les choux et les pois. J'y ai même vu cultiver le tabac, et le cerisier y porter des fruits. On y récolte l'avoine et l'orge. Il n'est pas douteux qu'un grand nombre de nos plantes annuelles pourraient y venir à l'abri et dans les reflets de ses roches. Nos climats s'enrichiraient à leur tour des végétaux qui leur sont indigènes, entre autres du chou-rave d'Archangel, dont la pomme solide, colorée en dehors des plus vives teintures de la pourpre et du vermillon, renferme au dedans la saveur de l'artichaut. Plusieurs arbrisseaux et arbres même de nos montagnes y perfectionnent leurs qualités. Le genévrier aromatique y parvient à plus de douze pieds de hauteur; ses rameaux hérissés de feuilles piquantes, et ses grains noirs glacés d'azur contrastent de la manière la plus agréable avec le sorbier au large feuillage et aux grappes écarlates. Tous deux conservent leurs fruits au sein des neiges, et dans les plus grandes rigueurs de l'hiver, et ils offrent à l'homme, par leur harmonie, le premier dans l'aromate de ses grains, le second dans le jus de ses baies, une eau-de-vie qui est un puissant et salutaire cordial. Les bois y sont tapissés de fraisiers. On croit y reconnaître le fruit de la vigne dans la baie bleue et vineuse du myrtille, et celui du mûrier dans celle blanche et pourpre du kloukva, qui rampe au pied des roches, au sein d'un feuillage du plus beau vert. Si ces baies n'égalent pas en qualité celles dont elles imitent les formes et les couleurs, elles les surpassent en durée; car, lorsque l'hiver les a frappées de froid et ensevelies sous les neiges, elles s'y conservent jusqu'au printemps avec toute leur fraîcheur.

Si nos arbres fruitiers semblent expirer vers le nord, ceux de ses forêts y prennent une nouvelle vigueur. La puissance végétale s'y montre à la fois dans une jeunesse toujours verdoyante, et dans la sombre majesté de l'âge avancé. Toutes les tribus des peupliers, dont le vaste bouleau paraît le chef, y contrastent avec celles des pins et des sapins dont le cèdre est le prototype. Les premiers, à la cime étendue, au feuillage ondoyant, exhalent en été les parfums de la rose, et fournissent des eaux sucrées, du papier, des chaussures, des vases, des tonneaux, des nacelles imperméables à l'humidité. Les seconds donnent en hiver des fruits huileux, des flambeaux odorans dans leurs branches résineuses, des matelas dans les longues mousses qui en pendent jusqu'à terre, et nous offrent des toits sous leurs hautes pyramides. Si le palmier des zones torrides a sa tête en parasol hémisphérique pour donner de l'ombre, des palmes ligneuses pour résister aux vents, une tige nue pour donner passage à l'air si nécessaire dans les pays chauds, le sapin, au contraire, a des branches qui se relèvent par leurs extrémités, et laissent tomber leurs folioles à droite et à gauche, en forme de toit, pour faire glisser la neige. Il porte les plus basses à deux fois la hauteur de l'homme, pour lui faciliter le passage dans les forêts; mais il les élève quelquefois à plus de cent pieds, et les neiges forment autour de sa circonférence un rempart contre l'âpreté de l'atmosphère. Le sapin du nord est vert ainsi que le palmier du midi. Si le sapin avait une cime large et touffue comme le palmier, il serait accablé par le poids des neiges qui y séjourneraient; si le palmier portait la sienne en pyramide de feuilles comme le sapin, il serait renversé par la violence des ouragans, si terribles dans la zone torride. Cependant il y a des arbres dans cette zone dont la forme est pyramidale, tels que le badanier, et il en est dans la zone glaciale dont la cime est hémisphérique, comme le pin nautique; mais les étages du badanier sont évités, et assez semblables à ceux d'un roi d'échecs, et la cime du pin est à jour, et n'est formée à sa base que de branches nues, disposées en parasol. Ainsi la nature a proportionné les feuillages et le port des arbres aux contrées où ils devaient croître.

Nous avons vu que les peuples du midi avaient trouvé les proportions et les ornemens de leur architecture dans les palmiers : ceux du nord en pourraient trouver une plus convenable à leur climat dans les sapins; elle ne manquerait pas d'agrémens. Si le tronc du palmier a fourni aux premiers de hautes colonnes d'un diamètre égal, celui du sapin en donnerait aux seconds d'un diamètre qui irait toujours en diminuant de bas en haut, et augmenterait leur élévation par la perspective. Si les architectes grecs ont orné de palmes le chapiteau corinthien, s'ils y ont ajouté quelquefois les toiles à réseau de leurs bases et les nids qu'y forment les colombes, les architectes du nord pourraient couronner de même leur colonne de sapin de ses propres rameaux, les garnir de leurs mousses naturelles, et y figurer les écureuils qui les habitent avec leurs queues relevées en forme de plumet sur leurs têtes. Si la colombe est le plus aimable des oiseaux, l'écureuil est le plus agréable des quadrupèdes.

Le nord aurait donc un ordre d'architecture à lui, puisque c'est le rapport de la hauteur de la colonne à sa largeur qui le constitue. C'est par cette raison que les habiles gens rejettent l'ordre composite, parce que sa colonne a les mêmes proportions que le corinthien. L'ordre septentrional, au contraire, varierait celles de sa colonne dans chacun de ses diamètres, suivant l'angle déterminé par la nature dans la diminution du tronc des sapins : j'en ignore la valeur, qui, ce me semble, est facile à connaître, si, comme je le crois, il est invariable. J'appellerais cet ordre conique ou pyramidal, comme on pourrait appeler cylindriques les quatre ordres grecs, d'après les formes de leurs colonnes; mais j'aime mieux trouver les choses que d'en chercher les noms, car la nature est très-abondante et la langue stérile.

Au lieu de disposer ces colonnes en longs péristyles, comme celles des Grecs, sans doute d'après l'ordre où sont rangées les dattes sur les grappes du palmier, je les grouperais en rotondes coniques, dans le même ordre où les semences du sapin sont rangées dans leur cône. Pour cet effet, je donnerais une élévation progressive aux colonnes du centre de la rotonde, ce qui en augmenterait l'étendue en perspective, par celles de la circonférence, qui seraient plus courtes et d'un moindre diamètre. Si le péristyle est favorable à la fraîcheur dans les pays chauds, parce qu'il offre une libre circulation, la rotonde conique ne l'est pas moins à la chaleur dans les pays froids, parce qu'elle la concentre au dedans et qu'elle arrête le cours du vent au dehors. L'intérieur et l'extérieur de sa voûte figureraient les mailles et la forme ovoïde si agréable de la pomme de pin. Les neiges y trouveraient une pente facile, et ne s'y arrêteraient pas comme sur les toits plats de Pétersbourg, où l'on a adopté l'architecture méridionale si peu convenable aux pays froids.

Les Grecs avaient entrevu les beautés qui pouvaient résulter des proportions et des productions du sapin, puisqu'ils les avaient ajoutées à la colonne imitée du palmier. Ils diminuaient le diamètre de celle-ci aux deux tiers de sa hauteur, afin d'accroître sans doute son élévation en perspective. Ils employaient fréquemment la pomme de pin pour ornement dans leur architecture, et surtout sur les tombeaux; ils donnaient même à leurs rotondes la forme elliptique ou de cône, si agréable.

Les Égyptiens adoptèrent la forme entière du sapin dans leurs pyramides et leurs obélisques. Quant aux Chinois, depuis long-temps ils donnent à leurs riches pavillons des troncs de sapin pour colonnes, et à leurs toits la forme d'un de ses rameaux relevés aux extrémités. Dans leurs jardins, ils ornent l'entrée de leurs grottes de cet arbre majestueux, dont la verdure est éternelle, et ils le regardent comme le symbole de l'immortalité.

C'est sous les ombrages de ce bel arbre, dans son atmosphère odorante et aux doux murmures de ses rameaux, que j'ai passé dans la solitaire Finlande des momens paisibles, souvent regrettés. Mes yeux se promenaient avec délices sur les sommets arrondis de ces collines de granit pourpré, entourées de ceintures de mousses du plus beau vert, et émaillées de champignons de toutes les couleurs. Ces productions spontanées fournissent des mets exquis à ses habitans, dont rien n'égale l'innocence et l'hospitalité. Elles s'étendent vers le nord, bien au-delà de la région des sapins. Les mousses croissent sur les rochers les plus arides, et nulle part on n'en trouve en si grande abondance et d'espèces si variées que dans les contrées les plus septentrionales. J'entrais jusqu'aux genoux dans celles qui tapissent le sol des forêts de la Russie; tandis que je n'ai trouvé que des lianes rampantes sur celui des bois de l'île de France. Il y a en Laponie plusieurs espèces de mousses comestibles, farineuses, sucrées, parfumées. La nature a mis dans ces climats un animal à cornes ramifiées, qui en tourne les substances aux principaux besoins de l'homme. Le renne moussivore offre au Lapon, dans ses quatre mamelles, un lait plus épais que celui de la vache; dans sa toison, une fourrure plus chaude que celle de la brebis; et, dans sa course, un service plus rapide que celui du cheval. Il y a, de plus, dans les lacs de la Laponie, une multitude d'oiseaux aquatiques et de poissons. J'ai vu dans ceux de la Finlande, qui en font partie, des quantités prodigieuses de canards et d'oies sauvages. Au printemps, l'air est rempli de ces oiseaux, ainsi que de bécasses et de cygnes qui vont faire leurs nids dans ces parages, et qui retournent aux approches de l'hiver vers des climats plus méridionaux.

Que dis-je? au-delà de ces rivages où toute végétation terrestre disparaît, des algues innombrables et de toutes sortes de formes sortent du fond des mers. Ces plantes pélagiennes peuvent, sans doute, fournir quelques subsistances à l'homme. Les Japonais savent tirer des alimens de celles de leurs îles. C'est dans les mers voisines des pôles, que des navigateurs ont pêché le *fucus giganteus*, qui a plus de deux cents pieds de longueur. Les rivages du Groënland, du Spitzberg et de la Nouvelle-Zemble, sont tapissés d'herbes marines, où viennent s'échouer comme sur des litières les chevaux et les lions marins, semblables, par la mollesse et l'abondance de leur graisse, à des outres pleines d'huile. C'est dans les flancs de ces amphibies que les Lapons et les Samoïèdes puisent les provisions de leurs lampes et de leurs foyers. Il en est parmi eux d'assez hardis pour aller les chercher au sein des mers et des glaces marines. C'est là qu'un simple pêcheur, dans un petit canot qu'il peut porter sur ses épaules, ose harponner l'énorme baleine, longue comme un vaisseau de guerre. En vain, dans sa douleur, elle bouleverse la mer de sa large queue et de ses grands ailerons; en vain elle se réfugie dans les rochers flottans de glaces, qu'elle rougit de son sang : il vogue à sa suite, attaché à elle par une simple ligne, et, lorsqu'elle a perdu ses forces, il la remorque après lui et l'amène sur le rivage aux applaudissemens de tous ses compatriotes. Ils trouvent des alimens dans sa chair, des huiles délicieuses à leur palais dans sa graisse, la matière de leurs foyers dans ses crottons, des vêtemens dans ses intestins, la charpente de leurs canots dans ses fanons, et celle de leurs toits dans ses grands os. Le harponneur lapon, plus audacieux que tous les héros de l'antiquité, seul, au sein du plus terrible des climats et des élémens, d'un coup de trait perce un colosse formidable, et procure l'abondance à toute sa tribu.

Mais c'est la nature seule qui est digne de nos louanges et de notre admiration. C'est elle qui a fait vivre le plus grand des animaux aux lieux où expire la puissance végétale, et qui a renfermé sous le cuir de la baleine tout ce qui était nécessaire aux besoins de l'homme, afin qu'il n'y eût pas sur le globe un point où un être intelligent et sensible ne pût jouir de ses harmonies. Le Groënlandais, arraché par l'avare et dur navigateur à son climat qui nous paraît affreux, devenu un objet de curiosité à la cour des rois, soupire, sous leurs lambris dorés, après les campagnes de neige, les montagnes de glace et les aurores boréales de sa patrie : et, s il entend par hasard les cris d'un nourrisson dans les bras de sa mère, il lève vers le ciel des yeux baignés de larmes, au souvenir de sa compagne fidèle et de ses chers enfans qui l'appellent en vain sur les rivages brumeux et retentissans de son île fortunée.

Ce ne sont donc pas seulement les harmonies physiques qui nous attachent à la vie ; les morales nous y lient bien davantage, en nous élevant vers les cieux. Ce sont elles qui donnent tant de charmes aux jouissances physiques, en se confondant avec elles. Elles ordonnent et elles assemblent toutes les harmonies des diverses puissances ; et leur effet est si sensible, que les botanistes qui n'ont point aperçu les rapports élémentaires, animaux et humains de la puissance végétale, en ont caractérisé les genres par des rapports moraux, comme nous l'allons voir.

Nous avons vu que l'harmonie fraternelle se manifestait dans chaque végétal par ses feuilles, ses fleurs et ses semences, divisées pour l'ordinaire en deux parties égales, afin qu'elles pussent s'entr'aider. Elle reparaît encore dans les agrégations de ses rejetons ou de ses plants, dont elle forme des touffes ou des bocages. Enfin elle se montre dans ses espèces diverses, qui ne sont que des consonnances, et pour ainsi dire des fraternités du même genre. Mais les genres aussi s'unissent entre eux par leurs contrastes mêmes ; et c'est leur harmonie qui donne tant de charmes aux paysages. Dans la zone torride, un grand nombre d'arbres ont leur tronc perpendiculaire et dépouillé de branches à leur partie inférieure, et presque jusqu'à leur sommet, afin de n'être pas trop en prise aux ouragans. D'un autre côté, il y a une très-grande variété de lianes grimpantes, qui revêtissent de leurs feuillages les tiges nues des arbres. Les unes et les autres forment les plus charmans contrastes ; car, feuilles, fleurs, fruits, attitudes, n'ont rien qui se ressemble. Je suis porté à croire que chaque genre d'arbre a son genre de lianes. Nous avons déjà dit qu'aux Indes la plante sarmenteuse du bétel tournait en spirale autour du palmier-arec ; mais, ce qu'il y a de particulier, c'est que la feuille du bétel et la noix de l'arec produisent, par leur mélange, une saveur très-agréable aux Indiens. Ils en font un mâchicatoire dont ils usent sans cesse. Il en est de même de la canne à sucre et de la liane du poivre qu'ils groupent souvent ensemble, et dont ils aiment également à mêler les saveurs. Les Indiens occidentaux retrouvent ces harmonies dans le cacaotier et la vanille.

Mais la terre est couverte de genres de végétaux fraternisans. En Italie, la vigne et l'orme ; dans nos campagnes, les blés et les légumineuses ; dans nos prairies, les graminées et les trèfles ; sur les bords de nos rivières, les saules argentés et les aunes au vert sombre ; au sein des ondes, les roseaux perpendiculaires et les nimphæa aux feuilles horizontales ; dans nos forêts, les chênes et les châtaigniers ; dans celles du nord, les sapins pyramidaux et les bouleaux à la large cime ; sur les rochers de la Finlande, les champignons et les mousses ; enfin, sur ceux même du stérile Spitzberg, le cochléaria vert et l'oseille rouge, et une infinité d'autres, forment, jusqu'au fond des mers, par la fraternité de leurs genres, la plus agréable et sans doute la plus utile des harmonies végétales. Linnée l'avait entrevue, lorsqu'il a donné le nom d'adelphie ou de fraternité à l'assemblage des anthères dans les fleurs ; mais il aurait dû l'étendre à celui des fleurs mêmes, des familles, des espèces et des genres, puisqu'elle y est encore plus apparente. Il n'a fait qu'une application particulière d'une loi générale. Ce que j'en dis n'est pas pour diminuer son mérite. La gloire d'une découverte appartient plus à celui qui aperçoit en mer la première pointe d'une île inconnue, qu'à celui qui en achève le tour. Pour moi, j'en côtoie seulement çà et là quelques rivages.

L'harmonie conjugale des genres est encore plus caractérisée que l'harmonie fraternelle dans la puissance végétale, et n'en a pas moins été long-temps méconnue. On sait aujourd'hui qu'elle divise les végétaux, ainsi que les animaux, en deux grands genres, masculin et féminin, réunis à la vérité pour la plupart dans le même individu, et souvent dans la même fleur. Les pommiers, les pêchers, les pruniers, les vignes, les légumineuses, les graminées, et beaucoup d'autres, offrent dans leurs fleurs la réunion parfaite des deux sexes. Les cucurbitées, les noisetiers, les châtaigniers, etc., en présentent la division sur les rameaux du même individu ; enfin les palmiers-dattiers, les lataniers, les papayers, et dans nos climats les pistachiers, les ormes, les chanvres, les lychnis, en montrent la séparation totale sur des tiges isolées, et souvent fort éloignées les unes des autres. Il est aisé de sentir pourquoi la nature a réuni les deux sexes d'un végétal dans sa fleur. On voit que, n'étant pas susceptibles de déplacement, et privés d'ailleurs d'intelligence, ils ne pouvaient ni se chercher ni se rapprocher. Quant aux sexes qui sont séparés sur les branches du même végétal, ou qui sont tout-à-fait isolés, j'avoue que j'en ignore la raison. Elle existe sans doute, et elle doit être très-curieuse à découvrir. L'exception d'une loi générale est souvent, dans la nature, le fondement d'une loi nouvelle. Quoi qu'il en soit, la fécondation des plantes qui se conjuguent de loin n'est pas moins assurée que celle des sexes qui se conjuguent au sein des mêmes pétales. Ce sont les courans de l'air qui en sont les intermédiaires ; comme ceux des eaux le sont du frai des poissons : ils portent le pollen des mâles aux stigmates des femelles, et en fécondent les ovaires. Au défaut des zéphirs, plus inconstans que les ondes, les insectes ailés, et surtout les mouches garnies de poils, se chargent de cette poussière fécondante en picorant les glandes nectarées des fleurs mâles, et vont la déposer au loin, au sein des fleurs femelles. Souvent l'abeille sans sexe est involontairement la médiatrice de leurs amours. Au reste, malgré tant d'intrigues, les caractères conjugaux des genres sont inaltérables. On voit quelquefois des espèces métisses résulter d'espèces différentes. On cultive dans nos jardins l'abricot-pêche et la prune-abricotée ; mais jamais on n'a vu dans nos forêts le chêne, voisin du châtaignier, porter des marrons ; ni l'orme, le soutien de la vigne, des raisins. Linnée a senti toute l'harmonie conjugale des végétaux, et il en a tiré les caractères principaux de son système botanique, divisé en vingt-quatre classes. Il détermine les treize premières par le nombre des étamines, ou parties mâles, qu'il appelle *andrie*, du mot grec ἀνήρ, ἀνδρὸς, qui signifie mari. Telle est la classe de la monandrie, ou des fleurs qui n'ont qu'un mari ; celle de la diandrie, ou de deux maris ; de la triandrie, ou de trois maris, etc., ainsi jusqu'à la treizième, qu'il appelle polyandrie, parce que ses fleurs renferment un grand nombre d'étamines. Il rapporte ensuite ses quatorzième et quinzième classes à la dynamie ou puissance génératrice, qui appartient aussi à l'harmonie conjugale, à moins qu'on ne veuille l'attribuer à l'harmonie maternelle, qui en est le résultat. Les seizième, dix-septième et dix-huitième sont comprises dans l'adelphie, ou fraternité ; mais comme il n'applique cette harmonie qu'à l'agrégation des étamines, ou des maris, on sent qu'elle est encore du ressort de la conjugale. Il en est de même de la dix-neuvième classe, qu'il nomme syngénésie, qui veut dire *cum gigno*, j'engendre avec, parce que les parties mâles sont jointes avec, ainsi que de la vingtième, qu'il appelle gynandrie, de γυνή, femme, et de ἀνδρὸς, mari, de la réunion des parties mâles aux femelles. Il donne à la vingt-et-unième et à la vingt-deuxième le nom commun d'*œcie*, de οἰκία, maison ; et il les divise en monœcie et en diœcie, parce que les mâles y sont sur un seul et même pied dans la première, et sur des pieds différens dans la seconde. Il fait de la vingt-troisième une polygamie, de πολὺς, plusieurs, et de γάμος, noces, parce que les mâles et les femelles y sont réunis dans les mêmes fleurs. Enfin la vingt-quatrième classe est la cryptogamie, de κρύπτω, je cache, γάμος, les noces, parce que la génération s'y fait d'une manière cachée. On voit donc que Linnée a rapporté toutes ses classes, sans exception, à l'harmonie conjugale et à ses diverses modifications.

L'harmonie maternelle des genres se retrouve dans les fruits ou les semences. Elle caractérise la prévoyance de la nature pour leur conservation, leur transport et leur développement. Ils sont revêtus de balles, comme les grains des graminées ; de capsules, comme ceux des légumineuses ; de cuir, comme les pepins ; de coques pierreuses, comme les noyaux ; d'étoupes solides ou cuirs, comme les cocos ; de brou et de coques ligneuses, comme les noix ; de cuir et d'enveloppes épineuses, comme les châtaignes, etc. Les uns sont armés d'aigrettes ou de volans, pour traverser les airs et se ressemer sur toutes les hauteurs, depuis celle d'une taupinière jusqu'à celle du mont Liban ; telles sont les semences du pissenlit et du cèdre. D'autres sont renfermés dans des espèces de bateaux, pour voguer et se replanter le long des ruisseaux, des rivières et des rivages de la mer, tels que la noisette, la noix et le coco. Quelques fruits, au lieu d'avoir leurs formes carénées, les ont arrondies, afin de s'éloigner en roulant de la tige maternelle, et de pouvoir se reproduire sans obstacle : telles sont les pommes, les oranges, etc. ; mais la plupart de ces rapports sont en quelque sorte élémentaires, quoique établis par une Providence très-attentive à la reproduction de ses ouvrages. Il en est encore de plus maternels, ce sont les cotylédons. Le cotylédon est la feuille nourricière de l'embryon ; c'est la mamelle de la jeune plante. Elle ne reste point attachée au sein maternel, comme dans les animaux : elle accompagne le fœtus, et émigre avec lui. Les graminées et les palmiers n'ont qu'un cotylédon dans leurs semences, qui, pour cette raison, s'appellent monocotylédones; celles des légumineuses en ont deux, et se nomment dicotylédones; d'autres en ont plusieurs, et sont appelées polycotylédones; d'autres n'en ont point du tout, et sont dites acotylédones : telles sont celles des mousses, des champignons, et de tous les cryptogames. Peut-être devrait-on ranger dans ce dernier genre les aloès vivipares, et les rapporter à celui des champignons, comme les palmiers monocotylédons aux graminées. Quoi qu'il en soit, ces caractères maternels des cotylédons ont fourni aux célèbres botanistes Ray, Haller et de Jussieu, la première et principale division de leurs systèmes. Tournefort en a tiré d'autres des fruits mêmes. On peut concevoir encore d'autres harmonies maternelles dans la protection que des genres robustes donnent à des genres faibles, qui, par leurs disproportions, ne peuvent se rapporter aux fraternelles ni aux conjugales. Telles sont celles des buissons épineux avec les violettes qui croissent à leur abri, comme si elles craignaient d'être foulées aux pieds. Telle sont encore celles des grands arbres avec les herbes, surtout avec celles appelées improprement parasites. J'ai remarqué dans mes *Études* que chaque arbre avait son espèce particulière de champignons. Celui de l'aune, arbre des fleuves, ressemble à un coquillage; les vieux troncs des peupliers portent souvent des touffes de scolopendre; ceux des pommiers, le gui aux perles argentées. Chaque arbre a aussi sa mousse. Le chêne donne souvent des supports au chèvre-feuille, au lierre et à plusieurs autres plantes rampantes. Ce sont ces harmonies maternelles du genre le plus fort au plus faible, et du plus élevé au plus humble, qui répandent tant de charmes dans nos antiques forêts.

L'harmonie spécifiante des genres est celle qui produit des genres secondaires, qui diffèrent des espèces proprement dites : ainsi par exemple, le genre primitif des graminées donne les genres secondaires des joncs, des glaïeuls, des roseaux, des palmiers. Ceux-ci, à leur tour, produisent des espèces diverses, telles que les joncs de montagnes creusés en gouttières, et ceux des marais qui sont pleins; les glaïeuls, les iris, les balisiers, les bananiers, les roseaux, les typha, les bambous, les palmiers, les dattiers, les cocotiers, etc. Les espèces donnent des variétés primitives et secondaires. Chacun de ces genres, chacune de ces espèces et de ces variétés, peut se classer de la manière la plus exacte, en fixant d'abord son prototype à un des besoins de l'homme, et ses dérivés à ceux des animaux, et en les rapportant ensuite à chacune des harmonies physique et morale. C'est ainsi que Linnée rapporte au genre des pruniers, non-seulement les pruniers proprement dits, mais les pêchers, les abricotiers, et je crois même aussi les cerisiers. Ce qu'il y a de certain, c'est que Jean-Jacques m'a fait observer, au bas des feuilles de tous les fruits à noyau, deux petits tubercules qui les caractérisent ; ils diffèrent cependant essentiellement les uns des autres par leurs couleurs, leurs formes, leurs parfums, leurs saveurs, leurs qualités. On ne peut en établir les différences que par les moyens harmoniques que j'ai indiqués. Au reste, il n'y a point de genre primitif qui n'ait ses dérivés en grand nombre, et qui ne les étende dans tous les sites, depuis la ligne jusqu'aux pôles, pour les besoins de l'homme et de tous les animaux. Je conçois donc, comme je l'ai déjà dit, que le seul genre des graminées suffirait pour revêtir magnifiquement tous les théâtres de la végétation sur le globe, et y offrir des alimens, des boissons, des vêtemens, des litières, des toits, des foyers, des pelouses et des bocages.

L'harmonie générique des genres dans la puissance végétale est celle qui résulte des contrastes de ses genres primitifs. Nous avons vu que le mot de genre vient d'engendrer. Le genre est donc une création primitive, qui renferme une génération d'espèces harmoniées aux divers besoins des animaux, et dont le prototype se rapporte à un des besoins principaux de l'homme. L'homme étant lui-même un être harmonique, ses besoins viennent d'excès ou de défaut dans chacun de ses tempéramens. Ainsi, par exemple, dans les pays méridionaux, tantôt le sang est trop échauffé, tantôt il ne l'est pas assez : la nature a placé, d'une part, les fruits rafraîchissans et les acides, comme les orangers et les citrons, et, d'une autre part, les échauffans, comme les sucrés et les aromatiques. On compose de leurs jus différens des sorbets délicieux. Les végétaux qui les produisent, contrastent, comme leurs qualités, en feuillages, en fleurs, en fruits et en attitudes. Nous avons entrevu ces harmonies dans les palmiers et les lianes, les bouleaux et les sapins, les graminées et les légumineuses, et jusque dans les mousses et les champignons du nord. Il y en a grand nombre d'autres qui n'ont pas été observées, quoiqu'elles soient sous nos yeux. On peut assurer que toutes les fois que nous éprouvons un sentiment extraordinaire de plaisir, à la vue d'une touffe de plantes diverses ou d'un bosquet d'arbres différens, il y a harmonie de genres. On en peut conclure que la même harmonie qui est dans leurs formes opposées, existe aussi dans leurs productions ; de manière qu'il résulte de leur union, ou un aliment salutaire, ou un parfum agréable, ou une riche teinture. C'est ainsi que le cochléaria aux feuilles arrondies en cuiller, et l'oseille rouge aux feuilles pointues, qui croissent ensemble sur les rivages brumeux du Spitzberg, fournissent aux marins, par leur mélange, le plus puissant des anti-scorbutiques. Quelle jeune fille n'a pris plaisir, au printemps, à former un bouquet de primevères éclatantes et de sombres violettes qui croissent le long des bois dans les mêmes touffes? Leurs doux parfums s'harmonient comme leurs couleurs et leurs formes. C'est sans doute avec des fleurs contrastantes que Glycère composait ces charmantes guirlandes qui immortalisèrent les tableaux de son amant. Ces harmonies de genres se rencontrent fréquemment dans nos prairies, où se confondent les amourettes ondoyantes avec les trèfles empourprés, les paquerettes, les orchis, les scabieuses au bleu mourant, et les adonis, ainsi appelés peut-être, parce que leurs petites fleurs ovales, fugitives, et d'un rouge vif, sont semblables aux gouttes de sang que versa sur l'herbe le beau favori de Vénus. Le bluet et le coquelicot produisent ensemble une teinte pourpre dans le jaune doré de nos moissons. Ces harmonies se montrent de toutes parts sur les lisières des forêts et autour de leurs clairières, dans les rubus et les épines blanches, les cornouillers et les genêts dorés, et dans une multitude de buissons qui entremêlent leurs rameaux. Elles décorent les ravins, les précipices, les bords des eaux, les rochers, et toutes les aspérités de la terre. Mais elles s'élèvent vers les cieux avec les hautes tiges harmoniées des frênes et des ormes, des pommiers sauvages et des châtaigniers, des peupliers et des sapins, des hêtres et des chênes. Rien n'égale la paix, la grâce et la magnificence de ces retraites. On n'y entend que les doux murmures des vents, et les chants des oiseaux. Ici, de vastes pelouses invitent aux danses les bergères; là, de longues galeries, de sombres portiques appellent aux douces rêveries les amans, les poètes et les philosophes. Ici et là, des temples majestueux de verdure, élevés par les siècles sur des troncs couverts de mousse, dominent au-dessus de la forêt. Chaque arbre a son expression, et chaque groupe son concert. Des sentimens confus d'amour et de respect, de gaieté, de protection, de volupté et de mélancolie religieuse, semblent sortir de leurs flancs, et se succèdent tour à tour dans le cœur de tout être qui a aimé et souffert. Ces harmonies varient avec celles du soleil : elles sont autres à son aurore, à son midi, à son couchant. Elles diffèrent encore plus aux clartés silencieuses de la lune. Elles se manifestent cependant au sein même des nuits les plus obscures, lorsque les feuillages des arbres se confondent avec les constellations, et que leurs rameaux semblent porter des étoiles. Mais ce ne sont là que les harmonies d'un coin de terre aperçues par un seul homme. Chaque site a les siennes qui lui sont propres, et les sites eux-mêmes sont variés comme elles dans toute la sphéricité du globe.

L'harmonie sphérique des genres, dans la puissance végétale, s'étend depuis l'équateur jusqu'aux pôles, et depuis le sommet des plus hautes montagnes jusqu'au fond des mers. Ce sont les harmonies de tous les genres, de toutes les espèces et de toutes les variétés. Aucun œil humain n'en a vu l'ensemble; mais quelques voyageurs en ont entrevu des portions, et nous en ont donné des esquisses pleines d'intérêt. Le marin Dampier, et son compatriote Cook, qui a marché sur ses tracés, nous en ont présenté quelques-unes de ravissantes, quoique prises au hasard sur les simples rivages de quelques îles désertes. Elles font le charme de leurs relations. Ces harmonies sont répandues dans l'intérieur de tous les continens, lorsqu'elles n'ont pas été altérées par la main des hommes. Pagès a vu dans celui du Mexique, et au sein de ses forêts solitaires, des arbres monstrueux, tout couverts de longues mousses grises, appelées barbes d'Espagnol, qui descendaient depuis le sommet de leurs branches jusqu'à terre. Ils ressemblaient à de grandes tours couvertes de crêpes, et ils étaient groupés sur le bord des fleuves, qui en reflétaient les images vénérables. D'un autre côté il a trouvé, dans les lieux secs et arides de ces mêmes contrées, des cierges qui s'élevaient comme des obélisques de fleurs et d'épines, à plus de trente pieds de hauteur. Le paysage en était couvert en entier. Pagès dit que l'aspect si nouveau de ces forêts le comblait d'admiration et de plaisir, et le dédommageait, dans un instant, de toutes les fatigues de son voyage. Il l'avait entrepris seul et presque sans moyens, dans l'intention de connaître l'homme dans l'état de nature. Il y rencontra, en effet, des familles d'Indiens logées entre les troncs de ces gros arbres qu'ils abattaient par le moyen du feu. Elles fuyaient le joug des Espagnols, et recueillaient de la cochenille sur les cactus. Leur vie était pleine d'innocence et de bonne foi, et elles exercèrent la plus généreuse hospitalité à l'égard de cet Européen, qui devait leur être suspect à bien des titres. Pour moi, j'ai vu aussi des végétaux dont les genres opposés étaient groupés par la seule nature, et je n'ai pas été moins sensible à leurs magnifiques effets. J'ai vu des portions de forêts de la Finlande et de l'île de France avec toutes leurs beautés virginales; et je ne sais à laquelle des deux harmonies, de celle du nord ou de celle du midi, j'aurais donné la préférence. La partie de la Finlande que j'ai visitée lorsque j'étais ingénieur au service de Russie, est celle qui est au nord de Wibourg, et qui est connue sous les noms de Lapland, de Carélie et de Savolax. Elle est comprise entre le 60e degré et le 61e et 1/2 de latitude nord; tandis que l'île de France est vers le 22e degré de latitude sud. Il y a environ deux mille cent lieues de différence en latitude; et je puis dire n'avoir pas vu dans leurs végétaux indigènes deux brins d'herbes semblables. Tout y diffère, jusqu'aux pierres et au sol du pays. En Finlande, ce sont, comme je l'ai dit ailleurs, des collines ovales de granit, dont les têtes chauves sont entourées de ceintures de mousses et de champignons, et dont les vallons sont remplis de bouleaux et de sapins. Ces genres de végétaux formaient, par leurs contrastes parfaits, les plus charmantes harmonies. On les retrouvait dans les chemins mêmes de démarcation qui séparent la Suède de la Finlande russe; car ces routes sont si peu fréquentées, et les arbres du nord y croissent si vite, que nous fûmes obligés, pour les parcourir, de quitter nos voitures, et d'envoyer en quelques endroits faire des abattis, afin d'y passer à cheval. Ainsi, non-seulement la nature a ordonné les harmonies végétales, mais elle s'occupe sans cesse à les entretenir, malgré les travaux des hommes. Elle réunit, par elles, les contrées qu'ils cherchent en vain à se partager. Nous apercevions souvent, entre les troncs sombres des sapins et blancs des bouleaux, un lac avec ses îles; ou bien nous entendions de loin les bruyantes cataractes, dont les eaux se précipitaient du nord au sud, comme toutes celles de ce pays, qui élève ses divers plans vers le pôle. L'île de France m'a offert des aspects tout différens. J'en ai fait le tour à pied, le long de la mer. Je marchais par un sentier frayé, au milieu d'une prairie d'un vert glauque, formée d'un chiendent maritime, dont les tiges rampantes, semblables à des paquets de ficelle, sont terminées par des houppes de feuilles dures et piquantes. Cette herbe, très-propre à résister à la violence et à l'âpreté des vents de mer, forme une grande lisière autour de l'île, où elle n'est interrompue que par des bocages de lataniers, qui y donnent de l'ombre, et présentent la même résistance aux tempêtes. Les forêts de l'intérieur de l'île ne croissent pas à plus d'un quart de lieue du rivage. Souvent je les côtoyais, et j'y distinguais des groupes de benjoins et de tatamaques, de bois de fouge et de bois d'olive, de bois de ronde et d'ébéniers, et d'une multitude d'autres arbres dont les noms m'étaient inconnus. Des palmistes élevaient au milieu d'eux leurs longues flèches, surmontées de leurs panaches toujours mobiles, tandis que les lianes grosses et longues comme des câbles tapissaient leurs lisières de vastes courtines de feuillages, et, s'enlaçant avec leurs troncs, les défendaient contre la fureur des ouragans. Des rivières qui descendaient en torrens des montagnes à travers ces bois, y ouvraient çà et là de profondes avenues d'eaux mugissantes sous de magnifiques arcades de verdure. Elles alimentaient des végétaux jusqu'à leur embouchure, souvent obstruée par des mangliers qu'agitaient les flots de la mer, tandis que des veloutiers voisins contrastaient avec eux au sein aride des roches. Plus d'une fois, assis au pied d'un arbre dans ces vastes forêts, je me suis livré aux plus douces méditations, à la vue de leurs rameaux couverts de fruits, bercés par les brises marines, et peuplés de singes et d'oiseaux de toutes les couleurs. Ces murmures forestiers, ces cris et ces chants de joie et de reconnoissance, me disaient d'une manière bien intelligible : il y a ici un Dieu prévoyant.

## HARMONIES VÉGÉTALES

### DU SOLEIL ET DE LA LUNE.

Si les rayons du soleil et de la lune sont réfractés par l'air, reflétés par les eaux, réfléchis par la terre; s'ils sont réverbérés même par les simples murs des jardins et des maisons, de manière que l'atmosphère des villes en est sensiblement réchauffée, il n'est pas douteux que leur chaleur ne doive s'accroître considérablement par les feuilles des végétaux disposées par plans innombrables dans les herbes et dans les arbres. J'ai observé en effet que lorsque notre hémisphère se couvre de ses réverbères végétaux, au mois d'avril, l'accroissement de la chaleur est beaucoup plus rapide que dans les mois qui le précèdent et dans ceux qui le suivent. Cet adoucissement subit de température a fait donner à ce mois le nom d'avril, du mot latin *aperire*, ouvrir, et le surnom de doux, à cause de sa chaleur qui le rend singulièrement remarquable au sortir de l'hiver. Il la doit à ce nombre infini de feuilles réverbérantes qui sortent toutes à la fois de leurs bourgeons, et qui réfléchissent les rayons du soleil par leurs plans. Nous avons remarqué, dans nos *Études*, que les arbres du nord, tels que les sapins, avaient leurs tiges pyramidales et leurs feuilles vernissées pour augmenter cette réverbération, et que la plupart des arbres à tête horizontale de la zone torride les avaient ternes en dessous pour l'affaiblir.

J'attribue à l'effet des premières une partie de la chaleur des étés du nord ; je l'ai trouvée si considérable en traversant les forêts de la Russie, de Moscou à Pétersbourg, que je ne doute pas qu'elle ne surpasse celle de la zone torride que j'ai traversée deux fois. Je ne suis point surpris qu'un physicien anglais ait prétendu prouver, par les observations du thermomètre, que la somme de la chaleur était la même sous l'équateur et sous les cercles polaires. Elle est sans contredit plus grande au nord en été, si on compare la température d'un lieu pris dans une forêt de sapins, à celle d'un lieu pris en pleine mer sous l'équateur, parce que les plans réverbérans des feuilles lustrées des sapins ont une bien plus grande étendue que la surface de l'Océan dans un horizon de la même grandeur. Il serait très-curieux de calculer la somme et la différence ; on pourrait en conclure celle de leur température. On sait que ce fut par le simple effet de miroirs plans dirigés vers un seul point, qu'Archimède brûla les vaisseaux des Romains les uns après les autres. Certainement on ne peut attribuer les chaleurs excessives de Pétersbourg en été à la simple action du soleil, qui n'est pas plus de vingt heures sur l'horizon. Il faut donc y ajouter quelque cause réverbérante, et on la trouvera dans les feuilles lustrées de ses forêts.

Il n'est pas douteux que les reflets de la terre n'augmentent la chaleur du soleil. Une île est plus chaude que la mer qui l'environne, celle qui est montueuse l'est plus que celle qui est unie, et celle qui est boisée que celle qui est nue. Il semble que la lumière sorte des végétaux éclairés du soleil en plein midi. Alors les sommités des épis d'un champ et des graminées d'une prairie paraissent toutes lumineuses ; la végétation des plantes s'accroît par leurs reflets. Un épi de blé mûrit plus tôt dans une moisson qu'isolé, et les barbeaux fleurissent plus vite parmi les blés qu'en bordure dans les jardins.

Mais ces effets de la réverbération sont surtout sensibles dans les fleurs : ce sont des réverbères qui renvoient les rayons solaires de toutes parts ; elles paraissent proportionnellement plus grandes que le reste du végétal qui les porte. Voyez un rhododendron ou un rosier fleuri, vous croiriez qu'une flamme est attachée à chacune de leurs fleurs ; une lumière sensible s'en fait apercevoir au loin. Il est impossible qu'il ne sorte pas aussi quelque chaleur des fleurs. Façonnées en miroirs plans, concaves, paraboliques, et quelquefois vernissées, comme celles de nos bassinets, elles produisent encore plus fortement que les simples feuilles les effets des murs et des ados de nos jardins.

Il est possible qu'il y ait des fleurs entièrement patronnées sur le soleil. Nous en trouvons dans les orchis qui imitent la forme d'une abeille, d'autres des figures humaines, et sont pour cet effet appelées personnées. Pourquoi n'y en aurait-il pas qui, dans leur intérieur, contiendraient une topographie de l'astre du jour, qui a sur elles tant d'influences ? Les asters sont rayonnans comme des astres, dont ils portent le nom. La marguerite, comme nous l'avons vu, imite dans son disque entouré de pétales et couvert de fleurons, un des hémisphères de la terre avec son équateur et ses genres de végétaux disposés en spirale. Il est possible qu'une fleur renferme dans son sein le plan même du soleil que nous refusent nos télescopes. Pourquoi n'y en aurait-il pas où seraient figurés les premiers linéamens de cet astre, lorsqu'il y en a tant qui nous représentent des figures d'insectes, d'oiseaux, et de têtes d'animaux et d'hommes ? C'est aux botanistes qu'appartient le soin de ces recherches curieuses, quoique plusieurs fois ils aient foulé aux pieds les vérités les plus communes sans les apercevoir.

Nous avons vu aux harmonies du soleil avec les végétaux, qu'ils en tiraient presque toutes leurs qualités ; que les fleurs de quelques uns, exposées tout le jour à la lumière, devenaient phosphoriques la nuit, telles que celles de la capucine bisannuelle ; que c'était au soleil d'une part, et à l'homme de l'autre, que leurs genres étaient ordonnés ; que leurs fruits lui devaient en grande partie leurs couleurs et leurs saveurs ; que leurs bois étaient des espèces d'éponges qui s'imbibaient de ses rayons pendant l'été, et nous les rendaient en feu l'hiver dans nos foyers ; que c'était à ces rayons qu'étaient dues leurs lueurs phosphoriques, lorsqu'ils se décomposent d'eux-mêmes ; et qu'enfin ils portaient des marques évidentes des influences du soleil, par les couches annuelles dont ils se revêtent chaque année. Nous ne récapitulons ici ces harmonies passives que pour réunir toutes celles de la puissance végétale avec le soleil. Nous en agirons de même pour celles qu'elle a avec les autres puissances.

Les végétaux ont aussi, comme nous l'avons vu ailleurs, des rapports très-marqués avec la lune. J'ai parlé des cercles concentriques des racines de quelques plantes, qui expriment le nombre de leurs mois lunaires, comme ceux des arbres celui de leurs années solaires. Je vais ajouter ici une observation que j'ai faite depuis peu sur les harmonies luni-solaires des arbres mêmes.

J'ai remarqué dans un morceau de planche de bois d'orme, bien poli, douze rangées de fibres parallèles dans chacun des faisceaux qui composaient la coupe longitudinale des couches annuelles de son tronc. Sept ou huit de ces rangées de fibres étaient d'une largeur très-sensible du côté de l'intérieur de l'arbre, et les quatre ou cinq du côté de l'extérieur l'étaient à peine. J'en ai conclu que ces douze rangs marquaient les douze lunes de chaque année dans la couche annuelle solaire du tronc ; que les sept ou huit intérieurs, les plus sensibles, avaient été produits par les lunes du printemps, de l'été et de l'automne, pendant lesquelles la végétation a beaucoup d'activité ; et que les quatre ou cinq rangs extérieurs à peine sensibles du faisceau étaient l'ouvrage des lunes inertes de l'hiver. Cette observation est certaine. Je ne doute pas qu'on ne la vérifie, non-seulement sur les bois d'orme coupé dans sa longueur, mais aussi sur les fibres de beaucoup d'autres espèces de bois. Elle prouve évidemment que les influences lunaires de chaque mois s'harmonient avec les influences solaires de chaque année, et qu'elles ne sont pas moins sensibles dans les troncs des arbres que dans les racines et les bulbes de plusieurs plantes que j'ai alléguées en preuve. Telles sont celles des ognons, des carottes, des betteraves, etc., composées de couches qui sont toujours en nombre égal à celui des mois lunaires pendant lesquels ces végétaux ont vécu. Il serait à souhaiter que de semblables observations se fissent sur des bois de la zone torride, où la végétation est en activité toute l'année. Peut-être trouverait-on dans les couches annuelles de quelques genres les douze rangées lunaires de fibres bien distinctes. Peut-être seraient-elles confondues dans d'autres. Les couches annuelles ne paraissent presque point dans le bois d'ébène, dont l'aubier est tout blanc et le cœur tout noir. J'en ai vu une espèce à l'île de France, dont le blanc et le noir sont mêlés, non par cercles, mais par plaques irrégulières. Cependant les cercles annuels, avec leurs fibres mensales, sont très-marqués dans les bois d'acajou et de rose.

Au reste, les feuilles et les fleurs de la plupart des végétaux reflètent les rayons de la lune comme ceux du soleil. C'est même particulièrement sous leur influence que la belle-de-nuit et le convolvulus nocturne des Indes ouvrent leurs pétales qu'ils ferment pendant le jour. J'ai éprouvé une nuit un effet enchanteur de ces reflets lunaires des végétaux. Quelques dames et quelques jeunes gens de mes amis firent un jour avec moi la partie d'aller voir le tombeau de Jean-Jacques à Ermenonville : c'était au mois de mai. Nous prîmes la voiture publique de Soissons, et nous la quittâmes à dix lieues et demie de Paris, une lieue au-dessus de Dammartin. On nous dit que de là à Ermenonville il n'y avait pas trois quarts de lieue. Le soleil allait se coucher lorsque nous mîmes pied à terre au milieu des champs. Nous nous acheminâmes par le sentier des guérets, sur la gauche de la grande route, vers le couchant. Nous marchâmes plus d'une heure et demie dans une vaste campagne sans rencontrer personne. Il faisait nuit obscure, et nous nous serions infailliblement égarés, si, par bonheur, nous n'eussions aperçu une lumière au fond d'un petit vallon : c'était la lampe qui éclairait la chaumière d'un paysan. Il n'y avait que sa femme qui distribuait du lait à cinq ou six petits enfans de grand appétit. Comme nous mourions de faim et de soif, nous la priâmes de nous faire participer au souper de sa famille. Nos jeunes dames parisiennes se régalèrent avec elles de gros pain, de lait, et même de sucre dont il y avait une assez ample provision. Nous leur tînmes bonne compagnie. Après avoir bien reposé notre ame et notre corps par ce festin champêtre, nous prîmes congé de notre hôtesse, aussi contente de notre visite que nous étions satisfaits de sa réception. Elle nous donna pour guide l'aîné de ses garçons, qui, après une demi-heure de marche, nous conduisit à travers des marais dans les bois d'Ermenonville. La lune vers son plein était déjà fort élevée sur l'horizon, et brillait de l'éclat le plus pur dans un ciel sans nuages. Elle répandait les flots de sa lumière sur les chênes et les hêtres qui bordaient les clairières de la forêt, et faisait apparaître leurs troncs comme les colonnes d'un péristyle. Les sentiers sinueux où nous marchions en silence traversaient des bosquets fleuris de lilas, de troënes, d'ébéniers, tout brillans d'une lueur bleuâtre et céleste. Nos jeunes dames vêtues de blanc, qui nous devançaient, paraissaient et disparaissaient tour à tour à travers ces massifs de fleurs, et ressemblaient aux ombres fortunées des Champs-Élysées. Mais, bientôt émues elles-mêmes par ces scènes religieuses de lumière et d'ombre, et surtout par le sentiment du tombeau de Jean-Jacques, elles se mirent à chanter une romance. Leurs voix douces, se mêlant aux chants lointains des rossignols, me firent sentir que, s'il y avait des harmonies entre la lumière de l'astre des nuits et les forêts, il y en avait encore de plus touchantes entre la vie et la mort, entre la philosophie et les amours.

HARMONIES VÉGÉTALES
DE L'AIR.

Si la puissance végétale augmente la chaleur du soleil en la réverbérant, comme on n'en peut douter, elle doit étendre aussi son influence sur les couleurs de l'atmosphère, en y réfléchissant sa verdure. Je suis porté à attribuer à la couleur verte des végétaux qui couvrent, en été, une grande partie de notre hémisphère, cette belle teinte d'émeraude que l'on aperçoit quelquefois, dans cette saison, au firmament, vers le coucher du soleil. Elle est rare dans nos climats; mais elle est fréquente entre les tropiques, où l'été dure toute l'année. Je sais bien qu'on peut rendre raison de ce phénomène par la simple réfraction des rayons du soleil dans l'atmosphère, ce prisme sphérique de notre globe. Mais, outre qu'on peut objecter que la couleur verte ne se voit point en hiver dans notre ciel, c'est que je puis apporter, à l'appui de mon opinion, d'autres faits qui semblent prouver que la couleur même azurée de l'atmosphère n'est qu'une réflexion de celle de l'Océan. En effet, les glaces flottantes qui descendent tous les ans du pôle nord s'annoncent, avant de paraître sur l'horizon, par une lueur blanche qui éclaire le ciel jour et nuit, et qui n'est qu'un reflet des neiges cristallisées qui les composent. Cette lueur paraît semblable à celle de l'aurore boréale, dont le foyer est au milieu des glaces mêmes de notre pôle, mais dont la couleur blanche est mélangée de jaune, de rouge et de vert, parce qu'elle participe des couleurs du sol ferrugineux et de la verdure des forêts de sapins qui couvrent notre zone glaciale. La cause de cette variation de couleurs, dans notre aurore boréale, est d'autant plus vraisemblable, que l'aurore australe, comme l'a observé le capitaine Cook, en diffère en ce que sa couleur blanche n'est jamais mélangée que de teintes bleues, qui n'ont lieu, selon moi, que parce que les glaces du pôle austral, sans continent et sans végétaux, sont entourées de toutes parts de l'Océan qui est bleu. Ne voyons-nous pas que la lune, que nous supposons couverte en grande partie de glaciers très-élevés, nous renvoie, en lumière d'un blanc bleuâtre, les rayons du soleil, qui sont dorés dans notre atmosphère ferrugineuse? N'est-ce pas par la réverbération d'un sol composé de fer, que la planète de Mars nous réfléchit en tout temps une lumière rouge? N'est-il pas plus naturel d'attribuer ces couleurs constantes aux réverbérations du sol, des mers et des végétaux de ces planètes, qu'aux réfractions variables des rayons du soleil dans leurs atmosphères, dont les couleurs devraient changer à toute heure, suivant leurs différens aspects avec cet astre? Comme Mars apparaît constamment rouge à la terre, il est possible que la terre apparaisse à Mars comme une pierre brillante des couleurs de l'opale au pôle nord, de celles de l'aigue-marine au pôle sud, et tour à tour de celles du saphir et de l'émeraude dans le reste de sa circonférence. Mais, sans sortir de notre atmosphère, je crois que la terre y renvoie la couleur bleue de son Océan avec des reflets de la couleur verte de ses végétaux, en tout temps dans la zone torride, et en été seulement dans nos climats, par la même raison que ses deux pôles y réfléchissent des aurores boréales différentes, qui participent des couleurs de la terre ou des mers qui les avoisinent.

Peut-être même notre atmosphère réfléchit-elle quelquefois les formes des paysages qui annoncent les îles aux navigateurs, bien long-temps avant qu'ils puissent y aborder. Il est remarquable qu'elles ne se montrent, comme les reflets de verdure, qu'à l'horizon et du côté du soleil couchant. Je citerai, à ce sujet, un homme de l'île de France qui apercevait dans le ciel les images des vaisseaux qui étaient en pleine mer; le célèbre Vernet, qui m'a attesté avoir vu une fois dans les nuages les tours et les remparts d'une ville située à sept lieues de lui; et le phénomène du détroit de Sicile, connu sous le nom de Fée-Morgane. Les nuages et les vapeurs de l'atmosphère peuvent fort bien réfléchir les formes et les couleurs des objets terrestres, puisqu'ils réfléchissent dans les parélies l'image du soleil au point de la rendre ardente comme le soleil lui-même. Enfin les eaux de la terre répètent les couleurs et les formes des nuages de l'atmosphère : pourquoi les vapeurs de l'atmosphère, à leur tour, ne pourraient-elles pas réfléchir le bleu de la mer, la verdure et le jaune de la terre, ainsi que les couleurs chatoyantes des glaces polaires?

Au reste, je ne donne mon opinion que comme mon opinion. L'histoire de la nature est un édifice à peine commencé; ne craignons pas d'y poser quelques pierres d'attente : nos neveux s'en serviront pour l'agrandir, ou les supprimeront comme superflues. Si mon autorité est nulle dans l'avenir, peu importera que je me sois trompé sur ce point : mon ouvrage rentrera dans l'obscurité d'où il était sorti. Mais s'il est un jour de quelque considération, mon erreur en physique sera plus utile à la morale qu'une vérité d'ailleurs indifférente au bonheur des hommes. On en conclura avec raison qu'il faut être en garde contre les écrivains même accrédités.

Si les couleurs atmosphériques reçoivent des modifications de la puissance végétale, la nature même de l'atmosphère n'en éprouve pas de moins sensibles. Les forêts servent d'abord de remparts contre les vents, dont elles détournent quelquefois le cours. Des bois plantés ou abattus peuvent changer la température d'une grande contrée; mais lorsqu'au printemps tous les végétaux se couvrent de feuilles, que les herbes des prairies et les blés des guérets imitent les flots de la mer par leurs ondulations, lorsqu'un océan de verdure, si je puis dire, se répand sur une grande partie de notre hémisphère, et que les vents chargés de ses émanations les portent jusqu'au sein de l'océan aquatique, alors les qualités de l'atmosphère même se revêtent de nouveaux caractères. L'air méphitique des marais se trouve converti en air pur, comme l'ont prouvé des expériences utiles et curieuses. L'air pur se remplit de qualités balsamiques, qui produisent d'heureuses révolutions dans tous les êtres sensibles qui le respirent. C'est alors que l'air seul des campagnes, et surtout celui des montagnes, guérit des maladies chroniques, et fortifie tous les convalescens; c'est alors que tous les animaux s'enflamment des feux de l'amour. J'attribue les ardeurs de cette passion, qui les embrase la plupart au printemps, bien plus aux influences végétales dont l'air est pénétré, qu'à l'action même du soleil. L'augmentation de la simple chaleur ne suffit pas pour les faire naître. Les oiseaux naturellement amoureux, tels que les serins et les tourterelles, passent l'hiver dans des poêles très-chauds sans s'accoupler et sans faire leurs nids. Mais quand le soleil a rallumé les feux de la végétation, que les fleurs et les feuillages odorans exhalent de toutes parts leurs parfums, c'est alors que les premières étincelles de la vie sont disséminées dans les airs, que tous les êtres les respirent avec volupté, et qu'elles allument les feux de l'amour dans tous les cœurs. C'est aussi à l'époque où la plupart des plantes abandonnent aux vents les dépouilles de leurs tiges, que la plupart des animaux périssent, ou vont chercher un air végétal et de nouvelles amours dans l'autre hémisphère, où le soleil rallume les feux de la végétation. Ils naissent, aiment et meurent avec les plantes auxquelles ils sont ordonnés. Les carnivores seuls font exception à cette loi, car ils s'accouplent en hiver dans la saison où périssent tant de frugivores, comme si la décomposition de ceux-ci produisait dans leur sang des émanations appropriées à leur nature. C'est peut-être par cette raison que l'homme, qui vit de végétaux comme les uns, et de chair comme les autres, est seul soumis, dans tout le cours de l'année, à l'empire de l'amour et à celui de la mort.

Nous avons vu aux harmonies aériennes des végétaux qu'ils étaient en rapport avec l'air par leurs trachées, par la souplesse ou la raideur de leurs tiges, par des racines, des ailerons, des griffes, et même par des lianes accessoires qui les maintenaient contre les tempêtes. Nous avons observé aussi dans le développement de la puissance végétale qu'un grand nombre de ses genres étaient ordonnés particulièrement à l'air par la légèreté de leurs semences, ou par les volans qui les accompagnent, afin de les ressemer au loin. Enfin, nous avons remarqué que non-seulement les végétaux changeaient l'air méphitique en air pur, mais qu'ils le transformaient en leur propre substance, comme le démontre leur décomposition par la fermentation ou par le feu. On ne peut donc nier qu'ils ne tirent de l'air leur principale nourriture. Souvent j'ai vu des arbres dont les racines serpentaient dans de stériles rochers, porter jusqu'aux nues leur cime touffue et verdoyante. C'est sans doute pour recueillir leurs alimens dans l'atmosphère, que les forêts y élèvent divers étages de feuilles, qui, comme autant de langues et de poumons, y pompent des sucs nourriciers en abondance. Je tirerai de cette observation une conséquence que je crois importante à notre économie rurale, c'est que les arbres tirant de l'air plus de nourriture que de la terre, un arpent de forêts doit rapporter beaucoup plus de bois au bout d'un siècle, que ses coupes réglées n'en produisent tous les dix ou vingt-cinq ans. Si on peut juger des grands effets par de petites expériences, je rapporterai ici celle que j'ai faite moi-même à Essonne sur un vieux peuplier de l'espèce de ceux que les paysans appellent peupliers du pays, dont les jeunes branches, souples comme l'osier, servent aux mêmes usages, et rendent, par cela même, cet arbre bien préférable aux fragiles peupliers d'Italie. Cet arbre, planté sur le bord de la rivière il y a sans doute plus d'un siècle, avait été êtêté dès sa jeunesse comme un saule, et produisant tous les ans un moyen fagot de menues branches de six à sept pieds de hauteur. Lorsque je fus devenu son propriétaire, je résolus de lui rendre sa crue naturelle, en sacrifiant chaque année tous ses rejetons, à l'exception de celui du milieu. En trois ans, ce rejeton unique est devenu une tige de cinq pouces de diamètre par le bas, et de quinze pieds de hauteur, toute garnie de longues branches plus fortes et plus nombreuses, à elles seules, que toutes celles que le tronc aurait fournies dans le même espace de temps. Si sa tige continuait de s'élever avec la même vigueur, et si le peuplier entier croissait dans les mêmes proportions depuis sa plantation, il est hors de doute que non-seulement ses branches produiraient à la fois plus de fagots que toutes les petites coupes qu'on a faites annuellement sur sa tête, mais que le tronc lui-même donnerait dix fois plus de bois : car cet arbre vient à quatre-vingts et cent pieds de hauteur. Les végétaux tirant par leurs feuilles leur principale nourriture de l'air, plus ils s'élèvent, plus ils profitent. C'est donc une très-mauvaise économie, de couper les forêts en taillis; un pareil système nous prive des étages multipliés de bois que nous donneraient les arbres parvenus à leur hauteur naturelle, et les réduit à une simple coupe de buissons. Si on mettait bout à bout celles qui se font tous les dix ans dans nos taillis, pourraient-elles être comparables à celles des troncs des arbres de haute futaie au bout d'un siècle? Je ne parle pas des autres avantages des forêts, des sous-bois qui croissent sous leurs ombrages, des abris qu'elles donnent contre les vents, et de la fraîcheur qu'elles conservent aux terres et aux ruisseaux.

### HARMONIES VÉGÉTALES
### DE L'EAU.

Nous avons parlé, aux harmonies aquatiques, des végétaux, de leurs feuilles qui font l'office de poumons et de langues pour aspirer et recueillir les eaux aériennes; des formes carénées d'un grand nombre de leurs fruits, pour se ressemer au loin en voguant sur les eaux rapides; de leurs racines, qui leur servent de suçoirs pour pomper les eaux souterraines. Nous verrons comme l'eau, changée en sève, se transforme ensuite, par la médiation du soleil et de l'air, en feuilles, en fleurs, en fruits, en écorce et en bois solide. Nous avons démontré comment l'ordre harmonique avait distribué les végétaux en une multitude de genres, dont un grand nombre appartient particulièrement aux eaux, tels que les peupliers et les saules; aux neiges, tels que les sapins et les cèdres; aux eaux en évaporation, comme les champignons et les mousses; aux eaux pluviales, tels que les pins et les chênes; aux eaux de la mer, tels que les littoraux maritimes et les plantes sous-marines, comme les algues et les madrépores même, si toutefois ceux-ci sont des végétaux.

La puissance végétale, après avoir reçu des eaux une partie de ses développemens, étend à son tour sur elles son influence. Elle les change d'abord en bois qui, par sa décomposition, devient ensuite terre végétale. C'est à l'accroissement progressif de cette terre qu'il faut attribuer la diminution successive des eaux sur toute la surface du globe; c'est dans les vallées et dans leurs couches profondes qu'il faut chercher les anciens fleuves qui les remplissaient autrefois. Ils sont maintenant ensevelis dans leurs humus. Semblables aux habitans de l'antique Égypte, qui ne présentent plus que des momies immobiles pénétrées d'aromates, les grands fleuves et les bras de mer qui ont sillonné le globe gisent maintenant, transformés en terre végétale, au fond des vallons qu'ils ont creusés, et au pied des rochers qu'ils ont escarpés. On n'y voit plus d'eaux vivantes; on n'y voit que des ruisseaux vagabonds, semblables à ces hordes d'Arabes errantes aujourd'hui en petit nombre sur les tombeaux des nations populeuses qui élevèrent les pyramides.

La puissance végétale s'accroît de jour en jour aux dépens de l'Océan; elle en végétalise le bassin. Elle a formé par ses débris les sables mouvans et les grands bancs de vase qui sont à l'embouchure des fleuves et au sein des mers, tels que les hauts-fonds du golfe du Mexique, le banc de Terre-Neuve et celui des Aiguilles, près du cap de Bonne-Espérance. J'ai navigué dans la Manche, la Méditerranée, la mer Baltique, l'océan Atlantique et l'océan Indien, et j'ai remarqué que la plupart des sondes que l'on y prenait aux attérages, même hors de la vue de terre, amenaient du fond une vase onctueuse et verdâtre, qui devait évidemment son origine aux végétaux. Ce sont leurs dissolutions sulfureuses et bitumineuses qui, se dégageant, au fond des eaux, des parties ignées du soleil et des molécules de l'air qui les ont formées dans l'origine, entretiennent sur les rivages les tremblemens de terre et les feux des volcans. Que dis-je! cet humus maritime se couvre à son tour d'une infinité de plantes, dont la plupart sont inconnues à nos botanistes. À certaines saisons, elles se détachent du fond des mers en si grande quantité, que toutes les grèves en sont jonchées. J'en ai vu l'océan Atlantique couvert pendant plus de quatre-vingts lieues, entre l'Amérique et l'Afrique. Il y en a de plus septentrionales, qui fournissent des fourrages aux bestiaux des habitans de l'Islande et des Orcades; quelques-unes fournissent aussi des sels de soude, et toutes un excellent engrais aux terres. Ainsi l'Océan a ses prairies sous-marines, et ce sont les tempêtes qui les fauchent pour les besoins de l'homme.

Mais il est inutile d'aller chercher au fond des eaux des preuves de l'accroissement annuel de leur lit par les intermèdes des puissances végétale et aquatique. Il y en a d'évidentes dans nos continens. L'Égypte s'agrandit chaque jour par des alluvions du Nil, et la plage d'Aigues-Mortes par celles du Rhône. Les marais de la Hollande, du Labrador et des vastes embouchures de l'Orénoque et de l'Amazone, sont encombrés des débris de différens genres de végétaux destinés à ces atterrissemens. Que dis-je ! une île peut naître d'une noix. Cook et Forster ont vu, au sein de la vaste mer du Sud, des îles naissantes s'élever au-dessus de son niveau par de simples cocos échoués sur des écueils de madrépores. Ces cocos y avaient produit des palmiers qui, par la chute de leurs feuilles et de leurs fruits, couvraient chaque année leur sol aride d'une couche légère d'humus.

On pourrait, par le seul moyen de la puissance végétale, rendre d'une part aux sommets nus de nos montagnes l'humus dont ils sont dépouillés, et les anciennes sources de leurs fleuves, et d'autre part, assécher et assainir les marais de leurs embouchures. Les arbres montagnards, tels que les sapins, les mélèzes, les cèdres, et tous ceux du genre des pins, sont très-propres à attirer et recueillir, par leurs folioles réunies en pinceau, les vapeurs de l'atmosphère des montagnes, et en couvrir le sol par leurs débris. D'un autre côté, les arbres aquatiques, tels que les saules, les aunes, les peupliers, sont, par leurs racines, autant de machines hydrauliques. Ils pomperaient sans bruit l'eau des marais, en changeraient le méphitisme en air pur, et par leurs dépouilles annuelles en transformeraient le sol ingrat en terre féconde. Bien des arbres pourraient servir à la fois à ces deux usages. On a trouvé que l'évaporation du feuillage d'un grand chêne montait à des milliers de tonneaux par an : son aspiration dans les montagnes doit être égale à son expiration dans les vallées.

Si l'eau était toujours dans son état naturel de glace, elle serait un obstacle perpétuel à la puissance végétale ; mais elle en est le plus grand véhicule dans l'état de fluidité qu'elle doit à la chaleur du soleil. En vapeurs, elle gonfle les semences et les fait germer ; en gouttes de pluie, elle coule depuis les feuilles des végétaux jusqu'à leurs racines, qui s'en imbibent ; en nappes, elle en reflète les images dans son sein ; en ruisseaux et en fleuves, elle voiture leurs fruits et les transporte sur les rivages lointains ; enfin, en océan, elle les fait circuler par ses courans, et les ressème jusqu'aux extrémités du monde. Les courans de l'océan Indien charrient des cocos et une multitude d'autres semences jusque sur les écueils de la mer du Sud. C'est d'après l'émigration annuelle de ces fruits que j'ai posé les premiers fondemens de la théorie du mouvement des mers. C'est à leur exemple que j'ai invité les navigateurs à hasarder quelques projectiles pour étendre les communications du genre humain par tout le globe. Je puis encore citer ces deux bouteilles, dont la première, jetée par un Anglais dans la baie de Cadix, fut pêchée sur les côtes de Normandie, avec une lettre adressée à Londres ; et dont la seconde, mise à la mer à cent vingt lieues de la côte d'Espagne, a atterri sur le cap Prior avec une lettre à mon adresse. J'ai appris qu'une troisième bouteille avait été jetée, il y a plusieurs années, à deux cents lieues au nord de l'île de France, et qu'elle avait abordé dans cette île. Le billet qu'elle renfermait y est déposé dans les archives de l'intendance.

Mais pourquoi ne nous servirions-nous pas des courans réguliers de l'océan Atlantique, qui descendent alternativement des pôles, pour transporter jusque sur nos rivages dépouillés de bois les arbres des forêts qui se perdent dans le nord de l'Europe et de l'Amérique ? Pourquoi n'exécuterions-nous pas en grand ce que nous faisons tous les jours en petit ? Le Rhin, la Néva, la Seine, sont chargés tous les ans de grands trains de bois que les courans de ces fleuves voiturent depuis leurs sources jusqu'à leurs embouchures. J'ai vu en Hollande, sur un de ces trains, composé de bois de charpente, des maisons entières avec leurs familles. Pourquoi n'en hasarderions-nous pas de semblables sur l'océan Atlantique, dans le milieu de l'été, lorsque cet océan descend du nord comme un fleuve paisible et majestueux ? On a envoyé autrefois des charpentiers couper à grands frais le bois de teinture de la baie de Campêche, et le préparer pour le commerce. Des pêcheurs vont tous les ans, à travers mille périls, harponner la baleine jusque dans les glaces du nord. Que dis-je ! il y a quelques années, on a vu un vaisseau aller faire un chargement de glace sur le banc de Terre-Neuve, parce que cet objet de luxe, en été, était rare à Londres. Ne serait-il pas bien plus utile et plus aisé de couper, dans le nord de l'Amérique, tant d'arbres qui pourrissent en vain dans ses forêts ? On peut y tailler les troncs des sapins et des chênes tout entiers avec leurs écorces brutes, les lier en trains avec les branches longues et souples des bouleaux, et les abandonner au cours des fleuves jusqu'à la mer, dont les courans les amèneraient sur nos rivages. Il ne faudrait que quelques chaloupes à voiles pour les remorquer. Ces trains mobiles sont peut-être plus propres à résister aux agitations des flots, qu'un assemblage solide de charpente. Les Russes en font des ponts flottans très-durables sur les cataractes des fleuves. J'ai traversé, sur un pont semblable, celle de Nislot, aussi agitée qu'une mer en tourmente. Ainsi nous pourrions voir les arbres de l'Amérique remonter la Seine, et nous apporter, du nord et du sein des eaux, la matière du feu.

## HARMONIES VÉGÉTALES DE LA TERRE.

Si la puissance végétale réfléchit et augmente la chaleur du soleil; si elle végétalise l'atmosphère et les eaux, elle n'a pas moins d'influence sur le globe solide de la terre, dont elle étend la circonférence d'année en année. Nous avons vu, aux harmonies terrestres des végétaux, qu'ils étaient pourvus de racines de diverses configurations, dont les unes, divisées en filets, étaient propres à pénétrer dans les sables; d'autres, en longs cordons et en pivots, à s'enfoncer dans les terres solides; d'autres, en forme de ventouses et de plaques, à se coller aux rochers et à en tirer leur nourriture. Nous avons observé aussi que les végétaux étaient ordonnés en genres et en espèces aux divers sites du globe, les uns aux monts éoliens, d'autres aux montagnes littorales, fluviatiles ou maritimes, d'autres aux plaines; que leurs semences étaient proportionnées à ces différens sites, les unes étant fort légères ou garnies de volans, pour s'élever sur les hauteurs; d'autres de formes carénées, pour voguer dans le lit des fleuves et des mers, et aborder sur leurs rivages; d'autres enfin arrondies, pour rouler sur une surface, et se ressemer loin de la tige qui les a produites. Nous avons vu enfin que la puissance végétale, par ses débris, étendait de jour en jour des couches d'humus, depuis les sommets des plus hautes montagnes jusqu'au fond du bassin des mers.

Nous retrouvons ces couches dans l'intérieur du globe, à plus de deux cents pieds de sa surface. Les lits de tourbe et les couches de charbon de terre s'enfoncent dans sa profondeur. Ce ne sont cependant que des tritus de plantes ou des débris d'anciennes forêts, recouverts de fossiles. Il y a en Hollande de ces terres végétales souterraines, qui ne sont composées que de plantes des Indes; on y distingue encore les feuillages des palmiers. Telle est celle qui s'étend depuis les environs d'Amsterdam jusqu'à ceux de Maestricht, et dans le voisinage de laquelle on a trouvé des oursins de mer et des mâchoires de crocodiles incrustés dans la pierre. Quelle révolution subite du globe les a ensevelies dans le sein de la terre? N'est-ce pas, comme nous l'avons vu, le mouvement en spirale de l'Océan, qui en laboure la surface? Les débris fossiles de la puissance animale sont incomparablement plus nombreux que ceux de la végétale, comme on peut le voir à la profondeur des carrières de pierre calcaire et de marbre, formées par les coquillages et les madrépores broyés par les mers et amalgamés par les siècles. Ce sont des pièces toujours croissantes de ce grand sarcophage du globe, qui s'accroît chaque année des squelettes de ses habitans.

Mais si la mort est permanente sur la terre, la vie, comme un fleuve, descend perpétuellement des cieux. Aristote avait défini la matière brute, celle qui est formée par juxta-position, et la matière organisée, celle qui est assemblée par intussusception. Quoique la première définition puisse s'appliquer aux cylindres qui revêtent chaque année les troncs organisés des arbres, il n'en est pas moins vrai que la seconde ne convient qu'aux corps vivans. Par exemple, il semble qu'une ame végétale, descendue du ciel, s'introduise dans la semence contenue dans l'ovaire, la développe ensuite, et l'accrcise de dedans en dehors, jusqu'à ce que, parvenue au dernier terme de sa grandeur et de sa durée, elle retourne aux lieux d'où elle est partie. Si notre ame raisonnable pouvait voir le ciel intellectuel, peut-être verrions-nous les formes animées et les premiers patrons des végétaux en descendre parmi les rosées, les pluies et les orages qui doivent les revêtir, et qui tombent du ciel physique. Quoi qu'il en soit, il est bien certain que chaque plante laisse sur le globe une dépouille solide et permanente, et que c'est de la somme totale de ces débris de végétaux que le globe augmente annuellement sa circonférence. Si on pouvait percer sous la ligne un trou jusqu'au noyau de granit qui paraît former son intérieur, on trouverait son enveloppe composée de couches fossiles végétales et animales, disposées comme les couches annuelles qui entourent le tronc des arbres.

Les couches d'humus doivent croître plus vite dans les zones torridiennes, où la végétation dure toute l'année, que dans les tempérées, où elle n'a d'action que pendant six mois. Elles s'étendent sur la surface de la zone torride terrestre, au moyen de ses fleuves, dont la plupart, débordés et repoussés par la mer dans la saison pluvieuse, couvrent la terre et l'exhaussent par leurs alluvions : tels sont l'Amazone, l'Orénoque, le Nil, le Sénégal, le Zaïre, et la plupart de ceux des contrées torridiennes de l'Asie et de l'Afrique. D'un autre côté, la zone torride aquatique remplit chaque jour son bassin de madrépores, espèces de végétaux pierreux animalisés. Les zones torrides du globe croissent, d'année en année, en solidité et en élévation. L'équilibre se maintient entre elles et avec les autres zones, au moyen des zones glaciales. L'hémisphère boréal, chargé du plus grand poids des continens, s'incline cinq ou six jours de plus vers le soleil, de manière que son été est plus long que son hiver. Il est probable qu'il resterait stationnaire dans cette position, si l'hémisphère austral, surchargé à son tour d'une plus grande coupole de glace par l'absence prolongée du soleil, n'obéissait à ce levier mobile, et ne se rapprochait de l'astre du jour. Des deux mouvemens versatile et alternatif des zones glaciales se forme, chaque année, le mouvement des saisons, et sans doute celui qui change, avec les siècles, les pôles de la terre, pour y étendre de plus en plus la puissance végétale.

Il est évident que notre globe a été formé d'abord pour porter des végétaux. Si sa surface était trop compacte, les tendres racines des herbes ne pourraient la percer; et si elle était trop légère, les gros troncs des arbres n'y auraient point de solidité. Si elle était tout unie, comme auraient dû l'engendrer les seules lois de la rotation, les vents y souffleraient trop fort, les eaux la couvriraient en entier; et en supposant qu'une zone sèche s'élevât au-dessus d'elle par la force centrifuge, les végétaux n'y trouveraient ni ados ni abri. Si, d'un autre côté, notre terre n'était pas ronde; si, par exemple, elle était carrée, elle aurait beaucoup d'endroits que le soleil n'éclairerait jamais; si, étant ronde, elle ne tournait pas sur elle-même chaque jour, un de ses hémisphères serait toujours plongé dans la lumière, et l'autre dans les ténèbres; si elle ne circulait pas obliquement autour du soleil chaque année, les végétaux auraient toujours la même saison dans chaque hémisphère; enfin, si ses pôles ne variaient pas avec les siècles, l'Océan, obstrué à la longue par les débris des végétaux, se trouverait de niveau avec les continens. Il est à présumer que les terres planétaires que nous apercevons dans les cieux sont soumises à des harmonies semblables. La puissance végétale doit s'étendre dans tous ces mondes, comme la puissance solaire. Elle doit, de siècle en siècle, en accroître les sphères et en varier les pôles. Elle est un arbre de vie, dont les racines sont dans le soleil, les tiges dans les planètes, les branches dans leurs satellites, et dont les plus petits rameaux s'étendent jusqu'aux comètes invisibles qui parcourent les extrémités du système de l'astre du jour.

### HARMONIES VÉGÉTALES

### DES VÉGÉTAUX.

Nous avons vu que chacune des puissances élémentaires s'harmoniait avec elle-même et avec les autres : l'air est en équilibre de température et de niveau avec l'air, l'eau avec l'eau. Toutes les parties de la terre se supportent comme celles d'une voûte, en pesant toutes ensemble vers un centre commun. Chacun des trois élémens parcourt la sphère des douze harmonies physiques et morales par des contrastes et des consonnances, d'où résultent les genres et les espèces diverses des vents, des mers et des montagnes. Il en est de même de la puissance végétale.

La plus importante de ses harmonies est sans contredit la conjugale. Elle ne divise pas les végétaux, comme les animaux, en deux grandes moitiés de mâles et de femelles; mais elle réunit, dans la plupart des végétaux, la faculté reproductive, de manière qu'elle est inhérente à leur tronc même. Nous avons considéré ailleurs les fibres de la tige d'un végétal comme autant de plantes particulières réunies sous la même écorce. Nous sommes portés à croire que ces fibres sont mâles et femelles dans les végétaux qui ont les deux sexes, et que de leur union résulte la faculté qu'ils ont de se reproduire par des boutures. Ce qui nous porte à adopter cette opinion, c'est que cette faculté n'existe pas toujours dans les végétaux dont les sexes sont séparés, comme les palmiers-dattiers; car, si on en coupe la tête, le tronc périt, sans pousser même de rejeton. Notre idée paraîtra tout-à-fait vraisemblable, si l'on considère que les animaux dont les sexes sont séparés ne peuvent se régénérer par boutures; leurs parties divisées perdent la vie sur-le-champ, tandis que les hermaphrodites la conservent, tels que les vers de terre ou lombrics, dont les tronçons, comme les végétaux bisexes, deviennent des êtres parfaits et se reproduisent, suivant les expériences de Deleuze et de Bonnet. Il semble donc que la flamme de la vie et de l'amour soit attachée à la réunion de la fibre mâle et femelle, comme la flamme d'une lampe à sa mèche, composée de fil et de coton. Les végétaux et les animaux hermaphrodites nous en montrent la preuve. Cette harmonie existe momentanément dans la réunion de ceux dont les sexes sont séparés, non-seulement pendant leur vie, mais même après leur mort.

L'Ancien-Testament dit que David devenu vieux couchait avec une jeune fille, uniquement pour se ranimer; et Plutarque rapporte qu'à Rome les brûleurs de corps dans les funérailles, mettaient un corps de femme sur dix ou douze d'hommes, pour les mieux faire flamber.

Il y a électricité entre la fibre mâle et la fibre femelle, dans toutes les puissances de la nature. C'est sans doute parce que l'une et l'autre sont réunies dans la plupart des végétaux qu'ils se reproduisent non-seulement par leurs semences, mais par leurs tiges, leurs branches et même leurs feuilles.

Par cette fécondité conjugale, active dans toutes ses parties, ils forment entre eux un immense réseau qui enveloppe le globe et s'étend des espèces aux espèces et des genres aux genres. Qui n'a pas senti à la vue d'une forêt ou d'une simple prairie qu'il existait d'autres lois que celles de la végétation? Ici, le chèvre-feuille rampant embrasse de ses guirlandes de fleurs le tronc rond et raboteux du chêne, et là, une vigne a reçu des mains pour se joindre aussi d'une union sororale à l'ormeau rameux. Les herbes mêmes des prairies offrent entre elles des accords ravissans; leurs fleurs, variées de tant de couleurs, sont des couches conjugales. Leurs semences aigrettées qui volent dans les airs résultent de l'harmonie maternelle. Leurs familles s'emparent des sites les plus âpres, et se réunissent en tribus et en légions pour se supporter mutuellement contre les vents. Les espèces des végétaux consonnent avec leurs espèces, et leurs genres contrastent avec leurs genres. La nature nous montre les plantes par vastes amphithéâtres, et la botanique dans des pots. Mais une graminée n'a pas les harmonies d'une prairie, ni un arbre isolé celles d'une forêt. C'est dans l'ensemble des végétaux que sont répandus les sentimens de grâce, de majesté, d'immensité que nous font naître les paysages. Qui n'a étudié les plantes que brin à brin, ne connaît pas plus la puissance végétale que celui qui n'aurait observé qu'un homme isolé ne connaîtrait les rapports des familles, des tribus, des nations, du genre humain.

L'homme seul, sans aucun besoin physique, est touché des harmonies mutuelles des végétaux. L'insecte aux yeux microscopiques cherche sa pâture sur cette feuille qui lui semble une vaste prairie; le bœuf aux grands yeux mugit de plaisir à la vue du pâturage ondoyant, qui ne lui apparaît que comme une seule feuille : l'un et l'autre ne sont mus que par leur appétit; ils n'admirent dans les plantes ni les canaux séveux qui ravissent d'étonnement les naturalistes, ni les bouquets qui font palpiter le sein des bergères; mais l'homme est sensible à toutes leurs harmonies, et ce sentiment se développe en lui avec le fil de ses jours. Enfant à la mamelle, il sourit à la vue des fleurs; dès qu'il peut marcher, il aime à courir sur le pré qui en est émaillé; dans l'adolescence, il assortit pour sa maîtresse le jasmin et la rose; dans la jeunesse, il groupe pour elle en berceaux les ébéniers, les lilas : ce sentiment organique augmente en lui avec les années et la fortune. Est-il riche, et joint-il à ses richesses les lumières que lui ont acquises les Vaillant, les Jussieu et les Linnée, il lui faut chaque jour des espèces et des genres nouveaux. Il voudrait mettre toutes les fleurs de l'Asie dans son jardin, et toutes les forêts de l'Amérique dans son parc. Mais les plaisirs que donne la botanique aux savans riches n'approchent pas de ceux que donne la nature aux ignorans pauvres, mais sensibles.

Le piéton qui part dès le point du jour, admire le paysage que l'aurore développe peu à peu devant lui. Ses regards se reposent tour à tour avec délices sur des prairies tout étincelantes de rosée, sur des forêts agitées par les vents, sur des rochers moussus, et jusque sur les arbres ébranchés des grandes routes, qui apparaissent de loin comme des géans ou des tours. Souvent son chemin l'intéresse plus que le lieu où il doit arriver, et le paysage plus que les habitans. Ce sont ces réminiscences végétales qui nous rendent si chers les jours rapides de notre enfance, et certains sites de cette terre que nous parcourons comme des voyageurs. Nous en transportons partout les ressouvenirs avec les images. Des prairies toutes jaunes de bassinets, bordées de pommiers couverts de fleurs blanches et roses, me rappellent les printemps et les prairies de la Normandie; des algues brunes, vertes, pourprées, suspendues à des rochers de marne tout blancs, les falaises du pays de Caux; des aloès et des caroubiers, les collines blanches et stériles de l'île de Malte; des bouleaux au feuillage léger, entremêlés de sombres sapins, les forêts silencieuses et paisibles de la Finlande; des palmistes et les bambous murmurans, l'île de France et ses noirs gémissant dans l'esclavage; enfin, à la vue d'un fraisier dans un pot sur une fenêtre, je me rappelle l'époque fortunée où, persécuté par les hommes, je me réfugiai dans les bras maternels de la nature.

Ce charme des harmonies végétales s'étend à tous les temps, à tous les lieux, à tous les âges. Il inspira dans des jardins les premières leçons de la philosophie à Pythagore, à Platon, à Epicure. Il accompagne les hommes jusque dans le sein de la mort : beaucoup de mourans ne s'entretiennent que des voyages qu'ils veulent faire à la campagne; des ames cruelles même en sont émues. Danton, complice des massacres du 2 septembre, s'écriait en soupirant dans son cachot : « Ah! si je pouvais voir un arbre! » Malheureux! puisque ce sentiment naturel subsistait dans ton cœur, tu n'étais donc pas tout-à-fait dépravé!

Si le globe de la terre offre dans chacun de ses horizons plusieurs paysages, il est probable que les autres planètes en ont aussi qui leur sont particuliers, et dont les végétaux diffèrent plus des nôtres que ceux du nouveau monde ne diffèrent des végétaux de l'ancien. Chaque planète, tournant sans cesse sur elle-même, doit présenter dans sa circonférence de nouvelles modifications de la puissance végétale, éclairées par des aurores, des printemps, des étés, de quelques jours, de quelques mois, de plusieurs années : toutes les harmonies de la végétation doivent s'y montrer à la fois et successivement. Elles se présentent toutes ensemble avec leurs disques, leurs lunes et leurs anneaux émaillés de fleurs et de verdure, comme des pierreries étincelantes de mille et mille couleurs. Toutes circulent autour du soleil, formant une harmonie céleste et éternelle pour ses heureux habitans. Tantôt disséminées dans les cieux, elles composent une couronne autour de l'astre du jour et de la vie; tantôt rangées à la file les unes des autres, elles représentent une longue guirlande dont il est le chef; vous diriez d'un chœur de nymphes parées d'habits toujours divers, qui célèbrent une fête éternelle autour d'un frère, d'un époux et d'un père. Mais que dire des végétaux qui décorent le globe même du soleil? Aucun œil sur la terre ne les a jamais vus, et aucune langue humaine ne pourrait en exprimer la magnificence.

### HARMONIES VÉGÉTALES
### DES ANIMAUX.

Nous avons donné au commencement de ces harmonies un aperçu des rapports que les végétaux avaient avec les animaux par la variété de leurs espèces, dont les genres prototypes étaient destinés particulièrement à l'homme. Nous allons présenter ici les relations que les animaux ont avec les végétaux par les organes de la vue, de l'ouïe, de l'odorat, du marcher, du goût et des sécrétions. Nous parlerons, aux harmonies animales des végétaux, de la souplesse et de l'élasticité des herbes qui fournissent tant de litières aux animaux; des cimes feuillées et des rameaux des arbres qui leur présentent de toutes parts des toits et des abris. En général, les petits végétaux sont ordonnés aux quadrupèdes, et les grands aux oiseaux, par une harmonie qui lie les extrêmes dans la nature. Les harmonies végétales des animaux, dont nous allons parler, devraient être rapportées à la puissance animale, et les animales des végétaux à la puissance végétale, dont nous nous occupons ici; mais ces deux puissances se croisent, afin de se maintenir et de se fortifier l'une par l'autre. Sans la végétale, les animaux ne subsisteraient pas; sans l'animale, les végétaux s'étoufferaient par leur propagation même. Elles composent, pour ainsi dire, dans leur réunion, une riche étoffe dont la végétale est la chaîne, et l'animale la trame. Je n'en présente ici que l'envers avec ses fils, afin de montrer l'industrie de leur tissu : j'espère en montrer plus tard le dessus dans toute sa fraîcheur.

Les végétaux ont beaucoup de rapports qui paraissent étrangers à leur végétation. Ils portent, en général, bien plus de graines qu'il ne leur en faut pour les reproduire. Un grand nombre de semences sont entourées de pulpes superflues à leur germination. Les graminées ont une mollesse qui les rend incapables de résister long-temps aux vents, et surtout aux hivers. Elles seraient plus fortes et plus durables si elles étaient ligneuses. Pourquoi une herbe n'est-elle pas de bois comme un petit arbre? Pourquoi, parmi les genres des arbres, y en a-t-il sur le même sol qui restent toujours faibles et humbles, comme ceux des arbrisseaux et des buissons, tandis que d'autres s'élèvent à des hauteurs prodigieuses? Pourquoi enfin y en a-t-il qui sont hérissés d'épines? La nature qui ne fait rien en vain semble ici s'écarter de sa sagesse, et se livrer à des caprices et à des excès; mais ces superfluités sont des prévoyances et des pierres d'attente dans l'édifice de sa puissance. Les végétaux sont destinés aux animaux auxquels il fallait des alimens, des litières, des toits et des forteresses.

C'est pour leur faire apercevoir de loin les fruits des végétaux dans leur maturité, que la nature les fait contraster alors de couleur avec les feuilles qui les ombragent. Chaque espèce de végétal même a ses teintes qui invitent l'espèce d'animal à laquelle elle est destinée à s'en rapprocher, et qui forment avec elle des contrastes du plus grand agrément. Ainsi, le merle noir vole en sifflant vers la cerise pourprée; et le taureau, semblable à un rocher, mugit de joie et hâte son pas pesant à la vue des prairies en fleurs. C'est pour saisir de loin ces convenances végétales, que les animaux ont des yeux dont la portée s'étend à de grandes distances par la médiation de la lumière de l'astre du jour.

Les nuits mêmes sont favorables à leurs recherches par le moyen des vents. Les sons que plusieurs fruits mûrs rendent dans leur chute sont en harmonie avec l'ouïe des animaux. En Amérique, les siliques brunes et résonnantes du canneficier appellent, par leur cliquetis, les oiseaux qui ne peuvent les voir de loin. Au sein même de l'obscurité la plus profonde, le fruit noir du genipa, qui fait en tombant le bruit d'un coup de pistolet, invite à la pâture les crabes qui ne voyagent que de nuit; et dans nos forêts, la chute des faînes et des glands fait accourir les sangliers sous les hêtres et sous les chênes.

Mais c'est principalement par les odeurs que les

plantes attirent les animaux. C'est pour eux qu'elles étendent leurs émanations à des distances prodigieuses, et c'est par l'organe de l'odorat qu'ils distinguent l'aliment qui leur est propre. Tout animal flaire ce qu'il veut manger : la théorie de sa botanique est dans son odorat. Ce sens exquis est l'avant-coureur du goût ; aussi la nature l'a-t-elle placé immédiatement au-dessus. Il est remarquable que la vue, l'ouïe, l'odorat et le goût, sont distribués dans la tête, dans le même ordre que les élémens sur le globe ; c'est-à-dire, la lumière, l'air, les vapeurs aquatiques, et la terre, et que ces sens forment, comme les élémens auxquels ils correspondent, une progression descendante en étendue, et ascendante en jouissances. La vue s'étend de plus loin, mais le goût jouit de plus près. La vue ne saisit que la surface des corps, le goût en pénètre l'intimité, annoncée par l'odorat. Nous observerons cependant que la nature, qui a compensé toutes choses, n'a donné qu'un odorat très-faible aux oiseaux, qu'elle a doués d'ailleurs d'une vue perçante, et de la facilité de s'élever sur des arbres afin de voir de loin. Au contraire, elle a donné aux quadrupèdes qui vivent à terre et dans les herbes une vue assez bornée, mais elle y a joint un odorat très-subtil. Un oiseau granivore ne juge guère de ses alimens que par leur forme et leur couleur. Une poule ne flaire pas son grain ; mais s'il lui est étranger, elle l'éparpille avec son bec et ses pates, et le considère de tous côtés avant de l'avaler : c'est peut-être par cette raison qu'elle ne mange pas pendant la nuit. Le cheval, au contraire, se repait dans l'obscurité comme à la lumière ; mais lorsqu'on lui présente son avoine, il ne manque pas de la flairer ; et si l'odeur lui en déplait, il s'en abstient. Le chat, dont l'odorat est bien plus subtil, comme celui de tous les animaux carnassiers, parce qu'ils ne cherchent leur proie que la nuit, ne reçoit pas même la nourriture immédiatement de la main de son maître ; il semble qu'il craigne de confondre les odeurs de l'une et de l'autre ; il faut la lui mettre à terre, afin qu'il puisse l'odorer à part, et juger de ses convenances avec son estomac.

Mais c'est le goût qui assure à l'animal que son aliment est analogue à ses humeurs. Par le plaisir qu'il excite dans ses papilles nerveuses, il en fait jaillir une liqueur savonneuse, appelée salive, qui est le plus puissant des digestifs. Avant d'entrer dans quelque analyse à ce sujet, nous observerons que c'est pour ce sens si varié dans les animaux, que les végétaux ont des saveurs innombrables auxquelles sont attachées, si je puis dire toutes les modulations de la vie. La plupart des plantes ne se distinguent que par des nuances de verdure qui souvent se confondent à nos yeux ; mais elles diffèrent toutes par des odeurs, et surtout par des saveurs très-variées qui déterminent leurs vertus. Il est bien étonnant que la botanique n'ait employé jusqu'ici que la vue pour en étudier les caractères apparens, souvent variables et incertains, tandis que le goût en distingue une infinité qui en constituent la nature. Un docteur, avec la meilleure loupe, ne voit qu'une espèce de prune dans tous les pruniers du monde ; mais un enfant, fût-il aveugle, en différencie toutes les espèces avec son palais.

D'ailleurs, c'est au sens du goût que tous les sens élémentaires aboutissent. Si ceux de la vue, de l'ouïe, de l'odorat, annoncent aux animaux leurs alimens, celui du mouvement les y transporte. Le marcher des quadrupèdes n'est pas seulement ordonné à la terre, mais aux herbes qui y croissent. C'est pour les pâturer qu'ils ont non-seulement de longues jambes, mais aussi de longs cous, afin qu'ils puissent incliner leur bouche jusqu'à elles. Le voler des oiseaux frugivores n'est pas seulement destiné à leur faire traverser les airs, mais à les conduire à l'arbre dont ils mangent les fruits. Ils ont pour cet effet des pates courtes, armées de trois doigts en avant et d'un en arrière pour en saisir les branches. Ceux qui cherchent leur nourriture à terre et ne perchent pas n'ont pas de doigts en arrière : telles sont les autruches. Les insectes ont des moyens de progression et d'adhésion encore plus ingénieux, à cause de leur légèreté qui les expose à être enlevés par les vents. La fourmi, avec ses six pates armées de crochets, monte au sommet des plus hauts cyprès pour en manger les graines. La chenille rampante grimpe, avec douze anneaux garnis de griffes, sur le tronc des arbres, et se fixe avec des fils sur leurs feuilles mobiles. Le lourd limaçon parvient au même but avec la glu de sa membrane musculeuse et ondoyante. La sauterelle voyageuse franchit les herbes des prairies par le ressort de ses deux longues jambes ; mais la cochenille, faible et sédentaire, émigre au sortir de l'œuf d'un nopal à l'autre, au moyen des fils que les araignées y tendent comme des ponts de communication ; puis elle se fixe pour toute sa vie sur sa feuille épaisse, où elle enfonce sa trompe fragile. C'est sans doute pour la mettre en sûreté contre les oiseaux, que la nature a couvert ce végétal de pointes déliées, fines comme des aiguilles. Une herbe n'est pas moins inaccessible aux oiseaux par ses épines, qu'un cèdre aux quadrupèdes par sa hauteur. Enfin, le nager même des poissons est coordonné à leurs alimens, c'est-à-dire à des végétaux ou à leurs dissolutions, même dans les ichthyophages. C'est pour en recueillir les débris aux embouchures des fleuves, que tant de poissons y abondent : les uns allongés pour passer entre les détroits des rochers, tels que les merlans, les congres, les murènes; les autres aplatis pour barboter dans les vases ou les sables, comme les plies, les limandes, les carrelets, les flétans. D'autres, comme les baleines armées d'une large queue, remontent en hiver jusqu'aux extrémités de la mer du Nord, et pâturent au fond de ses baies où les courans du sud déposent les alluvions des mers du midi. Là elles reposent leur vaste corps sur de grandes prairies de glaïeuls, couvertes d'insectes marins qu'elles brisent dans leurs fanons. Elles y bravent le choc des glaces flottantes de l'été, au moyen du lard épais dont une nourriture abondante les a matelassées.

Il était bien juste que la nature donnât à chaque genre d'animal des moyens de progression divers, puisqu'elle avait placé les alimens de chacun d'eux sur différens sites et à différens étages. Ils sont répandus au sommet des montagnes et au fond des vallées, dans l'épaisseur de la terre et dans la profondeur des mers, sur des racines, des mousses, des herbes et des arbres. Il y a plus, chaque végétal nourrit dans chacune de ses parties des animaux de genres différens. Il alimente de sa séve les animaux microscopiques; de ses feuilles, les pucerons et les gallinsectes; de ses fleurs, les mouches et les papillons; de ses semences, les oiseaux; de ses tiges, les quadrupèdes; de ses débris, les vers tarières et les fourmis; de ses décompositions, les poissons. Si nous joignons à ces animaux frugivores les carnivores, qui vivent de ceux-ci, et dont les genres sont peut être aussi nombreux en insectes, en oiseaux, en quadrupèdes et en poissons, nous trouverons que la plus petite plante est le centre d'une sphère vivante d'animaux, dont chaque rayon nourrit des genres différens. Ainsi, la plus petite mousse peut fort bien nourrir un insecte dans son sein, un quadrupède par ses agrégations, et un cétacée par ses décompositions. Telle est sans doute celle dont le renne se paît dans le nord. Elle donne un asile au taon terrible qui le persécute : mais, précipité par les vents au sein des mers, il y devient peut-être lui-même la proie de la baleine. Comme chaque harmonie d'un élément avec le soleil a ordonné sur chaque site de la terre plusieurs genres et plusieurs espèces de végétaux, chaque harmonie d'un végétal avec le soleil a ordonné à son tour plusieurs genres et plusieurs espèces d'animaux, qui, par conséquent, sont beaucoup plus nombreux que les premiers. Il y a cinq ou six mille espèces de mouches en France, et il n'y a pas deux mille espèces de végétaux.

Il n'est aucun animal qui manque d'organes nécessaires à son genre de vie, ou qui en ait de superflus. Les oiseaux aquatiques qui barbotent dans les vases des rivières pour y chercher des racines ou des vers, ont le bec large et aplati, tels que les canards, les oies, les cygnes. Les frugivores, qui vivent des fruits mous, comme les sansonnets et les merles, ont un bec long et pointu. Il est court, à large base, un peu voûté, et tranchant sur les côtés pour casser les graines, dans les granivores, tels que les serins et les chardonnerets. Il est aigu et courbé comme les mordans d'une tenaille, dans les oiseaux qui vivent de semences renfermées dans des coques très-dures, tels que les perroquets. Il est très-remarquable que le nombre cinq, qui forme la première division proprement dite du cercle, et en ramène la circonférence à un centre, se trouve employé dans les cinq pétales des fleurs en rose, si communes, parce qu'elles réunissent le plus de rayons du soleil à leur foyer; et, dans la division de la main de l'homme en cinq doigts, comme la plus propre à rassembler, à contenir et à saisir un objet, il est, dis-je, très-remarquable que ce même nombre cinq se retrouve dans l'organe du toucher des oiseaux. A la vérité, ceux qui ne perchent pas n'ont que trois doigts à chaque pate, et ceux qui perchent en ont quatre; mais les uns et les autres saisissant pour l'ordinaire leur nourriture avec la pate et le bec, on peut dire que leur bec est le cinquième doigt, en le considérant comme divisé en deux dans les oiseaux à trois doigts, et comme unique dans ceux qui en ont quatre. Ce rapprochement est d'autant plus sensible, que le bec des oiseaux est d'une matière cornée comme celle des ergots de leurs doigts; qu'il est de la même teinte et dans les mêmes proportions de forme et de longueur. Les uns et les autres sont crochus dans les oiseaux de proie, épatés dans les oies, longs dans les bécasses, et courts dans les moineaux. Les doigts des oiseaux forment donc une véritable main, et leur bec en est en quelque sorte le pouce. La même division se rencontre aussi dans les crabes si voraces : le père Dutertre en compare avec justesse les huit pates et les deux pinces à deux mains ambulantes, adossées l'une à l'autre. Les animaux herbivores quadrupèdes ont des lèvres épaisses pour saisir l'herbe et l'arracher, et un double rang de dents pour la broyer. D'autres, tels que le bœuf et la chèvre, n'ont qu'un seul rang de dents pour la hacher; mais ils ont un double estomac pour ruminer et remâcher des herbes mal broyées. Qui pourrait nombrer et décrire les organes du goût dans les insectes? Les uns ont des tarières, comme le ver de bois qui en porte le nom ; d'autres, des mâchoires quadruples, qui agissent à la fois de droite et de gauche, et de haut en bas, comme celles de la sauterelle herbivore. Ils ont des râpes, des rabots, des pompes, des dissolvans, des ventouses, des ciseaux, des gouges, des limes, des burins, etc., etc., qui leur servent à extraire leur nourriture de toutes les parties des végétaux. Qu'on ne nous vante plus l'ingénieux Dédale, qui inventa la scie pour réduire en planches les troncs noueux des arbres; les insectes, avec les plus faibles outils, les réduisent en poudre.

Enfin les animaux rendent, par leurs excrémens sulfurés, la fécondité aux plantes dont ils se nourrissent; souvent ils en ressèment les graines avec eux. Si le buisson donne à l'oiseau un asile fortifié dans ses rameaux épineux, et des vivres dans ses baies pierreuses, l'oiseau, à son tour, ressème les semences indigestibles du buisson. Ainsi la nature entretient les harmonies de ses puissances les unes par les autres.

Nous observerons que les chemins sont bordés de plantes qui conviennent tellement à la plupart de nos animaux domestiques, qu'on s'en sert pour les élever, les engraisser et les guérir. La renouée, qui étend ses cordons noueux le long des sentiers les plus battus, et croît, pour ainsi dire, sous les pieds des passans, plaît singulièrement aux porcs, qui cherchent volontiers leur vie le long des voies publiques : ils préfèrent cette herbe succulente aux graminées, et même au blé. C'est à cause de cette préférence que les paysans appellent la renouée l'herbe au porc. Au reste, les bœufs en mangent avec plaisir, et j'en ai vu faire de bons et verts pâturages sur des coteaux secs et arides. L'ortie, qui croît si vigoureusement le long des murs des métairies, plaît aux poules d'Inde au point que, lorsqu'elle est hachée, elle est la meilleure nourriture que l'on puisse donner à leurs poussins. L'anserina potentilla, si aimée des canards et des oies, tapisse de ses fleurs jaunes les bords des mares, où ces oiseaux se plaisent à barboter. Le chardon, qui vient dans les terrains les plus négligés, fait les délices de l'âne solitaire. L'herbe au chat, qui croît d'ellemême dans nos jardins, attire la nuit autour d'elle, par son odeur forte de menthe, les chats du voisinage; ils se roulent dessus, la caressent, et en mangent avec un plaisir extrême. Le chiendent, ainsi appelé parce que le chien le mange pour se purger, croît partout; mais ce végétal cosmopolite sert encore à des animaux aussi utiles à l'homme : les chèvres le broutent avec délices, et leur toison en devient plus belle. Ce n'est point à l'air d'Angora qu'il faut attribuer la finesse, la longueur et l'éclat des poils de chèvre dont les Turcs font leurs magnifiques camelots, ainsi que l'ont dit quelques naturalistes, ni à ses rochers qui n'existent point, quoique j'y en aie supposé moi-même dans mes *Études de la Nature*, mais au chiendent long et soyeux que produisent uniquement ses vastes plaines. C'est au voyageur Busbecq que je dois cette observation; et il faut en croire cet aimable philosophe, auquel l'Europe est redevable du lilas, qu'il apporta d'Orient.

Les plantes cosmopolites croissent en général le long des grands chemins. Ce sont des espèces d'hospices que la nature y a établis pour les animaux domestiques voyageurs. Il y a apparence qu'ils en ressèment eux-mêmes les graines indigestibles à leurs estomacs; mais, d'un autre côté, ils les empêchent, en les broutant, de se propager avec trop d'abondance. La fleur femelle ouvre ses pétales à l'insecte, qui la féconde par les poussières d'une fleur mâle; l'herbe se met en touffe pour la bouche du quadrupède, qui en ressème les grains dans ses excrémens; l'arbre, ensemencé par l'oiseau, se divise en rameaux pour lui offrir des asiles; mais l'insecte, à son tour, dépose un ver rongeur dans le sein de la fleur; le quadrupède, en tondant les prés, les empêche de grener, et ouvre des voûtes dans les forêts, en broutant leurs branches inférieures; enfin l'oiseau essémine les arbres en mangeant leurs fruits. Les puissances végétale et animale se mettent en équilibre par des flux et des reflux : j'en citerai ici un exemple frappant. Tous les gens de lettres connaissent la charmante description de l'île de Tinian, faite par le chapelain de l'amiral Anson. Cet écrivain élégant et exact nous a représenté les forêts de cette île entremêlées de grandes clairières, où paissaient de nombreux troupeaux de bœufs tout blancs; elles étaient arrosées de ruisseaux qui, descendant des montagnes lointaines, allaient se rendre à la mer, après avoir arrosé des plaines couvertes d'une multitude de coqs et de pigeons, qui remplissaient l'air de leurs chants et de leurs roucoulemens. Il nous représente cette île solitaire comme une riche métairie au sein de la mer du Sud. Des voyageurs modernes dignes de foi, entre autres le capitaine Marchand, traitent aujourd'hui cette description de fabuleuse ; ils n'ont trouvé à Tinian qu'une forêt impénétrable et des marais fangeux, sans troupeaux et sans volatiles. Ces voyageurs, anglais et français, ont également raison. Lorsque Anson aborda à Tinian, cette île était peuplée de bœufs sauvages, qui broutaient les branches inférieures des arbres, et entretenaient dans ses forêts des avenues, des pelouses et des clairières. Les navigateurs, et surtout les Espagnols des îles voisines, ont détruit ces animaux par des chasses qui étaient déjà fréquentes du temps d'Anson. Alors les arbres ont poussé de toutes parts ; les herbes ont grené, et leurs débris, non pâturés, ont obstrué les ruisseaux ; les belles clairières et les pelouses ont disparu. Ainsi les animaux pâturans répriment le luxe de la puissance végétale ; ils sont les premiers jardiniers de la terre qu'ils fécondent et qu'ils embellissent sans le savoir ; mais leurs harmonies végétales ne sont pas encore comparables à celles de l'homme.

### HARMONIES VÉGÉTALES DE L'HOMME.

Nous avons montré, dans le premier aperçu de la puissance végétale, que les genres des végétaux avaient été ordonnés aux quatre témpéramens de l'homme et à ses principaux besoins dans les différentes latitudes de la terre, en raison inverse des influences du soleil. Nous allons développer ici, dans un plus grand détail, les harmonies végétales de l'homme, auxquelles nous joindrons les harmonies humaines des végétaux, afin de les réunir toutes dans le même tableau. Nous les présenterons successivement aux puissances élémentaires et organisées, suivant notre ordre harmonique, et nous verrons se développer les rapports actifs et passifs des végétaux avec tous les sens de l'homme, et surtout avec la nutrition, qui leur est particulièrement ordonnée. Nous les verrons en proportion avec sa taille, son marcher, son repos, son berceau et son tombeau. Il nous suffira, aux harmonies humaines proprement dites, de récapituler ses rapports généraux avec les puissances de la nature, pour nous donner la plus juste idée de son ensemble, dont ces paragraphes ne sont que des études particulières.

Qui n'est pas ému des harmonies que les végétaux forment avec les élémens par rapport à nous ? En commençant par celles de la lumière, quels charmans effets l'aurore ne produit-elle pas sur les fleurs des prairies et dans les feuillages des forêts ! Elles ressemblent alors à d'immenses voûtes de verdure supportées par des colonnes de bronze antique. Lorsque le soleil, au milieu de sa carrière, embrase les campagnes de ses feux verticaux, les arbres nous offrent de magnifiques parasols. Il est très-remarquable que, de toutes les couleurs, la verte est la plus amie de la vue. C'est une couleur harmonique, formée de la couleur jaune de la terre et de la bleue du ciel : aussi la nature en

a couvert les plaines, les vallons, les montagnes et les végétaux, qui prêtent leurs ombrages au repos de l'homme. La nuit, malgré son obscurité, nous présente avec eux de nouveaux accords. La lune éclaire les forêts de sa lumière tremblante, qui guide encore les pas du voyageur ; les étoiles à l'orient se montrent tour à tour à l'extrémité de leurs rameaux, et viennent couronner leurs cimes. On dirait que les arbres portent des constellations. Ces bienfaits de la lumière sont communs aux animaux comme aux hommes. Le lever du soleil est le réveil de toute la nature, et celui d'une étoile est celui d'un oiseau de nuit ou d'un insecte nocturne, aussi bien que celui d'un chef d'escadre ou d'un général d'armée. Mais voici le bienfait qui est particulier à l'homme dans le partage de la lumière : c'est pour lui seul que l'arbre renferme dans son bois l'élément du feu. Lorsque la nuit a couvert l'horizon de ses voiles, le pêcheur allume sa torche, et l'ouvrier sa lampe ; les divers étages des maisons sont éclairés ; une ville paraît de loin constellée comme une portion des cieux. Cependant l'homme, à cet égard, n'a aucun avantage sur quelques insectes : des mouches et des vers répandent au sein des buissons une lumière qui leur est propre. Mais le feu seul a donné l'empire de la terre à l'homme. C'est pour l'entretenir au sein des plus rudes hivers, que la Providence a couvert les contrées septentrionales d'arbres résineux, tels que les pins et les sapins ; elle les a destinés aux besoins de l'homme, et non à ceux des animaux. Jamais l'ours blanc, si vigoureux, ni le renard, si subtil, n'en ont éclaté les troncs ou rompu des branches pour en faire des torches flamboyantes et en réchauffer leurs tanières. La vue seule du feu épouvante ces enfans de la nuit au milieu de leurs glaces, tandis qu'elle y réjouit le Lapon et le Samoïède. La nature, en confiant à l'homme cet élément céleste émané du soleil, n'a remis qu'entre ses mains le sceptre de l'univers.

Les végétaux renouvellent l'atmosphère, en changeant l'air méphitique des marais en air pur, comme l'ont démontré les expériences du docteur Ingenhousz, et après lui celles de plusieurs naturalistes. Ces avantages sont communs à l'homme et aux animaux ; mais le premier en tire de particuliers, qui lui sont de la plus grande utilité. Les arbres lui donnent à la fois les moyens de se préserver du calme suffocant de l'air et de ses tempêtes. Ils lui fournissent, dans les pays chauds, des éventails, tels que les feuilles du palmier qui en portent le nom. On en peut voir la forme sur les papiers peints des Chinois qui en font un fréquent usage. Non seulement les rameaux des arbres lui donnent des parasols et des ventilateurs ; mais ils lui offrent, par leurs grands bosquets, des remparts qui abritent ses cultures de la fureur des ouragans. Au moyen du feu, il en détache des perches, des palissades, d'énormes poutres, et il en fabrique le toit où il se met à couvert avec sa famille. Les herbes et les plantes, telles que le cotonnier, le lin, le chanvre, lui fournissent des toiles propres, par leur légèreté et leur souplesse, à mettre son corps à l'abri de toutes les injures de l'air. Au moyen des voiles qu'il en fabrique, il se sert du vent, comme d'un esclave, pour faire tourner son moulin ou pour faire voguer son bateau ; quelquefois il se l'associe comme un ami, et, au moyen des cannes et des roseaux, il le fait soupirer ses amours dans les chalumeaux des flûtes et des hautbois.

Les forêts attirent les vapeurs de l'atmosphère au sommet des montagnes, et en entretiennent les sources qui en découlent : ce sont les châteaux d'eau des fleuves. Il y a aussi plusieurs végétaux qui semblent destinés à être les réservoirs des eaux de la pluie qui doit rafraîchir les lieux les plus arides. Dans nos climats, les aisselles des feuilles du chardon de bonnetier en contiennent un petit verre ; la feuille contournée en burette d'une espèce de balisier d'Amérique en renferme un grand gobelet ; une plante parasite, en forme de pomme d'artichaut, qui croît sur les pins de la baie saumâtre de Campêche, en tient une bonne pinte ; la liane à eau de roche des Antilles, étant coupée, coule comme une fontaine ; le baobab des sables marins de l'Afrique en conserve plusieurs tonneaux dans son tronc caverneux : c'est une citerne végétale. Mais toutes ces prévoyances de la nature semblent s'étendre aux animaux aussi bien qu'à l'homme. Il n'en est pas de même de la flottaison des arbres, qui ne paraît utile qu'à celui-ci. Quoique leurs bois soient plus solides que la pierre, et quelquefois durs comme le fer, ils sont plus légers que l'eau : s'ils étaient pesans comme les minéraux, ils couleraient à fond. De ce seul inconvénient, il s'ensuivrait que l'Océan ne pourrait être navigué, et que ses îles seraient sans habitans. Il est remarquable que les végétaux les plus légers, et par conséquent les plus propres à voguer, croissent sur les bords des fleuves : aux Indes, les bambous ; dans nos climats, les saules et les peupliers ; au nord, les bouleaux. Quoique leurs tiges soient tendres comme celles des bois blancs, creuses comme celles des bambous, et qu'ils portent des cimes fort étendues, elles résistent par leur élasticité aux vents, qui rompraient des colonnes de granit du même diamètre et de la même hauteur. Mais, au moyen du feu, l'homme excave et façonne les troncs les plus durs ; il en fait des vases, des tonneaux, des canots. C'est avec des pirogues qu'il a d'abord fait le tour du monde, et peuplé les îles et les continens qu'entoure le vaste Océan.

La puissance végétale couvre la terre d'arbres, d'herbes et de mousses, qui servent de toits et de litières aux animaux comme à l'homme. Elle tapisse même les flancs perpendiculaires des roches, de lianes, de lierres, de vignes vierges, de buissons, qu'elle présente, comme des échelles et des degrés, à plusieurs quadrupèdes ainsi qu'à l'homme. Mais l'homme est le seul qui varie à son gré les paysages de son horizon, au moyen du feu et de son intelligence. C'est un spectacle digne de l'attention d'un philosophe, de voir les défrichés d'une colonie naissante au sein d'une île nouvellement découverte. C'est là que les cultures de l'homme contrastent de la manière la plus frappante avec celles de la nature. J'ai joui fréquemment de ces oppositions dans un voyage que je fis à pied en 1770, autour de l'île de France. Tantôt, en côtoyant les bords de la mer, sur une pelouse parsemée de lataniers, je traversais de sombres forêts de benjoins, de bois d'olive, d'ébéniers, de tatamaques ; tantôt j'entrais dans des défrichés où les troncs monstrueux de ces arbres, renversés par la hache et quelquefois par la poudre à canon, gisaient sur la terre où le feu les consumait, et exhalaient dans les airs d'épais tourbillons de fumée. Leurs cendres concrètes conservaient quelquefois une partie de leurs formes et de leurs masses ; mais partout elles couvraient le sol à plus d'un demi-pied d'épaisseur, et lui préparaient, par des sels nouveaux, une longue et abondante fertilité. Sur les terrains précédemment défrichés du voisinage, on voyait toutes les cultures d'une habitation briller d'une verdure naissante. Une montagne, élevant dans l'atmosphère ses hautes et murmurantes forêts, où se rassemblaient les nuages, semblait dire : Je suis l'ouvrage de la nature, et j'ai été ensemencée pour tous les animaux de cette île par la puissance végétale. La montagne voisine, sa sœur, moins élevée en apparence par la chute de ses arbres antiques, mais revêtue de champs nouveaux de maniocs, de patates, de cafiers, de cannes à sucre, divisées çà et là par des haies de roses et d'ananas, semblait dire : Je suis l'ouvrage d'une Providence, amie particulière de tous les hommes blancs ou noirs, et j'ai été plantée par la puissance humaine.

Les arbres, par leurs harmonies propres, donnent les moyens de les escalader. S'ils croissaient par les simples effets de l'attraction, ou de la colonne d'air verticale, comme le prétendent plusieurs botanistes, ils ne produiraient que des tiges perpendiculaires et nues, telles que celles des blés; mais la plupart, au contraire, se garnissent, depuis la racine jusqu'au sommet, de branches étagées et divergentes, afin de donner à l'homme particulièrement les moyens d'y monter. Les quadrupèdes frugivores grimpans, tels que les rats, les écureuils, les singes, n'ont besoin que de leurs ongles durs et crochus, qu'ils enfoncent dans l'écorce des arbres, pour en atteindre les sommets. Les palmiers, dont les cimes sont très-élevées, ont des troncs couverts de boches formées par la chute successive de leurs palmes, et l'homme s'en sert, comme nous l'avons dit, pour aller cueillir leurs fruits. C'est sans doute par cette raison de convenance avec lui, que les lianes sont si communes dans les pays torridiens, et qu'elles tournent en spirale autour des troncs des arbres, dépourvus, pour la plupart, de branches à une grande élévation. J'ai remarqué aussi dans ces climats que la plupart des végétaux qui produisent des fruits mous et d'un volume considérable, les portent appuyés sur leur tronc et à la hauteur de l'homme : tels sont les bananiers, les papayers, les jacquiers, et même les calebassiers. Les arbres fruitiers de nos vergers, dont les fruits tendres peuvent se briser en tombant, sont environnés d'une verte pelouse, et s'élèvent à une hauteur médiocre : tels sont les pommiers, les poiriers, les pêchers, les abricotiers, les pruniers, les figuiers. Ils présentent à la fois le fruit et l'échelle pour le cueillir. Mais l'homme, au moyen du feu, varie à son gré les harmonies des végétaux. Il brûle tous ceux qui lui sont inutiles, et qui, sans lui, resteraient long-temps sur la terre. Avec le feu, il abat les plus grands arbres, et en tire des perches pour supporter les plantes rampantes, et des cerceaux pour en faire des tonnelles. Par le feu, il convertit à ses besoins et à ses plaisirs un grand nombre de productions végétales âpres ou insipides dans leur origine; la café, par la torréfaction; le thé, par l'ébullition; le tabac, par la fumigation; les légumes, par la cuisson; le blé, par la panification. Enfin, l'homme est le seul des animaux qui exerce l'agriculture et les arts innombrables qui en dérivent; et c'est par le feu qu'il donne aux végétaux les harmonies extérieures qui lui conviennent, et qu'il en extrait celles que la nature y avait renfermées pour ses besoins intérieurs.

L'homme tourne encore à son avantage les harmonies végétales des animaux. C'est par les plantes qui leur plaisent qu'il en a subjugué plusieurs.

Avec les trèfles, les graminées, les vesces, les orges, il a attiré et attaché à son domicile la chèvre, la vache, l'âne, le cheval, et jusqu'à des oiseaux, tels que la poule et le pigeon, qui, ayant des ailes, semblaient destinés à une liberté perpétuelle. S'il a attiré et fixé dans son habitation les animaux herbivores par des herbes bienfaisantes, il éloigne d'elle les animaux carnassiers par les végétaux épineux dont il l'environne. Il y a plus, il leur fait une guerre avantageuse avec des armes que lui fournit la puissance végétale, au moyen du feu. Jamais on n'a vu le singe, habitant des forêts, s'armer pour combattre ses ennemis; mais l'homme, avec le feu et son intelligence, coupé et façonne en massue la racine noueuse d'un arbre; il en courbe la branche en arc, et l'écorce en carquois; il en taille les jeunes plants en flèches, et les grands en lances. Avec ces armes végétales, il terrasse le lion et le tigre. Heureux si, en employant l'élément du soleil et une raison divine pour les fabriquer, il ne s'en fût jamais servi à la destruction de ses semblables!

Les harmonies végétales immédiates de l'homme sont bien plus étendues que toutes les précédentes. Si la nature a mis à sa disposition les nourritures végétales des animaux domestiques, elle l'a mis lui-même en rapport direct avec une multitude de plantes alimentaires. Elle l'a placé d'abord au centre du système végétal, par son attitude et par sa taille. Ce n'est point pour voir le ciel, comme l'ont dit les poètes, qu'elle l'a mis, seul des animaux, debout et en équilibre sur deux pieds. Les oies, les canards, et surtout les pingoins, jouissent du même avantage. Dans cette attitude, ses yeux ne sont dirigés que vers l'horizon; et sa hauteur, qui est entre cinq ou six pieds, ne l'élève guère au-dessus de la terre. Mais il est très-remarquable que cette grandeur le met au centre de la puissance végétale; de manière qu'il a autant de végétaux au-dessus de lui dans les arbres, qu'il en a au-dessous dans les herbes; ainsi, il en aperçoit toutes les productions, au moyen de son attitude perpendiculaire et de la position horizontale de sa tête. Les oiseaux qui vivent dans les arbres renversent aisément leurs têtes en arrière pour voir leur nourriture qui est au-dessus d'eux; mais les quadrupèdes portent les leurs inclinées vers la terre, où ils trouvent leurs alimens. L'homme, dont la tête horizontale se meut en haut et en bas, à droite et à gauche, aperçoit à la fois l'herbe qu'il foule aux pieds et les sommets des plus grands arbres.

Mais c'est surtout avec les arbres fruitiers qu'il est dans un rapport parfait. Par tous pays, la plus part des fruits destinés à la nourriture de l'homme flattent sa vue et son odorat. Ils sont de plus taillés pour sa bouche, proportionnés à sa main et suspendus à sa portée.

Dans une fable charmante de La Fontaine, le villageois Garo trouve mauvais que la citrouille ne soit pas portée par le chêne.

> C'eût été justement l'affaire :
> Tel fruit, tel arbre, pour bien faire.

Le raisonneur Garo s'endort au pied du chêne ; un gland tombe sur son nez. Il s'éveille en sursaut :

> Oh, oh ! dit-il, je saigne ; et que serait-ce donc
> S'il fût tombé de l'arbre une masse plus lourde,
> Et que ce gland eût été gourde ?

Il en conclut que tout est à sa place ; et il s'en va en louant la Providence d'avoir suspendu un petit fruit au haut d'un grand arbre.

Cette fable, dont la morale est si vraie, induit en erreur en histoire naturelle. L'enfant à qui on la fait apprendre par cœur croit que les grands arbres ne portent point de fruits lourds ; et quand il vient ensuite à savoir qu'il y a aux Indes des palmiers de plus de soixante pieds de hauteur, dont le sommet se couronne de cocos qui pèsent jusqu'à trente livres, comme ceux des îles Séchelles, il est tenté de croire qu'il n'y a plus de Providence entre les tropiques.

Nous formons notre logique, et souvent notre morale, des premières notions que nous donne la nature. Ce sont elles, et non les raisonnemens de la métaphysique, qui développent l'entendement humain. Il est donc essentiel de ne pas présenter à un enfant une erreur sur la nature, surtout lorsqu'elle est accréditée par l'autorité d'un de ses plus aimables peintres. L'erreur de La Fontaine consiste en ce qu'elle suppose à la Providence une fausse intention. Tout arbre n'est pas destiné à donner de l'ombre aux dormeurs ; mais il l'est à porter des fruits, qui d'abord doivent le reproduire, et ensuite nourrir des animaux. De plus, dans chaque genre de végétal il y a des espèces réservées pour l'homme, qui sont les prototypes ou patrons de leur genre même, ainsi que nous l'avons remarqué précédemment. Nous avons observé aussi que quand leurs fruits sont tendres, ils sont d'un petit volume et peu élevés, afin de ne pas se briser dans leur chute. Ceux qui sont tendres et d'une grosseur considérable, comme les jacqs et les durions des Indes, croissent à la hauteur de l'homme, immédiatement sur le tronc de l'arbre qui les appuie. Les gourdes pesantes du calebassier sont suspendues à quatre ou cinq pieds de terre, le long de ses branches grosses et longues qui s'abaissent à mesure que leur fruit devient plus lourd. Notre citrouille peut croître à la même hauteur, et en tombe sans se briser. Elle est faite pour mûrir en l'air ; car elle est le fruit d'une plante grimpante, qui a des vrilles pour s'attacher aux arbres. J'en ai vu plus d'une fois, d'une grosseur considérable, suspendues comme des cloches à des perches transversales.

Quant aux fruits qui viennent au sommet des grands arbres, ils sont, pour l'ordinaire, revêtus de coques dures et d'enveloppes molles ou élastiques, dont l'épaisseur est proportionnée à leur volume. Ainsi, la noix est revêtue de ses coquilles et de son brou, la châtaigne et la faine sont recouvertes d'une espèce de cuir et d'une capsule spongieuse et épineuse. Le gland est à demi enchâssé dans un chaton, qui le préserve de toute meurtrissure parmi les rameaux d'un arbre qui s'élève dans la région des tempêtes. Tous ses fruits tombent sans se briser. Les lourds cocos sont suspendus aux palmiers avec encore plus de précautions. Ils viennent en grappe, attachés à une queue commune, plus forte qu'un cordage de chanvre de la même grosseur. Ils sortent du sommet de leur palmier, et posent sur son tronc, qui les préserve en partie des secousses des vents. Ils ont des coques très-dures, revêtues d'un cair ou enveloppe filandreuse, à la fois compacte et élastique. Ils ne se rompent jamais en tombant. Il y a plus : c'est que je pense que la nature n'a fait les fruits d'un volume considérable, que pour croître sur le bord des eaux, où ils tombent sans se briser, et où ils flottent d'eux-mêmes. La citrouille grimpante me paraît de ce nombre ; elle est plus volumineuse dans les lieux frais et le long des ruisseaux. Le cocotier est évidemment destiné à croître sur les rivages des mers torridiennes, car il ne prospère point dans l'intérieur des terres. On met, aux Indes, du sel marin dans les trous où l'on plante ses fruits, afin de les germer proprement. Ils se plaisaient dans le sable des bords de la mer, dont ils se font une base solide au moyen d'une multitude de longs filamens qui composent leurs racines. Leurs formes carénées les rendent propres à voguer à de grandes distances du rivage, et jusqu'au sein des mers, où leur grosseur et leur couleur fauve les font aisément distinguer à la surface des flots azurés. D'un autre côté, le noyer, chez nous, aime à croître sur les bords des rivières, et l'humble coudrier sur ceux des ruisseaux. Sa noisette flotte et vogue ainsi que le coco. Tel rivage, tel arbre. Pour juger donc des harmonies d'un fruit, il faut connaître celles qu'il a avec le sol où il croît, le végétal qui le porte, les animaux et les hommes qui s'en nourrissent.

Si les fruits durs annoncent leur maturité par le bruit de leur chute, ceux qui sont mous la manifestent par leurs parfums. Les premiers n'ont presque point d'odeur, et les seconds, pour l'ordinaire, en ont beaucoup. La raison de cette différence vient, je crois, de ce que les premiers fruits peuvent rester long-temps sur la terre sans se pourrir; les seconds avertissent l'odorat qu'il faut se hâter de les cueillir. L'odorat est un goût anticipé; il juge, par des rapports incompréhensibles, si l'aliment convient à l'estomac : ses instincts sont plus sûrs que tous les raisonnemens de la médecine. La botanique ne peut donc déterminer, par ses méthodes ordinaires, les qualités essentielles des plantes, c'est-à-dire les rapports qu'elles ont avec notre vie, puisqu'elle n'appelle ni l'odorat ni le goût pour les caractériser.

Les dictionnaires botaniques manquent même de termes propres qui puissent exprimer les odeurs primitives. Elles sont cependant aussi variées que les couleurs, les formes, les mouvemens et les sons, dont la nomenclature, d'ailleurs, est très-bornée. On détermine les couleurs primitives par les noms de blanche, de jaune, de rouge, de bleue, de noire; les formes génératrices, par ceux de linéaire, de triangulaire, de ronde, d'elliptique, de parabolique; les mouvemens primordiaux, par ceux de perpendiculaire, d'horizontal, de circulaire, d'elliptique et de parabolique; les sons qui ne proviennent que du mouvement de l'air agité, par les noms d'aigu, de grave, de fermé, de circonflexe et de muet. Nous les retrouvons dans les différens sons de l'*e*, ou plutôt des cinq voyelles, dont les formes, dans l'alphabet romain, à l'exception de l'E, sont semblables à celles des formes génératrices : mais les odeurs n'ont point de nom qui leur appartienne en propre; car les expressions de suave ou de fétide, qui en sont les extrêmes, n'en caractérisent aucune. Pour les désigner, il faut les rapporter directement aux végétaux qui les produisent. Ainsi, on dit une odeur de lilas, de giroflée, de fleur d'orange, de jasmin, de rose. Pour l'ordinaire, elles tirent leurs noms des fleurs qui les portent; il en est de même de celles du musc, de la civette, qui appartiennent aux animaux dont elles portent le noms. Nous observerons ici que les parfums les plus odorans, ainsi que les couleurs les plus vives dans les végétaux, sont attachés à leurs fleurs, comme au lit nuptial de leurs amours. On les retrouve en partie dans les amours des êtres animés; car le musc, la civette, le castoréum, proviennent des parties sexuelles des animaux du même nom. L'ambre, dont on ignore l'origine, paraît engendré par la baleine. Enfin, les couleurs des oiseaux sont plus éclatantes dans la saison où ils deviennent amoureux. Il y en a même alors un grand nombre qui se revêtent de plumages nouveaux, et qui sont décorés d'épaulettes pourprées, de queues veloutées, d'aigrettes brillantes, comme d'habits destinés à leurs noces; ils brillent sur les arbres comme des fleurs. Mais nous nous occuperons, aux harmonies conjugales, des charmes dont s'embellissent les puissances de la nature à l'époque de leurs amours; ne sortons point ici de celles des végétaux et de l'homme. Quoique les parfums des fleurs soient d'une variété infinie, nous n'avons pu encore leur donner des noms primitifs. L'odeur de rose n'appartient pas seulement à la rose, mais à plusieurs sortes de bois, au fruit du jonc rose, au scarabée capricorne, etc. Il y a un grand nombre d'odeurs qu'on ne sait comment désigner. Nos notions à l'égard de l'odorat sont semblables à celles des animaux, qui connaissent les choses sans leur donner de nom : ce n'est pas la pire manière de les étudier. Jean-Jacques me disait un jour qu'on pouvait être un grand botaniste sans savoir le nom d'une seule plante : on peut étendre cette idée bien plus loin. Il m'est arrivé, dans des promenades ou des sociétés nombreuses, de me lier d'amitié particulière avec des gens qui m'intéressaient, sans que j'aie jamais eu la curiosité de demander leurs noms : il me suffisait de connaître leur personne et leur visage. Ma réserve sur ce point venait aussi de prudence; je ne voulais pas que la calomnie, si commune parmi nous, vînt flétrir dans mon cœur un sentiment d'estime et d'amitié : il suffit de mettre en évidence quelque affection secrète, pour en entendre dire du mal. Pour vivre heureux, il faut cacher ses jouissances. Je crois connaître assez bien un objet, quand il me donne du plaisir. J'étudie la nature et les hommes à la manière des animaux, avec mon seul instinct. Un chien, qui ignore souvent le nom de son maître, le connaît sous plus de rapports que ceux qui savent le mieux son nom. Il le suit à la piste, à travers les foules les plus épaisses, et il en distingue les émanations particulières d'avec celles des gens qui traversent son chemin. Quelques philosophes n'ont pas manqué, à cette occasion, d'exalter le chien, aux dépens de l'homme, privé de cet avantage. Certainement un homme ne retrouverait pas son chien au milieu d'une meute par le simple flairer; mais d'un autre côté, l'odorat si subtil du chien est indifférent à une multitude de parfums auxquels l'homme est très-sensible. Je crois, au reste, que chaque espèce d'odeur est en rapport avec l'odorat de quelque espèce d'animal, dont elle réveille l'instinct, mais que l'homme, sans en ressentir l'influence d'aussi loin, est affecté de toutes, sans exception. Quoiqu'elles soient très-variées, peut-être pourrait-on les réduire à cinq primitives, dont les autres ne seraient que des mélanges et des combinaisons. C'est ainsi que les couleurs, les formes, les mouvemens et les sons peuvent se rapporter à cinq termes élémentaires; peut-être aussi les odeurs primitives sont-elles bien plus nombreuses : peut-être sont-elles en rapport avec le cerveau, le sang, les nerfs, le suc gastrique et nos humeurs si variées. D'habiles anatomistes ont analysé les organes de la vue et de l'ouïe, et aucun, que je sache, n'a développé le mécanisme de l'odorat. Ce qui nous est le plus intime nous est le moins connu.

Ce que j'ai dit des odeurs doit s'appliquer aux saveurs, aussi peu déterminées dans leur nomenclature. Les expressions de douce, d'âpre, d'acide, ne les caractérisent point; celles de salée, d'amère, de sucrée, ne dérivent point proprement des saveurs, mais des matières qui les produisent, telles que le sel, l'eau de mer, le sucre. On est obligé encore de les rapporter aux végétaux, qui les renferment toutes dans leurs fruits, comme ils renferment toutes les couleurs et toutes les odeurs dans leurs fleurs. Ainsi, on dit un goût de vin, de poivre, d'amande; mais on serait bien embarrassé, s'il fallait donner des noms primitifs à la saveur même du vin, du poivre et de l'amande, dont les couleurs cependant sont déterminées par les noms généraux de blanc ou de rouge, de gris ou de noir, de fauve ou de blanc. Les saveurs sont aussi nombreuses que les odeurs, quoique celles-ci puissent se diviser en deux classes, dont les unes, comme les parfums des fleurs, n'affectent agréablement que le cerveau, et les autres, qu'on peut appeler comestibles, aiguillonnent le goût. Cependant il n'en est aucune, même des plus fortes, qui ne se retrouve dans les alimens les plus recherchés. Le durion aphrodisiaque, qui fait aux Indes les délices des hommes, et surtout des femmes, a une odeur d'ognon pourri. Le Groënlandais boit avec autant de plaisir l'huile infecte de baleine, que le Chinois des sorbets parfumés. Chez nous, combien d'hommes dans un âge avancé préfèrent le fromage le plus raffiné au laitage frais, qui faisait les délices de leur enfance! Chaque nation, chaque âge, chaque sexe, a ses goûts particuliers; mais on peut dire que l'homme réunit en lui tous ceux des animaux. Il s'approprie leurs alimens, et il les combine de toutes les manières pour en tirer des jouissances. Nous l'avons déjà dit, et nous ne saurions trop le répéter, les divers genres d'animaux n'ont que des rayons des divers genres de sensations; l'homme en a la sphère entière : c'est cette universalité qui le distingue d'eux, même physiquement, en l'harmoniant seul avec toute la nature.

La nature paraît avoir réuni dans l'organe du goût de l'homme, aussi peu connu que celui de son odorat, tous les moyens de dégustation et de digestion qu'elle a isolés dans les divers genres d'animaux. Il y en a qui ne prennent leur nourriture que par la succion d'une trompe, comme les mouches et quelques scarabées, qui se servent de liqueurs dissolvantes; d'autres la râpent en poudre, comme les caries; ou l'avalent sans mâcher et la digèrent par des sucs gastriques, comme les reptiles; ou la broient par des triturations, comme les oiseaux avec des gésiers remplis de petits cailloux; ou l'arrachent avec un seul rang de dents et la ruminent ensuite, comme le bœuf herbivore; ou la hachent avec deux rangs de dents incisives, comme les chevaux; ou la déchirent avec les dents canines, comme les chiens et les singes; ou l'écrasent avec une gueule pavée d'os convexes et raboteux, comme certains poissons qui vivent de coquillages. L'homme a, à lui seul, des lèvres, une langue, des sucs gastriques, des dents incisives, canines et molaires, un œsophage, un estomac, des intestins; et, par ces divers moyens réunis, il s'approprie et digère tous les alimens.

Nous allons à présent jeter un coup d'œil sur les remèdes que la nature nous offre par toute la terre, pour guérir la maladie de la faim avec délices; nous parlerons ensuite de ceux qu'elle nous donne pour guérir agréablement les maladies par excès.

Nous commencerons par la zone torride, où le soleil répand toutes ses influences, et d'où l'homme a tiré son origine. Il est certain que c'est dans cette zone que se trouvent les fleurs les plus brillantes, les aromates les plus odorans et les fruits les plus savoureux. Je ne parlerai pas de ses mines d'or, d'argent, de rubis, d'émeraudes, de diamans, auxquelles les autres zones ne peuvent guère opposer que des mines de cuivre, de fer, de plomb et de cristal; mais nous empruntons des productions torridiennes végétales, les noms des couleurs, des odeurs et des saveurs dont nous voulons caractériser celles de nos climats, qui sont les plus distinguées. C'est là qu'on trouve les couleurs primitives dans toute leur naïveté, et c'est des végétaux qui en sont teints que nous tirons leurs noms, tels que le blanc du coton, le jaune du safran, le rouge de la rose, le bleu de l'indigo, le noir de l'ébène. Il en est de même des odeurs qui n'ont pas d'autres noms propres que ceux des végétaux qui les produisent, telles que l'odeur de rose dont les Indiens tirent des essences si précieuses, celles des jasmins et de l'encens d'Arabie, des bois d'aloès, de sandal, de benjoin, etc. ; c'est là que le soleil rend les parfums savoureux, et les saveurs odorantes dans le poivre, la cannelle, la muscade, le girofle, la vanille, etc. ; il les harmonie en mille façons dans une multitude de fruits comestibles, comme les oranges, les papayes, les ananas, les mangues, les pommes-dattes, les litchis, les mangoustans, tous supérieurs à nos confitures et à nos conserves les plus délicieuses. Les saveurs primitives alimentaires, ainsi que les odeurs, s'y retrouvent toutes pures, afin que l'homme en puisse faire à son gré de nouvelles combinaisons : tels sont l'acide du citron, le sucre de la canne à sucre, l'amer du café, l'onctueux du cacao. Dans leur voisinage croissent une multitude de farineux, les uns sous terre, en racines d'une grosseur prodigieuse, comme les cambas, les ignames, les maniocs, les patates ; d'autres plus apparens sur les herbes, comme les riz, les mils, les maïs, les blés, et les grains légumineux de toute espèce ; mais elle a mis en évidence sur des arbres tout ce qui était utile et agréable à la vie humaine, déjà préparé et façonné : le pain dans le fruit à pain, le lait et le beurre dans la noix du cocotier ; du sucre, du vin et du vinaigre dans la séve de plusieurs palmiers ; du miel plus agréable que celui des abeilles, dans la datte ; des toisons plus douces que celles des agneaux, dans les gousses du cotonnier ; des vases de toute espèce sur le calebassier ; enfin des logemens inébranlables dans les arcades du figuier des banians.

Les zones tempérées n'ont, pour ainsi dire, que la desserte de cette magnifique table. Nous sommes même obligés en Europe d'aider la nature par des travaux pénibles et assidus, tandis que les Indiens n'ont besoin que de laisser agir la terre, l'eau et le soleil. C'est même de la zone où l'astre du jour exerce tout son empire, ou au moins de son voisinage, et des climats fortunés de l'Inde orientale, que sont sortis originairement les végétaux, soutiens de notre vie. C'est dans ses hautes montagnes que se trouvent encore la vigne, le figuier, l'abricotier, le pêcher, qui font les délices de Cachemire. C'est de là aussi que sont sortis nos arts, nos sciences, nos lois, nos jeux, nos religions. C'est là que Pythagore, le père de la philosophie, fut chercher parmi les sages brachmanes les élémens de la physique et de la morale. C'est de là qu'il rapporta en Europe le régime végétal qui porte son nom, et qui fait fleurir la santé, la beauté, la vie, et, en calmant les passions, étend la sagacité de l'intelligence. Quelques ennemis du genre humain ont prétendu que ce régime affaiblissait la force du corps et le courage. Ils ne voient plus d'hommes où ils ne voient pas des bouchers et des soldats. Mais faut-il être carnivore ou meurtrier pour braver les dangers et la mort ? Dans les animaux granivores ou herbivores, la caille, le coq, le taureau, le cheval, sont-ils moins forts et moins courageux que la fouine, le renard, le loup et le tigre, qui ne vivent que de carnage ? Ceux-ci, armés de dents tranchantes et de griffes, ne combattent que par ruses et par surprises, dans l'ombre des forêts ou les ténèbres de la nuit : ceux-là, quoique armés à la légère, se battent loyalement à la clarté du jour. Parmi les hommes, les Japonais, qui ne mangent jamais de viande, au rapport de Kœmpfer, leur meilleur historien, sont peut-être de tous les peuples les plus vigoureux, et ceux qui craignent le moins la mort. Ils se la donnent avec la plus grande facilité, dégoûtés souvent de la vie par un effet de leur éducation et de leur gouvernement qui leur inspirent dès l'enfance les funestes et insociables préjugés de l'honneur. Cependant ils ne vivent que de végétaux et de coquillages, sur leurs rochers peu fertiles, entourés de mers orageuses. Mais ils ont trouvé l'art d'employer à leur nourriture quantité de plantes marines, que nous négligeons au point que la plupart des nôtres sont inconnues, même à nos botanistes. Elles ne nous servent qu'à engraisser nos champs, lorsque les tempêtes les ont jetées sur nos rivages. Toutefois, une multitude de plantes et de fruits qui font aujourd'hui nos délices, comme le thé, le café, le cacao et notre olive, ont des amertumes ou des goûts acerbes et insupportables qu'ils ne perdent que par certaines préparations. Nous ne pourrions même user de nos légumes et de nos grains tels que la nature nous les donne, si nous ne les convertissions en alimens par la mouture, les levains, la boulangerie, l'ébullition, la cuisson et les assaisonnemens. Puisque nous sommes obligés d'employer beaucoup d'apprêts pour manger les végétaux de la terre, pourquoi n'en tenterions-nous pas d'autres, comme les Japonais, pour faire usage de ceux de la mer ? Mais nous n'avons pas besoin de ces ressources pour mener, dès à présent, une vie pythagoricienne très-agréable. Plusieurs hommes de la Grèce, illustres par leur courage, leur génie et leurs vertus, l'ont embrassée dans des temps où les richesses végétales de l'Europe étaient bien moins nombreuses qu'aujourd'hui.

Tels ont été Ocetès, qui, le premier, trouva le mouvement de la terre autour du soleil ; Architas, tarentin, qui inventa la sphère, et qui fut si renommé en Sicile par la douceur de son gouvernement ; Lysis, ami et instituteur d'Épaminondas ; enfin, Épaminondas lui-même, le plus grand homme de guerre et le plus vertueux des Grecs. Pourrions-nous nous plaindre de la nature, à présent que toutes les parties du monde ont enrichi nos champs, nos jardins et nos vergers, je ne dis pas seulement de légumes savoureux, mais de fruits exquis ? Nous y voyons paraître successivement les fraises des Alpes, les cerises du royaume de Pont, les abricots de l'Arménie, les pêches de la Médie, les figues de l'Hyrcanie, les melons de Lacédémone, les raisins de l'Archipel, les poires et les noix de l'île de Crète, les pommes de la Normandie, les châtaignes de la Sicile et les pommes de terre de l'Amérique septentrionale. Flore et Pomone parcourent dans nos climats le cercle de l'année, et en enchaînent tous les mois autour de notre table par des guirlandes de fleurs et de fruits.

Mais quand nous serions relégués jusqu'aux extrémités du Nord, dans ces contrées où il n'y a plus ni printemps ni automne, les dons de Cérès et de Palès suffiraient encore pour y rendre notre vie commode et innocente. Je me souviens que lorsque je servais en Russie dans le corps du génie, en faisant la reconnaissance des places de la Finlande russe avec le général Du Bosquet, chef des ingénieurs, nous aperçûmes les débris d'une cabane et les sillons d'un petit champ au milieu des rochers et des sapins. C'était à une lieue de Wilmanstrand, petite ville située vers le 61ᵉ degré de latitude nord. Mon général, qui connaissait beaucoup la Finlande, où il s'était marié, me raconta que ce champ avait été cultivé par un officier français au service de Charles XII, et ensuite prisonnier des Russes à la bataille de Pultawa. Cet officier avait fixé son habitation dans ce désert, où la terre, couverte de neige pendant six mois, et de roches toute l'année, ne rendait à ses cultures qu'un peu d'orge, des choux et de mauvais tabac. Il avait une vache dont il allait vendre le beurre tous les hivers à Pétersbourg. M. de La Chétardie, ambassadeur de France, le fit inviter plusieurs fois à le venir voir en lui promettant de l'emploi dans sa patrie, et de lui donner les moyens d'y retourner ; il se refusa constamment à ses invitations et à ses offres. Il avait oublié entièrement sa langue maternelle, mais il entendait toujours celle de la nature. Il avait épousé la fille d'un paysan finlandais, et il ne manqua à son bonheur que d'en avoir des enfans. Je savais déjà que beaucoup d'Européens avaient embrassé en Amérique la vie des Sauvages, et que jamais aucun Sauvage n'avait renoncé à l'Amérique pour adopter les mœurs des Européens. Mais, de tous ces exemples, je n'en ai trouvé aucun d'aussi frappant que celui d'un Français qui préféra la vie laborieuse et obscure d'un paysan de la froide et stérile Finlande, à la vie oisive et brillante d'un officier, sous le doux climat de la France. La pauvreté et l'obscurité sont donc bonnes à quelque chose, puisqu'en nous entourant d'elles nous pouvons trouver la liberté au sein d'un gouvernement despotique, tandis que la fortune et la célébrité souvent nous couvrent de chaînes au milieu d'une république. Je l'avoue, les ruines de cette petite cabane, entourée de sillons moussus, m'ont laissé des impressions plus profondes et des ressouvenirs plus touchans que le palais impérial de Pétersbourg, avec ses huit cents colonnes et ses vastes jardins ; palais rempli, comme tous les palais du monde, de jouissances vaines et de soucis cruels. Je me représente encore cette petite habitation de la Finlande au milieu des roches, sur la lisière d'une forêt de sapins près du lac de Wilmanstrand, n'offrant dans un été fort court que quelques gerbes d'orge à la bêche de son cultivateur, mais lui ayant donné en tout temps la liberté, la sécurité, le repos, l'innocence et un asile assuré à la foi conjugale.

Cependant, quelque stérile que soit une région où la terre laisse entrevoir ses fondemens de granit au même niveau que les sommets des Alpes, j'y ai vu des cerisiers et des groseillers y faire briller leurs rubis ; les lisières même des bois y sont tapissées de fraisiers, de myrtilles, de kloukvas et de champignons comestibles. Combien d'arbres fruitiers de nos climats, et même de pays plus méridionaux, peuvent résister à ses hivers, puisque l'arbre au vernis du Japon, le mûrier à papier de la mer du Sud, et plusieurs autres des pays chauds, plantés dans nos jardins, n'ont pas succombé à des froids de 18 à 20 degrés, ainsi que nous l'avons éprouvé dans les rudes hivers de 1794 et de 1799 ! Comment la nature se refuserait-elle, en Finlande, aux essais des naturalistes, puisqu'elle a fait naître sous son ciel Linnée, le plus éclairé de tous ? Au reste, que de mets et de boissons se tirent des seules préparations des blés, dont chaque climat peut produire au moins une espèce ! L'orge vient en Finlande tout au plus en trois mois, par un été plus chaud que celui de l'équateur. Que de légumes et de grains exotiques pourraient y croître dans le même espace de temps !

Non-seulement la nature nous a donné des végétaux en harmonie avec tous nos besoins physiques, mais elle en a produit en rapport avec nos jouissances morales, et qui en sont devenues les symboles par la durée de leur verdure : tels sont le laurier pour la victoire, l'olivier pour la paix, le palmier pour la gloire. Elle en a fait croître dans tous les sites qui, par leurs attitudes mélancoliques et religieuses, semblent destinés à nos funérailles. Je parle, non de ceux qui servaient au bûcher des morts chez les peuples qui les brûlaient, comme les Romains, car tous y sont propres, mais de ceux qui servaient, par leurs parfums, à les aromatiser, ou, par leurs formes, à décorer leurs tombeaux.

Dans les premiers, les Égyptiens employaient des sucs et des résines tirés de la myrrhe, du nard, du cinnamome et du baume même : d'où est venue l'expression d'embaumer. Ils sont parvenus, par ces moyens, à préserver de la corruption les corps de leurs aïeux, et à en faire des momies qui ont la solidité et la dureté des rochers. Les Turcs mettent simplement des feuilles d'olivier dans les cercueils de leurs morts, et les peuples du Nord, celles du genièvre ; puis ils les laissent consumer à la terre, notre mère commune. Dans mon pays, les gens de campagne se servent, pour les mêmes usages, de la menthe aquatique, et quelquefois ils attachent à la porte des jeunes filles décédées un drap blanc parsemé des feuilles sombres du lierre. Un jour, je trouvai dans un pauvre village de la Basse-Normandie, devant une chaumière, un rond tout noir sur le gazon. Un voisin me dit en pleurant que celui qui l'habitait était mort depuis quelques jours ; et que, suivant l'usage du pays, on avait brûlé la paille de son lit devant sa porte. En effet, c'est une image bien naïve de notre vie qu'un peu de paille brûlée. Le gazon en était consumé jusqu'à la racine, et son emplacement tout noir devait contraster long-temps avec celui qui verdoyait autour. C'était, au fond, une véritable épitaphe empreinte sur la terre par la misère et l'amitié, mais plus expressive que celles qui sont gravées sur le bronze.

Dans notre riche et fastueuse capitale, nous n'employons, pour les funérailles, que quatre ais de sapin. On en fait, avec quelques clous, un coffre oblong où l'on renferme le corps de son parent, empaqueté dans un mauvais drap ; on le transporte ensuite, sans convoi, à l'extrémité d'un faubourg, dans un fond de carrière où l'on a creusé une fosse vaste et profonde. C'est dans ce barathrum qu'on le précipite pour jamais, au milieu d'une foule de morts de tout sexe et de tout âge. Souvent, pendant la nuit, les fossoyeurs viennent le dépouiller de sa bière et de son suaire ; quelquefois ils prennent jusqu'à son corps, et le vendent à des élèves en chirurgie pour le disséquer. En vain des parens éplorés se consolent de la perte d'une fille chérie par le souvenir de ses vertus virginales ; en vain sa mère infortunée la redemande à l'abîme qui l'a engloutie : elle est étendue sur le marbre noir d'un amphithéâtre, exposée sans voile aux regards d'une jeunesse sans pudeur. A quoi servent, à une école, des leçons anatomiques tant de fois et si vainement répétées, lorsqu'on lui fait perdre le sentiment de la bonté ? Que peut profiter à une nation civilisée la science la plus sublime, lorsqu'on détruit chez elle le respect religieux que les peuples les plus barbares portent aux mânes de leurs pères ? Mais, quand les morts resteraient dans la fosse commune où on les a déposés, la cupidité seule peut en approcher. Une vapeur infecte en sort sans cesse. Le fils vient y respirer la mort dans le sein de celui qui lui a donné la vie. Comment pourrait-il même le reconnaître parmi cette foule de cadavres confondus, recouverts d'un peu de terre ? A la vérité, on ne leur donne pas le temps de s'y consumer. Dans cette ville si populeuse, on fouille bientôt les anciennes fosses pour en faire de nouvelles. Les ossemens paternels, les crânes chevelus, les osselets des mains, qui ont donné et reçu les étreintes de l'amitié, gisent encore tout entiers sur la terre. Un cimetière de la capitale n'est qu'une voirie humaine. Lorsque la pâle clarté de la lune éclaire dans l'obscurité des nuits les collines dégradées et couvertes de chardons qui l'environnent, vous diriez de ces scènes magiques où les poètes feignent des assemblées de sorcières.

Cependant ce globe, qui n'a que trop d'espace pour les hommes vivans, n'en doit pas manquer pour les morts. La nature a planté dans tous ses sites des végétaux propres à changer en parfum le méphitisme de l'air, et à servir de décoration aux tombeaux par leurs formes mélancoliques et religieuses. Parmi les plantes, la mauve rampante avec ses fleurs rayées de pourpre, et l'asphodèle avec sa longue tige garnie de belles fleurs blanches ou jaunes, se plaisent à croître sur les tertres funèbres. La blanche ne vient guère que dans les parties méridionales de la France et de l'Europe, où de tout temps elle s'harmonie, ainsi que la jaune, avec la mauve. C'est ce que prouve cette inscription gravée sur un tombeau antique : « Au » dehors je suis entouré de mauve et d'asphodèle, » et au dedans je ne suis qu'un cadavre. » L'asphodèle est du genre des lis, et elle s'élève à deux ou trois pieds de hauteur. Ses belles fleurs, qui méritent d'être cultivées, produisent des graines dont les anciens croyaient que les morts faisaient leur nourriture, et dont les vivans tirent quelquefois parti. Suivant Homère, après avoir passé le Styx, les ombres traversaient une longue plaine d'asphodèles. Quant aux arbres funéraires, j'en trouve de deux genres répandus dans les divers climats : tous deux ont des caractères opposés. Ceux du premier laissent pendre jusqu'à terre leurs branches longues et menues, et on les voit flotter au gré des vents. Ces arbres paraissent comme échevelés et déplorant quelque infortune : tel est le casuarina des îles de la mer du Sud, que les naturels ont grand soin de planter auprès des tombeaux de leurs ancêtres. Nous avons chez nous le saule pleureur ou de Babylone : c'était à ses rameaux que les Hébreux captifs suspendaient leurs lyres. Notre saule commun, lorsqu'il n'est pas été, laisse pendre aussi l'extrémité de ses branches, et prend alors un caractère mélancolique. Shakspeare l'a fort bien senti et exprimé dans *la Chanson du saule*, qu'il met dans la bouche de Desdemona, prête à terminer ses malheureux jours. Il y a aussi, dans plusieurs autres genres d'arbres, des espèces à longues chevelures; j'en ai vu quelques-unes : tels sont certains frênes, un figuier de l'île de France, dont les fruits traînent jusqu'à terre, et les bouleaux du Nord. Le second genre des arbres funèbres renferme ceux qui s'élèvent en obélisque ou en pyramide. Si les arbres à chevelure semblent porter nos regrets vers la terre, ceux-ci semblent diriger, avec leurs rameaux, nos espérances vers le ciel : tels sont, entre autres, les cyprès des montagnes, le peuplier d'Italie et les sapins du Nord. Le cyprès, avec son feuillage flottant et tourné en spirale, ne ressemble pas mal à une longue quenouille chargée de laine, telle que les poètes en imaginaient entre les mains de la Parque qui filait nos destinées. Les peupliers d'Italie ne sont autre chose, suivant l'ingénieux Ovide, que les sœurs de Phaéton qui déplorent le sort de leur frère, en élevant leurs bras vers les cieux. Quant au sapin, je ne connais point d'arbre plus propre à décorer les tombeaux : c'est un usage auquel l'emploient fréquemment les Chinois et les Japonais. Ils le regardent comme un symbole de l'immortalité. En effet, son odeur aromatique, sa verdure sombre et perpétuelle, sa forme pyramidale qui semble fuir jusque dans les nues, et ce je ne sais quoi de gémissant, que ses rameaux font entendre quand les vents les agitent, semblent faits pour accompagner magnifiquement un mausolée, et pour entretenir en nous le sentiment de notre immortalité.

Plantons donc ces arbres pleins d'expression mélancolique sur les sépultures de nos amis. Les végétaux sont les caractères du livre de la nature, et un cimetière doit être une école de morale. C'est là qu'à la vue des puissans, des riches et des méchans réduits en poudre, disparaissent toutes les passions humaines, l'orgueil, la cupidité, l'avarice, l'envie; c'est là que se réveillent les sentimens les plus doux de l'humanité, au souvenir des enfans, des époux, des pères, des amis; c'est sur leurs tombeaux que les peuples les plus sauvages viennent apporter des mets, et que les peuples de l'Orient distribuent des vivres aux malheureux. Plantons-y au moins des végétaux qui nous en conservent la mémoire. Quelquefois nous élevons des urnes, des statues; mais le temps détruit bientôt les monumens des arts, tandis qu'il fortifie chaque année ceux de la nature. Les vieux ifs de nos cimetières ont plus d'une fois survécu aux églises qu'ils y ont vu bâtir. Ombrageons ceux de la patrie des végétaux qui caractérisent les diverses tribus de citoyens qui y reposent; qu'on voie croître sur les fosses de leurs familles ceux qui les ont fait vivre pendant leur vie, l'osier des vaniers, le chêne des charpentiers, le cep des vignerons; mettons-y surtout des végétaux toujours verts, qui rappellent des vertus immortelles, plus utiles à la patrie que des métiers et des talens; que les pâles violettes et les douces primevères fleurissent chaque printemps sur les tertres des enfans qui ont aimé leurs pères; que la pervenche de Jean-Jacques, plus chère aux amans que le myrte amoureux, étale ses fleurs azurées sur le tombeau de la beauté toujours fidèle; que le lierre embrasse le cyprès sur celui des époux unis jusqu'à la mort; que le laurier y caractérise les vertus des guerriers; l'olivier celle des négociateurs; enfin, que les pierres gravées d'inscriptions, à la louange de tous ceux qui ont bien mérité des hommes, y soient ombragées de troènes, de thuya, de buis, de genévriers, de buissons ardens, de houx aux graines sombres, de chèvre-feuilles odorans, de majestueux sapins. Puissé-je me promener un jour dans cet élysée, éclairé des rayons de l'aurore, ou des feux du soleil couchant, ou des pâles clartés de la lune, et consacré en tout temps par les cendres d'hommes vertueux! Puissé-je moi-même être digne d'y avoir un jour mon tertre, entouré de ceux de mes enfans, surmonté d'une tuile couverte de mousse! C'est par ces décorations végétales que des nations entières ont rendu les tombeaux de leurs ancêtres si respectables à leur postérité. Dans ce jardin de la mort et de la vie, du temps et de l'éternité, se formeront un jour des philosophes sensibles et sublimes, des Confucius, des Fénelons, des Addisons, des Youngs. Là s'évanouiront les vaines illusions du monde, par le spectacle de tant d'hommes que la mort a renversés; là renaîtront les espérances d'une meilleure vie, par le souvenir de leurs vertus.

## HARMONIES VÉGÉTALES,

OU

### LEÇON DE BOTANIQUE A PAUL ET VIRGINIE.

#### ÉGLOGUE DE VIRGILE.

Présidez aux jeux de nos enfans, charmante fille de l'Aurore, aimable Flore; c'est vous qui couvrez de roses les champs du ciel que parcourt votre mère, soit qu'elle s'élève chaque jour sur notre horizon, soit qu'elle s'avance, au printemps, vers le sommet de notre hémisphère, et qu'elle rejette ses rayons d'or et de pourpre sur leurs régions de neige. Pour vous, suspendue au-dessus de nos vertes campagnes, portée par l'arc-en-ciel au sein des nuages pluvieux, vous versez les fleurs à pleine corbeille dans nos vallons et sur nos forêts; le zéphyr amoureux vous suit, haletant après vous, et vous poussant de son haleine chaude et humide. Déjà on aperçoit sur la terre les traces de son passage dans les cieux; à travers les rais lointains de la pluie, les landes apparaissent toutes jaunes de genêts fleuris; les prairies brumeuses, de bassinets dorés; et les corniches des vieilles tours, de giroflées safranées. Au milieu du jour le plus nébuleux, on croirait que les rayons du soleil luisent au loin sur les croupes des collines, au fond des vallées, aux sommets des antiques monumens; des lisières de violettes et de primevères parfument les haies, et le lilas couvre de ses grappes pourprées les murs du château lointain. Aimables enfans, sortez dans les campagnes, Flore vous appelle au sein des prairies; tout vous y invite, les bois, les eaux, les rocs arides; chaque site vous présente ses plantes, et chaque plante ses fleurs. Jouissez du mois qui vous les donne : avril est votre frère; il est à l'aurore de l'année, comme vous à celle de la vie; connaissez ces dons rians comme votre âge. Les prairies seront votre école, les fleurs vos alphabets, et Flore votre institutrice.

Nous n'appellerons point des docteurs pour enseigner la botanique aux enfans; c'est aux femmes qu'il appartient de leur parler de ce que les végétaux ont de plus intéressant; elles-mêmes ont avec eux les rapports les plus doux; les arbres semblent faits pour les ombrager, les gazons pour les reposer, les fleurs pour les parer. Qui sait mieux qu'elles en assortir des bouquets, et en composer des guirlandes, des couronnes, des chapeaux? Ce fut à l'école de la bouquetière d'Athènes que le peintre Pausias, son amant, se rendit si habile à faire des tableaux de fleurs. Les femmes sont elles-mêmes les fleurs de la vie, comme les enfans en sont les fruits; ce sont elles qui font le charme de nos sociétés, soit qu'elles forment entre elles des chœurs de danse, soit que chacune d'elles se promène avec son époux, ou entourée de nombreux enfans. Tout ce qu'il y a de plus agréable à la pensée s'y présente sous des figures et des noms de femmes. L'antiquité donna des formes et des noms féminins à l'Aurore; aux Heures, qui attelaient les chevaux du Soleil; à l'arc-en-ciel, qu'elle appela Iris; aux Naïades, aux Néréides, aux Oréades, aux divinités les plus aimables des airs, des eaux, de la terre, des forêts; aux Muses, aux Vertus, aux Grâces, et à Vénus elle-même, qui réunissait en elle tous les charmes. Il est vrai que nous avons attribué aussi au même sexe tout ce qu'il y a de plus déplaisant sur la terre, tel que les maladies les plus cruelles du corps, de l'ame et des sociétés politiques, comme la faim, la soif, les fièvres, les épidémies, la peste, la jalousie, l'envie, la calomnie, la haine, la fureur, la rage, la perfidie, la férocité, les Furies des enfers, enfin la guerre qui réunit tous les maux, sous la forme et le nom de Bellone..... Ce n'est pas que les femmes soient plus susceptibles de ces passions cruelles que les hommes; elles y sont moins sujettes, par leur nature douce et compatissante; mais lorsqu'elles se rencontrent en elles, elles y acquièrent quelque chose de plus dangereux, *corruptio optimi pessima*. Si les vertus sont encore plus belles dans un beau corps, les vices aussi y sont plus hideux. Les femmes atteignent en bien et en mal les deux extrêmes, et les inspirent alors aux hommes; les jouissances et les douleurs exquises leur appartiennent. C'est donc à elles à professer la science des plaisirs, puisqu'elles en ont une conscience plus intime. Il n'y en a point de plus aimable et de plus innocente que celle de la botanique. Si quelques-unes en ont extrait des poisons, une infinité d'autres en tirent des remèdes, des alimens, des boissons, des parfums, des parures, qui font nos joies et nos consolations. Si la coupe de Médée a coûté la vie à quelques infortunés, celle d'Érigone soutient et réjouit tous les jours le genre humain. Le moly de Mercure préserve des enchantemens de

Circé. Pour moi, je crois que si nos femmes ne se livrent pas comme celles de l'antiquité à l'étude ravissante de la botanique, c'est qu'elle est hérissée parmi nous de mots grecs, et que soumise par nos systèmes à une savante analyse, elle ne leur présente plus que des squelettes. Mais j'espère qu'en suivant la marche que nous leur avons indiquée, elles trouveront au moins dans les campagnes les fleurs revêtues des mêmes grâces qu'elles leur donnent en les groupant sur leur tête et sur leur sein.

Nous voyons donc qu'une mère suffit pour apprendre aux enfans tout ce qu'il y a d'utile et d'agréable à connaître pour eux dans la botanique. Tout ce que j'ai dit des harmonies végétales est destiné principalement à parler à la raison déja formée de l'instituteur; mais il faut parler autrement à celle des enfans. J'observerai à cette occasion qu'on a imaginé, pour développer leur raison, des livres ingénieux sur toutes sortes de sujets : il en résulte de grands inconvéniens. D'abord, les histoires qu'ils renferment, soit imaginées, soit extraites de l'antiquité, ne sont point les mêmes que celles de nos sociétés, et les enfans ne font presque jamais d'application, dans la pratique, des principes et des exemples qu'on leur donne en théorie. Ils ne se déterminent, comme la plupart des hommes, que par ce qui se passe sous leurs yeux. Si ces ouvrages les ennuient, ce qui arrive souvent, ils ne les lisent point, ou, ce qui est encore pire, s'ils les lisent malgré eux, ils en conçoivent pour le reste de leur vie une grande répugnance pour la lecture. S'ils s'en amusent, ils croient que la raison et le plaisir ne sont que dans leurs livres. Les personnages de leurs dialogues leur paraissent plus intéressans que leurs camarades; et la gouvernante, ou la mère, qui y est supposée d'une humeur toujours égale, et qui leur débite des contes à chaque instant, leur semble meilleure et bien plus amusante que leur propre mère. Ainsi, les ouvrages faits pour les rapprocher de leur famille et de la société sont précisément ceux qui les en éloignent davantage. Je voudrais donc, et j'en ai déja fait le vœu, qu'au lieu de livres on ne leur montrât que les choses elles-mêmes, et qu'une mère fît des conversations avec ses enfans sur le premier sujet venu, comme Socrate avec ses disciples. Ce sont les événemens personnels de notre enfance, accompagnés des leçons maternelles, qui se gravent le plus profondément dans notre mémoire, parce qu'ils pénètrent jusque dans notre cœur; ce sont les leçons de nos mères qui donnent tant de force à nos opinions religieuses pendant le cours de notre vie. Inspirées avec le lait, elles se perfectionnent avec notre raison; et, après avoir joué autour de notre berceau, dans l'âge de l'innocence, elles nous soutiennent dans l'âge des passions. Je voudrais donc que le sentiment de la Divinité, qui est inné dans l'homme, y fût d'abord développé, non par un précepteur, mais par une mère. Le Dieu d'une mère est toujours indulgent et bon comme celui de la nature : un précepteur enseigne, une mère fait aimer. Je voudrais que celle-ci donnât ses premières leçons, non dans une ville, mais à la campagne; non dans une église, mais sous le ciel; non d'après des livres, mais d'après des fleurs et des fruits.

Il y a une méthode facile aux plus ignorans pour s'instruire, c'est d'aller du simple au composé : on l'appelle synthèse ou composition. Elle est rejetée par nos docteurs, qui lui préfèrent l'analyse ou décomposition; celle-ci marche en sens contraire, c'est-à-dire du composé au simple. La raison de cette préférence vient, à mon avis, de ce que l'analyse suppose un esprit d'une grande étendue, qui embrasse d'abord un objet dans tout son ensemble, pour le réduire à ses premiers élémens. Mais c'est par elle aussi que nos sciences finissent en éblouissement, suivant l'expression de Michel Montaigne. En effet, c'est par le moyen de l'analyse que nos philosophes modernes ont cru se démontrer que l'air n'est point un élément; qu'il y a environ quarante matières primitives et inaltérables dans les fossiles; que toutes les lois du mouvement et de la vie viennent de l'attraction; qu'enfin il n'y a point d'ame dans les animaux, ni de Dieu dans l'univers. La méthode analytique impose beaucoup à la multitude, qui révère toujours ce qu'elle ne connaît pas; mais cette démarche de nos esprits forts est une preuve évidente de leur faiblesse, qui, ne pouvant embrasser plusieurs objets à la fois, tâche de les réduire à un seul, qui finit par leur échapper à son tour.

Il n'en est pas de même de la synthèse, qui, comme la nature dans ses productions, va du simple au composé. C'est par elle que nous généralisons nos pensées et les propriétés de chaque être. Pour donner une idée de ces deux méthodes, j'en ferai l'application au soleil lui-même, ce premier agent de notre monde. Je suppose qu'un docteur se soit mis dans la tête d'en connaître les propriétés; il s'éloigne d'abord des brouillards qui couvrent la terre, et choisit le sommet de quelque haute montagne pour le lieu de ses observations. A mesure qu'il s'élève au-dessus de l'horizon, il voit disparaître successivement les prairies, les vergers, les forêts de sapins; et il parvient enfin à des rochers dépouillés de verdure, où l'eau réduite, faute de chaleur, à son état naturel de congélation, se change autour de lui en énormes glaces, et où les dernières couches de l'atmosphère sont à peine respirables. Là, le soleil, dépouillé de ses rayons ardens et de ses brillantes réfractions, ne lui apparaît en plein midi que comme un petit globe de quelques pouces de diamètre, au milieu d'un ciel d'un bleu foncé. Voilà le résultat où l'a amené l'analyse de l'astre du jour. Supposons, au contraire, qu'un ignorant tel que moi, qui va du simple au composé, redescende humblement du sommet de cet orgueilleux observatoire : chaque pas qu'il fait vers les vallons lui découvre une qualité nouvelle du soleil. En entrant dans une atmosphère vaporeuse, il voit les rayons se teindre d'aurore et de pourpre, dilater l'air, faire souffler les vents, et fondre les glaciers en fleuves et en torrens : il en conclut que les rayons solaires se décomposent en couleurs, qu'ils sont chauds, puisqu'ils rendent les glaces fluides, et qu'ils allument en quelque sorte notre atmosphère, dès qu'ils se montrent sur notre horizon. En considérant ensuite leur action sur la terre, il pressent d'abord que le soleil l'attire, puisqu'elle tourne sans cesse autour de lui, et il est porté à croire qu'une si puissante influence sur le globe doit se faire sentir dans son intérieur, et y produire peut-être l'or et les pierreries qu'on ne trouve guère en effet que dans le sein de la zone torride. Parvenu aux flancs de la montagne, où reparaît la puissance végétale, il aperçoit de nouvelles propriétés du soleil ; il voit ses rayons, pénétrant les forêts, en développer les feuillages, en colorer les fleurs, en féconder les semences, et ajouter chaque année un cercle à leurs troncs majestueux. Plus bas, il les voit s'étendre dans les vergers, donner aux fruits leurs couleurs, leurs parfums, leurs saveurs ; et il doute si, en se fixant à leur surface en or et en vermeil, ils ne se conglomèrent pas au dedans en ambre et en sucre. Enfin, descendu avec la nuit au fond des vallées, il entend les oiseaux par leurs chansons, et les troupeaux par leurs mugissemens, saluer les derniers rayons du soleil qui dorent les sommets des collines. Bientôt ils cessent de voir, de marcher, de sentir, et, pour ainsi dire, de vivre. Son absence les plonge dans un profond sommeil. On croirait que leur vie est une portion de cette flamme céleste qui éclaire et échauffe les airs, les eaux, la terre et les forêts. Le cours de leurs actions journalières est réglé sur les diverses heures du cours journalier du soleil, comme celui de leurs naissances, de leurs amours, de leurs générations et de leurs morts, sur les diverses phases de son cours annuel.

L'homme seul sait rappeler le feu du soleil au milieu des ténèbres, et y découvrir de nouvelles modifications. Il le fait sortir du tronc des arbres, où de longs étés l'ont fixé, et il le fait étinceler et flamber dans son foyer. Mais sa lueur céleste brille encore pour lui au haut des cieux, malgré l'obscurité des nuits. Il la voit réfléchie dans le firmament, par les planètes, accompagnées de leurs satellites nombreux. Il les voit tour à tour ascendantes, descendantes à l'orient, à l'occident, sur des lignes horizontales, obliques, perpendiculaires, et formant entre elles des losanges, des carrés, des triangles. Ce télégraphe céleste lui parle sans cesse un langage mystérieux, qui lui annonce toutes les harmonies du temps, des secondes, des minutes, des heures, des jours, des semaines, des mois, des saisons, des années, des cycles, des siècles. Il exprime encore toutes les époques de l'existence, des naissances, des adolescences, des pubertés, des virilités, des générations, des vieillesses, des décrépitudes, des morts. Quelquefois une comète chevelue, venant à travers les cieux, apparaît comme un signal de destruction ou de création pour un globe ancien ou nouveau. Ainsi, si l'on peut comparer les imitations terrestres des hommes aux modèles célestes que leur offre la nature, nos machines mobiles élevées sur le haut de nos tours nous annoncent, par quelque signal extraordinaire, une défaite ou une victoire. Peut-être chaque étoile, comme un soleil, a ses signaux particuliers dans les mouvemens des mondes auxquels elle donne la vie ; peut-être tous leurs télégraphes, agissant à la fois, se communiquent leurs expressions, et expriment à l'infini des pensées ineffables, qui ne sont comprises que par des êtres immortels. Pour notre soleil, il est pour l'homme le livre de l'immortalité ; c'est dans sa lumière qu'il puise ces sentimens de gloire, d'infini, d'éternité, qui accompagnent sans cesse les espérances de sa vie passagère.

Nous ne connaissons donc les qualités du soleil qu'en les combinant synthétiquement avec les autres puissances de la nature, et nous les faisons disparaître en les en séparant par l'analyse. Il en est de même des autres puissances. Nous ne connaissons les facultés de l'homme qu'en les mettant en rapport avec les élémens, les végétaux, les animaux, et surtout avec ses semblables. C'est par ces rapprochemens que se démontre l'existence de son ame raisonnable. Il en est de même de la Divinité. Nous ne nous convainquons de sa puissance, de son intelligence, de son éternité, de sa bonté, qu'en rapportant ses attributs à ses divers ouvrages. Elles s'évanouissent dans les méditations du solitaire, qui les décompose dans son cerveau. Il n'y a point d'homme plus près du matérialisme que le métaphysicien, parce que l'analyse qui l'égare est née de l'orgueil et de la faiblesse de l'esprit humain.

La botanique a été traitée par l'analyse comme les autres sciences. Les hommes, semblables aux enfans, ont effeuillé les plantes pour les connaître, et ils ont tiré à peu près les mêmes résultats. Mais si on rapporte les végétaux aux autres puissances de la nature, leurs fleurs au soleil, leurs tiges aux vents, leurs feuilles aux pluies, leurs racines à la terre, leurs fruits aux animaux et aux hommes, il en résulte mille connaissances agréables et utiles. Une prairie suffit pour donner aux enfans, au défaut du ciel, une idée de la puissance du soleil. Les fleurs lui montrent les diverses époques des heures, des jours, des saisons et des années. Si les astres, par leur grandeur et l'étendue de leur révolution, font naître des sentimens d'admiration, d'étonnement et de respect religieux, les fleurs en produisent de gaieté, d'innocence, de plaisir. Laissons même les enfans, au défaut de maîtres, imaginer leur botanique. S'ils trouvent que les pétales des roses ne sont concaves que pour être calquées sur leurs fronts; que les degrés de la tige de certaines graminées ne sont alternés que pour exprimer le degré de leurs amitiés, et que les volans des semences d'un pissenlit ne sont faits que pour être soufflés d'une seule haleine, qui dira que leur système ne vaut pas celui de Linnée? Les fleurs d'une prairie sont aussi bien créées pour leur servir de bouquets et de chapeaux, que pour être pâturées par les bêtes, ou disséquées par des savans. La plupart même d'entre elles ont des rapports de convenance avec les traits des enfans, par leur grandeur, leurs couleurs et leur naïveté. Les bluets sont semblables à leurs yeux bleus; les boutons de rose à leurs lèvres vermeilles. Il en est de même des fruits : la pomme d'api, blanche et rouge, a des convenances avec leurs joues si riantes; la pêche fondante et la fraise mamelonnée en ont également avec le sein des jeunes filles. On pourrait les étendre beaucoup plus loin.

C'est donc aux femmes, et surtout aux mères, à donner les premières notions de la botanique aux enfans, en allant du simple au composé. On peut remonter aisément d'un fraisier jusqu'à l'ordre de l'univers : j'en vais présenter la marche à l'institutrice, qui doit se considérer comme la mère des enfans, ainsi que l'instituteur est considéré comme leur père. Je voudrais même que l'une et l'autre en portassent les noms, afin qu'ils se rappelassent sans cesse la bonté et l'indulgence qu'ils doivent à leurs élèves, et ceux-ci l'affection et la reconnaissance dues à des soins maternels.

Je suppose donc une mère avec deux enfans, une petite fille et un petit garçon, auxquels elle voudrait donner quelques idées de la nature et de son auteur. J'appellerai la première Virginie, et le second Paul. J'adopte ces noms d'autant plus volontiers, que j'ose dire y avoir attaché quelque intérêt. Beaucoup d'enfans les portent aujourd'hui; en cela Dieu a comblé mes vœux et au-delà. Lorsque j'étais célibataire, et que je publiai les premiers volumes de mes *Études de la Nature*, j'y ai dit, sans me douter que je prophétisais, que *la génération future m'appartiendrait en quelque chose*. Je l'entendais des réformes de son éducation, dont je m'occupais; mais j'en suis en quelque sorte devenu le parrain. Je ne vais point dans une promenade que je n'entende des mères, des bonnes, des frères et des sœurs appeler des Pauls et des Virginies. Je tourne souvent la tête, croyant que ce sont mes propres enfans, car j'ai aussi une Virginie et un Paul, qui forment la couronne de roses de ma vieillesse. Je me servirai donc de leurs noms avec d'autant plus de plaisir qu'ils me donneront l'occasion de tracer une esquisse de leurs caractères qui commencent à poindre; j'y trouverai aussi celle de leur donner quelques leçons utiles pour l'avenir. Ma Virginie, qui a bientôt cinq ans, est déjà dans l'âge et dans le goût d'en profiter : pour mon Paul, il n'a guère qu'un an; mais il est de l'humeur la plus douce, et il répond déjà, par ses caresses, à la vive affection de sa sœur. Il n'y a que des ames aimantes qui soient propres à l'étude de la nature.

## LA MÈRE, VIRGINIE ET PAUL.

### LA MÈRE.

Que le mois d'avril paraît doux après un hiver aussi rude! Reposons-nous au pied de ce chêne qui montre ses premières feuilles. Asseyons-nous sur ce gazon. Amuse-toi, ma fille, à cueillir des fleurs pendant que je tiendrai ton frère sur mes genoux.

### VIRGINIE.

Je vais lui en faire un gros bouquet, et pour vous aussi, et pour moi aussi.

### LA MÈRE.

Tiens, voilà des violettes..... au pied de ces églantiers.

### VIRGINIE.

Oh! qu'elles sentent bon! Je croyais qu'elles ne venaient que dans les jardins. Maman, comment appelez-vous ces fleurs blanches qui viennent parmi les violettes? Elles sentent bon aussi.

LA MÈRE.

Ce sont des primevères.

VIRGINIE.

Et celles-là, qui sont au milieu du bois?

LA MÈRE.

Ce sont des jacinthes et des muguets.

VIRGINIE.

Ah! voici des marguerites dans l'herbe. Qu'elles sont jolies! En voilà d'à moitié ouvertes. Pourquoi ont-elles un petit étui vert qui les enveloppe à moitié?

LA MÈRE.

C'est pour défendre la fleur. On appelle cet étui un calice. Beaucoup de fleurs ont un calice. C'est comme le bourrelet que je mets autour de la tête de Paul, de peur qu'il ne se la casse en tombant.

VIRGINIE.

Mais les fleurs ne tombent pas.

LA MÈRE.

Non, mais elle se choquent les unes contre les autres quand il fait du vent.

VIRGINIE.

Et ces petites feuilles blanches de la marguerite qui sont toutes rouges par la pointe, à quoi servent-elles?

LA MÈRE.

A renvoyer les rayons du soleil sur le milieu de la fleur, à ce que dit ton papa. On les appelle des pétales.

VIRGINIE.

Qu'est-ce que c'est que ces petits boutons jaunes comme des têtes d'épingles, qui sont au milieu de la marguerite?

LA MÈRE.

Ce sont des fleurons. Ils ont besoin de chaleur pour fleurir : voilà pourquoi la plupart des fleurs se tournent vers le soleil. Mais je ne suis pas assez savante; ton père t'expliquera cela un jour.

VIRGINIE.

Pourquoi n'est-il pas venu avec nous? Il aurait eu bien du plaisir.

LA MÈRE.

Oui, il aime le bois de Boulogne. Il s'y est souvent promené avec Jean-Jacques.

VIRGINIE.

Qu'est-ce que Jean-Jacques? Je ne l'ai jamais vu avec mon papa.

LA MÈRE.

Il est mort il y a long-temps, ma fille. C'est un homme qui a été fort persécuté, parce qu'il prenait le parti des malheureux. Il aimait beaucoup les enfans.

VIRGINIE.

Mon papa nous aime aussi beaucoup. Pourquoi n'est-il pas venu se promener avec nous? Il y vient toujours.

LA MÈRE.

Il est resté à Paris, pour nos affaires.

VIRGINIE.

Pour quelles affaires?

LA MÈRE.

Pour des procès.

VIRGINIE.

Qu'est-ce que des procès?

LA MÈRE.

Ce sont des guerres qu'on nous fait pour nous demander ce que nous ne devons pas, et pour nous refuser ce qu'on nous doit.

VIRGINIE.

Mais on se tue à la guerre.

LA MÈRE.

Dans les procès, on tue les fortunes, et quelquefois les réputations.

VIRGINIE.

Nous sommes donc bien à plaindre! car on dit que la guerre est à présent par tout le monde. Les hommes sont bien méchans! On fait la guerre à mon papa!

(*Elle se met à pleurer.*)

LA MÈRE.

Tu es trop sensible, ma pauvre Virginie; ne pleure pas. Si les méchans sont contre nous, Dieu sera pour nous. Rapprochons-nous de la nature; elle est son ouvrage.

VIRGINIE, *en riant et en courant.*

Oh! que de fleurs dans les herbes! En voilà de blanches, de jaunes, de bleues, de rouges, de violettes, de grandes! grandes! et de toutes petites. Comment s'appellent-elles?

LA MÈRE.

Je n'en sais rien.

VIRGINIE.

J'ai bien envie de les connaître toutes.

LA MÈRE.

Tu les montreras à ton père, qui t'en dira les noms, et nous les apprendrons ensemble; car je suis aussi ignorante que toi.

VIRGINIE.

J'en connais déjà beaucoup, beaucoup : des roses, des œillets, des jasmins, des marguerites, des violettes, des.... des.... prime.... Je m'en ressouviendrais bien, si je les voyais.

LA MÈRE.

Tu n'auras pas plus de peine à en retenir les noms que ceux de tes lettres.

VIRGINIE.

Oui, si vous me les apprenez aussi, maman. Les fleurs sont plus jolies que les lettres. Je voudrais pouvoir lire dans un pré comme dans un livre.

LA MÈRE.

Nous ne savons pas encore épeler l'alphabet de la nature, comment pourrions-nous en assembler les pensées ?

VIRGINIE.

Voilà beaucoup de fleurs blanches le long du bois. Elles ressemblent à des marguerites ; mais elles sont plus grandes.

LA MÈRE.

Ne les cueille pas : ce sont des fleurs de fraisiers ; cet été, elles se changeront en fraises.

VIRGINIE.

Comment ! les fraises commencent par être des fleurs ?

LA MÈRE.

Oui, mon enfant, comme les femmes commencent par être de petites filles.

VIRGINIE.

Et les autres fleurs des prés, deviennent-elles aussi bonnes à manger ?

LA MÈRE.

Non.

VIRGINIE.

Elles ne servent donc à rien ?

LA MÈRE.

Il n'y en a aucune d'inutile. Les abeilles viennent y chercher leur miel.

VIRGINIE.

Qu'est-ce qu'une abeille ?

LA MÈRE.

C'est une mouche grise, à quatre ailes. Tiens, en voilà une sur cette fleur de muguet. Prends garde d'y toucher, car elle pique bien fort. Tu peux la regarder, elle ne te fera pas de mal.

VIRGINIE.

Oh ! elle enfonce sa tête dans les godets du muguet, comme quand je mets mon doigt dans mon dé ! Elle ramasse avec son bec pointu une poussière jaune, qu'elle met sur ses cuisses avec ses pates de devant. Venez donc voir, maman ; que cela est curieux ! En voilà encore d'autres sur d'autres fleurs ! mais il n'y en a pas sur leurs feuilles : les feuilles ne sont donc bonnes à rien ?

LA MÈRE.

Oh si ! Ces vaches que tu vois là-bas les mangent, et les changent en lait dans leurs mamelles.

VIRGINIE.

Je ne savais pas que le lait venait des plantes, et le miel de leurs fleurs.

LA MÈRE.

Les abeilles en tirent encore de la cire, les moutons de la laine, et elles font produire des œufs aux poules, qui en mangent les graines.

VIRGINIE.

Mais qui est-ce qui a fait les plantes ?

LA MÈRE.

C'est le bon Dieu, ma fille.

VIRGINIE.

Mais qui est-ce qui les fait pousser ? Il n'y a point de jardinier ici comme dans les jardins.

LA MÈRE.

C'est le soleil qui les échauffe, la pluie qui les arrose, et le vent qui les ressème.

VIRGINIE.

Oh ! Dieu est bien savant !

LA MÈRE.

Oui, ma chère fille ; c'est lui qui a fait le soleil, le vent, la pluie, la plante ; l'abeille qui tire le miel de ses fleurs ; la vache qui change les herbes en lait ; et les hommes qui jouissent de tous ses bienfaits, souvent sans reconnaissance.

VIRGINIE.

Oh ! Dieu est bien bon ! je veux le remercier tous les jours. Il n'a rien fait d'inutile. Mais ce n'est donc pas lui qui a fait ces vilaines chenilles qui mangent les feuilles des arbres ? En voilà une qui vient de me tomber sur le visage : oh ! qu'elle est laide !

LA MÈRE.

C'est des chenilles que viennent ces jolis papillons après lesquels tu aimes tant à courir.

VIRGINIE.

Et comment cela ? est-ce qu'il y a un papillon dans une chenille ?

LA MÈRE.

Oui, mon enfant, il y est renfermé, comme tes ciseaux dans leur étui. Je ne puis pas te l'expliquer, mais je te le ferai voir un jour.

VIRGINIE.

Oh ! maman, faites-moi le voir tout à l'heure.

LA MÈRE.

Ma bonne amie, je ne puis pas plus te montrer à présent un papillon dans une chenille, qu'une fraise dans sa fleur : il faut que le soleil ait mûri l'un et l'autre.

VIRGINIE.

Ah ! voilà un oiseau qui en emporte une.

LA MÈRE.

C'est pour la donner à manger à ses petits. Sans les insectes, les oiseaux n'auraient pas de quoi nourrir leurs petits dans une saison où il n'y a pas encore de grains ni de fruits mûrs.

VIRGINIE.

Mais à quoi servent les oiseaux ? ils sont inutiles, puisqu'on ne peut pas les attraper.

LA MÈRE.

Ils servent à réjouir l'homme par leurs chants.

Celui que tu viens de voir est un rossignol; il est brun comme un moineau, et il a un long bec. Il s'est réfugié dans ce buisson couvert de petites roses qui est un églantier. C'est là qu'est son nid.

VIRGINIE *court au buisson.*
Oh! je vais prendre ses petits. (*Elle revient en pleurant.*) Ah mon Dieu! je me suis arraché les mains; mon sang coule, je vais mourir!

LA MÈRE.
N'aie pas peur de mourir. La mort est notre retour vers Dieu qui est bon. Embrasse-moi.

VIRGINIE.
Maman, si Dieu était bon, il n'aurait pas mis des épines parmi les roses.

LA MÈRE.
Il en a mis dans plusieurs buissons, afin que les petits des oiseaux qui ne peuvent pas voler fussent défendus dans leurs nids.

VIRGINIE.
Pourquoi ne veut-il pas qu'on les prenne? Je ne leur aurais pas fait de mal; je les aurais mis dans une belle cage avec mon chardonneret.

LA MÈRE.
Que dirais-tu si on t'enlevait à ta mère pour t'élever dans une belle maison? Pourquoi ferais-tu à la mère d'un oiseau un chagrin que tu ne voudrais pas que l'on fît à la tienne?

VIRGINIE.
Ah! Dieu est bon, puisqu'il prend soin des petits oiseaux. Mais s'il n'y avait pas de Dieu?

LA MÈRE.
Il n'y aurait alors ni plantes, ni chenilles, ni oiseaux, ni petites filles, ni pères, ni mères; tout serait dans la confusion : c'est Dieu qui les a faits.

VIRGINIE.
Mais qui est-ce qui a fait Dieu?

LA MÈRE.
Personne; il est de toute éternité.

VIRGINIE.
Je voudrais bien connaître Dieu.

LA MÈRE.
Tu le connaîtras en faisant du bien, à son exemple.

VIRGINIE.
Je ne suis pas assez grande.

LA MÈRE.
Tu en peux faire dès à présent. Abstiens-toi de faire de la peine aux animaux. L'abstinence du mal envers les bêtes est le premier exercice du bien envers les hommes.

VIRGINIE.
Oh! je puis faire du bien à mon frère Paul. Tu sais, maman, que je n'ai rien que je ne partage avec lui. Tiens, mon petit Paul, voilà des fleurs que j'ai cueillies pour toi; voilà des violettes, des marguerites; j'en vais mettre tout autour de ton bourrelet. Baise-moi, mon ami. Il rit toujours!

LA MÈRE.
Allons, ma chère Virginie, il est temps de nous en retourner, de peur d'être surprises en chemin par la nuit. Tu feras un chapeau de fleurs à ton frère à la maison. Nous rencontrerons peut-être ton père qui viendra au devant de nous.

———

Je puis assurer que je n'ai mis dans ce dialogue que des idées communes à ma fille, âgée de quatre ans et huit mois. Elle m'a souvent embarrassé avec ses questions. En voici l'ordre ordinaire : Qu'est-ce que cela? à quoi cela sert-il? *et à cause?* Et quand on croit l'avoir satisfaite sur ces trois points, elle retourne sa question en sens contraire, par cette autre : Et si cela n'était pas? Elle cherche à connaître les choses positivement et négativement. Avec ce tour de logique, elle m'a mis souvent hors d'état de lui répondre. Au reste, cette méthode de raisonnement est familière à la plupart des enfans élevés avec liberté. Notre raison apparaît positive et négative dans ses premiers développemens; elle est en rapport avec les harmonies de la nature, formées de contraires; c'est elle qui pousse les enfans à effeuiller la rose qu'ils ont d'abord admirée : comme les hommes, ils veulent connaître la source de leurs plaisirs. Je me servirais de cet instinct pour leur donner une idée intime de la botanique; je leur montrerais le rapport des racines des plantes avec la terre, de leurs feuilles avec les pluies, de leurs tiges avec les vents, des pétales de leurs fleurs avec le soleil; je leur expliquerais même l'usage des pistils, des anthères et de leurs parties sexuelles. Ces images sont si pures dans les fleurs, que la plupart des hommes ne les y aperçoivent pas; quoiqu'ils les foulent aux pieds. Je ne voudrais pas qu'ils eussent honte eux-mêmes de leur propre sexe, et qu'ils le regardassent comme un opprobre, suivant nos anciens préjugés. Tout est innocent à des ames innocentes. Ce n'est pas la nature qui corrompt notre cœur, c'est notre cœur qui corrompt la nature. J'apprendrais aux enfans à respecter la double chaîne qui reperpétue les êtres, comme une loi sainte et sacrée que la nature a mise en eux sous la sauvegarde de la pudeur. Les jeunes filles des Sauvages sont chastes quoique nues, parce que leur cœur est pur. Les sexes des plantes ne feraient pas plus naître dans les enfans des idées obscènes, que les sexes des animaux qu'ils voient tous les jours à découvert.

Au reste, nous naissons tous pyrrhoniens : les questions directes et inverses des enfans en sont la preuve ; c'est par elles qu'ils s'instruisent. Le doute est dans leur tête, comme dans celle de Descartes, le premier mobile de leur science ; leur raison vacillante me paraît la cause de l'inconstance qui leur est si naturelle. C'est une balance qui a sa systole et sa diastole, comme le cœur, et qui, par son mouvement même, est très-propre à se charger de connaissances en tout genre, pourvu que nous en maintenions l'équilibre. Mais bientôt les préjugés, les autorités et les habitudes en font incliner un des côtés, pour ne se relever jamais. Heureux encore si nous conservions le doute pour les opinions d'autrui ! mais, comme les philosophes eux-mêmes, nous les rejetons sans examen, pour n'approuver que les nôtres.

Il est donc nécessaire de laisser les enfans faire des questions ; car c'est à l'ignorant ou à celui qui doute à demander, et à celui qui sait ou croit savoir à répondre, au rebours de notre manière d'instruire, comme l'a fort bien remarqué Jean-Jacques. Il suffit de piquer la curiosité des enfans, qui n'est si active en eux que parce que tout leur est nouveau, et que leur raison en équilibre ne sait à quoi se fixer. Pourvu donc qu'on ne l'arrête point par des autorités dogmatiques, on lui ouvrira mille perspectives ravissantes au milieu de cet océan de vérités qui nous environne. Mais si vous la fixez à des atomes, comme Épicure, ou à des tourbillons de ces mêmes atomes, comme Descartes, ou à l'horreur du vide, comme Aristote, ou à l'amour du plein, qui est l'attraction, comme les Newtoniens modernes, vous échouerez sur un écueil. En vain vous ajouterez à ce dernier système si à la mode, une force de projection, combinée avec celle de l'attraction, de peur que toutes les pièces de l'univers, en s'attirant mutuellement, ne viennent à former un seul bloc ; en vain vous supposerez même que cette force de projection en ligne droite est produite par la force centrifuge ou repoussante du corps qui attire, parce que c'est une contradiction ; en vain vous ajouterez que, dans les corps, les uns repoussent, et les autres attirent, comme une maîtresse qui hait son amant, ce qui n'a pas encore été dit, quoique plus vraisemblable : vous ne ferez jamais concevoir le mouvement elliptique et constant d'une planète autour du soleil, sans l'idée d'un être intelligent qui a créé ces forces, les a balancées et les entretient. Le sentiment de la Divinité est l'ultimatum de la raison humaine ; c'est le centre de la sphère, dont elle est un rayon ; elle en part, elle y retourne. J'ai tracé une légère esquisse de sa marche d'après la raison d'une petite fille. Les enfans âgés de dix à douze ans sont susceptibles de raisonnemens beaucoup plus étendus ; il en est tel qui, par une courte série de questions fort simples, forcerait l'athée le mieux retranché dans son système hérissé de calculs, d'avouer, comme Newton lui-même, qu'il existe un Dieu : mais, pour nous élever vers lui, ne quittons pas le chemin des fleurs.

Si les jeunes filles ont du goût pour les fleurs éparses dans les champs, elles n'en ont pas moins pour les rassembler en bouquets ou en chapeaux, et les assortir avec leur teint, leurs traits et leur humeur. On peut, à cette occasion, leur donner une idée générale de notre théorie des couleurs en cinq couleurs primitives, ou la blanche, la jaune, la rouge, la bleue et la noire. On peut y peindre leurs couleurs intermédiaires, telles que la safranée, l'orangée, la violette et celle d'indigo ; on pourrait en former avec des fleurs une guirlande qui présenterait une série des plus aimables consonnances, en les rangeant dans cet ordre : des jasmins, des marguerites, des jonquilles, des bassinets, des capucines, des roses, des coquelicots, des nielles, des blés, des bluets, des pieds-d'alouettes, des tulipes rembrunies ; car pour les fleurs tout-à-fait noires, je n'en connais point : elles seraient inutiles dans le tableau de la végétation, où chaque fleur porte son ombre avec elle. On apprendrait aussi aux jeunes filles à produire des contrastes avec ces mêmes fleurs, en opposant les plus claires aux plus sombres : en ce cas, elles auraient attention de mettre les plus blanches au centre, comme une masse de lumière qui éclaire et rehausse tout le groupe : c'est ce que ne manquent pas de faire les Van-Spaëndonck dans leurs tableaux. Mais, après tout, ces réflexions ne valent pas le goût naturel du sexe dans l'arrangement des fleurs qui font sa plus charmante parure. Comme je l'ai dit ailleurs, j'ai connu une femme qui, avec de simples graminées de diverses espèces, formait les plus agréables panaches dans des vases à long col : il n'y entrait pas une seule fleur. Les femmes de l'Orient trouvent dans leurs jardins de quoi exprimer toutes leurs passions, avec des roses, des soucis, des tulipes au cœur brûlé... En effet, les fleurs ont des analogies avec les caractères ; les unes étant gaies, d'autres mélancoliques ; il y en a même, ainsi que je l'ai dit, qui en ont avec les traits du visage : les bluets en ont avec les yeux, les roses avec la bouche, la rose de Gueldre avec le sein, la digitale avec les doigts, etc. Chacune d'elles a des parfums qui en ont aussi avec les diverses sensations de la beauté. Les fleurs les plus odorantes sont les plus propres à faire des bouquets et des chapeaux, telles que les violettes et les roses. Rien n'est aimable comme les fleurs dans la parure des femmes et des enfans : l'or, l'argent, les perles et les diamans ne peuvent leur être comparés ni par leurs formes, ni par leur éclat, qui est trop vif; seules, elles ont des coupes et des teintes analogues à la couleur des yeux, des lèvres et du visage; elles se présentent partout sous leurs pas, tandis qu'il faut aller chercher les métaux et les fossiles brillans à travers mille dangers, au sein des terres et des mers : les unes se recueillent par les mains de l'innocence, et les autres souvent par celle du crime.

Mais on ne jouit pas toujours des premiers charmes du printemps. Quelquefois, comme celui de la vie humaine qui est entremêlée de rougeoles et de petites-véroles, il ne s'annonce que par des grêles et des giboulées; le mois d'avril, qui en présente les prémices, est souvent humide et froid dans nos climats. Les paysans de mon pays disent en proverbe : *Avril doux ; quand il s'y met, c'est le pire de tous.* Il règne alors, surtout sur les côtes de Normandie, un vent du nord-ouest, qui couvre nos campagnes de l'atmosphère brumeuse des glaces marines qui descendent dès pôles du nord, et viennent s'échouer et fondre sur le banc de Terre-Neuve. Souvent le mois de mai n'est pas plus agréable que le mois d'avril. Voltaire disait que le mois de mai n'était beau que chez les poètes. En effet, j'ai vu plus d'une fois de la neige tomber dans nos promenades avec les fleurs des marroniers d'Inde. Pourquoi exposerions-nous alors nos jeunes filles à des rhumes et à des transpirations arrêtées ? Destinées par leur délicatesse et leurs devoirs à garder l'intérieur de leurs maisons, laissons-les-y au moins à l'abri des injures des élémens ; ce n'est qu'aux garçons à les braver. Je voudrais donc que ceux-ci, dans les mauvais temps, fissent seuls des incursions dans les campagnes pour en rapporter des fleurs et des rameaux; les jeunes filles en feraient des guirlandes destinées à leur parure ; elles s'exerceraient ensuite à les dessiner et à les broder, d'après quelques bons modèles et les conseils de leur mère, ou, à son défaut, de quelque Minerve du voisinage. Pourquoi ne se trouverait-il pas des femmes qui feraient part gratuitement de leurs talens à la jeunesse, comme d'autres faisaient part de leur fortune à la fondation des couvens, dans un temps où ils étaient l'asile de l'innocence et de la vertu ?

Je pense qu'il est utile d'exercer également les enfans des deux sexes à dessiner les plantes. Ils trouveront dans leurs formes toutes les courbes imaginables, et ils exerceront, d'après des modèles réguliers, l'instinct qui les porte à charbonner sur les murs les objets qui les frappent.

Si j'ose dire ce que je pense, c'est aux plantes, et surtout à leurs racines qui leur fournissent des fils, des cordes, des arcs, que les Sauvages doivent les premiers modèles des spirales de leurs meubles et de leur écriture hiéroglyphique. Je suis d'autant plus porté à adopter cette opinion, que les Chinois, le peuple le plus ancien de la terre, y ont puisé leur premier alphabet. Suivant Kircher, c'est des formes des racines, auxquelles ils attribuent les plus grandes vertus des plantes, qu'ils ont composé les premières lettres qui servirent à l'écriture vulgaire et à faire des livres. Ils y joignirent ensuite d'autres alphabets, formés d'étoiles, d'ailes d'oiseaux; de tortues, de coquillages, de vermisseaux, de reptiles, de poissons, suivant les sujets qu'ils voulaient traiter. Ils groupaient plusieurs de ces animaux pour exprimer le caractère d'un objet. Par exemple, voulaient-ils offrir l'image de la rapidité d'un fleuve qui se précipite comme un torrent, ils représentaient plusieurs poissons qui nageaient dans différens sens. Le cours ordinaire d'un fleuve était rendu par un seul poisson nageant dans une seule direction. Une agrégation d'animaux forma un caractère, désigné aujourd'hui par des points ou par de simples traits. C'est, suivant Kircher, la seule différence qui existe entre leurs caractères anciens et leurs caractères modernes : ainsi, une lettre est chez eux une pensée. Ils eurent, dans l'origine, seize alphabets, qui n'en composent plus qu'un seul aujourd'hui ; mais celui de la végétation est le plus ancien et le fondement de tous les autres.

C'est à la forme des racines des plantes qu'il faut attribuer, à mon avis, ces grands traits déliés, roulés et enchevêtrés qu'on trouve dans leur écriture et dans celle des autres peuples de l'Orient, qui adoptèrent sans doute les mêmes modèles. Nous retrouverions peut-être ces caractères radieux dans nos lettres romaines; car les trois jambes de l'M, les deux perpendiculaires de l'N, les deux inclinées de l'A, les deux renversées du V, de l'X, le Z, etc., ressemblent aux racines végétales de l'alphabet chinois. Les lettres E, F, I, L, Y, représentent peut-être des tiges d'arbres, les unes toutes nues, les autres avec des branches, d'autres avec des racines, d'autres avec des branches et des racines. Notre T surtout est une abréviation du fameux Tau des Égyptiens. Il imite, comme lui, le tronc d'un arbre avec ses branches horizontales, désigné ainsi dans les caractères de la Chine †. Cette forme de croix qui, suivant nos voyageurs les plus éclairés, représente un arbre dans l'écriture chinoise, a fait imaginer bien des commentaires à quelques missionnaires qui ont cru y voir le signe de la rédemption, ainsi que dans le Tau des Égyptiens. Il y a apparence que notre S a été tirée de la figure du serpent, d'autant qu'elle fait siffler tous les mots, où elle se trouve. Nous citerons en preuve ce vers de Racine dans la bouche d'Oreste furieux, qui croit voir le spectre sanglant de sa mère après l'avoir poignardée :

Pour qui sont ces serpens qui sifflent sur vos têtes ?

La lettre C, qui a une partie de la figure de l'S, ou d'un serpent à demi levé, produit aussi souvent le même sifflement. Quant à l'O, je suis porté à croire qu'il doit sa forme à celle du soleil, d'autant que le son qu'il exprime est, dans toutes les langues, celui de l'admiration : c'est le sentiment qu'a dû produire, chez tous les peuples, l'astre du jour. L'O donne de la majesté à tous les mots, en les rendant plus sonores. Il se trouve fréquemment dans les langues méridionales de l'Europe, comme dans celle des Espagnols. Aussi Charles-Quint, s'arrêtant aux divers accens des langues européennes, disait que l'anglaise était propre à parler aux oiseaux, l'allemande aux chevaux, l'italienne aux dames, la française aux hommes, l'espagnole à Dieu. Ce qui prouve encore que la figure de la lettre O doit son origine à la forme ronde du soleil, et son expression à celle de l'admiration, c'est qu'elle se trouve très-répandue dans les langues simples des peuples de la zone torride, auxquelles elle donne une harmonie et une dignité que n'ont pas souvent celles des peuples savans et civilisés des autres climats. C'est ce qu'on peut voir surtout dans les noms de la plupart des royaumes de l'intérieur de l'Afrique, tels que ceux d'Angola, des Jolofs, de Tombuto, de Bournou, de Majombo, de Gingiro, de Macoco, de Loango, de Congo, de Loando, de Monéomugi, de Monomotapa, de Mozambo, etc. D'un autre côté, j'ai observé que dans les pays froids, comme en Russie, la plupart des terminaisons des noms sont en A, telles que celles du lac de Ladoga en Finlande; de la cascade d'Imatra, de la ville de Riga, ainsi que celles de quantité de noms vulgaires. La bière s'y appela piva; l'eau, vauda; le pain, gleba; la mère, matouska; le père, batouska. Pour dire à gauche, on dit na lava; à droite, na prava; mon pigeon, goloubouska maïa, etc. J'en laisse chercher la raison à d'autres. Quant au caractère O, je lui trouve une analogie encore plus marquée avec le soleil. Dans les chiffres arabes, lorsqu'il est seul, ce n'est qu'un zéro; il est sans valeur : mais il décuple celle d'un chiffre lorsqu'il y est joint; il la centuple lorsqu'on l'y ajoute deux fois, ainsi de suite. Il ressemble donc au soleil, qui est sans action lorsqu'il n'est pas combiné avec une des puissances de la nature. C'est ce que l'on voit au sommet des hautes montagnes qu'il laisse couvertes de glaces, parce qu'il ne peut s'y harmonier avec l'air, qui y est trop raréfié. Mais lorsque, par la médiation de ce même air, il peut se combiner avec une des puissances de la nature, telle, par exemple, que la végétale, il en décuple les harmonies dans son cours annuel; il les centuple dans une seconde période semblable, et il les porterait à l'infini dans le cours des siècles, si elles ne trouvaient des obstacles dans celles des autres puissances que la nature a balancées les unes par les autres.

Pour revenir aux seize alphabets des Chinois, il est digne de remarque que six ont été trouvés par leurs premiers empereurs. Fohi composa celui des dragons pour l'astronomie; Xim-Nûm, celui des lettres pour l'agriculture; Chuem-Kim, ceux des huîtres et des vermisseaux; Choam-Ham, celui des oiseaux; et Yao, celui des tortues. On en peut conclure que, dans ces anciens temps, les souverains étaient philosophes ou les philosophes souverains. Enfin, je ferai observer que non-seulement les premiers hommes ont cherché à exprimer leurs idées par des signes naturels, comme on le voit par les caractères primitifs de leur écriture, dont chaque lettre formait une pensée, mais encore qu'ils ont cherché à les exprimer par leur style figuré, que les Sauvages et les peuples civilisés de l'Orient emploient aujourd'hui pour exprimer leurs passions, leurs lois, leurs devoirs. C'est donc pour moi une autorité de plus, qui prouve la nécessité où je suis de remonter aux harmonies de la nature, pour y trouver celles de la morale même. Les végétales sont sans doute les plus agréables et les plus fréquemment employées par eux. Il n'y en a point qui inspire plus de bon goût dans tous les genres. J'ai déjà cité, je crois, un dessinateur d'étoffes de Lyon, qui apprit la botanique par le conseil de Jean-Jacques, et qui, par cette aimable étude, devint le plus célèbre de son art.

Quelle satisfaction une mère ne goûterait-elle pas, en voyant ses enfans éprouver d'abord, à la vue des végétaux, des sensations communes de plaisir, d'où naîtraient des talens différens ! Parmi les filles, les unes se plairaient à les dessiner, à les peindre, à les broder; quelques-unes peut-être à en extraire des essences et des élixirs. Parmi les garçons, il y en aurait qui s'occuperaient du soin de les classer, tandis que d'autres, contens de leurs simples formes, traceraient, d'après leurs volutes, des traits hardis d'écriture. Parmi ceux-ci, il se formerait peut-être quelque géomètre qui en calculerait les courbes si variées et si peu connues. Les réverbères des fleurs, qui échauffent sans brûler, sont plus intéressans à connaître que les miroirs d'Archimède. Ces douces études les détourneraient, dans le cours de leur vie, des passions cruelles qui naissent de l'oisiveté. Elles leur offriraient des amusemens inépuisables au sein de la fortune, et des ressources assurées au sein de l'indigence. Parmi les émigrés français de notre révolution, combien de femmes de qualité ont dû leur liberté et leur subsistance à l'aiguille de Minerve, tandis que leurs époux et leurs frères n'ont trouvé souvent que la servitude et la mort dans les arts destructeurs de Mars! Il en est sans doute, parmi ceux-ci, qui, victimes des systèmes impies de nos villes et des passions féroces qui en résultent, maudissant les hommes, ont rouvert leur cœur à l'auteur de la nature, à la vue de ses plus aimables ouvrages. Ils ont retrouvé une patrie où ils n'ont plus vu de compatriotes, et un Dieu où il n'y avait plus d'hommes. Les herbes des prés leur ont offert des lits de repos, et les cimes des forêts ont élevé leurs regards et leur ame vers les cieux. Les végétaux, chargés de fleurs ou de fruits, sont disséminés sur la terre comme des îles au sein des mers orageuses, pour nous servir de lieux de rafraichissemens, et nous guider vers un nouveau monde.

Après avoir montré aux enfans à connaître les parties principales des plantes, à les grouper, à les dessiner, et même à les décrire, il est intéressant de leur en faire observer l'ensemble, afin de leur apprendre à en composer des tableaux ou des descriptions. Bien des gens ne peuvent rendre compte de leurs voyages que par les bornes des grands chemins ou par les noms des auberges, des villages et des villes qui se rencontrent sur leur route. Ils ne savent pas même s'orienter, et s'ils ont été au midi ou au nord. Ils traversent sans s'en apercevoir les prairies, les vallons, les forêts : la nature n'est plus rien pour eux. Les végétaux qui en font le plus bel ornement, ne parlent pas à leur ame desséchée par la cupidité.

Nos laboureurs mêmes ne voient que des bottes de foin dans les prés fleuris, et des sacs de blé dans les moissons ondoyantes de la douce Cérès. La forêt la plus majestueuse ne leur présente que des bûches et des fagots : elle n'est digne de leur attention que quand elle est en coupe réglée : ils ne la regardent que quand elle est abattue. Cependant, c'est des harmonies des végétaux que les arts, qui font le charme de la vie, tirent leurs principaux agrémens. La poésie, l'éloquence, la morale même, nous ravissent par les images qu'elles en empruntent. L'Évangile, si austère dans les devoirs qu'il nous impose, nous enchante par son style rempli de comparaisons tirées de l'agriculture. J'en ai compté plus de cent dans un seul évangéliste.

Je vais à ce sujet hasarder quelques règles pour apprendre aux enfans à exprimer en peinture, en vers ou en prose, les sensations que leur fait éprouver le spectacle de la nature : je parlerai d'abord à leurs yeux avant de parler à leur cœur. La méthode qu'on doit suivre pour bien rendre le caractère d'un paysage en peinture, est la même que celle que j'ai indiquée pour exprimer celui d'une plante. Il faut d'abord rapporter les harmonies que le paysage a avec les élémens, comme nous avons rapporté celles que la plante a avec eux.

On doit commencer par rendre l'action du soleil sur l'horizon : un paysage sans soleil est un végétal sans fleur. Comme aucun pinceau ne peut peindre l'astre du jour dans tout son éclat, il faut le voiler par quelque objet, ou choisir les heures où sa lumière est la moins brillante. Les plus favorables sont celles du matin et du soir, parce que le soleil étant à l'horizon, tous les objets du tableau sont frappés de ses rayons parallèlement à nos yeux, et se détachent les uns des autres par de grandes ombres.

Celles du soir me semblent plus intéressantes que celles du matin; parce que le ciel étant alors plus vaporeux, la lumière y produit de plus beaux effets. Elles plaisent aussi davantage à notre imagination, parce qu'elles nous annoncent le repos de la nuit, tandis que celles du matin commencent les travaux du jour. Claude Lorrain a choisi par préférence la lumière du soleil couchant pour éclairer ses paysages, et il a excellé à en rendre les reflets dans les airs et sur les eaux marines. Ses vaisseaux, ses palais, ses péristyles y sont tout brillans d'une atmosphère safranée. Mais je pense que les rayons horizontaux du soleil couchant produiraient encore des effets plus riches parmi les arbres d'une forêt, si, en empourprant le dessous de leur feuillage et en dorant leurs cimes verdoyantes, ils se brisaient sur leurs troncs moussus, et les faisaient apparaître comme des colonnes de bronze.

L'atmosphère, à son tour, doit se faire sentir dans un paysage par un ciel élevé, dont on rend les lointains avec des vapeurs étagées et fugitives. Ce sont surtout les nuages qui entourent le soleil couchant, qui doivent exprimer la grande étendue de l'horizon par les couleurs vives et les ombres prononcées des nuages qui sont en avant; tandis que ceux qui les suivent sont teints de couleurs et d'ombres mourantes qui vont se perdre dans l'immensité des cieux. L'étendue de l'air doit aussi se faire sentir sur la terre, dans l'épaisseur même des forêts, par de longues perspectives ménagées parmi les troncs des arbres, et par quelques faibles aperçus d'un ciel azuré à travers leurs rameaux. C'est ainsi que Jouvenet a rendu, au milieu des bois, une solitude profonde de Bruno, le fondateur des chartreux. On parviendrait peut-être à y exprimer les mouvemens de l'air, l'ame des végétaux, par le balancement de la cime des arbres, le retroussis de leur feuillage et les ondulations des prairies. Il serait possible d'y joindre une harmonie aérienne de plus en exprimant une ondée de pluie. Il ne faut pas la répandre dans tout le tableau, car il deviendrait mélancolique comme celui du *Déluge* du Poussin. Il suffit d'y peindre l'effet d'un nuage pluvieux sur une partie de la forêt. Les rais de la pluie se mêlant avec ceux du soleil, forment des arcs-en-ciel dans les cieux, et des harmonies charmantes parmi les arbres.

Un paysage sans eaux est un palais de Vénus sans miroir. La proportion des eaux avec les terrasses d'un paysage doit être à mon avis de deux à un pour être la plus belle possible. Je la tire de celle de notre globe, où il y a deux fois plus de mer que de terre. Mais les terrasses d'un tableau, comme les collines et les montagnes, doivent regagner en hauteur ce qu'elles perdent dans leur plan, comme celles du globe même, car si les mers et les méditerranées y ont deux fois plus d'étendue que les continens et les îles, les continens et les îles à leur tour ont peut-être dans leur élévation autant de développement que les mers et les méditerranées. Il en résulte aussi des perspectives ravissantes avec leurs reflets. Les paysages les plus agréables à peindre sont donc ceux des îles. C'est dans celle de Cythère que les poètes ont placé la naissance de la déesse de la beauté. Les voluptueux Chinois qui sentent tout le charme des eaux, font sortir leur déesse Amida et son enfant du sein d'une fleur au milieu d'un lac. Les îles les plus agréablement situées, selon moi, sont celles qui sont aux confluens des rivières, parce qu'elles sont au centre de plusieurs avenues d'eau, ou à l'embouchure des fleuves, dont les eaux douces apparaissent couleur de turquoise, tandis que l'eau marine où elles se déchargent est azurée. C'est sur les bords des rivières que les végétaux se montrent dans toute leur beauté, non-seulement parce qu'ils y sont plus grands, plus frais et plus fleuris que partout ailleurs, mais parce qu'ils y sont reflétés dans tout leur éclat. Au coucher du soleil surtout, leurs images se dessinent aussi parfaitement au sein des ondes que leurs modèles qui sont dans l'air. Le paysage paraît doublé ; il y en a un droit et un renversé. Ici une forêt s'unit par sa base à la même forêt; là, un pont forme avec lui-même un autre pont, et avec ses propres arcades des cercles entiers, entourés de voussoirs. On y voit à la fois deux cieux, deux soleils, et celui qui est au fond des eaux n'est pas moins éblouissant que celui qui brille dans la profondeur des cieux.

La terre, à son tour, offre de nouvelles consonnances par les couleurs de ses terrasses, dont les sombres roches et le rouge brun s'harmonient si bien avec la verdure. Mais c'est surtout par ses vallées profondes, ses montagnes à croupes arrondies et à sommets escarpés, qu'elle offre les plus magnifiques amphithéâtres à toutes les richesses de la végétation. On y voit toutes ses tribus rangées par ordre, depuis le roseau, d'un vert glauque, que le souffle du zéphyr agite sur le bord des eaux, au fond des vallons, jusqu'au cèdre qui s'élève au haut d'une atmosphère empourprée, sur les cimes des monts lointains, autour des glaciers, où il brave les tempêtes et les hivers. La terre couronnée d'arbres paraît plus élevée et plus majestueuse.

Enfin, les végétaux sont si nécessaires, qu'on peut dire qu'il n'y a point de paysage proprement dit, là où ils manquent. On ne peut donner ce nom aux vastes plaines de la mer, à ses écueils, aux rochers nus et arides du Spitzberg, aux neiges et aux glaciers du nord, ni aux déserts sablonneux de l'Afrique. Au contraire, les végétaux seuls suffisent pour former un paysage très-varié dans une plaine, même circonscrite. Les herbes, les arbustes, les sous-arbrisseaux, les arbres, y peuvent être disposés en amphithéâtre, et y figurer des vallons, des collines, des eaux, des rochers, des perspectives. Chaque arbre porte avec lui un caractère particulier qui en varie les scènes, et y exprime, pour ainsi dire, une passion. L'if noir et hérissé présente quelque chose de hideux ; le cyprès, de funèbre ; et le saule de Babylone, de mélancolique, par sa longue chevelure.

Le rosier paraît l'emblème du plaisir par ses fleurs éclatantes et passagères, mêlées d'épines cachées et permanentes; le myrte, celui de la volupté, par ses rameaux flexibles et odorans. Le chêne a un caractère athlétique dans son tronc noueux et ses branches tortueuses ; le sapin, majestueux dans sa haute et sombre pyramide, ressemble à un grand rocher planté sur les montagnes; le peuplier, aux feuilles tremblantes et murmurantes, imite le mouvement et le gazouillement des eaux.

Les végétaux, par leurs contrastes, produisent entre eux une multitude d'harmonies naturelles : tels sont les rosiers avec les lis; le liseron aquatique à feuilles en cœur et à fleurs en cloches blanches, appelées chemises de Notre-Dame, avec le saule; les ébéniers à fleurs jaunes avec les sapins sombres et pyramidaux; la vigne avec l'orme.....

Les animaux ajoutent encore au sentiment moral des végétaux auxquels ils sont ordonnés. Chaque arbre, chaque plante a, pour ainsi dire, une ame dans un volatile, qui l'habite, va, vient, saute, chante ou murmure autour de lui. L'abeille est en harmonie avec le cytise, le papillon avec le rosier, la tourterelle amoureuse avec le myrte. Le hibou fait son nid dans l'if des cimetières; l'écureuil, revêtu de fourrure, dans le sapin du nord; et le rossignol plaintif, dans le peuplier murmurant. Virgile a bien senti ces convenances, et surtout les dernières, lorsqu'il a comparé Orphée pleurant la perte d'Eurydice à un rossignol qui déplore, à l'ombre d'un peuplier, celle de ses petits encore sans plumes, qu'un dur laboureur aux aguets a arrachés de leur nid :

Qualis populeå mœrens Philomela sub umbrå
Amissos queritur fœtus, quos durus arator,
Observans nido, implumes detraxit : at illa
Flet noctem; ramoque sedens, miserabile carmen
Integrat, et mœstis late loca questibus implet.

Le poète achève la beauté de cette image par des vers dont l'harmonie imitative est inimitable à ma faible prose. Il oppose la douleur de cette mère infortunée à la cruauté du laboureur. « Pour elle, » dit-il, elle se plaint toute la nuit; posée sur un » rameau, elle continue son chant lamentable, et » et remplit au loin les solitudes de ses tristes gé» missemens. »

Virgile compare l'amour conjugal d'Orphée à l'amour maternel du plus harmonieux des oiseaux, comme le seul qui en puisse exprimer les regrets. Il a senti que les consonnances des passions humaines, bien plus expressives que les animaux, ajoutaient encore au caractère des végétaux; il emploie fréquemment celles des enfans et des roses, des adolescens et des lis, des jeunes filles et des myrtes. Avec combien de grâce il représente, dans ses églogues, le vendangeur qui chante au haut de l'orme, soutien de la vigne. Pour moi, je ne vois point sans un nouvel intérêt, le long des rivières, le saule porter la nasse du pêcheur sur les mêmes rameaux dont elle est formée. Si je lui trouve préférable le saule de Babylone, c'est que je me rappelle la lyre que les Israélites, dans leur captivité, y avaient suspendue. Plus l'harmonie morale des végétaux et des hommes s'étend, plus elle produit d'effet. Mon ame s'agrandit quand je vois, à travers les campagnes, ces longues avenues qui font communiquer les empires. Bien des gens n'y voient que des ormes; pour moi, j'y sens les contrastes du genre humain. Voilà la route de cette belle Italie bouleversée par notre révolution; à gauche, la Suisse presque aussi agitée; à droite, l'Espagne, patrie du Cid et du malheureux Cervantes, à l'occident, celle de la Bretagne, où, plein de philantropie, je m'embarquai pour l'île de France, et où je fus persécuté. Derrière moi, ainsi que mes beaux jours, sont les routes de la Russie et de la Pologne, où j'ai aimé, et où mes amours furent malheureuses.

Mais ce n'est pas le lieu de parler des sentimens moraux qu'un paysage peut faire naître, surtout quand il nous sont personnels : tenons-nous-en ici aux seuls sentimens physiques; et, dans la puissance végétale, ne voyons que les végétaux.

La poésie a un grand avantage sur la peinture dans la description d'un paysage, c'est qu'elle peint à l'ame les objets que celle-ci ne représente qu'aux yeux. Cependant il ne faut pas, comme on l'a fait dans ces derniers temps, accuser la peinture de n'être qu'une sœur imbécile et muette de la poésie. L'une et l'autre suivent les mêmes lois pour exprimer leurs conceptions, et les grands peintres sont aussi rares que les grands poètes. Si la peinture paraît inférieure à la poésie, c'est qu'il faut chercher dans ses tableaux les harmonies des objets qu'elle exprime, ainsi que dans la nature même; tandis que la poésie les détache et les montre à part. Il y a plus : la peinture ne rend qu'un instant dans un point de vue ou dans un événement, tandis que la poésie en développe successivement plusieurs scènes; et c'est par ces développemens qu'elle produit des impressions plus sensibles, plus profondes et plus durables. Voilà pourquoi aucun tableau de Poussin n'a jamais fait verser des larmes comme une scène de Racine. La sculpture a les mêmes désavantages, quoiqu'elle rende le relief des objets. La description du Laocoon dans Virgile est sans contredit plus touchante que l'antique admirable qui représente ce malheureux père groupé avec des serpens qui dévorent ses enfans. Mais il n'en est pas moins vrai qu'il a fallu plus de temps, et sans doute plus d'art, pour faire le tableau du déluge, que la scène la plus pathétique d'Andromaque; et le groupe de Laocoon, que les vers de Virgile. La poésie ne doit ses avantages sur la peinture qu'aux harmonies des objets, qu'elle rend plus sensibles en les isolant et en en exprimant les modulations successives. Au reste, l'une et l'autre se servent des mêmes lois.

Comme on est plus souvent obligé de rendre compte de vive voix ou par écrit des pays que l'on a parcourus, que de les dessiner ou de les peindre, nous allons donner quelques exemples des lois qu'ont suivies les meilleurs poètes dans les descriptions de leurs végétaux ou de leurs paysages. Elles peuvent servir également à la peinture, à la poésie et à la prose, parce que ce sont celles de la nature même.

Nous citerons en premier lieu quelques vers de Quinault, qui peuvent servir de modèle dans le style fleuri :

> Ce fut dans ces jardins où, par mille détours,
> Inachus prend plaisir à prolonger son cours;
> Ce fut sur ce charmant rivage
> Que sa fille volage
> Promit de m'aimer toujours.
> Le zéphir fut témoin, l'onde fut attentive,
> Quand la nymphe jura de ne changer jamais;
> Mais le zéphyr léger et l'onde fugitive
> Ont bientôt emporté les sermens qu'elle a faits.

Dans ce riant paysage, l'air, l'eau, la terre et les jardins sont en harmonie d'après les lois que nous avons précédemment indiquées; les eaux courantes surtout y abondent. Le poète établit des rapports charmans entre les détours du fleuve, la légèreté du zéphyr, la fluidité de l'onde et les sermens de la nymphe inconstante. Ce tableau est rempli de reflets physiques et moraux; mais ce n'est après tout qu'un joli éventail. Sa couleur est brillante, mais sans chaleur; il y manque un rayon de soleil, ou même de lune, qui ajoute tant d'intérêt aux amours. J'y désirerais aussi un peu d'ombre. J'aurais donc substitué un bocage au rivage, pour produire plus d'effet et de variété. Mais Quinault a sans doute mieux fait de mettre plus de consonnance entre le fond et le sujet de son tableau. Ce poète est d'ailleurs celui des Grâces, et Voltaire a eu raison de rétablir sa réputation, que l'austère Boileau avait attaquée avec trop d'humeur.

Cependant, je préfère de beaucoup à sa manière celle de notre inimitable La Fontaine; elle a plus de couleur, de vérité et de variété. Quinault n'a, pour ainsi dire, célébré que l'amour et ses égaremens, auxquels il oppose ceux de la gloire militaire, passion non moins dangereuse. La Fontaine a chanté toutes sortes de sujets sur tous les tons. C'est le poète moral par excellence; c'est aussi celui du sentiment. Il y a dans ses vers je ne sais quoi d'antique et d'attique, qui n'appartient qu'à eux. Ce sont des enfans de la nature comme les objets qu'ils représentent : le temps, loin de les vieillir, ajoute à leur beauté; ils plaisent plus dans leur négligé, que d'autres, enfans de l'art, dans toute leur parure. Pour juger de la supériorité de sa touche sur celle de Quinault, il suffit de comparer au paysage que nous avons cité, celui de la fable du Chêne et du Roseau :

> Le Chêne, un jour, dit au Roseau :
> Vous avez bien sujet d'accuser la nature;
> Un roitelet pour vous est un pesant fardeau;
> Le moindre vent qui, d'aventure,
> Fait rider la face de l'eau,
> Vous oblige à baisser la tête :
> Cependant que mon front, au Caucase pareil,
> Non content d'arrêter les rayons du soleil,
> Brave l'effort de la tempête.
> Tout vous est aquilon; tout me semble zéphir.
> Encor si vous naissiez à l'abri du feuillage
> Dont je couvre le voisinage,
> Vous n'auriez pas tant à souffrir,
> Je vous défendrais de l'orage;
> Mais vous naissez le plus souvent
> Sur les humides bords des royaumes du vent.
> La nature envers vous me semble bien injuste!
> — Votre compassion, lui répondit l'arbuste,
> Part d'un bon naturel; mais quittez ce souci :
> Les vents me sont moins qu'à vous redoutables :
> Je plie, et ne romps pas. Vous avez jusqu'ici,
> Contre leurs coups épouvantables,
> Résisté sans courber le dos :
> Mais attendons la fin. Comme il disait ces mots,
> Du bout de l'horizon accourt avec furie
> Le plus terrible des enfans
> Que le Nord eût portés jusque là dans ses flancs.
> L'arbre tient bon, le Roseau plie;
> Le vent redouble ses efforts,
> Et fait si bien qu'il déracine
> Celui de qui la tête au ciel était voisine,
> Et dont les pieds touchaient à l'empire des morts.

La Fontaine représente toutes les puissances de la nature en action dans ce paysage. On y voit le soleil, le vent, l'orage, l'eau, une grande montagne, un chêne et un roseau, enfin un roitelet, puissance animale. Il n'y a pas de doute que si son sujet, comme celui de Quinault, eût comporté un personnage humain, et surtout une nymphe, il ne l'eût rendu plus intéressant. Mais, à son défaut, il personnifie ses deux acteurs inanimés; il donne au chêne un front « au Caucase pareil », un dos qui ne courbe jamais, une tête au ciel voisine, et des pieds qui touchent à l'empire des morts. Il lui suppose des sentimens convenables à sa taille, un orgueil protecteur, une compassion dédaigneuse; il lui oppose un faible roseau, jouet des vents, mais humble, patient, content de son sort, et qui trouve sa sûreté dans sa faiblesse même. Il relève ensuite par des expressions sublimes son site, naturellement circonscrit, et y ajoute des lointains par des images accessoires. Il appelle les marais, « humides bords des royaumes du vent »; il peint le vent lui-même en le personnifiant :

> Du bout de l'horizon accourt avec furie
> Le plus terrible des enfans
> Que le Nord eût portés jusque là dans ses flancs.

Enfin arrive la catastrophe, pour servir d'éternelle leçon aux grands et aux petits. La moralité de cette fable n'est point récapitulée en maxime au commencement ou à la fin, comme dans les autres fables de La Fontaine; mais elle est répandue partout, ce qui vaut encore mieux. C'est le lecteur lui-même, et non l'auteur, qui la tire. Lorsqu'elle est entremêlée avec la fiction, la fable ressemble à ces riches étoffes où l'or et la soie sont filés ensemble. Cependant la morale de celle-ci paraît se montrer dans les expressions mêmes de sa dernière image. Elles conviennent également au chêne orgueilleux déraciné par le vent, et aux grands de la terre renversés par des causes souvent aussi légères :

> Celui de qui la tête au ciel était voisine,
> Et dont les pieds touchaient à l'empire des morts.

Je ferai ici une observation assez singulière: c'est que cette fable si philosophique est presque la seule où La Fontaine ait mis deux végétaux en scène. Par la manière dont il l'a traitée, on voit qu'il aurait trouvé aisément des symboles de toutes les passions humaines dans les herbes et les arbres, dont les genres ont des caractères si différens. Il en prend assez souvent dans des objets morts ou inanimés, tels qu'une lime, une montagne, le vent. Il dit lui-même, dans sa fable de l'Ours et de l'Amateur des jardins :

> Les jardins parlent peu, si ce n'est dans mes vers.

Cependant, je n'ai trouvé, dans toutes ses fables, d'autres interlocuteurs, en végétaux, que le chêne et le roseau, et l'arbre dans celle de l'Homme et du Serpent. Il est vrai que les animaux lui en fournissent un grand nombre, par des caractères plus analogues aux nôtres et plus déterminés. Quoi qu'il en soit, il n'a pas négligé d'enrichir sa poésie de tous les charmes que lui fournissent les autres puissances de la nature, et surtout la végétale. On peut dire qu'il a donné à chaque fable un paysage. Il avait puisé ce goût dans les poètes anciens. C'est surtout dans Virgile qu'on en peut trouver de fréquens exemples. Il y en a une foule, non-seulement dans ses Bucoliques et ses Géorgiques, mais dans son Énéide. Sur ce point, comme sur plusieurs autres, il a pris Homère pour modèle ; car le poème épique n'est qu'un tableau de toute la nature. Pour le rendre plus sublime, l'un et l'autre en ont divinisé toutes les puissances. Afin de donner aux enfans quelque avant-goût des ouvrages du prince des poètes latins, et de leur faire naître le désir de l'étudier dans sa langue originale, je ferai ici quelques observations sur ses Églogues. On verra qu'il n'en a rendu les descriptions si intéressantes qu'en y développant les harmonies générales, dont nous avons démontré l'existence dans la nature.

Dans la première, intitulée Tityre et Mélibée, il introduit l'infortuné Mélibée, dépouillé de son patrimoine par les guerres civiles, et obligé d'abandonner sa patrie, auprès de Tityre couché à l'ombre d'un hêtre épais, occupé uniquement du soin de chanter la belle Amaryllis, et d'en faire répéter le nom aux échos des bois :

> Tityre, tu patulæ recubans sub tegmine fagi
> Formosam resonare doces Amaryllida sylvas.

Je ne parlerai point ici du contraste moral de situation de ces deux bergers, qui rend leur dialogue si intéressant, surtout lorsqu'on se rappelle que Virgile lui-même a peint sa propre situation, ou plutôt celle de son père, sous le nom de Tityre. Je ne m'arrêterai qu'aux principaux traits de son paysage. Après avoir représenté, sur le devant de son tableau, un hêtre bien touffu dans le voisinage d'une forêt, il y met, aux environs, des rochers, des prairies, des eaux et de l'air; il y ajoute le sentiment de la Divinité, et une foule d'affections tendres et douces, qu'il fait résulter de plusieurs images champêtres, et qu'il tire des puissances animale et humaine. Pour en rendre la description plus touchante, il la met dans la bouche du malheureux Mélibée, privé de son propre domaine. Il dit à l'heureux Tityre :

> Fortunate senex! ergo tua rura manebunt!
> Et tibi magna satis, quamvis lapis omnia nudus,
> Limosoque palus obducat pascua junco.
> Non insueta graves tentabunt pabula fœtas,
> Nec mala vicini pecoris contagia lædent.
> Fortunate senex! hic inter flumina nota
> Et fontes sacros, frigus captabis opacum.
> Hinc tibi, quæ semper vicino ab limite sepes
> Hyblæis apibus florem depasta salicti,
> Sæpe levi somnum suadebit inire susurro;
> Hinc altâ sub rupe canet frondator ad auras.
> Nec tamen interea raucæ, tua cura, palumbes,
> Nec gemere aëria cessabit turtur ab ulmo.

« Heureux vieillard! vos champs vous resteront donc; et
» ils sont assez grands pour vous, quoiqu'une roche stérile
» et un marais entourent d'un jonc limoneux toutes vos prai-
» ries. Au moins des pâturages étrangers ne tenteront point
» vos brebis pleines, et elles ne seront point infectées de la
» contagion d'un troupeau voisin. Heureux vieillard! ici sur
» les bords accoutumés de ce fleuve, et parmi ces fontaines

» sacrées, vous jouirez de la fraîcheur de l'ombrage. D'ici, le
» bourdonnement des abeilles qui pâturent les fleurs de
» cette haie de saules qui borde votre héritage, vous invitera
» souvent à vous livrer au sommeil par son léger murmure.
» D'ici vous entendrez le bûcheron, à l'ombre d'une grande
» roche, faire retentir les airs de ses chansons. Cependant les
» ramiers, que vous aimez tant, ne cesseront de roucouler,
» ni la tourterelle de gémir sur la cime de cet orme qui se
» perd dans les airs. »

Tityre, en rapportant à Auguste la conservation de son domaine, ajoute des perspectives atmosphériques et aériennes à ce paysage :

Ante leves ergo pascentur in æthere cervi,
Et freta destituent nudos in littore pisces;
Ante, pererratis amborum finibus, exsul
Aut Ararim Parthus bibet, aut Germania Tigrim :
Quàm nostro illius labatur pectore vultus.

« Aussi les cerfs légers paîtront au haut des airs, les mers
» laisseront leurs poissons à sec sur les rivages, et en chan-
» geant de climat le Parthe boira les eaux de la Saône, et le
» Germain celles du Tigre, avant que son image ne s'efface
» de mon cœur. »

Virgile, après avoir opposé au paysage naturel si bien peint par Mélibée le contraste d'un paysage contre nature de Tityre, en offre de nouveaux et presque d'aussi étranges, mais qui ne sont que trop vraisemblables dans ceux que l'avenir présente à Mélibée. Il fait dire à ce malheureux berger :

At nos hinc alii sitientes ibimus Afros :
Pars Scythiam, et rapidum Cretæ veniemus Oaxem,
Et penitus toto divisos orbe Britannos.
En unquam patrios, longo post tempore, fines
Pauperis et tuguri congestum cespite culmen,
Post aliquot, mea regna videns, mirabor aristas!
Impius hæc tam culta novalia miles habebit!
Barbarus has segetes! En quò discordia cives
Perduxit miseros! en queis consevimus agros!

« Pour nous, malheureux exilés, une partie de nous ira
» chercher un asile sur les sables brûlans de l'Afrique; une
» autre dans la froide Scythie, ou en Crète, sur les bords de
» l'Oaxe impétueux, ou parmi les Bretons séparés du reste
» du monde. Eh quoi! après de si longues années, ne rever-
» rai-je donc ni la terre de ma patrie, ni ma pauvre chau-
» mière recouverte de gazon! n'admirerai-je plus ces douces
» moissons qui comblaient tous mes désirs! Un soldat insa-
» tiable possédera ces champs cultivés avec tant de soin, un
» barbare moissonnera ces guérets. Voilà donc où la dis-
» corde a conduit nos malheureux citoyens! voilà ceux pour
» qui nous avons semé nos champs! »

Mélibée relève par ce contraste le paysage intéressant de sa patrie, et il ajoute à ses sites par les regrets de son bonheur passé, qui produisent de nouvelles images. Tityre, pour le consoler, l'engage à se reposer la nuit dans sa maison, et à y accepter un repas champêtre :

Hic tamen hanc mecum poteris requiescere noctem
Fronde super viridi : sunt nobis mitia poma,
Castaneæ molles, et pressi copia lactis.
Et jam summa procul villarum culmina fumant,
Majoresque cadunt altis de montibus umbræ.

« Cependant vous pourrez vous reposer ici cette nuit avec
» moi sur une verte feuille; nous avons des pommes douces,
» des châtaignes tendres et des fromages en abondance. Déjà
» les fumées s'élèvent au loin des toits des hameaux, et les
» ombres des hautes montagnes grandissent au fond des val-
» lées. »

Le poëte donne ici le coup de lumière sur son paysage. Il l'éclaire des derniers rayons du soleil couchant; ou plutôt, comme le sujet en est tout mélancolique, il n'y exprime que des ombres, et les approches du froid de la nuit, par la condensation des fumées. Non-seulement il y caractérise l'heure du jour, mais aussi le mois de l'année, qui est à peu près celui d'octobre, temps où l'on recueille en Italie les pommes et les châtaignes, et où l'on fait les provisions de fromage pour l'hiver. Il en détermine aussi le site, qui était dans le voisinage des Apennins. C'est ce qu'exprime le dernier vers :

Majoresque cadunt altis de montibus umbræ.

Lorsqu'un paysage ne renferme précisément que les puissances primitives, il a le caractère d'une solitude profonde, et même une teinte de mélancolie, quelque agréable qu'il soit d'ailleurs. C'est ce que nous pouvons voir en prenant au hasard des vers où Virgile n'exprime que les rapports de quelques arbres avec différens sites. Tels sont ces deux vers de la septième églogue :

Fraxinus in sylvis pulcherrima, pinus in hortis,
Populus in fluviis, abies in montibus altis.

« Le frêne est très-beau dans les bois, le pin dans les jar-
» dins, le peuplier sur les bords des fleuves, le sapin au som-
» met des hautes montagnes. »

Quoiqu'il n'y ait ici que des contrastes physiques, le poëte en emploie cependant de nouveaux en mettant chaque végétal au singulier et leurs sites au pluriel, afin d'agrandir son horizon. S'il avait mis les végétaux au pluriel et les sites au singulier, ceux-ci n'auraient plus eu la même étendue. Il aurait circonscrit ses différentes scènes s'il avait dit : « Les frênes sont très-beaux dans un
» bois, les pins dans un jardin, les peupliers sur
» le bord d'un fleuve, les sapins au sommet d'une
» haute montagne. »

Il peint encore d'une plus large manière lorsqu'il met à la fois les arbres et leurs sites au pluriel, comme dans ces vers des Géorgiques[1] :

Fluminibus salices, crassisque paludibus alni
Nascuntur : steriles saxosis montibus orni;

[1] Liv. II, vers 110.

Littora myrtetis lætissima : denique apertos
Bacchus amat colles, aquilonem et frigora taxi.

« Les saules naissent sur le bord des fleuves, et les aunes
» dans les marais limoneux ; les ormes stériles sur les monts
» couverts de roches. Les myrtes donnent aux rivages un
» aspect riant. Enfin les vignes aiment les collines sans om-
» brage, et les ifs l'aquilon et ses glaces. »

Observons d'abord que Virgile fait contraster les arbres avec les arbres, et les sites avec les sites, pour produire plus d'effet par leur opposition. Ainsi, dans le premier exemple, il oppose le frêne au pin, le peuplier au sapin, les bois aux jardins, les fleuves aux montagnes. Dans le second, il fait contraster les saules à l'ombrage léger, et les aunes au feuillage épais ; l'orme et le myrte, les vignes et les ifs. Il en est de même des sites. Il oppose les fleuves aux marais stagnans, les monts hérissés de roches aux grèves sablonneuses ; les collines exposées au soleil, aux lieux âpres, battus des vents du nord : mais il fait consoner les arbres avec leurs paysages pour en étendre les perspectives. Les grâces et l'étendue naissent des consonnances, comme les caractères viennent des contrastes. En effet, le frêne a je ne sais quelle analogie avec les bois par sa verdure bleuâtre qui se perd dans les cieux, et le pin avec les jardins ; le peuplier par ses feuilles murmurantes, avec le cours des fleuves ; le sapin pyramidal, avec les hautes montagnes souvent terminées par des grès. Les acanthes, dont le vert est glauque, ont des affinités avec l'eau azurée des fleuves ; les ormes stériles, avec les roches ; les myrtes, arbrisseaux de Vénus, avec les rivages de la mer qui l'ont vu naître ; les vignes serpentantes en arcades, avec les courbes des collines ; et les ifs hérissés, avec les givres de l'aquilon.

Mais nous parlerons de ces genres de contrastes et de convenances aux harmonies morales. Il me suffit de faire observer que l'absence de tout être animé dans un grand paysage y répand une mélancolie sublime. Il semble alors qu'on n'y soit qu'avec Dieu et la nature. C'est un effet que j'ai souvent éprouvé dans mes promenades solitaires. J'ai tâché de le rendre dans le paysage qui sert de frontispice à ma pastorale de Paul et Virginie, afin d'y annoncer d'avance les caractères et les malheurs de ces deux amans infortunés. Pour remplir ce but, j'y ai introduit quelques fabriques humaines, le Port-Louis au loin, et des cabanes ruinées dans le voisinage ; mais je ne doute pas que je ne l'eusse rendu plus sauvage et plus romantique, si je n'y avais peint que les puissances primitives de la nature.

Au reste, Virgile, qui se propose un but opposé dans ses Églogues, met dans tous ses paysages des êtres animés, pour leur donner du mouvement et de la vie : des abeilles, des cigales, des oiseaux, des troupeaux, des bergers, et même des dieux. Il est très-remarquable que parmi ses interlocuteurs il n'introduit point de bergères. Il y est cependant souvent question de leurs amours ; mais elles sont toujours hors de la scène. Nous en dirons bientôt la raison, dont je ne sache pas que ses commentateurs se soient jamais occupés, quoiqu'ils l'aient ressassé de toutes les manières. Pour moi, malgré la vénération et l'amour que je lui porte, je ne balance pas à dire qu'il a privé ses Églogues de leur plus grand charme, en en bannissant les femmes. Les plus touchantes harmonies qu'il y ait dans la nature sont celles des deux sexes, comme frère et sœur, comme amant et amante, comme époux et épouse, comme père et mère. Gessner les a saisies, et elles font le principal mérite de ses pastorales, bien inférieures, au reste, à celles de Virgile, par le coloris et la touche du pinceau.

Cependant je ne puis me résoudre à condamner un poète aussi naturel et aussi sensible, sans chercher à le justifier. Comment a-t-il pu manquer de goût dans le choix et l'ensemble de ses sujets, lorsqu'il en a tant dans les détails ? Pourquoi celui qui a peint dans l'Énéide, au milieu des guerriers, tous les charmes de Vénus et les amours passionnées de Didon, s'est-il abstenu de mettre des femmes en scène avec des bergers qui chantent leurs amours ? Il n'y en a pas une seule qui soit en action dans ses dix églogues. Il y est souvent question d'elles, mais elles sont reléguées au fond du tableau, comme des objets tragiques qui pourraient blesser la vue. J'oserai hasarder ici mes conjectures sur une aussi étrange réserve : je l'attribue uniquement aux mœurs de son pays et de son temps, qui séparaient, dans l'éducation, les garçons d'avec les filles. Il en résultait des affections platoniques, souvent très-dangereuses, comme dans nos éducations de pensions, de couvens et de colléges. Virgile les éprouva dans le développement de son génie. Ce poète était naturellement si modeste, qu'on lui avait donné le surnom de vierge, parce qu'il rougissait en parlant. Cette pudeur est toujours le caractère d'une sensibilité profonde. Lorsqu'il éprouva donc, dans son adolescence, les premiers feux de l'amour, et en même temps ceux de la poésie, il dirigea ses sentimens non vers de jeunes filles qu'il ne voyait pas, mais vers de jeunes garçons, ses compagnons d'âge et d'étude. L'amitié tint long-temps dans son cœur la place de l'amour. Aux premières époques de la vie, on aime son ami comme on aimerait une maîtresse. D'abord la sensibilité de Virgile se porta sur les malheurs de son père, dépouillé de son domaine, et il le peignit, dans sa première églogue, sous le nom de Tityre. Devenu plus tranquille sur la restitution de son patrimoine, les premiers feux de l'amour, qui cherchaient en lui à se fixer à un objet aimable, venant à se combiner avec le sentiment de la nature, au défaut d'une amante, l'attachèrent à un jeune ami, et lui inspirèrent sa seconde églogue, intitulée Alexis. Elle est pleine de la plus touchante mélancolie. Mais, après tout, ce n'est qu'un monologue où le poète, au milieu de son délire, se reproche son égarement. Dans la troisième, l'amour des femmes commence à se montrer dans le dialogue de deux bergers qui disputent du chant. Ils commencent par se dire des injures; mais ils prennent ensuite les objets de leurs amours pour ceux de leurs chansons. Damétas, après avoir d'abord invoqué Jupiter, chante tour à tour Galathée, Phyllis, Iolas, et finit par l'éloge de Pollion. Ménalque, de son côté, invoque Apollon, et chante Amyntas, Phyllis, Iolas, puis il revient à Amyntas, et, après avoir célébré aussi Pollion, il dit quelques injures de Bavius et de Mœvius. L'amour, dans ces deux bergers, n'est qu'un feu volage qui passe d'un sexe à l'autre, et des dieux à un protecteur. La quatrième églogue est un monologue où le poète, songeant uniquement à faire sa cour à Octave, chante la naissance de son fils Drusus. Dans la cinquième, il célèbre, sous le nom de Daphnis, la mort et l'apothéose de quelque grand personnage qui nous est inconnu. C'est un modèle d'élégie. Mais, dans la sixième, il revient à son caractère amoureux. Il se rapproche des femmes et se familiarise avec elles en peignant le vieux Silène au milieu des nymphes qui le barbouillent avec des mûres. La septième renferme encore une dispute de deux bergers. Corydon chante Galathée et Phyllis; Thyrsis, à son tour, chante Galathée et le beau Lycidas. Mais l'avantage reste à Corydon qui n'a chanté que des femmes. Enfin, dans la huitième églogue, il n'est plus question que de l'amour. Après un magnifique préambule, on y trouve ces expressions remarquables :

Nunc scio quid sit amor..............

« C'est à présent que je sais ce que c'est que l'amour. »

Les femmes y paraissent en quelque sorte sur la scène : à la vérité, c'est en seconde ligne. Alphésibée met en dialogue avec d'autres femmes une bergère éperdue d'amour qui veut rappeler à elle son amant par des sortilèges. La neuvième églogue roule à peu près sur le même sujet que la première. Mais la dixième renferme le tableau le plus touchant de l'amour malheureux de Gallus pour une maîtresse infidèle. Virgile a ensuite montré combien il était rempli des sentimens naturels de cette passion dans l'épisode d'Orphée et Eurydice, qu'il a inséré dans ses Géorgiques, et surtout dans son Énéide, où il a peint avec de si vives couleurs les amours de Didon.

Cependant si Virgile, dans ses premiers débuts, n'a osé mettre ces bergères en scène, ce sont elles qui y répandent les plus grands charmes; leurs amours animent les bergers. Quoique absentes, elles sont le sujet principal de leurs chants : il les place dans le lointain, comme des astres qui répandent la lumière et la chaleur sur les paysages; il en tire une multitude de reflets et de demi-teintes pour en colorer ses végétaux, même après avoir fait dire à Thyrsis dans sa septième églogue :

Fraxinus in sylvis pulcherrima, pinus in hortis,
Populus in fluviis, abies in montibus altis.

Ce berger ajoute :

Sæpius at si me, Lycida formose, revisas,
Fraxinus in sylvis cedat tibi, pinus in hortis.

« Le frêne est très-beau dans les forêts; le pin, dans les
» jardins; le peuplier, sur les bords des fleuves; le sapin, sur
» les hautes montagnes. Mais, charmant Lycidas, si vous
» venez me voir plus souvent, le frêne dans nos forêts, et le
» pin dans nos jardins, les embelliront moins que vous. »

Cette strophe, malgré sa tournure agréable, n'est qu'une faible consonance de la précédente. Thyrsis n'y exprime que les rapports d'agrément de quelques arbres avec leurs sites et ensuite avec son ami; mais Corydon, dans la sienne, est parti d'abord des harmonies de quelques arbres avec des héros, des déesses et des dieux, pour en faire hommage à un simple arbrisseau aimé de sa maîtresse :

Populus Alcidæ gratissima, vitis Iaccho,
Formosæ myrtus Veneri, sua laurea Phœbo :
Phyllis amat corylos; illas dum Phyllis amabit,
Nec myrtus vincet corylos, nec laurea Phœbi.

« Le peuplier est très-agréable à Hercule; la vigne, à Bac-
» chus; le myrte, à la belle Vénus; le laurier, à Apollon.
» Phyllis aime les coudriers; tant que Phyllis les aimera, le
» coudrier l'emportera sur les myrtes de Vénus et sur les
» lauriers d'Apollon. »

Thyrsis n'emploie que des couleurs dures dans ses paysages, et Corydon de simples reflets. D'ailleurs Thyrsis ne fait qu'imiter les couplets de Corydon. Corydon loue dans les siens Codrus, son ami; Thyrsis lui adresse des injures. Corydon peint les premiers jours du printemps et l'automne avec ses fruits; Thyrsis, au contraire, peint l'été brûlant et l'hiver glacé. Aussi Mélibée ne balance pas à donner le prix à Corydon :

> Hæc memini, et victum frustra contendere Thyrsin.
> Ex illo Corydon, Corydon est tempore nobis.

Mais c'est surtout dans la dixième et dernière églogue, intitulée *Gallus*, que Virgile a réuni toutes les beautés champêtres aux plus tendres affections de l'amour ; c'est un poème achevé. Il montre dans ses perspectives la fontaine d'Aréthuse, la mer de Sicile, les forêts avec leurs échos, les solitudes du mont Ménale, les rochers du froid Lycée, les plaines brûlantes de l'Éthiopie, etc. Il y introduit des troupeaux, des bêtes féroces, des bergers, des naïades, Apollon, Sylvain; Pan, le dieu de l'Arcadie, etc.; et il en fait le fond du tableau où il décrit l'amour malheureux de son ami Gallus. Cythéride, fameuse comédienne, l'avait abandonné pour suivre Antoine à la guerre de la Germanie : Gallus lui adresse les regrets les plus douloureux, sous le nom de Lycoris. Il l'invite à revenir auprès de lui :

> Hic gelidi fontes, hic mollia prata, Lycori :
> Hic nemus, hic ipso tecum consumerer ævo.

« Ici sont de limpides fontaines; ici sont de molles prairies, ô ma chère Lycoris! ici une majestueuse forêt : c'est ici qu'avec toi je voudrais être consumé par le temps. »

Il se la représente suivant son rival au milieu des armées et des hivers, et il oppose au doux site qu'il vient de lui tracer ceux de la rude Germanie :

> Tu procul à patriâ (nec sit mihi credere tantùm)
> Alpinas, ah! dura, nives, et frigora Rheni
> Me sine sola vides. Ah! te ne frigora lædant!
> Ah! tibi ne teneras glacies secet aspera plantas!

« Pour toi, loin de ta patrie, (que ne puis-je en douter encore!) seule, sans moi, cruelle, tu braves les neiges des Alpes et les frimas du Rhin. Puisses-tu ne pas ressentir la rigueur des frimas! puissent leurs âpres glaçons ne pas blesser tes pieds délicats! »

Virgile, après avoir réuni dans son poème les plus touchantes images, les couvre du voile de la nuit :

> Surgamus : solet esse gravis cantantibus umbra,
> Juniperi gravis umbra; nocent et frugibus umbræ.
> Ite domum saturæ, venit Hesperus, ite, capellæ.

« Levons-nous : l'ombre et surtout l'ombre des genévriers a coutume d'être dangereuse à ceux qui chantent. Les ombres sont encore nuisibles aux fruits. Allez, mes chèvres, allez-vous-en rassasiées à la maison : l'étoile du soir paraît. »

Virgile, pour ajouter à la mélancolie de son site, se suppose occupé à tisser une corbeille de branches de houx, assis au pied d'un genévrier, arbrisseau non moins hérissé que le houx. Il y répète trois fois le mot d'ombre, comme pour rembrunir son paysage.

Nous remarquerons qu'il répand toujours les derniers rayons, ou plutôt les dernières ombres du soleil couchant sur ses paysages, lorsqu'il y introduit un sujet mêlé de tristesse. Telle est la fin de l'églogue où il a peint les malheurs de Mélibée :

> Et jam summa procul villarum culmina fumant,
> Majoresque cadunt altis de montibus umbræ.

Telle est encore celle de sa deuxième églogue, où Corydon se plaint de l'indifférence de son cher Alexis :

> Aspice : aratra jugo referunt suspensa juvenci,
> Et sol crescentes decedens duplicat umbras;
> Me tamen urit amor : quis enim modus adsit amori?

« Voyez ces bœufs qui ramènent leur charrue suspendue au joug. Déja le soleil, à la fin de sa course, a doublé les ombres qui se prolongent dans les vallons; cependant l'amour me brûle de tous ses feux. L'amour ne connait-il donc point de repos? »

Il représente, dans ses dernières et sombres demi-teintes, sa vigne surchargée de feuilles, restée à demi taillée sur l'ormeau :

> Semi-putata tibi frondosa vitis in ulmo est.

Virgile colore de la même manière la fin de sa sixième églogue, intitulée *Silène*, où ce demi-dieu finit ses chants par les aventures de Sylla, des Syrènes, de Thérée :

> Ille canit : pulsæ referunt ad sidera valles.
> Cogere donec oves stabulis, numerumque referre
> Jussit, et invito processit vesper Olympo.

« Ainsi chanta Silène : les échos des vallées portèrent ses accens jusqu'aux astres. Cependant l'étoile du soir, s'élevant dans les cieux, obligea les bergers de rassembler leurs troupeaux et de les ramener aux bergeries. »

Mais lorsque le sujet de l'églogue comporte un dénouement heureux, comme dans la huitième, où une amante ramène Daphnis par ses enchantemens, le poète en éclaire le commencement par l'aube matinale :

> Frigida vix cœlo noctis decesserat umbra,
> Cùm ros in tenerâ pecori gratissimus herbâ est,
> Incumbens tereti Damon sic cœpit olivæ :
> Nascere, præque diem veniens age, Lucifer, almum.

« L'ombre froide de la nuit avait à peine dévoilé les cieux; c'était l'heure où la rosée rend l'herbe tendre si agréable aux troupeaux, lorsque Damon, appuyé sur sa houlette d'olivier, fit entendre ces mots : « Hâte-toi de briller, étoile du matin. Lucifer, toi qui annonces le jour, rends-le favorable à nos vœux. »

Nous observerons ici que Damon, qui conçoit d'abord des espérances, s'appuie sur une houlette d'olivier. Il n'y a plus, comme dans la dixième églogue, de houx et de genévrier sur l'avant-scène. Nous remarquerons encore que Virgile, qui connait si bien l'effet des singuliers harmoniés avec les pluriels, n'emploie dans ces quatre vers que des singuliers, parce qu'il a employé beaucoup de pluriels de suite dans les vers qui les précèdent, et dans ceux qui les suivent. Pour nous, nous les avons entremêlés dans la traduction de ces vers isolés, pour lui donner plus d'harmonie, parce que nous ne rapportons pas avec elle celle des autres vers. Aucun n'a mieux exprimé tous les genres de convenances et de contrastes que Virgile; il en résulte des charmes innombrables dans sa poésie. Nous les saisissons à mesure qu'ils se montrent, comme des preuves incontestables de nos lois harmoniques.

Virgile, non content d'éclairer ses paysages les plus intéressans de la lumière du soleil, y joint souvent celle de la Divinité qu'il invoque au commencement de ses ouvrages. Il a senti que si le soleil était en quelque sorte le dieu de la nature physique, Dieu était le soleil de la nature intelligente. En effet, si la lumière du soleil se subdivise en gerbes de rayons et se décompose en mille et mille couleurs qui réjouissent les yeux de notre corps, la Divinité, quoique invisible en elle-même, se manifeste à nous par ses diverses puissances, et se décompose en harmonies innombrables qui ravissent notre intelligence, la vue de notre ame. Ces puissances, telles que celles du soleil, de l'air, de l'eau, de la terre et leurs harmonies, ont été adorées par tous les peuples, sous les noms de différentes divinités qui, suivant Orphée, le plus ancien des poètes, n'étaient que des attributs et des émanations de l'Etre tout-puissant et bon qui avait ordonné l'univers. C'est dans cette idée, naturelle à tous les hommes, que Virgile associe souvent, aux divinités subalternes et bienfaisantes, des hommes recommandables par leur pouvoir et leurs bienfaits, tels que ses protecteurs mêmes.

Ainsi, dans sa première églogue, son père, sous le nom de Tityre, répond au triste Mélibée, qui admire son bonheur au milieu des troubles qui affligent leur patrie commune :

O Mœlibœe ! Deus nobis hæc otia fecit;
Namque erit ille mihi semper Deus.....

« O Mélibée ! c'est à un dieu que je suis redevable de ces
» doux loisirs; car il sera toujours pour moi un dieu..... »

Ce dieu est Auguste qui lui avait fait rendre son domaine.

Dans la seconde églogue, Corydon amoureux n'appelle à son secours que des nymphes et des naïades : tels bergers, tels dieux. Il dit à Alexis :

Huc ades, ó formose puer; tibi lilia plenis
Ecce ferunt nymphæ calathis : tibi candida naïs
Pallentes violas et summa papavera carpens,
Narcissum et florem jungit benè olentis anethi :
Tum casia atque aliis intexens suavibus herbis,
Mollia luteola pingit vaccinia caltha.

« Viens à moi, charmant enfant; voici les nymphes qui
» t'apportent des lis à pleines corbeilles. Une blanche naïade
» te compose un bouquet de pâles violettes et de têtes de pa-
» vots; elle y joint le narcisse et la fleur de l'anet parfumé;
» elle marie aux rameaux souples du vacciet la couleur jaune
» du souci, le romarin, et d'autres plantes de l'odeur la plus
» suave. »

Corydon, dans son délire amoureux, ne promet point de présens aux nymphes pour les rendre favorables à ses amours; ce sont les nymphes, au contraire, qu'il appelle pour faire des présens à Alexis. Au reste, leurs fleurs sont mélancoliques comme lui : elles seules forment une élégie. Ce sont de pâles violettes, des pavots funèbres; le narcisse, dans lequel fut changé Narcisse, amant de lui-même; de l'anét, espèce de fenouil dont les fleurs sont jaunes; le vacciet, dont les grains sont noirs; enfin des soucis. Toutes ces fleurs ont des analogies avec ses amours et ses chagrins. Mais personne ne compose mieux un bouquet que Virgile, par des consonnances et des contrastes. On retrouvera les mêmes harmonies dans les fruits que Corydon promet à Alexis. Ces beautés sont si communes dans Virgile, qu'il me suffit de les indiquer une fois pour toutes. Elles font le plus grand charme de ses vers. Il y fait contraster non-seulement les mots, mais les choses, et il les lie par les plus aimables consonnances : *Juncturâ pollet.*

Dans sa troisième églogue, Damétas invoque Jupiter, et Ménalque Apollon. L'un et l'autre s'accordent à se mettre sous la protection de Pollion, le protecteur de Virgile.

Le poète, dans la quatrième églogue, invoque lui-même les muses de Sicile, qui avaient inspiré Théocrite, son modèle : il fait descendre des cieux plusieurs divinités pour favoriser la naissance de Drusus : Astrée, la chaste Lucine, Apollon; enfin, il leur adjoint en quelque sorte son bienfaiteur, le consul Pollion. Dans la cinquième, deux bergers, Mopsus et Ménalque, célèbrent l'apothéose de Daphnis, qu'on croit avoir été un célèbre poète bucolique. Mopsus introduit d'abord les nymphes qui le pleurent, et Palès avec Apollon qui regrettent sa perte. Ménalque, pour consoler son ami, n'hésite plus à mettre Daphnis au rang des dieux. Il élève quatre autels, dont deux pour Daphnis, et deux pour Apollon :

.......................... En quatuor aras;
Ecce duas tibi, Daphni, duoque altaria Phœbo.

Virgile, dans sa sixième églogue, introduit Apollon, qui lui donne pour conseil de ne pas quitter le chalumeau champêtre pour la trompette. Il en fait ses excuses à Varus, son protecteur, dont il voulait chanter les exploits, et il invoque les muses, qui lui inspirent des chants sublimes sur l'origine des choses. On voit que son génie commence à prendre un grand vol. Sous le nom de Silène, il tente, pour ainsi dire, des chants différens de tous, dont il n'annonce que les sujets, mais dont il forme de vastes perspectives dans son paysage. Au reste, toujours fidèle à la reconnaissance, il divinise Gallus, un autre de ses amis, en l'introduisant sur le Parnasse, dans les chœurs d'Apollon et des Muses.

Dans la septième, où deux bergers d'Arcadie disputent du chant, chacun d'eux fait son invocation, suivant son caractère particulier. Le modeste Corydon, d'un goût poli et délicat, comme nous l'avons déjà remarqué, invoque d'abord les nymphes de la fontaine Libéthride en Béotie :

> Nymphæ, noster amor, Libethrides, aut mihi carmen,
> Quale meo Codro, concedite (proxima Phœbi
> Versibus ille facit); aut, si non possumus omnes,
> Hic arguta sacra pendebit fistula pinu.

« Nymphes de Béotie, mes amours, inspirez-moi des chants
» tels que ceux de mon ami Codrus, semblables à ceux d'A-
» pollon ; ou, si tous ensemble nous ne pouvons l'égaler, je
» suspendrai ici ma flûte rebelle à ce pin sacré. »

Il est bon d'observer ici, en passant, qu'il y a quelque analogie du son aigu d'une flûte au bruissement des pins agités par le vent.

L'orgueilleux Thyrsis, d'un caractère rude et grossier, et sans imagination, imite la strophe de son rival en sens contraire. Celui-ci a fait un compliment à Codrus, Thyrsis lui adresse des injures :

> Pastores, hederá crescentem ornate poetam,
> Arcades, invidiâ rumpantur ut ilia Codro.
> Aut, si ultra placitum laudarit, baccare frontem
> Cingite, ne vati noceat mala lingua futuro.

« Bergers d'Arcadie, couronnez-moi de lierre, moi qui
» suis votre poète naissant, et que Codrus en crève de dépit.
» Ou, si mes beaux vers lui arrachent des éloges malgré lui,
» entourez mon front de baccar pour mettre votre poète fu-
» tur à l'abri de sa mauvaise langue. »

Corydon prie ensuite Diane d'être favorable à Mycon. J'ajouterai encore ici cette strophe entière, parce que je ne crois pas qu'aucun traducteur en ait jamais rendu le sens, faute d'avoir senti le caractère généreux de Corydon, tout-à-fait opposé à celui de Thyrsis, qui ne songe qu'à ses intérêts :

> Setosi caput hoc apri tibi, Delia, parvus
> Et ramosa Mycon vivacis cornua cervi.
> Si proprium hoc fuerit, levi de marmore tota
> Puniceo stabis suras evincta cothurno.

« Déesse des forêts, le pauvre Mycon vous a offert la tête
» velue d'un sanglier, et le bois rameux d'un vieux cerf ; si
» vous le prenez sous votre protection, je vous élèverai une
» statue d'un marbre poli, avec des cothurnes de pourpre. »

Voici ce que le lourd Thyrsis oppose à cette strophe sentimentale : « Priape, dit-il, bois ce vase
» de lait ; il te suffit d'en attendre autant tous les
» ans. Tu es le gardien de mon pauvre jardin ; je
» t'ai érigé une statue de marbre, suivant mes
» moyens ; mais, si mon troupeau se multiplie, je
» t'en ferai une d'or. »

Virgile dédie sa huitième églogue à Pollion. Damon, un des interlocuteurs, invoque l'étoile du matin et les dieux en général. Il leur adresse des plaintes amères sur l'infidélité de sa chère Nisa, qui va épouser Mopsus. Alphésibée prie les Muses de l'inspirer. Il oppose aux chants de Damon ceux d'une femme qui ramène enfin heureusement à elle, par des invocations magiques, Daphnis son époux. Le poète emploie partout des contrastes, dans les sujets comme dans les mots, les images et les caractères. Il introduit encore deux bergers dans sa nouvelle églogue ; mais, comme il n'y est question, comme dans la première, que des maux de la fortune, il n'y apparaît d'autres dieux que ceux qui les font sur la terre, et quelquefois les réparent : tels sont Varus, et l'astre de César qui brille au haut des cieux. Cet astre était une comète qui apparut quelque temps après la mort de César, et que le peuple prit pour son ame. Il est remarquable que c'est le malheureux Mœris qui est disposé à les invoquer ; le tranquille Lycidas ne s'adresse qu'aux Muses.

Virgile a distribué une ou deux divinités dans chacune de ses églogues, comme dans autant de temples ; mais dans l'invocation de ses Géorgiques, on peut dire qu'il en a rassemblé un panthéon. Il s'adresse d'abord à Mécène ; ensuite il invoque le soleil et la lune, brillans flambeaux du monde ; le gai Bacchus et la bonne Cérès, les vieux faunes et les jeunes dryades ; Neptune, le dieu des mers, et Aristée, dieu de Cée, ami des forêts ; Pan, et la sage Minerve ; Triptolème, qui enseigna l'usage de la charrue, et Sylvain avec son rameau de cyprès. Enfin, après les avoir mis, pour ainsi dire, en contraste deux à deux, il invoque César, au choix duquel il laisse les domaines des autres dieux, tels que les saisons, les moissons, les vergers ; ou l'Océan, comme gendre de Téthys ; ou une constellation dans les cieux, entre le signe de la Vierge et le Scorpion, qui s'empresse de lui faire place.

Enfin Virgile, dans l'Énéide, divinise toutes les puissances de la nature, à l'exemple d'Homère. Le soleil, c'est Apollon; l'air, Junon; l'eau, Neptune; la terre, Cybèle; le feu terrestre, Vulcain; les eaux fluviatiles, telles que les rivières et les fontaines, sont des nymphes et des naïades; les arbres des forêts, des sylvains, des dryades, des hamadryades, des oréades. La puissance animale est sous l'empire de Pan; mais celle des hommes est, elle seule, sous celui de plusieurs divinités. Les enfantemens de leurs mères appartiennent à Lucine; leurs amours, à Vénus; leur colère à Mars; leur sagesse, à Minerve; leurs vendanges, à Bacchus; leurs moissons, à Cérès; leurs chasses, à Diane; leurs morts, aux Parques et à Pluton. La plupart de ces dieux se mêlent des héros de l'Énéide, à l'exception de Jupiter, ou plutôt du Destin, qui a ordonné de toutes choses.

Je serais bien fâché qu'on jugeât des morceaux de Virgile que j'ai cités, par ma faible traduction. La poésie a des harmonies qui lui sont propres, et qu'on ne peut rendre en prose. Pour s'en convaincre, on n'a qu'à mettre en prose les plus beaux vers de Racine ou de La Fontaine; leur plus grand charme s'évanouit. C'est encore pire lorsqu'on veut traduire des vers latins si concis, en prose française si diffuse. A la vérité, notre prose a aussi ses harmonies, dont les principes sont les mêmes que ceux de notre poésie, mais dont l'application est fort différente. Nous reprendrons cet intéressant sujet aux harmonies morales. Je n'ai voulu indiquer ici que l'art que Virgile a employé pour produire des harmonies physiques: d'ailleurs, je n'offre ces faibles essais que comme des études encore bien imparfaites.

Ce que j'ai dit de Virgile peut s'appliquer à tous les autres poètes de l'antiquité, et surtout à Théocrite, son modèle dans l'églogue. On y trouvera les mêmes contrastes dans les végétaux, les oiseaux, et les personnages, opposés de caractères deux à deux. Les sujets de Théocrite ont même quelque chose de plus neuf et de plus varié, parce que ce poète, étant né dans l'île de Sicile, a peint la terre avec la mer, des coquillages mêlés aux fleurs, et des pêcheurs aux bergers. Les marines, comme nous l'avons observé, ajoutent au charme des paysages, qui ne deviennent jamais plus intéressans que quand les eaux y abondent. On peut encore dire que Théocrite doit son originalité à la nature, qui, seule, lui a servi de modèle, tandis que Virgile a souvent imité le poète de la Sicile; mais si l'églogue doit son invention au poète grec, elle est redevable de ses perfections au poète latin: le pinceau de Virgile est plus suave et ses sujets sont mieux dessinés. Ses perspectives, plus variées, ont aussi plus d'étendue, et inspirent, par la magie de leurs couleurs, une mélancolie douce, qui vous plonge dans des méditations ravissantes. Je ne suis point surpris que les Romains demandassent, le soir, après leurs grands spectacles tragiques, la lecture d'une églogue de Virgile: c'était un oreiller d'édredon, sur lequel ils voulaient reposer leur tête avant de s'endormir. Cependant, comme je fais le plus grand cas du mérite de l'invention, j'aurais comparé ici quelques passages de ces deux poètes, pour faire connaître la différence de leur manière; mais, par malheur, je ne sais pas le grec: or, ne citer qu'une traduction d'un bon poète, c'est ne montrer que l'envers d'une belle étoffe.

Je pourrais trouver encore quelques bons tableaux de paysage dans de grands poètes latins, tels que Lucrèce, Ovide, Horace, Catulle, Properce, Tibulle, Lucain, Juvénal; mais aucun d'eux n'égale Virgile dans ce genre. Lucrèce a bien autant de talent pour le moins, mais il n'avait étudié la nature que dans le système d'Épicure. On ne voit dans ses vers aucun de ces contrastes de végétaux qui produisent de si agréables harmonies, ni de ces reflets de la Divinité qui vous élèvent de la terre vers les cieux. Il faut en excepter sa sublime et voluptueuse invocation à Vénus. Mais si, contre ses principes, il en a fait une divinité, c'est qu'il en avait trouvé le sentiment dans son propre cœur. Au reste, il ne voit que des atomes tombant dans l'univers; et son génie aveuglé n'a peint, dans la nuit où il se précipite avec eux, que la sombre physique de l'athéisme. L'ingénieux Ovide, au contraire, a mis des divinités partout dans ses Métamorphoses; les dieux y sont pêle-mêle avec les animaux. Ses métamorphoses sont des métempsycoses: le corps d'une pie renferme l'ame d'une princesse. Au reste, ses sites sont charmans; mais il les peint souvent à la manière de Quinault, avec un peu trop d'enluminure. Horace a plus de précision dans ses dessins et de vigueur dans sa touche; habitant de la cour, il décrit, avec sa muse plutôt qu'avec son ame, une campagne où il n'aimait pas à vivre. Il prend ses sujets champêtres dans les environs de Rome, et non dans de profondes forêts, ou dans les hautes montagnes, qu'il montre cependant à l'horizon. Tibulle, Properce, Catulle, se ressentent de la mollesse de la fin du siècle d'Auguste, où ils vivaient. Leurs peintures ont beaucoup de grâce et même de vérité; mais elles sont souvent efféminées. Sous le règne cruel de Néron, les muses champêtres gardèrent le silence. Comment auraient-elles osé élever sous un prince qui, ayant perdu tout sentiment naturel, méprisait Virgile, et disait qu'il n'avait pas d'esprit? Lucain cependant osa se montrer. On admire encore sa description de la forêt de Marseille : mais ses sujets sont rembrunis comme le temps affreux où il vivait, et où il ne tarda pas à être la victime du tyran. La muse de Juvénal parut aussi à la fin de ce siècle malheureux, terminé par Tibère ; elle y contracta une grande âpreté. Aucun poète n'excella comme lui à peindre les crimes de Rome. Au milieu de tant d'infamies, comment aurait-il pu peindre des paysages?

Si je désire qu'on commence par les poètes pour apprendre à décrire la nature, c'est que la poésie a été le premier langage des hommes, comme nous le verrons ailleurs. Toutes les nations ont eu de grands poètes avant d'avoir de grands écrivains en prose. Homère, Hésiode, Sophocle, Euripide, ont existé chez les Grecs avant Platon, Xénophon, Démosthène, Thucydide, Plutarque ; Ennius, Lucrèce, Térence, parurent chez les Romains avant Cicéron ; et si ce prince des orateurs a excellé en éloquence, c'est qu'il s'était nourri des poètes grecs, comme on le voit par ses ouvrages ; mais Virgile, Horace, Ovide, ont précédé Tacite, les deux Plines, etc., etc. Chez nous, P. Corneille et Racine, Quinault et La Fontaine ont paru avant nos bons orateurs et nos grands écrivains, au nombre desquels je mets principalement Bossuet, Fénelon, Voltaire, Buffon et Jean-Jacques. Malheureusement nous n'avons point eu de poètes épiques ni bucoliques ; car j'entends par poètes épiques ceux qui peignent toute la nature, tels qu'Homère et Virgile. Voltaire, dans sa Henriade, n'a décrit que des combats et des caractères politiques. Nos coutumes barbares ayant, pour ainsi dire, divisé toute la nation en nobles guerriers et en serfs cultivateurs, elle n'a point eu d'homme libre pour étudier la nature et en faire de grands tableaux. Notre religion, aussi, n'a pu en diviniser les puissances, comme chez les Grecs et les Romains. Cette grande pensée d'un Dieu créateur, maître de l'univers, est plus favorable à la morale qu'à la poésie. Notre poésie n'a pu s'enrichir que des dépouilles de celle de l'antiquité, dont les plus précieuses ne sont plus à notre usage. Nos grands écrivains n'ont donc pu puiser des images chez nos poètes ; ils n'y ont étudié que les grâces et les harmonies du style ; et voilà pourquoi ils sont, à mon avis, inférieurs à ceux de l'antiquité, qui avaient de plus grands modèles. A la vérité, la philosophie nous a ramenés, dans ces derniers siècles, à la nature ; mais c'est bien plus pour en faire l'anatomie que pour en composer des tableaux. Depuis la botanique jusqu'à l'astronomie, toutes nos sciences ne nous présentent que de tristes analyses. La physique a fini par nous rendre métaphysiciens. Cependant, ceux de nos écrivains qui ont étudié la nature dans la nature même, et telle qu'elle se montre à nous avec toutes ses harmonies, vont de pair avec les plus célèbres de l'antiquité. Leur style est rempli d'images, de mouvement et de vie : tels sont, entre autres, Fénelon, Buffon et Jean-Jacques.

Pour apprendre donc à nos enfans à rendre leurs idées avec précision et avec grâce, je leur montrerais quelques bons modèles de style dans les meilleurs poètes et écrivains de notre langue ; j'y joindrais aussi la traduction de quelques morceaux de l'antiquité les plus intéressans pour eux. Je m'en tiendrais d'abord à la peinture de quelques harmonies végétales, et je passerais de là à la description de quelque paysage ; je n'y admettrais pas le moindre habitant, pas même un insecte. Dès qu'un animal parait au sein de la puissance végétale, il attire à lui toute notre attention, parce qu'il a plus de rapports avec nous. Je ne les occuperais pas, comme dans nos anciens collèges, à des traductions éternelles ou à de stériles amplifications ; mais je leur montrerais d'abord l'ordre harmonique et simple suivant lequel ils doivent disposer leur sujet, en y mettant successivement les élémens et les végétaux ; ensuite, après les avoir familiarisés avec un certain nombre d'expressions et de tours agréables, je leur dirais : Vous savez maintenant écrire ce que vous voyez, et votre palette est suffisamment chargée de couleurs : allez donc dessiner et peindre. Si votre ame est sensible, votre pinceau sera immortel. Sentez et écrivez, vous serez sûrs d'inspirer de l'intérêt. Je choisirais une belle matinée du printemps pour essayer leur goût. Pendant que les jeunes filles, au milieu des fleurs d'une prairie, s'amuseraient à en faire des bouquets, des guirlandes, des chapeaux, leurs jeunes compagnons s'occuperaient à les décrire. Parmi ceux-ci, les plus habiles feraient une description d'une partie du paysage qui les environne. Après avoir orienté sur le soleil, et avoir peint le ciel, les eaux, les collines et les arbres ; s'ils ne peuvent placer une naïade à la source d'un ruisseau, qu'ils y peignent quelques-uns des rayons de l'intelligence et de la bonté divine. Il n'est pas douteux que le séjour d'une divinité, dans les paysages des anciens poètes, n'y versât des influences célestes, qui en faisaient des lieux enchantés. Les prairies paraissaient plus gaies avec les danses des nymphes ; et les forêts, peuplées de vieux sylvains, plus majestueuses. Mais si la raison ne nous montre plus de divinités dans chaque ouvrage de la nature, elle nous montre aujourd'hui chaque ouvrage de la nature dans la divinité. Éclairée par le génie des grands philosophes et par l'expérience des siècles, elle nous fait voir qu'un Être infini en durée, en puissance, en intelligence et en bonté, a mis un ensemble dans toutes les parties du monde, et les balance par des contraires. La vérité a maintenant pour nous plus de charmes et de merveilles que la fable. La métamorphose d'une chenille velue en brillant papillon est au moins aussi surprenante, et sans doute plus agréable que celle de Philomèle en rossignol. Une simple fleur est un témoignage de la Providence divine. Elle est en harmonie avec tous les élémens, comme un paysage entier; elle l'est avec le soleil, par les réverbères de ses pétales; avec l'air, par les paravens de son calice; avec les pluies, par les aqueducs de ses feuilles; avec la terre, par les cordages de ses racines. Mais c'est surtout en rapportant les végétaux aux besoins des êtres sensibles que se manifestent leurs plus touchantes harmonies. Le nid d'une fauvette est défendu par un buisson épineux, et celui de la tourterelle par la hauteur de l'arbre au sommet duquel il est posé. Les familles des hommes étant les plus faibles, sont les mieux protégées : une haie, hérissée d'églantiers et de ronces, entoure leur chaumière; un chien fidèle, dont la gueule est bordée de dents plus tranchantes que des épines, veille nuit et jour à leur conservation. Cependant des nichées d'enfans se réjouissent en paix au sein des prairies et sous l'ombre des vergers.

On apprend aux enfans à parler, mais on ne leur apprend point à mettre en ordre leurs idées. Les rudimens et les traités de grammaire et de logique ne leur conviennent point, parce qu'ils ne leur présentent que des idées abstraites. Pour former leur style, il faut leur montrer d'abord des modèles agréables dans de bons écrivains; on leur en développera ensuite le mécanisme : il sera facile alors de les exercer à rendre d'une manière simple et intéressante ce qu'ils ont vu ou pensé. Si le plaisir précède la leçon, il ne tardera pas à la suivre. Il leur en resterait toujours beaucoup, quand ils ne conserveraient que de l'affection pour les premiers objets de leurs études. Souvent ils ne nous inspirent que de la haine, par les larmes qu'ils nous ont fait verser dans l'enfance; mais, quand nous y avons trouvé des images riantes du bonheur ou des consolations, nous y revenons étant hommes. Plusieurs personnes ont fait les délices de leur vie d'un Homère, d'un Virgile, d'un Horace, parce que ces poètes avaient fait celles de leur adolescence. Nous aimons à nous accoler à un auteur favori : c'est une colonne qui nous soutient contre les tempêtes du monde.

Jean-Jacques portait presque toujours le Tasse avec lui. Un jour, après une brouillerie qui m'en avait éloigné pendant quelques semaines, nous nous rencontrâmes tête à tête dans un café des Champs-Élysées. C'était précisément dans un petit pavillon du jardin de l'ancien hôtel d'Elbeuf, qui avait servi autrefois de cabinet de bain à la marquise de Pompadour ; ce que je remarque à cause de l'étrangeté du site. Nous étions seuls. Après nous être salués, sans nous rien dire, il entama le premier la conversation. On vante beaucoup aujourd'hui, me dit-il, la perfection de nos arts; mais voici un petit livre relié, depuis plus de trente ans, en parchemin : il est aussi frais que s'il était neuf.—Quel est ce livre ? lui dis-je.—C'est, me répond-il, le Tasse, que j'aime beaucoup.—Vous le traitez sans doute, repris-je, comme vos amis : vous n'en faites pas souvent usage? Il se met à rire, et me dit : Je le porte très-souvent dans ma poche. Alors il m'en fit l'éloge ; il m'en cita plusieurs strophes, entre autres celle du tableau d'une armée mourante de soif, et quelques-unes de l'épisode touchant d'Olinde et Sophronie. Je lui opposai, de mon côté, Virgile et quelques passages des amours malheureuses de Didon. Il convint de leurs grandes beautés; mais il ajouta qu'il préférait Armide à Didon, parce qu'il trouvait qu'elle était plus femme. Après cette aimable conversation, nous fûmes nous promener ensemble, meilleurs amis qu'auparavant. Cet excellent homme n'avait point de ressentiment; jamais il ne m'a dit de mal de ses plus grands ennemis : tous ses défauts étaient dans sa tête, souvent troublée par le ressouvenir de ses malheurs passés, et par la crainte des malheurs à venir. Le Tasse n'était pas le seul livre où il avait cherché des consolations; il en avait trouvé beaucoup, dès son enfance, dans les Hommes illustres de Plutarque. Ce fut le seul livre de sa bibliothèque qu'il se réserva, quand le besoin le força de la vendre. Sur la fin de ses jours il s'était fait un petit livre de quelques feuilles de l'Ancien et du Nouveau Testament : c'étaient, entre autres, celles de l'Ecclésiaste et du sermon sur la montagne. Il le portait toujours avec lui; mais il me dit un jour avec chagrin qu'on le lui avait volé.

Les ames aimantes cherchent partout un objet aimable qui ne puisse plus changer, elles croient le trouver dans un livre; mais je pense qu'il vaut mieux pour elles s'attacher à la nature qui, comme nous, change toujours. Le livre le plus sublime ne nous rappelle qu'un auteur mort, et la plus humble plante nous parle d'un auteur toujours vivant; d'ailleurs, le meilleur ouvrage sorti de la main des hommes peut-il égaler jamais celui qui est sorti de la puissance de Dieu? L'art peut produire des milliers de Théocrites et de Virgiles, mais la nature seule crée des milliers de paysages nouveaux en Europe, en Afrique, aux Indes, dans les deux mondes. L'art nous ramène en arrière dans un passé qui n'est plus; la nature marche avec nous en avant, et nous porte vers un avenir qui vient à nous. Laissons-nous donc aller comme elle au cours du temps : cherchons nos jouissances dans les eaux, les prés, les bois, les cieux, et dans les révolutions que les saisons et les siècles y amènent. Ne portons point, dans notre vieillesse caduque, nos regards et nos regrets vers une jeunesse fugitive; mais avançons-nous avec joie, sous la protection de la divinité, vers des jours qui doivent être éternels.

L'étude de la nature est si étendue, que chaque enfant peut y trouver de quoi développer son talent particulier. On dit que D'Anville, étant au collège, n'étudia dans Virgile que les seuls voyages d'Énée : il en fit un fort bon itinéraire; toutes les beautés de la poésie disparurent pour lui; il ne vit dans le poète qu'un géographe, et il prouva ainsi qu'il le deviendrait lui-même. Mais la nature offre à l'homme un poème bien plus étendu que celui de l'Énéide : laissons chaque enfant l'étudier suivant son instinct; il en résultera toujours quelque bien pour la société. Un pré leur suffit, c'est un livre à plusieurs feuillets; le botaniste y verra des systèmes, le médecin des simples, le peintre des guirlandes, le poète des harmonies, le guerrier un champ de bataille, l'amant un lieu de repos, le paysan des bottes de foin; mais quand ils ne devraient tous y voir que des bouquets, laissez-les en couronner leurs jeunes compagnes : les jeux naïfs et innocens de l'enfance valent mieux que les études pénibles et jalouses des hommes.

Nous n'avions parlé jusqu'ici que des harmonies des végétaux avec les yeux des enfans; mais celles qu'elles présentent à leurs autres sens, notamment à celui du goût, les intéressent encore davantage. Nous avons déjà fait observer que la plupart des arbres fruitiers sont moins élevés et plus aisés à escalader que ceux des forêts : tels sont surtout ceux qui portent des fruits tendres qui se seraient brisés dans leur chute, comme les pommiers, les figuiers, les abricotiers, etc.; ils ont besoin d'être cueillis à la main. Au contraire, les arbres qui portent des fruits durs sont de la plus grande taille: tels sont les châtaigniers, les noyers; et leurs fruits sont enveloppés d'un brou tendre, comme les noix, ou d'une coque hérissée de pointes non piquantes, dont le ressort est élastique, comme dans les châtaignes, de sorte qu'ils peuvent tomber sur les roches les plus dures sans s'endommager. J'ajouterai à ces observations que la maturité des fruits tendres s'annonce par des parfums qui flattent agréablement l'odorat. C'est une harmonie de plus que la Providence a mise entre nos sens et nos besoins. Les fruits bien mûrs en ont encore avec nos yeux par leurs vives couleurs, avec nos mains par leurs formes arrondies, avec nos dents par leur tendreté, quelquefois avec notre bouche par leur diamètre, enfin avec notre goût et les diverses humeurs de notre tempérament par des saveurs délicieuses et variées suivant les saisons. Les fruits rouges et rafraîchissans, comme les fraises et les cerises, paraissent au commencement de l'été, saison où notre sang, dont ils ont la couleur, entre en effervescence. Les fruits fondans et sucrés, comme les prunes, les abricots et les pêches, viennent vers la fin de cette saison ardente, afin de rafraîchir doucement notre sang dont les humeurs s'alcalisent. Les fruits vineux et cordiaux, tels que les pommes, les poires et les raisins, mûrissent en automne pour fortifier notre corps épuisé par les transpirations trop abondantes de l'été. Les fruits échauffans par leurs huiles, tels que les noisettes, les noix, les amandes, fournissent de la chaleur à notre estomac, et une bile digestive à nos intestins. Enfin les semences céréales et légumineuses, comme les blés, les haricots, les pois, nous donnent en tout temps des substances farineuses, qui renouvellent les diverses humeurs de notre tempérament par une digestion qui, mieux que nos fermentations chimiques, les décompose en acides, en sucs, en esprits et même en huiles. Les herbes et les racines comestibles nous présentent une partie de ces mêmes propriétés, chacune à part.

On vient de trouver en Prusse l'art de tirer des navets un sucre abondant et excellent. L'oseille nous fournit un acide qui est un des plus puissans antidotes contre la bile surabondante; le chou est un très-bon antiscorbutique; la chicorée est pectorale; le persil, échauffant; et la laitue, rafraîchissante et laxative. Les anciens faisaient un grand usage de la mauve pectorale : *Malvæ salubres corpori*, dit Horace. Les enfans peuvent donc trouver à la fois leurs alimens et leurs remèdes dans les plantes de nos jardins, dans les fruits de nos vergers. Le goût particulier qu'ils ont pour les fruits est un instinct de la nature; et cela est si vrai que ce goût se perd à mesure qu'ils avancent en âge, et que leur sang a moins besoin d'être rafraîchi. Mais il faut avoir soin que ces fruits soient d'une maturité parfaite; car autant ils sont salutaires alors, autant ils sont malsains quand ils sont verts ou pourris. Tout le monde sait que les cerises guérissent plusieurs maladies du printemps. Le médecin philantrophe Tissot assure que les raisins frais sont un remède assuré contre la dysenterie. Il cite en preuve un régiment suisse qui en fut guéri en séjournant au milieu de vignobles; cependant nous avons vu de nos jours l'armée du roi de Prusse contracter cette terrible épidémie dans ceux de Verdun, où elle fut forcée de s'arrêter. C'est que les raisins de la Suisse étaient mûrs, et que ceux de la Champagne étaient verts. La plupart des fruits qu'on apporte dans nos marchés ont ce dernier défaut, parce que nos paysans cupides se hâtent de les cueillir trop tôt; aussi font-ils beaucoup de mal, et c'est par cette raison que les maladies sont fort communes dans les années abondantes en fruits : mais ces mêmes fruits seraient très-salubres s'ils étaient cueillis à leur point. La bonté des alimens naturels ne consiste que dans les harmonies instantanées comme la vie qu'ils soutiennent; c'est à notre goût à en juger; tout ce qui se mange avec plaisir se digère avec facilité : il en est de même des remèdes de nos maladies; ceux qui sont désagréables au goût ne nous donnent que des indigestions, que nous appelons purgations. Je le répète, contre tous les systèmes reçus par nos médecines et nos moralistes, je ne connais de médecines utiles au physique et au moral que celles qui nous sont agréables.

Mais si nous autres hommes, au milieu du climat fertile de la France et des préjugés nombreux des corps, nous ne pouvons renoncer à nos alimens carnassiers, ni aux affreux déboires de notre médecine qui en paraissent être la punition, donnons au moins des habitudes plus innocentes et plus douces à nos enfans : ils ont naturellement le goût du régime végétal. Craignons plutôt qu'ils ne s'y livrent avec excès. Ils sont passionnés pour les fruits, empêchons-les seulement de les cueillir avant leur maturité. Ce n'est que lorsqu'ils ne sont pas mûrs, ou lorsqu'ils sont corrompus ou trop desséchés, qu'ils peuvent leur nuire. J'ai vu des enfans se guérir promptement des suites de la rougeole en mangeant à discrétion des cerises; et ma fille, âgée de trois ans et demi, se guérit d'une coqueluche terrible qui avait résisté à tous les remèdes, avec des groseilles dont elle était insatiable.

Je n'ai pas besoin de dire qu'il ne faut pas accoutumer les enfans aux boissons enivrantes; il est dangereux surtout de leur faire boire du vin, quoi qu'en disent et qu'en fassent les vignerons. D'abord, les enfans, ainsi que les Sauvages, ont de la répugnance pour cette liqueur fermentée. Jugez de ses effets sur leur tempérament plein de feu, par ceux qu'il produit sur celui de leurs pères. Voyez entrer ceux-ci dans un cabaret. Ils y sont d'abord tranquilles, ensuite joyeux et pleins de cordialité les uns envers les autres; mais si vous passez dans leur tabagie deux heures après, ils font retentir la rue de juremens, de querelles et de blasphèmes. Bientôt ils en viennent aux mains; ils se jettent à la tête les chandeliers, les siéges et les lourds landiers. J'en ai vu, pouvant à peine se soutenir, chercher leur couteau pour éventrer leur compère. Leurs femmes échevelées accourent de toutes parts pour les séparer. On en remporte toujours quelqu'un horriblement balafré, qui va porter sa blessure à un chirurgien et sa plainte à un commissaire. Tous ces bons amis sont devenus dans un instant des ennemis féroces. Tant de haines et de fureurs sont sorties d'un tonneau. Vous me direz : Elles étaient renfermées dans le cœur de ce malheureux. Cela peut être, mais c'est le vin qui les a mises en évidence; il est le feu qui a donné l'explosion à la mine : c'est donc une liqueur bien dangereuse que celle qui exalte les passions, et surtout qui les rend précoces. Le vin ne convient point au tempérament ardent des enfans. Quelques médecins pensent qu'il le développe et le fortifie, mais ils sont dans une grande erreur. Comparez la taille et la force des Turcs et des peuples qui ne boivent que de l'eau, ainsi que la fraîcheur de leurs femmes, à la taille raccourcie et au teint bourgeonné des deux sexes dans les pays de vignobles; vous en verrez la prodigieuse différence. L'usage fréquent de l'eau-de-vie est incomparablement plus dangereux; elle abrutit tous les sens. C'est elle encore, plus que la guerre qu'elle excite, qui a détruit peu à peu les nations sauvages de l'Amérique septentrionale. Elle nuit sans doute aussi à la population du peuple chez plusieurs nations de l'Europe : on devrait donc s'en abstenir entièrement. Quant au vin, il ne doit être employé pour les enfans que comme remède. Pris avec modération par les hommes, il peut entrer parmi leurs alimens, comme une boisson bienfaisante et cordiale. Il augmente les forces du corps et de l'âme, il dissipe les chagrins, il est utile à ceux dont le sang est glacé par les années ou par la mélancolie; mais il est nuisible aux enfans dont les soucis légers se dissipent d'eux-mêmes par la gaieté, la vivacité, l'insouciance et l'innocence de leur âge. Le vin est le lait des vieillards; et le lait est le vin des enfans.

J'approuve encore moins l'usage de donner à ceux-ci du thé, du café et du chocolat. Je n'examinerai pas ici si le thé relâche ou nettoie l'estomac, si le café alcalise le sang ou chasse les vapeurs du cerveau, si le chocolat épaissit nos humeurs ou nous fortifie. Je crois que ces boissons font du bien aux enfans, dès qu'ils les prennent avec plaisir. Je les considère ici, non sous leur rapport physique, mais sous leur rapport moral et politique. Il ne faut pas inspirer aux enfans le luxe des alimens plus que celui des habits et des meubles, ni un goût de préférence pour des productions étrangères. Il est donc aisé de voir déjà que les premières bases de la morale sont dans l'histoire naturelle, et celles de la politique des nations dans la morale des enfans : nous les découvrirons de plus en plus, en suivant le plan de nos harmonies. Il est bien immoral, selon moi, de mettre le déjeuner de nos enfans en Asie et en Amérique, et de leur faire préférer les productions des pays étrangers à celles de leur patrie. C'est aussi une grande servitude pour un peuple, de faire dépendre ses premiers besoins des peuples les plus éloignés de lui, et de supporter plus difficilement la privation du thé, du café et du sucre, que celle du pain. J'ai vu les premiers désordres de Paris, dans notre terrible révolution, commencer par les blanchisseuses, qui, ne pouvant souffrir le renchérissement du sucre et du café, occasioné par la guerre, pillaient ces denrées chez les épiciers. J'ai vu depuis ces mêmes femmes à la porte des boulangers, où on leur distribuait quatre onces de pain après trois ou quatre heures d'attente, rester tranquilles et tomber d'inanition. La séparation de l'Amérique anglaise de sa métropole est venue à l'occasion d'un impôt sur le thé. Nous avons dans notre pays de quoi suppléer à ces besoins factices: le bon miel est plus sucré que le sucre ; nos plantes aromatiques peuvent nous donner des assaisonnemens aussi agréables et plus convenables à notre santé, que les épiceries des Moluques. Combien de combinaisons et de découvertes en ce genre ne pouvons-nous pas faire dans notre botanique ! Pendant des siècles, la feuille du thé a été le jouet des vents de la Chine, et le grain du café foulé aux pieds des bêtes en Arabie, sans qu'on se doutât que ces amers, harmoniés avec le feu, l'eau et le sucre, serviraient un jour aux délices de l'Europe. Notre olive même n'a-t-elle pas été long-temps la proie des oiseaux dans les îles de l'Archipel, avant qu'on s'avisât d'en tirer de l'huile, et de la dépouiller de son amertume par une lessive? La nature avait déjà donné l'olivier aux animaux ; mais l'intelligence qui apprit aux Athéniens à préparer son fruit fut la Minerve qui en fit présent aux hommes. Combien de feuilles, de graines, de baies, se perdent dans nos prairies et dans nos forêts, dont les préparations pourraient nous être également utiles ! Y en a-t-il qui en exige autant que le blé avant que d'être changé en pain ? Si on mettait un Sauvage de l'Amérique, qui ne vit que de chasse et de patates, et ne s'habille que de peaux, au milieu de nos riches campagnes couvertes de tant de récoltes, se douterait-il que de petits grains portés par des pailles menues, servent de base à la nourriture des Européens ? Il les croirait bien plus propres à celle des oiseaux. Pourrait-il imaginer que nos lins et nos chanvres produisent des fibres dont nous fabriquons notre linge, et que des chiffons de ce linge se fabrique notre papier, auquel nous confions les chefs-d'œuvre de l'esprit humain ? Aurait-il l'idée de la charrue, du moulin, des moutures, de la boulangerie, d'une multitude de fabriques en tout genre, qu'alimentent nos végétaux ; des papeteries, de l'écriture, de l'imprimerie, et de l'influence de nos livres, dont les plus révérés ont agité les quatre parties du monde ? Il mourrait de faim au milieu de nos moissons, de froid dans nos chaumières, et d'ennui dans nos bibliothèques. Mais que l'Européen ne s'enorgueillisse pas de ses lumières; elles sont si bornées, et il en fait un si cruel abus, qu'il n'est lui-même qu'un sauvage au sein de la nature.

Je crois que c'est à l'époque où les enfans mangent seuls, qu'on doit commencer à leur donner une idée de nos plantes domestiques et des arts qui les préparent pour nos besoins. Un homme, quelle que soit sa condition, n'est pas excusable d'ignorer comment se cultivent le blé, les divers légumes, et comment on les convertit en alimens. Il doit savoir, dans le besoin, se préparer à manger, comme il doit savoir se vêtir, se peigner, se laver; il lui serait même utile d'apprendre comment se préparent nos principales boissons : il ne sait pas où le conduira la fortune. J'ai vu en Russie, et même dans nos armées, des officiers auxquels ces connaissances ont été souvent importantes. Bien en prit au capitaine Cook, dans ses voyages autour du monde, de savoir faire de la bière avec des branches de sapinette, pour préserver sur mer son équipage du scorbut.

Mais c'est aux jeunes filles surtout, qui doivent être chargées un jour du soin de la maison, qu'il convient de savoir faire à manger, conserver des provisions, et préparer des boissons utiles et agréables. Quel plaisir pour elles d'être déjà nécessaires à leurs parens, et de pouvoir un jour offrir à leurs maris et à leurs enfans un pain et des mets salubres ! Quelle douce joie n'éprouveront-elles pas, lorsqu'elles feront apparaître aux yeux de leur famille étonnée des légumes et des fruits conservés dans toute leur fraîcheur, au milieu des rigueurs de l'hiver ! Quelle abondance ne verseront-elles pas sur leur table par une multitude de fruits de l'été, conservés par la dessication ou la cuisson ! Elles doivent joindre à ces connaissances économiques l'art de préparer le lin et le chanvre, de les filer, de les tisser et de les blanchir. La chimie peut leur présenter, dans les livres élémentaires, non des principes savans, mais des résultats simples, relatifs à la composition des levains, aux fermentations, aux savonnages, aux lessives, et même à quelques teintures. C'est par ces travaux domestiques qu'elles se prépareront à elles-mêmes des mœurs innocentes, conjugales et maternelles; elles seront dans leurs maisons comme des divinités bienfaisantes. On met entre les mains des enfans des deux sexes une multitude de livres moraux et philosophiques, qui ne leur donnent rien que de l'ennui. Mais ne serait-il pas plus à propos de leur offrir une théorie claire des choses naturelles qu'il importe à un père et à une mère de connaître, pour entretenir l'abondance et la propreté dans leur famille? Ne trouveront-ils pas des preuves plus certaines de l'existence de Dieu, de la reconnaissance que nous lui devons, et de nos devoirs envers les hommes, dans les bienfaits de la nature que dans les livres? Un jour, un de mes amis fut voir un chartreux : c'était au mois de mai. Le jardin du solitaire était couvert de fleurs dans les plates-bandes et sur les espaliers. Pour lui, il s'était renfermé dans sa chambre, où l'on ne voyait goutte. Pourquoi, lui dit mon ami, avez-vous fermé vos volets ? — C'est, lui répondit le chartreux, afin de méditer sans distraction sur les attributs de Dieu. — Eh ! pensez-vous, reprit mon ami, en trouver de plus grands dans votre tête que ne vous en montre la nature au mois de mai ? Croyez-moi, ouvrez vos volets et fermez votre imagination.

Je crois avoir rapporté ce trait ailleurs, mais il est bon de le répéter. Il donne un aperçu de la manière dont se fourvoie l'esprit humain. Que de livres sur la nature et sur son Auteur ont été écrits dans des chambres noires!

Les hommes veulent connaître les attributs de l'être invisible, et ils ne connaissent pas ceux du soleil, qui agissent sur tous leurs sens. Chaque plante est une pensée qui exprime une harmonie de l'astre du jour, et toute la puissance végétale n'est qu'une page du livre immense de ses propriétés. Qui osera donc calculer la puissance de l'Auteur de la nature, qui a établi les harmonies du soleil avec ses différens mondes, et celles du soleil avec tant d'autres soleils ? Bornons-nous donc ici à la connaissance de la terre que nous habitons. Je crois qu'on peut apprendre la géographie aux enfans par le moyen des plantes. Il est difficile de leur donner d'abord des idées abstraites d'équateur et de méridien, de latitude et de longitude, auxquelles nous reportons tous les points du globe. Les hommes, pour se ressouvenir d'un grand nombre de faits particuliers, les lient à des lois générales, sans lesquelles ils n'en auraient pas la connexion; mais les enfans, qui ne saisissent pas cette connexion, ne manquent pas, lorsqu'on leur parle d'une loi générale, de la particulariser en un seul fait; d'abord pour la concevoir en en faisant l'application, et ensuite pour s'en ressouvenir. Il faut à leur jugement un point qu'il puisse saisir, et où leur mémoire s'arrête. Bien des hommes sont enfans à cet égard : voilà pourquoi, comme nous l'avons déjà observé, l'exemple leur est plus que le précepte.

Je commencerais donc par prévenir les enfans qu'ils doivent se défier du témoignage de leurs sens et de leur raison isolée ; je leur en donnerais pour preuve le ciel et la terre. « Le ciel, leur dirais-je, vous paraît former une voûte ronde, et la terre une surface plate; c'est tout le contraire. Le ciel n'a point de forme déterminée; c'est un espace sans bornes, et la terre est ronde : si vous marchiez toujours droit devant vous, vous en feriez le tour. La terre est une grosse boule de mille deux cent soixante-treize myriamètres ou de deux mille huit cent soixante-quatre lieues de diamètre, et de huit mille cinq cent quatre-vingt-douze lieues de circonférence. Elle est suspendue dans l'espace par la puissance de Dieu, qui la balance par les lois positives et négatives de l'attraction. Vous croyez qu'elle est plus grande que le soleil, qui ne vous paraît pas aussi large que la forme de votre chapeau ; vous vous trompez : le soleil est un million de fois plus gros qu'elle. Il ne vous paraît petit que parce qu'il est à plus de trente millions de lieues de distance de vous. Vous croyez qu'il se lève le matin et qu'il se couche le soir; vous vous trompez encore : il ne change point de place : c'est la terre qui tourne sur elle-même autour de lui. La sagesse de Dieu emploie toujours la voie la plus courte; elle ne fait rien en vain. Si le soleil tournait autour de la terre, il décrirait chaque jour un cercle de plus de cent quatre-vingt millions de lieues. Vous ne devez ces connaissances qu'aux observations réunies de tous les hommes dispersés sur le globe. Vous voyez donc bien que vous leur devez de la reconnaissance, puisque vous ne pouvez rien savoir seuls et par vous-mêmes. Dieu a attaché les sciences et le bonheur des hommes à leur union. »

Il est aisé de donner aux enfans une idée du mouvement de rotation de la terre, et des effets du soleil sur elle, par celui d'une boule qui tourne devant un flambeau. Lorsqu'ils auront une notion générale de la grosseur de la terre, de sa distance au soleil et de son mouvement journalier et annuel, cela doit leur suffire. Après cela, je leur déterminerais les quatre points cardinaux, comme je l'ai dit ailleurs, par ceux de l'horizon, lorsqu'ils ont le visage tourné vers le midi. J'y ajouterais les deux points des pôles, et les cercles principaux de la sphère.

Ces notions préliminaires établies, je leur donnerais une idée des principales parties de la terre, par les végétaux qui sont à leur usage; je commencerais par ceux de leur patrie. Quelqu'un avait eu l'idée de faire une géographie pour les enfans, en caractérisant chaque ville par quelque friandise. Ainsi, par exemple, ils auraient connu Reims par son pain d'épices; Verdun, par ses dragées; Rouen, par ses gelées de pomme. Ce répertoire de la gourmandise aurait été aussi agréable aux hommes qu'aux enfans; mais il ne faut pas faire naître les lumières d'un vice. Toutefois en donnant plus d'étendue à ces premières notions géographiques, on peut les rendre plus utiles qu'on ne pense; il ne s'agit que d'y comprendre les végétaux les plus intéressans, les animaux les plus nécessaires, et surtout les hommes qui ont été les bienfaiteurs de l'humanité. Dans l'almanach républicain, on avait établi une nouvelle chronologie par un moyen à peu près semblable; mais des plantes, des outils et des animaux ne laissent que des souvenirs bien froids. D'ailleurs, on n'y avait pas donné place à un seul homme célèbre : comme si les talens et les vertus n'étaient pas des dons du ciel aussi recommandables à des citoyens que l'ail ou l'oie !

Je crois donc qu'en donnant aux enfans une géographie qui leur indique ce qu'il y a de plus intéressant pour les hommes dans chaque partie de la terre, elle en caractériserait les principaux points dans leur mémoire d'une manière plus intéressante, plus durable et plus utile sous divers rapports, que la latitude et la longitude; elle détruirait les préjugés injurieux si communs, d'une province à l'autre, et de nation à nation; elle ferait naître en eux une foule de sentimens de bienveillance envers leurs semblables, par le sentiment du plaisir et de la reconnaissance.

Sans parler ici des relations morales qui survivent aux siècles contemporains, et s'étendent par toute la terre, la nature a établi dans tout le genre humain un si grand nombre de relations physiques, que je tiens qu'il n'y a point d'homme, soit civilisé, soit sauvage, qui n'ait à son usage habituel quelque production des pays étrangers. Les Lapons, les Sauvages de l'Amérique, les Nègres de l'Afrique, se servent de nos fusils, de nos harpons, de nos aiguilles, de nos toiles, de nos eaux-de-vie. L'homme le plus pauvre parmi nous prend du tabac, qui vient de l'Amérique. Le mouchoir bleu de sa femme est de coton et teint d'indigo, qui y croissent également. Quant à nos riches, ils ont épuisé le luxe de toute la terre.

Je commencerais donc par donner aux enfans une idée intéressante de leur patrie et de l'Europe, par les végétaux qu'ils aiment le plus; mes leçons seraient dans leurs déjeuners et leurs collations; je leur dirais : « Ces pommes viennent de
» la Normandie; ces châtaignes, du Lyonnais; ces
» noix, de la Picardie. Les arbres qui les produi-
» sent en France sont originaires de plusieurs îles
» de la Méditerranée; le noyer, du mont Ida, dans
» la Crète; le châtaignier, de la Corse. C'est aussi
» des îles de cette mer et surtout de celles de la
» Grèce, situées entre l'orient et le midi, que la
» vigne, l'olivier, le jujubier, l'amandier, le poi-
» rier, ont été transplantés dans nos climats; votre
» pain vient du froment, originaire de la Sicile.
» En vain la nature l'avait destiné aux hommes :
» il n'aurait été mangé que par les animaux, si
» une femme inspirée du ciel n'en avait découvert
» l'usage. Les anciens, plus reconnaissans que
» nous, l'ont adorée sous le nom de Cérès; ils
» l'ont mise presque de niveau avec les divinités
» du feu, de l'air, de l'eau et de la terre, parce
» que le blé est en quelque sorte pour l'homme un
» cinquième élément. Admirez la Providence,
» qui a posé le principal fondement de la vie hu-
» maine, si ambitieuse, sur des pailles sans cesse
» agitées par les vents. Ce sucre que vous aimez
» tant est fait avec le jus d'un roseau des îles An-
» tilles, vers les côtes de l'Amérique, entre le
» midi et le couchant, à quinze cents lieues de la
» France : il est cultivé par de malheureux nè-
» gres, réduits au plus cruel esclavage, unique-
» ment pour nous fabriquer du sucre. Le miel n'est
» guère moins agréable, et il est sans contredit
» plus salutaire. Il n'expose point les hommes à
» mille dangers pour aller chercher à travers les

» mers, et il n'a jamais coûté de larmes aux
» abeilles, qui le recueillent au sein des fleurs
» avec de doux murmures. Les hommes ne savent
» arracher les productions de la nature qu'avec le
» fer. C'est en privant leurs semblables de la li-
» berté qu'ils forcent la terre à leur donner le
» sucre ; et ils placent une douleur partout où la
» Providence a placé un bienfait. »

Ainsi, avec une simple dragée, je pourrais donner à la fois aux enfans des idées de géographie, et des sentimens de justice, de morale, de piété et de reconnaissance. Leur petit jardin deviendrait plus instructif pour eux que les écoles centrales et polytechniques ; la plus humble plante leur donnerait quelquefois les plus touchans ressouvenirs. En leur montrant la pervenche, je leur dirais : « Voici la fleur favorite de votre premier » bienfaiteur, » et je leur parlerais de Jean-Jacques, persécuté pendant sa vie et après sa mort. En suivant cette marche, telle petite ville leur deviendrait plus recommandable par un homme, un fruit, et une fleur, que celles qui sont les plus célèbres par leurs richesses ou leurs conquêtes. Ainsi ils se formeraient un jugement sain, et ils apprendraient à se faire des idées justes des choses et des hommes, par leurs rapports d'utilité avec le genre humain. Ils sentiraient qu'ils ont des obligations, non-seulement aux hommes de toute la terre, mais à ceux des siècles passés. Il faut donc faire naître leurs premiers sentimens d'humanité et de religion de leurs besoins et de leurs plaisirs. Ils connaîtront alors par leur expérience combien ils ont à la fois d'obligations à leurs semblables, et à Dieu, qui ne leur a donné une vie susceptible de tant de jouissances, que pour les faire participer aux productions de toute la terre, et lier les hommes les uns aux autres par une multitude d'arts qui exigent le concours mutuel de leurs lumières et de leurs travaux. Ainsi l'étude des plantes fera naître en eux l'amour de Dieu et celui des hommes qui sont les deux pôles de la morale.

Jean-Jacques disait que rien ne rendait les mœurs plus aimables que l'étude de la botanique. Je lui opposai l'exemple de deux botanistes célèbres qui avaient été à l'Ile de France, et s'y étaient fait beaucoup d'ennemis, et y avaient laissé la réputation de méchans ; je les lui nommai. Il me répondit : « Quand on étudie la botanique pour » soi, elle adoucit le caractère ; mais quand on l'é-
» tudie pour l'enseigner aux autres, on devient » pour l'ordinaire envieux, jaloux, intolérant : » c'est notre intérêt qui gâte tout. Les philosophes » crient beaucoup contre l'intolérance théologique, » mais elle n'est qu'une branche de l'intolérance ;
» ils en ont au moins autant que leurs ennemis. »

Jean-Jacques avait raison. Il en est de même de toutes les sciences dont l'ambition s'empare. Plus l'instruction dont elle se sert est parfaite, plus elle le rend dangereux. Voilà pourquoi les législations et les religions, qui devraient rapprocher les hommes autour de leur centre commun, qui est la Divinité, les ont si souvent divisés. Les législateurs et les enthousiastes n'ont guère songé qu'à se faire des empires. Ce n'est pas pour le bonheur des hommes que l'ambition veut les gouverner ou les éclairer, c'est pour s'en faire obéir.

L'ambition qu'on nous inspire dès l'enfance, sous le nom d'émulation, est si commune dans toutes les classes de notre société, que je n'ai pas été surpris de la trouver chez des botanistes ; mais je l'ai été beaucoup, je l'avoue, d'y rencontrer quelquefois l'athéisme ; cependant il n'y avait pas de quoi m'étonner. Des systèmes botaniques qui ne montrent dans les plantes que des parties dont ils n'expliquent point les usages doivent amener à la longue cette conclusion. Un paysan reconnaît un Dieu dans le blé qu'il engerbe dans sa grange, et dans le vin qu'il entonne dans sa cave ; mais un docteur, qui ne peut ranger dans les cartons de son herbier, suivant son système, une foule de végétaux d'une variété infinie, s'imagine que la nature n'a point de plan à elle, parce qu'elle s'écarte de celui qu'il a adopté. Il conclut de cette imperfection prétendue qu'il n'y a point d'autre intelligence que la sienne dans l'univers. D'un autre côté, le paysan, élevé avec une grande ignorance, n'y voit que son blé et sa vigne. Il croit que le soleil ne parcourt que son horizon, et il ne connaît d'autre Dieu que celui de sa paroisse. Le cultivateur ne voit que son village dans le monde, et que lui dans son village ; il est intolérant en religion, et dur en morale. Virgile, qui a si bien connu les travaux champêtres et ceux qui les exercent, donne plusieurs fois au laboureur l'épithète de dur et d'avare, *durus arator, avarus arator*.

Mais si on considère les harmonies des végétaux avec les élémens, les animaux et les hommes, elles manifestent la Divinité sur toute la terre. Elle préservent à la fois de l'athéisme et de la superstition, ces deux fruits de l'orgueil ; elles parlent à tous les peuples le même langage, dans tous les temps et dans tous les lieux. Les astres nous annoncent la Divinité, par la majesté et la constance de leurs mouvemens ; mais les plantes nous la démontrent par les grâces et la variété de leurs harmonies. Les cieux nous prouvent sa puissance infinie ; les végétaux de la terre, son intelligence et sa bonté : les harmonies célestes; mais, plus rapprochées de nous, elles nous offrent des spectacles enchanteurs. La nature en compose chaque jour de nouvelles pensées; chaque année, elle les projette sur tous les sites de la terre, par le ministère des vents et des eaux; et chaque instant, elle varie leurs combinaisons. Elle semble se jouer de ses bienfaits avec les hommes, comme une bonne mère qui jette au milieu de ses enfans des caractères alphabétiques, mêlés de raisins, d'amandes et de toutes sortes de fruits, pour leur apprendre à lire et à l'aimer. Hélas! avides des jeux barbares de la politique humaine, nous attendons soir et matin avec impatience des nouvelles de ses cruels hasards : ce sont des victoires sanglantes, des villes bombardées, des escadres incendiées, des négociations perfides, des famines affreuses, mais chaque nuit et chaque aurore nous apportent de nouveaux journaux de la sagesse et de la bonté de la Providence divine : ce sont des blés qui épient, des fruits qui nouent, des vignes qui fleurissent : elle nous invite sans cesse à nous élever vers elle, et à nous rapprocher les uns des autres.

Il doit résulter sans doute de l'étude des harmonies de la nature une religion et une morale plus solidement fondées que celles qui ne s'appuient que sur des livres. Après avoir donné aux enfans des preuves d'une Providence, à la vue d'un arbre chargé de fruits; des leçons de justice, en les obligeant de s'abstenir de ceux qui croissent aux vergers d'autrui; et de tempérance, dans l'usage de ceux qui leur appartiennent, on leur en donnerait de générosité et de reconnaissance, en les accoutumant de bonne heure à les partager avec leurs amis. Nous en verrons les effets aux harmonies fraternelles.

C'est de la reconnaissance que sont nées d'abord les relations sociales des animaux avec l'homme. Ce n'est pas la violence et la ruse qui les ont rendus domestiques, ce sont les bienfaits. Obligé lui-même par la Divinité, qui voulait l'élever vers elle par degrés, de recueillir ceux qu'elle avait répandus sur la terre, et par conséquent de la cultiver, il présenta dans l'origine aux animaux la paille de ses gerbes, les criblures de ses grains et les débris de sa table. A ces légères marques de bienveillance, le taureau indompté, le cheval belliqueux et le chien irascible, se rangèrent sous ses lois, comme serviteurs et amis. Les plus faibles vinrent se mettre sous sa protection; le pigeon amoureux se percha sur son toit, et la poule pondante, sur son fumier : tous reconnurent sa puissance à sa bonté. Ils se soumirent à lui, non comme à un conquérant, mais comme à un bienfaiteur. C'est une question de savoir si les bêtes n'ont pas quelque idée de la Divinité : pour nous, nous croyons qu'elles en sont incapables; mais il est certain qu'elles sentent la supériorité de l'homme. Les carnivores le fuient, les domestiques l'invoquent dans leurs besoins par des bêlemens et des cris. Celles-ci n'éprouvent le sentiment de son pouvoir que par les bienfaits de la végétation qu'il leur distribue. Comment donc l'homme, qui est sur la terre au centre des dons de la nature, ne sentirait-il rien pour la puissance qui lui a tout donné! Comment n'éprouverait-il pas quelques mouvemens de reconnaissance à l'aspect d'un arbre fruitier proportionné à sa taille, et dont les fruits sont harmoniés avec sa vue, sa main, son odorat, son goût et son tempérament! Sans doute il sent que tant de rapports sont l'ouvrage d'une intelligence bienfaisante. Si les animaux, pressés par leurs besoins, élèvent leur voix vers lui pour le prier d'y satisfaire, il élève à son tour la sienne vers le ciel pour le remercier de l'avoir rendu le dispensateur de ses bienfaits. L'homme est un dieu pour les animaux domestiques; mais il n'est lui-même qu'un animal très-indigent par rapport à Dieu. Qu'un enfant sache donc prier dès qu'il sait manger seul. Il ne verra long-temps dans les puissances élémentaires que des causes insensibles et quelquefois nuisibles. La terre blesse ses pieds; il court risque de se noyer dans l'eau; l'air et les vents l'offensent; le soleil lui-même, avec tout son éclat, l'éblouit ou le brûle : mais la puissance végétale le met à l'abri des injures des élémens; elle ne lui présente que des bienfaits. Un arbre l'intéresse en toute saison :

.......................... Libéral, il nous donne
Ou des fleurs au printemps ou des fruits en automne;
L'ombre, l'été; l'hiver, les plaisirs du foyer.
LA FONTAINE, fable de l'Homme et du Serpent.

O mères! apprenez donc à vos enfans à prier dès qu'ils savent cueillir un fruit : leur reconnaissance envers Dieu assurera leur reconnaissance envers vous. Accoutumez-les, au lever et au coucher du soleil, à élever leurs mains et leur cœur vers le ciel. Qu'ils prient en ouvrant et en fermant leurs yeux à la lumière; qu'ils se fassent une douce habitude de mettre leur confiance en Dieu, et de s'abandonner à lui dans toutes les actions de leur vie.

Lorsqu'un enfant apprend à nager dans une rivière, la crainte de se noyer et la seule froidure de l'eau l'empêchent de se livrer au courant. Il faut qu'un flot le soulève, pour qu'il se serve de ses bras et qu'il sente que son corps est naturellement en équilibre avec l'eau. Dans cet océan de la vie que nous devons traverser, ce ne sont point des accidens qui d'abord nous font perdre terre, ce sont les bienfaits du ciel. Laissons-nous-y donc aller : servons-nous des forces de notre ame, qui est en harmonie avec la Divinité, pour nous élever vers elle; il ne faut que nous y abandonner. Si nous nous méfions de Dieu, nous ne pourrons supporter la vie; mais si nous nous fions à lui, la vie elle-même nous portera.

Joie de mes vieux jours! sensible enfant! chère Virginie! c'est pour toi principalement que j'ai écrit ces dernières lignes! Si un jour tu peux les lire, n'oublie pas les premières leçons de ton père; répète-les à ton frère Paul quand il sera en âge de les entendre. Pour toi, tire ta plus aimable parure des fleurs, tes plus salutaires alimens des fruits, tes plus doux travaux des plantes. Je ne veux point faire de toi une botaniste. Ne parcours point comme savante le temple immense de la nature; mais reste sous son vestibule, comme une vierge ignorante et timide, avec tes besoins et ton cœur. Qu'un fraisier soit ton premier autel, et des arbres fruitiers tes chapelles. Ils feront circuler un sang pur dans tes veines, des images riantes dans ton esprit, et des passions célestes dans ton ame. Jamais tu ne seras seule, même dans les déserts; partout tu trouveras un Dieu protecteur. Chaque herbe t'inspirera un sentiment, et chaque fruit une action de grâces.

C'est par des mœurs semblables que les femmes les plus respectables de l'antiquité conservèrent la foi conjugale, et entretinrent l'abondance dans leur maison. Ne t'associe pour époux qu'un amant qui ait des goûts pareils aux tiens. C'est dans la seule classe de ceux qui aiment la nature, que tu trouveras ceux qui aiment la vertu : des Lysis, des Épaminondas, des Cincinnatus, des Fabricius, des Scipions, et ce qui te sera préférable, des citoyens sans célébrité, mais sans envieux; des pères de famille obscurs, mais heureux; des hommes inconnus aux hommes, mais agréables à la Divinité. Pour moi, si, déjà dans l'hiver de ma vie, je ne suis pas destiné à te voir dans l'été de la tienne; si ta bonne mère est seule chargée de t'y introduire, après avoir pris seule soin de ton printemps, tu acquitteras à la fois les dettes de l'amour conjugal et de l'amour filial, si un jour ta main reconnaissante sème quelques violettes sur mon humble terre.

# LIVRE DEUXIÈME.

## HARMONIES AÉRIENNES.

Vous qui portez sur vos ailes les premiers mobiles du mouvement et de la vie, doux Zéphyrs, bruyans Autans, soit que vous étendiez dans les cieux les voiles légers de l'Aurore, ou les noires tempêtes du couchant; soit que vous ridiez la surface des eaux, ou que vous les creusiez en vallées profondes; soit que vous transportiez d'une extrémité de la terre à l'autre les fleuves qui doivent la féconder, ou que vous détachiez des pôles les montagnes de glace qui renouvellent les mers : amans légers des prairies, tyrans des forêts gémissantes, voix errantes des rochers, vous animez tout ce qui est insensible. Combien de fois vos bruits lointains, vos mystérieux échos m'ont plongé dans d'ineffables rêveries! Répandez seulement dans mes écrits les simples harmonies de vos sons : je n'aurai pas besoin de recherches profondes ni de brillantes images pour charmer mes jeunes lecteurs; il suffira de vos murmures.

### HARMONIES AÉRIENNES
### DU SOLEIL ET DE LA LUNE.

Notre pôle est le berceau des harmonies du globe, et le pôle austral, qui lui est opposé, en est le tombeau; c'est dans son hémisphère que viennent expirer, à diverses latitudes, tous les continens, au milieu d'un océan sans rivages : il n'y apparaît de loin en loin que quelques amas de sable stérile, ou quelques îles désolées, semblables à des écueils. Si, au sein de ces longs hivers, il brille de quelque lumière, ses feux ne sont ni dorés, ni pourprés, comme ceux qui annoncent, au pôle boréal, l'aurore de la vie, mais pâles et bleuâtres comme ceux qui suivent le couchant et annoncent l'empire de la mort; ils le rendent semblable à une lampe funèbre qui luit au milieu des tombeaux.

Cependant le soleil les met tour à tour en activité, en les échauffant alternativement pendant six mois. Il en est de notre vie comme de notre globe : notre enfance est son premier pôle, et notre vieillesse en est le dernier; c'est sur eux que roulent toutes les harmonies de notre vie. Les premières sont développées par la chaleur et la surveillance maternelle; par qui seront renouvelées les dernières? Ah! sans doute, rien n'est impossible à la main qui divise et rapproche les élémens, et qui compose tous ses ouvrages des harmonies de la vie et de la mort!

## DU SOLEIL ET DE LA LUNE.

Bornons-nous ici à celles de notre horizon. Déja le soleil commence à répandre quelques couleurs dans l'atmosphère; le froid est moins rude; les ruisseaux reprennent leur cours; la terre, à demi couverte de neige, laisse apercevoir quelques lisières de verdure; les jeunes scions des arbres deviennent purpurins; les oiseaux aquatiques qui vivent sur les limites de l'hiver, se rapprochent du nord. Le soleil est encore peu élevé à midi, mais un vent du sud-ouest nous apporte quelque bienfait de sa chaleur du sein des mers de l'Amérique méridionale, et souffle fréquemment dans cette saison.

Ces compensations viennent sans doute d'une main maternelle. C'est l'air qui nous voiture cette chaleur précoce; seul des élémens, il enveloppe tout le globe; la lumière n'en couvre guère à la fois que la moitié, l'Océan que les deux tiers, la terre qu'un tiers; mais l'air l'environne tout entier. Toutes ses parties se communiquent immédiatement; il est le médiateur de tous les autres élémens, et de la lumière même. S'il n'y avait point d'air, les rayons du soleil seraient sans chaleur, les rivières et même les mers sans sources, les terres sans pluies, par conséquent sans végétaux, sans animaux et sans hommes.

Nous pouvons concevoir l'atmosphère comme un grand verre convexe au dehors et concave au dedans, qui entoure notre globe à plusieurs lieues de distance. Au moyen de cette disposition, elle rassemble les rayons du soleil qui s'écartent de notre terre, elle les réfracte et les réunit à sa surface. La partie inférieure de cette atmosphère est toujours chaude dans la zone torride; elle l'est aussi en été dans chacune des deux zones tempérées qui avoisinent celle-ci, et, dans cette même saison, dans la plus grande étendue des deux zones glaciales; mais sa partie supérieure est toujours froide, même dans la zone torride, comme on le voit par les sommets de ses montagnes, qui en tous temps sont couverts de neige, environ à une lieue perpendiculaire de hauteur.

L'air échappe à notre vue par sa transparence, et à notre toucher par sa ténuité. Il ne peut être saisi ni par notre odorat, ni par notre goût, ni même par notre ouïe, à moins qu'il ne soit agité. Il est bon de faire observer aux enfans, et même aux hommes, que les puissances de la nature n'en existent pas moins, quoiqu'elles échappent à la plupart de nos sens. Comme la vue est le premier sens de l'ame, et l'avant-coureur, pour ainsi dire, des autres, c'est à elle que nous rapportons d'abord les premiers degrés de notre certitude, parce que c'est par elle que nous nous formons une image des objets. C'est le sens par excellence de notre raison, parce qu'il nous présente à la fois plusieurs harmonies de l'existence, comme la couleur, la forme et le mouvement; c'est lui qui en est le principal juge, les autres sens n'en sont que les témoins. Il n'en faut pas conclure cependant que ce que nous ne voyons pas n'existe pas : cette manière de juger du vulgaire est quelquefois celle des philosophes. L'homme de France qui, à mon avis, a eu le plus d'esprit, Voltaire, dans ses *Questions sur l'Encyclopédie*, a nié l'existence de l'air, parce que, dit-il, il ne le voyait pas. Il lui substitue des vapeurs aqueuses qu'il voit, et auxquelles il attribue les mêmes propriétés.

Ce système est déja bien ancien : c'était celui de Thalès, qui prétendait que tout était engendré par l'eau. Il n'admettait que cet élément sur le globe; la terre n'en était qu'un sédiment, et l'air une évaporation. Il n'y a pas de doute qu'il n'y ait beaucoup d'air renfermé dans l'eau, comme il y a beaucoup d'eau en évaporation dans l'air. Mais, entre autres preuves que je pourrais apporter de la différence essentielle de ces deux élémens, c'est que l'eau dissout la plupart des corps solides, tandis que l'air, non-seulement les consolide en les desséchant, mais donne de la solidité aux fluides. Ainsi, par exemple, lorsqu'on ouvre les membranes occipitales du cachalot, l'huile qui est renfermée dans leurs cellules se fige et se cristallise aussitôt : il en est de même de la liqueur que renferme un certain zoophyte fort commun sur les récifs de l'île de France. Lorsqu'on tire de l'eau cet animal, il lance une liqueur blanche qui se change dans l'instant en un paquet de fils très-déliés. La matière fluide du ver à soie, de l'araignée et de plusieurs espèces de chenilles, acquiert tout à coup de la solidité en sortant de leur corps, et se change en soie par le simple contact de l'air. Ces effets n'auraient pas lieu, si l'air n'était qu'une eau évaporée : il ajouterait à la fluidité de ces matières.

Mais nous portons en nous-mêmes des preuves évidentes que l'air diffère essentiellement de l'eau : ce sont nos organes, que nous pourrions appeler aériens, tels que ceux de l'ouïe, de l'odorat et de la respiration. Il est remarquable qu'il n'y a que les animaux qui vivent à l'air, qui aient des oreilles pour recevoir les vibrations du son, qui n'appartiennent qu'à l'air. L'organisation de l'ouïe ne se trouve point dans les poissons, si ce n'est dans les amphibies : cependant ils sont émus par le bruit, mais d'une manière différente. Au reste le sens de l'ouïe, comme nous le verrons, est un sens moral qui appartient aux harmonies fraternelles : quant à celui de l'odorat, il est commun à tous les animaux, et est de plus en eux le précurseur du goût. L'organe de la respiration, auquel on n'a point encore donné de nom, et que l'on ne compte pas même parmi les sens, quoiqu'il soit le plus nécessaire de tous, est lié immédiatement avec lui dans les animaux. Nous avons reçu, pour le respirer, un viscère appelé poumon, qui est en harmonie avec l'air, et non avec l'eau, qui empêche totalement ses fonctions. C'est par cette raison que la nature a donné aux poissons des ouïes d'une construction admirable, pour séparer l'air de l'eau ; ce qu'elle n'eût pas fait, si ces deux élemens des anciens n'en avaient formé qu'un.

Il est très-essentiel d'accoutumer les hommes à penser qu'il y a, dans la nature, des causes et des effets qui échappent à leur vue, et même à tous leurs sens. L'attraction, cette tendance des corps vers leur centre, et l'électricité, cette divergence du feu vers la circonférence, agissent sans cesse sur nous, sans se rendre sensibles que dans des circonstances particulières. Nous pouvons dire même que nous ne connaissons l'essence d'aucun principe ; nous n'en saisissons que les harmonies ; encore n'est-ce qu'au moyen des organes qui sont en rapport avec elles, et que la nature nous donne. Restons donc dans les ornières qu'elle nous a tracées, ou craignons de perdre notre chemin : nous ne saurions saisir avec nos sens les causes premières. Dieu lui-même, qui est la cause de toutes les causes, échappe à tous nos organes ; mais il a mis en harmonie avec lui notre ame, qui échappe aussi à tous nos sens, quoiqu'elle en soit le premier mobile.

Examinons maintenant les principales harmonies que l'air a avec le soleil. L'air est à la fois élastique et compressible. Nous observerons que cette dernière qualité le distingue encore de l'eau qu'on ne peut réduire à un volume moindre que celui qu'elle a dans son état naturel. Quant à l'élasticité de l'air, la chaleur le développe au point de lui faire occuper un espace quatre mille fois plus grand que celui qu'il a dans l'atmosphère. C'est au ressort de l'air, détendu par le feu, qu'est due l'explosion de la poudre à canon. Si l'on met une bouteille pleine d'air et bien bouchée près du feu, l'air échauffé, en se dilatant, fait crever la bouteille.

Je ne doute pas que les physiciens n'aient inventé des machines anti-pneumatiques pour opérer la plus grande compression possible de l'air, et qu'ils n'y aient employé même l'action du froid. J'ignore jusqu'à quel degré ils l'ont portée ; mais voici une observation qui prouve combien les agens de la nature sont supérieurs à nos instrumens, et ses lois à nos systèmes ; c'est que le feu du soleil, auquel nous attachons avec raison la dilatation de l'air dans l'atmosphère, le comprime au point de le réduire à l'état de solidité dans les végétaux. Quelques-uns, comme nous l'avons déjà dit, tels que le chêne et les pois, en contiennent le tiers de leur pesanteur : les expériences en ont été faites par les plus habiles chimistes, et sont rapportées dans l'*Encyclopédie*. Ce qu'il y a de plus étonnant, c'est que cet air n'y paraît point comprimé, puisqu'il n'y a pas de tube de fer qui pût en renfermer seulement la vingtième partie de son poids sans éclater. L'air est donc engagé dans les végétaux sous une modification qui nous est inconnue. Peut-être y est-il réduit à ses premiers principes, ainsi que le feu lui-même qui y est renfermé, et qui se dégage par la combustion. Cette pensée, qui est celle des chimistes modernes, me semble d'accord avec l'expérience.

Après avoir parlé de la dilatation et de la compression de l'air, disons un mot des vents, qui en sont le résultat. L'air, raréfié par la chaleur du soleil dans une partie de l'atmosphère, perd son équilibre avec l'air environnant qui vient le remplacer ; il résulte de ce mouvement un courant, auquel on a donné le nom de vent. On en distingue quatre principaux, qui empruntent leurs noms, comme leurs directions, du cours du soleil, leur premier mobile : ce sont les vents d'orient, du midi, d'occident et du septentrion. On substitue ordinairement à ces noms ceux d'est, de sud, d'ouest et de nord, peut-être parce qu'ils sont plus abrégés, ou qu'ils viennent originairement de la langue celtique, que parlaient les premiers marins du nord de l'Europe. Ce qu'il y a de certain, c'est que ceux d'aujourd'hui n'en emploient pas d'autres dans les relations de leurs voyages, qu'il est très-intéressant de connaître. Mais, comme la première difficulté, et peut-être la plus grande qui se présente dans toute espèce de science, est de n'en pas savoir les termes techniques, c'est-à-dire qui lui sont particuliers, parce qu'ils ne présentent aucun sens à celui qui les ignore, je rapporterai ici une ancienne étymologie, moitié latine, moitié française, des noms d'est, de sud et d'ouest. Est vient du mot latin *est*, il est, le voilà ; c'est là le lever du soleil ou l'orient. Sud dérive de *sudor*, sueur, à cause de la chaleur du soleil à midi. Ouest, pour *ubi est*, où est-il ; c'est le côté où le soleil disparaît et se couche, c'est l'occident. J'ignore l'étymologie du mot nord, qui vient peut-être de la particule négative *non*, parce qu'on ne voit jamais le soleil dans cette partie du ciel. Quoi qu'il en soit, ces mots peuvent se fixer dans la mémoire des hommes, en leur présentant quelques images sensibles.

Il y a une chose bien remarquable, c'est que chacun de ces quatre vents a des qualités différentes, qui sont diamétralement opposées. Le vent d'est ou d'orient est sec, parce qu'il passe sur une grande étendue de terre avant de venir à nous; et le vent d'ouest ou d'occident est humide, parce qu'il souffle sur une grande étendue de mer, dont il nous apporte les vapeurs. Le vent du sud ou du midi est chaud, parce qu'il traverse la zone torride, que le soleil échauffe perpétuellement; et le vent du nord ou du septentrion est froid, parce qu'il part du pôle nord, couvert d'un grand océan de glaces. De ces quatre vents se composent toutes les températures du globe, que le soleil, par son cours, varie à chaque heure du jour, et chaque jour de l'année.

Les qualités de ces vents n'existent que dans notre hémisphère septentrional, car elles sont directement opposées dans l'hémisphère méridional; cependant leurs mêmes harmonies subsistent toujours. Là le vent du nord est chaud, et le vent du sud est froid; celui de l'est est humide, et celui de l'ouest est sec. Nous pouvons prendre pour exemple l'Amérique méridionale. Le vent du sud y est froid, parce qu'il y vient directement du pôle sud, encore plus couvert de glaces que le pôle nord, et le vent du nord y est chaud, parce qu'avant d'y arriver il passe à travers la zone torride; l'est y est humide, parce qu'en soufflant sur la mer Atlantique, il se charge de vapeurs qui couvrent de neiges les sommets des Cordillières, et y entretiennent les sources des plus grands fleuves du monde, tels que l'Orénoque et l'Amazone : enfin l'ouest y est sec parce que cette même chaîne des Cordillières, d'une hauteur prodigieuse, étant projetée le long de la mer du Sud, en arrête tous les nuages.

Il y a ceci de très-digne d'observation, c'est qu'il n'y a pas un seul lieu sur le globe où ces qualités contraires de chaud et de froid, d'humide et de sec, ne se rencontrent dans les vents qui y soufflent. Dans les contrées situées au centre des continens, il y a des méditerranées ou des lacs qui leur donnent de l'humidité; dans les îles placées au sein des mers, il y a pour l'ordinaire des chaînes de montagnes qui en arrêtent les vapeurs, et procurent de la sécheresse à une portion de leur territoire, durant une partie de l'année; dans la zone glaciale, il y a des vallons, ou des plages sablonneuses, qui lancent des rayons de chaleur; enfin, la zone torride, éloignée des pôles, a quantité de montagnes à glace qui rafraîchissent son atmosphère. Il y a de plus dans l'atmosphère deux couches d'air, l'une inférieure, pour l'ordinaire chaude ou tempérée; l'autre, supérieure, qui est toujours glaciale, et que les orages font descendre de temps en temps dans la couche inférieure. Il résulte de toutes ces dispositions, que les harmonies du chaud et du froid, du sec et de l'humide, existent dans chaque partie du globe dans des saisons différentes, et dans toute sa sphéricité à la fois sous une infinité de modifications.

Nous entrevoyons déjà que les vents, qui nous semblent si inconstans, ne soufflent pas au hasard, et que les chaînes des montagnes et les bassins des mers, qui nous paraissent si irréguliers, sont disposés suivant des plans très-sages : nous en parlerons aux harmonies morales. C'est là aussi que nous traiterons de plusieurs qualités de l'air, entre autres de sa sonorité, qui est en rapport avec l'harmonie fraternelle. C'est pour cette harmonie que les vents ont des murmures; les ruisseaux, des gazouillemens; les montagnes, des échos; les forêts, des bruissemens; les animaux, des voix et des oreilles; les hommes, des paroles qui expriment les affections de l'âme par toutes les modulations de l'air.

## HARMONIES AÉRIENNES

### DE L'EAU.

Non-seulement l'air est susceptible de chaleur et de froid, de dilatation et de condensation, mais il est spongieux : il pompe l'eau. S'il passe sur un linge mouillé, il le sèche, parce qu'il se charge des particules d'eau qui le rendent humide. Ces particules d'eau, évaporées dans l'air, y sont invisibles tant qu'il est dilaté par la chaleur; mais s'il vient à être condensé par le froid, alors elles se manifestent en brouillard, en nuages, en gouttes de pluie, en grêle, en neige. L'éponge de l'air, comprimée par le froid, rend l'eau qu'elle a bue. J'ai éprouvé souvent cet effet, en hiver, dans les poêles de Russie. Lorsque je venais à en ouvrir la porte, les vapeurs qui provenaient de la transpiration de ceux qui y étaient, frappées tout à coup par le froid de l'air extérieur, se changeaient en neige sur mon chapeau et mon habit. Dans nos climats, nous voyons quelque chose de semblable sur les vitres de nos chambres; car les vapeurs qui y sont renfermées s'y rassemblent en gouttes d'eau par la fraîcheur extérieure de l'air. La nature produit les mêmes effets en grand dans la couche supérieure de l'atmosphère qui est toujours glaciale. L'air, par sa qualité spongieuse, aspire sans cesse en vapeurs les eaux de l'Océan, et il les expire en pluies et en neiges aux sommets des hautes montagnes, pour entretenir les lacs et les fleuves, qui tous y ont leurs sources. L'atmosphère est en quelque sorte un grand poumon mis en action par le soleil, et qui a des analogies avec le nôtre, mu par notre cœur.

Je vais observer ici que les propriétés des élémens manquent de termes pour être entendues, tant elles ont été peu étudiées. Pourquoi ne dit-on pas la spongiabilité de l'air, pour rendre la faculté qu'il a de s'imbiber d'eau et de l'exprimer, comme on dit, son élasticité et sa condensation? Pour moi, je préviens mes lecteurs que j'emploierai tous les termes qui me conviendront pour rendre mes idées. Je me sers donc de ceux d'aspirer et d'expirer, faute de mieux, pour représenter les effets de la spongiabilité de l'air par rapport à l'eau. Celui d'attirer ne lui convient pas, car il ne s'agit point ici d'attraction, et celui de pomper présente un résultat encore tout différent.

Si l'air aspire et expire l'eau, l'eau à son tour aspire et expire l'air : elle en est tout imprégnée. Vous le voyez sortir par de petites bulles du fond d'un vase qui est sur le feu ou sous la pompe pneumatique. L'air pénètre jusqu'au fond des mers; il y est respiré par les poissons, qui le dégagent de l'eau au moyen de leurs ouïes.

Mais voici une observation bien remarquable qui prouve l'existence des lois harmoniques de la nature, et la nécessité de faire marcher ensemble l'étude de ses puissances. L'air aspire l'eau par l'action de la chaleur; l'eau, au contraire, aspire l'air par celle du froid; car c'est en se gelant qu'elle se remplit d'air, qu'elle occupe un plus grand volume, et qu'elle surnage d'un dixième environ de son épaisseur. D'un autre côté, l'air expire l'eau par l'action du froid, comme nous en voyons la preuve par les vapeurs d'une chambre qui s'attachent à ses vitres en hiver; et l'eau expire l'air par l'action de la chaleur, ainsi qu'on peut le voir dans un vase d'eau posé sur le feu. Ainsi, si l'air nous donne de l'eau et nous l'enlève, l'eau, de son côté, en fait autant par rapport à l'air. On peut tirer de leurs qualités élémentaires en opposition d'utiles résultats pour connaître l'harmonie du globe; car il s'ensuit qu'il y a deux atmosphères en congélation renfermées dans les deux océans glacés qui couvrent les pôles de la terre, et que les glaces qui en descendent dans leurs étés renouvellent à la fois les mers et l'atmosphère de la zone torride. Ce sont des châteaux d'eau et en même temps des éponges d'air. Il s'ensuit de plus qu'il y a un océan toujours en évaporation dans l'atmosphère de la zone torride, et que les nuages que les vents voiturent vers les pôles sont des éponges d'eau qui en renouvellent les neiges et les glaces.

L'air a encore des rapports avec l'eau par l'attraction de la terre, c'est-à-dire par sa pesanteur, car la terre l'attire comme tous les corps. Il résulte de sa pesanteur des effets très-intéressans pour l'étude de la nature et le mouvement de nos machines. Homberg, célèbre chimiste, a trouvé que l'air contenu dans un ballon de treize pouces de diamètre pesait une once. L'expérience était facile, car, en pompant l'air de ce ballon, le ballon pesait une once de moins. Voici les effets qui résultent de la pesanteur de l'air sur l'eau. Si vous aspirez avec un chalumeau l'eau d'un vase, elle monte aussitôt dans le chalumeau, parce que l'atmosphère pèse sur l'eau de ce vase, et la force à monter dans le vide que vous avez formé. Le jeu de nos pompes aspirantes est fondé sur la même loi. Vous formez un vide dans le corps de la pompe en tirant son piston, et l'eau y monte, parce que le poids de l'atmosphère qui la presse au dehors la force de remplir ce vide. L'eau ne peut s'y élever qu'à trente-deux pieds, ce qui a fait conclure avec raison qu'une colonne d'eau de cette hauteur pesait autant qu'une colonne d'air de la même base et de toute la hauteur de l'atmosphère, puisqu'elles se tiennent en équilibre. C'est par la pesanteur de l'atmosphère qu'un enfant tette sa mère, car il fait un vide dans sa bouche en aspirant l'air lorsqu'il suce le mamelon : alors la mamelle, pressée par l'atmosphère, fait couler son lait pour remplir ce vide. Ainsi la nature donne à l'enfant le sentiment d'une loi dont les anciens philosophes n'ont tiré aucune conséquence. Aristote connaissait la pesanteur de l'air, cependant il soutenait que l'eau ne s'élevait dans un tuyau sans air que parce que la nature avait horreur du vide.

Nous ne nous arrêterons ici qu'à tirer quelques conséquences de la pesanteur de l'air, sans rapporter l'expérience si connue de Duperrier. Il s'ensuit de cette loi que la direction du vent se fait obliquement, de haut en bas par sa pesanteur, et de bas en haut par son élasticité. S'il soufflait horizontalement, comme la plupart des physiciens le supposent, les mers ne seraient pas sillonnées de flots, ni la terre nettoyée des vapeurs qu'il élève et soutient dans l'espace; il agirait toujours de niveau et parallèlement à la surface des eaux. Le vent donc souffle de haut en bas, et on en voit l'effet sur les navires, dont les voiles font le ventre dans leur partie inférieure, et dont les mâts de perroquet se courbent dans leur partie supérieure. D'un autre côté, la réflexion de l'air contre la terre élève les nuages, qui ne sont jamais à une plus grande élévation que quand il fait beaucoup de vent. C'est probablement l'impulsion du vent vers la terre, et sa répulsion vers le ciel, qui les élèvent, les pelotonnent et leur donnent ces belles courbes que nous leur voyons; car ils devraient flotter dans l'air en surfaces planes et indécises, comme des brouillards; ce qui leur arrive en effet dans le calme. La direction du vent paraît composée de son mouvement horizontal de progression et de son mouvement perpendiculaire de pesanteur; et en y joignant sa réflexion élastique vers le ciel, elle doit former une parabole renversée. C'est en effet la forme que j'ai cru voir au creux des vagues dans les tempêtes.

Je me suis souvent arrêté avec plaisir sur les bords d'une pièce d'eau, à voir les zéphyrs en rider la surface. Mais rien, à cet égard, n'offre un spectacle aussi varié et aussi intéressant que la mer. Vous y voyez toutes les modulations du vent; et ces deux élémens, quoique transparens, produisent par leur contact des harmonies très-visibles. J'ai fait à ce sujet, dans mes différens voyages maritimes, où j'étais fort oisif, quelques observations que je ne crois pas indignes de l'attention de mes lecteurs. Lorsque, par un air bien calme, la surface de la mer, unie comme un miroir, est semblable à l'huile, comme disent les marins, j'ai observé qu'il y avait toujours une houle ou mouvement onduleux, qui provient ou de l'agitation précédente de ses flots, ou plutôt de ses courans. En effet, cette houle est toujours la même après plusieurs jours de calme. Lorsqu'un vent léger commence à se faire sentir, vous voyez alors des rides sillonner la mer dans un des bords de l'horizon, et en parcourir çà et là toute la surface en très-peu de momens. J'en ai conclu que la vitesse du vent ne dépendait point de sa force, et qu'elle était beaucoup plus considérable que les physiciens ne la supposaient ordinairement. Il m'a paru, par les traces que ces vents passagers imprimaient sur la mer, qu'ils en traversaient un horizon nautique, c'est-à-dire quatre à cinq lieues, en moins d'une minute. Lorsque ces vents ont de la tenue, et que leur force augmente par un courant d'air plus considérable, alors les rides qu'ils tracent çà et là sur la mer se succèdent immédiatement et se changent en sillons réguliers semblables à ceux d'une terre labourée; tels sont en général les flots formés par les vents alizés sur les mers de la zone torride. Le vent vient-il à augmenter, les vagues deviennent plus espacées, plus creuses, et leurs sommets moins épais que leurs bases étant poussés plus vite en avant, se roulent eux-mêmes et se précipitent en écume. Les marins disent alors que la mer moutonne, parce que ces écumes blanches, éparses sur les flots, ressemblent de loin à des moutons qui paissent sur cette grande plaine azurée; ce phénomène désigne un temps frais. Le temps vient-il à se renforcer, plusieurs de ces lames se joignent, leurs intervalles sont plus grands et leurs cavités plus profondes. Elles se brisent sur le rivage en formant de grandes volutes écumeuses, dont le dos mêlé d'air est couleur d'émeraude; c'est le gros temps. Je me suis amusé à Dieppe à voir leurs effets, et à entendre leurs bruits rauques sur les galets du pied de la plaine, au sein d'une petite grotte qui en retentissait comme le tympan d'une oreille. Lorsque le ciel est couvert de nuages bas et redoublés par un vent humide de nord-ouest, qui pèse sur la mer, alors les vagues creusées et mugissantes heurtent la poupe des vaisseaux à la cape, s'y brisent en gerbes d'écumes qui s'élèvent jusqu'à leurs huniers et passent jusque sur leur arrière : c'est une tempête. Telle est, entre autres, celle que j'éprouvai sur le cap Finistère, en allant à l'île de France. Un coup de mer passa sur la proue du vaisseau, enfonça son pont, et, le traversant en diagonale, emporta sa yole et trois matelots. Cependant tous ces effets du vent et de la mer, calculés par les physiciens qui ne donnent que sept à huit pieds à la hauteur des vagues, et que dix à douze lieues par heure à la rapidité du vent, mais très-bien rendus par notre peintre Vernet, ne sont pas comparables aux ouragans de ces belles mers des Indes. Plus elles sont étendues, plus leurs vagues sont élevées; et plus elles ont été tranquilles, plus leurs révolutions sont terribles. Elles sont les images des sociétés humaines, où chaque individu est comme une goutte d'eau qui tend à se mettre de niveau. Quand nous eûmes doublé le cap de Bonne-Espérance, et que nous vîmes l'entrée du canal de Mozambique, le 23 de juin, vers le solstice d'été, nous fûmes assaillis par un vent épouvantable du sud. Le ciel était serein; on n'y voyait que quelques petits nuages cuivrés, semblables à des vapeurs rousses, qui le traversaient avec plus de vitesse que celle des oiseaux. Mais la mer était sillonnée par cinq ou six vagues longues et élevées, semblables à des chaînes de collines espacées entre elles par de larges et profondes vallées. Chacune de ces collines aquatiques était à deux ou trois étages. Le vent détachait de leurs sommets anguleux une espèce de crinière d'écume où se peignaient çà et là les couleurs de l'arc-en-ciel. Il en emportait aussi des tourbillons d'une poussière blanche, qui se répandait au loin dans leurs vallons, comme celle qu'il élève sur les grands chemins en été. Ce qu'il y avait de plus redoutable, c'est que quelques sommets de ces collines, poussés en avant de leurs bases par la violence du vent, se déferlaient en énormes voûtes, qui se roulaient sur elles-mêmes en mugissant et en écumant, et eussent englouti le plus grand vaisseau, s'il se fût trouvé sous leurs ruines. L'état de notre vaisseau concourait avec celui de la mer à rendre notre situation affreuse. Notre grand mât avait été brisé la nuit par la foudre, et le mât de misaine, notre unique voile, avait été emporté le matin par le vent. Le vaisseau, incapable de gouverner, voguait en travers, jouet du vent et des lames. J'étais sur le gaillard d'arrière, me tenant accroché aux haubans du mât d'artimon, tâchant de me familiariser avec ce terrible spectacle. Quand une de ces montagnes approchait de nous, j'en voyais le sommet à la hauteur de nos huniers, c'est-à-dire à plus de cinquante pieds au-dessus de ma tête. Mais la base de cette effroyable digue venant à passer sous notre vaisseau, elle le faisait tellement pencher, que ses grandes vergues trempaient à moitié dans la mer qui mouillait le pied de ses mâts, de sorte qu'il était au moment de chavirer. Quand il se trouvait sur sa crête, il se redressait et se renversait tout à coup en sens contraire sur sa pente opposée avec non moins de danger, tandis qu'elle s'écoulait de dessous lui avec la rapidité d'une écluse en large nappe d'écume. Nous restâmes ainsi entre la vie et la mort depuis le lever du soleil jusqu'à trois heures après midi.

Il était alors impossible de recevoir quelque consolation d'un ami ou de lui en donner. Le vent était si violent, qu'on ne pouvait entendre les paroles même qu'on se disait à l'oreille en criant à tue-tête. L'air emportait la voix, et ne permettait d'ouïr que le sifflement aigu des vergues et des cordages, et les bruits rauques des flots, semblables aux hurlemens des bêtes féroces.

Quoique je craigne beaucoup la mer, Dieu, en qui j'avais mis toute ma confiance, m'inspira du courage; car le matin je fus le premier à marcher pour carguer la voile de misaine, que le vent déchirait par lambeaux, non que je m'y crusse fort utile, mais pour donner l'exemple aux matelots effrayés, qui refusaient d'obéir aux ordres du capitaine. Ces pauvres gens étaient non-seulement épouvantés à la vue de la proue que les lames couvraient sans cesse, mais aussi par le souvenir de leurs camarades, qu'un coup de mer avait enlevés à ce même poste, dans une tempête bien moins violente. Le seul sentiment qui me rassurait dans un danger auquel personne ne croyait échapper, c'est que j'étais à ma place et dans l'exercice de mon devoir; car j'étais passé à l'île de France sans aucun dessein d'y faire fortune, mais avec des projets particuliers d'humanité par rapport aux noirs de Madagascar. J'avais été destiné à l'établissement du fort Dauphin dans cette île; mais je n'y fus point envoyé, et j'échappai moi-même aux malheurs de cette nouvelle colonie, qui y périt presque tout entière quelque temps après son arrivée. Ainsi, une Providence infiniment plus sage que ma volonté empêcha ma ruine par des événemens que j'avais regardés long-temps comme malheureux; mais ils ne sont pas du ressort des révolutions de l'air et de la mer.

Ces tempêtes, appelées aux Indes ouragans, et typhons à la Chine, arrivent tous les ans vers les solstices, tandis qu'elles n'ont lieu dans notre zone tempérée que vers les équinoxes. On aura peine à croire qu'elles fassent partie des harmonies de la nature; car elles font les plus grands ravages sur la terre comme sur mer; mais elles sont nécessaires dans les pays où il n'y a point d'hiver; elles y font périr une multitude d'insectes, qui multiplieraient à l'infini dans les climats chauds, les îles mêmes deviendraient inabordables, et leurs rivières seraient obstruées par des bancs énormes de madrépores que des insectes marins élèvent autour de leurs rivages, si les ouragans ne les brisaient en partie tous les ans. C'est de leurs débris que sont formés les lits de sable calcaire qui entourent toutes les îles entre les tropiques, et qui contribuent sans doute à leur végétation et à leur accroissement.

Heureux qui n'étudie les harmonies aériennes de l'eau que sur la terre ferme! il ne connaît de tempêtes que celles de son ruisseau. Cependant, sans sortir de sa place, il voit les nuages élevés de dessus les mers lointaines traverser son horizon pour aller fertiliser des terres inconnues. Souvent il les voit, au coucher du soleil, se rassembler sous les formes fantastiques de châteaux, de forêts, de montagnes escarpées, images fugitives de notre monde et de notre propre vie. Quelquefois elles se peignent à ses pieds au sein d'une onde transparente, et il admire à la fois de nouvelles terres dans les cieux et de nouveaux cieux au fond des eaux; mais nous indiquerons ailleurs les accords de la lumière et des eaux aériennes. L'air a encore des rapports plus intéressans avec la terre, les végétaux, les animaux et les hommes, qu'avec les mers. Nous en allons parler dans les paragraphes suivans.

## HARMONIES AÉRIENNES DE LA TERRE.

La terre a aussi des espèces de fluides en harmonie avec l'air : ce sont ses sables. Les sables sont des débris de marnes, de roches, de coquillages, de cailloux ou galets, que l'Océan réduit sans cesse en poudre par le roulement perpétuel de ses flots au fond de son bassin, et surtout sur ses rivages. C'est là que vous voyez les grèves immenses, grises, jaunes, rouges, blanches, et de toutes couleurs, qui sont les principes des matières diverses que la terre renferme dans son sein, et même de l'humus qui la couvre, comme les eaux maritimes le sont de toutes les eaux douces qui l'arrosent. C'est l'atmosphère qui en est le véhicule. Si le vent porte au sommet des montagnes les nuages dont se forment les sources des rivières, il y voiture de même les terres que les eaux en dégradent sans cesse. Il est aussi aisé au vent de charrier des montagnes de sable, grain à grain, des bords de la mer jusqu'au sommet des Alpes, que d'y transporter, du sein de ses eaux, goutte à goutte, les glaces énormes qui les couronnent, et les grands fleuves qui en découlent. Des puissances invisibles gouvernent le monde au physique comme au moral, et ne se rendent apparentes que par leurs effets. Si nous étions attentifs aux harmonies générales de la nature, nous pourrions dire, à la vue des nuages que les vents de l'ouest et du sud voiturent en hiver au haut des airs : Voilà des portions du Rhône, du Rhin et de leurs glaciers; et voilà les grèves de leurs rivages, en voyant ces tourbillons de sable que les vents du nord et de l'est élèvent en été sur nos chemins et sur les bords de nos mers. D'où viendraient même les sables marins qui composent en partie la terre végétale, si ce n'est de l'action des vents qui les apportent de fort loin? Il y a des pluies de terre comme des pluies d'eau. Je ne citerai ici ni les orages de sable de la Lybie, qui engloutissent des caravanes entières, ni les tourbillons de poussière des provinces septentrionales de la Chine, qui obligent les habitans de Pékin à se couvrir le visage d'un crêpe lorsqu'ils sortent de leurs maisons; ni ceux des bords de la mer Caspienne, dont le sable est si subtil, que les Turcs disent en proverbe qu'il pénètre à travers la coque d'un œuf; ni ceux que j'ai éprouvés moi-même au cap de Bonne-Espérance, où, malgré les doubles châssis des fenêtres de chaque maison, le sable s'introduit dans l'intérieur des appartemens, et se fait sentir dans tout ce qu'on mange. Nous pouvons ici nous former une idée de l'abondance de cette poussière volatile, par ses effets dans les chambres qui ne sont pas habitées. Quelque bien fermées qu'elles soient, en peu de temps les meubles en sont tout couverts. C'est cette poussière qui se dépose au haut de nos murs, sur les corniches des tours les plus élevées, s'engage dans les fentes de leurs pierres, et y entretient la végétation des mousses, des pariétaires, des mufles-de-veau, des giroflées jaunes, et quelquefois même celle des arbres. La nature avait sans doute prévu ces résultats, lorsqu'elle a donné des ailerons et des volans aux semences des érables, des ormes et de quantité de végétaux saxatiles, et des noyaux indigestibles à celles des merisiers des prairies, afin de les transporter au sommet des roches par les estomacs et par les ailes des oiseaux.

La terre réagit aussi sur l'air par ses montagnes; ce sont leurs différens plans qui causent la grande variété des vents, par les divers entonnoirs de leurs vallées. Il y a plus, c'est que, lorsqu'elles sont échauffées du soleil, et qu'elles ont dilaté l'air qui les environne, les vents se dirigent vers elles et ne cessent d'y souffler pendant une partie du jour. Ces effets se remarquent principalement le long des rivages de la mer, dans la zone torride. Deux ou trois heures après le lever du soleil, lorsque la terre commence à être échauffée de ses rayons, les vents généraux de l'Océan se détournent de leurs cours et soufflent vers elle pour en rafraîchir l'atmosphère. On appelle ces vents maritimes des brises du large; ils se font sentir tout le long de la côte d'Afrique et autour des îles situées entre les tropiques; ils apportent dans leur climat brûlant, non-seulement un air frais de la mer, mais les pluies nécessaires au renouvellement de leurs fleuves et à leur végétation. C'est ainsi que la nature a balancé par des réactions les effets de ses lois générales, afin que toutes les latitudes participassent aux harmonies des élémens. Elle a opposé à la condensation de l'atmosphère glaciale du pôle qui pèse vers l'équateur, la dilatation de l'atmosphère ardente de la zone torride qui l'attire; et au cours général des vents alizés qui en résultent en pleine mer, les cours particuliers des vents qui soufflent le long des terres. La nature est consonnante avec elle-même. Le soleil donne par sa chaleur, à l'atmosphère comme à l'Océan, des courans généraux, qui sont les vents alizés, et des marées en sens souvent contraires, qui sont les brises.

Comme les marées ont un flux et reflux, les brises ont aussi le leur. Les brises soufflent de la mer vers la terre pendant le jour, et pendant la nuit elles soufflent de la terre vers la mer. Les unes et les autres varient suivant le cours du soleil ; mais cette théorie des mouvemens de l'air nous mènerait ici beaucoup trop loin. Contentons-nous d'ajouter qu'il y a des montagnes caverneuses qui envoient des vents, comme si elles les produisaient dans leurs flancs. Tels sont les monts Éoliens d'Italie. Leurs effets sont aisés à expliquer par l'action du soleil qui les échauffe, dilate l'air qu'ils renferment, et l'oblige d'en sortir pendant le jour; mais cet air y rentre ensuite condensé par la fraîcheur de la nuit. Nous verrons qu'il y a ailleurs qu'en Italie des monts Éoliens qui ne sont pas caverneux; ils produisent des vents par la configuration de leurs vallons et la densité de leur atmosphère, sur laquelle le soleil agit comme sur celle des pôles. Il y a aussi des montagnes à glace, par le moyen desquelles le soleil produit des courans généraux et des flux et reflux dans les lacs qui sont à leur pied, comme il en produit dans l'Océan par le moyen des glaces polaires. Les montagnes ne sont pas de simples débris de la terre, ou des ouvrages des eaux faits au hasard, comme on le prétend; mais il y en a d'harmoniées positivement et négativement avec les élémens; il y en a de solaires et d'hyémales, de vulcaniennes, d'éoliennes; d'hydrauliques, qui attirent les eaux ; de littorales, qui les repoussent, les unes maritimes, les autres fluviatiles ; de métalliques, de végétales, etc. ; elles sont aussi combinées entre elles sur différens plans. Nous donnerons une idée de leurs diverses espèces aux harmonies terrestres de la terre, et une idée de leur ensemble aux harmonies sociales ou morales.

L'air produit une infinité d'harmonies, non-seulement à la surface de la terre, mais dans son intérieur. Les arbres par leurs racines, et les animaux par leurs travaux, l'y font pénétrer à de grandes profondeurs. Les vers de terre, les scarabées, les taupes, les lapins, etc., y creusent une multitude de souterrains; la vigne y fait descendre ses radicules à travers les carrières de pierres les plus dures. Non-seulement les racines des arbres y font communiquer l'air, mais elles l'y pompent; car sans lui, elles ne pourraient y végéter. En effet, l'air y est renfermé dans les bancs des pierres calcaires, toutes remplies de petits trous et de coquillages qui en contiennent dans leurs cavités. Mais c'est surtout dans les couches de sable qu'il est en abondance ; il remplit les interstices qui sont entre ses grains. Ce n'est que par le moyen de cet air que l'eau y pénètre en tout sens, comme dans des tuyaux capillaires. Les sables sont des éponges à la fois remplies d'air et d'eau, qui entretiennent la circulation de ces deux élémens dans l'intérieur du globe. L'inflammation des pyrites, à de grandes distances de sa surface, ne peut avoir lieu que par l'action de l'air, qui les décompose et les enflamme. Il n'y a point de feu sans air. C'est à l'action de cette atmosphère souterraine qu'il faut attribuer les volcans des bords de la mer, les tremblemens de terre qui proviennent de sa dilatation, la circulation des eaux intérieures, les compositions et décompositions minéralogiques, enfin la température du globe, qu'on trouve de dix degrés environ au fond de toutes les mines, et qui est la même que celle qui est au fond des mers. C'est par cet air souterrain que la chaleur du soleil pénètre la terre dans toutes ses parties, et qu'elle se manifeste même sous les glaciers, d'où il sort toujours en hiver des courans d'eau, et qui en été fondent principalement par leurs bases.

J'ai vu quelquefois, dans de fortes gelées, les pavés, et même les seuils des portes, se soulever de manière à perdre tout-à-fait leur niveau. Cet effet est produit par la dilatation de l'eau ou du sol, occasionée par le développement de l'air qu'elle renferme lorsqu'elle vient à se geler. Il est certain que l'eau, en se gelant, augmente de volume ; mais, d'un autre côté, comme l'eau augmente encore de volume en se dilatant par la chaleur, comme on le voit aux tubes de nos thermomètres, qui renferment souvent plus d'eau que d'esprit de vin, j'en ai tiré une singulière conclusion : c'est que le froid, agissant en hiver sur la couche supérieure de la terre toute pénétrée d'eau et d'air, doit dilater toute la partie septentrionale de notre hémisphère, et en accroître la hauteur ; mais la chaleur dilatant également l'Océan dans la zone torride, leur ancien niveau n'est point dérangé, et les eaux du pôle sud arrivent toujours par la même pente aux environs de notre pôle. Il est certain que la terre entière doit être sujette aux contractions et aux dilatations occasionées par l'air qu'elle renferme dans sa masse, et que c'est peut-être à ces effets qu'il faut rapporter les fractures de tant de roches, dont les débris gisent à sa surface. Nous nous étendrons davantage, aux harmonies terrestres, sur ce sujet intéressant et tout neuf. Les philosophes ont imaginé plusieurs systèmes pour expliquer la formation des planètes ; mais je voudrais bien que, sans sortir de notre globe, ils voulussent nous dire seulement pourquoi tant de cailloux, de pierres et de roches sont rompus, et par éclats, dans presque toutes les parties du monde. Les frondes ont été les premières armes des hommes, et les lapidations leurs premiers supplices. Ils trouvent partout de quoi se tuer. Si l'attraction, les eaux, le temps, arrondissaient toutes choses, nos rochers ne seraient pas si anguleux et nos montagnes si raboteuses. Nous tâcherons de trouver une origine à une ruine en apparence universelle, et qui ne nous semble qu'un résultat de l'harmonie qui conserve le monde en le renouvelant. Les mêmes causes qui forment les minéraux les brisent.

Non-seulement la terre est en rapport avec l'air au dedans et au dehors, mais ses parties intrinsèques y sont aussi. Les marbres les plus durs sont criblés d'une multitude de pores ; le microscope en découvre une infinité sur les métaux les plus polis.

On peut donner l'idée du microscope et de ses effets par une goutte d'eau au sein d'une fleur, dont elle fait apercevoir les glandes nectarées, invisibles à la vue. Quelquefois on trouve après un brouillard de ces gouttes d'eau enfilées, comme des semences de perle à des fils d'araignée, et toutes brillantes au soleil des couleurs de l'arc-en-ciel. Elles grossissent prodigieusement l'insecte infortuné, encore plus brillant qu'elles, suspendu à la même toile. On peut donner de même une idée du télescope, qui agrandit les objets éloignés, d'après les effets d'un nuage transparent qui augmente la grandeur de la lune à l'horizon. Il est bien important de faire remarquer ici que l'homme n'a rien imaginé de lui-même, et qu'il n'a développé son intelligence que d'après celle de la nature.

Nous avons des microscopes qui font paraître les objets six mille fois plus gros qu'ils ne le sont. Une puce paraît plus grosse qu'un mouton dans le microscope solaire. Cependant cet instrument ne peut nous faire voir une particule élémentaire d'air ou même d'eau : comment donc pourrait-il nous faire apercevoir le fluide qui environne une pierre d'aimant, et qui attire à elle, à plusieurs pouces de distance, des particules de fer ? Il y a plus, ce fluide magnétique qui agit sans cesse autour de cette pierre se communique à l'infini sans s'affaiblir. Il s'attache à tous les morceaux de fer qui en sont frottés, et leur donne la même vertu. Il semble participer de la nature du feu, et il en diffère, en ce qu'il n'a pas besoin, comme lui, d'aliment, ou du moins qu'il ne le consomme pas. D'ailleurs, il se sépare pour toujours de son aimant par l'action même du feu. S'il est un corps, comment est-il invisible et impalpable comme un esprit ? et s'il est un esprit, comment peut-il s'attacher à des corps et les faire mouvoir ? Il y a donc des principes de mouvement actifs par eux-mêmes, qui s'unissent à des corps, et qui échappent à tous nos sens, et même à nos raisonnemens. Pourquoi n'y aurait-il pas aussi des principes de vie et d'intelligence qui existent par eux-mêmes, qui s'attachent à la matière, l'organisent, la font mouvoir, se propager, sentir, raisonner ? Ils existent sans doute, car il y a des êtres matériels organisés qui se meuvent, se propagent, sont sensibles et raisonnables, et ne sont plus que de la matière lorsqu'ils sont séparés de l'ame qui les anime. Si tous les arts des hommes ne sont que de faibles imitations de la nature que nous voyons, cette nature elle-même n'est que le résultat de principes que nous ne voyons pas. Nous sommes environnés d'air, d'attraction, d'électricité, de magnétisme, d'êtres organisans, sensibles, passionnés, intelligens, tous invisibles par leur essence, et qui ne se manifestent à nos sens qu'en se combinant avec la matière. Mais ils n'en existent pas moins sans elle, comme elle existe sans eux. Il y en a sans doute d'une nature supérieure, qui échappent à nos sens, et qui se rendent sensibles à notre raison par l'existence des premiers. Tel est celui qui a formé les harmonies de cet univers, et qui les maintient pour nous, êtres passagers. Ses jouissances éternelles ne sont pas comparables aux nôtres. Elles doivent être immenses comme sa puissance infinie et son immortalité. Soyez donc certains que ce monde, comme l'a dit Platon, n'est qu'une ombre fugitive d'un autre monde, habité par des êtres invisibles pour nous, mais bien supérieurs à nous.

HARMONIES AÉRIENNES

## DES VÉGÉTAUX.

Si les métaux les plus durs ont des rapports intérieurs avec l'air et avec d'autres élémens plus subtils, les végétaux en ont encore de plus étendus. Des expériences réitérées, faites par les plus habiles chimistes, entre autres par Homberg, prouvent que l'air entre comme matière solide dans la composition des plantes. Le chêne en contient le tiers de sa pesanteur ; le feu l'en dégage. Lorsqu'on brûle une bûche de ce bois, on entend souvent de longs murmures sortir de ses flancs ; c'est l'air qui s'échappe de ses trachées. Les pois renferment aussi un tiers de leur pesanteur d'air. Des tuyaux et des globes de fer n'en contiendraient pas la dixième partie de leur poids sans crever : il y a apparence même que toutes les forces humaines ne produiraient pas une pareille condensation ; cependant elle est le résultat de l'action des rayons si légers du soleil. Ses feux sont les tisserands des élémens ; ils les assemblent et les séparent ; ils en sont à la fois la navette et les ciseaux. Nos instrumens de physique n'opèrent rien de semblable. On ne peut donc bien étudier la nature que dans la nature même.

Les végétaux ont des harmonies sensibles avec l'air par leur respiration. Si on frotte d'huile une plante vivante, on la fait mourir presque subitement, tandis que par une semblable opération on préserve un morceau de fer de la rouille qui le détruit. Sur ce point, le végétal diffère donc essentiellement du métal. En effet, le premier a les organes de la respiration, dont le dernier est privé. Les plantes ont des tuyaux par où l'air se communique dans tout leur intérieur. Malpighi est le premier qui a fait cette découverte et qui leur a donné le nom de trachées. « Ce sont, dit-il, des vaisseaux formés par les différens contours d'une lame fort mince, comme argentée, plate, assez large, élastique, qui, se roulant sur elle-même en ligne spirale en tire-bourre, forme un tuyau assez long et comme divisé dans sa longueur en plusieurs cellules. Ces lames sont composées de plusieurs pièces, divisées par écailles comme les trachées des insectes, ce qui leur en a fait donner le nom. Quand on déchire ces vaisseaux, on s'aperçoit qu'ils ont une espèce de mouvement péristaltique. »

Hales, dans sa *Statique des Végétaux*, observe que la spire de ces vaisseaux est dans un sens contraire au mouvement diurne du soleil. Cette observation est importante, et confirme ce que nous avons dit de l'influence de l'astre du jour sur toutes les puissances de la nature, dont il est le premier moteur. Les ressorts des plantes sont de petites roues de rencontre, mues par son cercle journalier, comme leurs harmonies le sont par son cercle annuel. Peut-être trouvera-t-on une disposition différente dans les spires des trachées des plantes nocturnes, c'est-à-dire qui n'ouvrent leurs fleurs que la nuit, comme le jalap, une espèce de convolvulus, l'arbre triste des Moluques, etc.; celles-ci ont sans doute des harmonies lunaires qui leur sont propres.

Quoi qu'il en soit, on découvre facilement les trachées des plantes en cassant net des tendrons de vigne ou de jeunes branches de rosier, de tilleul, etc. : elles paraissent en forme de spirales de couleur argentée. Quand on déchire doucement une feuille, on en voit les trachées s'allonger, en écartant les portions de la feuille l'une de l'autre. Les trachées ont plus de diamètre que les autres vaisseaux des plantes; elles sont toujours placées autour des fibres ligneuses, et sont plus grandes dans les racines que dans les tiges. Il n'y a pas de doute que ces tuyaux élastiques ne soient des véhicules de l'air, et qu'ils ne l'aspirent et ne l'expriment. Leur ressort, mis en mouvement par celui du soleil, fait sans doute monter et circuler la sève par la médiation de la chaleur de l'air; et l'air lui-même est peut-être composé de spirales élastiques comme les spires des trachées. Au reste, la plante aspire et expire l'air principalement par ses feuilles, criblées à cet effet d'une infinité de pores ou de petits trous : Leuwenhoek en a compté plus de soixante-deux mille sur un seul côté d'une feuille de buis.

Les plantes cherchent à la fois l'air et la lumière : celles que l'on cultive dans les appartemens se tournent toujours vers les fenêtres; les plantes privées d'air et de lumière, telles que celles qui végètent dans les souterrains, s'étiolent, c'est-à-dire blanchissent. Tels sont les cardons et les chicorées que l'on conserve l'hiver dans des caves, et les laitues romaines dont l'été on lie les feuilles pour les attendrir. Tous ces végétaux artificiels, privés d'air et des rayons du soleil, ont peu de substance et de vertu. Il en est de même de l'herbe qui croît à l'ombre des arbres; elle y devient longue et molle, et ce qu'on appelle en Normandie *veule*, c'est-à-dire flasque : les bestiaux refusent d'en manger : aussi on ne souffre point d'arbre, pas même de pommier, dans les riches pâturages de la Basse-Normandie. Il n'y a qu'un fort petit nombre de plantes qui prospèrent à l'ombre : telles sont l'anémone des forêts, qui au printemps couvre le sol de ses réseaux; et la pervenche des bois, toujours verte, qui donne en hiver ses fleurs bleues. On peut y joindre le framboisier du Canada, avec ses roses cramoisies; le grand convolvulus à cloches blanches, dont les fleurs éclatantes produisent de si charmans effets dans l'ombre; et le lierre surtout qui couvre le sol des forêts humides d'un tapis toujours vert au milieu même des neiges. Ce sont des beautés qui manquent souvent à nos jardins anglais, où les bosquets interceptent l'air et la lumière à la plupart des plantes.

Les végétaux sont si bien harmoniés avec l'atmosphère, qu'ils changent en air pur l'air méphitique, comme l'a fort bien prouvé le savant docteur Ingenhousz. Cette régénération est encore l'ouvrage du soleil; car des plantes, et surtout des fleurs, mises en grande quantité dans une chambre fermée, en méphitisent l'air au point de faire mourir les personnes qui le respirent, surtout la nuit. Des femmes ont péri pour avoir dormi dans une chambre où il y avait beaucoup de fleurs de lis. Nous ne saurions trop admirer l'influence de l'astre du jour sur tous les agens de la nature : toutes leurs harmonies sont suspendues ou troublées par son absence. Mais voyez comme l'Auteur de la nature a bien combiné lui-même leurs différens effets. Les animaux corrompent l'air par leur transpiration, et les plantes destinées à leur nourriture le rétablissent dans toute sa pureté : il y a plus, elles changent les odeurs les plus fétides en parfums délicieux. C'est sur des fumiers que croissent les roses les plus odorantes, et sur des couches de matières fécales que les jardiniers cultivent l'hiver, à Paris, les tubéreuses si suaves.

Les végétaux ont des harmonies avec l'air extérieur par leurs tiges : d'abord, le côté qui est exposé au vent du midi est beaucoup plus dilaté que celui qui est frappé du vent du nord. Cette observation peut être utile pour s'orienter, si par hasard on se trouvait égaré dans un bois; car, en coupant une branche d'arbre, on connaîtrait le côté qui regarde le midi, parce qu'il y a plus de distance de ce côté-là, depuis la moelle de la branche jusqu'à son écorce. Les écorces mêmes des végétaux sont en harmonie avec les températures de l'atmosphère : ce sont des espèces d'habits dont la nature les a revêtus, suivant les latitudes. Ceux des pays froids ont des écorces fort épaisses, et souvent enduites de résine, comme les sapins; ceux des pays chauds les ont légères; ceux qui ne vivent que le cours d'un été n'en ont presque point : telles sont les graminées, qui n'ont, pour ainsi dire, que des épidermes. On peut aussi connaître, par la dureté et la finesse des feuilles, les végétaux qui croissent dans les lieux battus des vents. Les pins, les sapins, les cèdres, les mélèzes, qui se plaisent sur le sommet des montagnes, ont des feuilles menues et ligneuses : il en est de même des giroflées jaunes, qui viennent sur le haut des murailles; leurs feuilles ne donnent point de prise aux vents. Les végétaux qui les ont grandes et tendres, tels que nos figuiers et les bananiers des Indes, aiment à croître sur les bords des ruisseaux, à l'abri des rochers; tous ont leurs tiges en rapport avec la force des vents auxquels ils sont exposés. Le figuier a un bois très-fragile, et le bananier n'est formé que d'un paquet de feuilles. Ce sont des habitans des humbles vallées. Ceux qui s'élèvent sur les flancs des montagnes résistent aux tempêtes par la raideur de leurs troncs : tels sont les ormes, les hêtres et les chênes; ils ne craignent pas de supporter un ample feuillage. Ceux qui ont un bois léger et cassant, comme les sapins et les peupliers d'Italie, portent leurs têtes en pyramides couvertes de feuilles minces et légères. Il est très-remarquable que le peuplier de nos climats, qui supporte une large tête, a un bois beaucoup plus élastique que le peuplier pyramidal d'Italie;

nos paysans emploient ces branches souples aux mêmes usages que l'osier. Les palmiers des Indes croissent dans des lieux exposés à toute la violence des ouragans de la zone torride : les uns sur les montagnes, comme les palmistes; les autres sur le bord des mers, comme les lataniers et les cocotiers. Tous ont leurs troncs formés, non d'un vrai bois, mais de fibres ligneuses très-élastiques; leurs longues feuilles, semblables à de longues branches empennées, sont de la même nature. Quand elles sont sèches, on s'en sert comme de tablettes, où l'on écrit avec un poinçon comme sur des lames de bois. Nous avons observé, en parlant de la direction oblique des vents vers la terre, qu'ils décrivaient une courbe composée de leur mouvement horizontal de progression et de leur mouvement perpendiculaire de pesanteur : il en résulte une parabole. Je m'arrête à cette idée, parce qu'elle peut servir à expliquer le renflement du tronc du palmier, d'après lequel les architectes grecs ont imité celui qu'ils donnent à la colonne, sans qu'ils en apportent d'autre raison, sinon que ce renflement, formé d'une courbe, lui donne meilleure grâce. Quoique les naturalistes disent que le palmier, à l'exception de toutes les autres espèces d'arbres, a son tronc partout d'un diamètre égal, j'ai cru observer sur des cocotiers, que leur tronc était enflé dans la colonne, aux deux tiers de sa hauteur. Cette courbe sert à sa solidité, car elle se trouve en arc-boutant avec celle du vent, de quelque côté qu'il souffle.

On ne doutera pas de ces prévoyances de la nature pour raffermir les palmiers contre la violence des ouragans, par celles qu'elle prend dans les mêmes climats pour garantir les autres végétaux de leurs ravages. J'ai vu à l'île de France un arbre sur des rochers, où ses racines avaient bien de la peine à pénétrer, dont le tronc avait tout autour de longues côtes faites comme de larges planches qui lui servaient d'étais et d'appuis; elles avaient au niveau de la terre plus de sept pieds de largeur, et elles s'élevaient le long de sa tige à plus de quinze pieds de hauteur. Elles laissaient entre elles, autour de l'arbre, plusieurs intervalles, dont on aurait pu faire autant de petites cabanes. Il sortait de plus, des extrémités de ses branches, des cordes végétales qui descendaient jusqu'à terre, y prenaient racine, et devenaient des troncs qui non-seulement supportaient les branches qui les avaient produites, mais s'élevaient encore au-dessus. Le père Dutertre en décrit un semblable, qu'il a vu à la Guadeloupe, dont les planches, ou arcs-boutans, s'éloignaient du pied de l'arbre de trente à quarante pieds; et son supérieur, dit-il, en voulait faire un couvent vivant, qui aurait eu ses cellules, sa chapelle et son réfectoire; mais il y avait trop d'humidité entre ses racines. Il appelle cet arbre figuier admirable. En effet, les extrémités des branches de celui que je vis à l'île de France étaient chargées de figues qui pendaient jusqu'à terre; mais ces fruits n'avaient pas de saveur.

La nature n'est pas encore satisfaite de ces précautions individuelles, qui mettent les végétaux de ces climats en état de résister aux ouragans qui les agitent; elle garnit les lisières de leurs forêts de fortes lianes. Ce sont des plantes grimpantes, dont quelques-unes sont grosses comme la jambe, et dont l'écorce est élastique et forte comme du cuir : de sorte qu'une de leurs lanières est plus difficile à rompre qu'une corde de chanvre de la même grosseur. Ces lianes s'élèvent du pied des arbres jusqu'à leurs cimes, d'où elles redescendent en s'entrelaçant dans les arbres voisins; et les liant les uns aux autres comme des cordages, elles les rendent inébranlables à toutes les secousses de l'atmosphère. C'est dans ces forêts torridiennes que des ouragans nécessaires, au défaut des hivers, détruisent en un jour des légions d'insectes qui y multiplient toute l'année. En secouant leurs vieux troncs caverneux, ils submergent au loin les vaisseaux sur les mers, et renversent sur la terre la plupart des monumens des hommes; mais leur voix mugissante annonce encore, au sein de la destruction, une Providence conservatrice de ses propres ouvrages : les tours s'écroulent, les arbres restent.

Si la nature a pourvu à la sûreté des forêts, elle n'a pas oublié celle des prairies. Les herbes ont comme leurs arbres leurs harmonies aériennes. Les graminées les plus communes de toutes ont des feuilles souples et menues, qui ne donnent point de prise aux vents. Les humbles tiges qui portent leurs épis sont élastiques, cylindriques et fortifiées de nœuds d'espace en espace. Elles s'appuient les unes contre les autres sans se briser, et lorsque les tempêtes les agitent, elles s'abaissent et se relèvent par de mutuels supports, en imitant par leurs ondulations les flots de la mer. Celles qui, suivant l'expression juste de La Fontaine, *naissent sur les humides bords des royaumes du vent*, ont des feuilles couchées à la surface des eaux, comme les nymphæa, ou qui se dressent en lames souples, comme des roseaux. Cependant, malgré les sages précautions de la nature, le chêne est quelquefois renversé par les tempêtes, tandis que le roseau leur échappe par sa faiblesse : image fidèle des conditions de la vie, et dont le bon La Fontaine a fait un apologue admirable.

Les harmonies aériennes de l'accroissement et de la conservation des plantes sont sans doute dignes d'admiration, mais celles de leur dépérissement ne le sont pas moins. Il est remarquable que les tiges sèches des herbes qui meurent tous les ans, et que les feuilles des arbres qui jonchent la terre à la fin de l'automne, résistent, malgré leur extrême fragilité, aux vents, aux pluies et aux neiges, qui font souvent tant de ravages sur les habitations de l'homme; mais elles se détruisent toutes au printemps. Les gousses des haricots et des pois; les grappes du sumac, du sorbier, du troène; les baies, et beaucoup d'autres semences, restent suspendues tout l'hiver à leurs tiges, pour servir de nourriture aux oiseaux. Elles ne s'entr'ouvrent et ne tombent que dans la saison où elles doivent se reproduire. Les pailles des graminées et les troncs des chênes morts de vieillesse, se décomposent alors en autant de temps qu'ils ont végété : les premières, en une demi-année; les autres pendant des siècles. L'arbre desséché reste long-temps debout; mais la nature, qui voile partout la mort sur le théâtre de la vie, couvre encore ses branches arides des guirlandes parfumées du chèvrefeuille ou du lierre toujours vert. Si l'arbre est renversé par les tempêtes, des agarics et des mousses de toutes couleurs dévorent et décorent à la fois son vaste squelette. Quelle est donc l'intelligence qui a proportionné dans chaque espèce de végétal la force de ses fibres vivantes aux injures de l'atmosphère, et la durée de ses fibres mortes à celles de son renouvellement ? C'est sans doute celle qui a voulu que la terre ne s'encombrât pas par les dépouilles permanentes des végétaux, et qui, d'un autre côté, a voulu qu'elles durassent assez pour offrir des litières, des abris et des nourritures aux animaux pendant l'hiver. C'est enfin le Dieu qui a mis en harmonie les différens âges de la vie humaine et l'ignorance des enfans avec l'expérience des vieillards.

Qui pourrait décrire les mouvemens que l'air communique aux végétaux ? Combien de fois, loin des villes, dans le fond d'un vallon solitaire couronné d'une forêt, assis sur le bord d'une prairie agitée des vents, je me suis plu à voir les mélilots dorés, les trèfles empourprés et les vertes graminées, former des ondulations semblables à des flots, et présenter à mes yeux une mer agitée de fleurs et de verdure ! Cependant les vents balançaient sur ma tête les cimes majestueuses des arbres. Le retroussis de leur feuillage faisait paraître chaque espèce de deux verts différens. Chacune a son mouvement. Le chêne au trône roide ne courbe que ses branches, l'élastique sapin balance sa haute pyramide, le peuplier robuste agite son feuillage mobile, et le bouleau laisse flotter le sien dans les airs, comme une longue chevelure. Ils semblent animés de passions : l'un s'incline profondément auprès de son voisin comme devant un supérieur, l'autre semble vouloir l'embrasser comme un ami ; un autre s'agite en tout sens comme auprès d'un ennemi. Le respect, l'amitié, la colère, semblent passer tour à tour de l'un à l'autre, comme dans le cœur des hommes, et ces passions versatiles ne sont au fond que les jeux des vents. Quelquefois un vieux chêne élève au milieu d'eux ses longs bras dépouillés de feuilles et immobiles. Comme un vieillard, il ne prend plus de part aux agitations qui l'environnent : il a vécu dans un autre siècle. Cependant ces grands corps insensibles font entendre des bruits profonds et mélancoliques. Ce ne sont point des accens distincts ; ce sont des murmures confus comme ceux d'un peuple qui célèbre au loin une fête par des acclamations. Il n'y a point de voix dominantes : ce sont des sons monotones, parmi lesquels se font entendre des bruits sourds et profonds, qui nous jettent dans une tristesse pleine de douceur. Ainsi les murmures d'une forêt accompagnent les accens du rossignol qui, de son nid, adresse des vœux reconnaissans aux Amours. C'est un fond de concert qui fait ressortir les chants éclatans des oiseaux, comme la douce verdure est un fond de couleurs sur lequel se détache l'éclat des fleurs et des fruits.

Ce bruissement des prairies, ces gazouillemens des bois, ont des charmes que je préfère aux plus brillans accords : mon ame s'y abandonne ; elle se berce avec les feuillages ondoyans des arbres ; elle s'élève avec leurs cimes vers les cieux ; elle se transporte dans les temps qui les ont vus naître et dans ceux qui les verront mourir ; ils étendent dans l'infini mon existence circonscrite et fugitive. Il me semble qu'ils me parlent, comme ceux de Dodone, un langage mystérieux ; ils me plongent dans d'ineffables rêveries, qui souvent ont fait tomber de mes mains les livres des philosophes. Majestueuses forêts, paisibles solitudes qui, plus d'une fois, avez calmé mes passions, puissent les cris de la guerre ne troubler jamais vos résonnantes clairières ! N'accompagnez de vos religieux murmures que les chants des oiseaux, ou les doux entretiens des amis et des amans qui viennent se reposer sous vos ombrages.

———

HARMONIES AÉRIENNES
## DES ANIMAUX.

L'air pénètre dans les corps des animaux et dans les interstices de leurs muscles, comme dans les plantes ; il contribue au mouvement de leurs fluides, et il empêche, par son élasticité, leurs chairs d'être affaissées par le poids de l'atmosphère. Si l'on forme le vide sur une partie de leurs corps avec une ventouse, qui est un vase d'où on a chassé l'air par le moyen du feu, on voit la chair, dont l'air intérieur se dilate, monter dans la ventouse : le ressort de cet air n'a plus de contre-poids dans l'air extérieur. On produit un effet semblable par la succion de la bouche sur la main, au point d'en faire sortir le sang. Il y a des vésicules d'air disséminées entre les muscles des animaux et leur peau. Les Japonais attribuent, non sans raison, un grand nombre de maladies à la stagnation et à la putréfaction de cet air intérieur : voilà pourquoi ils emploient fréquemment la ponction et l'adustion pour les guérir. Ils piquent la partie où ils supposent qu'est le foyer du mal, avec un poinçon d'or, ou ils brûlent dessus le moxa, qui n'est autre chose que le duvet d'une espèce d'armoise. La chirurgie des peuples tient toujours de leur caractère : celle des Japonais est cruelle comme eux ; mais la nature ne nous invite point à la guérison d'un mal par la douleur : cela est vrai au physique, au moral, et même en politique ; c'est une vérité que je répéterai plus d'une fois, à cause de sa nouveauté et de son importance. Les Grecs et les Romains, qui n'étaient féroces que par ambition, et dont les mœurs, au fond, étaient douces, remédiaient aux mêmes maux que les Japonais, par les bains chauds et les frictions. Les Indiens orientaux, les plus humains des hommes, y emploient des moyens encore plus agréables ; ils se font masser, c'est-à-dire pétrir les chairs, souvent par les mains des enfans. C'est ainsi que non-seulement ils se guérissent de leurs rhumatismes, mais qu'ils réussissent à les prévenir. Nos savantes théories ne se sont point assez occupées des effets de l'air intérieur dans le corps humain. Il y a grande apparence que c'est à sa pureté et à sa circulation qu'on doit attribuer la légèreté et la souplesse des membres ; et à sa stagnation et à son altération les pesanteurs, les douleurs de tête, les rhumatismes, la goutte, la paralysie, et même les maladies humorales, telles que la plupart des fièvres, qui viennent d'un air corrompu que nous respirons. Il est certain que l'air intérieur de notre corps provient en partie de celui de nos poumons, et en partie de celui de nos alimens. Nous ne pouvons douter que cet air ne joue un grand rôle dans l'économie animale ; c'est lui qui, après la mort, échauffé par la putréfaction, dilate les chairs, en décompose toutes les fibres, et en emporte les miasmes au loin. Nous observerons ici que les animaux morts se détruisent à l'air bien plus promptement que les végétaux morts. On voit par là que le temps de la dissolution des êtres organisés n'est pas réglé sur celui de leur accroissement, comme on serait tenté de le croire, d'après le temps de la décomposition de la plupart des plantes. Ce temps, dans les animaux, paraît en rapport avec celui du renouvellement de leur nourriture : il en résulte que les animaux qui jeûnent sont déjà disposés à la putréfaction ; en effet, toutes les famines traînent à leur suite des épidémies. Mais il y a une raison morale de la rapidité de cette dissolution dans les animaux, et de sa lenteur dans les végétaux ; car c'est toujours à des convenances morales que la nature assujétit les causes physiques : la plante a été faite pour l'animal ; il était donc nécessaire qu'elle subsistât assez long-temps pour lui être utile, lors même qu'elle ne végète plus, surtout dans l'hiver. C'est par ces mêmes convenances que beaucoup de fruits se conservent long-temps dans un état de vie, sans prendre aucune nourriture. Mais l'animal diffère beaucoup de la plante, puisqu'il est doué de sentiment : c'est un être sensible qui, pendant sa vie, est sans cesse agité par le désir de l'entretenir et la crainte de la perdre. Il convenait donc qu'un animal qui craint la mort n'en offrît pas le spectacle effrayant à ses semblables par son cadavre. Aussi il entre bientôt en putréfaction ; l'air qu'il renfermait se dilate, ses émanations attirent des nuées d'insectes et d'oiseaux qui n'en laissent que le squelette, et des quadrupèdes carnassiers qui en brisent et en digèrent les os.

Le développement de cet air intérieur qui s'élève des cadavres avait fait croire aux anciens que les ames des animaux, et même celles des hommes, étaient aériennes. Lorsque le bon Virgile parle de la mort de ses personnages, il emploie souvent, au sujet de leur ame, l'expression *effugit in auras*, elle s'enfuit dans les airs. Si les ames, même celles des bêtes, n'étaient qu'un air animé, rien ne serait si facile que de les recevoir, à leur départ, dans des fioles : on en ferait sans doute des collections fort curieuses. Mais nous ne saurions y renfermer un rayon du soleil, qui nous fait tout voir, ni un filet de son attraction qui fait tout mouvoir : comment donc captiverions-nous des êtres immatériels, des ames qui sentent, pressentent, desirent, raisonnent? Sans doute elles appartiennent à d'autres mondes que celui que nous habitons passagèrement, et leur connaissance à d'autres intelligences que les nôtres. Avec nos sciences et nos machines, et tous nos échafaudages, nous ne connaissons que quelques dehors de l'édifice de la nature ; nous n'en voyons ni les fondemens ni les combles, encore bien moins les dedans ; nous n'en pouvons saisir les élémens les plus communs.

Les animaux sont en harmonie avec l'air extérieur par l'aspiration et l'expiration. La nature leur a donné pour cet effet un organe et un viscère qu'elle a refusés aux plantes ; ce sont des narines et un poumon. Les trachées des plantes ne ressemblent qu'aux vésicules aériennes des muscles des animaux et à leurs pores cutanés. Chaque animal a deux narines, et nous remarquerons ici que tous ses organes sont doubles, afin que si l'un était empêché par quelque obstacle, l'autre pût lui être utile. Nous observerons aussi que les deux canaux des narines ne sont point parallèles, mais qu'ils sont un peu divergens, afin de donner plus d'étendue à leur action. C'est ainsi que les rayons visuels des deux yeux partent aussi de deux nerfs optiques et divergens, qui se réunissent au même centre ; cependant ces rayons se croisent au dehors, divergent et embrassent une plus grande partie de l'horizon que s'ils étaient parallèles, ou que s'il n'y en avait qu'un seul. Il en est de même des deux conduits du nez. Leur respiration ne se croise pas, mais elle est divergente, afin de donner plus de latitude à leur action coordonnée au nerf olfactoire. Mais nous nous occuperons du sens de l'odorat aux harmonies végétales des animaux ; nous ne parlerons ici que de celui de la respiration, qui n'a pas été compté jusqu'ici au nombre des sens, quoiqu'il soit le plus nécessaire de tous à la vie, et le premier et le dernier en exercice. Il en est de même de quelques autres qui ont été également oubliés par les naturalistes, qui n'en comptent que cinq : la vue, l'ouïe, l'odorat, le goût et le toucher.

Tous les animaux n'odorent pas, mais tous respirent ; l'air est nécessaire à leur existence, ils périssent lorsqu'ils en sont privés. A la vérité, quelques insectes vivent long-temps sous la machine pneumatique ; mais c'est que la pompe ne tire pas de son récipient tout l'air qui y est renfermé, et qu'il n'en faut qu'une faible portion pour faire vivre beaucoup d'insectes, comme il ne faut qu'un bien faible rayon de lumière pour les éclairer, ainsi qu'on le voit par le travail des abeilles dans leurs ruches obscures, et par celui des fourmis dans leurs souterrains. La nature a créé des êtres qui mettent à profit jusqu'aux débris de ses élémens. Une preuve que les insectes respirent, c'est qu'on les fait périr sur-le-champ si l'on frotte leur trachée d'huile qui en bouche les ouvertures; aussi un des moyens les plus propres de se préserver des insectes de toute espèce, est de s'oindre soi-même de quelque corps gras. Cet usage est non-seulement pratiqué par les Sauvages de l'Amérique, qui se peignent de roucou broyé avec l'huile de Palma-Christi, mais par des peuples policés de l'Europe qui, pour chasser la vermine de leurs cheveux, les enduisent d'essences huileuses et de pommade.

La nature a employé une grande variété de moyens pour faire respirer les animaux jusque dans le sein de la terre et des eaux; les principaux sont les trachées dans les insectes et les ouïes dans les poissons. Les trachées ou stigmates, découverts par Bazin et de Géer, sont des espèces d'ouvertures pratiquées à l'extérieur du corps des insectes. Les mouches les ont sur le corselet et les anneaux; le ver-à-soie et plusieurs chenilles en ont dix-huit le long de leur corps, et la courtilière, qui vit sous terre, en a vingt. Il y a des vers qui portent les leurs au bout d'une corne. De ces ouvertures partent en dedans une infinité de petits canaux formés d'une fibre argentine roulée sur elle-même en forme de tire-bourre, comme les trachées des plantes. Ces canaux se ramifient à l'infini, et portent dans tout le corps de l'animal, ainsi que dans celui du végétal, l'air, qui ressort par les pores de la peau. Des nymphes aquatiques ont, au lieu de stigmates, des panaches où aboutissent leurs poumons aériens, qu'elles font jouer avec une légèreté surprenante. Il est digne de remarque que les trachées des plantes ayant leurs spires tournées en sens contraire du mouvement diurne du soleil, les coquillages à vis ont aussi leurs volutes dans le même sens, excepté un très-petit nombre, que pour cette raison on appelle les uniques. Il est vraisemblable que le soleil a agi d'abord sur leurs trachées, et ensuite sur les spires de leurs coquilles. Ces harmonies ne laissent aucun lieu de douter de l'influence primordiale de l'astre du jour sur toutes les parties de la puissance végétale et animale, soit que leurs spires aériennes soient considérées dans le sens du mouvement de rotation de la terre vers l'orient, ou opposées au mouvement apparent du soleil vers l'occident. De plus, on sait que les mouvemens diurnes de ces deux planètes, combinés avec leur mouvement annuel, produisent une courbe spirale.

Quant aux poissons, ils tirent l'air de l'eau qu'ils avalent sans cesse par leur bouche, et qu'ils rejettent par leurs ouïes. C'est dans ce passage que leur sang s'abreuve d'air. Les ouïes sont construites avec un artifice admirable : ce sont des tamis qui séparent l'air de l'eau. Elles prouvent les différences essentielles de ces deux élémens, et que, même lorsqu'ils sont mêlés ensemble, ils ne se confondent pas. Elles sont situées à la partie postérieure des côtés de la tête, et renfermées dans une cavité particulière. Ce sont des espèces de feuillets flexibles et rouges, composés d'un rang de lames étroites, rangées et serrées l'une contre l'autre, qui forment comme autant de barbes ou franges semblables à celles d'une plume à écrire. Ces ouïes sont recouvertes d'un opercule et d'une membrane soutenus par des rayons cartilagineux. L'un et l'autre s'élèvent et s'abaissent, et en s'ouvrant donnent passage à l'eau que l'animal a respirée. Un nombre prodigieux de muscles font mouvoir toutes ces parties. Il suffit, pour en donner une idée, de dire que toutes les pièces qui composent la charpente et servent à la respiration de la carpe sont au nombre de quatre mille trois cent quatre-vingt-six. Il y a soixante-neuf muscles. Les artères des ouïes, outre huit branches principales, jettent quatre mille trois cent vingt rameaux, et chaque rameau jette de chaque côté sur le plat de chaque lame une infinité d'artères transversales, dont le nombre passerait de beaucoup tous ces nombres ensemble. Il y a autant de nerfs que d'artères. Les ramifications des premiers suivent celles des autres. Les veines, ainsi que les artères, outre les huit branches principales, se subdivisent aussi en quatre mille trois cent vingt rameaux, qui diffèrent de ceux des artères en ce qu'ils ne jettent point de vaisseaux capillaires transversaux. Le sang qui sort du cœur du poisson se répand de telle manière sur toutes les lames dont les ouïes sont composées, qu'une très-petite quantité de sang se présente à l'eau sous une très-grande surface, afin que, par ce moyen, chacune de ses parties puisse facilement être pénétrée par les petites particules d'air qui se dégagent de l'eau.

Il n'est pas aisé d'expliquer comment ces particules d'air sont dégagées de l'eau par les feuillets des ouïes; mais il est bien évident qu'elles le sont en effet, et que c'est à l'air que le sang des ouïes du poisson doit sa couleur vermeille : elle est tout-à-fait semblable à celle du sang veineux des animaux à poumons, qui se distingue de celui des artères par un rouge beaucoup plus éclatant.

C'est au célèbre Duverney que nous devons l'anatomie des ouïes de la carpe, dont je viens de donner ici une légère esquisse. Malgré mon insuffisance et l'ignorance où je suis des premières voies de la nature, dont je ne saisis çà et là que quelques résultats, je ferai observer ici que si on joint aux quatre mille trois cent vingt rameaux artériels et veineux leurs huit branches principales, et même ceux des soixante-neuf muscles de la carpe qui servent à sa respiration, on aura un nombre fort approché de celui de quatre mille trois cent quatre-vingt-six, qui forme celui des os de sa charpente. Si on y ajoute ensuite les subdivisions de chacun de ces rameaux artériels, on aura de nouveaux rapports avec les fibrilles dont chacun de ces os est composé. Cette remarque confirme les correspondances qui existent dans les végétaux entre les trachées et leurs fibres ligneuses, qui, comme nous l'avons vu, sont en même nombre, puisqu'elles sont unies les unes aux autres ; et elle peut servir à faire connaître celles qu'il y a entre les différentes parties du poumon et les os des animaux ; car l'air communique dans l'intérieur de leur corps avec les aponévroses de leurs muscles, comme nous l'avons déja indiqué, et comme nous tâcherons de le développer davantage en donnant une idée du poumon, aux harmonies aériennes de l'homme.

Il n'y a pas de doute que les poissons ne tirent l'air de l'eau par les ouïes, puisque c'est par ce moyen qu'ils renouvellent l'air de leur vessie aérienne. Cette vessie est un sac oblong, composé de deux ou trois membranes qui se séparent facilement ; elle n'a quelquefois qu'un lobe, ou ne forme qu'une cavité, comme dans les brochets, les merlans, les truites, etc. ; d'autres fois elle a deux lobes ou loges, comme dans le barbeau et la carpe ; ou trois, comme dans la tanche de mer ; ou quatre, comme dans la dorade de la Chine. C'est en dilatant ou en comprimant cette vessie que le poisson, occupant dans l'eau un plus grand ou un plus petit volume, devient plus léger ou plus pesant, qu'il monte et qu'il descend à sa volonté. La division de la vessie en différens lobes n'a pas été faite sans raison. Lorsqu'elle n'a qu'une cavité, comme dans les poissons ichthyophages et voraces, leur mouvement d'ascension ou de descente se fait tout d'une pièce et lentement, parce que, comme ils compriment à la fois toute leur vessie, tout leur corps se meut horizontalement de haut en bas et de bas en haut, ce qui retarde, par la résistance du fluide, la vitesse de ces tyrans des eaux. Quand cette vessie a deux lobes, comme dans la carpe, ce poisson insectivore, en dilatant le lobe antérieur et comprimant le postérieur, monte rapidement, la tête la première, à la surface de l'eau ; ou descend au fond avec légèreté, en imprimant aux deux lobes de sa vessie des compressions différentes. Il en résulte des mouvemens plus prompts, qui lui donnent le moyen d'échapper à ses ennemis. Lorsque cette vessie a quatre lobes, comme dans le poisson doré, ce poisson en tire une multitude d'harmonies, en en variant tour à tour les contractions et les dilatations. Il s'élève, il s'abaisse, il s'incline, il se dresse, il se tourne, il décrit mille et mille courbes ; il se joue dans l'eau comme l'oiseau dans l'air ; il y fait briller les riches couleurs d'or, d'argent, de ponceau, de pourpre, dont la nature a pris plaisir à le peindre. Ses attitudes sont si gracieuses, et ses mouvemens si variés, que les Chinois, qui nous l'ont donné, passent des jours entiers à le contempler dans les bassins de leurs jardins ou dans des bocaux de cristal. Il ne doit sans doute l'aisance et la grâce de ses mouvemens qu'aux modulations des quatre divisions de sa vessie aérienne.

Les insectes volatiles, qui ont d'ailleurs beaucoup d'analogie avec les poissons, comme je l'ai dit dans mes *Études*, ont des corps vésiculaires, qu'ils contractent peut-être pour descendre ; car ils volent si long-temps et avec une si grande facilité, qu'ils semblent être en équilibre avec l'air, comme les poissons avec l'eau. Peut-être cet air est-il plus léger que l'air atmosphérique : je suis porté à le croire par l'odeur infecte qu'exhalent plusieurs scarabées lorsqu'ils viennent de mourir. Un jour je recueillis sur une touffe de julienne une douzaine de buprestes ou de scarabées semblables aux mouches cantharides. Je les mis au soleil ardent dans un vase, et je les couvris d'un verre. Au bout de deux minutes, ils étaient morts ; mais lorsque je vins à les découvrir, il s'éleva du vase une vapeur fétide et perçante qui pensa me suffoquer. Cet air est sans doute de la même nature que celui qui s'exhale des fourmis et des punaises ; il soutient en l'air les insectes non ailés, de manière qu'ils peuvent tomber d'une grande hauteur sans se blesser.

Cependant je suis porté à croire que les insectes volatiles ont, indépendamment de leurs vésicules aériennes, une vessie d'eau qui les met en contrepoids avec l'air, comme les poissons ont une vessie d'air qui les met en équilibre avec l'eau. Ce qui me fait naître cette idée, c'est que lorsqu'un cousin a pompé le sang dont il se nourrit, et qu'il est chargé de ce nouveau poids, il ne manque jamais de lâcher une goutte d'eau par l'anus, avant de prendre sa volée. On pourrait être tenté de croire que c'est le sang qui est entré dans ses intestins qui le force à cette évacuation ; mais elle a également lieu lorsqu'il se trouve pris. Il en arrive de même aux mouches lorsqu'on les tient par les ailes. Elles croient sans doute échapper en se rendant plus légères.

Quoi qu'il en soit, la nature a si bien mis d'accord toutes ses lois élémentaires et organiques, qu'après avoir étendu, le long des rivages de l'Océan et dans l'intérieur des continens, de grandes plages de sable volatil qui doivent réparer les sommets des montagnes, et qui remplissent en été l'atmosphère de leurs tourbillons, elle a donné aux yeux des quadrupèdes qui habitent la surface de la terre, non-seulement des paupières qui les couvrent et découvrent à volonté, mais même des cils dont les poils horizontaux et rangés près à près sont comme autant de palissades qui les abritent de la poussière. La plupart des oiseaux, et surtout ceux qui volent dans une atmosphère élevée et pure, ont des paupières pour voiler la lumière; mais ils n'ont point de cils. Les poissons qui vivent sous l'eau, où les rayons du soleil sont presque sans action, ont les yeux nus. Les insectes les ont pareillement nus, parce qu'en général ils vivent à l'ombre. Mais comme ils habitent les parties basses de l'atmosphère, remplies de sables volatils qui surchargeraient leurs corps délicats et boucheraient leurs trachées, la nature les en a garantis par un mécanisme fort ingénieux; elle a mis leurs cils au bout de leurs pieds. Voyez une mouche en repos, elle est quelquefois toute remplie de poussière; mais elle a six pates, dont les deux premières sont garnies de brosses à leurs extrémités. La mouche nettoie alternativement sa tête, son corselet et sa croupe. Les deux pates du milieu n'en ont point, elle n'eût pu en faire usage; par leur position, elles ne lui servent qu'à se soutenir lorsque celles de chaque extrémité sont en action. Les scarabées, comme les hannetons, n'ont point de brosses à leurs pieds, parce que leurs ailes, semblables à la plus fine gaze, sont renfermées sous des étuis où elles se reploient avec un art admirable; et elles sont couvertes d'étuis, parce que la plupart s'enfoncent dans la terre pour y pondre leurs œufs; il y en a même dont le surtout est enduit d'une huile parfumée, comme l'escarbot stercoraire, qui, au moyen de cette onction, s'enfonce sans se salir dans les excrémens des animaux, et conserve la beauté de sa robe d'un bleu pourpre. Il y en a un, appelé le capucin, à cause de sa couleur marron, qui s'enfonce au milieu d'une bouze de vache, et descend jusqu'à huit pouces de profondeur en terre, où on le trouve avec ses petits sur son dos; car il est vivipare. C'est là qu'il brave l'hiver avec sa famille.

On m'accusera peut-être d'entrer dans trop de détails; mais ce reproche ne doit être fait qu'à ceux qui décrivent les ouvrages des hommes, parce qu'ils nous en montrent le terme. Les détails, dans ceux de la nature, présentent toujours des idées neuves. C'est en descendant dans les plus petits, qu'on entrevoit son immensité. La nature, dit Pline, est grande dans les grandes choses, mais elle est très-grande dans les plus petites. Les insectes mettent à découvert les profondeurs de son intelligence. La trompe du moucheron est plus ingénieuse que celle de l'éléphant. On vante la force des ailes et le vol audacieux de l'aigle; mais les ailes des mouches sont construites avec plus d'art. La mouche commune, si fragile, qui vit sans armes défensives au milieu des dangers de toute espèce, vole plus hardiment et plus long-temps que l'oiseau de Jupiter; elle trace mille courbes en l'air, s'y élève et s'y abaisse, y plane et s'y fixe comme un point immobile. Elle se joue, par la légèreté de son vol, des animaux les plus féroces, qu'elle met quelquefois en fureur; enfin elle voltige impunément autour de leur maitre, dont elle se fait la commensale malgré lui.

Il est sans doute plus intéressant d'étudier les jeux de ces enfans de l'air au sein de l'atmosphère, que les convulsions de leurs poumons dans la machine pneumatique. N'inspirez jamais aux enfans le goût des expériences cruelles. Lorsqu'ils sont barbares envers les bêtes innocentes, ils ne tardent pas à le devenir envers les hommes. Caligula, avant de tuer des citoyens, s'était exercé à percer des mouches. La morale de l'homme avec l'homme commence par celle de l'enfant avec les insectes. Ne faites donc jamais acheter aux enfans une vérité par un vice, et ne perfectionnez pas leur esprit aux dépens de leur cœur. Ne leur faites pas étudier les lois de la nature dans le malheur des êtres sensibles, mais bien plutôt en suivant sa douce chaîne dans leurs plaisirs. Qu'ils interrogent, non leurs douleurs, mais leurs jouissances. Voulez-vous leur donner une preuve du besoin que les insectes mêmes ont de l'air, menez-les en été sur le bord des ruisseaux; montrez-leur l'araignée aquatique se promenant au fond de l'eau, au milieu d'un globule d'air qu'elle a eu l'art d'enfermer dans des fils. Notre aérostat s'élève dans l'atmosphère; le sien, plus merveilleux, descend au fond de l'eau, et nous serait sans doute plus utile: le nôtre monte au moyen d'un gaz plus léger que l'air atmosphérique; le sien plonge peut-être à l'aide d'un gaz plus pesant que l'eau. Faites observer aux enfans, dans les prairies, cette multitude de souterrains qui servent de retraite aux insectes, et les tertres de la taupe qui se couvrent ensuite de vigoureuses graminées. Tous ces soupiraux, nécessaires à la respiration des insectes laboureurs, fécondent la terre en y introduisant l'air, et ont peut-être enseigné aux cultivateurs la première théorie des labours. Les êtres en apparence les plus méprisables ont donné à l'homme les plus importantes leçons de son industrie.

On ferait une infinité de volumes sur le simple vol des oiseaux, surtout sur celui des insectes. Toutes leurs espèces offriraient des observations curieuses et utiles par la configuration de leurs ailes, leurs divers mouvemens, et les saisons de leurs émigrations. Nous verrons aux harmonies animales qu'on peut rapporter les genres primitifs des animaux, comme ceux des vents, des mers, des montagnes et des plantes, aux harmonies générales de la nature ; mais on pourrait rapporter le genre volatile à ces mêmes harmonies générales, puis les multipliant par les harmonies aériennes, en tirer un grand nombre de genres secondaires, qui auraient tous des caractères distinctifs, et classeraient les diverses espèces des oiseaux et des insectes.

Nous jetterons ici un simple coup d'œil sur les moyens que la nature leur a donnés de traverser avec des corps pesans un fluide aussi léger que l'air. Ces moyens sont les ailes. Celles des oiseaux sont divisées en trois parties, comme les bras de l'homme : elles sont formées d'os poreux très-légers, et de nerfs très-forts. Elles sont garnies de plumes, dont les plus grandes et les plus fortes s'appellent pennes. Chaque penne est composée à sa partie ultérieure d'un tuyau cylindrique très-léger, très-dur et très-élastique. On trouve dans son intérieur une pellicule membraneuse, sèche, qui provient du suc nourricier qui l'a développé. La partie supérieure de la penne est formée d'une tige remplie d'une substance spongieuse comme la moelle d'un végétal. Cette tige est arquée, courbée et pyramidale. Elle est sillonnée à sa surface intérieure, et garnie des deux côtés de barbes composées de filets très-légers, et qui s'engrènent parallèlement sur leurs longueurs les unes avec les autres, de sorte que l'air ne peut les traverser. Ces barbes sont courtes d'un côté de la tige, et elles sont alongées de l'autre, de manière que ce côté se met en recouvrement sous la penne suivante, comme l'extrémité d'une tuile sous celle qui est au-dessus. Les pennes entrent profondément dans l'aile jusqu'au périoste. Elles sont recouvertes à leur insection de plumes plus petites, posées en recouvrement pour les fortifier et arrêter le passage de l'air. Enfin, l'aile entière est attachée par des muscles pectoraux très-robustes, au centre de gravité de l'oiseau. Ce sont là les rames sur lesquelles il se tient en équilibre dans l'air ; mais pour qu'il puisse y avancer, ses ailes sont, par leurs articulations, susceptibles d'un mouvement oblique : la nature lui a donné de plus, pour se gouverner, une queue, formée pour l'ordinaire de plumes longues, droites, et dont les barbes sont égales. La queue de l'oiseau est son gouvernail ; car il ne la dirige pas plus tôt d'un côté, que sa tête se porte de l'autre, et il change à son gré la direction de son vol. Les oiseaux qui ont la queue courte et les jambes fort longues, comme les grues, les cigognes et les hérons, alongent en arrière leurs pieds, qui leur servent alors de gouvernail, en se combinant avec les mouvemens en sens contraire de leur long cou.

C'est avec leurs ailes que les oiseaux, en frappant l'air, se soutiennent comme sur un corps solide, et nagent dans ce fluide beaucoup plus léger qu'eux. Les uns y rament, comme le pigeon pesant ; d'autres y volent par longs jets, comme la perdrix ; d'autres par ondulations, comme le moineau ; d'autres y glissent, comme l'hirondelle, et y décrivent de grands cercles à la surface des moissons. L'alouette y tourne en spirale ; elle semble tracer la vis d'un escalier pour s'élever vers les cieux ; mais ce sont ses petits qu'elle se plaît à contempler du haut des airs, et dès qu'elle les a réjouis de son chant, elle se laisse tomber tout à coup auprès de leur nid.

De tous les volatiles, ceux dont le vol est le plus curieux et le plus à notre portée sont les insectes. Les uns ont des ailes de la plus fine gaze, comme la mouche : elle exécute toute sorte de vols, et quand il lui plaît, elle s'arrête en l'air, et y devient stationnaire ; d'autres, tels que les papillons, ont des ailes couvertes d'écailles fines comme la poussière, et brillantes des plus vives couleurs. Bien différentes de celles des oiseaux, qui se ressemblent toutes, et qui leur sont distribuées par paires, elles sont patronées sur une infinité de formes, et quadruples. Les papillons n'ont point de queue, comme les oiseaux, mais la plupart sont couronnés d'antennes qui dirigent leur vol. Leur gouvernail est à leur tête. Le papillon, avec sa trompe et ses antennes à bouton, semblables aux filets à anthère qui sortent du sein des fleurs, avec ses ailes quadruples et éclatantes qui imitent leurs pétales ; avec son vol incertain que balance çà et là l'haleine des zéphirs, ressemble à une fleur volante. Il y en a qui, comme le ptérophore ou porte-plume, volent parmi les graminées avec deux ailes simples, faites comme deux plumes à écrire. Je me suis arrêté quelquefois avec plaisir à voir des moucherons, après la pluie, danser en rond des espèces de ballets. Ils se divisent en quadrilles, qui s'élèvent, s'abaissent, circulent et s'entrelacent sans se confondre. Les chœurs de danse de nos opéras n'ont rien de plus compliqué et de plus gracieux. Il semble que ces enfans de l'air soient nés pour danser; ils font aussi entendre, au milieu de leur bal, des espèces de chants. Leurs gosiers ne sont pas résonnans comme ceux des oiseaux; mais leurs corselets le sont, et leurs ailes, ainsi que des archets, frappent l'air, et en tirent des murmures agréables. Une vapeur qui sort de la terre est le foyer ordinaire de leur plaisir; mais souvent une sombre hirondelle traverse tout à coup leur troupe légère, et avale à la fois des groupes entiers de danseurs. Cependant leur fête n'en est pas interrompue. Les coryphées distribuent les postes à ceux qui restent, et tous continuent à danser et à chanter. Leur vie, après tout, est une image de la nôtre. Les hommes se bercent de vaines illusions autour de quelques vapeurs qui s'élèvent de la terre, tandis que la mort, comme un oiseau de proie, passe au milieu d'eux, les engloutit tour à tour sans interrompre la foule qui cherche le plaisir. Cependant nous remarquerons que ces courbes si agréables et si variées que les volatiles décrivent dans les airs sont les mêmes que celles qui dessinent les contours des plus belles fleurs, et que celles dont les astres nous offrent les premiers patrons dans leurs formes circulaires et dans leurs cours. Ces formes mêmes, par la plus ravissante des harmonies, sont toutes, comme nous le verrons, réunies dans les différentes parties du corps humain.

Combien de découvertes ont été dues aux instincts des volatiles et à leur vol! Les anciens croyaient, non sans apparence, qu'il y avait quelque chose de divin dans le vol des oiseaux. Christophe Colomb s'assura, en pleine mer, qu'il approchait du Nouveau-Monde, par le vol des oiseaux de terre qui allaient d'une de ses îles à l'autre. Plus d'un village, dans une terre aride, a dû la découverte de son puits à des moucherons qui voltigeaient au-dessus des vapeurs de sa source souterraine; plus d'un voyageur a trouvé, par le vol d'une abeille, le miel caché au sein des forêts. J'ai admiré souvent, au milieu du vaste Océan, le vol rapide et infatigable de la frégate, qui, après avoir circulé tout le jour autour de notre vaisseau voguant à pleines voiles, retournait le soir coucher sur ses rochers, dont les plus voisins étaient à plus de cent lieues; mais le vol de la simple abeille me paraît encore plus étonnant. Des marins dignes de foi m'ont assuré qu'on voyait sur les côtes de Normandie des mouches à miel arrivant des îles de Jersey et de Guernesey, situées à plus de six lieues au large. Elles viennent sur le continent picorer les fleurs, et s'en retournent à leur ruche chargées de butin. Toute distance est relative. Une lieue, pour un homme de six pieds, fait une distance deux mille cinq cents fois plus grande que lui; mais elle est trois cent soixante mille fois plus grande pour un insecte de six lignes, et deux millions cent soixante mille fois plus considérable, si elle est de six lieues. Il faudrait qu'un homme, pour faire le même chemin que la mouche, fît plus de huit cent soixante-quatre lieues. Il est impossible donc que l'abeille aperçoive sa ruche à six lieues, et même que ses yeux la guident dans sa route. On pourrait supposer qu'elle y trouve des lieux de repos; mais dans les intervalles de ses voyages, on fauche les moissons et les prés qui lui sont connus. Elle traverse des fleuves et des bras de mer qui n'ont que des ondes mobiles. Ce ne sont point les signes inconstans de la terre et de la mer qui guident les volatiles dans leurs courses; c'est le soleil qui les oriente. L'abeille qui travaille dans sa ruche, à la plus faible lueur, peut apercevoir encore l'astre du jour, même au travers des nuages obscurs, altéré par les émanations des vapeurs du continent; peut-être a-t-elle l'instinct de s'abandonner, dans ses allées et venues, aux brises de mer et de terre qui soufflent souvent pendant l'été. Elle se guide sur le lever et le coucher du soleil. La frégate, qui vole dans l'atmosphère à une grande hauteur, aperçoit encore les derniers rayons de l'astre du jour, quoiqu'ils ne soient plus visibles sur l'horizon du vaisseau : peut-être se dirige-t-elle aussi sur le cours des astres. Il me semble en avoir vu arriver en pleine nuit sur le rivage de l'Ascension. Ce qu'il y a de certain, c'est qu'un astronome, en observant les étoiles, à minuit, aperçut, à sa grande surprise, un aigle qui traversait le champ de son télescope. Non-seulement les volatiles se dirigent sur le soleil, mais encore sur les reflets de sa lumière, que la lune nous renvoie. Il y en a beaucoup qui règlent leurs voyages, leurs chasses et leurs amours sur le cours de l'astre des nuits.

L'organisation des volatiles, leur instinct et leur vol, peuvent se rapporter à une infinité de besoins de la vie sociale; ils peuvent servir à découvrir les propriétés des végétaux, à annoncer l'arrivée des orages, le changement des saisons et les îles qui sont hors de la vue des navigateurs. Les volatiles sont les premiers habitans des terres; de tous les genres d'êtres organisés, le leur est seul cosmopolite. Les sommets les plus escarpés des montagnes, les mers les plus étendues, les sables les plus brûlans de la zone torride, et les glaces éternelles des pôles, nourrissent des oiseaux et jusqu'à des mouches : dans les forêts profondes de la solitaire Finlande, c'étaient des moineaux qui m'annonçaient l'approche des villages. Combien de fois je me suis amusé, sur le vaste Océan, à voir les oiseaux de marine tracer dans les airs de longues lignes ! Leurs diverses espèces me signalaient des terres et de nouveaux climats : les alcyons, en rasant les flots ; les goëlands et les mauves, les côtes de l'Europe ; les manches-de-velours, le cap Finistère ; les goëlettes blanches, semblables à des pigeons, les hauts-fonds et les écueils ; les envergures et les fauchets, la pleine mer ; les fous et les frégates, le centre de la zone torride ; les damiers aux ailes casées de noir et de blanc, les approches du cap de Bonne-Espérance ; les albatros, appelés moutons-du-Cap à cause de leur grosseur, les bancs et les hauts-fonds de ce promontoire des tempêtes ; les pailles-en-queue ou oiseaux du tropique, l'île de France, où ils dirigeaient leur route comme nous. Lorsqu'en retournant en Europe, je débarquai sur l'île stérile de l'Ascension, j'y vis arriver le soir des légions de fous et de frégates qui revenaient de la pêche. Ils se perchaient çà et là sur les rochers, auprès de leurs femelles posées sur leurs nids, auxquelles ils apportaient de la nourriture qu'ils dégorgeaient de leurs jabots. J'en pris plusieurs dans mes mains sans qu'aucun d'eux s'effarouchât. Je pensais que, si j'avais été naufragé sur quelque écueil semblable, j'aurais pu former avec ces oiseaux une société moins inconstante que celle des hommes ; j'aurais tâché de disposer leur naturel sociable, par les douceurs de l'habitude et des caresses, au service de l'amitié. Ils étaient déjà si familiers, qu'il m'aurait été très-facile d'attacher un billet à leurs ailes, et d'instruire peut-être de ma destinée, avec leur aide, quelque peuple hospitalier de l'Amérique ou de l'Afrique. Ce moyen me paraissait infaillible avec des onocrotales ou pélicans. Ce sont des oiseaux voyageurs, beaucoup plus gros que des cygnes, que l'on trouve dans toutes les parties du monde, et qui viennent, en été, jusque sur les rivières et les étangs de l'Europe. Ils sont si aisés à apprivoiser, que j'en ai vu un, au cap de Bonne-Espérance, qui, quoique sauvage et libre, jouait avec un gros chien auprès de la douane. Culmanus a écrit à Gesner qu'un onocrotale privé accompagnait l'empereur Maximilien partout, même à l'armée : il vécut quatre-vingts ans. Les pêcheurs chinois et les sauvages de l'Amérique les dressent à pêcher pour leur compte, et à leur apporter du poisson dans la grande poche que la nature a suspendue à leur gorge. Le vol du pélican est très-long et très-élevé ; cet oiseau peut aussi se reposer sur les flots et y reprendre son vol, au moyen de ses pates palmées comme celles des canards. C'est un oiseau d'ailleurs triste et mélancolique. Il paraît destiné, par son caractère sérieux, par son goût pour la vie errante et la sociabilité, par la longueur de sa vie, la force de son vol, et par son sac, à être le messager des navigateurs. Il leur rendrait, en cette qualité, plus de services que les pigeons courriers aux habitans d'Alexandrie. Combien de marins ont péri sur des écueils inconnus, qui auraient pu revoir leurs compatriotes, s'ils avaient pensé à les instruire de leur sort par la voie des oiseaux ! Vous leur devriez peut-être la vie, vous et vos compagnons, ô infortuné La Peyrouse !

## HARMONIES AÉRIENNES
### DE L'HOMME ET DES ENFANS.

L'homme exerce sur l'air une puissance qui suffit à tous ses besoins. Il le force d'allumer son feu dans un poêle, de lui apporter de l'eau dans une pompe, de moudre son blé avec les ailes d'un moulin, de lui chanter des airs dans une flûte, de le voiturer sur l'Océan avec les voiles d'un bateau, et même au haut de l'atmosphère avec le globe aérostat. Il en fait son serviteur, son musicien, son esclave et sa bête de somme. Mais le pouvoir de l'homme sur les élémens est le résultat de ses harmonies sociales. Nous l'allons considérer soumis lui-même à l'empire de l'air, seul, nu, et gémissant sur le sein maternel.

La voix et l'ouïe sont, par leur nature, deux sens jumeaux en harmonie ; les autres sens ont leurs jouissances séparées, ceux-ci les ont communes et réciproques. La vue, qui a tant de perspicacité, ne voit ni les odeurs, ni les saveurs, ni le tact ; et les organes de ces sens n'odorent, ne goûtent ni ne touchent la vue ; mais la voix parle à l'ouïe et l'ouïe entend la voix. Ce n'est point pour être en rapport avec les élémens, mais c'est pour réunir deux ames, que la nature a donné à chacune d'elles un sens actif et un sens passif, non en les séparant et les leur distribuant comme des sexes isolés qui ne devaient les rapprocher qu'à certaines époques, mais en les réunissant dans le même individu, afin de les lier en tout temps d'une double harmonie. Un être souffrant crie, et il est entendu par un être sensible qui lui répond et qu'il entend à son tour. Telle est la double chaîne dont la nature forma la première des harmonies morales, la fraternelle ; mais comme elles s'attachent toutes au sein maternel, nous en montrerons ici les premiers anneaux.

Je ne connais rien de plus touchant que les cris d'un enfant. Je laisse aux philosophes à trouver quels rapports des sons inarticulés, aigus, en apparence sans art et sans méthode, ont avec les fibres de la pitié, tendus par la nature dans le cœur humain ; j'observerai seulement que Virgile,[1] qui en a si bien connu toutes les convenances, a mis, à l'entrée de ses enfers, un limbe gémissant d'enfans morts à la mamelle :

> Continuo auditæ voces, vagitus et ingens,
> Infantumque animæ flentes in limine primo ;
> Quos dulcis vitæ exsortes et ab ubere raptos
> Abstulit atra dies, et funere mersit acerbo.
> Hos juxta falso damnati crimine mortis.
> Nec vero hæ sine sorte datæ, sine judice, sedes.

« Bientôt on entend des voix plaintives et un vagissement lointain d'ames d'enfans qui pleurent à l'entrée des enfers ; sevrés des premières douceurs de la vie, et ravis à leurs mamelles, un destin barbare les enleva et les plongea dans la nuit du tombeau. Près d'eux sont ceux qui furent condamnés injustement à mort. Ces places ne sont point données au hasard, sans que le juge ait prononcé. »

Warburton prétend que Virgile a voulu peindre, dans la descente d'Énée aux enfers, l'initiation aux mystères de Cérès, et que l'état malheureux des enfans morts à la mamelle et des innocens opprimés par la justice réveillait la tendresse des parens, et inspirait de l'horreur pour les jugemens injustes. Les professeurs de l'université de Paris, qui ont donné, en 1751, une traduction de l'*Énéide*, n'ont pas manqué d'y mettre en note ce trait d'érudition de Warburton, et d'y applaudir ; cependant, s'il m'est permis de le dire, je crois qu'il porte à faux. Des hommes avaient-ils besoin qu'on leur montrât leurs enfans et leurs concitoyens morts innocens et déplorant leur destinée, pour redoubler de tendresse paternelle pour leurs petits enfans, et d'horreur pour des juges iniques ? Je crois bien plutôt que l'intention du poète a été d'inspirer la pitié, au commencement de sa description des enfers. Il se garde bien d'introduire son héros et son lecteur dans des scènes d'horreur, comme ont fait depuis, en pareille circonstance, les poètes italiens, et, entre autres, le Dante. La sibylle conduit d'abord Énée dans le lieu destiné aux enfans victimes innocentes de la justice divine, et dans celui qu'occupent les victimes de la justice humaine, qu'il rapproche par une consonnance de destinée. Il met plus loin ceux qui se sont ôté eux-mêmes la vie, et il ne leur donne d'autre punition qu'un amer repentir ; il inspire, il accroît par degrés la pitié. Il décrit ensuite la campagne des pleurs, *lugentes campi*. Il y fait errer, dans une forêt de myrtes et parmi des routes solitaires, des femmes que leurs passions rendaient infortunées : Phèdre, amoureuse d'Hippolyte ; la jalouse Procris, qui pé-

[1] *Énéide*, liv. VI, vers 426 et suiv.

rit par la main de Céphale, son époux, trop tendrement aimé ; Ériphyle, qui découvrit la retraite de son mari Amphiaraüs, et fut punie de mort par son fils Alcméon ; la trop fidèle Évadné, femme du géant Capanée, qui se jeta de désespoir dans le bûcher de son mari ; Pasiphaé, amoureuse d'un taureau ; Laodamie, qui mourut de douleur en apprenant la mort de Protésilas, son époux ; Cénée, de fille devenue garçon et invulnérable, étouffée sous une forêt d'arbres par les Centaures, aux noces de Pirithoüs ; enfin, la malheureuse et silencieuse Didon. Après ces différentes victimes de l'amour, viennent celles de la guerre. Énée voit parmi elles les ames de la plupart de ses amis qui avaient péri au siège de Troie ; mais, lorsqu'il approche des prisons infernales, destinées au supplice des scélérats ; quand leurs portes redoutables s'entr'ouvrent et roulent sur leurs horribles gonds, la sibylle l'arrête et lui adresse ce vers si touchant et si philosophique :

> Nulli fas casto sceleratum insistere limen.

« Nulle ame pure ne peut entrer dans le séjour du crime. »

Elle lui peint alors, dans un simple récit, ce lieu de tourmens, où Hécate elle-même l'avait introduite, en lui confiant la garde des bois de l'Averne.

Virgile a donc voulu uniquement exciter la pitié, en mettant des enfans à la mamelle et des femmes infortunées par l'amour, à l'entrée des enfers. Tâchons de parvenir au même but en mettant les uns et les autres, dès cette vie même, à l'entrée du paradis. Il n'y a point d'être qui ait plus besoin de secours qu'une femme qui vient d'accoucher et qu'un enfant qui vient de naître.

Quelque bruit qu'on fasse autour d'un enfant nouveau-né, pendant les six premières semaines de sa naissance, il ne détourne pas la tête ; d'où l'on conclut qu'il n'entend pas. Je crois l'observation vraie, et je m'en suis assuré moi-même en partie ; mais la conséquence qu'on en tire n'est pas juste. Si l'enfant ne fait pas attention au bruit, c'est qu'il n'a pas l'expérience des causes qui le produisent, et qu'il n'est pas en rapport avec elles. Je suis persuadé qu'il s'entend lui-même, et qu'il a l'ouïe et la conscience de ses cris, qui annoncent ses besoins. Je crois, de plus, qu'il entend la voix de sa mère, comme un agneau distingue celle de la sienne au milieu d'un troupeau de brebis, et court à elle sans faire aucune attention aux autres brebis qui bêlent autour de lui. C'est par ses cris qu'un enfant nouveau-né invoque la mamelle de sa mère, dont il a le besoin et le sentiment, s'il n'en a pas l'idée. On lui a donné le nom d'enfant, du mot latin composé *in-fans*, non-parlant. Cependant il se fait très-bien entendre avec des cris et des gémissemens, dont les sons, supérieurs à toute éloquence, remuent le cœur maternel. Philosophe, démontre à une mère, par les lois de la physique, par l'amour de l'ordre, par celui même de la patrie, qu'elle doit allaiter son enfant. Que lui répondras-tu, si elle oppose à tes raisons générales ses raisons particulières, sa délicatesse, de longues veilles, des inquiétudes toujours renaissantes, un ordre qui l'opprime, une patrie indifférente à ses besoins, et cet enfant même, objet de tant de soucis, qui, devenu homme, fera peut-être son plus cruel tourment? Mais elle entend la voix gémissante de son enfant, et elle l'allaite sans raisonner.

Comment arrive-t-il ensuite que des parens deviennent insensibles aux cris de leurs enfans? Comment se peut-il qu'eux-mêmes les fassent naître pour des châtimens à la fois obscènes et cruels? Les Sauvages les plus féroces envers leurs ennemis rougiraient d'en employer de semblables; cependant, on voit encore, dans nos écoles, des maîtres et des maîtresses les mains armées de verges et de fouets. Les choses n'ont changé que de nom : les habitudes, les mœurs et les hommes sont toujours les mêmes. Passe pour des maîtres mercenaires, qui ne veulent gouverner que par la terreur, et qui, dans des enfans étrangers, ne voient que des esclaves; mais le père qui, trompé par de mauvais exemples et de fausses autorités, ose violer envers son fils le premier pacte de la pitié formé entre eux par la nature, le viole en même temps envers le genre humain!

La mère est le premier instituteur de son enfant; tâchons de l'aider dans les premiers soins de son éducation. Il est nécessaire qu'elle renouvelle fréquemment l'air autour de lui : c'est, après la chaleur, son premier élément et son premier aliment. Non-seulement elle doit renouveler l'air qu'il respire, mais elle doit laver ses langes, son berceau, ses rideaux, la chambre même où il couche, afin d'en enlever les miasmes méphitiques, qui s'attachent partout, et qui proviennent de la transpiration et de la respiration. Je n'ai pas besoin de dire qu'il faut en ouvrir les fenêtres pendant le jour. Un enfant languit sans air, comme la plante qui en est privée; il pâlit et s'étiole comme elle dans une chambre fermée. Rien ne le fortifie davantage que de l'exposer au grand air, même en hiver. Pendant le froid rigoureux que nous avons éprouvé au commencement de 1795, ma femme avait souvent l'attention de se promener au soleil et à l'air, à l'heure de midi, en tenant ma fille bien couverte dans ses bras; elle était alors âgée de six mois. Elle jetait souvent des cris dans la chambre, sans doute par le besoin de respirer le grand air; car, dès qu'on l'y portait, elle devenait tranquille, et bientôt elle était saisie d'un sommeil doux et paisible, qui la faisait profiter à vue d'œil.

J'ai toujours remarqué qu'elle pleurait et criait quand on lui mettait ses vêtemens, et qu'elle se réjouissait quand on les lui ôtait. Tout enfant est gai quand il est nu. C'est donc avec raison qu'on représente ainsi les amours. La gaieté dans les enfans nus ne provient pas seulement de ce qu'ils sont débarrassés de la contrainte de leurs langes, car ma fille n'a jamais été gênée dans les siens; mais elle vient, je pense, aussi de l'action de l'air qui pénètre par les pores du corps, et y facilite le mouvement des fluides : au moins, c'est par les pores que le corps transpire. Beaucoup de maux ne proviennent que de transpirations arrêtées; peut-être le corps même respire-t-il par le tissu cellulaire. C'est sans doute dans cette idée qu'un médecin célèbre conseillait les bains d'air comme très-salutaires. J'attribue le prompt accroissement des enfans des Nègres, non-seulement à l'influence du soleil sur eux, mais à ce qu'ils vont tout nus à l'air; car les enfans des Sauvages de l'Amérique, élevés de la même manière, ne sont pas moins vigoureux. Les uns et les autres, étant accoutumés comme les animaux aux vicissitudes de l'air, étant hommes, ils ne sont point sujets comme nous aux rhumes et aux rhumatismes.

Avant de guérir les maux des enfans, occupons-nous du soin de les prévenir. Si nos mœurs ne nous permettent pas de les laisser aller tout nus, au moins accoutumons les garçons à vivre à l'air le plus vif, la poitrine découverte. Sortons-les même au milieu de l'hiver, de l'air de l'école, et donnons-leur quelque instruction en pleine campagne; menons-les à la promenade sur une hauteur. La seule attention que l'on doit avoir est que les enfans échauffés dans leurs jeux ne se refroidissent pas subitement. Il faut les faire bien couvrir de leurs habits, lorsqu'ils cessent de jouer, et les tenir toujours en mouvement jusqu'à ce qu'ils soient de retour à la maison. On évitera par ces précautions les pleurésies, les fluxions de poitrine, les rhumes et les rhumatismes, qui ne viennent que de transpirations arrêtées.

On peut avec ces exercices amusans leur donner une idée des sciences les plus profondes. La chute de leur ballon leur rendra sensible l'attraction de la terre; et la courbe qu'il décrit en l'air, la théorie de la parabole, composée du mouvement perpendiculaire de la pesanteur et de son mouvement horizontal de projection. Tandis que quelques-uns élèvent à grands cris leur cerf-volant, et qu'ils le voient avec admiration s'élever, en se balançant au haut des airs, expliquez-leur le mécanisme de son ascension et les lois de la décomposition des forces, c'est-à-dire du vent, sur le plan incliné du cerf-volant. Vous pouvez même, si le temps est favorable, leur donner avec prudence le spectacle étonnant de l'électricité atmosphérique, par un cerf-volant dont la ficelle est filée avec un fil de laiton, qui attire le feu électrique, et terminée par un cordon de soie, qui en arrête le cours, dans la main de celui qui le tient. Vous pouvez leur dire que l'électricité atmosphérique est le feu solaire répandu autour de nous d'une manière invisible; que ce feu se communique aux nuages, et ne les rend foudroyans que parce qu'il cherche partout à se mettre de niveau; qu'on distingue pour cette raison deux électricités, l'une en plus, et l'autre en moins; que les métaux, entre autres le fer et le cuivre, lui servent de conducteurs; que c'est à cause de ces propriétés qu'on met au haut de plusieurs édifices des barres de fer, avec des fils de fer qui s'en éloignent, non pas pour attirer le tonnerre, comme le pense le vulgaire, mais pour le soutirer et l'éloigner du corps du bâtiment. Une aiguille électrique n'attire pas plus le tonnerre sur le toit d'un édifice, que la gouttière de ce toit n'y attire la pluie. L'une et l'autre servent au contraire à en écarter ces deux météores. Quant au coup invisible qui frappe celui qui touche la ficelle du conducteur, dans le cerf-volant électrique, j'en ai entendu donner des explications savantes; mais j'avoue que je n'y ai rien compris. Je soupçonne seulement que le feu électrique, et que tout feu en général, renferme en lui plusieurs propriétés qui nous sont inconnues, entre autres les principes du mouvement; je pense aussi que tout feu vient du soleil : la chose me paraît évidente.

Au reste, comme Michel Montaigne, j'avance mes opinions, non comme vraies, mais comme miennes. Dans toute espèce de système, on ne doit jamais balancer à avouer ses doutes et même son ignorance.

Il est surtout nécessaire, lorsqu'on parlera aux enfans des lois générales de la physique, d'en faire l'application aux besoins de la société. En tout il faut fixer leur jugement sur des faits qui les intéressent. Donnez toujours un corps et une action aux principes, c'est le seul moyen de les leur rendre sensibles. Vous pourrez donc, en leur expliquant l'ascension du cerf-volant par la force du vent qui, en se décomposant sur son plan incliné en deux actions, l'une horizontale, et l'autre oblique, la force à monter, leur faire connaître que cette même force, en se décomposant sur les plans inclinés des ailes d'un moulin, les fait mouvoir circulairement. Peut-être le cours d'une rivière profonde produirait-il le même effet sur les ailes d'un moulin à eau disposées semblablement. Il est bon de jeter de temps en temps des corollaires au milieu de l'instruction; ce sont des perspectives au milieu d'un paysage; elles étendent et développent le génie. Rien n'est égal peut-être à celui de l'inventeur du moulin à vent, car je n'en vois point de modèle dans la nature, quoique je sois bien persuadé qu'il y est, ainsi que tous les modèles de nos inventions. Mais c'est surtout par son utilité que cette ingénieuse machine est recommandable. Elle fournit à notre premier besoin dans la plus grande partie de l'Europe, et épargne aux animaux et aux hommes une multitude de fatigues. On aurait dû élever une statue à son auteur, dont le nom même est ignoré. Le célèbre mathématicien de la Hire ne passait jamais devant un moulin à vent sans ôter son chapeau, par respect, disait-il, pour la mémoire de celui qui l'avait inventé. Combien de gens ne le regardent que comme l'habitation d'un meunier! Apprenons de bonne heure aux enfans à n'estimer les arts et les hommes que par rapport à leurs besoins. Reprenez-les quand ils parlent, même à de simples manœuvres, avec mépris ou en les tutoyant. Le ton de l'extrême familiarité devient celui de l'orgueil, quand il n'est pas réciproque. D'ailleurs, les enfans, quels qu'ils soient, doivent toujours respecter un homme. Tirons leurs leçons de morale de leurs actions les plus communes, ainsi que leurs lumières de leurs jeux : c'est à la morale qu'ils doivent rapporter toutes leurs sciences. Si j'en effleure par-ci par-là quelques-unes, si je leur ai fait entrevoir l'influence nécessaire du soleil et de l'air sur toutes les puissances de la nature, c'est non-seulement pour leur propre utilité, mais pour celle de leurs semblables; c'est pour qu'un jour ils ne plantent pas sur leurs propriétés de grands arbres dont l'ombrage puisse nuire à leurs voisins; c'est afin qu'ils soient plus justes que les lois qui le permettent. J'ai vu dans le pré Saint-Gervais, par ces plantations de bois, un riche propriétaire forcer successivement tous ses voisins de lui vendre leurs jardins et leurs champs, jadis si bien cultivés, mais qui maintenant couverts d'ombre n'avaient plus ni soleil ni air.

C'est le soleil qui, par sa présence et par son absence, est cause de toutes les harmonies de l'atmosphère, sur les eaux, la terre, les végétaux, les animaux et les hommes. Ce sont peut-être ses reflets que la lune nous envoie au milieu des nuits, qui modifient l'action des vents. Souvent la lune produit à ses différentes phases des changemens de temps. Les naturalistes modernes n'en sont pas d'accord; mais l'expérience des laboureurs et des marins est plus sûre que la théorie imparfaite des physiciens. Ceux-ci assurent qu'elle soulève l'Océan, et ils nient qu'elle puisse mouvoir l'atmosphère. Ce sont deux erreurs qui se contredisent. Je l'ai vue souvent sur la mer, à son lever, fondre et dissiper les nuages suspendus dans les régions glaciales de l'air, sans doute par la même influence qui lui fait fondre les glaces des pôles. Quand elle s'entoure d'un limbe jaune, attendez-vous au mauvais temps. La lune nous annonce par sa pâleur la pluie; par sa rougeur, le vent; et par sa blancheur, la sérénité.

Mais le ciel se couvre de toutes parts. Le soleil, voilé par des nuages sombres, laisse échapper de longs rais d'une lumière pâle qui nous annoncent la tempête. Déjà elle s'élève : des giboulées de neige volent dans les airs, comme des plumes d'oiseaux; les troupeaux inquiets mugissent au fond des vallées; le berger, trompé par l'espoir d'un beau jour, se hâte de les rassembler avant la nuit. Le terrible vent du sud-ouest s'élève de l'horizon, il couvre le ciel de montagnes de nuages semblables à celles des Alpes; dans sa course rapide et pesante, il creuse la surface des eaux, et courbe les cimes des forêts, qui font entendre au loin de rauques rugissemens; les troncs des arbres tombent avec fracas : tandis que ces vieux monumens des siècles sont renversés, un oiseau paraît immobile dans les cieux. L'épervier lutte contre la tempête, en jetant des cris funèbres; il épie quelque oiseau malheureux qui ne doit plus revoir le printemps.

Ne regardez point les tempêtes de l'atmosphère, les ravages des forêts et les guerres des animaux, comme des désordres de la nature: tout est bien dans un plan infiniment sage. L'oiseau de proie, en détruisant les oiseaux âgés ou infirmes, prépare de nouvelles places à leurs générations. Les tourbillons du sud-ouest renouvellent les vieux végétaux, et disséminent au loin leurs graines; ils portent aux régions glacées du nord l'air chaud de l'Afrique, chargé des vapeurs de la Méditerranée; ils adoucissent l'atmosphère de notre zone, et entassent sur notre pôle septentrional des montagnes de neige, qui doivent donner, à l'équinoxe du printemps, de nouvelles sources à l'Océan.

Enfans, hâtez-vous de rassembler vos ballons, vos volans et vos cerfs-volans : déja vos mères inquiètes accourent et vous rappellent à vos foyers. Heureux celui qui habite avec des parens chéris une humble chaumière au fond d'un vallon! A l'abri des collines et des vergers, il entend la nuit, sans crainte, les mugissemens des vents. Il s'endort au murmure lointain des forêts, et en fermant les yeux à la lumière, il bénit celui qui a pourvu aux besoins de tout l'univers.

## LIVRE TROISIÈME.

### HARMONIES AQUATIQUES.

Inspirez-moi, douces Naïades, soumises aux influences du Verseau, vous qui répandez sur la terre les ondes argentées! Venez aussi à mon aide, Néréides qui les exhalez en vapeurs vers les cieux, et qui les recevez dans les bassins des mers! Je suis né sur vos rivages. Combien de fois j'ai vu s'écouler mes journées sur vos grèves solitaires, ne me plaignant qu'à vous et au ciel des injustices des hommes! Vos gémissemens semblaient répondre à mes gémissemens. Souvent, assis au pied d'un rocher, j'ai contemplé vos orages, images de ceux de ma vie. Alors, mes yeux mouillés de larmes suivaient sur vos horizons une voile lointaine, emportant vers d'autres mondes un ami malheureux. Moi-même j'ai poursuivi vers d'autres climats, à travers vos plaines liquides, un bonheur inconstant comme elles. Partout j'ai trouvé une fortune trompeuse comme les hommes, mais partout j'ai senti une nature bienfaitrice, immuable. Les hautes montagnes des Alpes n'ont rien de plus élevé que vos profondeurs, et les vastes continens ne renferment point d'objets plus ravissans que les ombrages de vos rives. C'est vous qui avez nivelé les terres, creusé les vallons et arrondi les collines; c'est sur vos bords verdoyans, c'est au sein de vos flots azurés, qu'au milieu d'une nuit jusqu'alors éternelle, Vénus apparut baignée de vos ondes transparentes, et éclairée des premiers feux de l'aurore. Viens m'animer des mêmes feux, soleil, astre brillant du jour : la lumière, la chaleur, les couleurs, les formes, les mouvemens et toutes les harmonies de la vie naissent sous tes rayons éclatans. Maintenant que ma course rapide est sur son déclin, viens éclairer mon couchant d'un rayon de tes aurores éternelles. Attire-moi de cette terre de boue vers la Divinité, dont tu es la plus sensible image. Vastes mers, inspirez-moi des pensées profondes comme vos abîmes; et vous, agréables fontaines, des paroles mélodieuses comme vos plus doux murmures. Puissent-elles à la fois paraître sublimes aux sages, et touchantes aux mortels les plus simples.

## HARMONIES AQUATIQUES DE L'AIR.

C'est aux simples vapeurs de l'eau que l'atmosphère doit les riches couleurs et les belles formes de nuages qui font la beauté des cieux. Si ces vapeurs n'existaient pas, le soleil nous apparaîtrait sensiblement plus petit dans un firmament d'un bleu foncé, ainsi qu'on le voit du sommet des hautes montagnes. Il n'y a rien de plus monotone qu'un ciel sans nuages.

C'est aux vapeurs aquatiques de l'air qui décomposent les rayons du soleil, que l'aurore doit ses magnifiques couleurs. Elles se manifestent d'abord à l'horizon par la couleur blanche, qui est celle de la lumière pure. On lui a donné le nom d'aube, du mot latin *alba*. Cette blancheur, en s'élevant au-dessus de l'horizon, se décompose en différentes nuances de jaune, qui parviennent au jaune doré, qui est en général la couleur des rayons du soleil dans notre atmosphère. Ce jaune doré, relevé d'un peu de vermillon, forme la couleur de l'aurore proprement dite, et s'élève ensuite, par différentes teintes de rouge, jusqu'au carmin au zénith : de là, descendant par les nuances du pourpre et du violet, il arrive au bleu vers le couchant, et enfin du bleu au noir au lieu où la nuit étend encore ses voiles. Toutes les teintes imaginables sont composées de ces cinq couleurs primitives. Je ne m'arrêterai pas ici aux harmonies de ces couleurs, parce que j'en ai parlé assez au long dans mes *Études*. Je ferai observer seulement que ces cinq couleurs primitives et leurs nuances principales semblent réparties aux sept puissances de la nature : le blanc au soleil, le bleu à l'air et à l'eau, le jaune à la terre, le vert aux végétaux, le rouge au sang des animaux, et toutes les couleurs aux hommes, depuis le blanc des peuples septentrionaux jusqu'au noir des peuples méridionaux. Il n'est pas moins remarquable que le goût de ces couleurs primitives est adopté par les peuples, suivant un ordre géographique en rapport avec l'ordre atmosphérique. Ainsi, les Chinois, situés à l'orient, ont pour couleur principale le jaune de l'aurore; les Africains, au midi, le rouge; les peuples de l'occident de l'Europe, le bleu. Les peuples latéraux, comme les Thibétains, ont choisi l'orangé; les Russes, le vert; les Italiens, le violet. Ce sont là les couleurs impériales, royales et distinctives de ces nations. Le blanc et le noir, par leurs durs contrastes, sont chez elles des signes de deuil : le blanc chez les nations noires; et le noir chez les nations blanches.

C'est dans le ciel, comme dans le genre humain, que s'harmonient à la fois toutes les couleurs primitives. La pluie nous les montre rassemblées dans les couleurs de l'arc-en-ciel : alors il suffit d'une goutte d'eau pour les engendrer.

Si les vapeurs aquatiques dispersées dans l'air décomposent en une infinité de couleurs les rayons du soleil, et tracent même un arc de circonférence lorsqu'elles sont réunies en gouttes de pluie, elles représentent quelquefois le soleil lui-même en entier et avec tout son éclat, lorsqu'elles sont en forme de nuage : c'est cette image qu'on nomme parélie, des mots παρὰ, ἥλιος, qui signifient soleil proche, ou autour (du véritable).

Ces faux soleils ne sont communs que sur les mers glaciales, où ils servent puissamment à accélérer en été la fonte des glaces polaires; car la nature ne fait rien en vain. Martens, qui les y a observés fréquemment, dit qu'ils sont d'un éclat éblouissant, et qu'ils ont plus de chaleur que le soleil lui-même. Cela doit être, car ils en rassemblent les rayons sur un grand diamètre, et produisent l'effet d'un miroir ardent.

Les parélies sont communs dans les zones glaciales, rares dans les tempérées, et on n'en a peut-être jamais vu dans les deux torrides, quoique l'australe soit très-aquatique, et par conséquent très-nuageuse. Il est aisé d'en sentir la raison : les parélies qui fondent les glaces de l'Océan boréal et austral causeraient des incendies dans les forêts des zones torrides. Mais il n'est pas si facile de trouver pourquoi il ne s'en forme pas dans les nuages des zones torrides, car ils sont en grand nombre, et la plupart de ceux qui remplissent l'atmosphère y prennent leur source, pour se répandre de là jusqu'aux pôles.

Je crois cependant entrevoir la cause de ces effets différens. Dans les mers méridionales et dans nos étés, les nuages, dilatés par la chaleur, s'étendent horizontalement dans une atmosphère dilatée. Au contraire, dans les mers glaciales, ainsi que dans nos hivers, les nuages, comprimés par le froid, s'élèvent perpendiculairement ou obliquement dans une atmosphère condensée. Il résulte de ces deux dispositions que les nuages horizontaux des contrées et des saisons chaudes donnent peu de réflexions solaires et beaucoup d'ombre, et qu'au contraire les nuages perpendiculaires ou obliques des régions ou saisons glaciales produisent peu d'ombre sur la terre et beaucoup de reflets solaires.

Ces différences de réflexions sont sensibles dans nos climats même, non-seulement dans le cours de l'année, mais dans celui du jour. Lorsque le soleil est le matin à l'horizon, il éclaire les nuages en dessous, et y fait naître les riches couleurs de l'aurore. Quand il est à son midi, il les éclaire en dessus : alors ils sont sans couleurs, et jettent beaucoup d'ombre ; mais quand le soir il est au couchant, il leur donne un éclat encore plus vif qu'au matin, parce qu'il a élevé beaucoup de vapeurs pendant le jour.

On peut observer aussi que les parélies, ainsi que les arcs-en-ciel, n'ont lieu que lorsque le soleil est peu élevé sur l'horizon.

Ceci posé, les nuages des mers glaciales sont formés, en été, des brumes peu dilatées qui s'élèvent perpendiculairement des glaces en fusion. Elles réfléchissent, dans leurs cavités, les rayons et le disque même du soleil, comme les glaces dont elles émanent, et qui sont alors d'un éclat éblouissant. Elles échauffent tellement l'atmosphère, que Martens dit qu'elles faisaient fondre, par leur reflet, le goudron de son vaisseau. Ce sont ces mêmes nuages perpendiculaires ou obliques, et semblables, par leurs croupes entassées et éblouissantes, à des portions des Alpes, qui descendent, au mois de mars, du nord dans notre atmosphère. Ils contribuent par leur réverbération, aux coups de soleil si fréquens dans ce mois, en augmentant l'activité de ses rayons sur une terre engourdie par l'hiver. Ceux, au contraire, que les vents du sud nous amènent de la zone torride, sont obscurs, étendus dans les cieux, et projettent leurs grandes ombres sur la terre. La nature a donné aux nuages des zones chaudes et froides les mêmes dispositions qu'aux feuillages de leurs végétaux, dont les uns, horizontaux, sont des parasols, et les autres, perpendiculaires, sont des réverbères : voilà pourquoi le palmier de l'Afrique diverge ses rameaux en ombelles, et le sapin de la Russie élève les siens en pyramides.

Non-seulement les nuages, condensés par le froid, perpendiculaires ou obliques à l'horizon, renvoient des reflets et quelquefois des images du soleil ; mais il est possible qu'étant horizontaux, ils nous présentent l'aspect des objets terrestres. Ainsi, les montagnes, les forêts, les armées même, qu'on a cru quelquefois apercevoir dans les nuages, ne sont pas toujours aussi illusoires qu'on le pense.

J'appuierai ce paradoxe de faits assez curieux. Quelque temps après avoir publié mes Études de la nature, un homme vint me dire qu'il avait trouvé le secret d'annoncer l'arrivée des vaisseaux, lorsqu'ils étaient encore à soixante ou quatre-vingts lieues du port, et même plus loin. Il en avait fait, ajoutait-il, l'expérience plusieurs fois à l'île de France, devant plusieurs témoins qui avaient signé son mémoire, et il voulait le présenter au ministre de la marine, pour la réitérer en France. Son dessein était de me prier de l'apostiller, parce qu'il supposait qu'ayant été ingénieur à l'île de France, j'avais ouï parler de sa découverte, et que j'en devais sentir la possibilité, parce que je m'étais livré à l'étude de la nature. Il concluait que quelques succès en ce genre dans le public avaient dû me donner beaucoup de crédit dans les bureaux. Je lui répondis qu'étant à l'île de France, j'avais ouï dire en effet que les oiseaux du tropique annonçaient l'arrivée des vaisseaux d'Europe en les devançant de fort loin et en venant aborder avant eux, mais que les faits personnels qu'il alléguait m'étaient entièrement inconnus ; que j'étais un solitaire sans crédit ; qu'il n'avait besoin d'ailleurs de celui de personne pour mettre sa découverte en évidence, et que pour attester son expérience il ne fallait que l'expérience même et des témoins irréprochables. J'ignorais alors qu'il ne suffit pas de présenter aux hommes la vérité toute nue pour la leur faire adopter ; qu'il faut la couvrir des voiles du mystère, lui donner un théâtre, des prôneurs et des protecteurs, et que ces accessoires sont si puissans, qu'ils suffisent par toute la terre à l'erreur pour cacher la vérité aux yeux même les plus clairvoyans. Mon spéculateur de vaisseau ne fut pas content de ma réponse. Il avait avec lui un avocat qui avait rédigé le mémoire de sa prétendue découverte. Il s'était imaginé que je lui ferais d'avance beaucoup de complimens, et qu'il en prendrait acte, comme d'une autorité. Cependant, pour l'encourager autant qu'il m'était possible, je lui dis que j'étais intimement convaincu qu'il y avait dans la nature une infinité de choses inconnues aux hommes, et surtout à moi ; que sa découverte pouvait être de ce nombre ; qu'elle m'était problématique ; que je ne la croyais pas, mais que je ne la niais pas non plus.

J'ai appris depuis qu'il avait été envoyé à Brest pour faire son expérience devant des commissaires, et qu'elle n'avait pas réussi.

J'ai pensé que cet observateur avait pu, dans quelque circonstance favorable et commune dans le ciel des tropiques, avoir la vue des vaisseaux éloignés par la réflexion des nuages. Ce qui me confirme dans cette idée, c'est un phénomène très-singulier qui m'a été raconté par notre célèbre peintre Vernet, mon ami. Étant, dans sa jeunesse, en Italie, il se livrait particulièrement à l'étude du ciel, plus intéressante sans doute que celle de l'antique, puisque c'est des sources de la lumière que partent les couleurs et les perspectives aériennes qui font le charme des tableaux ainsi que de la nature. Vernet, pour en fixer les variations, avait imaginé de peindre sur les feuillets d'un livre toutes les nuances de chaque couleur principale, et de les marquer de différens numéros. Lorsqu'il dessinait un ciel, après avoir esquissé les plans et les formes des nuages, il en notait rapidement les teintes fugitives sur son tableau avec des chiffres correspondans à ceux de son livre, et il les colorait ensuite à loisir. Un jour, il fut bien surpris d'apercevoir au ciel la forme d'une ville renversée; il en distinguait parfaitement les clochers, les tours, les maisons. Il se hâta de dessiner ce phénomène, et, résolu d'en connaître la cause, il s'achemina, suivant le même rhumb de vent, dans les montagnes. Mais quelle fut sa surprise de trouver à sept lieues de là la ville dont il avait vu le spectre dans le ciel, et dont il avait le dessein dans son portefeuille!

La réflexion d'une ville observée dans les airs par Vernet n'a rien de plus extraordinaire que le phénomène du détroit de Sicile, près de Messine. Il y est connu sous le nom de Fée Morgane. Tous les voyageurs qui ont été dans cette partie de l'île en parlent avec étonnement. Voici ce qu'en dit Brydone [1]:

« Les anciens et les modernes remarquent sou-
» vent que, dans la chaleur de l'été, après que la
» mer et l'air ont été agités par les vents et qu'un
» calme parfait succède, on voit, à la pointe du
» jour, dans cette partie du ciel qui est sur le dé-
» troit, différentes formes singulières; quelques-
» unes sont en repos, et d'autres se meuvent avec
» beaucoup de vitesse; à mesure que la lumière
» augmente, elles semblent devenir plus aérien-
» nes, jusqu'à ce qu'enfin elles disparaissent en-
» tièrement un peu avant le lever du soleil.

» Les auteurs siciliens parlent de ce phénomène
» comme du plus beau spectacle de la nature.
» Léanti, un de leurs meilleurs écrivains, vint ici
» pour le voir. Il dit que les cieux paraissaient
» remplis d'un grand nombre de palais, de jar-
» dins, de bois.....; que des figures d'hommes et
» d'animaux semblaient être en mouvement au
» milieu de cette scène magnifique... Girardina,
» jésuite, a fait dernièrement un traité sur cet
» objet; mais je n'ai pu le trouver. Le célèbre
» Gallo, de Messine, a aussi publié un ouvrage
» sur la même matière. Si je viens à bout de dé-
» couvrir ces deux livres dans l'île, vous satisfe-
» rez pleinement votre curiosité en les lisant. Les
» gens du commun disent, suivant la coutume,
» que ce phénomène est produit par le diable; et
» c'est, à la vérité, la manière la plus courte et
» la plus facile à expliquer une énigme. Ceux qui lui
» refusent cet honneur et qui se piquent d'être phi-
» losophes, sont fort embarrassés d'en rendre raison;
» ils croient qu'ils proviennent de quelque réfraction
» extraordinaire, ou d'une réflexion de rayons de
» lumière, causée par l'eau du détroit. Ils disent
» que cette eau, emportée en plusieurs tournans
» et tourbillons, doit par conséquent produire un
» grand nombre de différentes figures lumineuses.
» Cette explication ne me paraît guère sensée; et,
» jusqu'à ce qu'ils en inventent une plus raisonna-
» ble, ils auraient aussi bien fait de rapporter le
» tout au diable. Je soupçonne que c'est une es-
» pèce d'aurore boréale, ainsi que plusieurs autres
» grands phénomènes de la nature. Il est peut-être
» produit par l'électricité, qui aura sans doute au-
» tant de célébrité, dans les siècles futurs, comme
» agent qui règle l'univers, que la gravitation de
» Newton, ou la matière subtile de Descartes.

» Ce pays de volcans produit une plus grande
» quantité de vapeurs électriques qu'aucun autre.
» Ne peut-on pas supposer que l'air, fortement
» imprégné de cette matière, resserré entre deux
» chaînes de montagnes, et extrêmement agité au-
» dessous par la violence du courant et les tour-
» nans impétueux des flots, donnent naissance à
» ces différens phénomènes? »

Il est fâcheux que le savant Brydone n'ait pas observé lui-même des effets aussi extraordinaires pendant son séjour à Messine. Je lui sais bon gré, comme Anglais, de secouer un peu le joug de son compatriote Newton, et de rapporter à l'électricité plusieurs phénomènes qui en dépendent évidemment, tels que ceux des aurores boréales et les longues queues des comètes, que les newtoniens attribuent à l'attraction, dont ils veulent faire une loi unique dans l'univers. Mais je pense qu'il ne doit pas rejeter lui-même avec mépris l'explication simple des philosophes siciliens. Il est très-probable que, quand l'électricité serait la cause du phénomène qu'on aperçoit au-dessus du détroit de la Sicile, il s'y joint des reflets de ce détroit, qui se manifestent dans les cieux par des ondulations, des aspects de forêts, de châteaux, etc. Brydone lui-même adopte cette opinion, puisqu'il attribue ces mouvemens aériens aux tournans impétueux des flots qui sont au-dessous; mais il se trompe quand il fait résulter cette espèce d'aurore boréale des vapeurs volcaniques de la Sicile: car il est bien certain que les pôles qui nous renvoient, en hiver, de si magnifiques aurores, n'ont point de volcans au sein de leurs glaciers.

J'ai vu fréquemment, en Russie, des aurores boréales qui s'étendent quelquefois jusque sur le

---

[1] Voyage en Sicile, lettre IV.

climat de Paris et au-delà : elles sont blanches, bleues, vertes, rouges, rayonnantes et fluctuantes. Je suis très-disposé à attribuer leurs différentes couleurs et leurs mouvemens aux reflets mêmes des glaces polaires, des forêts de sapin du nord, des mines ferrugineuses et rougeâtres de la Sibérie, et aux ondulations de l'Océan, qui se réfléchissent dans les cieux. Ce qui me confirme dans cette idée, c'est que l'aurore australe, si souvent observée par le capitaine Cook, est blanche et bleue, sans le mélange d'aucune autre couleur. Cette uniformité vient sans doute des simples reflets des glaces et de l'Océan du pôle austral, qui, comme on le sait, n'a point de continent qui l'environne. Je remarquerai que ces aurores n'ont lieu aux deux pôles que lorsque le soleil est au-dessous de leur horizon, c'est-à-dire dans leur hiver, et qu'il en est de même de celles du détroit de la Sicile, qui ne sont sensibles qu'avant le lever du soleil, à la fin de la nuit. Il paraît donc que leurs effets résultent d'une atmosphère vaporeuse, condensée par le froid, qui réfléchit à la fois les objets de la terre et la lumière des cieux. Ces réverbérations terrestres doivent être assez communes dans l'atmosphère des montagnes à glaces de l'Italie, telles que les Alpes et les Apennins. Vernet les y a observées. J'en conclus qu'il est possible que le physicien qui m'est venu voir, ait réussi, à l'île de France, à découvrir un vaisseau qui en était à de grandes distances, au moyen de l'atmosphère condensée de l'île de Bourbon, qui en est à quarante lieues, et dont les sommets sont toujours couverts de glaces; et qu'il ait échoué au port de Brest, dans l'horizon duquel il n'y a point de semblables montagnes, et par conséquent point de vapeurs spéculaires.

Non-seulement les vapeurs aquatiques décomposent les rayons du soleil en couleurs, et réfléchissent sa circonférence dans les arcs-en-ciel, et son disque entier dans les parélies; mais elles s'imbibent de sa chaleur, et la transmettent à la terre par les pluies qui la fécondent. L'eau est le véhicule du feu. Observons d'abord que l'océan de vapeurs dont l'atmosphère est remplie contient toute l'eau des fleuves qui doit couler en un jour sur la terre, et que s'il tombait du ciel en masse, il ravagerait toutes les campagnes; mais il tombe en longs filets divisés par gouttes, dont la chute ne produit point de dommages. L'eau aérienne est la matrice du feu électrique, c'est-à-dire de ce feu solaire, souvent invisible, qui féconde et anime tout l'univers. C'est par les raies de la pluie, comme par autant de conducteurs, qu'il descend des nuages qui le renferment : en effet, il n'y a point de tonnerres sans nuages. A la vérité, les anciens ont observé qu'il tonnait quelquefois en temps serein; Pline, qui rapporte ce phénomène, ajoute qu'il était d'un grand présage. Il est douteux qu'il ait jamais eu lieu; mais il ne l'est pas qu'il ne sorte quelquefois des éclairs de la terre : et c'est pour cela que les anciens, suivant le témoignage du même auteur, appelaient foudres infernales. Cet effet doit arriver lorsqu'une portion métallique de la terre, isolée sur quelque roche vitreuse ou sulfureuse, se trouve plus chargée de feu électrique que l'atmosphère qui lui correspond; car, ne pouvant se répandre au dedans par la qualité anti-électrique, propre au verre et au soufre, il s'élance au dehors vers le nuage qui l'attire; il se met de niveau, passant du corps qui en a le plus à celui qui en a le moins. C'est sur ce principe qu'on a imaginé les aiguilles électriques qui surmontent nos maisons, et qui les garantissent de la foudre. C'est dans un morceau d'ambre que la propriété électrique fut aperçue pour la première fois, et l'homme est parti de ce point pour arracher la foudre du ciel.

Une preuve que le feu électrique vient du soleil, c'est, comme nous l'avons déjà dit, qu'il y a en hiver très-peu de tonnerre, parce que cet astre a peu d'action sur notre hémisphère; et qu'en été, au contraire, où il en a beaucoup, les orages sont fréquens. Il est remarquable aussi que les pluies d'orage, qui sont pénétrées de ce feu électrique, font éclore très-promptement les semences des végétaux et les œufs des insectes. Le tonnerre annonce presque partout l'arrivée du printemps, c'est-à-dire l'action du soleil sur la végétation. En Russie, le peuple ne se croit dans le printemps que quand il a entendu le tonnerre; en France même, nos paysans disent en proverbe : « Quand » il tonne en avril, le laboureur se réjouit. » Cependant plusieurs d'entre eux regardent ce brillant météore comme un signe de la colère de Dieu envers les hommes; ils sonnent de toutes leurs forces les cloches de leur village pour l'en écarter, et assez souvent ils le font tomber sur le clocher même, dont la croix de fer le soutire. Le tonnerre, loin d'être une preuve de la colère de Dieu, en est une de sa bonté. Il rafraîchit l'atmosphère en en faisant écouler les couches supérieures, toujours froides, dans les inférieures, trop échauffées par les reflets de la terre; et il verse sur celle-ci des eaux tièdes, sulfurées et nitreuses qui la fécondent. A la vérité, ses feux vifs et ses roulemens, accompagnés d'éclats, ont quelque chose d'effrayant; mais rien n'est fait en vain. Comme cette communication rapide du feu des nuages avec la terre est meurtrière pour ceux qui se trouveraient dans sa direction, son bruit avertit les animaux qui ont les sens de l'ouïe et de la vue, de se mettre à l'abri. Un autre météore l'accompagne souvent, c'est celui de la grêle. Il est nuisible aux vignes et aux moissons, mais il est toujours funeste aux insectes, dont les orages favorisent la multiplication. Il s'annonce aussi par un bruit alarmant et une espèce de cliquetis lointain, qui donnent au moins aux hommes le temps de l'éviter. D'ailleurs, tout est compensé : les contrées les plus sujettes aux orages sont les plus fertiles, ainsi que celles qui sont voisines des volcans, ces tonnerres de la terre et des mers.

C'est donc par les harmonies aquatiques de l'air mises en action par le soleil que s'opèrent la décomposition de la lumière en mille teintes colorées; les pluies fécondantes, sources des fleuves; les arcs-en-ciel, les tonnerres rafraîchissans des zones torrides, et les parélies des zones glaciales.

C'est pour produire ces différens effets que le soleil pompe sans cesse les eaux de l'Océan en vapeurs, qu'il les rassemble en nuages, qu'il les disperse dans l'atmosphère par plans élevés les uns au-dessus des autres, pour y produire ces perspectives aériennes si ravissantes, qui donnent tant d'étendue à nos horizons, et dont la magnificence redouble avec le coucher de l'astre du jour.

On vante beaucoup l'aurore et fort peu le couchant. Il en est de même du mois de mai, cette aurore de l'année végétale, et du mois de septembre qui la termine. Le mois de mai n'amène pas toujours la fin des frimas; je l'ai souvent trouvé humide et froid comme l'aurore, tandis que septembre est sec et chaud comme le couchant. L'aurore et le mois de mai ont sans doute de grandes beautés; mais la principale est de plaire à notre imagination, parce que l'une nous annonce le commencement du jour, et l'autre celui du printemps : au contraire, le couchant et le mois de septembre sont les précurseurs, l'un de la nuit, et l'autre de l'hiver. Les premiers sont les symboles de la jeunesse et de ses plaisirs, les seconds de la vieillesse et de ses infirmités. Nos idées morales dénaturent souvent nos sensations physiques. Pour moi j'ai trouvé, dans le cours de ma vie, le couchant plus intéressant que l'aurore, septembre plus doux que mai, et mon automne plus agréable que mon printemps.

Lorsque j'étais en pleine mer, et que je n'avais d'autre spectacle que le ciel et l'eau, je m'amusais quelquefois à dessiner les beaux nuages blancs et gris, semblables à des croupes de montagnes, qui voguaient à la suite les uns des autres sur l'azur des cieux. C'était surtout vers la fin du jour qu'ils développaient toute leur beauté en se réunissant au couchant, où ils se revêtaient des plus riches couleurs, et se combinaient sous les formes les plus magnifiques. Sur la terre, chaque site présente toujours le même horizon; dans le ciel, chaque heure, et surtout chaque soir, en offre de nouveaux. J'ai tâché d'en tracer quelques tableaux dans mes *Études*. Je vais ici en esquisser un, aussi imparfait que mes crayons.

Un soir, environ une demi-heure avant le coucher du soleil, le vent alizé du sud-est se ralentit, comme il arrive d'ordinaire vers ce temps. Les nuages qu'il voiture dans le ciel à des distances égales comme son souffle devinrent plus rares, et ceux de la partie de l'ouest s'arrêtèrent et se groupèrent entre eux sous les formes d'un paysage. Ils représentaient une grande terre formée de hautes montagnes, séparées par des vallées profondes, et surmontées de rochers pyramidaux. Sur leurs sommets et leurs flancs apparaissaient des brouillards détachés, semblables à ceux qui s'élèvent autour des terres véritables. Un long fleuve semblait circuler dans leurs vallons, et tomber çà et là en cataractes; il était traversé par un grand pont, appuyé sur des arcades à demi ruinées. Des bosquets de cocotiers, au centre desquels on entrevoyait des habitations, s'élevaient sur les croupes et les profils de cette île aérienne. Tous ces objets n'étaient point revêtus de ces riches teintes de pourpre, de jaune doré, de nacarat, d'émeraude, si communes le soir dans les couchans de ces parages; ce paysage n'était point un tableau colorié : c'était une simple estampe, où se réunissaient tous les accords de la lumière et des ombres. Il représentait, non une contrée éclairée en face des rayons du soleil; mais par derrière, de leurs simples reflets. En effet, dès que l'astre du jour se fut caché derrière lui, quelques-uns de ses rayons décomposés éclairèrent les arcades demi-transparentes du pont d'une couleur ponceau, se reflétèrent dans les vallons et au sommet des rochers, tandis que des torrens de lumière couvraient ses contours de l'or le plus pur, et divergeaient vers les cieux comme les rayons d'une gloire; mais la masse entière resta dans sa demi-teinte obscure, et on voyait autour des nuages qui s'élevaient de ses flancs les lueurs des tonnerres, dont on entendait les roulemens lointains. On aurait juré que c'était une terre véritable, située environ à une lieue et demie de nous. Peut-être était-ce une de ces réverbérations célestes de quelque île très-éloignée, dont les nuages nous répétaient la forme par leurs reflets, et les tonnerres par leurs échos. Plus d'une fois des marins expérimentés ont été trompés par de semblables aspects. Quoi qu'il en soit, tout cet appareil fantastique de magnificence et de terreur, ces montagnes surmontées de palmiers, ces orages qui grondaient sur leurs sommets, ce fleuve, ce pont, tout se fondit et disparut à l'arrivée de la nuit, comme les illusions du monde aux approches de la mort. L'astre des nuits, la triple Hécate, qui répète par des harmonies plus douces celles de l'astre du jour, en se levant sur l'horizon, dissipa l'empire de la lumière, et fit régner celui des ombres. Bientôt des étoiles innombrables et d'un éclat éternel brillèrent au sein des ténèbres. Oh! si le jour n'est lui-même qu'une image de la vie; si les heures rapides de l'aube du matin, du midi et du soir représentent les âges si fugitifs de l'enfance, de la jeunesse, de la virilité et de la vieillesse; la mort, comme la nuit, doit nous découvrir aussi de nouveaux cieux et de nouveaux mondes!

HARMONIES AQUATIQUES

DE L'EAU.

Quoique l'eau soit évaporable, et qu'elle puisse occuper, dans cet état, un espace plusieurs milliers de fois plus grand que dans son état naturel, elle est incompréhensible. On a beau la presser, on ne fait point rentrer ses molécules en elles-mêmes, comme celles de l'air. L'eau fortement comprimée dans un tuyau de métal le fait crever s'il est de fer, et passe à travers ses pores s'il est d'or. On en peut conclure encore que les molécules de l'eau sont plus déliées que celles de l'air, et qu'elles en diffèrent; car celles-ci, quelque pressées qu'elles soient, ne transpirent point à travers les pores de l'or. D'ailleurs, les vapeurs de l'eau s'élèvent dans l'air le plus dilaté, et ne se confondent point avec lui.

Cependant il ne faut pas croire que l'eau soit incompressible en elle-même. La nature a des moyens inconnus à notre physique, et bien supérieurs à nos machines. Elle condense l'air dans le chêne, au point d'y en renfermer le tiers de la pesanteur de ce bois, suivant l'expérience qu'en a faite le chimiste Homberg. Il paraît qu'elle y comprime l'eau dans une proportion beaucoup plus grande. Quoique ce bois paraisse, à l'intérieur même, dans un état de sécheresse, on peut connaître qu'il renferme une grande quantité d'eau par la fumée qui en sort lorsqu'on le brûle. Une corde de bois, qui pèse près de deux milliers, ne donne qu'un boisseau de cendre qui ne pèse pas vingt livres. Tout ce qui s'en est évaporé n'était presque que de l'air et de l'eau qui y étaient combinés sous une forme solide. Cependant, dans cet état de combinaison intime, l'air et l'eau diffèrent encore; car le premier sort invisible, mais souvent avec des sifflemens et des murmures; et l'autre en silence, sous la forme de vapeurs obscures. Il faut sans doute en déduire la matière même du feu qui résulte de la combinaison des rayons du soleil dans le bois, lesquels, par un mécanisme encore plus merveilleux, y acquièrent de la pesanteur, s'y engagent d'une manière invisible, et se développent en feu et en flamme par la combustion.

Si l'eau, réduite en vapeurs, réfracte les rayons du soleil, et les décompose en couleurs; lorsqu'elle est fluide, elle les réfléchit au dehors, tandis qu'elle reflète, en apparence au dedans, tous les objets qui l'environnent, et qui, comme on sait, renvoient de toutes parts des rayons colorés qui les rendent visibles. Je dis que l'eau reflète, en apparence au dedans, les objets qui l'environnent, car ce reflet n'a lieu qu'à sa surface, ainsi qu'à celle de tous les corps polis.

Je n'ai jamais bien compris comment il se pouvait faire que l'eau renvoyât au dehors la lumière comme un miroir, et qu'elle ne réfléchît pas également au dehors les formes des corps coloriés et même lumineux. J'entrevois la raison de ces lois de l'optique, sans en concevoir la cause première ni le mécanisme. Quoi qu'en disent nos docteurs, nous ne saisissons que des causes finales. Il était nécessaire que les rayons du soleil fussent réfléchis et étendissent leur action vivifiante sur la terre. C'est pour cela que les eaux sont répandues dans toute sa circonférence, et surtout aux pôles, dont les neiges et les glaces sont réverbérantes, afin de dédommager les zones des longues absences de l'astre du jour. Mais si ces mêmes eaux, soit fluides, soit solides, eussent réfléchi les images des corps, mille formes illusoires se fussent mêlées aux véritables: le vaste Océan eût réfléchi dans le ciel un autre ciel et un autre soleil; les fleuves qui circulent eussent représenté des forêts et des collines mouvantes, perpendiculaires à leur surface; le ruisseau eût offert, sur la sienne, la verdure et les fleurs de la prairie voisine; la bergère, trompée, eût mené paître ses moutons sur les eaux, et eût cru y voir doubler son troupeau. Elle-même, en y consultant ses attraits, eût reculé épouvantée en voyant une figure semblable à la sienne s'élever au dessus de l'onde et lui sourire. Son berger, incertain, n'eût su à laquelle des deux adresser son hommage, et lui-même, dans sa propre image, eût cru rencontrer un rival. Le chien seul, par son instinct, fût resté fidèle au troupeau, à la maîtresse, à l'amant. L'eau eût renvoyé tous les objets de la terre dans les airs. Mais, par une magie céleste, sa surface mobile réfléchit vers les cieux la lumière qui en descend. Elle éclaire, de ses reflets, les ombres des corps voisins, tandis que leurs formes paraissent s'enfoncer dans sa profondeur. Ainsi, l'hémisphère réel et l'hémisphère réfléchi forment une sphère entière séparée par des jets lumineux, et consonnent entre eux au lieu de se confondre.

Cependant les eaux liquides présentent quelquefois les mêmes phénomènes que les eaux évaporées. J'ai vu, dans des tempêtes, les couleurs de l'arc-en-ciel sur la crête des flots. Il est possible même qu'elles figurent des parélies dans leurs courbes, lorsqu'elles se creusent en vallons par le poids des vents, et qu'on voie sortir des soleils du sein des mers, ainsi que des nuages condensés du nord. C'est par le même effet qu'un miroir concave renvoie dans l'air et y fixe l'image d'un objet qui lui est opposé. J'attribue à de semblables réverbérations une espèce de flamme bleue que j'ai vue quelquefois sortir de la mer au coucher du soleil, au moment où son disque disparaît de dessus l'horizon.

La réflexion des rayons du soleil est plus grande sur l'eau que sur la terre. Les matelots sont plus basanés que les laboureurs, aux mêmes latitudes. Les coups de soleil sont plus fréquens sur le bord des rivières qu'au milieu des campagnes. Les reflets des eaux sont proportionnés à leurs ondulations, d'où il arrive que, dans les tempêtes où le soleil apparaît, la mer renvoie une chaleur plus forte qu'à l'ordinaire, parce que ses flots, en se creusant, doublent leurs surfaces et leurs réverbérations. Si cependant il y a des rivages dont l'atmosphère est plus froide que celles des terres qui les avoisinent, c'est que les eaux qui les baignent sortent de quelque souterrain, ou d'une montagne à glace, ou des pôles mêmes de la terre.

Non-seulement les rayons du soleil se réfléchissent sur les eaux, mais ils les pénètrent jusqu'au fond. Si, comme on le croit communément, les abîmes de l'Océan ont autant de profondeur que les plus hautes montagnes ont d'élévation, il est certain que les rayons du soleil parviennent jusqu'au fond de leurs bassins, à travers des masses liquides de plus de trois mille toises. Si cela n'était pas, il y aurait des cavités sous-marines, dont l'eau, tout-à-fait privée de la chaleur du soleil, fondrait à certaines périodes. Or, si ces effets avaient lieu, on verrait au milieu des mers torridiennes, qui sont les plus profondes du globe, des glaciers sous-marins s'élever tout à coup à leur surface, frapper de congélation l'atmosphère chaude de leurs îles, et en faire périr à la fois les végétaux et les animaux. Le Caraïbe vagabond, le Nègre misérable, le voluptueux Taïtien, n'oseraient voguer autour sans craindre, à chaque instant, de voir leurs pirogues portées au haut des airs par des roches jaillissantes du fond des mers. Il était donc nécessaire que le soleil en réchauffât de ses rayons toute la profondeur, afin qu'une zone glaciale n'apparût pas subitement au sein de la zone torride.

On ne peut que spéculer sur des lieux aussi éloignés des recherches des hommes; mais on est tenté d'y pénétrer au moins en esprit, lorsqu'on pense que c'est là que se combinent tant de matières qui servent aux principaux besoins de la vie. C'est au fond de l'Océan que se sont formés les argiles, les pierres de taille, les pierres à chaux, les marnes, les ardoises, les marbres, les gypses, les grès, les cailloux et les métaux même, disposés pour la plupart par couches horizontales, et remplis de coquillages marins qui attestent que tous ces fossiles sont les ouvrages des eaux de l'Océan. C'est sur ses bords que, par un battement continuel des flots et le roulement des cailloux, se pulvérisent ces longues grèves, dont les sables volatils vont, à l'aide des vents, réparer les sommets des montagnes les plus élevées dans l'atmosphère, et les plus reculées dans le continent : ce n'est donc pas sans raison que, dès la plus haute antiquité, l'Océan a été appelé le père de toutes choses.

Si l'Océan est le berceau de la terre, il en est aussi le tombeau. C'est dans son sein que se rendent les débris des roches et des montagnes, que les torrens entraînent dans les fleuves, qui en deviennent tout noirs ou tout jaunes après d'abondantes pluies. C'est là que flottent, en dissolution, les huiles, les bitumes, les nitres, qui forment des volcans sur les rivages; c'est là aussi que les siècles ensevelissent à la longue les ruines des villes et des puissances humaines. La meilleure partie de Rome n'est plus sur le sol de Rome; elle est au fond du Tibre et dans les bancs de la Méditerranée. Ses peuples innombrables ne gisent plus dans les catacombes, et ses empereurs dans leurs vastes tombeaux : il n'en reste tout au plus que les squelettes; leurs chairs se sont écoulées avec les eaux souterraines vers les feux du Vésuve et de l'Etna. Quant à nous, peuples modernes, l'Océan est pavé de nos boulets, de nos canons, des lingots du Pérou et du Mexique, et des ossemens des nations qui se les sont disputés, par le fer et le feu, au sein des eaux. Oh! que la cloche du plongeur nous serait bien plus utile que le globe de l'aérostat! Les monumens mensongers et passagers de notre gloire sont dans nos histoires et dans nos places publiques; mais ceux de nos misères et de nos fureurs sont permanens au fond des mers. Ils y sont rangés par ordre de siècles. Un jour, ils apparaîtront dans les carrières ouvertes par nos descendans, comme les os des éléphans et des crocodiles nous apparaissent dans celles du nord.

Nous verrons, dans le paragraphe suivant, comment le temps opère ces grandes révolutions. Nous remarquerons seulement ici que tous les coquillages et les poissons qui ont des couleurs brillantes fréquentent le bord des eaux, afin sans doute que l'homme puisse jouir de leur beauté; tandis que ceux qui ne sont revêtus que de robes obscures vivent à de grandes profondeurs ou en pleine mer. Il est certain que les marbres vivement colorés de rouge, de pourpre, de bleu, de jaune, de vert, ont été formés par les débris des premiers, et les marbres gris et noirs par les derniers; d'où l'on pourrait conclure que les carrières des premiers indiqueraient les anciens rivages de l'Océan, et celles des derniers, les fonds de son bassin. Peut-être encore jugerait-on, par leurs différens degrés de dureté, des profondeurs où elles ont été formées au sein de la mer; car les différentes élévations de ses eaux doivent comprimer plus ou moins son fond. On peut citer, à l'appui de ces diverses conjectures, deux petits morceaux de marbre lumachelle ou conchyte, de la grandeur d'un petit écu, que l'on voit au Muséum d'histoire naturelle. Ils brillent des plus riches couleurs de l'aurore, au moyen de quelques fragmens de moules de Magellan, qu'ils renferment à leur surface: d'ailleurs ils sont très-tendres. Il y a apparence qu'ils ont été formés à la surface des eaux, car c'est là que les moules habitent. J'ignore d'où ils viennent; mais ils jettent un éclat si vif, que notre reine infortunée, à laquelle ils appartenaient, les destinait à s'en faire des bracelets.

L'eau de la mer est plus pesante d'un trente-deuxième que l'eau douce, à cause du sel qu'elle contient. Comme c'est dans son bassin que se sont formées les pierres calcaires, il serait curieux d'examiner si ces pierres sont salées en elles-mêmes; car, si elles ne le sont pas, on en pourrait conclure que la mer n'était pas salée dans l'origine, et que le sel dont elle est imprégnée vient originairement des terres; et, si elles le sont, que le nitre qui se manifeste quelquefois à leur surface est une efflorescence ou décomposition du sel marin. Quoi qu'il en soit, l'eau marine étant plus pesante d'un trente-deuxième, les corps qui y surnagent y enfoncent d'un trente-deuxième de moins que dans l'eau douce. Il arrive de là qu'un vaisseau échoue dans celle-ci à la même profondeur où il voguerait dans la première. Ces différentes pesanteurs sont peut-être des moyens de pêche que la Divinité a donnés aux hommes, pour profiter des baleines et autres cétacés qui viennent souvent chercher des alimens aux embouchures des rivières, et qui y échouent.

Le centre de la terre attire à lui tous les corps qui sont à sa circonférence, comme nous le verrons au paragraphe suivant. C'est un aimant universel, qui toutefois a des pôles particuliers. L'eau doit à cette attraction son niveau et sa circulation. Il y a deux sortes de niveaux: l'apparent, qui est en ligne droite, et le réel, qui forme une courbe sphérique: l'instrument qui porte le nom de niveau n'en donne que l'apparence. Il ne peut servir que pour de petites distances, car son rayon visuel n'est qu'une tangente au globe. Le niveau réel, au contraire, est celui par lequel les eaux se mettent en équilibre par leur tendance vers le centre de la terre: d'où il résulte qu'elles se disposent en sphère tout autour de lui. Cette courbe est si sensible sur la mer, qu'elle cache à six lieues de distance un vaisseau du premier rang, dont la mâture a cent quatre-vingts pieds d'élévation; qu'elle en laisse apercevoir les girouettes à cinq lieues, les mâts de perroquet à quatre, les mâts de misaine à trois, les mâts inférieurs à deux, et le corps entier du vaisseau à une lieue.

Les eaux, attirées vers le centre de la terre, coulent des lieux les plus élevés vers les plus bas, comme on le voit aux ruisseaux, aux rivières et aux fleuves, qui descendent tous de quelque hauteur pour se rendre à la mer ensemble ou séparément. Il s'ensuit donc que, lorsque des eaux ont un courant, elles descendent d'un lieu plus élevé vers un plus bas. Or, comme l'Océan a un courant général qui va du nord au midi, depuis l'équinoxe du printemps jusqu'à celui de l'automne, il en résulte que notre zone glaciale est plus élevée que la zone torride. Comme ce courant coule pendant les six mois de notre printemps et de notre été, il est évident qu'il doit son origine et son entretien aux fontes des glaces de notre pôle, qui ont quatre à cinq mille lieues de circonférence, et dont le soleil échauffe alors l'hémisphère. Un courant contraire a lieu dans l'Océan, six mois après, par des causes contraires. On en doit donc conclure que les pôles de la terre sont alongés, sinon par eux-mêmes, au moins par les montagnes et les glaces qui les surmontent.

Ce courant général de l'Océan produit, pour

l'ordinaire, sur ses côtes, deux contre-courans latéraux qui vont en sens contraire. Ils résultent du déplacement de la masse d'eau du milieu de l'Océan, qui force, par son cours, les eaux latérales de remonter en sens contraire pour la remplacer. C'est ainsi qu'un vaisseau qu'on lance à l'eau la fait d'abord fluer en avant, et ensuite refluer vers son arrière. Ce remous ou reflux latéral est sensible dans un ruisseau qui coule dans un bassin, ou qui passe d'un lieu large dans un plus étroit. Il doit être à proportion plus grand sur les bords de la mer, parce que l'eau salée du milieu est plus pesante que les eaux latérales, mêlées en partie de l'eau douce des fleuves, qui est plus légère d'un trente-deuxième. On donne à ces contre-courans le nom de marées. Leur flux, soit qu'il soit intermittent, soit qu'il soit continu, est de douze heures environ ou d'un demi-jour, c'est-à-dire de la durée du temps que le soleil échauffe la moitié de l'hémisphère dans son cours journalier.

### HARMONIES AQUATIQUES
### DE LA TERRE.

Amans, heureux amans, voulez-vous voyager?
Que ce soit aux rives prochaines :
Soyez-vous l'un à l'autre un monde toujours beau,
Toujours divers, toujours nouveau.

LA FONTAINE, fable des Deux Pigeons.

Un simple ruisseau est une image de l'Océan. Il a son pôle et sa source dans un rocher qui attire les vapeurs; son courant entre des collines, comme entre deux continens; ses contre-courans latéraux, lorsqu'il passe d'un lieu plus large dans un plus étroit. Il forme dans son cours en spirale des promontoires, des bancs, des îles. Il plaît à notre vue par ses réverbérations lumineuses et par ses reflets, à notre toucher par sa fraîcheur, à notre ouïe par ses murmures. Sa circulation même semble avoir des analogies avec celle de notre sang; il la règle, il la calme, et, ce que ne peuvent les eaux salées de la mer, il nous désaltère par la douceur de la sienne. Tel est un ruisseau, lorsqu'il coule dans les rochers même les plus arides; mais, lorsqu'il traverse des prairies et des forêts, mille fleurs éclosent sur ses bords, les oiseaux habitent les arbres qui l'ombragent, et font retentir les échos de leurs amoureux concerts. La bergère y mène boire ses troupeaux et y vient consulter ses charmes. Elle y voit ses chiffres gravés sur les troncs des aunes et des peupliers. Son amant peut même, de la montagne voisine, les tracer sur des écorces, ou sur les coques dures des fruits, et les abandonner au cours des eaux, qui les porteraient jusqu'aux extrémités de l'Océan. Mais l'amour aime le mystère; et l'homme, qui desire pour confident de sa gloire ou de ses malheurs tout le genre humain, ne veut d'autre témoin de ses amours que l'objet aimé.

N'anticipons point ici sur les harmonies conjugales; parlons de celles des eaux avec la terre toute nue. La terre a des attractions hydrauliques, d'abord à son centre, qui mettent autour d'elle toutes les mers de niveau; aux sommets de ses montagnes, qui y attirent les nuages; enfin à ses pôles, qui y fixent en glace les vapeurs atmosphériques. Toutes ses attractions extérieures paraissent des rameaux de son attraction centrale. Si elles n'existaient pas, les vapeurs nageraient incertaines dans l'atmosphère sans se fixer à aucun point. Le puits, le ruisseau, l'Océan, n'auraient pas de sources permanentes.

Toutes les matières que l'on trouve dans le sein de la terre, à l'exception peut-être des granits, y ont été déposées par les eaux. Nos carrières ne sont formées que de vastes lits de coquillages, de pierre de taille, de pierres à chaux et à plâtre, de marbres, d'ardoises, de grès, d'argile, de marne, de pierres à fusil, de sables, la plupart disposés par couches horizontales, et remplis de corps marins dont ils ne sont souvent que des amalgames ou des débris. Les laves mêmes des volcans que l'on trouve au sommet des montagnes de l'Auvergne, du Vésuve, de l'Etna, de l'Hécla; les basaltes, qui ne sont que des laves cristallisées, ont été dans l'origine, des productions des eaux marines, puisque c'est aux bitumes dont elles sont chargées, et à leurs fermentations, que les volcans doivent leurs feux et leur entretien. Nous avons observé dans nos Études que tous les volcans étaient dans le voisinage des mers ou des grands lacs.

Ce qui me paraît le plus extraordinaire dans la dissémination de tous ces fossiles, qui semble faite au hasard, c'est qu'on trouve au milieu des terres de l'Europe, et surtout dans les plus septentrionales, les débris des végétaux et des animaux que nourrit aujourd'hui la zone torride. Il y a dans les carrières de la Touraine une quantité prodigieuse de cornes d'Ammon. Ce sont des coquillages, ainsi nommés parce qu'ils ressemblent à des cornes de bélier, sous la forme duquel l'antiquité représentait Jupiter Ammon. Ils sont tournés en volute, et il y en a depuis le diamètre d'une lentille jusqu'à celui d'une petite roue de carrosse. On n'en a point trouvé, jusqu'ici, d'analogues vivans dans aucune mer; mais il est probable qu'il y en a dans celle du Sud, encore si peu connue de nos navigateurs. Le détroit de Magellan, qui est à l'entrée de cette mer, nous a montré une petite coquille vivante, que l'on ne connaissait que fossile dans les vignes du Lyonnais. On l'a nommée le coq et la poule, parce qu'elle ressemble à un coq qui coche une poule. Elle a été découverte, en 1772, par Bougainville dans son voyage autour du monde. J'ai vu dans les falaises de Normandie, près de Dieppe, la grande tuilée ou le bénitier, coquillage de plusieurs quintaux, qui pave aujourd'hui les archipels de l'océan Indien. Il y a, dans le territoire de la Hollande, un banc très-étendu d'une terre brune, légère et fine, que ses habitans mélangent avec leur tabac. Ce n'est qu'un détritus de palmiers et de plantes, dont les feuilles et les tiges apparaissent encore. On voit à Paris, au Muséum d'histoire naturelle, un grand morceau de pierre de taille, trouvé dans les carrières de Maëstricht, où sont incrustées deux mâchoires de crocodile, avec des oursins de mer. On les a dégagées avec le ciseau, de manière qu'elles ressemblent à un basrelief. On parviendrait peut-être, avec un plus d'art, à détacher de même de plusieurs de nos marbres les madrépores qui y sont amalgamés, et dont les branches, quoique sciées, apparaissent encore sur nos tables en forme d'épis. Les rivages de l'Irtis, en Sibérie, couvrent à quatre-vingts pieds de hauteur des os et des dents d'éléphans et d'hippopotames. Il y a des mines d'or en exploitation dans cette contrée. Du temps que j'étais à Pétersbourg, des voyageurs russes y trouvèrent une pierre transparente, tout étincelante des couleurs de l'or, et de la grosseur d'un œuf, que l'impératrice revendiqua aussitôt, parce qu'on crut que c'était un diamant jaune; mais ce n'était qu'une topaze, ou, selon d'autres, un quartz coloré. Quoi qu'il en soit, les mines d'or et les topazes, que l'on trouve aujourd'hui en Bohême et en Saxe, paraissent avoir été formées originairement dans la zone torride. Il y a apparence qu'on pourrait trouver dans les fossiles de cette zone les débris matériels des végétaux et des animaux des zones tempérées et glaciales, puisque celles-ci renferment dans leur sein ceux de la zone torride.

Non-seulement les matières de l'intérieur de la terre prouvent qu'elles ont été formées et déposées par les eaux, mais sa forme extérieure semble encore être leur ouvrage. Les vallons dont elle est sillonnée ont des angles rentrans et saillans en correspondance, qui paraissent avoir été creusés par le cours sinueux des rivières et des fleuves qui coulent au milieu. Les collines qui bordent ces vallons ne sont, pour la plupart, que les flancs des terres latérales, excavées par la circulation des eaux; et leurs croupes paraissent avoir été formées par les pluies, qui en ont arrondi les sommets et réglé les pentes. Ces dispositions se manifestent depuis les parties les plus élevées des continens jusqu'aux rivages des mers.

Il est évident que l'Océan abandonne de tous côtés ses rivages; j'en pourrais citer quelques preuves en détail. Par exemple : J'ai vu à l'île de France de grands bancs de madrépores, qui ne se forment que dans la mer : ils étaient à sec sur la terre, à plus de deux cents pieds du rivage. On trouve des lits de semblables matières dans les puits que l'on y creuse; plusieurs des mornes de son intérieur ont évidemment escarpés par la mer. Les hautes grèves sablonneuses du cap de Bonne-Espérance, celles de l'île de l'Ascension, où les tortues de mer viennent pondre en sûreté; les falaises des côtes de la Haute Normandie, démolies autrefois par la mer, et où elle ne bat plus maintenant; les vastes couches de galets qui en sont sorties, et sur lesquelles le Havre-de-Grâce est bâti; l'ancienne ville de Honfleur, élevée sur le même sol, à l'embouchure de la Seine, du temps de Édouard, qui y débarqua en 1345, avec une flotte anglaise, et où des chaloupes ne peuvent plus aborder aujourd'hui, prouvent que l'Océan abandonne ses rivages de toutes parts. Mais, pour appuyer une vérité aussi universelle, il ne suffit pas de quelques faits isolés et du témoignage d'un seul homme; c'est celui de l'histoire, et le tableau de la terre entière que j'atteste. La Scandinavie, cette grande portion du nord de l'Europe, qui comprend la Suède, la Norwége et le Danemarck, était autrefois séparée du continent par un bras de mer qui joignait la mer Blanche à la Baltique; le golfe de Bothnie est un reste de ce détroit, célèbre encore dans les anciennes chansons suédoises. Il est mentionné par Tacite, sous le nom de *Mare pigrum ac immotum*, parce qu'il gelait tous les ans; il le regarde comme une ceinture du globe, qui se joignait à l'Océan hyperboréen. Il existait encore en partie au temps du géographe Méla; car il dit que l'espace entre les îles qui sont en face des Sarmates, c'est-à-dire dans le golfe de Bothnie, est tantôt à sec, et tantôt couvert par le flux et le reflux de la mer : d'où Pennant, qui rapporte ces citations, conclut, avec raison, qu'il devait y avoir alors une forte marée dans la partie supérieure de la mer Baltique. Enfin cette même mer, aujourd'hui méditerranée, décroît de quarante à cinquante pouces par siècle, suivant les observations de plusieurs physiciens modernes. Le golfe de Bothnie, près de Piteå, s'est retiré de la terre d'un demi-mille en quarante-cinq ans, et d'un mille en vingt-huit près de Luhléa. Les plages sablonneuses de la partie occidentale de l'Afrique, et les vastes déserts du Zara, qui leur sont contigus ; celles de l'intérieur de l'Asie, qui contiennent encore des lacs d'eau salée; celles de la Nouvelle-Hollande, avec leurs hauts-fonds innavigables aux vaisseaux à plus de trente lieues du rivage ; une partie du continent de l'Amérique méridionale, qui s'étend en vastes arènes depuis la rivière de la Plata, jusqu'au pied des Cordillières; et l'Europe presque en entier, avec toutes ses montagnes calcaires, prouve que la plus grande partie du globe est sortie du sein des mers, et s'élève de jour en jour au-dessus de leur niveau.

Un phénomène plus commun et plus extraordinaire que le dépôt des corps marins au sein des continens, le transport des fossiles du midi au nord, la formation des vallons, la submersion générale des eaux, et leur diminution progressive, c'est la quantité de pierres brisées qui couvrent presque toute la surface de la terre. Je ne crois pas que les naturalistes s'en soient jamais occupés : ils expliquent par plusieurs systèmes la formation des rochers, mais non leurs fractures. Cependant l'existence d'un seul grain de sable me paraît encore plus difficile à expliquer que celle d'une montagne, car je puis concevoir celle-ci comme une agrégation de grains de sable ; mais d'où vient le grain de sable lui-même ? S'il n'est qu'un fragment de la montagne, comment s'en est-il détaché, et pourquoi y en a-t-il des quantités si prodigieuses ?

Nous allons établir une hypothèse qui, j'espère, expliquera tous ces phénomènes; elle est d'autant plus vraisemblable, qu'elle est une conséquence des harmonies les plus communes de la nature.

Je poserai d'abord pour principe que toutes choses, sur la terre, ont été dans un état d'enfance ; elles naissent au sein d'un fluide, le végétal dans une graine, l'animal dans un œuf ou dans l'amnios ; elles passent ensuite d'harmonie en harmonie, depuis celle du soleil qui les fait naître, jusqu'à la sphérique qui les ordonne à la circonférence du globe. Par exemple, le chêne renferme d'abord son germe dans un gland, développe, pousse une tige, se couvre de feuilles, de fleurs, de nouveaux glands, qui, venant à se disséminer, forment un bouquet, puis un bois, puis une forêt, qui peut à la longue faire le tour du globe. D'autres genres de végétaux passent par de semblables périodes, et tous ensemble composent la puissance végétale répandue sur la terre. Dans tous ces végétaux, il n'y en a pas un seul qui n'ait augmenté sa substance par des fluides ; ils se nourrissent tous de l'eau et des vapeurs répandues dans l'atmosphère ;
et loin de consommer le sol qui les porte, ils l'augmentent chaque année par leurs débris. L'animal, à son tour, forme sa substance des fluides renfermés dans les végétaux, et passe par les mêmes périodes.

Ceci posé, je suppose que, dans l'origine, le globe était couvert d'eau, et qu'il n'avait que les linéamens primitifs de son organisation, c'est-à-dire les crêtes des hautes montagnes de granit qui apparaissaient à sa surface, et devaient être, par leur attraction et leur électricité, les principes des continens et des îles. Le globe ressemblait en quelque sorte à un œuf qui renferme dans son germe la tête, le cœur, les organes et les nerfs de l'oiseau, que la chaleur combinée avec son fluide devait y développer après un certain nombre de révolutions du soleil.

Cette ressemblance du globe à un œuf est une opinion de la plus haute antiquité : chez les Orientaux, elle fait, pour ainsi dire, la base de leurs religions et de leur physique. Les fables anciennes ne nous cachent des vérités que parce que les vérités anciennes sont devenues des fables.

Le globe donc, dans ses commencemens, ne laissait apparaître au-dessus des eaux que ses montagnes primitives. Elles formaient, comme nous l'entrevoyons encore aujourd'hui, au sein des continens, deux chaînes principales : l'une est celle des Cordillières, qui se prolonge du nord au midi de l'Amérique ; l'autre, celle qui traverse l'Afrique et l'Asie d'occident en orient. Ces deux chaînes ont à peu près la même longueur. Pour les suivre, il ne faut point avoir égard à la situation actuelle de notre pôle, mais commencer la première au détroit de Magellan, et la terminer aux extrémités méridionales de la Norwége ; et, pour la seconde, partir du pic de Ténériffe, ou de l'Atlas, passant par les monts de la Lune en Afrique, par ceux de l'Imaüs, du Caucase, du Thibet...... pour arriver aux confins de l'Asie, vers le Kamtschatka. Chacune d'elles forme une chaîne contiguë, séparée quelquefois par des bras de mer ou par des vallons, mais à peu près de la même hauteur ; chacune d'elles embrasse à peu près la demi-circonférence du globe, c'est-à-dire 180 degrés, la première en latitude, la seconde en longitude. Elles sont obliques l'une à l'autre, de manière que celle de l'ancien monde correspond par son extrémité occidentale vers le milieu de celle du nouveau monde, et par son extrémité orientale semble se rapprocher de celle-ci vers le détroit du nord, qui sépare l'Amérique de l'Asie. On peut parcourir sur la carte ces deux chaînes primitives, encloses aujourd'hui en grande partie dans les continens, en suivant les sources des fleuves qui en descendent à droite et à gauche.

Ces deux chaînes correspondent à deux océans projetés dans les mêmes directions : la chaîne américaine, à l'océan Atlantique, qui va comme elle du nord au sud ; la chaîne africaine et asiatique, à l'océan austral, qui a sa plus grande étendue d'occident en orient. Elles en reçoivent les émanations pour entretenir les fleuves, qu'elles versent ensuite dans leur sein après avoir arrosé les continens.

Chaque montagne primitive, dans son origine, portait les espèces de végétaux et d'animaux qui étaient propres à sa latitude, et qui devaient s'étendre avec leurs continens, et même au-delà, par le moyens des vents et des eaux courantes.

Le globe aquatique, dans l'état où nous le représentons, dut tourner d'abord vers le soleil qui l'attirait, sa partie la plus pesante, c'est-à-dire celle où ses deux grandes chaînes de montagnes se rapprochaient. Il en résulta donc que son équateur passa par un de ses méridiens actuels, et sa zone torride à travers nos deux zones glaciales. D'un autre côté, le globe eut ses deux pôles placés, l'un vers l'isthme de Panama, l'autre vers le détroit de Java : de sorte que ses deux zones glaciales faisaient alors partie de notre zone torride. Il lui fut facile, dans cette position, de tourner sur lui-même par la simple action du soleil sur les eaux de son équateur; car cet astre, en rendant les eaux de la partie orientale plus légères par leur évaporation, forçaient la partie occidentale de s'approcher de lui, et successivement tout le globe de tourner sur lui-même. Le célèbre mathématicien Mairan a prouvé dans un savant mémoire que cette seule évaporation des eaux de l'Océan suffisait à la rotation de la terre. Ce premier mouvement donna le jour et la nuit.

Les pôles de la terre, dans cette position, ne voyant le soleil qu'à l'horizon, se couvrirent de glaces. Le pôle situé au détroit de Java étant plus entouré de mers se couvrit de plus de glaces que le pôle situé à l'isthme de Panama. Il s'inclina donc vers le soleil qui en fondit une partie jusqu'à ce que le pôle opposé, augmentant ses glaces et devenu plus pesant, se rapprochât du soleil à son tour. De ce mouvement versatile des deux pôles se forma celui qui nous donne les saisons.

Comme les pôles ne perdaient dans leur été qu'une partie de la glace qu'ils avaient acquise dans leur hiver, il en résulta qu'ils devinrent à la longue plus pesans que les chaînes de montagnes primitives qui leur servaient de contre-poids dans la zone torride; et comme le pôle placé vers l'is-

thme de Panama était plus chargé de montagnes que le pôle opposé, qu'il y joignit encore le poids de ses glaces annuelles, il s'ensuivit qu'il devint plus pesant, et que la terre perdit peu à peu son premier équilibre. Ce pôle, que j'appelle occidental par rapport à nous, parcourut insensiblement l'arc de circonférence compris entre lui et le pôle nord où il semble se fixer aujourd'hui, et détermina dans le cours de l'année l'inclinaison de notre hémisphère vers le soleil, sept jours de plus que l'hémisphère occidental qui, pour le contre-balancer, se charge d'une quantité de glaces beaucoup plus considérable. De cette pondération progressive d'un pôle résulta un troisième mouvement de la terre, qui varie l'inclinaison de son axe sur celui de l'écliptique de plus d'une minute par siècle. Ce qui me fait imaginer cette hypothèse, c'est que l'isthme de Panama et le détroit de Java, où je suppose les deux pôles primitifs de la terre, sont à 180 degrés de distance l'un de l'autre, ainsi que nos deux pôles actuels; que, comme ceux-ci, l'un était alors au centre des continens, et l'autre à celui des mers; que les deux chaînes de montagnes primitives étaient par rapport à eux dans des directions inverses mais semblables: de sorte qu'il en résultait le même équilibre pour leurs océans correspondans; que les terres et les roches qui les environnent sont découpées et brisées comme celles de nos zones glaciales, effet qu'on ne peut attribuer aux courans actuels de leurs mers, ni aux températures de leur atmosphère; qu'enfin ils ont dû se trouver au sein des zones glaciales, puisque l'Europe, qui en est de part et d'autre à 90 degrés, a été au sein de la zone torride, comme le prouvent ses fossiles.

Mais suivons successivement les effets qui résultèrent de cette première disposition du globe. Il est évident que les glaces qui se fixèrent sur les pôles étaient sorties du sein de l'Océan, et en diminuèrent le volume: les continens et les îles durent donc s'étendre. Tandis qu'une partie des eaux en s'évaporant se fixait en glaces sur les pôles, une autre partie se changeait vers l'équateur, dans la substance même des végétaux et des animaux qui se multipliaient avec les rivages. Des genres d'une étendue immense et d'espèces variées à l'infini, comme les coquillages et les madrépores, élevèrent du fond des mers les plus profondes des bancs, des promontoires, des îles, dont la surface se couronne aujourd'hui de cocotiers au sein de la mer du Sud. Leurs travaux sont si nombreux et si étendus que leurs seuls débris ont formé jadis le sol de l'Europe. Ils tirent une substance solide de l'eau, comme les végétaux des vapeurs de l'air, et les animaux terrestres des sucs des végétaux. Enfin nous pouvons voir, même de nos yeux, le fond de nos rivières augmenter chaque année par des couches annuelles qui se distinguent dans leurs vases aussi aisément que celles qui forment le tronc des arbres. L'eau semble être une terre fluide comme la sève des arbres, et le sang des animaux une chair liquide.

C'est sans doute parce que les eaux devaient fournir à tant de transmutations et aux mouvemens mêmes du globe, que la nature, qui ne fait rien en vain, a fait l'Océan beaucoup plus grand que la terre. Dans son état actuel, il a une fois plus d'étendue, et il en a eu davantage. La mer Atlantique fournit par ses évaporations aux fleuves d'Amérique et d'Afrique beaucoup plus d'eau qu'ils n'en ont besoin, tandis que la mer Pacifique et celle du Sud, plus vastes et plus profondes, n'arrosent par leurs vapeurs que quelques îles; mais ces mers entretiennent par leurs émanations les glaces des pôles, qui ont en hiver plusieurs milliers de lieues de circonférence.

Plusieurs preuves viennent encore à l'appui de cette hypothèse. Les débris des végétaux, des coquilles et des animaux des Indes, que l'on trouve en abondance dans les carrières de l'Europe, de la Sibérie, prouvent que ces contrées ont été autrefois dans la zone torride. Il est impossible que les courans actuels de cette zone aient charrié de leurs rivages des tuilées qui pèsent plusieurs quintaux, jusque dans les falaises de la Normandie, et des ossemens d'éléphans jusque sur les bords de l'Irtis. Il est remarquable que les grands bancs de coquillages que l'on trouve au sein des terres n'y sont point pêle-mêle et confondus, comme il aurait dû arriver s'ils y avaient été apportés par quelque convulsion de l'Océan; mais ils sont déposés par couches et sur leur plus grande largeur, comme dans les lieux où ils ont vécu, et où ils sont morts. On en trouve de toutes les grandeurs, disposés, pour ainsi dire, par familles. Il y a apparence que la nature, encore plus féconde au sein des eaux qu'à la surface des terres, sait mettre un frein à la population des animaux qui rempliraient en peu d'années tout l'Océan de leurs travaux et de leurs générations. On sait qu'une morue femelle renferme des millions d'œufs. L'Océan, au bout de quelques années, ne contiendrait pas sa postérité. La nature, pour y mettre des bornes, fait vivre à ses dépens une multitude de poissons, d'oiseaux et d'hommes ichthyophages: mais que serait-ce, si chaque morue était renfermée dans un gros coquillage? En peu de temps les débris de nos pêches rempliraient nos ports. Il est vraisemblable que la nature emploie, pour détruire des générations entières de coquillages marins, les mêmes moyens que pour détruire celles de nos insectes. A l'équinoxe d'automne, un petit vent de nord fait périr à la fois des légions de papillons et de mouches: une marée vaseuse ou sablonneuse peut tuer et ensevelir à la fois des bancs entiers de coquillages. Il est très-probable que c'est pour produire ces effets nécessaires, que les ouragans sont périodiques et d'une violence extrême entre les tropiques, où il y a des générations si rapides de coquilles et de madrépores que, si un vaisseau coule à fond au milieu d'un port, elles le changent en écueil l'année suivante. C'est ce que j'ai vu à l'île de France où les madrépores avaient transformé en roches les carcasses de quatre vaisseaux qu'on avait laissés pourrir dans le port par négligence. Il fallut faire venir de Brest, à grands frais, des machines et des câbles pour les arracher. Les écueils, qui entourent cette île comme une ceinture, ne sont formés que par ces insectes marins, et j'ai remarqué qu'il n'y avait de passage pour aborder que vis-à-vis l'embouchure des rivières; ce qui prouve que des dépôts de vase, ou peut-être de simples courans d'eau douce, suffisent pour arrêter les maçonneries et les générations de ces insectes pélagiens. Il y a donc apparence que les diverses couches de pierres coquillières de nos carrières ont été produites par de semblables causes. Quant aux squelettes des éléphans de la Sibérie, il est remarquable qu'on les trouve rassemblés, au nombre quelquefois de plus de cinquante, à plus de quatre-vingts pieds de profondeur sur les bords de l'Irtis. Ce sont même les débordemens de ce fleuve qui les découvrent en dégradant ses rivages. Cette réunion est aisée à expliquer, lorsqu'on sait que ces animaux sociables aiment à vivre et à mourir avec leurs semblables. Lorsqu'ils se sentent à l'extrémité de leur carrière, ils cherchent dans les forêts, près des eaux, une retraite solitaire, où ils viennent expirer à l'ombre des arbres. Cette coutume est connue des Orientaux. Dans les *Mille et une Nuits*, ouvrage où les mœurs des animaux ne sont pas moins bien décrites que celles des hommes, on lit le conte d'un chasseur qui fit tout à coup une grande fortune, en trouvant une quantité prodigieuse d'ivoire dans un cimetière d'éléphans. Il est remarquable que les ossemens et les dents de ceux qu'on trouve fossiles sur les bords de l'Irtis, sont d'une grosseur plus considérable que ceux que les chasses des Africains nous fournissent: ce qui prouve que ces éléphans sibériens sont morts après avoir acquis tout le développement dont ils étaient susceptibles, c'est-à-dire dans une extrême vieillesse. Quant aux couches de terre dont ils sont couverts, elles proviennent sans doute des alluvions de l'Irtis qui, coulant jadis sous des latitudes tout-à-fait opposées, formait les rivages qu'il dégrade maintenant. Les effets varient avec leurs causes. Le changement des pôles du globe recevrait sans doute de nouveaux degrés de vraisemblance, si l'on trouvait vers l'isthme de Panama et le détroit de Java des ossemens de rennes et de chevaux marins, d'ours blancs, ensevelis sous des débris de sapins. Mais les Européens, qui y ont fouillé les profondeurs de la terre, pour satisfaire leur avarice, n'ont pas même aperçu à sa surface ce qui pouvait éclairer leur esprit. L'histoire naturelle de ces riches contrées est presque entièrement inconnue. L'avidité jalouse de leurs maîtres défend de transporter les semences de ces végétaux précieux, des muscadiers, des girofliers, des vanilles, et ne permet pas même aux voyageurs d'y pénétrer. Bornons-nous donc aux relations superficielles que nous en avons, et voyons s'il n'y reste pas de monumens qui attestent que ces terres, aujourd'hui si favorisées du soleil, ont été autrefois sous des zones glaciales.

Les rochers de la zone torride sont blessés dans tous les sens. Leurs débris couvrent non seulement leurs bases, mais se trouvent fort loin de là, à la surface des terres, et même bien avant dans son sein, pêle-mêle avec le sol. Il est impossible d'attribuer de pareils effets aux tremblemens de terre, aux volcans, ou à l'action de la chaleur. Des tremblemens peuvent bouleverser une montagne et soulever des plaines; mais ils ne peuvent fendre un rocher solide, rompre un caillou, et produire ces lits immenses de gravier et de sable qui en sont des fragmens. Quant aux volcans, ils fondent les pierres ou les calcinent, mais ils ne les brisent jamais. Si leurs laves se crevassent, c'est par l'action subite du froid, ou comme le verre fondu, lorsqu'on le plonge dans un fluide au sortir du fourneau. Pour la chaleur du soleil, quelque ardente qu'elle soit, elle n'a jamais brisé aucune pierre. L'île de France, où il n'y a eu, suivant toute apparence, ni volcans, puisqu'il n'y a point de laves, ni tremblemens de terre, est remplie partout de roches qui empêchent d'employer la charrue à sa culture. J'ai ouï dire qu'il en était de même de nos îles Antilles, et de la plupart de celles qui sont dans la zone torride.

Pour savoir comment se fendent les pierres, il faudrait, ce me semble, savoir d'abord comment elles se forment. On explique aujourd'hui l'union de leurs parties par leur attraction mutuelle; mais cette loi, qu'on généralise beaucoup trop, n'est pas satisfaisante sur ce point. Si une pierre attirait ses propres molécules, lorsqu'on la mettrait sur un sable homogène, elle s'en couvrirait, comme l'aimant de la limaille de fer sur laquelle on le pose; or, c'est ce qui n'arrive pas. S'il m'est permis de dire mon avis sur un effet si commun, je crois que les fractures des pierres ont été produites par l'action alternative du froid et du chaud, lorsqu'elles étaient dans les zones glaciales; elles ont dû y éprouver ce qu'elles éprouvent encore dans nos hivers, où les gels et les dégels les brisent, et émiettent même les terres. Cook représente les îles les plus australes de la mer du Sud couvertes d'éclats de roches en si grand nombre, qu'on ne peut aborder le pied de leurs montagnes, ni gravir sur leurs flancs, sans risquer de se rompre le cou. Martens fait le même tableau des rochers du Spitzberg, qu'il décrit comme des granits en dissolution. « La pierre de ces roches, dit-il, a des vei-
» nes de diverses couleurs, comme le marbre,
» rouges, blanches et jaunes. Cette pierre sue,
» pour ainsi dire, lorsque le temps change; ce qui
» donne de la couleur à la neige qui devient rouge
» aussi par la pluie qui découle des rochers lors-
» qu'il en tombe..... Au pied des montagnes où il
» n'y a point d'éminences de neige, on trouve de
» grands morceaux de roches qui sont tombés les
» uns sur les autres, et entre lesquels il y a des
» ouvertures; de sorte qu'il est fort difficile et très-
» dangereux d'y marcher. Ces pierres, ou plutôt
» ces pièces de roches, tant grandes que petites,
» sont confondues ensemble, et ressemblent assez
» bien à des monceaux de ruines : elles sont de
» couleur grise, avec des veines noires, et relui-
» sent comme de la mine d'argent. Les sommets
» de ces montagnes, vus d'en bas, paraissent de
» terre par leur grande élévation; mais lorsqu'on
» est en haut, on n'y découvre que des roches,
» comme à leur base; et c'est ce qu'on peut remar-
» quer lorsqu'il s'en détache de grands morceaux.
» Quand on jette des pierres du haut de ces mon-
» tagnes, le bruit de leur chute fait retentir les
» vallées comme le bruit du tonnerre. La plupart
» de ces montagnes sont si hautes, que, lorsque le
» temps n'est pas des plus clairs, elles paraissent à
» moitié dans les nues. Il y en a dont on dirait
» qu'elles vont tomber à l'instant. La hauteur des
» mâts d'un vaisseau n'est pas même à comparer
» avec celle des plus petites. Il se détacha une
» grosse pièce d'une de ces montagnes avec un
» bruit épouvantable, un jour que le soleil était
» fort beau et l'air des plus sereins ».

Les voyageurs de la Suisse donnent à peu près les mêmes idées de ses glaciers et de ses roches de granit. Cependant, il faut l'avouer, les voyageurs marins qui ont été vers le pôle ont laissé, avec leur simplicité, des mémoires plus instructifs pour la théorie de la terre, que les premiers; ils en ont vu, pour ainsi dire, le tronc, et les autres les branches. Pour moi, je ne me suis pas élevé comme Martens au quatre-vingt-unième degré de latitude nord, sur les côtes du Spitzberg ou Montagnes pointues; mais j'ai vu, vers le soixante-unième degré de latitude, des effets semblables du gel et du dégel dans les rochers de la Finlande. Cette province russe est pavée de petites collines de granit, arrondies par le haut en forme de calotte, et sillonnées de félures d'où l'eau suinte de toutes parts; de sorte qu'on glisse souvent en montant sur leurs sommets. Les flancs de ces collines s'exfolient et se brisent par l'action des hivers, de manière que leurs bases et leurs vallons sont remplis de leurs débris. Cependant les mousses, les champignons et les sapins y croissent en abondance. Ces collines ne ressemblent en rien aux nôtres; elles n'ont point d'angles saillans et rentrans en correspondance; elles sont pour la plupart isolées, de forme ovale, et entourées d'un petit vallon; elles sont assez semblables à une pierre enchâssée dans un chaton. J'en ramassai des morceaux colorés de rouge et de blanc, et tant soit peu transparens. Je m'avisai la nuit de les frotter l'un contre l'autre, et je fus fort surpris d'y voir au dedans des lueurs phosphoriques; ils exhalaient aussi une odeur de soufre; je les prenais, comme le bon Martens, pour des morceaux de marbre, mais j'appris qu'ils étaient de granit. C'est un de ces blocs, détachés naturellement en Finlande, que Catherine II fit voiturer plus de deux lieues par terre et par mer, pour la statue qu'elle a élevée à Pierre-le-Grand, dans Pétersbourg même: comme si cette ville n'était pas une base plus illustre pour la gloire de son fondateur, qu'un rocher énorme [1], charrié par les bras de ses sujets. La Finlande est si couverte de ces rochers brisés, que les anciens géographes lui en ont donné le surnom de *lapidosa*, ou de *pierreuse*. On ne peut attribuer les fractures de tant de rochers épars sur toute la terre, qu'aux effets de l'humidité contrastés par le froid et le chaud. Ils se manifestent dans nos climats tempérés non-seulement sur les arbres, que le gel et le dégel ravagent sans cesse, mais sur les pierres de nos bâtimens, et même sur les granits. On voit à la porte d'un hôtel situé vis-à-vis des Capucins, rue Saint-Honoré, deux bornes de granit, dont les sommets, ornés de moulures et polis, il n'y a pas trente ans, sont aujourd'hui exfoliés par l'action des hivers.

Il s'ensuit de tous ces faits, que les pierres brisées qui couvrent une partie de notre zone torride actuelle, et même de nos zones tempérées, se sont trouvées autrefois dans les zones glaciales; et c'est ce que nous serons portés à croire, si nous observons que les glaces polaires vont toujours en croissant, et la zone torride en diminuant. Celle-ci avait, du temps de Pithéas, quarante-sept degrés quarante minutes, et elle n'en a plus que quarante-sept aujourd'hui; d'où il résulte que l'angle formé par l'axe de l'équateur et par celui de l'écliptique, qui est maintenant de vingt-trois degrés et demi, est moindre de vingt minutes qu'il ne l'était il y a deux mille ans. Cet angle est même diminué d'une minute dans la Méridienne de Cassini. On en peut donc conclure que, dans cent quarante-un mille ans, notre équateur et notre écliptique coïncideront, et qu'ils auront les mêmes pôles, c'est-à-dire, que les jours seront égaux aux nuits. Enfin, le changement d'inclinaison de ces deux axes s'observe jusque dans quelques planètes; ce qui suppose, avec d'autres raisons que j'ai alléguées ailleurs, que ces planètes ont des mers qui contribuent à leur rotation et à leur mouvement périodique.

Les deux continens de glace qui couvrent les pôles d'un globe aux extrémités de son axe, peuvent être comparés à deux poids aux extrémités d'un levier en équilibre. Comme ces poids sont versatiles, et qu'ils vont toujours en croissant, ils lui donnent des vibrations, qui vont toujours en diminuant, jusqu'à ce qu'il soit dans un équilibre parfait. Alors il est évident que la plus grande partie de la terre serait inhabitable, parce que la zone torride serait brûlée par l'action constante du soleil à son équateur, et que les zones glaciales ne fondraient jamais, même en partie, parce que leurs pôles n'auraient jamais le soleil qu'à leur horizon. Or la nature, non-seulement ne fait rien en vain, mais elle tend sans cesse à faire de mieux en mieux; elle augmente de jour en jour nos continens. Je crois donc qu'à l'époque où les pôles de l'écliptique deviennent constamment les mêmes que ceux de l'équateur, les pôles de la terre changent par le poids même de l'hémisphère qui est plus chargé; car le continent doit croître chaque jour par la puissance végétale, qui augmente sans cesse en changeant en sa substance les eaux atmosphériques, tandis que le poids de ces mêmes eaux fixées en glaces est parvenu à son maximum sur l'hémisphère opposé, qui n'est couvert que de mers.

Je crois donc qu'alors il doit se faire une révolu-

---

[1] On prétend qu'il pèse trois millions.

tion, et que les pôles du globe changent avec le centre de gravité de la terre, qui perd son équilibre. L'équateur, devenu plus léger, devient insensiblement méridien ; et le méridien, plus pesant, équateur. Il doit d'abord en résulter un cataclysme ou déluge, par la première fonte de tant de glaces accumulées qui s'écoulent des anciens pôles : tel est celui dont le souvenir s'est conservé chez tous les peuples. Je pense qu'il a eu lieu lorsque la terre avait pour pôles les points correspondans à l'isthme de Panama et au détroit de Java. Il en est résulté que les eaux, se fixant sur les pôles nord et sud, et y formant de nouveaux continens de glace, ont mis à découvert les anciens bassins des mers, qui s'accroissent de jour en jour par les combinaisons de la puissance végétale et animale. Les harmonies de la terre ne furent point changées, mais elles occupèrent d'autres lieux ; des deux grandes chaînes de montagnes qui la traversent en sens opposés, l'orientale devient la septentrionale, et la septentrionale l'orientale. Ce n'est que par ces changemens que l'on peut expliquer l'ancienne tradition des prêtres de l'Égypte, qui assuraient que le soleil autrefois s'était levé où il se couche maintenant. Ce fut alors que la moitié des continens s'éleva au-dessus des flots ; que l'Europe, couronnée d'épis et de pampres, s'étendit sur son lit ferrugineux ; que la noire Afrique apparut avec ses sables d'or, entourée de palmiers ; que l'innocente Amérique sortit du sein de ses marais, avec des rochers d'or et d'argent au milieu de ses bananiers et de ses cannes à sucre ; et que la Nouvelle-Hollande, couverte de ses grèves sablonneuses, souleva sa tête comme un enfant au berceau. Elles parurent, comme des filles de la mer, toutes chargées des coquillages et des glaïeuls maternels, et comme des sœurs qui devaient un jour s'entr'aider et se communiquer les bienfaits du soleil leur père.

Dans cet accroissement progressif des continens, les rivages de la mer durent éprouver de grandes révolutions. L'océan souterrain qui vient y aboutir, forme, comme nous l'avons dit, une couche d'eau intérieure dont les sables fossiles sont imprégnés, même à de grandes profondeurs ; il se manifeste par les puits, et c'est lui qui rend toute la terre habitable aux hommes, en leur offrant des réservoirs d'eau douce jusqu'au sein des déserts les plus arides. L'océan aérien sert à la décomposition des lumières en couleurs, aux pluies fécondantes ; l'océan fluide et circulant, à la formation des montagnes et des continens ; l'océan glacial, au rafraîchissement de la zone torride ; l'océan souterrain, à la composition des minéraux : il a aussi, comme les autres, ses révolutions et ses tempêtes. Comme c'est sur les rivages de l'océan apparent qu'il vient aboutir, c'est là qu'ils produisent de concert des tremblemens de terre et des volcans. Ces terribles phénomènes sont formés d'une part par les dissolutions des nitres, des bitumes et des soufres minéraux, des végétaux et des animaux, que les fleuves charrient sans cesse dans le sein de l'Océan, que ses courans déposent dans certaines parties de ses rivages, où ils s'enflamment par la fermentation, et, d'une autre part, par la dilatation des eaux de l'océan souterrain qui avoisinent ces dépôts. Lorsque ces matières inflammables, dont les vases et les sables marins du rivage sont imprégnés, n'éprouvent qu'une simple fermentation, et qu'après une longue sécheresse, des pluies qui resserrent la terre tout à coup empêchent leurs exhalaisons de transpirer au dehors, alors elles produisent des secousses terribles, qui se font sentir à de grandes distances de leurs foyers. Ces secousses sont connues sous le nom de tremblemens de terre. Je n'ai jamais eu le malheur d'en éprouver, mais j'en ai lu beaucoup de descriptions : celui de tous qui m'a fait le plus d'impression est celui dont Kircher fut témoin, et dont il a écrit la relation. Il voyageait dans une felouque, le long des côtes de l'Italie, lorsqu'un soulèvement subit et prodigieux des flots l'obligea de débarquer à terre. A peine était-il avec ses compagnons sur le rivage, qu'à ses secousses ils sentirent qu'il y avait un tremblement de terre : ils se rembarquèrent aussitôt, et ils voguèrent environ une lieue plus loin ; mais la mer devenant de plus en plus furieuse, ils furent forcés, pour la seconde fois, de venir chercher un asile sur la côte. Ils abordèrent près d'une ville qu'ils connaissaient, appelée, je crois, Sainte-Euphémie, située à trois quarts de lieue de là, au pied d'une montagne. Après avoir tiré leur felouque sur le sable, ils s'acheminèrent vers la cité, et traversèrent un bois qui la séparait du rivage : quand ils furent au-delà, ils n'aperçurent aucune habitation ; mais ils virent un jeune homme assis sur un tronc d'arbre renversé, l'air morne, et les yeux fixés en terre. Ils lui demandèrent à plusieurs reprises où était la ville ; il ne leur répondit pas un mot, mais il se leva, et, leur montrant du doigt un grand lac, il courut vers la forêt, où il disparut. Ce lac, qu'ils n'avaient jamais vu, avait englouti la ville et tous ses habitans ; il n'était réchappé que ce malheureux jeune homme.

On voit par cet événement et par plusieurs autres semblables que l'océan souterrain est une des causes principales des tremblemens qui font sortir presque toujours des eaux du sein de la terre. C'est ce qu'on vit arriver en 1746, le 28 octobre, au Callao et à Lima, deux villes du Pérou, qui ne sont distantes que de deux lieues. La terre s'agitait et se soulevait en ondes comme si elle eût été portée par un fluide. Ce fut elle qui repoussa les eaux de la mer, qui reculèrent d'abord à une lieue du rivage, et qui, revenant ensuite vers la terre, submergèrent tout à coup Callao avec tous ses habitans, et s'étendirent à de grandes distances dans les campagnes. Lima en fut quitte pour des secousses qui renversèrent la plupart de ses édifices, et firent périr une partie de ceux qui demeuraient dans des maisons de pierre. On vit sortir alors plusieurs lacs du sein de la terre. Les mêmes effets eurent lieu à la Jamaïque, le 7 juin 1692, et, de nos jours, à Lisbonne. L'eau des puits de la Jamaïque est restée, depuis ce temps-là, plus élevée, et leurs cordes sont de deux ou trois pieds plus courtes qu'auparavant. C'est aussi par le changement subit de l'eau des puits, que quelques philosophes de l'antiquité ont prédit des tremblemens de terre.

Il est donc évident que l'océan souterrain contribue, avec l'océan apparent, à ces terribles phénomènes. Lorsque les matières qui les produisent viennent à s'enflammer, alors la terre s'entr'ouvre; il s'y forme un foyer brûlant, que de nouvelles matières entretiennent sans cesse. Les pierres, les terres vitrifiées et les scories qu'il vomit de son sein, forment autour de lui, avec les siècles, une montagne dont les sommets s'élèvent quelquefois dans la région des nuages. On peut supposer, à la vérité, et je suis porté à le croire, que la nature avait préparé d'avance ces volcans avec leurs fourneaux souterrains, dans les plus hautes chaînes de montagnes, et sur les rivages des mers, pour les épurer. Ce qu'il y a de certain, c'est qu'on ne trouve de volcans en activité que dans le voisinage des eaux. Les débris de ceux qui en sont maintenant éloignés et qui sont éteints, comme ceux de l'Auvergne, fournissent des preuves manifestes qu'ils ont été autrefois sur les bords de l'Océan. On trouve d'ailleurs, au-delà de leurs bases, quantité de fossiles marins; ce qui prouve, avec ce que j'ai déjà dit, l'accroissement successif des continens.

L'océan souterrain contribue sans doute à l'entretien des volcans. Il se manifeste souvent, dans leur éruption, en torrens d'eaux qui ne sont point salées, et qui sortent de leurs flancs en si grande abondance, qu'ils submergent quelquefois les campagnes qui sont à leurs bases. Quelques physiciens les attribuent aux eaux des pluies qui se rassemblent dans le cratère du volcan; mais comment pourraient-elles y tomber sans s'évaporer aussitôt, puisque le feu qu'il renferme dilate ses eaux intérieures, et les force de s'ouvrir un passage à travers ses flancs?

Les volcans sont donc formés et entretenus par les eaux fluides, tant supérieures qu'inférieures.

Les tremblemens de terre, les volcans, les courans des eaux renouvellent sans cesse le globe. Si la terre restait constamment dans l'état où nous la voyons, ses montagnes se dégraderaient de jour en jour, et l'Océan se remplirait de leurs débris. C'est l'Océan qui a nivelé les couches, qui les renverse et qui les rétablit. La nature fait comme un cultivateur qui laboure sa terre dans des sens opposés : elle met dessus ce qui était dessous, dessous ce qui était dessus, au nord les fossiles du midi, au midi ceux du nord; l'Océan est son soc. Le globe se prête à tous ces sillonnemens, par sa forme ronde. Les hommes font des barques à une proue et même à deux, pour voguer en avant et en arrière sur les mers. La nature en a fait qui peuvent voguer en tous sens dans l'océan céleste de la lumière. Tout est proue sur un globe. Chaque point de sa circonférence peut devenir pôle à son tour; et chaque cercle, équateur. Il y a des montagnes à glace disséminées dans toutes les latitudes; leurs sommets sont assez attractifs pour y attirer sans cesse les vapeurs, assez élevés dans la région froide pour en former des glaciers, et ils ont assez de pente pour que les eaux qui en découlent creusent le bassin des mers de la même profondeur que leur élévation. Il est remarquable que les lacs situés au pied des montagnes à glace ont souvent autant de profondeur que les sommets de ces mêmes montagnes ont de hauteur, et que la mer du Sud n'en a pas plus que les Cordilières qu'elle baigne, c'est-à-dire une lieue et demie. A cette élévation ajoutez des pyramides de glace qui les surmontent d'une lieue et demie sous le pôle, puisque les Cordilières en portent d'une demi-lieue sous la zone torride, vous aurez sept mille cinq cents toises de hauteur, qui, à une demi-toise par lieue, donnent à l'Océan plus de pente qu'il ne lui en faut pour circuler en spirale autour du globe. La Seine n'en a pas tant à beaucoup près; elle n'a guère, au bas du pont Notre-Dame, que vingt-deux toises au-dessus du niveau de la mer; et cependant elle parcourt en sinuosités plus de soixante-dix lieues pour s'y rendre.

On découvre les traces d'une Providence dans les dispositions des fossiles, comme dans celles des végétaux et des animaux. Les arbres qui croissent sur le bord des rivières, et même sur celui des mers, sont sujets à être renversés par leurs courans comme les saules et les mangliers, dont les branches peuvent devenir racines et les racines devenir branches. De même les rivages peuvent être bassins ou montagnes tour à tour. Une montagne a les mêmes propriétés qu'un hémisphère : ainsi une branche a celles du tronc qui la porte.

Nous nous trouvons quelquefois misérables de voir autour de nous une nature immortelle, tandis que nous dépérissons chaque jour ; si, au contraire, nous étions immortels, et que la nature vieillit et se dégradât sans se réparer, nous aurions raison de nous plaindre. Comment une vie éternelle pourrait-elle se soutenir par des jouissances caduques ? Mais la nature se renouvelle sans cesse ; et si elle détruit successivement chacun de nous, c'est pour tirer de meilleures vies de notre mort. Elle ne se plaît pas dans un cercle monotone de créations et de destructions ; elle ne se contente pas de tirer sans cesse les mêmes harmonies des mêmes objets, comme un peintre médiocre qui peindrait toujours le même site, comme un musicien peu habile qui jouerait toujours le même air, comme un poète sans imagination qui composerait toujours le même drame : elle varie sans cesse ses scènes, ses tableaux, ses caractères. Un mécanicien ingénieux dispose des tuyaux harmonieux dans une boîte ; il y fait correspondre des notes saillantes, qu'il fiche sur un cylindre suspendu à un essieu : il le fait mouvoir ; et aussitôt on entend un air agréable. Il relève par des crans les pôles de son cylindre, et de nouveaux airs viennent successivement charmer les oreilles. L'homme aurait-il donc mis dans une serinette plus d'industrie que la nature n'en a mis dans le globe ? Elle a distribué à sa surface ses diverses puissances ; elle le fait tourner, et elle répand tour à tour sur elles les harmonies solaires des jours, des mois, des saisons, des années, des siècles ; elle en change les pôles ; et de nouvelles harmonies vont reparaître sur chaque horizon.

Dieu est non-seulement infini en durée, en puissance, en étendue, en bonté, mais il l'est en intelligence. Ses ouvrages vont de perfection en perfection. Sans sortir de notre globe, la source qui coule du rocher est préférable à la vapeur que le rocher attire ; le ruisseau qui se précipite de la colline, à la source ; la rivière qui traverse les vallons et les plaines, au ruisseau ; le fleuve majestueux qui descend des hautes montagnes et va se rendre dans la mer, à la rivière ; la mer qui baigne des îles et de vastes contrées, au fleuve ; l'Océan, qui environne le globe entier, à la mer. Le végétal, pour qui toutes ces harmonies furent établies, est plus parfait que les vents qui l'agitent, que l'eau qui l'arrose, que le sol qui le porte, et présente des périodes encore plus étendues. Il en est de même de l'animal, supérieur au végétal, et de l'homme à l'animal. Mais toutes ces puissances vont elles-mêmes en s'améliorant. L'air et l'eau se changent dans la substance de la terre et dans celle des végétaux et des animaux ; de nouveaux continens sortent du sein des mers. Les vergers de l'Asie couronnent les fossiles marins de l'Europe, et s'étendent jusque sur les plages de l'Amérique ; et les troupeaux de l'ancien Monde se propagent dans les savanes du nouveau. Mais c'est surtout dans le genre humain que cette amélioration est sensible. Un temps a été où il n'apparaissait de l'Europe que les monts Riphées, les volcans de l'Hécla, de l'Auvergne, de l'Etna, les Alpes, les Pyrénées, les Apennins ; et alors le pêcheur ancrait sa nacelle aux glaciers de la Suisse. Peu à peu les eaux se sont écoulées ; et l'Europe a vu sortir des villes magnifiques du sein de ses obscures carrières, et des escadres invincibles des chênes de ses forêts. Ses enfans industrieux et innombrables se sont répandus sur tout le globe, et ont recueilli une partie de ses richesses. Les forêts du Nouveau-Monde ont ombragé leurs parcs, et leurs tables ont été chargées des fruits naturels à l'Asie. Le temps viendra où des continens inconnus sortiront de la mer du Sud, où les hameaux de ses insulaires se changeront en superbes métropoles, et où leurs vaisseaux, ornés de banderolles, mouilleront, au son des flûtes, sur nos rivages. Les hommes alors commerceront sur un océan moins vaste, parsemé d'îles fécondes ; ils se communiqueront avec joie les bienfaits de la nature, et, de concert, en invoqueront le père. Un jour viendra, et j'en entrevois déjà l'aurore, où les Européens substitueront dans le cœur de leurs enfans, à l'ambition fatale d'être les premiers parmi leurs semblables, celle de les servir, et où ils connaîtront que l'intérêt de chacun d'eux est dans l'intérêt du genre humain.

C'est le soleil qui préparera ces heureux changemens. Il élabore sans cesse notre air et nos eaux, et les transforme dans les substances des végétaux et des animaux. Ses rayons pénètrent, dans la zone torride, le sein des terres, et y déposent le diamant dans les mines de Golconde, le rubis dans celles du Pégu, l'émeraude dans les rochers du Pérou, et la perle au fond de la mer orientale ; ils parfument l'ambre sur ses rivages, et ils versent l'éclat des pierreries sur les plumes de ses oiseaux. Peut-être le temps viendra que son atmosphère allumera la nôtre d'une lumière durable, et fera de notre planète un séjour semblable au sien. Ah ! si les hommes s'amélioraient comme elle, peut-être que leurs vertus attireraient un jour sur eux-mêmes la gloire de ses habitans immortels. Ce sont leurs influences qui éclairent nos génies et réchauffent les cœurs vertueux. C'est sans doute de cette terre céleste que les ames des gens de bien, débarrassées de leurs passions par la mort, voient ce que nous ne faisons qu'entrevoir ici-bas dans les siècles à venir. C'est dans cette source de toutes les harmonies que sont les vérités évidentes, les jouissances toujours variées et les félicités inépuisables. Mais le soleil n'est lui-même qu'un point où se fixe la Divinité pour verser ses bienfaits sur de faibles mortels. Il n'est qu'une étincelle de sa gloire, répandue dans tout l'univers.

### HARMONIES AQUATIQUES DES VÉGÉTAUX.

Ce n'est point aux enfans des ténèbres à pénétrer dans le soleil. Redescendons sur la terre, parcourons ses humbles vallées, suivons leurs ruisseaux à travers les prairies, les vergers et les forêts : nous y trouverons à notre portée assez de traces d'une Providence infinie et des influences de l'astre du jour.

Nous avons déjà entrevu quatre harmonies des eaux avec les élémens. Il en résulte quatre océans, un glacial sur les pôles, un aérien dans l'atmosphère, un aquatique dans les eaux circulantes, un souterrain dans la terre. Chacun d'eux a ses harmonies positives ou négatives, actives ou passives, dont le soleil est le premier moteur. Nous allons maintenant en présenter un cinquième, sujet aux mêmes lois : c'est l'océan végétal. J'appelle ainsi celui qui circule et se modifie dans les végétaux, et qui les transforme en une matière solide par un flux et reflux perpétuels. Pour s'en faire une idée, qu'on songe à l'étendue de nos prairies et de nos moissons, qui comblent chaque année nos greniers et nos granges : à celle de nos vergers et de nos vignobles, dont les fruits et les boissons remplissent nos caves et nos celliers ; au bois que consomment nos chantiers, nos foyers et nos navigations ; à la hauteur des forêts et à l'épaisseur de leurs feuillages, aux couches de terre végétale qui en résultent : toutes ces productions sont les ouvrages de l'océan végétal. J'invite les naturalistes à chercher dans quelles proportions ces cinq océans sont entre eux : je me bornerai seulement, dans ce paragraphe, aux harmonies principales de la puissance végétale avec les océans élémentaires. Elle en a par des racines, avec l'océan souterrain ; par des écorces, avec le glacial ; par des feuilles, avec l'aérien ; par des semences, avec l'aquatique.

Les harmonies de chaque puissance se croisent, et chacune d'elles est circonférence et centre à son tour. Le disque d'une marguerite nous en offre une image : chacun des fleurons de sa circonférence est le centre d'un demi-cercle de fleurons, qui passe par le centre de son disque. Ils représentent tous ensemble les harmonies des puissances de la nature conjuguées sphériquement ; et leur fleuron central, entouré au loin de pétales blancs, est une image naïve du soleil, qui projette ses rayons autour de son système. La nature consonne avec elle-même dans les petits objets comme dans les grands ; et afin que nos faibles yeux puissent saisir l'ensemble des harmonies de ses puissances avec l'astre du jour, elle les réunit dans un grain de sable, dans une goutte d'eau, au sein d'une fleur. Non-seulement les puissances de la nature se croisent dans leurs harmonies, mais encore dans leur essence. On a dit du végétal qu'il était un animal renversé. En effet, si l'on considère un arbre avec ses branches, ses fleurs et ses fruits dirigés vers le ciel, on trouvera qu'il a ses jambes en haut et sa tête en bas. Mais il a encore de plus en dehors plusieurs parties que l'animal porte en dedans. Il a ses entrailles dans ses racines, sa langue dans ses feuilles, son sexe et ses générations à découvert dans ses fleurs et ses fruits. C'est en quelque sorte un animal retourné. On trouverait des contrastes d'un autre genre, si l'on comparait la puissance végétale aux puissances élémentaires. Il n'est donc pas possible de tracer ses harmonies aquatiques dans le même ordre que celui des quatre océans élémentaires, qui sont le glacial, l'aérien, l'aquatique et le souterrain. Mais, en suivant l'ordre végétal, nous passerons successivement de la racine à l'écorce, aux feuilles et aux semences : nous établirons ainsi des harmonies progressives et presque inverses avec l'océan souterrain, le glacial, l'aérien et l'aquatique. Nous pourrions même en tracer d'entièrement inverses ; car les écorces ont aussi des harmonies avec les eaux fluides, et les semences avec les eaux glacées ; mais, dans un sujet aussi étendu, il faut se circonscrire. Il suffit à l'homme d'entrevoir les principaux linéamens du plan de la nature : elle est infinie, et il est très-borné.

Nous indiquerons d'abord les rapports intérieurs des végétaux avec les eaux, et ensuite leurs rapports extérieurs.

Prenons pour exemple une noix, et examinons-la dans sa maturité parfaite. Elle est d'abord revêtue d'un brou amer, qui la préserve de l'attaque des oiseaux, et qui est peut-être destiné à la subsistance de quelque animal qui nous est inconnu, dans le pays dont elle est originaire ; car la nature ne fait rien pour une seule fin. Sous le brou est une coque ligneuse, de la forme d'un bateau, ayant une proue pointue, une poupe aplatie, et une longueur à peu près double de sa largeur. Sa coupe lui est plus avantageuse que celle de nos bateaux ; car elle est formée de deux coquilles convexes, dont l'une sert de carène et l'autre de pont, de manière qu'elle peut voguer sur le côté ou renversée. La nature lui a donné une forme nautique, ainsi qu'à toutes les semences dont les végétaux étaient destinés à croître dans les eaux, ou à embellir leurs rivages. Ces deux coquilles, réunies par une suture, renferment deux lobes divisés en partie par un zeste et réunis vers la pointe, qui contient le germe ou les premiers linéamens du noyer : ces deux lobes sont recouverts d'une pellicule. La noix, parvenue à sa maturité, tombe de l'arbre qui la porte ; elle roule loin de lui par sa forme arrondie, et s'en écarte assez pour que rien ne gêne sa végétation future. Quelquefois un ruisseau voisin l'emporte fort loin de là ; plus souvent elle reste à terre où elle passe l'hiver à l'abri des gelées, à la faveur des feuilles de noyer, qui tombent en automne. Au printemps, l'humidité de la terre, aidée de la chaleur, gonfle ces deux lobes, qui forcent les deux coquilles de s'entr'ouvrir. Le germe paraît ; il tient aux deux lobes devenus laiteux, et il en tire sa première nourriture, comme de deux mamelles. Cependant il sort de la partie inférieure du germe une radicule qui, par un mécanisme incompréhensible, se dirige vers la terre, tandis que l'autre s'élève vers le ciel. La radicule, en se divisant en chevelu, va pomper dans la terre les émanations de l'océan souterrain ; et le germe, en se divisant en feuilles, va recueillir les vapeurs de l'océan aérien. Ce double effet a lieu dans quelque sens que se trouve la noix : si elle est renversée, le germe se redresse et la radicule s'abaisse. Ce premier mécanisme de la végétation est le même dans le développement de toutes les graines, et quoique infiniment commun, il n'en est pas plus aisé à concevoir. Les pierres qui sont dans le sein de la terre ne forcent point le germe de végéter en bas, ni les pluies n'attirent point la radicule en haut. Ces deux parties organiques ont leurs harmonies déterminées, l'une avec l'océan aérien, l'autre avec l'océan souterrain : elles en prouvent évidemment l'existence. Si l'océan souterrain n'existait pas, aucune semence ne lèverait en Égypte, au Pérou et dans d'autres lieux où il ne pleut presque jamais. Ce sont ses transpirations qui les humectent et attirent leurs racines. Si l'humidité seule de l'air suffisait pour produire cette attraction, les racines de nos végétaux, dans nos climats pluvieux, se dirigeraient toutes vers la surface de la terre ; or c'est ce qui n'arrive pas : au contraire, elles s'y enfoncent quelquefois à des profondeurs étonnantes, malgré toutes sortes d'obstacles. J'ai vu, dans l'atmosphère humide des collines de la rivière d'Essone, des racines de vigne qui ont pénétré à plus de quinze pieds de profondeur à travers une carrière de pierre à chaux. Il est donc certain qu'il existe un océan souterrain dont les émanations traversent les bancs de pierre les plus épais, et sont en harmonie avec les racines des plantes.

Nous observerons ici que les précautions maternelles dont la nature s'est servie pour garantir les semences des injures des élémens ou des animaux ne sont point des obstacles à leur développement. Celles qui sont renfermées dans des coques dures s'en dégagent par des sutures ou par des trous qui y sont ménagés. Les noisettes, qui paraissent d'une seule pièce, sont percées de petits trous presque imperceptibles. J'ai vu de jeunes filles assez adroites pour les enfiler avec un cheveu ou même un crin. Le coco, la plus grosse sans doute des noisettes, a trois de ces ouvertures, qui lui donnent l'apparence d'une tête de singe. Elles sont recouvertes d'une légère pellicule par où sort le germe ; cependant il y a apparence que le coco a des sutures aussi, car il y a des nègres qui savent le fendre en deux moitiés avec un petit bâton. Il est probable qu'il en est de même de tous les noyaux qui paraissent d'une seule pièce. J'ai remarqué que celui de la pêche appelée téton de Vénus se fend souvent en deux dans le fruit même ; on en trouve alors l'amande consommée par une sorte de moisissure ou d'insecte. Mais, ce qui m'a paru très-singulier et inexplicable, comme tant d'autres choses fort communes, c'est que le noyau, fendu en deux, quoique bien formé et très-dur, était quelquefois brisé en plusieurs pièces, sans que je pusse concevoir d'où provenaient ces fractures multipliées d'un corps dur au sein d'un fruit mou, qui n'a été offensé par aucun choc. Est-ce un effet de quelque électricité végétale ou animale ?

Quoi qu'il en soit, la radicule, après avoir pénétré en terre, se change en racines souvent divergentes, qui établissent des rapports de solidité entre le sol et le végétal. Nous en parlerons aux harmonies terrestres, comme nous avons parlé de ceux de la tige aux harmonies aériennes. Ces racines fournissent encore à la nourriture des fibres de la tige, auxquelles elles correspondent par leur chevelu. Il est remarquable qu'elles s'étendent beau-

## DES VÉGÉTAUX.

coup plus à l'Orient, au midi et à l'occident, qu'au septentrion, ce qui prouve l'influence du soleil, même sous la terre. Il en est de même des fibres du bois, qui sont plus serrées au nord que partout ailleurs. Ces racines, pour l'ordinaire, se subdivisent à l'infini, et correspondent aux branches de l'arbre, en nombre égal. Le palmier, qui n'a point de branches, et qui ne porte que des feuilles ligneuses, ne pousse qu'une seule racine, garnie, à la vérité, de quantité de chevelus. Ce sont ces chevelus qui sont les suçoirs, et, en quelque sorte, les entrailles des végétaux. Ils pompent l'eau souterraine ; ils la changent en séve circulante, qui s'élabore ensuite en bois, en écorce, en feuilles, en fleurs et en fruits, par l'action du soleil. On a cherché, mais bien en vain, à expliquer cette métamorphose merveilleuse. Il sera toujours impossible à l'homme de concevoir comment la même séve peut se combiner en sucre dans la pulpe d'un fruit, en pierre dans son noyau, en huile dans son amande, en saveur amère dans sa feuille, et en bois insipide dans le tronc qui le nourrit. Le même sol peut produire à la fois des alimens et des poisons. Les opérations de la nature nous seront à jamais inconnues, nous ne pouvons en entrevoir que les résultats ; la connaissance des causes premières n'appartient qu'à celui qui en est le moteur ; mais celle des causes finales est à la portée de l'homme, qui en a la jouissance.

Plus un arbre a de chevelu, plus il tire de nourriture. C'est donc une des bonnes maximes de l'agriculture, de couper une partie des grosses racines et des branches d'un arbre qu'on transplante ; car les racines alors produiront une grande quantité de chevelu, et il aura ainsi d'une part beaucoup de substance, et de l'autre peu de bois à entretenir.

L'eau pompée par les racines s'appelle liqueur lymphatique, parce qu'elle diffère fort peu de l'eau pure. Elle monte d'abord au moyen des trachées ou tuyaux aériens en spirales, rangés le long des fibres longitudinaires du bois. Ces fibres sont elles-mêmes des espèces de canaux où l'eau pourrait monter sans trachées, comme dans les tuyaux capillaires ; mais il faut sans doute, pour préparer la séve, le concours de plusieurs élémens. Les fibres du bois, qui paraissent collées ensemble, s'écartent de distance en distance, et renferment entre leurs ouvertures des utricules : ces utricules sont ainsi nommées parce qu'elles ressemblent à de petites outres. Elles sont de forme ovale, couchées à la suite les unes des autres, bouche contre bouche, entre les fibres ; elles vont de la circonférence de l'arbre au centre, depuis l'écorce jusqu'à la moelle,

qui ne paraît être elle-même qu'un long canal rempli d'utricules plus larges. Celles qui vo..t de la circonférence au centre sont rangées par plans, posés les uns sur les autres dans toutes les parties du tronc où les fibres s'écartent. C'est à leur direction horizontale qu'il faut attribuer la facilité que l'arbre a de se fendre de la circonférence au centre, ce qui ne manque guère d'arriver, lorsqu'elles viennent à se dessécher tout à coup ; car elles se resserrent dans la sécheresse et se dilatent dans l'humidité. Comme ces utricules superposées sont à la suite les unes des autres, presque dans toute la longueur de l'arbre, il est aisé d'en fendre le tronc ; car il ne fait de résistance qu'aux endroits où les fibres ligneuses se rapprochent.

Je ne parlerai point ici de la tige ligneuse des arbres, composée de trachées, d'utricules et de fibres. Il paraît qu'elle est principalement en rapport avec les vents. La nature ne donne de bois qu'aux arbres et aux buissons qui y sont exposés. Les herbes n'en ont guère que dans leurs racines ; cependant ces grands roseaux des Indes, appelés bambous, et les palmiers mêmes, n'ont point de bois proprement dit, et ils résistent mieux aux ouragans que les arbres.

La feuille, par son côté inférieur, a des rapports immédiats avec les vapeurs de l'océan souterrain ; et, par son côté supérieur, avec celles de l'océan aérien : c'est elle qui reçoit l'eau des pluies ; elle est faite pour l'ordinaire en forme de langue. Elle est attachée à son rameau par une queue ou pédicule fort court, sillonné en gouttière. Le rameau forme avec la branche, et la branche avec le tronc, des angles de 30 à 40 degrés. Le tronc est perpendiculaire au sol, et il a son écorce cannelée de crevasses longitudinales. Au moyen de ces dispositions, l'eau de la pluie s'écoule de la feuille au rameau, du rameau à la branche, de la branche au tronc, du tronc à la racine, d'où elle se rend, quand elle est abondante, à l'océan souterrain.

La circulation de l'eau des pluies est la même à la surface de l'arbre qu'à celle de la terre : elle tombe sur le rocher, qui l'attire en vapeurs comme la feuille. De là elle passe successivement à la fontaine, au ruisseau, à la rivière, au fleuve et à la mer, qui forment entre eux des embranchemens semblables, en quelque sorte, à ceux d'un arbre, comme on peut le voir sur les cartes.

Les feuilles présentent d'autres configurations dans différentes espèces de végétaux ; elles sont faites en bec d'oiseau dans le genêt, en coquille dans le sarrazin, en écope dans les graminées naissantes. Les folioles du pin sont agrégées en pinceaux, qui ramassent les plus petites vapeurs aériennes. C'est au sein de la zone torride que la nature fait végéter les raquettes, les aloès, les cactus, les cierges, et toutes les espèces de plantes grasses dont les feuilles semblent être des éponges pleines d'eau. Mais ces fontaines et ces citernes végétales, ces formes d'aqueducs dans les feuilles et leurs agrégations, n'ont lieu que dans les végétaux de montagnes ou des lieux arides, qui avaient sans cesse besoin d'être arrosés. Ceux qui croissent sur le bord des eaux ont des formes, des dispositions tout opposées, quoique souvent ils soient du même genre. Leurs feuilles, loin d'attirer l'eau, la repoussent; elle y glisse sans les mouiller, ou elle s'y rassemble comme des gouttes de vif-argent. Telles sont celles des nymphæa, qui flottent à la surface des étangs sans être humectées. Il en est de même de celles des roseaux et des joncs. Aucun d'eux n'a de cannelure pour conduire la pluie à sa racine, tandis que le jonc de montagne est creusé en écope dans toute sa longueur. Les feuilles des peupliers et des trembles ont de longs pédicules, et sont mobiles; d'autres arbres, au lieu de diriger leurs branches vers le ciel, les courbent au-dehors en arcades, comme s'ils voulaient écarter la pluie de leurs tiges. Tels sont, en général, les osiers, les saules, lorsqu'on n'arrête point leur développement naturel par des coupes réitérées. Leur port ressemble alors à celui des saules de Babylone. Enfin, d'autres ont leurs feuilles disposées en recouvrement comme les tuiles d'un toit : tels sont les noyers et les marronniers d'Inde.

J'en ai rapporté un assez grand nombre d'exemples dans mes Études nautiques. Il est certain que, comme les végétaux montagnards c'est-à-dire dont les semences sont aériennes, ont des sous-genres qui peuvent se répartir aux différentes couches de l'atmosphère et aux divers rumbs de vents, les végétaux aquatiques ont aussi des sous-genres harmoniés avec l'océan glacial, souterrain, aquatique et aérien. On pourrait rapporter même à l'océan végétal les plantes parasites, qui tirent leur substance de la sève des végétaux, comme les guis, les scolopendres, les lichens, les agarics, les mousses... Les harmonies de la nature, si merveilleuses dans les grands objets, le sont encore davantage dans les petits. Elles se multiplient en raison inverse de l'espace. La construction d'une mousse est plus étonnante que celle du cèdre, et celle du moucheron plus que celle de l'éléphant.

Les mousses composent un sous-genre de plantes si nombreux, que le botaniste Vaillant en a compté cent trente-sept espèces dans les seuls environs de Paris, c'est-à-dire plus que d'aucun autre genre de végétal. Elles sont en beaucoup plus grand nombre dans le nord, qui est leur patrie naturelle. Elles approchent, suivant Adanson, de la famille des pins par la disposition de leurs feuilles, et par les cônes de leurs fleurs femelles. Il y a des mousses qui n'ont pas quatre lignes de hauteur, comme le phasque; et d'autres qui ont jusqu'à cinq ou six pieds de longueur, comme le lycopode ou pied de loup; mais celui-ci rampe en s'enracinant d'espace en espace. Les mousses ont des urnes, souvent chargées de coiffes, et qui quelquefois en sont privées. Les unes en ont de plates, mais le plus grand nombre les portent terminées en forme d'aiguilles. Au centre de ces urnes est une poussière que quelques naturalistes prennent pour le pollen des mousses, d'autres pour leurs graines. Le contour intérieur de leur couvercle a un ou plusieurs rangs de filets élastiques, qui se redressent peu à peu, et, dans le temps de la fructification, le font sauter tout à coup avec les grains qu'il renferme : l'urne ressemble alors à un mortier qui lance des bombes. Cette poussière, soit fécondante, soit formée de semences fécondées, est semblable à la fleur de soufre. Celle du lycopode est très-inflammable : jetée sur la flamme d'une bougie, elle prend feu comme la poudre à canon. On l'emploie, à l'Opéra, dans des torches à l'esprit-de-vin, qui jettent des flammes de quinze pieds de haut, lorsqu'on les agite. Les doigts, empreints de cette poudre, ne sont pas susceptibles d'être mouillés. Les mousses sont les meilleurs préservatifs contre l'humidité. Celle qu'on appelle la fontinale, parce qu'elle croît dans les fontaines, a un caractère bien opposé aux semences du lycopode : c'est qu'elle ne peut conserver ni communiquer le feu; elle s'y réduit en cendre sans s'enflammer. On peut s'en servir pour préserver de l'incendie des charpentes trop voisines du foyer. Les mousses conservent leurs facultés végétales pendant beaucoup d'années; car, quoiqu'elles soient alors très-sèches, si on les humecte, elles reverdissent. Cependant on ne peut les faire croître où l'on veut, tandis que souvent elles viennent où l'on ne veut pas.

Je ne dirai rien ici du nostoc ou mousse fugitive, espèce de lichen membraneux, qui apparaît sur la terre immédiatement après la pluie, et qui disparaît avec le vent; je ne parlerai pas non plus de la mousse aquatique ou sphaigne des marais, composée de filamens soyeux d'un beau vert; ni de la conferve, espèce de byssus composé de filets qui n'ont ni racines, ni feuilles, ni fleurs, ni fruits. Je jetterai un coup d'œil sur les plantes fluviatiles et maritimes, dont la botanique est presque tout-à-fait inconnue.

Il y a une multitude de plantes qui croissent

non-seulement sur le bord des eaux, qu'elles embellissent, comme les salicaires, dont les épis sont pourprés; les iris jaunes, les menthes odorantes, mais il y en a qui viennent dans le sein même des eaux, comme les cressons, les lentilles d'eau, les glaïeuls, les joncs, les nymphæa, les sagittaires, ainsi nommées parce que leurs feuilles sont faites en fer de flèche. D'autres sont tout-à-fait submergées : telle est, entre autres, une espèce de plante en longs filets, dont les extrémités sont articulées en forme de pates d'écrevisses. Il est remarquable que toutes ces plantes fluviatiles épanouissent leurs fleurs à la surface des eaux. Une rivière, en été, ressemble souvent à une prairie ondoyante. Les petits oiseaux s'y reposent, et j'ai vu plus d'une fois la bergeronnette y courir après les insectes qui y voltigent. On en doit conclure que l'action immédiate du soleil est nécessaire à leur floraison, et qu'elles sont faites pour embellir le séjour de l'homme, car les bords de la mer n'offrent rien de semblable. Les plantes fluviatiles ont des fleurs, et les plantes marines n'en ont point. Les premières semblent destinées, par leurs couleurs et leurs parfums, à fournir des couronnes, des ceintures et des bouquets aux bergères et aux baigneuses; et les secondes, par leur glu et leur élasticité, à favoriser les échouages des barques des marins et des pêcheurs.

Les plantes qui croissent dans le sein de la mer sont soumises à d'autres lois végétales que celles qui fleurissent à la surface de la terre et des eaux douces; elles sont encore si peu connues, qu'elles manquent même de nomenclature. On leur donne, en général, les noms de fucus, d'algues ou de varechs, avec aussi peu de fondement que si on donnait le nom général d'herbes ou de graminées à toutes les plantes de la terre, parmi lesquelles il y a tant de genres différens et tant d'espèces si variées.

A juger du nombre des plantes de la mer et de leurs espèces par celui de ses animaux, il y a apparence qu'étant beaucoup plus étendue que la terre, elle est encore plus féconde en végétaux; mais nous ne connaissons guère que ceux qui croissent sur nos rivages, ou que les courans nous apportent. Quoique nous vantions beaucoup nos connaissances en histoire naturelle, je crois que nous n'en avons guère plus en plantes marines que les poissons n'en ont en plantes terrestres.

Il y a une bien plus grande variété de couleurs dans les plantes de la mer que dans celles de la terre. J'en ai vu de blanches, de grises, de vertes, de couleur de citron, de rose, de pourpre, de rouille, de brun enfumé, etc.; il semble que la nature, qui leur a refusé les fleurs, leur en donne l'éclat et même les teintures, quoiqu'à cet égard on en fasse peu d'usage. Il est remarquable qu'il n'y en a point de bleues, ou du moins très-peu, parce qu'elles seraient confondues avec la mer qui est de cette couleur. C'est par la même raison qu'on ne voit guère de plantes terrestres de la couleur du sol qui les produit, parce qu'elles n'auraient pu être distinguées par les animaux auxquels elles étaient destinées. Ceux-là donc sont dans une grande erreur qui veulent établir de simples attractions et des consonnances mécaniques dans les ouvrages de la nature, qui nous présentent de toutes parts d'ingénieux contrastes.

Les diverses espèces de plantes marines ne diffèrent pas moins entre elles de formes que de couleurs. Il y en a en arbrisseaux, en feuilles de laitue, en longues lanières, en cordelettes unies; d'autres avec des nœuds, comme des disciplines; d'autres, chargées de siliques, de digitées, de chevelures; en flottes, comme les trombes du cap de Bonne-Espérance; en grappes de raisin, telles que celles qui en portent le nom sous notre tropique. Les unes flottent sans paraître être attachées à la terre; d'autres ont des racines qu'elles collent aux corps les plus unis, à des galets, à des bouteilles. Il y en a qui s'élèvent à la surface des flots, au moyen de petites vessies pleines d'air; d'autres ont de larges feuilles en éventail, criblées de trous, à travers lesquels l'eau passe comme par un tamis : tels sont les panaches marins qui croissent dans les détroits; il en est qui végètent sur la croûte des coquilles, comme des poils follets; d'autres, comme celles qui sont autour des îles de Kerguelen, vers le pôle austral, s'élèvent du fond des abîmes de la mer, et ont jusqu'à trois cents brasses de longueur.

Toutes les plantes marines, même les plus submergées, ont des rapports avec l'air; elles se séparent de l'eau par un mécanisme non moins difficile à comprendre que celui des ouïes des poissons, qu'on nous donne pour l'expliquer. Une des plantes les plus extraordinaires en ce genre est le fucus giganteus, décrit par Roblet, chirurgien du capitaine Marchand, dans son voyage aux îles Charlotte, dans la mer du Sud. Il diffère de celui dont Forster nous a donné la description dans le *Voyage de Cook*, en ce qu'il est branchu, et que sa tige et ses branches sont des tuyaux pleins d'air d'un bout à l'autre. Au reste, ils parviennent tous deux à une grandeur prodigieuse, qui leur a fait donner le nom de gigantesques; car ils ont plus de trois cents brasses de long : celui de Roblet en avait trois cent quatorze. Sa végétation n'est pas moins étrange que sa longueur. A sa naissance au fond de la mer, il n'est pas plus gros que le petit doigt, et il va en s'élargissant jusqu'à la surface des flots, où il se termine par une boule creuse entourée de feuillages; il était couvert de bernacles d'un bout à l'autre. Il ne se soutient dans l'eau qu'au moyen de l'air qu'il renferme; car si on le coupe, ses tronçons coulent à fond.

En général, les végétaux marins ont leur tige plus menue en bas et plus épaisse en haut, tandis que les végétaux de terre ont des proportions toutes contraires. C'est que dans les premiers le haut de la tige porte le bas, et dans les seconds le bas porte le haut. La plante marine est supportée, dans toutes ses parties, par l'eau, tandis que la plante terrestre pèse, par toutes ses parties, sur sa base, qui par conséquent devait être renforcée. La nature ne fait rien de trop ni de trop peu; ses harmonies sont si précises, que les végétaux terrestres qui s'accrochent par des vrilles ou des spirales, et qui par conséquent ne pèsent pas sur leur tige, l'ont plus menue par en bas et plus large par en haut, comme les plantes marines : tels sont les pois, les haricots, etc.

On pourrait, je crois, se servir d'un fucus giganteus à tube aérien pour descendre dans la mer; il servirait de trompe pour respirer l'air, puisque c'est une espèce de tamis qui le sépare de l'eau; on n'aurait point à craindre la compression de l'atmosphère, comme dans la cloche du plongeur.

Chaque rivage produit des plantes marines qui lui sont propres. J'ai vu à Dieppe de ces fucus blancs et rameux, tournés en spirale, dans des filets que nettoyaient des pêcheurs qui venaient de prendre des crabes sur les côtes d'Écosse. Il y en avait de plusieurs autres espèces qu'on ne voit point sur nos rivages. Les ordures de leurs filets auraient enrichi nos cabinets les plus curieux. S'il y a un grand nombre de plantes marines sédentaires, il y en a de voyageuses. En revenant de l'île de France, j'ai vu, pendant plus de quatre-vingts lieues, la mer couverte de celles qu'on appelle raisins du tropique : on prétend qu'elles viennent des hauts-fonds de la Floride. Ce serait une nouvelle preuve du courant de la mer Atlantique, en été, du pôle nord vers le pôle sud. Mais comme en hiver les bords septentrionaux de cette même mer en sont couverts par grands tas, on en peut conclure encore qu'elle remonte au nord dans cette saison : ses riverains s'en servent avantageusement pour fumer leurs terres, ou pour en tirer de la soude. Elles sont recueillies avec soin par les habitans des côtes de Bretagne, de Normandie, des îles de Scilly, de l'Angleterre, de l'Écosse, de l'Irlande, des Orcades, et même de la stérile Islande, où quelquefois elles servent de pâture aux vaches.

Parmi ces végétaux maritimes si nombreux et si vigoureux, il n'y en a pas un que l'on puisse comparer à un tronc d'arbre, par sa solidité et sa grosseur; tous sont menus et élastiques comme des herbes. Il paraît que l'intention de la nature a été de donner pendant l'hiver, aux amphibies du nord, des litières molles et chaudes, qu'elle a refusées à ceux du midi, qui ne trouvent sur leurs grèves que des sables et des mangliers dont les feuillages élevés les mettent à l'abri de la chaleur. Il est remarquable que les madrépores, ces espèces de végétations pierreuses dont les débris produisent tant de sables, viennent en abondance sur les rivages de la zone torride, tandis qu'on en trouve fort peu sur ceux des zones tempérées, et point du tout dans les zones glaciales. Au contraire, les plantes marines souples, telles que les algues et les fucus, sont d'une grandeur considérable, et très-communes dans les zones glaciales : moins nombreuses dans les tempérées, on en trouve fort peu dans la zone torride, où elles sont remplacées par les madrépores. Cependant ces deux productions si dissemblables paraissent avoir entre elles des analogies, car elles ne portent ni fleurs ni fruits, et quand on les brûle, elles ont toutes deux une odeur désagréable de poisson ou d'insecte. Je serais disposé à les ranger dans la classe des polypiers; pourquoi même n'y comprendrait-on pas aussi les plantes terrestres, puisqu'on trouve des animalcules en abondance dans leur sève?

Quoique l'anatomie des plantes marines nous soit encore inconnue, il est certain qu'elles sont harmoniées avec toutes les puissances de la nature. Elles croissent au fond de la mer; mais elles s'enracinent sur ses sables et ses rochers; elles pompent l'air mêlé avec ses eaux, comme on le voit par celles qui ont des vessies aériennes, et par les poissons qui respirent avec leurs ouïes. Les rayons du soleil, ce premier moteur de tous les êtres, y pénètrent aussi, non-seulement par leur chaleur, mais encore par leur lumière; car les poissons ont des yeux. Il n'y a pas même de doute que les rayons de la lune n'éclairent jusqu'au fond des abîmes de l'Océan; car c'est sur ses phases que les poissons règlent leurs voyages, leurs amours et le temps de leur frai : enfin l'influence de l'astre des nuits y est si grande, que les poissons à coquille ont leur coquillage revêtu d'autant de couches qu'ils ont vécu de lunes, ainsi que nous l'avons remarqué ailleurs.

Ces observations détruisent l'erreur mise en

avant par Bouguer, au sujet de la lumière de la lune. Cet astronome prétend que cette lumière n'est que la trois cent millième partie de celle du soleil; il tire cette conséquence d'une expérience qu'il a faite avec un certain nombre de verres posés les uns sur les autres, à travers lesquels il a fait passer les rayons de l'astre du jour, qu'il a réduits ainsi à un clair de lune. Mais si la lumière de l'astre des nuits n'était en effet que la trois cent millième partie de celle de l'astre du jour, non-seulement elle n'irait pas jusqu'au fond des mers, mais même celle du soleil n'y pénétrerait jamais, car elle a à traverser des couches d'eau beaucoup plus épaisses que tous les verres qu'on peut entasser les uns sur les autres. Cependant les mœurs des poissons et les accroissemens périodiques de leurs coquilles prouvent l'influence des rayons de la lune jusqu'au sein des eaux les plus profondes.

Bouguer n'avait besoin que du témoignage de ses yeux pour se convaincre d'une erreur de calcul aussi énorme. Pouvait-il croire qu'un clair de pleine lune est trois cent mille fois plus faible que le jour? Les ombres sont en même proportion que les lumières. Y a-t-il un rapport d'un à trois cent mille entre les ombres des corps éclairés par ces deux astres? S'il fallait à Bouguer, élevé dans l'obéissance académique, des expériences physiques pour s'assurer de ce qu'il voyait dans la nature, il n'avait qu'à bien fermer les volets de sa chambre, et y faire un trou qui fût la trois cent millième partie du disque apparent du soleil, qui est à peu près d'un demi-pied de diamètre; il aurait vu si le filet de lumière solaire qui l'eût éclairé était comparable à celle d'un clair de lune. Il y a dans le volet de ma chambre cinq trous, de plus d'un demi-pouce de diamètre chacun : lorsque les rayons du soleil passent à travers, ils n'y rendent pas sensibles les objets qui sont à l'extrémité. Bouguer s'est encore trompé lorsque, dans son *Traité de la Navigation*, il fixe à un degré la plus grande réfraction du soleil sur tous les horizons du globe. Berents avait prouvé qu'elle était de deux degrés et demi sur l'horizon de la Nouvelle-Zemble, où il vit le soleil quinze jours plus tôt qu'il n'y devait paraître. Il est vrai qu'on en peut conclure en même temps que la terre s'alonge au nord, tandis que Bouguer, par une autre erreur, l'y suppose aplatie. Non-seulement il s'est trompé encore dans le même livre, mais il s'est contredit lorsqu'il affirme, d'une part, que la lune produit les marées par son attraction; tandis qu'il avoue, de l'autre, que les grandes marées n'arrivent qu'un jour et demi ou deux après le passage de cet astre au méridien.

Je suis porté à croire qu'il n'y a point d'erreur, même physique, qui n'ait sa source dans un défaut de morale. Bouguer voulait appuyer l'expérience du célèbre Buffon, qui refuse toute chaleur aux rayons de la lune; en conséquence, il affaiblissait, autant qu'il était en lui, par des expériences non moins illusoires, la lumière du réverbère céleste. D'un autre côté, il tenait fortement au système de l'attraction, qu'il voulait étendre à tout; il aimait donc mieux s'en confier au calcul qu'à l'évidence, et à l'autorité de Newton qu'au témoignage de ses sens. C'était un bon néophyte, fidèle à sa foi, parce qu'il lui devait son poste d'astronome. Il y resta constamment attaché, ainsi qu'à sa patrie. Chargé, avec deux autres académiciens, de mesurer, au Pérou, un arc du méridien, près de l'équateur, il n'y fut ni querelleur, ni ambitieux, ni cupide. Il fut le seul d'entre eux qui retourna en France et à son académie, dès qu'il lui fut possible. Ses erreurs furent celles de son système plutôt que les siennes. Si je les relève ici en particulier, c'est qu'elles sont dans un ouvrage d'ailleurs estimable, et c'est afin de garantir la génération future de l'autorité des noms accrédités par les corps. Pour connaître la vérité, il faut s'affranchir des préjugés de famille, de tribu, et même de nation.

Mais laissons les systèmes variables des hommes, et revenons aux lois permanentes de la nature. Nous avons rapporté chacune de ses puissances à douze harmonies principales, qui les divisent en genres. On peut rapporter chaque genre aux mêmes harmonies, et il en résultera au moins cent quarante-quatre espèces positives et autant de négatives. On aura, par la même marche, les sous-espèces ou variétés. Si l'on applique cette méthode aux plantes marines, elles se trouveront toutes classées dans leur ordre naturel. Il en résultera une connaissance approfondie de leurs formes, et par conséquent leur nomenclature : *rem verba sequuntur*, les choses portent avec elles leurs expressions. Jusqu'ici nous avons été dans une ignorance profonde sur les plantes marines, auxquelles nous n'avons donné tout au plus qu'une douzaine de noms, tandis qu'elles sont peut-être d'espèces et de genres aussi variés que les plantes terrestres. Il est très-vraisemblable qu'il y a entre les premières et les animaux de la mer les mêmes rapports qu'entre les secondes et les animaux de la terre. Quand même tous les végétaux marins ne seraient que des polypiers, ils n'en servent pas moins aux besoins et à la nourriture des poissons, dont plusieurs espèces méridionales ont un palais osseux qui leur sert à broyer les coraux.

On peut donc rapporter les madrépores si nombreux qui pavent les mers de la zone torride, au soleil, et les algues aux zones glaciales. Quoique toutes ces végétations croissent au sein des eaux, il y a des plantes marines qui appartiennent particulièrement à l'air, et qui sont en quelque sorte amphibies. Je citerai plusieurs espèces de varechs attachés aux rochers, que la mer couvre et découvre dans ses flux et reflux. Les vents en agitent les feuillages comme ceux des forêts. D'autres sont ordonnés à la terre, et servent à en protéger les rivages contre les courans : tels sont les algues du nord, tels sont surtout les madrépores, qui augmentent insensiblement la circonférence des îles situées entre les tropiques; plusieurs même de ces îles leur doivent leur naissance, comme l'a observé Cook dans les mers du Sud. C'est de leurs débris pierreux que se sont formés autrefois les pierres calcaires, les marnes et les marbres qui forment le sol de la plus grande partie de la terre, et surtout de l'Europe. Chose étrange ! des animalcules marins, à peine visibles au microscope, accroissent notre globe de leurs travaux. Il n'y a de force si petite, que la constance ne rende toute puissante : *omnia vincit labor improbus*, rien ne résiste à un travail opiniâtre. Les harmonies animales des plantes marines ne sont pas moins admirables que les terrestres. Les algues du nord servent à la pâture d'une multitude d'insectes, qui servent à leur tour de nourriture à d'énormes cétacés. C'est sans doute à ces plantes si communes et si vigoureuses vers les cercles polaires, qu'il faut attribuer cette quantité prodigieuse de poissons que l'on pêche dans les mers septentrionales, dont les espèces sont sans contredit plus nombreuses, plus variées et plus volumineuses que celles qui vivent dans les mers torridiennes. Il y a de ces plantes marines à l'usage des hommes : telles sont celles que nous employons aux engrais, et dont nous tirons des soudes. Mais combien d'autres pourraient servir aux teintures, et même aux alimens ! Les Chinois, et surtout les Japonais, à l'aide de quelques préparations, en tirent des mets agréables, ainsi que nous avons fait de l'olive si amère. Y a-t-il parmi les végétaux marins une substance plus coriace et moins savoureuse que le grain de café, dont les Indiens ont fait une boisson exquise, par la torréfaction et la combinaison du sucre ? Que ne peuvent les harmonies des différens sels jointes à celles du feu !

Les plantes marines servent aussi aux harmonies morales du globe. Les unes se groupent fraternellement, comme celles qui décorent les rochers par leurs consonnances; d'autres, par de doux contrastes, les parent d'une pompe conjugale : telles sont les corralloïdes, si variées de formes et de couleurs. D'autres se conjuguent entre elles à la surface des flots, et servent de radeaux à des couples heureux. On voit souvent, aux environs du cap de Bonne-Espérance, ces veaux marins, mâle et femelle, voguer ensemble sur des trombes, creusées sans doute et renflées pour cette fin par la nature. Ce fut sur un lit de plantes marines que la Vénus des Grecs apparut au sein des mers, où la fable la fait naître. Les Chinois font également naître la déesse des amours au sein d'une fleur qui s'épanouissait au milieu des eaux. Ainsi, le sentiment des mêmes harmonies est commun à tous les peuples. Un grand nombre de plantes marines sont destinées à des relations maternelles. Elles servent à abriter et à voiturer le frai des poissons qui s'y attache. Souvent des alcyons et de petits oiseaux de terre, et même de faibles quadrupèdes, y font leurs nids, et voguent vers des îles inconnues. Ces végétations flottantes forment quelquefois des tribus si nombreuses, qu'elles arrêtent la course des vaisseaux : telles sont celles de la Floride. D'autres semblent poser des limites stables, et tracer des lignes de démarcation sur les plaines liquides de la mer : elles peuvent déterminer les bornes des diverses puissances maritimes, et donner aux navigateurs des points plus sûrs que leurs longitudes estimées. D'autres font comme eux le tour du globe, et circulent d'un pôle à l'autre avec l'Océan. C'est peut-être parmi ces espèces voyageuses et cosmopolites que de malheureux marins, naufragés sur un écueil, peuvent choisir des trajectiles propres à annoncer leur infortune sur tous les rivages. L'épaisseur de leurs feuilles et de leurs tiges est propre à recevoir toutes sortes d'inscriptions. Il est aisé d'en réunir des trains, pour les rendre apparens au sein des mers et signaler un naufrage.

Ainsi, la grève la plus aride, le rocher battu des tempêtes, peuvent offrir à l'homme le plus abandonné de ses semblables des objets de curiosité, d'aliment, d'agrément, d'espérance et de consolation. Dans mon enfance, j'allais souvent seul sur le bord de la mer m'asseoir dans l'enfoncement d'une falaise blanche comme le lait, au milieu de ses débris décorés de pampres marins de toutes couleurs, et frappés des vagues écumantes. Là, comme Chrysés, représenté par Homère, et sans doute comme ce grand poète l'avait éprouvé lui-même, je trouvais de la douceur à me plaindre au soleil de la tyrannie des hommes. Les vents et les flots semblaient prendre part à ma douleur par leurs murmures. Je les voyais venir des extrémités de l'horizon, sillonner la mer azurée et agiter autour de moi mille guirlandes pélagiennes. Ces lointains, ces bruits confus, ces mouvemens perpétuels, plongeaient mon ame dans de douces rêveries. J'admirais ces plantes mobiles, semées par la nature sur la voûte des rochers, et qui bravaient toutes les tempêtes. De pauvres enfans, demi-nus, pleins de gaieté, venaient avec des corbeilles y chercher des crabes et des vignots. Je les trouvais bien plus heureux que moi avec mes livres de collége, qui me coûtaient tant de larmes. Michel Montaigne raconte qu'il retira un jour dans son château un semblable enfant qu'il avait trouvé sur le bord de la mer; mais celui-ci préféra bientôt d'y retourner, et de chercher sa vie dans la même occupation. Montaigne attribue ce goût au sentiment de la liberté; mais il tient encore à celui des harmonies inexprimables que la nature a répandues sur les rivages de la mer. Ce sont elles qui portent le Patagon demi-nu à errer sans cesse au milieu des frimas et des tempêtes du cap Horn. Il préfère ses grèves brumeuses aux plaines fécondes de l'Amérique, et sa grossière industrie à tous les arts des Européens. La nature a mis le berceau de la liberté dans le jardin des Néréides. Ce n'est point sur les sommets arides des hautes montagnes, mais sur les bords de l'Océan, que se sont formées les premières républiques. Là, les solitudes les plus sauvages sont habitées par une foule d'êtres animés, et l'abondance s'y trouve au milieu du plus sublime spectacle de la nature.

### HARMONIES AQUATIQUES
## DES ANIMAUX.

Nous avons distingué cinq océans, le glacial, l'aérien, l'aquatique, le terrestre, le végétal; nous pouvons en ajouter un sixième, qui est l'animal, composé des humeurs et du sang des animaux. Celui-ci est non-seulement organisé comme le végétal, mais il est en quelque sorte animé. Tous ces océans qui constituent la puissance aquatique sont modifiés par l'action positive et négative du soleil, action combinée avec les autres puissances de la nature, et ils sont entre eux dans les mêmes proportions descendantes que chacune de ces puissances.

Non-seulement chaque animal a des rapports généraux avec tous ces océans, mais les animaux forment différens genres qui peuvent se rapporter à chacun de ces océans en particulier. Avant de parler de leurs harmonies aquatiques extérieures, nous allons jeter un coup d'œil sur celles qui sont intérieures.

Nous remarquerons d'abord que les animaux aspirent les fluides par des organes positifs, comme des becs, des lèvres, des langues, des trompes, et qu'après en avoir rempli leur vessie et leurs vaisseaux lymphatiques, ils les expirent par des organes négatifs.

Les becs sont des espèces d'écopes d'une manière cornée, qui servent aux oiseaux pour prendre leurs alimens solides et liquides. Les uns boivent l'eau par cuillerée, comme la poule, qui, à chaque gorgée, lève les yeux au ciel; d'autres la pompent d'une haleine, comme le pigeon, qui a le bec un peu charnu, afin que ses deux parties tassent mieux le vide : le canard a le sien élargi par le bout, et boit en barbotant.

Les lèvres sont des espèces de membranes avec lesquelles les quadrupèdes attirent l'eau en formant le vide, comme le cheval et le bœuf.

Les langues sont aux animaux ce que les feuilles sont aux végétaux, les véhicules de l'eau et les mobiles des sons et des murmures : les unes et les autres sont, pour cet effet, taillées à peu près de la même manière. Le chat se sert de sa langue pour lécher l'eau, ainsi que le lion et le tigre; et le chien, qui l'a fort longue et fort mince, en forme, en lapant, une espèce de cornet avec lequel il l'attire. Les poissons ont des langues courtes et immobiles, adhérentes à leur mâchoire inférieure. C'est par cette raison qu'ils sont muets : ils n'avaient pas besoin d'un des organes du son dans un élément qui n'est pas sonore.

La trompe sert principalement aux insectes pour pomper leur boisson. Les insectes sanguisorbes ont une trompe d'une structure particulière. L'éléphant porte aussi une trompe; mais ce n'est qu'un nez prolongé, ou une pompe aspirante avec laquelle il attire l'eau, qu'il verse ensuite dans sa bouche. Celle des insectes est un gosier et non un nez, parce qu'ils respirent par des trachées.

Il est certain que les poissons boivent, puisqu'ils transpirent : il est probable que leurs ouïes leur servent à séparer l'eau douce de l'eau marine, comme ils en séparent l'air qu'ils respirent. Il est très remarquable que ceux de la mer n'ont ni la lymphe ni le sang salés. Les matelots pressés de la soif boivent le sang des tortues de mer, qui est doux. Nous remarquerons encore que les poissons proprement dits n'ont point de vessie aquatique, parce qu'ils n'avaient pas besoin de réservoir au milieu des eaux, où ils peuvent se désaltérer sans cesse. C'est sans doute par la même raison qu'ils ont fort peu de sang ou de lymphe qui leur en tient lieu; mais ils ont une vessie aérienne qui leur sert à s'élever ou à descendre dans l'eau, lorsqu'ils la dilatent ou qu'ils la compriment, et que, par ce moyen, ils occupent un plus grand ou un plus petit espace.

Les harmonies aquatiques extérieures des animaux sont en rapport avec les six océans.

Les uns en ont avec l'océan glacial, par leurs longs poils qui les mettent à l'abri des neiges : tels sont en général ceux qui avoisinent les pôles, ou qui vivent près des glaciers des hautes montagnes, et que la nature a revêtus d'épaisses fourrures. Nous observerons qu'elle a étendu ses précautions maternelles jusqu'aux animaux de nos climats, dont les poils deviennent plus longs et plus touffus en hiver qu'en été. Quelques espèces ont des organes particuliers en rapport avec les neiges, comme les élans et les rennes du Nord, dont les bois sont palmés et aplatis. Ils s'en servent, comme de bêches et de pelles, pour écarter la neige qui cache les mousses et les plantes dont ils se nourrissent. La neige elle-même est une espèce de matelas dont la nature couvre, en hiver, les herbes, pour les préserver du froid.

La plupart des animaux ont des harmonies avec l'océan aérien ou vaporeux, par la configuration de leurs corps et de leurs muscles, disposés de la manière la plus favorable, non-seulement pour faire écouler l'eau des pluies, mais pour la conduire depuis le sommet de leur tête jusqu'à leurs organes excrétoires, afin de les laver et de les déterger. Ils ont de plus leurs plumes ou leurs poils disposés les uns au dessus des autres en recouvrement, comme les tuiles d'un toit.

L'océan terrestre, suivant notre définition, se divise en océan fluviatile, qui coule en rivières et en fleuves à la surface des continens, qu'il arrose, et en océan souterrain, qui fournit sans cesse des sources à nos puits et à la végétation. Un grand nombre d'animaux ont, avec le premier, des rapports que nous examinerons en parlant de ceux de l'océan aquatique ou de l'Océan proprement dit, quoiqu'ils en aient aussi de particuliers. Quelques espèces en ont avec l'océan souterrain. C'est ainsi que les scarabées vivent sous terre, et ont les ailes revêtues d'étuis écailleux, pour les préserver de l'humidité. Plusieurs sont enduits d'huile, comme le stercoraire, et comme celui qu'on appelle, à cause de sa couleur, le capucin, qui passe sous la terre la saison des frimas, à l'abri des gelées, avec ses petits, qu'il y porte sur son dos, aplati comme celui d'une tortue.

Plusieurs insectes sont ordonnés à l'océan végétal, c'est-à-dire à la séve des plantes : tels sont ceux qui vivent à la surface des feuilles et des fruits, dont ils pompent les sucs; tels sont, entre autres, les cochenilles, qui nous donnent la riche couleur de l'écarlate. Elles naissent au Mexique, sur la feuille épaisse et épineuse du nopal, qu'elles sucent dès qu'elles sont écloses. Leur trompe est si fragile qu'on ne peut les déranger de leur place sans la rompre et les faire périr ; elles restent donc fixées toute leur vie au même point qui les a vues naître, et à la mamelle végétale qui les nourrit. Mais, lorsque les femelles ont atteint l'âge de puberté, ce qui arrive au bout d'un certain nombre de phases lunaires, il vient des ailes aux mâles, qui se détachent de la plante qui les a vus naître, et ne vivent plus que pour l'amour. Les femelles, toujours immobiles, font leur ponte autour d'elles; mais leur postérité est si nombreuse qu'elle manquerait bientôt d'espace pour paître sur la même feuille, et si délicate, qu'il lui serait impossible de passer d'une plante à l'autre, si la nature ne lui fournissait un moyen admirable d'émigration. A l'époque de leur naissance, une multitude d'araignées filent dans les nopalières, et c'est le long de ces fils, comme sur des ponts, que les petites cochenilles émigrent sur les nopals voisins.

L'océan animal, c'est-à-dire le fluide qui circule dans les animaux, sert à la nourriture de quantité d'insectes. Il n'y a peut-être pas d'animal qui n'ait son insecte particulier, depuis la puce jusqu'à la baleine. Beaucoup d'oiseaux ont des poux ailés, et j'en ai vu de tels à des pigeons à l'Ile-de-France. Mais, parmi les insectes sanguisorbes, il n'y en a point de construits avec un artifice plus étonnant que le cousin. Il a des ailes qui le transportent où il lui plaît, six pates armées de griffes pour s'attacher sur les corps les plus polis, et une trompe plus curieuse sans contredit que celle de l'éléphant. C'est un tuyau fendu dans sa longueur en deux parties flexibles, qui renferment un aiguillon d'une structure merveilleuse ; il est composé de cinq ou six petites lames, semblables à des lancettes posées les unes sur les autres. Quelques-unes de ces lancettes sont dentelées à leur extrémité comme des scies; d'autres sont tranchantes comme des poignards. Le cousin se sert du tuyau de sa trompe comme d'un pieu, pour l'enfoncer dans un des pores de la peau ; ensuite il en fait jouer les lames, qui tranchent les vaisseaux capillaires, et il en aspire le sang avec sa trompe, jusqu'à ce qu'il en soit rempli : on voit sortir alors de son anus une petite goutte d'eau dont il se décharge. Nous avons supposé, aux harmonies aériennes, non sans vraisemblance, que cette goutte provenait d'une vessie pleine d'eau, que la nature a donnée aux insectes volatiles pour se tenir en équilibre dans l'air, comme elle a donné aux poissons une vessie pleine d'air pour se tenir en équilibre dans l'eau.

Bien des gens regardent les insectes sanguisorbes

comme produits par une puissance malveillante ou au moins imparfaite ; mais tout est à sa place dans l'univers. Ces insectes, qui ne foisonnent que dans les chaleurs, pompent les humeurs surabondantes des corps des hommes et des animaux ; ils les empêchent de se livrer à de trop longs sommeils ; ils les forcent de recourir aux bains si salutaires. Les mouches obligent, vers le milieu du jour, les bœufs de quitter les vallées, et de chercher de nouvelles pâtures aux sommets des montagnes. L'œstrum, cette espèce de taon si redouté des rennes, les contraint, en été, de fuir vers le nord, où ils trouvent de nouveaux lichens que la fonte des neiges leur découvre. Quelques mouches bourdonnantes servent de barrière à leurs nombreux troupeaux, et les retiennent sans cesse dans les limites de l'hiver, pour lesquelles ils sont destinés. Pour juger la nature, il faut la voir dans son ensemble.

Les organes des insectes sont bien plus composés que ceux des autres animaux. Leur étude peut donner de grandes lumières sur la nature même des élémens avec lesquels ils semblent être en rapport. Les animaux microscopiques en sont en particulier la preuve : par exemple, le rotifère n'est pas plus gros qu'un petit grain de sable. Il habite les gouttières, où il peut supporter, sans périr, le 50ᵉ degré de chaleur, et le 19ᵉ degré de froidure au-dessous de la glace, au thermomètre de Réaumur. On le trouve dans un tel état de sécheresse, que si on le touche avec la pointe d'une aiguille, on le réduit en poudre. On peut le conserver un grand nombre d'années dans son état apparent de mort ; il reste toujours en vie sans prendre aucune nourriture. Si on laisse tomber sur lui une petite goutte d'eau, elle le brise, tant ses organes sont délicats ; mais, si cette eau le pénètre à travers la poussière, il développe peu à peu ses membres, et il nage dans sa goutte comme dans un océan. On lui voit alors alonger, de sa partie antérieure, deux tronçons qui portent chacun une roue, qui lui a fait donner le nom de rotifère ou porte-roue. Il sort ensuite de sa partie inférieure un trident, avec lequel il s'attache sur le plan où il est, comme avec une ancre. Son corps est composé d'anneaux qui lui servent de jambes ; il s'en sert pour s'alonger et se contracter à son gré, comme un ver. Avec ses deux roues, composées de fils imperceptibles, il forme deux tourbillons rapides, au moyen desquels il s'élève et s'abaisse, et attire sa proie vers sa bouche, située entre ses deux tronçons. Certainement la trompe de l'éléphant est moins ingénieuse ; j'entends ingénieuse par rapport à nous, qui mesurons les degrés de l'intelligence divine sur la nôtre, c'est-à-dire par des nombres et des séries. Mais il n'en est pas de même par rapport à la nature : elle a proportionné les organes des êtres à leurs besoins. L'excès de prévoyance, pour celui qui pourrait s'en passer, serait une inconséquence aussi grande que son défaut pour celui à qui cette prévoyance serait nécessaire. Tout est donc également ingénieux dans ses ouvrages, parce que tout y est à sa place et dans ses proportions. Une lourde baleine, faite en forme de soulier, n'est pas moins bien taillée pour voguer au sein des glaces de l'Océan, que le rotifère léger dans sa goutte d'eau, exposé sans cesse à être précipité du haut des toits où il fait sa demeure.

Quoiqu'un rotifère soit à peine visible, il a encore au-dessous de lui des séries d'animalcules si petits qu'il est, par rapport à eux, ce qu'est, par rapport à lui, un de ces nord-capers, qui ont jusqu'à cent cinquante pieds de longueur. Tels sont ceux qu'il attire dans ses tourbillons pour en faire sa proie, et surtout ceux qui s'agitent en nombre infini dans la sève des végétaux, et dans la lymphe et le sang des animaux. Si l'on regarde un têtard au microscope, on voit, dans les parties transparentes de sa queue, le sang circuler avec rapidité sous la forme de petits globules, qui s'allongent aux passages étroits, comme s'ils étaient animés. De simples dissolutions de poivre ou de graines manifestent, au microscope, un grand nombre d'animalcules qui ont des formes très-extraordinaires. Le vinaigre en présente qui ressemblent à des anguilles ; leur génération paraît se produire sans accouplement. La nature varie ses lois dans l'infiniment petit comme dans l'infiniment grand : mais comment pourrions-nous la suivre dans ces longues perspectives de la vie, nous qui entrevoyons à peine la carrière rapide où nous devons marcher ? contentons-nous seulement d'en tirer quelques conséquences pour la guérison de nos maux ; la plus grande portion de notre bonheur ne consiste que dans leur absence.

Je crois donc qu'on peut attribuer la plupart des maladies contagieuses à des animalcules qui vivent dans des fluides, et qui s'attachent à des corps, au moyen desquels ils se communiquent par le contact. Il est certain qu'elles s'engendrent toutes par des temps chauds et humides, qui sont les grands mobiles des générations végétales et animales. Ces mêmes maladies ne cessent que par des froids rudes ou par des chaleurs arides, si contraires à toute espèce de génération. Celles qui naissent uniquement de la corruption de l'air ne se communiquent point par le contact, et par conséquent ne sont point contagieuses : telles sont les fièvres d'automne et celles des pays marécageux. Quant aux autres, comme les dartres, la gale, la lèpre, les maladies pédiculaires et vermineuses, les fièvres pourprées, la rougeole, la petite-vérole, la rage et la peste, qui ne se communiquent que par un attouchement plus ou moins intime, elles paraissent devoir leur origine à des animalcules invisibles, qui vivent dans nos humeurs viciées, et s'attachent même à de simples linges. Les dartres, la gale et la lèpre s'étendent sur la peau des animaux qu'elles rongent, comme ces insectes marins, appelés glands de mer, qui construisent des alvéoles sur les coques de crustacés, et même sur la peau des baleines, où elles parviennent quelquefois à la grosseur du poing. Il en est de même des maladies pédiculaires et vermineuses, qui prennent naissance dans les humeurs des enfans, et même dans celles des hommes, comme on le voit par l'exemple de Sylla, qui mourut de la première : les poux sortaient par tous les pores de son corps, et vengèrent la mort de tant de citoyens qu'il avait fait égorger. Il est évident que la petite-vérole renferme dans ses écailles desséchées des animalcules vivans, comme les rotifères, qui se développent et reprennent leur activité par une simple transpiration. Le contact d'un mouchoir suffit pour communiquer la peste. Ce qu'il y a de singulier, c'est que les animalcules pestiférés ne s'attachent ni aux bois, ni aux métaux, ni aux pierres ; mais aux laines, aux cotons, aux soieries, et à *tout ce qui fait fil*, pour me servir de l'expression des Orientaux. Aucun de ces maux contagieux ne se transporte par la médiation de l'air ou de l'eau ; ce qui prouve encore qu'ils doivent leur propagation à des animalcules, qui ont besoin de se fixer sur des corps qui aient de la consistance. Enfin, leur origine paraîtra hors de doute, si l'on considère que le mercure, qui fait périr tous les insectes, guérit la plupart de ces maux, comme la gale, les maladies pédiculaires, vermineuses et la rage même.

L'océan aquatique, par son étendue, sa profondeur, sa fluidité et sa circulation, est l'Océan proprement dit, quoiqu'il ne soit lui-même qu'une émanation des océans glacés des deux pôles, combinés tour à tour avec la chaleur du soleil. C'est l'aquatique qui, par ses vapeurs, les rétablit dans leur état primitif, qui produit l'océan aérien qui flotte dans l'atmosphère, le terrestre qui circule en fleuves, et le souterrain en nappes d'eau. Nous ne saisissons que des harmonies. Ainsi l'idée et le nom d'un arbre s'attachent plutôt à son tronc et à ses branches chargées de feuilles et de fruits, qu'aux racines, auxquelles il doit son existence. C'est sur les rivages de l'Océan qu'aboutissent toutes les modifications de la puissance aquatique: les glaces qui descendent des pôles, les pluies qu'attirent les marées, les brumes qui se fixent sur les côtes, la vaste nappe d'eau souterraine qui alimente les végétaux, les embouchures des fleuves qui abreuvent les animaux, et les embarcations de l'homme, qui de là étend ses jouissances par tout le globe. Ce n'est point au sommet des hautes montagnes, mais au centre de la puissance aquatique, sur les bords des mers, que la nature plaça d'abord l'être le plus indigent de la terre, pour lui en donner l'empire.

Jetons donc d'abord un coup d'œil sur les harmonies que les animaux ont avec les eaux proprement dites. La nature leur a donné à tous l'instinct et le moyen de les traverser. Il n'y a dans les quadrupèdes que quelques espèces qui volent, telles que les écureuils volans, les chauve-souris, les lézards volans... Mais tous nagent, les plus gros comme les plus petits. Nous avons parlé du mécanisme du vol, mais celui de nager est incomparablement plus varié et plus étendu. Les animaux ont besoin de faire des efforts pour voler, mais ils nagent d'eux-mêmes ; quelque pesans que soient leurs corps, ils sont tous en équilibre avec l'eau ; et ce n'est pas une chose indigne d'être remarquée qu'une balance hydraulique si égale entre tant de corps, dont les os et les chairs ont des pesanteurs si différentes dans l'air. La nature a établi des compensations entre eux au moyen des cavités de leur poitrine et de leur ventre, beaucoup plus considérables dans les animaux terrestres que dans les animaux marins. La chair des quadrupèdes coule à fond, et celle des poissons surnage d'elle-même. Il y a plus, l'organe de la respiration dans les premiers est au-dessus de leur ligne de flottaison, et leur tête est portée perpendiculairement sur leur corps horizontal, autant pour faire écouler les eaux de la pluie de dessus leur corps que pour les faire respirer aisément lorsqu'ils nagent. Il n'en est pas ainsi des poissons, dont la tête sans cou plonge toujours dans l'eau, parce qu'ils y respirent l'air avec leurs ouïes. Le cheval solipède nage avec grâce et long-temps ; mais le bœuf et le porc traversent les eaux avec encore plus de vigueur. Nous avons remarqué dans nos *Études* que ces deux espèces étaient destinées à paître sur les bords marécageux des fleuves, et que leurs pieds sont surmontés d'ergots en appendices pour les empêcher de s'embourber. Les bœufs nagent si bien, qu'on a donné à un détroit le nom de Bosphore, qui signifie passage du bœuf, parce que cet animal peut le passer à la nage. J'ai vu moi-même en Allemagne des vaches traverser en nageant des rivières profondes, la dernière portant le pâtre sur son dos. Quant au porc, il nage avec beaucoup de rapidité ; j'en ai vu un exemple sur un vaisseau à la rade de la Martinique. Notre chaloupe avait apporté pendant la nuit des cochons, qu'on montait l'un après l'autre sur le pont ; mais à peine les avait-on déliés, qu'ils allaient de l'autre côté du vaisseau se jeter à la mer par un sabord. Ils regagnèrent la terre à plus d'un demi-mille de là, sans que la chaloupe, qui était toute prête et armée de bons rameurs, pût les rattraper. Cette facilité à nager, dans ces deux espèces d'animaux, est d'autant plus étonnante, que le bœuf a la tête fort lourde, et que le porc porte la sienne toujours inclinée vers la terre, qu'il fouille : on devrait donc s'attendre à les voir bientôt se noyer ; mais la nature n'a pas oublié de leur donner des contrepoids : elle a fait leurs cuisses très-charnues et très-pesantes, de sorte que leur poids fait relever leur tête hors de l'eau. Au contraire, le chameau, habitant naturel des sables, qui a sa partie postérieure fort maigre, et le corps élevé sur de longues jambes, perdrait aisément son équilibre ; mais il a l'instinct de se coucher sur l'eau, comme une outre, et de traverser les fleuves en se laissant aller à leur courant. Je reviens à nos animaux domestiques. Je connais plusieurs villages situés sur le bord des rivières, qui ont renoncé à des portions de communes qui étaient au delà, parce que les ponts qui servaient de communication à leurs troupeaux ont été détruits. Une simple grève des deux côtés leur eût suffi pour entrer dans l'eau et en sortir.

Il y a une grande classe d'animaux que la nature a faite pour vivre à la fois sur la terre et sur l'eau, c'est celle des amphibies. On peut la rapporter aux harmonies générales de la nature positives et négatives, car il y en a de jour et de nuit, d'aériens, d'aquatiques et de terrestres.

Ces amphibies ont, la plupart, des pieds et des rames. Ces rames, dans les oiseaux aquatiques, sont des folioles attachées aux doigts des pieds de ceux qui vivent au milieu des eaux, tels que les pilets, les macreuses, les frégates et quantité d'autres, qui se reposent sur les flots, et ne marchent que sur les grèves sablonneuses de l'Océan ; mais ceux qui fréquentent les marais et les bords des rivières ont les doigts de leurs pieds réunis par des membranes qui les empêchent d'enfoncer dans la vase : tels sont les canards, les oies, les cygnes, etc. Les oiseaux aquatiques sont taillés de la manière la plus propre à faire à la fois de grands trajets dans l'air, à voguer contre les courans, et même à y plonger. Ils ont de petites têtes et de longs cous, qui facilitent leur vol, mais qui nuiraient à leur nager s'ils s'en servaient pour fendre l'eau ; car alors elle viendrait frapper contre leur poitrine, dont elle s'écarterait en lui opposant beaucoup de résistance. Ils fendent donc l'eau non avec la tête, mais avec leur poitrine même ; et l'eau, en glissant le long de leurs flancs allongés, vient frapper leurs pieds palmés, situés à l'extrémité de leur corps, comme un gouvernail et des rames : ces organes exercent alors sur le fluide en mouvement la plus grande action possible d'après les lois de la mécanique. Cependant, en voguant à la surface des eaux, ils profitent des vents favorables. Le cygne entr'ouvre ses ailes, et, à l'aide des zéphyrs, remonte le cours des fleuves, le long des prairies, à l'ombre des forêts. L'albatros, plus hardi, vogue au milieu des mers, loin de la vue de toute terre. Il apparaît sur le dos des flots, comme un mouton sur les flancs d'une colline : ce qui a fait donner à cet oiseau le nom de ce quadrupède. Il annonce aux Européens les approches du cap des Tourmentes ; il voit tranquillement les pâles matelots serrer leurs voiles et raffermir leurs mâts : pour lui, il se joue au sein des tempêtes, se balance sur les vagues écumantes, se plonge dans leurs flancs, y saisit les poissons, et, aux approches de la nuit, s'élevant au haut des airs, il va porter à ses petits la pâture de chaque jour. L'homme a pris sur la forme d'un oiseau de marine celle de son premier bateau, de sa voilure et de son gouvernail ; mais quel Archimède réunira comme la nature, dans une seule machine, le bateau, la cloche du plongeur et l'aérostat ?

Quelque faciles que soient les mouvemens des oiseaux amphibies au sein des eaux, ils ne sont pas comparables encore à ceux des poissons. Nous allons jeter d'abord un coup d'œil sur leur construction intérieure, ensuite sur celle extérieure.

Nous remarquerons d'abord que les arêtes des poissons ne s'emboîtent point à leurs extrémités, comme les os des amphibies, des oiseaux, et surtout des quadrupèdes ; elles sont attachées par de simples cartilages. La raison de cette différence me paraît fondée sur ce que la chair des poissons est supportée en entier par le fluide où ils nagent, et que celle des animaux qui vivent dans l'air et sur la terre est portée par la charpente de leurs os, qui, pour cette raison, avaient besoin d'être fortement assemblés aux articulations par des charnières et des nerfs. La même différence de construction règne entre les animaux de l'eau et ceux de la terre, qu'entre les plantes qui croissent au fond de la mer et celles qui végètent dans l'air. Les plantes marines, comme nous l'avons déjà fait observer, ont des tiges fort menues à leur base, parce que leur feuillage est soutenu par l'eau, tandis que les plantes terrestres ont leurs tiges renforcées par le pied, parce que l'air n'aurait pu les soutenir. C'est sans doute pour cette raison que les poissons qui vivent à la fois dans l'eau et dans l'air, et qui sont obligés de respirer de temps en temps, ont des os au lieu d'arêtes, et que ceux qui habitent les rochers ont des toits pierreux et voûtés, qui les mettent à l'abri du roulement des cailloux. Les amphibies, qui viennent à terre, ont aussi des os; et il est très-remarquable qu'il n'y a pas une seule espèce d'amphibie qui ait des arêtes. Les animaux terrestres ont tous de fortes charpentes, et par un artifice merveilleux, l'emboîtement de leurs os est plus considérable dans les parties inférieures de leur corps, chargées d'un plus grand poids, que dans les supérieures, qui le sont moins. C'est ce que l'on peut voir surtout dans le squelette du corps humain, qui en réunit les plus belles proportions. Les points d'appui des os sont plus larges, leurs charnières plus profondes, et leurs attaches plus fortes, en descendant de la tête aux pieds qu'en remontant des pieds à la tête; les vertèbres dorsales ont des articulations moins solides que les os des cuisses, ceux des cuisses que ceux des genoux, et ceux des genoux que ceux des pieds. Les genoux sont fortifiés de rotules pour empêcher le poids du corps de tomber en avant en marchant, et le bas de la jambe est fortifié, dans la même intention, par le pied entier, qui est un assemblage d'os en arcs-boutans : les quadrupèdes, qui posent sur quatre pieds, ne les ont point allongés.

Jetons maintenant un coup d'œil sur la configuration extérieure des poissons. Ils sont d'abord, pour la plupart, couverts d'écailles lubrifiées par un enduit visqueux qui les rend très-glissans dans l'eau, et quelquefois dans les mains du pêcheur qui veut les saisir.

Nous avons fait observer, dans la forme des quadrupèdes, qu'ils avaient une déclinaison de la tête à la queue pour l'écoulement de l'eau des pluies, et que leurs muscles étaient séparés par des canaux et des méplats, qui la dirigeaient aux organes excrétoires. Les oiseaux, revêtus de plumes, n'ont point leurs muscles apparens; mais ils ont grand soin, quand il pleut, d'entr'ouvrir les ailes pour recevoir l'eau du ciel; beaucoup se baignent et trempent dans l'eau leur tête, qu'ils secouent afin de s'asperger et de se laver tout le corps : c'est ce que font fréquemment, même en cage, les serins et les perroquets. Quant à la direction du corps des oiseaux, elle est à peu près pyramidale ou en forme de toit, comme celle des quadrupèdes. Il n'y a rien de semblable dans la forme des poissons : leur attitude est horizontale, et leurs muscles ne sont point séparés par des gouttières, parce qu'étant entièrement plongés dans l'eau, ils en sont lavés de toutes parts. Leur corps, depuis la tête jusqu'à la queue, est composé d'une courbe unique, afin de glisser plus aisément dans le fluide qui l'environne. Il en est à peu près de même de celui des oiseaux destinés à glisser dans l'air; il est revêtu de plumes qui, par leur disposition, ne présentent à l'extérieur qu'une seule courbe.

Il y a ceci de très-remarquable entre la forme de l'oiseau qui fend l'air et celle du poisson qui fend l'eau, c'est que la partie antérieure du premier, qui comprend le bec, la tête et le cou, est alongée et pointue, tandis que sa partie postérieure, qui aboutit au croupion, est assez large : c'est le contraire dans le poisson. Sa tête, assez grosse et sans cou, se joint immédiatement à la partie antérieure de son corps qui est la plus large, tandis que la postérieure est fort prolongée et presque pyramidale. Le poisson est en quelque sorte un oiseau renversé. En effet leur action est aussi différente que les élémens où ils vivent. L'oiseau vole de la partie antérieure de son corps avec les ailes qui y sont attachées, et il se gouverne par la postérieure avec sa queue et ses pates, qu'il alonge comme un levier qui lui sert de gouvernail; tandis que le poisson, au contraire, nage par la partie postérieure avec sa queue qui, par ses ondulations, fait l'office de rame, et il se gouverne par l'antérieure avec les ailerons de sa tête. On peut observer ces diverses proportions dans les poissons les meilleurs nageurs, tels que le thon, la dorade, le marsouin, appelé des matelots la flèche de la mer, et les oiseaux les mieux volans, comme la frégate, le cygne, l'aigle, et même l'hirondelle.

Nous pouvons tirer de ces aperçus quelques conséquences utiles pour la navigation. Nos vaisseaux ont en général la forme d'un poisson en avant, et celle d'un oiseau ou d'un poisson tronqué en arrière; car leur proue est plus large que leur poupe. Il n'y a pas de doute que si leur carène était plus prolongée, c'est-à-dire si elle avait la forme entière d'un poisson, ils vogueraient avec plus de vitesse.

Peut-être a-t-on cru remplacer la direction horizontale de la queue du poisson par la direction perpendiculaire du gouvernail dans le vaisseau; mais leur action est bien différente : le gouvernail du vaisseau n'est qu'un levier, et la queue du poisson est un levier et une rame. Le poisson, comme je l'ai dit, se gouverne avec ses nageoires, et il rame avec sa queue, à laquelle il donne un mouvement d'ondulation qui le porte en avant ; ce mouvement se décompose dans l'eau, comme celui du vent sur les plans inclinés du cerf-volant qu'il élève en l'air, et des ailes du moulin à vent qu'il fait tourner. Peut-être réussirait-on à employer le cours d'une rivière pour faire tourner une roue à pales obliques, plongée dans l'eau perpendiculairement à son courant : il y a apparence qu'il la ferait circuler, comme le cours de l'air fait tourner les ailes inclinées du moulin à vent; peut-être ce même courant communiquerait-il un mouvement de progression à une rame oblique et horizontale, comme la queue d'un poisson en produit un dans une eau tranquille. On pourrait construire un bateau en forme de poisson, dont une longue rame horizontale ferait l'office de queue, qu'un homme couché ferait onduler avec les pieds : je suis persuadé qu'il voguerait rapidement par ce mécanisme. Une chaloupe que l'on fait avancer avec un seul aviron placé à son arrière en prouve la possibilité; on pourrait essayer de diriger, par le même moyen, le globe aérostat, en lui donnant la forme allongée d'un poisson. L'aérostat ne ressemble point à un oiseau, qui, pesant dans l'air, est obligé de s'y soutenir par l'effort de ses ailes; mais il est plutôt semblable à un poisson qui est en équilibre avec l'eau, comme lui-même l'est avec l'air. Il ne lui faut donc point d'ailes, comme à un oiseau; mais une longue queue qui lui tienne lieu à la fois de rame et de gouvernail, comme à un poisson. La nature n'a point mis dans les animaux qui nagent au milieu d'un fluide qui les porte le principe du mouvement de progression dans la partie antérieure de leur corps, mais dans l'inférieure, comme on le voit aux pieds palmés des oiseaux aquatiques et aux queues des poissons; elle l'a placé dans la partie antérieure de ceux qui volent dans un fluide plus léger qu'eux, comme on le voit dans les ailes des oiseaux; et elle l'a distribué en avant et en arrière dans les quadrupèdes et polypèdes, en leur donnant plusieurs pieds. Un vaisseau réunit en partie tous ces moyens de progression; il coupe l'eau par sa proue, comme un poisson; il vole avec ses voiles, comme un oiseau; et il marche en quelque sorte comme les polypèdes, avec ses rames. Je jette ces rapprochemens en avant, non comme des spéculations de simple curiosité, mais pour faire voir que l'homme ayant tiré toutes ses inventions de la nature, il lui reste encore à se perfectionner sur ses modèles.

Toutes ces imitations de la nature qui pourraient nous être si utiles n'approchent pas encore de ses inventions. Pour en avoir une idée, il suffira de jeter un coup d'œil sur les formes des poissons : elles sont beaucoup plus variées que celles des volatiles. En effet, les eaux ont beaucoup plus de modifications dans leurs mouvemens que les vents. Comme elles sont arrêtées, détournées, ou brisées par les fonds inégaux où elles coulent, tantôt elles se précipitent en cascade du haut des rochers, et elles rejaillissent en gerbe et en bouillons; tantôt elles s'étendent en longues nappes dans les plaines, ou bien elles s'écoulent avec la rapidité d'une flèche par des détroits; quelquefois le calme des vents les fait paraître immobiles, comme si elles étaient glacées : d'autres fois les tempêtes les roulent avec fracas : la nature a fait des poissons pour tous ces sites. Il y en a de ronds qui voguent en tournant avec les vagues, comme un rouet dont ils portent le nom ; d'autres se jouent dans les flots écumans du rivage, comme les bourses et les lunes échancrées; d'autres sont plats et alongés comme des lames de sabre; d'autres, carrés et larges, tels que les coffres, parcourent les plus petites flaques d'eau; d'autres, fort pesans, comme les baleines, ont besoin pour voguer d'autant d'eau que des vaisseaux. Il y en a au bec long comme la bécasse, tels que l'orphie et l'aiguille, qui s'enfoncent dans les sables humides du rivage, et y attendent paisiblement le retour des marées; d'autres bravent les tempêtes et franchissent, au moyen de leurs ailes, les vallées que forment les flots entre eux. Tandis qu'ils traversent l'air comme une flèche, d'autres s'élancent après eux, en courbant leur corps, et en le détendant comme un arc, tels que la bouete et le thon. C'est par un mécanisme semblable que le saumon remonte les cataractes des fleuves. Il y a des poissons larges et plats qui bondissent à la surface calme des eaux sur lesquelles ils retombent en faisant retentir au loin les vastes solitudes de la mer : telles sont les raies, dont plusieurs sont d'une grandeur et d'une forme monstrueuses. Elles nagent en été à la surface des flots . les pêcheurs les prennent avec des filets appelés folles, qui flottent au gré des courans, perpendiculairement tirés d'une part par des plombs, et soutenus de l'autre par des liéges; huit ou dix barques attachent leurs folles bout à bout, et en forment des enceintes de plus d'une demi-lieue de longueur.

Mais il n'est pas besoin de s'écarter en pleine mer pour admirer la variété des formes des poissons, et de leurs mouvemens de progression; c'est sur ses bords et parmi ses rochers qu'on trouve des coquillages et des mollusques dont le nager est plus varié que celui des poissons et que le vol des oiseaux. Les lépas pyramidaux se collent aux rochers parmi les algues; on les prendrait pour des têtes de clous qui soutiennent des guirlandes d'herbes marines : c'est en formant le vide, au moyen d'une membrane, qu'ils s'attachent, et sont inébranlables aux plus violentes tempêtes. Les limaçons, tournés en spirale, et les nérites brillantes serpentent autour de ces rochers, et s'y fixent avec un organe semblable. Les moules, taillées en forme de bateau, attachent des fils à des graviers, et se tiennent à l'ancre au milieu des courans ; elles changent de site, au moyen d'une longue jambe, qu'on appelle improprement langue. Les oursins, hérissés comme des châtaignes, se roulent sur leurs pointes mobiles, dont ils piquent la main imprudente qui veut les saisir. Des crustacés, tels que des crabes, des araignées de mer, des homards, des langoustes, des chevrettes, sont en embuscade dans les trous caverneux des rochers ; ils nagent avec les pales de leur queue en éventail. D'autres, quoique chargés d'un toit, voguent à la surface des eaux, au moyen d'une voile membraneuse. Il y en a qui se hasardent en pleine mer, avec une seule bulle d'air qui les soutient sur l'eau : tels sont de petits limaçons à coquille tendre, remplis d'une liqueur purpurine, que je trouvai au milieu de l'océan Atlantique en allant à l'île de France.

Il y en a qui n'ont pas de carène, et qui n'en voguent pas moins loin. J'ai vu, en été, sur les côtes de Normandie, la mer couverte d'une espèce de mollusques, appelés bonnets flamands. Quoiqu'ils soient divisés en plusieurs loges avec un grand nombre de franges, ils semblent formés d'une eau congelée, car ils se déchirent dès qu'on les touche. Cependant un principe de vie animale réside en eux, et s'y manifeste par leurs mouvemens ; ils en ont un de systole et de diastole qui les élève et les soutient à la surface des flots. Leur action se fait de bas en haut et de haut en bas, comme celle d'une pompe ; mais les courans de la mer les portent fort loin, et les échouent en grand nombre sur ses rivages. Une autre espèce vogue à l'aide du vent : on la nomme galère ; elle est de la forme d'un œuf, et surmontée, dans sa plus grande longueur, par une membrane transparente qui lui sert de voile. Elle laisse pendre dans la mer plusieurs longs filets que les matelots appellent ses câbles. Ils brillent des couleurs de l'azur et de la rose ; mais ils brûlent la main qui les touche : la douleur qu'ils causent ne se passe, dit-on, qu'après le coucher du soleil. Nous pensâmes perdre un de nos matelots qui s'était jeté à la nage avec un panier pour nous apporter les plus belles. Ses bras s'embarrassèrent dans leurs filets : il jeta des cris affreux, et il aurait coulé à fond sans pouvoir nager, si on ne l'eût secouru en lui jetant un cordage. Nous trouvâmes l'océan Atlantique couvert de ces galères pendant plus de cent lieues ; c'était vers la ligne, à la fin d'avril : toutes avaient leurs voiles dirigées à peu près dans l'axe du vent. On eût dit une flotte de petits bateaux qui naviguaient avec des voiles latines arrondies. Je pense qu'elles descendent du nord, en été, ainsi que les bonnets flamands, des côtes de Normandie. Il y a, à l'île de France, des mentula, espèce de boudin roux ou brun, qui rampent sur les récifs. Quand on veut les saisir, ils lancent sur les doigts une glaire blanche qui se change sur-le-champ en un paquet de fils. On voit, dans les mêmes lieux, de hideux polypes qui serpentent avec leurs sept bras longs, armés de ventouses. On trouve sur les grèves, et principalement sur celles d'Europe, des étoiles marines que les courans disséminent sur les sables, où elles paraissent incapables de mouvement. On trouve, collées à nos rochers, des anémones de mer, espèce de fleur vivante ou animale, qui s'ouvre et se ferme comme une bourse, et lance un jet d'eau si on vient à la toucher. On prétend que c'est un polype, c'est-à-dire une agrégation d'un grand nombre de petits animalcules qui travaillent ensemble, comme les abeilles dans une ruche. Un concert de travaux et de défense si parfait est sans doute digne d'être admiré par les hommes. L'abbé Dicquemare, mon laborieux compatriote, en a fait une histoire curieuse. Pour moi, qui n'ai aperçu les animaux marins de nos rivages que dans mon enfance, et qui en conserve encore d'intéressans ressouvenirs, je me rappelle avoir vu, vers le milieu du printemps, sur les mêmes plages, dans les parcs de filets que nos pêcheurs y dressent, des espèces de papillons à quatre ailes, vivement colorés, et qui voltigeaient çà et là au fond des flaques d'eau : je ne pus jamais en saisir un seul ; je ne sache pas qu'aucun naturaliste en ait fait mention.

Mais il n'est pas nécessaire d'aller sur les rivages de la mer pour jouir des harmonies aquatiques des animaux. Les plus petits ruisseaux en présentent en quantité sur leurs bords. Ils ont, comme l'océan, leurs volatiles, leurs poissons, leurs coquillages et leurs amphibies. C'est là que la grenouille apprit d'abord à nager à l'homme, en poussant ses pieds antérieurs en avant et ses postérieurs en arrière. Là, on voit une espèce de mouche glisser sur la surface de l'eau sans se mouiller les pates, tandis que la punaise aquatique nage renversée entre deux eaux. Ces deux insectes cherchent leur proie, et peut-être s'en servent l'un à l'autre, lorsqu'ils viennent à se rencontrer pieds contre pieds. L'araignée aquatique se promène au fond de l'eau dans une bulle d'air qu'elle a liée avec des fils, et la teigne dans un fourreau qu'elle s'est formé de débris de plantes. J'en ai vu une espèce, encore plus ingénieuse, se former une grotte flottante avec de petits buccins et des limaçons fluviatiles. Ce qu'il y avait de très-singulier, c'est que cette grotte pyramidale était couronnée à sa pointe par une petite plante verdoyante, de l'espèce du cresson, destinée à la nourriture de l'animal, ou à tenir son habitation à flot. Il y a, dans nos ruisseaux, une multitude d'êtres dont sans doute les mœurs nous sont inconnues. Je ne saurais trop le répéter, les inventions des hommes n'ont point encore atteint à l'industrie des insectes. Les Romains bâtissaient dans l'eau avec la pouzzolane, mais les coquillages construisent leurs toits avec un ciment plus durable; et la teigne colle leurs coquilles au sein des eaux avec un gluten impénétrable à l'humidité, qui seule suffit pour détruire tous les monumens des hommes.

C'est la nature sans doute qui agit par eux, et qui donne aux habitans des eaux des harmonies à la fois positives et négatives. C'est elle qui donne aux oiseaux aquatiques un réservoir d'huile dont ils se lustrent les plumes, afin de les rendre imperméables à l'eau. Elle en a frotté la plante des pieds du moucheron qui glisse sur la surface des fontaines, et elle a revêtu la baleine de couches épaisses et élastiques de lard, pour la préserver du froid et du choc des glaces. Enfin c'est elle qui a ordonné aux animalcules des madrépores de jeter au sein de la zone torride les fondations des îles et des continens.

C'est sous l'influence du soleil, sur le bord des mers, à l'embouchure des ruisseaux, à l'ombre des palmiers et des bananiers, que la nature assigna primitivement à l'homme son habitation, ses subsistances, et le siége de son empire sur les animaux. Il y apprivoisa d'abord la vache, dont les pieds sont fourchus et armés d'appendices, et qui aime à paître sur le bord des rivières; le cheval solipède, qui se plaît à s'exercer à la course dans les prairies qui en sont voisines; l'oie, le cygne, qui en remontent le cours; le pigeon, qui va picorer le sel sur les plages marines. Les enfans de l'homme agrandirent leur famille de plusieurs espèces d'animaux en se répandant sur les rivages de la mer. L'Égyptien, pour annoncer dans les terres l'arrivée des vaisseaux, se servit d'un pigeon comme d'un messager aérien. Le Chinois engagea le pélican à lui rapporter, du sein des flots, la large poche de son bec remplie de poissons. Des enfans, chez les Grecs, traversèrent des bras de mer sur le dos des dauphins, amis des hommes. Qui osera un jour chevaucher le phoque, si familier dans nos foires, et si caressant pour le maître qui le nourrit? Pourquoi celui qui a attaché à son char l'éléphant intelligent ne pourrait-il atteler à son canot la stupide baleine? Est-il plus aisé de la percer, au milieu des glaces, avec un harpon, que de la captiver par des bienfaits, comme les autres animaux domestiques? J'ai vu, au cap de Bonne-Espérance, des oiseaux de marine de toute espèce se promener dans les rues, et un pélican même s'y jouer avec un chien. Sans doute l'homme peut mettre dans sa dépendance les animaux innocens de la mer, lorsqu'il a pu dresser à la chasse des bêtes carnassières de l'air et de la terre, telles que le faucon, l'épervier, le furet, et le tigre même. J'ai vu, dans le canal de Chantilly, de vieilles carpes venir prendre du pain de la main de l'homme. Que de communications rapides entre les peuples, que de ressources pour les malheureux naufragés, s'ils employaient à les aider dans leurs besoins les oiseaux, les poissons, les amphibies! Où sont sur le globe les bornes de la puissance de celui qui traverse les glaces dans un traîneau, la terre sur un char, l'océan dans un navire, et l'atmosphère avec un aérostat de toile? Tout est possible à qui la nature a donné de subjuguer tous les animaux par ses armes ou par ses caresses. Pour en faire des esclaves, il lui suffit de s'en faire craindre; mais, pour en faire des serviteurs et des amis, il doit s'en faire aimer. La terreur lui a donné l'empire sur la terre et dans les airs, la bienfaisance seule peut l'étendre jusqu'au fond des eaux.

## HARMONIES AQUATIQUES
## DE L'HOMME.

L'homme, considéré nu, n'a ni fourrure comme les animaux, ni ailes comme les oiseaux, ni nageoires comme les poissons, ni plusieurs pieds comme les quadrupèdes : cependant il est le seul des êtres vivans qui puisse habiter par tout le globe. Ce n'est point une machine ordonnée à un seul élément, c'est un moteur de toutes les machines que l'intelligence humaine, de concert avec celle de la nature, peut assortir à tous les élémens. Toutefois, si nous considérons ses rapports intérieurs et extérieurs avec les eaux, nous verrons que toutes les lois de l'hydraulique ont concouru à les rassembler.

Harmonie des eaux, fille du soleil, laisse-moi entrevoir ce méandre des fluides que tu fais circuler avec la vie dans le corps humain; donne-moi des expressions aussi gracieuses que les formes ondoyantes dont tu l'as revêtu. Tu inspiras le Tasse quand il imagina de placer à l'entrée des jardins d'Armide des nymphes qui se disputaient un prix à la nage. Les tableaux de la nature sont encore plus aimables que les fictions de la volupté ; ses scènes croissent d'intérêt en intérêt avec le drame de la vie. L'œil sévère de la philosophie peut les envisager sans trouble, sa langue chaste en faire des descriptions, et l'oreille de l'innocence les entendre.

Nos sculpteurs admirent, sur les statues antiques, et notamment sur le fameux torse, ou corps d'Hercule, les muscles qui, comme les ondes de la mer, se succèdent et se perdent les uns dans les autres. Mais ce n'est pas seulement pour plaire à la vue que la nature a formé sur le corps humain des courbes si ravissantes ; elle joint toujours le bon au beau, et l'utile à l'agréable : il n'y a point dans ses ouvrages d'ornement superflu ; toute beauté y est nécessaire. Les couleurs mêmes, si brillantes et si variées, qui revêtent les fleurs, les papillons, les oiseaux, et qui ne semblent que de riches accidens, servent à en distinguer les tribus innombrables ; il y a plus, chaque partie des ouvrages de la nature est destinée à divers usages, et son intelligence sur ce point, comme sur tout autre, s'étend bien au-delà de celle des hommes. Un habile architecte, par exemple, ne se contente pas de placer une colonne dans un bâtiment pour le soutenir : il tire des effets de décoration de ses proportions, de sa lumière et de ses ombres, de son élévation dans l'air, et de ses reflets mêmes dans les eaux ; il la groupe quelquefois avec des bosquets ou avec d'autres colonnes ; il en compose un monument qu'il consacre aux amours, à la gloire ou aux tombeaux ; et il fait sortir du sein des pierres des sentimens tendres, héroïques ou religieux, qui attirent la vénération de la postérité. Le corps humain est bien plus intéressant qu'une colonne ; la nature l'a mis en rapport avec toutes ses puissances, et avec la Divinité même, par les harmonies de son ame.

Le trop célèbre Winckelman prétend, dans son *Histoire de l'art chez les anciens*, que les sculpteurs grecs ne faisaient qu'indiquer les muscles sur les statues des dieux, quelque âgés qu'ils les représentassent, parce qu'ils les supposaient jouir d'une jeunesse éternelle ; il cite même en témoignage des statues barbues de Jupiter. Ce paradoxe est spécieux ; mais il parait ne l'avoir mis en avant que pour justifier les anciens du reproche qu'on leur fait quelquefois, de n'avoir pas toujours donné assez d'expression à leurs figures ; et, comme une erreur en engendre d'autres, il en conclut que l'expression nuit à la beauté. Il a raison, sans doute, quant aux expressions des passions convulsives ; mais il se trompe assurément pour celle des passions douces. Il est certain que le sourire de la joie, et même une teinte légère de mélancolie ajoute à la beauté d'un Amour, d'un Mercure, d'une Vénus. Quant à ce qu'il prétend, que les artistes anciens ne faisaient qu'indiquer les muscles dans les statues des dieux, même de ceux qu'on supposait d'un âge avancé, il faut, ou qu'il se trompe, ou que les anciens se soient contredits ; car ils devaient donner aussi bien le caractère de l'âge viril aux muscles du corps de Jupiter, qu'à sa tête où ils figuraient des rides et une barbe. Il s'égare encore plus lorsqu'il dit que Marc-Aurèle n'a écrit que des lieux communs, et ne s'est servi que de comparaisons triviales. Le sublime ouvrage du disciple d'Épictète durera plus que tous ceux des sculpteurs, et sera sans doute plus digne des hommages des hommes. Winckelman a loué excessivement les médailles, les vases et les statues antiques du cardinal qui le pensionnait, et il a blâmé injustement un empereur philosophe, sans doute pour avoir condamné ce genre de luxe. D'ailleurs, cet écrivain saxon voulait plaire aux Romains modernes, chez lesquels il vivait. Son fanatisme pour les ruines de l'antiquité se fait sentir dès le frontispice de son livre, qu'il intitule : *Histoire de l'art* ; comme si c'était l'art par excellence, et qu'il n'y en eût pas de plus utile et de plus agréable aux hommes. L'architecture, la peinture, la musique, et surtout la poésie, ne sont rien pour lui ; il est très-remarquable qu'il n'y parle presque jamais de la nature, la source de tous les arts. Cependant il est intéressant par sa vaste érudition, par son caractère moral et par sa fin malheureuse ; car il fut assassiné par un voyageur auquel il s'était confié. Ce n'est qu'avec peine que je censure quelques-uns de ses principes, mais je m'y suis cru obligé à cause de sa réputation ; car il n'y a point d'erreurs plus dangereuses et plus communes que celles qui ont pour appui de grands noms.

Retournons aux harmonies que les muscles ont avec les eaux pluviales, et observons-les, non sur des statues, mais sur notre propre corps.

Les rapports de l'homme ne paraissent pas aussi bien établis avec l'océan liquide, qu'avec l'aérien. Lorsqu'il nage dans une situation horizontale, les organes de sa respiration semblent devoir plonger dans l'eau ; cependant cet effet n'arrive pas, par diverses précautions que la nature a prises. Nous observerons que tous nos organes sont doubles et posés sur la même ligne horizontale, comme les yeux, les oreilles, les mains, les pieds ; mais il n'en est pas de même de l'organe de la respiration, si nécessaire à la vie. On peut dire qu'il est triple, car nous respirons à la fois par la bouche et par les deux narines ; la bouche conduit l'air immédiatement aux poumons ; elle est le vrai sens de la respiration. La nature, pour élever l'homme au-dessus des flots, s'est servie de plusieurs moyens. Elle a d'abord mis le corps entier en équilibre avec l'eau, et surtout avec l'eau de mer, plus pesante d'un trente-deuxième. On en peut faire l'essai aisément dans un bain d'eau douce ; car si on met le bras à sa surface, il surnage, et on ne l'enfonce point sans quelque effort. Si un homme tombe au fond d'une rivière, le plus faible mouvement le ramène au-dessus, et il s'y soutient seulement avec les mains. La nature a donné de plus à l'homme la facilité de tenir les organes de sa respiration hors de l'eau, en plaçant sa tête sur les vertèbres du cou, comme sur des pivots, de sorte qu'il peut aisément la renverser en arrière ; elle a mis ensuite immédiatement au-dessous du cou, la poitrine comme la partie la plus légère du corps par ses concavités et le viscère du poumon, afin qu'elle aidât la tête à se soulever ; ensuite, pour favoriser cet effet, elle a placé à l'extrémité du corps les parties les plus charnues et les plus pesantes, comme un contre-poids au bout d'un levier. On peut sans doute y ajouter encore le poids des mollets, des jambes et des pieds : de manière qu'un nageur, pour se tenir tout droit dans l'eau, n'a, pour ainsi dire, qu'à s'y étendre ; car alors les pieds descendent et la tête s'élève. C'est sans doute parce que les femmes ont la partie inférieure du corps plus pesante que les hommes, qu'elles nagent plus aisément ; la nature vient toujours au secours des plus faibles.

L'art de nager est une source perpétuelle de plaisir, mais il sert encore plus à la vertu qu'à la volupté. Ulysse, fugitif de l'île de Calypso, abordant, malgré les tempêtes, parmi les rochers de l'île de la vertueuse Nausicaa, offre un spectacle plus intéressant que celui des Sirènes qui nageaient en chantant autour de son vaisseau.

Que d'industrie l'homme a puisée dans les divers océans qui viennent tous aboutir aux rivages des mers ! Là, la plupart de ses arts prirent naissance. L'océan aérien, par ses gouttes de pluie suspendues à des fils d'araignée, lui donna l'idée du microscope : le glacial, par ses glaces flottantes et transparentes, celle de la loupe, qui réunit les rayons du soleil ; et du prisme, qui les brise en mille couleurs : le souterrain, dont les nappes s'écoulent en filets sur les grèves, celle des puits qu'il creuse au sein de la terre : le fluviatile, celle du niveau, dans le repos de ses eaux tranquilles ; du miroir, dans leurs reflets ; des forces motrices, dans les eaux courantes : l'océan maritime, par ses flots agités qui se brisent sur les rochers caverneux, celle des eaux jaillissantes et tombantes dont il décore ses jardins. C'est ainsi que j'ai vu sur les bords de l'île de l'Ascension, les vagues frapper en dessous les plateaux poreux de laves qui s'avancent au-dessus, jaillir à travers leurs trous, et former autour de cette île volcanisée une longue guirlande de gerbes, de jets et de cascades. C'est sur les rivages des mers que l'homme trouva la riche teinture de la pourpre, la soie de la moule pinnée ; les premiers filets, d'après les entrelacs des herbes marines ; les formes des roues des moulins et des chariots, d'après l'oursin qui se roule sur ses baguettes ; celles de la râpe, de la scie, de l'escalier, des casques, des brassards, des boucliers, des lances, et de toutes sortes d'armures, d'après les coquilles des crustacées ; enfin la poudre à canon même, d'après le soufre et le nitre de leurs volcans. Ce fut là qu'il inventa la pirogue, la chaloupe, la goëlette, la galère, la frégate, d'après les formes nautiques et même les noms des coquillages, des poissons et des oiseaux amphibies. Il n'est rien dans les arts des hommes qui n'ait son modèle dans la nature, et dont la forme ne se trouve sur le bord des eaux.

C'est là que la puissance aquatique, se combinant avec celle du soleil et de l'air, réunit les productions les plus parfaites des puissances minérale, végétale, animale, telles que les sables d'or, l'ambre, les perles, le corail, les épiceries, et qu'elle les présente en tribut à l'homme. Il semble qu'elle-même se répartisse à toutes ses harmonies. La pluie sert à ses cultures, la fontaine à son lavoir, le ruisseau à ses usines, la rivière à sa famille, le fleuve à sa tribu, la mer à sa nation, l'Océan à ses communications avec le genre humain.

C'est par les fleuves et les mers, qui semblent faits pour séparer à jamais les hommes isolés, que les nations se communiquent avec le plus de facilité. Un fleuve, a dit ingénieusement Pascal, est un chemin qui marche. Nous traiterons de ces grands sujets. Les terres doivent être en propre aux hommes ; mais les eaux sont communes à tous, non seulement les mers, mais les fleuves, les rivières, les ruisseaux, et même les fontaines. L'eau doit vivifier toutes les parties du globe et tous les membres du genre humain.

On vante beaucoup les voyages aux Alpes et aux Pyrénées : ils ont sans doute leur agrément et leur utilité ; mais je trouve que ceux de la mer, le long des côtes, sont incomparablement plus intéressans. Les vues prises du sommet des hautes montagnes s'appellent vues d'oiseau ; mais j'appellerais par excellence vues d'hommes celles du fond des vallées. Dans les premières, vous voyez tous les objets s'abaisser les uns derrière les autres, et se terminer par la terre ; dans les secondes, vous les voyez s'élever successivement, et couronnés par le ciel. C'est surtout sur les bords de l'Océan, au fond de cette immense vallée qui le renferme, que se réunissent les harmonies de toutes les puissances de la nature. C'est là que se développent, sur un horizon de niveau avec nos yeux, toutes les magnificences du lever et du coucher du soleil, des météores de l'air, le flux et le reflux des mers ; les vastes embouchures des fleuves, des montagnes escarpées par les flots qui montrent les minéraux qu'elles renferment dans leurs flancs, les végétaux et les animaux fluviatiles, marins et terrestres ; enfin, des cités populeuses où abordent des vaisseaux de toutes les nations. Ce n'est point au sommet des montagnes, mais au bord des mers, non aux loges, mais au parterre qu'aboutissent les perspectives, les décorations, les concerts, les drames de l'architecte, du peintre, du musicien et du poète de l'univers.

Les vulnéraires et les laitages de la Suisse sont en grande réputation : à Dieu ne plaise que j'ôte la foi en des choses innocentes ! mais les végétaux et les troupeaux de la Bretagne, de la Normandie et de la Hollande, ont des qualités qui ne sont pas moins bienfaisantes. Que dis-je ! c'est des rivages de la mer, et non des glaciers du globe, que nous avons tiré nos richesses végétales. Ce fut au pied de l'Etna, et non sur ses sommets glacés, que la Sicile montra aux hommes le châtaignier superbe chargé de fruits, et l'humble graminée qui porte le blé. C'est des îles de l'Archipel, et non du mont Ida, que sont venus la plupart de nos arbres fruitiers. Le noyer, le figuier, le poirier, la vigne, l'olivier, le cafier, le cacaotier, le cotonnier, la canne à sucre, l'indigo, croissent sur les rivages et dans les îles de l'Amérique, et non sur les croupes des Cordilières. C'est sur les rives des îles Moluques, et non sur les pics de Java, que se recueillent le poivre, la muscade et le girofle. Enfin, voulez-vous voir sur les bords mêmes de la mer des glaciers comme sur les Alpes ; ses contre-courans vous conduiront en été jusqu'au pied de la coupole glaciale du pôle nord, qui a encore alors cinq à six lieues de hauteur et deux à trois mille de circonférence.

Si la fortune me l'eût permis, j'aurais entrepris un voyage autour de l'Europe, et peut-être autour du monde, moins fatigant, plus agréable et plus utile que celui que l'on fait tous les jours pour aller se promener dans les montagnes de la Suisse. Je l'aurais fait par mer, le long des terres, à la manière des sauvages. Un canot léger avec une voile latine et quelques matelas, m'eût servi de voiture. Deux matelots, avec leurs compagnes, auraient formé mon équipage. Je n'aurais pas hésité à m'y embarquer avec la mienne et mes enfans ; tout fût devenu pour moi instruction ou plaisir. Suis-je curieux de minéraux ; les falaises m'entrouvrent leurs flancs ; je trouve à leur pied des galets métalliques que les fleuves et les courans y roulent à l'envi. Aimé-je les plantes ; j'en cueille sur les grèves, que les flots y entraînent des contrées les plus éloignées. Les semences même de la Jamaïque sont portées, en hiver, jusque sur les rivages des Orcades ; pourquoi celles des Orcades n'aborderaient-elles pas, en été, sur ceux de la France ? Chaque coup de rame me lève un feuillet du livre de la nature et me découvre un nouveau paysage. Ici j'aperçois, sur un banc de sable couvert de veaux marins sédentaires, des flamans couleur de feu, des aigrettes, des pélicans et d'autres oiseaux voyageurs de la zone torride ; là, au sein des dunes, s'élèvent les ruines d'un monument au haut desquelles la cigogne fait son nid. Plus loin, j'entrevois l'embouchure d'une rivière bordée de saules ; je la remonte au sein des prairies et des campagnes labourées, terminées à l'horizon par les tours d'une ville. Une forêt s'élève au milieu d'une île, je viens me reposer sous ses majestueux ombrages. L'alcyon, en rasant les flots, et l'alouette marine, par ses cris, m'annoncent-ils les approches de la tempête ou de la nuit, nous échouons notre barque sur la grève ; nous la traînons au pied d'un vieux arbre, ou derrière un rocher, à l'embouchure d'un ruisseau. Cependant les hommes se dispersent pour la chasse ou pour la pêche ; les femmes allument le feu et préparent à manger ; tous se réunissent ensuite dans la barque abritée, par sa voile, de la pluie, du froid et des vents.

Le matin, nous nous rembarquons, si l'aurore nous annonce un beau jour. Nous n'avons à payer ni poste, ni aubergiste, ni péage, ni barrière ; nous n'avons à montrer ni passe-port, ni certificat ; nous échappons à toutes les dissensions civiles, aux guerres qui versent le sang des nations par les nations, et aux calomnies encore plus cruelles qui détruisent les hommes par les hommes, au sein même de la paix. C'est ainsi que voyageaient les Sauvages des côtes de l'Asie, lorsqu'ils peuplèrent l'Amérique et les îles fortunées de la mer du Sud. C'est encore chez leurs hordes pélagiennes et errantes que la liberté et le bonheur se sont conservés; c'est ainsi que vous vivez, pauvres Patagons, méprisés des fastueux Européens; mais n'enviez point leur sort. Les Apennins, les Alpes, les Cordillières, sont leurs esclaves; mais les écueils du cap Horn sont toujours libres: ils succombent sous le nombre et l'insuffisance de leurs lois, et vous ne connaissez que celles de la nature. Ils embrassent un long avenir dans leurs vains projets, et vous jouissez de la vie comme vous la recevez, jour par jour; elle n'est pour vous qu'un voyage innocent et rapide, qui vous mène au séjour de vos aïeux. Vous la soutenez sans crime, vous la passez sans remords, et vous la quittez sans regrets.

HARMONIES AQUATIQUES

DES ENFANS,

OU HISTOIRE D'UN RUISSEAU.

Je me suppose instituteur. Pour donner à mes élèves le premier apprentissage des harmonies de l'eau, je les mènerais à la campagne par un temps de pluie. Je leur dirais : « Mes enfans, suivons le cours du ruisseau qui descend là-bas de cette colline couverte de bois, remontons jusqu'à sa source. Il pleut; mais qu'importe la pluie à des hommes? Ils doivent s'accoutumer de bonne heure à braver les élémens, et surtout celui de l'eau. Il pleut dans nos climats plus de la moitié de l'année. Un soldat, un marin, un cultivateur, un voyageur, un ouvrier, s'exposent fréquemment à la pluie, souvent pour leurs intérêts particuliers : vous ne devez pas la craindre, surtout lorsqu'il s'agit d'acquérir des lumières. La pluie n'est qu'un bain. Elle est salutaire tant qu'on est en mouvement; elle n'est nuisible que lorsque la transpiration est arrêtée par le repos : elle ne doit apporter aucun obstacle aux exercices des garçons. Il n'en est pas de même de ceux des filles, destinées par la nature à avoir soin de l'intérieur de la maison. La faiblesse de leur sexe les dispense des fatigues que les hommes ne doivent pas craindre. C'est à elles à les soulager un jour, comme mères de familles, lorsqu'elles pourvoiront aux besoins de leurs maris et de leurs fils, revenant du travail. Qu'elles aillent donc dès à présent faire l'apprentissage de leurs devoirs futurs, en préparant à leurs frères, de retour d'une promenade laborieuse, des vêtemens secs et des alimens chauds. Leurs frères les amuseront par le récit de leurs courses; et si elles n'en reçoivent pas d'instruction, au moins elles en obtiendront de la reconnaissance.

» Allons, mettons-nous en marche, tâchons de découvrir d'où ce ruisseau tire sa source; remontons le long de son cours; chemin faisant, nous prendrons une idée des harmonies des puissances de la nature avec l'eau, sous tous les rapports que nous lui connaissons, d'évaporation, de fluidité et de congélation.

» Commençons par celles du soleil. Considérez ces brouillards qui semblent fixés sur les sommets lointains des montagnes : ce sont eux qui fournissent l'eau qui coule à vos pieds dans ce ruisseau. Mais d'où tirent-ils eux-mêmes leur origine? Il fut un temps où les hommes, se fuyant les uns les autres à cause de leurs brigandages, et n'obéissant qu'aux frayeurs de la superstition, s'imaginèrent que leurs rivières et leurs fleuves étaient des divinités qui versaient leurs eaux par des urnes; qu'elles habitaient les sommets des montagnes, et que les brouillards qui s'y arrêtaient étaient des nuages dont elles se voilaient aux yeux des mortels. Ils croyaient que les orages qui s'y formaient étaient des tonnerres et des foudres dont elles étaient armées. C'est ainsi que les Grecs placèrent Jupiter fulminant au haut de l'Olympe, et que les Arcadiens, réfugiés en Italie, assuraient avoir vu ce dieu avec son égide sur la cime forestière du Capitole, ainsi que le bon roi Évandre le racontait à Énée [1] :

Hoc nemus, hunc, inquit, frondoso vertice collem,
Quis deus, incertum est, habitat deus: Arcades ipsum
Credunt se vidisse Jovem, quum sæpe nigrantem
Ægida concuteret dextrâ, nimbosque cieret.

« Un dieu, dit Évandre, habite cette forêt et cette colline
» ombragée d'un sombre feuillage. Quel est ce dieu? On
» l'ignore. Les Arcadiens croient y avoir vu souvent Jupiter
» lui-même agiter de sa main toute-puissante sa noire égide,
» et s'environner de tempêtes. »

» Mais lorsqu'ils se rapprochèrent par leurs besoins, et mirent en commun leurs observations, ils s'assurèrent que les brouillards étaient élevés de dessus l'Océan par la chaleur du soleil, que l'air les pompait et les voiturait, que la terre les attirait par les sommets électriques de ses montagnes, que de là ils se résolvaient en pluie, dont les canaux de rivières recueillaient les eaux pour féconder les campagnes. Alors, au lieu de trembler devant des dieux imaginaires et terribles, au nom desquels des prêtres avares exigeaient souvent des sacrifices cruels, ils adorèrent en commun le Père de l'univers, dont les élémens étaient les minis-

[1] ÉNÉIDE, liv. VIII, vers 551.

tres, qui ne se manifestait aux hommes que par des bienfaits.

» Considérons maintenant quelques qualités principales de l'eau : elle est réfractante dans ses vapeurs, réfléchissante et réflétante à sa surface.

» J'appelle réfraction la faculté qu'elle a de rompre les rayons de la lumière, et d'augmenter l'ouverture des angles des corps que l'on aperçoit à travers, de manière qu'ils nous apparaissent plus grands. C'est ainsi que le soleil levant, que vous voyez à travers ce brouillard, semble une fois plus large qu'à l'ordinaire. C'est encore par la réfraction qu'un bâton, plongé dans l'eau, y paraît rompu, et d'un plus grand diamètre que la partie qui est hors de l'eau. Lorsque les vapeurs sont opposées au soleil et réunies en gouttes de pluie, elles réfractent à la fois et réfléchissent la lumière, qui s'y décompose en couleurs. Telle est la cause de cet arc-en-ciel dont vous apercevez quelques traces vers le couchant.

» La réflexion sans réfraction renvoie la lumière toute pure. C'est par cette raison que ce ruisseau paraît là-bas, au milieu de la vallée, brillant comme un miroir.

» Le reflet est la propriété que l'eau a de représenter les objets qui l'environnent, comme s'ils étaient renfermés dans son sein. La physique vous expliquera un jour les lois de ce mécanisme merveilleux. L'eau réfléchit la lumière au dehors sur les corps qui l'avoisinent, et elle reflète leurs formes au dedans. Si elle les eût réfléchies comme la lumière, les formes des arbres et des terres qui bordent ses rivages eussent apparu à sa surface, et cette répétition des mêmes objets sur les mêmes plans eût détruit l'unité des sites de la nature : l'illusion se fût confondue sans cesse avec la réalité. Les oiseaux eussent voltigé en vain autour d'un saule fantastique pour y faire leurs nids, et les bœufs se fussent heurtés contre un saule réel, en le prenant pour son image. Cependant la nature a employé partout de doubles consonnances, mais elle les a transportées d'une puissance dans l'autre, pour ne pas les confondre. Si ce ruisseau reflète au fond de son lit la colline qui est sur ses bords, la colline de son côté répète à son sommet le murmure du ruisseau. Les reflets de l'eau sont à la terre ce que les échos de la terre sont à l'air ; mais la nature a répandu le charme des consonnances morales jusque dans les objets physiques.

» L'eau doit les qualités qui lui paraissent propres à des harmonies combinées. Ses vapeurs, ses pluies, sa fluidité, ses réfractions, ses réflexions, ses reflets, ses neiges, ses grêles, ses glaces, résultent de la présence ou de l'absence du soleil.

Elle doit son ascension dans l'atmosphère à la spongiabilité et à la pesanteur relative de l'air, ses mouvemens au cours des vents, et son équilibre avec elle-même, ou son niveau sur la terre ainsi que ses courans, à l'attraction du globe.

» La terre attire l'eau jusque dans ses parties les plus petites et les plus dures. Elle s'en imbibe comme une éponge, lorsqu'elle est en état de poussière : la pierre la plus sèche en renferme. Voyez ce four à chaux, sur la pente de la colline ; il en sort un tourbillon épais de fumée, quoiqu'il ne soit chauffé qu'avec des bourrées, et qu'il ne soit rempli que de pierres. Si vous mettez même une pierre à chaux sur des charbons ardens, vous la verrez fumer ; elle exhale les vapeurs de l'eau qu'elle contenait, et qui, par leur extrême ténuité, pénètrent les corps les plus compacts : vous en pouvez voir l'effet dans un petit gravier fort estimé, à cause de la propriété qu'il a de s'imbiber d'eau très-promptement. Il est naturellement opaque ; mais, si on le met dans l'eau, il s'en pénètre et devient, par ce moyen, demi-transparent. On l'appelle *oculus mundi*, œil du monde. C'est donner un grand nom à un bien petit objet, car il n'est guère plus gros qu'une lentille, et il ressemble au fragment de la croûte d'un caillou, dont on dit qu'il est un débris. Il y a tel de ces graviers qui a été vendu cent louis, à cause de leur rareté. Pour moi, je trouve la pierre à chaux, sans comparaison, plus curieuse et plus utile, car, après avoir renfermé de l'eau, qu'elle rend visible par sa fumée si on la met dans le feu, elle s'imbibe de feu, qu'elle rend sensible si on la remet dans l'eau. Elle sert d'ailleurs à une infinité d'usages.

» Mais ne nous écartons pas de notre ruisseau. Une chose importante à observer est son courant ; il le doit à l'attraction centrale de la terre ; la terre attire l'eau à son centre, dans l'état de fluidité, et au sommet de ses montagnes, dans l'état d'évaporation. La terre est un aimant qui paraît avoir plusieurs pôles ; j'en distingue de trois sortes qui partent du même centre : les pôles des montagnes, les deux pôles du globe et le pôle central, qui est le siége même de l'attraction. Voyez ce brouillard qui couvre le sommet de cette colline ; il y paraît fixé : il s'y en joint d'autres qui viennent s'y rendre de différentes parties de la vallée. Dans les pays de montagnes, vous voyez les pyramides de rochers qui les couronnent, entourées d'un chapeau de nuages. Si elles sont fort élevées, il se forme, de ces nuages, des amas considérables de neiges et de glaces qui durent toute l'année ; telles sont plusieurs montagnes de la Suisse. Leurs glaciers ont quelquefois trente lieues de longueur sur cinq ou six lieues de diamètre, et jusqu'à cinq ou six cents pieds d'élévation. Ce sont les châteaux d'eau du Rhin, du Rhône et de plusieurs autres fleuves. Les glaciers des Cordilières, en Amérique, sont beaucoup plus étendus et plus élevés; aussi il en sort des fleuves qui, comme l'Amazone, ont quatorze ou quinze cents lieues de cours, et plus de cent vingt lieues d'embouchure. Mais ces glaciers des Cordilières ne sont rien en comparaison de ceux des pôles, qui ont, dans leur hiver, quatre à cinq mille lieues de circonférence, et peut-être jusqu'à vingt-cinq lieues de hauteur, et dont l'Océan lui-même tire ses sources. Le courant de toutes ces eaux se dirige au centre de la terre, où est l'attraction générale de tous les corps; ces diverses attractions des montagnes, des pôles et du centre, s'étendent peut-être aux autres corps, à en juger du moins par la boussole; car, si elle dirige sa pointe générale vers le pôle nord, elle la varie au voisinage de beaucoup de montagnes, et elle tend aussi vers le centre de la terre par son inclinaison. A la vérité, il y a grande apparence que ce sont des mines de fer qui occasionent ces diverses attractions; mais il est remarquable que les sommets des montagnes qui attirent les eaux sont, pour l'ordinaire, ferrugineux. Au reste, l'attraction centrale de la terre agit sur tous les corps sans exception, puisqu'elle est la cause de leur pesanteur. Quoi qu'il en soit, c'est la tendance générale des fluides vers le centre de la terre, qui forme, d'un côté le niveau des lacs, et de l'autre le courant des rivières; c'est d'après cette tendance qu'on a imaginé le niveau d'eau. Le niveau de l'eau n'étant que l'équilibre de toutes ses parties autour du centre de la terre, il s'ensuit que la surface d'un lac et celle de la mer sont sphériques. Cette courbure est très-sensible en pleine mer, car elle cache le corps d'un vaisseau à une lieue et demie de distance, et toute la hauteur de ses mâts à cinq ou six lieues. Il s'ensuit encore que la surface de la terre, qui offre aussi des arcs de cercle dans presque toute sa circonférence, a été dans un état de fluidité, et nivelée par les eaux.

» Voilà pour les eaux de niveau et en repos, mais il y en a bien peu qui le soient naturellement. Depuis la fontaine jusqu'à l'Océan, la plupart des eaux circulent. La pluie qui tombe forme cette source située vis-à-vis de nous; la source forme le ruisseau, le ruisseau se jette dans la rivière, la rivière dans le fleuve, le fleuve dans la mer, cette mer dans l'océan Atlantique, dont les vapeurs nous fournissent la pluie. Pour l'ordinaire la fontaine tire sa source d'un rocher; le ruisseau d'une colline; la rivière, d'une montagne; les grands fleuves, des montagnes à glaces, telles que celles des Alpes; la mer, des continens qui l'environnent en tout ou en partie; et l'Océan, des glaces qui couvrent les pôles du monde.

» Ce faible ruisseau suffit pour nous offrir une idée de l'Océan et de son bassin, comme une petite plante peut vous donner celle d'un grand arbre. Vous voyez ici des rives, des grèves, des détroits, des isthmes, des promontoires, des caps, des baies, des bancs de sable, des hauts-fonds, des îles, des presqu'îles, des confluens, des marais même. Si la terre a des matières qui attirent l'eau, elle en a qui la repoussent; telles sont en général les glaises et les argiles. La glaise est une terre grise et compacte, grasse, et douce au toucher; on s'en sert pour faire des pots. L'argile n'en diffère que par des parties ferrugineuses qui se manifestent, surtout dans la cuisson, par une couleur rougeâtre. Vous voyez des lits de ces différentes terres dans l'escarpement des bords d'un ruisseau. Observez qu'il découle au-dessus plusieurs filets d'eau. L'eau des pluies, attirée par les rochers, pénètre la terre végétale et les couches de sable où elle se purifie; mais elle se perdrait dans l'intérieur de la terre, si elle n'était arrêtée par des lits de glaise ou d'argile que la nature y a placés à différentes profondeurs. C'est sur ces lits que reposent les nappes d'eaux souterraines qui fournissent des sources à nos rivières et de l'eau à nos puits. On retrouve fréquemment ces sources sur les rivages de la mer, surtout quand elle s'abaisse dans le reflux; car c'est sur ses rivages qu'aboutit la coupe des différens lits de la terre. Cette observation peut être très-importante à un homme qui a fait naufrage, même sur un banc de sable aride. Il peut trouver de l'eau douce sur le bord de la mer, en y creusant à un pied de profondeur pendant son reflux. C'est aux eaux souterraines arrêtées par des couches glaiseuses ou argileuses, et quelquefois par des bancs de roche, qu'il faut attribuer les fortes transpirations de la terre qui, la nuit, baignent de rosée les plantes pendant les ardeurs brûlantes de l'été. Sans ces admirables prévoyances, une partie de la végétation périrait; car il y a bien des lieux sur la terre où il ne pleut que dans une certaine saison.

» Mais nous voici parvenus à la source du ruisseau. Voyez comme il sort en murmurant de la fente de ce rocher couvert de capillaires et de scolopendres. Ses eaux se rassemblent dans un petit bassin bordé de joncs et de roseaux. Tout autour sont des peupliers et des saules; plus loin, sur les hauteurs voisines, des hêtres et des châtaigniers.

Observez d'abord que l'eau coule de toutes les parties de ce rocher : c'est qu'il attire le brouillard de toutes parts. En temps de pluie et de dégel, vous remarquerez des effets semblables dans l'intérieur même des maisons, sur les pierres et sur les vitres, qui deviennent alors tout humides, parce qu'elles attirent les vapeurs. La source de ce ruisseau vient d'un terrain encore plus élevé que celui où nous sommes. Elle y est formée par des vapeurs rassemblées, par d'autres rochers, en filets d'eau, qui après avoir pénétré la surface de la terre, se réunissent sur un lit de roches, se dégorgent par cette ouverture, et se rassemblent dans ce bassin. Sans ces différens réservoirs, tant intérieurs qu'extérieurs, les eaux pluviales s'écouleraient tout d'un coup, et quand les vents n'apporteraient plus de vapeurs au haut de ces collines, leur ruisseau resterait à sec. Vous trouverez ces dispositions semblables à la source de tous les courans d'eau réguliers. Si les ravines, occasionées par les pluies, s'écoulent rapidement ; si elles restent sans eau après les orages, c'est qu'elles n'ont pas de réservoir à leur source. Le torrent est l'ouvrage du hasard, le ruisseau est celui de la nature. Il y a donc des réservoirs sur toutes les hauteurs qui attirent les eaux, et à la source de tous les courans réguliers : souvent ce n'est qu'un simple bassin à celle d'un ruisseau, un étang ou un marais à celle d'une rivière ; mais un grand fleuve a pour château-d'eau une montagne à glace, avec un lac à son pied qui en reçoit les fontes ; et l'Océan a dans notre hémisphère un des pôles du monde couvert d'une coupole de glaces de quatre ou cinq mille lieues de circonférence, avec des méditerranées autour, qui en distribuent les eaux à tout le globe.

» Mais, me direz-vous, comment des causes insensibles, aveugles et mécaniques, peuvent-elles produire des résultats si bien combinés ? La main qui trace des caractères en ignore les pensées ; l'intelligence seule réside dans l'ame invisible qui les ordonne et qui meut la main. Vous voyez bien qu'une Providence très-sage a combiné entre eux les élémens pour les besoins des végétaux et des animaux. Elle échappe à nos sens corporels, mais elle s'y manifeste par ses bienfaits : *Mens agitat molem*, l'esprit modifie la matière. Quel sera un jour notre étonnement, lorsque, étudiant les harmonies positives et négatives des végétaux avec les eaux, vous verrez ceux des montagnes élevées et des terrains arides attirer les vapeurs et les recueillir avec des feuilles faites en pinceaux, en langues, en coupes, en écopes, comme les pins, les ormes, les châtaigniers ; tandis que ceux qui croissent au sein des eaux, et qui n'ont pas besoin d'être arrosés, comme les nymphæa, les roseaux, les joncs, les cristes-marines, les repoussent, et portent des feuillages qui ne peuvent se mouiller ni servir d'aqueducs ! Quel sera notre ravissement lorsque, à l'instar des végétaux, vous verrez les oiseaux des montagnes se plaire à arroser leurs plumes des eaux du ciel ou de celles des fontaines, tandis que les oiseaux aquatiques plongent dans l'onde sans pouvoir mouiller leur plumage ! Que d'instruction vous pourrez tirer des différentes manières dont voguent les habitans des eaux ! Quel Vaucanson parmi vous formera un jour, sur le mécanisme d'un poisson, un bateau qui en ait la vitesse ? La nature, je le sais, n'a pas besoin que vous vous livriez à tant de recherches pour éclairer votre esprit et toucher votre cœur. Ses harmonies manifestent, sans études, l'intelligence infinie de son Auteur et ses bienfaits envers ses créatures ; mais en vous invitant à étendre vos lumières et à perfectionner vos vertus, je vous indique la nature comme la source unique des arts et des sciences connus et à connaître. C'est dans son sein surtout que la physique va puiser ses lois. Isolée, elle ne tire guère sa théologie que de ses expériences, et sa morale que de ses machines. Puissiez-vous n'en inventer jamais de cruelles aux animaux, et de funestes aux hommes !

» Il faut admirer la Providence, qui a permis que le corps humain, si délicat, pût supporter toutes les vicissitudes des élémens, afin qu'il vécût dans tous les climats. L'habitude est pour lui une seconde nature, non parce qu'il se crée une seconde existence, mais parce qu'étant harmonié d'une infinité de manières avec la nature, il est susceptible d'une infinité d'habitudes. Il n'en est ainsi d'aucun autre animal. C'est principalement pour l'usage de l'homme que la nature a distribué des eaux potables par toute la terre : elle les a mises en neiges, en glaces dans les zones glaciales, et en couches souterraines dans les sables brûlans de la zone torride ; elle les verse en pluie sur les vastes plaines de la mer, et elle les fait couler en ruisseaux, en rivières et en fleuves sur les continens. L'éléphant de la zone torride, qui ne peut boire qu'en pompant l'eau avec sa trompe, périrait de soif au milieu des neiges de la Laponie, s'il n'y mourait pas de froid. Au contraire, le renne de la zone glaciale, qui broute la neige avec la mousse, mourrait de soif, et sans doute de chaud, sur les bords des eaux tièdes du Sénégal et de la Gambie. L'homme seul trouve partout des eaux potables : il y en a jusqu'au milieu des mers australes et septentrionales. Leurs glaces flottantes, quoique formées au sein des eaux salées, se fondent en eaux douces; le sel marin en est dégagé par la congélation. Le chimiste imite ces même effets en faisant geler de l'eau imprégnée de sel; il en tire des cristaux d'eau douce. Pour moi, je n'admire que le résultat des lois de la nature en faveur des hommes; il semble que ce soit pour fournir de l'eau aux navigateurs, qu'elle fait voguer des montagnes de glaces jusqu'au milieu des mers tempérées; et peut-être ces hauts-fonds illusoires de couleur de béryl, si fréquens dans les mers chaudes, et que tant de marins ont notés sur leurs journaux, ne sont que des glaces meurtries et submergées qui peuvent, au défaut des pluies, leur offrir les mêmes ressources. Mais l'homme peut s'habituer à la longue à boire de l'eau salée sans en être incommodé. Des marins hollandais, entre autres Schouten, assurent qu'ils ont rencontré, dans la mer du Sud, à plus de trois cents lieues de toute terre, des canots de Sauvages dont les femmes donnaient à boire de l'eau de mer à leurs enfans, qui se portaient à merveille: il faut, sans doute, que l'habitude s'en prenne de bonne heure. Lorsque je passai à l'île de France, quelques officiers principaux du vaisseau ayant embarqué dans la cale à l'eau des barriques d'eau-de-vie, au lieu de barriques d'eau, pour les vendre aux Indes, cette friponnerie nous mit dans la disette d'eau douce, et obligea le capitaine de réduire la ration, pour chaque matelot, à une bouteille par jour. Quelques-uns de ces malheureux, pressés de la soif, tentèrent de l'apaiser en buvant de l'eau de la mer; elle leur donnait des vomissemens, et ils préféraient boire de leur propre urine.

» Mais les nuages accumulés cheminent lentement dans les airs; le soleil les a élevés de dessus l'océan, et le vent du sud les charrie vers le pôle nord pour y adoucir les rigueurs de l'hiver, et renouveler, chemin faisant, les sources des mers et des fleuves. Si cet océan atmosphérique, en passant sur nos têtes, tombait par masses, il dégraderait les terres; mais il s'écoule du ciel en longs filets, comme si on le versait par un arrosoir. Les champs s'en imbibent, les plantes les reçoivent dans leurs feuilles naissantes, et les oiseaux aquatiques sur leurs plumes imperméables. La nature est dans l'enfance de l'année: déja les pluies du ciel lavent ses premières couches; les ruisseaux tout jaunes s'écoulent en murmurant sur la pente des collines; ils entraînent les débris des terres, des pierres, des végétaux et des animaux victimes de l'hiver. Ils les portent dans les rivières, les rivières dans les fleuves, les fleuves dans les mers, et les courans les étalent sur leurs rivages. Là, les flots qui s'y brisent sans cesse réduisent en sables les corps les plus durs; et les feux des volcans disséminés sur leurs rivages consomment les huiles, les bitumes, les sels et tous les débris des animaux, et les rendent aux élémens. L'Océan est à la fois le tombeau et le berceau du globe. Les peuples ignorans ont fait des pélerinages aux sommets des montagnes, croyant s'approcher du ciel; les peuples éclairés devraient en faire aux rivages des mers pour y entrevoir au moins les premiers agens de la nature et de la société.

» Cependant n'ambitionnez pas le sort des navigateurs qui ont fait le tour du monde : il n'y a que ceux qui l'ont parcouru pour faire du bien aux hommes qui sont dignes d'envie. Combien en ont fait le tour pour le désoler! combien d'autres n'y ont rien vu que le profit de leur commerce! Mais comment admireriez-vous les merveilles de la nature dans les pays étrangers, si, avant tout, vous ne connaissiez celles du vôtre? Dieu a fait deux lots des biens qu'il distribue aux hommes : d'un côté, il a mis la fortune et les dangers, la gloire et l'envie; de l'autre, la médiocrité et le bonheur, l'obscurité et le repos. Quelquefois un jeune adolescent, séduit par des relations trompeuses de voyages, quitte ses parens, s'embarque, et croit être plus heureux dans un autre climat que dans celui qui l'a vu naître. Oh! combien de fois il soupirera après le toit paternel, au milieu des mers orageuses! Combien de fois il regrettera l'humble violette de nos printemps, à l'ombre des palmiers de la zone torride! Heureux celui qui préfère le bord de son ruisseau aux rivages de l'Océan; qui, plein de reconnaissance pour ses parens, ne cherche d'autre fortune que celle de les soulager par son travail, d'autre contentement que celui de leur plaire, et d'autre gloire que celle de soumettre ses passions à sa raison!

» Mais déja nous approchons de la ville ; il est temps de nous séparer : vos tendres mères et vos sœurs chéries vous attendent; allez leur reporter l'amour de vos foyers et le goût de l'instruction. Pour vous donner une idée des harmonies des eaux, je ne vous ai point fait parcourir un cabinet de physique rempli de machines fragiles, passives et mortes, mais je vous ai promenés au milieu d'une nature active et vivante, parmi les eaux, les vents et les rochers. »

# LIVRE QUATRIÈME.

## HARMONIES TERRESTRES.

La terre, encore dans la première enfance de l'année, nous permet d'examiner les couches de son berceau. Le soleil a enlevé une partie des neiges qui l'enveloppaient comme des langes, et qui la préservaient des rigueurs de l'hiver; on n'en voit plus que quelques lambeaux sur les sommets des montagnes; la couleur brune de son humus apparaît de toutes parts; on aperçoit, sur les escarpemens de ses ravins, différens lits de fossiles déjà parés de primevères et de violettes; la vie végétale s'annonce dans les cieux. Les Autans, endormis dans leurs cavernes ténébreuses, surpris d'y revoir tout à coup la lumière, se réveillent furieux. Ces fiers enfans de l'hiver et de la nuit renversent les môles de glaces qu'ils avaient élevés aux sources de l'Océan, et se précipitent en mugissant vers l'astre du jour. Chemin faisant, ils bouleversent les mers, secouent les forêts, chassent dans les airs les brumes épaisses, et, par leurs tempêtes mêmes, préparent à notre hémisphère de nouvelles aurores et une nouvelle vie.

O toi, que l'antiquité nomma la mère des dieux, Cybèle, terre qui soutiens mon existence fugitive, inspire-moi, au fond de quelque grotte ignorée, le même esprit qui dévoilait les temps à tes anciens oracles!

C'est pour toi que le soleil brille, que les vents soufflent, que les fleuves et les mers circulent; c'est toi que les Heures, les Zéphirs et les Néréides parent à l'envi de couronnes de lumière, de guirlandes de fleurs et de ceintures azurées; c'est à toi que tout ce qui respire suspend la lampe de la vie. Mère commune des êtres, tous se réunissent autour de toi: élémens, végétaux, animaux, tous s'attachent à ton sein maternel comme tes enfans. L'astre des nuits lui-même t'environne sans cesse de sa pâle lumière. Pour toi, éprise des feux d'un amour conjugal envers le père du jour, tu circules autour de lui, réchauffant tour à tour à ses rayons tes mamelles innombrables. Toi seule, au milieu de ces grands mouvemens, présentes l'exemple de la constance aux humains inconstans. Ce n'est ni dans les champs de la lumière, ni dans ceux de l'air et des eaux, mais dans tes flancs qu'ils fondent leur fortune, et qu'ils trouvent un éternel repos. O terre, berceau et tombeau de tous les êtres, en attendant que tu accordes un point stable à ma cendre, découvre-moi les richesses de ton sein, les formes ravissantes de tes vallées, et tes monts inaccessibles d'où s'écoulent les fleuves et les mers, jusqu'à ce que mon ame, dégagée du poids de son corps, s'envole vers ce soleil où tu puises toi-même une vie immortelle!

Notre vie artificielle n'est fondée que sur les lois naturelles; c'est à celle de l'attraction même qui meut les astres, que nos fleuves doivent les pentes qui les font circuler autour de la terre; nos mers, leur niveau; nos rochers, nos édifices et nos propres corps, leurs aplombs. N'est-ce pas déjà une jouissance pour l'homme de trouver, au sein des déserts et des ténèbres, les lois de la nature toujours actives? Mais qui ne voit que l'attraction dans l'univers ne voit dans un palais que l'équerre et le niveau qui en ont élevé les ordres. Les lois mécaniques de la nature sont dirigées par une puissance intelligente. Par exemple, l'encre qui coule de ma plume sur le papier, pour tracer ces réflexions, obéit aveuglément à l'attraction centrale de la terre; la plume, d'où l'encre s'écoule, cède également à la direction horizontale que ma main lui donne de gauche à droite; ma main, quoique vivante et organisée, ignore ce qu'elle écrit, ainsi que l'encre, la plume et le papier: mais ma tête qui en dirige les lettres en a l'intelligence, et le cœur qui en reçoit l'impression en a le sentiment. Ainsi, si l'on peut comparer les choses célestes aux terrestres, la divinité se sert du soleil comme d'une main, et de ses rayons comme de plumes et de pinceaux, pour tracer sur la terre, avec les élémens aveugles et insensibles, ces caractères intellectuels, dont les pensées se font sentir à l'homme qui est en quelque sorte le cœur de la nature.

Mais l'homme, quoique ému à la vue du grand livre de la nature, ne peut y lire qu'à l'aide de ses semblables. Supposons une fourmi sur le Panthéon de l'ancienne Rome: elle doit prendre ses inscriptions taillées en creux pour des vallées, et les bas-reliefs de ses figures pour des montagnes; tout occupée des besoins de son petit gouvernement, elle ignore qu'elle habite un des plus grands monumens de la république romaine, destiné, par une autre sorte de fourmis, à loger tous les dieux. Ces idées n'ont point d'analogie avec les siennes: elle ne regarde ce vaste édifice, avec sa belle coupole, que comme un ouvrage du hasard; cependant, si elle pouvait communiquer avec les autres fourmilières qui sont dispersées autour, elle apprendrait qu'il est rond, qu'il en part des avenues correspondantes avec une grande cité, et peut-être elle soupçonnerait qu'il est construit avec autant d'industrie que sa fourmilière. Mais la nature a donné aux républiques mêmes des insectes un patriotisme intolérant, qui circonscrit leur intelligence à chacune de leurs tribus, de peur qu'en se réunissant toutes ensemble elles ne vinssent à détruire celles du genre humain.

Les sociétés des hommes ne seraient guère plus savantes que celles des fourmis, si elles étaient isolées comme elles. Un homme seul surtout ne verrait sur le globe que des précipices dans ses vallées et des aspérités dans ses montagnes. L'insulaire croirait, comme autrefois, que le soleil se lève et se couche dans la mer; le géomètre lui-même ne supposerait dans cet astre qu'un foyer d'attraction qui attire toutes les planètes vers lui, et qui, se répandant dans tous les corps à proportion de leur masse, les pousse les uns vers les autres sans jamais les réunir. Il sentirait bien que les fleuves doivent leur cours à une attraction centrale qui fait couler leurs eaux vers les parties les plus basses de la terre; mais il ne pourrait concevoir leur écoulement intarissable, si le physicien ne lui apprenait que le soleil lui-même élève les vapeurs des mers aux sommets des montagnes, et qu'il faut ajouter aux lois de l'attraction centrale de la terre celles de l'évaporation aérienne de l'Océan, pour expliquer le cours permanent des fleuves.

Pour moi, je ne suis qu'un atome que les vents de l'adversité ont jeté çà et là sur la terre parmi diverses tribus de mes semblables. J'ai rapproché les unes des autres leurs idées isolées, et j'en ai conclu que la terre était un monument de l'intelligence suprême; que toutes ses parties se correspondaient; que ses vallées et ses montagnes étaient des caractères et des figures qui exprimaient des pensées; que son globe entier était un panthéon, non bâti par les hommes pour y loger la Divinité, mais créé par la Divinité même pour servir de théâtre à la vertu des hommes. Leur science et leur bonheur dépendent de leur union.

## DES MONTAGNES.

Il faut d'abord nous faire une idée des formes extérieures de la terre qui constituent les montagnes et les vallées. Il s'en faut bien qu'elles doivent leurs configurations au simple cours des eaux, et qu'elles aient toutes leurs angles rentrans et saillans en correspondance, comme Buffon l'a prétendu. Pour se convaincre du contraire, il suffit de jeter les yeux sur une carte détaillée des montagnes du Dauphiné, ou seulement de quelques-unes de nos îles de l'Amérique : on y en verra un très-grand nombre qui n'ont point d'angles alternatifs. Il ne faut pas croire, d'un autre côté, qu'elles tirent toutes leur origine du feu, parce qu'on en trouve quelques-unes de volcanisées. C'est une méthode dangereuse, que l'éducation nous rend familière, d'assigner à la nature des lois prises de la faiblesse de nos arts, et d'en généraliser les effets particuliers : cette méthode nous aurait empêchés de nous former une juste idée de la terre, quand notre géographie, qui la divise en tant de compartimens politiques, n'aurait pas achevé d'en obscurcir l'image. Nous rapporterons donc les montagnes, comme leurs fossiles, aux puissances de la nature et à leurs harmonies physiques et sociales, et nous en trouverons au moins seize espèces différentes. Il y a des montagnes solaires et lunaires, dont les unes sont disposées en réverbère, comme celles de la Finlande, d'autres en parasol, comme celles de l'Éthiopie. Il y en a d'hyémales, que je nomme ainsi, parce qu'elles portent un hiver éternel sur leurs sommets; d'autres sont volcaniques, et vomissent des feux de leurs flancs. Parmi les hyémales, les unes ont les lits de leurs sommets obliques et relevés vers le ciel, en feuilles d'artichaut, afin d'en retenir les glaciers au sein des continens qu'elles rafraîchissent : telles sont les Alpes et les Cordillières. D'autres, au contraire, sont évidées en gouttière, et inclinées vers l'Océan, afin d'y laisser couler leurs glaces, qui vont ensuite rafraîchir les mers torridiennes : telles sont celles du Groënland et du Spitzberg, ou montagnes pointues. Toutes les montagnes de ces divers genres sont ordonnées à l'action positive ou négative du soleil. J'y comprends aussi les volcaniques, quoiqu'elles appartiennent aux eaux qu'elles épurent; mais elles doivent, dans l'origine, leur combustion au soleil qui est la source de tous les feux. Il y a des montagnes aériennes, dont les unes, que j'appelle éoliennes, soufflent les vents; d'autres, anti-éoliennes, leur servent de barrières. Il y en a d'aquatiques. Les unes, que je nomme hydrauliques, sont à la source des fleuves, et y attirent sans cesse les vapeurs de l'atmosphère par leurs pics; d'autres sont littorales, et repoussent les eaux par leurs bases. Parmi celles-ci, j'en distingue deux espèces, les littorales maritimes et les littorales fluviatiles. C'est dans ces dernières que se trouvent les montagnes ou plutôt les collines à angles saillans et rentrans en correspondance. Il y a des montagnes terrestres proprement dites, qui forment en quelque sorte la charpente du globe : telles sont les plateaux de granit qui apparaissent dans les régions polaires, au niveau des mers, et les pics de même nature qui, comme ceux des Alpes et des Pyrénées, s'élèvent par chaînes dans l'intérieur des continens, à deux ou trois mille toises de hauteur, et semblent être au niveau des pôles. Les plaines mêmes du globe sont inégales : les unes sont en pentes douces et insensibles, où serpentent les ruisseaux ; d'autres sont disposées en amphithéâtres et par gradins, d'où les fleuves se précipitent en cataractes.

### HARMONIES TERRESTRES

## DU SOLEIL ET DE LA LUNE.

Les montagnes coordonnées avec le soleil ont des effets négatifs ou positifs, passifs ou actifs. J'appelle montagnes à parasol celles qui sont destinées à garantir les végétaux et les animaux de l'action trop ardente du soleil, et à leur procurer des ombres d'une grande étendue. Elles sont pour l'ordinaire de roc vif, formées de plateaux très-élevés, et escarpées de tous côtés, de sorte qu'on y trouve à peine quelque pente pour y monter. Leurs vallées ressemblent à des précipices d'une profondeur effrayante. Cette configuration permet aux végétaux de nos climats tempérés de croître même sous la Ligne, et dans les contrées de l'intérieur des continents qui ne sont pas rafraîchies, comme les îles de la zone torride, par des vents maritimes. Les plantes croissent sur la surface de ces plateaux si exhaussés, y jouissent de la fraîcheur de l'atmosphère supérieure, et n'éprouvent aucune réflexion de chaleur par des coteaux voisins, comme les campagnes de nos climats tempérés. D'un autre côté, les plantes qui viennent dans ces vallées profondes y sont couvertes d'ombre une grande partie du jour. La couleur de leurs rochers latéraux est pour l'ordinaire brune ou noire, et elle contribue sans doute à y affaiblir la réflexion des rayons du soleil.

Ces montagnes à parasol se multiplient à mesure qu'on approche des contrées méridionales. On en voit quelques-unes en Italie, plusieurs dans les îles de la Grèce, et un plus grand nombre dans la Judée. C'est peut-être à cause des montagnes escarpées de ces pays qu'on avait imaginé d'y précipiter les criminels, supplice qui ne pouvait avoir lieu dans la Pologne et la Hollande, à moins d'y creuser des puits. Ces montagnes à escarpemens sont communes entre les tropiques, aux Antilles, aux Moluques, au Japon, et dans les parties méridionales de la Chine, où elles produisent des effets très-agréables dans le paysage. J'en ai vu plusieurs à l'île de France. Il y en a une entre autres, qu'on appelle la montagne du Corps-de-garde, de laquelle le botaniste Commerson pensa un jour ne jamais redescendre ; car s'y étant fait conduire un matin par un habitant du voisinage, pour y herboriser, son guide voulut lui tenir compagnie, afin de le ramener avec lui ; mais Commerson le pria instamment de s'en retourner, l'assurant qu'il retrouverait bien son chemin tout seul. Quand son herborisation fut achevée, il voulut redescendre ; mais quoique ce plateau n'ait pas une demie-lieue de longueur, il ne put jamais reconnaître l'endroit par où il y était monté ; il n'y découvrit aucune autre issue. Contraint d'y passer la nuit, il y soupa avec une espèce de pois comestible qu'il y trouva en fort petite quantité. Le lendemain, ses tentatives pour redescendre du plateau furent aussi vaines que la veille, et il y serait mort de faim, si l'habitant qui l'y avait amené, inquiet de son absence, ne fût venu l'y chercher. Cet événement arriva pendant mon séjour à l'île de France. C'est sur cette même montagne du Corps-de-garde, que, quelques années auparavant, un officier de la compagnie des Indes, suivi de quelques mécontens, arbora l'étendard de la révolte. Il avait bien pensé qu'on ne pourrait pas l'y forcer, mais il n'avait pas prévu que lui-même n'en pourrait pas sortir. Il fut bientôt obligé de se rendre à discrétion ; et comme il était bien protégé, sa démarche criminelle passa pour un trait de jeunesse.

Plus on approche de la Ligne, plus les montagnes à parasol sont fréquentes. Il y en a beaucoup dans une partie de l'Arabie, qui en porte le surnom de Pétrée ; mais l'Éthiopie en est, pour ainsi dire, couverte. Francisque Alvarès, chapelain des Portugais qui y furent envoyés en ambassade en 1520, nous a donné la première et la meilleure description de ce pays que je connaisse, quoique Ludolf et les autres historiens de l'Éthiopie parlent peu de cet écrivain, suivant l'usage des compilateurs. Alvarès dit donc que l'Éthiopie est remplie de montagnes escarpées presque de tous côtés, et d'une hauteur effroyable ; qu'il approcha d'une, entre autres, qui s'étend presque jusqu'au Nil, et dont un homme à pied pourrait à peine faire le tour en quinze jours. Il ne pouvait trop admirer ses flancs escarpés comme des remparts, où l'on ne pouvait monter que par trois avenues. Sur cette montagne, il y en a d'autres de même forme, avec des vallées semblables à des fondrières. C'est là que le roi d'Éthiopie tient prisonniers ses enfans et sa postérité. Il ajoute que les bords et les flancs de ces grands plateaux sont couverts de nuages ; que les rivières qui en descendent se remplissent au moindre orage, et que leurs eaux s'écoulent dans la vallée avec la rapidité d'un torrent, en emportant tout ce qu'elles rencontrent dans leur chemin ; ce qui est quelquefois fatal aux voyageurs qui cherchent le repos et la fraîcheur dans leurs lits souvent desséchés.

La formation de ces énormes plateaux de roc vif, d'une seule pièce, dans les bases desquels les Éthiopiens creusent des Églises entières, et dont les flancs perpendiculaires ont cependant deux ou trois pentes pour y monter, ne peut s'attribuer aux dégradations occasionées par le cours des eaux, et encore moins aux tremblemens de terre. Ils sont séparés, pour l'ordinaire, les uns des autres, par des vallées aussi larges par en haut que par en bas. Il y a de ces montagnes entièrement isolées au milieu des campagnes, comme celle qui sert de prison aux enfans du roi d'Éthiopie, ou telles que le Thabor, en Judée. Quelle que soit leur origine, elles sont très-utiles à l'agriculture. Nous observerons de plus que leurs vallées sont couvertes de roches et de pierres détachées, qui, pour le dire en passant, ont introduit dans les mêmes pays où l'on avait l'usage de précipiter les criminels, celui de les lapider. C'est aussi dans les contrées pierreuses que l'on a inventé les frondes. Ainsi, l'homme emploie pour faire du mal à l'homme, les moyens dont la nature se sert pour faire du bien à tous. Les pierres à fleur de terre protégent très-puissamment, dans les pays chauds, la germination des plantes, en procurant à leurs semences de l'ombre et de la fraîcheur. Pline raconte qu'un laboureur d'un canton d'Italie, situé, je crois, dans une des gorges de l'Apennin, ayant fait *épierrer* son champ, il n'y pouvait rien croître, et qu'il fut obligé d'y faire rapporter des pierres, afin de lui rendre sa fécondité. J'ai vu la même chose arriver dans une habitation de l'île de France. Les pierres disséminées à la surface de la terre ne sont pas moins communes et moins utiles dans les pays froids que dans les pays chauds, en y produisant des effets contraires, c'est-à-dire en formant des réverbères au midi, et des abris au nord. J'ai vu la Finlande aussi couverte de roches que Malte, la Martinique et l'île de France. Elles sont assez rares dans le milieu des zones tempérées; mais elles sont très-communes dans les zones glaciales et torridiennes. Nous avons attribué les fragmens innombrables des rochers à d'anciens dégels; mais la nature en fait ressortir de grandes utilités pour les êtres organisés. Les élémens aveugles sont employés par une intelligence très-clairvoyante. L'attraction qui les meut est une lyre harmonieuse qui résonne sous les doigts divins.

Les montagnes à parasol renferment dans leur sein tous les métaux. On y trouve du fer, du cuivre, du plomb, mais surtout de l'or, qui semble tirer son origine de la zone torride. Elle doit réunir, sans doute, dans ses diverses élévations, qui sont les plus grandes de la terre, tous les minéraux, les végétaux et les animaux disséminés dans le reste du globe; elle doit aussi en avoir qui lui sont propres, à cause de l'influence perpétuelle du soleil. Il est certain qu'on ne trouve point de diamans hors de cette zone. Il semble que la sphère vivante de l'astre du jour fixe sa lumière et ses attractions dans une multitude de cristallisations magnifiques. J'appelle cristallisation cette tendance que certains minéraux ont à se réunir à un centre commun, suivant des directions qui semblent caractériser leur nature particulière. Les unes se réunissent en deux pyramides à quatre faces, comme les diamans et les rubis; en six, comme les topazes d'Orient et le cristal de roche; à huit faces, comme les topazes d'Europe et les schorls; en neuf faces, comme la tourmaline; à dix faces, comme le feldspath; en douze, vingt-quatre et trente-six faces, comme les grenats; en sphères rayonnantes, comme les pyrites. Toutes les cristallisations de ce genre ne sont nulle part aussi belles que dans les montagnes de la zone torride. C'est aussi dans ses vallées et sur ses rivages, que l'on trouve les plus riches productions des puissances végétale et animale, en épiceries, en parfums, en arbres, en oiseaux, en quadrupèdes, en poissons. Cette zone en possède un grand nombre qui n'appartiennent qu'à elle.

Quoique les flancs des montagnes à parasol soient escarpés et sans terre, la nature trouve différens moyens de les couvrir de verdure. Tantôt elle fait croître à leur pied des lianes grimpantes, qui les tapissent à une grande hauteur, où ne sauraient atteindre les plus grands arbres; tantôt elle fait sortir des fentes de leurs sommets des végétaux tout opposés, qui pendent la tête en bas, et flottent au gré des vents : telle est une espèce tout-à-fait dépourvue de feuilles, qui lui seraient d'ailleurs inutiles, que j'ai trouvée une fois suspendue aux flancs des rochers de l'île de France, qu'on appelle le Pouce, au haut des montagnes qui environnent le Champ-de-Mars. Elle était composée d'une multitude de rameaux semblables au jasmin, menus et souples comme des ficelles; ils sortaient les uns des autres, et portaient dans leurs aisselles de petites fleurs en rose, presque adhérentes, grosses comme des têtes d'épingles et jaunes comme l'or. Elles jetèrent dans le papier où j'en avais renfermé quelques rameaux une poussière séminale, semblable à la fleur de soufre, et très-abondante. J'ignore d'ailleurs le nom de cette plante. Ce sont ces montagnes à parasol, avec leurs végétaux naturels, qui donnent tant d'agrément aux paysages de la Chine. Elles s'élèvent quelquefois, avec des cimes pendantes et des draperies flottantes de verdure, sur le bord des fleuves, qui en reflètent les images. On pense bien que quelque escarpés que soient leurs flancs, il y a des oiseaux qui les fréquentent; quelques-uns y vont picorer le nitre qui s'y rassemble. C'est à un semblable rocher, nu, stérile, inhabité, situé au milieu de la mer, et qui ne paraît susceptible d'aucun éloge, qu'Homère, qui embellissait tous les objets, comme la nature même, donne l'épithète agréable et vraie d'aimé des colombes. Les montagnes rembrunies de l'île de France sont fréquentées par les oiseaux blancs du tropique, qui y font leurs nids, et peut-être aussi par ces oiseaux bleus de passage qu'on y appelle pigeons hollandais; mais ce qu'il y a d'étonnant, c'est qu'il y a des quadrupèdes destinés à vivre sur ces plateaux si escarpés. Alvarès dit que ceux d'Éthiopie sont remplis d'escadrons de singes, qui jetaient des cris affreux en voyant passer les Portugais; il donne même à l'un d'eux le nom de Montagne aux singes, à cause de la quantité prodigieuse de ces animaux qui l'habitaient. J'en ai vu à l'île de France filer par longues bandes sur les flancs des rochers les plus escarpés et les plus élevés, le long de corniches si étroites, qu'on ne voyait pas où ils posaient leurs pieds; ils paraissaient sculptés en relief sur les flancs de la montagne. Si on considère bien l'ensemble et le caractère du singe, ses flancs étroits, son corps alongé, ses jambes de derrière plus élevées que celles de devant, et pleines de ressort pour franchir d'un saut les précipices; sa queue qui se replie comme un serpent, si propre à l'attacher aux buissons et à l'élancer; ses mains, dont les doigts articulés saisissent fortement les plus légères aspérités des rochers; la couleur verdâtre de son poil, qui le détache de leur fond sombre; l'épaisseur de sa fourrure dans les latitudes chaudes; l'instinct qu'il a de lever toutes les pierres qu'il rencontre, et même de les lancer à la tête de ses ennemis; les cris perçans qu'il fait entendre de fort loin, et qu'il semble prendre plaisir à faire répéter aux échos : on jugera, par toutes ces consonnances, qu'il est moins formé pour les forêts de la zone torride, que pour ces rocs escarpés dont les sommets s'élèvent dans une atmosphère froide. Ainsi, les montagnes à parasol entrent dans les plans de la terre, puisque la nature a fait des plantes pour les décorer, et des animaux pour les habiter.

La nature tire du même moyen des effets différens; elle fait d'un rocher un parasol au midi, et un réverbère au nord. J'appelle montagnes à réverbère, celles qui réfléchissent les rayons du soleil. Quoiqu'elles soient formées de pierres, comme les montagnes à parasol, elles en diffèrent essentiellement par leurs couleurs, leurs formes, leurs agrégations et leurs minéraux. Loin d'être rembrunies, elles sont pour l'ordinaire de couleurs tendres, remplies de particules brillantes, de mica, comme celles de la Finlande; ou revêtues de mousse blanche, comme celles de la Laponie; ou reluisantes comme de la mine d'argent, telles que celles du Spitzberg, décrites par Martens. Loin d'avoir leurs sommets aplatis comme les montagnes à parasol, elles les ont arrondis en forme de calottes pyramidales, ou de dos d'âne, tout nus, afin que les neiges ne puissent s'y arrêter longtemps. Elles ont aussi à leurs bases quantité de rochers brisés, qui donnent aux végétaux naissans des abris contre le vent du nord, et réfléchissent sur eux les rayons du soleil. On trouvera en général des montagnes de cette configuration dans toutes les contrées qui avoisinent les deux zones glaciales, et surtout dans la nôtre, en Finlande, en Suède, dans la Laponie, tant suédoise que russe, et dans les îles septentrionales de la mer Baltique. Au contraire, toute la partie du continent qui est au nord de cette mer est couverte de montagnes de roc jusqu'aux rivages de la mer Glaciale. Les terres qui sont au midi de la mer Baltique ne présentent que des plaines en grande partie sablonneuses, telles que les steps ou déserts de l'Ukraine, et plus à l'orient, ceux de la Tartarie. On trouve des territoires couverts de rochers dans le nord de la Sibérie et de la Chine, jusqu'au Kamtschatka. Ils ne sont pas moins communs aux mêmes latitudes du côté de l'ouest, dans l'Islande, décrite par Anderson; dans le nord de l'Écosse, les Orcades et les îles Schetland, dont James Béeverell a donné la description; en Amérique, dans les îles et les côtes de la baie d'Hudson, côtoyées en partie par Ellis; et dans l'hémisphère méridional, sur la Terre-de-Feu, les îles de Kerguelen, et jusque dans la Thulé australe, découverte par Cook. Ainsi on ne peut s'empêcher de reconnaître, dans cette consonnance de montagnes de roc des latitudes froides, l'intention de la nature, qui a voulu y placer des réverbères pour y accélérer la fusion des glaces, et en échauffer les vallées. Cette vérité deviendra encore plus sensible, si on les compare avec les montagnes à parasol du midi, qui portent la fécondité sur le sommet de leurs plateaux élevés, tandis que celles-ci renferment la leur au fond de leurs vallées. On serait tenté de croire que les montagnes à parasol du midi sont élevées au-dessus de la circonférence du globe, tandis que les vallées à réverbère du nord, ainsi que leurs montagnes, sont creusées dans l'épaisseur même du noyau du granit de la terre, qui apparaît de toutes parts vers les pôles, d'où l'on peut conclure encore que les pôles sont allongés. On sera persuadé des caractères que j'attribue aux montagnes à réverbère des régions glaciales, si on les compare à ceux des montagnes hyémales, que la nature a projetées en longues chaînes dans le voisinage, et surtout dans le sein de la zone torride, pour la rafraîchir. Celles-ci portent leurs glaciers sur des sommets très-exhaussés et taillés en feuilles d'artichaut, de manière que les glaces y sont retenues en partie toute l'année, se fondent peu à peu, et ne peuvent s'écouler en masse dans les vallées inférieures. Au contraire, les montagnes à réverbère, du nord, sont souvent détachées les unes des autres, disposées en cercles, avec des sommets glissans, arrondis ou pointus, sur lesquels les glaces et les neiges ne peuvent s'arrêter long-temps. D'un autre côté, les vallées qui les séparent sont faites en écope, de sorte que lorsque la terre vient à s'attiédir vers les pôles, par la chaleur des eaux souterraines, combinée avec celle du printemps, ces glaces énormes, accumulées par des hivers de six mois, se détachent du sol qui les fond par leur base; et toute leur circonférence portant en l'air, il s'en rompt des fragmens semblables à des montagnes et à des îles, qui, comme des vaisseaux lancés à l'eau, glissent sur leurs chantiers au sein des mers, dont les courans les entraînent jusque dans le voisinage de la zone torride. Il résulte de ces différentes dispositions, que les glaces du nord s'écoulent en grande partie dans la mer, et qu'il en sort, non des rivières, mais des torrens passagers, comme l'a remarqué Martens au Spitzberg. Il en résulte encore que les glaces du midi se fondent peu à peu, et entretiennent constamment la fraîcheur de l'atmosphère, et les sources des fleuves auxquelles elles étaient destinées. Sans ces admirables prévoyances, les glaces se seraient accumulées inutilement, d'année en année, sur les pôles, si elles n'allaient chercher des étés chauds, à l'aide des monts à réverbère et des courans des mers; et elles ne seraient jamais restées sur les hauteurs de la zone torride, si elles n'avaient été fixées dans la couche glaciale de son atmosphère par des montagnes à crans.

Les montagnes à réverbère de l'intérieur de la Finlande ne sont pas aussi étendues que celles des îles et des côtes de la mer Glaciale, mais elles ont les mêmes proportions. Elles sont en harmonie avec des lacs ou avec la mer Baltique, comme les autres le sont avec l'Océan. J'ai donné une idée des premières dans le cours de mes ouvrages. J'ai parlé plus d'une fois de leurs collines et de leurs vallées de roc vif, d'une seule pièce, et taillées en forme de chatons, qui communiquent les unes avec les autres, et vont se déboucher dans les lacs. J'ai fait encore dans ce pays quelques autres remarques qui pourront me servir en temps et lieu; mais je n'y ai voyagé qu'au milieu de l'été; d'ailleurs j'avais trop de distractions personnelles et d'inexpérience des ouvrages de la nature pour les bien observer. Je considérais ce pays comme un lieu d'exil. Le cœur rempli de desirs qui me rappelaient sans cesse vers ma patrie, je le parcourais en poste, et avec les préjugés de mon état d'ingénieur, qui ne m'y laissait apercevoir que des plans d'attaque et de défense; et avec les préjugés encore plus circonscrits de notre physique, qui regarde comme l'ouvrage du désordre tout ce qu'elle ne comprend pas, ou tout ce qui s'écarte de ses systèmes. A mon défaut, je présenterai ici quelques caractères topographiques des contrées septentrionales, les unes observées en Laponie par Maupertuis, les autres au Spitzberg par Frédéric Martens. On pourra y prendre à la fois une idée des montagnes à réverbère du nord, et des écluses septentrionales de l'Océan, et, ce qui n'est peut-être guère moins intéressant, de la manière de voir d'un académicien d'une part, et de l'autre, de celle d'un homme sans prétentions.

Voici ce qu'on trouve dans la relation de Maupertuis, intitulée *la Figure de la Terre* : « Pello
» est un village habité par quelques Finnois, au-
» près duquel est Kittis, la moins élevée de toutes
» nos montagnes : c'était là qu'était notre signal.
» En y montant, on trouve une source de l'eau la
» plus pure, qui sort d'un sable très-fin, et qui,
» pendant les plus grands froids de l'hiver, con-
» serve sa liquidité. Lorsque nous retournâmes à
» Pello sur la fin de l'hiver, pendant que la mer
» du fond du golfe et tous les fleuves étaient aussi
» durs que le marbre, cette eau coulait comme
» pendant l'été. »

Maupertuis ne dit rien de la forme de la montagne Kittis; il observe seulement qu'elle est située par les soixante-sixième degrés quarante-huit minutes de latitude, et qu'elle est la moins élevée des environs. Ainsi, nous pouvons la considérer comme étant au foyer d'un réverbère, dont les reflets entretiennent la fluidité de son ruisseau. Il semble indiquer cette même forme de réverbère dans les montagnes du voisinage; c'est à celle de Noémi, située au milieu des eaux. « Cette monta-
» gne, dit-il, que les lacs qui l'environnent et

» toutes les difficultés qu'il fallut vaincre pour y
» parvenir faisaient ressembler aux lieux en-
» chantés des fables, serait charmante partout ail-
» leurs qu'en Laponie. On trouve d'un côté un
» bois clair, dont le terrain est aussi uni que les
» allées d'un jardin. Les arbres n'empêchent point
» de se promener, ni de voir un beau lac qui bai-
» gne le pied de la montagne. D'un autre côté, on
» trouve des salles et des cabinets qui paraissent
» plutôt des murs commencés pour des palais, que
» l'ouvrage de la nature. »

Je ne sais si le géomètre Maupertuis, chargé de mesurer en Laponie un degré du méridien, pour en conclure l'aplatissement de la terre sur ses pôles, a mis beaucoup de précision dans ses opérations; mais il n'en met guère dans ses raisonnemens et dans son style. Ce ne sont pas les difficultés que présentent les environs d'une montagne qui la font ressembler à des lieux enchantés, plus fréquens, après tout, dans la nature que dans les fables. Je vois encore moins pourquoi la montagne Noémi serait charmante partout ailleurs qu'en Laponie. Plus ses environs sont tristes, plus sa beauté particulière doit y être intéressante par le contraste. Elle ne l'est guère sous la plume aride de cet écrivain inconséquent. Il aurait dû au moins, comme géomètre, sentir que l'épithète de perpendiculaires, qu'il donne à ses rochers, n'est susceptible ni d'accroissement ni de diminution. Il ne fallait donc pas dire qu'ils étaient perpendiculaires à l'horizon, comme il dit qu'ils étaient si élevés, parce que la perpendicularité est une ligne immuable, tandis que l'élévation est variable à l'infini. Quelle idée nous donne-t-il, après tout, de l'élévation de ces rochers, si grande, selon lui, qu'ils paraissent plutôt les murs d'un palais commencé, que l'ouvrage de la nature? Ne voilà-t-il pas la montagne qui accouche d'une souris? On sent que ce philosophe courtisan, en mettant la fondation d'une montagne au-dessous de celle d'un palais, était plus occupé de la puissance des rois qui l'avaient envoyé en mission, que de celle de la nature, comme il le dit lui-même. La montagne Noémi lui aurait paru charmante partout ailleurs qu'en Laponie, c'est-à-dire dans le parc de Versailles, ou dans celui de Postdam. Il n'aurait guère fait plus de cas du système de l'aplatissement des pôles, si on n'en avait parlé que sur la montagne de Noémi.

Au reste, on peut se former une idée de la nature et de la couleur de ces rochers perpendiculaires, taillés en réverbère dans les bases de cette montagne, par ce qu'il nous dit de celle de Kakama.

« Tout le sommet, dit-il, de Kakama est d'une
» pierre blanche, feuilletée, et séparée par des
» plans verticaux qui coupent fort perpendiculai-
» rement le méridien. Celle d'Horrilaxera, ajoute-
» t-il ailleurs, est d'une pierre rouge, parsemée
» d'une espèce de cristaux blancs, longs et assez
» parallèles les uns aux autres. » Il éprouva sur celle-ci une chaleur très-grande au mois de juillet. Il y a apparence que ces rochers, mal décrits, sont de granit, et de la même nature que ceux qui couvrent la Finlande. Les couleurs et les formes réfléchissantes de ces montagnes concourent sans doute à en former des réverbères. Pour s'en convaincre, nous observerons que toutes celles de ce pays, où les astronomes assirent leurs triangles, avaient les mêmes escarpemens que Maupertuis appelle salles et cabinets, et toutes un lac à leur base ou dans leur voisinage. Telles sont Kakama, Niwa, Cuitaperi, Avaraxa, Horrilaxera, Noémi, Pullingi, Kittis, ainsi que beaucoup d'autres; de sorte que, dans toutes ces contrées septentrionales, il n'y a point de montagne qui n'ait son lac, ni de lac qui n'ait sa montagne.

Nous observerons de plus que les vallées de la Laponie sont couvertes de débris de rochers, ainsi que celles de la Finlande; ce qui contribue encore à réfléchir les rayons du soleil. On ne peut donc douter que les montagnes de la Laponie ne soient des réverbères en rapport avec des lacs. Nous allons maintenant en examiner d'autres, formées sur de plus grandes proportions, en rapport avec la mer Glaciale.

Frédéric Martens, Hambourgeois, ne se proposant d'autre objet que des observations sur l'histoire naturelle, s'embarqua, en 1671, sur un vaisseau qui allait à la pêche de la baleine sur les côtes du Spitzberg. Sa curieuse relation est insérée dans le Recueil des voyages des Hollandais au nord. Je n'en citerai ici que ce qui a rapport à mon sujet. Il dit d'abord que le *Spitzberg* s'appelle ainsi du mot *spitz*, qui signifie pointe, et de celui de *berg* ou *bergen*, montagne, à cause des collines et des montagnes droites et aiguës dont il est rempli. Ses côtes les plus méridionales sont vers les soixante-seizième degré trente minutes du nord; Martens les côtoya jusqu'au quatre-vingt-unième degré. Il commença ses observations le 18 juin, et il les finit le 21 juillet de la même année.

« Le Spitzberg, dit-il, est environné de mon-
» tagnes fort hautes, qui semblent en défendre
» l'approche. Leurs pieds paraissaient tout en
» feu; leurs sommets étaient couverts de brouil-
» lards, sur lesquels on apercevait de temps à au-

» tre des parélies, et la neige qui s'élevait du fond
» de leurs vallées en hautes montagnes réfléchis-
» sait une lumière aussi vive que lorsque le soleil
» éclaire en temps serein. On trouve fréquemment
» des baies le long de la côte. Le pays est pierreux
» dans les vallées et sur les bases des montagnes,
» qui sont pointues et d'une hauteur prodigieuse.
» La plupart sont d'une seule pièce de roc vif,
» pleines de crevasses et de félures. A leurs pieds,
» et dans leurs vallées, on en voyait d'autres de
» glace, si élevées, qu'elles surpassaient celles de
» rocher. Il y en avait sept principales, toutes
» dans une même ligne. Elles étaient pyramida-
» les et estimées les plus hautes du pays. Une
» partie de leur hauteur s'élevait au-dessus des
» nuages. Elles paraissaient d'un beau bleu, et la
» neige, qui couvrait leur sommet, y était plus
» lumineuse que le soleil même. La glace, au-
» dessous de ces nuages, était obscure, pleine de
» fentes et de trous, que les neiges fondues et les
» pluies y occasionent. Cependant cette obscu-
» rité et les fentes bleues de glace y faisaient une
» diversité très-agréable à la vue. Cet effet pitto-
» resque recevait un nouvel agrément des mon-
» tagnes de rocher, dont les bases paraissaient
» tout en feu. »

Ces montagnes de rocher rendent une odeur fort agréable, telle que celle de nos prairies, au printemps, lorsqu'il a plu. Leurs bases sont couvertes de monceaux de roches de couleur grise, avec des veines noires qui reluisent comme de la mine d'argent. Il croît sur ces roches brisées toutes sortes d'herbes, surtout aux endroits abrités des vents de nord et d'est. Quand on jette des pierres le long de ces montagnes, elles retentissent dans la vallée comme le bruit du tonnerre. Au havre appelé la Madeleine, elles sont disposées en rond ou en demi-cercle, et à chaque côté il y a deux hautes montagnes creuses en dedans, comme si on en eût tiré la pierre. Dans leur creux il se trouvait d'autres montagnes de neige, qui s'élevaient jusqu'au sommet des rochers voisins, en forme d'arbres avec leurs branchages. Martens éprouva sur la mer, à plusieurs milles de distance de ces côtes réverbérantes, une chaleur qui faisait fondre le goudron de son vaisseau. Il n'aperçut aucun canal de rivière dans les baies qu'il parcourut. Dans un lieu fréquenté des pêcheurs de baleines, appelé la *Cuisine de Harlem*, il trouva quatre maisons, une enclume, des tenailles, et quelques autres ustensiles qui tenaient fortement au sol par la glace. Il y avait un tombeau surmonté d'une croix, avec un corps qui y était enterré depuis dix ans, suivant l'inscription de la croix. Il y fut trouvé sans altération avec ses habits, cependant la neige était alors fondue dans les petites vallées, entre les roches.

Flore étendait encore son empire dans ces lieux désolés. Martens y cueillit une espèce d'aloès ou de *limonium maritimum*, à fleurs couleur de chair, une petite joubarbe, quatre espèces de renoncules, du cochléaria, si utile aux scorbutiques, de l'oseille rouge; plusieurs plantes qui ressemblaient à l'herbe aux perles, à la piloselle, à la pervenche, au fraisier; plusieurs sortes de mousses et de pavots blancs en fleurs, dont il orna son chapeau ainsi que ses compagnons. Il y a dans les mers du Spitzberg des fucus et des algues d'une longueur considérable, quantité de poissons des plus grandes espèces, et surtout de baleines dont la pêche attire chaque année un grand nombre de vaisseaux. On trouve sur ses côtes une multitude prodigieuse d'oiseaux de marine de toute espèce, des chevaux et des veaux marins, des ours blancs très-féroces. Tous ces amphibies font retentir de leurs cris et de leurs mugissemens les rochers réverbérans de ses rivages. Ce qu'il y a de surprenant, ce sont des troupeaux de rennes qui y passent tout l'hiver, et qui fréquentent particulièrement une des baies du Spitzberg, qui en porte le nom. Le renne a été créé évidemment pour ces territoires raboteux et glacés. Son pied, à la fois large et fourchu, est propre à parcourir les neiges et les rochers; sa peau, épaisse et velue, le garantit du froid; sa légèreté et son bois palmé, des bêtes féroces; et les quatre mamelles que la femelle porte, ainsi que la vache, quoiqu'elle ne nourrisse, comme celle-ci, qu'un petit, semblent réservées pour l'homme, dont la nature a étendu l'empire à tous les climats.

Examinez bien maintenant toutes les circonstances de la description du Spitzberg, ses grands rochers de couleur réverbérante, dont les flancs sont perpendiculaires, et quelques-uns évidés, la chaleur qui s'en exhale; ses hautes montagnes de glaces, dont les sommets doivent être de niveau, et qui n'affectent la forme pyramidale que par l'action des foyers de leurs rochers collatéraux. Mettez à la place de ces grands rochers disposés en rond des plaines ou de simples collines, comme dans nos climats : la neige, entassée à des centaines de toises de hauteur par un hiver de neuf mois, n'en laissera jamais apercevoir le sol; il n'y aura ni plantes, ni oiseaux, ni quadrupèdes, ni hommes qui puissent y vivre. Les glaces s'y accumuleront de siècle en siècle; les mers se fixeront tout entières sur les pôles; et le globe ayant perdu ses mobiles contre-poids, ne présentera plus au soleil que sa zone torride desséchée. Mais supposez dans les zones glaciales des monts à réverbères, et les autres agens de la chaleur employés par la nature : dès que le soleil apparaît sur l'horizon, ses rayons se reflètent en teintes de rose sur leurs vastes neiges. Leurs montagnes de glace, échauffées par des foyers de roche, fument de toutes parts; elles se fondent, prennent la forme pyramidale à leurs sommets, et se détachent de leurs bases; elles glissent dans leurs entonnoirs déclives, se précipitent avec des bruits épouvantables au sein de l'Océan, et, entourées de brumes de parélies et d'arcs-en-ciel, elles voguent vers les régions solaires, au sein des ondes azurées, comme les comètes nébuleuses que l'on voit au milieu des nuits sereines traverser les cieux.

Les navigateurs du nord trouveraient peut-être en hiver quelques asiles tempérés dans les foyers de ces montagnes à réverbère maritime. Il est remarquable que les Hollandais qui passèrent, avec le pilote Barents, l'hiver à la Nouvelle-Zemble, vers le soixante-onzième degré de latitude, pensèrent y mourir de froid, et que la cabane qu'ils y bâtirent n'était pas encore dégagée des glaces au mois de juin, tandis qu'à la même époque il n'y en avait plus au Spitzberg, dans le fond de la baie appelée la Cuisine de Harlem, située par le soixante-dix-septième degré et demi, où les pêcheurs de baleines ont bâti des maisons. C'est sans doute dans de semblables sites que les Finnois et les Lapons placent leurs villages, à en juger par celui de Pello, situé vers le soixante-septième degré nord, dont les habitans doivent à la température de leur site le ruisseau de la montagne Kittis, qui coule pendant tout l'hiver. Enfin, il est possible que la nature ait disséminé les monts à réverbère à travers les zones glaciales jusque sous le pôle, comme elle a projeté les montagnes hyémales à travers les zones torrides jusque sous l'équateur.

Ces deux genres de montagnes, dont les dispositions sont très-différentes, présentent quelques usages qui leur sont communs : toutes deux tempèrent la chaleur du soleil dans les contrées méridionales; les premières, par leurs glaciers flottans; les secondes, par leurs glaciers permanens.

J'appelle montagnes hyémales celles qui, étant couvertes de glace toute l'année, ont un hiver éternel sur leurs sommets. Elles diffèrent entièrement des montagnes à réverbère du nord par leurs construction. Celles-ci portent leurs glaces entourées de rochers perpendiculaires ou taillés en creux, au fond de leurs vallées en pente; celles-là sur des sommets très-élevés, dont les lits sont disposés autour d'un pic comme des feuilles d'artichaut, afin qu'elles ne glissent pas. Les premières semblent taillées dans le noyau graniteux de la terre, les secondes, de même matière, sont saillantes et élevées au dessus de sa circonférence : il est remarquable cependant que les montagnes à réverbère sont remplies de parties spéculaires, et que c'est dans leur sein qu'on trouve le talc, si commun au nord, qu'on appelle Verre de Moscovie. Elles sont agrégées en rond, et les hyémales sont projetées par longues chaînes. On peut voir d'un coup d'œil les différences essentielles de leurs formes et de leurs glaciers dans les estampes du *Voyage de Martens au Spitzberg*, et dans celles des différens voyages des Alpes, mais surtout dans les observations savantes et pittoresques dont Ramond a enrichi le mauvais ouvrage de Coxe.

Les montagnes hyémales réunissent une partie des caractères que nous attribuons aux autres montagnes, en prenant pour exemple les Cordilières. Elles sont quelquefois volcaniques, malgré les glaces qui les couvrent assez souvent; elles sont éoliennes et anti-éoliennes, car il en sort des vents réguliers, et elles servent aussi de remparts aux vents généraux de la zone torride; mais elles sont essentiellement aquatiques, car elles attirent les vapeurs de l'atmosphère, qu'elles fixent en glaces sur leurs crêtes : elles sont pour cet effet ordonnées aux mers, dont elles reçoivent les émanations. Ainsi la chaîne des Cordilières, qui va du nord au sud, est en harmonie avec l'océan Atlantique; et celle de l'Atlas et du Taurus, qui va obliquement de l'ouest à l'est, avec les mers des Indes. Elles projettent, de plus, de longs bras en correspondance avec les grands golfes et les méditerranées. Nous remarquerons, à ce sujet, qu'elles attirent chaque jour autant d'eau qu'il en faut pour l'entretien journalier des fleuves qui en découlent; et qu'elles en ont en réserve au moins une fois autant en glaces et en neiges sur leurs crêtes; car, lorsqu'une partie seulement vient à fondre par le voisinage du soleil, les fleuves qui en descendent débordent de toutes parts et inondent le terrain qu'ils arrosent : c'est ce qui arrive à l'Amazone et à l'Orénoque, en Amérique; au Nil en Afrique, et à plusieurs autres fleuves en Asie. Il est donc à présumer que si les glaciers de toutes les montagnes hyémales fondaient entièrement, les fleuves qui en descendent submergeraient tout-à-fait les contrées qu'ils arrosent, les montagnes exceptées. J'en tire cette conséquence importante, que chaque hémisphère n'étant pour ainsi dire qu'une grande montagne hyémale, son pôle, qui en est le glacier, attire chaque jour de l'atmosphère précisément autant d'eau qu'il en faut pour la circulation journalière de l'Océan qui en découle en été, c'est-à-dire pour l'entretien de ses marées; que lorsque la fonte du glacier polaire augmente avec la chaleur du soleil et même de la lune, l'Océan déborde en quelque sorte, car on voit ses marées s'accroître sensiblement : et si cet accroissement n'est pas aussi considérable à proportion que celui de l'Amazone, par exemple, c'est-que le pôle opposé, qui est dans son hiver, repompe à son tour les eaux de l'Océan, et les rétablit en congélation ; mais il y a grande apparence que, si les glaciers des deux pôles fondaient à la fois, le globe entier serait submergé.

Enfin les montagnes n'appartiennent guère moins aux autres puissances de la nature, car elles offrent, pour ainsi dire, lorsqu'elles sont sous la ligne, une échelle de minéraux, de végétaux, d'animaux et d'hommes, depuis les bords de l'Océan jusqu'aux sommets de leurs glaciers, laquelle correspond à la distance qu'il peut y avoir depuis la ligne jusqu'au pôle même. En effet, chaque trente toises d'élévation dans ces montagnes équatoriales équivaut à vingt-cinq lieues ou à un degré de latitude ; de sorte que le terme de la glace y est permanent à une lieue de hauteur, comme il l'est, sur le globe, au quatre-vingtième degré nord, et au soixante-quinzième degré sud. On en peut conclure que ces montagnes sont les lieux du monde les plus favorables pour étudier la nature. Tous les fossiles de la terre doivent s'y montrer à découvert, ainsi que toutes ses plantes, et on n'aurait point besoin d'y creuser des puits profonds pour y chercher des connaissances minérales ; car leurs pieds sont, selon moi, dans la partie la plus basse du globe, les pôles en formant la plus élevée. Ce sont de petits hémisphères qui ont l'été à leurs pieds, l'automne et le printemps sur leurs flancs, et l'hiver sur leurs sommets. C'est à cause de ces caractères généraux que je les range au nombre des montagnes solaires, étant à la fois, comme le globe, en harmonie positive et négative avec l'astre du jour.

Cependant, quoique les montagnes hyémales puissent réunir toutes les productions de la terre, elles en ont qui leur sont propres : celles de la zone torride renferment les pierres précieuses, telles que les diamans et les rubis, qu'on ne trouve point ailleurs. C'est aussi autour de leurs sommets que vole le condor, le plus grand des oiseaux. Mais, sans sortir de nos climats, nous trouvons dans les Alpes une foule de plantes qui leur appartiennent en propre, et auxquelles on a donné le surnom d'alpines. Quoique leurs glaciers, souvent sillonnés par les feux des orages, semblent inhabitables, le cèdre en ombrage les neiges de sa sombre verdure, le bouquetin en franchit les précipices, et l'aigle plane en silence autour de leurs mers immobiles, qui retentissent des bruits du tonnerre. Ainsi la nature, qui a placé dans ces hauts donjons de la terre les foyers de ses harmonies élémentaires, y amène aussi les symboles de sa puissance dans les êtres organisés, l'arbre, roi des forêts, et l'oiseau de la foudre, souverain des airs. C'est aussi dans le voisinage de ces mêmes lieux que l'homme libre cherche des asiles : le sage Helvétien, au sommet des Alpes ; le Sauvage indompté du Chili, sur celui des Cordillères ; et l'innocent Samoïède, dans les contrées voisines du pôle. C'est là que l'homme a brisé, non-seulement les liens de la politique, mais ceux des superstitions, de la cupidité et de toutes les passions qui torturent la vie. C'est là que le soleil, dégagé des vapeurs de la terre, apparaît dans tout son éclat, et que l'ame, secouant toutes ses chaînes, semble recouvrer sa liberté primitive.

Si les montagnes hyémales ou à glace se rapportent particulièrement à l'harmonie négative du soleil, les montagnes volcaniques ou à feu peuvent se rapporter à son harmonie positive, parce que tout feu émane de lui, dans son origine. Cependant les unes et les autres sont coordonnées aux eaux ; les premières, pour les attirer à leurs sommets ; les secondes, pour les épurer à leurs foyers. Chaque puissance de la nature est une roue à plusieurs crans, et elles s'engrènent les unes dans les autres.

Les montagnes volcaniques sont destinées, comme nous l'avons vu dans nos Études, à consumer les soufres et les bitumes des végétaux et des animaux qui nagent dans la mer, et que les fleuves y charrient sans cesse du sein des terres. On trouve des amas inépuisables de bitume marin tout formé, à l'embouchure de l'Orénoque, sur les rivages de l'île de la Trinité, suivant le témoignage du P. Joseph de Gumilla ; ils y sont connus sous le nom de fontaines de goudron. Il y en a aussi en plusieurs endroits sur les côtes de la mer du Sud. Les marins s'en servent pour espalmer leurs vaisseaux. On en trouve des sources bouillantes à la Solfatara, près de Naples. Je suis porté à croire que ce bitume, dans l'état de fluidité, s'introduit avec l'eau de la mer même à travers les couches de sable des rivages, à une certaine distance dans les terres, et que lorsqu'il vient s'enflammer par la fermentation des parties ferrugineuses que les vases marines y déposent, par celle des huiles et des soufres qui y pénètrent également, par les pluies qui tombent sur les grèves après une saison sèche, ou enfin par d'autres moyens, il devient la cause première des tremblemens de terre, qui, ainsi que les volcans, n'ont leur foyer que dans le voisinage de la mer ou des grands lacs.

Les montagnes volcaniques sont toutes coniques, ou en forme de pain de sucre. Leur sommet est tronqué, et on y trouve une grande cavité, de figure parabolique, que l'on nomme cratère, d'un mot grec qui signifie coupe. C'est du fond de ce cratère, formé par leurs explosions, qu'elles exhalent leurs feux. Cependant leurs laves, ou pierres liquéfiées, sortent souvent par leurs flancs, d'où elles vont se rendre à la mer. Leurs cratères sont tous à des élévations considérables dans l'atmosphère. Si les volcans brûlaient à fleur de terre, les vents en rabattraient les fumées sur les campagnes, qui en seraient infectées à de grandes distances, et rendues tout-à-fait stériles; tandis qu'au contraire les plaines qui en sont voisines, comme celles de Naples, sont remarquables par leur grande fécondité. Les bords de leurs cratères contribuent aussi à l'ascension de leurs feux et de leurs fumées dans l'atmosphère, en empêchant les vents de s'opposer à leur sortie. On réussirait peut-être, par le même moyen, à empêcher nos cheminées de fumer, en les couronnant de cratères, auxquels on peut donner à l'extérieur les formes de vases les plus agréables. J'ai vu, à la campagne, un pavillon produire un effet charmant par une semblable décoration. Le haut des cheminées qui entouraient son dôme était masqué par des groupes de génies, qui tenaient dans leurs mains des vases dont les couvercles étaient percés de trous. La fumée, qui passait à travers ces trous, semblait sortir d'un encensoir, et s'élevait vers un Apollon qui couronnait le haut du dôme. On me dit que ce pavillon avait été construit sur les dessins de l'architecte de Wailly. Je m'étonne que quelque artiste ingénieux, à son exemple, n'ait pas tiré parti de nos gouttières, qui inondent les passans dans nos villes. On pourrait faire jaillir les eaux de pluie en gerbes et en jets d'eau autour des toits de nos édifices et de nos temples, et lorsque les fumées de leurs cheminées s'élèveraient en même temps du fond de leurs cratères vers le ciel, il en résulterait des effets charmans. L'agrément s'y trouverait réuni avec l'utilité, comme dans les ouvrages de la nature.

Je n'ai jamais vu de volcans, quoique j'aie cherché plusieurs fois à satisfaire, à ce sujet, ma curiosité; mais quand j'en aurais vu, il me serait impossible d'en faire une description comparable à celle que Virgile nous a donnée de celui de l'Etna[1]:

[1] ÉNÉIDE, liv. III, vers 568-577.

Interea fessos ventus cum sole reliquit;
Ignarique viæ, Cyclopum allabimur oris.
Portus ab accessu ventorum immotus, et ingens
Ipse; sed horrificis juxta tonat Ætna ruinis,
Interdùmque atram prorumpit ad æthera nubem
Turbine fumantem piceo, et candente favillâ;
Attollitque globos flammarum, et sidera lambit:
Interdùm scopulos avulsaque viscera montis
Erigit eructans, liquefactaque saxa sub auras
Cum gemitu glomerat, fundoque exæstuat imo.

« Cependant le vent tombe au coucher du soleil, et nous
» laisse accablés de fatigue. Incertains de notre route, nous
» relâchons sur les rivages des Cyclopes. Nous y trouvons un
» port immense, tranquille, inaccessible aux vents; mais
» près de là l'Etna, entouré de ruines horribles, fait gronder
» son tonnerre. Tantôt il lance d'affreux nuages, comme des
» tourbillons de fumée bitumineuse et de cendre tout étince-
» lante, suivis de longues flammes qui semblent lécher les
» cieux; tantôt il vomit, avec un bruit épouvantable, des
» roches arrachées de ses entrailles; il roule en gémissant
» leurs laves liquéfiées dans son sein, et les fait couler, tout
» enflammées, de ses flancs entr'ouverts. »

Nous avons vu, aux harmonies aquatiques de la terre, que les volcans étaient les dépurateurs des eaux, et qu'ils étaient situés non-seulement dans le voisinage des mers et des grands lacs, mais à l'extrémité de leurs courans et dans les foyers de leurs remous. Par exemple, le mont Etna, en Sicile, est au débouché de l'ancien détroit de Charybde et de Scylla, ainsi que le décrit Virgile dans les vers qui précèdent ceux que nous venons de citer. Le Vésuve est au fond de la baie de Naples, c'est-à-dire dans un lieu favorable aux alluvions, comme le sont la plupart des baies. Le mont Hécla, en Islande, est au confluent du courant général de l'Atlantique, qui descend du pôle nord en été et y remonte en hiver, et des contre-courans ou marées qui y déposent les bitumes et les huiles qui proviennent des fleuves du nord de l'Europe et de l'Amérique. Ces dépôts sont si constans et si réguliers, qu'on y trouve chaque année des amas considérables de bois, qui servent au chauffage des habitans de cette île, dépouillée de ses anciennes forêts. On trouve aussi sur ses rivages quantité de terres à tourbes qui sont formées, comme l'on sait, de débris de plantes déposées par les eaux. Les dix-huit volcans qui sont rangés à la suite les uns des autres sur les rivages occidentaux de l'Amérique méridionale sont pareillement dans les remous de la mer Pacifique. Les contre-courans des pôles qui en baignent les pieds, et le vent du sud qui y souffle toute l'année, y ramènent tous les corps qui nagent en dissolution dans cette vaste mer. Il en résulte que ses côtes ne sont abordables que derrière des îles, et qu'elles sont sujettes à de fréquens tremblemens. Les volcans des autres parties du monde offrent des positions semblables, tels sont ceux des îles de Sumatra, des Philippines, de la Nouvelle-Guinée. La plupart sont situés dans la zone torride, et surtout vers son milieu, non à cause du renflement prétendu de la terre sous l'équateur, mais plutôt à cause de sa dépression dans cette zone, où l'Océan s'étend sur un plus grand diamètre, comme dans le lieu le plus bas du globe. Les courans généraux des pôles y déposent, d'ailleurs, la plupart de leurs alluvions, comme on peut le voir aux sables et aux hauts-fonds qui entourent au loin la Nouvelle-Hollande, et en rendent les rivages inaccessibles aux grands vaisseaux. C'est aussi dans cette zone que la mer du Sud se couronne d'îles naissantes, fondées, non sur des sables, mais à l'extrémité de cônes d'une profondeur incommensurable, élevés par des insectes invisibles, qui construisent des roches énormes de madrépores avec les tritus lapidifiques des eaux. Enfin le nombre considérable de volcans situés au sein des mers torridiennes prouve que la nature ne les y a multipliés que pour accélérer leur dépuration.

Il est très-remarquable qu'il y a eu autrefois plus de volcans allumés qu'à présent. On en trouve plusieurs éteints dans les îles de la mer du Sud et sur les côtes du Pérou. Le pic de Ténériffe et le mont Etna, dont Virgile et Pline le naturaliste nous ont fait des descriptions effrayantes, ne brûlent presque plus. Je présume que la diminution de leurs feux provient de la diminution des forêts dont l'Europe inhabitée était autrefois couverte, et peut-être de celle de l'Océan lui-même. Quant aux montagnes volcanisées qui sont au sein des continens, comme celles du Vivarais, du Bas-Languedoc et de l'Auvergne, je pense, si j'ose le dire, qu'elles ont été autrefois au milieu des mers torridiennes, lorsque les pôles se trouvaient vers l'isthme de Panama et le détroit de Java. Les débris affreux de leurs hautes montagnes et de leurs îles escarpées, placées aux extrémités du même diamètre, semblent être les antiques essieux du globe, brisés par les glaces et les torrens des hivers. Si vous tracez entre ces deux pôles anciens une zone qui en soit à égale distance, vous la ferez passer par les pôles actuels, et elle sera toute parsemée de monumens torridiens. La Sibérie vous montrera des mines d'or et des squelettes d'éléphans ensevelis sur les bords de l'Irtis; la Hollande, des débris de palmiers près d'Amsterdam, et des mâchoires de crocodiles dans les carrières de Maestricht; l'Angleterre, des dépouilles de rhinocéros; la Normandie, la tuilée, cette grande coquille des Moluques; les collines de Montmartre, des squelettes sans nombre d'un animal de l'espèce du tapir, mais dont le pied est trifourchu; la Bourgogne, des os d'éléphant, au point le plus élevé du canal que vient d'y construire le savant ingénieur Gauthey; enfin l'Auvergne, le Vivarais, le Bas-Languedoc, élèvent vers les cieux leurs monts volcanisés, qui ont dû nécessairement se trouver jadis aux bords des mers. Je ne présente ici qu'un arc de cette ancienne route du soleil allant du nord au sud, avant celle qu'il parcourt aujourd'hui de l'est à l'ouest. Peut-être trouverait-on autour du détroit de Java et de l'isthme de Suez, des monumens, des végétaux et des animaux des anciennes zones glaciales; des débris de sapins et des os d'ours blancs sous les racines des girofliers; des mousses et des squelettes de rennes dans les flancs des montagnes couronnées de cacaotiers. Les pierres brisées dont toutes ces terres sont couvertes semblent y indiquer l'action prolongée des plus rudes hivers.

Si la retraite subite du feu dans un corps solide peut en opérer la fracture, comme nous en avons l'expérience, la même cause peut opérer la réunion des corps fluides, comme nous le voyons dans la congélation et la cristallisation, qui l'une et l'autre affectent des formes régulières convergentes à un même centre. Si une goutte d'eau évaporée est frappée du froid, elle se change en étoile de neige à six rayons, en hiver, et en polyèdre de grêle à six pans, en été. Une goutte de verre liquéfié par le feu, frappée par l'eau, produit un phénomène plus étonnant : c'est celui de la larme batavique, dont l'épaisseur résiste au marteau, et se laisse entamer par la lime sans se détruire, et qui se réduit sur-le-champ en poudre si on en rompt le petit bout. Il semble que ce soit une cristallisation dont le foyer est, non au centre de la roue, mais dans la queue, qui est sensiblement plus raide qu'un fil de verre du même diamètre. Ce phénomène si commun m'a toujours paru inexplicable, malgré les explications des physiciens. Tout ce que j'en veux conclure ici, c'est que les colonnes de basalte à cinq, six, sept pans, que l'on trouve si fréquemment en Auvergne, dans l'île de Staffa, et à la chaussée des Géans en Écosse, ne sont peut-être, dans l'origine, que des masses d'une matière terrestre vitrifiée par les volcans, refroidies et cristallisées tout à coup par l'eau de la mer, où elles se sont écoulées. Il est possible encore que des masses semblables, liquéfiées par le feu en se plongeant dans l'eau, se soient cristallisées à la manière des larmes bataviques, et produisent dans le sein de la terre, en venant à se rompre, ces affreux tremblemens et ces explosions subites, dont les commotions se font sentir à des centaines de lieues de distance. Je sais bien que j'ai présenté ailleurs d'autres explications de ces phénomènes; mais on ne peut trop les varier. Nous sommes des aveugles qui tirons à un but : plus on lance de flèches, plus il y a de probabilités de l'atteindre. D'ailleurs, tout ce que nos arts découvrent en petit existe en grand dans la nature.

Les montagnes volcaniques ont, comme les autres montagnes, des minéraux qui leur sont propres et qui les caractérisent comme leurs formes. Cependant, quoique leurs feux et leurs cendres brûlantes frappent autour d'elles la terre de stérilité, leurs bases et une partie de leurs flancs se recouvrent promptement d'un humus très-fécond : en épurant les eaux, elles volatilisent dans les airs les sels, les huiles, les esprits et tous les élémens du système végétal, dont elles sont à la fois le tombeau sur le bord de la mer, et le berceau dans l'atmosphère. On connaît la fécondité et l'heureuse température des vallées du Pérou, couronnées à la fois de montagnes à glaces et de montagnes à feu. C'est sur les flancs du Vésuve que se recueille la délicieuse grappe du lacryma-christi; c'est sur les bords de son golfe que les plus voluptueux habitans de Rome plantaient leurs jardins. Ce fut aussi dans les plaines de la Sicile, au pied des croupes de l'Etna, surmontées de vignes, d'oliviers et d'énormes châtaigniers, que l'Europe éleva, au milieu des moissons, les premiers autels à Cérès; je dis l'Europe, car on y envoyait des offrandes du fond du nord, du pays des Hyperboréens, ainsi que le rapporte Plutarque.

J'ignore si ces montagnes volcaniennes ont quelques végétaux qui leur soient propres, mais elles ont des animaux qu'on ne trouve point ailleurs. Le père Dutertre, dans la description qu'il nous a donnée de la Guadeloupe, île à volcan, qu'il appelle la plus belle et la meilleure des Antilles, parle d'un oiseau fort extraordinaire qui habite la montagne de son volcan, appelée *la Soufrière*. Cet oiseau, que les habitans nomment *diable* à cause de sa laideur, est à la fois un oiseau de nuit et de mer. Pendant le jour il n'y voit point; il se réfugie alors au haut de la montagne, où il a son nid dans la terre, et où il pond ses œufs. Il vole et va à la pêche pendant la nuit. « Sa chair est si délicate, » ajoute le père Dutertre, qu'il ne retourne point » de chasseur de la Soufrière, qui ne souhaite de » bon cœur d'avoir une douzaine de ces diables » pendus à son cou. » La description de ce voyageur est confirmée et amplifiée par son confrère Labat. Celui-ci dit que « le diable de la Soufrière » a des membranes aux pâtes comme un canard, » et des griffes comme un oiseau de proie, un bec » pointu et courbé, de grands yeux qui ne peuvent » supporter la lumière du jour ni discerner les ob» jets : de sorte que, quand il est surpris le jour » hors de sa retraite, il heurte contre tout ce qu'il » rencontre et tombe à terre; mais la nuit, il va » pêcher sur la mer. » Il ajoute que c'est un oiseau de passage. On croit que c'est une espèce de pétrel. Je me suis quelquefois amusé à voir des pêcheurs prendre du poisson la nuit à la clarté d'une torche de paille; mais voilà un oiseau de marine plus ingénieux, qui pêche à la lueur des volcans, et couve ses œufs à la chaleur de leur soufrière. Ainsi la nature a destiné des habitans aux sites les plus épouvantables. Elle a tiré du sein des eaux un oiseau pour le faire vivre au milieu des feux; et si le pétrel ordinaire a mérité par sa hardiesse le nom d'oiseau de la tempête, l'oiseau marin et nocturne de la Soufrière, qui est de la même famille, doit s'appeler le pétrel des volcans.

Les divers sites de la terre ont chacun leur espèce d'animal, mais l'homme seul étend sur tous son empire. Le Lapon habite, comme le renne, les monts à réverbères du nord; l'Abyssin, comme le singe, les monts à parasol de l'Éthiopie; le Chilien, comme le lama, les glaciers des Cordillières; et les Siciliens ont vu le philosophe Empédocle s'établir sur le sommet de l'Etna, où ils vont encore visiter sa petite tour.

La terre a sans doute encore d'autres harmonies avec le soleil, dont la plupart nous sont inconnues; mais nous terminerons celle-ci en jetant un coup d'œil sur les harmonies qu'elle a avec la lune. Il n'y a pas de doute qu'elle ne lui renvoie une partie de la lumière solaire, mais beaucoup moins vive que celle qu'elle en reçoit, quoique quatre fois plus étendue. Comme je l'ai déjà observé, la lumière des satellites est plus forte que celle qui rejaillit de leur planète, parce qu'ils sont disposés en réverbères, et qu'ils lui présentent toujours la même face; cependant la planète, à son tour, étant plus grande et tournant sur elle-même, leur renvoie une lumière plus spacieuse, mais plus divergente : ce qui forme compensation.

J'ai lieu de présumer que la plupart des effets de la lune sur la terre sont environ douze fois moins grands que ceux du soleil sous l'équateur, et environ seize fois moins vers les cercles polaires. Il est singulier que les métaux synonymiques de ces deux astres, tels que l'or et l'argent, aient à peu près les mêmes proportions de valeur parmi les hommes, dans ces différens climats. En parlant des harmonies lunaires de la terre, j'ai réfuté Bouguer, qui affirme que la lumière de la lune est trois cent mille fois moindre que celle du soleil.

En effet, cet académicien s'est prodigieusement trompé dans l'expérience et les calculs dont il s'appuie. Si, au lieu de verres superposés pour réduire la lumière du soleil à celle d'un clair de lune, il avait employé simplement les couches de l'atmosphère, il aurait reconnu bientôt son énorme erreur. Selon lui, il s'ensuivrait qu'une cerise, visible à une toise de distance, au clair de la lune, le serait encore à trois cent mille toises, ou à cent quarante lieues, à la lumière du soleil, trois cent mille fois plus forte. Je crois, au contraire, avoir observé qu'un objet éclairé du soleil, à l'horizon, s'apercevait aussi distinctement éclairé par la pleine lune, lorsqu'il était, en été douze fois, et en hiver seize fois plus près de nous. Ces distances varient alors dans les mêmes proportions que des objets placés sous la ligne et sous les cercles polaires. On voit, à la lumière de la pleine lune, une montagne, à un quart de lieue, aussi distinctement qu'à trois ou quatre lieues, à la lumière du soleil.

J'ignore si la chaleur de la lune est dans les mêmes rapports; mais il est certain qu'elle influe sur toutes les puissances de la nature. Un capitaine anglais, dont la relation est insérée dans l'*Histoire générale des Voyages*, affirme, de la manière la plus positive, que la chaleur de la lune est très-sensible en Guinée. Pline, que j'ai cité, assure qu'elle résout les neiges et les glaces. C'est sans doute à la chaleur des rayons solaires qu'elle reflète sur les glaces des pôles, surtout lorsqu'elle est nouvelle et pleine, qu'il faut attribuer l'accroissement des marées à ces deux époques, comme je l'ai dit ailleurs. Enfin tous nos laboureurs savent combien ces mêmes phases accélèrent la germination des plantes et les générations des animaux.

Les monts à réverbère, à parasol, à glace et à feu en reçoivent aussi de nouveaux effets. Ils prennent sous ses rayons des teintes et des formes magiques; le soleil en peint les paysages avec des couleurs, la lune avec du noir et du blanc : le premier en fait des tableaux, et la seconde des estampes. Cependant chacun de ces monts en reçoit quelque harmonie nouvelle. Ceux à réverbère jettent sur les rochers et les arbres voisins, intermédiaires entre la lune et eux, des gerbes de lumière qui en dissipent les ombres et les font paraître lumineux dans toute leur circonférence; les monts à parasol, au contraire, éclairés seulement sur les plateaux, étalent sur leurs flancs et à leurs pieds des ombres plus obscures qui, contrastant fortement avec leur lumière, les font paraître plus près la nuit que le jour. C'est un effet bien connu des gens de mer, et que nous éprouvâmes en approchant, la nuit, des montagnes de la Corse. Nous nous en crûmes si près, dans l'obscurité, que nous nous hâtâmes de nous en éloigner, en revirant de bord; mais une heure après, au lever de l'aurore, nous les vîmes bien loin derrière nous, et elles semblaient fuir à mesure que le jour s'élevait. Les monts à glace paraissent couleur de rose au coucher du soleil, et argentés au lever de la lune.

Les monts volcaniques ne laissent apercevoir au soleil que leurs épaisses fumées; mais au clair de la lune, on voit briller leurs feux, qui rougissent les vastes horizons. La nature semble ne les avoir placés sur les rivages des mers que pour servir de phares aux navigateurs sur la terre, comme la lune leur en sert dans les cieux.

### HARMONIES TERRESTRES
### DE L'AIR.

Nous avons montré, aux harmonies aériennes de la terre, comment les montagnes se réparent par la médiation des vents; nous allons indiquer ici comment l'air se renouvelle par la médiation des montagnes. Jusqu'ici la terre nue ne nous a offert que des couleurs et des formes diverses, ou des bruits épouvantables, tels que ceux des volcans; elle va parler à notre ouïe par des sons enchanteurs, de doux murmures et des échos, produits par les rochers et les vents.

Je distingue deux espèces de montagnes qui ont des harmonies avec l'air : l'une en a de négatives et l'autre de positives.

Je donne aux premières le nom d'anti-éoliennes, parce qu'elles mettent les végétaux et les animaux à l'abri des vents. On conçoit facilement que les montagnes doivent être communes dans les pays où des vents réguliers soufflent pendant l'année entière : toute élévation qui n'est pas dans la direction de ces vents doit avoir un côté exposé à leur influence, et un autre qui en soit à l'abri. C'est par rapport à ces harmonies terrestres de l'air, que la plupart des îles dans la zone torride se distinguent en deux parties principales, l'une appelée *au vent*, et l'autre *sous le vent*. La partie qui est au vent s'élève pour l'ordinaire en pente douce, depuis les bords de la mer jusqu'aux sommets des montagnes, situées presque toujours vers la partie qui est sous le vent; c'est sur la partie qui est au vent que coulent la plupart des rivières, parce que c'est de ce côté que les vents charrient les vapeurs et les nuages qu'ils puisent au sein des mers. La partie qui est sous le vent, au contraire, est très-élevée, et manque ordinairement d'eau ; mais elle offre des abris aux vaisseaux, et quelquefois des ports que la nature y a pratiqués. On peut se former en grand une image de ces dispositions topographiques, avec une carte de l'Amérique méridionale : on y verra, du côté où soufflent les vents réguliers de l'est, tout le continent s'élever depuis les bords de l'océan Atlantique jusqu'aux sommets des Cordilières, rangées sur les bords de la mer du Sud. Ce vaste amphithéâtre, qui a plus de seize cents lieues de développement, est arrosé par une multitude de rivières et de fleuves, dont quelques-uns, comme l'Amazone, ont plus de cent vingt lieues d'embouchure. Au contraire, il ne descend des Cordilières à la mer du Sud que quelques ruisseaux qui, après avoir rafraîchi les vallées étroites du Pérou, vont se perdre pour la plupart dans des sables.

Il y a des montagnes anti-éoliennes qui ont des caractères encore plus déterminés. Je les appelle collines à ondes, à cause de leur peu d'élévation, et de la régularité de leurs formes. Elles n'ont point d'angles saillans et rentrans en correspondance, comme celles qui servent de digues naturelles à nos rivières ; mais elles sont parallèles entre elles : telles sont celles qui sillonnent les plaines du Thibet, et qui, dans cette partie de la terre, une des plus élevées de l'Asie, présentent l'aspect des flots d'une mer agitée ; on en trouve aussi de semblables dans plusieurs endroits de la Tartarie. Elles paraissent destinées à abriter, dans leurs vallées petites et fréquentes, leurs végétaux du souffle des vents, qui sont violens dans ces contrées élevées. C'est sur leurs dos et au fond de leurs fossés, que se plaisent la rhubarbe au large feuillage, et le ginseng si vanté des Chinois pour le rétablissement des forces épuisées. Elles sont pour l'ordinaire habitées par des troupeaux de moutons sauvages, qui y sont de la plus belle et de la plus vigoureuse espèce qu'il y ait au monde. Ils surpassent les chevaux et les chiens à la course. Quelques naturalistes même croient que le mouton est originaire de ces contrées, comme le chameau de l'Arabie, et le chameau-léopard ou girafe de l'Afrique méridionale. Cet animal, si utile, qui se plaît sur nos collines aérées bien plus que dans nos plaines, est encore plus protégé des vents que du froid par sa toison frisée. Les animaux qui habitent les pays froids, comme les loups, les martres, les renards, ont les poils de leur fourrure longs, touffus et soyeux ; mais ils ne les ont pas crépus comme les poils de la laine, dont les entrelacs forment une toison d'une seule pièce, impénétrable aux vents : d'ailleurs le mouton n'est point un animal du nord,

car il y dégénère. Enfin les vents soufflent plus violemment dans les pays tempérés et dans les méridionaux, que dans les pays froids, comme nous allons le voir.

Il y a des montagnes qui, au lieu de protéger les terres contre les vents, produisent au contraire des vents dans le temps le plus calme. Telles sont celles qu'on appelle, en Italie, monts éoliens, qui sont situés près de la ville de Cæsium. Ces monts sont remplis de cavernes. Quand le soleil échauffe et raréfie l'air des environs, celui qui est dans les cavernes se dilate, et sort avec violence par des soupiraux, et surtout par une porte que les habitans de Cæsium y ont pratiquée.

Les montagnes des îles Antilles produisent des effets semblables, et encore plus grands ; car il en sort régulièrement toutes les nuits des vents appelés vents de terre, qui soufflent en divergeant du centre de chaque île à plusieurs lieues en mer. D'un autre côté, le vent de mer y souffle tout le jour. Le marin Dampier cite, dans son *Traité des Vents*, beaucoup d'endroits semblables, situés dans la zone torride, où ces vents de mer et de terre ont lieu alternativement le jour et la nuit : tels sont, en Amérique, l'isthme de Darien, où la nuit le vent de terre vient de l'intérieur même du continent, la baie de Panama, Guayaquil, Païta, la baie de Campêche, deux petits archipels d'îles au midi de Cuba, la Jamaïque, etc. ; et en Asie, Bantam dans l'île de Java, Achen dans l'île de Sumatra, la côte de Coromandel dans le continent de l'Inde, etc., etc. J'y dois joindre sans doute les plages torridiennes de l'Afrique, et surtout celles de la Guinée, que le vent de mer vient rafraîchir régulièrement tous les jours, depuis les huit heures du matin jusque vers le coucher du soleil ; vent qui est suivi d'un calme, après lequel le vent de terre souffle toute la nuit jusqu'au point du jour.

Quelques naturalistes célèbres ont expliqué ce flux et reflux des vents de terre et de mer, connus des marins sous le nom de brises de terre et de brises du large, en supposant que les montagnes d'où ils sortent sont caverneuses, comme les monts éoliens de Cæsium. Ils disent donc qu'elles se remplissent pendant le jour du vent de mer qui y souffle ; et qu'elles le dégorgent ensuite pendant la nuit. Je n'adopte pas du tout leur explication. Elle suppose, dans des effets si communs, deux causes, dont l'une, à mon avis, est fort rare, et l'autre est tout-à-fait inconcevable. La première, c'est que ces montagnes à vent sont caverneuses. Je crois les cavernes naturelles fort rares et fort petites par tout pays, quoi qu'en disent les poètes et les philosophes, qui expliquent par leur moyen une multitude d'effets physiques, et qui y logent même les premiers hommes de toutes les nations. J'ai un peu voyagé, et je n'ai jamais vu qu'une seule caverne naturelle, si toutefois on peut appeler ainsi le canal d'un fleuve souterrain, rempli d'eau dans la saison des pluies. C'était à l'île de France. Ce canal vient de l'intérieur de l'île, et se rend à la mer à un endroit de la côte appelé la Pointe des caves. J'y descendis, à une lieue environ du rivage, par un trou extérieur qui s'était formé dans sa voûte ; j'en parcourus environ cent cinquante toises à la lueur des flambeaux, car il ne reçoit la lumière du jour que par son éboulement. Il est donc inhabitable aux hommes, et même aux animaux, attendu qu'il est plein d'eau dans la saison des pluies, où ils auraient le plus besoin d'abri. La seconde cause, que je ne saurais concevoir dans l'hypothèse des cavernes éoliennes des îles à vent, c'est qu'il faut supposer qu'elles sont d'une grandeur prodigieuse, et que les vents de mer, qui y soufflent pendant le jour, s'y entassent et s'y compriment d'eux-mêmes, pour souffler ensuite toute la nuit à plusieurs lieues de distance en mer, avec des rafales capables souvent de démâter les vaisseaux. C'est sans doute à cause de leur violence, que les marins leur donnent le nom de brises, et de brises carabinées quand elles sont très-fortes. Il faut ensuite supposer qu'il y a dans les flancs de ces montagnes caverneuses des soupiraux très-nombreux, pour que ces vents soufflent dans toute l'étendue d'une côte ; et de plus, qu'il y a dans ces terres brûlées du soleil pendant tout le jour, des glacières qui rafraîchissent ces vents nocturnes ; car il sont si froids, que ceux qui couchent à l'air, sans se couvrir au moins la poitrine, deviennent quelquefois perclus de tous leurs membres. Il est bien certain qu'on ne trouve aucun de ces accessoires mécaniques dans les montagnes que j'appelle éoliennes. Les physiciens expliquent le jeu de leurs machines par les lois de la nature, et ils ont sans doute raison ; mais ils expliquent aussi les phénomènes de la nature par le jeu de leurs machines, et c'est en quoi ils se trompent souvent. Quoiqu'il n'entre pas dans mon plan de rechercher les causes de tous les phénomènes, lorsque je rejette quelqu'une de celles dont nos cabinets de physique nous amusent, je tâche de la remplacer par quelque autre qui soit dans la nature même, et dont nous puissions nous assurer par l'expérience. Je hasarderai donc ici une courte explication de la cause des vents diurnes de mer, et nocturnes de terre, dans les îles des pays chauds. Elle nous convaincra des harmonies qui règnent entre toutes les parties du globe, et de la nécessité d'étudier la géographie, comme une science qui a des principes certains.

Nous poserons d'abord comme un fait évident, que partout où l'air est dilaté, l'air environnant y flue, et y produit un courant qu'on appelle vent. Le soleil à l'horizon, échauffant donc, je suppose, la partie du continent de l'Amérique comprise dans la zone torride, en dilate l'atmosphère ; ce qui détermine l'atmosphère voisine de la mer Atlantique à y fluer, et à y produire le vent d'est ou d'orient. Ce vent se détermine à souffler du côté de l'orient ou de la mer Atlantique, plutôt que du côté du couchant ou de la mer du Sud, par deux raisons : la première, à cause de l'élévation des Cordillières, qui sont à l'extrémité occidentale de l'Amérique, et servent en quelque sorte de barrières à l'atmosphère du côté du couchant ; la seconde, qui est la principale, à cause de la rotation de la terre, qui porte l'Amérique du côté de l'orient vers le soleil, et lui présente peu à peu son hémisphère occidental, dont il dilate l'air de proche en proche ; ce qui oblige l'atmosphère à y fluer de l'hémisphère oriental, que la terre soustrait peu à peu à la chaleur de l'astre du jour. Les parties de l'atmosphère qui ont le plus de densité, de poids et de ressort doivent s'y porter avec le plus de force. Voilà pourquoi l'air froid et condensé des pôles se joint au vent d'orient des deux côtés de l'équateur, et produit dans les deux zones torrides les vents frais et réguliers de nord-est et de sud-est. Si la terre était immobile, il est probable que les vents de ses zones torrides seraient toujours polaires, c'est-à-dire nord et sud. Ainsi les vents réguliers ou alizés qui règnent des deux côtés de l'équateur ne sont pas produits par la force centrifuge de la terre en rotation, comme l'ont dit de fameux astronomes, entre autres le docteur Halley. Ils représentent l'atmosphère autour de l'équateur du globe, comme la chevelure d'Atalante en course. Pour que cette hypothèse eût quelque vraisemblance, il faudrait supposer que l'air éprouvât lui-même quelque résistance en sens contraire ; car la force centrifuge de la terre, combinée avec son mouvement de rotation, ne le ferait point rétrograder. Il tournerait avec elle d'une vitesse égale, comme il arriverait au duvet d'un cocon de ver à soie qu'on mettrait en mouvement dans le vide, et à la chevelure même d'Atalante, qui accompagnerait son visage, si elle traversait les simples champs de la lumière. Enfin, si cette prétendue force centrifuge rétrograde fait fluer les vents sous la ligne de l'est à l'ouest, pourquoi y sont-ils nord-est et sud-est ? pourquoi y sont-ils variables, surtout dans la mer du Sud ?

On peut faire mille objections au système de Halley, mais je n'en opposerai ici qu'une seule : c'est que si une force centrifuge rétrograde faisait circuler les vents d'orient en occident, sous la ligne, elle y ferait aussi circuler les mers ; le courant de la mer des Indes irait toujours d'orient en occident, et ne rétrograderait pas, à l'équinoxe de septembre, d'occident en orient, pour couler six mois dans cette nouvelle direction. Enfin, depuis que le globe tourne sur ses pôles, le bassin de ses mers ne formerait plus qu'un canal circulaire sous la zone torride, où se rassemble toute la force centrifuge.

Il faut l'avouer, les astronomes raisonnent bien à leur aise. Tantôt ils soumettent l'atmosphère à la force de rotation de la terre, et ils en soustraient les mers, comme dans leur théorie des vents ; tantôt ils soumettent les mers à la force de gravitation de la lune, et ils en soustraient l'atmosphère, comme dans leur théorie des marées. Ils ne craignent point d'être accusés de contradiction : ils sont à l'abri, au moyen de leurs obscures hypothèses et de leurs savans calculs. Pour nous, qui cherchons à mettre la vérité en évidence, nous pourrons bien éprouver l'indifférence du vulgaire des hommes, qui ne l'admirent qu'entourée de mystères.

Il me paraît hors de doute que la dilatation de l'air par la chaleur de la terre, et la déclivité du sol, sont les causes premières des vents et de leurs directions. Ces causes physiques et locales ont tant d'influence, que, dans la partie de l'Afrique comprise même sous les vents alizés de l'est, il y souffle tous les jours un vent particulier de l'ouest, vers les huit ou neuf heures du matin, lorsque le soleil commence à l'échauffer ; il en est de même des vents de mer qui soufflent tout le jour sur les rivages des continens et des îles de la zone torride, soit qu'ils soient généraux ou particuliers. Mais, au coucher du soleil, ces vents maritimes se ralentissent aux environs des terres, parce que l'atmosphère de la mer se trouve alors trop dilatée par la chaleur, ou plutôt parce que l'atmosphère de ces terres commence alors à se refroidir et à se condenser, comme nous allons le voir. Dans le temps où ces deux atmosphères se mettent en équilibre, on éprouve environ une heure de calme, et une forte chaleur qui deviendrait bientôt très-incommode, si les montagnes des îles qui en sont pénétrées ne dilataient alors l'air supérieur qui les couronne, et n'en déterminaient les couches (qui, comme on sait, sont glaciales à deux ou trois mille toises de hauteur) à descendre et fluer vers leurs sommets, et de là à diverger par leurs gorges et leurs vallées sur toute l'île et aux environs. Voilà, à mon avis, la cause de la durée, de l'étendue, de la violence et de la fraîcheur des vents de terre aux îles torridiennes pendant la nuit.

C'est la dilatation de l'air par le soleil qui est la cause de tous les vents, et de leur fraîcheur même dans les pays chauds. C'est sa chaleur, pendant le jour, qui détermine les vents des pôles à souffler en harmonie avec le vent d'est sur le continent de l'Amérique ; comme c'est la chaleur, acquise pendant le jour, des îles méridionales, qui détermine leur atmosphère supérieure et glaciale à y souffler pendant la nuit. Ainsi, quand nous voyons dans nos climats les nuages pluvieux de l'ouest s'avancer vers l'orient pendant des semaines entières, nous pouvons en conclure que l'atmosphère est dilatée dans quelque contrée de l'Ukraine ou de la Tartarie. La cause des vents, comme je l'ai dit ailleurs, n'est point aux lieux d'où ils partent, mais à ceux où ils arrivent.

Qu'il est difficile aux hommes d'apercevoir la vérité ! Elle se repose souvent sur des sites en sens contraire de nos aperçus ; nous la cherchons devant nous, et elle est derrière nous. Nous croyons que les vents poussent, et ce sont eux qui sont poussés et attirés. Le soleil nous paraît tourner autour de la terre, et c'est la terre qui tourne sur elle-même autour de lui. Le jour lumineux semble destiné à nous faire voir la nature dans tout son éclat, et c'est la nuit obscure qui nous la montre dans les cieux. Il en est des vérités morales comme des physiques. Nous cherchons souvent dans les jouissances un bonheur que nous ne trouvons que dans les privations ; et cette vie fugitive, à laquelle nous sommes si attachés, ne nous mène qu'à la mort ; tandis que la mort, qui nous épouvante, nous mène à une vie immortelle.

Pour revenir aux vents alternatifs de terre et de mer, le célèbre marin Dampier, qui les considère en navigateur, fait cette réflexion sensée dans son *Traité des Vents* :

« Il faut avouer, dit-il, que ces vents de terre et
» de mer sont un effet particulier de la Providence
» dans cette partie du monde, où les vents géné-
» raux de mer règnent d'une manière que, sans le
» secours des vents de terre, on n'y pourrait na-
» viguer ; au lieu que, par leur moyen, on fait
» jusqu'à deux ou trois cents lieues contre le vent
» général ».

On en fait quelquefois bien davantage : la nature a mille moyens de parvenir à la même fin. Pour faciliter la navigation, elle distribue les vents à certaines îles par chaque nuit, à d'autres par chaque lune, à d'autres par chaque saison, comme à celles qui sont dans les moussons de l'Inde. Elle a formé, en Italie, des montagnes éoliennes caverneuses; elle en produit, dans les îles torridiennes, d'une structure différente et d'un plus grand effet. Celles-ci sont, pour l'ordinaire, surmontées de pics, qui peuvent très-bien attirer l'air comme ils attirent les nuages qui les environnent sans cesse. Je suis même porté à croire que les montagnes volcaniques sont en partie éoliennes en dilatant l'air par leurs feux. Le vent du sud qui souffle presque toute l'année le long des côtes de la mer du sud, n'est peut-être déterminé à prendre cette direction que par la dilatation atmosphérique, opérée par un grand nombre de volcans rangés en ligne droite le long des montagnes du Pérou.

Il est très-remarquable que la force des vents de terre se fait sentir principalement sur les rivages des mers chaudes. Dampier observe qu'ils sont bien plus violens aux débouchés des baies et des golfes qu'à l'extrémité des caps, où on ne les sent quelquefois point du tout. Il dit qu'il y a eu des marins assez stupides pour tirer du canon sur ces caps, afin d'y tuer, disaient-ils, le dragon qui empêchait la navigation. Pour moi, je pense que tous les lieux maritimes fameux par leurs coups de vents, ont des monts éoliens, ou des baies et des golfes qui les produisent : tels sont le golfe de Lyon dans la Méditerranée, et l'île de Tristan-da-Cunha, dont j'ai éprouvé les violentes tempêtes. D'un autre côté, je crois que les caps sont des monts antiéoliens, sur un des côtés desquels les vaisseaux peuvent toujours trouver des abris contre le vent; et, si quelques-uns sont fameux par leurs ouragans, tels que le cap Finistère à l'extrémité de l'Espagne, et le cap de Bonne-Espérance à celle de l'Afrique, c'est qu'ils sont au débouché d'un golfe ou d'un détroit, comme le premier, à la sortie de la Manche, et le second, à celle du canal Mozambique. En effet, c'est au débouché de ce canal, et non par le travers du cap de Bonne-Espérance, qu'on est assailli de ces terribles tempêtes qui lui firent d'abord donner le nom de tempétueux. Ce sont des faits que je puis attester par les journaux des marins et par ma propre expérience.

Au reste, les vents frais et nocturnes de terre dans les îles et sur les côtes torridiennes, se font sentir surtout sur les rivages et dans le fond de leurs baies, où les remous de la mer, aidés des brises du large, portent pendant le jour les dissolutions et les débris d'une infinité de corps qui finiraient bientôt par s'y entasser, et par y former des émanations dangereuses, sans les vents de terre qui les rejettent la nuit en pleine mer. C'est par cette raison que les vents soufflent de haut en bas,

comme nous l'avons remarqué ailleurs, et qu'ils sont toujours violens au haut des montagnes et sur les bords des eaux. Le bon La Fontaine a fort bien senti ces convenances naturelles, et ne les a pas moins agréablement exprimées, lorsqu'il fait dire au chêne parlant au roseau :

> Tout vous est aquilon, tout me semble zéphir.
> Encor si vous naissiez à l'abri du feuillage
> Dont je couvre le voisinage,
> Vous n'auriez pas tant à souffrir,
> Je vous défendrais de l'orage;
> Mais vous naissez le plus souvent
> Sur les humides bords des royaumes du vent.

Le poète s'est exprimé en naturaliste en donnant au vent plusieurs royaumes ; et il n'y a pas de doute qu'il ne plante son humble roseau dans un marais, et son chêne orgueilleux sur une hauteur. Nous observerons ici, comme nous l'avons déjà fait dans nos *Études*, que les végétaux de montagnes et de rivages ont pour l'ordinaire des feuilles menues, capillacées, sessiles, ligneuses, et capables ainsi de résister aux vents. Celles des chênes sont corticées et attachées à des queues fort dures; d'ailleurs leurs tronc est noueux et plein de force. Il y a de ces vieux chênes dans les montagnes, qui ont, avec leurs grosses branches coudées, l'attitude d'un athlète qui combat contre les tempêtes. Les végétaux aquatiques, au contraire, ont des tiges souples et des feuilles sessiles, comme les osiers, les saules, les joncs et les roseaux. Ceux qui ont un large feuillage, comme les nymphæa, le portent couché sur l'eau, de sorte qu'il ne donne pas de prise aux vents.

Dans les monts éoliens et sur les rivages de la zone torride, les végétaux ont des tiges souples, des feuilles branchues, allongées et tout-à-fait ligneuses : tels sont d'abord les palmistes qui couronnent les montagnes. Leur tige, qui a souvent plus de cent pieds de hauteur, porte ses palmes au-dessus des forêts; elle est si élastique, que, dans les tempêtes, elle ploie comme un arc, et son écorce est si dure, qu'elle fait rebrousser le fer des haches; l'intérieur de son tronc n'est formé que d'un faisceau de fibres. C'est sur les mêmes hauteurs que croissent la plupart des lianes, qui, semblables à des câbles, s'attachent aux arbres, et les fortifient contre les ouragans. L'écorce de ces lianes est si forte, que leurs lanières sont préférées aux meilleures cordes. On retrouve à peu près les mêmes qualités de souplesse et d'élasticité dans les tiges et les feuilles des graminées, des bambous, des lataniers et des cocotiers, qui croissent sur les bords de la mer. En général, les feuilles de toutes les espèces de palmiers sont si ligneuses, que les Indiens s'en servent comme de petites tablettes, sur lesquelles ils écrivent ou plutôt ils gravent avec un poinçon de fer.

Non-seulement les monts éoliens ont leurs végétaux particuliers, mais aussi leurs animaux. Je ne parlerai pas des oiseaux de terre et de mer qui vont y faire leurs nids, et élèvent ainsi leurs petits au foyer des tempêtes. Il y a de ces oiseaux, comme les orfraies, les foulques et les aigles, qui, exercés contre les vents dès leur naissance, volent à l'opposite des plus violens orages. Mais il y a des quadrupèdes qui leur semblent particulièrement destinés: tel est entre autres le lama du Pérou. Cet animal convient encore mieux aux monts éoliens des Cordilières qu'à leurs glaciers. Il porte une toison épaisse et frisée comme celle du mouton ; ses pieds sont armés d'ergots, qui lui servent à gravir avec vitesse les rochers. Il a le cou long, la tête petite, et des naseaux forts ouverts, pour respirer aisément. Tous ces caractères, qui lui sont communs avec le chameau, exposé aux tempêtes sablonneuses de l'Afrique, conviennent parfaitement à un habitant des monts éoliens. La nature fait croître en abondance dans ceux de l'Amérique une espèce de jonc appelé ycho, qui est la nourriture favorite de cet animal. Les vents sont si violens dans ces hautes contrées, que Thomas Gage raconte qu'il fut forcé, par leur impétuosité, de s'arrêter deux jours et une nuit près du sommet d'une montagne de la Nouvelle-Espagne, appelée Maquilapa, ou tête sans poil; et il en aurait été précipité dans la mer du Sud qu'il voyait à ses pieds, s'il ne s'était enfin résolu à marcher à quatre pates comme un lama. La nature a mis dans les monts éoliens des Antilles un quadrupède qui n'a point du tout de poil. C'est l'armadille ; couverte d'écailles, qui roule sur ses talons, en se mettant en boule comme un cloporte.

Les monts éoliens ont non-seulement des plantes et des animaux, mais aussi des hommes propres à les habiter, du moins aux débouchés de leurs entonnoirs. Nous pouvons ranger parmi ces hommes éoliens les Tartares et les Chinois septentrionaux. Les pays qu'ils habitent sont situés au pied de ces vastes montagnes en amphithéâtre, du nord de l'Asie, d'où, suivant Isbrand-Ides et les missionnaires jésuites, il sort régulièrement chaque jour des vents qui élèvent une si grande quantité de sable, que les habitans de Pékin ne peuvent aller dans les rues sans porter un crêpe sur leur visage. J'attribue les petits yeux en coulisse qui caractérisent les Tartares et les Chinois septentrionaux, à ces vents violens et sablonneux, qui les obligent sans cesse de cligner les paupières.

Les monts éoliens ont cependant aussi des harmonies très-agréables avec les hommes. Ils reçoivent pendant le jour les vents de la mer dans leurs gorges acoustiques, et font entendre les bruissemens des flots au sein des forêts. D'un autre côté, pendant la nuit, ils chassent les parfums des végétaux bien avant en pleine mer : on sent quelquefois une île avant de l'apercevoir. En approchant de celle de France, j'ai vu nos malades scorbutiques se trouver mal tous à la fois, sans qu'on vît aucune terre. J'attribuais ces faiblesses subites et universelles à quelque influence végétale lointaine. J'avais un petit chien scorbutique aussi, qui, en se tournant le nez au vent, aspirait de toutes ses forces les émanations de ces terres invisibles.

Les monts éoliens ne sont donc pas l'ouvrage du hasard. Leurs formes mériteraient d'être étudiées, pour l'utilité même de notre architecture, qui cherche à donner en été des courans d'air frais aux appartemens. On pourrait produire, ce me semble, les mêmes effets avec des courbes, qui multiplieraient en été, au haut de nos cheminées, l'ardeur du soleil. Si un foyer de chaleur, placé au bas d'une cheminée, fait sortir par le haut un vent capable de faire tourner une machine, une semblable chaleur, agissant au haut d'une cheminée, produirait peut-être par en bas un effet contraire. C'est ce qui arrive en partie à certaines cheminées, lorsque le soleil échauffe leurs sommets et en dilate l'air ; car alors la fumée en descend et rentre dans la chambre. Les Persans construisent dans leurs maisons des cheminées à vent, qui servent uniquement à les rafraîchir. Je ne sais comment elles sont construites au dedans : Chardin en a donné les vues.

Au reste, je le répète, notre architecture devrait étudier la construction de notre globe, en apparence si irrégulier : elle lui doit déjà ses cimens, ses mortiers et ses assises horizontales. Certains philosophes l'ont regardé comme un corps organisé, qui ne cache point le jeu de ses organes ni le cours de ses fluides, parce qu'il les porte au dehors. Il a sa chaleur dans le soleil, sa respiration dans son atmosphère, ses poumons dans les monts éoliens, sa voix dans ses échos, ses veines dans ses fleuves, ses organes sécrétoires dans les volcans, ses os et sa charpente dans ses rochers et dans les montagnes saillantes à sa surface.

## HARMONIES TERRESTRES
### DE L'EAU.

Comme dans le corps des animaux il y a des os de différentes formes et espèces, de durs et de compactes pour moudre; de criblés pour odorer; de cartilagineux pour le retentissement de la voix; de perforés pour le passage des veines, des moelles et des nerfs; de voûtés à la tête, de cambrés aux cuisses, de droits aux jambes; il entre de même dans la construction du globe des rochers de toutes sortes de qualités et configurations. Il ne faut pas croire qu'ils sont jetés au hasard, parce qu'ils ne sont pas alignés, dressés et équarris comme les pierres de nos monumens. Les hivers, les volcans, les torrens, les mers, les tempêtes, les tremblemens de terre, sont les ciseaux et les maillets de la nature; c'est avec les élémens qu'elle façonne le globe. Les monts qui versent des fleuves de la région des nuages, les anfractuosités de leurs flancs, les abimes de leurs pieds, les débris et les ruines, entrent dans sa construction. Les écroulemens maintiennent sa solidité. Il y a peut-être plus de plantes et d'animaux créés pour ses sables, ses graviers, ses vases, ses rochers brisés et ses monts escarpés, que pour ses vastes plaines et les belles courbes de ses collines.

Nous venons de voir dans les harmonies terrestres du soleil et de l'air positives et négatives, qu'il y avait quatre genres de montagnes solaires, et deux d'aériennes. Nous en allons trouver deux autres semblables dans les harmonies terrestres de l'eau : ce sont les montagnes hydrauliques et littorales; les premières attirent les eaux, et les secondes les repoussent.

Nous pourrions ranger sans doute dans les montagnes hydrauliques les hyémales, qui attirent les eaux de l'atmosphère et les fixent en glace sur leurs sommets, ainsi qu'on pourrait ranger parmi les montagnes littorales les volcaniennes, qui sont sur les rivages des mers, dont leurs feux épurent les eaux. Mais nous les avons classées dans les montagnes solaires, parce que les hyémales doivent leurs glaces à l'absence du soleil, et les volcaniennes à la présence du feu qui, dans son principe, émane de l'astre du jour. Par leurs effets, les premières appartiennent aux harmonies négatives du soleil, et les secondes à ses positives. Mais, par leur construction et leur position, les premières se rapportent aux hydrauliques, et les secondes aux littorales. Chaque ouvrage de la nature sert à la fois à plusieurs usages. Dans l'immensité des conceptions du Créateur, chaque point de l'univers est le centre d'une sphère inconnue; mais, dans la faiblesse de notre esprit, nous n'apercevons dans ces sphères même apparentes que des points : heureux quand nous en pouvons saisir quelques rayons!

Nous ne considérons ici que les montagnes hydrauliques et littorales proprement dites. Le genre des hydrauliques nous présente deux espèces, dont l'une est en pente douce et l'autre en amphithéâtre. Nous diviserons pareillement le genre des littorales en deux espèces, l'une maritime et l'autre fluviatile. Chacune de ces espèces nous fournira d'autres sous-divisions.

Nous allons en examiner successivement les positions, la construction et les formes, ainsi que les minéraux, les végétaux et les animaux qui leur sont propres.

Les montagnes hydrauliques sont celles qui attirent les vapeurs de l'atmosphère par leurs sommets, et les versent en ruisseaux et en rivières sur leurs flancs. Elles sont ordonnées aux mers et aux lacs, et elles en embrassent les méditerranées et les golfes par des chaînes et des sous-chaînes, pour en recueillir les évaporations par le moyen des vents qui les leur apportent. Elles sont situées, pour cet effet, à l'extrémité des continens et des îles, quand les vents y soufflent d'un seul côté, comme celles du Pérou et des Antilles, opposées au vent régulier de l'est qui règne sur l'océan Atlantique. Elles sont, au contraire, au milieu des continens et des îles, dans les latitudes où les vents soufflent tantôt d'un côté et tantôt de l'autre. Telles sont celles du Taurus et de l'Imaüs en Asie, celles des îles et presqu'îles situées au milieu des moussons alternatives de l'océan Indien. On peut reconnaître aisément leurs chaînes sur les cartes, en suivant l'intervalle qui s'y trouve entre les sources des fleuves. Cet intervalle, que les géographes laissent en blanc pour y mettre des écritures, ou qui est figuré hérissé de petites mottes isolées, est en longues crêtes parallèles à des mers qui en sont souvent fort éloignées. Les fleuves qui en descendent, annoncent par leur étendue l'élévation de leur sol; et les angles plus ou moins aigus des rivières confluentes peuvent servir, comme je l'ai dit ailleurs, à déterminer la rapidité ou la lenteur de ces fleuves, et par conséquent les différentes hauteurs d'où ils prennent leurs sources. Ainsi une fontaine annonce à sa source un tertre; un ruisseau, une colline; une rivière, une montagne; un fleuve, comme le Rhin, les Alpes, l'Amazone, de quinze cents lieues de cours, les Cordilières; et l'Océan, qui circule bien au delà de la zone torride, les pôles.

Toutes ces élévations ont des rochers électriques de différentes formes, qui attirent les vapeurs et les fixent en nuages autour d'eux. Il y a de ces rochers en pyramides droites ou inclinées, en pyramides à chapiteau, en cônes, en ruches, en tables, en têtes de champignon, comme ceux de la Finlande, et en mamelles surmontées d'un piton. Cette forme de mamelles est une des plus communes, et le nom en a été donné, dans toutes les langues, au sommet de beaucoup de montagnes. Les dénominations des peuples renferment toujours un grand sens lorsqu'elles sont universelles. Les noms de mamelles conviennent très-bien à ces hautes croupes couronnées d'un pic, qui sont les mères nourrices de chaque contrée, et les sources de leur abondance et de leur fertilité, par les eaux qui en découlent. Il y a de ces pics ou pyramides qui ne sont point apparens, mais qui sont ensevelis dans les flancs mêmes des montagnes, ce qui ne les empêche pas d'exercer leur attraction au dehors, comme j'en pourrais citer beaucoup d'exemples. Vous reconnaîtrez leur existence dans nos collines, aux brouillards qui se rassemblent au-dessus. En effet, si vous y faites fouiller, vous y trouverez, pour l'ordinaire, de la mine de fer et une source : il est remarquable que ce sont ces brouillards permanens que les minéralogistes donnent pour indices des mines métalliques. J'appelle ces pics ou pyramides hydro-électriques, parce qu'ils attirent à la fois le feu et l'eau. Partout où j'en ai observé, j'ai vu les nuages se détourner de leur chemin, et s'abaisser pour circuler autour d'eux. Ces nuages accumulés se résolvent alors en pluie, et descendent le long des forêts qui couvrent les croupes des montagnes; ils présentent les couleurs de l'arc-en-ciel au milieu de la verdure. Ces effets sont journaliers à l'île de France, sur les pics du Pouce, de Pieter-Booth, des Trois-Mamelles, et sur d'autres montagnes de cette île, dont les sommets sont cependant bien au-dessous de la région des nuages. J'ai monté, sur celle du Pouce, au pied de l'aiguille inclinée qui lui en donne le nom, et qui n'a pas trente toises de hauteur. Cette aiguille, d'un roc cuivreux, était entourée de brouillards qui la couvraient en grande partie, et, s'écoulant sur ses flancs humides, produisaient à sa base deux ruisseaux, dont l'un va se rendre au port, et l'autre se précipite par le revers escarpé de la montagne, où des mineurs traçaient alors un chemin. Les nuages qui traversaient le ciel aux environs, me parurent à la même élévation que si je les avais considérés du fond de la vallée. J'ai vu de semblables effets au cap de Bonne-Espérance, sur la montagne de la Table, où les nuages s'entassent fréquemment, de manière que son plateau paraît couvert d'une draperie blanche qui circule autour de lui. Les Hollandais disent alors que la nappe est mise sur la table. C'est sans doute pour les tempêtes; car il en part alors des coups de vent très-violens qui soufflent cette nappe sur la ville et sur la rade, en flocons semblables à ceux de la neige. Ils ne s'arrêtent point sur la terre et n'y produisent nulle pluie; ce ne sont que des lanières d'un brouillard épais, qui restent condensées malgré les rayons du soleil qui passent à travers, et y produisent des effets dignes d'être rendus par la peinture et expliqués par la physique, ainsi que leur cause.

Quant aux pics hydro-électriques, ils sont agrégés de bien des manières. Il y en a de solitaires, comme celui de Pieter-Booth à l'île de France, et du Mont-Rouge à l'Ascension; d'accouplés deux à deux, comme ceux du Parnasse, fameux par sa double cime, et du mont Sinaï; d'autres, trois à trois, tels que ceux de la montagne des Trois-Mamelles, à l'île de France; d'autres, disposés comme les dents d'un peigne, tels que ceux qui sont vers les sources du Syriam; d'autres sont groupés en rond comme les colonnes d'un labyrinthe, tels que ceux qui couronnent le sommet de l'île Bourbon, et du centre desquels s'élèvent les Trois-Salases dans la région glacée de l'atmosphère. J'en ai rapporté la description dans mes *Études*. Il n'y a aucun de ces pics qui n'attire les nuages autour de lui, et qui ne soit à la source de quelque rivière. Ainsi, quand vous voyez une rivière, vous pouvez être assuré qu'elle a à sa source un hydro-électrique métallique intérieur ou extérieur; si vous rencontrez un rocher en pic dans les lieux les plus arides, il est plus que probable qu'il y a une source souterraine apparente aux environs. Je ne veux pas dire que chaque pic ne fournisse de l'eau qu'à une source, ou que chaque source ait son pic particulier; je serais cependant tenté de le croire; car les colonnes de la plaine des Trois-Salases, à Bourbon, si multipliées et si couvertes de brouillards, qu'elles forment un labyrinthe où l'on s'égare, sont dressées précisément dans la partie la plus élevée de cette île qui domine sur la mer, en forme d'hémisphère, et sont à la source de la plupart des rivières qui l'arrosent.

Ce qu'il y a encore de très-remarquable dans ces colonnes de l'île Bourbon, c'est que, quoique de roc et très-escarpées, elles sont enduites de tous côtés d'une terre très-fine. Un des académiciens voyageurs au Pérou, je crois que c'est Bouguer, observa un pic semblable dans une de nos îles Antilles. Je suis donc persuadé que ces pics hydro-électriques ont encore une attraction fossile, qui peut-être résulte de la même attraction. En effet, ce n'est que par ce moyen qu'on peut expliquer la réparation des montagnes, qui vont toujours se dégradant; et, comme nous l'avons observé ailleurs, il y a des pluies de sable et de terre volatile, qui ne sont pas moins fréquentes en été que les pluies d'eau en hiver.

On peut voir par ces simples aperçus, combien se sont trompés ceux qui ont pris les pyramides qui couronnent la plupart des montagnes, pour les ruines d'une ancienne terre dégradée par les eaux. Où en seraient les autres débris? On ne peut placer les ruines de la terre hors de son globe.

Les montagnes hydrauliques ont à la base de leurs pics, des réservoirs ou châteaux d'eau qui distribuent sans cesse et peu à peu les eaux aux fleuves qui en découlent. Sans ces précautions, ces fleuves resteraient souvent à sec en été, et déborderaient en hiver. Leurs réservoirs sont apparens ou cachés. Quand ils sont apparens, on leur donne le nom de lacs. Les lacs sont fréquens dans les montagnes hydrauliques qui portent des neiges et des glaciers sur leurs plateaux : telles sont les hyémales du midi, et les monts à réverbère du nord. On peut voir dans les cartes de la Suisse, de la Norwége, de la Laponie, du Canada, combien les lacs y sont fréquens. Il était nécessaire que les bassins de ces réservoirs fussent profonds, larges et à ciel ouvert, pour recevoir au printemps des fontes abondantes et subites de neiges et de glaces, dont des masses énormes viennent se précipiter quelquefois dans leurs eaux. A mesure qu'on s'approche du pôle du nord, et de l'immense coupole de glace qui le couronne, les réservoirs qui sont autour d'elle se changent en méditerranées, telles, en Europe, que la mer Baltique, le golfe d'Archangel, la mer Glaciale; et en Amérique, la baie d'Hudson, celle de Baffin, etc. Ces dernières sont remplies de glaces flottantes, grosses comme des montagnes, qu'elles dégorgent sans cesse pendant tout le printemps et une grande partie de l'été.

Lorsque les montagnes hydrauliques n'ont point de glaciers, elles ont des réservoirs cachés dans l'intérieur de leurs flancs. Ce sont, pour l'ordinaire, de grandes couches de sable fort épaisses, où leurs eaux s'imbibent comme dans des éponges. Elles posent sur des lits de roche, ou plus souvent de glaise, afin que leurs eaux ne descendent pas trop bas. Nous avons remarqué cette même disposition jusque dans les plaines où nous perçons des puits, et c'est de ces eaux infiltrées dans des sables et retenues par des lits de roche ou de glaise, que résulte l'océan souterrain dont nous avons démontré ailleurs l'existence.

Non-seulement la nature creuse au pied des pics hydro-électriques, des réservoirs au-dessus de l'horizon pour l'écoulement des fleuves, mais elle a percé souvent des aqueducs, pour leur ouvrir des issues à travers les flancs des rochers. Quelques-uns de ces aqueducs sont à ciel ouvert, d'autres sont sous terre. Je comprends dans les premiers, par exemple, ceux qu'on appelle les Portes Caspiennes, qui ouvrent un passage à plusieurs fleuves de l'Arménie et de la Perse, lesquels se jettent dans la mer Caspienne. C'est par de semblables routes que le Tigre descend des monts Gordiens, fend le mont Niphate en allant se rendre dans le golfe Persique. Ces aqueducs sont, pour l'ordinaire, des détroits de roc vif, qui ont douze à quinze cents pieds de hauteur perpendiculaire, et si peu de largeur, qu'une poignée d'hommes peut en fermer le passage à toute une armée. C'est pour cette raison que, dans toutes les langues, on leur a donné le nom de portes. On les rencontre, pour l'ordinaire, dans la circonférence d'un bassin formé par des montagnes hydrauliques, aux environs de leurs méditerranées ou lacs, et au débouché des rivières qui y entrent ou qui en sortent. Certainement ils ne peuvent avoir été creusés par les rivières qui y passent, puisqu'ils sont de roc vif, que leurs escarpemens sont pour la plupart à plomb, et que quelques-uns sont encore plus élevés que je ne l'ai dit. D'ailleurs les aqueducs souterrains des rivières, qui passent souvent au travers des montagnes de plusieurs lieues d'étendue, prouvent que la nature en a percé les canaux, et dirigé les niveaux et les pentes. Tels sont les cinq aqueducs souterrains, de chacun dix milles de longueur, qui traversent la montagne de roc vif qui sépare le lac de Livadie du détroit de l'Euripe, et y produisent ces marées intermittentes dont les sources sont dans les neiges des montagnes hyémales de la Thessalie. On peut mettre encore au nombre des aqueducs souterrains le canal par lequel le Rhin s'engouffre aux environs de sa source, ainsi qu'un grand nombre d'autres. La nature a percé plusieurs rochers du globe, pour y faire passer des veines d'eau et des filons de métal, comme elle a percé plusieurs ossemens dans les animaux, pour y faire passer des veines de sang et des nerfs.

Pour donner une idée de ces aqueducs souterrains, je dirai ici deux mots de celui que j'ai vu à l'île de France. Un conseiller de ce pays, appelé M. de Chazal, et un capitaine de sa légion, nommé le marquis d'Albergati, tous deux fort curieux d'histoire naturelle, m'ayant proposé d'aller voir une caverne extraordinaire qu'on attribuait à d'anciens volcans, nous partîmes du Port-Louis, et, après une heure et demie de marche dans les bois, vers les plaines de Saint-Pierre, nous trouvâmes à nos pieds une ouverture semblable à l'écroulement d'une voûte. Un arbre, qui croissait au-dessus, avait projeté cinq ou six de ses racines tout au travers, et lui donnait assez de ressemblance à l'entrée d'une prison avec ses barreaux. Nous y descendîmes au moyen de quelques roches éboulées, et précédés de noirs qui portaient des flambeaux ; nous en parcourûmes au moins la longueur de cent cinquante toises. Ce souterrain avait environ quatre toises de largeur, et tantôt sept à huit pieds de hauteur au milieu, tantôt quatre à cinq seulement. En quelques endroits même, il fallait se traîner sur le ventre pour avancer. Cette hauteur inégale n'était pas sa vraie hauteur. Il était rempli en partie d'une terre rouge, très-fine, et ferrugineuse, telle que l'est en général celle de cette île. Dans les lieux où ses dimensions naturelles paraissaient à découvert, sa voûte en anse de panier, ses côtes et son sol, ne formaient qu'une seule pièce de roc, enduit d'un vernis de pierre, brillant, sec, et hérissé de stalactites ferrugineuses, qui se brisaient sous nos pieds comme des glaçons. Ce vernis pierreux me parut être une véritable séve lapidifique, dont la nature se sert pour former et réparer les minéraux, comme elle forme et répare les écorces et les bois des arbres avec leur séve végétale, et la chair et les os des animaux avec leur sang. Ce souterrain n'était point percé à travers un rocher, mais dans le sein des terres et des roches détachées, qui composaient une vraie maçonnerie, au moyen du gluten pierreux dont elles étaient enduites. Il serait bien à souhaiter que l'art pût imiter ce gluten de la nature ; car il n'y a ni mortier, ni ciment, ni vernis, qui lui soient comparables pour l'éclat, la solidité et la dureté, surtout dans les lieux humides. Ce canal était parfaitement sec : à la vérité, nous étions dans la saison sèche ; mais je jugeai que les eaux y coulaient dans la saison pluvieuse, par ses stalactites même, qui sont l'ouvrage des eaux filtrantes, et non celui du feu ; par cette terre rouge et fine, d'autant plus abondante, que nous remontions vers sa source ; par plusieurs coquilles de limaçons terrestres ; par des feuilles que j'y ramassai, et surtout parce qu'il y avait sur ses deux côtés, à hauteur d'appui, des espèces de moulures horizontales et parallèles, qui provenaient évidemment des différens niveaux où l'eau avait coulé. Elles formaient un hydromètre qui marquait les années plus ou moins pluvieuses. C'est donc un véritable aqueduc naturel d'une rivière souterraine, et non l'ancien lit d'une lave, comme le prétendent quelques habitans de cette île, qui paraît en effet avoir été volcanisée.

Après avoir parlé des puits, des réservoirs et des aqueducs des montagnes hydrauliques, il me reste à donner une idée des canaux des rivières qui en découlent et de leurs embouchures, soit à leur confluent, soit dans la mer.

Les canaux fluviatiles sont enduits d'une vase ou glaise que déposent à la longue les eaux les plus pures : cet enduit empêche les eaux de filtrer dans les terres et de s'y perdre. C'est pour éviter cet inconvénient que nous entourons de glaise nos bassins qui renferment des eaux stagnantes. Les eaux courantes ne sont pas exposées à cet accident, parce qu'elles renouvellent sans cesse leur ciment. Elles traverseraient les sables les plus arides, qu'à la longue elles y déposeraient un enduit qui étancherait leurs canaux. La nature les fait serpenter sur les flancs des montagnes et dans les plaines, afin de les fertiliser. J'ai remarqué qu'en général la vitesse des rivières était égale à celle d'un homme qui se promène ; cependant elles descendent de hauteurs bien différentes les unes des autres. La nature, pour leur donner à peu près le même cours, l'accélère et la retarde en les harmoniant ensemble. Si une rivière a une pente trop rapide, elle retarde son cours par une autre rivière, souvent aussi rapide, qui la traverse en y tombant à angle droit. Si au contraire il est trop lent, la confluente lui communique sa vitesse, en formant avec elle un angle aigu : douce image de l'harmonie fraternelle et sororale, dont les lois, comme nous le verrons, s'étendent à toutes les puissances de la nature !

Ces lois harmoniques n'existent pas moins dans la disposition de l'embouchure des fleuves. Souvent on y trouve une ou plusieurs îles qui leur permettent de verser leurs eaux, tantôt à droite, tantôt à gauche, à l'abri des vents qui s'opposent à leur cours. Ainsi, au moyen de cette double harmonie, elles sont protégées contre les tempêtes.

Chaque partie des montagnes hydrauliques en pente douce a des végétaux et des animaux qui lui sont propres, et qui sont variés dans toutes les latitudes. C'est sur les flancs perpendiculaires des montagnes de l'île de France, ainsi que dans ses monts éoliens, que j'ai trouvé cette plante sans feuille, en forme de discipline, dont les racines sont en haut et la tête en bas, jouet perpétuel des vents et des pluies.

C'est dans les fentes de ces mêmes rochers que se réfugient plusieurs oiseaux de marine, entre autres le paille-en-queue. Dans nos climats, c'est sur les rochers toujours humides qui attirent les vapeurs, que croissent le chelidonium, la pariétaire et le capillaire qui rayonne avec ses feuilles divergentes. Dans les classes nombreuses d'êtres qui fixent leur habitation autour d'eux, on distingue le pivert de murailles. Ce bel oiseau, dont le plumage est glacé d'azur, vit des insectes qui se logent dans leurs fentes. Il a des griffes pour y grimper, et une tête dont les os souples et élastiques se prêtent aux efforts qu'il fait pour atteindre à sa proie, entre les parois des pierres.

Les réservoirs des montagnes hydrauliques, c'est-à-dire les lacs, nourrissent une infinité de plantes, de poissons et d'oiseaux, qu'on ne trouve point ailleurs. Chaque lac, comme une petite mer, a les siens, qui lui sont particuliers : tel est par exemple, parmi les poissons du lac de Genève, l'ombre-chevalier.

Les aqueducs souterrains même ont leurs végétaux et leurs animaux. Je trouvai dans celui de l'île de France une plante de sept à huit pieds de long, grosse comme le petit doigt, entourée de filamens qui l'attachaient à la voûte. Elle n'avait ni branches ni feuilles, et ressemblait exactement à une racine, si ce n'est qu'elle finissait en pointe par les deux bouts. C'est dans de semblables lieux que l'on voit quelquefois des animaux d'une forme hideuse. Suivant le témoignage de Chardin, on prend des poissons d'une espèce particulière, d'une forme et d'une couleur déplaisantes, dans les souterrains que les Persans ont pratiqués au sein des montagnes pour en conduire les eaux dans les plaines. Nous savons que des crapauds et d'autres reptiles hideux se plaisent dans les cavernes ténébreuses, et qu'ils s'y engagent quelquefois de manière qu'ils s'y trouvent enveloppés dans les eaux dont se forment les stalactites. Ils ne font plus alors qu'un seul corps avec le rocher, et ils subsistent pendant des siècles, vivant d'une vie fossile. Des mémoires authentiques attestent qu'on en a trouvé plusieurs fois dans des blocs de pierre de taille et de marbre.

Il est très-remarquable que tous les êtres qui vivent loin des douces influences de la lumière, répugnent aux regards de l'homme ; cependant l'homme habite les mêmes lieux. Ce n'est point seulement pour y chercher l'or qu'il s'enfonce tout vivant dans les entrailles de la terre : la dure nécessité le force souvent d'y descendre pour satisfaire les besoins les plus communs. A la triste lueur d'une lampe, il use ses jours à excaver des carrières, à creuser des marnières, à percer des puits. Quelquefois, la tête et les épaules couvertes d'un cuir, et le reste du corps nu, il va à tâtons chercher la molle argile jusque sous le lit des rivières. Mais la vanité lui fait entreprendre des choses encore plus hasardeuses que ne le fait le besoin. Nous tremblons pour les plombiers et les couvreurs qui vont réparer nos toits et nos clochers ; mais un maçon, à l'île de France, a osé monter jusque sur le cube en saillie qui couronne le pic de Pieter-Booth. A l'aide de quelques ferremens qu'il enfonçait dans les fentes de la pyramide, il parvint jusqu'à son chapiteau ; et là, se renversant en arrière, le corps suspendu dans les airs, au moyen des mêmes ferremens, il mit enfin le pied sur ce socle où ne s'étaient jamais reposés que des oiseaux, et parut aux yeux de toute l'île effrayée, sur un piédestal dont le sommet se perd dans les nuages. Son nom eût mérité d'y être inscrit, si la mémoire des actions téméraires tout-à-fait inutiles aux hommes n'était digne de leur oubli. La hardiesse les étonne, mais elle ne les intéresse que quand elle se joint à un bienfait.

Nous avons donné un aperçu des montagnes hydrauliques à pente douce : nous allons jeter un coup d'œil sur celles qui sont en amphithéâtre. J'en distingue de deux espèces. Les unes, comme les précédentes, s'élèvent en pyramides, divisées par étages comme un roi d'échecs, sous la surface du globe ; les autres sont en quelque sorte coupées par plateaux, dans leur circonférence, comme les marches d'un escalier.

Les montagnes pyramidales en amphithéâtre sont fréquentes dans les îles de peu d'étendue : on peut en remarquer un grand nombre sur les cartes détaillées des îles torridiennes, telles que celles des voyages de Cook ; on en voit qui ont jusqu'à cinq et six étages. C'est une preuve de la sagesse de la nature ; car si une rivière qui descend du haut des montagnes se rendait à la mer par une pente douce, ses eaux s'écouleraient comme celles d'une écluse ; il n'en resterait plus dans son canal : mais lorsqu'elle tombe d'un terrain en amphithéâtre, ses chutes perpendiculaires absorbent une partie de sa rapidité, et elle flue ensuite avec lenteur sur un niveau presque horizontal. L'effet de sa chute est si propre à lui ôter une partie de sa vitesse, que, quoique son cours soit rapide au-dessus, il est presque insensible au-dessous.

Les montagnes hydrauliques en amphithéâtre sont communes dans les pays élevés, comme la Suisse ; et partout où il y en a, il y a des cataractes. Souvent ces montagnes sont en pente douce d'un côté, et en amphithéâtre de l'autre. C'est par leur moyen que la nature fait partir deux fleuves du même pic, pour se rendre dans deux mers situées à des distances fort différentes, et y fait arriver leurs eaux avec la même vitesse : celui qui a le plus de chemin à faire coule par des terres en pente, et celui qui en a le moins par des terres en amphithéâtre. Ce double effet se remarque fréquemment dans les Alpes, les Cordilières, et dans toutes les montagnes situées entre deux mers, à l'extrémité d'une île et d'un continent.

Il y a encore ceci de très-remarquable, c'est que toutes les cataractes sont fortifiées et remparées de grands rochers. Je ne sais pas si le pays qui les avoisine en a également dans le pourtour du même étage ; mais on voit qu'ils sont absolument nécessaires à l'endroit où le fleuve se précipite, afin d'empêcher ses eaux de dégrader le terrain. Sans cette fortification, dont la durée est sans doute digne d'étonnement, il se fraierait une pente oblique, et il s'écoulerait avec la rapidité d'un torrent. Ainsi, les cataractes d'un fleuve ne sont pas des preuves que le pays qu'il arrose est sorti depuis peu du fond de la mer, comme l'ont avancé de célèbres écrivains en parlant des fleuves du Nouveau-Monde ; car elles sont fort communes dans les montagnes de l'ancien, qui, d'après leur système, doivent être sorties les premières du sein de l'Océan. Il y a plus, c'est qu'on voit beaucoup de cataractes dans les plaines mêmes de l'Asie, de l'Afrique et de l'Europe. Le Rhin, le Danube, le Volga, le Sénégal, le Nil si ancien, et bien d'autres fleuves, dont les bords sont habités depuis longtemps, se précipitent dans leur cours, comme ceux des contrées solitaires de l'Amérique. Ainsi les cataractes ne sont point des monumens des désordres de la nature, que la main des hommes n'a pas encore réparés ; mais elles sont des preuves de la sagesse de ses plans dans les harmonies du globe.

Nous achèverons de nous en convaincre, si nous observons les masses hydrauliques en plateaux ; elles n'ont point d'élévation par elles-mêmes ; elles n'ont que des hauteurs relatives ; elles ne sont montagnes que par leurs flancs ; elles sont plaines à leurs sommets et à leurs bases, et elles prouvent la fausseté de cet ancien axiome, qu'il n'y a point de montagne sans vallée ; elles sont les différentes coupes du même terrain, qui s'élève par degrés comme ceux d'un amphithéâtre. Sans doute la nature a voulu, par cette disposition, racheter la pente de plusieurs parties du continent vers la mer, les préserver des dégradations des pluies, et y faire séjourner les eaux, en divisant leur sol par étages, comme les Indiens et les Chinois le pratiquent dans les pentes de leurs montagnes, sans doute à son exemple et dans la même fin. Comment ose-t-on lui refuser une intelligence que nous accordons aux hommes qui n'ont jamais rien imaginé et ordonné de sage qu'à son imitation ?

J'ai remarqué, en France même, cette configuration graduelle de terrain depuis Paris jusqu'aux rivages de Normandie. En passant par Évreux, vous parcourez sur cette route de grandes plaines, au bout desquels vous trouvez une descente ; après cette descente, d'autres plaines s'étendent, et successivement jusqu'aux prairies de la Basse-Normandie. Ces terres en amphithéâtre sont fréquentes en Afrique, en Amérique, et surtout au nord de l'Europe. L'astronome Chappe, que je n'ai vu qu'un instant, et que j'ai regretté toute ma vie, pour rendre ses voyages plus utiles, traça un profil des diverses hauteurs de la terre, depuis Paris jusqu'en Sibérie, au moyen d'un baromètre qu'il portait dans sa chaise de poste. Mais il n'est besoin d'aucun instrument pour connaître les différens niveaux : vous en apercevrez les pentes sur les cartes, par les directions des fleuves ; et les coupes en amphithéâtre, par leurs cataractes : c'est ce que n'apprend point un baromètre. J'ai trouvé la plupart des rivières de la Finlande russe remplies de cataractes, les unes obliques, les autres perpendiculaires : les lacs y sont rangés, du nord au midi, en forme de Cordillières ; ils se dégorgent les uns dans les autres, en descendant la plupart vers la Baltique ; quelques-uns se déchargent dans la mer Glaciale, mais ils sont en petit nombre. Le sol où ils coulent de ce côté paraît presque de niveau avec cette mer qui n'a point de montagnes sur ses rivages : j'en tire une nouvelle conséquence que la terre s'allonge vers ce pôle.

Les montagnes hydrauliques en plateaux offrent, comme on peut bien le croire, de vastes amphithéâtres à la végétation, en lui présentant des ados, des abris et des arrosages ; elles nourrissent dans leurs rivières des poissons qui ont l'étrange faculté d'en remonter les cataractes. Les sommets les plus âpres de ces montagnes ont des végétaux et des animaux qui leur sont propres. C'est sur leurs crêtes raboteuses, qui abondent pour l'ordinaire en fer, que s'élève le mélèze aimé des forges, dont il accélère les fontes avec son tronc et ses rameaux couvert d'agarics et de mousses inflammables. C'est dans les rivières qui y prennent leurs sources, que le saumon se plaît à remonter, et à franchir d'un coup de queue leurs chutes bruyantes : je crois qu'il est attiré par des mélèzes et des sapins qui sont à la cime des monts ; peut-être cet appât engage ce poisson à remonter les fleuves du nord, et l'éloigne de ceux de la Méditerranée, où il y a fort peu de ces arbres. Le bouquetin ne se trouve que dans les sommets escarpés des Alpes ; c'est là qu'il broute des plantes inconnues aux laboureurs. Ce n'est point pour ce quadrupède léger et indocile, que la nature a arrondi les croupes des collines et aplani les campagnes de l'Élide ; pour mériter le prix de la course sur tous les animaux, il n'a pas besoin d'être excité par les vains applaudissemens de l'homme et par ses cruels éperons : nul obstacle ne l'arrête quand l'amour l'appelle. Les vents lui apportent-ils l'odeur de sa femelle au-delà d'une fondrière profonde? en vain les torrens mugissent à ses pieds : la nature lui refusa des ailes, mais l'Amour lui prête son arc; il se suspend aux branches d'un buisson par ses cornes recourbées, et d'un coup de tête il franchit l'affreux précipice.

Toutes les montagnes que j'ai décrites jusqu'ici seraient bientôt dégradées par les pluies, les neiges, les torrens et les siècles, si la nature n'avait pas pourvu à leur réparation. Ce sont des grains de sable, sortis de la mer, qui réparent les Alpes, comme ce sont ses vapeurs qui en entretiennent les fleuves et les glaciers. C'est du mouvement perpétuel des flots de l'Océan, qui, nuit et jour, roule, broie, pile et triture les rochers et les galets de ses rivages, que se forme cette longue zone sablonneuse qui les couvre; c'est de cette zone, qui entoure toutes les îles et tous les continens, que les vents enlèvent sans cesse des nuages d'une poussière si subtile et si légère, qu'ils s'envolent jusque dans les parties de la terre les plus reculées. Chemin faisant, ils déposent de distance en distance des réservoirs, des arènes et de grandes zones sablonneuses; comme les nuages aquatiques, partis des mêmes lieux, forment, par leurs pluies, des marais, des lacs, des méditerranées. Cette poussière est si volatile qu'elle s'élève aux sommets des plus hautes montagnes, et s'attache à leurs pics hydro-électriques, qu'elle rend terreux, comme nous en avons cité des exemples; de là, elle suinte dans toutes leurs parties caverneuses, qu'elle remplit de stalactites, et comble leurs fentes extérieures; elle y nourrit les grands arbres qui souvent les couronnent; broyée par la mer, échauffée par le soleil, et voiturée par les vents, elle renferme les premiers élémens de la végétation; les sables marins qui la produisent sont remplis de particules métalliques de fer, et même d'or. Elle est si subtile qu'elle voltige sans cesse dans nos appartemens, et surtout dans ceux qui sont inhabités; c'est elle qui couvre les meubles. Elle dépose des couches de terre végétale sur le faîte de nos murs, et jusque sur les corniches des tours qui, par son moyen, se couronnent de plantes de toutes couleurs, d'arbrisseaux, et même d'arbres de haute futaie. Le sable marin qui l'engendre est lui-même si subtil, et s'élève en si grande abondance sur les bords de la mer, qu'il les rend quelquefois inhabitables, au moins quand les vents y soufflent: c'est une des grandes incommodités de la ville du cap de Bonne-Espérance, entourée de montagnes de grès et de plages sablonneuses. Quand le sable volatile qui les couvre est agité par le vent, non-seulement il empêche les habitans de sortir dans les rues, mais il pénètre dans leurs maisons, quoiqu'il y ait de doubles châssis aux fenêtres, et que les portes soient soigneusement fermées; il entre par les trous des serrures et par les plus petites fentes en si grande abondance, qu'on le sent craquer sous la dent dans tous les alimens, ainsi que je l'ai éprouvé moi-même. Corneille Le Bruyn en dit autant des orages de sable des bords de la mer Caspienne. Richard Pocoke rapporte qu'on en est fort incommodé en Égypte. « Ils obscurcissent, dit-il, le soleil, et ils sont si épais, qu'on ne peut voir à la distance d'un quart de mille. La poussière pénètre dans les chambres les mieux fermées, dans les lits, dans les armoires. Enfin les Turcs, pour exprimer la subtilité de ce sable, disent qu'il pénètre à travers la coque d'un œuf. » On retrouve de pareilles tempêtes sablonneuses dans l'intérieur des continens; j'ai cité celles de Pékin, où l'on est obligé d'aller toute l'année à cheval avec un voile sur les yeux, et on doit se ressouvenir de celles qui ensevelirent l'armée de Cambyse.

Ces sables volatiles entrent tellement dans les plans de la nature, qu'elle a, pour ainsi dire, palissadé les yeux des quadrupèdes et des hommes pour les en garantir. Mais si ces poussières sont incommodes, elles sont très-utiles à la végétation, et surtout aux réparations des montagnes. Elles forment, sur les bords de la mer, des dunes qui en sont les digues naturelles. Ce sont là les premières montagnes littorales, dont je distingue deux genres, les unes maritimes, les autres fluviatiles.

Les montagnes littorales maritimes présentent deux espèces principales, les sablonneuses et les *lapideuses*; toutes deux se subdivisent en concaves et en convexes. Les concaves sont celles qui sont creusées dans le bassin même de l'Océan; les convexes sont celles qui s'élèvent au-dessus de la surface de la terre.

Les littorales maritimes sablonneuses concaves comprennent les bancs de sables sous-marins, et les convexes les dunes.

Les dunes sont de petites montagnes de sable qui tirent leur origine du fond de la mer. Elles commencent par des bancs de sable que les courans déposent d'abord sous les eaux. Ils se forment, pour l'ordinaire, par le concours de deux courans opposés : voilà pourquoi ils sont très-fréquens aux embouchures, c'est-à-dire aux confluens des fleuves et de la mer. Ils sont très-étendus vers la ligne, au confluent des deux hémisphères nord et sud, où aboutissent les deux courans généraux de l'Océan, qui descendent alternativement tous les six mois. C'est des débris de ces deux hémisphères, et particulièrement du nôtre, que se sont formés les hauts fonds sablonneux de la Nouvelle-Hollande, qui en rendent l'abordage difficile aux vaisseaux. On peut y ajouter les dissolutions pierreuses invisibles, dont tant de races de poissons forment leurs coquilles, et dont les madrépores entourent, comme d'un rempart, la plupart des îles des mers torridiennes. Ces fortifications marines vont toujours en croissant, et des îles entières de la mer du Sud leur doivent leur origine, suivant le témoignage de Cook. Ainsi, un grain de sable, placé par la nature, peut être un jour la base d'un nouvel hémisphère. La mer, qui ronge sans cesse les plus durs rochers marins, ne fait qu'accroître les bancs de sable qui en sont les débris. Ce sont des digues mobiles qui résistent en cédant ; elles augmentent les grèves des rivages dans les hautes marées, et surtout dans les tempêtes, qui les portent jusque dans l'intérieur du continent. C'est ce que j'ai vu dans beaucoup d'endroits, et surtout à l'île de l'Ascension, dans l'anse aux Tortues, où le sable se trouve à un quart de lieue de la mer, et est placé à plus de vingt pieds au-dessus de son niveau. Cet exhaussement n'est pas l'ouvrage des marées, qui ne s'élèvent point à cette hauteur dans la zone torride ; mais il est celui des ouragans dont la violence est telle, qu'ils jettent des bancs de galets énormes à plus de cent pas du rivage, comme je l'ai vu dans les ouragans des îles de France et de Bourbon : ils portent le sable beaucoup plus loin.

Lorsque le sable marin est à une certaine distance de la mer, il n'y retourne plus ; les vents s'en emparent, et en forment de petites montagnes, connues sous le nom de dunes : c'est de ce mot celtique *dun*, qui signifie sable, que s'est formé le nom de Dunkerque, comme qui dirait église des sables, parce que le premier monument de cette ville fut une église qui s'élevait au milieu des dunes. La forme de ces petites montagnes sablonneuses prouve que les vents soufflent de haut en bas, comme je l'ai dit ailleurs ; et comme ils viennent fréquemment de la mer, ils font voyager quelquefois les dunes dans les terres, au point d'ensevelir des villages entiers, comme il arrive sur les plages de la Saintonge : d'un autre côté, la mer ronge quelquefois ces mêmes dunes, et les reporte ailleurs. La ville des Sables-d'Olonne fut, il y a une vingtaine d'années, sur le point d'être détruite par des courans marins qui avaient enlevé sa plage, ses jardins et une de ses rues. En vain on avait essayé de la défendre par des digues, des pieux, des murs : la ville voyait sa ruine s'avancer de jour en jour. Un habile ingénieur des ponts et chaussées, Lamandé, trouva enfin le moyen de faire rendre à la mer ce qu'elle avait pris à la terre. Après avoir observé que le courant destructeur venait frapper une partie de la côte, d'où il se réfléchissait directement sur la ville, il construisit, à l'angle de réflexion, une digue qui détournait obliquement le courant de sa direction : de sorte que, loin de dégrader désormais la ville, il lui rendit, en moins d'une année, plus de grève qu'elle n'en avait perdu. Ainsi la science d'un homme attentif aux lois de la nature sauva une ville florissante des fureurs de la mer, et força les flots de réparer leurs propres dommages, non en s'opposant directement à leur violence, mais en la détournant vers un autre objet. On ne peut opposer à la nature que la nature même ; c'est une maxime vraie en politique et en morale, comme en physique. Les habitans des Sables-d'Olonne regardent cet ingénieur comme leur sauveur ; et l'un d'entre eux qui n'avait point d'enfans, et qui avait pour héritiers des collatéraux riches, lui a légué, par son testament, 40,000 livres, pour récompenser un service rendu à son pays. J'ai cru devoir rapporter cet acte rare de générosité d'un particulier envers un de mes anciens camarades aux ponts et chaussées, qui était digne à tous égards de la reconnaissance publique.

Pour revenir aux dunes de sable, on doit les regarder comme les meilleures digues que l'on puisse opposer aux fureurs de l'Océan. Il n'y trouve que de longs talus où ses flots s'étalent sans résistance ; souvent il les augmente par ses tempêtes, qui détruisent les jetées les mieux construites. La nature les fortifie encore avec divers végétaux, suivant les climats. Elle a planté dans les sables marins de la zone torride les souples mangliers comme des digues flottantes, et les cocotiers qui entrelacent tellement leurs racines chevelues qu'ils en font des masses solides. Elle y a disséminé une multitude d'animaux, tels que les crabes, les bernards-l'ermite, les tortues, ainsi qu'une foule d'oiseaux de marine qui ne peuvent vivre que dans des sols sablonneux. C'est là aussi que vivent beaucoup de hordes errantes de Sauvages, qui y trouvent des chasses et des pêches abondantes. Les dunes de nos rivages ont aussi leurs végétaux et leurs animaux. C'est là que croissent le gramen arenosum, les squilles, la criste-marine, le thym et le serpolet les plus parfumés. Les lapins, si bien peints par La Fontaine, et dont le sort a été envié par l'infortuné Jean-Jacques, se plaisent à y construire leurs longs et tranquilles souterrains. A l'instinct de ces paisibles animaux pour creuser la terre, on peut reconnaître qu'ils sont les habitans naturels des dunes. Ceux de Cabourg, sur les côtes de la Basse-Normandie, sont à tous égards les plus estimés dans nos climats. Les Hollandais regardent leurs dunes comme leurs meilleures digues. Ils ont grand soin de les entretenir et de les réparer à chaque marée avec des bottes de jonc, qu'ils enfoncent, d'étage en étage, dans leurs flancs battus de la mer. Ils sèment aussi sur leurs crêtes le gramen arenosum, et ils y plantent, avec une constance inaltérable, des chênes, qu'ils renouvellent sans cesse. Enfin, ils n'opposent souvent aux fureurs de l'Océan et à celles de leurs ennemis que de simples bancs de sable.

Les montagnes littorales maritimes saxatiles sont de deux sortes, comme les sablonneuses. Les unes sont concaves, les autres sont convexes. Les concaves sont creusées dans le bassin des mers. Parmi celles-ci, les unes sont sous l'eau, comme les rochers sous-marins; les autres sont hors de l'eau, comme les falaises. Les littorales convexes sont des montagnes qui s'élèvent au-dessus de la surface de la terre.

Il y a d'abord des rochers sous-marins, soit que la mer les forme actuellement en pétrifiant des vases, ou en conglomérant des sables en grès; soit qu'elle les ait construits autrefois, comme les falaises qu'elle détruit aujourd'hui, et que ces rochers en soient des débris. Nous rangerons parmi les rochers sous-marins le banc de Terre-Neuve, qui est de roche vive, comme on l'a reconnu par les sondes, et autour duquel on ne trouve point du tout de fond; le grand banc qui borde la côte occidentale de l'Afrique, et peut-être le fond même de la mer, qui, en beaucoup d'endroits, ne présente aux sondes qu'un lit de roches, couvert çà et là de vases, de sables, de coquilles brisées. Quoi qu'il en soit, une grande quantité de rochers sous-marins montent du fond de la mer jusqu'au-dessus de sa surface, et protégent ses rivages contre la fureur des flots, qui s'y brisent sans cesse. Telles sont les colonnes de pierre qui s'élèvent devant la côte de Norwége, dans une étendue de trois cents lieues, et la crête de rochers qui borde celle du Brésil, dans une longueur de mille lieues. Quoique ces digues maritimes soient peu élevées au-dessus de l'eau, elles ont au moins deux à trois cents brasses de profondeur. Telles sont encore les chaines de pierre qui environnent les attollons des Maldives, et les ceintures de madrépores qui entourent un grand nombre d'îles entre les tropiques. Toutes ces digues naturelles sont faites avec un art admirable; car, quelque dur que soit le rocher dont elles sont construites, elles sont ouvertes à l'embouchure des fleuves, non pas toujours vis-à-vis, mais de la manière la plus convenable aux débouchés de leurs eaux, par rapport aux courans de la mer. Comme c'est là qu'abordent les alluvions de l'Océan et de la terre, c'est aussi là que vivent des variétés prodigieuses de fucus, d'algues, de varechs, de coralloïdes, d'éponges, de vermisseaux, de crustacés, de coquillages, de poissons, d'amphibies, d'oiseaux, dont la plupart n'ont pas même encore de nom dans les langues européennes. Je ne balance pas à dire que l'histoire naturelle d'un rocher sous-marin, situé entre les tropiques, ne serait pas contenue dans un cabinet de la même étendue, quand on n'y mettrait que deux individus, mâle et femelle, de chaque espèce d'êtres qui l'habitent dans le cours de l'année. J'ai vogué en pirogue sur les hauts-fonds de l'île de France, et je les ai vus pavés de madrépores aussi variés que les herbes le sont dans nos prairies. Ces madrépores sont remplis de zoophytes, de crabes et de coquillages de toute espèce; et il y en a de si grands, qu'un seul ferait la charge d'un cheval. Le sol qui les porte est lui-même un madrépore formé de couches dont on fait de la chaux en abondance. Lorsque la mer découvre, dans ses basses marées, une partie des fondemens de cette architecture hydraulique, c'est alors qu'on peut se convaincre qu'un rocher n'est pas l'ouvrage du hasard, puisque de son existence dépend celle d'une multitude d'êtres végétans et vivans, organisés exprès pour ne végéter et ne vivre que là. Le lépas, par exemple, est un coquillage pyramidal, collé à un rocher qu'il suce; et son existence en dépend tellement, qu'il meurt dès qu'il en est détaché. L'huître de l'île de France se colle aux anfractuosités des rochers, de manière que son écaille en suit les plis, et qu'on ne peut l'en détacher qu'en emportant une pièce du roc. La première fois que je vis à l'île de France un panier d'huîtres, je crus que c'était un panier de pierres. On ne les pêche et on ne les ouvre qu'avec un marteau et un ciseau. Elles sont d'ailleurs excellentes. J'ai vu à Malte et à Toulon une espèce de moule appelée *dail*, qui se loge et vit dans l'intérieur des blocs de pierre calcaire qui sont au fond de la mer, sans qu'on la trouve nulle part ailleurs. Il n'est pas aisé de dire comment ce dail y pénètre, car on ne voit point d'ouvertures à ces rochers que l'on brise à coups de masse pour en tirer ce coquillage, qui est très-bon à manger. Ce n'est pas à moi à dire sur ce sujet ce que j'ai vu, mais aux Patagons, aux habitans des Orcades orageuses, des îles Kuriles, du détroit de Jeso, découvert par l'infortuné La Peyrouse, et à cette foule de familles errantes, libres et heureuses, qui, sans aucune culture, trouvent dans les productions si variées des rivages de l'Océan des moissons plus abondantes et plus gratuites que celles de la terre.

L'Océan est, comme je l'ai dit ailleurs, le berceau et le tombeau de la terre. Il est le grand réceptacle de ses dépouilles, et c'est sans doute à leurs dissolutions qu'il doit le bitume et les sels dont ses eaux sont imprégnées. Quoiqu'elles paraissent limpides sur ses rivages, elles se troublent, dans les grandes tempêtes, dans tous les endroits où la sonde peut atteindre. Si on en met alors dans un verre, on y voit des grains de sable se déposer au fond : j'en ai vu faire l'expérience à l'embouchure de la Manche, à plus de soixante lieues au large. C'est un des moyens dont les marins se servent dans les brumes et dans les gros temps, lorsqu'ils ne peuvent sonder, afin de connaître s'ils approchent de terre. Quant à leur sonde, c'est une quille de plomb, quelquefois du poids de soixante à quatre-vingts livres. On l'attache à une corde de cent cinquante à deux cents brasses, et on la laisse aller au fond de l'eau pour en connaître la profondeur. Sous la base de cette quille il y a une cavité ronde, de la capacité d'une salière. Elle est remplie d'une pelotte de suif en saillie; cette pelotte s'écrase par le poids de la quille, et s'amalgame avec le sable et la vase du fond où elle s'arrête. Au moyen de ce sable et de cette vase, dont les débris et les couleurs varient suivant les côtes, on juge de leur éloignement. On a porté l'art de sonder jusqu'à faire des cartes fort exactes des bancs et des écueils que l'on ne peut voir. Les marins, ce me semble, l'emportent en ce point sur les astronomes. Ceux-ci mesurent des distances inaccessibles dans les cieux ; mais ceux-là en mesurent d'invisibles au fond de la mer. C'est par la sonde que l'on a le contour et la hauteur des bancs sous-marins de nos côtes, et même du banc de Terre-Neuve, qui a plus de deux cent trente lieues de longueur.

Quant aux montagnes littorales maritimes concaves qui s'élèvent hors de l'eau, on les appelle falaises. Les falaises ne sont pour l'ordinaire que des rivages très-escarpés, taillés dans le sol des terres à leur niveau. Il y en a de toutes sortes de minéraux. Les unes sont de pierre de taille, comme les collines de l'île de Malte, escarpées par la mer; d'autres sont de lave, comme celles de l'île de l'Ascension. Celles-ci avancent leurs plateaux poreux au-dessus de la mer qui, les frappant en dessous par ses houles, fait jaillir à travers leurs trous une multitude de gerbes et de jets d'eau : j'en ai vu la côte de cette île bordée quelquefois dans l'étendue de plus d'un quart de lieue. C'est sans doute à quelque longue caverne où la mer s'engouffre, qu'il faut attribuer un jet intermittent d'eau salée qui s'élève dans l'île de Malte, au milieu des terres, à une grande distance du rivage. Il y a plusieurs jets semblables d'eau bouillante, aux environs du volcan du mont Hécla en Islande.

Les falaises de la Normandie sont des couches alternatives de marne blanche et de cailloux noirs, posées par assises horizontales comme les pierres d'un monument : elles ont de quatre-vingts à cent pieds de hauteur. Elles sont évidemment l'ouvrage de l'Océan, car elles sont remplies de coquillages marins ; mais ce qu'il y a de fort singulier, c'est qu'on y trouve les plus grandes coquilles des Indes, telles que la tuilée ou le bénitier. L'océan Indien les a formées dans son sein, et l'Atlantique les détruit aujourd'hui. Il est prouvé par les observations les plus exactes, qu'il en ronge une toise tous les ans. On pourrait, ce me semble, remédier à cette dégradation en coupant ces falaises en longs talus depuis le haut jusqu'en bas. Les marées s'y étaleraient, et n'en battraient plus le pied en ruines. Il suffirait même d'en couper en pente douce la partie inférieure, jusqu'à l'endroit où s'élèvent les plus hautes marées. On laisserait la partie supérieure perpendiculaire, et on y ménagerait de charmantes habitations, qui auraient communication à la fois avec la mer et avec les campagnes. On pourrait y tailler d'une seule pièce des chantiers pour de petits vaisseaux, des maisons de plaisance, des bains où l'on recevrait des douches marines. Lorsque la mer roulerait sur leurs talus, ses flots, y glissant sans résistance, n'y causeraient plus de dommages. Leurs galets dégradés n'iraient plus encombrer à vingt lieues de là le port du Havre, comme ils font aujourd'hui.

Au reste, l'idée de ces talus littoraux n'est pas de moi; elle appartient à la nature. Elle en a ménagé de semblables dans la plupart de ses montagnes littorales, tant pour leur conservation que pour l'usage des amphibies qui y abordent. Ils sont très-fréquens sur les rivages du nord, parmi les roches qui bordent le Groënland, le Spitzberg, la baie d'Hudson : ils y sont connus sous le nom d'échoueries. C'est là que rampent les veaux marins, les morses, les phoques, les chevaux marins, pour gagner la terre; et c'est de là aussi qu'ils glissent et se lancent à la mer, à la vue des chasseurs. Ces échoueries sont de roc vif, en pente douce et très-glissantes, parce qu'elles sont sans cesse lubrifiées par un gluten dont la peau de ces animaux est toujours enduite. Ils n'y pourraient pas grimper aisément si la nature ne leur avait donné à la plupart de grosses dents recourbées, qui leur servent à s'accrocher. Ces talus servent aussi de chantiers aux grandes glaces du nord, pour s'écouler tout entières de leurs glaciers à la mer. Les Sauvages y mettent leurs bateaux en sûreté, à l'exemple de la nature et des amphibies. Leurs ports sont des écueils.

Les montagnes littorales maritimes élevées au-dessus de la surface de la terre, sont pour l'ordinaire de roc vif; elles se rencontrent fréquemment aux endroits où les mers sont tempétueuses. Telles sont, par exemple, les Orcades, où battent sans cesse les flots de l'océan Calédonien. Ces îles, placées aux confluens et dans les remous du courant général de l'Atlantique, qui descend du pôle, et de ses contrecourans latéraux qui y remontent, sont pour la plupart formées de hauts rochers pyramidaux, coupés en précipices. Les tempêtes de l'air mugissent à leurs sommets, et celles de la mer à leurs pieds; mais ils renferment dans leurs vallons des abris favorables aux plantes, aux animaux, et même aux hommes. Si ces îles septentrionales et venteuses n'avaient été composées que de simples plateaux escarpés en falaises, aucun végétal n'aurait pu y croître.

Je ne finirais pas si je voulais parler ici des plantes et des animaux saxatiles qui peuplent les montagnes littorales. Les mousses et les oiseaux de marine ne sont pas en moindre nombre dans les fentes et les ouvertures des flancs de ceux qui sont hors de l'eau, que les fucus et les coquillages dans les cavités des rochers sous-marins.

Des Sauvages y trouvent en abondance non-seulement les alimens de leur vie, mais des objets de luxe pour les femmes de l'Europe. L'Indien plonge au fond des mers pour y chercher des perles; le montagnard écossais, suspendu dans les airs par une corde au haut d'un rocher des Orcades, dérobe à l'eider l'édredon de son nid.

HARMONIES TERRESTRES

## DE LA TERRE.

La terre paraît avoir des montagnes qui lui sont propres, et qui composent en quelque sorte les principaux voussoirs de sa circonférence : ce sont les montagnes de granit. Il y en a deux longues chaînes sur le globe. L'une va du nord au sud, dans le Nouveau-Monde, et s'étend depuis la baie de Baffin jusqu'au cap Horn. Elle s'élève dans la zone torride, où elle forme les hautes Cordilières, toujours couvertes de glace; elle projette, dans sa longueur, de longs bras vers l'orient, avec lesquels elle entoure les baies, les méditerranées et les golfes de l'océan Atlantique ; elle en reçoit les vapeurs, qui lui servent à entretenir les fleuves qu'elle verse sur les deux Amériques. L'autre chaîne de montagnes de granit, au contraire, parcourt l'ancien monde d'occident en orient. Elle commence au mont Atlas, sur les bords de l'océan Atlantique, et, s'avançant jusqu'au Kamtschatka, elle se compose des monts Caucase, de l'Imaüs, du Taurus, de l'Ararath, des montagnes du Thibet, etc. Elle étend ensuite au nord et au sud des chaînes secondaires qui embrassent au nord la Méditerranée et la mer Caspienne, et au sud la mer Rouge et les golfes de l'Arabie, de la Perse, du Bengale, de la Cochinchine, en recevant sur ces deux faces les brumes et les vapeurs de la mer Glaciale et de l'océan Indien, qui fournissent les eaux aux fleuves dont elle arrose l'Afrique et l'Asie. Une voûte entière de granit couronne ensuite les régions polaires du nord; elle s'y manifeste en mamelons dans la Finlande, la Suède, la Laponie; elle s'élève en forme de môle à la hauteur des Alpes, dans les montagnes littorales de Norwége, et en pyramide dans celles du Spitzberg; elle paraît former sous les eaux mêmes un bassin peu profond des mers glaciales. C'est là en effet que le globe, plus élevé, et dégradé par les glaces et les courans qui en descendent, montre à découvert son noyau granitneux, comme les hautes montagnes laissent apercevoir des rochers de la même nature à leurs sommets dégradés par des causes semblables. Il y a plus : une ligne horizontale, qui part de la base des régions toujours glacées du pôle, passe à une demi-lieue de hauteur par la base des glaciers des Alpes, et à une lieue, par celle des glaciers des Cordilières, et atteste que ces bases sont au même niveau, et que le pôle est élevé au-dessus des mers.

Ces montagnes réunissent en elles les harmonies de toutes les autres, dont elles sont en quelque sorte les noyaux. Voilà pourquoi elles apparaissent tantôt à leurs bases, tantôt à leurs sommets, contre le système des naturalistes qui, divisant dans les Alpes les montagnes en primitives granitneuses, et en secondaires calcaires, sont fort surpris de trouver quelquefois des blocs de granit sous des couches de pierres calcaires. On voit, dans les cartes des victoires de l'empereur de la Chine sur les Tartares, des montagnes à mamelons, surmontées de roches à couches horizontales. La chaîne des Cordilières renferme des montagnes de tous les genres. Il y en a de solaires à réverbère et à parasol, de volcaniennes par leurs feux, d'hyémales par leurs glaces, d'hydrauliques par leurs sommets, d'éoliennes par leurs flancs, de littorales par leurs bases.

Quant aux formes de ces montagnes et de toutes les autres en général, elles sont infiniment variées. Indépendamment de leur utilité, elles embellissent les paysages par leurs formes. Rien ne serait plus monotone que le globe de la terre parfaitement rond; il n'y aurait ni fleuves, ni ruisseaux, ou, pour mieux dire, il serait entièrement couvert par les eaux, parce qu'elles se mettraient de niveau dans toute sa circonférence : il y fallait donc des montagnes pour y former des harmonies. Par elles, les vents soufflent, les eaux circulent, les plantent végètent, les animaux se meuvent; elles sont les claviers de ce grand orgue de la vie, que touchent successivement les rayons du soleil. On vante beaucoup de vues prises du sommet des montagnes; mais je trouve encore plus belles celles du fond des vallées : ce sont celles-là que peignent les peintres, et avec raison. Du haut des montagnes, on ne voit que le fond des vallées couvertes de brouillards; du fond des vallées, on voit les montagnes couronnées de nuages colorés par le soleil. Les premières vues nous montrent la terre, les secondes le ciel : les plus belles perspectives de la nature sont tirées du parterre, et à notre portée.

Avant d'entrer dans quelques détails sur un si riche sujet, nous allons donner une idée de la manière dont nous concevons que les montagnes ont été formées. Il n'y a pas de doute que les volcaniennes vitrifiées ne doivent leur origine au feu; les dunes sablonneuses, aux vents; les littorales calcaires, aux eaux. Les eaux de l'Océan surtout paraissent avoir déposé toutes les couches concentriques du globe; mais il est clair qu'elles l'auraient rendu parfaitement rond, s'il n'y avait pas eu des causes primordiales qui en eussent interrompu l'uniformité. Qui aurait creusé ces belles vallées qui le sillonnent ? Mais les eaux courantes ont nécessairement leurs sources dans les hauteurs. Dire que les hauteurs doivent aussi leur origine aux eaux, c'est une pétition de principe. Les montagnes ont donc établi la première organisation du globe d'après des plans que Dieu a conçus dans sa sagesse. Il les a élevées, non à la manière des hommes, avec des machines, mais avec les élémens, et par les lois générales de la nature, qui sont ses mains et ses instrumens. S'il est permis à un faible mortel de suivre les traces de l'intelligence céleste, j'ose dire que l'attraction seule a suffi pour organiser la terre dans l'état où nous la voyons. Je reconnais d'abord une attraction centrale au milieu de la terre, qui est la cause de la pesanteur de tous les corps qui sont à sa surface, et de la rondeur de son globe. J'admets ensuite des attractions partielles, qui ne sont peut-être que des rayons de la première, et qui se manifestent au pôle nord par le magnétisme, et aux sommets des hautes montagnes par différens degrés de magnétisme et d'électricité. Ces attractions partielles paraissent avoir leur siège dans des noyaux granitéux, et leur foyer dans les métaux qui s'y rencontrent originairement, tels que le fer, le cuivre, etc. Je suppose maintenant que la terre, étant dans un état de mollesse tel que semblent l'indiquer les différentes matières qui composent le granit, elle a subi à la fois l'influence de son attraction centrale, qui l'a arrondie en sphère, et l'influence de l'attraction solaire, qui lui a communiqué d'abord un mouvement circulaire autour du soleil et un de rotation sur elle-même. Dans ce mouvement de rotation, l'attraction solaire aura agi sur les attractions partielles de la terre, et aura élevé, en montagnes, diverses parties de sa circonférence; à différentes hauteurs, suivant leurs différens degrés d'attraction.

Pour vous former une idée des courbes variées que ces montagnes auront subies par ces attractions partielles du soleil, suspendez un fil aux deux montans parallèles qui supportent un carreau de vitre, de manière que ce fil ait de longueur une fois et demie la distance comprise entre les deux montans : il formera une courbe à peu près hémisphérique. Si vous descendez ensuite un de ses bouts le long d'un des montans, jusqu'à ce qu'il soit en ligne droite, il tracera successivement sur la vitre une multitude de courbes renversées, qui figureront celles des montagnes, depuis les hémisphériques jusqu'à celles qui sont formées par une légère portion elliptique. Dans cette hypothèse, la terre, qui attire le fil, agit sur toutes ses parties. Mais je suppose que l'attraction terrestre n'ait lieu que dans un seul point du fil; au milieu, par exemple, en y mettant un grain de plomb : alors le fil, au lieu de décrire une courbe, tracera les deux côtés d'un triangle, dont le sommet renversé sera au point d'attraction. Le sommet de ce triangle deviendra plus aigu à mesure que sa base se raccourcira, et plus obtus à mesure qu'elle s'alongera. L'attraction de la terre sur le fil représente celle du soleil sur les attractions partielles de la circonférence de la terre dans un état de mollesse. Là où il n'y a eu qu'un point d'attraction, il s'est formé une montagne à profil triangulaire, en pyramide, et même en pic, comme les littorales maritimes en général, ainsi qu'on le voit dans les vues marines de la plupart des îles. Le foyer de leur attraction se manifeste surtout à leurs sommets, dont il a été rapproché; il est sans cesse environné de nuages. Ces montagnes marines ont un aspect anguleux et rude, comme l'élément tempétueux qu'elles avoisinent. Mais, lorsque les attractions partielles ont agi sur toute l'étendue de la montagne, alors elles forment des courbes très-agréables et très-variées : telles sont en général celles des collines, des coteaux et des vallées qui sont dans l'intérieur des îles et des continens.

Je donne cette explication pour ce qu'elle vaut, c'est-à-dire pour peu de chose. Cependant je trouve qu'elle peut servir à nous donner une idée assez naturelle de la formation des montagnes de la terre, puisqu'elle résulte aussi de l'attraction solaire; loi qui sert à expliquer le mouvement de son globe. Je trouve encore que cette même cause peut rendre raison des fleurs, des fruits, des muscles des animaux, et surtout des formes du corps humain, si variées, si nombreuses, et où se trouvent réunies les plus belles courbes de la terre. Je suppose donc que c'est un foyer d'attraction solaire, qui s'étend en forme de coquilles hémisphériques dans les cinq pétales de la rose, en ovoïde dans la tulipe, en sphéroïde dans la pomme. Chaque germe a ses formes déterminées, que le soleil développe tour à tour. Le fœtus humain a aussi les siennes, également soumises aux influences de l'astre du jour et de celui des nuits. Tous ses muscles et ses os sont en harmonie avec les diverses périodes des mois, des années et des cycles, et en reçoivent successivement leurs développemens aux époques de l'enfantement, de l'accouchement, de la dentition, de la puberté et de la virilité. Mais, comme les montagnes sont plus élevées au milieu de la terre, et sous la plus grande influence du soleil, de même les muscles sont plus renflés au milieu du corps humain et de sa plus grande chaleur. On trouve réunis, dans la zone torride du corps humain, comme dans les Cordilières et les monts de la Lune, des caractères électriques, volcaniens, éoliens, hydrauliques, pélagiens, littoraux, à ne les considérer qu'en physicien. Mais qui oserait ici prendre le pinceau pour en peindre les formes? C'est par celles-ci que Vénus est Vénus. Voilà les ondes d'où elle est sortie. Mais jetons simplement un coup d'œil sur les autres muscles, soit simples, soit combinés, nous verrons une attraction expansive les étendre et les renfler aux endroits du corps qui avaient le plus besoin de grâce et de force. Dans la tête, par exemple, joues elliptiques, mobiles charmans des ris et de la pudeur dans les jeunes filles; sur le sein maternel, les mamelles hémisphériques qui devaient nourrir des enfans; dans le corps de l'homme robuste qui devait les élever et les protéger, les muscles herculéens des jambes, des bras, des reins et des épaules, combinés sous une multitude de formes. Vous diriez que ce fils de la terre et du ciel est formé, comme sa mère, de montagnes et de collines.

Quoique toutes les formes des corps soient renfermées dans la sphère, cependant la nature ne les engendre point, à la manière des hommes, avec un compas; mais elle se sert, pour les former, des qualités positives et négatives de ses attractions, qu'elle attache à chaque corps, suivant une infinité de modifications subordonnées à la loi universelle de leurs convenances. Le cône, dont on déduit les principales courbes, connues sous le nom de *sections coniques*, est lui-même engendré dans la sphère par la révolution circulaire de l'extrémité d'un de ses rayons autour d'un autre rayon qui lui sert d'axe. Si on voulait produire un grand nombre de courbes nouvelles, il ne s'agirait que d'avoir des vases de formes sphériques, coniques, elliptiques, paraboliques, hyperboliques, etc. En les remplissant d'eau à moitié et en les inclinant, on verrait le contour de l'eau présenter une multitude de courbes différentes, dont la sphère est génératrice, et dont l'attraction de la terre est le mobile en mettant l'eau de niveau. C'est par le moyen de l'eau, et par l'entrecoupure de ses différens niveaux, que tant de figures, régulièrement irrégulières, se sont formées dans l'intérieur des marbres. Mais, si l'on veut voir les plus belles courbes, dont la sphère est la génératrice, rassemblées et harmoniées à l'infini dans un concert parfait, il faut les considérer dans le corps humain. Pour en bien saisir les contours, il faut employer le même moyen dont se sont servis, suivant Winckelmann, de célèbres artistes italiens, pour copier les plus belles figures de l'antiquité. Ils les mettaient dans l'eau, dont les différentes hauteurs en saisissaient et dessinaient toutes les coupes avec la plus grande précision. Il n'y a pas de doute que, depuis la plante des pieds jusqu'au sommet de la tête, il n'y ait une infinité de coupes dont aucune ne se ressemble. Elles varieront toutes, si on incline la figure seulement d'un degré; et, si on augmente cette inclinaison de degré en degré, jusqu'à ce qu'elle soit horizontale, on trouvera pour ainsi dire, de minute en minute, autant de profils différens. Ces profils seront au nombre de cinq mille quatre cents pour la figure inclinée; et, si vous les joignez à ceux que donne la figure perpendiculaire, et à ceux que produirait l'horizontale, vous verrez qu'il n'y a point de paysage qui produise des aspects aussi variés que la figure humaine. Ajoutez-y maintenant les différences que les divers tempéramens, les âges et les sexes y apportent, vous connaîtrez que les beautés dont la nature a revêtu l'homme sont inépuisables. Que serait-ce si vous en formiez, comme elle, des groupes de familles, de tribus, de nations ! Que de courbes simples, à réflexion, à rebroussement, inconnues à notre géométrie ! Pour moi, la mienne est si bornée, que je ne puis expliquer comment se forme la réflexion lumineuse des deux portions circulaires, en forme de cœur, qui apparaît au fond d'une tasse à café cylindrique, lorsqu'on l'incline. Je vois bien que cette réflexion vient de la partie concave qui est éclairée ; mais comment se décompose-t-elle sur le fond en deux portions de cercle, qui sont tangentes ? J'en laisse chercher la raison à de plus habiles.

Tels sont les caractères principaux que j'ai recueillis sur les divers genres de montagnes élémentaires qui me sont connus. Avec plus de lumières j'en aurais pu rassembler davantage ; mais lorsque je voyageais je ne soupçonnais pas qu'il y eût de l'ordre dans des sables et dans des rochers. Je croyais, d'après les livres, qu'il n'y avait sur la terre d'autre architecte que l'homme, et pas plus de cinq ordres d'architecture. Je m'imaginais que celui qui avait ordonné le monde avait réservé son intelligence pour les sphères célestes, et qu'il avait abandonné notre globe terrestre aux élémens, ainsi que ses productions à nos disputes. Mais j'ai entrevu depuis que les montagnes avaient des formes en rapport par leurs latitudes, non-seulement avec les élémens, mais avec des genres particuliers de végétaux et d'animaux, dont on ne trouve que là les espèces primordiales. Elle a donné au site le plus escarpé un quadrupède, et même un poisson ; elle a planté un végétal qui les y attire par ses fruits ou ses insectes. Elle a mis le sapin sur les monts en amphithéâtre de l'Écosse et de la Finlande, et elle a fait grimper vers lui la marmotte, habitante de leurs rochers, et bondir le saumon dans leurs rivières en cataractes. Pour varier ses plans, elle a couronné du même arbre les monts à plateau de la Nouvelle-Espagne, et elle a lancé vers lui, dans les airs, l'écureuil volant ; elle a tapissé de pelouses quelques pentes des monts éoliens dans les Antilles, et elle y a roulé l'armadille entourée de brassarts. Elle a suspendu le singe à la liane flottante, qui pend des flancs des monts à parasol de la zone torride, et elle a accroché le bouquetin au buisson vertical au sommet des Alpes. Chaque rocher a son végétal, et chaque précipice son sauteur. Le saumon franchit le sien avec les reins, la marmotte avec les pieds, l'écureuil volant avec les bras, l'armadille avec le dos, le singe avec la queue, et le bouquetin avec les cornes.

Les montagnes élémentaires présentent encore d'autres caractères en harmonie avec les hommes. Il y en a d'hydrauliques, qui annoncent, sous une figure humaine, la vue des îles maritimes aux navigateurs. Tel est, à l'île de France, le pic de Pieter-Booth qui, par sa pyramide surmontée d'un chapiteau et entourée de nuages, ne ressemble pas mal à une figure de femme revêtue d'une robe flottante. Tel est encore, dans cette île, le sommet de la montagne du Pouce, qui représente le profil d'une tête d'Encelade regardant vers le ciel. Ce furent, je pense, de semblables aspects qui donnèrent à Homère l'idée de feindre que le vaisseau d'Ulysse avait été changé en rocher en arrivant au port d'Ithaque, parce qu'à l'entrée de ce port s'élève un rocher qui ressemble de loin à un vaisseau à la voile. Celui-ci sert d'enseigne aux mariniers, pour leur indiquer leur route ; mais d'autres, au contraire, les éloignent des parages dangereux par des formes et des bruits lugubres, comme le rocher de Scylla, noir, couvert de flots écumeux et glapissans, qui fournit encore à Homère la fiction d'une femme entourée d'une meute de chiens dévorans. L'Etna, avec ses feux, ses fumées, ses laves, ses mugissemens, ses agitations, donna autrefois à Virgile la terrible image du géant Encelade, foudroyé par Jupiter, et faisant trembler toute la Sicile. D'autres montagnes, placées au sein des terres, par leurs croupes majestueuses, leurs formes pyramidales et les riches accidens de lumière que le soleil répand sur les nuages qui s'y rassemblent, présentèrent à l'antiquité ingénieuse une image du palais des Muses ou du séjour des dieux. Tels furent le Parnasse en Phocide, et l'Olympe en Thessalie. Ces sensations intellectuelles sont sans doute destinées à élever l'homme vers les cieux. Elles ont captivé en tout temps et par tout pays l'imagination des peuples. C'est leur influence qui inspire aux Sauvages d'offrir des présens aux montagnes qu'ils croient habitées par les esprits, et qui engage une multitude de nations civilisées à bâtir des temples et des chapelles sur leurs sommets. C'est elle qui portait les Hébreux à sacrifier dans les lieux hauts, malgré les vives représentations de leurs prophètes, qui leur rappelaient que ce n'était pas là que l'Éternel avait choisi sa demeure, et que la terre entière, avec toutes ses harmonies, était à peine digne d'être l'escabeau de ses pieds. Mais ces spéculations sont ici d'un ordre trop sublime. Quittons les hautes montagnes, descendons dans les humbles vallées, au sein des prairies, ou à l'ombre des forêts. Occupons-nous des harmonies de la terre avec les plantes.

HARMONIES TERRESTRES

## DES VÉGÉTAUX.

Nous avons entrevu quelques-uns des minéraux qui composent le globe, les longues chaînes de granit dans les montagnes terrestres proprement dites, les lits de marbres, de pierres calcaires et d'argiles au fond des bassins et sur les rivages de l'Océan, le fer et le cuivre aux sommets aériens des montagnes hydrauliques, et à ceux des monts lunaires et solaires l'argent et l'or; mais de toutes les couches fossiles dont la terre est composée, la plus utile, la plus riche et la plus féconde en merveilles, est celle que nous foulons aux pieds; c'est elle qui produit nos moissons. On lui donne le nom d'humus, soit à cause qu'elle est le soutien de la vie humaine, soit parce qu'elle en reçoit les dépouilles. En effet, le mot inhumer veut dire déposer un corps dans l'humus. Cette couche superficielle, qui n'a guère dans nos contrées plus d'un pied de profondeur, est formée des débris de fossiles, et surtout de végétaux, dont elle est à la fois le tombeau et le berceau. Quoiqu'un grand nombre d'arbres tirent leur nourriture de l'intérieur de la terre par leurs racines, ou de l'atmosphère par leurs feuilles, ce n'est cependant qu'au sein de l'humus que leurs semences développent leurs germes.

La couche végétale de la terre est formée principalement de débris de végétaux; cependant on y trouve ceux des rochers les plus durs réduits en sable ou en gravier. Nous avons démontré ailleurs que ces fragmens si nombreux résultaient de l'action des dégels, ou du tritus de l'Océan; Newton, de son côté, prétend que la solidité d'une pierre ne vient que de l'attraction de toutes ses parties. Il s'ensuivrait de là que la répulsion mutuelle entraînerait la pulvérisation de cette même pierre. C'est, ce me semble, étendre un peu loin l'attraction des parties intégrantes d'un corps, que d'en faire résulter sa solidité et sa dureté. Ne pourrait-on pas même tirer de ce raisonnement une forte objection contre l'attraction des planètes, qui aurait dû réunir en un seul bloc tout notre système planétaire, malgré leur force de projection? Quoi qu'il en soit, si, malgré l'attraction centrale de la terre, tous les grains de sable qui composent une montagne de grès, telle que celle de la Table, se sont alliés et ont apposé leurs faces assez juste pour n'en former qu'une masse très-dure et très-élevée, comment se fait-il que dans tous ceux que renferment tant de sablonnières, il n'y ait pas deux grains d'adhérens? Si cette double merveille résulte de l'attraction et de la répulsion des grains de sable, elle n'est pas moindre que celle qui résulterait d'une double projection de caractères de l'alphabet en nombre infini, dont l'une produirait l'Iliade, et l'autre ne formerait pas une syllabe. Voulez-vous une comparaison plus rapprochée? Supposez, au lieu de caractères alphabétiques, de petits cubes en nombre infini, dont tous, d'une part, viennent à se réunir à leurs voisins par leurs six faces, et tous, d'une autre part, s'en tiennent séparés, quoique posés les uns sur les autres. Cependant il s'en faut bien que des grains de sable soient des cubes réguliers : leurs faces, vues au microscope, sont aussi inégales que celles des plus âpres rochers. Comment donc ont-elles pu toutes se rencontrer juste, et adhérer les unes aux autres par l'attraction, au point de former des Pyrénées et des Alpes?

O vanité et faiblesse de l'entendement humain ! Il veut remonter jusqu'à l'origine des choses, et il ne peut savoir lequel a été le premier du rocher ou du grain de sable, et si celui-ci est le fondement ou le débris de l'autre. Ce qu'il y a de certain, c'est que tous les deux entrent nécessairement dans la construction de la terre sous leur forme individuelle. Ses harmonies ne pourraient pas plus subsister sur un globe d'un seul bloc, que réduit en poudre. Pour moi, je suis plus frappé de ses parties solides que des pulvérisées, quoique également étonnantes. Je ressemble à ce bon nègre, qui, voyant déboucher une bouteille de vin mousseux de Champagne, s'étonnait, non de ce que le vin sortait de la bouteille, mais de ce qu'on avait pu l'y faire entrer. L'agrégation me paraît plus surprenante que la dissolution, et la construction plus que la destruction. Quoiqu'il en soit, la nature emploie les unes et les autres aux harmonies de ses ouvrages; elle ne fait subsister la vie que des ruines de la mort. Les fossiles mêmes, qui paraissent purs et que l'on trouve par couches au dessous de la terre végétale, tels que le sable, l'argile, la marne, les granits, les bancs de coquilles, les débris de pierres, produisent, chacun à part, un petit nombre de végétaux qui leur sont propres : mais si on les mêle ensemble dans certaines proportions, toutes ces matières hétérogènes composent un sol très-fertile; tant il est vrai que tout est harmonié, jusque dans les débris des êtres inanimés. La terre végétale n'est qu'une matrice qui pompe sans cesse les rayons du soleil, l'air vivifiant de l'atmosphère et l'eau féconde des pluies. C'est pour y introduire l'harmonie des élémens, que la nature y dissémina tant d'insectes et d'animaux, qui la criblent de trous, et que l'homme, à leur exemple, la laboure avec le fer de la bêche et de la charrue. Mais la nature, qui prend soin des végétaux qu'elle sème elle-même, leur a donné de profondes racines, qui font pénétrer la chaleur, l'air et les eaux jusque dans le sein des roches.

Voyons maintenant comment ces racines s'accrochent aux différens sols auxquels la nature les a destinées.

A commencer par les montagnes solaires ou à feu, nous trouverons que les volcaniennes, comme nous l'avons observé, sont les plus fertiles du globe par leurs bases, mais en même temps les plus arides par leurs sommets. Cependant, comme elles ont des oiseaux qui leur sont propres, et que ceux appelés diables y habitent, comme dans le volcan de la Guadeloupe, je ne doute pas qu'elles n'aient aussi leurs plantes. Les naturalistes y ont observé une espèce de lichen qui est particulière aux laves. Les lichen ont en général pour racines des griffes imperceptibles qui s'accrochent aux rochers les plus durs et les plus polis; ces racines dégradent à la longue la surface de ces rochers, et la changent en terre végétale : elles sont les premiers avant-coureurs de la végétation. Mais comme rien n'est monotone dans les paysages que dessine la nature, elle revêt la bouche même enflammée d'un volcan du plus vif éclat des minéraux. Souvent son cône noir s'élève du sein verdoyant des forêts, et son cratère, tout jaune des couleurs de ses soufres, vomit un long tourbillon de fumée étincelante au milieu d'un ciel azuré.

Les montagnes hyémales, les plus hautes du globe, sont couvertes de mousses d'une multitude d'espèces. Ces mousses végètent en quelque sorte par la simple émanation des vapeurs qui s'élèvent du sol, car si on en expose de sèches à l'humidité long-temps après qu'elles ont été cueillies, même après des siècles, on les voit reverdir et croître. Cependant elles s'accrochent par des filamens à la surface de la terre, aux rochers et aux troncs des arbres, où elles sont suspendues ou rampantes. Il semble que la nature en ait revêtu, comme d'une laine, les roches et les arbres des pays élevés et des contrées polaires, par la même raison qu'elle a couvert leurs animaux d'épaisses fourrures. Les mousses sont si abondantes dans les forêts de la Russie, qu'il m'est arrivé plusieurs fois, en voulant en traverser quelque partie hors des chemins frayés, d'y enfoncer jusqu'aux genoux, et d'en voir sortir aussitôt des légions de mouches. C'est sans doute à cause de ce végétal, ou de l'insecte dont il est le berceau et l'asile, que la Russie portait autrefois le nom de Moscovie, ou à cause de ses mouches, *propter muscas*, suivant d'anciens géographes, ou parce qu'elle est couverte de mouches, *muscosa*. C'est ainsi que la Saxe tire son nom de ses rochers, appelés en latin *saxa*. D'autres végétaux non moins variés que les mousses, quoique moins nombreux, sont répandus dans les contrées les plus élevées et les plus septentrionales : ce sont les champignons. Ils ont avec elles des consonnances par leurs proportions, et parce qu'ils végètent comme elles; ils en ont d'autres par les vapeurs du sol, qu'ils reçoivent dans les nombreux feuillets de leurs parapluies; mais ils contrastent avec elles de la manière la plus frappante par leurs formes, leurs couleurs, et surtout leur durée; car si les mousses conservent la vie végétale pendant des siècles, les champignons ne la gardent qu'un jour. Les premières, destinées à donner des abris aux semences des végétaux et aux insectes pendant l'hiver, devaient durer toute l'année ; il suffisait aux seconds de n'exister que le cours d'un été, pour nourrir des habitans éphémères comme eux. Du sein de ces humbles végétations s'élèvent des arbres de la plus haute stature, qui forment entre eux de semblables contrastes. Les bouleaux, comme de hautes pyramides renversées, supportés par des troncs blancs, laissent flotter dans les airs leurs scions pendans, garnis de feuilles que moissonnent les hivers : ils sont disséminés parmi les sapins pyramidaux, dont les troncs noirs élèvent vers les cieux leurs rameaux toujours verts, symbole de l'immortalité chez les Orientaux. Leurs longues racines, surtout celles du sapin, sont semblables à de fortes ficelles, et en tiennent lieu aux Lapons et aux Samoïèdes, qui en font les cordes de leurs arcs; elles serpentent dans l'humus des vallées, et entourent de leur plexus les blocs de granit qu'elles ne peuvent percer. Elles contribuent, avec celles des mousses, à fixer les couches végétales du sol sur les flancs déclives des montagnes hyémales. L'œil n'est pas moins surpris de voir des monts de neige et des rochers de glace s'élever du sein des tapis et des bocages toujours verts, que de voir les cônes noirs des montagnes volcaniennes vomissant le feu au milieu des forêts.

On peut compter les végétaux précédens parmi ceux qui croissent dans les monts éoliens, parce qu'ils ont, d'une part, de longues racines capables d'une forte résistance, et de l'autre, des feuilles très-menues, qui ne donnent point de prise aux vents : tels sont les pins, les sapins, les genévriers, les genêts, les joncs. Quoique les sommets de ces monts dépouillés de terre se montrent à nu, la nature les revêt de plantes microscopiques, dont les racines armées de griffes imperceptibles, où de ventouses, se collent aux surfaces des rochers les plus durs, les décorent de plaques vertes, noires, blanches, aurores, et les font paraître comme de grands moles de marbres de toutes les couleurs. Souvent des lianes, telles que nos lierres, prennent racine à leurs pieds, et tapissent leurs flancs où elles s'attachent avec des racines semblables à des suçoirs, tandis que d'autres, poussant des racines dans leurs fentes, sont suspendues la tête en bas, et jouent, comme des draperies de verdure, au gré des vents. Dans les vallées anti-éoliennes, comme quelques-unes du Mexique, renfermées dans des bassins de montagnes où règne un long calme, les cactus, les nopals, les cierges, s'élèvent presque sans racines, en s'appuyant contre les flancs des rochers. On voit à Paris, au Jardin des Plantes, un cierge de plus de soixante-dix pieds de haut, qui jette de longs bras à droite et à gauche; il n'a pas un pied de racine en terre : il est renfermé dans une espèce de tour vitrée qui le soutient de toutes parts. Il y a apparence que ce grand végétal est destiné à ramper.

Dans les monts hydrauliques, on trouve des arbres qui paraissent concourir avec les rochers hydro-attractifs à attirer les vapeurs de l'air et à les résoudre en pluies : tel est celui que l'on appelle *Sanctus* dans une des îles des Canaries. Il est toute la nuit entouré d'un brouillard qui se résout le jour en pluie dans une telle abondance qu'il fournit de l'eau à la plupart des insulaires. J'en ai parlé dans mes *Études de la Nature*, en observant que beaucoup d'arbres avaient la propriété d'attirer les vapeurs de l'air et même les tonnerres. Je crois qu'on peut ranger au nombre des arbres hydro-attractifs celui dont le tronc est entouré d'ailerons en forme de larges planches qui lui servent d'arcs-boutans contre les vents au milieu des rochers où il aime à croître, et où il ne trouve guère à étendre ses racines.

Les végétaux qui croissent dans les montagnes littorales, tant fluviatiles que maritimes, ont des racines qui en fortifient les rivages : celles des joncs, des roseaux, des glaïeuls, des aunes, s'entrelacent comme des cordes dans les berges de nos rivières et les défendent contre les courans. Plusieurs graminées, comme le chiendent et le gramen arenosum, lient les sables arides de leurs longues racines articulées, et protégent même les digues de la Hollande contre les fureurs de l'Océan. Mais c'est surtout dans la zone torride, où les tempêtes sont d'autant plus violentes que les calmes y sont plus profonds, que la nature a pris les plus grandes précautions pour fortifier les rivages de la mer par les racines des végétaux. Les grèves arides sont couvertes des rameaux de la fausse patate, espèce de liane rampante qui s'étend comme un filet dont les cordons sont si longs et si forts, que les noirs s'en servent pour prendre des poissons. Les cocotiers s'y enracinent par une multitude de filamens, qui font du sable une masse solide comme un rocher; il n'y a point de colonnes plus fermes sur leurs piédestaux. La nature élève non-seulement des colonnades dans ces sables marins, mais des palais entiers de verdure. L'arbre des banians jette de l'extrémité de ses branches des racines qui s'enfoncent dans les sables et forment autour de son tronc une multitude d'arcades et de voûtes dont les pieds droits deviennent bientôt de nouveaux troncs. Un seul arbre produit au milieu de ces sables marins brûlans une forêt dont les racines sont inaccessibles aux flots, et dont le feuillage est impénétrable à la pluie et au soleil.

Les montagnes littorales, tant fluviatiles que maritimes, nourrissent sous les eaux des végétaux dont les racines les fortifient contre les dégradations et contre les tempêtes. C'est sur les bords des rivières et au fond de leurs canaux, que croissent les racines des joncs, des roseaux, des nymphæa, de l'iris fetida, de la sagittaire. Elle s'entrelacent au point que, si on ne les fauchait tous les ans, elles en obstrueraient le cours. Ce sont elles qui, en arrêtant les vases et les sables, élèvent à la longue les bords et les canaux des rivières au-dessus du sol des vallées. Souvent il s'y joint des saules et des aunes, dont les racines traçantes sont semblables à des cordes. Si un de ces arbres vient à être renversé par quelque inondation fortuite, il pousse des rejetons de chacun de ses rameaux, et reproduit à lui seul une forêt. Ainsi la nature tire le remède du mal même, et en harmoniant la puissance végétale à l'aquatique, donne un lit aux fleuves et des canaux aux forêts. C'est ainsi que coule le Mississipi et plusieurs fleuves de l'Amérique dont les bords, couverts de cannes et d'une multitude d'autres végétaux, forment à droite et à gauche des digues latérales entre lesquelles circulent leurs eaux, au-dessus du niveau des plaines. Les montagnes littorales maritimes ont aussi leurs végétaux sous-marins qui les fortifient. On peut regarder en général les plantes marines comme de simples racines qui, plongées au sein des eaux, en tirent leur nourriture par tous leurs pores. Elles sont attachées à leur extrémité inférieure par une espèce de gluten insoluble à l'eau, au moyen duquel elles se collent aux rochers; elles sont dures comme du cuir, souples et allongées comme des cordes, et il y en a de plus de trois cents brasses de longueur, comme le fucus giganteus dont nous avons déjà parlé. Elles sont pour l'ordinaire terminées par un bouquet de feuilles qui apparaît à la surface de l'eau, sans doute pour y recevoir les influences immédiates de l'air et du soleil. Celles qui croissent sur les bords de la mer, dans nos climats, et qui sont découvertes deux fois par jour par les marées, sont plus feuillues que celles qui croissent à de grandes profondeurs. J'ai vu souvent avec intérêt, sur les côtes de Normandie, des masses de marne blanche entremêlées de lits de galets noirs, détachées des falaises dont la mer s'était emparée et qu'elle avait couvertes de fucus, d'algues et de varechs. Ils suspendaient aux flancs des rochers leurs houppes et leurs guirlandes brunes, vertes, pourprées, cramoisies, au-dessus et au-dessous des flots azurés, s'élevant et s'abaissant avec eux comme des ondes de diverses couleurs. C'est dans le lit de l'Océan que naissent une multitude de plantes inconnues à nos botanistes; c'est là qu'elles forment mille harmonies étrangères à leurs systèmes. Non-seulement elles fournissent des abris et des pâtures à un grand nombre de coquillages, de testacés, de poissons, d'oiseaux de marine, d'amphibies; mais elles protégent encore les rivages de l'Océan : c'est ce que prouvent les dégradations de ces rivages dans les lieux où l'agriculture par ses engrais, et le commerce par ses manufactures, les ont dépouillés de leurs végétaux pélagiens. Mais c'est surtout sur la terre proprement dite, sur les flancs de ses collines, au fond de ses vallées et dans ses plaines, que les racines sont aussi variées que les végétaux mêmes qui les tapissent et les couronnent. Il y en a de chevelues, de cordonnées, de capillacées, de pivotantes, qui s'harmonient avec les sables, les rochers, les cailloux, les argiles; chacune conserve sa forme toujours en rapport avec le terrain que lui a destiné la nature. J'ai vu dans les carrières de pierres à chaux, des racines de vignes pousser leurs longs filamens à travers les rochers, à plus de quinze pieds de profondeur. Le chiendent entrelace les siennes dans les sables dont il arrête la mobilité; celles de l'anémone nemorosa s'étendent comme un réseau à la surface de la terre, dans les bois, et y fixent l'humus. L'orme prolonge les siennes autant que son ombrage sur la pente des collines; le chêne y enfonce son long pivot autant qu'il élève sa cime dans la région des tempêtes.

Nous contemplons avec plaisir une belle forêt. Les troncs de ses arbres, comme ceux des hêtres et des sapins, surpassent en beauté et en hauteur les plus magnifiques colonnes; ses voûtes de verdure l'emportent en grâce et en hardiesse sur celles de nos monumens. Le jour, je vois les rayons du soleil pénétrer son épais feuillage, et à travers mille teintes de verdure, peindre sur la terre des ombres mêlées de lumière; la nuit, j'aperçois les astres se lever çà et là sur ses cimes, comme si elles portaient des étoiles dans leurs rameaux : c'est un temple auguste qui a ses colonnes, ses portiques, ses sanctuaires et ses lampes; mais les fondemens de son architecture sont encore plus admirables que son élévation et que ses décorations. Cet immense édifice est mobile; le vent souffle, les feuilles sont agitées et paraissent de deux couleurs; les troncs s'ébranlent avec leurs rameaux et font entendre au loin de religieux murmures. Qui peut maintenir debout ces colonnes colossales mouvantes ? Leurs racines. Ce sont elles qui, avec les siècles, ont élevé sur une plage aride une couche végétale qui, par l'influence du soleil, a changé l'air et l'eau en sève, la sève en feuilles et en bois; ce sont elles qui sont les cordages, les leviers et les pompes aspirantes de cette grande mécanique de la nature ; c'est par elles qu'elle supporte l'impétuosité des vents, capable de renverser des tours. La vue d'une forêt me fait naître les plus douces méditations; je me dis, comme à l'aspect d'un de nos plus magnifiques spectacles : Le machiniste, le décorateur et le poète sont sous le théâtre et derrière la toile : ce sont eux qui ont préparé toute la scène et qui la font mouvoir avec ses acteurs; de même les agens des forêts sont sous la terre, et ce que je ne vois pas à sa surface est encore plus digne de mon admiration que ce que j'y vois.

Quoique toutes les montagnes et même les rochers soient susceptibles, comme nous l'avons vu, de nourrir des végétaux, il y a cependant des parties de la terre qui leur sont plus particulièrement destinées par des ados et des abris : telles sont en général les vallées. C'est là que les pluies rassemblent l'humus, l'un des moteurs de la végétation. Son exposition la plus favorable est à l'orient et au midi dans nos climats. Nous y distinguons en général les plantes en septentrionales et en méridionales ; nous pouvons les subdiviser encore en orientales et en occidentales ; mais nous parlerons de ces classifications aux harmonies végétales de la terre : il nous suffit d'avoir donné ici une idée des harmonies terrestres des végétaux.

HARMONIES TERRESTRES

DES ANIMAUX.

Quelque intéressantes et nombreuses que soient les harmonies que les végétaux ont avec la terre, elles n'égalent point celles que les animaux ont avec elle et avec les autres élémens. Un arbre n'affaisse point par sa pesanteur le sol qui le supporte; il s'y soutient par ses longs pivots, par les différens étages de ses racines, et même par les divers plans de ses feuilles. Il n'en serait pas ainsi d'un quadrupède du même poids: comme il ne pèse qu'à la surface de la terre, il y enfoncerait par la base étroite de ses pieds. C'est sans doute pour cette raison que la nature a fait les animaux terrestres beaucoup moins pesans que les arbres, et même que les animaux aquatiques, qui sont supportés par l'eau dans toute leur longueur : l'éléphant, le plus lourd des quadrupèdes, pèse beaucoup moins qu'un cèdre et qu'une baleine. Il y a aussi cette différence très-remarquable entre le centre de gravité de l'arbre et celui du quadrupède, que le premier a le sien en bas, parce qu'il devait être en repos, et que le second l'a en haut, parce qu'il devait être susceptible d'un mouvement de progression, qui n'a lieu que lorsqu'il porte son corps et sa tête en avant. En considérant les arbres de nos parcs et de nos vergers, dont le tronc est nu, et dont la tête est surchargée d'une masse de branches et de feuilles, on serait tenté de croire que leur partie supérieure est la plus pesante; mais ils ne sont figurés ainsi que parce qu'on a soin d'élaguer, dès leur jeunesse, les branches de leur tronc. Si on les abandonnait à la nature, ils en produiraient dès leurs racines, et affecteraient bientôt la forme pyramidale. C'est ce que j'ai vu arriver à des ormes négligés, qui avaient poussé de leur partie inférieure des rameaux si étendus, qu'on ne pouvait plus passer dans leurs intervalles, ni même dans l'avenue qu'ils formaient. Ainsi la nature a donné aux arbres des forêts des espèces d'échelles propres à les escalader. Je ne connais guère que les palmiers dont la tête seule soit chargée de palmes. Quoique la tête des palmiers soit assez large, le poids en est léger par comparaison à celui de la partie inférieure de leur tronc, et surtout de leurs racines, composées d'une multitude de filamens qui forment une masse solide avec le sable, dont elles tirent leur nourriture. Cependant, en considérant en général les arbres comme de grands leviers, garnis du haut en bas de plusieurs étages de verdure, agités par les vents qui leur font décrire des arcs de cercle, j'admire la force prodigieuse de leurs racines, qui souvent n'ont d'autre tenue que du sable ou des terres marécageuses, où nous n'oserions asseoir le plus petit édifice; mais je suis bien plus surpris encore en voyant des animaux fort pesans avoir en eux-mêmes une force motrice, qui les pousse, suivant leur volonté, en avant et en arrière, à droite et à gauche, en haut et en bas, suivant les diverses configurations du sol qu'ils parcourent.

Quoique tous les animaux soient assujétis à la force centripète de la terre, ils ont une force de progression qui leur est propre, et au moyen de laquelle ils surmontent cette force générale d'attraction, soit en volant dans les airs, ou en nageant dans les eaux, ou en marchant sur la terre. Nous avons entrevu combien leur vol et leur nager sont variés : maintenant nous allons jeter un coup-d'œil sur leur marcher, qui présente encore plus de combinaisons. En effet, les animaux terrestres, proprement dits, n'étant soutenus par aucun fluide, ont des organes et des moyens de progression bien plus variés que les oiseaux et les poissons. Parmi eux on en trouve qui glissent, rampent, marchent, sautent, roulent, dansent, etc., avec des membranes, des anneaux, des ressorts et des pieds, dont la configuration est en rapport avec le sol qu'ils habitent et leurs besoins divers. La nature a fait la surface de la terre assez compacte pour résister au poids des plus lourds animaux, et en même temps assez légère pour que les insectes et les végétaux pussent la pénétrer. Ainsi elle se trouve à la fois, par sa densité et sa ténuité, en rapport avec la mousse et la fourmi, et elle supporte à la fois le cèdre et l'éléphant. Cette observation est, je crois, de Fénelon, et je saisis cette occasion de lui en rendre hommage.

Ce n'est pas tout. La nature a mis les animaux les plus lourds en harmonie avec cette même terre, afin qu'ils ne pussent s'y enfoncer par leurs mouvemens accélérés, qui doublent et triplent leur poids. Elle les a d'abord posés sur quatre appuis, que nous appelons jambes, et ces jambes sont terminées par des pieds d'autant plus larges, que le quadrupède est plus pesant. Les os de leurs jambes ne sont point en ligne droite et perpendiculaire, mais un peu arqués en dehors et même en arrière, comme des voussoirs, pour mieux supporter la charpente de leur squelette et le poids des muscles qui y sont attachés. Elle a divisé ces jambes en plusieurs articulations, fortifiées de nerfs au pied; au jarret, à la cuisse, afin que l'animal ne tombât pas de tout son poids; ce qui serait arrivé si ses jambes avaient été d'une seule pièce. Elle a ensuite fortifié le pied d'un cuir très-épais et d'une corne à la fois dure et élastique. Il s'ensuit de toutes ces précautions, dont je donne ici une bien faible idée, que les quadrupèdes les plus pesans sont, en quelque sorte, ceux qui marchent le plus légèrement.

L'éléphant a quatre jambes formées en colonnes articulées, terminées par des pieds un peu concaves en dessous, avec cinq ergots plats, qui lui servent à gravir les montagnes où il se plaît. Son pas est très-sûr. Le philosophe Chardin, qui en avait vu beaucoup en Perse et aux Indes, dit qu'en marchant il ne fait pas plus de bruit qu'une souris, qu'il va fort vite, et que s'il vient derrière vous, il est sur vos talons avant que vous vous en aperceviez. On en peut inférer qu'il ne galope point; car, s'il galopait, son poids, accéléré par la chute de toute la partie antérieure de son corps, l'enfoncerait en terre. Que serait-ce, s'il s'élançait en l'air comme un chevreuil? Il écraserait le sol comme un rocher, et s'y briserait lui-même.

Ainsi la nature a proportionné le poids des animaux à leur marche et à la densité de la terre, comme celui des oiseaux à la résistance de l'atmosphère, et celui des cétacés à l'équilibre de l'air qui les fait flotter, et des eaux qui les supportent. Si une baleine marchait, ou même rampait sur la terre, elle y creuserait des vallées par sa pesanteur, et en détruirait tous les végétaux.

La terre, comme une bonne mère, non-seulement supporte les animaux qu'elle nourrit et qui la parcourent, mais elle leur offre de toutes parts des asiles et des lieux de repos. C'est en partie pour cette fin que ses rochers sont remplis de fentes et de crevasses, que ses sables sont si mobiles, depuis les rochers caverneux de l'Afrique qui offrent des antres aux lions, jusqu'aux dunes où les lapins creusent leurs terriers. D'un autre côté, tous les animaux ont reçu des organes, des muscles, des peaux revêtues de poil et d'autres compensations en rapport avec les diverses densités de la terre, tant pour en parcourir les sites variés, que pour y trouver des asiles et même des tombeaux.

Pour nous donner une idée de leurs harmonies terrestres, nous les considérerons sous les doubles rapports de leur mouvement et de leur repos. Afin de mettre de la clarté dans nos recherches, nous les disposerons dans l'ordre même où nous avons considéré les harmonies de la terre proprement dites. Nous allons donc commencer par celles des animaux qui habitent les montagnes solaires et hyémales.

Les animaux de la zone torride et des contrées chaudes des zones tempérées ont, pour la plupart, les jambes et le cou fort allongés. C'est là qu'on trouve les gazelles si sveltes, les chameaux, les dromadaires, les girafes ou caméléopards qui ont jusqu'à dix-huit pieds de hauteur, l'autruche, appelée par les Arabes l'oiseau-chameau; le casoar, l'aigrette, l'ibis, et plusieurs quadrupèdes grimpans, tels que le singe, le rat palmiste, le mus jaculus ou rat sauteur, qui franchit le sable de l'Égypte; enfin beaucoup de reptiles qui s'élancent comme des dards. Je pense que la plupart de ces quadrupèdes et de ces oiseaux ont les organes de la progression plus allongés, afin d'avoir ceux de la respiration élevés au-dessus des réverbérations brûlantes du sol. En effet, il est remarquable que les lions, les chameaux et les singes, ont les narines plus ouvertes que les animaux des pays froids ou des montagnes à glace: on retrouve des différences semblables dans la configuration des hommes qui les habitent. Le Nègre a les jambes et les cuisses plus allongées et le nez plus épaté que le Samoïède et le Lapon, qui sont plus raccourcis dans leurs proportions que les habitans des climats plus tempérés.

Au contraire, les animaux qui vivent dans les zones glaciales, ou dans les montagnes hyémales, ont les jambes et le cou plus courts, afin de les avoir plus rapprochés de leur corps, c'est-à-dire du centre de leur chaleur; il les ont, pour cet effet, souvent garnis de poils ou de plumes jusqu'aux extrémités des pieds; les organes de leur respiration sont aussi plus étroits, afin que l'air froid qu'ils respirent n'entre pas dans leurs poumons en trop grand volume à la fois. C'est sans doute pour cette raison que les renards et les ours blancs du nord ont le museau allongé et pointu, à l'opposite des tigres et des lions du midi, qui l'ont raccourci avec des narines évasées; l'élan du nord de l'Amérique a des tubérosités qui semblent protéger l'ouverture des siennes; les Tartares des contrées septentrionales sont même obligés de fendre les naseaux à leurs chevaux, pour leur faciliter la respiration dans les courses rapides qu'ils leur font faire. Si les pieds des animaux des pays froids se ressemblent en ce qu'ils sont plus rapprochés de leur corps, ils diffèrent les uns des autres par leurs formes, en rapport avec le sol qu'ils habitent. Ceux du renne sont très-fendus, et s'écartent en marchant, afin de l'empêcher de s'enfoncer sur les neiges, où il cherche sa pâture. D'autres, comme les oiseaux de marine, tels que les lombs de Norwége, ont des plumes jusqu'au bout des doigts; il en est, comme les ours blancs, qui ont des griffes pour gravir sur les glaces flottantes; quelques-uns, comme les lions marins, ces lourds amphibies semblables à des tonnes d'huile, ont deux fortes dents recourbées, avec lesquelles ils se traînent sur les échoueries du Groënland et du Spitzberg.

Parmi les animaux qui habitent les monts éoliens, on peut compter sans doute les volatiles, soit oiseaux, soit insectes, qui sont répandus d'ailleurs dans tous les sites. Nous avons donné une idée du vol de ceux-ci, aux harmonies aériennes; nous y avons aussi parlé du vol de quelques quadrupèdes, tels que la chauve-souris et l'écureil volant, et de celui de quelques poissons : nous dirons ici un mot du marcher des volatiles. Les oiseaux ont deux pates, divisées pour l'ordinaire en quatre doigts, dont trois en avant et un en arrière, pour saisir les branches des arbres. Ils s'y attachent avec tant de force, qu'ils résistent pendant leur repos aux plus violentes tempêtes, et que quelquefois ils restent accrochés même après leur mort. Ils ont plusieurs façons de marcher sur la terre. Les uns vont en sautillant, comme les moineaux et les pies; d'autres en dansant, comme les demoiselles de Nubie; d'autres, en se balançant à droite et à gauche, comme les canards et les perroquets; d'autres marchent avec gravité, comme les paons et les coqs. Quant aux insectes, la plupart ont leurs pieds armés de griffes, dont ils s'accrochent aux corps lisses et polis. J'observerai, à ce sujet, que les griffes ou ongles crochus n'ont pas été donnés aux bêtes de proie parce qu'elles sont carnivores, mais parce qu'elles sont grimpantes. Le chat a des griffes crochues, parce qu'il est destiné à grimper dans les arbres et sur les toits pour y chercher sa proie; le chien, destiné comme lui à vivre de chair, mais sur la terre, n'a que des ongles droits. Il en est de même des griffes du tigre, du lion, de l'ours blanc, habitans grimpans des rochers et des glaces, comparées à celles du renard, du loup, de l'hyène, qui ne sont pas moins carnassiers, mais qui habitent les plaines. Quant aux animaux qui pâturent dans les montagnes escarpées, comme la chèvre, le chevreuil, le daim, le chamois, le paco des Cordillières, etc., ils ont les pieds fourchus en deux parties terminées par deux ergots pointus, dont ils se cramponnent sur les rochers les plus durs, où ils trouvent ainsi huit points d'appui. Mais c'est dans les insectes particulièrement que l'on remarque les attentions de la nature pour empêcher ces petits corps si légers de devenir le jouet des vents. Non-seulement ils ont, pour la plupart, des griffes très-aiguës à leurs pieds, pour s'attacher à des corps aussi polis que le verre, mais ils ont des espèces de molettes, entre lesquelles ils font rentrer leurs griffes, comme les chats, afin de ne pas les user lorsqu'ils marchent sur un terrain horizontal. C'est ce qu'on peut voir aux mouches de nos appartemens, qui montent et descendent sur nos glaces perpendiculaires. Quelques chenilles, comme celle qui vit sur la feuille toujours tremblante du peuplier, ont, indépendamment des griffes ordinaires attachées à leurs anneaux, des espèces de sabots circulaires, formés de crochets, qui les cramponnent aux feuilles de cet arbre toujours agitées des vents.

Les animaux qui n'habitent que les sommets des montagnes hydrauliques, ou les bases des littorales, ont des moyens différens de progression. Les habitans des premières, dans les contrées méridionales, tels que les singes, sont revêtus d'un poil touffu qui les met à l'abri de l'humidité; ils ont cinq doigts à chaque pied et à chaque main, et des queues souples dont ils s'attachent aux branches élastiques des buissons pour s'élancer au-delà des précipices. J'en ai vu courir, à l'île de France, le long des plus petites corniches de rochers à pic et très-élevés, sur les flancs desquels ils paraissaient comme s'ils avaient été sculptés en relief. Les écureuils qui vivent dans les montagnes neigeuses, ont des fourrures encore plus garnies; quelques espèces du nord de l'Amérique ont des queues en panache, dont ils se couvrent la tête, et qui leur servent en quelque sorte de para-neige. On en trouve une autre espèce qui a une peau membraneuse adhérente à ses quatre pates, et au moyen de laquelle l'animal s'élance d'un rocher à un autre; tel est celui des montagnes marécageuses de Labrador. Les oiseaux des sites élevés et pluvieux, tels que la plupart des oiseaux de proie et de marine et même les pigeons, ont la partie supérieure de leur plumage fort serrée, de manière que les pluies y glissent, et quelquefois même le plomb des chasseurs. Beaucoup d'insectes sont formés de la manière la plus propre pour grimper sur les parois humides de ces sites. C'est là que l'araignée et plusieurs autres insectes fragiles furent pourvus de l'instinct de prévoir la pluie, si contraire à leurs travaux; mais le limaçon, à l'abri sous son toit, se plaît à parcourir les murailles humides, au moyen de sa membrane musculeuse et gluante.

Les êtres organisés ont différens moyens de marcher sur les bases des montagnes littorales. Le limaçon de mer se promène, comme celui de terre, au moyen d'une membrane musculeuse. Il est remarquable que celle-ci n'a point de glu qui l'aide à glisser, parce que le sol qu'il parcourt au fond des eaux est toujours humide. Les univalves sont les seuls coquillages qui vivent à sec, parce que leur coquille porte tout entière sur l'organe de leur progression. Cette coquille est très-mince dans les limaçons de terre, qui ne sont exposés qu'aux vents; tandis qu'elle est épaisse dans les limaçons de mer, exposés sur les rivages au roulement des cailloux, et toutefois celle-ci est légère, par sa pesanteur relative avec l'eau marine qui la soulève. Il résulte de là que les coquilles marines sont avec les coquilles fluviatiles et les terrestres ou aériennes dans un rapport d'épaisseur égal à celui de pesanteur où l'eau de mer, imprégnée de sel, est avec l'eau des rivières et avec l'air : ainsi la nature a établi les plus parfaites harmonies entre les élémens et les animaux de la même espèce qui les habitent. Un gros buccin n'est pas plus chargé de son poids au fond de la mer, qui l'aide à surnager, qu'un limaçon terrestre à coque mince, sur la branche où il rampe. Les lourds nautiles, ainsi que les papyracés, s'élèvent à la surface de la mer en formant le vide dans leurs nombreuses cellules. Ils dressent alors une espèce de voile en l'air; et parviennent où la nature les guide, à la faveur des vents et des courans. Il n'y a point de coquillages bivalves sur terre, parce que leurs deux coquilles à charnière ont besoin d'être soulevées latéralement par les eaux, pour s'appuyer sur l'espèce de langue qui leur sert de jambe. C'est par ce moyen de progression que marchent, ou plutôt que se traînent les pétoncles, les pinnes marines, les dails, les moules, etc. Les crustacés, comme l'oursin avec ses longues baguettes, se roulent sur les sables; d'autres, armés de huit pates divisées en trois articulations, comme le homard, l'écrevisse et la langouste, marchent à reculons parmi les rochers, ou de côté, comme les cancres proprement dits; ils présentent de plus deux énormes pates armées de tenailles, dont ils écrasent les coquilles qui leur servent de proie. C'est dans les mêmes lieux que se réfugie le congre, qui glisse comme un serpent. C'est sur les rivages de la mer que l'on trouve une multitude d'insectes amphibies ou aquatiques; c'est là que vit sur les grèves à sec le bernard-l'ermite, dont la nature n'a point revêtu la partie postérieure, afin qu'il la logeât dans une univalve abandonnée. Ainsi rien n'est perdu : le toit d'un limaçon sert à une langouste, l'industrie d'un animal mort sert aux besoins de celui qui est en vie. Les êtres qui habitent les bords des eaux semblent réunir tous les organes et tous les instincts de ceux qui vivent dans les trois élémens dont ils peuplent les limites. Qui pourra nombrer les moyens de progression des oiseaux de mer et des amphibies? Les premiers ont un réservoir d'huile au croupion, et ils s'en servent pour lustrer leurs plumes et les préserver de l'humidité au sein des eaux. Ils forment entre eux les plus intéressans contrastes, depuis le veau marin, qui expose ses petits au soleil, sur les bancs de sable, où il se traîne avec ses pieds courts et membraneux, jusqu'au flamant au long cou et aux longues jambes, qui reste debout, les pieds dans l'eau, le croupion posé sur le sommet du cône de vase où

il couve ses œufs. L'un, marbré et d'une couleur tannée, ressemble à un rocher; l'autre, de couleur de feu, apparaît comme une flamme qui sort du sein des eaux.

Les rapports de progression des animaux avec la terre proprement dite sont encore plus nombreux que les précédens. Leurs pieds ne sont pas terminés par des os, mais par une matière à la fois dure et élastique, appelée corne. Cette matière cornée résiste, par son élasticité, bien mieux que les os, qui se seraient usés par le frottement. Elle revêt en entier le corps de quelques amphibies, tels que les tortues, qu'elle défend contre les abordages des rochers et le frottement des sables. Elle paraît formée, dans ceux-ci, d'un amalgame d'écailles dont elle porte le nom, et de poils dans les quadrupèdes. La coupe de ces poils apparaît bien distinctement dans la corne du nez du rhinocéros, comme je l'ai vu dans celui de la Ménagerie, qui avait usé la sienne jusqu'à la racine, à force de la frotter contre les pieux de son enceinte. Ces poils étaient gros et droits dans la corne de ce rhinocéros, dont on peut voir la dépouille au Muséum d'histoire naturelle; mais ils sont fins et entrelacés dans la corne du pied du cheval, exposé à de plus grandes fatigues. Les cornes des animaux, supportées par des os intérieurs, comme celles de la tête des bœufs, des chèvres, et les ergots de leurs pieds, paraissent être par écailles. Celles des pieds des animaux recroissent sans cesse, quoique usées sans cesse par le frottement, et comprimées par leur poids. Dans le cheval, elle est d'une seule pièce, circulaire par son plan, et un peu creusée en dessous, pour enfoncer moins dans le sol; mais elle est taillée en biseau sur son bord antérieur, pour prendre un point d'appui dans les pentes des montagnes. Il est d'usage, dans presque toute l'Europe, d'en revêtir le contour intérieur d'une bande de fer demi-circulaire, attachée avec des clous à grosse tête. On prétend que cette espèce de semelle empêche la corne du cheval de s'user, et rend son pied plus sûr. Il n'est pas étonnant que dans les pays où les hommes sont chaussés, quelques animaux le soient aussi; cependant je doute que le marcher des uns et des autres en tire un grand avantage. On ne ferre point les chevaux à l'île de Bourbon; je les ai vu courir comme des chèvres dans les rochers dont cette île est couverte : leur corne y devient d'une dureté extrême. Les Nègres, qui y vont nu-pieds comme eux, ont bien de la peine à les attraper lorsqu'ils veulent les brider ou les seller; cependant ils gravissent mieux dans les montagnes qu'aucun Européen.

Les quadrupèdes destinés à parcourir les terres

molles des prairies et les bords marécageux des rivières ont le pied fourchu : tels sont les bœufs. On les ferre, avec raison, avec de la tôle, lorsqu'ils sont destinés à marcher long-temps sur le pavé de nos routes et de nos villes ; on prend même ces précautions pour les vaches que l'on fait venir de loin : mais elles sont inutiles pour les sites destinés par la nature à ces animaux. Leurs pieds fourchus par l'écartement de leurs ergots entrent difficilement dans la terre, et de plus ils ont au-dessus et en arrière deux autres ergots en appendices ; ce qui leur donne, en cas de besoin, seize points d'appui différens.

Il en est de même des pieds du porc, qui se plaît dans les marais, où il aime à se vautrer ; mais comme il vit principalement de racines qu'il y cherche, il a de plus, autour d'un museau fort allongé, un groin d'un odorat exquis, avec lequel il fouille la terre. Comme ses jambes de derrière sont plus élevées que celles de devant, et que sa tête est fort inclinée, il s'ensuit que tout le poids de son corps favorise sa fouille.

Je ferai observer à ce sujet que les jambes de derrière du porc, ainsi que celles de tous les quadrupèdes, forment deux espèces d'arcs en arrière, non-seulement pour soutenir le corps de l'animal en arc-boutant contre la terre, mais pour favoriser son mouvement en avant. J'en conclus donc, contre l'opinion populaire, que le corps du porc ne ressemble point du tout à celui de l'homme, dont les jambes, au contraire, forment deux courbures en avant vers les genoux, parce qu'étant destiné à marcher debout, elles portent le plus grand poids de son corps en arrière.

Pour revenir à la forme du porc, destiné à fouiller et à labourer la terre, on peut dire que c'est une charrue vivante. La nôtre, que nous regardons comme une invention sublime du génie des Triptolèmes, n'est qu'une imitation très-imparfaite de la forme d'un animal que nous croyons à peine ébauché par la nature. Le poids de notre charrue diminue son action en pesant en arrière, et celui du porc augmente la sienne en pesant en avant. Notre soc n'ouvre de sillons que d'un côté, et le groin rond du porc en ouvre deux à la fois et laboure en tous sens.

Il faut avouer que les machines de la nature sont bien supérieures aux nôtres ; elles servent à la fois à plusieurs usages. Les moutons et les chèvres, qui vont chercher leur nourriture sur les pentes escarpées des collines, ont aussi les pieds fendus : ils s'y cramponnent avec leurs ergots, et les chèvres se servent souvent de ceux de leurs pieds de derrière pour se dresser en l'air, afin de brouter les sommités des arbrisseaux.

Les quadrupèdes omnivores, destinés à vivre de toutes sortes de débris, et à pénétrer partout, comme les rats, ont des griffes, dont ils se servent pour monter, la nuit, le long des murs raboteux, à trente et à quarante pieds de hauteur. Ils ont de plus quatre dents incisives en saillie, et tranchantes comme des gouges, dont ils percent à contrefil des solives de plus d'un pied d'équarrissage et d'une extrême dureté. C'est ce que j'ai éprouvé plus d'une fois à l'île de France, au second étage d'une tour que j'habitais, où ces animaux trouvaient le moyen de pénétrer la nuit par dehors. Ils sont si communs dans cette île, et ils y font de si grands dégâts, qu'on ne peut sauver les comestibles de leur rapine, qu'en les mettant dans des magasins supportés en l'air par quatre piliers, entourés par le haut de plaques de fer-blanc. Ces sortes de pavillons aériens pourraient être utiles en Europe pour renfermer nos grains ; ils les préserveraient des mêmes ravages, et qui plus est, de l'humidité, souvent plus nuisible dans nos climats.

Les animaux qui habitent les sites de la végétation, et les végétaux eux-mêmes, ont des moyens très-variés de progression : les plus petits ont les plus ingénieux. J'ai parlé de ceux du lourd limaçon, qui rampe sur les branches des arbres, au moyen d'une membrane musculeuse et d'une glu que les plus grands vents ne sauraient ébranler. J'ai parlé aussi des sabots garnis de crochets de la chenille, qui vit sur la feuille toujours mobile du peuplier. Quantité de chenilles ont, avec des anneaux qui leur servent de pieds, des fils qui les suspendent en l'air, et de longs poils autour d'eux, qui préservent leurs corps fragiles dans leurs chutes. Les insectes qui vivent sous l'herbe touffue des prairies se glissent au pied de leurs racines, et y courent avec rapidité au moyen de leurs pates peu élevées, de leurs corps lisses ou couverts d'étuis : tels sont les scarabées et les fourmis républicaines. Ceux qui en pâturent les tiges, et qui ne peuvent les parcourir, comme les sauterelles, ont deux longues jambes à ressort, qui leur servent à y faire de grands sauts paraboliques. Elles ont de grandes ailes, au moyen desquelles elles traversent d'immenses contrées, en troupes innombrables. Elles ressemblent à des chevaux équipés pour le combat, et portent à l'extrémité de leur corps un sabre ou une épée. Elles sont les moissonneurs de la nature, et elles se répandent dans toutes les prairies abandonnées des quadrupèdes et des hommes. Le cloporte, sans défense, cherche sa vie sous les pierres et dans l'ombre ; mais lorsqu'il est poursuivi par ses ennemis, il ne se fie point à la multitude de ses faibles pates pour leur échapper : nouveau Protée, il se métamorphose tout à coup, et d'un insecte rampant il devient une boule roulante.

Que dire des moyens de progression des animaux qui vivent aux dépens des autres ? L'araignée, forcée d'abandonner son embuscade, ne pouvant trouver de chemin sur terre, s'en fait un en l'air : elle y lâche un fil, et lorsque le vent en a attaché l'extrémité à un point fixe, elle court tout du long comme un danseur de corde. Son pont aérien sert quelquefois à des êtres innocens, tant la nature sait allier les contraires et mettre tout à profit. C'est sur le fil de l'araignée que la faible cochenille passe de la feuille épaisse du cactus où elle est née, au lieu où, à l'abri des épines, elle doit fixer sa trompe fragile. D'autres insectes, comme les poux paresseux, se glissent avec des crochets sous les poils des animaux, ou, comme les puces, sautent à plus de cent fois leur hauteur.

Qui pourrait décrire les différens organes du mouvement dans les animaux de la terre ? Ils sont aussi nombreux que les obstacles qu'ils rencontrent. Le marcher des terrestres est plus varié que le nager des aquatiques et le vol des aériens : les pieds des premiers sont en plus grand nombre et de formes plus diverses que les nageoires et les ailes des derniers. Très-peu de quadrupèdes ont des nageoires et des ailes ; mais la plupart des amphibies, tous les oiseaux, tous les insectes volatiles et même presque tous les quadrupèdes ont des pieds.

En effet, c'est à la terre que les êtres vivans attachent leur destin : le volatile vient y faire son nid, et le nageur vient frayer sur ses rivages ; tous, après en avoir fait l'objet de leurs courses, en font celui de leur repos. Ceux des zones glaciales et des montagnes hyémales ont été habillés de pelisses touffues, de peaux emplumées, de duvets qui leur servent de litière au sein des glaces et des neiges. Ceux qui nagent dans les mers boréales et australes, comme les baleines, ont, sous des cuirs élastiques, des couches de lard épaisses de plusieurs pieds pour conserver leur chaleur naturelle et les préserver du choc des glaçons flottans. D'autres, comme les lions marins, qui se traînent sur les écueils, sont revêtus d'une graisse molle et d'une peau flottante. Semblables à des outres d'huile, ils glissent sans effort et sans danger sur les âpres rochers, et s'y livrent à de profonds sommeils au bruit des flots mugissans. D'autres, au fond des eaux, se réfugient dans les antres des rochers. C'est là qu'une foule de poissons engourdis viennent chercher des asiles contre les hivers et contre la vieillesse, ce long hiver de la vie. C'est là que les plus faibles ont été mis par la nature à l'abri des tempêtes.

Les coquillages portent avec eux leurs toits et leurs rochers protecteurs. Il n'y a point de duvet qui en tapisse l'intérieur ; mais un vernis brillant des plus riches couleurs de l'Orient repose leurs tendres chairs et enduit leurs maisons en dedans et souvent au dehors. La moule taillée en bateau s'ancre aux graviers avec des cables plus sûrs que ceux de nos vaisseaux. Le limaçon de mer s'attache aux rochers par sa membrane ; le lépas en y formant le vide avec son entonnoir ; l'huître, les vermiculaires, les coraux, les madrépores s'y collent avec un ciment insoluble aux eaux ; d'autres, comme les dails, s'enfoncent dans le flanc même des rochers calcaires au moyen de leurs coquilles, rudes comme des râpes. Quelques-uns savent prévoir les tempêtes et se mettre à l'abri de leurs fureurs. Ils s'enfoncent tout entiers dans les sables, comme les coquillages à robe lisse. Les vermisseaux sans toit et plusieurs petits poissons, les énormes tuilées, restent immobiles sur les récifs, à l'abri sous leurs épaisses voûtes ; mais les crustacés, comme les homards et les crabes, se réfugient entre les cailloux roulans ; et comme ils sont exposés à avoir les pates rompues, la nature leur a donné la faculté de les reproduire, comme elle a donné aux arbres celle de reproduire les branches qui ont été fracassées par les vents.

Mais qu'est-il besoin de pénétrer au fond des mers pour observer les moyens de repos que la nature a préparés aux êtres vivans et mobiles ? Ceux de la terre les présentent dans leur propre structure. Nous avons remarqué que les jambes de derrière des quadrupèdes forment un arc-boutant en avant ; nous observerons ici que celles de devant sont perpendiculaires : les premières sont les agens de la progression, les secondes sont ceux de la station. En effet, c'est sur celles-ci qu'ils reposent même leur tête lorsqu'ils sont couchés. La nature, de plus, leur a donné un ventre sans os, sur lequel ils appuient mollement tout leur corps, surtout dans les fatigues extrêmes. Mais, afin qu'ils pussent varier leurs attitudes stationnaires ainsi que leur marche, elle a revêtu les cuisses et les épaules des plus pesans, comme des chevaux et des bœufs, de muscles charnus et saillans en dehors, qui leur servent à se reposer tour à tour sur les deux côtés. De plus, elle les a faits pour vivre au sein des prairies, où les graminées leur offrent encore d'épaisses litières. D'autres trouvent des retraites tout arrangées dans les mousses qui tapissent les cavités des arbres ou celles des rochers : tels sont les écureuils, les marmottes, les porcs-épics. D'autres s'enfoncent dans le sein de la terre, comme les mulots, les rats, les lapins, les taupes, les abeilles maçonnes, les guêpes, les hannetons, les grillons, les fourmis, les vers de terre, et une foule d'insectes qui y cherchent le repos. Ils y déposent les berceaux de leurs petits, et y font pénétrer le soleil et l'air, ces deux premiers élémens de la vie et de la végétation. Quelques uns s'y multiplient en nombre prodigieux. J'ai vu une prairie voisine de mon habitation, sur les bords de la rivière d'Essonne, toute criblée de trous de scarabée; il n'y avait pas un pied d'intervalle de l'un à l'autre. Chaque scarabée se tenait au soleil à l'entrée de son souterrain; et lorsque je venais à passer par un sentier qui traversait la prairie, à chaque pas que je faisais, des milliers de ces insectes se retiraient en même temps à droite et à gauche; ce qui produisait une évolution assez singulière. Je tentai vainement d'en attraper quelqu'un; mais, à la fin de l'automne, il y vint une multitude de corbeaux qui y furent en station pendant tout l'hiver. Ils restaient immobiles, et lorsqu'un scarabée se montrait à l'entrée de son trou, ils le gobaient sur-le-champ. Ils en débarrassèrent entièrement la prairie, dont les herbes commençaient déjà à se détruire par les travaux de ces insectes.

C'est sans doute pour pénétrer dans le sein de la terre que la plupart des scarabées ont leurs ailes revêtues d'étuis polis, et souvent huilés, afin que l'humidité ne les gâte pas.

Dès que le soleil, ce premier mobile de tous les mouvemens des animaux, vient à disparaître, chacun d'eux se réfugie dans son site naturel. L'insecte doré va se blottir au sein d'une fleur; le papillon, les ailes reployées, s'endort sur ses pétales. L'oiseau se perche sur une branche, à l'abri des feuilles; mais comme sa tête, sur son long cou, le ferait tomber en avant, et de plus serait exposée au froid de la nuit, il la cache sous une de ses ailes et la réchauffe du feu de sa poitrine; le quadrupède vient se coucher au pied de l'arbre, en reployant ses jambes sous son corps. Qui contemplerait alors un paysage, en verrait tous les habitans immobiles et dans des attitudes nouvelles. Les harmonies des animaux du jour cessent au coucher du soleil; mais celles des animaux de la nuit commencent au lever de la lune, afin qu'il y ait toujours des yeux ouverts aux plus petits reflets de la lumière, et attentifs au spectacle de l'univers.

Lorsque l'hiver, cette nuit de l'année, s'approche, que le soleil passe dans l'autre hémisphère, et que l'aquilon, agitant les forêts, les dépouille de leur verdure, la plupart des insectes cherchent des retraites dans le sein des fruits, sous l'écorce des arbres et dans l'épaisseur de leurs troncs; d'autres, changés en nymphes, et jouets des vents, suspendus à des fils, trouvent leur repos dans une agitation perpétuelle; un grand nombre d'oiseaux se réfugient dans les troncs caverneux et sous les feuillages toujours verts des sapins et des lierres : la marmotte s'endort dans les creux des rochers.

Mais quand un certain nombre de révolutions de la lune et du soleil leur annonce la nuit qui doit être éternelle, chacun d'eux cherche à finir ses jours auprès de son site accoutumé. La mouche des maisons, amie de la lumière, vient expirer auprès des vitres; et le papillon, les ailes étendues, au pied de sa fleur favorite. Le chien fidèle quitte sa litière et cherche à rendre les derniers soupirs près du lieu qu'il a défendu, ou aux pieds de son maître qu'il regarde en gémissant; les éléphans sociables se retirent, pour mourir sur les bords des eaux, au fond des vallées ombragées des forêts. C'est ce que témoignent les chasseurs de l'Afrique, cités par le voyageur Bosman qui en rapporte un exemple. Peut-être doit-on attribuer à cet instinct les nombreux squelettes de ces grands quadrupèdes qu'on trouve aujourd'hui rassemblés sur les bords de quelques fleuves de la Sibérie.

Quoi qu'il en soit, l'homme, fidèle, comme tous les animaux, à ses habitudes naturelles, cherche aussi à mourir dans sa patrie. En expirant, il jette ses derniers regards vers le ciel, et il desire une main amie pour lui fermer les yeux et pour lui élever un tombeau. Ce double instinct de l'immortalité vers le ciel et vers la terre, est commun aux peuples les plus sauvages, et ne se trouve dans aucun animal.

### HARMONIES TERRESTRES
### DE L'HOMME.

Inspire-moi, céleste harmonie du mouvement et du repos! Tu n'es point dans l'homme cette aveugle attraction qui le fixe à la surface de la terre, comme tous les corps pesans. Tu n'es point en lui cette loi qui fait décrire aux planètes une ellipse autour du soleil par deux mouvemens combinés; mais tu es une émanation de cette ame universelle du monde, qui organise chaque objet pour sa fin, et à laquelle tous les mouvemens et tous les repos sont subordonnés.

C'est toi qui, renfermée par les amours dans le sein maternel, y traças les premiers linéamens du corps humain. Tu disposas ses os comme une charpente, tu les lias par des cartilages, tu les revêtis de muscles fibreux, tu lui donnas des organes en rapport avec toutes les puissances de la nature; et siégeant dans le cerveau comme une souveraine, tu fis mouvoir ses membres par des nerfs, et son cœur par des ruisseaux de pourpre, comme le soleil, ton père, fait circuler les mondes par les traits de sa lumière et de sa chaleur.

Fille du soleil et de la terre, c'est toi qui ouvres et fermes les yeux de tout ce qui respire. Lorsque ton père apparaît sur l'horizon, tu fais lever l'homme à ses premiers rayons; tu l'invites à parcourir le sein de ta mère, couvert des bienfaits de l'astre du jour. C'est par toi que, mis en équilibre sur deux pieds, il franchit les montagnes et les vallons, il secoue l'arbre chargé de fruits, et il charge les gerbes pesantes sur ses larges épaules. C'est toi qui, te combinant avec sa raison, lui appris à employer à son usage tout ce qui se meut autour de lui. C'est par toi que, disposant du feu, le premier des mobiles, il forgea le fer, et devenu le maître des élémens et des animaux, il attela les vents à son bateau, le ruisseau à son moulin et le coursier à son char.

C'est toi qui, formant la jeune fille sur un plus doux modèle, lui fis exercer des travaux plus tranquilles. Assise à l'ombre d'un arbre, elle fait pirouetter le fuseau sous ses doigts et glisser la navette sur sa toile; mais lorsque l'astre de la nuit répand ses premières clartés sur les prairies, elle se plaît à y former avec ses compagnes des chœurs de danse aussi gracieux que les courbes de son corps. A sa vue, l'homme fatigué des travaux du jour se ranime; sa force se réunit aux grâces d'une compagne; et de leurs contrastes naît l'harmonie des amours qui doit les reperpétuer. Mais lorsque la nuit de la mort les couvre l'un et l'autre de son ombre éternelle, lorsque les organes de leurs corps sont usés, les ames qui les faisaient mouvoir abandonnent leurs élémens terrestres, et, dégagées de leurs poids, elles retournent sans doute dans ce soleil, source de leurs forces, renouvelées sans cesse par sa présence éternelle.

Cependant cette ame, motrice et ordonnatrice des corps, renfermée dans chacun de nous, paraît nous être étrangère; elle agit sans nous communiquer ses moyens. C'est à notre insu qu'elle fait circuler notre sang, répare nos blessures, forme et développe l'enfant dans le sein de sa mère. Une merveille non moins grande, c'est qu'avec toute sa puissance, cette ame si savante est subordonnée en nous à une ame très-ignorante, et qui toutefois paraît d'un ordre supérieur. Celle-ci, que j'appelle l'ame raisonnable, commande cette autre ame que j'appelle l'ame corporelle. Elle veut, et le corps est en mouvement; elle ne veut plus, et le corps se repose : elle le fait marcher, sauter, courir sans connaître les lois de l'équilibre. Elle ignore elle-même le lieu qu'elle occupe dans le corps humain, si elle siège dans son cerveau ou dans son cœur, ou dans ces deux viscères à la fois. Elle veut mouvoir un de ses doigts sans remuer le bras, et, par un seul acte de sa volonté, le bras reste immobile et le doigt se remue; il semble qu'elle soit venue se loger dans le seul muscle moteur du métacarpe : elle peut remuer de même à la fois plusieurs membres, ou seulement leurs extrémités. A-t-elle à sa disposition des nerfs qui correspondent à chacun d'eux? comment peut-elle en connaître l'usage? Est-ce l'ame corporelle qui lui obéit et la sert de ses lumières? Pour elle, dans l'ignorance la plus profonde de l'organisation du corps, elle n'a la science d'aucun de ses mouvemens; mais, ce qu'il y a de fort étrange, c'est qu'elle en a la conscience : elle les dirige tous par un seul acte de sa volonté. Elle ressemble en quelque sorte à ces monarques de l'Orient, qui ne connaissent point leurs sujets, mais qui, d'un seul signe transmis par des muets à des visirs habiles, font mouvoir tout leur empire.

Cependant cette ame souveraine qui s'ignore elle-même veut tout connaître. Peu contente d'un présent obscur, elle cherche à s'étendre dans un passé et un avenir encore plus ténébreux. De cette terre où elle rampe, elle s'élance vers le ciel; elle est ravie par des sentimens innés d'infini, d'éternité, de gloire et d'immortalité. Elle semble dirigée par une conscience céleste, comme elle l'est par une conscience corporelle. Elle paraît une émanation de cette ame divine qui gouverne le monde, comme celle qui lui est subordonnée paraît en être une du soleil, et son corps un des élémens.

Notre ame raisonnable, dit Marc-Aurèle, est un dieu exilé. En vain, entraînée par son instinct céleste, aidée du secours de ses semblables et de celui des siècles, cherche-t-elle à pénétrer cette nature qui l'environne; elle n'en saisit que les dehors. Elle est dans un corps et dans la vie, comme un navigateur dans une faible nacelle au sein d'une mer orageuse, qui cherche à aborder à des îles dont il aperçoit les rivages. Il en trace bien quelques contours incertains, et il leur donne des noms; mais l'intérieur du pays et les mœurs des habitans lui restent inconnus. Ainsi nos arts et nos sciences, malgré leurs noms pompeux, ne sont que des apparences lointaines et illusoires des ouvrages de la nature. La peinture ne nous présente que des images superficielles de la terre et des cieux :

il n'y a réellement dans ses tableaux ni lumière, ni air, ni eau, ni sol, ni végétaux. La sculpture ne nous offre de même que de vains simulacres. Ses statues n'ont ni os, ni chair, ni sang; elles ne peuvent ni se mouvoir, ni sentir, ni parler. L'histoire est aussi trompeuse. Ses personnages n'existent plus pour nous; ils ne sont plus que des fantômes de notre imagination, que l'historien fait penser et agir à son gré. Ceux de la poésie sont encore plus mensongers; l'imagination fit des dieux de tout ce qui n'était que l'ouvrage d'un Dieu. Nos sciences, soi-disant exactes, ne saisissent que des notions souvent incertaines. La géométrie admet des points sans surface et des lignes formées de points qui ont de la longueur sans largeur, ce qui est une double contradiction. Elle ignore jusqu'à présent le rapport précis de la circonférence du cercle au rayon qui l'engendre. Ses théorèmes ne sont que des aperçus de quelques propriétés de la sphère morte ou métaphysique; mais celles de la sphère vivante, virtuelle et actuelle du soleil lui sont totalement inconnues. L'astronomie n'est qu'une sience bien superficielle de quelques mouvemens apparens des planètes. Comment pourrions-nous les connaître, puisque nous ne connaissons pas encore la surface de cette terre que nous habitons?

Cependant, pour connaître les rapports de l'homme, n'hésitons pas à suivre la route que les astres, premiers moteurs de nos élémens, semblent nous tracer. Si nous nous égarons, ce sera sur les pas de la raison universelle, et non sur ceux de la nôtre, si faible et si versatile. Nous allons rapporter l'homme aux harmonies terrestres, comme nous l'avons fait aux aquatiques, aux aériennes et aux solaires. Nous avons vu qu'il était en consonnance avec la chaleur du soleil par son cœur, et avec la présence et l'absence de la lumière de cet astre par son cerveau; par ses yeux, avec la veille et le sommeil; avec l'air, par ses poumons; avec l'eau, par sa bouche, ses viscères et les méplats même de ses muscles. Nous allons voir que son corps tout entier est en harmonie avec la terre, qui est, pour ainsi dire, sa mère comme le soleil est son père.

La terre est composée de rochers qui en sont comme les os; de métaux, qui les lient comme des nerfs; de montagnes, qui les couvrent comme des muscles; et de vallons, qui servent d'aqueducs aux rivières. Le corps humain est soutenu de même par une charpente osseuse, cette charpente est liée par des nerfs, sur lesquels l'électricité agit comme sur les métaux, ainsi que le prouvent les expériences du galvanisme. Elle est recouverte par des muscles en saillie, qui en sont comme les montagnes, et qui sont séparés par des méplats et aqueducs qui y forment des espèces de vallons.

La terre est arrosée de fleuves, tant extérieurs qu'intérieurs, qui transpirent à travers sa surface, et qui viennent tous se rendre à la mer: le corps humain est arrosé de même de vaisseaux lymphatiques et sanguins, qui transpirent à travers la peau.

La terre est entourée d'un océan salé et ferrugineux, lequel a un courant semi-annuel d'un pôle à l'autre, et un reflux semi-journalier en sens contraire, dont le soleil et la lune sont les premiers mobiles: le corps humain est baigné de toutes parts par un sang salé et ferrugineux, qui a un flux par les artères et un reflux par les veines, tous deux coordonnés au cour du soleil et à celui de la lune, surtout dans les femmes. Nous avons vu, aux harmonies aquatiques de l'homme, que le nombre des révolutions totales de son sang, dans un jour, était à peu près égal à celui des marées dans un an, c'est-à-dire de sept cent quarante environ. Peut-être ce nombre de révolutions sanguines varie-t-il avec celui des marées dans plusieurs parties du globe, où celles-ci durent douze heures, et n'arrivent qu'une fois en vingt-quatre heures; ce qui ne donne que trois cent soixante-cinq flux et reflux dans l'année. Il est certain du moins que la circulation du sang étant plus rapide dans les enfans et plus lente dans les vieillards, il doit y avoir plus de feu dans les premiers, et plus de flegme dans les seconds. Peut-être expliquerait-on par la variation des marées celle des caractères, qui sont évidemment plus actifs et plus inconstans chez les peuples de l'hémisphère nord, et notamment les Européens, qui ont sept cent quarante marées par an, que chez les habitans de l'hémisphère sud, qui n'en ont à peu près que la moitié.

La terre paraît avoir son principe de rotation sur elle-même dans les fluides, dont le soleil change sans cesse l'équilibre par la dilatation, l'évaporation et la condensation: le vaste Océan méridional est donc la cause principale de son mouvement journalier. Le corps humain, ainsi que le corps des animaux, est aussi en activité par son sang, et il a aussi l'organe de son mouvement de progression dans sa partie inférieure.

Enfin la terre est couverte de végétaux dans tout son hémisphère septentrional, et surtout vers son pôle; de même le corps humain a des poils qui croissent sur sa partie supérieure, et principalement sur la tête.

Ces analogies sont communes à tous les animaux, comme si tous les enfans de la terre participaient en quelque sorte du tempérament et de la constitution de leur mère commune; mais elles se trouvent dans un rapport plus parfait dans le corps de l'homme. En effet, ses muscles sont plus saillans, et ressemblent mieux à des collines que ceux des quadrupèdes et des oiseaux, revêtus de poils et de plumage, et que ceux des poissons qui n'ont point du tout de relief. Il semble que les harmonies terrestres de l'homme, ainsi que toutes les autres, doivent se juger de l'équateur, où il a pris d'abord naissance; et que celles de la plupart des autres animaux ne soient en rapport qu'avec des latitudes particulières du globe.

Le corps humain offre mille harmonies avec toutes les puissances de la nature, mais surtout avec celles de la terre. Le paysage le plus varié n'a rien d'aussi ravissant dans ses forêts aériennes, les croupes de ses montagnes, les sinuosités de ses vallons, les projections lointaines de ses plaines. Décrivez un cercle en marchant autour d'une belle statue, vous y verrez autant de points de vue différens que vous ferez de pas; considérez l'homme assis, couché, debout, dans un fond, sur une hauteur, vous découvrirez dans toutes ses attitudes et ses positions de nouvelles beautés. Les artistes qui le dessinent depuis tant de siècles, trouvent ses formes aussi inépuisables, que les moralistes qui l'étudient, ses passions; il semble que son cœur ait autant d'instincts différens, que son corps a de muscles. C'est avoir atteint le comble de l'art en tous genres, de savoir rendre ses grâces, ses proportions, les affections variées qui l'animent, et tout son ensemble. Les animaux n'offrent rien de semblable; leurs facultés, bornées à une seule industrie, sont enchaînées par la nécessité; leurs formes sont offusquées de poils, de plumes, d'écailles, vous apercevez en eux, non une raison libre, mais des instincts circonscrits; non un corps, mais un vêtement. L'homme seul étend son intelligence à toute la nature, lui seul montre sa beauté personnelle à découvert; il est nu, non pour être exposé aux injures de l'air, comme le disent les calomniateurs de la Providence, mais pour qu'il apparaisse avec toutes ses beautés, et qu'il puisse les accroître encore de toutes celles des animaux, comme il se sert de tous leurs alimens et de toutes leurs industries. Ainsi les dépouilles de tous servent à sa parure, depuis la peau du lion qui couvre les épaules d'Hercule, jusqu'aux fils transparens du ver à soie dont se voile Déjanire. Ah! sans doute ce fut sa robe, bien plus que le sang du centaure, qui consuma des feux de l'amour son vainqueur.

Considérez la femme dans un jardin, cueillant des fleurs ou des fruits, ou folâtrant dans les prairies avec ses jeunes compagnes, et formant avec elles des chœurs de danse: des grâces ineffables sont répandues dans les mouvemens de sa tête, de ses bras, de ses mains, de son corps, de ses pieds. Mais voyez-la plus majestueuse, entourée de sa famille, accompagner son époux avec toute la dignité maternelle, en portant un nourrisson dans ses bras; ce ne sont là cependant que les attitudes de son corps. Les affections de son ame sont encore plus aimables et plus variées: voyez-les se peindre tour à tour sur son visage; les muscles en devraient porter, non les noms anatomiques d'extenseurs, de supinateurs, d'adducteurs, etc, mais ceux des vertus qui les meuvent et les animent. La candeur est sur son front, l'amour conjugal dans ses yeux, la pudeur sur ses joues, et le sourire maternel sur ses lèvres. Elle parle, l'oreille est enchantée des doux sons de sa voix; l'ame en est émue; la consolation, l'espérance, le contentement, les sentimens célestes, coulent de sa bouche dans les cœurs de ses chers enfans et de son heureux époux. Ah! si vous la voyiez et si vous l'entendiez, vous diriez sans doute: Un dieu a formé ce beau corps, afin qu'un autre dieu l'habitât.

Viens donc, belle figure humaine, soit que tu revêtes un homme, une femme, un enfant; viens donc, et reçois mes hommages; que la terre reconnaisse en toi son maître; parcours-en les monts les plus escarpés et les vallées les plus profondes; traverses-en les différentes zones: toi seule, de tous les êtres animés, en as le pouvoir. Que l'argile, les rochers, les métaux obéissent à tes lois, et qu'ils entrent dans la construction de ton habitation passagère; qu'ils figurent ta propre image sous tes mains; mais que la beauté de cette image disparaisse devant la tienne. O homme! n'admire point les chefs-d'œuvre des Grecs: l'Apollon du Belvédère n'est que le chef-d'œuvre de Phidias, et toi tu es celui de la nature; il est le fruit de la guerre, et toi celui des amours; fusses-tu contrefait comme Ésope, toi seul es digne de ton admiration. Jamais le marbre n'a palpité sous le ciseau du sculpteur: il reçoit au dehors la forme humaine; mais il reste toujours au dedans sans vie et sans reconnaissance. Pour toi, tu es sensible aux bienfaits de ton Auteur, tu es à toi-même la preuve la plus touchante de sa providence. En couvrant la terre de biens, il donna le mouvement de progression à tes muscles pour la parcourir; mais il t'éleva au-dessus de ta sphère, en te donnant l'idée de lui-même: il a fait servir ses ouvrages de modèle à ton intelligence, afin de t'approcher de lui, et de te faire connaître que tu étais réservé à de célestes destinées.

La nature, après avoir offert à l'homme les moyens d'escalader les lieux les plus escarpés, par les lianes et les buissons qu'elle y fait croître, a préparé pour son repos de molles litières dans les graminées qui couvrent la terre, et dans les mousses même qui tapissent les rochers. C'est là que, dans l'état sauvage, il passe souvent la nuit sur le sein maternel, sans aucun inconvénient. Pour nous, accoutumés à une vie casanière, il nous est difficile de reposer, même le jour, sur une terre humide, sans courir les risques d'être rhumatisés. Cependant l'exercice peut nous rendre encore notre tempérament naturel. Nos armées ont fait toutes leurs campagnes sans tentes, et couchant toutes les nuits à la belle étoile. Les soldats chantaient de joie le matin, quand on leur annonçait qu'ils coucheraient le soir dans des vignobles ; des sillons leur semblaient de bons lits. Avec ces mœurs, ils ont fortifié leur corps et remporté de nombreuses victoires sur des ennemis qui se reposaient à l'abri de leurs tentes.

Les vapeurs de la terre, loin d'être nuisibles au corps humain, lui sont souvent très-salutaires. J'ai vu des scorbutiques guérir en mettant leurs jambes nues dans le sable pur ; j'en ai fait moi-même l'expérience dans le sable calcaire de l'île de l'Ascension. Si on se trouve surpris de la boulimie, ou par une simple faiblesse, on reprend des forces en se couchant à terre, et en en respirant les vapeurs. Semblables à Anthée, nous reprenons des forces en touchant le sein de notre mère.

En effet, c'est là que nous allons chercher machinalement des asiles contre les chagrins. Nous aimons alors à errer solitairement dans les vallons détournés ; entre des montagnes escarpées, comme si les rochers étaient des remparts contre l'infortune. C'est parmi ceux des bords de la mer, retentissans du mugissement des flots, qu'Homère représente Chrysès se plaignant au soleil, dont il était le prêtre, de l'injustice d'Agamemnon qui lui avait enlevé sa fille. C'est dans une grotte profonde que Sabinus échappa, pendant plusieurs années, à la vengeance de Vespasien, et fut comblé des plus tendres faveurs de l'amour conjugal. C'est en sortant de là pour aller à la mort que sa fidèle compagne, qui lui avait donné deux enfans dans sa retraite, amenée devant l'empereur, lui dit ces paroles à jamais mémorables : « J'ai passé des » jours plus heureux avec Sabinus dans un sou- » terrain, que toi sur ton trône, à la lumière du » soleil. »

Enfin, c'est dans le sein de la terre que nous allons chercher un éternel repos, ou plutôt c'est là que nous allons déposer les élémens que nous lui avons empruntés. Il n'est pas douteux que nous n'en augmentions tous les ans la masse par notre destruction, ainsi que font tous les corps organisés. Je ferai à ce sujet quelques réflexions qui donneront à penser. Les géographes politiques évaluent les hommes vivant actuellement sur la terre à mille millions. Selon quelques-uns, les mourans sont aux naissans comme deux cent soixante est à deux cent quatre-vingt-quinze ; selon d'autres, comme cinquante-cinq est à soixante-sept : d'où il résulte d'abord que le nombre des hommes va en croissant toutes les années. Mais comme, par un autre calcul, les générations se succèdent environ tous les trente ans, il s'ensuit qu'il meurt à peu près trois mille six cents hommes par heure, soixante par minute, et un par seconde. Or, comme le pouls bien réglé dans l'homme bat les secondes, il s'ensuit qu'à chaque battement du pouls d'un homme, il en sort un du monde et il y en rentre un.

Nous savons que le soleil est le premier mobile de tous les mouvemens des corps organisés sur la terre : or, en considérant les scintillations de sa lumière, très-sensibles au loin sur les vitres lorsqu'il se lève ou qu'il se couche, on pourrait les considérer comme les premiers élémens du temps ; elles sont aussi rapides que les clins d'œil, et il y en a plusieurs dans une seconde : on pourrait donc les regarder comme des révolutions solaires instantanées, premier mobile des générations, qui, comme elles, naîtraient à chaque clin d'œil, et seraient en harmonie avec les différentes périodes solaires et lunaires, qui produisent les tierces, les secondes, les minutes, les heures, les jours, les semaines, les mois, les années, les cycles, etc.

Quoi qu'il en soit de l'origine de notre ame, nous devons des dépouilles de notre corps à la terre. Cependant, quoique la même fin soit commune à tous, les hommes ont adopté différentes manières de rendre les derniers devoirs à leurs morts. Les peuples, à cet égard, paraissent avoir suivi le sentiment des différentes puissances de la nature avec lesquelles ils étaient le plus en harmonie : les uns les jetaient dans le feu des bûchers, comme les Romains. Plutarque remarque, à cette occasion, que les brûleurs de corps en mettaient un de femme sur huit ou dix hommes, pour les faire flamber davantage, comme si les feux de l'amour subsistaient encore en nous après la mort. Les Taïtiens dessèchent leurs morts en l'air, sur des estrades, à l'ombre des arbres. Les Indiens des bords du Gange les abandonnent au cours de ce fleuve, qu'ils regardent comme sacré. Les anciens Égyptiens, au contraire, les enduisaient des résines aromatiques des arbres, les entouraient de bandelettes de lin, et les conservaient dans des troncs de sycomores. Les Guèbres les mettent debout dans une enceinte entourée de murs, et les abandonnent aux oiseaux de proie. D'autres leur ont donné pour sépulture leurs propres estomacs, comme ces anciens peuples de la Scythie, dont parle Hérodote. Pline observe qu'aucun animal ne prend soin des funérailles de ses semblables, excepté l'homme. C'est donc là encore un trait qui le caractérise. Mais quelque variété qu'il mette à remplir ces derniers devoirs inspirés par la nature, notre cendre vient toujours se réunir à la terre. Son globe n'est qu'un vaste tombeau, formé, jusque dans ses rochers, de débris de corps qui jadis ont été vivans.

Je le dis avec douleur : Paris, où l'on vient apprendre la décence et l'urbanité, est le lieu du monde où l'on a le moins de respect pour les restes des objets qui nous ont été chers. L'homme, livré, dans cette vaste capitale, à une infinité de goûts frivoles, ne conserve aucun souvenir de ses semblables dès qu'ils sont morts. Ils n'ont d'autres lieux de sépulture que des fosses profondes, où l'on précipite chaque jour, sans aucune distinction de sexe ni d'âge, les femmes, les enfans, les vieillards, jusqu'à ce qu'elles soient remplies. L'ami ne peut plus reconnaître les cendres de son ami dans ces voiries humaines; il craint même de s'approcher de ces gouffres de la mort, d'où s'exhalent sans cesse des vapeurs funestes aux vivans.

Il n'en est pas ainsi chez les Chinois, ce peuple le plus ancien de la terre, parce que son gouvernement est fondé sur les lois de la nature. Leurs tombeaux font un des principaux ornemens des environs de leurs villes. Chaque famille a en propriété une petite portion de terre dans les collines du voisinage. Elle y fait creuser une grotte, où elle dépose avec un respect religieux les corps de ses parens; l'entrée de la grotte est décorée de quelques arbres, à l'ombre desquels se reposent souvent les voyageurs. Lorsqu'un corps est consommé par le temps et par la chaux, on l'ensevelit. Le plus proche parent, vêtu d'une grosse étoffe de chanvre, et ceint d'une corde, vient, à la tête de sa famille, en recueillir les ossemens; il les dépose dans une urne de porcelaine, qu'il place avec celles de ses ancêtres, dans une chambre particulière de sa maison. C'est là qu'il retrouve des urnes pleines de pleurs, suivant l'expression de Juvénal. Il y voit aussi d'un coup d'œil ses nombreux aïeux, qui se sont succédé pendant plusieurs siècles. Le sentiment d'une longue antiquité est dans sa famille, comme il est dans l'empire. Elle voit, à la suite les uns des autres, les auteurs auxquels elle doit le jour, et plusieurs fois par an elle invoque, par des sacrifices et des libations, leurs esprits, qu'elle croit retournés dans les cieux; elle les prie de lui inspirer de bons conseils et de présider à ses destinées. C'est sans doute à des rites aussi touchans, et à ces sentimens religieux envers leurs parens morts, que les Chinois doivent l'amour qu'ils portent à leurs parens vivans et à leur patrie. Leurs tombeaux sont les fondemens de leur empire, qui dure depuis plus de quatre mille ans.

### HARMONIES TERRESTRES
### DES ENFANS.

Présidez aux exercices et aux jeux de nos enfans, esprits invisibles qui animez toute la nature, Zéphyrs, Aures, Génies, Amours! Les poètes, les peintres vous représentent sous les formes d'enfans ailés, comme les papillons et les oiseaux; mais vous n'avez pas besoin d'ailes pour parcourir la terre. Plus transparens que l'air, plus actifs que l'électricité, plus rapides que la pensée, vous vous jouez dans la lumière, sur les flots, parmi les fleurs et les brillans fossiles. Habitans du ciel, doués d'une enfance immortelle et divine, vous vous amusez chaque jour à bâtir de nouveaux palais à l'aurore, avec des nuages d'or et de pourpre; à faire tourner notre globe sur ses pôles glacés, à l'entourer des rayons du soleil, de couronnes de fruits et de verdure. Soyez favorables à vos frères, les enfans de la terre. Ils aiment comme vous à se jouer avec les élémens; ils élèvent dans les airs des boules d'eau resplendissantes de mille couleurs; ils arrondissent l'argile dans leurs mains, ils y plantent des végétaux. Ils entrent dans la carrière de la vie avec les ris et les jeux; environnez-les de tous les prestiges de l'amitié et de l'amour, jusqu'à ce que leurs ames innocentes, dégagées du poids de leur corps, se joignent à vous dans les cieux.

Nous avons vu que l'homme et la femme réunissaient en eux les plus belles courbes que puisse engendrer la sphère, mais elles ne sont point encore développées dans l'enfance. Elles y sont renfermées comme les pétales d'une fleur dans son bouton. Ce sont les facultés de l'ame qui semblent leur donner leurs grâces et la perfection de leur forme; c'est l'affection envers sa mère qui donne à la bouche de l'enfant son premier sourire; c'est la curiosité qui meut ses yeux dans leur orbite, et renfle par l'exercice les muscles de ses bras et de ses jambes. L'amour ensuite développe son sexe, tandis que l'innocence gonfle et colore ses joues de pudeur. La joie trace des rides légères aux angles de ses yeux, mais le chagrin en creuse bientôt de plus profondes sur son front. Ce n'est donc point le corps qui donne à l'ame son caractère, c'est l'ame qui le donne au corps. D'un autre côté, l'ame ne développe ses facultés et ses passions qu'après plusieurs révolutions du soleil, comme si elle tirait de lui son origine, sa nourriture et ses accroissemens.

Considérons donc l'enfant lorsqu'il vient au monde. Les groupes de ses muscles sont comme des boutons de fleurs dans leur bourre. Il ne semble d'abord formé que de portions sphériques; tous ses membres sont arrondis, et ce n'est que lorsque ses premières passions commencent à poindre, que ses os s'allongent, et que les groupes musculaires affectent les courbes les plus convenables au service de chaque organe en particulier, et à celui de tout son corps en général. De dire si une vie intérieure et expansive, inhérente à l'ame, pousse les muscles du dedans du corps, ou si le soleil les attire au dehors, comme chez les noirs, qui ont les mollets plus élevés, et dont le corps est plus allongé que celui des peuples du nord, c'est ce que je ne sais pas. Il est bien certain toutefois que tout ce qui est organisé pour la vie se dirige dans ses accroissemens vers le soleil et la lumière, comme le prouvent les végétaux, même plantés à l'ombre. Quoi qu'il en soit, je crois que ces deux forces agissent à la fois dans le développement des corps organisés, d'autant plus que la première est sans cesse en harmonie avec la seconde, comme le démontrent la veille et le sommeil, qui résultent de la présence et de l'absence du soleil dans les végétaux et les animaux. Cependant, en regardant cet astre comme le premier mobile de tout ce qui est vivant sur la terre, je ne veux pas dire qu'il soit l'auteur de la vie, car alors elle n'aurait point d'autre terme que la durée de l'astre du jour, et les corps qu'elle anime iraient toujours en croissant. Mais celui qui donne les lois au soleil, dont il a rempli l'univers, a réglé les proportions des corps sur la terre; il leur a distribué à tous une portion de vie, et lorsqu'elle est dans sa plénitude pour chacun d'eux, il la fait circuler et passer à d'autres générations par la médiation des amours.

L'enfant, qui en est le fruit, en venant à la lumière, semble d'abord fait pour le repos. Tous ses muscles arrondis sont des coussins, et le sein maternel qui le reçoit est composé de coussins hémisphériques, élastiques et chauds. Quoiqu'il ne puisse se soutenir sur ses jambes, il invoque par ses cris celles de sa mère, pour aller respirer au grand air et voir les rayons du soleil qui le réjouissent et le fortifient. Vers l'âge de six mois, il essaie de se lever tout droit : on peut alors, s'il est fort, l'exercer à marcher avec des chaises autour d'une chambre. Quelquefois une nourrice mercenaire pose son nourrisson debout dans un trou en terre, sous prétexte de l'accoutumer à se tenir droit sur ses jambes, mais en effet pour n'être pas obligée de le porter elle-même. Dans cette attitude perpendiculaire, le poids de l'enfant affaisse les os encore tendres du tibia et du péroné, qui en deviennent cambrés.

Il est donc dangereux de faire marcher les enfans de trop bonne heure. Ne précipitons jamais rien : un fruit précoce n'est souvent qu'un fruit avorté. A la vérité, j'ai vu souvent à l'île de France de petits nègres de sept ou huit mois marcher tout seuls; mais c'est l'influence du soleil qui en est la cause : c'est elle qui développe rapidement l'activité des puissances de la nature dans toute l'étendue de la zone torride; c'est elle qui y fait porter deux fois par an des fruits à l'oranger, et qui y rend les filles nubiles avant l'âge de douze ans. Mais dans nos climats froids, un enfant ne peut marcher avant un an.

Quand on veut apprendre à marcher aux enfans, il ne faut se servir ni de chariots, ni de lisières qui, en les soutenant par les épaules, les rendent hautes, et les accoutumant à être toujours soutenus, les empêchent de se soutenir eux-mêmes. Un moyen plus simple, que j'ai vu pratiquer par une paysanne, d'attacher à deux chaises deux longs bâtons parallèles, et de mettre l'enfant entre deux. Alors il pose ses mains à droite et à gauche sur les bâtons; il se promène entre eux comme dans une galerie, et il apprend à la fois à se soutenir et à marcher. C'est ainsi que ma fille marchait à dix mois; mais un de ses supports s'étant un jour détaché, elle tomba avec lui, et depuis ne voulut plus se fier au mur le plus solide : elle ne marcha qu'à l'âge de quatorze mois. C'est ainsi que ceux qui débutent dans le monde, venant à trouver un ami infidèle, s'éloignent de tous les hommes et ne veulent plus se fier même aux sages.

Je regarde comme indispensable d'élever chaque enfant pour lui-même en même temps qu'on l'élève pour les autres : il faut le former pour la solitude avant de le dresser pour la société. A la vérité, la nature nous donne les élémens en commun, mais nous en usons tous en particulier. Chacun de nous doit voir, respirer, boire, manger, marcher, se reposer, dormir et mourir pour lui seul. Si nous ne pouvions jouir de ces biens physiques que dans la société de nos semblables et avec leur secours, combien de fois serions-nous obligés de nous en passer ! Il en est de même des jouissances morales : combien ne sont-elles pas troublées par l'opinion des autres! Ce qui est vertu dans une maison est souvent un vice dans la maison voisine. La patience du philosophe est une lâcheté aux yeux du soldat.

Sous le même toit, le monarchiste et le républicain se regardent avec horreur. Si donc un enfant n'est élevé que pour la société, à qui aura-t-il recours lorsqu'elle se divisera d'opinions et qu'elle lui deviendra contraire? Où se réfugiera-t-il, s'il n'a appris à rentrer en lui-même? Je regarde donc les principes de l'éducation solitaire de l'Émile de Jean-Jacques comme devant être les bases préliminaires de l'éducation publique. Enveloppons notre élève, dans le malheur, du manteau de la philosophie; il l'étendra, dans le bonheur, sur ses semblables.

Au reste, toute cette éducation privée consiste uniquement à le bien pénétrer de l'existence de Dieu: les preuves en sont répandues dans toute la nature. Mais dussent les sophismes et les cachots des tyrans en voiler les bienfaits à ses yeux, il en retrouvera le sentiment dans son propre cœur. C'est ce sentiment qui fait de la conscience un asile imperturbable, et du monde un séjour enchanté. Sans lui, les élémens inconstans, et les astres qui traversent l'immensité des cieux, ne paraîtraient à l'homme que des masses énormes, mues au hasard par des puissances aveugles, toujours prêtes à l'anéantir. Mais le sentiment d'une Providence le rassure, et tient son cœur en repos, tandis que tout l'univers est en mouvement. C'est lui qui, dans l'excès de la douleur, élève les yeux et les mains de l'infortuné vers le ciel, et lui fait s'écrier: Ah! mon Dieu! il est le mobile de l'éloquence. C'est par lui que le sage persuade, que le législateur commande, et que le faible supplie. Il est nécessaire à toutes les conditions de la vie pour les rendre supportables, et à tous les peuples de la terre pour les lier entre eux. C'est lui qui soutint Scipion dans la solitude; Épaminondas, à la tête des armées; Socrate, dans une république inconstante et cruelle; Épictète, dans l'esclavage; Marc-Aurèle sur le trône le plus élevé du monde. L'amour des hommes n'est qu'une consonnance de l'amour de Dieu, et tous deux sont les pôles de la vie physique et morale.

Je crois l'avoir dit ailleurs, mais je le répète ici, afin d'en imprimer plus profondément l'image: la sphère de notre vie est comme celle du monde, et sa révolution comme celle de l'année. Les élémens du globe reposent d'abord sur le pôle terrestre de notre hémisphère, comme dans leur berceau. L'atmosphère et l'Océan y sont dans un état de stagnation, et leurs brumes y laissent à peine apercevoir une terre informe; mais à peine le soleil, à l'équateur, y fait-il sentir ses influences, que les vents et les torrens qui en descendent entraînent de longues chaînes de glaces flottantes, qui vont renouveler les mers et revivifier les fleuves et les continens. Un grand nombre de ces glaces échouent dans la zone glaciale même; d'autres s'évaporent dans la zone tempérée; d'autres, totalement fondues, roulent leurs eaux à travers la zone torride, d'où elles se dissipent en orages; d'autres, après un long cours, viennent de nouveau se fixer en glace sur le pôle opposé, couvert des ombres de la nuit. Ainsi l'océan de la vie entraîne, chaque année, du pôle de l'enfance une longue génération de mortels, comme des glaces flottantes et fragiles. Les uns échouent sur les écueils du premier âge, les autres circulent et s'évanouissent dans la zone de l'adolescence; d'autres s'évaporent en météores brillans et orageux dans celle de la jeunesse ardente; un petit nombre, après avoir traversé l'âge viril, vient se fixer sur le pôle de la vieillesse par les glaces de la mort.

Combien d'enfans sont descendus du pôle de la vie sans avoir fait le tour de la sphère! Ils n'apparaissent sur notre horizon que comme des aurores boréales, qui n'annoncent aucun jour et qui n'éclairent qu'une nuit. Ils sont dans le drame du monde comme ces personnages qui ne paraissent point sur la scène, et qui cependant font couler les larmes; ils ne sont connus que par les regrets et le désespoir de leurs mères. Mais pourquoi les plaindre? On devrait bien plutôt les féliciter d'être parvenus au port en quittant le rivage.

La mort n'est point un mal. La vie d'un enfant est comme le cours d'un ruisseau, qui, après avoir arrosé une prairie, s'épuise avec la neige qui le produit. Qui sait si les élémens évaporés de cette vie ne vont pas, comme ceux du ruisseau, ranimer d'autres objets, comme le prétendait le sage Pythagore, d'après les philosophes les plus anciens de la terre? Qui sait si la mort du vieillard n'est point un retour à une nouvelle enfance, comme le glacier polaire de notre hiver redevient à son tour la source de nos eaux pendant l'été? Pourquoi donc craindrions-nous la mort, si nous avons vécu dans la justice ou dans le repentir? Les enfans innocens n'en ont point de peur; les superstitions seules peuvent les troubler. Ces oiseaux de ténèbres voltigent en foule autour des berceaux et des tombeaux des hommes, cherchant une proie facile dans la faiblesse des naissans et des mourans: il ne faut que la lumière du jour pour les dissiper.

# LIVRE CINQUIÈME.

## HARMONIES ANIMALES.

Viens me réchauffer de tes feux et m'éclairer de ta lumière, cœur du monde, œil de la nature, vivante image de la divinité! viens m'enseigner l'ordre où tu développas la matière, quand tu lui communiquas les couleurs, les formes, les mouvemens et la vie! Les planètes glacées et ténébreuses étaient stationnaires au milieu de l'espace et du silence. Si quelque clarté lointaine, échappée des étoiles, eût permis de les entrevoir, elles eussent paru ensevelies au sein de l'obscurité et des neiges, comme de vastes tombeaux couverts des sombres crêpes de la nuit et des pâles suaires de la mort. Si par hasard une affreuse avalanche se précipitait de leurs sommets informes dans leurs profonds abîmes, en vain les échos en répétaient au loin les lugubres sons : il n'y avait aucun œil pour les voir, ni aucune oreille pour les entendre; elles étaient comme ces vaisseaux immobiles surpris par l'hiver au sein des glaces boréales, où il n'est resté aucun voyageur pour en faire l'histoire.

Mais tu parus, brillant soleil. La terre, attirée par tes rayons, s'approcha de toi; son orient étincela des feux de l'aurore, son atmosphère s'alluma, ses vents alizés soufflèrent, les glaces de son équateur se fondirent, ses flancs furent allégés, ses mers circulèrent, et, tournant sur elle-même, elle s'arrondit en globe. Bientôt elle inclina tour à tour vers toi ses pôles surchargés de glaces, et, circulant autour de ton disque, elle te présenta successivement ses hémisphères verdoyans. De son mouvement de rotation naquirent les jours et les nuits; du balancement alternatif de ses pôles, les étés et les hivers, et de son mouvement de circulation, les années et les siècles. Les planètes, ses sœurs, prirent, comme elle, leur place autour de toi. Les plus éloignées furent accompagnées de réverbères; la terre, d'une lune; Jupiter et Herschell, de plusieurs satellites; et Saturne joignit aux siens un double anneau. Elles formèrent toutes autour de toi un chœur de danse, comme des filles autour d'un père, comme des épouses entourées de leurs enfans autour d'un époux, s'éclairant le jour de tes rayons, et la nuit de leurs reflets.

Cependant les eaux de la terre, liquéfiées et fécondées par tes feux, en laboururèrent la circonférence. L'Océan se creusa des bassins profonds, autour desquels s'élevèrent les Alpes, les Cordilières; et toutes les grandes chaînes des hautes montagnes surmontées de neiges et de glaciers. Les fleuves en descendirent en mugissant, et, en parcourant les vastes plaines, portèrent à l'Océan le tribut de leurs eaux, qu'ils devaient à ses évaporations. Chemin faisant, ils excavèrent les vallées ondoyantes, et arrondirent les croupes des côteaux le long de leurs ondes azurées. Cependant les continens, les mers et leurs îles, encore nus, s'imbibaient en vain de ta lumière; mais bientôt les noirs rochers se tapissèrent de mousses, et les vallons de prairies. Les collines se couronnèrent de vergers, et les monts escarpés virent sortir de leurs flancs les majestueuses forêts. Les algues et les fucus flottèrent sur les écueils au gré des flots marins. Chaque végétal porta sa semence, sa graine ou son fruit. La terre, comme une mère, fut couverte de mamelles. Elle n'avait point encore d'enfans doués d'une vie sensible; mais bientôt on en vit éclore en foule sous tes rayons.

Des nuées d'oiseaux volèrent dans les airs, des légions de poissons nagèrent dans les eaux, d'immenses troupeaux de quadrupèdes marchèrent sur la terre. Chacune de tes gerbes lumineuses et fugitives parcourut un cercle de sa circonférence, et en féconda tous les sites; chaque site nourrit plusieurs végétaux, et chaque végétal alimenta des convives et des orateurs. Le bœuf, taillé comme un rocher, pâtura les prairies, se coucha sur leurs molles graminées, et fit retentir les vallées de ses mugissemens. L'oiseau, peint comme une fleur, se percha au sommet des plus grands arbres, picora leurs semences et, niché dans leurs troncs caverneux, fit entendre les sons éclatans de la reconnaissance. Les tumultes de l'allégresse et les doux murmures de l'amour retentirent dans les lieux les plus désolés. Le lourd éléphant poursuivit, en pantelant de désir, sa femelle jusque dans les sables brûlans de l'Afrique. Les noires baleines bondirent de joie et de volupté au milieu des glaces flottantes des pôles; les cétacées prirent naissance où expiraient les végétaux, et ces colosses de la vie s'embrasèrent des feux de l'amour dans les régions de la mort.

O soleil! est-ce de toi que sont sortis tant d'attractions, de couleurs, de formes, de mouvemens, de passions si diverses en particulier, et si concordantes dans leur ensemble? Est-ce dans ton sein qu'elles rentrent tour à tour? Es-tu le créateur de ces mondes divers qui tournent autour de toi, que tu meus et que tu réchauffes? Non, tu n'es toi-même qu'une petite étoile de la constellation de la terre, qu'un de ces astres lumineux et innombrables que nous découvrons les nuits, un de ces palais célestes où le Dieu de l'univers a renfermé les moindres de ses trésors. Ah! si l'homme a l'empire de cette terre que tu éclaires, prête-toi à mes désirs. Je ne demande point que tu m'entr'ouvres, comme à Herschell, ton atmosphère ondoyante, pour me découvrir tes montagnes et tes vallons : je n'ai pour télescope que des yeux affaiblis par soixante-quatre hivers. Le plus petit de tes rayons me suffit; laisse-moi suivre tes traces fugitives dans la puissance animale; permets à mon ame de s'y ranimer elle-même comme un jet de l'immortalité; qu'elle s'y baigne et s'y plonge, comme l'insecte humide, qui sort de terre, sèche à ta lumière ses ailes irisées. Puisse mon ame y secouer de même toutes les sollicitudes de cette mort vivante que nous appelons la vie, jusqu'à ce qu'elle s'élève dans l'océan immense de ta lumière, et se réunisse à tes heureux habitants!

Pourquoi, me dira-t-on, étendez-vous vos idées vers un passé et un avenir qui vous sont également inconnus? Contentez-vous du présent, que vous connaissez à peine. Oui, si je pouvais m'en contenter. Mais qui peut avoir des pensées bornées dans un monde aussi vaste, un cœur insensible au milieu des maux de la terre et des bienfaits du ciel, et le sentiment du néant dans une ame immortelle? L'insecte même porte ses inquiétudes au-delà de son horizon et de sa vie. Au printemps il bourdonne de reconnaissance au sein des fleurs; il dépose ses œufs dans leur ovaire, et donne à ses petits un fruit pour berceau. Il étend sa prévoyance paternelle à un hiver qu'il n'a pas vu, et qu'il ne doit point voir. Son instinct passe de génération en génération dans sa postérité, et se perpétue d'avenir en avenir; ainsi il renferme en lui-même le sentiment de l'immortalité. Et moi, qui suis un homme, pourquoi ne déposerais-je pas, dans les fruits de mon expérience et de celle de mes semblables le bonheur de mes enfans? Ces feuilles, aussi légères que celles des végétaux, formeront peut-être un jour leur seul patrimoine; heureux encore s'ils n'en sont pas privés, comme leur père, par les insectes dévorans de la cupidité et de l'envie.

Le présent atteste ce qui a été et ce qui sera. La terre se présente encore à nous comme elle parut aux premiers temps du monde, montrant sur un de ses hémisphères les sombres tableaux de la nuit, de l'hiver et de la mort; tandis que l'hémisphère opposé développe toutes les harmonies du jour, du printemps et de la vie. Le pôle austral, en s'éloignant du soleil, se surcharge de glaces de nuit en nuit; son atmosphère, remplie des vapeurs de l'Océan qui l'environne, se décharge en neiges épaisses sur sa vaste coupole glaciale, dont le centre s'élève à une hauteur que l'œil de l'homme n'a jamais vue. Les bords en sont encore si exhaussés, même au milieu de l'été austral, que Cook, qui les vit alors à près de cinq cents lieues de distance du pôle, les compare aux plus hauts promontoires. Ces glaces s'élèvent au-dessus des nues, comme des monts de cristal entassés les uns sur les autres. Dans leur hiver, elles s'étendent à plusieurs centaines de lieues au-delà; et, dans leur été, leurs débris, semblables à de grandes îles flottantes, descendent jusqu'au quarante-deuxième degré de latitude, en conservant encore plus de cent pieds d'élévation au-dessus de la mer. Mais, dans leur hiver, elles sont immobiles. L'Océan se congèle tout autour en vastes plaines, d'où sortent d'épais tourbillons de fumée. Des neiges immenses couvrent au loin les terres qu'il baignait de ses flots, les îles désolées de la Chandeleur, les écueils de la Terre-de-feu, les roches du cap Horn. Elles s'étendent en longues zones sur les crêtes pyramidales des Cordillières, jusqu'au sein de l'Amérique méridionale, où elles résistent à toutes les ardeurs du tropique. Quel être sensible pourrait habiter, dans l'absence du soleil, ces terres polaires australes, où l'été même glace les durs Européens, comme l'éprouvèrent, par leur mort, deux infortunés de l'équipage du voyageur Banks? Les pétrels et les manchots doivent fuir maintenant ces mers concrètes et ces terres pétrifiées. Aucun vaisseau n'a osé, jusqu'à présent, voguer dans leur hiver sous un ciel voilé d'une nuit profonde, et éclairé seulement de la pâle lueur des étoiles, de la lune, et de la flamme cérulée des aurores boréales. Peut-être la bonne nature a-t-elle employé quelques autres compensations dans ces affreux climats. Les courans attiédis de l'océan torridien, qui se portent à présent vers le pôle austral, doivent tempérer son atmosphère. L'arbre de Winster, avec tous les parfums des aromates, et revêtu d'un feuillage toujours vert, ombrage les vallons du cap Horn. L'hiver doit être doux pour celui à qui l'été est rude; ainsi, sans doute, la mort a des douceurs pour celui qui fut accablé des rigueurs de la vie.

Mais si le pôle sud est, dans notre mois de mai, le tombeau de la nature, le pôle nord en est le berceau. Le soleil, au milieu de sa course torridienne, vogue jour et nuit autour de la coupole de glace qui couronne notre hémisphère; il en couvre les sommets de ses teintes d'or et de pourpre. Les vents du midi accourent du sein brûlant du Zara, et viennent en démolir les énormes voussoirs. Les flots attiédis et agités des mers septentrionales en battent les contours, et y creusent de toutes parts des voûtes profondes. D'immenses rochers de glaces, supportés par de trop faibles piédestaux, se détachent tout à coup de ses flancs, mille fois plus volumineux que ces avalanches qui se précipitent des glaciers des Alpes dans leurs vallées profondes, en renversant les villages et les forêts. Ils roulent dans l'Océan avec les bruits des tonnerres et des volcans; ils entraînent avec eux les masses de granit, les bases des montagnes qui leur servaient d'appui, et en dispersent les débris sur les rivages des mers. Emportés par les courans du pôle, ils vont achever de se fondre dans les latitudes plus tempérées. Quelques-uns, comme ceux que rencontra le navigateur Ellis, ont trois cents toises d'élévation au-dessus des flots, et plus d'une lieue de circonférence. Des fleuves tombent en cataractes de leurs sommets. Il est tel de ces réservoirs flottans de l'Océan, qui y verse plus d'eaux que le Rhin et le Danube à la fois n'en apportent dans son sein; ils sont entourés d'un champ mobile de glaces brisées, de plus de deux cents lieues de longueur et de cinquante de largeur, comme celui qui s'opposa aux dernières tentatives de l'intrépide Cook. Quelquefois ces glaces se resserrent, se congèlent, et servent de pont au détroit du nord qui sépare l'Asie de l'Amérique. Quelquefois elles s'entassent en glissant les unes sur les autres; elles forment alors de leurs cristaux mille édifices fantastiques, des obélisques, des arcades, des temples gothiques, des palais chinois, tout éclatans du bleu du saphir et du vert de l'émeraude. Cependant l'Océan, comme un fleuve immense qui coule en mille torrens des sources du nord, les entraîne vers le midi; il circule autour du globe, et va porter la fraîcheur de la zone boréale aux zones torridiennes, et la chaleur des torridiennes aux extrémités de la zone australe. Les dernières îles du nord apparaissent au sein des mers septentrionales. Vogelsang, Cloven, Clif, Hackluyt, lèvent leurs têtes noires et humides du milieu des flots mugissans. La terre présente au soleil toutes les mamelles et tous les enfans de notre hémisphère. Le père du jour, pour les réchauffer, se reflète dans leurs brumes en arc-en-ciel, en anneaux lumineux, en éblouissantes parélies. Les écueils azurés se tapissent, sous les flots, d'algues brunes; et les rouges granits, dans les airs, de mousses et de lichens verdoyans. Des troupeaux de rennes accourent en bramant de joie dans ces prairies nouvelles; les bouleaux au feuillage d'un vert tendre, et les sombres sapins, tout jaunes d'étamines, entourent les grands lacs de la Laponie. Des nuées d'oiseaux aquatiques viennent du midi faire leurs nids dans les roseaux. D'un autre côté, des légions de poissons descendent du nord, côtoient nos rivages, et vont frayer dans les fleuves du midi, ombragés de forêts. La vie animale, diversifiée sous mille formes, est répandue dans tout notre hémisphère, depuis les sables du brûlant Zara, où l'affreux céraste se lève avec sa hideuse femelle, et où la panthère fait entendre la nuit ses amoureux rugissemens jusqu'aux échoueries du Spitzberg, où les chevaux marins, aux longs crocs, rangés au soleil par bataillons avec leurs petits, et les ours blancs acharnés, au milieu des glaces flottantes, sur les cadavres des baleines, disputent, la gueule béante, à l'audacieux Européen les dernières limites du jour, de la terre et des mers.

Mais c'est surtout dans nos climats tempérés que le mois de mai présente les plus douces harmonies de la vie animale. L'aurore, couronnée de roses, entr'ouvre dans les cieux les portes de l'orient, et annonce aux êtres sensibles le matin du jour et de l'année. Le zéphyr se lève au sein des mers, fait ondoyer leurs flots azurés, les myrtes de leurs rivages, les fleurs des prairies et les primeurs étincelantes de rosée. Des légions d'insectes, revêtus de robes brillantes, soulèvent les mottes de leurs souterrains, et, réjouis de voir la lumière, se répandent, en bourdonnant de joie, sur les plantes qui leur sont destinées. Les collines retentissent du bêlement des brebis, et les vallées profondes du mugissement des bœufs. Sur les lisières des bois, le bouvreuil, caché dans l'épine blanche, charme, par son doux ramage, sa compagne dans son nid, tandis que l'alouette matinale, contemplant la sienne du haut des airs, fait retentir les bocages de ses chants d'allégresse. Le soleil paraît dans toute sa splendeur, et chaque degré de l'arc qu'il parcourt dans les cieux voit éclore de nouvelles vies et de nouvelles amours. On entend dans l'atmosphère, sur les eaux, au sein des rochers, des voix qui appellent, et des voix qui leur répondent. La nuit même a ses concerts. Le rossignol, ami de la solitude et du silence, module, à la clarté de la lune, ses chants mélodieux. En vain le jaloux coucou leur oppose son cri monotone; il ne fait que redoubler, par ce triste contraste, leur harmonie ravissante : le héraut du printemps fait répéter aux échos lointains ses joies, ses peines et ses amours. Tout est animé, le jour et la nuit, à la lumière et dans l'ombre. Des chants mélodieux, des bruits confus, de doux murmures, font retentir les mousses, les roseaux, les herbes, les vergers et les forêts.

La puissance végétale ne fut créée que pour la puissance animale. En effet, si la terre ne produisait que des végétaux, ce serait en vain que les fleurs orneraient les prairies de leurs diverses couleurs, et que les fruits suspendus aux vergers exhaleraient au loin leurs parfums. Il n'y aurait point d'yeux pour les voir, d'odorat pour les sentir, de goût pour les savourer; bientôt le globe entier ne serait couvert que d'herbes flétries et de fruits en dissolution. Les forêts, renversées par la vieillesse, n'offriraient que des végétaux parasites croissant sur les débris de leurs troncs. En vain quelques arbres, sortant du milieu de leurs ruines, s'élèveraient vers les cieux, et brilleraient le matin des feux et des larmes de l'aurore; en vain les vents en balanceraient les cimes décorées de toute la pompe de la végétation, leurs sombres murmures n'annonceraient point, dans le silence des bois, une Providence qui n'aurait fait lever le soleil que sur des êtres insensibles, et qui n'aurait fait résulter du luxe de la vie végétale que l'inertie de la mort. Que dis-je! les bouleversemens mêmes du globe, ses rochers brisés, ses monts entr'ouverts, les plus affreuses secousses des tremblemens de terre, ne présenteraient que les ruines de la matière; mais l'ordre dans toutes les parties de la végétation et le désordre dans son ensemble, ses plans à la fois ébauchés et imparfaits, montreraient son organisation comme l'ouvrage d'un être doué à la fois d'un pouvoir immense et d'une intelligence bornée.

Sans doute l'homme, frappé de ces inconséquences, pourrait craindre que cet être ne vînt à confondre lui-même les lois primitives des élémens; et, tremblant pour sa propre existence, il aimerait mieux admettre pour premier principe un mouvement aveugle et constant dans l'univers, qu'un dieu capricieux dans la nature.

Mais les puissances de la terre ne sont abandonnées ni aux jeux du hasard ni aux lois monotones du mouvement : une sagesse infinie harmonie leurs destins; elle ne créa les végétaux que pour les besoins des animaux; elle fit voler les oiseaux dans les airs, nager les poissons dans les eaux, marcher les quadrupèdes sur la terre; et distribuant leurs tribus innombrables dans tous les sites de la végétation, elle en fit résulter une infinité d'harmonies nouvelles. Les prairies furent pâturées par les quadrupèdes, les algues par les poissons, les fruits des arbres par les oiseaux; la fourmi essémina les graines des hauts cyprès, et le ver, avec sa tarière, réduisit en poudre les troncs noueux des chênes renversés par les vents.

La puissance animale est d'un ordre bien supérieur à la végétale. Le papillon est plus beau et mieux organisé que la rose. Voyez la reine des fleurs, formée de portions sphériques, teinte de la plus riche des couleurs, contrastée par un feuillage du plus beau vert, et balancée par le zéphyr; le papillon la surpasse en harmonies de couleurs, de formes et de mouvemens. Considérez avec quel art sont composées les quatre ailes dont il vole, la régularité des écailles qui les recouvrent comme des plumes, la variété de leurs teintes brillantes, les six pates, armées de griffes, avec lesquelles il résiste aux vents dans son repos, la trompe roulée dont il pompe sa nourriture au sein des fleurs; les antennes, organes exquis du toucher, qui couronnent sa tête; et le réseau admirable d'yeux dont elle est entourée au nombre de plus de douze mille. Mais ce qui le rend bien supérieur à la rose, il a, outre la beauté des formes, les facultés de voir, d'ouïr, d'odorer, de savourer, de sentir, de se mouvoir, de vouloir, enfin une ame douée de passions et d'intelligence. C'est pour le nourrir que la rose entr'ouvre les glandes nectarées de son sein; c'est pour en protéger les œufs, collés comme un bracelet autour de ses branches, qu'elle est entourée d'épines. La rose ne voit ni n'entend l'enfant qui accourt pour la cueillir; mais le papillon, posé sur elle, échappe à la main prête à le saisir, s'élève dans les airs, s'abaisse, s'éloigne, se rapproche, et, après s'être joué du chasseur, il prend sa volée, et va chercher sur d'autres fleurs une retraite plus tranquille.

Ici le philosophe m'arrête : l'Être tout puissant, dit-il, est sans doute infiniment intelligent; mais il n'est pas bon, puisqu'il a livré à l'inquiétude et à la mort un être innocent et sensible.

La mort est une suite nécessaire des générations de la vie. Si le papillon ne mourait pas, s'il vivait seulement la vie d'un homme, la terre ne suffirait pas à sa postérité; mais il vit sans craindre la mort, et il meurt sans regretter la vie; il voltige çà et là sans se méfier de l'embuscade perfide de l'araignée, ni du vol infatigable de l'hirondelle, qui l'engloutit quelquefois tout entier. Peu lui importe pour lui-même l'avenir avec ses perspectives de terreur ou de gloire. Il ne s'inquiète point si un naturaliste barbare le clouera tout vivant avec une épingle, sous un cristal où il sera rongé des mites, ou si la bonne nature, attendant la fin de sa carrière, destinera son brillant squelette à l'immortalité, en versant sur lui une larme d'ambre jaune. Quand les Hyades pluvieuses ramènent les frimas et les autans, il ne s'afflige point de la rapidité de ses jours; il confie à la nature le soin de ses enfans, qu'il ne doit jamais voir. Content d'avoir prévu leurs premiers besoins et d'y avoir pourvu, sans s'embarrasser de leur reconnaissance, il meurt satisfait de sa propre destinée. Que pourrait-il desirer désormais sur la terre? Il a vécu sur les fleurs, il a vu le soleil près d'entrer dans la région des ténèbres; il cherche un peu d'ombre au pied de la plante qu'il a aimée, et, comme cet empereur qui voulut mourir debout, en empereur, se ressouvenant de sa beauté, il se pose sur ses pates, et, les ailes étendues, il expire en papillon. Oh! que le philosophe lui-même serait sage, si, comme le papillon, il vivait et mourait sans autre souci que de parcourir avec la vertu la carrière que la nature lui a tracée!

Nous allons jeter d'abord un coup d'œil sur les facultés de la puissance animale. Des savans trop accrédités ont pris plaisir à les confondre avec celles des puissances précédentes. A les entendre, il n'existe que des passages et des nuances entre les trois règnes, le minéral, le végétal et l'animal; selon eux, une huître ne diffère de sa coquille que par des modifications; et l'homme, qu'ils rangent parmi les animaux, n'est lui-même qu'une matière organisée, soumise aux simples lois de la physique, dont l'attraction est encore, suivant leur opinion, le seul mobile. Quant aux puissances élémentaires, ils ont omis de les comprendre dans leur système; de sorte que le temple qu'ils ont prétendu élever à la nature manque à la fois de comble et de fondemens. Où placeront-ils donc les lois de la morale, qui doivent régir les sociétés humaines, s'ils n'aperçoivent dans l'univers que quelques lois physiques? Nous verrons, dans le cours de cet ouvrage, les harmonies morales régir les harmonies physiques elles-mêmes, et les réunir dans une vaste sphère autour de l'homme, qui en est le centre et l'objet principal. En attendant, nous commencerons à lever un coin du voile dont le matérialisme a couvert les destinées sublimes du genre humain.

Toutes les puissances de la nature ont un caractère qui leur est propre : leurs facultés, même physiques, vont toujours en croissant et en se multipliant de l'une à l'autre. Je n'entreprendrai point d'analyser leurs principes; leur nature m'est inconnue : pour les connaître et les distinguer les unes des autres relativement à nos besoins, il suffit de les comparer à leurs effets.

La puissance solaire est sans contredit la première de toutes; peut-être les a-t-elle renfermées dans son sein; peut-être ne sert-elle qu'à leur donner les couleurs, les formes, les mouvemens et la vie. Elle me paraît exister par elle-même; c'est une puissance céleste qui n'a pas besoin de celles de la terre, comme celles-ci ont besoin d'elle. Je conçois aisément un soleil sans terre, mais non une terre sans soleil. Je ne puis même me former une idée des propriétés de l'astre du jour, qu'en les rapportant à celles qu'elles communiquent aux autres puissances; et celles-ci ne peuvent être caractérisées qu'en les combinant avec l'action du soleil. C'est par leur harmonie avec lui que je vois chacun d'elles se distinguer des autres, et croître en facultés, depuis la puissance aérienne jusqu'à la puissance humaine. C'est aussi par les sens en rapport avec les qualités, que l'homme en assigne les différences.

L'air paraît le plus simple des élémens de notre globe. Si nous étions ensevelis dans une nuit profonde, nous le respirerions sans connaître aucune de ses qualités : mais le soleil vient-il à se lever, l'atmosphère se dilate, le vent souffle, et je juge par l'action de l'astre du jour que l'air est transparent, fluide, et susceptible de compression et de dilatation. C'est à peu près tout ce que j'en sais. Quelques naturalistes ajoutent qu'il est composé de parties branchues et rameuses; je serais plutôt porté à croire que ses parties intrinsèques sont rayonnantes autour du centre, à en juger par la figure de la neige et de l'eau qui se gèle, exposée à son action, si toutefois les formes rayonnantes n'appartiennent pas aux principes de l'eau.

L'eau a des qualités plus étendues que l'air. Sa nature est d'être solide ou glacée. C'est le soleil qui la rend fluide. L'absence du soleil n'a jamais changé l'air en rocher, en le rendant à ses principes. Le soleil, en échauffant l'eau, non-seulement la fait fondre, la réduit en vapeurs par la médiation de l'air. Il décompose ses rayons en mille couleurs sur cette eau évaporée, comme on le voit dans l'arc-en-ciel qui apparaît dans les nuages pluvieux, et dans ceux de l'aurore et du couchant.

La terre réunit en elle les qualités de l'air et de l'eau, et elle y en joint d'autres qui lui sont propres. Réduite en poussière, elle se volatilise et devient susceptible de dilatation et de compression. Elle est transparente comme la glace dans ses cristaux; elle décompose, dans cet état, les rayons du soleil, et se liquéfie comme l'eau par la réunion des feux de cet astre dans le miroir ardent. Elle renferme dans son sein une multitude de fossiles opaques, dont les couleurs et les formes sont d'une variété infinie. On y distingue surtout les métaux, remarquables par leur pesanteur, leur électricité, leurs attractions, leur dureté, leur ductilité et leur éclat. Quelques-uns, comme l'or et l'argent, ont un peu de l'éclat du soleil et de la lune, dont ils portent les noms; ils semblent devoir leur origine à ces deux astres. L'or, surtout, paraît aussi ductile que la lumière, comme on le voit par les feuilles et les fils qu'on en tire à l'infini; il est inaltérable comme elle. Harmonié, dans l'expérience du galvanisme, avec l'argent ou d'autres métaux, il produit dans les nerfs des animaux, même après leur mort, des effets électriques comme en produisent sur eux, pendant leur vie, les rayons combinés du soleil et de la lune, ou des autres planètes. On ne le trouve guère que dans la zone torride, que le soleil pénètre de sa plus grande influence ; enfin, par sa pesanteur, qui surpasse de beaucoup celle de tous les autres métaux, il présente sur la terre une nouvelle analogie avec l'astre qui occupe dans les cieux le centre du système planétaire.

La puissance végétale, comme nous l'avons vu, reçoit toutes les qualités des puissances précédentes, par l'air et l'eau qu'elle s'approprie, par les couleurs et les formes de ses fleurs et de ses fruits, par des minéralisations même, dont quelques-unes sont connues, comme celle du fer, qu'on trouve dans toutes les cendres des végétaux. A ces qualités, elle en ajoute un grand nombre d'autres, qu'elle doit principalement au soleil, telles que ses parfums et ses saveurs ; mais elle diffère essentiellement des minéraux par les cinq facultés de la vie, qui sont l'organisation, la nutrition, l'amour, la génération et la mort. Les puissances élémentaires n'ont en partage qu'une existence permanente, différemment modifiée ; mais la puissance végétale a une propre vie, dont le principal caractère est de pouvoir renaître et se propager. Cependant la vie végétale diffère essentiellement de la vie animale, comme nous le verrons.

Nous ferons d'abord ici, sur leur différence, quelques remarques que nous ne croyons pas qu'on ait encore faites. Le végétal le plus simple me paraît composé d'un grand nombre de végétaux semblables, réunis sous une même écorce. Une plante est organisée comme un polype ; chacune de ses fibres ligneuses ou nerveuses paraît un végétal, qui correspond depuis la racine jusqu'à la feuille qu'il nourrit. La preuve en est dans ses racines : si vous en retranchez une, vous voyez languir les branches qui y correspondent. Si vous coupez une branche d'arbre, et si vous la replantez avec soin et dans une saison convenable, il en renaît un autre arbre ; vous pouvez même le reproduire en la fendant en deux, comme on le voit dans celles du saule. La vie paraît disséminée également dans toutes les parties du végétal ; on peut détruire impunément les unes, même dans son intérieur, tandis que les autres fructifient, comme il arrive aux arbres caverneux, qui n'en sont pas moins couverts de leurs feuillages. Un végétal est semblable au polype animal.

Il n'en est ainsi d'aucun animal proprement dit. Quoique ses muscles soient composés de fibres et de nerfs qui conservent des mouvemens particuliers après la mort, ils ne forment tous ensemble qu'un seul animal individuel et indivisible. L'animal est seul dans sa peau, et le végétal est multiple dans son écorce. Vous pouvez, des tronçons d'un saule, planter un bocage ; mais avec les quartiers d'un mouton vous ne ferez jamais naître un troupeau.

Une autre preuve que le végétal renferme dans chacune de ses fibres un végétal parfait, c'est qu'il produit indistinctement, dans toutes ses branches, un grand nombre de fleurs, qui ne paraissent être que les parties sexuelles des fibres, parvenues successivement à un âge adulte. Dans une plante annuelle, les fleurs paraissent après un certain nombre de lunaisons ; mais, dans un arbre, le bois nouveau ne donne point de fleurs, et les fleurs de son vieux bois changent de place d'une année à l'autre. C'est encore par la même raison que, quand l'arbre produit beaucoup de fleurs, il ne pousse point de bois, et que, quand il pousse beaucoup de bois, il ne produit point de fleurs. On en peut conclure que l'harmonie soli-lunaire, qui produit en lui des cercles annuels, sert d'abord à former au dedans des fibres mâles et femelles, dont les fleurs deviennent ensuite le développement. Ces fleurs ne peuvent reparaître l'année suivante au même endroit, parce que les fibres qui les ont produites s'allongent par la couche annuelle et l'accroissement du bois, et viennent se terminer à d'autres points de l'écorce. Enfin ces fleurs ne peuvent se montrer sur le bois nouveau de l'année, parce qu'il n'est pas encore adulte. On peut conclure de tout ceci, que c'est souvent à tort que les jardiniers taillent les pousses annuelles des jeunes arbres. Il en résulte qu'ils ne portent ni fleurs, ni fruits, parce que ce nouveau bois n'a pas le temps d'atteindre au terme de sa fécondité. Le plus simple est de le laisser croître : alors il fructifiera ; c'est ce que j'ai éprouvé moi-même par ma propre expérience. J'ai eu des poiriers très-vigoureux, âgés de plus de vingt ans, qui n'avaient jamais fleuri, parce que le jardinier, fidèle à ses règles, ne manquait pas de retrancher en automne la plus grande partie des branches qui avaient poussé au printemps. Je parvins enfin une année à empêcher cette fatale amputation ; mes arbres se couvrirent à l'ordinaire de rejetons pleins de suc. Après avoir jeté leur premier feu, ces rejetons s'arrêtèrent à la seconde année : ils produisirent alors des branches à fruits, couvertes de gros bourgeons, qui donnèrent des fleurs et des fruits dans la troisième.

Je ne connais point de végétal vivace qui ne produise qu'une seule fleur : l'animal, au contraire, n'a qu'un seul sexe. Quand il en réunit deux, comme les limaçons, ces sexes sont situés dans un lieu invariable. Les nerfs et les fibres des muscles de l'animal concourent tous à la fois à une seule action, comme tous ses organes, tandis que les fibres des végétaux ont des actions particulières et isolées : elles n'agissent en commun que par leur agrégation. Un végétal, blessé dans une de ses parties, prospère dans toutes les autres; et l'animal, dans la même circonstance, languit dans tout son corps.

On pourrait dire peut-être que les fibres nerveuses, dans un animal, sont autant d'animaux distincts, réunis sous la même peau, parce qu'il éprouve plusieurs passions, quelquefois opposées les unes aux autres, surtout dans l'homme; mais il existera toujours une grande différence dans la composition du végétal et de l'animal. Le végétal est si bien composé d'un assemblage de végétaux, qu'il en renferme à la fois de jeunes et de vieux, dont quelques-uns n'ont quelquefois qu'une lunaison, et d'autres ont plus d'un siècle. Un rameau d'un arbre est moins âgé que sa tige, et son aubier que son tronc. L'arbre le plus caduc porte à la fois la vieillesse dans son cœur et la jeunesse sur sa tête : l'une et l'autre se manifestent encore dans sa racine et dans son écorce. L'accroissement de ses parties dépend évidemment des harmonies soli-lunaires, puisque ses cercles annuels, subdivisés en cercles lunaires, en sont la preuve, comme nous l'avons déjà démontré, et comme nous le verrons encore ailleurs. L'animal n'est point formé d'un assemblage d'animaux. Le renouvellement périodique des couches qui composent ses os, prouvé par les os des poulets qui mangent de la garance, le soumet sans doute aux mêmes périodes planétaires que le végétal; mais la dégénération de ses parties se fait tout à la fois, de sorte qu'il n'en a ni de plus vieilles ni de plus jeunes les unes que les autres.

Voilà donc des différences très-marquées dans la constitution du végétal et de l'animal. Elles ne sont pas moins sensibles dans l'ensemble et la disposition de leurs organes. Tous les animaux se divisent en deux moitiés égales, comme il convenait à des corps destinés à changer de lieu; mais cet équilibre parfait ne se manifeste que dans les feuilles, les fleurs et les semences des végétaux. On le retrouve, à la vérité, dans les tiges des graminées; mais la plupart des buissons et des arbres ne le présentent que d'une manière fort singulière. La différence est encore plus sensible dans les organes de la nutrition et de la génération qui leur sont communs. Les végétaux ont leurs bouches ou leurs racines en bas, et leurs parties sexuelles ou fleurs en haut. Les animaux au contraire ont leur bouche à la partie supérieure ou antérieure de leur corps, et leurs parties sexuelles à la partie inférieure ou postérieure. Les premiers portent leurs fruits au dehors, les seconds engendrent au dedans. Cependant les végétaux ne sont pas des animaux renversés, comme on l'a prétendu; car ils n'ont point les facultés ni les organes qui constituent l'animalité. Ils n'ont point de cerveau qui est le siége de l'intelligence, ni de cœur, qui est celui des passions. Les animaux différent essentiellement des végétaux par ces viscères et par d'autres organes et qualités que nous allons développer.

Nous avons vu que la puissance végétale réunissait en elle les facultés des trois puissances élémentaires, qui sont, en autres, l'élasticité et les couleurs aériennes, les mouvemens ou les circulations aquatiques, et les formes terrestres, dont nous avons indiqué les progressions harmoniques ascendantes et descendantes. Nous avons démontré ensuite qu'elle avait, de plus, la vie végétale ou végétabilité, puissance dont les harmonies, soumises aux mêmes lois, sont l'organisation, la nutrition ou développement, l'amour, la génération et la mort. La puissance animale réunit toutes les harmonies précédentes, et elle y joint, de plus, la vie animale ou animalité, puissance qui se divise en facultés sensitive, intellectuelle et morale. Chacune de ces facultés a ses harmonies, dont nous allons donner un aperçu.

La faculté sensitive est douée de cinq organes principaux, qui sont ceux de la vue, de la respiration, de la soif, du toucher et du goût. Ils sont répartis aux cinq puissances primitives et précédentes, au soleil, à l'air, à l'eau, à la terre et aux végétaux. Chacun de ces organes a des effets harmoniques, c'est-à-dire actifs et passifs, ou positifs et négatifs. Ainsi de la vue s'engendrent la veille et le sommeil; de la respiration, la voix et l'ouïe; de la soif, la potation et la méation; du toucher, le mouvement et le repos; du goût, le manger et les sécrétions. Les végétaux ne présentent rien de semblable, ni dans leurs organes, ni dans leurs fonctions. Ils n'ont point d'yeux pour voir, ni de paupières pour les voiler. Quoique quelques-uns, comme le tamarin, ferment leurs feuilles ou leurs fleurs dans les ténèbres, c'est pour les abriter la nuit de l'humidité, ou quelquefois le jour de l'action du soleil; car il y en a qui les ferment en plein midi, comme le pissenlit. C'est abuser des termes que de dire qu'ils dorment la nuit. Leurs facultés, loin d'être suspendues, sont dans leur plus grande activité. C'est alors qu'ils végètent le plus. On peut dire aussi que les animaux jouissent, dans leur sommeil, de leur faculté végétale dans toute sa plénitude; car c'est à cette époque que leur sang, qui est leur séve, circule avec la plus grande facilité, et qu'ils profitent le plus, comme les végétaux. Le sommeil appartient donc, non aux fonctions de la végétabilité, mais à celles de l'animalité, dont il est le repos. Il ne suspend que les facultés intellectuelle et morale, et leurs organes. Si les végétaux sont privés de l'organe de la vue, ils ne le sont pas moins de celui de la respiration. Ils aspirent sans doute l'air et l'expirent; mais ils n'ont point de larynx pour en produire des sons, ni d'oreilles pour les recevoir : encore que quelques-uns engendrent des bruits, c'est par l'action du vent ou par quelque cause étrangère; ils n'en ont point le sentiment, ils ne les entendent point. Il en est de même de leurs rapports avec l'eau : ils la pompent comme l'air, mais ils ne la digèrent pas. Ils n'ont point de tact; et, quoique la sensitive ferme ses feuilles quand on la touche, elle doit son mouvement passif à une action extérieure, et non à un acte de sa volonté. Il y a grande apparence que l'hedysarum gyrans du Bengale doit le mouvement d'oscillation ou de balancement de ses folioles à l'action combinée de l'air et de la chaleur, ainsi que d'autres végétaux lui doivent celui de leur séve, et les animaux celui de leur sang. Mais ceux-ci ont le principe du mouvement en eux-mêmes et dans leurs facultés intellectuelles. L'insecte, dont le corps est revêtu d'écailles insensibles, a des antennes où réside l'organe du toucher, ou peut-être de l'odorat, qui dirige ses mouvemens de progression. Ses antennes sont sa boussole. Beaucoup de poissons écailleux ont des barbillons qui leur servent aux mêmes usages. L'huître, que des naturalistes regardent comme un passage de la plante à l'animal, et comme un être mitoyen entre ces deux règnes, jouit du mouvement de ses lèvres. Elle entr'ouvre et ferme ses écailles à volonté. Elle jouit aussi du mouvement local; car elle trouve le moyen de se transporter où elle veut : les espèces d'huîtres même qui adhèrent aux rochers nagent quand elles viennent de naître. Elles se choisissent des anfractuosités, et y construisent leurs coquilles irrégulières, avec autant de géométrie au sein des tempêtes, que les abeilles leurs alvéoles hexagonales dans le séjour tranquille des forêts. La maçonnerie de cette espèce d'huître est si bonne qu'on ne peut la détacher qu'avec un morceau de rocher. Enfin les végétaux tirent leur nourriture des élémens, mais ils n'ont point d'organes du goût et des excrétions.

La faculté intellectuelle est d'un ordre supérieur à la faculté sensitive. Elle réunit trois qualités dont les végétaux sont totalement privés : ce sont l'imagination, le jugement et la mémoire. Ces qualités président aux sens. L'imagination reçoit l'image des objets par la vue et l'ouïe; le jugement compare leurs rapports intimes par le toucher et le goût; la mémoire conserve les résultats de l'imagination et du jugement, pour en former l'expérience. La mémoire embrasse le passé, le jugement le présent, et l'imagination l'avenir. Ainsi, ces qualités s'étendent aux rapports des choses, des temps et des lieux, suivant certains rayons assignés à chaque genre d'animal; l'homme seul en embrasse la sphère. Cependant, quoique leurs fonctions semblent séparées, elles agissent aussi de concert. Le plus petit insecte fait usage de toutes à la fois ou en particulier, comme de ses yeux, de ses ailes et de ses pates. Leur siège est dans la tête de l'animal, ainsi que l'origine des nerfs, de la faculté sensitive qu'elles font mouvoir, et dont le sensorium est dans le cœur.

Le végétal n'a donc rien qui soit comparable aux facultés sensitive et intellectuelle de l'animal; il n'a point, comme celui-ci, le sentiment et l'intelligence de ses convenances naturelles. Cependant quelques philosophes, entre autres Descartes et Malebranche, ont voulu rabattre la puissance animale au-dessous de la végétale. Ils ont prétendu que les animaux n'étaient que de simples machines impassibles, ce qu'il serait absurde de dire même des simples végétaux, qui sont doués d'une véritable vie, puisqu'ils se propagent par des amours. Quand on objectait à Malebranche les cris douloureux d'un chien frappé, il les comparait au son d'une cloche dans la même circonstance. Pour le prouver, un jour, dans la fureur de la dispute, il tua d'un coup de pied sa propre chienne qui avait des petits. Le bon Jean-Jacques me dit à cette occasion : « Quand on commence à raisonner, on » cesse de sentir. » Je répète ici ce mot que j'ai cité ailleurs, parce qu'il jette une grande lumière sur la nature de l'ame des bêtes et sur la nôtre, en ce qu'elles ont de commun. Il prouve que l'ame a deux facultés très-distinctes, l'intelligence et le sentiment. La première provient en partie de l'expérience, et la seconde des lois fondamentales de la nature. L'une et l'autre sont en harmonie chez les animaux, et les dirigent toujours vers une bonne fin. Mais lorsque l'intelligence s'appuie en nous sur des systèmes humains, et se sépare du sentiment, qui est l'expression des lois naturelles, alors elle peut précipiter les génies les plus élevés et les plus doux dans les férocités les plus absurdes. Certes, Descartes et Malebranche sont tombés bien volontairement dans l'erreur, de prétendre que les bêtes n'étaient animées que par de simples attractions; la plus petite expérience suffisait pour les désabuser. Mettez une feuille de papier entre un aimant et une aiguille de fer, l'aiguille ne se détournera point pour aller chercher l'aimant, mais elle se portera vers lui par la ligne la plus droite. Mettez le même obstacle entre un chat et une souris, le chat ira chercher la souris derrière la feuille de papier; le chat raisonne donc, et son intelligence n'est point l'effet d'une simple attraction ou d'un tourbillon magnétique.

Mais l'ame des animaux est douée d'une faculté bien plus puissante que la sensitive et l'intellectuelle; elle a une faculté morale. Sans celle-ci, elle n'aurait ni dessein ni volonté; elle éprouverait en vain les sensations de la première et les sentimens de la seconde; mais par sa faculté morale elle les dirige, parce qu'elle en a, si je puis dire, des pré-sensations et des pré-sentimens.

J'appelle faculté morale celle qui constitue les mœurs de l'animal, et qui fait qu'un chat n'a pas le caractère d'une souris, et un loup celui d'un mouton. Elle est différente dans chaque genre d'animaux, elle varie dans leurs espèces, qui d'ailleurs ont en commun les facultés sensitive et intellectuelle, seulement dans des proportions particulières. La faculté morale réunit trois qualités, l'instinct, la passion et l'action.

L'instinct renferme les pré-sensations de l'animal et le pré-sentiment de ses convenances; c'est par des pré-sensations que des animaux encore dans le nid maternel s'effraient d'un bruit ou de la menace d'un coup dont ils n'ont encore aucune expérience. C'est par des pré-sensations qu'ils tettent, qu'ils marchent, qu'ils sautent, qu'ils grimpent, qu'ils appellent à leur secours. Ils leur doivent la conscience des organes et des membres dont ils font usage. Combien d'années ne faudrait-il pas à l'anatomiste le plus habile pour en acquérir la science! Les Duverney et les Winslow ont avoué, à la fin de la vie la plus studieuse, n'en avoir que de faibles aperçus. Pour moi, je tiens l'homme, quoique très-vain dans nos écoles, si borné dans sa nature, qu'il ne se serait jamais douté que les ailes des oiseaux pussent leur servir à traverser les airs, s'il ne les avait pas vus voler. Cependant ils s'en servent au sortir de leurs nids, sans en étudier la mécanique et sans la comprendre, non plus que nos docteurs qui en ont fait des traités; mais l'oiseau a la pré-sensation de ses ailes, et il s'en sert; il en tire des effets aussi admirables que la machine même.

Les animaux doivent aussi à l'instinct le pré-sentiment ou la pré-vision de leurs fonctions intellectuelles, c'est-à-dire de leurs convenances naturelles. C'est par pré-sentiment que l'araignée sortant de son œuf, et sans avoir vu aucun modèle de filet, tisse sa toile transparente, en croise les fils, les contracte pour en éprouver la force, et les double où il est nécessaire, pré-sentant que les mouches, qu'elle n'a pas encore vues, sont sa proie, qu'elles viendront s'y prendre, et qu'elles s'y débattront. Enfin, il n'y a point d'animal qui n'ait des pré-sensations et des pré-sentimens de sa manière de vivre et de l'industrie qu'il doit exercer, avec toutes les idées qui y sont accessoires.

C'est donc une grande erreur que cet axiome de l'école : *Nihil est in intellectu quod non fuerit prius in sensu.* « Il n'y a rien dans l'intelligence, qui n'ait été premièrement dans les sens. » Nous voyons, au contraire, que l'instinct enseigne aux animaux les premiers usages de leurs sens, et leur donne des idées qu'ils n'ont point acquises par l'expérience. Locke a donc erré beaucoup quand il a prétendu, toutefois d'après l'école, qu'il n'y avait point d'idées innées : l'étude d'un insecte lui eût prouvé le contraire. Son traducteur français lui en fit un jour l'objection : elle le mit de fort mauvaise humeur, car il sentit sans doute qu'il renversait de fond en comble son système : il aurait mieux fait de le réformer. Il ne l'eût pas édifié sur une pareille base, s'il eût éclairé la morale de l'homme de celles des animaux. Il ne se doutait pas qu'en refusant à l'homme des idées innées, il fournissait des argumens à l'anarchie et au matérialisme. Il devait sentir cependant que l'on conclurait un jour, non-seulement d'après ses raisonnemens, mais d'après son principe et son autorité, que, puisque l'homme n'avait pas d'idées innées, toutes celles qu'il acquérait étaient de convention; que celles de la morale étaient arbitraires, et que par conséquent il n'y avait pas de carrière tracée pour lui par la nature. S'il eût été attentif aux principes et aux conséquences de son système, il n'aurait pas ouvert à la fois deux principes à l'esprit humain; car, parmi ceux qui raisonnent d'après lui, les uns concluent qu'ils n'obéissent qu'aux lois physiques, et tombent ainsi dans le matérialisme; les autres se méfient d'une nature indifférente à leur bonheur moral, et se laissent subjuguer par la superstition, c'est-à-dire par des religions litigieuses, inconstantes, arbitraires, sans songer que cette même nature qui a pourvu à leurs besoins physiques, a dû pourvoir aussi à leurs besoins moraux.

Si Locke eût réfléchi un moment aux idées innées des animaux, il les eût reconnues par toute la terre; il se fût convaincu que c'est par elles qu'une chenille, sortant de son œuf, quitte la branche sur laquelle elle est éclose, et va pâturer la feuille naissante qui croît comme elle dans son voisinage; qu'ensuite, ayant acquis toute sa grandeur, elle se choisit une retraite sous une branche, à l'abri des vents et de la pluie; qu'elle s'y file une coque avec un art admirable, pour s'y renfermer dans l'état de chrysalide, et qu'elle s'y ménage une ouverture pour en sortir dans celui de papillon, quoiqu'elle n'ait aucune expérience de ces deux métamorphoses. Locke, qui a égaré son génie systématique sur les destinées de l'homme, qu'il rend si variables, eût admiré la constance de de celles de la chenille devenue papillon; il eût vu celui-ci, au moyen des idées innées, changer plusieurs fois de genre de vie. Après avoir rampé long-temps comme un ver, il est tout à coup pourvu de quatre ailes brillantes; plus habile que Icare, il traverse les airs en se jouant avec les vents, sans apprentissage et sans aucune connaissance de l'aérostatique; il vole sur les fleurs, y pompe le miel de leurs glandes nectarées, si long-temps ignorées de nos botanistes; il poursuit dans les airs une femelle inconnue, souvent d'une livrée différente de la sienne, mais invariablement de son espèce; enfin cette femelle fécondée dépose ses œufs, et les colle, non sur la feuille passagère où elle a vécu, mais sur une branche permanente, où ils doivent braver les injures d'un hiver qu'elle n'a jamais éprouvé.

Si Locke eût été attentif à ces leçons données dans tous les animaux par la nature, il eût soupçonné que l'homme, malgré les préjugés qui entourent son berceau, a aussi des idées innées. En effet, l'enfant nouveau-né a des pré-sensations lorsqu'il suce la mamelle de sa mère et qu'il en fait jaillir le lait, sans connaître la pression de l'atmosphère, ignorée de tous les philosophes de l'antiquité. Il manifeste bientôt des pré-sentimens de la bonté ou de la malice des hommes sans en avoir l'expérience, lorsqu'à leur seul aspect il va se ranger auprès de ceux dont les physionomies sont du nombre de celles qu'on appelle heureuses, parce qu'elles annoncent en caractères ineffables la bienfaisance; tandis qu'il s'éloigne de ceux qui, même avec des traits réguliers, portent je ne sais quelle expression de malveillance, plus aisée à sentir qu'à décrire. C'est ainsi que l'agneau, mu par ses pré-sentimens à la vue d'un loup, se réfugie auprès du chien, quoique ces deux animaux soient du même genre et aient des figures à peu près semblables. L'enfant a l'instinct de la sociabilité, lorsque, ignorant les sujets de joie et de douleur de ses semblables, il rit en les voyant rire, ou pleure en les voyant pleurer.

On pourrait embarrasser bien davantage les partisans de Locke; car, après leur avoir prouvé que les animaux et l'homme ont des idées innées, on peut renverser leur système des idées acquises, où ils renferment tout être pensant, en leur faisant voir que celle-ci ne sont que des conséquences et des développemens des premières. C'est de l'instinct inné de chaque espèce que dépendent le caractère, l'industrie, les mœurs, et peut-être la forme, ou du moins la physionomie de l'animal. Le perroquet nucivore n'a point les goûts d'un oiseau de proie, quoiqu'il ait, comme lui, des serres et un bec tranchant. Il aime à s'approcher de l'habitation des hommes, et, pour en être bien venu, la nature l'a revêtu des plus riches couleurs et doué du talent d'imiter la parole. L'instinct est permanent dans chaque espèce d'animal, comme le germe dans chaque espèce de végétal; l'un et l'autre ne font que se développer dans le cours de leur vie. Le chêne, avec ses robustes rameaux, est renfermé dans un gland, et le rossignol, avec son chant et ses amours, dans un œuf.

Mais les instincts si variés des animaux semblent répartis à chaque homme en particulier en affections secrètes et innées, qui influent sur toute sa vie: notre vie entière n'en est pour chacun de nous que le développement. Ce sont ces affections qui, lorsque notre état leur est contraire, nous inspirent des constances inébranlables et nous livrent, au milieu de la foule, des luttes perpétuelles et malheureuses contre les autres et contre nous-mêmes. Mais lorsqu'elles viennent à se développer dans des circonstances heureuses, alors elles font éclore des arts inconnus et des talens extraordinaires. C'est ainsi qu'on voit apparaître quelquefois au sein des forêts une liane fleurie ou un cèdre majestueux, dont les semences ont été jetées par les vents sur un sol qui leur a été favorable. Ainsi la nature avait mis le génie de la poésie dans l'ame d'Homère, celui de la peinture dans celle de Raphaël, la passion d'aborder à de nouvelles terres dans l'infortuné Colomb, et celle de découvrir de nouveaux astres dans l'heureux Herschell. Ces grands hommes et beaucoup d'autres ont réussi malgré les persécutions de leurs contemporains; mais il y en aurait sans doute un bien plus grand nombre, si leur génie n'eût éclos dans des patries ingrates, et ne se fût desséché comme des semences tombées sur des rochers. Au reste, tous les instincts des animaux n'approcheront jamais de ceux qui sont propres à l'homme, tels que de faire usage du feu, d'exercer l'agriculture, d'imiter enfin tous les ouvrages de la nature par l'invention des sciences et des arts. Que dis-je? il est le seul des animaux qui ait une idée innée de la Divinité, car elle se trouve chez tous les peuples de la terre : elle ne peut être une simple conséquence du spectacle de l'univers, puisque les animaux, qui en jouissent comme lui, ne manifestent aucun sentiment religieux. Cependant ils raisonnent et agissent comme lui dans leurs passions. Pourquoi a-t-il été donné à chacune de leurs espèces de parcourir un des rayons de la sphère d'intelligence, tandis que l'homme seul en occupe le centre et en entrevoit l'ensemble et l'Auteur? Le sentiment religieux est donc dans l'homme un sentiment inné, ainsi que les instincts particuliers sont innés dans chaque espèce d'animaux. Nous verrons ailleurs que c'est de ce sentiment primordial que dérivent dans l'homme les idées de vertu, de mépris de la mort, de gloire, d'infini, d'immortalité, qui sont les mobiles de toutes les sociétés humaines, même les plus sauvages.

Locke ne se serait pas égaré sur la nature de l'homme s'il avait observé d'abord celle des animaux, des végétaux et même des élémens. Pour étudier ce grand édifice du monde, il faut commencer par ses premiers étages.

Après avoir donné un aperçu de l'instinct des animaux, nous allons parler de la passion qui en résulte. La passion n'est dans eux que l'amour de leurs convenances et la haine de leurs disconvenances. L'instinct semble avoir son foyer dans leur tête, et la passion dans leur cœur. Leur intelligence voit d'abord ce qui leur est utile ou nuisible, et leur cœur le desire ou le craint : la passion est donc à la fois positive et négative. On peut y rapporter toutes les modifications auxquelles les philosophes ont donné, tantôt le nom de facultés, tantôt celui de passions, dont ils ont fait de longues énumérations sans aucun plan. Quant au mot de passions, quelques-uns le dérivent du mot latin *pati*, qui signifie souffrir ; mais cette étymologie ne me semble pas bien juste ; car la passion ne souffre pas quand elle jouit. Quoi qu'il en soit, nous adoptons ce mot dans le sens le plus usité, comme signifiant une affection vive de l'ame, soit pénible, soit agréable. Les anciens philosophes, en analysant l'ame humaine, y admettaient trois facultés, la concupiscible, l'irascible et la raisonnable. Descartes rejeta cette division, quoique assez naturelle, parce que, dit-il, l'ame n'a point de parties ; mais par une espèce de contradiction, il substitue à ces trois facultés six passions primitives, qui sont l'admiration, l'amour, la haine, le desir, la joie et la tristesse. Il y en ajoute ensuite beaucoup d'autres, telles que l'estime, le mépris, le courage, la honte, l'espérance et la crainte, comme des dérivés des six premiers genres. Ainsi il ne fait qu'augmenter la confusion qu'il reproche aux anciens. Il y a plus : c'est que, comme il s'occupe fort peu de la faculté raisonnable de l'homme, et qu'il tire les fonctions de son ame des esprits animaux, par une physique inintelligible, il s'ensuit qu'il ne donne à l'homme que les passions qui lui sont communes avec les animaux, qu'il ne regardait que comme des machines. D'ailleurs, l'admiration est-elle une passion comme l'amour? Y a-t-il en nous un penchant habituel à admirer comme à aimer? L'admiration n'est, ce me semble, qu'un étonnement accidentel de notre intelligence à l'occasion d'une surprise agréable. Descartes ne parle point, dans ses passions primordiales, de l'effroi, qui provient d'un éblouissement de notre esprit au sujet d'un objet épouvantable; il n'oppose point la répugnance au desir. Il ignorait que les facultés de l'ame sont doubles, comme nos membres et nos organes; que nous en avons en contraste, comme l'amour et la haine; et d'autres en consonnance, comme l'intelligence et la réflexion. Notre ame paraît soumise aux mêmes harmonies que notre corps, où les parties inférieures contrastent avec les supérieures, et les parties latérales consonnent et se balancent entre elles; d'ailleurs, la joie et la tristesse, l'estime et le mépris, l'espérance et la crainte, sont plutôt des effets d'une passion que des passions elles-mêmes.

Le désordre de tous les systèmes de l'ame humaine vient, en grande partie, de ce que leurs auteurs n'ont pas étudié les animaux avant l'homme, ainsi que nous l'avons déjà dit. Il faut commencer par le plus simple avant de venir au plus composé. Il n'y a, selon nous, qu'une passion dans l'animal, qui résulte de son instinct; c'est l'amour de ses convenances et la haine de ses disconvenances, De là dérivent toutes les sympathies et les antipathies innées dans les animaux, comme l'instinct qui les fait naître. Les facultés de leur intelligence y ajoutent diverses modifications. Quand leur imagination combine cet amour ou cette haine, elle les porte vers l'avenir, et produit en eux l'espérance ou la crainte. Quand leur jugement s'en saisit et les applique à un objet présent, il en fait résulter l'estime ou le mépris, la joie et la tristesse, le desir ou le dégoût, et par suite, la jouissance ou la privation. Quand leur mémoire s'en empare, elle les ramène vers le passé; elle fait naître le regret, qui s'étend aux plaisirs évanouis, et la réjouissance, qui se rapporte presque toujours aux maux évités ou passés. Ainsi la nature, harmoniant les affections de l'ame, tire souvent la peine du plaisir, et le plaisir de la peine, en opposant les effets de la mémoire à ceux de l'imagination.

On voit par cet aperçu que la plupart des passions prétendues primitives de Descartes et de nos moralistes en général ne sont que des modifications de l'instinct même de la puissance animale combiné avec ses facultés intellectuelles. Si donc on voulait avoir une échelle des passions bien plus régulière et beaucoup plus étendue que celle que le père de la philosophie, en France, avait dressée pour l'homme, il suffirait d'en rapporter les échelons aux instincts des animaux, en leur donnant pour termes extrêmes l'amour et la haine, qui forment la passion proprement dite. En prenant seulement pour exemple ceux qui n'ont d'autre but que de peupler, et qui ont l'amour pour harmonie principale, on aurait toutes les nuances de cette passion dans les modifications de leurs instincts. Ainsi, en les rapportant à la sphère de nos harmonies générales, et en nous bornant ici aux élémentaires, nous aurions d'abord dans celle du soleil tous ceux qui brillent des plus riches reflets de sa lumière et de ses couleurs, tels que les papillons, les colibris, les faisans, les demoiselles de Nubie, les paons, qui offrent sur leurs robes les plus brillantes parures, et dans leurs mœurs toutes les allures de la coquetterie. Ils ne cherchent dans tous leurs mouvemens qu'à plaire aux yeux. Le paon, quoi qu'on en dise, se pavane, non d'orgueil, mais d'amour. Il ne cherche à subjuguer aucun oiseau, même dans son espèce; il n'est point intolérant comme le coq; il ne veut plaire qu'à sa femelle : c'est pour l'éblouir qu'il fait la roue; il n'a que la conscience de sa beauté. Les volatiles de cette classe si bien parée ne sont sensibles qu'au plaisir des yeux, ils ne le sont point à ceux de l'ouïe; car ils n'ont pas de voix, ou ils n'en ont que de discordantes. On peut les comparer à nos riches petits-maîtres qui, uniquement occupés de leur parure, ne jouissent de l'amour qu'en surface. Il n'en est pas de même de ceux dont l'instinct amoureux se combine avec les harmonies de l'air : ceux-là ne s'en tiennent pas, pour plaire, aux avantages extérieurs que la nature leur a donnés; ils y mettent des sentimens tendres, des expressions ravissantes. A la vérité, leur plumage n'a rien d'éclatant; mais ils charment les oreilles par des sons qui pénètrent jusqu'au cœur : tels sont les fauvettes, les linottes, les rossignols. On peut rapporter à cette classe les amans auxquels l'amour inspire des talens : tels sont, en général, les musiciens, les peintres, les poètes, revêtus souvent, comme ces oiseaux, des livrées rembrunies d'une humble fortune. Quelques-uns de ces animaux, qui vivent dans les eaux, expriment leurs amours par les mouvemens les plus voluptueux. Une des grandes jouissances des épicuriens de l'Orient est d'avoir, dans leurs jardins, des bassins où nagent des poissons pourprés, dorés, argentés, connus maintenant en Europe sous le nom de poissons de la Chine. Rien n'est plus agréable que les ondulations perpétuelles de ces êtres sensibles et muets, qui donnent à leurs corps des expressions aussi amoureuses que les oiseaux en donnent à leur voix, et redoublent l'éclat de leurs couleurs par les reflets des eaux. Mais je préfère encore à la grâce de leurs mouvemens celle d'une petite sarcelle de la Chine, qu'on peut voir au Jardin des Plantes. Ces charmans oiseaux, dont le mâle ressemble exactement à la femelle pour le plumage, ainsi que les pigeons et les tourterelles, n'ont que des bandes ou fascioles blanches, bleues et pourpres, à la tête et sur les ailes, avec une espèce d'aigrette couchée, comme celle de l'alouette. L'étang où ils vivent est fort petit, car ce n'est qu'un tonneau plein d'eau, enfoncé en terre; mais on peut dire qu'ils ne se soucient guère de l'espace qui les environne, car ils y passent leur vie à se caresser. Ils nagent sans cesse autour l'un de l'autre, entrelaçant leurs cous, leurs becs, et se donnant les plus tendres baisers. Dans ces tournoiemens perpétuels, ils font contraster leurs bandes de couleurs avec tant de rapidité, que les yeux sont éblouis de la variété des nouvelles formes qui en résultent. C'est une flamme au sein des eaux. Ils méritent, encore mieux que les tourterelles, le nom d'oiseaux de Vénus. Ils sortirent de l'onde avec cette déesse, et se caressèrent autour d'elle en silence, tandis que les tourterelles gémissaient sur le rivage. Le Tasse, le poète des amours, a fort bien senti la grâce et les effets de ces mouvemens au milieu des eaux, lorsqu'il offre aux yeux de Renaud, dans le jardin d'Armide, deux nymphes séduisantes qui, en chantant, se disputent un prix à la nage. Le paladin est bientôt captivé. Homère, avant le Tasse, avait employé les jeux et les chants des Sirènes pour séduire le sage Ulysse. Mais le favori de Minerve échappe à leurs attraits et au naufrage, en bouchant les oreilles de ses compagnons, et en se faisant attacher au mât de son vaisseau. On peut rapporter aux amours des dangereuses Sirènes ceux de nos filles de théâtre, dont la danse fait la principale séduction. Les animaux de la terre proprement dits, tels que les quadrupèdes, offrent, dans la beauté et la grandeur de leurs formes, de nouvelles harmonies en amours. Qui pourrait décrire celles des taureaux mugissans, des coursiers indomptables, des caméléopards des déserts, des éléphans colossaux et des rhinocéros, que l'Amour attelle à son char? Mais qu'est-il besoin de porter nos recherches jusque dans la zone torride? Ce dieu, cette passion, cette flamme créatrice, cette harmonie, a varié ses lois à l'infini dans cette foule d'insectes qui pullulent au sein de la terre, des forêts, des eaux et des airs. Quand je représenterais ici les amours des divers animaux que j'ai vus peints sur les quatre faces d'un cabinet du palais de l'électeur de Saxe, à Varsovie, je n'offrirais qu'un bien petit nombre des nuances innombrables de cette passion dans les animaux, depuis ceux qui s'abandonnent aux seules impressions de la lubricité, comme les porcs et les crapauds, jusqu'à ceux qui semblent s'élever à des affections platoniques, comme les tourterelles et les rossignols. L'homme, dans ses égaremens, réunit toutes les nuances de cette passion, depuis les amours du sultan qui vit dans un nombreux sérail, jusqu'aux amours si fidèles et si malheureuses d'Abeilard et d'Héloïse.

Si on opposait à ce tableau celui des animaux qui sont créés pour la destruction, tels que les carnivores, on trouverait en eux toutes les gradations de la haine réparties à chacun de leurs instincts. Parmi les beaux animaux que j'ai appelés solaires, parce qu'ils vivent à la lumière du soleil, et surtout au sein de la zone torride, il n'y en a point de cruels. Au contraire, les animaux de nuit ont tous des couleurs ternes, et en général sont malfaisants. Un papillon de ce genre nocturne, appelé *haie*, à cause de son cri, porte sur son corselet la figure d'une tête de mort; le duvet qui s'échappe de ses ailes en volant fait beaucoup de mal aux yeux. Tous les oiseaux de nuit sont oiseaux de proie, tels que la chauve-souris, le hibou, le grand-duc, etc. Ils ont des figures et des plumages lugubres; les oiseaux de proie même sont pour la plupart oiseaux de nuit; ils ne volent guère que le matin et le soir, ou au clair de la lune. On dit que l'aigle contemple le soleil; j'en doute. Mais il ne voit point les belles contrées qu'éclaire l'astre du jour; il n'habite que les ruines des monumens, les rochers et les sommets arides des hautes montagnes. Les poètes en ont fait l'oiseau de Jupiter et son porte-foudre, parce qu'il vit aux lieux où se forment les orages; mais il est certain qu'il voyage la nuit, témoin celui qu'un astronome de Paris aperçut tout à coup au bout de son télescope, en observant les étoiles. Les hommes faibles ont toujours attribué des idées honorables à tout ce qui leur faisait peur : c'est sans doute par cette raison que les bêtes de proie sont devenues, en Europe, les principales pièces des armoiries des nobles. Les voix des animaux carnaciers sont aussi désagréables que leur figure et leur plumage; ils ne font retentir les airs que de sons aigus ou glapissans. Les poissons carnivores n'ont que des couleurs livides et des formes hideuses, tels que les chiens de mer et les raies. Quant aux quadrupèdes carnassiers, comme les loups, les renards, les martres, etc., la plupart ne sortent que la nuit; et leur peau, quoique variée de quelques couleurs tranchantes, comme les bandes du tigre et les anneaux de la panthère, ne présente que le dur contraste du fauve et du noir; on retrouve ces couleurs dans les guêpes et quelques insectes carnivores : d'ailleurs, toute cette classe d'animaux a non-seulement des couleurs contrastantes qui l'annoncent au loin pendant le jour, mais elle exhale des odeurs fortes qui la décèlent au sein des nuits les plus obscures.

Je l'ai déja dit, qui pourrait observer tous les instincts malfaisans des bêtes de proie y trouverait toutes les nuances et les expressions de la haine : le lâche appétit des cadavres dans le vautour, la ruse taciturne dans le renard, la trahison dans l'araignée, les cris alarmans de la terreur dans l'orfraie, la soif du sang dans la fouine, la férocité dans le tigre, la cruauté dans le loup, le despotisme furieux dans le lion. On verrait dans les serpens, les requins, les polypes marins aux longs bras armés de ventouses, et dans d'autres tribus, des animaux qui pâlissent à la vue de tout être vivant, qui se glissent pour piquer, qui rampent pour mordre, qui flattent pour déchirer, qui embrassent pour étouffer; enfin, des êtres animés de colères silencieuses, de haines caressantes, d'affections meurtrières, qui n'ont point de noms dans les langues des hommes, quoiqu'ils n'en offrent que trop d'exemples dans leurs mœurs.

De la passion des animaux résulte l'action, qui est la jouissance de l'instinct combiné avec l'intelligence. Leurs actions sont raisonnées par eux, comme le prouve l'expérience; leur instinct seul n'est pas le fruit de leur raisonnement, mais il est celui de la nature; il est, ainsi que nous l'avons dit, le pré-sentiment de leurs convenances. Voici comme nous supposons le mécanisme de ces trois facultés morales, l'instinct, la passion et l'action. L'instinct est dans la tête avec l'intelligence, la passion dans le cœur, l'action dans l'organe. L'instinct donne l'idée, l'intelligence l'éprouve, le cœur le sent, l'organe l'exécute, et produit une action sur un objet extérieur. D'un autre côté, un objet extérieur produit sur l'organe une action, l'action un sentiment sur le cœur, le cœur une idée dans l'intelligence.

L'instinct nous semble être à l'ame ce que la forme est au corps. C'est lui qui la constitue douce ou méchante, industrieuse ou stupide. Il y a plus, nous sommes portés à croire que c'est lui qui organise le corps, parce que lui seul a la conscience de ses organes, et qu'il en donne l'usage à l'animal, sans que celui-ci ait la moindre idée de leur construction. L'instinct a des facultés qui correspondent aux organes : celle de voir, à la vue; celle d'aimer, au cœur; celle de haïr, qui est en rapport avec les armes dont l'animal est pourvu. On en peut conclure qu'il a, comme le corps, des qualités qui contrastent, et d'autres qui consonnent entre elles. En effet, il a en opposition l'amour et la haine, et en consonnance l'intelligence et la réflexion, l'imagination et la mémoire. Il y a donc toute apparence que l'instinct a existé avant le corps de l'animal, qu'il l'a organisé dans le sein maternel, que lui seul a le secret de sa construction, de l'usage de ses organes, de leur entretien, et quelquefois de leur réparation; que c'est lui, enfin, qui a le plan de la vie entière de l'animal, qu'il dirige dans son ensemble ainsi que dans tous ses détails. Une autre preuve qu'il est antérieur à l'animal, et qu'il a organisé ses parties, c'est qu'il ne se détruit jamais, ni par l'éducation, ni par les habitudes, ni par le retranchement des organes. En vain on arracherait au loup ses dents, on ne lui ôterait point son naturel carnassier. Ceux-là sont donc, pour le dire en passant, dans une erreur bien cruelle, qui mutilent des enfans mâles, croyant les délivrer pour l'avenir de la passion de l'amour. La suppression des parties de leur sexe ne fait que redoubler dans la jeunesse les ardeurs d'un feu qui ne peut plus s'exhaler par les jouissances. Les eunuques de l'Orient ont des sérails : ils étaient hommes par l'ame avant de l'être par le corps. L'instinct donc caractérise l'animal encore plus que ses organes, puisqu'il subsiste lorsqu'ils sont détruits, et qu'il ne fait que s'accroître par leur privation.

Les instincts des animaux n'ôtent rien à l'action de la divinité : c'est sans doute sa sagesse qui les a créés, puisqu'elle les a balancés les uns par les autres, par toute la terre. Si elle n'avait établi entre eux le plus parfait équilibre, par la diversité même de leurs qualités, les carnivores auraient bientôt détruit tous les autres. Pour moi, j'aime à concevoir l'ame d'un animal renfermée dans son corps avec son instinct, comme un passager dans un vaisseau avec un pilote chargé seul du soin de la manœuvre, sans que le premier y connaisse rien. Un corps peut renfermer plusieurs ames, comme un arbre renferme plusieurs végétaux, ainsi que nous l'avons démontré. Un arbre greffé en porte de plusieurs espèces. Mon hypothèse est peut-être la seule qui puisse expliquer, du moins dans l'homme, les combats de ses diverses passions, ainsi que nous le verrons aux harmonies humaines.

Nous en avons dit assez sur les animaux pour faire voir qu'ils ne sont pas de simples machines passives, comme le prétendait Descartes. Selon lui, ils ne devaient leurs actions qu'à l'impression des objets extérieurs : autant valait dire qu'ils lui devaient aussi leurs formes et leurs organes. Au reste, ce grand homme n'en est pas moins chez nous le père de la philosophie. C'est lui qui a appris à notre raison à secouer le joug de l'autorité. Mais, comme a dit Voltaire, il nous a si bien enseigné à douter de la philosophie des anciens, qu'il nous a appris à douter de la sienne. Après tout, rien n'est plus difficile que de tracer des méthodes dans l'étude de la nature, et surtout dans celle de la morale. D'abord notre langue manque souvent d'expressions justes : elles sont ou trop faibles, ou trop fortes; quelquefois elle n'en fournit point du tout. Nos mots dérivés et composés n'ont plus la même signification que les mots simples qui les ont produits; ils sont comme certains végétaux, dont les tiges ont d'autres vertus que leurs racines. Par exemple, j'ai défini l'instinct le pré-sentiment des convenances de l'animal. Pour conserver au mot pré-sentiment la signification que je lui donne, je suis obligé de séparer la particule *pré*, qui signifie *avant*, du mot sentiment : alors il signifie avant-sentiment, qui dit plus, ce me semble, que pressentiment, qui ne signifie guère qu'un sentiment douteux et confus de ce qui doit arriver; tandis que l'avant-sentiment de l'instinct dans l'animal est sûr, décidé et clairvoyant.

Il en est de même des mots re-gret et ré-jouissance, que j'ai employés au même lieu, comme des effets de l'instinct combiné avec la mémoire. La particule *re* paraît une abréviation du mot latin *iterum*, ou de son vieux synonyme français, *derechef*. Ainsi, re-gret et re-grettable viennent de *iterum gratus*, derechef agréable, et ré-jouissant de *iterum gaudens*, derechef jouissant. Celui-ci signifie, dans l'origine, jouissant une seconde fois, si on en sépare la particule *re*; car, en le joignant immédiatement avec elle, il ne comporte qu'une idée unique de joie. Ce qu'il y a de singulier, c'est que ces deux mots composés, ayant deux racines du même sens à peu près et la même préposition, ils aient un sens tout-à-fait opposé; car le regret apporte de la peine, et la réjouissance du plaisir : c'est que le regret se porte sur les plaisirs perdus, et la réjouissance sur les plaisirs retrouvés.

En général, les mots composés ont beaucoup plus de force que leurs racines; mais ils présentent souvent un tout autre sens. Tels sont ceux où entre la particule *in*, négative lorsqu'elle est synonyme de non. *Infans*, enfant, dit plus que *non fans*, qui ne parle pas; insolent, que *non solens*, qui n'a pas coutume; injurieux, que *non habens jus*, qui n'a pas droit; impertinent, que *cui non pertinet*, à qui il n'appartient pas; infidèle, que non fidèle; impiété, qui suppose une injure à l'égard de la Divinité, que la non piété, qui n'affirme que de l'indifférence; incrédulité, refus de croire par orgueil, vice du cœur, que la non crédulité, qualité du jugement; car la crédulité est elle-même un défaut de l'esprit : d'où l'on voit qu'en séparant, simplement d'un trait, des mots composés, on leur donne quelquefois un sens différent de celui qu'ils avaient dans leur composition. Souvent ce nouveau sens est plus faible : *Vis unita major*, les forces augmentent par leur union.

Ce qu'il y a de plus embarrassant, c'est que ces particules adjectives ont souvent des significations opposées. Ainsi, *in*, privatif et expulsif dans les exemples ci-dessus, est positif et collectif dans incorporé, incarcéré; mais, ce qu'il y a de plus singulier, c'est qu'il signifie à la fois dedans et dehors dans les mêmes dérivés. Incorporé veut dire entré dans un corps, et *incorporable*, qui n'y est pas encore entré. Il en est de même d'incarcéré et d'incarcérable. Au reste, j'aurai attention de séparer par un simple trait les mots composés de leurs prépositions, lorsque j'aurai besoin de les ramener à leur signification primitive; ce qui sera plus expédient qu'une périphrase, et plus usité qu'un mot nouveau.

Quant aux mots collectifs de règne, de classe, d'ordre, de famille, de genre, d'espèce et de variété, dont se servent les naturalistes, ils ont sans doute beaucoup d'insignifiance, d'arbitraire et de confusion. Le règne ne convient qu'à Dieu, comme nous l'avons dit dès le commencement de ces harmonies. La classe ne signifie qu'une agrégation, qui se rapporte autant aux genres qu'aux ordres mêmes. L'ordre s'applique à tout ce qui est or donné. La famille comporte l'idée de parenté, et convient encore mieux aux individus de la même variété, aux variétés de la même espèce, et aux espèces du même genre, qu'à des genres rapprochés, auxquels on l'applique, parce que ceux-ci ont entre eux moins de ressemblance. Celui de genre a une signification plus déterminée, parce qu'il engendre en effet les espèces. Nous avons suppléé à la plupart de ces noms en y substituant ceux de puissance, d'harmonie, de genre et d'espèce.

Malgré les embarras, l'insuffisance de notre langue et les préjugés qui enveloppent notre raison, nous allons tâcher de donner une idée de la puissance animale et de ses développemens. Comme les premiers navigateurs, qui se hasardèrent en pleine mer sans octant et sans boussole, vinrent cependant à découvrir les principales parties du globe, en lâchant de temps en temps dans les airs un oiseau de terre, afin de découvrir par son vol et son instinct les îles qu'ils n'apercevaient pas sur leur horizon : ainsi, en consultant l'instinct des animaux comme le vol de leur ame, nous pourrons faire quelque découverte dans la sphère immense de la vie, et en déterminer au moins les principaux cercles. C'est ainsi que Noé, sous un ciel nébuleux, jugea, par le vol du corbeau et celui de la colombe, de l'état de la terre inondée par l'Océan. Ce fut surtout l'oiseau des amours qui, en lui rapportant un rameau vert d'olivier, lui fit juger que les montagnes apparaissaient au dessus des eaux et devenaient habitables. Pour connaître donc les premières bases de la puissance animale, et même de la puissance humaine, nous nous guiderons aussi par leurs amours.

Les animaux doivent leur nom, comme nous l'avons déjà dit, au mot *anima*, ame, parce qu'ils sont animés. Du mot ame nous avons dérivé celui d'aimer, parce que la nature de l'ame est d'aimer. En effet, toutes ses affections ne sont que des amours, tels que l'amour de soi, l'amour de ses convenances, l'amour fraternel, conjugal, maternel. La cruauté même des bêtes féroces, ce principe de haine qui les anime contre d'autres espèces, n'est qu'amour du sang et du carnage.

Les ames sont pré-existantes au corps des animaux; ce sont elles qui le forment dans le sein maternel par la médiation même des amours. Le soleil et la lune en sont les premiers moteurs; car leur gestation, leur naissance, leurs développemens, leurs amours et leur mort, sont réglés dans chaque espèce, d'après les diverses phases et périodes de ces astres. L'ame d'un animal n'est pas simple; elle a deux facultés en consonnance, l'intelligence et la réflexion. Il ne suffirait pas à un animal d'avoir les idées de ses besoins par l'instinct ou l'intelligence; s'il ne les rapportait à soi-même par la réflexion, elles ne se présenteraient à son ame que comme des images dans un miroir, il ne les verrait que comme des idées qui lui seraient étrangères; mais c'est en se les appliquant par la réflexion, qu'il procède à l'action qui les suit. C'est ainsi que si son corps n'était formé que de sa moitié droite, encore que cette moitié renfermât tous ses organes, il resterait sans action, ne pouvant ni marcher, ni manger, ni se reproduire.

Son ame est donc composée de deux moitiés en consonnance avec les mêmes facultés, comme son corps est formé de deux moitiés en consonnance avec les mêmes organes. Or, comme c'est l'ame qui développe le corps dans le sein maternel, on en peut conclure que les harmonies morales précèdent et ordonnent les physiques, et que la fraternelle est la première de toutes. C'est cette même harmonie fraternelle qui assemble, non-seulement les deux moitiés de la même ame et du même corps, en les rendant semblables, mais les ames des ames, et en forme des familles et des tribus. L'ame a deux moitiés en consonnance, elle en a aussi deux en contraste comme le corps; elle a ses inimitiés comme ses amitiés au dedans d'elle-même et au dehors : c'est ce que nous verrons aux harmonies fraternelles, positives et négatives. Non-seulement l'ame d'un animal n'est pas simple, mais elle n'est pas unique; elle semble composée de plusieurs ames qui agissent toutefois de concert, comme le corps lui-même est formé de plusieurs matières différentes, telles que les nerfs, la chair, les os, qui sont en harmonie. Au reste, il ne doit pas nous paraître plus étrange de concevoir plusieurs ames renfermées dans la peau d'un seul animal, que plusieurs végétaux sous l'écorce du même végétal, et d'y en voir même de greffés d'espèces différentes. La lumière du soleil, si pure, ne renferme-t-elle pas toutes les couleurs?

Depuis le lombric ou ver de terre, tout nu, qui n'a pas l'industrie de se revêtir d'un fourreau, jusqu'à Newton, qui forma un système du monde, nous distinguons cinq genres d'ames : l'élémentaire, la végétale, l'animale, l'intelligente et la céleste. Les quatre premières appartiennent au plus petit insecte, et la cinquième à l'homme seul.

L'ame élémentaire des animaux est ce premier principe de l'existence qui leur est commun avec tous les corps, c'est l'attraction. L'attraction paraît adhérente à la matière; elle agit sur le rayon de lumière qu'elle détourne vers l'angle d'un corps qu'on en approche; elle arrondit en gouttes de pluie la vapeur qui nage dans l'air, et la cristallise en étoiles de neige à six rayons, lorsqu'elle s'en échappe. Elle agrége dans le sein de la terre les grains de sable en cristaux, et les métaux en pyrites; elle fait monter la séve dans les vaisseaux capillaires des végétaux, et circuler le sang dans les veines des animaux; elle agit surtout sur leurs nerfs, dont elle paraît être le premier mobile; elle semble se décomposer et se composer en magnétisme, en électricité, en feu et en lumière. Le grand foyer de l'attraction est le soleil, qui l'exerce sur tous les corps planétaires qu'il fait tourner autour de lui. Ceux-ci en sont pénétrés, et l'exercent à leur tour sur les satellites qui tournent autour d'eux, et tous ensemble sur les corps qui sont fixés à leur circonférence par la pesanteur, ou qui se meuvent sur elle, parce qu'ils paraissent avoir en eux un principe isolé d'attraction : tels sont les animaux. Les réservoirs et les conducteurs de l'attraction sont principalement les corps planétaires dans les cieux, et les métaux sur la terre. Les uns et les autres paraissent être en harmonie. Leur analogie se manifeste d'abord par l'identité de leurs noms dans l'ancienne chimie, ensuite par leur éclat, leur pesanteur et leurs influences. L'or, par exemple, le plus pesant des métaux, a des rapports frappans avec le soleil par son poids, son incorruptibilité, sa couleur jaune, son éclat, sa ductilité, qui approche de celle de la lumière, et parce qu'il est le premier mobile des sociétés humaines, comme le soleil l'est du système planétaire. La lune, après le soleil, a le plus d'influence sur la terre, dans un rapport égal à celui que l'argent, qui lui est analogue par sa blancheur, a avec l'or : c'est-à-dire que l'argent, à son tour analogue à la lune par son éclat et son nom, ne vaut sous la ligne qu'un peu plus de la douzième partie de l'or. Ainsi sa valeur est avec celle de l'or dans la même proportion que la lumière de la lune avec celle du soleil, puisqu'il faut environ douze mois et demi lunaires pour composer une année solaire, ou, si l'on veut, parce que la lumière de la lune est douze fois et demie plus faible, comme je crois m'en être assuré. On pourra voir, aux harmonies solaires, les harmonies des autres métaux avec les autres planètes; mais ce que je ne me rappelle pas y avoir dit, c'est que le platine, qui n'est, pour ainsi dire, pour nous, qu'un métal de pure curiosité, a été découvert à peu près en même temps que la planète si éloignée d'Herschell. Il en est de même de plusieurs métaux, trouvés de nos jours aux mêmes époques que plusieurs satellites.

On me dira peut-être que je renouvelle d'anciennes erreurs par des rapprochemens fort éloignés; mais je ne fais que suivre les ruines de l'ancien temple de la science, qui a été élevé bien plus haut que nous ne croyons. D'ailleurs tout est lié dans la nature. Les couches concentriques d'un ognon sont en harmonie avec les mois de la lune, et celles d'un arbre avec les années du soleil : pourquoi l'argent et l'or n'y seraient-ils pas avec ces deux astres? Plusieurs métaux ont, comme les planètes, des principes connus d'attraction. L'or attire le mercure que le soleil volatilise, et l'aimant le fer.

Il paraît donc constant que les métaux ont des

analogies avec les planètes par leur pesanteur, leur éclat, leurs attractions; ils en ont encore par leur électricité, dont le soleil est la source. Non-seulement ils en sont les conducteurs, mais les foyers permanens : c'est ce que prouvent les expériences du galvanisme, dont nous parlerons bientôt. En attendant nous observerons que l'électricité est un fluide de feu, souvent non apparent, qui circule dans tous les corps, et passe de ceux qui en ont plus dans ceux qui en ont moins. Elle est divisée par ses effets en électricité positive et en électricité négative, et peut-être le serait-elle même en active et en passive.

Elle paraît un des premiers mobiles de la végétation et de l'animation. C'est après les orages les plus fulminans que les plantes végètent, fleurissent et fructifient avec le plus de vigueur; c'est encore alors que les générations des insectes se multiplient avec tant de rapidité, que le vulgaire les croit quelquefois tombés du ciel. L'électricité semble être le flambeau des amours; elle en allume les feux dans l'âge adulte. De ces feux électriques, les uns sont soli-lunaires et les autres luni-solaires. Les soli-lunaires se manifestent dans la vie des animaux mâles, dans les parures de leurs corps, qu'ils revêtent de couleurs plus vives, surtout ceux des mâles; dans les oiseaux, et même dans les quadrupèdes carnassiers, dont les yeux brillent dans l'obscurité, et dont les poils se hérissent et jettent des étincelles.

Nous sommes tentés de croire que l'électricité se communique aux plantes par l'entremise des métaux. Sans rapporter ici des exemples extraordinaires consignés dans des recueils savans, tels que celui d'un cep de vigne de Tokai en Hongrie, qui avait crû sur une mine d'or, et dans les feuilles duquel on trouva des filets d'or, nous citerons les expériences faites par un grand nombre de naturalistes, entre autres par le célèbre Geoffroy : elles prouvent qu'il n'y a pas un seul végétal dans les cendres duquel on ne trouve du fer. On peut aisément concevoir que ce métal, qui est dissous en particules invisibles dans les eaux ferrugineuses, se mêle à la sève des végétaux; mais comme nous savons, d'un autre côté, qu'il est un des plus puissans conducteurs de l'électricité, nous ne nous éloignerons pas de la vraisemblance, en le regardant comme la cause de ses phénomènes dans la végétation. Il se manifeste surtout dans les fleurs rouges; car c'est lui qui leur donne cette couleur, comme j'en ai vu l'expérience sur une rose.

Le fer existe pareillement dans les animaux. Il donne à leur sang la couleur rouge; il s'y fait sentir au goût même par une saveur ferrugineuse. C'est par le fer que le sang de bœuf contient, que, lorsqu'il est brûlé, il prend une couleur bleue et devient ce qu'on appelle bleu de Prusse. Il est donc certain que le fer donne aux végétaux et aux animaux les couleurs rouge et bleue, et toutes les harmonies qui en dépendent, comme l'orangée, la pourprée, la violette. On pourrait y joindre encore la couleur noire, comme le prouve la teinture qui résulte de la combinaison de la noix de galle et du fer.

Si nous avons découvert que le fer entre dans la composition des végétaux et des animaux, c'est par le moyen de leur cinération et de l'aimant. Si on eût fait les mêmes expériences sur les cendres avec le mercure, qui est l'aimant de l'or, peut-être y aurait-on trouvé des parcelles de ce métal. Je suis porté à croire que les végétaux et les animaux qui ont des couleurs jaunes les doivent à une teinture d'or. J'ai ouï dire au savant chimiste Sage, auquel j'ai vu faire les expériences sur le rouge des fleurs, du vin et du sang, que la couleur jaune annonçait dans les cailloux la présence de l'or. Pourquoi n'indiquerait-elle pas aussi ce riche métal dans les végétaux et les animaux? C'est la couleur du soleil, ou du moins la première décomposition de ses rayons qui paraissent un or volatilisé. J'ai avancé quelque part que le diamant était une concrétion de sa lumière. Je hasardais cette opinion sur ce qu'en brûlant le diamant dans un creuset, il ne restait aucune matière. Une expérience du chimiste Morveau vient d'y trouver pour résidu un acide carbonique, au moyen duquel il a fait de l'acier. Il en conclut que le diamant est un charbon. Il reste à savoir si c'est le feu de l'expérience, ou le soleil, qui en a fait un charbon. Ce serait, dans cette dernière supposition, celui de la lumière, dont l'or, d'un autre côté, semble être une concrétion. Ce qu'il y a de certain, c'est que le soleil ne forme l'un et l'autre que dans la zone torride, comme on le voit par les latitudes des mines d'or et de diamans. S'il se trouve de l'or hors des tropiques, c'est que la mine qui le fournit y a été renfermée autrefois, comme je l'ai prouvé, d'un autre côté, par les fossiles des végétaux et des animaux torridiens qui sont dans leur voisinage. Il y a des mines d'or en Sibérie; mais il y a aussi beaucoup de débris de palmiers, de squelettes et de dents d'éléphans. Quant aux diamans, je n'ai pas ouï dire qu'on en eût encore trouvé dans les zones tempérées ou glaciales, peut-être faute de les y avoir cherchés. Un diamant brut ne se découvre pas comme l'or par son éclat, car il ne ressemble qu'à un grain de sel; mais il a ceci de commun avec l'or, qu'il est le plus pesant de tous les cailloux non métallisés, comme l'or est le plus lourd des métaux.

Si donc la terre, sous l'influence la plus active du soleil, sert de matrice à l'or, pourquoi les végétaux et les animaux qui pompent ses rayons et combinent en leur propre substance leurs particules ignées ne renfermeraient-ils pas aussi des parcelles d'or, comme ils en contiennent de fer? Il est très-remarquable que la couleur jaune, indicatrice de l'or dans les pierres, se manifeste dans la plupart des germes des semences, et surtout dans cette poussière jaune des anthères qui féconde leurs fleurs. Presque toutes les anthères des fleurs sont jaunes, et elles sont placées au foyer d'un réverbère formé par des pétales, dont les courbes réfléchissent sur ces parties masculines toutes les influences des rayons du soleil. Au contraire, les stigmates ou ouvertures du pistil qui en sont les parties féminines sont blancs, et semblent établir par leurs couleurs d'autres rapports avec les influences des rayons de la lune. Les fleurs de quelques plantes paraissent phosphoriques la nuit, entre autre la capucine. Enfin, lorsque les végétaux viennent à se décomposer, les feux dont ils s'étaient imbibés semblent s'en dégager en partie et apparaissent en lueurs bleuâtres : telles sont celles des bois pourris.

Les mêmes effets de la lumière et de l'électricité peuvent se reconnaître dans les animaux. Leur cerveau et leurs nerfs, qui sont en quelque sorte leurs premiers germes, sont d'un blanc mêlé de jaune. Leurs nerfs sont, comme les fils d'or et d'argent, de puissans conducteurs de l'électricité. Celui qui aboutit à leurs yeux les rend quelquefois étincelans dans les transports de l'amour ou de la colère. Enfin, dans la dissolution des animaux, les particules de la lumière qui entraient dans leur composition se manifestent souvent en lueurs phosphoriques, surtout dans les poissons marins, parce que la mer est le grand réceptacle des élémens. Elle est si imprégnée de celui du feu entre les tropiques, qu'elle en paraît la nuit toute lumineuse; mais lorsqu'elle flue de la zone torride vers notre pôle pendant notre hiver, non-seulement elle en adoucit la rigueur sur nos côtes, en attiédissant leur atmosphère par sa chaleur, mais elle est peut-être, par ses émanations phosphoriques et ses ondulations, la cause de ces aurores boréales ondoyantes qui, l'hiver, éclairent les nuits des contrées septentrionales, et qui n'y apparaissent qu'après l'équinoxe d'automne, époque de sa révolution du midi au nord. Non-seulement l'attraction, le magnétisme, l'électricité et la lumière sont dans les métaux, les végétaux et les animaux; mais le feu lui-même qui les produit y est en nature et dans un état de repos que le mouvement manifeste. Les physiciens suédois viennent de produire, par le simple frottement de deux plaques de fer, une chaleur qui fait bouillir de l'eau dans un vase, sans que ces deux plaques s'usent sensiblement. C'est un nouveau moyen de se chauffer. Nous ne pouvons pas douter que le bois ne contienne beaucoup de feu, puisqu'il en fournit sans cesse à nos foyers.

Quant aux animaux, leur chaleur manifeste assez le feu qui les anime. L'homme en est le mieux pourvu; sa chaleur naturelle est la même que celle qui fait éclore les œufs des oiseaux; il peut l'augmenter par le simple frottement de ses membres: ils produisent alors de la chaleur, comme les deux plaque de fer de l'expérience suédoise; c'est une preuve de plus des rapports des nerfs avec les métaux. Les uns et les autres sont aussi des conducteurs et des foyers de l'électricité, comme nous le verrons par l'expérience du galvanisme.

Un animal a, avec son ame élémentaire, une ame végétale qui en est très-distincte. S'il n'avait qu'une ame élémentaire, elle mettrait son corps en boule par son attraction, ou en aigrette par son électricité, ou en telle autre forme analogue à celle des cristaux ou des pyrites. Mais l'ame végétale a, si j'ose dire, sous ses ordres la première avec toutes ses facultés mécaniques. Je la compare à un maçon servi par un apprenti qui lui apporte tous les matériaux dont il a besoin, tandis qu'il les dispose par assises et par chaînes pour élever son édifice. L'ame végétale organise le corps d'un animal ainsi que celui d'un végétal, mais d'une manière plus régulière, et sans contredit beaucoup plus compliquée. Elle le symétrise d'abord dans le sein maternel en deux moitiés parfaitement semblables, et en deux moitiés opposées tout-à-fait différentes. Après avoir établi ces consonnances et ces contrastes, elle développe et façonne son cerveau, ses nerfs, son cœur, ses veines, ses chairs, ses os, ses entrailles, sans qu'il en sente rien. Venu à la lumière, elle entretient la respiration de son poumon et la circulation de son sang, même pendant son sommeil, sans qu'il s'en mêle en aucune manière. Elle fait de même toutes les fonctions de sa digestion et de sa nourriture, au moyen de ses intestins, qui sont comme autant de racines. S'il vient à être blessé, elle répare ses plaies et les cicatrise en les recouvrant d'une nouvelle peau. Quelquefois elle lui engendre des membres tout entiers quand il les a perdus, comme on le voit dans les crabes, dont les pates repoussent toutes façonnées, avec leurs articulations et leurs pinces. Elle fabrique de nouveaux bras à ces crustacés, comme aux arbres de nouvelles branches. Que dis-je? elle produit sur les corps des animaux plusieurs espèces de végétaux qui, toutefois, ne fleurissent et ne fructifient point, quoique bien enracinées : tels sont les poils, les plumes, les écailles, les ongles, les cornes. Chacune de ces végétations a ses lois particulières : les cornes lisses des bœufs sont permanentes, et les bois fourchus des cerfs tombent tous les ans. Elle varie à l'infini les formes des animaux; cependant elle ne s'écarte jamais des lois des consonnances et des contrastes, qui composent chacun d'eux de deux moitiés égales et de deux moitiés opposées. Il est bien certain que chaque animal a en lui une ame végétale qui s'occupe de tous ces soins. Mais ce qui paraît le plus étonnant, c'est que, pendant qu'elle développe en lui, je suppose, les parties du sexe mâle, une autre ame, souvent fort loin de là, fabrique à un animal de la même espèce les parties du sexe femelle; et, comme si elles pouvaient s'entendre, elles leur donnent un instinct commun pour se rapprocher, et des formes ou des couleurs différentes pour se reconnaître. Les amours des animaux, comme ceux des végétaux, sont réglés sur les diverses périodes du soleil et de la lune. Lorsque la femelle est fécondée, elle reproduit de nouvelles ames. L'amour est une flamme qui, comme celle du feu, se communique et se multiplie sans s'affaiblir. Ce sont les astres des jours et des nuits qui en sont les premiers mobiles. La terre, dans sa course journalière et annuelle, déploie en spirale la circonférence de ses deux hémisphères; le soleil l'entoure de ses rayons, comme de fils d'or tendus sur un métier; la lune, semblable à une navette céleste, les croise et les entrelace de ses rayons d'argent. Les végétaux et les animaux éclosent, se développent et se perpétuent par ces harmonies soli-lunaire et luni-solaires : on ne peut en douter ; mais comment celles-ci auraient-elles le pouvoir de créer des ames végétales si intelligentes, et de les mettre en rapport entre elles et avec les élémens ? Comment, d'un autre côté, ces ames, séparées de ces rayons et renfermées dans des corps isolés, auraient-elles le pouvoir de les réparer et de les reproduire ? Il faut donc admettre nécessairement une ame universelle souverainement puissante et intelligente, qui a créé d'abord et organisé des germes divers pour en composer l'ensemble du monde, et a donné à l'astre du jour et à celui des nuits le pouvoir de les développer par des ames mécaniques; ou, ce qui revient au même, qui a créé des ames végétales pour organiser la matière, et donné au soleil et à la lune de les mettre en activité. Si on peut comparer la faible industrie de l'homme à celle de l'Être suprême, ces ames mécaniques ou végétales ressemblent à ces machines conçues par un savant artiste, et dont les forces mises en mouvement par l'action du feu, ou par le cours des vents et des ruisseaux, expriment des liqueurs, pulvérisent des grains en farine, scient des planches, frappent même des monnaies avec leurs légendes, sans que ces moteurs si ingénieux aient le sentiment et la connaissance de leurs opérations.

L'ame végétale de l'homme réunit et développe dans son corps les plus belles formes, qui ne sont que réparties dans le corps des animaux; elle fixe sa taille et ses forces avec une proportion admirable. Ainsi, en lui faisant occuper le centre de la sphère de leur puissance, elle lui en assure l'empire. C'est ce que nous verrons plus en détail, lorsque nous nous occuperons de l'ensemble du corps de l'homme, aux harmonies humaines.

Après les ames élémentaires et végétales des animaux, qui ne sont que des espèces d'aimans insensibles, nous en distinguons une troisième, qui est l'ame animale : c'est l'ame proprement dite. Elle donne son nom à l'animal, parce qu'elle l'anime ; elle seule a le sentiment de son existence et de celle du corps ; elle a la conscience de ses organes, dont elle fait usage sans rien comprendre à sa construction ; elle est occupée principalement du soin de lui fournir des alimens, dont le premier est encore le feu solaire fixe, et combiné, comme nous l'avons vu, avec la substance des végétaux : il passe de là dans la chair des animaux, dont il entretient la vie. Ce feu nourricier s'y fixe encore pour servir, après leur mort, de pâture aux bêtes carnassières. Il ne s'harmonie point ainsi avec la terre, car les animaux n'en font point leur nourriture. Les substances végétales et animales sont les seules qui s'imbibent, comme des éponges, de ce feu alimentaire, auquel l'homme ajoute encore, pour ses besoins, le secours du feu terrestre.

L'ame animale est la seule qui soit susceptible de douleur et de plaisir, par l'entremise des nerfs répandus dans toutes les habitudes du corps, et surtout à la peau. Ce sont eux qui l'avertissent des dangers du corps par le tact; elle ne sent plus rien s'ils viennent à être paralysés. Le foyer de ses sensations est au cœur ; c'est encore là que réside l'instinct avec ses passions, dont la principale est l'amour de soi, qui se décompose dans chaque animal en amour de ses convenances et en haine de ses disconvenances, mobiles de toutes ses actions.

Les ames élémentaires et végétales agissent toutes par des lois communes à tous les animaux; elles sont si semblables dans chacun d'eux, qu'on est tenté de croire que c'est une ame universelle qui forme leur corps, l'entretient et le répare. Ces ames assemblent de la même manière le fœtus du loup et celui de l'agneau dans le sein maternel; elles opèrent aussi également dans leur estomac la circulation du sang, la digestion, la nutrition, quoique l'un soit carnivore et l'autre herbivore; mais l'ame animale est particulière à chacun d'eux, chacune a son instinct qui lui est propre. Celle du loup lui inspire, dès la naissance, le goût de la chair et du sang; et celle de l'agneau, celui des herbes tendres et des ruisseaux limpides. Celle du loup diffère même de celle du chien, quoique leurs corps aient tant de ressemblance. L'instinct du loup l'éloigne de l'homme, et celui du chien l'en rapproche, sans que l'éducation et les habitudes puissent altérer ces différences. Chacun d'eux apporte en naissant son caractère paternel, dont l'empreinte est ineffaçable; leur ame a préexisté à leur corps. Je suis très-porté à croire que c'est elle qui le façonne et lui donne sa physionomie; elle imprime à celle du loup des traits féroces, que l'œil attentif de l'homme confond avec ceux du chien de berger, souvent aussi hérissé que le loup; mais l'agneau ne s'y méprend jamais : il distingue, au premier aperçu, au simple flairer, son tyran de son défenseur.

D'où viennent ces haines et ces affections innées? Je n'en sais rien; je vois bien que les résultats en sont bons, et qu'ils sont relatifs à l'homme. Il est certain que les animaux frugivores et herbivores auraient bientôt dépouillé la terre de tous ses végétaux, si les bêtes de proie n'en arrêtaient la population : d'un autre côté, celles-ci, en se multipliant, détruiraient bientôt toutes les espèces animées, si l'homme, à son tour, ne leur servait d'obstacle. Au fond, dans cette lutte meurtrière, on ne peut accuser la nature d'injustice et de cruauté. Quand elle fait manger un animal, elle n'enlève pas, comme un brigand à l'égard d'un autre homme, une vie qui ne lui appartient pas. C'est elle qui a tout donné à tous, elle peut donc tout leur reprendre; elle a tiré du fleuve de la vie une infinité de ruisseaux qu'elle fait circuler sur la terre, elle peut les faire passer les uns dans les autres à son gré. La mort n'est pour chaque animal qu'une modification de son existence, sa vie est transportée de son corps dans celui qui l'a dévoré; cependant l'ame qui l'animait a une autre destinée. L'ame de l'agneau ne passe point dans celle du loup : son sang si doux ne fait qu'accroître la soif cruel de son tyran. Que deviennent donc à la fin l'ame innocente de l'un, et l'ame féroce de l'autre? Je l'avoue, je ne sais pas plus où elles vont que d'où elles viennent. Cependant, s'il m'est permis, dans un sujet si obscur, de hasarder quelques conjectures, je serais porté à croire à la métempsycose, comme les Indiens. Ces peuples, les plus anciens de la terre, pensent, d'après les traditions de la plus profonde antiquité, que les ames des hommes passent, après la mort, dans le corps des animaux, suivant les passions qui les ont dominés pendant leur vie : celles des cruels, dans les tigres et les lions; des politiques perfides, dans les renards et les serpens; des gourmands, dans les porcs, etc. Il est certain que l'homme réunit en lui les passions de tous les animaux, et que celle qui y devient dominante ou par la nature ou par l'habitude, se manifeste dans sa physionomie par les traits de l'animal qui en est le type. On prétend qu'on peut en reconnaître l'expression en mettant sa main sur sa bouche, et ne laissant apparaître que le front, les yeux et le nez. Jean-Baptiste Porta a tracé des visages qui ont des traits sensibles de bœuf, de tigre, de porc, etc. Mirabeau, un des premiers moteurs de notre révolution, avait dans sa large tête, ses petits yeux et ses mâchoires proéminentes, je ne sais quoi de la hure d'un sanglier. J'ai vu telle femme à grand nez recourbé et à petite bouche vermeille, qui ressemblait fort bien à une perruche. Enfin, l'homme et la femme sont susceptibles de toutes les passions des animaux, de leurs jouissances et de leurs maladies; le soleil et la lune en développent les diverses périodes.

Enfin, une quatrième ame se manifeste dans les animaux, c'est l'intelligente : c'est celle qui gouverne l'ame animale; elle a en partage l'imagination, le jugement et la mémoire; comme l'autre, l'instinct, la passion et l'action. L'ame intelligente réside dans le cerveau, et l'animale dans le cœur; chaque espèce d'animal a une portion de l'une et de l'autre, qui lui est particulière et qui la caractérise. La fourmi républicaine, comme l'abeille, aime aussi le miel; mais elle ne s'avise point de le recueillir sur les fleurs et d'en faire des ruches dans ses souterrains; elle ne s'occupe qu'à y ramasser les débris des végétaux et des animaux, pour lesquels la nature l'a destinée. L'ame intelligente de chaque espèce d'animal n'est qu'un rayon particulier de la sphère de l'intelligence commune à tous les animaux, comme son ame animale n'est qu'un rayon de la sphère de leurs passions.

L'homme seul réunit en lui la plénitude de ces deux sphères; il est susceptible de toutes les industries comme de toutes les jouissances : on l'appelle par excellence l'animal raisonnable, parce que son esprit est susceptible de concevoir toutes les raisons ou les rapports des êtres; on pourrait le nommer encore par excellence l'animal animé, parce que son cœur est susceptible de toutes les passions des animaux.

Mais il a une ame bien supérieure aux deux précédentes, c'est une ame céleste. Il est le seul des animaux qui ait le sentiment de la Divinité; c'est là son instinct proprement dit. Celui de chaque être sensible l'attache à un site, à une plante, et celui de l'homme à Dieu. Ce sentiment nait avec lui et étend ses desirs au-delà de son horizon et de sa vie; il est commun aux peuples sauvages, comme aux peuples civilisés. C'est au sentiment de l'existence d'un Dieu que l'homme doit celui de l'infini, de l'universalité, de la gloire, de l'immortalité, lequel venant à s'harmonier avec son intelligence, lui a fait faire tant de progrès dans les sciences et dans les arts, et donne tant d'étendue à ses passions lorsqu'il se combine avec elles. C'est à cet instinct de la Divinité qu'il doit celui de la vertu, qui règle ses innombrables desirs vers le bonheur de ses semblables, dans la crainte ou l'espérance que lui inspire le sentiment d'un Être suprême, vengeur et rémunérateur. Cet instinct céleste est le fondement naturel de toute société humaine. Il a aussi des instincts animaux: tels sont les sympathies et les antipathies, les goûts et les répugnances pour certains états, qui produisent ou de grands talens ou des non-succès. Ces sentimens sont innés, et l'éducation ne peut les surmonter; mais celui qui domine tout homme au sein de la nature est le sentiment de son Auteur, et c'est peut-être à ce sentiment qu'il doit celui de cette sphère universelle d'intelligence qui le rend si supérieur aux autres animaux. Ce qu'il y a de certain, c'est que les plus savans des hommes, les Socrate, les Platon, les Newton, ont été aussi les plus religieux. Nous développerons les effets de l'ame céleste aux harmonies humaines.

Résumons ce que nous venons de dire sur les diverses ames et leurs facultés principales. L'ame élémentaire, qui ne paraît être que le feu solaire, produit l'attraction, l'électricité, le magnétisme; l'ame végétale, les formes, les amours, les générations; l'animale, l'instinct, la passion, l'action; l'intellectuelle, l'imagination, le jugement, la mémoire; la céleste, le sentiment de la vertu, de la gloire, de l'immortalité. Toutes ces ames ont des harmonies avec le soleil.

Mais, me dira-t-on, peut-on supposer ainsi plusieurs ames renfermées dans un seul corps? Sans doute, comme j'ai supposé et démontré plusieurs couleurs renfermées dans un même rayon de lumière, plusieurs qualités dans le feu, telles que l'attraction, l'électricité; plusieurs airs dans l'atmosphère, plusieurs eaux dans l'Océan, plusieurs matières de différente nature dans le même minéral, plusieurs végétaux, et, qui plus est, de diverses espèces, dans le même végétal, comme dans un arbre greffé. Mais comment des ames si différentes entre elles peuvent-elles agir de concert dans une même action ? Ce qui prouve leur différence, c'est qu'elles ne sont pas toujours d'accord. Je vais tâcher de faire comprendre leurs actions et leurs réactions par une comparaison bien simple.

En prenant pour l'un des termes extrêmes de la vie animale le ver de terre tout nu, qui, moins industrieux que l'huître, n'a pas l'intelligence de se revêtir d'une coquille, et en suivant jusqu'à l'homme qui a invité tant de sciences et d'arts, nous comparerons tous les degrés d'intelligence des animaux destinés à voguer sur l'océan de la vie, aux diverses embarcations que l'homme a imaginées pour naviguer sur les eaux, depuis le tronc flottant d'un arbre qui sert au Sauvage à traverser une rivière, jusqu'au vaisseau équipé de tous les arts et sciences nautiques, construit pour faire le tour du monde. Nous trouverons dans les intermédiaires la balse, la pirogue, la yole, le canot, la chaloupe, la goëlette, le brigantin, la frégate, et nous arriverons à nos gros vaisseaux de guerre, armés de cent canons et au-delà. Voilà pour les formes des corps des animaux. Quant aux ames et aux facultés qui les animent, nous comparons l'élémentaire aux mineurs, bûcherons, tisserands et cordiers, qui fournissent les premiers matériaux du navire, sans connaître l'usage qu'on en doit faire; l'ame végétale, aux forgerons, charpentiers et calfats, qui les emploient d'après les plans et proportions que leur donne la nature, ce savant ingénieux. Ils sont aussi chargés des réparations, et pour cela ils sont répandus dans tout le corps. L'ame animale, avec ses passions, ressemble à l'équipage, composé de matelots placés chacun à leur poste, et toujours prêts à obéir au maître et au contre-maître qui résident au cœur. L'ame raisonnable, avec ses facultés intellectuelles, placée dans le cerveau étroit des animaux, est comme le pilote et ses aides, dont la cabane est située près du gouvernail et de la boussole. Il dirige la route du vaisseau et commande la manœuvre à l'équipage. L'ame céleste de l'homme, avec ses instincts divers, est dans un cerveau plus spacieux, comme un capitaine dans une chambre de conseil. On peut la comparer à un homme de qualité qui ne connaît rien au vaisseau ni à sa construction ; mais il a seul le secret du voyage : son instinct en est la carte. Il donne chaque jour la route au pilote, qui, d'après ses ordres, commande la manœuvre à l'équipage. Veut-il marcher ? les cuisses, les jambes, les pieds et leurs doigts sont en mouvement. Ne veut-il mouvoir que quelques-unes de ces parties ? elles se remuent et les autres s'arrêtent. Il semble qu'à chaque articulation de la bouche, du genou, du métacarpe, des orteils, il y ait des postes de matelots qui agissent seuls ou tous ensemble, suivant la volonté du capitaine. Celui-ci ignore, au reste, tout ce qui se passe au dedans ; il ne s'occupe que du dehors ; il a soin seulement que le vaisseau évite les écueils, et qu'il soit d'ailleurs bien approvisionné. Un beau jour il s'avise de faire donner à cet équipage si docile une plus grande quantité de ce feu élémentaire qui les anime ; il l'enivre de liqueurs spiritueuses : aussitôt le voilà tout en activité et dans un mouvement extraordinaire. Les matelots circulent avec rapidité d'un bout du vaisseau à l'autre, n'obéissant plus à la voix de leur pilote. L'ame raisonnable n'a plus d'empire, le vaisseau va tout de travers. Mais c'est bien pis quand l'ame céleste appelle tout son équipage à son conseil ; toutes les passions y entrent en foule et s'emparent de ses facultés divines. La cupidité lui dit : C'est à moi qu'appartiennent les jouissances infinies ; la haine, à moi les ressentimens immortels ; l'ambition, la gloire est mon partage. L'orgueil dit à l'humble vertu : Tu n'es qu'une illusion ; et, jetant ses yeux égarés vers les cieux : Il n'y a d'autre Dieu que moi dans l'univers. Souvent l'ame raisonnable, séduite par eux, leur applaudit. La mémoire leur cherche des exemples dans le passé, et l'imagination leur trace des plans pour l'avenir ; le jugement les sanctionne. C'est ainsi que, dans la révolte d'un équipage, le pilote, le maître et le contre-maître se joignent aux matelots, et renferment le capitaine dans sa chambre ; ils laissent aller ensuite le vaisseau au gré des vents. Ils ont bien la route de chaque jour, mais ils n'ont plus celle de tout le voyage ; ils finissent par embrasser la piraterie. Tel est l'état d'un homme livré à ses passions. La discorde se met bientôt entre elles : quelquefois l'imagination enlève le timon au jugemen ; alors l'homme devient fou. Quelquefois l'ame animale et la raisonnable sont paralysées ; alors il tombe dans l'état d'imbécillité. Mais, dans ces deux états, l'ame élémentaire et la végétale font toujours bien leurs fonctions ; souvent les fous et les imbéciles jouissent d'une santé robuste.

Quelquefois celles-ci tombent dans le désordre, comme dans l'état de maladie ; cependant les passions conservent leur activité, mais l'ame intellectuelle jouit de toutes ses facultés ; telle était celle de Pascal, dont les idées étaient profondes, quoique son corps fût cacochyme. Quelquefois l'ame céleste est la seule qui leur survive : telle est souvent celle des mourans, qui étonne par des pressentimens et des prédictions. L'ame céleste, prête à quitter la terre, est susceptible des plus sublimes conceptions, comme le soleil qui, à son couchant, brille de tout l'éclat de ses feux. Toutes ces ames peuvent agir ensemble ou séparément : nous en pouvons donc conclure qu'elles sont distinctes les unes des autres.

Ces ames ont précédé les corps. Ce sont elles qui, dans le sein maternel, assemblent leurs parties organiques, leur donnent les formes, les développemens et les proportions assignés à chaque espèce par l'Auteur de la nature, et par rapport à l'homme, comme nous le verrons bientôt.

Non-seulement les harmonies physiques appartiennent aux ames qui en ont seules le sentiment, mais c'est en elles seules que résident les harmonies morales qui assemblent les harmonies physiques. Je n'en citerai ici pour exemple que la première de toutes, l'harmonie fraternelle. C'est elle qui compose les corps des animaux de deux moitiés égales ; c'est dans la ligne qui les réunit que se trouve le profil qui caractérise chaque espèce. Le végétal n'a point de profil déterminé ni de face proprement dite ; mais l'animal a l'un et l'autre : l'expression de son ame se trouve dans son profil. C'est lui qui lui donne sa physionomie ; c'est la ligne qui le divise en deux moitiés égales et semblables, qui exprime dans l'attitude basse du porc la gourmandise, dans le lion la férocité, dans la tourterelle les grâces et les amours. Ce profil a la même expression dans chaque genre d'animal ; mais il varie à l'infini dans chaque homme, suivant la passion qui le domine.

C'est dans le profil, tant intérieur qu'extérieur, que se trouvent les sensorium de tous les organes de l'animal, d'abord ceux de la glande pinéale, où réside, dit-on, l'ame intellectuelle ; du nerf optique, des nerfs olfactiques, de la respiration, de l'ouïe, de la potation, de la nutrition ; du cœur, siége de l'ame animale ; des sexes, de la génération et des sécrétions. Si vous coupez un animal, tel qu'un insecte, dans sa largeur, vous verrez les deux moitiés se mouvoir encore. La tête d'une mouche, séparée de son corps, donne long-temps des signes de vie, tandis que son corps voltige çà et là ; mais si vous fendez cet insecte dans sa longueur en deux moitiés égales, il périt à l'instant. L'ame qui l'anime ressemble à la flamme qui naît de deux tisons rapprochés, et qui s'évanouit si on les sépare l'un de l'autre. Elle est donc une harmonie fraternelle des deux moitiés de son corps, ou plutôt c'est elle qui, dans l'origine, le forme de deux moitiés dans le sein maternel.

Non-seulement l'ame (j'entends la végétale) compose le corps d'un animal de deux moitiés en consonnance, mais elle en façonne toutes les parties, et les répare lorsqu'elles sont blessées. Elle développe, dans les espèces innombrables des animaux, toutes les formes imaginables, depuis les plus gracieuses jusqu'aux plus déplaisantes. Il est digne de remarque que les plus laides ont été données aux animaux nuisibles ou incommodes à l'homme, et les plus belles à ceux qui doivent vivre dans son voisinage ou sous son empire. L'ame végétale donne au loup un poil hérissé et des yeux étincelans; à l'agneau de douces toisons; au cheval une croupe arrondie, une encolure fière et des crins flottans; au pigeon, au coq, les plus charmans contours; au chien, fait pour être caressé, un poil soyeux. Les plus belles formes des animaux sont réunies dans l'homme et dans la femme, auxquels sont encore ordonnées leurs proportions d'après des plans arrêtés par l'Auteur de la nature. Leurs développemens viennent du soleil, cette sphère de feu mouvante et vivante, qui renferme dans son sein toutes les attractions, les répulsions, les électricités, toutes les températures dans ses rayons, toutes les couleurs dans sa lumière, toutes les courbes dans son globe, tous les mouvemens dans son mouvement, et bien d'autres qualités connues et à connaître.

De dire maintenant où vont les ames élémentaires, végétales, animales, intellectuelles et célestes, lorsqu'elles sont séparées de leurs corps, c'est ce que je ne sais pas. Cependant, puisque j'ai osé parler de leurs différences et de leur origine, je hasarderai de parler aussi de leur fin. Ce sont des opinions que je présente, non comme des vérités, mais comme des vraisemblances.

Les ames élémentaires passent évidemment d'un élément à un autre. Quoiqu'elles viennent dans leur principe du soleil, elles passent fixées à la terre, qui en est un des réservoirs. La flamme qui consume une bougie, en s'éteignant va se rejoindre à la masse de feu répandue dans l'atmosphère. La pesanteur d'un corps ne s'évanouit point lorsqu'il est mis en poudre; elle reste divisée entre chacune de ses parcelles, et se réunit à la pesanteur totale du globe. Il en est de même de l'électricité; elle circule d'un corps à l'autre, où elle est tantôt positive, tantôt négative, suivant qu'elle s'y trouve en plus ou en moins. Elle se fixe dans les métaux, qui non-seulement en sont de puissans conducteurs, mais des réservoirs constans; elle s'attache aussi aux nerfs des animaux, et y séjourne encore quelque temps après leur mort. Il y a donc, à cet égard, identité entre l'électricité, les métaux et les nerfs; c'est ce que prouve une expérience fort curieuse, dont j'ai promis de parler. C'est un médecin italien, appelé Galvani, mort depuis quelques années, qui a découvert l'influence directe de l'électricité des métaux sur les nerfs des animaux après leur mort; l'expérience, qu'on en répète tous les jours, s'appelle de son nom galvanisme : je l'ai vu faire sur une grenouille morte depuis vingt-quatre heures. On la coupa en deux transversalement; les intestins furent ôtés, et on détacha du dos l'extrémité du nerf des cuisses; la circonférence du nerf découvert fut ensuite enveloppée avec une petite feuille d'argent. Dans toutes ces opérations, aucun signe de mouvement ne se manifesta dans la grenouille, quoiqu'on se fût servi d'un couteau de fer; mais le professeur ayant pris une petite plaque d'étain et l'appuyant d'un bout sur la lame d'argent, et touchant avec le milieu de cette plaque le bout du nerf découvert, dans l'instant le tronçon de la grenouille s'élança sur la table à plusieurs reprises, comme si elle eût été vivante. Il réitéra ces mouvemens en levant d'une main l'animal en l'air par le bout d'une de ses pates; et lui appliquant son appareil de l'autre main, le tronçon ne cessa de se mouvoir très-vivement, tant qu'il éprouva le contact de la plaque d'étain en harmonie avec la lame d'argent et le bout du nerf.

Le professeur nous fit voir ensuite que deux morceaux du même métal en contact, par exemple l'argent sur l'argent, ne produisaient aucun effet sur les nerfs de la grenouille. Il nous fit sentir sur nous-mêmes un autre effet de l'harmonie de deux métaux différens. En mettant sur le bout de la langue une pièce d'argent ou une pièce d'étain, on n'en éprouve aucune sensation; mais, en posant ces deux pièces l'une sur l'autre, de manière que la langue touche à leur point de contact, alors on y sent une saveur très-marquée. Il y a plus, en mettant dessus et dessous la langue l'argent et l'étain, de manière qu'ils se touchent par un bout, on voit dans l'instant briller un éclair : c'est le coup électrique. Tous les métaux en contact produisent ces effets, pourvu qu'ils soient différens, tels que le cuivre et le fer, mais surtout l'or et l'argent.

Ces expériences ne paraissent être que de simples objets de curiosité, mais je les regarde comme de petites portes qui ouvrent une grande entrée dans le champ de la nature. Nous en concluons que les harmonies soli-lunaires et luni-solaires, dont nous avons parlé jusqu'ici, sont non-seulement répandues dans les puissances élémentaires de la nature, comme nous l'avons démontré, mais que leurs attractions et leurs électricités, ainsi que celles des autres planètes, sont concentrées et déposées dans les métaux qui leur sont analogues, et qui en sont non-seulement des conducteurs, mais des réservoirs; que les harmonies métalliques, ainsi que les planétaires, manifestent leurs influences sur nos nerfs lorsque ces métaux y sont harmoniés deux à deux, et que nos nerfs sont les conducteurs et les réservoirs de ces influences, soit par eux-mêmes, soit par les métaux qu'ils renferment. Puisque les nerfs des animaux sont sensibles, après la mort, aux harmonies métalliques de l'étain et de l'argent, du cuivre et du fer, du plomb et du cuivre, de l'or et de l'argent, comment douter qu'ils n'éprouvent pendant la vie, les harmonies planétaires analogues à ces métaux, telles que les soli-saturnales, les saturni-lunaires, les vénéri-martiales, et toutes les influences de leurs diverses combinaisons, comme l'a prétendu la plus haute antiquité? Il est certain que ces harmonies fraternelles existent dans les soli-lunaires et les luni-solaires, ainsi que nous l'avons démontré, surtout dans les développemens de la puissance végétale.

Les feux électriques soli-lunaires et luni-solaires se manifestent non-seulement dans la vie des végétaux et des animaux, dans leurs amours, dans les parures de leurs corps qu'ils revêtent des plus belles couleurs, comme dans les oiseaux, ou par des flux périodiques, comme dans la femme; mais ils se font voir encore après la mort dans leur décomposition. C'est à ces feux électriques qu'il faut rapporter les lumières phosphoriques et bleuâtres qu'on remarque la nuit dans les bois pourris et dans les cadavres en dissolution; mais c'est surtout dans la mer, où viennent se rendre les dissolutions de tous les corps, qu'on observe, principalement dans les saisons chaudes et entre les tropiques, ou dans tous les lieux les plus bas de l'Océan, un nombre infini de corpuscules phosphoriques, qui rendent, pendant la nuit, les flots tout étincelans de lumière. Ces corpuscules lumineux paraissent, dans un temps calme, agités de mouvemens en tous sens. Ne seraient-ils pas des molécules organiques, répandues partout, suivant Buffon? Seraient-ce les ames élémentaires des animaux, ou leurs ames animales mêmes?

Les ames végétales paraissent, de leur côté, se réunir à la puissance végétale. Les végétaux s'engraissent de leurs propres débris. Ces ames paraissent être, dans chaque espèce, en nombre déterminé. Celles qui organisent le blé, par exemple, ne subsistent qu'en certaine quantité dans le même champ. Si on y en sème plusieurs années de suite, il dégénère, et à la longue la terre lui refuse toute nourriture. Les laboureurs disent alors qu'il n'y trouve pas les sucs qui lui sont propres : n'est-ce pas plutôt parce que les ames végétales du blé n'y sont plus? Cependant le champ épuisé n'est pas stérile; il reste toujours fécond pour d'autres plantes : il en est de même des ames végétales des animaux. Lorsqu'une année a produit beaucoup de chenilles, l'année suivante il y en a fort peu, quoiqu'on dût s'attendre à en retrouver beaucoup par la multiplication rapide de ces insectes; mais, ce qu'il y a de très-remarquable, c'est que ces ames végétales créent chaque année une matière nouvelle. Ce sont celles des plantes qui augmentent tous les ans la couche d'humus qui recouvre la terre; et ce sont aussi les végétales des animaux qui ont formé tous nos rochers de pierre calcaire. Chaque année les animalcules des madrépores, et ceux qui animent les poissons à coquille, élèvent, au fond des eaux de l'Océan, de nouveaux lits de marbre, de pierre, de plâtre, des débris et des tritus de leurs travaux. Leurs ames végétales semblent avoir des analogies avec cette ame universelle qui va toujours créant; elles font végéter le globe lui-même, qui, par leur moyen, croît chaque année en circonférence. Il semble qu'il y ait quelque chose de créateur dans les rayons du soleil, qui en est le mobile. Ils forment d'abord les diamans et l'or pur dans les matrices des minéraux; puis, se combinant avec les ames végétales des plantes et des animaux, ils créent de la terre et des pierres.

Quant aux ames animales ou passionnées, elles paraissent circuler de génération en génération dans chaque espèce d'animal. Serait-ce de ces transmigrations que viendraient les prévoyances innées des animaux pour une vie qu'ils ne connaissent pas encore? Leur instinct de l'avenir ne serait-il qu'une expérience acquise dans une vie précédente? Pour nous, nous sommes portés à le croire. Ce n'est que par ces transmigrations que nous pouvons expliquer nous-mêmes les sympathies et les antipathies que nous apportons en naissant. Au reste, le nombre des ames animales, comme celui des végétales dans chaque espèce, paraît en rapport avec le nombre même des hommes.

Quoique nous ayons supposé que les ames intelligentes ou raisonnables étaient des ames particulières, elles ne sont peut-être au fond que des facultés semblables et communes, inhérentes à des instincts différens. L'intelligence des animaux est le sentiment de leurs convenances; elle est à leur ame ce qu'un rayon du soleil est à leurs yeux : l'un et l'autre sont les mêmes pour tous. L'intelligence d'un animal ne diffère de celle de l'homme qu'en ce qu'elle n'est qu'un point ou qu'un rayon de cette sphère universelle, dont l'homme occupe le centre et Dieu la circonférence. Un petit reflet de la lumière du jour suffit aux travaux de l'abeille dans sa ruche obscure; l'homme éclaire les siens la nuit par la clarté de la flamme du feu, dont il dispose; mais l'Auteur de la nature illumine les siècles et les mondes par des soleils. Une abeille fait son alvéole hexagonale avec autant de géométrie que Newton, mais elle ne fera jamais d'autres figures géométriques; elle n'imaginera jamais la vis où se renferme le coquillage, ni même la coupe concave où la rose lui présente ses glandes nectarées : elle n'en a que faire. Des alvéoles à six pans lui suffisent pour déposer son miel. Mais l'ame de Newton a de plus grands besoins : elle trace sur la terre les courbes que parcourent les astres dans les cieux; elle s'étend avec eux dans l'infini, et s'anéantit par le sentiment de celui qui les a créés.

Les intelligences des animaux sont donc inhérentes à leurs ames, et paraissent les accompagner dans leurs transmigrations. Quelles doivent donc être, après la mort, les intelligences de l'homme, qui a pendant sa vie de si sublimes instincts!

Quant à l'ame céleste, je l'ai déja dit, elle n'appartient qu'à l'homme. C'est elle qui répand dans ses traits, non encore défigurés par les passions animales, les charmes ineffables de l'innocence, de la bonté, de la bienfaisance, de la justice, de l'héroïsme. Elle imprime sur sa physionomie un caractère qui soumet à la houlette même de ses enfans les fiers taureaux, les chevaux indomptés, et jusqu'à l'éléphant colossal. Harmoniée dans son corps avec les passions animales qui doivent lui être soumises, comme les ames des autres animaux sur la terre, si elle s'en laisse subjuguer, elle leur transmet le sentiment de l'infini, de l'universalité, de l'immortalité, qui n'appartiennent qu'à elle; mais si elle les tient sous son empire, elle se dirige vers les cieux, d'où elle tire son origine et où elle espère son retour, par un instinct qui lui est naturel. C'est cette lutte, soutenue par de si sublimes espérances, qui constitue la vertu, dont l'homme seul est capable. Les passions peuvent varier à l'infini le visage de l'homme, parce qu'elles sont toutes renfermées dans son cœur; une seule étend son uniformité sur tous les animaux de la même espèce. Dans une assemblée d'hommes, vous en trouverez qui ont des physionomies de renard, de loup, de chat, de sanglier, de bœuf; mais, dans un troupeau de moutons, tous se ressemblent si parfaitement, que le berger même est obligé de marquer ceux qu'il veut reconnaître. Voyez même comme les traits du même homme varient dans la joie, la tristesse, le ris, les larmes, l'espérance, le désespoir, et dans les divers âges de la vie : vous diriez de plusieurs êtres différens. C'est par les ames animales que les hommes sont en guerre les uns avec les autres, et avec eux-mêmes; c'est par leurs ames célestes qu'ils sont en paix, qu'ils communiquent entre eux et se rapprochent de leur centre commun, qui est le sentiment de la Divinité. Mais où vont ces ames célestes lorsqu'elles sont séparées du corps? Les Indiens croient que celles qui ont été subjuguées par leurs passions vont dans le corps des animaux qui en sont les types : celles des gourmands dans les porcs, etc. Quant à celles qui ont acquis quelque degré de perfection par la vertu, elles passent dans un des sept paradis ou mondes, dont ils font diverses descriptions, et qui paraissent être les planètes. Pour nous, nous sommes portés à croire que les plus parfaites vont dans le soleil, astre éclatant, d'où émane tout ce qu'il y a de plus beau sur la terre.

# LIVRE SIXIÈME.

## HARMONIES HUMAINES.

Le sentiment est la conscience du cœur, comme la raison est la science de l'esprit. C'est au cœur que la nature fait aboutir à la fois tous les sens de notre corps et toutes les lumières de notre esprit. Prenons pour exemple le sens de la vue. Nous avons à la jonction de nos deux nerfs optiques un sensorium qui reçoit les images des objets; ce sensorium, qui nous donne la science de la lumière, a des communications avec le cœur, sans lequel nous n'aurions point la conscience de la vision. Le cœur est-il oppressé, la vue se trouble. Il en est de même des vérités purement intellectuelles : telles sont, par exemple, celles de la géométrie. Toutes ses démonstrations se terminent à l'évidence; or l'évidence est un sentiment; c'est la raison de la nature, et le *nec plus ultra* de la nôtre en harmonie avec la sienne. On ne peut raisonner au-delà sans déraisonner. Voilà pourquoi les recherches trop profondes des métaphysiciens les ont jetés dans l'absurde. C'était pour avoir outrepassé l'évidence que le subtil Malebranche avait conclu que les animaux n'avaient point de sentiment. C'est en suivant la même route, que nos idéologistes modernes sont tombés dans l'athéisme. La vérité est comme un rayon du soleil : si nous voulons fixer nos yeux sur elle, elle nous éblouit et nous aveugle ; mais si nous ne considérons que les objets qu'elle nous rend sensibles, elle éclaire à la fois notre esprit et réchauffe notre cœur. C'est au cœur qu'aboutit le sentiment de son évidence : il excite la joie, l'admiration et l'enthousiasme dans le géomètre même le plus impassible. C'est ce sentiment qui fit sortir tout nu du bain, et courir hors de lui-même dans les rues de Syracuse, Archimède, que le sac de cette grande ville et l'épée de son meurtrier ne purent émouvoir. L'évidence est une harmonie de l'ame et de la Divinité. Son premier sentiment est un ravissement céleste, tel que serait celui d'un rayon de lumière au milieu d'une obscurité profonde.

Ainsi l'esprit n'a point de science, si le cœur n'en a la conscience. La certitude est donc, en dernière analyse, un sentiment, et ce sentiment ne résulte que des lois de la nature ; car celles des hommes sont trop variables. Il n'y a de vrai dans leurs systèmes que ce qui produit en nous le sentiment de l'évidence, c'est-à-dire que ce qui est fondé sur les lois de la nature même. Il est remarquable encore que la nature ne nous laisse connaître de ses lois que celles qui ont des rapports avec nos besoins, car il n'y a que celles-là dont nous ayons le sentiment.

Je définis donc la science le sentiment des lois de la nature par rapport aux hommes. Cette définition, toute simple qu'elle est, est plus exacte et plus étendue qu'on ne pense ; elle circonscrit les limites de notre savoir, et nous montre jusqu'où nous pouvons les porter : car il s'ensuit que lorsque nous n'avons pas le sentiment d'une vérité, nous n'en avons pas la science ; et que, d'un autre côté, il en peut résulter une science, dès que nous en avons le sentiment.

Cette définition de la science en général convient à toutes les sciences en particulier. La théologie, qui s'occupe de la connaissance de tous les attributs de Dieu, ne peut être que le sentiment des lois que Dieu a établies entre lui et les hommes. L'astronomie, dont les prétentions ne sont pas moins étendues dans leur genre, n'est que le sentiment des lois qui existent entre les astres et les hommes. Il en est de même de tous les autres, même de celles qui, comme la chimie, croient décomposer les élémens de la nature et les réduire à leurs premiers principes.

Je ne parle ici que des sciences humaines ; car quant aux sciences véritables, elles ne sont connues que de Dieu : lui seul a le secret de son intelligence, de sa puissance, des principes de la nature, de son origine, de sa durée et de son ensemble. Il y a bien plus ; c'est que chaque animal a la science incommunicable de ce qui lui est propre. Tous les philosophes du monde ne parviendront jamais à savoir d'où dérivent les instincts si variés des animaux. Celui d'une chenille qui file sa coque en automne pour passer chaudement un hiver qu'elle n'a jamais vu, et qui ménage une ouverture pour en sortir en papillon au printemps qu'elle ne connaît pas, suffit pour renverser tous les raisonnemens de Locke contre les idées innées.

La science humaine n'étant donc que le sentiment des lois de la nature par rapport aux hommes, la morale, dont nous cherchons les élémens, ne peut être que le sentiment des lois que Dieu a établies de l'homme à l'homme. On peut tirer de cette définition cette conséquence importante : c'est que toutes ces sciences ont des relations avec la morale, puisqu'elles aboutissent aussi toutes à l'homme.

En effet, un homme seul sur la terre formerait ses mœurs de tout ce qui l'environnerait ; il pourrait se livrer à la paresse ou à l'inquiétude, par la chaleur ou la froidure du climat ; à l'intempérance par l'excès des fruits, à la cruauté envers les animaux innocens, et à tous les désordres des sens et de l'ame avec lui-même. Tous les objets envoient des rayons moraux à son cœur, comme des rayons visuels à son cerveau. Sa vie morale, comme sa vie physique, n'est qu'une harmonie de ces deux organes, ou plutôt des facultés de son ame qui y réside. Son intelligence lui présente les objets, son sentiment les adopte ou les repousse.

Mais c'est surtout au milieu de ses semblables qu'il est au foyer de toutes les impulsions morales. La nature, qui a fait les hommes sujets à une infinité de besoins pour leur donner les jouissances de tous ses biens, et pour les obliger de s'entr'aider, a mis dans le cœur de chacun d'eux le sentiment primitif de la sociabilité, qui dit : Faites à vos semblables ce que vous voudriez qu'ils vous fissent. C'est donc par sa raison, en harmonie avec toutes les lois de la nature, que l'homme se met d'abord à la place d'un autre homme, et qu'en même temps naissent dans son cœur les lois de la morale, par le sentiment de son propre intérêt et de celui de ses semblables. Malheur donc à ceux qui séparent ce que la nature a joint, et qui mettent une barrière entre leur raison et leur cœur! Le méchant est celui qui circonscrit sa raison autour de lui seul, qui voit les autres hommes, et qui ne sent rien pour eux.

La morale étant donc le sentiment des lois que Dieu a établies de l'homme à l'homme, il s'ensuit qu'un simple traité de morale ne peut servir à des enfans : un enfant n'est pas plus capable d'acquérir de la morale en spéculation, qu'il ne le serait de développer sa faculté de voir par la théorie de la vision. Je dis plus, il ne comprendrait rien à ce traité, fût-il composé avec toute la dialectique de Bayle, rempli des images les plus intéressantes, et écrit avec les grâces du style de Fénelon et l'énergie de celui de Jean-Jacques.

Supposez un enfant élevé dans une galerie de tableaux de paysages sans avoir jamais vu la campagne, il n'y apercevrait que des couleurs et des surfaces; et lorsqu'il verrait la campagne pour la première fois, il en jugerait tous les objets sur le même plan, comme dans sa galerie; il serait semblable à cet aveugle né auquel on donna tout à coup l'usage de la vue, en lui ôtant des cataractes qu'il avait sur les yeux. Il crut au premier instant que tous les objets de sa chambre étaient à la même distance, et il fallut qu'il marchât vers les uns et les autres pour se convaincre qu'ils n'y étaient pas.

Nous formons d'abord notre vue sur notre toucher, ensuite sur notre marcher; tant la nature a harmonié entre eux tous nos sens! Elle a lié encore les différens âges de notre vie pour notre instruction. J'ai reçu des leçons de ma fille, âgée de quatre mois : elle croyait toucher une fleur qui était à un pied de son visage; elle tournait ses mains autour de ses yeux pour la saisir; elle s'imaginait que cet objet était au bout de son nez; il fallait que sa mère lui allongeât le bras vers la fleur et lui apprît à la toucher, pour lui apprendre à la voir : ce n'a été que quand elle a marché, qu'elle a pu juger des distances plus éloignées. C'est pour accélérer cette connaissance, que Jean-Jacques veut qu'on porte l'enfant vers l'objet qu'il desire, et non l'objet vers l'enfant, comme on a coutume de faire. Ce n'est donc que par les expériences acquises par la réalité des objets, que nous pouvons juger de leurs images. Un amateur ne prend plaisir à voir un tableau de Vernet, que parce qu'il lui rappelle une série d'effets qu'il a observés lui-même; et je tiens qu'il n'en peut connaître tout le mérite s'il n'a vu la mer, et même s'il n'y a navigué.

Il en est d'un traité de morale comme d'une galerie de tableaux; il n'intéresse que le philosophe qui connaît le monde : c'est par cette raison que tant d'à-propos nous échappent dans les comiques, chez les Grecs et les Latins, et que nous saisissons toutes les beautés de sentiment dans leurs auteurs tragiques, parce que les mœurs des anciens nous sont inconnues en partie, et que nous avons l'expérience de la pitié, de la générosité, dont les sentimens nous sont communs dans tous les âges. Mais un traité de morale ne fera pas d'impression sur un enfant, qui, n'ayant pas vécu avec les hommes, n'a pas encore l'expérience de leurs passions et des lois que la nature leur a données pour les régir. Un enfant, cité par Jean-Jacques, n'apercevait que la difficulté d'avaler une médecine dans le trait sublime d'Alexandre malade, qui prend une potion de la main de son médecin, en lui faisant lire une lettre qui l'accusait de trahison : le jeune cœur de cet enfant n'ayant jamais été trahi, il ne connaissait d'autre amertume que celle du goût. Je me souviens moi-même qu'étant enfant, les fables de La Fontaine m'amusaient beaucoup, parce que leurs images naïves vont au cœur, comme celles de la nature, et que je connaissais les mœurs de quelques animaux; mais leur application m'ennuyait, parce que j'ignorais celles des hommes : je lisais la fable, et je laissais là la morale; je traitais ma leçon comme mon déjeuner, j'en mangeais la confiture, et j'en jetais le pain.

Ce serait bien pire, si on ne présentait aux enfans que la métaphysique de la morale sans la revêtir d'images. Comment leur apprendrait-on par de simples raisonnemens ce que c'est que conscience et justice? Ils sauraient faire des définitions comme Aristote, et des analyses comme Locke et Condillac, qu'ils n'en seraient pas meilleurs; ils seraient, comme bien des hommes, vertueux en spéculation, et non vertueux en réalité. Toute science ne s'acquiert que par l'expérience. Enseigner aux enfans la vertu par la théorie de la morale, c'est leur enseigner à parler par la grammaire, et à marcher par les lois de l'équilibre : sur tous ces points, leurs mères nourrices leur feraient faire plus de progrès que tous les professeurs des académies. L'ame, comme le corps, ne se développe que par l'exercice. Il faut commencer l'éducation morale par la pratique des vertus; la théorie n'en appartient qu'aux docteurs ou aux vieillards qui ne veulent ou ne peuvent plus agir.

Pour apprendre la morale aux enfans, il faut donc leur faire connaître d'abord les hommes. L'éducation domestique leur en donne le premier apprentissage, en les faisant vivre avec leurs mères, leurs pères, leurs sœurs, leurs frères, leurs serviteurs ou leurs maîtres; c'est d'après les sentimens qu'ils y prennent enfans, que se forment ceux qu'ils auront un jour en devenant hommes.

Il y a à l'amirauté de Londres et à celle d'Amsterdam un grand navire construit sur terre avec tous ses agrès; on y loge de jeunes élèves de la marine pendant plusieurs mois; ils y manœuvrent comme s'ils étaient sur mer; on leur apprend à orienter les voiles suivant le vent, à les amener dans les tempêtes, à jeter et à lever les ancres, et par ces exercices on les instruit à devenir d'excellens marins. Ne pourrait-on pas faire de même un petit modèle du grand vaisseau du monde? Il ne peut être immobile et à sec comme celui d'une école nautique; les vents des passions l'agitent déjà sur les ondes de la vie; même dans le port nous avons besoin de bons pilotes.

Si un collége doit être une image de la maison paternelle, l'éducation doit être la théorie de la vie; mais comment s'y prendre pour la tracer d'une manière facile et durable dans l'esprit des enfans? En leur donnant des élémens de morale, j'ai senti qu'il fallait parler à leur jugement, et j'ai essayé de le faire. Je vais ici montrer le chemin par où j'ai marché, et j'ai tracé dans quelques pages le résultat de plusieurs années de méditation.

Le cerveau voit et le cœur sent, l'intelligence juge et le sentiment agit. Dans la plupart des animaux, le cerveau reçoit les images d'une autre grandeur, mais dans les mêmes rapports que nous. Les insectes voient avec des microscopes, et plusieurs oiseaux avec des télescopes; mais l'intelligence de chacun d'eux est bornée à une seule industrie, et leur cœur à un seul instinct. L'entendement de l'homme est capable de recevoir toutes leurs lumières, et son cœur toutes leurs passions. L'homme, livré à tous les besoins, ébloui par tant de lumières et agité par tant de desirs, serait abandonné à tous les égaremens de la folie, si Dieu ne l'avait placé au centre de toutes les harmonies, n'avait éclairé sa tête par les lumières d'une raison universelle, qui n'est que l'intelligence des convenances de la nature, et s'il n'en avait mis le sentiment dans son cœur. C'est à sa raison que l'homme, seul de tous les êtres organisés, doit la connaissance d'un être suprême, qui ne résulte que des harmonies de l'univers, et l'amour de ses semblables, sans lesquels il ne pourrait en jouir. De là est né le sentiment de la vertu, qui est un effort fait sur nous-mêmes pour le bonheur des hommes, dans l'intention de plaire à la Divinité. La vertu est donc produite par ces deux mobiles, Dieu et les hommes; elle est donc la véritable harmonie de l'homme, non-seulement en la considérant, ainsi que les sages la définissent, comme un milieu entre deux extrêmes, entre un excès et un défaut, mais comme produite par l'amour de la Divinité et celui des hommes, qui sont à la vérité les deux plus grands extrêmes qui existent dans l'univers, Dieu étant tout et les hommes n'étant rien.

C'est du cours même des harmonies de la nature que résulte celui des vertus de l'homme. Dans sa longue et faible enfance, il fait l'apprentissage des élémens sur le sein maternel, et y puise les premiers sentimens de la reconnaissance. Il tire de l'usage des végétaux nécessaires à sa vie le sentiment d'une Providence, et des animaux, compagnons de son enfance, les premières leçons de l'amitié. Ensuite il apprend de ses frères la justice; de l'amour conjugal, la constance; de la paternité, la prévoyance; de sa tribu, l'amour du travail; de sa nation, le patriotisme; du genre humain, l'humanité, qui renferme toutes les vertus.

Je ne fais qu'en nommer les principales, nous en indiquerons bientôt le développement avec celui des lumières des hommes, qui sont toujours en harmonie avec leurs vertus; je n'ai voulu donner ici qu'une idée de l'homme physique et moral. Tel est le vaisseau où la nature embarque chacun de nous pour lui faire parcourir la sphère de la vie. Elle nous y fait entrer par l'enfance, région pleine d'obscurité et de frimas, d'où, entraînés par l'océan du temps, nous traversons la zone tempérée de l'adolescence : nous passons ensuite dans la zone orageuse d'une jeunesse ardente, puis dans la tempérée de l'âge viril, qui nous conduit vers un pôle opposé à l'enfance, dans la région glacée et ténébreuse de la vieillesse. Les extrémités de la vie, comme celles du globe et de l'année, sont commencées et terminées par deux hivers : heureux encore si, sur une mer aussi remplie d'écueils, nous nous embarquions avec tous nos agrès! Mais au départ notre vaisseau n'est qu'une faible nacelle, notre raison un pilote sans expérience, notre cœur une boussole sujette à toutes les variations. Ce n'est que d'après les leçons de nos pères que nous pouvons naviguer dans ce voyage de la vie : j'en vais présenter la carte à l'enfant, comme une mappemonde à un voyageur qui doit faire le tour du globe.

Soyez mes astres, filles du ciel et de la terre, divines Harmonies! C'est vous qui assemblez et divisez les élémens, et qui organisez tous les êtres qui végètent et qui respirent. La nature a remis dans vos mains le double flambeau de l'existence. Une de ses extrémités brûle des feux de l'amour, et l'autre de ceux de la discorde. Avec les feux de l'amour vous touchez la matière, et vous en faites naître le rocher et ses fontaines, l'arbre et ses fruits, l'oiseau et ses petits, trois aimans différens, réunis par de ravissans rapports. Avec les feux de la discorde, vous enflammez la même matière, et il en sort le faucon, la tempête et le volcan, qui rendent l'oiseau, l'arbre et le rocher aux élémens. Tour à tour vous étendez sur la terre et vous retirez à vous les filets de la vie, non pour le plaisir d'abattre ce que vous avez élevé, mais pour conserver l'équilibre de la nature d'après des plans inconnus aux mortels. Si vous n'y faisiez pas mourir, rien ne pourrait y vivre; si vous n'y détruisiez pas, rien n'y pourrait renaître. Sans vous, tout serait dans un éternel repos; et vous liez ces mondes les uns aux autres par les harmonies d'une vie qui produit la mort, et d'une mort qui reproduit la vie.

Partout où vous portez vos doubles flambeaux, vous faites naître les doux contrastes de l'existence du jour et de la nuit, du froid et du chaud, des couleurs, des formes, des mouvemens; les amours vous précèdent, et les générations vous suivent. Toujours vigilantes, vous ne vous levez point avec l'astre des jours, et vous ne vous couchez point avec celui des nuits. Vous agissez sans cesse au sein de la terre, au fond des mers, au haut des airs. Planant dans les régions du ciel, vous entourez ce globe de vos danses immortelles, vous tenant toutes par la main, parées d'habits différens, et dans des attitudes ineffables. Vous étendez vos cercles infinis d'horizon en horizon, de sphère en sphère, de constellation en constellation; et, ravies d'admiration et d'amour, vous attachez les chaines innombrables des êtres au trône inébranlable de celui qui est.

Sœurs immortelles, du sein de la gloire abaissez-vous vers un enfant de la poussière; donnez-moi, sur le penchant de la vie, d'en tracer le cours sans m'égarer! Filles de la sagesse éternelle, Harmonies de la nature! tous les hommes sont vos enfans; ils ont sans cesse besoin de vos secours; sans vous, ils sont nus, misérables, discordans de langues, d'opinions, de passions; mais vous les appelez par leurs besoins à toutes les jouissances; par leur diversité, à la concorde; par leur faiblesse, à l'empire. Vous les admettez, par les lumières et la vertu, au partage de vos bienfaits et de votre puissance immortelle. Ils sont les seuls de tous les êtres qui jouissent de vos travaux, et les seuls qui les imitent; ils ne sont savans que de votre science; ils ne sont sages que de votre sagesse; ils ne sont religieux que de vos inspirations. Sans vous, il n'y a point de beauté dans les corps, d'intelligence dans les esprits, de bonheur sur la terre et d'espoir dans les cieux.

## HARMONIES DE L'ENFANCE.

L'homme entre dans la sphère de la vie par l'harmonie filiale; c'est un des contrastes de l'harmonie maternelle, qui est la dernière dans l'ordre des harmonies sociales, et la première en puissance. Ainsi les plans de la nature n'ont point de terme comme ceux des hommes, et tous les degrés de sa sphère la terminent et la recommencent.

C'est sur le sein maternel que l'enfant fait le premier usage de ses sens et l'apprentissage des élémens : de la chaleur, par celle de sa mère; de l'air et de la respiration, par son haleine; de l'eau et du goût, par son lait; du corps et du toucher, par la forme ronde du sein maternel. En même temps naissent en lui les sentimens de la confiance, de la reconnaissance et de l'amour filial. C'est avec les premières notions de la pensée et les premières expressions du langage, que son ame se développe en même temps que son corps, et son moral dans la même proportion que son physique.

L'amour filial est la première racine du chêne de la patrie, qui doit résister à toutes les tempêtes de la politique; il est le seul fondement inébranlable des sociétés : c'est sur lui que repose le plus ancien empire du monde, celui de la Chine. Il est le premier des cinq devoirs auxquels est attachée sa constitution, sans doute la meilleure de la terre jusqu'à présent, puisqu'elle dure depuis plus de quatre mille ans. Ces cinq devoirs regardent les pères et les enfans, les maris et les femmes, les souverains et les sujets, la mutuelle amitié, et la manière dont les frères doivent vivre ensemble. Confucius les a rédigés et commentés; il les appelle les grands et les fondamentaux. Quoiqu'il n'ait pas suivi le même ordre que nous, il est très-remarquable qu'il pose l'amour filial comme la base de toutes les lois politiques. En effet, l'empereur étant considéré comme le père de son peuple, c'est sous ce rapport que ses sujets lui sont si soumis. Dans quelque gouvernement que ce soit, c'est particulièrement de l'amour filial que naît l'amour de la patrie. Plutarque veut, par cette raison, qu'on l'appelle *matrie*, parce que, dit-il, nous devons plus de reconnaissance à nos mères qu'à nos pères. Il est donc nécessaire de rappeler à ses enfans les soins que leurs mères ont pris de leur première enfance. Il faut que l'instituteur, et encore mieux l'institutrice, leur apprennent comment leur mère les a portés pendant neuf mois dans son sein, parmi des infirmités de toute espèce; comment elle les a mis au monde au péril de sa vie; comment elle les a allaités nuit et jour, les réchauffant contre son cœur, calmant leurs convulsions par ses caresses, essuyant leurs larmes par ses baisers, prévoyant tous leurs besoins lorsqu'ils ne pouvaient encore les exprimer que par des gémissemens, et leur donnant ensuite, avec une patience inaltérable, les premières leçons de la vue, du goût, du toucher, du marcher et du parler.

Il faudrait commencer toutes les leçons par un hymne adressé à la Divinité, et chanté alternativement en chœur par les filles et les garçons : ce serait leur donner à la fois une idée bien naturelle de la Providence en la leur présentant sous l'image de l'amour maternel, et une idée de l'amour maternel en le leur montrant sous celle de la Providence : on pourrait y comprendre en peu de mots les devoirs de l'amour filial. Ce concert d'enfans chantant ensemble les louanges de l'amour maternel, les disposerait à se regarder mutuellement comme membres de la même famille. Des préceptes de morale mis en musique simple, mais touchante, se graveraient profondément dans de jeunes cœurs ; mais des exemples de piété filiale n'y feraient pas moins d'impression par les images qu'ils laissent dans l'esprit. Il faut donner, tant qu'on peut, un corps aux idées et une action aux sentimens. Je leur citerais donc quelques grands hommes qui se sont rendus célèbres par leur amour envers leurs mères. Le plus grand des Grecs, si la vertu donne le premier rang parmi les hommes, Épaminondas, disait que la joie la plus vive qu'il eût jamais éprouvée était d'avoir gagné la bataille de Leuctres du vivant de son père et de sa mère. Il répétait souvent ce propos, dit Plutarque. Ainsi il rapportait l'amour de sa patrie à son origine, c'est-à-dire à l'amour de ses parens. Il leur sauva la vie par cette victoire, ainsi qu'à ses compatriotes ; car si les Lacédémoniens l'eussent gagnée, ils avaient résolu d'exterminer tous les Thébains. J'ajouterai, à ce sujet, un trait qui caractérise bien sa profonde vertu, ennemie de toute vanité. Le lendemain de cette fameuse bataille, il parut en public, morne, pensif et en habit sale, lui qui ne s'y montrait jamais que simplement, mais proprement vêtu et avec un visage gai. Ses amis, voyant ce changement subit, lui demandèrent s'il ne lui était pas arrivé quelque accident fâcheux : « Non, leur répondit-il ; mais je sentis hier que je m'étais élevé plus que je ne devais par la joie de ma victoire ; je la corrige aujourd'hui, parce qu'elle fut hier trop excessive. » Je joindrai à cet exemple celui de Sertorius, qui portait tant d'affection à sa patrie, quoiqu'elle l'eût exilé, qu'à la tête d'une armée victorieuse il écrivait à Métellus et à Pompée, ses ennemis,

qu'il était prêt à mettre bas les armes, et à vivre en homme privé, pourvu qu'on l'y rappelât par un édit, et qu'il aimait mieux être le dernier citoyen de sa patrie que d'être appelé empereur du reste du monde : sentiment, certes, bien contraire à celui de l'ambitieux César, qui disait qu'il aimerait mieux être le premier dans un village que le second à Rome. « Une des principales causes, dit Plutarque, pour laquelle Sertorius désirait tant d'être rappelé dans sa patrie, était l'amour qu'il portait à sa mère, sous laquelle il avait été nourri orphelin de son père, et avait mis toute son affection entièrement en elle : de sorte que quand les amis qu'il avait en Espagne le mandèrent pour y venir en prendre le gouvernement et y être leur capitaine, après y avoir été quelque temps, ayant eu nouvelle que sa mère était décédée, il en eut une si grande douleur, que peu s'en fallut qu'il n'en mourût de regret. Il demeura sept jours entiers couché par terre en pleurant, sans donner le mot du guet à ses gens, et sans se laisser voir à aucun de ses amis, jusqu'à ce que les autres capitaines principaux et de même qualité que lui vinrent à l'entour de sa tente, et l'importunèrent tant par prières et remontrances, qu'ils le contraignirent d'en sortir, et de se montrer et parler aux soldats, et d'entendre à ses affaires, qui étaient très-bien acheminées. »

Si les actions des gens de bien sont très-utiles pour exciter à la vertu, celle des méchans ne le sont pas moins pour éloigner du vice. On ne produit d'effet que par des contrastes ; la beauté d'un paysage redouble par l'horreur d'un précipice. Citez donc aux enfans des traits de scélératesse filiale ; parlez-leur de l'horrible Néron, qui fit poignarder sa mère ; représentez ce monstre au faîte de la puissance humaine, se plaignant jour et nuit que les Furies le déchiraient avec leurs fouets ; dévoré par ses remords, cherchant à les étouffer par de vaines expiations ; objet de mépris et d'horreur, malgré les congratulations de l'armée, du sénat et du peuple, qui le félicitèrent sur son action atroce ; et périssant enfin chargé de la haine de ce même peuple corrompu, qui l'avait flatté dans sa puissance, en attendant l'exécration de la postérité, qui ne flatte jamais.

Si j'avais à élever des enfans sortant des mains de la nature, et destinés à vivre dans une île déserte, je ne leur parlerais ni de l'erreur ni du vice : l'un et l'autre sont étrangers à l'homme. Nés dans le sein de l'ignorance et de l'innocence, ils seraient sages et heureux sans efforts ; mais il n'en est pas ainsi de ceux qui doivent vivre dans notre ordre social : il faut les prémunir contre la contagion des préjugés, des vices et des mauvais exemples qui les environnent souvent dès le berceau. Il faut donc leur ouvrir de grands modèles, qui leur montrent la vertu dans toute sa beauté, et le vice dans toute sa laideur. Je ferai, à cette occasion, une réflexion que je crois très-importante : c'est que, lorsque vous leur raconterez quelque acte vicieux, il faut toujours le faire suivre par le récit d'une action louable, afin que leur ame s'y arrête et s'y repose. Disposez toujours leurs jeunes cœurs à aimer, ils ne trouveront un jour que trop de sujets de haïr. Si vous commencez par leur présenter des tableaux du vice, ceux de la vertu ne leur paraîtront ensuite que plus aimables. Si, au contraire, vous faites précéder ceux de la vertu, vous leur rendez le vice plus odieux; mais vous habituez leur cœur à la haine, car la dernière impression est toujours la plus durable.

Ainsi, vous pouvez opposer à la conduite de Néron envers sa mère Agrippine, au fond très-ambitieuse, celle d'Alexandre envers sa mère Olympias, qui ne l'était guère moins. Alexandre étant en Asie, Olympias lui écrivait souvent des lettres où elle se plaignait qu'il était trop généreux envers ses favoris; que par ses bienfaits il les rendait égaux aux plus grands rois, et leur donnait les moyens de se faire beaucoup d'amis en se les ôtant à lui-même. Il gardait secrètement ces lettres sans les communiquer à personne, sinon qu'un jour, comme il en ouvrait une, Éphestion s'approcha, suivant qu'il avait coutume, et la lut avec lui : Alexandre ne l'en empêcha point; mais après qu'il eut achevé de la lire, il tira de son doigt l'anneau dont il scellait ses lettres, et il en mit le cachet sur la bouche d'Éphestion. Il envoya à sa mère de magnifiques présens, mais il lui manda de ne pas se mêler du gouvernement. Elle entra à ce sujet dans une grande colère, qu'il supporta avec patience; et comme Antipater, qu'il avait laissé pour son lieutenant en Macédoine, lui écrivit un jour une longue lettre où il se plaignait d'elle, après l'avoir toute lue, il dit : « Antipater ne sait pas qu'une » seule larme de ma mère efface dix mille lettres » semblables. »

Il est sans doute aisé à un fils de chérir la mère dont il est aimé. On peut ajouter à ces considérations que Domitius, père de Néron, fut un très-méchant homme, tandis qu'on ne peut reprocher à Philippe que la ruse en fait de politique; mais Alexandre s'en préserva par son éducation, car personne n'eut plus de loyauté que lui. Ceci nous amène à parler d'un cas fort amer de la vie et fort embarrassant. Un enfant peut avoir des parens durs, brutaux et même cruels : comment lui faire aimer ce qui est haïssable? C'est ici qu'il faut lui parler le langage de la vertu; il faut lui rappeler les peines qu'il a données à ses parens par ses infirmités, ses besoins, ses caprices même. On peut citer des exemples d'enfans qui ont réformé leurs parens vicieux à force de douceur et de patience. On en trouve plusieurs de célèbres dans l'histoire de la Chine; car le gouvernement y est attentif à récompenser la vertu dans les enfans mêmes, et surtout la piété filiale, qui lui sert de base. Dites enfin à votre élève cette grande vérité, que la Providence vient au secours de ceux que la société abandonne, que Dieu adopte les enfans malheureux. Vous trouverez dans nos histoires assez d'exemples d'enfans délaissés ou persécutés par leurs parens, qui sont devenus des hommes illustres.

La route de l'homme est facile à tracer, quand il se trouve entre deux vices, ou entre une vertu et un vice; mais il n'en est pas de même quand il est entre deux vertus. Si un enfant a un père dénaturé, il doit fuir sa présence plutôt que de lui manquer; la barbarie du père ne peut justifier l'ingratitude du fils. Mais, s'il doit opter entre l'amour qu'il doit à ses parens et celui qu'il doit à sa patrie, comment se conduira-t-il? Si son père conspire contre l'état, ira-t-il le dénoncer? Verra-t-il de sang-froid sa patrie sur le bord du précipice, ou donnera-t-il la mort à celui dont il a reçu la vie? On cite l'exemple du consul Junius Brutus, qui fit périr ses deux fils pour avoir trahi Rome. Mais il ne s'agit pas ici du devoir d'un père revêtu d'une magistrature souveraine envers ses enfans criminels, mais du devoir des enfans à l'égard de leur père coupable envers la patrie. Si Tatius et Tibérius, enfans de Brutus, avaient été revêtus du consulat, et que leur père fût entré dans la conspiration des Tarquins, auraient-ils dû le condamner à la mort? Non, certes, ils ne l'auraient pas dû. Vous me direz : On doit plus à sa patrie qu'à sa famille : oui, sans doute; mais, par la même raison, on doit plus au genre humain qu'à sa patrie : or, les droits du genre humain sont ceux de la nature. Ce n'est que pour en jouir que la patrie elle-même est fondée, et c'est en renverser les fondemens que de détruire les devoirs de l'amour filial par les devoirs de l'amour patriotique; c'est couper la racine d'un arbre pour en conserver le tronc. On ne doit point anéantir une vertu par une autre vertu, ni punir un crime par un autre crime. Si un fils a un père coupable envers son souverain, il doit faire tout ce qui est en lui pour empêcher le succès de ses projets; mais s'il ne peut y réussir, les lois doivent le récuser non-seulement comme juge, mais comme témoin. Il y a plus, l'amour de la patrie ne vient que de l'amour de nos pères; et si je livre ma famille, parce qu'elle est coupable envers ma patrie, je serai donc fondé aussi à livrer ma patrie lorsqu'elle sera coupable envers le genre humain, dont elle n'est qu'une famille. On voit que le même principe peut mener à de terribles conséquences.

Toutes les vertus politiques n'ont d'autres appuis que les vertus morales, et c'est en renversant la première base, posée par la nature, que de détruire, sous quelque prétexte que ce soit, la piété filiale. Les Romains, dont nous avons quelquefois exagéré les principes, ne pensaient pas autrement. Plusieurs de leurs grands hommes ont blâmé la cruelle justice de Junius Brutus. Ses enfans sans doute devaient être punis, mais un père devait se récuser pour leur juge. Plutarque dit que ses mœurs austères n'avaient pas été adoucies par la raison, et il le compare à une épée de trempe trop aigre. Mais; certes, les Romains n'eussent vu qu'avec horreur des enfans dénoncer leur propre père, comme il arriva du temps de proscriptions. Voyez, dans les beaux jours de la république, comme on honorait l'amour filial! Un homme était condamné à mourir de faim dans la prison. A juger du crime par le supplice, il devait être bien grand! Peut-être était-il dirigé contre l'état; n'importe : la fille du coupable s'introduit dans son cachot, et l'y nourrit de son propre lait. Le sénat, instruit de cette action, ordonna que le père fût rendu à la fille, et qu'à la place de la prison on élevât un temple à la Piété.

On ne doit conclure en aucune manière, de ce que je viens de dire, qu'il soit ordonné d'aimer sa famille plus que sa patrie : au contraire, on doit, dans tous les cas, préférer celle-ci à sa famille et à soi-même. Mais c'est pour l'amour même de la patrie qu'on doit aimer ses parens. Comment serons-nous fidèles à celle qui rassemble autour de nous tous les moyens de soutenir notre vie, si nous ne le sommes pas à ceux qui nous ont donné la vie! Mais enfin, que fera un fils s'il rencontre son père les armes à la main parmi les ennemis de sa patrie! Épaminondas disait que, si on y voyait un ami, il fallait détourner sa lance de sa poitrine : certes, un fils ne dirigera pas la sienne contre le sein paternel. Mourons, s'il le faut, pour le salut de la patrie, mais vivons pour le bonheur de nos parens. Ce n'est qu'en vivant vertueusement pour eux, que nous serons dignes de mourir généreusement pour elle.

Les vertus n'ont pas toujours à combattre des passions; elles se heurtent aussi les unes contre les autres, surtout dans les dissensions civiles. La justice, l'intérêt du peuple, sont souvent réclamés par deux partis ennemis : comment se conduire alors? Je ne connais qu'un moyen, c'est de tenir tant qu'on peut un juste milieu, puisque c'est la place qu'occupe toute espèce de vertu. Au reste, les lois de la nature sont précises, mais leur application est souvent embarrassante. Sans doute c'est une prière bien sage et bien proportionnée à nos besoins, que celle qui nous apprend à demander à Dieu de ne pas nous exposer aux tentations.

Si vous avez besoin de quelques conseils, dit Juvénal, laissez faire aux dieux : ils savent mieux que l'homme ce qui convient à l'homme; l'homme leur est plus cher qu'il ne l'est à lui-même.

Les noms des enfans influent souvent sur leurs caractères, comme je l'ai remarqué ailleurs : il importe donc beaucoup de leur donner, dès la naissance, des surnoms d'hommes vertueux. Ce n'est pas qu'il leur soit permis de mépriser ceux de leurs parens. On doit leur citer le mot de Cicéron, dont le nom dérive en latin de *cicer*, qui signifie pois chiche. On lui conseillait d'en changer. Je le rendrai, dit-il, si célèbre, qu'on se fera honneur de le porter. Au reste, l'influence des noms sur les hommes est plus grande qu'on ne le pense. C'est par l'effet d'une bonne politique que Rome moderne donne aux enfans naissans et aux jours de l'année les noms des saints qu'elle a elle-même canonisés. Ces noms réveillent les souvenirs de toutes les vertus.

## SCIENCE DES ENFANS.

### PREMIÈRES IDÉES DES PEUPLES.

Je me souviens qu'étant enfant je m'étais formé des idées assez singulières du soleil et du ciel. Je les rapporterai ici, parce que tout sert à l'histoire de l'esprit humain, et que les premiers systèmes des peuples doivent souvent leur origine à des idées d'enfant. Je croyais, sur le rapport de mes yeux, que le soleil se levait derrière une montagne et se couchait dans la mer; que le ciel était une voûte qui allait en s'abaissant vers l'horizon, de sorte que je pensais que, si je parvenais jamais jusque là, je serais obligé de marcher courbé, sans quoi je me casserais la tête contre le firmament. J'entrepris un jour d'atteindre à l'extrémité de la voûte céleste : après avoir marché une heure, voyant qu'elle était toujours à la même distance de moi, j'en conclus qu'il y avait trop loin, mais je n'en restai pas moins persuadé qu'elle existait, et que, si je ne parvenais pas à la toucher, c'est que je n'avais pas d'assez bonnes jambes. Au reste, je me figurais, à la vue des étoiles, que le ciel était percé d'une infinité de petits trous par où la pluie tombait sur la terre, comme par un crible, et que les étoiles n'étaient que la lumière de Dieu, qui sortait la nuit par ces petits trous. Cette dernière idée n'était pas si enfantine.

Les Grecs si fameux, de qui nous tenons les élémens des sciences, n'avaient pas des opinions plus saines de la nature. Ils s'imaginèrent d'abord que le soleil était né à Délos, une des îles Cyclades, et qu'il allait tous les soirs se coucher dans la mer. J'estime que les premiers qui eurent cette opinion étaient des Grecs du Péloponèse, et peut-être des Arcadiens, qui en étaient les habitans les plus anciens, puisqu'ils se vantaient d'être sortis de la terre du pays, avant que la lune existât. Délos était, par rapport à eux, à l'orient; car cette île est une des plus orientales des Cyclades. Comme ils voyaient donc le soleil tous les matins se lever au-dessus de Délos, ils jugèrent qu'il y était né; et comme ils le voyaient chaque soir se coucher dans la mer, ils en conclurent qu'il allait se reposer dans les bras de Thétys, autre divinité de leur invention. Au reste, ils donnèrent au soleil, pour faire sa route, un char, des chevaux, un arc et des flèches. Ils l'équipèrent comme un de leurs guerriers. Il n'y a que le premier pas qui coûte : dès qu'il fut reçu que Délos avait donné naissance au soleil, dieu du jour, on en fit, comme de raison, la patrie de la lune sa sœur, déesse de la nuit; et bientôt chaque île ou chaque grande montagne fut le berceau d'un dieu et d'un astre. Vénus était née à Cythère, Mercure en Arcadie, et Jupiter, le maître des dieux, au mont Ida.

Il en était de même des autres peuples : chacun faisait lever et coucher le soleil dans son pays, chacun aussi avait ses dieux; on ne saurait croire combien de désordres dans la morale, et de guerres dans la politique, sont nés de toutes ces théologies et de ces physiques partielles. Il a fallu que les hommes se soient liés d'abord par le commerce dans toute la terre. Ils observèrent le cours des planètes autour du soleil, et en conclurent que l'astre du jour éclairait d'autres mondes, qu'il était immobile, et qu'enfin c'était la terre qui tournait autour de lui sur elle-même, ainsi que les autres planètes qui en reçoivent leur lumière. Les autres sciences ne se sont perfectionnées de même que par le rassemblement des observations des hommes. Cette vérité est très-importante; car il s'ensuit que la nature ne fait dépendre l'intelligence des hommes, comme leur bonheur, que de leur union, et qu'un enfant ne doit pas être élevé seulement pour son pays, mais pour le genre humain.

Laissons donc les enfans croire quelque temps, s'il le faut, qu'ils peuvent atteindre le soleil à l'horizon à force de marcher, comme le croyaient quelques peuples de l'antiquité. Il est bon même qu'ils se convainquent de leur ignorance naturelle par leur expérience, afin qu'ils sentent les obligations qu'ils ont aux hommes qui les instruisent et à ceux qui les ont précédés. Par-là vous leur donnerez une conviction de leur faiblesse, vous les préviendrez contre la présomption du savoir, lorsqu'ils en acquerront, parce qu'ils sentiront que, quoiqu'ils en aient l'usage, l'honneur ne leur en appartient pas, puisqu'ils le tiennent d'autrui. Si chaque docteur était obligé de remettre chaque partie de sa science où il l'a prise, que lui resterait-il en propre? Au moins, conservons à nos enfans la modestie, cette compagne naturelle de la faiblesse, et par-là même de ceux qui ont de grands talens, parce que, voyant plus loin que les autres hommes l'immensité de la nature, ils sont d'autant plus pénétrés de leur impuissance.

Il n'est pas nécessaire de commencer par rendre les enfans astronomes, pour leur apprendre à connaître le cours du soleil : ils en trouveront aisément les points principaux. En se tournant vers lui à l'heure de midi, ils auront son orient à leur gauche, son couchant à leur droite, et son nord derrière eux. Son aurore, son midi, son couchant et son nord leur donneront une idée du jour et de ses heures, de l'année et de ses saisons, de la vie et de ses différens âges; car un seul jour est une image du cours de la vie.

Choisissons ce jour dans l'enfance de l'année, au mois de janvier. Observons le soleil au matin, à la naissance de l'aurore : sa clarté se fait voir au ciel bien avant qu'il s'y montre lui-même, et y produit ce qu'on appelle le crépuscule; c'est l'effet de la réfraction de sa lumière dans l'air condensé par le froid; ou plutôt c'est un effet de la Providence, qui, par cette qualité de l'atmosphère, plus dense en hiver, nous prolonge les bienfaits de la chaleur et de la lumière du soleil à son lever et à son coucher, à proportion de la longueur des nuits. Les jours sont les plus courts de l'année en hiver, mais les crépuscules en sont les plus longs. Quoique le soleil s'y montre d'une grandeur démesurée, il se distingue à peine entre les vapeurs de l'atmosphère; ses rayons décolorés ne répandent que quelques teintes jaunâtres sur un ciel couleur de plomb et sur des côteaux tout blancs de frimas. Les ruisseaux, glacés et ensevelis sous la neige, ne se distinguent plus des prairies, ou plutôt il n'y a plus ni prairies, ni ruisseaux. Une triste uniformité est répandue sur la terre; tout y présente l'aspect de la mort : les arbres, sans feuilles, avec leurs branches hérissées de givre, ressemblent à de grands chardons ; aucun oiseau ne vient y saluer par ses chants une aurore qui n'annonce que le deuil de la nature : seulement des nuées de corbeaux traversent les airs en croassant, et mêlent leurs cris funèbres au gémissement des vents qui secouent les arbres des forêts; ils s'approchent des villes, ils s'étendent comme un manteau noir sur les voieries couvertes de neige ; ils viennent s'y repaître des cadavres des animaux que l'hiver a fait périr : d'autres se répandent le long des plages. Déjà des tourbillons épais de fumée sortent des toits de chaume, et annoncent le lever du laboureur ; le faible roitelet et le timide rouge-gorge, pressés par la faim, ne craignent pas d'entrer dans son habitation ; ils viennent y solliciter une part des biens que la nature a répandus pendant l'été sur la terre pour tous les animaux, et que l'homme seul a recueillis dans ses greniers.

L'homme, sans ailes, sans plumage, tout nu, serait plus misérable dans nos climats que le corbeau carnivore et que le faible roitelet, si la Providence n'avait remis entre ses mains le feu, cette ame de la nature. Quel tableau lamentable il présente! Combien il est à plaindre celui qu'on a nommé le roi de l'univers! Qui pourra vanter sa raison qui lui est inutile, son cœur et ses sentimens qui lui causent tant de maux? Voici un animal tout nu, que la nature a abandonné aux injures des élémens, et auquel elle n'a pas même donné de climat particulier pour vivre; qu'elle a posé en équilibre sur deux pieds, et qu'elle fait naître si imbécile, qu'il est obligé d'apprendre à marcher et même à manger ; à qui seul des animaux elle a refusé l'instinct de connaître les végétaux, soutiens de sa vie; dans le cœur duquel elle a logé toutes leurs passions aveugles, sans avoir éclairé son cerveau d'une seule de leurs idées innées ; qui ne peut satisfaire ses besoins les plus communs sans le secours de ses semblables, et qui est sans cesse en guerre avec eux; qui les persécute et en est persécuté, qui les massacre et en est massacré, et qui, devenu à lui-même son plus dangereux ennemi, finit souvent par mourir de chagrin, et quelquefois par se tuer de désespoir : cet animal si misérable, c'est l'homme. D'un autre côté, voici un être que la nature a mis, par ses jouissances, en relation avec ses semblables par toute la terre, et à qui elle a confié le feu, ce premier moteur de l'univers. Il respire dans tous les climats, navigue sur toutes les mers, habite partout le globe, tourne à son usage tous les végétaux et dompte tous les animaux; cet être a reçu de la nature les plus belles formes dans son corps, des affections célestes sur son visage, le sentiment inné de la Divinité dans son cœur, l'intelligence de ses ouvrages dans son esprit, l'instinct de l'infinité et de l'immortalité dans ses espérances; et, par les harmonies de son intelligence, de sa vertu et de sa raison, il s'est rendu le maître de toute la terre, et se dirige vers le ciel : cet être sublime, c'est encore l'homme.

Il y a des animaux qui vivent environnés de tout l'éclat du soleil, comme l'aigle; d'autres, comme l'abeille et la fourmi, travaillent dans l'obscurité. Les oiseaux de proie semblent avoir les yeux comme des télescopes, tandis que les insectes les ont comme des microscopes. Il est certain que les uns et les autres ne voient pas les objets de la même grandeur. La vue de l'homme, comme ses autres organes, tient un milieu harmonique entre les animaux; mais, par le moyen du feu, il se procure tous les degrés de lumière et de chaleur dont il a besoin; on peut dire que pour lui seul il n'y a point véritablement de nuit ni d'hiver.

Il n'est pas difficile de concevoir comment l'homme a découvert le feu : la nature l'a mis en évidence dans les incendies des forêts, occasionés par le tonnerre; dans les fermentations des végétaux, comme nous le voyons dans les fumiers qui s'échauffent jusqu'à s'enflammer; dans le feu des volcans, qui ne provient pas de la chute d'une pierre sur un amas de soufre, comme l'a dit Newton, mais qui doit son origine à la fermentation des rivages des mers, imbibés des nitres et des huiles des animaux et des végétaux que leur apportent les courans. La faculté de faire usage du feu est un des caractères essentiels qui distinguent l'homme de la bête; elle n'appartient qu'à la raison d'un être qui est en consonnance avec la raison de la nature. L'homme le plus sauvage fait usage du feu et sait le produire, tandis que le singe le plus civilisé et le plus frileux n'a pas l'idée même de l'entretenir dans nos maisons, quoiqu'il se plaise auprès du foyer. Le feu est le mobile de la société humaine, comme le soleil est celui de l'univers. Je n'entrerai pas dans le détail infini des arts qui emploient le feu; mais je crois pouvoir dire, sans exagération, qu'il n'y en a pas un seul qui n'en fasse usage; de sorte que, si le feu était anéanti sur la terre, le genre humain périrait. Je suppose un homme sans feu, dans la zone torride même; il ne pourrait en aucune manière cultiver la terre, soit en se procurant des outils pour la labourer, soit en élaguant les forêts et les herbes qui s'emparent de toutes les cultures de l'homme, et que le feu détruit: il ne lui serait pas possible, sans feu, de se tailler des pieux pour bâtir une cabane, ni même de se faire une massue pour se défendre des bêtes féroces, que la vue d'une simple étincelle, pendant la nuit, suffit pour éloigner de son habitation; il y a donc une grande apparence que sans le feu il ne pourrait subsister.

Mais ce n'est pas dans l'isolement, dans la solitude, qu'il faut considérer l'homme; c'est dans la société de ses semblables, c'est dans ces vastes assemblées qu'on appelle nations, qu'il est utile de l'étudier. Les divers gouvernemens qu'il inventa pour se garder de lui-même, pour se forcer à la justice et à la vertu, mériteraient d'attirer nos regards; cependant ils ont été si souvent l'objet des réflexions des philosophes, que je ne leur consacrerai que peu de pages. Je reviendrai de suite à la peinture des sentimens qui font la véritable force de l'homme, parce qu'il les tient du ciel, et que c'est par leur secours qu'il s'élève vers ce ciel, sa première, son unique patrie.

Les philosophes ont beaucoup écrit sur la barbarie des peuples naissans, mais je suis persuadé que cette maladie est étrangère à la nature de l'homme; elle n'est souvent qu'une réaction du mal qu'une nation, dans son enfance, éprouve de la part de ses ennemis. Ce mal lui inspire une vengeance d'autant plus vive, que la constitution de l'état est plus aisée à renverser. Ainsi les petites hordes sauvages du Nouveau-Monde mangent réciproquement leurs prisonniers de guerre, quoique les familles de la même peuplade vivent entre elles dans une parfaite union. C'est par une raison semblable que les animaux faibles sont beaucoup plus vindicatifs que les grands. L'abeille enfonce son aiguillon dans la main qui s'approche de sa ruche, mais l'éléphant voit passer près de lui la flèche du chasseur sans se détourner de son chemin. Quelquefois la barbarie s'introduit dans une société naissante par les individus qui s'agrègent à elle. Telle fut dans l'origine celle du peuple romain, formé en partie de brigands rassemblés par Romulus, et qui ne commencèrent à être civilisés que par Numa. D'autres fois elle se communique, comme une épidémie, à un peuple déja civilisé, par la simple fréquentation de ses voisins. Telle fut celle des Juifs, qui, malgré la sévérité de leurs lois, sacrifiaient des enfans aux idoles, à l'exemple des Cananéens. Le plus souvent elle s'incorpore à la législation d'un peuple par la tyrannie d'un despote, comme en Arcadie, sous Lycaon; et encore plus dangereusement par l'influence d'un corps aristocratique qui la perpétue, pour l'intérêt de son autorité, jusque dans les âges de civilisation; tels sont de nos jours les féroces préjugés de religion inspirés par leurs brames aux Indiens si doux, et ceux de l'honneur inspirés par leurs nobles aux Japonais si polis.

Je le répète, pour la consolation du genre humain, le mal moral est étranger à l'homme ainsi que le mal physique; ils ne naissent l'un et l'autre que des écarts de la loi naturelle. La nature a fait l'homme bon. Si elle l'avait fait méchant, elle qui est si conséquente dans ses ouvrages, elle lui aurait donné des griffes, une gueule, du venin, quelque arme offensive, ainsi qu'elle en a donné aux bêtes dont le caractère est d'être féroces; elle ne lui a pas seulement donné des armes défensives comme au reste des animaux; mais elle l'a créé le plus nu et le plus misérable de tous, sans doute pour l'obliger de recourir sans cesse à l'humanité de ses semblables, et d'user de miséricorde envers eux. La misère de l'homme donna naissance à toutes ses vertus. La nature ne fait pas plus des nations entières d'hommes jaloux, envieux, médisans, desirant se surpasser les uns les autres, ambitieux, conquérans, cannibales, qu'elle n'en fait qui ont constamment la lèpre, le pourpre, la fièvre, la petite-vérole. Si vous rencontrez même quelque individu qui ait ces maux physiques, attribuez-les à coup sûr à quelque mauvais aliment dont il se nourrit, ou à un air putride qui se trouve dans son voisinage. Ainsi, quand vous trouvez de la barbarie dans une nation naissante, rapportez-la uniquement aux erreurs de sa politique ou à l'influence de ses voisins, comme la méchanceté d'un enfant aux vices de son éducation ou au mauvais exemple.

Un arbre ressemble à sa branche, et une branche à son arbre : de même le cours de la vie d'un peuple est semblable au cours de la vie d'un homme. Ainsi on peut rapporter aux quatre âges de la vie humaine les quatre principales périodes de la durée d'une nation, et en tirer des conséquences qui ne sont pas indifférentes au bonheur du genre humain. J'en vais rapprocher les similitudes en peu de mots.

Un enfant d'abord existe long-temps dans un état de faiblesse. Combien de chutes ne fait-il pas avant de pouvoir se tenir debout et marcher! Combien de meurtrissures avant de discerner les corps durs de ceux qui sont mous! Pour qu'il puisse distinguer l'épine de la rose, il faut qu'il se soit piqué; pour qu'il apprenne à se ressouvenir de son chemin, il faut qu'il se soit égaré. Il n'acquiert son expérience que par ses maux, et sa science que par ses erreurs; sa raison fait autant de chutes que son corps. Il estropie tous les mots de sa langue avant de pouvoir parler; et quand le premier rayon de l'intelligence commence à luire à son esprit, combien de préjugés n'adopte-t-il pas comme des vérités! Il se modèle en tout sur l'exemple d'autrui; il pleure s'il voit pleurer, il rit s'il voit rire. Ses principes se forment sur ses préjugés, et ses mœurs sur ses habitudes. Prévenu dans tous ses besoins par sa mère, il ne voit long-temps en elle qu'une femme chargée de lui donner à manger, et de le porter sur son dos ou dans ses bras. Ne connaissant pas les maux innombrables qui menacent sa frêle existence, il n'a jamais réfléchi sur les inquiétudes de l'amour maternel, ni ressenti toutes les obligations de l'amour filial. D'un autre côté, sa mère, ne pouvant le guider par la lumière de la raison, le subjugue souvent par le sentiment de la crainte; elle l'effraie par des contes de fées, d'ogres, de revenans. Rien n'est aussi crédule qu'un enfant. Ayant tout à redouter par sa faiblesse, il croit à tout ce qui lui fait peur; d'ailleurs il ne connaît de mal que la douleur, et de bien que le plaisir. Emporté par les impressions vives que font sur ses sens tout neufs des objets nouveaux, ses passions varient à chaque instant. Il aime ce qui brille et ce qui fait du bruit; il court après un papillon qui vole; il s'efforce d'escalader l'arbre où il entend chanter un oiseau; il donnera son vêtement pour une poupée, et il laissera demain la poupée qui le passionne aujourd'hui. Désireux de tout ce qu'il n'a pas, il méprise tout ce qu'il a. Il prend sans scrupule ce qui est à sa bienséance, et donne sans prévoyance ce qui est le plus nécessaire à ses besoins. Sans ambition comme sans modestie, il admet indifféremment à ses jeux l'enfant du pâtre comme celui du roi. Au reste, confiant, généreux, gai, toujours en mouvement, ne connaissant de bonheur que dans la liberté, ses amitiés sont aussi rapides que ses haines, ses plaisirs que ses chagrins, et ses projets que ses réflexions.

Tel est l'homme dans l'état sauvage; il ignore la plupart des arts utiles à la vie. Comme un enfant, il combat souvent avec des pierres et des bâtons. Sa langue, stérile comme sa raison, ne renferme que peu de mots et n'exprime qu'un petit nombre d'idées. C'est un être animal qui ne connaît d'autre supériorité que celle de la force, et d'autres besoins que les physiques. Méprisant tout ce qui est plus faible que lui, il opprime souvent sans s'en douter, la compagne de ses peines; il oblige sa femme de labourer son champ, de moissonner son maïs, de lui préparer ses repas. Dans ses courses longues et fréquentes, il lui charge sur le dos ses provisions, ses petits enfans et tous ses équipages; mais, par une juste réaction, il est opprimé à son tour par sa religion; car la religion, par toute la terre, étant le refuge naturel des infortunés, tyrannise d'autant plus les tyrans, que les femmes ont plus à se plaindre d'eux. Ce sont elles qui, par leur faiblesse et leur nombre, donnent un pouvoir redoutable à toutes les superstitions populaires. Si elles s'attroupent devant quelque rocher d'une couleur étrange, et qu'elles s'y inclinent, les hommes s'y agenouillent, et bientôt leurs chefs s'y prosternent. C'est ainsi que, dans l'île d'Iona, l'ancienne métropole des îles Hébrides, les chefs des montagnards écossais prêtaient serment en tremblant sur deux pierres noires. Sans ce serment, les tribus sauvages ne se seraient pas fiées à leur conscience. Ainsi, dans nos siècles de barbarie, Louis XI, qui enfreignait sans scrupule les lois de l'humanité, craignait de se parjurer sur la croix de saint Louis. Les superstitions des tyrans sortent du sein des misérables; ce sont des nourrices qui effraient à leur tour leurs nourrissons. L'homme, dans l'état sauvage, est plus ému des objets qui étonnent ses sens, que de ceux qui éclairent sa raison; de là vient qu'il aime beaucoup toutes les cérémonies d'éclat, et les révère d'autant plus qu'il en pénètre moins le sens. Comme un enfant, il imite toutes celles qu'il voit faire; il se revêt, quand il le peut, de la chemise de l'Européen, il se coiffe de sa perruque; et, après s'en être paré, il les suspend comme des manitous à un arbre voisin de son village. Il est avide de tout ce qu'il voit, et prodigue de tout ce qu'il a; il donne le produit de ses chasses pénibles et de sa laborieuse industrie pour des grains de verre et des sonnettes; il s'efforce, la nuit, d'enlever l'ancre du vaisseau avec lequel il a traité pendant le jour, et le lendemain il porte en présent le lit dont il aura besoin le soir. Sans prévoyance, il cède en automne le terrain qu'il doit ensemencer au printemps, et ses alliances ne durent qu'autant que son intérêt. Regardant tous les hommes comme égaux, il présente son calumet à un matelot comme à un amiral; et s'il admet entre eux quelque distinction de rang, ce n'est que celle de l'âge. Au reste, gai, naïf, généreux, toujours errant, il ne connaît de bonheur que la liberté : un Sauvage n'est qu'un enfant robuste.

Tels ont été, dans leur origine, la plupart des peuples de l'Europe, et tels sont encore de nos jours ceux de l'Amérique.

Dès qu'un enfant a atteint l'âge de puberté, sa taille commence à se former; ses traits prennent du caractère, sa voix mue et se renforce; ses yeux, encore voilés par la timidité de l'enfance, s'animent des premiers feux de la jeunesse : cet âge est l'aurore de la vie. C'est alors qu'une lumière nouvelle écarte les nuages de l'ignorance. Dans l'état de nature, un adolescent pourvoit déjà à ses besoins : il harponne le poisson au fond des eaux, il abat d'un coup de flèche l'oiseau au haut des airs, il atteint la bête fauve à la course. Des desirs inconnus viennent l'agiter. Autrefois, un ami suffisait pour calmer ses inquiétudes, maintenant il s'étonne de soupirer au sein d'un ami ; il cherche un cœur qui réponde plus parfaitement à son cœur : bientôt il trouve la moitié de lui-même dans une maîtresse. Jusqu'alors il n'avait aperçu dans une jeune fille qu'un être plus faible que lui, maintenant il sent dans celle qu'il aime une puissance supérieure à lui ; elle éclaire son intelligence en la subjuguant, et redouble sa force en la soumettant au pouvoir de ses charmes ; elle lui inspire des lumières et des vertus qu'il ne connaissait pas. Pour lui plaire, il chante, il fait des vers, il perfectionne son industrie, il s'occupe de l'arrangement de son habitation, des soins d'un époux, d'un père, d'un citoyen. Dans son ardeur inquiète, il observe toute la nature, et il sent dans toute la nature un Être puissant qui aime comme lui. Son cœur se dégage des préjugés de l'enfance et des terreurs de la superstition ; sa religion devient confiante et sublime : c'est l'amour qui le fait homme. L'amour fait couler dans ses veines tous les feux de l'héroïsme. Il est prêt à donner sa vie pour une patrie qui l'attache par de si doux liens ; que dis-je ? si l'objet aimé le lui commande, il tentera de subjuguer l'univers. O Pélopidas ! vous ne donnâtes à Thèbes que de saintes victimes de la patrie, avec un bataillon d'amis ; vous lui auriez donné des héros qui en auraient étendu au loin l'empire, avec un bataillon d'amans.

Tel est un peuple qui passe de l'état sauvage à l'état policé. Il perfectionne d'abord tous les arts utiles, et bientôt il invente les arts agréables. Les femmes, aidées de leurs moyens, donnent plus de pouvoir à leurs charmes ; elles secouent le joug de l'oppression domestique où elles étaient retenues par les lois du plus fort. Les mœurs s'adoucissent ; il se forme des associations de chevalerie qui s'occupent du soin de réprimer les injustices, surtout celles qui sont commises envers les femmes. La religion, dégagée des terreurs de la barbarie, prend de l'élévation et de la majesté. Bientôt se développent tous les arts qui donnent à l'amour son empire, et qui en reçoivent à leur tour leur perfection : la musique, la poésie, la peinture, la sculpture, l'architecture, le théâtres. Les femmes deviennent le sujet et l'objet de toutes les fêtes publiques ; elles président aux spectacles, aux bals, aux tournois, aux exercices militaires. L'art de la guerre, qui les effraie dans les combats, leur plaît dans ses jeux ; et leurs applaudissemens redoublent l'ardeur des guerriers. Pour mériter l'estime des femmes, tout citoyen veut devenir soldat : l'art de la guerre se perfectionne, la nation sent ses forces, et s'enflamme bientôt du desir des conquêtes. Alors un état a toute l'énergie de la jeunesse et de l'héroïsme : les siècles des amours sont aussi les siècles de gloire.

Tel a été le développement de plusieurs états de la Grèce jusqu'à Alexandre ; de Rome (où, selon Ovide, Vénus avait plus de temples qu'en aucun lieu du monde) jusqu'à Auguste, et de la France depuis François I$^{er}$ jusqu'à Louis XIV.

Vient l'âge viril : le feu des passions se calme. L'homme, formé par l'expérience du passé, s'occupe particulièrement de l'avenir. Son soin principal est de consolider sa fortune : il sent alors que l'argent sert plus que la gloire. Il quitte les choses agréables pour les utiles, et préfère la commodité à la magnificence ; il fait des projets de commerce et d'agriculture ; il cherche à se former des alliances avantageuses, et à établir sa postérité ; il n'est plus l'amant de sa femme, mais il en est l'époux ; son amour se change en estime ; sa religion s'épure, il est moins touché de sa pompe que de son esprit ; ses vertus, plus solides, se portent sans éclat au bonheur de ses semblables. L'âge viril est l'âge de la force et de la raison.

Tel est l'état d'un peuple après le dernier période de sa civilisation. Le siècle de la philosophie y succède à celui des beaux-arts ; on sent moins, mais on raisonne mieux : tout est soumis à l'analyse. Les arts de goût déclinent, mais les arts utiles se perfectionnent. La forme des meubles, la distribution des maisons, la police des villes, l'agriculture, le commerce, la navigation, tous les arts et toutes les sciences politiques font des progrès rapides. Chaque citoyen sent que son bonheur particulier dépend du bonheur général ; les conditions se rapprochent. La population s'accroît sensiblement ; l'état établit au dehors des colonies ; au dedans, les femmes sont plus compagnes que maîtresses. La religion dirige ses vues plus directement vers le bonheur des hommes ; elle gagne en services d'humanité ce qu'elle perd en cérémonies. Le crédit de la gloire diminue, et celui de l'argent augmente. On préfère une paix utile à une guerre glorieuse ; le repos paraît d'autant plus doux que l'agitation des âges précédens a été plus grande ; souvent même le malheur passé accélère cette révolution, comme un ver qui pique un fruit en rend la maturité plus précoce, quand il ne le fait pas périr ; comme de longues infortunes, en frustrant un jeune homme des plaisirs de son âge, donnent à son jugement la perfection de l'âge mûr, quand elles ne le renversent pas.

Tel est devenu le caractère de l'Angleterre, de la Hollande et de la Suisse, après avoir long-temps gémi sous le joug de leurs tyrans. Tel commence à devenir le nôtre, par le bénéfice des siècles et la sagesse de nos rois. S'opposer à notre maturité politique, c'est empêcher qu'une fleur ne donne son fruit, et qu'un enfant ne devienne homme ; c'est vouloir contenir toute la séve d'un arbre dans son tronc, et opérer dans un état les mêmes révolutions qui perdirent les principales républiques de la Grèce et l'empire romain.

Enfin la vieillesse arrive, et ne laisse plus à l'homme d'autre besoin que l'amour du repos et des jouissances paisibles. Il s'entoure de commodités ingénieuses, et comme on ne les acquiert qu'avec de l'argent, son ambition décline tout-à-fait en avarice ; il devient sédentaire ; il ne va plus chez les autres, mais il les attire chez lui. Comme il ne voit plus que sa fin dans l'avenir, il en détourne sa pensée et la rejette vers le passé. Il se rappelle avec délices les époques de son enfance ; ses premières habitudes renaissent. Comme un enfant, il incline vers la superstition ; il est plus ému des cérémonies de sa religion que touché de son esprit. Sa femme, de même, a plus de part à ses respects qu'à son amour ; il l'environne d'étiquettes, et se gouverne, ainsi que toute sa maison, par l'autorité de la coutume. De là vient qu'il préfère un abus ancien à une nouveauté utile. Cependant, si l'âge affaiblit son tempérament, il y supplée par l'exactitude de son régime ; il évite tout ce qui peut ébranler sa constitution. L'absence des passions tumultueuses donne plus de liberté à son âme : il calcule avec prudence ses démarches et celles d'autrui. Comme sa faiblesse le rend attentif à tous les événemens qui peuvent lui nuire, il les prévoit de loin, et sait en profiter par sa longue expérience. C'est à lui qu'appartient de gouverner les membres d'une nombreuse famille.

Tel est le caractère d'un empire qui a vieilli. Il ne songe qu'à se maintenir en paix, et à attirer chez lui l'argent et le commerce des autres nations. Ainsi, quoique despotique par sa nature, il est tolérant par intérêt ; il perfectionne les arts de luxe, et il néglige les arts utiles. On y loue beaucoup les temps passés ; on y fait plus de cas d'une vieille médaille que d'une invention moderne, et des fondateurs de l'empire que ceux qui le régissent. La coutume y est tout, et la mode rien. Les anciennes pompes sont rétablies et augmentées dans les assemblées politiques et religieuses. Le cérémonial règle toutes les démarches du gouvernement, et pénètre jusque dans l'intérieur des familles. La gravité devient le caractère général de la nation. Les femmes y rentrent dans un esclavage, non de barbarie, mais de bienséance. L'esprit militaire s'affaiblit, mais l'esprit politique se perfectionne. Si on y est exposé aux invasions des ennemis, on repousse leurs armes par des négociations ; et telle est la supériorité de la sagesse sur la force, qu'un état ancien étend son autorité bien au-delà de ses domaines ; il rejette dans le sein de ses ennemis les discordes qu'ils lui préparaient, il leur en suscite à son tour de nouvelles ; et s'il vient à succomber sous leurs efforts, il finit souvent par conquérir ses propres conquérans.

Tel est l'état de la Chine.

Cette comparaison des quatre âges de la vie d'un peuple avec les quatre âges de la vie d'un homme me semble d'autant plus juste, que beaucoup de hordes sauvages périssent avant de devenir des peuples parfaits, ainsi que beaucoup d'enfans meurent avant de devenir des hommes. Tel a été le sort de quantité de petites nations en Amérique et en Tartarie. D'autres, comme des jeunes gens, se détruisent dans la vigueur de l'âge par l'abus de leurs propres forces. Tel fut l'empire d'Alexandre, qui ne put atteindre à l'âge viril. Il y en a qui parviennent tout d'un coup de la jeunesse à la caducité, sans passer par l'âge mûr, comme l'empire romain, qui se détruisit par le luxe même qui fait fleurir l'Asie depuis tant de siècles. C'est que les Romains n'avaient que le goût du luxe, et que l'Asie en a de plus les matières premières et les manufactures. Enfin il y a des états qui périssent dans le cours de leur jeunesse, par leur mauvaise constitution, comme la Pologne ; et d'autres qui passent tout d'un coup de l'enfance à l'âge viril, comme la Russie y passa par l'influence du génie de Pierre-le-Grand.

On peut reconnaître par ces aperçus que le caractère primitif d'une nation, ainsi que celui d'un homme, est souvent altéré par le commerce de ses voisins : ainsi les mœurs françaises ont hâté la maturité des peuples du Nord. Au fond, ce n'est qu'une réaction ; car la barbarie des anciens peuples du Nord, qui ont inondé l'Europe à plusieurs époques, a retardé long-temps notre civilisation. Aujourd'hui notre influence y est devenue plus étendue, plus puissante et plus rapide que celle d'aucun peuple barbare ou policé, grâce aux talens de nos gens de lettres. C'est par leurs immortels ouvrages que la langue française est devenue universelle dans toutes les cours de l'Europe, et c'est par la douce philantropie qu'ils inspirent, que les peuples de cette partie du monde se rapprochent insensiblement les uns des autres.

La nature tire ses harmonies des contraires; elle fait contraster dans ce vaste corps du genre humain les âges des peuples, comme elle oppose dans une même famille les âges de ses différens membres. Elle y met à la fois des enfans, des jeunes gens, des hommes faits et des vieillards, afin que la force soit utile à la faiblesse, et l'expérience à l'ignorance. Mais afin qu'il n'arrivât pas que le genre humain fût à la fin dominé par un seul de ces caractères, ce qui entraînerait sa destruction, comme il arriverait à une famille, qui ne pourrait subsister toute seule si elle était uniquement composée de faibles enfans, ou de jeunes gens pleins de passions, ou de vieillards caducs, il me semble qu'elle a donné à chacune des quatre parties du monde un caractère analogue à chacun des quatre âges de la vie humaine. Il me semble de plus qu'elle a imprimé ce caractère non-seulement au territoire, mais au peuple, quelles que soient les périodes particulières de leurs développemens, puisqu'elle a placé dans plusieurs parties du globe, malgré la variété des saisons, des foyers constans de froidure et de chaleur, d'humidité et de sécheresse qui influent sur toute la terre, et y entretiennent sans cesse la chaîne de ses harmonies.

Ainsi la nature paraît avoir assigné le caractère de l'enfance à l'Amérique. Elle a rendu sa température en général douce et humide, telle que celle des enfans. Elle a placé une grande portion de son territoire dans la zone torride, mais elle la rafraîchit par l'élévation de son sol, par l'ombrage des plus vastes forêts qu'il y ait au monde, par le souffle perpétuel des vents alizés, par une longue chaîne de montagnes à glaces, d'où découlent vers sa partie la plus chaude les plus grands fleuves de la terre. Elle y a pourvu aux besoins simples de ses habitans par des productions végétales, qui demandent peu d'apprêt et d'industrie. Elle y a mis leur nourriture en terre, à l'abri des ouragans et des oiseaux, dans les racines du manioc et de la patate; leurs vêtemens sur le cotonnier, arbrisseau qui se couvre de flocons de laine, comme une brebis; leurs meubles dans les branches du calebassier, qui se chargent de fruits cucurbités, dont on peut faire toute sorte de vaisselle; leurs logemens sous les arcades du figuier d'Inde et de plusieurs espèces d'arbres. Là on ne rencontre que très-rarement des bêtes féroces dangereuses à l'homme; mais on y voit des troupes de singes qui se livrent à mille jeux innocens; des oiseaux qui charment les yeux par les plus vives couleurs, ou les oreilles par les plus doux ramages. Telles sont les températures et les productions les plus communes du Mexique, du Pérou, du Brésil, de la Guiane, de la Terre-Ferme d'Amérique et des îles innombrables qui avoisinent leurs rivages. Ces vastes et paisibles contrées semblent réservées à l'enfance du monde; et si j'avais à représenter un de leurs heureux habitans dans cette passion ravissante où chaque être se montre avec son caractère naturel, je veux dire l'amour, je le peindrais vêtu de plumes, couché dans un hamac de coton suspendu à des bananiers, et servi par sa maîtresse, qui lui présente une calebasse pleine de fruits délicieux.

Le caractère bouillant de la jeunesse semble appartenir à la brûlante Afrique. Cette partie du monde est traversée d'une longue zone de sable qui y redouble les ardeurs du soleil à son zénith. Son atmosphère embrasée y teint de noir tous les habitans, et n'est rafraîchie que par des ouragans et des tonnerres. La terre y porte beaucoup de fruits qui lui sont particuliers, comme la date; mais ceux qui lui sont communs avec l'Europe, tels que l'abricot, la grenade, la figue, le raisin, l'olive, y viennent beaucoup plus gros que dans aucune partie du monde. Qui n'a pas ouï parler de la fertilité de l'Égypte? L'Afrique donne, dans la plupart de ses régions, jusqu'à deux moissons par an. Cependant ces campagnes si fécondes sont désolées par des bêtes féroces; et les amans n'osent se donner de rendez-vous dans les bocages, qui servent de retraite à un rhinocéros, à un tigre perfide, à un buffle furieux, à un lion toujours en courroux. Les voyageurs ne traversent qu'en nombreuses caravanes ses profondes solitudes, dont les échos répètent, de tous les points de l'horizon, les hurlemens des animaux qui demandent de la proie. Le berger, armé jour et nuit pour la défense de ses troupeaux, s'y exerce à une guerre impitoyable. Là sont des vengeances implacables comme celle d'Achille; là, des peuples entiers prennent les armes, et, sans projet de conquête, ni de butin, massacrent des peuples entiers, hommes, femmes, en boivent le sang et se repaissent de leur chair.

Approchez des bords de la Méditerranée, vous verrez en opposition des villes commerçantes et tranquilles de l'Espagne et de l'Italie, telles que Cadix, Livourne, Ceuta, les États orageux de Maroc, de Tunis, d'Alger, retraites de pirates qui alarment sans cesse le commerce de l'Europe. Les guerres, les révolutions, l'esclavage, auraient bientôt dépeuplé ces contrées, si les femmes n'y étoient aussi fécondes que la terre qui les nourrit. Mais l'amour même qui répare les maux que fait la guerre, ne fait qu'ajouter à la férocité des hommes. Là, la beauté appartient au plus redoutable : ce n'est point avec des larmes que l'amour s'exprime, c'est avec du sang. Le Maure, couvert d'une peau de tigre, se montre à sa maitresse la poitrine ensanglantée et les bras percés de son poignard. Il fait de sa sultane son esclave et quelquefois sa victime. L'Afrique présente dans son climat, ses animaux et ses habitans, la force, le délire et les fureurs de la jeunesse.

L'Europe a une température semblable à celle de l'homme dans l'âge viril. Elle n'a ni l'humidité de l'Amérique, ni les ardeurs de l'Afrique ; ses campagnes sont suffisamment arrosées par un grand nombre de rivières navigables. Cependant les végétaux nécessaires à la vie humaine y demandent plus de culture et d'apprêts que dans aucune autre partie du monde. C'est là qu'il faut greffer, tailler les arbres fruitiers, labourer la terre avec de lourdes charrues, la fumer ; battre les blés, les moudre et en préparer le pain par une multitude d'arts qui ont rendu cet aliment, particulier à ses peuples, le plus coûteux de tous ceux qui servent à la substance du genre humain. C'est là que les rivières, les collines, les plaines, sont couvertes de moulins et de fabriques en tout genre : l'industrie humaine y paraît dans toute son énergie. L'esprit de l'homme accroît ses forces à proportion des difficultés que lui oppose la nature. Là, les forêts ne périssent pas inutilement aux lieux qui les ont vues naître ; la hache européenne les façonne en vaisseaux qui vont naviguer sur toutes les mers. Les sciences, les arts agréables et utiles, mais surtout les arts de la puissance, tels que la navigation et la guerre, y sont dans leur perfection. Cette petite partie du monde doit au seul progrès de ses lumières et de ses forces la prépondérance qu'elle a acquise sur les trois autres. Seule, elle a subjugué l'Amérique ; elle a établi des forts inexpugnables en Afrique et en Asie ; elle est la seule dont toutes les puissances se lient tour à tour par des traités, et semblent n'être que les membres d'une famille unique. Heureuse, si ses lois intolérantes, et surtout l'éducation ambitieuse de ses peuples, ne les armaient pas sans cesse les uns contre les autres, et ne les divisaient encore plus que les traités politiques ne les rapprochent ! C'est là que la femme, chargée de l'intérêt public par les malheurs des peuples, détruit par l'inconstance des modes la servitude des anciennes institutions, et par l'empire des grâces celui de la barbarie : les lois gauloises la livraient comme esclave à son époux, la religion chrétienne la lui présente comme une compagne, mais la coutume l'a faite souveraine.

Le caractère de la vieillesse peut se rapporter à l'Asie, la plus anciennement peuplée des quatre parties du monde. Elle réunit de plus les avantages des trois autres par la variété de ses températures ; car la Cochinchine et le royaume de Siam y sont aussi humides que l'Amérique ; l'Indoustan aussi chaud que l'Afrique ; la Perse et une partie de la Tartarie, aussi tempérées que l'Europe. En général, le sol y est plus élevé, le ciel plus serein, l'air plus pur et plus sec que dans le reste du globe. La nature y a rassemblé toutes les richesses qui sont dispersées ailleurs, et elle y a mis, dans les productions de chaque règne, des espèces d'une qualité supérieure à toutes celles que l'on trouve dans les autres contrées du monde : comme si l'Asie était en tout genre la patrie des pères. L'acier de Damas, l'or et le cuivre du Japon, la perle d'Ormus, les diamans de Golconde ; les rubis du Pégu, les épiceries des Moluques, le coton, les mousselines et les riches teintures de l'Inde, le café de Moka, le thé de la Chine, ses belles porcelaines et ses brillantes soieries ; les chèvres d'Angora avec leurs douces toisons, le paon de Java et le faisan de la Chine avec son plumage ; enfin, presque tout ce qui fait l'objet principal des délices, du luxe et du commerce de l'Europe, vient de l'Asie. Les Grecs et les Romains en avaient tiré la plupart des arbres à fruits que nous cultivons aujourd'hui. Nous en avons exporté les végétaux qui font la richesse de nos colonies en Amérique, tels que le café, l'indigo, la canne à sucre ; nous lui devons le ver-à-soie qui fait fleurir en Europe tant de manufactures ; enfin, c'est d'elle que sont sortis les arts, les sciences, les lois, les religions et les peuples de toute la terre. La nature semble avoir réservé cette abondance magnifique à la patrie de ses fils aînés et des pères du genre humain, comme parvenus à l'âge où il convient à l'homme de recueillir les fruits de ses longs travaux et d'en rassembler toutes les jouissances. Si je représentais donc un Asiatique amoureux, ce serait comme un patriarche avec une barbe vénérable, couché sur un sofa, entouré de parfums, servi par des femmes somptueusement vêtues, respectueuses et attentives à lui plaire.

Il y a encore dans les quatre parties du monde des qualités physiques et morales relatives aux quatre âges de la vie que nous leur avons assignés : par exemple, les Américains sont imberbes comme des enfans, les Nègres ont pour barbe une espèce de coton, tel que celui qui couvre le menton des jeunes gens. Les Européens rasent leur barbe comme des hommes faits ; mais les Asiatiques la portent longue, comme des vieillards. Ils conservent avec le plus grand respect ce caractère patriarcal. Le plus grand affront qu'on puisse faire à un Asiatique est de l'en priver ; comme le serment le plus sacré qu'on exige de lui est de le faire jurer sur sa barbe. Peut-être le climat, qui est humide en Amérique, brûlant en Afrique, sec en Asie, est cause des diverses modifications de cet ornement naturel, que nous autres Européens regardons comme une superfluité incommode dans nos climats pluvieux. Mais il n'en est pas moins vrai que les variétés de la barbe s'accordent, dans chaque partie du monde, avec les périodes de la vie humaine que nous leur attribuons, et se combinent parfaitement avec les autres traits de la physionomie. Ainsi les Indiens de l'Amérique ont en général le front étroit, de gros yeux à fleur de tête, le nez court, des traits peu prononcés ; ce qui, avec leur menton imberbe, leur donne un air de simplicité qui convient à l'enfance. Les noirs d'Afrique, avec leur menton cotonné, ont des nez épatés, des yeux dont le blanc, ainsi que celui de leurs dents, contraste durement avec la noirceur de leur visage, dont ils augmentent la rudesse par des balafres qu'ils se font ; ce qui leur donne un air violent et hardi : d'ailleurs ils sont d'une vigoureuse constitution. Les Européens ont des corps très-bien proportionnés et de beaux traits, témoin ces belles statues des deux sexes que la Grèce nous a laissées, et dont je ne sache pas que ses artistes, si curieux de rechercher le beau en tout genre, aient été prendre des modèles en Afrique ou en Asie. C'était, je pense, dans l'intention de montrer toute la beauté de la figure humaine, et leur ingénieux savoir, qu'ils ont représenté tant de figures sans vêtemens et beaucoup d'hommes sans barbe, pour ne rien voiler de la beauté européenne. En Asie, les Turcs, les Persans, les Indiens, portent les barbes les plus amples qu'il y ait au monde, qui, avec leurs grands fronts et leurs nez aquilins, donnent à leur visage une gravité particulière. Le costume est parfaitement d'accord avec ces caractères : car les peuples du Pérou et du Mexique sont simplement vêtus d'une chemisette de coton ; ceux du Zara, de l'Atlas et de la Nigritie, de peaux de bêtes féroces ; les Européens, d'habits courts et justes, qui font paraître toute la taille ; les Asiatiques, de robes longues qui la voilent jusqu'aux pieds : de sorte que les Américains ont l'air innocent et doux ; les Africains, effronté ; les Européens, viril ; et les Asiatiques, vénérable ; tel qu'il convient à l'enfance, à la jeunesse, à l'âge mûr et à la vieillesse.

Les plaisirs et les mœurs de ces nations sont analogues à leurs caractères. Les habitans de l'Orénoque, les Mexicains et les Péruviens, aiment passionnément les jeux qui exercent le corps, entre autres le jeu de balle ; les Maures d'Afrique, les exercices de l'adresse, de la force et du courage, tels que les courses de bague et les combats de taureaux, dont ils introduisirent le goût en Espagne, lorsqu'ils en firent la conquête ; les Nègres, la musique la plus bruyante ; les Européens, les spectacles convenables à des peuples qui cultivent leur esprit ; les Asiatiques, les assemblées où la raison s'exerce en silence, telles que les cafés, où ils fument leur pipe sans parler, où ils jouent aux échecs ; car ce jeu nous est venu de ce pays, ainsi que le trictrac, des Indes. Il y a un autre exercice qui caractérise partout l'esprit des nations ; c'est la danse. Celle des Américains est pantomime, car ils imitent, comme des enfans, tout ce qu'ils voient faire ; celle des Nègres est querelleuse, et on y voit pour l'ordinaire deux champions armés de bâtons ou de zagaies, qui feignent de se battre. Le menuet règne sur les bords de la Seine, et paraît la danse la plus propre à combiner à la fois les grâces d'un cavalier et de sa dame. Quant aux Asiatiques, cet exercice leur paraît si contraire à la gravité de leur caractère, qu'ils se croiraient déshonorés s'ils s'y étaient jamais livrés : ils aiment cependant les danses, surtout celles qui sont libres et voluptueuses. Pour se procurer ce plaisir, ils introduisent des baladins dans leurs grands festins, qui durent quelquefois plusieurs jours, comme ceux d'Assuérus, car le goût de la table est encore celui des vieillards ; mais jamais aucune femme honnête ne paraît dans leurs divertissemens publics. Enfin, on se formera une idée précise des mœurs domestiques de ces diverses nations, en y considérant le sort des femmes, qui par tout pays en sont le principe et la fin. Dans les quatre parties du monde, elles ont des fonctions analogues aux quatre âges de la vie : elles sont nourrices en Amérique, esclaves en Afrique, compagnes en Europe et servantes en Asie.

Les mêmes nuances se retrouvent dans les gouvernemens de ces contrées. On y reconnaît d'abord les deux puissances temporelle et spirituelle, ou militaire et ecclésiastique, qui, par toute la terre, se disputent la domination des hommes ; et chacune d'elles y a plus ou moins d'autorité, suivant le degré de maturité de chaque partie du monde. Ainsi, parmi les peuples enfans de l'Amérique, ce sont les prêtres qui ont la puissance, et qui gouvernent par les terreurs de la superstition. Les Mexicains et les Péruviens, déjà avancés en civilisation, avaient à la vérité des souverains ;

mais ces souverains, quoique très-despotes, etaient les premiers esclaves des idoles. Chez les peuples de l'Afrique, le pouvoir militaire ou royal l'emporte sur le pouvoir religieux. Les Nègres, quoique fort superstitieux, changent souvent de dieux et de religion, même dans leur pays natal. Lorsqu'ils sont esclaves dans des pays étrangers, ils prennent aisément la religion de leurs maîtres, et la quittent avec la même facilité : comme ils ne connoissent d'autre puissance que la force, ils sont toujours de la religion du plus fort ; et cette mobilité de caractère, produite par la fougue de leur tempérament, ne se trouve chez aucun peuple de l'Amérique, de l'Europe ou de l'Asie. Dans le régime viril de l'Europe, les puissances temporelle et spirituelle se rapprochent ou se divisent à proportion de la maturité des nations; mais chez celles de l'Asie, elles se réunissent et se confondent dans la personne du souverain, comme au temps des patriarches. Les monarques de l'Asie sont à la fois rois et pontifes, de manière cependant que, quoique la religion du prince préside à toutes les opérations de l'état, toutes les autres religions y sont publiquement tolérées : il n'y a pas un souverain en Asie qui n'y règne au nom de la religion. Dans la religion mahométane, les chefs de l'état se disent les descendans du prophète : tel est le grand-seigneur chez les Turcs, le sofi de Perse, le grand-mogol, le prince de Moka, les émirs des Arabes, les anciens califes d'Égypte et de Bagdad, et les schérifs, qui se sont emparés d'une si grande partie de l'Afrique. Dans les religions idolâtres de l'Asie, comme celles de l'Indoustan, du Pegu, de Siam, de la Cochinchine, les monarques prennent le titre de frères du soleil et de la lune. Dans la religion de la Chine, l'empereur sacrifie publiquement à l'esprit du ciel : les autres parties du sacerdoce pontifical passent aux mandarins des villes, et même à tous les pères de famille, qui offrent souvent des hommages religieux à Confucius et aux esprits des ancêtres. Lorsque les deux puissances militaire et ecclésiastique se sont séparées dans la personne du prince, comme au Japon, l'empereur ecclésiastique ou daïri s'est réservé le droit très-important de conférer tous les premiers titres d'honneur de la cour de l'empereur séculier, qui de plus est obligé chaque année de lui payer de grands tributs : ces titres d'honneur sont des titres de sainteté. Ainsi on peut dire que, dans toute l'Asie, le gouvernement des peuples est véritablement théocratique; les édits mêmes des souverains y renferment des leçons de morale, ou des exhortations à la vertu, comme il convient aux ordres des vieillards : de sorte que, si on s'arrête au langage des lois dans chaque partie du monde, on y retrouvera les caractères de leurs habitans; car elles font parler en Amérique le courroux des dieux, en Afrique la colère des rois, en Europe leur bon plaisir, et quelquefois l'intérêt des peuples, et en Asie la volonté du ciel.

Il ne faut pas conclure de ces rapprochemens que j'attribue les vices et les vertus de chaque peuple à son climat : j'ai réfuté ailleurs par des preuves de fait cette erreur mise au jour par de célèbres écrivains. Ce que je viens de dire, même sur les diverses températures de chaque partie du monde, en est une nouvelle réfutation. Il est certain que les chaleurs de l'Afrique n'en rendent pas les Nègres efféminés, comme les noirs habitans du Bengale, qui vivent sous un climat presque semblable ; de même que les chaleurs du Bengale et de la côte d'Arisca ne rendent pas les Indiens barbares, comme les Nègres de Jaïda ou les Maures de l'Afrique. La barbarie et le luxe ne sont pas des effets du climat, mais des maladies et de l'âge des nations. La première les attaque dans toute sa force à leur naissance, et s'affaiblit à mesure qu'elles vieillissent ; l'autre, au contraire, croît avec elles, et est dans toute sa vigueur à leur décadence. La barbarie naît de la faiblesse d'un peuple enfant, gouverné par le despotisme d'un monarque ou d'un corps, et elle a toujours pour base quelque opinion religieuse. Le luxe, au contraire, vient de la faiblesse d'un peuple vieillard, et est fondé sur des besoins physiques qui se multiplient avec l'âge. La barbarie et le luxe n'adhèrent à aucune nation, puisque la simple progression de l'âge, ou de bonnes lois, suffisent pour les en guérir ou les en préserver. On peut rapporter tous les vices d'une nation à ces deux maladies des corps politiques; et comme il est très-important d'assigner, dans les maux du genre humain, les sources principales qui les produisent, nous allons les déterminer par leurs effets. Ainsi, considérant la guerre comme le résultat de la barbarie de chaque peuple, et son commerce comme celui de son luxe, nous verrons ces deux thermomètres politiques hausser ou baisser, suivant les degrés de civilisation de chaque partie du monde.

En Amérique, les guerres sont fréquentes et très-cruelles parmi les Sauvages, comme nous l'avons dit. Elles naissent de l'état de faiblesse de ces petites nations, qui proportionnent toujours leurs vengeances à leurs craintes; mais ce que je n'ai pas encore dit, c'est qu'elles y sont presque toutes allumées par quelque fanatisme religieux. Le premier homme qui égorgea un animal domestique pour sa subsistance en dévoua les entrailles aux dieux pour expier cette espèce de crime, en les associant à ses besoins. Voilà, dit-on, l'origine des sacrifices. Mais celui qui le premier tua son semblable en offrit sans doute le sang aux dieux infernaux, pour les associer à sa vengeance : et voilà, selon moi, l'origine de la férocité des guerres de l'Amérique. Les sauvages n'entreprennent aucune hostilité sans consulter leur manitou, et celui d'entre eux qui le fait parler ne manque jamais de promettre un heureux succès, pourvu qu'on s'engage à fournir à la parure du manitou au moins quelques crânes ou mâchoires des ennemis. Aussi ils traitent leurs prisonniers de guerre avec la plus horrible barbarie. Ils leur arrachent la chevelure, ils les rôtissent tout vifs, ils les mangent, et ils en attachent les ossemens à la cabane ou au sac qui renferme le manitou. Les Mexicains et les Péruviens, ces peuples naturellement si doux et déjà avancés en civilisation, offraient chaque année à leurs dieux un grand nombre de victimes humaines; ils faisaient même uniquement la guerre pour en avoir. Leurs prêtres s'écriaient de temps en temps qu'il fallait à manger aux dieux. Aussitôt les peuples tremblans prenaient les armes, se jetaient sur les peuples voisins, d'où ils amenaient quantité de prisonniers, auxquels les prêtres ouvraient la poitrine pour en tirer le cœur, qu'ils offraient tout palpitant à leurs idoles; l'empereur du Mexique s'était abstenu même de faire la conquête de plusieurs nations de son voisinage, uniquement afin d'avoir de quoi fournir à ces affreux sacrifices. C'est sans doute cette barbarie qui a attiré la vengeance divine sur ces peuples dont le gouvernement ne subsiste plus; car puisque Dieu ne se propose que le bonheur du genre humain, la barbarie est sans doute le plus grand des crimes à ses yeux. La guerre en Afrique est aussi fort inhumaine, quoique beaucoup moins qu'en Amérique, parce qu'elle n'est pas mêlée de fanatisme. Les Nègres n'ont ordinairement d'autre but que de faire du butin et des esclaves : ainsi ils épargnent au moins le sang des prisonniers. En Europe, la guerre est aujourd'hui le simple effet de la cupidité des peuples et de l'ambition de leurs princes. Quoiqu'elle y soit fréquente, elle se propose souvent l'intérêt du commerce ou des peuples; elle a ses lois qui en modèrent les fureurs. Il n'y a qu'une petite partie de chaque puissance belligérante qui combat; et, comme l'argent est son premier mobile, dès qu'il manque de part et d'autre la paix s'ensuit. Dans la plus grande partie de l'Asie, les guerres sont rares et peu meurtrières. La Loubère dit que le roi de Siam ordonnait à ses généraux de s'abstenir de tuer. Les Chinois, ainsi que les Indiens, ne sont pas belliqueux. Ces grandes nations n'emploient guère que les ruses de la politique pour résister à leurs ennemis. Les Turcs et les Persans sont plus guerriers, mais ils sont à cet égard inférieurs aux Européens, dont la tactique est beaucoup plus parfaite. Cependant, quoique le luxe de l'Asie dût en adoucir les mœurs, comme les extrémités se touchent, le luxe y a introduit un autre genre de barbarie, c'est celui d'y faire des esclaves et des eunuques. Ces coutumes barbares sont déjà bien anciennes en Orient; ce qui me porterait à croire qu'elles sont nées dans l'enfance de ces peuples. Quoi qu'il en soit, l'esclavage est incomparablement plus doux dans cette ancienne partie du monde que dans toutes les autres. Il n'est pas rare de voir des esclaves s'allier à leur maître, surtout s'ils en embrassent la religion. Ainsi, en considérant le mal que la guerre fait au genre humain, nous verrons qu'elle produit en Amérique des victimes, en Afrique des esclaves, en Europe des prisonniers, en Asie des serviteurs.

On peut voir par ces aperçus que la barbarie s'affaiblit à mesure que les nations avancent en âge : nous allons voir maintenant le luxe augmenter dans les mêmes rapports.

Le commerce, qui est le fruit du luxe, est fort borné chez les Sauvages de l'Amérique. Nous ne faisons aucun usage de leurs meubles, de leurs armes et de leurs étoffes : mais comme ils vivent plus près que nous de la nature, nous leur sommes redevables d'une foule de biens naturels, qui l'emportent sur les fruits de l'art et de l'industrie de toutes les autres parties du monde. Ce sont eux qui ont donné à nos colonies le manioc et la patate; à nos tables, les pêches inépuisables du banc de Terre-Neuve; à nos potagers, la pomme de terre; à nos délices, la vanille et le chocolat; à nos soucis, le tabac; à nos jardins, une multitude de végétaux utiles ou agréables; à notre commerce et à nos manufactures, le coton, l'indigo, les pelleteries, l'écaille de tortue, la cochenille, etc. Nous leur devons encore le café et la canne à sucre, transplantés de l'Asie dans leurs terres, et dont les productions coûteraient beaucoup plus cher, s'il fallait les aller chercher dans les lieux de leur origine. Ils ne se donnent pas la peine de recueillir pour nous la plupart de ces richesses, mais ils nous en ont montré l'usage. Celui qui fait présent au genre humain d'une plante utile lui rend plus de services que d'inventer un art. Pendant combien de siècles serait tombée dans nos parcs la fève amère du cacao, sans que nous eussions imaginé de la torréfier et de la combiner avec une substance sucrée pour en composer un aliment délicieux! Pendant combien de temps nos botanistes auraient-ils proscrit le tabac comme un poison dangereux, si les Sauvages de l'Amérique ne nous avaient enseigné que c'était un puissant remède contre le chagrin! Je compte pour rien, ou plutôt pour un grand mal, cette abondance prodigieuse d'or et d'argent que nous tirons de leurs montagnes. Elle a été la cause de la destruction presque totale de ces peuples enfans, auxquels on ne pouvait reprocher d'autre crime que la religion de leurs tyrans; mais, par une juste réaction, ces mêmes métaux sont aujourd'hui la cause de la plupart des guerres de l'Europe, et en entraîneront tôt ou tard la ruine.

Le commerce de l'Afrique annonce un peu plus d'industrie de la part de ses habitans; elle n'a pas besoin de cultivateurs étrangers pour recueillir ses productions. Nous tirons de ses côtes septentrionales, subjuguées par les Maures, des maroquins, des dattes, de l'huile, de la cire et des blés en abondance. Ses côtes occidentales, habitées par les Nègres, nous donnent un peu d'or, de l'ivoire, et une foule d'esclaves que sa malheureuse fécondité fournit à nos travaux de l'Amérique.

Le commerce de l'Europe s'étend, comme les besoins de son luxe, jusqu'au bout du monde. Il exporte fort peu d'objets naturels et de productions de ses fabriques; les peuples étrangers ne veulent guère que les fruits de nos arts et de notre industrie. C'est avec de l'eau-de-vie, de la poudre à canon, des fusils, des sabres, du fer, que nous commerçons principalement avec les Américains et les Africains. Les Asiatiques ne reçoivent de nous que de l'argent.

Quelque étendu que soit notre commerce, il n'égale pas à beaucoup près celui de l'Asie. Nous allons chez tous les peuples chercher des jouissances; mais tous les peuples viennent en acheter en Asie. Je ne parle pas du commerce de l'Inde, où tant de vaisseaux abordent, mais seulement de celui de la Chine. Cet antique empire, reculé dans la partie la plus orientale de notre continent, renferme le seul grand peuple chez lequel la plupart des autres peuples de la terre viennent commercer, et qui ne va tout au plus que chez ses voisins. Les Tartares, les peuples du Thibet, les Russes, les Coréens, les habitans de la Cochinchine, du Tunquin, de Siam, du Pégu, de l'Inde et de ses îles innombrables, de l'Arabie, de la Perse, de la Turquie asiatique, arrivent chez lui en flottes ou en longues caravanes. Ils font refluer ses productions, ses manufactures, son commerce et ses usages dans toute l'Asie et jusqu'en Afrique. Nos vaisseaux de l'Europe y abordent des extrémités de l'occident. Il pourvoit même aux besoins et au luxe de l'Amérique, car les vaisseaux espagnols de Manille portent tous les ans au Pérou et au Méxique des étoffes, des porcelaines et des meubles de cette industrieuse partie du monde. Un simple impôt mis, dans l'Amérique septentrionale, sur une production végétale de ce riche empire, a fait prendre les armes aux colonies anglaises, et les a séparées de leur métropole; et on peut dire que c'est un peu de thé, et le roseau qui renferme le sucre, qui ont causé une partie des guerres de l'Europe.

En assignant un des âges de la vie à chaque partie du monde, je n'ai pas voulu dire que chaque peuple ne puisse passer par les quatre périodes de la vie humaine; nous savons le contraire par notre expérience. Il y a loin du siècle des druides à celui de Louis XIV; les vertus de chaque âge peuvent se naturaliser dans tous les pays. Si l'extrémité septentrionale de l'Afrique est habitée par des pirates, son extrémité méridionale, sous des latitudes à peu près semblables, est devenue sous les Hollandais l'asile du commerce. La puissance de l'Europe et la sagesse de l'Asie se transplanteront peut-être un jour par les Anglais dans l'Amérique septentrionale, et pourront y devenir le partage des Sauvages de l'Amérique; mais au milieu de ces grandes révolutions, je pense que chaque peuple conservera toujours quelque chose de son caractère territorial. La vieillesse de l'aubépine n'est point celle du chêne, et cependant le buisson et l'arbre suivent également le cours des siècles. Ils ont chacun leurs oiseaux qui viennent se reposer sous leur feuillage et l'embellir par leurs harmonies. La nature se plaît dans cette variété; quelquefois même, lorsqu'un vieux arbre est renversé par les tempêtes, elle fait sortir de ses racines moussues un rejeton vigoureux qui lui redonne une nouvelle jeunesse. Peut-être un jour le temps, nos malheurs, quelque génie bienfaisant comme la nature, un Lycurgue, un Penn, un Fénelon, ramèneront l'Europe à l'heureuse simplicité des peuples américains, sans rien diminuer de ses forces et de ses lumières.

Mais s'il est presque impossible à de grands peuples de rétrograder vers l'âge de l'innocence; si les feux de l'ambition et des cupidités une fois allumés ne peuvent plus s'éteindre, tâchons au moins de tirer de ceux qui nous consument une lumière qui éclaire nos vieux jours.

C'est dans l'Asie que nous trouverons des empires dont le régime peut nous servir de modèle : tel est celui des Chinois qui a quatre mille sept cents ans d'antiquité. Ce peuple vieillard compte ses années par celles du globe ; il est l'aîné de tous les peuples de la terre, qui viennent de toutes les régions lui rendre hommage. Pour nous qui parcourons l'âge viril avec les vices de la jeunesse et les défauts de l'enfance, nous devons chercher à raffermir la légèreté de notre constitution par les mêmes lois qui assurent la pondération de ce vénérable empire. La vieillesse couronne la fin des nations ; et comme elle prépare l'homme à une autre existence, elle change aussi la nature d'un état et le ramène en quelque sorte à la simplicité des élémens. Ce n'est plus un fleuve qui va se perdre à la fin de son cours ; c'est un océan qui engloutit tous les fleuves et les reproduit de ses émanations. Un état vieux et bien ordonné attire à lui et s'incorpore ses voisins, ses alliés et ses conquérans même ; la nature le réserve pour être la tête du genre humain, dont les autres peuples ne sont que les membres. Cet empire universel, dont le désir agite tour à tour tous les peuples de l'Europe, est offert par la nature à tous ceux du globe : il a été présenté successivement aux Assyriens, aux Scythes, aux Mèdes, aux Perses, aux Grecs, aux Romains, aux Tartares, aux Arabes, et il leur a été enlevé à tous ; il n'est le prix ni de la force ni de la ruse, mais de la sagesse. Un Européen vantait à un Chinois la puissance de nos royaumes modernes, leur tactique, leur navigation, leurs conquêtes ; il lui faisait l'éloge des peuples anciens de l'Europe, dont il n'avait jamais ouï parler : des Athéniens, des Lacédémoniens, des Romains. « Sans doute, lui répondit le Chinois, ces peuples » ont été puissans, et vous l'êtes aussi ; mais vous » passerez avec eux, et nous autres nous durons. »

On doit affermir la base du bonheur public sur les saintes et éternelles lois de la nature. C'est la nature qui, en donnant des griffes aux animaux de rapine, avec l'instinct de la férocité, a fait l'homme nu et lui a donné l'instinct de la bienfaisance, afin qu'il secourût ses semblables par le sentiment de ses propres besoins. Elle a gravé dans son cœur cette loi inaltérable : NE FAITES PAS A AUTRUI CE QUE VOUS NE VOUDRIEZ PAS QU'ON VOUS FÎT. C'est cette loi que Confucius appelle la vertu du cœur, qu'il recommande sans cesse dans ses écrits, comme le principe de toute conduite particulière, et qui est la base des neuf maximes de gouvernement qu'il a présentées aux souverains de son pays. C'est elle qui, en rendant à la Chine les récompenses et les punitions personnelles à tous ses habitans sans exception, les a rassemblés sous leur monarque comme une famille sous un père, et a rendu leur constitution inébranlable ; c'est elle qui, malgré la corruption des mandarins, les guerres civiles, les invasions des Tartares, a maintenu ce grand empire, comme le pivot d'un vieux chêne soutient son tronc caverneux contre les tempêtes du ciel et les débordemens des eaux : loin d'en être abattu, il accroît ses forces de ce qui devrait le renverser ; son vaste feuillage se nourrit d'orages, ses racines boivent l'inondation des fleuves.

C'est cette loi que l'Évangile nous recommande comme le second de nos devoirs ; elle est pour chacun de nous l'extrémité de ce rayon dont la Divinité est le centre, et le genre humain la circonférence. C'est elle seule qui nous fait homme et qui nous rappelle à la nature dans quelque partie du monde que nous soyons nés ; elle nous force d'abjurer, au moins intérieurement, les préjugés de familles, de corps de nations, et nous défend d'être Turs, Juifs, Brames, Africains, lorsque nous ne pouvons l'être sans cesser d'être hommes. Au milieu de tant d'opinions qui arment les nations les unes contre les autres, elle nous montre notre intérêt personnel dans celui du genre humain, et celui du genre humain dans notre intérêt personnel. Voulez-vous savoir si une maxime est juste par rapport à autrui ? appliquez-la à vous-même ? par rapport à vous-même ? appliquez-la à autrui, et étendez-la à tous les hommes : si elle ne convient pas à tous, elle ne convient à aucun. Enfin cette loi est l'heureux instinct qui rapproche tous les peuples de la terre les uns des autres, et elle est la seule règle invariable de ce qui est juste, bon, décent, honnête, vertueux et religieux dans tous les temps et dans tous les pays du monde.

## LIVRE SEPTIÈME.

### HARMONIES FRATERNELLES.

Nous avons présenté jusqu'ici les harmonies que les puissances de la nature ont les unes avec les autres ; nous allons décrire maintenant celles que chacune d'elles a avec elle-même. Les premières sont simples, les secondes sont composées. Les premières nous ont offert l'organisation élémentaire des individus, les secondes nous donneront celle de leurs espèces et de leurs genres. Les premières composent les matériaux primitifs de l'édifice de la nature, et les secondes en forment l'assemblage. Les unes sont physiques, et les autres sont morales ou sociales. Ici va commencer un nouvel ordre de choses, dont le soleil est toujours le premier mobile : toutes les lois qui gouvernent la terre ont leur origine dans les cieux.

Considérons le soleil au lever de l'aurore, lorsqu'il passe de l'hémisphère inférieur dans le supérieur. D'abord il dilate l'air de notre horizon, et aussitôt un vent frais s'élève de l'orient pour le remplacer. La rosée de la nuit, suspendue dans les airs, tombe sur la terre; les plantes se raniment, les oiseaux font entendre leurs premiers chants, l'homme commence le cercle de ses travaux et de ses jouissances. Chaque heure amène une harmonie nouvelle, et toutes ensemble, comme une troupe de sœurs de différens âges, qui se tiennent par la main, vont se réfugier sous le manteau constellé de la nuit.

Voyons maintenant le soleil, au lever de l'année, au matin de ce grand jour qui va éclairer et chauffer notre pôle pendant six mois.

Alors les phénomènes de notre horizon s'opèrent en grand sur notre hémisphère. D'abord toute son atmosphère est dilatée, et celle de l'hémisphère opposé s'efforce de prendre sa place. Aussitôt des vents chauds et humides soufflent avec violence de la partie du sud; les glaces de notre pôle se fondent, s'ébranlent et s'écroulent; l'Océan, chargé de leurs débris, prend son cours vers le midi et circule autour du globe; les rosées et les pluies du printemps, qui résultent d'une atmosphère tiède et vaporeuse, fertilisent les terres; les végétaux ranimés poussent tour à tour leurs premiers feuillages; les animaux, joyeux, préparent de nouveaux nids; l'homme se livre aux travaux renaissans de l'agriculture, de la navigation et du commerce. Chaque jour apporte de la part de la nature de nouveaux bienfaits, et tous ensemble, après avoir entouré notre hémisphère d'une guirlande de fleurs et de fruits, vont se réfugier dans le sein de l'hiver, comme les heures du jour dans celui de la nuit.

Si une révolution d'heures amène les diverses harmonies du jour, et une révolution de jours celles de l'année, une révolution d'années amène à son tour celles de la vie. Après un certain nombre de périodes du cours annuel du soleil, les élémens eux-mêmes subissent des crises qui varient leurs harmonies : les ouragans, les volcans, les tremblemens de terre donnent à l'atmosphère une autre température, à la mer des îles naissantes, et aux continens de nouveaux rivages. Des périodes de mois lunaires et d'années solaires déterminent, dans chaque végétal, l'âge de sa floraison; dans chaque animal celui de sa puberté, et dans tous les harmonies de leur vie. L'homme, vers l'âge de sept ans, sort de sa première enfance; il entre dans son aurore. Cette époque, comme celle de la naissance du jour et de l'année, est précédée d'une révolution : de nouvelles dents lui annoncent avec douleur qu'il a besoin de nouveaux alimens; souvent son sang s'allume et son corps se couvre d'ébullitions. Les petites-véroles, les rougeoles et les éruptions cutanées sont les giboulées de son printemps. Une révolution morale accompagne la révolution physique : le premier feu des passions commence à échauffer son cœur et à éclairer son esprit; l'amitié maternelle ne peut plus lui suffire; il lui faut des égaux, des compagnons, des amis, de nouveaux plaisirs et de nouveaux travaux. Il entre ainsi dans la carrière humaine, dont il doit parcourir toutes les harmonies, jusqu'à ce que la mort, semblable à l'hiver et à la nuit, couvre ses jours, ses années et sa vie d'un voile funèbre.

Un cercle de vies humaines produit à son tour les harmonies des tribus, celui des tribus celles des nations, celui des nations celles du genre humain. Sans doute notre globe, avec tous ses habitans, a des relations avec les globes qui tournent autour du soleil; et l'astre du jour lui-même, avec sa sphère immense, on a encore avec les astres innombrables ordonnés dans l'infini et dans l'éternité, suivant des plans inconnus aux mortels.

Mais il suffit à ma faiblesse de m'occuper des puissances de la nature qui se manifestent sur la terre. Je les y ai présentées simples et en repos, je vais les montrer combinées et en action, je vais décrire leurs relations avec les harmonies des temps. Je ne prétends point, comme Phaéton, mener de front les chevaux du Soleil; mais, comme l'hirondelle, régler ma carrière fugitive sur celle de l'astre du jour. En volant terre à terre, je puis, comme lui, faire le tour du monde, et en étudier les lois, d'où dépendent les destinées du genre humain.

Rappelons-nous d'abord une des lois fondamentales de la nature, celle de la consonnance. Nous avons vu que tout corps organisé était formé de deux moitiés semblables qui s'entr'aidaient : j'appelle cette consonnance harmonie fraternelle.

Cette loi se manifeste dans les astres, formés de deux moitiés semblables, puisqu'ils sont sphériques. Il y a plus, la sphère pouvant se diviser en une infinité de moitiés égales par tous les points de sa circonférence, il en résulte qu'elle réunit en elle une infinité de consonnances, qu'elle renferme toutes les formes, et qu'elle en est la plus parfaite. En effet, toutes les courbes s'engendrent des différentes révolutions de son cercle; toutes les formes angulaires, des combinaisons de ses cordes et de ses rayons : et ses parties diverses étant en équilibre autour d'un centre unique, elle seule est susceptible de tous les mouvemens.

Cette consonnance, qui est sphérique dans les corps célestes, se trouve simple dans les corps organisés de la terre. Tout végétal et tout animal n'est formé que de deux moitiés semblables, dont les organes sont en nombre pair.

Je ne m'arrêterai pas à cette autre loi des contrastes, qui met dans les corps organisés deux moitiés en opposition, comme celle des consonnances en met deux en rapport. Nous avons vu que ces deux lois existaient dans le globe même de la terre, dont l'hémisphère oriental consonne avec l'occidental, le septentrional contraste avec le boréal. Ce contraste regarde l'harmonie conjuguée; je me bornerai ici à la consonnance qui établit l'harmonie fraternelle.

La nature, non contente d'avoir mis en consonnance tous les membres d'un corps organisé, afin qu'ils s'aidassent mutuellement, a mis les corps organisés eux-mêmes en harmonie fraternelle les uns avec les autres, afin de lier toutes les parties de son ouvrage. Ainsi, dans les cieux, l'astre du jour est en harmonie fraternelle avec celui des nuits; car l'un vient éclairer de sa lumière l'hémisphère que l'autre abandonne. Cette concordance avait fait imaginer aux anciens que ces astres étaient frère et sœur, et ils les désignaient sous les noms d'Apollon et de Diane; mais cette harmonie fraternelle est encore plus marquée entre la lune et la terre, qui se réfléchissent mutuellement la lumière du soleil. Elle s'étend jusqu'aux satellites qui entourent Jupiter, Saturne, Herschell, qui s'éclairent et se réchauffent réciproquement des mêmes rayons paternels.

Cette consonnance règne sur la terre parmi les élémens. Les vents de l'orient et du nord consonnent entre eux en froidure et en sécheresse, comme ceux de l'occident et du midi en chaleur et en humidité. Quelque irrégularité apparente qu'offre le globe à sa surface, il n'y a pas un seul lieu, soit au milieu des mers ou au sein des terres, soit dans la zone torride ou dans les zones glaciales, qui n'ait à la fois des vents froids et chauds, secs et humides. Les sources se joignent fraternellement dans la vallée, et les collines qui la bordent ont des angles rentrans et saillans en consonnances. Les eaux ont des reflets, et les terres des échos qui consonnent de genre à genre; et jamais un paysage n'est plus intéressant que quand le reflet du ruisseau répète la forme de la colline, et l'écho de la colline le murmure du ruisseau.

Les harmonies fraternelles qui groupent les végétaux présentent des spectacles non moins admirables. Nous avons du plaisir à voir un arbre isolé, avec toutes ses harmonies élémentaires; mais nous en goûtons un plus grand et d'un autre genre, quand nous le voyons entrelacer ses rameaux avec un arbre de son espèce, et tous deux s'appuyer l'un l'autre contre les tempêtes. C'est l'harmonie fraternelle qui les unit; elle est la source du plaisir que nous éprouvons à la vue d'un bocage, ou d'une longue avenue, ou d'une lisière de gazon. J'ai déja dit que la nature nous indique un moyen assuré de disposer chaque espèce de végétal dans l'ordre qui lui convient le mieux; c'est de le planter suivant l'harmonie fraternelle où ses semences sont rangées dans leurs capsules. Ainsi le chêne robuste, dont les glands naissent un à un ou deux à deux, présente un port majestueux, soit qu'il soit seul, soit qu'il soit groupé avec un autre chêne; mais les sapins, les pins et les cèdres, dont les pignons croissent rangés circulairement et en pyramide dans un cône, produisent un effet bien plus imposant, lorsqu'ils forment, dans le même ordre, un sombre bocage au sommet d'une montagne, que lorsqu'ils y sont isolés et dispersés. Ainsi le vignoble plaît moins dans une plaine, que lorsque ses ceps sont rangés autour d'une colline dans le même ordre que ses grains le sont autour d'une grappe. Non-seulement l'harmonie fraternelle groupe les individus, mais les genres eux-mêmes: elle donne des vrilles à la vigne pour s'attacher à l'orme, et des griffes au lierre pour saisir le tronc des chênes. Sans doute la variété des arbres d'une forêt et celle des fleurs d'une prairie nous donnent encore des sentimens de plaisir; mais ils naissent d'harmonies d'un autre ordre, et je ne m'occupe ici que des sentimens qui résultent de la disposition des végétaux de la même espèce.

L'harmonie fraternelle se fait sentir encore avec plus de charmes dans les animaux, parce qu'ils y sont sensibles, et qu'ils pourvoient eux-mêmes à leurs besoins, plus nombreux que ceux des végétaux. La nature leur a donné d'abord deux organes, pour communiquer entre eux à de grandes distances: l'un est actif et l'autre passif; c'est la voix et l'ouïe. L'organe de la voix a son origine dans la poitrine, près du cœur, siége des passions; et celui de l'ouïe a la sienne dans la tête, près du cerveau, siége de l'intelligence.

Je suis trop ignorant pour parler ici de la construction admirable de ces organes, et de leur variété merveilleuse dans les diverses espèces d'animaux: il me suffit d'observer qu'en général la portée des animaux est en raison inverse de leur faiblesse; que toutes les sensations de la haine et de l'amour, de la joie et de la tristesse, de la crainte et de l'espérance, et toutes les passions, sont réparties entre eux à proportion de leurs besoins, et exprimées par des modulations innombrables.

Cependant ces expressions sont si déterminées, que les animaux d'une autre espèce, et l'homme même, ne se méprennent pas à leur caractère, quoiqu'ils n'en pénètrent pas le sens. Quel grammairien pourra recueillir ces élémens invariables de la langue primitive de la nature? Il y trouverait sans doute tous les sons des langues humaines, et même des mots entiers articulés. Quel géomètre calculera les courbes orales qui expriment des sons si différens, et les courbes acoustiques qui les recueillent sans les confondre? Peut-être les oreilles des animaux ne reçoivent pas les mêmes bruits dans les mêmes proportions, non plus que leurs yeux ne reçoivent la lumière. L'aigle, au haut des airs, contemple le soleil, et découvre les plages lointaines avec des yeux qui ont la portée des télescopes; tandis que l'abeille, dans sa ruche obscure, travaille à ses alvéoles avec des yeux taillés en microscopes.

En général, les animaux carnivores ont l'ouverture des oreilles tournée en avant, pour éventer leur proie, et les frugivores les ont tournées en arrière et mobile, pour entendre de tous côtés le bruit de leurs ennemis; mais la voix et l'ouïe ont été données à chaque espèce pour vivre en société avec ses semblables. Les animaux qui n'ont point de voix vivent solitaires : tels sont beaucoup d'insectes; mais, dans la saison des amours, ils se réunissent par des bourdonnemens ou des bruits: le scarabée pulsateur fait entendre la nuit le tic-tac d'une montre, pour appeler sa femelle; la mouche luisante allume sa brillante étincelle dans les ténèbres; les poissons de l'Océan se communiquent entre eux par l'éclat de leurs écailles au sein des flots, et la nuit par les feux phosphoriques que leurs mouvemens y font naître.

Au reste, si l'harmonie fraternelle nous charme, dans les végétaux, par les groupes qu'elle y forme, elle nous plaît encore davantage par ceux qu'elle établit entre les animaux : ils vivent dans l'ordre où ils sont nés; le plan de leur vie est renfermé dans leurs berceaux. Les tourterelles volent deux à deux, et les perdreaux par compagnies, dans le même nombre que les œufs dont ils sont éclos; les sangliers se rassemblent d'eux-mêmes par troupes, les chiens par meutes, les poissons vivipares par couples, les ovipares par légions. On peut juger des mœurs fraternelles des animaux par le nombre des œufs de leurs nids et par les tétines de leurs mères. Cette concordance s'étend jusqu'aux insectes, et les abeilles ne vivent dans une société si intime, que parce qu'elles naissent d'une seule mère, et qu'elles sont élevées dans la même ruche. Une série d'individus, nés ensemble, forme leur famille, et une série des mêmes familles voisines et contemporaines compose une tribu dont tous les membres s'entr'aident : telle est celle des castes, telle est celle des pigeons sauvages de l'Amérique, dont une partie s'occupe à abattre avec les ailes les glands des chênes, tandis que l'autre partie les recueille à terre.

Pendant que le matérialiste s'efforce de ramener toutes lois de la nature à une attraction aveugle, l'animal réclame en faveur de l'harmonie fraternelle. Transporté d'un climat dans un autre, en vain on lui fait respirer le même air, en vain on lui présente les alimens de son enfance; il refuse de s'approcher d'une table où il n'a plus de frère pour convive. Ainsi le renne du nord, le lama du Pérou, la tourterelle d'Afrique, le castor, isolés dans les ménageries des rois, appellent en vain, par de tristes gémissemens, les compagnons de leur enfance.

L'harmonie fraternelle est donc la première des harmonies sociales, puisqu'elle existe dans les cieux, les élémens, les végétaux et les animaux. Ainsi les lois harmoniques, qui assemblent les membres des corps organisés, et qui en groupent les individus, n'existent pas moins que les attractions, qui réunissent les parties des corps non organisés.

Nous avons déjà vu que l'homme était né pour la société, parce qu'il réunissait en lui seul les besoins de tous les animaux, et qu'il n'y pouvait pourvoir que par le secours de ses semblables; je trouve une nouvelle preuve de cette vérité dans la construction de sa voix et de son ouïe. Sa voix peut imiter toutes celles des animaux ; et ses oreilles, placées aux deux côtés de la tête et formées des courbes acoustiques les plus ingénieuses, peuvent recueillir tous les sons qui s'élèvent dans la circonférence de son horizon. Ces organes sont faits avec un tel art, qu'ils communiquent et recueillent toutes les affections du cœur et tous les raisonnemens de l'intelligence, tandis que ceux des animaux ne peuvent exprimer et recevoir que les premiers cris des passions et de simples aperçus. De quoi servirait à l'homme un organe si parfait et si étendu, s'il était né pour errer seul dans les forêts?

Il a, en effet, besoin des services de ses semblables, depuis la naissance jusqu'au tombeau; et d'un pôle à l'autre, il n'y a pas un seul homme qui ne corresponde avec toutes les parties de l'univers. Les épiceries, les teintures, les toiles de l'Asie, le café, le sucre, le coton, les pelleteries, l'or et l'argent de l'Amérique, l'ivoire et les Nègres de l'Afrique, servent aux besoins des peuples de l'Europe; et le fer, le vin, les corderies, le papier, les armes à feu, et toutes les productions de l'industrie de l'Europe, se répandent jusque chez les Sauvages des contrées les plus reculées du monde.

Cette correspondance de jouissances physiques a existé plus ou moins dans tous les temps, mais celle des jouissances morales est encore plus étendue. Les usages, les lois, les opinions, les traditions politiques et religieuses, non-seulement se communiquent par toute la terre, mais lient les peuples passés et futurs. Le globe, considéré avec le genre humain, est comme le disque de la marguerite, dont chaque fleuron est au centre d'un cercle et à la circonférence de plusieurs : le premier anneau de cette chaîne sociale est, sans contredit, l'harmonie fraternelle.

Mais, si l'homme est pour l'homme la source de tous les biens, il est aussi celle de tous ses maux; c'est pour lui en épargner un grand nombre, que nous avons cherché d'abord à le bien ordonner avec lui-même. Nous avons tracé à la fois ses harmonies physiques avec la nature, et ses harmonies morales avec son Auteur. Nous avons mis toutes ses parties en équilibre, afin que sa fragile nacelle pût, sans se renverser, traverser l'océan de la vie; il faut qu'elle y vogue seule avant de naviguer en flotte ; il faut qu'elle se mette en garde contre les vaisseaux, qui sont souvent les uns pour les autres les plus dangereux écueils. Si les tempêtes s'élèvent, si la nuit étend son voile sombre sur les flots, il faut que l'ame de l'homme se tourne vers la Divinité, comme la boussole vers le nord, et qu'elle lui indique sa route, malgré l'absence du soleil. Quand il perdrait, dans la société humaine, les traces de cette Providence qui se manifeste dans toute la nature, il en retrouverait le sentiment dans son propre cœur : il suffit qu'il ait aimé une fois.

Il faut donc, avant tout, qu'un enfant soit bien ordonné avec lui-même, afin qu'il puisse y rentrer avec plaisir. Il peut naître de parens durs, et être livré à des maitres ennuyeux ou barbares; ira-t-il chercher des guides parmi des gens qui lui ont fait haïr l'instruction ? Il vient même un temps où ce qu'il y a de plus aimable et de plus sacré parmi les hommes vient à périr, amitié, réputation, patrie, religion : que devient alors celui qui a dirigé sa vie sur ces imposantes perspectives ? Les sophismes de la métaphysique n'ont-ils pas couvert la Divinité de nuages, que la raison peut seule dissiper ? L'esprit a matérialisé l'esprit. C'est pour échapper à toutes les illusions humaines, que nous n'avons voulu appuyer la morale que sur la nature, qui ne périt jamais, et sur notre propre cœur, qui la cherche toujours : accoutumons donc l'enfant à y rentrer comme dans un asile assuré. Quand le soleil s'éloigne de notre hémisphère, les êtres sensibles se retirent dans des antres, et respirent au moyen du feu que l'astre du jour a renfermé dans leurs veines ; l'homme se réchauffe alors de sa propre chaleur : il en est de même de la réflexion par rapport à l'ame. L'ame s'en développe, pour ainsi dire, dans tous les accidens de la vie; et Socrate, dans la solitude, offre un exemple frappant de la puissance de la réflexion : son ame trouvait en elle-même des consolations que lui eût refusées la société.

Il faut donc que l'enfant se conserve dans toute sa pureté originelle; il faut qu'on l'habitue chaque jour à nettoyer son ame de toute ordure étrangère comme on l'accoutume à laver et à soigner son corps. Que tous les matins, après l'avoir élevée vers le ciel, ainsi que ses yeux vers la lumière, il lui propose quelque action vertueuse pour le jour, et que le soir il examine s'il ne l'a point souillée par quelque passion honteuse, qui en trouble le repos pendant la nuit ; qu'il n'y nourrisse ni haine, ni vengeance, ni jalousie, ni cupidité; qu'il soit bien convaincu que l'intérieur de son ame est à découvert, malgré les ténèbres; et que, comme il n'y a point de lieu dans la nature qui ne soit sans quelque ouvrage de la Divinité, il n'y en a point qui soit sans témoin.

Après avoir bien préparé son ame, il doit la nourrir et l'exercer avec autant de soin que son corps : de bons livres, et encore mieux la nature, lui offriront de toutes parts de quoi l'alimenter. L'esprit est le flambeau du cœur, c'est un feu qui tourne tout en sa substance : qui ne l'alimente pas, l'éteint ; il brûle, mais sans éclat et sans chaleur : ne pouvant s'étendre au dehors, il se replie sur lui-même et enflamme les passions. D'un autre côté, le cœur qui les renferme ne se conduit que par les lumières de l'esprit, siége de la raison. C'est elle qui le dirige, avec tous ses instincts naissans, vers les devoirs de la société; mais, auparavant, il faut qu'il puisse y rentrer comme dans un lieu de repos et bien en ordre ; car comment s'ordonnera-t-il à l'égard des autres, s'il est mal ordonné en lui-même ?

Ce retour sur soi lui est d'autant plus nécessaire, qu'il ne peut sans lui remplir les devoirs de la morale, dont la première maxime est de *faire à autrui ce que nous voudrions qu'on nous fit*. Comment saura-t-il donc ce qu'il convient de faire à l'égard de soi et des autres, s'il ne rentre d'abord en lui-même, et s'il ne se met ensuite à leur place ? Cette double réflexion ne demande aucun effort; elle est naturelle à l'homme : son ambition rapporte tout à lui, et le met sans cesse à la place des gens heureux ; mais les devoirs de la morale l'obligent encore plus souvent de se mettre à la place des malheureux. Les passions ramènent tout à notre intérêt, et la vertu à celui d'autrui ; elle seule est équitable, car elle s'étend à tous les hommes, qui sont tous nécessaires les uns des autres : sans ce retour perpétuel sur nous-mêmes et sur autrui, nous ne pouvons être justes envers nos semblables. S'agit-il d'approuver ou de condamner quelqu'un ; si vous le jugez d'après votre seule position, vous le jugerez injustement. La vie est une grande montagne, sur laquelle les différens âges nous placent successivement à différens étages, d'abord à la montée, puis au sommet, enfin à la descente ; ensuite les sexes, les tempéramens, la fortune, la santé, l'éducation, les climats en varient les sites à l'infini : si nous ne la considérons que du point où nous sommes, nous n'en connaîtrons qu'un petit coin. Si les vieillards ont plus d'expérience que les jeunes gens, c'est parce qu'ils ont parcouru une plus grande zone : nous nous tromperons donc si, sans sortir de notre place, nous voulons juger ceux que nous apercevons au loin ; nous blâmerons ceux qui vont nus au midi, parce que nous nous couvrons de fourrures au nord.

Ce flux et reflux de la raison est naturel à l'homme, comme je l'ai dit ; il le distingue des animaux. L'animal se règle sur son instinct, et l'homme sur l'exemple de son semblable ; l'homme imite la nature, et l'enfant imite l'homme : voilà pourquoi l'exemple lui sert beaucoup plus que le précepte. Pour conserver à un enfant l'égalité d'humeur et la rectitude de jugement, si nécessaires aux devoirs de la morale et à son propre bonheur, il ne faut l'appliquer à aucune étude qui puisse étouffer sa sensibilité ou l'exalter : il faut donc rejeter à la fois des écoles les sciences abstraites et les arts de l'imagination. Les grammaires, par où commençaient jadis les premières études, sont, comme je l'ai déja dit, la métaphysique des langues ; elles ne les ont pas précédées, elles les ont suivies, elles en sont les résultats. Il suffit donc à un enfant d'apprendre sa langue maternelle par l'usage, et la lecture des bons écrivains ; il en étudiera les règles quand son jugement sera formé : en attendant, il fera de la prose, comme M. Jourdain, sans le savoir. Il en est de même de la géométrie. Elle perfectionne, dit-on, le jugement de l'homme ; j'en conviens ; mais elle opprime celui d'un enfant : c'est un tuteur qui étouffe sa plante. Parmi les enfans qui s'y sont rendus célèbres, ainsi que dans les sciences abstraites, fort peu ont vécu, et ils ont passé des jours tristes et malheureux.

Pascal résout à douze ans le problème de la roulette : il passe sa vie à juger le genre humain, à rejeter les services de sa propre sœur, et il meurt épuisé à quarante ans, croyant toujours voir un abîme à ses côtés. La géométrie transcendante et la métaphysique affaissent les ressorts de son jugement dans l'âge viril, pour les avoir trop tendus dans l'enfance. La géométrie a cependant des notions qui sont à la portée du premier âge, parce qu'elles parlent aux sens : telles sont celles des lignes, des angles, du cercle, du carré ; mais leurs propriétés abstraites doivent être l'étude du philosophe, et non celle de l'enfant. Il suffit de lui montrer de loin les études sérieuses, pour en faire naître un jour le goût. Si je voulais lui donner une idée des élémens de géométrie et des lois du mouvement, je n'emploierais d'autre table que celle d'un billard, ou plutôt un jeu de boules ou de quilles, afin que l'exercice du corps se trouvât joint à celui de l'ame. Nous voulons renfermer toutes les théories dans le premier âge, mais la nature n'agit pas ainsi : elle revêt ses premières leçons de formes gracieuses ; elle nous mène pas à pas, nous repoussant par la peine, et nous invitant par le plaisir. Elle nous montre les feuilles avant les fleurs, les fleurs avant les fruits. Les plus rians tableaux cachent les plus brillans phénomènes, et elle nous invite à son étude par le charme de sa contemplation.

Si les sciences abstraites absorbent l'imagination d'un enfant, les arts d'imagination exaltent trop son jugement : telles sont, entre autres, la musique, la peinture, la poésie ; c'est la chaux mise au pied d'une jeune plante ; elle la fait fleurir de bonne heure, mais elle la mine et la fait périr. Il est remarquable que les enfans appliqués aux sciences abstraites ou aux arts d'imagination sont plus violens et plus colères que ceux qui sont occupés à des arts mécaniques : la raison en est que les ressorts de leur ame ont été ou trop comprimés ou trop dilatés. Il en est de même de ceux du corps, long-temps contraints dans des attitudes semblables ; leur physique est affaissé comme leur moral. L'étude des lettres, si agréable, fatigue et épuise si elle nous tient long-temps dans la même situation. On connaît l'irritabilité des gens de lettres, et surtout des philosophes ; les poètes y sont plus sujets que les autres, parce que leurs travaux leur coûtent davantage. Je crois que si Socrate conserva son admirable égalité d'humeur, inconnue à Platon et Aristote ses disciples, c'est peut-être parce que, malgré ses vastes connaissances, il n'écrivit aucun ouvrage. Peut-être aussi c'est parce qu'il apprit dans son enfance le métier de sculpteur, qui est, à mon avis, un long apprentissage de patience. Au reste, je crois qu'on peut démontrer l'influence des sciences abstraites et des arts de l'imagination par les caractères nationaux. Je pense que si les Anglais sont en général mélancoliques, c'est qu'on les applique de trop bonne heure au latin, au grec et aux mathématiques, dont ils font des études plus approfondies que nous; et que si, au contraire, les Français et les Italiens sont d'une légèreté de caractère qui va quelquefois jusqu'à la folie, ils le doivent à l'étude des arts d'imagination, où ils excellent. La chaleur du climat n'y fait rien, quoi qu'en ait dit Montesquieu, comme je l'ai démontré ailleurs par la gravité des Musulmans et la pétulance des Grecs, nés dans le même pays.

Au reste, les caractères vifs ou lents, gais ou sérieux, se trouvent souvent disséminés dans la même ville, de frère à frère, et sont également utiles à la société. Ne nous occupons donc que du soin de développer en eux l'amour de la Divinité et de l'humanité, afin de leur donner un centre commun. Avec ces deux vertus, ils peuvent se passer de tous les talens, et tous les talens sont dangereux sans ces deux vertus : que dis-je! sans elles il n'y a point de véritables talens. Nous avons déja observé que les athées n'avaient jamais fait aucune découverte, parce qu'ils n'aperçoivent aucune intelligence hors d'eux-mêmes dans la nature. Nous pouvons ajouter qu'ils n'ont jamais aimé les hommes. Ils ne les ont servis que par ambition; et comment auraient-ils réprimé cette passion si dangereuse, lorsqu'ils ne voient rien au-dessus d'eux dans l'univers?

Le premier sentiment qu'on doit donc développer dans un enfant est celui de la Divinité, afin qu'il puisse s'y réfugier en tout temps, comme dans un port inaccessible aux tempêtes. Par lui il aimera la vie, et il aimera la mort. La terre la plus aride lui paraîtra un séjour enchanté; et le ciel, avec ses brillantes constellations, le port où il doit terminer sa course.

Comme mon premier but est d'apprendre à un enfant à se suffire à lui-même, et de le rendre indépendant des préjugés variables de la société, je voudrais d'abord établir sa première harmonie fraternelle entre lui et les grands hommes qui ont existé. Je desirerais donc que quelque écrivain sensible fît un recueil d'histoires des hommes vertueux qui ont le mieux mérité du genre humain, leurs exemples influeraient plus sur un enfant que les préceptes. Ils seraient pour lui des étoiles fixes avec lesquelles son ame s'aimanterait; en l'élevant vers le ciel, ils la rapprocheraient de la Divinité. Il y trouverait des objets de consolation dans ses infortunes; il y verrait que les hommes les plus justement célèbres ont souvent été les plus malheureux dans leur enfance. Pour moi, venant à considérer leur vie, je trouve qu'ils ont dû principalement à leurs adversités l'amour d'un Dieu consolateur, amour qui les a illustrés. Ils ont eu un sentiment exquis des droits de l'homme, parce qu'ils ont été violés à leur égard, et de l'existence de la Divinité, parce qu'ils n'ont trouvé qu'en elle un refuge. Les Grecs avaient bien senti cette vérité, lorsqu'ils représentèrent Hercule, fils de Jupiter, persécuté dès le berceau par Junon, mais, sans recourir à la fable ou à l'allégorie, nous trouverons dans l'histoire de toutes les nations que la plupart des hommes célèbres par leurs vertus ont été malheureux dans leur enfance. Nous comprenons dans les malheurs de cet âge les éducations tristes, les infirmités, l'indigence, les préjugés, les persécutions des parens, la dureté des maîtres; nous en avons pour preuves Socrate, Amyot, Jean-Jacques et beaucoup d'autres. Peut-être en trouverions-nous encore davantage parmi les hommes qui ont mené une vie obscure et heureuse; car le malheur est l'apprentissage du bonheur, comme celui de la vertu. Ce ne seraient pas les moins importans à proposer, car la nature appelle tous les hommes au bonheur, et très-peu à la gloire. Je voudrais donc qu'un enfant choisît un patron parmi ceux d'entre eux avec lesquels il se trouverait le plus de convenances, et qu'il en ajoutât le surnom au nom de sa famille. Ce genre d'adoption a existé chez les Romains; il subsiste encore d'une manière plus touchante chez la plupart des peuples que nous appelons sauvages. Deux amis y échangent mutuellement leurs noms, et croient, pour ainsi dire, échanger leurs ames. Un enfant, adoptant de son choix le nom d'un homme vertueux, y modèlera à la longue son caractère. Il serait cependant bon de lui faire observer que cette ressemblance ne peut exister de tous points. On peut bien se diriger vers les mêmes vertus, mais non par les mêmes routes : nous avons tous besoin de la patience de Socrate, mais nous ne pouvons tous nous y exercer par une Xantippe. Au surplus, l'imitation d'un homme vertueux, dont la vénération, comme celle d'un monument, s'accroît par celle des siècles, est un grand rempart contre le vice : c'est une union avec le ciel.

Un des plus précieux avantages qu'un enfant trouverait dans la vie des hommes vertueux, c'est la haine du mensonge : on sait qu'un des points principaux de l'éducation des anciens Perses était d'apprendre aux enfans à dire la vérité. J'ai cru long-temps que cette éducation consistait à leur enseigner à ne jamais mentir, c'est-à-dire à être toujours francs; mais j'ai éprouvé, après une longue expérience, que cette franchise ferait beaucoup de mal dans le monde, qu'elle attirerait à celui qui en serait doué une foule d'ennemis, et qu'elle le rendrait très-malheureux, sans qu'il contribuât en rien au bonheur de ses semblables. La vérité d'abord est fort difficile à connaître, et il y a très-peu d'hommes qui veuillent l'entendre. Un bourgeois, un paysan, sont tout aussi despotiques dans leurs opinions que des sultans. La plupart des querelles de la société ne naissent, pour l'ordinaire, que parmi les gens qui se disent des vérités : *Veritas odium parit, obsequium amicos*, dit le sage Térence : la vérité engendre la haine et les inimitiés. Les querelles de religion et de politique, qui font verser tant de sang par des gens de bonne foi, naissent souvent de l'amour même pour la vérité, combiné au fond avec l'ambition personnelle : tout fanatique ne se passionne que par l'espoir d'une grande gloire. Il fallait donc que les Perses entendissent enseigner à leurs enfans autre chose que la franchise, qui les eût mis en guerre perpétuelle les uns avec les autres. Ce n'eût point été une science à leur apprendre, car ils y sont naturellement portés. D'ailleurs la franchise n'est pas une vertu, mais une simple qualité, qui résulte souvent de la faiblesse et de l'inexpérience de notre esprit, qui ne peut rien garder de secret, et plus souvent encore de notre orgueil, qui nous inspire une haute opinion de nous-mêmes et un profond mépris pour les autres.

Pour dire la vérité, il faut d'abord la connaître, et cette science est très-difficile. L'erreur parcourt la terre, met ses pavillons aux sommets des hautes montagnes, tandis que l'humble vérité se cache et se retire au fond des puits. Voyez seulement les religions; ce sont les pivots sur lesquels roulent toutes les sociétés humaines. Nous en connaissons au moins cinq cents, qui diffèrent toutes entre elles; chacune d'elles assure avoir trouvé seule la vérité, et accuse toutes les autres de mensonge. Il en faut excepter les sages Indiens, qui disent que Dieu a fait douze portes au ciel, par chacune desquelles il appelle à lui les différentes nations; cependant aucun d'eux ne voudrait y entrer par une autre porte que par celle où ont passé ses pères. Mais vous êtes bien plus inconséquens si vous croyez qu'il n'y en ait point d'autre que celle par laquelle vous êtes entré dans la vie, car vous voilà en état de guerre avec la plupart du genre humain. Que devient alors l'harmonie fraternelle, cette loi fondamentale de la nature?

Qu'est-ce donc que cette vérité que nous sommes si avides de connaître, et qui nous échappe si aisément ? C'est une harmonie de notre intelligence avec la Divinité; c'est le sentiment des convenances qu'elle a établies dans tous ses ouvrages; c'est la vie de notre ame. La nature nous oblige à sa recherche comme à celle des alimens, sous peine d'inquiétude, de langueur, de léthargie et de mort. La vérité est un rayon de la Divinité; elle est à notre ame ce que les rayons du soleil sont à notre corps : elle l'éclaire, elle la réjouit, elle l'anime. Si, comme l'a défini sublimement Platon, la lumière du soleil n'est que l'ombre de Dieu, la vérité est son corps; elle se présente à notre entendement comme la lumière du soleil à nos yeux, en se décomposant en mille couleurs et reflets, qui nous ravissent dans les ouvrages de la nature; mais elle nous éblouit si nous voulons la saisir elle-même dans son essence. Cependant elle se combine avec les écrits des sages et les actions des hommes vertueux; mais, comme le feu du soleil parmi les productions de la terre, elle n'y brille que d'un éclat emprunté. Ce n'est qu'une lampe ténébreuse qui luit en l'absence du soleil, et sujette à être éteinte par les vents orageux.

Comme la vérité ne nous vient d'abord que par le moyen des hommes, sujets à l'erreur, à quels caractères la reconnaîtrons-nous ? A ceux mêmes de la vertu, par ses convenances universelles. Ainsi, par exemple, la théorie qui établit le soleil au centre de l'univers a un grand caractère de vérité, parce qu'il convenait que le soleil, dispensateur de la lumière et de la chaleur, fût au centre des planètes, auxquelles il les distribue. Il était donc convenable que la terre tournât sur elle-même et autour du soleil, ainsi que les autres corps planétaires. Cette vérité, si opposée en apparence au témoignage de nos yeux, ne nous est parvenue elle-même que par des communications universelles avec le genre humain. Comme notre blé, nos arbres fruitiers, nos arts, qui nous sont venus d'Asie, d'Afrique, d'Amérique, elle a été d'abord découverte par quelques philosophes pythagoriciens, qui étaient de grands voyageurs; ensuite elle s'est éclipsée, et n'a brillé en Europe que lorsque le commerce de cette partie du monde s'est répandu par toute la terre, après la découverte de l'Amérique, occasionée à son tour par celle de la boussole, trouvée quelques siècles auparavant; car l'universalité du genre humain s'étend non-seulement au présent, mais au passé et à l'avenir.

Il en a été de l'unité de Dieu comme de celle

du soleil, mobile unique des planètes. Tous les peuples avaient leur dieu particulier, et ce n'est qu'en communiquant les uns avec les autres qu'ils ont commencé à reconnaître un Dieu universel. Ce n'est pas que chaque homme n'en eût le sentiment en lui-même, mais son amour-propre le portait à croire que le Dieu de la nature ne s'occupait que de son pays, et même que de sa seule personne. Cependant il y a des hommes, et en bon nombre, auxquels il serait dangereux de dire ces vérités, si elles étaient contraires à leurs intérêts.

Les convenances et l'assentiment du genre humain étant les caractères principaux de la vérité, il faut y rapporter la foi que nous devons à ceux qui nous la transmettent. L'autorité d'un écrivain doit être proportionnée à sa vertu. Je n'entends pas par vertu ce qui est réputé tel par son parti, sa nation ou sa communion; mais ce qui l'est en Asie comme en Europe, et ce qui l'aurait été il y a deux mille ans comme à présent; car la vertu est non-seulement universelle, mais éternelle, puisqu'elle est une émanation de la Divinité.

La vérité étant donc le fruit de nos recherches, est un bien qui nous appartient; c'est le cœur de notre ame, et l'homme ne doit pas plus la communiquer aux tyrans, que sa lampe au souffle des vents, sa bourse aux voleurs, et sa femme à un ami.

Cependant il ne faut pas croire que nous parvenions jamais sur la terre au foyer de la vérité; nous devons nous estimer bien heureux quand nous voyons luire quelqu'un de ses rayons; ils semblent se propager parmi les hommes, à mesure qu'ils se communiquent, et à proportion de leurs vertus. Nous avons vu ailleurs les découvertes qu'avaient faites les Pythagoriciens, les plus sages des Grecs. La connaissance de la vérité va toujours en croissant, car un autre de ses caractères est l'infini, comme l'universalité et l'éternité.

## DE L'AMITIÉ.

L'amitié est une harmonie entre deux êtres qui ont les mêmes besoins. Ainsi elle est plus commune chez les faibles que chez les puissans; elle est plus grande d'un enfant à un enfant, que d'un enfant à un vieillard; elle est plus forte dans l'âge des passions que dans le premier âge; elle est plus constante dans l'âge viril que dans l'adolescence et la jeunesse, parce qu'à la perspective des services à rendre se joint le souvenir des services rendus, et que les sentimens de la nature se fortifient par leurs habitudes.

La satisfaction des mêmes besoins engendre l'amitié, car leur seul appétit produit l'inimitié. Les haines qui existent entre les hommes, et même entre les animaux, ne naissent que de la concurrence des mêmes passions vers un objet qui ne peut se partager. Voilà pourquoi l'amour engendre des jalousies, et la guerre des amitiés : l'amant n'a pas besoin de compagnons pour se reproduire, et il en faut aux guerriers pour détruire.

L'amitié naît d'abord des besoins physiques, et elle peut subsister assez long-temps par les simples relations de plaisirs, de goûts, d'exercices, d'intérêts. Elle s'étend ensuite aux besoins intellectuels, et s'augmente par les lumières et les études des mêmes arts et des mêmes sciences; enfin elle devient vertu, parce qu'elle demande des sacrifices, de la reconnaissance et de l'indulgence, et qu'elle n'est constante et sublime que quand elle s'appuie sur les sentimens de la Divinité et de l'humanité, qui ne varient jamais.

Les livres de morale profitent à l'amitié, mais font tort aux amis. Il est si commode de trouver dans sa bibliothèque un ami sensible, éclairé, discret, toujours disposé à nous parler, et d'humeur toujours égale, que cela fait négliger les amis du dehors. Les grands écrivains dérobent nos ames à la société. Platon voulait qu'on bannît Homère de sa république après l'avoir couronné; je voudrais plutôt qu'on adoptât tous les bons ouvrages de morale, mais qu'on ne couronnât que les bons amis.

J'ai vu en général des amis plus constans et en plus grand nombre parmi les gens qui lisent peu que parmi ceux qui lisent beaucoup; il est même rare de voir des gens de lettres faire du bien à leurs collègues. La plupart des Mécènes ont été des hommes peu instruits, témoin Auguste et Louis XIV. Il se glisse souvent parmi les gens de lettres des jalousies qui les disposent à la malveillance. Aristote, Platon et Xénophon furent ennemis les uns des autres, quoique disciples de l'école de Socrate.

Les inimitiés de collège sont les plus durables et les plus envenimées : nous en avons une foule de preuves dans les querelles des théologiens. Richelieu, devenu cardinal et ministre, fit brûler vif, comme sorcier, Urbain Grandier, pour lui avoir disputé une thèse dans sa licence de Sorbonne.

A la vérité, les gens illettrés haïssent moins violemment, mais les lettrés savent mieux aimer. Les ignorans ont des appétits plus robustes, et les savans en ont de plus délicats.

Comme les véritables amitiés résident dans la vertu, il est certain qu'il n'y a point d'amitié comparable à celle d'un homme de lettres vertueux.

L'amitié couvre la vie du plus doux ombrage. Elle ressemble à ces arbres toujours verts qui portent à la fois des fleurs et des fruits. Est-il une amitié plus touchante que celle de Cicéron pour Lélius, de Virgile pour Gallus et Pollion, de Plutarque pour Sénécion, de Tacite pour son beau-père Agricola? Mais ces amitiés consulaires sont trop sujettes aux orages : les plus obscures sont les plus heureuses. Les plus fortes se rencontrent souvent dans les états qui éprouvent le plus de dangers, sans doute comme une compensation. J'ai remarqué que les soldats et les gens de mer sont plus sensibles à l'amitié que la plupart des autres classes de la société; ils s'engagent et se dégagent sur la foi les uns des autres. Les périls qu'ils courent ensemble resserrent leur affection. Il semble aussi que l'amitié s'accroisse par l'éloignement des lieux et des temps; on se souvient avec plus d'intérêt de ses amis en Amérique qu'en Europe; de ceux de son enfance, que de ses contemporains; et des morts que des vivans. L'ame s'étend avec les distances, et franchit les limites mêmes du tombeau sur les ailes de l'amitié. Je me rappelle encore avec intérêt une inscription que j'avais écrite, dans ma chambre, au-dessous d'un petit vase de plâtre, comme un souvenir des amitiés de mon enfance. Quelque médiocre qu'elle soit, je vais la rapporter à cause des sentimens touchans qu'elle renferme :

D. M.

Aux objets doux et innocens que j'ai aimés,
et qui ne sont plus,
j'ai élevé ce petit vase d'argile,
simple comme leur beauté et fragile comme leur vie.
O ombres heureuses!
reposez-vous sur cette coupe blanche
où vous auriez aimé à boire avec moi
l'eau des fontaines et le lait des brebis :
les dons de la fortune sont méprisables,
mais les présens du cœur plaisent toujours aux habitans du ciel.

Ce petit vase faisait pendant à un autre dédié à la mémoire de Jean-Jacques et de Fénelon, et dont j'ai rapporté l'inscription dans mes *Études de la Nature*.

Les ressouvenirs de l'innocence sont aussi touchans que ceux de la vertu.

Je ne sais si le livre de Cicéron sur l'amitié a fait de grands amis; mais la bande sacrée des jeunes Thébains, formée par Pélopidas, en renfermait un bon nombre, qui, après avoir vécu dans la plus parfaite union, périrent tous ensemble le visage tourné vers l'ennemi. Les grandes chambrées des jeunes Lacédémoniens, composées par Lycurgue d'amans et d'aimés, n'étaient que des écoles de l'amitié : on leur donnait le nom de frères. Leurs premiers dieux étaient les jumeaux célestes Castor et Pollux, et ils en chantaient l'hymne en allant au combat. Ainsi, les harmonies de l'amitié furent les premières assises de la république de Lycurgue, comme les pierres d'un édifice, posées deux à deux par points alternatifs, en affermissent toute la masse.

Il serait impossible d'élever les enfans d'une nation aussi étendue que la nôtre à la manière des Spartiates, dont les esclaves exerçaient tous les métiers, et même l'agriculture. Les Spartiates étaient des espèces de moines militaires, qui avaient pour frères lais les ilotes. Je desirerais que deux élèves pussent s'adopter mutuellement comme amis, et eussent plusieurs propriétés en commun, comme les vocabulaires, les papiers et les livres. Ils seraient tenus de donner publiquement des raisons de leur choix, qui devrait être fondé sur la vertu; la formule en serait conçue ainsi : « A cause de tel acte louable qui est parvenu à ma » connaissance, je voue à un tel une amitié frater- » nelle, et je le prie de m'en accorder une sem- » blable. » Ils apprendraient ainsi à connaître les devoirs et le but de l'amitié : les plus vertueux seraient les plus recherchés. Il résulterait de ces adoptions réciproques et publiques le goût de la vertu, l'habitude des secours mutuels et la constance dans les liaisons. Je voudrais aussi qu'on lût souvent aux jeunes gens des traits célèbres d'amitié tirés des anciens, comme celui de Nisus et d'Euryale, si admirablement décrit dans Virgile. Oreste et Pylade sont plus célèbres dans l'histoire et sur les théâtres; mais les vertus criminelles d'Oreste qui, pour venger le meurtre de son père, tua sa mère, et qui, pour plaire à une maîtresse dont il était haï, assassina Pyrrhus, auprès duquel il était ambassadeur, sont d'un trop dangereux exemple. Au contraire, l'amitié de Nisus et d'Euryale ne respire que l'innocence, l'obéissance aux lois, la tendresse filiale et maternelle. Enfin ces deux amis couronnent la plus belle vie par la plus belle mort, en périssant l'un pour l'autre dans l'exécution d'un acte vertueux. Je ne veux pas dire que ce morceau de poésie soit le plus beau de l'Énéide; mais je suis persuadé que c'est un de ceux qui ont le plus intéressé l'ame aimante de Virgile. Il le termine par souhaiter que le souvenir de leur amitié dure dans ses vers aussi long-temps que la postérité d'Énée donnera des lois au capitole. Son vœu est rempli bien au-delà; car ses vers ont duré plus que l'empire romain lui-même.

Cet épisode contient plus de trois cent vingt vers dans le neuvième livre de l'Énéide, et il en est déja question dans le cinquième. D'abord il annonce ces deux amis dans les jeux qu'Énée donne en Sicile pour célébrer l'anniversaire de la mort de son père Anchise, et il les met à la tête de ceux qui doivent concourir pour les prix de la course :

> Nisus et Euryalus primi ;...
> Euryalus forma insignis viridique juventa,
> Nisus amore pio pueri....

« Nisus et Euryale parurent les premiers ; Euryale recom-
» mandable par sa beauté et par les grâces de son adolescence;
» Nisus, par l'amour pur qu'il portait à Euryale. »

Le poète fait refléter la douce lumière de leur amitié, qui doit éclairer son tableau, jusque sur les prix de la course. Énée, qui sans doute a les amis en vue, leur dit à tous :

> Nemo ex hoc numero mihi non donatus abibit.
> Gnosia bina dabo levato lucida ferro
> Spicula, cælatamque argento ferre bipennem :
> Omnibus hic erit unus honos.....

« Aucun des concurrens ne s'en ira sans recevoir de moi
» un présent. Je donnerai deux javelots de Crète, armés d'un
» acier poli, avec une hache garnie d'argent, à double tran-
» chant. Cette récompense sera commune à tous. »

Deux javelots unis sont sans doute des symboles d'union, et on peut dire que l'amitié de deux jeunes guerriers est une hache à deux tranchans. Énée, en assurant cette récompense à tous, était bien sûr d'y faire participer les deux amis, quel que fût l'événement de la course.

Nisus, près d'en atteindre le but, tombe par accident ; mais dans sa chute, se ressouvenant de son ami, *non oblitus amorum*, il fait tomber exprès Salius qui le suivait, et donne ainsi la victoire au jeune Euryale qui venait ensuite. Salius se plaint de la fraude, et réclame le prix qu'on lui enlève :

> Tutatur favor Euryalum, lacrymæque decoræ,
> Gratior et pulchro veniens in corpore virtus.

« Euryale a pour lui la faveur de l'assemblée, ses larmes
» généreuses, et sa vertu, d'autant plus touchante, qu'elle
» anime un beau corps. »

Il remporte le premier prix, consistant en un superbe cheval avec son harnais ; Énée dédommage Salius par la peau d'un lion dont les ongles étaient d'or, et Nisus par un excellent bouclier consacré jadis aux dieux, autre présent convenable à l'amitié.

L'épisode du neuvième livre est bien supérieur à celui des jeux, pour la partie morale ; il est consacré tout entier à l'amitié et à la vertu, comme le quatrième l'est à l'amour. Virgile, avec son art ordinaire, y fait d'abord contraster l'amitié désintéressée de ces deux jeunes gens obscurs, qui se dévouent pour la patrie, avec les alliances des nations qu'Énée était allé solliciter, et dont il n'obtient des secours qu'à force de prières.

Nisus débute par un sentiment religieux ; il dit à Euryale :

> ......Dine hunc ardorem mentibus addunt,
> Euryale? an sua cuique Deus fit dira cupido ?

« Sont-ce les dieux qui m'inspirent cette ardeur, cher Eu-
» ryale? ou chacun prend-il sa passion pour une inspiration
» divine? »

Il lui communique ensuite le projet de traverser seul, pendant la nuit, l'armée ennemie, pour savoir des nouvelles d'Énée, dont l'absence inquiétait les Troyens ; la récompense qu'il s'en propose ne doit tourner qu'au profit de son ami :

> Si tibi quæ posco promittunt.....

« S'ils me promettent ce que je demanderai pour toi. »

Euryale se plaint de ce que Nisus ne le trouve pas digne de l'accompagner dans une entreprise si dangereuse ; il lui dit ces mots touchans :

> Nise, fugis! Solum te in tanta pericula mittam ?

« Quoi, Nisus, tu me fuis! te laisserai-je seul dans de si grands périls? »

Il ajoute : « Ce n'est pas ainsi que je me suis
» formé par les instructions de mon père Opheltes
» et par l'exemple d'Énée. » Chaque vers développe une vertu ; il ajoute un sentiment d'héroïsme à ce sentiment filial :

> Est hic, est animus lucis contemptor, et istum
> Qui vita bene credat emi, quo tendis, honorem.

« Ce cœur, oui ce cœur sait aussi mépriser la mort ; il sent
» qu'il est beau d'obtenir, par le sacrifice de la vie, la gloire où
» tu aspires. »

Nisus s'excuse sur les motifs les plus vertueux :

> Te superesse velim : tua vita dignior ætas.

« Je veux que tu me survives : ton âge, plus que le mien,
» est digne de la vie. »

Il poursuit par un sentiment religieux et filial. S'il succombe, il désire que son ami lui rende des devoirs funèbres ; il craint de porter un coup mortel à la mère d'Euryale, qui, seule de toutes les mères, avait suivi son fils à l'armée.

Leurs sentimens vont en croissant d'intérêt ; ils vont rendre compte de leur projet à Iule, qui, entouré de généraux troyens, s'inquiétait de l'absence de son père Énée. Le vieux Aléthès s'écrie que les dieux n'ont point abandonné les restes de Troie, puisqu'ils inspirent tant de courage et de vertu à ces jeunes gens. Il les baigne de larmes. « Pouvons-nous, dit-il, vous donner des récom-

» penses dignes d'une si grande entreprise? mais
» les dieux et votre conscience vous donneront
» d'abord la plus belle de toutes. »

> .......... Pulcherrima primum
> Di moresque dabunt...........

Iule, après avoir relevé la grandeur de ce service, leur dit :

> Bina dabo argento perfecta atque aspera signis
> Pocula, devicta genitor quæ cepit Arisba ;
> Et tripodas geminos, auri duo magna talenta,
> Cratera antiquum, quem dat Sidonia Dido.

« Je vous donnerai deux amphores d'argent, d'une ciselure
» parfaite ; mon père les eut à la prise d'Arisba. J'y joindrai
» deux trépieds, deux talens d'or et une coupe antique, pré-
» sent de la reine Didon. »

Voici encore un reflet de l'amitié sur des présens. Deux amphores, deux trépieds pour les poser, deux talens d'or pour acheter du vin, et une coupe antique pour le boire en commun, convenaient parfaitement à deux jeunes gens liés d'une amitié si intime. Cette coupe fut donnée à Iule par Didon, sans doute lorsqu'elle épousa Énée : ainsi c'est en quelque sorte un présent de l'amour maternel ; ce qui en relève encore le prix. Mais ce don n'est rien auprès de celui que Iule promet à Euryale, qui était à peu près de son âge. Il se donne tout entier à lui :

> Te vero, mea quem spatiis propioribus ætas
> Insequitur, venerande puer, jam pectore toto
> Accipio, et comitem casus complector in omnes ;
> Nulla meis sine te quæretur gloria rebus ;
> Seu pacem, seu bella geram, tibi maxima rerum
> Verborumque fides.

« Pour vous dont l'âge approche davantage du mien, enfant
» illustre, je vous reçois dans mon cœur, et je vous adopte
» pour compagnon dans les événemens de ma vie. Je ne veux
» ambitionner aucune gloire sans la partager avec vous ; soit
» dans la paix, soit dans la guerre, vous serez l'unique confi-
» dent de mes pensées et de mes actions. »

Voyez comment se propagent les rayons purs de l'amitié ; vous allez les voir se décomposer en couleurs plus réelles que ceux de la lumière. La sensibilité d'Iule rappelle l'amour filial dans le cœur d'Euryale : moins touché de l'amitié de son prince que des besoins d'une mère qu'il laisse dans l'indigence, il dit au fils d'Énée :

> .......... Sed te super omnia dona
> Unum oro : genitrix, Priami de gente vetusta
> Est mihi, quam miseram tenuit non Ilia tellus
> Mecum excedentem, non mœnia regis Acestæ.
> Hanc ego nunc ignaram hujus quodcumque periculi est,
> Inque salutatum linquo ; nox et tua testis
> Dextera quod nequeam lacrymas perferre parentis.
> At tu, oro, solare inopem, succurre relictæ.
> Hanc sine me spem ferre tui ; audentior ibo
> In casus omnes.....

« Accordez-moi une faveur au-dessus de toutes celles que
» vous me promettez. J'ai une mère du sang illustre de Priam :
» ni les rivages de la malheureuse Troie, ni la ville du bon
» roi Aceste, n'ont pu l'empêcher de me suivre : je la laisse
» dans l'ignorance des dangers où je m'expose ; je pars sans
» lui dire adieu ; car j'en atteste la nuit et votre main sacrée,
» qu'il me serait impossible de soutenir les larmes d'une
» mère. Je vous en conjure, soulagez-la dans son indigence,
» secourez-la dans son abandon. Que j'emporte cette espé-
» rance, j'en braverai avec plus de courage tous les hasards. »

Tous versent des pleurs, et avant tous, l'aimable Iule :

> .......... Ante omnes pulcher Iulus.

Le poète lui donne ici l'épithète de beau, quoique la tristesse n'embellisse pas ; mais c'est parce qu'il verse de ces larmes auxquelles le sensible Virgile a donné ailleurs l'épithète de *decoræ*, d'embellissantes, parce que la vertu les fait répandre. L'amour filial du fils d'Opheltes a électrisé celui du fils d'Énée :

> Atque animum patriæ strinxit pietatis imago.

« Ce trait de piété paternelle pénètre son ame. »

Remarquez que l'amour filial, celui de la patrie, et même l'amour paternel, se rendent par le mot de piété : ce sont en effet trois consonnances du même sentiment religieux. Il faudrait traduire tous les vers de cet épisode, et dans un style bien supérieur au mien, si on en voulait relever les nombreuses beautés. Les deux amis s'engagent dans le camp des Rutules, où ils font un grand massacre à la faveur des ténèbres ; cependant une avant-garde de cavalerie ennemie paraît avec le point du jour ; elle se disperse dans la forêt voisine : bientôt Euryale en est environné. Nisus fuit ; mais, ne voyant plus son ami, il y rentre pour le chercher ; il l'aperçoit au milieu d'un groupe de cavaliers qui l'emmenaient prisonnier. A couvert derrière un arbre, il invoque la déesse des nuits, et lance successivement deux javelots dont il tue deux cavaliers. Volscens, leur commandant, qui ignore d'où partent les coups, veut venger leur mort par celle d'Euryale, il lève sur lui son épée ; Nisus alors se découvre, il accourt hors de lui ; il s'écrie :

> Me, me, adsum qui feci ; in me convertite ferrum,
> O Rutuli ! mea fraus omnis : nihil iste nec ausus,
> Nec potuit ; cœlum hoc et conscia sidera testor :
> Tantum infelicem nimium dilexit amicum.

« C'est moi, c'est moi, dit-il ; j'ai tout fait. Tournez contre
» moi votre fer, ô Rutules ! Seul, je suis coupable. Celui-ci ne
» l'a ni pu ni osé ; j'en atteste ce ciel et ces astres qui m'ont
» aidé : tout son crime à lui est d'avoir trop aimé un ami
» malheureux. »

La mort d'Euryale percé d'un coup d'épée par

Volscens; la fureur de Nisus qui tue Volscens à son tour et périt sur le corps de son ami; le désespoir de la mère d'Euryale lorsqu'elle aperçoit, au lever de l'aurore, la tête de son fils plantée au bout d'une pique, sur le camp des Rutules, terminent cet épisode de la manière la plus déchirante. Je demande pardon de m'y être un peu trop arrêté; mais j'ai cru devoir l'indiquer, parce qu'on y voit l'amitié la plus sublime en harmonie avec l'amour maternel et avec celui de la patrie. Virgile a renfermé dans une seule action les premiers devoirs de la vie sociale, que les moralistes n'ont mis qu'en maximes isolées.

On a plusieurs beaux traités sur l'amitié; mais je n'en connais point de tels sur l'inimitié. Ceux qui parlent du pardon des injures, y supposent tant de malice, qu'ils donnent souvent plus d'envie de se venger que de pardonner; leurs auteurs, quoique estimés, ressemblent à ces conciliateurs maladroits qui brouillent les parties au lieu de les accorder : il est cependant plus utile de savoir comment on doit se comporter avec ses ennemis qu'avec ses amis. Le cœur nous guide en amitié, nous n'avons qu'à nous laisser aller à ses affections; mais il nous égare en inimitié, si nous cédons à ses mouvemens : il en résulte des vengeances qui n'ont point de fin. Ce qu'il y a de plus fâcheux, c'est que les grandes inimitiés ne naissent guère que des grandes amitiés : témoin les haines fraternelles, fameuses dès les temps les plus reculés.

Il y a dans le cœur humain un sentiment de réaction qui nous porte à ressentir l'injure autant que le service, et à faire autant de mal à notre ennemi que de bien à notre ami : qui aime beaucoup hait beaucoup; le ressentiment est aussi vif que la reconnaissance. Les Sauvages, qui obéissent aux mouvemens de la nature, offrent à leurs amis tout ce qu'ils possèdent, leurs cabanes, leurs vivres, et quelquefois leurs femmes et leurs filles; ils changent de nom avec eux, ils pleurent de joie à leur arrivée, et de chagrin à leur départ. Mais ces hommes si aimans traitent leurs ennemis avec la haine la plus féroce : ils incendient leurs villages, ils massacrent sans pitié leurs femmes et leurs enfans, ils brûlent à petit feu leurs prisonniers de guerre, et les dévorent tous vivans. Les Grecs, si vantés, ont eu long-temps ces mœurs; et dans leur civilisation, ils écrivirent comme un éloge parfait, sur le tombeau d'un de leurs plus grands hommes, que nul ne l'avait surpassé à faire du bien à ses amis et du mal à ses ennemis.

Il y a plus, je trouve que la puissance de l'homme s'étend beaucoup plus loin en méfaits qu'en bienfaits. Nous ne saurions seuls bâtir une maison à un ami, s'il est pauvre, ni lui faire une réputation, s'il est obscur, ni lui rendre la santé, s'il est malade; mais il est aisé, sans le secours de personne, de détruire l'habitation d'un ennemi par le feu, sa renommée par la calomnie, et sa vie par le meurtre. Le ressentiment, dont les effets sont si faciles et si funestes, a donc plus besoin de lois que la reconnaissance, si souvent impuissante; il me semble que pour se gouverner dans ses inimitiés, il faut savoir se régler dans ses amitiés. Le cœur est un aimant qui a, comme nous l'avons dit, deux pôles opposés, l'un qui attire, et l'autre qui repousse, l'amour et l'ambition. L'amour peut s'égarer dans ses premières affections, et surtout par l'éducation; il y puise des dépravations, des fantaisies et des engouemens.

Pour éviter les folles amitiés et l'inconstance des inclinations communes au premier âge, j'ai desiré que chaque élève motivât publiquement le choix de son ami d'après quelques qualités louables. Comme par là nous avons dirigé les premières affections de son amour vers la vertu, il en résulte que les premières haines de son ambition se tourneront vers le vice. Cependant, comme son amour s'étend de la vertu à la personne du vertueux, son ambition pourrait passer de la haine du vice à celle du vicieux; il pourrait, par une conséquence naturelle, desirer sa destruction comme celle de tout être malfaisant : or c'est ce qu'il faut bien éviter. Notre régulateur entre ces deux passions opposées est dans notre propre cœur : c'est le sentiment combiné de l'humanité et de la Divinité; c'est lui qui nous inspire de faire à autrui ce que nous voudrions qu'on nous fît. Il se combine aisément avec la reconnaissance, qui nous montre un ami dans un homme, et il s'oppose au ressentiment en nous montrant l'homme dans notre ennemi. En vain la raison, exaltée par l'ambition, nous présente la vengeance comme une justice, la vertu nous la présente à son tour comme appartenant aux lois et encore plus à Dieu. C'est aux lois seules que nous avons abandonné le ressentiment de nos injures; mais nous nous sommes réservé la reconnaissance des bienfaits, et c'est pour cette raison que les lois humaines ne punissent pas l'ingratitude.

Aucune injure ne reste sans punition; les histoires de toutes les nations nous en offrent une infinité de preuves. Elles ont été recueillies par les écrivains les plus vertueux, qui sont aussi les plus célèbres : tels sont Homère, Xénophon, Tacite, Plutarque. On a écrit la philosophie de l'histoire pour la débarrasser de ses erreurs; on devrait bien écrire sa morale pour lui donner un but. L'histoire des nations ne prouve pas moins une Providence que celle de la nature, et il peut résulter des sociétés des hommes une théologie aussi lumineuse que de celles des insectes.

La peine suit le péché, dit Platon. Si elle ne se manifeste pas toujours aux yeux des hommes, elle n'en est pas moins dans l'ame du coupable. Plutarque a écrit sur ce sujet un fort bon traité intitulé : *Pourquoi la justice divine diffère quelquefois la punition des maléfices.* Il répond très-bien aux objections des épicuriens de son temps, qui, comme ceux du nôtre, rejetaient la Providence, parce qu'elle souffrait les méchans, et que souvent ils prospéraient. Il leur répond que les méchans sont souvent des instrumens de la vengeance de Dieu envers des peuples corrompus ; que la vie humaine la plus longue, n'étant, par rapport à lui, qu'un instant, il est égal que les méchans soient punis immédiatement après leur crime, ou vingt et trente ans après ; qu'ils sont dans la vie, avec leurs remords, comme des coupables en prison, la corde au cou, qui, au lieu d'être exécutés le matin, le sont le soir; que les délais de la justice divine étaient à leur égard un effet de sa bonté, qui leur donnait le temps de se repentir, et qu'enfin cette impunité apparente prouvait l'existence d'une autre vie après la mort, où chacun serait récompensé et puni suivant ses actions.

En effet, ce serait la plus absurde des contradictions, que la Providence s'étendît sur toute la nature, excepté sur la vie humaine. Comme nous ne développons notre raison que sur son intelligence, nous devons former notre morale sur sa justice. Il est de notre intérêt de nous y confirmer : car, étant des êtres trop faibles, nous avons besoin nous-mêmes de la clémence de Dieu et de l'indulgence des hommes. Tu ne peux, dit Marc-Aurèle parlant à lui-même, supporter les méchans, que les dieux supportent pendant l'éternité! Tu veux fuir leur malice, ce qui t'est impossible, et tu ne veux pas te débarrasser de la tienne propre, ce qui t'est possible! Si donc quelqu'un nous offense, nous pouvons nous dire à nous-mêmes : N'avons-nous jamais offensé personne ? n'avons-nous pas quelquefois médit, calomnié, méprisé, injurié? Mais, dirons-nous, ce n'était pas sans raison. On n'a jamais raison d'offenser; et, parce que notre ennemi fait une injustice envers nous, voulons-nous aussi en faire une envers lui? Mettons-nous ensuite à sa place. Si nous étions coupables à son égard, nous n'avons point à nous en plaindre; si innocens, il est dans l'erreur par rapport à nous; il hait en nous un homme qui n'y est pas. Enfin, dans ce cas même, agissons envers lui comme nous voudrions qu'il agît envers nous si nous l'avions offensé ; car certainement nous ne voudrions pas qu'il se vengeât.

Ces considérations nous seront très-utiles, surtout à l'égard de nos plus petits ennemis, dont les offenses nous paraissent d'autant plus insupportables, qu'ils sont inférieurs à nous, et qu'elles sont fréquentes : telles sont celles de nos domestiques. Nous pouvons d'abord nous dire : Si nous étions à leur place, serions-nous bien soumis à la volonté d'autrui, et bien zélés pour des intérêts qui nous sont étrangers? Tu fais du bien à ton domestique, dit un philosophe barbare, et c'est un ingrat; tu te plains qu'il est capricieux, pervers, menteur, insolent; mais s'il était parfait, crois-tu qu'il te voulût servir ?

La maxime : Vis avec ton ami comme s'il devait être un jour ton ennemi, quoique fondée sur une politique injurieuse à l'amitié, est juste au fond, car la maxime inverse est vraie : Vis avec ton ennemi comme s'il devait un jour être ton ami. A la vérité on lui en oppose une tout-à-fait contraire : Méfie-toi d'un ennemi réconcilié ; car on a fait en morale autant d'axiomes qu'on a voulu. Mais il est aisé de distinguer les vrais des faux, en les rapportant à l'utilité des hommes. Si un axiome leur convient à tous, il est bon. L'intérêt du genre humain est la pierre de touche de la vérité. Il y a encore un autre moyen de la reconnaître, c'est lorsque sa proposition inverse est évidente; car la vérité, comme le soleil, luit de tous côtés. Ceci posé, il n'est pas douteux que nous devons être modérés dans nos amitiés; car l'expérience nous prouve qu'elles se changent quelquefois en inimitiés. D'un autre côté, nous voyons aussi des inimitiés se résoudre en d'heureuses et constantes réconciliations. La clémence d'Auguste lui fit de Cinna un ami fidèle. Ce sont nos passions qui écartent de nous nos amis; mais la vertu rapproche de nous nos ennemis. Quand même elle ne nous gagnerait pas leur affection, elle nous acquerrait à coup sûr leur estime. Nous devons donc agir à leur égard comme nous desirerions qu'ils agissent avec nous. C'est pour cela que nous ne devons jamais dire d'eux, en leur absence, que le mal que nous dirions en leur présence.

Il y a un grand moyen d'arrêter le cours des inimitiés, ainsi que de toutes les passions; c'est de s'opposer à leur commencement. Vous ne mettrez un frein aux erreurs du cœur et de l'esprit qu'en les empêchant de sortir de leurs barrières. Vous ne les arrêterez pas dans leur course, si vous ne le faites au départ. Telle haine irréconciliable a commencé souvent par une légère plaisanterie.

Semblable au feu, ce n'est d'abord qu'une petite étincelle, qui produit un incendie si nous négligeons de l'éteindre.

On doit conclure de ces principes généraux, dont l'application produirait des volumes, combien nos éducations modernes sont dangereuses, puisqu'elles tendent sans cesse à donner l'essor à l'émulation, ce stimulant des passions naissantes.

L'émulation, parmi les enfans, n'est que le desir d'être le premier, et de s'élever au-dessus de ses semblables par son esprit et ses études; l'émulation, parmi les hommes, n'est aussi que le desir d'être le premier dans le monde, et de s'élever au-dessus des autres par sa fortune et son crédit; car enfin les hommes ont d'autres besoins que les enfans. Or, de cette préférence personnelle et des concurrences qu'elle fait naître, naissent évidemment tous les maux de la société. L'émulation des enfans est de même nature que l'ambition des hommes : c'est la racine du même arbre. C'est cette passion altière, que la nature nous a donnée pour subjuguer les animaux, que nous apprenons aux enfans à employer, contre leurs semblables, d'abord dans des exercices innocens, à la vérité, mais ensuite dans tous ceux de la société, lorsqu'ils seront hommes. Je reconnais dans l'enfant ambitieux, qui se couche devant un chariot attelé pour l'empêcher de déranger son jeu, l'Alcibiade qui aime mieux causer la ruine d'Athènes, que de renoncer à son ambition et à son luxe; et dans le jeune homme qui ordonne aux pirates d'applaudir à ses vers, le César qui devait recevoir un jour le sénat de Rome sans se lever.

De toutes les amitiés, il n'y en a aucune de comparable à l'amitié fraternelle. La nature a réuni autour d'elle les liens les plus forts, quand la société ne les a pas rompus dès l'enfance : ce sont ceux de la nourriture, de l'instruction, de l'exemple, de l'habitude, de la fortune. Nous avons déjà observé que tout ce qui a en soi un principe de vie a des organes en nombre pair. La nature nous a donné deux yeux, deux oreilles, deux narines, deux mains, deux pieds, pour s'entr'aider fraternellement; si elle ne nous eût donné que la moitié de nos organes, qui nous semble suffisante à la rigueur, nous n'eussions pu ni marcher, ni saisir un objet, ni pourvoir à aucun de nos besoins. Si, au contraire, elle les eût triplés, quadruplés, multipliés, elle nous eût rendus semblables aux géans de la fable, aux Briarées à cent bras, dont les fonctions se seraient empêchées les unes les autres s'ils eussent existé. Elle s'est donc bornée à réunir ensemble deux parties égales, non-seulement dans l'homme, mais dans tous les êtres organisés :

ainsi, ce n'est pas un simple mouvement qui est le principe de la vie, comme le disent les matérialistes, mais c'est une harmonie fraternelle de deux moitiés égales réunies dans le même individu. Une seule de ces moitiés ne peut pas plus vivre isolée, que triplée ou quadruplée, parce qu'alors il n'y eût point eu entre elles d'harmonie, sans laquelle la vie ne peut exister. L'ordre binaire n'est pas un effet de l'impuissance de la nature, qui n'a pu aller plus loin. En doublant nos organes, elle leur a donné un équilibre nécessaire à leurs fonctions; elle ne pouvait les multiplier dans le même individu sans en détruire l'effet, mais elle l'a augmenté en donnant des frères mêmes à l'individu. Les membres d'un corps s'entr'aident mutuellement, mais ils ne peuvent agir que dans un seul lieu, tandis que des frères peuvent agir, de concert dans des lieux différens, l'un aux champs, l'autre à la ville, l'un sous la zone torride, l'autre sous la zone glaciale : l'harmonie fraternelle peut étendre la puissance d'alliance d'un bout du monde à l'autre.

On a remarqué par tout pays, et il y a déjà long-temps, que les familles pauvres où il y avait beaucoup d'enfans prospéraient beaucoup mieux que celles où il y en avait peu. C'est, disent les bonnes gens, la bénédiction de Dieu qui vient à leur secours. Oui, sans doute, c'est une bénédiction de Dieu, attachée, comme tant d'autres, à l'exécution de ses lois. Celle-ci résulte de l'harmonie fraternelle, cette première loi de l'ordre social. Ces familles nombreuses réussissent, parce que les frères s'entr'aident, et plus ils sont en grand nombre, plus ils ont de pouvoir.

Je trouve à ce sujet, dans l'*Odyssée* d'Homère, un sentiment bien touchant, c'est lorsque Télémaque compte au nombre de ses calamités celle de n'avoir point de frère. Le poète, sensible et profond dans la connaissance de la nature, en mettant cette plainte dans la bouche du fils d'Ulysse, qui cherchait partout son père, avait sans doute senti que l'amour fraternel était une consonnance de l'amour filial. En effet, les enfans ont des ressemblances avec leurs pères et leurs mères, de telle sorte que les garçons, pour l'ordinaire, en ont plus avec leurs mères, et les filles avec leurs pères : la nature les croisant d'un sexe à l'autre pour en augmenter l'affection. Mais il y a plus; c'est que lorsqu'il y a beaucoup d'enfans, chacun d'eux est caractérisé par quelques traits particuliers de la physionomie et de l'humeur de ses parens. L'un en a le sourire, l'autre la gaieté, celui-ci le sérieux, cet autre l'attitude ou la démarche; de sorte qu'il semble que les qualités physiques et morales des pères et mères soient réparties déja entre leurs enfans, comme des portions d'héritage. Or, quand des enfans aiment sincèrement leurs parens, ils en aiment d'autant plus leurs frères par ces ressemblances qui leur en rappellent le souvenir. L'amour fraternel dépend donc beaucoup de l'amour filial, qui lui-même n'est produit que par l'amour paternel.

Quoique l'amitié exige des consonnances dans les goûts, elle admet aussi des contrastes, sans lesquels peut-être elle ne subsisterait pas. La nature en établit parmi les frères en les faisant naître les uns après les autres, quelquefois à de si grands intervalles, que le premier aura atteint la jeunesse tandis que les autres seront dans l'adolescence, et que le dernier ne sera pas sorti de l'enfance; mais ces différences, loin d'affaiblir l'amour fraternel, le fortifient. Il en est d'une famille composée de frères inégaux en âge, en caractères, en talens, comme de la main formée de doigts de diverses proportions, qui s'entr'aident beaucoup plus que s'ils étaient de force et de grandeur égales. Pour l'ordinaire, lorsqu'ils saisissent tous ensemble un objet, le pouce, comme le plus fort, serre à lui seul ce que les autres saisissent tous ensemble. Le plus petit, comme le plus faible, clot la main; ce qu'il ne pourrait faire, s'il était aussi long que les autres. Il n'y a point de jalousie entre les derniers qui travaillent moins, mais qui supportent les autres, et les premiers, qui tiennent la plume, ou ceux qui sont décorés d'un anneau. Quelque inégalité donc qu'il y ait entre les talens et les conditions des frères, il n'y a qu'une seule chose à leur inspirer, c'est la concorde, afin qu'ils puissent agir de concert comme les doigts de la main. Une des premières attentions que les parens et les instituteurs doivent avoir, est qu'il ne s'élève point de jalousies entre les frères à l'occasion de leurs jeux. Plutarque observe, dans son *Traité de l'Amitié fraternelle*, dont nous avons tiré quelques bonnes observations, « que comme des divisions qui renver-
» sèrent la Grèce de fond en comble, naquirent des
» rivalités qui s'élevèrent entre quelques citoyens
» puissans, au sujet de la faveur qu'ils accordaient
» à des baladins, de galeries et de viviers qu'ils
» avaient fait construire pour leurs passe-temps;
» de même les jalousies qui s'engendraient entre les
» frères commençaient souvent à l'occasion de quel-
» ques oiseaux, de petits chariots et autres jouets de
» l'enfance, lesquelles envies venant à croître
» avec l'âge, ils en venaient à se détester et à se
» haïr à la mort. » Je trouve donc à propos qu'au lieu de leur donner des jeux particuliers, comme on a coutume de faire pour éviter entre eux les sujets de jalousie, on leur en donne qui leur soient communs, afin de les accoutumer à vivre ensemble. Quand ils ont des jouets en propre, c'est alors que se forment les idées précoces du tien et du mien, si dangereuses surtout entre des fils et des frères, sans compter que celui qui perd ou qui rompt le sien, cherche à s'emparer de celui d'autrui. C'est la source la plus ordinaire des querelles entre les enfans comme entre les hommes.

Si l'on donne aux frères des jeux communs, il faut leur apprendre des métiers particuliers, afin d'éloigner d'eux tout sujet de rivalité. L'amour du plaisir réunit les hommes, mais celui de l'intérêt les divise. Les jeux veulent des compagnons, mais les ambitions les repoussent. Toutes les passions sont insociables.

D'ailleurs, les inclinations étant très-variées parmi les enfans, il faut laisser à chacun d'eux la liberté de suivre la sienne. Castor et Pollux, ces frères si célèbres chez les anciens par leur union, le furent aussi dans la guerre; mais l'un excellait à dresser des chevaux, et l'autre aux combats du ceste.

Cependant j'ai à citer une amitié moderne, mieux avérée que celle des jumeaux d'Élide sortis du même œuf : c'est celle des deux frères Pierre et Thomas Corneille. Ils étaient tous deux poètes tragiques, c'est-à-dire, de la profession qui supporte le plus malaisément des rivaux. On sait qu'ils vécurent ensemble sans partager leurs biens, jusqu'à leur mariage. Mais voici une anecdote ignorée qui prouve leur parfaite union : Ils occupaient à Rouen une petite maison; Thomas Corneille logeait au rez-de-chaussée, Pierre au-dessus de lui, dans un entresol qui communiquait avec le bas par un petit escalier; chacun d'eux travaillait à son ouvrage à la vue de l'autre. Thomas excellait à trouver sur-le-champ un grand nombre de rimes du même mot, Pierre n'avait pas la même facilité; mais quand il était embarrassé à chercher une rime, il s'adressait à son frère, qui aussitôt lui en donnait à choisir autant qu'il en avait besoin. Leur amitié si intime est, à mon gré, plus rare que leurs grands talens, d'autant plus qu'ils étaient inégaux en réputation. Si ces deux poètes fameux ont vécu dans une communauté de fortune, de plaisirs et de travaux, il faut l'attribuer à ce que les talens supérieurs ne sont pas susceptibles de jalousie, ou plutôt à ce que ces frères avaient été élevés ensemble dans la maison paternelle. Leur petite habitation subsistait encore dans mon enfance; je ne sais si on l'aura conservée : sans doute les Grecs en auraient fait un temple, dédié à la fois aux Muses et à l'Amitié fraternelle.

Je tiens l'anecdote que je viens de rapporter d'un M. Mustel, né en Normandie.

Comme les tableaux hideux du vice rendent ceux de la vertu encore plus aimables, il est à propos de raconter aux enfans quelques histoires de mauvais frères qui, par leur haine mutuelle, ont causé leur ruine. Tels furent Étéocle et Polynice, dont l'inimitié fut, dit-on, si grande, qu'après leur mort la flamme même du bûcher qui consumait leur corps se sépara en deux : ces haines implacables naquirent de l'émulation d'un trône. L'ambition n'est autre chose que le desir d'être le premier, et elle est la cause de tous les malheurs du genre humain. Dans sa naissance, ce n'est qu'une étincelle brillante ; mais si on l'anime, bientôt c'est un feu dévorant qui consume jusqu'à celui qui l'a allumé. Les premières fumées de ce volcan sont les envies, les intolérances, les médisances, les calomnies, l'humeur querelleuse : si vous les apercevez dans votre frère, tâchez de le ramener à la vertu par votre affection et surtout par votre exemple ; mais si vous ne le pouvez, fuyez-le, car il est atteint d'un mal contagieux, et vous vous devez encore plus au bonheur de vos semblables qu'à l'amitié fraternelle. Le vertueux Timoléon ne balança pas à abandonner son frère, qui voulait être le premier dans Corinthe, sa patrie, après avoir fait de vains efforts pour l'engager à renoncer à son ambition. A la vérité, il se repentit long-temps d'avoir consenti à sa mort, que sa mère lui avait reprochée ; mais le bon Plutarque l'a blâmé de ce remords comme d'une faiblesse de courage, et il me semble en cela s'écarter du jugement qu'il a porté sur la sévérité de Brutus à l'égard de ses fils. Pour moi, j'aime à voir deux vices lutter ensemble, parce que la destruction de l'un des deux nous présente l'apparence d'une vertu ; mais il n'en est pas de même du combat de deux vertus, car de l'anéantissement de l'une il résulte toujours l'apparence d'un vice. Ainsi, je n'aime point à voir l'amour de la patrie aux prises avec l'amour paternel ou fraternel ; c'est mettre la guerre civile dans les cieux que de la mettre entre les vertus : ce n'est pas à l'homme à les accorder, c'est à Dieu. Nous avons assez à faire de régler nos passions ; c'est à l'auteur de la nature à en maintenir les fondemens et à les rapprocher quand ils sont ébranlés.

Il ne dépend pas plus de nous de concilier deux vertus en opposition, que deux élémens ; c'est à celui qui en a créé les lois à les conserver inviolables. Nous le prions tous les jours de ne pas nous exposer à en franchir les barrières, de peur que nous ne devenions fous par notre propre sagesse, injustes par la justice, et féroces à force d'humanité. Si donc nous avons le malheur d'avoir un frère vicieux et incorrigible, il n'y a d'autre remède que de le supporter ou de le fuir. Si la patrie nous a confié l'exécution de ses lois, empêchons-le de faire du mal ; mais s'il en a fait qui demande vengeance, abstenons-nous plutôt des lois que de répandre son sang. Sous Vitellius, un frère tua son frère du parti opposé dans le combat, et en demanda la récompense. Tacite observe qu'elle lui fut refusée, sous prétexte qu'on n'était pas en état de le récompenser. Haïssons le vice dans notre propre frère, mais aimons toujours notre frère dans le vicieux. Dieu a mis sur la terre deux portes qui mènent au ciel ; il les a placées aux deux extrémités de la vie, l'une à l'entrée, l'autre à la sortie. La première est celle de l'innocence, la dernière est celle du repentir : ce n'est donc pas à l'amitié fraternelle à la fermer. Il y a des exemples de frères qui, par la seule influence de l'amitié, ont ramené des frères vicieux. L'histoire de la Chine en a conservé plusieurs, tirés de l'enfance même. Tel est entre autres celui de Xuni, successeur du fameux empereur Vaus. C'était un simple laboureur qui avait un père et des frères fort méchans ; il les réforma par sa patience. Vaus, touché de sa vertu, l'appela au trône au préjudice de ses propres enfans, dont il n'avait pas d'ailleurs à se plaindre. Comme l'amitié fraternelle est, à la Chine, un des cinq principaux devoirs de l'ordre social, on a grand soin d'en faire la base de l'instruction publique. D'un autre côté, le gouvernement y est encore plus attentif à recueillir les traits de vertu dans les enfans que dans les hommes. Il regarde les écoles comme des pépinières où les semences donnent quelquefois d'elles-mêmes des espèces nouvelles de fruits excellens, sans avoir besoin d'être greffés. Les vertus des enfans sont des dons de la nature, celles de l'homme ne sont souvent que des productions de l'art social.

Au reste, je desirerais que, dans les exemples que l'on cite aux enfans, on prît ceux des vices chez les étrangers, et ceux de la vertu dans la patrie. C'est par ce moyen que les Romains, et les Grecs surtout, ont illustré leur pays, au point qu'ils ont rendu leurs rochers plus fameux que nos montagnes, leurs ruisseaux plus que nos fleuves, et leur Méditerranée, avec ses petits archipels, plus célèbre que tout l'Océan avec les quatre parties du monde. Les Chinois ont été encore plus loin ; car, sans mêler la fable à leur illustration, leur histoire leur fournissait, il y a déja plus d'un siècle, trois mille six cent trente-six hommes illustres par des vertus ou des talens utiles à l'état, et deux cent huit filles, femmes, veuves, célèbres par leur chasteté ou leur amour conjugal. Les inscriptions, les monumens, les statues, les temples, les arcs de triomphe qu'on leur a élevés aux lieux où ils étaient nés, ou à ceux où ils avaient vécu, décorent partout les grands chemins, les montagnes, les forêts, les fleuves et les villes. Joignez-y leurs éloges historiques, les drames et les poésies en leur honneur, qui sont répandus dans toutes les bibliothèques et tous les lieux où l'on apprend à lire aux enfans, vous aurez la véritable raison de la longue durée de cet empire, et de l'attachement religieux qui lie les Chinois à leur patrie. Les exemples illustres de vertus des ancêtres font le ciment moral qui consolide toutes les parties de cet antique édifice : par lui il a résisté au débordement des Tartares et aux mines souterraines des religions étrangères. A la vérité, ils regardent le reste des hommes comme des barbares, mais autant en faisaient les Grecs et les Romains. Rome moderne elle-même ne gouverne-t-elle pas les peuples par les vies de ses saints, qu'elle leur propose à imiter? et l'exemple d'un Vincent de Paul ne sert-il pas à faire aimer et respecter sa puissance?

Pour nous, qui desirons élever des enfans, non-seulement pour leur village, mais pour le monde entier, puisque nous en voulons faire des hommes, nous pensons qu'il faut leur chercher les plus grands exemples de vertu dans tous les pays; mais lorsque le nôtre en offre d'éclatans, on doit sans doute leur donner la préférence; c'est un devoir filial qu'il faut remplir envers notre patrie, et c'est par elle que nous devons commencer à aimer le genre humain. L'amitié de Caton d'Utique pour son frère Lépidus n'a rien de plus touchant que celle de Turenne pour le duc de Bouillon, son frère. Ce grand homme, si célèbre dans la guerre, déclarait hautement qu'il lui devait tout ce qu'il savait de mieux; il n'entreprenait rien sans le consulter, et il ne supporta sa perte qu'avec une extrême douleur.

Ce que nous avons dit de l'amitié entre les frères s'entend de celle qui doit régner entre les sœurs : les femmes en sont au moins aussi capables que les hommes, et les exemples en seraient fréquens dans l'histoire, si elle ne s'occupait pas plus des talens brillans d'où résultent souvent les malheurs des nations, que des vertus obscures qui font le bonheur des familles. L'amitié des sœurs entre elles égale au moins celle des frères en affection, en constance, en désintéressement, et elle l'emporte en attentions, en délicatesse, en bienséances. Si l'amitié n'est au fond qu'une union entre deux êtres faibles et malheureux, les femmes y ont plus de part que les hommes, parce qu'elles ont plus de besoins et de faiblesse. L'amitié d'O-reste et de Pylade, qui veulent mourir l'un pour l'autre, me paraît moins touchante que celle de Myro et de sa sœur, filles du tyran d'Élée, qui, innocentes des crimes de leur père, et condamnées à mort à la fleur de leur âge et de leur beauté, se demandaient en grâce l'une à l'autre de mourir la première. L'aînée avait déja mis sa ceinture autour de son cou, en disant à sa jeune sœur de la regarder faire et de l'imiter ensuite, lorsque celle-ci la supplia de ne pas lui donner la douleur de la voir mourir. Alors Myro prit le cordon fatal, l'arrangea autour du cou de sa cadette, et, en l'embrassant, lui dit : « O ma chère sœur! je ne vous » ai jamais rien refusé de ce que vous m'avez de» mandé, recevez de moi la dernière et la plus » forte preuve de mon affection. » Puis, quand elle la vit expirée, elle couvrit son corps, et, avant de mourir elle-même, elle pria les assistans qui, malgré leur haine contre la tyrannie, fondaient en larmes, de ne pas permettre qu'il leur fût fait aucun déshonneur après leur mort.

S'il n'y a pas entre les femmes d'amitié aussi célèbre que l'amitié fraternelle des Gracques, c'est que des sœurs ne sont guère exposées à lutter contre des factions furieuses; mais souvent elles ont à combattre ensemble les infirmités, la pauvreté, la vieillesse, ces autres tyrans de la vie, d'autant plus difficiles à supporter qu'on leur résiste sans gloire. Combien de sœurs ont vieilli jusqu'au tombeau, irréprochables dans l'amitié!

Mais y a une harmonie peut-être plus touchante et plus forte que la fraternelle et la sororale, c'est l'amitié réciproque d'un frère et d'une sœur. Dans celle de frère à frère ou de sœur à sœur, il y a consonnance, mais dans celle-ci il y a, de plus, de doux contrastes. L'amitié entre les frères a je ne sais quoi de brusque et de rude, d'emporté, d'incivil; il entre quelquefois dans celle des sœurs de la faiblesse, de la politique et même de la jalousie; mais l'amitié entre le frère et la sœur est une consonnance mutuelle de faiblesse et de protection, de grâce et de vigueur, de confiance et de franchise. J'ai souvent remarqué que dans les familles où il y avait un frère et plusieurs sœurs, celui-ci était sans contredit plus doux, plus honnête et plus poli que les enfans des familles où il n'y avait que des garçons; et que dans celles où il y avait une sœur et plusieurs frères, la sœur avait plus d'instruction, plus de force dans le caractère, et moins de penchant à la superstition, que dans une famille où il n'y avait que des filles.

Plutarque, dans son *Traité de l'Amitié fraternelle*, ne cite qu'un exemple d'amitié semblable. On avait donné à une femme l'alternative de choisir de la mort de son frère ou de son fils : elle préféra celle de son fils, parce que, dit-elle, je peux bien avoir encore un autre enfant, mais de frère je ne puis, mon père et ma mère étant morts. Cependant on peut regarder comme un effet de l'harmonie fraternelle, autant que de la conjugale, la conduite des Sabines, lorsque, tout échevelées et portant entre leurs bras leurs petits enfans, elles se jetèrent entre leurs époux et leurs frères près de s'entr'égorger, et leur firent tomber les armes des mains en appelant, dit le bon Plutarque, « ores les Sabins, ores les Romains, » par les plus doux noms qui soient entre les hommes. On peut encore citer en exemple la vertueuse et infortunée Octavie, sœur d'Auguste et femme d'Antoine, dont l'amour fraternel et conjugal servit long-temps seul de barrière à l'ambition de ces deux rivaux; mais lorsque Antoine, subjugué par son amour pour Cléopâtre, eut brisé tous les liens de l'amour conjugal en chassant son épouse de sa propre maison, alors l'empire romain perdant son équilibre, qu'une femme avait maintenu, fut renversé de fond en comble.

Quelles que soient les spéculations de la politique, il est certain que les seules harmonies morales forment la chaîne qui lie toutes les parties de la société humaine. L'harmonie fraternelle fait passer les hommes par une enfance plus longue que celle des animaux, afin de former et de fortifier les premiers liens de la société par l'amour maternel; mais l'harmonie conjugale réunit tout le genre humain : elle s'embellit des enchantemens de l'amour; et c'est de son sein qu'on voit sortir ces tendresses ravissantes qui unissent les enfans à leurs mères et les hommes à leur patrie.

## LIVRE HUITIÈME.

### HARMONIES CONJUGALES.

L'amour est un sentiment moral dans les enfans, qui se manifeste en eux bien avant le développement des sexes. Ils sont d'abord très-sensibles à la beauté, et ils ont, pour la reconnaître, un tact souvent plus sûr que celui des hommes. Amenez un petit garçon dans un cercle de femmes : il va à coup sûr porter ses caresses à la plus belle; et si c'est une petite fille au milieu d'une société d'hommes, elle ira, toute honteuse, se réfugier auprès du plus aimable; mais les gens laids, et surtout les vieillards décrépits, leur répugnent singulièrement. Jean-Jacques m'a raconté que les auteurs de l'*Encyclopédie* ayant donné entre eux un bal où il se trouva, ils imaginèrent d'en faire faire l'ouverture par Fontenelle, qui avait alors plus de quatre-vingt-dix ans, et une petite fille fort aimable, qui en avait sept à huit. Mais à peine eut-elle jeté les yeux sur le front ridé de Fontenelle et sur ses joues pendantes et terreuses, qu'elle retira sa main et se mit à pleurer. Le Nestor de la philosophie en fut affecté. Il dut, sans doute, trouver fort étrange, lui qui était si recherché par toutes les classes de la société, de se voir repoussé par un enfant uniquement sensible à l'instinct de la nature. Il sentit alors, malgré les grâces toujours nouvelles de son esprit, toute la décrépitude de son corps, par l'effroi qu'elle inspirait à l'enfance, et que les deux extrémités de la carrière humaine ne formaient qu'un contraste hideux du commencement de la vie et du commencement de la mort.

Mais les enfans recherchent avec ardeur la société des enfans de leur âge, et les plus beaux sont toujours entre eux les plus fêtés; leur affection se détermine souvent en faveur d'un de leurs compagnons exclusivement aux autres. La jeune fille, en cherchant à plaire à un garçon, est en garde contre lui; elle veut à la fois lui inspirer de l'amour et du respect, par un instinct combiné de coquetterie et de pudeur. Pour lui, il est déjà rempli pour elle d'égards et de soins attentifs. Quel est celui qui ne s'est pas amusé cent fois des jeux de ces amans enfans, de leurs promesses de s'aimer toujours, des noms de mari et de femme qu'ils se donnent mutuellement, de leurs jalousies et de tous les mouvemens de cette passion inquiète, d'autant plus naturels, qu'ils ne se règlent point sur les préjugés de la société ? Il se forme entre eux quelquefois des affections si violentes, qu'on en a vu sécher et mourir de jalousie; et cette maladie morale et physique est assez commune parmi les filles, qui, dans la plus tendre enfance, en deviennent quelquefois toutes jaunes. De ces affections innées dans les deux sexes se composent des mœurs qui annoncent déjà la différence de leurs caractères. A peine une jeune fille sait-elle marcher, qu'elle aime à se regarder dans un miroir et à s'occuper de sa parure; déjà elle prend des soins maternels de sa poupée. Dès qu'elle sait parler, elle s'exerce à chanter. De toutes les chansons, elle préfère celles d'amour. La plus réservée et la plus silencieuse en recueille de toutes les sortes, pour l'absence, pour la rupture, pour la réconciliation, etc.; elle y renferme toute sa politique et sa morale. Quant au garçon, il sent déjà qu'il doit protéger l'objet qu'il aimera. Négligé dans son costume, il ne songe qu'aux armes et à leur exercice. Il aime à faire résonner des instrumens bruyans, des trompettes, des tambours; à courir, à sauter, à grimper, et il est au comble du bonheur quand il a en sa disposition l'apparence d'un fusil ou d'un sabre. Déja le sentiment de la guerre contraste dans les deux sexes avec celui des amours, et annonce que l'un est fait pour être aimé et protégé, et l'autre pour aimer et pour combattre.

Traçons donc à l'un et à l'autre les devoirs de l'amour, avant que ce sentiment naturel se corrompe en eux par les mœurs de la société. Montrons-leur-en les lois saintes répandues dans tous les ouvrages de la nature, en les réunissant les uns aux autres par l'harmonie conjugale. Ouvrons dès sa source un canal à ce torrent, afin que lorsqu'il se précipitera des montagnes, il ne ravage pas les terres qu'il doit féconder.

En vain la sagesse divine avait harmonié entre elles les couleurs et les formes des êtres : tout était sans mouvement et sans vie, parce que tout était sans amour. Ainsi, le plus beau tableau n'offre que des surfaces, et le groupe de sculpture le plus parfait que l'immobilité, parce qu'ils sont sans vie, étant l'ouvrage des hommes. Quand de nouveaux Vaucansons tenteraient de leur donner quelques mouvemens par le feu, par les aimans, par l'organisation la plus savante, ils ne pourraient les animer, parce que la vie est un élément du ciel. Il n'appartient qu'à Dieu de la donner; et ce fut l'amour que l'Éternel doua de cette puissance. Il secoua son flambeau sur l'univers : aussitôt les astres s'embrasèrent d'un feu éternel. La terre, glacée et ténébreuse, fut attirée par le soleil, et, roulant sur elle-même, lui présenta tour à tour ses pôles. Son océan circula autour d'elle, son atmosphère fut ébranlée, des vents opposés soufflèrent sur ses divers horizons. Des nuages s'élevèrent de dessus ses mers, firent étinceler les airs d'or et de vermillon, et retombant en pluies fécondantes, coulèrent en ruisseaux sur les flancs des montagnes, fertilisèrent les plaines et vinrent se réunir aux mers. Les végétaux se couvrirent de fleurs et de fruits. Les animaux formèrent leurs nids sous leurs ombrages et y firent entendre mille et mille concerts. L'homme, ravi de tant de beautés, ne savait où porter ses pas incertains, lorsqu'il se sentit attiré par un être qui lui parut une autre moitié de lui-même; elle était semblable à lui et différente de lui. Ce qu'il avait en force, elle l'avait en grâces; elle réunissait tout ce que les objets de la nature ont de plus doux en couleurs, en formes, en mouvemens. Il lui adressa ses premières paroles et ses plus vives affections : elle lui répondit par des paroles plus touchantes et des affections plus tendres : ainsi la lune réfléchit les rayons du soleil par une lueur plus amie des yeux. Il s'avança vers elle, elle s'arrêta. Il lui présenta la main, elle lui offrit la sienne; elle se troubla, il fut troublé à son tour. L'univers lui avait donné la connaissance d'un Dieu, l'amour lui en donna le sentiment.

Dans l'origine du monde, toutes les harmonies de la création durent paraître avec le soleil; il dut y avoir à la fois une nuit et un jour, un hiver et un été, un printemps et un automne, des fleuves et des glaciers, des sables et des rochers; il y eut à la fois des herbes naissantes propres à servir de pâture aux animaux, et des arbres caverneux pour leur donner des asiles; des animaux enfans qui tétaient leurs mères, et d'autres caducs pour fournir de la proie aux carnivores. Dans la suite, les périodes de la vie furent réglées sur celles de l'astre de la lumière, chaque être les parcourut tour à tour; mais il y en a dont la durée resta fixée à chacune de ces harmonies : il y en eut qui ne vécurent qu'un jour, d'autres un mois lunaire, d'autres une saison, d'autres une année solaire, d'autres des cycles planétaires.

La lune surtout paraît présider aux amours; et ce n'était pas sans raison que, chez les anciens, les uns la regardaient comme Vénus, d'autres la priaient de rendre les accouchemens heureux. Chaque mois lunaire, aux Indes, le bambou produit une tige nouvelle, et le cocotier une nouvelle grappe de fruits; l'oranger donne les siens aux deux équinoxes, d'autres végétaux aux solstices; un grand nombre une fois par an, et quelques-uns tous les deux ans; la plupart ont leurs pousses réglées aux équinoxes et aux mois lunaires. Ces lois s'étendent sans doute aux végétaux de nos climats; mais elles se manifestent partout dans les amours des animaux : celles des poissons sont réglées, pour la plupart, sur les phases principales de la lune et du soleil, qui en est le premier mobile. Cependant, quoiqu'il y ait des amours et des générations dans les temps intermédiaires, il n'en faut pas conclure qu'ils ne soient pas en rapport avec ces astres : tous les êtres sublunaires sont ordonnés au soleil, comme les corps planétaires eux-mêmes; et quoique les révolutions de ceux-ci ne se rencontrent pas précisément avec celles de la terre autour de cet astre, il n'en est pas moins vrai qu'il est le mobile de tous leurs mouvemens comme de celui de notre globe. Il est, dans cette vaste machine de l'univers, comme une grande roue qui communique le mouvement à une infinité de petites bobèches, non à toutes à la fois, mais successivement et suivant les rapports que ces êtres ont avec lui, et peut-être suivant les latitudes où ils ont d'abord été placés. Cette loi peut servir à connaître les végétaux et les animaux qui sont indigènes à chaque climat. Le sapin et le cèdre fleurissent au mois de juin; le noyer, au contraire, originaire des Indes, donne ses fleurs avant ses feuilles en avril, ainsi que le coudrier. Le renne du nord cherche sa femelle à l'équinoxe de septembre, parce que c'est à cette époque que les neiges sont tout-à-fait fondues dans les régions boréales, et qu'ayant d'abondantes pâtures, il acquiert une surabondance de vie. Comme il est fait pour vivre aux dernières limites de notre globe habitable, il entre en amour à la fin de notre année hémisphérique. Cependant la vie des animaux carnivores étant en quelque sorte greffée sur celle des frugivores, elle s'étend plus loin et remplit la sphère entière de l'année, comme celle de notre globe : les régions de l'hiver et de la mort sont les berceaux de ces destructeurs de la vie. Ils s'unissent dans la saison qui leur offre d'abondantes proies, et qui fait périr par sa rigueur un grand nombre d'êtres dont la vie même n'est qu'annuelle. Ainsi le renard connaît l'amour en hiver et met bas ses petits en avril, lorsque les espèces frugivores ne font que commencer à concevoir dans nos climats. Cet animal, que la nature a revêtu de la plus chaude des fourrures, est aussi le quadrupède qui vit dans les pays les plus reculés du nord. Il s'avance, à la clarté de la lune et des aurores boréales, dans les nuits de la zone glaciale, qui effraient l'ours blanc et le forcent de se rapprocher des contrées éclairées du soleil qu'il ne perd jamais de vue. On voit donc que la lune influe encore, en hiver et au pôle, sur les amours du renard comme sur celles des animaux de nuit dans nos climats. Ainsi la Providence, qui la fait lever en l'absence du soleil sur ces régions désertes et glacées où elle ne disparaît jamais de dessus l'horizon lorsqu'elle est pleine, a voulu qu'il y eût aussi des animaux pour en jouir habituellement.

L'homme parvient, dit-on, à la puberté à douze ans dans la zone torride, et à seize dans la zone glaciale. On assure aussi que la femme, dans certaines parties de l'Afrique et des Indes, devient capable d'être mère à l'âge de dix ans, et qu'elle ne peut plus le devenir après trente ans. Si cela est, il n'est donc pas vrai que les développemens de la vie soient proportionnés à sa durée, comme le prétendent quelques naturalistes, entre autres Buffon. Car, si l'enfance de l'homme est plus courte dans les contrées chaudes du globe que dans les froides, il s'ensuit que sa vieillesse doit y être aussi plus précoce, et par conséquent qu'il doit y vivre moins long-temps. Or, c'est ce qui n'est pas. Les brames des Indes vivent souvent au-delà de cent ans, et les vieillards ne sont pas plus communs en Russie que dans les pays chauds. Il y a plus; j'ai observé à l'île de France que les enfans de dix à douze ans dans les deux sexes, parmi les Nègres mêmes ' n'étaient ni plus forts ni plus formés que ceux de Pétersbourg du même âge, et que ce n'était que vers dix-huit et vingt ans que les uns et les autres acquéraient la taille et les forces d'un homme. La femme seule, dans tous les climats, parvient avant l'homme à l'âge adulte, et cesse d'être féconde bien avant lui. Elle trouve dans ses enfans, devenus des hommes, des protecteurs, lorsque son époux n'y voit souvent que des rivaux. D'ailleurs cette Providence, qui lie entre elles toutes les générations, a peut-être voulu que les soins d'une mère s'étendissent encore à ses petits-enfans, qu'elle aidât sa fille de son expérience et de ses soins dans leur longue et pénible éducation, comme elle avait été aidée elle-même de sa propre mère dans des circonstances semblables : ce qui ne serait pas arrivé, si elle avait pu engendrer, comme l'homme, jusque dans la vieillesse. Quoi qu'il en soit, l'un et l'autre ont des enfans dans toutes les saisons et dans toutes les latitudes de la terre, en quoi ils sont exceptés seuls de tous les animaux, dont chaque espèce a des temps, des âges et des climats déterminés pour les amours.

Quoique l'harmonie conjugale existe toujours pour la nature, ainsi que pour l'homme, dans quelque partie de la terre, c'est au mois de mai que tous les êtres entrent, pour ainsi dire, en amour dans nos climats. Le soleil, qui en est le premier mobile, est, vers le milieu de ce mois, à douze degrés de l'équateur et à trente-six degrés environ de nous, et la lune à douze degrés sud; ce qui met entre ces deux astres une distance égale à la moitié de la zone torride. Nous recevons alors une partie de son influence, comme nous la recevons tout entière lorsque, vers la fin de juin, le soleil, au solstice d'été, et la lune, au solstice d'hiver, embrassent tout l'espace renfermé entre les tropiques.

Non-seulement le soleil, en été, dilate notre atmosphère, mais il doit exercer la même puissance sur la mer. Si l'air échauffé monte dans un thermomètre, l'Océan doit monter dans son bassin et augmenter sa pente; si une verge de fer s'allonge échauffée, ainsi l'hémisphère terrestre, rempli de minéraux, doit se dilater, et la pente des eaux doit être plus forte vers l'hémisphère opposé.

Jetons un coup d'œil sur les harmonies des puissances de la nature au mois de mai, nous les verrons se conjuguer comme celles de ces deux astres. Le soleil, qui est le premier mobile de toute harmonie, en produit d'abord une principale avec lui-même par sa présence et son absence. De ces deux contrastes naissent la lumière et l'ombre, le chaud et le froid, l'aurore et le couchant, le jour et la nuit, l'été et l'hiver. Ses rayons se conjuguent ensuite avec notre atmosphère; comme ils la dilatent à mesure qu'ils s'élèvent sur notre horizon, ils la forcent de fluer du nord vers le midi, où elle est le plus raréfiée : c'est par cette raison que le mois de mai n'est jamais chaud dans notre climat. Souvent ce mois et une partie de celui d'avril y sont d'une grande sécheresse, et les plantes, qui ont alors le plus grand besoin d'eau, puisqu'elles sont dans toute l'activité de la végétation, languiraient, si la nature ne suppléait aux pluies du ciel par les rosées abondantes de la terre. Ces rosées sont dues, d'une part, à la transpiration de la terre, pénétrée de pluies pendant l'hiver, et échauffée actuellement par le soleil ; et de l'autre, à la fraîcheur de l'atmosphère qui en condense la nuit les vapeurs sur les plantes, sous la forme de rosée, au point de l'y réduire quelquefois en gelée blanche. Ce contraste du chaud et du froid paraît au reste plus favorable à la végétation des plantes indigènes à nos climats qu'une atmosphère chaude; car elles croissent avec plus de vigueur dans ces mois que dans ceux qui sont les plus chauds de l'année ; et la violette croît sur les lisières des neiges des Alpes, plus vive en couleurs et plus odorante que dans les plaines du Roussillon : tant il est vrai que les contrastes font partie de l'harmonie conjugale. Ceux de la lumière et de l'air se font sentir, surtout dans cette saison, sur les nuages, condensés à la fois par le froid de l'atmosphère supérieure et par celui du vent du nord ; car c'est alors qu'ils brillent des plus riches couleurs au lever et au coucher du soleil.

L'Océan et la terre sont conjugués entre eux comme l'air et la lumière, mais dans une autre proportion. La lumière ne part que d'un point du ciel, et l'air forme autour de la terre une sphère entière qui la rassemble et la modifie, comme un verre convexe ou comme le cristallin de l'œil : mais l'Océan et la terre ont chacun leur hémisphère. Le premier, dans la partie du sud, est mêlé de terre; et la seconde, dans la partie du nord, est mêlée d'eau.

Quoique l'Océan soit plus étendu que la terre, les mers et les continens du globe sont entrelacés, de manière que quand notre hémisphère terrestre a l'hiver, il est réchauffé par l'hémisphère aquatique, qui, étant dans son été, envoie les glaces polaires vers lui de la zone torride ; et quand celui-ci est dans son hiver, il est attiédi à son tour par les fontes de notre pôle, qui viennent aussi à lui à travers la zone torride. C'est ainsi que les hivers du détroit de Magellan sont beaucoup plus tempérés que ses étés, comme l'a observé Forster par la végétation de ces contrées ; et cela vient sans doute de ce que ce détroit reçoit directement, dans son été, les courans de la zone glaciale, et dans son hiver ceux de la zone torride. C'est par une raison semblable que les hivers des côtes de Norwége, de l'Angleterre, de la Normandie et de la Bretagne sont bien moins froids que ceux de l'intérieur de ces mêmes contrées, et que leurs étés le sont beaucoup plus. Le myrte croît naturellement sur les côtes de Normandie, et le figuier n'y gèle point en hiver ; mais la vigne peut à peine y mûrir ses fruits en été. On ne peut expliquer que par l'influence des courans de l'Océan qui viennent directement des pôles ou de l'équateur, les températures si différentes des îles même de la zone torride, quoique situées dans les mêmes latitudes, et ayant la même élévation dans l'atmosphère. Les îles Moluques sont beaucoup plus chaudes que les îles Antilles, parce que la projection de l'Asie vers l'orient les met à l'abri des courans froids, qui émanent directement du pôle nord en été.

Les fleuves sont conjugués avec leurs îles comme l'Océan avec les continens ; ils leur portent la fécondité en variant leur température. Il y a encore d'autres conjugaisons entre l'élément liquide et le solide : l'eau, par ses reflets, répète les formes de la terre, et la terre, par ses échos, les mouvemens de l'eau. Ces consonnances et ces contrastes sont la source d'une multitude d'harmonies ravissantes et du plaisir que nous éprouvons à faire des voyages de terre le long de l'eau, et des voyages sur l'eau le long de la terre. Il est certain qu'elles augmentent notre existence. Pendant le mois de mai, ce serait une question de savoir si la surabondance de vie, qui est alors répandue dans notre hémisphère et qui se manifeste dans les couleurs du firmament, dans les parfums de l'atmosphère exhalés de végétaux, dans les courans des eaux plus limpides, dans la floraison des végétaux, dans les amours des animaux, ne se fait pas sentir même aux fossiles, et si l'aimant, par exemple, n'a pas alors plus d'activité. Cette question pourra paraître oiseuse à des physiciens qui ne sont pas naturalistes ; mais lorsque Christophe Colomb allait à la découverte du Nouveau-Monde, il s'aperçut que la boussole, nord-ouest pendant la nuit, se rapprochait le matin de l'étoile polaire. Je crois même que ce grand homme est le premier qui ait observé sa variation. Si donc l'aimant éprouve des changemens réguliers à certaines heures du jour, comme d'autres physiciens l'ont confirmé, pourquoi n'en éprouverait-il pas de semblables à certaines saisons de l'année?

Quoi qu'il en soit, l'harmonie conjugale, dans nos climats, se fait sentir dans tous les êtres organisés, particulièrement au mois de mai : elle commence d'abord par les végétaux. Lorsqu'ils ont acquis, après une certaine révolution de jours, de mois ou d'années, la propriété admirable de se reproduire, ils deviennent adultes, ils manifestent au dehors les organes de l'amour renfermés dans leurs fleurs; on y distingue les parties sexuelles du mâle et de la femelle. Celles du mâle sont formées pour l'ordinaire de petits corps ovoïdes, ou lobes appelés anthères, suspendus en équilibre à des filets nommés étamines; ils sont jaunes dans la fleur du lis, et noirs dans celle de la tulipe. On les nomme anthères, du grec ανθηρὸς, fleuri, agréable, formé de ἄνθος, fleur, et peut-être de ἐραν aimer. Si ce nom leur a été donné par les Grecs, auxquels nous devons, dans l'origine, les noms de notre botanique, ainsi que ceux de presque toutes nos sciences, cela prouve qu'ils avaient reconnu le sexe masculin dans les plantes, puisque cette partie renferme une poussière qui en féconde la séve femelle. Nous observerons aussi que cette organisation, qui résulte d'une des lois fondamentales de la nature, a été tellement méconnue de Tournefort, le grand restaurateur de notre botanique, qu'il n'a jamais considéré le pollen ou poussière fécondante de l'anthère que comme un excrément qui n'était d'aucune utilité. On en doit conclure que les anciens avaient fait bien des découvertes dont les modernes se sont fait honneur, et que ceux-ci ne doivent jamais y opposer, comme une autorité, l'ignorance ou l'erreur d'un savant, quelque éclairé qu'il soit ; car on ne peut disconvenir que Tournefort n'ait d'ailleurs autant de connaissances en botanique que Newton pouvait en avoir en astronomie. Au centre des anthères est, pour l'ordinaire, l'utérus ou l'organe femelle de la fleur, appelé pistil, peut-être du nom grec, πίστις foi, confiance : c'est un tuyau destiné à recevoir les poussières des étamines. Il est composé de trois parties : du stigmate, espèce de bourrelet fendu, qui reçoit le pollen; du style, tuyau fistuleux qui le conduit à l'ovaire sans le perdre; et de l'ovaire, qui renferme la semence ou le fruit. Toutes ces parties sont très-sensibles dans la plupart des fleurs, telles que celles du lis, du pommier, qui ne sont qu'une agrégation de plusieurs mâles divisés et rangés en cercle autour du pistil, qui réunit plusieurs femelles. Il est remarquable que les anthères, ou parties mâles, protégent la partie femelle, en l'environnant et en la couvrant jusqu'à son développement. Ce caractère de protection dans les mâles semble commun à beaucoup de fleurs comme à beaucoup d'animaux. Dans plusieurs végétaux, les parties mâles sont séparées des femelles, et y présentent des fleurs de formes différentes : telles sont celles du coudrier, du châtaignier, du melon, etc., où la fleur mâle se distingue de la femelle, qui porte le fruit, par l'émanation d'une poussière jaune qui la féconde. Les fleurs mâles du coudrier, qui paraissent dès l'hiver, se manifestent sous la forme de chenilles suspendues aux branches, et les fleurs femelles, qui produisent les noisettes, se trouvent sur l'écorce en petits filets d'un pourpre vif.

Dans d'autres végétaux, les fleurs mâles et les femelles sont séparées sur des individus différens : tels sont le palmier-dattier, le papayer, le pistachier, l'orme, etc. Il est remarquable que les arbres mâles de ces espèces sont plus élevés que les femelles, afin que les vents puissent apporter à celles-ci les poussières fécondantes. La fécondation des femelles s'opère de fort loin, et souvent par l'entremise des insectes, entre autres des abeilles, qui recueillent sur les mâles le pollen dont elles composent leur cire, et vont ensuite sur les arbres femelles recueillir le miel de leurs nectaires.

Le nectaire est un réservoir qui contient un nectar ou liqueur plus ou moins sucrée; il est pour l'ordinaire situé dans la corolle au bas des pétales, et recouvert d'une petite coquille. On en ignore l'usage par rapport à la plante, dont il nourrit peut-être la semence dans l'état de fœtus ; mais il est évident qu'il sert aux besoins de beaucoup d'insectes, tels que és mouches à miel et les papillons. C'est sans doute pour cette raison que la nature a donné, en général, aux végétaux beaucoup plus de fleurs qu'ils ne peuvent rapporter de fruits.

La corolle, ainsi nommée parce qu'elle ressemble souvent à une couronne, est l'ensemble des pétales, et les pétales sont des feuilles de la corolle, et forment la partie la plus brillante de la fleur. Leur usage est de préserver les parties sexuelles qui les entourent, des injures de l'air et de la pluie; mais elles en ont un bien plus étendu, et dont, que je sache, aucun botaniste n'a parlé jusqu'à nous; c'est de réverbérer les rayons du soleil sur les sexes mêmes de la fleur, et d'en accélérer la fécondation.

La nature, après avoir réchauffé les parties sexuelles des plantes par une corolle, protége la corolle à son tour par le calice. Le calice, ainsi nommé du grec κύλιξ, coupe, quoiqu'il n'en ait pas toujours la forme, est l'enveloppe la plus extérieure de la corolle, et la soutient lorsqu'elle est épanouie. Il est charnu dans le rosier et divisé en cinq parties; on l'appelle alors périanthe, des deux mots grecs περὶ auprès, autour, et ἄνθος, fleur, adjoint, pour ainsi dire, à la fleur; sans doute parce qu'il est adhérent à l'ovaire. Il est à remarquer que les fleurs isolées n'ont point, pour l'ordinaire, de calice : telle est la tulipe; mais celles qui naissent dans des buissons et sur des branches, où elles sont exposées à se heurter par l'action des vents, sont plus ou moins protégées par des calices, qui prennent alors différens noms, comme ceux de périanthe, d'enveloppe, de spathe, de balle, de chaton, de coiffe et de bourre.

C'est dans l'état de floraison que les plantes ont acquis toute leur beauté, c'est aussi par les fleurs que les botanistes les caractérisent; cependant elles n'acquièrent toute leur perfection que dans l'état de fructification. Ainsi, le célèbre Linnée, qui les caractérise par les fleurs, semble avoir moins approché du système de la nature que Tournefort, qui les caractérise par les fruits.

L'harmonie conjugale non-seulement lie entre eux les végétaux du même sexe, mais elle en rapproche les genres par des contrastes, comme l'harmonie fraternelle en réunit les espèces par des consonnances. Comment connaîtrons-nous donc les rapports qui existent d'espece à espèce, ou de genre à genre, puisqu'à peine nous étudions ceux qui existent entre les membres du même individu? Cependant les espèces si variées, les genres si différens, et les puissances mêmes de la nature, qui semblent lutter sans cesse entre elles, ne sont que des membres de son grand corps, qui se correspondent entre eux. Au défaut de livres qui puissent nous guider dans ces profondes études, consultons notre cœur, et guidons-nous dans les recherches de la science par le sentiment du plaisir.

Nous avons observé que nous en goûtions un très-touchant à la vue d'un groupe d'arbres plantés dans l'ordre fraternel dans lequel leurs semences sont nées : tel est celui que nous font éprouver des pins disposés en cône au sommet d'une montagne, ou un vignoble disposé en forme de grappes autour d'une colline. Mais nous en sentons un bien plus grand, lorsque nous voyons les genres des végétaux dans leurs divers contrastes, tels que les sapins sombres du nord, qui s'harmonient avec les bouleaux d'un vert naissant, et les vignes rampantes du midi avec les peupliers pyramidaux. Un vieux chêne qui brave les tempêtes et les siècles nous paraît bien intéressant; mais il ne l'est jamais plus que quand un jeune chèvrefeuille entoure son tronc caverneux de guirlandes de fleurs.

L'harmonie conjugale est la source de ce plaisir ineffable que nous éprouvons lorsque nous rencontrons harmoniés entre eux par la nature, le long des ruisseaux, les roseaux et les nymphæa; dans les prairies, les graminées et les trèfles, les aunes et les saules; sur les lisières des bois, la primevère et la violette; et, dans leurs profondeurs, les lierres et les hêtres. Quelques-uns croient que, comme il y a des sympathies entre les végétaux, il y a aussi des antipathies. Les moisissures, les mousses, les guis, les agarics, les scolopendres, et la plupart des plantes parasites, semblent nées pour la destruction; mais la végétation n'exerce qu'une puissance innocente. La guerre n'entre point dans les plans de la nature comme une compensation nécessaire des amours. L'Être tout bon n'a pas fait le bien pour avoir occasion de faire le mal; il a donné des bornes à la végétation des plantes, non dans des haines innées, mais dans les besoins des animaux qui les pâturent. S'il en a armé plusieurs d'épines, ce ne sont pour elles que des armes défensives; elles ne leur servent point pour exercer entre elles des hostilités, et si elles en font des plaies à leurs ennemis, ce sont leurs ennemis qui s'en blessent eux-mêmes.

Quant aux plantes qui semblent vivre aux dépens des arbres, et contribuer à leur destruction, comme les mousses et les lichens, il est probable, quoi qu'en disent quelques cultivateurs, qu'elles leur sont utiles et qu'elles les revêtent en quelque sorte contre les rigueurs du froid. Les sapins, les mélèzes, aux extrémités du nord, en ont la tige et les branches couvertes comme d'une longue toison, et ils n'en croissent pas moins avec la végétation la plus vigoureuse. Si quelquefois, à la vérité, dans nos climats, le lierre, par ses étreintes, fait périr le jeune arbre qu'il embrasse, c'est moins le résultat d'une lutte offensive que d'une amitié trop imprudente. Loin d'épuiser son ami en lui enlevant sa substance, il semble encore, long-temps après sa mort, le rappeler à la vie en couvrant son corps desséché des festons d'une verdure éternelle.

Les animaux mêmes sont sensibles aux harmonies conjugales des végétaux. Ce n'est point dans nos guérets, où nos plantes domestiques, divisées en champs et en longues avenues, ne présentent que des consonnances monotones des mêmes espèces, que les animaux aiment à se livrer aux douceurs de l'harmonie conjugale; c'est dans les lieux où les montagnes s'harmonient avec les fleuves, les bois avec les prairies, les arbres majestueux des forêts avec les humbles buissons de leurs clairières; c'est au milieu des échos des rochers et des reflets des ruisseaux, qu'ils se plaisent à séduire par l'harmonie de leurs sons ou de leurs formes les objets de leurs amours. C'est là que le coq de bruyère au pied d'un pin, la poule d'eau dans les roseaux, s'unissent à leurs compagnes. Les systèmes de nos botaniques et de nos zoologies ne s'occupent point des harmonies des végétaux; mais le plaisir qu'elles font prouve que la nature en a répandu les lois dans tous ses ouvrages, et en a mis le sentiment dans tous les cœurs.

L'harmonie conjugale s'étend sur les animaux bien plus loin que sur les végétaux. Des animaux parviennent à la puberté dans l'espace d'un jour, comme les insectes éphémères; d'autres au bout d'un mois lunaire, d'une saison, d'un an, et peut-être d'un grand nombre d'années, tels que le rotifère, qui peut rester des siècles dans un état de léthargie, qui, à la vérité, n'est ni la vie ni la mort. Les périodes de l'existence sont ordonnées avec celle des astres, et c'est aux limites des êtres organisés de notre globe qu'on découvrira peut-être celles d'un nouveau monde.

Les animaux ont, comme les plantes, des sexes qui en divisent chaque espèce en mâles et en femelles. Les uns les réunissent dans le même individu, comme le limaçon, qui est hermaphrodite. Cependant cet animal ne peut se reproduire seul. Il a besoin d'un être semblable à lui pour trouver à la fois une épouse et un époux; ainsi d'une seule union naissent deux générations. L'espèce appelée incoque peut reproduire une nouvelle tête, lorsqu'on la lui a coupée, ainsi que Voltaire assure en avoir fait plusieurs fois l'expérience. Cet animal se reproduit donc malgré les mutilations; de plus il est aveugle, et lance, comme on sait, des flèches à l'objet aimé.

Nous croyons entrevoir ici la raison pour laquelle la nature a réuni les organes des deux sexes dans la plupart des fleurs, c'est parce que les plantes sont insensibles, et que, n'ayant point de mouvement propre, elles ne peuvent communiquer entre elles. Lorsque la nature sépare les sexes dans le même végétal, ou sur des individus différens, comme dans les palmiers, elle emploie les insectes volatiles, qui recueillent leur pollen pour les féconder; car cette voie me paraît bien plus certaine que celle des vents, auxquels on l'attribue ordi-

nairement. Mais les animaux étant doués de passions et de la faculté de se transporter où ils veulent, il résulte de leur amour un ordre moral auquel la nature ramène tout l'ordre physique. Un animal donc qui pourrait se reproduire tout seul, en réunissant en lui les deux sexes, s'aimerait uniquement et formerait un chaînon détaché de la chaîne des êtres.

Cependant nous sommes obligés de dire que le puceron, dont les espèces innombrables sont répandues partout, a l'étrange propriété de reproduire de lui-même des petits, quoiqu'il y ait dans ce genre d'animaux des mâles qui ont des ailes pour se transporter où ils veulent : Bonnet en a fait de charmantes expériences. Il reçut un puceron au moment de sa naissance, et l'éleva solitairement. Celui-ci, sans avoir communiqué avec aucun être de son espèce, produisit ses petits; un de ses petits, séquestré de même, produisit une nouvelle génération, et Bonnet en obtint ainsi cinq consécutives sans le secours d'aucun mâle, pendant l'espace de cinq semaines. Il alla jusqu'à la septième, et même la neuvième pendant le cours d'un été. Il en conclut que ces générations successives ont été opérées dans la première mère, par le mâle qui avait fécondé en automne l'œuf dont elle sortit au printemps suivant; car il est très-remarquable que le puceron, vivipare en été, devient ovipare en automne.

On doit conclure de là que les lois générales, ainsi nommées parce qu'elles conviennent à tous les genres, sont cependant subordonnées à des lois particulières. Le puceron, sans défense et d'une construction très-délicate, destiné à servir de pâture à une infinité d'insectes et d'oiseaux qui en nourrissent leurs petits, devait se reproduire en été, non-seulement par les voies ordinaires de la multiplication, mais par des moyens merveilleux, sans lesquels il aurait bientôt été anéanti. Il met donc au monde ses petits tout formés et fécondés jusqu'à la neuvième génération.

Comme il n'a en lui-même aucun moyen d'émigration, il est emporté par les vents sur les feuilles voisines, où il reproduit lui seul toute sa postérité; mais en automne, lorsque l'hiver s'approche, comme elle ne pourrait alors trouver à vivre, elle est fécondée par des pucerons mâles, auxquels il vient des ailes, ainsi qu'aux mâles des fourmis, et alors, quoique née vivipare, elle devient ovipare, et ses petits, renfermés dans des œufs, sont abrités de la mauvaise saison.

Il serait curieux de savoir si le puceron ne laisserait pas de devenir ovipare en automne, s'il était dans une serre chaude. Quoi qu'il en soit, la nature emploie les moyens les plus ingénieux pour favoriser la multiplication des êtres les plus faibles. La cochenille, qui naît au Mexique sur la feuille très-épaisse, très-succulente et permanente du cactus, y trouve à se nourrir toute sa vie sans sortir de sa place; aussi elle a une trompe d'une structure si délicate que lorsqu'elle l'a une fois enfoncée dans la feuille elle ne peut l'en retirer sans la rompre et sans périr : dans cette situation, elle est fécondée par son mâle, auquel il vient des ailes. Devenue mère, elle fait sa ponte autour d'elle, toujours clouée à sa feuille, qui à la fin deviendrait insuffisante pour nourrir sa nombreuse et impotente postérité; si la nature, qui a tout prévu, ne donnait à ses petits à peine éclos un moyen bien singulier d'émigration. Ce n'est point le vent qui disperse au hasard les cochenilles naissantes, comme les pucerons, qui peuvent vivre sur toutes sortes de végétaux; c'est l'ennemi né de tous les insectes volatiles qui leur procure un chemin dans les airs : elles communiquent d'une plante à l'autre par les fils que les araignées aiment à tendre dans les nopaliers.

Tout cela prouve que la Providence n'a pas fait ses lois physiques d'un mécanisme immuable, mais qu'elle les varie suivant les besoins des êtres sensibles, les rapporte à un ensemble commun, et les subordonne à un ordre moral. Les générations des insectes, qui nous offrent tant de phénomènes, n'ont rien de plus extraordinaire que celle des plantes les plus communes, qui sont les plus utiles, et qui se reproduisent à la fois, dans la même année, par des floraisons multipliées, des traînasses, des rejetons, des boutures. Si l'Auteur de la nature s'occupe avec tant de soin des besoins des insectes, il s'occupe à plus forte raison de ceux du genre humain.

Lorsque l'animal a atteint le terme de sa croissance, la nature développe alors sa beauté physique et sa beauté morale. Un animal n'a tout son caractère que lorsqu'il est parvenu à l'âge des amours. C'est alors que les oiseaux sont revêtus de leur beau plumage, qu'ils font entendre leurs chansons, que le taureau frappe de la corne, que le cheval s'exerce à la course dans les prairies, et que tous les animaux manifestent les instincts que leur a donné la nature. En vain l'éducation s'efforce d'en arrêter le cours et de leur donner le change par des habitudes et des nourritures. Le loup, dans son enfance, caresse le maître qui le nourrit; il mange et joue avec son chien, avec lequel il semble avoir une parfaite ressemblance : mais à peine a-t-il allongé ses crocs, à peine éprouve-t-il le feu des amours, qu'il respire la soif du sang; ses amis lui deviennent odieux; il abandonne une subsistance assurée, un asile, et va chercher au fond des forêts une maîtresse, du carnage et la liberté.

C'est aussi alors que les armes défensives croissent particulièrement aux mâles avec leur parure; les ergots et les crêtes aux coqs, les cornes aux taureaux; car l'amour et la guerre entrent dans l'harmonie conjugale, comme les amitiés et les inimitiés dans l'harmonie fraternelle : Mars est en rapport avec Vénus. Les armes des animaux atteignent leur perfection en même temps que les organes de la génération. Si on leur retranche ces organes avant leur développement, le corps n'atteint plus à sa perfection : on ne voit plus se développer dans le cerf le bois qui doit parer sa tête, dans le coq la crête qui le couronne, dans l'homme la barbe qui ombrage son menton; leur voix devient cassée et grêle, et les images de la destruction et de la décadence remplacent les images riantes de l'amour.

Il est faux que la castration rende les animaux domestiques plus propres au service de l'homme : la douceur de l'éducation suffit pour développer en eux jusqu'au plus haut degré l'instinct de la domesticité. Le chien, compagnon de notre enfance, n'a pas besoin d'être mutilé pour s'attacher à nous. Cette mutilation, qui affaiblit ses qualités physiques, suffirait seule pour lui ôter ses qualités morales. En effet, j'ai remarqué que ceux qu'on y avait soumis étaient moins attachés à leurs maîtres; au contraire, j'en ai eu qui, à l'époque de ses amours, semblait redoubler d'affection pour moi. Il m'invitait alors, par les plus tendres caresses, à prendre le chemin de la maison où habitait sa maîtresse, et quand je m'y acheminais, sa joie était excessive. Fallait-il la quitter, il y avait alors un combat très-touchant entre son amour pour elle et son amitié pour moi. Il allait de l'un à l'autre, soupirant et gémissant, incertain, balancé tour à tour par ces deux passions qui l'agitaient. Si je lui adressais la parole, il se déterminait à me suivre, et m'accompagnait jusqu'à ma porte. Alors, comme s'il eût satisfait aux devoirs de l'amitié, il s'en retournait furtivement; mais j'étais sûr qu'au milieu de la nuit il revenait à ma porte, repentant, et cherchant à me faire oublier par ses caresses les égaremens de sa passion.

Quant aux hommes, il est certain que les soldats mariés sont plus attachés à leur patrie et plus courageux que ceux qui ne le sont pas. C'est à l'affection conjugale qu'on doit rapporter la force de leur discipline. C'était un ressort tout-puissant que les orateurs et les généraux romains savaient bien employer : quand il fallait faire quelques grands efforts, ils ne montraient pas aux soldats la victoire ou la mort, mais Rome et leurs femmes. Les Cimbres et les Teutons ne furent si redoutables que parce qu'ils avaient amené avec eux leurs femmes et leurs enfans. L'harmonie conjugale est un des grands nerfs des armées des Russes et des Turcs, dont la plupart des soldats sont mariés. On ne voit point de déserteurs chez eux. Si l'on vante en Orient la fidélité de quelques eunuques, elle est due souvent à la crainte, quelquefois aussi à la vertu, qui dédommage l'homme dans ses peines, et devient son unique recours dans les grands malheurs; mais elle est sujette à être ébranlée. Ils sont enclins à beaucoup de défauts, comme il y en a assez d'exemples, et leur fidélité n'est pas comparable à celle des hommes liés à leur patrie par le bonheur même de leurs femmes et de leurs enfans.

Si la castration opère tant d'altération au physique et au moral dans les animaux, l'abus des plaisirs en produit d'un autre genre encore plus dangereux : nous en parlerons à l'article de l'homme; car il est bien rare que les animaux se livrent d'eux-mêmes aux excès. Dans la plupart des animaux, le mâle est souvent le seul qui soit armé. Comme il a une surabondance de vie et d'amour, aussi devait-il avoir une surabondance de force pour protéger sa femelle et ses petits : tandis que celle-ci est occupée du soin de l'incubation et de la nourriture, il la défend contre ses rivaux, et surtout contre les bêtes de proie.

Mais voici une loi où la nature paraît se contredire : c'est que quoique les mâles, dans tous les quadrupèdes frugivores et carnivores, soient plus forts que la femelle, c'est tout le contraire dans les oiseaux de proie. « Tous les oiseaux de proie, dit
» Buffon, sont remarquables par une singularité
» dont il est difficile de donner la raison, c'est
» que les mâles sont d'environ un tiers moins
» grands et moins forts que les femelles; tandis
» que, dans les quadrupèdes et les autres oiseaux,
» ce sont, comme l'on sait, les mâles qui ont le
» plus de grandeur et de force. A la vérité, dans
» les insectes, et même dans les poissons, les fe-
» melles sont un peu plus grosses que les mâles,
» et l'on en voit clairement la raison, c'est la pro-
» digieuse quantité d'œufs qu'elles contiennent,
» qui renflent leurs corps. »

Buffon, en disant que les œufs des poissons renflent leur corps, indique bien la cause de leur grosseur, mais non la raison : car pourquoi les femelles des autres animaux qui portent des petits sont-elles cependant moins grosses que leurs mâles ? Nous allons d'abord chercher la raison pour laquelle le mâle est plus petit que la femelle dans les oiseaux de proie. La force de l'oiseau de proie consiste dans la légèreté de son vol; c'est par elle qu'il s'élève à de plus grandes hauteurs : la nature l'a donc fait plus petit pour le rendre plus léger. S'il était plus grand, il serait moins agile. Un oiseau qui pèserait vingt livres ne pourrait s'élever en l'air, suivant Buffon. Le tiercelet est donc plus propre au vol que sa femelle, et en effet il est plus estimé dans la fauconnerie. Il en est de même dans les poissons qui volent, pour ainsi dire, dans l'eau, et qui sont presque tous animaux de proie; car ils s'entre-dévorent. Dans chaque couple, c'est le plus léger qui est le plus fort, comme dans les corsaires c'est le meilleur voilier qui fait le plus de prises. Les insectes volatiles, dont le corps spongieux est, pour ainsi dire, en équilibre avec l'air, s'unissent en volant, et la femelle porte le mâle : il lui fallait donc des ailes plus étendues, et par conséquent plus de grosseur. En général, le mâle l'emporte en beauté dans tous les êtres. Il est le plus élevé dans les végétaux, le plus léger dans les animaux volatiles ou nageurs, le plus fort dans les quadrupèdes qui pâturent, le mieux armé dans les animaux qui combattent pour la proie, le plus paré et le mieux chantant dans ceux qui ne semblent vivre que pour aimer et pour plaire. En cela, comme en toute autre chose, les lois de la nature sont fort sages. Le mâle, actif, est doué d'une surabondance de vie qui l'entraîne vers l'objet de ses désirs; mais la femelle, passive, avait besoin d'être séduite par la beauté ou les talens du mâle, pour le trouver agréable. Elle est dédommagée de l'infériorité de sa parure par la supériorité de son affection, car l'objet aimant est plus heureux que l'objet aimé. Il y a cependant quelques espèces où le mâle et la femelle sont égaux en qualités : telle est entre autres celle de la tourterelle à collier. Tous deux sont de la même taille et du même plumage, tous deux ont autour du cou la moitié d'un cercle noir, comme s'ils eussent partagé entre eux l'anneau de l'amour conjugal, dont ils sont le symbole.

Mais voyez comme l'amour anime les animaux au printemps. Il développe leur instinct en harmonies plus variées que celles de leurs couleurs, de leurs formes, de leurs mouvemens. Deux individus de la même espèce ont la même nuance, mais ils ont encore une manière différente d'exprimer leurs amours. Chaque mâle a la conscience de sa beauté, et cherche à séduire sa femelle. Le paon lui étale en roue sa queue brillante, le rossignol lui fait entendre ses sons ravissans, le cheval s'exerce à la course autour de sa compagne. Tandis que les êtres innocens sollicitent le prix de l'amour, de leurs peines et de leurs talens, les animaux destructeurs l'attendent de la victoire. Le lion, hérissant sa crinière, provoque au combat ses rivaux rugissans; et l'aigle audacieux, planant au haut des airs, dispute à un autre aigle les limites de son vaste empire. Les amours des faibles redoublent par la cruauté de leurs tyrans; ils sentent le besoin de se réunir. Chaque couple d'amans cherche un asile sous les ombrages que la nature lui a préparés. Ils ajoutent leur harmonie conjugale à celle des végétaux qui leur sont destinés, et redoublent leur vigilance, leur industrie, leur affection mutuelle par les dangers qui les environnent. Tandis que le lion d'Afrique établit sa couche nuptiale dans les flancs d'un rocher hérissé de raquettes et d'aloès, et l'aigle sur les sommets arides qui se perdent dans les nues; tandis qu'ils redoublent par leurs amours carnassiers l'horreur de leur solitude, des êtres faibles, tendrement hardis, viennent peupler les riantes vallées. Le timide lapin s'y creuse un terrier inexpugnable sur les pelouses de serpolet et de thym, et le rossignol fait entendre ses chansons harmonieuses au sein d'un buisson de roses. Le cygne ne craint point dans les joncs et les roseaux des marais fangeux du Nord la voracité de l'ours blanc; et le coq de bruyère, qui niche sur les sombres sapins, échappe aux ruses du renard. Sans les bêtes carnassières, la plupart des sites de la terre seraient inhabités : ce sont elles qui forcent les espèces faibles, innocentes, de chercher des asiles. L'anguille fuit sous la voûte des rochers, et c'est la crainte qui lui indique sa demeure et sa retraite. C'est par la guerre que les sables arides, les glaces, l'espace de la terre et des eaux sont habités, et que le plus petit végétal abrite des amans. C'est la guerre qui développe leur industrie. L'esprit n'étant que l'art d'opposer l'adresse à la force, les plus faibles des animaux deviennent les plus ingénieux. C'est surtout dans les amours des insectes qu'il faut étudier les instincts, les prévoyances et les ressources inspirées par cette passion, et que la fable même n'a pu imaginer.

L'harmonie conjugale réunit non-seulement des individus de la même espèce, mais les genres les plus disparates. Comme la vigne rampante a besoin du soutien de l'orme pour mûrir ses grappes, et que l'orme, qui donne ses semences au printemps, a besoin à son tour de décorer son feuillage des fruits de la vigne; ainsi, souvent, on voit l'oiseau et le quadrupède se rapprocher l'un de l'autre par des besoins mutuels. La bergeronnette accompagne souvent la brebis pour la débarrasser de ses insectes, et la brebis à son tour lui fournit, dans quelques flocons de sa toison, de quoi faire un nid. La fauvette se rapproche du cheval pour lui rendre les mêmes services. La perdrix et le lièvre se plaisent à nicher dans la même solitude. Le castor républicain et le cygne solitaire se livrent aux amours dans les lacs. C'est l'harmonie conjugale qui les rapproche; c'est elle qui a rapproché les chênes des chênes, les plantes des plantes, les animaux des animaux, et qui a établi entre toutes les puissances de la nature les premières chaînes de l'amour qui en unissent l'ensemble.

Mais c'est l'homme et la femme qui en réunissent toutes les puissances et tous les besoins. La nature ne les a faits nus, comme nous l'avons dit, que pour montrer réunies dans leur corps toutes les beautés des animaux, et pour les obliger, en se couvrant de leurs dépouilles, à se revêtir de leurs beautés particulières. Voyez Hercule, ce modèle de la virilité : vous y distinguez tous les caractères des animaux les plus redoutables. Il y a dans ses gros muscles, ses larges épaules, sa poitrine velue, sa peau fauve, son attitude imposante, je ne sais quoi du taureau, de l'aigle et du lion. Une Vénus, au contraire, nous présente dans les harmonies de ses courbes, de son coloris, de ses mouvemens, celles des animaux les plus doux et les plus aimables, des agneaux, des colombes et des gazelles. Le goût de la parure dans les deux sexes est conforme à leur caractère. L'homme affecte dans la sienne celle des bêtes les plus fières : d'énormes perruques semblables aux crinières des lions, des moustaches comme celles des tigres, des bonnets de peau d'ours, des habits de couleur tranchante comme les peaux des panthères, des éperons aux jambes comme ceux du coq. Rien ne ressemblait mieux à cet oiseau belliqueux, symbole de notre nation, qu'un de nos anciens chevaliers avec son casque crêté, son manteau court et ses éperons dorés. Il est remarquable que par tout pays l'habit militaire, si aimé des femmes, est emprunté des animaux guerriers; l'uniforme est l'habit de fête de la noblesse. D'un autre côté, les ajustemens des femmes, leurs aigrettes, leurs colliers, leurs éventails, les papillons de leurs coiffures, leurs robes à queues traînantes, sont imités d'après les insectes et les oiseaux les plus brillans. Quoique les proportions de l'homme et de la femme soient les mêmes par toute la terre, il n'est pas douteux qu'un Hercule africain offrirait encore une autre physionomie et un autre costume que le Grec, et qu'une Vénus née sur les bords de la Néva serait ornée d'autres attraits que celle qui naquit sur les rives de Cythère. Il n'y a point de beauté dans les animaux dont l'homme et la femme ne revêtent leur beauté particulière : ils doivent cet instinct bien plus à l'harmonie conjugale qu'à leurs besoins. C'est pour parer l'objet de ses amours, que l'homme va chercher des fourrures chez les Lapons, et des mousselines dans l'Inde ; c'est pour augmenter la joie, les délices et la grâce de ses festins, qu'il emporte le sucre des Antilles, le café de l'Arabie, le chocolat du Mexique, les épiceries des Moluques, et les vins de l'Archipel et de l'Italie ; c'est pour décorer son asile, qu'il emprunte dans les ruines de l'antiquité des modèles de sculpture et d'architecture ; partout il trouve ses semblables occupés des mêmes soins. D'un autre côté, c'est pour plaire à l'homme que la femme combine sans cesse de nouvelles jouissances. C'est ainsi que, de voluptés en voluptés, une Omphale infidèle fait filer un Hercule à ses pieds. Malheureux, l'homme trouve alors dans ses semblables des rivaux plus dangereux que des bêtes féroces : c'est dans leur société que la ruse, la force, la superstition, la jalousie, travaillent sans cesse à le dépouiller. Alors, obligé de cacher sa vie et de se retirer dans un souterrain près de l'antre du lion, il fuit sa patrie, il cherche un asile dans les sables de l'Afrique ou dans les glaces du Nord ; mais il y emmène une compagne, et se console encore de l'injustice de ses semblables par les douceurs de l'harmonie conjugale : si l'ambition fait les maux de l'amour, l'amour à son tour répare les maux de l'ambition. Voyons comment nous éviterons ceux de la société en suivant la route que nous a tracée la nature ; considérons l'homme et la femme dans leur adolescence, et par les rapports qu'établit déjà entre eux l'harmonie conjugale.

Les beautés de l'homme et de la femme sont de deux caractères différens. Le premier réunit en lui celles des contrastes, par les oppositions rudes des sourcils, des moustaches, de la barbe, et la forte expression de ses organes et de ses muscles ; la seconde rassemble toutes celles des consonnances, par la rondeur de ses membres et l'élégance de leurs contours. Le premier a tous les caractères de la force qui devait subjuguer les animaux destructeurs, et quelque chose de leur physionomie ; la seconde a ceux de la douceur qui devait apprivoiser les animaux pacifiques, et une sorte d'affinité avec eux. Ainsi ils réunissent à eux deux toutes les beautés éparses dans la nature. Ces caractères s'affaiblissent dans la société, suivant que chaque sexe y a plus ou moins d'influence. Chez les nations sauvages, qui vivent dans un état fréquent de guerre, la femme prend quelque chose des mœurs belliqueuses de l'homme. Chez les nations civilisées, qui rassemblent dans leur sein toutes les jouissances de la paix, c'est l'homme qui adopte les mœurs de la femme. Dans les deux cas, chaque sexe néglige son empire naturel pour acquérir celui du sexe opposé, mais bien en vain. Quoi qu'en aient dit quelques moralistes qui ont voulu donner aux deux sexes la même éducation physique, la femme qui s'hommasse n'a pas plus d'empire sur les hommes, que l'homme qui s'efféminc n'en a sur les femmes. L'un et l'autre perdent leur influence en amour, en perdant leur physionomie. Je ne fais pas plus de cas d'une Spartiate qui lutte en place publique, que d'un Sybarite couché sur un lit de roses. Il paraît bien, quoi qu'en aient dit les historiens, et le bon Plutarque surtout, que les Lacédémoniennes n'avaient pas un grand pouvoir sur leurs maris. En prenant les mœurs et les habitudes des guerriers, elles durent perdre l'empire que donnent la délicatesse et la grâce.

Un des premiers sacrifices que les femmes d'Europe ont exigés des hommes a été de renoncer à la physionomie mâle que la nature leur avait donnée, en les engageant à se raser la barbe. Quelques écrivains éclairés ont regardé cette excroissance comme une superfluité incommode ; ils ont loué Pierre Ier de l'avoir fait couper aux Russes. Ce grand prince a fort bien connu les lois de la politique ; mais il s'est quelquefois écarté de celles de la nature. La noblesse et les soldats ont obéi à ses ordres, mais les paysans, et même les matelots, ont conservé leurs anciennes coutumes, et avec raison ; car j'ai vu dans les rudes hivers de ce pays, où ils sont souvent exposés à faire de longs voyages de jour et de nuit, que la barbe préservait leur bouche, et surtout leur gorge, de la rigueur du froid, mieux que la meilleure fourrure. D'ailleurs, la barbe caractérise la beauté mâle de l'homme, et inspire pour lui de la vénération et du respect. Les têtes de nos pontifes, de nos philosophes, de nos magistrats, n'ont l'air que de têtes d'enfans, auprès de celles des Turcs ; et je ne doute pas que le contraste que font celles-ci avec celles de leurs épouses géorgiennes n'ajoute à leur beauté mutuelle, et ne redouble leur affection réciproque.

Quoique la femme soit plus petite et plus faible que l'homme, elle est néanmoins plus forte que lui dans l'exercice des fonctions auxquelles la nature l'a destinée. Nous avons déjà observé que l'homme avait les épaules plus larges que les hanches, et qu'elles ajoutaient considérablement à sa force et

21.

à sa légèreté, soit en frappant, soit en courant; la femme, au contraire, a les épaules plus étroites que les hanches, dont la largeur et le poids ajoutent encore à sa faiblesse et à sa pesanteur. Les anatomistes disent que la nature a fait, dans la femme, les os du bassin plus larges et plus écartés, afin qu'elle y portât plus commodément son enfant, et qu'ils s'ouvrissent davantage dans l'accouchement; mais je crois qu'ils se trompent. La femme ne porte point son fruit entre les os des iles, mais dans son ventre; d'ailleurs les femelles du taureau, du cheval et du singe, n'ont point leur croupe plus large que celle de leur mâle. Pour moi, je crois entrevoir une autre raison de l'étendue de celle de la femme : c'est que la nature l'ayant destinée à porter son enfant en avant dans ses bras, et à l'allaiter sur son sein, elle a mis dans la partie postérieure de son corps un poids qui rétablit son équilibre : le centre de gravité de l'homme est en haut et en avant, celui de la femme est en bas. Aussi l'expérience prouve que la mère la plus délicate porte son enfant dans ses bras plus aisément et plus longtemps que le père le plus robuste. C'est encore pour conserver ce même équilibre que l'homme, dans son attitude naturelle, et déchargé de tout fardeau, élève sa tête et la renverse un peu en arrière, comme on le voit dans les statues d'Hercule et d'Apollon; tandis que la femme, dans le même cas, est obligée de baisser un peu la sienne en avant, ainsi que le prouve la Vénus de Médicis. La femme n'est droite et n'a d'aplomb qu'avec son enfant dans ses bras.

Comme la nature a doublé la force morale et physique de l'homme par des consonnances et des contrastes, elle l'a quadruplée en y joignant celle de la femme.

Un homme réduit à la moitié de ses organes étendrait encore ses jouissances à tous les objets de la nature; il en réunit sans doute un plus grand nombre avec ses organes en nombre pair. Il les double en étendue, mais non en intensité; car on ne voit pas deux fois le même objet avec deux yeux, et on n'entend pas deux fois le même son avec deux oreilles. Cependant, dans cette hypothèse même, il ne peut voir à la fois que la moitié de l'horizon, de même que celle du plus petit objet. S'il examine une fleur, il n'en verra en même temps que le dessus ou le dessous. Mais l'homme et la femme, employant à la fois leurs organes, non-seulement peuvent jouir à la fois de tout leur horizon, et sphériquement de chaque objet; mais chacun d'eux en ayant des sensations et des idées différentes, qu'ils se réfléchissent mutuellement, ils en doublent la jouissance en même temps qu'ils

quadruplent leurs forces. La tête de Janus, formée d'un côté d'un visage d'homme et de l'autre de celui d'une femme, qui voit à la fois devant soi et derrière soi l'avenir et le passé, me semble une allégorie très-juste du pouvoir réuni des deux sexes : cependant cette figure, allégorique comme toutes les autres de ce genre, ne serait qu'un monstre; les inconvéniens de la réunion des deux sexes en surmonteraient les avantages. Pour augmenter leurs forces physiques, la nature les a divisés, mais elle les a réunis par une force morale; l'homme et la femme isolés ne sont que deux moitiés de l'homme de la nature : le même nom désigne l'un et l'autre dans toutes les langues. Il en est quelques-unes, celles des Orientaux entre autres, où la femme n'a point de nom générique, et les Siamois ne la distinguent de l'homme que par l'épithète de jeune : ils l'appellent un jeune homme. C'est peut-être ce qui a fait dire à Jean-Jacques que la femme n'était qu'un grand enfant. Buffon semble appuyer cette idée, lorsqu'il dit que la femme en vieillissant devient homme, et qu'il étend cette métamorphose à toutes les femelles des animaux, qui, selon lui, deviennent alors semblables à leurs mâles; et il cite en preuve une vieille femelle de faisan de la Chine, revêtue de quelques plumes brillantes, que l'on voit au Muséum d'Histoire naturelle; mais elle n'est sans doute, malgré son inscription, qu'un vieux coq. Nous verrons que la femme a un caractère aussi distinct de celui de l'homme que son sexe : elle conserve l'un et l'autre, dans tous les temps de sa vie, dans une harmonie parfaite avec l'homme. C'est à cause de cet accord mutuel et de cet instinct inné qui enflamme souvent tout à coup deux amans dès leur première entrevue, que Platon imagina que les ames n'étaient, dans l'origine, que deux moitiés descendues du ciel, exilées dans des corps différens, et qui cherchaient sans cesse à se réunir sur la terre. Les observations de la politique moderne sur la population semblent confirmer les spéculations sublimes du philosophe; car elles prouvent que les hommes et les femmes naissent et meurent en nombre égal. En effet, les deux sexes ne forment qu'un tout, et ne sont en rapport avec la nature et leurs propres besoins que lorsqu'ils sont réunis. Si l'homme monte à un arbre pour abattre des fruits, la femme reste au pied et les ramasse; l'un trouve des alimens, l'autre les prépare; l'un fait la chasse aux bêtes sauvages, l'autre élève les animaux domestiques; l'un fait la maison, l'autre les habits; l'un prend soin des affaires du dehors, l'autre de celles du dedans; ils doublent leurs plaisirs et diminuent leurs peines en les partageant;

chacun y porte son caractère : l'un goûte la joie avec tout l'enthousiasme de la sensibilité, l'autre avec tout le sang-froid de la réflexion. Survient-il des chagrins, l'homme leur résiste par la fermeté et la raison ; la femme, plus heureuse, leur échappe par la mobilité de la sienne ; l'un, fier de sa force, s'élève sans cesse vers l'ambition ; l'autre, forte de sa faiblesse, le ramène sans cesse vers l'amour. L'âge vient-il à affaiblir leurs premiers feux ? la jeunesse les avait concentrés autour d'eux, la vieillesse les diverge jusque sur leurs arrière-petits-enfans ; l'un leur porte les prévoyances paternelles, l'autre les affections et les soins maternels ; tous deux, par le sentiment de leurs biens et de leurs maux, tendent ensemble vers la Divinité, et en mêlent les craintes et les espérances aux peines et aux plaisirs de la vie humaine. Semblables à l'étincelle qui disparaît au moment qu'elle brille, si elle ne trouve un aliment qui la fixe, l'homme et la femme ne seraient, l'un sans l'autre, que des météores fugitifs : la nature n'a donné à chacun d'eux en partage que l'ignorance, la faiblesse, les besoins, la pénurie et la mort ; mais par l'harmonie conjugale elle communique au genre humain la science, la puissance, les jouissances et l'immortalité.

Il est certain que la chasteté est la source de la force et de la beauté physique et morale dans les deux sexes. C'est l'adolescent pur qui fait l'homme sage et vigoureux. Ce n'est point l'air des montagnes qui fait les beaux peuples, comme on le croit communément ; c'est l'innocence des mœurs. J'ai vu une population aussi belle dans les marais de la Hollande, qu'il puisse y en avoir dans les montagnes de l'Islande et de la Suisse. Les femmes des pêcheurs de Schevelinge, près La Haye, ressemblent à des Sabines, et leurs filles à des nymphes. C'est en Hollande que l'on trouve communément des enfans au teint frais, les plus beaux blonds, les plus belles carnations, et des hommes semblables à des Hercules. C'est là, et dans la Flandre qui en est voisine, que Rubens a colorié ses déesses, et François Flamand modelé ses amours. Si l'air des montagnes de la Suisse suffisait pour former de beaux hommes et de belles femmes, pourquoi les deux sexes sont-ils si petits dans les montagnes de la Savoie, qui en sont voisines ? On en peut trouver des causes physiques dans les travaux prématurés et malsains des enfans de la Savoie, qui émigrent de bonne heure pour venir ramoner nos cheminées. Mais peut-être est-il des causes morales aussi vraisemblables. Tant de petits Savoyards qui sont chez nous les commissionnaires et les agens de nos filles publiques, et qui rapportent tous les ans l'argent de nos villes corrompues

dans leurs campagnes, n'en rapportent-ils pas aussi les mauvaises mœurs ? Ils arrivent innocens, et, s'ils ne s'en retournent pas coupables, ils sont empreints au moins de l'image de tous les vices qui nous flétrissent.

Ce n'est que par des exercices du corps que vous distrairez les affections de l'âme ; une fille en a quelquefois aussi besoin : la nature ne l'a pas faite pour être éternellement assise. Entremêlez leurs études de travaux modérés. Un jardin leur en présentera de proportionnés à leurs forces et à leur goût ; il faut le labourer, l'arroser, le sarcler, le palisser. Pendant qu'ils exercent leur corps, ils éclairent leur esprit. C'est là qu'ils verront des traces de cette Providence qui a tout prévu, tout arrangé avec une magnificence infinie, et qui appelle l'homme non-seulement à la jouissance de ses ouvrages, comme le reste des animaux, mais à la confidence de ses plans. Faites-leur sentir que comme elle a donné aux hommes une multitude de moyens d'entretenir leur vie par des plaisirs innocens, elle en punit les abus par une infinité de maux, et que cet œil qui voit tout aperçoit non-seulement les actes les plus secrets, mais même les pensées.

La jalousie quelquefois vient mêler ses noirs poisons dans la coupe même de l'innocence ; j'ai vu des enfans en mourir. Cette passion est une combinaison de l'ambition et de l'amour : elle produit parmi les hommes, comme parmi les bêtes féroces, les scènes les plus odieuses. Comme nous avons banni l'ambition de l'éducation des enfans elle fera peu de ravage dans les deux sexes ; elle ne donnera point de stimulant à l'humeur guerrière des garçons et à la coquetterie des filles. Si un de ces garçons aime un objet indifférent, armez en lui l'ambition contre l'amour. Faites-lui sentir qu'il est honteux à un cœur de soupirer pour un objet insensible, ou qui lui en préfère un autre. Une nouvelle inclination ne tardera pas à se former dans cet âge léger et tendre. On détache aisément une jeune plante du pied de l'arbre où elle est née, ce qu'on ne peut faire quand elle a acquis des forces.

Apprenez-leur de bonne heure à soumettre leurs passions à la raison ; si elle ne les gouverne pas, elle en est gouvernée. Combien d'événemens dans la vie viennent tromper leurs plus douces inclinations ! La fortune, les caprices, les maladies, la mort, brisent les chaînes les plus sacrées.

Il n'en est pas de même d'un amour réciproque fondé sur la vertu, cette raison suprême de l'homme. Comme il voit, d'un bout de la carrière humaine, le ciel et l'éternité, il survit au tombeau et dans les ames religieuses les objets aimés ont souvent inspiré des feux plus violens après la mort que pendant la vie.

Montrez-leur donc les devoirs de l'amour conjugal. Dites aux filles qu'il faut être modestes, parce qu'elles ne doivent vivre que pour un seul homme; constantes, parce qu'elles doivent l'aimer toute la vie; complaisantes, pour adoucir son humeur; enjouées, pour dissiper ses tristes réflexions. D'un autre côté, dites aux garçons qu'il faut être modéré dans ses affections, ferme contre les évènemens de la vie, pour soutenir et protéger une compagne.

Le travail est un don du ciel: il est le vrai lien de l'harmonie conjugale; il bannit l'oisiveté; il égaie le jugement et fixe l'imagination; il dirige l'un et l'autre sur un objet utile, et nous y fait découvrir de ces aperçus qui sont des rayons de l'intelligence céleste; il pourvoit à nos besoins et à nos plaisirs; en nous présentant de nouvelles jouissances, il empêche les passions de s'égarer; quand il se combine avec le desir de plaire à un objet aimé, il remplit l'ame d'un sentiment délicieux. L'amour alors prête ses ailes au génie, et lui fait faire des prodiges. Je suis persuadé que tous ceux qui ont excellé dans quelque art ont été amoureux. Je ne connais point de chef-d'œuvre qui n'ait eu l'amour pour sujet ou pour objet.

C'est pour épouser leurs maîtresses que tant de marins vont aux Indes chercher la fortune; c'est pour en être distingués que tant de jeunes gens se font soldats; c'est pour en être applaudis que tant d'écrivains prennent la plume. L'amour est le Mars des guerriers, l'Apollon des poètes. Voyez de quel sentiment ceux-ci ont le cœur plein pour les sujets qu'ils traitent: le divin Homère, le sage Virgile, l'ingénieux Ovide, le philosophe Horace, Corneille, Racine, Crébillon, La Fontaine, doivent à l'amour leurs plus beaux ouvrages; ils invoquent tous les Muses, mais c'est Vénus qui les inspire.

Voyez les grands philosophes, Platon, Montaigne, Jean-Jacques, et notre divin Fénelon. Ce qui rend la vertu de celui-ci si touchante dans sa propre personne, c'est la lutte perpétuelle de son état contre cette douce passion; mais c'est cette même passion qui lui dicta son *Télémaque*. C'est pour préserver son héros de ses égaremens, qu'il le jette dans toutes sortes de travaux; et quoiqu'en apparence il n'ait d'autre objet que de lui faire chercher son père, il lui fait trouver la fille d'Idoménée et la lui donne pour épouse, comme une récompense de son amour filial et de toutes ses vertus.

Si l'ambition est la cause de tous les malheurs des hommes, comment a-t-on pu l'admettre parmi les enfans dans nos écoles, et comment en bannirions-nous aujourd'hui l'amour, si semblable à elle, puisqu'il est le stimulant de tout ce qui se fait de beau et de bien dans le monde?

Offrez-leur donc dans l'amitié de chaque sexe un encouragement mutuel. Les enfans ont assez d'ame pour aimer, puisqu'ils sont dans l'âge de sentir. Nous avons éloigné d'eux tout ce qui peut rendre les premières passions précoces ou les corrompre; laissons la source de la vie couler vers sa pente naturelle. Si vous lui donnez des digues, ou elle se perdra en refluant sur elle-même, ou elle deviendra un torrent, et ravagera les terres qu'elle devait féconder: laissons-la donc prendre son cours vers le canal que la nature lui a tracé.

Les préceptes de mariage sont en grand nombre; Plutarque en a fait un assez mauvais traité, où il en compte quarante-cinq. Sa tâche était difficile: il voulait rapprocher des gens qui n'avaient point été élevés ensemble. La mienne serait bien plus malaisée, si j'en voulais faire autant. Les lois ne sont nombreuses que là où sont les mauvaises coutumes.

Les préceptes du mariage n'auraient point de fin, si on voulait en faire un de chaque devoir de la vie conjugale. Les livres que j'ai vus n'ont ni plan ni méthode; ils confondent les caractères des deux sexes; ils ne pensent pas que les vertus de l'un font souvent les défauts de l'autre. On a écrit une infinité de drames et de romans sur l'amour; mais ils finissent tous où ils devraient commencer, au mariage. L'indifférence et même les railleries qu'on s'est permises sur ce premier lien de la société viennent de ce que l'adultère a été de tout temps chez nous en honneur, par la corruption des mœurs.

C'est pour obvier à ces grands inconvéniens, sanctionnés par les siècles, les exemples et les lois, que nous avons desiré que les femmes, comme les hommes, ne missent leur confiance qu'en Dieu seul, que nous avons fondé cette confiance sur la Providence, qui se décèle dans toutes les parties de la nature, afin qu'ils pussent trouver partout des ports pour se réfugier dans les tempêtes de la vie, et qu'ils s'y attachent par une confiance journalière, comme à un câble d'une infinité de fils. Il est certain que, dans le chagrin, les deux sexes cherchent mutuellement à se consoler, et se soutiennent par la différence de leurs caractères, bien mieux que s'ils étaient de caractères semblables.

C'est sans doute dans cette intention que Dieu a donné à l'un la tendance à l'ambition, et à l'autre la pente vers l'amour, de manière qu'ils pussent bien se rapprocher, mais non se heurter, comme on le voit dans les sociétés qui ne sont composées que d'hommes ou que de femmes. Il arrive de là que des hommes violens ont souvent des femmes douces et patientes, avec lesquelles ils vivent en bonne intelligence. Cela prouve que l'amour est fondé sur des contrastes. Les inimitiés ne sont durables qu'entre les gens qui ont les mêmes vices : les avares, les ambitieux, les libertins, détestent leurs rivaux; mais le vicieux estime naturellement ceux qui ont les qualités et les vertus qui lui manquent : les intolérans, les patiens; les intempérans, les sobres; les avares, les prodigues. Les qualités viriles et féminines s'accordent donc bien ensemble. Tout a été fait par la nature pour établir la confiance entre le mari et la femme.

Comme les exemples servent bien plus que les préceptes, je voudrais présenter aux enfans des tableaux de bonheur conjugal. Ils aiment en général à lire des romans, à voir représenter des drames; c'est par eux que je commencerais. J'ai désiré plus d'une fois qu'on fît un roman semblable à *Robinson*, où un homme et une femme, dans une île déserte, contribueraient à se rendre la vie heureuse, l'un occupé de tous les travaux qui demandent de la force; l'autre, de ceux qui ressortissent à l'agrément. J'en avais autrefois ébauché le sujet, et je l'avais placé en Sibérie. L'idée m'en était venue à l'occasion de quelques mariages très-heureux que j'avais vus dans la pauvre Finlande. Tel était, entre autres, celui d'un colonel retiré sur ses terres dans ce pays de roches, et chez lequel j'avais reçu l'hospitalité.

Il était Suédois d'origine, et avait été, comme moi, simple ingénieur. Étranger, sans fortune, on le chargea d'aller en Sibérie faire construire, d'après le plan de la cour, la prison du maréchal Munnich, condamné à y finir ses jours. Après avoir rempli sa triste commission, on l'envoya ingénieur à Frédériksham en Finlande, pays non moins désert et non moins pauvre, qui ne vaut guère mieux que la Sibérie. Pendant qu'il y vivait solitaire, il apprit qu'il y avait, à quelques lieues de là, un vice-amiral, Suédois comme lui, exilé sur ses terres. Il fut le voir, et en fut très-bien reçu. Cet officier-général avait de la fortune et une fille unique. Il crut ne pouvoir mieux faire que de la donner en mariage à un jeune homme de sa nation, son consolateur. L'ingénieur usa bien de la fortune. Il commença par renoncer à son état; il se retira du service, se fit bâtir une simple maison au milieu d'un jardin, où je ne vis en été que des sycomores et des sapins; mais il avait établi chez lui le bonheur conjugal. Sa femme, déjà sur l'âge, avait encore une figure très-intéressante. Elle nous montra avec complaisance étalés dans une armoire vitrée, tous les présens que son mari lui avait faits chaque année au temps de Pâques, suivant l'usage russe; c'étaient des œufs peints de toutes les couleurs. Toute cette famille nous reçut avec la plus grande cordialité.

Il rassembla des amis de dix et douze lieues de distance pour nous tenir compagnie, et le temps que nous fûmes chez lui se passa en jeux, en bals et en festins. Il semblait n'avoir bâti sa maison dans cette solitude que pour donner des fêtes. Le salon, situé au milieu, était entouré d'un corridor et de quatre chambres dont les cloisons s'enlevaient, ce qui le doublait, et formait quatre cabinets destinés au jeu, au café, aux rafraîchissemens et au repos. C'était un gros homme d'une figure gaie, qui mettait son bonheur à faire celui de sa femme, de ses filles et de ses amis. Il s'en fallait beaucoup que le maréchal Munnich menât une vie aussi heureuse au milieu de sa garde. Il avait été dans une prison dont je vis le dessin encadré dans la chambre de notre philosophe hospitalier. Elle était composée de trois pièces, la première pour les soldats de sa garde, la deuxième pour leur cuisine, la troisième pour sa chambre à coucher. Il y avait à quelque distance une palissade de vingt pieds de haut, qui l'empêchait de voir le ciel. Il y fut envoyé à l'âge de soixante ans, n'ayant à dépenser que cinquante sous par jour, après avoir gouverné l'empire. Il n'en est sorti qu'à l'âge de quatre-vingts ans. Cependant l'amour conjugal le rendit heureux. Sa vertueuse épouse, âgée alors de cinquante-cinq ans, eut le courage de l'accompagner, et de lui rendre les soins d'une compagne fidèle. Ce grand homme se concilia l'affection de ses farouches soldats en apprenant les mathématiques à leurs enfans, tandis que sa femme lui apprêtait à manger. Ils passèrent ensemble vingt et un ans dans cet asile, se consolant mutuellement; et à leur retour à Moscou, ils trouvèrent cinquante-deux enfans de leurs petits-enfans, qui furent au-devant d'eux. Ce malheureux fut à peine de retour, qu'il fut au moment d'être renvoyé, par la révolution qui renversa l'empereur du trône. J'arrivai en Russie immédiatement après cette catastrophe, et ce fut le vieux maréchal, alors gouverneur de Pétersbourg, qui m'y fit avoir du service, sans autre recommandation que celle du malheur. J'ai cité ces exemples, parce que la reconnaissance me les rend intéressans; mais nous en trouverions de plus touchans dans l'histoire de notre révolution, où des femmes ont accompagné volontairement leurs maris, non-seulement dans la solitude, l'exil, la prison, mais à la mort. Il me suffira de rappeler ici le touchant dévouement de la femme de Camille Desmoulins. Son mari allait mourir, elle s'avança au milieu des bourreaux, et, pour mourir avec lui, fit entendre ce cri de *vive le roi!* qui fut le signal de son supplice.

Il y a, selon moi, plus de difficulté à surmonter les maux de la société que ceux de la nature. Je voudrais donc peindre dans un roman, non des amans au milieu des neiges du Nord, obligés de combattre contre des ours ou des anthropophages, mais un mari et une femme privés de tout au milieu de l'abondance publique, qui résistent aux calomnies, à la séduction, à la superstition, élèvent leur famille par leurs travaux, et qui, heureux l'un par l'autre, ne s'écartent jamais du sentier de la vertu. Ces exemples ne sont pas si rares qu'on le pense; nous les trouverions quelquefois à notre porte, si nous allions à leur recherche comme à celle de la fortune. J'ai vu autrefois un pauvre aveugle à la porte de Montlhéry. Il avait perdu les yeux en sauvant de l'incendie une maison de la ville. Sa vieille femme le menait tous les matins à une des portes, où il demandait l'aumône aux passans, et l'en ramenait tous les soirs. Ce vieillard ne me parut pas avoir moins à se plaindre de l'ingratitude de ses concitoyens, que Bélisaire de celle de son empereur; et je le trouvai aussi respectable, avec sa vieille compagne qui lui apportait à manger, que le général grec avec son bel enfant.

On fait faire à nos enfans des cours de géométrie, de chimie, de géographie, de botanique, d'histoire : pourquoi ne pas leur en faire faire un de vertu? Au lieu d'envoyer nos jeunes gens voyager dans la Grèce, l'Égypte, pour en rapporter des mœurs étranges ou quelque antiquaille, pourquoi ne pas les faire voyager dans leur propre pays pour en connaître les mœurs? La découverte de quelque Socrate, qui vit avec une femme difficile, serait plus intéressante que celle de la statue du Socrate d'Athènes. Nous payons des professeurs de botanique et de zoologie, et des savans pour chercher des plantes, des végétaux et des animaux nouveaux; mais où sont les professeurs payés pour nous apprendre à étudier les lois de la morale, et à nous faire aimer la vertu? Est-ce qu'un homme vertueux, un bon époux, ne sont pas plus précieux et plus utiles qu'un cactus ou un rhinocéros? Je sais bien que nous payons à grands frais un savant, quand il est étranger, ou qu'il tient chez nous à un parti accrédité. La science, sans doute, mérite partout un prix; mais la vertu n'a-t-elle donc aucune valeur quand elle se trouve parmi nous? Sommes-nous semblables en tout aux Athéniens corrompus, qui en parlaient sans cesse, qui persécutaient leurs grands hommes pendant leur vie, et les honoraient après leur mort?

Je ne dirai point aux enfans : Voyez cette famille dans cet hôtel, comme elle est devenue riche! c'est un effet de son mérite; mais je leur dirai : Voyez ces gens qui habitent cette cabane, voyez comme ils sont heureux dans leur pauvreté! c'est un effet de leur union. Qu'on ne croie pas que les enfans soient insensibles à ce spectacle, parce qu'il ne se présente pour eux que dans le lointain. Ne voient-ils pas de même l'amour de la patrie qu'on cherche à leur inspirer? n'imitent-ils pas dans leurs jeux les actes les plus graves de la société? n'aiment-ils pas à jouer des rôles de magistrats, de commandans, de juges, de voleurs? Ils en imitent les sollicitudes dès l'âge le plus tendre; leur sensibilité se développe de bonne heure : j'ai vu des enfans de huit ans pleurer à des scènes pathétiques. Au défaut d'exemples à leur proposer dans leur voisinage, j'en irai chercher dans les histoires anciennes, et je meublerai leur mémoire, pour guider, pour inspirer leur cœur.

On dit en proverbe : C'est la bonne femme qui fait le bon mari; et cela est vrai en général. Il y a cela de remarquable dans le caractère de la femme, qu'il s'amalgame bien plus aisément que celui de l'homme à des caractères difficiles. Sa faiblesse la dispose dès l'enfance à la dissimulation; elle voile ses sentimens plus aisément que l'homme : cette souplesse de caractère n'est point en elle un défaut; c'est une qualité essentielle qui ajoute à sa beauté. C'est par elle qu'elle est le lien naturel des familles, et que la plus vertueuse peut vivre en paix avec un homme vicieux, comme il y en a beaucoup d'exemples. Il n'appartient qu'à la femme de réunir autour d'elle les esprits les plus opposés, et de les mener à ses fins. Armide rencontre dans le camp de Godefroy des guerriers qui se disputent entre eux, et, ce que ne pouvait faire leur général, elle les fait servir tous à son but. Aussi Jean-Jacques me disait un jour qu'Armide lui plaisait plus que la Didon de Virgile, parce qu'elle était plus femme. Ce n'est pas sa coquetterie qui l'intéressait, mais ce liant que la nature a mis dans son caractère : en effet, Homère l'a donné à la vertueuse Pénélope; car si Armide sait réunir beaucoup d'amans, Pénélope sait vivre en paix avec les siens sans manquer à la vertu. Il faut donc apprendre aux filles à être agréables à tout le monde, à ne plaire et s'attacher qu'à un seul homme : pour cela elles doivent se rapprocher de la nature. La parure la plus simple est la plus favorable à la beauté. Fénelon, dans son *Éducation des Filles*, veut avec raison qu'elles adoptent les formes des robes grecques, qui dessinent si bien le corps, et le font paraître avec toutes ses grâces naturelles. Il faut leur apprendre à mépriser l'éclat des diamans, comme produisant un effet dur, même dans les tableaux. Les fleurs s'harmonient bien mieux avec leur visage que les diamans et les perles. Ne pouvant la faire belle, tu l'as faite riche, répondit un fameux peintre à celui qui avait représenté Hélène vêtue d'une robe magnifique. Donnez à une fille la crainte des richesses, qui traînent après elles tant de corruption; ne lui inspirez que le goût des biens naturels; et qu'à la vue des diamans dont le vice se pare, elle puisse dire avec satisfaction, comme cette Spartiate : « Ce sont mes enfans qui » seront mes bijoux. »

Donnez-lui surtout le goût des travaux domestiques et de la vie retirée. Ce n'est pas une vie éclatante qui est digne d'estime, mais une vie simple, uniforme, constante, et connue des dieux seuls, comme dit Marc-Aurèle. J'ai pensé souvent qu'il y aurait peut-être autant de difficulté à ne point faire parler du tout de soi, qu'à remplir la terre de son nom : la vie de Diogène me paraît, à bien des égards, préférable à celle d'Alexandre. Mais, quant à la femme, il est certain que sa vertu consiste à n'être pas connue; car si le devoir du mari est de travailler au bonheur de la société, le devoir de la femme consiste à ne s'occuper que du bonheur de sa famille.

Il n'y a qu'une confiance entière dans la Divinité qui puisse maintenir les hommes dans leurs devoirs. Comme la religion influe à la longue sur les femmes, et que la religion de la femme influe à son tour sur les objets du dehors, j'ai voulu montrer dans la nature les agens de la Divinité. Il me semble moins dangereux que des enfans courent risque d'adorer Dieu dans le soleil que dans une statue, ou tel autre ouvrage de la main des hommes, qui met, pour ainsi dire, Dieu à leur discrétion. Ce n'est pas que je blâme aucun culte; je les révère tous, surtout le christianisme. Je les regarde comme des langues plus ou moins parfaites qui invoquent la Divinité dans des dialectes différens; je les crois nécessaires aux peuples, et même aux sages les plus éclairés. C'est un centre commun de réunion, c'est le lien des liens. Le culte romain, par exemple, propose pour chaque jour de l'année la vie d'un saint à imiter, et il en fait porter le nom aux enfans, sachant bien que l'exemple influe plus que le précepte, et que les hommes à la longue se patronnent sur leurs noms : cette pensée est admirable, et peut avoir la plus heureuse influence. Combien ces noms et ces exemples n'ont-ils pas engagé de jeunes gens à se retirer dans la solitude, à consacrer leurs jours à la bienfaisance, persuadés qu'en cela ils mèneraient une vie plus agréable à Dieu et plus révérée des hommes! Moi-même, dans mon enfance, nourri de ces lectures, maltraité par mes maîtres, je pris un beau matin la résolution de vivre seul dans les champs, ne me confiant qu'en Dieu, persuadé que, comme un Paul ermite, Dieu me nourrirait dans le désert. Je partis donc avec mon déjeuner pour toute provision; je vécus de navets crus et de mûres de ronces, fort content d'entendre le chant des oiseaux et d'être libre comme eux. Je me préparais à passer la nuit au pied d'un arbre, me fiant de ma nourriture à la Providence, lorsqu'elle m'envoya, non un corbeau, mais ma bonne Marie Talbot. Ainsi ce sentiment de confiance en Dieu m'a consolé dans une infinité de positions très-fâcheuses : je ne fus pas nourri par le moyen des oiseaux, mais Dieu se servit de moyens encore plus merveilleux. Si donc on offrait pour exemple des vies intéressantes et utiles à la société, il n'est pas douteux qu'elles n'inspirassent à l'enfance le désir de les imiter : pour cela il faudrait qu'elles fussent sanctionnées et consacrées par les hommes et la religion.

C'est à la politique à donner l'influence aux vertus sociales. Aristote divisa la philosophie morale en éthique ou spéculative, qui traite du souverain bien; en politique, qui s'occupe du gouvernement des états; et en économique, qui parle du gouvernement des familles. Il fit marcher la saine politique avant l'économique, parce que, nous dit Plutarque, la famille ne peut être bien réglée que la république ne le soit auparavant. Pour nous, nous suivons un ordre contraire, que nous croyons plus dans celui de la nature; car il est certain qu'il y a eu des familles avant des républiques. Nous sommes, au reste, du sentiment d'Aristote, et nous tendons au même but; car si une république bien ordonnée rend semblables à elle les familles qui la composent, les familles bien ordonnées, à leur tour, rendent telle la république. C'est au gouvernement à s'en occuper. Quant à moi, simple particulier, qui aperçois à peine les objets qui m'environnent, heureux si je puis diriger mes soins au bonheur d'une seule famille!

Cependant je pense qu'une école fondée sur les harmonies que j'ai développées jusqu'ici offrirait déjà en petit l'image d'un état en grand. On admire, non sans raison, la force du bataillon de Pélopidas, dont les soldats périrent tous ensemble, le visage tourné vers l'ennemi : leur courage venait de leur amitié. Une école formée sur ce principe donnerait aux enfans la force nécessaire pour résister à tous les maux de la vie, et l'amitié deviendrait le plus sûr fondement de l'état.

Nous avons vu les effets charmans que produit dans la société l'harmonie fraternelle et sororale ; la conjugale en produit encore de bien plus touchans : la première n'offre que des consonnances, mais la seconde y ajoute des contrastes.

On contemple avec plaisir, dans un paysage, un ruisseau réuni à un autre ruisseau, une vallée à une vallée, deux arbres et deux animaux de la même espèce groupés ensemble. Si donc vous mettez deux vrais amis dans cette solitude, vous ajoutez aux intérêts du site. Mais voulez-vous les redoubler ? substituez à ces consonnances fraternelles des contrastes conjugaux. Figurez-vous dans les montagnes de l'île de France, au lever du soleil, lorsque l'ombre lutte et s'harmonie avec les rayons de l'aurore, une rivière qui s'harmonie avec une montagne qu'elle féconde ; les reflets de l'eau qui répètent les formes des roches, et les échos des roches qui répètent les murmures de l'eau ; des lianes groupées avec des palmiers ; un couple de tourterelles qui font leurs nids ; deux amans dans l'adolescence, un Paul et une Virginie habitant la même cabane, et adressant leur prière au ciel : vous ajoutez certainement à l'intérêt du paysage.

Si l'harmonie conjugale répand tant de charmes dans les ouvrages de la nature, elle n'en répand pas moins dans la société.

L'harmonie fraternelle a produit tous les arts utiles, mais la conjugale a produit ceux qui nous présentent à la fois un mélange d'utilité et d'agrément.

C'est à elle du moins qu'on en doit l'origine. La peinture et la sculpture tracèrent les premiers traits d'après l'ombre d'un amant. Ces deux sœurs rivales étudièrent leurs proportions d'après le corps humain ; elles prirent d'abord en lui des idées de symétrie. Dans les pays où les femmes n'avaient plus de pouvoir, où tout tremblait sous le despotisme des prêtres et des rois, elles représentèrent des colosses bruts, des masses dont les jambes et les bras étaient resserrés comme des momies ; mais dans le doux pays de la Grèce, elles figurèrent l'homme et la femme dans toute la beauté des proportions : on crut voir respirer Vénus et marcher Apollon.

Il s'en faut bien que l'architecture, cet art qui a si peu d'artistes, ait fait les mêmes progrès ; elle n'emploie guère que les harmonies qui résultent de la fraternelle, telles que la symétrie, l'accouplement des colonnes, et des consonnances semblables. Des colonnes accouplées produisent sans doute un plus bel effet que si elles étaient isolées : elles ne font qu'un seul corps de deux corps semblables. Il me semble qu'on pourrait faire usage, dans nos péristyles, de colonnes plus élevées, qui figureraient les palmiers mêlés avec leurs fleurs, et de colonnes moins hautes, semblables aux palmiers femelles, avec des dattes pendantes à leurs chapiteaux. Cette harmonie conjugale jetterait, ce me semble, de grandes beautés dans notre architecture ; elle en ôterait d'abord la monotonie, qui en est le défaut le plus ordinaire. Les colonnes les plus hautes étant placées sur les corps avancés des monumens, et les plus petites sur ceux qui sont en retraite, en étendraient la perspective en hauteur et en profondeur. Pourquoi ne distribuerait-on pas des colonnes de différens diamètres sur un même plan horizontal, comme on en met de différens ordres sur le même plan vertical, ainsi qu'on le voit au Louvre, dont elles défigurent la cour ? C'est un grand abus de l'art, quoique autorisé par des architectes fameux et par la plupart de nos monumens : ces différens étages de colonnes sont contre nature, et seraient beaucoup mieux côte à côte que bout à bout. On ne voit pas dans une forêt les arbres de diverses espèces greffés les uns sur les autres, mais ils sont placés entre eux sur des plans différens ; ce qui y produit une harmonie charmante. Quelques architectes cherchent en aveugles ces lois, sans en connaître les principes ; ils opposent quelquefois des corps ronds aux carrés, des parties enfoncées aux pyramidales, des rentrantes aux saillantes, et il en résulte ordinairement quelques beaux effets, surtout dans les corps du même genre. C'est ainsi, par exemple, qu'on voit avec plaisir, du milieu de la cour du Louvre, et sous la voûte de sa porte méridionale, le dôme des Quatre-Nations.

On peut encore employer diverses beautés en architecture, d'après les autres harmonies de la nature. Les Chinois en savent là-dessus plus que nous, comme on peut s'en convaincre dans la lettre de frère Attiret, peintre, qui nous a donné une description très-intéressante de l'architecture de leurs palais.

L'architecture militaire tire de ces mêmes lois harmoniques des moyens redoutables pour la guerre. Autrefois, ces tours qui s'élevaient aux portes des villes et autour de leur circonférence, les protégeaient l'une l'autre d'une harmonie conjugale ; mais leur défense ne devint parfaite que lorsqu'aux tours on eut substitué des bastions qui se flanquaient dans tout leur périmètre : alors ils protégèrent les courtines, et en furent également protégés. Les villes parurent imprenables ; mais l'attaque à son tour devint supérieure à la défense, lorsqu'elle employa les mêmes lois dans un plus grand développement.

Il n'y a point d'art qui ne doive en partie sa force ou ses grâces à l'harmonie conjugale. Elle se fait sentir particulièrement dans les langues, cet art des arts qui les réunit tous, et fait communiquer l'homme avec ses semblables. On a observé d'abord que chaque langue a commencé par la musique et la poésie. En effet, les hommes ont d'abord imité les cris des animaux et les chants des oiseaux qui étaient propres à leur climat : les preuves en sont communes dans les langues des Sauvages. Celle des Hottentots glousse comme les autruches ; celle des Patagons a les sons de la mer qui se brise sur les côtes ; et on peut en trouver encore des traces dans celles des divers peuples civilisés de l'Europe. La langue des Anglais est sifflante comme les cris des oiseaux de marine de leur île ; celle des Hollandais est remplie de breck keck, et coasse comme les cris des grenouilles de leurs marais. Les noms des animaux sont tirés de leurs propres cris, et donnent, dans tous les dialectes, des harmonies imitatives : comme bœuf, *bos*, loup, *lupus*. On peut porter ces observations sur les enfans, images des peuples naissans. J'observe dans ma fille, qui n'a pas vingt mois, d'abord une affection extrême pour tous les animaux, qui attirent incomparablement plus son attention qu'aucun végétal. Pour les désigner, elle imite les sons qui leur sont propres : il y a plus ; elle sait à peine prononcer quelques mots, cependant elle imite les différens tons de la parole, haussant et baissant la voix comme dans une conversation. Son langage est proprement un chant ; il est formé de sons sans articulation. Cela posé, j'observe que dans les oiseaux, le mâle a des sons plus pleins, plus vigoureux, plus prolongés et plus variés que ceux de la femelle passive, qui n'a, pour ainsi dire, que des refrains. Elle n'emploie, comme dans notre langue, que des *e* muets. La femme seule peut imiter tous les chants des oiseaux mâles et femelles ; les sons des langues se sont donc formés d'abord des sons masculins et féminins, c'est-à-dire d'un son plein pour désigner le mâle, auquel on a ajouté un son affaiblissant, ou un *e* muet, pour désigner la femelle. Ainsi, on dit rossignol et rossignole, loup et louve, et les sons ont d'abord été exprimés par des voyelles chantées. Les voyelles abondent dans les langues des peuples naissans ; elles y sont souvent redoublées, et les consonnes y sont rares et en petit nombre : c'est ce qu'on peut remarquer dans les vocabulaires des peuples de la mer du Sud. Leur langue ressemble encore en cela à celle de nos enfans. Quand les langues ont commencé à prendre un caractère, et, pour ainsi dire, à dessiner les mots en les articulant, alors les consonnes s'y sont multipliées ; c'est ce qui est sensible dans nos langues européennes, qui ne sont que des dialectes de langues primitives. C'est ce qu'on peut remarquer surtout dans la langue russe, dérivée du grec, laquelle a quarante-deux lettres dans son alphabet, dont plusieurs ne sont que nos mêmes consonnes différemment prononcées. Il y a donc cette différence des langues primitives aux dialectes, qui n'en sont que des dérivés, que les mots des langues primitives abondent en voyelles, et ceux des dialectes en consonnes ; que les premières sont, pour ainsi dire, chantées, n'étant composées que de sons ; et que les secondes sont parlées, étant articulées par des consonnes.

Les peuples sauvages, libres, expriment sans réserve leurs passions, et les policés les dissimulent. La même harmonie conjugale, qui a inspiré aux hommes de chanter leurs premières expressions, les a encore portés à les rimer ; peut-être ont-ils aussi trouvé des modèles de la rime dans les chants des oiseaux et dans les refrains des femelles. Quoi qu'il en soit, il est certain que la musique et la poésie chantée sont de la plus haute antiquité ; elles ont été le premier langage de l'éloquence.

Les anciens, qui ne faisaient aucun usage de la rime, avaient inventé des vers de différentes mesures, comme l'hexamètre et le pentamètre, qu'ils employaient d'ordinaire dans les sujets tendres et mélancoliques, tels que l'élégie, les épitaphes, l'ode, etc. ; mais ils en composèrent des strophes de différentes coupes : on en compte, dans la poésie grecque et latine, de quinze espèces différentes.

L'amour et la guerre en firent également usage, car Mars et Vénus sont en harmonie. Tyrtée, Pindare, Horace, s'en servirent pour produire les plus grands effets. Les artistes, et surtout les architectes, devraient les étudier. J'ai ouï dire au célèbre Blondel, professeur d'architecture, qu'un fameux architecte composait une corniche sur son violon ; mais on pourrait, ce me semble, composer un péristyle d'après une strophe, ou plutôt d'après une harmonie de la nature. Je ne saurais me refuser au plaisir d'analyser l'effet touchant que produit l'harmonie conjugale des vers inégaux et croisés de l'ode onzième du troisième livre des Odes d'Horace. Chaque strophe est composée de trois vers saphiques de onze syllabes, inventés par Sapho, et d'un vers adonien, ou de cinq syllabes. Horace prie Mercure de lui rendre Lyde favorable, et le loue d'avoir suspendu par le charme de ses vers les tourmens des enfers, et surtout ceux des Danaïdes :

> ......... Stetit urna paulum
> Sicca, dum grato Danai puellas
> Carmine mulces.
>
> Audiat Lyde scelus, atque notas
> Virginum pœnas, et inane lymphæ
> Dolium fundo pereuntis imo.
> Seraque fata
>
> Quæ manent culpas etiam sub Orco.
> Impiæ, (nam quid potuere majus?)
> Impiæ sponsos potuere duro
> Perdere ferro !
>
> Una de multis, face nuptiali
> Digna, perjurum fuit in parentem
> Splendide mendax, et in omne virgo
> Nobilis ævum :
>
> Surge, quæ dixit juveni marito,
> Surge, ne longus tibi somnus, unde
> Non times, detur : socerum et scelestas
> Falle sorores ;
>
> Quæ, velut nactæ vitulos leænæ,
> Singulos, eheu ! lacerant. Ego, illis
> Mollior, nec te feriam, neque intra
> Claustra tenebo.
>
> Me pater sævis oneret catenis,
> Quod viro clemens misero peperci ;
> Me vel extremos Numidarum in agros
> Classe releget.
>
> I pedes quo te rapiunt et auræ,
> Dum favet nox et Venus ; i secundo
> Omine, et nostri memorem sepulcro
> Sculpe querelam.

« Lorsque vous adoucissiez par le charme de vos vers
» les tourmens des filles de Danaüs, leur urne s'arrêta presque
» vide. Que Lyde apprenne le crime et les peines si connues
» de ces vierges cruelles, occupées sans cesse à remplir un
» tonneau sans fond, d'une onde fugitive ; qu'elle connaisse
» cette vengeance tardive qui poursuit les forfaits, même
» dans les enfers. Les impies (car quel crime plus grand pou-
» vaient-elles commettre?), les impies osèrent percer d'un fer
» cruel le sein de leurs époux ! Une seule, digne du flambeau
» nuptial, par un mensonge vertueux envers son père par-
» jure, se couvrit d'une gloire immortelle parmi toute la pos-
» térité. Lève-toi, dit-elle à son jeune mari ; lève-toi, de peur
» qu'un long sommeil ne te vienne d'où tu ne l'attends pas.
» Trompe ton beau-père et mes sœurs criminelles, qui dé-
» chirent, hélas ! leurs époux, comme autant de lionnes qui
» ont rencontré de jeunes taureaux. Moins barbare qu'elles,
» moi, je ne veux ni te frapper, ni te renfermer dans ces fu-
» nestes lieux. Que mon père me charge de chaînes cruelles,
» parce que, touchée de pitié, j'ai épargné un époux mal-
» heureux ; qu'il m'embarque sur un vaisseau, et me relègue
» aux extrémités de l'Afrique. Va, fuis où te conduiront tes
» pas et les zéphyrs, tandis que la nuit et Vénus te sont favo-
» rables ; fuis sous leurs auspices heureux, et, te rappelant
» un jour ma mémoire, grave nos malheurs sur mon tom-
» beau. »

Ces vers seraient moins touchans s'ils étaient alexandrins ou de même mesure. Le vers adonien de chaque strophe exprime l'amour et la douleur ; son dactyle et son spondée la terminent avec une harmonie touchante, et il renferme, pour ainsi dire, tout le sens de la strophe : *Carmine mulces. Seraque fata. Perdere ferro ! Nobilis ævum : Falle sorores ; Claustra tenebo. Classe releget : Sculpe querelam*. Ces finales tracent l'esquisse de l'ode entière.

Le Poème séculaire d'Horace renferme encore de plus grandes beautés conjugales, et il semble fait pour en célébrer l'harmonie. C'est d'abord la même coupe de strophes, et elles contrastent une à une, ou deux à deux : aussi elles étaient chantées alternativement par deux chœurs, l'un de jeunes garçons, et l'autre de jeunes filles ; et sans doute la musique y correspondait. Les garçons invoquent d'abord le soleil, les filles la lune ; ceux-là s'élèvent vers l'ambition patriotique, et souhaitent que le dieu du jour ne voie dans sa course glorieuse rien de plus grand que la ville de Rome ; celles-ci, plus sensibles à l'amour, prient la lune de procurer d'heureux accouchemens à leurs mères, et à elles un doux mariage. Les deux chœurs s'adressent aux Parques et à la déesse Tellus ; ils prient les premières d'accroître la prospérité publique, et la seconde de tresser pour la blonde Cérès une couronne d'épis dorés. Les garçons rappellent aux dieux leurs promesses d'étendre les bornes de l'empire ; ils célèbrent la terreur des armes romaines, répandue chez les Mèdes, les Scythes et les Indiens fastueux : les filles chantent le retour de la vertu, la pudeur antique, et l'abondance avec sa corne toujours pleine : tous demandent des mœurs pour la jeunesse, du repos pour la vieillesse, des richesses, de la gloire et des enfans pour la patrie.

Ainsi, Horace avait réuni dans son Poème séculaire tout ce qu'il y a de plus vigoureux et de plus doux dans l'harmonie conjugale, la valeur guerrière et l'amour, objet du chant de tous les peuples, parce qu'ils sont une des harmonies fondamentales de la nature. Aussi voyez-vous que tous les poètes la prennent pour leurs principaux sujets. Dans l'églogue, on parle des querelles de bergers ; dans l'élégie, on regrette la perte d'une maîtresse : la comédie parle de l'amour des bourgeois, la tragédie de celui des héros. Le poème épique lui-même renferme toutes les harmonies de la nature, mais le nœud en est formé par l'harmonie conjugale. Ce n'est point la fureur d'Achille qui est le sujet de l'*Iliade*, c'est Ménélas qui redemande son épouse enlevée ; dans l'*Odyssée*, c'est Ulysse qui retourne auprès de Pénélope, son épouse. Homère, ce père de la poésie, nous a donné les tableaux les plus touchans de l'amour conjugal : dans l'*Iliade*, les principaux traits du caractère d'Hector appartiennent à son amour pour Andromaque. Virgile a fondé le nœud de son poème, qui se termine au mariage d'Énée et de Lavinie, sur l'harmonie conjugale. Mais, à la vérité, ce sujet est faiblement traité, et c'est sans doute pour cela qu'il voulait brûler l'*Énéide*. Cependant les amours d'Énée et de Didon prouvent de quoi il était capable : il a relevé tous ses ouvrages avec cette harmonie seule. Voyez, dans ses *Géorgiques*, Orphée et Eurydice. Notre bon Fénelon lui-même, dans son *Télémaque*, offre le même tableau. Son sujet apparent est l'amour d'un fils pour son père; mais il dénoue son poème en donnant à Télémaque en mariage la fille d'Idoménée, pour récompense de son amour filial. Un des défauts de *la Henriade* est de n'être pas liée de cette chaîne; ce qui fait que le poème manque d'un but moral, et du plus grand intérêt qui puisse attacher les hommes.

Offrez de bonne heure aux deux sexes des objets innocens et purs pour objets de leur amour. Qu'ils opposent l'influence de ces douces habitudes à celle des passions, et vous les empêcherez de se corrompre. Le desir de plaire, la douce politesse, l'urbanité, l'élégance des mœurs, l'habitude de la constance, et toutes les vertus sociales, naîtront de ces premiers attachemens. Comme tous les arts et toutes les sciences empruntent de grandes beautés de l'harmonie conjugale, la science morale en acquerra de sa seule perspective. Celui qui aime un objet vertueux, et qui en est aimé, porte le bonheur dans son cœur : il est toujours content des autres, parce qu'il l'est de lui-même. Un sentiment plus fort que celui de l'amitié l'anime dans ses travaux, lui montre en beau toutes les avenues de la vie, et lui en fait braver les tempêtes. C'est ainsi que le marin lutte contre les orages, à la vue lointaine de la terre où il doit aborder.

C'est par les premiers feux de l'amour conjugal que vous allumerez dans un jeune homme ceux de l'amour de la patrie. Irez-vous les exciter par le son des instrumens de guerre, et lui inspirer le desir d'égorger son semblable? le rabaisserez-vous au-dessous de la brute ? La couleur rouge fait entrer les taureaux en fureur, les chiens de chasse s'animent au son d'un cor. J'ai vu un lion dont on irritait la colère par le simple bruit d'un tambour : après quelques roulemens, la voix du roi des animaux se faisait entendre, et les sons se succédaient par intervalles, jusqu'à ce que son courroux machinal se fût calmé. Ainsi, quand les vents ont soulevé les flots, on voit encore les vagues, après l'orage, se succéder les unes aux autres, et se briser, au milieu du calme, sur le rivage. Irez-vous livrer votre élève aux astuces d'un orateur turbulent ou insidieux ? Le rendrez-vous semblable à un chien hargneux, prêt à se jeter sur tous les passans, et sur son maître lui-même, lorsqu'on l'irrite?

Un homme ne doit jamais laisser ses pouvoirs à la disposition d'un autre homme : il faut que ce soit la vertu qui l'anime à la défense de la patrie. Et quelle vertu exciterez-vous dans l'adolescent ? Sera-ce l'amour de ses parens, qui peut-être le persécutent; ou celui d'une patrie dont les lois l'oppriment, et dont les intérêts, d'ailleurs, lui sont inconnus? Mais vous parlerez à sa raison, à son cœur, à toutes ses facultés morales, lorsque vous lui direz : Il faut défendre celle qui doit faire un jour le bonheur de votre vie. Si vous l'abandonnez, ses travaux, sa personne, son ame, ses pensées les plus intimes, ne seront bientôt plus à vous. Marchez, combattez, vivez et mourez pour elle : le ciel, qui l'a faite libre, vous regarde; il protégera les droits qu'il vous a donnés. Il ne faudra point alors d'autre réquisition que celle de l'amour, pour armer toute la jeunesse d'un pays. C'est par ces motifs que des peuples sauvages s'animent à la défense de leurs foyers. Ce fut par eux que Sparte, Athènes, Rome, dans leurs beaux jours, excitaient le courage de leurs habitans, et qu'elles subjuguaient les peuples qui ne s'armaient que par la crainte de leurs maîtres, ou par l'amour de l'argent. Mais, fussiez-vous né dans une patrie livrée aux factions, à la cupidité, aux superstitions, au brigandage, il vous serait encore doux de vous isoler avec l'objet aimé, de supporter avec lui la pauvreté, le mépris, l'injure, l'oppression, la calomnie; et s'il vous était défendu de vivre, vous seriez heureux du moins de mourir avec lui.

Mettez-moi, dit Horace, sous le pôle avec des amis, et j'y vivrai heureux. Mettez-moi avec une épouse dans les mêmes régions, peut dire l'amant, je les fertiliserai et je les peuplerai. C'est l'amour persécuté et malheureux qui peuple tant de contrées ingrates. L'harmonie fraternelle peut se greffer sur une société florissante; mais la conjugale seule peut s'étendre et se propager au sein de la nature.

Aimables enfans, choisissez, dans l'âge de l'innocence, un modèle qui puisse vous guider dans celui des passions ; vous qui avez également à craindre et les sociétés corrompues et les vertueuses et vous-mêmes, suivez donc la route de la nature, qui ne trompe point.

Vous trouvez, dans un objet vertueux, toutes les beautés éparses sur la terre, et toutes les vertus, dont l'origine est dans les cieux. C'est lui qui vous formera à la fois à l'amour du travail, au courage, à la constance, à la bonté, à l'humanité, à la piété. Aimez de bonne heure, si vous voulez aimer tard. Il n'y a d'amours survivant au tombeau que celles qui sont nées au berceau; il n'y en a de raisonnables que celles qui se forment avec la raison elle-même, et d'innocentes que celles qui ont commencé avec l'innocence.

Mais, à quelque objet que vous vous attachiez, songez qu'il est passager comme vous. Un jour viendra où vous n'entendrez plus la voix de votre amie; où vous passerez devant sa maison qu'elle n'habitera plus; où vous vous promènerez sous les ombrages où elle ne portera plus ses pas. Le sort peut vous séparer d'elle; il peut vous forcer d'aller au-delà des mers. En vain vous vous jurerez l'un à l'autre d'être fidèles; au retour d'un long voyage, la mort aura rompu vos sermens. Qui vous consolera sur la terre, si vous ne mettez, dès à présent, vos espérances dans le ciel? La politique a trouvé que les hommes et les femmes naissent communément en nombre égal; ils doivent se réunir dans la patrie céleste comme sur la terre. Que ferait une ame isolée dans le ciel même? Cicéron se flatte d'y voir Lélius, Caton, Scipion et les autres grands hommes : ce sentiment a été commun à tous les sages. Ils ont cherché la solitude sur la terre, pour fuir les méchans, et la société dans le ciel, parce que c'est la réunion des bons. Sans doute les ames simples qui ont rempli les premiers devoirs de la nature s'y réuniront aussi bien que celles qui se sont occupées du sort des empires. Heureux si, en quittant la terre, ces hommes justes y laissent des enfans qui puissent y rappeler leurs vertus!

Nous avons passé en revue toutes les harmonies de notre globe, depuis celles qui unissent les objets les plus insensibles, jusqu'à celles qui animent les hommes; nous avons essayé d'esquisser les tableaux ravissans des plantes, des montagnes, de l'Océan, et des animaux qui les parcourent; nous avons vu enfin cet être céleste qui, jeté au milieu de cette création magnifique, s'est rendu maître de tout ce qui l'environnait, et a élevé des pensées sublimes jusqu'aux pieds du Créateur. Quittons à présent cette terre qu'il habite, et contemplons de près les astres qui nous étonnent, ce ciel, dernier asile de la vertu et de l'amour. L'immensité se dévoilera à nos yeux; nous essaierons de deviner, d'apprécier les douces harmonies des astres. Nous verrons la main du Créateur peupler ces orbes éclatans comme elle peupla notre monde, et en faire peut-être le séjour de l'immortalité, comme elle a fait de la terre le séjour de la vie et de la mort.

## LIVRE NEUVIÈME.

### HARMONIES DU CIEL,
#### OU LES MONDES.

L'homme ne voit dans le soleil, au premier coup d'œil, qu'un astre d'un demi-pied de diamètre, qui l'éclaire et l'échauffe, et qui, chaque jour, se lève à l'orient pour aller se coucher à l'occident. Moins attentif à ses mouvemens qu'un enfant à ceux de son ballon, il faut qu'un almanach l'avertisse des heures où il se lève et où il se couche, et des époques où il nous donne les saisons. Cependant ses rayons animent toute la nature; ils dilatent les airs, liquéfient les eaux, réchauffent la terre, fécondent les végétaux, colorent les fleurs, mûrissent les fruits, et embrasent des feux de l'amour tous les animaux. Voyez ses rayons entre les mains de l'homme. Archimède les rassemble avec un miroir ardent, et en tire un feu capable de fondre les plus durs métaux. Vous les croyez purs et blancs : Newton les décompose avec le prisme, et il en fait jaillir le jaune, le rouge, le bleu, le pourpre, qui y étaient renfermés. Ce sont des pinceaux célestes qui colorent toute la nature. Ils vous semblent immobiles, ils n'agitent pas la plus légère feuille; et Newton vous démontre qu'en venant du soleil à nous, ils parcourent trente-quatre millions de lieues en sept minutes et demie. C'est sans doute dans le soleil que sont renfermées les causes inconnues de tant de phénomènes qui nous étonnent, de ceux de l'électricité positive et négative, du magnétisme qui a tant de rapports avec elle, des variations, de l'inclinaison et de la déclinaison de l'aiguille aimantée, etc. C'est le soleil qui peint la terre de verdure, et les nuées des couleurs de l'arc-en-ciel; c'est lui qui lance les feux du tonnerre au midi, et ceux de l'aurore boréale sur les pôles. Il attire tous les globes planétaires, les fait circuler autour de lui, et verse sur leur circonférence la lumière, la chaleur, le mouvement et la vie. Il est le réservoir des trésors de la nature. Les modifications physiques des corps, leurs attractions, leurs mouvemens, leur durée, leurs générations, sont peut-être contenus actuellement dans le globe animé du soleil, comme toutes les combinaisons des grandeurs et des formes le sont virtuellement dans une sphère.

Tâchons de nous former une idée du premier mobile de notre univers. Le soleil est un corps céleste, un million trois cent quatre-vingt-quatre mille quatre cent soixante-deux fois plus gros que la terre. Tous les corps planétaires, entraînés par son attraction, tendent vers lui comme vers leur centre; et ils iraient y tomber, si une autre force, perpendiculaire à la première, ne les obligeait d'aller en avant et de tracer des cercles autour de lui, en s'échappant à chaque instant par leur tangente. La première force s'appelle centripète ou attraction, et la seconde, centrifuge ou force projectile. Telles sont, suivant Newton, les causes des mouvemens circulaires ou plutôt elliptiques des planètes. Cependant Kepler, surnommé avec raison le législateur de l'astronomie, avait eu à peu près ces mêmes idées avant Newton. Il disait que le soleil, en tournant sur lui-même, attirait à lui les planètes; mais que celles-ci ne tombaient pas dans le soleil, parce qu'elles font aussi une révolution sur leur axe, et qu'en tournant autour du soleil elles lui présentent, tantôt un côté ami, qui est attiré, et tantôt un côté ennemi, qui est repoussé. L'idée de Newton paraît plus simple, parce qu'il met ou semble mettre les deux forces centripète et centrifuge dans le soleil même, la première dans sa matière, et la seconde dans son mouvement : du moins je le conçois ainsi. Ce double effet, partant de la même cause, me paraît d'ailleurs conforme aux harmonies générales du soleil, qui les produit à la fois positives et négatives. Il engendre, par sa présence, le jour, la chaleur, le mouvement et la vie; et, par son absence, la nuit, le froid, le repos et la mort, qui, venant à se combiner, forment les principales harmonies de la nature.

Je ne doute pas, comme Brydone, que, si les lois de l'électricité eussent été connues il y a un siècle, Newton ne les eût appliquées à son système astronomique. Le soleil est un globe immense qui, par les jets de sa lumière, électrise tous les corps planétaires. Ces corps, à leur tour, renvoient ses feux par leurs côtés opposés; les comètes, par des queues lumineuses; la terre, aux pôles, par des aurores boréales. L'astre du jour a encore bien d'autres propriétés inconnues. Ceux qui n'y veulent voir que la force centripète et la force centrifuge, et qui les appliquent aux opérations de la nature, exclusivement à toute autre loi, sont comme de simples maçons qui, dans un palais magnifique, ne feraient attention qu'à son niveau et à son aplomb. Certainement la beauté de l'architecture humaine tient encore à d'autres lois; à plus forte raison celle qu'a élevée la Divinité. Je ne suis point surpris que des hommes ignorans, aveuglés par leur ambition, et voulant se faire un grand parti en ôtant tout frein aux passions de leurs semblables, aient tâché de ramener tous les ouvrages de la Divinité à quelques lois de la matière, qu'ils ont été capables de saisir; mais je suis véritablement étonné qu'un génie profond comme Newton, qui a répandu tant de lumière sur les ouvrages les plus incompréhensibles de la nature, et qui avait tant de respect pour son auteur qu'à son nom il se découvrait la tête, ait avancé, dans ses disputes avec Leibnitz sur la raison suffisante, que Dieu, infiniment libre, avait fait beaucoup de choses qui n'ont d'autre raison de leur existence que sa seule volonté. Selon lui, il est indifférent, par exemple, que les planètes se meuvent d'occident en orient, ou d'orient en occident : la volonté suprême en est la seule raison. Voltaire, qui rapporte ce raisonnement de Newton, et les objections de Leibnitz, dans son chapitre de la Liberté de Dieu, n'ose décider entre eux; et, par ce doute, il semble donner gain de cause au philosophe anglais. Je ne rapporterai point ici les argumens spécieux de Clarke en faveur de la liberté infinie de Dieu, argumens qu'il détruit lui-même, en objectant que la volonté de l'Être suprême est la raison. « On cesse de » sentir, me disait Jean-Jacques à l'occasion de » Malebranche, quand on commence à raisonner. » Je puis ajouter qu'on cesse de raisonner quand on commence à disputer. Newton donne aussi, si j'ose dire, un coup de pied à son système, quand il objecte à Leibnitz qu'il n'y a pas de raison pour que les planètes se meuvent d'occident en orient plutôt qu'autrement. Cette raison existe dans la force centrifuge même du soleil, qui, provenant du mouvement de rotation de sa partie supérieure vers son inférieure, oblige les planètes d'incliner vers lui, dans le même sens, le côté qui le regarde, et d'abaisser leur orient en élevant leur occident. D'ailleurs il est évident que notre terre a des chaînes de montagnes disposées dans le même ordre. Si, par exemple, le vent que le soleil fait élever maintenant sous la ligne du côté de l'orient, par le mouvement actuel de notre globe, soufflait de l'occident par un mouvement en sens contraire, il est certain que toute la partie torridienne de l'Amérique ne recevrait pas une seule vapeur de l'océan Atlantique qui la baigne, qu'elle n'aurait aucune rivière, et que toutes les vapeurs qui s'élèveraient de la vaste mer du Sud iraient s'arrêter en vain à la chaîne des Cordillières, qui n'a point son continent tourné vers l'occident.

On pourra me demander maintenant pourquoi le soleil abaisse vers nous sa partie supérieure, plutôt qu'il n'élève son inférieure : à cela je répondrai sans doute, comme Newton, que la raison en est dans la volonté suprême de Dieu ; mais sa volonté n'est pas sans raison, puisque, suivant le newtonien Clarke, elle est la raison même. Au reste, j'anéantis la mienne devant sa sagesse infinie, à l'exemple de Newton, de Clarke, de Leibnitz, et de tous les hommes qui ont tant soit peu médité sur ces sublimes ouvrages.

Quelques obligations que nous ayons à Newton, il ne faut pas croire qu'il ait découvert l'attraction des planètes ; il en a seulement calculé les lois. Bacon l'avait soupçonnée, et Kepler, comme je l'ai dit, l'avait appliquée à leurs mouvemens bien avant lui ; elle a été d'ailleurs connue dans la plus haute antiquité. Il est curieux de voir comme le bon Plutarque s'évertue à la combattre dans son traité intitulé : *De la Face qui apparaît au rond de la lune.* Il regarde l'attraction comme une des plus grandes absurdités de l'esprit humain. « Il y » a des philosophes, dit-il, qui assurent que la terre » est ronde comme une boule, et néanmoins nous » voyons qu'elle a de si grandes hauteurs et si » grandes profondeurs.... Ne tiennent-ils pas qu'il » y a des antipodes qui habitent à l'opposite les » uns des autres, attachés de tous côtés à la terre, » comme si c'étaient des chats qui s'attachassent à » belles griffes ? Ne veulent-ils pas que nous soyons » posés sur la terre, non à plomb et à angles droits, » mais penchant à côté, comme font ceux qui sont » ivres ? Ne font-ils pas ces contes, que s'il y avait » des fardeaux de mille quintaux qui tombassent » dedans la profondeur de la terre, que, quand » ils seraient arrivés au centre du milieu, ils s'ar» rêteraient sans que rien les contînt ni leur vînt » au devant ; et si d'aventure tombant à force, ils » outrepassaient le milieu, ils s'en retourneraient, » et rebrousseraient derechef arrière d'eux-mê» mes ? Ne supposent-ils pas que si un torrent im» pétueux d'eau coulait contre-bas, et qu'il rencon» trât le point du milieu, lequel ils tiennent être » *incorporel,* il s'amasserait, tournant en rond » tout à l'entour, demeurant suspendu d'une sus» pension perpétuelle et sans fin ?..... N'est-ce pas » mettre le haut en bas et tout bouleverser, puis» que ce qui est jusqu'au milieu sera le bas, et ce » qui est dessous le milieu sera le haut ; de manière » que, si quelque homme avait son nombril au » centre de la terre, il aurait tout ensemble les » pieds et la tête en haut. » Après un pareil jugement du plus juste appréciateur du mérite des hommes de lettres grecs et romains, il faut conclure que la raison humaine est sujette à s'éblouir par l'éclat même de l'évidence ; que le sort de la vérité est d'abord d'être méconnue et méprisée, et que tout homme qui la cherche sincèrement, pour la loger dans son cœur, doit laisser toujours la porte de son jugement ouverte au doute.

Observons que le nom d'*incorporelle*, que Plutarque donne à l'attraction, suppose une espèce d'âme qui agit sur la matière, et qui en explique mieux tous les phénomènes, que le nom de corporelle ou de matérielle que les attractionnaires d'aujourd'hui lui attribuent comme une qualité résultante de la matière. En effet, dans quel corps réside l'attraction qui fait tourner le soleil autour du cercle ?

Les anciens connaissaient également la force centrifuge, et la faisaient résulter de l'attraction ou force centripète : ils l'appliquaient au cours des planètes. « Si la lune, dit Plutarque, au même » traité, ne tombe point sur les Éthiopiens, c'est » qu'elle ne se meut point selon le mouvement de sa » pesanteur, son inclination étant déboutée et empê» chée par la violence de la révolution circulaire... ni » plus ni moins que les cailloux, et tout ce que l'on » met dans une fronde, sont empêchés de tomber » parce qu'on les tourne violemment en rond. »

Les pythagoriciens connaissaient le mouvement des planètes autour du soleil ; ils évaluaient la distance de la lune à la terre à cinquante-six demi-diamètres de la terre, et nous la faisons de soixante, c'est-à-dire de quatre-vingt-dix mille lieues pour sa distance moyenne, etc. Mais toutes ces vérités, aujourd'hui si bien démontrées, sont entremêlées, dans Plutarque, d'opinions les plus absurdes, qui les offusquent et les prédominent : telle est, par exemple, celle de Pindare, qui prétend que la terre est portée par des colonnes de diamant. Les débris de notre grand système planétaire, connus des anciens, ne nous apparaissent plus, au milieu des imaginations des philosophes et des poètes, que comme les ruines d'un temple antique à travers des ronces et des broussailles, à la vérité couvertes de fleurs.

Je me suis un peu arrêté sur l'attraction du soleil, parce qu'elle est la base de tout notre système planétaire ; qu'elle est répandue dans toutes les parties de notre globe, qui tendent vers leur centre commun, et qui s'attirent les unes les autres ; qu'elle paraît se combiner avec l'électricité positive et négative, et qu'elle semble produite par les flux et reflux du feu, dont le soleil est le foyer, puisque la plupart des corps électriques attirent quand ils sont échauffés, et repoussent quand ils perdent leur chaleur.

L'astre qui produit ces effets, et une infinité d'autres dans la nature, semble avoir des analogies particulières avec l'homme. Quoiqu'il soit à trente millions de lieues de nous dans sa plus petite distance, et qu'il ait environ cent onze diamètres et demi de la terre, ou trois cent dix-neuf mille trois cent quatorze lieues de largeur, sa grandeur apparente sur nos horizons est de douze doigts, c'est-à-dire à peu près de la grandeur de la face humaine, sous laquelle on le représente quelquefois. Il occupe un demi-degré du ciel, en sorte qu'il faudrait sept cent vingt soleils pour en faire tout le tour, et trois cent soixante pour en embrasser un hémisphère depuis l'orient jusqu'à l'occident. Ce dernier nombre est très-remarquable, en ce qu'il est le même précisément que celui de la division de notre cercle, formée de décimales tirées du nombre de nos doigts. C'est encore à peu près le même que celui des jours de l'année, formée de trois cent soixante et cinq jours, cinq heures quarante-huit minutes et environ douze secondes. Le cours d'un jour serait, en quelque sorte, par ses divisions naturelles, une image du cours de l'année, comme un cercle de l'horizon en est une du globe, mais il ne faut pas s'attendre, dans les ouvrages infinis de la nature, à trouver ces rapports terminés en formes circonscrites et en nombres ronds, tels que nous les desirons dans nos travaux bornés. Les excès ou les défauts d'une période ne sont que les pierres d'attente d'une autre : toutes les parties du monde sont engrenées, et leur perfection n'est que dans leur ensemble. Les rapprochemens que j'indique ici peuvent avoir un jour leur utilité; et je me crois aussi bien fondé à les faire du soleil à l'homme, que Newton l'a été à rapporter les sept couleurs, qu'il appelle primitives, aux sept tons de la musique. Au reste, nous avons observé, dans nos Études, que la marche de l'homme sur la terre était réglée en quelque sorte sur celle du soleil dans l'année, car il peut le suivre aisément d'un tropique à l'autre, en faisant seulement cinq ou six lieues par jour.

Au surplus, l'homme ne doit pas s'enorgueillir de ces convenances lointaines : il serait confondu de son néant, s'il pouvait approcher assez de cet astre pour en entrevoir seulement la grandeur. Ce n'est pas assez de dire que cet astre a plus de cent onze fois le diamètre de la terre, ou trois cent dix neuf mille trois cent quatorze lieues de largeur, et qu'il est un million trois cent quatre-vingt-quatre mille quatre cent soixante-deux fois plus gros. On y a aperçu, au télescope, des taches qui étaient dix-sept cent vingt-huit fois plus volumineuses que la terre, et qui n'étaient pas sensibles à la vue.

Je me suis toujours étonné que des dessinateurs et des peintres se soient donné beaucoup de peine pour nous représenter des fleurs, des coquillages, des oiseaux étrangers, qu'ils aient même entrepris de longs voyages aux Indes, pour y dessiner des insectes vus au microscope, tandis qu'aucun d'eux n'a encore essayé de peindre le soleil, tel qu'il paraît dans le télescope. L'objet le plus admirable de notre univers et le plus commun, en est le moins connu. Nous en avons des planisphères fort mal faits, si j'en juge par celui de la lune, qui ne ressemble point du tout à ce que j'ai vu moi-même dans cette planète avec une lunette de vingt pieds, comme je le dirai en son lieu. Les astronomes ne déterminent, sur le disque du soleil, que quelques positions, et ils ne les expriment que par des contours secs. Ils font comme nos géographes, qui ne marquent, sur leurs mappemondes, les Cordilières et les Alpes que comme des taupinières isolées. Il a fallu que des naturalistes voyageassent, pour nous donner une idée des chaînes de montagnes qui divisent le globe, de leurs relations avec l'Océan, des bras dont elles entourent ses golfes, et pour nous faire connaître les causes et les sources des fleuves qui arrosent la terre. Si d'habiles artistes avaient représenté le soleil tel qu'on le voit dans le télescope, il n'y a pas de doute qu'ils ne nous eussent manifesté une multitude d'effets qui eussent contribué à faire connaître sa nature. Quoique son disque paraisse tout lumineux, il ne brille pas également partout. Son portrait, bien rendu, nous eût d'abord fait sentir sa convexité sur son planisphère, ce que ne font pas les cartes des astronomes; et nous aurions vu, par l'uniformité ou l'aspérité de son limbe, s'il n'a que des écumes à sa surface, comme un fluide, ou s'il a des montagnes, comme les autres corps planétaires. De savans peintres ou dessinateurs nous eussent montré les embranchemens et les correspondances de ses diverses parties, et, par la magie des demi-teintes, ils nous y eussent, en quelque sorte, transportés. En vérité, si mes moyens me l'eussent permis, j'aurais fait le voyage d'Angleterre, principalement pour voir le soleil dans le télescope d'Herschell, et remercier ce grand homme d'avoir étendu dans les cieux la vue et les espérances du genre humain. De longues caravanes de pèlerins traversent tous les ans une partie de l'Asie pour aller baiser une pierre noire à la Mecque; d'un autre côté, des caravanes de savans européens vont admirer les ruines de l'Italie, de la Grèce et de l'Égypte, monumens de la caducité des travaux de l'homme; et nul ne sort de son pays pour avoir une vue plus étendue du plus magnifique ouvrage de la Divinité. Je ne doute pas que des sauvages du Pérou, ou de pauvres nègres de l'Afrique, n'entreprissent le voyage de l'Europe, seulement pour y voir le soleil dans nos télescopes, s'ils avaient une idée des merveilles de notre optique.

Le télescope d'Herschell grossit quatre mille fois un objet, c'est-à-dire six à sept fois plus que les meilleurs instrumens de ce genre qui aient été faits avant lui : ne pourrait-on pas accroître sa force ? Le microscope solaire, inventé par Lieberkhun, produit des effets bien plus considérables : j'ai vu une puce plus grosse qu'un mouton, parfaitement dessinée : ne pourrait-on pas rendre une petite portion du soleil visible par le microscope solaire même ? Je ne présente cet aperçu que comme celui d'un ignorant ; mais il n'y a pas cinq cents ans qu'on imagina de faire des lunettes avec le verre ; au bout d'un siècle, on fit, avec des verres à lunettes, des lunettes d'approche d'un bien plus grand effet. On croyait avoir atteint la perfection de l'art, lorsque Newton inventa le télescope à réflexion. On pensait qu'il était impossible de voir plus loin que Newton, lorsque Herschell a augmenté de beaucoup l'action de cet instrument : pourquoi quelque opticien ne le porterait-il pas encore au-delà d'Herschell ? Le télescope ne peut-il pas étendre la vue de l'homme dans l'infiniment grand, autant que le microscope dans l'infiniment petit ?

Newton et les autres astronomes prétendent que cet astre est un globe de feu, dont la chaleur est vingt mille fois plus forte que celle d'un boulet rouge, et qu'il tourne sur son axe en vingt-cinq jours et demi. Il est couvert, selon eux, d'une mer ignée, qui bouillonne sans cesse et produit des écumes qui apparaissent à sa surface en forme de taches ; c'est même d'après la rotation de ces écumes sur sa circonférence qu'ils ont conclu celle de son globe. Tel est le résultat de leurs observations faites avec l'ancien télescope. Herschell, le Christophe Colomb de l'astronomie, vient de renverser avec le sien toute cette physique. Il a vu et revu que le soleil était un corps planétaire solide, environné, à quinze cents lieues de distance, d'une atmosphère lumineuse et ondoyante, de six à neuf mille lieues de hauteur. Cette atmosphère s'entr'ouvre de temps en temps, et laisse alors apercevoir au-dessous d'elle des parties du disque solaire, qui ne sont point des taches ou des écumes, mais des montagnes et des vallées véritables.

Herschell assure qu'il a réitéré ces observations de manière à les mettre hors de doute. On ne peut, sur ce point, refuser sa confiance à un astronome qui a découvert, avec ce même télescope, la nouvelle planète qui porte son nom ; et les deux satellites qui l'accompagnent, avec deux nouveaux satellites de Saturne et plusieurs volcans dans la lune.

Herschell remarque, avec raison, que les calculs de Newton sur la chaleur immédiate du soleil sont sans fondement, puisqu'ils ne sont établis que sur celle que cet astre exerce sur la terre, et qui n'y existe que par la médiation d'une atmosphère aérienne, sans laquelle elle serait sans action, même dans la zone torride. C'est ce que démontrent les sommets des Cordillères, qui, étant au sein de cette zone même, au-dessus de la région de l'air, sont toujours glacés. Il en conclut donc que le soleil, n'étant ni un globe de feu, ni une mer ignée, mais un corps planétaire semblable au nôtre, est habitable.

S'il m'est permis de joindre mes faibles raisonnemens aux sublimes expériences de ce grand homme, je trouve encore d'autres inconséquences dans le système des astronomes. 1° Si le soleil était pénétré de feu, il serait aplati sur ses pôles et dilaté sur son équateur par la force centrifuge, comme je l'ai déjà dit. 2° Si les taches qu'ils ont aperçues à sa circonférence étaient des écumes, elles n'apparaîtraient pas sombres sur un globe vingt mille fois plus ardent qu'un boulet rouge : ce n'est que l'action de l'air qui noircit et altère la surface des corps brûlans ; et quand il y aurait une atmosphère d'air autour du soleil, elle serait trop dilatée pour agir à la surface d'une semblable fournaise : un charbon dans un creuset, un boulet dans sa forge, sont tout blancs lorsqu'ils sont imprégnés de feu. 3° Il s'ensuivrait que les preuves de la rotation du soleil sur son axe seraient fort douteuses, puisqu'elles n'auraient pour appui que des écumes mobiles, qui peuvent être entraînées par des courans particuliers sur un globe en fusion. C'est comme si des astronomes placés dans le soleil concluaient un mouvement de rotation de la terre d'un pôle à l'autre, en observant les montagnes de glaces qui en descendent, tous les étés, vers l'équateur. Il faut l'avouer, l'édifice de nos sciences est bien imparfait, et les plus habiles n'ont pu, autour de lui, élever que quelques petits échafauds.

L'idée qu'Herschell vient de nous donner du soleil me plaît infiniment. Elle me paraît la seule véritable, parce que je la trouve seule conforme aux plans généraux de la nature, qui varie ses ouvrages à l'infini, et qui n'en fait aucun en vain. Si le soleil, au moins douze cent mille fois plus gros que toutes les autres planètes ensemble, était un globe de feu uniquement destiné à les éclairer, le réverbère serait beaucoup plus grand que les habitations. Les satellites qui ne renvoient que de simples reflets de sa lumière, sont plus petits que les planètes qu'ils réchauffent. J'aime d'ailleurs à voir le soleil animer le monde sans se montrer, et, à l'image de Dieu, par la seule gloire qui l'environne. Je pense que si ses élémens sont les mêmes que les nôtres, ils doivent être dans un autre ordre que sur nos planètes ténébreuses, et qu'il est habité puisqu'il est habitable. Il ne doit point y avoir d'ombre sous une atmosphère de lumière, de nuit aux sources du jour, d'hiver à celles de la chaleur, ni de mort à celles de la vie.

Platon disait que notre monde n'était qu'une figure du monde véritable, qu'il en existait un autre où étaient en réalité les idées des choses dont nous n'avions que les ombres. S'il existe dans quelque lieu visible, ce doit être sans doute dans le soleil.

S'il était permis à un être aussi borné que moi d'oser étendre ses spéculations sur un astre que je n'ai pas eu même le bonheur de voir dans le télescope, je dirais que sa matière doit être de l'or, d'abord parce que l'or est la plus pesante de toutes les matières que nous connaissons; ce qui convient au soleil placé au centre de notre univers.

Sa lumière, comme l'or, est jaune, indestructible, divisible à l'infini; elle dore tous les objets qu'elle frappe, et semble être un or volatilisé. Si on rassemble les rayons du soleil au foyer d'un miroir ardent et qu'on expose de l'or à leur action, alors ce métal se revêt, en se fondant, de la plus riche couleur pourpre; il s'en élève de petits globules qui circulent en l'air parmi les rayons, et s'attirent mutuellement. La lumière du soleil, si légère et si active, est pesante; elle augmente sensiblement le poids de tous les corps qu'elle pénètre, et on assure qu'elle forme l'or au sein de la terre. C'est ce que semblent prouver les mines d'or, situées pour l'ordinaire dans les montagnes de la zone torride, en Afrique et au Pérou. Si on en trouve en Sibérie, c'est qu'il y a apparence que cette contrée a été autrefois dans la zone torride, ainsi que semblent le démontrer les os d'éléphans fossiles, et d'autres preuves que nous avons rapportées aux harmonies terrestres. Au reste, il est très remarquable que les anciens chimistes ont désigné, par des rapports d'analogie, les métaux par les noms des planètes; l'or par le soleil, l'argent par la lune, le vif-argent par Mercure, le cuivre par Vénus, le fer par Mars, le plomb par Saturne. Il est certain que ces métaux tiennent, dans l'estime des hommes et par rapport à leur valeur en or, le même rang que leurs planètes corrélatives occupent dans les cieux, par rapport à leurs distances au soleil. Je conclus de là que notre système astronomique est bien plus ancien que nous ne le croyons. La lune seule est exceptée de cet ordre; mais on peut dire, d'un autre côté, qu'après le soleil, elle influe le plus sur nous de tous les corps planétaires, et qu'elle est dans le même rapport avec lui que l'argent avec l'or. L'or est le premier mobile des sociétés du genre humain, comme le soleil l'est de l'univers. L'or fait mouvoir toutes les harmonies sociales, chez les peuples policés comme chez les Sauvages. Les financiers, pour nous en inspirer l'indifférence, et l'attirer dans leurs coffres, n'en parlent que comme d'un signe idéal et fictif des richesses nationales, qu'on peut suppléer aisément par tout autre, mais il a une valeur intrinsèque, du consentement universel de tous les hommes. S'il était possible qu'il vînt tout à coup à perdre son crédit chez les nations ou à cesser de circuler entre elles, tous leurs gouvernemens seraient renversés de fond en comble, car tous sont fondés sur l'amour de l'or. Il faudrait en excepter peut-être quelques petites nations inconnues qui se gouverneraient par la vertu, car la vertu est autant au-dessus de l'or que Dieu est au-dessus du soleil.

On doit rapporter à la matière de l'astre de la lumière les pierres qui en décomposent les couleurs primitives, comme les diamans, les topazes, les rubis, les saphirs, etc. Ce qu'il y a de certain, c'est que leurs mines ne sont point dispersées sur le globe; nous ne les trouvons que dans les montagnes et les vallées de la zone torride : c'est là aussi que croissent les végétaux les plus aromatiques, l'arbre de l'encens, le cannelier, le giroflier, etc., dont les parfums viennent des influences constantes du soleil dans cette zone, puisqu'ils dégénèrent partout ailleurs.

Nous avons vu que la sphère contenait virtuellement toutes les formes connues et à connaître. Le soleil, qui est une sphère vivante et vivifiante, doit en présenter les plus belles dans les vastes contours de ses montagnes et de ses vallées. Quelles montagnes que celles qui nous apparaissent dix-huit cent fois plus grosses que notre terre! On ne doit point y voir, comme sur notre globe, des rochers brisés par la rigueur des hivers, des monts dégradés par des torrens, des promontoires formés et détruits par les mers, un globe mourant et renaissant au milieu de ses ruines, mais on y voit un monde jouissant de toutes les perfections de la beauté et de toutes les plénitudes de la vie. Des vallées riantes doivent se perdre dans des horizons cent dix fois plus étendus que les nôtres. Des Alpes de la même proportion, offrant dans leurs croupes les courbes les plus parfaites, doivent porter leurs sommets non dans une atmosphère glacée, comme sur notre terre, mais au sein de cette atmosphère de lumière qui ranime au loin les mondes. Leurs rochers de diamans, d'émeraudes et de rubis y étincellent de feux que ne peuvent supporter les yeux des mortels; ils brillent au sein du soleil comme de nouveaux soleils; de leurs gerbes éblouissantes, tout éclatantes à la fois des reflets de l'aurore et du couchant, s'écoulent des ruisseaux de liqueur, de lait, de vin, que le soleil colore de ses rayons immortels. La lumière ne s'y harmonie point avec les ombres, ni l'été avec l'hiver, ni la vie avec la mort; mais la lumière s'y conjugue avec la lumière, le printemps avec le printemps, la vie avec la vie : là, tout silence est un repos, tout bruit une mélodie, toute odeur un parfum. La géographie de notre terre ne nous présente que des noms insignifians, ou ceux des puissances qui l'ont bouleversée : ici est l'île du Volcan, là le cap des Tourmentes; la Nouvelle-Espagne, la Nouvelle-Angleterre, la Nouvelle-France, fameuses par leurs conquêtes sanguinaires, sont au sein de l'innocente Amérique. Mais si la géographie du soleil pouvait porter, dans la langue des hommes, des noms convenables à sa nature, on y trouverait tout ce qu'ils cherchent en vain sur la terre, et dont leurs instincts ne leur offrent que des images fugitives. Dans ses courbes innombrables sont la quadrature du cercle et la réunion de l'hyperbole à ses asymptotes; dans ses terres virginales est la fixation des rayons du soleil en or, et dans leur atmosphère lumineuse et ondoyante est la volatilisation de l'or en rayons de lumière; à la source du mouvement est le mouvement perpétuel, et une jeunesse éternelle à celle de la vie et de la beauté : là sont aussi d'éternelles amours et des générations sans fin; sur ses pics sont les ravissemens du génie, et dans leurs grottes profondes les extases de la contemplation. Leurs influences se répandent sur notre terre avec les rayons du soleil, et y voltigent avec l'espérance; elles se reposent de temps en temps sur la vertu. Elles éclairaient votre intelligence, chaste Newton, quand vous décomposiez la lumière, et que vous pesiez les mondes; elles se firent sentir à vous, infortuné Jean-Jacques, quand, parvenu aux extrémités de la vie terrestre et sur les limites de la vie du ciel, vous vous écriâtes en expirant : « Oh! que le soleil est beau ! je le sens » qui m'appelle. »

Si les poètes portent aussi en latin le nom de vates, qui veut dire prophète, parce que, dans leur enthousiasme, ils sont quelquefois inspirés sur l'avenir, pourquoi les hommes vertueux, ces amis de la Divinité, n'auraient-ils pas aussi de semblables pressentimens? Fénelon a dû en avoir à ces deux titres. Il décrit, sans y songer, dans son Télémaque, le séjour des ames heureuses dans les Champs-Elysées, comme s'il était placé dans le soleil.

« Le jour n'y finit point, et la nuit, avec ses
» sombres voiles, y est inconnue : une lumière
» pure et douce se répand autour du corps de ces
» hommes justes, et les environne de rayons comme
» d'un vêtement. Cette lumière n'est point semblable à la lumière sombre qui éclaire les yeux
» des misérables mortels, et qui n'est que ténèbres; c'est plutôt une gloire céleste qu'une lumière : elle pénètre plus subtilement les corps
» les plus épais que les rayons du soleil ne pénètrent le plus pur cristal : elle n'éblouit jamais;
» au contraire, elle fortifie les yeux, et porte dans
» le fond de l'ame je ne sais quelle sérénité : c'est
» d'elle seule que les hommes bienheureux sont
» nourris; elle sort d'eux, et elle y entre; elle les
» pénètre, et s'incorpore à eux comme les alimens
» s'incorporent à nous. Il la voient, ils la sentent.
» ils la respirent; elle fait naître en eux une source
» intarissable de paix et de joie : ils sont plongés
» dans cet abîme de délices comme les poissons
» dans la mer; ils ne veulent plus rien; ils ont
» tout sans rien avoir, car le goût de la lumière
» pure apaise la faim de leur cœur; tous leurs désirs sont rassasiés, et leur plénitude les élève au-
» dessus de tout ce que les hommes avides et affamés cherchent sur la terre. »

Virgile avait dit avant lui, sur les habitans de ce séjour, ces vers qu'on peut appliquer si heureusement aux habitans du soleil.

Largior hic campos æther et lumine vestit
Purpureo; solemque suum, sua sidera, norunt.
ÆNEID., lib. VI, v. 640.

« Une atmosphère plus vaste que la nôtre couvre leurs
» campagnes d'une lumière purpurine; ils ont en propriété
» le soleil et ses planètes. »

En effet, s'il est un lieu où l'on puisse goûter des jouissances célestes, ce doit être dans le soleil, par la nature de sa lumière vivifiante, et parce qu'il est au centre de notre univers. A quoi servirait l'ensemble des ouvrages de la Divinité, s'il n'y avait pas des êtres qui en jouissent? Leur principale beauté serait perdue. Une simple mousse a des insectes qui la contemplent; le monde doit avoir aussi ses spectateurs. Les parties de notre terre, quelque agréables qu'elles nous paraissent, n'en sont que des portions infiniment petites : notre plaisir croît par leur rapprochement. Nous en éprouvons d'abord à la vue d'une simple fleur : il augmente par celle de la plante qui l'a produite; il s'accroît par celle de la prairie qui en est émaillée; il redouble à la vue des brebis qui y cherchent leur pâturage; il devient plus touchant à celle de la bergère qui file la laine de ses brebis, tandis que son amant avec son chien défend le troupeau; il acquiert encore plus d'intérêt à celle du hameau voisin, composé de familles laborieuses et innocentes : mais le bonheur d'un homme se termine souvent à son horizon; heureux encore s'il peut y atteindre! S'il s'en éloigne, d'autres mœurs, d'autres lois, un autre langage, des procès, des religions contraires, des guerres cruelles, lui font douter s'il n'a pas pour ennemie sa propre espèce. Ainsi, dans le petit coin que nous habitons, nous n'embrassons pas plus la sphère de la vie que celle de la terre : nous ne jouissons à la fois que du jour qui nous éclaire et de l'horizon qui nous environne; les révolutions des temps et des générations ne nous paraissent souvent que comme un cercle monotone et difforme de jours et de nuits, d'étés et d'hivers, de naissances et de morts. Placés sur un point de sa circonférence, le monde se montre à nous comme une figure peinte en perspective sur des cercles concentriques; parmi quelques couleurs agréables, elle ne nous présente qu'un ensemble monstrueux : mais mettez à son centre le miroir cylindrique qui en rassemble les traits, au lieu d'une furie vous verrez une Vénus.

Il en serait de même de la terre, si nous la considérions du soleil : nous la verrions avec l'astre qui fait tout voir. Nous l'observerions à travers cette atmosphère merveilleuse de lumière qui, comme un cristallin vivant, entoure l'œil de notre univers. Les rayons qu'il lance sont peut-être semblables à ceux qui sortent de nos yeux, qui en expriment bien quelques passions au dehors, mais qui ne manifestent pas les images qu'ils reçoivent au dedans : ils ressemblent peut-être aux lunettes de longue vue, qui rapprochent par un bout et éloignent par l'autre. Newton les a décomposés par l'extrémité qui arrive jusqu'à la terre; encore n'y a-t-il aperçu que des couleurs, quoiqu'ils renferment bien d'autres qualités, comme le prouvent tant de productions qu'ils font éclore : mais qui les analysera par le côté où ils émanent du soleil ? Il y a grande apparence que, si nous étions habitans de cet astre, nous verrions la terre, dans sa grandeur naturelle, tourner sur elle-même, et nous développer toute sa circonférence dans le plus grand détail. Nous verrions son continent former des harmonies innombrables avec ses mers, exposer tour à tour aux influences du soleil, dans des rapports opposés de sécheresse et d'humidité, deux zones torrides, deux tempérées et deux glaciales. Nous y verrions les aurores et les couchans, les jours et les nuits, les étés et les hivers se succéder tour à tour dans chaque lieu, et paraître tout à la fois dans chaque hémisphère. Nous y distinguerions le genre humain, seul, de tous les genres animés, répandu sur le globe pour en recueillir les productions, et seul en rapport avec les influences de l'astre du jour.

Nous verrions les mêmes harmonies du soleil se répéter en grand dans les cieux : la terre n'en a que des zones, le ciel en a des sphères. Le soleil fait circuler autour de lui, dans deux zones torrides, Mercure à onze millions de lieues de distance, et la brillante Vénus à vingt-deux millions; dans deux zones tempérées, la terre à trente-quatre millions, et Mars, couleur de sang, à quarante-six millions; dans deux zones glaciales, Jupiter, couleur d'azur, à cent cinquante-six millions, et Saturne à trois cents. Le solitaire Herschell trace, par un cercle de six cent cinquante-cinq millions six cent deux mille six cents lieues de rayon, les pôles de cette sphère immense, au-delà desquels cependant circulent encore des comètes.

Supposons-nous donc dans le soleil, au centre du mouvement des planètes. Non-seulement nous les verrions tourner autour de nous dans leurs périgées, c'est-à-dire quand elles sont du côté de la terre; mais encore dans leurs apogées, c'est-à-dire au-delà du soleil, parce que cet astre tourne sur lui-même en vingt-cinq jours et demi. Nous les verrions de toute leur grandeur dans leurs périhélies, c'est-à-dire quand elles en sont le plus proches, et dans leurs aphélies, quand elles en sont le plus éloignées; car elles décrivent autour de lui non des cercles, mais des ellipses. Nous les distinguerions parfaitement dans le plus grand éloignement, comme dans le plus grand détail, parce que notre vue, qui aurait toutes ses perfections, ne serait pas inférieure à celle des insectes sur la terre, qui réunit souvent les avantages du microscope et du télescope. Telles sont, par exemple, les abeilles qui voient à la fois les glandes nectarées dans le calice des fleurs où elles pompent leur miel, et au loin la ruche où elles doivent le porter. La vue des hommes, sur la terre, est proportionnée à leurs horizons et à leurs besoins matériels et passagers; mais elle doit s'étendre, dans le soleil, aussi loin que la sphère de ses rayons, et n'avoir d'autres limites que la bonté toute puissante du Créateur dans l'étendue des mondes. Ils doivent tout connaître dans l'astre qui fait tout voir et tout mouvoir; il est pour eux le séjour de la vérité comme celui de la lumière. Ils n'ont entrevu sur la terre que quelques harmonies éparses de jours, de mois, de saisons, d'années et de vies ; mais ils les verraient se développer sous d'autres proportions dans les planètes, et leur présenter les combinaisons innombrables de l'existence subsolaire. Nous les distinguerions d'abord d'avec les étoiles qui sont en nombre infini, en ce qu'elles n'étincellent point comme elles, mais qu'elles réfléchissent d'une manière calme la lumière qu'elles empruntent du soleil. Il est possible que Dieu les ait composées d'élémens différens de ceux de la terre ; mais, comme nous y apercevons des atmosphères, des montagnes et des vallées, que plusieurs ont des lunes comme la terre ; qu'elles parcourent des courbes et des périodes semblables, il n'y a pas de doute qu'elles ne soient de même nature, quoique de différentes espèces. Elles doivent avoir aussi des êtres organisés ; car la nature n'a rien fait en vain. A quoi serviraient des globes déserts ? Il y a des végétaux, puisqu'il y a de la chaleur ; il y a des yeux, puisqu'il y a de la lumière ; et il y a des êtres intelligens puisqu'il y a de l'intelligence. Les plantes et les animaux doivent s'y développer à proportion de l'intensité de leurs latitudes et de la durée de leur vie. C'est ainsi que les mauves et les fougères de l'Europe deviennent des arbres dans les parties méridionales de l'Afrique et de l'Amérique. Mais, comme les mêmes zones terrestres offrent des productions tout-à-fait différentes, à plus forte raison les sphères des zones célestes ; cependant il n'y a pas d'apparence que les hommes y soient en proportion de taille avec leurs planètes. La nature, qui a mis sur la terre des éléphans au midi, et des baleines au nord, a fait des hommes de grandeur égale dans toutes les latitudes : les habitans des îles ne sont pas plus petits que ceux de ses continens. Il est vraisemblable qu'elle a donné les mêmes proportions humaines à tous les êtres intelligens qui habitent les différentes planètes de notre système, comme elle leur a donné à tous le même soleil. L'homme est dans une harmonie parfaite avec la terre et les convenances solaires de cette planète. Il est formé de manière qu'il peut, en faisant cinq à six lieues par jour, parcourir en un demi-jour son horizon, suivre en une demi-année le cours du soleil d'un tropique à l'autre, parcourir la moitié d'un hémisphère dans une année, et toutes les latitudes et les longitudes du globe dans le cours de sa vie.

### HARMONIES SOLAIRES
### DE MERCURE.

Je suppose que nous jouissions dans le soleil de toutes les harmonies de son système ; nous verrions d'abord Mercure quinze fois moins gros que la terre, c'est-à-dire de onze cent soixante-six lieues de diamètre, tracer à onze millions de lieues de distance du soleil un cercle annuel de quatre-vingt-sept de nos jours vingt-trois heures quatorze minutes trente-trois secondes ; nous apercevrions sa rotation sur lui-même ou son jour particulier, qui a échappé jusqu'à présent à nos astronomes, parce qu'il est, par rapport à eux, comme perdu, dans les rayons du soleil. Cependant, à en juger par analogie avec la longueur du jour de Vénus, qui est de vingt-cinq de nos jours dans la même zone torride, et avec la brièveté de celui de Jupiter, qui n'est que de dix heures dans la zone glaciale, il est possible que celui de Mercure soit de tout son cours annuel, c'est-à-dire de quatre-vingt-huit jours ; en sorte qu'un de ses hémisphères serait constamment éclairé pendant près de six semaines. Il s'ensuivrait de là qu'un corps, qui tourne rapidement devant le feu, en est plus pénétré que celui qui y tournerait lentement ; ce qui semble contraire aux lois de notre physique. Cependant, on ne peut douter que le mouvement n'ajoute à l'action du feu, et qu'un corps planétaire, voisin du soleil, en tournant lentement ses hémisphères vers lui, ne donne à celui qui lui est opposé le temps de se refroidir : d'ailleurs il n'en faut pas conclure avec Newton que la chaleur soit dans Mercure sept fois plus forte que dans la zone torride de la terre, et que l'eau y soit constamment bouillante. La chaleur, comme nous l'avons observé, n'étant qu'une harmonie de l'air et des rayons du soleil, peut être nulle au sommet des montagnes de Mercure, si elles sont très-élevées au-dessus de son atmosphère, comme celles des Cordillières qui sont couvertes de glace au sein de la zone torride. Or, c'est ce que prétendent les astronomes, qui attribuent à l'élévation des rochers de Mercure les reflets brillans qu'il nous envoie quand il est à son périgée. Je suis porté à croire qu'ils n'ont tant d'éclat que parce qu'ils sont couverts de glace ; je me confirme dans cette opinion, parce que Mercure, au milieu de toute sa splendeur, présente des taches obscures. Cette obscurité ne peut provenir de ses mers, qui sont naturellement resplendissantes, comme nous le verrons ailleurs, mais du sol même de ses montagnes, dont les glaces fondent à certaines périodes. Il y a apparence que sa zone glaciale est dans sa zone torride, que dans son cours annuel il incline le plan de son orbite de quatre-vingt-dix degrés sur son équateur, et que les solstices sont dans ses pôles. Il en doit résulter, au contraire du globe terrestre, que ses pôles sont les plus habités, et qu'ils sont rafraîchis par des fontes périodiques de glaces qui descendent des hautes montagnes de son équateur; elles doivent être encore plus élevées que les montagnes de l'Éthiopie, figurées en grands plateaux qui projettent des ombres profondes à leurs pieds.

Tout ce que les deux Indes produisent sur la terre de plus précieux, n'approche point des richesses d'une planète baignée de toutes les influences du soleil. Les végétaux, qui les reçoivent pendant des jours de six semaines, doivent parvenir à des développemens et à des perfections qui ne sont comparables qu'à ceux des végétaux des terres solaires mêmes. La canne à sucre doit s'y élever à la hauteur des bambous du Gange, et la vanille, dont les siliques exhalent de si doux parfums, doit étendre ses sarmens dans les forêts aussi loin que les longues lianes de l'Amérique. Les puissances de la nature, qui semblent parvenues à leur plus haut période dans la zone torride de la terre, ne s'y sont peut-être arrêtées que parce que l'action du soleil ne les a pas portées plus loin; mais dans Mercure elles doivent former avec lui de nouvelles harmonies, et établir dans les minéraux, les végétaux et les animaux, une multitude de genres inconnus à nos Linnées. Les habitans fortunés de Mercure n'ont pas besoin de soutenir leur vie par la mort des animaux, ni de se livrer aux rudes travaux de l'agriculture. Des fruits mille fois plus délicieux que ceux de nos vergers croissent spontanément sur une planète dont les pôles, par leur température, doivent produire les litchis et les mangoustans. Le globe n'a presque que le tiers du nôtre en circonférence; mais il doit être plus difficile d'y voyager, à cause de l'âpreté de ses rochers, et de la zone glaciale qui le divise en deux hémisphères. Le marcher et la durée de la vie des habitans de cette planète doivent être en rapport avec son étendue et ses années de trois mois; ils doivent mourir, comme les habitans de la terre, au bout du temps nécessaire pour la parcourir en entier et en entrevoir toutes les harmonies. Si nous pouvons juger de leurs mœurs par celles des peuples qui ont vécu sous les plus belles latitudes de la terre, elles ressemblent à celles de ces bons Éthiopiens, sur lesquels Homère feint que Jupiter jetait les yeux pour les délasser des horribles combats des Troyens et des Grecs. Au sein de l'abondance et des plus riches productions de la nature, ils doivent être semblables à ces sages Indiens, livrés aux plus douces et aux plus sublimes méditations, chez lesquels les anciens philosophes de l'Europe allaient puiser des connaissances en tout genre; eux-mêmes en découvrent qui nous sont tout-à-fait inconnues. Dans le voisinage du soleil, qui leur apparaît trois fois plus grand qu'à nous, ils doivent être ravis d'admiration et de joie lorsque son atmosphère ondoyante de lumière s'entr'ouvre, et qu'ils y entrevoient ces terres célestes où coulent les sources immortelles de l'intelligence et de la vie, où ils aspirent d'arriver.

## HARMONIES SOLAIRES DE VÉNUS.

Mercure passait chez les anciens pour la planète des sciences et de l'esprit. A onze millions de lieues plus loin, et vingt-deux millions du soleil, est Vénus, considérée de tout temps comme l'astre des amours. Elle doit son nom à son éclat, car c'est la plus brillante des planètes pour les habitans de la terre : ils l'appellent étoile du matin ou *Lucifer*, c'est-à-dire porte-lumière, lorsqu'elle devance le lever du soleil; *Vesper*, ou l'étoile du berger, lorsqu'elle le suit à son couchant. Son diamètre est à peu près égal à celui de la terre, c'est-à-dire de deux mille sept cent quarante-huit lieues : ainsi elle est d'un neuvième plus petite. Son année est de deux cent vingt-quatre jours seize heures quarante et une minutes et quarante et une secondes. Son jour propre, c'est-à-dire sa révolution sur elle-même, est de vingt-trois de nos heures, suivant Cassini, qui l'observa, en 1700, avec une lunette de seize pieds, qui la lui fit paraître trois fois plus grande que la lune à la simple vue; mais, en 1726, le cardinal de Polignac ayant fait établir à Rome, à ses dépens, une lunette de Campani, de cent cinquante palmes de longueur, un célèbre astronome italien, appelé Bianchini, s'en servit, aux mois de février et de mars de la même année, pour observer Vénus; il y découvrit sept taches principales vers son équateur, et deux vers ses pôles : il conclut par leur révolution que cette planète tournait sur elle-même, non pas en vingt-trois heures, comme Cassini avait cru le voir, mais en vingt-quatre jours huit heures. Cette observation vient d'être récemment confirmée par un autre astronome. Elle paraît s'accorder davantage avec les lois de la rotation particulière de chaque planète, dont la rapidité semble en raison inverse de leur distance au soleil. Ainsi Vénus, à vingt-deux millions de lieues de cet astre, tourne sur elle-même en vingt-cinq jours environ; la terre, qui en est à trente-quatre millions, tourne en vingt-quatre heures; et Jupiter, à cent cinquante-six millions, en dix heures. Mais la physique céleste a sans doute des lois inconnues à la physique terrestre, et inexplicables par l'attraction ou la force centrifuge; car Mars, qui est à quarante-six millions de lieues du soleil, fait sa rotation à peu près dans le même temps que la terre; et Saturne, qui en est à près de trois cent millions de lieues, circule sur lui-même, ainsi que son anneau, à peu près dans le même temps que Jupiter sur ses pôles, c'est-à-dire en dix heures, ainsi que vient de le découvrir Herschell. Quant aux inclinaisons de leurs équateurs sur leurs orbites, on ne saurait également les assujétir à des lois mécaniques, car celle de Vénus est de soixante et onze degrés trente-six minutes quarante secondes; celle de la terre, de vingt-trois degrés et demi; et celle de Jupiter, de deux degrés cinquante-cinq minutes. S'il m'est permis de hasarder mes faibles conjectures sur de si étonnans mouvemens, je crois que les inclinaisons des planètes sur leurs orbites changent insensiblement, et qu'elles sont ordonnées non-seulement pour produire des harmonies par les variétés des jours et des saisons, mais même par celles des années et des siècles. Il arrive de là que les pôles et les latitudes de chaque planète ne sont plus les mêmes au bout d'un certain temps. Nous nous flattons d'en avoir exposé des preuves démonstratives, lorsque nous avons parlé de la mutation des pôles de la terre, aux harmonies terrestres.

Au reste, comme la nature, dans ses contrastes, a établi différentes zones autour du soleil, ainsi que dans chaque planète, elle fait encore contraster entre elles celles qui sont du même genre. Chaque double zone peut se diviser, sur la terre, en terrestre proprement dite et en aquatique. Les premières contiennent plus de terre que de mer, et sont plus chaudes : telles sont celles qui sont dans notre hémisphère boréal. Les secondes renferment plus de mer que de terre, et sont plus froides : telles sont celles qui composent notre hémisphère austral, dont le pôle est situé au sein des mers, comme le pôle nord au sein des continens. Ainsi, nous avons deux zones torrides, à droite et à gauche de l'équateur : la boréale renferme les sables brûlans de l'Afrique et les presqu'îles de l'Inde, dont les habitans sont presque tous noirs; l'australe contient le Brésil, le Pérou et une multitude d'îles tempérées dans la mer du Sud, dont les habitans sont presque tous blancs : c'est ainsi qu'il y a également deux planètes torridiennes qui circulent autour du soleil, dont la plus voisine, Mercure, est plus chaude que celle de Vénus.

Quoi qu'il en soit, on a observé que les montagnes de Vénus sont plus élevées que celles de la lune; c'est-à-dire qu'elles ont plus de trois lieues de hauteur perpendiculaire : Vénus en paraît toute hérissée. En leur supposant une atmosphère qui ne soit pas plus étendue que la nôtre, elles doivent être couvertes de pyramides de glace et de neige, beaucoup plus hautes que les Cordillères du Pérou. Herschell juge que son atmosphère doit être très-dense, parce que ses taches sont peu sensibles. Sa densité vient peut-être des vapeurs de ses eaux; elle en est couverte comme d'un parasol. C'est sans doute aux reflets qu'y produit le soleil, qu'elle doit son grand éclat. Ces pyramides nombreuses ne peuvent se former que par les vapeurs des mers qui les environnent : Vénus doit donc être parsemée d'îles qui portent chacune des pics cinq ou six fois plus élevés que celui de Ténériffe. Les cascades brillantes qui en découlent, arrosent leurs flancs couverts de verdure, et viennent les rafraîchir. Ses mers doivent offrir à la fois le plus magnifique et le plus délicieux des spectacles. Supposez les glaciers de la Suisse, avec leurs torrens, leurs lacs, leurs prairies et leurs sapins, au sein de la mer du Sud : joignez à leurs flancs les collines des bords de la Loire, couronnées de vignes et de toutes sortes d'arbres fruitiers : ajoutez à leurs bases les rivages des Moluques, plantés de bocages où sont suspendus les bananes, les muscades, les girofles, dont les doux parfums sont transportés par les vents; les colibris, les brillans oiseaux de Java et les tourterelles qui y font leurs nids, et dont les chants et les doux murmures sont répétés par les échos : figurez-vous leurs grèves ombragées de cocotiers, parsemées d'huîtres perlières et d'ambre gris; les madrépores de l'océan Indien, les coraux de la Méditerranée, croissant, par un été perpétuel, à la hauteur des plus grands arbres, au sein des mers qui les baignent; s'élevant au-dessus des flots par des reflux de vingt-cinq jours, et mariant leurs couleurs écarlates et purpurines à la verdure des palmiers; et enfin des courans d'eaux transparentes qui reflètent ces montagnes, ces forêts, ces oiseaux, et vont et viennent d'île en île par des flux de douze jours et des reflux de douze nuits : vous n'aurez qu'une faible idée des paysages de Vénus. Le soleil s'élevant, au solstice, au-dessus de son équateur, de plus de soixante et onze degrés, le pôle qu'il éclaire doit jouir d'une température plus agréable que celle de nos plus doux printemps. Quoique les longues nuits de cette planète ne soient pas éclairées par des lunes, Mercure, par son éclat et son voisinage, et la Terre, par sa grandeur, lui tiennent lieu de deux lunes. Ses habitans, d'une taille semblable à la nôtre, puisqu'ils habitent une planète du même diamètre, mais sous une zone céleste plus fortunée, doivent donner tout leur temps aux amours. Les uns, faisant paître des troupeaux sur les croupes des montagnes, mènent la vie des bergers; les autres, sur les rivages de leurs îles fécondes, se livrent à la danse, aux festins, s'égaient par des chansons, ou se disputent des prix à la nage, comme les heureux insulaires de Taïti.

## HARMONIES SOLAIRES
## DE LA TERRE.

La terre est à dix millions de lieues de Vénus, et à trente-quatre millions du soleil [1]. Nous avons vu que ce nombre de jours ou de révolutions sur elle-même correspondait à peu près au nombre de diamètres apparens du soleil qui pourraient être contenus sur un de ses hémisphères célestes, depuis l'orient jusqu'à l'occident. Ces harmonies solaires existent probablement avec d'autres proportions sur les horizons des autres planètes; elles pourraient servir à déterminer leurs heures ainsi que les nôtres, comme leurs révolutions sur elles-mêmes déterminent leurs jours, et celles qu'elles font autour du soleil, leurs années. Ce diamètre apparent du soleil, qui est à peu près sur la terre d'un demi-degré céleste, pourrait y servir de mesure fixe et constante. Il serait fort aisé de l'avoir sur un miroir plan, en y découpant une feuille de papier de la grandeur de l'image, à l'équinoxe du printemps, à l'heure de midi, lorsqu'il est tout-à-fait élevé au dessus des vapeurs de l'horizon qui la grossissent. Mais nos astronomes viennent de donner la préférence à la longueur du pendule, plus sujette à variation, mais plus savante. La terre, en tournant sur elle-même, dans un jour, présente au soleil tour à tour son hémisphère supérieur et inférieur; et, en tournant autour de lui obliquement, dans un an, elle lui montre tour à tour son hémisphère septentrional et le méridional. C'est ce mouvement oblique qui forme l'inégalité de ses jours et de ses nuits, et qui donne alternativement à chaque hémisphère le printemps, l'été, l'automne et l'hiver. Pour s'en faire une idée, il faut considérer la terre circulant autour du soleil pendant un an, de manière que la moitié de son équateur soit six mois au-dessus de son orbite et six mois au-dessous, sans que toutefois son pôle septentrional cesse de se diriger vers l'étoile polaire. La plus grande obliquité de son équateur sur son orbite est de vingt-trois degrés et demi, et elle y parvient à un des solstices; elle en prend une opposée, et de la même inclinaison, à l'autre solstice. Cette obliquité alternative paraît provenir du centre de gravité de ses deux hémisphères, qui sont alternativement plus pesans. Les vapeurs que le soleil élève par sa chaleur sur l'Océan, s'accumulent sur le pôle qu'il n'éclaire pas, au point d'y former des continens de glace de quatre à cinq mille lieues de circonférence, et de plusieurs lieues de hauteur.

Ce pôle surchargé se rapproche du soleil, qui l'attire, et oblige le pôle opposé de s'en éloigner : il perd insensiblement une partie de ses glaces et de son poids par la présence du soleil qui l'échauffe pendant six mois, jusqu'à ce que le pôle opposé, redevenu à son tour plus pesant par l'absence du soleil qui accumule sur lui de nouvelles glaces, reprenne son ancienne inclinaison. De ces mouvemens versatiles des pôles qui ont lieu aux deux équinoxes, quand chaque hémisphère, entraîné par son poids, se rapproche tour à tour du soleil, naissent les deux courans généraux de l'Océan, qui changent aux mêmes époques, et qui proviennent de la fonte alternative des glaces polaires, dont ils entraînent des fragmens entiers, hauts comme des montagnes et grands comme des îles, au sein des zones tempérées. Je suis porté à croire que l'Océan, en harmonie avec la présence et l'absence du soleil, est la cause de tous les mouvemens de la terre, comme il l'est de toutes ses températures. L'académicien Mairan a prouvé géométriquement que la seule action du soleil sur l'hémisphère d'une planète suffirait pour la faire tourner : les savans lui ont fort applaudi. Je ne sais comment il applique cette action aux satellites des planètes qui n'ont point de rotation sur eux-mêmes; mais il est certain que notre Océan, qui forme par ses congélations deux énormes contre-poids sur ses pôles, doit influer sur tous les mouvemens de notre terre : il circule autour d'elle, comme la sève dans les végétaux et le sang dans les animaux : il est, après le soleil, le premier mobile de toutes les circulations de l'atmosphère, des fleuves et des êtres organisés : c'est ainsi que l'eau, qui fait mouvoir la grande roue d'une machine, est le mobile de tous ses effets.

Quoi qu'il en soit, si la terre montrait constamment son équateur au soleil, comme il devrait arriver par les simples lois de sa gravitation, les glaces de ses pôles ne fondraient jamais; elles augmenteraient de jour en jour; l'Océan n'aurait plus de courans généraux de six mois, qui proviennent de leurs fontes, produite tour à tour par l'action du soleil sur chaque hémisphère boréal et méridional pendant cette demi-année; il n'aurait plus de

---

[1] La terre, de deux mille huit cent soixante-cinq lieues de diamètre, à deux mille deux cents quatre-vingt-trois toises la lieue, tourne sur elle-même en vingt-quatre heures, et autour du soleil en trois cent soixante-cinq jours cinq heures quarante-huit minutes et douze secondes environ.

marées de douze heures dans un jour, qui en sont les suites, étant produites par l'action du soleil sur la partie supérieure ou inférieure de ce même hémisphère dans un demi-jour; le bassin de l'Océan se dessécherait; les vapeurs que pompe l'atmosphère n'alimenteraient plus les fleuves, elles iraient se fixer en congélations sur les pôles; la seule zone de l'équateur serait habitable, mais elle ne s'étendrait pas fort loin; la plus grande partie du globe serait couverte de glaces, à peu près comme son atmosphère septentrionale l'est au mois de mars : la terre alors apparaîtrait très-brillante au milieu des autres planètes, à l'exception de sa zone torride qui formerait autour d'elle une bande sombre. Il faudrait toutefois en excepter les sommets glacés de ses hautes montagnes, et ses mers qui, comme toutes les eaux, sont resplendissantes. Je prendrai, à cette occasion, la liberté de réfuter quelques erreurs accréditées par de savans astronomes. Ils prétendent que les parties brillantes que l'on aperçoit dans les planètes sont des continens, et que leurs taches sont des mers : c'est, à mon avis, tout le contraire. Si vous mettez, dans votre chambre, de l'eau dans un vase de terre aux rayons du soleil, il est certain qu'ils seront réfléchis par l'eau et non par le vase; vous verrez la lumière tremblante de l'eau vaciller sur votre plafond; elle sera beaucoup plus éclatante que celle que peuvent renvoyer votre plancher et tous les corps non polis. Si vous jetez les yeux sur mon paysage, les collines lointaines y paraissent d'un bleu sombre; mais les rivières se distinguent au sein des vertes prairies comme des méandres d'azur et d'argent. Il en est de même des mers : elles sont resplendissantes; mais les îles apparaissent ternes, et c'est même à leurs teintes rembrunies qu'on les distingue des nuages de l'horizon. Il en faut excepter les sommets de leurs montagnes, quand ils sont couverts de neige; car alors ils sont très-brillans, tandis que le reste de l'île est dans l'obscurité, quoique le soleil l'éclaire : c'est ce que j'ai observé moi-même en passant à vingt lieues du pic de Ténériffe. Ces effets sont connus de tous les peintres, et ils prouvent que les astronomes ont besoin de s'en rapprocher; car, si ceux-ci déterminent les distances des objets à l'aide de leurs instrumens, ceux-là, qui étudient davantage les harmonies de la lumière, les expriment mieux avec leurs pinceaux. La réverbération des rayons du soleil sur les eaux est même si forte, qu'elle occasione souvent en été ce qu'on appelle des coups de soleil; elle n'est pas moins grande sur les nuages et les brouillards, qui obscurcissent, dit-on, quelquefois les planètes. Il n'est pas douteux qu'ils ne voilent l'éclat du ciel quand ils sont épais, en grand nombre, et qu'on les voit du fond d'une vallée interposée entre le soleil et la terre; mais, quand on est élevé au-dessus d'eux et au sommet d'une haute montagne, et qu'ils sont éclairés du soleil, alors ils paraissent éclatans comme la surface d'un lac. C'est dans cet éclat que nous les apercevons souvent, lorsque, réunis en grandes masses dans l'atmosphère, et frappés des rayons du soleil, ils apparaissent d'une blancheur éblouissante, comme une portion neigeuse des Alpes suspendue dans les airs. Ces considérations sont très-importantes; elles nous préserveront d'abord des préjugés astronomiques, et serviront tout à l'heure à expliquer les causes de ces bandes circulaires, tantôt sombres, tantôt lumineuses, que l'on aperçoit dans Mars, Jupiter et Saturne. Au reste, je n'ai plus rien à dire, dans ce paragraphe, sur la terre, ayant fait connaître, dans le cours de cet ouvrage, les harmonies de ses diverses puissances. J'observerai seulement que cette planète étant dans la zone céleste tempérée, la nature lui a donné pour compagne une lune ou un satellite, qui renvoie les rayons du soleil particulièrement vers ses pôles, comme elle a mis sur la terre deux longues bandes de sable à droite et à gauche de son équateur, pour produire les mêmes effets par le moyen des vents. La lune a pour diamètre environ le quart de celui de la terre, c'est-à-dire sept cent quatre-vingt deux lieues; elle en est éloignée de quatre-vingt-cinq mille sept cent quatre-vingt-douze lieues dans sa distance moyenne, et elle fait sa révolution autour d'elle en vingt-neuf jours douze heures quarante-quatre minutes trois secondes. Elle lui renvoie les rayons du soleil suivant diverses harmonies, se montrant successivement en croissant, pleine, et en dessous; mais, lorsqu'elle est pleine, elle circule jour et nuit autour du pôle terrestre, que l'astre du jour abandonne. Comme ces harmonies sont nombreuses, et qu'elles ont, avec celles du soleil, la plus grande influence sur la terre, nous les peindrons ensemble, immédiatement après avoir achevé de donner ici une idée des autres planètes, de leurs satellites et même des étoiles.

### HARMONIES SOLAIRES
### DE MARS.

Après la terre suit Mars, à quarante-sept millions de lieues du soleil dans sa distance moyenne. Il a de diamètre environ la moitié de celui de la terre, c'est-à-dire mille quatre cent quatre-vingt-dix lieues : ainsi il est cinq fois moins gros [1]. Son

[1] Son jour est de vingt-quatre heures trente-neuf minutes.

cercle annuel est le plus excentrique de tous ceux que décrivent les autres planètes; de sorte qu'il apparaît à la terre quelquefois fort grand, et quelquefois fort petit : quoique plus éloigné qu'elle du soleil, il n'a point de lune; mais il est environné d'une atmosphère beaucoup plus considérable. Une étoile fixe, éclipsée par lui, ne reprend la vivacité de sa lumière que quand elle en est éloignée des deux tiers du diamètre de Mars; ce qui suppose que cette atmosphère la réfracte, et qu'elle a au moins mille lieues d'élévation. Elle doit y accroître considérablement la chaleur du soleil, en réunissant une très-grande quantité de ses rayons; car, comme nous l'avons vu, l'atmosphère d'une planète fait autour d'elle l'office d'une grande loupe sphérique : le soleil doit donc apparaître sur l'horizon de Mars long-temps avant son lever, et n'en disparaître que long-temps après son coucher; son diamètre doit aussi y être considérablement augmenté par la réfraction. Les nuages que sa chaleur y élève montent à une hauteur bien plus grande que ceux de la terre, qui ne parviennent guère qu'à une lieue et demie. Ceux de Mars forment, dans sa vaste atmosphère, des perspectives aériennes ravissantes, de plus de cent lieues d'élévation et de deux ou trois cents lieues de profondeur; il doit y avoir de terribles tonnerres et de prodigieux échos; les rayons du soleil doivent s'y refléter de mille et mille manières. C'est probablement à ces riches reflets que Mars doit la lumière rougeâtre qui le distingue des autres planètes; peut-être aussi la doit-il à la couleur d'un sol ferrugineux, comme quelques-uns le pensent.

Ce qu'il y a encore de très-remarquable, est une bande obscure qui occupe quelquefois plus d'un de ses hémisphères, ainsi qu'elle apparut en 1704 et en 1717, avec cette différence qu'en 1717 elle était plus éloignée de son équateur et plus rapprochée de son pôle méridional. En 1719, depuis le 17 mai jusqu'au mois de novembre, lorsque l'été commençait à régner sur le pôle de Mars, à notre égard le méridional, la lumière de sa zone fut très-remarquable, tandis que celle de l'hémisphère opposé, qui s'était montré auparavant dans le même éclat, disparut entièrement. On ne peut expliquer ces variations régulières en assurant, comme quelques astronomes, qu'il s'y fait des bouleversemens considérables par des tremblemens de terre ou des submersions de mer : il serait plus naturel de supposer que les hémisphères de Mars, comme ceux de la terre, se couvrent, dans leurs hivers, de neiges qui les rendent éclatans, lorsque le soleil vient à les éclairer; et qu'ensuite ils apparaissent sombres, lorsque ces neiges sont fondues par la chaleur de leurs étés. Il en doit être de même des hémisphères de la terre, qui doivent, suivant les saisons, apparaître aux habitans des autres planètes, tantôt brillans par les neiges qui les couvrent, tantôt ternes et rembrunis lorsque ces neiges ont disparu. Il y a sans doute dans Mars des mers dont les vapeurs produisent alternativement ses effets par leurs congélations et leurs fontes. Outre la bande de Mars, qui passe d'un hémisphère dans l'autre, alternativement sombre et brillante, quelquefois ovale, quelquefois coudée, il y a aussi deux taches temporaires, voisines de ses pôles, et plus éclatantes que le reste, mais dont on ne voit qu'une seule à la fois, étant tour à tour éclatantes après leur hiver et sombres après leur été. Il arrive de là que cette planète paraît quelquefois échancrée à un de ses pôles, qui disparaît entièrement. Ceux de notre terre, au contraire, doivent toujours être en évidence et lui conserver sa rondeur apparente, parce que les glaces n'y fondent jamais en entier. Les pôles de Mars ont le soleil, pendant leur été, élevé de cinq degrés de plus sur leur horizon. Ils l'y voient circuler pendant près d'un an; et, comme leur atmosphère est beaucoup plus étendue, il en reçoivent plus de chaleur, malgré son éloignement, et doivent perdre toutes leurs glaces. D'un autre côté, quand le soleil reparaît sur le pôle opposé, où les glaces ont eu le temps de s'accumuler pendant une nuit et un hiver de trois cent quarante-trois de nos jours, cet hémisphère jette alors un éclat si vif par la réflexion de ses glaces et la réfraction de sa vaste atmosphère, que, lorsque Mars est à la fois dans son périgée et son périhélie, son disque, étant sombre à un pôle et très-brillant à l'autre, il apparaît quelquefois comme le disque irrégulier d'une comète. Si on calcule la grandeur des habitans de cette planète d'après son diamètre, ils doivent être la moitié plus petits que nous, et avoir seize fois moins de force corporelle, si on suppose la force des corps animés en raison de leurs cubes. Mais comme la nature, ainsi que je l'ai déjà dit, n'a pas proportionné les hommes sur la terre à la grandeur des îles qu'ils habitent, mais aux rapports généraux de leur globe avec le cours du soleil, il est probable qu'ils sont de la même grandeur sur toutes les planètes. Ceux de Mars occupent un globe beaucoup plus petit que

---

vingt une secondes; et sa révolution autour du soleil, ou son année, d'un an trois cent vingt et un jours vingt-deux heures dix-huit minutes vingt-sept secondes. Son équateur est incliné sur son orbite de vingt-huit degrés quarante-deux minutes : ce qui lui donne une zone torride de cinquante-sept degrés vingt-quatre minutes.

le nôtre, mais qui a, à proportion, plus de terres habitables, parce que ses zones glaciales se fondent entièrement : ils ont d'ailleurs le temps de les parcourir pendant des étés d'une de nos années. Si la chaleur y a moins d'intensité, elle y a plus de durée; ce qui établit des proportions toutes différentes des nôtres avec la maturité des fruits et les générations des animaux. Le diamètre de leur terre est une fois plus petit, et la longueur de leur année est une fois plus grande. Ils doivent découvrir sur leurs pôles, dénués de glace pendant six mois, des phénomènes que les hommes n'ont jamais pu observer sur ceux de la terre, qui restent, après leur court été, toujours couverts de glaciers de plus de quinze cents lieues de circonférence. Ils en voient le pôle aimanté à nu, ses nombreuses minéralisations, ses crêtes élevées, surmontées de cratères profonds qui ont été les berceaux de ses mers, et qui, pendant son été, se couvrent de verdure. Mais lorsque, dans son hiver, les courans du pôle opposé viennent couvrir leurs longues grèves de flots que le froid y cristallise, et que leurs vapeurs s'y accumulent en hautes pyramides de neige, alors une foule d'animaux abordent le long de ces régions glacées, non pour y trouver des alimens que la terre leur refuse, mais pour y recueillir ceux que les mers étalent sur ces rivages. C'est vers les pôles que se rendent la plupart des débris et des dissolutions de toutes les productions des continens et des eaux. C'est sans doute à des alluvions semblables qu'il faut attribuer l'instinct qui porte les ours blancs et les renards de l'Europe à fréquenter les côtes stériles de la Nouvelle-Zemble; et les chevaux marins, les lions marins, les baleines, les pingoins, et une multitude d'oiseaux de marine, à s'approcher des îles australes et boréales. Ces animaux ne trouveraient rien sur ces terres désolées et couvertes de neiges éternelles, si les courans du pôle opposé n'apportaient, pendant l'été, sur leurs rivages, jusqu'aux arbres des pays plus méridionaux. C'est ce qu'éprouvèrent les Hollandais qui passèrent l'hiver à la Nouvelle-Zemble par le soixante-seizième degré. Les instincts des ours blancs et des renards hyperboréens sont de nouvelles preuves des fontes périodiques polaires, qui entretiennent ces correspondances d'une extrémité du globe à l'autre, en occasionant les courans et les flux et reflux des mers. Il y a apparence que les habitans de Mars se livrent à des chasses abondantes sur les grèves de leurs pôles, que leur océan couvre et découvre dans des espaces immenses. Leurs forêts, leurs rochers et leur vaste atmosphère retentissent du son belliqueux de leurs cors, et peut-être aussi de celui des tambours et des trompettes, qui fait verser le sang des hommes; car la chasse est le premier apprentissage de la guerre. Situés à l'extrémité de la zone tempérée céleste, ils doivent avoir des mœurs semblables à celles des Tartares, des Polonais et des Allemands septentrionaux, placés aux confins de notre zone tempérée terrestre. La planète de Mars, suivant l'opinion des anciens, nous envoie des influences guerrières, comme le Dieu de la guerre dont elle porte le nom; mais elles sont tempérées par celles de l'astre des amours, qui circule à la même distance de nous dans une plus heureuse latitude.

### HARMONIES SOLAIRES
### DE JUPITER.

Après Mars suit Jupiter, le plus grand de tous les corps planétaires [1]. Sa couleur tire sur l'azur. Il a, comme Mars, des bandes tantôt brillantes, tantôt sombres; elles sont parallèles à son équateur : communément on en observe deux sombres à la fois. Sa bande méridionale reparaît de six ans en six ans, et ramène une tache noire, située à son bord septentrional. Ses variations ont été observées au mois de septembre des années 1665, 1677 et 1713, et au mois d'avril des années 1672 et 1708. Mais ce qu'il a encore de très-remarquable, c'est qu'il paraît aplati sur ses pôles d'une manière si sensible, que son axe est plus court d'un dix-huitième que son grand diamètre. Les astronomes ont conclu de ces apparences, que ses bandes sombres venaient des nuages qui s'élevaient à sa surface, et l'aplatissement de ses pôles de sa force centrifuge; mais nous oserons former d'autres conjectures. Si les bandes obscures de Jupiter n'étaient composées que de nuages, il nous semble qu'elles ne seraient ni si constantes ni si larges; elles ne se dirigeraient pas parallèlement à son équateur : car, n'étant formées que de vapeurs, elles seraient le jouet des vents; et les vents, quoi qu'en aient dit les attractionnaires, dépendent en partie de l'atmosphère des pôles qui reflue vers l'équateur, où l'air est toujours dilaté par l'action constante du soleil : d'ailleurs nous avons prouvé que des nuages éclairés par le soleil étaient resplendissans. Quant à l'aplatissement des pôles de Jupiter, il ne provient point de la force centrifuge; car, comme nous l'avons dit, pour-

---

[1] Il est treize cents fois plus gros que la terre; il est, dans sa distance moyenne, à cent soixante-trois millions sept cent mille lieues du soleil : il tourne sur lui-même en neuf heures cinquante-six minutes; son cours annuel est de onze ans trois cent quinze jours huit heures cinquante-huit minutes.

quoi n'aurait-elle pas produit le même effet sur les autres planètes parfaitement sphériques, et surtout sur le soleil, qui est le foyer de cette force? Nous croyons donc que Jupiter, étant dans la zone glaciale du système solaire, et couvert de glace dans toute sa circonférence, excepté aux pôles, les mers et les continens y sont distribués, non d'un pôle à l'autre, comme sur notre globe, mais par zone d'orient en occident : ainsi les bandes variables qui apparaissent entre les bandes éclatantes, sont des terres qui sont brillantes lorsque l'hiver de leur hémisphère les a couvertes de neiges, et qui deviennent sombres dans son été lorsque ces neiges ont été fondues. En effet, ces bandes sombres varient tous les six ans à peu près, c'est-à-dire toutes les demi-années de Jupiter, et elles passent d'un hémisphère dans l'autre, comme ses étés. Quant à l'aplatissement de ses pôles, nous pensons qu'il n'est produit que par une illusion d'optique; nous croyons que ses pôles n'étant couverts ni de glaces ni de mers, ne réfléchissent point la lumière, et par conséquent échappent à notre vue, ce qui fait paraître sa sphère aplatie à ses deux extrémités. C'est ainsi que Mars lui-même paraît échancré à un de ses pôles, lorsque l'été en a fondu les glaces qui le rendaient apparent. Nous observerons ici un trait bien sensible de la Providence dans Jupiter; c'est le peu d'inclinaison de son équateur sur son orbite, inclinaison qui n'est, comme on l'a vu, que de deux degrés cinquante-cinq minutes. Rappelons-nous que c'est le degré d'inclinaison des équateurs des planètes sur leurs orbites qui détermine l'étendue de leurs zones torrides, et que ce degré d'inclinaison, et par conséquent l'étendue des zones torrides, va toujours en diminuant, à mesure que ces planètes sont à une plus grande distance du soleil; ce que la Providence a ainsi réglé afin que l'action de cet astre sur les planètes s'affaiblit en s'étendant, à mesure qu'elles sont plus près de lui, et qu'elle acquit plus de force en se concentrant, à mesure qu'elles en sont plus éloignées.

La nature a placé des continens aux pôles de Jupiter, et elle en a éloigné les mers. Elle paraît avoir entremêlé celles-ci avec les terres dans l'ordre suivant : elle a mis une bande de terre sous l'équateur de cette planète, avec deux bandes d'eaux collatérales, dont les vapeurs en hiver couvrent la bande de terre du milieu, de frimas qui la font apparaître blanche et la confondent avec ces deux bandes d'eau. Après chaque bande d'eau, suivent de chaque côté une bande de terre et une autre bande d'eau, dont chacune produit sur sa collatérale les mêmes effets dans chaque hémisphère, suivant les saisons. Quoique ces mers soient disposées en zones aquatiques alternativement avec des zones de terre qui les séparent, je suis porté à croire qu'elles communiquent entre elles par des détroits de l'équateur aux pôles, dont elles tempèrent l'atmosphère. La circulation des mers est le premier mobile de la température des globes. Elle est dans les planètes ce que le sang est dans le corps humain; il part du cœur pour réchauffer les extrémités, et revient des extrémités pour rafraîchir le cœur. La simple évaporation des mers par le soleil suffit pour en établir tour à tour la circulation dans chaque hémisphère, comme la transpiration des corps animés produit peut-être la circulation de leur sang. Nous observerons encore que la nuit de Jupiter n'étant que de cinq heures dans sa zone torride, son disque n'a pas le temps de s'y refroidir pendant l'absence du soleil. C'est sans doute par une raison contraire que la nature a donné à Vénus des nuits vingt-cinq fois plus longues que les nôtres. D'ailleurs, s'il est vrai que nos boulets de canon s'échauffent en traversant l'air, et même que des balles de plomb lancées par de simples frondes se liquéfient, comme le prétendaient quelques anciens, on ne peut douter que le mouvement rapide de rotation de Jupiter sur son axe n'augmente sa chaleur; car son disque doit frotter aussi un peu contre son atmosphère. Cette vitesse est par heure de neuf mille trois cent trente-cinq lieues dans Jupiter, tandis qu'elle n'est, dans le même temps, que de trois cent cinquante-huit lieues pour la terre, et de quatorze lieues seulement pour Vénus. Mais peut-être ce frottement n'a-t-il pas lieu, et Jupiter emporte-t-il autour de lui son atmosphère tranquille, quoi qu'en dise le docteur Halley, qui attribue au mouvement de rotation de la terre celui de son atmosphère en sens contraire d'orient en occident, d'où il dérive la cause des vents alizés. D'après son hypothèse, ceux qui règnent sous l'équateur de Jupiter seraient d'une violence incomparable, et il n'y en aurait point dans Vénus, dont la zone torride a besoin d'être rafraîchie. Les vents alizés de Jupiter auraient vingt-six fois plus de vitesse que ceux de notre zone torride, qui sont quelquefois bien impétueux; et cette même zone terrestre, d'après le système de Halley, n'aurait jamais de calmes, qui cependant y sont fréquens, comme le savent bien les marins. Mais laissons ces petits moyens de notre physique terrestre pour étudier ceux de la physique céleste. La nature en a employé encore d'autres que ceux de l'attraction et de la force centrifuge. Ce ne sont point ces forces qui ont réglé dans les cieux les rangs des planètes; qui ont mis celles qui sont de diamètres égaux à des distances inégales, les plus grosses et les plus petites tantôt plus loin, tantôt plus près ; ce ne sont point elles qui font tourner ces planètes sur elles-mêmes, les unes lentement et les autres rapidement, quelle que soit leur vitesse dans leur orbite; enfin ce ne sont point ces forces qui ont donné des satellites à celles qui étaient éloignées du soleil, et qui en ont refusé à celles de son voisinage : c'est la Providence qui a disposé ces harmonies admirables, d'après des lois qui nous sont inconnues, mais dont les effets nous sont sensibles. La terre étant à plus de trente-quatre millions de lieues du soleil, la nature lui a adjoint une lune de la moitié de son diamètre pour réverbérer sur elle les rayons de l'astre du jour. Jupiter, étant cinq fois plus éloigné, en a reçu quatre, chacune du diamètre entier de la terre. Ces quatre lunes, appelées aussi satellites, parce qu'elles accompagnent Jupiter comme un roi, furent découvertes, au commencement du siècle passé, par le célèbre et infortuné Galilée. Il fut mis en prison par l'Inquisition de Rome, pour avoir prouvé le mouvement de la terre. Ces satellites [1], et surtout le quatrième, étant tournés vers la terre, y apparaissent avec des taches obscures qui les font paraître quelquefois plus petits qu'ils ne sont, sans être plus éloignés; de sorte que le quatrième disparaît quelquefois entièrement. On suppose, d'ailleurs sans preuve, qu'ils tournent sur eux-mêmes, et qu'ils nous montrent dans leur rotation des taches obscures qui diminuent tout à coup leur diamètre. Mais je pense, au contraire, qu'ils ne tournent point sur leur axe, qu'ils font l'office de réverbères, et que les foyers lumineux de leurs miroirs sont toujours dirigés vers Jupiter : de sorte qu'en décrivant leurs orbites autour de lui, ces foyers, tantôt sont tournés vers nous, et alors les satellites nous apparaissent dans toute leur grandeur ; tantôt ils cessent de l'être et se montrent obliquement, et alors les satellites disparaissent en partie et quelquefois entièrement. Nous verrons que ces réverbères existent dans notre lune, lorsque nous parlerons de la configuration de ses montagnes. Quoi qu'en disent quelques astronomes, cette planète secondaire ne tourne pas sur son axe, puisqu'elle nous montre toujours la même face. Les planètes du premier ordre, qui font leur révolution autour du soleil, ont besoin de tourner sur leurs pôles, afin d'éclairer toute leur circonférence de ses rayons; mais les planètes du second ordre ou satellites, qui font leur révolution autour d'une planète principale, servent à lui renvoyer les rayons du soleil par leurs réverbères, dont les foyers seraient dérangés à chaque instant, si elles avaient un mouvement de rotation. Il est certain que ce mouvement prouvé n'a été encore aperçu dans aucun des satellites.

La communication doit être facile dans toutes les parties de Jupiter. L'été de chacun de ses deux hémisphères y est de six ans : il est aussi aisé à un de ses habitans de parcourir une zone de sa planète, qu'à un homme d'en parcourir une semblable sur la terre. Si Jupiter a dix fois plus de circonférence, son été a près de douze fois plus de durée. Ainsi, on voit que le cours du soleil et le globe de Jupiter, malgré sa grosseur, sont encore en proportion avec les pas de l'homme. Il n'est donc pas besoin de supposer à ses habitans une grandeur gigantesque pour le parcourir : cependant, s'ils sont dans la même proportion de taille que nous, ils ont d'autres harmonies de la lumière. Dans le même espace de temps, ils vivent plus d'une fois plus de jours et douze fois moins d'années. Leur adolescence commence à un an, leur jeunesse à deux, leur virilité à quatre, leur vieillesse à six, leur décrépitude à huit. Le terme des années de leur vie est celui des années de notre enfance. Nos jours sont longs et nos années sont courtes, disait Fénelon : c'est tout le contraire dans Jupiter; ses jours sont courts et ses années sont longues. Ses plus vieux arbres n'ont que peu d'anneaux concentriques, et ses plantes annuelles doivent en avoir qui se croisent en plusieurs sens, si ses satellites influent sur leur végétation, comme notre lune sur la nôtre. Mais tous les végétaux doivent y prendre des accroissemens prodigieux dans des étés de six ans ; et il doit résulter de ses périodes solaires et lunaires une multitude d'harmonies toutes différentes des nôtres, pour la génération des végétaux et des animaux.

Le soleil doit éclairer les deux pôles de Jupiter à la fois, puisqu'il ne descend jamais plus de trois degrés au-dessous de l'équateur de cette planète. Il est remarquable que c'est à peu près le terme de la réfraction de ses rayons dans notre zone glaciale. Ainsi, une aurore perpétuelle les éclaire et s'y combine avec la lumière et la chaleur réfléchie du soleil par quatre lunes aussi grandes que la terre. Ses continens, peu élevés, doivent être couronnés, sous sa zone torride, d'arbres fruitiers,

---

[1] Le premier de ces satellites est à quatre-vingt-huit mille lieues de Jupiter, et il tourne autour de lui en un jour dix-huit heures vingt-huit minutes; le second, à cent-quarante mille lieues de distance, en trois jours treize heures dix-sept minutes; le troisième, à deux cent vingt-trois mille lieues, en sept jours trois heures cinquante-neuf minutes, et le quatrième, à trois cent quatre-vingt-quatorze mille lieues, en seize jours dix-huit heures cinq minutes.

et dans ses zones tempérées, de forêts et d'immenses pâturages. Les vastes mers qui l'entourent par anneaux et qui lui donnent sa couleur azurée, doivent offrir à ses habitans, sous les mêmes latitudes, des navigations faciles et des pêches abondantes. Leur caractère est sans doute semblable à celui des peuples maritimes de l'Europe; ils doivent être industrieux, patiens, sages, réfléchis, comme les Danois, les Hollandais, les Anglais. Eclairés par des aurores constantes, qui se mêlent aux douces clartés des lunes, lorsqu'ils traient leurs trompeaux dans leurs vastes prairies, ou qu'ils étalent, avec leurs filets, des légions de poissons sur leurs grèves sablonneuses, ils bénissent la Providence, et n'imaginent point de plus beaux jours ni de plus heureuses nuits.

### HARMONIES SOLAIRES

### DE SATURNE.

Saturne, plus petit que Jupiter, est mille fois plus gros que la terre [1]. Herschell vient de découvrir qu'il tourne sur lui-même en dix heures douze minutes. Son inclinaison sur son orbite paraît inconnue; on l'a présumée de trente degrés, mais sans preuve. La chaleur du soleil doit y être bien faible à une distance aussi considérable; cependant on observe sur ses deux hémisphères des bandes changeantes, comme sur ceux de Jupiter, qui prouvent que l'été et l'hiver y règnent tour à tour. En effet, la nature en a multiplié les réverbères en lui donnant sept satellites, tous d'un diamètre aussi grand que celui de la terre [2]. Voilà donc sept grandes lunes sur son horizon. La plus voisine

---

[1] Son diamètre est de vingt-huit mille six cent une lieues; il est à trois cent millions cinq cent mille lieues du soleil, dans sa distance moyenne : il fait sa révolution annuelle autour de lui en vingt-neuf ans cent soixante-quatre jours sept heures vingt-une minutes.

[2] Le premier, c'est-à-dire celui qui en est le plus près, en est à quarante-deux mille neuf cents lieues. et tourne autour de Saturne en vingt-deux heures quarante minutes quarante-quatre secondes; le second, à cinquante-cinq mille lieues, tourne en un jour huit heures quarante minutes quarante-quatre secondes; le troisième, à soixante-huit mille lieues, en un jour vingt et une heures dix-huit minutes; le quatrième, à quatre-vingt-huit mille neuf cents lieues, en deux jours dix-sept heures quarante-quatre minutes; le cinquième, à cent vingt-trois mille huit cents lieues, en sept jours trois heures; le sixième, à deux cent quatre-vingt-six mille lieues, en quinze jours vingt-deux heures; et le septième, à huit cent vingt-neuf mille lieues, en soixante-dix-neuf jours vingt-deux heures. Les deux premiers viennent d'être découverts par Herschell. Huyghens avait aperçu d'abord le quatrième, et Cassini les autres. Ils circulent dans le plan de l'équateur de Saturne, et sont inclinés sur son orbite, de trente degrés, excepté le septième qui l'est de quinze degrés.

doit y apparaître huit fois plus large que la nôtre sur la terre, c'est-à-dire avec une surface soixante-quatre fois plus étendue. Mais ce qu'il y a de plus merveilleux est un anneau qui environne Saturne : il fut découvert par Galilée au commencement du dernier siècle. Ce grand homme prit d'abord ses deux extrémités lumineuses pour deux satellites, et il fut fort surpris, deux ans après, de ne les plus revoir. Ce ne fut qu'en 1655 que Huyghens découvrit que Saturne avait autour de son équateur un anneau mince, plan, qui se soutenait autour de son disque comme un pont sans piliers, ou plutôt comme un horizon autour d'un globe artificiel. Depuis le disque de Saturne jusqu'à la circonférence intérieure de son anneau, il y a neuf mille cinq cent trente-quatre lieues, et l'anneau a autant de largeur; de sorte qu'il a deux cent quatre-vingt-dix-neuf mille huit cent huit lieues de circonférence extérieure. Ce n'est pas tout; cet anneau est double, c'est-à-dire formé de deux anneaux concentriques. On l'avait déja soupçonné par une petite ombre circulaire qui le divise dans le milieu, mais Herschell vient de s'en assurer; car il a observé une étoile entre la séparation des deux anneaux qui lui ont, pour ainsi dire, servi de lunettes. Cet anneau est fort mince, comme je l'ai dit. Quand la planète a son équateur plus ou moins élevé que notre rayon visuel, nous voyons alors son anneau obliquement, et nous apercevons ses deux anses brillantes, dont l'intérieur est obscur; quand au contraire l'anneau est dans la direction de notre rayon visuel, il disparaît entièrement pour nous, à cause de son peu de largeur. Ce phénomène arrive tous les quinze ans, ou toutes les demi-années de Saturne, c'est-à-dire à son équinoxe. Cet anneau produit autour de Saturne le même effet qu'un cercle de pétales autour du disque d'une fleur. Il lui renvoie la lumière du soleil pour le féconder, à l'exception que le cercle de la planète produit ce même effet de deux côtés; car il échauffe tour à tour ses deux hémisphères, et peut-être tous les deux à la fois. Lorsqu'il est dans la direction de notre rayon visuel, ce qui arrive tous les quinze ans, on distingue sur Saturne trois bandes rembrunies, une au milieu de l'équateur, et les deux autres environ à quarante-cinq degrés plus loin, l'une dans l'hémisphère méridional, et l'autre dans le septentrional. On les vit toutes les trois à la fois en 1715. Les astronomes supposent qu'elles sont produites par l'ombre de l'anneau de Saturne; mais il ne formerait pas trois ombres à la fois. Celle du milieu est, selon moi, un effet direct de la chaleur du soleil, qui a fondu les glaces de l'équateur de Saturne, dont la zone terrestre apparaît rembrunie, comme il arrive en pareil cas dans Jupiter, qui n'a point d'anneau. Quant aux deux bandes supérieure et inférieure, elles sont produites par la double réflexion de l'anneau, qui agit à la fois des deux côtés. Lorsqu'il est incliné vers le soleil, et éclairé d'un seul côté, il doit jeter son ombre hors de sa planète, dont il est éloigné suffisamment. L'architecte de l'univers a réglé l'étendue de cette ombre, portée à quarante-cinq degrés, comme les architectes de la terre qui déterminent celle de la perspective de leurs monumens sous le même angle, et en font les ombres égales à leur hauteur. Or, la distance de l'anneau de Saturne à son globe est précisément égale à sa largeur; ce qui suffit pour que son ombre ne tombe pas dessus la planète. Quand le soleil l'éclaire à quarante-cinq degrés et au-dessus, sous un plus petit angle, l'ombre de l'anneau, qui a peu d'épaisseur, diminue, et le disque rond de Saturne lui échappe en rentrant sur lui-même. Si l'anneau de Saturne jetait son ombre sur un globe aussi éloigné du soleil, elle y apparaîtrait blanche et non obscure, par un arc de quatre-vingt-six degrés. Il arriverait alors ce que nous voyons sur notre terre, lorsque la neige la couvre pendant l'hiver : les ombres des corps y sont blanches, et les parties éclairées du soleil en sont brunes. On remarque souvent ces effets dans les arbres couverts de frimas exposés au soleil. Certainement l'anneau de Saturne renvoie de la chaleur, et non des ombres, sur le globe autour duquel il circule. Des philosophes modernes, avec de simples miroirs plans multipliés, ont rassemblé assez de rayons solaires pour porter l'incendie à plus de deux cents pas; ensuite ayant exposé la boule d'un thermomètre aux rayons de la lune, sans doute par un vent du nord, ils ont prétendu que l'esprit-de-vin n'y éprouvait aucune chaleur : à la vérité, d'autres expériences, faites sur l'évaporation rapide de l'eau exposée à la lumière de la lune, ont prouvé le contraire. D'ailleurs, est-il vraisemblable que les petits miroirs de nos physiciens renvoient les rayons du soleil avec une partie de leur chaleur à une distance plus que centuple de leur diamètre, et que les réverbères célestes soient sans action? Celui de l'anneau de Saturne, de plus de neuf mille cinq cents lieues de diamètre, en doit avoir une très-forte, à une distance égale à sa largeur.

Les flancs méridionaux d'une simple montagne réverbèrent la chaleur des rayons solaires quelquefois sur tout son horizon. La nature a-t-elle moins de sagacité que nos philosophes, ou fait-elle comme eux quelquefois des expériences en vain ? A quoi serviraient ces lunes nombreuses et cet anneau merveilleux, s'ils ne renvoyaient qu'une lumière sans chaleur sur une planète en congélation ? Quoique l'anneau horizontal de Saturne soit mince, il n'est pas plan dans sa surface, comme on l'avait d'abord supposé. Herschell y a découvert des ombres; et c'est même par leur moyen qu'il s'est assuré qu'il tournait autour de Saturne, et dans le plan de son équateur, en dix heures dix-huit minutes, c'est-à-dire un peu plus vite que Jupiter sur lui-même, et un peu moins vite que Saturne, dont la rotation est de dix heures douze minutes. Je conclus de ces ombres qu'il a des montagnes ; et de la lumière éclatante qu'elles renvoient, qu'elles sont disposées et figurées en réverbères, ainsi que nous le verrons en parlant des montagnes de la lune.

Je crois de plus que cet anneau non-seulement jette son ombre hors de Saturne, quand le soleil l'éclaire en dessus ou en dessous, mais qu'il n'en porte point du tout sur la planète, même quand il est éclairé horizontalement. Je suppose, pour cet effet, que les deux bandes qui le composent ne sont pas tout-à-fait dans le même plan, que l'extérieure est un peu plus élevée que l'intérieure, et que c'est cette élévation qui produit la petite ombre circulaire que l'on aperçoit dans le milieu de l'anneau. Par cette différence de plan, les rayons du soleil passent horizontalement entre les deux bandes et vont éclairer l'équateur de Saturne, comme les rayons visuels de l'astronome Herschell y ont passé obliquement pour voir une étoile. La lumière solaire, de plus, doit être réfractée et divergée dans ce passage, par les montagnes de ces deux bandes, disposées en réverbères, qui d'ailleurs peuvent avoir leur limbe intérieur beaucoup plus mince que l'extérieur. Certainement la nature n'a pas mis moins d'intelligence dans la construction des planètes que dans celle des fleurs, où elle emploie une géométrie si sublime et si variée. Le double anneau de Saturne ne lui a pas plus coûté que le double rang de pétales d'une marguerite ; tous deux servent au même usage, à réverbérer les rayons du soleil sur leur disque. La nature, qui semble avoir patronné la plupart des fleurs sur celui de l'astre du jour, en leur donnant un petit hémisphère à leur centre et des rayons autour, semble avoir voulu modeler Saturne, avec son anneau et ses lunes, sur le soleil lui-même avec tout son système planétaire. Comme le soleil a une atmosphère de lumière et sept planètes, dont la dernière, Herschell, est à une distance double de Saturne, Saturne a pareillement un anneau lumineux et sept satellites, dont le dernier est à une distance double du pénultième.

Certainement des harmonies si merveilleuses ne peuvent se rapporter à une aveugle attraction. Les satellites de Saturne, d'un diamètre à peu près égal, sont à des distances de lui fort différentes ; ces distances paraissent être dans des proportions semblables à celles des planètes du soleil, quoique celles-ci soient, au contraire, de grosseurs fort inégales. Il paraît que la nature a voulu compenser Saturne, en lui donnant dans ses lunes une idée de nos planètes, dont la plupart lui sont invisibles, mais surtout en lui rendant une partie des bienfaits de la lumière du soleil, dont il est si éloigné. Il semble encore qu'elle ait voulu réunir dans la zone glaciale céleste tous les reflets de l'astre de la lumière, par tant d'anneaux et de lunes qui la réfléchissent, comme elle les a répétés dans la zone glaciale terrestre, par les parélies et les aurores boréales. Mais leurs plus brillans effets n'ont rien de comparable aux jours et aux nuits de Saturne. Si le soleil éclaire chacun de nos pôles pendant six mois, il échauffe tour à tour ceux de Saturne pendant quinze ans. Cette longue action, quoique faible, doit donner à leurs végétaux un développement bien supérieur à celui qu'éprouvent les nôtres dans des étés fort courts ; mais rien n'égale la magnificence de leurs nuits, et peut-être la douceur de leur température. Quand les habitans d'un hémisphère sont dans l'obscurité la plus profonde, un double anneau lumineux, de plus de neuf mille cinq cents lieues de largeur, apparaît sur leur horizon. Ils le voient, de chaque hémisphère, à peu près de sa grandeur naturelle ; car sa distance est égale à son étendue, et est la plus favorable pour apercevoir un objet dans toutes ses parties ; d'ailleurs cet anneau s'incline vers eux de trente degrés. Malgré les ténèbres de la nuit, ils le distinguent aussi aisément qu'un navigateur, qui côtoie, dans l'obscurité, le rivage d'une île, en distingue les collines, les rivières et les montagnes lointaines, éclairées par les rayons du soleil. Ainsi, ils voient, hors de leur globe, des mers nouvelles, de vastes continens, de longues chaînes de montagnes, et toute la topographie d'un grand corps planétaire. Rien n'égale la beauté de ce superbe horizon, dont les monts et les eaux leur envoient de toutes parts des gerbes de lumière. Sept lunes qui le couronnent, s'élèvent au-dessus de lui avec autant d'éclat que de majesté. La plus voisine, qui en est à quarante-deux mille lieues, leur paraît sept fois plus large que nous ne voyons notre lune, car elle est du diamètre de la terre ; les autres vont en diminuant de grandeur jusqu'à la plus éloignée, qui, à plus de huit cent mille lieues de distance, leur apparaît encore de la moitié de notre lune, et toutes ensemble forment, sur un ciel étoilé, des perspectives ravissantes. Quand les rayons d'un soleil lointain ont allumé les atmosphères de ces magnifiques réverbères, mille et mille tableaux lumineux se peignent à la fois aux yeux des habitans de Saturne. Leurs jouissances sont incomparablement plus grandes que celles d'un amateur de tableaux, qui, dans un riche muséum de peinture, arrête d'abord ses regards sur celui d'un grand maître, et qui brûle d'impatience de voir les tableaux de la même main qui sont à la suite les uns des autres : le plaisir qui le charme s'accroît encore par celui qui l'attend. Cependant tous ces corps planétaires n'offrent point à leurs spectateurs des points de vue isolés et toujours permanens ; ils voient le double anneau, de plus de neuf mille cinq cents lieues de largeur, avec tous ses continens, toutes ses mers, toutes ses montagnes, ses îles et ses fleuves, et sa circonférence de plus de deux cent mille lieues, passer sous leurs yeux en dix heures de temps. Leur ravissement est mille fois plus grand que celui d'un homme qui, n'étant jamais sorti de son village, lit pour la première fois une relation de voyage à la mer du Sud, et qui, dans quelques heures, fait en esprit le tour du monde. Ils doivent voir sur les deux faces de leur anneau, des effets qui existent sur les deux hémisphères de notre globe, et que l'œil humain n'y peut saisir à la fois ; ils doivent y voir encore deux atmosphères, l'une supérieure, l'autre inférieure, et des îles et des chaînes de montagnes adossées par leurs bases. S'ils ont un Herschell, ils doivent distinguer dans des terres si voisines, des rivières, des forêts, des troupeaux, des amans et des amantes opposés par leurs pieds, et qui se donnent les mains aux extrémités de leur anneau. S'ils ont un Montgolfier ou un Charles, ils peuvent s'y transporter dans les airs. La circonférence de notre terre, que nos vaisseaux parcourent si fréquemment, n'est guère moins étendue que la distance de leur globe à leur anneau, probablement enveloppés l'un et l'autre de la même atmosphère. Au mouvement circulaire de leur anneau, se joint celui de leurs sept lunes, qui, à des distances inégales, quoique de diamètres égaux, parcourent dans les cieux des cercles particuliers avec des vitesses différentes. Par une providence admirable, ces lunes ne circulent point dans le même plan, suivant les lois prétendues de l'attraction ; mais leurs orbites particulières sont plus ou moins inclinées sur l'équateur de Saturne, en sorte qu'elles ne s'éclipsent que dans leurs nœuds, c'est-à-dire dans les points où leurs orbites se croisent. Des bergers et des bergères qui dansent en rond autour d'un mai qu'ils ont planté, ou de jeunes garçons et de jeunes filles qui sautent de joie autour d'une grande meule de blé qu'ils ont moissonné, n'ont point des mouvemens aussi variés et aussi gracieux que ces reines des nuits autour du globe qu'elles éclairent et qu'elles fécondent. Si les nuits de ces habitations célestes ont tant de beautés, leurs jours n'en ont pas moins. Leur lumière, composée à la fois des reflets argentés de tant de planètes et de la lumière dorée du soleil, est semblable à celle que cet astre répand dans nos forêts à travers les feuillages, tandis que quelques-uns de ses rayons, pénétrant dans leur sein, brillent çà et là sur les troncs moussus des arbres et au sein des eaux : ce sont des clairs de lune entremêlés d'aurores. Leur globe, divisé en zones de terres et de mers, comme celui de Jupiter, n'a point de montagnes dont l'élévation puisse empêcher, par des ombres prolongées, l'action d'une lumière lointaine et horizontale ; aussi il jette moins d'éclat que ses réverbères. Son territoire ne doit être couvert que de collines et de longues pelouses plantées de cèdres et de genévriers. C'est là que ces habitans paissent leurs troupeaux sur les rivages de leurs terres tranquilles ; du sein de leur doux crépuscule, ils jouissent du spectacle brillant et toujours renouvelé qui les environne. La fable n'a rien imaginé d'aussi merveilleux que ce qu'a exécuté autour d'eux la nature. Ces tableaux de leur bonheur ne sont point produits par mon imagination, exaltée par le sentiment d'une Providence toute puissante je n'en offre ici qu'un misérable croquis, mais tracé avec une précision astronomique. Si Dieu a donné aux habitans de Saturne, reculés aux extrémités de notre univers, une image de son ensemble dans les planètes secondaires qui les environnent, que n'a-t-il donc pas fait pour les habitans immortels du soleil, placés au centre de nos mondes, et qui en aperçoivent le système planétaire tout entier? Eux seuls, aux sources de la vie, en ont toutes les jouissances ; tandis que nous autres, faibles mortels, épars dans les différens globes, n'en avons que des reflets.

## HARMONIES SOLAIRES

### D'HERSCHELL.

« Quand même on supposerait, dit Voltaire, dans ses *Élémens de la Philosophie de Newton*, quelque autre planète que Saturne, qui ferait sa révolution autour du soleil, par exemple, à six cents millions de lieues de distance du centre universel de notre système, de quoi lui serviraient la lumière et la chaleur de cet astre, dans une distance où il ne paraîtrait pas plus grand que ne nous paraissent Jupiter ou Vénus? J'ai supposé six cents millions de lieues de distance moyenne de ce prétendu corps au soleil, parce que, si cette distance était moindre, les planètes s'attireraient et s'embarrasseraient trop par leur gravitation réciproque. »

A la louange de Voltaire et de Newton, ou au moins du système de la gravitation, Herschell a découvert une nouvelle planète à six cents millions deux cent mille lieues de distance moyenne au soleil ; il l'a appelée l'*Astre de Georges II*, pour honorer la mémoire du roi d'Angleterre, son bienfaiteur ; d'autres astronomes l'ont nommée *Uranus*, mais la plupart lui ont donné le nom d'*Herschell*, et c'est avec grande justice. Chacun doit recueillir la gloire de ses travaux, et le nom d'un philosophe est encore plus digne du souvenir des hommes, que celui d'un roi ou d'un dieu de la fable.

La nature a donc placé la planète d'Herschell à plus de six cent cinquante millions de lieues du soleil, dans sa plus grande distance de cet astre : sans doute elle participe à sa lumière et à sa chaleur, car la nature n'a rien fait en vain. Il est très-possible que le soleil paraisse plus grand que Jupiter ou Vénus sur l'horizon d'Herschell, si cette planète est environnée d'une grande atmosphère, comme il est vraisemblable. Elle a douze mille sept cent soixante lieues de diamètre, c'est-à-dire environ dix-huit fois plus de surface que la terre, et quatre-vingts fois plus de grosseur[1].

Les distances des planètes au soleil se prouvent par la grandeur des angles sous lesquels elles l'a-

---

[1] Elle décrit son orbite annuelle autour du soleil dans quatre-vingt-trois ans cinquante-deux jours quatre heures dix minutes. Quant à sa révolution diurne, elle est inconnue ; Herschell a observé un grand aplatissement sur ses pôles, peut-être parce que n'étant pas revêtus de glaces et n'étant pas lumineux, ils cessent d'être visibles. Il lui a découvert six satellites, dont le premier et le plus proche fait sa révolution en cinq jours vingt et une heures vingt-cinq minutes ; le deuxième, en huit jours dix-sept heures une minute dix-neuf secondes ; le troisième, en dix jours vingt-trois heures quatre minutes ; le quatrième, en treize jours onze heures cinq minutes une seconde ; le cinquième, double de la distance du quatrième, en trente-huit jours une heure quarante-neuf minutes ; et le sixième, quadruple de la distance du cinquième, en cent sept jours seize heures quarante minutes. Ces distances ne sont point marquées dans notre *Connaissance des Temps*, où l'on remarque, d'ailleurs, qu'il y a beaucoup d'obscurité et de doutes répandus à dessein sur les découvertes de ce grand homme. Quoi qu'il en soit, Herschell soupçonne à sa planète un double anneau pour l'éclairer, comme celui de Saturne. Il n'a pu découvrir le temps diurne. Un autre astronome vient d'y découvrir deux nouveaux satellites.

perçoivent, et réciproquement la grandeur de ces angles par les distances des planètes. Quoique cet astre ne paraisse pas plus grand sur l'horizon d'Herschell que Vénus sur celui de la terre, il peut allumer une forte chaleur dans sa vaste atmosphère, comme une étincelle, au moyen de l'air, allume un incendie. Son influence électrique doit y être bien grande, puisque ses rayons réfléchis ont encore assez de force pour revenir d'Herschell vers la terre, et se rendre sensibles à nos télescopes, et même à l'œil nu. Herschell, placé aux extrémités du système solaire, n'en aperçoit pas plus les planètes qu'il n'en est aperçu; mais il voit peut-être celles des systèmes voisins, qui en parcourent aussi les extrémités; il voit peut-être aussi les soleils lointains qui les éclairent, et, dans son immense orbite, il compte ses saisons par des aurores étrangères; une vaste atmosphère doit les réfracter sur son horizon et en augmenter les effets : il a sans doute encore d'autres foyers de chaleur, sur lesquels nous sommes réduits à conjecturer. Mais ce n'est pas s'éloigner de la vraisemblance, que de supposer que les continens d'Herschell sont par zones circulaires parallèles à son équateur, et entremêlées de zones maritimes, comme celles de Jupiter et de Saturne; que ses terres, et surtout les polaires, au lieu d'être élevées en hautes montagnes comme celles de Mercure et de Vénus, voisines du soleil, ou disposées en pentes douces, comme celles de Jupiter et de Saturne, sont creusées, sur un plan uni, en vallées qui réverbèrent les rayons du soleil. Il faut au moins accorder à la nature autant d'industrie qu'aux Chinois qui, sous le climat de Pékin, où les rivières gèlent tous les ans pendant six semaines, construisent des serres en forme de fossés, où ils font croître sans feu des primeurs pendant l'hiver. Le Créateur a placé des modèles de ces vallées chaudes au sein de la zone glaciale, comme il a placé des montagnes glaciales au milieu de la zone torride. Il est probable que la planète d'Herschell a des volcans sur ses rivages, qui en réchauffent le sol, comme le volcan de l'Hécla réchauffe le sol de l'Islande. Peut-être les mousses et les lichens, qui décorent nos neiges de verdure, de pourpre et de fleurs, s'y élèvent à la hauteur des arbres pendant des hivers de quarante-deux ans. Si de simples fougères de nos climats parviennent à la hauteur des palmiers dans notre zone torride, et si des mousses pendent comme de grandes draperies aux rameaux des sapins dans notre zone glaciale, celles-ci doivent former, vers les pôles d'Herschell, des forêts de laine et de soie. Les lichens qui tapissent nos rochers, et dont les semences mûrissent malgré les âpres vents du nord,

doivent offrir dans leurs urnes de corail des asiles aux oiseaux, et peut-être même à des bergères. Des poissons cétacés, comme des baleines et des amphibies, tels que les chevaux marins, qui se plaisent au milieu des glaces flottantes, s'y engraissent sans doute dans de vastes mers, et y sont d'une grosseur prodigieuse : ils fournissent à ses habitans les huiles nécessaires à leurs lampes et à leurs foyers. Nous n'en devons pas douter, puisque c'est en partie des huiles décomposées des poissons, que l'Océan forme sur la terre les bitumes de ses eaux, et entretient des volcans qui brûlent sur ses rivages.

Il est probable que la nature leur a donné, comme à nos Lapons, pour compagnons de leur vie, des animaux de l'espèce du renne, qui ne paît que la mousse, et qui réunit à la fois en lui la toison de la brebis, le lait de la vache, la force du cheval, la patience de l'âne et la légèreté du cerf. Ils ont sans doute aussi le chien fidèle, qui s'attache partout aux destinées de l'homme, même les plus malheureuses, et que l'on trouve errant avec les Patagons sur les rivages désolés du cap Horn. Mais la nature n'a point abandonné une planète entière à la rigueur des hivers et à l'intempérie des élémens. Si des glaces couvrent une grande partie d'Herschell, si des volcans flambent et détonnent au milieu de ses mers, ses habitans, réfugiés dans leurs vallées méridionales, voient paître tranquillement autour d'eux leurs troupeaux. Une nuit et un hiver de quarante-deux ans viennent-ils régner sur leur hémisphère, les reflets des neiges voisines, les feux qui brûlent au sein des eaux, les clartés de leurs lunes, les aurores lointaines du soleil, les environnent encore d'une douce lumière. Rassemblés en famille avec leurs rennes et leurs chiens autour du même foyer, dans des grottes tapissées de mousse, l'épouse y réchauffe l'époux, le frère le frère, la sœur la sœur, l'enfant le vieillard. Là, ils chantent sans doute les douces affections qui les rassemblent. Ils n'ont point de théâtres, point de bibliothèques, point de monumens qui leur rappellent le souvenir des conquérans et des religions qui les ont subjugués; l'histoire ne cherche point dans leurs crimes la matière de ses grands tableaux; mais la poésie et la musique en trouvent d'inépuisables dans leurs vertus. Ils vivent comme les Hyperboréens auxquels les anciens Grecs envoyaient, chaque année, de l'île de Délos, des présens, comme des hommages dus à l'innocence de leur vie. Leurs mœurs sont semblables à celles de nos Lapons, qui chantent sur leurs tambours leurs affections, jusqu'à ce qu'ils aient conquis un ami; et leurs déplaisirs, jusqu'à ce qu'ils aient ramené à eux un ennemi. Ils vous ressemblent, bons et pauvres Finlandais, chez lesquels j'ai trouvé encore des traces de ces vertus philantropiques et de ces mœurs hospitalières. Dans l'enfance de la raison, ils ont conservé l'innocence; ils n'ont jamais calomnié leurs semblables, ni versé leur sang pour le choix d'un système politique. Unis entre eux par les plus doux liens, ils vivent tranquilles, et ils meurent en paix; ils n'honorent point un Dieu fait par la main des hommes, mais ils adorent l'Auteur de la nature dans la nature même; et si, placés dans les limbes d'un de ses mondes, ils pouvaient l'y méconnaître, ils en retrouveraient encore le sentiment dans leur propre cœur, par celui de leur félicité [1].

### HARMONIES SOLAIRES
### PLANÉTAIRES.

Quoique je n'aie donné qu'un bien faible aperçu des harmonies du soleil dans les planètes, il est aisé de voir que ce n'est ni sa force centripète, ni sa force centrifuge qui les ont dispersées dans l'ordre où elles sont. Si cela était, les plus grosses seraient ou les plus voisines de lui, ou les plus éloignées, ainsi que je l'ai observé; elles seraient rangées autour de lui à des distances proportionnées à leurs diamètres : or c'est ce qui n'est pas. Herschell en est bien plus éloigné que la terre, quoiqu'il soit plus de soixante-quatre fois plus gros; et Vénus en est plus près, quoique de même grosseur à peu près que notre planète. En vain leur suppose-t-on des densités différentes; elles devraient au moins être toutes dans le plan de son équateur : leurs orbites, au contraire, sont inclinées sur lui du même côté, sous différens angles[2]; de sorte que ces planètes ne s'éclipsent que dans leurs nœuds, c'est-à-dire au point où leurs orbites se croisent. Sans cette disposition admirable elles se fussent éclipsées fréquemment, et les plus voisines du soleil eussent enlevé la lumière aux plus éloignées. Il n'en est pas ainsi de l'inclinaison des orbites des satellites, par rapport à leurs planètes. Tous ceux d'une planète sont sur le même plan, et ont la même inclinaison sur son équateur[1]. Comme ces planètes secondaires ne reçoivent pas la lumière de leurs planètes principales, et qu'au contraire elles leurs renvoient celle du soleil, elles ne se nuisent pas les unes aux autres dans le même plan : elles y sont placées comme des miroirs qui réverbèrent tous ensemble vers les mêmes foyers. Certainement l'attraction n'a pas réglé ces convenances, puisqu'elles paraissent contraires à ses lois; car les inclinaisons des orbites sont variées dans les planètes, par rapport au soleil; et elles sont, par rapport à chaque planète, égales dans leurs satellites, qui d'ailleurs en sont à des distances fort différentes. Effectivement, comment concevoir que des planètes, dont les masses et les distances sont si inégales, et dont les mouvemens sont si réguliers, n'obéissent qu'aux lois uniformes de l'attraction ? Comment imaginer que c'est justement lorsqu'elles sont le plus voisines du soleil, et qu'il les attire le plus fortement, qu'elles s'en éloignent avec plus de vitesse ? Quel contradictoire effet de la force centripète ! Que ferait donc de plus la force centrifuge ? Comment concevoir que la première se change tout à coup dans la seconde, précisément quand elle est parvenue à son plus haut degré ? Comment a-t-on pu appliquer cette théorie aux comètes tant de fois prédites en vain ? J'aimerais autant croire qu'un vaisseau, qui vogue à pleines voiles sur l'Océan, est attiré aux Indes par une force centripète, qui le repousse ensuite vers l'Europe au moment où il est près d'échouer sur leurs rivages. J'admets que l'attraction existe dans toutes les parties de la matière, qu'elle émane du soleil et qu'elle attire à lui tout ce qui flotte dans l'océan immense de ses rayons; je conçois ses effets comme ceux du courant général des mers, qui, partant d'un des pôles de la terre, pousse vers son équateur tous les corps qui nagent à leur surface, et qui les ramène vers ce même pôle par des contre-courans latéraux. Mais comme il y a dans un vaisseau un pilote qui en dirige la route, n'y a-t-il pas aussi dans chaque astre un être intelligent qui en dirige le cours ? N'y aurait-il pas un pilote céleste qui, malgré le voisinage des autres corps planétaires qui l'attirent, et sa force prodigieuse qui le précipite sur le soleil, dirige toujours son orbite autour de lui dans des temps et des espaces réguliers ? Il y a sans doute

---

[1] Piazzi et Olberts ont découvert depuis peu deux planètes nouvelles; Herschell leur a donné le nom d'*astéroïdes*, parce qu'elles ont quelque ressemblance avec les petites étoiles.

[2] L'orbite de Mercure est de quatorze degrés vingt minutes; celle de Vénus, de dix degrés quarante-trois minutes vingt secondes; de la terre, de sept degrés vingt minutes; de Mars, de neuf degrés onze minutes; de Jupiter, de huit degrés trente-neuf minutes dix secondes; de Saturne, de neuf degrés cinquante minutes vingt secondes; d'Herschell, de huit degrés six minutes vingt-cinq secondes.

[1] Les orbites des satellites de Jupiter y sont inclinées de trois degrés dix-huit minutes environ : ceux de Saturne, ainsi que son anneau, de trente degrés; ceux d'Herschell, de quatre-vingt-dix degrés. Il faut en excepter l'inclinaison de l'orbite du septième satellite de Saturne, qui n'est que de quinze degrés.

dans ces corps célestes des ames qui disposent de leurs aimans, comme il y en a dans le corps des animaux terrestres qui disposent de leurs passions, et qui en ont l'instinct et la conscience. Un simple coquillage est formé d'une matière crétacée, disposée par couches concentriques, et parsemée, à sa surface, de tubercules et de sillons, comme la terre. Il est souvent couvert de plantes marines qui y végètent, et de petits animaux qui les habitent. Il est semblable à un petit monde; cependant il renferme un animal intelligent, qui voyage dans l'Océan avec ses forêts et ses habitans, va, vient, circule, et passe souvent d'une zone dans l'autre, en réglant sa route sur le soleil ou sur la lune. Que dis-je! tout est rempli sur notre globe d'êtres animés : l'air, les eaux, la terre, l'épiderme d'une feuille. Un rotifère, habitant des toits, semblable à un grain de poussière, aurait une ame qu'il peut conserver des siècles dans une gouttière, sans nourriture, malgré l'excès du chaud et du froid; et il n'y en aurait pas une dans le globe immense d'une planète! il n'y en aurait pas dans le soleil, qui donne à tous les animaux de la terre le mouvement et la vie! Quoi! lorsque, la nuit, je jette un coup d'œil sur les astres innombrables du firmament, et que, confondu dans mon néant, j'entrevois leurs distances inappréciables, leurs grandeurs immenses, leurs durées éternelles, je croirais alors que moi qui ne me suis rien donné, moi dont la vie est moins robuste que celle d'un rotifère, moi qui ne puis rien savoir que par le secours de mes semblables, moi qui ai tout reçu; je croirais, dis-je, que moi seul ai une ame intelligente, à l'exclusion des objets que je contemple! Je croirais que ces corps immenses sont les jouets éternels d'une force aveugle, qui les attire toujours sans jamais les réunir, et qui les repousse sans cesse sans jamais les séparer! Si un de ces animalcules lumineux, dont l'Océan est imprégné dans la zone torride, était capable d'une certaine étendue de jugement, et que, bouleversé par la proue d'un vaisseau qui vogue la nuit au milieu des légions innombrables de ses semblables, il en conclût que nos flottes sont des masses obscures et inanimées, emportées par d'aveugles courans, il raisonnerait plus conséquemment que l'astronome, qui sait que des milliards d'ames sont disséminées sur la terre qu'il foule aux pieds, et qui affirmerait qu'il n'y en pas une seule dans les cieux. Pour moi, je crois certainement qu'il y a dans chaque planète un génie qui en règle les mouvemens, et auquel il a été donné de voir l'ensemble de nos mondes, qu'à peine l'homme peut entrevoir. Je crois que, s'il m'a été permis d'apercevoir ces mondes à l'aide de leur lumière, il a été donné à ceux qui les gouvernent d'influer sur moi et de pénétrer dans mon cœur, à la faveur de cette même lumière dont ils disposent; enfin, je crois qu'ils sont les témoins de mes actions, comme ils en sont les flambeaux. Je ne suis point surpris que, parmi des peuples corrompus, il y ait des hommes qui refusent une ame à la nature entière, lorsqu'ils méconnaissent celle qu'ils ont reçue, et qu'ils ont dépravée. Mais, parmi tous ceux qui sont restés fidèles à ses lois, il n'y en a pas un qui n'ait placé ou un génie, ou un ange, ou une divinité dans chaque astre. Quel est l'homme de mer qui, la nuit, au sein d'une tempête, ne sent pas renaître l'espérance dans son cœur, quand il voit apparaître sur les flots l'astre de Vénus? Quel est l'infortuné, que le chagrin tourmente par de longues insomnies, qui ne se sent pas consolé quand, au sein des ténèbres, son humble réduit est éclairé tout à coup par les rayons de la lune nouvelle? Je vous prends à témoins de ces influences célestes, peuples hyperboréens : quels sentimens religieux n'éprouvez-vous pas, lorsque, après une nuit de plusieurs mois, l'aurore vient répandre ses couleurs de rose sur les neiges de vos régions! Il vous semble alors que l'espérance et la joie descendent des cieux avec la lumière, pour consoler les malheureux mortels.

Les planètes sont liées entre elles par des rapports entrevus dès la plus haute antiquité, mais méconnus des modernes, qui n'en admettent que les attractions réciproques.

Il est très-remarquable que le cours des années planétaires semble offrir des rapports marqués avec les époques principales de la vie humaine, comme si l'homme, ou un être semblable à l'homme, devait être l'objet de toutes les harmonies dont le soleil est le premier moteur, sans parler de celles de l'astre des jours et de celui des nuits qui les règlent. Quand l'astre des jours a déterminé l'âge de la puberté de l'homme par un certain nombre de révolutions annuelles, qu'on peut fixer à douze ans pour les mâles, dans la zone torride; et que l'astre des nuits a préparé dans les filles la conception par les révolutions périodiques de ses mois, et l'enfantement par neuf de ces révolutions, qui embrassent le cours du soleil depuis son départ du solstice d'hiver, où il recommence à réchauffer notre hémisphère, jusqu'à ce qu'il ait couvert de fruits et qu'il soit retourné à l'équateur : l'homme alors paraît à la lumière. Les phases de sa vie sur la terre semblent se régler sur celles des planètes dans les cieux et sur leurs révolutions autour du soleil. Au bout d'une année de Mercure, c'est-à-dire à trois mois, il commence à jouir de la vue et à juger des distances; à sept mois et demi, après une année de Vénus, à sourire à sa mère; à une année de la terre, à la parcourir, c'est-à-dire à marcher : c'est alors qu'il commence aussi à goûter de ses fruits, à l'époque de la pousse de ses premières dents. Après une révolution de Mars, qui est de près de deux années, il commence à parler ; celle de Jupiter, qui est de douze ans, lui amène la puberté ; celle de Saturne, de près de trente ans, la virilité; et celle d'Herschell, de quatre-vingt-trois ans, la vieillesse et la décrépitude. Les hommes, seuls de tous les êtres, naissent en tout temps et en tous lieux; ils éprouvent les influences des astres suivant les époques de leur naissance, comme les rivages de la mer éprouvent ses flux et ses reflux suivant leurs différentes latitudes, quoique les courans qui les produisent partent le même jour du même pôle. Mais je ne doute pas que les végétaux et les animaux, dont les genres sont déterminés à certaines zones, ne soient soumis tous à la fois à quelques-unes de ces phases et de ces révolutions planétaires. C'est ce que confirment les époques diverses et précises de leur naissance, de leurs amours, de la portée de leurs petits, de leurs émigrations, et de la durée de leur vie. Nous en avons indiqué quelques-unes des plus connues dans le cours de ces harmonies. Le soleil en est le premier moteur. Semblable à l'Apollon de la fable, il tire avec son archet d'or, formé de rayons de lumière, des harmonies innombrables de tout ce qui l'environne : les planètes qui tournent autour de lui sont les cordes de sa lyre. Si nous habitions son globe fortuné, nous connaîtrions toutes ces merveilles et une infinité d'autres. Est-il vraisemblable que l'astre du jour soit revêtu d'une sphère entière de lumière, et, comme s'il n'en avait qu'une auréole, qu'il n'influe que sur quelques planètes qui sont le plan de son équateur? Ses pôles si brillans n'échauffent-ils pas encore des mondes latéraux qui nous sont inconnus? Les comètes semblent circuler autour de lui sur des plans différens de son système planétaire.

Quels astres merveilleux, si toutefois ce sont des astres, que ces corps lumineux à longues queues qui traversent les aires des planètes sans déranger leur cours, et emploient des siècles à s'approcher et à s'éloigner du soleil! Il y en a qui apparaissent nébuleuses, et formées de plusieurs noyaux semblables à ces glaces flottantes qui descendent de nos pôles vers la zone torride. D'autres, observées par la sœur d'Herschell, transparentes, sans capacité, et peut-être impalpables, paraissent des amas de feu électrique. La nature emploierait-elle pour rafraîchir la zone torride de la sphère solaire, et pour en réchauffer la zone glaciale, des moyens semblables à ceux qu'elle emploie dans les zones du globe terrestre : des courans d'un fluide tour à tour en congélation et en fusion, des atmosphères chaudes et froides, des douches et des glaces flottantes? L'immense océan de la lumière aurait-il ses flux et reflux comme notre petit Océan terrestre? Que dis-je? les rayons du soleil se perdent-ils en vain dans ces espaces infinis où les planètes sont à peine aperçues? Leur matière si vivifiante, recueillie avec tant de soin par des lunes et par des anneaux planétaires, par des océans et des fleuves qui la font circuler, par les pétales des fleurs, par les yeux des animaux, par leur sang, va-t-elle s'anéantir dans les régions éthérées? La gerbe de lumière qui part du soleil et vient en sept minutes et demie échauffer notre globe va-t-elle se perdre pour toujours dans le firmament, au moment même qu'elle touche notre horizon? Un petit ruisseau, qui s'échappe sous la roue du moulin qu'il fait mouvoir, va ensuite arroser des prairies; il nourrit dans son sein une multitude d'êtres vivans; il n'y a pas une seule de ses gouttes d'inutile, soit qu'il s'évapore dans l'air, soit qu'il se perde dans la terre, soit qu'il soit absorbé par une rivière où il se jette : et l'océan de la lumière, qui vivifie toutes choses, n'échaufferait-il que quelques petites planètes à des centaines de millions de lieues les unes des autres? Ne baigne-t-il, dans son sein, que quelques îles flottantes, et n'est-il pas ordonné à quelques continens dont il environne les rivages? Ne nourrit-il pas quelques espèces d'êtres vivans, incorruptibles, indivisibles, et d'une nature semblable à la sienne? Si on peut comparer des êtres bornés à ceux qui n'ont point de bornes, une goutte d'eau, qui doit sa fluidité au soleil, est remplie d'animalcules. Nos mers, imbibées de sa lumière, paraissent, dans nos nuits d'été et en toute saison entre les tropiques, tout étincelantes de petits corps lumineux qui s'agitent dans tous les sens. Pour moi, j'ai vu, dans nos jours d'été, un phénomène semblable dans l'air de notre atmosphère. Couché sur l'herbe, les yeux fixés sur le ciel azuré, j'ai aperçu souvent de petits cercles blancs, les uns simples, les autres doubles, avec un centre obscur, se mouvoir rapidement à droite et à gauche, en haut et en bas, tandis que quelques-uns restaient immobiles et comme stationnaires. Je ne mets point ces témoignages de mes faibles télescopes naturels en parallèle avec ceux des télescopes d'Herschell : les siens découvrent des mondes, et les miens des globules. Peut-être est-ce une illusion de ma vue, comme me l'ont assuré quelques physiciens; mais enfin je rapporte ce que j'ai éprouvé. L'existence de ces globules mouvans est aussi certaine pour moi que celle des satellites d'Herschell, invisibles à tous les hommes, est évidente aux yeux des astronomes. D'ailleurs, pourquoi notre océan d'air n'aurait-il pas des animalcules comme notre océan d'eau? Pourquoi la lumière, qui leur donne leur couleur, leur fluidité, leur mouvement, leur température, n'aurait-elle pas non-seulement ses globules, mais des habitans d'une nature céleste, semblable à la sienne? Jamais le sublime Newton, qui a si bien analysé les rayons du soleil, n'a osé leur donner le nom de matière. En effet ils ne sont point, comme elle, divisibles et corruptibles. On ne peut point les renfermer dans des vases, comme l'air ou comme l'eau; ils traversent les tempêtes sans en être ébranlés, et la profondeur des mers sans s'éteindre. L'astre qui nous les envoie réunit sans doute bien d'autres propriétés inconnues, qu'il verse sur les mondes avec les flots de sa lumière. La décomposition de sa chaleur donne peut-être les formes aux objets, et celle de son attraction leurs mouvemens, comme celle de sa lumière leurs couleurs. Au moins toutes les combinaisons de la forme de ses lignes, de ses angles, de ses courbes, renfermées virtuellement dans une sphère terrestre et morte, peuvent sortir actuellement d'une sphère céleste et vivante.

HARMONIES SOLAIRES
SIDÉRALES.

Le soleil nous paraîtrait le dieu de l'univers, s'il n'y avait pas d'étoiles; mais, avec tous ses mondes roulans, il n'est lui-même dans le ciel qu'un point lumineux. Les étoiles sont des astres infiniment éloignés et d'une grandeur immense. Herschell, qui est à plus de six cents millions de lieues de nous, les éclipse; et le télescope de son astronome, qui grossit quatre mille fois sa grandeur apparente, et nous découvre ses lunes, diminue celles des étoiles, et ne les laisse voir que comme un point, en les dépouillant de leur lumière divergente et de leur scintillation trompeuse. Cet instrument donne à peine aux étoiles les plus brillantes un diamètre de quelques secondes. C'est d'après ce petit angle que Cassini a évalué la distance de l'étoile appelée Syrius à la terre, à quarante-trois mille sept cents fois la distance de la terre au soleil, c'est-à-dire un billion quatre cent quatre-vingt-dix-sept milliards neuf cent dix millions de lieues; et sa largeur à trente-trois millions de lieues de diamètre : de sorte que son globe remplirait tout l'espace qui est entre la terre et le soleil. Il s'ensuit de là que Syrius est près d'un million de fois plus gros que notre soleil, qui est lui-même plus d'un million de fois plus gros que la terre. Si les planètes éclairées par Syrius sont, par rapport à lui, dans les mêmes proportions que celles qui circulent autour de notre soleil, elles doivent être un million de fois plus grosses; il doit aussi y en avoir un bien plus grand nombre: la plus éloignée doit décrire autour de lui une orbite de plusieurs centaines de milliards de lieues; son année doit être une longue suite de siècles. Là, sans doute, la vie a des proportions qui nous sont inconnues; mais, quoique notre pensée ne puisse pénétrer dans ces nouveaux modes de l'existence, nous sentons que les étoiles ne sont à de si énormes distances les unes des autres, qu'afin que leurs planètes aient assez d'espaces pour circuler autour d'elles. La planète Herschell, qui n'aperçoit qu'à peine quelques-unes de celles de notre monde, en est bien dédommagée en voyant circuler dans son voisinage celles des mondes limitrophes. Elle voit l'Herschell de Syrius plus gros que notre soleil. Quoique le nôtre soit un million de fois plus gros que la terre, il n'est, par rapport à celui de Syrius, que ce qu'une petite pirogue est à l'égard d'un vaisseau de guerre. Quoiqu'il n'ait que deux lunes, et qu'il soit très-éloigné de son soleil, quand il voit paraître sur son horizon cette grosse planète étrangère avec de nouveaux satellites; quand il la voit, dans la tagente de son orbite, naviguer avec lui côte à côte au sein des mers éthérées, le couvrant des reflets d'un soleil un million de fois plus brillant : alors il n'envie plus à Saturne ses sept lunes et son double anneau. S'il entrevoit à peine le système de son monde, il aperçoit l'axe des mondes voisins. Dans son année de quatre-vingt-trois ans, et dans son orbite de trois milliards huit cents millions de lieues, s'il ne compte pas ses saisons, comme les planètes ses sœurs, par leurs levers mutuels, il les compte par les aurores de nouveaux soleils. Ainsi ses habitans, aux extrémités de notre monde, ne sont point abandonnés par l'Auteur de la nature, et ils reconnaissent sa providence à ses compensations.

Il est très-vraisemblable que chaque étoile a des planètes soumises à son attraction; il est évident que cette attraction n'existe point entre les étoiles mêmes, et que, par conséquent, elle n'est point une qualité inhérente à la matière, et une loi universelle de la nature. Les étoiles, pour la plupart, sont immobiles, et c'est cette immobilité qui leur a fait donner le nom de fixes, par rapport à nos corps planétaires, qui sont toujours en mouvement. Il est vrai que plusieurs d'entre elles ont des mouvemens particuliers; il y en a une qui décrit un cercle de deux degrés et demi de diamètre; notre soleil, dit-on, en décrit aussi un en tournant sur lui-même en vingt-cinq jours. Il y a une chose très-remarquable dans la lumière des étoiles; celle de plusieurs va en croissant et en diminuant. Cette période est de trois jours dans une étoile d'Argo, de cinq dans une de Céphée, de six dans une de la Lyre, de cent dans une d'Antinoüs, de soixante dans une d'Hercule, de trois cent trente et un dans une de la Baleine, de trois cent quatre-vingt-quatorze dans la changeante de l'Hydre, de quatre-vingt-dix-sept dans la changeante du Cygne. On en compte environ cent quarante qui ont disparu tout-à-fait. Une des sept Pléiades s'évanouit à l'époque de la destruction de Troie. L'ingénieux et sensible Ovide dit qu'elle fut si touchée du sort de cette malheureuse ville, qu'elle se couvrit le visage de ses mains. Mais si une étoile se cachait à chaque crime de la terre, le ciel n'en aurait bientôt plus. Il en paraît de temps en temps de nouvelles. En 1572, on en vit une de la grandeur de Vénus dans Cassiopée, et on ne l'a plus revue depuis 1574. L'étoile de la Baleine n'est visible que quatre mois et demi; elle reparaît au bout de onze mois; celle du Cygne au bout de treize, et celle de l'Hydre au bout de deux ans : celle-ci brille pendant quatre mois. On suppose que toutes ces variations viennent de ce qu'elles ont un côté plus lumineux que l'autre, qui, quelquefois, est ténébreux, et que, dans leur rotation sur elles-mêmes, elles nous montrent tantôt l'un et tantôt l'autre. Pour moi, si j'ose dire ma pensée, je crois que la lumière, cet élément céleste, est la vie des astres; qu'il forme un océan immense dont les constellations sont les archipels, et les soleils des îles qu'il baigne par des flux et reflux éternels; et qu'il aboutit à des continens où la Divinité, dont la lumière n'est que l'ombre, réside dans son essence et dans toute sa splendeur. Peut-être les étoiles errantes ne sont-elles que des planètes étrangères à notre soleil, qui se trouvent éloignées du centre de leurs systèmes, et qui apparaissent dans le nôtre quand elles sont à l'extrémité limitrophe de leurs orbites; peut-être aussi sont-ce de vraies étoiles, qui se meuvent par des lois qui nous sont inconnues. Mais si elles s'attiraient réciproquement, le mouvement d'une seule les dérangerait toutes; la voûte céleste s'écroulerait, si les voussoirs en étaient mobiles. Dans ce nombre infini d'étoiles qui s'attireraient mutuellement, il y en aurait qui se joindraient et s'amalgameraient ensemble : on en verrait au moins quelques-unes de doubles : celles qui le paraissent, et auxquelles on en a donné le nom, se montrent séparées dans le télescope.

Cependant ces étoiles, éloignées les unes des autres à des distances auxquelles ne peut atteindre l'arithmétique des hommes, sont liées entre elles; elles sont ordonnées sur différens plans, qui s'enfoncent dans la profondeur du firmament. Les plus apparentes s'appellent étoiles de la première grandeur, et l'on place dans la septième grandeur celles qui sont près d'échapper à notre vue. Elles nous paraissent diversement groupées. Les unes sont sur la même ligne, comme celles de la ceinture d'Orion, vulgairement appelées les Trois-Rois, qui brillent du même éclat, d'autres ne composent qu'une grappe lumineuse, comme celles de la Poussinière. D'autres, encore moins distinctes, forment, par leur multitude innombrable, des nuages blancs comme ceux de Magellan près du pôle sud, et surtout cette longue bande blanche et irrégulière qui entoure le firmament dans sa circonférence. Tous ces espaces blancs et lumineux renferment des millions d'étoiles que l'on distingue au télescope. Les anciens ont divisé ces différentes régions du ciel en constellations. Ils en comptaient environ soixante-trois; mais l'abbé de La Caille y en a ajouté quatorze, qu'il avait formées dans l'hémisphère austral, où il avait découvert neuf mille quatre cent cinquante étoiles nouvelles. Les anciens, après avoir assemblé ces constellations suivant leur fantaisie, leur donnèrent des noms aussi absurdes que leurs figures, avec lesquelles elles n'ont d'ailleurs aucune ressemblance. Ils appelèrent constellation de l'Ourse les sept étoiles voisines du pôle de la terre, et qui ne ressemblent pas plus à cet animal qu'au Chariot du roi David, dont le peuple leur fait porter le nom. Les Indiens, qui conçoivent l'univers fait comme un œuf, regardent la bande lumineuse qui semble le partager en deux, comme une fracture qu'y a faite le mauvais Principe. Les Grecs, qui ramenaient tout aux divinités de leur pays, imaginèrent que c'était le lait que Junon répandit en allaitant Hercule. L'abbé de La Caille est, je crois, le premier qui ait placé dans les cieux les images des objets utiles aux hommes, en consacrant aux arts ses nouvelles constellations. Il les a nommées l'Atelier du sculpteur, le Fourneau chimique, l'Horloge à pendule, le Burin du graveur, la Boussole, le Télescope, etc. Cette idée était digne de la vertu de cet astronome laborieux; mais il n'y a pas d'apparence que ces dénominations intéressent jamais les peuples, ni même les artistes, qui, d'ailleurs, ne peuvent trouver dans ces figures aucune ressemblance avec leurs instrumens. Ne vaudrait-il pas mieux donner aux constellations et à leurs étoiles les noms des bienfaiteurs du genre humain? Ces monumens célestes ne seraient pas exposés à être renversés par l'envie; ils brilleraient aux yeux de toutes les nations, et réveilleraient peut-être dans leur ame les sentimens d'humanité qui devraient les réunir. Quel politique forcené, quel égoïste voluptueux ne serait pas touché d'un sentiment de bienfaisance pour tous les hommes, quand il verrait luire sur son toit l'astre de Confucius ou celui de Fénelon?

Bien des gens croient avoir dans le ciel chacun leur étoile, qui préside à leur naissance, et les rend heureux ou misérables pour toute leur vie. Elles les rendraient peut-être bons si elles présidaient à des vertus. Chacune d'elles paraît, par son immensité, son éclat et sa durée, un temple qui leur est élevé par la nature. La construction de ces monumens n'a point à craindre, comme les nôtres, le mauvais choix d'un emplacement, le défaut de finances, la malédiction des peuples qu'on accable d'impôts, l'impéritie des architectes, les injures du temps, et surtout celles des factions, encore plus cruelles. La terre trouverait, à la gloire et au bonheur de ses habitans, des dépenses toutes faites par les cieux; il y aurait place pour tous les noms dans *cet immense élysée*. Herschell dit qu'il y a un si grand nombre d'étoiles, que dans quelque endroit du ciel qu'il ait braqué son télescope, il en a vu le champ tout parsemé. Il en a compté cent cinquante-huit mille dans un espace de la voie lactée de quinze minutes, pendant trois quarts d'heure de révolution. Ce qu'il y a de singulier, c'est qu'un astronome moderne, de la secte des matérialistes, affirme qu'ayant observé, pendant un quart d'heure, la révolution d'une zone de deux degrés de largeur dans la cuisse d'Ophiuchus, il n'y en pas vu une seule. Ne serait-ce point parce qu'il n'est point donné aux athées de faire des découvertes dans aucun genre? La lumière, dit Platon, est l'ombre de la Divinité : quand on a étouffé le sentiment de Dieu dans son cœur, on en doit perdre la trace dans les cieux. Parmi les cent cinquante-huit mille étoiles qu'Herschell a observées à la fois, il en a vu çà et là un très-grand nombre de groupées deux à deux, trois à trois, quatre à quatre, cinq à cinq, et même six à six. Elles ne sont point sur le même plan, mais à la suite les uns des autres, comme si on les avait mises en perspective : elles sont à des distances incalculables. Un philosophe anglais dit qu'il y en a de si éloignées, que leur lumière, qui parcourt plus de quatre millions de lieues par minute, n'a

pas encore eu le temps, depuis la création, de parvenir jusqu'à nous. Cette pensée paraît une hyperbole; mais les imaginations des hommes n'en peuvent enfanter d'assez exagérées pour atteindre à l'immensité de la nature. Ne croyons pas pouvoir nous former une idée de son ensemble. Quelque admirables que soient des soleils innombrables entourés de leurs systèmes planétaires, ne pensons pas que l'univers entier en soit rempli, comme une ruche l'est d'alvéoles qui se touchent par leurs côtés, ainsi que l'imaginait Descartes avec ses tourbillons, et comme ils semblent s'offrir à notre vue. Les astres ne sont peut-être que la plus petite modification de l'existence. Il y a sans doute ailleurs d'autres matériaux, d'autres combinaisons, d'autres lois, d'autres résultats; il n'est pas vraisemblable que l'Auteur de la nature, qui a créé avec une intelligence infinie une multitude d'êtres organisés sur des millions de plans différens, pour peupler le globule de la terre si borné, ait répété toujours la même idée sidérale dans l'immensité d'un espace sans bornes. Nous ne sommes point en place ici-bas pour juger l'univers, nous petits êtres de six pieds, haletant sans cesse après mille besoins, avec un souffle de vie. Son plan est hors de notre vue et de notre conception; la mort seule peut nous en montrer la réalité, comme la nuit, qui est l'image de la mort, nous en découvre quelques aperçus dans les étoiles. Des astronomes, sans doute pour nous faire honneur, soupçonnent que notre soleil fait partie de la constellation d'Hercule; mais les étoiles qui se montrent avec quelque éclat sont plus considérables; témoin Syrius, qui est un million de fois plus gros. Je suis bien plutôt porté à croire le soleil une des étoiles innombrables qui nous apparaissent comme des grains de sable dans la Voie Lactée, d'autant que cette voie nous entoure au zénith et au nadir; mais quelque part que nous soyons, nous n'apercevons que quelques îles et quelques archipels de cet océan céleste. Nous sommes si loin des plus voisines, que notre navigation de plus de cent quatre-vingt-dix millions de lieues par an ne change rien à leur position. Quoique notre globe coure avec plus de vitesse qu'un boulet de canon, nous ne pouvons ni nous en approcher, ni en reculer assez pour changer seulement de point de vue; nous ne pouvons rien imaginer même au-delà de ce que nous montre la nature. Les révolutions de nos pensées, comme celles de notre planète, nous ramènent toujours dans notre petit orbite. Nous ne savons point quels sont les habitans de tant de mondes isolés; s'il y a un continent au-delà, dont ils sont les débris; où est le séjour de celui qui a produit tant de merveilles; quels plaisirs il s'est réservés pour son bonheur, lui qui en a tant créé de diverses sortes sur la terre pour celui des êtres sensibles; cependant il existe aussi dans les cieux. Il a lié entre elles toutes les parties de leur architecture infinie. Non-seulement il a mis en harmonie une multitude de globes lumineux qui ne se meuvent point, avec des globes opaques qui se meuvent sans cesse autour d'eux pour recueillir leur lumière; mais il les a mis en rapport avec l'homme. Notre système planétaire, qui a plus de quinze cents millions de lieues d'étendue; ces étoiles qui sont à des distances incalculables; cette voie lactée remplie de milliards d'étoiles; toutes leurs constellations, qui s'étendent depuis celle de l'Ourse jusqu'à celle de l'Éridan, et qui se déroulent peu à peu à ses yeux pour lui présenter de nouveaux objets; tout ce tableau incommensurable vient, dans les ténèbres, se peindre sur sa rétine qui n'a pas une ligne de diamètre. O profondeur de la toute puissance de Dieu ! ô sagesse infinie ! vous m'anéantissez sous le poids de vos miracles : mon intelligence succombe sous les prodiges de la vôtre; et si, sur la terre et dans un corps mortel, on peut en supporter un faible aperçu, pour surcroît de merveille je le dois à la nuit et à mon ignorance profonde.

Si nous pouvons connaître un jour ces harmonies sublimes, ce ne peut être que dans le soleil, à travers cette sphère de lumière qui environne ses fortunés habitans; c'est son atmosphère rayonnante qui, comme un télescope céleste, nous en montrera les relations avec ses planètes et les autres soleils, comme notre petite atmosphère aérienne rassemble sur la terre les rayons de l'astre du jour pour nous réchauffer et nous ranimer. La lumière du soleil forme avec celle des étoiles des rets infinis, incorruptibles, éternels, qui lient toutes les parties de l'univers. Quoique cet astre si brillant et si grand n'en soit qu'un petit nœud, il doit être un des foyers de la vérité, comme il en est un de la lumière corporelle et de la vie. Ce n'est que dans un des mobiles de la nature qu'on peut la connaître; ce n'est qu'au centre de leur ensemble : la vue de tout ce qui s'y passe est sans doute dans le globe qui les fait voir et se mouvoir. S'il est, après la mort, un point de réunion pour les faibles et passagers mortels, c'est dans l'astre qui leur a distribué la vie; c'est là que les ames des justes conservent le souvenir des vertus qu'elles ont exercées parmi les hommes; c'est là sans doute qu'elles influent encore sur leur bonheur, et qu'elles aident

l'innocence malheureuse par des inspirations, des consolations, des pressentimens. C'est du soleil qu'elles ont une vue pure et une jouissance sans fin de la Divinité, dont elles ont été les images sur la terre. C'est là sans doute que vous vivez, bienfaiteurs du genre humain qui vous a persécutés, Orphée, Confucius, Socrate, Platon, Marc-Aurèle, Épictète, Fénelon, dont les lumières et la sagesse président, comme des astres, aux destinées des nations; et vous aussi, dont les vertus sont d'autant plus dignes de récompense, que, méprisées des hommes, elles n'ont été connues que de Dieu ! C'est là sans doute que vous êtes, infortuné Jean-Jacques, qui, parvenu aux extrémités de la vie, en entrevîtes une nouvelle dans le soleil !

Mais il n'est pas permis à d'aveugles mortels qui se traînent encore dans la poussière de pénétrer par la pensée dans cette sphère de lumière : notre intelligence en est éblouie comme notre vue. Pour moi, semblable à la chenille privée d'yeux, qui rampe sur les feuilles que lui disputent les vents, j'entoure çà et là de quelques fils de soie le tombeau où j'ensevelis l'hiver de ma vie ; mais lorsque, dégagé de ma chrysalide, les ailes de mon ame seront développées par la mort, comme le pensait Platon, alors j'espère prendre mon vol vers les régions où règne un printemps éternel. Je ne verrai plus que de loin cette terre malheureuse qui ne nourrit que des tyrans et des victimes. Cependant j'aimerai encore à fréquenter les lieux où je vécus solitaire et heureux dans la contemplation de la nature, où les rayons de l'aurore, la verdure des prairies, l'ombre des forêts, les consolations de l'amitié, les ravissemens de l'amour confirmés par des joies paternelles, me donnèrent les premières sensations de la Divinité. Je croîtrai mon bonheur dans les cieux de celui que j'aurai pu procurer aux infortunés sur la terre. C'est là que nous jouirons tous des harmonies ineffables de la lumière au sein même de la lumière. En attendant, examinons-en les effets sur notre globe, d'abord dans l'astre des nuits, qui nous la renvoie du soleil.

HARMONIES SOLAIRES

## DE LA LUNE.

Kepler, le restaurateur de l'astronomie, et celui qui entrevit le premier la loi par laquelle les planètes s'attirent, assure positivement que la lune a une atmosphère : il en donne pour preuves les éclipses centrales du soleil, où l'on voit toujours un anneau lumineux autour de la lune, qui ne provient, selon lui, que de l'atmosphère de ce satellite, qui réfracte les rayons du soleil qui l'éclairent dans la partie opposée. Selon lui, les diamètres apparens de ces deux astres sont de la même grandeur à peu près, celui du soleil ne surpassant celui de la lune que de sa cent quatre-vingtième partie; Gassendi et quelques autres astronomes croient même que celui de la lune est toujours plus grand; enfin, dans plusieurs éclipses solaires centrales observées à Londres, et décrites dans les *Transactions philosophiques*, on a toujours remarqué un anneau lumineux, large de plus d'un doigt, qui entourait le limbe de la lune, et qui se réfractait sur son disque, de manière qu'à peine il paraissait obscurci. Telle fut, entre autres, l'éclipse totale du soleil du 1er mars 1738, observée à Edimbourg par Mac-Laurin, célèbre professeur de mathématiques. Il dit que, durant l'apparence de l'anneau, la lumière du soleil fut toujours très-sensible; et il ajoute que plusieurs personnes de bonne vue et de bonne foi, ce qui est plus rare, lui assurèrent que, vers le milieu de l'apparence annulaire, c'est-à-dire dans le plus fort de l'éclipse, ils ne pouvaient discerner la lune sur le soleil. Ces effets expansifs des rayons solaires ne peuvent s'attribuer qu'à leur réfraction dans l'atmosphère de la lune.

Les autorités que je viens de citer sont grandes sans doute; mais je pense qu'il ne faut admettre que celles de l'expérience et de la raison, lorsqu'il s'agit de la recherche de la vérité. Les anti-atmosphériques lunaires opposent, il est vrai, expériences à expériences; mais les leurs paraissent fautives. Il est possible que l'atmosphère de la lune ne soit pas plus élevée que ses montagnes, qui, comme nous l'allons voir, sont d'une hauteur prodigieuse. Dans cette hypothèse, elle ne doit pas altérer la lumière des étoiles sur lesquelles elle passe, puisqu'elle ne déborde pas sa planète. Il est possible encore qu'après des jours d'un demi-mois, elle se trouve fort dilatée, et par conséquent peu réfrangible dans l'hémisphère qui nous regarde.

Au défaut de preuves astronomiques, apportons-en de physiques pour prouver son existence. On ne peut douter que la lune n'ait une atmosphère, depuis qu'Herschell y a observé trois volcans. Il est certain qu'il ne peut exister de feu apparent sans air, ni de volcans sans eau, puisque c'est l'eau qui leur fournit des alimens : or, l'eau seule contient beaucoup d'air, selon les chimistes; et, de plus, il n'y a que l'air environnant qui brûle dans un corps enflammé. Il est étonnant que les physiciens démontrent, d'une part, qu'il n'y a point de feu sans air; et que, d'une autre part, les astronomes soutiennent qu'il n'y a point d'air dans la lune où il y a des volcans : les sciences devraient au moins se mettre d'accord, et pour cela elles devraient marcher ensemble.

Empruntons nous-mêmes de la physique terrestre les lumières qui doivent nous éclairer dans la physique céleste : les rapprochemens que j'en vais faire sont dignes de la plus grande attention.

Nous venons de démontrer que la lune avait une atmosphère pour rassembler sur elle les rayons du soleil; nous allons voir qu'elle est disposée de la manière la plus propre à les réverbérer.

Tous les peintres et tous les opticiens savent que si un corps sphérique est éclairé, il y brille un seul point lumineux qui va en se dégradant sur le reste du corps, et le fait paraître arrondi; dans la représentation qu'ils en font, ils expriment ce jet de lumière par une masse de blanc qui tombe sur le globe, et fuyant de demi-jour en quart de jour sur le reste de son hémisphère, lui donne de la rondeur. Cet effet a lieu sur tous les fruits ronds suspendus aux arbres. Nous y voyons un coup de lumière qui frappe sur un point, et sur tout le reste, des demi-teintes ou plutôt des demi-lueurs, qui l'arrondissent à la vue. Ceci est très-sensible sur le globe de l'œil, quoiqu'il soit blanc en grande partie.

Il n'en est pas de même de la plupart des fleurs. Nous avons démontré, dans nos *Études*, que c'étaient autant de réverbères ou convergens ou divergens, qui renvoient la lumière du soleil sur leurs parties sexuelles; elles la réfléchissent par leurs pétales convexes et concaves, ce qui y produit plusieurs jets lumineux. Il résulte de là que les fleurs ont plus d'éclat que les fruits de la même couleur et du même diamètre. Ainsi, par exemple, un tableau de roses paraît sensiblement plus grand qu'un tableau de pêches de la même proportion, parce que chaque rose a plusieurs foyers de lumière dans ses pétales, à la fois concaves et convexes; et que chaque pêche n'en a qu'un seul jet, comme tous les corps ronds. Ces effets sont très-apparens, surtout dans la nature. Les roses éclairées par le soleil semblent avoir un éclat lumineux, et le rosier qui les porte apparaît d'un diamètre beaucoup plus grand que lorsqu'il n'est couvert que de feuilles. Il n'en est pas ainsi à beaucoup près d'un pêcher de la même grandeur. Ceci pesé, il est certain que si la lune était un corps sphérique tout uni, nous n'y verrions, lorsqu'elle est pleine, d'autre lumière brillante qu'un point lumineux qui irait en dégradant sur le reste de son hémisphère, et nous la ferait paraître saillante et ronde comme ces globes dorés qu'on voit au haut de quelques clochers, et comme tous ceux que représentent les peintres. Au contraire, nous voyons la lune plate et unie comme un miroir plan : il faut donc qu'elle nous renvoie la lumière de toutes les parties de son hémisphère. Or il n'y a qu'une lumière disséminée également dans toutes les parties d'un globe, qui puisse le faire paraître aplati : c'est en effet ce qui arrive à un boulet, ou à un simple charbon embrasé au milieu d'une fournaise ; on n'aperçoit que le contour et la surface uniforme. Ces effets sont évidens dans le soleil, qui, dardant des rayons de tous côtés, ne nous présente, comme la lune, qu'une surface plate, sans saillie ni convexité. Il y a plus ; c'est que ces deux astres, dont l'un fait jaillir ses rayons de tout son globe, et l'autre les réfléchit de tout un hémisphère, nous apparaissent, ainsi que les fleurs, d'un diamètre plus grand qu'ils ne le sont en effet : car nous les voyons sensiblement plus petits, du sommet d'une haute montagne dans la moyenne région de l'air, où leurs rayons sont moins réfractés.

Je conclus donc de l'uniformité de la lumière de la lune, qui fait paraître son hémisphère aplati, que ses montagnes y sont disposées en réverbères, pour renvoyer également de tous les points de sa circonférence les rayons du soleil sur la terre. D'ailleurs est-il vraisemblable que Dieu, qui a donné des réverbères si variés à de simples fleurs, pour réfléchir les rayons de l'astre du jour sur leurs parties sexuelles, en ait refusé à l'astre des nuits qui devait les refléter sur un monde ?

C'est sans doute par cette raison que la lune nous montre toujours la même face, et qu'elle ne tourne pas sur elle-même, car elle dérangerait à chaque instant ses foyers lumineux. Quelques astronomes prétendent qu'elle a une rotation sur son axe, et ils croient en donner la preuve en supposant que cette rotation cadre exactement avec sa révolution autour de la terre; mais je crois qu'ils se trompent dans la cause, quoiqu'ils aient raison dans l'effet. Cette harmonie, au reste, serait une preuve encore plus admirable de la Providence, qui aurait fait accorder d'une manière si juste la rotation de la lune avec sa révolution terrestre. Représentons-nous donc la lune fixée à l'extrémité du rayon de son orbite terrestre, et faisons-la tourner, ainsi fixée, autour de la terre : il est certain qu'elle lui montrera toujours sa même face, sans avoir de rotation sur elle-même. Les astronomes disent que dans ce mouvement elle découvre sept à huit degrés de l'hémisphère opposé, et ils en concluent sa rotation ; mais il est évident qu'en la supposant fixée par son centre à un rayon de la terre, et en la faisant circuler autour, on apercevra dans ce mouvement de translation quelque petite partie de son hémisphère opposé, dès qu'on ne la verra plus en face.

Nous pouvons juger des différens effets de la lumière à la simple vue, en comparant la lumière réfléchie de la terre sur la lune, à celle de la lune sur la terre : celle-ci paraît beaucoup plus vive, quoique la planète qui la renvoie ait seize fois moins d'étendue. Il est remarquable que les axes des réverbères de la lune ne sont pas tout-à-fait dirigés parallèlement au rayon de son orbite autour de la terre, mais que leurs foyers sont un peu divergens. S'ils n'étaient formés, par exemple, que de courbes paraboliques parallèles au rayon de son orbite, ils ne renverraient tous ensemble, même dans la pleine lune, qu'une gerbe de lumière égale au diamètre de la lune, et ils n'éclaireraient sur la terre qu'un espace de sept cent cinquante lieues de large ; tandis que lorsque la lune est nouvelle, et qu'elle n'a qu'un croissant lumineux, elle éclaire un hémisphère terrestre tout entier. Il s'ensuit de là que la lune est à une distance convenable pour produire sur la terre le plus grand effet lumineux possible, et que, par cette distance, on pourrait calculer la courbure de ses réverbères. Je ne doute pas aussi que la terre n'ait les chaînes de ses hautes montagnes couvertes de glaces, et surtout les glaciers de ses pôles, disposés pour produire quelques-uns de ses effets sur le disque de la lune. La nature sait faire des miroirs ardens avec des glaces, pour le moins aussi bien que nos physiciens. Le navigateur Martens raconte que dans le voyage qu'il fit aux côtes du Spitzberg pour y pêcher des baleines, la réverbération du soleil dans les glaces flottantes était si forte qu'elle faisait fondre le goudron de son vaisseau.

Je vais traiter fort superficiellement un sujet bien au-dessus de ma portée ; mais je suis si peiné de l'ingratitude de quelques prétendus savans qui emploient les découvertes faites par des hommes de génie pour tâcher d'établir le matérialisme jusque dans les cieux, que je veux leur faire voir qu'il ne faut que du sens commun pour renverser tous leurs sophismes, et qu'un ignorant peut les confondre. Je vais donc essayer de donner une idée des réverbères célestes, non d'après de fausses hypothèses, mais d'après les observations les plus certaines. Les cartes que j'ai vues de la lune ne sont pas plus ressemblantes que celles du soleil. Les astronomes la représentent sillonnée irrégulièrement, comme si les volcans l'avaient bouleversée. A la vérité, ils y expriment quelques endroits rayonnans, auxquels ils ont donné avec raison les noms de plusieurs philosophes illustres, tels que ceux de Platon, de Tycho, de Kepler, de Copernic; mais ils regardent ces rayons comme des torrens de matière fondue qui se sont écoulés en divergeant d'un volcan immense. Ces idées sont dues à des astronomes italiens, et sans doute elles leur sont venues à l'aspect des laves du mont Etna ou du mont Vésuve qui étaient dans leur voisinage. S'ils eussent raisonné en bons physiciens, tels qu'ils l'étaient d'ailleurs, ils auraient senti que des chaînes de montagnes disposées en rayons autour d'un centre, ne pouvaient être des laves produites par un volcan, parce qu'elles n'auraient pu s'étendre aussi loin de leur cratère sans se refroidir. Celles de Tycho occupent au moins un tiers de l'hémisphère de la lune, c'est-à-dire deux ou trois cents lieues. La terre qui est soixante-seize fois plus étendue, et dont l'Océan est beaucoup plus grand que toutes les mers de la lune, n'a pas de volcans dont les laves aient seulement trois lieues de rayon. D'ailleurs ces chaînes de montagnes divergentes ne ressemblent en rien à des matières volcaniques. J'ai vu la lune à l'île de France, dans une lunette de vingt pieds : elle me parut presque partout d'une blancheur éblouissante, et semblable à un bain de chaux éteinte, couverte, en grande partie, de bulles rondes rangées près à près à la suite les unes des autres, comme des jetons comptés sur une table; il me parut même que plusieurs empiétaient les unes sur les autres. Ces bulles n'étaient point en creux, comme celles d'un bain de chaux, mais en relief et évidées dans leur milieu avec un petit piton à leur centre. Elles ressemblaient au chaton d'une bague d'argent, dont l'entourage et le milieu seraient en relief, et l'entre-deux creusé; ou plutôt au disque d'une fleur entourée d'un seul pétale. Quant à la disposition de ces montagnes entre elles, j'avoue que je n'y ai pas fait une grande attention, et j'en suis bien fâché, mais je ne soupçonnais pas alors qu'il pût y avoir quelques harmonies dans les montagnes d'une planète, puisque les naturalistes mêmes n'en admettaient pas dans les pétales des fleurs qui sont des corps organisés. Au reste, de toutes les descriptions que j'ai lues de la lune, je ne trouve que celle du père Beccaria qui se rapporte à ce que j'ai vu; encore n'ai-je eu qu'un faible aperçu de sa relation, ainsi que de cette planète. Selon lui, la plupart des montagnes de la lune s'arrondissent en rentrant sur elles-mêmes, et renferment une vallée ronde, au centre de laquelle est un monticule. L'idée que cet habile astronome nous en donne est d'autant plus digne de confiance, qu'il est, je crois, le premier qui ait découvert le volcan soupçonné par Hévélius dans le lieu appelé mont Porphyrite, parce qu'il paraît toujours rouge. Herschell depuis en a vu trois dans cette planète. Cependant je ne pense pas avec Beccaria, que ces montagnes, évidées dans le milieu avec un piton, et qui forment de longs rayons à la suite les unes des autres, soient des laves, ni même des volcans éteints; car leurs laves et leurs cratères noircis par le feu ne rendraient pas une lumière aussi vive et aussi blanche. Les terres lointaines, comme je l'ai dit ailleurs, apparaissent sombres : ce sont les eaux et les sommets des monts couverts de neiges et de glaces qui resplendissent. Je crois donc que ces montagnes qui rentrent sur elles-mêmes, et renferment une vallée ronde avec un monticule au milieu, sont de véritables réverbères, dont les axes sont tournés vers la terre. Sans cette direction, nous ne verrions pas l'intérieur de la plupart tout à la fois, comme nous le voyons dans la pleine lune; le plus grand nombre de leurs foyers fuiraient en perspective sur la sphéricité de cette planète. Je crois donc que ces montagnes si lumineuses, qui ont dans leur contrée une vallée et un monticule, sont si élevées, que leurs sommets sont toujours couverts de glaces : et cette température est très vraisemblable; car, outre que leur atmosphère s'élève peu, elles ont plus de trois lieues de hauteur, ainsi que l'ont observé Cassini et Riccioli. Elles sont si hautes qu'elles font paraître le limbe de la lune dentelé comme une grosse scie. C'est par une des profondes vallées de sa circonférence, disposées en reverbères par rapport à nous, que l'Espagnol don Ulloa, en observant l'éclipse totale du soleil, le 24 juin, aperçut un rayon du soleil très-vif, qui passait par ce profond ravin comme par un trou.

Je ne puis me lasser de le répéter, c'est donc par une admirable loi de la Providence, que, pendant que les planètes tournent sur elles-mêmes autour du soleil, pour que ses rayons se répandent sur toute leur surface, les lunes, qui renvoient ces mêmes rayons à leurs planètes, ne tournent point sur elles-mêmes, parce qu'elles dérangeraient à chaque instant les foyers de leurs réverbères. D'un autre côté, si ces foyers n'étaient pas rangés sur le même hémisphère, et perpendiculairement à la planète qu'ils éclairent, il n'y en aurait qu'un seul de lumineux pour elle.

Il ne faut pas croire que la lune ne serve qu'aux besoins de la terre, et qu'elle soit elle-même dépourvue d'habitans. Elle a de l'air et de l'eau, comme nous l'avons vu, puisqu'elle a des volcans;

et elle a des végétaux et des animaux, car ce sont leurs détrimens que les rivières charrient sans cesse dans le bassin des mers qui fournissent les huiles, les bitumes et les soufres qui servent à l'entretien de ces feux marins, situés, par toute la terre, sur le bord des eaux. Nous ne pouvons rien dire sur la nature de ces végétaux et de ces animaux lunaires, qui doivent différer des nôtres à beaucoup d'égards. Ceux de l'Amérique ne ressemblent point à ceux de l'Europe, à plus forte raison ceux d'une autre planète. Quelques degrés, du nord au sud, en montrent sur notre globe de genres très-différens; ceux de la lune qui éprouvent alternativement des jours et des nuits d'un demi-mois consécutif, doivent avoir des caractères particuliers. Les pythagoriciens qui, de tous les philosophes de l'antiquité, ont le mieux connu la nature, prétendaient que tous les astres étaient habités, et que les plantes et les animaux de la lune étaient quinze fois plus grands que les nôtres. Ils concluaient sans doute leur grandeur de la durée des jours de leur planète. Mais, à raisonner par analogie, nous ne voyons pas que les herbes et les oiseaux du Spitzberg, qui éprouvent des jours de deux et trois mois, soient plus volumineux que ceux de la même espèce qui sont dans des latitudes où le soleil est moins long-temps sur l'horizon. A la vérité, les énormes baleines et les ours blancs monstrueux de ses rivages, ainsi que les grands sapins du nord, pourraient motiver en quelque sorte l'opinion des pythagoriciens. Quoi qu'il en soit, nous ne devons pas douter que les plantes de la lune ne portent des fleurs faites autrement que les nôtres, puisque leurs pétales sont des réverbères du soleil. Nos roses, qui ne vivent sur la terre que depuis son aurore jusqu'à son couchant, doivent briller quinze jours sur le sein des bergères. Beaucoup d'espèces d'animaux doivent y veiller et y dormir alternativement un demi-mois. Il y a apparence que plusieurs espèces d'oiseaux et de poisson font le tour de cette planète avec la lumière du soleil. Comme elle n'a que deux mille trois cent quarante-six lieues de tour, ils en peuvent venir aisément à bout en un mois, en en faisant soixante-dix-huit par jour. Les hirondelles, les frégates, les marsouins et les thons voyagent avec plus de vitesse.

Il n'est pas douteux que cette planète ne soit habitable aux hommes, puisqu'elle est à peu près à la même distance du soleil que la terre. Ses montagnes, trois fois aussi hautes que les Cordilières, leurs vallées rondes, les pyramides de deux ou trois lieues de hauteur qui en occupent le centre, doivent offrir une multitude de températures très-variées et des points de vue ravissans. Leurs sommets se couvrent sans doute de glaces pendant des nuits d'un demi-mois, et ces glaces se fondent pendant des jours d'une égale durée. Leurs eaux doivent se rassembler autour de leurs pyramides centrales, et y former des bassins circulaires qui en reflètent les différens aspects. Ces lacs, par leurs vapeurs, couronnent de neige les sommets de ces rochers; et ces neiges, en fondant, fournissent mille ruisseaux aux lacs qui entourent leurs bases. Quand, après une longue nuit, le soleil commence à en éclairer les cimes, ainsi que celles des montagnes environnantes, il en résulte tout à coup la plus magnifique illumination. On en aperçoit, avec le télescope, quelque effet de la terre; car, dans la nouvelle lune, on voit les premiers rayons de l'astre du jour y passer rapidement de pic en pic, et les glaciers étinceler successivement, comme des grains de poudre qui s'enflamment l'un après l'autre. Ces feux naissans, qui brillent au-dessus de ces profondes et sombres vallées, y paraissent comme autant de nouvelles aurores; mais quand, au bout de quelques jours, le soleil y fait sentir toute son action, et qu'il en éclaire tous les entonnoirs, alors des gerbes innombrables de sa lumière, reflétées par les vallées, les eaux et les glaces, font couler des milliers de cascades de ces hauteurs. Les lacs répètent leurs reflets, et les échos leurs murmures.

Ces admirables harmonies des neiges et de la verdure, de la lumière et des eaux, des bruits et de la solitude, dont nous voyons quelques images dans les Alpes, n'ont rien d'aussi merveilleux que le tableau du même genre que présente une planète entière. C'est alors que ses habitans, séduits par la longueur de leurs jours et les beautés innombrables de tant de sites différens, se laissent aller aux courans de leurs ruisseaux et aux flux de leurs méditerranées. Les heureux insulaires de la mer du Sud voguent d'île en île; ceux-ci voyagent de lac en lac jusque dans l'océan commun qui en réunit les eaux, et au golfe duquel nos astronomes ont donné des noms: mais quand le soleil s'éloigne d'eux, alors ils retournent dans leurs habitations, à l'aide du reflux de leurs marées. C'est en ce moment que la nuit et le silence viennent régner sur leur hémisphère. Les sommets de leurs rochers se couvrent de neiges nouvelles; les cascades de leurs ruisseaux, frappées de congélation, restent suspendues sur leurs flancs: l'hiver est sur leur tête, mais l'été est à leurs pieds, au fond de leurs entonnoirs. Les feux d'un grand nombre de volcans brûlent au sein de leurs lacs, et jettent encore de brillantes clartés. On ne peut plus en douter, Herschell, avec un télescope qui grossissait seulement trois cent vingt fois, a découvert, le 22 octobre 1790, dans une éclipse totale de lune, au moins cent cinquante points lumineux de couleur rouge. D'un autre côté, la terre, éclairée à son tour par le soleil, leur renvoie quelque portion de sa lumière, non aussi vive que celle de la lune sur la terre, mais plus étendue; car ils la voient sous un diamètre quatre fois plus grand que nous ne voyons leur planète. Quoique la terre tourne, ils en aperçoivent toujours le limbe resplendissant par des mers ou des monts à glaces; car les premières harmonies des montagnes sont solaires et sidérales, afin que les planètes soient visibles les unes aux autres. Ils en distinguent les divers océans, les longues chaines glacées de l'Atlas, du Taurus, de l'Imaüs et du Thibet, qui vont d'occident en orient, et celles des Cordilières qui vont du nord au sud, et surtout les coupoles immenses de glaces qui font rayonner, sur ses pôles, les aurores boréales et australes. Il y a apparence qu'ils ajoutent à ces douces clartés l'usage du feu, dont la nature les a favorisés, comme nous, en en plaçant les foyers dans leurs volcans. Les peuples de notre zone glaciale ne dorment pas toujours pendant leurs nuits de trois mois. C'est sans doute pour que l'homme pût suppléer à l'absence du soleil, et habiter toutes les latitudes de la terre, qu'elle n'a donné qu'à lui seul la puissance de disposer du feu. Cependant, si son sommeil n'est pas en harmonie avec l'absence journalière de l'astre du jour, il paraît l'être avec son absence annuelle. Dans sa première enfance, qui dure six mois, il dort, pour ainsi dire, pendant tout ce temps, qui est le même pendant lequel le soleil cesse d'éclairer un des pôles de la terre. Sa décrépitude n'est, comme sa naissance, qu'un crépuscule aussi long que la nuit du pôle opposé. Les alternatives de veilles et de sommeil, qui remplissent les intervalles de sa vie, semblent réglées sur les longueurs des nuits des zones tempérées et de l'équateur. Comme la nature a varié pour l'homme ses harmonies à l'infini, et qu'elle les rapporte toutes à celles du soleil, il est possible que les habitans de la lune dorment un demi-mois de suite. Ils sont livrés sans doute à des songes agréables, produits par des spectacles ravissans qui, pendant quinze jours consécutifs, doivent leur faire des impressions profondes. Quoi qu'il en soit, les anciens croyaient, avec quelque sorte d'apparence, que la lune était le séjour des songes, et que c'était là que les ames des hommes allaient après leur mort. C'est en suivant cette idée qu'ils lui donnèrent le nom d'Hécate, et qu'ils la firent présider aux enfers. En effet elle est la reine des nuits et de l'hiver, qui sont en quelque sorte des morts passagères de la terre. Il y a plus; soit qu'il y ait dans notre cœur des sentimens innés des lois de la nature qui nous en donnent la conscience, avant que notre esprit en acquière la science, comme nous en avons qui nous donnent celle de nos organes et de notre existence, bien avant que nous puissions en raisonner; soit qu'il émane encore des astres d'autres qualités que celles de leur lumière, de leurs couleurs et de leurs attractions, il est certain que tous les peuples ont regardé la lune comme un astre qui influait sur la naissance, la génération et la mort de tous les êtres. Elle est la Vénus des insulaires de la mer du Sud, qui la célèbrent dans leurs chansons. Les Grecs et les Latins l'invoquaient, pour les accouchemens, sous le nom de Lucine et d'Ilithye, et enfin, pour la mort, sous le nom d'Hécate. Il y a, en effet, dans sa lueur bleuâtre, je ne sais quoi d'amoureux et de funèbre, de vivant et de mourant, de concordant à la volupté et à la philosophie. Elle semble nouer et dénouer à la fois des liens de la vie; elle vivifie les eaux par ses rais lumineux, et elle ensevelit les monts et les forêts sous le crêpe de la nuit qu'elle rend visible. C'est à ses diverses phases que les poissons s'abandonnent aux courans de l'Océan pour se reperpétuer, et que les bêtes féroces sortent de leurs déserts pour chercher de la proie. Ce n'est qu'à ses douces clartés qu'on peut rendre une scène d'amour très-touchante, et animer les tombeaux; et, si j'avais à peindre les adieux d'Andromaque, je les placerais sur les mêmes rivages, et je les éclairerais de la même lumière nocturne que les funérailles d'Hector.

HARMONIES SOLAIRES ET LUNAIRES

DES

PUISSANCES DE LA NATURE

SUR LA TERRE.

Si l'on s'en rapporte aux témoignages des hommes qui sont le plus à portée, par leurs travaux, d'observer les phases de la lune, et les plus intéressés à en connaître les effets, on ne peut douter qu'elle n'influe sur toutes les révolutions de l'atmosphère. Les gens de mer et les gens de terre, je veux dire les matelots et les cultivateurs, attendent toujours quelque changement de temps de la nouvelle et de la pleine lune, et même de son lever et de son coucher. Les matelots disent en proverbe : « que la lune mange les nuages. » J'en ai éprouvé plusieurs fois la vérité, surtout sur la mer, où je n'avais guère à observer que le ciel. J'ai vu assez souvent, au coucher du soleil, des nuages obscurs, qui annonçaient des orages pour la nuit, se dissiper entièrement au lever de la lune : on voyait ses rayons les dissoudre sensiblement, de sorte qu'au bout d'une heure ou deux, leur douce lumière brillait sur les flots. Les poètes anciens n'auraient pas manqué de dire que c'était Junon, ou plutôt Vénus, qui désarmait Jupiter et lui enlevait la foudre. Ils attribuaient à la lune un caractère féminin, non pour ses inégalités, mais principalement pour la douceur de son influence. Pline dit qu'elle résout et dénoue ce que le soleil assemble. Il affirme positivement, liv. IX, ch. XXXI, que lorsqu'elle est pleine, elle attiédit le froid de la nuit par ses rayons. Il cite en preuve les poissons crustacés, comme les cancres et les langoustes, qui se retirent, dit-il, en hiver, sur les plages et les côtes les plus exposées au soleil, parce qu'ils craignent beaucoup le froid; et qui se montrent, au printemps et en automne, principalement quand la lune est pleine, à cause de la chaleur qu'ils en reçoivent. Il est certain que puisqu'elle réfléchit une partie de la lumière du soleil, elle doit renvoyer aussi une partie de sa chaleur. Euripide lui donne le nom de fille du soleil, quoiqu'elle fût regardée en général comme sa sœur. C'est peut-être dans le sens d'Euripide que Virgile, qui donne au soleil le nom de Phœbus, donne à la lune le nom de Phœbé. Les anciens supposaient que l'astre du jour était traîné sur un char attelé de quatre chevaux, sans doute pour désigner son cours divisé en quatre saisons; mais ils n'en donnaient que deux à la lune. Quelques-uns les imaginaient tout blancs; d'autres, plus ingénieux, supposaient que l'un était blanc et l'autre noir : au reste, ils armaient également le frère et la sœur d'un arc et d'un carquois. Quand Homère, au milieu de ses combats meurtriers, parle de la mort naturelle d'un de ses héros, il dit que Diane l'a percé de ses douces flèches. On voit, par ces allégories et par plusieurs autres, que les Grecs n'ignoraient pas les principales influences de la lune; et si leurs connaissances avaient été aussi étendues en physique que leur goût était exquis en poésie, ils auraient fait présider la lune aux principales harmonies de la nature, en variant simplement ses atours; mais ils aimèrent mieux distribuer ses différentes fonctions à plusieurs autres divinités. Ainsi ils mirent l'air sous l'empire de Junon, la mer sous celui de Neptune, la terre sous celui de Cybèle.

Ce sont les harmonies du soleil et de la lune qui font souffler les vents de nord-est et de sud-est, de chaque côté de l'équateur, dans la zone torride, qu'ils rafraîchissent sans cesse, parce qu'ils participent du pôle nord et du pôle sud. Ce sont elles qui, dans notre hémisphère, rendent le vent d'orient sec, parce qu'il traverse, pour venir à nous, le continent vaste et élevé de l'Asie. Le vent opposé du couchant est humide, parce qu'il passe sur l'océan Atlantique, dont il nous apporte les vapeurs. Le vent du midi est chaud, parce qu'il vient de la zone torride, et le vent opposé du nord est froid, parce qu'il souffle du pôle, toujours couvert de glaces par l'éloignement de ces astres. De ces quatre vents, le sec et l'humide, le chaud et le froid, se composent toutes les températures de l'atmosphère. Ce qu'il y a d'admirable, c'est que, quelque irrégulière que soit en apparence la circonférence du globe, il n'y a aucun lieu, soit au sein des mers, soit au sein des continens, dans les zones torrides, tempérées ou glaciales, qui n'éprouve des harmonies semblables, par des montagnes à glaces et par des méditerranées, ou par les vents supérieurs et inférieurs, ou par des étés et par des hivers. Elles sont les mêmes avec des moyens différens, dans l'hémisphère opposé au nôtre : le vent d'orient y est humide; celui du couchant, sec; du nord, chaud; et du sud, froid. C'est le soleil et la lune qui, dans leurs cours, varient les vents, pour la température de l'atmosphère, la circulation des eaux, la régénération des minéraux, la végétation des plantes, la respiration des animaux, les navigations des hommes. Ce sont ces astres qui, après avoir établi entre les vents une série d'harmonies physiques, aériennes, aquatiques, terrestres, végétales, animales et humaines, en font naître, pour ainsi dire, de morales entre eux. Ils leur en donnent de fraternelles et de sororales, lorsque le soleil retourne au solstice d'hiver, et la lune à notre solstice d'été; ils font souffler tous les dérivés du nord et de l'ouest, ou ceux de l'ouest et du sud, qui sont en consonnances fraternelles, et se tempèrent les uns les autres. Ils leur en donnent de conjugales, lorsqu'étant réunis à l'équateur, à l'équinoxe du printemps, ils opposent au vent du nord qui condense, celui du sud qui dilate; et à celui d'orient qui dessèche, celui d'occident qui humecte; et préparent, par ces contrastes, les amours des êtres organisés. Ils leur en donnent de maternelles, lorsque le soleil, au solstice d'été, et la lune, à notre solstice d'hiver, font souffler les vents d'est, qui mûrissent les semences et favorisent les générations des animaux. C'est alors que les petits oiseaux sortent, de toutes parts, de leurs nids, et que les abeilles donnent leurs derniers essaims.

Les vents qui soufflent à ces trois époques devraient s'appeler fraternels, conjugaux et maternels, parce que l'amitié naît des consonnances, l'amour des contrastes, et la maternité des générations. Mais lorsque le soleil et la lune, près de changer d'hémisphère, se rencontrent à l'équinoxe d'automne, ils groupent les vents en tribus ou en espèces de même genre. C'est alors qu'ils font souffler tous les enfans du nord, pour transporter vers le midi les tribus innombrables des hirondelles, des cailles, des ramiers, qui traversent les mers pour s'établir dans des climats plus tempérés. Les astres assemblent les vents en divers genres, ou en nations, lorsqu'ils les font souffler tour à tour trente-deux rumbs de notre horizon, et enfin sphériquement, lorsqu'ils harmonient les vents de chaque horizon avec ceux de tous les autres horizons du globe; et qu'au bout de l'année, ils ont fait circuler toute l'atmosphère d'un pôle à l'autre.

Nous avons vu, dans le cours de cet ouvrage, les harmonies des astres et des êtres animés; mais ces harmonies sont inépuisables. Tous les animaux ont les phases de leur vie réglées sur celles du soleil et de la lune. A peine l'astre du jour est-il sous l'horizon, que les animaux sont frappés de léthargie, à l'exception de ceux de la nuit. La veillée de ceux-ci prouve, ainsi que tant d'autres effets de la nature, que le sommeil n'est pas un simple résultat mécanique de l'absence du soleil. Les insectes immobiles sont réfugiés dans le sein des plantes; les oiseaux, nichés dans leur feuillage, se reposent la tête sous leurs ailes; les troupeaux se couchent à l'abri des haies; le chien vigilant qui les garde s'endort auprès d'eux, après avoir tourné plusieurs fois sur lui-même. Toutes les fonctions de l'intelligence sont suspendues dans l'absence de l'astre qui en produit les images. Cependant plusieurs êtres ont déjà terminé leur course et leur existence : la mouche éphémère ne voit point deux aurores. Bientôt l'astre des nuits vient rendre une nouvelle vie au monde. Cet astre a, comme celui des jours, ses plantes, ses insectes, ses oiseaux, ses quadrupèdes : c'est à sa clarté douteuse que le mirabilis et l'arbre triste ouvrent leurs fleurs; que plusieurs espèces de poissons voyagent; que les tortues viennent pondre sur les grèves solitaires; et que l'oiseau du printemps, le rossignol, aime à faire retentir de ses chansons les échos des forêts. Cependant les cercles de la vie s'étendent avec ceux des jours, et la lune en forme différens périodes. Beaucoup d'espèces d'insectes ne vivent qu'un de ses quartiers; d'autres, une demi-lunaison; d'autres, une lunaison; d'autres parcourent une saison entière, et meurent au solstice d'été : le plus grand nombre périt à l'équinoxe d'automne, lorsque le soleil va éclairer un autre hémisphère. C'est alors que la marmotte se cache et s'endort dans le creux des rochers, pour ne se réveiller qu'à l'équinoxe du printemps : l'année n'est pour elle qu'un jour et qu'une nuit de six mois. Ainsi, cet animal, par ses mœurs, établit une nouvelle concordance entre les hautes montagnes à glaces qu'il habite et les pôles du monde. Cependant une foule d'animaux, aux mêmes époques, suspendent leurs travaux dans notre hémisphère. Les abeilles se reposent dans leurs ruches; plusieurs espèces d'oiseaux, comme les cailles et les hirondelles, suivent le cours du soleil et passent dans l'hémisphère qu'il réchauffe, tandis qu'une multitude d'êtres périssent dans celui qu'il abandonne. Les animaux carnivores se dispersent de toutes parts pour en dévorer les dépouilles. Les renards fourrés et les ours blancs pénètrent jusqu'au sein de la zone glaciale, dans des régions de neiges et de glaces qu'aucun animal vivant ne peut habiter. Mais les courans de l'Océan déposent encore sur leurs rivages les débris de quantité de corps marins, qui viennent des zones tempérées et torrides. Ainsi, l'instinct qui porte les renards et les ours blancs sur les côtes maritimes de notre zone glaciale, dans son hiver, prouve que les courans de l'Océan leur apportent des nourritures; ce qui ne pourrait arriver, si ces courans ne descendaient du pôle opposé.

Comme la puissance solaire a établi des zones torrides, tempérées et glaciales dans les cieux, et qu'elle les a répétées sur la terre, elle a tracé aussi aux planètes des orbites d'un mois, de trois mois, de huit mois, de deux ans, de douze ans, de trente ans, de quatre-vingt-quatre ans, qu'elle semble répéter sur la terre, dans des vies végétales et animales de la même durée. Plusieurs espèces d'insectes, tels que les papillons, vivent depuis un mois jusqu'à huit; les hannetons, deux ans, ou une année de Mars. Plusieurs oiseaux et quadrupèdes, entre autres les chèvres, vivent douze ans, ou une année de Jupiter; les chevaux, trente ans, ou une année de Saturne; les hommes, quatre-vingt-quatre ans, ou une année d'Herschell : d'autres, surtout parmi les poissons, vivent des siècles et semblent avoir leur vie réglée sur celle des comètes.

Quoi qu'il en soit, les animaux qui meurent de vieillesse, meurent comme ils sont nés, sans s'en apercevoir. Les derniers degrés de la descente de la vie sont d'une pente aussi douce que ceux de la montée. Une vaine ambition ne leur en fait point franchir les précipices et les pics. Fidèles aux lois qu'ils ont reçues de la nature, ils lui rendent leurs instincts, devenus nutiles dans des machines usées; ils expirent sans regrets, sans remords et sans murmures : c'est pour l'ordinaire la nuit, à la clarté de la lune, et aux époques de ses diverses phases. Comme elle a noué les premiers liens de leur ame à leur naissance, dans leurs amours et dans leur postérité, elle les dénoue encore à leur mort. C'est elle qui éclaire encore leurs squelettes de son pâle flambeau, et les couvre de ses crêpes funèbres, tandis que la terre, leur mère commune, qui les attire dans son sein, les décore du large feuillage de la bardane ou des guirlandes du lierre. Le temps, comme un moissonneur, les sème et les fauche, génération par génération; mais il plante et recueille, brin à brin, comme un jardinier, les individus de l'espèce humaine. Tous les genres d'animaux forment entre eux une chaîne de vie et de mort en harmonie sidérale, dont chaque espèce fait un anneau; mais le genre humain en compose à lui seul une semblable, formée d'individus qui naissent et meurent à chaque instant.

Cependant, que l'homme ne se plaigne point de la courte durée de sa vie : lorsque ses harmonies terrestres seront détruites, ses harmonies célestes subsisteront encore. L'Éternel a attaché à son corps quelques années d'amertume et de misère; mais il a donné à son ame une éternité de joie et de ravissement. Ce n'est point un être condamné seulement à ramper sur ce globe, à en déchirer le sein avec le fer pour soutenir une frêle existence: sa vie n'est qu'un passage, mais elle a un but, et ce but est sublime. Voyez-le expirant sur son lit de douleur : déja il contemple un Dieu prêt à le recevoir. Cet être si faible, si misérable, aurait-il donc une pensée que n'aurait pas eue le Créateur de toutes les pensées? Ce n'est point en vain qu'il a entrevu d'aussi grandes destinées! Il quitte un monde de ténèbres pour un monde de lumière; il quitte des infortunés, des mourans comme lui, pour un séjour où l'on ne meurt plus. Sa joie sera de ne voir que des heureux. Il sera rassasié de volupté. O transports de l'homme, lorsque, tout douloureux encore des angoisses de la vie, il voit le ciel s'ouvrir devant lui! Ce n'est plus un être de poussière, c'est un ange, une divinité qui s'élance au milieu des soleils! Il y a un instant qu'il était esclave et chargé de fers; maintenant le voici maître d'un empire et de l'éternité. Triste et souffrant, il se traînait pas à pas vers la mort, et il lui échappe, éblouissant de lumière. Il habitait un monde couvert de cyprès, arrosé de larmes, où tout change, où tout meurt, où l'on n'aime que pour souffrir, où l'on ne se rencontre que pour se quitter, où le plaisir même conduit à la mort :

maintenant le voici dans le séjour où tout est éternel. Son ame s'embrase d'un amour qui ne peut finir, et du haut du ciel il jette un regard triomphant vers la terre, où l'on pleure, et où il n'est plus.

FIN DES HARMONIES DE LA NATURE.

# FRAGMENT
## SUR
## LA THÉORIE DE L'UNIVERS.

### AVIS DE L'ÉDITEUR.

Réunir un certain nombre d'observations sur les phénomènes de la nature, c'est former ou enrichir une science; rattacher ces observations à une grande pensée qui les explique, c'est faire un système. Ainsi, l'étude du mouvement des astres, celle des modifications de la matière, constituent l'astronomie et la chimie; l'attraction et les affinités ne sont que de brillantes fictions, dont la plus simple découverte peut tout à coup nous révéler l'erreur. Le génie invente et croit deviner, et c'est souvent par une création sublime qu'il échappe à la honte d'avouer sa faiblesse.

Ne craignons pas de le dire, sans les idées systématiques, les phénomènes de la nature seraient peu compris. Nous imaginons des lois qui les expliquent, et c'est ainsi que les sciences se forment d'une suite d'observations et de théories. Que ces théories soient généralement adoptées, les savans oublient qu'elles sont l'œuvre de l'imagination, ils apprennent à les croire, et soudain elles deviennent pour eux l'œuvre de la vérité. Malheur alors au génie libre et hardi qui ose penser ce que d'autres n'ont pas pensé avant lui ! Si ses propres observations lui apprennent à douter des observations déja faites; s'il tente de donner une explication plus probable de quelques-unes des lois de l'univers, aussitôt le corps entier des savans se lève pour le repousser, et les adorateurs des systèmes adoptés croient le condamner sans retour en l'accusant de créer un système.

Tel fut le sort de Bernardin de Saint-Pierre : on lui reprocha l'esprit systématique, comme si cet esprit n'était pas celui de toutes les sciences, comme s'il ne faisait pas partie de son admirable talent : non seulement il lui doit les plus heureuses découvertes, mais en se livrant à ses inspirations, il s'ouvre de tous côtés des routes nouvelles, et nous fait entrevoir une multitude de perspectives aussi ravissantes qu'inattendues. Dans le nombre de ces idées systématiques, la plus célèbre sans doute est la théorie des marées. L'auteur en fit l'objet d'études longues et profondes. *Paul et Virginie* est un délassement de ses *Études*, quelques mois suffirent pour l'achever. *La Chaumière indienne* fut écrite en quinze jours : les *Vœux d'un solitaire* n'ont guère coûté plus de temps; mais le système de l'univers était l'idée habituelle de l'auteur. On en retrouve des traces dans tous ses écrits : ses lectures, ses recherches, ses observations venaient se confondre dans cette pensée unique : elle fit le charme de ses beaux jours; elle le consola au déclin de la vie, et c'est d'une main presque mourante qu'il rassemblait ces dernières preuves de sa théorie de l'univers. En me livrant à ces études, disait-il, j'échappe aux douleurs de la vieillesse; la mort même ne pourra m'en distraire, et je ne ferai que passer de la contemplation de la nature à la contemplation de son auteur.

Et comment ne se serait-il pas attaché à des idées qui semblaient expliquer des phénomènes jusqu'alors inexplicables! Quelle théorie avait mieux résolu ces grandes questions que la science se fait encore, celle des fausses vigies qui intéressent les marins de toutes les nations; du flux et du reflux de l'Euripe; de la station des mers méditerranées; des marées qu'éprouvent plusieurs lacs et plusieurs rivières qui avoisinent les montagnes à glace; enfin le retard des marées de l'Océan, dont la cause est dans la diminution graduelle des coupoles glacées dont elles tirent leur origine? L'auteur n'aurait-il donc imaginé qu'un rapprochement ingénieux, en plaçant les sources de la mer dans ces coupoles immenses qui hérissent les pôles, comme les physiciens placent la source des fleuves dans les montagnes de granit qui hérissent la terre? Les balancemens du globe sur son axe, l'équilibre des mers, l'existence des courans, semblent une suite nécessaire de la fonte périodique des glaces polaires; et lors même qu'on ne verrait dans cette théorie qu'une des fictions les plus surprenantes de la science, il faudrait au moins tenir compte à l'auteur d'avoir le premier appelé l'attention des savans sur la direction constante des courans généraux de la mer : heureuse découverte qui doit faciliter la communication des peuples, et aider l'homme à faire la conquête de tous les climats. Mais l'auteur ne s'arrête point à ces spéculations; il peint la nature, lorsqu'il semble ne vouloir que l'expliquer. Tournez vos regards vers les pôles; figurez-vous un ciel toujours nébuleux, un soleil rougeâtre et qui expire à l'horizon, des montagnes de glaces dont les cimes, couvertes de sombres reflets, apparaissent à peine à travers les brumes épaisses : dans ce vaste empire de l'hiver, on n'entend que les mugissemens de la bise et les cris sinistres des pétrels; on ne voit que de noires baleines qui voguent en silence, vers les limites de l'univers, où le paisible Groënlandais les attend, immobile sur sa barque : eh bien! c'est au milieu de ce chaos des élémens que vous allez entrevoir la source de tous les trésors de la nature, comme vous venez d'y découvrir la cause de ses plus étonnans phénomènes.

Lorsqu'à l'équinoxe du printemps le soleil vient à frapper ces masses énormes, elles s'ébranlent avec un fracas horrible; il semble que le continent entier se mett en mouvement. Elles partent environnées de fucus et de varechs d'un vert noir et meurtri; on dirait les longs cordages, les voiles en lambeaux et les débris de quelques vaisseaux naufragés. Mais ces glaces, ces débris sont destinés à conserver et non à détruire. La main de l'Éternel y a placé les vents qui rafraîchissent nos climats, et les douces rosées qui les fécondent; elle y a rassemblé ces légions de poissons, que déjà les pêcheurs attendent sur nos rivages. Les pôles se sont ouverts comme des ateliers immenses, où la vie était prodiguée. Voilà la flotte pourvoyeuse de la terre, que la Providence envoie porter la fraîcheur dans la zone torride, et la chaleur dans les zones glacées, où elle refoule les eaux attiédies de l'équateur. Elle va changer en partant l'équilibre des pôles du monde, et renouveler les sources de l'Océan.

Séduit par ces tableaux magnifiques, par ces idées ingénieuses, par ces rapprochemens inattendus, on se livre involontairement aux douces illusions qu'ils font naître, et l'on éprouve le secret désir d'y trouver la vérité. Il semble que l'auteur nous révèle les lois du monde, et les prévoyances du pouvoir divin qui le gouverne. C'est aux savans à apprécier ces observations, et au temps à les juger. Sans doute il est possible de les combattre; mais en les combattant, on doit les chérir; car elles sont présentées avec tant de charmes, elles ouvrent un champ si vaste aux spéculations de la science, elles indiquent enfin des moyens si nouveaux d'observer, que ceux mêmes qui veulent n'y voir que l'erreur, doivent au moins convenir qu'elles peuvent mettre sur la voie de la vérité. Puissent les savans qui la gardent, cette vérité, nous la montrer débarrassée de tous les calculs qui la hérissent, et nous faire connaître l'admirable structure d'un monde aujourd'hui parcouru dans tous les sens ! En attendant ces heureuses découvertes, ceux qui doutent encore peuvent écouter sans fatigue, et peut-être avec quelque avantage, les récits d'un simple pilote qui se délasse de ses travaux par les études les plus sublimes, et qui, en réunissant toutes les preuves de la théorie de l'auteur, les présente avec autant de séduction que de simplicité. C'est l'entretien d'un marin et d'un vieillard : assis sur le tillac, le pilote ne fait que raconter ce que lui ont appris de longs et périlleux voyages; et c'est en présence des phénomènes, qu'il essaie d'en expliquer les causes.

Quand le pilote fut parvenu, malgré le courant et les vents contraires, à sortir du labyrinthe de roches et de bancs de sable qui environnent, à l'est, les îles du Cap-Vert, il mit notre vaisseau en pleine mer, à peu près à 14 degrés de latitude sud et à 25 lieues de la côte d'Afrique. Alors le vent vint à tomber; un grand calme lui succéda, et nous étions menacés de retourner en arrière par le simple effet du courant général du sud, lorsque le sage pilote, ayant jeté la sonde et trouvé seulement 35 brasses d'eau, fit carguer toutes nos voiles et jeter deux ancres à notre avant. Aussitôt notre vaisseau mit le cap au sud, et se raffermit dans sa position en roidissant ses câbles. Il venait alors un léger souffle de vent du côté de terre, qui nous annonçait le voisinage de celle de Guinée, par le parfum de ses végétaux. C'est l'effet que produisent à une grande distance, surtout la nuit, les plantes qui croissent entre les tropiques.

Il pouvait être huit heures et demie du soir; il

n'y avait pas une demi-heure qu'on avait changé de quart; la moitié de notre équipage, qui était de service, accablée de fatigues, dormait sur le pont; l'autre moitié était couchée au-dessous dans les hamacs; les passagers étaient endormis : la même tranquillité régnait partout; on n'entendait le bruit d'aucune manœuvre; la lune, dans son premier quartier, brillait sur la mer; je sentais une sorte de volupté à voir ses flots, naguère si élevés et si bruyans lorsqu'ils se brisaient contre notre malheureux vaisseau, maintenant fuir en silence le long de ses flancs, lorsque j'aperçus notre pilote sortir de sa cabane. Il s'avança vers notre avant, et m'ayant aperçu sur le tillac, s'approcha de moi et me dit : Voyez-vous ces nuages pommelés qui s'élèvent rapidement du côté de l'Afrique, et ce triple anneau lumineux et pâle qui entoure le disque de la lune? c'est signe que nous aurons dans peu un grand coup de vent d'est. Au reste, s'il est violent, il nous sera peut-être favorable. Après tant de fatigues passées, lui repondis-je, et celles que vous prévoyez encore, que n'allez-vous à présent vous reposer? Le repos d'un pilote, me dit-il, est dans le travail; je ne me délasse des fatigues du corps que par l'exercice de l'esprit. Vous m'avez fait plusieurs fois de fortes objections contre le système d'attraction, non pas tel que Newton l'a imaginé, mais tel que les newtoniens l'expliquent. Je vous ai promis d'y répondre quand j'en aurais la liberté : je l'ai maintenant; et si le sommeil ne vous presse pas plus que moi, que vous vouliez me faire le plaisir de m'entendre, je vais entrer en matière. La première jouissance de l'homme est de découvrir une vérité, et la seconde de trouver une oreille attentive. Puisque vous mettez, lui dis-je, vos délassemens dans les plaisirs de l'esprit, soyez certain que je partagerai les vôtres autant que la faiblesse de ma raison m'en rendra capable.

Le pilote alors s'assit vis-à-vis de moi sur la culasse d'un canon, et il commença ainsi : Vous avez bien raison de ne vous pas fier à l'intelligence humaine pour pénétrer les secrets de la nature. Il y a une plus grande distance de celle de son auteur à celle de l'homme, que de celle de l'homme à celle de l'animal le plus brute. C'est sans doute quelque chose que la parole, la géométrie, la poésie, l'invention des arts; mais l'invention des mondes, des générations, de notre propre existence, est infiniment plus étendue. Quelle différence de l'habitant passager d'un petit globe obscur, au créateur et au conservateur de l'univers! Nous pouvons assurer même que la raison divine nous est inaccessible, et qu'il ne nous est donné d'atteindre qu'aux effets et aux résultats qui nous sont nécessaires Il y a plus, cette raison dont nous sommes si vains, n'est qu'un reflet bien pâle de la lumière naturelle qui doit nous guider. Elle ne se forme et ne se perfectionne que par le concours des siècles et du genre humain : en attendant, elle nous égare dans sa route; et quand, par hasard, nous en saisissons quelque rameau, comme dit un philosophe, elle se termine en éblouissement. Il semble d'abord que nous n'apercevons pas la nature, ou que nous voyons ses ouvrages en sens contraire de celui où ils sont placés. Il n'y a pas un siècle que les botanistes de l'Europe ignoraient que tous les végétaux eussent des fleurs : ils croyaient même que l'intérieur de celles qu'ils avaient observées, n'offrait que des parties inutiles, de simples jeux du hasard. Linnée vint, et démontra que les végétaux étaient, comme les animaux, doués des deux sexes, et qu'ils se perpétuaient comme eux par les lois divines et incompréhensibles de la génération. Les grands noms ont été encore plus favorables aux erreurs qu'à la vérité. Aristote nous en a transmis plusieurs, qui furent même appuyés de toute l'autorité de nos tribunaux. Si l'eau d'un bassin montait dans un tuyau de pompe aspirante, c'était que la nature avait horreur du vide; mais le hasard ayant fait découvrir à Torricelli que l'eau n'y montait pas au-delà de trente-deux pieds, ce sage vit clairement que le poids seul de l'atmosphère forçait l'eau du bassin de monter dans le tuyau, et il en conclut avec raison que la hauteur de l'atmosphère était en équilibre avec trente-deux pieds d'eau. Aristote affirmait que la partie occidentale de l'Océan finissait par un affreux précipice; que la zone torride était inhabitable, et que le soleil tournait autour de la terre. Les universités avaient adopté sa doctrine, et le parlement de Paris défendait d'écrire contre elle, sous peine des galères. Cependant Christophe Colomb découvrit un nouveau monde au couchant; Vasco de Gama pénétra aux Indes dans le sein de la zone torride, qu'il trouva plus richement peuplée d'habitans que les autres zones; et Galilée démontra le cours de la terre autour du soleil, et le confirma par le cours des autres planètes. Il est vrai que le bienfait de la vérité attira beaucoup de persécutions à ces grands hommes, tandis que les erreurs avaient valu beaucoup d'honneur et de fortune au précepteur d'Alexandre. On doit remarquer cependant que ces vérités avaient été entrevues par les anciens, comme on le voit dans Sénèque et dans Pline. Les Chaldéens croyaient au mouvement de la terre autour du soleil; ils pensaient aussi que les comètes étaient des astres, et non de simples météores, comme nous le prétendions avant l'astronome Kepler.

Nous avons encore un défaut, nous autres Européens, qui nous croyons si savans; on pourrait l'attribuer à notre vanité ou à notre ingratitude, s'il ne venait pas le plus souvent de notre ignorance : c'est de nous approprier les découvertes faites par les anciens, ou par les peuples d'Asie, qui sont nos pères en tout genre. Par exemple, le savant voyageur Chardin rapporte dans le chapitre de la religion des Persans, au titre des ablutions, qu'ils distinguent entre les souillures des animaux dont le sang circule, et les souillures des animaux dont le sang ne circule pas. Cette double vérité était connue en Asie du temps de Mahomet, et peut-être bien avant lui. Cependant il n'y a guère plus d'un siècle que l'Europe en a fait l'honneur au médecin anglais Harvey, sans qu'il y ait eu la moindre réclamation en faveur de Mahomet. A la vérité, on nous représente, dès l'enfance, ce prophète, vrai ou faux, comme un ignorant fieffé, et les médecins anglais comme d'habiles gens. Mais qu'avait donc de si merveilleux la prétendue découverte d'Harvey? Quel est l'homme qui, voyant sortir son sang goutte à goutte d'une légère blessure, et avec impétuosité d'une simple saignée, puisse croire que le sang est immobile dans ses veines? C'est la stagnation de ce fluide dans plusieurs espèces d'animaux, qui, ne paraissant pas naturelle, était une vraie découverte. Elle était connue des savans arabes, et ne l'est pas encore des savans de l'Europe.

Combien de sciences et d'arts nous sont venus des peuples civilisés, et même des sauvages, dont nous nous sommes approprié l'invention! Combien d'autres plus utiles avons-nous persécutés et rejetés, parce qu'il y allait de l'intérêt de nos docteurs!

Ce que je dis ici sur ces diversités d'opinions, c'est pour nous mettre en méfiance des nôtres; car une erreur peut bien s'introduire comme une vérité, et une vérité être présentée comme une erreur, par l'influence d'un corps ou d'un grand nom. Les hommes sont comme les enfans; ils n'observent rien par eux-mêmes, ils adoptent tout sur la foi d'autrui. Mais quand on leur a mis une opinion dans la tête, et qu'elle leur fait entrevoir, pour leur propre personne, de la considération, des honneurs, des richesses, alors leur cœur en est enivré; l'absurdité devient pour eux évidence, et l'évidence absurdité; ils en font le mobile de leur vie, quand il devrait s'ensuivre la ruine du genre humain. Je voudrais donc que dans les écoles, où l'on présente à nos élèves des traités de doctrines irréfragables, on leur lût, à la fin de leur cours, un traité d'objections contre ces mêmes doctrines : ils seraient fort surpris alors de douter de ce qu'ils avaient cru indubitable, et de croire ce qu'ils jugeaient impossible. Ils tireraient au moins de leurs études ce fruit divin de la concorde, la tolérance.

Le système dont je vais vous entretenir est d'un Français; il me paraît si simple, si vraisemblable, si conforme à mon expérience, que j'y rapporte, autant que je le puis, les principes de ma navigation; et c'est ce qui m'attire des disputes fréquentes avec notre capitaine et les passagers, quoique je puisse vous assurer qu'ils ne comprennent pas plus les idées de Newton que celles de l'auteur de la nouvelle théorie.

Mais avant de parler de l'attraction, qui a fait tant d'honneur à Newton, il faut vous dire qu'il y a long-temps que cette opinion est connue; elle l'était avant Plutarque. Il est assez curieux de connaître les objections par lesquelles ce sage philosophe prétendait la réfuter. On les trouve dans son livre intitulé, *de la Face qui apparaît dans le rond de la lune*; « Certains philosophes, dit-il, ne tiennent-
» ils pas qu'il y a des antipodes qui habitent à l'op-
» posite l'un de l'autre, attachez de tous costez à
» la terre, mettant dessus ce qui est dessoubs, et
» dessoubs ce qui est dessus, comme si c'estoient
» des artisons ou des chats qui s'attachassent à
» belles griffes? Ne veulent-ils pas que nous mes-
» mes soyons posez sur la terre, non pas à plomb
» et à angles droicts, mais penchans à costé, com-
» me font ceulx qui sont yvres? Ne font-ils pas ces
» comptes, que s'il y avoit des fardeaux de mille
» quintaux qui tombassent dedans la profondeur
» de la terre, que quand ils seroient arrivez au
» centre du milieu, ils s'arresteroient sans que rien
» les sousteint ny leur vînt au-devant; et si d'ad-
» venture tombans à force, ils oultre-passoient le
» milieu, ils s'en retourneroient et rebourseroient
» de rechef en arrière d'eulx-mêmes?... Ne sup-
» posent-ils pas que si un torrent impétueux d'eau
» coulait contre bas, et qu'il rencontrast le poinct
» du milieu, lequel ils tiennent estre incorporel,
» il s'amasseroit tournant en rond, tout alentour,
» demourant suspendu d'une suspension perpé-
» tuelle et sans fin?.... Aiants doncques sur leurs
» espaules, et trainnans après eulx, je ne dis pas
» la besasse, mais la gibecière d'un triacleur, et
» bougette d'un joueur de passe-passe, pleine de
» tant d'absurditez, ils disent néanmoins que les
» autres errent, quand ils mettent la lune, qu'ils
» disent estre terre, en hault, et non pas là où est
» le milieu du monde. ¹ »

C'était à propos de la lune que le bon Plutarque

¹ Traduction de Plutarque, par Amyot.

disait ces injures aux stoïciens; il faut avouer qu'elles n'étaient pas fondées, et de toutes manières il ne devait pas se les permettre; mais il était élevé à la façon de nos écoles. Qu'aurait-il donc dit aux newtoniens de nos jours, qui ont fait de cette opinion une loi imperturbable qui gouverne l'univers? Ils en dérivent non-seulement les lois qui ont formé les astres et qui en règlent les mouvemens, mais celles qui donnent aux végétaux et aux animaux l'existence, des formes si variées, des instincts si divers, des passions si opposées. Enfin, ils en tirent l'homme même, doué d'intelligence, des sentimens de la gloire et de la vertu, et le mettent debout en équilibre sur deux jambes, comme un globe entre deux attractions. Ainsi ils tirent tout de la matière, qui se gouverne seule, et ne laissent plus rien faire à Dieu, qui cependant, suivant les stoïciens, avait fait les attractions incorporelles.

Mais voyons comment Newton avait conçu cette force, ce premier mobile du monde. Selon lui, c'était l'ouvrage d'un être infiniment intelligent et puissant, dont il ne prononçait jamais le nom sans l'accompagner d'un témoignage extérieur de respect : c'est par elle que le soleil attire sans cesse notre terre vers lui. Il appelait aussi cette force centripète; mais comme cette tendance au centre ne tarderait pas à joindre notre planète au soleil, il imagina une seconde puissance, qu'il appelait force de projection. Celle-ci l'en éloigne sans cesse, en poussant toujours la planète en ligne droite. Il regardait notre globe à peu près comme une bombe qui, chassée à la fois par la poudre à canon et attirée par la terre, décrit dans sa route une parabole. De même la terre, mue par ces deux puissances toujours en activité, l'attraction et la projection, décrit une ellipse autour du soleil. L'auteur du nouveau système nie d'abord la force de projection : si elle existe dans le ciel, dit-il, elle doit être commune à tous les globes, non-seulement à ceux des planètes, mais à celui du soleil; ils doivent parcourir tous ensemble des lignes parallèles, et tomber tous d'une chute commune. Or, c'est ce qui n'est pas : le soleil est immobile au centre, et les planètes sont en mouvement autour de lui. Il y a plus, les planètes en sont à différentes distances; il y en a de petites, de grosses et de moyennes, sans qu'elles règlent leur rang sur leur grosseur : c'est, disent les astronomes, qu'elles le règlent par leur poids. Il y en a de grandes qui sont plus près du soleil, parce qu'elles sont plus légères; et de petites qui en sont plus loin, parce qu'elles sont pesantes. Ils portent ce raisonnement jusqu'à vous dire le poids précis de chaque planète, mais c'est une pétition de principe et un cercle vicieux. Newton a très-bien senti le doigt de Dieu dans ce mouvement de projection, dirigé en ligne droite, qui, se combinant avec l'attraction solaire, les force d'aller toujours en avant, et de revenir sans cesse en arrière, en traçant un cercle. Mais où est le foyer de cette force d'impulsion qui agit sur les planètes et n'agit pas sur le soleil ? C'est ce qu'il n'a pas expliqué.

Pour la force d'attraction, l'auteur français l'adopte, parce qu'il en suppose le foyer dans le soleil, et qu'il en voit des exemples à la surface de la terre, par la chute des corps qui se dirigent vers son centre. Quant à celle que les astronomes attribuent à la lune sur notre Océan, et dont ils dérivent les marées, il la nie entièrement. Il prouve d'abord, d'après les propres calculs des newtoniens, que la lune n'ayant qu'une sphère d'attraction de 5,000 lieues, ne peut en étendre l'influence sur notre Océan, qui en est à plus de 80,000 lieues de distance; que si cette influence avait lieu, elle attirerait aussi l'atmosphère de la terre, qui en est plus près, et qui est un élément plus léger, plus fluide, plus élastique que l'eau; que lorsque la lune passe au méridien, et qu'elle soulève la mer, seulement de huit pieds de hauteur, on verrait en même temps, aux mêmes lieux, l'atmosphère s'élever d'un quart de sa hauteur; parce que, comme la physique nous l'apprend, une colonne d'eau de trente-deux pieds de hauteur est en équilibre avec la hauteur de l'atmosphère et avec vingt-huit pouces de mercure : il arriverait encore que le mercure de nos baromètres obéirait à cette subite ascension de l'air, en s'élevant dans leurs tubes jusqu'à trente-cinq pouces, comme il y descend jusqu'à vingt et un sur les hautes montagnes, où l'air qui les couvre est moins élevé, plus raréfié, et par conséquent moins pesant que sur les bords de l'eau. Voilà, dis-je au pilote, des objections d'une grande force; mais permettez-moi de vous représenter que les astronomes entendent peut-être que c'est la terre qui presse son océan contre la lune; car ils se servent indifféremment des noms d'attraction et de gravitation. Le pilote me répondit : Quoique cette manière d'exprimer la même idée par deux mots qui ont deux sens contraires ne soit point du tout philosophique, les astronomes n'en expliqueraient pas mieux leur système lunaire des marées; car, selon eux, l'attraction ou gravitation de la lune n'a que 5,000 lieues d'étendue; et comment pourrait-elle l'exercer sur un océan qui en est à plus de 80,000, sans agir sur son atmosphère? Comment peut-elle nous donner une marée dans l'océan Atlantique, lorsqu'elle gravite, ou qu'elle

## SUR LA THÉORIE DE L'UNIVERS.

attire la mer du Sud, à notre nadir? Comment tant de contradictions, que Newton lui-même a bien senties, lorsqu'il a avoué qu'il y avait dans le système des marées une cause encore inconnue? Mais notre Français va encore plus loin. Il prouve que d'attraction n'agit que de globe à globe; que, par exemple, un astre ne peut attirer les objets qui sont à la surface d'une planète, sans quoi tout serait en confusion dans les cieux. Le soleil, qui attire tous les corps planétaires à des distances réglées par une sagesse divine, en détacherait aisément tous les corps, qui n'y tiennent que par une attraction secondaire. Nous ne verrions qu'anneaux, satellites, océans, atmosphères, détachées du sein des planètes, cédant à la puissance paternelle du soleil, qui les attire elles-mêmes; on les verrait traverser les cieux, et circuler sans fonctions autour du roi de notre univers. La lune qui, dit-on, s'occupe depuis tant de siècles à soulever des mers, serait enlevée elle-même de son orbite. La bienfaitrice de notre terre, la souveraine de nos nuits, l'épouse du soleil, n'en deviendrait plus qu'une esclave inutile, perdue dans une cour de lumière et de splendeur. Mais voici une expérience qui détruit toute attraction lunaire à la surface de notre terre. Si on suspend une balance romaine, dont le lévier soit en équilibre avec un petit poids, et qu'on l'expose à la lune, il est certain que, quand elle passera au méridien de la balance, elle doit agir avec plus de force sur le lévier que sur le poids: elle en rompra donc l'équilibre, comme on suppose qu'elle le rompt sur les flots de la mer. Or, c'est ce qui n'arrive pas. Cette expérience a été tentée à Londres, et depuis peu en France, mais fort inutilement.

Il convient au reste que la lune exerce une légère influence sur l'Océan, non par son attraction, mais par la chaleur qu'elle réfléchit, avec la lumière du soleil, sur les océans de glace qui couvrent les pôles du monde. Quant aux suppositions admises depuis peu, par quelques astronomes, que la lune, en parcourant son orbite, tourne sur son axe et découvre son autre hémisphère, il s'en rapporte aux voyageurs qui ont fait le tour du monde, s'ils ont jamais vu la face opposée de la lune. Pour ceux qui ajoutent à cette idée qu'elle nous jette des pierres, au moyen des volcans qui ont des foyers de 5,000 lieues d'explosion, il leur oppose la faiblesse des nôtres, qui peuvent en lancer seulement à deux lieues, quoique notre globe soit quatre fois plus gros.

Après avoir nettoyé, si je puis dire, les champs de l'astronomie, obstrués par l'ignorance, les préjugés et la contradiction, l'auteur regarde le soleil comme principe de tout mouvement dans son système planétaire. Il considère cet astre, qui en occupe le centre, comme le premier agent visible de la nature, quoiqu'il soit rempli de facultés qui nous sont inconnues. Il ne s'arrête qu'à une seule, celle de sa lumière; mais que de merveilles y sont renfermées, qu'on ne peut exprimer dans aucune langue! Est-ce un esprit ou une matière? Elle se manifeste à nos yeux de telle manière, qu'elle nous fait tout voir, et qu'elle-même ne peut être vue. Nous apercevons l'endroit d'où elle part, et où souvent elle nous éblouit; nous ne voyons bien que celui où elle arrive. Un rayon parti du soleil, qui éclaire le fond d'une forêt à travers le feuillage; une gerbe de sa lumière qui se réfléchit sur le disque de la lune, sont invisibles dans le vaste espace du ciel qu'ils traversent. La lumière parcourt l'horizon avec la rapidité de la foudre. Elle paraît blanche sur les planètes qu'elle éclaire; mais quand elle traverse notre atmosphère, elle teint d'une couleur d'or les objets qu'elle frappe. C'est un élément qui remplit l'univers; et l'on ne peut ni en séparer, ni en renfermer la moindre parcelle dans un vase. Elle est si légère, qu'elle n'agite pas même dans sa course rapide la plus petite feuille sur laquelle elle s'arrête. La furie des ouragans ne saurait l'ébranler, ni les eaux les plus corrompues la salir, ni l'éteindre : mais vient-elle à rencontrer quelque nuage pluvieux, cet élément impalpable et invisible s'y réfléchit en trois couleurs éclatantes, le jaune, le rouge et le bleu. Le premier type d'une trinité apparut dans une goutte d'eau. Ce mystère fut sans doute connu des Égyptiens et de Platon; ils en firent le symbole de la Divinité, sous la forme d'un cercle renfermant un triangle équilatéral. Ces trois couleurs primitives engendrent entre elles, dans le même ordre et par consonnance, trois couleurs intermédiaires qui sont: l'orangé, entre le jaune et le rouge; le pourpre, entre le rouge et le bleu; le vert, entre le bleu et le jaune : ainsi elles forment une sphère de six couleurs. Newton, en les observant dans le prisme, y en ajoute une septième, le violet, qui n'est évidemment qu'une teinte de pourpre où le bleu domine; et il les appelle toutes primitives, quoiqu'il n'y en ait réellement que trois : le jaune, le rouge et le bleu. C'est d'elles seules que dérivent l'orangé, le pourpre et le vert, que mon auteur appelle intermédiaires. En joignant à chacune d'elles la couleur de la lumière qui est le blanc, on en peut former une infinité de nuances brillantes qu'il appelle positives; et en y mêlant du noir qui en est la privation, on en forme des teintes sombres qu'il nomme négatives. Toute la magie de la peinture naît de l'harmonie de ces couleurs et de celle de la lumière et des ombres. Au reste, dit-il, si Newton est le premier philosophe qui ait découvert que la lumière se décomposait en couleurs, quoique la chose fût évidente depuis long-temps dans l'arc-en-ciel, il est excusable de s'être trompé dans son calcul, en admettant sept rayons de couleurs, lorsqu'il n'y en a que trois. Les sciences sont des mines, dont la première exploitation est toujours difficile et de peu de rapport. Il est digne d'un grand génie d'avoir osé, avec l'instrument humain du prisme, exploiter une mine céleste. Notre auteur cherche dans la nature des moyens plus sûrs et plus étendus d'analyser la lumière : nous allons en voir sortir une suite de merveilles.

Il a donc employé un instrument plus savant que le prisme, pour analyser les prodiges de la lumière ; c'est l'œil. Supposez, dit-il, qu'un horizon soit bien visible du centre à la circonférence, quand il a seulement une lieue de diamètre; comptez ensuite combien il y a de ces horizons sur le globe, quand le soleil éclaire la moitié de sa surface : vous en trouverez environ un million et demi, dont chacun représente un paysage particulier de terres, de montagnes, de vallées, de forêts, de prairies, de rochers, de fleuves, de mers; leurs cieux sont encore plus variés par les nuages, la sérénité, les pluies, les orages. Mais bornons-nous aux simples effets de la lumière; il n'y en a pas un qui ressemble à l'autre. Vous pourrez au moins quadrupler les aspects de votre sol dans le même jour, en vous tournant du matin au soir, à l'orient, au midi, à l'occident et au nord; ce qui étendra à six millions au moins les harmonies journalières de la lumière et des ombres dans tous ces horizons. Vous pourrez porter ce calcul bien plus loin, en les multipliant par les trois cent soixante-cinq jours de l'année; car chaque jour a sa physionomie, qu'il imprime à chaque horizon qu'il éclaire. Voilà pourquoi tant de gens trouvent tant de plaisir à voyager : ce sont les harmonies innombrables et successives de la lumière et des ombres qui les réjouissent, quoiqu'ils en ignorent la cause.

La nuit vient : la nature offre à votre vue des jouissances encore plus merveilleuses. Vous n'apercevez plus la terre; mais les distances incalculables des étoiles, le nombre infini de celles qui remplissent la voie lactée, comme un sable lumineux, une partie des planètes et des brillantes constellations, enfin, la moitié du ciel visible, viennent sans confusion se peindre sur notre rétine, qui n'a que quelques lignes de diamètre. Est-ce l'attraction qui a opéré ces miracles? Les astronomes qui la regardent comme la loi unique des astres, lesquels sont si éloignés de nous, expliquent leurs mouvemens inconcevables par des moyens mécaniques, mais jamais ils n'ont osé expliquer le phénomène de la vision, qui est si proche de nous, et qui a une cause si éloignée.

Notre Français a remarqué d'abord que les rayons du soleil, qui font tout voir, n'étaient point visibles dans leur cours; il observe maintenant que quoiqu'ils animent toute la nature, ils n'ont point de chaleur; il le prouve par la physique. Si l'on monte, dit-il, sur le sommet d'une montagne, haute seulement d'une lieue et demie, dans le sein même de la zone torride, fût-ce à l'heure de midi, on le trouvera couvert de glace et de neige à plus de six cents toises de hauteur. Cet effet a lieu sur le mont Taurus, le pic de Ténériffe, et dans toutes les parties du globe. L'air, à cette élévation, n'est plus respirable; aussi des chimistes habiles prétendent-ils qu'en tous temps on pourrait faire de la glace dans la machine pneumatique, par la seule privation de l'air. Des anciens non moins savans définissaient l'air, la nourriture du feu, *aer pabulum ignis*. Sans son atmosphère, notre terre ne serait qu'un globe de glace, quoique tout étincelant des rayons du soleil. Ainsi Newton, dans son calcul, s'est encore trompé, en disant d'une comète qui avait passé près du soleil, qu'elle avait éprouvé une chaleur deux mille fois plus forte que le fer rouge à blanc. Si elle n'avait pas d'atmosphère, il est certain qu'elle n'a pas plus senti l'effet de sa chaleur que notre pôle au mois de janvier; et il est probable que si elle en avait eu une, elle se fût dilatée avec son océan; et alongée en forme de queue transparente, à quelques centaines de mille lieues derrière elle, comme celles de nos comètes. Ainsi la chaleur solaire se fût éloignée d'elle avec l'air qui la produit. Ce qui me confirme dans cette opinion, c'est que j'ai vu une comète dont la queue, prodigieusement longue, était détachée par un cercle lumineux très-visible et éclatant du corps même de l'astre, qui, certes, n'avait point l'apparence de brûler. Ce qui m'étonna le plus, c'est qu'il traînait une queue à laquelle les astronomes attribuaient des millions de lieues de longueur, et une vitesse de 650,000 lieues par jour, sans qu'il s'en détachât la moindre partie : fait qui est en contradiction avec leurs nouveaux principes, que la lune, qui attire notre océan, ne peut, à cause de leur légèreté, attirer notre atmosphère ni nos nuages; comme si d'ailleurs on ne voyait pas la terre attirer à la fois son océan et son atmosphère, malgré la prétendue légèreté de cette dernière. Cependant, ils ont eux-mêmes coupé la racine de leur système, en bornant l'attraction de la lune à 5,000 lieues, puisque dès lors cette attraction ne peut plus s'étendre jusqu'à la terre. Ainsi les queues atmosphériques que les comètes traînent en arrière, les préservent de l'incendie que le soleil pourrait allumer par devant. Peut-être même cette queue est-elle double ou triple par les évaporations particulières de quelque méditerranée, qui se joignent à celles de leur océan. Telles sont les queues de quelques comètes qu'on appelle flamboyantes. Ainsi, l'Auteur de la nature a disposé, pour la conservation de ses ouvrages, jusqu'aux signes que l'ignorance et la superstition annonçaient aux peuples comme des preuves de sa colère.

Ce système d'harmonie avec le soleil est bien autrement sensible sur la terre. Elle a trois élémens qui sont en rapports admirables avec lui : l'air, l'eau et le globe. Jetons un coup d'œil sur ces rapports pour développer ceux de la lumière D'abord c'est à l'air que le soleil doit sa chaleur; l'air est le premier mobile de la terre. Son second mobile est l'eau. L'état naturel de l'eau est d'être en glace; mais, par la médiation de l'atmosphère, les rayons du soleil en fondent une partie en eaux fluides dont se forme l'océan, et en évaporent une autre que les vents dispersent en nuages sur les continens où les sommets des montagnes les attirent, là elles se résolvent en pluies douces qui en découlent en ruisseaux. Ces ruisseaux forment des rivières, et les rivières des fleuves qui se déchargent dans les mers, d'où, dans l'origine, ils s'étaient élevés sous la forme de vapeurs. Ainsi les rayons du soleil, par la médiation de l'air, de la chaleur et de l'eau, sont la source de tous les mouvemens, même de celui du globe, comme nous le verrons bientôt. Quant à l'action de la lumière, il suppose qu'elle produit sur la terre un grand nombre de faits qui y sont inconnus; mais il regarde comme évident celui de la formation des mines, qui y ont tant de rapports par leur éclat avec les lumières solaires reflétées des planètes, dont elles portent les noms dans la plus haute antiquité. La chose paraît certaine pour la formation de l'or, dont on ne trouve guère de mines que dans les zones torrides, ou dans des lieux qui l'ont été autrefois. L'or semble par sa divisibilité à l'infini, son incorruptibilité, son éclat, une lumière consolidée, comme les rayons du soleil nous paraissent un or volatilisé. Il est encore remarquable que ce riche métal est le premier agent de la société humaine, comme le soleil est celui des harmonies de ce monde. Mais voyez quelle influence cet astre exerce! Il fait circuler la séve des végétaux, il fait éclore les fleurs et en féconde les fruits; il leur distribue les couleurs, les parfums, les saveurs qui les distinguent à nos sens; et si dans les repas nous sommes tout à coup ranimés par le vin, c'est que nous buvons des rayons de soleil. Voyez quel est son empire sur les animaux : il anime et fixe les temps de leurs amours, de leurs générations et de leurs naissances. Le soleil est l'astre de la vie : un nuage voile-t-il sa lumière, la tristesse se répand sur la terre; disparaît-il lui-même à la fin du jour, tout languit : la nuit étend un crêpe noir dans les cieux; l'atmosphère se refroidit; les évaporations fécondantes de l'Océan se ralentissent; la séve arrête sa circulation dans la plupart des végétaux; plusieurs ferment leurs feuilles; un sommeil universel, image de la mort, s'empare de tous les animaux excepté de ceux de la nuit. Le soleil passe-t-il d'un hémisphère dans l'autre, celui qu'il abandonne est frappé de langueur; l'air le plus serein y devient mortel par sa froideur; les fleuves enchaînés par les glaces s'arrêtent; les forêts, dépouillées de leur feuillage, sont sans cesse battues par les vents; la plupart des animaux qui les habitent vont chercher de plus doux climats; les domestiques seuls restent, mais ne vivent que sous la protection de l'homme : lui seul est tranquille parmi tous ces enfans de la nature, orphelins de l'astre qui en est le père. Il y a plus; l'hiver est pour l'homme la saison des jouissances : à l'aide d'un miroir concave, ou par le simple frottement, il dégage en quelques heures, du tronc des arbres, les rayons de soleil que des siècles y avaient enchaînés. A la faveur de l'air, ils sortent en flammes pétillantes des énormes cylindres où ils étaient renfermés, et se dirigent vers le ciel, comme s'ils voulaient retourner au lieu d'où ils tirent leur origine. L'homme est le seul des êtres animés qui produise à sa volonté le feu artificiel, et qui en fasse usage. Le feu est entre ses mains le premier agent de son industrie et de ses plaisirs, comme le soleil lui-même est entre les mains de Dieu le premier agent de la nature.

Je n'ai parlé que de quelques qualités de sa lumière. Sans doute elle en a encore d'autres qui nous sont inconnues. Par exemple, en venant du soleil à nous, elle s'épanouit en éventail, de sorte qu'un rayon d'un pied de largeur couvre plusieurs arpens en arrivant sur notre terre; mais quand il parvient jusqu'à Herschell, il en doit couvrir des lieues carrées. Nous voyons ici le soleil sous un angle d'un demi-degré ou de 30 minutes; et les habitans d'Herschell ne l'aperçoivent que sous un angle de 2 minutes et demie : on en doit conclure que l'Auteur de la nature a multiplié les atmosphères, les lunes, les doubles anneaux, aux planètes, à proportion de leur distance du soleil, et selon que la lumière de cet astre y est plus faible que sur notre terre; et qu'il en a privé celles qui en sont plus voisines, où sa lumière est beaucoup plus forte. On peut aussi voir que les productions de Mercure et de Vénus, qui sont dans la zone torride du ciel, doivent être plus précieuses que celles des planètes qui sont dans sa zone tempérée ou glaciale; comme celles de l'Inde l'emportent sur celles de nos zones qui sont au-delà de nos tropiques. Je pense donc que si nous savons si peu de choses du soleil, c'est que nous ne le considérons que par l'extrémité déjà affaiblie des cônes lumineux de sa lumière; au lieu que si un habitant du soleil observait les planètes, du soleil même, il les verrait avec toute la force de ses rayons. Je les compare à des lunettes d'approche : les habitans des planètes considèrent cet astre par l'extrémité qui éloigne et diminue les objets; ceux du soleil, par celle qui les rapproche et les grossit. Comment! dis-je au pilote, vous croyez que le soleil a des habitans? C'est l'opinion du Français dont je vous ai parlé. Il lui paraît probable que Dieu, qui a fait de cet astre un des trésors de ses bienfaits, y a placé aussi des ministres de sa bonté. Il pense qu'il y a même des esprits intelligens qui comprennent le langage télégraphique des planètes, où nos astronomes ne calculent que des ascensions et des descensions. Il suppose qu'ils sont de la nature de la lumière, tantôt invisibles comme elle, voyageant à la faveur de ses rayons chez des êtres qu'ils fortifient par des inspirations sublimes; tantôt visibles à volonté, revêtus de couleurs irisées, et se manifestant tout à coup à leurs yeux. N'est-ce pas de cet astre éclatant que l'homme a tiré les principaux symboles de sa gloire et de ses religions? Pourquoi Dieu, qui en fait une source de tous biens, n'y aurait-il pas mis les récompenses de la vertu? Nous naissons sur ce petit globe ténébreux dans une ignorance imbécile, d'où nous ne sortons souvent que pour nous plonger dans des erreurs redoutables, lorsque nous nous écartons de la nature; mais dans cet astre, d'où découle par torrens la lumière, que Pythagore appelait le char des ames, et Platon le voile de la divinité, que de merveilles ineffables sont renfermées!

Vous me remplissez de ravissement et d'admiration, dis-je au pilote, malgré l'ignorance et les erreurs dont mon éducation, d'ailleurs assez bonne, avait fasciné mon jugement. A la vérité, je ne croyais plus ce que dit Homère, que le soleil est un dieu monté sur un char attelé de quatre chevaux, qui va tous les soirs se coucher dans les bras de Téthys. Je ne croyais pas davantage l'historien Tacite, qui assure dans son *Traité des Mœurs des Germains*, qu'on entendait tous les soirs, dans le nord de l'Allemagne, le bruit de ses roues flamboyantes, lorsqu'elles venaient à se plonger dans la mer. Depuis que j'ai été en Russie, j'ai appris que ce pétillement qu'on entend dans les airs, ainsi que les flammes de toutes couleurs qui s'agitent dans les cieux durant les soirées d'hiver, sont des effets des aurores boréales. A la vérité, je ne sais pas trop ce que c'est, et pourquoi elles sont de plusieurs couleurs au nord, tandis que les aurores australes ne sont qu'azurées au pôle sud, suivant le témoignage du capitaine Rogers. Enfin l'on m'a enseigné dans le cours de mes études, que le soleil circulait d'abord autour de notre terre, en faisant 150 millions de lieues par jour; et l'on me citait les autorités les plus respectables à l'appui de cette opinion, et le témoignage de nos yeux. Mais Copernic et Galilée ayant, par d'autres preuves plus évidentes, démontré que la terre et toutes les planètes tournaient autour du soleil, Newton vint, et nous démontra un peu confusément quelques lois de l'attraction que cet astre exerce sur ces corps. Des savans illustres prétendirent que ce globe lumineux n'était qu'une fournaise. Des observateurs crurent y voir des écumes flottantes, dont quelques-unes étaient plus grandes que la terre. Quelques astronomes conclurent de leur mouvement la rotation du soleil sur ses pôles; ce qui était comme si l'un d'eux, placé dans la lune, et voyant nos glaces du nord descendre au midi, en eût conclu la rotation de la terre du nord au sud. Enfin, un autre savant, célèbre par son éloquence et ses grands travaux, prétendit que la terre, dans son origine, n'était qu'une de ces écumes détachée par hasard du soleil, et qui s'en était d'abord écartée par l'impulsion qu'elle avait reçue de la queue d'une comète; puis s'était arrondie en tournant sur elle-même par la force d'attraction ou centripète qu'elle avait reçue du soleil. Ce système mécanique séduisit la plupart des académies. On en conclut que la terre, sortie d'une fournaise de verre, devait être aplatie sur ses pôles. Plusieurs académiciens furent envoyés à l'équateur pour en mesurer des degrés, et quoiqu'ils en rapportassent tous des mesures différentes, ils ne laissèrent pas de confirmer la théorie de Newton, et de l'étendre à tout l'univers. Mais que d'objections cependant il y avait à faire! D'abord le véridique Bayle avait rapporté dans son Dictionnaire l'expérience d'un habile physicien qui, dans le repos de son cabinet, avait inutilement essayé de mettre en équilibre une petite balle de fer entre plusieurs aimans. Comment pouvait-on supposer que le hasard eût mis en équilibre tant de corps célestes, dont les uns sont fixes et les autres mobiles autour de ceux-ci, sans qu'aucun se dérangeât depuis une multitude de siècles? Comment avait-on pu imaginer que la terre, dans un état de mollesse et de rotation, se fût aplatie sur ses pôles, tandis que le soleil, d'où on supposait qu'elle était sortie, et qui tourne comme elle sans s'être refroidi, a conservé une parfaite rondeur? D'où pouvaient venir les élémens que nous voyons sur la terre et dont la plupart sont si étrangers à l'action du feu? Y a-t-il donc de l'air et de l'eau, des végétaux, des animaux dans le soleil? Enfin Herschell vint, et ayant perfectionné le télescope, au point de grossir les objets célestes plus de quatre cents fois au-delà de celui de Newton, il vit que le soleil était un corps solide, composé de montagnes de plus de 100 lieues de hauteur et de 150 lieues de longueur, entouré d'une atmosphère de lumière ondoyante de 1,500 lieues de profondeur, qui s'entr'ouvre de temps en temps, et laisse apercevoir un disque dont l'œil ne peut soutenir l'éclat. Au reste, il est persuadé que le feu du soleil ne brûle pas, et que cet astre est habitable; et quant à moi, j'en suis convaincu par les effets de sa lumière sur les sommets toujours glacés de nos hautes montagnes. Herschell, après avoir fait de si savantes et de si consolantes observations sur l'astre qui verse la lumière, en a fait d'aussi intéressantes sur les planètes qui la reçoivent. Il a découvert celle qui en est la plus éloignée, entourée de doubles anneaux et de satellites réverbérans; il méritait de lui donner son nom, que sans doute la justice de la postérité lui conservera.

Mais croyez-vous, lui dis-je, que les Lapons eussent découvert cette planète avant lui, et qu'ils lui eussent donné un nom? L'air de la Laponie est si pur, son ciel si serein, son sol est si élevé, que je crois la chose possible. Ils peuvent avoir été aidés par la réfraction de quelques rochers de glace. La plupart des découvertes doivent leur origine à des sauvages.

Je suis charmé, reprit-il, de l'intérêt que vous prenez à ce que je vous dis; mais le sujet qui nous occupe est immense; n'en sortons point, et parlons maintenant des secondes causes de la lumière, telles que celle de la lune: et ensuite nous nous occuperons de leurs effets réunis sur le globe.

La lumière de la lune est une réflexion de celle du soleil; elle participe de ses qualités dans des proportions qui ne sont pas encore bien connues, faute d'avoir été bien étudiées. Pline le naturaliste avait déjà remarqué, d'après les observations des anciens, qu'elle augmentait par sa chaleur la fonte des neiges. Un professeur de physique de Rome, il y a quelques années, ayant mis deux vases pleins d'eau, l'un à la clarté de la lune et l'autre à l'ombre, l'eau s'évapora beaucoup plus vite dans le premier que dans le second. La même expérience fut répétée à Paris par un autre professeur, et elle eut le même résultat. Cette expérience ne produisit aucun effet sur l'opinion des savans, qui croyaient alors que la lune n'avait aucune chaleur, d'après une expérience faite en hiver avec un miroir ardent par une nuit très-froide. Mais un témoignage positif et si facile à invoquer est préférable à cent témoignages négatifs, résultant d'une expérience faite avec une machine très-coûteuse. Toute machine est suspecte dans l'étude de la nature. Le prisme de Newton lui montre sept rayons de couleurs primitives dans la décomposition de la lumière; la nature n'en montre que trois de primitives, entremêlées de trois autres intermédiaires. Pour moi, il me semble que la lune doit avoir une chaleur qui résulte des rayons mêmes du soleil qu'elle nous réfléchit. Je n'en voudrais pas d'autre témoignage que le sens commun et l'usage qu'en fait la Providence; elle la fait passer dans l'hémisphère que le soleil abandonne, comme pour le dédommager de son absence: quand il est au tropique du Capricorne, elle est à celui du Cancer. La lumière qu'elle nous renvoie est chaude; ce qui prouve d'abord qu'elle a une atmosphère, sans laquelle elle n'aurait point de volcans qui ont besoin d'air, ni même de mers, second aliment des volcans. Sa lumière réfléchie n'a pas autant de chaleur que les rayons directs qu'elle reçoit du soleil parce qu'elle en emploie une partie à son usage. C'est ainsi que sur la terre ils s'incorporent avec les métaux, les forêts, d'où ils sont dégagés par la combustion et par la corruption même qui fait apparaître tant de lueurs phosphoriques. Notre auteur a cherché à connaître quels rapports il pouvait y avoir entre la lumière du soleil et celle de la lune. Il s'est adressé d'abord à des mathématiciens, mais fort inutilement. Un d'eux seulement avait fait une expérience avec des verres de vitre, traversés par un rayon de soleil; mais il en avait employé une si grande quantité, qu'il n'en résulta qu'une conséquence absurde. Il l'a cependant publiée, parce qu'un peu de calcul couvre les plus grandes erreurs. Il eut ensuite recours à de célèbres peintres, qui ont fait plusieurs fois des clairs de lune d'un effet magique. Mais les grands artistes ne raisonnent guère; ils ne savent que sentir: l'idée même de cette comparaison ne leur était jamais venue. Il faut pourtant en excepter le fameux Vernet, qui imagina une échelle de couleurs sur du papier, pour fixer sur ses dessins les nuances fugitives des rayons du soleil couchant, en attendant qu'il les fixât à loisir sur la toile ; il parvint ainsi à faire des tableaux semblables à la nature. Enfin notre auteur, après avoir vu lui-même l'effet d'un clair de lune dans une chambre obscure, au moyen d'un petit trou percé dans un de ses volets, résolut d'étendre son expérience plus en grand : il observa sous son angle de quarante-cinq degrés, c'est-à-dire à une distance égale à sa hauteur, la façade des Tuileries éclairée la nuit par la pleine lune à son méridien. Il examina attentivement l'ombre de ses colonnes, de ses figures et même de ses moulures. Peu de jours après, il observa les mêmes objets éclairés par le soleil en plein midi, et il trouva qu'il fallait s'éloigner plus de douze fois la hauteur de ce monument pour le voir avec des effets à peu près semblables. Cette expérience, qu'il ne donne pas comme géométrique, lui fit d'autant plus de plaisir, qu'elle établit les mêmes proportions entre les lumières de ces deux astres, qu'entre la durée de leur cours particulier, et même qu'entre leurs distances. Par exemple le cours du soleil est d'un an, celui de la lune est environ d'un mois, qui en est la douzième partie. Le cours annuel du soleil est divisé en quatre époques, qui nous donnent quatre saisons par an : l'équinoxe du printemps, le solstice d'été, l'équinoxe d'automne et le solstice d'hiver ; le cours de la lune est divisé tous les mois en quatre temps différens : la nouvelle lune, le premier quartier, la pleine lune et le décours. La principale action du soleil est à l'équinoxe du printemps et du solstice d'été ; ce qu'il attribue, avec beaucoup de vraisemblance, à ce que, vers ces époques, l'atmosphère, rafraîchie par l'hiver, est plus dense, plus pure, et donne plus de chaleur à ses rayons. C'est par des raisons analogues que la lumière reflétée de la lune a plus d'action et plus de chaleur sur la terre lorsque cet astre est dans son plein, et que sa plus grande influence est à l'orient et au midi, parce que, durant son décours, sa propre atmosphère est renouvelée par l'absence du soleil. Il évalue la chaleur du soleil, entre les tropiques et au milieu de notre été, à 30 degrés du thermomètre de Réaumur, et à 60 lorsqu'elle est augmentée par les vents de la ligne, les reflets des sables, et autres causes réverbérantes ; il fixe celle de la lune, dans son plein, au douzième, c'est-à-dire à 2 degrés et demi, et à 5 lorsqu'il s'y joint des causes qui la multiplient. Au reste, il regarde cette suite considérable de montagnes lunaires, arrondies sur elles-mêmes, renfermant chacune une vallée ronde, au centre de laquelle est un monticule, et qui sont toutes plus grandes que des cratères de volcans, comme de véritables réverbères de la lumière du soleil dirigés tous vers la terre. Il en conclut qu'elle est plus pesante de ce côté-là, et qu'elle nous montre toujours la même face. Si elle tournait sur un axe, elle dérangerait tous ses foyers de lumière ; elle nous apparaîtrait souvent marbrée de toutes sortes de couleurs, comme dans ses éclipses ; au lieu que, quand nous la voyons dans son plein, dans un beau ciel, elle nous apparaît comme un miroir d'argent poli avec quelques ombres légères à sa surface, qui sont celles de ses montagnes réverbérantes. Au reste, il remarque que la lumière du soleil est beaucoup plus vivement réfléchie sur la terre par la lune que par la terre sur le disque de la lune, où à peine elle est sensible. Enfin, il cite les satellites de Jupiter, beaucoup plus lumineux que cet astre lui-même ; d'où il conclut que les satellites et leurs anneaux sont organisés pour réfléchir la lumière.

Quant aux effets particuliers de la lumière de la lune sur notre globe, il les évalue, comme je l'ai dit, à un douzième environ de ceux de la lumière du soleil. Cette proportion est sensible dans les couleurs irisées de ses couronnes, de ses arcs-en-ciel, et dans son influence sur l'atmosphère, dont elle dissipe souvent les nuages à son lever. Elle en affaiblit sensiblement les tempêtes ; elle change souvent la direction du vent quand elle est nouvelle ; elle augmente les marées, non en pesant sur l'Océan ou en l'attirant à elle, mais en agissant par sa douce chaleur sur les glaces du pôle, que le soleil met en fusion. Son effet en est encore plus sensible quand elle est nouvelle qu'il est pleine ; époques où sa lumière, comme nous l'avons vu, est plus active, et où sa chaleur, se joignant à celle du soleil, produit ce que nous appelons les grandes marées.

Quant à son action particulière sur le globe et ses productions, elle est variée comme celle du soleil : comme cet astre produit l'or dans les montagnes de la zone torride, la lumière de la lune engendre de même l'argent. L'auteur étend cette faculté de produire des métaux aux autres planètes. D'abord il observe qu'elles ont donné leurs noms à ceux qui nous sont connus : le soleil à l'or, la lune à l'argent, Mercure au vif-argent, Vénus au cuivre, Mars au fer, Saturne au plomb. Mais ce qu'il y a de très-remarquable, il observe que la valeur de ces métaux, parmi les hommes, est en raison composée de la distance de ces planètes au soleil, et de leur voisinage de la terre : il prend pour lieu de comparaison les grandes Indes, situées sous l'équateur, et il trouve que de notre temps l'or y vaut 1,200 fr. la livre ; l'argent un $12^e$, ou 100 fr., le vif-argent 6 fr., ou un 200ᵉ; le cuivre 2 fr., ou un 600ᵉ, le fer 10 sous, ou un 2,400ᵉ; le plomb 5 sous, ou un 4,800ᵉ.

Comme le soleil exerce un empire sur les grands végétaux, tels que les arbres, qu'il revêt chaque année d'un nouveau cylindre, la lune de même exerce une influence sur les petits, qui en portent l'empreinte tous les mois. Tels sont les roseaux, les herbes et toutes les plantes tubuleuses et bulbeuses, qui portent dans les nœuds de leurs tiges et les enveloppes de leurs racines ou de leurs ognons, le nombre des mois lunaires qu'elles ont végété. Il en est de même des animaux. Ceux qui ont le sang rouge et chaud sont sous l'empire du soleil; ils entrent en amours, et naissent la plupart aux quatre grandes époques de son cours, les deux équinoxes et les deux solstices, ou à l'année révolue. Les animaux qui ont le sang blanc et froid, tels que les poissons à arêtes, les coquillages, les insectes, naissent et font l'amour à des époques lunaires, telles que la nouvelle lune, le premier quartier, le plein et le décours, et le mois entier; ceux qui vivent au-delà en portent des marques inaltérables : les huîtres ont leurs coquilles sillonnées de portions de cercles horizontaux et protubérans, qu'elles ont ajoutés chaque mois les uns aux autres. Quoique l'empire de ces deux astres soit séparé par des lignes très-remarquables, toutefois ils paraissent souvent agir de concert et s'entr'aider. Mais c'est particulièrement dans l'espèce humaine que leur pouvoir se confond et se partage à la fois. Le soleil, aux quatre époques de l'année, fait sentir à l'homme sa puissance; c'est alors qu'il redouble en lui les facultés vitales; c'est alors qu'il l'appelle à de grands travaux : en mars au labour de la terre; en juin à la récolte de ses prés; en septembre à celle de ses moissons et de ses vergers; en décembre aux fatigues de la chasse et à l'exploitation des forêts. Ces temps sont aussi pour lui les temps de ses plus fortes amours.

Pour la lune, c'est sur la femme qu'elle exerce son pouvoir. Il semble que cet astre, qui répand ses influences sur les productions les plus aimables de la nature, les rassemble toutes sur le sexe qui est la fleur de la vie; elle verse sur les femmes la mélancolie attrayante et les doux caprices. Ce sont encore des périodes lunaires qui déterminent la fécondation : un mois la formation, trois mois le mouvement, neuf mois l'enfantement. Tendre Ilithye, elle distribue aux mères le lait nécessaire, et partageant avec elle les soins maternels, elle donne aux enfans, à des périodes réglées, la dentition, le marcher et le parler. Telles sont les facultés de la lumière du soleil et de celle de la lune.

Il faudrait des traités pour développer ce sujet. Je ne vous en présente ici qu'un aperçu; mais quelque faible qu'il soit, il nous découvre une infinité de vues. Ainsi, dans une campagne couverte de brouillards, où l'on ne distingue aucun objet, si un rayon de soleil vient à paraître, nous apercevons une multitude de colonnes de bruines et de nuages qui s'élèvent jusqu'aux extrémités de l'horizon.

Maintenant nous allons nous occuper des rapports de la lumière avec notre globe. Redoublez ici d'attention. Je vais vous développer une loi de la nature très-peu observée et bien faible en apparence, mais si commune qu'elle est universelle, et si puissante qu'elle donne à la terre son mouvement de rotation : c'est l'évaporation des mers mise en action par les rayons du soleil.

L'auteur de cette théorie suppose que la terre, dans son origine, était revêtue de tous les élémens qui étaient nécessaires à son développement. Elle était enveloppée d'une atmosphère, et couverte d'un océan qui s'élevait au-dessus de ses plus hautes montagnes. Cet océan était d'abord glacé, car l'état naturel de l'eau est d'être en glace quand elle n'éprouve point de chaleur. Il la compare à un œuf qui, n'ayant point encore joui de la chaleur maternelle, reste immobile, quoiqu'il renferme dans son sein les élémens d'un oiseau destiné à traverser les airs avec une rapidité supérieure à celle des vents. Ainsi gisait notre globe sans mouvement dans un ciel ténébreux; mais le soleil parut, lançant au loin les attractions, la lumière et la vie. La terre, attirée par ses influences paternelles, s'approcha de lui; elle lui présenta d'abord le côté le plus pesant de sa circonférence. Ce fut peut-être, à l'occident, la chaîne des Cordilières; ou peut-être, à l'orient, la chaîne des hautes montagnes de Java, de Bornéo et de la Nouvelle-Hollande, que nul mortel n'a encore franchies. Celles-ci, ainsi que les Indes orientales qui sont dans leur voisinage, paraissent avoir été visitées les premières des rayons du soleil, et jouir du droit d'aînesse par la richesse de leurs productions, supérieures en tout à celles des Indes occidentales. A peine la terre eut-elle senti, par la médiation de son atmosphère, la chaleur de l'astre du jour, que devenue plus légère dans celui de ses hémisphères dont le soleil avait fondu les glaces, et plus pesante dans celui qu'il n'échauffait pas encore, elle tourna sur elle-même et acheva sa première révolution. Ce fut alors que ses pôles s'affermirent par le poids des neiges et des glaces qui s'accumulaient sur eux; qu'il se forma autour d'elle un équateur et deux ceintures, l'une de mers fluides, l'autre de mers en évaporation, que les vents dilatés charriaient dans les airs en forme de montagnes semblables aux Alpes, et qu'ils allaient déposer en neiges épaisses et en glace dans les lieux privés du soleil. Ce fut alors enfin que ces deux hémisphères furent en équilibre. On peut se former une idée de cette immense évaporation, en considérant seulement celle que le soleil occasione chaque jour dans les zones torrides, dès qu'il est sur l'horizon, et que les vents transportent et déposent dans la partie qu'il n'éclaire pas. Il est certain que la moitié du globe, devenant plus légère par la chaleur du jour, en même tems que l'autre moitié devient plus pesante par la fraîcheur de la nuit, la terre doit tourner sur ses pôles; et comme elle avance toujours son occident, qui est plus pesant, vers le soleil, et qu'elle abaisse son orient, qu'il a rendu plus léger, elle tourne en sens opposé de son attraction ou de la force qui l'entraîne. Ainsi sa rotation est en équilibre avec son attraction; car si elle tournait dans le même sens, il n'est pas douteux qu'elle irait se précipiter dans le soleil.

La force de cette évaporation journalière de l'Océan est très-considérable dans la zone torride; c'est ce qu'on peut voir d'un coup d'œil à la grandeur de ses nuages, semblables aux montagnes des Cordilières, et qui se suivent dans la même direction par le moyen des vents alizés. Mais quelque transparente que soit son atmosphère d'azur, les vents viennent-ils à changer, dans l'instant les vapeurs invisibles qu'elle renfermait deviennent sensibles sous la forme de nuages qui l'obscurcissent. L'air même y est si humide en tout temps, qu'il rouille l'acier exposé à son action, et qu'on est obligé d'enfermer dans des malles doublées de fer-blanc, dont toutes les feuilles sont soudées, les étoffes d'or et d'argent qu'on envoie aux Indes ou qu'on en rapporte : sans cette précaution, elles seraient noircies par l'humidité qui y pénètre. Joignez à l'évaporation des deux zones torrides, celles des deux zones tempérées, et même d'une partie des glaciales; il est évident que le soleil agit à la fois sur près de la moitié du globe qu'il rend plus légère par sa présence. Mais comme les vapeurs qu'il a élevées retombent en même temps par le froid de la nuit sur l'hémisphère qu'il abandonne, il s'ensuit que la puissance de rotation en est doublée, un côté du globe devenant plus pesant lorsque l'autre devient plus léger. Ce mécanisme qui produit aussi les nuits à la suite des jours, est semblable à celui qui balance les pôles et qui nous donne tour à tour les saisons opposées : lorsque les glaces de l'un sont plus considérables, elles rapprochent son hémisphère du soleil et lui donnent l'été, tandis que l'autre qui s'en éloigne,

donne l'hiver au sien. Mais celui-ci, redevenant plus pesant à son tour, par les glaces que l'hiver y reproduit, et l'autre plus léger parce que l'été y a fondu une partie des siennes, ils y changent tour à tour de températures et de saisons, en se mettant en équilibre du nord au sud et du sud au nord, dans le cours de l'année. Il en est de même du mouvement de la terre d'occident en orient, qui nous donne successivement les jours et les nuits. Le côté que le soleil regarde étant toujours le plus léger, et le côté qui ne le voit pas étant toujours le plus pesant, il est nécessaire que le globe tourne sur lui-même.

L'auteur aurait pu, à l'aide de quelques formules algébriques, donner un air savant et mystérieux à ses principes; mais il regarde le calcul comme une science dangereuse, surtout si on l'applique aux lois de la nature; car si cette science part d'un principe faux, comme il lui arrive souvent, elle se termine à des erreurs incalculables, encore qu'elle soit très-régulière dans sa marche. Dieu seul connaît les premières causes de ses ouvrages; l'homme ne peut s'élever qu'à en apercevoir des effets et des résultats. L'auteur s'est donc borné à démontrer l'action perpétuelle de la lumière du soleil sur l'évaporation des mers, et à en conclure la rotation du globe. Il suppose qu'il roule sur lui-même à l'opposite du soleil, et il met sa rotation en équilibre avec l'attraction de cet astre. Ainsi, voilà la force d'impulsion, supposée si gratuitement par les newtoniens, remplacée par une force naturelle et sensible. Au reste, il croit que le globe étant rond, il peut tourner dans tous les sens. C'est un vaisseau céleste qui a sa proue et sa poupe dans toute sa circonférence. Il ne voit point de difficultés à croire à la tradition des prêtres de l'Égypte, qui apprirent à Hérodote que le soleil s'était levé deux fois à l'occident; ni aux annales de la Chine, qui assurent que cet astre fut vu cinquante jours de suite sans se coucher; d'où il s'ensuivit un déluge universel. Ceci suppose que la terre avait alors changé sa rotation; et qu'au lieu de tourner sur son équateur d'occident en orient, elle tourna sur un de ses méridiens du nord au sud. Alors les deux pôles se trouvant sous l'influence directe du soleil, les deux océans de glace qui les couvraient fondirent à la fois.

L'océan glacial est donc l'océan primitif. C'est de lui que dérivent, par l'action du soleil et de l'atmosphère, l'océan fluide, puis l'océan aérien, et enfin l'océan souterrain ; en tout, quatre océans.

Le premier, comme nous venons de le voir, est placé sur les pôles du monde et se divise en deux, qui, par leurs fontes et leur poids alternatif, nous donnent tour à tour l'été et l'hiver, en se rapprochant ou en s'éloignant du soleil. Cet océan est la source des mers ; il y en a des parties considérables dispersées sur les hautes montagnes, comme les Alpes, les Cordilières, les monts Taurus, Imaüs, et beaucoup d'autres. Ce sont là les sources de la plupart des rivières et des fleuves qui arrosent le continent.

L'océan fluide entoure toute la terre ; il est plus de deux fois plus grand qu'elle. Quoiqu'il soit salé, il nourrit une infinité d'animaux et même de plantes ; il diminue tous les siècles, comme nous le verrons.

L'océan aérien, quoique le moins visible, paraît le moins étendu ; c'est à lui qu'il faut rapporter tous les nuages qui parcourent l'atmosphère, et non-seulement la réparation journalière de l'océan glacial, et des glaces qui couvrent les hautes montagnes, mais l'entretien des fleuves et des rivières qui arrosent le globe, et celui des forêts, des prairies, des terres cultivées par la main des hommes. Les nuages qui parcourent l'atmosphère, les pluies et les neiges qu'ils versent sur la terre, ne suffisent pas pour en donner même un faible aperçu. Sa partie la plus transparente est remplie en tout temps d'humidité. Nous avons vu des étés très-chauds et très-sereins pendant lesquels il n'est pas tombé une seule goutte de pluie ; et les arbres des forêts étaient pleins de vigueur, les ormes plantés le long de nos grands chemins étaient couverts de verdure, quoique chacun de ces arbres consumât dans les vingt-quatre heures plus de cent muids d'eau ; leurs feuilles pompaient dans l'atmosphère sans nuages cette quantité de fluide, comme l'ont assuré les mémoires de plusieurs académies. C'est à l'océan aérien qu'il faut attribuer la naissance de la rosée, qui ne tombe pas toujours du ciel, comme on le croyait autrefois, et qui s'élève aussi de la terre, comme l'expérience le prouve.

Il verse la nuit l'humidité ou le serein sur les parties occidentales de la terre, et, les rendant plus pesantes, force la terre de les tourner vers le soleil, d'où s'éloigne sa partie orientale, devenue plus légère et par conséquent moins attirée. Ainsi, il est la cause du mouvement de la terre d'occident en orient, et par conséquent de sa rotation journalière.

Le quatrième océan est le souterrain. On pourrait lui attribuer une partie des effets de l'océan aérien, mais nous ne connaissons guère que son existence. Comment pourrait-il venir au secours des végétaux à travers des lits de roches et des carrières ? Cependant j'ai vu beaucoup d'arbres croître dans les rochers les plus durs. Qui n'a pas vu avec étonnement, dans les plus fortes chaleurs, des touffes de ravenelles odorantes et des mufles-de-veau pleins de fraîcheur couronner nos murs ? Il me paraît plus vraisemblable que ces plantes pompent l'humidité de l'air par leurs feuilles, que celle d'un mur de cailloux par leurs racines. Cependant tout nous prouve qu'un océan souterrain existe ; nos puits surtout le démontrent ; et il est probable que c'est à lui qu'il faut attribuer les tremblemens de terre qui ont lieu dans plusieurs contrées. Peut-être y remédierait-on en y creusant des puits. L'homme semble appelé sur cette terre à coopérer, non à la formation des ouvrages qui en font l'ornement, mais à leurs menus entretiens. Les grands appartiennent au propriétaire, c'est-à-dire à Dieu. Il a réservé à l'homme, son locataire passager, les petites réparations.

Il ne faut pas se figurer que les glaces qui couvrent les Alpes, les Cordilières et les montagnes les plus élevées du globe, soient comparables aux deux océans de glaces qui couronnent ces deux pôles. Celles-là sont disséminées sur le continent, et pour être les sources des grands fleuves qui l'arrosent, et pour en rafraîchir l'atmosphère, la plupart étant dans les deux zones torrides ou dans leurs environs. Mais les océans de glaces, placés aux extrémités de l'axe de la terre, sont évidemment destinés à être les sources de ces mers, à en renouveler les eaux par leurs courans, à rafraîchir celles qui sont chaudes, à réchauffer celles qui sont froides, et à tenir le globe en équilibre. Considérez un globe de géographie ; il est évident que ses deux hémisphères ne sont point d'un poids égal. L'hémisphère nord contient la plus grande partie du continent et de ses montagnes, tandis que l'hémisphère sud renferme la plus grande étendue de ses mers. On pourrait appeler le premier l'hémisphère terrestre, et le second l'hémisphère maritime. L'hémisphère nord est donc le plus pesant. Ce simple aperçu suffirait pour nous en convaincre, mais vous en trouveriez la première preuve dans un almanach. La terre présente cet hémisphère au soleil cinq ou six jours de plus que l'hémisphère opposé : depuis le 20 mars jusqu'au 22 septembre, qui sont les deux équinoxes, il y a 186 jours, pendant lesquels le soleil est au-dessus de l'équateur dans l'hémisphère nord ; et, depuis le 22 septembre jusqu'au 20 mars, qu'il est au-dessous dans l'hémisphère sud, il n'y a que 179 jours. Voilà donc un bienfait de 7 jours de plus de chaleur que nous donne la Providence dans le cours d'une année de 365 jours. Ce n'est pas tout : si notre hémisphère terrestre était toujours plus pesant que celui du sud, il est certain que, se tournant sans cesse du côté du soleil, il en serait constamment échauffé, ce qui le rendrait inhabitable; ce serait comme si nous avions un jour perpétuel. De même si l'hémisphère aquatique était toujours plus léger, il serait toujours hors des influences de cet astre; les glaces le couvriraient sans cesse; et il y régnerait une nuit sans fin. Mais la sagesse divine, ne voulant pas rendre la terre inutile par l'effet même des lois mécaniques, les a réglées par l'harmonie; elle a placé au pôle sud un océan de glace beaucoup plus considérable qu'au pôle nord, et qui balance le poids des continens de l'hémisphère terrestre. Le froid que cet océan répand dans tout l'hémisphère maritime, est au moins de quatre degrés plus considérable que dans le nôtre aux mêmes latitudes; il est sensible jusque dans la zone torride australe : cette proportion augmente à mesure qu'on s'approche de son pôle. Mais l'illustre capitaine Cook, qui est, je crois, le seul des Européens qui en ait fait le tour, peut seul nous en donner une idée. Il rencontra d'abord, à plus de 500 lieues de distance, des îles de glace flottantes qui se dirigeaient vers l'équateur, ainsi que les courans qui les charriaient. Cette observation détruit le système des newtoniens, qui supposent que les pôles du monde sont aplatis, et que les courans et les marées viennent de la ligne par la pression ou attraction de la lune. Nous avons fait voir la fausseté de cette opinion; et l'expérience de Cook prouve évidemment que la terre est allongée au pôle sud, puisque les courans généraux en descendent dans son été. C'est ce que prouvent encore les observations du baromètre de son vaisseau, qui s'abaissait à mesure qu'on approchait des pôles. Enfin Cook, à force de patience, s'avança jusqu'au 71e degré 10 minutes de latitude australe, où il fut arrêté par l'immense coupole de glace dont il avait fait le tour. C'était le dernier du mois de janvier, qui répond dans cet hémisphère à notre mois de juillet : ainsi cette coupole avait éprouvé les plus grandes chaleurs de son été. A cette époque elle avait encore plus de 3,000 lieues de circonférence. Quant à sa hauteur, il la compare à celle des plus hautes montagnes qu'il eût jamais vues; mais, comme il n'en apercevait que les bords à demi fondus, il n'y a pas de doute qu'elle ne fût beaucoup plus élevée au centre. Ainsi, en l'évaluant à 2 lieues de hauteur réduite, il restera encore une coupole immense de glace formée de simples ruines de cet océan glacial. Mais, si on apprécie son étendue et son élévation à la fin de son hiver, c'est-à-dire à l'équinoxe de septembre, on jugera qu'elle était au moins une fois aussi considérable, c'est-à-dire de plus de 6,000 lieues de circonférence, et 4 lieues de hauteur réduite. Car comment appliquer les lois du calcul à un objet dont aucun homme n'a pu approcher dans cette saison? N'est-il pas plus juste de supposer que cet immense océan accumule autant de glaces dans son hiver, qu'il en dissipe dans son été? Or, voici ce qu'on peut conclure de la relation de Cook sur la fonte générale de ses glaces. Il est d'abord probable que les vapeurs du vaste océan qui environne ce pôle, s'y déposent nuit et jour, de toutes les parties de sa circonférence, en neiges et en brume, et qu'elles s'y fixent par le froid en glace solide, comme nous le voyons dans les Alpes, et surtout aux Cordillères, où il se forme ainsi pendant l'hiver des pyramides de glace de huit cents toises de hauteur. Il est donc certain que les îles flottantes de glaces, qui se détachent dans la suite du pôle sud, ne sont pas plus formées dans la mer par la réunion de leurs débris, que les avalanches qui tombent des nos montagnes à glace ne sont formées par les vallées où elles se précipitent. Il est plus probable que, lorsque la terre présente son hémisphère sud au soleil, et qu'il est à son équateur, la réfraction de cet astre agit déjà sur son pôle au moins d'un degré et demi de plus; qu'alors la dilatation de l'atmosphère polaire, que ses rayons y occasionent, y attire des vents tièdes de la zone torride; et qu'enfin les flots de la mer, poussés par ces vents contre les bases et les flancs de cette coupole, y creusent de profondes cavernes qui en suspendent en l'air des masses prodigieuses. Ces effets ont été remarqués aux glaces du pôle nord, dont de vastes parties sont découpées en arcades, au lieu appelé par les marins l'*Écueil de glace*. Enfin, soit que la nature emploie à ces vastes démolitions l'océan souterrain, dont la chaleur est alors plus précoce, on voit déjà des glaces flottantes vers les pôles peu avant l'équinoxe de leurs printemps. Ces masses, venant à manquer de fondement, s'en détachent par leur poids, et tombent dans la mer qui les environne avec le bruit du tonnerre. La plupart portent leurs sommets à 200 ou 300 pieds au-dessus de la mer, et y enfoncent leurs bases et leurs flancs à 2,000 ou 3,000 pieds de profondeur; le rapport du poids de la glace à celui de l'eau étant de 9 à 10, comme le démontrent les physiciens. Ces îles flottantes ont au moins une lieue ou deux de circonférence. Le capitaine Cook en a vu souvent 30 ou 40 à la fois sur l'horizon. Jugez combien il y en peut avoir tout autour de la coupole de glace qui a engendrées. En lui supposant seulement 300 lieues de circonférence, et en réduisant seulement à une lieue de diamètre chacun de ses horizons, si couverts de brumes épaisses que Cook assure que souvent on n'apercevait pas sur son bord un homme de la poupe à la proue, nous aurons 900 horizons, renfermant chacun 40 îles de glaces. Ce sont 36,000 éclats de glace, chacun d'une lieue de circonférence, s'enfonçant dans la mer de 2,000 pieds, et s'élevant dans l'air de plus de 200. Joignez-y une mer couverte de débris, qui forment, suivant l'expression de Cook, des champs de glaces de plusieurs lieues d'étendue.

Bientôt le soleil, à l'équateur, embrasse de ses feux dorés la coupole du pôle austral; de vastes gerbes et des torrens tumultueux en découlent de toutes parts. Le courant général part du pied de sa coupole et diverge à l'équateur. Il s'avance vers ce cercle à la faveur de l'évaporation des mers torridiennes et même de la glaciale, qui l'attirent en abaissant leurs niveaux; le courant naissant du sud avance contre le courant expirant du nord. Deux océans et deux atmosphères se disputent l'empire des flots; les nuages luttent contre les nuages. Malheur au vaisseau qui se trouve alors loin du port! Avec quel effroi son équipage le voit à moitié penché sur les flots! D'affreux abîmes s'entr'ouvrent sous sa carène, et des montagnes d'eaux écumantes déferlent à la hauteur de ses mâts : c'est alors que le navigateur fait des vœux tardifs, et qu'il regrette les ports de sa patrie. Et en effet, comment ne serait-il pas effrayé de ce terrible bouleversement des mers, lorsque les oiseaux de marine eux-mêmes, qui y cherchent sans cesse leur vie, les redoutent et les fuient? Dans les jours équinoxiaux, ils cherchent des abris en se blottissant sur les rivages, ou bien en s'enfonçant dans les trous de rochers, où, tout couverts de sable et d'eau salée, ils attendent à demi morts la fin des tempêtes. Cependant la glace du pôle et le courant général, qui les pousse et les devance, s'engagent en partie dans la mer Atlantique, réfléchis à l'occident par le cap Horn, et à l'orient par le cap de Bonne-Espérance. Ce courant produit deux marées en vingt-quatre heures, dans ce vaste canal qui a 147 degrés en latitude et plus de 190 en longitude, d'embouchure. Les mers qui descendent alors du pôle, accompagnées de frimas et de neiges, viennent se briser sur les côtes des Patagons, et y font régner un été plus rude que nos hivers. Pour les îles flottantes de glace, elles ne vont point au-delà du cap de Bonne-Espérance; elle s'avancent même rarement à sa hauteur. Cependant on a l'exemple d'un vaisseau anglais qui, sortant de cette rade pour aller à Botany-Bay, rencontra, pendant la nuit qui suivit son départ, une île de glace caverneuse qui pensa l'engloutir. Au reste, il y a un autre courant qui, dans cette saison, descend du même pôle, vient aux Indes, et se réfléchit par le canal de Mozambique dans l'océan Atlantique; c'est la jonction de ces deux mers qui a rendu le cap de Bonne-Espérance si fameux par ses tempêtes. C'est par la même raison que tous les lieux sujets aux mauvais temps sont situés à la rencontre de semblables canaux : les mers du Japon ont leurs typhons, celles des Indes leurs ouragans, les Bermudes et le cap Finistère leurs coups de vent. Quoique ces lieux portent pour l'ordinaire les noms de quelque cap, ce sont les mers que ces caps divisent, qui sont les causes de ces terribles phénomènes; et ces causes sont produites dans l'origine par les courans qui descendent du pôle de leur hémisphère.

Cependant la mer Atlantique, renforcée des eaux du canal de Mozambique, remonte vers le nord. C'est alors la saison favorable pour les vaisseaux de l'Inde, de revenir en Europe. Ce vaste courant répand la fraîcheur de sa température dans toute la zone tempérée australe. On ne doit pas se figurer qu'il coule à la manière d'un fleuve, dont les flots se poussent successivement. Il faut considérer son mouvement comme agissant à la fois dans tout son cours. Ainsi, les eaux du pôle sud en fusion, s'élevant au-dessus de leur niveau dans la zone glaciale, pressent les mers de la zone tempérée, et celles-ci ne tardent pas à agir sur celles des zones torrides. Celles-ci, à leur tour, déplacent la mer de la zone tempérée boréale, et cette mer, celle de la zone glaciale, laquelle vient enfin expirer au pôle nord. Cette pression successive des mers se fait sentir d'un hémisphère à l'autre, dans l'espace de six semaines au plus. Elles se meuvent, comme je l'ai dit, par la différence de leur niveau, qui n'est pas dans le fond de leur bassin, mais à leur surface. La mer de la zone glaciale qui se fond, est naturellement plus élevée, puisque les glaces en descendent; celle des zones torrides lui est inférieure, par l'évaporation constante du soleil qui en pompe les eaux; et celle du pôle qui entre en congélation, est encore plus basse, par l'effet même de la congélation qui en fait sortir sans cesse des brouillards épais, connus par les marins sous le nom de fumées de glace. Elles sont si abondantes, qu'elles suffisent pour couvrir en entier le pôle qui les attire, d'une coupole de glace semblable à celle dont il était revêtu six mois auparavant.

Si vous me demandez dans quel abîme se précipite ce grand amas d'eaux, qui va pendant six mois du sud au nord, dans l'océan Atlantique, je vous dirai qu'il revient en partie le long de ses rivages; et c'est ce que nous appelons marées. Les marées, pendant l'hiver, sont sur nos côtes des contre-courans du courant du sud; elles résultent, comme lui, de l'action du soleil sur le pôle en fusion. Le courant général en sort pendant six mois, ou une demi-année; et la marée en découle pendant douze heures ou un demi-jour. Quelquefois elle est unique en vingt-quatre heures, comme dans l'hémisphère sud; quelquefois elle est divisée en deux marées, chacune de six heures, comme dans l'océan Atlantique. Soit qu'elle remonte au nord en hiver par le reflet des caps Horn et de Bonne-Espérance, soit qu'elle descende au sud dans notre été, elle est le contre-courant du courant général, qui lui-même est divisé par les deux continens. Elle retarde environ de trois quarts d'heure par jour, parce que la coupole de glace dont elle tire sa source diminue graduellement.

Mais ne perdons pas de vue le courant général du sud : en pénétrant dans les zones torrides, il a poussé devant lui la masse énorme de ses eaux imbibées des feux de l'Afrique, et les verse tièdes et fumantes dans notre zone tempérée. Il circule alors autour d'une partie de l'Europe, redouble la chaleur de ses étés, mûrit les fruits de ses automnes; et lorsque les premiers froids s'étendent sur notre hémisphère, il nous apporte, vers le 10 novembre, ce peu de jours chauds et brumeux qu'on appelle le petit été de la Saint-Martin. De là il s'enfonce dans les mers glaciales du nord, où ses flots viennent expirer sur leurs rivages. On peut le suivre à la trace dans tout son cours. Il balaie les mers qu'il a parcourues; il dépose dans notre hiver sur les rivages de la Vendée et de la Bretagne, des parcelles d'ambre gris qu'il a charriées des Indes orientales. C'est lui qui jeta sur les rivages des Canaries ces roseaux américains qui firent soupçonner à Christophe Colomb qu'il existait à l'occident un autre monde. Il porte chaque année les graines nautiques de la Jamaïque sur les rivages des Orcades; et, riche des dépouilles des mers et de celles de la terre, que tant de fleuves versent dans son sein, il en engraisse au nord des légions de turbots, de morues, de crustacés, de testacés, d'huitres délicieuses qui se nourrissent l'hiver sur ces rivages. Il rassasie dans le fond du nord la voracité du grand chien de mer, de la baleine, de l'ours blanc, des phoques monstrueux, et d'une infinité d'oiseaux de proie qui y déposent leurs nids, et qui font leur patrie de ce vaste cimetière de la terre. Enfin les flots expirans y versent les derniers élémens de tout ce qui a vécu, et en nourrissent les feux dévorans de l'Hécla. Figurez-vous ce volcan effroyable qui, par ses noirs torrens de fumée, ressemble à une lampe sépulcrale placée au pied des régions polaires plus élevées que les Alpes et les Cordilières entassées les unes sur les autres. Représentez-vous les immenses perspectives de leurs montagnes escarpées et de leurs vallées profondes, toutes couvertes de neiges et tendues de blanc, comme si c'étaient de vastes linceuls. Entendez-vous les gémissemens des flots qui minent leurs rivages, les murmures menaçans des ours blancs et des animaux de proie? Ne diriez-vous pas que ce spectacle est une pompe funèbre; que l'océan est mort, que voilà son catafalque, dont la vue ne peut atteindre ni l'élévation, ni l'étendue! Oui, c'en est un, sans doute, que les flots du sud ont élevé à l'océan du nord; mais le retour du soleil va bientôt faire sortir de son tombeau même un nouveau berceau, comme des hivers sortent les printemps, et des générations passées les générations futures. A peine l'astre de la vie abandonne le pôle du sud, qu'il ranime celui du nord; les mers rentrent en congélation sur le premier et se dissolvent sur le second; les courans changent de direction : celui du nord, attiré par l'évaporation des mers torridiennes, se dirige vers le sud; les deux hémisphères changent de contrepoids; la terre a rompu son équilibre : elle incline peu à peu son pôle nord vers le soleil, et en éloigne son pôle sud.

C'est au 20 mars, à l'équinoxe du printemps, que commencent à partir de la zone glaciale du septentrion, les îles flottantes qui vont renouveler l'Océan. L'Anglais Ellis, qui les a très-bien observées dans son voyage à la baie d'Hudson, dit qu'on les aperçoit à plus de 20 lieues de distance, au grand éclat qu'elles jettent à l'horizon et au froid extrême qu'elles répandent dans l'atmosphère, lorsque le vent vient de leur côté. Denis, gouverneur du Canada, dit que les navires qui vont au printemps à la pêche de la morue, les rencontrent souvent en route. Elles forment des chaînes de 150 lieues de longueur, descendant à la suite les unes des autres, hautes comme les tours de Notre-Dame. Elles sont si serrées, que les pêcheurs sont obligés de les côtoyer plusieurs jours de suite à toutes voiles, et d'attendre qu'elles soient passées pour traverser l'Atlantique et se rendre à Terre-Neuve. C'est leur passage qui occasione les grands froids du Canada. Il en échoue souvent sur le banc de Terre-Neuve, quoiqu'il ait depuis cinquante brasses jusqu'à cent de profondeur. Elles s'avancent jusqu'au milieu de la zone tempérée. Leur froidure, ainsi que celle des courans qui les entraînent, influe tellement sur l'atmosphère, qu'elle nous donne souvent des printemps froids, surtout les mois de mai, toujours accompagnés de giboulées. Enfin elles disparaissent aux approches de la zone torride boréale. Voici à ce sujet une observation curieuse de notre auteur, que j'ai vérifiée moi-même : c'est que ces îles flottantes de glace coulent à fond tout à coup, entre le 30ᵉ et le 40ᵉ degré de latitude nord. Il n'en reste aucun vestige à la surface de la mer : soit que meurtries par l'action du soleil et des eaux déjà attiédies où elles flottent, elles se dissolvent entièrement ; soit que leurs bases surchargées de roches et de graviers sur lesquels elles reposaient dans leurs zones glaciales, n'ayant plus assez de glace pour les soutenir à flot, elles s'enfoncent tout entières dans la mer. On n'en rencontre pas un seul débris flottant, comme il devrait arriver dans ces parages. Mais on y trouve fréquemment de grands espaces qui changent la couleur naturelle de la mer, et de bleue la font paraître verte. Aussitôt on crie : *Vigie !* et on se hâte de jeter la sonde comme sur un haut fond ; mais souvent en vain. Quelquefois cependant elle s'arrête, et on la retire sans aucun indice : alors il ne manque pas de marins qui croient qu'elle est tombée sur le dos d'un grand poisson ; quelquefois elle rapporte de la terre ou de la vase, mais étrangères à ces parages si fréquentés, dont les fonds sont connus. Cependant on inscrit sur les journaux cette nouvelle vigie, et les géographes ne manquent pas de la marquer sur leurs cartes marines pour l'instruction des navigateurs ; mais comme elle n'est qu'une glace coulée à fond, l'année suivante on ne la revoit plus. J'ai vu une carte marine d'Europe, remplie, entre le 30ᵉ et 40ᵉ degrés, de ces prétendus hauts-fonds ; mais le géographe avait eu la conscience d'en marquer la plupart du signe de fausse vigie.

En supposant que ces premières glaces flottantes soient parties de la zone glaciale à l'équinoxe du printemps, et qu'elles achèvent de se dissoudre au 40ᵉ degré de latitude au solstice d'été, elles auront parcouru en trois mois 1,000 lieues, c'est-à-dire de 10 à 12 lieues par jour ; ce qui est en général la vitesse du cours des rivières. Mais, comme je l'ai dit, il faut bien distinguer ce mouvement particulier du mouvement général des mers, qui est incomparablement plus prompt. Elles agissent en masse : notre glaciale plus élevée repousse et remplace notre tempérée, qu'elle refroidit au printemps ; notre tempérée traverse en partie les deux torridiennes, qu'elle refraîchit ; ces torridiennes, la tempérée australe, qu'elles réchauffent ; et la tempérée australe va se congeler sur le pôle sud, et fait presque le tour du globe par le canal de Mozambique. Ces mouvemens, que nous n'apercevons guère plus que celui de la terre qui nous porte, s'opèrent chaque année par les divers niveaux des mers, qui, comme je l'ai dit, sont une suite de leurs évaporations, qui changent deux fois par an, aux deux équinoxes. Pour se former une idée de l'effet subit et rapide de ces masses fluides, qu'on examine seulement la chute d'une marée dans l'embouchure d'un fleuve : d'abord elle l'arrête, puis, venant à s'élever au-dessus de lui en forme d'une vague de huit à dix pieds de hauteur, elle le force de remonter contre son cours avec une telle vitesse, qu'il n'y a point de cheval de poste qu'elle ne devance. Ainsi cette pression des mers qui se déplacent depuis l'équinoxe du printemps, du nord au sud, se fait sentir aux Indes vers la fin d'avril, y amène le courant général des mers, et y détermine ce vent favorable aux marins, qu'on y appelle mousson. Le contraire arrive six mois après par un mécanisme contraire fondé sur les mêmes lois, dont le soleil est constamment le premier moteur, et dont les glaces polaires sont tour à tour les mobiles.

On pourrait suivre à la piste le courant qui va du nord au sud, comme celui qui va du sud au nord. Celui-ci est celui de nos automnes et de nos hivers, et sous son ciel nébuleux semble engraisser nos rivages de ses eaux limoneuses ; l'autre semble les embellir par ses productions à la fois utiles et agréables, et mérite d'être appelé le courant du printemps et de l'été. D'abord il dégorge du fond de ses écluses septentrionales des légions silencieuses de harengs et de maquereaux, qui circulent le long des côtes de l'Europe et de celles de l'Amérique. Des quantités innombrables d'oiseaux de marine les pâturent jour et nuit, et par leurs cris de joie les annoncent de loin aux flottes des diverses nations de l'Europe qui viennent partager leur proie. Parmi les escadrons criards des goëlands, des lombs, des mauves, des aigles marines, les pêcheurs hollandais, suédois, anglais, français, norwégiens, font briller le jaune, le rouge, le bleu de leurs pavillons, et remplissent leurs buses à large ventre de cette pêche inépuisable. L'été arrive ; les oiseaux de marine de l'Inde viennent avec d'autres mœurs se joindre aux oiseaux de marine du nord. Le flamant, aux ailes couleur de rose, élève son nid au sein d'une lagune ; le pélican mélancolique, perché sur une roche, la tête penchée vers la mer, par le poids de son long bec et de son large sac, y guette le poisson qu'il destine à ses petits ; l'aigrette vive et légère, dont la tête est couronnée d'un panache, si cher à nos femmes, y poursuit sur le sable humide les crustacés dont elle fait sa proie. Vous diriez alors que l'Océan célèbre une fête sur ses rivages ; les pieds des falaises de la Normandie, où il se creuse çà et là des grottes profondes par ses marées, se tapissent de festons de varechs et de fucus d'un vert sombre, où brillent les nérites et les lépas. Les mers ont aussi leur flore peu connue. Quand le soleil, dans la constellation du lion, remplit les flots de sa chaleur féconde, une multitude de végétaux animés y apparaissent de toutes parts. Les uns s'élèvent à leur surface sous la forme de bonnets flamands, dont ils portent le nom, et étalent à l'air leurs couleurs purpurines et azurées; ils disparaissent ensuite entre deux eaux; ils montent et descendent successivement par un mouvement alternatif de respiration et d'expiration. Souvent les marées en échouent des quantités considérables sur les rivages. D'autres jouissent d'un sort plus tranquille: fixés sur des rochers, ils s'y épanouissent sous la forme des plus brillantes anémones, nom que leur a donné justement leur savant observateur Dicquemare. Il en est qui voguent à la surface des mers, qu'ils couvrent pendant plusieurs centaines de lieues; et, sous la forme d'une coque d'œuf pleine d'air, ils sont surmontés d'une voile bordée de rouge et d'azur, qui tient son équilibre au moyen de filets purpurins qui sont d'une grande causticité. Les uns les appellent orties marines, à cause de leurs qualités piquantes; d'autres, qui n'ont égard qu'à leur apparence, les nomment des galères. En effet, leurs filets figurent des câbles; leur forme ovoïde, une carène, et leur membrane tendue de l'avant à l'arrière, une voile. De plus, quoique ces orties voguent toujours au sud, emportées par le courant, elles orientent toutes leurs voiles suivant le vent qui souffle: de sorte qu'on dirait d'une flotte qui navigue pour la même destination. Qui pourrait nombrer la variété infinie des mollusques qu'entraîne le courant général du nord, qui se dirige en été vers le sud, moissonne en passant les champs sous-marins de la Floride, et charrie aussi à la surface de la mer, dans l'espace de plus de 200 lieues, cette herbe si connue des marins, qu'ils appellent raisins du tropique? Elle y est en si grande quantité, qu'elle embarrasse quelquefois les vaisseaux dans leur route; elle y est si épaisse, que j'ai vu des petits oiseaux de terre se promener et se reposer sur ces prairies flottantes, qui voguent vers les mers du sud. Ces mers, si remplies de tant d'espèces d'êtres dont la plupart sont inconnues à nos naturalistes, deviennent tout à coup phosphoriques la nuit. Vous diriez que le vaisseau vogue sur un ciel parsemé d'étoiles, comme la voie lactée, et traversé en tout sens de feux d'artifice; en été, ces feux s'étendent jusque dans les mers du nord. Enfin, ce courant, formé d'eaux attiédies dans les deux zones torrides, circulant dans la zone tempérée australe si froide, vient là réchauffer dans son hiver, et rend aux terres de Magellan la fécondité que leur refusent ses terribles étés. Une autre partie de ce courant se détournant à l'orient par le canal de Mozambique, ouvre dans cette saison aux navigateurs de l'Europe les mers de l'Aurore et la route des Indes orientales.

C'est avec bien de la raison que notre auteur appelle le pôle sud le pôle de l'hiver, et celui du nord le pôle de l'été. Les influences générales du premier sont les brouillards, les longues pluies, les grandes tempêtes; celles du second sont les beaux jours, l'abondance, la végétation. Nous avons déjà remarqué que l'été de l'hémisphère sud n'était guère qu'un long hiver; mais quand le pôle nord lui fait sentir son influence, son hiver devient un été. Je me rappelle une observation très-curieuse de Forster, laquelle confirme parfaitement cette théorie. Ce jeune et savant compagnon du capitaine Cook raconte, dans la relation de son voyage, qu'ayant débarqué sur la terre de Magellan, à la fin du mois de janvier, qui est le mois de juin de ce pays, l'équipage, composé de vingt-deux hommes, fut obligé de passer la nuit à terre. Sur le minuit, il s'éleva un vent de sud si rempli de giboulées et si glacial, que deux hommes périrent de froid en deux heures de temps, malgré les feux allumés autour d'eux et les secours qu'on s'efforça de leur donner. Comment se fait-il, disait Forster, qu'un climat, dont l'été est plus rigoureux que nos hivers, puisse, d'un autre côté, produire des arbres de la plus belle végétation? Nous en trouvâmes des quantités, de 60 à 70 pieds de haut, dont nous fîmes des vergues et des mâts. Comment comprendre cette contradiction de la nature? Mais quand il eut lu avec attention la nouvelle théorie des mers, alors il conçut que les vents et les glaces qui descendaient du pôle sud dans son été, devaient refroidir les terres magellaniques; mais que le courant du pôle nord qui les entourait dans leur hiver, devait les réchauffer en sortant des zones torrides. Il fut si frappé de ce coup de lumière, que, se trouvant à Paris, il vint exprès chez l'auteur le remercier de cette découverte. C'était un homme de lettres fort sensible et fort malheureux; il est mort de mélancolie, victime à la fois des maux de la guerre, de la fortune et de l'amour conjugal. Mais continuons à déduire les résultats de ce même principe, c'est-à-dire de l'action alternative du soleil sur les pôles du monde. Ce ne peut être son attraction, et encore moins celle de la lune, qui cause les courans et les vents qui fluent six mois aux Indes d'orient en occident, et six mois d'occident en orient. Le soleil et la lune vont constamment d'orient en occident. Ce ne peut être l'action des vents appelés moussons, auxquels les marins modernes attribuent ces révolutions; car pourquoi les vents changeraient-ils de cours tous les six mois? D'ailleurs, quoiqu'ils excitent souvent des tempêtes, ils n'agissent qu'à la surface des mers, où ils soulèvent les flots dans différentes directions, et pendant des jours de peu de durée. Ils sont trop inconstans et trop faibles pour mouvoir en masse des mers profondes, et les faire couler six mois à l'orient et six mois à l'occident. L'auteur, loin donc de convenir que les moussons de l'Inde mettent ces mers en mouvement, dans un espace qui s'étend en spirale jusqu'autour du globe, croit au contraire que ce sont ces mers, en descendant six mois d'un pôle et six mois du pôle opposé, qui produisent les vents ou moussons qui les accompagnent, et qui sont réguliers comme leurs courans.

Rappelez-vous que l'atmosphère qui couvre l'Océan y repose sur une base mobile. Si cette base prend son cours vers une direction, elle y entraîne nécessairement le fluide qu'elle supporte. C'est par cette raison que, le long des côtes de l'Afrique, et sur les rivages de la plupart des terres torridiennes, il règne constamment une grosse lame qui vient s'y briser; l'évaporation de l'eau y étant plus forte qu'ailleurs, la pente y est plus rapide. Mais il s'ensuit encore un autre effet aussi général : c'est que quand cette évaporation, occasionée par le soleil, commence à devenir forte, ce qui arrive sur les huit heures du matin, le vent qui souffle au large se détourne, et vient souffler sur la côte; elle y produit ce qu'on appelle brise du large; cette brise s'y fait sentir constamment jusqu'au coucher du soleil : on l'éprouve sur les rivages de beaucoup d'îles, au grand soulagement de leurs habitans.

Un autre effet de ces mêmes lames qui se précipitent sur les côtes en roulant des cailloux, est de les réduire en poudre, ainsi que tous les corps flottans qu'elles poussent toujours à terre. Comme cette opération a lieu jour et nuit, dans un développement de plusieurs milliers de lieues de rivages, elle y produit une multitude infinie de sables, que les courans charrient de toutes parts et dont la nature fait sans cesse de nouveaux ouvrages au sein des mers. C'est ce mécanisme, auquel on ne fait aucune attention, qui, autrefois, a rempli nos carrières de sables, et qui alimente nos volcans des soufres et des bitumes qui nagent dans l'Océan. Il ne faut pas douter que le soleil n'ait plus d'activité le long des rivages de la mer que partout ailleurs, et que, par conséquent, l'évaporation des eaux, la chute des lames qui s'y précipitent, n'y aient plus de force. On pourrait démontrer ces effets géométriquement; mais il suffit de l'expérience de ceux qui essuient fréquemment des coups de soleil le long des rivages. Ces effets sont également sensibles le long des bords de la plupart des rivières; et c'est à ces mêmes causes que nous devons attribuer les vents qui suivent leurs cours, comme aux courans réguliers de l'Océan, les moussons de l'Inde.

J'ai oublié de vous parler d'une nouvelle preuve de l'existence de ces courans alternatifs. Elle est d'autant plus frappante qu'elle est visible. Prenez un globe terrestre, et considérez le bassin qui renferme l'Atlantique, depuis le pôle nord jusqu'au pôle sud. Vous y verrez son canal tracé comme celui d'un fleuve, avec des angles saillans et rentrans, opposés les uns aux autres, depuis les baies d'Hudson et de Baffin, où sont ses premières sources, jusqu'au cap de Bonne-Espérance et au cap Horn, où se trouve sa vaste embouchure. Toutes les îles qui se trouvent dans cet espace sont pointues par les deux bouts comme celles des fleuves, qui ont été taillées par des courans, et elles gisent dans des directions qui leur sont parallèles. Les fluviatiles ne sont souvent pointues que par leur extrémité supérieure; mais les maritimes le sont presque toujours par leurs deux extrémités à la fois, parce qu'elles ont éprouvé l'action d'un double fleuve, dont les sources descendent de deux pôles opposés. On peut voir, sur ce même globe, l'action des courans du pôle sud, qui a taillé, dans la mer des Indes, les continens eux-mêmes en longs caps dirigés la plupart vers lui. Non-seulement l'océan marin a formé le globe dans son sein, découpé ses hautes montagnes et creusé ses profondes vallées; mais il a découpé jusqu'à ses continens et ses îles. L'océan aérien, engendré et entretenu par ses immenses évaporations, a, par la chute de ses pluies, arrondi les collines latérales, et creusé le lit des fleuves, qui devaient mourir et renaître au sein des mers.

On explique, par cette théorie, tous les phénomènes que le système astronomique ne peut expliquer. Par exemple, pourquoi y a-t-il deux marées par jour dans l'océan Atlantique? c'est qu'il y a deux déversoirs des eaux polaires, celui de l'ancien monde et celui du nouveau, pour les marées du pôle nord; et deux autres, le cap de Bonne-Espérance et le cap Horn, pour les marées du pôle sud. D'où viennent les retards de la plupart de ces marées? de ce que les coupoles de glace d'où elles s'écoulent s'éloignent de plus en plus. Pourquoi n'y a-t-il qu'une marée de douze heures en vingt-quatre heures dans l'hémisphère sud? parce que sa coupole de glace ne déverse point ses fontes par des détroits, mais par gerbes régulières comme le cours du soleil; de sorte que chaque port ou île qui reçoit la marée dans cet hémisphère, en est arrosé pendant un demi-jour; tandis que dans l'hémisphère nord, les marées qui viennent de son pôle s'échappent en deux temps, d'un quart de jour chacun; mais au bout du compte, la durée de ces marées est toujours la même, c'est-à-dire d'un demi-jour; ce qui prouve qu'elles sont dues à l'action journalière du soleil sur chaque hémisphère. Quand la lune aurait pu étendre sa faible attraction de 5 mille lieues sur notre Océan, qui en est à plus de 80 mille, pourquoi l'effet en serait-il borné à six heures sur notre Atlantique, qu'elle éclaire souvent toute une nuit? et comment, lorsqu'elle est à notre nadir, sur la mer du sud, agit-elle sur notre Atlantique?

L'Euripe est un petit bras de mer situé entre Négrepont et le continent de la Grèce. Sept ou huit fois par jour on voit ses eaux bouillonner et courir de côté et d'autre avec beaucoup de rapidité. Spon et Wallis, deux savans que l'amitié avait unis, malgré la ressemblance de leurs étude et la différence de leur nation, voyageaient ensemble dans l'Archipel. Spon était Français, et Wallis Anglais. Ils eurent la curiosité d'aller examiner les marées de l'Euripe, phénomène très-ancien et toujours inexplicable. Spon fut témoin de ses effets et s'en alla dans l'admiration; mais Wallis voulut rester pour connaître la cause de mouvemens si inattendus et si irréguliers. Son ami fut l'attendre dans un village voisin. Pour lui, il traversa l'Euripe dans une barque, et vit de l'autre côté, avec un grand étonnement, une espèce de digue d'une demi-lieue de longueur et d'une demi-lieue de largeur, d'un seul rocher percé çà et là de sept ou huit grandes cavernes, d'où sortaient tour à tour des torrens d'eau d'un volume considérable, qui agitaient une partie du détroit. Il fut d'abord tenté de croire que c'était un ouvrage des hommes; mais à la vue de ce rocher d'un seul bloc et de ces cavernes d'une demi-lieue de profondeur, il jugea qu'il ne pouvait être que l'ouvrage de la nature. Il revint donc trouver Spon, qui en a fait le récit dans la relation de son voyage. Notre auteur ayant lu la description de ce phénomène de l'Euripe, réputé insoluble, lui appliqua la théorie du mouvement des mers par la fonte des glaces, et tout de suite il le résolut avec la plus grande facilité. Il examina une carte de l'Archipel, du savant géographe d'Anville, et il y trouva que le môle qui borde l'Euripe le séparait des marais de la Thessalie, qui ont plus de 80 lieues d'étendue; que ces marais étaient plus ou moins inondés par la fonte des glaces des hautes montagnes du grand Olympe, au pied duquel ils sont situés; que leurs sommets, couverts de neige en tout temps, se fondaient en partie, suivant les divers aspects du soleil; enfin, que ses flux intermittens se reproduisaient à l'embouchure des cavernes, qui les dégorgeaient dans l'Euripe. Cette explication lui parut, sans contredit, plus simple et plus vraisemblable que celle qu'en donne, par l'action de la lune, un jésuite cité par Spon, qui avoue franchement qu'il n'y comprend rien. Quant au rocher percé de sept ou huit ouvertures énormes, c'est sans doute l'effet des eaux courantes, qui s'y sont creusé un canal à l'époque où le rocher était encore dans un état de mollesse. On en voit de fréquens exemples dans les montagnes de la Suisse, où des rivières même s'engouffrent dans la terre, et vont ressortir à une grande distance de là à travers des rochers.

Pour notre auteur, il ne doute pas de l'existence des courans maritimes, produits par la fonte des glaces polaires. Il en a eu des preuves particulières qu'il a fait insérer dans différens journaux. Il n'a pas en cela consulté sa tranquillité, persuadé comme il l'était, qu'il attaquait de vieilles opinions enracinées dans des corps fort intolérans; mais il a eu égard à l'utilité qui pouvait résulter du succès de ses expériences pour de malheureux naufragés. Il a conseillé de mettre des lettres dans des bouteilles, et de les abandonner aux courans de la mer dans des saisons convenables. A peine avait-il publié ce conseil, qu'un Anglais sortant de la baie de Cadix pour aller aux Indes, voulant donner à sa sœur une dernière marque de son souvenir, confia aux flots une bouteille, qui, après plusieurs mois, fut déposée sur les côtes de Normandie, où des pêcheurs la remirent entre les mains du juge de l'amirauté d'Arromanches, qui la fit parvenir à son adresse. Plusieurs autres lettres sont parvenues par ce même moyen à la Guadeloupe et jusqu'à l'île de France, où elles ont été déposées dans les archives : sans doute un plus grand nombre se seront perdues, les fragiles véhicules qui les renfermaient ayant été se briser contre des rochers, ou échouer sur des rives sauvages. Le ministre de la marine de France de ce temps-là prit cette expérience en considération. Il voulut faire fabriquer des projectiles plus solides que des bouteilles, et donna ordre à tous les capitaines de navire d'en faire des essais dans leurs voyages; mais les corps, dont les systèmes étaient dérangés par ces expériences, les tournèrent en ridicule, et ils firent si bien que les ordres du ministre furent inutiles. Cependant, s'ils avaient aimé les hommes, ils auraient dû se rappeler que deux roseaux d'une espèce inconnue, jetés par les courans sur les rivages des Açores, découvrirent à Christophe Colomb un nouveau monde. L'auteur pouvait joindre à l'autorité des faits celle de plusieurs hommes célèbres qui ont approuvé sa théorie des mers; mais les noms les plus illustres ont donné tant de crédit aux erreurs les plus absurdes, qu'il n'a pas voulu faire usage de ce moyen. Cependant plusieurs de ces témoignages lui auraient fait honneur. Tel est celui de Buffon, ce grand naturaliste, qui avait publié que le pôle nord était navigable dans son été, et qu'on y pouvait trouver un passage pour aller à la Chine. Ayant lu une partie de ce que vous venez d'entendre, il répondit à ses amis, qui lui en demandaient son sentiment : *L'auteur pourrait bien avoir raison.*

Le doute d'un homme de génie vaut mieux que l'affirmation d'un corps d'ignorans qui ne croient que sur la foi d'autrui; mais quand ce doute contredit une opinion qu'il a lui-même publiée, alors il devient une véritable autorité. Je pourrais joindre au témoignage de Buffon celui du lieutenant Johnston, le compagnon du capitaine Vancouver, qui a reconnu une nouvelle mer glaciale méditerranée au nord-est de la Californie; celui du comte de Bentinck, qui a soutenu à Londres, par ses écrits, les vérités que vous venez d'entendre; et ceux de quantité d'autres marins célèbres, Anglais, Hollandais et Français : mais le temps nous presse, hâtons-nous de jeter un coup d'œil général sur l'utilité que les hommes peuvent tirer de ces observations, au physique et au moral.

Les fontes des glaces polaires périodiques, et les courans qui en dérivent, circulent autour du globe et renouvellent partout l'Océan. Sans ce mouvement général, il se putréfierait, malgré les vents qui agitent sa surface. Il y a apparence que les pestes qui ont désolé le genre humain, comme la peste d'Athènes, celle d'Orient, la peste noire et tant d'autres, étaient sorties de quelques golfes ou marais obstrués par les travaux imprudens des hommes. C'est sûrement de la même source que sortent encore les pestes de l'Égypte, la fièvre jaune de New-Yorck, l'atmosphère des îles Antilles qui rouille l'acier à 200 lieues de distance, l'air putride de la Hollande, etc. Souvent il suffit d'une digue favorable à un port, pour arrêter le battement salutaire des flots le long d'un grand rivage, et y favoriser la stagnation toujours funeste des eaux. Celles qui circulent sont toujours pures, quelques métamorphoses qu'elles éprouvent.

Le mouvement, surtout celui de l'évaporation du soleil, les dégage de tout corps étranger, même de l'infusion du sel et du bitume, pour les rendre à leur principe. Ces immenses glaciers polaires, qui se forment des vapeurs des mers salées, ne renferment que des eaux d'une douceur parfaite. L'Océan est l'ame de la terre par l'action du soleil, comme une goutte d'eau est, par la même influence, l'ame d'un végétal, d'un fruit, d'un aromate : elle se combine avec eux, mais sa destinée est toujours de naitre et de mourir goutte d'eau : elle revient toujours, comme l'Océan lui-même, à sa pureté primitive, par la sagesse des lois de la nature. Peut-être les atomes innombrables dont les mers sont imprégnées, dans les zones torrides et dans nos étés, ont des périodes semblables ; peut-être ce sont les premiers germes de tout ce qui aura une vie ; mais sans nous engager et nous perdre dans la science des élémens de la nature, qui n'appartient qu'à la raison divine, bornons-nous à leurs résultats qu'elle a disposés pour nos besoins, et auxquels elle a permis à la raison humaine d'atteindre.

Il n'est pas douteux que les hommes ne puissent tirer les plus grands avantages de la connaissance des courans réguliers de la mer; les marins surtout y puiseraient de nouvelles lumières : cette partie si essentielle n'offre, dans leurs journaux, que de la confusion. Quelques-uns, et des plus habiles, ne s'arrêtent qu'aux parages et aux latitudes où ils observent ces courans, sans distinguer aucunement les saisons, quoique cependant ils changent avec elles, et qu'ils ne soient pas les mêmes l'hiver et l'été. D'autres n'emploient que des moyens insuffisans pour connaître leur vitesse et leur direction. La plupart veulent les rapporter au cours de la lune, qui n'a souvent aucun rapport avec eux. Quelle utilité résulterait pour toutes les nations maritimes, d'une carte océanique où les courans seraient marqués avec leurs variations dans chaque saison ! On dit que le lieutenant Johnston a déjà commencé ce grand ouvrage : puisse-t-il bientôt l'achever ! L'Europe verrait aborder, presque sans frais, sur ses rivages, avec les courans et les glaces de l'Atlantique, les forêts qui périssent de vieillesse au nord de l'Amérique et dans les montagnes de la Norwége. Les Sauvages nous ont déjà donné l'exemple de ces transports maritimes; ceux de Labrador choisissent l'embouchure d'un fleuve, ils y coupent les arbres qui ont coutume d'y croître, et les assemblent en trains solides à l'aide de leurs branches et de leurs écorces; ils profitent ensuite d'une grande marée pour les mettre à flot, puis ils les abandonnent au courant de la mer en les remorquant avec leurs pirogues; enfin, ils les débarquent à trente ou quarante lieues de là où ce bois leur est nécessaire. Je crois que c'est l'infortuné Kerguelen, habile officier de la marine française, obligé, par la haine de son corps, d'aller chercher du service en Hollande, qui rapporte ce fait, comme témoin oculaire, dans la relation imprimée de son voyage au Nord. Quelles richesses nous recueillerions si, à l'exemple de ces Sauvages, nous profitions des bienfaits d'une nature prodigue! Nous verrions des flottes immenses de bois mouiller à chaque printemps à l'embouchure de nos fleuves, remonter leurs cours et remplir les chantiers de nos capitales. J'ai vu moi-même, sur le Rhin, descendre un train de bois de chêne, d'une grandeur prodigieuse : il venait des montagnes les plus reculées et les plus hautes de l'Allemagne, et il était destiné pour Amsterdam; il y avait environ quatre cents personnes qui le manœuvraient avec des chaloupes. On me dit que ce train renfermait de quoi construire deux cents vaisseaux. Il fut environ six mois en route : il en arrive un semblable tous les ans. Je suis certain que la descente des bois du Nord par le courant de la mer, au printemps, serait plus prompte, plus facile, et exigerait moins de monde que par le courant d'un fleuve rempli de détours, de bancs de sable, et qui manque souvent d'eau, surtout en été.

Voilà à peu près ce que j'avais à vous dire sur l'Océan. Quoique la mer Atlantique n'en fasse qu'une partie, c'est celle qui intéresse le plus le genre humain; elle est, par rapport au reste du globe, ce qu'était autrefois la Méditerranée qui en est une dépendance. Celle-ci renfermait les Pélasges, les Phéniciens, les Égyptiens, les Carthaginois, les Grecs, les Romains. Joignez-y de nos jours les peuples qui leur ont succédé : les Génois, les Vénitiens, les Turcs, les républiques barbaresques, les chevaliers de Malte : ajoutez-y même ceux qui naviguent sur la mer Baltique, qui est une autre petite Méditerranée sortie comme la première du sein de l'Atlantique; tels sont les Danois, les Suédois, les Russes et les villes anséatiques. Toutes ces nations ont eu sans doute de bons marins et un commerce assez étendu; mais quelle différence de celles qui habitent en Europe les bords de l'Atlantique, comme les Anglais, les Français, les Hollandais, les Espagnols, les Portugais. Leur commerce s'étend par toute la terre, et leur marine est formidable; ils se sont emparés des meilleures portions du globe. Les puissances maritimes sont comme les poissons, elles ne deviennent grandes que dans les grandes mers.

L'auteur a donc démontré la rotation journalière du globe sur son axe, par la simple action du soleil, qui rend successivement la moitié de sa circonférence plus légère le jour par sa présence, et l'autre moitié plus pesante la nuit par son absence : il s'ensuit que sa révolution entière est d'occident en orient. C'est de la même loi que dérive le balancement alternatif de ses pôles, de 23 degrés et demi vers le soleil, six mois du sud au nord, et six autres mois du nord au sud, balancement qui nous donne les saisons, au moyen de deux énormes coupoles, qui fondent en partie tour à tour aux deux extrémités de son axe, et lui servent de contre-poids. C'est encore par cette même loi de l'évaporation des eaux, plus grande sur les rivages de l'Océan que partout ailleurs, qu'il a déduit l'action perpétuelle du battement des flots, même dans les plus grands calmes, et des brises de mer pendant le jour; comme le mathématicien La Hire avait entrevu l'action du soleil par sa simple chaleur. Il avait placé le matin, sur le dôme des Invalides, un instrument d'astronomie; mais le soir il ne le trouva plus dans la même direction. Il réitéra plusieurs fois la même expérience; enfin, il s'aperçut que ce n'était pas l'instrument qui avait remué, mais le dôme entier, qui, réchauffé d'un côté par le soleil, et rafraîchi de l'autre par son ombre, faisait sur lui-même une espèce de révolution. Notre auteur, enhardi par sa théorie, en a étendu les principes jusqu'au mouvement des planètes. Si Mars, dit-il, paraît souvent d'une forme irrégulière, c'est qu'une partie de son océan est tantôt en congélation et tantôt en évaporation. Ainsi, une portion de son disque est brillante, et l'autre obscure. Si Jupiter paraît aplati sur ses pôles, ce n'est pas qu'il ait éprouvé les effets d'une force centripète, qui n'aurait pas plus agi là que sur son équateur, et qui d'ailleurs ne s'observe nulle part, pas même dans le soleil; mais c'est que ses pôles n'ayant pas de mers, ne sont pas resplendissans, et par conséquent ils nous sont invisibles à une si grande distance. Il se rappelle à cette occasion une erreur des astronomes, qui supposent que les terres que l'on aperçoit en mer sont lumineuses, tandis que les mers qui les environnent sont obscures; parce que, disent-ils, l'eau absorbe la lumière, et que la terre la réfléchit. C'est précisément tout le contraire; on peut s'en convaincre par l'expérience. L'eau, soit fluide, soit glacée, est le véhicule de la lumière; un seau plein d'eau, mis au soleil, en réfléchit les rayons. Regardez un paysage traversé par une rivière : les terres et les forêts qui sont au loin paraissent obscures; et la rivière qui y coule brille au milieu comme un ruban d'argent et d'azur. Quant à Saturne, les cinq bandes dont son disque est bordé changent du blanc à l'obscur, et de l'obscur au blanc. Cette variation arrive toujours toutes les demi-années du cours annuel de cette planète. Elle ne peut s'expliquer qu'en supposant qu'elle a des mers et des terres divisées par anneaux, d'orient en occident. Dans son hiver, ses cinq mers sont couvertes des brumes obscures de la congélation, et ses terres des neiges qui en proviennent. Dans son été, c'est le contraire : les mers fluides reprennent l'éclat qui leur est propre, et les terres leur obscurité naturelle. Enfin, il pense que les comètes sont des astres naissans et imparfaits, qui ne sont point encore au centre de leurs principaux élémens. Il regarde leur nébulosité, leurs rayons et leurs longues queues, comme des mers en évaporation, confondues avec leur atmosphère qu'elles traînent après elles. Il n'est point de l'avis de quelques astronomes, qui considèrent les comètes comme des pelotons de fil qui vont toujours se déroulant dans les cieux, jusqu'à ce qu'elles soient réduites à rien. Car comment pourraient-elles apparaître des trois mois de suite, parcourant plus de cinq cent mille lieues par jour, sans qu'aucune partie de leur longue queue s'en détache, malgré l'espace que cette queue occupe et la vitesse dont elle court? Il croit encore moins, comme Newton, que ces astres vont quelquefois se brûler dans le soleil. La preuve qu'il en donne, c'est que le soleil même n'échauffe pas sans la médiation de l'air, comme nous le voyons sur les sommets de nos hautes montagnes. Si donc un corps comme la terre venait à s'en approcher de trop près, son atmosphère d'abord en serait dilatée, son océan éprouverait ensuite le même effet, et tous deux confondus ils s'en éloigneraient dans le sens contraire au soleil, en forme de queue. Peut-être même cette queue serait-elle double ou triple par l'évaporation particulière de quelques mers méditerranées, comme celle des comètes qu'on appelle flamboyantes; mais le côté du disque qui recevrait les rayons, dépouillé de son atmosphère, ne pourrait plus s'embraser; alors on apercevrait une auréole, formée par la lumière du soleil, autour de la planète, et à la naissance de la queue même.

C'est sous cet aspect que plusieurs comètes ont apparu dans diverses parties du ciel. Mais de dire comment cette queue si longue continue de leur être adhérente malgré la vitesse de leur course, c'est ce qui est connu de la raison divine, à laquelle ne peut atteindre la raison humaine. Il lui suffit de connaître que l'air et l'eau entrent comme élémens principaux dans leur construction et leurs mouvemens, ainsi que sur le globe que nous habitons. Au reste, il pense que le soleil est le régulateur de tous ces mouvemens; qu'il y a une multitude d'astres naissans, jeunes et vieux, grands et petits, qui tournent autour de lui, auxquels il donne la vie, et que nous ne voyons pas. Il pense encore que cet astre étend son attraction et sa lumière à des milliards de lieues : et ce ne serait que pour sept ou huit planètes qui se meuvent d'un cours régulier dans le plan de son équateur ! Réunies toutes ensemble, elles ne peuvent entrer en comparaison avec lui, ni par leur poids ni par leur grandeur : leur réverbère est donc plus grand que la maison. A quoi sert au soleil une circonférence d'un million de lieues, une forme parfaitement sphérique, des régions polaires aussi éclatantes que le reste de son disque, et que la force centripète n'a point aplaties, quoique les astronomes supposent qu'il en est la source, et qu'il est composé d'une matière en fusion? Un simple anneau lumineux suffirait pour échauffer des planètes qui ne sortent point de l'écliptique, et dont les plus éloignées sont entourées de satellites et d'anneaux qui réverbèrent sur elles ses rayons. Pourquoi n'a-t-il pas un plus grand nombre de planètes autour de lui? et pourquoi ses pôles n'en animent-ils aucune? Dieu ne fait rien en vain sur la terre; pourquoi n'en serait-il pas de même dans les cieux? Ah! sans doute les comètes vagabondes sont des astres naissans, que les pôles du soleil façonnent jusqu'à ce que, revêtues de leurs élémens naturels, elles circulent autour d'eux dans des orbites régulières. Les siècles futurs verront les cieux briller de nouveaux astres, plus chers aux hommes par leurs noms que ceux de Mercure et de Mars. L'œuvre de la création n'est pas encore achevée; cette terre même n'est pas parfaite. L'Océan qui en couvre les deux tiers est beaucoup trop étendu pour ses besoins actuels; il a été un temps où il l'était bien davantage. Dans l'origine des choses, il surpassait les plus hautes montagnes. Il a pétri les granits qui les couronnent, et amalgamé, sans les altérer, les grains de diverses espèces dont ces granits sont formés. Il a creusé les profondes vallées, et nivelé les vastes plaines; il les a flanquées de montagnes calcaires; il a déposé, par couches horizontales dans les entrailles de la terre, les coquillages, les plâtres, les marbres, les minéraux, les sels, les mica, les ardoises, les métaux : on dirait qu'ils ont été versés dans un état de fluidité. Il a transporté des blocs énormes de roches à plus de 300 lieues de leur carrière, sans doute par les glaces flottantes : tel est ce bloc de marbre que le savant et modeste minéralogiste Patrin a vu au milieu des plaines de la Sibérie; tel est encore celui de granit qui sert aujourd'hui à Pétersbourg de base à la statue de Pierre-le-

Grand, et qu'on a trouvé isolé dans la Finlande, qui d'ailleurs en est remplie.

L'Océan préparait ce globe dès son origine pour les besoins futurs du genre humain; ses eaux ont diminué depuis ce temps, d'année en année. Aujourd'hui même, des observateurs prétendent que la mer Baltique baisse de 40 pouces tous les cent ans. Ce qu'il y a de certain, c'est que l'ancienne Scandinavie, qui formait une grande île du temps des Romains, par les détroits de laquelle les navigateurs de la Baltique communiquaient avec la mer Glaciale, est entièrement réunie au continent qui l'environne. Il en est de même des fleuves : ceux qu'Homère a cités ne sont plus aujourd'hui que de faibles ruisseaux. Le Nil, qui avait sept embouchures, n'en a plus que trois, et ses débordemens ne suffisent plus pour féconder les terres qu'il parcourt. Pour moi, je n'ai point vu de mers ni de rivières qui ne soient maintenant à de grandes distances de leurs anciens rivages : on cite, à la vérité, quelques terrains envahis par la mer; mais ce ne sont que des débordemens occasionés par des tremblemens de terre particuliers. Ils sont en très-petit nombre, et ne peuvent entrer en comparaison avec la diminution universelle de l'Océan, qui paraît une loi générale. Un jour viendra où une multitude de rochers et de hauts-fonds qui sont à présent à la surface des eaux l'effroi des marins, deviendront l'asile des bergers; un jour la nature joindra à la France l'Angleterre et ses îles. Il en sera de même des développemens du genre humain que de ceux du globe; car le genre humain marche aussi vers sa perfection.

En vain les poètes supposent que l'âge d'or régnait dans les premiers temps du monde; pouvait-il naître sur une terre où les élémens étaient encore confondus? Lisez l'histoire, voyez combien malheureux devaient être des hommes sans expérience, manquant de tout, et ignorant les arts de première nécessité. Livrés, par leurs besoins, à toutes sortes de vices et de défauts, que la plupart de leurs descendans ne connaissent plus aujourd'hui, tantôt despotes, tantôt esclaves, ils étaient fourbes, voleurs, féroces, anthropophages, idolâtres; les opinions les plus absurdes et les plus terribles de la Divinité les gouvernaient et les maintenaient dans des guerres perpétuelles au profit de quelques tyrans. Tel est l'abrégé de l'histoire de tous les Sauvages. On en retrouve des traces profondes dans les temps que nous appelons héroïques et sacrés, et même dans notre histoire. Peu à peu les nations se sont perfectionnées par leurs propres malheurs : leur raison, ce rayon divin, s'est accrue de celle de leurs voisins. Le ciel la leur a donnée en commun; les siècles se sont épurés. L'œuf qui contient le genre humain est près d'éclore; le phénix qu'il renferme apparaît avec toutes ses proportions.

Ne regrettons donc point l'antiquité; elle n'est que l'enfance imbécile et barbare du monde : nos aïeux ont traversé l'âge de fer; l'âge d'or est devant nous. Mais qui sait si cette vie mortelle n'est pas pour chacun de nous en particulier un apprentissage d'une vie divine qui doit la suivre? Qui sait si nous ne passons pas de monde en monde, en passant de mort en mort? Peut-être notre destinée est liée avec toutes les zones célestes du système solaire, comme elle l'est ici-bas avec celles qui composent notre terre; peut-être, avant d'y arriver, avons-nous vécu dans les crépuscules et les aurores d'Herschel et de Saturne. D'autres siècles et de nouveaux rayons de lumière nous ont transportés dans les demi-jours de Jupiter et de Mars, couleur de sang. De là nous sommes venus, pleins d'ignorance et d'humeur guerrière, sur cette terre où combattent notre raison et nos passions. D'ici nous passerons dans la brillante Vénus et dans Mercure, voisins du soleil, où se perfectionneront nos idées et nos vertus. Enfin, après avoir parcouru tous les étages de l'existence humaine, nous arriverons purifiés dans l'astre d'où jaillissent sans cesse le mouvement, les formes, les amours et les générations. Combien de lois inconnues y sont renfermées! L'attraction mécanique, la seule loi que les astronomes opposent, peut-elle les avoir variées en tant de genres et en tant d'espèces, et avec une si profonde intelligence? Aux mêmes degrés de latitude, dans l'hémisphère nord et dans l'hémisphère sud, dans l'ancien monde et dans le nouveau, ce ne sont plus les mêmes animaux ni les mêmes herbes. Quelle variété donc d'une planète à l'autre, dans leurs productions! Qui sait même si ces globes matériels, visibles et invisibles, ne sont pas créés à l'image du soleil, comme on dit que les hommes le sont à l'image de Dieu? Qui sait si leurs productions les plus belles ne sont pas aussi des images faibles et passagères des réalités ineffables et éternelles que cet astre renferme dans son sein? Je crois cette idée de Platon; ce qu'il y a de certain, c'est que tout ce qu'il a de plus utile, de plus beau, de plus fort, de plus précieux sur la terre, en alimens, en arbres, en animaux et en métaux, ne se trouve que dans la double zone que le soleil enrichit toute l'année par l'influence de ses rayons. Ceci posé, à la mort, cette terre ténébreuse reçoit nos corps dans son sein et s'enrichit de leurs cendres; nous lui rendons ce que nous en avons emprunté : pourquoi le soleil ne donnerait-il pas aussi un dernier asile à nos ames, qui sont de même nature que sa lumière? Elles en ont emprunté ce qu'elles avaient de meilleur, le sentiment de la gloire, de l'amour de la bienfaisance, et celui de l'existence d'un Dieu. N'est-il pas déja la récompense de nos vertus, qui ne sont que les attraits des ames bienfaisantes et malheureuses, vers l'être invisible qui les a créées? Ah! sans doute, il n'a posé le soleil, si éclatant de lumière, au milieu des mondes, que comme un prix pour les vainqueurs au milieu des jeux de la vie.

Ainsi parla le pilote; j'étais si ému de son discours, que, me levant avec effort, je l'embrassai de mes faibles bras : Vous m'avez, lui dis-je, rendu nouvelle une vie qui s'enfuit loin de moi, et vous me faites aimer la mort qui s'en approche. Vous venez de soulever sous mes yeux affaiblis un des voiles de la nature; si nous étions au temps des Platon et des Pythagore, je vous dirais que vous méritez que les Néréides vous couronnent de corail et de perles orientales. A présent je ne puis vous offrir que des vœux stériles pour le progrès de vos lumières, si consolantes pour le genre humain. Je vous le répète, me répliqua-t-il avec un peu de vivacité, cette théorie des mers ne m'appartient pas, mais je suis pénétré de sa vérité : cependant, loin de desirer quelque marque de distinction pour son auteur, je ne lui souhaite que l'obscurité la plus profonde. Nous vivons dans un temps et avec des hommes parmi lesquels nous devons craindre la destinée des Platon et des Pythagore. Vous savez que l'un fut vendu pour l'esclavage par son ami Denys, et l'autre massacré par les Calydoniens, pour avoir appris de nouvelles vérités aux hommes : Socrate fut aussi leur victime pour les avoir éclairés. Les temps n'ont point changé : vous savez ce qui arriva à Galilée et à tant d'autres bienfaiteurs du genre humain. Dans les pays où les erreurs sont honorées comme des vérités, les vérités sont persécutées comme des erreurs. Il faut garder le silence sur tout ce que vous venez d'entendre; pour moi, je n'en parle jamais qu'à ceux dans lesquels je trouve encore des sentiments d'homme.

Mais la lune va se coucher, le ciel continue de se couvrir, nous ne tarderons pas à avoir une tempête; il est tard, je vais prendre un peu de repos, imitez-moi. Alors il m'aida à regagner l'abri de ma chaloupe, et il prit congé de moi en m'embrassant.

# MÉMOIRE
## SUR
# LES MARÉES.

J'explique la direction de nos marées en été vers le nord, par les contre-courans du courant général de l'océan Atlantique, qui, dans cette saison, descend de notre pôle, dont les glaces se fondent en partie par l'action du soleil qui l'échauffe pendant six mois. Je suppose que ce courant général, qui court alors au sud, se trouvant resserré par le cap Saint-Augustin en Amérique et par l'entrée du golfe de Guinée en Afrique, produit de chaque côté des contre-courans qui nous donnent les marées qui remontent au nord le long de nos côtes. Ces contre-courans existent en effet dans ces mêmes lieux, et sont toujours produits aux deux côtés d'un détroit par où passe un courant. Mais je n'ai pas besoin de supposer les réactions du cap Saint-Augustin et de l'entrée du golfe de Guinée, pour faire remonter nos marées jusque bien avant dans le nord. La simple action du courant général de l'Atlantique, qui descend du pôle nord et court au sud, en déplaçant devant lui un grand volume d'eau qu'il repousse à droite et à gauche, suffit pour produire le long de son cours ces réactions latérales d'où sortent nos marées qui remontent au nord.

J'avais cité à ce sujet deux observations, dont la première est à la portée de tout le monde. C'est celle d'une source qui, en se déchargeant dans un bassin, fait naître sur les côtés de ce bassin un remous ou contre-courant qui ramène les pailles et les autres corps flottants à la source même.

La seconde preuve est tirée du père Charlevoix, dans son *Histoire de la Nouvelle-France*. Il rapporte que, quoiqu'il eût le vent contraire, il fit huit bonnes lieues dans un jour sur le lac Michigan, contre son courant général, à l'aide de ses contre-courans latéraux.

Mais M. de Crèvecœur, auteur des *Lettres d'un Cultivateur américain*, va encore plus loin; car il assure, tome III, page 433, qu'en remontant l'Ohio, le long de ses bords, il fit 422 milles en quatorze jours, ce qui fait plus de dix lieues par jour, « à l'aide, dit-il, des remous, qui ont toujours une » vélocité égale au courant principal. » Voilà la seule observation que j'ajouterai aux observations précédentes, à cause de son importance et de l'estime que je porte à son auteur.

Ainsi l'effet général des marées est mis dans le plus grand jour, par l'exemple des contre-courans latéraux de nos bassins où se déchargent des sources, de ceux des lacs qui reçoivent des rivières, et de ceux des rivières elles-mêmes, malgré leurs pentes considérables, sans qu'il soit besoin de détroit particulier pour opérer ces réactions dans toute l'étendue de leurs rivages, quoique les détroits augmentent considérablement ces mêmes contre-courans ou remous.

A la vérité, le cours de nos marées vers le nord en hiver, ne peut plus s'expliquer comme un effet des contre-courans latéraux de l'océan Atlantique qui descend du nord, puisque alors son courant général vient du pôle sud, dont le soleil fond les glaces. Mais le cours de ces marées vers le nord se conçoit encore plus aisément par l'effet direct du courant général du pôle sud, qui va droit au nord. Dans cette direction ce courant austral passe presque toujours d'un lieu plus large dans un lieu plus étroit; s'engageant d'abord entre le cap Horn et le cap de Bonne-Espérance, et remontant jusque dans les baies et méditerranées du nord, il pousse à la fois devant lui tout le volume des eaux de l'océan Atlantique, sans permettre qu'aucune colonne s'en échappe à droite ou à gauche. Cependant, s'il rencontrait dans sa route quelque cap ou détroit qui s'opposât à son cours, il ne faut pas douter qu'il n'y formât un contre-courant latéral, ou des marées qui iraient en sens contraire. C'est aussi l'effet qu'il produit au cap Saint-Augustin en Amérique, et au-dessus du golfe de Guinée, vers le dixième degré de latitude nord, en Afrique, c'est-à-dire aux deux endroits où ces deux parties du monde se rapprochent davantage : car, dans l'été du pôle sud, les courans et les marées, loin de se porter au nord au-dessus de ces deux points, retournent au sud du côté de l'Amérique, et courent vers l'est de l'Afrique tout le long du golfe de Guinée, contre toutes les lois du système lunaire.

Je pourrais remplir un volume de nouvelles preuves en faveur de la fonte alternative des glaces polaires et de l'allongement de la terre aux pôles, qui sont des conséquences l'une de l'autre; mais j'en ai cité précédemment plus qu'il n'en faut pour constater ces vérités. Le silence même des académies, sur des objets si importans, est une preuve qu'elles n'ont rien à m'objecter. Si j'avais eu tort en relevant l'étrange erreur par laquelle elles ont conclu que les pôles de la terre étaient aplatis, d'après des opérations géométriques qui montrent évidemment qu'ils sont allongés, elles n'auraient pas manqué de journaux, qui leur sont dévoués la plupart, pour réprimer la voix d'un solitaire. Je n'en ai trouvé qu'un seul qui ait osé me donner la sienne. Parmi tant de puissances littéraires qui se disputent l'empire des opinions et qui croisent sur leurs mers orageuses, en tâchant de couler à fond tout ce qui ne sert pas sous leurs drapeaux, un journaliste étranger a arboré en ma faveur le pavillon de l'insurgence. C'est celui de Deux-Ponts, que je nomme, suivant ma coutume de reconnaître publiquement des services particuliers, quoique celui-ci ait été rendu à la vérité bien plus qu'à moi, qui suis personnellement inconnu à cet écrivain, si estimable par son impartialité.

D'un autre côté, si les académies ne se sont pas expliquées, il faut considérer l'embarras où elles se trouvent de se rétracter publiquement d'une inconséquence géométrique déjà si ancienne et si répandue. Elles ne peuvent approuver mes résultats sans condamner les leurs; et elles ne peuvent condamner les miens, parce que leurs propres travaux les justifient. Je n'ai point été moi-même moins embarrassé, lorsqu'en publiant mes observations je me suis vu dans l'alternative de choisir entre leur estime et leur amitié; mais j'ai été entraîné par le sentiment de la vérité, qui doit emporter sur tous les ménagemens publics. L'intérêt de ma réputation, je l'avoue, y est aussi entré pour quelque chose, mais pour la moindre part. L'utilité publique a été mon principal objet. Je n'ai employé ni le ridicule ni l'enthousiasme contre des hommes fameux surpris dans l'erreur. Je ne me suis point enivré de ma propre raison. Je me suis approché d'eux, comme je me serais approché de Platon endormi sur le bord d'un précipice, craignant leur réveil et encore plus leur assoupissement. Je n'ai point rapporté leur aveuglement à quelque défaut de lumière dont le reproche est si sensible aux savans; mais à l'éblouissement des systèmes, et surtout à l'influence de l'éducation et des habitudes morales qui voilent notre raison de tant de préjugés. J'ai donné, dans l'Avis de mon premier volume des *Études*, l'origine de cette erreur, que Newton a le premier mise en avant; et sa réfutation géométrique dans l'explication des figures, à la fin du troisième volume du même ouvrage.

J'ai lieu de craindre que ma modération et mon honnêteté ne soient pas imitées. Il a paru, dans le *Journal de Paris*, une critique anonyme fort amère des *Études de la nature*. Elle commence à la vérité par les louer en général, mais elle détruit en détail tout le bien que la voix publique semble lui avoir forcée d'en dire. Elle avait été précédée, peu de temps auparavant, de quelques autres lettres anonymes où mon ouvrage n'était pas nommé, mais sur lequel elles répandaient, en passant, un poison froid et subtil, propre à faire son effet à la longue. J'ai vu avec surprise s'ouvrir à mon égard cet évent de la haine d'un ennemi obscur; car enfin j'ai tâché de bien mériter de tout le monde, et je ne suis sur le chemin de personne. Mais, lorsque j'ai appris que plusieurs de mes amis avaient présenté inutilement au *Journal de Paris* leur prose et leurs vers pour ma défense; que bien auparavant on avait refusé d'y insérer des morceaux de littérature où l'on me donnait quelques éloges, j'ai été convaincu qu'il y avait un parti formé contre moi. Alors j'ai eu recours au *Journal général de France*, dont l'impartial rédacteur a bien voulu insérer ma défense et ma réclamation dans sa feuille du 29 novembre n° 143.

Voici donc ce que j'ai répondu au critique qui a employé l'anonyme et le sarcasme contre des vérités physiques, et qui a pris pour m'attaquer le poste des faibles et l'arme des méchans.

*A Monsieur le Rédacteur du* JOURNAL GÉNÉRAL DE FRANCE.

« MONSIEUR,

» Un écrivain qui se cache sous le nom de Soli-
» taire des Pyrénées, jaloux, je pense, de l'ac-
» cueil dont le public a honoré mes *Études de la*
» *Nature*, en a inséré, dans le *Journal de Paris*,
» une critique pleine d'humeur.

» Il y trouve souvent fort mauvais que j'aie ac-
» cusé des académiciens de s'être trompés, lors-
» qu'ils ont conclu de l'agrandissement des de-
» grés vers le pôle, que la terre y était aplatie;
» que j'attribue la cause des marées à la fonte des
» glaces polaires, etc.... Pour affaiblir mes résul-
» tats, il les présente sans preuves. Il se garde
» bien de parler de ma démonstration si simple et
» si évidente, où j'ai fait voir que lorsque les de-
» grés d'un arc de cercle s'allongent, l'arc de cer-
» cle s'allonge aussi, et ne s'aplatit pas. C'est ce
» que prouvent les pôles d'un œuf, ainsi que ceux
» du monde. Il n'y dit pas que les glaces de cha-
» que pôle ayant cinq à six mille lieues de circon-
» férence dans leur hiver, et deux à trois mille
» seulement dans leur été, j'ai été fondé à con-
» clure de leurs fontes alternatives tous les mou-
» vemens des mers. Il n'y parle pas de la multi-
» tude des preuves géométriques, nautiques, géo-
» graphiques, botaniques, et même académiques,
» dont j'ai appuyé ces importantes et nouvelles vé-
» rités. C'est à mes lecteurs à juger si elles sont
» sont bonnes. Comme il est clair que l'anonyme
» n'a observé la nature que dans les livres à sys-
» tèmes; qu'il n'oppose que des noms à des faits,

» et des autorités à des raisons; qu'il y suppose
» décidé ce que j'ai réfuté; qu'il m'y fait dire ce
» que je n'ai pas dit; que ce genre de critique est
» à la portée de tout homme superficiel, oisif et de
» mauvaise foi; que ma santé, mon temps et mon
» goût ne me permettent pas de réfuter des diatri-
» bes de cette espèce, quand même l'auteur au-
» rait la loyauté de s'y nommer, je déclare donc
» qu'à l'avenir je ne répondrai à aucune critique
» de ce genre, surtout dans les papiers publics.

» Cependant si quelque ami de la vérité décou-
» vre des erreurs dans mon ouvrage, où il y en a
» sans doute, et qu'il veuille me faire l'amitié de
» m'en instruire directement, je les corrigerai dans
» mon livre et le citerai avec éloge; parce que,
» comme lui, je ne cherche que la vérité, et que
» je n'honore que ceux qui l'aiment.

» Je suis seul, monsieur. Comme je ne tiens à
» aucun parti, je ne puis disposer d'aucun journal.
» J'ai déjà éprouvé que je n'avais pas le crédit de
» faire rien publier dans celui de Paris, même
» pour le service des malheureux. Je vous prie
» donc d'insérer dans vos feuilles si impartiales
» ma réponse pour le présent et ma protestation de
» silence pour l'avenir.

» Au reste, en me plaignant de l'anonyme qui
» a attaqué mon ouvrage avec tant de fiel, je suis
» obligé de convenir qu'il a fait un éloge excessif
» de mon style. Cependant, je ne sais comment
» cela se fait, je me sens encore plus humilié de
» ses louanges que choqué de son mauvais ton.

» J'ai l'honneur d'être, etc.

» *Signé* DE SAINT-PIERRE.

« A Paris, ce 22 novembre 1787.

L'anonyme promettait de s'étendre encore aux dépens de mon ouvrage dans les feuilles suivantes du *Journal de Paris*; mais le public ayant murmuré de me voir attaqué indécemment dans une lice fermée à mes amis, le rédacteur de ce journal, pour donner une preuve de son impartialité, a publié aussitôt un fragment d'une épître en vers à ma louange. Cet éloge est aussi l'ouvrage d'un anonyme; car les bons se cachent pour faire le bien, comme les méchans pour faire le mal. Les vers qu'on en a détachés sont très-beaux; mais il y en a, selon moi, encore de plus beaux dans le reste de l'épître. Je les louerais de bon cœur, si je n'y étais beaucoup trop loué. Cependant la reconnaissance m'oblige de dire qu'ils sont de M. Théresse, avocat au conseil, qui m'a donné, il y a un an, au mois de janvier, ce témoignage particulier de son amitié et de ses rares talens.

Revenons au point qui intéresse le plus les académies. Pour se convaincre que les pôles de la terre sont allongés, il ne s'agit pas de résoudre quelque problème de la géométrie transcendante, tout hérissé d'équations, tel que la quadrature du cercle; mais il suffit des notions les plus communes des élémens de la géométrie et de la physique. Avant de rassembler les preuves que j'en ai données, et d'y en joindre de nouvelles, je vais dire deux mots des moyens qui peuvent nous servir à nous assurer de la vérité, autant pour mon instruction que pour celle de mes critiques.

Nous sommes au sein de l'ignorance, comme des marins au milieu d'une mer sans rivages. On y voit çà et là quelques vérités éparses comme des îles. Pour reconnaître des îles en pleine mer, il ne suffit pas de savoir leur distance au nord ou à l'orient. Leur latitude donne un cercle entier, et leur longitude un autre; mais l'intersection de ces deux mesures détermine précisément le lieu où elles sont. On s'assure de même de la vérité, qu'en la considérant sous plusieurs rapports. Voilà pourquoi un objet que nous pouvons soumettre à l'examen de tous nos sens, nous est beaucoup mieux connu que celui auquel nous ne pouvons en appliquer qu'un seul. Ainsi nous connaissons mieux un arbre qu'une étoile, parce que nous voyons et touchons l'arbre; la fleur de l'arbre nous fournit plus de connaissances que son tronc, parce que nous pouvons l'examiner de plus avec le sens de l'odorat; et enfin nos observations se multiplient sur le fruit parce que nous le goûtons et que nous pouvons l'observer avec quatre sens à la fois. Quant aux objets vers lesquels nous ne pouvons diriger qu'un seul de nos organes, tel que celui de la vue, nous n'en acquérons la science qu'en les considérant sous différens aspects. Vous dites: Cette tour à l'horizon est bleue, petite et ronde. Vous en approchez, et vous la trouvez blanche, grande et anguleuse. Vous concluez alors qu'elle est carrée; mais vous en faites le tour et vous voyez qu'elle est pentagonale. Vous jugez qu'il est impossible d'en mesurer la hauteur sans un instrument, parce qu'elle est fort élevée. Prenez un objet de comparaison accessible, celui de votre ombre avec votre hauteur; vous y trouverez le même rapport qu'entre l'ombre de la tour et son élévation, que vous jugiez inaccessible.

Ainsi la science d'une vérité ne s'acquiert qu'en la considérant sous divers rapports. Voilà pourquoi il n'y a que Dieu qui soit véritablement savant, parce qu'il connaît seul tous les rapports qui existent entre les choses; et qu'il n'y a encore que Dieu qui soit le plus universellement connu de tous les êtres, parce que les rapports qu'il a établis entre les choses le manifestent dans tous ses ouvrages.

Toutes les vérités s'enchaînent. Nous n'en acquérons la science qu'en les comparant les unes aux autres. Si les académiciens avaient fait usage de ce principe, ils auraient reconnu que l'aplatissement des pôles était une erreur. Il ne s'agissait que d'en appliquer les conséquences à la distribution des mers. Si les pôles sont aplatis, leurs rayons étant les plus courts du globe, toutes les mers doivent s'y rendre comme au lieu le plus bas de la terre : d'un autre côté, si l'équateur est renflé, toutes les mers doivent s'en éloigner, et la zone torride doit présenter dans toute sa circonférence une zone de terre sèche, de six lieues et demie d'élévation à son centre, puisque le rayon du globe à l'équateur surpasse de cette dimension le rayon aux pôles, suivant les académiciens.

Or, la configuration du globe nous présente précisément le contraire : car les mers les plus grandes et les plus profondes sont précisément sous son équateur; tandis que du côté de notre pôle, la terre se prolonge fort avant dans le nord, et que les mers qu'elle renferme ne sont que des méditerranées remplies de hauts-fonds.

A la vérité, le pôle sud est environné d'un vaste océan; mais comme le capitaine Cook n'en a approché qu'à quatre cent soixante-quinze lieues, nous ignorons s'il y a des terres qui l'avoisinent. De plus, il est vraisemblable, ainsi que je l'ai dit ailleurs, que la nature qui contraste et balance toutes choses, a compensé l'élévation en territoire du pôle nord, par une élévation équivalente en glace au pôle sud. En effet, Cook a trouvé la coupole glaciale du pôle sud beaucoup plus étendue et plus élevée que celle qui couvre le pôle nord, et il ne veut pas qu'on établisse à cet égard de comparaison. Voici ce qu'il dit à l'occasion d'une de ses extrémités solides, qui l'empêcha de pénétrer au delà du 71e degré sud, et qui était semblable à une chaîne de montagnes s'élevant les unes sur les autres et se perdant dans les nuages. « On n'a ja- » mais vu, je pense, de montagnes de glace com- » me celles-ci dans les mers du Groënland; du » moins, je ne l'ai vu nulle part, et je ne l'ai point » ouï dire : de sorte qu'on ne doit pas établir une » comparaison entre les glaces du nord et celles » de ces parages. »[1]

Cette prodigieuse élévation de glaces, dont Cook n'a vu qu'une extrémité, peut donc équivaloir à l'élévation de territoire du pôle nord, constatée par les travaux mêmes des académiciens.

---

[1] Cook, année 1774, janvier.

Mais, quoique les mers gelées du pôle sud se refusent aux opérations de la géométrie, nous allons voir tout à l'heure par deux observations authentiques, que les mers fluides qui l'environnent sont plus élevées que celles de l'équateur, et sont au même niveau que celles du pôle nord.

Vérifions maintenant l'allongement des pôles, par la même méthode qui vient de nous servir à démontrer leur aplatissement. Cette dernière hypothèse a acquis un nouveau degré d'erreur, en l'appliquant à la distribution des terres et des mers du globe; celle de l'allongement des pôles va gagner de nouveaux degrés de certitude, en l'étendant à différentes harmonies de la nature.

Rassemblons pour cet effet les preuves qui sont dispersées dans mes ouvrages. Il y en a de géométriques, de géographiques, d'atmosphériques, de nautiques et d'astronomiques.

1° La première preuve de l'allongement de la terre aux pôles est géométrique. Je l'ai insérée dans l'explication des figures, à la fin du tome III des *Études* : elle suffit seule pour jeter sur cette vérité le dernier degré d'évidence. Il ne fallait pas même de figure pour cela. On conçoit fort aisément que si dans un cercle les degrés d'une portion de ce cercle s'allongent, la portion entière de ce cercle s'allonge aussi. Or, les degrés du méridien s'allongent sous le cercle polaire, puisqu'ils y sont plus grands que sous l'équateur, suivant les académiciens : donc l'arc polaire du méridien, ou, ce qui est la même chose, la courbe polaire, s'allonge aussi. J'ai déjà fait usage de cet argument, auquel on ne peut rien répondre, pour prouver que la courbe polaire n'était pas aplatie; je puis bien m'en servir aussi pour prouver qu'elle est allongée.

2° La seconde preuve de l'allongement de la terre aux pôles est atmosphérique. On sait que la hauteur de l'atmosphère diminue à mesure qu'on s'élève sur une montagne. Or cette hauteur diminue aussi à mesure qu'on avance vers le pôle. J'ai à ce sujet deux expériences du baromètre : la première pour l'hémisphère nord, et la seconde pour l'hémisphère sud. Le baromètre, à Paris, baisse d'une ligne à onze toises de hauteur, et il baisse aussi d'une ligne en Suède si on s'élève seulement à dix toises un pied six pouces quatre lignes. Donc l'atmosphère de la Suède est plus basse, ou, ce qui revient au même, son continent est plus élevé que celui de Paris; donc la terre s'allonge en allant vers le nord. Cette expérience et ses conséquences ne peuvent être rejetées des académiciens; car elles sont tirées de l'*Histoire de l'Académie des Sciences*, année de 1712, page 4.

3° La seconde expérience de l'abaissement de l'atmosphère aux pôles a été faite vers le pôle sud. C'est une suite d'observations barométrales faites chaque jour dans l'hémisphère sud par le capitaine Cook, pendant les années 1773, 1774 et 1775, où l'on voit que le mercure ne s'élevait guère au-dessus de 29 pouces anglais au-delà du 60° degré de latitude sud, et montait presque toujours à 30 pouces, et même plus haut, dans le voisinage de la zone torride; ce qui prouve que le baromètre baisse en allant vers le pôle sud, ainsi que vers le pôle nord, et que par conséquent l'un et l'autre sont allongés.

On peut voir la table de ces observations barométrales à la fin du second voyage du capitaine Cook. Celles du même genre, qui ont été recueillies dans le voyage suivant, ne présentent entre elles aucune différence régulière, quelle que soit la latitude du vaisseau; ce qui prouve leur inexactitude, occasionée probablement par le désordre que dut entraîner la mort successive des observateurs, c'est-à-dire du savant Anderson, chirurgien du vaisseau et ami particulier de Cook; de ce grand homme lui-même; du capitaine Clerke son successeur; et peut-être aussi par quelque partisan zélé de Newton, qui aura voulu jeter des nuages sur des faits si contraires à son système de l'aplatissement des pôles.

4° La quatrième preuve de l'allongement des pôles est nautique. Elle est formée de six expériences de trois différentes espèces. Les deux premières expériences sont prises de la descente annuelle des glaces de chaque pôle vers la ligne; les deux secondes, des courans qui descendent des pôles pendant leur été; et les deux dernières, de la rapidité et de l'étendue de ces mêmes courans, qui font le tour du globe alternativement pendant six mois : trois sont pour le pôle nord, et trois pour le pôle sud.

La première expérience, tirée de la descente des glaces du pôle nord, est citée dans le tome I$^{er}$ des *Études*, Étude quatrième. J'y ai rapporté les témoignages des plus célèbres marins du Nord, entre autres, de l'Anglais Ellis, des Hollandais Linschoten et Barents, du Hambourgeois Martens, et de Denis, gouverneur français du Canada, qui attestent que ces glaces sont d'une hauteur prodigieuse, et qu'on les rencontre fréquemment au printemps, à des latitudes tempérées. Denis dit qu'elles sont plus hautes que les tours de Notre-Dame, qu'elles forment quelquefois des chaînes flottantes de plus d'une journée de navigation, et qu'elles viennent échouer jusque sur le grand banc de Terre-Neuve. La partie la plus septentrionale de ce banc ne s'étend guère au-delà du 50e degré; et les marins qui vont à la pêche de la baleine ne trouvent en été les glaces solides du nord que vers le 75e degré. Mais en supposant que ces glaces solides s'étendent en hiver depuis le pôle jusqu'au 65e degré, les glaces flottantes qui s'en détachent parcourraient 375 lieues dans les deux premiers mois du printemps. Ce n'est point le vent qui les pousse vers le midi, puisque les vaisseaux pêcheurs qui les rencontrent ont souvent le vent favorable; des vents inconstans les porteraient indifféremment au nord, ou à l'est, ou à l'occident : mais ce sont les courans du nord qui les amènent constamment chaque année vers la ligne, parce que le pôle d'où ils sortent est plus élevé.

5° La seconde expérience de la même espèce, pour le pôle sud, est tirée des Voyages du capitaine Cook, année 1772, 10 décembre. « Le 10 » décembre, à huit heures du matin, nous décou- » vrîmes des glaces à notre ouest; » à quoi M. Forster ajoute : « et à environ deux lieues au-dessus du » vent, une autre masse qui ressemblait à une » pointe de terre blanche. L'après-midi, nous pas- » sâmes près d'une troisième qui était cubique, » et qui avait 2,000 pieds de long, 400 de large et » au moins 200 d'élévation. » Cook était alors au 51e degré de latitude sud, et à deux degrés ouest de longitude du cap de Bonne-Espérance. Il en vit beaucoup d'autres jusqu'au 17 janvier 1773 ; mais étant à cette époque par 65 degrés 15 minutes de latitude sud, il fut arrêté par un banc de glaces brisées, qui l'empêcha d'aller plus avant au sud. Ainsi, en supposant que la première glace qu'il rencontra le 10 décembre fût partie de ce point le 10 octobre, temps où je suppose que l'action du soleil a commencé à dissoudre les glaces du pôle sud, elle aurait parcouru vers la ligne 14 degrés, ou 350 lieues en deux mois, c'est-à-dire fait dans le même temps à peu près le même chemin que les glaces qui descendent du pôle nord. Le pôle sud est donc, ainsi que le pôle nord, plus élevé que l'équateur, puisque ces glaces descendent vers la zone torride.

6° La troisième expérience nautique de l'allongement du pôle nord vient de ses courans mêmes, qui sortent directement des baies et des détroits du nord avec la rapidité des écluses. J'ai cité à cet égard les mêmes marins du Nord, Linschoten et Barents, envoyés par les Hollandais pour trouver un passage à la Chine par le nord-est; et Ellis, chargé par les Anglais de chercher un passage à la mer du Sud, au nord-ouest, dans le fond de la baie d'Hudson. Ils ont trouvé au fond de ces mers septentrionales des courans qui sortaient ces baies et des détroits, en faisant huit à dix nœuds par heure, entraînant une multitude prodigieuse de glaces flottantes; et des marées tumultueuses qui, ainsi que les courans, se précipitaient directement du nord, du nord-est ou du nord-ouest, selon le gisement des terres. C'est d'après ces faits constans et multipliés que je me suis convaincu que la fonte des glaces polaires était la cause seconde du mouvement des mers, le soleil la cause première, et que j'ai formé ma théorie des marées.

7° Les courans de la mer du sud prennent également naissance dans les glaces du pôle austral. Voici ce qu'en rapporte Cook, année 1774, janvier : « A la vérité, c'était mon opinion, ainsi que
» celle de la plupart des officiers, que cette glace
» s'étendait jusqu'au pôle, ou que peut-être elle
» touchait à quelque terre, à laquelle elle est fixée
» dès les temps les plus anciens; qu'au sud de ce
» parallèle se forment toutes les glaces que nous
» trouvions çà et là au nord; qu'elles en sont en-
» suite détachées par des coups de vent, ou par
» d'autres causes, et jetées au nord par les cou-
» rans, que dans les latitudes élevées nous avons
» toujours reconnus porter vers cette direction. »
Ainsi cette quatrième expérience nautique prouve que le pôle sud est allongé comme le pôle nord; car si l'un et l'autre étaient aplatis, les courans se dirigeraient vers eux, au lieu de porter vers la ligne.

Ces courans australiens ne sont pas si violens à leur origine que les septentrionaux, parce qu'ils ne sont pas, comme eux, rassemblés dans les baies, et ensuite dégorgés par les détroits; mais nous allons voir qu'ils s'étendent tout aussi loin.

8° La cinquième preuve nautique de l'élévation des pôles au-dessus de l'horizon de toutes les mers vient de la rapidité et de la longueur de leurs courans, qui font le tour du globe. On peut voir à ce sujet l'étendue de mes recherches et de mes preuves, à la fin du tome III des *Études*, dans l'explication des figures, Hémisphère atlantique. J'ai cité d'abord le courant de l'océan Indien, qui flue six mois vers l'orient et six mois vers l'occident, suivant le témoignage de tous les marins de l'Inde. J'ai fait voir que ce courant alternatif et semi-annuel ne pouvait s'attribuer en aucune manière au cours de la lune et du soleil, qui vont toujours d'orient en occident; mais à la chaleur combinée de ces astres, qui fondent pendant six mois les glaces de chaque pôle.

J'ai ensuite apporté deux observations très-curieuses, pour constater qu'un pareil courant semi-annuel et alternatif existait dans l'océan Atlantique, où jusqu'à présent on ne l'avait pas soupçonné.

La première est celle de Rennefort, qui trouva, au mois de juillet 1666, au sortir des îles Açores, la mer couverte des débris d'un combat naval qui s'était donné neuf jours auparavant entre les Anglais et les Hollandais à la hauteur d'Ostende : ces débris avaient fait dans neuf jours plus de 275 lieues vers le midi, ce qui fait plus de 34 lieues par jour; et c'est une cinquième expérience nautique qui prouve, par la rapidité des courans du nord, l'élévation considérable de ce pôle sur l'horizon des mers.

9° Ma sixième expérience nautique démontre particulièrement l'élévation du pôle sud, par l'étendue de ses courans, qui remontent en hiver jusqu'aux extrémités de l'Atlantique. C'est l'observation de M. Pennant, célèbre naturaliste anglais, qui rapporte que la mer jeta sur les côtes d'Ecosse le mât du *Tilbury*, vaisseau de guerre qui brûla à la rade de la Jamaïque ; et qu'on recueille tous les ans, sur les rivages des îles qui avoisinent l'Écosse, des graines de plantes qui ne croissent qu'à la Jamaïque. Cook assure aussi dans ses Voyages, comme un fait constant, qu'on trouve tous les ans, sur les côtes d'Islande, quantité de grosses semences plates et rondes appelées des *yeux de bœuf*, qui ne viennent qu'en Amérique.

10° et 11° Les preuves astronomiques de l'allongement des pôles sont au nombre de trois. Les deux premières sont lunaires. C'est la double observation de Tycho-Brahé et de Kepler, qui ont vu dans les éclipses centrales de la lune l'ombre de la terre allongée sur ses pôles. Je l'ai citée tome 1er des *Études*, Étude quatrième. On ne peut rien opposer au témoignage de la vue de deux astronomes aussi célèbres, dont les calculs, loin d'être favorisés, se trouvaient dérangés par leurs observations.

12° La troisième preuve astronomique de l'allongement des pôles est solaire, et regarde le pôle nord. C'est l'observation de Barents, qui aperçut de la Nouvelle-Zemble, par le 76e degré de latitude nord, le soleil à l'horizon quinze jours plus tôt qu'il ne s'y attendait. Le soleil, dans ce cas, était de 2 degrés et demi plus élevé qu'il ne devait l'être. En donnant un degré pour la réfraction de l'atmosphère en hiver, au 76e degré de latitude nord, et même un degré et demi, ce qui est très-considérable, il resterait un degré au moins pour l'élévation extraordinaire de l'observateur sur l'horizon de la Nouvelle-Zemble. J'ai relevé, à cette occasion, une erreur de l'académicien Bouguer, qui ne fixe qu'à 34 minutes la plus grande réfraction du soleil pour tous les climats. Je ne me sers pas, comme on voit, de tous les avantages que me donnent ceux dont je combats les opinions.

Ces douze preuves, tirées de différentes harmonies de la nature, s'accordent mutuellement à démontrer que les pôles sont allongés. Elles sont appuyées d'une multitude de faits, dont je pourrais augmenter le nombre ; tandis que les académiciens ne peuvent appliquer à aucun phénomène de la terre, de la mer ou de l'atmosphère, leur résultat de l'aplatissement des pôles, sans en reconnaître aussitôt l'erreur. D'ailleurs la géométrie seule suffit pour les en convaincre.

A la vérité, ils y ont fait cadrer les vibrations du pendule ; mais cette expérience est sujette à mille erreurs. Elle est au moins aussi suspecte que celle du miroir ardent, qui leur a servi à conclure que les rayons de la lune n'avaient pas de chaleur ; tandis que le contraire a été prouvé à Rome et à Paris par des professeurs de physique. Le pendule s'allonge par le chaud et se raccourcit par le froid. Il est bien difficile de compenser ses variations par un assemblage de verges de différens métaux. D'un autre côté, il est bien facile à des hommes prévenus dès l'enfance pour l'attraction de se méprendre de quelques lignes en sa faveur. D'ailleurs tous ces petits moyens de la physique, sujets à tant de mécompte, ne peuvent contredire en aucune manière l'allongement des pôles de la terre, dont la nature nous présente les mêmes résultats sur la terre, sur la mer, dans l'air et dans les cieux.

L'allongement des pôles prouvé, le courant des mers et des marées s'ensuit naturellement. Plusieurs personnes, voyant régner entre nos marées et les phases de la lune les mêmes accroissemens et les mêmes diminutions, sont persuadées que cet astre en est le premier mobile par son attraction ; mais ces accords n'existent que dans une partie de la mer Atlantique. Ils proviennent, non de l'attraction de la lune sur les mers, mais de sa chaleur réfléchie du soleil sur les glaces polaires, dont elle augmente les effusions, suivant certaines lois particulières à nos continens. Partout ailleurs le nombre, la variété, la durée, l'irrégularité et la régularité des marées, n'ont aucun rapport avec les phases de la lune, et s'accordent au contraire avec les effets du soleil sur les glaces polaires, et la configuration des pôles de la terre. C'est ce que nous allons prouver, en employant le même principe de comparaison qui nous a servi à réfuter l'erreur des académiciens sur l'aplatissement des pôles, et à démontrer la vérité de ma théorie sur leur prolongement.

Si la lune agissait par son attraction sur les marées de l'Océan, elle en étendrait l'influence sur les méditerranées et les lacs. Or, c'est ce qui n'est pas, puisque les méditerranées et les lacs n'ont point de marées, du moins de marées lunaires; car nous avons observé que les lacs situés au pied des montagnes à glace ont, en été, des marées solaires ou un flux comme l'Océan. Tel est le lac de Genève, qui a un flux régulier l'après-midi. Cet accord du flux des lacs voisins des montagnes à glace avec la chaleur du soleil, jette déjà la plus grande vraisemblance sur ma théorie des marées; et au contraire, la discordance de ces mêmes flux avec les phases de la lune, ainsi que la tranquillité des méditerranées lorsque cet astre passe à leur méridien, rendent déjà son attraction plus que suspecte. Mais nous allons voir que, dans le vaste Océan même, la plupart des marées n'ont aucun rapport ni avec son attraction, ni avec son cours.

J'ai déjà cité, à la fin du tome III des *Études*, dans l'explication des figures, le navigateur Dampier, qui rapporte que la plus grande marée qu'il éprouva sur les côtes de la Nouvelle-Hollande n'arriva que trois jours après la pleine lune. Il assure, ainsi que tous les navigateurs du midi, que les marées s'élèvent fort peu entre les tropiques, et qu'elles sont tout au plus de quatre à cinq pieds aux Indes orientales, et d'un pied et demi seulement sur les côtes de la mer du Sud.

Je demande maintenant pourquoi ces marées entre les tropiques sont si faibles et si retardées sous l'influence directe de la lune; pourquoi la lune nous fait éprouver, par son attraction, deux marées par jour dans notre mer Atlantique, et qu'elle n'en produit qu'une seule dans beaucoup d'endroits de la mer du Sud, qui est incomparablement plus large. Pourquoi, dans cette même mer du Sud, y a-t-il des marées diurnes et semi-diurnes, c'est-à-dire de douze heures et de six heures? Pourquoi la plupart des marées y arrivent-elles constamment aux mêmes heures et s'élèvent-elles à une hauteur régulière presque toute l'année, quelles que soient les irrégularités des phases de la lune? Pourquoi y en a-t-il qui croissent dans les quadratures, tout comme dans les pleines et nouvelles lunes? Pourquoi sont-elles toujours plus fortes en approchant des pôles, et se dirigent-elles souvent vers la ligne, contre le principe prétendu de leur impulsion?

Ces problèmes, impossibles à résoudre par la théorie de l'attraction de la lune à l'équateur, cessent de l'être par la chaleur alternative du soleil sur les glaces des deux pôles.

Je vais d'abord prouver cette diversité des marées par le témoignage même des compatriotes de Newton, partisans zélés de son système. Mes témoins ne sont pas des hommes obscurs; ce sont des savans, des capitaines de la marine du roi d'Angleterre, chargés successivement, par le vœu de leur nation et le choix de leur prince, de faire le tour du monde, et d'en rapporter des connaissances utiles à l'étude de la nature. Ce sont les capitaines Byron, Carteret, Cook, Clerke, et l'astronome Wales. J'y joindrai le témoignage de Newton lui-même. Examinons d'abord ce qu'ils rapportent sur les marées de la partie méridionale de la mer du Sud.

A la rade de l'île de Massafuero, par le 33e degré 45 minutes de latitude sud, et le 80e degré 22 minutes de longitude ouest du méridien de Londres..... « la mer verse douze heures au nord, » et reverse ensuite douze heures au sud [1]. »

Comme l'île de Massafuero est dans la partie australe de la mer du Sud, ses marées, qui vont au nord en avril, vont donc vers la ligne, contre le système lunaire : de plus, ses marées sont de douze heures; autre difficulté.

A l'anse Anglaise, sur la côte de la Nouvelle-Bretagne, vers le 5e degré de latitude sud, et le 152e degré de longitude, « la marée a son flux et » reflux une fois dans vingt-quatre heures [2]. »

A la baie des Iles dans la Nouvelle-Zélande, vers le 34e degré 59 minutes de latitude sud, et le 185e degré 36 minutes de longitude ouest, « d'après » les observations que j'ai pu faire sur la côte re- » lativement aux marées, il paraît que le flot vient » du sud [3]. »

Voici encore des marées en pleine mer qui vont vers la ligne, contre l'impulsion de la lune. Elles descendaient dans cette saison à la Nouvelle-Zélande du pôle sud, dont les courans étaient alors en activité; car c'était l'été de ce pôle, au mois de décembre. Celles de Massafuero, quoique observées au mois d'avril par le capitaine Byron, avaient aussi la même origine, parce que les courans du pôle nord, qui ne commencent qu'à la fin de mars, à l'équinoxe de notre printemps, n'avaient pas encore arrêté l'influence du pôle sud dans l'hémisphère austral.

A l'embouchure de la rivière Endeavour, dans la Nouvelle-Hollande, par le 45e degré 26 minutes de latitude sud, et le 214e degré 42 minutes de longitude ouest, où le capitaine Cook radouba son vaisseau après avoir échoué, « le flot et le jusant » n'étaient considérables qu'une fois dans vingt-

---

[1] Capitaine Byron, année 1765, avril.

[2] Capitaine Carteret, année 1767, août.

[3] Capitaine Cook, année 1769, décembre.

» quatre heures, ainsi que nous l'avions éprouvé
» tandis que nous étions sur le rocher¹. »

A l'entrée du havre de Noël, dans la terre de Kerguelen, vers le 48ᵉ degré 29 minutes de latitude sud, et le 68ᵉ degré 42 minutes de longitude est, « tandis que nous étions à l'ancre, nous ob-
» servâmes que le flux venait du sud-est, avec une
» vitesse d'au moins deux milles par heure.² »

Ainsi voilà encore une marée qui descendait directement du pôle sud. Il paraît que cette marée était régulière et diurne, c'est-à-dire de douze heures; car Cook ajoute quelques pages après : « On y a la haute mer à environ dix heures, dans
» les pleines et les nouvelles lunes, et les flots s'é-
» lèvent et retombent d'environ quatre pieds. »

Aux îles d'Otaïti, par le 17ᵉ degré 29 minutes de latitude sud, et le 149ᵉ degré 35 minutes de longitude; et d'Uliétea, par le 26ᵉ degré 45 minutes de latitude sud, « nous fîmes aussi quelques obser-
» vations sur les marées, surtout à Otaïti et à
» Uliétea. Nous voulions déterminer leur plus
» grande élévation sur la première de ces îles. Du-
» rant mon second voyage, M. Wales crut avoir
» découvert que les flots y montaient par delà le
» point que j'avais trouvé en 1769; mais nous nous
» assurâmes cette fois que cette différence n'avait
» plus lieu; c'est-à-dire que la marée s'élevait
» seulement de douze à quatorze pouces au plus.
» Nous observâmes que la marée est haute à midi
» dans les quadratures, aussi bien qu'à l'époque
» des pleines et des nouvelles lunes³. »

Cook donne, dans cet endroit de son journal, une table des marées dans ces îles, depuis le 1ᵉʳ jusqu'au 26 novembre, où l'on voit qu'il n'y avait qu'une marée par jour, qui, dans tout le cours du mois, se trouvait à sa hauteur moyenne entre onze heures et une heure. Ainsi, il est clair que des marées si régulières, à des époques si différentes de la lune, n'avaient aucun rapport avec les phases de cet astre.

Cook était à Taïti en 1769, au mois de juillet, c'est-à-dire, dans l'hiver du pôle sud; il s'y retrouvait en 1777, au mois de décembre, c'est-à-dire, dans son été : ainsi il est possible que les effusions de ce pôle étant alors plus abondantes et plus voisines de Taïti que celles du pôle nord, les marées fussent plus fortes dans cette île en décembre qu'en juillet, et que l'astronome Wales eût raison.

¹ Capitaine Cook, année 1770, juin.
² Idem, année 1776, décembre.
³ Capitaine Cook, année 1777, décembre.

Observons maintenant les effets des marées dans la partie septentrionale de la mer du Sud.

A l'entrée de Nootka, sur la côte d'Amérique, par le 49ᵉ degré 36 minutes de latitude nord, et le 233ᵉ degré 17 minutes de longitude est, « la mer
» est haute à douze heures vingt minutes dans les
» nouvelles et pleines lunes; elle s'élève de huit
» pieds neuf pouces. Je parle de l'élévation qui a
» lieu durant les marées du matin, et deux ou
» trois jours après les nouvelles et pleines lunes.
» Les marées de nuit montent alors deux pieds
» plus haut. Cette élévation plus considérable fut
» très-marquée dans la grande marée de la pleine
» lune, qui eut lieu bientôt après notre arrivée. Il
» nous parut clair qu'il en serait de même lors des
» marées de la nouvelle lune. Au reste, nous ne
» relâchâmes pas assez long-temps dans l'entrée
» de Nootka pour nous en assurer d'une manière
» positive¹. »

Ainsi voilà deux marées par jour, ou semi-diurnes, de l'autre côté de notre hémisphère, comme dans le nôtre; tandis qu'il paraît qu'il n'y en a qu'une dans l'hémisphère austral, c'est-à-dire dans la mer du Sud seulement. De plus, ces marées semi-diurnes diffèrent des nôtres, en ce qu'elles arrivent à la même heure, et qu'elles n'éprouvent d'accroissement que deux ou trois jours après la pleine lune. Nous donnerons bientôt la raison de ces phénomènes, inexplicables suivant le système lunaire.

Nous allons voir, dans les deux observations suivantes, ces marées du nord de la mer du Sud, observées en avril, devenir, à des latitudes plus élevées sur la même côte, plus fortes en mai, et encore plus en juin; ce qui ne peut se rapporter en aucune manière au cours de la lune, qui passe alors dans l'hémisphère austral, mais au cours du soleil, qui passe dans l'hémisphère septentrional, et échauffe de plus en plus les glaces du pôle nord, dont la fonte croît à mesure que la chaleur de cet astre augmente. D'ailleurs, la direction de ces marées du nord vers la ligne, et d'autres circonstances, vont confirmer pleinement qu'elles tirent leur origine du pôle.

A l'entrée de la rivière de Cook, sur la côte de l'Amérique, vers le 57ᵉ degré 54 minutes de latitude nord, « nous éprouvâmes ici une marée très-
» forte, qui portait au sud en dehors de l'entrée.
» C'était le moment du reflux; il faisait de trois à
» quatre nœuds par heure, et la mer fut basse à
» dix heures. La marée entraîna hors de l'entrée
» une quantité considérable d'algues marines et de

¹ Capitaine Cook, année 1778, avril.

» bois flottans. L'eau était devenue épaisse comme
» celle des rivières; mais ce qui nous excita à con-
» tinuer notre route, nous la trouvâmes à la mer
» basse aussi salée que l'Océan. La vitesse du flot
» fut de trois nœuds, et le courant remonta jus-
» qu'à quatre heures du soir [1]. »

Les marins entendent par nœuds les divisions de la corde du loch; et par loch, un petit morceau de bois qu'on jette à la mer, attaché à une corde, pour mesurer la course d'un vaisseau. Lorsque dans une demi-minute il s'écoule hors du vaisseau trois divisions ou nœuds de cette corde, on en conclut que le vaisseau ou le courant fait par heure trois milles ou une lieue.

En remontant la même entrée dans un lieu où elle n'avait que quatre lieues de largeur, « la ma-
» rée avait une vitesse et une force prodigieuses.
» Elle était effrayante pour nous, qui ne savions
» pas si l'agitation de l'eau était occasionée par le
» courant, ou par le choc des vagues contre les
» bancs de sable ou les rochers..... Nous demeu-
» râmes à l'ancre pendant le reflux, dont la vitesse
» était de près de cinq nœuds par heure (une lieue
» deux tiers). Jusqu'ici nous avions trouvé le même
» degré de salure à la mer basse et à la mer haute,
» et à ces deux époques les vagues avaient été
» aussi salées que l'eau de l'Océan. Nous eûmes
» bientôt des indices que nous remontions une ri-
» vière. L'eau que nous puisâmes à la fin du re-
» flux était beaucoup plus douce que celle que
» nous avions goûtée auparavant : je fus convaincu
» que nous étions dans une grande rivière, et non
» pas dans un détroit qui communiquât avec les
» mers du Nord [2]. »

Ce que Cook appelle l'Entrée, à laquelle on a depuis donné le nom de grande rivière de Cook, n'est, par son cours et ses eaux saumâtres, ni un détroit ni une rivière, mais une véritable écluse du nord, par où s'écoulent les effusions des glaces polaires dans l'Océan. On en trouve de semblables au fond de la baie d'Hudson. Ellis y avait été trompé, et les avait prises pour des détroits qui communiquaient de la mer du Nord à la mer du Sud. C'était pour dissiper les doutes qui étaient restés à ce sujet, que Cook avait tenté le même examen au nord des côtes de la Californie.

Suite de la reconnaissance de l'intérieur de l'Entrée, ou grande rivière de Cook. « Lorsque nous
» eûmes atteint la baie, le flot portait avec force
» dans la rivière du Retour, et le jusant eut
» une force plus grande encore. La mer tomba de
» vingt pieds tandis que nous étions à l'ancre [1]. »

Ce que Cook nomme le jusant ou le reflux me paraît être le flot ou le flux lui-même, puisqu'il était plus tumultueux et plus rapide que ce qu'il appelle le flux; car la réaction ne peut jamais être plus forte que l'action. La marée descendante, même dans nos rivières, n'est jamais aussi forte que la marée montante. Celle-ci y produit pour l'ordinaire une barre; ce que ne fait pas l'autre.

Cook, prévenu en faveur du préjugé que la cause des marées est entre les tropiques, ne pouvait se résoudre à regarder ce flot, qui venait de l'intérieur des terres, comme une véritable marée. Cependant, dans la partie opposée de ce même continent, je veux dire au fond de la baie d'Hudson, le flot ou la marée vient de l'ouest, c'est-à-dire de l'intérieur des terres.

Voici ce que rapporte à ce sujet l'introduction du troisième voyage de Cook :

« Le capitaine Middleton, chargé d'un voyage
» à la baie d'Hudson, entrepris en 1741 et 1742,
» avait trouvé, entre le 65e et le 66e degré de la-
» titude, une entrée fort considérable dirigée vers
» l'ouest, dans laquelle il pénétra avec ses vais-
» seaux. Après avoir examiné les marées à diver-
» ses reprises, et s'être efforcé, durant trois se-
» maines, de découvrir la nature et la direction
» intérieure de l'ouverture, il reconnut que le flot
» venait toujours de l'ouest, et que c'était une
» grande rivière, à laquelle il donna le nom de
» Wager.

» M. Dobbs contesta l'exactitude ou plutôt la fi-
» délité de ces détails. Il soutint que la rivière de
» Middleton est un détroit, et non pas une rivière
» d'eau douce; que si Middleton l'avait examinée
» convenablement, il y aurait trouvé un passage à
» l'océan Occidental d'Amérique. Le peu de succès
» de l'expédition ne servit donc qu'à fournir à
» M. Dobbs de nouveaux argumens pour tenter
» ce passage encore une fois; et ayant fait accorder
» par un acte du parlement les vingt mille livres
» sterling de récompense dont on a parlé plus haut,
» il parvint à déterminer une société d'amateurs et
» de négocians à équiper *le Dobbs* et *la Califor-
» nie*. On espéra que ces vaisseaux viendraient à
» bout de pénétrer dans l'océan Pacifique, par l'ou-
» verture que le voyage de Middleton avait indi-
» quée, et sur laquelle on supposait que ce navi-
» gateur avait trompé le public dans son rapport.

» Cette nouvelle expédition n'eut pas plus de
» succès que les autres. On sait que le voyage du

---

[1] Capitaine Cook, année 1778, mai.
[2] Capitaine Cook, année 1778, 30 mai.

[1] Capitaine Cook, année 1778, 30 mai.

» *Dobbs* et de *la Californie*[1] confirma, au lieu de
» les détruire, les assertions de Middleton. On ap-
» prit que le prétendu détroit n'était qu'une ri-
» vière d'eau douce, et on détermina exactement
» jusqu'à quel point elle est navigable du côté de
» l'ouest. »

Ainsi la rivière le Wager produit une véritable marée de l'ouest, parce qu'elle est une des écluses qui viennent du nord dans l'océan Atlantique : il est donc clair que la grande rivière de Cook produit de son côté une véritable marée de l'est, parce qu'elle est aussi une des écluses du nord de la mer du Sud.

D'ailleurs, l'élévation et le tumulte de ces marées de la grande rivière de Cook, semblables à celles du fond de la baie d'Hudson, du détroit de Waigats, etc., l'affaiblissement de leur salure, leur direction générale vers la ligne, prouvent qu'elles sont formées en été dans le nord de la mer du Sud, ainsi que dans le nord de la mer Atlantique, de la fonte des glaces du pôle nord.

Dans la suite du voyage de Cook, achevé par le capitaine Clerke, nous allons trouver deux autres observations sur les marées, dont le système lunaire ne peut pas mieux rendre raison.

Aux îles Sandwich, à l'observatoire anglais dans la baie de Karakakoo, par le 19e degré 28 minutes de latitude nord, et le 204e de longitude est, « les
» marées sont très-régulières ; le flux et le reflux
» sont de six heures. Le flot vient de l'est, et la
» mer est haute dans les pleines et les nouvelles
» lunes, à trois heures quarante-cinq minutes,
» temps apparent[2]. »

A la bourgade de Saint-Pierre et de Saint-Paul, au Kamtschatka, par le 53e degré 38 minutes de latitude nord, et le 158e degré 43 minutes de longitude est, « la mer fut haute dans les pleines et
» nouvelles lunes à 4 heures 35 minutes, et sa plus
» grande élévation était de cinq pieds huit pouces.
» Les marées arrivent de douze heures en douze
» heures, d'une manière très-régulière[3]. »

Le capitaine Clerke, imbu, ainsi que Cook, du système de l'attraction de la lune dans la zone torride, s'efforce en vain de rapporter aux phases irrégulières de cet astre des marées qui arrivent à des heures régulières dans la mer du Sud, ainsi que leurs autres phénomènes. L'astronome Wales, qui accompagna Cook dans son second voyage, est forcé d'avouer à ce sujet l'insuffisance de la théorie de Newton. Voici ce qu'il en dit dans un extrait inséré dans l'introduction générale du dernier voyage de Cook :

« Les lieux où l'on a observé, pendant ces voya-
» ges, l'élévation et l'époque des marées, sont en
» très-grand nombre, et il en résulte des détails
» utiles et importans. Dans le cours de ces obser-
» vations, quelques faits très-curieux et même très-
» imprévus se sont offerts à nous. Il suffira d'in-
» diquer ici la hauteur extrêmement petite du flot
» au milieu de l'océan Pacifique : nous l'y avons
» trouvée de deux tiers au-dessous de la quantité à
» laquelle on aurait pu s'attendre d'après la théo-
» rie et le calcul. » Les partisans du système newtonien seraient bien autrement embarrassés, s'il leur fallait expliquer d'une manière claire, d'abord pourquoi il y a par jour deux marées de six heures dans l'océan Atlantique, ensuite pourquoi il n'y en a qu'une de douze heures dans la partie australe de la mer du Sud, comme à l'île de Taïti, sur la côte de la Nouvelle-Hollande, sur celle de la Nouvelle-Bretagne, à l'île de Massafuero, etc.; pourquoi, d'un autre côté, dans la partie septentrionale de cette même mer du Sud, les deux marées de six heures reparaissent chaque jour égales aux îles Sandwich; inégales, sur la côte d'Amérique, à l'entrée de Nootka; et vers cette même latitude, réduites à une seule marée de douze heures sur la côte d'Asie, à Kamtschatka.

J'en pourrais citer d'autres encore plus extraordinaires. Ce sont ces dissonances très-marquées et très-nombreuses du cours des marées avec celui de la lune, dont Newton cependant ne connaissait qu'un petit nombre, qui l'ont forcé de reconnaître lui-même, ainsi que je l'ai dit ailleurs, « qu'il fal-
» lait qu'il y eût dans le retour périodique des ma-
» rées quelque autre cause mixte qui a été incon-
» nue jusqu'ici[1]. »

Cette autre cause inconnue jusqu'ici est la fonte des glaces polaires, qui ont cinq à six mille lieues de circonférence dans leur hiver, et deux à trois mille au plus dans leur été. Ces glaces, en s'écoulant alternativement dans le sein des mers, en opèrent tous les phénomènes. Si dans notre été il y a deux marées par jour dans l'océan Atlantique, c'est à cause du déversement alternatif des deux continens, l'ancien et le nouveau, qui se rapprochent au nord, dont l'un verse le jour, et l'autre la nuit, les eaux des glaces que le soleil fait fondre sur le côté oriental et occidental du pôle qu'il circuit chaque jour de ses feux, et qu'il échauffe pendant six mois. S'il y a un retard de vingt-deux minutes d'une marée à celle qui la suit, c'est parce que la

---

[1] M. Ellis fut du voyage, et c'est lui qui en a écrit la relation, que j'ai citée plus d'une fois.
[2] Capitaine Clerke, année 1779, mars.
[3] Idem, octobre.

[1] *Philosophie de Newton*, chap. XVIII.

coupole des glaces polaires en fusion diminue chaque jour, et que ses effluences sont retardées par les sinuosités du canal de l'Atlantique. Si dans notre hiver il y a aussi deux marées retardées par jour sur nos côtes, c'est que les effluences du pôle sud, entrant dans le canal de l'Atlantique, éprouvent encore deux déversemens à son embouchure; l'un en Amérique, au cap Horn, et l'autre en Afrique, au cap de Bonne-Espérance. Ce sont, je pense, ces deux déversemens alternatifs des courans du pôle sud qui rendent ces deux caps, qui en reçoivent la première impulsion, si tempétueux et si difficiles à doubler pendant l'été de ce même pôle, aux vaisseaux qui sortent de l'océan Atlantique; car alors ils rencontrent de front les courans qui descendent du pôle sud. C'est par cette raison qu'il leur est fort difficile de doubler le cap de Bonne-Espérance en novembre, décembre, janvier, février et mars, pour aller aux Indes; et qu'au contraire, ils le passent aisément dans nos mois d'été, parce qu'alors ils sont aidés des courans du pôle nord, qui les poussent hors de l'Atlantique. Ils éprouvent le contraire à leur retour des Indes, dans nos mois d'hiver.

Je suis porté, par ces considérations, à croire que les vaisseaux qui vont à la mer du Sud éprouveraient moins d'obstacles à doubler le cap Horn dans son hiver que dans son été; car ils ne seraient pas repoussés alors par les courans du pôle sud dans l'Atlantique, et ils seraient aidés au contraire à en sortir par ceux du pôle nord. Je pourrais appuyer cette conjecture de l'expérience de plusieurs vaisseaux. On pourrait m'objecter celle de l'amiral Anson; mais il ne doubla ce cap qu'aux mois de mars et d'avril, qui sont d'ailleurs deux des mois les plus tempétueux de l'année, à cause de la révolution générale de l'atmosphère et de l'Océan, qui arrive à l'équinoxe, lorsque le soleil passe d'un hémisphère dans l'autre.

Expliquons maintenant, par les mêmes principes, pourquoi les marées de la mer du Sud ne ressemblent pas à celles de la mer Atlantique. Le pôle sud n'a point, comme le pôle nord, de double continent qui sépare en deux déversemens les effluences que le soleil fait couler chaque jour de ses glaces. Il n'a même aucun continent : il n'a point, par conséquent, de canal où ces effluences soient retardées. Ainsi ces effusions s'écoulent directement dans la vaste mer du Sud, formant sur la moitié de ce pôle une suite de gerbes divergentes qui en font le tour en vingt-quatre heures, comme les rayons du soleil. Lorsqu'une gerbe de ces effusions rencontre une île, elle lui apporte une marée de douze heures, c'est-à-dire de la même durée que celle que le soleil met à échauffer la moitié de la coupole glaciale par laquelle passe le méridien de cette île. Telles sont les marées des îles de Taïti, de Massafuero, de la Nouvelle-Hollande, de la Nouvelle-Bretagne, etc. Chacune de ces marées dure autant que le cours du soleil sur l'horizon, et est régulière comme ce cours. Ainsi, pendant que le soleil échauffe douze heures de suite de ses feux verticaux les îles australes de la mer du Sud, il les rafraîchit par une marée de douze heures, qu'il fait sortir des glaces du pôle sud par ses feux horizontaux. Des effets contraires viennent souvent de la même cause.

Cet ordre des marées n'est plus le même dans la partie septentrionale de la mer du Sud. Dans cette partie opposée de notre hémisphère, les deux continens se rapprochent encore vers le nord. Ils versent donc tour à tour en été, dans le canal qui les sépare, les deux effusions semi-diurnes de leur pôle, et ils y rassemblent tour à tour en hiver celles du pôle sud; ce qui y produit deux marées par jour, comme dans la mer Atlantique. Mais comme ce canal, formé au nord de la mer du Sud par les deux continens, est très-évasé au-dessous du 55e degré de latitude nord, ou plutôt qu'il cesse d'exister par l'écartement presque subit de l'Amérique et de l'Asie, qui vont en divergeant à l'est et à l'ouest, il arrive qu'il n'y a que les lieux situés dans le déversement de la partie septentrionale de ces deux continens qui éprouvent deux marées par jour. Telles sont les îles Sandwich, situées précisément au confluent de ces deux courans, à des distances proportionnelles de l'Amérique et de l'Asie, vers le 21e degré de latitude nord. Lorsque ce lieu est plus exposé au courant d'un continent qu'à celui d'un autre, ses deux marées semi-diurnes sont inégales, comme à l'entrée de Nootka, sur la côte d'Amérique : mais lorsqu'il est tout-à-fait hors de l'influence de l'un et entièrement sous celle de l'autre, il ne reçoit qu'une marée par jour, comme au Kamtschatka, sur la côte d'Asie ; et cette marée est alors de douze heures, comme l'action du soleil sur la moitié du pôle, dont les effusions n'éprouvent plus alors de partage.

D'où l'on voit que deux ports peuvent être situés dans la même mer et sous le même parallèle, et avoir, l'un deux marées par jour et l'autre une seule, et que la durée de ces marées, soit doubles, soit simples, soit doubles égales, soit doubles inégales, soit régulières, soit retardées, est toujours de douze heures dans vingt-quatre heures, c'est-à-dire précisément du temps que le soleil met à échauffer la moitié de la coupole polaire d'où elles s'écoulent; ce qui ne peut se rapporter au cours inégal du soleil entre les tropiques, et bien moins encore à celui de la lune, qui n'y est souvent que quelques heures sur l'horizon.

J'ai donc établi par des faits simples, clairs et nombreux, la discordance des marées dans la plupart des mers, avec l'attraction prétendue de la lune à l'équateur; et au contraire leur concordance avec l'action du soleil sur les glaces des pôles.

J'en demande pardon au lecteur, mais l'importance de ces vérités m'engage à les récapituler.

1° L'attraction de la lune sur les eaux de l'Océan est contredite par l'inertie des eaux des méditerranées et des lacs, qui n'éprouvent jamais aucun mouvement lorsque cet astre passe à leur méridien et même à leur zénith. Au contraire, l'action de la chaleur du soleil, qui fait sortir des glaces des pôles les courans et les marées de l'Océan, se vérifie par son influence sur les montagnes à glace, d'où sortent en été des courans et des flux qui produisent de véritables marées dans les lacs qui sont à leur pied, comme on le voit dans le lac de Genève, situé au bas des Alpes Rhétiennes; les mers sont les lacs du globe, et les pôles en sont les Alpes.

2° L'attraction prétendue de la lune sur l'Océan ne peut s'appliquer ni aux deux marées de six heures ou semi-diurnes de la mer Atlantique, parce que cet astre ne passe chaque jour qu'à son zénith; ni à la marée de douze heures ou diurne de la partie australe de la mer du Sud, parce qu'il passe chaque jour au zénith et au nadir de cette vaste mer; ni aux marées tant semi-diurnes que diurnes de la partie septentrionale de cette même mer, ni à la variété de ces marées qui croissent ici dans les pleines[1] et nouvelles lunes, et là plusieurs jours après; qui augmentent ici dans les quadratures, et là diminuent; ni à leur égalité constante dans d'autres lieux, ni à la direction de celles qui vont vers la ligne, ni à leur élévation qui augmente vers les pôles et s'affaiblit sous la zone même de l'attraction lunaire, c'est-à-dire sous l'équateur. Au contraire, l'action de la chaleur du soleil sur les pôles du monde explique parfaitement la grandeur des marées près des pôles, et leur faiblesse près de l'équateur; leur divergence du pôle d'où elles s'écoulent, et leur concordance parfaite avec les continens d'où elles descendent : étant doubles en vingt-quatre heures, lorsque l'hémisphère qui les verse ou qui les reçoit est séparé en deux continens; doubles et inégales, lorsque le déversement des deux continens est inégal; simples et uniques, lorsqu'il n'y a qu'un seul continent qui les verse, ou qu'il n'y en a point du tout.

3° L'attraction de la lune, qui va toujours d'orient en occident, ne peut s'appliquer en aucune manière au cours de la mer des Indes, qui flue six mois vers l'orient et six mois vers l'occident; ni au cours de la mer Atlantique, qui flue six mois au nord et six mois au midi. Au contraire, l'action de la chaleur semi-annuelle et alternative du soleil autour de chaque pôle, couvert d'une mer de glace de 5 ou 6,000 lieues de circonférence en hiver, et de 2 ou 3,000 en été, s'accorde parfaitement avec le courant semi-annuel et alternatif qui descend de ce pôle, en fluant vers le pôle opposé, selon la direction des continens et des archipels qui lui servent de rivages.

J'observerai à ce sujet que, quoique la mer du Sud ne semble présenter aucun canal au cours des effluences polaires, par la grande divergence de l'Amérique et de l'Asie, on peut cependant y entrevoir un sensiblement formé par la projection de ses archipels, qui sont en correspondance avec les deux continens. C'est par le moyen de ce canal que les îles Sandwich, qui sont dans la partie septentrionale de la mer du Sud, vers le 21e degré de latitude, éprouvent deux marées par jour par le déversement de l'Amérique et de l'Asie, quoique le détroit qui sépare les deux continens soit au 65e degré de latitude nord. Ce n'est pas que ces îles et ce détroit du Nord soient tout-à-fait sous le même méridien; mais les îles Sandwich sont placées sur une courbe correspondante à la courbe sinueuse de l'Amérique, et dont l'origine serait au détroit du Nord. On pourrait prolonger cette courbe à des archipels plus éloignés de la mer du Sud, qui éprouve deux marées par jour, et elle y exprimerait le courant formé par le déversement de l'Amérique et de l'Asie, comme nous l'avons dit ailleurs. Toutes les îles sont au milieu des courans : en considérant donc sur un globe le pôle sud à vue d'oiseau, on entrevoit une suite d'archipels dispersés en ligne spirale jusque dans l'hémisphère du nord, qui indique le courant de la mer du Sud, comme la projection des deux continens du côté du pôle nord indique le courant de l'Atlantique. Ainsi le cours des mers d'un pôle à l'autre est en

---

[1] Je reconnais, ainsi que Pline, que la lune fond par sa chaleur les glaces et les neiges. Ainsi, quand elle est pleine, elle doit augmenter la fonte des glaces polaires ou les marées. Mais, si celles-ci croissent sur nos côtes quand la lune est nouvelle, je pense que ces fontes surabondantes ont encore été occasionées par la pleine lune, et sont retardées dans leur cours par quelque configuration particulière d'un des deux continens. Au reste, cette difficulté n'est pas plus difficile à résoudre par ma théorie que par celle de l'attraction, qui ne peut expliquer d'ailleurs la plupart des phénomènes nautiques que je viens de rapporter.

spirale autour du globe, comme le cours du soleil de l'un à l'autre tropique.

Cet aperçu ajoute un nouveau degré de vraisemblance à la correspondance des mouvemens de la mer avec ceux du soleil. Ce n'est pas que la chaîne des archipels qui se projette en spirale dans la mer du Sud ne soit interrompue en quelques endroits; mais ces interruptions ne proviennent, à mon avis, que de l'imperfection de nos découvertes. Nous pourrions, ce me semble, les étendre bien plus loin, en nous guidant pour la découverte des îles inconnues de cette mer sur la projection des îles que nous connaissons déjà. Ces voyages ne devraient pas se faire en allant directement de la ligne au pôle sud, ou en décrivant le même parallèle autour du globe, ainsi qu'on a coutume, mais en suivant la ligne spirale dont je parle, suffisamment indiquée par le courant général même de l'Océan. Il ne faudrait pas négliger d'observer les fruits nautiques que le courant alternatif des mers ne manque jamais de porter d'une île à l'autre, souvent à des distances prodigieuses. C'est par ces moyens simples et naturels que les anciens peuples du midi de l'Asie ont découvert tant d'îles dans la mer du Sud, où l'on reconnaît encore leurs mœurs et leurs langages. Ainsi, en s'abandonnant à la nature qui nous sert souvent mieux que notre savoir, ils ont abordé, sans octant et sans carte, à une multitude d'îles dont ils n'avaient même jamais ouï parler.

J'ai indiqué ailleurs ces moyens faciles de découvertes et de communications entre les peuples maritimes. C'est dans l'explication des figures, au troisième volume des *Études*, en parlant de l'hémisphère atlantique et au sujet de Christophe Colomb, qui, près de périr en pleine mer à son premier retour de l'Amérique, mit la relation de sa découverte dans un tonneau qu'il abandonna aux flots, dans l'espérance qu'elle serait portée sur quelque rivage. J'ai dit à cette occasion, « qu'une » simple bouteille de verre pouvait la conserver des » siècles à la surface des mers, et la porter plus » d'une fois d'un pôle à l'autre. » Cette expérience vient de se réaliser en partie sur les côtes de l'Europe [1]. Elle est rapportée par le *Mercure de France* du samedi 12 janvier 1788, n° 2, pages 84 et 85, partie politique.

« Au mois de mai de cette année, des pêcheurs » d'Arromanches, près Bayeux, trouvèrent en la ferait apercevoir de loin. Il serait à propos de la garnir de cordes, pour l'empêcher de se briser en atterrissant sur les rivages, où les courans et les marées la porteraient tôt ou tard. Ces essais paraîtront des jeux d'enfans à nos savans; mais ils peuvent devenir de la plus grande importance pour les gens de mer. Ils peuvent servir à leur faire connaître la direction et la vitesse des courans, d'une manière bien plus certaine et beaucoup plus étendue que le loch qu'on jette à bord des vaisseaux, ou que les bateaux que l'on y met à la mer. Ce dernier moyen, quoique employé fréquemment par le célèbre Cook, ne peut jamais donner que la vitesse relative du bateau et du vaisseau, et non la vitesse intrinsèque du courant. Enfin ces essais, tout hasardeux qu'ils sont, peuvent servir aux navigateurs à donner de leurs nouvelles à leurs amis, à de grandes distances de la terre, comme on le voit dans l'expérience de la baie de Biscaye, et à leur obtenir des secours pour eux-mêmes, s'ils venaient à faire naufrage sur quelque île déserte.

Nous ne nous fions pas assez à la nature. On pourrait employer, préférablement à des bouteilles, quelques-uns des trajectiles dont elle se sert dans différens climats pour entretenir la chaîne de ses correspondances par tout le globe. Un des plus répandus sur les mers des tropiques est le coco. Ce fruit va souvent aborder à cinq ou six cents lieues du rivage où il est né. La nature la fait pour traverser les mers. Il est d'une forme oblongue, triangulaire et carénée, en sorte qu'il vogue sur un de ses angles comme sur une quille, et, passant à travers les détroits des rochers, il vient échouer sur les grèves, où il ne tarde pas à germer. Il est préservé du choc des abordages par une enveloppe appelée caire, qui a un pouce ou deux d'épaisseur dans la circonférence du fruit, et trois ou quatre à sa partie pointue, qu'on peut considérer comme sa proue, avec d'autant plus de raison, que l'autre extrémité est aplatie comme une poupe. Ce caire est recouvert, à l'extérieur, d'une membrane unie et coriace, sur laquelle on peut tracer des caractères; et il est formé à l'intérieur de filamens entrelacés, et mêlés d'une poussière semblable à la sciure de bois. Au moyen de cette enveloppe élastique, le coco peut être lancé par les flots au milieu des rochers, sans se briser. De plus, sa coque intérieure est d'une matière plus flexible que la pierre et plus dure que le bois, impénétrable à l'eau, où elle peut rester très-long-temps sans se pourrir, ainsi que son caire, dont les Indiens font, par cette raison, d'excellens câbles pour les vaisseaux. La coque du coco est si dure, que son germe n'en pourrait jamais sortir, si la nature n'avait ménagé à sa partie pointue, où le caire est renforcé, trois petits trous recouverts d'une simple pellicule.

Il y a encore bien d'autres végétaux volumineux que les courans de la mer portent à des distances prodigieuses, tels que les sapins et les bouleaux du Nord, les doubles cocos des îles Séchelles, les bambous du Gange, les gros joncs du cap de Bonne-Espérance, etc. On peut écrire aisément sur leurs tiges avec la pointe d'un coquillage, et les rendre remarquables sur la mer par quelque signal éclatant.

On peut trouver de semblables ressources parmi les amphibies, tels que les tortues, qui se transportent fort loin, au moyen des courans. J'ai lu quelque part dans l'histoire de la Chine, qu'un de ses anciens rois, accompagné d'une foule de peuple, vit un jour sortir de la mer une tortue, sur le dos de laquelle étaient écrites les lois qui font aujourd'hui la base du gouvernement chinois. Il est probable que ce législateur avait profité du moment où cette tortue était venue à terre, suivant l'usage, reconnaître le lieu où elle devait faire sa ponte,

---

[1] J'invite les marins qui s'intéressent aux progrès des connaissances naturelles de réitérer cette expérience si facile et si peu coûteuse. Il n'y a point de lieu où les bouteilles vides soient plus communes et plus inutiles que sur un vaisseau. Lorsqu'il sort du port, il y a beaucoup de bouteilles pleines de vin, de bière, de cidre et d'eau-de-vie, dont la plupart sont vidées au bout de quelques semaines, sans qu'on ait de quoi les remplir de tout le voyage. En en jetant quelques-unes à la mer, on pourrait y adapter perpendiculairement une baguette surmontée d'un petit morceau de toile, ou de quelque plume blanche. Ce signal la détacherait du fond azuré de la mer, et

» pleine mer une petite bouteille bien bouchée :
» impatiens de voir ce qu'elle contenait, ils la cas-
» sèrent; c'était une lettre dont ils ne purent lire
» l'adresse, conçue en langue anglaise. Ils la por-
» tèrent au juge de l'amirauté, qui la fit déposer
» à son greffe. La suscription annonçant qu'elle ap-
» partenait à une dame anglaise, il s'assura de son
» existence, et prit les mesures que la prudence
» dictait pour lui faire parvenir sûrement sa lettre.
» Le mari de cette dame ( homme de lettres connu
» dans sa patrie par plusieurs ouvrages justement
» estimés) vient d'écrire ; et, en marquant au juge
» sa reconnaissance avec les expressions les plus
» fortes, il lui apprend que la lettre dont il s'agit
» est du frère de son épouse, allant aux grandes
» Indes. Il avait voulu donner de ses nouvelles à
» sa sœur. Un vaisseau qu'il avait vu dans la baie
» de Biscaye, et qui paraissait aller en Angleterre,
» lui en avait donné l'idée. Il comptait pouvoir en
» approcher; mais le vaisseau s'étant éloigné, il
» avait imaginé de mettre la lettre dans une bou-
» teille, et de la jeter à la mer. »

Enfin les journaux viennent avec la fortune à l'appui de ma théorie.

Dans le desir de donner à un fait aussi important toute l'authenticité dont il est susceptible, j'ai écrit en Normandie à une dame de mes amies, qui cultive avec beaucoup de goût l'étude de la nature, au sein de sa famille, pour la prier de demander au juge de l'amirauté d'Arromanches quelques éclaircissemens dont j'avais besoin en Angleterre. J'ai différé même, en attendant sa réponse, l'impression de cette dernière feuille pendant près de six semaines. La voici telle que le juge de l'amirauté d'Arromanches a eu la complaisance de la lui envoyer, et qu'elle a eu la bonté de me la faire parvenir, ce 24 février 1788.

« La bouteille fut trouvée à deux lieues en mer
» au droit de la paroisse d'Arromanches, distante
» elle-même de deux lieues nord-est de la ville de
» Bayeux, le 9 mai 1787, et déposée au greffe de
» l'amirauté le 10 du même mois.

» M. Elphinston, mari de la dame à laquelle la
» lettre était adressée, marque qu'on n'est pas bien
» sûr si c'est l'auteur de la lettre qui l'a embou-
» teillée dans la baie de Biscaye, le 17 août 1786,
» latitude 45$^e$, 10 minutes nord, longitude 10$^e$, 56
» minutes ouest, comme elle est datée; ou si quel-
» qu'un du vaisseau passant l'a confiée aux ondes.

» Quant au vaisseau, il l'appelle *Naquet*. Celui
» qui allait au Bengale se nommait *l'Intelligence*,
» sous les ordres du capitaine Linston.

» Les noms des pêcheurs sont Charles le Ro-
» main, maître du bateau; Nicolas Fresnel, Jean-
» Baptiste le Bas et Charles l'Ami, matelots, tous
» de la paroisse d'Arromanches.

« *Signé* Philippe de Delleville. »

La paroisse d'Arromanches est environ à un degré de longitude ouest du méridien de Greenwich, et à 49 degrés 5 minutes de latitude nord. Ainsi la bouteille jetée à la mer au 10$^e$ degré 56 minutes de longitude ouest, et au 45$^e$ degré 10 minutes de latitude nord, a parcouru à peu près 10 degrés en longitude qui, dans ce parallèle, à 17 lieues environ par degré, font 170 lieues vers l'orient. De plus, elle a remonté au nord de 4 degrés, puisqu'elle a été pêchée à 2 lieues au nord d'Arromanches, c'est-à-dire à 49 degrés 10 minutes de latitude, ce qui fait 100 lieues au nord, et pour toute sa route 270 lieues. Elle a employé à faire ce trajet 266 jours, depuis le 17 août 1786, jusqu'au 9 mai 1787, ce qui fait à peu près une lieue par jour. Cette vitesse sans doute n'est pas comparable à celle avec laquelle les débris du combat d'Ostende descendirent aux îles Açores en faisant plus de 35 lieues par jour, ainsi que je l'ai rapporté à la fin du troisième volume de mes *Études*. Le lecteur pourrait révoquer en doute cette observation de Rennefort, et en même temps la conséquence que j'en ai tirée pour constater la vitesse du courant général de l'Océan, si je ne l'avais prouvée d'ailleurs par plusieurs autres faits nautiques, et si les journaux des marins n'étaient remplis d'expériences semblables, qui attestent que les courans et les marées font souvent faire aux vaisseaux trois ou quatre milles par heure, et même s'écoulent avec la rapidité des écluses, faisant huit à dix nœuds par heure dans les détroits voisins des glaces polaires en fusion, suivant les témoignages d'Ellis, de Linschoten et de Barents. Mais je puis dire que la lenteur avec laquelle la lettre jetée à l'entrée de la baie de Biscaye est parvenue

---

pour écrire sur son dos les lois qu'il voulait établir, et qu'il saisit pareillement le jour d'après cette reconnaissance, où cet animal ne manque pas de retourner au même lieu pondre ses œufs, pour pénétrer un peuple simple de respect pour des lois qui sortaient du sein de la mer, et à la vue des tablettes merveilleuses sur lesquelles elles étaient écrites.

Les oiseaux de marine peuvent fournir encore des voies plus promptes de communication, d'autant que leur vol est très-rapide, et qu'ils sont si familiers sur les rivages déserts qu'on les prend à la main, comme je l'ai éprouvé à l'île de l'Ascension. On peut leur attacher, avec un billet, quelque signe remarquable, et choisir de préférence ceux qui arrivent dans diverses saisons et qui parcourent différens rivages, et même les oiseaux de terre de passage, comme les ramiers.

sur les côtes de Normandie, est une nouvelle preuve de l'existence de la vitesse du courant alternatif et semi-annuel de l'océan Atlantique, jusqu'à présent méconnu, que j'ai assimilé à celui de l'océan Indien et expliqué par la même cause.

On peut s'assurer, en pointant la carte, que le lieu où la bouteille anglaise fut jetée à la mer est à plus de 80 lieues du continent, et précisément dans la direction du milieu de l'ouverture de la Manche, où passe un bras du courant général de l'Atlantique, qui porta en été les débris du combat d'Ostende jusqu'aux Açores. Or ce courant portait aussi au sud lorsque le voyageur anglais lui confia une lettre pour ses amis du Nord, puisque c'était le 17 août, c'est-à-dire dans l'été de notre pôle, lorsque la fonte de ses glaces s'écoule vers le midi. Cette bouteille vogua donc vers les Açores, et sans doute bien au-delà, pendant la fin du mois d'août et tout le mois de septembre, jusqu'à ce que la révolution de l'équinoxe, qui fait rétrograder le cours de l'Atlantique par des effusions du pôle austral, la ramena vers le Nord.

Ainsi on ne doit calculer son retour que du mois d'octobre, où je la suppose dans le voisinage de la ligne, dont les calmes ont pu l'arrêter jusqu'à ce qu'elle ait éprouvé l'influence du pôle sud, qui n'acquiert d'activité dans notre hémisphère que vers le mois de décembre. A cette époque le cours de l'Atlantique, qui va alors au nord, étant le même que celui de nos marées, elle a pu être rapprochée de nos rivages, et y être exposée à beaucoup de retardemens par le dégorgement des fleuves qui traversaient son cours en se jetant dans la mer, mais surtout par la réaction des marées ; car, si leur flux porte au nord, leur reflux ramène au midi.

Il est donc essentiel de faire ces sortes d'expériences en pleine mer, et surtout d'avoir égard à la direction du courant de l'Océan, de peur d'envoyer au midi des lettres que l'on destine pour le nord. Dans la saison où ce courant n'est pas favorable, on peut se servir des marées qui vont souvent en sens contraire ; mais, comme je viens de le dire, il y a ce grand inconvénient, c'est que si leur flux porte au nord, leur reflux ramène au midi.

Les marées ont dans leur flux et reflux même une consonnance parfaite avec les courans généraux de la mer et le cours du soleil. Elles fluent pendant douze heures dans un jour, soit qu'elles soient partagées en deux marées de six heures, par le déversement de deux continens, comme dans l'hémisphère nord ; soit qu'elles coulent pendant douze heures consécutives, comme dans l'hémi-sphère sud : de même le courant général d'un pôle flue six mois dans l'espace d'un an. Ainsi les marées, qui sont de douze heures dans tous les cas, sont d'une durée précisément égale à celle que le soleil emploie à échauffer la moitié de l'hémisphère polaire d'où elles découlent, c'est-à-dire d'un demi-jour ; comme le courant général qui sort de ce pôle flue précisément pendant le même temps que le soleil échauffe cet hémisphère en entier, c'est-à-dire pendant une demi-année. Mais comme les marées, qui ne sont que des effusions polaires d'un demi-jour, ont des reflux égaux à leurs flux, c'est-à-dire de douze heures, de même les courans généraux, qui sont des effusions semi-annuelles d'un pôle entier, ont des reflux égaux à leurs flux, c'est-à-dire de six mois, lorsque le soleil met ceux du pôle opposé en activité.

Si le temps et le lieu me le permettaient, je ferais voir comme ces mêmes courans généraux, qui sont les seconds mobiles des marées, portent nos navigateurs tantôt en avant et tantôt en arrière de leur estime, suivant la saison de chaque pôle. J'en trouverais une multitude de preuves dans les voyages autour du monde, entre autres dans le deuxième et le troisième voyage du capitaine Cook. Souvent ces courans apportent les plus grands obstacles à l'atterrissement des vaisseaux. Par exemple, lorsque Cook partit de l'île de Taïti, en décembre 1777, pour aller faire des découvertes au nord, il découvrit sur sa route les îles Sandwich, où il aborda sans difficulté, parce que le courant du pôle sud lui était favorable ; mais, lorsqu'il retourna au nord pour prendre des rafraîchissemens aux mêmes îles, il eut ce courant du sud si contraire dans la même saison, que les ayant aperçues le 26 novembre 1778, il mit plus de six semaines à louvoyer pour en atteindre le mouillage, et ne put y jeter l'ancre que le 17 janvier 1779. Ainsi, la vraie saison pour aborder aux îles qui sont à une latitude plus élevée que celle d'où l'on part, est l'hiver de leur hémisphère ; car alors on est favorisé par les courans de l'hémisphère opposé, et c'est ce que prouve le premier voyage de Cook aux îles de Sandwich. Mais le contraire arrive, lorsqu'on veut aborder à une île moins élevée en latitude dans l'hiver de son hémisphère, comme on le voit par l'exemple de son retour aux mêmes îles. Je pourrais multiplier les faits en faveur d'une théorie si importante à la navigation ; mais j'abuserais de l'attention du lecteur. J'ose donc me flatter d'avoir mis dans le plus grand jour la concordance des mouvemens des mers avec ceux du soleil, et leur discordance avec les phases de la lune.

Je pourrais faire plus d'une objection contre le système même d'attraction par lequel Newton rend compte du mouvement des planètes dans les cieux. Ce n'est pas que je nie en général la loi de l'attraction, dont nous voyons les effets sur la terre dans la pesanteur des corps et dans le magnétisme; mais je ne trouve pas que l'application que Newton et ses partisans en ont faite au cours des planètes soit juste. Selon Newton, le soleil et les planètes s'attirent réciproquement, avec des forces qui sont en raison directe des masses, et en raison inverse du carré de la distance. Une seconde force se combine avec l'attraction, pour maintenir les planètes dans leurs orbites. Il résulte de ces deux forces une ellipse pour la courbe décrite par chaque planète. Cette ellipse est continuellement altérée par l'action que les planètes exercent les unes sur les autres. Au moyen de cette théorie, le cours de ces astres est tracé dans le ciel avec la plus grande précision, suivant les newtoniens. Le cours seul de la lune avait paru s'y refuser; mais, pour me servir des termes d'une introduction à l'étude de l'astronomie, dont l'extrait a paru dans le *Mercure* du 1$^{er}$ décembre 1787, n° 48, « ce sa- » tellite, que le célèbre Halley appelait un astre » rebelle, *sidus pertinax*, à cause de la grande » difficulté de calculer les irrégularités de son » cours, a été enfin maîtrisé par les savantes mé- » thodes de MM. Clairault, Euler, Dalembert, » de Lagrange et de Laplace. »

Ainsi voilà donc les astres les plus rebelles soumis aux lois de l'attraction. Je n'ai qu'une petite objection à faire contre cet empire et les savantes méthodes qui ont maîtrisé le cours de la lune. Comment se peut-il que les attractions réciproques des planètes aient pu être calculées avec tant de justesse par nos astronomes, et qu'ils en aient pesé si exactement les masses, lorsque la planète découverte depuis quelques années par Herschell n'est pas encore entrée dans leurs balances? Cette planète n'attire donc rien, et n'est donc point attirée?

A Dieu ne plaise que je me propose de détruire la réputation de Newton et des savans qui ont marché sur ses pas! Si, d'un côté, ils nous ont jetés dans quelques erreurs, ils ont contribué de l'autre à augmenter les connaissances de l'esprit humain. Quand Newton n'aurait inventé que son télescope, nous lui devrions beaucoup. Il a étendu pour l'homme la sphère de l'univers et le sentiment de l'infinité de Dieu. D'autres ont répandu dans toutes les conditions de la société le goût de l'étude de la nature par les superbes tableaux qu'ils nous en ont présentés. En relevant leurs fautes, j'ai respecté leurs vertus, leurs talens, leurs découvertes et leurs pénibles travaux. Des hommes aussi célèbres, tels que Platon, Aristote, Pline, Descartes, etc., avaient accrédité comme eux de grandes erreurs... La philosophie d'Aristote avait été seule pendant des siècles le plus grand obstacle à la recherche de la vérité. N'oublions jamais que la république des lettres doit être une véritable république, qui ne reconnait d'autre autorité que celle de la raison. D'ailleurs, la nature a mis chacun de nous dans le monde pour correspondre directement avec elle. Son intelligence luit sur tous les esprits, comme son soleil éclaire tous les yeux. N'étudier ses ouvrages que dans les systèmes, c'est ne les observer qu'avec les yeux d'autrui.

Je n'ai donc voulu m'élever sur les ruines de personne. Je ne cherche point de piédestal. Un gazon suffit à qui n'aime plus que le repos. Si moi-même j'osais faire l'histoire de la faiblesse de mon esprit, j'exciterais la pitié de ceux dont j'ai peut-être irrité l'envie. De combien d'erreurs, depuis l'enfance, n'ai-je pas été le jouet! Par combien de faux aperçus, de mépris injustes, d'estimes mal fondées, d'amitiés trompeuses, ne me suis-je pas fait illusion! Ces préjugés ne me sont pas venus seulement sur la foi d'autrui, mais sur la mienne. Ce ne sont point des admirateurs que j'ambitionne, mais des amis indulgens. Je fais bien plus de cas de celui qui excuse mes défauts, que de celui qui exagère mes faibles vertus. L'un me supporte dans ma faiblesse, et l'autre s'appuie sur ma force; l'un m'aime dans mon indigence, et l'autre dans ma prétendue richesse. Autrefois, j'ai cherché des amis parmi les gens du monde; mais je n'y ai guère trouvé que des hommes qui ne veulent que des complaisans; des protecteurs qui pèsent sur vous au lieu de vous soutenir, et qui vous accablent lorsque vous tentez de vous remettre en liberté. Maintenant je ne désire pour amis que des ames simples, vraies, douces, innocentes et sensibles. Elles m'intéressent plus ignorantes que savantes, souffrantes qu'heureuses, dans des cabanes que dans des palais. C'est pour elles que j'ai composé mes *Études de la Nature*, et ce sont elles qui en ont fait la fortune. Elles m'ont fait plus de bien que je ne leur en ai souhaité pour leur repos. Je leur ai donné quelques consolations, et en retour elles m'ont apporté de la gloire. Je ne leur ai présenté que des espérances, et elles se sont efforcées de me rendre mille bons offices. Je ne m'étais occupé que de leurs peines, et elles se sont inquiétées de mon bonheur. Puissent d'autres ouvrages me mériter de nouveau leurs suffrages, si libres, si purs et si touchans! Ils sont l'unique objet de mes vœux. L'ambition les dédaigne, parce qu'ils sont sans pouvoir; mais un jour le temps les respectera, parce que l'intrigue ne peut ni les donner, ni les détruire.

## FRAGMENT SUR LE MÊME SUJET.

Mon opinion sur les diverses périodes du développement du globe s'accorde avec toutes les traditions orientales. Les unes divisent les temps de sa création en six jours, d'autres en plusieurs âges, d'autres, comme celles des Indiens, en périodes de siècles. On peut fournir d'ailleurs des preuves évidentes de ces révolutions des pôles par les productions des zones torrides, que nous retrouvons dans notre zone tempérée et dans notre zone glaciale; par les corps marins de l'hémisphère austral, qui sont fossiles dans notre hémisphère boréal; par divers déluges occasionés par la fonte des glaces, lorsque les anciens pôles parcoururent l'équateur; par les zones sablonneuses, les découpures des îles, les golfes profonds, dont un grand nombre ont aujourd'hui des directions différentes de celles dont les pôles étaient alors les foyers, comme on le peut voir sur les cartes de géographie; par les traditions des Chinois, dont les annales attestent que le soleil resta fixe plusieurs semaines consécutives dans une seule constellation, ce qui occasiona, non un embrasement, comme on l'avait craint, mais un déluge dont la Chine fut inondée; enfin par les traditions des prêtres de l'Égypte, qui assurèrent à Hérodote que le soleil s'était levé deux fois à l'occident, et couché deux fois à l'orient; ce que l'on ne peut attribuer qu'aux diverses inclinaisons des pôles de la terre, et à ses mers, qui en varient, dans le cours des siècles, les pondérations et les mouvemens.

Les planètes, qui tournent autour du soleil, paraissent soumises à des harmonies semblables. Elles ont leurs axes différemment inclinés; leurs moteurs sont les mêmes, mais ils ont d'autres directions; chacune a un ou plusieurs océans, non pas dirigés du nord au sud, comme notre Atlantique, mais d'orient en occident, à proportion qu'elles s'enfoncent dans les zones célestes glaciales. Je ne parlerai point des satellites ni des anneaux qui réchauffent les planètes de leurs reflets. Il paraît que dans tous ces astres il y a des océans, ou fluides, ou glacés, ou en évaporation, qui sont les moteurs de leurs mouvemens et de leur fécondité. Le soleil en est le premier agent; c'est l'Apollon de notre système. Comme je l'ai déja dit, il varie sans cesse les cordes de sa lyre pour en tirer de nouveaux airs.

Si j'en avais le temps, je me permettrais quelques réflexions sur le satellite que nous connaissons le mieux, et sur lequel nous sommes le moins d'accord. Comment la lune peut-elle attirer nos mers, sans attirer en même temps l'air, élément plus étendu, plus léger, plus mobile, plus élastique, qui les environne? Si elle soulevait et laissait retomber deux fois par jour notre océan Atlantique, elle en ferait autant de notre atmosphère. Alors nos baromètres, si sensibles au moindre poids des nuages, nous annonceraient deux fois par jour des marées aériennes en harmonie avec des marées pélagiennes. « Notre air est trop léger, me répon-
» dit un jour un professeur de mathématiques, pour
» être attiré par la lune. » — « Pourquoi donc, lui
» dis-je, est-il attiré par la terre, au point que son
» poids fait monter l'eau dans une pompe vide, à
» trente-deux pieds de hauteur? »

Mais comment la lune peut-elle soulever l'Océan, malgré l'attraction même de la terre, qui, d'un autre côté, ne lui permet pas d'attirer à elle les méditerranées, les lacs, les fleuves, etc.? Et en supposant qu'elle ne puisse attirer que l'Océan, pourquoi produit-elle sur nos côtes deux marées en vingt-quatre heures, puisque, quand elle est au zénith, et surtout au nadir de notre méridien, le long continent de l'Amérique s'oppose évidemment aux communications directes de la mer du Sud et de l'océan Atlantique? Comment, après avoir produit deux marées de six heures chacune par jour dans notre hémisphère boréal, n'en opère-t-elle qu'une de douze heures en vingt-quatre dans l'hémisphère austral, où l'Océan est si étendu, et où aucun continent ne s'oppose aux effets de son attraction?

On sait que par toute la terre elle nous montre toujours la même face : comment donc peut-on supposer aujourd'hui qu'elle tourne, comme notre globe, sur elle-même? Mais comment, par un prodige encore plus étrange, peut-elle, chemin faisant, nous jeter de petites pierres brûlantes à 90,000 lieues de distance, avec des mortiers volcaniques de quatre lieues de largeur? Comment des mortiers si larges ont-ils pu les chasser si loin et si chaudes, à travers des régions glacées? Nos plus terribles volcans, avec de bien moindres ouvertures, et par conséquent bien plus de détonation, ne lancent pas leurs projectiles à deux lieues de hauteur. Les volcans de la lune jettent, dit-on, leurs pierres à 5,000 lieues, c'est-à-dire aux limites de sa sphère d'attraction, d'où elles sont emportées par l'attraction de la terre à 85,000 lieues plus loin. Mais comment arrive-t-il que cette incroyable explosion ne dérange pas, par sa réaction, le cours d'un astre qui est en équilibre ? Comment se fait-il alors que la lune, qui n'attire qu'à 5,000 lieues ses propres pierres, attire notre océan à 90,000 ; et que la terre, qui de son côté entraîne la lune entière dans sa sphère d'attraction, n'y entraîne pas aussi toutes les pierres qui en couvrent la surface? Si on dit que les sphères d'activité des deux planètes restent en équilibre, l'une à 5,000 lieues, l'autre à 85,000, elles n'exercent donc point d'action l'une sur l'autre. Tout ce que nous savons de plus assuré de la lune, c'est qu'elle a des élémens semblables à ceux de la terre. Les astronomes lui ont refusé long-temps l'air et l'eau, quoiqu'ils sussent qu'elle avait des volcans ; mais ils ne se rappelaient pas que le feu ne pouvait exister sans air, ni les volcans sans mers. Pour moi, s'il m'est permis de le dire, je regarde la lune comme un astre en harmonie passive avec le soleil, et active avec la terre. Son mois est une petite année qui a dans ses quatre phases quatre saisons. Ses harmonies forment la douzième partie de celles du soleil, et elle les exerce sur les sept puissances de la nature qui règnent sur notre globe. Je m'en suis convaincu par un grand nombre d'observations. Je la considère donc, avec sa forme variable et dans sa course oblique, comme une navette céleste, chargée de lumière par le soleil. Elle forme de ses fils d'argent, dans le cours du mois, la trame de ce magnifique réseau dont le soleil fournit la chaîne d'or, dans le cours de l'année. La Providence y attacha les germes de tout ce qui est organisé, en environna notre globe, et, par des harmonies luni-solaires et soli-lunaires qui s'entrelacent sans cesse, en développe, dans le cours des siècles, les formes, la vie et les générations.

Si de la lune nous nous élevons jusqu'au soleil, nous verrons combien nous sommes encore nouveaux dans l'étude de la nature. Les anciens croyaient que cet astre était un dieu jeune et charmant, monté sur un char attelé de quatre superbes coursiers, par la main des Heures, et devancé de l'Aurore, qui répandait devant lui des corbeilles de roses sur l'azur des cieux. Il parcourait ainsi la terre d'orient en occident, et allait se reposer tous les soirs dans les bras de la belle Thétis. Les modernes pensent aujourd'hui que c'est une fournaise d'un million de lieues de circonférence, qui tourne sur elle-même. De temps en temps cet astre demi-liquéfié détache de sa circonférence, dans son mouvement de rotation, à l'aide du choc d'une comète, quelques gouttes d'une matière vitrifiée, qui s'arrondissent en planètes, et se mettent aussitôt à tourner autour de lui. Au reste, cet astre ne les éclaire que par hasard ; car il est, par rapport à elles, dans une proportion de grosseur telle que celle de la plus volumineuse citrouille comparée à une douzaine de petits pois.

C'est ici qu'il faut se servir contre le grand Newton de sa propre devise, devenue depuis celle de la Société royale de Londres, et qui est sans doute celle de tout ami de la vérité, *Nullius in verba* : « Ne jurons pas par les paroles de qui que ce soit. » Newton a calculé la chaleur d'une comète dans le voisinage du soleil, et il l'a trouvée deux mille fois plus ardente que celle d'un fer rouge. Selon lui, les comètes sont destinées pour la plupart à alimenter ses feux. Cependant il aurait dû se rappeler que les rayons du soleil n'avaient point de chaleur en eux-mêmes, qu'ils n'en acquéraient sur notre terre qu'en s'harmoniant avec notre atmosphère, et qu'il gèle perpétuellement dans nos zones torrides sur les sommets des hautes montagnes qui ont seulement une lieue de hauteur perpendiculaire, parce que l'air trop raréfié ne peut s'échauffer par ses rayons. On pourrait encore objecter l'Océan, les végétaux et les animaux de notre globe, qui n'ont jamais pu sortir d'un soleil liquéfié.

Enfin un musicien allemand, Herschell, perfectionne en Angleterre le télescope de Newton. Il en grossit six mille fois les objets qu'il observe, et il découvre que le soleil n'a rien qui ressemble à une fournaise. Il voit distinctement que c'est une planète d'un ordre supérieur à la nôtre, entourée d'une atmosphère de lumière de 1,500 lieues de hauteur, ondoyante, qui s'entr'ouvre de temps en temps, et laisse apercevoir, à travers une perspective admirable de nuages lumineux, de magnifiques montagnes de 150 lieues de hauteur et de 3 à 400 de longueur. Herschell réitère si souvent ces observations, qu'il ne doute pas que le soleil ne soit une planète habitable.

Ainsi, un bon observateur, secondé d'un bon instrument, renverse tous les calculs de Newton et des newtoniens sur les écumes flottantes du soleil, sur les planètes terrestres qui en étaient sorties, sur la mollesse primitive de ces mêmes planètes, et sur la force centrifuge qui en avait déprimé les pôles en soulevant leur équateur, quoiqu'elle n'ait plus aujourd'hui la force de soulever une paille sur notre globe, et qu'au lieu d'y trouver ses plus hautes montagnes projetées d'orient en occident, on n'y voie que le plus grand diamètre de ses mers, et par conséquent la partie la moins élevée de sa circonférence.

Je pense que le système de Newton sur la décomposition de la lumière en sept couleurs primitives, quoiqu'il n'y en ait réellement que trois, et son système de l'attraction universelle, éprouveront des objections encore plus fortes que le système du mouvement des comètes, qui vont servir de pâture aux feux d'un soleil qui ne brûle point. Herschell, à l'aide de son télescope, a découvert, à 600 millions de lieues de nous, une nouvelle planète avec des volcans, huit ou dix satellites, un anneau double comme celui de Saturne, et si bien double, que l'intervalle des deux moitiés concentriques lui a servi de lunette pour observer une étoile qu'il apercevait au-delà. Notre astronomie, trop rarement reconnaissante, a donné à cette planète le nom d'Herschell. Mais combien de noms d'amis ne pourrait-il pas donner lui-même à ce nombre prodigieux d'étoiles qu'il découvre toutes les nuits à des distances incalculables, groupées deux à deux, trois à trois, quatre à quatre, par milliers et par millions, sur les mêmes plans, ou à la suite les unes des autres, dans la profondeur du firmament? Pouvons-nous bien croire que ces soleils lointains se maintiennent immobiles à des distances infinies, seulement par la loi unique et universelle d'une mutuelle et réciproque attraction?

Si j'ose en dire ma pensée, je trouve cette idée, qui a aujourd'hui tant de partisans en France, remplie de contradictions. Il faut d'abord supposer que l'univers est infini, et qu'il est rempli d'étoiles attirantes et attirées; car s'il avait des limites, ou seulement çà et là quelques déserts, les astres qui se trouveraient dans leur voisinage s'écrouleraient nécessairement vers le centre du système, n'ayant aucun corps attirant qui les maintînt fixes sur ses bords.

Ce n'est pas tout : en accordant aux newtoniens que l'attraction est une propriété universelle de la matière, ils doivent convenir eux-mêmes que les parties de cette matière qui s'attiraient de toutes parts n'ont dû faire, avant de se séparer, qu'une seule masse de l'univers. Il a donc fallu, 1° qu'une multitude de forces particulières et centripètes l'aient divisée par blocs, et aient arrondi ces blocs en globes; 2° que des forces centrifuges aient succédé aux centripètes, pour chasser ces globes à des distances prodigieuses les uns des autres, non-seulement dans une même direction, comme le cours d'un fleuve, mais comme des vents déchaînés qui bouleversent une mer; 3° il a fallu une force d'inertie qui les ait fixés chacun dans le lieu où ils sont à présent, immobiles dans les cieux, dans toutes sortes de projections, comme des vaisseaux surpris après une tempête dans la mer Glaciale, par le vent du nord. Qu'était devenue alors la force d'attraction universelle, unique, inhérente à la matière, et qui devait la rendre inséparable? Il me semble que si elle eût agi seule entre les astres supposés dans un état de mollesse, loin de les fixer en blocs, en globes, en points fixes dans le ciel, et en équilibre, ils se fussent, en s'attirant mutuellement, allongés et croisés les uns vers les autres par rayons, comme ceux de nos soleils de feux d'artifice. Mais ce n'est pas tout : parmi tant d'étoiles fixes que l'attraction rend immobiles aujourd'hui, comment se trouve-t-il des planètes qui se sont soustraites à son pouvoir, et qui au contraire tournent sans cesse autour du soleil immobile qui les attire? Il a donc fallu encore une nouvelle force oblique qui les empêchât de s'y précipiter, de manière que de ces deux forces il en résultât une troisième qui les obligeât de circuler autour de lui.

Que de lois diverses et contraires à la loi unique de l'attraction permanente et réciproque des astres! que de nouvelles objections à faire!

Bayle raconte que, de son temps, un habile physicien essaya de mettre un petit corps dans un simple équilibre, au moyen de l'attraction. Il disposa donc, dans le repos de son cabinet, plusieurs aimans, au foyer desquels il mit en l'air un globule de fer; mais jamais il ne put l'y maintenir un seul instant. Comment donc pourrions-nous croire que tant d'astres mobiles et immobiles, grands et petits, attirans et attirés, se maintiennent à des distances infinies les uns des autres, depuis des siècles, par la seule projection du hasard? Le judicieux Bayle accuse en général les astronomes d'ignorance en physique; il leur reproche d'en négliger l'étude pour celle du calcul, et prétend même que ces deux études sont incompatibles. Il leur déclare, malgré son scepticisme sur la plupart des opinions humaines, que leur système s'écroulera de lui-même, et qu'ils seront forcés tôt ou tard, pour le soutenir, d'admettre une intelligence dans chacun des astres dont ils veulent expliquer le mouvement ou le repos.

Ce fut Voltaire qui apporta en France l'attraction newtonienne, dont elle était repoussée depuis vingt-sept ans par les tourbillons cartésiens. Ce n'était pas une petite gloire pour lui de renverser un système, et d'en édifier un autre. Il aurait pu faire honneur de celui-ci à Kepler, son inventeur, et même aux anciens, comme on le voit dans un morceau très-curieux de Plutarque; mais il préféra d'en donner des leçons à la belle Émilie du Châtelet, de lui en dédier un traité, et de le faire paraître sous ses auspices, par une fort belle épître envers. Il y parle de Newton comme d'un demi-dieu.

---

Confidens du Très-Haut, substances éternelles
Qui brûlez de ses feux, qui couvrez de vos ailes

Ce trône où votre maître est assis parmi vous,
Parlez, du grand Newton n'étiez-vous point jaloux?"

Il y a apparence que dans cet élan il était beaucoup plus enthousiasmé de son écolière que de son précepteur; car voici comme il s'exprimait plusieurs années après, quand il fut d'un sens rassis:

Ces cieux divers, ces globes lumineux
Que fait tourner René le songe-creux
Dans un amas de subtile poussière,
Beaux tourbillons que l'on ne prouve guère,
Et que Newton, rêveur bien plus fameux,
Fait tournoyer, sans boussole et sans guide,
Autour de rien, et tout autour du vide.

Je ne sais si l'attraction passera un jour sur la terre, comme dans les cieux, pour la loi unique qui en a formé tous les êtres. Mais que deviendront alors les lois morales qui doivent régir les hommes? N'est-elle pas une loi morale elle-même, cette loi de la raison universelle qui a créé dans la nature les lois mécaniques, et qui les emploie, les développe et les perfectionne? L'architecte d'un palais en a sans doute précédé les maçons.

Oh! combien nos doctrines humaines ont dégradé parmi nous la science divine! Les unes nous représentent ce globe comme un ouvrage céleste, dévasté par les démons; d'autres nous montrent les cieux comme une habitation d'animaux. C'est sous leurs noms et sous leurs images qu'elles font briller les constellations célestes, et le mécanisme par lequel elles les font mouvoir renferme sans contredit beaucoup moins d'intelligence que les bêtes n'en emploieraient elles-mêmes pour se conduire sur la terre. Qu'en résulte-t-il pour notre instruction et notre bonheur? Nos premiers documens épouvantent notre enfance, et nous rendent pendant toute la vie la mort effroyable; les seconds paralysent notre raison, et nous rendent la vie insipide. Souvent les uns et les autres se succèdent pour nous tourmenter et nous abrutir tour à tour.

Heureux ceux qui, forts de leur conscience première, ne cherchent l'Auteur de la nature que dans la nature même, avec les simples organes qu'elle leur a donnés! Ils n'étudient point en tremblant les destinées du genre humain', dans une polyglotte; ils ne cherchent point à la faveur d'un télescope, à travers le Serpent, le Cancer et les autres monstres des cieux, le retour assuré d'une comète pour confirmer une théorie du hasard. Les objets de la nature les plus communs sont pour eux les plus dignes d'admiration et de reconnaissance. Dès l'aurore, ils voient le soleil vers l'orient repousser le voile sombre de la nuit, et ranimer de ses rayons une terre couverte de végétaux et d'êtres sensibles; à midi, l'astre qui fait tout voir disparaît enseveli dans une splendeur éblouissante; mais vers le soir, déployant à l'occident le voile de sa lumière, il découvre sur l'horizon qu'il abandonne des cieux tout étincelans de constellations. Qu'admireront-ils de plus? sera-ce la lunette astronomique qui, pour en nombrer les étoiles, s'allonge en vain toutes les nuits dans les airs depuis des siècles; ou les yeux que leur donna la nature pour en embrasser le spectacle infini dans un instant?

———

Nota. Les deux lettres qui suivent sont inédites; elles ont été adressées à M. de Franc fils, conseiller au parlement de Provence.

Monsieur,

Je suis sensible à la peine que vous avez prise de chercher à me ramener à l'opinion des académiciens sur l'aplatissement des pôles, quoique cette opinion soit directement contraire à ma théorie des marées, que vous paraissez adopter par les éloges dont vous l'honorez. Je m'empresse donc de vous répondre, malgré les travaux et les correspondances dont je suis accablé.

Voici, monsieur, votre objection contre la conséquence que j'ai tirée, pour l'allongement des pôles, de la grandeur du degré du méridien terrestre au cercle polaire.

« Vous avez donc conçu 360 rayons, partant du
» centre de la terre et allant aboutir à chacun des
» 360 degrés de la circonférence d'un méridien
» céleste, et vous avez appelé degré terrestre cha-
» que portion du méridien terrestre interceptée en-
» tre deux de ces rayons consécutifs. Mais ce n'est
» pas là, monsieur, ce qu'on appelle degré terres-
» tre; ce n'est pas là le degré terrestre mesuré par
» nos académiciens. »

Vous me demandez ensuite de vous marquer bien précisément ce que j'entends par degré terrestre.

J'entends, monsieur, exactement par degré terrestre celui que vous venez de définir en réprouvant sa définition, tel que le conçoivent tous les géomètres, que l'ont mesuré les académiciens, et que vous le définissez vous-même sous d'autres termes à la troisième page de votre lettre.

Après avoir expliqué préalablement et d'une manière claire comment nos astronomes ont marché le long d'un méridien terrestre pour avoir la valeur d'un degré d'un méridien céleste pris sur la hauteur d'une étoile, et observé que pour avoir ce degré ils ont marché plus long-temps près du pôle

---

' Newton lui-même.

que près de l'équateur, vous concluez : « Le degré » terrestre est donc la portion du méridien terres- » tre qu'il faut parcourir pour qu'une étoile fixe pa- » raisse, à l'observateur, s'élever ou s'abaisser d'un » degré dans le méridien céleste correspondant. »

Il est donc clair, selon vous-même, que le degré terrestre est une portion du méridien terrestre intercepté entre deux rayons consécutifs des 360 rayons qui partent du centre de la terre et divisent également la circonférence du méridien céleste, puisque ce degré est la portion du méridien terrestre qu'il faut parcourir entre les deux rayons qui déterminent, dans le mériden céleste, l'étendue d'un degré, c'est-à-dire de la 360$^e$ partie de sa circonférence.

D'où vous voyez que la définition que vous rejetez et celle que vous admettez sont exactement les mêmes.

Ce qui vous empêche de reconnaître ensuite que votre conséquence est la même que la mienne, c'est que vous considérez les étoiles observées par nos astronomes à 24 degrés et à 40 degrés sur l'horizon, et elles étaient au zénith. Partant, il est évident que le degré sous lequel ils ont observé chacune de ces deux étoiles au cercle polaire et à l'équateur est exactement le degré formé par deux rayons qui partent du centre de la terre, et interceptent un degré du méridien terrestre, en allant déterminer un degré du méridien céleste.

Vous ajoutez ensuite : « Il a fallu que les aca- » démiciens marchassent plus long-temps, par- » courussent un espace plus considérable au pôle » qu'à l'équateur, pour voir une étoile s'élever ou » s'abaisser d'un degré. Le fait est constant; mais » qu'en résulte-t-il, si ce n'est que près du pôle » ils marchaient sur une ligne moins convexe, sur » une ligne dont la courbure était moins subite que » celle sur laquelle ils marchaient près de l'équa- » teur ? »

C'est ici la fausse conséquence des académiciens, dont j'ai démontré géométriquement l'erreur.

Cet axe d'un degré du méridien terrestre près le cercle polaire doit être plus convexe qu'à l'équateur, puisqu'il y est plus long. Si vous tracez un arc au-dessus de la corde d'un degré, c'est-à-dire entre deux rayons espacés entre eux d'un degré, plus cet arc sera long plus il sera convexe, et plus il sera court plus il sera aplati, puisqu'il tendra alors à se confondre avec sa corde. Donc la somme de tous ces arcs d'un degré du méridien terrestre près le pôle étant plus grande que la somme d'un pareil nombre d'arcs d'un degré près l'équateur, la terre doit être plus allongée ou plus convexe au pôle qu'à l'équateur.

J'ai fait graver une figure géométrique de cette démonstration dans l'explication des figures de ma deuxième et troisième édition, que vous citez p. 404, ce qui me donne lieu de penser que vous n'avez entre les mains qu'une des contrefaçons qui font tant de tort à mon ouvrage, parce que, dans mes trois éditions, l'explication des figures est au-delà de la page 500.

Maintenant, monsieur, pour vous convaincre que ce sont deux degrés au zénith que nos astronomes ont observés, c'est-à-dire précisément deux degrés formés chacun par deux rayons consécutifs des 360 rayons qui partent du centre de la terre et divisent également le méridien céleste, je vais vous citer Maupertuis, dans son livre du degré du méridien au cercle polaire, vol. in-8°, pages 68, 69 et 99. Il prit en Laponie une base dont une extrémité aboutissait à Tornéa et l'autre à Kittis. Il choisit ensuite pour étoile d'observation l'étoile D du dragon, « dont la distance au zénith de Kittis » n'était que d'un demi-degré. Il vérifia ensuite » l'amplitude de cette étoile » sur une autre étoile $A$ du dragon qui passait « encore plus près du zé- » nith que l'autre, puisqu'elle n'était pas éloignée » d'un quart de degré du zénith de Tornéa. » Voilà pour l'étoile observée près du cercle polaire; voici pour l'étoile observée près de l'équateur. Je tire cette citation du *Traité de Navigation* de Bouguer, vol. in-4°, liv. II, chap. I, sect. 4.

« Les étoiles qu'on nomme vulgairement les trois » voies répondaient sur notre tête. Nous nous at- » tachâmes à observer combien celle du milieu » était éloignée de notre zénith aux deux extrémi- » tés d'un espace de plus de 60 lieues qui était » nord et sud... L'étoile répondait presque sur le » milieu de cet espace; ainsi on cessait de la voir » au zénith lorsqu'on allait à une des deux extré- » mités. Elle pouvait donc servir comme de point » fixe, et il n'était question que de mesurer, par » les moyens dont j'ai déjà dit un mot, combien » elle était éloignée de chaque zénith. Ajoutant » ensuite les deux distances ensemble, on décou- » vrait la distance d'un zénith à l'autre, ou la » grandeur de l'arc céleste qui répondait au-dessus » des 60 lieues ou 176,892 toises de la base. Si je » m'en rapporte à mes propres observations, l'arc » se trouva de 3 degrés 7 minutes 2 secondes; et » si on cherche à proportion la longueur du degré, » il est de 56,748 toises. Mais ce qui est bien digne » d'attention, les degrés terrestres ne se sont pas » trouvés de même longueur dans les autres ré- » gions où on a fait des opérations semblables, et » la différence est trop grande pour qu'on puisse » l'attribuer aux erreurs inévitables des observa-

» tions. Le degré sous le cercle polaire s'est trouvé » de 57,422 toises. »

D'où vous voyez clairement, monsieur, que les académiciens ont observé les degrés du zénith sous des angles formés par les rayons de la terre, et qu'ils entendent, ainsi que moi, par degré du méridien terrestre, une portion de la terre interceptée entre deux des rayons consécutifs des 360 degrés qui partent de son centre et vont aboutir aux 360 degrés de la circonférence du méridien céleste. Mais pour achever de vous mettre en garde contre la célébrité des noms, après vous avoir montré que nos académiciens modernes ont tiré une conséquence fausse de la grandeur du degré au cercle polaire pour l'aplatissement des pôles, je vais vous faire voir que des académiciens, sans contredit plus célèbres, avaient tiré, comme moi, une conséquence opposée de la grandeur de ces degrés polaires. C'est celle de Cassini, le plus fameux de nos astronomes. Vous la trouverez dans le père Regnault, XIVe entretien physique du tome Ier, 7e édition, ou dans l'*Histoire de l'Académie des Sciences*, 1708, *suite de l'année*, vol. in-4°, pages 237 et 238. Je l'ai insérée dans l'Avis de ma 3e édition, tome Ier, page 16, à la note.

» Une autre raison qui prouve que la terre
» n'est pas parfaitement ronde, c'est que, selon
» les essais de M. Cassini pour déterminer la gran-
» deur de la terre, sa surface doit avoir la figure
» d'une *ellipse alongée vers les pôles*, et dont une
» propriété est telle qu'étant divisée en degrés, cha-
» cun *de ces degrés augmente à mesure qu'ils ap-
» prochent des pôles* : de sorte qu'un circuit du
» méridien de la terre doit surpasser celui de son
» équateur d'environ 50 lieues.

Il m'est impossible d'ailleurs d'imaginer comment vous pouvez admettre ma théorie des marées avec l'aplatissement des pôles, puisque s'ils étaient aplatis ils seraient plus près du centre de la terre, et les mers, loin d'en descendre, flueraient vers eux. J'ai réuni dans l'Avis de mon 4e volume de cette 3e édition douze preuves différentes de l'alongement des pôles, et je vous prie d'y avoir recours pour éclaircir vos doutes. Voilà, monsieur, tout ce que je peux vous répondre pour rappeler un homme de votre mérite à ce que je crois la vérité. J'ai répondu pleinement à vos objections particulières. Je crois que vous devez être satisfait. Maintenant je vous prie d'observer, s'il vous plaisait de m'écrire encore à ce sujet, de ne point exiger de réponse attendu ma mauvaise santé et le nombre considérable de lettres, qui montent à quatre ou cinq cents par année, de personnes qui m'honorent de leur amitié, encore qu'elles me soient inconnues pour la plupart. Jugez si un solitaire peut suffire à cette correspondance, qui ne laisserait pas, d'un autre côté, de m'être très-coûteuse, vu ma fortune, si la plupart de ces lettres n'étaient affranchies. Je ne doute pas, monsieur, que votre domestique n'ait oublié à cet égard vos ordres, à l'occasion du paquet que vous m'avez fait parvenir. Toutefois, si ma santé et mes travaux particuliers me le permettaient, il y a peu de mes lecteurs avec lesquels je serais plus flatté de correspondre qu'avec vous, par la clarté avec laquelle vous vous exprimez, même dans les choses obscures; ce qui m'a donné la facilité de répondre à vos doutes et de rapprocher vos conséquences des miennes. Je me suis engagé par là à une réponse de quatre pages, ce que je n'ai jamais fait pour personne. Je souhaite qu'elle vous soit un témoignage particulier de l'estime et de la considération avec lesquelles j'ai l'honneur d'être,

MONSIEUR,

Votre très-humble et très-obéissant serviteur,

DE SAINT-PIERRE.

A Paris, ce 30 septembre 1788, rue de la Reine-Blanche.

---

MONSIEUR,

Vous prenez tant de peine pour me ramener à ce que vous appelez la vérité, que malgré mes occupations augmentées des soins d'une édition particulière de *Paul et Virginie*, je me hâte de répondre quelques lignes à la lettre volumineuse et savante que vous m'avez fait l'honneur de m'écrire en dernier lieu.

Permettez-moi de vous dire, monsieur, que vous n'avez point du tout répondu à l'objection que j'ai faite aux académiciens. Vous donnez aux degrés du méridien un autre centre que celui de la terre, ce qui est contraire à toutes les définitions des degrés du méridien; mais ce n'est pas là même ce dont il s'agit. Peu m'importe la manière dont les académiciens engendrent leur méridien, je ne m'arrête qu'à la conséquence qu'ils ont tirée de la grandeur de ses degrés vers le pôle. Selon eux, chacun de ses degrés est plus grand qu'un degré vers l'équateur, plus grand de 500 toises au moins. Or, prenez les 47 degrés du méridien qui couronne le cercle polaire, n'est-il pas vrai que la somme de ces 47 degrés est plus grande en toises que la somme des 47 degrés du méridien qui joint un tropique à l'autre, ou, ce qui est la même chose, que les 47 degrés du cercle de la terre? Or, cet axe polaire de 47 degrés étant plus grand qu'un pareil axe de la circonférence de la terre, ne peut y être renfermé et doit saillir au dehors.

La terre est donc alongée aux pôles ; voilà ce que j'ai démontré par une figure, voilà mon objection, et vous ne vous en êtes pas même occupé.

Je pourrais faire d'autres objections sur la manière dont les académiciens engendrent les degrés de leur méridien au pôle, car ils doivent y supposer des degrés de diverses ouvertures en les rapportant ensuite au centre de la terre ; mais vous conviendrez au moins que l'ouverture de l'angle de 47 degrés qui forme la zone glaciale est la même et à la même origine que l'ouverture de 47 degrés qui forme la zone torride, puisque ce premier angle est formé au centre de la terre par l'inclinaison de 23 degrés du demi-axe de l'écliptique sur le demi-axe de l'équateur, comme le deuxième angle est formé au centre de la terre par l'inclinaison de 23 degrés et demi du plan de l'écliptique sur le plan de l'équateur. Or, la courbe polaire qui mesure le premier angle étant plus grande de 500 toises par degré que la courbe torridienne qui mesure le second angle, les 47 degrés de la première doivent donc s'étendre davantage que les 47 degrés de la seconde. Ils ne peuvent s'étendre en largeur, puisque l'ouverture de leur angle est la même que celle de l'angle qui embrasse la deuxième courbe ; donc ils s'étendent en saillie. Or la deuxième courbe étant un arc de cercle, la première, c'est-à-dire la courbe polaire, est un arc d'ellipse alongé. Cela est évident.

Je n'avais pas besoin d'autre autorité que celle de la raison pour apercevoir l'erreur des académiciens. J'en ai cependant cité ; telle est celle du père Regnault ; je l'ai insérée dans l'Avis du 1$^{er}$ vol. de ma 3$^e$ édition, page 16. La voici mot à mot : « Une autre » raison qui prouve que la terre n'est point parfaite- » ment ronde, c'est que, selon les essais de M. Cas- » sini pour déterminer la grandeur de la terre, sa » surface doit avoir la figure d'une ellipse alongée » vers le pôle, et dont une propriété est telle qu'à tant » divisé en degrés, chacun de ces degrés augmente » à mesure qu'ils approchent des pôles ; de sorte » que le circuit d'un méridien de la terre doit sur- » passer le circuit de son équateur d'environ 50 » lieues. (*Histoire de l'Académie*, 1718, *suite de » l'année*. pag. 237, 238.) *Voyez* le père Re- » gnault, Entretien XIV, tome 1$^{er}$, 7$^e$ édition.

Le Cassini dont il s'agit est le père, le fils fut d'un autre sentiment et tira la même conséquence d'un principe contraire.

Au reste, monsieur, mon objection géométrique que vous n'avez pas même attaquée, et mes autres objections physiques auxquelles vous attachez fort peu d'importance, commencent à établir le doute parmi les savans. L'Académie de Lyon, où je ne connais personne, vient de proposer pour prix de l'année 1790, « Savoir si l'aplatissement » des pôles est une simple idée hypothétique, ou » si elle peut se démontrer vigoureusement. » Voyez le *Mercure* et les gazettes de France, depuis un mois. L'Académie exige qu'on réponde aux difficultés proposées contre l'aplatissement. Vous y pourrez porter les vôtres, monsieur, car il ne m'est pas possible de m'en occuper davantage. Les disputes aigrissent ; on se sert insensiblement de termes durs qui finissent par aliéner les esprits. S'il m'en était échappé quelqu'un, je vous prie de l'effacer de ma lettre et de votre souvenir. Quoique mes affaires si multipliées et ma mauvaise santé ne me permettent pas de correspondre avec vous, je desire obtenir votre amitié et votre estime. Je n'ai même écrit cette lettre que pour attacher à ma théorie une personne de votre mérite ; j'ai dans l'idée que vous l'embrasserez un jour. C'est l'ensemble des choses qui en donne la vérité ; vous considérez chaque degré polaire un à un, voyez ce qui résulte de leur ensemble. Voyez que la corde de la courbe polaire est précisément de la même longueur que la corde de la courbe torridienne, puisqu'elles mesurent des angles de la même ouverture, chacun de 47 degrés, partant du même centre ; voyez ensuite que la courbe polaire a plus de 13 lieues de développement sur la longueur de ses degrés, et que par conséquent elle doit être plus renflée que la courbe torridienne. Vous ne pouvez point, comme dans l'hypothèse qui a égaré les académiciens, supposer des centres à ces degrés différens de celui de la terre ; puisque l'écliptique qui produit ces deux ouvertures polaires et torridiennes a nécessairement le même centre que l'équateur, et que l'inclinaison de leur plan est la même que celle de leur axe. D'ailleurs, comme vous supposez le rayon plus court au cercle polaire, son inclinaison sur l'axe de l'équateur étant la même, la corde de la courbe polaire est plus petite que la corde de la courbe torridienne, puisqu'elle s'approche davantage du centre, suivant votre hypothèse. Ainsi vous avez d'autant moins d'espace pour y élever une portion de cercle de 47 degrés dont les degrés s'allongent.

Certainement vous ne direz pas que les 47 degrés de la courbe polaire ont un autre centre que ceux de la courbe torridienne, ni qu'ils sont plus petits, puisqu'ils sont produits par la même génération et par des inclinaisons semblables.

Je vous prie, monsieur, d'y penser avec tout le sang-froid d'un homme qui cherche la vérité. Quant à ma théorie des marées par la fonte de glaces polaires, vous l'appliquez ingénieusement à d'autres lois. La nature, à la vérité, fait son thème de bien des façons, et les hommes, de leur côté, ont bien des manières de la voir. Quand vous rejetteriez la mienne, je ne vous en estimerais pas moins. J'ai été sensible à la peine que vous avez prise pour me ramener à la vôtre. Le zèle dans la vérité est au fond celui de la justice, et je félicite votre province d'avoir en vous un magistrat qui en est rempli, et qui doit l'étendre aux intérêts d'un peuple dont il est le défenseur né par son état.

Agréez l'assurance de la considération avec laquelle j'ai l'honneur d'être,

MONSIEUR,

Votre très-humble et très-obéissant serviteur,

DE SAINT-PIERRE.

A Paris, ce 19 novembre 1788.

Je vous prie d'excuser les ratures de cette lettre que je ne peux recopier par la multitude de mes occupations.

*P. S.* Voulant vérifier dans les Mémoires de l'Académie la citation du père Regnault, ma surprise n'a pas été moins grande que la vôtre en voyant que les deux Cassini disaient précisément le contraire de ce que le père leur fait dire. J'en ai donc fait justice, et je vous envoie sa page pour vous faire voir que c'est lui qui m'a induit en erreur.

Au reste, dans la recherche de la vérité, il faut prendre la devise de la Société royale de Londres : *Nullius in verba*. La raison ne connaît point de magistrature. Rapproché de la génération de la courbe polaire ou de la zone glaciale par l'axe de l'écliptique, le cours alternatif des mers devient, en occident et d'occident en orient dans la mer des Indes, et celui de l'Atlantique du nord au sud et du sud au nord, inexplicable par l'attraction du soleil et de la lune qui vont toujours du même côté; vous verrez la nécessité d'admettre l'allongement des pôles, ainsi que vous en admettez la fonte périodique et alternative.

# FRAGMENS
## SUR J.-J. ROUSSEAU.

### PRÉFACE DE L'ÉDITEUR.

Vers le milieu du mois de janvier 1771, Bernardin de Saint-Pierre se trouvait au cap de Bonne-Espérance, et près de s'embarquer pour revenir en France, il mandait à Rulhière, qu'entre autres plaisirs il se promettait de voir deux étés dans la même année ; car, au moment où il s'éloignait de ces rivages, on était sur le point de commencer les vendanges, le mois de janvier du cap de Bonne-Espérance répondant à peu près à notre mois d'août. Cette lettre fut communiquée à J.-J. Rousseau, qui désira d'en connaître l'auteur, et lorsqu'il le vit pour la première fois, il l'accueillit avec beaucoup d'empressement, et lui dit qu'il estimerait toujours un homme qui, en revenant du pays de la fortune, ne songeait qu'au bonheur de jouir de deux étés dans la même année. Telle fut l'origine d'une liaison qui fait époque dans la vie de Bernardin de Saint-Pierre. Dès qu'il connut Rousseau, il l'aima, on peut dire, avec passion. L'hiver, ils se réunissaient pour causer familièrement au coin du feu, de leurs projets et de leurs ouvrages ; au retour de la belle saison, dès le matin, ils dirigeaient leur promenade dans la campagne, dînant au pied d'un arbre ; et ne reprenant que le soir le chemin de la ville. C'est ainsi qu'ils passèrent des jours dignes de l'antiquité ; car leur amitié n'était pas stérile, et, dans leurs conversations familières, ils traitaient les plus hautes questions de la morale et de la philosophie. La nature, la religion et l'immortalité étaient les objets habituels de leurs méditations. A ces idées d'une philosophie profonde, ils mêlaient quelquefois les peintures vives et animées de leurs sentimens, les anecdotes de leur enfance, les souvenirs de leurs beaux jours, et des réflexions touchantes sur la recherche du bonheur, le mépris de la mort et la constance dans l'adversité : questions qui ont si souvent occupé les anciens, et qui donnent tant d'intérêt à leurs ouvrages. On aime à voir les deux amis s'adresser ces questions avec l'innocence de cœur d'un enfant, et y répondre avec la puissance de raisonnement du génie. Ainsi qu'ils disaient au coin du feu, ou dans leurs promenades solitaires, aurait pu profiter à tous les hommes de tous les siècles. En lisant les notes où Bernardin de Saint-Pierre consignait ces souvenirs, et qui ont servi de matériaux aux fragmens que nous publions, on croit lire quelques passages d'un dialogue de Socrate et de Platon. L'aspect des campagnes remplissait leur âme d'un sentiment de bonheur et d'amour qui animait toutes leurs pensées ; car il y a dans les beautés de la nature quelque chose qui nous invite à aimer. Voilà pourquoi, lorsque dans l'Énéide, Didon vient d'accorder l'hospitalité au fils de Vénus, Virgile, ce grand peintre des passions, voulant émouvoir le cœur de la reine de Carthage, place l'Amour à ses genoux ; puis il fait chanter par le bel Iopas, non des hymnes tendres et voluptueux, mais les merveilles de l'univers :

> Hic canit errantem lunam, solisque labores ;
> Unde hominum genus, etc.
> ( ÆN., lib. I, v. 746.)

Et qu'on ne croie pas que ce soit donner une trop grande importance à ces épanchemens de l'amitié ! Platon avait assisté aux leçons des philosophes de l'Inde, de l'Égypte et de l'Italie. La science fut le fruit de ses voyages ; mais il ne dut la sagesse qu'aux entretiens de Socrate. De simples conversations forment tous ses ouvrages ; et cependant il est encore aujourd'hui le premier moraliste de l'antiquité, quoique Cicéron ait écrit sur les mêmes sujets. Pourquoi n'attacherions-nous pas aux paroles de nos sages autant de prix que les anciens en attachaient aux discours de leurs philosophes?

On ne trouvera point ici ces sentences pompeuses dont nos livres sont pleins, et dont nos tribunes et nos théâtres retentissent. Celles-ci sont simples, familières et communes; mais elles ont servi à J.-J. Rousseau: les autres sont belles, mais inutiles. C'est en faisant allusion aux vertus austères de son ami et aux vaines maximes de la philosophie moderne, que Bernardin de Saint-Pierre se plaisait à raconter qu'un jour, au garde-meuble de la couronne, il avait été frappé d'admiration à la vue de l'armure étincelante de pierreries offerte par Soliman à Louis XIV, jusqu'au moment où ses yeux s'étaient arrêtés avec attendrissement sur la cuirasse de fer de Henri IV, toute bossuée de coups d'arquebuse.

D'ailleurs, l'épreuve qu'un grand homme a faite des maximes qu'on va lire, n'est pas leur seul mérite. Ce qui leur donne du prix à mes yeux, c'est que tout le monde peut en faire usage. Le défaut majeur de notre éducation est d'offrir des exemples qui ne peuvent être d'aucune utilité dans le cours habituel de la vie. La plupart des hommes sont destinés à l'obscurité; il leur faut des vertus domestiques et non des vertus dramatiques. Ces dernières sont cependant les seules qu'on enseigne aujourd'hui: aussi n'aurons-nous bientôt plus qu'un peuple d'acteurs, qui mourra de ses vices en débitant les maximes de la vertu. Sont-ce donc les modèles qui nous manquent? Et la vie de Rousseau, par exemple, comme celle de Socrate, n'est-elle pas à la portée commune, quoiqu'il ait été sublime à lui d'y descendre et de s'y maintenir? Sans doute, il a commis des fautes, et nous sommes loin de vouloir les dissimuler; mais jamais homme parfait n'a été présenté à l'admiration des hommes. Fénelon, dont le goût était pur comme la vertu, en imaginant un prince qui pût servir d'exemple au duc de Bourgogne, lui donne les défauts de son âge et de son état; lui-même, si digne de louanges dans la simplicité de sa vie privée, nous paraît bien plus grand lorsqu'il monte en chaire pour avouer ses erreurs et pour prononcer sa condamnation, que lorsqu'il développe toute la force de son génie dans la composition de son divin ouvrage. Les beautés morales ne naissent que des imperfections vaincues et du combat de nos passions: où il n'y a pas d'effort, il n'y a pas de vertu.

Rien n'eût été plus propre à nous rendre meilleurs, que ces récits familiers de la vie de J.-J. Rousseau, mêlés aux souvenirs de la vie de Bernardin de Saint-Pierre. On pourra prendre une idée, bien faible il est vrai, de l'intérêt d'un pareil ouvrage, dans le fragment que nous publions aujourd'hui. Les deux amis s'y présentent avec tant de bonhomie et de simplicité qu'on s'imagine être en tiers et causer avec eux. Les écrivains avaient disparu; ils ne s'occupaient plus de ce qui eût été le mieux dit, mais de ce qui était le plus digne d'être dit. Il n'y avait entre eux ni prétention de bien parler, ni prétention de bien écrire, ni désir d'être applaudi; le désir de s'éclairer, l'amour de la vérité restaient seuls. Leurs doutes, leurs espérances, leurs découvertes, ils ne dissimulaient rien; et qui pourrait exprimer leur ravissement, lorsqu'ils arrivaient à la démonstration d'une des vérités si consolantes de la religion! car ils ne voulaient que la vérité; mais ils la voulaient sublime, parce que celle-là seule les pénétrait d'une joie ineffable, et que c'était ainsi qu'ils sentaient qu'elle était la vérité.

Aussi voyait-on sortir quelquefois leurs plus forts argumens de la surprise qu'ils éprouvaient en réfléchissant sur les plus belles facultés de l'ame, celles qui font aimer et raisonner.

Croyez-vous donc, disait Bernardin de Saint-Pierre, après une longue discussion sur la poésie et sur l'amour, que les doux ravissemens des muses, les émotions de la tendresse, celles qui précèdent et qui suivent un bienfait, ne sont que l'agitation momentanée d'un petit morceau de terre?

Ces amitiés qu'on croit éternelles, ce goût pour les monumens qui conservent notre souvenir, cet amour de la gloire et de la louange, ce sentiment de l'infini que l'homme porte dans toutes ses passions, prouvent qu'il est né pour l'infini.

Sans doute, une des plus séduisantes illusions de l'amour est d'imaginer qu'on fait le bonheur de ce qu'on aime. C'est une illusion divine, ainsi que toutes celles qui naissent de cette passion. Mais comment expliquer, par le secours de l'organisation, la naissance d'un sentiment qui ne nous laisse heureux qu'autant que nous sommes cause d'un bonheur qui est hors de nous? La matière ne peut rien là.

Philosophe, tu ne conçois pas ces relations! tu ne les as peut-être jamais éprouvées; tu n'en vois pas le but! Mais conçois-tu pourquoi tu existes? et nieras-tu ton existence parce que tu ne l'as pas comprise! Examine tout ce que tu es forcé de croire pour ne croire à rien, et ose ensuite nous accuser de crédulité!

Chose digne de remarque! au moment où J.-J. Rousseau livrait son ame à tous les charmes de cette amitié, il abandonnait la société des Diderot, des Saint-Lambert, des Helvétius, des Duclos et de cette multitude de sophistes qui se firent un nom par de grands scandales, encore plus que par de grands talens. Il préférait à ces hommes d'une science corruptrice, d'une vertu fastueuse, et dont la plume distribuait la gloire, un homme simple et sans renommée, mais dont le cœur renfermait des trésors de sagesse et d'amour; et tandis que les salons de la capitale applaudissaient aux impiétés de ces profonds génies qui ne croyaient qu'à eux et qui n'adoraient que leur intelligence, Jean-Jacques et son ami, promeneurs solitaires, trouvaient dans la plus petite fleur un nouveau sujet d'élever leur ame jusqu'au Dieu de la nature. Souvent alors, ramenant leurs pensées sur eux-mêmes, ils soupiraient en se voyant délaissés des hommes qu'ils voulaient rendre heureux; mais toutes leurs douleurs cédaient bientôt à l'espérance de cet avenir céleste que la religion promet à ceux qui souffrent. Dieu, disaient-ils, nous envoie souvent des maux qui n'ont point ici-bas de consolation, pour nous obliger à n'avoir recours qu'à lui. La vertu est un arbre dont les racines tiennent à la terre, mais qui ne donne son fruit que dans le ciel.

## PRÉFACE DE L'ÉDITEUR.

Cependant cette amitié si pure avait aussi ses momens de troubles et d'amertume. Rousseau s'était fait un système d'indépendance qui ne lui permettait pas de supporter la moindre gêne ; une visite à contre-temps, un mot, une question mal interprétée, suffisaient pour occasioner une rupture. Dans son dépit, Bernardin de Saint-Pierre jurait de ne plus le revoir, mais sa destinée le ramenait tôt ou tard à sa rencontre : alors tout était oublié ; les visites, les promenades recommençaient sans qu'il fût question du passé. Rousseau avait quelquefois de l'humeur, jamais de ressentiment.

Un jour, c'était dans la plus belle saison de l'année, vers la fin du mois de mai de 1778, ils avaient formé le projet d'aller passer la matinée sur les hauteurs de Sèvres ; Bernardin de Saint-Pierre arrive au lieu du rendez-vous, Rousseau n'y était pas : pendant plusieurs jours, il revient au même lieu, et il y revient inutilement. Enfin après une semaine d'attente, il hasarde une lettre, elle reste sans réponse ; alors son inquiétude est au comble, et dans une violente agitation, il prend le chemin de la rue Plâtrière ; arrivé près de l'habitation de son ami, la crainte le saisit, il s'arrête, il hésite s'il montera ; mais enfin surmontant son émotion, il se trouve dans la chambre de Rousseau : elle était vide ! deux femmes y cardaient de la laine ; elles ignorent jusqu'au nom de celui qu'il demande : mais redescendu chez le maître de la maison, il y apprend que depuis quinze jours Rousseau s'était retiré à la campagne, dans un lieu isolé, d'où il avait envoyé une seule fois prendre les lettres qui lui étaient adressées.

Il est difficile de se faire une idée de l'affliction de Bernardin de Saint-Pierre. Il s'était livré à cette amitié avec la ferveur de la jeunesse, et il crut avoir tout perdu parce qu'il perdait sa dernière illusion. Quelques lignes trouvées dans ses papiers, et que nous rapporterons ici, expriment d'une manière bien touchante combien l'impression qu'il reçut fut profonde et douloureuse.

« Mon premier mouvement, dit-il, fut de me repen-
» tir de l'avoir aimé. Je ne pouvais concilier sa conduite
» avec les marques de confiance qu'il m'avait données
» dans nos derniers entretiens. Je résolus de lui écrire
» pour me plaindre amèrement ; je n'en eus pas la force.
» Je commençais ma lettre par lui faire de tendres re-
» proches d'être parti sans me dire adieu, ensuite, lui
» rappelant nos projets et nos conversations, je lui pro-
» mettais de l'aller voir, et je terminais par deux vers,
» dont il connaissait l'allusion, et que Virgile fait adres-
» ser par Gallus aux bergers de l'Arcadie :

« Atque utinam ex vobis unus, vestrique fuissem
« Aut custos gregis, aut maturæ vinitor uvæ ! »

« Plût aux dieux que j'eusse été l'un de vous ! quel plaisir de
« garder vos troupeaux, ou de vendanger vos raisins ! »

« Cependant des bruits vagues se répandaient dans le
» public qu'on allait publier les mémoires de la vie de
» Rousseau, qu'il était poursuivi, qu'il était caché, qu'il
» avait fui en Hollande ; enfin on citait des crimes. Où
» est-il ? que fait-il ? me disais-je. S'il prépare une apolo-
» gie, je serai son secrétaire ; est-il persécuté ? je veillerai
» sur ses jours : a-t-il fait une faute ? je pleurerai avec
» lui. Au milieu des rumeurs de la capitale et des anxié-
» tés de mon ame, j'apprends sa mort par le Journal de
» Paris. »

Ainsi s'exprimait Bernardin de Saint-Pierre, peu de temps après cette époque douloureuse. Il crut alors qu'au défaut d'un ami, il n'y avait que la solitude qui pût calmer ses peines. La nature console de tout en nous conduisant doucement de la vue de ses ouvrages au sentiment de la Divinité. C'est ainsi qu'elle l'avait consolé dans plusieurs circonstances, mais cette fois elle fut insuffisante. Hélas ! il avait eu un ami, et l'aspect de la campagne ne faisait que renouveler dans son cœur le regret de sa perte. Avec quelle émotion il revenait seul dans les lieux de leurs promenades habituelles ! Il croyait le voir encore le long des chemins peu battus, au pied des arbres, ou sur des pelouses solitaires ; il lui semblait que les bords de la Seine, le mont Valérien, le bois de Boulogne, lui répétaient ses pensées et jusqu'aux sons de sa voix. Il ne voyait rien dans la nature qui ne partageât sa tristesse ; semblable à ce pasteur qui, dans Virgile, déplore la mort de Daphnis, et s'imagine que les lions, les montagnes, les forêts, pleurent Daphnis comme lui :

« Daphni, tuum Pœnos etiam ingemuisse leones,
» Interitum, montesque feri silvæque loquuntur. »

Sa douleur ne lui laissait aucun refuge. Je pouvais m'éloigner, disait-il ; mais quand j'aurais perdu ces lieux de vue, quand j'aurais été dans une terre étrangère, les plantes dont elle eût été couverte, et dont Rousseau m'avait fait aimer l'étude, m'auraient dit à chaque pas : Vous ne le verrez plus !

C'est alors que ne sachant où aller, fuyant les hommes qui lui en disaient trop de mal, et la nature qui lui en disait trop de bien, Bernardin de Saint-Pierre essaya de charmer sa douleur en jetant sur le papier tout ce qu'il put se rappeler de l'ami dont le souvenir l'occupait. Il se plaisait dans les détails de ce qu'il avait retenu de sa jeunesse, de ses amours, de ses sentimens, de ses doutes, cherchant à faire revivre celui qu'il avait perdu, et recueillant les débris de ce naufrage, afin d'en fortifier sa vie.

Il est probable que la publication des Confessions décida Bernardin de Saint-Pierre à abandonner son ouvrage. Seulement il en tira une multitude de pensées et d'anecdotes qui trouvèrent leur place dans les *Études* et les *Harmonies*. Tels sont les jugemens sur Plutarque, sur la Grèce et sur Rome, la promenade au mont Valérien, celle au pré Saint-Gervais ; la description du Déluge du Poussin, et le morceau si touchant du triomphe de Paul-Émile et de ses petits enfans : les plus belles pages sur le danger de l'émulation, et sur l'abus et l'incertitude des sciences furent également inspirées par ces délicieux souvenirs. Une partie de ces matériaux avait été mise en œuvre ; le reste était demeuré imparfait. Tels sont les fragmens que nous avons essayé de réunir. Ceux qui font une étude approfondie du caractère et des opinions de Jean-Jacques aimeront à y retrouver ses pensées, dépouillées de toute éloquence, et telles qu'il les exprimait dans ses conservations familières. Ils croiront vivre avec lui, et, suivant ses traces dans les campagnes, ils chercheront les lieux où il allait méditer. Alors, sans doute, ces débris seront regardés avec respect, comme ces médailles usées de Platon et de Socrate, que nous vénérons parce qu'elles ont été frappées de leur temps. Quant à l'ouvrage lui-même, rien n'a été négligé pour lui laisser sa simplicité originale. Jean-Jacques, pour me servir de l'expression de Montaigne, y est représenté en *sa façon simple, naturelle et ordinaire, sans contention et artifice*[1]. *On pourra contreroler ses actions communes et le surprendre en son à tous les jours, seul moyen de juger bien à poinct d'un homme*[2].

Cependant il n'est point inutile de remarquer qu'en recueillant ces fragmens, il nous a été impossible de ne pas répéter quelques-uns des traits déjà rapportés dans les *Confessions*. Mais il nous semble que ces répétitions mêmes donnent quelque prix à notre travail; car, non-seulement elles prouvent la sincérité de Rousseau, mais ces récits sans parure, et tels qu'il les faisait à un ami, peuvent, en les comparant avec l'ouvrage où il s'est peint lui-même, donner une idée du charme qu'il savait répandre sur les plus petites choses, lorsqu'il voulait les présenter au public. D'ailleurs, quand il s'agit de ces génies privilégiés, toutes les circonstances sont importantes. On aime à se représenter leurs moindres actions, à entendre leurs moindres paroles, à connaître toutes leurs pensées: on est presque étonné de voir qu'ils étaient hommes! Mais cet étonnement, en les rapprochant de nous par les détails de la vie ordinaire, nous donne souvent la force de nous élever jusqu'à eux par les vertus de leur vie contemplative. Au reste, notre siècle est si pauvre, que les plus faibles souvenirs du siècle qui vient de s'écouler sont des richesses pour lui. Nous sommes semblables au peuple de Rome, qui ne vit plus aujourd'hui que des ruines du temps passé, et qui présente à la vénération des voyageurs jusques aux cailloux qui ont été foulés par ses héros.

Une autre considération donnera sans doute quelque prix à ce fragment, c'est qu'il offre comme un tableau antique des mœurs de deux hommes célèbres. Un auteur, dit-on, ne rend le public juge que de ses talens: c'est une erreur. L'art de tromper dans tous les genres est devenu si universel, les livres répandent aujourd'hui tant de fausses lumières, qu'on ne peut désormais ajouter foi à la science qu'à proportion de la confiance qu'on porte au savant. Apprendre à connaître l'homme, c'est apprendre, selon Montaigne, à rabattre l'imposture des mots captieusement entrelacés[3]. C'est donc à la pureté des cœurs à nous répondre de la pureté des principes; cela est évident des historiens, mais cela n'est pas moins vrai des philosophes, et d'une bien autre conséquence. Les premiers, dans le fond, ne nous égarent guère quand ils nous trompent; car qui peut régler sur les grands personnages de l'histoire une vie souvent obscure, et dont les événemens varient pour chaque homme? Nous logeons les faits historiques tout au plus haut dans notre mémoire, tandis que nous recevons les maximes de la philosophie dans notre conscience; et, comme elles parlent à notre raison, elles influent sur nos opinions et dirigent notre conduite. Pour juger donc la sagesse d'une philosophie, il faut connaître les mœurs du philosophe; car c'est un préjugé bien favorable qu'elle est utile et bonne, lorsqu'elle a servi à rendre meilleur celui qui l'a donnée.

Si l'on fait l'application de ce principe à la vie retirée, aux mœurs simples de nos deux philosophes, on sentira toute la force que leur exemple doit donner à leur morale. L'enthousiasme qu'ils inspirent tient moins au souvenir des méditations qui les éloignaient des hommes, qu'à celui du penchant qui les rapprochait de la nature. On veut partager un bonheur qu'ils ont l'art de faire envier, non parce qu'ils ont su le peindre, mais parce qu'ils savaient en jouir. *C'est quelque chose*, dit encore Montaigne, *de ramener l'ame à ces imaginations, c'est plus d'y joindre les effets*[1]. Le précepte instruit, l'exemple commande; et les paroles les plus éloquentes ne produiront jamais une émotion aussi vive que celle qui nous transporte au seul aspect d'un homme vertueux.

Nous regrettons de n'avoir pu recueillir aucun des jugemens de Bernardin de Saint-Pierre sur les ouvrages de Rousseau. Tout ce que nous en savons, c'est qu'il ne considérait pas ces ouvrages seulement sous le rapport littéraire, mais encore sous le rapport de leur influence morale. Il y a une seule chose qui, avec le talent, assure une haute réputation. Ce n'est pas l'esprit, car qui en a plus que Martial? Ce n'est pas la grâce et la volupté, car rien n'est plus gracieux qu'Ovide; ce n'est pas la haine du vice, car jamais cette haine n'inspira des pages plus véhémentes que celles de Juvénal[1]: c'est l'utilité dont un écrivain est au genre humain. Bernardin de Saint-Pierre voulait faire l'application de cette pensée aux divers ouvrages de Rousseau; mais ce projet ne fut point exécuté. On trouve seulement dans ses notes des indications telles que celles-ci: « Mères devenues nourrices; éducation adoucie; châti-
» mens honteux supprimés[2]; l'homme rendu moins mal-
» heureux devient moins méchant; liens de la société
» naturelle renforcés; goût de la nature inspiré. » Ces notes copiées textuellement peuvent donner une idée de la manière dont Bernardin de Saint-Pierre préparait son travail; mais elles servent surtout à nous faire regretter qu'il ne l'ait point achevé. Cette manière de considérer les œuvres de Jean-Jacques prévenait d'ailleurs bien des objections; car ce philosophe était loin de mériter le reproche que Cicéron adresse avec tant de raison aux stoïciens, de n'avoir rien fait pour l'utilité générale. Il est vrai que Rousseau nous égare quelquefois; mais alors même ce n'est point le vice qui nous séduit, c'est l'exagération de la vertu qui nous entraîne, et l'on sent encore qu'il est tout occupé de notre bon-

---

[1] *Essais* de Montaigne, dans sa Préface.
[2] *Ibid*, liv. II, chap. XXIX.
[3] *Essais*, livre I<sup>er</sup>, chap. XXIV.

[1] *Essais*, livre II, chap. XXIX.
[2] C'est par l'influence des ouvrages de Jean-Jacques, que les punitions corporelles qui dépravent l'enfance furent supprimées à l'École-Militaire, et que l'impératrice de Russie les bannit également des collèges.

heur. C'est ainsi que Bernardin de Saint-Pierre se serait plu à nous montrer Rousseau, philosophe de la nature, protecteur du faible, ami des infortunés, ouvrant dans l'*Héloïse* une route au repentir, élevant un asile à l'enfance dans l'*Émile*, et un refuge aux peuples dans le *Contrat Social*.

Un des passages les plus remarquables du fragment que nous publions est celui où l'auteur établit une distinction entre le caractère que donne la nature et celui que donne la société. Cette distinction jette un grand jour sur J.-J. Rousseau; elle explique les boutades, les bizarreries qui jusqu'alors avaient paru inexplicables. La nature l'avait fait sensible et hardi; le malheur le rendit brusque et timide. Socrate s'avouait enclin à tous les vices, c'était son caractère naturel; son caractère social était la vertu. Au contraire Rousseau, sensible par nature, devient dur et méfiant, parce que la société le trompe et le repousse. Toujours en défiance contre les hommes, il cherche un appui dans ses illusions; la terre disparaît à ses yeux. Créateur d'un monde idéal, il le peuple d'êtres célestes, et s'abandonne ensuite avec délices au bonheur de les aimer. Le voilà dans son caractère naturel : gardez-vous de le réveiller; vous ne le pouvez sans lui rendre son caractère social, c'est-à-dire sans le replacer au milieu des maux de la société, sans le mettre en garde contre ses vices. Quant à présent il est heureux, parce qu'il ne voit que des heureux; tout se dirige autour de lui à la vertu et à Dieu. Voyez avec quelle éloquence il loue cette religion qui nous apprend qu'un être bienfaisant veille sur chacun de nous, et qui, à la place du Dieu de la philosophie, de ce grand géomètre des mondes, sans cesse occupé à rouler d'innombrables sphères, nous montre un Dieu, compagnon de la vie et des misères humaines!

A la suite du fragment sur Jean-Jacques, nous avons placé un parallèle de ce philosophe et de Voltaire. Ce parallèle fut écrit il y a plus de vingt ans, et, quoique resté imparfait, c'est peut-être le morceau de Bernardin de Saint-Pierre où l'on trouve le plus d'aperçus fins, délicats et ingénieux. On regrette seulement qu'il ait abandonné son travail au moment où il allait comparer l'influence que ces deux écrivains ont exercée sur leur siècle. Il semble, d'après quelques passages mêmes du parallèle, que son intention était d'apprécier les résultats si opposés de leurs opinions. Effectivement, ces résultats ont ce caractère particulier, qu'ils furent en raison inverse de l'intention, du talent, de la réputation et de l'ambition de ces deux philosophes. Voltaire a beaucoup influé sur la dernière classe de la société, dont il ne se souciait pas : il n'a influé que superficiellement sur la seconde, pour laquelle il écrivait, et pas du tout sur la première, qu'il flattait dans tous ses ouvrages. Rousseau au contraire a peu influé sur le peuple, sur lequel il a dirigé toutes ses vues, et dont il a défendu tous les droits; mais il a beaucoup influé sur la seconde classe de la société, et encore plus sur les grands, dont il n'a cependant ni flatté ni dissimulé les vices. Voltaire attaque la superstition qui nuit aux hommes; Rousseau élève la religion qui leur est utile. Le premier répand une lumière qui éblouit et trompe les peuples; il leur inspire le goût du luxe, des arts, de la vanité, ne sachant pas qu'il multiplie leurs maux en multipliant leurs plaisirs : le second donne des sentimens d'humanité aux riches, et les ramène au goût d'un bonheur tranquille et des plaisirs simples de la nature. Si Voltaire fait débiter ses maximes par la multitude qu'il séduit et qu'il égare, Rousseau fait pratiquer les siennes par ceux qui influent sur la félicité des peuples, et les rappelle à la vertu par la force du sentiment. Ainsi Voltaire, toujours occupé à détruire sans réparer, ne délivre l'homme de ses croyances superstitieuses que pour le livrer à de plus grands maux, ceux de l'incrédulité. Sa philosophie, comme le dit Bernardin de Saint-Pierre, *est celle des gens heureux*, et tôt ou tard la fortune nous force à l'abandonner; tandis que la philosophie de Rousseau étant celle des infortunés devient à la fin celle de tous les hommes.

Parmi les notes qui devaient servir de matériaux à l'ouvrage de Bernardin de Saint-Pierre, il en est un grand nombre que leur imperfection ne nous permet pas d'introduire dans le fragment que nous publions. Ces notes n'étaient que des indications; il fallait ou les laisser perdre, ou essayer de les rédiger en leur conservant toute leur simplicité. Quelque désavantage qu'il y eût à entreprendre un pareil travail, il ne nous était pas permis de balancer. Les pages suivantes renferment donc tous les débris que nous avons pu recueillir. Quelques-unes de ces pensées sont placées dans la bouche de Bernardin de Saint-Pierre; cette forme nous était indiquée par les notes elles-mêmes, et c'eût été nuire à l'intérêt que de vouloir en prendre une autre. Ce sont des anecdotes, des souvenirs qui lui échappent comme dans une conversation. Aussi, pour nous servir de l'expression d'un poète, notre dessein est-il moins d'offrir au lecteur des phrases pompeuses et magnifiques, que de converser tête à tête avec lui :

> Non equidem hoc studeo, bullatis ut mihi nugis
> Pagina turgescat, . . . . .
> Secreti loquimur : , . . . . '

---

## FRAGMENS SUR J.-J. ROUSSEAU.

Un jour, en voyant des enfans qui jouaient sur le gazon des Tuileries : Voilà, lui dis-je, des enfans que vous avez rendus heureux; on a fait ce que vous demandez. Il s'en faut bien, me répondit-il, on se jette toujours dans les extrémités. J'ai parlé contre ceux qui leur faisaient ressentir leur tyrannie, et ce sont eux à présent qui tyrannisent leurs gouvernantes et leurs précepteurs.

Pour détruire les athées, s'il y en a, disait Rousseau, il ne faut pas leur montrer la nature qu'ils refusent de voir, mais les attaquer dans leur propre raisonnement.

' Pers., sat. V., v. 19.

Il semblait s'exercer à quitter toutes les choses de la vie. Un jour il se défit de son épinette; il ne disait plus, comme autrefois : la musique m'est aussi nécessaire que le pain. Un autre jour il donna son herbier; enfin il perdit sa loupe, sa canne, son chapeau et son livre *De la Sagesse*; mais il se livrait encore à la recherche des plantes.

Rousseau disait : Il faut mépriser les hommes, et agir comme si on était toujours en leur présence. Mais sa conduite et ses vertus prouvaient bien qu'il se proposait d'autres témoins et d'autres juges que les hommes. Je n'ai commencé à être heureux, disait-il, que lorsque j'ai été tout-à-fait sans espérance. On ne conserve la paix du cœur que par le mépris de tout ce qui peut la troubler.

Il aimait singulièrement les contes orientaux, et faisait un cas tout particulier des *Mille et une Nuits*. L'homme, disait-il, y est plus rapproché de l'homme : on y voit souvent un souverain converser avec un homme du peuple. Nos riches ne craignent jamais de tomber dans la misère. Il n'y a guère que les malheureux de charitables. Je lui dis à ce sujet : Quoi qu'en dise le président Hénault, une des grandes causes de la stérilité de nos histoires, c'est qu'il n'y a rien pour le peuple; il ne s'agit de que quelques grandes maisons, et de savoir qui occupera le trône. Il n'y a donc qu'un homme qui intéresse; c'est le roi : et l'intérêt de son histoire augmente à mesure qu'il est plus populaire. Voilà pourquoi l'on admire Louis XIV; mais on aime Henri IV. Nous avons cependant quelques histoires touchantes, comme celle de Turenne; mais ce n'est pas comme grand seigneur, c'est comme homme.

On l'a taxé d'orgueil parce qu'il repoussait la main qui voulait lui mettre un joug, parce qu'il refusait les dîners, parce qu'il n'adoptait pas les opinions du jour, qu'il n'accordait pas son estime au rang et à la fortune, et qu'il s'éloignait des réunions d'artistes, de gens de lettres et de qualité. Mais ce sont les orgueilleux qui taxent d'orgueil. L'orgueilleux est celui qui cherche à subjuguer; et Rousseau, solitaire, sans ambition et sans fortune, ne voulut que vivre libre. Il se fit même un état pour être indépendant; mais en cherchant à échapper à la société, il ne voulut point échapper aux lois, et il prit pour règle de sa conduite des lois encore plus sévères que celles de l'état, celles de sa conscience.

Il ne parlait de Richardson qu'avec enthousiasme. *Clarisse* renfermait, selon lui, une peinture complète du cœur humain; il estimait moins *Grandisson*. Il faisait à l'auteur un reproche général, celui de n'avoir rattaché le souvenir de ses héros à aucune localité dont on aurait aimé à reconnaître les tableaux. Il est impossible, disait-il, de se représenter Achille sans voir en même temps les plaines de Troie. On suit Énée sur les rives du Latium : Virgile n'est pas seulement le peintre de l'amour et de la guerre, il est encore le peintre de sa patrie. Ce trait de génie a manqué à Richardson.

Il estimait la probité de Fontenelle, et admirait qu'ayant une si grande facilité pour l'épigramme, il eût eu la générosité de n'en jamais faire usage contre ses nombreux ennemis.

Dans les dernières années de sa vie, il voulait écrire sur les avantages de l'adversité. Il voulait également écrire de la vieillesse, n'étant pas content de ce que Cicéron en a écrit. Celui qui avait tant fait pour le bonheur de l'enfance était digne de donner des consolations au dernier âge de la vie.

Il aimait Shakespeare, et trouvait que nos tragédies manquent d'action et sont trop en dialogues.

La poésie lui rappelait le temps pastoral. La fortune a dégradé les hommes, disait-il, et c'est alors que les arts sont descendus du ciel pour suppléer à la nature : ils eurent en peinture et en poésie la représentation de ce qu'ils avaient perdu, et leur imagination s'y complaisait comme dans les tableaux d'un bonheur idéal, dont il n'est pas donné à un mortel de jouir.

J.-J. Rousseau disait : Ne mettez la vérité ni en maximes ni en sentences. Les plus grands écrivains sont tombés dans ce défaut : il en résulte que les parties font de l'effet, et que l'ensemble n'en fait point.

Il aimait singulièrement l'*Astrée* de d'Urfé; il l'avait lue deux fois, et voulait la lire une troisième. Il ne faut pas la lire en courant, dit-il. Je lus ce livre à sa sollicitation. J'admirai la variété des caractères, mais j'avoue qu'il m'ennuya, malgré l'imagination de l'auteur : il y a trop de personnages, trop de longueurs, trop de répétitions et une métaphysique qui noie tout.

Il voulait avec raison qu'on aimât les choses pour elles-mêmes. Un jour une très-aimable dame vint chez lui avec son frère. Vous vous occupez de botanique, lui dit-elle; apparemment vous nous en donnerez un traité. On croit, lui répondit-il, qu'on ne s'applique aux choses que pour en donner des leçons; je cultive la botanique pour la botanique même. Il disait de la botanique : C'est une science de voluptueux et de paresseux.

Vous avez lu Pline, lui disais-je, quelle éloquence! Comme il se récrie à chaque page sur la majesté et sur la prévoyance de la nature! Eh bien! il y a un endroit où, du plus grand sang-froid, il nous dit qu'il n'y a point de Dieu. Il est impossible d'imaginer qu'un si beau traité, rempli de si belles preuves de la Providence, soit l'ouvrage d'un athée. Il me répondit que tous les livres avaient été interpolés, et que l'historien de la nature n'avait pas plus été à l'abri des falsifications des partis, que les historiens des hommes. Que d'hommes vertueux ont été présentés comme coupables!

Toutes les facultés de son esprit, ses mœurs, ses ouvrages, portaient l'empreinte de son caractère. Il n'y avait pas d'homme plus conséquent avec ses principes; mais souvent un homme passe pour inconstant par la raison que tout change autour de lui et qu'il ne change pas lui-même.

Il donnait à Fénelon une grande louange; celle d'avoir tourné l'esprit de l'Europe à l'agriculture, seule base du bonheur des peuples. Sans les guerres et sans les victoires, on eût dit le siècle de Fénelon, bien mieux que le siècle de Louis XIV.

Il disait, comme Fontenelle expirant, que ce dont il se félicitait le plus dans toute sa vie, c'était de n'avoir jamais jeté le moindre ridicule sur la plus petite vertu.

Un jour il trouva chez un marchand de livres un manuscrit précieux sur la Pucelle d'Orléans; un abbé, passant la main sur son épaule, essaya inutilement de lui arracher ce manuscrit. Il le paya un louis, et le fit remettre à la bibliothèque de Genève. Lorsqu'il me raconta cette anecdote, je lui exprimai mon admiration pour cette fille extraordinaire à qui Athènes eût élevé des autels, et que Rome eût placée au Capitole. Ce sujet me semblait digne de la scène française; mais il me détourna de le traiter en me disant : Vous ferez une chose touchante et tout le monde s'en moquera : ce n'est qu'en France que les plus hautes vertus ne reçoivent d'autre récompense que le ridicule.

*Le Devin du Village* fut inspiré à J.-J. Rousseau par Fontenelle, qui se plaignait un jour du peu de rapport qui existait entre les paroles et la musique de tous les opéras qu'il avait entendus. Il faudrait, disait-il, que le même auteur composât la musique et les paroles; alors seulement il y aurait harmonie entre les sons, les expressions et les sentimens. Cette idée frappa Rousseau qui lui répondit : Je l'essaierai.

J.-J. Rousseau avait également composé la musique de *Daphnis et Chloé*. Il me citait souvent comme un de ses meilleurs morceaux celui du sommeil de Chloé, mais les paroles de cet opéra n'étaient pas de Rousseau, excepté une seule scène, celle où Chloé soupçonne Daphnis, et le fait jurer qu'il est fidèle, par le dieu Pan; puis elle se rappelle que Pan est inconstant, qu'il a aimé toutes les nymphes, et veut que Daphnis prête un second serment. Puissent, dit-il, ces vallons n'avoir jamais pour moi leur beauté printanière, ma flûte perdre sa douceur, et mes paroles ne plus toucher celle que j'aime, si je manque à mes sermens! Puis il ajoute : Vous me croyez inconstant; j'ai juré, mais c'est vous seule qui êtes coupable, car vous avez douté. Ah! m'écriai-je, cette scène est de vous! Il sourit, mais ne nia pas. Sa morale est pure; il ramène, dans cet ouvrage, du vain éclat de la grandeur à l'amour champêtre; il fait aimer, adorer la nature par des sons tendres et naïfs, par une simplicité virginale, et l'émotion dont il nous pénètre, a quelque chose de semblable à celle que l'on éprouve à l'aspect de la campagne, dans les premiers jours du printemps.

Il aimait beaucoup la lecture des Voyages, surtout de ceux où la nature est décrite.

Bernardin de Saint-Pierre disait de Rousseau : Que n'est-il catholique et Français!

Rousseau avait plusieurs amis avec lesquels il se promenait souvent. Pour ne pas se gêner mutuellement, ils avaient imaginé de mettre un dé au pied d'un arbre des Tuileries; le premier arrivé plaçait le dé sur le point *un*, le second sur le point *deux*, etc., ainsi des autres : lorsque la société était complète, on ne tardait pas à se réunir.

La comédie rend la vieillesse odieuse ou ridicule; elle donne du charme aux étourderies et aux fautes de la jeunesse. La tragédie peint des mœurs inconnues, et les malheurs interminables de la famille d'Agamemnon. Le philosophe qui assiste à nos spectacles est forcé d'avouer qu'on y a oublié la société, c'est-à-dire la patrie. Rousseau a dit tout cela; il a même remarqué que l'éducation achève de détruire nos mœurs, en jetant le ridicule sur toutes les conditions et sur tous les états; mais il a oublié de dire que la comédie était flétrie par l'Aréopage, qui honorait la tragédie, celle-ci parlant des grands hommes de la nation.

Je lui demandais un jour quelle était la nation

dont il avait la meilleure opinion; il me répondit : l'espagnole. Je ne poussai pas plus loin la curiosité; mais depuis, ayant cherché les motifs de cette préférence, il m'est venu dans la pensée que son estime pour cette nation venait de ce qu'elle a un caractère; car si elle n'est pas riche, elle conserve sa fierté dans la pauvreté, et quoique sans gloire aujourd'hui, on sent qu'il ne faudrait que lui faire entendre le cri de la guerre pour ranimer son courage chevaleresque. D'ailleurs un seul esprit l'anime, car elle n'a pas été battue des opinions de la philosophie qui divisent les nations en multipliant les sectes.

Rousseau aimait à raconter ce trait d'un homme qui, étant venu le voir, se plaça sur une chaise vis-à-vis de lui, et après une heure de contemplation, se retira sans avoir prononcé une parole. Il rappelait à cette occasion le trait d'un négociant chinois, qui avait pour maxime que parler le premier c'était annoncer qu'on avait besoin de la personne à qui on s'adressait. Un jour ce négociant se rendit chez le gouverneur de Batavia, qui, se conduisant d'après la même maxime, le reçut sans ouvrir la bouche; le Chinois resta jusqu'à la fin de l'audience, mais voyant que le gouverneur gardait toujours le silence, il se retira en disant : Il n'y a rien à faire ici.

Un écrivain disait un jour à Rousseau qu'il s'occupait du projet de démontrer la fausseté des vertus des grands hommes du paganisme, en représaille de ce que les philosophes modernes attaquaient celles des grands hommes du christianisme. Vous allez rendre, lui dit Rousseau, un grand service au genre humain! il va se trouver entre la religion et la philosophie, comme ce vieillard dont deux femmes de différens âges se disputaient le cœur; elles dépouillèrent sa tête, *saccageant* tour à tour les poils blancs et noirs :

<small>Toutes deux firent tant, que notre tête grise
Demeura sans cheveux, etc.</small>

Je sais que Rousseau a écrit les mémoires de sa vie, où il a eu le courage d'avouer ses fautes. Il ne me les a pas lus, quoique je lui en aie parlé quelquefois, mais soit qu'ils lui rappelassent les jours pleins d'amertume, soit qu'il n'aimât pas à médire, il me répondait : *Ne parlons pas des hommes, parlons de la nature.*

Un jour Bernardin de Saint-Pierre voulait essayer le parallèle de J.-J. Rousseau et de saint Vincent de Paule. On lui fit observer que l'auteur d'*Émile* avait exposé ses enfans, tandis que la charité de saint Vincent de Paule s'était occupée à recueillir les enfans d'autrui. Ah ! dit-il, ne reprochez point à un grand homme, persécuté pendant sa vie, des actions qu'il s'est lui-même si amèrement reprochées; plus ses fautes ont été humiliantes, plus l'aveu public qu'il a fait a été sublime. Son *Émile* en est l'expiation, et Jean-Jacques n'entrera pas moins dans le séjour de la vertu que Vincent de Paule, parce que le Père indulgent des faiblesses humains y a ouvert deux portes, l'une au repentir et l'autre à l'innocence.

---

ÉPITAPHE DE J.-J. ROUSSEAU,
<small>PAR BERNARDIN DE SAINT-PIERRE.</small>

<small>Il a cultivé la musique, la botanique, l'éloquence,
Il a combattu et dédaigné la fortune, les tyrans, les hypocrites,
les ambitieux;
Il a adouci le sort des enfans et augmenté le bonheur des mères,
Et il a été persécuté :
Il a vécu et il est mort dans l'espérance, commune à tous les hommes, d'une meilleure vie.</small>

---

ESSAI
# SUR J.-J. ROUSSEAU.

Au mois de juin de 1772, un ami m'ayant proposé de me mener chez J.-J. Rousseau, il me conduisit dans une maison rue Plâtrière, à peu près vis-à-vis de l'hôtel de la Poste. Nous montâmes au quatrième étage : nous frappâmes; et madame Rousseau vint nous ouvrir la porte. Elle nous dit : « Entrez, messieurs, vous allez trouver mon mari. » Nous traversâmes une fort petite antichambre, où des ustensiles de ménage étaient proprement arrangés; de là nous entrâmes dans une chambre où J.-J. Rousseau était assis en redingote et en bonnet blanc, occupé à copier de la musique. Il se leva d'un air riant, nous présenta des chaises, et se remit à son travail, en se livrant toutefois à la conversation.

Il était maigre et d'une taille moyenne. Une de ses épaules paraissait un peu plus élevée que l'autre, soit que ce fût l'effet d'un défaut naturel, ou de l'attitude qu'il prenait dans son travail, ou de l'âge qui l'avait voûté, car il avait alors soixante ans; d'ailleurs, il était fort bien proportionné. Il avait le teint brun, quelques couleurs aux pommettes des joues, la bouche belle, le nez très-bien fait, le front rond et élevé, les yeux pleins de feu. Les traits obliques qui tombent des narines vers les extrémités de la bouche, et qui caractérisent la physionomie, exprimaient dans la sienne une grande sensibilité et quelque chose même de douloureux. On remarquait dans son visage trois ou quatre caractères de la mélancolie, par l'enfoncement des yeux et par l'affaissement des sourcils; de la tristesse profonde par les rides du front; une gaieté très-vive et même un peu caustique, par mille petits plis aux angles extérieurs des yeux, dont les orbites disparaissaient quand il riait. Toutes ces passions se peignaient successivement sur son visage, suivant que les sujets de la conversation affectaient son ame; mais dans une situation calme, sa figure conservait une empreinte de toutes ces affections, et offrait à la fois, je ne sais quoi d'aimable, de fin, de touchant, de digne de pitié et de respect [1].

Près de lui était une épinette sur laquelle il essayait de temps en temps des airs. Deux petits lits, de *cotonnade* rayée de bleu et de blanc comme la tenture de sa chambre; une commode, une table et quelques chaises faisaient tout son mobilier. Aux murs était attaché un plan de la forêt et du parc de Montmorency, où il avait demeuré, et une estampe du roi d'Angleterre, son ancien bienfaiteur. Sa femme était assise, occupée à coudre du linge; un serin chantait dans sa cage suspendue au plafond; des moineaux venaient manger du pain sur ses fenêtres ouvertes du côté de la rue, et sur celles de l'antichambre on voyait des caisses et des pots remplis de plantes telles qu'il plaît à la nature de les semer. Il y avait dans l'ensemble de son petit ménage un air de propreté, de paix et de simplicité, qui faisait plaisir.

Il me parla de mes voyages; ensuite la conversation roula sur les nouvelles du temps, après quoi il nous lut une lettre manuscrite en réponse à M. le marquis de Mirabeau, qui l'avait interpellé dans une discussion politique. Il le suppliait de ne pas le rengager dans les tracasseries de la littérature. Je lui parlai de ses ouvrages, et je lui dis que ce que j'en aimais le plus, c'était le *Devin du Village* et le troisième volume d'*Émile*. Il me parut charmé de mon sentiment. C'est aussi, me dit-il, ce que j'aime le mieux avoir fait; mes ennemis ont beau dire, ils ne feront jamais un *Devin du Village*. Il nous montra une collection de graines de toute espèce. Il les avait arrangées dans une multitude de petites boîtes. Je ne pus m'empêcher de lui dire que je n'avais vu personne qui eût ramassé une si grande quantité de graines, et qui eût si peu de terres. Cette idée le fit rire. Il nous reconduisit, lorsque nous prîmes congé de lui, jusque sur le bord de son escalier.

A quelques jours de là, il vint me rendre ma visite. Il était en perruque ronde bien poudrée et bien frisée, portant un chapeau sous le bras, et en habit complet de nankin. Il tenait une petite canne à la main. Tout son extérieur était modeste, mais fort propre, comme on le dit de celui de Socrate. Je lui offris une pièce de coco marin avec son fruit, pour augmenter sa collection de graines; et il me fit le plaisir de l'accepter. Avant de sortir de chez moi, nous passâmes dans une chambre où je lui fis voir une belle immortelle du Cap, dont les fleurs ressemblent à des fraises, et les feuilles à des morceaux de drap gris. Il la trouva charmante; mais je l'avais donnée, et elle n'était plus à ma disposition. Comme je le reconduisais à travers les Tuileries, il sentit l'odeur du café. Voici, me dit-il, un parfum que j'aime beaucoup; quand on en brûle dans mon escalier, j'ai des voisins qui ferment leur porte, et moi j'ouvre la mienne. Vous prenez donc du café, lui dis-je, puisque vous en aimez l'odeur? Oui, me répondit-il, c'est presque tout ce que j'aime des choses de luxe : les glaces et le café. J'avais apporté une balle de café de l'île de Bourbon, et j'en avais fait quelques paquets que je distribuais à mes amis. Je lui en envoyai un le lendemain, avec un billet où je lui mandais que, sachant son goût pour les graines étrangères, je le priais d'accepter celles-là. Il me répondit par un billet fort poli, où il me remerciait de mon attention [1].

Mais le soir du même jour j'en reçus un autre d'un ton bien différent. En voici la copie [2] :

Ce vendredi 3 août 1771.

La distraction, Monsieur, de la compagnie qui était chez moi à l'arrivée de votre paquet, et la persuasion que c'étaient en effet des graines étran-

---

[1] On voit chez M. Necker un portrait de J.-J. Rousseau fort ressemblant, mais de toutes les gravures qu'on a données de lui au public, je n'en ai vu qu'une seule où l'on reconnût quelques-uns de ses traits : c'est une grande estampe de 10 à 12 pouces, gravée, je crois, en Angleterre; il y est représenté en bonnet et en habit d'Arménien. On pourrait faire un bon portrait de lui d'après le buste de M. Houdon, qu'on voit à la Bibliothèque du roi. Cet habile sculpteur l'a modelé, dit-on, après sa mort : il s'était refusé pendant sa vie aux instances de tous les artistes.

[1] *Voici ce billet* :
Ce vendredi matin très à la hâte.
Je suis encore plus touché du souvenir de M. de Saint-Pierre que de son présent, quelque précieux que ce présent soit en lui-même, et pour mon goût. Je saisirai le premier moment où l'on me laissera disposer de moi pour aller l'en remercier et pour prendre son jour pour aller voir l'immortelle [*]. Je le prie d'agréer mes remercimens et mes salutations.

[2] Nous rétablissons ici le texte de ces deux lettres que nous avons retrouvées depuis la première édition.

[*] C'était une immortelle que M. de Saint-Pierre avait rapportée du Cap.

gères, m'ont empêché de l'ouvrir, et je me suis contenté de vous en remercier à la hâte : en y regardant, j'ai trouvé que c'était du café. Monsieur, nous ne nous sommes jamais vus qu'une fois, et vous commencez déjà par des cadeaux ; c'est être un peu pressé, ce me semble. Comme je ne suis point en état de faire des cadeaux, mon usage est, pour éviter la gêne des sociétés inégales, de ne point voir les gens qui m'en font ; vous êtes le maître de laisser chez moi ce café, ou de l'envoyer reprendre ; mais dans le premier cas, trouvez bon que je vous en remercie, et que nous en restions là.

Je vous prie, monsieur, d'agréer mes très-humbles salutations.

J.-J. ROUSSEAU.

Je lui répondis qu'ayant été dans le pays où croissait le café, la qualité et la quantité de ce présent le rendaient de peu d'importance ; qu'au reste je lui laissais le choix de l'alternative qu'il m'avait donnée. Cette petite altercation se termina aux conditions que j'accepterais de sa part une racine de ginseng et un ouvrage sur l'ichthyologie, qu'on lui avait envoyé de Montpellier. Il m'invita à dîner pour le lendemain. Je me rendis chez lui à onze heures du matin. Nous conversâmes jusqu'à midi et demi. Alors son épouse mit la nappe. Il prit une bouteille de vin, et en la posant sur la table, il me demanda si nous en aurions assez, et si j'aimais à boire. Combien sommes-nous ? lui dis-je. Trois, dit-il, vous, ma femme et moi. Quand je bois du vin, lui répondis-je, et que je suis seul, j'en bois bien une demi-bouteille, et j'en bois un peu plus quand je suis avec mes amis. Cela étant, reprit-il, nous n'en aurons pas assez ; il faut que je descende à la cave. Il en rapporta une seconde bouteille. Sa femme servit deux plats ; un de petits pâtés, et un autre qui était couvert. Il me dit en me montrant le premier : Voici votre plat, et l'autre est le mien. Je mange peu de pâtisserie, lui dis-je, mais j'espère bien goûter du vôtre. Oh ! me dit-il, ils nous sont communs tous deux ; mais bien des gens ne se soucient pas de celui-là ; c'est un mets suisse ; un pot-pourri de lard, de mouton, de légumes et de châtaignes. Il se trouva excellent. Ces deux plats furent relevés par des tranches de bœuf en salade, ensuite par des biscuits et du fromage ; après quoi sa femme servit le café. Je ne vous offre point de liqueur, me dit-il, parce que je n'en ai point ; je suis comme le cordelier qui prêchait sur l'adultère, j'aime mieux boire une bouteille de vin qu'un verre de liqueur.

Pendant le repas nous parlâmes des Indes, des Grecs et des Romains. Après le dîner il fut me chercher quelques manuscrits, dont je parlerai quand il sera question de ses ouvrages. Il me lut une continuation d'Émile, quelques lettres sur la botanique, un petit poème en prose sur le lévite, dont les Benjamites violèrent la femme, des morceaux charmans traduits du Tasse. — Comptez-vous donner ces écrits au public ? Oh ! Dieu m'en garde ! dit-il ; je les ai faits pour mon plaisir, pour causer le soir avec ma femme. Oh oui ! que cela est touchant ! reprit madame Rousseau ; cette pauvre Sophronie ! j'ai bien pleuré quand mon mari m'a lu cet endroit-là. Enfin elle m'avertit qu'il était neuf heures du soir : j'avais passé dix heures de suite comme un instant.

Lecteur, si vous trouvez ces détails frivoles, n'allez pas plus avant ; tous sont précieux pour moi, et l'amitié m'ôte la liberté de choisir. Si vous aimez à voir de près les grands hommes, et si vous chérissez dans un récit la simplicité et la sincérité, vous serez satisfait. Je ne donne rien à l'imagination, je n'exagère aucune vertu, je ne dissimule aucun défaut : je ne mets d'autre art dans ma narration qu'un peu d'ordre. Dans l'envie que j'avais de ne rien perdre de la mémoire de Rousseau, j'avais recueilli quelques autres anecdotes ; mais elles n'étaient fondées que sur des ouï-dire, et j'ai voulu donner à cet ouvrage un mérite étranger même aux meilleures histoires : c'est de ne pas renfermer la plus légère circonstance, que je n'en aie été le témoin, ou que je ne la tienne de la bouche même de Rousseau.

Il était né à Genève, en 1712, d'un père de la religion réformée, et horloger de profession. Sa naissance coûta la vie à sa mère. C'était une femme d'esprit, qui faisait même des vers agréablement. Il m'en a cité d'elle, qu'elle avait improvisés dans une promenade ; mais je les ai oubliés. Il fut élevé par une sœur de son père, et jamais il n'oublia les soins qu'elle avait pris de son enfance. Elle vit peut-être encore ; elle vivait du moins il y a quelques années, et voici comment je l'ai su. Un de mes anciens camarades de collège me pria, il y a trois ans, de le présenter à J.-J. Rousseau. C'était un brave garçon, dont la tête était aussi chaude que le cœur. Il me dit qu'il avait vu Rousseau au château de Trie, et qu'étant ensuite allé voir Voltaire à Genève, on lui avait dit que la tante de Rousseau demeurait près de là dans un village. Il fut lui rendre visite. Il trouva une vieille femme qui, en apprenant qu'il avait vu son neveu, ne se possédait pas d'aise. Comment ! monsieur, lui dit-elle, vous l'avez vu ! Est-il donc vrai qu'il n'a pas de religion? Nos ministres disent que c'est un impie. Comment cela se peut-il? il m'envoie de quoi vivre. Pauvre vieille femme de plus de quatre-vingts ans, seule, sans servante, dans un grenier, sans lui je serais morte de froid et de faim! Je répétai la chose à Rousseau mot pour mot. Je le devais, me dit-il; elle m'avait élevé orphelin. Cependant il ne voulut pas recevoir mon camarade, quoique j'eusse tout disposé pour l'y engager. Ne me l'amenez pas, dit-il, il m'a fait peur; il m'a écrit une lettre où il me mettait au-dessus de Jésus-Christ.

Il apprit à connaître ses lettres dans des romans. Son père le faisait lire auprès de son établi. Vers l'âge de sept à huit ans il lui tomba entre les mains un Plutarque, qui devint sa lecture favorite. Dès l'enfance il s'exprimait avec sensibilité. Son père, qui lui trouvait beaucoup de ressemblance avec l'épouse qu'il regrettait, lui disait quelquefois le matin en se levant: Allons, Jean-Jacques, parle-moi de ta mère. Si je vous en parle, disait-il, vous allez pleurer. Ce n'était point par singularité qu'il aimait à porter ce nom de Jean-Jacques, mais parce qu'il lui rappelait un âge heureux, et le souvenir d'un père dont il ne me parlait jamais qu'avec attendrissement. Il m'a raconté que son père était d'un tempérament très-vigoureux, grand chasseur, aimant la bonne chère et à se réjouir. Dans ce temps-là on formait à Genève des coteries, dont chaque membre, suivant l'esprit de la réforme, prenait un surnom de l'Ancien Testament. Celui de son père était David. Peut-être ce surnom contribua-t-il à le lier avec David Hume, car il aimait à attacher aux mêmes noms les mêmes idées, comme je le dirai dans une occasion où il s'agissait du mien. Au reste, ce préjugé lui a été commun avec les plus grands hommes de l'antiquité, et même avec le peuple romain, qui confia sa destinée à des généraux dont le nom lui paraissait d'un heureux augure, pour avoir été porté par des hommes dont il chérissait la mémoire. C'est ce qu'on peut voir surtout dans la vie des Scipions.

Alors il n'y avait pas à Genève un citoyen bien élevé qui ne sût son Plutarque par cœur. Rousseau m'a dit qu'il a été un temps où il connaissait mieux les rues d'Athènes que celles de Genève. Les jeunes gens ne parlaient dans leurs conversations que de législation, des moyens d'établir ou de réformer la société. Les ames étaient nobles, grandes et gaies. Un jour d'été, une troupe de bourgeois prenaient le frais devant leurs portes; ils causaient et riaient entre eux, lorsqu'un lord vint à passer; il crut, à leur rire, qu'ils se moquaient de lui; il s'arrêta et leur dit fièrement: Pourquoi riez-vous quand je passe? Un des bourgeois lui répondit sur le même ton: Eh! pourquoi passez-vous quand nous rions? Son père eut une querelle avec un capitaine qui l'avait insulté, et qui appartenait à une famille considérable de la ville. Il proposa au capitaine de mettre l'épée à la main, ce que celui-ci refusa. Cette aventure renversa sa fortune. La famille de son adversaire le força de s'expatrier: il mourut âgé de près de cent ans.

Rousseau, vers l'âge de vingt ans, fit à pied un voyage à Paris: il y séjourna peu, se rendit de là, toujours à pied, à Chambéry, en dirigeant sa route par Lyon, qu'il désirait revoir. Il arriva dans cette ville à l'entrée de la nuit, soupa avec son dernier morceau de pain, et se coucha sur le pavé sous une arcade ombragée par des marronniers: c'était en été. Je n'ai jamais passé une nuit plus agréable, me dit-il; je dormis d'un sommeil profond, ensuite je fus réveillé, au lever du soleil, par le chant des oiseaux; frais et gai comme eux, je marchais en chantant dans les rues, ne sachant où j'allais et ne m'en souciant guère. Je n'avais pas un sou dans ma poche. Un abbé, qui venait derrière moi, m'appela: Mon petit ami, vous savez la musique; voudriez-vous en copier? C'était tout ce que je savais faire: Je le suivis, et il me fit travailler. — La Providence, lui dis-je, vous servit à point nommé; mais que serait-il arrivé si vous n'eussiez pas rencontré cet abbé? — J'aurais, me dit-il, probablement fini par demander l'aumône quand l'appétit serait venu.

Il avait un frère aîné, qui partit à dix-sept ans pour aller faire fortune aux Indes. Jamais depuis il n'en a ouï parler. Il fut sollicité par un directeur de la compagnie des Indes d'aller à la Chine; et il était fâché de n'avoir pas pris ce parti. C'est à peu près vers ce temps-là qu'il fut en Italie. Le noble aveu qu'il fait de sa position, de ses fautes et de ses malheurs, au commencement du troisième volume d'Émile, est si touchant, que je ne puis me refuser le plaisir de le transcrire.

« Il y a trente ans que, dans une ville d'Italie,
» un jeune homme expatrié se voyait réduit à la
» dernière misère. Il était né calviniste; mais, par
» les suites d'une étourderie, se trouvant fugitif,
» en pays étranger, sans ressource, il changea de
» religion pour avoir du pain. Il y avait dans cette
» ville un hospice pour les prosélytes; il y fut ad-
» mis. En l'instruisant sur la controverse, on lui
» donna des doutes qu'il n'avait pas, et on lui ap-
» prit le mal qu'il ignorait: il entendit des dogmes
» nouveaux, il vit des mœurs encore plus nouvelles;
» il les vit, et faillit en être la victime. Il voulut
» fuir, on l'enferma; il se plaignit, on le punit de

» ses plaintes; à la merci de ses tyrans, il se vit
» traiter en criminel pour n'avoir pas voulu céder
» au crime. Que ceux qui savent combien la pre-
» mière épreuve de la violence et de l'injustice ir-
» rite un jeune cœur sans expérience, se figurent
» l'état du sien. Des larmes de rage coulaient de
» ses yeux ; l'indignation l'étouffait; il implorait le
» ciel et les hommes ; il se confiait à tout le monde,
» et n'était écouté de personne. Il ne voyait que
» de vils domestiques soumis à l'infâme qui l'ou-
» trageait, ou des complices du même crime, qui
» se raillaient de sa résistance et l'excitaient à
» les imiter. Il était perdu sans un honnête ecclé-
» siastique qui vint à l'hospice pour quelque affaire,
» et qu'il trouva le moyen de consulter en secret.
» L'ecclésiastique était pauvre et avait besoin de tout
» le monde; mais l'opprimé avait encore plus besoin
» de lui; et il n'hésita pas à favoriser son évasion,
» au risque de se faire un dangereux ennemi.
» Echappé au vice pour rentrer dans l'indigen-
» ce, le jeune homme luttait sans succès contre sa
» destinée : un moment il se crut au-dessus d'elle.
» A la première lueur de fortune, ses maux et son
» protecteur furent oubliés. Il fut bientôt puni de
» cette ingratitude; toutes ses espérances s'éva-
» nouirent : sa jeunesse avait beau le favoriser, ses
» idées romanesques gâtaient tout. N'ayant ni as-
» sez de talent, ni assez d'adresse pour se faire un
» chemin facile; ne sachant être ni modéré ni mé-
» chant, il prétendit à tant de choses qu'il ne sut
» parvenir à rien. Retombé dans sa première dé-
» tresse, sans pain, sans asile, prêt à mourir de
» faim, il se ressouvint de son bienfaiteur. Il y re-
» tourne, il le trouve, il en est bien reçu. Sa vue
» rappelle à l'ecclésiastique une bonne action qu'il
» avait faite; un tel souvenir réjouit toujours l'ame.
» Cet homme était naturellement humain, compa-
» tissant; il sentait les peines d'autrui par les sien-
» nes, et le bien-être n'avait point endurci son
» cœur : enfin les leçons de la sagesse et une vertu
» éclairée avaient affermi son bon naturel. Il ac-
» cueille le jeune homme, lui cherche un gîte, l'y
» recommande; il partage avec lui son nécessaire,
» à peine suffisant pour deux. Il fait plus, il l'ins-
» truit, le console ; il lui apprend l'art difficile de
» supporter patiemment l'adversité. Gens à préju-
» gés, est-ce d'un prêtre, est-ce en Italie que vous
» eussiez espéré tout cela ?
» Cet honnête ecclésiastique était un pauvre vi-
» caire savoyard, qu'une aventure de jeunesse avait
» mis mal avec son évêque.... »

Après un tableau des malheurs et des vertus de son protecteur, « Je me lasse, dit Rousseau, de par-
» ler en tierce personne, et c'est un soin fort super-
» flu; car vous sentez bien, cher concitoyen, que
» ce malheureux fugitif, c'est moi-même; je me
» crois assez loin des désordres de ma jeunesse pour
» oser les avouer; et la main qui m'en tira mérite
» bien que, aux dépens d'un peu de honte, je rende
» au moins quelque honneur à ses bienfaits. »

Echappé aux mains cruelles des moines, recueilli et réchauffé par un bon Samaritain, il se vit un moment à la porte de la fortune et des honneurs. Il fut attaché à la légation de France à Venise, et il fit, pendant l'absence de l'ambassadeur, les fonctions de secrétaire d'ambassade. L'ambassadeur, qui était fort avare, voulut partager avec lui l'argent que la cour de France passe, dans ces circonstances, en gratifications aux secrétaires. Pour l'engager à faire ce sacrifice, l'ambassadeur lui disait : Vous n'avez point de dépense à faire, point de maison à soutenir; pour moi, je suis obligé de raccommoder mes bas. Et moi aussi, dit Rousseau ; mais quand je les raccommode, il faut bien que je paie quelqu'un pour faire vos dépêches. J'observai à cette occasion que tous les ambitieux finissaient par être avares, que l'avarice même n'était qu'une ambition passive, et que ces deux passions sont également dures, cruelles et injustes. Le caractère de cet ambassadeur était bien connu aux Affaires étrangères. Une personne digne de foi m'a cité plusieurs traits de son avarice.

Trois souliers, disait-il souvent, équivalent à deux paires, parce qu'il y en a toujours un plus tôt usé que l'autre : en conséquence, il se faisait toujours faire trois souliers à la fois.

Rousseau a vécu à Montpellier, en Franche-Comté, en Suisse, aux environs de Neufchâtel, mais j'ignore à quelles époques. Je lui ai fait rarement des questions à ce sujet. Il ne me communiquait de sa vie passée que ce qu'il lui plaisait. Content de lui tel que je le voyais, peu m'importait ce qu'il avait été. Un jour cependant je lui demandai s'il n'avait pas fait le tour du monde, et s'il n'était pas le Saint-Preux de sa Nouvelle-Héloïse. Non, me dit-il, je ne suis pas sorti de l'Europe; Saint-Preux n'est pas tout-à-fait ce que j'ai été, mais ce que j'aurais voulu être.

Il paraît que sa destinée, au défaut des richesses, sema sur sa route un peu de bonheur. Il eut un ami dans la personne de George Keith, milord-maréchal, gouverneur de Neuchâtel : il en conservait précieusement la mémoire. Ils avaient formé le projet, conjointement avec un capitaine de la compagnie des Indes, d'acheter chacun une métairie sur les bords du lac de Genève pour y passer leurs jours. Les trois solitudes auraient été entre elles à une demi-lieue de distance. Quand l'un des amis aurait voulu recevoir la visite des deux autres, il aurait arboré un pavillon au haut de sa maison : par cet arrangement, chacun d'eux se ménageait la liberté dans son habitation et la vue du toit d'un ami.

Il a demeuré plusieurs années à Montmorency, dans une petite maison située à mi-côte au milieu du village; mais il en a occupé une bien plus agréable dans le bois même de Montmorency : c'était un lieu charmant, me dit-il, qu'on appelait l'Ermitage; mais il n'existe plus, on l'a gâté. J'allais souvent me promener dans un endroit retiré de la forêt qui me plaisait beaucoup. Un jour j'y trouvai des siéges de gazon : cette surprise me fit grand plaisir. Vous aviez donc des amis? lui dis-je. Dans ce temps-là j'en avais, reprit-il, mais à présent je n'en ai plus. Pourquoi, lui disais-je une fois, avez-vous quitté le séjour de la campagne, que vous aimez tant, pour habiter une des rues de Paris les plus bruyantes? Il faut, me répondit-il, pouvoir vivre à la campagne; mon état de copiste de musique m'oblige d'être à Paris. D'ailleurs, on a beau dire qu'on vit à bon marché à la campagne, on y tire presque tout des villes. Si vous avez besoin de deux liards de poivre, il vous en coûte six sous de commission. Et puis j'y étais accablé de gens indiscrets. Un jour entre autres, une femme de Paris, pour m'épargner un port de lettre de quatre sous, m'en fit coûter près de quatre francs. Elle m'envoya une lettre à Montmorency par un domestique. Je lui donnai à dîner et un écu pour sa peine : c'était bien la moindre chose; il avait fait le chemin à pied, et il était venu pour moi. Quant à la rue Plâtrière, c'est la première rue où j'ai logé en arrivant à Paris : c'est une affaire d'habitude, il y a vingt-cinq ans que j'y demeure.

Il avait épousé mademoiselle Levasseur, du pays de Bresse[1], de la religion catholique.

Après avoir jeté un coup d'œil sur les événemens de sa vie, passons à sa constitution physique.

Dans la plupart de ses voyages, il aimait à aller à pied; mais cet exercice n'avait jamais pu l'accoutumer à marcher sur le pavé. Il avait les pieds très-sensibles : Je ne crains pas la mort, disait-il, mais je crains la douleur. Cependant il était très-vigoureux; à plus de soixante ans, il allait après midi aux prés Saint-Gervais, ou bien il faisait le tour du bois de Boulogne, sans qu'à la fin de cette promenade il parût fatigué. Il avait eu des fluxions aux dents, qui lui en avaient fait perdre une partie; il faisait passer la douleur en mettant de l'eau très-froide dans sa bouche. Il avait observé que la chaleur des alimens occasione les maux de dents, et que les animaux qui boivent et mangent froid, les ont fort saines. J'ai vérifié la bonté de son remède et de son observation; car les peuples du Nord, entre autres les Hollandais, ont presque tous les dents gâtées par l'usage du thé, qu'ils boivent très-chaud, et les paysans de mon pays les ont très-blanches. Dans sa jeunesse il eut des palpitations si fortes qu'on entendait les battemens de son cœur dans l'appartement voisin. J'étais alors amoureux, me dit-il, et je fus trouver à Montpellier M. Fizes, fameux médecin; il me regarda en riant, et en me frappant sur l'épaule : Mon bon ami, me dit-il, buvez-moi de temps en temps un bon verre de vin. Il appelait les vapeurs *la maladie des gens heureux*. Les vapeurs de l'amour sont douces, lui dis-je, mais si vous aviez, avec celles-ci, éprouvé celles de l'ambition, vous en jugeriez peut-être autrement. Il avait de temps à autre quelque ressentiment de ce mal. Il m'a conté qu'il n'y avait pas long-temps; il avait cru mourir un jour qu'il était dans le cul-de-sac Dauphin, sans en pouvoir sortir, parce que la porte des Tuileries était fermée derrière lui, et que l'entrée de la rue était barrée par des carrosses; mais, dès que le chemin fut libre, son inquiétude se dissipa. Il avait appliqué à ce mal le seul remède convenable à tous les maux, qui est d'en ôter la cause : il s'abstenait de méditations, de lectures et de liqueurs fortes. Les exercices du corps, le repos de l'ame et la dissipation avaient achevé d'en affaiblir les effets. Il fut long-temps affligé d'une descente et d'une rétention d'urine, qui l'obligèrent d'user de bandages et d'une sonde. Comme il vivait à la campagne, et presque toujours seul dans les bois, il imagina de porter une robe longue et fourrée pour cacher son incommodité; et comme, dans cet état, une perruque était peu commode, il se coiffa d'un bonnet; mais d'un autre côté, cet habillement paraissant extraordinaire aux enfans et aux badauds qui le suivaient partout, il fut obligé d'y renoncer. Voilà comme on a attribué à l'esprit de singularité ce prétendu habit d'Arménien que ses infirmités lui avaient rendu nécessaire. Il se guérit à la fin de ses maux en renonçant à la médecine et aux médecins; il ne les appelait pas même dans les accidens les plus imprévus. En 1776, à la fin de l'automne, en descendant seul le soir la pente de Ménil-Montant, un de ces grands chiens danois que la vanité des riches fait courir dans les rues, au-devant de leurs carrosses, pour le malheur des gens de pied, le renversa si rudement sur le pavé, qu'il en perdit toute connaissance. Des gens chari-

---

[1] C'est une légère erreur. Cette demoiselle était d'Orléans, comme on peut le voir liv. VII des *Confessions*.

tables qui passaient le relevèrent; il avait la lèvre supérieure fendue, le pouce de la main gauche tout écorché; il revint à lui; on voulut lui chercher une voiture, il n'en voulut point de peur d'y être saisi du froid; il revint chez lui à pied; un médecin accourut; il le remercia de son amitié, mais il refusa son secours, et se contenta de laver ses blessures qui, au bout de quelques jours, se cicatrisèrent parfaitement. *C'est la nature*, disait-il, *qui guérit; ce ne sont pas les hommes.*

Dans les maladies intérieures, il se mettait à la diète et voulait être seul, prétendant qu'alors le repos et la solitude étaient aussi nécessaires au corps qu'à l'âme.

Son régime en santé l'a maintenu frais, vigoureux et gai jusqu'à la fin de sa vie. Il se levait à cinq heures du matin en été, se mettait à copier de la musique jusqu'à sept heures et demie; alors il déjeunait, et pendant le déjeuner il s'occupait à arranger sur des papiers les plantes qu'il avait cueillies l'après-midi de la veille: après déjeuner, il se remettait à copier de la musique; il dînait à midi et demi; à une heure et demie il allait prendre du café, assez souvent au café des Champs-Élysées, où nous nous donnions rendez-vous[1]. Ensuite il allait herboriser dans les campagnes, le chapeau sous le bras en plein soleil, même dans la canicule. Il prétendait que l'action du soleil lui faisait du bien. Cependant je lui disais que tous les peuples méridionaux couvraient leurs têtes de coiffures d'autant plus élevées qu'ils approchent plus de la Ligne. Je lui citais les turbans des Turcs et des Persans, les longs bonnets pointus des Chinois et des Siamois, les mitres élevées des Arabes, qui cherchent tous à ménager entre leurs têtes et leurs coiffures un grand volume d'air, tandis que les peuples du nord n'ont que des tocques; j'ajoutais que la nature fait croître dans les pays chauds les arbres à larges feuilles, qui semblent destinés à donner aux animaux et aux hommes des ombrages plus épais. Enfin, je lui rappelais l'instinct des troupeaux qui vont se mettre à l'ombre au fort de la chaleur; mais ces raisons ne produisaient aucun effet; il me citait l'habitude et son expérience. Cependant j'attribue à ces promenades brûlantes une maladie qu'il éprouva dans l'été de 1777. C'était une révolution de bile avec des vomissemens et des crispations de nerfs si violentes qu'il m'avoua n'avoir jamais tant souffert. Sa dernière maladie, arrivée l'année suivante dans la même saison, à la suite des mêmes exercices, pourrait bien avoir eu la même cause. Autant il aimait le soleil, autant il craignait la pluie; quand il pleuvait, il ne sortait point. Je suis, me disait-il en riant, tout le contraire du petit bonhomme du baromètre suisse; quand il rentre je sors, et quand il sort je rentre. Il était de retour de la promenade un peu avant la fin du jour; il soupait et se couchait à neuf heures et demie.

Tel était l'ordre de sa vie; ses goûts avaient la même simplicité. A commencer par le sens qui est le précurseur de celui du goût, comme il n'usait point de tabac, il avait l'odorat fort subtil; il ne recueillait pas de plantes qu'il ne les flairât, et je crois qu'il aurait pu faire une botanique de l'odorat, s'il y avait dans les langues autant de noms propres à caractériser les odeurs qu'il y a d'odeurs dans la nature. Il m'avait appris à connaître beaucoup de plantes par les seules émanations: l'œillet à odeur de girofle; la croisette qui sent le miel; le muscari, la prune; un certain chenopodium, la morue salée; une espèce de géranium, le gigot de mouton rôti; une vessé-de-loup façonnée en boîte à savonnette, divisée en côtes de melon avec un tel artifice, que si on s'essaie à l'ouvrir par là, elle se fend tout à coup par une suture transversale et imperceptible, et vous couvre d'une poussière fétide; et une infinité d'autres. Mais que dire, en passant, de ces jeux où la nature imite jusqu'aux ouvrages de l'homme, comme pour s'en moquer?

Il mangeait de tous les alimens, à l'exception des asperges, parce qu'il avait éprouvé qu'elles offensent la vessie. Il regardait les haricots, les petits pois, les jeunes artichauts, comme moins sains et moins agréables que ceux qui ont acquis leur maturité. Il ne mettait pas à cet égard de différence entre les primeurs en légumes et les primeurs en fruits. Il aimait beaucoup les fèves de marais quand elles ont leur grosseur naturelle, et que toutefois elles sont encore tendres. Il m'a raconté que dans les premiers temps qu'il vint à Paris, il soupait avec des biscuits. Il y avait alors deux fameux pâtissiers au Palais-Royal, chez lesquels beaucoup de personnes allaient faire leur repas du soir. L'un d'eux mettait du citron dans ses biscuits, l'autre n'y en mettait pas: celui-ci passait pour le meilleur. Autrefois, me disait-il, nous buvions, ma femme et moi, un quart de bouteille de vin à notre souper, ensuite est venue la demi-bouteille, à présent nous buvons la bouteille tout entière; cela nous réchauffe. Il aimait à se rappeler les bons laitages de la Suisse, entre autres celui qu'on mange en quelques endroits des bords du lac de Genève. La

---

[1] Ce café était un petit pavillon de madame la duchesse de Bourbon, qui avait été un cabinet de bain de la marquise de Pompadour.

crème en été y est couleur de rose, parce que les vaches y paissent quantité de fraises qui croissent dans les pâturages des montagnes. » Je ne voudrais pas, disait-il, faire tous les jours bonne chère, mais je ne la hais pas. Un jour que j'étais dans le carrosse de Montpellier, on nous servit, à quelques lieues de cette ville, un dîner excellent en gibier, en poissons et en fruits; nous crûmes qu'il nous en coûterait beaucoup : on nous demanda trente sous par tête. Le bon marché, la société qui se convenait, la beauté du paysage et de la saison, nous firent prendre le parti de laisser aller le carrosse; nous restâmes là trois jours à nous réjouir : je n'ai jamais fait meilleure chère. On ne jouit des biens de la vie que dans les pays où il n'y a point de commerce : le desir de tout convertir en or fait qu'ailleurs on se prive de tout. » Cette réflexion peut servir de réponse à ceux de nos politiques modernes qui veulent étendre sans discrétion le commerce d'un pays, et qui regardent cette extension comme le plus grand avantage qu'on puisse lui procurer. A l'observation de Jean-Jacques sur les jouissances des peuples qui n'ont point de commerce, j'en ajouterai une sur les privations de ceux qui en ont beaucoup. J'ai un peu voyagé, et j'ai vu, dans les pays où l'on fabrique beaucoup de draps, le peuple presque nu ; dans ceux où l'on engraisse quantité de bœufs et de volaille, le paysan sans beurre, sans œufs et sans viande, et ne mangeant que du pain noir dans ceux où croît le plus beau froment : c'est ce que j'ai vu à la fois en Normandie, dont les campagnes sont les plus fertiles et les plus commerçantes que je connaisse. Au demeurant, personne n'était plus sobre que Rousseau. Dans nos promenades, c'était toujours moi qui lui faisais la proposition de goûter; il l'acceptait, mais il fallait absolument qu'il payât la moitié de la dépense; et si je la payais à son insu, il refusait, les semaines suivantes, de venir avec moi. *Vous manquez*, disait-il, *à nos engagemens*.

Je sais que la gourmandise est un goût de l'enfance, mais c'est aussi quelquefois celui des vieillards. S'il avait eu ce vice, combien de tables délicates à Paris auraient été à sa discrétion ! mais la bonne compagnie y est plus rare que la bonne chère, et le plaisir disparaissait pour lui, dès qu'il était en opposition avec quelque vertu. J'en citerai une occasion où il fut sollicité par un desir fort vif. Un jour d'été très-chaud, nous nous promenions aux prés Saint-Gervais : il était tout en sueur : nous fûmes nous asseoir dans une des charmantes solitudes de ce lieu, sur l'herbe fraîche, à l'ombre des cerisiers, ayant devant nous un vaste champ de groseillers, dont les fruits étaient tout rouges.

J'ai grand'soif, me dit-il; je mangerais bien des groseilles, elles sont mûres, elles font envie, mais il n'y a pas moyen d'en avoir : le maître n'est pas là. Il n'y toucha pas. Il n'y avait aux environs ni gardes, ni maîtres, ni témoin; mais il voyait dans le champ la statue de la Justice. Ce n'était pas son épée qu'il respectait, c'était ses balances.

Ses yeux n'étaient pas moins continens que son goût. Jamais il ne les fixait sur une femme, quelque jolie qu'elle fût. Son regard était assuré, et même perçant lorsqu'il était ému; mais jamais il ne l'arrêtait que sur celui de l'homme auquel il voulait se communiquer. Ce cas rare excepté, il ne s'occupait dans les rues qu'à en sortir sûrement et promptement. Je lui disais un jour, sur son indifférence pour les objets devant lesquels nous passions : Vous ressemblez à Xénocrate, qui pensait que de jeter les yeux dans la maison d'autrui, c'était autant que d'y mettre les pieds. Oh ! *c'est un peu trop fort*, répondit-il. Le spectacle des hommes, loin de lui inspirer de la curiosité, la lui avait ôtée. J'ai souvent remarqué sur son front un nuage qui s'éclaircissait à mesure que nous sortions de Paris, et qui se reformait à mesure que nous nous en rapprochions. Quand il était une fois dans la campagne, son visage devenait gai et serein. *Enfin nous voilà*, disait-il, *hors des carrosses, du pavé et des hommes*. Il aimait surtout la verdure des champs. J'ai dit à ma femme, me disait-il : Quand tu me verras bien malade, et sans espérance d'en revenir, fais-moi porter au milieu d'une prairie, sa vue me guérira. Il ne voyait pas de fort loin, et pour apercevoir les objets éloignés il s'aidait d'une lorgnette; mais de près, il distinguait, dans le calice des plus petites fleurs, des parties que j'y voyais à peine avec une forte loupe. Il aimait l'aspect du mont Valérien, et quelquefois, au coucher du soleil, il s'arrêtait à le considérer sans rien dire, non pas seulement pour y observer les effets de la lumière mourante au milieu des nuages et des collines d'alentour, mais parce que cette vue lui rappelait les beaux couchers du soleil dans les montagnes de la Suisse. Il m'en faisait des tableaux charmans. On trouve quelquefois dans la Suisse, disait-il, des positions enchantées. J'y ai vu, au milieu d'un cratère entouré de longues pyramides de roches sèches et arides, des bassins où croissent les plus riches végétaux, et d'où sortent des bouquets d'arbres au centre desquels est bien souvent une petite maison. Vous êtes dans les airs, et vous apercevez sous vos pieds des points de vue délicieux. Cependant, ajoutait-il, je ne voudrais pas demeurer sur ces montagnes, parce que les belles vues gâtent le plaisir de la promenade; mais je voudrais y avoir ma maison à mi-côte. Il n'était sensible qu'aux beautés de la nature. Un jour, cependant, que j'allais à Sceaux pour la première fois, il me dit : Vous le verrez avec plaisir; je n'aime pas les parcs, mais de tous ceux que j'ai vus, c'est celui que je préférerais. Il n'approuvait pas les changemens qu'on avait faits à celui de la Muette, où il allait quelquefois se promener. Les ruines des parcs l'affectaient plus que celles des châteaux. Il considérait avec intérêt ce mélange de plantes étrangères, sauvages et domestiques; ces charmilles redevenues des bois; ces grands arbres jadis taillés, et qui se hâtent de reprendre leur forme; ce concours où l'art des hommes ne lutte contre la nature que pour faire connaître son impuissance. Il riait de la bizarrerie de nos riches, qui scellent sur les bords de leurs ruisseaux factices des grenouilles et des roseaux de plomb, et qui font détruire avec grand soin ceux qui y viennent naturellement; il se moquait de leur mauvais goût, qui leur fait entasser dans de petits terrains les simulacres des ruines d'architecture de tous les peuples et de tous les siècles. Mais quand elles y seraient même bien ordonnées, je crois qu'elles n'en feraient pas plus d'effet. Ce n'est pas parce que les monumens de l'antiquité inspirent de la mélancolie, que nous en aimons la vue. O grands! voulez-vous que vos parcs offrent un jour à la postérité des ruines vénérables comme celles des Grecs et des Romains? faites régner, comme eux, la vertu dans vos palais, et le bonheur dans les villages. Les athées, disait Rousseau, n'aiment point la campagne; ils aiment bien celle des environs de Paris, où l'on a tous les plaisirs de la ville, les bonnes tables, des brochures, les jolies femmes; mais si vous les ôtez de là, ils y meurent d'ennui, ils n'y voient rien. Il n'y a pas cependant sur la terre de peuple que le simple aspect de la nature n'ait pénétré du sentiment de la Divinité. Si un homme de génie comme Platon arrivait chez des sauvages avec les découvertes modernes de la physique, et qu'il leur dît : Vous adorez un être intelligent, mais vous ne connaissez presque rien de la beauté de ses ouvrages; et qu'il leur fît voir toutes les merveilles du microscope et du télescope; ah! quel serait leur ravissement! ils tomberaient à ses pieds, ils l'adoreraient lui-même comme un dieu. Comment se peut-il qu'il y ait des athées dans un siècle aussi éclairé que le nôtre? c'est que les yeux se ferment quand le cœur se resserre. On peut juger, par ce que sentait Rousseau, qu'il ne voyait rien dans la nature avec indifférence; cependant tout ne l'intéressait pas également. Il préférait les ruisseaux aux rivières; il n'aimait pas la vue de la mer, qui inspire, disait-il, trop de mélancolie. De toutes les saisons, il n'aimait que le printemps. Quand, disait-il, les jours commencent à décroître, l'été est fini pour moi; mon imagination me représente l'hiver. Vous avez fait, lui disais-je, votre année bien courte; les beaux paysages de la Suisse vous ont gâté : si vous aviez vu les longs hivers de la Russie, vous trouveriez les nôtres supportables. La nature, reprenait-il, est une belle femme gaie, triste, mélancolique, qui ne m'intéresse pas toujours. Au reste, il n'y avait personne qui en tirât plus de jouissances, et il n'y avait pas une plante où il ne trouvât de la grâce et de la beauté. Mais novembre et décembre ne plaisaient qu'à sa raison.

Il avait la voix juste, et il disait que la musique lui était aussi nécessaire que le pain; mais quand il voulait chanter en s'accompagnant de son épinette, pour me répéter quelques airs de sa composition, il se plaignait de sa mauvaise voix cassée. Nous nous arrêtions quelquefois avec délices pour entendre le rossignol : nos musiciens, me faisait-il observer, ont tous imité ses hauts et ses bas, ses roulades et ses caprices; mais ce qui le caractérise, ces *piou piou* prolongés, ces sanglots, ces sons gémissans, qui vont à l'ame et qui traversent tout son chant, c'est ce qu'aucun d'eux n'a pu encore exprimer. Il n'y avait point d'oiseau dont la musique ne le rendît attentif. Les airs de l'alouette qu'on entend dans la prairie, tandis qu'elle échappe à la vue, le ramage du pinson dans les bosquets, le gazouillement de l'hirondelle sur les toits des villages, les plaintes de la tourterelle dans les bois, le chant de la fauvette, qu'il comparait à celui d'une bergère par son irrégularité et par je ne sais quoi de villageois, lui faisaient naître les plus douces images. Quels effets charmans, disait-il, on en pourrait tirer pour nos opéras où l'on représente des scènes champêtres!

On ne finirait pas sur les sensations d'un homme qui, au contraire de ceux qui rapportent à des lois mécaniques les opérations de leur ame, appliquait les affections de la sienne à toutes les jouissances de ses sens. L'amour n'était donc point en lui une simple affaire de tempérament. Il m'a assuré une chose que bien des gens auront peine à croire; c'est que jamais une fille du monde, quelque belle qu'elle fût, ne lui avait inspiré le moindre désir. Il croyait cependant que le simple concours des causes physiques pouvait être dirigé au point non-seulement d'ébranler la sagesse, mais même de renverser la raison; il m'en a cité un exemple frappant. Un jeune homme de Genève, élevé dans l'austérité des mœurs de la réforme, vint à Versailles du temps du régent. Il entra le soir au château ; la duchesse de Berry tenait le jeu ; il s'approcha d'elle ; l'éclat de ses diamans, l'odeur de ses parfums, la vue de sa gorge demi-nue, le mirent tellement hors de lui, que tout à coup il se jeta sur le sein de la duchesse, en y collant à la fois ses mains et sa bouche. Les courtisans l'arrachèrent, et voulurent le jeter par les fenêtres ; mais la duchesse défendit qu'on lui fît du mal, et ordonna qu'on en prît soin. D'un autre côté, il ne regardait pas l'amour comme une simple affection platonique ; il avait refusé de voir une belle femme, qu'il avait aimée et qui avait vieilli, pour ne pas perdre l'illusion agréable qui lui en était restée.

Il fallait que les agrémens de la figure concourussent avec les qualités morales pour le rendre sensible ; alors il leur trouvait tant de pouvoir que l'âge même ne l'aurait pas rendu capable d'y résister, s'il n'avait évité les occasions où la résistance serait devenue nécessaire ; mais il n'en regardait pas moins l'amour dans un vieillard comme un désordre de la raison. On n'aime point sans espérance, disait-il ; j'aurais mauvaise opinion de la tête d'un vieillard amoureux. Nous parlerons de quelques-unes des inclinations de sa jeunesse, lorsqu'il sera question de son ame. Pour ne rien omettre ici de ce qui était étranger à son esprit et à son cœur, je vais parler de sa fortune.

Un matin que j'étais chez lui, je voyais entrer à l'ordinaire des domestiques qui venaient chercher des rôles de musique, ou qui lui en apportaient à copier : il les recevait debout et tête nue ; il disait aux uns : *Il faut tant*, et il recevait leur argent ; aux autres : *Dans quel temps faut-il rendre ce papier ?* Ma maîtresse, répondait le domestique, voudrait bien l'avoir dans quinze jours. *Oh ! cela n'est pas possible, j'ai de l'ouvrage ; je ne puis le rendre que dans trois semaines*. Tantôt il s'en chargeait, tantôt il le refusait, en mettant dans les détails de ce commerce toute l'honnêteté d'un ouvrier de bonne foi. En le voyant agir avec cette simplicité, je me rappelais la réputation de ce grand homme. Quand nous fûmes seuls, je ne pus m'empêcher de lui dire : Pourquoi ne tirez-vous pas un autre parti de vos talens ? Oh ! reprit-il, il y a deux Rousseau dans le monde : l'un riche, ou qui aurait pu l'être s'il l'avait voulu ; un homme capricieux, singulier, fantasque ; c'est celui du public : l'autre est obligé de travailler pour vivre, et c'est celui que vous voyez.

Mais vos ouvrages auraient dû vous mettre à l'aise, ils ont enrichi tant de libraires ! — Je n'en ai pas tiré 20,000 liv. ; encore si j'avais reçu cet argent à la fois, j'aurais pu le placer ; mais je l'ai mangé successivement, comme il est venu. Un libraire de Hollande, par reconnaissance, m'a fait 600 livres de pension viagère, dont 300 livres sont réversibles à ma femme après ma mort ; voilà toute ma fortune : il m'en coûte cent louis pour entretenir mon petit ménage, il faut que je gagne le surplus.

Pourquoi n'écrivez-vous plus ? — Plût à Dieu que je n'eusse jamais écrit ! c'est là l'époque de tous mes malheurs ; Fontenelle me l'avait bien prédit. Il me dit quand il vit mes essais : Je vois où vous irez ; mais souvenez-vous de mes paroles : je suis un des hommes qui ont le plus joui de leur réputation ; la mienne m'a valu des pensions, des places, des honneurs et de la considération ; avec tout cela, jamais aucun de mes ouvrages ne m'a procuré autant de plaisir qu'il m'a occasioné de chagrin. Dès que vous aurez pris la plume, vous perdrez le repos et le bonheur. Il avait bien raison. Je ne les ai retrouvés que depuis que je l'ai quittée ; il y a dix ans que je n'ai rien écrit.

J'en avais ouï dire autant de Racine. Voilà trois hommes comblés de réputation, et trois malheureux. Le sort d'un homme de lettres est donc bien à plaindre en France !

Pourquoi, lui disais-je encore, n'avez-vous pas, au moins, vendu vos manuscrits plus cher ? Il me fit alors le détail du prix qu'il en avait reçu, que j'ai oublié en partie. Il en avait tiré tout ce qu'il en pouvait tirer. *L'Émile* avait été vendu sept mille livres ; les libraires s'excusaient sur les contrefaçons.

Mais, reprenais-je, ne contrefont-ils point à leur tour les ouvrages de leurs confrères ? Que résulte-t-il de leurs sophismes ? c'est que le corps des auteurs ne tire presque rien de ses travaux, tandis que le corps des libraires en recueille presque tout le bénéfice. Quand on attaque les abus des particuliers qui tiennent à un corps, il faut attaquer les membres et le corps à la fois, sans quoi les premiers se couvrent du crédit de leur corps, et le corps rejette sur ses membres les abus dont il s'enrichit. Pourquoi un auteur ne ferait-il pas saisir, partout ailleurs que chez son libraire, son ouvrage, comme un bien qui est à lui partout où il se trouve ? La loi le permet, à la vérité, répondait-il ; mais il faut tant d'apprêts, tant d'ordres, tant de démarches ! et puis combien de fois n'arrive-t-il pas aux magistrats et aux intendans de protéger eux-mêmes ces fraudes, sous prétexte du bien du commerce de leur province ! — J'entends : cela leur vaut des bibliothèques qui ne leur coûtent rien. Mais vous auriez dû faire de nouvelles éditions. Si l'on n'ajoute et si l'on ne retranche rien à un ouvrage, le libraire n'a pas besoin de l'auteur ; si on y fait des changemens, on trompe le libraire et ceux qui ont acheté la première édition. — J'ai toujours mis dans la première tout ce que j'avais à y mettre. Il me raconta que dans le temps même où il me parlait, un libraire de Paris mettait en vente une nouvelle édition de ses ouvrages, et répandait le bruit que, pour dédommager Rousseau de la peine qu'il avait prise à la faire, il lui avait passé, ainsi qu'à sa femme, un contrat de mille écus de pension. Rousseau pria un de ses amis de s'en informer : le libraire eut l'impudence de lui affirmer ce mensonge : Rousseau s'en plaignit à M. de Sartines ; il n'en eut point de justice. C'est le même libraire qui a ajouté à ses ouvrages, à la fin de 1778, un neuvième volume de pièces falsifiées, et qui depuis est devenu fou. Une autre fois je lui disais : Le prince de Conti, qui vous aimait bien, aurait dû vous laisser une pension par son testament. — J'ai prié Dieu de n'avoir jamais à me réjouir de la mort de personne. — Pourquoi ne vous a-t-il pas fait du bien pendant sa vie ? — C'était un prince qui promettait toujours, et qui ne tenait jamais. Il s'était engoué de moi ; il m'a causé de violens chagrins : si jamais je me suis repenti de quelque démarche, c'est de celles que j'ai faites auprès des grands.

Vous avez augmenté les plaisirs des riches, et on dit que vous avez constamment refusé leurs bienfaits. — Lorsque je donnai mon *Devin du Village*, un duc m'envoya quatre louis pour environ 66 livres de musique que je lui avais copiés. Je pris ce qui m'était dû, et je lui renvoyai le reste : on répandit partout que j'avais refusé ma fortune. D'ailleurs, ne faut-il pas estimer un homme pour l'accepter comme son bienfaiteur ? La reconnaissance est un grand lien. — Votre *Devin du Village*, qui rapporte chaque année tant d'argent à l'Opéra, aurait dû seul vous mettre à votre aise. — Je l'ai vendu 1,200 livres une fois payées, avec mes entrées pour toute ma vie ; mais les directeurs de l'Opéra me les ont refusées, pour avoir écrit contre la musique française, condition que je n'avais certainement pas comprise dans mes engagemens. Un soir que je voulais y entrer, on me refusa la porte ; je payai un billet de 7 livres 10 sous, et je fus me placer au milieu de l'amphithéâtre. Ils ont rompu notre accord les premiers ; ainsi, en leur rendant ce que j'en ai reçu, je rentre dans tous mes droits, et je pense compter avec eux de clerc à maître. J'ai demandé justice, et je n'ai pu l'obtenir ; mais je pourrai léguer ces droits par mon testament à un homme qui aura assez de crédit pour leur faire rendre ma part du bénéfice au profit des pauvres. Il me nomma son légataire, c'était l'archevêque de Paris ; et, tout en plaignant Rousseau, je ne pus m'empêcher de rire.

J'ai ouï dire que quand vous donnâtes votre *Devin du Village*, madame la marquise de Pompadour vous avait envoyé un service d'argenterie, dont vous n'acceptâtes qu'un couvert, en disant qu'un seul suffisait à qui mangeait seul. — J'ai été calomnié de toutes les manières : elle m'envoya cinquante louis, et je les pris : au reste, je n'ai refusé ma fortune d'aucun souverain.

Pourquoi n'avez-vous pas accepté la pension du roi d'Angleterre, que M. Hume vous avait procurée ? Excusez mes questions indiscrètes. — Oh, vous me faites le plus grand plaisir ! On ne détruit les calomnies qu'en les mettant au jour. Quand je passai en Angleterre avec M. Hume, j'eus plusieurs sujets de m'en plaindre : il ne faisait point manger avec lui mademoiselle Levasseur, qui était ma gouvernante ; il se fit graver coiffé en aile de pigeon, beau comme un petit ange, quoiqu'il fût fort laid ; et dans une autre estampe, qui servait de pendant à la sienne, il me fit représenter comme un ours ; il me montrait en spectacle dans sa maison, sans dire un seul mot ; enfin, croyant avoir raison de m'en plaindre, je refusai ses services, et je me séparai d'avec lui. Le roi d'Angleterre me fit assurer qu'il me donnait de son plein gré cent guinées de pension, sans aucun égard à M. Hume ; j'acceptai avec reconnaissance. A quelque temps de là, parut à Londres une satire abominable sur mon compte ; je crus que les Anglais en étaient les auteurs ; j'y préparai une réponse. Avant de la faire paraître, il me sembla qu'il ne convenait pas de dire du mal d'une nation, et de recevoir des bienfaits de son souverain ; je renonçai à la pension, afin d'avoir le cœur net et libre. Point du tout : j'apprends que c'était en France qu'on avait fabriqué ces détestables pamphlets ; je me crus obligé de chanter la palinodie. De retour à Paris, j'écrivis à l'ambassadeur d'Angleterre, qui ne me répondit point : j'avais auprès de lui Walpole, mon ennemi, l'auteur d'une lettre supposée du roi de Prusse ; lettre qui compromet l'honneur d'un souverain, et dont l'auteur, par tous pays, aurait été puni, si son objet n'avait pas été de me tourner en ridicule. On apporta chez moi, à quelque temps de là, une somme d'argent dont on demanda quittance, sans vouloir dire de quelle part elle venait. J'étais absent ; j'avais donné ordre à ma femme, en pareil cas, de refuser : je n'en ai plus entendu parler depuis. L'Angleterre, dont on fait en France de si beaux tableaux, a un climat si triste ; mon ame, fatiguée de tant de secousses, y était dans une mélancolie si profonde, que dans tout ce qui s'est passé, je pense avoir fait des fautes : mais sont-elles comparables à celles de mes ennemis, qui m'y ont persécuté, quand il n'y aurait que celles d'avoir trahi ma confiance, et d'avoir rendu publiques des querelles particulières ?

Ne pouviez-vous pas prendre quelque autre état que celui de copiste de musique ? — Il n'y a point d'emploi qui n'ait ses charges ; il faut une occupation ; j'aurais cent mille livres de rente, que je copierais de la musique ; je l'aime, c'est pour moi à la fois un travail et un plaisir : d'ailleurs, je ne me suis ni élevé au-dessus, ni abaissé au-dessous de l'état où la fortune m'a fait naître ; je suis fils d'un ouvrier, et ouvrier moi-même : je fais ce que j'ai fait dès l'âge de quatorze ans.

Ce qui précède est un précis presque littéral d'une conversation que j'eus, un soir, avec lui sur sa fortune.

Il venait des hommes de tout état le visiter, et je fus témoin plus d'une fois de la manière sèche dont il en éconduisait quelques-uns. Je lui disais : Sans le savoir, ne vous serais-je pas importun comme ces gens-là ? — Quelle différence d'eux à vous ! Ces messieurs viennent par curiosité, pour dire qu'ils m'ont vu, pour connaître les détails de mon petit ménage, et pour s'en moquer. Ils y viennent, lui dis-je, à cause de votre célébrité. Il répéta avec humeur : Célébrité ! célébrité ! Ce mot le fâchait : l'homme célèbre avait rendu l'homme sensible trop malheureux. Pour moi, je ne le quittais point sans avoir soif de le revoir. Un jour que je lui rapportais un livre de botanique, je rencontrai dans l'escalier sa femme qui descendait. Elle me donna la clef de la chambre, en me disant : Vous y trouverez mon mari. J'ouvre sa porte ; il me reçoit sans rien dire, d'un air austère et sombre. Je lui parle ; il ne me répond que par monosyllabes, toujours en copiant sa musique ; il effaçait, et ratissait à chaque instant son papier. J'ouvre, pour me distraire, un livre qui était sur sa table : Monsieur aime la lecture, me dit-il d'une voix troublée. Je me lève pour me retirer ; il se lève en même temps, et me reconduit jusque sur l'escalier, en me disant, comme je le priais de ne pas se déranger : C'est ainsi qu'on en doit user envers les personnes avec lesquelles on n'a pas une certaine familiarité. Je ne lui répondis rien, mais agité jusqu'au fond du cœur d'une amitié si orageuse, je me retirai, résolu de ne plus retourner chez lui.

### DE SON CARACTÈRE.

Il y avait deux mois et demi que je ne l'avais vu, lorsque nous nous rencontrons un après-midi, au détour d'une rue. Il vint à moi, et me demanda pourquoi je ne venais plus le voir. Vous en savez la raison, lui répondis-je. Il y a des jours, me dit-il, où je veux être seul ; j'aime mon particulier. Je reviens si tranquille, si content de mes promenades solitaires ! là je n'ai manqué à personne, personne ne m'a manqué. Je serais fâché, ajouta-t-il d'un air attendri, de vous voir trop souvent ; mais je serais encore plus fâché de ne vous pas voir du tout. Puis tout ému : Je redoute l'intimité ; j'ai fermé mon cœur ; mais j'ai un projet..... ( faisant de ses mains comme s'il m'eût toisé ) quand le moment sera venu..... Que ne mettez-vous, lui répondis-je, un signal à votre fenêtre, quand vous voulez recevoir ma visite, comme vous vouliez en mettre un avec vos amis sur les bords du lac de Genève ! ou si vous l'aimez mieux, quand je vais vous voir et que vous voulez être seul, que ne m'en prévenez-vous ? L'humeur me surmonte, reprit-il, et ne vous en apercevez-vous pas bien ? Je la contiens quelque temps ; je n'en suis plus le maître ; elle éclate malgré moi. J'ai mes défauts ; mais quand on fait cas de l'amitié de quelqu'un, il faut prendre le bénéfice avec les charges. Il m'invita à dîner chez lui pour le lendemain.

On peut juger, par ce trait, de la noble franchise de son caractère ; mais avant d'en citer d'autres, je me permettrai quelques réflexions sur ce que j'entends par caractère.

Il me semble que le caractère est le résultat de nos qualités physiques et morales. Nos philosophes l'attribuent au climat, mais ils se trompent ; car il en résulterait que tous les hommes, sous la même latitude, auraient le même caractère ; ce qui est contraire à l'expérience. Le Turc grave, silencieux, résigné, et le Grec étourdi, babillard, inquiet ; l'ancien Romain et l'Italien moderne ; enfin le capucin et le danseur d'Opéra, sont enveloppés de la même atmosphère, et vivent dans le même climat.

Pour trouver l'origine de nos caractères, il faut remonter à des lois moins mécaniques, et distinguer dans les hommes deux caractères, l'un donné par la nature, l'autre par la société.

Le caractère naturel est très-varié, comme nous le voyons par le tempérament de chaque homme. Être vif ou flegmatique, léger ou robuste, adroit ou fort, gai ou sérieux, brusque ou patient, sont des différences nécessaires au plan de la nature, qui destinait l'homme à remplir sur la terre une infinité d'emplois très-variés, et qui a varié de même les inclinations, les goûts, et j'ose dire les instincts de l'homme. Chacune de ces différences est bonne en elle-même. J'ai une si haute opinion de la sagesse des lois de la nature, que si chaque homme remplissait la place à laquelle elle l'a destiné par son caractère, il y serait le plus grand et le plus extraordinaire qui y eût paru.

On est forcé, pour trouver des preuves de l'excellence du caractère naturel de l'homme, de recourir aux peuples les plus voisins de la nature. Tous nos voyageurs n'en parlent qu'avec éloges; je n'en citerai qu'un seul, mais dont le témoignage ne doit pas être suspect à ceux mêmes qui se plaisent à calomnier la nature humaine : c'était un homme chargé par le gouvernement d'observer les peuples de l'Amérique septentrionale.

« Ce qui surprend infiniment, dit-il, dans des » hommes dont tout l'extérieur n'annonce rien que » de barbare, c'est de les voir se traiter entre eux avec » une douceur et des égards qu'on ne trouve point » parmi le peuple, dans les nations les plus civili- » sées... On n'est pas moins charmé de cette gra- » vité naturelle et sans faste qui règne dans toutes » leurs manières, dans toutes leurs actions, et » jusque dans la plupart de leurs divertissemens; » ni de cette honnêteté et de cette déférence qu'ils » font paraître avec leurs égaux; ni de ce respect » des jeunes gens pour les personnes âgées, ni en- » fin de ne les voir jamais se quereller entre eux » avec ces paroles indécentes et ces juremens si » communs parmi nous. » Les qualités du cœur leur sont si naturelles, qu'ils ne les regardent pas même comme des vertus, telles que l'amitié, la compassion, la reconnaissance... Le soin qu'ils prennent des orphelins, des veuves, des infirmes; l'hospitalité qu'ils exercent d'une manière si admirable, ne sont pour eux qu'une suite de la persuasion où ils sont que tout doit être commun entre tous les hommes. « Chacun, dit-il en parlant de » l'amitié, chacun parmi eux a un ami à peu près » de son âge, auquel il s'attache et qui s'attache » à lui par des liens indissolubles. Deux hommes » ainsi unis pour leurs intérêts communs doivent » tout faire et tout risquer pour s'entr'aider et se » secourir mutuellement; la mort même, à ce » qu'ils croient, ne les sépare que pour un temps; » ils comptent bien se rejoindre dans l'autre monde » pour ne se plus quitter, persuadés qu'ils y au- » ront encore besoin l'un de l'autre.

» Qu'on ne s'imagine pas que ces qualités soient » l'effet de l'éducation : les pères et les mères ont » pour leurs enfans une tendresse qui va jusqu'à la » faiblesse; jamais ils ne les maltraitent dans leurs » écarts, ils se contentent de dire : Ils n'ont pas de » raison. Quand ils les poussent à bout, ils leur jet- » tent un peu d'eau au visage, et cette punition

» leur est si sensible, qu'un jour une jeune fille dit » à sa mère, après l'avoir reçue : Tu n'auras plus » de fille; puis elle s'étrangla de désespoir.

» D'où viennent donc ces admirables qualités de » la nature, auxquelles ils laissent le temps de se » développer ? » Je ne me lasse point de transcrire. « Le soin que les mères prennent de leurs enfans » tandis qu'ils sont encore au berceau est au-des- » sus de toute expression, et fait voir bien sensi- » blement que nous gâtons souvent tout par les » réflexions que nous ajoutons à ce que nous inspire » la nature. Ces mères ne les quittent jamais, elles » les portent partout avec elles; et lorsqu'elles » semblent succomber sous le poids dont elles se » chargent, le berceau de leur enfant n'est compté » pour rien : on dirait même que ce surcroît de » fardeau est un adoucissement qui rend le reste » plus léger.

» Rien n'est plus propre que ces berceaux; l'en- » fant y est commodément et mollement couché; » mais il n'est bandé que jusqu'à la ceinture, de » sorte que quand le berceau est droit, ces petites » créatures ont la tête et la moitié du corps pen- » dans. On s'imaginerait en Europe qu'un enfant » qu'on laisserait en cet état deviendrait tout con- » trefait; il arrive au contraire que cela leur rend » le corps souple, car ils sont tous d'une taille et » d'un port que les mieux faits parmi nous envie- » raient. Que pouvons-nous opposer à une expé- » rience si générale ? »

Le voyageur entre ensuite dans quelques détails sur l'éducation des enfans des sauvages. « Au sor- » tir du berceau, ils ne sont gênés en aucune ma- » nière, et dès qu'ils peuvent se rouler sur les » pieds et sur les mains, on les laisse aller où ils » veulent tout nus, dans l'eau, dans les bois, dans » la boue, dans la neige; ce qui leur fait un corps » robuste, leur donne une grande souplesse dans » les membres, les endurcit contre les injures de » l'air... Les pères et les mères ne négligent rien » pour inspirer à leurs enfans certains principes » d'honneur, qu'ils conservent toute leur vie..... » Quand ils les instruisent sur cela, c'est toujours » d'une manière indirecte; la plus ordinaire est de » leur raconter de belles actions de leurs ancêtres » ou de ceux de leur nation. Ces jeunes gens pren- » nent feu à ces récits, et ne soupirent plus qu'a- » près les occasions d'imiter ce qu'on leur fait ad- » mirer. Quelquefois, pour les corriger de leurs » défauts, on emploie les prières et les larmes; » mais jamais les menaces......

» Une mère qui voit sa fille se comporter mal » se met à pleurer; celle-ci lui en demande le su- » jet, et elle se contente de lui dire : Tu me désho-

» nores. Il est rare que cette manière de reprendre
» ne soit pas efficace. »

Ce témoignage est celui d'un homme d'esprit, d'un missionnaire, et qui plus est d'un jésuite, le P. Charlevoix. Seulement il a fait suivre ces réflexions de correctifs, qui paraissent l'ouvrage de la Société dont il était membre, plutôt que le témoignage d'un homme qui partout ailleurs regrette le bonheur de ces peuples simples et naturels, et qui avoue que plusieurs Français ont vécu comme eux, et s'en sont si bien trouvés qu'ils n'ont jamais pu gagner sur eux de revenir dans la colonie, quoiqu'ils pussent y être fort à leur aise. Il n'a même jamais été possible à un seul sauvage de se faire à notre manière de vivre.

On en a pris au maillot; on les a élevés avec beaucoup de soin; on n'a rien omis pour leur ôter la connaissance de ce qui se passait chez leurs parens; toutes ces précautions ont été inutiles, la force du sang l'a emporté sur l'éducation. Dès qu'ils se sont vus en liberté, ils ont mis leurs habits en pièces, et sont allés au travers des bois chercher leurs compatriotes, dont la vie leur a paru plus agréable que celle qu'ils avaient menée chez nous... Ils n'ont pas envie de jouir de ces faux biens que nous estimons tant, que nous achetons au prix des véritables, et que nous goûtons si peu... Avant de connaître nos vices, rien ne troublait leur bonheur. L'ivrognerie les a rendus intéressés, et a troublé la douceur qu'ils goûtaient dans le commerce de la vie domestique. Toutefois, comme ils ne sont frappés que de l'objet présent, les maux que leur a causés cette passion n'ont point encore tourné en habitude. Ce sont des orages qui passent, et dont la bonté de leur caractère et le fonds de tranquillité dans lequel ils ont vécu, au sein de la nature, leur ôtent presque le souvenir quand le mal est fini [1]. Mais quel est celui qui pourrait raconter leur courage dans les combats, leur constance dans les tourmens, dans les maladies et aux approches de la mort?

Que ceux qui douteront encore de la bonté du caractère naturel le considèrent dans les enfans, et qu'ils se rappellent ce passage de la vie de Jésus-Christ, dans l'évangile de saint Marc, chap. x, v. 13. « Jésus leur dit : Laissez venir à moi les pe-
» tits enfans, et ne les empêchez point; car le
» royaume de Dieu est pour ceux qui leur ressem-
» blent. »

Voilà donc pour le caractère naturel. Si nous voulions classer le genre humain d'après les nuances que présente ce caractère, il me semble que les divisions suivant lesquelles nous le classerions seraient la franchise, la sincérité, l'amitié, l'hospitalité, la bienfaisance, l'intrépidité, le patriotisme, la douceur, la constance et la bonté. Au contraire, si nous recueillons les diverses observations de ceux qui ont écrit sur nos mœurs, nous verrons que le caractère social divise les hommes en tartufes, en médisans, en menteurs, en jaloux, en méchans, en flatteurs, en fanfarons, en indiscrets, en fripons, en orgueilleux, en trompeurs, ou en amis de la maison. Voilà, si l'on en croit nos philosophes et nos poètes, l'histoire de l'espèce humaine parmi nous, sans compter une infinité d'autres caractères qu'ils n'ont pas osé tracer, parce que ces caractères inspirent trop de dégoût ou trop d'horreur, comme le voleur, la femme publique, le calomniateur, l'assassin et l'impie.

On m'objectera peut-être que nos tragédies offrent de grands caractères : oui; mais tous les héros de la vertu ou de la tragédie sont étrangers; tous ceux du vice ou de la comédie sont nationaux. Je ne parle pas des autres ridicules mis sur la scène parmi nous, comme les pères trompés, les domestiques fripons, les maris abusés, les médecins, les gens de robe, les poètes, les tuteurs; enfin tous les liens de la nature et de la société brisés par le ridicule. Les diverses occupations de la vie sauvage n'en pourraient jamais être susceptibles; leur bonté intrinsèque en repousserait les traits : le chasseur, le pêcheur, le guerrier, s'ils pouvaient être placés sur nos théâtres, n'amuseraient jamais. Plus je considère les lois de la nature, plus je les admire. Elle nous destinait à remplir sur la terre une multitude d'occupations, à habiter une infinité de climats; en conséquence, elle a varié dans chacun de nous les instincts, les goûts particuliers et les caractères : mais ce ne sont que des modifications nécessaires à son plan, dont aucune ne mérite de préférence que d'une manière relative.

Quant au caractère social, la société qui nous le donne commence dès notre naissance à rompre les premiers liens de la famille et de la patrie, en nous plaçant sur le sein d'une nourrice mercenaire; ensuite elle nous livre à l'éducation publique, qui modifie et souvent altère le caractère naturel par son uniformité. En voyant dans nos collèges une multitude de jeunes gens, de qualités et de tempéramens si différens, destinés à des emplois si divers, recevoir les mêmes leçons du même régent, je crois voir des arbres à fruits de toute sorte d'espèces, taillés à la même hauteur, de la même manière, et par les mêmes ciseaux. Cette éducation les déprave d'ailleurs par ses méthodes, en les oc-

---

[1] Voyez l'*Histoire de la Nouvelle-France*, tome VI, depuis la page 34 jusqu'à la page 38.

cupant sept ans de suite de questions de grammaire, ou en leur apprenant à toujours parler, et à ne jamais agir; à voir les beaux discours honorés, et les bonnes actions sans récompense. Elle remplit enfin l'esprit de la jeunesse de contradictions, en insinuant, suivant les auteurs qu'on explique, des maximes républicaines, ambitieuses et dénaturées. On rend les hommes chrétiens par le catéchisme; païens, par les beaux vers de Virgile; Grecs ou Romains, par l'étude de Démosthène ou de Cicéron; jamais Français. On les élève au-dessus de leur siècle par les traits d'héroïsme de l'antiquité, et on les met au-dessous des bêtes par des châtimens qui les avilissent.

L'effet de cette éducation si vaine, si contradictoire, si atroce, est de les rendre, pour toute leur vie, babillards, cruels, trompeurs, hypocrites, sans principes, intolérans : voilà, parmi nous, l'effet d'une bonne éducation.

Voyons ce que le monde y ajoute : ils n'ont tous remporté du collège que le désir de remplir la première place en entrant dans la société, que la vanité qui se laisse conduire par l'amour des louanges et la crainte du blâme. Les femmes et les livres les pénètrent de leurs opinions à la manière des régens, en les louant ou en se moquant d'eux. Enfin ils sont battus de tant de maximes qui se croisent et se contredisent, qu'ils voient que leurs études ne peuvent leur servir à rien pour parvenir; et la plupart finissent par une ambition négative, qui cherche à abattre tout ce qui s'élève, pour se mettre à la place : c'est l'esprit du siècle. Ainsi tous les maux de la société sortent du collège, sous le nom spécieux d'émulation; c'est elle qui fait naître les duels, les procès, les querelles, les calomnies. Pour moi, en considérant que le cœur humain n'a que deux ressorts, l'ambition et l'amour, je trouve qu'il serait plus raisonnable de leur apprendre à aimer, qu'à avoir de l'ambition : car cette passion pourrait avoir un but honnête et utile, tandis que l'autre ne peut rien trouver dans la société qui ne tourne à sa ruine. Quoi qu'il en soit, le caractère naturel ne peut jamais être tellement détruit par l'éducation, qu'on n'y revienne dans certains momens : c'est ce qui parait dans la vie des grands hommes; car les grands hommes se trouvent toujours parmi ceux que leur siècle n'a point entraînés, et qui ont conservé du naturel : aussi on en rencontre fréquemment dans les pays libres; on les voit paraître aussi dans les guerres civiles, ou sous le gouvernement des rois qui encouragent tous les hommes, et qui détruisent par leur génie toute l'aristocratie des partis et des corps; enfin on en voit dans tous les états où les hommes ont la liberté de leurs opinions et de leur conscience. Alors chacun suit les instincts variés que lui a donnés la nature; chacun se met à sa place : alors paraissent les hommes héroïques. C'est ainsi que sous Henri IV, après les guerres de la Ligue, et sous Louis XIV, nous avons vu se former tant de grands hommes, comparables, les premiers, par leurs vertus, à ceux du siècle de Jules César; les autres, par leurs talens, à ceux du siècle d'Auguste. Après les guerres civiles, comme après les mouvemens de fièvre, le sang s'épure et les corps reprennent leur vigueur.

Cette distinction du caractère naturel et du caractère social m'a paru nécessaire pour bien faire comprendre une chose que disait Rousseau : Je suis d'un naturel hardi et d'un caractère timide. L'un était le caractère donné par la nature; l'autre le caractère acquis ou social. Représentons-nous donc Rousseau livré en naissant aux douces lois de la nature, élevé par un si bon père, par une tante si indulgente; exalté par la lecture des vies des grands hommes de l'antiquité, des Scipion et des Lycurgue; invité d'ailleurs, par le spectacle de mœurs simples, franches et pures, à être sincère, confiant et bon; représentons-nous-le ensuite jeté dans un monde corrompu sans appui, sans fortune, sans crédit, sans intrigue. Quel contraste étrange dut se former entre les mœurs de cet homme simple et celles de la société; entre sa franchise et l'astuce d'autrui, son inexpérience et l'expérience des autres, sa pureté et la corruption du monde! Pour moi, je m'étonne que son caractère naturel ait pu résister à ce choc : cela me prouve combien la première éducation donne à l'ame une trempe forte et durable. Il dut résulter, de ces différens contrastes, que le monde fut toujours pour lui un pays ennemi; ce qui le rendit méfiant, timide et sauvage. D'un autre côté, son ame élevée à la vertu et frappée par l'adversité, devint supérieure à la fortune et produisit d'immortels ouvrages. Ainsi une terre, préparée au printemps par le souffle du zéphir et déchirée par le soc de la charrue, reçoit dans son sein les glands que lui confie la main du laboureur, et produit des chênes qui bravent les tempêtes. Il sut tirer ce fruit de sa pauvre fortune, qu'un très-petit talent lui donna les moyens de revenir à la nature, et de suivre son caractère naturel. En élevant une barrière entre lui et les hommes, il échappa aux partis et devint maître de ses opinions. Heureux de n'être point obligé de se trahir par de fausses louanges du monde, il regarda toute sa vie la liberté comme la seule chose qui peut nourrir une bonne conscience : aussi il sacrifiait tout à cette noble indépendance qui a élevé et formé sa pensée. Mais ce que j'ai trouvé de plus admirable dans son caractère, c'est que jamais je ne l'ai entendu médire des hommes dont il avait le plus à se plaindre. Il me disait : Quand je me brouille avec quelqu'un, la première fois c'est de sa faute ou de la mienne, mais la seconde à coup sûr c'est de la mienne. Il était naturellement disposé à railler, et c'est un caractère commun à Socrate, à Phocion, à Caton : car la vertu a la conscience de sa supériorité sur le vice. Je lui dis un jour que Montesquieu appelait Voltaire le Pantalon de la philosophie. Non, dit-il, il en est l'Arlequin. Il aimait à répéter une raillerie de Fontenelle sur l'avarice d'un membre de l'académie. Un jour l'on faisait une quête pour un pauvre homme de lettres : on s'adressa deux fois à un académicien qui passait pour avare; il dit au second tour : J'ai donné un louis : celui qui tenait la bourse lui répondit : Je le crois, mais je ne l'ai pas vu. Fontenelle repartit aussitôt : Pour moi, je l'ai vu, et je ne le crois pas.

On sait combien Voltaire l'avait maltraité, et cependant il ne parlait jamais de lui qu'avec estime. Personne à son gré ne tournait mieux un compliment; mais il ne le trouvait pathétique qu'en vers. Il disait de lui : Son premier mouvement est d'être bon; c'est la réflexion qui le rend méchant. Il aimait d'ailleurs à parler de Voltaire, et à conter le trait de son père qui assistait en cachette à la première représentation d'*OEdipe*, et qui, plein de joie, quoique janséniste, ne cessait de s'écrier : Ah, le coquin! ah, le coquin! Rousseau me demanda un jour si je n'irais pas le voir, comme tous les gens de lettres. Non, lui dis-je, je serais trop embarrassé pour aborder un homme qui, comme un consul romain, a des peuples pour cliens et des rois pour flatteurs; je ne suis rien, je ne sais pas même tourner un compliment. Oh! me dit-il, vous n'avez pas une idée convenable de Voltaire : il n'aime rien tant à être loué. Un jour, un avocat du Bugey, l'étant venu voir, s'écria en entrant dans son cabinet : Je viens saluer la lumière du monde. Voltaire se mit à crier aussitôt : Madame Denis, apportez les mouchettes.

Un jour que nous parlions du tableau du Déluge du Poussin, il cherchait à fixer mon attention sur le serpent qui se dresse sur un rocher, pour éviter les eaux dont la terre est toute pénétrée. Après l'avoir écouté, je lui dis : Il me semble voir dans ce sublime tableau un caractère bien plus frappant : c'est l'enfant que le père donne à sa femme sur un rocher; cet enfant s'aide de ses petites jambes. L'ame est saisie au milieu des crimes de la terre, des eaux débordées, des foudres lointaines, du spectacle de l'innocence soumise à la même loi que le crime, et de celui de l'amour maternel, plus puissant que l'amour de la vie. Il me dit : Oh! oui, c'est l'enfant, il n'y a pas de doute, c'est l'enfant qui est l'objet principal.

Il se reprochait plusieurs choses, entre autres ce qu'il avait dit contre les médecins. De tous les savans, ce sont ceux, me disait-il, qui savent le plus et le mieux. Si on lui racontait quelque trait de sensibilité, il pleurait. Il était méfiant, mais il n'avait que trop sujet de l'être. J'ai connu un homme qui se disait son ami, et qui s'amusait à faire sur lui une comédie du méfiant. L'auteur de cette trahison me la confia lui-même; je l'arrêtai en lui disant : Si vous faites paraître votre pièce, je me charge d'en faire la préface. Cet homme était Rulhière.

On a accusé Jean-Jacques d'être orgueilleux, parce qu'il refusait ces dîners où les gens du monde se plaisent à faire combattre les gens de lettres comme des gladiateurs; il était fier, mais il l'était également avec tous les hommes, n'y trouvant de différence que la vertu. Il aimait les ames fières : Eh bien! lui dis-je un jour en riant, vous auriez donc aimé ce jésuite qui répondit à un seigneur espagnol qui voulait le forcer à lui céder le pas : C'est vous qui me devez du respect, à moi qui ai tous les jours votre Dieu dans les mains, et votre reine à mes pieds. Oh! me dit-il, je connais un trait qui me semble plus fort; c'est celui d'un ambassadeur nègre, reçu par un gouverneur de Portugal dans une salle où il n'y avait point d'autre fauteuil que celui où il était assis. Quand l'ambassadeur noir fut près de lui, le Portugais lui demanda sans se lever : Votre maître est-il bien puissant? Le nègre fit aussitôt coucher par terre deux de ses esclaves, s'assit sur leur dos; puis, se recueillant un moment, il dit gravement au gouverneur : Mon maître a une infinité de serviteurs comme toi, cinquante comme le roi ton maître et un comme moi. A ces mots il se leva, et sortit. Cependant ses esclaves restaient accroupis dans la salle d'audience : on fut lui dire de les rappeler, mais il répondit : Ma coutume n'est pas d'emporter les fauteuils des lieux où je m'assieds. Rousseau disait à ce sujet que la modestie était une fausse vertu, et que les hommes de mérite savaient bien s'estimer ce qu'ils valaient. Au reste, il faisait peu de compte de ceux qui n'aimaient que sa célébrité. Ce n'est pas moi qu'ils aiment, disait-il, c'est l'opinion publique, sans se soucier de ma véritable valeur.

Un jour le préfet des jésuites lui demandait comment il était devenu si éloquent; il lui répondit : J'ai dit ce que je pensais. Il regardait la vérité comme le plus grand charme d'un écrivain ; il préférait les relations des missionnaires capucins à celles des jésuites. Il avait lu avec grand plaisir les PP. Marolle et Carly dans leurs missions d'Afrique, quoique remplies d'ignorance ; il me disait : Ces bons pères me persuadent, parce qu'ils parlent comme gens persuadés. Ce n'est pas d'ailleurs l'ignorance qui nuit aux hommes, c'est l'erreur ; et presque toujours elle vient des ambitieux. Les auteurs modernes, disait-il, qui ont le plus d'esprit, font cependant peu d'effet, et inspirent peu d'intérêt dans leurs ouvrages, parce qu'ils veulent toujours se montrer. Quelle que soit la puissance de l'esprit, la vertu est si ravissante, que dès qu'on l'entrevoit au milieu même des inconséquences de la superstition et de l'ignorance, elle se fait aimer, et préférer à tout. Voilà pourquoi Plutarque, qui a le jugement si sûr, intéresse jusque dans ses superstitions ; car quand il s'agit de rendre les hommes meilleurs et plus patriotes, il adopte les opinions les plus absurdes ; sa vertu le rend crédule ; il se passe alors entre elle et son bon esprit des combats délicieux. Il rapporte, par exemple, que la statue de la Fortune, donnée par les dames romaines, a parlé ; puis il ajoute, comme pour se persuader lui-même : Elle a parlé non-seulement une fois, mais deux. Ailleurs il remarque que sa petite fille voulait que sa nourrice présentât la mamelle à ses compagnes et à ses jouets ; ceci semble un trait bien puéril ; mais quand il ajoute : Elle le voulait pour faire participer de sa table ce qui servait à ses plaisirs ; on voit que la bonté du cœur lui paraît supérieure à tout. Cette bonté était la base fondamentale du caractère naturel de Rousseau ; il préférait un trait de sensibilité à toutes les épigrammes de Martial. Son cœur, que rien n'avait pu dépraver, opposait sa douceur à tout le fiel dont nos sociétés s'abreuvent aujourd'hui. Cependant il aimait mieux les caractères emportés que les apathiques. J'ai connu, me disait-il un jour, un homme si sujet à la colère, que lorsqu'il jouait aux échecs, s'il venait à perdre, il brisait les pièces entre ses dents. Le maître du café voyant qu'il cassait tous ses jeux, en fit faire de gros comme le poing. A cette vue, notre homme ressentit une grande joie, parce que, disait-il, il pourrait les mordre à belles dents. Du reste, c'était le meilleur garçon du monde, capable de se jeter au feu pour rendre service.

Rousseau me citait encore un Dauphinois, calme, réservé, qui se promenait avec lui en le suivant toujours sans rien dire. Un jour il vit cueillir à Rousseau les graines d'une espèce de saule, agréables au goût ; comme il les tenait à la main, et qu'il en mangeait, une troisième personne survint qui, tout effrayée, lui dit : Que mangez-vous donc là ? c'est du poison. — Comment ! dit Rousseau, du poison ! — Eh oui ! et monsieur que voilà peut vous le dire aussi bien moi. — Pourquoi donc ne m'en a-t-il pas averti ? — Mais, reprit le silencieux Dauphinois, c'est que cela paraissait vous faire plaisir. Ce petit événement ne l'avait point corrigé de goûter les plantes qu'il cueillait. Je me souviens qu'au bois de Boulogne, il me montra la filipendule, dont les tubercules sont bonnes à manger ; j'en trouvai une qui avait deux racines ; je me mis à en goûter, et je lui dis : C'est fort bon, on en pourrait vivre. Au moins, me dit-il, donnez-m'en ma part ; et le voilà aussitôt à genoux sur le gazon, et creusant avec son couteau pour en chercher d'autres.

Il était gai, confiant, ouvert, dès qu'il pouvait se livrer à son caractère naturel. Quand je le voyais sombre : A coup sûr, disais-je, il est dans son caractère social ; ramenons-le à la nature. Je lui parlais alors de ses premières aventures. Un soir, nous étions à la Muette, il était tard ; étourdiment, je lui proposai un chemin plus court à travers champs. Distrait autant que lui, je m'égarai ; le chemin nous ramena dans Passy, le long de ses longues rues, où quelques bourgeois prenaient alors le frais sur la porte. La nuit approchait ; je le vis changer de physionomie ; je lui dis : Voilà les Tuileries. — Oui, mais nous n'y sommes pas. Oh ! que ma femme va être inquiète ! répéta-t-il plusieurs fois. Il hâta le pas, fronça le sourcil ; je lui parlais, il ne me répondait plus. Je lui dis : Encore vaut-il mieux être ici que dans les solitudes de l'Arménie ! Il s'arrêta, et dit : J'aimerais mieux être au milieu des flèches des Parthes, qu'exposé aux regards des hommes. Je remis alors la conversation sur Plutarque : il revint à lui comme sortant d'un rêve.

La méfiance qu'il avait des hommes s'étendait quelquefois aux choses naturelles. Il croyait à une destinée qui le poursuivait. Il me disait : La Providence n'a soin que des espèces et non des individus. Mais vous la croyez donc, lui dis-je, moins étendue que l'air qui environne les plus petits corps ? Cependant je n'ai connu personne plus convaincu que lui de l'existence de Dieu. Il me disait : Il n'est pas nécessaire d'étudier la nature pour s'en convaincre. Il y a un si bel ordre dans l'ordre physique, et tant de désordre dans l'ordre moral, qu'il faut de toute nécessité qu'il y ait un monde où l'âme soit satisfaite. Il ajoutait avec effusion : Nous avons ce sentiment au fond du cœur : *je sens qu'il doit me revenir quelque chose.*

Quatre ou cinq causes réunies contribuèrent à altérer son caractère, dont la moindre a suffi quelquefois pour rendre un homme méchant : les persécutions, les calomnies, la mauvaise fortune, les maladies, le travail excessif des lettres, travail qui trop souvent fatigue l'esprit et altère l'humeur. Aussi a-t-on reproché aux poètes et aux peintres des boutades et des caprices. Les travaux de l'esprit, en l'épuisant, mettent un homme dans la disposition d'un voyageur fatigué : Rousseau lui-même, lorsqu'il composait ses ouvrages, était des semaines entières sans parler à sa femme. Mais toutes ces causes réunies ne l'ont jamais détourné de l'amour de la justice. Il portait ce sentiment dans tous ses goûts; et je l'ai vu souvent, en herborisant dans la campagne, ne vouloir point cueillir une plante quand elle était seule de son espèce.

L'homme vertueux, me disait-il, est forcé de vivre seul; d'ailleurs, la solitude est une affaire de goût. On a beau faire dans le monde, on est presque toujours mécontent de soi ou des autres. Comme il composait son bonheur d'une bonne conscience, de la santé et de la liberté, il craignait tout ce qui peut altérer ces biens, sans lesquels les riches eux-mêmes ne goûtent aucune félicité. Dans le temps que Gluck donna son *Iphigénie*, il me proposa d'aller à une répétition : j'acceptai. Soyez exact, me dit-il; s'il pleut, nous nous joindrons sous le portique des Tuileries à cinq heures et demie; le premier venu attendra l'autre, mais l'heure sonnée, il n'attendra plus : je lui promis d'être exact; mais le lendemain je reçus un billet ainsi conçu : *Pour éviter, monsieur, la gêne des rendez-vous, voici le billet d'entrée.* A l'heure du spectacle, je m'acheminai tout seul; la première personne que je rencontrai, ce fut Jean-Jacques. Nous allâmes nous mettre dans un coin, du côté de la loge de la reine. La foule et le bruit augmentant, nous étouffions. L'envie me prit de le nommer, dans l'espérance que ceux qui l'environnaient le protégeraient contre la foule. Cependant je balançai long-temps, dans la crainte de faire une chose qui lui déplût. Enfin, m'adressant au groupe qui était devant moi, je me hasardai de prononcer le nom de Rousseau, en recommandant le secret. A peine cette parole fut-elle dite, qu'il se fit un grand silence. On le considérait respectueusement, et c'était à qui nous garantirait de la foule, sans que personne répétât le nom que j'avais prononcé. J'admirai ce trait de discrétion, rare dans le caractère national; et ce sentiment de vénération me prouva le pouvoir de la présence d'un grand homme.

En sortant du spectacle, il me proposa de venir le lundi des fêtes de Pâques au mont Valérien. Nous nous donnâmes rendez-vous dans un café aux Champs-Élysées. Le matin, nous prîmes du chocolat. Le vent était à l'ouest; l'air était frais; le soleil paraissait environné de grands nuages blancs, divisés par masses sur un ciel d'azur. Entrés dans le bois de Boulogne à huit heures, Jean-Jacques se mit à herboriser. Pendant qu'il faisait sa petite récolte, nous avancions toujours. Déjà nous avions traversé une partie du bois, lorsque nous aperçûmes dans ces solitudes deux jeunes filles, dont l'une tressait les cheveux de sa compagne. Frappés de ce tableau champêtre, nous nous arrêtâmes un instant. Ma femme, me dit Rousseau, m'a conté que dans son pays les bergères font ainsi mutuellement leur toilette en plein champ. Ce spectacle charmant nous rappela en même temps les beaux jours de la Grèce et quelques beaux vers de Virgile. Il y a dans les vers de ce poète un sentiment si vrai de la nature, qu'ils nous reviennent toujours à la mémoire au milieu de nos plus douces émotions.

Arrivés sur le bord de la rivière, nous passâmes le bac avec beaucoup de gens que la dévotion conduisait au mont Valérien. Nous gravîmes une pente très-roide, et nous fûmes à peine à son sommet, que, pressés par la faim, nous songeâmes à dîner. Rousseau me conduisit alors vers un ermitage où il savait qu'on nous donnerait hospitalité. Le religieux qui vint nous ouvrir nous conduisit à la chapelle, où l'on récitait les litanies de la Providence, qui sont très-belles. Nous entrâmes justement au moment où l'on prononçait ces mots : *Providence qui avez soin des empires ! Providence qui avez soin des voyageurs !* Ces paroles si simples et si touchantes nous remplirent d'émotion; et lorsque nous eûmes prié, Jean-Jacques me dit avec attendrissement : Maintenant j'éprouve ce qui est dit dans l'Évangile : *Quand plusieurs d'entre vous seront rassemblés en mon nom, je me trouverai au milieu d'eux.* Il y a ici un sentiment de paix et de bonheur qui pénètre l'ame. Je lui répondis : Si Fénelon vivait, vous seriez catholique. Il me repartit hors de lui et les larmes aux yeux : Oh ! si Fénelon vivait, je chercherais à être son laquais pour mériter d'être son valet de chambre ! Cependant on nous introduisit au réfectoire; nous nous assîmes pour assister à la lecture, à laquelle Rousseau fut très-attentif. Le sujet était l'injustice des plaintes de l'homme : Dieu l'a tiré du néant, il ne lui doit que le néant. Après cette lecture, Rousseau me dit d'une voix profondément émue : Ah ! qu'on est heureux de croire ! Hélas ! lui répondis-je, cette paix n'est qu'une paix trompeuse et apparente; les mêmes passions qui tourmentent les hommes du monde respirent ici; on y ressent tous les maux de l'Enfer du Dante, et ce qui les accroît encore, c'est qu'on ne laisse pas à la porte toute espérance.

Nous nous promenâmes quelque temps dans le cloître et dans les jardins. On y jouit d'une vue immense. Paris élevait au loin ses tours couvertes de lumières, et semblait couronner ce vaste paysage: ce spectacle contrastait avec de grands nuages plombés qui se succédaient à l'ouest, et semblaient remplir la vallée. Plus loin, on apercevait la Seine, le bois de Boulogne et le château vénérable de Madrid, bâti par François I$^{er}$, père des lettres. Comme nous marchions en silence, en considérant ce spectacle, Rousseau me dit : Je reviendrai cet été méditer ici [1].

A quelque temps de là, je lui dis : Vous m'avez montré les paysages qui vous plaisent; je veux vous en faire voir un de mon goût. Le jour pris, nous partîmes un matin au lever de l'aurore, et, laissant à droite le parc de Saint-Fargeau, nous suivîmes les sentiers qui vont à l'orient, gardant toujours la hauteur; après quoi nous arrivâmes auprès d'une fontaine semblable à un monument grec, et sur laquelle on a gravé : Fontaine de Saint-Pierre. Vous m'avez amené ici, dit Rousseau en riant, parce que cette fontaine porte votre nom. C'est, lui dis-je, la fontaine des amours, et je lui fis voir les noms de Colin et de Colette. Après nous être reposés un moment, nous nous remîmes en route. A chaque pas, le paysage devenait plus agréable. Rousseau recueillait une multitude de fleurs, dont il me faisait admirer la beauté. J'avais une boîte, il me disait d'y mettre des plantes, mais je n'en faisais rien; et c'est ainsi que nous arrivâmes à Romainville. Il était l'heure de dîner; nous entrâmes dans un cabaret, et l'on nous donna un petit cabinet dont la fenêtre était tournée sur la rue, comme celles de tous les cabarets des environs de Paris, parce que les habitans de ces campagnes ne connaissent rien de plus beau que de voir passer des carrosses, et que dans les plus rians paysages ils ne voient que le lieu de leurs pénibles travaux. On nous servit une omelette au lard. Ah! dit Rousseau, si j'avais su que nous eussions une omelette, je l'aurais faite moi-même, car je sais très-bien les faire. Pendant le repas, il fut d'une gaieté charmante; mais peu à peu la conversation devint plus sérieuse, et nous nous mîmes à traiter des questions philosophiques à la manière des convives dont parle Plutarque dans ses *Propos de table*.

Il me parla d'*Émile*, et voulut m'engager à le continuer d'après son plan. Je mourrais content, me disait-il, si je laissais cet ouvrage entre vos mains; sur quoi je lui répondis : Jamais je ne pourrais me résoudre à faire Sophie infidèle; je me suis toujours figuré qu'une Sophie ferait un jour mon bonheur. D'ailleurs, ne craignez-vous pas qu'en voyant Sophie coupable, on ne vous demande à quoi servent tant d'apprêts, tant de soins? Est-ce donc là le fruit de l'éducation de la nature? Ce sujet, me répondit-il, est utile; il ne suffit pas de préparer à la vertu, il faut garantir du vice. Les femmes ont encore plus à se méfier des femmes que des hommes. Je crains, répondis-je, que les fautes de Sophie ne soient plus contraires aux mœurs, que l'exemple de sa vertu ne leur sera profitable : d'ailleurs, son repentir pourrait être plus touchant que son innocence; et un pareil effet ne serait pas sans danger pour la morale. Comme j'achevais ces mots, le garçon de l'auberge entra, et dit tout haut : Messieurs, votre café est prêt. Oh! le maladroit! m'écriai-je; ne l'avais-je pas dit de m'avertir en secret quand l'eau serait bouillante? Eh quoi, reprit Jean-Jacques, nous avons du café? En vérité, je ne suis plus étonné que vous n'ayez rien voulu mettre dans votre boîte; le café y était. Le café fut apporté, et nous reprîmes notre conversation sur l'*Émile*. Rousseau me pressa de nouveau de traiter ce sujet : il voulait remettre en mes mains tout ce qu'il en avait fait; mais je le suppliai de m'en dispenser : Je n'ai point votre style, lui disais-je; cet ouvrage serait de deux couleurs. J'aimerais mieux vos leçons de botanique. Eh bien! dit-il, je vous les donnerai; mais il faudra les mettre au net, car il ne m'est plus possible d'écrire. J'avais renoncé à la botanique, mais il me faut une occupation; je refais un herbier.

Nous revînmes par un chemin fort doux, en parlant de Plutarque. Rousseau l'appelait le grand peintre du malheur. Il me cita la fin d'Agis, celle d'Antoine, celle de Monime, femme de Mithridate, le triomphe de Paul-Emile et les malheurs des enfans de Persée. Tacite, me disait-il, éloigne des hommes, mais Plutarque en rapproche. En parlant ainsi, nous marchions à l'ombre de superbes marronniers en fleurs. Rousseau en abattit une grappe avec sa petite faux de botaniste, et me fit admirer cette fleur, qui est composée. Nous fîmes ensuite le projet d'aller dans la huitaine sur les hauteurs de Sèvres. Il y a, me dit-il, de beaux sapins et des

---

[1] On peut voir, à la fin de la Préface de l'*Arcadie*, d'autres détails sur la promenade au mont Valérien; nous avons cru inutile de les rappeler ici.

bruyères toutes violettes : nous partirons de bon matin. J'aime ce qui me rappelle le Nord : à cette occasion, je lui racontai mes aventures en Russie et mes amours malheureuses en Pologne. Il me serra la main, et me dit en me quittant : J'avais besoin de passer ce jour avec vous...

P. S. Voyez ci-après le fragment intitulé : PARALLÈLE DE J.-J. ROUSSEAU ET DE VOLTAIRE.

# PARALLÈLE
## DE
## VOLTAIRE ET DE J.-J. ROUSSEAU.

Le public a toujours pris plaisir à faire aller de pair ces deux hommes contemporains et à jamais célèbres. Quoiqu'ils aient eu plusieurs choses de commun, je trouve qu'ils en ont eu un plus grand nombre où ils ont contrasté d'une manière étonnante. D'abord, ils semblent avoir partagé entre eux le vaste empire des lettres. Tragédies, comédies, poèmes épiques, histoires, poésies légères, romans, contes, satires, discours sur la plupart des sciences; tel a été le lot de Voltaire. Rousseau a excellé dans tout ce que l'autre a négligé : musique, opéra, botanique, morale. Jamais dans aucune langue personne n'a écrit sur autant de sujets que le premier; et personne n'a traité les siens avec plus de profondeur que le second.

La conversation de Voltaire était d'autant plus brillante, que le cercle qui l'environnait était plus nombreux : j'ai ouï dire qu'elle était charmante comme ses écrits. Son esprit était une source toujours abondante; des secrétaires veillaient la nuit pour écrire sous sa dictée; on faisait des livres des bons mots qui lui échappaient à chaque instant. Au contraire, Rousseau était taciturne; il travaillait laborieusement; il m'a dit qu'il n'avait fait aucun ouvrage qu'il n'eût recopié quatre ou cinq fois, et que la dernière copie était aussi raturée que la première; qu'il avait été quelquefois huit jours à trouver l'expression propre. Sa conversation était très-intéressante, surtout dans le tête-à-tête; mais l'arrivée d'un étranger suffisait pour l'interdire. Il ne faut, me disait-il, qu'un petit argument pour me renverser; je n'ai d'esprit qu'une demi-heure après les autres : je sais précisément ce qu'il faut répondre quand il n'en est plus temps. Le premier, toujours léger et facile dans son style, répand les grâces sur les matières les plus abstraites : mais le second fait sortir de grandes pensées des sujets les plus simples; l'origine des lois, de la plantation d'une fève. Le premier, par un talent qui lui est particulier, donne à sa poésie légère l'aimable facilité de la prose; le second, par un talent encore plus rare, fait passer dans sa prose l'harmonie de la poésie la plus sublime.

Tous les deux, avec de si grands moyens, se sont proposé le même but, le bonheur du genre humain. Voltaire, tout occupé de ce qui peut nuire aux hommes, attaque sans cesse le despotisme, le fanatisme, la superstition, l'amour des conquêtes; mais il ne s'occupe guère qu'à détruire. Rousseau s'occupe à la recherche de tout ce qui peut nous être utile, et s'efforce de bâtir. Après avoir nettoyé dans deux discours académiques les obstacles qui s'opposent à ses vues, il présente aux femmes un plan de réforme; aux pères, un plan d'éducation; à la nation, un projet de cours d'honneur; à l'Europe, un système de paix perpétuelle : à toutes les sociétés, son *Contrat social*. Le vol de tous deux est celui du génie. Las des maux de leur siècle, ils s'élèvent aux principes éternels sur lesquels la nature semble avoir posé le bonheur du genre humain. Mais après avoir écarté des mœurs des gouvernemens, et des religions qui en entourent la base, ce qui leur paraît l'ouvrage des hommes, celui-ci finit par la raffermir, et l'autre par l'ébranler.

Leur manière de combattre leurs ennemis, quoique très-opposée, est également redoutable. Voltaire se présente devant les siens avec une armée de pamphlets, de jeux de mots, d'épigrammes, de sarcasmes, de diatribes, et de toutes les troupes légères du ridicule. Il en environne le fanatisme, le harcelle de toutes parts, et enfin le met en fuite. Rousseau, fort de sa propre force, avec les simples armes de la raison, saisit le monstre par les cornes et le renverse. Lorsque dans leurs querelles ils en sont venus aux mains l'un et l'autre, Rousseau a fait voir que, pour vaincre le ridicule, il suffisait de le braver. Pour moi, me disait-il un jour, j'ai toujours lancé mon trait franc, je ne l'ai jamais empoisonné; je n'ai point de détour à me reprocher. Vos ennemis, lui répondis-je, n'en sont pas mieux traités; vous les percez de part en part.

Tous deux cependant se sont quelquefois égarés, mais par des routes bien différentes. Dans Voltaire, c'est l'esprit qui fait tort à l'homme de génie; dans Jean-Jacques, c'est le génie qui nuit à l'homme d'esprit. Un des plus grands écarts qu'on ait reprochés à celui-ci, c'est le mal qu'il a dit des lettres; mais par l'usage sublime auquel il les a consacrées en inspirant la vertu et les bonnes mœurs, il est à lui-même le plus fort argument qu'on puisse lui opposer. L'autre au contraire vante sans cesse leur heureuse influence; mais par l'abus qu'il en a fait, il est la plus forte preuve du système de Rousseau.

Leur philosophie embrasse toutes les conditions de la société. Celle de Voltaire est celle des gens heureux, et se réduit à ces deux mots : *Gaudeant bene nati!* Rousseau est le philosophe des malheureux; il plaide leur cause, et pleure avec eux. Le premier ne vous présente souvent que des fêtes, des théâtres, de petits soupers, des bouquets aux belles, des odes aux rois victorieux; toujours enjoué, il abat en riant les principes de la morale, et jette des fleurs jusque sur les maux des nations : le second, toujours sérieux, gronde sans cesse contre nos vains plaisirs, et ne voit dans les mœurs de notre bonne compagnie que les causes prochaines de notre ruine. Cependant, après avoir lu leurs ouvrages, nous éprouvons bien souvent que la gaieté de l'un nous attriste, et que la tristesse de l'autre nous console. C'est que le premier, ne nous offrant que des plaisirs dont on est dégoûté, ou qui ne sont pas à notre portée, et ne mettant rien à la place de ceux qu'il nous ôte, nous laisse presque toujours mécontens de lui, des autres et de nous. Le second, au contraire, en détruisant les plaisirs factices de la société, nous montre au moins ceux de la nature.

Ce goût de Voltaire pour les puissans, et ce respect de Rousseau pour les infortunés, se manifestent dans les ouvrages où ils se sont livrés à leur passion favorite, celle de réformer la religion. Voltaire fait tomber tout le poids de sa longue colère sur les ministres subalternes de l'Église, les moines mendians, les habitués de paroisse, le théologien du coin; mais il est aux genoux de ses princes; il leur dédie ses ouvrages; il leur offre un encens qui ne leur est pas indifférent. Rousseau choisit pour son pontife un pauvre vicaire savoyard, et honorant dans ses utiles travaux l'ouvrier laborieux de la vigne, il ne s'indigne que contre ceux qui s'enivrent de son vin. Cependant Voltaire était sensible : il a défendu de sa plume, de sa bourse et de son crédit, des malheureux; il a marié la petite-fille de Corneille; il a usé noblement de sa fortune. Mais Rousseau, ce qui est plus difficile, a fait un noble usage de sa pauvreté; non-seulement il la supportait avec courage, mais il faisait du bien en secret, et il ne se refusait pas dans l'occasion aux actions d'éclat. Les deux louis dont il contribua pour élever la statue de Voltaire, son ennemi, me paraissent plus généreusement donnés que la dot procurée par une souscription des ouvrages du père du théâtre, en faveur de sa parente. Au reste, Voltaire avait réellement des vertus. C'est la réflexion qui le rend méchant; son premier mouvement est d'être bon, disait Rousseau. Aussi ne douté-je pas, d'après le témoignage même de celui qu'il a persécuté, qu'un infortuné n'eût pu hardiment lui aller demander du pain; mais quel est celui qui n'eût partagé le sien avec Jean-Jacques !

La réputation de ces deux grands hommes est universelle, et semblable en quelque sorte à leurs talens : celle de Voltaire a plus d'étendue, celle de Rousseau plus de profondeur. Tous deux ont été traduits dans la plupart des langues de l'Europe. Le premier, par la clarté de son style, qui l'a mis à la portée des plus simples, était si connu et si aimé dans Paris, que lorsqu'il sortait, une foule incroyable de peuple environnait son carrosse : quand il est tombé malade, j'ai entendu dans les carrefours les portefaix se demander des nouvelles de sa santé. Rousseau, au contraire, qui n'allait jamais qu'à pied, était fort peu connu du peuple; il en a même éprouvé des insultes : cependant il s'était toujours occupé de son bonheur, tandis que son rival n'avait guère travaillé que pour ses plaisirs. Quant à la classe éclairée des citoyens qui, également loin de l'indigence et des richesses, semblent être les juges naturels du mérite, on ferait une bibliothèque des éloges qu'elle a adressés à Voltaire. A la vérité, il avait loué toutes les conditions qui établissent les réputations littéraires : au contraire, Rousseau les avait toutes blâmées, en désapprouvant les journalistes, les acteurs, les artistes de luxe, les avocats, les médecins, les financiers, les libraires, les musiciens, et tous les gens de lettres sans exception. Cependant il a des sectateurs dans tous ces états, dont il a dit du mal; tandis que Voltaire, qui leur a fait tant de complimens, n'y a que des partisans : c'est, à mon avis, parce que celui-ci ne réclame que les droits de la société, tandis que l'autre défend ceux de la nature. Il n'est guère d'homme qui ne soit bien aise d'entendre quelquefois sa voix sacrée, et un cœur répondre à son cœur; il n'en est guère qui, à la longue, mécontent de ses contemporains, ne rentre en lui-même avec plaisir, et ne pardonne à Rousseau le mal qu'il a dit des citoyens, en faveur de l'intérêt qu'il prend à l'homme. Quant à l'opinion de ceux dont les conditions sont assez élevées et assez malheureuses pour ne leur permettre jamais de redescendre à la condition commune, elle est tout entière en faveur de Voltaire. Il a été comblé de louanges et de présens par les grands, par les princes, par les rois et par les papes même. L'impératrice de Russie lui a fait dresser une statue; le roi de Prusse lui a souvent adressé des complimens en prose et en vers. Rousseau, au contraire, a été tourné en ridicule par Catherine II et par Frédéric. Cependant il a vu le roi de Pologne, Stanislas-le-Bienfaisant, prendre la plume pour le réfuter; et en cela même sa gloire me paraît préférable à celle de son rival. Philippe de Macédoine distribuait des couronnes aux vainqueurs des jeux olympiques; mais Alexandre y aurait combattu, s'il avait vu des rois parmi les combattans. Il est plus glorieux d'avoir un roi pour rival que pour patron, surtout lorsqu'il s'agit du bien des hommes.

Après tout, ce ne sont pas les rois qui décident du mérite des philosophes, mais la postérité qui les juge d'après le bien qu'ils ont fait au genre humain. Si donc nous les comparons dans ce point important, qui est le résultat de toute estime publique, nous trouverons que Voltaire a achevé d'abattre le jansénisme en France, et que les autoda-fé, contre lesquels il a tant crié, sont plus rares en Portugal; qu'il a affaibli dans toute l'Europe l'esprit de fanatisme; mais que, d'un autre côté, il y a substitué celui d'irréligion. Suivant Plutarque, la superstition est plus à craindre que l'athéisme même: cela pouvait être vrai chez les Grecs; mais nous, à qui notre misérable éducation inspire dès l'enfance l'intolérance sous le nom d'émulation, nous nous occupons toute la vie à faire adopter nos opinions, ou à détruire celles qui nous embarrassent, quand nous n'avons pas assez de crédit pour faire passer les nôtres. L'intolérance théologique n'est qu'une branche de l'intolérance, disait J.-J. Rousseau; chez nous le froid athée serait persécuteur. Au reste, ce n'est pas que l'esprit d'incrédulité soit universel dans Voltaire; on y trouve au contraire de superbes tableaux de la religion et de ses ministres: il détruit souvent d'une main ce qu'il élève de l'autre; ce qui est chez lui non une inconséquence, mais une vanité d'artiste, qui veut montrer son habileté dans les genres les plus opposés. . . . . . . . . . . . . . . . . . . . .
. . . . . . . . . . . . . . . . . . . . . . . . . . . .

Quant à Rousseau, troublé par la haine des peuples, par les divisions des philosophes, par les systèmes des savans, il ne se fait d'aucune religion, pour les examiner toutes; et, rejetant le témoignage des hommes, il se décide en faveur de la religion chrétienne, à cause de la sublimité de sa morale, et du caractère divin qu'il entrevoit dans son auteur. Voltaire ôte la foi à ceux qui doutent, Rousseau fait douter ceux qui ne croient plus. S'il parle de la Providence, c'est avec enthousiasme, avec amour; ce qui donne à ses ouvrages un charme inexprimable, un caractère de vertu dont l'impression ne s'efface jamais. . . . . . . . . . . . .
. . . . . . . . . . . . . . . . . . . . . . . . . . . .

Enfin, ils ne sont pas moins opposés dans leur fortune: l'un avec ses richesses, l'autre forcé de travailler pour vivre, voyant chaque jour ses ressources diminuer, et obligé d'accepter un asile à soixante-six ans. Le premier, né à Paris, dont il adorait le tourbillon, est allé chercher le repos à la campagne près de Genève; l'autre, né à Genève, ne respirant qu'après la campagne, est venu chercher la liberté au centre de Paris; et c'est lorsque la fortune semblait avoir répondu à leurs vœux, lorsqu'ils n'avaient plus rien à désirer, que, dans la même année, et presque dans le même mois, la mort les a tous deux enlevés: Voltaire, au milieu des applaudissemens et des triomphes de la capitale; Rousseau, dans une île solitaire, au sein de la nature.

# DISCOURS
#### SUR CETTE QUESTION:
COMMENT L'ÉDUCATION DES FEMMES POURRAIT CONTRIBUER A RENDRE LES HOMMES MEILLEURS.

Pour rendre les hommes bons, il faut les rendre heureux.

### AVIS DE L'ÉDITEUR.

Le discours suivant concourut, en 1777, pour le prix d'éloquence proposé par l'académie de Besançon. On peut y découvrir le germe d'une multitude d'idées neuves et utiles, développées depuis dans les *Études de la Nature*. Ces répétitions cependant n'ont pu nous déterminer à supprimer un discours qui renferme plusieurs passages neufs, et dignes des plus beaux temps de Bernardin de Saint-Pierre. Tel est, à la fin de la première partie, le tableau des mœurs du siècle; et dans la seconde, un portrait de l'enfance, et de charmantes esquisses sur les arts et le bonheur domestique, qui font de cette seconde partie un des morceaux les plus agréables qui soient sortis de la plume de l'auteur.

Le manuscrit qui nous entre nos mains était surchargé de notes et de corrections, ce qui a rendu notre travail assez difficile. Cette copie est sans doute une première esquisse, mais nous avons fait de vaines recherches pour nous en procurer une plus correcte.

Quant au sujet de ce discours, il nous semble que la question n'est traitée que dans la première partie; la seconde est un ouvrage de pure imagination. Au reste, voici le jugement que l'auteur lui-même en a porté dans les *Études de la Nature*.

« Une académie de province proposa, il y a quelques
» années, pour sujet du prix de la Saint-Louis, cette
» question: *Comment l'éducation des femmes pourrait*
» *contribuer à rendre les hommes meilleurs?* Je la trai-

» tai, et je fis deux fautes par ignorance, sans compter
» les autres : la première d'entreprendre, d'écrire sur un
» pareil sujet, après que Fénelon avait fait un fort bon
» livre sur l'éducation des filles ; la seconde, de débat-
» tre de la vérité dans une académie. Celle-ci ne donna
» point de prix, et retira son sujet. Tout ce qu'on peut
» dire sur cette question, c'est que par tout pays les
» femmes n'ont dû leur empire qu'à leurs vertus, et
» qu'à l'intérêt qu'elles ont pris pour les malheureux. »

Parler aux hommes d'arts, de sciences, de gloire, de fortune, de liberté même, c'est n'en intéresser qu'un petit nombre ; mais leur parler de ce sexe qui partage avec eux le poids des besoins de la vie, et porte seul celui de leur enfance ; de ce sexe qu'ils auraient appelé du nom d'industrieux, de consolateur, de nourricier, s'ils ne lui avaient donné par excellence celui de beau, et qui, naissant en nombre égal au leur par toute la terre, paraît le seul bien que la nature ait réparti à chacun d'eux en particulier ; c'est s'adresser à tout le genre humain.

Si de toutes les questions académiques celle-ci est une des plus universelles par son sujet, elle en est encore une des plus intéressantes par les moyens qu'elle indique et par l'objet qu'elle se propose. Il s'agit de réformer les hommes, et de les rendre meilleurs par les femmes. Quel est l'homme qui n'a souhaité de devenir meilleur ? Quel est le sage peut-être qui, invité par elles, n'eût désiré de marcher à la sagesse sous des auspices aussi doux ? Il y a dans leur empire un pouvoir et une grâce inexprimable : d'une main elles subjuguent la puissance altière ; de l'autre elles supportent et touchent les malheureux sans les blesser. Lorsqu'Ulysse sort des flots, il est revêtu d'habits par la fille d'Alcinoüs. Infortuné, lui dit-elle, allez à la ville ; et quand vous serez au palais, pour obtenir ce que vous voudrez, adressez-vous à ma mère, qui peut tout sur l'esprit du roi. Oui, à la voix des femmes, et par leur secours, l'homme le plus corrompu sortirait des abîmes du vice ; car la dépravation n'est qu'un naufrage.

Une matière si importante se présente pour être traitée d'une manière simple : il s'agit d'examiner ce qu'on doit retrancher de l'éducation des femmes, et ce qui doit la composer. Mais que de difficultés s'élèvent à la fois ! Y a-t-il eu des peuples ramenés à la vertu par les femmes ? Comment traiter de l'éducation d'un sexe sans s'occuper de celle de l'autre ? Des institutions nouvelles peuvent-elles influer sur des habitudes anciennes, et la vertu peut-elle s'allier au vice ? En exposant une partie de nos maux pour en chercher le remède, ne doit-on pas craindre de faire la satire des deux sexes, et d'aliéner ceux qu'on voudrait améliorer ? Que d'objets à traiter, et de ménagemens à garder ! Que d'oppositions de la part des coutumes, des préjugés, des conditions et des lois ! Ah ! qu'il était facile au plus beau génie des Français, au plus digne d'être aimé, de faire régner la vertu dans les murs de Salente, chez un peuple pauvre, sur les rivages déserts de l'Hespérie ! Ici, loin de supprimer les obstacles pour tracer un plan, il faut accorder le plan aux obstacles mêmes, et l'étendre encore à tous les temps et à tous les lieux. On voit quelquefois au milieu de l'Océan des bocages de palmiers s'élever du sein des écueils ; leurs racines s'enfoncent dans les flancs des rochers, leurs troncs s'élèvent sur le bord des précipices, et leurs fruits sont suspendus au-dessus des flots en fureur : la douceur de cette retraite redouble encore par le voisinage des tempêtes.

Si l'entreprise que je vais tenter est difficile, la gloire en est assurée. Le génie, Messieurs, qui vous a inspiré le choix de cette question, présente deux couronnes à mériter dans la noble carrière que vous ouvrez ; il en a mis une à l'extrémité, et il l'a réservée à l'éloquence ; mais il a placé la plus belle dès l'entrée, et il l'a destinée à tous ceux qui concourent avec vous à rendre les hommes meilleurs.

### PREMIÈRE PARTIE.

L'idée de réformer les hommes par les femmes est venue chez les Grecs au plus grand des législateurs et au plus vertueux des rois. Lycurgue, suivant Aristote, essaya de commencer par elles la réforme de Lacédémone, et il n'en put venir à bout. Il est vrai que dans la suite il les employa comme un des ressorts les plus puissans de son gouvernement ; mais il semble qu'en cela même son expérience nous soit contraire. Si les filles lacédémoniennes, en faisant dans leurs chansons l'éloge ou la satire des jeunes gens, les enflammaient de l'amour de la vertu, les exercices, où elles dansaient nues pour les engager au mariage, furent une des principales causes qui ramenèrent la corruption. Tant il est à craindre, en fortifiant les liens d'une société, de forcer ceux de la nature !

Cinq cent quarante-deux ans après Lycurgue, tous les vices étant rentrés dans Lacédémone, le roi Agis voulut tenter par les femmes une nouvelle réforme ; il y détermina sa mère et son aïeule, qui étaient fort riches ; mais les autres s'y refusèrent par la crainte de perdre leurs biens, et y mirent par leurs amis une entière opposition. La fin funeste de ce jeune prince apprit aux rois que, dans l'art si difficile de faire du bien aux hommes, la prudence était encore plus nécessaire que le courage.

De nos jours, un écrivain fameux semble, comme Platon, avoir espéré de l'éducation des femmes une révolution dans les mœurs; mais, ayant traité dans son *Émile* à la fois de l'éducation des deux sexes, loin de faire ressortir celle de la femme à l'utilité publique, il a séparé de la société celle de l'homme même, qui semble à tant d'égards devoir être nationale.

Les vœux des philosophes, la puissance des rois, le génie des législateurs, toutes ces circonstances même réunies sont insuffisantes pour la réforme d'un peuple, si l'adversité, qui ramène les hommes malgré eux à la nature, n'en prépare l'occasion. Ce fut l'adversité qui fit réussir celle de Lacédémone par Lycurgue, d'Athènes par Solon, de Rome par les censeurs, et de tant d'autres nations mises dans l'alternative de périr ou de devenir meilleures. Dans tous ces pays, un petit nombre de familles s'étaient emparées des richesses de l'état, et la multitude n'avait plus rien. Ce sont les malheureux qui appellent les réformateurs.

Il n'y a point d'exemple d'une grande société améliorée par les femmes, mais il y en a beaucoup d'hommes en particulier réformés par elles, de révolutions heureuses qu'elles ont occasionées dans la constitution des lois, et de peuples entiers qu'elles ont préservés de leur ruine. Si l'histoire, qui ne nous offre qu'un petit nombre de combinaisons, ne nous a pas encore montré jusqu'où peut s'étendre tout leur pouvoir, elle nous apprend une vérité bien incontestable, c'est qu'il n'y a personne de plus intéressé à la réforme des hommes que les femmes. Partout où les peuples ont eu des mœurs, elles ont régné; et partout où ils sont tombés dans le dernier degré de corruption, elles sont esclaves. Les femmes furent toutes puissantes chez les peuples les plus vertueux de la Grèce. Il n'y a que nous autres Lacédémoniennes, disait l'épouse de Léonidas, qui commandions à nos maris, parce qu'il n'y a que nous qui fassions des hommes. Xénocrite à Cumes, par une simple attitude, fait une révolution. Elle se montre à visage découvert devant ses compatriotes, et elle se voile devant leur tyran, parce qu'il n'y a que lui, leur dit-elle, qui soit un homme. L'honneur renaît dans les habitans de Cumes, et la tyrannie est détruite. Chez les Romains les femmes étaient honorées à leur mort d'éloges publics, comme les chefs de la nation. En vain le vieux Caton murmurait de leurs prérogatives; ce peuple reconnaissant, en leur faisant part de sa gloire, se ressouvenait que le flambeau de sa liberté avait été allumé au bûcher d'une femme vertueuse. Mais qui peut les voir sans pitié, dans presque toute la voluptueuse Asie et sur les rivages barbares de l'Afrique, réservées en grand nombre aux plaisirs d'un seul, condamnées à de rudes travaux; ici, vendues pour l'esclavage; là, immolées sur les tombeaux des grands et des rois? Qui peut même aujourd'hui voir leur sort avec indifférence dans les lieux où elles ont été souveraines? Elles y sont libres, dira-t-on. Eh! qu'importe que les lois assurent la liberté, si les menées sourdes de la tyrannie contraignent la multitude de l'engager chaque jour pour vivre! Le plus grand des malheurs est d'être forcé de se vendre, et de ne pas trouver de maître. Ce serait un tableau bien digne des regards de l'homme, que celui de la condition des femmes sur toute la terre: il y verrait leur bonheur finir avec sa vertu. Mais, considérant encore avec espoir l'influence des femmes en France, d'où elles règnent par les grâces sur toute l'Europe, j'étendrais, ce me semble, leur puissance à l'univers entier, si je pouvais les ramener à ces temps où elles apaisèrent d'elles-mêmes une guerre civile dans les Gaules. Le dur Annibal fut si touché de leur équité, qu'il décida que, si les Gaulois se plaignaient des Carthaginois, il prononcerait sur leurs plaintes; mais que, si les Carthaginois se plaignaient des Gaulois, les femmes en seraient les juges. Il y a quelques siècles, elles appréciaient parmi nous, dans leur cour d'amour, ce que les hommes ont de plus cher, l'honneur et la loyauté. Elles devaient cet empire aux mœurs, et les mœurs viennent de l'éducation. Ici, je suis forcé de m'arrêter, et de considérer la source d'où coule la plus grande partie de nos maux, afin de mesurer, s'il est possible, la force de la digue que je voudrais élever contre la violence du torrent qui nous entraîne.

L'homme est le seul, de tous les êtres sensibles, qui compose sa vie d'expériences continuelles. Les saisons, les événemens, les passions, l'âge, l'opinion d'autrui, font varier ses principes et ses mœurs depuis la naissance jusqu'à la mort. Ainsi toute la vie humaine n'est qu'une longue éducation. L'homme aurait été le jouet d'une agitation continuelle, si la nature n'avait confié l'âge le plus important de sa vie à ceux à qui son bonheur importe davantage, à ses parens. C'est dans l'enfance que l'âme, profondément émue par la nouveauté des objets, reçoit, si j'ose dire, sa première forme. Les impressions de cet âge ne s'effacent jamais; elles changent jusqu'aux inclinations naturelles dans les animaux mêmes. Lycurgue en offrit un exemple frappant aux Spartiates; et s'il a eu seul, de tous les législateurs, la gloire de fonder une république où la vertu régna cinq siècles, ce fut, dit Plutarque, pour en avoir *teint en laine* les mœurs des enfans. La force de la première éducation compensa la hardiesse de ses institutions. Ce n'est donc pas le climat qui forme les hommes, comme de grands écrivains l'ont avancé; nous en citerions mille exemples : le Siamois si craintif et le Macassar si intrépide vivent sous le même climat; le Turc silencieux et le Grec babillard habitent la même terre. Ce ne sont pas les lois : le Juif moderne, si soumis, suit les mêmes lois que le Juif ancien, factieux jusque dans l'esclavage. Les changemens que nous admirons parmi tous les peuples de la terre, leurs mœurs et leurs opinions si opposées, ne viennent que de l'éducation du premier âge. Sans en chercher des preuves au loin, examinons ce qu'elle établit parmi nous, et nous verrons qu'elle met plus de différence en coutumes, habits, vivres, maximes, caractères, tours de langage, physionomie, entre deux Français, entre deux frères même, que la nature n'en a mis entre les habitans des cercles polaires et ceux de l'équateur. Ce n'est pas ainsi qu'ont subsisté les nations sages : je prends pour exemple Rome, dont la grandeur nous a étonnés, dont nous avons tiré la plupart de nos lois, mais dont nous n'avons emprunté que des ruines, parce que, de tant de pièces éparses, nous avons oublié la seule nécessaire, le plan de leur ensemble. Un Romain n'apprenait dans son éducation qu'à aimer la patrie et à honorer les dieux. Il était ensuite à la fois, ou successivement, pontife, général, édile, agricole, sénateur : tout était pour tous. Il y avait, il est vrai, des dignités réservées aux deux parties de la république; mais tous les vices étaient réprouvés, et toutes les vertus étaient nécessaires dans chaque citoyen. L'adultère, chez les empereurs, ne fut point déguisé sous le nom de galanterie. Scipion fut aussi estimé pour sa piété, pour sa continence, pour sa modération envers ses compatriotes, que pour son courage envers les ennemis de la patrie. Chez nous (la postérité pourra-t-elle le croire!) la gloire d'un état fait la honte d'un autre. Les vertus sont des métiers, ou plutôt, comme dans un mauvais héritage, les vertus, semblables à des orphelines rejetées de leurs parens, ont été assignées par l'ordre des lois à chaque état de la société, qui s'en est chargé. Quel beau spectacle, si l'on voyait parmi nous chaque condition les portant toutes, et présentant l'homme grand, heureux et bon dans les diverses positions de la vie : des Turenne, des Fénelon, des Duquesne, des Henri IV, des Epaminondas, des Socrate, des Épictète! La nation française s'élèverait au milieu des peuples de la terre, comme ces montagnes fécondes que la nature a semées de ses mains, et où une infinité de plantes, toutes variées, mais toutes donnant leurs fleurs, croissent en amphithéâtre depuis la base jusqu'au sommet. Des peuples qui ne nous valaient pas ont présenté ce superbe tableau au genre humain, et lui servent encore de modèles. Que nous manque-t-il?

Déjà l'Europe parle notre langue et adopte nos mœurs. Nous sommes meilleurs que nos lois; nous avons éprouvé plus de maux que les Grecs; nous sommes plus attachés à notre prince que les anciens Perses; et, par ce seul attachement, notre royaume a déjà éprouvé une durée double de l'empire romain. Enfin nous sommes aidés par une religion dont la morale, supérieure à celle de Lycurgue, s'étend à tous les hommes. Cette réforme dépend d'une éducation nationale, et la gloire en est réservée à des princes qui surpasseront de bien loin les Charlemagne et les Henri. Mais elle est encore pour chacun de nous entre nos mains. Titus, les délices du genre humain, fut un monstre dans sa jeunesse. Diogène, dont Alexandre admira le mépris pour la fortune, avait été faux-monnoyeur. La vertu s'applique à tous les âges. O femmes! je vous invite à reprendre votre empire; que chacune de vous fasse rentrer un citoyen dans l'ordre, et l'ordre général sera rétabli. La réforme de l'homme dépend de la vôtre; il vous redemande aujourd'hui son bonheur; mais, avant de soulager ses maux, ayez le courage de voir ceux dont vous gémissez. Ils sont l'ouvrage des temps, des préjugés, de la corruption d'autrui. Le premier moment qui nous éloigne du vice est celui où il est reconnu.

L'éducation des femmes peut se réduire parmi nous à trois révolutions : l'éducation domestique, celle des couvens et celle du monde.

L'éducation commence avec la naissance. Les premiers sentimens d'amour et de haine se forment des premières sensations du plaisir et de la douleur. Si l'ame forte de l'empereur de Russie Pierre-le-Grand eut besoin de la plus grande constance pour se guérir de la frayeur de l'eau, parce qu'il y était tombé dans le premier âge, comment celle d'une femme bannira-t-elle la dissimulation, la fausseté, l'aversion des parens, qui entrent dans l'enfance avec les caprices, les menaces et les châtimens? Les bêtes sauvages élèvent leurs petits avec toutes sortes de caresses; les fouets entrent dans l'éducation de l'homme : ces punitions honteuses, sans doute imaginées par quelques peuples corrompus, se sont introduites en Europe avec l'étude sainte des lettres. Les Goths ne voulaient point qu'on enseignât les sciences au fils de leur prince, par cette seule raison. Les châtimens, disaient-ils, aviliront son ame. En effet, si l'on considère quelles sont les nations, comme les Juifs anciens, les Grecs du Bas-Empire, et parmi nous les conditions où les haines ont été et sont les plus violentes, et les ames les plus faibles; il est aisé de voir que ce sont celles où ces punitions font une longue partie de l'éducation. En Hollande et chez plusieurs peuples du Nord, où elles sont fort rares, il est encore plus rare de voir de mauvais sujets. Qui peut donc, au milieu d'un peuple dont les mœurs sont à l'extérieur si polies, faire éclore des crimes dès la fleur de l'âge, et jusqu'à des parricides, si ce ne sont les supplices de l'enfance? Que d'heureux caractères ont été dénaturés par eux! Si les lois parmi nous s'occupaient du bonheur des hommes, ce ne sont pas les méchans qu'elles devraient punir, mais ceux qui les rendent tels. La morale est si nouvelle en Europe, que les gouvernemens ont ignoré jusqu'aujourd'hui qu'ils devaient protéger les enfans. Une impératrice du Nord vient d'en donner le premier exemple, en bannissant les châtimens corporels des écoles publiques. Cet âge est digne de pitié, s'il n'est digne d'amour. Les sauvages tiennent de la nature ces leçons d'indulgence; suivant le témoignage du vertueux Penn, ces hommes, si remplis de qualités morales, de dévouement pour leur nation, d'amour pour leurs parens, d'intrépidité dans les plus horribles dangers, sont élevés avec la plus grande douceur. Faut-il donc des tourmens pour former un être doux comme la femme? Faut-il des exemples d'humanité étrangère pour bannir les châtimens de l'éducation française? Et parce que des hommes, qui tout-à-fait écartés des lois de la nature, n'en cherchent plus les devoirs que dans des livres, veulent y trouver des autorités contraires à la raison, abandonnerons-nous à leurs vains raisonnemens des usages que la morale rejette, lorsque l'homme le plus célèbre de l'antiquité dans l'art de former les orateurs, Quintilien, s'est élevé lui-même avec tant de force contre l'usage infâme de fouetter les enfans?

De la maison paternelle, nos filles sont transportées dans des couvens, avec un caractère déjà décidé; car le cœur se forme avant la raison. Cette transplantation, qui se fait souvent dès la naissance, est un des plus grands malheurs dont la mollesse des familles ait affligé la société. Là, les premiers maux vont les suivre, sans aucun des premiers plaisirs : aucun baiser paternel, aucune main chérie n'essuiera leurs larmes. Forcées de chercher des consolations dans une amitié étrangère, elles achèveront de rompre ces chaînes naturelles dont leurs parens ont brisé les premiers anneaux. Pères insensibles et aveugles! un jour viendra où vous serez gouvernés par les opinions de cette génération que vous repoussez. Supportez donc sa faiblesse avec la même indulgence que vous désirerez un jour pour les défauts de votre vieillesse. Craignez que vos enfans ne voient emporter vos tombeaux de la maison paternelle avec la même indifférence que vous en avez vu sortir leurs berceaux. Craignez ces réactions terribles établies par cette justice éternelle qui, loin de nos usages insensés, attend dans le silence l'exécution de ses lois inaltérables. Elle a tout balancé; et quoiqu'à nos yeux la puissance paraisse d'un côté et la faiblesse de l'autre, elle fait réagir toutes les conditions humaines, et elle punit l'indifférence des pères par celle des enfans, et celle des gouvernemens par celle des familles. C'est de l'amour paternel qu'elle fait naître l'amour de la patrie : aussi les Grecs et les Romains avaient-ils donné le même nom à ces deux sentimens. Les liens qui réunissaient les citoyens à l'état venaient s'attacher au foyer de chaque maison, à l'antique vertu, aux dieux pénates. Ils les invoquaient dans les plus grands dangers, et l'infortuné ne les invoquait jamais en vain. Pyrrhus, enfant, abandonné tout nu dans le palais d'un roi d'Esclavonie, pendant que ce prince balance s'il le rendra à ceux qui le poursuivent, se lève, et embrasse l'autel de ses dieux domestiques; et la religion d'un enfant triomphe de la politique d'un roi barbare.

Ce ne sont ni les grands emplois, ni les beaux climats, ni la vie républicaine, qui nous font aimer la patrie, mais les lieux où, pour la première fois, nous avons vu la lumière, senti, aimé, parlé, et surtout ceux où nous avons donné et reçu les premières caresses. S'ils ont été dignes de nos premières adorations, ils le seront de nos derniers hommages. Homère, qu'Horace si judicieux appelle la source de toute philosophie, représente Ulysse préférant la pauvre Ithaque à l'amour d'une déesse, et s'informant dans ses voyages, avec le plus vif intérêt, si son père Laërte vit encore. Les hommes de l'antiquité les plus distingués par l'amour de leur patrie l'ont été par celui de leurs parens. Épaminondas disait que la joie la plus vive qu'il eût jamais éprouvée, c'était d'avoir gagné la bataille de Leuctres pendant la vie de son père et de sa mère. Sertorius, que la fortune ne pouvait ébranler, fugitif en Espagne, et refusant les secours de Mithridate, ne put résister aux douleurs de l'amour filial : il tombe dans le plus grand désespoir en apprenant la mort de sa mère qui l'avait élevé orphelin, et refuse pendant plusieurs jours toute nourriture. Le desir de mériter l'estime de leurs parens excita sans doute ces grands hommes aux grandes actions.

Parmi les peuples modernes, l'amour de la patrie ne se trouve que chez ceux dont les enfans sont élevés dans la maison paternelle. L'horreur même du climat ne saurait la détruire; les Lapons, les Samoïèdes, ne peuvent vivre hors de leur misérable pays. On avait transporté à Copenhague des Groënlandais, que la cour comblait de bienfaits, et qui s'exposèrent cependant sur la mer, dans une petite barque, à une mort certaine, pour retourner dans leur île. L'un d'eux versait des larmes quand il voyait une femme avec son enfant; l'infortuné était père ! Ces mêmes sentimens, qui naissent des mêmes lois naturelles, subsistent encore parmi nous dans les états de la société les plus malheureux. L'éducation étrangère les étouffe dans les autres, et avec eux les vertus qui en sont la suite. Mais si elle est si fatale aux hommes, elle est bien plus nuisible aux femmes, qui, destinées aux seuls soins domestiques, ne peuvent apprendre les devoirs de la maison conjugale que dans la maison paternelle. Je trouve tout en vous, disait Andromaque à Hector; père, mère, frère, vous êtes tout pour moi, vous êtes mon époux. Quelle science apprendront-elles dans les couvens, qui soit digne de remplacer des devoirs si saints? la religion et la vertu? Mais la religion, faite pour notre bonheur dans ce monde et dans l'autre, fut donnée pour régler la nature, et non pour la détruire; car autrement ce serait supposer deux lois contradictoires, toutes deux venues du ciel.

D'où viennent donc ces institutions tristes qui font regarder aux jeunes filles leurs attraits comme des présens odieux? Que de disputes, d'aigreur, d'intolérance dans le caractère des femmes! quels traits dans leur physionomie, si la nature les avait faites comme l'homme veut les réformer! Ceux qui leur ont tracé ces carrières sauvages ne veulent pas voir que, dans les lois nécessaires de la nature, le plaisir doit allumer le flambeau de la vie; ils ont oublié que, dans les exemples de la plus grande perfection où il soit possible d'atteindre, le divin législateur s'est montré favorable à la joie conjugale.

C'est dans la plupart de ces écoles que les vertus si aimables prennent je ne sais quoi de la teinte odieuse du vice. La plus belle de toutes, cette charité dont les premiers temps de la religion offrent de si touchantes images, dont le nom étymologique (χάρις) signifie grâce, amour, est devenu le secours le plus repoussant dont l'humanité puisse être soulagée parmi nous. Celui qui donne ôte de son présent, je ne dis pas le respect profond dû à une offrande faite au nom du père commun des hommes, ou la cordialité comme dans un présent fait d'un ami à un ami, ou l'égalité, comme dans un petit secours accordé d'homme à homme, mais jusqu'à ce sentiment de compassion et de pitié qu'inspirerait la vue d'un animal qui souffre. C'est l'orgueil qui donne. Voulez-vous vous en convaincre? présentez une aumône à celui qui la fait.

Si la bonté naturelle des femmes est altérée par ces usages qui ont corrompu jusqu'à l'idée de la vertu; s'ils leur inspirent une âpreté et une hauteur si contraires aux qualités sociales, que dirons-nous du plan entier de l'éducation, tout-à-fait opposé à ce qu'elles doivent faire dans le reste de leur vie? Elles sont instruites par des saintes, je le crois; on leur vante l'état de célibataire, si pur et si élevé que les extrêmes en sont des abîmes; mais n'est-ce pas déjà une grande inconséquence que de représenter le célibat comme l'état le plus parfait à des filles destinées au mariage, et qui, dans le monde entier, ne doivent rien estimer de plus sacré que leurs parens et qu'un époux?

Si nous opposions à leur éducation celle des garçons, il ne serait pas besoin de chercher ailleurs la cause de nos maux. Les malheureux sont semblables à ces chevaux d'Eumènes, que ce général assiégé, pour conserver leur souplesse, faisait suspendre par des sangles et agiter à coups de fouet. Cruels instituteurs, dans quelle vaine carrière voulez-vous les faire courir? Rien n'est à mériter parmi nous, tout est à vendre. Ces longs degrés que Charlemagne, dans un siècle barbare, imagina pour conduire les citoyens aux emplois publics, ne mènent plus qu'à la douleur. L'émulation n'est plus qu'un malheur pour eux et un vice pour la patrie. O vous, dont le sage Montaigne voulait qu'on ornât les écoles de festons de fleurs, portion de la nature humaine qui seule, par votre innocence, pouvez soutenir encore les regards de la Divinité, vous voilà donc, avant le temps, remplis de nos misérables passions, babillards, trompeurs, hypocrites, cruels, et devenus les ennemis jurés les uns des autres! Que résulterait-il de la réunion actuelle des deux sexes? une génération composée d'enfans sans amour pour leurs parens, de Français qui ignorent les lois du royaume, de savans qui doivent oublier presque tout ce qu'ils ont appris, d'époux qui regardent les sexes comme un égarement de la nature, d'ames dévorées d'ambition, enfin d'êtres sensibles, remplis de haine contre des institutions si ennuyeuses, si vaines et si atroces. Voilà la nation future où la patrie met ses plus douces espérances.

Nous n'avons examiné jusqu'ici que les suites de ce qu'on appelle une bonne éducation. Que serait-ce si nous en suivions les désordres ? Qui pourrait dire ce que peut faire naître, parmi les filles réunies dans la fougue de l'âge, l'orgueil des conditions, la vanité des parures, les folles amitiés, les superstitions, les frayeurs, les médisances et le respect de l'opinion d'autrui, source d'une infinité de maux pour elles et pour les autres ?

L'opinion publique a toujours été très-différente de l'opinion d'autrui, dans les siècles même les plus dépravés. La mémoire de Néron fut flétrie par un peuple qui ne valait pas mieux que lui, et dont chaque membre en particulier lui avait aplani la route du vice. Il semble qu'il y ait dans le cœur humain un caractère ineffaçable de justice, qui brille de tout son éclat lorsque les passions sont calmées; ou plutôt, que Dieu veuille forcer la vertu à se diriger vers lui seul, et à ne se reposer que sur l'estime de l'univers. Lorsque Phocion était applaudi par les Athéniens, il demandait à ses amis s'il ne lui était pas échappé quelque faute. Caton d'Utique marchait nu-pieds dans les rues de Rome, afin que, dérogeant à l'usage public dans des choses indifférentes, il pût s'en écarter dans les essentielles.

Quand une nation est sans morale, son opinion est sans estime. Si le premier effort que l'homme doit faire vers la vertu est de mépriser l'opinion, il faut qu'il en soit de même de la femme, qui ne doit être honorée que de la louange d'un seul. L'envie de plaire à l'opinion de tous la rend in constante et sans principes. Par ces mots : *Que dira-t-on de vous?* dont on dirige son enfance, on corrompra sa jeunesse. Dès que les femmes sont attentives aux bruits du dehors, les faiseurs d'anecdotes, ces hommes si communs qui, après avoir perdu leur réputation, s'occupent à détruire celle des autres, qui savent également l'art de flatter et de calomnier, les transportent où ils veulent par la crainte du ridicule et l'amour des louanges. Filles imprudentes, ces hommes charmans et cruels paieront un jour, du récit de vos faiblesses, leur entrée dans la maison voisine. Ils font pour vous des vers, ils vous mettent au rang des divinités ; mais la louange même est funeste dans leur bouche : ils ressemblent à ces sorcières de Thessalie dont parle Pline, qui faisaient périr les moissons, les animaux, les hommes, en disant du bien d'eux. Que de filles, au sein de l'oisiveté,

se sont rendues habiles dans cette science infernale de nuire! Que de querelles, de procès, de duels ont été inspirés par elles! Des nations entières ont vu leurs liens se dissoudre; et de nos jours même, la Corse voit encore les femmes éterniser ses malheurs, en inspirant à leurs enfans des vengeances implacables.

Passons aux usages du monde. Des femmes célibataires ont donné aux filles, dans leur enfance, des leçons d'austérité; des hommes célibataires vont bientôt leur en donner de licence.

Parmi tant de choses que les maîtres apprennent à une jeune personne, supposons qu'il n'y en ait que d'utiles; une fille adoptera peut-être des principes opposés à ceux de son époux, elle qui doit s'estimer moins savante que lui, et voir les objets comme il les voit. D'ailleurs, par ces lumières précoces, le mariage perd les conversations si nécessaires à ses longs jours; et l'amour conjugal, tant d'ignorances aimables qui sont un de ses plus grands charmes. Que de reconnaissance recueillie par des étrangers, et si douce à mériter pour un amant ! Il épousera une vierge dont l'ame est déjà veuve de plusieurs maris. L'ame! mais ces hommes si aimables sont-ils des anges, si la pente à l'amour est égale dans les deux sexes ? Que deviendrait notre faible raison, si dans la jeunesse on nous donnait, pour nous montrer des arts séducteurs, de jeunes femmes instruites à plaire?

Le premier mouvement une fois communiqué aux passions, la volupté n'approche plus seulement d'elles à découvert; mais, plus dangereuse, elle s'avance dans le silence de la nuit, elle présente à l'ame égarée des armes terribles dont elle se blessera elle-même. Dans le repos de la solitude et sous les toits les plus sacrés, les hommes viennent se montrer à l'imagination, sans défauts ; et leurs sophismes, sans contradictions. Quels bouleversemens n'occasioneront pas dans la tête et dans le cœur d'une fille tant de livres corrupteurs ! Les livres gouvernent le monde. Un seul, même moral, produisit, il y a deux siècles, la plus grande révolution dans les mœurs de l'Europe. L'ouvrage d'un Espagnol fit tomber l'amour et le respect des femmes. D'autres depuis y ont substitué la galanterie, qui en est le mensonge; ceux de nos jours y font succéder le libertinage, qui en est la corruption.

Si on vient à examiner l'effet que les livres produisent en particulier sur l'esprit des femmes, il s'en trouvera peu qui leur soient utiles, même parmi ceux que l'on croit bons. Dans les romans, les uns mettent la vertu en paroles, et le vice en action. Ceux-ci, plus dangereux, montrent la route des passions comme la seule que nous enseigne la nature. Les meilleurs les jettent dans un monde imaginaire, et leur font haïr celui où elles doivent vivre. L'histoire même, si vantée, n'offre guère que le tableau des fureurs des hommes, et ne leur inspirera pas une grande bienveillance pour eux. Mais si l'on considère ce que produisent tous ensemble parmi nous les sceptiques et les dogmatiques, les ouvrages de tous les partis, de tous les systèmes, de toutes les sectes; tant de vérités mises en problèmes, tant de paradoxes en maximes ; que résulte-t-il de leur effet général? la destruction des principes et du caractère. Toutes les têtes fermentent : les flots de la mer, battus de tous les vents de l'horizon ne sont pas si agités lorsqu'ils vont sans cesse se formant et se détruisant les uns les autres. Bientôt les maximes du théâtre, qui, débitées en public, semblent autorisées par les lois, aidées par les illusions des acteurs et les applaudissemens de la multitude, vont pénétrer l'ame de nos jeunes filles comme des traits de feu. L'Aréopage honorait la tragédie, qui représente l'homme de bien aux prises avec le malheur; mais, en cela plus sage que nous, sa faveur ne portait que sur les sujets qui inspiraient aux Grecs de la vénération pour leurs grands hommes, et de l'amour pour leur patrie. Nos drames, par un renversement incroyable de ce qui est utile, n'exposant sur la scène que des sujets très-éloignés, nous jettent sans cesse dans une pitié étrangère. Si nous voulons être émus utilement, la terreur et la pitié ne sont-elles pas aussi françaises et contemporaines? Ah ! ne chercherions-nous les maux d'autrui que pour ne pas voir les nôtres ! Mais que dirons-nous de la comédie, que l'Aréopage flétrissait comme un moyen inutile pour corriger les passions, parce que l'avare y rit de l'avare? Qu'aurait-il donc pensé de nos comédies les plus estimées, où des valets trompent impunément leurs maîtres, où l'avarice d'un père est punie par le vol applaudi d'un fils, la vanité d'un paysan par un adultère triomphant? Je ne parle pas de ces satires indécentes où, à la face du ciel, les mœurs sont violées, où le peuple voit chaque jour des exemples de libertinage, de vengeance, de vol, et, qui pis est, de mépris de ses magistrats. Sans faire sortir nos jeunes filles de l'honnêteté prétendue de la scène française, ne craignez-vous pas que, négligeant la moralité, comme la plupart de ses modèles, elles s'en tiennent, comme eux, au but qu'ils se proposent, celui de faire rire ; et que, puisant les sarcasmes, les épigrammes, les sous-entendus, ces arts perfides des ames faibles et méchantes, elles ne rendent un jour leur cœur suspect à leurs époux et à leurs amis ? Fais-moi rire, disait le cruel Sigismond. C'était peu de jouer les passions sur la scène; la plupart des états de la vie civile y sont rendus successivement odieux. Si les regards pouvaient pénétrer dans les ames des gens formés à la connaissance des hommes par le théâtre ou par les livres, on y verrait, comme dans le palais de ce fou moderne de la Sicile, des cygnes à tête de tigre, de longs cous de serpens sur des corps de colombes; les conditions, les âges, les caractères, les provinces, enfin toute la société humaine figurée en monstres.

Voilà donc les filles jetées dans le monde, armées de tout ce que leur a donné une éducation si fausse, si contradictoire, si incohérente. Elles aiment les étrangers, et haïssent leurs parens ; elles ne veulent du mariage que les plaisirs de l'amour, et rejettent les devoirs de la maternité. Austères dans leur morale et voluptueuses dans leur conduite, elles parlent toujours de la vertu, et cherchent sans cesse le plaisir. Au reste, sans principes et sans plans, elles ne connaissent dans la société d'autres devoirs que les visites et le jeu : les visites, où, obligée de se communiquer à toutes les pensées des hommes, l'ame d'une femme perd sa pudeur naturelle ! le jeu, dont les révolutions les disposent à tous les désordres, et le seul vice que les femmes de l'antiquité n'ont pas connu ! Ce sont les usages du monde. Grand Dieu ! quel monde, si chaque siècle y apporte des vices nouveaux ! Quelle différence de l'éducation des femmes sous nos Henri à celle de nos jours ! Mais voyons les nations dont la destinée est faite, et dans un peuple mourant les convulsions de la mort.

Les Sabins, armés par la vengeance, présentent la bataille aux Romains ; les Romaines en pleurs, tenant leurs enfans dans leurs bras, se jettent entre les deux armées ; elles s'écrient : Qu'allez-vous faire, cruels? Ceux-ci sont nos maris, ceux-là sont nos frères ! A leur voix, les armes tombent, et deux nations, prêtes à s'égorger, se réunissent. Voyez-les sous Sylla : liées de tous les liens, il n'y avait pas à Rome une femme qui n'eût à lui redemander le sang d'un de ses parens ; toutes ensemble lui firent faire les plus superbes obsèques dont jamais chef de la patrie ait été honoré. Deux cent vingt corbeilles de leurs parfums brûlaient à ses funérailles ; sa statue et celle de son licteur, pétries des aromates les plus précieux, y furent portées en triomphe. Il semblait que le barbare n'avait vécu que pour leur vengeance [1]. Suivez-les, si vous

---

[1] Montesquieu vante le courage de Sylla, parce qu'il abdiqua la dictature, et redevint simple citoyen, prêt à rendre

l'osez, sous les empereurs, quand les filles romaines donnaient aux gladiateurs l'ordre de mourir; quand, au milieu des infamies, des dissolutions et des intrigues, les Romaines bouleversèrent leur malheureuse patrie; et apprenez, peuple sans expérience, que la férocité naît du sein des voluptés.

Parlerai-je de nos guerres civiles? du carnage inspiré par les Médicis? car il fallait, pour altérer notre heureux caractère, les vices d'un peuple corrompu. Joindrai-je aux maux de notre éducation le tableau présent de nos maux? Ah! je ne suis plus le maître de mon sujet; il me semble voir l'homme se lever, et l'entendre dire à l'Auteur de la nature : Celle que vous m'aviez donnée pour mon bonheur est la cause de mes maux. Je vais chercher pour elle au-delà des mers les richesses des deux Indes, je l'environne du spectacle ravissant des arts, et sa félicité est l'objet de tous mes travaux : quelle est sa reconnaissance? elle élève, elle abaisse, elle sollicite, elle trouble, elle détruit. Par elle, toutes les avenues des emplois sont obsédées, les lois antiques sans respect; mes droits, les droits d'un époux, sans honneur. A peine j'ose, dans ma maison, en paraître le chef; et dans les rues mêmes de la capitale, une foule de courtisanes étalent une audace qui confondrait les plus hardis libertins. En vain je m'efforce, dans le séjour de l'innocence, de rappeler à la vertu par des prix : point de rosière pour les mériter! La corruption gagne chaque jour les lieux les plus saints : nos couvens sont remplis de femmes séparées de leurs maris. Tout m'offre l'aspect de ma honte. Le tribunal des lois ne retentit que de mes plaintes; et, de ma douleur profonde, je n'ose ni abaisser les yeux sur une prospérité qui m'est suspecte, ni les élever vers les autels où je n'ai reçu qu'une foi parjure. Compagne donnée pour soulager mes maux, comment avez-vous pu les accroître? Vous n'êtes pas, comme moi, obligée, pour vivre, de tromper, de supporter une foule de tyrans, de concilier l'honneur et les lois, la justice et l'humanité; d'endurcir votre cœur, pour frapper de l'épée de Thémis ou de celle de Bellone. Ah! ce n'était qu'à vous qu'il était permis d'être bonne, et de devenir meilleure; placée loin de nos maux, et mise à l'abri dans le temple de l'Hymen, la société, d'accord avec la nature, ne vous avait proposé d'autre devoir que celui d'aimer.

Mais d'où viennent tous ces désordres? La femme est-elle seule coupable? ne répondra-t-elle pas à l'homme : Auteur de toutes nos alarmes, quand vous cessez de nous corrompre, c'est pour nous outrager! Infortunées jetées sans force parmi des insensés et des furieux, comment pouvons-nous causer leurs malheurs! Nous n'allons point chercher aux Indes les étoffes de l'Asie, qui enlèvent à nos citoyens les moyens de subsister. Nous n'avons point imaginé les métiers, qui ont ôté à la plupart de nous autres femmes l'emploi de filer vos habits, de tendre vos appartemens, et presque toutes les ressources qui nous étaient données pour vivre, ou pour nous occuper. Nous ne montons point les vaisseaux qui portent l'Africain esclave en Amérique; il ne dépend pas de nous d'empêcher un petit nombre de familles d'accumuler sur leurs têtes les richesses des deux mondes, tandis qu'une multitude, qui croît chaque jour sans terre et sans travail, est abandonnée à tous les vices qui suivent l'indigence. Vous nous reprochez vos bienfaits; mais ce luxe, ces arts, ces festins, ces fêtes licencieuses, ces célibataires sans pudeur, dont vous nous environnez, nous inspirent la volupté; et vous nous faites à la fois une stupidité de la repousser, et un crime d'en jouir. Toutes nos contradictions sont votre ouvrage : vous mettez votre honneur à nous corrompre, et le nôtre à vous fuir. Destinées pour un seul, vous nous élevez dès l'enfance pour plaire à tous. Vous ne cherchez plus dans nos appas funestes que des instrumens de votre avarice ou de votre ambition. Nous naissons en nombre égal au vôtre, et vous avez favorisé les célibataires, sans songer que tout homme qui ne se marie pas condamne une fille au célibat ou à la corruption. Nos désordres mêmes naissent de votre prétendue sagesse; mais ils compensent les vôtres. Des femmes sorties du peuple y font rentrer une partie des fortunes énormes qui l'épuisent; les emplois que vous n'accordez plus qu'à la vénalité, nous forçons de les donner au plaisir. Dans nos erreurs, au moins toujours plus près de vous de la nature, nous n'opposons que des vices, souvent involontaires, à des lois barbares que vous avez réfléchies. Hommes vains, vous vantez les prix que vous proposez pour l'innocence : que peut-elle faire de vos hommages frivoles? A la campagne, vous offrez des roses à la vertu indigente; et à la ville, vous couvrez le vice de diamans. Que vos efforts sont sublimes! Vous portez, dites-vous, le poids de la société : ah! cessez de vous plaindre, quand, sous un joug

---

compte de sa conduite. Mais Montesquieu y pensait-il? Ce sénat, devant lequel un citoyen eût pu appeler Sylla, n'était-il pas plein de ses créatures, de ses complices, qui avaient trempé dans ses proscriptions? Je trouve, moi, que ce fut la crainte de devenir seul l'objet de la vengeance publique qui le fit abdiquer. En abdiquant, il assurait sa personne; le sénat seul se trouvait chargé de la haine; et quel sénat puissant, puisque les femmes étaient pour lui!

sacré, vous nous assortissez, jeunes à des vieillards, saines à des infirmes ; et dans des corps qui doivent s'unir, des ames qui se repoussent. Si votre sort est de supporter des tyrans, le nôtre, plus affreux, est de leur plaire. Nous seules jetons des fleurs sur vos chaînes de fer, nous seules regardons encore la ruine qui vous entraîne. Sans nous le fanatisme vous aurait déjà détruits ; mais nous nous plaisons à renverser les barrières qu'élèvent état contre état, secte contre secte, orgueil contre orgueil ; et dans ce siècle de haine, de vengeance et de fureur, nous seules, malgré vous, faisons régner l'amour et la nature.

Ainsi deux torrens, enflés par les orages de l'hiver, roulent sur l'Océan leurs flots bourbeux : la terre tremble, l'air détonne, et l'on n'entend sur leurs bords désolés que des bruits confus et de tristes clameurs.

### DEUXIÈME PARTIE.

Comme des ruisseaux, formés pendant la nuit des rosées du printemps, rafraîchissent de leurs ondes pures le cours épuisé des fleuves ; ainsi les générations des enfans viennent chaque année renouveler les peuples. Reposons nos yeux sur ces ouvrages de la nature, qui portent l'empreinte de leur origine céleste. L'homme est une statue de belle proportion, que des barbares ont mutilée.

Voyez dans ses jeux un enfant que l'éducation n'a point corrompu : à la course, à la lutte, il s'efforce de surpasser ses rivaux ; mais il fait son ami de son ennemi vaincu. Il voit pleurer, ses larmes coulent ; il rit, s'il voit rire ; s'il desire tout ce qu'il aperçoit, il donne volontiers tout ce qu'il a : son cœur confiant ne cherche qu'à s'étendre ; et il ira aussi librement caresser une bête féroce qu'un oiseau. Sans défiance, il est sans cesse occupé du soin de connaître, d'aimer, de protéger. Toute son ame est bonne, expansive et active. La fille, avec le même naturel, a un caractère très-différent : elle est passive dans toutes ses affections. Elle est craintive pour être rassurée, elle veut plaire pour être aimée, elle est curieuse pour être instruite. L'un a pour lui la force et la hardiesse ; l'autre, la faiblesse et la timidité : mais les armes sont égales ; c'est en fuyant que Galatée triomphe.

De ces deux caractères opposés se forme la plus belle de toutes les harmonies. A la vue d'une jeune fille, un garçon n'éprouve pas de rivalité ; charmé de trouver un être complaisant et doux, s'il se plaît à vaincre qui lui résiste, il aime à donner la couronne à qui ne la lui dispute pas. Qui n'admire l'artifice et la force de cette chaîne dont la nature a lié les deux moitiés du genre humain, et où,

pour ainsi dire, elle a suspendu la vie ? Elle ne l'a pas formée de ressemblances, comme celle de l'amitié ; mais de différences de toute espèce, en sexes, en figures, en tempéramens, en inclinations, en conditions même ; et plus ces différences sont grandes, plus les passions qui en résultent sont fortes. Ce ne sont pas les conquérantes qui subjuguent les rois, ce sont les bergères.

Le caractère actif de l'homme et le caractère passif de la femme sont tous deux parfaits, et l'un n'est pas plus préférable à l'autre dans le grand ouvrage de la vie, que les pièces d'une charpente destinées à s'unir. Pour n'avoir pas observé dans les deux sexes des destinations si différentes, ou pour les avoir méprisées, leurs éducations ont été confondues ; si toutefois ce qui ne sert qu'au malheur d'une petite classe de citoyens peut mériter le nom d'éducation. Rapprochons-nous donc des lois universelles de la nature, et remplaçons l'éducation étrangère par l'éducation maternelle, et les spéculations par les arts domestiques.

La première chose qu'une mère doit apprendre à sa fille, c'est la vertu. Je bornerais là toute son éducation, si je ne m'occupais que de son bonheur. La vertu est un effort fait sur nous-mêmes pour le bien des hommes, dans la vue de plaire à Dieu seul, et n'est point une science fondée sur un principe abstrait : l'existence d'un Être suprême est d'une si grande évidence, qu'aucun peuple n'en a douté. Mais pour apprendre la vertu à une jeune fille, il ne suffit pas de lui en parler ; ce moyen même, employé seul, peut être dangereux : ou elle n'acquerrait que le stérile et si commun avantage d'en discourir ; ou, si son cœur se pénétrait de la sublimité d'un objet, son imagination pourrait s'égarer. Le premier âge est disposé à l'enthousiasme. Ne vit-on pas, dans les temps des croisades, des milliers d'enfans se croiser pour aller délivrer la Terre-Sainte, et périr en route ou sur le champ de bataille ? Il faut donc accoutumer une jeune fille à la pratique de la vertu ; c'est ainsi qu'elle apprendra à mesurer la volonté à la puissance ; car il n'y a que les esprits spéculatifs qui deviennent fanatiques. D'ailleurs, en s'exerçant à la vertu, elle en contractera l'habitude, si nécessaire dans tous les temps de la vie, et si aisée à l'enfance. La vertu est facile jusqu'au temps où l'on est forcé de communiquer avec ceux qui n'en ont pas. L'âge des passions même, loin de lui être contraire, lui est favorable ; l'ame portée alors par les passions naissantes, comme par des ailes, dédaigne la terre, et semble prête à prendre son vol vers les cieux. C'est dans l'adolescence qu'on est bon, généreux, juste, franc, ami sincère, amant fidèle; c'est alors que viennent les idées sublimes de perfection, de dévouement, d'héroïsme. L'histoire nous en fournit mille exemples. Caton, à quatorze ans, demande une épée pour tuer Sylla au milieu de ses satellites; Scipion, à dix-sept ans, sauve la vie à son père dans une bataille, et refuse la couronne civique; Alexandre, à la fleur de son âge, parut comme un demi-dieu. A mesure que nous avançons dans la vie, l'opinion d'autrui, à laquelle nous livre une éducation sans but; les passions aigries, l'expérience de l'ingratitude humaine, sèment notre carrière de difficultés. La nature nous propose la vertu, comme cet arc qu'Ulysse déguisé présentait aux amans de Pénélope; il fallait non-seulement le tendre, mais en faire passer la flèche par plusieurs anneaux.

Si dans l'éducation d'une fille je cite des exemples des grands hommes, c'est que toutes les vertus sont nécessaires aux deux sexes. La plus faible des femmes aura un jour à supporter, comme un héros, les maux extrêmes de la vie, la calomnie, la douleur, la mort; et elle les supportera peut-être avec plus de courage, quoique les peuples modernes aient attaché la gloire à la vertu des hommes, et l'obscurité à celle des femmes. Par l'injustice même de ce partage, ils ont fait voir qu'elles y étaient plus naturellement disposées que les hommes. Non-seulement la plupart des crimes publics ne sont point leur ouvrage, non-seulement elles sont plus pieuses, plus humaines, plus douces; mais il y a dans leurs actes vertueux une grâce touchante qui leur est particulière. Plusieurs fils ont nourri leur père dans l'indigence; mais combien elle est admirable cette jeune femme qui imagina de nourrir de son propre lait son père condamné à mourir de faim! Le sénat romain, dit Pline, fut si touché de cette action, qu'il donna le père à la fille, et, sur les ruines de la prison témoin d'un trait aussi touchant, il fit élever un temple à la Piété. Ainsi Rome honorait la vertu. Elle avait accordé de grandes récompenses à celles des hommes : la couronne civique, plus belle que la couronne triomphale, donnait, entre autres priviléges, à celui qui avait sauvé dans une bataille un simple soldat romain, le droit de s'asseoir, aux jeux publics, près des sénateurs, qui se levaient à son arrivée. Mais elle rendait à la vertu des femmes des honneurs encore plus grands : on prononçait publiquement l'éloge des vestales à leurs funérailles; lorsqu'elles marchaient dans la ville, on portait devant elle la masse des préteurs; si elles venaient à rencontrer un criminel allant au supplice, elles lui sauvaient la vie. La peine du crime était effacée par la présence d'une femme vertueuse. Ce peuple, digne de l'empire de l'univers, avait attaché la gloire aux seules choses utiles à la patrie, ou honorables à l'humanité, et avait laissé à toutes les classes de l'état le droit naturel d'y prétendre.

Parmi nous, où tant d'arrêts punissent, où aucun ne récompense, quels respects ne méritent pas les bonnes mères de famille au milieu des désordres de nos villes, et nos vestales obscures qui sacrifient leur jeunesse, leur beauté, leur naissance dans les hôpitaux! que d'exemples ignorés dignes d'une louange publique! N'en choisissons qu'un des plus connus, et dans la vertu qui semble la plus étrangère aux femmes. Une fille a sauvé la France, et ce ne fut ni par un assassinat, ni par une trahison, mais par un courage intrépide qui l'accompagna dans plusieurs batailles, et la suivit jusque sur le bûcher. On eût vu à Rome, sous les empereurs, sa statue soutenant le trône; on l'eût vue, sous les consuls, au Capitole, au-dessus de celle de Manlius; Athènes l'eût placée sur ses autels à côté de celle de Jupiter; Sparte n'eût adoré qu'elle; la Grèce l'eût élevée aux jeux olympiques, et l'infortunée Jeanne d'Arc, plus révérée que Pallas, fût devenue la divinité d'une patrie dont elle aurait été à la fois la libératrice et la victime. Plus l'homme s'éloigne de son origine, plus il s'écarte de la nature. Dans quel siècle la femme est-elle invitée à le rappeler à ses devoirs? Ne l'exposons point au dehors : la vertu mérite des autels, mais elle n'a point besoin d'un théâtre.

La plus belle de toutes les qualités, si elle n'est pas le résultat de toutes les vertus, c'est la bonté. Pour l'inspirer aux enfans, laissez-la se développer en eux; tous les enfans élevés avec douceur sont bons. Il sera aisé d'augmenter leur bienveillance naturelle en leur citant avec éloge des traits de bienfaisance. Mais quoi! on craint de parler d'amour devant eux, et on ne craint pas de médire : on donne à leurs jeunes cœurs l'habitude de haïr. Que serait-ce si, dans les arts de goût qu'on se dispose à leur apprendre, on les occupait des difformités dont on s'amuse en morale? Il faut donc bannir de la conversation les satires, les épigrammes, les anecdotes malignes et si piquantes. Pour enseigner la vertu, il faut commencer par être soi-même vertueux : les plus fortes leçons sont les exemples. Quand l'ame commence à sentir et l'esprit à raisonner, une jeune fille se pénétrera aisément des hautes maximes de la sagesse. Qu'aux premières approches de l'adversité, une mère chérie lui dise donc : La vertu est l'obéissance aux lois suprêmes; la main qui nous introduit dans ce monde, en nous invitant à vivre, nous oblige d'apprendre à mourir; elle reprend ce qu'elle nous prête, et fait disparaître toutes choses pour nous avant que nous disparaissions pour elles. La vertu n'est pour personne une manière d'être indifférente ; tous les hommes y sont forcés, mais vous y êtes appelée particulièrement pour votre propre bonheur : c'est par elle qu'un jour vous captiverez votre époux. La franchise, la douceur, l'indulgence, la pudeur, le retiendront sous vos lois : les vices contraires l'éloigneront. Par elle, vous supporterez le malheur, vous apprendrez à jouir de la prospérité. Tous les temps seront heureux pour vous : le souvenir du passé vous consolera, et vous vous avancerez vers l'avenir avec la joie d'une bonne conscience, le premier des fruits dont le ciel récompense nos efforts.

Mais est-ce à une bouche étrangère à oser lui dicter ces leçons sublimes? Laissons-lui deux maîtres toujours sûrs de parler à son cœur, la religion jointe à l'amour maternel. Les arts domestiques, que les Grecs, si justes dans leurs expressions, appelaient de petites vertus, sont des armes dont elle doit connaître toute la puissance. Elle n'est pas destinée, comme une vile maîtresse, à ne servir qu'aux caprices d'un seul homme pendant une courte durée. Chargée de faire régner autour d'elle l'ordre, l'abondance ; d'assurer pendant toute sa vie la félicité de ses amis, de ses domestiques, de ses enfans et de son époux ; et d'inspirer à la fois la confiance, le respect et l'amour, montrez-lui de bonne heure l'étendue et la beauté de son empire. D'abord cette éducation très-variée, convenable à la variété de son caractère, en la rendant plus heureuse, la rendra plus belle ; l'harmonie des traits du visage vient de celle de l'ame, et c'est par sa douce influence qu'on peut expliquer ce phénomène attesté de tous les voyageurs, qui assurent qu'il n'y a rien de si laid que les Tartares-Circassiens, et que rien n'est plus beau que leurs femmes : c'est qu'en élevant leurs filles pour plaire par tous les arts domestiques, elles reçoivent une éducation conforme à leurs inclinations, qui les rend contentes et belles ; tandis que les hommes, vivant de brigandage, sont laids comme des bêtes féroces.

C'est des arts domestiques que l'amour même tire sa plus grande force. Omphale file ; Hercule est vaincu : Lucrèce, au milieu de ses travaux, enflamme le superbe roi des Romains. La femme de l'antiquité la plus dangereuse dans l'art de séduire n'employa que la magie des arts domestiques pour bouleverser la république. Par l'ordre des lumières dans un repas, les apprêts d'une fête, les amusemens d'une pêche ; par des courses familières où elle allait déguisée dans les rues d'Alexandrie, Cléopâtre entraîne comme un esclave un triumvir venu pour la subjuguer : Antoine abandonne pour elle l'empire, la gloire et la vertueuse Octavie, aussi belle que la reine d'Égypte, mais qui, en dame romaine, avait négligé les arts familiers aux femmes, pour s'occuper d'affaires d'état. L'amour, nous l'avons dit, naît des différences. Il semble que l'homme, étonné de trouver dans la femme des inclinations semblables aux siennes, craigne de rencontrer dans une maîtresse un rival. Depuis la reine de Carthage jusqu'à celle d'Angleterre, les législatrices mêmes n'ont éprouvé l'amour que pour leur malheur. Il ne peut donc y avoir dans une femme de science plus utile et plus agréable pour un mari, que l'art de plaire par les occupations domestiques. L'amitié de ses parens lui en rendra l'étude facile. Sont-ils malades ; elle prépare pour eux des herbes salutaires, et déjà elle adoucit leurs maux en y mêlant ses premiers pleurs. Sont-ils rendus à sa joie ; elle offre au ciel le gâteau qu'elle a pétri de ses mains ; des amis se rassemblent auprès d'eux ; elle fait paraître sur la table paternelle les fruits de l'été, conservés au milieu de l'hiver ; leur jus brille comme le feu des rubis, et les fleurs cristallisées y étalent de plus vives couleurs que l'améthyste dans les roches de Golconde. Tout porte dans la maison des marques de son industrie ; aucune main étrangère ne taille ses habillemens. Par un art plus ingénieux, des festons de fleurs entremêlent sur sa couche virginale leurs coupes demi-closes, leurs panaches veloutés, leurs riches étendards ; et elle se réjouit de fixer avec son aiguille des couleurs que les vents ne sauraient flétrir. Quelquefois elle entrelace sans y songer le laurier et le myrte. Heureux celui qui méritera ces chiffres ! Au-delà des mers, au milieu des cours trompeuses, ces gages, talisman plus puissant que les richesses de l'Inde et que la faveur des rois, le rappelleront un jour dans sa patrie aux pieds de l'innocence. Quoiqu'il n'y ait aucun art domestique qui doive lui être inconnu, il est absolument nécessaire de lui donner pour talent celui où elle excellera. Les lois et la religion de plusieurs peuples obligent jusqu'aux souverains de savoir un métier. Parmi nous, les ressources honnêtes sont encore plus rares pour les femmes que pour les hommes. Dans un si grand nombre d'occupations, il est impossible qu'il ne s'en trouve quelqu'une qui ne mérite sa préférence, et l'on fait toujours bien ce que l'on fait avec plaisir. La nature d'ailleurs nous donne à tous des dispositions particulières, que développe une éducation attentive. Un talent sera pour une fille plus précieux qu'une dot ; il éloi gnéra d'elle la cause de tous les crimes, l'indigence du pauvre et l'oisiveté du riche.

Mais si le vice sait tirer parti des occupations de la vertu, nous ne lui abandonnerons pas les arts agréables dont il abuse : un des premiers devoirs de la femme est de plaire.

La danse développe les habitudes du corps, et donne à ses mouvemens une harmonie divine. Quand Vénus se présente à Énée sur le rivage de l'Afrique, sa parure, sa beauté, son doux langage, n'en font à son jugement incertain qu'une vierge de Sparte; mais elle marche, et il reconnaît la déesse des grâces.

La musique est un talent de tous les temps et de tous les lieux; son pouvoir sublime élève l'ame : toutes les religions l'ont employée dans leurs cultes; et la plupart des législateurs anciens, dans leurs institutions nationales. Polybe, si froid, même en racontant les maux de son pays, s'anime en parlant de musique, au point d'attribuer la dépravation des peuples heureux de l'Arcadie à cela seul qu'ils avaient négligé cette partie de leur éducation. On connaît ses effets à Sparte, quand ses filles flétrissaient dans leurs chansons les mauvais citoyens, et que ses guerriers terribles marchaient à l'ennemi en chantant l'hymne de Castor. Laissez donc une jeune fille faire usage d'un talent que la nature a donné aux plus petits oiseaux comme une compensation de leur faiblesse; sa voix, plus puissante que la raison, calme ses propres soucis, et les fera souvent passer dans le cœur du sage.

Mais, excepté les arts destructeurs, y en a-t-il quelqu'un qui n'appartienne aux arts domestiques ? L'homme a donné le nom de libéraux à ceux qui flattaient ses passions. Nés de ses besoins, ils sont tous frères, et ce sont les femmes qui les ont fait éclore. Autour de ses foyers, la fille de Dibutade trace avec un charbon le profil de son amant, et donne naissance à la peinture. L'amour paternel forme un modèle sur l'esquisse de l'amour, et présente à Sicyone ravie le premier médaillon.

C'est aux femmes que les hommes doivent ce qu'ils ont de plus doux : Cérès leur avait appris à semer le blé, à faire du pain, à vivre sous de saintes lois; Flore et Pomone avaient rassemblé autour de leurs demeures les fleurs et les vergers; Palès prépara pour eux le lait des brebis; Minerve fila leurs laines, montra l'art enchanteur de la broderie aux filles de l'Attique, et couronna ses rochers des rameaux de l'olivier. Tout ce qui charme les peines de la vie, tout ce qui est cher aux hommes, les arts, les vertus, les villes qu'ils ont bâties, les régions qui les ont vus naître, les arbres, les rivières, les fontaines, ont porté et portent encore des noms féminins chez la plupart des peuples de l'Attique. Les femmes ont étendu sur toute la nature la puissance des grâces. Mais qui oserait en donner des leçons aux nôtres ? Qui pourrait dire où finit leur empire ? Que les filles du Nord vantent la fraîcheur de leur teint; celles du Midi, les feux qui les brûlent; l'Anglaise, sa douce mélancolie; la Grecque, ses proportions : c'est par les grâces que les Françaises voient l'Europe à leurs pieds. Elles répandent sur tout ce qui les environne, et réunissent autour d'elles, par leurs charmes invincibles, tous les ordres de l'état. Je reconnais encore la médiatrice d'Annibal; elle ne s'étonne ni de la grandeur qu'elle captive d'un sourire, ni de la tyrannie qu'elle effraie d'une chanson; mais, sensible au sein même de l'opulence et des plaisirs, elle aime à verser des larmes sur les malheureux. Laissez-la, constante dans les qualités de son cœur, s'exercer à être universelle, et à varier son heureux caractère pour un seul homme qui doit être tout pour elle; mais gardez-vous de l'unir à celui qu'elle n'aimerait pas : le plus grand effort de sa vertu serait de supporter sa destinée sans se plaindre.

Quoi qu'en ait dit un philosophe respectable, l'amour moral ou l'amour de préférence est très-réel. Les animaux même, qui, sans préjugés, n'observent que leur instinct, reconnaissent ses lois. Attirés dans leurs espèces par ceux qui sont peints de certaines couleurs, ils s'invitent, ils s'appellent, ils se préfèrent et refusent, toute autre alliance. La nature a mis entre les deux moitiés du genre humain des différences beaucoup plus variées : ces différences sont de vrais rapports, et, pour qu'il en résulte une convenance, le choix est nécessaire. Mais celles que la dépravation des sociétés fait naître sont de véritables oppositions, et elles sont si fortes que, dans une même nation, un homme diffère quelquefois beaucoup plus d'un autre homme, que l'animal le plus aimable de l'animal le plus féroce. Quelle distance, aux yeux tranquilles de la raison, d'Antonin à Caligula ! Que serait-ce aux yeux de l'amour ? Pour réformer un homme, une femme doit donc l'aimer : quand on aime, on cherche à plaire, et qui sait plaire est sûr de persuader.

Supposons donc une fille à la fleur de l'âge, apportant pour dot tous les fruits de son heureuse éducation, la beauté, l'innocence, les talens, la bonté, le desir d'être aimée et l'habitude de l'être, et donnons-lui pour époux un homme préparé par l'éducation vulgaire, formé par le monde, agité quelquefois par ses passions, tourmenté sans cesse par celles d'autrui, et devenu de tous les êtres dépravés le plus difficile à réformer : un homme sans caractère. Le voilà sorti des tourbillons de la société, semblable à un navigateur qui, après avoir erré long-temps autour du cap Horn, au gré des tempêtes qui descendent nuit et jour de cette terre de désolation, aborde enfin une des îles heureuses de la mer du Sud; il se repose à l'ombre sur les gazons frais, et se réjouit d'entendre loin des hommes les flots mugir sur le rivage. L'ordre de la maison, les doux travaux, la paix, la concorde, tout ce qui l'environne, répand dans son ame un calme inconnu; mais rien n'égale à ses yeux celle qui préside à son bonheur. Tantôt elle charme par ses chants sa noire mélancolie; tantôt elle appelle sous les lilas en fleur ses anciennes compagnes, et dans des chœurs de danse elle aime à faire voir les grâces d'une jeune fille, jointes à la majesté d'une épouse. Elle fixe son inconstance par sa variété. Ainsi, s'élevant à l'horizon en forme de croissant, ou brillant de toute sa lumière au-dessus des forêts, se varie l'astre à qui appartient l'empire de la nuit. Ce qui résiste à ses grâces est surmonté par ses vertus. Quelles touchantes images du devoir s'élèveront dans le cœur, de son époux, lorsqu'il verra autour d'elle ses enfans consultant ses yeux, appuyés sur son cœur et suçant à la fois le lait et l'amour! Tendres mères, s'il n'eût fallu qu'inspirer la vertu avec la vie, je n'aurais demandé qu'à vous seules un peuple nouveau. Épaminondas et Sertorius vous ont dû leur gloire; vous savez donner un frein au despotisme et à la vengeance : à votre voix, Coriolan s'arrête aux portes de Rome; Alexandre, au faîte de la puissance, répond à Antipater : Vous ne savez pas qu'une larme d'Olympias efface toutes vos lettres. Mais pour ramener une ame égarée sous le joug de la vertu, et la retenir sous son empire, ce pouvoir n'est réservé qu'à l'amour conjugal. Lui seul emprunte toutes les voix : il atteste la patrie; il invoque les autels; il supplie comme l'amour filial; il commande en versant des pleurs, comme l'amour maternel; il descend au fond du cœur comme l'amitié; il parle à l'esprit comme la raison; il appelle les jeux et les ris, il badine, il ravit, il entraîne comme l'amour; à lui seul la nature a donné de se servir à la fois de la sagesse et de la volupté, de l'espérance et des ressouvenirs, de la vérité et des illusions, des joies de la terre et des consolations du ciel, pour apaiser dans tous les temps les troubles malheureux de l'ame.

Mais c'est dans les chagrins domestiques d'où sortent tant de passions cruelles, dans ces efforts sans gloire qui demandent tant de courage, dans les maladies qui semblent les réunir tous, et jusque dans la mort, que paraît sa puissance. De tous les maux destinés au genre humain, les uns sont actifs et les autres passifs, comme les sexes qui doivent les supporter. Les femmes, par je ne sais quel charme secret de leur imagination, échappent à ceux-ci en s'y abandonnant; les hommes s'étonnent au contraire quand ils ne peuvent aller au-devant d'eux les saisir par la réflexion. Celui que la vue des armes anime s'effraie aux approches des évanouissemens. C'est au héros à donner l'exemple du courage dans les batailles, et à aller au-devant de la mort : la femme le surpasse à l'attendre dans la maison. Les grands discours de Sénèque dans le bain valent-ils le mot d'Arie, présentant à son époux le poignard dont elle s'est frappée : Pétus, il ne fait point de mal : *Pete, non dolet?*

Dans un mariage bien assorti, les ames se communiquent leurs forces mutuelles; non-seulement l'hymen résiste à tout, mais il forme, avec les chagrins et les douleurs, des chaînes plus puissantes que les plaisirs mêmes. C'est en allant au supplice que l'épouse de Sabinus disait à Vespasien : J'ai vécu plus heureuse avec lui dans un souterrain, que toi à la lumière du soleil avec ton empire. La société, qui a dérangé les convenances mutuelles, a tout perdu. En suivant les lois de la nature, nous sommes contens au milieu des maux; en suivant les nôtres, nous sommes misérables même au milieu des biens.

Heureux celui qui trouve dans une femme chérie la sagesse et les grâces! Si, oublié d'une patrie qu'il aime, trompé par les grands, agité par la haine des cabales, troublé par l'inconstance des sages, après de longs travaux sans fortune et sans amis, il est prêt à s'écrier comme Brutus : *O vertu, vous n'êtes qu'un vain nom!* à la vue d'une épouse fidèle, la joie renaît dans son cœur. Il la trouve occupée du soin d'élever sa famille, s'y dévouant tout entière par des ouvrages chers à la vertu, et plus précieux que l'opulence. Elle rend sur la toile, avec des laines, quelqu'un de ces grands exemples propres à soutenir le courage dans le malheur. On y voit, d'un côté, les tours renversées d'une ville, un peuple éperdu, des bataillons en fureur, un roi féroce, et les apprêts d'un supplice infâme. Un homme, plus grand sur les ruines de Calais que Caton dans les remparts d'Utique, marche à la mort pour ses concitoyens, après leur avoir consacré sa vie. A ce trait sublime d'héroïsme, rendu, par l'art de leur mère, avec une expression si touchante, l'amour d'une gloire immortelle fait déjà palpiter le cœur de ses enfans : à peine entrés dans la vie, ils voudraient la donner pour les infortunés.

Mais leur éducation est son plus bel ouvrage. La nuit vient; avant de se livrer au sommeil, ils font passer par leurs baisers, sur le front de leur père, la sérénité de leur ame. Le matin, ils s'inclinent à ses genoux, et, lui demandant la bénédiction du ciel, ils prient un Dieu dont leur père est la vivante image. Les unions parjures remplissent les palais d'amertume; la religion, l'innocence et l'amour habitent son humble toit. Est-il dans une grande fortune; il ne voit point sur ses riches lambris les philosophes et les pères de famille en peinture, tandis que les méchans sont à sa table, et les infortunés à sa porte. On ne s'entretient pas chez lui des intrigues de cour; on n'y tend pas de piéges à la fortune ou aux femmes de ses convives; on n'y rit pas de la douleur d'autrui : mais de jeunes filles, qui ont à supporter, sans dot, la jeunesse, la beauté, entourent sa table hospitalière; elles s'élèvent autour de son épouse, comme des fleurs inclinées par l'orage, qui demandent un support. Elle leur prépare d'heureux mariages; le charme de ses projets touchans anime ses conversations, et sa bienfaisance se communique à ceux qui l'écoutent. Mais cachant avec soin le bien qu'elle fait, elle ne loue que celui que les autres font; et c'est de sa bouche que la vertu reçoit des éloges dignes d'elle.

Que d'autres peuplent leurs vastes parcs d'animaux de tous les climats, tandis que le Français, né dans le pays même, reste sans asile! Qu'ils fassent venir à grands frais les granits de l'Égypte, pour soutenir dans leurs appartemens des vases inutiles! Que ceux-ci fassent construire des ruines dans leurs jardins, ou dans leurs hôtels de superbes théâtres, pour donner en spectacle des malheurs imaginaires! Que ceux-là appellent avec les festins des troupes de courtisanes, et se préparent de longs repentirs au milieu d'une joie insensée! Que d'autres enfin, plus dangereux pour leur patrie, se plaisent seuls à voir, du sommet des tours de leurs châteaux, leurs terres désertes s'étendre jusqu'à l'horizon! Elle sait inspirer à son époux des goûts plus nobles et plus touchans : elle aime à voir des familles de toutes les provinces habiter ses grands domaines, et les cultiver, chacune à la manière de son pays; elle rassemble les vieux soldats, les ouvriers sans travail, les laboureurs sans terre, ces ruines vivantes de l'état. Sous leurs travaux multipliés, les landes se couvrent de verdure, des métairies s'élèvent au milieu des forêts; la brebis chargée de laine broute le bord des chemins où gémissait le mendiant, la chèvre montre ses mamelles sur le rocher où le brigand se tenait à l'affût. La campagne, maintenant divisée en petites propriétés, se cultive et s'embellit; le cerisier, tout étincelant de feu, s'élève sur le bord des ruisseaux; du sein des rochers, le figuier étale son large feuillage; les pommiers, sur les collines, se courbent sous leurs beaux fruits; sur les bruyères désertes, le châtaignier solitaire élève sa tête hérissée de ses coques; et la vigne tapisse de ses grappes jusqu'au toit du pauvre. Chaque saison apporte ses présens, tandis que les vastes plaines n'offrent à leurs maîtres avares qu'une moisson en deux étés.

Mais l'intérêt de sa fortune est le moindre de ses plaisirs. Elle paraît! des vieillards, de pauvres veuves, des orphelins qui s'exercent à un travail facile, la comblent de bénédictions en l'appelant leur bienfaitrice et leur mère. L'urbanité, l'innocence que produit une vie aisée, l'antique gaieté française, sont rappelées dans nos campagnes. A la vue de leur fécondité et du bonheur de leurs habitans, le Russe sorti des sauvages régions du Nord, le Polonais qui n'a plus de patrie, l'Anglais, l'Américain, tous ceux qui viennent chercher de la liberté parmi nous, et qui n'ont vu sur la terre que des esclaves et des déserts, oublient leur pays natal; ils admirent ces champs où la nature fait croître sous les mêmes lois l'oranger de la Chine, l'olivier de la Grèce.

Chaque jour est pour elle un jour de réjouissance; mais elle renouvelle pour tous ceux qui l'environnent ces fêtes destinées à réunir les hommes, et affectées aux malheureux, comme des lieux de repos dans une longue course. Elle distingue de toutes les autres celle de notre jeune monarque, qui fait dans sa jeunesse le bien que les vieillards méditent; cette fête que vous célébrez, Messieurs, par des questions dignes de lui. Déja l'astre du jour brise ses gerbes dorées à l'entrée des vallons, et enflamme de pourpre l'azur des cieux... Au milieu des pelouses que couronnent les hêtres, sur la mousse des fontaines, à l'ombre des saules argentés, se forment mille groupes de danses; et dans leurs chants, les louanges de leur bienfaitrice, mêlées à celles du roi, s'élèvent jusqu'au haut des airs.

Dans l'excès de son ravissement, son époux lui dit : A la vue des heureuses campagnes que vous embellissez, les étrangers oublient leur patrie et leurs ressentimens; le crime et l'indigence disparaissent des lieux que vous habitez. Pour rendre les hommes bons, il faut les rendre heureux. C'est aux sages à leur préparer des lois, c'est à vous à les adoucir par les plaisirs; votre main, plus puissante que la raison, sait repousser les peines et appeler la félicité. Vous êtes mon bonheur, la joie de votre maison, le lien des nations, et le plus beau présent que le ciel ait fait à la terre. Chère épouse, jouissez du seul bien digne de vous, le bonheur suprême d'être aimée.

Il dit, et il la presse contre son cœur ; ses enfans émus l'environnent en pleurant, et la serrent de leurs petits bras............

# FRAGMENS

### DU SECOND ET DU TROISIÈME LIVRE

## DE L'ARCADIE.

### PRÉFACE DE L'ÉDITEUR

#### SUR LES MANUSCRITS DE L'ARCADIE.

Quelle que soit la perfection du fragment qui sert de préambule au premier livre de l'*Arcadie*, on est obligé d'avouer qu'il ne satisfait pas toujours la curiosité du lecteur, quoiqu'il ne cesse jamais de charmer son imagination. Vainement on y cherche le dessein, la marche et le plan d'un ouvrage dont la littérature déplore la perte. Tout ce que l'auteur songe à nous apprendre, c'est que Jean-Jacques Rousseau lui conseilla d'opposer à l'état de nature des peuples d'Arcadie l'état de corruption d'un autre peuple ; ce qui lui fit naître l'idée d'ajouter à ces deux tableaux celui d'un troisième peuple dans l'état de barbarie, et de tracer une harmonie complète des trois périodes ordinaires aux sociétés humaines. Plus les contrastes auraient été frappans, plus il eût fait aimer la simplicité de l'heureuse Arcadie. Cette image riante se fût montrée comme par enchantement au milieu des Gaules barbares et de l'Égypte corrompue. Ainsi les influences du printemps ont d'autant plus de douceur que la nature veut les répandre entre les frimas de l'hiver et les ardeurs de l'été.

Voilà tout ce que nous savons sur cette immense composition ; mais la singularité la plus remarquable du préambule, c'est qu'il renferme des études délicieuses du second livre de l'Arcadie, que l'auteur n'a pas publié ; et qu'il donne à peine quelques détails sur le livre *des Gaules*, auquel il sert d'introduction. Ici Bernardin de Saint-Pierre ne fait plus que céder aux inspirations de Virgile. Séduit par les charmes d'une poésie divine, il semble adoucir sa voix pour répéter ses vers ; il l'admire, il le commente, il l'adore ; son ame en est toute pénétrée ; c'est comme un feu qui la vivifie. L'éloquence de son style, l'entraînement de ses pensées, il lui doit tout ; et, dans son ravissement, il est prêt à dire de Virgile ce que Tityre dit d'Auguste : « Si tu vois mes gé-
» nisses errer dans ces pâturages ; moi-même, si je fais
» entendre à mon gré les airs de mon rustique chalu-
» meau ; c'est lui qui l'a permis : »

« Ille meas errare boves, ut cerris, et ipsum
» Ludere quæ vellem calamo permisit agresti. »

Notre but a été de suppléer au silence de l'auteur, en recherchant tout ce qu'il nous a laissé ignorer. Pénétrés de l'importance de ce travail, nous étions loin d'en connaître les difficultés. Plusieurs cartons remplis de notes sans ordre, sans indications, d'une écriture souvent illisible, nous offraient des matériaux nombreux : il fallait déchiffrer les unes, copier les autres, les réunir, les classer, et faire un choix dans vingt leçons différentes. Effrayés du nombre et de la confusion de ces papiers, notre premier mouvement fut de croire que toutes nos recherches seraient inutiles : elles ne le furent cependant pas ; et après huit mois du travail le plus fatigant et le plus minutieux, nous étions parvenus à connaître le plan général de l'ouvrage, et à rassembler quelques fragmens du second et du troisième livre. Dans ces fragmens, rien n'est achevé, rien n'est écrit : ils n'offrent que les premiers traits d'un tableau que l'auteur eût perfectionné à loisir. Les faits y sont, le style y manque : cependant on y retrouve quelquefois cette simplicité noble et touchante qui rappelle l'antique, et dont le livre *des Gaules* est un modèle. En un mot, ce sont de simples croquis que nous présentons au public ; nous avons détaché pour lui quelques cahiers du portefeuille de l'artiste. Le vulgaire n'y verra que des pages faibles et sans couleur ; mais les esprits plus éclairés y verront une étude d'homme. Après la mort de Platon, on trouva sur sa table la première phrase de sa *République*, écrite trois fois de sa main et de trois manières différentes. Ces lignes, qui ont traversé les siècles pour venir jusqu'à nous, occupent encore les commentateurs. Quelques-uns, comme Charpentier, n'y ont vu qu'un argument en faveur de la construction directe ; mais le plus grand nombre s'est plu à y chercher les secrets, les modifications et la marche d'une pensée qui avait produit des chefs-d'œuvre.

La première chose que la lecture des manuscrits nous ait apprise, c'est que la plume de Bernardin de Saint-Pierre ne savait donner la vie qu'à ce qu'il avait vu. Dès que son esprit était frappé, ou plutôt dès que son cœur était ému par la présence d'un objet, il lui suffisait de rendre son impression : il y avait alors tant de vérité dans ses couleurs, tant de justesse dans ses expressions, qu'il est inimitable. Aussi ne pouvait-il tracer la plus légère esquisse sans appeler la nature à son secours, comme un peintre appelle son modèle. Mais il avait beaucoup voyagé, et ses souvenirs l'environnaient de tous les charmes de la vérité, embellie de tous les charmes de son imagination. On conçoit facilement qu'avec une pareille tournure d'esprit, il n'ait dû se livrer au plaisir d'écrire que dans un âge assez avancé. C'est un rapport de plus qui unit son destin à celui de Jean-Jacques : tous deux n'écrivirent que très-tard, et tous deux furent calomniés aussitôt qu'ils eurent écrit.

A peine eut-il crayonné quelques passages du livre *des Gaules*, qu'il éprouva le besoin de voir. Comme les grands poètes de l'antiquité, il voulut parcourir les lieux que sa muse allait célébrer; mais son plan ne lui permettant de peindre qu'une partie de la Gaule, les doux souvenirs du pays le firent naturellement pencher pour la Normandie. Par une belle matinée du printemps, seul, à pied, n'emportant d'autre livre que Virgile et les *Commentaires de César*, il se met gaiement en route pour exécuter son projet. L'aspect de la première verdure et des premières fleurs, le chant de cette multitude d'oiseaux qu'un jour avait reposés de leurs lointains voyages, ce renouvellement de la nature auquel on croit toujours assister pour la première fois, le pénétrèrent d'une joie inconnue, d'un ravissement inexprimable. Heureux, comme il le disait lui-même, de ne plus rencontrer ces oisifs de la capitale, qui ne savent vous aborder qu'en prononçant ces mots : *Qu'y a-t-il de nouveau?* heureux surtout d'interroger la nature, qui sans cesse lui répondait par des inspirations nouvelles !

Ce fut ainsi qu'il parcourut la Normandie, marchant au hasard, évitant les routes battues, s'enfonçant dans les bruyères, dans les champs cultivés, et s'égarant volontiers dans les lieux les plus solitaires. Tantôt il s'assied à la table des bons villageois qui lui répètent les vieilles traditions du pays; tantôt il s'arrête dans un mauvais cabaret, où il rencontre des voyageurs pauvres et isolés comme lui; ils se racontent leurs aventures, ils se consolent par des vœux mutuels, et se quittent plus heureux. Souvent il s'étonne de trouver sous le chaume des hommes vertueux et contens de leur sort, malgré la misère. Ses observations s'étendent à tout; il s'instruit avec les ignorans, il écoute les vieillards, et dérobe aux petits enfans quelques-unes des grâces naïves qui font aimer ses écrits. Le journal de son voyage est un monument unique de cette manière d'observer qui a tant de rapport avec celle des anciens. Il ne laisse rien passer sans le décrire; ce qui échapperait à l'indifférence du vulgaire, son ame le découvre et le peint aussitôt. Un jour, il vit deux petites filles couvertes de lambeaux et traversant avec peine une terre labourée : l'une d'elles était saisie de froid et ne pouvait marcher, l'autre la regardait en pleurant ; et relevant un coin de la serpillière qui lui servait de jupe, pour chercher à la réchauffer, elle laissait voir une nudité complète. Ému à l'aspect d'une si grande misère, le voyageur s'approche, les ranime, les console, et s'indigne, en les secourant, de voir ces enfans si pauvres marcher sur une terre si riche. L'auteur a cité ce trait quelque part dans les *Études*, et nous ne le rappelons ici que pour montrer avec quel bonheur la vérité venait se placer dans ses ouvrages.

Un autre jour qu'il s'était égaré dans les détours d'un vallon, il aperçut une jeune Cauchoise assise sous des pommiers en fleurs. Elle était seule, elle était pensive ; il la prie de lui indiquer le village le plus voisin, elle se lève; un corset d'écarlate dessinait sa taille élancée, son jupon cachait à peine une jambe nue et blanche comme l'ivoire : on eût dit la divinité de ce vallon. Du haut de la colline, elle indique la route au voyageur, et cela avec des mouvemens si pleins de grâce, qu'il ne put jamais les oublier. Mais ensuite, comme si elle eût craint qu'il ne s'égarât, elle lui fit signe de l'attendre, descendit légèrement, et lui servit de guide pendant plus d'une demi-heure, sans inquiétude au milieu de ces bocages solitaires, et mettant avec innocence sa vertu sous la garde de l'étranger. Une pareille scène est digne des premiers jours du monde. Aussi Bernardin de Saint-Pierre se plaisait à répéter que les filles de la Normandie lui avaient donné une idée du bonheur champêtre. Ce souvenir l'inspira, et il rendit aux Cauchoises un hommage bien flatteur dans la fable si ingénieuse de la pomme enlevée à Vénus par un triton. Ce fut également pour rendre hommage à sa ville natale, qu'il plaça au Havre les principales scènes de son poème.

Au retour de ce voyage, la première partie de son travail fut bientôt terminée. Mais lorsqu'il fallut peindre l'Arcadie et l'Égypte, qu'il n'avait pas vues, son imagination resta froide, malgré les beaux vers de Virgile et la variété de ses recherches sur l'empire de Sésostris. Dans le premier moment, il tenta de suppléer par ses souvenirs à ce qu'il ignorait, en comparant les climats qu'il avait parcourus avec ceux qu'il voulait décrire. Ses notes offrent même plusieurs traces de ses essais. Par exemple, il écrivait au-dessus de l'esquisse d'un effet de soleil en Égypte : *Été brûlant à Malte*. Céphas, dans ses courses maritimes, devait visiter les habitans des pôles : l'auteur avait préparé ce morceau, sur la marge duquel on lisait ces mots : *Une nuit d'hiver en Russie*. Enfin, appelant à son aide tout ce que la nature, dans ses voyages, lui avait offert de plus riant et de plus frais, il empruntait à trois contrées différentes la peinture d'une des soirées si paisibles de l'Arcadie ; et il écrivait à la suite des premiers traits de son tableau : *Printemps en Hollande; soirée dans les bois en Pologne; matinée en Normandie*.

Cependant il sentit bientôt l'inutilité de ses efforts ; mécontent de son travail et ne pouvant y renoncer, il résolut d'aller sur les lieux mêmes chercher des inspirations. Mais sa fortune était si médiocre, qu'en la réunissant tout entière, elle n'aurait pu couvrir les premiers frais d'une semblable expédition. Il s'adressa donc au gouvernement, et lui demanda les moyens de visiter la Grèce et l'Égypte. Plein de confiance et d'enthousiasme, il offrait de recueillir les plantes, les insectes, les animaux qui pouvaient servir à l'avancement de l'agriculture et des sciences. Quand je ne rapporterais, disait-il, qu'une plante utile aux landes de Bordeaux, j'aurais assez fait pour ma patrie! Mais il était pauvre, isolé, sans protection ; il ignorait cet art de l'intrigue, qui est devenu le premier de tous, parce qu'il mène à tout : est-il besoin d'ajouter que sa demande ne fut pas accueillie? Ce refus le jeta dans un si grand découragement, que dès lors il abandonna un ouvrage qui avait occupé les plus belles années de sa vie, et qu'il se croyait hors d'état de porter à sa perfection. Environné d'une multitude de débris, et semblable à un voyageur naufragé, sa première pensée fut de recueillir ces fragmens et de les consacrer à la nature, qui console de tout, même de l'abandon des hommes. La partie morale des *Études* fut donc tirée de l'*Arcadie*, ainsi que la *Chaumière indienne* et une partie du roman de *Paul et Virginie*.

dont la scène se passait alors au pied du mont Lycée. Il est remarquable cependant que l'ensemble et le plan de ces deux récits n'ont que des rapports bien éloignés ; ce sont les détails qui les rapprochent et qui révèlent l'imitation ; c'est ainsi que le vocabulaire des bergers de l'Arcadie avait dû servir de modèle à celui des deux familles de l'Ile de France : chez ces bergers, les heures du jour étaient marquées par le réveil des fleurs, et les époques de l'année par l'arrivée ou le départ des oiseaux. Cyanée disait : Les petits de l'alouette ont chanté, voilà le moment de recueillir la moisson. Ne vous éloignez pas de la vallée, il y aura de l'orage ce soir ; la fleur du souci était fermée au premier rayon du jour.

Cet ouvrage fut la source de tout ce que l'auteur écrivit dans la suite. Le plan en était immense : il renfermait en même temps l'histoire de la nature et celle de l'homme. C'était une encyclopédie morale, dans laquelle devaient entrer les principales aventures des héros qui avaient assisté au siége de Troie ; la peinture politique de l'Égypte, de la Grèce et de la Gaule, à la même époque ; le plan du gouvernement patriarcal de l'Arcadie ; les fêtes, les cérémonies et les superstitions de tous ces peuples ; enfin, les fictions les plus riantes de la mythologie, et les faits les plus admirables de ces temps que nous appelons par excellence les *temps héroïques*. Pourquoi l'auteur n'a-t-il pas eu le courage d'achever les cinq premiers livres, qui devaient être consacrés à l'*Arcadie* ? Quelle fraîcheur, quelle nouveauté, quel tour gracieux dans sa pensée ! Comment pouvait-il craindre de ne pas reproduire le prestige de ces beaux lieux, celui qui avait dit : « Je rassemblai sur » l'Arcadie tout ce que la nature a de plus aimable *dans* » *nos climats*, et l'histoire de plus vraisemblable dans » l'antiquité ? » Là chaque site, chaque arbre, chaque fontaine lui eût offert le souvenir d'un dieu ; chaque monument lui eût rappelé un bienfaiteur des hommes ; chaque cabane lui eût laissé voir des heureux. . Voici les rives du lac de Stymphale ; on y raconte encore le combat fabuleux d'Hercule et des oiseaux voraces qui l'infestaient. Pan, qui enseignait l'art de soigner les troupeaux, errait dans les bocages du Ménale, consacrés à Vénus. Mercure descendait des cimes du mont Cyllène, lorsqu'inventeur d'un art nouveau, il unissait les hommes par les liens du commerce. Plus loin retentissaient les chants divins d'Orphée, fondateur de Tégée. Voici le mont Lycée, berceau de Jupiter ; voici la cabane d'Aristée, à qui les dieux révélèrent la culture des abeilles. O voyageur ! prosterne-toi sur une terre fécondée par Cérès ; des gerbes d'or sont dans sa main ; c'est là, c'est dans les vallons de Phigale, qu'elle fit naître pour la première fois cette graine fragile qui a civilisé le genre humain.

Au milieu de ces héroïques souvenirs, quel tableau que celui des jeux, des fêtes, des amours d'un peuple dont la vie entière était consacrée à aimer, et qui, environné de ses dieux, comblé de leurs bienfaits, voyait pour dernier bonheur couler ses jours dans la délicieuse Arcadie !

Dans un moment d'orgueil, Gygès, roi de Lydie, fit demander à l'oracle de Delphes s'il était sur la terre un mortel plus heureux que lui ? La Pythie répondit : Aglaüs de Phosphis. Aglaüs ne portait pas une couronne ; simple berger d'Arcadie, il cultivait un petit enclos, et ses désirs ne s'étendaient point au-delà ; il habitait une chaumière, et, quoique pauvre, il avait encore de quoi donner ; enfin, il ignorait les hommes, et ne connaissait que les dieux des laboureurs et des bergers.

A cette peinture d'un peuple libre sous un gouvernement paternel, nous avons déjà vu que l'auteur voulait opposer le tableau d'une grande nation oubliant les lois de la nature après avoir brisé toutes les lois humaines, et périssant au milieu des richesses, des arts, des sciences et de la volupté. C'était l'Égypte. Mais d'autres récits, plus courts et non moins tragiques, devaient interrompre les deux récits de l'Arcadie. On eût mieux apprécié le repos de la vie des bergers, en voyant les agitations de la vie des rois. L'histoire du meurtre d'Agamemnon et de la vengeance d'Oreste devait remplir ce but. Ici l'auteur se serait appuyé d'Euripide et de Sophocle. Animé de leur génie, il leur eût emprunté les scènes terribles de ce grand drame où Clytemnestre favorise l'assassin de son mari, et, tout sanglant, le place à ses côtés sur le trône. Il eût montré la jeune Électre chassée du palais de son père, et réduite à épouser un simple laboureur. Triste, mais résignée, elle se livre aux travaux champêtres, guide elle-même ses troupeaux, et va puiser à la fontaine l'eau qui doit les désaltérer. L'arrivée d'Oreste et de Pylade, la rencontre du frère et de la sœur auprès de la fontaine, l'hospitalité qu'elle leur accorde sans les connaître, enfin cette reconnaissance si touchante dans Sophocle, et la punition des coupables si terrible dans Euripide : telles étaient les scènes que devait reproduire le talent de Bernardin de Saint-Pierre. Ah ! sans doute il n'eût point oublié cette action pieuse des vierges d'Argos, lorsqu'au lever de l'aurore elles viennent frapper à la porte d'Électre, en chantant ces paroles : « Nous venons, ô fille » d'Agamemnon, sous votre humble et rustique toit, etc. » Cet hommage rendu par de jeunes vierges à la vertu malheureuse ; le rapprochement inattendu de la fille d'Agamemnon et de l'humble toit, son dernier asile ; la réponse d'Électre, qui refuse de se mêler à leurs danses parce que ses yeux ne savent plus que répandre des larmes, parce qu'elle n'a d'autres vêtements que les lambeaux de l'indigence ; et cependant, ajoute-t-elle, Troie se souvient encore qu'Agamemnon fut son vainqueur ! Toutes ces idées sont d'une vérité si déchirante, qu'elles arrachèrent des pleurs même aux farouches Lacédémoniens. Vainqueurs d'Athènes, ils se hâtaient de consommer sa ruine ; rien n'avait pu les émouvoir, ni les gémissements des victimes, ni la douleur d'un peuple entier, ni la haine de l'univers dont on les menaçait ; mais lorsque le soir, au théâtre, ils entendirent le chœur des vierges d'Argos, lorsqu'ils virent paraître Électre à la porte de son humble cabane, alors un cri de pitié s'échappa de leur sein, et ils restèrent comme accablés de ce grand exemple de l'inconstance de la fortune, qui avait placé sous le chaume la fille du roi des rois.

Un grand nombre d'épisodes de ce genre auraient ré

# PRÉFACE DE L'ÉDITEUR.

pandu la variété dans cette immense composition. L'histoire devait fournir les uns, l'imagination de l'auteur devait créer les autres; quelques-uns prenaient encore leur origine dans les traditions fabuleuses des peuples. Tel était l'épisode des deux amans dans la guerre de Tégée contre les Pélasges. Les notes que nous avons sous les yeux ne donnent malheureusement qu'une idée bien imparfaite de cette histoire, dont Pausanias ne parle pas. Cependant, afin de mettre à même le lecteur de juger, par un exemple, de l'intérêt de ces petits drames jetés avec art dans le drame général, nous essaierons de réunir les principaux traits de celui-ci; bien entendu qu'on ne jugera ni les détails, ni le style; ce ne serait plus juger l'auteur.

« ........ Et lorsqu'ils virent que les ennemis avaient déjà ravagé les campagnes, ils coururent aux armes et jurèrent de se venger. Il y avait alors dans la ville un jeune guerrier qui devait bientôt devenir l'époux de la belle Pholoé. La veille de la bataille, Pholoé arma elle-même son amant, elle lui mit son casque, lui ceignit son épée. Dans son enthousiasme, elle aimait sa gloire encore plus qu'elle ne craignait le danger; elle allait jusqu'à promettre d'être tranquille pendant le combat, mais en parlant ainsi elle cherchait à cacher quelques larmes. Le jour vint, l'armée se fit ouvrir les portes. Les femmes, les enfans, les vieillards accouraient de tous côtés; on les voyait se presser sur les remparts, sur les murs et jusqu'au sommet des tours. Tous gardaient le silence en élevant leurs mains vers le ciel. Mais quand ces jeunes bataillons s'ébranlèrent tout à coup pour marcher à l'ennemi, quand le son des flûtes se fit entendre et qu'on vit tous ces pieds se mouvoir, toutes ces lances se baisser, lorsque enfin l'armée entière fit retentir les airs de l'hymne de Castor et Pollux, les pleurs cessèrent de couler, on n'entendit plus une seule plainte, et une voix unanime s'éleva des remparts: Sauvez la patrie! La timide Pholoé ne fit point de vœux: le cœur troublé par l'amour, elle n'eut plus qu'une pensée, celle de mourir avec son amant. Déjà sa main, qui n'avait jamais manié que les fuseaux, se charge d'une forte lance; un casque de fer couvre cette tête charmante, qui jadis se penchait sous le poids d'un chapeau de fleurs. Elle franchit les remparts, elle accourt auprès de son amant et lui dit : J'avais juré de vivre pour toi, et je viens mourir à tes côtés!

» Aussitôt le bruit se répand dans l'armée qu'on a vu Minerve elle-même descendre des remparts de la ville. Les dieux sont pour nous! s'écrient les guerriers de Tégée; et ils deviennent invincibles. Le chef des Pélasges est tué, et la terreur disperse son armée. Cependant on cherche la divinité protectrice; on veut lui élever des autels, l'honorer par des sacrifices; mais elle avait disparu, et les deux amans, couverts de blessures, venaient d'expirer. Leurs mains étaient encore unies, rien n'avait pu les séparer. Heureux! car ils avaient été fidèles, et la patrie était sauvée. La ville de Tégée leur éleva un monument; et chaque année on leur adresse des vœux et des sacrifices. C'est au pied de leur tombe que les amans viennent jurer de vivre et de mourir comme eux. »

Cette histoire devait trouver place dans le voyage d'Arcadie; et ce voyage, dont nous n'avons pu recueillir que des fragmens bien imparfaits, se serait composé d'une suite de descriptions champêtres et de riantes pastorales. C'est là surtout qu'on eût reconnu la touche gracieuse de celui qui avait par excellence le don de peindre la nature. Son ame se fût répandue dans cette multitude de petits tableaux et nous les eût fait aimer. Quelle douceur de sentiment dans ses moindres esquisses! voyez ce groupe d'enfans au pied du mont Ménale: tous sont occupés à consoler un jeune berger qui pleure une chèvre couchée à ses pieds. Les uns présentent à l'animal expirant des branches de cytise; d'autres des épis encore verts, dérobés dans les champs de Cérès; quelques-uns chassent les mouches avec les tiges fleuries du genêt; mais leurs efforts ne peuvent rien. Le jeune berger leur disait : Elle a été ma nourrice; mon père me l'avait donnée, en me promettant qu'elle ne me serait jamais ôtée; et voilà qu'elle ne m'entend plus! voilà qu'elle meurt, et qu'il faut la perdre pour toujours! Ah! c'est en vain que vous lui offrez la fleur du cytise, elle n'a rien voulu recevoir de ma main.... Cette action si courte fait mieux connaître les mœurs simples et naïves de ces peuples, que ne le feraient les plus longues descriptions : il y a là comme une inspiration du Poussin!

Que si l'on veut à présent se former une idée de l'état des manuscrits, et de la manière dont l'auteur préparait son travail, il suffira de donner ici textuellement les notes où il avait déposé cette charmante pensée. Les voici :

« Au pied du mont Ménale. — Jeune berger pleurant » une chèvre sa nourrice. — Groupe d'enfans autour de » la chèvre. — Ils ne peuvent le consoler. — Son père » lui avait promis qu'elle ne lui serait jamais ôtée. »

En lisant ces notes, on en saisit facilement le sens; elles renferment le poème entier : mais combien on regrette que l'auteur n'ait pas lui-même achevé cette ébauche! que de nuances aimables il aurait saisies dans les sentimens de ces jeunes bergers! avec quel plaisir on eût vu naître sous sa plume une multitude de ces traits naïfs, simples, naturels que tout le monde admire, que chacun croit qu'il aurait trouvés, et qui cependant sont des inspirations du génie!

Souvent la brièveté de ces notes les rendait inintelligibles : nous avions alors à craindre de substituer notre pensée à celle de l'auteur, et cette crainte a toujours amené la suppression des morceaux qui en étaient l'objet. Un seul exemple suffira pour montrer jusqu'où nous avons porté le scrupule à cet égard.

Amasis et Céphas avaient visité les îles de l'Alphée, dont l'une, couverte de hauts peupliers, apparaît comme une vaste forêt, tandis que l'île voisine, entièrement dépouillée d'arbres, mais revêtue d'un gazon verdoyant, sort comme une émeraude du sein des flots. Encore ravis de ces rians aspects, ils arrivent dans un défriché de la forêt de Némée. Là, ils voient un berger au milieu d'un immense troupeau. Céphas lui demande comment il se trouve seul dans des lieux si sauvages. Mes compagnons, dit-il, sont allés à Tégée pour concourir à l'élection des magistrats. Mais je reconnais à votre accent que vous êtes étrangers : reposez-vous auprès de cette fontaine ; quoique habitans des forêts, nous accueillons ceux que Jupiter nous envoie : voici du lait de nos brebis ; voici des gâteaux tels que Cérès enseigne à les préparer. Il dit, et dépose ses dons aux pieds des voyageurs qui bénissent sa vertu. Bientôt ils le virent occupé à entretenir un grand feu allumé sur le penchant de la montagne. Debout sur un rocher voisin, les regards tournés vers Ménale, il jouait sur sa flûte les airs les plus tendres, comme si l'amour l'eût inspiré, comme si sa bergère attentive eût dû être touchée de ses accens. Tout à coup une colonne de flamme s'élève des bocages lointains : elle semblait répondre à la pensée qui avait dirigé le premier feu. A cette vue, le jeune berger se livre aux transports les plus doux ; il s'écrie : Ah ! je suis sûr d'être aimé ! elle n'est point allée aux fêtes de Tégée : voyez ces flammes qui brillent à l'horizon ; le vent même les respecte, et c'est pour moi qu'elles s'élèvent jusqu'au ciel. O bergers du Ménale ! vous êtes heureux, vous voyez celle que j'aime ; et moi, par le moyen de ces feux, je lui fais entendre ma pensée ! Ainsi ces deux amans se consolaient de l'absence. Cette scène si mélancolique de la solitude n'était indiquée dans les notes que par ces mots :

« Amans solitaires pendant les fêtes de Tégée. —
» S'entendent en allumant des feux sur les rochers. —
» Les feux du Ménale répondent à ceux de Némée. —
» Joie innocente du berger à l'aspect de la colonne de
» fumée. »

Il est probable que nous avons saisi le sens de ces notes ; cependant leur peu de développement nous a décidés à ne faire aucun usage du morceau qu'on vient de lire.

Les divers fragmens que nous publions à la suite de cette Préface ont donc été composés sur des notes beaucoup plus étendues ; elles formaient souvent des pages entières ; et notre travail s'est borné à les réunir, à chercher la place que l'auteur leur avait destinée : travail ingrat, difficile, auquel nous avons consacré plusieurs mois, et qui ne nous a pas toujours donné tout ce qu'il nous avait promis. Au reste, en nous livrant à l'étude des manuscrits, notre but n'était pas seulement de recueillir des pages plus ou moins intéressantes ; mais d'essayer de surprendre quelques-uns des secrets de la composition de Bernardin de Saint-Pierre. Effectivement, la lecture de ses manuscrits nous a éclairés sur la manière dont il préparait un sujet : esquissant d'abord l'ensemble sans jamais s'arrêter sur les détails ; courant au dénouement et laissant en arrière les tableaux brillans, les scènes dramatiques, enfin tout ce qui était destiné à produire de l'effet. Alors il interrompait son récit par ces notes indicatives : « Ici le combat des géans » contre les dieux, ou la mort d'Agamemnon, ou l'épi- » sode de Pholoé, ou enfin le berger et la chèvre sa » nourrice. » Ces divers sujets devaient être traités à part ; c'étaient des compositions soignées, des morceaux de prédilection, que l'auteur introduisait ensuite dans son ouvrage. Ainsi, avant de rien achever, son premier soin était de prendre une idée complète du plan, pour l'arrêter ou le modifier ; il ne revenait sur les détails que lorsque d'un coup d'œil il avait pu juger de l'effet général de l'ensemble.

Et quant à l'art d'écrire, au style, au matériel de la composition, que ne pouvons-nous livrer au public quelques-unes des notes qui sont sous nos yeux ! on y verrait avec quel soin l'auteur dispose les mots, les phrases, les périodes ; comment il rejette successivement toutes les fausses couleurs, toutes les couleurs trop vives, trop fleuries. Souvent une pensée se présente à son esprit parée d'expressions magnifiques. Il écrit telle qu'elle lui est inspirée ; puis il la modifie en la récrivant ; et, renouvelant ses essais jusqu'à dix ou douze fois, il la dépouille chaque fois de ses ornemens superflus, ne s'arrêtant que lorsque son expression est réduite à la plus grande simplicité. Ainsi, trois pages lui fournissent trois lignes, mais ces trois lignes sont parfaites. On ne peut savoir ce qu'il en coûte pour être simple et naturel. Cela vient peut-être de ce que, dans les écoles, on nous apprend à revêtir les plus petites pensées d'expressions pompeuses : l'habitude reste, et, pour la détruire, il faut le travail de toute la vie. C'est ainsi qu'il expliquait ce penchant singulier de la jeunesse pour tout ce qui est brillant, gigantesque, recherché. On revient ensuite à la nature, disait-il, mais c'est avec effort : ce qui est vraiment beau n'est inspiré que par l'étude et la réflexion ; encore faut-il que l'ame le cherche, et qu'elle en soit touchée.

Un dernier épisode, le plus intéressant de tous par l'immense variété des objets qu'il devait présenter, était destiné à charmer les longues soirées d'hiver en Arcadie. En traçant l'histoire de Céphas, l'auteur se proposait de rappeler ses propres voyages dans les diverses parties du monde. Nous avons trouvé dans ses notes une description charmante de la vie des Arabes au milieu du désert ; une autre d'un peuple de l'Océan, qui erre d'île en île, comme les Arabes d'*Oasis* en *Oasis*. Il eût également décrit les plaisirs de l'hiver chez les Hyperboréens, les douceurs du printemps dans les rochers de l'île de Mélite ; passant de l'esquisse des Harmonies du genre humain à l'esquisse des Harmonies de la nature.

Tels étaient les cinq premiers livres de l'Arcadie, après le livre des Gaules. Mais il y avait une pensée dominante, un nœud dramatique qui réunissait cette multitude d'actions accessoires à une action générale et d'un intérêt puissant : les amours d'Amasis et de Cyanée. L'auteur avait eu l'art de tout ramener à ces deux amans. Vous êtes ému des scènes paisibles de la vie des bergers, de leur innocence, de leur vertu, de leurs amours : eh bien ! c'est aussi la vie de Cyanée. Vous aimez ces vallons, asiles du bonheur, ces danses sur les bords des fontaines, ces fêtes au milieu des bocages : eh bien ! Cyanée les embellit encore. Son image est partout avec celle d'Amasis ; ils s'aiment, ils vont être heureux, lorsqu'un événement inattendu vient jeter le trouble dans leur cœur et changer leur joie en désespoir. L'histoire de cet événement ; l'ambition qui se réveille tout à coup dans le cœur d'Amasis pour y combattre l'amour ; ses angoisses, sa faiblesse, son départ pour l'Égypte ; tel était le septième livre, tel était peut-être le morceau le plus touchant, le plus dramatique de l'Arcadie. Pé-

# PRÉFACE DE L'ÉDITEUR.

nétré de cette pensée, notre premier dessein avait été de reconstruire le livre entier; mais toutes nos recherches, tous nos efforts n'eurent d'autre résultat que de réunir une multitude de notes informes et aussi peu détaillées que celles de *la Chèvre et du Berger*. C'est avec ces matériaux que nous avons essayé d'ébaucher la scène suivante. On y retrouvera toujours la marche et la pensée de l'auteur; que n'a-t-il pu l'écrire lui-même! on y trouverait ces formes de style qui représentent au vif tous les mouvemens de l'ame, et dont lui seul avait le secret d'empreindre ses ouvrages.

« Vers le commencement du printemps, les deux voyageurs étaient assis dans la cabane de Tirtée. Amasis, auprès de Cyanée, s'occupait des travaux des bergers; ils s'entretenaient de leur prochaine union, et une douce joie pénétrait tous les cœurs. Tout à coup un Égyptien se présente, il se prosterne aux pieds d'Amasis, et lui dit : Seigneur, l'Égypte attend son roi; votre aïeul, le grand Sésostris n'est plus. Après sa mort une terrible sédition a renversé du trône le roi Bucaris, votre frère; la division est parmi les chefs, et vous seul pouvez sauver l'Égypte. Venez donc, car les dieux eux-mêmes ordonnent votre départ.

» A ces mots une profonde tristesse se répand sur tous les visages. Cyanée ne peut comprendre ni cette tristesse, ni les honneurs qu'on rend à Amasis. Qu'est-ce qu'un roi? lui dit-elle; puis elle ajoute, d'une voix tremblante : Les devoirs d'une reine sont-ils donc plus difficiles à remplir que ceux d'une bergère? Un roi, dit tristement Amasis, est un maître qui réprime l'audace des méchans, et qui souvent est payé par la haine des bons. Puis, tournant ses regards vers Cyanée, il ajouta : Le devoir d'une reine est d'être compatissante; sa bienfaisance s'étend dans tous les lieux où le roi ne fait connaître que sa justice; elle essuie les larmes, adoucit les maux, suspend le désespoir; est l'amour est sa récompense. Hélas! dit Cyanée, comment pourrai-je jouir de tant de bonheur pendant que vous serez si malheureux! Ah! je veux aller avec moi ma jeune cousine; elle devine ceux qui souffrent; elle lit leur peine dans leurs yeux, et personne ne connaît mieux le secret de prononcer à propos des paroles consolantes. Avec son secours, nous formerons en Égypte une autre Arcadie; j'aurai un troupeau dont je distribuerai chaque jour le lait et la toison.

» Amasis souriait à ce discours; bientôt le ministre de Sésostris commença le récit des grands événemens qui venaient d'ébranler le monde. Il dit la chute de Troie. Après dix ans d'efforts, la capitale de l'Asie n'est plus qu'un monceau de cendres; une femme infidèle a causé tous ces maux; les héros de la Grèce sont dispersés; Ajax s'est frappé lui-même; Achille est mort par la trahison du lâche Pâris; Énée erre avec ses dieux sur des mers inconnues; on ignore le sort d'Ulysse, et Agamemnon, assassiné par son épouse, a été vengé par son fils. Rien ne saurait exprimer la surprise et le saisissement des bergers, en entendant parler, pour la première fois, de ces effroyables catastrophes. Ils ne pouvaient comprendre tant de douleurs : le monde était bouleversé, la terre avait bu le sang des rois, les larmes coulaient encore; et l'heureuse Arcadie avait tout ignoré.

» Cependant Amasis dit à Tirtée : Donnez-moi votre fille, afin que je l'emmène en Égypte; vous ne la quitterez point, je vous comblerai de biens, et vous serez riche et puissant. Tirtée lui répondit : Seigneur, j'ai donné ma fille à un berger et non à un roi; cependant vous pouvez l'épouser et l'emmener, mais moi je ne quitterai pas l'heureuse Arcadie. Pourrais-je avoir quelque joie, loin des lieux où j'ai aimé, où j'ai été aimé? Ici j'ai connu les dieux des bergers; ici errent les mânes de mes aïeux : mon épouse est dans ce tombeau. Je suis vieux, bientôt un même cyprès nous couvrira de son ombre. — Amasis, touché de cette réponse, alla trouver Cyanée, et lui dit : Votre père vous a donnée à moi; il faut vous résoudre à le quitter, car il refuse de nous suivre. — Ah! dit-elle, je ne puis abandonner mon père : si je vous suis, qui prendra soin de sa vieillesse? Sans doute il me serait doux d'être instruite de vos sciences, d'habiter les climats qui vous ont vu naître et de révérer vos dieux, car un époux doit être tout pour sa femme, sa science, son pays, sa religion; mais les droits d'un père sont encore plus sacrés. Quoi! dit Amasis, vous refusez un trône? Et plein de cette pensée, il s'efforçait de la déterminer, en lui parlant des hommages qui l'attendaient et de la pompe qui environne les rois. Mais elle l'écoutait avec un sentiment pénible et se sentait blessée de ses discours; des larmes roulaient dans ses yeux, car Amasis, comme si déja il eût été roi, ne parlait que de la puissance, et il oubliait de parler de l'amour. Elle lui répondit : Heureux celui qui n'a jamais quitté sa patrie! il ignore les soucis d'une terre étrangère; il ne porte point hors de sa cabane les affections qu'il doit aux amis de son enfance; il n'a pas dispersé son amour et laissé çà et là quelque chose de lui-même. Hélas! il n'a pas légué les regrets et la douleur à ceux qu'il allait abandonner. A ces mots, elle s'éloigna en pleurant.

» Amasis vit bien qu'un homme, quelque puissant qu'il soit, ne peut rien offrir au-dessus du bonheur. Cependant les Arcadiens, voyant le chagrin qui le dévorait, sans en deviner la cause, vinrent le trouver et lui dirent : On nous a raconté que vous aviez fait naufrage, mais vous êtes dans une terre amie, où l'on respecte, où l'on aime les malheureux. Si vous regrettez les présens de la fortune, que ne restez-vous parmi nous? les dieux bénissent nos travaux, et nos champs sont les plus beaux et les plus riches de l'univers. Si vous avez perdu quelques parens chéris, il n'est point de famille qui ne vous adopte avec joie, point de mère qui ne vous traite comme son fils. En disant ces mots, les uns lui apportaient les dons de Cérès, d'autres les fruits de Pomone ou les pampres de Bacchus. Recevez nos présens, lui disaient-ils, ce sont les mêmes que nous offrons aux dieux. Les vieillards ajoutaient : L'amour console de tout; choisissez parmi nos bergères; mais vous connaissez Cyanée : ah! c'est elle, c'est elle que vous devez aimer! Ces témoignages de bonté redoublaient les regrets d'Amasis; il était vivement touché de ce qu'il entendait : cependant il n'avait pas la force de vouloir être heureux.

## PRÉFACE DE L'ÉDITEUR.

» Un jour que Cyanée était absente, il vint trouver Céphas et lui dit : Profitons du moment où mes yeux ne la voient pas, fuyons, éloignons-nous; et il l'entrainait loin de la cabane. Céphas le suivit en silence; ils descendirent jusqu'à la fontaine de Cérès, au bas du vallon; mais quand il fallut monter la colline, et qu'Amasis ne vit plus la maison de Tyrtée, les forces commencèrent à l'abandonner. Plusieurs fois il se retourna pour cacher ses larmes, et s'arrêtant tout à coup : Non, dit-il, non je ne la quitterai point. Puis il revint en pleurant sur ses pas. Son trouble était si grand, que sa raison semblait s'être égarée; il embrassait la terre, les arbres, les gazons; il s'écriait : Fontaine sacrée! lieux de délices! je ne vous abandonnerai jamais. Puis, s'asseyant sur le tronc d'un vieux chêne abattu par l'orage, il se tourna vers Céphas et lui dit : Mon ame est malade; il me semble que je vais mourir; je suis jaloux, inquiet, furieux; je me laisse emporter à toutes mes passions, je veux et ne veux plus, je n'ai pas la force de vouloir. Pourquoi m'avez-vous tiré de l'Égypte? Pourquoi suis-je venu en Arcadie? Il fallait m'apprendre à me surmonter moi-même! Oh! que je suis malheureux! obligé de me sacrifier au bonheur de mon peuple, ou de le sacrifier au mien!

» Céphas lui répondit : Vous voulez, mon fils, qu'un homme guérisse vos maux; il n'y a que les dieux qui guérissent les passions : c'est aux dieux qu'il faut s'adresser. Avec leurs secours, les plus grands biens naissent des plus grandes douleurs; et c'est lorsque vous croyez abandonné, qu'ils sont les plus près de vous. Pour moi, n'est-ce donc pas assez que je vous aie appris votre devoir? Que puis-je, si vous n'avez pas la force de le remplir? Je n'ai promis à Sésostris que de vous rendre heureux, et c'est le sentiment de votre bonheur qui m'avait fait desirer de vous fixer en Arcadie, dans ce pays où les passions sont plus douces que dans tous les autres lieux de la terre. Mais vous y avez apporté les passions terribles de l'Égypte; les soucis du trône sont venus y troubler les délices de l'amour, et vous ne savez rien sacrifier à la vertu. Oh! que l'homme est fort pour prendre de nobles résolutions! qu'il est faible pour les exécuter! Cependant ayez confiance aux dieux. Je connais ici près un sage vieillard que les hommes corrompus ont persécuté, et auquel l'Arcadie vient d'accorder un asile. Il passe ses jours à recueillir des plantes, et leurs douces images calment ses passions. Souvent, le soir, il joue de la lyre, et les bergers aiment à répéter ses chants.

» Amasis, tout troublé du discours de Céphas, le suivit en silence. Ils trouvèrent le vieillard assis à la porte d'une grotte creusée dans le roc; sa lyre était dans ses mains; une multitude de petits oiseaux voltigeaient autour de lui, se posaient sur les arbres voisins; et venaient jusqu'à ses pieds. Céphas encourageait Amasis, et s'approchant du vieillard, il lui dit : Voici un jeune homme qui vient s'éclairer de votre expérience : apprenez-lui comment on triomphe de l'amour. — Par la fuite, répondit le vieillard. — Mais, dit Céphas, mon ami aime un objet vertueux et charmant. — En ce cas, reprit le sage, je n'y connais point de remède; il en conservera toujours la cicatrice, il est marqué par le feu. — Mais dites-nous au moins comment on guérit de l'ambition. — En lui opposant l'amour d'un objet vertueux, et en laissant triompher cette douce passion. — Mais à l'ambition d'Amasis se joint un devoir : il est le fils d'un roi; il est l'unique espérance d'un grand peuple qui l'attend. — Que vous êtes à plaindre! s'écria le vieillard; ayez recours aux dieux, car les hommes ne peuvent rien pour vous. Céphas lui adressa encore plusieurs questions; mais il ne répondit plus, et reprenant sa lyre, il continua ses chants.

» Amasis retourna tristement chez Tyrtée : l'envoyé d'Égypte l'attendait. Ce courtisan perfide avait deviné les incertitudes de son maître; il lui dit : l'Arcadie est le séjour des bergers, mais l'Égypte est le séjour des rois. C'est là que leur vie est une fête continuelle et que leur puissance ne connaît point de bornes. Qui vous arrête encore? Ce pays est-il donc si difficile à conquérir? Vous n'y voyez que de misérables chaumières, et vous pouvez le couvrir de palais. Sésostris a étendu son pouvoir vers l'orient, vous étendrez le vôtre au septentrion; et si ces beaux lieux vous semblent préférables à l'Égypte, vous pourrez y fixer, près du berceau de Jupiter, le siège triomphant de votre empire. Amasis écoutait en silence. Il promenait ses regards pensifs à l'horizon, contemplant le vaste paysage arrosé par l'Inachus, les rives fleuries de l'Alphée et les tours de Mycènes et d'Argos, qui se dessinaient au loin dans un ciel d'azur. Son cœur était séduit de l'idée de voir sous son empire ces promontoires, ces îles, ces vallons habités par les dieux : le seul aspect du trône avait ébranlé la vertu. Simple berger, il eût repoussé ces pensées avec horreur; roi, il commençait à les trouver justes, et déjà son cœur penchait secrètement vers la toute-puissance. En ce moment un aigle parut comme un point dans le ciel; Amasis le suivit des yeux, l'aigle prit son vol vers la mer et se perdit du côté de l'Égypte. O dieux! s'écria Amasis, vous me décidez : et dès ce moment son départ fut arrêté..... »

Ici se termine la tâche que nous nous étions imposée; ou, pour mieux dire, il nous devient impossible de tracer une seule ligne des scènes suivantes. Et comment l'oserions-nous, lorsque ces scènes ont été décrites par l'auteur lui-même et dans son plus bel ouvrage? Qui pourrait ne pas reconnaître dans la dernière entrevue d'Amasis et de Cyanée le type, le modèle de la séparation de Paul et de Virginie? Sans doute les situations offrent quelques différences, les caractères sont également modifiés; mais les sentimens sont les mêmes. Si Amasis est abusé un moment par l'ambition, l'amour le maîtrise encore. On sent qu'il emporte le trait qui l'a frappé, et que son réveil n'en sera que plus douloureux. Bernardin de Saint-Pierre ne fit donc que reporter la scène au lieu de son origine, changer la condition des acteurs, et placer leur cabane au milieu d'une nouvelle nature. Mais en se dépouillant ainsi lui-même pour créer son chef-d'œuvre, il consommait un sacrifice dont ce chef-d'œuvre ne pouvait nous dédommager : il renonçait sans retour à l'Arcadie.

Les livres suivans étaient consacrés à l'Égypte. L'auteur devait peindre successivement les fêtes religieuses, les initiations, le gouvernement, les sciences, enfin la splendeur et la corruption de ses peuples. Malheureusement il n'a laissé de cette grande composition que des notes sans suite et sans ordre; et l'examen rapide que nous en avons fait nous a convaincus que plusieurs années suffiraient à peine pour les réunir et y mettre quelque liaison. Il a donc fallu nous décider à borner ici notre travail.

Tel est l'aperçu général du plan de l'Arcadie. Les aventures de Céphas eussent rappelé la vie et les opinions de l'auteur. Il aurait peint Jean-Jacques Rousseau dans le philosophe solitaire qui joue de la lyre et s'occupe de l'étude des plantes. Chose singulière, et qui prouve jusqu'à quel point les souvenirs de Bernardin de Saint-Pierre influaient sur tout ce qui sortait de sa plume! la première entrevue d'Amasis et du sage de la grotte n'est qu'une copie presque littérale de la première entrevue de Jean-Jacques Rousseau et de l'auteur, telle que ce dernier la raconte : « Près de lui était une » épinette, sur laquelle il essayait de temps en temps des » airs. Un serin chantait dans sa cage. Des moineaux » venaient manger du pain sur ses fenêtres ouvertes du » côté de la rue; et sur celles de l'antichambre on voyait » des caisses et des pots remplis de plantes, telles qu'il » plaît à la nature de les semer [1] »

On sent, en comparant ces deux morceaux, que l'auteur ne crée que parce qu'il se rappelle, et ne se rappelle que parce qu'il a été vivement touché : aussi disait-il souvent que pour bien écrire, trois choses étaient nécessaires : l'amour de la vertu, la persévérance et le goût de l'observation. Sans doute il trouva dans ces principes la source de son divin talent, celui qui, sans murmurer, supporta pendant quinze années la mauvaise fortune et l'oubli des hommes; celui qui, dans ces jours d'abandon, partageait avec sa sœur et sa vieille gouvernante un revenu à peine suffisant aux premiers besoins de la vie; celui enfin qui, se livrant à l'étude de la nature avec une constance qu'aucun malheur ne put troubler, n'y cherchait que les moyens de se rendre meilleur et d'adoucir les maux de l'humanité.

Cependant le souvenir de l'Arcadie occupait encore la vieillesse de l'auteur : il ne pouvait se consoler d'avoir abandonné cet ouvrage, et son imagination le reproduisait sous mille formes nouvelles. Ainsi, sous le titre de l'Amazone, il essayait de tracer le plan d'un gouvernement parfait. C'était comme une autre Arcadie qu'il allait fonder. Dès sa première jeunesse, il avait imaginé de fonder une colonie sur les bords de l'Amazone. Cette pensée lui revint, et on le vit recommencer un ouvrage devenu bien au-dessus des forces d'un vieillard plus que sexagénaire. Le fragment de cet ouvrage, publié à la suite des fragments de l'Arcadie, donnera une idée de cette infructueuse entreprise. L'auteur devait y fondre les *Harmonies de la Nature*, dont l'Arcadie lui avait fourni les matériaux, comme il en avait tiré tous ceux des *Études*. Quoi qu'il en soit, cette noble et douce chimère occupa sans relâche ses der-

[1] Voyez dans ce volume-ci l'*Essai sur J.-J. Rousseau*.

nières années; et si elle ne produisit rien pour sa gloire, elle servit au moins à son bonheur.

Ainsi, au moment où les hommes abandonnés à leurs propres fureurs ne songeaient plus qu'à se détruire, Bernardin de Saint-Pierre se livrait encore au besoin de soulager leurs douleurs. Plein de sollicitude et d'amour, il se hâtait d'ouvrir un asile aux infortunés. Hélas! c'était y appeler tout ce que la terre avait alors de vertueux.

Une dernière observation sur l'Amazone prouvera jusqu'à quel point les sinistres événemens de la révolution avaient influé sur le caractère de l'auteur. Celui dont l'imagination riante n'avait observé la nature que pour peindre ses beautés, que pour faire aimer ses bienfaits, maintenant ne se proposait plus d'autre étude que celle des maux de la société et des vices de nos institutions. Il avait substitué la recherche du mal à celle du bien, parce que tout était mal autour de lui; et il se réjouissait de ses découvertes, comme d'un moyen de préserver son Utopie des mêmes misères. Cependant, au milieu de tant de calamités qui frappaient toute une nation, les espérances les plus douces venaient consoler sa vertu. En présence des méchans, il répétait encore cette parole des *Études* : Le règne des méchans passera. Plein de cette pensée, il les contemplait du fond de sa solitude, croyant toujours que sa parole allait s'accomplir. Mais il devait lui en arriver comme à ce villageois d'Horace, qui, à la vue d'un fleuve rapide, s'assied tranquillement sur ses bords, attendant, pour aller sur l'autre rive, que toutes ses eaux soient écoulées!

.................., at *amnis*
Labitur, et labetur in omne volubilis ævum.

---

## L'ARCADIE.

### FRAGMENT DU LIVRE SECOND.

Tirtée fut réveillé par le chant des coqs, lorsqu'à peine la lumière blanchissait le fond du vallon : on n'apercevait pas encore le soleil; mais les sommets dorés du mont Lycée annonçaient qu'il allait bientôt paraître. Tirtée alla donc saluer ses hôtes et leur dit : Il est temps de partir, si nous voulons profiter de la fraîcheur. Aussitôt il fit sortir l'ânesse, la chargea de deux paniers, y mit du vin, des gâteaux et tout ce qui était nécessaire aux besoins du voyage. Après quoi Cyanée parut, brillante comme une rose; elle venait de la fontaine sur les bords de laquelle elle allait, chaque matin, adresser une prière aux naïades. Sa tête n'était plus couronnée de fleurs depuis la mort de sa mère; seulement, pour paraître à la fête, elle avait mis autour de son chapeau une branche de pin. Tirtée lui proposa de monter sur l'ânesse; mais elle s'en excusa, disant que ce n'était pas un voyage, mais un pèlerinage qu'ils allaient faire. Tirtée se souvint alors qu'on ne portait point d'armes aux fêtes du mont Lycée; il pria donc ses hôtes de déposer les leurs, et en échange il leur présenta à chacun une branche de chêne, pour les soulager de la fatigue de la route. D'abord, ils se dirigèrent vers le levant par un sentier tracé au milieu d'une immense prairie; de là, ils gagnèrent insensiblement les flancs de la montagne, côtoyèrent les bois arrosés par le *Nisa* et le *Myolus*, qui se précipitent en torrens et coulent parmi les pierres; ensuite ils suivirent les bords d'une vallée, dont le fond marécageux et couvert de joncs ne leur offrait aucun passage, mais qu'ils traversèrent sur un pont jeté entre deux rochers. Déjà l'alouette s'élevait dans les airs; la grive, le ramier, le becfigue et une multitude d'autres oiseaux, faisaient entendre leur ramage, lorsqu'ils parvinrent à l'entrée d'une plaine semée de genêts et de bruyères, qui les conduisit à la vallée de Bathos. Cette vallée s'ouvre au sommet du Lycée, et, suivant sa pente, elle se prolonge jusque dans la plaine. En quittant les sommets toujours couverts de glaces de la montagne, ils suivirent un instant le cours de la fontaine Olympias, qui est à sec de deux années l'une, et dans le voisinage de laquelle la terre vomit des flammes. Là, de tous côtés, l'œil effrayé ne découvre que des scènes de destruction : un vent continuel y élève des tourbillons de sable; on n'y voit que des roches entassées, des masses suspendues et prêtes à s'écrouler : à leur couleur, on dirait les débris d'un incendie. Quelques arbres desséchés attestent que rien ne peut plus croître dans cette terre désolée. Quand Tirtée et ses hôtes eurent atteint les limites du vallon, ils se reposèrent sur le tronc d'un vieux sapin. Vous devez être étonnés, dit alors Tirtée, de vous trouver au milieu de ces ruines, lorsqu'à peine vous venez de quitter un pays si fertile. Votre surprise cessera, quand vous saurez que c'est ici la vallée où les géans combattirent les dieux. Là, s'assemblèrent ces monstres, moitié hommes, moitié serpens; là, ont rampé *Éphialte* et son frère *Otus*, de taille et de visage semblables à Orion : Hercule et Apollon leur crevèrent les yeux. Là, *Pallas*, qui osa s'attaquer à Minerve, et *Polybotès*, sur le dos duquel Neptune jeta, lorsqu'il fuyait, la moitié de l'île de *Cos*. Là, l'audacieux *Porphyrion*, qui osa, dans la fureur du combat, attenter à l'honneur de Junon : ce monstre fut tué par Jupiter. *Antée*, qui reprenait ses forces en touchant la terre, les perdit avec la vie dans les bras d'Hercule. *Briarée*, qu'aucun des dieux n'osait approcher, avait cent bras, armés chacun d'un chêne enflammé : ses propres armes lui furent fatales; la foudre de Jupiter l'ayant renversé, il fut consumé dans ce vaste incendie.

Le plus horrible de tous ces monstres était *Encelade*, fils de la Terre et du noir Tartare. Il avait cent têtes de dragon; de chacune de ses bouches s'échappait un son différent : des unes sortaient l'injure, le blasphème, la calomnie, les malédictions; d'autres rugissaient comme le lion, ou éclataient comme le tonnerre; tantôt, ces voix isolées poussaient chacune leur cri particulier; tantôt, toutes ensemble faisaient entendre d'horribles mugissemens. Ce monstre, fier de sa force, osa s'adresser à Jupiter : trois fois le roi des dieux lui lança un triple foudre de grêle, d'eau et de feu, et trois fois il opposa éclairs à éclairs, tonnerre à tonnerre; il combattait avec les feux de l'Érèbe, son père : on eût dit une vaste fournaise ; les rochers fondaient autour de lui ; les dieux, effrayés, cessèrent d'entourer Jupiter; Minerve même fut émue. Alors le maître des dieux saisit un foudre à qui rien ne résiste, et qu'il réserve pour les impies. A cette vue le monstre veut fuir; mais le feu l'atteint au moment où il allait franchir le mont Hémus, ainsi nommé du sang qui s'échappait de ses plaies. La foudre s'attache à ses chairs palpitantes; ses artères et ses veines, déchirées, paraissent à découvert; un sang noir coule de sa poitrine et couvre ses membres foudroyés. Vainement il menace encore; Jupiter l'écrase sous le poids du mont Etna, d'où il vomit encore des torrens de flamme et de fumée.

Mais rien ne fut égal à la punition du fils de Léphas. Il tenait de son père la haine des dieux, et de sa mère la haine des hommes : tout ce qui s'élevait l'offensait, il ne pouvait aimer que sa propre ambition. Dans le combat, il osa, comme *Encelade*, attaquer Jupiter, qui, pour le punir, lui inspira la plus funeste des pensées, celle de lutter contre lui-même. Dévoué à sa propre rage, il attaque sans cesse sa propre vie; mais il l'attaque vainement, elle lui est toujours rendue pour donner une nouvelle proie à sa fureur; et, précipité dans le Tartare, il y devient le démon du suicide.

Ainsi parla Tirtée. Cyanée versa des larmes sur le sort réservé aux impies. Tirtée dit : Avançons, le soleil s'élève, il faut gagner la forêt avant qu'il soit d'aplomb sur nos têtes. Une allée de verdure les conduisit à cette forêt, à l'entrée de laquelle on voyait un temple dédié au dieu Pan; le silence de ces beaux lieux n'était interrompu que par le chant des ramiers. Cyanée ne voulut point passer sans offrir ses vœux au dieu qui préside aux troupeaux. Cette divinité, dit-elle, dédaigne les riches présens; mais elle accepte le lait et le miel offerts dans la coupe des bergers. *Pan* et *Arcas* naquirent de Jupiter et de la nymphe *Calisto*; ils étaient jumeaux, ils reçurent la vie dans les bois du mont Lycée. Mais *Pan* aime surtout le mont Ménale, où il fut nourri par la nymphe *Sinoé*, et où il vit *Syrinx* pour la première fois. Cette belle chasseresse, poursuivie par le dieu, descendait des bois du Lycée; elle se précipita dans le Ladon, et fut changée en roseaux qui gémissent encore auprès de la ville de Lycosure. Toujours malheureux dans ses amours, Pan fut aimé de *Pitys*; mais *Borée*, son rival, dans sa fureur jalouse, précipita la nymphe du haut d'un rocher. Pan pria les dieux de la métamorphoser en pin; il fut exaucé, et voilà pourquoi ce bel arbre se plaît dans les montagnes, et croît volontiers sur les bords des précipices; souvent il y penche sa tête battue des vents, et Pan se couronne de son triste feuillage.

Tirtée et ses hôtes lui adressèrent leurs prières; puis, suivant les détours d'un chemin qui montait toujours en serpentant, ils pénétrèrent dans le bois, où ils entendirent un murmure semblable à celui du zéphyr au milieu des arbres, lorsque le bruit des feuilles agitées se confond avec le chant des oiseaux; ou semblable à celui de la mort lorsqu'elle expire sur ses rivages. Bientôt ils arrivèrent sur une belle pelouse, couverte d'un peuple immense. On n'entendait de toutes parts que le son des trompettes, des flûtes, des hautbois et des chalumeaux : ceux-ci dansaient en rond, ceux-là chantaient ou jouaient de la flûte; d'autres, assis à l'ombre des arbres, faisaient des bouquets et des couronnes de fleurs.

Au milieu de cette vaste pelouse, on voyait un rocher ombragé de vieux chênes qui le couronnaient jusqu'à son sommet. Jupiter avait pris naissance dans ce lieu. Une majestueuse obscurité régnait sous ces arbres, tout chargés de mousse, de lichen et de longues scolopendres; lorsque le vent agitait leurs branches, il en sortait des sons harmonieux comme les chênes de Dodone : du milieu de ce massif s'élevait une longue flèche de rochers, sur laquelle les nuages se reposaient. Là, les douces colombes faisaient leurs nids; la biche blessée et poursuivie par le chasseur y trouvait un asile inviolable; elle venait y fermer ses plaies ou y mettre bas ses petits, tandis qu'au loin les bois retentissaient des cris des chasseurs et des aboiemens des chiens. Il était défendu, sous peine de bannissement, de pénétrer sous ces ombrages sacrés. Trois nymphes y avaient nourri Jupiter : *Thisoa*, *Néda* et *Hagno*; la première avait donné son nom à une ville, la seconde à une rivière, et la troisième au ruisseau qui coule au bas de la pyramide. Pendant les grandes sécheresses, le magistrat jette une branche de chêne dans la fontaine; soudain il s'en élève un brouillard qui s'étend sur toute l'Arcadie, pour y entretenir l'abondance et la fraîcheur; aussi chacun vient sur ces bords offrir les prémices de ses biens. Les fils du laboureur y apportent les gerbes de leurs guérets, et la jeune bergère les fleurs de ses prairies. Souvent la biche timide et le daim farouche accourent à la vue de ces dons innocens; et comme rassurés par la sainteté du lieu, ils les prennent jusque dans les mains des jeunes filles.

Tirtée, après avoir déposé son offrande aux pieds de la naïade, dit à ses hôtes : Allons nous reposer sur le penchant de cette colline couronnée de pommiers sauvages, dont les fruits sont aussi variés et aussi brillans que des fleurs, et qui rappelleront à Céphas les doux ombrages de sa patrie. Ah! dit Céphas, si les Gaulois ressemblaient aux Arcadiens, jamais je ne l'eusse quittée. Sous ces beaux arbres, dit Tirtée, nous serons à l'abri de la chaleur, nous goûterons près de la foule les douceurs de la solitude, et notre vue s'étendra sur le lieu de la fête et sur les routes qui y aboutissent : nous y observerons les peuples qui arrivent de toutes les parties du Péloponèse. Dès qu'ils furent sous ces pommiers, ils détachèrent les paniers de l'ânesse, qui se mit à paître sur la lisière de la forêt avec les troupeaux de quelques Arcadiens. Cyanée servit le repas sur l'herbe : après avoir béni les dieux, ils allaient s'asseoir, lorsqu'un jeune homme d'une figure charmante s'avança vers eux. Il s'approcha de Tirtée et lui dit : Mon père, Lamon est près d'ici avec notre famille, il vous prie de venir le joindre, votre présence et celle de vos hôtes nous rendra plus agréables à Jupiter; si vous ne répondez pas à cette prière, vous pouvez être sûr que mon père ne tardera pas à arriver lui-même. Lamon, dit Tirtée, se réjouit de nous voir; il faut donc nous rendre à ses vœux. Vous allez connaître, ô mes chers hôtes, une des plus heureuses familles de l'Arcadie; Lamon est un magistrat de Lycosure, il vous instruira mieux que moi des usages de ce pays. Ainsi parla Tyrtée; ensuite il rechargea l'ânesse qui, docile, revint à la voix de Cyanée. Les chevaux et les bœufs, ornés de guirlandes comme s'ils eussent participé à la fête, obéirent également à la voix de leurs maîtres; car ils étaient aussi privés et aussi doux que les chiens qui veillaient auprès d'eux. A peine l'ânesse était-elle rechargée, qu'ils aperçurent le vieux Lamon qui s'avançait à travers la forêt. Agé de plus d'un siècle, sa démarche était ferme, son air vif et joyeux; on ne devinait son âge qu'à sa barbe, qui descendait à grands flots sur sa poitrine; tous ses mouvemens annonçaient une vieillesse verte et vigoureuse. Voilà, dit-il à Tirtée, bien du temps que vous êtes loin de nous : eh quoi! vous laisserez-vous toujours consumer par la tristesse? la solitude ne convient pas à ceux qui souffrent: amenez avec vous ces étrangers; qu'ils se réunissent à ma famille. Il dit, et Tirtée suivit ses pas.

La nombreuse famille de Lamon était assise sous un vaste tilleul qui la couvrait à peine de son ombre; auprès de là étaient rangés trois chariots autour desquels on voyait paître un grand nombre de jeunes taureaux qui servaient à les traîner. A l'approche de Lamon et de ses hôtes, neuf jeunes filles, belles comme les Muses, se détachent du groupe, elles entourent Cyanée, et, en l'embrassant, elles disaient entre elles : Comme elle est embellie! il semble que sa taille soit plus parfaite, que son teint ait plus de blancheur qu'à notre dernière entrevue. En parlant ainsi, elles la conduisirent vers le lieu du festin : on s'assit sur l'herbe, et l'on apporta un jeune sanglier, des gelinottes et des pâtisseries. Sur la fin du repas, on chanta un hymne à Jupiter; mais à peine les chants étaient-ils finis, que Lamon, adressant la parole à Tirtée et à ses hôtes, dit : J'ai une grâce à vous demander, souvenez-vous qu'on n'en refuse aucune le jour de la fête de Jupiter : c'est que vous veniez faire, dans quelques jours, les vendanges avec nous; jamais les vignes n'ont été si richement chargées. Pour moi, j'y consens, dit Tirtée; puis s'adressant à Céphas et à Amasis : Rien ne vous presse pour votre départ; vous ne connaissez point encore nos mœurs et nos coutumes, et sans doute vous ne refuserez pas d'apprendre comment les étrangers sont reçus en Arcadie. Amasis gardait le silence; il balançait, dans la crainte d'être à charge à ses hôtes; mais Céphas dit : Ce que vous proposez nous est trop agréable pour ne pas l'accepter; nous resterons donc parmi vous, puis nous irons visiter ces belles villes dont les tours s'élèvent à l'horizon. Ce consentement répandit la joie dans la famille de Lamon, qui n'était qu'en partie rassemblée; car il comptait six gendres, neuf filles, deux fils et un grand nombre de petits-enfans. Pendant que les jeunes filles arrangeaient sur les chariots les restes du repas, Amasis, Tirtée et Céphas se placèrent auprès de Lamon. Du lieu où ils étaient on apercevait les coteaux du Ménale et les différentes routes qui aboutissaient dans la plaine où la foule était rassemblée; et cependant on voyait encore les différens peuples accourir de toutes parts: ceux de Pholoé venaient à cheval, ceux du Ménale à pied ou dans des chariots; des barques légères remontaient l'Alphée, et leurs voiles blanches se détachaient sur la verdure des prairies et disparaissaient derrière les saules et les roseaux, pour reparaître bientôt. Une chose m'étonne, dit Céphas, c'est la beauté singulière des peuples d'Arcadie; elle les fait distinguer des autres Grecs par je ne sais quoi d'heureux. Les vieillards mêmes conservent un air frais et vigoureux, et je n'ai rien vu d'aussi aimable que vos femmes et vos enfans : devez-vous ces avantages à la situation du pays, ou à l'air sain de vos montagnes? La beauté, dit Lamon, est un don des dieux, elle naît du bonheur et du calme de l'ame. Céphas repartit : Ainsi la beauté des Arcadiens naît du sentiment de leur bonheur. Mais tous sont-ils donc heureux? Rien n'est plus touchant, sans doute, que cette multitude de peuples qui s'unissent par des chants religieux; et cependant je suis fâché de ne voir ici ni les serviteurs, ni les esclaves, ni les pauvres, comme s'ils n'étaient pas dignes de participer à la fête des dieux. Où sont vos prêtres, vos autels, vos sacrifices? Combien l'Égypte l'emporte à cet égard sur tous les peuples du monde! On y voit une multitude de temples consacrés à Jupiter, à qui vous n'avez pas même élevé une statue, et qui cependant eut son berceau parmi vous. On y entend sans cesse la mélodie des voix et des instrumens. Les prêtres y offrent tous les jours de nouvelles victimes et y brûlent de l'encens avec des cérémonies d'une grande magnificence.

O étranger! reprit Lamon, nous avons aussi élevé des temples et des statues à Apollon, à Pan, à Minerve, ces dieux protecteurs de l'Arcadie; mais qui oserait élever un temple à Jupiter? La terre, la mer, les cieux, ne racontent-ils pas sa puissance? Vous parlez de temple; mais ces hautes forêts ne sont-elles pas plus élevées que des colonnes? Est-il une voûte plus majestueuse que celle des cieux, des flambeaux aussi brillans que le soleil, un encens aussi doux que celui des fleurs, une musique plus touchante que la reconnaissance des peuples, et des pontifes plus vénérables que les magistrats des nations? Vous demandez qu'on élève une statue à Jupiter; quel art exprimera donc une puissance si opposée à notre faiblesse, une durée si contraire à notre rapidité, une immensité si éloignée de notre petitesse? Ah! si quelque chose peut donner une idée de cette sublime image, c'est l'aspect de l'homme vertueux et juste qui, à l'exemple de Jupiter lui-même, s'occupe du bonheur des misérables mortels.

Vous avez parlé de serviteurs et d'esclaves; nous n'en avons point : aucun Arcadien ne se soucie de servir, ni d'être servi; l'échange des soins les plus doux se fait entre les personnes qui vivent sous le même toit, des enfans aux pères et des pères aux enfans. L'aisance ne se rencontre que dans les familles nombreuses; nous nous gouvernons bien plus par les mœurs que par les lois : aussi c'est l'éducation de nos enfans que nous soignons sur toute chose ; ils sont élevés, non par la puissance des préceptes, mais par la douceur de l'habitude. Une enfance heureuse et une jeunesse paisible servent à prolonger la vie : aussi il n'est pas rare, comme vous le voyez ici, de voir, en Arcadie, des pères entourés de quatre générations. Quant à ceux qui sont privés du bonheur d'être pères et qui vieillissent dans l'isolement, leurs parens s'empressent de les recevoir chez eux; et au défaut de parens les voisins réclament le droit de les recueillir. Comme l'amour de la patrie dépend de l'union des familles, on s'est bien gardé de détourner les affections naturelles par des éducations étrangères. La patrie ne donne ici aucun prix aux talens ou à la science; mais elle en accorde à la vertu; et, par un effet bien naturel, ce me semble, la vertu inspire le goût de la science et des talens. Vous ne verrez pas ici de grands monumens, mais vous en verrez beaucoup d'utiles; les arts y sont portés à un haut degré de perfection : nos statuaires sont célèbres par les expressions sublimes ou charmantes qu'ils donnent à la beauté. Nos mœurs si simples ne mettent aucune entrave à l'essor du génie, mais elles lui inspirent des grâces divines et qu'on aurait pu croire inexplicables. Du reste on n'examine point ici comment une chose est faite, mais pourquoi elle est faite; l'imposture et le charlatanisme y sont inutiles, car personne ne profite de l'erreur. Quant aux douleurs du corps, la vie simple que nous menons n'engendre jamais de maladies aiguës : aussi l'exercice en santé, le repos et la diète dans la maladie, et surtout une bonne conscience, sont les seuls médecins de l'Arcadie.

Dans un pays si heureux et si libre, reprit Céphas, il semble que les sciences ont dû faire d'immenses progrès. Vous avez sans doute des astronomes et des mages plus habiles que ceux de l'Égypte. Lamon reprit : La vertu vaut mieux que toutes les sciences; il n'y a que la vertu qui rende l'homme heureux. Nous ne nous attachons jamais aux causes naturelles, mais nous remontons jusqu'à la Divinité. Comme elle est le principe de toutes choses, elle en est aussi la conséquence. Au lieu que vous vous élevez jusqu'aux principes les plus abstraits de la science, où l'esprit se confond, où l'œil n'aperçoit plus rien ; nous descendons au contraire des principes aux résultats, comme la nature nous l'enseigne, et nous nous arrêtons là. On dit que vous savez la cause des mouvemens du soleil; nous savons, nous, qu'un dieu conduit son char. Vous connaissez l'origine des fontaines, tandis que nous adorons les nymphes qui les laissent échapper de leurs urnes bienfaisantes. Vous calculez le cours des étoiles ; nos pères nous ont appris que des hommes fameux par leurs vertus y résident. Partout nous voyons les dieux ; c'est dans leur sein que nous aimons à nous reposer. Ce ne sont point les sciences de l'Égypte qui ont appris aux hommes à semer le blé ou à préparer le vin : deux enfans de Jupiter, Bacchus et Cérès, président par son ordre aux moissons et aux vendanges. La vie de l'homme est si courte, il y a si peu de temps pour la vertu ; comment en resterait-il pour la science ? Vous avez, dit-on, en Égypte, recueilli toutes les plantes, décrit tous les animaux, disséqué le corps humain; pour nous, nos collections sont vivantes, nos champs renferment nos végétaux, et nous n'étudions l'homme que lorsqu'il est animé par l'ame qui le fait homme.

Il paraît, dit Céphas, que vous suivez en tout les penchans et les instincts de la nature; vous devez donc vous livrer à la vengeance, à la haine, au plaisir, qui sont des penchans naturels ? Lamon repartit : Le premier instinct, l'instinct universel de l'homme est son bonheur; or, le vice ne fait pas le bonheur : la vengeance détruit les lois; les excès affaiblissent la santé, qui est le premier des biens ; l'inconstance s'oppose au mariage et divise les familles. Au contraire, chaque vertu attire une portion de bonheur : la tempérance, la santé; la constance, les douces unions; et le mariage, l'amour de nos enfans. Ainsi la vertu, en faisant le bonheur particulier, fait le bonheur général; c'est ce que l'expérience nous apprend, et nous nous en tenons à l'expérience. Mais, dit Céphas, il me semble qu'on ne doit quitter tant de biens qu'avec peine, et que la vieillesse et la mort sont d'autant plus cruelles que les plaisirs de la jeunesse ont été plus ravissans. La nature, dit Lamon, nous fait sortir de la vie aussi doucement que nous y sommes entrés, sans nous en apercevoir. Est-il rien de plus heureux que la vieillesse ? Délivrés des passions, les hommes ne s'occupent plus que de la vertu ; ils ressemblent déjà aux dieux : ils ne font que du bien et reçoivent de tous ceux qui les approchent des hommages et des respects. Leurs espérances ne sont plus pour une vie passagère, mais pour une vie immortelle, pour un bonheur sans fin. Ils regardent la mort comme le plus doux des asiles ; car, une fois sortis de la vie, ils deviennent les dieux de leurs familles et de leur patrie. La perte de nos parens, celle de nos amis, nous porte à penser qu'un jour nous serons tous réunis ; loin de les éloigner de nous après leur mort, ils reposent dans nos jardins, dans les lieux de nos réunions et de nos plaisirs : nous croyons qu'ils prennent part à notre bonheur, comme un jour nous prendrons part à celui dont ils jouissent. Ainsi la mort se présente à nous comme l'entrée d'une vie plus heureuse ; car la vie de ce monde, même en Arcadie, est mêlée de beaucoup de maux : les dieux l'ont voulu pour nous ramener à eux par le malheur.

Cependant, reprit Céphas, le bonheur en Arcadie semble fait surtout pour la jeunesse ; car la vieillesse ne peut plus aimer, et il ne lui reste que le regret des plaisirs qu'elle a perdus. Tirtée prit alors la parole et dit : Ah ! que vous connaissez peu le plaisir d'avoir bien vécu ! Les ouvrages du grand Jupiter vont toujours de perfections en perfections : d'une graine s'élève d'abord une tige verdoyante ; elle devient ensuite un arbre qui se couvre de fleurs et donne des fruits ; ces fruits se multiplient et forment des vergers et des forêts qui pourraient s'étendre à l'infini. Ainsi, l'homme n'est d'abord qu'un enfant : élevé par les caresses de sa mère, il est heureux ; l'âge d'aimer vient, il se marie, c'est l'âge le plus doux ; il devient père et roi, et ses jouissances augmentent à mesure qu'il avance dans la vie. Déja les folles passions l'abandonnent, sa raison le conduit, son expérience le fait adorer de tous. Plein de confiance et de sagesse, il s'approche du terme sans regret ; car il n'a que d'heureux souvenirs. Et que regretterait-il sur la terre ? ce qu'il a de plus cher a déja pris les devans : ses aïeux, ses amis, le doux objet de son amour, tout a disparu ; un peuple nouveau se présente, qui ne le connaît que pour le vénérer comme un dieu. Vouloir retrancher la vieillesse de la vie, c'est vouloir en retrancher les plus délicieux souvenirs, c'est vouloir retrancher la nuit du cercle du jour, la nuit qui nous rend seule la vue des cieux. Le jour nous ne voyons que les objets de la terre, l'astre de la lumière nous éblouit ; mais la nuit, quand la terre a disparu, la majesté du ciel se montre, nos regards pénètrent jusqu'à l'habitation des dieux. Ainsi la vieillesse découvre un spectacle inconnu à la jeunesse, et jouit du bonheur infini dont elle s'approche. Vouloir ôter à la vie son dénouement qui est la mort, c'est vouloir anéantir le temps des récompenses et de la vraie félicité. Pourquoi marchons-nous sur les pas des héros, si nous ne devons plus les revoir ? Pourquoi honorons-nous les dieux, si nous ne devons pas les connaître ? Ce monde, si bien ordonné dans toutes ses parties, ne serait donc qu'un vain spectacle, dont les auteurs se renouvelleraient sans cesse et sans but ? La vertu ne mérite-t-elle aucun prix ? Divin Hercule ! toi qui honoras ces lieux par tant d'actions d'éclat, tes vertus n'auraient été suivies d'aucune joie, tes bienfaits n'auraient mérité aucune récompense ! Ah ! ma vieillesse ne s'est point vainement promis de te voir dans une vie immortelle ! Et vous, mes enfans ! vous qui ne fîtes qu'apparaître sur la terre, et dont aucun bien n'a pu me faire oublier la perte ; vous, pieux compagnons de ma jeunesse, et vous aussi, chère épouse, qui faisiez les délices de ma maison, maintenant solitaire, vous entendez sans doute ces derniers accens de ma voix affaiblie, et vous vous préparez à me recevoir dans votre sein ! A ces mots Cyanée, ne pouvant plus contenir son émotion, se mit à fondre en larmes ; et tous desiraient de mourir, goûtant par avance le bonheur de revoir leurs amis, qui les avaient précédés dans les champs Élysiens.

Cependant Amasis s'informait auprès d'un des fils de Lamon, du nom et des mœurs des différentes tribus qui arrivaient de toutes parts. Le jeune berger lui fit d'abord remarquer les robustes habitans de la Messénie, qui fécondent une terre aride ; puis les peuples si doux de l'Élide, qui ne respirent que les fêtes ; les belliqueux Achaïens et ceux de la voluptueuse Sicyone ; les Épirotes, les Acarnaniens, les habitans de l'Étolie, les rudes Molosses, descendus de leurs montagnes ; les peuples de Delphes, ville célèbre par ses oracles ; ceux de Samos qui naviguent par toute la terre ; les Dolopes, si légers à la course, qui se vantent d'être compatriotes du vaillant Achille ; enfin, les Athéniens, si ingénieux, rassemblés par Cécrops, et les Spartiates, si remarquables par une beauté mâle et par la sévérité de leurs mœurs. Montrez-moi, dit Amasis, les habitans d'Argos ; Céphas et moi, nous voulons aller visiter la patrie du grand Agamemnon. Les peuples d'Argos, répondit le fils de Lamon, sont ceux dont la physionomie est si sérieuse et si fière ; nous pourrions savoir d'eux quelle distance les sépare de nous, et combien ils ont mis de temps à se rendre jusqu'ici. Alors Amasis et le fils de Lamon abordèrent un homme d'Argos, qui répondit ainsi à leurs questions : Il ne faut que deux jours de marche pour se rendre à Argos ; mais, aimables bergers, vous qui êtes assez heureux pour ignorer ce qui se passe à la cour des rois, ne venez point dans cette déplorable cité ; vous n'y verriez que des infortunés. Aussitôt une profonde tristesse se peignit dans tous ses traits, et il ajouta en s'éloignant : Vous suppliez les dieux de protéger vos plaisirs, tandis que nous

## FRAGMENT DU LIVRE II.

venons demander à Jupiter de soulager nos maux. Eh quoi! dit Amasis, voilà donc le sort de tous les rois! partout je les ai vus enviés et malheureux! Le jeune fils de Lamon lui répondit : Ce sont les hommes qui font leur propre malheur; les lois de la nature sont toutes fondées sur l'amour; les lois humaines le sont sur le besoin de punir le crime. Heureux ceux qui ne sont gouvernés que par les lois de la nature! Mais l'Arcadie, aujourd'hui si riante, n'est point arrivée de suite à cet état de perfection; elle a eu des mœurs sauvages, et rien n'était égal alors à la désolation qui régnait parmi nous.

Les hommes ne se sont rien donné, ils doivent tout aux dieux : Jupiter versa les fruits dans nos jardins; Cérès nous apporta le blé; Bacchus, le vin; Pan les troupeaux; Vénus nous envoya les doux présens qui ravissent les cœurs; c'est elle qui environne de grâces ineffables le sourire, la taille et le sein de l'objet aimé. A sa naissance, l'Amour parut, et soudain un charme secret se répandit au milieu des bois et des prairies, sur le bord des fontaines, dans le fond des vallées; la nature entière devint son empire : voilà pourquoi il fuit les tristes palais. A la campagne, tout ajoute une volupté céleste aux sentimens que l'amour inspire; la vue d'une fleur penchée sur sa tige, celle des nuées errantes, les pluies de l'automne jettent l'ame dans de douces rêveries; il semble que ce dieu soit partout, qu'on le respire avec l'existence. Quand Jupiter créa le monde, les arbres avaient des fruits, mais point de fleurs; les ruisseaux coulaient sans murmure, les animaux se voyaient sans se chercher, sans se livrer à leurs jeux et à leurs instincts; les oiseaux ne chantaient point encore; enfin le monde était comme une broderie, comme une œuvre inanimée; tout y était monotone, sans joie et sans desir. Mais Vénus parut, conduite par les Néréides, sur la surface des mers; elle prit ses cheveux avec ses belles mains, elle en pressa l'eau et les laissa flotter sur ses épaules : les Heures vinrent au devant d'elle, et lui donnèrent une robe de pourpre; les Zéphyrs la poussèrent doucement sur les rivages de Cythère, et l'Amour naquit pour la recevoir. D'abord elle se baigna dans l'eau des fontaines, et les ruisseaux se mirent à murmurer; chaque herbe qu'elle touchait en marchant se couvrait de fleurs; chaque oiseau qui la voyait se mettait à chanter. Elle cueillit des branches de myrte dont elle se fit une couronne, et cet arbre devint celui des amans. Alors les Heures rattachèrent les tresses de ses cheveux avec un bandeau de mille couleurs et la conduisirent au ciel, où son aspect ravit les dieux; dès ce moment l'homme sentit le desir de la suivre dans les cieux, où elle fait la joie des immortels. Voilà, dit Amasis, une charmante allégorie de la plus noble des passions, de la seule nécessaire à toute la nature. L'amour perpétue le souvenir de ce qui est bien; il est la raison divine; la raison humaine ne peut lui résister; il subjugue le sage, il donne du courage au faible, il entretient, il conserve tout; il n'est point l'effet de la sagesse ou de la prudence; il est une inspiration céleste, les délices de l'ame, le charme des sens, l'essai de la félicité éternelle. Vos lois sont fondées sur cette loi universelle : voilà pourquoi votre sort est digne d'envie, ô heureux Arcadiens!

Amasis achevait à peine ces paroles, que les filles de Lamon vinrent annoncer que la fête du mont Lycée allait commencer. Elles étaient suivies de plusieurs jeunes bergères. Céphas en vit une qui marchait avec peine en s'appuyant sur sa compagne. Voilà, dit-il, la première infirmité que je remarque en Arcadie. Tirtée lui dit : Cette jeune fille n'est point infirme, elle s'est blessée en fuyant un ravisseur. Regardez la jeune Aglaure qui la suit : elle louche, et pourtant personne n'a un regard plus doux : toute petite, elle était aimée d'un enfant qu'elle voyait chaque jour dans les écoles publiques, placée sur les gradins d'en bas, et sans cesse combattue par la décence et par l'amour, elle levait les yeux pour le regarder à la dérobée : c'est ainsi qu'elle contracta peu à peu un défaut qui devait un jour l'embellir aux yeux de son amant. Depuis ce temps, l'ordre des écoles est changé, et, pour éviter un pareil malheur, les deux sexes ont été placés sur des gradins séparés les uns des autres..................................................
..................................................

Déjà l'ombre des montagnes se prolongeait dans les vallées, lorsque la foule qui entourait le mont Lycée se divisa en quatre chœurs : le premier, formé d'enfans qui se tenaient par la main, et dont quelques-uns pouvaient à peine marcher; le second de jeunes gens des deux sexes groupés ensemble, ou marchant deux à deux, suivant que l'amour les avait unis; le troisième d'hommes mariés et de jeunes femmes enceintes, ou de jeunes mères portant leurs enfans entre leurs bras : le quatrième et dernier était composé de vieillards dont les cheveux blancs imprimaient le respect.

Les enfans commencèrent à chanter d'une voix douce et touchante :

O Jupiter! exauce les souhaits de l'innocence, verse de tes mains bienfaisantes les moissons sur nos terres et le lait dans les mamelles de nos brebis. O Jupiter! roi des dieux, sois le père de l'heureuse Arcadie. Et tout le peuple répétait : Sois le père de l'heureuse Arcadie.

Les jeunes gens unis par l'amour priaient le maître des dieux de bénir les amans fidèles et de ne point souffrir de perfides dans l'heureuse Arcadie.

Les hommes mariés chantaient sur le mode dorien : O Jupiter! bénis les fruits de nos chastes amours; nos enfans appartiennent aussi à l'heureuse Arcadie. Et les vallées et les échos des montagnes répétaient : Nos enfans appartiennent aussi à l'heureuse Arcadie.

Après ces chants pieux, tous ces peuples se séparèrent, en s'invitant à venir se voir : les uns descendirent à travers les prairies baignées par le Myolus, les autres suivirent les rives du Nisa ou celles de l'Achéloüs, tous emportant dans leurs cœurs la paix et un doux sentiment de piété. Céphas et Amasis, charmés de ce qu'ils voyaient, desiraient beaucoup céder aux prières de leurs hôtes et séjourner dans ces beaux climats; mais ils étaient combattus par la crainte d'être à charge à celui qui les avait accueillis. Céphas dit à son ami : Lorsque nous partîmes de la Gaule, le roi nous donna trois lingots d'or; l'un a suffi aux dépenses de notre navigation; des deux qui nous restent, l'un nous défraiera jusqu'en Égypte; prions Tirtée d'accepter l'autre, et restons encore quelques mois en Arcadie. Amasis saisit cette idée avec joie; ils allèrent donc vers Tirtée et lui dirent : Vous nous avez appris que vos magistrats trafiquent avec les étrangers, acceptez ce morceau d'or, vous en acheterez un troupeau, et il vous rappellera notre séjour auprès de vous. Tirtée répondit : Vous dites que ceci est de l'or; j'ai entendu parler de ce métal, qui fait tant de mal au monde, mais il est inutile ici, où l'on ne fait usage que du fer qu'on trouve dans nos montagnes. Il est vrai que nos magistrats trafiquent avec les étrangers pour les intérêts de la nation; mais les particuliers ne font aucun commerce, et leur richesse est dans leurs champs et dans leurs troupeaux. L'usage de l'or est un grand mal, puisqu'il peut faire vivre les hommes sans travailler. Le travail fait le bonheur; il est le compagnon de la vertu, du repos, de l'abondance. Le possesseur d'un métal inutile est bien malheureux; il étend ses désirs à tout, sa convoitise n'a plus de bornes. Oh! quel pernicieux trésor que celui qui peut également payer les bonnes et les mauvaises actions! mais, les dieux en soient loués! ces faux biens nous sont inconnus. Cyanée, qui craignait qu'un refus n'affligeât ses hôtes, se prit à dire : Peut-être, avec cet or, on ferait un vase à bouillir le lait. Aussitôt Céphas lui présenta le lingot. Mais, dit-elle, comme il est lourd! Oh! nos vases de terre sont plus légers et plus commodes; à quel usage donc pourrait-on l'employer? Tirtée reprit : Cet or, tant estimé des peuples qui s'éloignent de la nature, est trop mou pour couper, trop lourd pour faire des vases, trop dur pour servir aux mêmes usages que le plomb. Eh bien! dit Amasis, nous en ferons une chaîne pour Cyanée. Une chaîne! dit Cyanée en riant, si mes compagnes me voyaient avec un ornement si étrange, elles me croiraient devenue esclave. D'ailleurs, l'éclat de ce métal approche-t-il de celui des anémones de nos prés? a-t-il la forme des fleurs, leur légèreté, leurs nuances variées et leurs bonnes odeurs?

Si vous ne voulez pas de notre or, dit Amasis, permettez du moins que je partage vos travaux. — Volontiers, reprit Tirtée; voici justement des arbres qui sont restés sans culture : la terre ne demande qu'à rendre; mais j'ai perdu mes enfans, et mon patrimoine est triste et négligé. Ils se dirigèrent alors vers un petit tertre couvert de cyprès; c'était le tombeau des ancêtres. Une allée de saules conduisait de là jusqu'à la cabane et se prolongeait vers la place où jadis était situé le jardin. Cet espace renfermait tout le patrimoine du berger. Arrivé chez lui, il dit à ses hôtes : Reposez-vous ici. Ailleurs l'hospitalité est un devoir, mais en Arcadie elle est un bonheur. Après quelques jours de travail, Amasis dit à son ami : Voilà que le jardin n'a plus besoin de nos bras, mettons-nous en route, nous visiterons les autres contrées de l'Arcadie, et nous serons de retour au temps des vendanges. Céphas lui dit : J'approuve vos pensées, peut-être recueillerons-nous quelques plantes utiles à nos hôtes; ils n'estiment que les biens naturels; et l'or ne peut rien ajouter à ce qu'ils possèdent.

Le départ arrêté, Céphas dit à son hôte : Quelques jours s'écouleront encore avant que les raisins soient bons à couper, nous allons en profiter pour parcourir ce beau pays : Amasis est destiné à vivre dans une grande nation; il est nécessaire qu'il apprenne parmi vous les choses qui peuvent le rendre heureux. Aussitôt que Tirtée connut le dessein de ses hôtes, il se hâta de faire préparer tout ce qui leur était nécessaire. Cyanée cueillit des fruits et pétrit des gâteaux; elle mit ensuite du vin dans des vases, car son père avait dit que le vin était un des meilleurs compagnons de voyage. Pendant ces apprêts, Tirtée traça une carte de l'Arcadie sur une écorce de bouleau, et montra à Céphas la route qu'il devait suivre. Le matin étant venu, il conduisit les deux voyageurs jusqu'à l'entrée du vallon; puis, avant de prendre congé d'eux, il leur recommanda de ne point marcher pendant la chaleur du jour. Si vous êtes pressés par la soif, dit-il, ne vous arrêtez pas après avoir bu de l'eau des fontaines, évitez surtout l'ardeur du soleil, dangereuse dans cette saison. Après quelques instructions semblables, il leur donna à chacun un épieu pour se défendre des bêtes féroces, les assura que partout ils trouveraient bonne réception; puis il les quitta en les recommandant aux dieux.

Les deux voyageurs passèrent le Myolus et le Nisa; de là ils suivirent le chemin qui conduit au mont Lycée, dont ils découvrirent à peine le sommet couvert de nuages; arrivés au pied de cette montagne, ils virent le château de *Lycaon*; il était en ruines, et ces ruines, noircies par les siècles, ressemblaient à un immense bloc de bronze. Bientôt ils arrivèrent au pied des hauteurs du Ménale. Là, ils s'arrêtèrent pour éviter l'ardeur du soleil; et voyant à quelques pas d'eux un immense troupeau, formé de toutes les chèvres de plusieurs bergers qui les conduisaient au son de la flûte, Céphas proposa de s'approcher d'eux : On juge bien, dit-il, des mœurs d'une nation par celles de ses enfans. Ils vinrent donc au milieu d'une troupe de jeunes filles et de jeunes garçons, groupés autour d'un petit enfant qui pleurait une chèvre couchée à ses pieds. Les uns présentaient à l'animal expirant des branches de cytise; d'autres des épis encore verts, dérobés dans les champs de Cérès; quelques-uns chassaient les mouches avec les tiges fleuries du genêt; mais leurs efforts ne pouvaient rien. Le jeune berger leur disait : Elle a été ma nourrice, mon père me l'avait donnée, en me promettant qu'elle ne me serait jamais ôtée; et voilà qu'elle meurt, et qu'il faut la perdre pour toujours! Ah! c'est en vain que vous lui offrez les fleurs du cytise, elle n'a rien voulu recevoir de ma main. Pour le consoler, ses amis lui disaient : Il faut espérer que Jupiter, à cause de ta perte et de ta douleur, mettra ta nourrice auprès de la chèvre *Amalthée*, qui lui a donné son lait. Cependant la chèvre, ne pouvant plus soulever sa tête, tournait encore ses yeux sur son cher nourrisson; mais bientôt elle expira, malgré les soins de tous ceux qui l'environnaient. Alors les bergers emmenèrent le jeune enfant loin de ces lieux, pendant que les plus forts se mirent à creuser la terre, et que d'autres plaçaient la chèvre sur des branches de chêne et la couvraient de verts feuillages.

Dès qu'ils furent éloignés, Céphas et Amasis, assis au pied d'un arbre, se mirent à contempler les rives charmantes d'une rivière qui coulait à peu de distance. Plusieurs enfans revinrent alors sur leurs pas et dirent : Si vous êtes étrangers, ne restez pas ainsi seuls dans nos champs, venez au hameau, nous adorons Jupiter et nous respectons les hôtes qu'il nous envoie. A ces mots, les uns conduisirent les voyageurs vers les collines où ils avaient leurs habitations; les autres se séparèrent de la troupe pour aller avertir leurs familles. Céphas et Amasis furent reçus par des hommes simples qui s'empressèrent de les accueillir et de leur présenter du lait de leurs troupeaux. L'après-midi, ils se remirent en route; et le soir, ils arrivèrent au milieu d'une prairie. Des bergers vinrent au devant d'eux et les invitèrent à se reposer dans une grande laiterie, où plusieurs familles rassemblées préparaient des fromages et pétrissaient le beurre avec du sel. Pendant que les mères et les filles étaient occupées de ces différens travaux, les hommes s'employaient au dehors à dompter de jeunes taureaux pour le labourage, et, les accouplant à des chariots, ils les accoutumaient à obéir à la voix. Nos voyageurs apprirent qu'on faisait tous ces apprêts pour aller à la foire de Tégée. La propreté, l'abondance et la joie régnaient dans cette maison; tout le monde s'empressa d'accueillir les deux amis. Celui qui paraissait le chef dit à Céphas : Je ne puis m'éloigner, mais demain mon fils aîné vous mettra sur votre route, il vous conduira jusqu'aux lieux où naquit Esculape; car ce dieu est né parmi nous, il fut élevé par le centaure *Chiron*, qui lui apprit la médecine; vous verrez, sur les bords fleuris du fleuve Luse, le bosquet où il fut nourri par une chèvre. Cette chèvre appartenait à un pâtre qui se nommait Antélaüs : le hasard lui fit découvrir que tous les jours, à la même heure, sa chèvre quittait le troupeau; il la suivit et reconnut avec surprise qu'elle s'arrêtait auprès d'un enfant à qui elle donnait sa mamelle. Des flammes sortaient de la tête de l'enfant. Le pâtre le prit et le donna à une nourrice nommée Tégon. Depuis ce temps ce lieu est sacré; il est défendu d'y naître et d'y mourir. Mais vous y apprendrez plusieurs excellens préceptes pour conserver votre santé. Je me souviens de celui-ci : Exerce ton corps et repose ton esprit. Après ces mots, le berger se retira, et chacun fut prendre du repos.

Dès qu'il fut jour, les voyageurs se remirent en route. Ils virent, en passant, le lieu où naquit Esculape, et côtoyèrent le Ladon jusqu'à Telphuse; de là, ils traversèrent l'Erymanthe bouillonnant, et virent, dans les vastes plaines qui mènent à Olympie, les superbes chevaux qu'on élevait pour les courses. Les oliviers ondoyans, dont on couronne les vainqueurs, ombrageaient la chapelle de Vénus-Uranie. Les habitans de ces beaux lieux se croient plus heureux que les autres habitans de l'Arcadie, parce qu'ils peuvent assister à toutes les fêtes. Ils n'ont besoin ni de ponts ni de bateaux, leurs chevaux ne les quittent jamais; ces animaux, dressés avec douceur, partagent l'habitation de leurs maîtres et couchent sous les tentes, au milieu des femmes et des enfans; ce sont des compagnons et des amis.

Après quelques jours de repos chez ces peuples singuliers, Céphas et son ami tournèrent leur route vers les montagnes, traversèrent des plaines où de riches troupeaux faisaient retentir l'air de leurs cris, et visitèrent le mont Cyllène dont le sommet est couvert de glaces éternelles; de là ils se dirigèrent vers des fumées qui s'élevaient de toutes parts au sein d'immenses forêts de sapins; ils y trouvèrent de vastes cabanes habitées par des hommes vêtus de la dépouille des animaux sauvages. Là le fer coulait dans les forges qui retentissaient des coups de marteaux. Ce métal prenait toutes les formes sous la main habile des forgerons: on le façonnait en faux tranchantes, en tridens, en socs de charrue. Nos voyageurs furent accueillis avec hospitalité par ces noirs enfans de Vulcain.

En quittant ces lieux ils descendirent les hauteurs pour entrer dans les vallées du mont Erymanthe; ces vallées n'étaient point habitées: les animaux sauvages y trouvent des retraites inaccessibles, sur des rochers couverts de bruyères pourprées, ou de genêts à fleurs d'or. Au sommet des collines, au-dessus des bruyères et des genets, croissaient des pins et des oliviers sauvages; un peu plus haut, le fleuve Erymanthe se précipitait en bouillonnant à travers les roches. Les voyageurs franchirent plusieurs collines avant de descendre dans la vallée, et vers le milieu du jour, ils arrivèrent sur le bord du fleuve. Là, ils se reposèrent à l'ombre d'un rocher, et contemplèrent les pics de la montagne, et ses croupes qui, frappées des rayons du soleil, paraissaient tout étincelantes de lumière. Les monts étaient couronnés d'arbres toujours verts; dans la plaine, les bords du fleuve paraissaient entrecoupés de rians pâturages, tandis que, sur les cimes éloignées des montagnes, des troupeaux de cerfs s'arrêtaient attentifs, et que des chevreuils, suivis de leurs petits, gravissaient des roches en précipice. Ces scènes de l'hiver n'étaient animées ni par l'aspect ni par la voix de l'homme; seulement les coqs de bruyère et les francolins faisaient retentir ces solitudes de leurs cris aigus. A cette vue, Céphas soupira au ressouvenir du nord; Amasis lui dit: Que ces lieux sont paisibles! Comme la pensée d'Hercule, qui a chassé dans ces lieux la biche aux pieds d'airain, ajoute à leur beauté! c'est la vertu qui honore la terre. Que la nature est belle, ornée par les mains des dieux! elle semble appeler les travaux de l'homme; et sa magnificence est la promesse de ses bienfaits. Que ne pouvons-nous vivre ici! je cultiverais ces landes désertes, je ferais croître la vigne à la place de ces genêts, ces prairies nourriraient un troupeau, je ferais retentir de ma flûte ces rives désertes, et je mêlerais ma voix à celle des oiseaux................
.........................................................................

Après avoir traversé une vaste forêt, ils arrivèrent au sommet d'une montagne d'où l'on découvrait une ville magnifique; c'était Argos. Voilà la cité d'Agamemnon, dit Céphas; irons-nous la visiter? Non, dit Amasis. Je ne souhaite plus rien hors de l'Arcadie; je préfère la cabane de Tirtée au séjour d'Argos; mais puisqu'il faut voyager jusqu'aux vendanges, tâchons de visiter les bergers qui habitent les rives de l'Inachus. Ils se remirent donc en route; mais le temps était si couvert, et les chemins si mauvais, qu'ils ne tardèrent pas à s'égarer. La nuit vint les surprendre, et ils résolurent de se mettre à l'abri sous un massif de sapins, et d'allumer du feu pour écarter les bêtes féroces. Cependant leurs provisions étaient épuisées: ils recueillirent quelques châtaignes, si vertes, qu'ils furent obligés de les jeter. Céphas dit alors: Puisque les arbres nous refusent leurs fruits, voyons si les eaux nous seront plus favorables; le poisson aime les lieux solitaires, et j'ai aperçu un ruisseau au milieu des rochers. Amasis le suivit, et ils trouvèrent plusieurs poissons qu'ils dardèrent avec leurs épieux. Céphas fut le plus heureux, il frappa une truite et la jeta sur le gazon; alors ils allumèrent du feu, à la manière des Gaulois, avec du bois d'if et de lierre, et ils firent griller leur proie sur des charbons ardens. La soirée était fraîche, et un orage terrible commençait à éclater: c'était l'époque des coups de vent de l'équinoxe; ils se hâtèrent de préparer un lit de feuilles sèches, et se couchèrent à la pâle lueur des éclairs. Bientôt la pluie tomba par torrens, les vents faisaient gémir au loin la forêt; mais ils étaient à l'abri sous un épais feuillage, et tous ces bruits lointains ne firent qu'augmenter les charmes de leur repos.

Le lendemain Amasis dit à son ami: Que j'aime la liberté de cette vie sauvage! Qu'elle m'est chère avec vous! Ainsi j'aurais voulu vivre autrefois; aujourd'hui un sentiment plein de douceur m'attache ici. Ce ne sont point seulement les mœurs de l'Arcadie qui me charment; je ne suis plus heureux qu'auprès de la fille de Tirtée. L'aimable Cyanée m'a laissé un souvenir que rien ne peut effacer; elle me ferait oublier la Gaule, l'Égypte et l'Arcadie; enfin je n'ai plus de goût que pour la vie des bergers. Je me rappelle sa tendresse pour ses parens, pour ses amis, pour les malheureux, sa religion si douce, sa modestie et ses grâces naïves : il me semble que je n'ai point d'autres souvenirs. Le reste m'est indifférent; il n'y a plus que Cyanée pour moi dans la nature.

L'amour d'un objet vertueux, dit Céphas, est un bienfait des dieux. Sans doute ils veulent vous récompenser en Arcadie du bien que vous avez fait dans la Gaule. Une femme vertueuse est le plus beau présent qu'ils puissent faire à l'homme. Elle est sa joie, sa consolotion, ses délices, la compagne de ses plaisirs et de ses peines. O mon ami! puissent les dieux protéger vos amours, dussé-je m'en retourner seul porter en Égypte la nouvelle de votre bonheur!

Amasis embrassa Céphas. Ah! dit-il, si votre cœur m'approuve, il n'est point d'obstacles que je ne puisse vaincre. Cependant une crainte me tourmente : comment Cyanée a-t-elle pu conserver si long-temps sa liberté? Comment une ame si pleine d'amour ne s'est-elle pas encore donnée? — Ah! dit Céphas, les ames sensibles sont toujours disposées à aimer, mais leur sensibilité même les rend plus difficiles. Mettez votre confiance dans les dieux; ce sont eux qui ont tout fait, et ils auront bien la puissance de vous rendre heureux.

Cependant la pluie tombait encore, et un vent terrible agitait les arbres de la forêt. Au-dessus de leur tête ils ne voyaient que des chaînes de montagnes qui fuyaient à perte de vue; à leurs pieds la vallée ressemblait à un vaste lac, où se précipitaient une multitude de torrens. Amasis, ayant aperçu un pin dont la cime dominait la forêt, essaya d'y monter pour découvrir la route; mais il ne découvrit rien. Je n'aperçois, disait-il, ni fumée, ni maisons, ni troupeaux, je ne vois que des forêts et des montagnes qui se prolongent à l'infini. — Cherchez, disait Céphas, à découvrir quelques oiseaux, et observez bien de quel côté ils dirigent leur vol. — Je ne vois qu'un aigle, dit Amasis; il plane en silence sur la droite, au-dessus des rochers et des forêts. — Malheur à nous! reprit Céphas, ces lieux ne sont pas habités. Cependant Amasis s'écria : Voici, de l'autre côté de la forêt, une volée de moineaux qui partent à tire-d'aile et se dirigent vers ces rochers lointains au pied du vallon. Notre route est trouvée, dit Céphas, l'oiseau de Vénus nous sera plus favorable que celui de Jupiter. L'aigle n'aime que les lieux déserts, mais les moineaux chérissent l'habitation de l'homme; ils y trouvent des grains et des fruits, et ils jouissent de nos moissons. En s'entretenant ainsi, les deux amis traversaient la forêt, franchissaient les torrens, et après plusieurs heures de marche, ils arrivèrent au bord d'un ruisseau qui les conduisit à une clairière d'où s'élevait une fumée épaisse : bientôt après ils entendirent le bruit des haches et des marteaux, et le fracas causé par la chute des arbres. Ils se retrouvaient parmi les hommes.

........................................................
........................................................
........................................................

FRAGMENT DU LIVRE TROISIÈME.

Le temps des vendanges venu, Tirtée et ses hôtes se mirent en route pour assister aux fêtes de Bacchus, chez le vieux Lamon. Sa maison était bâtie sur une colline, au bas de laquelle serpentaient les eaux de l'Alphée. Elle dominait sur six avenues d'arbres fruitiers qui conduisaient à six maisons habitées par les gendres de Lamon. Ces vieillards avaient neuf filles et deux fils jumeaux si semblables, que pour les distinguer on les habillait de diverses couleurs. Mais souvent ils changeaient de vêtemens et faisaient naître de douces méprises. L'amour cependant sut mettre une différence entre eux; car il enflamma Castor pour la belle Cyanée, tandis que Pollux n'était sensible qu'à l'amitié de son frère : on avait donné les noms des fils de Léda à ces deux frères, parce qu'ils semblaient, comme eux, sortis du même œuf. Ce groupe de jeunes filles, d'enfans à la mamelle, de femmes, de gendres, toute cette famille nombreuse ressemblait à ces arbres qui, dans l'heureux climat des îles Fortunées, présente à la fois des fleurs, des fruits encore verts et d'autres qui sont mûrs. Lamon et sa femme, assis au milieu du groupe, semblaient des dieux protecteurs; la paix et l'abondance régnaient autour d'eux. Chacun de leurs gendres avait une industrie particulière : l'un cultivait les vergers et s'enrichissait des dons de Pomone; l'autre, voisin de la forêt, nourrissait des troupeaux immenses; l'autre, favori de Cérès, semait des grains et versait ses moissons dans les greniers de ses frères. Le quatrième ne possédait rien, mais il avait un talent qui lui était propre : le bois prenait sous sa hache habile toutes sortes de formes; il changeoit avec ce seul instrument, les arbres des forêts en vases gracieux, propres et commodes. Le cinquième et le sixième bâtissaient encore leurs maisons; car les filles de Lamon avaient dit : Nous n'épouserons que ceux qui viendront s'établir auprès de notre père. Pour

Lamon, il était riche en troupeaux, en prairies et en vignes; les dons de Bacchus, de Flore et de Pomone couronnaient sa table dans toutes les saisons. Sa maison était ouverte aux étrangers, on exerçait chez lui la plus noble hospitalité. Magistrat de Lycosure et prêtre de Bacchus, il était roi dans sa famille, et ne pouvait tourner les yeux sans voir ses petits-enfans, qui croissaient autour de lui, comme une jeune forêt autour d'un chêne antique. Tirtée, à la vue de tant d'objets qui lui causaient une douce émotion, dit à ses hôtes : Nous allons entrer dans une maison favorisée des dieux; la richesse de Lamon vient de ses enfans; Jupiter a béni cette famille, il a voulu offrir en elle un exemple frappant du bonheur que donne la vertu.

Aussitôt qu'on put apercevoir Tirtée et ses hôtes qui suivaient les sentiers de la colline, les deux fils de Lamon, Castor et Pollux, accoururent en poussant des cris de joie; ils portaient chacun un chapeau de fleurs différentes, c'était à cette marque qu'on les distinguait; l'un tenait une urne pleine de vin, l'autre une coupe. Ils firent d'abord une libation à Jupiter hospitalier; ensuite ils offrirent la coupe à Tirtée, et l'introduisirent dans la maison avec ses amis et la belle Cyanée. On s'empressa de les bien recevoir; on se mit à table, où l'on chanta un hymne en l'honneur de Bacchus, puis on se prépara, par le repos, à la fête du lendemain.

Dès l'aurore, une petite pluie rafraîchit l'air, les grappes se chargèrent des perles de la rosée; le soleil couvrit bientôt la plaine de ses rayons d'or. On sacrifia un porc et trois chèvres à Bacchus; on distribua les paniers, les serpettes, les hottes; et la troupe, pleine de gaieté, se répandit dans la vigne. Les jeunes gens montaient sur des échelles pour atteindre les grappes du haut, tandis que les jeunes filles et les enfans coupaient les grappes les plus basses; pendant ce temps, les hommes portaient la vendange et foulaient le raisin. Déja la joie animait tous les cœurs, et le vin coulait de toutes parts. Cependant Amasis ne quittait pas Cyanée, Castor et Pollux se placèrent aussi à ses côtés. Castor n'osait lui parler; mais il approchait d'elle les branches les plus élevées, ou les grappes les plus belles. A cette vue, la jalousie s'empara du cœur d'Amasis; Cyanée vit son trouble, et comme Pollux lui parlait de son frère, elle lui dit en riant : Si j'aimais votre frère, je craindrais d'en aimer deux. Ces paroles ne purent rassurer Amasis, car il voyait que toute la famille de Lamon desirait l'union de Castor avec Cyanée; et il n'osait lui parler de son amour, dans la crainte de le voir repousser. Ainsi se passa la journée. Le soir, on se réunit dans la prairie; on dansa au clair de la lune; puis on fit un cercle et chacun, selon l'usage antique, fut obligé de raconter une histoire. Pollux, qui soupçonnait Amasis de cacher un rang plus élevé sous ses habits de berger, dit avec un sourire malin, qu'il allait prouver que l'égalité des conditions était nécessaire au bonheur. Alors il raconta l'aventure d'Apollon et du bel Hyacinthe, fils d'Amyclas. Hyacinthe aimait tendrement Zéphire : tous deux étaient de même âge, de même condition. Mais bientôt Hyacinthe, fier de l'amitié d'Apollon, qui lui apprenait à tirer de l'arc et à chanter en jouant de la lyre, négligea Zéphire et repoussa ses soins et ses caresses. Son amitié même lui devint importune. Zéphire se jouait-il autour de lui en agitant sa chevelure, il l'accusait de déranger son chapeau de fleurs et de le couvrir de poussière. En vain Zéphire l'environnait de parfums et le rafraîchissait dans les chaleurs du jour; en vain il tâchait de l'attendrir en le suivant avec de doux murmures et en lui promettant le sceptre du roi des fleurs, Hyacinthe était insensible. Alors l'amitié de Zéphire se changea en haine; pour se venger, il épia les deux amis, et, un jour qu'ils jouaient au palet, il se cacha derrière une roche, et soufflant tout à coup avec fureur sur la pierre d'Apollon, il la détourna sur la tête de l'ingrat qui mourut aussitôt. Apollon, ne pouvant lui rendre la vie, changea son corps en une belle fleur qui porte encore le nom d'Hyacinthe et autour de laquelle Zéphire ne cesse de faire entendre de tristes gémissemens. Voilà, continua Pollux, ce qui arriva à ce jeune imprudent, pour avoir voulu être aimé d'un être au-dessus de lui.

Parmi les filles de Lamon, il y en avait une gaie, folâtre, indifférente, qui se moquait de l'amour. Plus d'un amant avait tenté de la fixer; mais elle échappait toujours à leurs pièges. Tel le jonc fleuri se balance sur la surface des eaux; courbé par les vents amoureux, on croit qu'il va leur céder; mais il se relève et semble se moquer de la main qui s'avance pour le cueillir. Amabel, c'était le nom de cette charmante personne, était aussi sensible à l'amitié qu'insensible à l'amour.

Après l'histoire d'Apollon, elle prit la parole et dit : Je veux vous conter l'histoire des trois sœurs qui promirent de ne se point marier pour ne point rompre leur union. Elles consacraient tout leur temps à faire du bien, elles étaient bonnes et sensibles comme Cyanée, car près d'elles il n'y avait plus de malheureux : elles portaient à manger aux petits oiseaux, et les chevreuils de la montagne, qui les connaissaient, se mêlaient souvent à leur troupeau, comme je les ai vus se mêler à celui de Cyanée. De retour à la maison, elles filaient ou faisaient des étoffes, qu'elles teignaient ensuite dans le suc des herbes. Le dieu Pan en devint amoureux, mais il ne savait à laquelle il devait adresser ses hommages, car toutes trois étaient également belles; et quand il les voyait ensemble, son cœur n'avait point de préférence. Cependant elles avaient une voisine aussi malfaisante qu'elles étaient vertueuses; cette méchante femme connaissait l'art de contrefaire le visage et le son de la voix. Éprise du dieu Pan, dont elle n'avait pu se faire aimer, et protégée par son art et par les ombres de la nuit, elle lui donna rendez-vous, sous le nom des trois sœurs; de manière que Pan croyait être tantôt avec l'une et tantôt avec l'autre. Ce dieu est indiscret et volage, il osa se vanter des faveurs qu'il s'imaginait recevoir, et la réputation des trois sœurs fut perdue. Cependant, un jour ayant découvert par quelle ruse cette femme était devenue sa maîtresse, il la tua et s'enfuit pour cacher sa honte et sa douleur. Le matin, comme les trois sœurs ouvraient la porte de leur cabane, elles aperçurent le corps de leur méchante voisine. Oubliant les injures, elles ne sentirent plus que la pitié, et, recueillant des herbes d'une grande vertu, elles tentèrent de lui rendre la vie. Jupiter fut touché de cette généreuse bonté, il les transporta dans l'Olympe, et ce sont elles qui, sous le nom de *Charités*, ouvrent les portes du ciel: elles accompagnent Vénus-Uranie; et comme les Grâces, elles donnent à la beauté ses charmes les plus touchans: ce sont elles, belle Cyanée, qui font que vous l'emportez sur toutes vos compagnes.

Cyanée pencha la tête, elle rougit et parut semblable à la rose nouvelle. La pudeur l'embellissait encore, et sa beauté charmait toutes les yeux. Cependant elle releva sa tête, et s'adressant à ses compagnes, elle leur dit: L'histoire que je vais vous raconter vous apprendra comment un cœur sensible paraît quelquefois indifférent. J'ai entendu dire que l'amour est une sympathie, une espèce d'enchantement qu'on ne peut définir. Il arrive souvent que deux être nés pour s'aimer, sont placés par le sort aux deux extrémités de l'Arcadie, ou même à celles du monde: alors ils restent dans l'indifférence, mais ils aiment aussitôt qu'ils se voient. Ce que je dis là, chères compagnes, je le prouverai par l'histoire d'un enfant d'Argos, que ses parens avaient conduit à la fête du mont Lycée. Il n'avait que douze ans; son père possédait de grandes richesses, et ce fils était son unique espérance. Pendant la fête, il aperçut une bergère de son âge, nommée Alcinoé. Étonné du sentiment qu'il éprouve, il s'approche d'elle, il ose lui parler, et le soir, au moment de se séparer, il lui dit: Mon cœur s'est donné à vous, je sais qu'il faut que je vous quitte, mais au moins je puis vous jurer de vous aimer toujours. La bergère accepta ses vœux. La nuit venue, les parens du jeune homme le reconduisirent à Argos; depuis, ils ne revinrent plus à la fête du mont Lycée, ni même en Arcadie. Cependant le jeune homme avait atteint l'âge de se marier. Ses parens l'engageaient à faire un choix, et à aimer. Pour leur complaire, on le voyait chaque jour rendre hommage à un objet nouveau; rien ne pouvait le fixer. A l'une, il trouvait les yeux de celle qu'il aimait; l'autre lui rappelait le son de sa voix ou la couleur de ses cheveux; mais il ne trouvait nulle part toutes les perfections qu'il cherchait, et son inconstance ne faisait qu'accroître son malheur. Cependant, de son côté, la jeune Alcinoé paraissait insensible; l'objet de son amour occupait seul sa pensée. En vain on lui offrait les présens les plus précieux, rien ne la touchait; en vain on lui disait: L'amour fait le charme de la vie, il console, il fortifie; elle ne répondait pas, mais elle fuyait ses compagnes et les jeux de son âge; on la voyait sans cesse rêveuse sur le bord des fontaines, ou dans la solitude profonde des bois. Ses parens, inquiets, voulurent la marier; ils firent des vœux; on la conduisit aux fêtes de Pan, à celle de Cérès et de Bacchus, à Tégée, au temple de Vénus; mais rien ne pouvait vaincre son indifférence: enfin on consulta l'oracle, qui répondit qu'il fallait la ramener à la fête du mont Lycée. A la même époque, une même inspiration conduisit le jeune homme en Arcadie: les voilà donc tous deux en pèlerinage, l'une fuyant tous les hommes qu'elle rencontrait, l'autre allant à toutes les filles qu'il voyait, et les abandonnant aussitôt. Enfin, ils se revirent: Alcinoé le reconnut la première, et se mit à verser des larmes; et lui, tombant à ses pieds, recueillait ces douces larmes qui venaient de lui apprendre son bonheur. Leurs parens, témoins de cette scène touchante, les conduisirent à l'autel de l'Hyménée, et ils gravèrent cette histoire dans le temple de l'Amour.

Amasis était transporté de joie en écoutant Cyanée; elle avait parlé de l'amour, elle avait loué la constance de deux amans, il pouvait donc lui déclarer ce qui se passait dans son cœur. Plein de cette pensée, il se disait: J'irai m'asseoir auprès d'elle, et je lui dirai comme le jeune berger: Mon cœur s'est donné à vous, je jure de vous aimer toujours. La chose était si simple, elle lui paraissait si facile, que, pendant la nuit entière, il s'abandonna aux rêveries les plus délicieuses. Le matin venu, il ne se sentait plus la même résolution; une timidité secrète rendait son aveu plus difficile; cependant il s'encourageait encore. Après le sacrifice, on distribua les paniers; il aperçut Cyanée, elle parlait à la jeune Amabel, et il se dit : Attendons qu'elle soit seule; ce contre-temps semblait avoir soulagé son cœur d'un grand poids. Cependant il cherchait toujours l'occasion : dès que Cyanée fut seule, il s'approcha d'elle en tremblant, puis il s'arrêta, n'osant prononcer un seul mot, de crainte qu'elle ne pût cacher sa rougeur devant ses compagnes. J'attendrai la nuit, se dit-il; mais la nuit venue, il trouva un instant favorable, et il n'osa.

Il se disait : J'ai vu la guerre, j'ai essuyé des tempêtes, j'ai traversé des pays sauvages; je me suis vu sous le couteau des druides : si j'ai éprouvé quelque crainte, je l'ai surmontée, et voilà qu'en approchant d'une simple bergère, tout mon corps tremble! O amour! tu es donc une faiblesse, puisque l'aveu de ce que tu inspires fait éprouver tant de confusion! puis, après quelques momens de silence, il se disait encore : L'action que je veux faire offenserait-elle la vertu? ou bien quelque dieu terrible environne-t-il cette jeune vierge pour la défendre contre moi? Cependant il s'approcha d'elle, ils rougirent tous deux, tous deux devinrent muets, et il sembla à Amasis que son cœur venait de tout dire. . . . . . . . . . . .
. . . . . . . . . . . . . . . . . . . . . . . . . . . . . . . . . .

FIN DE L'ARCADIE.

# FRAGMENS
## DE
## L'AMAZONE.

### COMMENCEMENT DE MON JOURNAL.

Ce matin, à la première lueur du jour, j'ai fortifié mon cœur par une courte prière, suivant ma coutume; je me suis levé sans faire de bruit, pendant que ma femme reposait au milieu de mes enfans; je leur ai donné à chacun ma bénédiction et un baiser : ensuite je suis descendu avec cette douloureuse pensée que je les avais vus pour la dernière fois. Obligé de fuir une patrie où je ne dois attendre que la proscription et la mort, j'ai voulu au moins leur épargner la douleur de mes adieux.

A peine dans la rue, j'ai senti mon cœur se resserrer : je me suis assis sur une pierre; ma vue s'est troublée; et lorsque j'ai pu distinguer les objets, le premier qui m'a frappé a été un vieillard assez bien vêtu qui ramassait sur le bord d'un ruisseau des cosses de haricots qu'il dévorait; un peu plus loin, des femmes et des enfans assiégeaient la boutique d'un boulanger : tous ces affamés demandaient du pain d'une voix mourante. Le boulanger, accompagné d'un commissaire de police, a ouvert sa porte pour commencer la distribution; mais une troupe de portefaix, à moitié nus, se sont précipités dans la boutique, et soudain tout a été pillé.

L'horreur de ce spectacle m'a rendu assez de force pour m'en éloigner; je suis entré dans un café pour prendre quelque rafraîchissement; j'ai demandé un verre d'eau et de vin, et en l'attendant, j'ai jeté les yeux sur un journal, où j'ai lu ces mots : « Un citoyen propose, pour subvenir à la » disette qui menace de s'emparer de la républi- » que, de faire mourir toutes les personnes qui » ont passé l'âge de soixante ans. » J'ai payé mon verre d'eau et me suis retiré, en faisant quelques réflexions sur l'état d'une nation où l'on osait proposer le crime comme un moyen de salut.

J'entrai successivement chez plusieurs orfèvres pour me défaire de quelques bijoux, car j'étais sans argent; mais les uns me proposèrent du papier monnaie; d'autres me dirent qu'ils vendaient de l'orfèvrerie, mais qu'ils n'en achetaient pas, se disposant à fermer bientôt leurs magasins. J'errai long-temps dans une triste incertitude, craignant d'être reconnu, et m'efforçant de conserver un air d'assurance pour ne pas exciter les soupçons; imaginant mille projets et les rejetant tous; ne sachant à quoi m'arrêter, et n'osant ni retourner chez moi, ni sortir de la ville, ni demander un asile à des amis que ma présence aurait perdus. Je venais de traverser le carrefour de la rue de Bussy, et j'essayais de gagner le quai, dans l'espérance de trouver à vendre mes bijoux, lorsque j'entendis des cris affreux; c'était une grande foule, rassemblée autour d'un chariot qui sortait du Châtelet. Les blanchisseuses montaient en hâte l'escalier du quai, criant à tue-tête : Combien sont-ils aujourd'hui? Dix-sept, répondit un homme en pantalon et en gilet rouges, debout sur le siège. — Ce n'est pas assez, criaient les femmes; hier il y en avait quarante. Cet homme était le bourreau qui conduisait les victimes à la mort.

Je parcourus ainsi une partie de la ville, épuisé de besoin, de fatigue et de soucis. La nuit venue, les premières chandelles allumées, je vis briller quelques croix d'argent à travers les vitres d'une boutique. L'envie me prit d'y entrer. Elle était si basse, que ma tête touchait le plafond : il y avait cependant, dans cette boutique, une femme et trois enfans, deux garçons et une petite fille ; le plus petit des garçons, âgé de quatre ou cinq ans, était sur ses genoux ; elle lui apprenait à lire : la petite fille était occupée à coudre à sa droite, et le garçon le plus grand, âgé de neuf ou dix ans, était debout à côté du comptoir. Ce fut lui qui m'ouvrit la porte. Il y avait dans cette petite famille un air de propreté, de bonheur et de paix, qui faisait plaisir à voir. Je saluai cette bonne femme, et la félicitai sur sa tranquillité et sur celle de ses enfans au milieu du tumulte qui bouleversait toute la France. Elle me répondit, en versant quelques larmes : Ces enfans ne sont pas tous à moi ; celui qui est sur mes genoux est le fils d'une de mes amies qui vient de périr victime de sa vertu. Je n'ai pas voulu abandonner cet orphelin, car, quoique j'aie eu le malheur de perdre mon mari à l'armée, il y a environ quatre ans, Dieu ne m'a pas laissée sans ressource ; mon commerce suffit à mon existence et à celle de ma famille ; si vous désirez vous défaire de quelques bijoux, vous pouvez être sûr que je vous en paierai la valeur. Je tirai alors de ma poche ma montre, je détachai mes boucles d'argent et je les posai sur son comptoir. Alors elle mit ses lunettes, démonta fort adroitement le cristal et le mouvement de ma montre et les chapes de mes boucles, pesa l'or et l'argent de ces pièces, et, d'un trait de plume, fit mon compte qui montait à 172 l. 13 s. 9 d. Elle me donna cette somme en argent et me demanda si j'étais content. Oui, lui répondis-je. C'était, en effet, plus du tiers en sus de ce qu'on m'en avait offert chez les plus riches orfèvres.

Ma bonne dame, lui dis-je, vous venez de me tirer d'un grand embarras, cependant ce n'est pas mon besoin le plus pressant : je meurs de faim ; je n'ai rien mangé de la journée : enseignez-moi quelque restaurateur dans le voisinage. Je ne suis pas aubergiste, dit-elle ; cet état ne convient guère à une mère de famille ; mais, en cas de besoin, je puis donner à manger à un honnête homme comme vous. J'attends ce soir un roulier de Bruxelles, qui apporte toutes les semaines des farines à l'Hôtel-de-Ville ; il se rafraîchit chez moi, et je fais ses commissions chez les marchands. Il ne me laisse pas manquer de pain ; et comme j'en ai de surplus, je l'échange contre de la viande chez le boucher, et contre du vin chez le cabaretier. Sans ce petit commerce d'échange, il nous serait impossible de vivre. Croiriez-vous que deux côtelettes se sont payées dernièrement 1,500 liv., une corde de vieux bois de peuplier 10,000 liv.? En parlant ainsi, elle me fit entrer dans son arrière-boutique. Il y avait une table couverte d'un linge très-blanc, et j'allais m'y placer, lorsque la porte de la boutique s'ouvrit. Les trois enfans crièrent à la fois : Maman, le père Jérôme ! Aussitôt je vois entrer un homme à peu près de ma taille, de ma physionomie, de mon âge, vêtu d'un sarrau, et portant à la main le fouet d'un charretier. Bonsoir, mon frère, me dit-il, sans m'ôter son chapeau ; puis il s'assit sans façon vis-à-vis de moi. Je ne savais que répondre à ce singulier compliment, lorsque la veuve dit à l'aîné de ses enfans : Mon fils, allez dans la rue à la tête des chevaux, et veillez-y soigneusement pendant que le père Jérôme soupera avec nous. Elle prit alors les deux autres enfans, et les fit asseoir auprès d'elle entre cet étranger et moi. Voici votre petite provision, dit Jérôme, en tirant de dessous son sarrau un gros pain de huit livres, qu'il mit sur la table. Je vous en laisserai autant demain en repassant ; avec cela vous pourrez attendre mon retour de Bruxelles ; puis il se mit à caresser les deux enfans du revers de sa grosse main. Ce mouvement paternel envers deux petits orphelins, me remplit d'émotion en me rappelant les miens. Tu as du chagrin, mon frère, me dit-il ; il n'en faut point avoir, le chagrin tue l'homme. Il prit la bouteille et remplit mon verre et le sien. J'en verserais, ajouta-t-il, à la citoyenne, mais elle ne boit que de l'eau ; allons ! à sa santé ! c'est une brave femme. Je lui dis : Quoique depuis long-temps je ne boive plus de vin, tu mets tant de simplicité dans ton invitation, que je l'accepte de tout mon cœur. Alors, m'inclinant vers lui et la maîtresse du logis : Quand le bonheur, ajoutai-je, n'existera plus dans Paris, puisse-t-il trouver son dernier asile dans cette petite maison ! et je vidai mon verre. Nous nous mîmes à manger tous de bon appétit. Tu as bien raison, mon ami, dit Jérôme ; le bonheur n'est que dans ce petit coin : je n'ai vu que de la misère dans toute la route. En arrivant à la barrière, j'ai été reçu sans difficulté parce que j'y suis connu, et que toutes les semaines j'apporte des farines pour le gouvernement ; mais comment se fait-il qu'une ville où l'on amène, tous les jours, quinze cents sacs de farine, pesant chacun trois cent cinquante livres, sans compter un nombre considérable de sacs de riz et de légumes, et des troupeaux immenses de bœufs et de moutons ; comment se fait-il, encore une fois, que cette ville soit à la veille de mourir de faim ? Après avoir passé la barrière, j'ai vu une multitude de gardes, armés de piques, qui s'opposaient à la sortie de ceux qui voulaient aller chercher du pain hors Paris. Les malheureux avaient raison, puisqu'ils n'y peuvent plus vivre :

eh bien! croirais-tu que les commis les forçaient de rester, sous prétexte que leurs passe-ports n'étaient pas en règle? Comment! repartis-je, il faut un passe-port pour sortir? — Oui; il faut de plus qu'il soit visé dans différens bureaux de la section, de la ville, de la barrière: ici il faut quatre témoins, là il en faut neuf: sans cela on ne peut sortir; et si on passe furtivement, on est arrêté par la gendarmerie et conduit en prison. Eh bien! mon frère, je n'ai point de passe-port, lui dis-je, et il faut absolument que je sorte de Paris. Point de passeport! ce mot fut répété par la bonne femme et même par les enfans, et Jérôme en pâlit.

Je lui contai alors, sans aucun déguisement, le danger où je me trouvais; l'avis secret que j'avais reçu le matin et qui m'apprenait que je devais être arrêté dans la journée; la manière dont j'avais quitté ma femme et mes enfans; le dénûment où je les laissais; enfin je lui ouvris mon ame tout entière, et ce fut une inspiration du ciel: j'avais trouvé un libérateur. Ce brave homme me prit la main, tout ému; il me vient une idée, me dit-il, que je te communiquerai tête-à-tête; ne t'afflige pas. La bonne femme, ayant fait coucher ses deux enfans, nous laissa seuls Jérôme et moi. Écoute, tu m'as touché le cœur, car je suis père comme toi, j'ai ma femme et des enfans à Bruxelles; Dieu bénira ton courage, et voici ce qu'il m'inspire pour t'obliger: il tira de sa poche un lambeau de papier revêtu de signatures et de cachets. Voilà, dit-il, mon passe-port qui pourra te servir, car nous nous ressemblons beaucoup; mon signalement porte que j'ai cinq pieds cinq pouces, cheveux gris, yeux bleus, le nez aquilin, le visage coloré: tous ces signes te conviennent comme à moi; cette pièce m'est assez inutile, je puis d'ailleurs m'en procurer une nouvelle dans ma commune, en disant que j'ai perdu l'ancienne. Tu diras donc que tu t'appelles Pierre Jérôme, que tu es roulier, établi auprès de Bruxelles au village de Saint-Romain: c'est là qu'il faudra attendre quelques jours de mes nouvelles. Tu vas changer de costume. A ces mots, il alla chercher un vieux sarrau, de gros souliers et un grand fouet; puis il fit rafraîchir ses chevaux pendant que je m'affublais de mon nouvel habillement. A son retour, je lui dis: Tu viens de me rendre un service important d'une manière si généreuse, que je ne balance pas à te prier de m'en rendre un autre; c'est de remettre à ma femme ce paquet de papiers avec cet argent; tu lui diras que c'est la moitié de ce que je possède: il y a 86 livres. Écoute, me dit-il, n'as-tu pas encore quelque monnaie de papier à y joindre? donne-la moi. Je te préviens que tu n'en ferais rien sur la route; pour moi, je suis sûr de la passer en compte à l'Hôtel-de-Ville. Je tirai de mon portefeuille une cinquantaine d'écus en papier-monnaie, et il me promit de les remettre sous peu à ma femme en argent comptant. Ce dernier trait me pénétra de reconnaissance. Que Dieu te conduise, mon frère! me dit-il. Alors, je fus prendre congé de la bonne femme dans la maison de laquelle j'avais trouvé tant de consolation; nous nous embrassâmes tous en pleurant.

Je m'acheminai vers les barrières, et mon bienfaiteur vers l'Hôtel-de-Ville; il pouvait être dix heures et demie du soir lorsque j'arrivai à la barrière; elle était obstruée d'une multitude de voitures. Le tumulte me fut favorable; j'eus bientôt traversé la Chapelle, et une fois dans la plaine, je marchais comme si j'avais eu des ailes, sans regarder derrière moi. Cependant j'étais fatigué quand j'arrivai à Saint-Denis; et je résolus de m'y reposer: j'entrai dans les vastes jardins de l'abbaye, dont la clôture était rompue en plusieurs endroits, et je me couchai au pied d'un mur, à l'abri du vent, sur un peu d'herbe sèche. De là j'apercevais la petite rivière qui traverse ce vaste enclos. La lune allait se coucher, elle éclairait un côté de cette superbe flèche qui s'allonge dans les airs; le reste du bâtiment était caché dans l'ombre. Jadis il couvrait les cendres de nos rois, mais ces cendres n'y étaient plus: celles de Louis XIV, si jaloux de l'admiration de la postérité, et celles de Henri IV, si digne d'être aimé, avaient été jetées aux vents et dispersées par la main des bourreaux. La nuit entière s'écoula au milieu de ces grands souvenirs. Au point du jour, je m'acheminai, suivant l'itinéraire que m'avait donné Jérôme, vers Écouen, pour m'écarter un peu de la grande route de Bruxelles. Parvenu au pied de la montagne d'Écouen, je me dirigeai vers une petite maison du village; mais l'effroi régnait partout; on semblait me fuir, et je me décidai à m'éloigner à l'aspect de quelques hommes couverts de bonnets rouges, que j'aperçus à l'extrémité de la rue. Je marchai deux heures jusqu'à l'entrée d'un bois, où j'attendis la nuit. Dès que la lune fut levée, je me mis en route et j'arrivai à Amiens vers le matin. A l'aspect de sa rivière, je me trouvai dans le plus grand embarras: il fallait entrer dans la ville ou me jeter à la nage. J'étais dans cette perplexité lorsque j'aperçus une petite barque; je fis signe au batelier, qui vint aussitôt à moi. Il me reçut fort bien, me fit asseoir à côté de lui, m'apprit qu'il était pêcheur, et qu'il allait lever des filets dans les roseaux voisins. En parlant ainsi, nous débarquâmes sur l'autre rive; il m'enseigna ma route de son mieux, et me laissa.

Après sept jours ou plutôt sept nuits de marche, pendant lesquelles il ne m'arriva aucune aventure remarquable, j'arrivai à la vue de Bruxelles. Ayant, suivant les instructions de Jérôme, laissé cette ville sur ma droite, j'entrai dans Saint-Romain, et la première personne que j'y rencontrai fut mon libérateur; il y était depuis deux jours et m'attendait à l'entrée du village. Dès que nous fûmes seuls, il me remit la lettre suivante de ma femme :

« Enfin je reçois de tes nouvelles, tu vis encore
» et tu m'envoies des secours! Ah! que ne puis-je
» aller mourir avec toi!
» Hier, il était nuit, je venais d'allumer ma
» lampe, lorsque j'ai entendu un grand bruit dans
» l'escalier, comme d'une troupe d'hommes ar-
» més. Mon premier mouvement a été de fermer
» ma porte au verrou; alors on a frappé; ma fille
» s'est mise à pleurer; son frère m'a dit : N'aie
» pas peur maman, je saurai bien te défendre. —
» Pauvre enfant! lui ai-je dit, il faut obéir. Les
» coups ont redoublé, j'ai ouvert la porte; alors
» six hommes, armés de sabres et de fusils, se sont
» précipités dans la chambre. Leur chef était un
» espèce de petit provençal, maigre et pâle, coiffé
» d'un grand chapeau, qu'il n'a pas ôté de dessus
» sa tête. Citoyenne, m'a-t-il dit dans son patois,
» veux-tu faire résistance à la loi? où est ton mari?
» — Je n'en sais rien, lui ai-je répondu. — J'ai
» ordre de l'arrêter. Quand viendra-t-il? — Je l'i-
» gnore. Et je me suis mise à pleurer. Cependant,
» un de ses compagnons, plus honnête, m'a dit à
» l'oreille : On n'en veut ni à vous ni à vos enfans.
» La loi ne punit que les coupables. — S'il est
» est coupable, me suis-je écriée, c'est d'avoir
» servi sa patrie dans tous les temps de sa vie.
» Enfin cette troupe, après avoir fouillé dans le
» cabinet voisin, et jusque sous mon lit, s'est re-
» tirée brusquement. Le petit commandant m'a
» dit : Il ne faut pas m'en vouloir; tu dois obéir à
» la loi. Quand ils ont été descendus, Henri m'a
» dit : Qu'est-ce que la loi, maman? — Ton
» père dit que la loi est un lien qui unit les hom-
» mes; mais que lorsqu'elle n'est pas fondée sur la
» nature, elle les met en état de guerre; il dit que
» la France, depuis la révolution, a au moins qua-
» tre-vingt mille lois. — Oh bien! m'a dit Henri,
» je ne pourrai jamais les connaître toutes. Alors,
» me jetant à genoux et fondant en larmes, j'ai
» remercié Dieu de t'avoir sauvé jusqu'à présent
» des mains des méchans; je l'ai prié de sauver de
» même notre malheureux pays : mes enfans ont
» prié à mon exemple. Je me préparais à les cou-
» cher sans souper, car il était plus d'onze heures
» du soir, lorsque j'ai entendu frapper à ma porte;
» je me suis approchée : Ce sont de bonnes nou-
» velles de votre mari, m'a dit tout doucement
» une grosse voix. Aussitôt j'ai ouvert ma porte;
» mais à la vue d'une espèce de charretier, j'allais
» la refermer, lorsque sa bonne mine m'a rassurée.
» Il avait un bissac sur l'épaule, son chapeau à la
» main, et tenait dans l'autre un paquet dont l'a-
» dresse était de ton écriture. Alors je l'ai prié
» d'entrer et de se reposer; j'ai ouvert avidement
» ta lettre : à la nouvelle de la sortie de Paris, mon
» ame s'est ranimée. Après un moment de silence,
» il a tiré de son bissac un paquet de farine et un
» gros pain, qu'il a mis sur la table. Aussitôt ma
» fille a détaché son fichu de dessus sa tête, en lui
» disant : Prenez, monsieur, ce fichu pour votre
» petite fille. O vertu! on ne t'apprend pas; tu es
» naturelle au cœur des hommes. Madame, m'a-
» t-il dit, en souriant de cette action, monsieur
» votre mari m'a encore donné pour vous cin-
» quante écus en papier, je comptais les donner
» en paiement au bureau de la Ville; mais cette
» monnaie à présent est si discréditée, que j'ai été
» obligé de payer en argent; et tout ce qu'a pu
» faire le chef du bureau, c'a été de me promettre
» de m'en dédommager par quelques livres de fa-
» rine. Il m'a fait donner un premier à-compte,
» que je viens de vous remettre; tous les huit
» jours, je vous en apporterai un paquet pareil.
» Vous voudrez bien répondre à votre mari que je
» me suis acquitté en partie de sa commission. De-
» main, vers midi, je passerai sous vos fenêtres,
» je ferai claquer mon fouet, et, à ce signal, vous
» m'enverrez votre lettre par votre fils, et soyez
» sûre qu'elle parviendra à votre mari; faites at-
» tention de n'y mettre ni votre adresse ni votre
» nom, de crainte de surprise. En disant ces mots,
» il a ôté ses gros souliers ferrés, afin, m'a-t-il dit,
» de ne pas faire de bruit dans l'escalier, et il est
» descendu sans vouloir qu'on l'éclairât. Peut-on
» voir tant de délicatesse, de générosité, sous une
» aussi rude écorce? »

Que mes enfans sont dignes d'amour! D'où leur viennent ces semences de bonté? Est-ce la nature qui les a mises dans leur cœur? est-ce par les soins de leur mère que ces plantes du ciel portent déjà des fruits? Hélas! pourquoi faut-il que je m'en éloigne peut-être pour jamais! . . . . . . . . . . .
. . . . . . . . . . . . . . . . . . . . . . . . . . . . . . . .

### SUITE DE MON JOURNAL.

Je suis entré à six heures du soir dans la barque; elle est pleine, les chevaux sont attelés, on sonne la cloche, nous partons. Je goûte fort cette façon d'aller. Nous avons changé cette nuit plusieurs fois de chevaux, et le matin on nous a fait passer dans une autre barque; peu de temps après, nous avons fait notre entrée en Hollande. Je me sens de l'amitié pour les Hollandais; ils sont propres, ils aiment l'ordre; leur pays me plaît; il me paraît riche. J'ignore les noms des villes et des villages que nous traversons ou que nous apercevons de loin; mais ils sont en grand nombre; les campagnes sont superbes : ce sont pour l'ordinaire de vastes prairies couvertes de troupeaux. Des paysannes y ont un embonpoint et des couleurs qui font plaisir à voir. Les canaux unissent ces paysages; ils sont couverts de bateaux et d'usines. Quelquefois un canal traverse sur un autre canal, et vous voyez dans le même temps une barque passer dans celui de dessus et une autre dans celui de dessous. L'industrie règne partout. Les digues qui bordent le rivage sont couvertes de moulins à vent qui pompent les eaux des canaux et les empêchent de se corrompre en les rejetant dans l'Océan. Ces digues, en quelques endroits, sont si élevées, que je vis un gros vaisseau qui faisait voile à Amsterdam, à plus de quinze pieds d'élévation au-dessus des prairies. Si ces digues venaient à se rompre, la mer inonderait ces mêmes terres qu'elle couvrait autrefois. C'est ce qui est arrivé auprès de Harlem, où l'on ne voit plus qu'un vaste lac, au milieu duquel apparaissent encore quelques clochers.

Nous mîmes pied à terre à l'entrée d'Amsterdam, sur des quais magnifiques. Ils étaient couverts d'un peuple nombreux, tout occupé des soins du commerce. En arrivant, nous apprîmes que le stathouder était en fuite, et que les troupes françaises s'étaient emparées des principales villes de la Hollande. O asile de la liberté! combien ta prospérité durera-t-elle encore? Il y avait plus de quarante ans que j'étais venu à Amsterdam. J'y avais rencontré un de mes compatriotes, M. Mustel, alors gazetier et fort au-dessus de son état par sa probité et ses talens. Dans l'origine il était homme de lettres, il avait remporté un prix au *Pelinod* de Caen; c'était une ode fort belle sur la mort de Caton. Cette pièce fit tant de bruit que M. Mustel fut appelé à Paris par mademoiselle Lecouvreur, par Jean-Baptiste Rousseau et par des seigneurs de la cour de Louis XV. Tous lui firent beaucoup de complimens et ne lui rendirent aucun service. Ayant épuisé ses ressources dans de vaines espérances, il se détermina à accepter l'emploi d'instituteur des enfans du roi de Pologne. Il partit pour Dantzick; mais le roi étant venu à mourir dans ces entrefaites, M. Mustel se rembarqua pour la Hollande, où il se chargea d'écrire *la Gazette de France*, ce qui lui procura un peu de fortune. Devenu vieux, il desira retourner dans son pays, pour y mourir; et comme il avait cru trouver en moi quelques talens, il m'offrit sa place. Mais alors j'étais jeune, plein d'ambition, je préférais la carrière militaire à celle des lettres, et j'étais résolu à aller tenter la fortune dans le nord. M. Mustel me dit : J'ose vous prédire que vous regretterez un jour ma place. Autrefois je faisais ma cour aux grands; ce sont eux qui me la font aujourd'hui. Ils veulent que je parle d'eux, j'ai des malles pleines des lettres de ces hommes avides de réputation; mais je ris de leurs espérances, et je me moque de leurs promesses.

M. Mustel était un vrai philosophe, d'un caractère sérieux et d'un esprit gai; mettant son bonheur dans la liberté, dans la culture des lettres et dans celle d'un petit jardin où il aimait à se promener. Je voulais savoir s'il restait encore quelque souvenir de sa personne dans son voisinage, et s'il avait été heureux dans sa patrie où il s'était retiré. Ma destinée était bien différente, puisque j'étais obligé de fuir la mienne, pour aller chercher un asile dans des pays inconnus. Je traversai donc la ville, en partant de la grille du magnifique jardin du juif portugais P...., portant cinq croissans pour armes, comme le grand-maître de Malte son parent, et je me dirigeai vers le quartier qu'avait habité M. Mustel. Je reconnus aisément sa maison et celles qui l'environnaient à leurs frontispices figurés en escalier pyramidal et aux inscriptions qui en ornaient la façade. Ces inscriptions offraient toujours le nom du mari et de la femme, avec la date de l'année de leur naissance et de leur mariage. On trouve sur presque toutes les maisons d'Amsterdam ces décorations conjugales. Je commençai mes informations; mais dans aucune des maisons voisines je ne pus apprendre des nouvelles de mon ami. Tout était changé : une charmante petite école d'enfans des deux sexes était devenue une écurie; une cave, où l'on vendait autrefois des porcelaines du Japon et où j'avais pensé un jour tomber par un temps de pluie, était un estaminet bruyant où l'on vendait du tabac. Je ne crois pas qu'il y eût encore en vie un seul des voisins de M. Mustel. Pour les maisons, elles semblaient embellies; toutes leurs croisées et leurs portes étaient peintes en brun ou en gris. Comme j'avais conservé mon sarrau de roulier et que d'ailleurs je n'avais rien à acheter, j'étais assez mal reçu des marchands, qui fumaient gravement leur pipe à leur comptoir. A toutes mes questions, ils ne répondaient que par un *je ne sais pas*, fort sec. Si je m'adressais aux marchandes, c'était un babil qui ne finissait point, mais qui ne m'instruisait de rien; elles répétaient souvent *Mustel*, *Mustel*, et finissaient par rire. Enfin je me retirai, réfléchissant combien la réputation est peu de chose, puisqu'un homme de lettres qui distribuait la renommée aux potentats deux fois par semaine, et dont le nom avait été répandu, pendant trente ans, dans toute l'Europe, n'était plus connu dans la rue même où il avait vécu.

Il était près de midi, j'éprouvais le besoin de manger, et je m'acheminai vers le port, guidé par les ruisseaux qui y descendaient. Arrivé sur le quai, je fus frappé d'un coup d'œil que je n'avais vu nulle part. Le port contenait alors près de cinq mille voiles; de jolies marchandes de légumes, de fruits, de lait et de toutes sortes de marchandises, le parcouraient en tous sens, dans de petites chaloupes qu'elles conduisaient fort adroitement. Ces chaloupes, bariolées de rouge et de vert, contenaient les provisions journalières; les marchandes les annonçaient, en chantant sur toutes sortes de tons. Un nombre prodigieux de marins, fort proprement vêtus, allaient et venaient sur les quais bordés de maisons, où il ne manquait pas une brique. Cet air d'aisance et de contentement d'un grand peuple me remplissait de satisfaction. J'entrai dans un petit cabaret fort propre, qui avait pour enseigne un soldat qui se coupait un bras d'un coup de hache, dont la légende était : *A la Révocation de l'Édit de Nantes*.

L'hôtesse me reçut d'abord assez froidement; mais lorsqu'elle sut que j'étais émigré, et que je fuyais de Paris à la faveur de mon déguisement, elle me dit : Mon cher compatriote, je suis aussi Française; je m'appelle Richard de Tallard, parente du fameux maréchal de ce nom. Je suis obligée, pour vivre, de tenir ici une petite auberge. Aussi, je lui ai donné pour enseigne le nom de la révocation qui a fait tant de mal à mon pays. Charmé de retrouver une compatriote, je m'entretins un instant avec elle; puis je la priai de me permettre de faire une petite toilette pendant qu'on apprêtait le dîner. Je n'ai jamais vu une femme si vive, si alerte, si babillarde et si bonne. Lorsque je descendis, le dîner n'étant pas encore prêt, je courus à la poste, où on me remit une lettre de ma femme; et je sentis que je pouvais encore être heureux! Un philosophe me disait un jour que la Providence conservait les espèces, mais qu'elle ne se mêlait pas des individus. Je lui répondis : La Providence est au moins aussi étendue que l'air, qui enveloppe également la terre et les plus petits objets qui sont à sa surface. Cette pensée est bien consolante; elle m'apprend que Dieu me protège

en Hollande, dans le même temps qu'il veille à Paris sur ma femme et sur mes enfans. L'essentiel est que nous mettions notre confiance en lui seul. Chère épouse! m'écriai-je, embrasse nos enfans tous les jours après leurs prières; fais-leur prendre des habitudes vertueuses : ce sont des câbles qui attachent notre cœur à Dieu. On comprend la Divinité par la raison, mais c'est par le cœur qu'on la sent. Lorsque les tempêtes de l'adversité soufflent, que la terre s'ébranle sous nos pas chancelans, que les ténèbres s'assemblent et nous voilent la lumière des cieux, nous sentons encore le côté qu'occupe le soleil, à la douce chaleur qui nous réchauffe.

Au milieu de ces réflexions, j'ai entendu madame Richard de Tallard qui m'appelait à grands cris. Je suis descendu, et, d'un air riant, elle m'a fait passer dans un petit salon, où il y avait une table d'hôte de douze couverts. La compagnie était rassemblée. Madame Richard s'est mise à table, à la place d'honneur, et m'a fait asseoir auprès d'elle. Après le dîner, les convives passèrent dans le salon, dont la vue donnait sur le quai; là, chacun fuma sa pipe sans rien dire, suivant la coutume du pays. Madame Richard me retint, avec un des convives, dans la salle à manger. Ce convive était un homme de bonne mine, qui paraissait avoir environ quarante ans; il avait un surtout bleu : madame Richard l'avait invité à prendre du café avec nous. M. Duval, lui dit-elle, voici un de mes compatriotes auquel vous pouvez être utile; il cherche un emploi, vous avez des amis, tâchez de lui trouver une place convenable, vous m'obligerez. Je m'obligerai moi-même, répondit M. Duval; mais vous savez qu'il est trop tard aujourd'hui : ici toutes les affaires se traitent entre midi et une heure. En attendant, monsieur, me dit-il, je vous offre la moitié du cabinet que j'occupe dans cette maison; mais quelques affaires me forcent de sortir; nous nous verrons à mon retour. A ces mots, il se leva et prit congé de nous.

Aussitôt madame Richard fit monter un lit dans le cabinet de M. Duval, et on y porta mon petit équipage. Pour moi, j'avoue que j'étais étonné de voir dans un inconnu tant d'activité et de zèle pour m'obliger. Je ne doutai pas que madame Richard n'eût déjà prévenu Duval en ma faveur. C'est une grande recommandation auprès d'une femme que le malheur; il semble que la nature ait répandu les femmes entre les hommes pour fortifier les deux extrémités de la chaîne sociale, l'enfance et la vieillesse.

Le lendemain, à l'heure de la bourse, Duval, voulant tenir sa promesse, m'engagea à le suivre.

Dès que nous fûmes arrivés, il me recommanda à quelques agens de change, dont l'unique fonction était de placer les étrangers. Le premier qui m'aborda, demanda à voir de mon écriture; mais il ne la trouva pas convenable pour être chez un négociant. Il me demanda ensuite si je savais l'anglais, l'allemand, le russe, le hollandais. Je lui répondis qu'à peine je savais le français et un peu de latin; que j'étais incapable d'enseigner l'un ou l'autre à un enfant, parce que moi-même, depuis que j'étais dans le monde, j'avais oublié les règles de la grammaire. Eh bien! que savez-vous donc? reprit-il avec impatience. Je lui répondis que m'étant occupé de philosophie, j'étais en état d'enseigner aux enfans les principes de la religion et de la morale; c'est-à-dire de leur donner la force de réprimer leurs passions. — De quelle religion êtes-vous? — De la religion catholique. Alors il se mit à rire, et me dit qu'il ne connaissait pas un père de famille qui voulût faire usage de mes talens, surtout de celui de réprimer les passions, c'est-à-dire de refréner le desir de gagner de l'argent; ce qui ne ferait de mon élève qu'un négociant toujours pauvre. M. Duval lui ayant dit que je n'étais pas aussi ignorant que je le disais, que j'avais appris les mathématiques, que j'étais versé dans la littérature française, mon agent me demanda si je saurais faire une chanson un jour de noces ou de fête; qu'il connaissait une dame russe qui avait trois enfans, auxquels elle voulait faire apprendre les mathématiques; mais qu'elle exigeait que le maître fût parfait dans son art; et qu'il tirât les sorts avec des cartes, de l'étain fondu, ou même du marc de café. Il ajouta qu'il connaissait un grand seigneur, le baron de Sparquen, ambassadeur de Hanovre, qui paierait richement un secrétaire, s'il savait faire de l'or, science que sans doute je devais posséder à mon âge, s'il était vrai que j'eusse étudié les mathématiques. Il finit en me recommandant de ne pas perdre une minute : je me mis à rire, et il s'en fut. Je demandai à M. Duval ce qu'il revenait à cet agent pour ses peines; il me dit : il a un mois de revenu de chacune des personnes qu'il place. Vous voyez, lui répondis-je, qu'un vieillard véridique n'est bon à rien. Duval s'adressa encore à quelques autres agens du commerce; mais aussi inutilement.

Comme nous rentrions chez madame Richard, je vis plusieurs matelots qui lui remettaient des lettres, des paquets et même de l'argent, pour les faire parvenir à leurs familles. Dès qu'elle m'eut aperçu : Eh bien! dit-elle, êtes-vous content? Je secouai la tête; puis, étant entré dans la salle à manger, je lui contai ce qui nous était arrivé. Oh! dit-elle, comme l'esprit de commerce rend le cœur étroit! cependant gardez-vous de perdre courage. Il s'en faut bien, lui dis-je. Dans la position où la fortune m'a placé, je me regarde comme un homme pour qui toutes les chances sont bonnes, et j'irais jusqu'au fond des déserts de l'Amérique, si j'étais sûr d'y trouver la paix. Mais la paix ne se trouve pas même dans les déserts; je n'en veux d'autre preuve que ce qui m'arriva quelques mois avant de partir de Paris. Une dame de mes amies reçut une lettre de la Nouvelle-Orléans, par laquelle un jeune Français lui mandait son arrivée avec celle de plusieurs de ses amis; il ajoutait que, se trouvant sans autres ressources que leurs bras et un vaste terrain sur les bords du Mississipi, ils avaient formé une société active et laborieuse, où le bonheur semblait avoir choisi un asile. Cependant ils manquaient de femmes; et il lui écrivait que si elle avait quelques jeunes parentes ou quelques amies qui eussent le courage de les venir joindre, ils paieraient les frais de voyage, et qu'elles vivraient avec eux dans l'abondance, au milieu du plus beau pays du monde. Vraiment! dit madame Richard. — Mais savez-vous, madame, la suite de cette aventure? Les femmes ne sont point arrivées; l'ennui et le désordre se sont introduits dans cette société d'hommes : chacun voulait y commander, personne ne voulait obéir; le besoin les avait rapprochés, l'ambition les sépara. Enfin, les uns ont cherché de nouvelles retraites dans les États-Unis de l'Amérique, les autres sont allés jusque dans les îles Antilles, mais la plupart sont morts çà et là, victimes de l'intempérie du climat, des miasmes de l'air et de l'indigence. Que conclure de ce déplorable exemple? qu'il est bien difficile d'être heureux sur la terre.

Après dîner, M. Duval m'invita à monter dans sa petite chambre : elle n'était pas plus grande que celle d'un vaisseau; car, dans les ports de mer, les maisons, dans leur architecture, ressemblent beaucoup aux navires, et les navires aux maisons. Il en ouvrit la fenêtre, dont la vue s'étendait fort loin sur le port. En face était un gros vaisseau amarré avec deux grelins; deux larges ponts à planches joignaient sa proue et sa poupe, et on y voiturait sans cesse des caisses et des tonneaux. Son gaillard d'arrière était revêtu d'un ample filet, rempli de légumes de toute espèce; de grandes chaloupes y débarquaient quantité de marchandises. Sur les quilles, entre les canons, on voyait des bœufs, des moutons et des cages qui renfermaient une multitude de volailles. Ce vaisseau semblait porter dans ses flancs l'approvisionnement d'une grande ville. Eh bien! dit M. Duval, êtes-vous encore dégoûté de l'envie de voyager? Non, lui dis-je, on peut tout risquer quand on n'a plus rien à perdre. Ce vaisseau, dit-il, que vous voyez, s'appelle *l'Europe* : j'en suis le pilote, et, avant deux jours, il doit mettre à la voile. Il y a une quantité prodigieuse de passagers que nous attire la révolution française; mais je trouverai bien le moyen de vous y procurer une place, et même un emploi, quoique le capitaine soit le plus avare de tous les hommes. Il a doublé et triplé la plupart des emplois sur la même personne, pour les faire exercer à meilleur marché. Cependant il en a oublié un de la plus grande nécessité, c'est celui de commis à la distribution des vivres. Cet emploi ne demande qu'un peu de surveillance, et ne troublera guère votre repos, puisque vous ne l'exercerez qu'une fois la semaine, c'est-à-dire tous les samedis. Eh bien! lui dis-je, nous partirons, et je suis prêt à suivre vos conseils. Écrivez donc à votre famille, répondit-il; demain matin, nous irons ensemble voir le capitaine. Quoique fort riche, il n'a point de logement à terre, parce qu'il dit qu'un bon marin ne doit jamais quitter son vaisseau. Il faut encore que je vous prévienne qu'il fait entendre à chaque passager, en particulier, qu'il abordera dans tous les pays où ils veulent aller : c'est un trait de son avarice; il ne refuse l'argent de personne, soit qu'on veuille aller en Afrique, en Amérique ou en Asie. Pour moi, il me donne chaque jour la route que je dois tenir, et je n'ai point à m'en plaindre, car, au fond, je suis le pilote du vaisseau, et peu m'importe dans quelle mer il navigue, pourvu que je l'amène à bon port.

Le lendemain, nous nous levâmes sur les neuf heures, et je suivis Duval à bord du vaisseau *l'Europe*. Il entra le premier chez le capitaine pour m'annoncer. Capitaine, lui dit-il, voici un homme qui veut passer aux Indes, et qui peut être nécessaire à votre équipage; alors j'entrai. Le capitaine, m'ayant regardé des pieds jusqu'à la tête, sans me saluer, répondit à Duval : Votre homme est bien cassé, que sait-il faire? Quel métier avez-vous exercé, me dit-il, depuis que vous êtes au monde? J'ai étudié les sciences, lui répondis-je. — A ce que je vois, on ne fait pas fortune à ce métier-là. Mon cher Duval, ajouta-t-il, je n'ai pas besoin d'un tel homme. Cependant, répondit Duval, il manque un commis à la cambuse : votre vaisseau est bien approvisionné; mais s'il n'y a pas une personne sage et discrète pour surveiller la distribution des vivres, vous en manquerez avant qu'il soit trois mois. Ne croyez pas que je puisse me charger de tant d'offices à la fois. J'ai veillé sur l'embarcation des boissons, du biscuit et des barriques d'eau; j'ai la liste de tous les passagers et des gens de l'équipage; mais, quand nous aurons appareillé, je ne pourrai plus m'occuper que du gouvernail. La Providence nous envoie un homme éprouvé par l'infortune; ne le laissez pas échapper. Le capitaine se frotta le front, et, tirant sa pipe de sa bouche, il me dit : La fonction que vous demandez ne vous occupera qu'une fois par semaine; ce n'est qu'une simple surveillance qui ne vous fatiguera pas : je ne veux vous accorder qu'une demi-ration par jour. Cependant, lui dis-je, quoique cassé par l'âge, mes besoins n'ont pas diminué. Mais, dit le capitaine, il me semble que Duval m'a dit que vous vous proposiez de passer aux Indes pour faire fortune : vous avez donc de l'argent? car sans argent on en revient comme on y est allé, surtout à votre âge. Écoutez, je suis raisonnable; je ne passe personne aux Indes à moins de vingt-cinq ducats; mais, comme je vous prends pour cambusier à demi-ration, vous m'en donnerez douze, et tout est dit. Je n'en ai que six, lui dis-je, en lui montrant tout ce que je possédais au monde. Pas à moins de douze, me répondit le capitaine. Duval, voyant que l'affaire allait manquer, lui dit : Je cautionne ce brave homme pour les six autres; en même temps il les tira de sa poche, et les lui donna avec les miens. Le capitaine les prit, regarda s'ils étaient cordonnés, et les mit dans sa poche, en me disant de chercher un logement près de mon poste, et en ordonnant à Duval de mettre à la voile le lendemain matin, au point du jour. Nous sortîmes, et Duval me conseilla de choisir dès à présent le lieu que je devais occuper, de crainte que, plus tard, il ne fût plus temps. Nous arrivâmes à l'extrémité du vaisseau, près du cabestan. Là était un noir colossal, avec sa femme, un enfant de deux ans et un chien d'une taille proportionnée à celle de son maître. La vue de ces étrangers voisins m'étonna. Vous voyez, me dit Duval, une famille victime de l'oppression. Elle est née en Guinée; le capitaine a ordre de la remettre dans son pays natal; il est même très-bien payé pour cela, et voilà comme il en use avec elle. Je descendis dans cette espèce d'abîme avec Duval. La cambuse était pleine de provisions arrangées avec un ordre admirable. A peine fûmes-nous descendus, que le noir, qui s'appelait Samson, s'approcha de nous : sa tête passait au-dessus de l'écoutille de plus d'un pied; son visage, quoique balafré, laissait entrevoir un bon naturel. Il avait pour tout vêtement une toile de coton; et à sa ceinture pendait une énorme hache, qui était son fétiche. Sa femme, qui tenait son enfant à côté de lui, semblait se réfugier sous sa protection, et ne s'élevait qu'à son épaule.

Lorsque j'eus pris connaissance de la localité, Duval me dit : C'est aujourd'hui samedi, jour de distribution : je vais vous mettre dans l'exercice de vos fonctions, vous verrez que rien n'est plus facile. A ces mots, il appela quatre matelots robustes, leur fit prendre dans la cambuse des barils de viande et de biscuits, avec des balances et des poids; puis des barils de liquides, avec diverses mesures. Il me remit le registre, où chaque passager et chaque homme de l'équipage était classé par chambrée de sept personnes; ensuite, faisant appeler le chef de chaque chambrée, nous distribuâmes la quantité de vivres qui lui revenait pour la semaine.

Dans un des barils de bœuf salé, qui avaient été défoncés pour la distribution, il s'était trouvé une jambe de cheval encore toute ferrée; le matelot, chargé de peser les rations, avait jugé à propos de l'envoyer à une chambrée de Juifs polonais, qui d'abord la refusèrent; mais, aux huées que fit l'équipage, ils prirent la résolution de la présenter directement au capitaine. Celui-ci, demi-ivre, se moqua d'eux à son tour, et leur fit observer que c'était une friponnerie des fournisseurs de leur nation; en même temps, il leur ordonna de se retirer sur le gaillard d'avant; ce qu'ils firent, en murmurant de dépit et de colère. Celui qui portait la jambe de cheval, parlait un peu français; il était furieux, et voulait s'en prendre à moi. Mes frères, leur dis-je, je vous ai distribué ces vivres au hasard; prenez patience, la distribution prochaine vous sera plus favorable. A peine j'achevais ces mots, que le plus colère d'entre eux tira son couteau, dont il m'appuya la pointe sur la poitrine; je ne perdis pas la tête, et, le saisissant fortement, je parvins à le désarmer. Aussitôt la troupe entière m'environna en jetant des cris affreux. C'en était fait de moi, lorsque Samson, qui était à deux pas, saisit par le cou l'orateur qui avait porté la parole, et, lui arrachant sa jambe de cheval, frappa à droite et à gauche. Son énorme chien se joignit à lui, et bientôt ils restèrent maîtres du champ de bataille. Samson ne borna pas là ses services : il m'aida à descendre dans le trou qu'il occupait avec sa femme, et, dès que j'y fus, ils m'arrangèrent un lit sur quelques toiles à voiles, et m'engagèrent à prendre un peu de repos. J'en avais grand besoin; mais les gens au milieu desquels j'étais me paraissaient la plus misérable espèce que j'eusse jamais rencontrée; et, malgré la confiance que devait naturellement m'inspirer le généreux zèle avec lequel le mari venait de me secourir, je ne pouvais me défaire d'une crainte fort vive qu'ils ne me rendissent l'objet de quelques nouveaux outrages.

J'étais encore absorbé dans ces réflexions, lorsque mon ami Duval entra dans la cambuse. Après nous être entretenus quelque temps de la scène de la veille, sur les suites de laquelle il ne paraissait pas avoir la moindre inquiétude : Vous êtes ici, me dit-il, avec les meilleures gens du monde; ce bon noir et sa femme vous seront de la plus grande ressource. Je vous dirai leur histoire en deux mots : Samson est né en Guinée, des voleurs le prirent étant enfant et le vendirent au capitaine d'un vaisseau qui faisait la traite; ce capitaine le revendit à un habitant qui l'envoya garder ses troupeaux. La simplicité de sa vie et de sa nourriture développa sa taille et fortifia son tempérament. Jusque-là, il n'avait point encore vu son maître; mais un jour qu'il apportait un chevreau à l'habitation, celui-ci, l'ayant aperçu, fut si frappé de sa force et de sa beauté, qu'il résolut de le faire instruire. En conséquence, il l'envoya au chef de ses esclaves avec une lettre dont la lecture produisit un grand changement dans l'état de Samson. Ce qui étonna le plus ce bon noir, ce fut de voir qu'un simple morceau de papier avait pu dire tant de choses, sans qu'il en sût rien lui-même; dès ce moment, il conçut la plus haute idée des blancs. Il est certain que s'il avait eu un bon maître, il l'eût pris pour un dieu; bientôt il le prit pour un démon, car, dès qu'il eut quitté les champs pour la ville, tout son bonheur disparut. Son maître l'envoyait souvent à pied à l'habitation, d'où il revenait chargé à la fois de deux chevreaux gras, ou d'un veau entier, qu'il savait préparer avec une adresse et une propreté infinies. Un jour, ayant aperçu une jeune fille de son pays, gaie, vive, alerte, il fut frappé de sa beauté; de son côté, elle parut sensible à la force de cet Hercule africain. Malheureusement, cette fille, qui est aujourd'hui sa femme, attirait l'attention de son maître. Celui-ci défendit donc à Samson d'oser seulement la regarder, les menaçant l'un et l'autre de toute sa colère, s'il n'était point obéi; mais, entraînés par un sentiment que la crainte ne pouvait réprimer, ils eurent l'imprudence d'exciter la jalousie de leur tyran. Furieux de se voir trompé, il fait saisir la jeune négresse, la fait garotter sur une échelle par quatre bourreaux et leur ordonne de la fustiger de toutes leurs forces. A cette vue, Samson se saisit d'une hache, frappe à tort et à travers les quatre ministres des cruautés de ce barbare, abat la tête de l'un, fait sauter le bras de l'autre, coupe les cordes qui attachaient sa maîtresse et se sauve avec elle dans les bois voisins de l'habitation. De là, ils furent joindre la république des noirs marrons, qui commençait à se former : il se mit à la tête de plusieurs partis et fit les excursions les plus terribles sur les terres des Hollandais, n'ayant pour toute arme que sa redoutable hache, dont il fit son fétiche. En vain les habitans de Surinam emploient des troupes européennes et de l'artillerie; les noirs de la république en triomphent avec les armes les plus communes, animés par l'amour de la vengeance et de la liberté. C'en était fait de Surinam, si les magistrats n'eussent demandé à traiter avec des ennemis qu'ils avaient jusqu'alors affecté de mépriser. Les noirs ne repoussèrent pas les propositions de leurs *anciens maîtres;* mais ils voulurent rester libres, et, fixant des limites entre les deux républiques, ils promirent seulement de ne plus recevoir d'esclaves fugitifs. La paix signée, Samson vint à Surinam où sa présence irrita la jalousie des blancs, surtout celle de son ancien maître. Cet homme perfide trouva le moyen de le faire arrêter comme coupable d'une nouvelle conspiration, et de l'envoyer en Hollande. A son arrivée, il demanda à être jugé par les États-Généraux. Son innocence ayant été reconnue, on lui rendit la liberté, avec le choix de retourner dans la république noire, où il s'était acquis tant de réputation, ou bien en Afrique, dans le lieu où il avait reçu le jour. Il a préféré la Guinée, où il espère revoir encore son père et sa mère. Le capitaine a reçu pour son passage une somme considérable; vous voyez comme il l'a logé. On croit même qu'il compte profiter de son ignorance pour le vendre, lui, sa femme, son enfant et son chien, dans quelque colonie européenne.

Après ce récit, Duval me quitta; je restai seul, et je me mis à examiner plusieurs passagers qui allaient et venaient sur le pont. Parmi tant de compagnons de voyage, il devait y en avoir un grand nombre d'opinions différentes. Pour moi, je l'avoue, quoique j'eusse lu une infinité de brochures sur notre révolution, et que je méditasse quelquefois sur les événemens politiques, il ne m'était jamais arrivé de rencontrer juste; il en était à peu près de même de la plupart des études que j'avais faites dans les livres : c'était en me nourrissant de la lecture de ceux qui étaient les plus vantés, que j'avais cru connaître comment les plantes végétaient, comment je digérais, comment l'enfant se formait dans le sein de sa mère; la cause du flux et du reflux de l'Océan, du mouvement des astres; et je m'étais aperçu à la fin que j'ignorais parfaitement toutes ces choses. Je résolus donc de faire vœu d'ignorance, de ne plus étudier que dans la nature, et de n'y étudier que les choses qu'elle avait destinées aux besoins de l'homme. Comme je faisais ces réflexions, on m'apporta mes provisions pour toute une semaine; elles m'inpirèrent un tel dégoût, que je ne pouvais y jeter les yeux sans répugnance, et je sortis de la cambuse pour prendre l'air. Une nombreuse compagnie était à dîner sous une tente, devant la chambre du conseil; l'odeur qui s'exhalait des mets était des plus appétissantes et se répandait depuis la poupe jusqu'à la proue. Je comptai autour de la table jusqu'à trente siéges, occupés par des gens qui faisaient force complimens à un gros financier, qui les régalait. J'allais et venais d'un côté à l'autre, lorsque je rencontrai Samson qui portait un cabillaud grillé sur des charbons; il m'invita par signe à partager son dîner; sa femme fit une sauce de genièvre, d'ail et de citron; nous nous adossâmes au cabestan, et, assis sur une toile à voile, je fis un dîner délicieux. Au milieu du dîner, Duval vint prendre place à côté de nous : il fit apporter une bouteille d'excellent vin, puis voyant les passagers qui allaient et venaient sur le pont, il me dit : Il faut que je vous mette un peu au fait de leur caractère. Ce gros homme, au nez épaté, qui porte un habit gris galonné, est le principal passager; c'est un receveur-général qui a enlevé sa recette; il abandonne son pays et sa famille; il a trente caisses de piastres fortes dans la sainte-barbe, et le gaillard d'arrière est couvert de ses canards, de ses poules et de ses pigeons. Cette femme qui lui donne le bras est une marquise française; il lui fait assidûment la cour, mais elle laisse croire à son mari, et à cet évêque qui porte une croix d'or, qu'elle travaille à la conversion du financier. Cet officier français, qui marche fièrement le poing sur la hanche et le chapeau sur l'oreille, est le marquis. Il est fort ignorant, mais il fait une cour assidue à un mathématicien qui est auprès de lui. Celui-ci passe aux Indes sous prétexte d'y observer le passage de Vénus sur le soleil : il s'est fait donner des indemnités, qu'il a échangées contre une pacotille. Un peu plus loin est un franciscain qui porte le nom du fondateur de son ordre, il s'appelle François; il a été sacristain, quêteur, aspirant; maintenant il est secrétaire de Monseigneur. Il conte force miracles de son évêque, qu'il veut faire passer pour un saint. C'est une chose digne de remarque, que ce qui fait les réputations, est l'intérêt que d'autres trouvent à vous louer ou à vous blâmer. Ce bon noir en est la preuve; c'est peut-être le meilleur et le plus brave homme du vaisseau, personne n'en parle; mais, croyez-moi, vous n'êtes pas le plus mal partagé, et c'est un voisin qui vous servira dans l'occasion.

Cependant le soleil était près de se coucher, lorsqu'il se répandit sur le port un brouillard épais qui couvrit les vaisseaux; on eût dit d'une mer aérienne toute ténébreuse, d'où l'on voyait s'élever çà et là plusieurs clochers; les oiseaux de marine jetaient des cris affreux, et l'obscurité était telle, que plusieurs venaient se précipiter dans nos haubans et se laissaient prendre à la main; le soleil à l'horizon paraissait une fournaise d'un rouge sombre, du sein de laquelle sortait comme une tête de dragon. Il ne faisait point de vent; cependant des barques du port nous hélèrent jusqu'à une lieue au large, où nous trouvâmes un petit vent frais du nord; alors nous appareillâmes à la clarté d'un soleil fort pâle. Le lendemain, nous vîmes les côtes d'Angleterre, mais à travers un horizon très-brumeux. Ce jour-là même, je me sentis une perte totale d'appétit, avec un grand mal de cœur; je crus que c'était un effet ordinaire du mal de mer, mais je ne pus vomir. Dans l'après-dîner, je fus saisi d'un violent mal de tête et je passai la nuit dans une sorte d'engourdissement et de malaise. Le lendemain la chaleur de la cambuse commença à me devenir fort incommode : dans la crainte de l'être moi-même à mes hôtes, je me levai à l'aide de Samson, et je fus me coucher sur la couverture même de la cambuse.

Duval, ayant appris que j'étais malade, vint m'offrir ses soins, il me donna deux citrons. La femme de Samson m'en fit aussitôt de la limonade, qu'elle m'apporta dans une calebasse. Je ne puis penser qu'avec reconnaissance à la sensibilité de cette jeune femme; elle ne voyait aucun être souffrant sans que son visage n'exprimât la peine qu'elle en ressentait. La femme est faite pour tempérer ce que les hommes ont de trop violent dans le caractère; c'est la moitié naturelle de l'homme. Aussi la plupart des célibataires sont-ils portés à la cruauté; c'est ce que prouvent les histoires anciennes et modernes, surtout celle de l'Europe. Je voudrais donc qu'on embarquât des femmes sur les vaisseaux, et que ce privilége fût accordé au moins à la quatrième partie des matelots les plus âgés. Elles blanchiraient le linge, raccommoderaient les voiles, fileraient, auraient soin des volailles, apprêteraient le manger et préviendraient bien des abus parmi les hommes. Les femmes des officiers, par leur éducation, civiliseraient les mœurs; et, par l'amour, les fêtes, les danses et les jeux, banniraient la mélancolie qui contribue plus qu'on ne pense à une foule de maladies du corps et de l'esprit.

Pendant le cours de ma maladie, il m'arriva une chose très-étrange, et qui me laissa une profonde impression. Une nuit, j'aperçus distinctement autour de moi des avenues d'arbres, dont les branches pendaient comme celles des saules pleureurs; elles étaient d'une verdure incomparablement plus belle, toutes semées de paillettes d'or. Il y avait plusieurs espèces de ces arbrisseaux, dont les feuilles étaient variées de couleurs diverses, et dont les branches formaient des entrelacs d'une élégance qu'il est impossible de dépeindre. Bientôt parurent, au milieu de ces vastes prairies, une multitude d'animaux, tels que des lièvres, des chèvres, des taureaux, des cerfs. Il me semblait que ces arbres changeaient de feuilles et que ces animaux tantôt couraient, tantôt s'arrêtaient çà et là, variant sans cesse leurs attitudes. Jamais le fameux Paul Potter n'a rien peint d'une aussi parfaite imitation. Quoique cette vision n'eût rien d'effrayant, elle me remplit de tristesse; je crus que j'allais mourir, d'une manière à la vérité fort étonnante et fort douce. Je me mis à réfléchir sur la mort, dont le nom seul effraie tant de bons esprits et les soumet à la tyrannie d'hommes barbares qui les remplissent d'effroi pour leur profit. On lit dans Bossuet un morceau qui a été excessivement loué, et qui pourtant n'est guère digne, selon moi, d'un chrétien. Il peint Dieu qui hait les hommes, quoique rachetés par la mort de son fils. Il le peint qui s'amuse, depuis la création, à les précipiter dans la mort; en vain, chemin faisant, ils veulent s'arrêter et se reposer un peu : Non, dit-il, marche, allons, avance, point de repos que tu n'y sois arrivé! Ainsi se succèdent toutes les générations. Madame de Sévigné disait que la crainte de la mort rendait toute la vie malheureuse, par cela seul qu'elle y menait infailliblement. Pascal est encore allé plus loin quand il a dit que Dieu a les hommes en horreur. Il n'en était pas de même de Marc-Aurèle, le païen, qui disait que nous devons sortir de la vie comme d'un banquet, en remerciant les dieux de nous y avoir admis, ne fût-ce que pour quelques jours. Ainsi pensait Fénelon. Et en comparant cet ami des hommes avec son persécuteur, il me semble que l'un pêche par excès de haine, et l'autre par excès d'amour.

Si tout est opinion, me disais-je, ne nous fions point aux hommes, à leur autorité, à leur crédit; fions-nous à la nature. Qu'est-ce que la mort en elle-même? C'est la fin de la vie, comme la nuit est la fin du jour; c'est l'arrivée au port, c'est le repos de la vie, c'est la sœur du sommeil, disait Socrate; elle nous délivre des maux publics et particuliers, du soin de pourvoir à notre existence, des persécutions, des calomnies, des maladies, de la vieillesse, de la perte de nos amis, des guerres et de la crainte de mourir. La mort, dit-on, nous livre à d'affreux tourmens; des démons de formes effroyables nous attendent après la mort. Mais comment l'homme, doué de raison, se sert-il de cette raison même pour accroître ses maux et s'environner d'êtres fantastiques et méchans? Quoique j'aie beaucoup voyagé, seul et en société, je n'ai jamais vu aucun démon et je n'ai ouï dire à aucun homme de bon sens qu'il en eût vu. Il y a à la vérité des livres qui en parlent; mais ces livres sont l'ouvrage d'hommes, ou trompés ou trompeurs. Comment Dieu se servirait-il de démons pour punir éternellement des hommes qui n'ont traversé qu'une vie passagère? En voyant cette terre couverte d'arbres, les champs semés de fleurs et d'oiseaux, je croirais bien plutôt que l'autre monde est peuplé d'anges qui ont déposé sur notre globe les germes de tant de bienfaits pour l'usage des hommes. Les animaux ne craignent pas la mort naturelle: les papillons et les mouches vont mourir de vieillesse au pied de la fleur dont les nectaires les ont nourris; ils y collent leurs œufs et lui confient leur postérité. C'est dans les forêts de l'Afrique qu'expirent l'éléphant et le rhinocéros: ils cherchent, pour mourir, les lieux où ils ont aimé à vivre. Chose digne de remarque! les enfans n'ont pas la crainte de la mort; ce n'est que leur éducation qui la leur inspire et qui les livre à la frayeur. En général, il en est de nous comme des animaux, nous aimons à mourir dans les lieux où nous avons aimé à vivre: le guerrier dans les combats; le savant au milieu des méditations du cabinet; le philosophe à la vue de la nature, dont le spectacle l'a tant de fois ravi.

Pendant que je me livrais à ces réflexions, la lune se levait à l'horizon et répandait ses douces clartés sur la mer, dans les manœuvres et les voiles du vaisseau. Son aspect avait quelque chose de triste qui me remplit d'émotion. C'en est donc fait! me disais-je; demain je ne verrai plus l'aurore! Mon corps sera jeté à la mer; mais mon ame, que deviendra-t-elle? sera-t-elle seule anéantie? Elle est de la nature de la lumière: elle me fait tout voir et elle n'est point vue; sans doute elle ira se rendre dans sa source, dans ce brillant soleil, trésor de la Divinité, d'où sortent toutes les générations. Cette dernière pensée me tranquillisa; je sentis que ma fièvre se calmait, et je m'endormis d'un profond sommeil. Le lendemain, je me réveillai au lever du soleil. Samson et sa femme, au faible bruit de ma voix, m'apportèrent un bouillon de poisson assaisonné d'un peu de piment. Le vertueux Duval vint à moi, suivant sa coutume, et m'apporta une bouteille de Malvoisie. Je lui demandai où nous étions. Il y a, me dit-il, aujourd'hui trois semaines que nous sommes partis d'Amsterdam; nous avons passé hier le tropique du Cancer: nous sommes à présent entre les îles du Cap-Vert et les Canaries; les courans généraux nous ont jetés entre ces îles et l'Afrique, comme il arrive toujours dans cette saison, où ils viennent du sud pendant six mois; nous sommes presque affalés sur la côte orientale; ce n'est pas ma faute, j'en ai averti le capitaine; mais par la grâce de Dieu nous en sortirons. Nous avons seulement des calmes à craindre avant de gagner le milieu de l'océan Atlantique, pour nous rendre à Rio-Janeiro, où il compte charger des piastres pour de là aller commercer dans l'Inde.

Cependant le vent et le courant continuèrent de nous porter sur la côte d'Afrique, que nous aperçûmes le 17 au matin. Je commençai ce jour à me lever, à l'aide de Samson; je m'approchai du bord du vaisseau, et je vis la terre et les montagnes qui fuyaient à l'horizon. Nous étions à l'embouchure d'une petite rivière, où nous jetâmes l'ancre pour renouveler notre eau. Malgré une houle assez forte qui se brisait sur le rivage, notre chaloupe entra dans la rivière. Une multitude de petits canots, dans chacun desquels il n'y avait qu'un homme, nous apportèrent toutes sortes de fruits et de poissons. Il y avait des ananas, des oranges, des ignames, des patates, des citrons et même des calebasses de plusieurs façons remplies d'eau fraîche, de lait ou de vin de coco. Il s'élevait de tous ces fruits des parfums qui embaumaient les airs. Quant aux poissons, les uns étaient tout rouges, et si gros, qu'un seul suffisait pour remplir un canot entier; les autres étaient plus petits, mais de formes extraordinaires, et tels que je n'en avais jamais vu. Les bonnes gens qui nous les apportaient ne voulaient en échange que de vieux habits, des clous et des verroteries: ils chantaient à tue-tête. Le capitaine ne leur permettait pas de monter à bord: C'étaient, disait-il, de grands voleurs. Mais le commerce se fit par échange et par signes.

Je ne connais pas de plaisir plus doux que celui de la convalescence; c'est une résurrection de tous les sens. Chaque objet paraît plus éclairé, chaque fruit répand un parfum plus délicieux. Il s'élevait des prairies et des bois de cette île une odeur qui parvenait jusqu'à nous et me remplissait de volupté. Je sentais couler le plaisir et la vie dans mes veines; la gaieté de ces bonnes gens se communiquait à moi: les uns, dans leurs pirogues, entouraient notre vaisseau de toutes les productions de leur terre et de leurs rivages; les autres plongeaient dans l'eau, en jetant des cris de joie.

J'étais assis, appuyé sur le bord du vaisseau ; mon cœur priait Dieu. Duval, m'ayant aperçu, vint à moi et me dit : Je suis ravi de votre guérison. Je ne connais point du tout ce lieu ; j'ai pris toutes mes sûretés. Ce vaisseau tire dix-neuf pieds et a trente brasses ; le canot qui n'en tire que deux, ne trouve pas de fond : c'est ce qui fait la sûreté des bons noirs, car il faut des pirogues pour aborder sur leurs rivages. Cependant la nuit arriva, et les noirs, loin de se retirer, vinrent entourer notre navire en plus grand nombre ; les uns avaient des flambeaux et chantaient, d'autres s'occupaient de la pêche. De jeunes négresses plongeaient dans l'eau, et en ressortaient toutes phosphoriques avec un homard à la main ; d'autres reparaissaient avec un panier d'huîtres toutes couvertes d'étincelles, et nous les offraient en riant.

Je dis à Duval : La nature ici a favorisé les peuples les plus simples de jouissances supérieures à celles des peuples les plus civilisés ; elle leur a donné du pain dans des patates, elle a placé leur vin au sommet de leurs lataniers et mis leurs vêtemens sur des arbres à coton ; leur lait, leur beurre, leur huile, se trouvent dans des cocos, le sucre dans un roseau, la poudre d'or dans le sable de leurs ruisseaux, et l'ambre gris sur leurs rivages. Ils n'ont besoin ni de notre agriculture, ni de notre superflu ; ils passent les jours et les nuits à danser et à se réjouir au sein de l'abondance.

Cependant le capitaine ayant envoyé à terre la chaloupe et la yole pour y faire cueillir des citrons et des cocos, elles revinrent vers minuit sans avoir pu découvrir un seul endroit où il fût possible de mettre pied à terre.

Ce marin, qui avait eu sans doute la pensée de se rendre maître de la petite flotille des nègres, résolut de se venger de sa mésaventure, et du refus qu'ils avaient fait de nous découvrir une anse propre à débarquer. Le jour commençait à paraître, lorsqu'il fit tirer les canons de l'arrière sur un bois de cocotiers qui n'était pas à un demi-quart de lieue de nous. Notre pilote, qui venait de se lever au bruit de notre artillerie, courut chez le capitaine et lui représenta le danger d'une pareille action. Si vous continuez à faire canonner ces bonnes gens qui nous ont si bien reçus, lui dit-il, il sortira des ports de Fez et de Salé des galères qui viendront, avant trois jours, donner la chasse à notre vaisseau. Ces mots adoucirent le capitaine ; il donna aussitôt des ordres, on leva les ancres et nous appareillâmes. Je fus très-affligé d'une conduite si barbare ; et, comme Duval s'était jeté dans la yole pour aller sonder le canal où nous devions passer, je lui demandai à m'embarquer avec lui pour me distraire et fortifier un peu ma santé en changeant d'air. Duval se porta en avant sur une île que nous devions côtoyer. Il m'y fit débarquer avec lui et planta sur la pointe la plus avancée un petit drapeau blanc, pour servir de direction au vaisseau. Tout d'un coup, un grand homme, déjà sur l'âge, sortit d'un bois et s'avança vers nous ; il était entouré d'une pièce de coton bleu et portait, d'une main, une feuille de latanier qui lui ombrageait la tête, et de l'autre, un bâton qui l'aidait à marcher. Il nous aborda, et, après nous avoir salués, il nous dit de n'être pas étonnés de trouver un homme blanc sur ces bords. Je suis né en Suède, je m'appelle Vustrum ; j'exerçais la profession de médecin ; la révolution française m'attira à Paris, où je fis paraître quelques écrits sur l'agriculture, sur les finances et le commerce ; mais ils irritèrent contre moi tous les gens à systèmes ; et leur fureur devint si grande, que j'aurais été leur première victime sans le secours de quelques amis. Échappé à ce péril, je rassemblai au plus vite les débris de mon patrimoine ; je quittai la France et m'embarquai à Hambourg pour les îles du Cap-Vert, où je trouvai un peuple simple et innocent, qui m'accueillit comme un ami du genre humain.

Je résolus, en reconnaissance de son hospitalité, de lui inspirer le goût du travail, quoiqu'il n'en eût aucun besoin. A mon exemple, les noirs cultivèrent d'abord quelques arpens de tabac, qu'ils aiment beaucoup, de l'indigo du plus beau violet, et quelques légumes de l'Europe, dont j'avais apporté les graines. Ils ne voulaient point d'argent ; mais je payais leur récolte avec des mouchoirs des Indes du plus beau rouge. Ils étaient mes fermiers ; et pendant quatre ans je fus le plus heureux des hommes, lorsqu'un jour j'aperçus plusieurs vaisseaux, que je crus d'abord commandés par des Anglais. Ils abordèrent auprès de mon habitation, et je vis avec surprise une troupe de brigands armés, qui se mirent à dévaster mes magasins et à couper toutes mes plantations. Je m'étais caché dans les bois ; mais, ayant entendu plusieurs gens de l'équipage parler français, je repris courage ; et, m'adressant à leur commandant, j'appris qu'il avait ordre du gouvernement même de détruire tous les établissemens anglais. Il parut très-fâché de sa méprise, et me fit présent de quelques bouteilles d'eau-de-vie ; mais je n'en étais pas moins ruiné. Je résolus donc de ne plus donner désormais aucune prise à la fortune ; je me retirai dans ce petit îlot, où les tortues et les cocotiers suffisent à mes besoins ; un peu de coton que j'épluche de temps en temps suffit à

mes vêtemens. J'ai été témoin de la barbarie que votre vaisseau a exercée, ce matin, contre les insulaires mes bons voisins; cependant mon amour pour mes semblables ne m'a point abandonné : lorsque je vous ai vus attacher votre signal sur le cap de cet îlot, j'ai jugé que vous couriez le plus grand danger, car ce courant, qui vous a séduits, n'est qu'un contre-courant. Il faut que votre vaisseau porte, en levant ses ancres, sud sud-ouest, pendant une bonne heure ; ensuite, en tirant une seconde bordée au sud, il sortira par ce débouché, à travers ces îlots, du courant véritable, qui porte à l'est pendant six mois. Ainsi parla cet étranger. Duval le remercia du service qu'il venait de nous rendre, et lui offrit tout ce qui dépendait de lui dans l'Inde ou en Europe. Non, dit-il, je ne veux plus rien de l'ancien ni du nouveau Monde. Il nous quitta en disant ces mots, et disparut bientôt à travers les arbres de la forêt..............
..........................................................................

« Il y a ici une lacune considérable dans le ma-
» nuscrit. Cette partie de l'Amazone comprenait
» le récit de la navigation de l'auteur, des rives
» de l'Afrique à celles de l'Amérique. C'est donc
» près de l'embouchure de l'Amazone que nous
» allons le retrouver. »

............ On respirait à peine, tant la chaleur était grande : assis sur le cabestan, je voyais les flots couverts de végétaux d'un vert de Brésil; ils paraissaient venir de l'occident. Des oiseaux de terre et une foule d'oiseaux de marine apparaissaient au milieu de cet océan de verdure que le courant entraînait vers l'orient. Tous ces indices me faisaient soupçonner que nous dérivions vers quelques terres inconnues ; je résolus de m'adresser à Duval, pour m'en éclaircir. Précisément il venait à moi, une carte à la main ; son visage était troublé : Je viens, me dit-il, d'avoir une querelle fort vive avec notre capitaine. Suivant sa coutume, il fumait sa pipe ; un mathématicien était auprès de lui, occupé à pointer une carte de l'Atlantique ; je ne lui ai point dissimulé qu'à force de changer la route du vaisseau, il l'avait mis dans une dangereuse position ; que loin de pouvoir aborder au Brésil, comme il l'avait désiré, nous étions à l'embouchure de l'Amazone, d'où il était impossible de nous éloigner, surtout si l'orage qui se préparait venait à souffler de l'est. Vous pouvez, vous-même, ai-je ajouté, reconnaître d'ici tous les signes qui annoncent les attérages de l'Amazone. Le capitaine étant hors d'état de me répondre, le mathématicien a pris la parole et m'a dit : Monsieur le pilote, votre système s'éloigne de celui de Newton ; il est sûr que le mouvement de rotation de la terre entraîne l'Atlantique vers le Brésil ; et, par conséquent, le courant de l'Amazone porte vers le sud, jusqu'à quarante lieues du rivage : ainsi, au lieu de nous contrarier, il doit nous être favorable. J'ai compulsé plusieurs journaux des vaisseaux du roi, qui tous attestent la même chose ; il y a peut-être des exemples contraires, mais c'est l'effet de quelque tempête ou de quelque tremblement de terre. Monsieur, lui ai-je répondu, la rotation de la terre n'entraîne pas plus les eaux de l'Océan au sud-ouest, que cette rotation n'entraîne les arbres de nos forêts vers ce même point. Mais, s'il faut en croire les observations de plusieurs vaisseaux de la compagnie des Indes, qui ne partent qu'en été, les courans du pôle nord, qui règnent dans cette saison, les ont entraînés vers le sud. Quant à nous qui sommes partis en hiver, je ne doute pas que les courans du pôle sud ne produisent un effet opposé, en nous repoussant vers le nord. Le Mathématicien me répondit simplement : Cela est calculé. Le capitaine a répété : Cela est calculé ; et je me suis retiré sans pouvoir obtenir d'autre réponse............................................................

............ Il était nuit, lorsque je fus réveillé par un éclat de la foudre ; un moment après, un deuxième coup se fit entendre et tomba sur le mât de misaine : dans l'instant toutes ses voiles furent enflammées, et, comme je couchais au pied, je n'eus que le temps de sortir de mon trou, à l'aide de Samson. Je me mis sur le cabestan, et j'aperçus dans le vaisseau la plus grande confusion ; le feu avait pris à la chambre commune. Déjà le vent, qui soufflait de l'avant, poussait la flamme en arrière et menaçait d'embraser toute notre voilure et de rendre l'incendie universel, lorsque Duval, s'étant remis au gouvernail, manœuvra si habilement, qu'il força le vaisseau d'arriver vent arrière, ce qui empêchait la flamme de s'étendre davantage. Cependant la tempête devenait de plus en plus furieuse. Au milieu de ce désordre, Samson songeait à notre salut : ayant frappé un coup de sa hache sur la tige du mât de beaupré, il le força de se rompre et le fit tomber à tribord avec toute sa voilure ; puis, sautant dans la mer, il lia ses vergues avec ses cordages, et en fit un radeau qu'il attacha au vaisseau : sa femme et son enfant y descendirent aussitôt ; il m'engagea à les suivre, et, nous ayant tous attachés avec des cordes, il s'éloigna du vaisseau, contre lequel les vagues menaçaient à chaque instant de nous briser. Alors la marée qui remontait l'Amazone nous fit aller en dérive dans le fleuve, et nous vîmes le spectacle le plus affreux que l'imagination puisse concevoir. Le capitaine avait fait mettre le canot à la mer, et on y avait jeté les caisses de piastres, dont il s'était emparé, à l'aide de quelques convives qui avaient pris les armes. Cependant le financier faisait de vains efforts pour les rejoindre; il poussait des cris affreux en se voyant si indignement dépouillé et abandonné par ces hommes perfides, qui s'éloignaient, en toute hâte, avec son or, à la lueur de l'incendie qui allait lui-même le dévorer. Je vis le vertueux Duval à son gouvernail, environné de flammes : il ne songeait plus à sauver le vaisseau; mais il voulait mourir à son poste. Son sort m'émut vivement; mes yeux, obscurcis par les larmes, cherchaient toujours à le suivre : la marée, qui venait avec une extrême rapidité, me le fit bientôt perdre de vue. Nous n'apercevions plus qu'un tourbillon de flammes, lorsqu'une explosion se fit entendre. Hélas! ce pauvre Duval, si simple, si modeste, si vertueux, était perdu pour jamais! Ainsi les gens de bien éprouvent, sur la terre, les maux destinés aux méchans.

Il était né dans une île de la mer Baltique, dont tous les habitans sont d'excellens marins; il s'honorait d'avoir reçu le jour dans cette zone qui a donné naissance à trois grands astronomes, Copernic, Tycho-Brahé et Herschell. Son projet, après cette campagne, était de se retirer dans sa patrie pour y vivre en repos, ou bien à Genève, où il avait des parens, et où l'on pouvait, disait-il, penser librement. Je sentais vivement le regret de sa perte : il avait été mon ami, quand je croyais ne plus en avoir; et maintenant je me trouvais dans le plus triste abandon, au milieu d'une mer inconnue, sur un misérable radeau conduit par un malheureux noir.

Cependant Samson, sans inquiétude sur le présent comme sur le passé, s'occupait à faire un hameçon avec un clou : il en piqua la pointe dans sa chair, et l'ayant frotté de son sang pour servir d'appât, il le jeta à la mer au bout d'une forte ficelle. A peine y était-il tombé, qu'il fut avalé par un gros poisson, que Samson tira et qu'il divisa avec sa hache, en cinq parts. Il donna d'abord la tête à son chien, et distribua à sa femme, à son enfant et à moi les trois autres parts, se réservant la cinquième. Comme il vit que je m'étonnais de ce qu'il commençait la distribution par son chien, il me dit : Si lui n'avoir pas à manger, lui devenir enragé et mordre nous. J'applaudis en moi-même au bon sens de Samson. En effet, la justice envers nos serviteurs, hommes ou bêtes, est charité pour nous : les hommes nous volent, et les chiens nous mordent. Mes convives se jetèrent, comme des oiseaux de proie, sur leur portion de poisson cru; mais ce fut en vain que je voulus goûter à la mienne. Je sentais bien que c'était un préjugé de mon éducation; car j'avais mangé avec plaisir des huîtres et des oursins de mer, des harengs pecs et de la morue salée; mais je n'avais jamais mangé de poisson cru d'une certaine grosseur. Samson, voyant mon embarras, alluma du feu en frottant deux éclats de bois l'un contre l'autre, et se prépara à me faire des grillades. Pendant ce temps, sa femme puisa de l'eau dans sa main pour désaltérer son enfant; mais elle la rejeta en faisant la grimace : en effet, elle était salée; ce qui m'aurait fait douter que nous fussions entrés dans le fleuve, si dans l'instant même, nous n'eussions entendu, au milieu des coups répétés du tonnerre, un bruit encore plus affreux venant de l'orient. Nous aperçumes en même temps une lame d'eau qui s'étendait à perte de vue du nord au sud et se roulait sur elle-même en se brisant en écume : sa hauteur était si prodigieuse, que les barres qui, dans les grandes marées, repoussent la Seine et les autres fleuves de l'Europe vers leurs sources, n'en donnent qu'une bien faible idée. Celle-ci venait avec le courant du fleuve le plus grand du monde, et c'était un effet de la fonte des glaces des Cordillières, qui se dirigeaient vers l'Océan et luttaient victorieusement avec les eaux de ses marées, qu'elles repoussent jusqu'à quarante lieues de son embouchure. Les Indiens l'appellent *Précoraca*. Cette lame est double, et les deux moitiés se suivent de très-près : la première, qui me parut haute comme une montagne, plongea tout l'avant de notre radeau au fond du fleuve; et la seconde acheva de l'enfoncer tout entier, de manière que je crus un moment que je ne reviendrais jamais à la surface. Bien nous en prit que le bon Samson nous eût tous attachés aux pièces de bois qui composaient le radeau : il n'y eut d'enlevé que mon déjeûner; nous revînmes en moins d'une demi-minute au dessus de ce courant, si rapide que le meilleur coursier ne pourrait l'atteindre. Je n'ai jamais passé de la vie à la mort et de la mort à la vie en aussi peu de temps; c'était en effet notre dernier coup de grâce : quand le malheur est à son comble, le bonheur n'est pas loin. Et c'est avec raison que les Orientaux disent dans leur style figuré, le plus étroit défilé est à l'entrée de la plaine.

Peu de temps après le passage du *Précoraca*, le vent tomba et le soleil reparut. Alors Samson s'occupa du soin de faire un petit mât et de l'assujétir avec des cordes; il y attacha une partie de son linge et de celui de sa famille, pour le faire sécher. Cette manœuvre fut fort utile : d'abord nous vîmes que cette petite voiture nous pouvait servir pour faire mouvoir à notre gré le radeau : car nous étions dans une position à craindre d'être tantôt poussés vers l'Océan, par le cours de l'Amazone, tantôt rejetés dans l'Amazone par les marées de l'Océan. Mais cette voile nous sauva; car Samson étant monté en haut du mât pour éprouver sa solidité, vit à l'horizon deux petites voiles latines, et en même temps il se mit à crier et à demander du secours. Les Sauvages ayant aperçu, de leur côté, les chemises attachées à notre mât, se dirigèrent vers nous, et nous découvrîmes bientôt leur pirogue à l'horizon, sillonnant la mer avec une vitesse égale à celle de l'hirondelle; je ne dirai point à celle d'un aigle, car cet oiseau de proie solitaire n'aime que le carnage; et, quelque éloge que les poètes lui aient donné pour plaire aux conquérans, je trouve que l'hirondelle lui est bien supérieure, parce qu'elle est plus utile aux hommes. Elle réjouit les chaumières par les chants les plus doux, et détruit les insectes, ennemis des moissons; elle annonce le retour des beaux jours et du printemps, et ne demande à l'homme que le repos, sans jamais lui être à charge; enfin, elle charme même les yeux, lorsque, se jouant les unes avec les autres, elles s'amusent à tracer de grands cercles, et exécutent un ballet au milieu des airs. Une heure après, nous aperçûmes distinctement la pirogue avec ses deux voiles latines; nous comptâmes quatre hommes, avec deux femmes et trois enfans. C'était, en effet, des Sauvages; ils étaient presque nus, avec une ceinture autour des reins et un chapeau de jonc sur la tête. Ils hésitèrent d'abord, et tournèrent quelque temps autour de nous; mais ayant vu que nous étions dénués absolument de tout, ils ne balancèrent plus; ils s'approchèrent sous le vent, et nous jetèrent une corde au moyen de laquelle nous entrâmes dans leur pirogue. Le premier qui y mit le pied fut Samson, portant, d'une main, sa femme et son enfant, et de l'autre m'aidant à marcher. A la vue de cet Hercule noir, les femmes et les enfans des Sauvages me parurent frappés d'épouvante; mais les hommes s'étant levés, saisirent leurs lances, prêts à se défendre; bientôt ils se mirent tous à rire avec un tel excès, que leurs bouches, qu'ils ont naturellement très-grandes, allaient jusqu'aux oreilles, et qu'on leur voyait jusqu'au fond du gosier. Quand ils eurent bien ri, ils nous firent asseoir, et nous offrirent de l'eau douce et des calebasses; ils y joignirent des patates cuites sous la cendre, et un tronçon de tortue rôti sur des charbons : de ma vie, je n'ai mangé rien d'aussi exquis. Je me rappelai alors que les navigateurs européens vantent l'excellence des tortues de l'Amazone, dont les Espagnols s'interdisent l'usage, je ne sais par quelle politique ou par quelle superstition. Dès que notre repas fut fini, les rires de nos Sauvages recommencèrent à nos dépens, sans que nous en pussions comprendre le sujet.

Cependant, notre pirogue, favorisée du vent, remontait l'Amazone avec la vitesse d'un poisson. La partie inférieure était d'un seul tronc d'arbre de près de quarante-cinq pieds de longueur, un peu creusé, et terminé en pointe par les deux bouts; deux planches, qui se réunissaient à la proue et à la poupe, étaient cousues avec des écorces de rotin enduites de résine. Cette pirogue n'avait point de gouvernail; mais deux hommes, l'un à la poupe, l'autre à la proue, la conduisaient habilement avec des pagaies. La solidité de sa carène, qui était d'une seule pièce, ne lui laissait point à craindre de s'échouer, même sur les rochers. Quant aux voiles, elles étaient de coton, et se manœuvraient avec la plus grande facilité. J'admirai l'industrie de ces hommes, que nous appelons Sauvages, qui avaient inventé la plus commode des embarcations, en réunissant les ailes d'un oiseau au corps d'un poisson. Le vent était fort léger, et nous remontions un fleuve dont les courans sont très-rapides, à travers une multitude d'îles naissantes, qui ne sont encore que des bancs de vase et des écueils. Cependant, nous ne faisions pas moins de cinq lieues à l'heure, quoiqu'il y eût un obstacle à la rapidité de notre course : c'étaient deux lignes garnies d'hameçons, que les Sauvages laissaient à la traîne, de manière qu'il ne se passait pas d'heure où nous ne prissions quelques poissons. Quant à Samson, il n'était pas gai comme ces bons Indiens, mais il n'était pas triste comme moi; le passé ni l'avenir ne le troublaient jamais, il n'était occupé que du présent. Il avait avec lui tout ce qui pouvait lui plaire, sa femme, son enfant, son chien, et il les voyait tous heureux.

Jusqu'ici les Sauvages avaient conduit heureusement leur barque au travers d'un archipel d'écueils, lorsqu'ils parvinrent au pied d'un rocher immense qui sans doute leur servait de lieu de relâche. Il n'y avait ni port, ni rade qui pût les mettre à couvert de la tempête qui nous menaçait pour la seconde fois. Ce fut sur le rocher lui-même qu'ils cherchèrent un abri. D'abord ils s'échouèrent sur un rivage couvert d'une vase si profonde, que Samson, ayant voulu la sonder, y enfonça une perche de quinze pieds de long. Les Sauvages se mirent à rire, suivant leur coutume, puis ils posèrent sur la vase deux larges planches, sur lesquelles ils placèrent deux rouleaux; et ayant fait glisser la pirogue, elle parvint ainsi sur la partie ferme du rivage. Ce fut là que Samson leur montra ce qu'il savait faire; car ayant pris à son tour la pirogue par son avant, il la traîna seul jusqu'au sommet du rocher, qui avait au moins trente pieds d'élévation; il était couronné par cinq ou six tamarins, dont les feuilles venaient de se refermer, car il était nuit.

Les Sauvages se mirent aussitôt à chanter et à danser en cueillant de leurs fruits, dont ils préparèrent une espèce de limonade. La lune, dans son plein, éclairait ces lieux, et j'aperçus une flaque d'eau auprès de ces beaux arbres; elle était fort claire. Mais quelle fut ma surprise en voyant ma triste figure et mes habits couverts de terre! Alors venant à penser à la gaieté excessive des Sauvages lorsqu'ils me regardaient, je crus en avoir deviné la raison, et je ne balançai pas à me dépouiller, et à me jeter au milieu de l'eau. Cependant, Samson et sa famille arrivèrent sur le bord de cette source, dans la même intention; il chargea sa femme de prendre soin de mon linge, et après nous être baignés à l'écart, nous reprîmes nos vêtemens qui étaient secs, et nous rejoignîmes les Sauvages, occupés à préparer deux gros poissons et des patates pour notre souper. Mais prévoyant un furieux orage, ils cherchèrent à se procurer un abri en renversant la pirogue. Samson les aida à mettre sa carène en haut; ils allumèrent ensuite du feu, et nous nous réfugiâmes tous sous ce toit, avec de la lumière, pour y faire un repas à la romaine, couchés sur les toiles de nos voiles en guise de lit. Ce souper fut fort gai pour moi; le bien-être dont je jouissais après le bain, l'abondance et la bonté de nos vivres, rétablissaient sensiblement mes forces. Je sentis se dissiper mes inquiétudes; car, suivant ma malheureuse coutume, j'empoisonnais toujours le bonheur présent par les regrets du passé et par les craintes de l'avenir. Je m'étais d'abord figuré que ces Sauvages, si hospitaliers, étaient des anthropophages; quant au bon Samson, qui n'avait reçu son éducation que de la nature, rien de semblable ne troublait son intelligence: il voyait la chose telle qu'elle était, et toujours sans illusion. Bien nous en prit de son sang-froid, car à peine commencions-nous à nous endormir, qu'un orage affreux vint fondre sur notre pirogue; jamais peut-être elle n'avait couru un si grand danger: nous respirions l'air par-dessous son bord; mais le vent était si violent, que s'y étant introduit, il la souleva d'un côté, et nous crûmes un moment qu'elle allait retomber sur sa carène. Il n'y a pas de doute qu'elle n'eût été précipitée du haut du rocher dans le fleuve, dont les flots s'élevaient jusqu'à nous, si Samson n'avait eu le temps de saisir un de ses cordages, et de le fixer en terre avec de fortes chevilles de bois. Cette précaution prise, nous passâmes la nuit dans un profond sommeil, malgré le bruit épouvantable de la pluie et du tonnerre.

Le lendemain, le beau temps reparut avec le jour; nos Sauvages levèrent les mains vers le soleil en chantant et en dansant: l'orage, le danger, tout était oublié. Ils retournèrent ensuite leur pirogue, et la descendirent dans le fleuve. En approchant de ses bords, notre vue fut frappée de l'aspect d'une quantité prodigieuse d'oiseaux marins de toutes les formes, que le coup de vent de la nuit avait noyés et rejetés sur le rivage. Je me rappelai alors avoir ouï raconter un événement semblable au fameux peintre Vernet. Ce qu'il y a de singulier, c'est qu'aucun poisson n'avait été victime de la tempête, quoique dans les mers du Nord il y ait souvent des cachalots et même des baleines qui s'échouent et périssent sur le rivage.

Nous nous rembarquâmes; les Sauvages dressèrent leurs voiles; et, sur les dix heures, nous sortîmes de ce labyrinthe d'écueils: la seule différence que j'y remarquai, c'est que les mangliers qui les bordaient étaient habités par des oiseaux du plus joli plumage. Ces espèces d'arbres flottans sont composés de troncs et de branchages de la grosseur du bras et de la longueur d'un homme, dont les racines plongent dans la vase, et dont la tête est couverte d'un petit bouquet de feuilles. Il est évident que ces forêts marines sont destinées à préserver de la tempête le bord des îles. Une partie de ces mangliers était garnie d'huîtres excellentes; nos Sauvages en recueillirent abondamment. Cependant le paysage s'embellissait. Peu à peu, les écueils se changeaient en îles d'une grande étendue, et du milieu de leurs mangliers s'élevaient çà et là de grands bouquets de palmes. Nos Sauvages étaient obligés, tantôt de se servir de leurs pagaies, tantôt de leurs perches; enfin l'eau vint à manquer: alors Samson ayant saisi les plus fortes de ces perches, les appuya sur ses deux épaules, et, marchant courbé de l'avant à l'arrière de notre barque, il la força d'avancer à travers les fonds, et à naviguer jusque sur la terre. Cet exercice, qui nous étonnait tous, dura environ une heure; c'est-à-dire, jusqu'au moment où nous aperçûmes une multitude de palmiers, au milieu de ces plaines marécageuses. A leur aspect, les Sauvages donnèrent des marques d'une joie excessive; et comme alors la marée vint tout inonder, ils hissèrent leurs voiles; la pirogue se mit à voguer, et nous nous reposâmes.

Le vent nous était si favorable, qu'en moins d'une heure et demie nous arrivâmes à cette forêt : ce n'étaient ni des dattiers, ni des cocotiers, ni des tamarins, ni des palmiers, du moins de ceux que j'ai vus dans mes voyages; c'étaient des arbres à peu près de vingt pieds de haut, portant des fruits dorés de la grosseur d'une prune. Au pied de ces arbres étaient amarrées plusieurs pirogues semblables à la nôtre. C'était vers le coucher du soleil ; ses feux, qui se réfléchissaient dans ces eaux tranquilles, faisaient de ce paysage un lieu charmant. On eût dit que les arbres étaient dans l'eau, et les pirogues dans des nuées d'azur. Dès que les Sauvages purent se faire entendre, ils jetèrent un grand cri ; aussitôt nous vîmes sortir de ces beaux feuillages un millier de têtes d'hommes, de femmes, d'enfans, qui leur répondirent aussi par des cris. Je ne pus m'empêcher de rire à ce spectacle, ainsi que Samson, sa femme et son enfant. Il est impossible de se figurer l'étonnement qui parut sur le visage de tous les habitans des arbres, quand ils aperçurent la famille de ce noir : ils n'avaient sans doute jamais vu d'homme de sa couleur ni de sa taille.

Le premier Sauvage qui descendit de son arbre était un vieillard ; il se servit d'une échelle de corde, qu'il posa dans notre pirogue, où étant parvenu, il fit à Samson un assez long discours, accompagné de gestes pour l'inviter à le suivre. A peine eut-il fini sa harangue, qu'il reprit le chemin de son palmier. Samson le comprit à merveille; il prit sa femme et son enfant sous un de ses bras, et, s'aidant de l'autre, au bout de quelques minutes il disparut dans le feuillage : les palmiers voisins en tremblèrent. Je me préparais à le suivre, lorsque son énorme chien, le voyant parti, me devança en aboyant, et, s'aidant de ses pates et de sa gueule, il vint à bout de grimper après lui. Pour moi, je fus vraiment étonné de l'instinct de cet animal, et de son attachement pour son maître; mais je ne le fus pas du tout de la préférence que des peuples simples donnaient à un homme presque sauvage sur un homme soi-disant civilisé. J'étais très-faible, et je n'avais point du tout le pied marin ; cependant il fallait aussi me hasarder à monter : j'en vins heureusement à bout, à l'aide de Samson qui me tendait la main. Mon embarras fut encore un sujet d'éclat de rire. J'entrai, par une espèce de trappe, dans une salle assez grande formée par la cime entrelacée de cinq ou six palmiers; le plancher était fait d'une très-grande natte de leurs feuilles sèches, si forte, si bien tissue, que rien ne pouvait passer au travers ; une seconde natte, plus fine et plus légère, servait de toit; on y avait ménagé des ouvertures suffisantes pour la lumière ; ces ouvertures étaient fermées avec la nacre de l'huître perlière. Quelques-unes de ces écailles avaient plus d'un pied de large ; elles donnaient une lumière agréable, mêlée de vert et de couleur de rose ; les lits étaient des hamacs de coton ; il n'y avait point de chaise. Cette grande cage était remplie de monde ; j'y distinguai dans un coin le vieillard qui avait été au devant de nous ; il se leva à mon arrivée, et m'invita à m'asseoir à sa gauche ; mais il me fut impossible d'en venir à bout, tant mes jarrets étaient roides ! Aussitôt plusieurs femmes me donnèrent de larges coussins, où je me trouvai fort à mon aise.

A peine étions-nous en repos, que des femmes nous présentèrent des calebasses remplies d'une liqueur très-agréable, avec des fruits de ces mêmes palmiers; elles y joignirent des morceaux de poissons grillés sur le charbon. Bientôt on apporta des lampes formées de cocos, et le salon prit un autre aspect. Le premier effet de ces lumières fut de faire chanter plusieurs oiseaux nichés dans les feuilles. Le lever de la lune, qui ne tarda pas, produisit le même effet dans les environs. La nature a placé ici des oiseaux qui chantent, comme notre rossignol, à différentes phases de l'astre du jour et de celui de la nuit. Je jugeai par ces chants lointains qu'il y avait aux alentours un grand nombre d'habitations semblables à celle où j'étais, et de laquelle partaient, d'ailleurs, plusieurs chemins nattés, qui correspondaient sans doute à ces habitations voisines. J'étais si étonné de voir ces hommes amphibies, qui vivent à la fois sur l'eau et dans les airs, que je ne pouvais en croire mes yeux. Je me souvenais bien d'avoir lu dans Pline que des hommes vivaient ainsi ; mais ce naturaliste ne pouvait parler des Sauvages de l'Amérique. Cependant, je vins à me rappeler que plusieurs voyageurs modernes en parlent. Le P. Gumilla, jésuite missionnaire espagnol, avait connu un peuple semblable sur les bords de l'Orénoque. « Ce peuple, dit-il, loge dans le feuillage du palmier, dont les fruits, les feuilles et le tronc servent à tous ses besoins. » Il parle encore d'un autre peuple qui vit dans les mêmes lieux, et dont les mœurs sont opposées. Il raconte, à ce sujet, qu'une nuit il fut éveillé par des sons si lamentables, que les larmes lui en vinrent aux yeux : c'était l'arrivée, en canots, d'un peuple à qui il donna le nom de *pleureur*, et qui ne voyage jamais que la nuit, comme les *rieurs* ne voyagent jamais que le jour. Il observa que ces cris lugubres provenaient de longues trompettes, renflées dans sept ou huit endroits, dont le son remplissait l'ame de terreur.

J'éprouvai bientôt, moi-même, la vérité de ce récit ; car le second jour de mon arrivée, je fus réveillé vers minuit par un bruit effroyable, dont le premier effet fut de mettre en fuite tous les oiseaux nichés dans le feuillage de nos palmiers. Aussitôt je mis la tête à la fenêtre, et je vis avec horreur, à la clarté de la lune, une multitude de canots qui descendaient le fleuve, couverts de spectres et de fantômes armés chacun de la trompette infernale; de temps en temps ils suspendaient leur abominable concert, et les principaux d'entre eux faisaient entendre des cris et des vociférations inintelligibles. A ce bruit, nos Sauvages descendirent dans leurs pirogues, armés de lances : ils s'avancèrent au devant des pleureurs, et les forcèrent de prendre la fuite. Plusieurs des fugitifs jetèrent leurs masques et leurs trompettes, d'autres parcoururent les nouvelles colonies, n'ayant d'autre but que de tirer des vivres de ceux qu'ils effrayaient, et de passer ainsi leur vie sans travailler.

Au retour de cette expédition, comme le jour paraissait, les rieurs remontèrent dans leurs palmiers, et on entendit sortir, de leurs différens bosquets, des chants fort agréables. Après cet acte, à la fois religieux et militaire, ils firent un grand repas, suivi de danses. Il faut avouer que Samson fut d'un grand secours à nos hôtes : sa taille gigantesque, sa couleur noire, sa hache brillante, son énorme chien, qui le suivait partout la gueule béante, jetèrent d'abord l'effroi parmi les pleureurs, et ne contribuèrent pas peu à leur déroute. Aussi fut-il traité avec toutes sortes de distinctions; les femmes surtout s'empressaient autour de lui; elles frottaient ses mains avec de l'eau tiède, croyant que la couleur noire de sa peau était factice; elles en faisaient autant à son enfant; mais leurs soins étant superflus, elles se mettaient à éclater de rire.

Quoique ces bons Sauvages nous reçussent avec toutes sortes d'amitiés, cependant je n'étais pas sans inquiétude. Faute de boussole et d'un quart-de-cercle, je ne pouvais déterminer le lieu où nous étions. Il me paraissait que nos Sauvages n'avaient jamais eu aucune relation avec les Européens. Je ne voyais parmi les femmes, ni miroirs, ni aiguilles, ni ciseaux, etc. Leurs robes étaient de coton, bordées de petites coquilles de couleur vive, semblables à celles des Maldives, que nous appelons porcelaines. Le plumage éclatant de plusieurs sortes d'oiseaux leur servait de coiffure, et les duvets de plusieurs sortes de nids garnissaient les berceaux de leurs enfans. Quant aux hommes, je ne vis parmi eux aucun instrument de fer; leurs lances et leurs flèches étaient armées de dents de poissons; de gros buccins leur servaient de trompettes pour se rallier dans les combats. J'étais témoin que la mer, dans ces heureux parages, fournissait à chaque pas, en abondance, des alimens sans peine et sans travail. C'est sur ces bords que la Providence a placé sous la main de l'homme tout ce qui peut lui être utile. Je me souviens que la première nuit de mon arrivée, les femmes et les filles de notre habitation voulant nous régaler le lendemain, elles furent à la pêche, la nuit même, après le retour de la marée de l'Océan. Je ne dormais pas, et je regardais par la fenêtre, près de mon lit, ce groupe de femmes, pensant à la mienne et à mes enfans : bientôt elles furent dépouillées de leurs vêtemens, se plongèrent tour à tour dans les ondes; et je les voyais en ressortir, tenant une langouste ou une téthis à la main. Elles en remplirent des corbeilles, qu'elles rapportèrent en chantant au pied de leurs palmiers. C'est bien avec raison que les poètes ont dit que Vénus était sortie du sein de la mer.

Cependant, les Sauvages me voyant toujours triste, me firent entendre par signes qu'ils allaient me ramener dans un pays peuplé d'hommes barbus comme moi; qu'ils partiraient le lendemain au lever du soleil, et que dans trois jours nous arriverions : circonstance qu'ils m'indiquèrent en me montrant le ciel vers le nord-est, et en m'en traçant trois fois la demi-circonférence.

Cette nouvelle m'inspira d'abord la plus grande joie : j'allais me trouver parmi des Européens. Mais quand j'eus parcouru la perspective de bonheur qu'elle me promettait, je retombai dans mes inquiétudes habituelles. Quels sont ces hommes barbus, me disais-je, qui sont allés s'établir à une si grande distance de la mer? Sont-ce des Espagnols ou des Portugais? Mais, dans ce cas, nous eussions rencontré quelques-uns de leurs vaisseaux; d'ailleurs notre pirogue a navigué au nord, et ce ne peut être ni des Portugais ni des Espagnols. Ainsi mon imagination ne cessait de me tourmenter, et les souvenirs de mes lectures augmentaient encore mes incertitudes. Je me figurai que, vers les lieux indiqués par les Sauvages, il y avait plusieurs républiques; la première, celle des Paulistes, composée de brigands de toutes les nations, qui avaient trouvé le moyen de se donner des lois, malgré la discorde perpétuelle où ils vivaient entre eux et avec leurs voisins. Quel secours devais-je en attendre pour l'Europe, où à peine leur nom est connu? Quant à la république des jésuites au Paraguay, j'avais tout lieu de croire qu'elle avait été détruite par les rois d'Espagne et de Portugal, à qui elle faisait ombrage. Il ne me restait donc aucune espérance de ce côté. Enfin, je me souvins que j'avais ouï parler d'une troisième république à quelque distance de Surinam. Elle s'était formée d'esclaves noirs fugitifs qui avaient conquis leur liberté les armes à la main, et avaient forcé leurs anciens maîtres de reconnaître leur indépendance. C'était là que Samson avait fait ses premières armes ; et si le sort l'y ramenait, il n'y avait pas de doute que je ne dusse tout attendre de son amitié. Cette dernière pensée soulagea mon ame ; je résolus de m'en rapporter à cette Providence qui m'avait si bien conduit depuis que je m'étais abandonné à elle. Après ces réflexions, je m'endormis paisiblement.

Le lendemain, 27 décembre, je fus réveillé au soleil levant par le chant des oiseaux, et bientôt après j'entendis celui des Sauvages. La marée était haute, ils s'occupaient à charger la pirogue de différentes provisions. Ce fut alors que nous descendîmes, et que nos hôtes, pénétrés de regrets de notre départ, se mirent à leurs fenêtres pour nous faire leurs derniers adieux. Cependant Samson ayant détaché les cordages qui retenaient la pirogue au rivage, nous hissâmes nos voiles, et en peu de temps nous perdîmes la vue de cet archipel d'îles plantées de palmiers marins, tantôt à sec, tantôt baignés des marées de l'Océan et de celles de l'Amazone. Nous quittâmes ainsi ce bon peuple, auquel on ne peut reprocher qu'un excès de gaieté. Pour moi, mes incertitudes me reprirent avec mes espérances. Je desirais et je craignais également d'arriver à une habitation européenne. Il ne me paraissait pas sûr d'aborder dans les colonies espagnoles, où je savais qu'on avait arrêté tous les Français, dans la crainte que la révolution qui embrasait la France ne vînt à y pénétrer. Le Paraguay ne m'offrait pas un asile plus assuré, quand même il y resterait encore quelques établissemens de missionnaires, par l'attention que les jésuites avaient toujours eue de ne permettre à aucun voyageur européen de séjourner dans ce qu'ils appelaient leurs Rédemptions.

Pendant que mon esprit battait ainsi la campagne, Samson fumait sa pipe fort tranquillement. Cependant, lui ayant fait entendre que je craignais qu'on ne nous menât à Surinam, il se mit à sourire. Puis empoignant de sa main droite le manche de sa hache, il la brandit en l'air ; ce que j'interprétai comme s'il m'eût dit : Voilà de quoi nous défendre. Nous ne tardâmes pas à rentrer dans une vaste étendue d'eau que je pris pour la mer ; mais à la douceur de cette eau, qui n'avait rien de saumâtre, je me figurai que nous étions tout-à-fait dans l'Amazone. Nous nous dirigions toujours au nord-ouest, et notre pirogue allait comme le vent.

Après avoir fait environ huit ou dix lieues en moins de deux heures, nous aperçûmes devant nous, à l'horizon, des îles naissantes ; leur terrain était beaucoup plus élevé que celui des îles que nous avions vues jusqu'alors ; c'étaient aussi d'autres arbres, dont les feuillages m'étaient inconnus. Nous passâmes au milieu d'un grand canal qui allait aboutir à un bassin semblable à un lac ou à une méditerranée ; quand nous l'eûmes traversé, nos Sauvages jugèrent convenable d'échouer leur pirogue sur une des îles qui se trouvaient à l'entrée. La nuit venue, ils nous firent apercevoir deux feux à l'horizon, que je pris pour ceux d'un volcan. Alors nos Sauvages se mirent à danser et à se réjouir, suivant leur coutume ; pour moi, je passai une nuit fort agitée.

A peine le jour commençait à paraître, que j'entendis le chant et le gazouillement d'une infinité d'oiseaux qui se dirigeaient dans l'intérieur des terres ; aussitôt les Sauvages mirent leur pirogue à flot, et entrèrent dans le canal qui se présentait devant nous. Il était si large, que le vent ne nous quitta pas un instant ; nous voguions au milieu, apercevant des rivages couverts de mangliers flottans et de cacaotiers ; ici s'élevaient des gerbes sauvages de cannes à sucre ; là, des vanilles serpentaient à l'entour, et embaumaient l'air de parfums ; des arbres, beaucoup plus élevés que ceux d'Europe, croissaient au-dessus de ces jardins de la nature, comme pour les mettre à l'abri des tempêtes. Autour de leurs énormes tiges, circulaient des lianes qui retombaient en guirlandes et en festons. Ces admirables décorations se répétaient des deux côtés du canal, et formaient une route ouverte à perte de vue. Une multitude d'oiseaux animaient ce charmant paysage : là, des flamans couleur de rose et des pélicans mélancoliques, étaient perchés sur leurs nids ; plus haut, dans ces beaux feuillages, des tourterelles et des perroquets étincelans des plus vives couleurs, semblaient nous saluer par leurs chants et par leurs cris. Mais à peine étions-nous entrés dans ce magnifique canal, qu'à droite et à gauche d'autres canaux qui traversaient le nôtre nous ouvrirent une multitude de perspectives immenses qui laissaient voir autant de paysages reflétés par les eaux : nous nous imaginions voguer tantôt sur des fleurs sans les flétrir, tantôt au milieu d'une foule d'oiseaux sans les épouvanter.

Au bout de deux heures de cette délicieuse navigation, nous arrivâmes dans le voisinage de deux tours d'où partaient les feux que nous avions vus pendant la nuit ; elles étaient rondes, et surpassaient en hauteur les plus grands arbres de ces îles; elles me parurent de marbre ou de granit de la plus riche couleur, veiné de blanc et de rouge: chacune d'elles était bâtie à l'extrémité d'un môle de la même matière, sur lequel battaient sans cesse les eaux de l'Amazone; au lieu d'être en talus, ces môles formaient une courbe tellement allongée, que les vagues du fleuve venaient doucement s'y amortir. Plusieurs rangs de degrés étaient taillés dans leur épaisseur, depuis leur surface jusqu'au bord de l'eau : on pouvait y descendre en sûreté, et porter ainsi du secours aux navigateurs naufragés. L'entrée du port, placée entre les deux tours, se fermait au moyen de deux portes perpendiculaires à écluse. D'un côté, elles roulaient sur des gonds de bronze; de l'autre, elles étaient flottantes, et venaient, en s'ouvrant, s'appuyer sur un rocher; de grosses chaînes de fer, assurées par des cabestans, servaient à les ouvrir, car elles se fermaient d'elles-mêmes par l'effet du courant perpétuel qui sortait du port, où se déchargeait un fleuve. Comme le poids de ce courant n'aurait pas tardé à les détruire, on avait soin qu'il y en eût toujours une ouverte, et c'était toujours celle par où le vent qui soufflait pouvait le moins pénétrer dans le port, afin que les vaisseaux y fussent le plus en sûreté possible. Quant au passage que laissait cette ouverture, il était intercepté par une chaîne de bambous, pour éviter toute surprise.

Dès que nous fûmes signalés du haut des tours, un fort joli yacht se présenta devant nous, et se mit en devoir de replier la chaîne de bambous pour nous ouvrir le passage; ce fut l'affaire de quelques coups d'aviron. Ce petit vaisseau n'avait qu'un mât, il était monté de jeunes rameurs très vigoureux, semblables à des tritons. Un jeune homme, vêtu de blanc, d'une figure charmante, les commandait; il sauta dans notre pirogue et s'adressa d'abord aux Sauvages, dont il entendait la langue. Pendant leur pourparler, j'admirai ce port, le plus beau que j'eusse vu de ma vie : sa forme est ronde, il a à peu près trois quarts de lieue de diamètre; à droite et à gauche régnait une longue suite d'arcades qui paraissaient renfermer des chantiers de construction; en face était un grand pont de deux arches, et des deux côtés s'élevaient des corps de bâtimens, et plusieurs habitations entremêlées de jardins. Quelques vaisseaux à l'ancre confondaient leurs mâts et leurs pavillons de toutes couleurs. J'étais dans le ravissement, lorsque ce beau jeune homme m'adressa la parole d'un air riant : d'abord il me parla hollandais, puis anglais; alors, pour le tirer d'embarras, je lui dis que j'étais Français, passager sur le vaisseau l'*Europe*, et que nous avions été incendiés à l'embouchure de l'Amazone. Mon père, reprit ce jeune homme d'un air attendri, j'espère que vous n'aurez point sujet de regretter votre patrie, vous êtes sur une terre hospitalière; mais comme, suivant nos lois, il faut que tout étranger se présente à nos anciens avant de communiquer avec nos frères, je vais moi-même vous conduire devant eux. En me disant ces mots, il me baisa respectueusement la main, sauta dans son yacht, fit un signal, et aussitôt un bateau tout-à-fait semblable au sien sortit en roulant sur des cylindres, et vint le remplacer à son poste; pour lui, il fit route vers le principal corps de bâtiment, en remorquant notre pirogue.

Nous arrivâmes en moins d'un quart d'heure, au pied d'un degré qui aboutissait à une vaste galerie; on y bâtissait une fort belle galère, et un gros homme, la pipe à la main, en surveillait la construction. Ce hangar, soutenu par des colonnes, se prolongeait fort loin, et j'y comptai une trentaine de galères, prêtes à appareiller. Leurs voiles et leurs cordages étaient attachés sur leurs vergues et sur leurs mâts, couchés sur les ponts. Il était fort aisé de les dresser, au moyen des poulies et des cabestans. Ces galères étaient posées sur des cylindres mobiles, l'arrière fort relevé, et la proue inclinée vers le port; de sorte que, pour les en tirer ou pour les y mettre à flot, il suffisait de laisser agir leur propre poids. Il s'ensuivait que ces bâtimens, quand ils n'étaient pas de service, étaient toujours à sec, et qu'on y apercevait la plus petite voie d'eau.

J'admirai le génie des mathématiciens qui avaient disposé un si beau port, avec ces brise-mers et ces hangars de construction; et je ne doutai pas que ce lieu ne fût un reste des Rédemptions du Paraguay, dont les jésuites avaient porté si loin la puissance. Je me confirmai bientôt dans cette nouvelle idée; car, étant parvenus au bout de cette galerie, nous trouvâmes un vieillard vêtu d'une robe bleue : c'était le père de notre jeune conducteur. Son fils lui parla dans une langue que nous n'entendions pas; après quoi, ce vieillard me dit : Il faut que vous soyez présenté à nos anciens; mon fils vous y conduira après déjeuner : faites-nous la grâce de faire ce premier repas avec nous, il nous portera bonheur. A peine avait-il dit ces mots, que les sons d'une flûte et d'un hautbois se firent entendre; plusieurs portes s'ouvrirent dans la galerie, et nous en vîmes sortir une troupe de jeunes filles et de jeunes garçons, avec des femmes et des enfans. Les filles portaient sur leur tête, dans des paniers, des vases, des tasses, des coupes; d'autres tenaient des corbeilles remplies de pains, de fruits et de laitage. Elles s'approchèrent du vieillard en s'inclinant ; pour lui, il les embrassa l'une après l'autre, d'un air riant ; et, suivis de cette charmante famille, nous montâmes un grand escalier qui terminait la galerie, et qui nous conduisit dans un vaste salon, dont le milieu était occupé par une table de bois d'acajou. Tous les convives s'étant rangés autour de cette table, le vieillard fit une courte prière. Ce fut alors que je ne doutai plus que je ne fusse chez les peuples dont les jésuites avaient été les premiers législateurs. Après cette cérémonie religieuse, ce bon vieillard me fit asseoir auprès de lui, et les Sauvages formèrent un cercle, assis sur le parquet du salon.

Ce spectacle à la fois touchant et extraordinaire, cet accueil plein de bonhomie et de simplicité, m'enhardirent au point que je me levai, mon bonnet à la main, persuadé que j'étais au Paraguay ; et, m'adressant au maître de la maison, je lui dis : Seigneur laïque, je ne vous dirai point que si la fortune m'avait été favorable, je vous offrirais des présens ; car je n'étais pas plus riche avant de m'embarquer que je ne le suis depuis mon naufrage : au défaut de la fortune, agréez donc l'hommage de ma reconnaissance, et ne différez pas d'un moment pour moi l'honneur d'être présenté aux révérends pères jésuites qui ont établi un si bel ordre. Brave étranger, me répondit-il, la méprise où vous êtes tombé est bien pardonnable ; mais vous n'êtes point au Paraguay : vous êtes dans la république des Amis ; c'est un pays qui n'est guère connu des géographes de l'Europe. Personne n'est plus porté que nous à secourir les malheureux ; si nous agissions autrement, nous ne serions pas dignes du bonheur dont Dieu nous fait jouir sans interruption depuis près d'un siècle. Comme c'est mon fils qui est chargé de vous conduire à la forteresse, il profitera de ce voyage pour vous donner une idée de notre origine : en attendant, buvons à votre heureuse arrivée et à celle de vos compagnons. A ces mots, trois jeunes filles et trois jeunes garçons se levèrent, une amphore à la main, et faisant le tour de la table, versèrent à chacun de ceux qui y étaient assis des liqueurs délicieuses ; puis chaque convive leva sa coupe vers le ciel, en nous saluant.

Il y avait environ une demi-heure que nous étions à table, lorsqu'un jeune homme de l'équipage du yacht entra dans la salle ; il s'avança vers le jeune Bentinck Cook, et lui dit respectueusement : Mon capitaine, nous sommes à vos ordres. Nous allons vous suivre, répondit celui-ci. Alors le père de famille se leva de table, et tout le monde le suivit, ainsi que nous. Nous reprîmes le chemin du port, et nous trouvâmes, au bas de l'escalier, plusieurs femmes, parmi lesquelles il y avait une jeune fille blonde de la plus grande beauté, et qui portait une couronne de fleurs. Elle s'adressa au jeune Bentinck Cook, et lui dit : Mon cousin, reviens ce soir ; songe que c'est aujourd'hui la fête du soleil, viens la célébrer avec ta famille. Oui, je reviendrai, lui dit le jeune homme en souriant ; mais laisse-moi finir l'année par une bonne action. Je ne te manquerai pas de parole. Donne-m'en un gage assuré, lui dit-elle. Alors il lui donna un baiser. Les sœurs de Cook l'applaudirent, et elles s'occupèrent à jeter dans la felouque des branches de mangliers et des rameaux d'orangers, de pamplemousses et de citronniers, tout chargés de leurs fleurs et de leurs fruits, dans toutes les nuances de leur développement. Les gens de l'équipage formèrent ensuite de ces feuillages un berceau autour du tendelet de la chaloupe, dans laquelle nous entrâmes, après avoir fait nos adieux au bon vieillard qui nous avait si bien accueillis, et à toute sa famille. Enfin, le jeune Cook donna le signal du départ, et aussitôt nous passâmes comme un trait sous une des arches du pont, où la rivière, en se rétrécissant, formait un courant très-rapide.

Tout ce que je voyais confondait mon jugement ; j'aurais désiré de me trouver chez les jésuites, à qui j'avais dû en Europe les premiers élémens des belles-lettres ; mais on venait de m'assurer que je n'étais pas au Paraguay ; et d'ailleurs, il n'y avait nulle apparence que les rois d'Espagne et de Portugal eussent laissé subsister un si beau monument de la sagesse humaine. L'idée me vint que je pouvais être chez les Paulistes, qui vivaient aux environs du Paraguay. A la vérité, c'étaient des brigands qui infestaient ces contrées, en piratant sur les lacs et les rivières de l'intérieur de l'Amérique ; mais les Romains avaient commencé en Europe comme des voleurs, et cependant avaient formé une république digne de l'estime des sages. Heureux si leur politique n'avait pas été d'étendre leur empire sur les ruines du genre humain !

Tandis que je me livrais à ces réflexions, le cours de notre navigation nous avait fait entrer dans une forêt dont je ne pouvais me lasser d'admirer le ravissant spectacle. Ses arbres s'élevaient une fois aussi haut que nos plus grands arbres d'Europe, et formaient, au-dessus de nos têtes, une voûte de verdure ; des lianes immenses s'entrelaçaient dans leurs rameaux, les unissaient les uns aux autres, et retombaient de leurs sommets jusqu'à terre, formant ici des masses d'ombres épaisses, et là laissant passer les rayons du soleil.

Des nuées d'oiseaux, du jaune le plus brillant et du pourpre le plus magnifique, se jouaient dans le feuillage de ces beaux arbres; des singes santaient d'une branche à l'autre, en jetant des cris de joie. Enfin, tous les habitans de ce séjour enchanté étaient si peu farouches, que les cygnes et les flamans nous voyaient passer sans se déranger. La familiarité de ces oiseaux, naturellement sauvages, m'ôta tout-à-fait l'idée des Paulistes; car tout peuple brigand est chasseur.

Il y avait déjà plus d'une heure que nous naviguions à travers cette sombre forêt, lorsque je vis l'horizon s'éclaircir devant nous; bientôt les arbres cessèrent de voiler le ciel, et nous découvrimes une campagne immense, terminée par une haute montagne, dont la cime se perdait dans un groupe de nuages du plus vif éclat. Notre jeune capitaine fit alors dresser le mât et les voiles de la felouque, et distribua des rafraîchissemens aux rameurs; il chargea l'un d'entre eux du soin du gouvernail, puis il s'assit à côté de moi. Je puis, me dit-il, profiter maintenant sans inquiétude d'un vent favorable; je vais vous entretenir de tout ce qui, dans ces lieux, a dû exciter votre curiosité. Ces belles campagnes qui s'ouvrent devant nous, remplies de toutes sortes de cultures; ces grands massifs de l'ancienne forêt, disséminés çà et là pour les ombrager; ces jolies maisons, élevées en si grand nombre et sur des plans si divers; ce peuple immense répandu de tous côtés; cette forteresse que nous allons bientôt découvrir, sont l'ouvrage de quatre-vingts années au plus. Il n'y avait jadis ici qu'une forêt habitée par des tigres, des serpens et des crocodiles : aujourd'hui notre république compte déjà cent vingt mille habitans dans sa métropole; trois ou quatre villes, élevées autour d'elle, en compteront chacune autant avant quelques années. Notre origine remonte au quaker Antoine Benezet, Français qui passa en Angleterre après la révocation de l'édit de Nantes. Il employa en actes de bienfaisance les débris de sa fortune; son amour ne s'étendait pas seulement aux hommes de sa communion, mais au genre humain. Il parcourut d'abord plusieurs provinces de l'Angleterre, et fut touché du malheur de leurs habitans, et du nombre prodigieux de misérables qu'il y rencontrait partout. Passant ensuite sur le continent, il y trouva les mêmes désordres, et de bien plus grands encore; il en conclut que la source de nos maux n'était point dans la nature, mais dans l'or et l'argent, qui sont les premiers mobiles des sociétés politiques; il fut touché surtout du sort des malheureux noirs, si heureux en Afrique leur patrie, et réduits à l'esclavage en Amérique par les Européens, toujours en guerre pour leurs colonies. Comme il vit que le café et le sucre faisaient le malheur des trois parties du monde, il résolut de porter ces deux plantes en Afrique, et d'engager les noirs à les cultiver. Ce voyage ne lui réussit pas; il en avait fait une partie à pied, suivant sa coutume, portant avec lui les graines de différens végétaux, dont il enseignait l'usage et la culture; mais n'ayant trouvé que des peuples insoucians, qui ne souhaitaient point ce qu'ils ne connaissaient pas, il revint à Londres.

Pendant le cours de ses voyages, il avait fait connaissance de plusieurs vertueux personnages, qui, pour la plupart, l'avaient suivi, et qui revinrent avec lui. Dans leurs réunions, qui étaient fréquentes, ils s'entretenaient des moyens de soulager les maux de l'espèce humaine, lorsque le hasard voulut qu'un capitaine de leur société, qui commandait un petit bâtiment, ayant fait voile vers le Brésil, disparut pendant quelque temps; on le crut perdu, mais il revint à Londres deux ans après son départ. Jeté par la tempête fort avant dans l'Amazone, il avait erré long-temps au milieu de ce labyrinthe d'îles et d'écueils que vous avez parcouru; enfin, il arriva au lieu même que nous traversons. Il ne put voir sans admiration la fertilité de la terre, et la beauté de ces vastes forêts inhabitées; et ayant défriché quelques terrains, il y sema différentes graines de l'Europe; ensuite il chargea son petit vaisseau de cacao sauvage, de vanille, de bois d'ébène, et remit à la voile, en recommandant le plus grand secret aux gens de son équipage. Arrivé à Londres, James (c'était le nom du capitaine) ne fit point part de sa découverte aux plus riches capitalistes de cette ville, mais à l'homme le plus vertueux : ce fut à Benezet. Celui-ci se hâta de convoquer ses principaux amis, dont James était un des plus anciens. Il y en avait de tous les pays, entre autres un médecin suédois, un constructeur hollandais, un ingénieur français, deux philosophes anglais, un Espagnol échappé à l'inquisition, un brame indien qui existe encore parmi nous, et qui est âgé de plus de cent trente ans. Tous ces hommes et plusieurs autres étaient unis entre eux par les liens de l'amitié et de la vertu. Mes frères, leur dit Benezet, le capitaine James m'autorise à vous communiquer la découverte qu'il vient de faire d'une terre située sous l'équateur, et dont rien n'égale la fertilité : la nature l'a cachée dans un labyrinthe d'écueils, pour la soustraire aux regards des puissances arbitraires de l'Europe; c'est un asile qu'elle semble réserver au genre humain; le moment est donc arrivé de travailler à son bonheur. Combien de fois n'avons-nous pas gémi de n'avoir que des secours passagers à offrir à une foule de gens de bien, laborieux et malheureux! nous pourrons désormais leur en donner de durables, dans un travail facile et modéré. Ce ne sera pas la république qui les nourrira, ce seront eux qui nourriront la république; ils ne seront plus exposés à succomber sous les fatigues excessives du corps, ni sous les peines intolérables de l'ame, que les ambitieux sèment autour des faibles pour les soumettre à leur empire.

Voici donc le plan que nous vous proposons: nous ferons construire incessamment deux petits vaisseaux de deux cents tonneaux chacun, à plates varangues, afin qu'ils puissent s'introduire sans danger dans les écueils. Nous choisirons, pour composer notre équipage, des gens mariés, en donnant la préférence à ceux qui ont des enfans, et nous les prendrons dans les états les plus nécessaires à la société, comme les laboureurs, les tailleurs, les charpentiers, les pêcheurs, etc.

Une fois fixés dans cette nouvelle patrie, la société sera divisée en douze tribus, et nul n'y sera admis avant une année d'épreuve; ceux qui en seront rejetés retourneront dans leur patrie aux frais de la république. Nous travaillerons tous en commun, sans mettre notre travail à prix d'or. La république seule aura l'usage de l'argent, elle fera seule le commerce extérieur, et pourvoira aux besoins des citoyens; elle établira des lois suivant les circonstances, et elle ne peut manquer de réussir en prenant souvent le contre-pied de celles de l'Europe. En admettant dans son sein tout ce que les sciences, les lettres, les arts, ont imaginé de plus utile, comment ne réussirait-elle pas parmi des Sauvages ignorans, lorsque nous avons vu des pirates effrénés, des noirs révoltés, fonder des puissances formidables dans ces mêmes contrées où nous devons porter la liberté, la vertu, le courage, et enfin l'amour de Dieu et du genre humain? Tels sont les fruits que nous tirerons de nos travaux. Ainsi parla Benezet; tous ses compagnons l'embrassèrent, et promirent devant Dieu de travailler avec lui au bonheur des hommes.

Aussitôt il fit mettre les deux vaisseaux sur le chantier; et dès que leurs nombreux équipages furent rassemblés, il en donna le commandement à James, qui avait veillé à leur construction. Il s'éleva alors une difficulté: Benezet, d'après ses principes de quakérisme, prétendait laisser le succès de toute cette entreprise à la protection de Dieu, sans prendre aucune précaution pour la défense de ses vaisseaux; il ne voulait point qu'on les armât de canons. Nous allons faire une mission de paix, disait-il, le ciel nous protégera; n'introduisons pas dans une terre innocente les affreux élémens de la guerre. Mais James le fit changer de résolution: Vénérable père, lui dit-il, Guillaume Penn a pu admettre ces principes dans la Pensylvanie: sa société était protégée par le gouvernement anglais en Amérique; mais ici, nous allons fonder un état; nous serons obligés de nous défendre nous-mêmes; et comment le ferons-nous, si nous n'avons point d'armes? un misérable corsaire de Salé peut nous enlever toute cette belle et vertueuse jeunesse, et l'emmener en esclavage. Il nous faut du canon et des armes. D'ailleurs, ce n'est ici qu'une simple précaution, car l'aspect de la force nous dispensera d'employer la force. Benezet était trop sage pour ne pas sentir quelle serait sa position dans un pays désert: il fit donc équiper les deux vaisseaux d'une manière convenable, et après leur avoir donné le nom de Castor et Pollux, il mit à la voile pour l'Amérique. La navigation fut très-heureuse; James reconnut les îlots par où il avait passé, car, dans l'intention de revenir un jour, il avait eu l'attention de couper çà et là des branches d'arbres sur le bord du rivage. Benezet admira, ainsi que ses compagnons, la beauté de ces terres virginales; ils récoltèrent les premiers grains que James y avait semés, et qui étaient devenus magnifiques.

Dans cet heureux climat, les moissons se recueillent deux fois par an. L'équipage montait à cinq cents hommes, y compris soixante femmes et quatre-vingts enfans; après avoir pourvu à leur logement et à leur nourriture, Benezet fit scier des bois de mahoni et d'ébène; les femmes et les enfans recueillirent des quantités considérables de vanille, d'indigo sauvage, et surtout de cacao, qui croît naturellement sur les bords de l'Amazone, et dont les gousses sont si abondantes, que ses branches, son tronc et jusqu'à ses racines en sont couverts. Il chargea ainsi ses deux vaisseaux, et les renvoya à Londres. Les agens qu'il y avait laissés eurent l'ordre de ne pas lui faire passer d'argent en échange de ces marchandises, mais de s'en servir pour attirer près de lui des familles industrieuses. Dans l'espace de trois ans, ces vaisseaux débarquèrent dans notre port quatre mille hommes. Vous devez voir maintenant combien la population s'est multipliée.

Quant à Benezet, il parcourait l'Amérique pour favoriser cet établissement; mais on ignore ce qu'il est devenu, et sans doute il a péri à la suite d'un naufrage. Oublié en Europe, sa mémoire, ainsi que celle de ses illustres compagnons, est immortelle dans ces lieux. Nous leur avons dédié des monumens que le temps ne saurait renverser : ce sont les étoiles les plus brillantes du firmament, à qui nous avons donné leurs noms. Nous en agissons de même à l'égard de tous les bienfaiteurs du genre humain, de quelque nation qu'ils soient : des Marc-Aurèle, des Épictète, des Socrate, des Fénelon, des Jean-Jacques. Ainsi nous remplaçons peu à peu les noms des animaux dont les hommes ont peuplé les cieux, par les noms des hommes et des femmes dont le génie, les grâces et les vertus ont illustré la terre.

Ainsi parla le jeune Bentinck Cook. J'étais ravi de ce que je venais d'entendre, et encore plus de ce que je voyais : une vaste plaine, dont nous avions déjà traversé plus de la moitié, se déroulait, pour ainsi dire, devant nos yeux, et nous offrait à chaque pas de nouveaux aspects. Ici, c'étaient des usines que le vent faisait mouvoir; là, des prairies où paissaient de nombreux troupeaux. La plaine était sillonnée de chemins et de canaux traversés sans cesse par des chars et des gondoles; ces rives retentissaient de cris de joie, du son des instrumens et du bruit des chansons. Des groupes de jeunes filles et de jeunes garçons dansaient à l'ombre des orangers et des abricotiers de Saint-Domingue, qui bordaient les grands chemins, tout couverts de fruits et de fleurs. Je n'avais encore rien vu d'égal à la beauté de cette brillante jeunesse; le plaisir, l'amour, la joie se peignaient dans tous les regards. Je la contemplais avec une véritable ivresse, lorsque j'en fus tiré tout à coup par la vue de plusieurs aérostats qui s'élevaient sur différens points de l'horizon, et planaient au-dessus de la forêt vers la montagne. D'abord je les pris pour des nuages; mais, comme ils avançaient très-rapidement, je ne tardai pas à distinguer leur forme allongée en poisson, et la nacelle située à leur centre de gravité, qui faisait vibrer leur longue queue, à l'aide de quelques personnes qui étaient dans ce petit bateau, sans que le vent parût leur opposer aucun obstacle; car il y en avait qui allaient contre son cours. L'inventeur avait sagement pensé qu'il était nécessaire de donner à ce trajectile la forme d'un poisson plutôt que celle d'un oiseau. Un oiseau ne vole que par jet et avec effort; il faut qu'il soutienne son poids dans l'air : aussi la nature a attaché les deux leviers qui l'y élèvent et l'y font avancer, dans la partie la plus forte de son corps, avec des muscles très-robustes. L'aérostat, au contraire, est porté naturellement dans l'air par la légèreté du gaz qui le remplit; il n'a pas besoin de fortes ailes comme l'oiseau; mais il lui faut, comme au poisson, une longue et large queue qui lui serve de rame, et dont on puisse faire mouvoir facilement le levier élastique et léger.

Ces poissons aériens arrivèrent en peu de temps au centre de la forteresse, où ils s'arrêtèrent au sommet de la pyramide qui séparait les douze tribus de la république. Avant d'arriver en ce lieu, mes regards furent frappés d'un monument qui était au milieu de la plaine : c'était un grand cylindre d'un granit rouge et blanc; on y montait par plusieurs marches; il était entouré de deux rangs de palmiers et d'un large canal d'eau vive. Ce que vous considérez avec tant d'attention, me dit le jeune Bentinck Cook, est l'autel de la patrie; c'est là que se font les réconciliations, les traités, les adoptions et les promesses de mariage. Comme il finissait ces mots, nous arrivâmes à la vue de la forteresse; elle était entourée d'un vaste lac formé par la chute de la rivière qui s'y précipitait à droite et à gauche, et par deux torrens qui faisaient mouvoir une multitude d'usines. Une terrasse à perte de vue, de plus de quatre-vingts pieds de hauteur, supportait une double rangée de palmiers. Nous entrâmes dans le large fossé dont les eaux baignaient le soubassement de la forteresse. Autour de ce fossé étaient attachés à des anneaux une infinité de barques semblables à la nôtre; mais le nombre en était si grand ce jour-là, à cause de la fête du soleil, qu'on avait été obligé de tendre çà et là des grelins dans le fossé pour en attacher d'autres. C'est ici, me dit le jeune Bentinck Cook, un des réservoirs de la république, et c'en est un des plus petits, car plusieurs sont formés d'un seul bras de mer, dont nous avons fermé l'ouverture. On y pêche jusqu'à des baleines, et il y en a eu de servies sur les tables publiques, à pareille fête, qui avaient été ainsi pêchées. Mais voilà, dit-il, des tortues de l'Amazone qui languissent; il est à propos de les remettre à l'eau : ce qui fut exécuté à l'instant même par le gardien. Celui-ci, sur un signe que lui fit le jeune Cook, disparut un moment, et revint bientôt avec des fruits qu'il nous offrit pour nous rafraîchir. C'étaient, entre autres, des ananas du Brésil, de grandes branches d'oranges pourprées et d'oranges mandarines, semblables à des pommes d'api, et qui viennent par grappes. Je croyais être aux Indes Orientales. Ce fruit était sucré, parfumé, ambré, et d'un goût si exquis, que les meilleures oranges de Malte et des Antilles n'en approchent pas.

Le jeune Bentinck Cook ayant remercié le gardien, nous nous hâtâmes de monter à la forteresse. Nous traversâmes d'abord une plantation de figuiers et de bananiers. Sous leurs ombrages, une multitude infinie d'hommes, de femmes, d'enfans, avaient des tables chargées de mets, et en passant nous invitaient à les partager ; d'autres se livraient à toutes sortes d'exercices et de jeux.

Enfin nous arrivâmes au milieu de la terrasse. A notre gauche, nous aperçûmes la vaste plaine que nous avions traversée ; plus loin, la forêt ; et à perte de vue, le cours lointain de l'Amazone. A droite, s'élevait une montagne ; et de son sommet, couronné de glaces, coulaient çà et là des torrens dont se formait la rivière des Amis. Depuis sa source jusqu'à son embouchure, on pouvait voir, dans l'espace de quelques lieues, un abrégé de ce que la Providence divine a créé, depuis la zone glaciale jusqu'à la zone torride, pour l'usage des hommes. Du côté de l'Amazone, on découvrait des chameaux chargés de vivres, conduits par des noirs ; et du côté du sommet de glaces, on apercevait des traîneaux tirés par des rennes. La première perspective était vive et animée par l'effet des nuages qui se reflétaient dans les canaux de la plaine, tandis que celle de la montagne offrait l'aspect le plus riant : c'étaient des avenues d'arbres fruitiers qui, dans une immense élévation, se terminaient d'un côté à une vaste forêt de sapins, et de l'autre, à une vaste forêt de palmiers. Ainsi, en moins de six lieues, se développait la végétation qui brille sur la surface entière du globe. Mais ce qui m'étonnait davantage, c'étaient les lois qui faisaient vivre avec tant de concorde un si grand peuple, composé de tant de nations différentes. Voilà ce que j'aurais été curieux de connaître.

Nous nous acheminâmes vers la pyramide. Je m'aperçus qu'elle avait quatre portes ; chacune de ces portes était défendue par une batterie de canons. Une garde de cinquante jeunes gens, commandés par deux officiers d'un âge mûr, veillait à la sûreté de ces lieux. Rien n'était plus élégant que leur costume. Ils portaient sur leurs épaules un carquois rempli de flèches, à la main un arc, et au côté un sabre court et léger.

Nous entrâmes par la porte de l'orient ; le capitaine nous demanda avec beaucoup d'honnêteté à qui nous desirions parler ; si notre dessein était de visiter quelques étages des archives. Le jeune Bentinck Cook répondit qu'il desirait introduire des étrangers dans la salle d'audience. Aussitôt le capitaine appela un soldat de sa compagnie, et lui commanda de nous conduire. Cette salle était précisément au milieu de la pyramide. Une douce lumière traversait les vitraux d'un dôme immense, et, se répandant sur le siége des juges, faisait paraître leurs robes de pourpre étincelantes de magnifiques reflets. Un peu plus bas étaient assis des secrétaires, des greffiers et des écrivains. L'autre moitié de cette salle était destinée au public ; quand nous y parûmes, les spectateurs se levèrent pour nous laisser passer. Le sujet de notre arrivée était connu, et un des juges m'adressant aussitôt la parole, me demanda quelle était ma patrie............
.................................................................
.................. Nous saluâmes respectueusement nos juges, et la séance étant levée, ils se séparèrent au son d'une flûte. Je me disposais à sortir, lorsque j'aperçus un homme de fort bonne mine qui me regardait très-attentivement ; il paraissait avoir assisté à ma réception. Je me félicite, me dit-il, de trouver en vous un digne compatriote ; j'espère être assez heureux pour vous être utile. En attendant que je sois digne d'être votre ami, permettez-moi de devenir votre serviteur. Je suis bibliothécaire, et mon nom est Varron. Le jeune Cook s'approchant de moi, me dit tout bas : L'homme que vous voyez devant vous passe pour le plus savant de la république : c'est pour cela que nous lui avons donné le nom de Varron, si célèbre chez les anciens.

Pendant qu'il me parlait ainsi, quelques noirs de Guinée ayant aperçu Samson, vinrent l'inviter à se divertir avec leurs familles sous un gros calebassier qui était dans la plaine. Ce bon noir vint aussitôt m'en demander la permission ; ce qui me surprit infiniment, car il était plus libre que moi, puisque c'était moi qui avais besoin de lui. Je lui dis : Sois heureux, mon fils, partout où tu seras. Alors le jeune Cook me rappelant qu'il devait être, à la fin du jour, de retour au port des Amis, me fit les plus tendres adieux ; je le remerciai de la faveur qu'il venait de me procurer ; il me dit : O mon père ! c'est à vous que je dois le plus grand service que j'aie rendu à ma patrie, celui de lui procurer un bon citoyen. Cependant, les trois Sauvages étant redescendus, il se rembarqua dans sa pirogue ; alors je me trouvai seul avec Varron. Enfin, me dit-il, vous êtes à moi, et je suis à vous ; un guide est nécessaire ici à un étranger ; non pas que vous soyez chez un mauvais peuple : il n'y en a pas, je crois, sur la terre, qui réunisse autant de qualités bienfaisantes. J'ai voyagé chez les nations les plus policées de l'Europe, et j'ai vu souvent qu'à peine je venais de quitter un homme auquel on m'avait recommandé, qu'un autre qui lui succédait m'en disait du mal : c'était une suite perpétuelle de médisances, qui finissaient par me remplir de haine ou de regret. Il en était de même des opinions sur lesquelles je desirais m'éclairer.

Les plus répandues étaient précisément celles qui étaient le plus universellement contredites ; de sorte que je fus réduit en peu de temps à ne plus rien croire sur la foi d'autrui. Ici, c'est tout le contraire : si vous abordez un citoyen qui vous est inconnu, il est d'abord disposé à vous obliger ; si vous le questionnez, il vous répondra ce qu'il pense ; et s'il n'est pas instruit de ce que vous lui demandez, il vous fera franchement l'aveu de son ignorance. Nous ne dressons point ici les hommes à l'ambition ni à l'intrigue, mais à s'entr'aimer. Le plus petit acte de vertu est préféré au plus brillant trait d'esprit. Ce n'est pas que l'un et l'autre ne soient dignes de toutes nos affections, comme des influences de la Divinité, qui distinguent les hommes des animaux ; mais l'esprit est comme le rayon du soleil qui éclaire la superficie de la terre, et la vérité comme la chaleur que ce feu céleste combine dans son sein, pour en faire sortir la vie.

Je fus frappé de cette comparaison. Oui, lui dis-je, je sens que la vertu est le but de notre existence. C'est la chaîne qui lie les hommes les uns avec les autres et avec le ciel. Où en avez-vous trouvé les lois? comment se fait-il qu'elles s'exécutent ici avec tant de facilité, qu'elles semblent avoir tous les attraits du plaisir, tandis que partout ailleurs elles se montrent sous un aspect si triste et si sévère, que leur accomplissement paraît exiger des efforts continuels de notre nature, ainsi que l'indique le nom de *vertu*? Aussi, reprit Varron, combien de réformateurs, dans les siècles passés, ont dit du mal de cette nature humaine. Ils ont employé tous leurs soins à la vaincre, et ils ont cru ne pouvoir y réussir qu'en appelant à leur aide des secours surnaturels. Qu'en est-il arrivé? que ce sont eux-mêmes qui se sont déformés. Ils ont commencé par inspirer une grande frayeur de l'avenir dans ce monde, où la Providence ne nous présente cependant qu'un cours successif de bienfaits ; et quant à l'autre, ils l'ont peuplé d'êtres épouvantables. Enfin, après avoir subjugué les hommes par la terreur, et s'être emparés de leur crédulité, ils se sont donnés comme les reparateurs et les juges de leurs destinées futures. Pour nous, notre but est de ramener les peuples aux sentimens les plus simples de la nature ; nous ne cherchons que les vertus qui rendent la société bonne et heureuse, en rendant, avant tout, heureux et bon celui qui les possède ; car le bonheur de tous naît du bonheur particulier de chacun. Voyons donc, lui répondis-je, par quelle chaîne céleste vous m'éleverez jusqu'à ces vertus divines. Nous n'aurons besoin d'aucun effort, reprit-il, car elles sont descendues jusqu'à nous.

Comme il parlait ainsi, nous entendîmes un bruit d'orgues et de timbales qui formaient un concert plein de mélodie ; bientôt nous vimes venir, des extrémités de la terrasse, deux files de chariots attelés de bœufs et chargés de tables, de bancs, de chaises, et de tous les ustensiles nécessaires au festin d'un grand peuple. Quand ces chariots se furent réunis, le concert cessa ; mais de nouveaux accords plus doux, de musettes et de flûtes, se firent entendre. Alors douze jeunes garçons et autant de jeunes filles sortirent de chaque arcade ; tous étaient couronnés de fleurs, et ils marchaient deux à deux, en jouant de divers instrumens. Voilà, me dit Varron, les candidats qui ont fini aujourd'hui l'année de leur apprentissage, et qui seront reçus ce soir au nombre des citoyens. Ils l'ont commencé deux à deux, un amant et une maîtresse, afin de faire ensemble un essai de la vie sociale ; c'est pourquoi tous leurs principaux exercices ont été réglés par la musique. Maintenant il s'agit de disposer le banquet. En effet, les jeunes garçons se mirent à dresser deux rangs de tables de chaque côté de la terrasse ; les jeunes filles les couvrirent de nappes, de couteaux, de coupes d'argile qu'elles apportaient sur leurs têtes, dans des corbeilles soutenues d'un seul bras, comme ces belles cariatides dont nous admirons l'attitude dans les monumens des Grecs.

A peine étions-nous à table, que la terrasse se trouva débarrassée des chariots, et bientôt on entendit les sons mélodieux des instrumens. Les douze anciens sortirent d'un groupe immense d'administrateurs, et vinrent se placer à la table même où nous étions. Aussitôt je me levai, et je dis à Varron : Je ne suis qu'un étranger, et il ne m'appartient pas de m'asseoir à la table des sages. Varron me dit : Votre âge est un titre suffisant, et je n'aurais pas commis l'indiscrétion de vous inviter, si je n'étais assuré du consentement des anciens. A l'instant même, nous vîmes arriver, aux deux bouts de la terrasse, une multitude de chars attelés chacun de quatre chevaux ; et lorsqu'ils se furent arrêtés vis-à-vis les tables, on vit sortir de chaque char quatre écuyers tranchans. Ces écuyers, armés de profondes cuillers, de longues fourchettes d'acier et de grands couteaux, découpaient les viandes, et les déposaient toutes bouillantes dans de vastes plats que les jeunes gens de service allaient placer sur les tables ; pour les jeunes filles, elles se promenaient autour des tables avec des amphores remplies de liqueurs, de sorbets, de limonades. Une d'elles remit auprès de Varron deux bouteilles d'excellent vin de Bordeaux, l'une pour lui, l'autre pour moi, de la part de l'ancien de la tribu où je venais d'être reçu.

Un second service succéda au premier, dans le même ordre : il était composé de légumes excellens. Mais ce qui me fit le plus de plaisir, ce fut le troisième service, que nous appelons chez nous dessert. Il consistait en fruits confits ou crus, portés dans des corbeilles ou dans des vases d'argile, de formes élégantes. Il y avait environ deux heures que nous étions à table, lorsque Varron me dit : Nous n'avons plus faim; on va servir le café et le punch; allons le prendre avec ma femme et mes enfans. De nouveaux convives vont nous succéder; ce sont les jeunes citoyens qui ont monté la garde, et les jeunes couples qui nous ont servis. Notre vie n'est-elle pas heureuse? Nous croyons ici que c'est une affaire de conscience d'user sans excès de tous les biens que Dieu nous donne.

Il était quatre heures après midi lorsque nous nous mîmes en chemin pour aller à l'habitation de Varron, sur la pente de la montagne. Nous traversâmes la place au-delà de la pyramide; quand nous eûmes fait environ cinquante pas, je vis que le chemin se partageait en deux, l'un bordé d'oliviers, l'autre de palmiers chargés de cocos, entremêlés de palmiers dattiers. Varron me fit remarquer la variété des plans de la nature. L'olivier, qui donne de l'huile aux zones tempérées, porte ses fruits dans son feuillage; et le cocotier, qui en fournit aux zones torrides, les a suspendus à sa tête, en forme de longues grappes. J'en contai douze qui renfermaient chacune une trentaine de cocos. Ces fruits présentaient différens degrés de maturité : les plus avancés, d'une couleur rousse, étaient à la naissance de la grappe, et les moins avancés à son extrémité opposée : la même progression de maturité existait entre les grappes de l'arbre et les cocos de la même grappe; car il y en avait de vertes, d'autres nouvellement nouées, d'autres en fleurs, d'autres en boutons qui ne faisaient que d'éclore. On eût dit que leur fructification était en rapport avec les jours et les mois de l'année. Mais ce qui surpassait en beauté les cocotiers, c'étaient les palmiers dattiers; car, outre qu'ils étaient plus élancés, ils portaient leurs longues grappes de dattes, de la plus belle couleur d'or, comme des lustres suspendus au haut de leurs majestueuses colonnes. Ce qui ajoutait encore à leur beauté, c'était un magnifique réseau d'un brun pourpre, qui en entourait et en fortifiait la tête. Une gerbe de palmes verdoyantes la couronnait en s'élevant vers le ciel, et couvrait à moitié ses longues grappes qui pendaient vers la terre. Ce réseau offrait de doux abris à plusieurs oiseaux, entre autres à des colombes qui y faisaient leurs nids. A la naissance de ces deux chemins, il y avait deux bornes rouges, l'une creusée, et l'autre bombée dans la partie qui regardait le ciel. Sur la première, on voyait une urne remplie d'une eau vive qui débordait de son sein et la couvrait de ses bouillons; sur la seconde, on plaçait, chaque soir, sur une tige de bronze, un globe de verre qui renfermait une lampe destinée à éclairer ce lieu. Nos chemins, me dit Varron, sont garnis, à leurs carrefours, de monumens semblables. Que peut-on offrir aux hommes qui leur soit plus agréable que du feu pour les éclairer et de l'eau pour les rafraîchir? Les animaux mêmes sont sensibles à ces marques d'humanité : elles attirent les oiseaux dans le voisinage de nos habitations, qu'ils embellissent.

Pendant que nous parcourions l'avenue de la droite, nous aperçûmes une multitude infinie de petits oiseaux, semblables à des colibris et à des oiseaux-mouches, étincelans des plus brillantes couleurs. D'autres espèces plus grosses, mais sans éclat, faisaient entendre dans l'ombre du feuillage des sons ravissans. Nous parvînmes, après une heure de marche, à l'extrémité de cette zone si riche, si parfumée. J'aperçus des forêts naturelles à l'Europe, de chênes, de hêtres, d'ormes à moitié dégarnis de leurs feuilles; et, au milieu de ces forêts, des avenues de poiriers, de pommiers, et d'autres arbres fruitiers de nos climats. Partout je reconnus les genres, cependant avec des différences qui en rendaient les espèces méconnaissables. Il en était de même des oiseaux : les merles, les sansonnets, les pies, les perdrix même, avaient des épaulettes, des tours de gorge, des pectoraux, rouges, bleus, verts, qui les faisaient distinguer aisément de ceux de l'Europe.

Quant à l'aspect qui se présentait au loin, il n'offrait plus qu'un grand lac, terminé par une vaste forêt de sapins noirs et de bouleaux couverts de leurs écorces blanches. Au-delà de cette forêt, s'élevaient les sommets pourprés des Paramas, surmontés de neiges inaccessibles. Voyez-vous, me dit Varron, cette maison rouge et blanche, qui est à trois cents pas de nous, sur le bord de cette petite rivière qui sort du lac? c'est là que je passe une partie de ma vie, avec ce que j'ai de plus cher au monde, ma femme et mes deux enfans; c'est là que je vais jouir souvent du même air que j'ai respiré à ma naissance. La république, touchée de mon zèle pour son service, m'a fait construire cette maison en pierres monumentales, comme le sont toutes celles qui s'élèvent sur la croupe de la montagne. J'aurais pu choisir un climat plus doux et

des plantations plus agréables, mais j'ai préféré ce qui convenait le mieux à ma santé et à mon esprit. Je passe souvent de mon ermitage à la bibliothèque, et de la bibliothèque à mon ermitage; et toujours avec un nouveau plaisir. Comme il disait ces mots, nous arrivâmes à la porte de sa maison; elle s'ouvrit, et j'aperçus une femme de trente-cinq ans environ, d'une figure pleine d'intérêt : elle avait à sa droite et à sa gauche deux filles de quinze ou seize ans, d'une physionomie charmante. A leur toilette, on voyait qu'elles se préparaient à se rendre à la fête. Varron dit à son épouse : Chère amie, voici un nouveau compatriote que je te présente : il est père de famille comme moi; mais il est privé de sa femme et de ses enfans : tâchons de les lui faire oublier. Je vais le recevoir dans le cabinet des Muses, prépare-nous quelques cordiaux : ensuite nous retournerons à la fête, si notre hôte n'aime mieux passer cette nuit dans mon ermitage. Après avoir ainsi parlé, Varron me prit par la main, et me conduisit au fond de son jardin, sous un bosquet de vieux chênes et de sapins, au milieu duquel était une rotonde de granit et une table de bois d'acajou couverte de manuscrits et de livres. Il alluma, au moyen d'un phosphore, une lampe d'argile, et nous nous assîmes sur le canapé. C'était l'asile du repos : le silence du lieu, le murmure des chênes et des sapins agités par les vents, tout invitait à la méditation. Voici, me dit Varron, un manuscrit qui est un compendium de nos lois : il renferme tout ce que nous sommes obligés d'apprendre pendant l'année d'épreuve. Il n'a point été inspiré par l'étude des lois, mais par celle de la nature; aussi les principes en sont-ils gravés dans le cœur de tous les hommes. Nous avons encore parmi nous plusieurs de ceux qui ont travaillé, avec Benezet, à poser les fondemens de ce bel ouvrage : tel est entre autres le brame, qui a aujourd'hui cent trente-sept ans. J'ai cru devoir ajouter un commentaire à ce code : c'est l'application des principes de la nature aux institutions de la société humaine. Vous le lirez, si vous le voulez; vous en aurez le temps, car cette lecture ne demande que trois heures. Varron m'ayant alors remis son cahier : Il faut que je parte, me dit-il, ma présence est nécessaire à la fête : je vous laisse maître de la maison. Tâchez de venir nous rejoindre; toute la route sera illuminée, et de votre vie vous n'aurez vu un aussi magnifique spectacle. En disant ces mots, il m'embrassa, et partit avec toute sa famille. . . . . . . . . . . . . . . . . . . . .
. . . . . . . . . . . . . . . . . . . . . . . . . . . . .

« L'auteur, marchant sur les traces de Platon,
» se proposait de développer ici le système com-
» plet du gouvernement de l'Amazone. Nous igno-
» rons si cette partie de son ouvrage était bien avan-
» cée; mais nous n'avons pu en retrouver que des
» fragmens, dont, malgré nos efforts, il nous a été
» impossible de former un tout digne d'être pu-
» blié. »

# ÉLOGE
### HISTORIQUE ET PHILOSOPHIQUE
## DE MON AMI.

### AVIS DE L'ÉDITEUR.

L'*Éloge philosophique de mon Ami*, le *Vieux Paysan polonais*, et les *Voyages de Codrus*, sont les premiers essais de l'auteur des *Études*. L'*Éloge philosophique de mon Ami* est une satire ingénieuse des discours académiques : Bernardin de Saint-Pierre le composa pendant son séjour à l'Ile de France. Les lecteurs attentifs reconnaîtront sans doute, dans les *Voyages* allégoriques, de *Codrus*, l'histoire des premiers voyages de l'auteur. S'il fait descendre son héros de Codrus, qui se sacrifia pour sa patrie, c'est que lui-même se croyait issu d'Eustache de Saint-Pierre, qui se dévoua pour la sienne, et dont Froissard nous a conservé la touchante histoire.

Quant au *Vieux Paysan polonais*, nous devons ce manuscrit à madame Dupont de Nemours, qui le tenait de l'auteur lui-même. Toujours occupé de l'étude de la nature et des moyens de rappeler les hommes à l'observation de ses lois, Bernardin de Saint-Pierre n'avait pu parcourir les campagnes de la Pologne sans éprouver le besoin de dévoiler aux souverains la situation déplorable d'un peuple entier d'opprimés. A son arrivée en Russie, où il servait comme ingénieur, il osa présenter à l'impératrice Catherine plusieurs mémoires pleins de vérités trop hardies pour être utiles. Parmi ces mémoires, cependant, le maréchal de Munich, qui aimait la vérité, mais qui connaissait la cour, ne voulut jamais permettre à l'auteur de placer les réclamations du *Vieux Paysan polonais*. Il est sans doute inutile de remarquer que cet opuscule est une imitation du *Paysan du Danube* : il semble même que Bernardin de Saint-Pierre n'ait voulu que développer ces deux vers de la même fable :

La terre et le travail de l'homme
Font pour les assouvir des efforts superflus.

On sera peut-être surpris de ne trouver dans ce morceau si énergique aucune de ces idées tendres et consolantes qui semblent s'échapper de l'ame de l'auteur, et qui sont le caractère particulier de ses autres ouvrages. Mais il faut se souvenir que ces plaintes éloquentes furent écrites dans un premier mouvement d'indignation, et en présence même du peuple qui frémissait de son avilissement. Bernardin de Saint-Pierre était jeune alors : habitué à souffrir, il fut encore plus révolté de la barbarie des maîtres que frappé de la misère des esclaves ; en un mot, la pitié qu'il ressentit pour les victimes ne s'exprima que par la haine qu'il voua à leurs tyrans. Tel est le sentiment qui domine dans cette pièce, composée il y a près de cinquante ans, et que l'auteur n'a jamais revue.

Sans doute on ne peut qu'admirer l'élan généreux qui inspira cette noble défense des droits de la justice et de l'humanité ; il était honorable de parler ce langage à une époque qui semble séparée de nous par tant de siècles, et qui ne l'est que par les événemens les plus désastreux ! Mais aujourd'hui qu'on abuse de toutes ces idées, devenues des idées libérales, et qui étaient alors des idées courageuses ; aujourd'hui que ces mêmes principes sont invoqués pour émouvoir, pour soulever les nations, et non pour les éclairer et les protéger, tout nous porte à croire que Bernardin de Saint-Pierre aurait sacrifié, peut-être même condamné ce morceau, qu'il destinait à adoucir le sort d'un peuple, et non à exciter les passions d'un parti.

---

Il n'est pas d'usage de faire l'éloge d'aucun être vivant ; car telle est l'instabilité humaine, que souvent les vices succèdent aux vertus qu'on a louées : Néron avait commencé comme finit Titus.

Cependant celui dont j'ai à parler est d'un caractère si inaltérable, que, dans quelque lieu qu'il se trouve, il se conciliera l'estime et l'amitié publique, par l'agrément et la solidité de ses qualités.

Après la guerre terrible qui entretint une haine de trente ans entre l'Espagne et la France, le mariage de Philippe de France et de l'infante d'Espagne rétablit la bonne intelligence entre ces deux grands peuples. Il est probable qu'alors des familles françaises suivirent leur prince en Espagne, et que des familles espagnoles vinrent s'établir en France. Il est même plus que vraisemblable qu'ils amenèrent avec eux, de leur pays, leurs serviteurs, et plusieurs de ces animaux que leur attachement rend si dignes de l'amitié de l'homme, et qui, dans cette longue et cruelle guerre de la succession, n'avaient jamais cessé de vivre en paix. L'homme seul a divisé la terre en royaumes ; elle est pour le reste de ses habitans une patrie commune, qui n'a ni frontières, ni barrières, et où chaque espèce parle toujours le même langage, et conserve les mêmes mœurs.

C'est à une de ces familles espagnoles que mon ami doit son origine. On ne pouvait contester sa noblesse, car il venait d'un pays où personne n'en manque. Il naquit à Rouen, capitale de la Haute-Normandie, le 22 février 1762, le même jour que sont nés Socrate, Épaminondas, et plusieurs grands hommes de l'antiquité, et dans une ville où Corneille avait reçu le jour. Malgré sa noblesse et de si heureuses circonstances, il vint au monde les yeux fermés, comme les chiens de berger ; et il doit en sortir de la même manière, puisque ni la naissance ni le lieu ne préservent aucun de la loi commune.

Il n'avait pas encore ouvert les yeux à la lumière, qu'il fut exposé aux plus terribles coups du sort : la moitié de sa famille fut condamnée à périr dans les eaux, d'où un savant célèbre assure que le genre humain est sorti.

On dit qu'il entendit son arrêt sans se plaindre, qu'il lécha même la main cruelle qui l'avait déjà choisi au milieu de ses frères éperdus. Trois fois la cuisinière le prit, le replaça ; et enfin, touchée de sa candeur, elle le rendit à son berceau.

O pouvoir surprenant de l'innocence, que vous êtes supérieur à l'éloquence même ! Quand il aurait pu parler, qu'aurait-il pu dire pour s'empêcher d'être jeté à l'eau ? Les hommes savent si peu épargner leurs semblables ! auraient-ils ressenti quelque pitié pour sa jeunesse, lorsque l'aspect des douleurs humaines peut à peine les émouvoir ?

Cet innocent, échappé à la cruauté des hommes, fut abandonné, avec un frère et une sœur, aux soins de sa mère. Elle ne leur fit point part d'un lait étranger. Tout occupée de ses enfans, elle les veilla jour et nuit ; plus de chasse, plus de jeux, plus d'amours : elle renonça aux allures brillantes, aux courses folâtres, à l'envie de plaire, même au sentiment de l'amitié : insensible à la voix d'un maître chéri, son cœur maternel n'était remué que par les cris de ses chers nourrissons. Elle s'appelait Fidèle, et on donna à celui de ses fils dont je parle le nom de Favori, surnom pris, comme chez les Romains, de ses qualités personnelles.

En effet, rien n'était plus intéressant que sa petite figure. Il était d'une belle couleur marron. Une cravate blanche descendait sur sa poitrine, comme s'il eût porté du linge. Sa queue se recourbait sur son dos en aigrette touffue ; deux longues oreilles faisaient l'arc aux deux côtés de sa petite tête, et il les jetait en arrière, ou les retroussait, à sa volonté. Ses yeux, pétillans de feu, étaient bordés de deux petits cercles qui, de loin, lui donnaient l'apparence de porter une paire de lunettes. Avec les agrémens de la physionomie, on entrevoyait en lui un fonds de mélancolie, qui, selon Plutarque, est signe d'une nature forte [1]. Son éducation n'eut rien d'artificiel ; on ne lui apprit ni à danser, ni l'exercice à la prussienne, ni à connaître les cartes. On éloigna de lui toute instruction

---

[1] *Vie de Numa.*

dangereuse ou superflue, et qui énerve le corps. De toutes les parties de la gymnastique, il ne s'exerça volontairement qu'à courir et à lutter. Il n'était pas besoin de lui proposer pour la course, comme à l'élève d'un grand philosophe, un but, des applaudissemens, un gâteau ; on le voyait, seul et de lui-même, tantôt courir ventre à terre dans une longue allée, tantôt tourner en rond dans un salon, jusqu'à perdre haleine. Il était à la fois son juge, son émule, sa récompense, et, pour me servir des fortes expressions du style moderne, souvent, dans cet exercice, il s'est surpassé lui-même.

Quant à la lutte, il n'hésitait pas à s'adresser à des chiens plus grands que lui : il les saisissait au collet, tantôt dessus, tantôt dessous. Jamais il ne s'est fâché de sa défaite, ni enorgueilli de sa victoire; jamais ses jeux badins ne mirent ses rivaux de mauvaise humeur. Pour les autres exercices du corps, il refusa constamment de se joindre aux enfans du voisinage. Il redoutait ces écoliers qui, petits, s'amusent à lancer des pierres aux pauvres chiens, et qui ensuite, devenus grands, jettent des bombes aux hommes; jamais il ne voulut se mêler à leurs parties, ayant éprouvé que tous les jeux de main étaient malhonnêtes.

Il y avait un art pour lequel il se sentait la plus grande disposition, et où véritablement il faut de l'industrie : c'était celui de faire des mines. Était-il au milieu d'un parterre, son petit museau et ses petites pates avaient bientôt creusé un souterrain ; mais comme ses travaux fâchaient les jardiniers, il y renonça, persuadé qu'il faut toujours sacrifier son plaisir particulier à l'intérêt d'autrui.

Il lui resta de cet essai des connaissances profondes dans les simples. Il ne venait point à la campagne qu'il ne s'amusât à herboriser. Trouvait-il une plante diurétique, elle agissait d'abord sur lui; en trouvait-il une purgative, il l'odorait comme médecin, et en faisait l'épreuve comme s'il eût été malade. Ainsi, réunissant la pratique à la théorie, sa science en médecine était devenue infaillible.

Voilà les qualités personnelles et les connaissances acquises qu'il apporta en entrant dans le monde, dont il s'acquit d'abord l'estime, et dont il se concilia l'amitié par les sentimens de son cœur.

Sa franchise et sa bonne foi paraissaient en toute occasion, et notamment par l'aversion insurmontable qu'il avait pour les hypocrites. A la vue d'un chat, il entrait en fureur; mais sachant qu'il faut employer la prudence avec les perfides, immobile, l'œil fixe, s'avançant pas à pas vers cet ennemi qui le croyait inattentif, il se lançait sur lui, et le secouait de toutes ses forces, qui ne répondaient pas toujours à son courage. Sa haine s'étendait à tous les animaux malfaisans. Qui pourrait nombrer les rats qu'il a étranglés, les uns dans la force de l'âge, les autres tout gris de vieillesse? il ne lui manqua qu'une occasion pour devenir un héros.

Mais sa reconnaissance n'était pas moindre envers ceux qui lui faisaient du bien. L'absence et le temps, qui font un si grand tort aux amitiés des hommes, n'affaiblissaient jamais la sienne : j'en ai vu un grand exemple à l'île de France, où il reconnut, avant moi, un officier qui lui avait donné, six mois auparavant, à dîner dans une hôtellerie de Bretagne.

Mais qui pourrait assez louer en lui la hardiesse de ce même voyage? Certes, si l'histoire loue Pierre-le-Grand, empereur de Russie, d'avoir surmonté, par amour de la gloire, l'aversion qu'il avait pour l'eau, que dirait-elle donc de Favori? y avait-il, hors celle des hydrophobes, une horreur de l'eau égale à la sienne? Tout le monde sait qu'il m'accompagnait partout; que, malgré sa petite taille, il n'y avait point de bourbier qu'il n'osât franchir pour me suivre; mais quand j'arrivais sur le bord de la rivière, il s'enfuyait à toutes jambes, et retournait pleurer à ma porte, me croyant infailliblement perdu.

Qui pourrait exprimer son émotion, sa joie, ses cris étouffés, quand il me revoyait? Certes, il ne craignait pas pour lui, qui était en sûreté; mais l'amitié venait toujours doubler le poids des peines que la nature lui donnait à supporter.

Cependant, un jour que je faisais mes malles, et que je disposais tout pour un grand voyage, il fit paraître, à ses mouvemens, qu'il était parfaitement résolu à me suivre, tirant son courage du danger même. Quand il fallut s'embarquer, je vis ce que je n'aurais jamais osé croire : il s'élança dans la chaloupe, sans même délibérer, comme César avait fait au passage du Rubicon. Quelle gloire l'attendait donc au-delà des tropiques? s'agissait-il de conquérir la terre ou de la mesurer? Quel motif le poussa à ce trait d'héroïsme? était-ce l'ambition ou la curiosité? Non, c'était le plaisir de suivre son ami.

Pendant ce voyage, il s'appliqua, dans un long loisir, non à connaître la navigation, dont il n'avait que faire, mais à distinguer parfaitement le son de la cloche qui appelait aux heures des repas. Quoiqu'on la sonnât plusieurs fois, dans la journée, de la même manière, il ne s'y est jamais mépris. Qu'on ne pense pas que ce fût gourmandise; sa sobriété était connue, et telle qu'une fois son repas pris, aucune invitation ne l'aurait porté à accepter un morceau de plus. Si je l'en pressais, il le saisissait dans ses lèvres, et le gardait sans l'avaler; après quoi il allait le cacher pour le besoin à venir, faisant paraître à la fois, dans la même action, sa prévoyance, sa sobriété, et sa déférence pour moi.

Il n'eut qu'un objet dans ce voyage, celui de me plaire. S'il me voyait triste, il venait se jeter sur mes genoux, et, par ses murmures, semblait m'inviter à de plus douces pensées : il s'étudiait à faire passer sa joie dans mon ame. Par une incroyable sagacité, il connaissait les différens degrés d'attachement que les passagers avaient pour moi; en sorte que, par les caresses qu'il faisait à ceux qui m'approchaient, je pouvais m'assurer du degré de leur amitié.

Moi-même, cher Favori, ne vous ai-je pas rendu caresse pour caresse, amitié pour amitié ? N'avons-nous pas eu toujours le même lit, les mêmes promenades, la même table ? Souvent n'avons-nous pas bu dans le même verre ? Quel soin n'eus-je pas de vous dans les tempêtes, et dans le voyage que nous fîmes à pied autour de l'île !

Pourquoi m'avez-vous quitté, moi qui, par amitié, vous avais refusé aux plus aimables dames, et qui n'eusse pas donné votre société pour la protection d'un grand seigneur ? Hélas ! je m'affligeais quelquefois à votre sujet, en pensant que je vous avais vu petit, et que déjà je vous voyais sur le retour, tandis que j'étais jeune encore. Je me plaignais à la nature, qui vous avait donné à moi pour ami et pour compagnon de mes courses, de ne nous avoir pas fait présent d'une vie d'une égale durée; comme s'il pouvait y avoir des amitiés parfaites dans une carrière si courte ! Je pensais souvent à ce que je ferais lorsque vous seriez vieux, aveugle, ne pouvant plus marcher : je pensais que je vous porterais dans mes bras, et que, quelque mauvaise que fût ma fortune, je serais encore assez heureux pour faire le bonheur d'un ami. Pourquoi donc m'avez-vous quitté ? Qui a pu vous séparer de moi ? Ah ! c'est l'amour; cette passion funeste, ce vice des bons cœurs, source intarissable de leurs plaisirs, et surtout de leurs peines.

Favori plaisait aux dames, et il les aimait. Soit politesse, soit instinct, il se mettait volontiers sur les jupes blanches des jeunes créoles. Il était toujours à mes pieds; mais, si je fixais quelque temps les yeux sur une demoiselle, il me quittait, allait près d'elle, se couchait sur le bout de ses pieds; et de là il me regardait. Je ne sais si ce fut là qu'il s'enivra du poison de l'amour. Il s'était, par ses caresses, concilié l'amitié des dames : une des plus aimables m'engagea à le lui prêter, afin de perpétuer dans l'île tant de qualités par un heureux mariage. Fatale complaisance ! à peine Favori eut-il goûté l'ivresse de cette cruelle passion, qu'il ne mangeait plus. La nuit, il ne faisait que se plaindre; il haletait, il pleurait. On le ramenait le soir; mais dès la pointe du jour il s'échappait, et courait à une lieue de là.

Dans une de ces courses il me fut enlevé, et j'appris par des marins qu'on l'avait vu errer dans l'île de Bourbon.

Oh ! comme je l'ai vu combattre entre l'amour et l'amitié ! sortir, rentrer, se placer à mes pieds, courir comme s'il avait pris son parti; puis revenir, se coucher, baisser la tête, remuer la queue; il semblait me dire : Vous me reverrez ce soir. Il eût voulu se partager entre les deux sentiments qui l'agitaient.

Favori, si vous vivez encore, puissent les Naïades de Bourbon vous offrir, dans vos courses, leurs eaux argentées ! que les vents des tropiques agitent vos soies, et rafraîchissent ce cœur où ont brûlé les feux de l'amitié ! Si quelquefois, du haut d'un rocher, aspirant l'air, vous appelez, comme jadis, par vos soupirs, votre maître, hélas ! perdu comme vous dans un autre hémisphère, puisse l'amour vous consoler de sa perte ! que les jeunes filles de Bourbon vous prodiguent les soins les plus doux; qu'elles se plaisent à peigner vos longues soies; qu'elles vous dédommagent, par leurs baisers, de ceux que vous aimiez à recevoir du plus tendre des maîtres !

Mais si vous n'êtes plus, cher Favori, puissiez-vous donner votre nom à quelque promontoire ! puissent vos vertus et votre ami le faire passer à la postérité !

## VOYAGES DE CODRUS.

Je m'appelle Codrus. Je suis né à Ancyre, petite ville de la Grèce. Si on peut ajouter foi à la tradition de ses ancêtres, je descends de Codrus qui se sacrifia pour sa patrie. Mon père me fit instruire dans les sciences que Minerve a cultivées; il me laissa très-peu de biens, mais de la confiance dans la providence des dieux, et un grand exemple à suivre.

Les Athéniens défendaient leur liberté contre Philippe; je crus qu'ils recevraient avec plaisir le descendant d'un citoyen qui s'était offert à la mort pour elle. Ils me donnèrent un petit emploi dans leur armée, si on peut donner ce nom à une assemblée de sybarites : le général le plus estimé était celui qui avait la meilleure table; on y voyait plus de comédiens que de soldats.

J'aimais la vertu militaire, je ne pus souffrir tant de désordres; je parlai, et je me fis des ennemis. Je résolus de prévenir ma disgrâce, et de chercher une terre où la vertu pût conduire au bonheur: sans le bonheur, à quoi servirait d'être vertueux?

Je partis pour l'île des Phéaciens, je trouvai des républicains occupés de dissensions perpétuelles; un peuple sans femmes, un trésor sans argent, une île sans terres. Ils ne subsistent que des aumônes des autres nations, et ne se perpétuent qu'en adoptant sans cesse de nouveaux citoyens. Ils ont aimé autrefois l'art militaire, dont ils ne font plus de cas. Je quittai avec plaisir une société qui ne peut se nourrir elle-même, ni se reproduire.

Je fus chez les Phéniciens, qui naviguent dans outes les mers du monde: c'est un peuple sage. Ils sont, de tous les Grecs, les plus sobres et les plus économes, mais de grands défauts ternissent ces qualités: ils n'estiment que les richesses, ils regardent les gens de guerre comme des marchands qui trafiquent de leur propre sang. Je sortis d'un pays où l'argent seul donne de la considération, où tout abonde par le commerce, et où l'on ne jouit de rien.

J'étais pauvre, et j'aimais la gloire; je résolus d'aller chez les Scythes, célèbres par leur bravoure et leur simplicité. Après de grands périls, j'arrivai dans leur capitale. Les Scythes étaient gouvernés par une femme célèbre. De grands talents faisaient oublier en elle de grandes fautes. Elle avait appelé dans son empire les arts de la Grèce; j'étais Grec, j'en fus bien accueilli: j'allais souvent à la cour. Un jour, j'appris qu'un officier scythe, de mes amis, venait d'être envoyé sur le bord de la mer Glaciale, où il était condamné à finir ses jours. Son crime était d'avoir été attaché à un des grands qui avaient mal parlé de la souveraine. Cette nouvelle Sémiramis enveloppa dans sa vengeance le protecteur et le protégé.

Je chérissais l'amitié et la reconnaissance, comme des chaînes dont les dieux ont voulu lier les ames honnêtes et sensibles: je redoutai une cour orageuse. D'ailleurs, l'aspect d'une terre couverte de glaces la moitié de l'année, et la barbarie des peuples qui l'habitent, me faisaient soupirer après le doux climat de la Grèce; les vices aimables de mes compatriotes me paraissaient préférables aux vertus sauvages des Scythes.

J'avais peu d'argent. Des amis, quelques jours avant mon départ, m'engagèrent à jouer: la fortune me fut si favorable, que je gagnai de quoi faire aisément mon voyage: je partis.

Il s'offrait une belle occasion d'atteindre cette gloire que je cherchais dans les armes. Les Sarmates défendaient leur liberté contre les Scythes, qui voulaient leur donner un roi. J'arrivai chez les Sarmates, qui, divisés entre eux, paraissaient toucher aux horreurs d'une guerre civile. Je pris le parti du citoyen le plus zélé et le plus faible; je cherchai à l'aller joindre; je fus fait prisonnier dans ma route. Ma cause parut si belle à des peuples qui aimaient la liberté, que toutes les factions s'empressèrent de me donner des marques d'amitié. On m'obligea de renoncer, pour quelque temps, à la guerre, et de laisser ces républicains vider entre eux leurs différends; mais il me fut permis de me trouver à toutes leurs fêtes.

J'étais dans les premiers feux de la jeunesse, et je m'impatientais déjà de vivre dans l'oisiveté: un dieu, plus puissant que Mars, vint m'enrôler sous ses drapeaux, et me donner un service que la république ne m'avait point interdit. Une princesse sarmate me subjugua: je l'aimai, et j'en fus aimé. Les fêtes, les plaisirs se succédaient chaque jour. Ah! si le bonheur se trouvait dans les palais, j'avais trouvé le bonheur. Les mois se passèrent dans une ivresse perpétuelle. Un jour je la surpris accablée de tristesse; ses beaux yeux étaient baignés de larmes: « Il faut, dit-elle, nous quitter; » mes parens me rappellent près d'eux: je dois » tout à une famille puissante. Malheureuse gran- » deur! que n'ai-je pu être toute ma vie à Co- » drus! bergère, nous eussions passé ensemble » des jours dignes d'envie. Il faut nous séparer; » mais recevez ce dernier gage d'un attachement » et d'une estime éternelle. » Elle me donna son portrait, qu'elle avait peint elle-même. Toutes les passions s'enflammèrent à la fois dans mon cœur: je voulais fuir, je voulais rester; je voulais mourir. En vain je m'efforçai de la retenir; il fallut nous quitter, et nous quitter pour toujours.

Je connus alors que la volupté était plus difficile à vaincre que l'infortune. Je partis, le cœur rempli d'amour et de regrets, ne pouvant ni oublier mon bonheur, ni penser à une félicité si rapide. Je résolus de chercher à finir une vie qui ne m'offrait dans l'avenir que le souvenir d'une perte irréparable.

Je me rendis chez Philippe. Ce prince victorieux avait donné la paix aux Athéniens; semblable à un vieux lion, la terreur régnait autour de son palais. Mon ardeur lui plut, il m'offrit du service; mais il me parut que la crainte qu'il avait inspirée à ses voisins prolongerait trop long-temps une paix oisive. Si Philippe eût fait la guerre aux Sarmates, j'eusse volontiers servi comme simple soldat, pour enlever à sa famille mon aimable princesse.

Je quittai la Macédoine, où les seules vertus militaires mènent les hommes à de tristes honneurs, où les habitans vivent dans la paix comme s'ils étaient dans la guerre : j'arrivai à Athènes, résolu d'y finir mes jours.

Toutes les sciences sont estimées à Athènes; mais on préfère à celles qui sont utiles celles qui sont agréables. Je me livrai à la philosophie, persuadé que je viendrais à bout de calmer les agitations d'un cœur en proie à tant de passions : partout je portais une inquiétude secrète. J'appris qu'il existait un bonheur que ni les sciences, ni les arts ne sauraient donner. Je voulais être vertueux, et je sentais redoubler ma tristesse.

Je lus tous les traités des philosophes, qui se contredisent sans cesse, et finissent par vous laisser dans un doute pire que l'ignorance.

Je lus l'histoire de différens peuples. Le spectacle de tant de rois malheureux sur le trône élève l'ame et l'afflige : un bon cœur peut-il se consoler par le malheur d'autrui?

Enfin je lus les voyageurs, qui mettent toujours la félicité hors de leur patrie, et la raison chez les peuples barbares. Je fus séduit par la description des îles Fortunées; je résolus de porter au-delà des mers mon ambition et ma curiosité : d'ailleurs, j'espérais y acquérir de la fortune, et y travailler à la gloire de mon pays sous un climat délicieux.

Après un voyage plein de dangers et d'ennui, nous arrivâmes dans une île. Le port offrait un aspect aride et brûlé, semblable aux forges de Vulcain. Je trouvai dans cette île plus de discorde que chez les Phéaciens, plus de pauvreté que chez les Scythes, un despotisme plus dur que dans cette cour barbare. La plupart des hommes, réduits à l'esclavage, y sont plus misérables que les bêtes. Il n'y a ni liberté, ni société, ni émulation honnête : les talens de l'esprit vous font des ennemis; les qualités du cœur vous donnent un ridicule. De tous les pays que j'ai vus, je n'en ai point trouvé où il soit plus désagréable de vivre.

Les dieux ont cependant compensé les peines que j'ai éprouvées. J'y ai connu une famille à laquelle j'ai voué un attachement et une estime inaltérable. Heureux, si je pouvais près de Lucinde fixer mes pénates ! Je l'aime sans intérêt : que desire-t-elle davantage? que demanderaient de plus des rois? que demanderaient de plus les dieux?

Si l'on peut ajouter quelque foi à un songe, je puis espérer de trouver le bonheur après lequel j'ai si long-temps couru : il m'a semblé que Lucinde me ménageait dans sa famille une alliance qui doit faire ma félicité; et ce songe était accompagné de circonstances si frappantes que le réveil n'a pu les effacer, et je les conserve par écrit.

Après avoir cherché le bonheur dans les cours, à la guerre, dans les plaisirs, dans la retraite, au milieu des glaces du Nord et dans les climats chauds, j'ai vu que je courais après un fantôme; j'ai connu enfin que le bonheur consistait à se rapprocher de la nature. Il a plu à la nature de nous donner un corps, un esprit et un cœur. Ces êtres différens ont des besoins distincts; ces besoins font nos plaisirs : le bonheur est l'harmonie de ces mêmes plaisirs. C'est à la raison à en régler les accords, et à chercher à les satisfaire dans la nature, suivant les besoins de chacune de ces facultés : l'étude de ces besoins est la connaissance de soi-même. Voici ce que mon expérience m'a appris, et d'où dépend mon bonheur particulier.

Le bonheur du corps consiste dans les *plaisirs des sens*. J'aimerais donc à vivre sous un climat tempéré, à la campagne plutôt qu'à la ville : l'azur du ciel, le vert des prés et des forêts, le cristal des ruisseaux, récréent ma vue, et me réjouissent plus que les lambris et les peintures; le parfum des jasmins, des violettes, des roses, ravit mon odorat. Oh! quand pourrai-je me reposer à l'ombre des lilas, ou sous les guirlandes d'un chèvrefeuille; me réjouir à la vue d'un champ couvert d'épis jaunissans, émaillés de bluets et de coquelicots! Le gazouillement des oiseaux, la mélodie du rossignol, le chant de l'alouette, charment mes oreilles : il n'y a pas jusqu'au bêlement des troupeaux qui n'excite dans mon cœur le desir d'une vie simple et innocente. Quant au besoin de vivre, un vignoble, un verger, une laiterie, un potager fourniront agréablement à mes plaisirs. Avec un peu d'art, qu'il est aisé de varier ses jouissances! Donnez, au printemps, un repas sur l'herbe fleurie, à l'ombre des tilleuls; rassemblez quelques honnêtes familles du voisinage, des jeunes filles fraîches et vives, des garçons d'une santé vigoureuse; offrez-leur des œufs frais, quelques poissons pris dans le ruisseau voisin, des gâteaux, des laitues, des crêmes, des cerises et de vieux vin : vous verrez la joie et la gaieté animer vos convives; vous les verrez, après le repas, chanter, danser et folâtrer sur l'herbe. Gens des villes, allez digérer sur des canapés!

L'amour peut être regardé comme un plaisir des sens; mais dans l'homme il s'allie avec tant d'autres sentimens, que ce serait lui faire tort que de n'en faire qu'un besoin physique,

Les plaisirs de l'esprit consistent à *connaître*. C'est un désir dont je me guéris tous les jours : il vous porte trop loin. Je ne voudrais point exercer mon esprit aux sciences trop abstraites, ni aux ouvrages de pure imagination. L'homme qui s'y livre s'éloigne trop de la société pour laquelle il est fait : il se plaît dans un monde qui n'existe pas, et qui lui fait souvent trouver insupportable celui qui existe.

J'aimerais l'histoire qui peint les hommes qui nous ont précédés, et nous donne des lumières et de l'indulgence pour vivre avec ceux qui nous environnent.

J'aimerais les ouvrages de littérature légère où les vices sont tournés, sans fiel, en ridicule, où les vertus et les passions aimables sont mises en action.

J'aimerais les observations sur la nature, pour admirer ses lois et connaître ses ressources.

Voilà où je bornerais mes lectures, afin de me rendre plus utile et plus agréable à mes amis et à moi-même.

Quant aux plaisirs du cœur, ils consistent dans le *sentiment*. Les plaisirs des sens nous sont communs avec les bêtes, ceux de l'esprit nous rapprochent des intelligences ; mais nous ne sommes hommes que par le cœur. Y a-t-il quelque plaisir au-dessus de celui de faire du bien, d'avoir des amis, d'être chéri de ses enfans, d'aimer une femme aimable et d'en être aimé !

Sans amis, il n'y a point de bonheur ; sans amis, le monde n'est qu'un désert ; sans amis, il vaut mieux ne pas exister. L'amitié n'est pas la vertu des ames faibles : citez-moi un grand homme qui n'ait pas eu un ami ?

Je voudrais une femme ; tous les célibataires sont tristes. Je voudrais une femme qui me plaise ; l'inclination est l'instinct de l'homme. Si le bonheur est l'harmonie des plaisirs, dans une femme aimée se trouve toute la félicité dont l'homme est susceptible. Dans une femme aimable on trouve à satisfaire à la fois les sens, l'esprit et le cœur : c'est là le secret de la nature, qui rend l'amour si puissant.

Si j'avais à choisir une femme, je la voudrais simple dans ses mœurs, spirituelle, franche, m'estimant assez pour m'avouer ses fautes, m'aimant assez pour n'en pas faire : je la souhaiterais naturellement gaie, se plaisant à faire du bien, sensible et bonne.

Je voudrais qu'un même esprit dirigeât nos actions, et qu'une indulgence mutuelle nous aidât à nous supporter. Je voudrais en faire à la fois ma maîtresse et le meilleur de mes amis.

Je voudrais que la religion se mêlât à nos amours ; que, semblables à des arbrisseaux entrelacés qui s'élèvent vers le ciel, notre union nous rassurât contre les agitations de cette vie.

Le bonheur de ma femme, le soin de mes enfans et leur éducation, seraient l'objet de mes plaisirs et de mon ambition ; car c'est encore une passion du cœur qui demande à être satisfaite. Mais, par la méditation des biens dont l'homme jouit sur la terre, j'aimerais à croire que le ciel lui en prépare de plus durables. Cette pensée si vraisemblable, si naturelle au cœur de tous les hommes, élèverait l'ame de ma famille bien aimée ; elle nous rassurerait contre les revers de la fortune, elle serait le principe de notre religion, de notre morale, de notre philosophie.

Mais à quoi servent des vœux inutiles ? je désire des amis, et les miens sont dispersés ; une petite terre, et je n'ai pas une métairie ; de la liberté, et je vis dans un pays despotique ; une femme choisie dans ma patrie, et je suis aux extrémités du monde.

J'espère cependant que par des lois inconnues les dieux me feront parvenir au bonheur que je desire. Quand les hommes, dit un sage, sont élevés au comble du bonheur, ils n'imaginent pas comment ils en peuvent tomber ; quand ils sont plongés dans l'infortune, ils ne voient pas par où ils en pourront sortir. Les dieux les conduisent par des routes extraordinaires à des fins qu'ils n'ont pas prévues, afin que l'homme connaisse ses faiblesses et le pouvoir des dieux.

# LE VIEUX PAYSAN
## POLONAIS.

Plusieurs mois après le couronnement de Catherine II, au moment où les ambassadeurs venaient déposer au pied du trône les hommages de chaque province, un vieux paysan polonais se présenta tout à coup devant l'impératrice, et lui adressa le discours suivant :

Auguste souveraine ! on m'a dit que vos sujets vous appellent leur mère, et qu'ils s'adressent à vous dans leurs peines.

On m'a dit que vous invoquiez dans les vôtres le Père commun de la nature. Puisse le ciel, qui seul peut satisfaire aux besoins des rois, vous être aussi favorable que vous l'êtes à vos peuples !

Quoique étranger et pauvre, j'ai compté sur

votre religion qui vous rapproche des hommes, et sur votre bienfaisance qui vous rend semblable à Dieu. J'ai quitté les forêts pour venir à votre cour. Mais la majesté de ce palais m'interdit; ces marbres et ces toits dorés, ces voiles de pourpre, ce bruit de tambours dont ces voûtes retentissent; tout annonce votre grandeur, tout déconcerte ma faiblesse. Un vieillard qui se soutient à peine, une voix éteinte, une langue sauvage, un cœur chargé d'ennuis; quel spectacle pour des rois, et quel ambassadeur!

Fille d'Adam, vous avez été épouse, et vous êtes mère; malgré cette pompe, malgré ces gardes couverts de fer, peut-être que l'adversité, qui ne respecte rien, a pénétré jusqu'à vous! Ah! si jamais vous l'avez éprouvée, ne méprisez pas l'éducation qu'elle donne.

Souffrez que je m'approche aussi de ce trône redoutable, où nos voisins ont porté les lois violées de leur commerce, où nos grands proscrits redemandent leurs honneurs, où deux religions se disputent des temples.

Nos droits, si les malheureux en ont, sont plus anciens que les traités d'Oliva; la politique n'en a point de si respectables, ni la religion de plus sacrés; ce sont les droits de la nature, que deux millions d'hommes réclament par ma voix : notre misère est si grande, qu'on ne peut l'augmenter sans nous détruire; elle est si ancienne, que personne ne nous plaint.

Ne pensez pas que je sois un député de cette nation proscrite que poursuit la vengeance divine; nous ne sommes point juifs, mais chrétiens et polonais. Nous avons des lois, des grands, des magistrats, un souverain, des prêtres; et plût à Dieu que nous n'en eussions point! Ces établissemens, qui peut-être assurent la félicité des autres nations, semblent imaginés pour notre désespoir.

Nous sommes privés des premiers biens que le ciel n'a pas refusés aux bêtes sauvages; nous n'avons point de liberté; et tel est notre esclavage, que chez nous tout est enchaîné, jusqu'aux sentimens du cœur. Nous ne pouvons nous livrer ni à l'amitié conjugale ni à la tendresse paternelle. Il n'est pas permis à nos jeunes gens de se choisir des femmes, que nos gentilshommes ne les aient refusées pour concubines : nos filles ne peuvent avoir de maris que ceux qu'ils n'ont pas jugés dignes d'être laquais. Tous les ans notre jeunesse nous est enlevée; tous les ans on cueille cette fleur des champs pour la flétrir. Comme les pigeons que les vautours ont décimés, ceux qui restent, interrompus dans leur choix, troublés dans leurs inclinations, se retirent éperdus dans leurs cabanes pour y gémir en liberté; mais bientôt on vient les distraire de leurs douleurs par des travaux qui font frémir.

Dès l'aube du jour, hommes, femmes, enfans, confondus avec les bœufs, sont accouplés aux mêmes jougs et sous les mêmes fouets. Accablés de coups, d'imprécations et de fatigues, nous rentrons avec la nuit dans nos villages.

Ah! que ne pouvez-vous voir nos tristes demeures, où la misère confond les âges et les sexes sous les mêmes physionomies! Forcés de nous servir de tout ce que l'avidité de nos maîtres ne nous enlève pas, souvent nous allons chercher au fond des marais, et dans les roseaux, de quoi vivre et de quoi nous vêtir; nos habits n'ont point de forme, nos alimens n'ont point de nom.

Si quelquefois la nature nous inspire des sentimens communs à tous les animaux, jamais ils ne s'annoncent par notre joie. Nos amours ressemblent à des funérailles, et nos chaumières à des tombeaux. La vie s'y allume comme une lampe funèbre, et s'y perpétue comme une contagion; nos enfans naissent au milieu des plus sales bestiaux, pauvres, nus, misérables, et n'ayant rien qui les distingue que leur sensibilité, qui en doit faire des hommes et des infortunés.

A peine commencent-ils à répondre à nos caresses, à peine commencent-ils à essuyer les larmes de leurs mères, qu'on nous les enlève; on les joue, on les trafique, on les vend dans les marchés comme des moutons. Semblables par leur innocence à ces paisibles animaux, leur sort n'en différerait pas, si la cruauté de nos maîtres s'était avisée de se repaître de leur chair : sans doute que le ciel a mis quelque poison dans notre sang, puisque, servant à toutes leurs passions, ils ne nous sacrifient pas encore à leur gourmandise.

Transportés dans leurs maisons, nous éprouvons tous les caprices de l'orgueil, toutes les fantaisies de l'opulence, toutes les inquiétudes de l'oisiveté; enfin leurs vices peuvent s'exercer sur nous librement, puisque la loi, qui leur assujettit nos biens, leur soumet encore nos personnes. Par cette loi cruelle, le prix de notre vie est fixé. Tout homme assez riche pour payer un bœuf peut tuer impunément un père de famille.

Nous sommes toujours étrangers dans ces familles barbares; nous essuyons toutes les humiliations de la domesticité sans en goûter les douceurs. Elles nous refusent jusqu'à des lits; nous couchons comme les chiens, sur les escaliers et dans les cours : nous ne trouvons chez elles ni pitié ni indulgence; nos faiblesses y sont regardées comme des crimes, et nos moindres fautes punies par des supplices.

Ce peuple de rois se joue des hommes; aux champs nous sommes des bêtes de charge, des esclaves à la ville, des bouffons dans leurs festins, et des soldats dans leurs querelles; car c'est par nos mains qu'ils les décident, et dans notre sang qu'ils lavent leurs offenses. Victimes des passions que nous n'avons point allumées, nous redoutons également les joies et les fureurs de nos maîtres; leurs divisions nous annoncent la guerre, et leurs alliances nous donnent de nouveaux tyrans.

En vain mêlent-ils à nos alimens des graines de pavots, en vain veulent-ils assoupir le sentiment de nos peines : ces maux ont pénétré notre existence, et nous n'en pouvons perdre le souvenir qu'avec la vie. Le bien même qui console des maux présens par l'espérance des biens éternels, la religion, commence à perdre son crédit dans nos esprits : on nous dit que les vérités qu'elle enseigne ont passé des apôtres à nos évêques; mais cette source céleste voudrait-elle couler par des canaux impurs? Ces pontifes d'un Dieu pauvre habitent des palais; ils parlent de son affabilité, et jamais le peuple ne les approche; ils prêchent ses bienfaits, et vivent de nos dépouilles; ils nous recommandent son humilité, et ils ont des gardes; sa soumission, et ils font la guerre. Quelle foi ajouter à des opinions qu'annoncent des hommes corrompus? Il semble qu'ils n'ont imaginé des récompenses futures à nos misères présentes, qu'afin de tourner nos vertus au profit de leurs vices.

Quand ils daignent s'excuser, ils disent que la loi est toujours la même, mais que le siècle est différent. Si la loi fut donnée pour régler les mœurs, que ne changent-ils la loi quand les mœurs ont changé?

Verra-t-on toujours en contradiction des préceptes qui condamnent leur vie, et des scandales qui décréditent leur mission?

Mais sans doute cette loi est divine, qui se soutient par ce qui devrait la détruire. Les ouvrages du ciel tirent leur grandeur d'une faiblesse apparente, et l'intelligence se cache sous la contradiction. La rose croît entourée d'épines; on recueille le meilleur miel dans le tronc des chênes.

O religion sainte! nous reconnaissons votre empreinte divine; nous savons que la pauvreté et l'abaissement sont des vertus dignes de vos temples : mais chez nous elles n'ont point de mérite, puisqu'elles sont contraintes; et quand elles seraient libres, leur excès pourrait-il plaire au Père commun des hommes? approuverait-il, dans sa religion, des maux qu'il a tempérés dans la nature?

La vie est une épreuve, et non pas un supplice. S'il fait retentir le tonnerre quand il verse les moissons sur les campagnes, c'est afin que l'abondance ne nous enivre pas; quand il a étendu nos plaines sous les glaces du Nord, il les a couronnées de forêts pour fournir un feu perpétuel à nos foyers. Nous sommes ses enfans; toujours sa bonté nous rassure quand sa justice nous épouvante; toujours il verse un peu de lait dans la coupe amère de la vie. De quel œil voit-il donc des maux qu'il n'a pas créés? l'homme traité par l'homme comme la bête! des tourmens sans fin et des angoisses inexprimables! Sans doute les malheurs dont gémit la république sont un effet de sa justice; il la châtie des mêmes verges dont elle nous a si long-temps frappés.

Nobles Polonais, vous avez abusé de notre liberté, et aujourd'hui vous réclamez la vôtre; vous nous avez dépouillés de nos biens, et toutes les nations se disputent vos provinces. Une partie vous a été enlevée; les Suédois, les Prussiens, les Russes se promènent tour à tour dans vos domaines. Quand nos voix suppliantes imploraient votre miséricorde, vous avez rejeté nos prières; et vous vous humiliez aujourd'hui devant des paysans semblables à nous. Vous cherchez des asiles chez ces Moscovites si long-temps méprisés par votre orgueil injuste. Le ciel les a rendus nos vengeurs et vos maîtres. Quelle loi venez-vous réclamer ici, quand vous avez violé la nature, qui nous rendait égaux; l'humanité, qui veut que les hommes s'entr'aident; et la religion, qui leur ordonne de s'aimer?

O malheureux pays, où ce sabre qui devait nous protéger n'est terrible qu'à nous; où celui qui dévore le blé maltraite celui qui le sème; où nous sommes serfs avant de naître, et dépouillés avant de jouir! Les juifs, si haïs, sont moins à plaindre. Toujours errans, ils échappent à vos lois féroces; ils sont libres, ne cultivent point la terre, vivent de vos besoins, s'enrichissent de votre ruine, et attendent encore un libérateur pour vous punir.

Grande impératrice, mettez fin à tant de misères. Quoique nous ne soyons pas vos sujets, vous régnez; la peine d'autrui n'est point indifférente aux bons cœurs. Il n'y a point pour les grands rois d'injustice étrangère. Etendez votre humanité aussi loin que votre puissance; ôtez à nos maîtres ce pouvoir arbitraire et cette liberté licencieuse. Dans leurs mains, c'est un couteau dont ils nous égorgent, et dont ils se blessent eux-mêmes.

Lorsque je quittai les sources de la Vistule pour venir ici, je traversai une partie de la Pologne, et tout le grand-duché de Lithuanie. Dans vingt journées de marche, j'ai trouvé partout les paysans également malheureux. Quand je leur ai demandé quel remède ils croyaient nécessaire à leurs maux : « De la liberté et des terres ! » m'ont-ils dit. Quand je leur ai demandé ce qu'ils comptaient vous offrir pour de si grands bienfaits, ils ne m'ont rien répondu, car ils n'ont rien.

Respectable souveraine : de la liberté et des terres ! voilà mes instructions ; voilà l'objet de nos souhaits, et le principe de tout bonheur. S'il faut l'acheter, contentez-vous des vœux d'un peuple pauvre ; nous n'offrons point d'autres présens sur les autels. Nous prierons le ciel, qui vous a donné les lumières d'un grand monarque et les sentimens d'une bonne princesse, de vous récompenser par l'estime de l'univers et par l'amour de vos peuples. Nous instruirons tous les jours nos petits enfans à mêler votre nom dans leurs prières innocentes. Tous les jours, ils vous remercieront, après Dieu, de ce pain quotidien qui leur manque aujourd'hui.

Pour garantir la durée de notre iberté, qu'il nous soit permis de choisir un protecteur pour notre nation. Parmi nos seigneurs, il en est quelques-uns de justes, d'humains, de généreux, tels que le prince palatin de Russie et les princesses Staniska et Miesnik, etc... Qu'il nous soit libre à l'avenir de confier nos intérêts à celui des grands que nous estimerons le plus.

Les chevaux du roi de Pologne ont un grand-écuyer ; ses chiens et ses faucons ont un grand-veneur : pourquoi les paysans n'auraient-ils pas aussi un patron à la cour ? sommes-nous plus méprisables que ces animaux ? Je sais que nos maîtres superbes nous reprochent une incapacité universelle, et que tous les métiers de la Pologne sont exercés par des étrangers. Mais peuvent-ils compter sur notre industrie, quand nous cherchons à perdre jusqu'au sentiment ? Comment pourrions-nous exercer pour eux les arts nécessaires, puisqu'ils nous ont appris à nous passer de tout ? Que peuvent-ils attendre d'un peuple couvert de lambeaux, et retiré dans des tanières ? Nous leur fournirons des tailleurs quand nous aurons des habits, et des architectes lorsque nous habiterons des maisons. Si les villes de Pologne n'ont point de commerce, si l'état n'a plus de défenseurs, qu'ils nous donnent une patrie ; nous deviendrons citoyens pour l'enrichir, et soldats pour la défendre : mais ces objets utiles ne les occupent guère. Ils ne courent qu'après les équipages brillans et les bijoux précieux. Ils font venir à grands frais des comédiens et des danseurs : voilà ce qu'ils appellent servir son pays et en étendre le commerce. Quel commerce,

grande reine ! Ne permettez plus que le luxe des peuples riches pénètre dans ces déserts ; nos travaux se multiplieraient avec les plaisirs de nos maîtres. Déjà ils paient de la récolte d'un champ une fragile porcelaine ; tous les ans, ce blé qui manque à nos besoins sert à payer quelque fantaisie : que deviendrons-nous lorsque ces rivières, qu'ils veulent rendre navigables, rendront les transports plus faciles ? Il n'y aura point sur la terre de nation qui ne nous envoie des frivolités pour des biens solides ; on les paiera de nos sueurs, et nous serons obligés de nourrir tout l'univers.

Qu'ils fassent notre bonheur, ces hommes que l'opulence rend délicats ; et nous cultiverons encore ces arts qu'ils paient si cher et qui les ennuient si vite. La joie nous rendra musiciens, l'amour nous fera poètes. S'ils veulent des spectacles, nous leur en donnerons qu'ils n'ont jamais vus : un peuple joyeux sans ivresse ; nos bois retentissant de louanges et de bénédictions ; nos filles dansant au milieu des guérets, avec leurs amans couronnés de fleurs ; et des vieillards pleurant de joie du bonheur de leurs enfans : fête céleste et digne des anges !

Dans nos chansons, nous ferons passer à nos neveux l'époque de cette félicité plus fidèlement que les historiens : ce que nous portons dans le cœur passe toujours dans notre mémoire. Nos traditions sont plus durables que les marbres ; nous nous ressouvenons du bon roi Casimir, et nous avons perdu le souvenir de ceux à qui nous n'avons bâti que des châteaux.

Mais comment osé-je parler de nos faibles efforts, dans ce superbe salon où tous les arts sont rassemblés ? Voici la Justice avec ses balances, bien différente de la nôtre, qui n'a qu'une épée ; près d'elle est l'Abondance qui verse des épis. Cette femme qui allaite des enfans est sans doute la Tendresse maternelle ; et cette figure dont la robe est parsemée d'yeux et d'oreilles, qui a un coq à ses pieds et un sceptre dans ses mains, est peut-être la Vigilance royale. Toutes ces vertus, qui font la richesse des états, sont dorées : une seule ne l'est point ; c'est la Religion, simple et pauvre dans ses habits comme dans son esprit. Elle offre des feuillages sur un autel de gazon : présent digne du ciel, puisqu'on peut l'acquérir sans crime et le posséder sans orgueil.

O grande souveraine ! ici tout annonce les devoirs des rois, et les vertus dignes de la reconnaissance des peuples. Jamais nos mains grossières ne pourront imiter ces chefs-d'œuvre ; mais si vous nous accordez les biens que nous demandons, notre attachement pour vous ira plus loin que celui de vos sujets. Nous ferons faire votre statue par quelque habile artiste, et nous la placerons dans le palais de Varsovie; elle suffira seule à la vénération du peuple polonais et à l'instruction de nos souverains.

# DES CARACTÈRES
## HIÉROGLYPHIQUES,
### ET DU TRIBUNAL D'ÉQUITÉ EN ÉGYPTE.

(FRAGMENT ÉCRIT EN 1798.)

Deux amis me menèrent, il y a quelque temps, chez M. Denon, artiste savant, arrivé depuis peu de la Haute-Égypte. Il nous fit voir, avec une complaisance sans bornes, quantité de dessins qu'il a copiés d'après des instructions hiéroglyphiques. Il nous montra même des hiéroglyphes en creux et en relief, sur des éclats de pierre qu'il avait détachés des monumens; ils sont aussi frais que s'ils sortaient du ciseau de l'ouvrier. Il nous dit qu'il avait vu des lieues entières carrées, toutes couvertes de ces caractères gravés sur les statues, les colonnes, les obélisques, les tours, les portes des villes et les temples. Ces temples anciens sont si vastes, qu'il y a des villages modernes bâtis sur leurs plate-formes comme sur des forteresses.

Entre autres curiosités égyptiennes que le citoyen Denon a rapportées, je remarquai le pied de la momie d'une jeune fille. Il est dur et noir comme l'ébène, et d'une forme aussi agréable que celle des pieds des plus charmantes statues grecques. Il est légèrement cambré; et les doigts, séparés les uns des autres et bien arrondis, sont dans leurs proportions naturelles; ils n'ont point été comprimés par des chaussures étroites et pointues. Mais ce qui me parut non moins rare, ce fut un petit rouleau de papyrus trouvé sous le bras de cette momie; on aperçoit, par un de ses bouts entr'ouverts, qu'il est tout rempli d'écriture hiéroglyphique; il renferme sans doute les événemens principaux de sa vie, suivant l'usage de ce temps-là. Ainsi l'histoire d'une jeune fille s'est conservée sur la pellicule d'un jonc aussi long-temps que celle de l'Égypte sur ses granits; mais il y a une chose fâcheuse à dire, c'est qu'il n'y a personne au monde capable de déchiffrer l'une et l'autre : les caractères des anciens Égyptiens subsistent depuis plus de 4,000 ans, et leur langue est morte à jamais.

Ces objets antiques me firent naître des réflexions assez neuves; j'avais ouï dire mille fois que notre imprimerie ferait passer nos découvertes à la dernière postérité; mais à la vue de ces hiéroglyphes inintelligibles qui n'avaient pu nous transmettre celles des Égyptiens, quoique gravées sur le granit, je me dis : Que deviendra la gloire future de nos sciences et de nos arts empreints sur du papier de chiffon?

Je pensai alors aux lettres en forme de fer de flèches, placées comme des notes de musique sur les frises du temple de Chelminar, en Perse; aux petites lignes parallèles de l'ancienne langue chinoise, aux nœuds des quipos des Mexicains, et à d'autres types parfaitement bien conservés de plusieurs langues anciennes dont nous avons perdu l'intelligence; je me dis : C'est donc en vain qu'un homme de lettres se console des persécutions de son siècle, dans l'espérance que la postérité lui rendra justice, puisque la langue même dans laquelle il écrit n'y parviendra pas. Que lui importerait après tout cette justice tardive, si lui-même après la mort est réduit au néant, comme quelques sophistes cherchent à le persuader aux dispensateurs de la fortune?

Cependant le sentiment de notre immortalité est dans ceux mêmes qui la nient : ils la portent non sur leurs ames mais sur leurs écrits, qu'ils croient déjà marqués du sceau de l'immortalité au moyen de l'imprimerie et d'un peu de noir de fumée. C'est une contradiction bien étrange. Certainement toutes nos productions doivent périr, parce qu'elles sont l'ouvrage des hommes périssables; mais nos ames sont immortelles, parce qu'elles sont celui d'un Dieu.

Nos sciences et nos arts ne sont que des ombres fugitives d'une nature permanente : la langue de l'ancienne Égypte a péri pour toujours. Les siècles passés, qui ont emporté le sens de ses hiéroglyphes, ont déjà exfolié ses pyramides, hautes comme des montagnes et plus dures que les marbres; les siècles à venir les réduiront en poudre, et les mettront au niveau de ses sables. Mais en détruisant les monumens des arts, ils y développent sans cesse ceux de la nature : les pieds des jeunes filles y conservent toujours leurs charmantes proportions, les graines des joncs dont l'écorce servait à écrire leurs histoires se reperpétuent comme elles sur les bords du Nil; et qui pourrait lire leurs anciennes aventures dans l'écriture des Pharaons retrouverait au moins dans celles de nos jours les mêmes sentimens.

Tout ce qu'on sait de la plupart de ces caractères hiéroglyphiques, dont on connaît à peu près 225 espèces, c'est que les anubis aboyeurs, les maigres ibis, les serpens tortueux, les grosses cruches appelées canopes, étaient des emblèmes des lois tant naturelles que politiques. Elles étaient en si grand nombre, que je ne suis pas surpris que le peuple les ait oubliées. En effet, le nom de loi vient de *ligare*, lier, comme celui de religion de *religare*, relier : lorsque ces lois ou ces liens sont trop multipliés, les peuples ne peuvent les supporter, et ils en débarrassent au moins leur mémoire. Tous les monumens des Égyptiens étaient de vraies tables de la loi ; leur jurisprudence était sur leurs murailles, comme la nôtre est dans nos livres ; mais comme elle n'était point dans leur cœur, il n'en est rien resté dans leur souvenir.

On sait encore que parmi ces lois, celles de la nature étaient beaucoup plus nombreuses que celles du gouvernement. Les sphinx, les obélisques, les figures d'Isis, d'Osiris, d'Orus, de Typhon, les douze signes du zodiaque tout-à-fait semblables à ceux du nôtre, exprimaient les diverses phases du soleil et de la lune. C'était de ces lois naturelles que dérivaient toutes les lois sociales, en fort petit nombre en comparaison.

Chez nous, c'est tout le contraire. Nous tâchons de réduire à la seule loi de l'attraction toutes les lois de la nature, qui produit des ouvrages si variés ; tandis que nous avons déjà étendu à 34,000 celles de la politique, qui a édifié si peu de chose. L'ordre légal a étouffé chez nous l'ordre naturel, dans la proportion de 34,000 à 1.

Cependant quoique je n'aie qu'une sagacité fort ordinaire, comme j'étudie la nature depuis long-temps, je peux assurer que j'y ai trouvé au moins une douzaine de lois primitives, aussi réelles que celles de l'attraction. Elles partent toutes d'un premier principe, et s'engendrent les unes des autres ; elles enveloppent à la fois dans leurs harmonies l'ordre physique et l'ordre moral ; j'espère les développer incessamment dans un cours particulier, si toutefois il m'est permis de le faire.

Les lois des Égyptiens, dans l'origine, n'étaient pas nombreuses, car ils n'eurent qu'un seul législateur ; ce fut Osiris. Au plus vaste bâtiment il ne faut qu'un architecte. Osiris ne fit qu'un petit nombre de lois bien concordantes, et il en laissa l'application à la conscience des gouvernans, qui, de père en fils, à force d'extensions et de commentaires, en firent une longue science très-discordante. Oh ! quel Osiris aussi habile que celui de l'Égypte ramènera les nôtres à leur antique simplicité ?

En attendant, je ne vois pas sans inquiétude nos 34,000 lois sociales renverser toutes les lois naturelles, qu'elles ont réduites à une seule. Comme elles ont été faites par un grand nombre de législateurs, elles sont sans précision, disposées sans ordre, incohérentes et quelquefois contradictoires ; il en résulte qu'elles offrent mille souterrains aux serpens de la chicane. Elles enlacent la bonne foi sans expérience ; et lorsqu'elles devraient réprimer la mauvaise foi, elles restent sans exécution. Par elles les procès les plus simples deviennent interminables. Si on veut en connaître tous les abus, déjà bien anciens, on n'a qu'à lire les deux chapitres de Michel Montaigne, intitulés *de la Coutume* et de *l'Expérience*. Ce père de la philosophie parmi nous dit que de son temps on comptait déjà plus de 100,000 lois. Nous en avons donc à présent 134,000, excepté quelques-unes d'abrogées. Leur sort, tôt ou tard, sera d'être oubliées comme celles de l'Égypte. Mais d'ici là, il est urgent d'opposer une digue à leur épouvantable débordement.

Nos législateurs les plus sages ont senti qu'il fallait balancer les pouvoirs. C'est en effet une des premières lois harmoniques de la nature. Je desirerais donc qu'on opposât aux tribunaux de justice et même de cassation un tribunal d'équité. Un tribunal de justice ne s'embarrasse que des formes ; un tribunal d'équité ne s'occuperait que du fond. Les membres d'un tribunal de justice ne jugent que d'après leur science ; ceux d'un tribunal d'équité ne jugeraient que d'après leur conscience. Celui-ci serait en grand un tribunal de juge de paix ou de conciliation ; mais il en différerait en ce qu'il aurait le pouvoir d'obliger les parties de fournir leurs titres et leurs raisons à des arbitres nommés dans son sein, qui décideraient de leur différend sans avocat, sans procureur et sans appel.

Ce tribunal existe en Angleterre et en Ecosse, où il produit des biens infinis. Son organisation m'est inconnue, mais il est aisé d'en adapter une à notre constitution. Je desirerais donc que ses membres fussent choisis par le peuple, parmi les juges de paix qu'il nomme encore. Je conviens qu'il faut faire peu de chose par le peuple, en faisant tout pour lui, parce qu'une éducation première ne lui a pas encore donné chez nous d'esprit public ; mais il en a le sentiment, souvent plus que ceux qui le gouvernent. Jusqu'ici nos écoles ont voulu faire plutôt des savans que des citoyens. Notre peuple donc peut se tromper aisément sur les talens d'un administrateur ou d'un législateur. Dans ces assemblées, il est aisément la dupe des intrigues secrètes et des bruyantes vociférations de l'ambitieux qui l'étourdit, l'émeut ; et qui se loue ou se fait louer le persuade : mais il ne prend point le change sur le caractère d'équité d'un juge de paix. Il le connaît par son esprit conciliateur, son désintéressement, ses bonnes mœurs, et par ses vertus paisibles et quotidiennes, dont il a une expérience journalière. Avec de la probité on a assez de lumières pour toutes les affaires d'intérêt. En effet, le bon sens va toujours de compagnie avec la bonne conscience, et l'esprit faux avec la mauvaise.

Un tribunal d'équité offrirait une protection constante à l'inexpérience, à l'innocence trompée, et à la propriété des veuves et des orphelins. Je connais un père de famille sans fortune, âgé, également malheureux par l'exécution des lois et leur inexécution. Il a perdu jusqu'à l'espérance. Il regarde au loin dans quel coin paisible du monde il pourrait trouver, au moins pour ses enfans en bas-âge, un asile contre les maux présens et à venir. Ah! sans doute il les déposerait au pied d'un tribunal d'équité, s'il existait parmi nous. Il serait pour eux l'autel de la patrie. Chaque état se vante d'en avoir jeté les fondemens dans son sein par ses lumières et ses vertus; mais la science ne fait que des écrivains, le courage que des soldats, la prudence que des politiques; et tandis que l'ordre les divise tous, l'équité seule fait des citoyens.

Insérez, citoyens, ces idées d'un solitaire, dans votre feuille, amie de la vérité. La voix du peuple se joindra à la vôtre pour en demander l'exécution. Un tribunal d'équité serait le plus utile et le plus durable de ses monumens; il voit avec étonnement, mais sans intérêt, ceux de nos sciences et de nos arts; il verra un jour du même œil ceux de nos victoires sanglantes; mais il comblera toujours de bénédictions ceux de l'humanité. Ainsi l'Arabe errant regarde les trophées de l'Égypte savante ou triomphante : ils ne lui présentent plus que des hiéroglyphes inintelligibles. Il a oublié jusqu'aux noms de ceux qui les ont élevés; il les considère avec crainte, comme l'ouvrage des démons, et il les renverse quand il le peut ou quand il l'ose. Mais il se souvient encore avec attendrissement de ceux qui lui ont creusé des puits au milieu des sables; il en prend le plus grand soin, il leur donne toujours leurs anciens noms touchans de Baba-Joseph, Baba-Abou, Baba-Ibrahim, du père Joseph, du père Abou, du père Abraham.

Faites donc du bien aux malheureux, vous tous qui voulez faire passer votre gloire à la postérité; imprimez-la, non sur des granits avec le burin, ou sur du papier avec du noir de fumée, mais dans des cœurs reconnaissans avec des bienfaits. Songez que les orgueilleuses pyramides, élevées à la vue des cités les plus populeuses, ont perdu les noms de leurs fondateurs, tandis que les humbles puits les ont conservés au milieu des déserts.

# EMPSAEL.

Au pied des hautes montagnes de l'Atlas, sur les bords de la mer, on voit encore aujourd'hui les débris d'une simple cabane : une jeune Française, esclave et épouse d'Empsael, l'avait fait élever pour garder le souvenir de sa patrie. Environnée d'esclaves comme elle, Zoraïde cherchait à adoucir leur sort; mais l'empire qu'elle exerçait sur le cœur de son mari n'allait pas jusqu'à obtenir leur liberté. Empsael, ministre de l'empereur de Maroc, n'avait pas toujours été à côté du trône. Son cœur était magnanime; mais ses souvenirs étaient amers, et il avait juré de ne vivre que pour la vengeance. Empsael était né dans le pays de Bambouk, sur les bords de la rivière Falémé, qui roule de l'or dans ses sables et va se jeter dans le fleuve du Sénégal. Son père et sa mère y vivaient heureux dans une abondante simplicité. Des calebassiers, des cotonniers, des palmiers, des bananiers, entouraient leur cabane, et leur donnaient, toute l'année, des meubles, des habits, du vin, des fruits et de l'ombrage. Un champ de mil et de racines fournissaient abondamment à leurs besoins. Ils admiraient, soir et matin, le soleil, qui, dans ces belles contrées, fait produire à la terre deux récoltes par an. Deux enfans, Empsael et Almiri, mettaient le comble à leur bonheur. On leur avait empreint, en naissant, sur la poitrine la figure de l'astre du jour, en reconnaissance de ses bienfaits. Dans ces pays libres, chaque homme se figure son Dieu à son gré; partout où sa faible raison entrevoit l'intelligence suprême, dans un oiseau, dans un arbre, dans un rocher, elle s'y repose et en adore l'image : le soleil fut donc le fétiche d'Empsael et d'Almiri. On les appelait les enfans du soleil; et quand en effet ils eussent été les fils de ce grand astre, ils n'eussent pu jouir d'un plus grand bonheur que celui qu'ils avaient en partage. Le plaisir d'Empsael était de traverser la Falémé à la nage, en portant son jeune frère sur son dos. Il allait aussi à la chasse des bêtes féroces, et comblait de joie sa mère en lui apportant la peau d'un léopard ou d'une panthère. Souvent cette famille intéressante passait une partie de la nuit à jouer du balafo, ou à danser, au clair de la lune, avec les jeunes filles du voisinage, simples et douces comme des tourterelles. Déja Empsael était dans l'âge d'aimer, déja son cœur avait fait un choix. Ainsi ils menaient avec leurs parens une vie libre et heureuse, sans nuire à personne, et faisant du bien à tout le monde. Aucun voyageur ne passait près de leur cabane sans recevoir l'hospitalité; connu ou inconnu, il y restait un jour, une lune, une année, tout le temps qu'il voulait, encore plus chéri au moment de son départ qu'à celui de son arrivée.

Un jour, deux Européens se présentèrent chez cette bonne famille : elle n'avait jamais vu de blancs. A leur aspect, les premiers sentiments d'Empsael furent ceux de la reconnaissance envers le soleil. Lorsque les Sauvages découvrent dans les bois une espèce inconnue de fruits, d'oiseaux, ils les regardent comme un nouveau bienfait de l'astre du jour : ainsi, en voyant pour la première fois des hommes blancs, Empsael pensa que le soleil venait de lui donner une nouvelle espèce d'amis sur la terre. Ceux-ci lui semblaient bien supérieurs à lui-même : ils connaissaient des arts qui remplissaient d'admiration et même d'épouvante. Mais s'ils avaient plus d'intelligence, ils avaient aussi plus de besoins; le père d'Empsael redoubla donc d'hospitalité à leur égard, d'autant plus qu'ils ne pouvaient faire connaître leurs désirs, faute de parler la langue de leurs hôtes. Cependant ils firent entendre par signes qu'ils s'en retournaient vers leur nation à l'occident, et qu'ils venaient de l'orient pour y chercher de l'or, dont ils montrèrent quelques grains dans des coquilles. Pour satisfaire leur goût pour l'or, on les mena sur les bords de la Falémé, et on leur en montra des paillettes parmi les sables de son rivage. A la vue de ce métal, ils tressaillirent de joie, et n'eurent plus d'autre souci que d'en ramasser. Ils y employèrent le temps des repas et du sommeil, ne tenant aucun compte des autres productions de la contrée, ni de ses palmiers, ni des hôtes qui leur donnaient l'hospitalité. Touchée d'une passion si étrange, toute la famille s'empressa de les aider à recueillir avec des calebasses cette poussière inutile. Quoiqu'ils en eussent déjà une quantité considérable, ils n'auraient jamais mis fin à leurs recherches, si les approches de la saison pluvieuse, où la Falémé déborde, ne les eussent fait songer à continuer leur voyage. Comme Empsael s'était appliqué à apprendre quelques mots de leur langue, afin de leur être utile, ils le demandèrent pour guide à ses parens, qui, n'ayant jamais rien refusé à des hôtes, y consentirent. Son jeune frère, accoutumé à le voir tous les jours, voulut aussi l'accompagner. Sa mère s'y opposa d'abord; mais son père lui ayant dit qu'ils ne passeraient pas les limites de leur pays, où ils avaient beaucoup d'amis, elle y consentit; car elle n'avait jamais résisté à sa volonté. Ces deux jeunes gens les conduisirent donc de village en village, à travers le pays de Bambouk, fêtés partout, jusqu'aux frontières d'un peuple ennemi de la nation dont Empsael faisait partie, mais amis des Européens. Là ils se préparaient à les quitter, lorsque, pendant la nuit, ces perfides étrangers leur lièrent les mains, et leur mettant un bâillon dans la bouche, la tête dans un sac, les emmenèrent prisonniers. Ainsi garrottés, ils furent conduits à travers les forêts jusqu'au bord de la mer : là, les traîtres partagèrent entre eux leur butin. L'un d'eux, s'empara d'Empsael et l'autre de son frère, qui, en s'éloignant, jetait des cris lamentables, en appelant à son secours sa mère dont il faisait la joie, et son frère qui ne pouvait adoucir ses maux : ainsi ils furent séparés. Le ravisseur d'Empsael, qui était Espagnol, le vendit à un capitaine de sa nation qui allait à l'île de Saint-Domingue. Pendant tout le voyage, il eut à souffrir de la faim, de la soif, de la chaleur, des coups de ces barbares, qui avaient entassé par centaines dans la cale du vaisseau ses malheureux compatriotes, enlevés à différentes contrées de l'Afrique. Arrivé à Saint-Domingue, il fut revendu à un habitant espagnol qui passait sa vie à tourmenter les hommes. Ce barbare portait, suivant l'usage de son pays, un poignard à son côté et un chapelet à sa main. Dès qu'il sut qu'Empsael entendait quelques mots de sa langue, il lui parla de sa religion. Le pauvre esclave la trouva si consolante, et il était si malheureux, qu'il desira de l'embrasser : elle ne parlait que d'aimer. On le fit donc baptiser, et on lui dit : « Te voilà devenu » un de nos frères, un enfant de Dieu comme » nous. » Alors son nom fut changé, et on lui fit porter celui de son maître, qui s'appelait Pedro Ozorio.

Dans le premier moment, Empsael crut que Pedro Ozorio en agirait comme dans son pays, où les pères font porter à leurs enfans les noms de leurs amis, pour les chérir davantage. Avec ce nom saint de Pedro, il se crut devenu un objet de vénération pour un Espagnol, et d'affection pour son maître; mais il connaissait mal le perfide, qui, lui trouvant de l'intelligence, se mit en tête de le rendre aussi savant que lui, et de lui apprendre, à coups de fouet, à lire et à écrire. Il voulait aussi lui faire connaître cette religion si douce, qu'il se plaisait à violer sans cesse. Empsael, élevé dans les caresses de ses parens, trahi, à la vérité, par des Espagnols, mais devenu chez eux l'enfant de leur Dieu, honoré par eux d'un nom révéré sur leurs autels, fut frappé d'étonnement quand il se vit accablé d'outrages par son prétendu bienfaiteur. Il ne lui parlait du salut de son ame que pour le jeter dans le désespoir, de la bonté de Dieu qu'en le menaçant de l'enfer, et du bonheur du chrétien qu'en l'accablant de tourmens dans ce monde et de frayeurs horribles pour l'autre. Ah! sans doute il était le plus scélérat des hommes, car l'ignorance ou l'erreur peuvent servir quelquefois d'excuse aux méchans; mais ceux qui connaissent la justice et qui sont injustes, l'humanité et qui sont inhumains; ceux qui adorent un Dieu, père commun des hommes, et qui en font un tyran, ne doivent être que des monstres en horreur à toute la terre. Quand une fois Empsael put lire dans leurs histoires, il s'étonna des crimes dont il les trouva remplies : ce ne sont que duels entre mêmes citoyens, procès dans leurs familles, orgueil dans leurs tribus, guerres de peuples à peuples, trahisons et parjures envers des nations innocentes, que les guerriers cherchent par tout le monde, pour les soumettre par le fer et le feu, et les rendre victimes de leur gloire. Hélas ! il apprit bientôt, par de nouveaux compagnons de son esclavage, que les traîtres Espagnols qui l'avaient enlevé, ainsi que son frère, avaient en même temps pris possession de son pays en y enterrant une inscription par laquelle ils le déclaraient acquis à leur prince et à leur Dieu; coutume perfide, commune aux ingrats Européens envers les peuples bons et fidèles qui leur donnent l'hospitalité. Le roi d'Espagne ayant appris qu'on trouvait de l'or en abondance dans le territoire de Bambouk, se hâta d'y envoyer des soldats. Le village fut incendié, et le père d'Empsael y fut tué en combattant pour sa défense. Pour sa mère, elle était morte de douleur quelque temps après l'enlèvement de ses fils, redemandant sans cesse ses enfans aux sables d'or de la Falémé, et au soleil qui avait répandu de si funestes trésors sur ses rivages.

Empsael avait résisté à ses maux, mais il ne put supporter ceux de sa patrie : il délibéra s'il devait mourir. Mourir ! se disait-il, et mes tyrans vivront ! ils vivront pour le malheur de mon pays! vivons aussi pour la vengeance. Alors il voulut commencer par tuer son maître; mais il se dit : A quoi me servira sa mort ? Ce n'est pas d'un homme seul que j'ai à me venger, c'est de sa nation. Bientôt il vit que c'était de toute l'Europe. Avant tout, il fallait sortir d'esclavage. Un jour qu'il en cherchait les moyens, il aperçut un vaisseau qui voguait près de la côte de Saint-Domingue. Comme il nageait parfaitement, il se jeta à la mer, et gagna son bord à deux lieues au large : c'était un vaisseau hollandais. Il se crut libre sous un pavillon républicain; mais le capitaine, admirant sa force et sa hardiesse, lui dit qu'il le prenait à son service. Il était clair qu'il ne lui appartenait pas, et qu'on violait à son égard les droits de l'humanité; mais qu'importe ? il était noir. Il fut donc vendu à un capitaine anglais qui allait à la Jamaïque; vendu ou troqué successivement à des Flamands, des Danois, des Suédois, des Français, des Juifs, pour de l'argent, du fer, du tabac, du café, pour un cheval, pour un bœuf. Tous ses maîtres étaient charmés de sa taille, de sa jeunesse et de son intrépidité; mais voulant le soumettre par la violence, ils se dégoûtaient bientôt de lui. Il avait appris sous son tyran espagnol à opposer la résistance la plus opiniâtre à tous les maux. On le traitait comme une brute; mais il leur fit voir qu'il était un homme. Chacun d'eux imprimait sur sa peau le sceau de son esclavage avec un fer brûlant. Son corps fut tour à tour à plusieurs tyrans, mais son ame resta toujours à lui. Enfin un Italien l'acheta, et fut un de ses plus cruels bourreaux. Il crut le réduire à force de tourmens; mais n'en pouvant venir à bout et craignant de le tuer, de peur de perdre son argent, il le vendit à Muley Ismael, empereur de Maroc, à qui il portait en secret de la poudre, des boulets et des canons; mais il ne savait pas qu'il vendait en Empsael l'arme la plus fatale aux chrétiens. Dès qu'Empsael fut sur le continent de l'Afrique, son ame se releva, comme se relève, après l'orage, le palmier courbé par la tempête. Il abjura d'abord la religion de ses persécuteurs, et embrassa celle des musulmans. Quand les chrétiens baptisent leurs esclaves, c'est pour leur rendre leurs fers sacrés; mais quand les musulmans circoncisent les leurs, c'est pour les en délivrer. Le premier acte de justice dont ils récompensèrent sa foi fut de lui rendre sa liberté. Il se distingua bientôt dans une guerre sanglante contre les Espagnols. Sa taille, sa force, et surtout sa haine contre les Européens, plurent à l'invincible empereur; d'ailleurs un sang pareil à celui d'Empsael coulait dans ses veines. On lui donna un vaisseau à commander : la fortune lui fut favorable, et Muley Ismael l'honora bientôt de toute sa confiance. Successivement pacha d'Almanzor, de Tétuan, de Salé, du cap d'Aguer, et enfin amiral et ministre des royaumes de Fez et de Maroc, il fut comblé de biens. Mais le plus grand de tous pour lui était la vengeance. On le vit porter dans les deux mers la terreur du Croissant, et poursuivre les vaisseaux européens sous tous les rumbs de vents, dans la Méditerranée, sur les côtes d'Italie, de Malte; et dans l'Océan, le long des rivages de l'Espagne, du Portugal, de la France, de la Hollande, de l'Angleterre, et jusque dans les Hébrides et les Orcades. Il croisait surtout le long des côtes de la Guinée, où les chrétiens vont chercher les Nègres dans leurs berceaux. Toutes les nations maritimes de l'Europe tremblaient à la vue de ses pavillons noirs, semés de sabres et de têtes de morts. Ses vaisseaux, comme des éperviers, fondaient nuit et jour sur leurs rivages, et enlevaient des familles entières. Aucun des Européens qui tombaient en son pouvoir ne recevait de soulagement dans ses maux.

Cependant l'amour cherchait à apaiser cette soif de la vengeance; chaque jour Zoraïde osait, sous les yeux mêmes d'Empsael, prodiguer l'or de ses parures aux infortunés dont elle était entourée. Elle ne vivait que pour aimer; mais elle aimait surtout les malheureux, et son unique souci était de les soulager. Quelquefois on voyait ces pauvres esclaves s'assembler dans la forêt, près de la ville déserte des Lions, ou sur la colline où s'élevait la chaumière où Zoraïde venait chercher les souvenirs de sa patrie : alors ils s'entretenaient entre eux, et soulageaient leur douleur par les aveux de leurs plus doux secrets. Un soir, Januario, ancien écuyer napolitain, et Williams, pilote hollandais, tous deux dans les fers d'Empsael, se rencontrèrent sous les dattiers qui bordaient la chaumière : les malheureux sont bientôt amis. Leurs travaux venaient de cesser; c'était l'heure du repos : ils furent s'asseoir sur un rocher couvert de raquettes et d'aloès, qui dominait la campagne; les rayons du soleil couchant doraient les tours de la ville d'Aque et les sommets lointains de l'Atlas. Après un instant de silence, Januario s'adressa à Williams.

Mon cher Williams, vous êtes toute ma consolation; car il n'y a pas d'état plus malheureux que celui d'un écuyer dans l'esclavage; il est tout le jour au vent, au soleil, à la pluie, à exercer des chevaux fougueux : heureux encore de passer sa vie avec ces animaux! mais à la chasse, il faut suivre des bêtes féroces, un maître barbare, encore plus intraitable; il faut courir ventre à terre dans la montagne, à travers les halliers, et sur les bords des précipices : non, il n'y a que l'amitié qui puisse me faire supporter mon malheureux état.

WILLIAMS.

Le vôtre est moins à plaindre que le mien. Jour et nuit un homme de mer est le jouet des élémens : le feu est toujours près de consumer son vaisseau, l'air de le renverser, l'eau de le submerger, et la terre de le briser; il n'éprouve qu'ingratitude de la plupart des hommes auxquels il apporte les richesses des deux mondes; l'esclavage n'ajoute presque rien à sa misère. Cependant on l'embarque de force sur un corsaire, où il est obligé, au milieu du feu, des combats et des orages, de contribuer, au risque de sa vie, à la captivité de ses propres compatriotes. Avouez qu'il n'y a rien d'aussi misérable que le sort d'un pilote; mais l'amour et ma pipe me consolent de tout.

JANUARIO.

Comment pouvez-vous comparer votre état au mien? Sachez que rien n'est plus difficile que de bien dresser un cheval.

WILLIAMS.

Il n'y a point de cheval aussi indomptable que l'Océan en furie.

JANUARIO.

Il n'y a point d'art qui exige autant d'adresse que celui d'un écuyer.

WILLIAMS.

Il n'approche pas de celui d'un pilote. Un vaisseau est le chef-d'œuvre de l'esprit humain; tous les arts travaillent à l'équiper, et toutes les sciences à le conduire.

JANUARIO.

L'équitation est l'art des nobles, et la marine celui du peuple. Les grands et les rois se piquent de bien monter un cheval, et s'embarrassent fort peu de conduire un vaisseau.

WILLIAMS.

C'est que les grands et les rois ne veulent monter que des chevaux dressés à leur obéir, et non sur des vaisseaux qui ne flattent personne. Votre métier est celui des courtisans, et le mien celui des hommes libres : voilà pourquoi l'équitation est en honneur dans les monarchies, et la marine dans les républiques.

JANUARIO.

Brisons là-dessus, seigneur Williams. Dès que j'ai vu de loin le voile de Rosa-Alba suspendu à un arbre près de la chaumière d'Empsael, j'ai jugé qu'elle avait quelque chose de pressé à me dire; je suis charmé que ce signal de ma maîtresse, qui est de mon invention, vous donne de temps en temps l'occasion de voir la vôtre, qui l'accompagne toujours.

WILLIAMS.

Je n'aurais pas démarré du lieu où j'étais, si je n'avais reconnu le signal de Marguerite à une fumée qui s'élevait sur le rivage.

JANUARIO.

A la bonne heure. Mais voyons ce que me veut ma maîtresse; sans doute qu'elle me tire d'ici. J'en ai un moyen assuré : je monterai pendant la nuit un des meilleurs chevaux d'Empsael, je la mettrai en croupe derrière moi, et je m'enfuirai avec elle chez les barbares du mont Atlas; vous en pourrez faire autant avec la vôtre.

WILLIAMS.

Je ne sais pas monter à cheval; mais j'ai un meilleur expédient pour la délivrer, elle, Zoraïde, ses suivantes, et même leurs amans. Je choisirai un moment où le vent sera favorable, je m'emparerai d'une barque de pêcheur, et, fût-ce en plein jour, tous ensemble nous ferons voile vers la patrie.

JANUARIO.

Votre projet ne vaut rien.

WILLIAMS.

Vous ne pensez qu'à vos intérêts particuliers, et moi je m'occupe de l'intérêt de tous.

« En ce moment Rosa-Alba, esclave napoli-
» taine, et Marguerite, esclave hollandaise, tenant
» une cage où il y a deux tourterelles, se trouvent
» auprès de Williams. »

MARGUERITE.

Comment! deux malheureux esclaves ne peuvent se supporter!

ROSA-ALBA.

Non, Empsael n'a rien imaginé de plus cruel contre les esclaves européens, que de les mettre tous ensemble pêle-mêle, Italiens, Français, Hollandais, Anglais, Portugais, Espagnols. Chacun d'eux voulant être partout le maître, ils passent leur vie à se quereller.

MARGUERITE.

Comment! les petits oiseaux, quoique de différentes espèces, forment des concerts dans la même volière, et vous qui êtes des hommes, vous vous battez dans les fers! O mes amis!

JANUARIO.

Ma Rose, je parlais des moyens de te rendre la liberté.

ROSA-ALBA.

Januario, je ne t'ai point fait venir pour un enlèvement; il est question, non de quitter Zoraïde, mais de la servir.

MARGUERITE.

Mon cher Williams, Zoraïde ne veut point s'en aller; elle tient à Empsael par l'amour de ses devoirs : c'est son mari.

ROSA-ALBA, à Januario.

Tu sais combien de fois ses bienfaits ont soulagé les esclaves! elle veut employer de nouveaux moyens pour adoucir leur sort. Avertis donc le Père de la Merci, qui vient d'arriver d'Italie pour le rachat des captifs, de venir lui parler sur-le-champ.

JANUARIO.

Je n'y manquerai pas.

MARGUERITE.

Et toi, Williams, tu sais que Jacob, ce juif portugais si riche, qui a des relations en Hollande, est arrivé depuis quelques jours de Maroc. Il se promenait ce matin autour du camp. Dis-lui de venir parler à ma maîtresse : elle voudrait lui vendre quelques bijoux pour en distribuer l'argent aux esclaves.

WILLIAMS.

Oh! dès qu'il s'agit d'acheter des bijoux, il ne tardera pas à venir.

ROSA-ALBA.

Dépêche-toi, Januario; Empsael sera bientôt de retour. Où l'as-tu laissé?

JANUARIO.

Au milieu de la forêt, à l'entrée de la ville des Lions, où il s'est engagé seul avec son intrépidité ordinaire.

ROSA-ALBA.

Ah! c'est cette ville ruinée, dont tu m'as tant parlé, qui n'est habitée que par des lions. Puisse-t-il rencontrer un monstre aussi féroce que lui, qui le dévore! Mais hâte-toi, Januario; ma maîtresse est dans l'impatience de parler à ce bon Père, si charitable.

JANUARIO.

Tu vas être servie; mais auparavant donne-moi un baiser.

ROSA-ALBA.

Comment, d'avance? Oh! après le service rendu.

JANUARIO.

Ah ma Rose! (*Il l'embrasse après quelques difficultés.*)

ROSA-ALBA.

Eh bien! il faut te contenter... Allons, va-t'en à présent.

MARGUERITE, à *Williams qui s'approche.*

Tu veux donc aussi la même récompense? eh bien! embrasse-moi; mais, avant de partir, mes amis, embrassez-vous aussi.

WILLIAMS.

Oh! volontiers! de bon cœur! (*Il tend la main à Januario.*)

JANUARIO.

Je n'ai point de rancune, sur mon honneur.

MARGUERITE.

Embrassez-vous donc. (*Williams s'approche de Januario, qui reçoit son embrassade avec froideur.*) Williams, souviens-toi de la devise de la Hollande, notre patrie : *Les petites choses croissent par la concorde, et les grandes se ruinent par la discorde.*

ROSA-ALBA.

Allons, mes amis, hâtez-vous et soyez unis. Adieu, adieu.

« Ils sortent. Rosa-Alba et Marguerite restent
» seules. »

ROSA-ALBA.

Sans les femmes, les hommes vivraient entre eux comme des loups; il est fort heureux que Zoraïde, qui est si sensible, n'ait pas été témoin de leur querelle. Mais que portez-vous là dans cette cage?

MARGUERITE.

Ce sont deux tourterelles que j'ai trouvées sur le rivage, où je me baignais, au pied d'un palmier. Je venais d'y allumer un grand feu pour avertir Williams de se rendre ici; tout à coup ces deux oiseaux, qui venaient de passer la mer, se sont abattus auprès de moi sur une touffe d'acanthe; ils étaient si fatigués, qu'ils ne pouvaient plus s'envoler : dès que j'en ai eu pris un, l'autre, au lieu de s'enfuir, est venu de lui-même se jeter dans mon sein.

ROSA-ALBA.

C'est un augure heureux pour toi; il t'annonce que l'amour te sera favorable.

MARGUERITE.

Je les destine à Zoraïde; je croyais la trouver ici.

ROSA-ALBA.

Elle ne tardera pas à s'y rendre; mais son appartement n'est pas prêt, hâtons-nous de l'arranger. (*L'une et l'autre montent à la chaumière, et en ouvrent la porte et les fenêtres.*) Rangeons ces coussins; ouvrons ces fenêtres du côté de la mer, donnons de l'air à ce cabinet, rafraîchissons-le d'eau de rose : la journée a été brûlante.

MARGUERITE.

L'air de la mer ternit déjà ces vases d'argent, je vais les rendre brillans comme ceux de mon pays.

ROSA-ALBA.

Nous n'en aurons pas le temps; voici la fin du jour : Zoraïde va venir prendre ici le frais. Empsael ne tardera pas à s'y rendre. Ce ministre de Maroc, noir comme l'enfer, ne trouve de délassement qu'auprès de cet ange. Mais d'où vient donc le pouvoir des noirs dans ce pays? Les premières charges de l'empire sont remplies par eux; Empsael, le premier ministre, est nègre, et l'empereur lui-même est mulâtre.

MARGUERITE.

Le pouvoir des hommes noirs vient de celui des femmes noires : la favorite de l'empereur est une négresse.

ROSA-ALBA.

Je le sais bien; mais pourquoi les femmes noires ont-elles ici tant de crédit, tandis qu'il y en a de blanches qui sont si belles et si bonnes?

MARGUERITE.

J'en ai ouï conter ainsi l'histoire [1]. On dit qu'un roi de Maroc envoya un jour son fils pour conquérir, dans l'intérieur de l'Afrique, le royaume de Gago, d'où vient le bon or. Son armée, après avoir consommé toutes ses provisions en traversant les déserts de Libye, se trouva près de périr de faim et de soif, environnée d'une armée de noirs de Gago qui étaient venus défendre leur pays. Le prince de Maroc ne pouvant, à cause de la faiblesse de ses troupes, ni donner bataille, ni s'en retourner, se trouva bien en peine. Un soir, comme il se promenait fort triste dans son camp, il entendit deux soldats qui jouaient aux échecs, dont l'un disait à l'autre : « Ton roi est comme notre prince, il ne » peut ni avancer, ni reculer. » Le prince fit venir le soldat, et lui dit que, puisqu'il faisait tant l'entendu et se mêlait de contrôler sa conduite, il eût à dire quel moyen il trouvait pour sortir du lieu où ils étaient.

ROSA-ALBA.

C'était bien difficile.

MARGUERITE.

Le soldat, ayant demandé pardon au prince de sa hardiesse, lui répondit qu'il en imaginerait un qui lui ferait grand honneur s'il venait à réussir : c'était d'envoyer un ambassadeur au roi auquel il avait voulu faire la guerre, pour lui dire qu'étant jeune et desirant une femme, il avait ouï faire le plus grand éloge des perfections de sa fille; qu'il était venu pour le prier de la lui donner en mariage, et qu'il ne s'était mis à la tête d'une armée que pour faire en sûreté un si grand voyage à travers tant de pays. Le prince suivit le conseil du soldat, et il eut le plus heureux succès. Le roi

---

[1] Voyez le *Voyage en Afrique*, de Jean Moquet, fondateur du Jardin royal des Plantes à Paris. Il raconta lui-même, à son retour de Maroc, ce trait d'histoire à Henri IV, à qui il fit beaucoup de plaisir.—Dapper, dans sa *Description de l'Afrique*, dit que le royaume de Gago est au couchant de celui de Guber.—La principale habitation, qui donne son nom à toute la contrée, est à cent cinquante lieues de Tombut, entre le midi et l'orient, à trente-cinq degrés de longitude et à huit degrés trente minutes de latitude.—On trouve beaucoup d'or dans ce royaume, où les marchands de Maroc viennent s'en fournir. Pour faire ce voyage, qui dure d'ordinaire six mois, ils forment une caravane de deux ou trois cents personnes; et comme ils ont à traverser, pendant l'espace de deux mois, des déserts sablonneux et inhabitables, où l'on ne trouve point de chemin battu, et où l'on n'a pour se conduire que le soleil, la lune et les étoiles, ils courent grand risque de s'y égarer, et de mourir de faim et de soif.—Leur prince a été tributaire du roi de Maroc, depuis que Muley Hanef se saisit de la ville de Gago, lors de son expédition contre les Nègres. (Dapper, page 224, vol. in-f°.) J'ai suivi la tradition de Moquet, qui attribue à l'amour la conquête du royaume de Gago.

nègre de Gago se trouva fort honoré de donner sa fille au prince de Maroc; il combla son gendre de richesses, et lui fit présent, entre autres, de quatre grosses boules d'or : ce sont celles qui sont au sommet de la mosquée du palais, à Maroc.

ROSA-ALBA.

Ne sont-ce pas celles qu'on voit briller de fort loin dans nos campagnes?

MARGUERITE.

Ce sont elles-mêmes. Depuis ce mariage, le riche royaume de Gago appartient aux rois de Maroc : c'est ainsi que leurs descendans sont alliés au sang des noirs.

ROSA-ALBA.

Votre histoire est fort curieuse. Ainsi c'est l'amour qui a donné ici la puissance aux noirs par le moyen des femmes noires ; mais les blanches pourront bien avoir leur tour : Zoraïde a le plus grand empire sur l'esprit d'Empsael. Ce terrible noir, ministre de Fez et de Maroc, n'est heureux qu'aux lieux où elle est : il préfère à la cour de l'empereur, dont il est le favori, cette solitude qu'elle aime, où il nous fait camper sous des tentes ; et à son château de Maroc, cette chaumière qu'elle a fait bâtir à la mode de son pays. Depuis que Zoraïde s'y plaît, il y envoie chaque jour de nouveaux meubles, des chaînes de perles, des œufs d'autruche, et des pièces de mousseline des Indes ; il rassemble autour d'elle un étrange contraste de magnificence et de simplicité, de galanterie et de guerre. Comment a-t-elle fait pour captiver ce noir si redoutable? pour moi, je n'ose seulement le regarder de loin. Quand j'aperçois son doliman rouge, sa cuirasse de peau de léopard, son turban noir, surmonté d'une aigrette et d'un croissant d'acier, son poignard et ses deux coutelas, aussi tout d'acier, je tremble comme une feuille. Il ne met sa gloire qu'à armer des vaisseaux, afin d'avoir des esclaves de toutes les nations de l'Europe, qu'il accable de travaux dans ces déserts. Quels charmes emploie Zoraïde pour captiver cette bête féroce, qui ne se plaît que dans le carnage? Elle le mène comme un agneau : cependant elle ne sait ni chanter, ni danser, ni jouer d'aucun instrument ; son esprit est peu cultivé, car elle sait à peine lire. Pour moi, mon éducation a été fort soignée, et j'avoue que le naturel heureux de cette femme surpasse tous mes talens. Certainement, belle Hollandaise, vous l'emportez sur elle par la fraîcheur de votre teint ; l'Anglaise a une taille plus fine, la Russe plus d'embonpoint ; on dit que j'ai plus de feu dans les yeux ; cependant je trouve Zoraïde plus aimable qu'aucune de nous toutes : elle seule me fait supporter la perte de ma liberté. Quand elle paraît au milieu de nous, on dirait, à nos respects, des esclaves autour de leur sultane ; et, à notre affection, des compagnes autour de leur amie. Vous qui avez passé une partie de vos beaux jours auprès d'elle, dites-moi quel est son pays, et par quels attraits elle sait inspirer à la fois tant de respect et d'amour : partout la destinée d'une femme est de plaire, et elle en doit étudier les moyens jusque dans les fers.

MARGUERITE.

Notre maîtresse est née en France, ce pays si renommé par les agrémens de ses femmes. Pour moi, je ne lui en trouve point de plus grand qu'une extrême sensibilité, qui, jointe à un grand fonds de bonté, la dispose toujours à faire du bien ou à dire des choses aimables. Quant à ses habillemens, ils sont simples ; elle préfère une robe de toile à toutes les riches étoffes de l'Inde, et des fleurs aux pierreries. Comme elle ne vit que de végétaux, son teint est toujours beau, sa taille parfaite, et tous les mouvemens de son corps sont doux comme ceux de son ame.

ROSA-ALBA.

Elle a un goût exquis dans ses ajustemens. Je trouve que ses robes longues et ondoyantes, qui accompagnent si bien sa taille, lui vont à ravir. C'est, je crois, l'habit des anciennes femmes grecques ; car celui des modernes est insupportable. Si jamais je suis assez heureuse pour retourner dans mon pays, je tâcherai d'y introduire la mode de ces robes antiques, si simples et si nobles.

MARGUERITE.

Comment retourner dans votre pays? on ne sort jamais d'ici ; Empsael ne donne la liberté à aucun esclave : c'est là ce qui rend Zoraïde si triste. Sa sensibilité la rend très-malheureuse ; je la surprends souvent à pleurer ; mais dès qu'elle voit que je l'observe, elle essuie ses larmes.

ROSA-ALBA.

Tâchons de la dissiper, et redoublons de soins pour lui plaire ; mais la voici qui vient, et rien n'est prêt.

ZORAÏDE.

Chères compagnes, cessez vos travaux ; la chaleur est grande, reposez-vous : vous mettez dans tout ce que vous faites trop de zèle.

ROSA-ALBA, *s'inclinant respectueusement.*

Sultane, c'est vous qui nous inspirez.

ZORAÏDE.

Ne m'appelez point sultane ; je suis votre amie, votre compagne, une esclave comme vous... Reposons-nous sur ces roches, où nous respirerons en liberté... Petrowna, avez-vous dit au chef des cuisines de donner des rafraîchissemens aux esclaves malades?

PETROWNA.
Oui, madame : ce noir a un peu murmuré ; mais les esclaves vous bénissent.

ZORAÏDE.
Surtout qu'on ait soin des vieillards : partout les vieillards sont négligés, mais principalement dans l'esclavage.

PETROWNA.
Madame, on a eu un soin particulier de ceux de votre nation.

ZORAÏDE.
Tous les malheureux sont de ma nation ; il ne faut préférer que les plus infirmes. J'espère cependant être utile à ceux qui se portent bien... Rosa-Alba, avez-vous fait dire à ce bon père de la Merci de venir me parler ?

ROSA-ALBA.
Oui, madame ; j'en ai chargé Januario.

DALTON.
Il ne faudrait que deux bonnes frégates de mon pays pour empêcher tous les royaumes d'Afrique de faire un seul esclave européen ; elles ne coûteraient pas en armement la dixième partie de ce qu'il en coûte en charités pour le rachat des captifs. On ne réprime les barbares que par la force.

MARGUERITE.
Madame, j'ai fait prévenir le juif portugais de se rendre ici.

ZORAÏDE.
Chères amies, vous allez en tout au-devant de mes désirs... (*A Marguerite :*) Que portez-vous là dans cette cage ?

MARGUERITE.
Ce sont deux oiseaux que je vous prie d'accepter : je les ai trouvés, rendus de lassitude, sur le bord de la mer, qu'ils venaient de traverser. Dès que j'en eus pris un, l'autre, au lieu de s'enfuir, retourna se joindre à son compagnon. Je ne sais si ce sont deux amans ou deux amis ; tous deux sont de la même taille, tous deux sont gris de perle, tous deux ont la moitié d'un anneau noir autour du cou.

ZORAÏDE.
Ah ! ce sont des tourterelles de mon pays ; c'est le mâle et la femelle. La nature a partagé entre elles l'anneau conjugal, comme le signe d'une union égale et parfaite. Je vous en prie, donnez-leur bien à manger ; et quand elles seront reposées, demain, au lever de l'aurore, rendez-leur la liberté ; les oiseaux de l'amour ne doivent porter que sa chaîne : tendres amies, puissiez-vous un jour n'en pas connaître d'autres !

DALTON.
Belle Zoraïde, voici de quoi mettre votre teint à l'abri du soleil ; acceptez ce chapeau, il est fait de paille d'Angleterre.

ZORAÏDE.
Il est charmant ; tout ce qui vient d'Angleterre est parfait.

DALTON.
Il n'y a d'industrie que dans les pays libres.

ZORAÏDE.
Que m'apportez-vous là, bonne Russe ?

PETROWNA.
Madame, ce sont des pommes du mont Atlas.

ZORAÏDE.
Des pommes de mon pays en Afrique ! elles me font le plus grand plaisir. Le plus doux fruit est celui de la patrie.

ROSA-ALBA.
Je n'ai rien à vous offrir aujourd'hui que ma plus tendre affection.

ZORAÏDE.
Aimable Napolitaine, c'est le don qui me flatte le plus ; c'est celui qui me sert à m'acquitter envers vous et vos compagnes.

ROSA-ALBA.
Ah ! si je pouvais, un jour, vous recevoir dans Naples, ce séjour de délices !

DALTON.
Et moi, dans l'heureuse Angleterre !

MARGUERITE.
Et moi, en Hollande ! Sensible Zoraïde, vous n'en voudriez jamais sortir : il n'y a pas un seul malheureux qui y manque du nécessaire.

PETROWNA.
Beaux sapins de mon pays, je ne vous aurais jamais quittés, si j'avais eu dans mon village une maîtresse comme Zoraïde !

ZORAÏDE.
Chères amies, qui n'a pas une patrie à regretter ! tâchons d'en affaiblir le souvenir. Nous avons travaillé tout le jour, et nous n'y pensions pas. Le travail charme les ennuis : c'est un don du ciel, mais le plaisir en est un aussi. Voici l'heure de nous réjouir ; voilà des provisions : que chacune de vous les prépare de la manière qui lui sera la plus agréable.

DALTON.
Si j'étais en Angleterre, avec du rum des Barbades et ces citrons, je vous ferais du punch meilleur que le meilleur vin de France.

ROSA-ALBA.
Et moi, avec le jus de ces grenades, je m'en vais vous faire des sorbets excellens comme ceux de Naples.

PETROWNA.
Je les ferai rafraîchir dans cette neige qu'on vous

a apportée de la montagne. La neige me réjouit, elle me rappelle mon pays. (*Elles se mettent toutes à préparer des sorbets.*)

ROSA-ALBA.

La seule vue de la neige me fait transir. Voilà pourquoi j'aimerais beaucoup l'Afrique, si je n'y étais pas esclave : nous sommes au mois de janvier, voyez comme ces dattiers sont verts ! Quand le soleil éclaire leurs troncs, on les prendrait pour les colonnes d'un temple; et quand la nuit les couvre de son ombre, et que le ciel brille à travers leurs cimes, on dirait qu'ils portent à la fois des palmes et des étoiles. J'ai un grand plaisir d'y entendre chanter la caille et l'hirondelle, qui sont venues passer ici la mauvaise saison. Heureux oiseaux, vous ne connaissez ni les hivers ni l'esclavage! Pour moi, j'ai passé mon enfance dans un couvent, et me voilà esclave dans un sérail! En vérité, ma bonne maîtresse, sans l'amitié que je vous porte, j'aimerais mieux être un oiseau qu'une femme.

ZORAÏDE.

Quoique la neige couvre mon pays dans cette saison, cela n'empêche pas qu'on n'y soit heureux. C'est à présent que l'on s'y rassemble pour célébrer la fête des Rois. Faisons aussi un gâteau des rois; nous en donnerons les débris à quelque pauvre esclave. C'est dans le superflu des riches qu'est le nécessaire des pauvres.

MARGUERITE.

Je vais vous en faire un à la manière de mon pays, qui sera meilleur que le couscousou d'Afrique.

ROSA-ALBA.

Si Empsael arrive, cette fête ne sera pas de son goût; il préfère le rum à tous les sorbets, et une pipe de tabac à la fleur d'orange : quant aux rois, il n'en veut point d'autre que lui dans son sérail.

ZORAÏDE.

Mon époux ne trouble pas nos plaisirs; vous ne connaissez pas ses bonnes qualités. Il n'a pas l'extérieur de la politesse européenne, mais il ne trompe jamais personne. S'il est un ennemi terrible pour ceux dont il se croit offensé, c'est un ami ardent pour qui lui a rendu le plus léger service; il est généreux pour tout être innocent qui souffre; il se jetterait à la mer pour sauver la vie d'un enfant. Il s'attache singulièrement à l'infortune, et je crois que, s'il m'a choisie pour son épouse, par préférence à tant de femmes qui valaient ici mieux que moi, je dois sa préférence uniquement à mes malheurs.

ROSA-ALBA.

Tout amant prend des qualités de l'objet aimé : Empsael deviendra bon, puisqu'il vous aime.

PETROWNA.

Ah! l'amour rend les hommes généreux, sincères, obligeans : tout le monde serait bon, si tout le monde aimait.

ZORAÏDE.

Aimable Napolitaine, pendant que nous nous délassons de nos travaux, chantez-nous quelque chanson de votre pays; vous improvisez à merveille.

ROSA-ALBA.

Peut-on chanter dans les fers !

PETROWNA.

Les oiseaux chantent bien en cage !

TOUTES.

Chantez, chantez.

« Rosa-Alba monte à la chaumière pour y prendre une guitare. »

ROSA-ALBA.

Je vous chanterai une chanson que je composai tantôt, à la vue de cette chaumière et de ces drapeaux... Bonne Russe, pendant que je m'accompagnerai de la guitare, exprimez le jus de ces grenades dans ce vase de cristal. (*Elle chante.*)

ZORAÏDE.

Cessez vos chants, j'entends soupirer. (*Elle regarde au côté gauche de la colline.*) O Dieu ! ce sont des hommes qui souffrent ! Hélas ! ce sont des esclaves: il ne nous est pas permis de les approcher. Retirons-nous dans la chaumière.

« Elle monte avec ses femmes dans la chau-
» mière. Don Ozorio, esclave espagnol, et Almiri,
» esclave noir, chargés de deux paniers de pierres,
» s'arrêtent au bas de la colline. Ils y mettent bas
» leurs fardeaux. Don Ozorio s'assied en soupi-
» rant. »

DON OZORIO.

Ils nous font entourer de murs les fossés profonds où ils nous enferment la nuit... Les forces me manquent, je n'irai pas plus loin.

ALMIRI.

Seigneur, donnez-moi votre fardeau, je suis assez fort pour le porter avec le mien.

DON OZORIO.

O mon ami ! laisse-moi finir ici ma vie. Quand je ne mourrais pas de fatigue, je mourrais de soif: nos barbares conducteurs nous refusent à boire l'eau qu'ils mêlent à leur mortier.

ALMIRI, *prenant une calebasse qu'il porte à son côté, et l'ayant inclinée, dit en soupirant:*

Hélas ! il n'y en a plus.

DON OZORIO.

C'était la provision de tout le jour; tu me l'as fait boire tout entière.

ALMIRI.

Nous en pouvons demander dans cette chaumière.

DON OZORIO.

Elle est habitée par nos tyrans : regarde ces pavillons.

ALMIRI.

On y chantait tout à l'heure : les gens qui se divertissent sont bons.

DON OZORIO.

Songe que c'est ici le lieu de plaisance d'Empsael, l'ennemi le plus cruel des chrétiens. Je demanderais de l'eau à qui a soif de leur sang ! plutôt mourir !

ALMIRI.

Je vais en chercher là-bas.

DON OZORIO.

Où en trouveras-tu dans ces sables ?

ALMIRI.

Seigneur Ozorio, du côté de la mer.

DON OZORIO.

Comment penses-tu en découvrir dans ces plaines arides où il n'y a pas la moindre verdure ?

ALMIRI.

Elle est dans un fond. Voyez ces oiseaux qui y volent au coucher du soleil; voyez aussi sur le sable ces traces des tigres et des lions qui s'y dirigent de plusieurs points du désert.

DON OZORIO.

O ami intelligent ! tu as encore toutes les forces de ton corps et de ton ame. Pour moi, j'ai perdu les miennes; je n'ai plus ni vue, ni raison, ni courage. Aucune de mes facultés n'a été exercée dans mon enfance. Je n'ai connu de raison que l'intérêt de ma fortune, et de courage que celui de l'honneur, c'est-à-dire de ma vanité. J'ai bravé quelquefois le danger, lorsque j'étais sûr d'être applaudi, mais je n'ai été élevé à résister à aucun des maux qui attaquent l'homme sans témoin, au dedans et au dehors, tous les jours de sa vie : comment donc pourrais-je supporter l'esclavage ? O Almiri ! dans tous les temps tu as été plus heureux que moi.

ALMIRI.

Reposez-vous ici, mon maître; je vais vous chercher de l'eau dans ma calebasse.

DON OZORIO.

Et les bêtes féroces !

ALMIRI.

Elles ne sortent que la nuit.

DON OZORIO.

Et les hommes, qui sont à craindre en tout temps ! Si nos conducteurs t'aperçoivent, ils croiront que tu t'enfuis; je veux partager le danger avec toi.

ALMIRI.

Je vous en prie, mon maître, laissez-moi aller seul : il vaut mieux que je sois seul misérable.

DON OZORIO.

Pourquoi m'appelles-tu toujours ton maître ? tu ne peux être l'esclave d'un esclave : la servitude nous a rendus égaux.

ALMIRI.

Nous ne sommes pas égaux, puisque vous êtes plus malheureux que moi.

DON OZORIO.

Si quelque chose pouvait donner des rangs parmi les hommes, ce ne serait point le malheur; ce serait la vertu, et c'est toi qui mériterais d'être mon maître.

ALMIRI.

Vous m'avez élevé avec tant de bonté que je vous regarde comme un père.

DON OZORIO.

Serviteur fidèle dans mon adversité, tout mon regret est de ne t'avoir pas fait, dans ma prospérité, tout le bien que je pouvais te faire; maintenant je mourrais content.

ALMIRI.

Mon père, ne vous affligez pas; vous n'avez pas tout perdu; vous aviez en moi un esclave, à présent vous avez un fils. Je cours vous chercher de l'eau.

DON OZORIO.

La fortune a épuisé sur moi tous ses traits. Je suis noble; j'ai été jeune, considéré dans mon pays natal, applaudi par les femmes, auxquelles je donnais des fêtes; mes domaines, cultivés par mes esclaves, s'étendaient plus loin que mon horizon, et ils étaient arrosés par des fleuves qui étaient à moi. Maintenant je suis vieux, méprisé, dénué de tout dans une terre barbare, n'ayant pas même la propriété de ma personne, et si tourmenté de la soif, que, si j'étais encore riche, je donnerais toutes mes possessions pour un verre d'eau.

O étrange revers du sort ! J'ai eu pour esclaves des noirs de toutes les contrées de l'Afrique; d'un sourire je les comblais de joie, d'un coup d'œil je les faisais trembler. Ici les noirs sont tout puissans; ce sont eux qui forment la garde de l'empereur; ils remplissent les premières charges de sa cour : Empsaël, qui en est le premier ministre, est noir, et l'empereur lui-même est mulâtre. Empsael, le plus cruel ennemi des chrétiens, est mon maître ! et moi, de l'illustre famille des Ozorio, ces anciens conquérans de l'Amérique, je suis l'esclave d'un nègre, obligé de porter des pierres pour élever les murs de la prison où il me renferme, et de mourir de soif au pied de sa maison de plaisance !

O mort! viens finir mes maux. Qu'est-ce après tout que la vie? Une suite de besoins sans cesse renaissans, de combats contre la nature, contre ses semblables, contre soi-même; un équilibre qu'on est toujours sur le point de perdre; une petite flamme agitée de tous les vents, et qu'il faut renouveler chaque jour. Laissons faire la nature, mourons; la mort n'est que le repos de la vie.

Mais une vie immortelle commence après la mort. Une mauvaise pensée, un murmure, une simple omission y sont punis par des tourmens horribles et éternels! Quel effroyable abîme est ouvert sous mes pas! et je suis ici, sans aucun secours de ma religion, dans une terre impie! Comment me présenter sans être purifié devant celui aux yeux duquel le juste même n'est pas pur? Oh! que l'existence est pour l'homme un funeste présent, puisqu'il a à redouter la mort infiniment plus que la vie! Que d'hommes sont précipités à chaque instant dans les enfers, par cela seul que ma religion leur est inconnue!

Mais que dis-je d'hommes précipités dans les enfers? Ainsi ma religion, dont j'ai effrayé des malheureux dans les jours de ma tyrannie, m'épouvante à mon tour dans ceux de ma détresse. O Dieu! je reconnais là ta justice, et j'implore ta clémence; pardonne-moi les maux que j'ai faits en ton nom. Les hommes n'ont jamais compté au nombre des crimes les injures que les nations font à l'humanité, ni les impôts qui font tant de misérables, ni les conquêtes dont ils prennent leur part, ni la guerre qu'ils environnent de gloire, ni l'esclavage dont l'ambition sanctionne les traités. Ils ne poursuivent que les faiblesses des malheureux, et ils flattent les forfaits des rois, qui font les malheurs du monde. Mais il est d'humbles vertus qui sont grandes devant Dieu! Si la faute la plus légère est punie par sa justice, la moindre bonne action n'échappera pas à sa bonté; s'il a menacé de l'enfer le riche dur, qui voit d'un œil sec les maux de son semblable, il a promis au pauvre sensible une part dans le bonheur, pour prix d'un verre d'eau: il ne laissera pas sans récompense les services de mon ancien serviteur. Almiri tu es peut-être en ce moment la victime de quelque bête féroce ou d'un barbare commandeur! Je veux partager tes dangers et mourir avec toi. Mais le voici; il accourt comme s'il était poursuivi par un tigre. (*Il se lève pour aller au-devant d'Almiri; mais il retombe en disant:*) O mort! viens finir mes maux.

ALMIRI.

Où alliez-vous, mon père?

DON OZORIO.

A ton secours, mon fils.

ALMIRI.

Je n'en ai pas besoin. Buvez: cette eau est fraîche comme si elle descendait de l'Atlas; cependant elle sort du milieu des sables brûlans, près de la mer.

DON OZORIO.

O Providence! Ah! cette eau doit être excellente!

ALMIRI.

Je n'en sais rien.

DON OZORIO.

Tu n'en as donc pas goûté?

ALMIRI.

Comment en aurais-je goûté pendant que vous mouriez de soif!

DON OZORIO.

Je veux que tu boives avant moi.

ALMIRI.

Oh! non.

DON OZORIO.

Bois, te dis-je.

ALMIRI.

Vous me désespérez; buvez, mon maître. (*Don Ozorio prend la calebasse et boit.*) J'ai trouvé au-dessus de la source un caroubier, dont j'ai cueilli quelques fruits: vous pouvez en manger, ils sont mûrs.

DON OZORIO *prend les caroubes et lui rend la calebasse.*

Bois à ton tour.

ALMIRI.

Buvez encore.

DON OZORIO.

Ma soif est apaisée.

ALMIRI, *après avoir bu.*

Il en reste pour vous. Oh! c'est une bonne calebasse! elle a du bonheur. Quand les corsaires prirent notre vaisseau, ils pillèrent tout l'équipage, mais ils me laissèrent ma calebasse que je tenais à la main. Je ne la donnerais pas pour toute la vaisselle d'argent qu'ils vous ont prise.

DON OZORIO.

Elle m'a rendu un grand service. L'éclat, mon fils, attire les orages de la fortune, mais l'obscurité met à l'abri de ses coups.

ALMIRI.

Vous avez bien raison! Je sais là-dessus une fable de mon pays; je vous la conterais, si j'avais de l'esprit.

DON OZORIO.

Raconte-la-moi, mon ami; ton esprit naturel me plait beaucoup.

ALMIRI.

Il y avait dans un buisson touffu un oiseau dont

la tête était rouge et la queue verte. Quand il paraissait un oiseau de proie, il échappait à sa vue en tournant sa queue de son côté, et en cachant sa tête dans le buisson. Cependant il enviait les belles queues rouges des perroquets; il disait : Si la mienne est verte, c'est qu'elle ne voit que la verdure; si ma tête est rouge, c'est qu'elle voit le soleil. Il sortit donc de son buisson pour tourner sa queue au soleil; mais un épervier, ayant aperçu les plumes brillantes de sa tête, fondit sur lui et le pluma [1].

DON OZORIO.

Ta fable est pleine de bon sens : tu as raison; j'étais assez riche, je n'aurais pas dû sortir de mon pays. Tout mon regret est de t'avoir associé à ma destinée.

ALMIRI.

Je n'ai rien perdu en votre compagnie; j'ai été déplumé au sortir de l'œuf. Prenez courage, mon maître; j'ai fait un bon rêve cette nuit, qui vous promet la liberté : je voyais lever le soleil sur votre tête et sur la mienne.

DON OZORIO.

Je ne suis plus à plaindre, j'ai un ami : repose-toi près de moi; tu as été me chercher de l'eau, au risque de ta vie, à la fontaine des Lions; je veux une fois y aller moi-même. Dis-moi, comment pourrais-je la reconnaître ?

ALMIRI.

Ah ! je ne vous y laisserai pas aller, le danger est trop grand. J'ai trouvé d'abord un rocher aplati qui s'élève au milieu du sable comme une grande tortue; il est tout couvert de raquettes et d'aloès; à son sommet s'élève un vieux caroubier couché par le vent, et qui forme un grand parasol au-dessus de la source. Quand je suis entré sous sa voûte obscure, j'y ai trouvé un grand squelette de buffle, dont les os étaient à demi rongés. J'ai vu sur le sable, bouleversé par les griffes des lions, des touffes de poils de leurs crinières, et j'ai senti l'odeur forte de ces terribles animaux. Je me suis hâté d'emplir ma calebasse d'une main, et de cueillir de l'autre des caroubes qui pendaient au-dessus de moi; tout à coup j'ai entendu d'affreux rugissemens; alors je me suis enfui, croyant être poursuivi par tous les lions du désert; mais, en me retournant, j'ai vu que c'étaient les flots de la mer qui se brisaient près de là sur les roches, et je me suis mis à rire de ma peur.

DON OZORIO.

Les cheveux m'en dressent à la tête !

ALMIRI.

Voici de quoi nous tranquilliser; il y a des femmes dans cette chaumière : il m'a semblé, en arrivant, entendre leurs voix.

DON OZORIO.

Des voix de femmes ! ce sont donc celles d'Empsael : éloignons-nous; ce lieu est plus dangereux que la fontaine des Lions. Autrefois, quand je voyageais dans un pays inconnu, la seule vue d'une femme était pour moi un augure de paix et d'hospitalité; je m'approchais avec confiance des habitans, lorsque je voyais des femmes avec eux : ici, c'est un crime digne de mort de regarder seulement le lieu qu'elles habitent. La jalousie de l'homme est plus terrible en Afrique que la fureur des lions. Mais quelle est cette troupe qui s'approche ?

ALMIRI.

Ce sont les gens de notre équipage qu'on amène esclaves. Voici à leur tête Achmet, ce méchant renégat qui nous a pris. Oh ! s'il nous trouve ici !

DON OZORIO.

Il vient du côté de la mer, fuyons vers la forêt; fuyons, Almiri. Mais que fais-tu ? (*Ils se lèvent.*)

ALMIRI.

Je me charge de votre fardeau et du mien. Vos bontés ont redoublé mes forces.

DON OZORIO.

Que Dieu soit ta récompense !

« Un capitaine de corsaire s'avance, portant un
» pavillon espagnol; il est suivi de plusieurs es-
» claves. »

ANNIBAL.

On m'a demandé quelques hommes de recrue

---

[1] Il y a une fable à peu près semblable dans la *Description de l'Afrique*, de Dapper, au sujet du pays des Nègres : « Les » pays de Cilm, de Bolm et de Bolmberre dépendent du » royaume de Quoja, et sont néanmoins plus puissans que lui : » c'est ce que le frère du roi Hamboère représentait à son ne- » veu, lorsque ce jeune prince, successeur présomptif de la » couronne, voulait déposséder le seigneur de Bolm. Il lui » récita cette fable : Il y avait autrefois un oiseau qui avait la » tête et le cou garnis de belles plumes rouges, mais il était » presque nu par derrière, et avait la queue fort petite; cepen- » dant, parce qu'il paraissait beau devant, on ne laissa pas » de l'élire roi, malgré ses défauts : mais comme cet oiseau » savait fort bien de quelle importance il lui était de cacher ses dé- » fauts, il se tenait toujours dans un pot et ne montrait que » la tête et le cou, quand le conseil des oiseaux était as- » semblé. Mais enfin, un jour de fête solennelle, qu'on » devait faire un sacrifice public au dieu Belly, dans le fond » d'un bocage, il fallut que notre roi sortît de son pot ; et fai- » sant, par ce moyen, remarquer sa nudité, tous les autres » oiseaux se moquèrent de lui. Il en est de même de nous, » ajoutait ce sage politique : tant que nous demeurerons dans » notre pays, nous serons respectés des Orientaux; mais si » nous allons dans le leur, et qu'ils voient combien nous » sommes faibles et notre suite petite, ils nous mépriseront » infailliblement. Il faut donc que nous demeurions chez nous, » et que nous ne nous montrions que du beau côté. »

On voit, par cette ingénieuse allégorie, que les Nègres ne manquent ni de bon sens, ni de grâce dans l'imagination.

pour nos corsaires de Tanger et de Salé : il faut un charpentier et un canonnier. Où sont ceux du vaisseau espagnol ?

ACHMET.

Les voici.

ANNIBAL.

Voyez s'ils se portent bien ; faites-les marcher et courir.

ACHMET *les examine, et les fait aller et venir.*

Seigneur Annibal, ceux-ci sont des plus robustes ; je vous les garantis, vous en serez content ; ayez seulement attention de les séparer : comme ils sont Espagnols, il faut les accoupler avec des Portugais, leurs bons amis. (*On les détache.*)

UN DES ESCLAVES.

Nous sommes Espagnols. Oh ! ne nous mettez pas avec les ennemis de notre nation.

L'AUTRE ESCLAVE.

Ne me séparez pas de ma femme.

ACHMET.

Amène, amène.

ANNIBAL.

Notre chancelier noir me demande un enfant blanc pour le servir dans le désert.

ACHMET.

J'ai votre affaire. Qu'on détache un de ces enfans de la mère ; le plus jeune est celui qu'il vous faut, et apprendra tout ce qu'on voudra. (*On détache les fers du plus jeune.*)

LA MÈRE.

Au nom de Dieu, ne m'enlevez pas mon fils !

LE PLUS AGÉ DES ENFANS.

Ne me séparez pas de mon frère !

LE PLUS JEUNE.

O mon frère ! ô ma mère ! ma mère !...

LA MÈRE, *en pleurs.*

Mon enfant, je ne te reverrai donc plus.

ACHMET.

Séparez-les. Si tu cries, on va t'enlever l'autre.

LA MÈRE.

Mon fils ! mon cher fils !

ACHMET.

Otez-lui l'autre.

ANNIBAL.

Ne l'empêchez pas de pleurer.

ACHMET.

Où est cet esclave noir qui était toujours avec son ancien maître ? Vous savez, seigneur Annibal, qu'Empsael ne veut point d'homme de sa couleur dans l'esclavage.

ANNIBAL.

Il a bien raison : les noirs naissent libres.

ACHMET.

Celui-ci ne doit pas être loin ; je l'avais fait partir ce matin d'avance, avec son vieux maître, qui ne peut plus marcher, et qu'on avait perché sur un chameau.

ANNIBAL.

On les a mis l'un et l'autre aux travaux ; ils ne doivent pas être loin.

ACHMET.

Qu'on les trouve et qu'on les sépare : cela est essentiel, seigneur Annibal. Je connais les blancs ; dès qu'il y a quelque amitié entre deux esclaves blancs, il y a complot contre leur maître. Pour les gouverner, souvenez-vous de cette maxime : Séparez ceux qui s'aiment, et mettez ensemble ceux qui se haïssent. (*Zoraïde, tremblante, à la fenêtre de la chaumière ; Achmet s'incline respectueusement devant elle.*) Madame, mon maître m'a ordonné de déposer ce nouveau trophée dans le séjour de vos plaisirs. (*Il se tourne vers les esclaves.*) Allons, misérables, prosternez-vous devant cette chaumière d'Empsael, que la victoire a couverte de son pavillon.

ZORAÏDE, *tremblante.*

Où est Empsael ? Quand reviendra-t-il ?

ACHMET.

Madame, il est dans la forêt ; il sera de retour à la nuit. (*Aux esclaves.*) Allons, plus bas.

LES ESCLAVES.

Grâce ! miséricorde ! miséricorde ! grande sultane ! (*Ils se relèvent et s'éloignent.*)

ZORAÏDE.

Remportez ces sorbets, je n'ai plus soif. Amies infortunées, tendres compagnes de mon sort, laissez-moi seule ; votre vue redouble mes peines..... Rosa-Alba, avertissez ce bon Père de la Merci de venir promptement.

ROSA-ALBA.

J'y cours, madame.

ZORAÏDE.

Et vous, Marguerite, faites venir ce juif portugais.

MARGUERITE.

Il ne tardera pas, madame.

ZORAÏDE.

Des femmes séparées de leurs maris, des mères de leurs enfans ; des amis qu'on enlève à leurs amis, loin de leur patrie qu'ils ne reverront jamais ; abandonnés à la fureur des barbares, sans consolation et sans secours : ce n'est là qu'une partie des maux qu'entraîne par tout pays l'esclavage. Que ce vieillard, né dans une condition distinguée, est à plaindre ! Hélas la grandeur de notre chute se mesure par celle de notre élévation ; mais que ce noir, jadis son esclave, a l'ame grande ! Ah ! si Empsael l'avait entendu ! Il aime les actions généreuses : en faveur de l'esclave noir, il aurait fait du bien à son ancien maître; il en eût fait à tous ces infortunés. Je n'ose entreprendre seule de les soulager; il ne m'est pas permis de communiquer avec eux: Empsael a les Européens en horreur. Il faut que j'appelle à mon aide ce riche juif portugais et ce bon Père de la Merci, chargé des charités de l'Europe pour le soulagement des captifs; je leur donnerai les fruits de mes économies: allons les chercher. O Dieu! bénis mes faibles secours pour de si grands besoins! Le grain de blé ne se multiplie dans les champs que par ta bénédiction. (*Elle rentre dans la chaumière.*)

BENEZET, *quaker, paraît sur le bord de la mer, portant des plantes dans une main et une canne dans l'autre.*

Je crois qu'il serait possible de faire à pied le tour du globe, en suivant toujours les bords de la mer; on y trouve fréquemment de belles grèves, des ruisseaux, des plantes et des coquillages : c'en est assez pour se rafraîchir et pour vivre. J'ai parcouru ainsi une partie des rivages déserts de l'Europe et de l'Amérique, et me voici pour la seconde fois sur ceux de l'Afrique : partout la nature a pourvu à la communication et aux besoins des hommes; mais partout les hommes méprisent les bienfaits de la nature, et se rendent malheureux les uns par les autres. J'ai laissé en Amérique les noirs esclaves des blancs, je retrouve en Afrique les blancs esclaves des noirs.

Voici le chemin de la ville déserte, où je dois faire ma première station; j'y trouverai assez de logement dans ses tours abandonnées : j'imite la cigogne, qui, chaque année, passe l'hiver en Afrique, et fait chez les peuples barbares son nid au haut des monumens ruinés, et le pose sur un toit de chaume chez les peuples bons et hospitaliers. Voici une chaumière, mais elle est entourée de pavillons; c'est le séjour d'Empsael. Ce noir est né avec toutes les bonnes qualités de son pays, mais les Européens les ont altérées en allumant en lui le feu de la vengeance. Allons chercher les bons Africains au milieu de l'Afrique. Mais voici un étranger qui s'approche.

BALABOU.

Philosophe, te voilà donc! Je suis bien aise de te revoir; tu m'as donné, l'an passé, des plantes qui m'ont fait du bien.

BENEZET.

Le régime végétal et l'exercice guérissent de tous les maux.

BALABOU.

Tu viens donc cueillir encore des plantes dans notre pays?

BENEZET.

Je viens pour en cueillir et pour en planter.

BALABOU.

Bon! cueillir des plantes! comme si ton pays n'en produisait pas aussi... tu ne viens de si loin que pour chercher des trésors dans les ruines de nos villes désertes.

BENEZET.

Ami, c'est la vérité; j'y en ai trouvé un fort grand.

BALABOU.

Où est-il?

BENEZET.

Il est avec moi.

BALABOU.

Ah! tu devrais bien m'en faire part!

BENEZET.

Très-volontiers.

BALABOU *tend un pan de sa robe.*

Donne.

BENEZET.

Mon trésor est la paix de l'ame.

BALABOU.

Voilà de belles richesses! comment fais-tu pour trouver cette paix de l'ame dans la solitude? j'y meurs d'inquiétude et d'ennui.

BENEZET.

Je la trouve dans l'étude de la nature et dans la confiance en Dieu.

BALABOU.

Comment! tu crois en Dieu? On dit que les philosophes n'ont pas de religion.

BENEZET.

Ami, tous les hommes adorent quelque divinité, ou au moins quelque chimère qui leur en tient lieu. Les plus infortunés sont ceux qui ne voient dans l'univers d'autre dieu qu'eux-mêmes; ils meurent partout d'ennui.

BALABOU.

Comment peux-tu adorer un dieu dans ta vie errante? Tu ne fréquentes ni église, ni synagogue, ni mosquée. Où est ton temple, ton livre de la loi, tes sacrifices, ton autel et ton prêtre?

BENEZET.

Mon ami, mon temple est celui de la nature; sa voûte est le ciel; sa lampe, le soleil; mon livre de la loi, l'amour de Dieu et des hommes; mes sacrifices, mes passions; et mon autel, mon cœur, dont Dieu même est le pontife. Crois-moi, tous les temples bâtis par la main des hommes ne sont que de faibles imitations de celui-là.

BALABOU.

Tous ces beaux sentimens ne te serviront à rien au jour du jugement, si tu ne crois à notre grand prophète.

BENEZET.

Je respecte toutes les religions; laisse-moi garder la mienne. Adieu, il est temps de me mettre en route. Tiens, Balabou, prends ce peu de tabac pour te souvenir de ton ami Benezet. (*Il lui donne du tabac à fumer.*)

BALABOU.

Je te remercie. Adieu, bon philosophe; que le ciel t'amène à la connaissance de la vérité!

BENEZET.

Adieu. (*En s'en allant.*) O chère solitude! ce n'est que dans ton sein que l'ame jouit de la paix du ciel.

BALABOU, *seul*.

L'homme qui respecte toutes les religions n'en a aucune. C'est dommage que ce voyageur soit hors du bon chemin! il a un grand esprit. Il court le monde pour chercher des trésors, peut-être par le secours du diable. Après tout, il vaut mieux qu'il en profite qu'un autre : c'est le meilleur homme que je connaisse. Il nous aime, il a toujours quelque chose à nous donner; il ne manque à ce blanc, pour être parfait, que d'être noir : mais tous les blancs de l'Europe sont plongés dans les ténèbres de l'erreur. Comment notre grand ministre a-t-il pu épouser une femme de leur pays? Elle est bonne et charitable; mais à quoi tout cela lui servira-t-il un jour? Si je pouvais la convertir, j'aurais, par son moyen, un grand crédit sur son mari. Elle ferait bientôt ma fortune. Voici le lieu où elle a coutume de venir passer la soirée; il faut que je cherche l'occasion de lui parler pendant l'absence d'Empsael.

ANNIBAL *s'approche respectueusement de Balabou, et lui baise le bas de sa robe.*

Bonsoir, mon père.

BALABOU.

Bonsoir, mon fils; où vas-tu ainsi?

ANNIBAL.

Je viens d'envoyer un détachement de gardes noirs vers la ville; je vais maintenant faire ma ronde du côté de la mer : ces maudits blancs nous donnent bien du mal!

BALABOU.

Comment! a-t-on vu paraître quelque corsaire européen sur la côte?

ANNIBAL.

Oh! ils ne sont pas si hardis; je ne me plains que de nos esclaves blancs. Ce matin, on nous en a envoyé un de la prise espagnole; on l'a mis sur-le-champ aux travaux, et il a disparu cette après-midi. Il est suivi d'un noir qui, dit-on, a été son esclave et ne le quitte jamais. J'ai averti de tout cela notre renégat Achmet.

BALABOU.

Rien n'est aussi trompeur que les blancs.

ANNIBAL.

On dit que celui-ci est gentilhomme. Qu'est-ce qu'un gentilhomme? On dit que c'est quelque chose de grand en Europe.

BALABOU.

Les gentilshommes d'Europe sont des hommes d'une caste qui ne fait aucun travail ni aucun commerce.

ANNIBAL.

Ils doivent donc mourir de faim dans leur pays?

BALABOU.

Au contraire, ce sont eux qui en ont toutes les richesses et toutes les grandes places.

ANNIBAL.

Les autres blancs sont donc leurs esclaves?

BALABOU.

Oui. Ils sont faits aussi pour l'esclavage. Tu sais, mon fils, que plus on a de bonté pour eux, plus ils en abusent.

ANNIBAL.

C'est Zoraïde qui est cause des désordres qui arrivent parmi les nôtres. Chaque jour, elle obtient pour eux quelque nouvelle grâce d'Empsael. Je ne sais pourquoi notre grand général a épousé une femme de cette couleur; il faut qu'elle l'ait séduit par quelque charme. Nos femmes noires sont plus belles, mieux faites, plus sages, plus vives, plus fortes, et cependant plus soumises à leurs maris que les femmes blanches.

BALABOU.

Il ne faut pas mépriser Zoraïde parce qu'elle est blanche : Dieu lui a donné une ame comme à moi et à toi.

ANNIBAL.

Je ne la méprise pas pour cela; il suffit qu'elle soit la femme de notre général. Comment peut-il avoir eu si peu de goût? On voit bien des blancs devenir amoureux de femmes noires, mais bien peu de noirs en aimer de blanches.

BALABOU.

Tu as raison : la couleur noire est la couleur naturelle de l'homme et de la femme; c'est le soleil qui la donne, et elle ne s'efface jamais. La couleur blanche, au contraire, est une couleur malade, qui ne se conserve qu'à l'ombre. Tous ces blancs d'Europe ont des visages efféminés.

ANNIBAL.

J'ai quelquefois bien ri en les voyant débarquer de leur pays. Il y en avait qui avaient sur leur tête de grands paquets de cheveux qui n'étaient pas à eux; ils les avaient couverts de graisse de porc, de farine, et d'une coiffure noire à trois cornes. Un jour, j'en ai dépouillé un dans un vaisseau que nous prîmes; je trouvai dans son habillement, de la tête aux pieds, vingt-sept pièces différentes, cinquante-deux boutons, six boucles, et dix poches remplies d'une multitude de choses dont ils ne sauraient se passer. Ils sont obligés, le matin, de se revêtir de tout cet attirail, et de s'en dépouiller le soir. Les noirs, au contraire, avec une pièce d'étoffe autour des reins, une lance à la main et un cimeterre au côté, sont prêts à tout, en paix comme en guerre : en vérité, les blancs sont faits pour les servir.

BALABOU.

Le visage d'un Africain est un visage de guerre; les blessures ne font point peur au noir. Pour l'y accoutumer, dès son enfance on le couvre de balafres; il va sans crainte au-devant des épées et de la mort.

ANNIBAL.

Nous avons en tout l'avantage sur les blancs : nous montons à cheval sans selle et sans étriers ; nous sommes plus légers à la course, plus forts à la lutte, plus agiles à la nage, plus adroits à la chasse et à la pêche. Mais comment se fait-il que ce noir, qui s'est enfui avec ce blanc, ait été son esclave? Est-ce qu'il y a quelque pays dans le monde où les noirs sont esclaves des blancs?

BALABOU.

Oui, mon fils.

ANNIBAL.

Et comment se peut-il faire que les blancs résistent aux noirs?

BALABOU.

C'est que les blancs emploient les arts magiques.

ANNIBAL.

Est-il possible?

BALABOU.

Oui; ils ont commerce avec le diable.

ANNIBAL.

Je l'avais déja ouï dire à mes compagnons.

BALABOU.

Rien n'est plus vrai. C'est d'abord le diable qui leur a appris l'invention de la poudre à canon. Il n'y a point de prise européenne où l'on ne trouve quelque nouvelle invention diabolique : tantôt c'est du feu qui se conserve dans un flacon d'eau, et qui s'enflamme dès qu'il est à l'air; tantôt ce sont des verres qui font descendre le feu du soleil. Pendant que j'étudiais à Fez, on y apporta, au moyen d'une machine prise sur un vaisseau anglais, une boule de verre qui jetait des étincelles et frappait sans qu'on vît d'où venait le coup; mais ce qu'il y avait de plus étrange, c'est qu'elle faisait descendre la foudre du ciel. Il y eut un ordre de nos docteurs de la jeter à la mer, et d'envoyer bien loin dans le désert l'esclave qui en avait fait l'expérience... Mais tous les moyens des blancs pour avoir du feu les mèneront un jour au feu de l'enfer. Je crois que s'ils l'entreprenaient, ils monteraient en l'air.

ANNIBAL.

Ayant de si grandes liaisons avec le diable, ils devraient exterminer tous les noirs.

BALABOU.

Ils ne peuvent rien sur les fidèles musulmans : c'est un privilége que Dieu a donné aux véritables disciples de son prophète.

ANNIBAL.

Comment les blancs apprennent-ils la magie?

BALABOU.

Avec des livres.

ANNIBAL.

Qu'est-ce qu'un livre?

BALABOU.

Tiens, en voilà un.

ANNIBAL.

Comment, c'est cet assemblage de petits feuillets! Chaque feuillet est rempli de caractères noirs.

BALABOU.

Ils renferment précisément le secret de leurs sortiléges. Il n'y a que leurs prêtres qui les entendent, et qui les leur expliquent.

ANNIBAL.

Oh! je voudrais bien savoir y lire.

BALABOU.

Comment! tu voudrais savoir leurs sciences diaboliques? elles les précipiteront dans l'enfer. Nous avons des livres plus puissans, qui nous mènent en paradis.

« Jacob s'avance au-devant de Zoraïde, qui est
» suivie de Rosa-Alba, de Marguerite et du père
» de la Merci. »

ZORAÏDE.

Seigneur Jacob, je vous ai prié de passer ici pour m'aider à soulager des esclaves bien malheureux.

JACOB.

Madame, mon plus grand bonheur est de faire des heureux. C'est moi qui ai vendu dernièrement deux belles Géorgiennes pour le sérail de l'empereur. Elles ont aujourd'hui l'honneur d'être au service de ses femmes noires, et elles n'avaient pas de pain dans leur pays. Je compte bientôt faire une tournée dans une partie de l'Europe, et en amener beaucoup d'esclaves. Je trouverai en Russie, en Pologne et en Livonie, des paysans que l'on y mène à coups de bâton, et qui y sont à bon marché. De là, j'irai en Italie : il y a à Rome et à Naples quantité de pauvres gens qui aimeront mieux me vendre leurs enfans que de les mutiler pour en faire des musiciens. Si je pouvais m'introduire en Espagne et en Portugal, je vous amènerais de là des esclaves, les plus malheureux et les plus soumis qu'il y ait au monde.

ZORAÏDE.
Il ne s'agit pas de me procurer de nouveaux esclaves, mais de secourir quelques-uns de ceux qui sont ici.

JACOB.
Je reconnais bien là, madame, votre grande vertu ; je désire participer à votre bonne œuvre, si vous le permettez : je ne prendrai rien pour mes droits. Voulez-vous les racheter ou les échanger ? vous n'avez qu'à parler ; on fait tout avec de l'argent ; il est plus puissant que la beauté même ; on ne vit que pour en gagner, et on n'en gagne que pour avoir de quoi vivre.

ZORAÏDE.
Vous savez qu'Empsael ne vend aucun de ses esclaves.

JACOB.
Je sais aussi, madame, que personne n'a plus de pouvoir que vous sur son esprit : vous pouvez lui dire qu'il n'y a point de trafic plus riche, plus noble et plus joli que celui des esclaves. Les marchands de chevaux, de chameaux, d'éléphans, d'or, d'argent, de pierreries, ne sont rien auprès des marchands d'hommes ; car, enfin, il n'y a rien au-dessus de l'espèce humaine.

ZORAÏDE.
C'est un commerce affreux et inhumain. Vendre son semblable ! c'est pécher contre toutes les lois de la nature.

JACOB.
La morale peut être bonne pour des particuliers ; mais elle ne vaut rien en politique. Est-ce que l'Afrique pourrait se soutenir sans esclaves européens ? Il faudrait donc qu'Alger, Tunis, Tétuan, Salé, et tant d'autres villes florissantes, mourussent de faim ?

ZORAÏDE.
Il s'agit, pour le présent, de donner quelques secours à des malheureux qui viennent d'arriver, et qui n'ont pas encore l'habitude de souffrir. Vous avez la confiance d'Empsael, vous pouvez aller librement dans les prisons des esclaves, et donner à ceux qui en ont le plus besoin quelques matelas, du linge et un peu de vin.

JACOB.
Ce que vous demandez là est fort difficile, et coûtera cher. Vous savez qu'Empsael veut que l'ordre s'observe dans le bagne : il faut que je gagne d'abord les gardes noirs, et surtout que j'évite la jalousie naturelle aux Européens ; ce qui est presque impossible. Si on donne des rafraîchissemens à quelqu'un d'entre eux, il faut en distribuer à tous. Anglais, Français, Portugais, Italiens, et même entre compatriotes, ils se haïssent à la mort, les uns pour la religion, d'autres pour la naissance, pour la province, pour leur métier. Donner quelque aumône à un esclave au milieu de ses compagnons, c'est jeter un os au milieu d'une meute de chiens.

ZORAÏDE.
Je voudrais au moins que vous aidassiez un blanc et un noir qui sont inséparables.

JACOB.
Ah ! voilà qui est rare, et ce que je n'ai jamais vu. Je les aiderai, madame ; combien voulez-vous leur donner ?

ZORAÏDE.
Je n'ai plus d'argent ; mais voici une boîte d'or, vendez-la, et distribuez-leur-en le prix.

JACOB.
Je suis un parfait honnête homme ; je ne voudrais pas avoir un denier à ceux qui n'ont rien ; je vais vous dire en conscience ce que pèse votre boîte d'or. (*Il tire des balances de sa poche et pèse la boîte ; il la touche ensuite avec une pierre.*) Votre boîte pèse trois onces deux gros six grains bien trébuchans ; c'est de l'or à vingt-deux carats : c'est peu de chose au fond. Vous savez que, depuis le retour de la caravane de Tombut et de Gagot, l'or perd beaucoup ici ; il est maintenant presque aussi commun que l'argent : mais vous avez des diamans et des perles que vous ne portez jamais.

ZORAÏDE.
Ce sont des présens de mon époux, je n'en peux disposer : ce que je vous donne provient des fruits de mon travail.

JACOB.
De quelle religion est ce blanc ? S'il est luthérien, calviniste, anglican, ou de telle autre communion chrétienne, je l'aiderai très-volontiers : mais s'il est catholique, je n'en ferai rien. Je suis né en Portugal, où l'inquisition, après m'avoir dépouillé de tous mes biens, m'a mis en prison, d'où j'ai eu bien de la peine à m'échapper. Je ne donnerais pas une datte pour racheter la vie d'un catholique ; mais pour le noir, il profitera de vos bienfaits : j'aurai soin qu'on lui donne la nuit

une bonne natte, et le jour de l'eau à discrétion.
ZORAÏDE.
Ajoutez-y un peu de vin, afin que son ancien maître, auquel il est si attaché, n'en manque pas.
JACOB.
Vous savez que la loi de Mahomet ne permet pas l'usage du vin.
ZORAÏDE.
Le père catholique aidera donc le blanc, et le juif le noir. Cependant je ne suis pas tranquille, je voudrais faire quelque chose de mieux en faveur de ces deux esclaves infortunés et du malheureux équipage de ce vaisseau espagnol : je veux aller trouver moi-même Empsael.
ROSA-ALBA.
Comment ! dans la forêt ?
TOUTES ENSEMBLE.
Dans la forêt !
ROSA-ALBA.
Madame, savez-vous bien qu'il y a là une ville qui n'a d'autres habitans que les lions ? Januario, qui accompagne souvent son maître à la chasse, dit que c'est une chose qui fait trembler de voir ces grandes places pleines de vieux arbres, entourées de palais où l'on entend çà et là les rugissemens des bêtes féroces.
ZORAÏDE.
Je n'aurai pas peur auprès d'Empsael.
ROSA-ALBA.
C'est là qu'on voit le tombeau de Mentia, d'où il sort de temps en temps des voix, et dont l'ombre toute blanche apparait souvent à l'entrée de la nuit.
ZORAÏDE.
J'aime la vue d'un tombeau qui renferme des cendres vénérables ; il me donne une image de l'éternelle paix.
ROSA-ALBA.
Empsael va revenir, au plus tard, à l'entrée de la nuit. Vous lui parlerez demain.
ZORAÏDE.
L'infortuné peut-il aussi renvoyer son infortune à demain ?
ROSA-ALBA.
Madame, la nuit s'approche ; il y aurait du danger à rester ici plus long-temps.
ZORAÏDE.
Chères amies, il n'est pas nécessaire que vous m'accompagniez ; restez ici.
ROSA-ALBA.
Oh ! non ; nous vous suivrons partout.
ZORAÏDE.
Préparez-nous des voitures pour aller joindre Empsael.

ANNIBAL.
Il y a trop de risques ; le jour va finir ; s'il vous arrivait quelque accident, Empsael m'en rendrait responsable.
ZORAÏDE.
Ce sera moi qui en répondrai.
ANNIBAL.
Si c'est quelque chose de pressé, je peux y aller moi-même. Par notre grand prophète, je n'ai rien à craindre ; donnez-moi vos ordres.
ZORAÏDE.
Je ne peux charger personne que moi de ma commission ; faites ce que je vous dis.
ANNIBAL.
Empsael m'a commandé de vous obéir en tout : allons, quelle voiture voulez-vous, madame ?
ZORAÏDE.
La plus diligente.
ANNIBAL.
Le palanquin est la plus douce et la plus sûre. Quels esclaves voulez-vous pour vos porteurs ? Les Français sont plus prompts, les Allemands plus forts, les Espagnols ont le pied plus ferme, mais ils sont plus lents : après tout, je les hâterai.
ZORAÏDE.
J'aimerais mieux y aller à pied que d'être portée par mes semblables. O Dieu ! comme l'homme est traité par l'homme !
ANNIBAL.
Vos esclaves ne sont pas des hommes : ce sont des blancs, ce sont des infidèles.
ROSA-ALBA.
N'avez-vous point des dromadaires ?
ANNIBAL.
Savez-vous bien que ces dromadaires sont Arabes, et qu'il n'y en a pas un qui ne vaille mieux que quatre esclaves européens ?
ZORAÏDE.
O triste effet de l'esclavage !
ANNIBAL.
Ne vous affligez pas, madame ; je vais faire préparer les dromadaires. (*Il rencontre, en sortant, Balabou ; il lui baise le bas de sa robe, et lui dit :*) Dépêchez-vous de lui parler ; elle va partir pour aller trouver Empsael.
ZORAÏDE.
Que me voulez-vous, bon morabite ?
BALABOU.
Madame, je viens pour vous convertir.
ROSA-ALBA.
Comment ! est-ce que ma maîtresse est pervertie ? Apprenez, Balabou, qu'elle est bonne et bienfaisante.

BALABOU.
Oui ; mais avec sa bonté elle est dans le chemin de l'erreur.

ZORAÏDE.
Comment faut-il faire pour me convertir?

BALABOU.
Il faut croire tout ce que je vous dirai de la part de notre grand prophète.

ZORAÏDE.
Il ne dépend pas de moi de croire.

BALABOU.
Tenez, prenez ce petit papier ; portez-le jour et nuit sur votre cœur ; il y a un passage de l'Alcoran qui pénétrera dans votre ame, et de là dans celle des femmes qui vous environnent.

ZORAÏDE.
Quel bien nous en reviendra-t-il ?

BALABOU.
Il n'y a rien de plus beau que l'Alcoran. La sultane Zobeide, mère du calife Amin, avait cent filles esclaves qui savaient toutes l'Alcoran par cœur, et qui en récitaient chaque jour la dixième partie : de sorte que l'on entendait dans son palais un bourdonnement continuel, semblable à celui des abeilles [1].

ROSA-ALBA.
Le beau conseil que vous nous donnez, d'apprendre à bourdonner l'Alcoran !

ZORAÏDE.
J'ai appris à prier Dieu avec mon cœur et non avec mes lèvres.

BALABOU.
En apprenant l'Alcoran, vous augmenterez votre pouvoir sur Empsael ; vous deviendrez semblable à la chrétienne Mentia, l'épouse du chérif Mahamed, qui, après s'être faite musulmane, inspira un si violent amour à son mari, qu'il donna la liberté à tous ses parens, et qu'après la mort de son épouse, il pensa perdre l'esprit de regret [2] : vous verrez son tombeau à l'entrée de la ville des Lions ; il fait tous les jours des miracles, et on y apporte des offrandes de tous côtés.

ROSA-ALBA.
Elle mourut chrétienne en secret.

BALABOU.
Ce sont les chrétiens qui disent cela. Il est certain qu'elle mourut musulmane, puisqu'elle fait des miracles.

ZORAÏDE.
Ma perte sera bien peu de chose : à Dieu ne plaise qu'elle altérât jamais l'esprit d'Empsael !

[1] Voyez la *Bibliothèque orientale* de d'Herbelot.
[2] Voyez Marmol, *Description de l'Afrique*.

BALABOU.
Oh ! il a un grand esprit, madame ! J'ai une grâce à vous demander auprès de lui.

ZORAÏDE.
Quelle est-elle ?

BALABOU.
Je desirerais qu'il me fît bâtir un ermitage auprès du tombeau de Mentia, afin d'en recueillir les offrandes ; on y apporte tous les jours des vivres qui sont perdus.

ZORAÏDE.
Ces vivres sont peut-être utiles à de pauvres voyageurs, ou à quelques misérables esclaves : les offrandes mises sur le tombeau de la vertu doivent appartenir à un malheureux.

ANNIBAL.
Madame, les dromadaires sont prêts ; hâtez-vous de partir avant la nuit.

ZORAÏDE, *à Balabou.*
Adieu, bon morabite ; je vous servirai d'une manière ou d'autre. (*A ses femmes :*) Allons tâcher de rendre Empsael sensible à la pitié. Chères amies, secondez ma faiblesse, et mettons notre confiance en Dieu à proportion de l'oppression où nous tiennent ces hommes.

« Après cet entretien, Zoraïde, laissant Bala-
» bou, monta sur un dromadaire, et, environnée
» de ses gardes, prit avec ses femmes le chemin
» de la ville des Lions. Bientôt elle arriva dans une
» gorge du mont Atlas, couverte de palmiers et de
» jujubiers, qui forment un contraste fort pitto-
» resque avec les rochers élevés de la montagne,
» plantés de cèdres et de sapins. Plusieurs torrens
» descendent des sommets de l'Atlas et se préci-
» pitent au milieu de la vallée ; mais, en avançant
» un peu, on aperçoit tout à coup, à travers les
» colonnades des palmiers, les ruines d'une ville
» immense, ses aqueducs, ses remparts, ses pa-
» lais usés par le temps et renversés par les hom-
» mes. C'est dans ce lieu que Zoraïde espérait
» trouver Empsael. Elle fit dresser ses tentes, et
» fut s'asseoir au pied d'une grande tour lézardée,
» sur laquelle elle lut cette inscription à moitié ef-
» facée :

CAIUS CÆSAR.

» Mais un autre monument attira ses regards et
» fit couler ses larmes. Elle aperçut un tombeau
» couvert de cyprès et d'aloès, avec cette épitaphe
» en lettres gothiques :

Dona MENTIA DE MONROY épouse
de chérif MAHAMED,
l'an du Christ 1537.

» A l'aspect du tombeau d'une femme qui avait

» fait tant de bien à ses esclaves, elle se souvint du
» vieil Ozorio et de son nègre; et, s'adressant à
» ses femmes, elle leur dit : »
Chères compagnes, souvenez-vous bien que le
nom du vieil esclave espagnol est Pedro Ozorio.

TOUTES.
Oui, madame, Pedro Ozorio.

ZORAÏDE.
Maintenant qu'il est retourné au bagne, il serait
difficile de le retrouver parmi les autres esclaves,
si nous oubliions son nom.

ROSA-ALBA.
Madame, n'allez pas plus loin; voici la tour du
Diable qu'on aperçoit du camp : Januario m'a dit
que c'était le rendez-vous de la chasse.

ZORAÏDE.
C'est la tour de César; je ne vois point Empsael.

ROSA-ALBA.
Ah! madame, si vous allez plus avant, vous serez effrayée; nous sommes à l'entrée de la forêt et
de la ville des Lions.

DALTON.
On ne voit de villes ruinées et abandonnées aux
bêtes féroces que dans les pays où règne l'esclavage. L'Asie, l'Afrique, la Grèce et l'Italie en
sont pleines; mais en Angleterre on ne trouverait
pas un village sans habitans.

ZORAÏDE.
Où pourrons-nous rencontrer Empsael?

DALTON.
Je vais tâcher de le découvrir.

ZORAÏDE.
Ne montez pas dans la tour, il peut y avoir des
serpens, chère Dalton.

TOUTES.
N'y allez pas, oh! n'y allez pas.

DALTON.
Je veux vous tirer d'inquiétude. (*Elle monte
dans la tour et regarde par une fenêtre.*)

ZORAÏDE.
N'apercevez-vous pas quelqu'un de la chasse?

DALTON.
Madame, je vois de grands amphithéâtres ruinés qui s'élèvent au-dessus de la forêt : voilà un
palais dont il ne reste plus que la façade; des places publiques à perte de vue, toutes remplies de
vieux arbres; j'aperçois à travers leurs troncs de
longues avenues de colonnades à demi-renversées;
voilà aussi des églises sans toit et sans clocher :
oh! quelle désolation!

ZORAÏDE.
Dalton, descendez, je vous prie.

DALTON.
J'aperçois quelque chose au milieu d'un amphithéâtre : c'est un éléphant.

TOUTES.
Un éléphant! (*Elles se rassemblent auprès de
Zoraïde.*)

ZORAÏDE.
N'entendez-vous aucun cor de chasse?

PETROWNA.
J'entends rugir un lion.

DALTON.
Non, c'est le bruit lointain d'un torrent. (*Elle
redescend.*)

ROSA-ALBA.
En vérité, madame, nous ferions mieux de nous
en retourner.

ZORAÏDE.
Je commence à être inquiète d'Empsael.

ROSA-ALBA.
La chasse l'a conduit d'un autre côté : madame,
retournons au camp.

ZORAÏDE.
Quel est ce petit tombeau couvert de cyprès et
surmonté d'une croix?

MARGUERITE.
C'est le tombeau de Mentia, cette illustre Portugaise, épouse du chérif Mahamed : voici son
épitaphe.

ZORAÏDE.
Quoi! de cette infortunée Mentia dont j'ai tant
ouï parler? voici des couronnes qu'on y a suspendues. Répétez-moi son histoire; je croyais que
c'était une fable.

MARGUERITE.
Madame, la voici[1]. Le chérif Mahamed étant
venu s'établir dans la vallée voisine de Tarudan,
lorsqu'elle n'était habitée que par des lions, il y
planta la canne à sucre, et rendit tout ce pays,
ainsi que ce canton, très-florissant. Ayant pris, en
1536, sur les Portugais, la ville voisine de Santa-
Crux, qui est aujourd'hui le cap d'Aguer, avec son
gouverneur Guttières de Monroy et toute sa famille, il devint éperdument amoureux de sa fille
Mentia. Mentia refusa long-temps de répondre à
son amour; mais enfin le desir de rendre la liberté
à son père lui fit écouter les propositions de son
amant, et elle devint son épouse.

ROSA-ALBA.
Elle fit fort bien.

PETROWNA.
Oh oui!

MARGUERITE.
Le chérif Mahamed la laissa vivre à la manière

[1] Voyez Marmol, *Histoire des Chérifs.*

de son pays, se plaisant à la voir habillée à l'espagnole et à la faire servir en reine. Quelque temps après, elle mourut en couche de son premier enfant, empoisonnée, dit-on, par la jalousie des autres femmes du chérif. Son époux en pensa perdre l'esprit. Il rendit d'abord la liberté à tous ses parens, qui n'avaient pas voulu la quitter, et qu'il combla de bienfaits ; ensuite il lui fit élever ce tombeau dans ce lieu, qui lui avait plu pendant sa vie. Il y envoyait deux fois par jour une femme maure qui avait favorisé ses amours ; elle y portait des vivres et des lettres pleines de regrets, auxquelles elle assurait que Mentia répondait de vive voix, ce qui calmait le désespoir de Mahamed. Il dura très-long-temps ; et même, après avoir fait la conquête de Fez et de Maroc, et avoir eu des enfans de plusieurs autres femmes, il n'était pas encore consolé de la perte de sa chère Mentia. Depuis ce temps les pauvres esclaves et les malheureux de toutes les nations viennent apporter sur son tombeau des vivres et des couronnes.

ZORAÏDE.
Le tombeau de Mentia me rassure plus que la tour de César. Il me semble que quelque puissance céleste y repose : je ne crains plus rien.

MARGUERITE.
On dit que Mentia répond encore aux infortunés qui la consultent, et que son ombre même leur apparait quelquefois la nuit tout en blanc.

DALTON.
Je vais lui parler.

ROSA-ALBA.
Par saint Janvier ! elle n'a qu'à paraître ! ne lui parlez pas.

DALTON.
Quand elle paraitrait ! Qui ne craint pas la mort ne craint pas les morts : je vais lui parler.

MARGUERITE.
Zoraïde, parlez-lui plutôt vous-même ; si elle répond à quelqu'un, ce doit être à vous, qui êtes bonne comme elle.

ZORAÏDE.
Chères amies, nous ne sommes que de faibles mortelles aux ordres du ciel. Le ciel n'est pas à nos ordres ; il ne faut pas le tenter. Cependant, j'offrirai volontiers, en votre nom et au mien, un présent et des prières au tombeau de Mentia. (*Elle détache son collier, et s'agenouille avec ses femmes auprès du tombeau.*) Vertueuse Mentia, recevez nos hommages. Si les ames bienfaisantes s'intéressent encore, dans un autre monde, aux malheurs de celui-ci, favorisez nos projets en faveur de nos infortunés compagnons d'esclavage, procurez-leur la liberté. Agréez ce collier, ouvrage de mes mains, et de la couleur chérie d'Empsael. Donnez-moi autant d'influence sur mon époux, pour le bonheur des pauvres esclaves, que vous en avez eu sur le chérif Mahamed. Si vous nous secourez, j'ornerai votre tombeau des plus belles fleurs de l'Europe ; j'y planterai des primevères et des violettes ; une fois par an j'y distribuerai, en votre nom, des vivres aux malheureux : soyez favorable aux prières de vos amies !

ROSA-ALBA.
O pouvoir de la vertu ! je me sens protégée par ce tombeau. Je crois que je verrais paraître l'ombre de Mentia, que je n'en aurais pas peur.

« Empsael paraît, une peau de lion à la main. »

EMPSAEL.
Quoi ! c'est toi, timide Zoraïde ! Quel sujet si pressant t'amène à cette heure dans cette forêt redoutable ?

ZORAÏDE.
Seigneur, si j'ose dire, c'est d'abord l'inquiétude où j'étais de votre absence.

EMPSAEL.
Chère Zoraïde, j'étais venu ici au lever de l'aurore, lorsqu'un des plus vieux lions qui sortent des sommets de l'Atlas, retournant, au point du jour, dans sa caverne, s'est élancé sur moi ; je l'ai tué de ma main : voici sa dépouille. Ses flancs, noirs et velus comme ceux de l'ours, garantiront tes pieds délicats des plus rudes froids de la montagne ; pour surcroît de bonheur, j'ai appris qu'un de mes corsaires a enlevé un gros vaisseau espagnol. J'ai ordonné que son pavillon fût mis à tes pieds ; et son équipage, chargé de fers, au nombre de tes esclaves. Je compte, au printemps, préparer aux infidèles de plus grands affronts, et à toi de nouveaux témoignages de mon amour.

ZORAÏDE.
Seigneur, que la victoire et les plaisirs partagent vos heureux jours ! Puisse Zoraïde, votre esclave fidèle, être toujours agréable à vos yeux !

EMPSAEL.
J'aime aussi à croire que je ne triomphe que pour toi. Zoraïde, je veux te faire fouler aux pieds l'orgueil des infidèles. Je veux, à l'avenir, qu'il n'y ait dans tes appartemens d'autres tapis de pied que des pavillons européens.

ZORAÏDE.
Seigneur, tant de gloire ne convient pas à une pauvre esclave.

EMPSAEL.
Zoraïde, vous n'êtes point esclave, vous êtes mon épouse. Mais... que vois-je ? vous avez pleuré ! en vain vous vous contraignez. Quel est le sujet de vos larmes ?

ZORAÏDE.
Il n'est guère propre à vous intéresser.
EMPSAEL.
Je veux le savoir. Quelqu'une de vos esclaves vous a-t-elle manqué de respect ? Vous êtes trop bonne envers elles. Je veux vous en donner de toutes les nations de l'Europe : plus vous en aurez, plus il vous sera aisé de vous en faire obéir.
ZORAÏDE.
Mes compagnes vont au devant de mes desirs.
EMPSAEL.
Cependant vous avez pleuré. Zoraïde, vous avez des secrets pour moi, qui n'en ai pas pour vous.
ZORAÏDE.
Seigneur, si je puis vous le dire, j'ai pleuré de compassion.
EMPSAEL.
Et pour qui ?
ZORAÏDE.
Pour ce même équipage espagnol que vous m'avez envoyé, mais surtout pour deux esclaves.
EMPSAEL.
Pourquoi ces deux esclaves ont-ils plus touché votre pitié que les autres ?
ZORAÏDE.
Ils étaient au comble du malheur. Seigneur, si vous eussiez entendu leur conversation, votre ame généreuse en eût été émue.
EMPSAEL.
La conversation de deux Européens ! Ame innocente, vous ne connaissez pas leur perfidie ! Ils parlent quelquefois bien, mais ils agissent toujours mal.
ZORAÏDE.
Un de ces esclaves était noir.
EMPSAEL.
Oh ! pour un noir, je le crois. Il n'y a que les noirs de sincères et de généreux.
ZORAÏDE.
Il avait pour compagnon d'esclavage un blanc déja vieux, qui succombait sous un fardeau.
EMPSAEL.
Je voudrais pouvoir mettre sur la tête de chaque Européen un des rochers de l'Afrique, et l'écraser sous son poids !
ZORAÏDE.
Seigneur, ce noir avait été jadis l'esclave de ce blanc. Il est allé, seul, lui chercher de l'eau à la fontaine des Lions, parce qu'il mourait de soif; et il s'est chargé ensuite de son fardeau et du sien.
EMPSAEL.
Il ranime un serpent qui finira par le piquer.

ZORAÏDE.
O Empsael ! votre ame magnanime eût été émue de ce que ce noir disait à son ancien maître.
EMPSAEL.
A son ancien maître ! chère Zoraïde ! tu es sensible aux maux des Européens ! tu ne connais pas ceux qu'ils m'ont fait souffrir ! écoute, et sois pour eux sans pitié.

Je ne suis pas né sur les marches du trône de notre invincible empereur, comme la palme croît sur le tronc du palmier ; je n'ai pas vécu, comme toi, l'objet de mille hommages : je ne suis parvenu à la fortune que par de rudes travaux, et à la grandeur qu'à travers les outrages. La cause de mes malheurs, Zoraïde, c'est ma couleur. Les hommes de ton pays, qui conçoivent, à ta vue, des sentimens respectueux, doux et obligeans, parce que tu es blanche, éprouvent, à la mienne, des sentimens de mépris, de haine et de férocité, parce que je suis noir. Ils n'ont pas d'autre raison que la couleur de ma peau ; car si tu avais été noire comme moi, Zoraïde, encore que tu sois la meilleure des créatures, ils t'auraient haïe comme moi ; et si j'avais été blanc comme eux, quoique j'eusse été comme eux scélérat et perfide, ils m'auraient estimé comme l'un d'eux. Cependant la nature a couvert de ma teinte la moitié du genre humain ; presque tous les habitans de l'Afrique et de ses îles sont noirs. La nature a donné à tous les peuples noirs et blancs les mêmes besoins et les mêmes droits à la liberté; mais elle a donné aux peuples noirs une terre plus riche, un plus beau ciel, un jugement plus sain, un cœur plus généreux, et par cela même plus simple et plus facile à tromper. Tu connais mes malheurs, et surtout ce féroce Ozorio qui me tint dans ses fers.
ZORAÏDE.
Ozorio !.... ( A part. ) C'est aussi le nom du vieil esclave ! Grand Dieu ! sauvez cet infortuné !
EMPSAEL.
Tant que les lions rugiront dans les forêts, mon cœur battra pour la vengeance.
ZORAÏDE.
Noble victime de la cruauté des Européens, votre haine contre eux est bien légitime ; mais ne craignez-vous pas, en les punissant tous également de vos malheurs passés, de confondre l'innocent et le coupable ?
EMPSAEL.
A leur exemple, Zoraïde ! Que dis-je, à leur exemple ! aucun noir ne leur a jamais fait de mal, et cependant tout homme noir est voué à l'esclavage. Des millions de mes compatriotes ont éprou-

vé de leur part un traitement semblable au mien. Mon injure est celle de l'Afrique.

ZORAÏDE.

Si j'ose le dire, seigneur, cet esclave blanc, si misérable, dont je vous parlais, a fait du bien aux hommes de votre pays, à en juger par cet esclave noir qui prend tant de soin de lui dans son infortune. O Empsael! par l'amour que je vous porte!...

EMPSAEL, *avec colère.*

Zoraïde! ton amour ne doit vouloir que ce que je veux.

ZORAÏDE.

Au nom de l'amour que vous me portez vous-même!... Seigneur, la beauté passe; quand ces traits seront effacés, vous ne chérirez Zoraïde que par le souvenir de sa vertu. Un jour vous-même, un jour, approchant du terme de votre vie, et vous en représentant la carrière glorieuse, vous reposerez votre mémoire bien moins sur le souvenir de vos victoires que sur celui de vos bienfaits. Le voyageur, à la fin de sa route, se ressouvient avec moins de plaisir des colonnes qui s'élèvent dans le désert, que des puits où il s'est rafraîchi.

EMPSAEL.

Tu l'emportes, Zoraïde. Gardes, qu'on fasse venir le commandeur de mes esclaves.

ZORAÏDE, *à part.*

Puisse ce malheureux n'être pas Ozorio!

EMPSAEL.

Chère moitié de moi-même! tout ce que tu me dis pénètre mon ame. Tes paroles sont pour moi ce qu'est pour le voyageur égaré dans les déserts de Zara un ruisseau qui descend des neiges de l'Atlas. Lorsque je te trouvai, toute petite, à bord d'un vaisseau de guerre français, que j'enlevai à l'abordage sur les côtes de l'Amérique, ta frayeur attira ma pitié, et ton innocence ma protection. Je te rassurai dans mes bras, et je pris plaisir à t'élever sur mes genoux. A mesure que tu croissais en âge, je sentais augmenter ton empire sur moi. Je me souviens que, lorsque tu n'étais encore qu'un enfant, un de mes officiers osa, sur mon bord, résister à mes ordres : je le renversai à mes pieds d'un coup de cimeterre; j'allais l'achever, lorsque tu tournas vers moi tes yeux remplis de larmes; je pardonnai au crime, à la vue de l'innocence effrayée. Depuis, lorsque j'appris que tu étais orpheline; qu'on avait confisqué tes biens dans ton pays, à cause de ta religion; que, fugitive de ta patrie, tu allais chercher au Canada un asile auprès d'une parente infortunée et un temple dans ses forêts, tes malheurs me rappelèrent tous les miens et redoublèrent mon affection pour toi. Je me dis : Je serai sa mère, son père, son protecteur, son roi. Je te donnai ma main. Depuis que tu es mon épouse, ton pouvoir sur moi augmente chaque jour; ta grâce charme mes ennuis, et ta douceur inaltérable ma colère. Tu me fais oublier les douloureux ressouvenirs de ma vie, la perte de mon pays, de mes parens; tu me tiens lieu de tout. Pour te mériter, s'il le fallait, j'irais seul te chercher au milieu des serpens et des tigres; j'irais au milieu des barbares Espagnols.

ZORAÏDE.

Seigneur, je suis pénétrée de vos bontés. (*A part.*) Oh! que je crains l'arrivée d'Ozorio! (*A Empsael.*) Empsael!...

EMPSAEL.

Ma souveraine, que me veux-tu?

ZORAÏDE.

En voyant cet esclave, promettez-moi de modérer vos premiers mouvemens.

EMPSAEL.

Ame de mon ame, je te le promets.

ZORAÏDE.

Vous lui parlerez sans colère, car enfin il est Européen.

EMPSAEL.

Avec bonté, pour toi, ma Zoraïde, avec bonté.

ZORAÏDE.

Mais s'il était Espagnol?

EMPSAEL.

Je lui parlerai sans colère.

ZORAÏDE.

Ne permettez pas qu'on lui fasse de mal; rappelez-vous qu'il a fait du bien à un homme de votre pays.

EMPSAEL.

Je me souviendrai que tu veux lui en faire. L'oiseau, sous l'aile de sa mère, ne m'est pas plus sacré que l'infortuné que tu réchauffes de ta pitié.

ZORAÏDE.

Mais si.... (*Elle s'arrête.*)

« Achmet s'avance respectueusement. »

EMPSAEL.

N'as-tu pas remarqué dans mes esclaves nouvellement arrivés un blanc et un noir qui sont toujours ensemble?

ACHMET.

Oui, seigneur.

EMPSAEL.

Va les chercher, et amène-les ici.

ACHMET.

Ils sont arrivés ce matin sur la prise espagnole, et ils se sont enfuis cette après-midi.

EMPSAEL, *en colère.*
Enfuis! ils se sont enfuis?

ACHMET.
Très-illustre seigneur, on les a vus s'acheminer, du camp où ils travaillaient, vers votre chaumière où était votre respectable épouse; et, depuis ce moment, quelques recherches qu'on ait faites, on ne les a pas retrouvés. Annibal a envoyé des soldats de tous côtés, et il y a été lui-même. Ils se sont enfuis; cela est certain.

ANNIBAL.
Seigneur, c'est la vérité; à moins qu'ils ne se soient rendus invisibles par quelque sortilége.

EMPSAEL, *à Zoraïde.*
Comment! madame, vous favorisez la fuite d'un Espagnol, et vous venez me demander des grâces pour lui!

ZORAÏDE.
Seigneur, je vous jure que je n'ai contribué en rien à sa fuite.

EMPSAEL.
Vous êtes sans cesse à me solliciter pour ces perfides esclaves. Partout je trouve vos inclinations opposées à ma volonté; je porterai mes amours à des cœurs plus sensibles à mes victoires : allez, retirez-vous, madame.

ZORAÏDE.
Seigneur!

EMPSAEL.
Vous protégez mes tyrans! retirez-vous : malédiction sur vous!

« Zoraïde s'éloigne en pleurant. »

EMPSAEL, *à Achmet.*
Qu'on fasse les signaux accoutumés pour la fuite des esclaves; qu'on garde soigneusement les avenues de la montagne et des bords de la mer; qu'on lâche les chiens autour du camp : il faut que mes esclaves se retrouvent, ou je te fais mettre à la chaîne..... Ah! Zoraïde! tourment de ma vie!

ACHMET.
Seigneur, si vous me permettez de le dire, rien ne rend des esclaves audacieux comme la protection de leur maîtresse. Depuis que les vôtres savent que Zoraïde s'intéresse à eux, on ne peut en venir à bout : sans ma vigilance, ils se seraient plus d'une fois révoltés.

EMPSAEL.
J'y mettrai bon ordre : la nuit s'approche, il est temps de finir la chasse. J'en ai fait une bien malheureuse aujourd'hui; j'ai tué un lion, et j'ai perdu un esclave espagnol et un noir.

ACHMET.
Ils n'iront pas loin. S'ils se sont sauvés dans la forêt, on n'en retrouvera les os que demain matin; celui qui est le plus à plaindre est ce pauvre noir.

EMPSAEL.
Zoraïde est-elle partie avec une escorte?

ACHMET.
Non, seigneur.

EMPSAEL, *avec inquiétude.*
A cette heure et dans ce lieu, partir sans escorte!.... Va dire à mes braves cavaliers noirs qu'ils accompagnent Zoraïde jusqu'au camp..... Tu leur diras de ne pas s'écarter d'elle de la longueur de leurs lances.... Va, cours; dis-leur qu'ils emmènent avec eux quatre de mes chiens montagnards, qui combattent les lions corps à corps.

ACHMET.
Oui, seigneur.

EMPSAEL.
A cette heure partir sans escorte!.... Elle était tout effrayée. Dis-lui que je ne tarderai pas à la revoir.

ACHMET.
Je n'y manquerai pas, seigneur.

EMPSAEL.
Non, non, il faut que je l'accompagne moi-même à quelque distance de la forêt.... Dis qu'on m'amène mon cheval arabe.... Va faire relever les toiles, les filets, les épieux; qu'on rassemble les meutes et les esclaves; ne t'écarte, pas et reviens ici. Je serai de retour incessamment; tu me répondras de cet Espagnol sur ta tête.

« Jacob et le P. Jéronimo arrivent au pied de la
» tour. »

JACOB.
Arrêtons-nous ici; c'est auprès de cette tour qu'Empsael doit se rendre. Je crains que vous ne soyez fatigué de la route; j'ai cependant donné ordre qu'on vous donnât le plus doux de mes chevaux : c'est celui que je monte ordinairement.

LE P. JÉRONIMO.
Seigneur, je suis confus de vos bontés envers un pauvre religieux étranger comme moi.

JACOB.
Y a-t-il long-temps que vous avez quitté l'Italie?

LE P. JÉRONIMO.
Je suis parti de Livourne il y a six semaines.

JACOB.
Avez-vous eu mauvais temps?

LE P. JÉRONIMO.
Oh! des tempêtes qui faisaient dresser les cheveux; je n'en suis échappé que par miracle.

JACOB.

On ne peut trop admirer votre charité qui vous jette au milieu de tant de dangers, pour délivrer vos frères : il n'y a rien que je ne fasse pour vous obliger.

LE P. JÉRONIMO.

Seigneur, j'en suis pénétré de reconnaissance.

JACOB.

Il n'en faut point, c'est en moi un effet d'inclination particulière pour les religieux de votre ordre.

LE P. JÉRONIMO.

Seigneur....

JACOB.

Je veux vous en donner la preuve en vous servant gratuitement.

LE P. JÉRONIMO.

Très-illustre seigneur, vous ferez une grande charité; car je suis un religieux bien pauvre : nous ne subsistons que d'aumônes.

JACOB.

Un des premiers services que je veux vous rendre est de vous donner un bon conseil.

LE P. JÉRONIMO.

Un bon conseil est un trésor.

JACOB.

Je veux vous parler avec une entière confiance; mais vous n'en abuserez point.

LE P. JÉRONIMO.

Seigneur, j'en suis incapable.

JACOB.

Vous me promettez le secret?

LE P. JÉRONIMO.

Je vous le jure sous le sceau de la confession.

JACOB.

Je vous dirai donc que la cour est remplie d'avidité et de corruption; méfiez-vous aussi de tous les gens de ce pays : Turcs, Maures, Noirs, et jusqu'à vos marchands et consuls européens, tous sont des fripons.

LE P. JÉRONIMO.

Je l'avais déjà ouï dire.

JACOB.

Avez-vous apporté avec vous des fonds considérables?

LE P. JÉRONIMO.

Je n'ai embarqué avec moi que ce qui m'était nécessaire, avec les présens pour l'empereur et pour son ministre; mes deniers sont bien peu de chose pour l'étendue de ma mission; ils doivent me parvenir par les juifs de Livourne.

JACOB.

Vos pères feront fort bien de ne pas les adresser à vos marchands ni à vos consuls; car ils s'en servent dans leur commerce, et ne remettent aux esclaves ni les secours, ni les lettres que leurs parens leur envoient[1]. Fiez-vous aux juifs : car, malgré la mauvaise réputation que les chrétiens leur donnent en Europe, ils conviennent eux-mêmes qu'ils ne laissent ici aucun de leurs frères dans l'esclavage; qu'aucun d'eux n'y mendie son pain, et que si un de leurs marchands est ruiné, ils lui rendent son bien jusqu'à trois fois, pour le rétablir dans son premier état[2].

LE P. JÉRONIMO.

La charité est de toutes les communions : *Elle est plus que la foi*, dit saint Paul.

JACOB.

En quoi consistent vos présens pour l'empereur?

LE P. JÉRONIMO.

Comme il est vieux, et que les vieux princes sont sujets à s'ennuyer...

JACOB.

A s'ennuyer! bien vu, bien vu!

LE P. JÉRONIMO, *avec un peu de gaieté*.

A s'ennuyer et à compter les heures, nous avons cru qu'une pendule l'amuserait.

JACOB.

A merveille!

LE P. JÉRONIMO.

En conséquence, nous lui en avons acheté une qui marque depuis les secondes jusqu'aux siècles.

JACOB.

Ah! voilà qui est beau!

LE P. JÉRONIMO.

C'est un présent magnifique : nous avons fait peindre ses victoires par un religieux de notre ordre, un des plus fameux peintres d'Italie.

JACOB.

Ses victoires! il les verra avec grand plaisir. Le croyez-vous?

JACOB.

Rien n'est si certain.

LE P. JÉRONIMO.

C'est moi qui en ai donné l'idée.

JACOB.

Elle est d'un homme d'un grand esprit, et qui connaît bien la cour.

LE P. JÉRONIMO.

Nous avons joint à ce présent plusieurs portraits.

---

[1] Voyez la *Relation de la captivité du sieur Mouette*, chap. XVII.
[2] *Ibid.*

JACOB.

Comment! ne savez-vous pas que sa religion lui défend d'avoir des figures dans son palais?

LE P. JÉRONIMO.

Pourquoi cela?

JACOB.

A cause de l'idolâtrie. Quels sont ces portraits?

LE P. JÉRONIMO.

Ce sont ceux de plusieurs têtes couronnées de l'Europe.

JACOB.

Oh! il n'y en a guère qui méritent d'être idolâtrées; la plupart sont la terreur du genre humain.

LE P. JÉRONIMO.

Il y a le portrait de Louis XIV en pied.

JACOB.

Il plaira à notre empereur : c'était un grand roi; Henri IV aurait été préféré cependant. Avez-vous celui de l'empereur de Russie?

LE P. JÉRONIMO.

Non.

JACOB.

J'en suis fâché; c'est celui dont il aurait fait le plus de cas. Pierre I$^{er}$ n'a fait la guerre que pour sa défense, et il ne s'occupa qu'à civiliser son empire, en y appelant des hommes de tous les états et de toutes les religions.

LE P. JÉRONIMO.

Ce prince n'est pas de notre communion; mais j'ai les portraits des plus belles reines de l'Europe. Comme l'empereur aime les belles femmes, celles-ci lui seront fort agréables : elles ont une carnation à éblouir; elles sont rouges comme des roses et blanches comme des lis.

JACOB.

Pour le coup vous vous êtes trompé; notre empereur n'aime que les femmes noires.

LE P. JÉRONIMO.

Est-il possible?

JACOB.

Rien n'est si vrai. Songez que vous êtes en Afrique, où tout est à l'opposé de l'Europe.

LE P. JÉRONIMO.

Nous n'y avons pas pensé.

JACOB.

Sont-ce là tous vos présens pour la cour?

LE P. JÉRONIMO.

J'ai aussi une lettre de félicitation du pape, adressée à l'empereur sur ses victoires; mais, parce que je ne puis pas déployer ici un assez grand caractère pour la présenter publiquement, je ne dois la montrer que suivant les circonstances.

JACOB.

Est-ce que le pape écrit aux princes mahométans?

LE P. JÉRONIMO.

Oui, il écrit quelquefois au roi de Perse, à l'empereur des Turcs et même à des rois païens, quand ils sont victorieux et puissans, afin de faciliter dans leur pays l'établissement des missions.

JACOB.

Vous ferez bien de ne pas montrer votre lettre à notre empereur, il est trop ennemi des chrétiens; il fait plus de cas de leurs lettres de change que de leurs complimens. Est-ce tout?

LE P. JÉRONIMO.

J'ai quantité de baromètres et de thermomètres de Florence.

JACOB.

Tout cela est de peu de valeur ici.

LE P. JÉRONIMO.

J'ai des miroirs de Venise, des savonnettes de Gênes, des gants parfumés de Rome, et des eaux de senteur de Naples.

JACOB.

Cela est bon pour le sérail; vous avez bien fait : on ne réussit que par les femmes. N'avez-vous pas de belles armes?

LE P. JÉRONIMO.

J'en aurais apporté, si ce prince n'était en guerre avec l'Italie.

JACOB.

Vous devez avoir de bon vin?

LE P. JÉRONIMO.

J'en ai d'excellent, de Monte-Pulciano et de Lacryma-Christi. Quoique ce prince soit mahométan, nous avons pensé qu'il buvait quelquefois du vin.

JACOB.

Fort bien; mais il faut le lui donner en secret, autrement il ne l'accepterait pas; il faudra le lui présenter comme remède d'Europe. Je l'en ferai prévenir par son médecin, qui est de ma religion et mon intime ami.

LE P. JÉRONIMO.

Je vous aurai une grande obligation... J'ai aussi apporté pour Empsael une lunette d'approche pour la mer, avec un excellent télescope.

JACOB.

Il n'en voudra pas. Entre nous, c'est une espèce de sauvage, mais ne vous en effrayez point; je lui parlerai en votre faveur.

LE P. JÉRONIMO.

J'avais aussi pour sa femme un collier de perles; vous savez qu'elle l'a refusé.

JACOB.

Vous me le donnerez, et je m'en chargerai... Je ne crois pas que vous obteniez rien d'Empsael; mais quand vous serez à Maroc, je vous ferai avoir du crédit auprès de l'empereur : vous aurez le choix des esclaves de votre pays. Je vous donnerai d'abord la liste des personnes auxquelles vous devez faire des présens. Il en faut pour le gouverneur d'Aguer, où vous avez débarqué; pour le grand douanier de ce port, qui est de ma religion; pour les portiers du palais de Maroc; pour le médecin de l'empereur; pour le commandant de la garde noire; pour la sultane noire, qui est la favorite, et pour sa première femme de chambre, qui est une blanche. Vous savez ce que c'est que la cour!

LE P. JÉRONIMO.

Tout cela va épuiser mes deniers.

JACOB.

Je ne vous demande rien pour moi, je vous le répète; je veux vous servir gratuitement; je vous logerai dans ma maison à Maroc.

LE P. JÉRONIMO.

Seigneur, je suis confus de vos bontés.

JACOB.

Je vous changerai *gratis* votre argent en monnaie du pays.

LE P. JÉRONIMO.

En vérité, seigneur Jacob, je ne sais comment je reconnaîtrai de si grands services.

JACOB.

Par une confiance sans réserve en moi : vous trouverez assez de gens ici qui chercheront à vous tromper. En quelles espèces doit-on vous envoyer votre argent de Livourne ?

LE P. JÉRONIMO.

En bons ducats d'or de Hollande.

JACOB.

Il faut bien y prendre garde : les ducats tiennent peu de place et sont faciles à enlever. Sur quel vaisseau doit-on les embarquer? Je les ferai recommander à leur arrivée.

LE P. JÉRONIMO.

Je vous dirai avec sincérité que je les ai embarqués avec moi, et qu'ils sont, avec mes présens, à la douane.

JACOB.

Vous ne les tenez pas encore. Un sac d'or, dans une grande caisse, est bien facile à détourner parmi de grandes machines qu'on déballe, et qu'on emballe de nouveau.

LE P. JÉRONIMO.

Mon or y est caché de manière qu'on ne peut le trouver.

JACOB.

Les Italiens sont avisés en tout. Mais on peut toujours reconnaître votre or à sa pesanteur.

LE P. JÉRONIMO.

Cela est impossible. Les poids de plomb de la pendule sont creux, et mes ducats sont enfermés dedans.

JACOB.

Voilà qui est à merveille!

EMPSAEL *s'avance.*

Je l'ai laissée fondant en larmes... (*à Achmet:*) Que ces esclaves se retrouvent, et dès ce soir.... Seigneur Jacob, je ne vous apercevais pas; quel sujet vous amène?

JACOB.

Très-illustre seigneur, une affaire importante, qui vous intéresse particulièrement.

EMPSAEL.

L'empereur est-il malade ?

JACOB.

Je l'ai laissé en parfaite santé.

EMPSAEL.

Cela suffit ; il faut que j'entende auparavant cet étranger... Mon père, que me demandez-vous?

LE P. JÉRONIMO.

Très-grand ministre, je suis venu en Afrique, avec les aumônes des chrétiens, pour le rachat des captifs dans l'empire de Fez et de Maroc ; je suis porteur de passe-ports de l'empereur, signés de votre excellence.

EMPSAEL.

Les chrétiens emploient toutes sortes de moyens contre nous : les ecclésiastiques d'Espagne paient à leur roi la dîme de leurs revenus pour nous faire une guerre perpétuelle; ensuite d'autres ecclésiastiques viennent avec des aumônes racheter ceux de nos ennemis qui sont tombés dans nos fers. Si l'empereur me croyait, ce commerce n'existerait plus; il est contraire à nos intérêts: des bras valent mieux que de l'argent; mais, puisqu'il vous l'a permis, vous pouvez traiter avec les particuliers dans tout l'empire, excepté avec moi.

LE P. JÉRONIMO.

Le seigneur Jacob m'a promis de m'appuyer auprès de son excellence.

EMPSAEL.

Il ne faut point d'appui avec moi ; chaque affaire se recommande d'elle-même.

LE P. JÉRONIMO.

Votre vertueuse épouse, très-illustre seigneur, m'a promis sa protection auprès de vous.

EMPSAEL.

Zoraïde n'étend point son crédit particulier sur moi dans les affaires publiques.

LE P. JÉRONIMO.
Permettez-moi seulement de racheter ceux de vos esclaves qui sont les plus âgés et les plus inutiles.
EMPSAEL.
Parmi nos ennemis, les plus âgés sont les plus coupables.
LE P. JÉRONIMO.
Songez que j'ai passé les mers, et que je me suis exposé à une infinité de dangers pour cette mission. Seigneur, au nom de l'humanité !
EMPSAEL.
Je vous le répète, vous pouvez racheter librement des captifs dans tout l'empire. Votre action est louable ; vous la faites par amour de l'humanité ; mais c'est aussi par amour de l'humanité que je ne rends aucun des miens, et que je fais une guerre implacable aux chrétiens, qui font les malheurs de l'Afrique.
ACHMET.
Seigneur, toute son humanité n'est que l'intérêt de son ordre ; il porte la même croix que les chevaliers de Malte.
EMPSAEL, à Achmet.
Tais-toi. Cet étranger est ici sur la parole de l'empereur et sur la mienne ; sa personne est sacrée.
LE P. JÉRONIMO.
Je supplie votre excellence de m'accorder au moins une faveur ; j'en serai très-reconnaissant.
JACOB.
Oui, seigneur, il a apporté un collier de perles fines pour Zoraïde.
LE P. JÉRONIMO.
Quoique les armes dans vos mains soient terribles aux chrétiens, je joindrai, seigneur, à ce collier un beau sabre de Damas pour vous.
EMPSAEL.
Tout ministre qui accepte des présens, ou qui permet que ceux qui lui appartiennent en reçoivent, est un ministre corrompu. Je ne reçois rien que de l'empereur, et Zoraïde ne reçoit rien que de moi ; mais je pardonne cette séduction à votre habitude des usages de l'Europe, et à votre ignorance des miens. Quelle est cette faveur que vous me demandez ?
LE P. JÉRONIMO.
La permission de descendre jusque dans les prisons pour consoler vos captifs.
EMPSAEL.
Vous le pouvez, je loue votre vertu.
LE P. JÉRONIMO.
Permettez-moi d'y employer tous les secours de ma religion.

ACHMET.
Seigneur, c'est un abus.
EMPSAEL, à Achmet.
Si tu dis un mot... (Au P. Jéronimo:) J'y consens. Les chrétiens ne permettent pas à leurs esclaves noirs de rester dans la religion où ils sont nés ; mais les musulmans, plus équitables, ne captivent que les corps de leurs ennemis ; ils laissent leurs ames libres.
LE P. JÉRONIMO.
Seigneur, j'adresserai au ciel les prières les plus ferventes pour vous et pour Zoraïde.
EMPSAEL.
Je vous en remercie : Dieu écoute les prières de toutes les religions... Adieu... (A ses gardes :) Qu'on donne une escorte à ce bon religieux ; qu'on le conduise à la tente de mes hôtes ; il est trop tard pour le renvoyer à la ville... (A Achmet :) Que mes esclaves fugitifs se retrouvent dès ce soir.
ACHMET.
Seigneur, je vous jure, sur ma tête, que j'ignore où ils sont. Comme le blanc était vieux, et qu'il n'aurait pu suivre l'équipage de son vaisseau, je l'ai fait partir du cap d'Aguer sur un chameau, avant le jour ; il est arrivé ce matin au camp, et on l'a mis de suite aux travaux, pour ne pas lui laisser le temps de s'ennuyer. Pour moi, je suis arrivé ce soir avec le reste de l'équipage ; j'ai déposé son pavillon aux pieds de Zoraïde, et j'ai fait prosterner devant elle ma troupe, suivant l'usage et vos ordres. Seigneur, vous n'avez pas un plus fidèle serviteur que moi.
EMPSAEL.
Et qu'est devenu le noir qui était avec ce blanc ?
ACHMET.
Il a toujours suivi son maître, car il ne peut être un moment sans lui.
EMPSAEL.
Il fallait l'en empêcher.
ACHMET.
Il m'aurait été plus aisé de le tuer. J'ai été au moment de le faire ; mais un esclave vaut de l'argent : il aurait fallu vous le payer ; d'ailleurs, c'était un noir, et je respecte sa couleur.
EMPSAEL.
Où allait ce vaisseau espagnol ?
ACHMET.
En Guinée, à la traite des noirs.
EMPSAEL.
Quelle était sa cargaison ?
ACHMET.
Ce que les Européens ont coutume de porter pour la traite des noirs : d'un côté, de l'eau-de-vie

pour les enivrer, de mauvais fusils pour les faire battre; et de l'autre, des fers et des menottes pour enchaîner leurs prisonniers.

EMPSAEL.
Comment s'appelait ce vaisseau?

ACHMET.
*Notre-Dame-de-Pitié.*

EMPSAEL.
*Notre-Dame-de-Pitié*, allant à la traite des noirs, avec de l'eau-de-vie, des fusils, des fers et des menottes! Les perfides Espagnols! Et comment s'appelait cet esclave blanc?

ACHMET.
Seigneur, je n'en sais rien.

EMPSAEL.
Tu ne sais pas son nom?

ACHMET.
Quand je tiens la personne, je m'embarrasse fort peu comment elle s'appelle. Qu'auriez-vous dit, si, au lieu du vaisseau, je n'avais apporté que son nom? Malgré son feu terrible, je l'ai approché de si près que j'ai pu le lire sans lunette. En vérité, vos gardes noirs vont au feu comme les barbets à l'eau.

EMPSAEL.
Comment! tu n'as pas pris seulement le nom de famille de cet esclave?

ACHMET.
Il sera fort aisé de le savoir par les gens du vaisseau. Pour lui, il n'a pas voulu dire un mot depuis qu'il s'est vu entre nos mains. Tout ce que je sais, c'est qu'il a des cheveux blancs et la barbe grise. Quant au reste de ses traits, je n'en puis rien dire.

EMPSAEL.
Et d'où venait-il?

ACHMET.
Je pense qu'il venait de Saint-Domingue, ainsi que le vaisseau.

EMPSAEL.
De Saint-Domingue! Ce pays est plein de mes ennemis.

ACHMET.
Vous devez donc vous féliciter de la prise de celui-ci, car il est fort riche. Tous les ustensiles de sa cuisine étaient d'argent; c'est une des bonnes captures que vos vaisseaux aient faites depuis longtemps.

EMPSAEL.
C'est peut-être un habitant de Saint-Domingue?

ACHMET.
Je l'ignore; tout ce que je sais, c'est qu'il était, il y a deux heures, au nombre de vos esclaves: mais je le retrouverai, fût-il caché au fond de l'enfer.

EMPSAEL.
Un homme riche, de Saint-Domingue!... tu l'auras fait évader par l'espoir de quelque grande récompense.

ACHMET.
Par la vie de Zoraïde, illustre seigneur, j'en suis incapable! Je hais trop les chrétiens. Je suis né en Sicile, d'une famille de paysans opprimés; nous manquions de pain, dans une contrée qui en pouvait fournir à toute l'Italie. Quand je fus un peu grand, mon père et ma mère n'imaginèrent rien de mieux, pour me tirer de la misère, que de faire de moi un musicien. Ils allaient me vendre, pour fort peu d'argent, à un maître de musique napolitain, lorsque j'échappai à leur inhumanité, en me réfugiant sur le mont Etna, parmi les bandits. Après avoir fait, sur terre, à ma patrie tout le mal possible, je songeai à lui en faire encore plus sur mer. Je vins en Afrique, j'y reniai ma foi, et je me rangeai sous vos pavillons. Moi! sauver un chrétien! S'il était en mon pouvoir, je mettrais mon propre père à la chaîne.

EMPSAEL.
Malheureux! comme tu parles de tes parens! Je regrette les miens tous les jours.

ACHMET.
J'aime les miens comme ils m'ont aimé.

EMPSAEL.
O chers parens! faut-il que je vous aie perdus! Achmet, je te le répète, ne tarde pas à me ramener mes deux fugitifs... Il suffit qu'ils revenaient de Saint-Domingue; je donnerais dix de mes meilleurs esclaves pour les retrouver.

JACOB.
Très-illustre seigneur, je puis vous en procurer qui vous feront un meilleur service que ceux que vous regrettez. Je vous en arrangerai à bon marché.

EMPSAEL.
Je n'en veux point acquérir par l'argent, mais par le fer... (*A Achmet:*) Comment traites-tu mes esclaves?

ACHMET.
Du pis que je peux. J'emploie chaque nation contre son humeur: les Français actifs, à scier de longues poutres de cèdre; les Espagnols paresseux, à les porter; les habitans du rocher sec de Malte, à dessécher des marais; les Vénitiens et les Hollandais, qui naissent dans l'eau, à casser des roches. Sans cesse je leur fais entrevoir la liberté, pour leur donner sans cesse le désespoir de n'y pouvoir atteindre; comme le chat qui tient dans ses griffes une souris, la laisse aller, puis la reprend, ainsi je me joue de leurs vains projets et de leurs espérances. En tout temps, les fers aux pieds,

La nuit, je les fais descendre dans de profondes matamores fermées de bonnes grilles de fer, où ils respirent à peine. J'en fais l'appel trois fois par jour; je leur donne à petite mesure l'eau et la farine d'orge, mais je ne leur épargne pas les coups de bâton.

JACOB.

L'*Ecclésiastique* a dit : « Le fourrage, le bâton et la charge, à l'âne; le pain, la correction et le travail, à l'esclave : si son maître a de l'indulgence, il en abuse [1]. »

EMPSAEL.

Maximes injustes! Il faut employer chaque nation suivant son caractère, et donner à chaque esclave suffisamment pour vivre. Je veux qu'on leur fasse aussi transporter des canons sur toutes les hauteurs qui commandent la mer; je veux que le bruit en épouvante au loin les vaisseaux européens, et leur annonce que c'est ici le rivage de l'empire de Maroc, le séjour d'Empsael... Combien ai-je d'esclaves?

ACHMET.

Très-puissant amiral, il me serait impossible de vous en dire le nombre; vos corsaires vous en amènent tous les jours. Vous en avez au cap d'Aguer, à Azamor, à Tétuan, à Tanger, à Salé, à Maroc; vous en avez de toutes les nations maritimes de l'Europe, et même de celles qui ne le sont pas.

EMPSAEL.

Comment se conduisent-ils?

ACHMET.

D'une manière souvent dangereuse. Les Espagnols se taisent long-temps, et font à tout coup explosion; les Anglais, taciturnes, se tuent si on ne les satisfait pas; les Italiens cabalent entre eux, font des pasquinades, et finissent par obéir; les Allemands, patiens, s'assujettissent aisément par l'habitude : mais les plus difficiles à mener, ce sont les Français. Ils ne peuvent supporter l'esclavage; ils sont toujours à imaginer quelques ruses; ils creusent des souterrains; ils escaladent les murs les plus hauts; ils sont capables, je crois, de s'élever dans l'air : s'ils n'étaient pas jaloux les uns des autres, il y a long-temps que tous les esclaves européens seraient en liberté. Mais ils sont si remplis de discorde, qu'ils maltraitent même ceux de leurs compagnons qui se dévouent à les servir.

EMPSAEL.

Avec des hommes de ce caractère il faut être toujours en état de guerre : voilà d'où vient l'usage des habitans de Maroc de porter, en tout temps, deux coutelas et un poignard. En Amérique, un blanc peut se promener une baguette à la main, parmi les esclaves noirs; mais en Afrique, un noir doit être toujours armé parmi ses esclaves blancs.

ACHMET.

Seigneur, leurs divisions servent plus à notre sûreté que nos armes. Ils sont pleins de vanité dans les fers. Les Espagnols ne parlent que de leur famille; les Anglais, de leur nation; les Italiens, de leur religion; les Allemands, de leur empereur; les Français, de leur roi. Les Français sont les plus à craindre : comme ils aiment passionnément les femmes, ils savent partout les intéresser à leurs projets. Il ne faut pas douter qu'ils ne s'appuient ici de Zoraïde, qui est de leur pays.

EMPSAEL.

J'y mettrai ordre. Tu m'as dit que j'avais des esclaves des puissances non maritimes?

ACHMET.

Vous avez des Prussiens, des Autrichiens, des Suisses, des Polonais.

EMPSAEL.

Comment traites-tu tous ces gens-là?

ACHMET.

Comme les autres.

EMPSAEL.

Il faut les traiter avec plus de rigueur, parce qu'ayant des terres à cultiver dans leur pays, ils vont envahir celles d'autrui : un laboureur n'est pas pardonnable d'être pris sur mer. Tu me donneras un état des diverses professions de mes esclaves.

ACHMET.

On croirait qu'ils ont été tous rois ou ministres dans leur pays, car ils se mêlent de gouverner celui-ci; ils traitent les Africains de barbares. A les entendre, tout est admirable chez eux; et cependant la plupart d'entre eux sont des misérables qui, comme moi, en sont sortis faute d'y trouver de quoi vivre. Au reste, vous avez des musiciens, des gens de loi, des artistes, des soldats, des matelots.

EMPSAEL.

Il ne faut pas agir envers eux de la même manière. Écoute, pour être juste, il faut, en toutes choses, faire le contraire de ce que font les chrétiens. Partout ils ne respectent que la fortune : ils honoreront un fripon, s'il est riche; ils mépriseront un homme de bien, s'il est pauvre : ils auraient des égards pour leur ennemi, s'il était ou noble, ou accrédité dans son pays; mais ils le traiteraient sans pitié, s'il y était sans crédit ou misérable. Il faut, au contraire, avoir quelque indul-

[1] Voyez *l'Ecclésiastique*, chap. XXXIII, v. 25 et suivans.

gence pour ceux de nos ennemis qui gagnent leur vie par l'exercice d'un art ou d'une industrie : tels sont entre autres les matelots et les soldats que la misère force de servir. On les mène à la guerre, comme des meutes de chiens à la chasse, qui ne prennent le gibier que pour les chasseurs. C'est sur les chefs des Européens qu'il faut faire tomber tout le poids de la servitude. Les armateurs qui les paient, les nobles qui les conduisent, les prêtres qui les exhortent et les dirigent; voilà les vrais coupables. Ah! s'il me tombait entre les mains un de ces rois ou de ces ministres européens qui, au milieu de leurs plaisirs, ordonnent les malheurs de l'Afrique, j'accumulerais sur eux tous les fléaux de l'esclavage dont ils signent les traités. Pour les femmes, il faut en avoir pitié. Ce sexe faible ne s'écarte de l'humanité que quand il est égaré par les hommes. Tu dois en agir de même avec les enfans. Enfin, à l'exemple du ciel, il faut que les foudres de l'empereur tombent sur les cèdres des montagnes, et épargnent l'herbe des vallées.

ACHMET.

Le ciel n'y prend pas garde de si près. Sa foudre tombe sur les innocens comme sur les coupables : elle m'a frappé lorsque je n'étais qu'un enfant. Mais celle de l'empereur n'ira pas au hasard.

EMPSAEL.

Tu ne crois donc pas à la justice de Dieu?

ACHMET.

Non; je ne crois qu'à la force des hommes : c'est par elle seule qu'ils se gouvernent.

EMPSAEL.

Homme sans loi, ne vois-tu pas que le ciel a mis la punition des Européens sur le rivage de l'Afrique? Il m'a donné sur eux un plus grand degré de puissance qu'à toi, parce que j'avais plus à m'en plaindre... Songe à me retrouver mes deux esclaves fugitifs, morts ou vifs.

ACHMET.

Je n'y sais qu'un moyen, c'est de faire donner la question à tous les esclaves du camp. Je les forcerai bien de me dire où sont leurs compagnons; j'y emploierai la faim, la soif, le fer et le feu.

JACOB, à Empsael.

Seigneur, si vous me permettez de dire mon avis, ce moyen n'est pas sûr; il vaut mieux proposer une bonne récompense à celui qui les dénoncera : on peut résister aux tourmens, mais on ne résiste point à l'argent.

EMPSAEL.

Je laisse aux Européens la cruauté et la corruption envers leurs ennemis : je ne fais aux miens qu'une guerre loyale; j'emploie la force contre les forts, et la justice contre les faibles. (A Achmet:)

Va chercher mes deux esclaves; garde-toi surtout de leur faire du mal. Il est naturel au captif de chercher sa liberté : quand il s'échappe, son gardien seul est coupable. Surtout ménage l'esclave noir; respecte, jusque dans les fers, les hommes de ma couleur.

ACHMET.

Seigneur, vous serez obéi de tout point. (Il sort.)

EMPSAEL.

Parlons maintenant en liberté. Comment se porte notre victorieux empereur?

JACOB.

Seigneur, je l'ai laissé en pleine santé, à mon départ de Maroc. La plus paisible vieillesse couronne sa glorieuse vie. Il passe presque tout son temps dans une de ses maisons de campagne; là, à l'ombre d'un bois d'orangers, sur le bord d'un ruisseau, il donne audience à tous ses sujets, noirs ou blancs.

EMPSAEL.

Il a plus de quatre-vingt-dix ans. Quand, dans la lune du ramazan, je lui demandai la permission de venir respirer quelque temps près de mon pays natal, il était plein de vigueur : je le laissai rempli de bienveillance pour moi.

JACOB.

Il fait, comme vous, ses délices de la vie champêtre; il semble qu'elle prolonge ses jours. Quant à sa bienveillance pour vous, vous connaissez la cour, si sujette aux révolutions.

EMPSAEL.

Que m'est-il arrivé depuis mon départ?

JACOB.

Seigneur, j'aspirais au moment de vous entretenir en particulier : c'est le motif secret qui m'a fait entreprendre ce voyage... Mais personne ne peut-il ici nous écouter?

EMPSAEL.

Parle librement; nous ne sommes point à la cour. Aucun habitant de ces forêts n'est capable de tromper.

JACOB.

Il s'est formé, pendant votre absence, de grands orages qui ont pensé renverser toute votre fortune. Si je vous en faisais le récit, il y aurait de quoi vous éloigner à jamais du ministère. J'en ai été dans la plus terrible inquiétude, car il y allait de votre tête.

EMPSAEL.

On peut faire tomber ma tête, mais non m'ôter mon courage. Dis-moi tout ce que tu sais.

JACOB.

Seigneur, l'empereur, ralenti, comme vous savez, par les années, ne s'occupe plus maintenant qu'à faire fleurir les arts de la paix, et à les répandre dans ses vastes conquêtes. Vos ennemis ont profité de ces dispositions et de votre absence pour vous perdre dans son esprit : ils lui ont représenté que votre goût pour la guerre avait détruit le commerce dans ses états ; qu'on n'y voyait plus d'autre argent que des monnoies étrangères ; que toutes les manufactures y étaient anéanties, au point qu'il n'y avait dans ses ports ni ateliers de construction pour ses vaisseaux, ni fonderies de canons, et qu'enfin l'empire touchait à sa ruine. La savante ville de Fez, à laquelle vous avez envoyé tous les livres européens qui se trouvaient dans vos prises, a représenté à l'empereur que ses colléges étaient déserts, parce que ses étudians s'engageaient en foule sur vos corsaires ; qu'il n'y aurait bientôt plus ni ecclésiastiques, ni hommes de loi : ce qui entraînerait nécessairement la perte de la religion et de la patrie. D'un autre côté, les Africains blancs, jaloux de la préférence que l'on donne ici aux noirs pour tous les emplois, ont répandu le bruit que vous vouliez vous rendre indépendant par le crédit des hommes de votre couleur ; que, dans cette intention, vous aviez formé la garde de l'empereur de noirs qui vous étaient dévoués ; que vous faisiez construire une forteresse dans le voisinage de votre pays ; que vous y logiez ce que vous aviez de plus cher ; que vous vouliez profiter de vos grandes richesses, de votre pouvoir, de la vieillesse de l'empereur et de la jeunesse de son fils, pour vous emparer de la couronne. Les consuls européens, pleins de ressentiment contre vous, ont accrédité ces rumeurs par de riches présens qu'ils ont répandus dans le sérail. Enfin, vos fidèles noirs, mécontens de ce que vous avez épousé une femme blanche, disaient hautement que, méprisant votre propre sang et l'exemple de l'empereur, dont la femme favorite est noire, vous aviez sans doute le projet de vous allier avec les chrétiens européens. La longue confiance de Muley Ismaël pour vous, ébranlée par une conjuration aussi générale, a été altérée au point que vos amis tremblans ont craint qu'il ne demandât votre tête avant votre justification.

EMPSAEL.

As-tu tout dit ?

JACOB.

Oui, seigneur.

EMPSAEL.

Tant que l'empereur suivra mes maximes, ses états seront florissans. Je ne saurais trop le répéter, la politique de l'Afrique doit être opposée en tout à celle de l'Europe. Il faut d'abord laisser aux chrétiens les arts de luxe qui les corrompent : les sérails et les magasins de Maroc ne sont que trop remplis des étoffes et des bijoux que j'ai pris sur les vaisseaux européens ; nous n'avons pas besoin de frapper de la monnoie pour notre commerce : nos espèces d'or et d'argent sont en Portugal et en Espagne, notre trésor en est plein. Quant aux arts de la guerre, nous pouvons également nous en passer : nos fabriques d'armes et nos ateliers de construction sont en Italie, en Espagne, en France et en Angleterre ; nos arsenaux et nos ports sont remplis de canons et de vaisseaux que nous avons enlevés à ces puissances ; ils en regorgent au point que nous en pouvons faire commerce. S'il est quelques autres arts qui nous soient utiles, laissons ici toutes les religions libres ; bientôt tout ce qu'il y a d'illustre et de persécuté chez nos ennemis passera la mer pour nous les apporter. Nous n'avons pas besoin d'écoles à Fez : nous ne manquerons pas de gens éclairés, tant que nous aurons des succès. Il ne faut que d'intrépides soldats ; notre religion est de vaincre, et notre justice de nous venger. D'une part, les Maures, expulsés d'Espagne, contre le droit des gens ; et de l'autre, les noirs, réduits à la servitude en Amérique, contre le droit de la nature : voilà les deux lions qui défendent le trône d'Ismaël, et qu'il doit lancer contre toute l'Europe. Pour la victoire, il ne nous faut que le souvenir de nos affronts ; nous n'avons pas besoin d'autres armes ni de nos bras : les Européens nous fabriqueront toujours assez de vaisseaux et de canons. Pourquoi ne serais-je pas libre de me livrer à l'amour comme à la vengeance ? Ces deux passions sont en contre-poids égal dans mon cœur. Ma vengeance a été utile à l'Afrique ; et si mon amour peut nuire à quelqu'un, ce ne peut être qu'à moi.

Pour ce qui est de me rendre indépendant et de m'emparer de la couronne, tu as vu, près de mes tentes, sur un tertre, une petite chaumière : c'est là ma forteresse et mon trône, c'est là que je prends plaisir à oublier une cour orageuse. Je l'avoue, j'ai goûté quelque douceur à la rendre au dedans digne de l'objet que j'aime, en y accumulant les fruits de mes victoires, et à l'orner au dehors des pavillons que j'ai enlevés à mes superbes ennemis ; et s'il manque aujourd'hui quelque chose à mon bonheur, c'est que mes infortunés parens, qui ont été leurs victimes, ne soient pas les témoins de ma gloire et de leur humiliation.

JACOB.

Seigneur, l'empereur n'a pas tardé à rendre justice à la grandeur de vos vues et à la modération de vos desirs ; il s'est rappelé ces vastes conquêtes où vous l'avez si bien servi sur la terre ; le degré de splendeur où vous avez porté sa puissance sur la mer, les richesses immenses que vous avez fait entrer dans ses coffres, la fidélité inaltérable et l'obéissance aveugle de vos compatriotes; et il a fait ajouter à ses titres de roi de Fez et de Maroc et d'empereur d'Afrique, celui de seigneur de la Guinée, comme un titre de protection pour les noirs, et plus fraternel que celui de roi et d'empereur. Ensuite, il a désigné son dernier fils, Muley Dahmet Dahebby, sorti comme lui d'une femme noire, pour son successeur au trône, au préjudice de ses autres enfans nés de femmes blanches; et enfin, il vous a nommé pour le former, après lui, dans le grand art de gouverneur : vous en recevrez l'ordre incessamment. Le choix qu'il a fait de votre personne a eu l'approbation de tout l'empire.

EMPSAEL.

Pour instruire le prince de Maroc, sorti du sang des anciens chérifs et de celui des noirs, il ne lui faut d'autre livre qu'une carte marine. Il y verra, au nord de ses états, la perfide Espagne; au sud, la malheureuse Guinée; et au couchant, les îles de l'Amérique ; mais, pour apprendre à y lire, il lui faut pour précepteur l'adversité. Je n'ai rien à refuser à Muley Ismaël, il m'a captivé par ses bienfaits; mais jamais son fils ne lui ressemblera [1] : la prospérité des pères corrompt les enfans.

JACOB.

Si celui d'Ismaël est formé par un aussi grand maître que vous, l'Afrique ne manquera jamais d'esclaves blancs, ni Maroc de trésors. Il ne me reste, seigneur, qu'un souhait à faire pour votre gloire, c'est que vous ne laissiez pas prendre trop de pouvoir sur vous à l'amour de votre épouse. Si vous me permettez de le dire, elle est d'un sang ennemi des Africains. Quand vous sentirez affaiblir en vous, par ses caresses, vos justes ressentimens contre les Européens, rappelez-vous, seigneur, les injures éternelles qu'ils ont faites à l'Afrique : ce pays est couvert des monumens de leur tyrannie. Les plus coupables de leurs peuples sont sans doute les Romains. Après avoir conquis l'Asie et détruit l'empire des Juifs, ils s'étendirent comme un torrent en Afrique. Rome en tout temps a fait les malheurs du monde; Rome moderne, plus ambitieuse, captive les corps et les ames.

EMPSAEL.

Jacob, je te remercie; mais Zoraïde n'est pas Romaine. Adieu ; laisse-moi respirer seul un moment.

JACOB.

Adieu, seigneur; accordez-moi votre puissante protection, et je vous jure par Abraham une fidélité à toute épreuve.

EMPSAEL, *seul.*

Je me suis expliqué avec trop de liberté devant ce juif; c'est un courtisan rusé; il tourne le dos au soleil couchant pour adorer le soleil levant; il est venu voir s'il n'y avait pas quelque réalité dans les bruits qui couraient de moi, et si je n'étais pas disposé à abuser de la vieillesse d'Ismaël et de l'inexpérience de son fils. Il a d'abord entr'ouvert mon cœur par des flatteries; ensuite il l'a rempli de fiel contre l'empereur, le peuple, mes amis, mes ennemis, ma propre femme; et quand il en a eu pénétré le fond, il a fini par des sermens de fidélité... Malheureuse condition des ministres ! au comble de la puissance, ils n'ont pas un ami à qui ils puissent confier leurs peines ! Au moins, dans les temps de ma servitude, je trouvais avec qui les partager. Quand mon maître m'avait mis ma charge sur les épaules, je rencontrais toujours sur les chemins quelque compagnon d'esclavage, aussi chargé que moi; après nous être aidés à nous débarrasser de nos fardeaux, nous nous asseyions au pied d'un arbre, nous nous racontions nos misères, nous parlions de la barbarie de nos maîtres, nous formions des projets de vengeance ; ensuite, après nous être aidés à nous recharger, nous nous quittions les larmes aux yeux, nous serrant la main et nous disant : Adieu, mon ami, adieu. Nous nous séparions, sûrs de notre foi sans avoir fait de serment : notre faiblesse nous liait; la grandeur me met en méfiance de mes propres amis. Esclave, des inconnus me déchargeaient de mon fardeau; ministre, il faut que je porte seul celui d'un empire. Il n'y a qu'un confident digne de l'homme, c'est la femme : la nature les a faits l'un pour l'autre. La femme a en elle tout ce qui manque à l'homme; de la douceur pour calmer sa colère, de la gaieté pour dissiper ses noires réflexions : l'homme, à son tour, lui communique de la force pour appuyer sa faiblesse, du jugement pour fixer la mobilité de son imagination; la nature les met sans cesse dans l'heureuse nécessité de partager leurs plaisirs et leurs peines : oui, la femme est la plus chère portion de l'homme. Pendant qu'il se livre le jour aux affaires, il se console en pensant que le soir il déposera toutes ses inquiétudes dans son sein; mais lorsqu'il voit qu'un autre homme y a pris sa place, et partage son estime ou sa confiance, à la faveur des préjugés de nation ou de religion, alors il ne reconnaît plus en elle sa moi-

---

[1] La prédiction d'Empsael sur Muley Dahmet s'est vérifiée.

tié... Le cœur est tout, le reste n'est rien... Oui, trouver un autre homme dans le cœur de sa femme, c'est pire que de le trouver dans son lit. Mes ennemis se sont emparés de la mienne : pendant que de justes ressentimens m'animent contre eux, une pitié déraisonnable l'afflige; mes victoires la font pleurer... Va donc chercher du repos contre les intrigues des cours, l'ingratitude des peuples et des rois, dans le sein de ton épouse : tu y trouveras l'amour de tes anciens tyrans, et pour maîtres tes propres esclaves... Oh! heureux l'homme obscur qui vit seul! Que je serais heureux si, au sortir de mon esclavage, la fortune m'avait jeté seul et inconnu au milieu de cette forêt! J'y aurais vécu de la chasse et en liberté. Ces arbres antiques, ces vallées profondes, ces monts âpres parsemés de fondrières et couronnés de neiges resplendissantes, me plaisent plus que le palais impérial de Maroc, surmonté de ses boules d'or. Mon ame s'agrandit dans ces solitudes, qui n'ont que le ciel pour toit et que Dieu pour maître. J'aime à voir ces tours entr'ouvertes, ces remparts ruinés, et ce grand squelette d'une ville européenne que les siècles ont dévorée; je me plais à parcourir ces longs portiques silencieux où fourmillait autrefois un peuple tumultueux, bruyant et insolent; j'aime à poursuivre les sangliers et les buffles dans ces vastes places où les légions romaines faisaient briller leurs armes devant les palais de leurs généraux, en les proclamant à grands cris les seigneurs de l'Afrique. César, avec toute sa puissance, n'a fait qu'un parc pour la chasse du noir Empsael. Les peuples ambitieux de l'Europe bâtissent de grands monumens; les noirs, plus sages, n'élèvent que des cabanes. Tous les monarques de la Guinée n'ont jamais construit un édifice plus durable qu'un homme et plus haut qu'un palmier : la gloire de l'Europe est de laisser partout des trophées; l'Afrique, comme la nature, met la sienne à les renverser. Les siècles ont vengé ma patrie de ses anciennes injures, allons la venger de ses nouveaux tyrans; allons réduire leurs flottes en cendres; rendons leurs villes semblables à celle-ci, et transportons-en les habitans esclaves en Afrique; appesantissons tout le poids de la vengeance sur ceux qui sont en mon pouvoir. Les liens du devoir se relâchent parmi eux; à peine ils arrivent qu'ils s'enfuient; ils trouvent de la protection dans les larmes de mon épouse! J'ai mis l'ordre dans trois royaumes, je saurai bien le mettre dans mon cœur. L'amour et la vengeance s'en disputent l'empire : bannissons l'amour. Plus de pitié : je verrai désormais Zoraïde en pleurs à mes genoux sans en être ému.

« Benezet vient à passer, vêtu comme un esclave; « il s'achemine vers la tour de César. »

EMPSAEL.

Que vois-je? mon esclave fugitif! Holà! arrête; qui es-tu?

BENEZET.

Un habitant du monde.

EMPSAEL.

Tu es Européen, je le reconnais à ta physionomie : où est ton passe-port?

BENEZET, *lui montrant les plantes qu'il porte à sa main.*

Le voici.

EMPSAEL.

Des plantes à la main peuvent servir de passe-port à des hommes simples; mais les Européens se servent d'écritures perfides comme eux. Ton passeport?

BENEZET.

Mon ami, je n'en ai pas d'autre. Des plantes utiles me font bien venir chez tous les peuples innocens et bons.

EMPSAEL.

Quelle est ta profession?

BENEZET.

La même que la tienne; je suis chasseur.

EMPSAEL.

A qui fais-tu la chasse?

BENEZET.

A des animaux plus terribles que les lions, et avec une arme plus forte que la lance.

EMPSAEL.

Tu es donc un de ces marabouts du désert, qui trompent le peuple par de vains sortiléges? Quels sont ces animaux, et où sont tes armes?

BENEZET.

Ces animaux sont les passions, et mon arme est la patience.

EMPSAEL.

Dites-moi : pourquoi vous retirez-vous seul dans ces déserts? Savez-vous que c'est ici la ville des Lions?

BENEZET.

Mon frère, un buisson épineux, ou les ruines d'un monument, suffisent pour me défendre des lions; mais les lions me défendent des hommes, qui sont beaucoup plus à craindre. Les lions ne font point de mal aux hommes qui ne leur en font point; ils n'en ont jamais fait aux anciens solitaires de l'Egypte, ni à ceux de ta religion qui vivent dans les déserts.

EMPSAEL.

Vous avez raison. Mais comment vivez-vous seul dans cette forêt inculte?

BENEZET.

Les arbres me donnent des fruits : le jour, je cherche des plantes dans la montagne; la nuit, je me retire dans cette tour, inaccessible aux bêtes féroces.

EMPSAEL.

Pourquoi avez-vous renoncé au monde?

BENEZET.

Ce sont les hommes du monde qui renoncent au monde. Pour moi, j'en jouis tous les jours de ma vie; je la règle sur le cours du soleil; je passe le printemps et l'été en Amérique, l'automne en Europe, et l'hiver en Afrique. Chaque jour, je me lève et je me couche avec le soleil. Le jour, les bienfaits de Dieu, répandus en profusion sur la terre, me pénètrent de reconnaissance; et la nuit, sa magnificence dans les cieux me remplit de ravissement. Ami, crois-moi, la vue seule du ciel me donne des insomnies.

EMPSAEL.

Hélas! j'ai vécu autrefois aussi heureux!... Mais comment pouvez-vous vivre tout seul?

BENEZET.

Les principales actions de la vie se font seul : on dort seul, on pense seul, on souffre seul, on meurt seul.

EMPSAEL.

Pourquoi ne pas employer votre sagesse à servir les hommes?

BENEZET.

C'est pour les servir et n'en être point offensé, que je vis loin d'eux. Je porte d'un pays à l'autre les semences des plantes utiles. Chez les peuples riches, je les sème dans les forêts, où elles ne sont connues que d'un petit nombre de sages; mais je les porte chez les peuples pauvres et hospitaliers, qui les cultivent dans leurs champs avec reconnaissance. Chemin faisant, si je trouve des hommes affligés des passions qui attaquent les peuples corrompus, telles que les préjugés de la gloire ou de la superstition, je tâche de les déraciner en eux, afin de les faire vivre en paix avec les autres, et surtout avec eux-mêmes.

EMPSAEL.

Faire vivre les hommes en paix! Hommes et femmes, blancs et noirs, chrétiens et musulmans, tous les hommes sont en état de guerre. Et où allez-vous maintenant?

BENEZET.

Je vais en Guinée, pour y faire tomber l'esclavage des noirs en Amérique.

EMPSAEL.

Et par quel moyen?

BENEZET.

Avec ces deux plantes.

EMPSAEL.

Ces plantes sont donc magiques?

BENEZET.

Ce sont le café et la canne à sucre. C'est pour les cultiver en Amérique que l'Europe va chercher des esclaves noirs en Afrique. Je veux apprendre aux noirs à les cultiver dans leur pays; et si je les trouve dociles à mes leçons, un jour, avec l'aide de mes frères, nous établirons chez eux des moulins à sucre. L'Amérique n'aura plus d'esclaves, et l'Europe vivra en paix avec l'Afrique.

EMPSAEL.

Notre chérif Mahamed a établi autrefois la culture de la canne à sucre dans la vallée voisine de Tarudan. Le pays en tirait de grandes richesses; mais les guerres en ont tari la source. Homme généreux, il est sublime de vouloir finir les malheurs de trois parties du monde avec deux plantes; mais vous ne connaissez donc pas les Européens? Dès que les noirs auront enrichi leurs terres par cette culture, les blancs viendront s'y établir. Aujourd'hui ils s'emparent des habitans, alors ils s'empareront du pays : ils en ont agi ainsi sur ces parties de l'Asie fameuses par leurs épiceries. Il faut donc que vous portiez aux noirs, avec les arts de la paix, ceux de la guerre, afin qu'ils puissent se défendre : tout cela demande beaucoup de temps et de dépenses.

BENEZET.

Je leur donnerai un moyen de défense qui ne leur coûtera rien.

EMPSAEL.

Et quel est-il?

BENEZET.

C'est de ne rien refuser à ceux qui veulent nous dépouiller.

EMPSAEL.

Votre grande vertu vous met hors de sens.

BENEZET.

Mon ami, je suis dans mon bon sens, je te l'assure.

EMPSAEL.

Ne rien refuser à ceux qui veulent nous dépouiller! Il n'y a pas un seul exemple d'une pareille politique sur toute la terre.

BENEZET.

Je t'assure qu'elle fait subsister en paix et fleurir une belle population en Amérique.

EMPSAEL.

Comment! vous ne faites jamais la guerre?

BENEZET.

Jamais. La guerre ne convient qu'aux bêtes féroces.

EMPSAEL.
Vous n'avez donc point de voisins?
BENEZET.
Nous sommes au milieu de sauvages toujours en guerre.
EMPSAEL.
Vous êtes donc inconnus aux Européens?
BENEZET.
Nous trafiquons avec eux; et nous sommes nous-mêmes descendans des Européens.
EMPSAEL.
Comment s'appelle votre pays?
BENEZET.
La Pensylvanie.
EMPSAEL.
Et votre religion?
BENEZET.
Le christianisme.
EMPSAEL.
Le christianisme! il a fait le malheur du monde.
BENEZET.
Les Européens en ont fait le prétexte de leurs fureurs; mais il fait notre bonheur en Pensylvanie.
EMPSAEL.
J'ai ouï parler de ce pays. Dieu fait donc des miracles en faveur de la vertu?
BENEZET.
N'en doute pas, mon frère : il en fait partout en faveur de ceux qui se fient en lui; partout il prend la protection des faibles; il fait réagir contre les méchans les maux qu'ils font aux hommes. Tout homme qui a un esclave a, à son tour, un tyran, ou dans sa femme, ou dans son souverain.
EMPSAEL.
Vous pourriez bien avoir raison. Mais la nature fait naître les hommes en état de guerre, en leur donnant des intérêts différens; ceux de l'Afrique ne sont point ceux de l'Europe.
BENEZET.
N'injuriez pas la nature, mon frère : elle n'a donné aux hommes des intérêts différens, que pour en composer leur intérêt général. L'industrie de l'Europe sert à l'Afrique, et les richesses de l'Afrique servent à l'Europe.
EMPSAEL.
Qui donc divise ces deux parties du monde depuis tant de siècles, et les arme l'une contre l'autre?
BENEZET.
C'est l'ambition, qui arme par toute la terre les tribus, les peuples, les religions.
EMPSAEL.
Cependant chaque homme croit voir la vérité dans son parti.

BENEZET.
La vérité ressemble au mont Atlas, qui offre autant d'aspects qu'il y a de points d'où on le regarde. Les uns n'y voient que des terres labourées, d'autres des forêts, d'autres des roches; ceux qui ne le contemplent que de loin croient y voir un vieillard à tête blanche, qui porte le ciel sur ses épaules. L'ambitieux est celui qui veut forcer les autres de ne voir que ce qu'il y voit; mais le sage, qui embrasse toutes les observations, s'en forme seul une idée juste; il en est de même de la vérité.
EMPSAEL.
Ce sont les Européens qui font tous les maux du genre humain; aussi je leur ai juré une guerre éternelle.
BENEZET.
Tu fais en vain la guerre aux Européens; tu as en toi-même un ennemi plus redoutable qu'eux, c'est la vengeance.
EMPSAEL.
Comment puis-je la bannir de mon cœur, lorsque les monumens de la tyrannie la rallument au milieu même des déserts?
BENEZET.
Tu peux la bannir, en pensant que ceux qui l'ont exercée comme toi sont morts aujourd'hui, et n'ont laissé après eux que des noms odieux aux peuples opprimés. Cette tour, bâtie par César, s'appelle la tour du Diable.
EMPSAEL.
Mon nom sera cher à l'Afrique, que j'aurai vengée.
BENEZET.
Il peut venir ici après toi des ennemis des noirs et de ta mémoire. Il est un moyen d'en laisser une chère à tous les hommes.
EMPSAEL.
Quel est-il?
BENEZET.
La vertu.
EMPSAEL.
Elle est victime par toute la terre, excepté peut-être en Pensylvanie.
BENEZET.
Elle triomphe dans le ciel et dans la postérité. Vois ce petit tombeau avec ces couronnes; c'est celui d'une femme bienfaisante : il est plus honoré que la tour de César.
EMPSAEL.
Ce que vous me dites me touche. Mais quel bien pourrais-je faire, entouré d'esclaves blancs?
BENEZET.
Tu peux faire leur bonheur avec ces plantes,

comme je compte faire avec elles celui des noirs. Si je détruis par leur culture l'esclavage des Africains en Amérique, tu peux aussi, par cette culture, détruire la tyrannie des Européens, en les rendant laborieux. Nous parviendrons tous deux au même but par des chemins différens.

EMPSAEL.

Les Européens ne travaillent que par force. Mais venez avec moi à Maroc; l'empereur ne s'occupe que des arts et de la paix, je vous ferai avoir un emploi à sa cour.

BENEZET.

Je ne vais que chez les faibles et les malheureux. Je me suis fait des ennemis en Europe en y prenant la défense des noirs, je m'en ferais en Afrique en prenant celle des blancs.

EMPSAEL.

Savez-vous qui je suis?

BENEZET.

Mon ami, tu es Empsael, ministre et grand-amiral de Maroc: j'ai entendu plus d'une fois le bruit de tes cors de chasse dans les forêts, et celui de tes canons sur le rivage.

EMPSAEL.

Comment vous appelez-vous?

BENEZET.

Antoine Benezet.

EMPSAEL.

Bon Antoine Benezet, si j'étais libre, je voudrais passer mes jours comme vous dans la solitude.

BENEZET.

Mon frère, je t'indiquerai une solitude plus impénétrable que l'Atlas, où tu pourras te retirer quand tu voudras.

EMPSAEL.

Où est-elle?

BENEZET.

Dans ton propre cœur, si tu en chasses les passions..... Adieu: la tour de César est déjà dans l'ombre; voici l'heure où les lions sortent de leur retraite, et où je rentre dans la mienne.

EMPSAEL.

Adieu, sage Européen: puissent tous tes compatriotes te ressembler! (*Empsael reste seul.*) Ce blanc parcourt la terre pour le bonheur des noirs, et moi, noir, je parcours les mers pour le malheur des blancs. La vertu de cet homme me semble plus grande que toutes mes victoires. Oui, il a raison; le tombeau de Mentia est plus respectable que la tour de César. (*Il s'en approche.*) Mais que vois-je parmi ces couronnes? C'est le collier de Zoraïde! Je l'ai vu ce matin sur son cou, lorsque je l'ai laissée ensevelie dans un profond sommeil. Elle l'a mis en offrande sur le tombeau de Mentia, avant de m'implorer pour des malheureux. Zoraïde! ô toi qui peux tout sur moi, tu cherches contre moi des protections chez les morts! Faible liane, tu t'attaches à une liane morte, pour résister à la tempête qui t'agite! Souveraine de mon ame! ma main, entourée de ta couleur favorite, a souvent triomphé dans les combats. Elle a versé le sang de mes tyrans: elle doit essuyer tes larmes. Combattons contre la vengeance. Souvent, sur un vaisseau, surmontant le vent et les flots contraires, j'ai, malgré les orages, abordé et vaincu un vaisseau ennemi: luttons contre nos passions. L'aigle marin s'avance contre les vents qui font ployer ses ailes, et s'élève au-dessus de la tempête: élevons-nous au-dessus de nous-mêmes. Ruban de ma vertueuse épouse, sois à mon bras comme ces feux célestes qui paraissent au haut des mâts à la fin de l'orage, signe du calme des mers et de la sérénité des cieux.

« Pendant qu'Empsael regagnait son palais, occupé de ces réflexions, ses deux esclaves infortunés avaient fait de vains efforts pour s'échapper. Égarés dans les forêts, sans guide, sans appui, ils s'étaient tout à coup retrouvés auprès de la chaumière de Zoraïde. A son aspect, Almiri ne put s'empêcher de sentir un mouvement de joie. »

ALMIRI.

Voici la chaumière: ô mon maître, vous êtes sauvé!

DON OZORIO.

Comment as-tu fait pour retrouver ce chemin?

ALMIRI.

En me guidant sur les étoiles, comme dans mon pays. Voici celle de l'*Éléphant*, voilà celle du *Colibri*.

DON OZORIO.

Mon ami, nous ne sommes pas ici en sûreté. Si on nous y trouve, on nous punira comme des esclaves fugitifs, et peut-être comme des voleurs. C'est le comble de l'infortune de regarder sa prison comme un asile, et de n'y pouvoir entrer!

ALMIRI.

Mon père, vous êtes bien fatigué, asseyez-vous sur l'herbe.

« Ozorio, conduit par Almiri, s'assied entre » deux roches. »

DON OZORIO.

La nuit même, si favorable aux malheureux, nous est contraire.

ALMIRI.

O soleil! dans ton absence tout est mort; tu es le grand esprit de l'univers.

DON OZORIO.

Il est un autre esprit, mon fils, qui gouverne

ce monde en tout temps; c'est Dieu : le soleil est son plus bel ouvrage.

ALMIRI.
Mais, quand le soleil est couché, tout dort sur la terre.

DON OZORIO.
Quand Dieu fait coucher le soleil pour nous, il le fait lever pour d'autres pays.

ALMIRI.
Comment! il ne dort jamais?

DON OZORIO.
Jamais : il tourne toujours autour de la terre.

ALMIRI.
(*A part.*) Mon maître a l'esprit malade... (*A Ozorio:*) Comment le soleil peut-il tourner la nuit autour de la terre, puisqu'on le voit se coucher tous les soirs dans la mer?

DON OZORIO.
Mon ami, je ne puis t'expliquer cela à présent; je suis malade : la maladie accable l'esprit.

ALMIRI.
Mon maître, reposez-vous; tâchez de dormir.

DON OZORIO.
Mon ami, il n'y a pas de repos pour moi dans l'esclavage. L'esclavage renferme tous les maux, et prive de tous les biens. Il nous ôte l'usage de la lumière, de l'air, de l'eau et de la terre, dont nous ne recueillons les fruits que pour nos tyrans.

ALMIRI.
Ne soyez pas inquiet. La nuit, quand nous serons dans la prison, je vous procurerai de la lumière en vous allumant du feu; et le jour, quand nous en serons dehors, je vous trouverai de l'eau. Je labourerai la terre pour vous, et je vous chercherai des plantes bonnes à manger.

DON OZORIO.
Les animaux domestiques, amis de l'homme par la nature, deviennent ses ennemis s'il tombe dans l'esclavage. Ici, les chiens des noirs poursuivent les blancs; sans toi, ils m'auraient dévoré.

ALMIRI.
Ils font tout le contraire à Saint-Domingue. Mais, puisqu'ils caressent ici les noirs, vous n'avez rien à craindre : je vous accompagnerai partout.

DON OZORIO.
En tout temps, les chiens sont fidèles à leurs amis; mais, dans l'esclavage, l'homme abandonne les siens : ici, les hommes de la même nature se disputent les plus misérables subsistances. Ils se dénoncent, ils se trahissent, ils se persécutent.

ALMIRI.
Je serai toujours votre ami, quoique je sois noir et que vous soyez blanc.

DON OZORIO.
L'esclavage rompt les liens les plus sacrés de la nature; il sépare les pères mêmes des enfans.

ALMIRI.
Je vous serai toujours attaché comme un enfant; vous m'avez aimé comme un bon père.

DON OZORIO.
O mon fils, en vain tu cherches à me consoler. Tant de maux réunis me tuent; une fois le corps malade, tout est perdu. La maladie ôte la mémoire, le jugement, la prévoyance. En vain l'homme en santé s'appuie sur ses lumières et son courage : quand la maladie le saisit, toutes ses forces l'abandonnent. C'est un ennemi qui s'empare de l'intérieur de l'homme, et qui le foule aux pieds avec sa sagesse et sa raison. Connais-tu quelque remède contre une maladie qui nous accable?

ALMIRI.
Oui.

DON OZORIO.
Quel est-il?

ALMIRI.
La patience.

DON OZORIO.
Et quand la vieillesse se joint à la maladie, quel remède y a-t-il alors?

ALMIRI.
Mon père..... il y a la mort.

DON OZORIO.
Mais c'est un malheur épouvantable de mourir sans secours!

ALMIRI.
Il ne faut pas de secours pour mourir.

DON OZORIO.
Mais tu ne crains donc pas la mort?

ALMIRI.
Oh non! mourir, c'est dormir.

DON OZORIO.
Tu crois donc que tout mourra avec toi?

ALMIRI.
Non, je retournerai dans mon pays.

DON OZORIO.
Qui te l'a dit?

ALMIRI.
Mon père et ma mère.

DON OZORIO.
Et qui l'a dit à ton père et à ta mère?

ALMIRI.
Leur père et leur mère.

DON OZORIO.
Sans doute, nous ne tenons nos opinions que de la foi de nos pères. Heureux l'homme simple qui ne voit pas dans la mort plus de mal que la nature n'y en a mis! Heureux qui fut élevé dans le repos

du cœur et de l'esprit! il n'est pas plus en souci de sa mort que de sa naissance; il se laisse aller à l'ordre universel des choses, sans inquiétude et sans effroi. Heureux ceux qui sont nés parmi les peuples que nous appelons sauvages! ce sont les peuples civilisés qui sont les plus malheureux. Les préjugés terribles s'emparent d'eux à leur naissance, les tourmentent pendant leur vie, et les environnent à la mort. Il en est des conditions des hommes comme des contrées où ils naissent: plus elles sont belles, plus il s'y accumule de maux. C'est autour d'elles que se rassemblent tous les fléaux du corps et de l'ame, les préjugés de la naissance, de la fortune, de l'honneur, de la superstition. O Almiri! tu es plus heureux que moi: ton corps est esclave, mais ton ame est libre.... Oui, tu as raison, mon fils; il ne faut pas craindre la mort! La religion même nous l'apprend, et elle est d'accord avec la nature.

ALMIRI.

Mon père, je ne vous abandonnerai jamais; je vous accompagnerai dans l'autre monde.

DON OZORIO.

Comment! tu te ferais mourir?

ALMIRI.

Oui, pour vous suivre.

DON OZORIO.

O Almiri! se tuer est un grand crime!

ALMIRI.

Ma vie est à moi.

DON OZORIO.

Non, elle est à la société.

ALMIRI.

Qu'est-ce que la société?

Ce sont les hommes avec lesquels nous vivons.

ALMIRI.

Ma vie est donc à vous.

DON OZORIO.

Non; je n'ai plus rien: ta vie et la mienne sont à nos maîtres.

ALMIRI.

Quoi! à des hommes qui nous rendent misérables! Mon corps est à mon maître; mais ma vie est à vous, car elle est à moi.

DON OZORIO.

Elle est à Dieu qui te l'a donnée.

ALMIRI.

Puisqu'il me l'a donnée, je peux en disposer pour vous.

DON OZORIO.

Non, car il te l'a donnée sans ton aveu, et doit te la retirer de même; d'ailleurs, si je meurs, tu ne peux me suivre: la mort nous séparerait.

ALMIRI.

Non, la mort ne nous séparera pas; nous vivrons et nous mourrons ensemble.

DON OZORIO.

O mon fils! ton amitié m'attache encore à l'existence.

ALMIRI.

Vous avez besoin de prendre des forces; il nous faut des vivres, j'en vais chercher dans cette chaumière.

DON OZORIO.

Garde-toi d'y rien prendre, ce serait un vol.

ALMIRI.

Dans mon pays, les vivres sont communs entre les noirs: on ne les refuse pas même aux étrangers.

DON OZORIO.

C'est un crime de les prendre parmi les blancs; mais j'ai plus besoin de dormir que de manger: tâche de reposer aussi; le sommeil calme à la fois les peines du corps et de l'ame; il répare toutes les forces; c'est le plus doux bienfait de la nature.

ALMIRI.

Je ne dormirai pas tant que vous veillerez.

DON OZORIO.

Je crains de m'endormir à cause des bêtes féroces; la lumière les chasse, mais je n'ai pas seulement une pierre à fusil.

ALMIRI.

Oh! il n'en est pas besoin; je vais allumer du feu à la manière de mon pays. Bon, voici deux petits morceaux de bois sec.... Mon maître?

DON OZORIO.

Eh bien!

ALMIRI.

Dites-moi pourquoi les bêtes féroces ont peur du feu?

DON OZORIO.

C'est pour assurer la tranquillité de l'homme pendant la nuit que Dieu a voulu que le feu fît peur aux animaux qui vivent de sang.

ALMIRI.

Fort bien, fort bien; mais le feu attire les mouches qui vivent aussi de sang: que direz-vous à cela?

DON OZORIO.

Tu as l'esprit bien libre pour t'occuper de ces questions!

ALMIRI.

J'ai peu de savoir, mais répondez-moi.

DON OZORIO.

Oui.

ALMIRI.

Dites-moi donc pourquoi le feu chasse les lions et attire les mouches.

DON OZORIO, *s'endormant.*
Ah! ah!

ALMIRI, *en riant.*
Ah! ah! voyons avec votre grand esprit; n'allez pas me donner quelque raison comme celle du soleil qui tourne.

DON OZORIO.
Oui.

ALMIRI.
Mais oui!

DON OZORIO *s'endort.*
Oui.

ALMIRI.
Eh bien! vous ne répondez pas? Vous n'en savez pas la raison: eh bien, je vais vous la dire. Il y a dans mon pays une mouche luisante, qui brille la nuit comme une étoile; toutes les autres mouches en sont amoureuses, mais, pour s'en débarrasser, elle leur promet ses faveurs, à condition qu'elles lui apporteront du feu[1]: voilà pourquoi, dès qu'il y a du feu allumé, les mouches y volent de tous côtés, afin de devenir brillantes comme leur amie. Eh bien! que dites-vous de mon histoire? n'est-elle pas jolie?... (*Il chasse les mouches avec une branche d'arbre.*) Allez, pauvres mouches... ne soyez pas amoureuses; ne vous jetez pas au feu, pauvres mouches! (*Il s'endort.*)
« Zoraïde arrive avec ses femmes et des flam-
» beaux. »

ROSA-ALBA.
Au moins, madame, vous en voilà délivrée! Quel cruel embarras pour vous si Empsael eût trouvé ici Pedro Ozorio!

ZORAÏDE.
Ce malheureux est bien plus embarrassé que moi, quelque part qu'il soit.

PETROWNA.
Et son pauvre noir!

MARGUERITE.
Qui est-ce donc qui a allumé ici du feu?... Madame, ne faites pas de bruit. Voici ces deux esclaves qu'on cherche partout: ils sont endormis.

ZORAÏDE.
Ne les réveille pas... O sommeil! tu calmes les peines des infortunés.

ROSA-ALBA.
Empsael va arriver... Quelle scène terrible lorsqu'il reconnaîtra Ozorio, son ancien maître!

ZORAÏDE.
Si Ozorio lui-même apprend qu'il est au pouvoir d'Empsael, il va mourir de frayeur... O Dieu!...

[1] Cette fable est tirée des Siamois.

ROSA-ALBA.
Madame, vous êtes trop bonne. Il y a un proverbe bien vrai dans mon pays: « Ne voulez-vous » pas qu'il vous arrive de mal? ne faites pas de » bien. »

ZORAÏDE.
Ce sont des méchans qui ont imaginé ce proverbe. Celui-ci est bien plus vrai: « Si vous faites » du mal, il vous arrivera du mal. » Ne voyez-vous pas que le mal qu'Ozorio a fait autrefois à Empsael est puni aujourd'hui par son propre esclavage?

ROSA-ALBA.
Vous avez raison, madame.

ZORAÏDE.
Au contraire, voulez-vous qu'il vous arrive du bien? faites du bien. Ne voyez-vous pas que le bien qu'Ozorio a fait à son noir est récompensé par l'attachement de ce pauvre esclave? Comment allons-nous faire pour empêcher Ozorio d'être la victime de la fureur d'Empsael?

PETROWNA.
Ozorio a laissé croître sa barbe. Il y a bien longtemps qu'Empsael ne l'a vu, il n'en sera pas reconnu d'abord.

ZORAÏDE.
Mais lorsqu'Empsael l'interrogera, et qu'il saura qu'il est de Saint-Domingue, et qu'il s'appelle Ozorio?

ROSA-ALBA.
Il n'a qu'à changer de nom et se dire d'un autre pays.

ZORAÏDE.
Il ne faut jamais tromper.

DALTON.
Il faut le prévenir de sa situation, afin qu'il y pourvoie lui-même. A sa place, je me tuerais.

ZORAÏDE.
Généreuse Dalton, ce serait le tuer moi-même, dans l'état de faiblesse où il est, que de lui montrer le précipice sur le bord duquel il est endormi. D'ailleurs, quand une fois on a rendu service aux malheureux, il ne faut pas les abandonner: l'inconstance des protecteurs met le comble aux peines des infortunés.

MARGUERITE.
Il y a un moyen bien simple; c'est de les faire retourner avec les autres esclaves dans la matamore, par le moyen du souterrain que Williams y a creusé. Ah! voici Williams.

WILLIAMS.
Ces maudits esclaves fugitifs ont redoublé notre misère. Le renégat Achmet, qui les cherche partout, a fait la visite dans la prison, où il a décou-

vert le souterrain que j'y avais fait. Malédiction sur les Espagnols !

MARGUERITE.

Apaise-toi, mon cher Williams.

WILLIAMS.

Le renégat attend le retour d'Empsael pour faire donner la question à tous les esclaves. Il veut savoir qui a creusé le souterrain.

ROSA-ALBA.

Mais ce bon Père de la Merci ne trouve-t-il pas moyen de le calmer?

WILLIAMS.

Il se contente de nous prêcher la patience.

MARGUERITE.

Et le juif portugais à qui madame a remis des charités pour vous ?

WILLIAMS.

C'est lui qui a découvert le souterrain, et qui en a prévenu le renégat. — Ce maudit requin m'envoie faire patrouille sur mer avec les gardes noirs ; il a fait allumer des feux tout le long de la côte : l'on y découvrirait une hirondelle. Je donnerais ma vie pour savoir où sont ces deux esclaves, j'irais les dénoncer tout de suite.

MARGUERITE.

Ah ! Williams !

WILLIAMS.

Comment ! ils sont cause que j'ai perdu le moyen de te voir. Tu auras beau me faire des signaux, ils m'ont ôté ma boussole.

ZORAÏDE.

Songez qu'ils sont vos compagnons.

WILLIAMS.

Quoiqu'ils soient Espagnols et que je sois Hollandais, madame, s'ils se fussent fiés à moi, je leur aurais gardé ma parole au milieu même des tourmens ; mais ils ne m'ont rien dit, je ne leur dois rien. (*Il les aperçoit et s'écrie :*) Ah ! les voici. (*D'un ton pénétré :*) Pauvres diables ! Ne craignez rien, madame ; foi de Batave, je ne les trahirai pas. Je vais donner le change à notre renégat, et lui faire croire qu'ils ont pris du côté de la mer. (*Il court du côté de la mer.*)

MARGUERITE.

Oh, madame ! Williams a un bon cœur ; il nous servira.

ROSA-ALBA.

J'espère aussi que Januario nous sera utile. Je l'ai rencontré lorsqu'il ramenait de la chasse le cheval de relais d'Empsael ; il m'a appris que son maître avait rencontré près de la terre de Lesa un grand philosophe, ami des malheureux. Je l'ai prié, en votre nom, d'aller le chercher, afin qu'il nous donne des conseils. Il a pris sur-le-champ deux chevaux frais, et est retourné sur ses pas.

ZORAÏDE.

Pourquoi exposer ainsi votre amant ? C'est une heure trop dangereuse.

ROSA-ALBA.

Il a pris un flambeau ; les chiens de garde le connaissent : il s'en est fait accompagner ; il n'a rien à craindre des bêtes féroces. Il sera bientôt de retour avec le philosophe.

ZORAÏDE.

Il arrivera trop tard. O mon Dieu, ce n'est qu'en toi que j'espère !

« Almiri se réveille ; il se met à chasser les mou-
» ches avec sa feuille. »

ALMIRI.

Allez, pauvres mouches... allez... l'amour brûle.

DALTON.

Ah ! le pauvre garçon ! il se croit encore dans son pays.

« Almiri aperçoit Zoraïde et ses femmes. »

ALMIRI.

Oh ! qu'elles sont belles ! Sultane, ayez pitié de mon maître ; c'est moi qui l'ai égaré ; je l'ai amené ici pour y trouver un asile. Nous ne vous avons fait aucun tort.

ZORAÏDE.

Rassurez-vous, mon ami.

ALMIRI.

On nous a amenés ce matin aux tentes d'Empsael, et ce soir nous nous sommes égarés sans pouvoir retrouver notre prison, et nous mourons de fatigue et de faim.

DON OZORIO.

Almiri !

ALMIRI.

Sultane, voilà mon maître. Il est mourant de fatigue, de faim et de soif.

ZORAÏDE.

Apportez-moi des rafraîchissemens. Consolez-vous ; vos maux ne sont point sans remède.

DON OZORIO.

Ange du ciel, votre voix me rappelle à la vie.

ZORAÏDE.

Asseyez-vous, mon père ; rouvrez votre ame à l'espérance.

DON OZORIO.

L'espérance a marché, dès mon enfance, devant moi sans que j'aie jamais pu l'atteindre. Maintenant, parvenu à l'extrémité de ma vie, je l'ai laissée bien loin derrière moi.

ZORAÏDE.

Il en est une céleste que donne la vertu, et qui nous attend à la fin de notre carrière.

DON OZORIO.
Ah! si j'avais employé la mienne, comme vous la vôtre, à faire le bien!
ZORAÏDE.
Vous en avez fait à ce noir, qui vous est si attaché. Un verre d'eau donné à l'infortune ne reste pas devant Dieu sans récompense; il ne sera pas sans mérite devant le généreux Empsael. Ecoutez, il va arriver; il vous croit l'un et l'autre fugitifs; le premier mouvement de sa colère est violent; laissez-moi le temps de le préparer : vous vous tiendrez derrière cette roche; vous ne paraîtrez que quand je vous appellerai.
DON OZORIO.
Oui, madame.
ZORAÏDE.
Je dois vous prévenir que, par l'effet d'anciens ressentimens des habitans de l'Afrique contre ceux d'Espagne, il hait tous les Espagnols. S'il vous demande de quel pays vous êtes, que lui répondrez-vous?
DON OZORIO.
Que je suis Espagnol. Je ne peux renoncer à ma patrie; mais, pour le calmer, j'ajouterai que je suis de Saint-Domingue. Les habitans de Maroc n'ont aucun sujet de haïr ceux de cette île; elle ne leur a jamais fait de tort.
ZORAÏDE.
Ne vous hâtez pas de répondre. Si Empsael vous demande de quelle partie de l'Espagne vous êtes, vous pourrez répondre : De Saint-Domingue.
DON OZORIO.
Oui, madame.
ZORAÏDE.
S'il vous interroge sur votre profession, que lui direz-vous?
DON OZORIO.
Les nobles, en Espagne, n'en ont point : le titre de noble leur tient lieu de tout.
ZORAÏDE.
La noblesse est ici sans recommandation. Mais enfin si Empsael vous demande en quoi consistait votre revenu?
DON OZORIO.
Je lui dirai qu'il consistait dans mes terres. J'étais habitant.
ZORAÏDE.
Vous aviez sans doute des noirs pour esclaves?
ALMIRI.
Oh! madame, mon maître faisait leur bonheur.
ZORAÏDE.
Si Empsael vous demande si vous étiez habitant, laissez votre noir répondre. Le juste ciel permet ici que les blancs soient sous l'empire des noirs, il

vous sera doux d'y avoir votre ancien esclave pour ami. Si Empsael vous demande votre nom?
DON OZORIO.
Je lui dirai que je m'appelle don Pedro Ozorio.
ZORAÏDE.
Il a eu autrefois un ennemi qui se nommait comme vous.
DON OZORIO.
Ce ne peut être moi. Je ne suis sorti de Saint-Domingue que pour tomber dans l'esclavage.
ZORAÏDE.
Mais n'aviez-vous point d'autres noms?
DON OZORIO.
On m'appelle aussi le grand commandeur, parce que j'étais honoré de l'ordre illustre de Saint-Jacques. Je portais encore le nom de marquis de Las Vittorias, du nom d'un de mes ancêtres, qui fut un des conquérans de l'Amérique. (*On entend le son des trompettes et des tambours maures.*)
ZORAÏDE, *effrayée*.
Retirez-vous. Lorsque vous le verrez en colère, ne lui résistez point. Je vous le répète, laissez votre noir répondre pour vous; songez que vous êtes ici sous sa protection.
DON OZORIO.
Et sous la vôtre, ange consolateur. (*Il se retire avec Almiri derrière le rocher. Petrowna et Dalton les accompagnent.*)
ZORAÏDE.
Petrowna et Dalton, portez-leur des rafraîchissemens, rassurez-les. Et vous, Marguerite et Rosa-Alba, hâtez-vous d'illuminer cette chaumière; un jour de triomphe pour Empsael doit être un jour de fête pour Zoraïde!... O mon Dieu! veillez sur ces infortunés; toute la prudence humaine, sans vous, ne peut que s'égarer.
EMPSAEL.
Console-toi, chère Zoraïde, je retrouverai mes esclaves fugitifs : mes gardes vigilantes, les chiens du camp, les lions du désert, le vaste océan, tout s'oppose à leur fuite. Je te ferai présent de l'esclave blanc : on dit qu'il garde un morne silence; son âge et son humeur taciturne le rendent propre au sérail.
ZORAÏDE.
Ah! seigneur, si j'ose dire, vous voulez faire mon bonheur, et vous m'entourez du malheur de mes semblables.
EMPSAEL.
Tu plains sans cesse les malheurs de mes tyrans!
ZORAÏDE.
Seigneur, si j'ai cherché à soulager vos esclaves, c'est par amour même pour vous, c'est pour éloigner de vous le spectacle déchirant de leurs peines.

EMPSAEL.
Que t'importent leurs peines, lorsqu'il ne manque rien à ton bonheur ? Des esclaves de toutes les nations de l'Europe travaillent ici pour tes plaisirs; ils apportent à tes pieds toutes les productions de l'Atlas, depuis ses sommets glacés jusqu'aux rivages brûlans de la mer.

ZORAÏDE.
Ah, Empsael! si vous saviez ce que peut pour le bonheur le concours des riches quand ils sont bons, et des pauvres quand ils sont libres! si vous connaissiez mon pays et ce que la liberté y produit!

EMPSAEL.
Qu'a donc ton pays de comparable à l'Afrique ?

ZORAÏDE.
Il n'y a pas, comme ici, en tout temps un climat chaud et des arbres couverts de verdure. Là, règnent de rudes hivers, la terre se couvre de frimas; mais on n'y voit pas, comme ici, des villes sans habitans, des chemins sans voyageurs, des forêts où les arbres fruitiers laissent tomber en vain leurs fruits, des fontaines qui n'abreuvent que des lions. L'homme n'y laisse perdre aucun des bienfaits de la nature; il y recueille des moissons dans toutes les plaines et des fruits sur tous les coteaux : tout y est riant et animé; l'air y retentit partout des chansons des paysans, soit qu'ils se livrent pendant le jour à leurs paisibles travaux, soit que le soir ils s'assemblent au pied d'un orme pour y danser avec les jeunes filles du village. Le bonheur des campagnes y annonce l'opulence des villes. On aperçoit de longues avenues d'arbres qui traversent les plaines et se perdent à l'horizon, tandis que les vaisseaux jettent l'ancre dans le canal des fleuves; leurs mâts se confondent avec les saules des rivages, et les chansons de leurs matelots avec celles des bergers. C'est à la liberté que les hommes de mon pays doivent leur industrie, les champs leur culture, les villes leur commerce, la France sa puissance et son bonheur. C'est à la liberté que ses femmes doivent les grâces qui les rendent recommandables dans toute l'Europe; et si je l'ose dire, seigneur, si vous avez trouvé en moi quelques faibles charmes, je les dois à la liberté, qui, dans mon enfance, développa dans mon ame et dans mes traits les premiers linéamens du bonheur.

EMPSAEL.
Tu me fais de la France une description bien touchante! voudrais-tu y retourner?

ZORAÏDE.
Moi, quitter le plus généreux des hommes! Ah! seigneur, je voudrais vous voir heureux; je voudrais vous entourer du bonheur de mon pays!

EMPSAEL.
Les gens de ton pays ne t'ont-ils pas dépouillée de tes biens? n'ont-ils pas cherché à arracher de ton cœur la religion de tes pères ?

ZORAÏDE.
J'ai oublié leur injustice depuis qu'ils sont malheureux; mais croyez que parmi ces hommes que vous poursuivez, il en est beaucoup qui détestent vos tyrans; croyez qu'il en est qui auraient soulagé vos maux, s'ils l'avaient pu; jugez-en par mes faibles efforts pour vous les faire oublier.

EMPSAEL.
Je ne puis rien te refuser. J'étais ton tuteur lorsque tu étais enfant, tu es le mien maintenant que je viens sur l'âge; mais je ne puis oublier la vengeance.

ZORAÏDE.
Ce mot glace tous mes sens.

EMPSAEL.
Il embrase tous les miens. Regarde cette main, ils l'ont marquée avec le feu. Tu pleures... Ah! tes larmes pénètrent jusqu'à mon cœur!

ZORAÏDE. (*Elle aperçoit son collier.*)
Seigneur, par ce faible vœu offert sur la tombe d'une femme moins infortunée que moi...

EMPSAEL.
Par toi-même, chère Zoraïde! Que veux-tu que je fasse pour ces misérables? On ne les retrouve plus; oublie-les : ils sont en proie à la fureur des lions.

ZORAÏDE.
Ils ne redoutent que la vôtre.

EMPSAEL.
Où sont-ils?

ZORAÏDE.
Ils s'étaient égarés; ils sont venus chercher un asile auprès de cette chaumière.

EMPSAEL.
Elle les protégera : qu'ils paraissent!

ZORAÏDE.
Vous m'avez promis de parler à l'Européen avec bonté; il a fait du bien à son esclave.

EMPSAEL.
Je te le jure par ce signe sacré. (*Il montre le ruban qu'il a à son poignet.*) Objet plus chéri que Mentia! je les recevrai l'un et l'autre comme des frères malheureux.

ZORAÏDE.
Paraissez, infortunés... (*A Ozorio :*) Parlez avec simplicité et franchise; ne craignez rien : Empsael est généreux, même envers ses ennemis. O Dieu, viens à mon secours!

EMPSAEL.
Chrétien, console-toi; ton esclavage est une for-

tune de la mer. La mer est comme la mort : aujourd'hui à toi, demain à moi.

DON OZORIO.

Illustre amiral, les fortunes de la mer ne devraient être que pour ceux qui s'y font la guerre. Je ne vous ai jamais fait de mal; je naviguais bien loin de vos côtes lorsque vos vaisseaux m'ont amené en esclavage, contre le droit des gens.

EMPSAEL.

De quelle nation es-tu ?

DON OZORIO.

Seigneur, je suis Espagnol.

EMPSAEL.

Espagnol! tu es de cette nation qui, contre la foi des traités, a chassé de l'Espagne les rois légitimes de Grenade, fondateurs de l'empire de Maroc; qui, sans aucun sujet de plainte, a exterminé la plupart des peuples de l'Amérique; qui, la première des nations de l'Europe, a réduit en esclavage les noirs de l'Afrique pour les transporter en Amérique; qui s'est emparée des îles et des côtes de l'Asie; qui a rempli les quatre parties du monde de ses brigandages... Tu es Espagnol! et tu parles du droit des gens!

ZORAÏDE.

Ah! seigneur!

EMPSAEL.

Je me contiendrai, Zoraïde, je te l'ai promis. (*A Ozorio :*) Où allais-tu ?

DON OZORIO.

Seigneur, j'allais sur la côte de Guinée pour y faire un chargement d'esclaves.

EMPSAEL.

Tu faisais la traite des esclaves, et tu te plains d'être tombé dans l'esclavage! Infidèle! Dieu est juste! il te punit par où tu as péché.

DON OZORIO.

Seigneur, les peuples noirs de l'Afrique se font fréquemment la guerre, et ils nous vendent volontairement leurs prisonniers pour l'esclavage.

EMPSAEL.

A l'instigation des Européens qui les trompent, et font naître parmi eux mille querelles dont ils profitent. Mais, de quel droit, après tout, les peuples de l'Europe se mêlent-ils des guerres de l'Afrique, lorsque les noirs de l'Afrique ne se mêlent point des guerres de l'Europe ?

DON OZORIO.

Grand ministre, si les Espagnols vont en Afrique chercher des noirs, c'est pour les rendre plus heureux en leur apprenant des arts utiles et en les accoutumant au travail; car les noirs ne travaillent pas s'ils n'y sont contraints.

EMPSAEL.

Que dis-tu ? Les noirs n'ont-ils pas des arts qui suffisent à leurs besoins ? meurent-ils de faim dans leur pays ? vont-ils chercher les bras des Européens pour le cultiver ? Quels sont les plus indolens, des blancs qui ont besoin des noirs pour cultiver leurs colonies, ou des noirs qui tirent assez de superflu de leurs cultures pour en charger des flottes européennes qui viennent commercer sur leurs côtes ?

DON OZORIO.

Seigneur, vous avez raison; mais les terres de l'Amérique sont des terres brûlantes qui ne peuvent être cultivées par les blancs.

EMPSAEL.

De quelle couleur étaient les Péruviens et les Mexicains, ces anciens cultivateurs de l'Amérique que les Espagnols ont exterminés ? N'étaient-ils pas blancs, ou plus faibles même que les blancs ? Les infatigables conquérans qui sont venus les détruire, à travers les mers orageuses et des montagnes que des neiges éternelles semblaient rendre inaccessibles, n'étaient-ils pas blancs aussi ? L'Europe ne peut-elle fournir aux pays chauds que de sanguinaires soldats, et non de paisibles laboureurs ? n'a-t-elle de force que pour ravager la terre, et en manque-t-elle pour la cultiver ?... Mais, dis-moi, infidèle, la terre de l'Amérique te semble-t-elle plus brûlante que celle de l'Afrique, qui noircit la plupart de ses habitans ? Ne sont-ce pas des esclaves blancs qui ont bâti les fortifications de Miquenez, de Tafilet, de Salé et les monumens de Fez, l'incomparable ? Ne sont-ce pas trente mille hommes de ta nation qui ont élevé les remparts de Maroc, semblables aux rochers de l'Atlas, sous ce vengeur de l'Afrique et ce fléau de l'Espagne [1], Jacob Almanzor ? Ces travaux ne sont-ils pas mille fois plus rudes, sous un ciel voisin du brûlant Zara, que la culture du café et des cannes à sucre sous les brises fraîches de l'Amérique ? Réponds-moi.

DON OZORIO.

Il n'est que trop vrai, seigneur; les esclaves blancs supportent de plus rudes travaux en Afrique que les esclaves noirs en Amérique. Ici, on nous fait porter des chaînes en travaillant; pendant le sommeil même, ce consolateur des misérables, nous ne pouvons respirer en liberté. On nous renferme dans d'étouffantes matamores.

EMPSAEL.

Ainsi donc, de ton aveu, les Européens sont plus robustes que les noirs, puisqu'ils supportent ici de

---

[1] Voyez Marmol, *Histoire de l'Afrique*.

plus grands travaux sur une terre plus brûlante que celle de leurs colonies. Avoue aussi qu'ils sont plus méchans que les noirs. Si nous ne les tenions enchaînés le jour et renfermés la nuit, ils nous égorgeraient en trahison. Perfides Européens, Dieu est juste; il se sert de l'Afrique pour venger les Africains. La plupart des Européens qui sont esclaves ici sont des navigateurs qui vont aux îles de l'Amérique, ou sur la côte d'Afrique, faire le malheur des noirs. Vous avez porté le crime de l'esclavage sur les côtes de la Guinée, et Dieu en a mis la vengeance sur celles de Maroc.

DON OZORIO.

Sage ministre de ce grand empire, dès les premiers temps de nos établissemens en Amérique, nous fûmes obligés, par l'épuisement d'hommes où nous jetèrent nos guerres, d'aller chercher des cultivateurs en Afrique.

EMPSAEL.

Pourquoi donc les avoir réduits en esclavage en Amérique! Étant libres, ne pouvaient-ils pas en cultiver la terre? Que dirais-tu si dans une ruche tu voyais les abeilles réduites à l'esclavage par d'oisifs bourdons, qui se nourrissent de leurs travaux?

DON OZORIO.

Illustre musulman, des motifs moins intéressés, et plus sublimes que ceux de la politique, portèrent les Espagnols à transporter les noirs dans leurs colonies. C'était pour les éclairer des lumières d'une religion pure; car, seigneur, si vous l'ignorez, les peuples de cette partie du monde sont plongés dans les ténèbres du paganisme.

EMPSAEL.

Puisqu'ils en voulaient faire des frères, pourquoi donc en ont-ils fait des esclaves? C'est pour empêcher les noirs de briser leurs fers que votre religion les consacre.

Hypocrites Européens, ainsi vous vous jouez de Dieu et des hommes. Sous le prétexte d'étendre votre religion, vous vous êtes faits les tyrans du monde. Quand vos vaisseaux marchands ont découvert un pays riche, ils y sollicitent un comptoir. Est-il accordé, vous y envoyez des missionnaires qui pénètrent dans l'intérieur à la faveur du commerce. A force de présens, ils obtiennent du souverain la permission de prêcher à ses sujets la soumission aux lois et la charité. Comme le prince et son peuple y trouvent également leur compte, vos prêtres ne tardent pas à s'y faire des prosélytes. Bientôt il s'élève des querelles entre votre religion et celle du pays. Alors vos vaisseaux de guerre arrivent, vos garde-magasins deviennent des soldats, vos comptoirs des forts, vos chapelles des cathédrales, et vous finissez par renverser la religion et l'état qui vous ont reçus. C'est ainsi que vous vous êtes rendus maîtres d'une partie des côtes de l'Asie et de ses îles, et que vous avez tenté de vous emparer de la Chine et du Japon, où votre nom est en horreur.

Voilà comme vous en agissez avec les peuples riches; mais si vous abordez chez un peuple pauvre, vous n'y faites pas tant de façons. Après qu'il vous a reçus de son mieux, vous ne manquez pas de planter sur le rivage un poteau avec une inscription par laquelle vous prenez possession de son pays, au nom de votre Dieu et de votre prince. Si vous trouvez quelque inconvénient à exposer votre injustice au grand jour, vous enfouissez ce poteau pour le déterrer, en temps et lieu, comme un titre légitime. En cas de besoin, des miroirs, des sonnettes, quelques bouteilles d'eau-de-vie, couvrent votre usurpation du titre d'achat. Après avoir enivré le souverain, vous dépouillez son peuple. C'est par ces moyens que vous vous êtes emparés de l'Amérique, et des côtes orientales et méridionales de l'Afrique. Vous vous gardez bien d'en agir ainsi chez les puissances belliqueuses; car vous êtes tyrans avec les faibles, et faibles avec les tyrans. Vous rampez à Constantinople, devant le grand empereur des fidèles. Ici, vos consuls font mille bassesses pour les intérêts de votre commerce; mais avec les peuples bons et simples de la Guinée, vous êtes des perfides. Dis-moi, qu'ont fait aux Européens les pauvres noirs? Ils n'ont point de vaisseaux pour voguer dans vos mers; ils n'envoient ni prêtres ni soldats pour subjuguer vos peuples; ils n'ont point bâti de forts sur vos côtes : vous êtes d'autant plus coupables, que votre religion, émanée de Dieu, comme la nôtre, vous ordonne de traiter tous les hommes en frères.

DON OZORIO.

Seigneur, on abuse des meilleures choses. Si nos missionnaires vont chez les peuples sauvages, c'est par le même motif qui y conduit les prêtres de votre religion, afin de les amener au culte pur d'un seul Dieu.

EMPSAEL.

Chrétien, tu oses comparer ta religion à celle du Prophète! Nous n'avons point réduit à l'esclavage les peuples que nous avons domptés; nous n'en forçons aucun de soumettre leur conscience à nos armes. Les Grecs, les Juifs, les Arméniens, les Cophtes, les Maronites, exercent librement parmi nous la religion de leurs pères. Nos prêtres, après avoir répandu la lumière du Croissant dans les trois Arabies et dans les îles de l'Asie, n'en ont point subjugué les habitans. Réponds-moi, si tu le peux.

ALMIRI.

Grand esprit! mon maître est malade, ne l'affligez pas.

EMPSAEL.

Pauvre noir! tu me parais d'un excellent naturel! (*A Ozorio;*) Parle, toi.

DON OZORIO.

Seigneur, je vous offense en voulant me justifier.

EMPSAEL.

Non, tu ne m'offenses pas. Ma religion m'ordonne d'entrer en justification avec mon esclave... Parle... Tu te tais... J'ai promis à celle à qui je ne peux rien refuser d'agir à ton égard avec bonté. Je t'offre un moyen de rompre tes fers.

ALMIRI.

O glorieux sultan, soyez mille fois béni! O mon pauvre maître! vous allez être libre.

EMPSAEL.

Fidèle serviteur, tu ne parles pas de toi! tu m'intéresses.

DON OZORIO.

Seigneur, comment puis-je rompre mes fers?

EMPSAEL.

En embrassant ma religion.

DON OZORIO.

Seigneur, je ne le puis, je tiens à celle où je suis né.

EMPSAEL.

Tu dois tenir à la meilleure. Ma religion est plus divine que la tienne, car elle est plus humaine; elle nous défend de tenir nos frères dans les fers: il y a plus; si [1] un de nos esclaves se marie, il n'est plus tenu de travailler pour son maître. Notre loi suppose, avec raison, qu'il doit ses travaux à sa femme et à ses enfans. Tu vois qu'elle est, plus que la tienne, conforme aux lois de la nature. Ouvre les yeux à la vérité.

DON OZORIO.

Je ne puis renoncer à la religion de mes pères.

EMPSAEL.

Tu ne te refuses à la lumière que pour boire du vin et manger du porc.

DON OZORIO.

Équitable musulman, je tiens à ma religion, parce que je la crois la meilleure; j'ai un Dieu, une patrie, une femme, des enfans et de l'honneur.

EMPSAEL.

Les noirs que tu enlevais à l'Afrique n'avaient-ils pas aussi une patrie, des amis, des femmes et des enfans?

DON OZORIO.

Généreux Empsael, mettez un prix à ma liberté. Voyez ces bras faibles et décharnés, ces épaules écorchées du poids des fardeaux. Je suis vieux. Je ne puis me faire à la servitude; bientôt je mourrai dans vos fers, sans utilité pour vous.

EMPSAEL.

Je fais la guerre aux méchans; mais je n'en fais pas le commerce. Tu me donnerais quatre boules d'or aussi grosses que celles de la mosquée d'Abdul-Mumen [1], à Maroc, que je ne te rendrais pas la liberté. Souffre le mal que tu as fait souffrir.

DON OZORIO.

C'est la loi de mon pays qui est coupable, ce n'est pas moi. Je l'adoucissais autant qu'il m'était possible; j'étais allé moi-même acheter mes esclaves en Guinée, afin de les transporter avec humanité sur mes habitations, où j'allais tâcher de les rendre heureux.

ALMIRI.

Il les rendait heureux; c'est la vérité, j'en jure par le soleil.

EMPSAEL.

Par le soleil!... O doux rivages de la Falémé!... Comment! tu étais habitant? dans quel pays?

DON OZORIO.

Dans l'île de Saint-Domingue.

EMPSAEL, *entrant en fureur.*

A Saint-Domingue! habitant à Saint-Domingue! A ce nom tout mon sang bouillonne. Comment t'appelles-tu?

ZORAÏDE.

Seigneur, souvenez-vous...

EMPSAEL.

Parle... parle... ou je te fais mourir.

DON OZORIO.

Je n'ai jamais pu vous offenser. Je sortais de mon pays lorsque j'ai été pris par un de vos vaisseaux. J'habitais la partie méridionale de Saint-Domingue, où je suis connu par mon équité envers tous les hommes; j'en prends à témoin cet infortuné compagnon de mon sort. Je m'appelle Pedro Ozorio.

EMPSAEL.

Ozorio!... quoi! c'est toi, monstre! reconnais Pedro, ton ancien esclave!

ALMIRI, *se mettant au devant d'Empsael, et découvrant sa poitrine.*

Frappez, seigneur!.... frappez!.... mais épargnez mon maître.

---

[1] Voyez le *Voyage de Maroc et d'Alger*, par les Pères de la Trinité, en 1724.

[1] Il paraît qu'Abdul-Mumen est le roi de Maroc qui fit la conquête de Gago par un mariage, ainsi que nous l'avons rapporté.

EMPSAEL *recule de surprise en voyant un soleil empreint sur la poitrine d'Almiri; il lui dit d'un ton attendri:*

Noir trop généreux! quelle main maternelle imprima ce soleil sur ton cœur? dans quelle contrée de l'Afrique es-tu né? quel est ton nom?.... Ressouvenir sacré de mon enfance et de mes parens! Infortuné! parle.... comment te trouves-tu esclave de ce barbare? Ne t'effraie point. Si ma patrie me crie vengeance contre lui, elle implore pour toi toute ma pitié.

ALMIRI.

Seigneur, je suis né dans le pays de Bambouk, sur le bord de la Falémé; je m'appelle Almiri; je n'ai plus de patrie, plus de parens. Hélas! il ne me reste qu'un bon maître.

EMPSAEL, *découvrant sa poitrine.*

Almiri! ô mon cher Almiri! reconnais ton frère Badombi. O compagnon de mes plus innocentes années! ô frère si regretté! qu'il m'est doux de te retrouver, de revoir en toi tous mes parens, de me rappeler les bords de la Falémé, autrefois si heureuse! Qu'on lui ôte sa chaîne! qu'on lui prépare un bain, des habits comme les miens! qu'on lui obéisse comme à moi! c'est mon frère!..... (*Montrant Ozorio:*) Gardes, qu'on le saisisse, qu'on apprête des tortures, qu'on fasse rougir des fers! Voilà le reptile qui a allumé dans mon sang le feu de la vengeance.... Ozorio! barbare Ozorio! en te voyant, je revois tous les crimes des Espagnols; mon frère enlevé, ma mère morte de douleur, mon pays brûlé, mon père égorgé; je revois tout Saint-Domingue; j'entends le bruit des fouets, les cris et les gémissemens de mes compatriotes... Ta tête suspendue sur le cap d'Aguer, cette vedette de l'Atlas, effraiera à jamais les Européens qui passent à sa vue pour faire les malheurs de l'Afrique.

ALMIRI.

O Badombi! Ozorio me fut un père.

EMPSAEL.

Il fut mon bourreau; il périra.

ZORAÏDE.

Cher époux, par le tombeau de Mentia!

EMPSAEL.

O amitié! ô vengeance! ô amour! mon cœur ne peut suffire à vos transports. Je ne peux voir la douleur empreinte sur ton visage: retire-toi, tu me fais mourir.

ALMIRI.

O mon frère! ô Badombi! par le souvenir de nos premières années, par l'amour que vous me portez, ne me refusez pas la vie de mon maître: lui seul m'a consolé du malheur de vous avoir perdu. Le vaisseau qui me sépara de vous m'ayant amené dans l'île de Cuba, j'y fus acheté par un habitant barbare comme tous les habitans européens. Après sa mort, je fus conduit au marché avec les autres noirs, pour y être vendu à l'encan. Pendant que, nu sur la place publique, j'étais exposé aux regards des marchands, un Espagnol s'approcha de moi et m'acheta: il me conduisit ensuite à Saint-Domingue, dans son habitation, où il m'éleva comme son fils. Ce bienfaiteur est Ozorio.

EMPSAEL.

O coup étrange du sort! tu étais esclave dans la maison de ton frère, et tu as été élevé comme un fils dans celle de mon tyran! (*Il le serre dans ses bras, et le repoussant tout à coup avec fureur:*) Il t'aura donc rempli de sa rage contre ta religion, contre ta patrie, contre moi-même!

ALMIRI, *avec tendresse.*

O mon frère! mon amour pour ma patrie et pour vous est gravé dans mon cœur plus profondément que cette image du soleil, empreinte sur ma poitrine par les mains de nos parens.

« Il découvre sa poitrine. »

EMPSAEL.

Jure-le-moi par ce même soleil: n'es-tu pas devenu mon ennemi?

ALMIRI, *versant des larmes.*

Votre ennemi! moi qui vous ai tant regretté!

ZORAÏDE.

O Empsael!

« Elle se trouve mal, ses femmes accourent et
» la soutiennent; Empsael s'approche d'elle, et la
» prend dans ses bras. »

DON OZORIO.

Seigneur, j'ai mérité toute votre vengeance. Égaré par les lois de mon pays, je me suis écarté de celles de la nature; mais il n'a pas tenu à moi de réparer mes injustices envers vous. A peine vous fûtes parti de Saint-Domingue, que je vous cherchai dans toutes les Antilles espagnoles. Je rencontrai votre frère dans l'île de Cuba; il vous a dit comme j'en avais agi envers lui. Je desirais, avant de mourir, lui assurer de quoi vivre et lui rendre la liberté; mais, comme la plupart des hommes, j'ai eu trop de temps pour faire le mal et pas assez pour faire le bien. La Providence, qui vous fit mon esclave lorsque je pouvais faire votre bonheur, vous a mis à la tête du plus puissant empire de l'Afrique, et m'a rendu votre esclave à mon tour. Vengez-vous; abrégez ce reste de jours en tout temps malheureux. La vie n'offre dans le passé que des repentirs sans le souvenir des bienfaits, et que des tourmens pour l'avenir sans l'espoir de la liberté.

EMPSAEL, *du ton de la douleur.*
La liberté!

ZORAÏDE, *revenant à elle.*
Empsael!

EMPSAEL.
Ma chère Zoraïde!

ZORAÏDE.
Est-ce donc là cette bonté que vous m'aviez promise! C'est donc moi qui aurai causé la mort de cet Européen en l'appelant en votre présence! Quoi! le premier mouvement de ma compassion lui serait plus funeste que la vengeance de toute votre vie! Au nom de celui qui réserve une gloire immortelle à l'homme qui pardonne, au nom de mon Dieu...

EMPSAEL, *d'un ton attendri.*
Ton Dieu n'est pas celui des Européens, douce Zoraïde!

ZORAÏDE *tombe aux genoux d'Empsael; toutes ses femmes et Almiri s'y jettent aussi.*
Cher époux, au nom de ce Dieu qui vous a comblé de gloire depuis tant d'années, et qui met dans ce moment un frère chéri dans vos bras et un ennemi repentant à vos pieds!

EMPSAEL, *relevant Zoraïde et la serrant dans ses bras.*
Et qui m'a donné ma chère Zoraïde! O Zoraïde, ô Almiri, vous l'emportez! Ozorio, je te donne la vie et la liberté; retire-toi.

« Almiri se jette aux pieds d'Ozorio, et lui dé-
» tache ses fers. »

DON OZORIO.
Magnanime musulman, j'en atteste cette Providence qui rapproche, quand il lui plaît, les hommes des climats les plus éloignés, et qui punit tôt ou tard les tyrans par les moyens qu'ils ont le plus méprisés; à mon retour à Saint-Domingue, je rendrai la liberté à tous mes noirs, et je leur dirai qu'ils en sont redevables à votre clémence envers moi.

EMPSAEL.
Dis-leur qu'ils en sont redevables à Zoraïde, et que je lui dois la plus grande de mes victoires.

# LA PIERRE D'ABRAHAM,

OU

## LE PÈLERINAGE

A SAINTE-ANNE D'AURAY.

### AVIS DE L'ÉDITEUR.

Bernardin de Saint-Pierre affectionnait particulièrement cet ouvrage, composé plusieurs années avant *Paul et Virginie*. Il ne le lisait qu'à un petit nombre d'amis, refusant de faire imprimer ce qu'il appelait le secret de ses mœurs, de ses goûts et de ses opinions; craignant enfin de mettre le public dans la confidence d'un bonheur si peu fait pour lui plaire. Mon ame est dans cet ouvrage, disait-il quelquefois; je ne l'ai pas écrit pour des indifférens; c'est une scène de famille, les regards d'un étranger lui feraient perdre tout son prix. Puis s'adressant à sa femme et à ses deux enfans : Vous n'étiez pas nés, ajoutait-il, lorsque j'écrivais ce dialogue pour charmer les soucis d'une vie trop agitée, parce qu'elle était trop solitaire; vous n'étiez pas nés, et cependant c'est vous que j'ai peints : j'avais comme un pressentiment de la félicité dont je jouis, près de vingt ans après en avoir tracé le tableau. Ceux qui ont vu Bernardin de Saint-Pierre à la campagne, au sein de sa famille, seront frappés de ce rapprochement; ils s'étonneront même qu'un célibataire ait pu écrire avec tant de vérité la conversation de deux petits enfans; morceau naïf et charmant, auquel je ne connais rien de comparable dans notre langue. On remarquera également plusieurs tableaux des bienfaits de la nature, préludes ingénieux des *Études*, comme les malheurs d'Anne Mondor sont la première esquisse des malheurs de la pauvre Marguerite. Au reste, il n'est point inutile de rappeler ici que l'auteur avait connu le triste objet qui lui a servi de modèle. C'était une folle à peine âgée de trente ans qui se tenait sous le portail d'une petite église du faubourg Saint-Marceau. Toujours exposée aux frimas, aux vents, à la pluie, elle y paraissait insensible; son occupation habituelle était de monter et de démonter un bonnet, qu'elle ne se lassait pas d'orner chaque jour de fleurs fanées et de dentelles en lambeaux. Une robe de soie déchirée, un mantelet noir qui la couvrait à peine, rendaient sa misère d'autant plus frappante, qu'ils rappelaient le souvenir d'un bien-être qui n'était plus. On remarquait dans ses manières cette grâce, cette aisance que donne l'éducation, et que l'excès du malheur même ne saurait effacer. Abandonnée de son amant, chassée par les valets d'un riche parent dont elle avait inutilement imploré le secours, elle s'était réfugiée sous le portique de l'église, où chaque matin elle venait recevoir les dons de la pitié : ainsi Dieu seul ne l'avait pas repoussée. Bernardin de Saint-Pierre, touché de son sort, raconta cette aventure à la femme d'un ministre alors en crédit : il en obtint même une pension de 300 francs. L'infortunée reçut cette nouvelle d'abord avec une profonde indifférence, mais elle se livra ensuite aux transports d'une joie si immodérée, que la fièvre la saisit, et que trois jours après elle n'était plus. Ainsi finit cette pauvre fille, à qui la dureté et la pitié, la douleur et la joie, furent également funestes.

*Empsael*, la *Mort de Socrate* et la *Pierre d'Abraham* étaient destinés à faire partie des *Harmonies de la Nature*. Bernardin de Saint-Pierre aimait à introduire des dialogues dans ses ouvrages : tel est celui qui termine le *Voyage à l'Ile-de-France*; tel est encore celui que l'auteur a jeté avec tant d'art au milieu de *Paul et Virginie*. *La Chaumière Indienne*, le *Café de Surate* et le *Voyage en Silésie*, sont des espèces de scènes dialoguées. On ne peut qu'applaudir à cette manière de représenter au vif les personnages d'une histoire, en les mettant, pour ainsi dire, en présence du lecteur. Les anciens offrent de nombreux et d'heureux exemples de l'emploi du dialogue dans les sujets philosophiques; mais Bernardin de Saint-Pierre a donné à cette méthode une nouvelle extension, en la transportant, des sujets philosophiques, dans les romans.

## LA PIERRE D'ABRAHAM.

A l'extrémité de vastes campagnes, dont une partie est labourée et l'autre est en jachère, s'élève un grand château où aboutissent plusieurs avenues; sur le devant, à gauche, est une portion de forêt au milieu de laquelle on voit un défriché, et au milieu de ce défriché une cabane entourée de vergers et de petites cultures : l'entrée du sentier qui y conduit est fermée par une barrière appuyée au tronc de deux saules. Une haie vive et fleurie enclôt cette habitation : un petit ruisseau l'arrose, et coule le long de la forêt, qui fuit en perspective vers l'orient. On distingue au loin, de ce côté-là, à la lueur de l'aube matinale, le cours d'un fleuve qui serpente dans la plaine, et les clochers d'une grande ville à l'horizon. On entend le ramage des oiseaux dans le bois, et le chant d'un coq dans la métairie.

MONDOR, *en riche déshabillé du matin.*

On périrait d'ennui à la campagne, si on n'y voyait ses amis. Qu'on se récrie tant qu'on voudra sur les beautés de la nature, pour moi je n'y trouve rien que de déplaisant. Voulez-vous vous promener pendant le jour? le soleil vous brûle, ou la poussière vous aveugle; le soir et le matin, les herbes sont humides; en tout temps, les pierres des chemins vous brisent les pieds. Mais pourquoi se promener, après tout? pour voir les fleurs des champs qui ne ressemblent à rien; pour entendre des oiseaux qui chantent sans savoir ce qu'ils disent; et tout cela naît pour mourir, et meurt pour renaître. La vie de la nature n'est, comme celle de l'homme, qu'un cercle perpétuel d'inconséquences, de faiblesses et de misères. Le philosophe de mon château m'a fort bien prouvé que toutes ces prétendues merveilles n'étaient que des combinaisons de la matière et du hasard, sans objet, sans plan, et surtout sans bonté : aussi il ne se soucie guère de les voir, à quelque heure du jour que ce soit. Il ne se lève qu'à midi, et il ne se promène que le soir dans mon parc, avec les femmes.

Cependant personne ne connaît mieux la nature que lui; c'est un de ces hommes rares qui expliquent tout par la force de leur génie. Il m'a donné dernièrement les moyens de quadrupler mon revenu avec des sels, des nitres et je ne sais quoi diable encore. Le revenu! le revenu!..... voilà l'essentiel. Cette plaine me rapporte, année commune, douze mille boisseaux de blé, et ces collines là-bas cinq cents pièces de vin : voilà ce qui mérite d'être vu, tout le reste n'est rien. Ce sont les poètes qui ont divinisé nos campagnes. Pour moi, je ne vois dans nos forêts, au lieu d'hamadryades, que des cordes de bois; dans les champs de la blonde Cérès, que des sacs de blé; et dans les prés où dansent les nymphes, que des bottes de foin. Il en est de même du reste de la nature. Où nos bonnes gens voient-ils donc un Dieu? Oh! j'ai eu grand soin de bannir son idée de mon château, encore plus que de mes domaines; c'est une imagination qui vous effraie nuit et jour. Vous ne pouvez ni ouvrir la bouche de peur de mentir, ni prêter l'oreille de peur d'entendre calomnier, ni ouvrir les yeux de peur d'être surpris par les charmes de quelque femme, ni enfin faire un pas sans craindre de séduire une voisine ou d'écraser un voisin : vous êtes aux fers de la tête aux pieds. Dieu merci! je me suis mis au large, et j'y ai mis tout mon monde. Personne ne croit en Dieu chez moi, ni mes amis, ni ma femme, ni ma fille, ni même mes laquais. Au fond, cette idée serait assez bonne pour contenir des valets et même nos femmes; mais elle donne entrée à des prêtres, qui, par leur moyen, savent tout ce que vous faites, s'insinuent peu à peu chez vous, et finissent par s'emparer de votre bien quand ils sont une fois les maîtres de votre conscience. Ayez de la décence, répété-je tous les jours à mes gens; respectez-vous à cause du public, à cause de vous-mêmes; aimez l'ordre, aimez la vertu pour votre propre bonheur; mais d'ailleurs vivez comme vous l'entendrez.

Si on pouvait leur persuader qu'il y a un Dieu en n'y croyant pas soi-même, on serait bien à son aise. La religion d'autrui assure notre tranquillité :

aussi bien des gens tâchent de l'insinuer à leur voisin; mais personne n'en veut pour soi; c'est un papier qui n'a plus de cours, on se le renvoie de l'un à l'autre. Dans le fond, on ne persuade aux autres que ce dont on est soi-même persuadé : aussi le monde n'a-t-il plus maintenant de discrétion. Par exemple, je veux me borner à ne voir chez moi que quelques bons et anciens amis, comme le comte d'Olban et son cousin le chevalier d'Autières, qui sont des gens aimables et pleins de probité; et il m'en arrive chaque jour une foule de nouveaux, qui me sont insupportables. Ils me prennent la main, ils m'embrassent, ils m'appellent leur cher ami, et ils ne m'ont jamais vu. Ce qu'il y a de plus fâcheux, c'est que parmi ces bons amis-là il y a des gens que je hais de tout mon cœur, des gens qui viennent à ma table épier ce que je dis, en conter à ma femme et à ma fille sous mes yeux, sans que j'ose le trouver mauvais. Ils tiennent à des corps, à des grands, à la cour : tout cela me tracasse et me mange. Il y a à présent, de compte fait, douze carrosses étrangers sous mes remises, vingt valets étrangers sous mes mansardes, et dans mes écuries trente chevaux qui ne sont pas à moi.

Ce n'est cependant qu'en menant une pareille vie que je soutiens mon crédit. Aujourd'hui, point de réputation dans le monde sans une bonne table; partant, plus de considération. A la vérité, quand je parle chez moi, tout le monde se tait, on m'élève aux nues; plus d'une fois de beaux-esprits ont pris sur leurs tablettes, avec leurs crayons, note de ce que je disais; mais quand Madame parle, c'est à mon tour à me taire. Il faut avouer, au fond, qu'elle parle bien : elle met des grâces et de l'esprit à tout ce qu'elle dit. Je ne connais point de philosophe qui ait une aussi bonne tête. C'est elle qui possède les grands principes, et qui est conséquente dans ses raisonnemens et dans sa conduite; ce qui est fort rare parmi les femmes. Par exemple, comme elle ne croit pas en Dieu, elle ne veut pas aller aux spectacles, parce qu'on y parle souvent des dieux et qu'on les y voit même en action : elle ne veut pas entendre le mot d'*adorable* dans la plus petite chanson, à moins que la chanson n'ait été faite pour elle. Elle bannit de même de la conversation les mots d'*éternel*, d'*infini*, et tout ce qui a quelque rapport avec l'idée de la Divinité. Cela est un peu gênant, car l'éducation nous habitue avec ces expressions-là. Après tout, ma femme est un exemple de vertu. Elle sévit sans cesse contre les vicieux; elle veut que chacun fasse son devoir pour l'amour du devoir; elle pousse même sa sévérité sur l'honneur un peu trop loin : heureusement elle ne place l'honneur que dans l'amour. Hélas! son opinion a contribué à la mort de mon fils. Il était à la fleur de son âge, et déjà fort avancé au service par mon crédit et par mon argent. Il n'avait pas encore vu le feu, quoique nous fussions à la fin de la guerre; c'est au milieu de ses amis qu'il a trouvé l'ennemi. Il fait une maîtresse, suivant l'usage; un de ses amis la lui enlève, suivant l'usage aussi. L'honneur!... l'honneur!... lui répète souvent sa mère : mon fils se bat avec son ami, mon fils est tué!.... encore je suis obligé de dévorer mon chagrin devant ma femme. Il est mort avec honneur, dit-elle; et moi je ne vis plus que dans l'amertume : depuis ce temps-là je ne dors plus. J'ai voulu, cette nuit, profiter de mon insomnie et de la clarté de la lune pour parcourir mon bien. La fortune, dit-on, adoucit le regret de toutes les pertes; pour moi, il me semble qu'elle ne fait qu'accroître celui de la mienne. A qui laisserai-je tout ceci? (*Il soupire.*)

Enfin, me voici arrivé au bout de mon domaine. Jamais je n'aurais fait autant de chemin à pied sur le parquet le plus uni, mais on ne se fatigue pas en marchant sur ses terres. Voici donc la forêt du roi! ah! les beaux arbres! J'allais en écorner un angle, et le joindre à cette portion de la commune des villages voisins que je me suis fait afféoder sous prétexte du bien public, lorsqu'un quidam s'est venu établir vis-à-vis de moi. Il s'est campé là comme une borne au milieu de mon chemin. Ce sera sans doute par le crédit de quelque garde de la forêt : mais je le ferai bientôt déguerpir avec ce grand mot, *le bien public*. Ce mot-là m'a déjà valu cinquante mille écus de rente.

Voici encore un autre trait de providence. On dit que l'homme qui s'est planté là a bien servi son pays : le voilà logé au milieu des bois, comme un ours; il ne voit personne, il vit dans la pauvreté et la crapule avec une commère et des marmaillons d'enfans. Comment ces gens-là peuvent-ils soutenir, dans la solitude et la misère, le poids de l'existence qu'on traîne avec tant de peine au milieu des honneurs, de la fortune et du monde? De quoi peuvent-ils s'entretenir dans un éternel tête-à-tête, sans livres, sans société, sans amis, et sans doute sans argent? Comment supportent-ils l'affreuse idée de l'avenir qui s'avance pas à pas, et de la vieillesse qui nous mène, par un chemin de douleur, à un néant dont nous ne ressortirons jamais? O vieillesse! ô mort! tristes images qu'on retrouve dans le monde même, à chaque pas que l'on y fait; dans les femmes que nous aimons, qui, au retour des eaux ou de leur campagne, nous paraissent tout à coup vieillies; dans les enfans de nos amis, qui grandissent à vue d'œil, se marient et nous font grands-pères, lorsque nous ne pensons plus au mariage. Il n'y a pas jusqu'aux papiers publics, où nous cherchons des nouvelles étrangères et amusantes pour nous dissiper, qui ne nous ramènent durement au sentiment de notre destruction. Vous trouvez parfois, dans leurs listes d'enterremens, les noms d'un ami avec lequel vous avez quelquefois soupé huit jours auparavant, ou les noms des acteurs et des hommes à talens qui vous ont amusé pendant tant d'années, et qui disparaissent tout d'un coup, sans que vous sachiez seulement qu'ils ont été malades. Hélas! si je n'étais distrait perpétuellement de ces idées, je deviendrais fou; ma philosophie est de m'oublier. Après tout, pourquoi m'occuper du sort de ces misérables? ce sont eux qui me font naître ces tristes retours sur moi-même. La société ne doit rien à qui ne lui a rien apporté. Que ces gens-là ne se vendent-ils! comme l'a fort bien dit un écrivain de nos amis en parlant des pauvres, dont le nombre augmente tous les jours dans le royaume; ils seront bien obligés d'en venir là tôt ou tard. Mais celui-ci m'inquiète plus que les autres, il est dans mon voisinage; c'est d'ailleurs un mauvais voisin qu'un solitaire. Le méchant vit seul, comme mon philosophe le soutint fort bien l'autre jour dans un souper de femmes, où il y avait trente-cinq personnes.

Il faut que je débusque cet aventurier-ci de son repaire; je vais lui tendre un piége. Je lui proposerai de me vendre le bouquet de bois qu'il a enclos dans sa haie, je lui en offrirai un bon prix : l'or le tentera; il abattra ses arbres sans la permission de la Maîtrise des eaux et forêts; on lui fera un bon procès criminel. Mes amis crieront de leur côté qu'il a dégradé la forêt du roi, que c'est un aventurier sans feu ni lieu; qu'il se forme là un nid de voleurs, de contrebandiers dans la forêt du roi. Je glisserai quelques pots-de-vin; j'aurai le bois et le fonds pour rien. (*Il rit.*) Ah! ah! ah! Il passera pour un coquin, et moi pour un homme de bien. Il sera même fort heureux s'il en est quitte pour la prison. (*Il rit encore.*) Ah! ah! ah! Sainte puissance de l'or, vous êtes la seule divinité qui gouvernez ce monde! Mais contentons-nous de son bien, sans lui faire de mal; je lui donnerai même de quoi faire sa route, et je vous réponds que cet acte de bienfaisance sera bien prôné dans Paris. (*Il rit.*) Ah! ah! ah! Mais si c'était en effet un voleur! je suis seul... Il est grand matin..... il y a loin d'ici au château..... Retournons-nous-en, ce sera le parti le plus sage; j'agirai toujours bien par autrui. Mais non, puisque nous voilà arrivé,

jugeons de l'état des choses par nos propres yeux : il n'est tel que l'œil de l'acquéreur. Avançons le long de la haie, nous verrons notre acquisition de près, et notre homme de loin. On connaît, dit-on, les gens à la physionomie; moi, je les connais à l'habit : s'il est mal vêtu, c'est un coquin. Cachons-nous entre ces épaisses broussailles; je l'observerai à mon aise à travers les branches... Comme je suis déchiré par ces ronces! mais voyez donc leurs crocs recourbés comme des hameçons! elles ont arraché toutes mes dentelles! Est-ce un Dieu qui a pu faire de pareils ouvrages? que maudite soit ma promenade du matin! j'ai les jambes et les mains en sang : asseyons-nous donc ici, puisque nous y voilà! Je lirai, en attendant que mon homme paraisse, le *Système de la Nature*; c'est un excellent livre dont madame Mondor fait beaucoup de cas. A la vérité, je n'y entends rien, mais tous les ouvrages des hommes de génie sont profonds et obscurs... Chut! chut! je vois sortir de la fumée de la cabane, et j'entends même un peu de bruit. Nos gens sont levés : l'indigence est un grand réveille-matin. Pleurez, pleurez, misérables, séquestrés des gens de bien par votre misère! Commencez votre journée à l'ordinaire, par des malédictions.

« On voit descendre de l'étage supérieur de la
» cabane, par un escalier de bois qui s'appuie en
» dehors sur un vieux cerisier sauvage en fleurs,
» un père de famille avec son épouse; ils sont sui-
» vis d'Antoinette, leur fille, qui porte un vase à
» traire le lait. Pendant que le père et la mère s'a-
» vancent du côté de la barrière, la jeune fille s'en-
» fonce dans le verger.
» Mondor est caché sur le bord de la haie. »

ANTOINETTE *chante sur un air fort gai :*

Tout du long du bois.....
Tout du long du bois.....

« Elle s'interrompt pour appeler son frère : »
Henri! mon frère Henri! quoi! vous n'êtes pas levé, et les oiseaux chantent! Venez avec moi cueillir des fraises, pendant que je trairai mes chèvres, car je n'ose aller seule le long du bois. (*Elle chante :*)

Tout du long du bois.....
Tout du long du bois.....

(*Puis d'un ton triste :*) Henri! où êtes-vous donc, Henri?

LE PÈRE, *à sa femme.*

A la gaieté d'Antoinette, à son chapeau d'écorce de tilleul, et au vase qu'elle porte sous le bras, on la prendrait pour la naïade de ce ruisseau; mais on voit bien à sa timidité qu'elle n'est qu'une bergère. Chère épouse, à son âge vous lui ressembliez tout-à-fait, quoique vous fussiez élevée au milieu des espérances d'une grande fortune.

LA MÈRE.

Si elle trouve un jour un époux qui vous ressemble, aucune fortune ne sera comparable à la sienne.

LE PÈRE.

La croiriez-vous déjà sensible à l'amour? en ce cas, il faudrait bientôt songer à la marier.

LA MÈRE.

Je crois qu'elle ne manque pas d'amans, mais j'ignore si elle aime. Quand, les jours de fête, nous allons à la messe au hameau voisin, les jeunes gens se mettent en haie pour la voir passer, et ils la suivent des yeux jusqu'à ce que nous ayons gagné quelque coin obscur de l'église. Ils marquent le même empressement à son retour. Hors ces deux circonstances, on n'en voit aucun paraître autour de cette solitude. J'ai demandé plusieurs fois à Antoinette quels étaient, dans la foule des jeunes gens qui se présentent sur son passage, et parmi lesquels se trouvent souvent des jeunes gens de la ville, ceux qui lui paraissent les plus aimables. Aucun, m'a-t-elle toujours répondu ; les paysans ont l'air trop rustique, et les bourgeois sont trop effrontés. Un jour, la voyant plus sérieuse qu'à l'ordinaire, je crus surprendre son secret : Qu'as-tu, lui dis-je, Antoinette? tu es toute pensive, tu soupires : ouvre-moi ton cœur. Si tu souffres de quelque inclination dont tu rougisses, je t'aiderai à la combattre. Quand on est maître de son cœur, on est maître de sa destinée. C'est le devoir de la vertu de triompher des passions ; jamais une fille n'est plus digne d'être aimée que quand elle dédaigne de l'être ; mais si ton choix est fait, ton père et moi nous y souscrirons : notre plus grand desir est de te voir heureuse. Ma mère, me répondit-elle, je vous proteste par l'amitié que je porte à mon père, à vous et à mon frère, que, hors de ces lieux, je ne trouve rien d'aimable ; toute mon envie est de n'en jamais sortir. Mais, ma fille, repris-je, il faudra bien un jour t'y résoudre ; ton père et moi nous ne vivrons pas toujours. Quand ton frère sera grand, il ira servir le roi à l'armée ; il s'éloignera d'ici : que feras-tu seule au milieu des bois? Il faudra bien alors songer à te marier : choisis dès à présent un amant qui mérite d'être un jour ton époux. Donne-nous cette joie pendant que nous veillons sur ton bonheur, et que nous pouvons te guider par notre expérience. Tu ne nous auras pas toujours, ma chère fille, car nous sommes mortels. Ah! maman, me dit-elle en pleurant et en se jetant à mon cou, c'est cette pensée qui m'afflige. Mais si je dois vous perdre un jour ; si, dans ma faiblesse et dans mon abandon, je suis forcée au choix d'un époux pour être protégée, je préférerai, parmi les amans qui me rechercheront, celui de tous qui aura le plus la crainte de Dieu.

LE PÈRE.

Respectable mère, elle doit ces sentimens bien plus à votre exemple qu'à vos leçons. Tendre amie, où voulez-vous que nous fassions aujourd'hui la prière du matin? Sera-ce au pied de ces vieux sapins qui vous rappellent le souvenir de votre patrie, ou sous ces pommiers en fleurs, à la vue des biens que nous promet pour l'automne la bonté du ciel? Choisissez de ces gazons verts, ou bien de ces retraites sombres où les oiseaux, à peine réveillés par les premiers rayons du jour, saluent l'aurore de leurs chansons.

LA MÈRE.

Nous prierons où vous voudrez ; partout où je suis avec vous, le sentiment d'une Providence m'accompagne.

LE PÈRE.

Appelons nos enfans... Antoinette!... Henri!... Antoinette!

ANTOINETTE, *accourant, et d'un air inquiet.*

Mon papa, je ne trouve point mon frère! je l'ai cherché dans la maison, autour de la maison, dans le verger, et jusque sur le bord de la forêt. Favori même, notre chien, n'y est pas. (*Elle appelle :*) Henri!... mon frère Henri!

LA MÈRE.

Mon fils est sorti! et où peut-il être allé si matin? J'ai cru cette nuit l'entendre se lever bien avant le jour ; le bruit même qu'il a fait, en se levant, m'a réveillée au milieu d'un songe : il me semblait qu'il tuait un hibou qui faisait son nid dans la haie. Mon ami, vous ne croyez pas beaucoup aux songes.....

LE PÈRE.

Chère épouse! l'enfance a mille projets ; chaque jour votre fils en fait de nouveaux pour vous plaire ; il sera peut-être allé vous cueillir des fraises dans la forêt : vous l'allez voir revenir dans un moment. Quant aux songes, ils ne sont pas toujours trompeurs : le vôtre cache quelque chose de mystérieux. Le ciel, je l'ai éprouvé plus d'une fois, aime à se communiquer à vous, à cause de vos vertus.

ANTOINETTE.

Maman, vous aurez quelque bonne nouvelle, car j'ai vu, hier au soir, une étincelle bien brillante dans la lampe. Mon papa, vous vous moquerez de moi !

LE PÈRE.

Non, ma chère fille ! les rois lisent quelquefois leur destinée dans des comètes, et les bergères dans leurs lampes, également bien. Toute la nature est aux ordres de la Providence : ne soyons point inquiets ; faisons ensemble notre prière accoutumée.

« Ils s'agenouillent sur l'herbe, à l'ombre d'un
» des saules de la barrière, et ils prient en si-
» lence. »

MONDOR, *caché*.

Voilà comme sont faites toutes les femmes. La mienne, qui ne croit pas en Dieu, croit à toutes ces sottises-là ; j'ai beau me moquer d'elle, je n'y gagne rien. Mais... si j'allais être, moi, le hibou de la haie ! si on allait m'assommer ici ! Il arrive quelquefois des choses plus étranges... Oh ! non, il n'y a rien à craindre. La jeune fille a vu une étoile dans sa lampe. Pour celui-là, c'est un signe de bonheur : j'en suis sûr. En vérité, ces bonnes gens sont plus contens que je ne le croyais. On est bien heureux d'avoir de la religion : ils sont inquiets, ils prient, et les voilà tranquilles. Il n'y a rien à faire ici pour moi : je ne veux pas chercher à leur nuire. Je pourrais bien me retirer, mais je veux trouver l'occasion de faire leur connaissance ; d'ailleurs, je suis curieux de savoir ce qu'est devenu leur fils : un enfant élevé là, tout seul, et courant la nuit ! L'homme est naturellement porté au mal. Pourquoi ne l'ont-ils pas mis dans quelque collège pour y être bien élevé ? Ils devraient, par la même raison, mettre leur fille au couvent. La mienne, qui est bonne à marier depuis plus de six ans, n'en est sortie que depuis un mois ; la pauvre enfant y a été mise presque en sortant de nourrice. Aussi, quand elle arriva à l'hôtel, elle ne nous connaissait ni sa mère ni moi : elle était d'une innocence, d'une innocence.....

LE PÈRE, *achevant sa prière tout haut*.

O mon Dieu ! donnez-nous aujourd'hui la volonté et le pouvoir de faire du bien ; que vos bienfaits nous servent d'exemple ! Vous avez ouvert la main, et vos bénédictions se sont répandues sur la terre, sur les animaux, sur les plantes, et sur vos moindres créatures. N'oubliez pas l'homme, qui est la plus noble et la plus malheureuse portion de votre ouvrage ; répandez-les sur le roi mon bienfaiteur, sur ma patrie dont il est le père, sur tout ce qui vous invoque dans l'univers, sur cette portion ignorée de ma famille, sur mes chers enfans et sur ma digne épouse, qui est la compagne et la consolation de ma vie. (*Ils se lèvent tous, et il embrasse sa femme.*)

ANTOINETTE, *venant se remettre à genoux devant son père et sa mère.*

Chers parens, donnez-moi dans ce jour votre bénédiction accoutumée.

LE PÈRE.

Fleur de mai ! que la gaieté de ce mois, qui te ressemble, se répande dans ton ame : que les plaisirs purs, que les vertus accompagnent tes projets, tes espérances ; qu'elles embellissent toutes les perspectives de ta vie, comme les fleurs émaillent ces gazons et ces vergers ! Sois en tout semblable à ta mère.

LA MÈRE.

Que la bénédiction de ton père s'accomplisse sur toi et ton frère tous les jours de votre vie ; et quand tous deux vous éprouverez quelques peines, que le doux travail, la religion et l'amitié de vos parens viennent les charmer ! Puissions-nous faire un jour ton bonheur, comme tu fais dès à présent le nôtre !... Mais où est donc Henri ?

« Antoinette émue s'essuie les yeux : elle baise
» la main de son père et celle de sa mère en les
» appuyant contre son cœur. Ceux-ci l'embras-
» sent, et, pendant cette scène muette, »

MONDOR, *toujours caché*.

Baiser les mains de son père et de sa mère, leur demander leur bénédiction... Il faut que ces gens-ci soient des Allemands ; voilà une cérémonie qui n'est plus d'usage chez nous il y a long-temps. Ni ma femme ni ma fille ne voudraient en entendre parler ; cependant elle est attendrissante... elle me fait pleurer, je crois... effectivement... effectivement. Il faut en convenir, dans une maison où il y a de la religion, un père de famille vit comme un dieu.

LE PÈRE, *à sa femme*.

Où voulez-vous aujourd'hui qu'Antoinette nous serve le déjeûner ?

LA MÈRE.

Mon ami, si vous le trouvez bon, restons ici sous ces saules, à l'entrée de la barrière, d'où l'on découvre la plaine par où je verrai revenir mon fils. Antoinette, apporte-moi mon ouvrage avant de préparer le déjeûner.

ANTOINETTE.

Voulez-vous filer, maman ? ou bien vous apporterai-je le métier où vous avez commencé une toile ? à moins que vous n'aimiez mieux celui qui vous sert à broder ?

LA MÈRE.

Je ne brode que quand j'ai l'esprit tranquille.

Donne-moi mes aiguilles et mes laines, j'achèverai les bas de ton frère.

LE PÈRE, *à Antoinette, qui s'en va à la maison.*
Ma chère fille, tu m'apporteras aussi cette corbeille d'osier que j'ai commencée.

LE PÈRE, *à sa femme.*
Je veux finir cette corbeille près de vous. Vous êtes toujours remplie de goût. Le point de vue de ce lieu est, à cette heure, le plus intéressant de tout le paysage : voyez comme la forêt fuit en perspective du côté de l'orient, et comme l'aurore dore d'argent et de vermillon les sommets de ces vieux hêtres lointains, tandis que le reste de leur feuillage est encore dans l'ombre. Voilà la Seine qui serpente là-bas dans les vertes campagnes; vous croiriez que ses eaux, qui réfléchissent la couleur matinale des cieux, sont de pourpre. Mais rien n'égale la magnificence de Paris à l'horizon. Voyez ses grands clochers, encore à demi entourés des brouillards de la nuit, qui se dessinent au milieu des gerbes de lumière que répand l'aurore; vous diriez que cette superbe capitale, à demi couverte de nuages, s'élève de la terre vers les cieux, ou qu'elle descend des cieux pour régner sur la terre. Voilà des tours dont on n'aperçoit que le sommet; en voilà d'autres dont on ne voit que la base, et dont le couronnement se confond avec les nuages. Voici celles de Saint-Sulpice avec son noble portail. Cette masse blanche, qu'éclaire un rayon de soleil sur la partie la plus haute de la ville, est le péristyle charmant de l'église imparfaite de Sainte-Geneviève, douce patronne des vertus innocentes. Ces deux grosses tours rembrunies sont celles de Notre-Dame. Ce dôme, à la fois élégant et auguste, qui s'élève en forme d'œuf, est celui des Invalides; c'est là que Louis XIV donna un asile à la vertu militaire. O ville immense! dans mes malheurs, je n'ai trouvé de repos que dans tes murs. A combien d'infortunés tu donnes des retraites! Vous auriez pu y passer une partie de la mauvaise saison avec votre fille. Je vous aurais loué une petite chambre aux environs du Louvre; vous lui auriez fait voir les promenades, les fêtes publiques, le monde enfin. L'ame s'agrandit par le spectacle d'un grand peuple, et à la vue des temples et des monumens des rois.

LA MÈRE.
Paris, sans doute, peut offrir des consolations et des asiles aux malheureux; mais ce spectacle d'un grand peuple, ces édifices, ces palais, ces chefs-d'œuvre des arts, nous jettent bien souvent dans la mélancolie, par le sentiment de notre misère, ou dans le fanatisme des plaisirs, par de dangereuses illusions. J'ai connu le monde; croyez qu'une femme peut trouver hors de lui un moyen plus assuré d'être heureuse. Le soin de sa famille suffit pour occuper tour à tour sa prévoyance, sa mémoire, son jugement, ses goûts, et toutes les facultés de son ame; ce seul objet est capable de la remplir. Le feu divin dont nous tirons notre origine, et vers lequel nous tendons sans cesse dans toutes nos affections, comme vous me l'avez si bien démontré, se découvre aux savans dans les ouvrages de la nature, et les élève vers les cieux; mais bien souvent altéré dans les arts par les passions des hommes, il nous égare dans les villes et nous ramène vers la terre. Dans le sein d'une famille, au contraire, il se proportionne à la faiblesse de notre vue. C'est lui qui nous attire vers un époux, vers nos enfans, et il se montre à nous voilé par ces doux objets, comme la lumière du soleil à travers les fruits et les rameaux des vergers.

LE PÈRE.
La sagesse et l'amour s'expriment à la fois par votre bouche. Digne épouse! tendre mère! j'ai craint long-temps que vous n'apportassiez avec vous le souvenir du monde dans la solitude, et les regrets de la fortune dans le sein de la pauvreté; mais votre santé, autrefois si délicate, qui se fortifie de jour en jour, me rassure. Pendant que le temps nous entraîne vers la vieillesse, votre jeunesse se renouvelle; vous remontez le fleuve de la vie.

LA MÈRE.
Les vaines images du monde sont bien loin de moi. La vie champêtre, le calme de l'ame, et, plus que tous ces biens, votre tendre et constante amitié, ont renouvelé mes jours.

LE PÈRE.
Je craignais pour vous le terme critique de la vie. Ce n'est pas le passage de l'enfance à l'adolescence qui est le plus redoutable, c'est celui de l'âge viril à la vieillesse; ce n'est pas l'âge où on prend les passions, mais celui où on les perd. C'est alors que nous regardons en arrière, et que nous cherchons à retourner sur nos pas, par le vice de notre éducation et du monde, qui ne nous montre le terme de la félicité humaine qu'au milieu de notre carrière. Les jeunes gens sont soutenus long-temps par l'espoir de la vertu, par l'attente des avantages qu'ils s'en promettent dans le monde du côté de la fortune et de la considération; enfin par les illusions mêmes de leurs passions. Mais quand ils ont éprouvé que le monde, en les comblant même de faveurs, ne leur a pas donné ce qu'ils en attendaient; que bien souvent leur probité leur a attiré des persécutions, la pauvreté, le

mépris; alors ils abandonnent la route de la vertu; vers l'âge viril, ils deviennent sans principes, faux, trompeurs, et ne croient plus à rien. Je ne saurais vous dire combien j'ai vu de caractères estimables se briser en doublant ce cap de la vie. C'est là l'époque qui fait la dernière et fatale révolution de l'homme; c'est à elle que j'attribue la jalousie et la mauvaise humeur si ordinaires à nos vieillards. Tout homme qui ne regarde pas la mort comme un bien éprouvera toute la vie comme un mal.

LA MÈRE.

La religion m'a soutenue dans ce passage; elle m'a montré la vie comme une courte carrière dont la mort était le terme heureux. Depuis que je me suis rapprochée entièrement de la nature et de la religion, je sens mon bonheur croître chaque jour.

LE PÈRE.

Les Indiens orientaux disent en proverbe, qu'il vaut mieux être assis que d'être debout, être couché que d'être assis, et être mort que d'être couché. Ce proverbe, auquel les misères de la société humaine ont donné lieu, est encore fondé sur une grande vérité naturelle; c'est que tout ce que Dieu a fait va toujours en croissant en perfection. Voyez, par exemple, la graine d'un arbre : quand elle est plantée et qu'elle pousse ses petites feuilles, elle est plus intéressante que quand elle n'était qu'une semence; elle devient ensuite un arbrisseau, qui se couvre de fleurs et de fruits; les fruits de cet arbrisseau se ressèment et se multiplient de tous côtés. D'une graine il sort une forêt, et cette forêt couvrirait le globe en peu de temps, si d'autres lois aussi sages ne mettaient des bornes à sa fécondité infinie; il en est de même des développemens périodiques de l'homme. Son existence vaut mieux que le néant; son adolescence, si aimable, est préférable à sa faible enfance; sa jeunesse, heureuse par les amours et par le bonheur d'autrui, redouble le bonheur de son existence; il le multiplie dans l'âge viril, par ses enfans rassemblés autour de sa table comme de jeunes oliviers; il l'étend dans la vieillesse à sa patrie, qu'il sert de son expérience et de ses conseils. Par tout pays bien réglé, les conseils des nations sont formés de vieillards qui ont vécu vertueusement. Les vieillards dégagés des passions ressemblent à des dieux. La mort vient ensuite réunir l'ame à son principe éternel, pour y recevoir la récompense de la vertu. C'est une vérité fondée, non-seulement sur les idées de justice qui gouvernent le monde, mais sur l'instinct du cœur humain et sur le sentiment de tous les peuples.

LA MÈRE.

Si je parviens à la vieillesse, ce sera le temps le plus heureux de ma vie. Vous ajoutez, ainsi que mes chers enfans, tous les jours quelque chose à ma félicité.

LE PÈRE.

S'il était possible qu'après une vie aussi pure que la vôtre, votre ame déchût dans un corps sujet à la destruction, vos enfans auraient pour les défauts de votre vieillesse la même indulgence que vous avez eue pour la faiblesse de leur enfance. Vous ne les avez point éloignés de vous, vous les avez nourris de votre lait, vous ne les avez jamais maltraités; ils vous aimeront comme leur mère, et ils vous chériront encore comme leur nourrice : vous serez heureuse dans tous les temps de votre vie.

Je craignais seulement que ce séjour ne vous déplût l'hiver, car la nature semble morte dans cette saison. Les glaces pendent aux branches des arbres, la terre est détrempée de pluie, l'eau des ruisseaux toute jaune, l'air humide et froid, et le ciel couleur de plomb; les nuits sont longues et agitées de tempêtes, les arbres de la forêt gémissent autour de nous, et quelquefois leurs sommets se brisent et tombent avec fracas; la plupart des oiseaux de nos bocages s'enfuient en d'autres contrées; ceux qui restent autour de notre habitation semblent effrayés, et gardent le silence.

LA MÈRE.

J'ai passé ici tous les hivers avec délices : vous m'avez appris à sentir les beautés mélancoliques de cette saison; ce ne sont pas les plus vives, mais ce sont les plus touchantes. L'herbe humide conserve le long des sentiers une verdure plus éclatante que pendant l'été : à la vérité il y a peu de fleurs, si ce n'est quelque scabieuse tardive, ou quelque humble marguerite; mais dans certains jours de gelée, quand les frimas de la nuit s'attachent aux arbres, leurs rameaux tout blancs semblent le matin fleuris comme au printemps. Les mousses brillent alors sur les troncs gris des arbres, ou sur les flancs bruns des roches, d'une verdure plus belle que celle des gazons. Si la plupart des oiseaux s'éloignent de nous dans cette saison rigoureuse, ceux qui restent sont plus familiers. Le pivert vole en silence sous les arbres de la forêt, et s'annonce de temps en temps par des cris éclatans; il visite souvent les arbres de nos vergers, et grimpe tout le long de leurs troncs pour les nettoyer d'insectes. La mésange inquiète parcourt les plus petits rameaux, et cherche à glaner quelque fruit oublié. Le rouge-gorge solitaire se perche sur nos murailles, et bien souvent sur ma fenêtre; j'aime à entendre ses chansons mélancoliques, moins brillantes, mais aussi touchantes que celles du rossignol.

Quand tout est couvert de neige, cet aimable oiseau vient se réfugier avec la perdrix jusque dans la maison, demandant à l'homme une part des biens de la terre, sur laquelle le ciel ne leur a rien laissé à recueillir. J'ai pris souvent plaisir à voir mes enfans leur jeter des morceaux de pain. Ces pauvres oiseaux les emportent en grande hâte comme s'ils se méfiaient de leurs bienfaiteurs. Ils exercent l'homme aux premières leçons de bienfaisance. Ils me rappellent ces troupes d'enfans plus malheureux que les oiseaux, sans vêtemens, tout transis de froid, qui se présentent affamés à la grille des châteaux, et qui, d'une voix éteinte, demandent une portion des biens de la terre, que la Providence a mise dans le grenier des riches.

A la vérité les soirées d'hiver sont longues ; mais mon travail et celui de mes enfans, joint à vos lectures ou à vos conversations, me les rend bien courtes et bien agréables : vous me transportez dans d'autres climats. Cette histoire d'Antoine et de Cléopâtre, que vous m'avez lue dernièrement dans Plutarque, m'a beaucoup intéressée. En vérité, Octavie fut bien malheureuse, et ne méritait guère de l'être : vous ne sauriez croire combien cette histoire m'a fait faire de réflexions sur le sort de la vertu dans ce monde, sur le vain éclat des cours et des grandeurs, et sur le bonheur d'être ignoré. Pendant le temps même du sommeil, quand la lampe est éteinte, je jouis encore mieux de mon asile et du désordre de la saison. J'aime à entendre le bruit de la pluie qui tombe à verse sur le toit, et celui des chênes et des hêtres que le vent agite autour de nous ; leurs murmures sourds m'invitent au repos : le danger éloigné redouble ma sécurité. Agitée d'une frayeur agréable, je me presse contre vous, et je me rassure en pensant que je n'ai rien à craindre, dans une cabane bien solide, du tumulte que j'entends au loin, et que tout ce que j'ai de cher au monde, mes enfans et mon époux, est autour de moi ; un doux et profond sommeil s'empare alors de mes sens, et je m'endors au milieu des actions de grâces, en bénissant le ciel de mon bonheur.

LE PÈRE.
On ne perd rien dans les petites conditions, on y compte pour des biens les maux qu'on n'y éprouve pas. Souvent, au contraire, dans les grandes, on réput pour des maux les biens dont on est privé : ainsi le juste ciel a compensé toutes choses. Mais quand je suis obligé de m'absenter pendant le jour, vous devez vous ennuyer ; et peut-être avez-vous peur étant seule avec deux enfans au milieu d'un bois ?

LA MÈRE.
Ce bois appartient au roi ; l'ordre et la police y sont bien tenus. D'ailleurs, la maison, comme vous me l'avez fait observer, est si forte dans sa simplicité, et si bien disposée, qu'une personne seule s'y défendrait contre une troupe de brigands. Mais que viendraient-ils chercher ici ? il n'y a ni richesses, ni argent. Vous ne vous absentez que pendant le jour, et pour peu de temps ; quand vous n'y êtes pas, je n'ouvre la porte à aucun homme, connu ou inconnu. Il y vient par hasard quelques-unes de ces bonnes femmes que vous voyez quelquefois ici : c'est une pauvre veuve qui a perdu son mari, une mère qui regrette son fils qui s'est engagé, une fille qui cherche des secours pour un père malade : un morceau de pain, un peu de lait, des herbes, les renvoient contentes. Après tout, ce ne sont pas les besoins du corps qui sont les plus insupportables, même aux plus misérables : souvent, au milieu de la plus grande indigence, l'une est au désespoir d'avoir été calomniée ; l'autre, de ce que sa fille a perdu son honneur. Ce sont les peines de l'ame qui sont intolérables ; c'est le mépris, c'est l'abandon ; et il faut bien que ces peines soient les plus cruelles, car dans le nombre des femmes qui viennent chercher ici quelque consolation, il y en a qui, pour quelque bonne parole ou quelque marque d'intérêt que je leur aurai donnée en passant, m'apportent, dans la saison, les fruits du poirier de leur petite cour, ou les œufs de leur unique poule. J'ai beau me défendre de recevoir leurs présens, je suis obligée de les accepter, toutefois à la charge qu'elles en recevront d'autres de ma part ; mais il est bien aisé de voir qu'elles ne sont occupées que du soin de me faire agréer les leurs. C'est pour cette raison, je pense, qu'elles prennent le moment de les apporter quand vous n'y êtes pas, afin de ne pas trouver un double obstacle à leur reconnaissance. Ainsi, pendant que nous trouvons dans l'histoire des amis malheureux, pour lesquels je ne puis avoir qu'une pitié stérile, j'en trouve à ma porte de plus intéressans, dont je puis essuyer les larmes.

LE PÈRE.
Les infortunés mettent leurs présens à vos pieds, comme on met des offrandes sur l'autel de la Divinité. Pourquoi n'ai-je pu vous procurer une société plus agréable que celle des malheureux ?

LA MÈRE.
Une femme, vous le voyez par mon exemple, n'a pas besoin de sortir de sa famille pour être heureuse ; la nature a tracé la route de son bonheur dans ses devoirs. Qu'irait-elle chercher hors de sa maison, sinon à les oublier ? D'ailleurs, il

est bien difficile aux ames sensibles de trouver à s'assortir dans une fortune étroite. L'amitié des riches est méprisante, celle des paysans est grossière; mais dans tous les états, la douleur sait parler et vivre : elle rapproche les hommes de toutes les conditions, et elle les met de niveau. Les cœurs brisés connaissent seuls les bienséances, et il n'y a que la main des blessés qui puisse toucher les blessures sans douleur. Mais le ciel ne laisse pas, dans ce monde même, les soins envers les malheureux sans récompense : souvent en essuyant des larmes bien amères, j'en ai versé de bien douces.

LE PÈRE.

Je bénis le ciel de m'avoir donné, par le travail de ces mains bien peu exercées, de quoi vous faire vivre dans une aisance qui vous procure encore un peu de superflu. Un homme ordinaire, c'est-à-dire un homme qui vaudrait mieux que moi, un simple journalier cultivant la terre, pourrait nourrir de ses fruits dix-huit hommes par jour : je ne crois pas qu'il y ait un million et demi de paysans dans le royaume, sur vingt-cinq millions d'habitans.

LA MÈRE.

Une femme travaillant en laine peut, sans beaucoup de fatigue, entretenir de vêtemens une famille nombreuse : j'en juge par mon expérience.

« Antoinette apporte la corbeille d'osier de son » père et le panier à ouvrage de sa mère; elle les » place auprès d'eux en les saluant respectueuse- » ment, ensuite elle s'en retourne à la maison. » En allant et venant elle paraît inquiète; elle re- » garde de tous côtés pendant cette scène muette. »

MONDOR, *toujours caché.*

Oh! nos femmes font des nœuds! si ce calcul est juste, sur les vingt-cinq millions d'habitans qu'il y a dans le royaume, il y en a au moins douze millions d'inutiles, et les plus inutiles de tous sont sans doute les riches. Les paysans et les ouvriers travaillent pour nous; et que faisons-nous pour eux? Là, mettons la main sur la conscience : nous vivons à leurs dépens; nous cherchons sans cesse à accroître notre superflu de leur nécessaire. Je sens ma conscience qui se réveille; je me garderai bien de nuire à ces honnêtes gens-là; ils font du bien au sein de la pauvreté, et moi dans l'abondance je cherche à faire du mal. Avec tout cela ils sont heureux, et les gens les plus heureux que j'aie vus de ma vie. Je veux les faire peindre tels que je les vois là : la mère tricotant des bas, et le père faisant une corbeille à l'ombre d'un saule; la petite barrière, et le sentier de verdure au bout duquel on aperçoit une cabane couverte de chaume et de mousse. Je ne veux pas qu'on y oublie l'escalier appuyé sur un vieux cerisier fleuri, et Antoinette, aux yeux bleus, qui en descend avec son chapeau d'écorce, ses cheveux blonds et son pot au lait sous le bras. Je ferai mettre ce tableau dans ma chambre à coucher; il me donnera, dans mes insomnies, des idées de repos, d'innocence et de bonheur, que je ne trouve nulle part.

LE PÈRE.

La plupart de nos bourgeois ne sont que des financiers, et la plupart de nos paysans ne sont que des mercenaires : voilà pourquoi l'agriculture est négligée et méprisée chez nous. Si le nombre des cultivateurs propriétaires était seulement doublé dans le royaume, les terres en rapporteraient au moins une fois davantage. Voyez devant nous cette vaste plaine : plus de la moitié est en jachère, et notre petit champ rapporte tous les ans. L'agriculture a encore cet avantage au-dessus de tous les états de la société, qu'elle conserve la religion, les mœurs, la santé, facilite les mariages; attache les pères aux enfans et les enfans à leurs pères; et tandis qu'une multitude de passions divisent les hommes oisifs dans les villes, elle forme des citoyens toujours prêts à se dévouer pour la patrie. La nature, dit Xénophon, met les gerbes de blé au milieu des champs, comme un prix pour le vainqueur.

LA MÈRE.

Plût à Dieu que les bords de cette forêt fussent partagés en une multitude de petites propriétés à autant de familles qui n'ont rien ! Chacune d'elles s'y logerait et cultiverait sa portion suivant son goût et son industrie : on y verrait se former mille habitations charmantes ! n'est-ce pas, mon ami ?

LE PÈRE.

Je ne doute pas que la plupart d'entre elles ne disposassent mieux leur terrain que je n'ai fait le mien; j'ai travaillé avec peu de moyens et d'expérience. Lorsque j'eus obtenu ce bouquet de bois où nous sommes, j'en fis abattre une portion au centre pour y bâtir une maison et y faire un jardin; la vente des arbres abattus me donna de quoi fournir au-delà des frais nécessaires à notre établissement. Je bâtis d'abord cette petite maison, et je laissai un assez grand espace vide tout autour afin de lui donner de l'air, et que la terre produisît un peu d'herbe pour le pâturage de quelques chèvres. Elles m'en ont fait, comme vous voyez, un tapis anglais; car il n'y a point de jardinier dont la faux tonde aussi près que leurs dents. A quelque distance de cette pelouse, j'ai planté la plupart des arbres et des arbrisseaux qui donnent du fruit; les plus petits en avant et les plus grands en arrière : en sorte que, du centre de l'habitation, on les voit s'élever les uns derrière les autres en amphithéâtre. J'en terminai le contour par des noyers, des châtaigniers, et enfin par les grands arbres de la forêt qui était de ma concession. J'avais observé dans mes voyages que les forêts sont les remparts naturels des campagnes; elles conservent de la fraîcheur aux cultures, elles les abritent des vents froids, et elles y réfléchissent la chaleur du soleil : aussi vous voyez que, sans avoir de serres, nous avons souvent des primeurs.

LA MÈRE.

Ce lieu est enchanté.

LE PÈRE.

Je veux l'embellir pour vous tous les jours de ma vie. Je planterai, au nord de la maison, un lierre qui grimpera sur l'escalier et viendra entourer vos fenêtres de son feuillage. Les oiseaux d'hiver, que vous aimez parce qu'ils sont malheureux, viendront s'y réfugier; vous y entendrez chanter votre ami le rouge-gorge. Je planterai de l'autre côté, au midi, une vigne qui formera un berceau au-dessus de la porte; j'y élèverai au-dessous un banc de gazon : nos enfans s'y reposeront un jour, et s'y entretiendront de nous lorsque nous ne serons plus. Sur la faîtière du toit, je mettrai des ognons d'Iris dont la fleur vous plaît : sa couleur, qui imite celle de l'arc-en-ciel, ses feuilles en lames d'un beau vert de mer, accompagneront bien les longues marbrures de mousse qui se détachent, comme des lisières de velours vert, sur le chaume fauve de la couverture. Quel autre genre d'embellissement desirez-vous ici?

LA MÈRE.

Je n'en ai jamais desiré dans vos ouvrages; je n'aurais jamais cru que ce lieu en fût encore susceptible.

LE PÈRE.

J'aurais bien pu entourer cette possession d'un mur, mais j'ai préféré une haie vive. Chaque année dégrade un mur et fortifie une haie; chaque année, un mur consomme des pierres et une haie produit du bois. D'ailleurs, une haie est une décoration. Les riches la bannissent de leurs jardins, parce qu'elle coûte peu; ils lui préfèrent une charmille taillée comme une muraille; mais il semble qu'il y a autant de différence d'une charmille toute nue à une haie chargée de fleurs et de fruits, qu'il y en a entre une étoffe unie et une étoffe magnifiquement brodée. Une belle haie présente seule le spectacle d'un beau jardin. Voyez ces pruniers sauvages dont les fruits naissans sont semblables à des olives. Ces sureaux voisins parfument l'air de leurs bouquets de fleurs en ombelles; ces houx opposent leur vert lustré et leurs grains écarlates aux nuages blancs des fleurs de l'aubépine; l'églantier jette çà et là ses guirlandes de rose, relevées d'un vert tendre. La ronce même n'est pas sans beauté; elle accroche d'un arbrisseau à l'autre ses longs sarmens garnis de girandoles couleur de chair, et elle se roule autour des troncs des arbres de la forêt qui sont renfermés dans la haie et qui s'élèvent de distance en distance, comme autant de colonnes qui la fortifient. Mille petits oiseaux trouvent à la fois de la nourriture et des abris sous ces différens feuillages. Chaque espèce a son étage : en bas sont les merles, les fauvettes, les tarins; plus haut les rossignols, et au faîte de ces vieux ormes nous entendons murmurer la tourterelle et nous voyons voltiger la grive qui y bâtit son nid. La nature a jeté, depuis le sommet de la forêt jusque sur ces gazons, des rideaux de toutes sortes de verdures et de fleurs, pour mettre les nids des oiseaux à l'abri. Vous en faisiez autant, lorsque vous couvriez d'un voile de taffetas vert, brodé de vos mains, le berceau de nos enfans.

LA MÈRE.

Oh oui! cette forêt et cette haie sont les vrais berceaux des oiseaux. Il n'y a point de mère aussi attentive que la nature.

LE PÈRE.

Vous entouriez le berceau de vos enfans de barrières d'osier, de peur que quelque choc ne troublât leur repos. La nature a de même garni d'épines la partie inférieure de celui-ci, afin d'en écarter les ennemis. Il n'y a dans ce climat que les arbrisseaux qui ont des épines; les grands arbres n'en ont point : les oiseaux qui y nichent sont défendus par leur élévation. Cependant, beaucoup d'espèces de grands arbres des pays chauds en ont, afin que les oiseaux puissent y faire leurs nids en sûreté; car il y a dans ces pays-là plusieurs espèces de quadrupèdes qui savent grimper et qui viendraient manger leurs œufs.

LA MÈRE.

O Providence! qui pourrait méconnaître vos soins variés par toute la terre, suivant le besoin de vos faibles créatures?

LE PÈRE.

La Providence ramène au plaisir ou à l'utilité de l'homme toutes les attentions qui sont éparses pour le reste des êtres. Par exemple, j'ai parcouru beaucoup de pays au nord et au midi, et je n'ai jamais vu d'arbrisseaux épineux, ni de petits oiseaux de bocage, dans les lieux habités par l'homme, ou dans ceux du moins qui l'avaient été : je n'en ai jamais trouvé dans l'épaisseur des forêts du nord, quoique j'y aie fait au moins cinq ou six cents lieues. Quand je voyageais dans les forêts solitaires de la Finlande et que j'apercevais des moineaux j'étais sûr de n'être pas loin d'un village.

Les petits oiseaux récréent l'homme par leur vol, leur chant et leur plumage ; ils sont utiles à ses cultures ; ils mangent au printemps les insectes qui dévoreraient ses fruits en été.

LA MÈRE.

Quelque charme que le spectacle de la nature offre à mes sens, il disparaît avec les saisons ; mais celui que l'observation présente à l'esprit entre dans mon ame et y reste toute l'année. Quoique je sois bien ignorante, vous m'avez ravie cet hiver en me faisant voir sur des cartes les dispositions admirables que l'Auteur de la nature a données aux montagnes, aux fleuves, aux îles et même aux roches. Je ne croyais pas qu'il y eût plus d'ordre dans toutes ces objets que dans les pierres d'une carrière ou dans les ruines d'un château. Vous m'avez encore fait plus de plaisir en me montrant les relations que les plantes ont avec les élémens ; j'avais plusieurs fois voulu étudier ces choses dans vos livres de botanique ; mais ils n'en disent rien du tout ; ils ne sont remplis que de noms difficiles à retenir, de noms grecs qui, après tout, ne sont que des noms. D'ailleurs, je ne puis fixer dans ma mémoire ce que je ne puis mettre dans mon jugement. C'est en étudiant cette magie de la nature que, sur un terrain inégal, mêlé de roches, de sables arides et d'eaux, vous avez fait croître des plantes plus vigoureuses que celles qu'on cultive sur les meilleurs fonds. On dirait que la nature les y a placées elle-même. Quoiqu'elles ne soient que des herbes domestiques, elles ressemblent par leur vigueur à ces belles plantes sauvages qui croissent sur les bords des ruisseaux, ou dans les fentes des roches, et que les peintres représentent avec tant d'effet sur le devant de leurs tableaux. Il existe de plus une harmonie si aimable entre elles, par leur verdure, leurs formes, leurs fleurs et leurs fruits, que quoique ce lieu ne renferme guère que des herbes potagères et des arbres fruitiers, il n'y a point de jardin, où l'on ait rassemblé les fleurs les plus rares, qui me fasse autant de plaisir.

Mais toute cette science n'est encore rien auprès de celle de la nature. Vous m'avez déja fait observer des contrastes charmans de couleur et de forme entre quelques oiseaux et les buissons où ils font leurs nids. Le geai, avec ses ailes piquetées d'azur, me paraît plus beau sur le chêne dont il mange les glands que sur tout autre arbre ; j'aime à voir le roitelet établir son nid dans la cavité moussue de quelque gros rocher, comme s'il craignait que les arbres et la terre n'en pussent supporter les fondemens. Chaque arbre, avec ses oiseaux, ses papillons et ses mouches, est un petit monde. Mais ce que je voudrais apprendre, ce sont les relations du pommier avec les divers animaux : cet arbre est si beau dans le pays de ma mère !

LE PÈRE.

Les véritables relations du pommier me sont inconnues pour la plupart. Il en a avec des oiseaux sédentaires, comme la mésange d'un bleu d'ardoise et au collier blanc, qui contraste en automne très-agréablement avec ses fruits jaunes et rouges, qu'elle entame avec ses griffes et son petit bec pointu ; il en a avec plusieurs espèces d'oiseaux voyageurs, qui arrivent dans le temps que les pommes sont en maturité ; avec des quadrupèdes, comme le hérisson qui quitte les roches pendant la nuit, et vient les recueillir lorsqu'elles tombent à terre ; avec des poissons, lorsqu'elles roulent, entraînées par les pluies, jusqu'aux rivières et de là dans le sein des mers. Les pommes se conservent fort long-temps dans l'eau, et on les rencontre, comme les cocos des Indes, à de grandes distances du rivage. Dans le nombre des poissons qui peuvent s'en nourrir, je soupçonne une espèce de crabe des côtes de Normandie, à laquelle la nature a donné deux pates armées de lancettes pour les entamer ; et un autre poisson du nord, qu'on ne trouve que vers la fin de l'automne sur les mêmes côtes, et qui vient frayer autour de ces fruits, lorsqu'ils entrent en dissolution. Le pommier a encore une multitude d'autres relations avec toutes sortes d'insectes, comme avec une grande mouche à tête rouge et au corselet rayé de noir et de blanc, qui y dépose des œufs ; avec des papillons qui voltigent autour de ses fleurs, et servent eux-mêmes de nourriture à plusieurs espèces d'oiseaux du printemps, qui font leurs nids dans ce bel arbre. Mais, pour le bien connaître, il faudrait l'étudier sur les rivages de la mer et sous l'haleine des vents d'ouest. Je n'ai donc que des anecdotes à vous raconter à son sujet et non pas une histoire. Gardons-les pour la mauvaise saison : jouissons au printemps et raisonnons en hiver. Il est plus doux de parler des fleurs auprès du feu, et des zéphirs, quand Borée ravage les champs.

Quelque éloge que vous fassiez des plaisirs que la raison nous donne, ceux du sentiment me touchent encore davantage. Les ouvrages de la nature sont remplis d'harmonies ravissantes, mais celles que vous avez avec eux m'inspirent un intérêt plus tendre. Quel charme ne répandez-vous pas vous-même dans cette solitude, lorsque vous vous y promenez en tenant vos enfans par la main ! il n'y a point de prairie qui me paraisse aussi verte et aussi douce que la pelouse où vous reposez ; l'arbre qui vous ombrage me semble plus majestueux que le reste de la forêt. J'ai un plaisir inexprimable à vous voir cueillir pour vos enfans les fruits que j'ai cultivés moi-même, et sourire aux vains efforts qu'ils font pour atteindre aux branches des arbres fruitiers, que j'ai plantés à leur naissance. Plus d'une fois vous m'avez alarmé, lorsque je vous ai vue, vers le soir, agitée d'une douce mélancolie, sortir seule du verger et vous promener parmi les peupliers et les sapins de la forêt. Vous vous croyez alors bien cachée sous leurs ombrages; mais quand les rayons du soleil couchant viennent teindre de safran et de vermillon le dessous de leurs feuilles, et bronzer jusqu'aux mousses de leurs racines, je vous aperçois alors tout environnée de lumière. Plus d'une fois je vous ai vue à genoux, les mains jointes et les yeux tournés vers le ciel. Ah! que vous m'avez troublé dans cette attitude! Je craignais que vous ne nourrissiez quelque chagrin qui me fût inconnu. Est-ce qu'elle regrette l'Ukraine? me disais-je en moi-même. Peut-être elle prie Dieu pour ses parens! Ah! il aurait mieux valu, pour mon bonheur, que j'eusse regretté la France dans son pays, que de la voir desirer son pays dans le mien. Mais vous me rassurez quand j'entends votre voix se joindre au chant des oiseaux qui saluent l'astre du jour par leurs dernières chansons. Vos accens mélodieux, vos paroles, tous les échos qui les répètent au loin, les nuages dorés du soleil couchant, la pompe magnifique des cieux, me remplissent des affections sublimes que vous ressentez, et me transportent par des charmes ineffables dans ces régions éternelles où il n'y aura plus ni inquiétudes ni regrets. Que ne chantez-vous de même à cette heure que les plantes boivent la rosée du matin et qu'elles exhalent leurs doux parfums vers les cieux?

LA MÈRE.

Ah! si vous m'avez aperçue quelquefois à genoux dans la forêt, ce n'était point pour me plaindre au ciel de mon sort, mais bien plutôt pour l'en remercier. Vous eussiez fait avec mes enfans mon bonheur dans un désert, et je suis avec vous dans un lieu de délices. Mais comment voulez-vous que je chante maintenant? je suis inquiète, mon fils ne revient point.

LE PÈRE.

Tendre mère, tranquillisez-vous; il ne tardera pas à revenir. Les enfans, vous le savez, aiment tout ce qui les met en mouvement; ils ne peuvent rester en place.

MONDOR, *toujours caché.*

Il est incroyable que des gens mariés puissent s'aimer à ce point-là : c'est peut-être parce qu'ils vivent seuls. On est trop dissipé dans le monde; les amitiés n'y tiennent à rien; il n'y a que les haines qui sont durables. Ils ont de la religion, ils sont heureux! Je ferai cultiver mes terres comme leur jardin. Quoi qu'ils disent des grands propriétaires, ce sont eux qui font fleurir l'État : les grands propriétaires viennent à bout de tout avec de l'argent et des misérables. Je voudrais pour beaucoup que mon philosophe fût ici, et même ma femme et ma fille; je serais curieux d'entendre ce qu'ils penseraient de tout ce que je vois et j'entends là. Cette petite maison est l'asile du bonheur : la mère n'a qu'une seule inquiétude, c'est l'absence de son fils, qui est peut-être à polissonner à quatre pas d'ici. Ma femme, hélas! n'est pas si sensible : elle a vu mourir le sien avec un sang-froid... mais elle se pique de force d'esprit.

LE PÈRE, *à sa femme.*

Si vous aimiez à vous dissiper, nous irions quelquefois nous promener aux environs. Je ne connais point de vue plus magnifique que celle qui est au midi de la forêt; il y a là une pelouse élevée d'où l'on découvre au loin un grand cercle de coteaux couverts de châteaux, de parcs et de villages; la Seine, qui passe au pied de cette pelouse, traverse à perte de vue les plaines qui vous séparent de l'horizon, et paraît au milieu de leurs vertes campagnes comme un long serpent d'azur. On voit sur les replis multipliés de son canal des barques qui remontent à Paris, traînées par de grands attelages de chevaux; et d'autres qui en descendent, chargées de trains d'artillerie, ou de recrues de soldats qui font retentir les rivages du bruit de leurs trompettes et de leurs tambours. De superbes avenues d'ormes traversent ces vastes plaines, et vont en se divergeant à mesure qu'elles s'éloignent de la capitale. Quoiqu'on n'y aperçoive qu'une petite portion des nombreux rayons qui en partent, on y reconnaît la route d'Espagne, celle de l'Italie, celle de l'Angleterre, et celles qui mènent aux ports de mers d'où l'on s'embarque pour l'Amérique ou pour les Indes orientales, une foule d'autres conduisent à de riches abbayes ou à des châteaux, se confondent par leur majesté avec celles qui font communiquer les empires. On y aperçoit sans cesse de grands troupeaux de bœufs et de longues files de chariots qui s'avancent lentement vers Paris, et lui apportent l'abondance des extrémités du royaume. Des carrosses à quatre et à six chevaux y roulent jour et nuit; les cris des hommes, les hennissemens des chevaux, les mugissemens des bestiaux, le bruit des roues de toutes ces voitures, forment dans les airs des murmures semblables à ceux des flots sur les bords de la mer. Derrière la pelouse d'où vous apercevez cette multitude d'objets, sont les avenues royales qui mènent à Versailles à travers la forêt. Rien n'est plus imposant que leur pompe sauvage; il n'y a point d'arcs de triomphe de marbre qui égalent la majesté de leurs berceaux de verdure. Dans le temps de la chasse, vous y voyez aborder des meutes de chiens accouplés deux à deux, des piqueurs, des gardes du roi, des officiers de la fauconnerie, de brillans équipages, et souvent le roi lui-même, suivi d'une partie de sa cour. En vous tenant à un des carrefours de la forêt, vous auriez le plaisir d'y voir passer et repasser dix fois le prince et son auguste cortége, sans sortir de votre place. Ce noble spectacle pourrait vous amuser.

LA MÈRE.

La présence du roi anime tous les lieux où il se montre : semblable au soleil, il répand autour de lui un esprit de vie; mais trop d'éclat l'environne pour mes faibles yeux : j'aime les retraites paisibles et ignorées.

LE PÈRE.

Et bien! je veux vous en faire connaître une encore plus solitaire que celle que nous habitons; elle est au nord de la forêt. C'est un bassin de dunes sablonneuses, qui a mille pas de large à peu près; il est entouré de roches et de collines couvertes d'arbres, qui s'élèvent les unes derrière les autres en amphithéâtre. On n'aperçoit aux environs d'autre ouvrage de la main des hommes, qu'une petite chapelle qui est sur la crête d'une des collines les plus élevées; on croirait de loin qu'elle est bâtie sur le sommet des arbres. J'ai été plusieurs fois m'y promener. Le chemin en est difficile; on y parvient par un sentier caillouteux qui va toujours en montant, et qui vous mène au pied d'un petit plateau de roche rouge, sur lequel elle est construite. Du pied de ce plateau sort une fontaine dont l'eau est très-claire et qui est ombragée par un bouquet de hêtres et de châtaigniers. La première fois que j'y arrivai, je fus surpris de voir sur l'écorce de ces arbres des caractères qu'il me fut impossible de déchiffrer : la plupart étaient fort anciens, et ils portaient tous les dates des années où ils avaient été gravés. Je montai sur le plateau, sur lequel est bâtie la chapelle, par un sentier pratiqué dans le roc, et tout couvert de mousse. Cette chapelle est fort ancienne; elle est voûtée en dalles de pierre, et il y a sur le fronton, au-dessous de son petit clocher, une inscription en lettres gothiques, qu'on ne peut plus lire; elle ne reçoit le jour que par une petite fenêtre en arc de cloître, et par la porte qui est à barreaux. J'aperçus par ces barreaux, sur un autel, une statue de la Vierge, qui tenait l'Enfant Jésus dans un de ses bras, et dans l'autre une grosse quenouillée de lin : je vis aussi à travers les barreaux de la chapelle, sur le pavé, quantité de liards tout couverts de vert-de-gris; je fis ma prière dévotement, et je m'en retournai, cherchant en moi-même ce que pouvaient signifier les caractères écrits sur l'écorce des arbres autour de la fontaine, et la quenouillée de lin qui était entre les bras de la bonne Vierge. Jamais antiquaire n'a été plus curieux d'interpréter la légende d'une médaille étrusque, ou quelque symbole inconnu d'une statue de Diane.

Enfin, y étant retourné une autre fois dès l'aurore, de jeunes filles qui lavaient du linge à la fontaine satisfirent ma curiosité. La plus âgée d'entre elles, qui n'avait pas vingt ans, me dit : « Mon» sieur, cette chapelle est dédiée à Notre-Dame» des-Bois; elle est desservie par nous autres filles » des hameaux voisins. Celle d'entre nous qui doit » se marier est tenue de filer la quenouillée de lin » qui est au côté de la bonne Vierge, et d'y en re» mettre une autre de semblable poids, pour la fille » qui doit se marier après elle. Avec les fils de ces » quenouillées on fait une toile, et de l'argent de » cette toile, ainsi que de celui que les passans » jettent par dévotion sur le pavé de la chapelle, » nous aidons les pauvres veuves et les orphelins » de nos hameaux. On dit ici une messe tous les » ans, à la Nativité; et les veilles, ainsi que les » jours de fête de la Vierge, les filles s'y assem» blent l'après-midi, sonnent la cloche, parent la » bonne Vierge de robes blanches et de bouquets » de fleurs, et chantent des hymnes en son hon» neur. Les filles et les garçons qui s'aiment écri» vent leurs noms ensemble sur l'écorce des hê» tres autour de la fontaine de Notre-Dame, afin » d'être heureux en mariage; et ceux et celles qui » ne savent point écrire, y mettent seulement » leurs marques. » Voilà ce que me raconta une des jeunes filles qui lavaient du linge à la fontaine de Notre-Dame-des-Bois. Je conjecturai, par le nombre et par l'ancienneté de ces marques, que peu de paysans autrefois savaient écrire. Certainement il y a beaucoup de types et de symboles révérés sur les monumens des Romains et dans nos histoires, qui n'ont pas des origines si respectables.

LA MÈRE.

Ah! il faut que nous allions un jour nous promener à Notre-Dame-des-Bois avec nos enfans; nous y porterons à manger, nous y dînerons sur l'herbe, auprès de la fontaine. Oh! je suis sûre, mon ami, que vous y avez gravé nos noms.

LE PÈRE.

Ma chère amie, le chemin est rude pour y arriver; mais la solitude dont je voulais d'abord vous parler, n'est qu'à moitié chemin. C'est, comme je vous l'ai dit, une espèce de lande, moitié terre, moitié sable, entourée de roches et de collines couvertes d'arbres, au-dessus desquels on aperçoit la petite chapelle de Notre-Dame-des-Bois. On y voit çà et là les ouvertures de quelques petits vallons, tapissées de pelouses du plus beau vert. Jamais la bêche n'a remué le terrain de ce lieu solitaire. Des pyramides pourprées de digitales, des touffes jaunes de mélilot parfumé, des girandoles de verbascum, des tapis violets de serpolet, des réseaux tremblans d'anémona-némorosa et de fraisiers, et une foule de plantes champêtres, s'entremêlent aux lisières vertes de la forêt, aux flancs des roches, et se répandent en longs rayons jusque dans l'intérieur du bassin; il n'y a que l'embouchure des vallons et les croupes des collines qui soient couvertes d'une herbe fine. Vers une des extrémités du bassin est une grande flaque d'eau bordée de joncs et de roseaux. La commodité de cette eau et la tranquillité du lieu y attirent, dans toutes les saisons, des oiseaux étrangers et des animaux sauvages qui viennent y vivre en liberté. L'écureuil roux à la queue panachée s'y joue sur le feuillage toujours vert des sapins; le lapin couleur de sable y trotte parmi le thym et le serpolet; mais, au moindre bruit, il se blottit à l'entrée de son trou: le râle aux longues jambes y court sous l'ombre des genêts jaunes, et on l'apercevrait à peine, s'il ne faisait entendre de temps en temps son cri, semblable au coassement d'une grenouille; le coq de bruyère, avec ses plumes d'un noir de velours, son chaperon écarlate et son cou d'un vert lustré, se confond avec le pourpre des bruyères lointaines; mais il se promène souvent sur la mousse, à l'ombre des pins, dont il mange les pommes. Quand il est en amour, il étend en rond sa belle queue, il abaisse ses ailes, il allonge son cou; et, comme si la passion qui l'agite le rendait insensé, il va et vient sans cesse sur le tronc d'un pin et il donne à sa voix une forte explosion, suivie d'un bruit semblable à celui d'une faux qu'on aiguise : vous diriez d'un faneur qui se prépare à faucher toutes les herbes du canton. Il n'y a point dans ce lieu de plante qui ne donne des asiles et des fruits hospitaliers à quelque espèce d'animal. Les grives voyageuses y reconnaissent en automne le genévrier du nord : elles viennent par troupes se percher sur ses branches, pour en récolter les graines. Le vanneau solitaire plane au-dessus de la flaque d'eau, en jetant des cris aigus; et la grue descend du haut des airs, pour se reposer au milieu de ses roseaux. Les échos des roches répètent les cris de tous ces oiseaux et les font retentir dans les vallons circonvoisins. Aux jeux et à la tranquillité de ces animaux, vous diriez qu'ils vivent sous la protection de Notre-Dame-des-Bois. Il est bien rare qu'on voie là des hommes, si ce ne sont quelques bergers des hameaux voisins, qui, vers la fin de l'été, y amènent paître leurs troupeaux. Souvent un cerf des Ardennes, venu de forêt en forêt des frontières de l'Allemagne, et attiré par l'amour dans nos climats, vient, après de longs détours, y chercher une retraite inconnue aux meutes altérées de son sang; il renaît à la vie et aux amours dans ces lieux ignorés des chasseurs, il fuit le bruit des cors et il s'arrête au son des chalumeaux. Il regarde les bergers sur les collines voisines; il s'approche d'eux, il soupire, il oublie que ce sont des hommes, parce qu'ils ne font plus entendre les mêmes voix.

C'est dans ces lieux que je vous montrerai les objets qui m'occupaient loin de vous; je vous dirai: Ces joncs agités le long des eaux me rappelaient les côtes de la Finlande toujours battues des vents; ces genévriers et ces sapins, les forêts de votre patrie; ces primevères et ces violettes; les fleurs dont vous aimiez à vous parer; et jusqu'au son de la petite cloche de Notre-Dame-des-Bois, en me rappelant dans cette solitude le nom de Marie, me rappelait votre nom et votre souvenir. Je me disais : Chaque plante présente à chaque couple d'animaux des retraites fortunées : la colombe connaît dans les bois l'orme qui est le rendez-vous de la colombe; et le cerf fugitif, le buisson où il se réunira à sa biche chérie. Mais dans quelle contrée est l'arbre où l'homme doit retrouver sa compagne perdue? Je vous redemandais aux forêts, aux prairies, aux oiseaux voyageurs, aux vents et à l'aurore naissante; mais c'était vous, ô mon Dieu! à qui je devais redemander mon bonheur, vous seul êtes, sur la terre, l'asile de l'homme malheureux. Délicieuses campagnes et vous plus touchantes encore, forêts inhabitées, roches moussues, douces fontaines, solitudes profondes, où l'on vit loin des hommes trompeurs et méchans, où le temps nous entraîne d'une course innocente, sans malfaisance, sans crainte et sans remords : ah! qu'il est doux de vivre dans vos retraites ignorées et d'entendre vos divins langages! Vous nous annoncez par mille voix le Dieu qui vous donna l'être : vos lointains nous parlent de son immensité; le cours de vos eaux, de son éternité; vos hautes montagnes, de son pouvoir; vos moissons, vos vergers, vos fleurs, de sa bonté; vos sauvages habitans, de sa providence; et vous, soleil, qui éclairez ces ravissans objets, il ne vous a placé dans les cieux que pour y élever nos yeux et nos espérances.

LA MÈRE, *d'un ton attendri.*
Toutes les fois que vous me parlez de la nature, vous me jetez dans le ravissement.

MONDOR, *toujours caché.*
Mon Système de la Nature ne dit pas un mot de tout cela. Puisqu'il voulait nier l'existence de son auteur, il fallait au moins qu'il montrât le désordre quelque part. Que de merveilleuses relations inconnues entre les divers ouvrages de la création ! Nous autres gens du monde, nous nous contentons de vains et obscurs discours qui étourdissent nos passions; nous ne nous occupons que de recherches frivoles. Comme l'ame est enivrée de l'harmonie qui règne dans ces vergers et dans ces bocages! Certainement une Providence gouverne la nature. (*Il regarde son livre et le jette loin de lui.*) Va, je ne te veux plus voir; tu éteins à la fois l'intelligence et le sentiment.

LE PÈRE.
Tout ce que je vous ai fait apercevoir n'est que le coup d'œil d'un homme sujet à l'erreur. Nous ne voyons que la moindre partie des ouvrages de Dieu; et si toutes les observations des hommes étaient rassemblées sur cette partie, nous n'en aurions encore qu'un faible aperçu, lors même que chacun d'eux observerait avec autant de sagacité que Galien, Newton, Leuwenoeck, Linnée. Mais quelque imparfaites que fussent encore nos lumières, l'esprit le plus fort ne pourrait en soutenir l'ensemble; il en serait ébloui, comme l'œil par l'éclat du soleil dans un jour serein.

Dieu nous a environnés des nuages de l'ignorance pour notre bonheur; il nous a mis à une distance infinie de sa gloire, afin que nous n'en fussions pas anéantis. La simple vue de ses ouvrages suffit pour le faire connaître, quand même nous n'en aurions ni la jouissance ni l'intelligence. Il ne prend d'autres titres que celui de son existence propre. Tout passe, et il est seul celui qui est. Quand il a daigné se communiquer aux hommes, il ne s'est point annoncé sous les noms que les Platon et les sages de tous les temps lui ont donnés à l'envi, de grand géomètre, de souverain architecte, de Dieu du jour, d'ame universelle du monde. Il est cela, et il est des millions de fois plus que tout cela. Il a des qualités pour lesquelles nos esprits n'ont point de pensée, ni nos langues d'expression. S'il laisse échapper de temps en temps quelque étincelle de sa lumière au milieu de notre nuit profonde, alors les arts éclosent sur la terre, les sciences fleurissent, les découvertes paraissent de toutes parts; les peuples sont dans l'admiration. Cependant les hommes de génie, qui les éclairent et qui les étonnent, n'ont allumé leur flambeau qu'à un petit rayon de son intelligence : laissons-leur poursuivre cette gloire. Dieu a mis à la portée de tous les hommes des biens plus utiles et plus sublimes que les talens : ce sont les vertus; tâchons d'en faire notre lot. Hommes aveugles et passagers, nous n'avons point été introduits dans cette grande scène de la nature pour assister aux conseils de son Auteur, mais pour nous entr'aider et nous secourir dans une vie misérable. Nous sommes sur la terre pour la cultiver et non pour la connaître. Quels agrémens puis-je ajouter pour vous à ceux de cette solitude?

LA MÈRE.
Il ne m'y reste rien à souhaiter, sinon que la bonté du ciel ne m'y laisse pas vivre après vous. Ce n'est point à ces sapins que je redemande ma patrie, mon père, ma mère, mes parens; j'ai retrouvé tous ces biens en vous, puisque vous êtes mon époux. Si je forme encore ici quelques desirs, c'est qu'une petite portion de la terre que ces beaux arbres ombragent forme une enceinte sacrée, afin que ma cendre puisse y reposer un jour avec la vôtre dans une paix profonde. S'il reste ici-bas quelque chose de nous après la mort, nos ombres réunies présideront dans ce lieu au bonheur de nos enfans. Je souhaite encore qu'ils soient assez riches un jour pour y donner tous les ans une fête champêtre aux pauvres enfans du hameau voisin. Puisse cet asile être aussi cher aux infortunés qu'il l'a été à nous-mêmes ! Voilà où se bornent tous mes vœux. Ce que l'on consume de son bien soutient le corps et se dissipe avec la vie; mais ce que l'on en verse dans le sein des misérables passe dans l'ame et y reste éternellement.

LE PÈRE.
Respectable épouse, ce lieu est déja consacré par vos prières. Mais je veux vous donner pendant votre vie le spectacle de la fête que vous desirez après votre mort. Vous savez que près de votre bosquet de sapins il y a un espace vide entouré de grands arbres qui en forment comme un salon de verdure.

LA MÈRE.
Oui, mais cet espace est si rempli de broussailles, d'épines noires et de troncs d'arbres pourris qu'on ne peut en approcher.

LE PÈRE.
N'avez-vous pas remarqué, au milieu de ce chaos, un jeune chêne qui atteint à la hauteur des grands arbres qui l'environnent, et qui partage déja sa tête en plusieurs rameaux ?

LA MÈRE.
Oui, il est plein de vigueur, et il est entouré

d'un chèvre-feuille chargé de fleurs, qui s'élève jusqu'à sa cime.

LE PÈRE.

J'écarterai les mauvaises plantes tout autour de ce jeune arbre, et je placerai au milieu de son chèvre-feuille les bustes du roi et de la reine. Nous l'appellerons le chêne de la patrie : il servira de monument à nos descendans. Le jour de la fête du roi, nous rassemblerons sous son ombre les pauvres enfans du hameau voisin et ceux des étrangers qui viennent glaner ici dans le temps de la moisson. Nous leur donnerons un repas champêtre, et nous les ferons danser toute la soirée autour de ce jeune arbre, en chantant des chansons à la louange du roi.

LA MÈRE.

Et moi, à cause de la reine qui fait le bonheur de notre prince, je suspendrai au chèvre-feuille l'étoffe de laine blanche que j'ai filée cet hiver; et à la fin de la fête, j'en ferai présent à celle des filles que vous aurez trouvée la plus aimable.

LE PÈRE.

Vous ferez des jalouses : l'envie loge de bonne heure dans le sein des misérables.

LA MÈRE.

Apprenez-moi comment il faut s'y prendre pour bien faire le bien?

LE PÈRE.

Personne ne sait le faire avec plus de grâce que vous.

MONDOR, *toujours caché, pendant que la mère rêve un peu.*

Ils font des projets de bienfaisance dans le sein de la pauvreté! O charmes de la vertu, vous subjuguez mon cœur!

LA MÈRE.

Si nous faisions de cette étoffe une loterie pour les filles seulement, et si nous y joignions de petits paniers de fruits, des bouquets, des pots pleins de laitage, chaque convive pourrait avoir son lot et s'en retournerait content.

LE PÈRE.

A merveille! Votre don n'humiliera point celle qui le recevra; et ces enfans attacheront à vos aumônes le prix qu'on attache aux présens.

LA MÈRE.

Ce jour-là, je ferai porter à Henri et à Antoinette des chapeaux de bleuets, de coquelicots et d'épis de blé; ils seront le roi et la reine du bal. Il faut accoutumer nos enfans à vivre avec les malheureux, afin qu'ils apprennent de bonne heure que ce sont des hommes.

« Antoinette apporte sur sa tête un large panier » couvert d'un linge blanc. »

ANTOINETTE.

Papa et maman, voici le déjeuner.

LA MÈRE.

Place-le sur l'herbe, mon enfant.

ANTOINETTE *arrange le déjeuner sur l'herbe.*

Voilà un fromage à la crème tout frais et des gâteaux sortant du four; voilà du beurre nouveau et de belles pommes de l'année passée; voici des fraises précoces que j'ai trouvées mûres le long de la maison, du côté où le soleil donne à midi : les gâteaux sont un peu brûlés. Voici, maman, pour votre dîner, un petit panier de champignons que j'ai cueillis au pied d'un rocher, au milieu d'un lit de mousse : ils sont bons à manger; car ils sont couleur de rose et ils ont une fort bonne odeur. Voici encore des écrevisses toutes vives que j'ai pêchées sur le bord du ruisseau : j'ai eu beaucoup de peine à les prendre; il m'a fallu des pincettes : il y en a une qui m'a bien mordue : j'en ai encore le doigt tout rouge.

LE PÈRE.

Elles sont bien grosses. On n'en sert pas de plus belles sur la table des princes.

LA MÈRE, *à Antoinette.*

Tu veux me faire faire bonne chère aujourd'hui et je n'ai point d'appétit.

ANTOINETTE.

Cela étant, maman, comme mon papa ne s'en soucie pas, je les remettrai dans le ruisseau.

LA MÈRE.

Non, mon enfant, mets-les plutôt dans une petite corbeille avec du cresson de fontaine; tu les donneras à cette pauvre femme malade, à qui on a ordonné des bouillons pour purifier le sang.

LE PÈRE, *à Antoinette.*

Assieds-toi là, ma fille, et mangeons.

LA MÈRE, *à Antoinette.*

Ne m'ôte point la vue de la campagne. Tu es tout interdite aujourd'hui de ne point voir ton frère.

ANTOINETTE.

Oh! maman, il ne lui arrivera pas de mal; notre chien est avec lui.

LE PÈRE, *à sa femme et à sa fille.*

Mangez donc. Ne croyons-nous pas qu'une Providence gouverne toutes choses? Pendant que notre esprit s'occupe si souvent de cette raison universelle, n'en laisserons-nous pas le sentiment dans notre cœur? Ferons-nous comme ces vains savans qui ne parlent de la Providence que pour en discourir? Il y a une Providence, chère épouse. Je blâme mon fils de s'éloigner d'ici sans votre consentement et le mien, mais j'aime qu'il s'abandonne de bonne heure à cette puissance surnaturelle. C'est le sentiment de sa protection qui est dans l'homme l'unique source du courage et de la vertu. Je l'égarerais moi-même dans un bois, sans qu'il y connût le nord et le midi, afin que, pour retrouver son chemin, il comptât plutôt sur le secours de la Divinité que sur ses propres lumières. J'aurais été bien heureux moi-même, si j'avais été élevé ainsi. J'ai éprouvé dans ma vie des inquiétudes bien cruelles et bien vaines pour n'avoir pas conservé cette confiance pure et indépendante des opinions des hommes ; je serais arrivé à mon âge, exempt de bien des troubles ; car enfin, au milieu de mes malheurs multipliés, j'ai toujours vécu libre, et jamais rien de ce qui m'était nécessaire ne m'a manqué. J'ai vu mes services sans récompense, et mes actions les plus louables calomniées ; j'ai été trompé par les grands qui ne veulent que des flatteurs, et par les petits qui me disaient du mal des grands et leur faisaient la cour ; par des livres vantés qui me remplissaient de doutes et de contradictions, par ma propre nature, dont les passions me parlaient tour à tour le langage de la raison. Malheureux au dehors et au dedans pour m'être fié aux hommes, je tombai malade de déplaisir ; enfin, ne comptant plus sur les autres ni sur moi-même, je m'abandonnai tout entier à cette Providence qui m'avait sauvé d'une infinité de dangers. Dès que j'eus tourné mon cœur vers elle, elle vint à mon aide. J'étais sans fortune, et je ne connaissais plus de moyen honnête d'en acquérir, lorsqu'une personne qui m'était inconnue m'obtint du prince des secours dont j'ai subsisté long-temps dans la solitude. J'y jouissais avec délices des contemplations de la nature, et je comptais passer ainsi heureusement le reste de mes jours ; mais la retraite de mon respectable patron, ou peut-être des ennemis secrets, me firent perdre l'unique moyen que j'eusse de vivre. Je n'avais plus rien à espérer dans le monde, et je venais par surcroît d'éprouver les maux domestiques les plus cruels, lorsque la Providence mit dans le cœur de notre jeune monarque de faire lui-même des hommes heureux. Il vint à savoir, je ne sais comment, que je l'avais servi en plusieurs occasions périlleuses, sans que j'eusse recueilli d'autre fruit de mes services que des persécutions. Il fit tomber sur moi un de ses bienfaits ; il me donna ce bouquet de bois que nous habitons. Il combla mes vœux : je n'avais demandé toute ma vie d'autre bien à la fortune.

LA MÈRE.

Ah ! que le prince est digne de notre reconnaissance ! puisse-t-il trouver la récompense de son bienfait dans l'amour de son épouse et de ses enfans !

ANTOINETTE.

Et aussi dans l'amitié de ses frères !

LE PÈRE.

Un bonheur ne vient pas seul. Il me fallait dans cette solitude une compagne douce, indulgente, sensible, pieuse, assez éclairée pour connaître le monde, et assez sage pour le mépriser. Il fallait qu'elle eût été bien malheureuse, et que son cœur brisé, cherchant un appui, se joignît au mien, comme une main dans le malheur se joint à une autre main. Je me rappelais souvent que lorsque je servais dans le nord, la Providence me l'avait offerte en vous ; mais, séduit alors par de vaines idées de gloire, attiré vers ma patrie par les besoins de mon cœur, trompé encore par des ministres de ma nation qui m'engagèrent à quitter un service honorable dans les pays étrangers, en m'en promettant, suivant leur coutume, de plus avantageux dans mon pays, où ils m'ont oublié, je joignais aux autres regrets de ma vie celui d'avoir eu mon bonheur entre les mains et de l'avoir laissé échapper. Vos propres revers vous ramenèrent à moi, plus malheureuse et plus intéressante. J'ai trouvé en vous toutes les convenances que je pouvais desirer ; votre humeur douce et aimante a calmé ma mélancolie ; mes jours sont filés d'or et de soie depuis qu'ils sont mêlés aux vôtres : ne les troublons point par de vaines inquiétudes. Oui, j'aimerais mieux ne vivre qu'un jour dans la pauvreté en me fiant entièrement à la Providence, que de vivre un siècle dans l'opulence en me reposant sur mes propres lumières ; je passerais au moins dans la vie quelques instans purs et sans trouble.

MONDOR, *toujours caché.*

Le roi les a logés là. Le roi fait du bien sans qu'on le sache. Voyez à quoi j'allais m'exposer !

LA MÈRE.

Oui, la Providence gouverne toutes choses. Souvent, par le malheur, elle nous conduit au bonheur : cher époux, vous en êtes pour moi une preuve toujours nouvelle. Mais excusez ma faiblesse : je suis femme, et je suis mère.

LE PÈRE.

Votre fils ne doit-il pas mourir un jour ? Que serait-ce donc si on vous le rapportait aujourd'hui...

LA MÈRE.

O Dieu ! éloignez de nous un pareil événement ! mais j'aimerais encore mieux que l'on me rapportât mon fils mort, que de le savoir libertin. Ne trouvez-vous pas étrange qu'il fasse la nuit de pareilles excursions, à son âge ? Que deviendront ses mœurs ? Vous le savez, les familles forment les hommes avec bien de la peine, et les sociétés les corrompent dans un moment.

LE PÈRE.

Mais nous ne savons pas s'il est en mauvaise compagnie.

LA MÈRE, à *Antoinette*.

Ton frère ne serait-il point allé dénicher des oiseaux dans la plaine? Il m'a dit plusieurs fois qu'il trouvait les alouettes bien malheureuses de faire leurs nids à terre, exposées sous les pieds des bêtes et des hommes. Il voulait transporter dans la haie tous ceux qu'il trouvait dans la campagne, afin qu'ils fussent en sûreté.

ANTOINETTE.

Maman, il a changé d'avis depuis que vous lui avez dit que Dieu conservait aussi bien les petits oiseaux cachés sous l'herbe, que ceux qui font leurs nids au haut des plus grands arbres.

LA MÈRE.

Oh! oui. L'alouette, comme nous, fait son nid sous l'herbe, et cela ne l'empêche pas de s'élever aussi haut que les autres oiseaux. Heureuse mère! en s'élevant vers les cieux, elle ne perd pas ses petits de vue.

LE PÈRE, à *Antoinette*.

Ton frère n'a-t-il pas coutume de s'écarter quelquefois de la maison? Dis-nous-le, si tu le sais; à moins que tu n'aies promis le secret à ton frère; alors il ne faudrait pas le tromper: on doit encore plus à la vertu qu'à ses parens; mais, dans ce cas, tu lui dois des remontrances, car tu es sa sœur, et qui plus est, son aînée.

ANTOINETTE.

O mon papa! mon frère n'a point de secrets pour moi, qu'il voulût cacher à vous ou à maman. Je ne l'ai vu s'éloigner d'ici tout seul que deux fois. La première, il me fit bien peur. Vous n'étiez pas à la maison. Il crut voir passer un loup le long de la forêt; il courut prendre votre fusil et poursuivit cet animal, mais de bien près: par bonheur ce n'était point un loup, c'était un grand chien de berger.

LA MÈRE.

Dans quel temps a-t-il poursuivi ce prétendu loup?

ANTOINETTE.

C'était l'année passée, dans le temps que les violettes fleurissent et que les pommiers ouvrent leurs bourgeons.

Une autre fois, comme il déjeunait avec moi dans cet endroit même, il s'écarta bien loin dans la plaine pour voir ce qu'y faisait une pauvre femme qu'il avait vue passer devant nous, portant dans ses bras un enfant à la mamelle. Elle paraissait occupée à fouiller la terre avec ses mains; il la trouva cherchant pour vivre de petits navets sauvages, qu'elle mangeait tout crus: il lui donna son déjeuner.

C'était aussi l'année passée, dans le temps que l'on coupe les blés, et que les grappes de raisin commencent à noircir.

LA MÈRE.

Ah! la charmante action! Pourquoi ne nous amena-t-il pas cette pauvre mère à la maison?... Mais..... qui est-ce qui vient à nous! c'est une demoiselle. Oh! mon Dieu! elle est à peine vêtue; elle paraît bien fatiguée; elle semble hésiter si elle s'approchera de nous. Appelons-la, mon ami, n'est-ce pas? (*Le père y consent d'un mouvement de tête.*) Mademoiselle! mademoiselle!

« En ce moment on voit paraître une pauvre
» demoiselle vêtue d'une vieille robe de soie en
» lambeaux, et en mantelet noir tout déchiré. Elle
» tient d'une main une petite canne, et de l'autre
» un chapelet. Elle s'approche de la barrière en
» faisant beaucoup de révérences. »

LA DEMOISELLE.

Je vous salue, monsieur et madame, et vous aussi, ma noble demoiselle. Dites-moi, je vous prie, s'il y a quelque auberge près d'ici; je me sens le cœur faible; je voudrais trouver un peu de pain bis et de lait, pour de l'argent.

LA MÈRE.

Mademoiselle, je ne sais point s'il y a des auberges aux environs. J'ai ouï dire qu'il y en avait près de ce grand château que vous voyez là-bas; mais faites-nous le plaisir de vous rafraîchir avec nous; asseyez-vous là... là, s'il vous plaît, auprès de mon mari.

LA DEMOISELLE *s'assied en faisant beaucoup de cérémonies.*

Madame, vous êtes bien bonne; je me reposerai donc un petit moment ici, avec votre permission; car je suis bien fatiguée. Je m'en vais en pélerinage à la bonne Sainte-Anne d'Auray, qui est bien renommée partout. Je suis partie avant-hier au matin de Paris; j'ai toujours marché depuis ce temps-là; je ne sais pas combien j'ai fait de lieues.

LE PÈRE.

Mademoiselle, vous avez fait cinq lieues. Et dans quelle province, s'il vous plaît, est la bonne Sainte-Anne d'Auray?

LA DEMOISELLE.

Elle est, monsieur, dans mon pays, en Bretagne. Oh! mon Dieu! je n'ai fait que cinq lieues en deux jours et je ne peux plus marcher.

LE PÈRE, *à Antoinette.*
Ma fille, apportez-nous une bouteille de vin vieux.
LA MÈRE.
Mangez, je vous prie, mademoiselle; prenez des forces; quelques verres de vin vous rétabliront.
LE PÈRE.
Le vin est le bâton du voyageur.
LA DEMOISELLE.
Ah! monsieur, j'en ai été privée si long-temps, que ma tête ni mon estomac ne peuvent plus le supporter.
LE PÈRE.
Pour que le vin fasse du bien, il ne faut pas en user tous les jours; il faut le prendre, non comme un aliment, mais comme un cordial.
LA MÈRE, *à son mari, à part.*
J'aurai bien le temps, d'ici à la Saint-Louis, de faire une autre pièce d'étoffe : n'est-ce pas, mon ami ?

« Le père applaudit d'un mouvement de tête et
» d'un sourire. La mère parle à l'oreille d'Antoi-
» nette, qui se lève avec empressement et court à
» la maison. Pendant l'absence d'Antoinette, le
» père et la mère servent à manger à cette demoi-
» selle étrangère, qui, à chaque politesse qu'elle
» reçoit d'eux, fait beaucoup de remercîmens
» muets de la tête et des mains. »

MONDOR, *toujours caché.*
Quelle étrange créature est celle-là ! elle porte sur elle tout l'attirail de la misère : ces bonnes gens l'accueillent, sans la connaître, avec toute sorte d'humanité.
LE PÈRE, *à la demoiselle.*
Mais pourquoi, mademoiselle, vous exposez-vous, avez une santé si faible, à aller si loin ?
LA DEMOISELLE.
Ah! monsieur, si vous saviez combien de gens ont été tirés de peine par cette bonne patronne de mon pays, par la bonne Sainte-Anne d'Auray !
LE PÈRE.
A Dieu ne plaise que j'ébranle le roseau sur lequel le faible s'appuie ! Votre bonne patronne est sans doute toute puissante ; mais vous allez la chercher bien loin, et la Providence est partout.

« Antoinette apporte une corbeille qu'elle met aux
» pieds de sa mère. Celle-ci en tire une pièce d'é-
» toffe de laine blanche, qu'elle présente à l'étran-
» gère, en lui disant :

LA MÈRE.
Mademoiselle, les personnes délicates comme vous, qui n'ont pas coutume de voyager à pied, oublient souvent des précautions nécessaires dans le voyage. Les jours sont chauds, mais les matinées et les soirées sont encore fraîches; voici une étoffe à la fois légère et chaude, qui pourra vous être utile sous votre robe. Je vous prie de l'accepter; je l'ai filée et tissée moi-même; c'est une bagatelle qui ne me coûte rien ; c'est mon ouvrage.
ANTOINETTE, *à sa mère.*
Maman, permettez que je présente aussi à mademoiselle ce chapeau de paille que j'ai fait en me jouant.

« La mère ayant témoigné son contentement
» d'un signe de tête et en souriant, Antoinette
» présente ce chapeau à l'étrangère en lui disant : »

Mademoiselle, faites-moi, je vous prie, l'amitié d'accepter ce chapeau ; il vous mettra à l'abri du soleil et même de la pluie.
LA DEMOISELLE, *pleurant.*
Bonnes gens de Dieu !... Les étrangers me secourent, et mes parens m'abandonnent ! Monsieur et madame..., et vous, ma noble demoiselle..., je voudrais être assez forte pour vous servir comme servante, toute ma vie; mais les maladies et les chagrins m'ont trop affaiblie. Telle que vous me voyez, madame, je suis une fille de condition d'une ancienne famille de Bretagne; je suis... ( *pleurant et sanglotant* ) une pauvre créature bien misérable !
LA MÈRE, *à la demoiselle.*
Calmez-vous, mademoiselle, calmez-vous; nous ne faisons pour vous que ce que vous feriez pour nous en pareil cas. Nous ne pouvons rien; mais si vous vous étiez arrêtée à ce château là-bas, vous auriez été mieux reçue : c'est la demeure d'un homme riche; c'est le château de M. Mondor.
LA DEMOISELLE, *effrayée, veut se lever.*
C'est le château de M. Mondor ! oh ! je m'en vais tout à l'heure, madame, je m'en vais. Si le seigneur de ce château savait que je suis ici, il me ferait enfermer pour le reste de ma vie.
LE PÈRE.
Rassurez-vous, mademoiselle, vous n'avez rien à craindre ici.
MONDOR, *toujours caché.*
Que veut dire cette créature-là ? elle parle de moi, et je ne l'ai jamais vue : elle a perdu l'esprit.
LA MÈRE, *à la demoiselle qui pleure.*
Apaisez-vous, ma chère demoiselle, la Providence vous tirera d'embarras. Vous pouvez reposer ici en sûreté pendant plusieurs jours; personne ne vous y inquiétera : vous êtes ici sur le terrain du roi.
LA DEMOISELLE.
Sur le terrain du roi ? Oh ! je m'en irai tout à l'heure, ma respectable dame, car on me ferait arrêter au nom du roi; vous en jugerez vous-

même. Quelque misérable que je paraisse, je suis la cousine du seigneur de ce château, mais cousine germaine, fille du frère de son père : nous avons été élevés ensemble. Lorsque mon cousin fut devenu un peu grand, on trouva l'occasion de l'envoyer à Paris, où, je ne sais comment, il est parvenu à faire une fortune immense. Mon père, qui était son oncle, en conçut pour moi de grandes espérances, d'abord à cause de notre parenté, et ensuite à cause de l'amitié qui nous avait unis dans le premier âge. Il me mit donc au couvent à Rennes, et il m'y donna des maîtres de toute espèce, dans la persuasion qu'il rejaillirait un jour sur moi quelque chose de la fortune de mon cousin, et qu'il fallait m'en rendre digne par mon éducation. Cette éducation consuma une grande partie de mon petit patrimoine; et, ce qu'il y a de plus fâcheux, c'est que, quand je sortis du couvent, ce qui n'arriva qu'à la mort de mon père, je savais un peu de tout, et je n'étais propre à rien. Je n'étais pas jolie, comme vous voyez ; cependant il se présenta un gentilhomme qui s'offrit de m'épouser, pourvu que mon cousin de Paris voulût lui faire avoir un bon emploi. J'écrivis à ce sujet plusieurs fois à mon cousin : en attendant ses réponses, mon amant me faisait assidûment la cour. Je le regardais déjà comme un homme qui devait être bientôt mon époux. Mais mon parent, qui avait oublié depuis long-temps sa famille, refusa de s'employer pour mon prétendu ; et celui-ci, à son tour, m'abandonna lorsqu'il me vit sans crédit et sans dot.

Comment vous dirai-je le reste, madame ? J'avais cru hâter mes affaires, et je les perdis. J'avais été faible avec mon amant; j'étais enceinte, et, dans le chagrin de son cruel abandon, je mis au monde un enfant mort. Je quittai d'abord mon pays où j'étais déshonorée; ensuite, après avoir erré long-temps de parens en parens, repoussée par chacun d'eux tour à tour, je rassemblai les petits débris de ma fortune pour venir solliciter à Paris la pitié de mon cousin. Il avait su mon aventure : quand je me présentai à son hôtel, il refusa de me voir; il me fit dire par son portier de n'y jamais reparaître. Mes moyens furent bientôt épuisés. Ne sachant aucun métier, je ne trouvai d'autre ressource pour vivre, que de chercher à être femme de chambre. Que de larmes je me serais épargnées, si j'avais su faire seulement un chapeau de paille ! mais j'étais encore loin de mon compte. Il me fallait des recommandations pour être femme de chambre. Je crus que le nom de mon cousin, auquel on avait sacrifié mon patrimoine, pourrait au moins me donner du pain dans la servitude : je m'annonçai donc auprès de plusieurs femmes de qualités comme la cousine germaine de M. Mondor. Mais dès que sa femme, qui est très-fière, sut que je me disais de ses parentes pour être femme de chambre, elle devint furieuse; elle me fit dire que si je m'annonçais encore à ce titre, elle me ferait enfermer; et, à la manière des puissans de ce monde, quand ils veulent opprimer les faibles, elle me calomnia auprès des personnes qui prenaient quelque intérêt à moi, en leur disant que je menais une mauvaise vie. Hélas ! je la passais dans les larmes, dans un cabinet obscur d'un hôtel garni où j'ai vécu trois hivers sans feu, vendant pour subsister, pièce à pièce, mes robes et mon linge. Enfin, n'ayant plus rien en ma disposition, sans aide, sans crédit, et ne sachant où donner de la tête, avant de retourner dans mon pays, où je suis déshonorée, j'ai résolu de faire un pèlerinage à la bonne Sainte-Anne d'Auray, si je ne meurs pas en chemin.

LA MÈRE.

Ayez bonne espérance, pauvre infortunée ! essuyez vos larmes. La Providence, à laquelle vous vous fiez, ne vous abandonnera pas.

LA DEMOISELLE.

J'ai abandonné Dieu, et Dieu m'a abandonnée, madame. Avant de quitter pour toujours ce pays, sachant que M. Mondor était à son château, j'ai voulu faire une dernière tentative auprès de lui; d'ailleurs son château était presque sur ma route. J'y suis donc arrivée hier au soir. J'ai vu un grand nombre d'équipages et beaucoup de mouvement dans les cours, comme en un jour de fête, ou, pour mieux dire, comme tous les jours; car mon cousin est fort riche et fort honorable. Je me suis présentée toute tremblante à la grille; je craignais encore que les chiens de la basse-cour ne me déchirassent, car ils aboyaient beaucoup après moi. Enfin un laquais est venu et m'a empêchée d'aller plus loin, en me demandant rudement ce que je voulais. Je lui ai répondu avec beaucoup de douceur que je voulais parler à M. Mondor, et je lui ai dit que j'étais sa cousine. Il est allé avertir Madame, et bientôt après il m'est venu dire de sa part : « Retirez-vous, misérable, qui déshonorez » votre famille ! allez, allez, aventurière qui pre- » nez un nom qui ne vous appartient pas ! Sortez » avant la nuit de dessus les terres de monsei- » gneur, sous peine d'être renfermée comme une » coureuse. » Je me suis retirée, saisie d'effroi, à l'extrémité du village, chez un pauvre paysan où j'ai passé la nuit à pleurer, couchée sur la paille; et dès la petite pointe du jour, je me suis mise en route pour perdre de vue ce terrible château. Comment ! j'ai marché si long-temps, et c'est encore là lui ! je m'en croyais bien loin. Oh ! je m'en vais, madame, ils me feraient enfermer.

LA MÈRE.

Reposez-vous et mangez tranquillement. Prenez ce panier de gâteaux et de fruits; ils vous feront plaisir sur la route. Je suis fâchée que vous ne buviez pas de vin. Pauvre demoiselle ! fiez-vous à Dieu de tout votre cœur; il ne vous a point abandonnée, soyez-en sûre. Souvenez-vous qu'il a préféré le repentir à l'innocence même.

LE PÈRE.

Quand les maux sont à leur comble, ils touchent à leur fin. Les Persans disent en proverbe, que le plus étroit du défilé est à l'entrée de la plaine.

ANTOINETTE, *attendrie.*

Maman, j'ai un grand mouchoir de cou qui ne m'est pas utile; si j'osais, je prendrais la liberté de l'offrir à mademoiselle.

LA DEMOISELLE, *en soupirant.*

Oh ! non, mademoiselle, je ne souffrirai pas que vous vous dépouilliez de vos hardes pour m'en revêtir. Ah ! puisque des gens de bien entrent avec tant de bonté dans mes peines, il faut que Dieu m'ait pardonné. Oui, anges du ciel, vous me donnez plus de consolation aujourd'hui que je n'en ai éprouvé depuis dix ans.

ANTOINETTE *se lève en sursaut.*

Ah ! maman, voilà Favori et voilà mon frère qui le suit.

« Elle veut sortir pour aller au devant de son
» frère, puis elle revient sur ses pas et se rassied
» auprès de sa mère. »

Ah ! voilà Henri, mon pauvre Henri !

LA MÈRE, *d'un air joyeux.*

Ah ! Dieu soit loué.... Allons, allons, chère demoiselle, tout ira bien.

« Une émotion douce s'empare du père, de la
» mère et de la sœur, et leur fait garder le si-
» lence. »

MONDOR, *toujours caché.*

Elle a raison: c'est ma misérable cousine. Elle m'a écrit lettres sur lettres; ma femme m'a toujours empêché de lui faire du bien; ma femme ne pardonne rien à celles de son sexe qui se conduisent mal : le repentir n'y fait rien : elle veut qu'une femme ait toujours de la vertu. Voilà cependant une chose bien étrange! ces bonnes gens, que je voulais dépouiller, font l'aumône à ma parente; mais ce n'est pas une aumône, ils y mettent plus de délicatesse et de bienséance que je n'en ai mis souvent à faire des cadeaux. Pauvre créature ! ah !
je vais lui faire tenir des secours en secret; je la tirerai de sa situation sans que ma femme en sache rien.... Mais l'enfant de la maison approche, il vient de mon côté; s'il m'apercevait ici, il me prendrait pour un homme qui écoute aux portes; je suis bien embarrassé.... J'avais envie de faire connaissance avec ces honnêtes gens-là, mais ils auront maintenant mauvaise opinion de moi, depuis que ma cousine s'est plainte de ma dureté.... Après tout, je puis garder l'incognito avec eux : ils ne m'ont jamais vu, et ma cousine, depuis l'enfance, aura sûrement oublié mes traits, comme j'ai oublié les siens. Allons, allons, du courage : allons. ( *Il s'avance vers le père de famille* ). Je vous salue, heureux voisins; je demeure ici aux environs. En faisant ce matin une promenade sur mes terres, la beauté de votre situation m'a attiré de votre côté. Ce château là-bas semble bâti exprès pour vous donner de la vue.

LE PÈRE.

Asseyez-vous, je vous prie, respectable étranger, et prenez part avec nous à ce repas frugal. ( *Mondor s'assied sur l'herbe auprès de sa cousine* ). Ce château s'aperçoit en effet de fort loin. Il s'annonce avec beaucoup de majesté. Si celui qui en est le maître fait du bien, les malheureux doivent en bénir les combles, de tous les villages de l'horizon. Mais ce n'est pas sa vue qui nous attire ici; nous avons, je vous assure, de plus douces perspectives, sans sortir de cette petite habitation. ( *Il regarde son épouse et sa fille* ).

MONDOR.

Oh ! je vous crois. La fortune ne donne pas toujours ce qu'elle semble promettre, même aux yeux; et je ne sais qui est le mieux partagé de ce côté-là, du seigneur d'un château qui a une cabane pour point de vue, ou de l'habitant d'une cabane qui a un château en perspective. La différence qui est dans leur paysage pourrait bien être encore dans leur condition.

« Henri arrive tout essoufflé. Il porte sur sa tête
» une grosse pierre couverte de mousse; il la pose
» à terre aux pieds de sa mère, et, se mettant à ge-
» noux devant son père, il lui dit : »

Mon père, donnez-moi aujourd'hui votre bénédiction.

LE PÈRE, *d'un ton sérieux.*

Monsieur, je l'ai donnée ce matin.

« Henri veut prendre la main de son père pour la
» baiser, celui-ci la retire; Henri s'écrie en pleu-
» rant : »

Mon père, vous me retirez votre main ! vous ne me l'avez jamais refusée.

# LA PIERRE D'ABRAHAM.

ANTOINETTE, *les larmes aux yeux et d'un ton suppliant.*
Mon père! mon père! ah! mon papa!
LA MÈRE, *à Antoinette.*
Tu te trouves mal; lève-toi.
ANTOINETTE, *d'une voix oppressée.*
Ah! mon papa!
LE PÈRE, *à Henri.*
Je ne vous pardonne pas l'inquiétude que vous avez donnée ce matin à votre mère. Vous voyez l'état où vous mettez votre sœur.
HENRI, *fondant en larmes.*
Que je suis malheureux! mon père, écoutez-moi, je vous prie. Maman se plaignait, il y a quelques jours, qu'étant assise à l'ombre de ce saule, ses pieds reposaient dans l'herbe tout humide de rosée. Je me rappelai qu'en me promenant avec vous à la carrière de pierre de meulière qui est à une lieue d'ici, j'avais vu des pierres couvertes de mousse. J'ai pensé que j'en pouvais trouver dans le nombre une qui serait propre à faire un marche-pied pour reposer les pieds de maman; j'ai rêvé pendant plusieurs nuits au moyen de l'aller chercher sans qu'on s'aperçût de mon absence, car je craignais que vous ne vous opposassiez à mon dessein. Cette nuit, je me suis réveillé au chant du coq, et j'ai trouvé la clarté de la lune si grande, que j'ai cru le moment favorable pour aller chercher ma pierre. Je comptais être de retour ici assez tôt pour que personne ne s'aperçût de mon départ.

LE PÈRE.
Mon fils, il faut se méfier de soi-même à tout âge, mais au vôtre, vous ne devez pas faire un pas sans consulter vos parens. Si vous les aimez, votre bonheur doit être de faire leur volonté : on pèche également en restant en deçà, ou en allant au delà. Mais vous n'avez manqué à la prudence que par un excès de l'amour filial. Embrassez-moi, mon fils; que le ciel vous éclaire et qu'il vous conduise dans tout ce que vous entreprendrez! Sans ses lumières, un bon cœur est aveugle. Viens m'embrasser et va t'asseoir auprès de ta mère.

LA MÈRE, *avec émotion.*
Essuie tes larmes, que je t'embrasse, mon cher fils! que Dieu te bénisse, et ne te fasse jamais rencontrer l'imprudence et le repentir dans le chemin de la vertu! Comment as-tu osé t'exposer pendant la nuit, tout seul, près d'une carrière, pour m'apporter une grosse pierre, généreux et imprudent enfant?

ANTOINETTE, *à Henri, en l'embrassant et en pleurant.*
Que je t'embrasse donc aussi, méchant!

HENRI, *assis auprès de sa mère.*
Chers parens, je ne vous donnerai plus d'inquiétude à l'avenir. Ah! si vous saviez ce qui m'est arrivé, vous me gronderiez bien davantage!

LA MÈRE.
Oh! non, non, tu ne seras plus grondé. Te voilà revenu, tu es justifié. Raconte-nous ce qui t'est arrivé.

HENRI.
Je suis descendu d'abord par la fenêtre de ma chambre, de peur de laisser, en sortant, la porte de la maison ouverte et pour ne pas faire de bruit. Le chien qui faisait sa ronde dans le verger, m'ayant aperçu, est venu me reconnaître, puis il a remué sa queue et il m'a suivi; j'ai passé par-dessus la barrière, et il en a fait autant; j'ai voulu le chasser, il s'est obstiné à me suivre. Quand nous avons été dans la plaine, j'ai fort bien reconnu le chemin qui mène à la carrière à travers les terres; j'en ai suivi les ornières jusqu'à ce que j'y sois arrivé : alors j'ai distingué à merveille les pierres qui avaient de la mousse d'avec celles qui n'en avaient pas. Je voyais même les chardons qui croissaient sur le bord tout autour, et qui, en me piquant, m'avertissaient de ne pas tant m'approcher; je voyais aussi les grandes ombres que la clarté de la lune faisait paraître au fond du précipice. Cependant je n'apercevais rien aux environs, qu'un petit clocher d'ardoise luisait à travers le brouillard. Tout était fort tranquille, si ce n'est qu'on entendait les bruits des criquets, et de temps en temps les cris des hiboux qui volaient au-dessus de la carrière, au haut de laquelle ils font leurs nids. Je me suis donc mis à déterrer une grosse pierre avec mes mains et mon couteau, et, pendant que je m'efforçais d'en venir à bout, Favori flairait la terre et tournait autour de moi, comme s'il eût voulu faire la garde.

LA MÈRE.
Dépêche-toi donc, tu m'effrayes.

HENRI.
Cette pierre était si grosse, que je n'ai jamais pu la soulever de terre. Pendant que j'en cherchais une plus petite, Favori a aboyé; je lui ai fait signe avec la main de se taire, et il s'est tu. J'ai prêté l'oreille bien attentivement, et voilà que j'entends au loin un bruit comme celui d'un carrosse qui roule et de plusieurs chevaux qui galopent. J'ai bientôt aperçu un équipage à six chevaux, précédé de quatre cavaliers qui allaient à toute bride à travers les champs : ils venaient tout droit de mon côté. Quand ils ont été à la portée de ma voix, je me suis écrié de toutes mes forces : » Arrêtez, arrêtez.... prenez garde à vous... vous

» allez vous précipiter dans la carrière! » A mes cris, les cavaliers et le cocher ont retenu leurs chevaux; alors je me suis approché d'eux pour leur montrer le chemin; mais croirez-vous ce que je vais vous dire? ces cavaliers, que je distinguais fort bien à la clarté de la lune, avaient des visages comme les faces des démons qui portent les gouttières de notre église. Favori s'est mis à aboyer après eux, et s'est caché de peur derrière moi.

LA MÈRE.

Achève donc; tu me transis de frayeur.

ANTOINETTE.

Ah! mon pauvre frère!

HENRI.

O mon papa! ô maman! j'ai eu grand'peur. Je me suis dit : Dieu veut me punir d'être sorti de la maison aujourd'hui, sans avoir reçu votre bénédiction. Je lui en ai demandé pardon de tout mon cœur; je me suis recommandé à lui, j'ai fait le signe de la croix et je me suis avancé vers ces cavaliers hardiment, quoique je tremblasse bien fort. Ils étaient armés de pistolets : un d'eux m'a dit d'une voix rude : « Montre-nous le chemin. » Je leur ai fait signe de me suivre; je les ai conduits par un long détour au delà de la carrière et je les ai remis sur la grande route. Le carrosse a eu beaucoup de peine à en traverser le fossé, car il était bien lourd. Quand il a été sur le grand chemin, une des personnes qui était dedans, laquelle avait le visage noir comme du charbon, m'a dit par la portière : « Mon petit ami, je vous prie de porter » cette lettre au château de Mondor et de ne l'y » remettre que ce soir. » Sa voix était douce comme la voix d'une femme. J'ai pris sa lettre et je lui ai promis de la remettre ce soir.

LE PÈRE.

Mon fils, vous avez rencontré des gens masqués : cette aventure cache quelque intrigue d'amour. Il ne faudra pas manquer de porter vous-même, ce soir, cette lettre au château de Mondor. Quand on se charge d'une commission, il faut la remplir dans toutes ses circonstances.

MONDOR, *agité de différens mouvemens, se lève de sa place et se rassied.*

Mon hôte, je vais me promener pendant quelques momens; je ne peux rester long-temps assis, je suis sujet à des maux de nerfs.

LE PÈRE.

Rien n'est meilleur en effet que l'exercice pour les maux de nerfs; la solitude y est bonne aussi. Si vous voulez vous reposer un instant dans la maison, seul auprès du feu, vos vapeurs se calmeront.

MONDOR.

Non, non, bien obligé; ne faites pas attention à moi : l'attention d'autrui redouble mon mal.

« Il va et vient en se promenant hors la bar-
» rière, la main appuyée sur le front, et prêtant
» l'oreille à la conversation. »

LE PÈRE, *à Henri.*

Continuez, mon fils.

HENRI.

Je suis revenu à la carrière chercher une autre pierre : il était déjà grand jour. J'y ai trouvé des paysans rassemblés, qui y jouaient à un vilain jeu. Ils avaient suspendu par le cou une oie en vie, et, pendant que cette pauvre bête se débattait en allongeant les pates et en agitant les ailes, ils tâchaient de loin de lui rompre le cou à coups de bâton. Un petit Savoyard qui allait à Paris s'est approché d'eux pour les regarder; un moment après, des écoliers qui allaient à l'école sont venus aussi les considérer. Un d'eux, ayant aperçu ce petit Savoyard, s'est mis à dire, en le montrant au doigt : Voilà notre oie! Aussitôt tous se sont écriés : Voilà notre oie! voilà notre oie! ils l'ont entouré et se sont mis à lui jeter des pierres. Les paysans les regardaient faire et se mettaient à rire : je suis accouru au secours de ce pauvre malheureux; mais ces écoliers étaient en si grand nombre, et leurs pierres me sifflaient d'une telle roideur aux oreilles, que j'aurais sans doute été bien blessé, si le maître d'école ne fût venu à passer. Dès qu'ils l'ont aperçu, ils sont restés bien tranquilles; mais il les avait vus de son côté, et il a dit qu'il les fouetterait pour ça. En vérité, mon papa, ils sont bien méchans; pendant que je demandais grâce pour eux au maître d'école, il y en avait derrière lui qui me tiraient la langue et qui me montraient le poing.

LE PÈRE.

A quelles têtes imbéciles, à quels cœurs inhumains a-t-on confié l'éducation des hommes! Mon fils, vous vous êtes très-bien conduit : c'est une action divine d'aller au secours des misérables et de pardonner à ses ennemis.

HENRI.

Le maître m'a fait bien des complimens; il m'appelait son petit ange.

LE PÈRE.

Mon fils, méprisez également la louange et le blâme, excepté de la part de vos parents, et, quand vous serez grand, de la part des chefs de la société; c'est à eux seuls qu'il appartient de vous distribuer l'un ou l'autre. Quand vous donnez au premier venu le pouvoir de vous honorer, vous lui donnez celui de vous déshonorer : le flatteur et le calomniateur sont vêtus du même manteau. Les maîtres sont les flatteurs des enfans étrangers et les tyrans de ceux qu'ils ont dans leurs écoles.

HENRI.

Que je suis heureux d'être ici!

LE PÈRE.

Oui, sans doute; nous n'avons à nous y plaindre de personne; mais l'essentiel est que personne n'ait à s'y plaindre de nous. Voilà de quoi nous rendrons compte un jour.

HENRI.

Oh! qu'on doit être malheureux dans le monde.

LE PÈRE.

Quelquefois on l'est encore plus dans la solitude. Il faut combattre partout, c'est le destin de l'homme; si ce n'est pas avec les autres, c'est avec nous-mêmes, ce qui est souvent plus difficile.

HENRI.

Avec nous-mêmes? qui nous aidera contre nous-mêmes?

LE PÈRE.

La religion, mon fils, qui nous sert de règle et qui nous ramène à la vertu, malgré le tumulte des passions.

HENRI.

Ah! mon père, une chose m'a fait bien de la peine; c'est que quand ce petit Savoyard m'a vu dans le danger où je m'étais mis pour l'en tirer, il m'y a laissé et s'est enfui.

LE PÈRE.

Mon fils, voilà à quoi vous devez vous attendre quand vous ferez du bien aux hommes; mais loin de vous en affliger, vous devez vous en réjouir. Si les hommes l'oublient, Dieu s'en souviendra; il n'y a pas un seul acte de vertu de perdu pour lui, sur une terre où il n'a pas laissé perdre une seule goutte d'eau.

MONDOR, *fort agité, va et vient pendant cette conversation; il dit à part:*

Un carrosse, des masques, des cavaliers armés au milieu de la nuit! une femme déguisée, et une lettre à mon adresse! Quelle catastrophe est arrivée chez moi? Il faut que je m'en retourne tout à l'heure... Mais si j'attends à ce soir à recevoir cette lettre, je redoublerai mon inquiétude... Dès que mes gens me verront arriver au château, n'accourront-ils pas tous pour me raconter ce qui s'est passé dans mon absence?... Oui; mais les raisons secrètes, les motifs, les principaux points de cette manœuvre-là, il ne faut pas les demander à des laquais, surtout à des laquais aussi indifférens sur mes intérêts que les miens. Je ne le saurai que ce soir par cette lettre qui m'est adressée: je mourrai mille fois d'impatience d'ici à ce temps-là.....

D'un autre côté, si je me fais connaître à ces honnêtes gens, que vont-ils penser de moi? Ferai-je l'aveu de mes duretés devant des étrangers, en présence même de ma pauvre cousine, qui en a été la victime? C'est peut-être ma fille qu'on a enlevée; ce sont des secrets de famille qu'on doit étouffer. Allons, retournons au château..... Mais attendre jusqu'à ce soir! je vivrai jusqu'à ce soir dans les tourmens; chaque instant me paraîtra un siècle: l'appréhension du mal est plus redoutable que le mal même. Allons, on ne cesse de tomber que quand on est dans le fond de l'abîme: achetons la certitude de notre malheur par un peu de confusion. (*Il se rapproche de la barrière et dit tout haut:*) Mon respectable voisin, je suis le seigneur du château que vous voyez là-bas; c'est à moi qu'est adressée la lettre que votre fils a reçue cette nuit: je m'appelle Mondor.

« Toute la compagnie est saisie d'étonnement.
» Henri le regarde fixement; la mère rougit et
» baisse les yeux; Antoinette effrayée joint ses
» deux mains et se presse contre sa mère; la de-
» moiselle étrangère laisse tomber ses deux bras et
» considère Mondor les yeux et la bouche ouverte. »

LE PÈRE.

Vous paraissez, monsieur, un homme digne de foi; mais mettez-vous à ma place. L'envoi de cette lettre, comme vous l'avez entendu vous-même, a été accompagné de circonstances extraordinaires; elle paraît très-importante: puis-je la remettre entre vos mains sans vous connaître? (*A l'étrangère:*) Mademoiselle, reconnaissez-vous monsieur pour votre cousin?

LA DEMOISELLE.

Oh! mon cousin ne va point seul et à pied; il ne sort jamais qu'en carrosse; de plus c'est un bel homme. Oh! sûrement, monsieur, vous n'êtes pas mon cousin.

LE PÈRE, *à Mondor.*

Cela étant, monsieur, trouvez bon que je vous refuse cette lettre pour la conserver à monsieur Mondor.

MONDOR, *au père.*

J'approuve, monsieur, vos précautions: cette lettre en effet est importante et je vous suis inconnu. Quel coup de la Providence! il faut que j'emploie, pour me faire connaître par des étrangers, le témoignage de la même personne que j'ai si long-temps méconnue dans ma famille. (*A l'étrangère.*) Mademoiselle, vous vous appelez Anne Mondor; vous demeurez à Paris depuis trois ans, à l'hôtel de Bourbon, rue de la Madeleine, où vous avez vécu bien malheureuse par ma dureté: vous en êtes partie depuis trois jours, à pied et sans argent.

LA DEMOISELLE, *en soupirant.*

Oh! mes malheurs ont été si longs et si multipliés, qu'ils peuvent bien être connus par d'autres que par mes parens. Non, monsieur, vous n'êtes pas de ma famille; vous devenez tout d'un coup compatissant.

MONDOR.

Ma pauvre cousine! tu es la fille de Christophe Mondor de Quimperlay, le septième frère de mon père, Antoine Mondor; nous descendons d'un Mondor, sénéchal de Vitré sous Charles IX; je m'appelle Pierre Mondor; le temps et les affaires m'ont vieilli : me connais-tu à présent?

LA DEMOISELLE.

Hélas! oui, monseigneur; vous êtes mon cousin. (*Elle se trouve mal.*)

ANTOINETTE, *effrayée, pleure et s'écrie;*
Ah! mon Dieu, elle est morte!

LA MÈRE, *à sa fille.*

Prenez de l'eau, jetez-lui-en sur le visage; frappez-lui dans les mains... Allons, elle revient à elle; ce n'est rien... ce n'est rien. Mademoiselle, appuyez-vous la tête contre moi.

ANTOINETTE.

Je vais vous donner un peu d'air frais avec le mouvement de mon chapeau. Respirez ces fleurs de lavande. Pauvre demoiselle!

LE PÈRE.
Prenez ce verre de vin.

LA DEMOISELLE.

Monsieur, pour vous obéir. (*Elle le prend d'une main tremblante, et, après y avoir trempé les lèvres, elle le remet sur le gazon.*) Je ne saurais le boire en entier; mais je me sens mieux. (*A son cousin.*) Monseigneur, je vais me retirer de dessus vos terres; je m'en vais tout à l'heure; prenez patience.

MONDOR.

N'aie point peur, chère et malheureuse cousine! attends un moment que j'aie lu ma lettre; tu seras content de moi : tu verras ce que je veux faire pour toi.

LA DEMOISELLE.

Monseigneur! vous me rendez la vie. O bienheureuse sainte Anne!

LE PÈRE *prend la lettre des mains de son fils, et, la présentant à Mondor, il lui dit :*

Monsieur, à la frayeur de votre cousine, je ne doute pas que vous ne soyez le seigneur de ce château, et à la pitié que vous lui témoignez, que vous ne soyez son cousin. Cette lettre est à vous. (*Mondor la prend et se retire à l'écart pour la lire.*)

ANNE MONDOR.

Ah! mon Dieu! je ne sais si je rêve ou si je veille... je me sens beaucoup mieux. Madame, comment! vous aviez tant d'inquiétude pour votre enfant, et vous vous occupiez de mes malheurs! C'est un beau garçon; il ressemble à sa sœur et à vous, madame, comme deux gouttes d'eau.

LA MÈRE.

Il n'y a que nos malheurs qui nous rendent sensibles à ceux d'autrui.

LA DEMOISELLE.

Mon Dieu! que ce lieu est charmant! Si la Bretagne était cultivée ainsi par nos gentilshommes, ce serait un paradis; je n'aurais pas éprouvé à Paris tant de misères auprès des grands. Mais nos gentilshommes sont oisifs et pauvres, et nos paysans sont bien misérables. Plus de la moitié des terres y sont incultes... Mais, madame! nous sommes ici sur le terrain du roi, n'est-ce pas?

LA MÈRE.

Oui, oui, vous y êtes en sûreté; soyez tranquille. (*A sa fille.*) Antoinette, fais donc déjeuner ton frère.

ANTOINETTE, *à son frère.*

Voilà un mouchoir blanc; viens que je t'essuie le front; tu es tout en nage. Tiens, voilà ton déjeuner, mon pauvre Henri; tu es cause que j'ai laissé brûler mes gâteaux.

HENRI.
Tu n'as pas touché au tien.

ANTOINETTE.
J'avais perdu l'appétit, ainsi que maman.

HENRI.
Je ne donnerai plus d'inquiétude; je ne m'écarterai plus jamais.

ANTOINETTE.

Si je t'avais vu avec ces gens masqués, sur le bord d'une carrière, au clair de la lune, je serais morte de peur. Tu as un bon ange qui te garde, comme Tobie.

HENRI.

Je suis plus heureux que Tobie; il n'avait qu'un bon père et une bonne mère, et moi j'ai encore une bonne sœur. J'ai pensé t'apporter un roitelet.

ANTOINETTE.
Ah! que tu m'aurais fait de plaisir!

HENRI.
Où l'aurais-tu mis?

ANTOINETTE.
Je l'aurais mis dans la cage où j'avais un linot.

HENRI.
Il aurait passé à travers les barreaux.

ANTOINETTE.
Je les aurais garnis avec des brins de jonc.

HENRI.

Eh bien! je n'ai jamais pu le prendre. J'ai eu vingt fois la main dessus, il semblait se moquer de moi. Je l'ai trouvé sur les pierres de la carrière. Tantôt il sautait de l'une à l'autre, tantôt il passait dessous par des fentes où je n'aurais pas glissé mon doigt. Je l'aurais tué bien aisément, car il tournait toujours autour de moi.

ANTOINETTE.

Oh! tu aurais fait un grand péché. C'est l'oiseau du bon Dieu; il était à la naissance de l'Enfant Jésus.

HENRI.

A la naissance de l'Enfant Jésus!

ANTOINETTE.

Oui, il faisait son nid sur le bord de sa crèche : voilà pourquoi il paraît toujours à Noël.

HENRI.

Ah! si j'avais su cela, je ne l'aurais pas poursuivi; mais je voulais t'en faire présent. Il s'est enfui dans un lierre où il a disparu.

ANTOINETTE.

Oh! il en vient souvent ici; ils aiment notre maison, ils lui portent bonheur.

MONDOR *se rapproche avec toutes les marques de l'indignation et de la surprise.*

Soyez touchés de mes malheurs, sensibles et compatissans voisins. J'avais une femme et une fille, et je n'en ai plus; elles sont parties cette nuit avec deux de mes meilleurs amis, après m'avoir volé. Oh! je suis bien puni par où j'ai péché. Écoutez, je vous prie, ce que m'écrit ma digne épouse.

« MONSIEUR,

» Je vous ai été vendue en mariage, plutôt que
» donnée. Cependant j'ai été fidèle aux lois de
» l'hymen tant que nous avons été liés par des in-
» térêts communs. Aujourd'hui vous êtes vieux,
» et je suis encore jeune; vous devenez dur et ja-
» loux, et je suis sensible : nous ne nous convenons
» plus. Rompons des nœuds que désavoue la nature;
» j'agis conséquemment à ses principes et aux vô-
» tres. Il n'y a d'autre Dieu dans l'univers que le
» plaisir. Le plaisir est la souveraine loi de tous
« les êtres sensibles. Comme il ne peut plus désor-
» mais se rencontrer dans notre union, je vais le
» chercher dans d'autres climats. Je me paie de
» ma dot par mes diamans et par les vôtres, et
» de celle de ma fille, qui m'accompagne, par les
» cent mille écus en or que vous réserviez à de
» nouvelles acquisitions. Elle ne veut point pour
» mari du riche vieillard que vous lui destiniez.
» Fidèle aux impulsions de la nature qui nous en-
» traîne, elle veut donner aux plaisirs l'âge rapide
» des amours. Quant à l'opinion publique, si elle
» me blâme, je ne m'en soucie guère : j'ai tou-
» jours vu rire dans le monde des tours joués aux
» maris, et jamais je n'y ai entendu donner aucun
» éloge à la vertu obscure et pauvre, à moins que
» le panégyriste ne trouvât son compte à la louer.
» Je ne manquerai pas de prôneurs, tant que je
» ne manquerai pas d'argent. Après tout, la ré-
» putation ne vaut pas le plaisir.

» Ne soyez pas inquiet de notre sort, ni du lieu
» où nous allons vivre : deux de vos meilleurs
» amis, le comte d'Olban et le chevalier d'Autières,
» nous accompagnent avec quatre de vos gens les
» plus affidés. La patrie est là où l'on est bien. »
(*Mondor déchire la lettre.*)

Style d'oracle et maximes d'enfer! malédiction sur les infâmes et les perfides! Ils me parlaient sans cesse de la vertu. Aveugle que j'étais! peut-on avoir de la vertu quand on ne croit pas en Dieu?

Mes chers voisins, je ne vous le cèle pas, j'étais venu ici dans l'intention d'accroître mon domaine aux dépens du vôtre. J'étais assis, un livre à la main, au bord de cette haie, d'où j'ai entendu vos touchans entretiens. Vous avez rallumé dans mon esprit un rayon de cette raison universelle qui gouverne toutes choses; vous m'avez rappelé à la vertu par la sainteté de vos mœurs et par le calme de vos jours; j'ai vu dans une heure plus de félicité chez vous, que je n'en ai goûté dans mon château pendant toute ma vie. J'ai entendu vos projets, femme respectable, ainsi que les vôtres, digne père de famille. Je vous fais présent de cette portion de terre qui est devant vous. Satisfaites vos ames bienfaisantes; faites-y élever un temple qui serve d'asile aux infortunés : j'en ferai les frais. Apprenez-moi à bien user de la fortune et à mettre à profit ce temps rapide qui s'écoule sans retour et si inutilement dans le monde, au milieu des frivolités, des soucis et des amertumes. Je ne vous demande en récompense que la permission de venir quelquefois soulager mes ennuis par le spectacle de votre bonheur.

LE PÈRE.

Mon voisin, je ne vous trouve point malheureux: c'est gagner que de perdre des parens et des amis perfides. Quant à votre offre généreuse, je ne saurais l'accepter : un bienfait de cette nature est une chaîne trop pesante; la reconnaissance l'attache au cœur de l'obligé, tandis qu'elle ne tient qu'à la main du bienfaiteur.

MONDOR.

Elle peut réunir deux cœurs; mais, pour me servir de comparaison, attachons cette chaîne au ciel. Permettez-moi de faire bâtir une petite chapelle dans le lieu de dévotion de madame ; j'y joindrai le revenu que je me suis fait aux dépens de ces communes, et, par le moyen de quelques amis pieux, qui ont du crédit dans le clergé, je la ferai ériger en un bon prieuré. J'espère ainsi expier les erreurs de ma vie.

ANNE MONDOR.

Ah ! ma bonne dame, si vous le permettez, j'y joindrai ce chapelet béni : il a touché trois fois à la châsse de ma bonne sainte patronne.

LE PÈRE.

Oh ! gardez-vous bien de faire d'une portion de cette terre un prieuré. Pour moi, si j'étais le maître d'un prieuré, je le mettrais en commune. Ce n'est qu'en faisant du bien immédiatement aux pauvres, que vous réparerez le tort que vous dites que vous leur avez fait. Ce sont eux seuls qui ont besoin des offrandes des riches : ils sont les vraies reliques des saints. Donnez, à l'exemple de ces âmes célestes, vos soins directement aux malheureux ; mettons, comme eux, nos espérances dans celui-là seul à qui ils ont cherché à plaire pendant leur vie, sans aucune vue d'intérêt, d'honneur, ou de réputation, de la part du monde.

MONDOR.

Vous avez raison. On passe aisément d'une extrémité à l'autre. Eh bien ! trouvez bon que je fasse les frais de la fête du roi, dont je vous ai entendu former le plan. Madame veut y joindre une loterie pour les pauvres enfans ; j'en fournirai les lots de la même nature que son lot principal. Je ferai faire des habits convenables à leur âge, et ils danseront vêtus de neuf autour des bustes du roi et de la reine ; je traiterai de la même manière leurs pères et leurs mères dans la cour de mon château. Vous ordonnerez votre fête comme vous l'entendrez, et, si vous me le permettez, je m'y présenterai sans la moindre prétention.

LE PÈRE.

Chère épouse, cet arrangement vous plaît-il ?

LA MÈRE.

Il me plaira, s'il vous agrée. Mais comment distinguera-t-on les habits des petits garçons de ceux des petites filles, si on les fait faire d'avance tous ensemble ?

LE PÈRE.

Les mêmes robes seront bonnes à tous. Il n'y a point de sexe ni de taille pour les enfans, ni pour les misérables.

MONDOR.

Oh! je veux employer le reste de ma vie à faire du bien. J'interdirai d'abord dans mes terres les jeux féroces de nos paysans : ils s'accoutument à être cruels envers les hommes par leurs cruautés envers les animaux. Je placerai un autre maître d'école dans le village : je veux y changer entièrement l'éducation des enfans. En vérité, on ne rend les hommes bons qu'en rendant les enfans heureux. Je placerai à la tête de cette école, monsieur Gauthier, vicaire du village voisin. C'est un homme simple, plein de religion et doux envers les enfans, comme Jésus-Christ. Je suis bien sûr qu'il la préférera à un prieuré. Je sens maintenant que l'amour de l'or a renversé parmi nous les notions les plus communes de justice et de bon sens ; un maître d'école est bien plus utile à la patrie qu'un prieur, et il est bien moins considéré parce qu'il est moins riche.

LA MÈRE, à son mari.

Qu'est-ce que c'est que ce monsieur Gauthier, mon ami ?

LE PÈRE.

C'est un abbé qui ressemble au premier coup d'œil, à un prêtre italien ; il est de petite taille et assez replet ; il porte des cheveux noirs fort courts et sans poudre ; sa soutane est rapetassée en plus d'un endroit. Il lui est souvent arrivé de retourner chez lui, le soir, sans le linge dont il s'était vêtu le matin. Il est toujours courant à pied de hameaux en hameaux ; il cache sous un extérieur fort simple beaucoup de connaissance des hommes. Sa charité inquiète le promène dans les lieux les plus écartés. Quand je m'établis ici, il y vint tout d'abord : il m'offrit, sans me connaître, tous les services qui dépendaient de lui. Je lui fis part de mes plans et de mes moyens ; il m'écouta avec beaucoup d'attention, ensuite il prit congé de moi et me dit en me serrant la main : Si je n'étais pas prêtre, je voudrais vivre comme vous ; mais je me dois aux autres.

LA MÈRE.

Je voudrais bien le connaître.

LE PÈRE.

On ne le voit jamais que chez les malheureux. Si le feu prenait à notre maison, vous le verriez bientôt accourir pour aider à l'éteindre.

MONDOR.

Oui, je mettrai monsieur Gauthier en état de faire du bien à plus d'un infortuné. Après cela, je diviserai une partie de cette plaine en un grand nombre de petites propriétés, que je distribuerai, moyennant une médiocre redevance, à beaucoup de journaliers qui n'ont aucune possession ; et, tous les ans, je leur donnerai une fête où vous présiderez l'un et l'autre.

LE PÈRE.

Ah! je la verrai avec bien de la joie. Si vous

faites tout ce que vous venez de me dire, vous y trouverez votre compte de toutes les manières. En rendant l'éducation des enfans plus heureuse, vous rendrez vos vasseaux meilleurs et plus gens de bien. En distribuant vos grandes possessions en petites propriétés, vous bannirez de vos terres l'indigence qui est la source de tous les vices; vos campagnes et vos fermiers multipliés vous rapporteront plus de profit. Je suis persuadé qu'avant qu'il soit trois ans, vos vassaux seront en état de vous donner une fête à leur tour. Vous verrez la différence qu'il y a d'une fête de cette nature, avec celles que leur donnent quelquefois les riches. Donner des fêtes aux petits, c'est user de ses richesses comme les rois; mais en recevoir des malheureux qu'on a soulagés, c'est jouir comme la Divinité même.

MONDOR.

Oh! oui, je ne veux plus vivre que pour faire du bien! Allons, ma pauvre cousine, viens demeurer avec moi! sèche tes larmes! viens, tu prendras soin de ma maison; tu n'y manqueras désormais de rien; tu me consoleras. Maintenant que je suis moi-même malheureux, je sens que le plus grand degré de misère est le plus proche degré de parenté.

ANNE MONDOR.

Monsieur, j'avoue que je suis bien coupable.

MONDOR.

Et moi, encore davantage! n'en parlons plus. Ne m'appelle plus monsieur, appelle-moi ton cousin.

HENRI.

Mon papa, voilà un livre que j'ai trouvé en arrivant tout près d'ici. Il a pour titre : *Système de la Nature;* il doit être bien curieux.

LE PÈRE.

Mon fils, méfiez-vous encore plus des livres inconnus que des hommes que vous ne connaissez pas : pour étudier la nature, il ne faut d'autres livres que ses ouvrages.

MONDOR.

Oh! celui-ci n'en dit seulement pas un mot; c'est une production d'une cruelle et absurde philosophie; c'est une vaine déclamation qui détruit à la fois dans l'homme l'intelligence et le sentiment. Rendez-le-moi, mon fils : il ne sera jamais capable de vous donner des lumières; il n'est propre qu'à corrompre votre innocence. (*A sa cousine.*) Allons, viens, ma cousine; prenons congé de cette heureuse famille. Je vais faire chez moi maison nette, et mettre tous mes gens à la porte.

ANNE MONDOR.

Et mon pèlerinage à la bonne sainte Anne?

MONDOR.

Tu mourrais en chemin : nous reviendrons le faire ici à la Saint-Louis. L'acte le plus agréable aux saints est le bien qu'on fait aux malheureux.

LE PÈRE.

Nous vous recevrons de bon cœur, mais il faut venir nous voir auparavant.

MONDOR.

Vous ne sauriez me proposer rien qui me fasse plus de plaisir; mais je jugerai par celui que vous prendrez à venir chez moi, de celui que vous aurez à me recevoir chez vous. Je n'ai pas à vous offrir les mêmes lumières, ni la même intelligence pour faire le bien; mais j'ai à partager avec vous un avantage qui n'est pas moins rare : c'en est le pouvoir. Quelque funeste expérience que vous ayez des hommes, songez qu'on peut compter encore sur ceux qui ont été éprouvés comme vous par le malheur. Adieu, couple fortuné! adieu, beaux et heureux enfans, douce retraite, asile de l'innocence et de la foi conjugale! Adieu! puisse un jour cette forêt sauvage et inhabitée donner beaucoup d'habitations à des familles qui vous ressemblent!

ANNE MONDOR.

Que la bénédiction de Dieu se répande sur vous! vous avez mis fin à mes peines. Ah! puisque vous me le permettez, madame, je viendrai vous revoir bientôt. Que le bon Dieu, que la bonne sainte Anne.... (*Elle pleure.*)

LA MÈRE, *émue.*

Venez bientôt nous revoir, n'y manquez pas au moins. Adieu, ma bonne demoiselle.

ANTOINETTE, *pleurant.*

Adieu, ma chère demoiselle, adieu; soyez maintenant bien heureuse.

LE PÈRE.

Rentrons, mes enfans; le soleil fatigue les yeux de votre mère, et la chaleur augmente; allons travailler à l'ombre des arbres fruitiers dans le verger, sur le bord du ruisseau. Antoinette, remporte tes présens et ceux de ta mère, ils serviront dans une autre occasion. Allons remercier Dieu de l'heureux commencement de cette journée. Dieu, mes enfans, veut beaucoup de bien aux hommes quand il leur donne l'occasion d'en faire.

LA MÈRE.

Voilà mon songe accompli, et voilà la pierre dont mon fils a tué le hibou niché dans la haie. Ce pauvre seigneur! son sort me touche. Le fond de son cœur était bon. Dieu l'a rappelé à lui par le malheur. Quelles graces n'avons-nous pas à rendre à la Providence! voyez comme elle nous a ménagé le bonheur d'être utile à sa pauvre cousine et à lui-même ! il n'y a que la religion de solide, mes enfans ; tout le reste n'est rien.

LE PÈRE.

Mon fils, dépêche-toi de déjeuner ; tu viendras ensuite essarter avec moi la portion de la forêt où nous devons célébrer, cet été, la fête du roi. Fais-toi, par le travail, un corps robuste, afin de servir un jour ta patrie ; à la vue de ces coups de la Providence, fortifie ton ame dans la vertu, afin de la rapporter dans cette retraite paisible, toujours pure et exempte des vaines opinions du monde. Tu nous liras ce soir, à la lampe, la vie d'Épaminondas.

HENRI.

Mon père, qu'est-ce que c'était qu'Épaminondas ?

LE PÈRE.

C'était un homme qui disait que la plus grande joie qu'il eût eue dans sa vie était d'avoir servi sa patrie du vivant de son père et de sa mère.

HENRI.

Ah, mon papa ! je voudrais bien vous donner cette joie, quand je devrais mourir à la peine. Trouvez bon maintenant que je place la pierre que j'ai apportée à l'endroit où maman a coutume de poser les pieds.

ANTOINETTE.

Maman, je sèmerai autour de la pierre de mon frère les fleurs que vous aimez le mieux, des violettes, des primevères, des scabieuses et des marguerites.

LA MÈRE.

Ah ! je ne reposerai jamais mes pieds sur une pierre qui a foulé si long-temps la tête de mon fils.

LE PÈRE.

Vous avez raison, il en faut faire un autre usage : elle servira d'autel à votre oratoire, je la placerai sous vos sapins, au haut d'un petit tertre de gazon, et j'y graverai dessus une inscription latine, qui aura rapport à ce qui vient de se passer.

HENRI.

Oh ! mon père, j'ai bien envie d'apprendre le latin pour entendre vos inscriptions.

LE PÈRE.

Mon fils, je vous l'apprendrai un jour ; mais l'essentiel pour un homme n'est pas de savoir parler; c'est de savoir agir. Les plus belles inscriptions n'ont de mérite que parce qu'elles montrent aux hommes ce qu'ils doivent faire.

HENRI.

Vous en avez mis de bien agréables en latin, dans plusieurs endroits du jardin et de la forêt, à ce que m'a dit maman, à qui vous les expliquez. Dites-moi, je vous prie, ce que vous écrirez sur ma pierre, et donnez-m'en l'explication.

LE PÈRE.

Mon fils, j'y graverai ce passage de l'Évangile : *Deus potest ex lapidibus istis suscitare filios Abrahæ.* Dieu peut, de ces pierres, susciter des enfans à Abraham.

FIN DE LA PIERRE D'ABRAHAM.

# LETTRES

DU MARÉCHAL MUNICH, DE DUVAL, TAUBENHEIM, J.-J. ROUSSEAU, RULHIÈRES, D'ALEMBERT, BARON DE BRETEUIL, GUYS, L'ABBÉ FAUCHET, FONTANES, M<sup>me</sup> LA BARONNE DE KRUDNER, DUPONT DE NEMOURS, M. MARET, DUCIS, BERNARDIN DE SAINT-PIERRE, LOUIS, JOSEPH ET NAPOLÉON BONAPARTE.

## AVIS.

Lorsque je voulus écrire la Vie de Bernardin de Saint-Pierre, je commençai par mettre en ordre ses nombreuses correspondances. Sur environ dix mille lettres, je fis un choix qui devint la base de mon travail, et qui devait servir à le justifier[1]. Ne pouvant publier cet immense recueil, j'en détache aujourd'hui quelques pièces, dans le seul but d'appuyer ce que j'ai dit de Bernardin de Saint-Pierre; car, pour bien pénétrer un homme, ce n'est point assez de connaître les sentimens qu'il éprouve, il faut encore observer les sentimens qu'il inspire. Les méchans ont des flatteurs et des serviteurs, mais ils n'ont point d'amis ; jamais on ne les vit environnés d'estime, de tendresse et de vénération : ces sentimens naissent de la vertu, et on ne les éprouve que pour elle.

Ces correspondances auront d'autant plus d'intérêt qu'on aura mieux compris les ouvrages de Bernardin de Saint-Pierre. Elles peignent au vif celui qui écrit et celui à qui on écrit ; elles font aimer Bernardin de Saint-Pierre en même temps qu'elles font connaître ses amis. On retrouvera dans le style de Duval cette ame douce, élevée, sensible, qui avait deviné l'ame d'un sage dans les agitations d'un jeune aventurier. Quelque chose d'ardent et de passionné nous révèle une ame supérieure dans l'excellent Taubenheim ; ses lettres sont des chefs-d'œuvre de délicatesse et de sentiment. Le ton du baron de Breteuil est trompeur, celui de M. Hennin sincère, mais froid ; d'Alembert est un protecteur indifférent; Rulhière, un ami du beau monde ; madame de Krudner, une enthousiaste ; l'abbé Fauchet, un admi-

[1] C'est ce recueil dont j'offris inutilement la communication à M. Michaud, libraire, lorsqu'on m'annonça l'article calomnieux qu'il préparait pour la *Biographie universelle.*

rateur qui veut garrotter celui qu'il admire ; Ducis, au contraire, était généreux, plein de confiance et d'abandon, mais il aimait avec son imagination, et Bernardin de Saint-Pierre avec son cœur. Cette amitié, formée si tard, eut quelque chose du brillant de la jeunesse, mais elle n'en eut pas la douce intimité. Malheureusement les lettres de Bernardin de Saint-Pierre à son ami n'ont pas été retrouvées ; on jugera de l'intérêt qu'elles devaient avoir par le charme de celles de Ducis. Ces lettres, pleines de mouvement et de noblesse, sont le développement du plus beau caractère : il est impossible de les lire sans aimer Ducis, sans aimer son ami, et sans les estimer tous deux.

On trouvera encore dans ce recueil deux lettres de M. de Fontanes, une de M. Maret, et quelques lettres de la famille Bonaparte. Ces dernières sont là pour confirmer ce que nous avons dit des relations de Bernardin de Saint-Pierre avec ces puissances passagères qui ont dominé son siècle.

5 août 1826.

## QUELQUES LETTRES
### ET
## PIÈCES JUSTIFICATIVES.

*Proposition faite à l'Institut par Bernardin de Saint-Pierre, pour rappeler ses confrères à la modération (1798)* [1].

MESSIEURS,

J'ai à vous proposer une motion d'ordre en qualité de membre de votre section de morale.

Nous nous occupons, dans nos discussions, de tout ce qui peut améliorer la société, et nous oublions quelquefois que nous nous détériorons nous-mêmes.

Ceux d'entre nous dont le tempérament est le plus inflammable s'abandonnent dans la dispute à des personnalités très-répréhensibles ; ensuite pour les justifier ils proposent des défis à ceux qu'ils ont insultés. Ils se font ainsi tout blancs de leur épée, et une réputation d'hommes redoutables. Ils en imposent au bureau qui n'ose les rappeler à l'ordre, quoique cette fonction soit de son devoir, et à la classe dont chaque membre craint de s'entremettre d'une querelle qui peut lui devenir personnelle ; et nous qui séparerions dans la rue des hommes, et même des animaux qui se battraient, nous restons spectateurs tranquilles de débats odieux entre des confrères, et nous favorisons par notre silence d'odieuses tyrannies.

Nous devons d'abord des éloges à la modération de ceux qui en sont les victimes ; car il est difficile d'en conserver en pareille circonstance, et fort facile, à un homme de lettres surtout, de répondre à des injures par des injures, et à un cartel par un refus. Le préjugé qui forçait les nobles dans l'ancien régime de vider leurs querelles l'épée à la main, parce qu'ils se croyaient au-dessus des lois, n'y a jamais obligé les gens de loi, les gens de lettres, ni les philosophes, ou soi-disant tels. Il y a plus, on se serait autant moqué des gens de plume qui auraient offert de terminer leurs rixes par l'épée, que des gens de guerre qui auraient terminé les leurs par la plume. Jamais Fontenelle, Montesquieu, Voltaire, Jean-Jacques, n'auraient proposé ou accepté un cartel, pour des injures même imprimées. Quand on leur en a envoyé, ils ont été les premiers à en plaisanter ; si les nombreux représentans qui ont formé nos assemblées nationales avaient terminé par le duel les injures atroces que, dans leurs diverses fonctions, ils se sont dites mutuellement, il n'y aurait pas un seul législateur de vivant. Combien doit donc paraître mal fondée, sous un régime tranquille, la tactique d'un philosophe qui se dit : « Quand je serai faible en raisons, je serai fort en » injures ; j'intéresserai l'honneur de mon antago- » niste ; d'après nos anciens préjugés, je le forcerai » de se battre ou de passer pour un lâche ; ainsi, j'en » imposerai à tous ceux qui désormais voudraient » me contredire. » Une telle bravoure n'est-elle pas plus que suspecte, lorsque de pareils défis s'adressent à des hommes de lettres qui n'y répondent pas, et jamais à ceux qui, ayant été militaires toute leur vie, pourraient les accepter ?

Il n'y a donc ni raison ni courage à insulter un homme pacifique : mais il peut y avoir beaucoup de danger, si l'offense est sans vertu, surtout dans un siècle où la morale ne voyant plus d'appui dans les cieux, n'en espère plus guère sur la terre. L'offensé ne doit-il pas craindre une vengeance aussi terrible et aussi facile que celle qui nous a enlevé dernièrement un confrère, certes, digne de toute notre estime, mais d'un caractère violent, qui a dû lui faire bien des ennemis secrets.

Je ne doute pas que ceux qui s'abandonnent à leur colère ne s'en reprochent eux-mêmes les excès lorsqu'ils sont de sang-froid. Ce sont souvent

---

[1] Jamais l'auteur de la Vie de Bernardin de Saint-Pierre n'aurait publié ce morceau, si un des disciples de Cabanis n'avait avancé dans un journal :

1° Que dans la séance de l'Institut, où l'on proposa solennellement de ne jamais prononcer le nom de Dieu, Bernardin de Saint-Pierre ne fut ni insulté, ni appelé en duel ;

2° Qu'il se permit lui-même des imputations contre ses confrères, qui les repoussèrent avec une modération dont il ne leur donnait pas l'exemple.

les plus susceptibles des sentimens de loyauté et de générosité. Ils ne sont si irritables que parce qu'ils sont très-sensibles à l'injustice vraie ou apparente; ils sont capables eux-mêmes de venir, de jour et de nuit, au secours de ceux auxquels ils ont proposé la veille l'alternative du déshonneur ou de la mort, s'ils les voyaient dans un danger éminent de perdre l'honneur ou la vie. Venons donc, dans nos disputes, au secours, non de l'offensé qui a le courage de se retrancher dans sa modération ; mais de l'offenseur qui, entraîné par des mouvemens impétueux, leur cède, et manque à la fois à ce qu'il doit à lui-même et à ses confrères.

Je demande que lorsqu'un de nous s'oubliera assez pour dire des personnalités, il soit rappelé, non à l'ordre, parce qu'un commandement subit irrite quelquefois la colère, mais à la fraternité, d'abord par le président, et à son défaut par la classe ; et si ces sommations fraternelles ne servent à rien, que la séance soit levée.

Je demande de plus, chers confrères, que si vous adoptez ces réclamations d'un membre de votre section de morale, il n'en soit pas fait mention dans nos registres, afin qu'on n'y voie pas qu'en les employant quelquefois dans des délibérations étrangères, nous en avons eu besoin pour nous-mêmes.

*Lettre du maréchal Munich à Bernardin de Saint-Pierre.*

MONSIEUR,

Les chagrins, dont par votre lettre vous me paraissez dévoré, m'affligent sensiblement; j'avais espéré que, vu vos talens et votre mérite personnel, vous auriez trouvé un sort et un emploi à votre satisfaction.

J'augure cependant que, puisque son excellence M. le Grand-Maître vous a offert une place d'aide-de-camp du génie, c'est une preuve de son estime pour vous, et du dessein où il est de vous attacher à sa personne; ainsi ne vous désespérez point, renfermez vos peines secrètes, et surtout ne faites paraître aucun mécontentement. Puisque son excellence M. de Villebois paraît avoir de bonnes intentions pour vous, portez tous vos soins à vous l'affectionner, et certainement il ne vous oubliera pas. Il a tout le crédit et le pouvoir nécessaires pour vous avancer et faire votre fortune.

J'aurais souhaité pouvoir moi-même employer vos talens; mais il ne se trouve pour le présent aucune place vacante dans les départemens qui sont sous ma direction ; soyez toutefois persuadé que je ne négligerai aucune occasion de vous rendre service, étant avec considération et estime,

Monsieur,

Votre très-humble et très-obéissant serviteur,

MUNICH.

Saint-Pétersbourg, ce 20 mars 1765.

*Lettre de Duval à Bernardin de Saint-Pierre.*

MONSIEUR,

Je vous salue, je vous félicite, je vous embrasse dans votre patrie ; si mes vœux étaient exaucés, vous y trouveriez, avec la fortune, tout ce que votre cœur délicat et sincère mérite. Pardonnez-moi ma négligence à vous écrire, et soyez persuadé de ma reconnaissance toutes les fois que je reçois par vos lettres l'assurance de votre estime. Depuis votre départ, j'ai vu plusieurs fois M. le général Dubosquet ; son zèle pour vous s'accroît, et à chaque nouvelle conversation, il chante vos louanges sur un ton plus énergique qu'à la précédente. Notre docteur est toujours à Moscou, sa pratique suffisant à peine pour son entretien; il n'en a pas moins retiré chez lui une pauvre veuve avec quatre enfans, dont le mari, son ami, homme de mérite et son compatriote, est mort entre ses bras. M. Randon, ne sachant que faire, s'est avisé d'épouser une jeune fille de vingt ans, d'une taille presque gigantesque en tous sens, fort aimable d'ailleurs : cette demoiselle était nouvellement arrivée et placée dans une très-bonne maison; elle est fille d'un officier commandant une place en Poméranie ; elle a été flattée du titre de madame la colonelle [1] ; elle l'a donc épousé : et son but est d'obtenir quelque commandement en Ukraine, et d'y finir ses jours. Il me faudrait beaucoup de papier et de temps pour vous parler de mes affaires, de ma situation et de ma manière de vivre. Il y a quantité de choses qui pourraient vous intéresser davantage, et que ma mémoire ne me fournit pas à présent. Je viens de recevoir votre lettre du 16 novembre, et je n'ai pu m'empêcher d'y répondre tout de suite, la poste allant partir. Si jamais j'ai le bonheur de revoir les bords du lac Léman, je vous en ferai une description si fleurie, que vous serez tenté de rendre visite à nos naïades; elles vous mèneront dans des recoins de montagnes où vous trouverez à chaque pas des plantes que

---

[1] Le colonel Randon, ayant perdu sa femme, s'enferma dans une cave où il vécut plusieurs mois de pain et d'eau. Plus tard, il renonça à sa pension de colonel, et se rendit à Rome où il obtint du pape la permission d'occuper un ermitage où il mourut après dix ans des plus grandes austérités.

vous aimez tant, et qui croissent rarement ailleurs sans culture. Vous dites qu'il ne vous est pas permis de deviner l'endroit où vous devez mourir : je le crois bien, le général Sheverin en aurait dit autant à votre âge, et votre aïeul, le maire de Calais, disait avec raison : L'homme propose et Dieu dispose. Je suis beaucoup plus âgé que vous, je saurai probablement le quartier que vous aurez choisi avant de quitter le mien, et quand je serai dans l'autre monde, je ne manquerai pas de demander de vos nouvelles aux nouveaux débarqués; si jamais vous allez à Londres ou à Genève, je vous prie d'y voir les familles Duval. Je fais, mon cher monsieur, bien des vœux à la Providence pour votre conservation et votre bonheur; je vous prie de m'accorder une réponse en faveur des choses plus intéressantes que je pourrai vous écrire dans la suite.

J'ai l'honneur d'être bien sincèrement,
Monsieur,
Votre ami,
LOUIS-DAVID DUVAL.

*Lettre de Duval à Bernardin de Saint-Pierre.*

MONSIEUR,

J'ai reçu, depuis deux mois, l'avis d'un paquet venant d'Amsterdam par vaisseau, à mon adresse; cet avis fut laissé chez moi pendant mon absence, et je ne sais par quel canal il m'est parvenu; mais enfin, le vaisseau est arrivé et le paquet aussi; il contenait la lettre dont vous m'avez honoré le 1er janvier dernier, un billet pour ma femme, du 2 février, et deux volumes que j'ai lus avec avidité; je vous ai suivi partout en imagination. Je n'approuvais pas le tour de l'île avec deux nègres seulement. Une chose m'a frappé, c'est que sensible comme vous l'êtes, vous ayez pu éviter dans votre Relation le narré des désagrémens et des dégoûts que vous devez avoir essuyés. Mes idées ne s'arrangent point sur l'honneur que vous m'avez fait; celle qui domine est de chercher à mériter le témoignage public que vous donnez de mon caractère; j'ai vu dans la conclusion en guise de préface, mon nom en trop bonne compagnie, ceux qui l'avoisinent sont trop grands; je voudrais être avec des gens de ma sorte, et voir ma femme à côté de madame Normand.

Il y a dix ans que mes occupations ne m'ont permis aucune lecture suivie; je ne puis que sentir, je ne suis pas en état de juger. Le système sur les végétaux m'a d'abord effrayé, il m'a rappelé votre projet de perfectionner les postes, au moyen des mortiers à bombes en été, et des patins en hiver; mais je m'arrête : un aveugle ne doit pas juger des couleurs.

J'aime les leçons d'humanité que vous nous donnez; l'élévation de vos sentimens et la douceur de vos mœurs et de votre caractère me sont bien connues; je sais que chez vous l'expression part du cœur avec la pensée. S'il y a dans quelques endroits de votre livre une imitation de Rousseau, de Voltaire ou de Montesquieu, cette imitation allait si bien au sujet, qu'il n'y avait pas moyen de l'éviter; en un mot, une Relation qui devait être assez aride, suivant la manière dont les hommes voient pour la plupart, est devenue très-intéressante sous vos mains. La conclusion en est unique, la période qui finit par *il y a quelqu'un ici* doit remuer tous les cœurs sensibles; en vous lisant, je me suis félicité d'avoir su mériter votre estime, et je me suis bien promis d'être moins paresseux et moins distrait à l'avenir, et de faire des efforts pour me la conserver.

Ma femme est en couche, elle vous répondra de sa main dans ma suivante lettre qui ne tardera pas; je vous y rendrai compte de ma situation et de mes occupations.

N'y aurait-il donc pas moyen de vous revoir dans ce pays, soit avec quelque commission publique du ministère de France, ou autrement, et justement avec assez de moyens, d'abord pour une voiture et un ou deux domestiques? Vous trouveriez chez moi un appartement meublé honnêtement, et une table bourgeoise dont vous disposeriez. Je crois que vous trouveriez un bon établissement ici plutôt qu'en aucun endroit du monde; mais il faudrait renoncer au militaire, et rechercher la direction de quelques grandes entreprises à l'avantage du commerce. Nous avons ici des canaux à faire et des villes à fonder.

Je vous promets bientôt une nouvelle lettre; je voudrais bien pouvoir trouver le moyen de vous être utile et de vous prouver l'attachement avec lequel j'ai l'honneur d'être

Monsieur,
Votre très-humble et très-obéissant serviteur,
LOUIS-DAVID DUVAL.

Pétersbourg, le 24 juin 1773.

*Lettre de Duval à Bernardin de Saint-Pierre.*

MONSIEUR,

Ma paresse se renforce à mesure que ma santé s'affaiblit : voilà pourquoi j'ai tardé si long-temps à vous répondre. Je pourrais pourtant vous indiquer plusieurs excuses plus honnêtes; car premièrement, je pouvais bien vous informer de la mort du bon général Dubosquet; mais je n'ai jusqu'à présent pu avoir des nouvelles certaines de mademoiselle de Latour, sinon qu'on avait ouï dire qu'elle était bien mariée. Je souhaiterais pouvoir vous en dire davantage, et rendre par là ma lettre plus intéressante [1].

Quand j'eus reçu votre lettre du 15 juillet, M. Ador, auquel je dis que vous aviez payé les 900 francs à M. Rougemont, m'en remboursa sur-le-champ la valeur, quoiqu'il n'eût point d'avis; il est parti peu après pour son domicile en Allemagne; je n'ai eu depuis aucune lettre de lui: suivant les usages du commerce, tout est en ordre, vous êtes acquitté, et je suis remboursé au-delà de ce que vous me deviez. J'ai bien reçu dans le mois de septembre les douze exemplaires; celui que vous avez eu la bonté de me destiner est en belle reliure à l'usage de la famille; celui que vous avez donné à ma femme est chez sa mère, qui est venue nous joindre dans ce pays: elle ne se lasse pas de vous lire, non plus que sa Bible, à côté de laquelle vous figurez. Imaginez la meilleure des femmes, et vous aurez quelque idée de la grand'maman de mes enfans.

J'ai d'abord lu votre ouvrage rapidement, je l'ai ensuite repris, et toujours avec beaucoup de plaisir. Il semble être à la portée des moins instruits, et ce n'est pas là son moindre mérite. Quand on est frappé par le brillant coloris d'un beau tableau qui vous présente de grands objets, un bel ensemble et les détails les plus intéressans, on regrette de n'être pas assez instruit pour juger de la correction du dessin. J'ai été étonné du courage avec lequel vous assignez la cause des marées et des courans de la mer à la fonte des glaces aux pôles, plutôt qu'à l'attraction de la lune; mais cette dernière supposition cadre si bien avec tous les phénomènes des marées (du moins nous le fait-on entendre), qu'il est naturel de suspendre son jugement. Je me rappelle d'avoir lu, dans ma jeunesse, des relations de voyages maritimes, où il est fait mention de bâtimens qui ont pénétré au-delà de 82 ou 83 degrés de latitude septentrionale, et trouvé la mer au loin devant eux, libre de glaces. Le capitaine Cook n'a pu, si je ne me trompe, pénétrer au-delà au-delà de 72 ou 73 degrés latitude méridionale dans tout le contour qu'il a parcouru; quelle différence prodigieuse d'un côté à l'autre!

Vous avez parcouru et lié tous les objets d'histoire naturelle d'une manière si intéressante, qu'il est difficile de quitter votre livre, ou de ne pas suivre le fil de vos idées énoncées avec la plus grande clarté. Il y a tant de distance d'un pauvre joaillier aux professeurs des académies, que je n'ai pas osé entrer en lice ou consulter quelques-uns d'entre eux que je connais bien d'ailleurs. Mais après vous avoir dit l'impression que votre livre a faite sur moi, je pourrai plus tard vous parler de l'impression des autres.

Il y a, si je ne me trompe, vingt-trois ans que j'eus le bonheur de faire votre connaissance, et je regrette de n'en avoir pas mieux alors connu tout le prix. Vous étiez pourtant respecté de notre société mélangée, et surtout de moi, qui étais le plus âgé. Le docteur de Freytouns est mort dans sa patrie; depuis dix ou douze ans, le reste est dispersé. Je vous prie de recevoir encore mes félicitations sur la position aisée où vous vous trouvez actuellement, sur les moyens par lesquels vous y êtes parvenu, sur le raffermissement de votre santé. Vous jugez bien que je ne me suis pas fort enrichi dans mon commerce; mais depuis que j'ai le secours de mon fils aîné, je me trouve, au moment où je vous écris, dans une honnête aisance. D'autres dans le même genre ont acquis de grandes richesses ici, et moi la confiance publique, l'honneur d'en avoir reçu les marques sous le seing de LL. AA. SS., qui m'ont choisi pour leur joaillier, et sous celui de l'impératrice qui m'a fait joaillier du cabinet, avec des appointemens. Aucun ne pouvait remplir cette place, à moins d'une certaine indifférence sur les avantages qu'on pouvait en tirer. J'ai encore bien des jouissances malgré mon affaiblissement de santé, et, en ce moment même, j'ai cessé de vous faire ce détail qui vous intéresse parce que je suis bien dans votre esprit.

Nous avons dans la famille un jeune homme de vingt-six à vingt-sept ans, d'un grand mérite; c'est le frère cadet de ma femme; il possède un talent supérieur pour la prédication; il a fait une apparition ici, les ministres étrangers, les seigneurs de la cour, leurs dames, venaient écouter ses sermons. Les Anglais nous l'ont enlevé, lui ont fait un sort pour la vie; il est actuellement à Londres, où il prêche très-rarement, ayant un emploi civil très-avantageux; son nom est Dumont. Je vous en parle, parce que nous avons remarqué entre vous et ce jeune homme de grandes affinités.

Je suis bien sincèrement,
Monsieur,
Votre très-humble et très-obéissant serviteur,
LOUIS-DAVID DUVAL.

---

[1] M. de Saint-Pierre avait refusé la main de mademoiselle de Latour, parce que ce mariage l'aurait fixé en Russie; mais il avait conservé le plus tendre souvenir de cette aimable personne. Mademoiselle de Latour figure dans *Paul et Virginie*, et on la retrouve encore sous les plus aimables traits dans la *Pierre d'Abraham*.

*Lettre de Taubenheim à Bernardin de Saint-Pierre.*

Berlin, 19 juillet 1771.

Digne ami,

Quel ravissant et délicieux plaisir pour moi de recevoir de vos nouvelles, et d'apprendre que vous êtes de retour à Paris en bonne santé! Mais comment est-il possible, mon cher et très-cher ami, qu'avec vos talens vous n'ayez pas fait fortune? Non, plus j'y pense, plus je suis convaincu que la fortune est mal distribuée, et qu'elle oublie au partage ceux qui en sont dignes. Vous en êtes un bien douloureux exemple, car si jamais quelqu'un a mérité ses faveurs, c'est vous, mon bon ami, et j'ai la persuasion qu'enfin on rendra justice aux qualités que j'ai admirées, et que j'admirerai toute ma vie en vous. Ah! que j'aspire au bonheur de voir l'accomplissement de mes ardens desirs à votre sujet! Ne tardez pas, mon cher ami, de me procurer cette joie, dès que vous serez à même de le faire.

Je vous remercie du fond de mon ame de ce que vous m'avez rapporté votre précieux souvenir et une amitié dans laquelle j'ai mis toutes mes délices. Veuillez vous persuader que ni votre absence, ni rien autre chose n'a pu diminuer la haute estime et la tendresse particulière que je vous ai vouées ma vie durant. Mettez-moi à l'épreuve, je vous en conjure; vous ne me trouverez jamais indigne de votre confiance. Je n'ai, depuis vous, trouvé personne à qui mon cœur ait pu se livrer comme il se livrait à vous. Les agrémens de votre amitié m'ont fait perdre l'idée de chercher un autre vous-même; et si vous avez conservé quelque bonté pour moi, ne m'ôtez jamais votre souvenir qui me remplit de joie, et qui seul fait mon bonheur.

Je vous ai écrit trois fois à l'Ile-de-France, d'où j'avais reçu une de vos chères lettres; mais j'ignore si ces trois lettres vous sont parvenues.

Depuis vous, le roi m'a nommé receveur-général du tabac avec de bons émolumens. Je suis content de mon état, et je ne porte pas mes vues plus loin. Mais quel plaisir j'aurais de vous revoir un jour, et de vous offrir l'encens de mon amitié constante! Mon cher ami, j'accepte votre café avec grand plaisir, ainsi que les graines étrangères que vous m'offrez. Il suffit que cela vienne de votre part, pour que j'aie impatience de les recevoir. Mais je vous prie, mon digne ami, d'y joindre un détail exact de la manière de faire réussir les graines. Si votre offre était de plus de valeur, je ne l'accepterais point, mais je vous avoue qu'à peine puis-je attendre l'arrivée de ce cher souvenir. Apprenez-moi, de grâce, par où je puis vous être utile ici; mon amitié se plaira à vous prouver sa constance. Conservez-moi la vôtre, etc.....

Votre ami,

TAUBENHEIM.

*Lettre de Taubenheim à Bernardin de Saint-Pierre.*

Berlin, 21 février 1786.

Monsieur, et toujours tendre et précieux ami,

J'ai senti une joie inexprimable à la réception de votre chère lettre, et je ne sais trouver des expressions assez fortes pour vous peindre le tendre mouvement de mon cœur, et ma douce reconnaissance pour votre amitié. Le récit de votre bien-être, digne ami, met le comble à ma joie. Dieu prouve visiblement, par votre exemple, qu'il n'abandonne jamais ceux qui mettent leur confiance en lui. Mes vœux ardens vous ont suivi partout, et votre souvenir fait les délices de nos entretiens de famille. Votre long silence nous a donné de l'inquiétude, mais loin de soupçonner votre amitié, nous pensions que vous étiez trop éloigné pour nous faire passer de vos nouvelles. Voilà un sujet de reconnaissance de plus pour moi envers Dieu! Je le bénis de m'avoir conservé mon ancien ami; je jouis de son bonheur et de la douceur dans laquelle vont s'écouler ses jours, et il ne manque rien à ma satisfaction que de le voir!

Vous me parlez, cher ami, d'un remboursement dont j'ignore le sujet. Je n'ai jamais eu un billet de vous; je ne me rappelle pas vous avoir jamais rien prêté; je ne puis donc rien accepter. Il est vrai qu'autrefois vous daignâtes ne pas rejeter quelques faibles preuves de la pureté de mon amitié, dont je vous sais grand gré encore, mais c'est là tout ce que j'en sais, et cette lettre vous servira toujours d'assurance contre toute dette que je ne connais pas. Vous êtes trop de mes amis pour vouloir ternir ce cher titre, en y joignant celui de créancier. Je ne puis porter ce dernier vis-à-vis de vous, et je ne saurai jamais renoncer au bénéfice du premier qui est sans prix pour moi. Vous êtes débité sur mes livres pour une amitié perpétuelle; ainsi nous aurons toujours à compter l'un avec l'autre, et vous aurez de la peine à solder avec moi. J'ignore tout autre compte, et, en faveur de notre amitié sacrée, qu'il ne soit plus question d'un sujet qui me ferait rougir, et qui me ferait croire que vous m'aimez peu. Si vous voulez, mon cher ami, me donner un exemplaire des *Études de la*

*Nature*, je vous en aurai une obligation extraordinaire. Sa lecture fera mes délices, ayant mon ami pour auteur. Envoyez-le directement à Berlin, etc.......

Je remets pour une autre fois de vous instruire de ce qui me regarde : cette fois-ci je me contente de vous apprendre que je souffre beaucoup de la goutte, que je suis père de dix enfans plein d'espérance, que je compte vous en adresser un dans deux ans, qui séjournera à Paris quatre semaines, pour y voir ce qu'il y a de remarquable, et que je mourrai avec les sentimens de la plus constante amitié.

TAUBENHEIM.

### Lettre de Rulhière à Bernardin de Saint-Pierre.

Paris, ce 8 février 1768.

Voici, mon cher ami, l'excuse de ce que vous appelez ma paresse : j'ai eu l'honneur de rencontrer M<sup>me</sup> la princesse Labormiska à un souper, et le texte de conversation que j'ai pris avec elle est la reconnaissance que vous avez pour elle, et dont vous m'avez entretenu : elle me dit, la seconde fois que je la vis, qu'elle avait reçu une lettre de vous, et ne sachant où vous adresser sa réponse, elle me demandait de m'en charger ; je saisis cette occasion de lui demander la permission de l'aller chercher, en lui disant qu'en partant, un de vos regrets avait été de ne m'avoir pas présenté à elle. Quand j'y fus, sa lettre n'était point écrite, et en retardant ainsi de jour en jour, vous m'avez accusé de négligence ; mais ce matin elle vient de m'envoyer sa lettre, et j'allais vous écrire quand je reçois votre seconde. Si vous avez encore quelque occasion de lui écrire, vous me ferez plaisir de lui parler de moi, car elle m'a paru si aimable que je desire fort de la trouver favorablement prévenue pour moi. Que vous écrire, mon cher ami, de notre grande ville ? Hercule, dans le cours de ses travaux, ne s'occupait guère de ce que faisaient les Sybarites : la princesse, qui vous connaît fort bien, prétend que vous voudriez devenir grand Mogol. Il faut vous occuper de passer dans le continent ; une île n'est pas une assez vaste carrière pour vous. Franchissez les limites de votre mer ; et si vous voulez, à Paris, me charger de quelque commission relative à tout ce qui vous plaira, comptez que c'est un plaisir que vous me ferez et que j'y emploierai volontiers le crédit de mes amis : il y a du plaisir à seconder les gens qui vous valent, mon cher ami, et je serais bien aise d'avoir contribué, pour ma part, à faire un grand Mogol. Je ne conçois pas que M. de Breteuil ne vous ait pas répondu, car il vous aime fort, et a une grande opinion de vous. Comme la lettre que je vous écris à présent doit partir demain et que je ne le verrai pas avant, je ne puis rien vous dire, sinon qu'il a reçu votre lettre, car il m'en a parlé ; qu'il en a été très-content, car il me l'a dit, et que suivant ce que je connais de lui, vous pouvez, en toute occasion, même de la plus ardente ambition, vous adresser à lui en toute confiance. J'ai fait vos complimens à l'abbé Chappe, qui m'a paru aussi très-content de votre connaissance. Vous vous retrouverez avec un grand plaisir quand il y aura eu l'espace du monde entre vous deux, et je me flatte que dans un autre hémisphère on boira alors à ma santé. Si vous ne faites pas, mon cher ami, la fortune que j'attends de vos talens et de votre ame, au moins ferez-vous un bon journal, et c'est quelque chose. On se console des revers de cette existence présente en songeant que la postérité nous rendra plus de justice. Peignez bien tous les habitans de notre globe : rendez-vous intéressant aux hommes de tous les pays, et quelque chose qui arrive, vous aurez au moins l'immortalité pour ressource.

Il doit y avoir, d'ici à huit ou quinze jours, une grande assemblée des actionnaires de la Compagnie des Indes, pour terminer définitivement les statuts sur lesquels la Compagnie va être administrée. Voilà la seule chose, à ma connaissance, qui puisse vous intéresser. Adieu, mon cher ami, croyez que partout où je suis vous avez un ami fidèle, un chargé de vos affaires ; qu'aussitôt que vous me marquerez ce qu'il faudra faire pour vous, je le ferai avec plus d'opiniâtreté que pour moi-même ; car on se dégoûte pour soi, on quitte prise aisément ; je serai plus hardi et plus tenace quand je serai animé par l'amitié. Je vous embrasse de tout mon cœur, et serai toute ma vie votre ami et serviteur.

RULHIÈRE.

*P. S.* J'oubliais de vous dire qu'on me flatte de m'employer avant qu'il soit peu dans une des ambassades de Rome, Suisse, Constantinople ou Naples, qui vont vaquer toutes quatre. On m'a dit que sur les préventions de M. de Choiseuil contre moi, on lui avait proposé de me tenir encore trois ans subalterne sous un ambassadeur sage, et qu'il verrait après.

### Lettre de Rulhière à Bernardin de Saint-Pierre.

La Rocheguion, ce 3 novembre 1771.

Votre lettre, mon cher ami, est une véritable églogue. Elle est venue me trouver ici où je suis aussi à la campagne ; mais vous ne donneriez pas ce nom à un grand château, surmonté d'une vieille tour qui domine au loin sur la rivière et y exerçait autrefois toute la tyrannie féodale, d'où il reste encore aujourd'hui d'assez beaux droits, par exemple celui d'un péage. J'ai sous mes fenêtres un beau manége découvert où des écuyers exercent des chevaux de toutes les nations ; j'entrevois çà et là, par dessus les plus belles écuries du monde, quelques maisons du village ; au-delà de cette cour du manége est un grand chemin, au-delà est un grand potager, le long duquel coule la rivière de Seine, où passe tout le commerce de Rouen à Paris ; sur l'autre bord est un petit château derrière lequel est une assez vaste bruyère, terminée par une grande forêt. Voilà, mon ami, la description du paysage que j'ai sous les yeux et qui ne vous inspirerait pas ces belles hymnes champêtres que vous adressez à la nature, et dont votre lettre est un modèle. Je suis ici chez le plus respectable grand seigneur qu'il y ait jamais eu : ces vertueux La Rochefoucauld que toute la nation française sait encore estimer comme par tradition. La mort de la duchesse de La Rochefoucauld a répandu le deuil dans cette maison, mais il vaut mieux partager la tristesse de cette famille que la joie de beaucoup d'autres.

Il n'y a rien de nouveau dans mes affaires. J'ai été, depuis que je ne vous ai vu, bien tristement occupé par une maladie qu'a eue mon père, dans laquelle il a reçu l'extrême-onction ; mais, Dieu merci, il est ressuscité. J'attendais votre lettre avec impatience pour savoir où vous écrire, où vous mander à quel point j'ai été touché de la lettre que vous m'écrivîtes à votre départ. Connaissez-moi, mon ami, et vous croirez, je l'espère, à l'honnêteté et à l'amitié ; ces deux sentimens ont toujours fait mon bonheur au milieu des travaux de la vie ; votre lettre m'a causé autant de joie que vos soupçons m'avaient cruellement affligé. Je vous embrasse de tout mon cœur.

RULHIÈRE.

*Lettre de Jean-Jacques Rousseau à Bernardin de Saint-Pierre* [1].

5 août 1771.

La distraction, monsieur, de la compagnie qui était chez moi à l'arrivée de votre paquet, et la persuasion que c'était en effet des graines étrangères, m'ont empêché de l'ouvrir, et je me suis contenté de vous en remercier à la hâte : en y regardant, j'ai trouvé que c'était du café. Monsieur, nous ne nous sommes jamais vus qu'une fois, et vous commencez déjà par des cadeaux ; c'est être un peu pressé, ce me semble. Comme je ne suis point en état de faire des cadeaux, mon usage est, pour éviter la gêne des sociétés inégales, de ne point voir les gens qui m'en font ; vous êtes le maître de laisser chez moi ce café, ou de l'envoyer reprendre ; mais, dans le premier cas, trouvez bon que je vous en remercie, et que nous en restions là.

Je vous prie, monsieur, d'agréer mes très-humbles salutations.

J.-J. ROUSSEAU.

*Lettre de D'Alembert à Bernardin de Saint-Pierre.*

Paris, ce mardi à midi, 1772.

Mademoiselle de Lespinasse est dans son lit, monsieur, avec la fièvre double tierce, depuis huit jours : c'est une rechute. Elle a lu votre lettre avec beaucoup d'intérêt et un sensible regret de voir que votre situation n'est pas plus heureuse ; elle ne peut comprendre quelles sont les personnes de sa société qui ont pu désapprouver la modération de votre conduite à l'égard de votre libraire ; en tout cas, ce jugement n'était pas fait pour vous troubler et pour arrêter un moment votre pensée, car il est bien absurde, et il y aurait bien peu de mérite et de force à tuer un insolent qui vous a manqué de parole ; au lieu de cela, il y a beaucoup de sagesse et d'honnêteté dans votre conduite. Pour moi, je ne saurais vous dire le regret mortel que j'ai de vous avoir proposé cet homme-là ; je suis affligé de ce que nous allons vous perdre, mais je vois en même temps que votre mauvaise fortune doit vous lasser. Si vous vouliez, monsieur, entrer dans le service de Sardaigne, le roi va faire de grands changemens dans les troupes, et sûrement il accueillerait bien un officier français ; dans ce cas, je connais deux personnes qui pourraient vous donner des recommandations ; si c'était en Russie, vous y connaissez beaucoup de gens, mais il y a le frère de M. Carbon qui est dans l'artillerie, et à la tête d'un corps qu'on appelle les cadets : il pourrait peut-être vous être utile. Il n'est pas dans ce moment à Paris, ainsi que M. de Carbon, mais ils seront tous ici après Fontainebleau. A l'égard du service d'Espagne, M. de Mora n'est pas dans

---

[1] M. de Saint-Pierre, à son retour de l'île de France, dans une première entrevue avec J.-J. Rousseau, lui avait promis des graines étrangères ; le lendemain il lui envoya une balle de café. Rousseau lui écrivit cette lettre.

ce moment-ci en mesure de vous obliger, parce qu'il est dans l'impossibilité de s'occuper d'autre chose que de madame sa mère qui se meurt, depuis trois mois, de la poitrine. Lui-même est dans un état de santé qui ne lui permet guère de mettre de la suite à rien; cependant si vous préfériez le service d'Espagne, si c'est celui où vous vous promettez le plus d'avantage, je connais quelqu'un ici qui peut-être serait à portée de vous obliger, mais qui est aussi à Fontainebleau. Ce serait bien mal juger de mademoiselle de Lespinasse, monsieur, que de croire qu'elle vous eût fait un tort de votre mélancolie. Elle l'a intéressée et elle ne vous a jamais vu sans sentir s'augmenter en elle le désir de pouvoir vous obliger, par elle ou par ses amis. Quant à moi, monsieur, je me suis affligé souvent de mon impuissance et de mon peu de moyens, et je ne desirerais rien tant que de trouver les occasions de vous prouver l'estime distinguée et l'attachement sincère avec lequel j'ai l'honneur d'être, monsieur,

Votre très-humble et très-obéissant serviteur,

D'ALEMBERT.

*Lettre du baron de Breteuil à Bernardin de Saint-Pierre.*

Paris, le 24 mars 1770.

J'ai reçu toutes vos lettres, monsieur, et je n'ai pas profité de toutes les occasions de vous marquer le plaisir qu'elles me font; je me le reproche, mais je suis entravé par tant d'affaires, que je ne suis pas coupable de négligence. Je vous prie d'être toujours persuadé que je suis fort occupé de vous, et que je ne cesserai jamais de prendre l'intérêt le plus vif à tout ce qui vous regarde. Je suis bien aise qu'on vous ait envoyé à l'île Bourbon, puisque vous y serez en chef. Ne prenez pas de dégoût par les contrariétés; il faut les vaincre par la patience, quand on a eu la force d'aller aussi loin chercher à être utile. Tout ce qu'on a mandé de vous ici rend justice à votre zèle et à votre intelligence. M. le duc de Praslin a la meilleure opinion de vous. Vos appointemens seront augmentés, et le ministre écrira au commandant du génie dans le genre que vous le desirez. Si au bout de tout cela vous n'avez pas lieu d'être content, et que vous vouliez absolument revenir, comme vous m'y paraissez à peu près déterminé, je ferai tout ce qui dépendra de moi pour ne pas vous laisser dans l'embarras. Le regret que vous avez d'être aussi loin de vos parens et de vos amis est un sentiment très-naturel, et que vous leur inspirez; cependant ils ne sauraient vous conseiller d'abandonner le certain pour l'incertain. Vous avez connu les peines d'un solliciteur; quoi qu'il en soit, si vous n'êtes point retenu par cette réflexion, et que vous n'envisagiez aucun moyen de fortune où vous êtes, il est constant qu'il peut y avoir plus de ressources dans ce pays; je vous offrirai, en attendant, asile auprès de moi, et nous aviserons à ce qu'il sera possible de faire. Le roi m'a fait la grâce de me nommer son ambassadeur à Vienne. Je suis bien fâché de ne vous avoir pas gardé pour vous faire travailler dans cette carrière; après quelques années de pratique, j'aurais peut-être trouvé jour à vous placer, et vous n'auriez pas mené en attendant une vie aussi triste que celle dont vous me faites le détail.

L'économie avec laquelle vous avez vécu pour remplir vos engagemens ici a fort augmenté mon estime pour vous, et tout l'intérêt que vous m'avez inspiré. Je voudrais des occasions essentielles de vous en convaincre de plus en plus; si vous en trouvez, soyez sûr qu'en me les indiquant, je les saisirai toutes avec l'empressement qu'on doit à des sentimens aussi élevés que ceux que je vous connais.

Ma santé est bonne, je suis très-heureux, et le serais davantage si j'assurais votre bonheur. Continuez à m'écrire, et ne vous inquiétez jamais de mon silence; mes sentimens sont invariables.

Le baron de BRETEUIL.

*Lettre de M. Guys* [1] *à Bernardin de Saint-Pierre.*

Marseille, le 12 décembre 1785.

MONSIEUR,

Je suis empressé de mettre à vos pieds l'hommage qui vous est dû, celui de mes faibles recherches dans mon *Voyage de Grèce*, etc., et ce qu'on imprime encore de moi sous le titre de *Marseille ancienne et moderne*; c'est mon dernier tribut à ma patrie.

Vous seul, monsieur, pouvez dire : J'ai fait un livre. Vos observations, vos pensées, vos sublimes images, ne sont pas comme les projets de l'abbé de Saint-Pierre, les rêves d'un homme de bien, mais des vérités qui consolent l'ignorant et le malheureux. Je l'éprouve, étant l'un et l'autre, et mon admiration est la plus faible expression de mes sentimens.

---

[1] Auteur d'un Voyage littéraire en Grèce, dans lequel il eut l'heureuse idée de comparer les Grecs anciens aux modernes. Les Grecs reconnaissans le nommèrent citoyen d'Athènes. Il mourut en 1799, à Zante, une des îles de la Grèce où il voyageait pour perfectionner son ouvrage.

Je me félicite, je me vanterai d'avoir pensé comme vous sur l'adoption, sur nos hôpitaux, sur notre éducation barbare, qui afflige l'âge de l'innocence et de la gaieté. Un de mes fils qui est à Smyrne, s'applaudissait d'avoir acquis une riche collection de livres. Je lui répondis : Asseyez-vous sur les volumes de votre *Encyclopédie*, et lisez, relisez comme moi, les *Études de la Nature* que je vous envoie.

Je suis avec respect,

Monsieur,

Votre très-humble et très-obéissant serviteur,

Guys,

Secrétaire du Roi, et ci-devant secrétaire perpétuel de l'Académie des Sciences et Belles-Lettres de Marseille.

*Lettre de M. Guys à Bernardin de Saint-Pierre.*

Marseille 15 janvier 1786.

Il faut vous dire, monsieur, ce que j'ai fait pour vous, et ce qu'on me dit de vous. Tout cela peut vous être utile, parce que vous allez donner une deuxième édition.

M. Adanson, frère de l'académicien, revenu d'Égypte, a apporté une précieuse collection en tous genres : des plantes bien dessinées, les poissons du Nil bien conservés, etc., etc., le fruit de l'arbre que les Arabes appellent *kichstu*, c'est-à-dire crème, et qui donne une crème aussi bonne que celle de Paris; car vous savez mieux que moi que la nature nous a tout donné, et n'a pas eu besoin du lait des animaux pour nous faire de la crème. Cet arbre est le banier nommé dans Prosper Alpin, et qu'on m'assure être en petit dans le Jardin du Roi. J'ai promesse dudit Adanson qu'il mettra sous vos yeux tout ce qu'il apporte. M. Desfontaines, qui m'avait été recommandé par M. Lemonier, nous est revenu du Mont-Atlas, où il a fait ample moisson. J'ai été empressé de lui donner votre deuxième volume qu'il a dévoré, enchanté de ce qu'il y a trouvé de neuf, notamment sur les corolles, et de la belle image du lis. Il est empressé de vous communiquer des choses neuves pour vous, et principalement touchant les insectes attachés à des plantes qui les tuent. Je lui donnerai donc une lettre, si vous m'y autorisez. Vous aimez les voyageurs, par conséquent à les entendre et interroger; celui-ci est doux comme la crème d'Égypte.

On m'écrit de Paris sur votre ouvrage :

« Le succès en a été lent, mais tous les gens
» instruits et gens du monde ont fini par le lire et
» le garder. »

Autre que je ne vous ai pas gardé pour la bonne bouche, mais qu'il faut entendre :

» L'auteur plaide admirablement la cause de la
» Providence; mais dans combien d'endroits l'ou-
» vrage ne décèle-t-il pas l'ancien ami de Jean-
» Jacques! J'y ai souvent découvert la pate du dia-
» ble, et des inconséquences du citoyen de Genève.
» M. de Saint-Pierre généralise trop les objets, et
» vous le verrez souvent conclure du particulier à
» l'universel. Il cite une espèce d'arbres des bords
» du Mississipi, à qui la nature a donné des raci-
» nes assez proéminentes et fortes pour rompre les
» glaces qu'entraîne le fleuve, et garantir l'arbre
» d'un choc qui le renverserait. Mais l'Oby, le
» Jenissey, le Lena, et autres fleuves de la Sybé-
» rie, charient encore plus de glaces, et plus long-
» temps que le Mississipi, entraînant des arbres
» de toute espèce, ce que fait aussi le fleuve de
» l'Amérique septentrionale. Pourquoi d'une ex-
» ception dont on devrait assigner la cause, faire
» un principe général que l'expérience de tous les
» pays démontre faux[1] ?

» Je ne puis adopter le système du flux et re-
» flux; la cause assignée est trop faible et irré-
» gulière.

» Sur l'éducation, je crois entendre Jean-Jac-
» ques.

» *Verum ibi plura nitent*, et je vous conseille
» de mettre à côté de cet excellent livre celui de
» M. Deluc de Genève; je relis avec plaisir son
» *Histoire de la terre* et ses *Lettres sur la Suisse*.
» Je n'ai pas encore vu deux auteurs qui, du côté
» des qualités religieuses, civiles et militaires,
» quoiqu'en genres différens, se ressemblent au-
» tant que cet auteur et Xénophon. »

Je lirai M. Deluc après avoir relu M. de Saint-Pierre. Je finis ce griffonnage, et sans cérémonie, car la forme n'ajoute rien au fond.

Je suis, etc.

*Lettre de l'abbé Fauchet à Bernardin de Saint-Pierre.*

Je vous offre une obole, monsieur, et vous me donnez une pièce d'or. J'ai lu les deux premières éditions de votre ouvrage, et je ne me lasse point de les relire. Mon premier soin, à mon arrivée de la province, a été de me procurer le quatrième tome qui venait de paraître : au moyen du présent que vous me faites, j'aurai mes deux exemplaires complets. Je ferai relier le volume que je reçois

---

[1] La nature varie ses moyens. L'auteur de la lettre avait mal lu Bernardin de Saint-Pierre qui explique ce qui se passe dans une contrée et non dans toutes.

de vous, avec la couverture, afin que les deux mots écrits de votre main soient conservés dans ma bibliothèque comme un témoignage d'une amitié maintenant refroidie dans votre cœur, mais toujours vive dans le mien. Il ne vous arrive rien qui ne m'intéresse au fond de l'ame. Je vous ai toujours beaucoup aimé; mais vous avez varié dans votre affection pour moi sans aucun motif légitime; car vous m'aviez pardonné durant nos liaisons tous mes défauts, et je n'en ai pas montré de nouveaux, lorsque vous avez cessé de me voir. Permettez-moi de vous en reprocher un à vous-même, qui tient peut-être à un vice, ce vice serait l'orgueil : une ame comme la vôtre ne peut avoir que celui-là. Quand j'obtins une première faveur du roi, je vous suppliai en grâce de permettre que la pension qui m'était assignée vous appartint; je m'en étais passé jusqu'alors; je pouvais m'en passer toujours; vous étiez dans la gêne, et nous vivions dans l'intimité; mais je n'étais ni monarque, ni prince, je n'étais que votre ami; mon offre fut rejetée, sinon comme offensante, du moins comme inadmissible. Je l'aurais bien reçue de vous, et j'en aurais été plus glorieux que de l'abbaye dont le roi a depuis amplifié ma fortune. Il est vrai que votre génie étant supérieur au mien, j'aurais trouvé dans votre amitié une gloire que vous ne pouviez pas trouver dans la mienne; mais je ne sais si l'amitié véritable calcule tout cela; il me semble que c'est plutôt l'amour-propre.

Maintenant, monsieur, quoique je ne sois plus tant votre ami, comme vous êtes toujours le mien, je vais vous faire une proposition bien plus étrange peut-être. Le plus doux bien de la vie pour vous, dès à présent, et ensuite les consolations et le bonheur de votre vieillesse en dépendent. Si mon idée réussit, je crois que la Providence vous aura bien traité, que vous serez heureux et agréablement dédommagé de toutes les peines que les injustices de la société vous ont fait subir. Une jeune personne fort aimable, naïve comme l'innocence, pure comme un beau jour de printemps, d'une stature noble, d'une physionomie heureuse, ne manquant pas de beauté, ne manquant pas d'esprit; d'une simplicité agréable, d'un naturel charmant, et surtout du caractère le meilleur, est ma nièce; elle ne dépend que de moi, c'est-à-dire d'elle-même sous ma direction; car son bonheur est tout mon desir. Sa mère, veuve, l'a retirée depuis quelques mois d'un couvent de province, qui ne ressemble pas à ceux de Paris. Elle me l'a confiée avec un plein abandon de son pouvoir; je l'ai amenée ici dans mon dernier voyage. Je l'ai mise chez une dame vertueuse de mes amies pour perfectionner son éducation. Tous ceux qui la voient l'affectionnent. Elle est dans sa dix-huitième année; mais je pense qu'il importe à un homme d'une sensibilité comme la vôtre, à quelque âge qu'il veuille se donner une compagne, de la recevoir immédiatement des mains de la nature, avant que la société l'ait contournée à ses méthodes, et que c'est à lui à achever de la rendre telle qu'il la lui faut, pour qu'elle puisse toujours lui plaire. Elle n'est pas riche, elle ne l'est point du tout; mais aussi elle n'est pas accoutumée à l'abondance. Son père est mort après des entreprises trop au-dessus de ses moyens, et qui, toutes dettes payées, n'ont rien laissé de sa fortune. Il ne reste à ma nièce qu'un tiers assuré dans le bien de ma bonne et excellente sœur, qui a eu le même patrimoine que moi, c'est-à-dire 20,000 francs en fonds de terre, avec lesquels elle vit assez doucement dans sa petite campagne, au moyen de ce que je fais les frais de l'éducation du dernier de ses deux fils. Ainsi, sa dot se réduirait à l'assurance de 6 ou 7,000 fr. de fonds après la mort de la mère, c'est-à-dire à rien; mais je suis son oncle, et je l'aime comme ma fille. Sans disposer pour elle de mon revenu d'église, je peux lui donner celui que je retire de mon patrimoine, qui est de 900 livres par an, et tant que je serai au monde, elle ne manquera de rien pour son nécessaire. Il est vrai que vous n'auriez à vous deux que du viager; mais nous croyons, vous, elle et moi, à la Providence.

Réfléchissez à cela, monsieur, et venez me voir un matin. On m'a déja parlé de gens riches de votre âge, qui pourraient s'estimer heureux de l'avoir pour épouse. Mais il ne s'agit pas tant de richesses; il s'agit de bonheur, et le mien serait grand si je faisais le vôtre, le sien. En cas que la prespective que je vous présente vous paraisse avoir de justes convenances, nous conviendrons de vous faire trouver avec ma nièce. Si elle vous plaît, si vous réussissez à lui plaire, j'en serai charmé. Cette idée m'est venue comme par inspiration; j'aime à croire que l'arbitre des destinées l'a fait éclore dans mon esprit et l'a échauffée dans mon cœur; je vous en fais part soudain; je n'en ai parlé à personne. Peut-être aussi est-ce une chimère, et cela n'entre-t-il nullement dans vos vues. Mais je vous aurai toujours donné la plus grande marque d'estime et d'intérêt que je puisse donner à qui que ce soit au monde.

Je suis avec les sentimens les plus inviolables,
Monsieur,
Votre très-humble et très-obéissant serviteur,
L'abbé FAUCHET.

Ce 21 mars 1778,

*Lettre de M. de Fontanes à Bernardin de Saint-Pierre.*

Je n'ai pas l'honneur d'être connu de vous, Monsieur; mais je vous ai lu, et je vous aime comme Fénelon et Jean-Jacques. J'ai parcouru les plus belles parties de la France et de la Suisse, vos *Études de la Nature* à la main; je vous ai encore mieux admiré devant le modèle. Je ne sais si cette admiration me donne le droit de vous adresser la bagatelle que je joins à cette lettre. Je me rassure en songeant qu'elle est consacrée aux tableaux champêtres que vous peignez avec tant de charmes. Dans une note de ce petit ouvrage, je n'ai que faiblement exprimé tout ce que je pense à votre égard. Je n'avais pas les titres nécessaires pour parler plus haut. Si je l'avais osé, et si on pouvait croire généralement qu'un poète sait autre chose qu'assembler des hémistiches, je ne me serais pas contenté de louer votre belle imagination et les grâces touchantes de votre style. J'aurais hautement rendu hommage à vos nouvelles vues en physique; elles sont grandes et simples comme les merveilles de la nature que vous expliquez. Vous seul, monsieur, pouvez consoler la France de la perte du dernier de ses grands hommes. La postérité, peut-être, trouvera en vous des qualités qui lui ont manqué : la grâce et la sensibilité. Ces deux caractères, ce me semble, conviennent plus à la nature que la magnificence continue dont son historien l'a parée. Il ne l'a jamais montrée touchante, et s'est contenté de la faire riche. Votre ame est mieux entrée, je crois, dans le secret de l'intelligence universelle qui se révèle surtout par les bienfaits. Que n'aurais-je pas à vous dire, monsieur, de votre roman de *Paul et Virginie*? C'est ainsi que le grand peintre Homère composait ses tableaux. Vous ouvrez une nouvelle carrière à la poésie. Il est impossible de décrire avec plus de richesse et de vérité. Mais quel intérêt profond vous avez su réunir sur deux enfans! Je n'avais point lu ce dernier ouvrage quand j'ai parlé de vous. Je n'aurais pu le passer sous silence. Vous prouvez, par vos traductions de Virgile, que le génie seul peut imiter le génie; quand vous aurez fini votre *Arcadie*, nous aurons ce que de malheureuses tentatives avaient fait croire impossible : un second *Télémaque*. Il y a quelques années, j'ai traduit en vers français l'*Essai sur l'Homme de Pope*. Si j'avais pu vous lire, avant ce temps, j'aurais mieux fait, et Pope lui-même aurait mêlé à sa métaphysique plus d'onction, et plus de justesse à ses raisonnemens. J'ai long-temps habité la Normandie, votre patrie; j'y ai des amis, et des personnes qui avaient l'honneur de vous connaître, me parlèrent de vos ouvrages, il y a deux ans, de manière à m'inspirer le vif desir de les lire. Je leur dois plus d'une journée heureuse. Que ne puis-je espérer de me lier un jour avec vous, et d'être au rang de vos disciples ! je serai du moins toujours au nombre de vos plus zélés admirateurs. Rien n'égale la vénération, et j'ose dire l'attachement avec lequel j'ai l'honneur d'être,

Monsieur,

Votre très-humble et très-obéissant serviteur,
FONTANES.

Ce 3 mai 1788.

*Lettre de M. de Fontanes à Bernardin de Saint-Pierre.*

Une absence de quelques jours, monsieur, m'a empêché de vous témoigner plus tôt ma reconnaissance. Je possédais déjà *Paul et Virginie*. J'avais placé ce charmant et sublime ouvrage entre le *Télémaque* et *la Mort d'Abel*. Il me devient encore plus cher depuis que je le tiens de vous. Rien n'est plus vrai que vos idées sur le style. Les écrivains qui ont le mieux écrit sont toujours ceux qui ont le mieux pensé. Ces deux mérites sont inséparables. Vous le prouvez avec Bossuet, Virgile, Fénelon et Rousseau. Au reste, monsieur, l'auteur de l'extrait dont vous parlez m'est connu. Il vous rend justice du fond du cœur. Il vous admire sincèrement. C'est M. Roussel, docteur en médecine de la faculté de Montpellier, et l'auteur d'un très-bon ouvrage sur la constitution physique et morale des femmes. Il écrivait, au milieu du Louvre, en présence des académies. Il est lui-même médecin. Il faut bien payer tribut aux préjugés de son état, de ses sociétés et de son siècle. D'ailleurs, son ame est digne d'entendre la vôtre, et son imagination de sentir le prix de vos tableaux. S'il avait l'occasion de vous voir, je ne doute point que la simplicité de ses mœurs et l'élévation de son esprit ne vous attachassent vivement à lui. Sans doute il se trompe, quand il prétend que les hommes les plus propres à peindre la nature sont les moins habiles à la connaître; car les grandes idées dans les sciences sont le fruit de l'enthousiasme, comme les grandes créations dans les arts. Mais en même temps, il vous appelle un homme de génie. Il ne se trompe point alors, et je lui pardonne en faveur de cet aveu. Vous semblez croire, monsieur, que M. de Buffon a été jugé moins sévèrement par la populace des savans. J'ose croire que vous n'avez pas été bien instruit à cet égard.

J'ai beaucoup vu, dans leurs dernières années, quelques-uns des chefs du parti qu'on appelait philosophique. C'est là que j'ai entendu disputer à M. de Buffon jusqu'à son style. Remarquez bien que le philosophe de Montbard avait tous les avantages qui en imposent à l'envie et à la médiocrité : une brillante fortune, des titres, une statue, les caresses des souverains, et une longue expérience de tous les moyens grands ou petits qui donnent la renommée. C'est pourtant cet écrivain que j'ai entendu presque traiter avec mépris par quelques-uns de ses confrères. Vous éprouvez donc, monsieur, la destinée naturelle à tous les grands hommes qui répandent des idées nouvelles, et attaquent les opinions établies. Les savans sont des gens à routine comme le peuple dont ils se moquent. Je suis plus étonné de tout ce qu'on vous accorde déjà, que de ce qu'on vous refuse. Ceux dont les principes sont le plus opposés aux vôtres vous regardent comme un homme très-éloquent. Ils ne peuvent nier que vous n'ayez éclairé plusieurs mystères de la nature, et surtout la botanique. Vous êtes aimé des lecteurs qui vous admirent. Votre gloire est pure et sans nuage. J'ose vous prédire que vos systèmes trouveront bien moins d'obstacles pour s'établir en Angleterre qu'en France. J'ai assez vécu à Londres pour être assuré que les opinions newtoniennes n'y inspirent pas ce respect superstitieux qui engourdit notre Académie des sciences. Plusieurs membres de la Société royale les abandonnent en partie. D'ailleurs, le peuple anglais est ennemi de toute espèce de joug. En France, il faut Aristote, Descartes ou Newton. Là-bas, chacun pense et juge tout seul. Ici, tous jugent comme un seul. Les idées religieuses, qui prêtent un si grand charme à vos ouvrages, hâteront encore vos succès en Angleterre. Quoique les premiers incrédules aient paru dans cette île, et qu'ils aient servi de modèle à tous les nôtres, cependant elle s'est plus tenue aux anciens principes, et la puissance de la religion s'y fait toujours sentir profondément. Partout où la nature aura des amis, vos ouvrages en trouveront. Mon ignorance me rend incapable de prendre un parti sur vos idées physiques; mais au moins je n'ai pas l'esprit gâté par les méthodes scientifiques. Je suis comme un sauvage de bonne foi. Je vous conçois parfaitement, et je suis très-porté à croire que ce que j'entends si bien est la vérité. La fonte des glaces polaires est une explication bien neuve, bien claire et bien satisfaisante du flux et du reflux de la mer. Mais il se passera encore quelques années avant qu'on ose avouer que vous avez deviné cette grande énigme. Les systèmes sont toujours des sources de disputes; les sentimens rapprochent tous les hommes. Ils conviendront unanimement que vous avez parlé à leur ame, que vous les avez rapprochés de Dieu et de la nature, que vous avez été l'apôtre de la morale et du bonheur. Cela vaut encore mieux que d'être un bon démonstrateur de physique. Si je n'avais été à la campagne une partie de cette année, j'aurais pris la liberté de vous voir quelquefois. J'espère que vous me permettrez dorénavant de jouir de cet avantage. J'irai m'échauffer et m'éclairer près de vous. Personne ne vous portera jamais une admiration plus sincère, un attachement plus tendre et plus constant.

FONTANES.

27 janvier 1789.

*Lettre de madame la baronne de Krudner*[1] *à Bernardin de Saint-Pierre,*

Leipzig, le 26 février 1793.

Après quatorze mois, dont la plus grande partie ont été passés dans des maux de nerfs si affreux que ma raison en a été troublée et ma santé réduite à un état déplorable, je reviens depuis quelque temps à un état plus calme : la fièvre qui brûlait mon sang a disparu, mon cerveau n'est plus affecté comme il l'était autrefois, et l'espérance et la nature descendent derechef sur mon ame soulevée par d'amers chagrins et de terribles orages. Oui, la nature m'offre encore ses douces et consolantes distractions ! elle n'est plus couverte à mes yeux d'un voile funèbre. Je suis redevenue mère, et j'existe derechef dans des amis qui m'étaient chers et que j'aime comme autrefois. En reprenant mes facultés, en recouvrant mes souvenirs, ma pensée a volé vers vous; je sens le plus vif désir de savoir ce que vous faites, cher et respectable ami, et je sens que j'ai besoin de vous dire que, tant que je conserverai les moyens de sentir, je vous aimerai. Je suis tourmentée d'une grande inquiétude. Quelle est votre existence dans un moment de troubles aussi universels? Vous qui aimiez tant la solitude et la paix, pouvez-vous jouir de ces biens précieux ? Permettez à la plus grande amitié de vous prier de me donner au plus vite de vos nouvelles. Ah ! que ne puis-je passer encore quelques momens auprès de vous comme autrefois ! que ne puis-je, dans ce petit jardin où vous oubliez le monde et ses tourmentantes inquiétudes, où vous vivez content dans le sein de la modération ; que ne puis-je, dis-je, m'y voir environnée de tranquillité et de bonheur ! que ne puis-je y en-

---

[1] Nous possédons plusieurs lettres de madame de Krudner; nous les publierons peut-être un jour.

tendre encore les leçons sublimes dont vos discours étaient remplis ! Elles m'étaient douces comme le parfum des fleurs que je respirais.

Ceux qui connaissent le malheur, ceux qui souffrent, vous intéressent doublement : je sens qu'avec cette confiance que tout inspire en vous, et que j'ai depuis si long-temps, je parlerais de mes peines : votre touchante bonté, votre amitié les adouciraient. Vous avez éprouvé des chagrins; vous savez compatir à ceux des autres. Veuillez me dire, cher et respectable ami, si vous n'avez aucun projet de passer une fois quelques mois en Suisse et de voir ce beau pays. Je sais que vous aimez trop la France pour la quitter pour long-temps; mais un petit voyage en Suisse serait une distraction agréable. Si j'osais espérer que vous voulussiez passer un été au bord du lac de Genève, cette idée embellirait déjà actuellement ma vie, et je vous conjurerais, par la sensibilité si vraie qui remplit votre ame, de venir habiter avec moi une petite campagne. Ah! venez demeurer, ne fût-ce que quelques mois de votre vie, auprès d'une amie qui vous offre une ame vraie et sensible, qui vit loin de la société ; qui vous entourerait de ses soins, du spectacle de deux enfans bons et charmans que vous aimez, et qui saurait respecter aussi votre solitude, ne pas la troubler; qui sait par elle-même combien la solitude est douce et nécessaire, enfin, dont la société ne vous offrirait aucune gêne, aucune épine. Je vous offre ce vœu formé par une ame qui sait vous aimer; je n'y ajoute rien. Je suis simple et vraie : je ne suis point éloquente.

J'ai quitté mon pays dont le climat abîmait mes nerfs; j'y ai vu, après une absence de huit ans, mourir dans de longues douleurs, un père que j'aimais tendrement, qui était le meilleur des hommes. De terribles crampes serraient ma poitrine et affectaient mon cerveau ; des chagrins amers rongeaient mon ame comme les maux physiques rongeaient ma santé.

Oh! mon ami, mes yeux se remplissent de larmes, quoique plusieurs mois se soient écoulés depuis. Mon ame est encore bien abattue quand j'y pense !

Me voici actuellement en Saxe, à Leipzig. C'est une ville que mon mari a choisie, parce qu'elle fournit d'excellens moyens pour l'instruction de Paul, et j'ai la douceur d'être près de mon fils, de suivre ses progrès. Tous les étés il ira joindre son père en Danemark : il restera avec lui quelques mois, et ce temps-là je pourrai l'employer à aller faire quelquefois de petits voyages en Suisse. Notre fortune, très-altérée par la guerre que nous avons eue et les excessives dépenses auxquelles M. de Krudner a été assujéti en Danemark, ne nous permet pas de vivre ensemble dans un pays aussi cher; d'autres raisons, trop longues à détailler, ont encore ajouté à cette résolution.

Ici je ne dépense que très-peu : la ville est peu chère. Je ne vois personne; le climat est agréable, les fruits bons, les environs très-jolis. J'ai toujours avec moi mademoiselle Pioset, cette amie que vous avez vue chez moi dans mon premier séjour de Paris; elle a été mariée depuis : cette excellente femme, occupée tour à tour de mes enfans et de moi, est bien nécessaire à mon ame souvent malade encore.

Mes enfans sont, Dieu merci, bien portans, heureux et bons; la petite, que vous nommiez la *Béatitude*, a conservé sa physionomie de contentement, et mon fils me donne, ainsi qu'elle, les plus heureuses espérances. Portez-vous toujours bien, ne m'oubliez pas; je vous conjure aussi de m'écrire bientôt à Leipsig, poste restante. Je vous embrasse en idée et suis à jamais

Votre meilleure amie,

B. DE KRUDNER.

*Paul et Virginie* est traduit en allemand : je voudrais bien avoir l'occasion de vous l'envoyer.

*Lettre de Dupont de Nemours à Bernardin de Saint-Pierre.*

Good-Stay, près New-York, 2 thermidor an VIII.

MON CHER COLLÈGUE,

Je vous dois des remerciemens pour les plaisirs que vous me procurez à l'autre bout du monde.

Je viens de fondre en larmes en relisant *Paul et Virginie*. C'est ce que je connais de plus parfait pour la simplicité du plan, l'excellence des sentimens et la beauté pure de l'exécution.

Je ne sais qui a dit qu'on ne va pas à la postérité avec un gros bagage : avec un diamant comme celui-là, on y est riche.

C'est bien la cinquième ou sixième fois que ce modèle des petits romans me charme; il m'a semblé que c'était la première.

Je n'avais lu vos *Études de la Nature* qu'il y a très-long-temps, et dans des momens de trouble qui ne m'avaient pas permis l'attention convenable: il ne m'en était resté dans la mémoire que les mouches de votre fraisier.

Je suis à présent frappé, comme je devais l'être, de vos très-belles vues sur la botanique et la philosophie, les rapports et les convenances des plantes.

Il est clair qu'en les étudiant seulement par leur sexe, on ne peut apprendre qu'un dictionnaire.

Mais en les considérant par leurs sites et leurs phénomènes, on acquiert une science. J'en ferai bien mon profit.

Quant à votre théorie des marées, on ne peut vous nier les deux calottes de glace, leur fusion alternative et les courans qui en résultent nécessairement.

Il y a même lieu de penser que l'augmentation et la diminution successive de l'une et de l'autre de ces immenses calottes, déplaçant deux fois par an le centre de gravité du globe, contribuent fortement à entretenir l'obliquité de l'écliptique, ce pendule salutaire de notre magnifique horloge.

Il est certain qu'une telle masse d'eau ne peut pas être fondue sur un pôle dans le même temps où une telle masse de glace se forme sur l'autre, sans donner un grand mouvement à la totalité des eaux de l'Océan. Mais d'un autre côté, l'attraction réciproque de la lune et de la terre, celle de tous les corps, sont physiquement, mathématiquement, rigoureusement démontrés, et les observations d'un homme comme Newton méritent un grand respect.

Je jugerais donc qu'il faut concilier les deux systèmes.

Le monde est la combinaison d'un nombre immense de propriétés; il n'est pas seulement le problème des trois corps, mais celui de nous ne savons combien de milliards de corps disposés et régis par un grand esprit, habités par une multitude de petits esprits avec lesquels j'ai l'honneur d'être.

Je vous embrasse tendrement, mon cher collègue.

*Vale et me ama*,

DUPONT (de Nemours).

Ce que je voulais envoyer à la classe ne mérite pas encore de lui être présenté.

Je pense qu'elle a reçu mes cinq ou six Mémoires de floréal. Celui sur les plantes eût été meilleur si j'avais lu vos théories avant de l'écrire.

Madame Dupont vous salue.

*Lettre de Louis Bonaparte, âgé de dix-huit ans, à Bernardin de Saint-Pierre.*

De Lavalette, le 22 juin 1795, II<sup>e</sup> de la république.

CITOYEN,

Pardonnez à un jeune homme exalté la liberté qu'il ose prendre, confié ou excité par une simplicité naturelle qui est encore dans son cœur, et qui seule semble vous guider.

Établi à Toulon depuis peu, j'ai quitté ma patrie pour n'être point en proie aux persécutions les plus amères et qui sont celles qu'un tyran exerce sur une famille dont les individus veulent être libres, et dont l'influence aurait pu être nuisible aux desseins pernicieux de cet homme injuste. Mais je finis sur cette période qui n'est que trop triste par elle-même, et qui est bien sensible pour l'homme juste et libre, ou, pour m'exprimer en vos termes, pour l'homme Paria.

Cet ouvrage m'a bien affecté, mais *Paul et Virginie* m'a coûté bien des larmes, et sans doute Paul n'en versait pas plus lors de sa séparation avec sa sœur; mais si j'ai, citoyen, osé vous écrire, ce n'est que pour vous demander les circonstances de cet ouvrage qui n'ont point été le fruit de votre imagination. Vous dites qu'il y a du vrai; quel est le vrai? quel est le faux? voilà mon but, voilà ce que je me suis proposé de savoir, pour qu'une autre fois, en le relisant, je puisse me dire, pour soulager ma sensibilité affligée: Ceci est vrai, ceci est faux.

Ô homme sage et heureux! ô homme de la nature! pardonnez ma liberté, mais respectez-en les motifs. Ah! si jamais vous vous sentiez quelques sentimens pour moi, ressouvenez-vous que je vous ai demandé votre amitié, non pour à présent, que je suis faible en connaissance et en âge, et par conséquent indigne de vous entretenir, mais pour l'avenir; car peut-être qu'alors, ayant acquis un peu d'expérience, je serai en droit de vous redemander votre amitié, ou, si je m'en sens indigne, de vous demander pardon alors pour à présent.

J'ai l'honneur d'être, citoyen, avec la plus profonde estime de l'homme juste,

Votre très-humble et très-obéissant serviteur,

LOUIS BONAPARTE, âgé de 18 ans, d'Ajaccio, en Corse.

Au citoyen Louis Bonaparte, poste restante, à Toulon.

*Lettre de Napoléon à Bernardin de Saint-Pierre.*

25 frimaire an VI.

Je reçois à l'instant un exemplaire de vos ouvrages[1]. Je vous remercie de la belle lettre qui les accompagne.

Votre plume est un pinceau[2]. Il manque à la *Chaumière indienne* une troisième sœur. Vous

---

[1] Bernardin de Saint-Pierre lui avait envoyé la *Chaumière* et *Paul et Virginie*.

[2] Cette expression, qui plaisait à Bonaparte, se retrouve dans une autre lettre que nous avons déjà citée. (Voyez le supplément à la Vie de Bernardin de Saint-Pierre.)

vous donnerez par là le temps de finir votre grand ouvrage.

Je vous salue,
BONAPARTE.

*Lettre de M. Hugues Maret à Bernardin de Saint-Pierre.*

Vendredi, 14 février 1806.

MONSIEUR ET CHER CONFRÈRE,

Au moment où je présentais à S. M. le superbe exemplaire de *Paul et Virginie*, elle m'a dit qu'elle desirait recevoir de vos mains l'hommage que vous vous proposiez de lui offrir. Je n'ai pas voulu vous priver de remettre vous-même ce chef-d'œuvre du plus touchant génie, enrichi par le concours de l'art le plus utile et des talens les plus aimables. Vous recevrez demain une lettre par laquelle M. le chambellan de service vous fera connaître l'heure de l'audience que S. M. vous donnera dimanche prochain.

Agréez, monsieur et cher confrère, l'expression de mes sentimens les plus affectueux et de ma considération la plus distinguée.

HUGUES MARET.

*Lettre de Bernardin de Saint-Pierre au citoyen Maret, secrétaire d'État.*

Avant que vous m'eussiez fait l'honneur, citoyen, de me demander mon suffrage pour votre entrée à l'Institut, un de nos amis communs, le citoyen Derbes, me l'avait demandé pour vous. Entre les raisons sur lesquelles il motivait sa demande, il m'en donna une assez plaisante. Vous lui avez dit, me dit-il, que, comme vous ne croyez qu'en Dieu, vous alliez vous trouver seul entre les athées qui ne croient à rien, et les catholiques disposés à croire à tout. Mais soyez tranquille à cet égard : les deux partis tiendront toujours à vous, parce qu'ils croient également au crédit des places éminentes.

Il n'en est pas de même de celui de ma place dans l'Institut. A quoi peut vous servir la voix d'un solitaire persécuté depuis long-temps dans ce même corps où vous aspirez? Elle ne peut que vous être nuisible. Les athées qui le gouvernent, et contre lesquels je n'ai cessé de lutter, non-seulement m'ont ôté toute influence, soit en m'empêchant de lire à la tribune, dans nos séances publiques, des écrits que ma classe y avait destinés, soit en m'empêchant d'obtenir le plus petit emploi pour m'aider à élever ma famille; mais ils ont pris plaisir encore à publier que le premier consul avait dit à mon occasion : « Je ne donnerai jamais aucun emploi à un écrivain qui répand l'erreur. » Ainsi ils m'ont ôté jusqu'à l'espérance.

Ce n'est pas tout. Ils s'occupent depuis peu à m'enlever mes moyens actuels de subsistance. Lorsqu'on délogea du Louvre, il y a huit mois, mes confrères Ducis, Lebrun, Bitaubé, etc., on leur accorda à chacun une indemnité annuelle de 1,200 livres; la mienne fut fixée à 600 livres, quoique je fusse père de famille.

Il y a plus. Il y a environ trois mois, je me trouvai engagé dans une séance de ma classe, avec quelques mathématiciens de la première, dans une discussion sur les marées. Ils prétendaient, d'après le système astronomique, qu'il y avait deux marées par jour dans tout l'Océan. Je leur démontrai, d'après ma théorie, que ces doubles marées n'avaient lieu que dans l'hémisphère boréal, à cause des deux continens qui se réunissent à sa coupole glaciale, et qui en déversent tour à tour les fontes dans l'océan Atlantique; mais que dans l'hémisphère austral, dont la coupole glaciale ne repose sur aucun continent, les marées en découlaient pendant douze heures de suite, c'est-à-dire pendant tout le temps que le soleil exerçait son action sur la moitié de cet hémisphère. Je prouvai l'existence de ces marées uniques de douze heures par une multitude de faits incontestables. Huit jours après avoir fait luire ces rayons de la vérité aux yeux de mes antagonistes, je fus à la Trésorerie toucher une ordonnance de 250 livres par mois, dont je jouissais depuis cinq ou six ans. Jugez de ma surprise quand je la trouvai réduite à 200 francs pour l'avenir.

Dans ces derniers changemens de l'Institut, il est fort question de transformer les classes en académies. Les noms paraissent en eux-mêmes assez indifférens; cependant si le régime académique a lieu, il est clair que les sexagénaires, desquels je suis, perdront la part qu'ils ont aux indemnités de leurs confrères placés dans les fonctions publiques, de laquelle part ils jouissaient d'après les réglemens des classes de l'Institut; ce sera encore pour moi une perte de plus de 600 livres par année. Ainsi peu à peu je n'aurai bientôt plus les moyens de subsister.

A la vérité, je pourrais trouver quelques ressources en faisant des cours publics de mes *Harmonies de la Nature*. J'échapperais par là aux brigandages des contrefacteurs qui m'ont enlevé le fruit de mes *Études* précédentes, au point qu'il me reste encore plus de la moitié de la dernière édition, imprimée il y a quatorze ans. Mais que ne feraient pas alors mes ennemis qui les ont favorisés de leur crédit et de leurs mutilations? Souffriraient-ils que j'exposasse en public de nouvelles preuves de ma théorie des mers, tirées de tous les règnes de la nature? que je prouvasse, par les suffrages les plus respectables, que cette théorie, qu'ils traitent de physique absurde, dans leurs cabinets, est regardée aujourd'hui comme certaine chez tous les peuples maritimes de l'Europe? que leurs marins la considèrent comme une découverte des plus utiles à la navigation et au commerce? et qu'ils la font enseigner dans leurs écoles? Que diraient enfin les astronomes, lorsque je publierais de nouvelles objections contre leur attraction lunaire, et qu'opposant les raisonnemens les plus simples à leur principe universel de l'attraction sidérale, je viendrais à renverser cette arche sacrée où ils ont cru renfermer la foi et les espérances du genre humain? Il n'est pas douteux que, disposant de tous les journaux et des influences du gouvernement, ils m'ôteraient, avec mes derniers moyens de vivre, ceux même de réclamer contre leurs persécutions, comme ils ont fait jusqu'à présent. Heureux encore si, prétextant à leur ordinaire leur amour pour la vérité, la justice et le repos public, ils ne finissaient pas par me faire subir le sort de Galilée! L'expérience que j'ai du passé, du présent, et la crainte de l'avenir, me forcent, au sein de cette même patrie que j'ai servie de mes lumières et de ma conduite, et dans ce même corps où vous aspirez, de regarder au loin les lieux où je pourrai placer les berceaux de mes trois enfans et mon propre tombeau.

Si je pouvais réclamer la justice du premier consul, qui m'a donné des témoignages de sa bienveillance, lorsque ma patrie l'appelait à régler ses destinées, je lui dirais : « Mes ennemis vous ont environné; ils vous ont éloigné de moi, qui confondais mes vœux avec ceux de ma patrie, pour votre gloire et son bonheur. Ils n'ont pas rougi de vous dire qu'à la faveur des illusions de mon style, je semais des erreurs capables de faire naître une guerre civile, comme si des opinions physiques avaient jamais passionné un peuple, et comme si celles qui m'ont attiré leur haine ne brillaient pas du simple éclat de la vérité. Mais s'il importe à un homme de votre génie de la connaître partout où elle se trouve; s'il est du devoir d'un magistrat suprême d'être juste envers tous les citoyens, ne craignez-vous pas de l'opprimer en moi, en croyant y persécuter l'erreur?

» Sans doute, vos occupations administratives ne vous permettent pas d'examiner si l'Océan est un fleuve ou un lac; si ses sources sont sur la terre ou dans les cieux, aux pôles du globe ou à son équateur; s'il doit ses mouvemens généraux à la gravitation de la lune, qui ne pèse pas même sur l'atmosphère si mobile, interposée entre elle et lui, ou si ses deux courans, alternatifs avec leurs marées latérales, ne descendent pas tour à tour des deux océans de glace de plusieurs milliers de lieues de circonférence, qui couronnent les pôles, lorsque le soleil les réchauffe de ses rayons. Cependant l'examen de cette question serait bien digne de l'administrateur de la grande nation dont vous vous proposez d'étendre les relations par toute la terre, à l'exemple même du soleil qui y fait circuler le flux et le reflux de la mer, pour servir de communication à tous les hommes. Si cette importante vérité est encore douteuse, qu'on la livre à une discussion publique; je dirai comme Ajax, disputant à Ulysse les armes divines d'Achille, ou comme vous, conquérant pour ma patrie la victoire et la liberté : *Mittantur inter hostes*, qu'on les jette au milieu des ennemis. Je n'opposerai aux miens que les armes du jugement, que des faits à leurs calculs, et des raisons à leurs autorités. Je n'ai besoin que d'auditeurs silencieux et sans préventions pour mes juges.

« Mais si cette vérité est déja démontrée, si déja elle est adoptée par les marins les plus instruits de l'Europe, si déja elle répand un nouveau jour sur l'étude de la nature, et si elle promet des avantages incalculables à la navigation et au commerce, que dira la postérité de la voir rejetée des lieux mêmes qui l'ont vue naître? Pourra-t-elle croire que sous vos lois, citoyen Consul, cette découverte a été pour son auteur sexagénaire, sans fortune et père de famille, un sujet de mépris, de haines injustes et de dépouillemens progressifs, et que Bonaparte enfin, si illustre dans la guerre, a persécuté dans la paix une vérité naturelle, plus durable et plus importante à la gloire de son administration que tous les monumens élevés par la main des hommes? » Je pourrais lui en dire encore davantage. Mais qui voudrait seulement m'ouvrir un accès auprès de lui? Vous voyez donc bien, citoyen, que le suffrage d'un homme qui excite, me mandez-vous, votre admiration par ses écrits est bien plutôt digne de votre pitié dans ce nouveau temple de mémoire où vous voulez entrer. Je ressemble à ces saints qui attirent de loin les hommages et les vœux des hommes, mais qui de près sont rongés par les insectes. Cependant, quelque faible qu'y soit ma voix, puisque vous desirez d'être admis au rang de ses pontifes, soyez persuadé qu'après avoir pesé dans ma conscience les droits de chacun de ses candidats, je ne la donnerai qu'à ceux qui, comme vous, croient en

Dieu, persuadé que sur cette croyance seule repose tout talent utile et toute vertu aimable. Que de titres pour vous, qui n'avez jamais persécuté personne et qui avez tant de fois obligé !

DE SAINT-PIERRE.

Paris, 10 ventose an XI.

Un mal aux yeux, qui me dure depuis trois jours, m'a empêché de recopier cette lettre pleine de ratures, et de vous répondre plus tôt.

*Lettre de Joseph Bonaparte à Bernardin de Saint-Pierre.*

MONSIEUR,

J'ai reçu votre lettre. Je suis touché de tout ce que vous me dites, et je me rends aux raisons qui vous déterminent [1].

Vous voudrez bien avoir la bonté de faire toucher à la caisse de M. Thibault, rue Mazarine, n° 1612, le dernier jour de chaque trimestre, la somme de 1500 fr.

Veuillez, monsieur, agréer les nouvelles assurances de ma haute estime et de mon véritable attachement.

JOSEPH BONAPARTE.

Morfontaine, le 18 vendémiaire an XII.

*Lettre de Joseph Bonaparte à Bernardin de Saint-Pierre.*

Portici, le 17 novembre 1806.

MONSIEUR,

J'ai reçu la lettre que vous avez bien voulu m'écrire ; je vous remercie des choses obligeantes qu'elle contient.

J'ai fait lire votre *Paul et Virginie* à quelques dames de ce pays, que je vois habituellement ; elles avouent que la langue du Tasse n'a rien produit de si doux ; elles se sont passé le livre de l'une à l'autre, et toutes en ont la même opinion.

Je leur ai dit que le père de Paul était de mes amis, et qu'il serait possible qu'il fît un voyage dans le pays où Virgile et le Tasse ont pris les originaux des tableaux dont ils enchantent le monde depuis tant de siècles : nous désirons que cette espérance se réalise.

Agréez, monsieur, mon estime sincère et mon attachement.

Votre affectionné,

JOSEPH BONAPARTE.

[1] Bernardin de Saint-Pierre avait refusé une place chez Joseph Bonaparte, qui lui répondit par cette lettre et un brevet de 6,000 fr. de pension. (Voyez le Supplément à la Vie de Bernardin de Saint-Pierre.)

*Lettre de Ducis à Bernardin de Saint-Pierre.*

Versailles, le 1er nivose an VIII.

Cette lettre est pour vous seul, mon cher ami. Je commence par vous plaindre, par mêler ma douleur avec la vôtre sur la haute perte que vous venez de faire. Hélas ! c'est au même âge que j'ai aussi perdu ma tendre femme, ma première, la mère de mes enfans, ame pure et sensible que je regretterai jusqu'au dernier soupir. Puissiez-vous, mon cher ami, être plus heureux que moi, et ne pas voir encore s'éteindre et mourir sous vos yeux paternels les deux enfans qui vous restent de votre chère Félicité ! Tel a été mon sort, après avoir élevé et marié les miens. J'ai bien pu dire : *Anima mea deficit in gemitibus*. Il ne me reste plus, mon cher ami, que quelques années, peu heureuses, qui attendent les infirmités d'une vieillesse plus avancée. Avant que j'en aie vu s'écouler quatre, je serai septuagénaire : ce mot ne me fait pas peur, mais il me console. On m'a dit que vous veniez d'être nommé membre du sénat conservateur dans notre nouvelle constitution. J'en suis bien aise pour ma patrie ; et, si cela vous convient, recevez-en mon compliment très-sincère. Quant à moi, j'ai bien pris mon parti ; ma résolution est inébranlable : si on me fait l'honneur de songer à moi, ma lettre de remercîment est déja prête ; je n'aurai plus qu'à la signer. Je pourrais dire comme Corneille, en reconnaissant la distance infinie qui me sépare de lui comme poète :

Mon génie au théâtre a voulu m'attacher ;
Il en a fait mon fort, je dois m'y retrancher,
Partout ailleurs je rampe, et ne suis plus moi-même.

Il m'est impossible de m'occuper d'affaires : elles me répugnent ; j'en ai horreur. Le mot de *devoir* me fait frémir. Si j'étais chargé de grandes et hautes fonctions, je ne dormirais pas. Mon ame se trouble aisément ; ma sensibilité est pour moi un supplice. Mes principes religieux me rendraient plus propre à une solitude des déserts de la Thébaïde qu'à toute autre condition. J'aime, comme vous, à voir la nature avec goût, avec amour, avec un œil pur et sensible, et cet œil, qui est ma lumière et mon trésor, je le sens s'éteindre et m'échapper lorsque je mets le pied dans le monde. Si j'étais le maître de choisir, en me supposant ambitieux, je ne voudrais ni du sceptre des rois, ni des faisceaux consulaires. Je suis catholique, poète, républicain et solitaire : voilà les élémens qui me composent, et qui ne peuvent s'arranger avec les hommes en société et avec les places. Je vous donne ma parole d'honneur, mon cher ami, que j'aimerais mieux mourir tout doucement à Versailles, dans le lit de ma mère, pour être déposé ensuite auprès d'elle, que d'accepter la place de sénateur. Je n'aurai qu'une physionomie, celle d'un bonhomme et d'un auteur tragique qui n'était pas propre à autre chose. En restant constamment comme je suis et ce que je suis, je conserve tout ce qui m'est acquis par l'âge. En me mettant en vue, je me mettrais en prise. Les serpens lettrés se joindraient aux serpens politiques; les calomnies pleuvraient sur mes cheveux blancs. Enfin, il y a dans mon ame, naturellement douce, quelque chose d'indompté qui brise avec fureur et à leur seule idée les chaînes misérables de nos institutions humaines. Je ne vis plus, j'assiste à la vie. Je voudrais quelquefois n'être qu'un œil qui voit; mais j'ai encore une ame qui sent; elle est trop jeune, elle ne marche pas avec son vieux camarade. Ainsi donc, mon cher ami, si vous voyez notre illustre consul Bonaparte, si vous voyez Réveillère-Lépeaux et vos autres confrères, parez, je vous en conjure, le coup dont je suis menacé; engagez David, qui connait bien ma façon d'être et ma résolution, à me servir dans les mêmes vues. Il doit être initié, comme peintre, dans les secrets de ma complexion poétique. Je suis bien fâché que mon parti de remercier contrarie mon frère. J'aurais bien voulu lui être plus utile; mais j'ai fait ce qui dépendait de moi avec la mesure de mon crédit et de mes moyens. Je ne puis changer de nature, avoir d'autres nerfs, d'autres fibres, une autre organisation, d'autres habitudes dans mes pensées, dans mes affections, dans mes goûts, dans mes jouissances, dans ma façon de voir dans le présent et dans l'avenir. Je sais bien aussi que ma femme ne peut concevoir mon refus; mais elle est ma femme : la richesse, les titres, les honneurs, son intérêt personnel, tout cela agit sur elle. Cela ne m'enchante point, mais ne m'étonne point. Vous voyez bien, mon cher ami, que c'est dans moi-même et au fond de moi-même, et sur moi-même, et par moi-même que je dois chercher mon bonheur. Il se forme du repos et de la joie d'un enfant, quand je ne fais rien, et d'un charme incroyable, qui ne songe point du tout à la gloire, quand je suis dans mon travail avec Melpomène. Je n'ai plus que la moitié de mon premier acte à faire pour terminer ma nouvelle tragédie; tout le reste est fait. Je vous consulterai à Paris sur cet ouvrage. Je voudrais bien qu'il réussît, parce qu'il me rapporterait quelque argent et que je suis pau-

vre; mais aussi parce qu'il prouverait peut-être que je suis excusable d'avoir refusé une grande place, parce que je n'étais propre qu'à la tragédie. Mon cœur est bien soulagé, mon cher ami, car je viens d'épancher mon ame dans la vôtre. J'y gémis avec vous. Je marche avec vous sur les traces de mes anciennes douleurs. Tout ceci n'est que pour vous. Que ma femme, mon frère et David ne sachent pas que je vous ai écrit. Mais, je vous en conjure encore, qu'on ne songe pas à faire de moi un sénateur; qu'on laisse le pauvre ermite dans sa cellule, et dire sur les tombeaux de ses chères filles, de sa pauvre femme et de la vôtre, ces grandes paroles : *Vanitas vanitatum et omnia vanitas, præter amare Deum et illi soli servire; hoc est cujus omnis homo.*

Votre ami,
JEAN-FRANÇOIS DUCIS.

*Lettre de Ducis à Bernardin de Saint-Pierre.*

Versailles, le 2 nivose an XII.

J'ai trouvé, mon cher ami, hier en arrivant chez moi, un peu avant midi, la lettre de M. Lacépède, qui m'apprend ma nomination, et me marque, par *post-scriptum*, que je serai averti du jour où je devrai prêter serment. La lettre est datée du 27 frimaire; elle m'a été d'abord adressée à mon domicile, rue Bailleul, et ensuite renvoyée à Versailles. Je n'avais pas un instant à perdre. J'ai répondu sur-le-champ, et fait porter ma réponse par un exprès, pour être sûr qu'elle serait remise au chancelier de la Légion-d'Honneur. C'est mercredi dernier que la lettre est arrivée à Versailles, à huit heures du soir.

Vous savez, mon cher confrère, quelle était ma résolution, qui était inébranlable. Je n'ai pas pu vous consulter, comme je vous l'avais promis chez M. le comte de Balk, sur ma manière de l'exprimer. Je vous prie de m'excuser si j'ai manqué à ma parole; mais j'étais pressé de répondre. Vous connaissez mon caractère. Je suis assis sur le tombeau de ma première femme et de mes enfans. Vous en avez deux en bas âge, un au berceau, une jeune épouse que vous ne pouvez trop aimer. Vous avez à pourvoir et à prévoir.

Bonjour, mon ami. Je vous embrasse auprès de mon feu et dans ma retraite, qui est ma sœur, ma compagne, et le soutien consolateur de mes vieux jours.

JEAN-FRANÇOIS DUCIS.

FIN DES ŒUVRES POSTHUMES.

# TABLE DES MATIÈRES

CONTENUES DANS CE VOLUME.

Essai sur la vie de Bernardin de Saint-
Pierre. . . . . . . . . . . . , . . . . Pages. j
Voyage en Hollande. Du pays., . . . . 1
　　　　　　　　　Des Hollandais.. . 2
　　　　　　　　　Du gouvernement. 4
Voyage en Prusse. Du pays. . . . . . . . 5
　　　　　　　Des Prussiens. . . . . 7
　　　　　　　Du gouvernement. . . 8
　　　　　　　Du Roi de Prusse. . . 10
Voyage en Pologne. De la Pologne . . . 12
　　　　　　　　Des Polonais . . . . . 13
　　　　　　　　Du gouvernement . . 15
　　　　　　　　Du Roi de Pologne. . 17
Voyage en Russie. De la Russie. . . . . 17
　　　　　　　Des Russes. . . . . . 20
　　　　　　　Du gouvernement . . 26
　　　　　　　Révol. sous Pierre III. 29
Projet d'un passage aux Indes par la Russie. 32

Harmonies de la nature.

Épitre dédicatoire. . . . . . . . . . . . . . 41
Préambule. . . . . . . . . . . . . . . . . 44
Plan des harmonies . . . . . . . . . . . 45

LIVRE PREMIER.

Tableau général des Harmonies de la Nature . . . . . . . . . . . . . . . . . . . . 49
Invocation à Vénus, 50. — Tableau du ciel, *ibid.*
— Puissance du soleil, 51. — Le bananier, 51, 63. — Harmonies de l'homme et des animaux avec les plantes, 52. — Treize harmonies de la puissance végétale, 53. — Description curieuse du blé, 54. — Sexes des plantes, 57, 62.
— Cercles des arbres en rapport avec le soleil, 61.
— Harmonies des plantes et du soleil, *ibid.* —
Influence singulière de la lune sur les végétaux, *ibid.* — Ressemblance des fleurs avec les astres, 62. — Fleurs de nuit, 63. — Enterrement d'un nègre dans une feuille de bananier, *ibid.* — Nouvelle origine du mot *musa*, 64. — Description curieuse du palmier, *ibid.* — Belles proportions du palmier, 66. — Le palmier est le modèle des colonnes grecques, *ibid.* — Diverses espèces de palmier, 68. — Fruits de l'Amérique mis en opposition avec les fruits de nos climats, 69. —
Harmonies des fruits avec les climats, *ibid.* —
Végétaux du Nord, 70. — Architecture du Nord en harmonie avec ses végétaux, 71. — Tableau du Nord, 72. — Pêche de la baleine, *ibid.* —
Amour de la patrie, 73. — Explication du système de Linnée, 74. — Semences des végétaux en harmonie avec les sites où ils croissent, *ibid.*
— Belles harmonies des couleurs des plantes; tableau de leurs différens groupes dans une prairie, 75. — Aspect de la Russie, 76. — Aspect de l'île de France, 77.

Harmonies végétales du soleil et de la lune . . . . . . . . . . . . . . . . . . 77
Les feuilles vernissées des arbres du Nord donnent de la chaleur, 78. — Fleurs qui ressemblent aux astres, *ibid.* — La lune influe sur les végétaux, *ibid.* — Description d'une belle nuit; harmonie de la lune et des plantes, 79.

Harmonies végétales de l'air. . . . . *ibid.*
La fée Morgane, 80. — Les végétaux purifient l'air, *ibid.* — Observation sur la coupe des forêts, 81. — Peupliers d'Essonne, *ibid.*

Harmonies végétales de l'eau . . . . . 82
Puissance végétale, *ibid.*

Harmonies végétales de la terre . . . 84
Idées nouvelles sur la formation du globe, *ibid.*

Harmonies végétales des végétaux . . 85
Idées originales sur les fibres mâles et femelles, *ibid.* — Passion de l'homme pour les fleurs, 86.
— Réminiscences végétales, *ibid.*

Harmonies végétales des animaux. . . 87
Harmonies des végétaux et des animaux par leurs couleurs, leurs odeurs et leur bruit, *ibid.*
— Harmonies des organes des animaux avec leur genre de vie, 89. — Bec des oiseaux comparé à un doigt, *ibid.*

Harmonies végétales de l'homme . . . 91
Le feu entre les mains de l'homme seul, *ibid.* —
Différence de la nature sortant des mains du Créateur et des mains de l'homme, 92. — Critique de la fable de *Garo*, de La Fontaine, 94. —

Sur les parfums des fleurs, 95. — Sur les saveurs, 96. — La terre comparée à une table immense, 97. — Observations philosophiques sur la doctrine de Pythagore, ibid. — Anecdote de la chaumière française en Russie; l'homme libre, 98. — Tombeaux de différentes nations, 99. — Description pittoresque de nos cimetières, ibid.

HARMONIES VÉGÉTALES, OU LEÇON DE BOTANIQUE A PAUL ET VIRGINIE.., ... 101
Invocation à la déesse des fleurs, ibid. — De la botanique, ibid. — Leçon de botanique de Paul et Virginie, 104. — Analogie des fleurs avec le caractère et la figure de l'homme, 109. — Observations singulières sur les divers alphabets des langues anciennes et modernes, ibid. — Conseils aux peintres sur la manière de composer leurs tableaux, 111. — La déesse Amida naît du sein d'une fleur, 112. — Harmonies ravissantes des oiseaux et des plantes, ibid. — Beautés d'un passage de Virgile, 113. — Quinault, 114. — Analyse d'une fable de La Fontaine, ibid. — Observations sur La Fontaine, 115. — Tityre et Mélibée, ibid. — Traduction, imitation et analyse des Églogues de Virgile, 116. — Théocrite, 122. — Anecdote sur J.-J. Rousseau, 124. — Anecdote sur le géographe d'Anville, 125. — Instinct des enfans pour les fruits, ibid. — Effets de l'ivresse, 126. — Anecdote d'un solitaire, 128. — Incertitude des jugemens de nos sens, ibid. — Leçon de géographie, 129. — A Virginie, 132.

LIVRE II.

HARMONIES AÉRIENNES......... 132
HARMONIES AÉRIENNES DU SOLEIL ET DE LA LUNE............... ibid.
De l'air, 133. — Compression de l'air, 134. — Origine des mots est, sud, etc., ibid. — Différentes qualités des vents, 135.

HARMONIES AÉRIENNES DE L'EAU. ... 138
Attraction de l'air et de l'eau, 136. — Pesanteur de l'air, ibid. — Spectacle de la mer, 137. — Tableau d'une tempête, ibid.

HARMONIES AÉRIENNES DE LA TERRE... 139
Variétés des vents causées par les montagnes, ibid. — Brises, ibid. — Idée de Platon sur l'univers, 141.

HARMONIES AÉRIENNES DES VÉGÉTAUX.. 141
Respiration des plantes, 142. — Plantes qui aiment l'ombre, ibid. — Bienfaits des végétaux qui purifient l'air, ibid. — Végétaux qui croissent dans les lieux battus des vents; manière de les connaître à leurs feuilles, 143. — Prévoyance de la nature pour préserver les plantes de l'orage, 143. — Mouvemens que l'air communique aux végétaux, 144. — Bruit du vent dans les arbres, 145.

HARMONIES AÉRIENNES DES ANIMAUX.. ibid.
Art de guérir chez les Japonais, ibid. — Observation ingénieuse sur la dissolution des végétaux et des êtres organisés, 146. — Découverte de Bazin et de Géer, 147. — Respiration des poissons, ibid. — Vessie aérienne des poissons, 148. — Insectes aériens, ibid. — La mouche, 149. — Variétés infinies du vol des oiseaux, 150. — Oiseaux de marine, 151. — Souvenir de La Peyrouse, 152.

HARMONIES AÉRIENNES DE L'HOMME ET DES ENFANS.............. 152
L'air sous la puissance de l'homme, ibid. — Virgile cité, 153. — Cris d'un enfant nouveau-né, ibid. — De la Hire saluait les moulins à vent, 255. — Pronostic de la lune, 156. — Sagesse des plans de la Providence, ibid.

LIVRE III.

HARMONIES AQUATIQUES......... 156
Invocation aux Naïades, ibid.

HARMONIES AQUATIQUES DE L'AIR.... 157
Origine des couleurs de l'aurore, ibid. — Des parélies, ibid. — Secret singulier d'un homme de l'île de France, 158. — Observations du peintre Vernet, ibid. — Fée Morgane, 159. — Aurores boréales, 160. — Harmonies du mois de mai et de l'aurore, 161. — Spectacle des nuages sur mer, beau tableau, ibid.

HARMONIES AQUATIQUES DE L'EAU.... 162
Sur l'Océan, 163.

HARMONIES AQUATIQUES DE LA TERRE.. 165
Le ruisseau, ibid. — L'Océan abandonne ses rivages, 166. — Explication nouvelle de la cause des fractures des rochers, 167. — Les Mille et une Nuits citées, 169. — Rochers de la Finlande, 171. — Les pôles du globe changent avec le centre de gravité de la terre, ibid. — Océan souterrain, 173. — Tremblement de terre observé par le père Kircher, 172. — Comparaison du monde et d'une serinette, 174. — Naissance du monde, ibid.

HARMONIES AQUATIQUES DES VÉGÉTAUX. 175
Quatre océans: l'aérien, le glacial, l'aquatique et le souterrain, ibid. — Océan végétal, ibid. — Rapports des végétaux avec les eaux, ibid. — Anatomie du bois, 176. — Sur les feuilles, 177. — Sur les mousses, 178. — Plantes qui fleurissent sur le bord des eaux, 179. — Plantes de la

mer, 179. — Le fucus giganteus, 180. — Influence de la lune sur les poissons et les plantes marines, *ibid*. — Réfutation d'une expérience de Bouguer, 181. — Tableaux et harmonies des plantes marines, *ibid*. — Bords de l'Océan, 182.

HARMONIES AQUATIQUES DES ANIMAUX . . 183
Anatomie comparée des animaux et des poissons, *ibid*. — Sur les insectes, 184. — Observations nouvelles sur l'œstrum, 185. — Insecte qui renaît après plusieurs années de mort, *ibid*. — Animalcules, *ibid*. — Harmonies des animaux avec les eaux, 186. — Mécanisme du nager des animaux très-varié, *ibid*. — Des amphibies, 187. — Formes des poissons, 188. — Poisson qui brûle comme un charbon ardent, 190. — Araignée aquatique, 191.

HARMONIES AQUATIQUES DE L'HOMME. . . 191
Winckelman réfuté, 192. — Inventions de l'homme, 193. — Voyage singulier le long des rivages de la mer, à la manière des sauvages, 194.

HARMONIES AQUATIQUES DES ENFANS, OU HISTOIRE D'UN RUISSEAU. . . . . . . 195
Explication de la réfraction, 196. — Harmonies des reflets, *ibid*. — L'*oculus mundi*, *ibid*.

LIVRE IV.

HARMONIES TERRESTRES . . . . . . . . , 200
Invocation à Cybèle, *ibid*. — Raisonnement d'une fourmi sur le Panthéon, *ibid*.

DES MONTAGNES. . . . . . . . . . . . . 201
Divisions nouvelles des montagnes, *ibid*.

HARMONIES TERRESTRES DU SOLEIL ET DE LA LUNE . . . . . . . . . . . . . . . . 202
Des montagnes à parasol, destinées à garantir les végétaux et les animaux des rayons du soleil, *ibid*. — Aventure du botaniste Commerçon, *ibid*. Montagnes d'Éthiopie, *ibid*. — Montagnes à réverbères, ou qui réfléchissent le soleil, 204. — Harmonies des montagnes à réverbères; elles sont toutes situées dans les pays froids, *ibid*. — Sur Maupertuis, 205. — Tableau du Spitzberg, 206. — Montagnes qui exhalent de doux parfums, 207. — Montagnes hyémales, ou dont le sommet est toujours couvert de glaces, 208. — Montagnes volcaniques, 209. — Beaux vers de Virgile sur les volcans, 210. — Phénomène inexplicable de la larme batavique, 211. — Oiseau singulier qui habite les volcans, 212.

HARMONIES TERRESTRES DE L'AIR . . . . 213
Montagnes qui ont des harmonies avec l'air, *ibid*. — Montagnes anti-éoliennes, 192. — Montagnes qui produisent du vent, 214. — Explica-

tion de la cause des vents diurnes de mer, et nocturnes de terre, 214. — Harmonies des plantes, des montagnes et des vents, 217. — Les montagnes éoliennes, 218. — Cheminées à vent des Perses, *ibid*.

HARMONIES TERRESTRES DE L'EAU . . . . 218
Montagnes hydrauliques, 219. — Sur une caverne de l'île de France, 221. — Audace singulière d'un homme de l'île de France, 223. — Montagnes en amphithéâtre, *ibid*. — Le bouquetin des Alpes, 224. — Montagnes littorales maritimes, 225. — Origine de la ville de Dunkerque, 226. Anecdote sur l'ingénieur Lamandé, *ibid*. — Montagnes littorales maritimes saxatiles, 227. — L'Océan est le berceau et le tombeau de la terre, 228. — Falaises de Normandie, *ibid*.

HARMONIES TERRESTRES DE LA TERRE . . 229
Grandes chaînes de montagnes, *ibid*. — L'attraction seule a suffi pour organiser la terre telle qu'elle est aujourd'hui, 230. — Éloge des montagnes, 232.

HARMONIES TERRESTRES DES VÉGÉTAUX. 233
Couche végétale de la terre, *ibid*. — Sur les racines des végétaux, 234. — Sur les mousses, *ibid*. — Aspect d'une forêt, 236.

HARMONIES TERRESTRES DES ANIMAUX. . 236
Force de progression des animaux, 237. — Mouvement de l'éléphant, *ibid*. — Taille diverse des animaux en harmonie avec les contrées, chaudes ou tempérées, 238. — Mouvemens variés des oiseaux, *ibid*. — Mouvemens des coquillages, 239. — Mouvemens des quadrupèdes, 240. — Mouvemens des insectes, 241. — Utilité des insectes et des animaux qui creusent la terre, 242. — L'hiver et la mort, 243.

HARMONIES TERRESTRES DE L'HOMME. . 243.
Invocation, *ibid*. — Deux espèces d'ames: l'ame corporelle et l'ame raisonnable, 244. — L'ame est un dieu exilé, *ibid*. — Structure du corps humain; comparaison du corps de l'homme avec la terre, 245. — L'homme est nu, non pour être exposé aux injures de l'air, mais pour montrer sa beauté, 246. — Hommage à la figure humaine, *ibid*. — Éponine et Sabinus, 247. — Remarque singulière de Plutarque, *ibid*. — Tombeaux des Chinois, 248.

HARMONIES TERRESTRES DES ENFANS. . 248.
Invocation aux Zéphyrs, aux Génies, aux Amours, *ibid*. — Développement de l'enfant, 249. — Premiers préceptes de l'éducation des enfans, *ibid*. — La vie des enfans est comme le cours d'un ruisseau, 255.

## LIVRE V.

HARMONIES ANIMALES. . . . . . . . . . . 251.
Apostrophe au soleil, *ibid*. — Tableau de la création du monde, 251. — Inquiétude de la pensée de l'homme, 252. — Le pôle sud, tombeau de la nature, *ibid*. — Le pôle nord, berceau de la nature, 253. — Peinture du mois de mai, *ibid*. — Mois de mai dans nos climats, *ibid*. — La puissance végétale est créée pour la puissance animale, *ibid*. — Comparaison du papillon et de la rose, 254. — Vie et mort du papillon, *ibid*. — Coup d'œil sur les puissances de la nature, 255. — Observations sur l'organisation des plantes, 256. — Fibres des animaux, 257. — Sommeil des animaux, *ibid*. — Système de Malebranche sur les animaux, 258. — Faculté morale de l'ame des animaux, 259. — Sur l'instinct, *ibid*. — L'instinct enseigne aux animaux les premiers usages de leurs sens, et leur donne des idées qu'ils n'ont point acquises par l'expérience, 259. — Réfutation de Locke ; il y a des idées innées, *ibid*. — Le sentiment religieux est une idée innée, 260. — Trois facultés de l'ame, selon les anciens, 261. — Petite sarcelle de la Chine, 262. — Le Tasse et Homère cités, *ibid*. — Haine des animaux, 263. — Observations sur la signification de quelques mots de la langue française, 264. — Cinq genres d'ames : l'élémentaire, la végétale, l'animale, l'intelligente, la céleste, 266. — Ame élémentaire, *ibid*. — Les métaux ont des analogies avec les planètes, *ibid*. — Ame végétale, 268. — Ame animale, 269 — Sur la physionomie, 270. — Ame intelligente, *ibid*. — L'homme a, de plus, une ame céleste et immortelle, 271. — Comparaison de l'ame et du pilote d'un vaisseau, 272. — Transmigration des ames, 273. — Opinion des Indiens sur le sort des ames après la mort, 275. — L'ame du juste va sans doute dans le soleil, *ibid*.

## LIVRE VI.

HARMONIES HUMAINES. . . . . . . . . . . 275.
Définition de la science, 276. — Sur la vue, 277. — Morale des fables ennuyeuse pour les enfans, *ibid*. — Sur un navire de l'amirauté de Londres, 278. — Vertus de l'homme en harmonie avec la nature, *ibid*. — Apostrophe aux harmonies, *ibid*.

HARMONIES DE L'ENFANCE. . . . . . . . 279.
Harmonie filiale, *ibid*. — Plutarque veut qu'on appelle la patrie *matrie*, *ibid*. — Epaminondas, 280. — Sertorius, *ibid*. — Comment il faut raconter aux enfans, *ibid*. — Alexandre et sa mère, 281. — Vertus politiques, 282. — Sur les noms des enfans, *ibid*.

SCIENCE DES ENFANS ; PREMIÈRES IDÉES DES PEUPLES. . . . . . . . . . . . . . . . . 282.
Singulières idées de Bernardin de Saint-Pierre, enfant, sur le ciel, 282. — Idées des Grecs sur le même sujet, 283. — Première leçon d'astronomie, *ibid*. — Deux peintures philosophiques de l'homme, 284. — L'homme est le seul être qui fasse usage du feu, *ibid*. — De l'homme considéré en société, 285. — Les périodes de la durée d'une nation comparées aux quatre âges de l'homme, 285. — Comparaison des quatre âges, 289. — L'enfance et l'Amérique, *ibid*. — La jeunesse et l'Afrique, *ibid*. L'âge viril et l'Europe, 290. — La vieillesse et l'Asie, *ibid*. — Loi de l'Évangile ; vertu du cœur, 295.

## LIVRE VII.

HARMONIES FRATERNELLES. . . . . . . . 295.
Le soleil au printemps, 296. — Cercle de la vie humaine, *ibid*. — Harmonies fraternelles des végétaux, *ibid*. — Harmonies fraternelles des animaux, 297. — Voix de l'homme, *ibid*. — Harmonies fraternelles de l'homme, 298. — Géométrie des enfans, 300. — Le premier sentiment qu'on doit développer dans les enfans, c'est celui de la Divinité, 301. — Les Perses apprenaient à leurs enfans à dire la vérité, 302. — La vérité est une harmonie de notre intelligence avec la Divinité, *ibid*.

DE L'AMITIÉ. . . . . . . . . . . . . . . . 303.
Épisode de Nisus et d'Euryale, 304. — Remarques sur les beautés de cet épisode, *ibid*. — Sur les inimitiés, 307. — Amitié fraternelle, 309. Télémaque malheureux de n'avoir pas de frère, *ibid*. — Plutarque cité, 310. — Anecdote sur l'amitié de Pierre et Thomas Corneille, *ibid*. — Deux vertus en opposition ; ce qu'il faut faire, 311. — L'amitié fraternelle, à la Chine, est un des cinq devoirs de l'ordre social, *ibid*. — Trait de Myro et de sa sœur, 312. — Amitié d'un frère et d'une sœur, *ibid*. — Plutarque, *Traité de l'amitié fraternelle*, *ibid*.

## LIVRE VIII.

HARMONIES CONJUGALES. . . . . . . . . 313.
Anecdote de Jean-Jacques sur Fontenelle, *ibid*. Première amitié des enfans, *ibid*. — L'univers sans mouvement et sans vie : l'amour vient l'animer, 314. — Naissance de l'amour dans le cœur du premier homme, *ibid*. — La lune paraît présider aux amours, *ibid*. — Amours des

animaux réglés sur les phases du soleil et de la lune, *ibid*. — Amours des plantes, 317. — Origine du mot anthère, 318. — Expériences de Bonnet sur les pucerons, 319. — La cochenille. 320. — Observations de Buffon sur les animaux de proie, 321. — Peinture des amours des animaux au printemps, *ibid*. — L'harmonie conjugale unit les animaux des genres les plus disparates, 322. — Beautés de l'homme et de la femme, *ibid*. — Barbe de l'homme, 323. — Le Robinson de Sibérie, 327. — Inspirer aux filles les goûts les plus simples, 329. — Influence de la religion sur les enfans, *ibid*. — Les arts à la fois utiles et agréables, nés de l'amour, 330. — Sur l'architecture, *ibid*. — Remarques sur l'origine des langues, 331. — Harmonies des vers; ode d'Horace, 332. — Harmonie conjugale, nœud du poème épique, *ibid*. — L'amitié fait croire à l'immortalité, 334.

LIVRE IX.

HARMONIES DU CIEL, OU LES MONDES... 334. Harmonies du soleil, *ibid*. — Système de l'univers, *ibid*. Newton, Bacon, Kepler, 336. — Plutarque, sur les antipodes, *ibid*. — La terre, selon Pindare, portée sur des colonnes de diamant, *ibid*. — Télescope d'Herschell, 338. — Idée du soleil selon Herschell, *ibid*. — Montagnes du soleil dix-huit cents fois plus grosses que notre terre, 339. — Géographie du soleil, 340. La terre vue du soleil, *ibid*. — Les planètes vues du soleil, 341. — Les planètes habitées, 342. —
HARMONIES SOLAIRES DE MERCURE. Description de ses habitans. . . . . . . . . . . . . . 342.
HARMONIES SOLAIRES DE VÉNUS. Description de ses habitans. . . . . . . . . . . . . . . 343.
HARMONIES SOLAIRES DE LA TERRE. . . . 345.
HARMONIES SOLAIRES DE MARS. Description de ses habitans. . . . . . . . . . . . . . . 346.
HARMONIES SOLAIRES DE JUPITER. Description de ses habitans. . . . . . . . . . . . . 348.
HARMONIES SOLAIRES DE SATURNE. Description de ses habitans. . . . . . . . . . . . . 351.
HARMONIES SOLAIRES D'HERSCHELL. Description de ses habitans. . . . . . . . . . . . 354.
HARMONIES SOLAIRES PLANÉTAIRES. . . . 356.
HARMONIES SOLAIRES SIDÉRALES. . . . . 359. Les ames des justes et des bienfaiteurs du genre humain habitent sans doute le soleil, 362. — Bernardin de Saint-Pierre espérait habiter cet astre après sa mort, *ibid*.
HARMONIES SOLAIRES DE LA LUNE. Description de la lune et de ses habitans. . . . . . 362.
HARMONIES SOLAIRES ET LUNAIRES DES PUISSANCES DE LA NATURE SUR LA TERRE. . . . 367.
FRAGMENT sur la théorie de l'univers. . . 370.
MÉMOIRE SUR LES MARÉES. . . . . . . . 395.
FRAGMENTS sur J. J. Rousseau. Préface de l'éditeur. . . . . . . . . . . . . . . . . . . 419.
ESSAI SUR J. J. ROUSSEAU . . . . . . . . 426.
PARALLÈLE de Voltaire et de J. J. Rousseau. 445.
DISCOURS sur l'éducation des femmes. . . 447.
FRAGMENT du second et du troisième livre de l'Arcadie. . . . . . . . . . . . . . . . . . 462.
FRAGMENT DE L'AMAZONE. . . . . . . . . 482.
ÉLOGE DE MON AMI. . . . . . . . . . . . . 510.
VOYAGES DE CODRUS . . . . . . . . . . . 513.
LE VIEUX PAYSAN POLONAIS. . . . . . . . 516.
DES CARACTÈRES HIÉROGLYPHIQUES. . . . 520.
EMPSAEL. . . . . . . . . . . . . . . . . . 522.
LA PIERRE D'ABRAHAM, . . . . . . . . . 569.
LETTRES ET PIÈCES JUSTIFICATIVES. . . . 599.

FIN DE LA TABLE DES MATIÈRES.